湖北省学术著作
Hubei Special Funds for
Academic Publications 出版专项资金

辨伪研究书系

中国文献辨伪学史稿

（上）

司马朝军　编著

WUHAN UNIVERSITY PRESS
武汉大学出版社

图书在版编目(CIP)数据

中国文献辨伪学史稿.全三册/司马朝军编著.—武汉:武汉大学出版社,2022.12(2024.3重印)

辨伪研究书系

湖北省学术著作出版专项资金资助项目

ISBN 978-7-307-23196-2

Ⅰ.中…　Ⅱ.司…　Ⅲ.文献—辨伪—研究—中国　Ⅳ.G256.22

中国版本图书馆 CIP 数据核字(2022)第 133088 号

责任编辑:朱凌云　　　责任校对:汪欣怡　李孟潇　　　版式设计:马　佳

出版发行:**武汉大学出版社**　(430072　武昌　珞珈山)

(电子邮箱:cbs22@whu.edu.cn　网址:www.wdp.whu.edu.cn)

印刷:武汉邮科印务有限公司

开本:787×1092　1/16　印张:65.75　字数:1598 千字　插页:6

版次:2022 年 12 月第 1 版　2024 年 3 月第 2 次印刷

ISBN 978-7-307-23196-2　定价:288.00 元(全三册)

自　序

"古史辨派"的领袖顾颉刚先生曾经在其笔记中记录了一个"顾氏假说",即他的"三次辨伪运动"假说:

> 辨伪运动已经起了三次了:
> 一,宋代——欧阳修、郑樵、朱熹诸人,因后人变入心性空谈而失败;
> 二,清代——顾炎武、阎若璩、胡渭诸人,因后人变入迷信汉学而失败;
> 三,现在——我们,不知将来如何失败。也许这次可以成功了!

本人并不认同"古史辨派"的那一套疑古,与其辨伪路径也截然不同,一直旗帜鲜明地反对疑古派,对顾氏所谓"三次辨伪运动"也不完全赞同。尽管这种说法也可以找到一些史影,但过于简单化,大而化之,且预设了疑古派的基本立场。令人惊奇的是,"三次辨伪运动"竟然对应于三次学术文化转向,宋代疑古思潮因为"哲学的转向"(或称"道学的转向""理学的转向")而失败,清代疑古思潮因为"语言学的转向"(或称"汉学的转向""朴学的转向""考据学的转向")而失败,近代疑古思潮因为"文化的转向"(从"新文化运动"到"文化大革命")而失败。

古史辨派表面上是解构"伪古史",实际上是切断"经—道—圣"三者之间的内在联系,旨在一石三鸟,让经史、道统、圣人同时消逝,将传统文化一扫而空之。可惜的是,顾氏"也许这次可以成功了"的愿景终究落空了,他的美梦幻灭了。准确地说,是被后来者李学勤先生打破了,后者积极倡导"走出疑古时代",有的放矢,针对古史辨派实施了"定向爆破"与"精准打击"! 长江后浪推前浪,顾颉刚当年当然"不知将来如何失败",他不知道新陈代谢才是学术发展的根本规律。

我们不得不承认,"顾氏假说"可以说是一份辨伪学史大纲(准确地说是一份极简版草案)。一部辨伪学史充满伤感与失败,许许多多的辨伪个案大多以失败告终,这与"顾氏假说"的悲催基调大致吻合。我们正是在漫长的辨伪过程中学会了考辨,形成了辨伪意识，同时也提高了思辨力，不断地纠正错误，不断地完善自我，变得不再迷信，不再盲从，一步步走向成熟。因信生疑，因疑生信，最终树立文化自信，为"守护传统、传承文化"尽职尽责。惟有如此，方能立于不败之地。

孟子曰："颂其诗，读其书，不知其人，可乎？是以论其世也。是尚友也。"前半句就是著名的"孟子之问"。"知人论世"成为中国传统学问研究最主要的方法，差不多就是"定海神针"，而辨伪学为此做出了艰辛而漫长的探索。设想一下，离开了辨伪学，传统学问就会地动山摇。一次次的疑古思潮往往掀起惊涛骇浪，又一次次化危为机，因为过度的疑古必然回归理性的辨伪。

我们不仅要走出"疑古时代"，更要走出"蔑古时代"。"五四"以来的主要思潮除了"疑古"，还有更为严重的"蔑古"。当时集体失去文化自信，文化狂人往往以破坏为旨归，同时以各种各样的时髦口号相欺骗。令人遗憾的是，至今没有完成文化重建工作。中国文化魂兮归来，必须恢复文化自信。

我们发现，一部文献辨伪史也是一部思想重构史，还是一部文化重建史。因此，重写文献辨伪史也是重构思想史，重建文化史。我们近年的主要工作是正本清源，撰写《辨伪研究书系》（九种），其中最后一项是撰写《中国文献辨伪学史稿》，俟条件成熟，再撰写多卷本的《中国文献辨伪学通史》，以通贯的视野梳理二千余年文献辨伪学的升降盛衰之路，总结辨伪学史发生发展的规律，探索历史的成败得失，"扭转乾坤""转识为智"。

辨伪学的发展曲折多变，辨伪学的历史也是复杂多变，远远超过了我们的预期。我们原来准备一步到位，完成《中国文献辨伪学通史》，经过多年的努力，发现我们未掌握的东西太多，还需要沉潜到原始文献之中，挖掘更多的史料，打捞更为丰富的东西。惟有如此，才能写出更有分量的专门史。

2019 年 6 月 9 日正午记于海上文淙阁
2022 年 6 月 8 日上午记于浦西震旦园

弁　言

　　文献辨伪学是研究辨伪历史以及辨伪方法的一门学科。辨伪有广、狭二义：从广义上说，包括辨伪书、辨伪篇、辨伪事、辨伪史、辨伪说、辨伪本等。从狭义上说，是指辨伪书、辨伪篇。本书以狭义的角度为主，兼及广义的角度。广义辨伪学可以称为"历史文化辨伪学"，狭义辨伪学可以称为"历史文献辨伪学"。

　　文献辨伪学起源于何时？向来见仁见智，聚讼纷纭，迄今尚无定论。顾颉刚的《中国辨伪史略》从战国写起，认为"辨伪工作，萌芽于战国、秦、汉，而勃发于唐、宋、元、明，到了清代濒近于成熟阶段"①。黄云眉认为："滥觞于唐代，历宋、明、清而渐成长川形态。"② 杨绪敏认为先秦两汉南北朝是"疑古思想的萌芽及辨伪学初起时期"③。一般的倾向是承认辨伪学有漫长的发展历史。但也有人独持异议，认为明代以前没有什么辨伪学。

　　元末明初宋濂《诸子辨》为辨伪学史上第一部专著，第一次提示了作伪的两种类型：一是"有所附丽"，二是"凿空扇虚"。晚明胡应麟《四部正讹》是第一部全面总结辨伪学理论与方法的专著，系统分析伪书产生的原因，系统总结辨伪方法。

　　现代以"辨伪学史"命名的文章是曹养吾的《辨伪学史》④。该文并不属于文献辨伪史的范围，而属于古史辨伪的范畴。其同时代顾颉刚《中国辨伪史略》⑤ 也更倾向于对伪事和伪说的考辨。但即便如此，两人在著作中皆以"辨伪史"命名，且或多或少提及了文献辨伪的内容，为后世的文献辨伪史相关内容的研究提供了范例。

　　郑良树《古籍辨伪学》是第一部真正意义上的文献辨伪学概论性著作。书中的第三

---

① 顾颉刚：《秦汉的方士与儒生》，上海古籍出版社 1998 年版，第 248 页。
② 黄云眉：《古今伪书考补证重印引言》，《古今伪书考补证》，齐鲁书社 1980 年版。
③ 杨绪敏：《中国辨伪学史》，天津人民出版社 1999 年版，第 41 页。
④ 曹养吾：《辨伪学史》，《古史辨》第二册，上海古籍出版社 1981 年版，第 388~416 页。
⑤ 顾颉刚：《秦汉的方士与儒生》，上海古籍出版社 1998 年版，第 110~221 页。

章和第四章"源流"为辨伪学发展史的部分。郑良树对先秦至近代文献辨伪发展史的阐述内容更加丰富，并对不同时代的文献辨伪发展史做了明确的分期。对于清代以前的文献辨伪学，其介绍的学者和考辨书目较之梁启超明显增多，虽没有具体展开，但为后来的研究指明了方向。

杨绪敏《中国辨伪学史》是第一部辨伪学通史性质的专著。该书全面叙述了从战国至当代学者在考辨伪书、伪史、伪说等方面取得的成就，总结了历代辨伪学家的辨伪思想和辨伪方法。断代史研究方面有佟大群《清代文献辨伪学研究》《民国文献辨伪学研究》（前者攘袭拙著甚多）。

此外，辨伪学资料性汇编之作主要有张心澂《伪书通考》、顾颉刚《古籍考辨丛刊》。张心澂《伪书通考》按照经、史、子、集的分类方法，将曾被前人判定为伪书的书籍各自分类，全书综合了《诸子辨》《四部正讹》和《古今伪书考》等前人的辨伪成果，总结了前人的辨伪理论，是一部较好的辨伪学资料汇编，但此书大量借鉴《四库全书总目》的地方并未注明。顾颉刚《古籍考辨丛刊》第一集、第二集中以时代或者人物为单位，集中收录了一时期或者是具体学者的辨伪之语。书中收有张西堂《唐人辨伪集语》，网罗了唐代主要学者的辨伪之语；还收有欧阳修、朱熹、叶适、袁枚、崔述、俞樾等人考辨古籍之语。除此之外，还收有《子略》《诗疑》《诗辨妄》等书，对于后人从事文献辨伪工作提供了很大方便。还有郑良树《续伪书通考》、邓瑞全《中国伪书综考》、余兆鹏《中国伪书大观》等，这些汇编性质的著作在参考前代重要辨伪学著作的基础上，论述了伪书的来历、类型、辨别方法、辨伪学发展史等，又介绍了多种存疑典籍的考辨情况，有较大参考价值。《续伪书通考》是张心澂《伪书通考》的续书，体例亦同。全书以所考辨书目为纲，每书之下分列考辨资料，共考辨古书一百二十五种，其中子书四十五种。此书将凡散见于学报和学术期刊之辨伪论文、新刊古籍涉及辨伪的章节，都尽可能编入，或者录其书名、作者及主要之结论，或略加剪裁，摘取其主要内容。孙钦善先生的《中国古文献学史》《清代考据学研究》对辨伪学也有所涉及。

以上各种都不同程度地推进了辨伪学史的研究，但一个共同的缺陷是对于具体的文献辨伪学史料发掘不够。有鉴于此，本书将重点放在史料发掘上。离开了具体丰富的辨伪史料，辨伪学的历史编纂就会空泛而不切实际。中国传世文献浩如烟海，发掘辨伪史料并非易事，尽管各种数据库层出不穷，笔者从事于此也已有二十来年，仍然感到力不从心，目前只能以"史稿"交卷。今后当集中精力，继续发掘史料，分析材料，提炼观点，撰写出一套高标准的多卷本《中国文献辨伪学通史》。

目　　录

第一章

汉代的文献辨伪

辨伪活动从先秦时代就开始出现，如《论语·子张》中有"纣之不善，不如是之甚也！是以君子恶居下流，天下之恶皆归焉"①之语，《孟子》亦云"尽信《书》，则不如无《书》，吾于《武成》，取二三策而已矣"②。但此时的辨伪多是史实辨伪，而非辨伪书。辨伪是一个很宽泛的概念，包含辨伪书、辨伪事、辨伪说、辨伪史（史实辨伪）等不同内容。

一、两汉的文献辨伪概况

严格意义上讲，从西汉起，才开始有了文献辨伪。因为汉代以前的辨伪更多是对古史传说真伪的质疑，不属于文献辨伪的范畴。汉代之所以开始有了真正的文献辨伪行为，是"由于秦始皇焚书及秦汉之际的社会变动，古书屡经散亡，加上新的统治者为巩固统治的需要，歪曲、改造前代文献，制造理论依据，致使伪书、伪说乘势而生"③。

伪书的产生是文献辨伪工作得以展开的前提和基本条件。汉代时，司马迁首开文献辨伪之风气。其后的刘向、刘歆父子在《别录》《七略》中的辨伪言论，王充在《论衡》中的辨伪言论，班固等对张霸《尚书》百两篇的考辨，马融对《尚书·泰誓序》的考辨，郑玄对《礼记·月令》的考辨等，共同推动了汉代文献辨伪学的发展。

《淮南子·修务训》云："世俗之人多尊古而贱今，故为道者必托之于神农、黄帝而后能入说。乱世暗主高远其所从来，因而贵之。为学者蔽于论而尊其所闻，相与危坐而听之，正领而诵之。"又云："今取新圣人书，名之孔、墨，则弟子句指而受者必众矣。"

司马迁曾怀疑《司马兵法》一书的作者：

---

① 杨伯峻：《论语译注》，中华书局 1982 年版，第 203 页。
② 杨伯峻：《孟子译注》，中华书局 1988 年版，第 325 页。
③ 孙钦善：《古代辨伪学概述》（上），《文献》1982 年第 4 期。

　　余读《司马兵法》，闳廓深远，虽三代征伐，未能竟其义，如其文也，亦少褒矣！若夫穰苴，区区为小国行师，何暇及《司马兵法》之揖让乎？①

　　司马迁认为《司马兵法》"闳廓深远"，而司马穰苴不像是能写出《司马兵法》这种文辞和气势之文的人，因此怀疑《司马兵法》并非司马穰苴所作。在此处，司马迁从文章风格上考辨书的作者问题。虽然司马迁在编写《史记》时做了许多辨伪工作，但那些工作多属于辨伪事与辨伪史，而非辨伪书。而上述其对于《司马兵法》的考辨则完全属于辨伪书的范畴。正如顾颉刚所指出的，这些人虽然目光锐利，但还只是考据学尚未成立时的一种直觉，并没有经过深刻的查考。至于切切实实做研究，彻底看出古书的真相的，那必须待至古书已成为研究对象的时候起。②

二、刘向、刘歆

　　第一个正式揭开文献辨伪学序幕的是西汉刘向。

　　刘向《别录》佚文涉及辨伪的内容，如《晏子叙录》云："又有颇不合经术，似非晏子言，疑后世辩士所为者，故亦不敢失，复以为一篇。"余嘉锡先生认为："凡一书之内，自分内外者，多出于刘向，其外篇大抵较为肤浅，或并疑为依托者也……原书篇章真赝相杂，乃为之别加编次，取各篇幅中之可疑者，类聚之以为外篇。"③

　　刘向集目录学、校勘学、版本学于一身，同时也是辨伪学之开山。刘歆干父之蛊，共襄伟业。这决非偶然的巧合。因为目录学、校勘学、版本学三者均与辨伪学关系非同寻常。如目录学自身具有辨伪功能，它为辨伪提供有力佐证。同时辨伪学发展又促进了目录、校勘、版本三学向纵深发展。根据目录辨伪后来发展为辨伪学的一种重要方法，辨伪学的成果为目录学所吸收，将辨伪学家考定的伪书反映到目录著作中。唐智昇《开元释教录序》云："夫目录之兴也，盖所以别真伪，明是非。"可谓一语道破天机。

　　辨伪学的成立需要三个条件：第一，一个知识广博的文献学家；第二，一部代表性辨伪著作；第三，一次全面性的文献整理活动。前两个条件固然重要，第三个条件更加不可缺少。只有搞一次全面性的文献整理活动，才有可能摸清家底，辨别真伪。只有到了刘向整理皇家藏书，撰写《别录》，才满足所有条件。前乎此者，皆为辨伪之序章，还没有独立的辨伪意识，更没有代表性作品；后乎此者，皆为辨伪之继承者。

　　众所周知，不能进行分类、编目、解题的目录学家决不是合格的目录学家。同理，不能进行辨伪的目录学家决不是高明的目录学家。目录学、校勘学、版本学与辨伪学在很长时期内都是文献学的组成部分，关系密切，彼此支撑，难以分割。传统学问以目录学为"航母战斗群"，而辨伪学只是"航母战斗群"中的"巡洋舰"，为之保驾护航。辨伪学家理所当然地成为"巡洋舰"上的"舰长"。

---

　　①　司马迁：《史记·司马穰苴列传》，中华书局 1959 年版，第 2160 页。

　　②　顾颉刚：《古籍考辨丛刊》第一集，社会科学文献出版社 2010 年版，第 2 页。

　　③　余嘉锡：《古书通例》，上海古籍出版社 1998 年版，第 112 页。

对于刘向《别录》、刘歆《七略》和班固《汉书·艺文志》三者的关系，张舜徽在考证"《汉志》所载传疑之书"时，将诸子略小说家中所著"《黄帝说》四十篇"下"迂诞依托"之注的作者认为是班固。陈国庆认为："《七略》删《别录》二十卷为七卷，《汉书·艺文志》又删《七略》七卷为一卷。当然对于每一书的说明，不能完全保存。篇中的班氏自注云云，乃采用刘向、歆父子旧文，参以己意，仅在必要处，加以简略的解释。"① 杨绪敏在《中国辨伪学史》中认为"刘歆的《七略》继《别录》而成，也重视辨伪。《七略》今不传，但其主要内容多收入《汉书·艺文志》，班固自注多有辨伪语，其中可能夹杂着刘歆的观点，然已经很难分清"②。因此，《别录》《七略》几经传承，才形成了《汉书·艺文志》今天的模样。

由于《别录》《七略》皆已亡佚，二书中的辨伪之语保存在后世的辑佚之作和研究论著中。阮孝绪《七录序》"昔刘向校书，辄为一录，论其指归，辨其讹谬，随竟奏上，皆载在本书"③ 说明了刘向校书的目的之一是"辨其讹谬"，即辨伪书，如《别录·晏子叙录》中"又有颇不合经术，似非晏子言，疑后世辩士所为者"④ 之语。此外，在《列子叙录》中也有"道家者，秉要执本，清虚无为，及其治身接物，务崇不竞，合于六经；而《穆王》《汤问》二篇，迂诞恢诡，非君子之言也。至于《力命》篇，一推分命；《杨子》之篇，唯贵放逸，二义乖背，不似一家之书"⑤ 之言。此为刘向校书工作中的两处辨伪，主要是从文章思想内容方面考辨。虽然刘向已经在字里行间透露出辨伪的意向，但其在考辨二书中的篇章时，对于可疑的篇章，用的是"疑""不似"等不确定之语，只是表示怀疑，并没有下定论。相对于刘向模棱两可的态度，从刘歆起，才开始进行了专门的辨伪工作。刘歆《七略》中涉及文献辨伪的内容如下：

《文子》九篇。与孔子同时而称周平王问，似依托者也。

《力牧》二十二篇。六国时所作，托之力牧。力牧，黄帝相。

《大禹》三十七篇。传言禹所作，其文似后世语。

《神农》二十篇。六国时诸子疾时怠于农业，道耕农事，托之神农。

《伊尹说》二十七篇。其语浅薄，依托也。

《鬻子说》十九篇。后世所加。

《师旷》六篇。见《春秋》，其言浅薄，本与此同，似依托也。

《天乙》三篇。天乙谓汤，其言非殷时，皆依托也。

《黄帝说》四十篇。迂诞依托。

《封胡》五篇。黄帝臣，依托也。

《风后》十三篇图二卷。黄帝臣，依托也。

《力牧》十五篇。黄帝臣，依托也。

① 陈国庆：《汉书艺文志注释汇编·序言》，中华书局1983年版，第3页。
② 杨绪敏：《中国辨伪学史》，天津人民出版社2007年版，第23页。
③ 释道宣：《广弘明集》卷三，四部丛刊初编本，子部第472册，上海涵芬楼影印明汪道昆本。
④ 姚振宗：《师石山房丛书·七略别录佚文》，开明书店1936年版，第8页。
⑤ 姚振宗：《师石山房丛书·七略别录佚文》，开明书店1936年版，第11页。

《鬼容区》三篇图一卷。黄帝臣，依托。①

以上十三条为《七略》中明确表明是依托之作的作品，主要出自《七略》中的诸子略和兵书略。文中附在书目后面的辨伪之语虽然很短，但已经涉及文献辨伪的范畴。细考起来，上面的十三条中，真正有辨伪理论的是"《文子》九篇"条、"《大禹》三十七篇"条、"《神农》二十篇"条、"《伊尹说》二十七篇"条、"《师旷》六篇"条、"《天乙》三篇"条和"《黄帝说》四十篇"条，共七条。

对于《七略》中体现的辨伪方法，孙钦善先生认为其中的例子"看起来辨语简单，根据亦较单薄，但在取证方面已包括作者时代、思想内容、语言等"②。所言甚是。

三、班固

（一）班固其人

班固（32—92），字孟坚，扶风安陵（今陕西咸阳东北）人，东汉著名史学家、文学家。班固出身儒学世家，其父班彪、伯父班嗣皆为当时名家。作为史学家，《汉书》是继《史记》之后中国古代又一部重要史书，对后世断代史著作的编纂影响深远；作为辞赋家，班固是"汉赋四大家"之一，《两都赋》开创了京都赋的范例，列入《文选》首篇；由他执笔撰成的《白虎通德论》，集当时经学之大成。

（二）班固的文献辨伪

1. 《汉书·艺文志》

《汉书·艺文志》以小注的形式保存了刘氏父子的辨伪成果，为后代目录学家所效法。现将涉及辨伪者一一条列如次：

（1）《论语》者，孔子应答弟子时人及弟子相与言而接闻于夫子之语也。当时弟子各有所记。夫子既卒，门人相与辑而论纂，故谓之《论语》。

（2）《太公》二百三十七篇。吕望为周师尚父，本有道者。或有近世又以为太公术者所增加也。

（3）《文子》九篇。老子弟子，与孔子并时，而称周平王问，似依托者也。

（4）《列子》八篇。名圄寇，先庄子，庄子称之。

（5）《大禹》二十七篇。传言禹所作，其文似后世语。

（6）《尉缭》二十九篇。六国时。刘向《别录》云缭为商君学。

（7）《吕氏春秋》二十六篇。秦相吕不韦辑智略士作。

（8）《神农》二十篇。六国时，诸子疾时怠于农业，道耕农事，托之神农。师古曰："刘向《别录》云疑李悝及商君所说。"

---

① 以上所用例子出自姚振宗《师石山房丛书·七略佚文》，开明书店 1936 年版。

② 孙钦善：《古代辨伪学概述》上，《文献》1982 年第 4 期。

（9）《伊尹说》二十七篇。其语浅薄，似依托也。

（10）《鬻子说》十九篇。后世所加。

（11）《师旷》六篇。见《春秋》，其言浅薄，本与此同，似因托之。

（12）《务成子》十一篇。称尧问，非古语。

（13）《天乙》三篇。天乙谓汤，其言非殷时，皆依托也。

（14）《黄帝说》四十篇。迂诞依托。

（15）《封胡》五篇。黄帝臣，依托也。

（16）《风后》十三篇图二卷。黄帝臣，依托也。

（17）《力牧》十五篇。黄帝臣，依托也。

（18）《鬼容区》三篇图一卷。黄帝臣，依托。师古曰："即鬼臾区也。"

班固在《汉书·东方朔传》中开列了东方朔的全部著作，且称："凡刘向所录朔书具是矣，世所传他事皆非也。"当时作伪者喜欢将伪书依托东方朔之名，班固则以刘向《别录》为依据，将东方朔作品的真和伪划清了界限。

王国强教授认为：

今本《汉书·艺文志》在辨伪方面或许存在一些问题：第一，伪书的标注如此集中在子部道家、小说家和兵书略兵阴阳几类，而数术略、方技略理应有更多伪书的类目却无一标注，与情理不符。第二，在涉及传说中的人物著作，例如黄帝时，多处已进行辨伪，但是还有更多没有辨伪的，似与全书体例不合。究其原因，或者是班固没有全部采用刘氏父子的辨伪成果，或者是《汉书·艺文志》原本标注有更多伪书，而在流传过程中脱漏了，因为《汉书·艺文志》中文字脱衍误倒的情形是严重的。①

平心而论，这种分析是有一定道理的。

通过翻检前人的著述以及对《汉书·艺文志》中序言的解读，赵嘉认为，班固所言"伪托"和今之"伪托"当为不同的含义，有可能与在道家类中的同名的《伊尹说》《鬻子说》为一书两分，而不是伪托之作。②

2.《尚书》

班固在《汉书·儒林传》中有考辨《尚书》之语：

世所传《百两篇》者，出东莱张霸，分析合二十九篇以为数十。又采《左氏传》《书叙》为作首尾，凡百二篇。篇或数简，文意浅陋。成帝时求其古文者，霸以能为《百两》征，以中书校之，非是。③

班固通过分析《百两篇》中的篇目组合，并对照《春秋左氏传》《书叙》以及中书

---

① 王国强：《汉代文献辨伪的成就》，《图书馆杂志》2006年第8期。

② 赵嘉：《〈汉书·艺文志〉中小说家类中"伪托"之意》，《河北北方学院学报》2011年第3期。

③ 班固：《汉书·儒林传》，中华书局1962年版，第3607页。

所藏《尚书》，认为《百两篇》是拼合而成；此外，班固认为《百两篇》中的篇章文意浅陋。从辨伪角度而言，班固运用的考辨方法有从本书流传、他书著录、比勘其他古籍、考察思想内容四种。

此外，对于司马迁"《书传》《礼记》自孔氏"[①] 的看法，班固并不认同。他认为《乐记》是"武帝时，河间献王好儒，与毛生等共采《周官》及诸子言乐事者"[②] 所作。

四、王充

（一）王充其人

王充（27—约96），字仲任，东汉会稽上虞（今浙江上虞县）人。年二十二，始撰《论衡》。年二十八，入京师，受业大学，师事班彪。好博览而不守章句。家贫无书，常游洛阳市肆，阅所卖书，一见辄能诵忆，遂博通众流百家之言。三十二岁，归乡里，屏居教授。王充好论说，始若诡异，终有实理。以为俗儒守文，多失其真，乃闭门潜思，绝庆吊之礼，户牖墙壁，各置刀笔，撰《论衡》八十五篇，二十余万言。生平事迹详见《后汉书·王充传》《论衡·自纪篇》。

（二）王充的文献辨伪

《论衡》中的《对作篇》，相当于《论衡》的自序，此篇关于《论衡》的写作宗旨，交代得十分明白，如说："是故《论衡》之造也，起众书并失实，虚妄之言胜真美也……故《论衡》者，所以铨轻重之言，立真伪之平，非苟调文饰辞，为奇伟之观也。其本皆起人间有非，故尽思极心，以讥世俗。"又说："今《论衡》就世俗之书，订其真伪，辩其实虚""《论衡》实事疾妄"。《自纪篇》亦云："伤伪书俗文多不实诚，故为《论衡》之书。"可见《论衡》专门针对伪书妄说而发。《论衡》的批判锋芒主要指向当时盛行的谶纬。对于俗儒穿凿附会的传记，乃至圣人凭空立说的经书，也抱怀疑的态度，根据事实加以检验。

《论衡》所辨，以伪事、伪说为主，但也涉及伪书。可以说《论衡》即为一部"广义文化辨伪学"。

孙钦善先生从"集中解驳谶纬及今文经学所宣扬的天人感应迷信邪说""离经叛道，辨儒家圣贤立说之伪""不从俗说，考辨群书真伪""实事求是的多种辨伪方法"四个方面介绍王充辨伪成就。[③]

吴有定《王充的辨伪观念与实践》认为，两汉时期，作伪成风，伪书迭出。王充对虚妄之书及其产生有其独特的见解，他认为世俗"好奇怪""信虚妄"的习性是滋生伪书的土壤，而作伪者无原则地投世俗之所好而随意夸大、杜撰是伪书产生的直接要因；伪书直接导致世俗"是非不定"，贻害无穷，因此对伪书应当清除务尽。为了消灭华伪之文，

---

① 司马迁：《史记·孔子世家》，中华书局 1959 年版，第 1936 页。
② 班固：《汉书·艺文志》，中华书局 1962 年版，第 1712 页。
③ 孙钦善：《王充与辨伪》，《北京大学学报》1985 年第 5 期。

进而实现"纯诚之化"的理想，王充坚决与"虚妄之传"针锋相对，勇于辨伪的实践。王充的辨伪，既有对伪事伪说的考辨，也有对伪书的考辨。①

杜恕（197—252）《笃论》曰："日给之华，与奈相似也，奈结实而日给零落；虚伪之言，与真实相似也，虚败改而真实成。"此论可与《论衡》互证。

五、马融

（一）马融其人

马融（79—166），字季长，扶风郡茂陵县（今陕西省兴平市）人。著《三传异同说》。其文集已佚，明人辑有《马季长集》。唐代时配享孔子，宋代时被追封为扶风伯。

（二）马融的文献辨伪与被托

1. 《尚书·泰誓》

《尚书》在汉初只有二十八篇，无《泰誓》。后得伪《泰誓》三篇，诸儒多疑之。如马融对当时流行的《尚书·泰誓》进行了辨伪：

> 《泰誓》后得，案其文似若浅露，稽其事颇涉神怪，得无在子所不语中乎！《春秋》引《泰誓》曰："民之所欲，天必从之。"《国语》引《泰誓》曰："朕梦协朕卜，袭于休祥，戎商必克。"《孟子》引《泰誓》曰："我武惟扬，侵予之疆，取彼凶残，我伐用张，于汤有光。"孙卿引《泰誓》曰："独夫受。"《礼记》引《泰誓》曰："予克受，非予武，惟朕文考无罪。受克予，非朕文考有罪，惟予小子无良。"今文《泰誓》皆无此语。吾见书传多矣，所引《泰誓》而不在《泰誓》者甚多，弗复悉记，略举五事以明之，亦可知矣。（《尚书注疏》卷十一引）

明儒朱睦㮮云：

> 伏生二十八篇无《泰誓》。武帝时，伪《泰誓》出，先儒马融辈疑之，谓其文浅露不类，非惟不似古文，亦不似伏生之今文也。吾又见昔人所引用《泰誓》白鱼入于王舟，有火于王屋流为乌及他云云，而不在今本，或又有一《泰誓》也。按，汤、武俱以征伐而有天下，然汤之辞裕，武之辞迫。汤之数桀也恭，武之数纣也傲，以此知《泰誓》非当时本文也。②

顾颉刚认为马融所作的一篇否定《尚书·泰誓》的文字可算做考据性的辨伪的第一声，他加以解释说：

---

① 吴有定：《王充的辨伪观念与实践》，《韶关学院学报》2012 年第 5 期。
② 朱睦㮮：《五经稽疑·伪泰誓》。

　　《泰誓》是汉武帝时所谓新发见的一篇周初的书，当时立于学官，取得国定本教科书的地位。但它在经典上的权威竟不能鼓起马融的信仰，反给他举出两项理由来反对：第一，其中太多神话，不合于孔子选《尚书》的标准；第二，古书中所引的《泰誓》都不曾见于这一篇里。前一项理由很有商量的余地，因为古人本来相信神话（实际上这是秦、汉间人派定周为火德，故有"火复于上"及"举火"的符瑞）；后面一项却是颠扑不破的坚强证据。《左传》《国语》《孟子》《荀子》《礼记》都是孔子以后的书，如果《尚书》百篇确出孔子所定，武帝时发见的《泰誓》又确为其中的一篇，那么左丘明、孟轲、荀卿等所引的《泰誓》之文便不该不在里头，为什么在这一本中都看不见？这本《泰誓》的文字为什么又绝不见引于先秦诸子？这分明是两篇文章，一篇是战国时存在着的，一篇是西汉时伪造的。①

　　马融首先指出其文浅露多怪，接着从辑佚的角度对今文《泰誓》展开证伪，其辨伪在方法论上极具意义，即据佚文证伪。王肃亦云："《泰誓》近得，非其本经。"马融惟言"后得"，未道其详，不知何时得之。

　　2. 《忠经》

　　《忠经》旧题东汉马融撰。

　　这是一部系统阐释古代忠德思想的文献。该书宋前公私目录均未著录，明末以后，学者怀疑是后儒伪作，清代针对该书的成书时代问题展开了一系列探讨，但至今争议仍存。当前学术界对《忠经》的研究多关注其当代社会价值和内容的解读，对其成书时代问题及与该书相关的目录学归属、版本和价值等问题鲜有深入探讨者。《忠经》的成书时代问题，学术界主要形成三种说法：东汉说、唐代说、宋代说。争论集中于唐、宋两个时期，《忠经》的作者学界亦有分歧，有东汉马融说、唐居士马融说、海鹏说三种看法。王博凯《忠经成书时代及相关问题研究》（陕西师范大学 2016 年硕士学位论文）在前贤研究的基础上从多个视角对其成书时代问题作一考证，通过综合分析，认为其成书于宋初的可能性最大。

　　《忠经》是根据《孝经》影撰出来的。通常说"移孝作忠"，先有《孝经》，再影撰出《忠经》。要之，《忠经》断非东汉马融所撰，马融因为在经学上的崇高地位与巨大影响，遂成为被托者。

六、郑玄

（一）郑玄其人

　　郑玄（127—200），字康成，北海高密人。师事京兆第五元先，始通《京氏易》《公羊春秋》《三统历》《九章算术》。又从东郡张恭祖受《周官》《礼记》《左氏春秋》《韩诗》《古文尚书》。西入关，因涿郡卢植之介，师事马融。马融门徒四百余人，升堂进者五十余生。马融素骄贵，郑玄在门下，三年不得见，乃使高业弟子传授于郑玄。郑玄日夜

---

① 顾颉刚：《古籍考辨丛刊》第一集，社会科学文献出版社 2010 年版，第 3 页。

寻诵，未尝怠倦。会马融集诸生考论图纬，闻郑玄善算，乃召见于楼上，郑玄因从质诸疑义，问毕，辞归。马融喟然谓门人曰："郑生今去，吾道东矣。"郑玄自游学，十余年乃归乡里。家贫，客耕东莱，学徒相随已数百千人。及党事起，乃与同郡孙嵩等四十余人俱被禁锢，遂隐修经业，杜门不出。

遍注《周易》《尚书》《毛诗》《仪礼》《礼记》《论语》《孝经》《尚书大传》《中候》《乾象历》，又著《天文七政论》《鲁礼禘义》《六艺论》《毛诗谱》《驳许慎五经异义》《答临孝存周礼难》。郑玄质于辞训，通人颇讥其繁。至于经传博通审悉，称为纯儒，齐、鲁间宗之。论曰："自秦焚六经，圣文埃灭。汉兴，诸儒颇修艺文；及东京，学者亦各名家。而守文之徒，滞固所禀，异端纷纭，互相诡激，遂令经有数家，家有数说，章句多者或乃百余万言，学徒劳而少功，后生疑而莫正。郑玄括囊大典，网罗众家，删裁繁诬，刊改漏失，自是学者略知所归。王父豫章君每考先儒经训，而长于玄，常以为仲尼之门不能过也。及传授生徒，并专以郑氏家法云。"后世以郑学为汉学之正宗，实则混合古今之学术，折中今文古文，经学之统绪至此遂混而为一。

（二）郑玄的文献辨伪

1. 《尚书注》《尚书大传注》
郑珍《郑学录》卷三云：

《尚书注》，《七录》《释文叙录》，隋、唐《志》九卷。按《汉·艺文志》：《尚书古文经》四十六卷，为五十七篇。康成虽受古文于张恭祖，其所注者实止二十九篇。《释文》云："马、郑所注，并伏生所诵。"《尧典正义》云："郑注《尚书》篇数与三家同。"是也。唯从刘向《别录》分出《盘庚》《泰誓》各二，《康王之诰》一，凡三十四篇，并《书序》一篇，较小夏侯经二十九篇多五篇，欧阳经三十一篇多三篇耳。【按：《古文经》五十八卷，见《别录》，康成叙赞云：后又亡其一篇，故班《志》云五十七。然则孔壁《古文尚书》，《盘庚》《太誓》本各三篇，《顾命》《康王之诰》本二篇，于今文凡三十四篇，合之安国得多二十四篇，乃为五十八，非康成始分也。《尧典正义》云："郑氏于伏生二十九篇之内分出《盘庚》三篇、《康王之诰》、又《太誓》三篇，为三十四，更增益伪书二十四篇，为五十八。"说大谬。】其孔安国得多今文之十六篇，皆未尝为之注，唯于《书序》注述其第目。《尧典正义》云：郑注《书序》、《舜典》一、《汩作》二、《九共》九篇十一、《大禹谟》十二、《益稷》十三、【本是弃稷，作益稷，误。】《五子之歌》十四、《胤征》十五、《汤诰》十六、《咸有一德》十七、《典宝》十八、《伊训》十九、《肆命》二十、《原命》二十一、《武成》二十二、《旅獒》二十三、《冏命》二十四。【本是"毕命"，作"冏命"，误。】以此二十四篇为十六卷《九共》九篇共卷，是也。【《正义》云："张霸之徒于郑注之外伪造二十四篇，以足郑注三十四篇为五十八篇。"此说大谬。】自晋元帝时梅颐奏上伪《孔传》，以后遂孔、郑并行。及唐陆元朗撰《释文》，孔冲远撰《正义》，皆以伪孔为主，郑注由是寝亡。宋末王应麟采辑为一卷，至国朝阎征君若璩撰《尚书古文疏证》，惠征君栋撰《古文尚书考》，以辨定《孔传》之伪。逮乾隆间王光禄鸣盛因王辑注本又加增补作《尚书后案》，江征君声作《尚书集注音疏》，孙观察星衍集《古文尚书》注，又作《古今文尚书注疏》，段大令玉裁作《古文尚书撰异》，皆以阐郑氏学，康成《尚书》注义复明。

《尚书大传注》，《隋志》三卷，宋元间此书尚存，至明无见之者。国朝朱氏《经义考》已云佚。乾隆间，卢运使见曾于吴中得旧藏本，凡四卷，卢学士文弨作《考异》《补遗》各一卷行于世。嘉庆间，陈编修寿祺为作笺，仍《隋志》三卷，又作《叙录》一卷，《订误》一卷。按：《汉·艺文志》"伏生经二十九卷，传四十一篇"，康成序云：伏生为秦博士，张生、欧阳生从其学而授之。生终后，数子各论所闻，别作章句，又别撰大义，因经属指名之曰传。刘子政校书，得而上之，凡四十一篇。至元始诠次为八十三篇。则今四卷本乃后人抄撮而成，非复隋唐完编矣。唯《五行传》一编首末具在。

按：【】内文字是郑珍所加的注释，也可以看出他的观点，可与本书郑珍部分合观。郑学是清代文献辨伪学的起点，清代汉学诸大家大多以继承和发扬郑学为赤帜。

2.《礼记·月令》

郑玄《三礼目录》据职官、时事辨《礼记·月令》非周公所作：

名曰《月令》者，以其记十二月政之所行也，本《吕氏春秋·十二月纪》之首章也，以礼家好事抄合之，后人因题之名曰《礼记》，言周公所作，其中官名时事多不合周法。此于《别录》属《明堂阴阳记》。

此卷所出，解者不同，今且申郑旨释之。按：吕不韦集诸儒士著为《十二月纪》，合十余万言，名为《吕氏春秋》，篇首皆有《月令》，与此文同，是一证也。又周无大尉，唯秦官有大尉，而此《月令》云"乃命大尉"，此是官名不合周法，二证也。又，秦以十月建亥为岁首，而《月令》云"为来岁授朔日"，即是九月为岁终，十月为授朔，此是时不合周法，三证也。又周有六冕，郊天迎气则用大裘，乘玉辂，建大常日月之章，而《月令》服饰车旗并依时色，此是事不合周法，四证也。故郑云"其中官名时事多不合周法"。然按秦始皇十二年吕不韦死，十六年并天下，然后以十月为岁首，岁首用十月，时不韦已死十五年，而不韦不得以十月为正。又云"《周书》先有《月令》"，何得云不韦所造？又，秦并天下立郡，何得云诸侯？又，秦以好兵杀害，毒被天下，何能布德施惠，春不兴兵？既如此不同，郑必谓不韦作者，以《吕氏春秋·十二月纪》正与此同，不过三五字别；且不韦集诸儒所作为一代大典，亦采择善言之事，遵立旧章，但秦自不能依行，何怪不韦所作也？又秦为水德，其来已久，秦文公获黑龙以为水瑞，何怪未平天下前不以十月为岁首乎！是郑以《月令》不韦所作。《月令》者，包天地阴阳之事，然天地有上下之形，阴阳有生成之理，日月有运行之度，星辰有次舍之常。

郑玄发现"其中官名时事多不合周法"，这是很硬的证据。郑玄以《月令》为吕不韦所作。孔颖达重申郑旨，续举数证，论证更加充分。

3. 《周礼》

郑玄、林孝存等人还围绕《周礼》之真伪展开过争辨。《四库全书总目》云："《周官》初出，林孝存虽相排击，然先后二郑咸证其非伪。"①

郑珍《郑学录》卷三云：

> 《答临孝存周礼难》，刘知幾称《郑志目录》作《答临硕难礼》，今依范书。贾公彦序《周礼废兴》云：林孝存以为武帝知《周官》末世渎乱不验之书，故作十论、七难以排弃之。郑玄遍览群经，知《周官》为周公致太平之迹，故能答林硕之论难，使《周礼》义得条通。按：此书唐后久逸，十论、七难今不能详，康成所答，其遗文见经疏者，《礼记·王制》内二条，《周礼》内三条，《毛诗》内二条而已。唯《女巫疏》引答叹歌哭而请者，其文首尾完具。《诗·棫朴》正义称临硕引《诗》三处"六师"以难《周礼》郑释之云云者，亦足见所答之一端。《閟宫》《夏官》三引皆是答此事，《王制》两引无难义而有答辞。盖是硕持《王制》"田禄"以难《周礼》而郑答之也。自此三事而外，皆无考。

4. 《孝经注》

郑珍《郑学录》卷三云：

> 《孝经注》，隋、唐《志》一卷，五代间亡。宋《三朝志》："周显德中新罗献别序《孝经》，即郑注。"见《直斋书录》。《崇文总目》："咸平中，日本僧奝然以《孝经》来献，与太学所立陆德明《释文》相应。"陈振孙云："未详孰是？"熊克、袁枢得之，刻于京口学官，以后又亡。国朝乾隆间，日本人冈田以所刻《孝经》郑注由海舶传入中国，言是其国《群书治要》所载。鲍廷博因刻之丛书中，以校前籍所引，即明见《释文》、邢疏者亦多遗漏，知冈田见其国太宰纯前以伪《古文孔氏传》附至，颇为中国所称，因以薄殖作伪，欲炫异希名耳。嘉庆初，臧贡生庸辑一本，视各家采辑特详。按：康成此经注，历魏晋宋人无异辞，南齐陆澄忽发难端，谓用辞不与注书相类，玄自序注众书亦无，书与王俭，请不藏秘府。唐陆德明又以《郑志》及《中经簿》无，特随俗用以作音，而犹曰"未详是非"也。及开元七年，诏令诸儒详定郑、孔所长，刘知幾乃立十二验以决郑不注《孝经》。诏虽依旧行用，而刘议颇多信者，此注遂不为康成书矣。然书题所云"郑氏"，究无主名，梁载言《十道志》始谓是康成胤孙所作，王伯厚乃以小同实之，国朝通儒多以为信。余谓：此皆压于知幾之十二验，而未究其强争武辨之实不然也。【十二验略：一，郑君自叙遭党锢注《礼》，事解注《尚书》《诗》《论语》，来元城注《周易》，无注《孝经》文。二，《郑志》言师所注，惟有《诗》《礼》《书》《易》。三，《郑志目录》经注之外，寸纸片言悉载，无容匿此不言。四，《郑记》亦不言及。五，赵商作郑先生碑铭不

---

① 《四库全书总目》卷二三，《周官辨非》提要。

载，《晋中经簿》《周易》九书皆云郑氏注，名玄，《孝经》则称郑氏解，无名玄二字。六，宋均是传业弟子，注《春秋纬》云"康成《春秋》"，《孝经》则有评论。七，宋均注《孝经纬》云"《六艺论》序《孝经》云'玄又为之注'，而均无闻"。八，均注《春秋纬》云：玄为《春秋》《孝经》略说。九，谢承等史传皆不载。十，王肃《孝经传》首有司马宣王奏，都不言郑。十一，王肃《圣证》及郑小失，此若出郑，被击应多，而肃无言。十二，魏晋中辨论无一引者】按：《六艺论》序《孝经》云"玄又为之注"，则康成注此经自言已明。其序云："避难南城山，栖迟岩石之下，述夫子之志而注《孝经》"。说者言南城在徐州，则注书之时与地，自言亦明。王肃《圣证论》驳康成"以社为五土之神"，举郑《月令》注云"社，后土也"，《孝经》注云"社，后土也"；句龙为后土。郑既云"社后土"，则句龙也是。郑自相违反。其文载《礼记·郊特牲》正义。自序犹曰虚诬，《圣证》必无假借，则注之为康成审矣。其于门人，史家如知幾云云者，考康成客徐州在初平三年，时已六十六岁，后四年为建安元年，自徐州归。归后四年即卒，其孙小同仅四五岁。此注既晚年客中之作，门人当未及传授，洎归后，其稿久淹箧衍，亦著书满家者之常，必俟小同长大检得遗稿始出而传之，此所以赵商碑铭不及具载，宋均注《纬》亦曰"无闻"，诸门人追述师言，匪惟《郑志》《郑记》都不言及，即撰著目录且无此书，皆以其时注稿未出，并未传习故也。后来稿出，目录行世已久，小同自不得增入。谢承、薛莹、司马彪、袁山松诸人撰《康成传》，自止据目录载之，即《中经簿》亦缘目录无此，故止从其书题而不加"名玄"二字，非有他也。至于康成自叙止及《诗》《书》《易》《礼》《论语》，于所注仅十之二三，即目录谢书于《隋志》著录者，亦止三分之二，宁得谓此外皆不出康成哉？司马宣王之奏，言各有主，岂宜必及郑注？朝臣辨论时事，郑之五经注已不胜引，何以必援《孝经》？知幾诸验要是止拈出《圣证》所引，纷纷按据，总成虚设，徒鼓二陆之余波，泄好辨之客气而已。盖知幾本长史学，抨弹前史，人无完肤；穷经之功，固宜卤莽。时《圣证论》完存，想亦目常浏览，原未细读。其于此注，先有二陆之论蟠踞胸中，遂以言语鄙陋，义理乖疏视之，决不疑王肃已引其词，即矛刺盾。故一则曰魏晋之朝无有此说，再则曰魏晋朝贤未有一引，如醉寐狂叫，不顾人嗤哂若此。惜当时皆慑其名学，谓必不误，都无抵其巇而破之者。若遇孔冲远、贾公彦诸君，知幾其殆矣乎！今而后《孝经》郑氏解之为康成，庶明白矣。若夫彦渊、元朗谓与注五经不同，明皇又谓舛驳尤甚，欲瘞其业，势必抵诋，要于此注无与轻重也。

历代对此书争议极大，根据舒大刚教授《孝经郑注真伪诸说平议》（《儒藏论坛》2012 年卷）的研究，大致经历四个时期：（1）南朝到唐代的怀疑期，这一时期的怀疑以陆澄和刘知幾为代表，陆澄从"注文不类他经"立说，刘知幾以"不见著录"为论，但是他们都忽略了许多反证，举证不全面，因而没有说服力。（2）从清初至乾隆时，朱彝尊、余萧客、王谟、陈鳣、臧庸、袁钧等人，依据古注旧疏，广泛辑佚，使学人初识《郑注》；与此同时，日本学人也对《郑注》的辑佚和恢复作出了努力，并取得多项成绩。

（3）嘉庆初年，日本冈田挺之从《群书治要》辑出的《孝经郑注》传入中国，引起中国学人对日传《郑注》真伪的热烈讨论。在相持不休的状况下，一批中国学人，如黄奭、洪颐煊、严可均、孙季咸、皮锡瑞、龚道耕等人，又回过头来综理旧文，他们在前人辑佚基础上，继续旁征博引，钩稽沉溟，使《郑注》辑佚工作达到当时最高水平。但是由于资料仍然是一鳞片爪，证据不足，《郑注》真伪和是否郑玄所撰，仍然处于疑信之间。

（4）清末敦煌遗书发现后，在尚残存的三十余件《孝经》文献中，赫然发现了十余件郑氏《孝经》及其《序》《注》，为《郑注》的恢复提供了最原始也最为完整的祖本。

第二章
魏晋南北朝的文献辨伪

魏晋南北朝时的辨伪成就主要是开创了佛经辨伪的先河，这是和魏晋南北朝时期佛教的盛行分不开的。这一时期，参与佛经辨伪的学者主要有晋代道安、僧祐。除此之外，三国魏的马昭、傅玄，南齐陆澄和北齐颜之推，都有考辨古籍之语。

一、道安

（一）道安其人

道安（312—385），前秦名僧、文学家、翻译家，常山扶柳（今河北省冀州市）人，卫氏望族出身，汉族。53岁南下襄阳，研究佛学十余年，成为前秦时期的佛教领袖，深受前秦宣昭帝苻坚的喜爱。道安最突出的贡献，是用中国传统文化解释外来文化，做到"洋为中用"。

（二）道安的文献辨伪

道安首先提出佛经有真伪相杂的现象：

> 外国僧法，学皆跪而口受。同师所受，若十、二十转，以授后学。若有一字异者，共相推校，得便摈之，僧法无纵也。经至晋土，其年未远，而喜事者以沙糅金，斌斌如也，而无括正，何以别真伪乎！农者禾草俱存，后稷为之叹息；金厕玉石同缄，卞和为之怀耻。安敢预学次，见泾渭杂流，龙蛇并进，岂不耻之！今列意谓非佛经者如左，以示将来学士，共知鄙倍焉。①

---

① 僧祐：《出三藏记集》卷五，中华书局1995年版，第221~222页。

据《出三藏记集·新集安公疑经录》中所载，道安列举出"非佛经者"共二十六部三十卷：

> 《宝如来经》二卷，南海胡作，或云《宝如来三昧经》。
>
> 《定行三昧经》一卷，或云《佛遗定行摩目捷所问经真谛》。
>
> 《比丘慧明经》一卷，或云《慧明比丘经》，或云《清净真谛经》。
>
> 《尼咤国王经》一卷，或云《尼咤黄罗国王经》，或云《黄罗王经》。
>
> 《胸有万字经》一卷，或云《胸现万字经》。
>
> 《萨和菩萨经》一卷，旧录云《国王萨和菩萨经》。
>
> 《善信女经》二卷，或云《善信经》。
>
> 《护身十二妙经》一卷，一名《度世护世经》。
>
> 《度护经》一卷，或云《度护法经》。
>
> ············

虽然其并未提出怀疑这些佛经为伪作的证据为何，但却是辨伪史上对佛经进行辨伪的创举，梁启超评价道："东晋的道安编佛经目录，把可疑的佛经，另外编入一门，叫做《疑经录》。因为他这样，所以后来编佛经的都很注意伪书了。"①

二、僧祐

（一）僧祐其人

僧祐（445—518），徐州下邳郡（今江苏徐州邳县）人，生于江南建业（今江苏南京），俗姓俞氏。南北朝南齐、南梁时代的一位律学大师，南朝僧人，佛教史学家，也是古代杰出的佛教文史学家。

（二）僧祐的文献辨伪

《出三藏记集》卷一《新集疑经伪撰杂录第三》：

> 《长阿含经》云："佛将涅槃为比丘说四大教法。若闻法律，当于诸经推其虚实，与法相违，则非佛说。"又《大涅槃经》云："我灭度后，诸比丘辈抄造经典，令法淡薄。"种智所照，验于今矣。自像运浇季，浮竞者多，或凭真以构伪，或饰虚以乱实。昔安法师摘出伪经二十六部，又指慧达道人以为深戒。古既有之，今亦宜然矣。祐校阅群经，广集同异，约以经律，颇见所疑。夫真经体趣融然深远，假托之文辞意浅杂，玉石朱紫，无所逃形也。今区别所疑，注之于录，并近世妄撰亦标于末，并依倚杂经而自制名题，进不闻远适外域，退不见承译西宾，"我闻"兴于户牖，印可出于胸怀，诳误后学，良足寒心。既躬所见闻，宁敢默已。呜呼！来叶慎而察焉。

---

① 梁启超：《古书真伪常识》，中华书局 2015 年版，第 44 页。

僧祐批评疑经伪撰"或义理乖背，或文偈浅鄙"，他采用了义理与文辞兼顾的辨伪方法，主要从思想与风格两个方面进行辨伪。

三、马昭

（一）马昭其人

马昭，生卒年不详。与张融皆为郑玄弟子。三国魏博士。

（二）马昭的文献辨伪

马昭云："《家语》王肃所增加，非郑所见。"① 虽然马昭辨伪之语不多，但片言居要，开《家语》辨伪之先河。清代中期范家相的《家语证伪》和孙志祖的《家语疏证》皆受到影响，认为《孔子家语》为王肃伪作。

四、张揖

（一）张揖其人

张揖，字稚让，清河人，一云河间人。魏初博士，一云太和中为博士。著有《广雅》四卷。

（二）张揖的文献辨伪

张揖《上广雅表》：

> 博士臣揖言：臣闻昔在周公，缵述唐虞，宗翼文武，克定四海，勤相成王，践阼理政。日昃不食，坐而待旦。德化宣流，越裳徕贡，嘉禾贯桑。六年制礼，以导天下。著《尔雅》一篇，以释其义。传于后嗣，历载五百。坟典散落，唯《尔雅》恒存。《礼·三朝记》："哀公曰：'寡人欲学小辨，以观于政，其可乎?'孔子曰：'《尔雅》以观于古，足以辩言矣。'"《春秋元命苞》言："子夏问，夫子作《春秋》，不以初、哉、首、基为始，何?"是以知周公所造也。率斯以降，超绝六国，越逾秦楚，爰暨帝刘。鲁人叔孙通撰置《礼记》，文不违古。今俗所传三篇《尔雅》，或言仲尼所增，或言子夏所益，或言叔孙通所补，或言沛郡梁文所考，皆解家所说先师口传，既无正验圣人所言，是故疑不能明也。夫《尔雅》之为书也，文约而义固；其陈道也，精研而无误。真七经之检度，学问之阶路，儒林之楷素也。若其包罗天地，纲纪人事，权揆制度，发百家之训诂，未能悉备也。

---

① 孔颖达：《礼记正义》卷三十八，十三经注疏标点本，北京大学出版社 1999 年版，第 1099 页。

《尔雅》一书最初相传为周公所造，其后或言仲尼所增，或言子夏所益，或言叔孙通所补，或言沛郡梁文所考，皆解家所说先师口传，既无正验圣人所言，是故疑不能明。

五、傅玄

（一）傅玄其人

傅玄（217—278），字奕休，北地郡泥阳（今陕西铜川市耀州区）人。

傅玄是魏晋之际重要的作家代表，他不仅创作了以儒家思想为主的子书《傅子》，而且有数量较多的诗、赋、文等文学作品存世。

至于其诗，古人也有很高的评价。如明陆时雍《诗镜总论》云："玄得古之神。汉人朴而古，傅玄精而古。朴之至，妙若天成；精之至，綦如鬼画。二者俱妙于思虑之先矣。"

（二）傅玄的文献辨伪

1. 《管子》

傅玄首先开始怀疑《管子》之书非出自管仲之手："《管子》之书，过半便是后之好事者所加，乃管仲死后事。其《轻重》篇尤复鄙俗。"①

傅玄对《管子》辨伪的寥寥数言，开了《管子》辨伪的先河。后世学者在讨论《管子》真伪问题时，往往以此为基点。

2. 《国语》

《汉志》："《国语》二十一篇，不著撰人名。"史迁曰："左丘失明，厥有《国语》。"傅玄、刘炫、啖助、陆淳皆以为与左氏文体不伦。

六、陆澄

（一）陆澄其人

陆澄（425—494），字彦渊，吴郡吴县（今江苏苏州）人。少好学博览，无所不知。起家太学博士。同时王俭谓之曰："昔曹志、缪悦为此官，以君系之，始无惭德。"俭尝问澄曰："崇礼门有鼓而未尝鸣，其义安在？"答曰："江左草创，崇礼闼皆是茅茨，故设鼓，有火则扣以集众，相传至今。"撰地理书及杂传，死后乃出。

（二）陆澄的文献辨伪

陆澄与王俭书："王弼注《易》，玄学之所宗。今若弘儒，郑注不可废。并言《左氏》杜学之长。《穀梁》旧有糜信，近益以范宁，不足两立。世有一《孝经》，题为郑玄注，

---

① 这是有历史记载的第一次对管仲著作权问题提出怀疑（张固也：《〈管子〉研究》，齐鲁书社2006年版），由此引发了人们对《管子》的作者及写作年代长期的探求和争论。

观其用辞，不与注书相类。案玄自序所注众书，亦无《孝经》。且为小学之类，不宜列在帝典。"王俭答曰："《易》体微远，实贯群籍，岂可专据小王便为该备，依旧存郑，高同来说。元凯注传，超迈前儒，《穀梁》小书，无俟两注。存靡略范，率由旧式。凡此诸议，并同雅论。疑《孝经》非郑所注，仆以此书明百行之首，实人伦所先，《七略》《艺文》并陈之六艺，不与《苍颉》《凡将》之流也。郑注虚实，前代不嫌，意谓可安，仍旧立置。"①

　　陆澄疑古过勇，他从两个方面怀疑《孝经》为郑玄所注：首先，《孝经》中注的用辞与其所注书风格不相类；其次，郑玄的自序中亦没有提及有注《孝经》一事。前者似乎有理，后者似乎有漏。两相比较，还是王俭略胜一筹。辨伪需要博览群书，更需要明辨是非。"两脚书橱"加上一双"火眼金睛"，伪书则无所逃遁了。

七、褚澄

（一）褚澄其人

　　褚澄（？—483），字彦道，南朝宋国阳翟（今禹州）人。有《褚氏遗书》。

（二）褚澄的文献辨伪

　　褚澄认为《素问》一书是"后书之托名于圣哲"。

　　尹彦成问曰："五运六气是邪非邪？"曰："大桡作甲子隶首，作数志岁月日时远近耳，故以当年为甲子岁，冬至为甲子月，朔为甲子日，夜半为甲子时，使岁月日时积一十百千万亦有条而不紊也。配以五行，位以五方，皆人所为也。岁月日时，甲子乙丑，次第而及天地五行，寒暑风雨，仓猝而变，人婴所气，疾作于身。气难预期，故疾难预定；气非人为，故疾难人测。推验多舛，拯救易误，俞、扁弗议，淳、华未稽，吾未见其是也。"曰："《素问》之书，成于黄岐；运气之宗，起于《素问》。将古圣哲妄邪？"曰："尼父删经，三坟犹废；扁鹊卢出，虚医遂多。尚有黄岐之医籍乎？后书之托名于圣哲也。"曰："然则诸书不足信邪？"曰："由汉而上，有说无方；由汉而下，有方无说。说不乖理，方不违义，虽出后学，亦是良师。固知君子之言不求贫朽，然于《武成》之策，亦取二三。"曰："居今之世，为古之工，亦有道乎？"曰："师友良医，因言而识变；观省旧典，假筌以求鱼。博涉知病，多诊识脉。屡用达药，则何愧于古人。"

　　元滑寿《读素问钞》卷下三亦云：

　　又运气之说，褚澄尝议之矣，曰：大桡作甲子，纪岁年耳，非言病也。夫天地五行，寒暑风雨，仓卒而变，人婴斯气，作疾于身。气难预期，故疾难预定；气非人

---

① 萧子显：《南齐书·列传第二十》，中华书局 1972 年版，第 684 页。

为，故疾难人测。推验多舛，拯救易误。俞、扁弗议，淳、华弗稽。运气之书，岂非后人托名于圣哲耶？

按，《褚氏遗书》原书幽眇简切，多前人所未发。据《四库提要》考证，今本为后人所托。

又按，古代医书往往托名黄帝、神农、师巫、扁鹊、华佗以自神其说，由此可以招徕顾客。

八、颜之推

（一）颜之推其人

颜之推（531—约597），字介，生于湖北江陵，祖籍琅邪临沂。颜之推博学多识，一生著述甚丰，所著书大多已亡佚，今存《颜氏家训》《还冤志》，《急就章注》《证俗音字》《集灵记》有辑本。

（二）颜之推的文献辨伪

据《颜氏家训·书证篇》载：

> 或问："《山海经》，夏禹及益所记，而有长沙、零陵、桂阳、诸暨，如此郡县不少，以为何也？"答曰："史之阙文，为日久矣。加复秦人灭学，董卓焚书，典籍错乱，非止于此。譬犹《本草》，神农所述，而有豫章、朱崖、赵国、常山、奉高、真定、临淄、冯翊等郡县名，出诸药物；《尔雅》，周公所作，而云'张仲孝友'；仲尼修《春秋》，而经书'孔丘卒'；《世本》，左丘明所书，而有燕王喜、汉高祖；《汲冢琐语》乃载秦望碑；《苍颉篇》，李斯所造，而云'汉兼天下，海内并厕，豨黥韩覆，畔讨灭残'；《列仙传》，刘向所造，而赞云'七十四人出佛经'；《列女传》亦向所造，其子歆又作颂，终于赵悼后，而传有更始韩夫人、明德马后及梁夫人嫕，皆由后人所羼，非本文也。"

地名有时代特征，可以帮助断定著作时代。

颜之推还从人名、史实的角度指出了不少典籍如《尔雅》《春秋》《世本》《苍颉篇》《列仙传》《列女传》的矛盾之处，证明这些书籍之中有后人附益的成分。

《颜氏家训·名实篇》虽然讨论的是名实问题，也涉及真伪问题，故牵连及之。

九、陶弘景

（一）陶弘景其人

陶弘景（456—536），字通明，自号华阳隐居，谥贞白先生，丹阳秣陵（今江苏南京）人。十岁读《神仙传》，有养生之志，十五岁作《寻山志》，倾慕隐逸生活。二十岁时齐高帝引为诸王侍读，后拜左卫殿中将军。而立之年拜道士孙游岳为师，受符图、经法、诰诀，遍游名山，寻访仙药真经。永明六年（488），在茅山得到杨羲、许谧手书真迹。永明八年东行，拜谒各地居士和法师。永明十年（492），辞去朝廷食禄，隐居句容句曲山（今江苏茅山），传上清大洞经箓，开道教之茅山宗。梁武帝即位后，多次派使者礼聘，坚不出山。朝廷每有大事，常往咨询，平时书信往来频繁，时人称之为"山中宰相"。

陶弘景继承老庄哲理和葛洪的仙学思想，糅合道、佛二教观念，主张道、儒、释三教合流。继陆修静之后，进一步整理道教经书。撰成《真灵位业图》，排列了包括天神、地祇、人鬼以及群仙众真在内的等级森严的神仙世界。他还整理《神农本草经》，增收魏晋间名医所用的新药，编成《本草经集注》七卷，共记载有药物七百余种（原书已佚，现在仅存敦煌残卷）。此外尚有《真诰》《登真隐诀》《养性延命录》《集金丹黄白方》《药总诀》《华阳陶隐居集》等。

（二）陶弘景的文献辨伪

陶弘景认为，《神农本草》一书"后人多更修饰之尔"，其序云：

> 此书应与《素问》同类，但后人多更修饰之尔。秦皇所焚，医方、卜术不预，故犹得全录。而遭汉献迁徙，晋怀奔迸，文籍焚糜，千不遗一。今之所存，有此四卷。是其本经所出郡县乃后汉时制，疑仲景、元化等所记。

因为书中"所出郡县乃后汉时制，疑仲景、元化等所记""凡采药时月，皆是建寅岁首，则从汉太初后所记也"。因此，陶弘景据地理名称与历法判断，《神农本草》有后人附益。

十、刘勰

（一）刘勰其人

刘勰（约465—520），字彦和，东莞莒人。天监中兼东宫通事舍人，迁步兵校尉，兼舍人如故，后出家为沙门，改名慧地。事迹具《南史》本传。生活于南北朝时期的南朝梁代，中国历史上的文学理论家、文学批评家。晚年在山东莒县浮来山创办（北）定林寺。虽任多种官职，但其名不以官显。著有《文心雕龙》。

（二）刘勰的文献辨伪

1. 五言诗

刘勰对当时流行的李陵、班婕妤的五言诗进行考辨，其结论为："至成帝品录，三百余篇，朝章国采，亦云周备。而辞人遗翰莫见五言。所以李陵、班婕妤见疑于后代也。"[1]

---

[1]　刘勰：《文心雕龙·明诗》。

清初学者毛先舒《诗辩坻》卷四"竟陵诗解驳议"云：

> 苏、李赠答，苏端明疑其伪作，友夏以为伪作必出一手，今苏澹、李警，当是两人，似已。然此为汉调，故不待澹、警之辩也。且以两家诗较之，宜李澹而苏警也。刘彦和云："成帝品录三百余篇，而辞人遗翰罕见五言，所以李陵、班婕妤见疑于后代。"则梁世已有是论，不始于苏。盖苏诗稠塞，故不解苏、李之工；钟、谭清约，故笃称其妙，两家亦各知其所近耳。

游国恩等主编《中国文学史》第二编第五章"五言诗的起源和发展"亦云：

> 文人的五言诗是东汉才有的，相传为西汉枚乘、李陵、苏武等人的五言诗都不可信，这只是前人的传闻。《玉台新咏》把《文选》所载《古诗十九首》中的"行行重行行"等八首和另一首古诗"兰若生春阳"题为枚乘所作，是没有根据的。所以钟嵘说："自王、扬、枚、马之徒，词赋竞爽，而吟咏靡闻。"（《诗品序》）这是为什么呢？因为从五言诗发展的趋势看来，枚乘的时代不可能出现这样优美的文人五言诗。《文选》又载苏武诗四首，李陵《与苏武诗》三首，其中抒写朋友夫妻离别之情，行役战场之苦，与苏李赠别的事无关；诗中所写"江汉""河梁""山海""中州"等语，更与苏、李二人当日的情事和行踪不合。显然是后人假托的，或者是众多的无名氏古诗的一部分，被讹传为苏、李的作品。至于其他诸书所载的苏、李诗，那就更不必说了。此外《古诗十九首》中的"明月皎夜光"一首，有人认为是汉武帝太初以前的诗，实是出于误解（详后）。《文选》又把乐府古辞的《怨歌行》题为班婕妤作，也有问题。而古乐府《白头吟》的"皑如山上雪"一首，或又以为卓文君作，更是不可靠的。所以刘勰说："成帝品录，三百余篇，朝章国采，亦云周备。而辞人遗翰莫见五言。所以李陵、班婕妤见疑于后代也。"（《文心雕龙·明诗》）可见齐梁时人已经不相信西汉时有文人五言诗了。

这两段论述正好可以用来解释印证刘勰的说法。

2.《尔雅》

刘勰对《尔雅》的作者问题进行讨论，认为《尔雅》为孔门弟子所纂：

> 夫《尔雅》者，孔徒之所纂，而《诗》《书》之襟带也。①

3. 纬书

《文心雕龙·正纬》云：

> 夫神道阐幽，天命微显，马龙出而大《易》兴，神龟见而《洪范》耀，故《系辞》称"河出图，洛出书，圣人则之"，斯之谓也。但世夐文隐，好生矫诞，真虽存

---

① 范文澜：《文心雕龙注·练字第三十九》，人民文学出版社 1962 年版，第 624 页。

矣，伪亦凭焉。

夫六经彪炳，而纬候稠叠；《孝》《论》昭晰，而《钧》《谶》葳蕤。按经验纬，其伪有四：盖纬之成经，其犹织综，丝麻不杂，布帛乃成。今经正纬奇，倍摘千里，其伪一矣。经显，圣训也；纬隐，神教也。圣训宜广，神教宜约，而今纬多于经，神理更繁，其伪二矣。有命自天，乃称符谶，而八十一篇皆托于孔子，则是尧造绿图，昌制丹书，其伪三矣。商周以前，图箓频见，春秋之末，群经方备，先纬后经，体乖织综，其伪四矣。伪既倍摘，则义异自明。经足训矣，纬何豫焉？

原夫图箓之见，乃昊天休命，事以瑞圣，义非配经。故河不出图，夫子有叹，如或可造，无劳喟然。昔康王河图，陈于东序，故知前世符命，历代宝传，仲尼所撰，序录而已。于是伎数之士附以诡术，或说阴阳，或序灾异，若鸟鸣似语，虫叶成字，篇条滋蔓，必假孔氏，通儒讨核，谓起哀、平，东序秘宝，朱紫乱矣。至于光武之世，笃信斯术。风化所靡，学者比肩。沛献集纬以通经，曹褒选谶以定礼，乖道谬典，亦已甚矣。是以桓谭疾其虚伪，尹敏戏其浮假，张衡发其僻谬，荀悦明其诡诞：四贤博练，论之精矣。

若乃羲、农、轩、皞之源，山渎、钟律之要，白鱼、赤乌之符，黄金、紫玉之瑞，事丰奇伟，辞富膏腴，无益经典，而有助文章。是以后来辞人，采撷英华。平子恐其迷学，奏令禁绝；仲豫惜其杂真，未许煨燔。前代配经，故详论焉。

纬书八十一篇皆托于孔子，刘勰"按经验纬"，指出四伪，在桓谭、尹敏、张衡、荀悦四贤的基础上将纬书彻底证伪。

第三章

唐代的文献辨伪

唐代的文献辨伪较之于前代有了较大的发展。张西堂认为：“唐人辨伪的风气，受之于三国、六朝而影响及于宋人，这其间的关系极显明而重要；不了解唐人的辨伪，对于宋人的辨伪书是不能获得深刻的认识的。尤其在经学史上，所谓两宋‘经学变古时代’这样的大波澜，所以引起来的，更与唐人辨伪有关。为了明了宋人辨伪的来源，为了明了学术思想变迁的关系，我们对于唐人辨伪似乎应该相当的加以注意。”[1] 郑良树指出：“到了隋唐，古籍辨伪除赓续过去的路子，在学术界担当目录学、注疏学及经学的附庸角色外，又另辟蹊径，几乎有脱胎诞生，成为一门专科学问之势。”[2]

一、陆德明

（一）陆德明其人

陆德明（约550—630），名元朗，字德明，苏州吴县（今属江苏省苏州市）人。撰《经典释文》三十卷、《老子疏》十五卷、《易疏》二十卷，并行于世。唐太宗后尝阅德明《经典释文》，甚嘉之，赐其家束帛二百段。

（二）陆德明的文献辨伪

1. 《连山易》《归藏易》

陆德明认为，“《连山》久亡，《归藏》不行于世”[3]。

---

① 顾颉刚：《古籍考辨丛刊》第一集，社会科学文献出版社2010年版，第20页。
② 郑良树：《古籍辨伪学》，台湾学生书局1997年版，第71页。
③ 陆德明：《经典释文》卷一，中华书局1983年版，第3页。

2. 《尔雅》

陆德明认为"《尔雅·释诂》一篇，盖周公所作。《释言》以下，或言仲尼所增，子夏所足，叔孙通所益，梁文所补，张揖论之详矣"①，认为有后世附益的成分。

《尔雅注疏》卷一：

[疏] 释曰："尔雅"者，《释文》云："所以训释五经，辨章同异，实九经之通路，百氏之指南，多识鸟兽草木之名，博览而不惑者也。尔，近也。雅，正也。言可近而取正也。《释诂》一篇，盖周公所作，《释言》以下，或言仲尼所增，子夏所足，叔孙通所益，梁文所补。"张揖云："昔在周公，缵述唐虞，宗翼文武，克定四海，勤相成王，践阼理政。日昃不食，坐而待旦。德化宣流，越裳来贡，嘉禾贯桑。六年制礼，以导天下。著《尔雅》一篇，以释其义。传乎后嗣，历载五百。坟典散落，唯《尔雅》恒存。《礼·三朝记》：'哀公曰：寡人欲学小辨，以观于政，其可乎？孔子曰：《尔雅》以观于古，足以辨言矣。'《春秋元命苞》言：'子夏问，夫子作《春秋》，不以初、哉、首、基为"始"，何？是以知周公所造也。'率斯以降，超绝六国，越逾秦楚，爰暨帝刘。鲁人叔孙通撰置《礼记》，文不违古。今俗所传三篇《尔雅》，或言仲尼所增，或言子夏所益，或言叔通所补，或言沛郡梁文所著，皆解家所说先师口传，既无正验圣人所言，是故疑不能明也。夫《尔雅》之为书也，文约而义固；其陈道也，精研而无误。真九经之检度，学问之阶路，儒林之楷素也。""序"与绪音义同。《释诂》云："叙，绪也。"言己注述之由，叙陈此经之旨，若茧之抽绪耳。孔子作《书序》，子夏作《诗序》，故郭氏亦谓之"序"。序之大指，凡有五焉：初自"夫《尔雅》者"至"辨同实而殊号者也"，明此书之用也。二自"诚九流之津涉"至"摛翰者之华苑也"，言为群经之枢要也。三自"若乃"至"莫近于《尔雅》"，言其博物，他书不之过也。四自"《尔雅》者"至"其业亦显"，明其兴隆之时也。五自"英儒赡闻之士"至序末，总序己所以作注之意也。今各依文解之。

《尔雅》者，盖兴于中古，隆于汉氏，豹鼠既辨，其业亦显。

[疏] 释曰：此言兴隆之时也。云"盖兴于中古"者，《尔雅》之作，经传莫言其人及时，世但相传云周公作之以教成王，无正文，故云"盖"以疑之。经典通以伏牺为上古，文王为中古，孔子为下古。周公，文王子，父统子业，周公亦可言中古，故云"盖兴于中古"。云"隆于汉氏"者，以夫子没后，书纪散亡，战国陵迟，嬴秦燔灭，则此书亦从而坠矣。洎乎汉氏御宇，旁求典籍，除挟书之律，开献书之路，此书亦从而隆矣，故曰"隆于汉氏"也。云"豹鼠既辨，其业亦显"者，谓汉武帝时，孝廉郎终军既辨豹文之鼠，人服其博物，故争相传授，《尔雅》之业，于是遂显。言不但兴行，兼亦广显，故云"亦"也。

3. 《孝经》郑注

对于郑玄注《孝经》，陆德明认为"世所行《郑注》，相承以为郑玄。案《郑志》及《中经簿》无，唯中朝穆帝集讲《孝经》云以郑玄为主。检《孝经注》，与康成注五经不

---

① 陆德明：《经典释文》卷一，中华书局 1983 年版，第 17 页。

同，未详是非"①。此处，陆德明从目录、比勘方面，认为郑玄注《孝经》有可疑之处。

二、孔颖达

（一）孔颖达其人

孔颖达（574—648），字冲远，冀州衡水人。八岁从师学习，每日诵读千字。到成年后，明悉《周易》《尚书》《毛诗》《左传》《礼记》，擅长算术历法。同郡学者刘焯名扬海内，颖达上门求教，刘焯起初很轻视他，不以礼相待，等到颖达请教质疑答难问对，多出人意料，立即改变态度，以礼相待。隋炀帝大业初年，颖达应举明经科获及第，授任河内郡博士。当时隋炀帝召集各郡儒学官吏到东都洛阳，命令他们与国子监的秘书学士一起论辩经学中的问题。颖达论难答对，舌战群儒，一举夺魁。当时颖达最年轻，先辈宿儒因被他驳倒羞愤怀恨，暗中派刺客谋害颖达，礼部尚书杨玄感把他藏匿在府中，幸免于难。不久颖达补太学助教。唐太宗平定王世充后，召颖达为秦府文学馆学士。武德九年（626），授为国子博士。贞观初年（627），封曲阜县男，转任给事中。当时太宗刚刚即位，留心各种政务，颖达多次进谏忠言，颇受太宗信任。贞观六年（632），擢国子司业，迁太子右庶子。与群儒到明堂议论礼历、经义，都采用他的意见。又与魏徵撰《隋史》，加位散骑常侍。贞观十一年（637），与朝中贤德的人修订《五礼》。书成，晋爵为子，朝廷赏赐绢帛三百段。次年，拜国子祭酒，仍旧在东宫给太子讲学。孔颖达与颜师古、司马才章、王恭、王琰等群儒受诏命撰定五经义训，共一百八十卷，名叫《五经正义》。

（二）孔颖达的文献辨伪

张西堂辑录《唐人辨伪集语》，于《五经正义》中辑录 21 条，可知孔颖达怀疑《归藏》《周易》《尚书》《周礼》《仪礼》和《礼记》中部分篇章的作者和时代问题。

1. 《归藏》

孔颖达曰："《归藏》起于黄帝。"又曰："圣人因时随宜，不必皆相因，故《归藏》名卦之次亦多异。"又曰："孔子曰：'吾得《坤乾》焉，殷《易》以《坤》为首，故先《坤》后《乾》。'"又曰："《归藏》伪妄之书，非《殷易》也。"②

按清姚振宗《汉书艺文志拾补》引《经义考》曰："《归藏》隋时尚存，至宋犹有。《初经》《齐母》《本蓍》三篇其见于传注所引者，辞皆古奥。而孔氏《正义》谓《归藏》伪妄之书，亦未尽然。"又曰："《归藏》之书有《本蓍》篇，亦有《启筮》篇，有《齐母经》，亦有《郑母经》，见于郭景纯《山海经注》。《隋志》谓《归藏》汉初已亡，故班固《艺文志》不载。又谓《晋中经簿》有之，斯景纯得援之以释《山经》也。"

2. 《周易》

孔颖达通过史事的先后对于《周易·系辞》进行考辨：

---

① 陆德明：《经典释文》卷一，中华书局 1983 年版，第 15 页。
② 孔颖达：《春秋左传正义》卷三十，十三经注疏标点本，北京大学出版社 1999 年版，第 870 页。

其《周易·系辞》，凡有二说：一，说所以卦辞、爻辞并是文王所作。知者，案《系辞》云："《易》之兴也其于中古乎？作《易》者其有忧患乎？"又曰："《易》之兴也其当殷之末世、周之盛德邪？当文王与纣之事邪？"又，《乾凿度》云："垂皇策者牺，卦道演德者文，成命者孔。"《通卦验》又云："苍牙通灵，昌之成，孔演命，明道经。"准此诸文，伏羲制卦，文王系辞，孔子作《十翼》，《易》历三圣，只谓此也。故史迁云"文王囚而演《易》"，即是"作《易》者其有忧患乎"。郑学之徒并依此说。二，以为验爻辞多是文王后事。案：《升卦》六四"王用亨于岐山"，武王克殷之后，始追号文王为王，若爻辞是文王所制，不应云"王用亨于岐山"。又，《明夷》六五"箕子之明夷"，武王观兵之后，箕子始被囚奴，文王不宜豫言箕子之明夷。又，《既济》九五"东邻杀牛，不如西邻之禴祭"，说者皆云，"西郊谓文王，东邻谓纣"，文王之时，纣尚南面，岂容自言己德受福胜殷；又欲抗君之国，遂言东西相邻而已。又，《左传》韩宣子适鲁见《易象》，云"吾乃知周公之德"，周公被流言之谤，亦得为忧患也。验此诸说，以为卦辞文王，爻辞周公，马融、陆绩等并同此说，今依而用之。所以只言三圣，不数周公者，以父统子业故也。（《周易正义》卷一，《论卦辞爻辞谁作》）①

《周易·升卦·六四》中有"王用亨于岐山"，孔颖达据此推理："武王克殷之后，始追号文王为王，若爻辞是文王所制，不应云'王用亨于岐山'。"同理，《周易·明夷·六五》中记载了"箕子之明夷"之事，而这是武王观兵之后的事情，在孔颖达看来，文王在武王之前，不应预见此事。这些都是据史实来判断。

3.《尚书·泰誓》

孔颖达怀疑唐代《尚书·泰誓》并非汉代伏生所传：

《史记》及《儒林传》皆云伏生独得二十九篇以教齐、鲁，则今之《泰誓》非初伏生所得。案：《马融传》云："《泰誓》后得。"郑玄《书论》亦云："民间得《泰誓》。"《别录》曰："武帝末，民有得《泰誓》书于壁内者，献之；与博士使读说之，数月，皆起传以教人。"则《泰誓》非伏生所传，而言二十九篇者，以司马迁在武帝之世，见《泰誓》出而得行，入于伏生所传内，故为史总之，并云伏生所出，不复曲别分析，云民间所得，其实得时不与伏生所传同也。但伏生虽无此一篇（宋本"一"作"三"），而书传有八百诸侯俱至孟津、白鱼入舟之事，与《泰誓》事同。不知为伏生先为此说？不知为是《泰誓》出后，后人加增此语？案：王充《论衡》及后汉史，献帝建安十四年黄门侍郎房宏等说云："宣帝泰和（毛本"泰和"作"本始"）元年，河内女子有坏老子屋得古文《泰誓》三篇。"《论衡》又云："以掘地所得者。"今《史》《汉书》皆云伏生传二十九篇，则司马迁时已得《泰誓》，以并归于伏生，不得云宣帝时始出也。则云宣帝时女子所得，亦不可信。或者尔时重得之，故于后亦据而言之。《史记》云伏生得二十九篇，《武帝纪》载今文《泰誓》末篇，由此刘向之作《别录》、班固为《儒林传》不分明，因同于《史记》，而刘向云武帝末得之。《泰誓》理当是一，而古今文不同者，即马融所云"吾见书传多矣，凡诸所引，今之《泰誓》皆无此言"，而古文皆有，则古文为真亦复何疑。但于先有张霸之徒，伪造《泰誓》以藏壁中，故后得而惑世也。亦可今之《泰誓》，百篇之外，若《周书》之例，以于时实有观兵之誓，但不录入《尚书》，故古文《泰誓》曰："皇天震怒，命我文考，肃将天威，大勋未集，肆予小子发以尔友邦冢君观政于商。"是也。（同上，《尚书序》"百篇之义，世莫得闻"疏）

孔君作传，值巫蛊不行。以终前汉，诸儒知孔本有五十八篇，不见孔传，遂有张霸之徒于郑注之外伪造《尚书》凡二十四篇，以是郑注三十四篇为五十八篇……则郑注《书序》：伪作《舜典》一，《汩作》二，《九共》九篇十一，《大禹谟》十二，《益稷》十三，《五子之歌》十四，《胤征》十五，《汤诰》十六，《咸有一德》十七，《典宝》十八，《伊训》十九，《肆命》二十，《原命》二十一，《武成》二十二，《旅獒》二十三，《冏命》二十四。以此二十四为十六卷。

第一，马融言"《泰誓》后得"，详见前文；第二，郑玄云"民间得《泰誓》"①；第三，《别录》云："武帝末，民有得《泰誓》书于壁内者，献之；与博士使读说之，数月皆起，传以教人。"② 第四，司马迁之所以没有言《泰誓》非伏生所传，是因为司马迁之时，见《泰誓》在伏生所传《尚书》之内，就想当然地认为是伏生所传《尚书》原本中所有，"不复曲别分析"③。此处，孔颖达根据同时代人对《泰誓》的记载、常理分析以及考辨篇目的变化来辨伪。

4.《礼记·月令》

在疏解郑玄所注《礼记·月令》时，孔颖达列举了证据来解释郑玄所言《礼记·月令》中的"不合周法"之处：

吕不韦集诸儒士著为十二月纪，合十余万言，名为《吕氏春秋》，篇首皆有《月令》，与此文同，是一证也。又周无太尉，唯秦官有太尉，而此《月令》云"乃命太尉"，此是官名不合周法，二证也。又，秦以十月建亥为岁首，而《月令》云"为来岁授朔日"，即是九月为岁终，十月为授朔，此是时不合周法，三证也。又，周有六冕，郊天迎气则用大裘，乘玉辂，建大常日月之章，而《月令》服饰车旗并依时色，此是事不合周法，四证也。故郑云"其中官名时事多不合周法"。然按秦始皇十二年吕不韦死，十六年并天下，然后以十月为岁首，岁首用十月，时不韦已死十五年，而不韦不得以十月为正。又云"《周书》先有《月令》"，何得云不韦所造？又，秦并天下立郡，何得云诸侯？又，秦以好兵杀害，毒被天下，何能布德施惠，春不兴兵？既如此不同，郑必谓不韦作者，以《吕氏春秋·十二月纪》正与此同，不过三五字别；且不韦集诸儒所作为一代大典，亦采择善言之事，遵立旧章，但秦自不能依行，何怪不韦所作也？又秦为水德，其来已久，秦文公获黑龙以为水瑞，何怪未平天下前

---

① 孔颖达：《尚书正义·序》。
② 孔颖达：《尚书正义·序》。
③ 孔颖达：《尚书正义·序》。

不以十月为岁首乎？是郑以《月令》不韦所作。(《礼记正义》"月令第六"疏)①

　　根据孔颖达的解释，第一，《吕氏春秋》中各篇篇首都有《月令》，而《礼记》中也有《月令》，这一巧合应该是有某种关联的；第二，周代无"大尉"一官职，而《月令》中有，此为官制不合周法；第三，秦时，以十月建亥为岁首，而《月令》中所言"为来岁授朔日"即是按照秦时的历法，此为历法不合周法；第四，《月令》中所言祭祀服饰车马等不合周法，此为礼俗不合。孔颖达从《礼记》与《吕氏春秋》的关系、官制、历法和礼俗等方面，考辨出《礼记·月令》并非周时所作。

　　5.《管子》

　　孔颖达对《管子》一书的作者问题提出疑义。他说："世有《管子》书者，或是后人所录，其言甚详……《外传·齐语》与《管子》大同，《管子》当是本耳。管子无治于高傒之言，鲍叔之美管子，其言非一，说者各记所闻，故不同耳。"② 其在考辨《管子》非管仲作时，应该是参照了傅玄的观点。除此之外，他还提出《国语·齐语》③ 和《管子·小匡》十分相似，《管子》应该本自《国语》。此处，孔颖达以比勘其他古籍的方式进行辨伪。

　　此外，对于《周礼》和《仪礼》，孔颖达认为："自《正义》作而诸家之学始废，独疑《周礼》《仪礼》非周公书，不为义疏。"④ 即孔颖达之所以不为《周礼》《仪礼》二书作疏解，是因为怀疑二书的作者不是周公。

三、刘知幾

（一）刘知幾其人

　　刘知幾（661—721），字子玄，因避玄宗讳，故以字行，彭城（今江苏徐州）人。幼年，父藏器为授《古文尚书》，业不进，及闻为诸兄讲《春秋左氏传》，辄能辨析所疑，以为书能如是，读之何难？由是遂通览群史，擢进士第。武后时官著作佐郎，转左史，曾以本官兼修国史，历中宗、睿宗，至玄宗立，又除著作郎，累官至左散骑常侍。开元九年，遭贬，旋卒，享年六十一。

　　所撰之书，实有多种，今传世者，只有《史通》一书，即其研史精神之所寄也。刘氏自述作书之动机云："凡所著述，皆欲行其旧议，而当时同作诸士，及监修贵臣，每与其凿枘相违，龃龉难入，故其所载削，皆与俗浮沉，虽自谓依违苟从，然犹大为史官所嫉。嗟乎，虽任当其职，而吾道不行，见用于时，而美志不遂，郁怏孤愤，无以寄怀，必寝而不言，嘿而无述。又恐没世之后，谁知予者，故退而私撰《史通》，以见其志。"

---

① 孔颖达：《礼记正义》卷十四。

② 顾颉刚：《古籍考辨丛刊》第一集，社会科学文献出版社 2010 年版，第 29～30 页。又见孔颖达《春秋左传正义》卷八。

③ 即前面提及的《外传·齐语》，《国语》又名《春秋外传》。

④ 朱彝尊：《经义考》卷二百九十六，影印文渊阁四库全书本，第 680 册，第 790 页。

（二）刘知幾的文献辨伪

1.《孝经》郑注

《唐会要》卷七十七载，唐开元七年三月一日皇帝敕："《孝经》《尚书》有古文本孔、郑注，其中旨趣颇多舛驳，精义妙理苦无所归，作业用心复何所适。宜令诸儒并访后进达解者，质定奏闻。"其月六日，诏曰："《孝经》者，德教所先，自顷以来，独宗郑氏；孔氏遗旨，今则无闻。又，《子夏易传》，近无习者；辅嗣注《老子》，亦甚甄明；诸家所传，互有得失，独据一说，能无短长！其令儒官详定所长，令明经者习读，若将理等，亦可并行。其作《易》者，并帖《子夏易传》，共写一部，亦详其可否，奏闻。"时议以为不可，遂停。

其年四月七日，刘知幾上《孝经老子注易传议》称：

> 今俗所行《孝经》，题曰"郑氏注"，爰自近古，皆云郑即康成，而魏、晋之朝无有此说。至晋穆帝永和十一年及孝武帝太元元年，再聚群臣，共论经义；有荀昶者，撰集《孝经》诸说，始以郑氏为宗。自齐、梁以来，多有异论：陆澄以为非玄所注，请不藏于秘省；王俭不依其请，遂得见传于时；魏、齐则立于学官，著在律令，盖由肤（《孝经正义》作肹）俗无识，故致斯讹舛。①

刘知幾认为《孝经》非郑玄所注，在前人疑辨的基础上提出了十二条证据：

> 据郑君自序云："遭党锢之事，逃难，注《礼》；党锢事解，注《古文尚书》《毛诗》《论语》；为袁谭所逼，来至元城，乃注《周易》。"都无注《孝经》之文，其验一也。郑玄卒后，其弟子追论师所著述及应对时人，谓之《郑志》；其言郑所注者，唯有《毛诗》、三礼、《尚书》、《周易》，都不言郑注《孝经》，其验二也。又，《郑志》目录记郑之所注，五经之外，有《中候》《书传》《七政论》《乾象历》《六艺论》《毛诗谱》《答临硕难礼》《驳许慎异义》《释废疾》《发墨守》《箴膏肓》及《答甄子然》等书，寸纸片札，莫不悉载；若有《孝经》之注，无容匿而不言，其验三也。郑之弟子分授门徒，各述师言，更相问答，编录其语，谓之《郑志》（《孝经正义》志作记），唯载《诗》《书》《礼》《易》《论语》，其言不及《孝经》，其验四也。赵商作郑先生碑铭，具称其所注笺驳论，亦不言注《孝经》，《晋中经簿》：《周易》《尚书》《尚书中候》《尚书大传》《毛诗》《周礼》《仪礼》《礼记》《论语》，凡九书，皆云郑氏注，名玄；至于《孝经》，则称"郑氏解"，无"名玄"二字，其验五也。《春秋演孔图》注云"康成注三礼、《诗》、《易》、《尚书》、《论语》，其《春秋》《孝经》别有评论"。宋均于《诗谱》云"我先师北海郑司农"，则均是玄之传业子弟也；师所著述，无容不知，而云《春秋》《孝经》唯有评论，非玄之所著，于此特明，其验六也。又，宋均《孝经纬注》引郑《六艺论》叙《孝经》云"玄又为之注。司农论如是，而均无闻焉，有义无辞，令予昏惑"。举郑之语而云无闻，其

① 刘知幾：《孝经老子注易传议》，《古籍考辨丛刊》第一集，中华书局 1955 年版，第 15~17 页。

验七也。宋均《春秋纬》注云"玄为《春秋》《孝经》略说",则非注之谓；所言"玄又为之注"者，泛辞耳，非事实；叙《春秋》亦云"玄又为之注"也，宁可复责以实注《春秋》乎？其验八也。后汉史书存于代者，有谢承、薛莹、司马彪、袁山松等，具为郑玄传者，载其所注，皆无《孝经》，其验九也。王肃《孝经传》首有司马宣王之奏，并奉诏令，诸儒注述《孝经》，以肃说为长；若先有郑书，亦应言及；而不言郑，其验十也。王肃注书，发扬郑短，凡有小失，皆在《圣证》；若《孝经》此注亦出郑氏，被肃攻击最应烦多；而肃无言，其验十一也。魏晋朝贤辨论时事，郑氏诸注无不撮引；未有一言引《孝经》之注，其验十二也。凡此证验，易为考核。前世之学者不觉其非，乘彼谬说，竞相推举，诸解不立学官，此注独行于代。观夫言语鄙陋（《孝经正义》下有"义理乖谬"四字），固不可示彼后来，传诸不朽。①

刘知幾的辨伪方法可以概括为五个方面：一是据本人《自序》及其《碑铭》证伪，二是据门人记录（如《郑志》《郑记》）证伪，三是据目录（如《郑志目录》《晋中经簿》）证伪，四是据引文证伪，五是据史书记载证伪。该文考证细密，在辨伪学史上达到了前所未有的高度，代表了唐代文献辨伪学研究的最高水准。杰出的辨伪学家往往也是思想家，而缺少思辨力的匠人往往思想僵化，堕入非此即彼的泥坑，得出的往往是疑古甚至蔑古的错误结论。

清末敦煌遗书发现后，在尚残存的三十余件《孝经》文献中，赫然发现了十余件郑氏《孝经》及其《序》《注》，为《郑注》的恢复提供了最原始也最为完整的祖本。以此为依据，日本专家林秀一、中国学人陈铁凡皆奋起校录，分别撰成《孝经郑注》复原专著，终于使《郑注》原貌得到最大程度的重见，《郑注》作者问题也得到彻底解决。现在关于《孝经郑注》较好的辑本有五种：一是严可均辑本，二是皮锡瑞疏本，三是龚道耕辑本，四是林秀一《孝经郑注复原研究》，五是陈铁凡《孝经郑注校证》。此五本的主要功夫仍然在于恢复《郑注》原貌、论证"郑注"真实上。

2. 河上公《老子注》

今俗所行《老子》，是河上公注。其序云："河上公者，汉文帝时人，结草庵于河曲，乃以为号；以所注老子授文帝，因冲空上天。"此乃不经之鄙言，流俗之虚语。按《汉书·艺文志》，注《老子》者三家，河上所释无闻焉尔，岂非注者欲神其事，故假造其说耶？其言鄙陋，其理乖讹；岂如王弼所著，义旨为优。必黜河上公，升王辅嗣，在于学者，实得其宜。

除了"其言鄙陋，其理乖讹"八字，刘知幾没有提供证据。辨伪准则历来是"谁主张谁举证"，凭证据说话。证据充分，铁案如山，否则，不过乌龙而已。河上公《老子注》并非伪书，刘知幾的辨伪未免遭遇滑铁卢。

---

① 王溥：《唐会要》卷七十七，中华书局1955年版，第1407页。

3.《子夏易传》

《唐会要》还记载刘知幾曾根据《汉书·艺文志》辨《子夏易传》为伪书：

> 又按《汉书·艺文志》，《易》有十三家，而无子夏作《传》者。至梁阮氏《七录》，而有《子夏易》六卷，或曰韩婴作，或曰丁宽作。然据《汉书·艺文志》，韩《易》有二篇，丁《易》有八篇，求其符合，则事殊骖刺者矣。岁越千龄，时经百代，其所著述，沈翳不行，岂非后来假凭先哲，亦犹石崇谬称阮籍，郑璞滥名周宝。必欲行用，深以为疑。①

刘知幾认为："臣窃以郑氏《孝经》，河上公《老子》，二书讹误，不足流行；孔、王两家，实堪师授；每怀此意，其愿莫从。伏见去月十日敕令所司详定四书得失，具状奏闻，臣等寻草议请行王、孔二书，牒礼部讫；如状为允，请即颁行。"

4.《与苏武书》

> 李陵集有《与苏武书》，词采壮丽，音句流靡，观其文体，不类西汉人；殆后来所为，假称陵作也。迁史缺而不载，良有以焉。编于李集中，斯为谬矣！（《史通·外篇·难说下·别传》）

这里主要根据文体风格辨伪。从风格上判断作品的产生年代及作者问题，一般来说，不失为一种途径，但有效性有限，不能最终定案。现代论者批评道，西汉辞赋"词采壮丽"比比皆是，西汉著名赋家扬雄即有"诗人之赋丽以则，辞人之赋丽以淫"之说。如此反击颇为有力。王琳教授也正确地指出，刘知幾以《史记》未收录而作为强化自己看法的证据，是欠周严的。李陵、苏武面别于汉昭帝始元六年（前81），之后才可能有南北书信往来，那时司马迁早已逝世，怎能将它收录《史记》？再说，即使司马迁还活着，并得知南北隔绝的苏武、李陵确有书信来往，也未必要收录于《史记》，《史记》之《贾谊传》《晁错传》未收《陈政事疏》《言兵事疏》等鸿文名篇足以说明这个问题。作为著名史学理论家的刘知幾出现这样的疏漏，大抵是由于他做出判断时未顾及有关时间这个细节问题。②

今按：李陵《与苏武书》历来就是学术界的一大公案，迄今为止争论不休，大致分为两派：一派认为伪。宋代大文豪苏轼《答刘沔都曹书》认为，《文选》所收数首传为李陵与苏武唱和之作的五言诗，以及所谓李陵《与苏武书》，皆不可信，有云："梁萧统集《文选》，世以为工。以轼观之，拙于文而陋于识者，莫若统也……李陵、苏武赠别长安，而诗有'江汉'之语。及陵与武书，辞句儇浅，正齐、梁间小儿所拟作，决非西汉文，而统不悟。"清人贺贻孙《诗筏》云："若李陵《与子卿书》，必出沈约、江淹辈齐、梁间高手，亦非小儿拟作所及。"按沈约、江淹之仕宦及撰作生涯，始于宋末，经历齐、梁，距萧统等编集《文选》的时间很近，他们怎可能把近代人的拟托之作当成西汉人的

---

① 王溥：《唐会要》卷七十七，中华书局1955年版，第1408页。
② 王琳：《李陵答苏武书的真伪》，《山东师范大学学报》2006年第3期。

作品而收于李陵名下？可见齐、梁人拟托说也难以成立。宋人陈正敏《遁斋闲览》"李陵江淹书"条："东坡云：李陵《答苏武书》其词儇浅，乃齐、梁间人拟作，萧统不悟，而刘子玄独知之。据《宋史》，江淹《狱中上书》云：'此少卿所以仰天搥心，泣尽而继之以血也。'正引陵书中语，是又非齐、梁间人所作，明矣。年世既远，真伪难辨，如此者多。"清代学者浦起龙《史通通释》卷十八亦云："（刘知幾）决陵此书为假作，具眼在坡老之前，可悟此老非不知文者。海虞王侍御峻为余言：子瞻疑此书出齐、梁人手，恐亦强坐。江文通《上建平王书》已用'少卿捶心'之语，岂以时流语作典故哉？当是汉季晋初人拟为之。"相对于前说，此说显然较为合理。明清以降，学者开始注意在《汉书》中寻找证据，以证明《与苏武书》为伪托。梅鼎祚认为："大约陵与武相往返书，其事意多原本李陵、苏武二传及司马迁《报任少卿书》而为之耳。"何焯认为《与苏武书》"似亦建安才人之作，若西京断乎无是。即自从初降一段便似子卿从未悉其降北后事者，其为拟托何疑？"梁章钜《文选旁证》云："《太平御览》卷四百八十九引此篇，谓出《李陵别传》，而刘子云、苏子瞻乃疑为齐梁人伪作，误矣。"不过，章学诚仍然采用了苏轼的说法："李陵《答苏武书》，自刘知幾以后，众口一辞，以为伪作。以理推之，伪者何所取乎？当是南北朝时，有南人羁北，而事类李陵，不忍明言，拟此书以见志耳。"翁方纲指出《与苏武书》文体上"排荡感慨，与西京风气迥别"之外，还提出了几个与李陵、苏武本事有关的例证，其结论为："此书必不作于西汉。若作于西汉时，吾知子卿得书且投之水火，泯其踪迹，必不传之今日矣。"黄侃赞同翁说，且补曰："任立政达言且为不易，纵有此书，谁为致之。取《汉书·苏武传》读之便知此书之伪，较然明白。"自刘知幾至今，关于《答苏武书》的真伪讨论，说辞纷纭，莫衷一是，有伪于齐梁说，伪于六朝说，伪于魏晋说，伪于建安说，伪于汉末晋初说，等等。然而遽下断语者多，严密考证者寡。实际上，学者们在他们各自的表述中也道出了个中原委。何焯认为此篇为"建安才人"所拟作。翁方纲则认为是"六朝高手"所为，并感慨言曰："第前后布置，于当日情事段段取用，此正作者善以假为真处。故自昭明选后，鲜不以为陵作，而卒难欺诸千百年后也。"黄侃说："此及《长门赋》皆作伪之绝工，几于乱真者，过于《尚书序》矣。任立政达言且为不易，纵有此书，谁为致之？取《汉书·苏武传》读之便知此书之伪，较然明白。此殆建安以后人所为，而尤类陈孔璋，以其健而微伤繁复也。刘知幾以为齐、梁人作则非也。《太平御览》四百八十九引此篇，谓出《李陵别传》。详别传之体，盛于汉末，亦非西汉所有也（西汉人有别传者，惟东方朔及陵，皆后人所伪）。《类聚》三十八有苏武《报李陵书》，全是俪词，恐苏、李往复诸书尚未，必一时所伪托。"他们认为，《与苏武书》作伪极其巧妙，很难找到辨伪的确凿证据。因而，我们得到的上述种种材料，无一不是以感受代替考据，缺少逻辑周严的论证，缺少典章故实的支持。① "五四"以后，疑古思潮风行，更多的学者对其真实性进行否认。中华人民共和国成立后编写的《中国文学史》基本上都不予承认。如沈光《李陵答苏武书是一篇"膺品"》（《海滨》1935年第8期）、李淑如《李陵答苏武书辨伪》（《台北工专学报》1973年第6期）皆如此。王琳《李陵答苏武书的真伪》（《山东师范大学学报》2006年第3期）认为，汉魏六朝书信体文章中，与《答苏武书》文风相似的作品在汉末魏晋时期才较多涌现，作为一

---

① 刘国斌：《答苏武书的几则证伪材料及其辨析》，《学习月刊》2008年第20期。

个在《汉书》本传记载中仅能撰作质朴楚歌歌辞的武士，李陵不可能写出情采并茂的书信（引者按：此说不能成立。武士亦有能文者），《答苏武书》当系汉末魏晋人拟托之作。范春义《李少卿答苏武书真伪考略》（《古典文献研究》2006年卷）认为，《李少卿答苏武书》首见于《文选》卷四一，迄唐刘知幾就其真伪问题提出疑问，后苏轼接受是说并广衍之；受疑古观念影响，《李少卿答苏武书》为伪文说被大家广泛接受；近年亦有部分学者提出反证。其结论为：《李少卿答苏武书》为伪说成立，其当产生于公元前54年之后，其下限，由于材料所限，尚难有比较确切的答案。郭炳洁《从书信落款"顿首"看李陵答苏武书真伪》（《中国史研究》2016年第1期）一文从书信格式语言特征入手，结合汉代思想、社会结构的发展演变，认为《与苏武书》落款处以"顿首"为具礼，不符合当时书信写作规范，因此倾向于认为《与苏武书》是伪作。

另外一派认为真。章培恒、刘骏《关于李陵〈与苏武诗〉及〈答苏武书〉的真伪问题》（《复旦学报》1998年第2期），力排众议，认为《文选》所收《与苏武诗》及《答苏武书》是我国文学史上的重要作品，但因曾有人怀疑它们的作者不是李陵，中华人民共和国成立后所出的《中国文学史》都不予承认，甚或根本不提。该文对它们的真伪问题重加考辨，认为判定它们为后人拟作或假托的证据都不能成立。李乃龙《千古悲辛俘虏歌——论李陵〈答苏武书〉有关诸问题》（《井冈山学院学报》2008年第5期）辨析了作者伪托说理由之妄，论述了李陵为《答苏武书》作者之由。刘国斌认为，历来认为李陵《答苏武书》是后人伪托，但在具体的讨论中，诸家的说法又存在着明显的抵牾冲突之处，悬想颇多而缺乏实际证据。就文风而言，李陵离开西京正值文辞灿烂的时代，行文当然沾染了西京文风；就作伪时代而言，魏晋南北朝时代、东汉末年以及班固时代均不具备《答苏武书》的伪作土壤；同时，不能以班固《汉书》不保存这篇文章为理由来认定其为伪作。唐初修史之风引发的史学评论、古籍整理和古典辨伪，过分地依赖早期史籍经典，带有明显的辨伪扩大化倾向，并以此流传，这是导致《答苏武书》被认为伪书的一个主要因素。他认为，《答苏武书》很可能就是出于李陵之手，后世没有什么理由伪作这篇文章。① 丁宏武《李陵〈答苏武书〉真伪再探讨》（《宁夏大学学报》2012年第2期）认为，《文选》卷四十一所收《答苏武书》应为李陵的可信之作，其具体作时在汉昭帝始元六年（前81）九月。作为特殊情境下的特定产物，此信不仅全面展示了李陵晚年矛盾纠结的悲伤情怀，而且深刻体现了汉代非主流文学的精神诉求，对于深入了解汉匈文化交融背景下李陵的文学风格以及汉武帝时期的士人心态有重要的文献价值。

由刘知幾发动的这场学术争论看来还会长期争论下去。这就是刘知幾的意义。其他学术公案亦可作如是观。

《史通》主要以辨伪事、伪辞为主，也略有涉及伪书，但总的来说还没有辨伪书的专篇。《史通·外篇·疑问》明献"十疑"，至宋以后产生嗣响，至近现代掀起疑古狂潮。《史通·外篇·惑经》则显示了从宗经到惑经的巨大的文化转折。

耿天勤认为，刘知幾在唐代首倡辨伪，开风气之先，不仅考辨经史中的伪事、虚语，而且考辨各种伪说、伪书。其辨伪方法有：考察记事是否"合理"、有无矛盾，考察与可靠文献是否相乖，考察同时代的目录书有无著录，考察其语言、文体是否与时代相符，考

---

① 刘国斌：《关于李陵答苏武书的讨论与判断》，《湖北师范学院学报》2011年第5期。

察多种有关材料是否一致。庶几近之。①

四、啖助

（一）啖助其人

啖助（724—770），字叔佐，唐赵州（州治在今河北赵县）人，后迁居关中。唐代儒家学者，经学家。啖助博通经学，唐玄宗天宝年间末，曾历任临海尉、丹杨主簿。啖助长于《春秋》学，好标新立异，所论多异于先儒。如其言孔子修《春秋》的立意："是知《春秋》用二帝、三王法，以夏为本，不壹守旧典，明矣。"（《新唐书·儒学下·啖助传》）又以为，《左传》非左丘明一人所作，"盖左氏集诸国史以释《春秋》，后人谓左氏，便傅著丘明，非也"（《新唐书·儒学下·啖助传》）。又指出，《春秋》之文简易，先儒各守一经，互不相通又互相攻击，所以其弊端日甚。因此，他主张为学不必严守师法和家法，应该变《春秋》专门之学为通学。他以十年的功夫，撰成《春秋集传》和《春秋统例》二书，后又由其弟子赵匡和陆淳加以补充完善。其主要思想保存在陆淳编定的《春秋集传纂例》之中。

啖助与赵匡、陆淳的"新春秋学"标志着经学的转折。② 啖助"新春秋学"从追问孔子为什么删修《春秋》开始，希望揭明孔子寄寓在历史表象中的微旨。他们以分析的批判的方法，由时代问题出发，指出历史表象的背后存在着必然之理，即人们对于自己所处时代问题的回应，并由此确立起相应的制度。但在历史的展开中，具有正效应的制度逐渐呈现出负效应，因此需要因时从宜，进行权变。啖助"新春秋学"通过历史表象背后的理、权、心的赋予，不仅表达了其历史观念与政治哲学，而且使旧的经学知识形态转为新的理学知识形态，以充满张力的思想开启了理学。③

（二）啖助的文献辨伪

啖助辨《春秋》三传，多是针对公羊、榖梁、左氏三家之异处——包括三家在记录事件和解说《春秋》时不同的侧重点一一进行考辨，并非传统意义上的古籍辨伪，更多的是辨伪事。但是，在《春秋集传纂例》中啖助首先提到了辨伪中书的作者相关问题：

> 古之解说悉是口传，自汉以来乃为章句。如《本草》皆后汉时郡国，而题以神农；《山海经》广说殷时，而云夏禹所记；自余书籍，比比甚多。是知三传之义本皆口传，后之学者乃著竹帛，而以祖师之目题之。予观《左氏传》……左氏得此数国之史以授门人，义则口传，未形竹帛；后代学者乃演而通之，总而合之，编次年月以

①　耿天勤：《刘知幾辨伪的贡献》，《山东师范大学学报》1992 年第 6 期。按：张小乐《刘知幾辨伪探微》（《山东社会科学》1998 年第 4 期）与此文高度相似。

②　杨世文：《经学的转折：啖助赵匡陆淳的新春秋学》，《孔子研究》1996 年第 3 期。

③　何俊：《历史表象的背后——啖助新春秋学的意识指向及其张力》，《哲学研究》2020 年第 1 期。

为传记。又广采当时文籍……故叙事虽多，释意殊少，是非交错，混然难证。①

　　此处借鉴了颜之推在《颜氏家训·书证篇》中的话，记述了前代之书如《本草》《山海经》等书中往往记载了后世之事这一事实。在提及此问题时，啖助比颜之推更进了一步，他结合《春秋》三传之例，分析了这种现象出现的原因，即"后之学者乃著竹帛，而以祖师之目题之"。在此处，啖助首先提及了辨伪中一个很常见的问题，即书的作者问题。前代之书，特别是先秦子书的名字经常是《某子》，很多学者根据此书的名字就认为该书作者为"某子"，如果《某子》中出现了"某子"身后之事，学者便认为该书是伪书。但啖助在上文中提到了某书在最开始时，往往并没有以文字的形式呈现出来，即"义则口传，未形竹帛"，其之所以最后成书，是因为"后代学者乃演而通之，总而合之"，即后代人整理而成。该书的名字"则以祖师之目题之"，即该书虽然是后学整理而成，但名字确是署该学说原创人的名字。但由于该书是后学整理而成，在书中除了有作者的思想外，难免会杂以后学对其事迹的演绎成分。这种观点自今视之仍然具有很高的价值。

五、赵匡

（一）赵匡其人

　　赵匡，字伯循，河东（郡治今山西永济蒲州镇）人。仕唐，官至洋州刺史。生卒年不详，其主要活动在大历年间。

　　赵匡曾补订啖助所撰《春秋集传》和《春秋统例》，并自撰《春秋阐微纂类义疏》，认为《春秋》文字隐晦，不易明了，于是举例阐释，发挥"微言"。此外，他又怀疑《春秋》经文有缺误，开宋代学者怀疑经传的风气。他的遗说保存在陆淳《春秋集传纂例》中，清马国翰《玉函山房辑佚书》另辑存一卷。从现存赵匡所留传下来的文章看，他对唐代的科举弊端进行过尖锐的批评，共举出唐代科举制的弊病10种，还提出了一套具体的改革办法，比如在科目上他建议设置经业、明法、进士、茂才、秀才、宏才等科。

（二）赵匡的文献辨伪

　　赵匡对《左氏传》的作者是否为学经于孔子的左丘明进行了专门考辨。通过考辨，他认为此丘明是孔子之前的贤人，而非与孔子同时代的左丘明，其理由如下：

　　　　啖氏依旧说，以左氏为丘明，受经于仲尼。今观左氏解经，浅于公、穀，诬谬实繁。若丘明才实过人，岂宜若此。……且夫子自比，皆引往人，故曰"窃比于我老彭"。又说伯夷等六人，云"我则异于是"，并非同时人也。丘明者，盖夫子以前贤人，如史佚、迟任之流，见称于当时耳。焚书之后，莫得详知。学者各信胸臆，见《传》及《国语》俱题左氏，遂引丘明为其人。……且《左传》《国语》，文体不伦，

---

①　陆淳：《春秋集传纂例》卷一，影印文渊阁四库全书，第146册，第380~381页。

序事又多乖剌，定非一人所为也。盖左氏广集诸国之史以释《春秋》，《传》成之后，盖其家子弟及门人见嘉谋事迹多不入《传》，或有虽入《传》而复不同，故各随国编之而成此书，以广异闻尔。自古岂止有一丘明姓左乎？何乃见题左氏悉称丘明？①

赵匡认为，第一，相对于《公羊传》和《穀梁传》，《左传》解经义理较浅，且多为诬谬之说，此不合左丘明的学说；第二，一般而言，夫子所引多为其前代之人，如上文所言老彭、伯夷，据此而论，孔子所引的"丘明"可能是孔子时代被广为称引的贤人之一；第三，因为两个"丘明"相距时代并不算远，后人遂想当然地把孔子之前的丘明和《春秋左氏传》《国语》所题作者丘明当作同一人；第四，《春秋左氏传》《国语》虽同为丘明所作，但从文体上讲，相差太大，且"序事又多乖剌"，因此绝非同一人。

对于啖助、赵匡二人文献辨伪对后世的影响，诚如张西堂所言："他们从烦琐的《五经正义》中解放了出来，他们不惟不信三《传》，怀疑其著作人物及其传授……他们不信传注，而宋代治经的态度正是受其影响。"② 庶几近之。

六、韩愈

（一）韩愈其人

韩愈（768—824），字退之，河南河阳（今河南省孟州市）人。自称"郡望昌黎"，世称"韩昌黎""昌黎先生"。韩愈是唐代古文运动的倡导者，被后人尊为"唐宋八大家"之首，与柳宗元并称"韩柳"，有"文章巨公"和"百代文宗"之名。后人将其与柳宗元、欧阳修和苏轼合称"千古文章四大家"。他提出的"文道合一""气盛言宜""务去陈言""文从字顺"等散文的写作理论，对后人很有指导意义。有《韩昌黎集》传世。

（二）韩愈的文献辨伪

1. 《诗序》

韩愈的辨伪成就主要体现在其考辨《诗序》非子夏所作上：

> 子夏不序《诗》有三焉：知不及，一也；暴扬中冓之私，《春秋》所不道，二也；诸侯犹世，不敢以云，三也。③
> 察夫《诗序》，其汉之学者欲自显立其传，因藉之子夏，故其序大国详，小国略，斯可见矣。④

---

① 陆淳：《春秋集传纂例》卷一，影印文渊阁四库全书本，第 146 册，第 384~386 页。
② 顾颉刚：《古籍考辨丛刊》第一集，社会科学文献出版社 2010 年版，第 13 页。
③ 顾颉刚：《古籍考辨丛刊》第一集，社会科学文献出版社 2010 年版，第 64 页。
④ 顾颉刚：《古籍考辨丛刊》第一集，社会科学文献出版社 2010 年版，第 64 页。《韩昌黎文集注释》附录一将此《诗之序议》列入"疑伪文"，未审其故。

韩愈《诗之序议》认为《诗序》非子夏作的理由有三：一是子夏自身学识和政治原因问题，"知不及"即智慧、学识达不到①，此为本身学识问题。二是《诗序》内容问题，即《诗序》中有提及"中菁之私"的内容，"《诗序》的表达方式与《春秋》迥异，前者直刺淫乱，后者隐晦深微，故韩愈认为《诗序》不合于'六经之志'"②，这样的内容注定不是子夏这种温柔敦厚之人所能写出。三是子夏所处的时代"诸侯犹世"，此时写作《诗序》的话，会"公然刺其先祖，或不被诸侯所容"③，因此说"不敢以云"，此为政治问题。而且，《诗序》在整体上"序大国详，小国略"的写作风格，暗示出《诗序》是汉代学者借子夏来阐明自己学术的作品。此处，韩愈就用了根据作者才识、政治原因以及文本内容来考辨作者时代的方法。

2.《孟子》

韩愈《昌黎集》卷十四《答张籍书》认为：

> 夫所谓著书者，义止于辞耳。宣之于口，书之于简，何择焉？《孟子》之书，非轲自著；轲既没，其徒万章、公孙丑相与记轲所言焉耳。④

《困学纪闻》卷八云："《孟子集注序说》引《史记列传》以为《孟子》之书，孟子自作。《韩子》曰：'轲之书，非自著。'谓《史记》近是。而《滕文公》首章'道性善'，注则曰：'门人不能尽记其词。'又第四章'决汝汉'，注曰：'记者之误。'吴伯丰以问朱文公，文公答曰：'前说是，后两处失之。熟读七篇，观其笔势，如镕铸而成，非缀缉所就也。'"又云："《孟子正义》云：'唐林谨思《续孟子》书二卷，谓《孟子》七篇非轲自著，乃弟子共记其言。'与韩文公之说同。"

七、柳宗元

（一）柳宗元其人

柳宗元（773—819），字子厚，唐代河东（今山西运城）人。杰出诗人、哲学家、儒学家乃至成就卓著的政治家，唐宋八大家之一。著有《永州八记》等六百多篇文章，经后人辑为三十卷，名为《柳河东集》。因为他是河东人，人称柳河东，又因终于柳州刺史任上，又称柳柳州。与韩愈同为中唐古文运动的领导人物，并称"韩柳"。

（二）柳宗元的文献辨伪

柳宗元开考辨群书之先河。《四库全书总目》对柳宗元的《辨列子》《辨文子》《辨

---

① 对于"知不及"，还有一种解释，即时代相隔久远，无法得知。此取学识不足意。
② 刘毓庆、唐婷：《韩愈颠覆"子夏作〈序〉"与宋代〈诗〉学格局的确立》，《南京师大学报（社会科学版）》2016年第1期。
③ 刘毓庆、唐婷：《韩愈颠覆"子夏作〈序〉"与宋代〈诗〉学格局的确立》，《南京师大学报（社会科学版）》2016年第1期。
④ 廖莹中：《东雅堂昌黎集注》卷十四，影印文渊阁四库全书本，第1075册，第240页。

鬼谷子》三篇加以肯定。

1.《辨列子》

《辨列子》云：

> 刘向古称博极群书，然其录《列子》，独曰郑穆公时人；穆公在孔子前几百岁，《列子》书言郑国，皆云子产、邓析，不知向何以言之如此？《史记》郑缙公二十四年、楚悼王四年，围郑，郑杀其相驷子阳，子阳正与列子同时。是岁周安王三年，秦惠公、韩列侯、赵武侯二年，魏文侯二十七年，燕釐公五年，齐康公七年，宋悼公六年，鲁穆公十年；不知向言鲁穆公时，遂误为郑耶？不然，何乖错至如是！其后张湛徒知怪《列子》书言穆公后事，亦不能推知其时。然其书亦多增窜，非其实。要之，庄周为放依其辞，其称夏棘、狙公、纪渻子、季咸等，皆出《列子》，不可尽纪。虽不概于孔子道，然其虚泊寥阔，居乱世，远于利，祸不得逮于身，而其心不穷，《易》之遁世无闷者，其近是欤！余故取焉。其文辞类《庄子》，而尤质厚，少为作，好文者可废耶！其《杨朱》《力命》，疑其杨子书，其言魏牟、孔穿皆出列子后，不可信。然观其辞亦足通知古之多异术也，读焉者慎取之而已矣！①

主要据被托者时代证伪。

2.《辨文子》

《辨文子》云：

> 《文子》书十二篇，其传曰："老子弟子。"其辞时有若可取，其指意皆本老子；然考其书，盖驳书也。其浑而类者少，窃取他书以合之者多。凡孟、管辈数家，皆见剽窃，峣然而出其类；其意绪文辞，又牙相抵而不合。不知人之增益之欤？或者众为聚敛以成其书欤？然观其往往有可立者，又颇惜之。悯其为之也劳，今刊去谬恶乱杂者，取其似是者，又颇为发其意，藏于家。②

主要从校勘角度辨伪，通过与他书比勘，发现《文子》一书真中有伪。

3.《辨鬼谷子》

《辨鬼谷子》云：

> 《鬼谷子》要为无取。汉时刘向、班固录书无《鬼谷子》。《鬼谷子》后出，而险鷙峭薄，恐其妄言乱世难信，学者宜其不道。而世之言纵横者时葆其书。尤者晚乃益出《七术》（《鬼谷子》下篇有《阴符七术》，谓《盛神法五龙》《养志法灵龟》《实意法腾蛇》《分威法伏能》《散势法鸷鸟》《转圆法猛兽》《损兑法灵蓍》七章是也），怪谬异甚，不可考校。其言益奇，而道益狭，使人狙狂失守，而易于陷坠。幸

---

① 柳宗元：《辨列子》，《古籍考辨丛刊》第一集，中华书局1955年版，第51页。
② 柳宗元：《辨文子》，《古籍考辨丛刊》第一集，中华书局1955年版，第52页。

矣！人之葆之者少。今元子又文之以《指要》。鸣呼，其为好术也过矣！①

主要从著录和学术上证伪。妄言、怪言、奇言均非伪言，后出之书也不一定是伪书。此文考辨还是缺少过硬的证据，难以取信于后世。

4.《辨晏子春秋》

《辨晏子春秋》云：

> 司马迁读《晏子春秋》，高之，而莫知其所以为书。或曰晏子为之，而人接焉，或曰晏子之后为之，皆非也。吾疑其墨子之徒有齐人者为之。墨好俭，晏子以俭名于世，故墨子之徒尊著其事，以增高为己术者。且其旨多尚同、兼爱、非乐、节用、非厚葬久丧者，是皆出《墨子》。又非孔子，好言鬼事，非儒、明鬼，又出《墨子》。其言问枣及古冶子等，尤怪诞。又往往言墨子闻其道而称之，此甚显白者。自刘向、歆，班彪、固父子皆录之儒家中。甚矣！数子之不详也。盖非齐人不能具其事，非墨子之徒则其言不若是。后之录诸子书者，宜列之墨家。非晏子为墨也，为是书者，墨之道也。

刘向之后，相当长的时间，人们并没有直接研究《晏子春秋》，而是坚信不疑地将其作为汉代之前可信赖典籍来解释词汇意义，说明地理和古代制度等。柳宗元的《辨晏子春秋》是《晏子春秋》研究史上非常重要的一篇文章，它不但对《晏子春秋》的作者和著作归属提出了自己的真知灼见，引起了人们的争论；而且其思维方法也富于启发，促进了人们对晏子和《晏子春秋》研究的深入。在《晏子春秋》研究史上，柳宗元第一次提出《晏子春秋》的作者是"墨子之徒有齐人者"，该著作的学派归属"宜列之墨家"。这个观点，无论其思想见解的新颖卓异，还是思维方法的富于启发，都是前无古人的。它启发人们不迷信前人的成见，不盲从权威，而是从作品的实际出发考察问题；同时，柳宗元也指出了一条本着知人论世原则，从作品的思想倾向、反映的地域文化入手来探讨作品作者的学术途径。柳氏上述的观点，在后世学术界引起了巨大的争论。②

《四部正讹》曾高度评价柳宗元在辨伪学上的贡献："若抉邪摘伪，判别妄真，子厚之裁鉴良不可诬。所论《国语》《列御寇》《晏婴》《鬼谷》《鹖冠》，皆洞见肝膈，厥有功斯文亦不细矣。"③

《鹖冠子》自从被柳宗元斥为伪作以后，就很少受到关注，直到马王堆帛书《黄帝四经》的发现，才得到公正的评价，但其在先秦诸子中的归属仍颇有争议。论者从目录著作和《老子》《黄帝四经》《鹖冠子》中"道"的一脉相承的联系两方面考察，认为《鹖冠子》当属于道家。④

有人从文体研究、编纂者的思想背景、撰写手法三方面来论证《世兵》篇与《鹏鸟

① 柳宗元：《辨鬼谷子》，《古籍考辨丛刊》第一集，中华书局1955年版，第52~53页。
② 刘文斌：《〈晏子春秋〉研究史》，人民文学出版社2015年版，第30~36页。
③ 胡应麟：《四部正讹》，《古籍考辨丛刊》第一集，中华书局1955年版，第228页。
④ 赵子抄、李寅生：《鹖冠子的归属问题》，《长江大学学报》2009年第4期。

赋》都引用先秦秦汉的典籍，不能证明《世兵》篇抄袭《鹏鸟赋》；相反，两者所反映的思想却有共同的时代背景，且思想重点不同。另外，《世兵》篇前部分记载曹沫一事，与后部分内容无涉。通过考证曹沫一事，推论本篇写成于战国末期与汉初之间。①

郑良树评价柳宗元在辨伪学上的地位："是他，从西汉以来第一位专门为几部古籍写下一系列的辨伪文字；也是他，第一位将一系列古籍辨伪的文字从目录学、经学及注疏学独立出来，汇为一个完整的单位。"② 对于其辨伪方法，洪湛侯认为是"辨作者、辨时代、辨材料来源，有时还用旁证，作出论断"③。但柳宗元的辨伪还是有不足之处的，"其辨伪往往是单维度的，甚至抓住片言只语即下结论，《总目》认为柳宗元'以单文孤证遽断其伪'，颇中其失"④。

贾名党、何晶《柳宗元"辨伪"论略》（《钦州学院学报》2007 年第 5 期）认为，柳宗元从多个层面对先秦诸子书进行质疑，继承了《春秋》学派之疑经思想，反对经学中的章句师，拓展了辨伪方法，推动了古籍辨伪学的发展。李伏清《论柳宗元的辨伪思想》（《邵阳学院学报》2009 年第 6 期）认为，柳宗元在辨伪方面主要从源流、著述作者、文辞、史实、文义内容等角度进行论辩，为宋学辨伪思想的全面展开拉开了序幕。

八、其他

除上面所提及的人物及其辨伪行为外，唐代的辨伪学者还有颜师古考辨《孔子家语》《西京杂记》，司马贞考辨郑玄《孝经注》、《古文孝经孔氏传》、河上公《老子注》和《子夏易传》，杜佑考辨《管子》八十六篇，张籍考辨《孟子》作者问题，刘肃考辨郑玄《孝经注》、河上公《老子注》、《子夏易传》和《庚桑子》，李肇考辨《庚桑子》，成伯玙、邱光庭考辨《诗经》大、小序问题，贾公彦、张怀瓘考辨《尔雅》，徐坚、赵匡考辨《礼记》，于志宁考辨《本草》，张柬之考辨《汉武故事》，陆贽考辨《天禄阁外史》，林慎思考辨《孟子》，袁孝政考辨《刘子新论》等。这些学者考辨的书目和辨伪理论中，有的为因袭前人成说，有的为自己首创，但因袭前人成说的学者并非完全照抄前人观点，他们往往还有新的创见提出。

继庾信之后，颜师古认为《西京杂记》"其书浅俗，出于里巷"⑤，则主要是从思想内容上进行考辨。

司马贞考辨开启了《古文孝经孔氏传》辨伪的先河。他认为：

> 昶集注之时，有见《孔传》，中朝遂亡其本。近儒欲崇古学，妄作此《传》，假称孔氏，辄穿凿改更，又伪作《闺门》一章。刘炫诡随，妄称其善。且《闺门》之义，近俗之语，必非宣尼正说……又分《庶人》章，从"故自天子已下"别为一章，

① 杨兆贵：《〈鹖冠子·世兵篇〉非抄袭贾谊〈鹏鸟赋〉辨》，《中国文学研究》2009 年第 3 期。
② 郑良树：《古籍辨伪学》，台湾学生书局 1997 年版，第 5 页。
③ 洪湛侯：《中国文献学新编》，浙江大学出版社 2015 年版，第 309 页。
④ 司马朝军：《文献辨伪学研究》，武汉大学出版 2008 年版，第 6~7 页。
⑤ 班固：《汉书·匡张孔马传》，中华书局 1962 年版，第 3331 页。

仍加"子曰"二字。然"故"者，连上之辞，既是章首，不合言"故"。是古人既没，后人妄开此等数章，以应二十二之数，非但经文不真，抑且传习浅显。①

司马贞通过《古文孝经孔氏传》一书的流传情况、文本内容等方面考辨该书的真伪。

张柬之考辨《汉武故事》和陆赞考辨《天禄阁外史》，二者虽都未明言其怀疑的原因，但为后世考辨两书提供了借鉴。

林慎思主要是袭自唐代韩愈的观点，认为"《孟子》七篇，非轲自著，乃弟子共记其言"②，但也没有提及原因。

袁孝政认为《刘子新论》非刘勰作，为刘昼作，"刘昼伤己不遇，天下凌迟，播迁江表，故作此书。时人莫知，谓为刘勰。或曰刘歆、刘孝标作"③，但他并没有提出具体原因。

---

① 李学勤编：《十三经注疏·孝经正义》，北京大学出版社 1999 年版，第 10~11 页。引用时稍作改动，主要是增加了一些标点，使文义更加明了。

② 李学勤编：《十三经注疏·孟子正义·题辞解》，北京大学出版社 1999 年版，第 4 页。

③ 陈振孙：《直斋书录解题》卷十，影印文渊阁四库全书本，第 674 册，第 713~714 页。

第四章

北宋的文献辨伪

较之前代，北宋时期的疑经风气空前兴盛，诚如王应麟《困学纪闻·小学》所云：

> 自汉儒至于庆历间，谈经者守故训而不凿。《七经小传》出，而稍尚新奇矣。至《三经义》行，视汉儒之学若土梗。古之讲经者，执卷而口说，未尝有讲义也。元丰间，陆农师在经筵，始进讲义。自时厥后，上而经筵，下而学校，皆为支离曼衍之词。说者徒以资口耳，听者不复相问难，道愈散而习愈薄矣。陆务观曰："唐及国初，学者不敢议孔安国、郑康成，况圣人乎？自庆历后，诸儒发明经旨，非前人所及，然排《系辞》，毁《周礼》，疑《孟子》，讥《书》之《胤征》《顾命》，黜《诗》之《序》，不难于议经，况传注乎？"斯言可以箴谈经者之膏肓。

从宋代庆历年间开始，学风大变，疑古思潮甚嚣尘上，前代那种"古代的经生们，都把经书看作金科玉律，不敢怀疑它们"[1] 的状况顿时改观，学者们开始大胆怀疑经书，重新发明经旨。张西堂认为此和唐代的古文运动有着密切的联系："韩、柳的古文，到宋代极其风行……经学上，文学上，宋儒都很受唐人的影响，蛛丝马迹，处处可寻，更无怪乎辨伪的潮流在两宋要变本加厉了。"[2]

与此同时，文献辨伪也突飞猛进，论者鸟瞰之后梳理总结如下：

> 到了赵宋，由于学风转变，古籍辨伪发展得更迅速——从态度上言，学者们心中已没有所谓"圣人""经学"等观念，举凡作者、成书时代及经文附益等，都提出来讨论；从范围上言，他们扩大了古籍辨伪的影响力，举凡经、史、子、集，皆可以研究，皆加以考辨；从程度上言，他们不讳言伪托的作品，只要被认为有问题的，他们

---

① 屈万里：《宋人疑经的风气》，《屈万里全集·书佣论学集》，开明书局 1969 年版，第 243 页。
② 张西堂：《唐人辨伪集语·序》，朴社 1935 年版，第 9~10 页。

都毫无保留地批评、删弃；从方法上言，他们开拓了古籍辨伪的研究新途径，并且利用这新途径，把前人讨论过的再加以发挥和开辟。因此，说宋代是古籍辨伪学在明代宣布独立的前奏，恐怕不是夸饰之辞。①

一、欧阳修

（一）欧阳修其人

欧阳修（1007—1072），字永叔，号醉翁，吉州永丰人。历仕仁宗、英宗、神宗三朝，官至翰林学士、枢密副使、参知政事。卒后累赠太师、楚国公，谥号文忠，故世称欧阳文忠公。主修《新唐书》，独撰《新五代史》。其于《五代史》尤所留心，褒贬善恶，为法精密，发论必以"呜呼"，曰"此乱世之书也"。其论曰："昔孔子作《春秋》，因乱世而立治法；余述《本纪》，以治法而正乱君。"有《欧阳文忠公集》行世。

欧阳修好古嗜学，凡周、汉以降金石遗文、断编残简，一切掇拾，研稽异同，立说于左，的的可表证，谓之《集古录》。他无疑是出土文献研究的先驱者。

（二）欧阳修的文献辨伪

赵贞信（1902—1989）辑录《欧阳修考辨古籍语》，对于欧阳修的辨伪学意义深有体会，他认为：

> 在从前经书至上、圣贤至上的社会里，疑古、惑经非常的不容易，假使没有十分的见识和百倍的勇气是做不到也不敢做的。但是你如果有了十分的见识和百倍的勇气，不顾一切非难毅然决然地做了，最后必定能够得到胜利，因为真理终究是真理。在北宋时候，有十分的见识和百倍的勇气，不顾一切非难，敢于疑古、惑经的便是欧阳修。我们知道宋朝学人远胜汉、唐学人的地方就是敢于发抒己见，自出议论，对经书不局限于一家言，不死守着古注疏，能脱去汉、唐旧注的桎梏而用新的意思来解说。这是学术思想上的一大解放，一大进步，而欧阳修则便是开创这种风气的一个主要人物。

赵贞信又引用朱熹的话作为佐证："理义大本复明于世，固自周、程，然前此诸儒亦多有功。旧来儒者不越注疏而已，至永叔、原父、孙明复诸公，始自出议论，如李泰伯文字亦自好。此是运数将开，理义渐欲复明于世故也。"此种论调实质上是古史辨派的，自今视之颇有偏激之处。欧阳修不仅开创了一代文风，也开创了一代学风。前者具有积极意义，后者则需要重新估价，既有积极的一面，更有消极的一面，不可一概而论。

1. 《河图》《洛书》

《欧阳文忠公集》卷四十三《廖氏文集序》云：

---

① 郑良树：《古籍辨伪学》，台湾学生书局1997年版，第76页。

自孔子没而周衰，接乎战国，秦遂焚书，六经于是中绝。汉兴，盖久而后出，其散乱磨灭，既失其传，然后诸儒因得措其异说于其间。如《河图》《洛书》，怪妄之尤甚者！

余尝哀夫学者知守经以笃信，而不知伪说之乱经也，屡为说以黜之；而学者溺其久习之传，反骇然非余以一人之见决千岁不可考之是非，欲夺众人之所信；徒自守而世莫之从也。

余以谓自孔子殁至今二千岁之间，有一欧阳修者为是说矣。又二千岁，焉知无一人焉与修同其说也？又二千岁，将复有一人焉。然则同者至于三，则后之人不待千岁而有也。同予说者既众，则众人之所溺者可胜而夺也。

夫六经非一世之书，其将与天地无终极而存也，以无终极视数千岁，于其间顷刻尔。是则余之有待于后者远矣，非汲汲有求于今世也。

衡山廖倚与余游三十年，已而出其兄偶之遗文百余篇号《朱陵编》者，其论《洪范》，以为《九畴》圣人之法尔，非有龟书出洛之事也。余乃知不待千岁而有与余同于今世者。

此文将其疑古心态暴露无遗——"以一人之见决千岁不可考之是非，欲夺众人之所信"。"学者知守经以笃信"，他大不以为然，以为信古派不知伪说之乱经，屡为说以黜之。破旧立新，喜新厌旧，欧阳修开创的这种疑古学风，宛如打开了"魔瓶"。他的说法不待千岁而有嗣响——方苞、崔述、康有为、顾颉刚一脉相承，最后在近现代产生了绝大的影响。"欲夺众人之所信"，人们对古代经典失去了尊重与信任，同时也失掉了文化自信，成功耶？失败耶？

欧阳修《帝王世次图序》亦云：

尧、舜、禹、汤、文、武，此六君子者，可谓显人矣，而后世犹失其传者，岂非以其远也哉？是故君子之学不穷远以为能，而阙其不知，慎所传以惑世也。方孔子时，周衰学废，先王之道不明而异端之说并起。孔子患之，乃修正《诗》《书》、史记，以止纷乱之说，而欲其传之信也，故略其远而详其近，于《书》断自唐、虞以来，著其大事可以为世法者而已。至于三皇五帝君臣世次皆未尝道者，以其世远而慎所不知也。孔子既殁，异端之说复兴，周室亦益衰乱，接乎战国，秦遂焚书，先王之道中绝。汉兴久之，《诗》《书》稍出而不完。当王道中绝之际，奇书异说方充斥而盛行，其言往往反自托于孔子之徒以取信于时。学者既不备见《诗》《书》之详，而习传盛行之异说，世无圣人以为质，而不自知其取舍真伪。至有博学好奇之士务多闻以为胜者，于是尽集诸说，而论次初无所择，而唯恐遗之也。如司马迁之《史记》是矣。以孔子之学上述前世，止于尧、舜，著其大略而不道其前；迁远出孔子之后，而乃上述黄帝以来，又详悉其世次，其不量力而务胜，宜其失之多也。迁所作《本纪》出于《大戴礼》《世本》诸书，今依其说，图而考之。尧、舜、夏、商、周皆同出于黄帝。尧之崩也，下传其四世孙舜，舜之崩也，复上传其四世祖禹，而舜、禹皆寿百岁。稷、契于高辛为子，乃同父异母之兄弟；今以其世次而下之，汤与王季同世。汤下传十六世而为纣，王季下传一世而为文王，二世而为武王。是文王以十五世祖臣事十五世孙纣，而武王以十四世祖伐十四世孙而代之王，何其谬哉！呜呼！尧、舜、禹、汤、文、武之道，百王之取法也，其盛德大业见于行事而后世所欲知者，孔子皆已论著之矣。其久远难明之事，后世不必知，不知不害为君子者，孔子皆不道也。夫孔子所以为圣人者，其智知所取舍，皆如此。

2.《归藏》
《崇文总目叙释》云：

> 周之末世，夏、商之《易》已亡。汉初虽有《归藏》，已非古经。今书三篇，莫可究矣。

欧阳修认为，汉代以后所传《归藏》已非古经，乃后世人伪造。
3.《易传》
欧阳修以宋代的语感判断先秦时代的《易传》"繁衍丛脞"，凭借时间间距而"误读"，进而断定"《文言》非圣人书""《系辞》非圣人之作"，切割孔子与《易传》的关系。这些伪命题已为后来的出土文献所证伪，但在当时却引起了极大的震撼，无疑引爆了"核弹"，其打击目标直指圣人，可谓中国文化之"斩首行动"。朱子评之曰："其作《易童子问》，正王弼之失者才数十事耳；其极论《系辞》非圣人之书，然亦多使学者择取其是而舍其非，可也，便以为圣人之作，不敢取舍，而尽信之，则不可也。其公心通论常如此。"（《晦庵集》卷七十一《经术》）宋儒施德操曰："欧阳公论《易》，说《文言》《大系》皆非孔子所作，乃当时《易》师为之。韩魏公心知其非，然未尝与辩，但对欧阳公终身不言《易》。"（《经义考》卷十八）明儒夏良胜云："《易》之道广矣大矣！臣举《系辞》之四段，一言天地，示圣人所以作《易》之理，二言圣人，体天地所以作《易》之事，三言作《易》之用，四言作《易》之妙。呜呼，尽之矣！《易》非圣人不能作，亦非圣人不能言。欧阳修尝谓《系辞》非圣人作，韩琦与之同政府，终日相聚，无事不言，独不及此。刘安世云：'文忠公论系辞有失，若与之同，则又是一文忠，若议论不同，或至忿争，故魏公存之不论。'前辈于谈经慎重若此，臣何敢易言哉！"（《中庸衍义》卷三）韩魏公明知其非，却不敢与之辩论，太没有原则。这哪里是什么"慎重"，完全是不讲真理。
4.《诗序》
欧阳修《诗本义》第十四《序问》：

> 或问："《诗》之序，卜商作乎？卫宏作乎？非二人之作，则作者其谁乎？"应之曰："《书》《春秋》皆有序，而著其名氏，故可知其作者。《诗》之序不著其名氏，安得而知之乎？虽然，非子夏之作，则可以知也。"曰："何以知之？"应之曰："子夏亲受学于孔子，宜其得《诗》之大旨，其言《风》《雅》有变、正，而论《关雎》《鹊巢》系之周公、召公，使子夏而序《诗》，不为此言也。

欧阳修认为,《诗序》非子夏之作。

5. 《周礼》

欧阳修《文忠集》卷四十八《问进士策》云:

> 六经者,先王之治具,而后世之取法也。《书》载上古,《春秋》纪事,《诗》以微言感刺,《易》道隐而深矣,其切于世者《礼》与《乐》也。自秦之焚书,六经尽矣。至汉而出者,皆其残脱颠倒,或传之老师昏耄之说,或取之冢墓屋壁之间,是以学者不明,异说纷起。况乎《周礼》,其出最后,然其为书备矣。其天地万物之统,制礼作乐,建国君民,养生事死,禁非道善,所以为治之法皆有条理。三代之政美矣,而周之治迹所以比二代而尤详见于后世者,《周礼》著之故也。然汉武以为渎乱不验之书,何休亦云六国阴谋之说,何也?然今考之,实有可疑者。夫内设公卿、大夫、士,下至府史、胥徒,以相副贰;外分九服、建五等、差尊卑以相统理,此《周礼》之大略也。而六官之属略见于经者五万余人,而里闾县鄙之长、军师卒伍之徒不与焉。王畿千里之地,为田几井,容民几家?王官、王族之国邑几数?民之贡赋几何?而又容五万人者于其间,其人耕而赋乎?如其不耕不赋,则何以给之?夫为治者,故若是之烦乎?此其一可疑者也。秦既诽古,尽去古制。自汉以后,帝王称号,官府制度,皆袭秦故,以至于今虽有因有革,然大抵皆秦制也。未尝有意于《周礼》者,岂其体大而难行乎,其果不可行乎?夫立法垂制,将以遗后也,使难行而万世莫能行,与不可行等尔。然则反秦制之不若也,脱有行者,亦莫能兴,或因以取乱,王莽后周是也,则其不可用决矣。此又可疑也。然其祭祀、衣服、车旗似有可采者,岂所谓郁郁之文乎?三代之治,其要如何?《周礼》之经,其失安在?宜于今者,其理安从?其悉陈无隐。

欧阳修《文忠集》卷四十八《南省试进士策问》亦云:

> 三王之治,损益不同,而制度文章,惟周为大备。《周礼》之制,设六官以治万民,而百事理,夫公卿之任重矣。若乃祭祀天地、日月、宗庙、社稷、四郊、明堂之类,天子大臣所躬亲者,一岁之间有几?又有巡狩、朝会、师田、射耕、燕飨,凡大事之举,一岁之间又有几?而为其民者,亦有畋猎、学校、射乡、饮酒,凡大聚会,一岁之间有几?又有州党、族官、岁时、月朔、春秋、酺禁、询事、读法,一岁之间又有几?其斋戒供给,期召奔走,废日几何?由是而言,疑其官不得安其府,民不得安其居,亦何暇修政事、治生业乎?何其烦之若是也?然说者谓周用此以致太平。岂朝廷礼乐文物,万民富庶岂弟,必如是之勤且详,然后可以致之欤?后世苟简,不能备举,故其未能及于三代之盛欤?然为治者果若是之劳乎?用之于今,果安焉而不倦乎?抑其设施有法,而第弗深考之欤?诸君子为言之。

《诗本义》卷十四"豳问"条亦云:

> 问者又曰:"郑氏所以分为《雅》《颂》者,岂非以《周礼》籥章之职,有吹豳

《诗》《雅》《颂》之说乎?"应之曰:"今之所谓《周礼》者,不完之书也。其礼乐制度,盖有周之大法焉。至其考之于事,则繁杂而难行者多。故自汉兴,六经复出,而《周礼》独不为诸儒所取,至或以为黩乱不验之书,独郑氏尤推尊之,宜其分幽之《风》为《雅》《颂》,以合其事也。"

今按,秦火之后,《周礼》比他经最后出,论者不一,独刘歆称之为周公致太平之迹,郑玄则曰周公复辟后,以此授成王,使居洛邑,治天下;林孝存谓之黩乱不验之书,何休亦云六国阴谋之说。

6.《尔雅》

《诗本义》卷十"文王"条云:

> 《尔雅》非圣人之书,考其文理,乃是秦、汉之间学《诗》者纂集说《诗》博士解诂之言尔。

今按,欧阳修此说真乃谬说也。惜乎缺少证据,不能据之反驳。所谓"考其文理",也不过虚晃一枪而已。

7.《论语》

欧阳修《居士外集》卷十一"三年无改问"条云:

> 或问:"《传》曰:'三年无改于父之道,可谓孝矣。'信乎?"曰:"是有孝子之志焉,蹈道则未也。凡子之事其亲,莫不尽其心焉尔。君子之心正,正则公。尽正心而事其亲,大舜之孝是也。盖尝不告而娶矣,岂曰不孝乎?至公之道也。惟至公,不敢私其所私,私则不正。以不正之心事其亲者,孝乎?非孝也。故事亲有三年无改者,有终身而不可改者,有不俟三年而改者,不敢私其所私也。衰麻之服,祭祀之礼,哭泣之节,哀思之心,所谓三年而无改也。世其世,奉其遗体,守其宗庙,遵其教诏,虽终身不可改也。国家之利,社稷之大计,有不俟三年而改者矣。禹承尧、舜之业,启嗣之,无改焉可也。武王继文之业,成王嗣之,无改焉可也。使舜行瞽之不善,禹行鲧之恶,曰俟三年而后改,可乎?不可也。凡为人子者,幸而伯禹、武王为其父,无改也,虽过三年,忍改之乎?不幸而瞽、鲧为其父者,虽生焉,犹将正之;死,可以遂而不改乎?文王生而事纣,其死也,武王不待毕丧而伐之,敢曰不孝乎?至公之道也。鲁隐让桓,欲成父志,身终以弑,《春秋》讥之,可曰孝乎?私其私者也。故曰,凡子之事其亲者,尽其心焉尔。心贵正,正则不敢私。其所私者,大孝之道也。"曰:"然则言者非乎?"曰:"夫子死,门弟子记其言;门弟子死而书传出乎人家之壁中者,果尽夫子之云乎哉?

张西堂根据朱弁《曲洧纪闻》中的记载,认为欧阳修是受到韩愈、柳宗元的影响,"对于韩、柳'苦志探赜''至忘寝食',无怪乎他也敢排《系辞》,疑《周礼》"①。同

---

① 顾颉刚:《古籍考辨丛刊》第一集,社会科学文献出版社 2010 年版,第 15 页。

时，张西堂认为，"文学上，宋儒都很受唐人的影响，蛛丝马迹，处处可寻，更无怪乎辨伪的潮流在两宋要变本加厉了"①。欧阳修的文献辨伪工作是一个时代的风向标，影响了宋代的疑经风气。

8. 欧阳修文献辨伪的得失

欧阳修的文献辨伪以孔子之言为衡量标准。《欧阳文忠公集》卷四十三《帝王世次图序》云：

> 尧、舜、禹、汤、文、武之道，百王之取法也，其盛德大业见于行事而后世所欲知者，孔子皆已论著之矣。其久远难明之事，后世不必知，不知不害为君子者，孔子皆不道也。夫孔子所以为圣人者，其智知所取舍，皆如此。

《欧阳文忠公集》卷四十三《帝王世次图后序》亦云："圣经之所不著者，皆不足信也决矣！"一切以圣经为准，貌似信古，实则陷入怀疑主义的泥坑之中。圣经之所不著者多矣，皆不足信乎？此风一开，足以怀疑一切。墨子曰："中吾规者，谓之圜；不中吾规者，谓之不圜。"依据欧阳修的逻辑，今拟之曰："中吾规者，谓之真；不中吾规者，谓之伪。"如《易传》不中其规者，遂谓之非圣人之书。是耶？非耶？

《容斋随笔》卷四"张浮休书"条云：

> 张芸叟与石司理书云："顷游京师，求谒先达之门，每听欧阳文忠公、司马温公、王荆公之论，于行义文史为多，唯欧阳公多谈吏事。既久之，不免有请：'大凡学者之见先生，莫不以道德文章为欲闻者，今先生多教人以吏事，所未谕也。'公曰：'不然。吾子皆时才，异日临事，当自知之。大抵文学止于润身，政事可以及物。吾昔贬官夷陵，方壮年，未厌学，欲求《史》《汉》一观，公私无有也。无以遣日，因取架阁陈年公案，反复观之，见其枉直乖错不可胜数，以无为有，以枉为直，违法徇情，灭亲害义，无所不有。且夷陵荒远褊小，尚如此，天下固可知也。当时仰天誓心曰：'自尔遇事不敢忽也。'是时苏明允父子亦在焉，尝闻此语。"

欧阳修虽为一代文豪，但其学问所得甚浅，时人讥笑他不读书，王士禛《池北偶谈》卷八载：

> 刘原父与永叔相友善。然原父常言："好个欧九，可惜不读书！"仁宗尝问宰执："刘敞何如？"魏公极称其才。欧对曰："刘敞文亦未佳，其博雅足重也。"二公似以名高相失。后村《江西道中》诗云："每嘲介甫行新法，常恨欧公不读书。浩叹诸刘今已矣，路傍乔木日萧疏。"

而辨伪学需要有极其广博的文史基础，惟有百科全书式的大学者才有可能把那些表面上渺不相关的东西联系起来，进而判断真伪。

---

① 顾颉刚：《古籍考辨丛刊》第一集，社会科学文献出版社 2010 年版，第 15 页。

欧阳修号称"宋代疑古第一人"①，承前启后，继往开来，有得有失，应该一分为二地看待。既取得了卓越的贡献，也存在不足之处。一是语焉不详。对于有些文献，欧阳修虽然提出其真伪有可疑之处，但并没有指出其"伪"在何处，过于简略。如对于《归藏易》，欧阳修认为该书已经亡于夏、商时期，"汉初虽有《归藏》，已非古经。今书三篇，莫可究矣"②，但欧阳修并没有提出《归藏易》非古经的原因是什么。二是疑古过勇。欧阳修《易童子问》对《十翼》的作者问题提出疑辨："《系辞》非圣人之作乎？曰：何独《系辞》焉？《文言》《说卦》而下，皆非圣人之作。"又称："邈然远出诸儒之后，而学无师授之传，其勇于敢为而决于不疑者，以圣人之经尚在，可以质也。"③ 他以《易》《春秋》与《十翼》对比，发现了一些不一致的地方，认为《十翼》中多"繁衍丛脞"之说。其实欧阳修之说似是而非，一是称谓证伪貌似正确，实则以今律古，不合古人著述之体。二是思想证伪亦缺乏发展观点。孔子乃古代一大思想家，其思想绝非一成不变，实际上他早年比较讲究实际，以《论语》为代表。但是他晚年好《易》，也为帛书《易传·要篇》所证实④。在孔子与《易》之关系问题上，欧阳修疑古过勇，一直影响到现代学者钱玄同，余波及于疑古派，造成了深远而恶劣的影响。

二、司马光

（一）司马光其人

司马光（1019—1086），字君实，号迂叟，陕州夏县涑水乡（今山西省夏县）人。世称涑水先生。著有《温国文正司马公文集》《稽古录》《涑水记闻》《潜虚》等。

《稽古录》辑录伏羲氏太昊、神农氏炎帝、有熊氏黄帝、高阳氏颛顼、高辛氏帝喾、陶唐氏帝尧、有虞氏帝舜等的史料，是信古派（严格说是稽古派）的代表作。伏羲氏太昊、神农氏炎帝、有熊氏黄帝正是现代疑古派学者加以否定的。《稽古录》曰："昔周之兴也，礼以为本，仁以为源。自后稷已来，至于文、武、成、康，其讲礼也备矣，其施仁也深矣，民习于耳目，浃于骨髓。"

（二）司马光的文献辨伪与被托

1. 《尚书》
司马光《传家集》卷七十五策问：

---

① 张骁飞：《宋代疑古第一人——欧阳修的疑古思想及辨伪成果》，河南大学硕士学位论文，2007年。该文通过分析欧阳修疑古思想的代表著作，来展示欧阳修的疑古辨伪成果，总结其辨伪方法。认为滋生他疑古思想的原因有：（1）宋代学人理性精神的增强；（2）佛教思想对宋人思想的影响；（3）雕版印刷的发展为文人读书提供的优厚条件；（4）韩、柳疑古思想对他的影响；（5）理性地审视经典是他疑古思想产生的直接因素之一；（6）以"致用"为目的的求实观念是他疑古思想产生的第二个因素。

② 欧阳修：《欧阳文粹》卷十六，影印文渊阁四库全书本，第 1103 册，第 768 页。

③ 欧阳修：《易童子问》卷三。

④ 《帛书易传·要篇》，陈鼓应主编：《道家文化研究》第三辑，上海古籍出版社 1993 年版，第434～435 页。

　　问：孟子称："尽信《书》不如无《书》，吾于《武成》取二三策而已。"为其以至仁伐至不仁，而有血流漂杵也。后之学者皆祖其言，乃以《书》为舛驳，非若他经之纯美也。呜呼！彼孟子者果愈于圣人邪？《书》者果是非相冒中有可信不可信者邪？学者病于随风而呼，顺流而攘，未有能排其门，上其堂，探其室，啐其脔，而徒披猖横骛乎藩篱之外，彼又乌知甘酸之正味邪？乃欲信孟子而非《书》。孟子又曰："说《诗》者不以文害辞，不以辞害志。"斯言也岂独可施于《诗》而不可施于《书》邪？孟子之云"《书》不可尽信"者果是欤？愿与诸君订之。

"司马光之问"具有强大的逻辑力量，可惜一直没有引起世人的注意。如果说在北宋学术界欧阳修是疑古派的首领，司马光则是与之针锋相对的信古派的首领。疑古派与信古派各执一端，不可轻易抑扬，需要具体问题具体分析。

　　此外，《稽古录》陶唐氏帝尧、有虞氏帝舜的史料主要采自《尚书》。

2.《古文孝经》

司马光《传家集》卷六十八《古文孝经指解序》云：

　　圣人言则为经，动则为法，故孔子与曾参论孝，而门人书之，谓之《孝经》。及传授滋久，章句漫差，孔氏之人畏其流荡失真，故取其先世定本，杂虞夏商周之书及《论语》，藏诸壁中，苟使人或知之，则旋踵散失，故虽子孙不以告也。遭秦灭学，天下之书扫地无遗。汉兴，河间人颜芝之子得《孝经》十八章，儒者相与传之，是为今文。及鲁恭王坏孔子宅，而古文始出，凡二十二章。当是之时，今文之学已盛，故古文排摈，不得列于学宫，独孔安国及后汉马融为之传，诸儒党同疾异，信伪疑真，是以历载累百，而孤学沉厌，人无知者。隋开皇中，秘书学士王逸于陈人处得之，河间刘炫为之作《稽疑》一篇，将以兴坠起废，而时人已多讥笑之者。及唐明皇开元中，诏议孔、郑二家，刘知幾以为宜行孔废郑，于是诸儒争难蜂起，卒行郑学。及明皇自注，遂用十八章为定。先儒皆以为孔氏避秦禁而藏书，臣窃疑其不然。何则？秦世科斗之书废绝已久，又始皇三十四年始下焚书之令，距汉兴才七年耳，孔氏子孙岂容悉无知者，必待恭王然后乃出？盖始藏之时，去圣未远，其书最真，与夫他国之人，转相传授，历世疏远者，诚不侔矣。且《孝经》与《尚书》俱出壁中，今人皆知《尚书》之真而疑《孝经》之伪，是何异信脍之可啗，而疑炙之不可食也。嗟乎！真伪之明，皦若日月，而历世争论，不能自伸，其中异同不多，然要为得正。此学者所当重惜也。前世中《孝经》多者五十余家，少者亦不减十家。今秘阁所藏止有郑氏、明皇及古文三家而已，其古文有经无传。案孔安国以古文时无通者，故以隶体写《尚书》而传之。然则《论语》《孝经》不得独用古文，此盖后世好事者，用孔氏传本，更以古文写之，其文则非，其语则是也。夫圣人之经，高深幽远，固非一人所能独了。是以前世并存百家之说，使明者择焉，所以广思虑、重经术也。臣愚虽不足以度越前人之胸臆，窥望先圣之藩篱，至于时有所见，亦各言尔志之义。是敢辄以隶写古文为之指解，其今文旧注有未尽者，引而伸之，其不合者易而去之，亦未知此之为是而彼之为非，然经犹的也，一人射之，不若众人射之，其为取中多也。臣不敢避狂僭之罪，而庶几于先王之道万一有所裨焉。

司马光《传家集》卷十七《进古文孝经指解表》亦云：

> 臣愚幸得补文馆之缺，以经史为职，窃睹秘阁所藏《古文孝经》，先秦旧书，传注遗逸，孤学埋微，不绝如线。是以不自揆量，妄以所闻为之指解。虽才识褊浅，无能发明，庶几因圣人之言，得少关省览，则粪土之臣荣愿足矣。其《古文孝经指解》一卷，谨随表奉进以闻。

此表作于嘉祐元年（1056）。

3. 《素问》

司马光建议范景仁："熟读《中庸》以代《素问》《巢原》，熟读《乐记》以代《考工记》《律历志》。"而范景仁认为："《素问》专主于医，非黄帝莫能为者。某至颍昌，已再读矣，须有所得，恨读之之晚。"司马光《与范景仁第四书》驳斥曰：

> 窃谓医书治已病，平心和气治未病，冀景仁既得其本，则末可焚也。然谓《素问》为真黄帝之书，则恐未可。黄帝亦治天下，岂可终日坐明堂，但与岐伯论医药针灸耶？此周、汉之间医者依托以取重耳。

范景仁认为《素问》"非黄帝莫能为"，这是一种经典圣授论。而司马光认为《素问》非黄帝作，因为"黄帝亦治天下，岂可终日坐明堂，但与岐伯论医药针灸耶？此周、汉之间医者依托以取重耳"[1]。司马光的观点被后世采信，《素问》不过是周、汉之间医者依托。

4. 《文中子》

在考辨《文中子》时，对于将相名臣皆不言王通一事，王通之子王福畤所作的解释为当时王通直谏得罪了长孙无忌，而其时负责编撰《隋书》的陈叔达"畏无忌，不为文中子立传"[2]。但司马光对此解释表示怀疑，认为"叔达前宰相，与无忌位相埒，故何畏之？至没其师之名使无闻于世乎？且魏徵实总《隋史》，纵叔达曲避权威，徵肯听之乎？"[3]

司马光怀疑《文中子》一书是王通之弟王凝和王通的儿子王福畤"依并时事从而附益之"[4]，因为"其所称朋友门人，皆隋、唐之际将相名臣……考诸旧史，无一人语及通名者"[5]，司马光在此列举了将相名臣十二人，这些人皆没有言及王通。由此司马光认为："何独其家以为名世之圣人，而外人皆莫之知也？"[6]

---

① 张心澂：《伪书通考》，商务印书馆1957年版，第969页。
② 吕祖谦：《宋文鉴》卷第一百四十九，影印文渊阁四库全书本，第1351册，第699页。
③ 吕祖谦：《宋文鉴》卷第一百四十九，影印文渊阁四库全书本，第1351册，第699页。
④ 吕祖谦：《宋文鉴》卷第一百四十九，影印文渊阁四库全书本，第1351册，第698页。
⑤ 吕祖谦：《宋文鉴》卷第一百四十九，影印文渊阁四库全书本，第1351册，第698页。
⑥ 吕祖谦：《宋文鉴》卷第一百四十九，影印文渊阁四库全书本，第1351册，第698页。

5.《尹文子》

司马光《传家集》卷六十八《名苑序》云：

> 　　孔子称，名不正则言不顺，言不顺则事不成，乃至于百姓无所措手足。甚矣圣人重名之至也！刘子政述九流，有名家者流，曰尹文子、公孙龙子等，凡七家。《尹文子》今存，其术杂黄、老、刑名之言耳。余书更历久远，世鲜传之。今有孙氏释名，盖亦其类也。昔者鲁哀公问社于宰我，宰我对曰："周人以栗，曰使民战栗。"孔子闻之，深非之曰："成事不说，遂事不谏，既往不咎。"戒其后复为也。两汉以来，儒者务为此态，旁贯曲取，纡辞蔓说，至有依声袭韵，强为立理，诚可闵笑者甚众。此非宰我栗社之比邪？今《释名》之文亦犹是矣，抑亦失圣人之旨远哉！愚尝念之久矣，间因观经传诸书有可以正名者，因记之。窃以为，备万物之体用者无过于字，包众字之形声者无过于韵。今以《集韵》本为正，先以平、上、去、入众韵正其声，次以《说文解字》正其形，次以训诂同异辨其理，次以经传诸书之言证其实，命曰《名苑》，其有法制云，为时迁物变者，亦略叙其沿革，欲人知其源流变态云尔。至于鱼虫草木之类，虽纤苛烦碎，非慷慨君子所当用心，然亦重名之一节尔。至于三才道德礼乐善恶真伪之名，辅佐世治，其功亦不细哉！所谓文武之道未坠于地，在人，贤者识其大者，不贤者识其小者，将来君子好学乐道，庶几亦有取焉。

6.《疑孟》

司马光《传家集》卷七十三《疑孟》"父子之间不责善"条（元丰五年作）云：

> 　　《经》云："当不义则子不可不诤于父。"《传》云："爱子教之以义方。"《孟子》云："父子之间不责善。"不责善，是不谏不教也，而可乎？

　　司马光以《经》《传》衡量《孟子》之言，发现其中的矛盾，然后大胆质疑孟子。这不是文献辨伪，也不是思想辨伪，而是为政治斗争服务的。温公之学以诚为本，大旨与《孟子》契合，为何还要反过来置疑于《孟子》？就是为了反对王安石假借孟子弄出的一套所谓"大有为"的新学。《四库提要》亦认为："意见相激，务与相反，亦事理所有。"温公之学问远在王安石之上，可惜宋神宗与王安石同心同德，惟利是图，借改革的美名恣意妄为，损不足以奉有余，"剥床以足"，结果导致大宋灭亡。哀哉！

　　司马光《知永兴军谢上表》云："（宋神宗）得王安石委而信之，不复疑贰，听其言，从其计，人有沮毁之者，责而逐之。虽周成王之信周公，齐桓公之任管仲，燕昭王之倚乐毅，蜀先主之托诸葛亮，殆无以及斯。乃不世出之英主，旷千载而难逢者也，不幸所委不得其人！安石既愚且愎，不知择祖宗之令典，合天下之嘉谋，以启迪聪明，佐佑丕烈，乃足已，自是谓古今之人皆莫己如。有人与之同则喜，与之异则怒。喜则数年之间援引登青云，怒则黜逐摈斥，终身沈草莱。凡人之情，谁不喜富贵而畏刑祸？于是忠直远屏，奸谀竞进，为之腹心羽翼，以干禄徼利，遂使中外权要之任非其党羽不得处也。深疾谏者，过于仇雠；严禁诽谤，甚于盗贼。然后逞其胸臆，变乱旧章，兴害除利，舍是取非，其尤病民伤国者。"果如其言，王安石死有余辜矣。

7. 《切韵指掌图》

《切韵指掌图》旧本题司马光撰。而现代学者多予以否定。如赵荫棠从版本上考察，认为《切韵指掌图》非司马光所作，它是淳熙三年（1176）以后与嘉泰三年（1203）以前的产物。① 许世瑛认为，《切韵指掌图》异于《广韵》而同于《集韵》者甚多，足以证明其所列字必据当时方音，非若《广韵》之综合古今南北之音也；又考《切韵指掌图》与《集韵》《类篇》不合之处，为数亦多，足证其纯以当时方音为主，而非若守旧者强今以从古也；故《切韵指掌图》非司马光所作。② 董同龢认为，《切韵指掌图》或为南宋江西僧人所著，并非专依《广韵》《集韵》而作。③ 黄典诚认为，司马光果有《切韵指掌图》之作，必载《传家集》中，必为儒林所共悉，今二者俱无，故为可疑；司马光所继者乃纂修《类篇》之职，非续为《集韵》之编，今序乃云"讨究《集韵》之暇，而有《切韵指掌图》之作"，可见其伪。黄典诚推测，可能是番禺董南一把杨中修的《切韵类例》改为《切韵指掌图》，又把孙觌的序改为司马光的序。④

8. 《奏弹王安石表》

司马光《传家集》卷十七有《奏弹王安石表》，北京大学历史系邓小南教授认为，司马光并不曾写过《奏弹王安石表》，实际上是熙宁三年（1070）之后，社会上一些反对王安石变法的保守派人物，以司马光的名义，伪造出来并加以扩散的。而迁延至南宋孝宗淳熙年间，受当时贬抑王安石及其新法、崇褒司马光等守旧势力的政治形势影响，司马光的从曾孙司马伋在整理、刻印《传家集》时，没有认真加以核实，即把此文收入集中，自己"为妄人所误"，同时亦贻误后人。⑤

三、程颢、程颐

（一）程颢、程颐其人

程颢（1032—1085），字伯淳，号明道，世称"明道先生"。河南府洛阳人。嘉祐二年（1057）进士。

程颐（1033—1107），字正叔。平生诲人不倦，故学者出其门最多，渊源所渐，皆为名士。世称为伊川先生。嘉定十三年（1200），赐谥曰正公。淳祐元年（1241），封伊阳伯，从祀孔子庙庭。

（二）程颢、程颐的文献辨伪

1. 《子夏易传》

《二程外书》卷十：

① 赵荫棠：《切韵指掌图撰述年代》，《辅仁学志》1934 年第 2 期。

② 许世瑛：《证司马光不作切韵指掌图》，《中国留日同学会季刊》1943 年第 4 期。

③ 董同龢：《切韵指掌图中的几个问题》，《历史语言研究所集刊》（第十七本），1948 年。

④ 黄典诚：《糅合唐宋的韵图——〈切韵指掌图〉》，《〈切韵〉综合研究》，厦门大学出版社 1994 年版。

⑤ 邓小南：《司马光奏弹王安石辨伪》，《北京大学学报》1980 年第 4 期。

《子夏易》虽非卜商作，必非子夏所能为，必得于师传也。

2. 《尚书》
《二程粹言》卷三《论书篇》云：

　　或问："周公既祷三王，而藏其文于金縢之中，岂逆知成王之信流言，将以语之乎？"子曰："以近世观焉。祝册既用，则或焚之，或埋之。岂周公之时无焚埋之礼也？而欲敬其事，故若此乎？"

历史文献当时或者焚毁，或者埋之于地，前者已无迹可求，后者则有重见天日之时也。

3. 《诗序》
明崔铣《士翼》卷三《述言下》云："《诗序》，程子笃信，朱子痛斥。许鲁斋云：'书去序，恐拟议之失甚于汉儒。'是从程子也。夫道可以知穷，事必以实著。今存其首序，正其衍词，可以言诗矣。"于此可见程子以《诗序》为真，而朱子反之。

4. 《周礼》
《二程外书》卷十云：

　　《周礼》不全是周公之礼法，亦有后世随时添入者，亦有汉儒撰入者，如《吕刑》《文侯之命》通谓之周书。

吕柟云："洪纲大目非周公不能定。"
《二程粹言》卷三《论书篇》亦云：

　　子曰：《周礼》之书多讹阙。然周公致太平之法亦存焉。在学者审其是非而去取之尔。
　　周家制作，皆自周公，故言礼必归焉。

5. 《礼记》
《二程粹言》卷三《论书篇》：

　　子曰：《礼记》之文多谬误者，《儒行》《经解》非圣人之言也。夏后氏郊鲧之篇，皆未可据也。
　　子曰：《大学》，孔子之遗言也。学者由是而学，则不迷于入德之门也。
　　子曰：《孟子》言三代学制，与《王制》所记不同。《王制》有汉儒之说矣。

6. 《素问》
《二程粹言》卷三《论书篇》：

子曰：《素问》出于战国之际，或以为《三坟》者，非也。然其言亦有可取者。

四、沈括

（一）沈括其人

沈括（1031—1095），字存中，号梦溪丈人，钱塘（今浙江杭州）人。幼随父宦游各地。嘉祐八年（1063），进士及第，授扬州司理参军。宋神宗时参与熙宁变法，受王安石器重，历任太子中允、检正中书刑房、提举司天监、史馆检讨、三司使等职。元丰三年（1080），出知延州，兼任鄜延路经略安抚使，驻守边境，抵御西夏，后因永乐城之战牵连被贬。晚年移居润州。著有《梦溪笔谈》。

（二）沈括的辨伪

1. 《香奁集》

沈括《梦溪笔谈》卷十六认为《香奁集》一书为和凝所作：

> 和鲁公凝有艳词一编，名《香奁集》。凝后贵，乃嫁其名为韩偓。今世传韩偓《香奁集》，乃凝所为也。凝生平著述，分为《演纶》《游艺》《孝悌》《疑狱》《香奁》《籝金》六集，自为《游艺集序》云："余有《香奁》《籝金》二集，不行于世。"凝在政府，避议论，讳其名，又欲后人知，故于《游艺集序》实之，此凝之意也。余在秀州，其曾孙和惇家藏诸书，皆鲁公旧物，末有印记，甚完。

和凝（898—955），字成绩，郓州须昌（今山东东平）人。既是唐末五代时期的宰相，也是文学家与法医学家。著有《疑狱集》。喜爱文学，长于短歌艳曲，作品风格浮艳。早年著有《宫词》百首，后贵，乃嫁其名为韩偓。今世传韩偓《香奁集》，乃和凝所为。和凝之所以托名该书于他人，是为了维护自己的名声。又要写艳词，又要装正经，这是丑陋的中国古代文人的一种劣根性。作伪根于人性。一部作伪史也是半部人性史！

2. 耳鉴

沈括《梦溪笔谈》卷十七云：

> 藏书画者，多取空名。偶传为钟、王、顾、陆之笔，见者争售，此所谓"耳鉴"。又有观画而以手摸之，相传以谓色不隐指者为佳画，此又在耳鉴之下，谓之"揣骨听声"。欧阳公尝得一古画牡丹丛，其下有一猫，未知其精粗。丞相正肃吴公与欧公姻家，一见曰："此正午牡丹也。何以明之？其花披哆而色燥，此日中时花也；猫眼黑睛如线，此正午猫眼也。有带露花，则房敛而色泽。猫眼早暮则睛圆，日渐中狭长，正午则如一线耳。"此亦善求古人心意也。

"耳鉴"也好，"揣骨听声"也罢，都是辨伪以鉴真！书画也是作伪的重灾区，书画辨伪也积累了丰富的历史经验，其理与文献辨伪学也存在"通感"。

沈括《梦溪笔谈》卷十七又云：

> 书画之妙，当以神会，难可以形器求也。世之观画者，多能指摘其间形象、位置、彩色瑕疵而已，至于奥理冥造者，罕见其人。如彦远《画评》言：王维画物，多不问四时，如画花往往以桃、杏、芙蓉、莲花同画一景。余家所藏摩诘画《袁安卧雪图》，有雪中芭蕉，此乃得心应手，意到便成，故其理入神，迥得天意，此难可与俗人论也。谢赫云："卫协之画，虽不该备形妙，而有气韵，凌跨群雄，旷代绝笔。"又欧文忠《盘车图》诗云："古画画意不画形，梅诗咏物无隐情。忘形得意知者寡，不若见诗如见画。"此真为识画也。

文献辨伪至今尚在浅表层次，众皆"以形器求"，还远没有"以神会"。

五、苏轼

（一）苏轼其人

苏轼（1037—1101），字子瞻，一字和仲，眉山人。以文章诗赋雄视当代，古文尤为杰出，与韩愈、柳宗元、欧阳修齐名，时称"韩文如潮，柳文如泉，欧文如澜，苏文如海"。

苏辙《亡兄子瞻端明墓志铭》云："初好贾谊、陆贽书，论古今治乱，不为空言。既而读《庄子》，喟然叹息曰：'吾昔有见于中，口未能言，今见《庄子》，得吾心矣。'乃出《中庸论》，其言微妙，皆古人所未喻。尝谓辙曰：'吾视今世学者，独子可与我上下耳。'既而谪居于黄，杜门深居，驰骋翰墨，其文一变，如川之方至，而辙瞠然不能及矣。后读释氏书，深悟实相，参之孔、老，博辩无碍，浩然不见其涯也。先君晚岁读《易》，玩其爻象，得其刚柔远近、喜怒逆顺之情，以观其词，皆迎刃而解。作《易传》，未完。疾革，命公述其志。公泣受命，卒以成书，然后千载之微言，焕然可知也。复作《论语说》，时发孔氏之秘。最后居海南，作《书传》，推明上古之绝学，多先儒所未达。既成三书，抚之叹曰：'今世要未能信，后有君子当知我矣。'"

（二）苏轼的文献辨伪

1. 《河图》《洛书》

《易图明辨》卷一引苏轼之说：

> 夫《河图》《洛书》其详不可得而闻矣，然著于《易》，见于《论语》，不可诬也。而今学者或疑焉。山川之出图书有时而然也。魏晋之间，张掖出石图，文字粲然。时无圣人，莫识其义耳。《河图》《洛书》岂足怪哉？

苏轼《书传》卷十：

> 旧说河出图，洛出书。……学者或疑而不敢言，以予观之，图书之文必粗有八卦九畴之象数，以发伏羲与禹之知，如《春秋》之以麟作也，岂可谓无也哉？

2. 《左传》
"尧不诛四凶"条云：

> 《史记·本纪》："舜归而言于帝，请流共工于幽陵，以变北狄；放驩兜于崇山，以变南蛮；迁三苗于三危，以变西戎；殛鲧于羽山，以变东夷。"太史公多见先秦古书，故其言时有可考，以正自汉以来儒者之失。四族者，若皆穷奸极恶，则必见诛于尧之世，不待舜而后诛，明矣。屈原有云："鲧悻直以忘身。"则鲧盖刚而犯上者耳。若四族者，诚皆小人也，则安能用之以变四夷之俗哉！由此观之，则四族之诛，皆非诛死，亦不废弃，但迁之远方为要荒之君耳。如《左氏》之所言，皆后世流传之过。若尧之世有大奸在朝而不能去，则尧不足为尧矣。

董彦远《跋尧母碑》言：汉人尚谶纬，以高祖为雷电感大泽中以生，故追叙庆都感赤龙生尧相配。刘焯常谓左氏称在夏谓陶唐氏，其处者为刘氏，非鲁史本文，乃汉儒特为此语，以汉出尧后，托《左传》有明文，求重于世，而孔颖达信之。

3. 李白诗
《笑歌行》相传为李白诗，苏轼认为是伪作，原诗云：

> 笑矣乎！笑矣乎！君不见曲如钩，古人知尔封公侯。君不见直如弦，古人知尔死道边。张仪所以只掉三寸舌，苏秦所以不垦二顷田。
>
> 笑矣乎！笑矣乎！君不见沧浪老人歌一曲，还道沧浪濯吾足。平生不解谋此身，虚作《离骚》遣人读。
>
> 笑矣乎！笑矣乎！赵有豫让楚屈平，卖身买得千年名。巢由洗耳有何益，夷齐饿死终无成。君爱身后名，我爱眼前酒。饮酒眼前乐，虚名何处有。男儿穷通当有时，曲腰向君君不知。猛虎不看几上肉，洪炉不铸囊中锥。
>
> 笑矣乎！笑矣乎！宁武子，朱买臣，扣角行歌背负薪。今日逢君君不识，岂得不如佯狂人。

《东坡题跋·书李白十咏》云：

> 过姑孰堂下，读李白十咏，疑其浅近。见孙邈云："闻之王安国，此乃李赤诗。"秘阁下有赤集，此诗在焉。白集中无此。赤见柳子厚集，自比李白，故名赤，卒为厕鬼所惑而死。今观此诗，止如此，而以比白，则其人心恙已久，非特厕鬼之罪。

《东坡题跋·书李白集》云：

今太白集中有《归来乎》《笑矣乎》及《赠怀素草书》数诗，决非太白作。盖唐末五代间贯休、齐己辈诗也。余旧在富阳见国清院太白诗绝凡近，过彭泽唐兴院又见太白诗，亦非是，良由太白豪俊语不甚择，集中往往有临时卒然之句，故使妄庸敢尔，若杜子美，世岂复有伪撰者耶？

《东坡题跋·书诸集伪谬》亦云：

唐末五代文物衰尽，诗有贯休，书有亚栖，村俗之气，大率相似。苏子美家有长史书云："隔帘歌已俊，对坐貌弥精。"语既凡恶，而字无法，真亚栖之流。近见曾子固编太白集，自谓颇获遗亡，而有《赠僧怀素草书歌》及《笑矣乎》数首，皆贯休以下词格，子固号有知识者，故深可怪。如白乐天赠徐凝、退之赠贾岛之类，皆世俗无知者所托，尤不足多怪。

4.《文选》
《东坡题跋·题文选》：

舟中读《文选》，恨其编次无法，去取失当。齐梁文章衰陋，而萧统尤为卑弱。《文选》引斯可见矣。如李陵、苏武五言皆伪，而不能去。观渊明集可喜者甚多，而独取数首以知其余，人忽遗者甚多矣。渊明《闲情赋》正所谓国风好色而不淫，正使不及周南，与屈、宋所陈何异？而统乃讥之，此乃小儿强作解事者。元丰七年六月十一日书。

5.《渊明咏二疏诗》
《东坡题跋·题渊明咏二疏诗》云：

此渊明咏二疏也。渊明未尝出二疏，既出而知返，其志一也。或以谓既出而返，如从病得愈，其味胜于初不病，此惑者颠倒见耳。

6. 徐凝诗等

世传徐凝瀑布诗云"一条界破青山色"，至为尘陋。又伪作乐天诗称美此句，有赛不得之语。乐天虽涉浅易，然岂至是哉？乃戏作一绝：帝遣银河一派垂，古来惟有谪仙词。飞流溅沫知多少，不与徐凝洗恶诗。

《东坡后集》卷十四《答刘沔都曹书一首》云：

世之蓄轼诗文者多矣，率真伪相半，又多为俗子所改窜，读之使人不平，然亦不足怪，识真者少，盖从古所病。梁萧统集《文选》，世以为工，以轼观之，拙于文而陋于识者，莫统若也。宋玉赋高唐神女，其初略陈所梦之因，如子虚、亡是公相与问答，皆赋矣，而统谓之叙，此与儿童之见何异？李陵、苏武赠别长安，而诗有"江汉"之语，及陵与武书，词句儇浅，正齐梁间小儿所拟作，决非西汉文，而统不悟，刘子玄独知之。范晔作蔡琰传，载其二诗，亦非是。董卓已死，琰乃流落，方卓之乱，伯喈尚无恙也，而其诗乃云以卓乱故流入于胡，此岂真琰语哉？其笔势乃效建安七子者，非东汉诗也。李太白、韩退之、白乐天诗文皆为庸俗所乱，可为太息。今足下所示二十卷，无一篇伪者，又少谬误，及所示书词清婉雅奥，有作者风气，知足下致力于斯文久矣。轼穷困，本坐文字，盖愿刳形去皮而不可得者，然幼子过文益奇，在海外孤寂无聊，过时出一篇见娱，则为数日喜。

《东坡题跋·题僧语录后》云：

佛法浸远，真伪相半，寓言指物，大率相似。考其行事，观其临祸福死生之际，不容伪矣。而或者得戒，神通非我肉眼所能勘验，然真伪之候见于言语，吾虽非夔、旷，闻弦赏音，粗知雅曲。子由欲吾书其文，为题其末。

《东坡题跋·题遗教经》：

仆尝见欧阳文忠公云：《遗教经》非逸少笔，以其言观之，信若不妄。然自逸少在时，小儿乱真，自不解辨，况数百年后传刻之余，而欲必其真伪，难矣！顾笔画精稳，自可为师法。

《东坡题跋·题萧子云帖》：

萧子云尝答敕云：臣昔不能赏拔随时，所贵规模。子敬多历年所，年二十六，著晋史，至二王列传，欲作论学隶法，不尽意，遂不能成，略指论飞白一事而已。十许年，乃见敕旨论书一卷，商略笔法，洞微字体，始变子敬全范元常逮迹以来，自觉功进，文见《齐史》本传。今阁下法帖十卷中有卫夫人与一僧书，班班取子云此文，其伪妄无疑也。

《东坡题跋·疑二王书》：

梁武帝使殷铁石临右军书，而此帖有与铁石共书语，恐非二王书，字亦不甚工，览者可细辨也。

《东坡题跋·题逸少书》：

此卷有永"足下还来"一帖，其后云"不具释智永白"，而云逸少书。余观其语云"谨此代申"，唐末以来乃有此等语，而书至不工，乃流俗伪造永禅师书耳。

苏轼虽然天资卓荦，才华横溢，善于读书作文，但其学问重点似乎没有放在文献辨伪方面，主要著作也是在极其艰苦的环境之中所撰，缺少足够的资料进行比勘，在此方面不及其弟苏辙远甚。

六、苏辙

（一）苏辙其人

苏辙（1039—1112），字子由，一字同叔，晚号颍滨遗老。眉州眉山（今属四川）人。擅长以孔子儒家之理评论历史。

（二）苏辙的文献辨伪

1. 《诗序》

苏辙《诗集传》卷一"关雎后妃之德也"条曰：

> 孔子之叙书也，举其所为作书之故，其赞《易》也，发其可以推《易》之端末，尝详言之也。非不能详，以为详之则隘。是以常举其略，以待学者自推之。故其言曰："仁者见之谓之仁，智者见之谓之智。"夫唯不详，故学者有以推而自得之。今《毛诗》之叙何其详之甚也。世传以为出于子夏，予窃疑之。子夏尝言《诗》于仲尼，仲尼称之，故后世之为《诗》者附之。要之，岂必子夏为之，其亦出于孔子或弟子之知《诗》者欤？然其诚出于孔氏也，则不若是详矣。孔子删《诗》，而取三百五篇，今其亡者六焉，《诗》之叙未尝详也，诗之亡者，经师不得见矣，虽欲详之而无由，其存者将以解之，故从而附益之，以自信其说，是以其言时有反覆烦重，类非一人之词者。凡此皆毛氏之学，而卫宏之所集录也。《东汉·儒林传》曰："卫宏从谢曼卿受学，作《毛诗叙》，善得风雅之旨，至今传于世。"《隋·经籍志》曰："先儒相承谓《毛诗叙》子夏所创，毛公及卫敬仲又加润益。"古说本如此，故予存其一言而已。曰：是诗言是事也，而尽去其余，独采其可者，见于今传，其尤不可者，皆明著其失，以为此孔氏之旧也。

2. 《周礼》

苏辙《栾城后集》卷七《周公言》云：

> 言周公所以治周者，莫详于《周礼》。然以吾观之，秦、汉诸儒以意损益之者众矣，非周公之完书也。何以言之？
> 周之西都，今之关中也；其东都，今之洛阳也。二都居北山之阳，南山之阴，其地东西长，南北短，短长相补，不过千里，古今一也。而《周礼》王畿之大，四方相距千里，如画棋局；近郊远郊，甸地稍地，小都大都，相距皆百里，千里之方，地实无所容之，故其畿内远近诸法，类皆空言耳。此《周礼》之不可信者一也。
> 《书》称武王克商，而反商政，列爵惟五，分土为三。故《孟子》曰："天子之

制，地方千里，公侯百里，伯七十里，子男五十里。不能五十里，不达于天子，附于诸侯，曰附庸。"郑子产亦云："古之言封建者，盖若是。"而《周礼》诸公之地方五百里，诸侯四百里，诸伯三百里，诸子二百里，诸男百里，与古说异。郑氏知其不可，而为之说曰："商爵三等，武王增以子、男，其地犹因商之故。周公斥大九州，始皆益之，如《周官》之法。于是千乘之赋，自一成十里而出车一乘，千乘而千成，非公侯之国，无以受之。"吾窃笑之。武王封之，周公大之，其势必有所并；有所并，必有所徙。一公之封，而子、男之国为之徙者十有六。封数大国，而天下尽扰，此书生之论，而有国者不为也。《传》有之曰："方里而井，十井为乘。"故十里之邑而百乘，百里之国而千乘，千里之国而万乘，古之道也。不然，百乘之家，为方百里，万乘之国，为方数圻矣，故无是也。《语》曰："千乘之国，摄乎大国之间。"千乘，虽古之大国，而于衰周为小，然孔子犹曰"安见方六七十，如五六十，而非邦也者"，然则虽衰周，列国之强家，犹有不及五十者矣。韩氏、羊舌氏，晋大夫也，其家赋九县，长毂九百，其余四十县，遗守四千，谓一县而百乘则可，谓一县而百里则不可。此《周礼》之不可信者二也。

王畿之内，公邑为井田，乡遂为沟洫。此二者，一夫而受田百亩，五口而一夫为役，百亩而税之十一，举无异也。然而井田自一井而上，至于一同而方百里，其所以通水之利者，沟、洫、浍三。沟洫之制，至于万夫，方三十二里有半，其所以通水之利者，遂、沟、洫、浍、川五。利害同而法制异，为地少而用力博，此亦有国者之所不为也。楚蒍掩为司马，町原防，井衍沃，盖平川广泽可以为井者井之，原阜堤防之间，狭不可井则町之。皆因地以制广狭多少之异，井田沟洫盖亦然耳，非公邑必为井田，而乡遂必为沟洫。此《周礼》之不可信者三也。

三者既不可信，则凡《周礼》之诡异远于人情者，皆不足信也。古之圣人因事立法，以便人者有矣，未有立法以强人者也。立法以强人，此迂儒之所以乱天下也。

这是一篇"总—分—总"式的辨伪论文，首先提出自己的总观点："《周礼》非周公之完书。"然后指出都城、封建、井田沟洫三条"不可信"，最后再次摆明自己的总论点："凡《周礼》之诡异远于人情者，皆不足信也。"千字左右即完成了一项重大课题的论证，如此大手笔足以令现代学者无地自容。

有人指出，宋代王安石变法时，曾效法《周礼》中的理财精神兴行各种新法，引起反对者对该书的反感。苏辙首先写了长篇论辩，指出《周礼》之不可信处有三点，借以反对王安石。此说不能说没有道理。苏洵《辨奸论》指斥王安石为奸人，称"凡事之不近人情者，鲜不为大奸慝"，预言"天下将被其祸"；苏辙指认王氏为"迂儒""诡异远于人情"，目的在假借《周礼》以乱天下。苏氏父子之间判断基本一致，可谓一脉相承，只是时态不同，一为将来时，一为进行时。由此亦可证明，《辨奸论》绝非伪作。

3. 《论语》

苏辙《栾城三集》卷七《论语拾遗并引》：

予少年为《论语略解》，子瞻谪居黄州，为《论语说》，尽取以往，今见于书者十二三也。大观丁亥，闲居颍川，为孙籀、简、筠讲《论语》，子瞻之说，意有所未安。时为籀等言，凡二十有七章，谓之《论语拾遗》，恨不得质之子瞻也。

可见，苏辙早年所撰之《论语略解》，被苏轼《论语说》袭用十之二三。这重公案还是当事人自己报的案。

4.《孟子》

苏辙《栾城后集》卷六《孟子解》云：

> 孟子曰："舜为天子，皋陶为士。瞽叟杀人，皋陶则执之，舜则窃负而逃于海滨。"吾以为此野人之言，非君子之论也。舜之事亲，烝烝乂，不格奸，何至于杀人而负之以逃哉？且天子之亲，有罪议之，孰谓天子之父杀人而不免于死乎？

5.《管子》

苏辙辨管子之书为战国诸子所附益，《四库提要》称之不苟。

6.《白乐天长庆集》

苏辙《栾城后集》卷二十一《书白乐天集后》云：

> 元符二年夏六月，予自海康再谪龙川，冒大暑，水陆行数千里，至罗浮……庐于城东圣寿僧舍，闭门索然，无以终日。欲借书于居人，而民家无畜书者。独西邻黄氏世为儒，粗有简册，乃得乐天文集阅之。乐天少年知读佛书，习禅定，既涉世履忧患，胸中了然，照诸幻之空也……盖唐世士大夫，达者如乐天寡矣。予方流转风浪，未知所止息，观其遗文，中甚愧之。然乐天处世，不幸在牛李党中，观其平生，端而不倚，非有所附丽者也。盖势有所至，而不能已耳。会昌之初，李文饶用事，乐天适已七十，遂求致仕，不一二年而没。嗟夫！文饶尚不能置一乐天于分司中耶？然乐天每闲冷衰病，发于咏叹，辄以公卿投荒、僇死不获其终者自解。予亦鄙之。至其闻文饶谪朱崖三绝句，刻核尤甚。乐天虽陋，盖不至此也。且乐天死于会昌之初，而文饶之窜在会昌末年，此决非乐天之诗。岂乐天之徒浅陋不学者附益之耶？乐天之贤，当为辨之。

附带说明一个问题，胡建升等人通过对《苏辙集》和《全宋诗·苏辙诗集》中的苏辙佚诗进行考辨发现，《初春游李太尉宅东池》《益昌除夕感怀》《除夕》《过豫章》《诗一首》等五首佚诗不是苏辙所作，分别属于张方平、唐庚、黄庭坚、苏轼等人所作。[①]

七、刘安世

（一）刘安世其人

刘安世（1048—1125），字器之，号元城、读易老人，学者称元城先生。大名府人。

---

① 胡建升、杨茜：《苏辙佚诗辨伪》，《古籍整理研究学刊》2009 年第 5 期。

熙宁六年（1073），登进士第，不就选。少师事司马光，咨尽心行己之要。著有《尽言集》。

（二）刘安世的文献辨伪

刘安世在考辨《周易》爻辞时，认为爻辞是周公而非文王作。因为书中有"王用亨于西山"和"箕子之明夷"之语，此事皆出现在文王之后。此前唐人孔颖达在考辨《周易》时已有相似之语，但刘安世并未明言其袭自孔颖达。

刘安世不长于文献辨伪，而以辨小人之伪著称。《尽言集》云："君子小人消长之机，实天下国家治乱之本。要在分别真伪，判白忠邪，使上心明辨而无疑，则群小不攻而自破。今之急务，独此为先。""盖大奸之人行伪而坚，言伪而辩。""此少正卯之行伪而坚，言伪而辩，学非而博，顺非而泽，所以不能逃孔子之诛也。"伪书之"行伪而坚，言伪而辩"，所以不能逃吾侪之天罗地网也。

八、晁说之

（一）晁说之其人

晁说之（1059—1129），字以道、伯以，澶州清丰（今河南濮阳）人。少慕司马光之为人，光晚号迂叟，说之因自号曰景迂。元丰五年（1082），进士及第，苏东坡称其自得之学，发挥五经，理致超然，以"文章典丽，可备著述"举荐。范祖禹亦以"博极群书"荐以朝廷，曾巩亦力荐。著有《易商瞿大传》《书论》《易商小传》《商瞿易传》《亲氏易式》《晁氏诗传》《诗论》《晁氏书传》《晁氏春秋传》《春秋辩文》《春秋年表》《古论大传》《论语讲义》《壬寅孝经》《五经小传历谱》《周易太极传》《太极外传》《易玄星纪谱》《易规》《中庸传》《景迂生集》《因说》《易归》《尧典星日岁考》《洪范小传》《诗序论》《易玄星纪图》等。生平事迹与学术思想详见张剑《晁说之研究》。

（二）晁说之的文献辨伪

1.《子夏易传》

晁说之认为《子夏易传》"太史公、刘向父子、班固皆不论著。唐刘子玄知其伪矣，书不传于今。今号为《子夏传》者，《崇文总目》知其为伪，而不知其所作之人。予知其为唐张弧之《易》也"[①]。

此处，晁说之通过目录学书目不录和袭前代刘知幾、《崇文总目》的观点，认为《子夏易传》为伪书。但对于伪作该书之人，其认为是唐代张弧，却未明言具体原因。

2.《尚书》

《儒言·皇道》曰：

---

① 陈振孙：《直斋书录解题》卷一，影印文渊阁四库全书本，第 674 册，第 530 页。

皇道帝德出于《尚书中候》，纬书也。嘉祐学者未尝道也。孔子定《书》，断自二帝，尚复皇之贵哉？武陵先生曰：六经无皇道，刘道原亦云然。

《儒言·知本》曰：

言《书》者不取正于古文，言《诗》者既耻言毛氏，而又不知齐、鲁、韩氏之辨，果以诗为何诗邪？言《周礼》者真以为周公太平之书，而不知有六国之阴谋。地不足于封，民不足于役，农不足于赋，有司不足于祭，将谁欺邪？言《易》者不知王弼之前师儒尚众，而古法之变自弼始。虽以短弼，实不能出其藩篱，何以语古邪？

3.《诗》《书》
《儒言·盗悖》曰：

孔子作《春秋》，多微辞，于是乎起问数百，应问数千，未之厌也。至于《诗》《书》本非一时一人之言，圣人取其可为后世训者存之，初不以一字为美恶也。故曰志之所至，诗亦至焉。诗之所至，礼亦至焉。简易较直如此，或取春秋之治具，以诘难为功，何邪？昔之师儒未之有也。及于春秋则反，无与焉。盗憎主人邪？盖非其有而取之盗也。不敬其君而敬他人者，悖德礼也，彼何为盗且悖邪？

4.《诗序》
晁说之《景迂生集》卷十一《诗之序论一》云：

作《诗》者不必有《序》。夫既有《序》，而直陈其事，则《诗》可以不作矣。说《诗》者或不可以无《序》，断看一诗之旨而序之，庶几乎发明先民之言，以告后生弟子焉。今之说者曰，《序》与《诗》同作，无乃惑欤？夫作诗之君子世莫得而氏之，其所经见者，则周公、吉甫、家父、孟子也，其人大圣且贤也，其所作可与二三君子偶者，虽末之，亦善士也。其感惟深，其诚惟加，其辞惟缓，徘徊自致吾爱君之心焉，先王先公之烈于是乎在也。序《诗》者于所刺不讳时君之恶而暴其私，无所不及，虽闾阎委巷之私亦不过是，岂特善骂云尔耶？亦自善讦，而余怒悉纾而罢矣，尚何托之鸟兽草木虫鱼，文之训诂，比之音声以成诗乎？吾君既治，一国之人皆美之也，吾何容心哉？犹然以廉肉节奏咏之扬之，是所以为先生先公之烈者也。序《诗》者于所美直而且倨，殆类考功所书县令最状，尚何托之鸟兽草木虫鱼，文之训诂，比之音声以成诗乎？孰谓诗可以观、可以群、可以怨乎？如《山有枢》之序曰："有财不能用，有钟鼓不能以自乐，有朝廷不能洒扫。"《车攻》之序曰："宣王能内修政事，外攘夷狄，复文武之境土，修车马，备器械，复会诸侯于东都，因田猎而选车徒焉。"《诗》无遗思矣。如此之类，一序而足，又何必《诗》之作邪？由是观之，《诗》之所《序》非当时之所作明矣。且逸诗之传幸而托于金石得完者，岐山下之石鼓也，又安睹序耶？自《泽陂》之序绝，其后继而有作者，屈原《离骚》亦未尝有序,而序之者王逸也。秦汉之间,古诗之传兴致深远,颇有国风遗韵,而亦未尝有序。读之者固自知之,况夫先民之言本诸人情而有作。人情不亡,则其言不患乎不明也。譬诸喜乐而笙歌,疾痛而呻吟,古今一也,又岂惧人之不可知则默以已乎?殆夫晋魏文墨之士才力凡下,陋不知学,因习说《诗》之《序》,而自为其诗序,盖可惭也已。今之说者反因此以诬商周之君子,何异以王莽论周公哉!

晁说之《景迂生集》卷十一《诗之序论二》亦云:

或曰:《诗》之《序》非当时之所作,抑子夏之所作欤?曰:予不知子以子夏为何如人也。周之东迁,诸侯未之有勤王者。卫宣公不知从王伐郑,《春秋》罪之矣。序《伯兮》刺时也,言君子行役为王前驱,过时而不反焉。其与卫人之怨王欤?当斯之时,桓王五聘于鲁,而诸侯未之有亲王者。序《葛藟》刺周室衰,弃其九族,则诸侯之亲王者其已厚欤?秦康公隳其先君,穆公之业惟知日寻兵于母家,自丧服以寻干戈,而终身战,不知已。序《渭阳》称其我见舅氏,如母存焉,是果纯孝欤?周公之诛管、蔡,不得巳也。序《棠棣》燕兄弟也,闵管、蔡之失道,故作《棠棣》焉,何其安忍而善厄人哉?又安在其为燕耶?忽之不昏于齐,卒以无大国之助,则今世昏姻论族者贤矣哉。君子之与正而抑篡弑也尚矣,郑昭公正也,当立者也。《山有扶苏》《蘀兮》《狡童》之类,序忽而刺之幽后,亦未之有可刺者,而序《白华》刺之晋武公、陈厉公者,内弑而盗立之君也,石季龙、符坚之流也。序《无衣》美武公,序《墓门》姑责陈佗无良师傅失其类耶?尊王而贱夷狄,天下之通义也。秦仲者,石勒、刘元海之流也,秦襄公,聪曜之流也。序《车邻》美秦仲,序《驷铁》《小戎》美襄公,何也?夫取非所有者盗也,襄公取周地而有之,果足训哉?周之王应天命也,序《文王》有声继伐也,是文王以伐纣为志,武王以伐纣为功也。序《庭燎》因以箴宣王,则《云汉》之作妄也。序《沔水》规宣王,则《韩奕》之作妄也。序《鹤鸣》诲宣王,序《白驹》《黄鸟》《我行其野》刺宣王,则《崧高》《烝民》之作妄也。序《祈父》刺宣王,则《江汉》之作妄也。小雅之贵,为大雅未有。小雅之恶如此,而大雅之善如彼者也。风雅颂各有体。序《驺虞》人伦既正,朝廷既治,天下纯被文王之化,则庶类蕃殖,搜田以时,仁如驺虞,则王道成也者。风其为雅欤?文王其为僭王欤?序《鱼丽》美万物盛多,可以告神明,雅其为颂欤?序《闵予小子》嗣王朝于庙也,敬之群臣,进戒嗣王也。小毖嗣王求助也,颂其为小雅欤?子夏苟知有君臣父子兄弟夫妇与正而抑篡弑,尊王而贱夷狄,明乎周之王业,谨乎风雅颂之体,则序《诗》者非子夏也。善夫韩愈之议曰:子夏不序《诗》之道有三焉:不智,一也。暴中冓之私,春秋所不明不道,二也。诸侯犹世不敢以云,三也。且夫《春秋》之志深矣,岂特定、哀之间多微辞哉?后世学士大夫聚十数师儒之说而传道之尚多所不通,夫子于洙泗之间口以授受,而不敢公言者,逊也,何为夫子怯于《春秋》,而子夏勇于序《诗》乎?至于《丧服传》称子夏所作,予何疑焉。

晁说之《景迂生集》卷十一《诗之序论三》云:

或曰：郑君于《诗谱》以《序》为子夏所作……然则是序毛公之所作欤？曰：此予疑不能明也。在汉有《齐诗》《韩诗》《毛诗》。齐、鲁、韩三家之《诗》早立博士，而传者多卿相显人，所说与《毛诗》又不类，以《关雎》《葛覃》《卷耳》《鹊巢》《采蘩》《采苹》《驺虞》《鹿鸣》《四牡》《皇皇者华》之类，皆为康王诗，《王风》为鲁诗，《鼓钟》为昭王诗，异同不可悉举。贾谊以《驺虞》为天子之囿，以《木瓜》为下之报上，刘向以卫宣夫人作《邶·柏舟》，黎庄公夫人作《式微》，陈娆道蔡人之妻作《芣苢》之类，皆三家之说也。扬雄号为博极群书，而乃因三家之说为之言曰：周康之时，颂声作乎下，《关雎》作乎上，习治也。与《毛诗》大不类，如此则其序必不同也。惟序同则说亦同，而说之不同者序之不同可知也。惜乎典籍埋灭，百家无余，三家之说不著于今，而今所略见者，《韩诗》之序曰：《芣苢》伤夫也，《汉广》悦人也，《汝坟》辞家也，《蜉蝣》刺奔女也，其详可胜言哉！今于文章犹不能与人同机杼，而既名之曰四家诗，则诗各有序也明矣。且说《韩诗》者谓其叙子夏所作，说《毛诗》者亦曰子夏叙也，是何一人之手异同如此邪？无乃各托所尊以求信于人乎？然则《毛诗》之序毛公所作欤？毛公无一言以及序，而传诗甚略，得非以其大旨已见于序欤？予所以疑不能明者，为其多骈蔓不纯之语，亦似非出于一手故也。序《子衿》刺学校废也，乱世则学校不修焉。《候人》刺近小人也，共公远君子而好近小人焉。《鸤鸠》刺不一也，在位无君子用心之不一也。《采绿》刺怨旷也，幽王之时多怨旷者也。其骈蔓无益多如此。序《樛木》逮下也，言能逮下，而无嫉妒之心焉。

晁说之《景迂生集》卷十一《诗之序论四》云：

孟子、荀卿、左氏、贾谊、刘向、汉诸儒论说及《诗》多矣，未尝有一言以《诗序》为议者，则《序》之所作晚矣。孟子曰：《凯风》亲之过小者也，而序者曰：卫之淫风流行，虽有七子之母，犹不能安其室，是七子之母者于其先君无妻道，于七子无母道，过孰大焉。孟子之言妄欤？孟子之言不妄，则序《诗》者非也。诸儒之论与序《诗》者异，而谓《序》无一言非者，非余所学也。韦昭、杜预亦间以《诗序》为言，而预颇有与之异同者，则士之好学不罔不殆者，于《诗》之序宜有皂白云。

5.《周礼》
晁说之《景迂生集》卷十四云：

尊其名不核其实，玩其读莫适于事者，《周礼》之为书也。其出为最晚，刘歆初献之，新莽即拜歆《周礼》博士，书乃传焉。是书大抵烦礼渎仪，靡政僭刑，苛令曲禁，重赋专利，忌讳祈禳，诞迂不切事，适莽之嗜也。莽所用以戕天下之民，而钳天下之口者，是书之奉也。正月之吉，初和六官，各悬象法于象魏，民视既已溃矣。是日州长各属民读法于州，又何能来自象魏而滑其听耶？搜苗狝狩之礼，月吉则族师属民读邦法，正岁则乡师稽器州长党正属民读法，季冬祭索鬼神，春秋则乡州有射党正祭，禜族师祭，醺间胥读法，凡岁比而三岁大比，所以致其民者劳矣，而力役追胥大事大故之所致，又未可以期数也。将使斯民终岁遽遽然不得服田畴、安室庐而奉有司之役耶？冢宰以九职任万民而掌固，又任万民，凡国都郊之竟有沟树之，固民皆有职焉。夫民既劳矣，而任之者亦已众矣，畿内千里，而卿大夫士胥徒授田凡万八千人有奇，其地莫之能给，而此多役疲扰之民尚可胜其任耶？是书历其民者如此，则于礼乐政刑复何论哉？昔周公位冢宰，正百辟，今书冢宰乃特正其治，其治官之属何耶？《尚书·周官》作在周公辅政七年将归之时，不知是书之作何时也。如前乎《尚书·周官》，则周公后以《尚书·周官》为正矣，学者尚何取于是书哉？如其作在《尚书·周官》之后，则《尚书·周官》者，周公之弃物也。孔子复何录之耶？二者不可允会，非周公妄，则孔子过也，孰可脱如作在《尚书·周官》之后，则周公未尝归政成王也，又孰可王肃斥冬至圜丘之乐谓王者各以其礼制事天地，今说者据《周礼》单文为经国大体，惧其局而不知弘也。予有取焉。呜呼！使《周礼》而尚全，王者犹损益之，况此残伪之物乎？

《儒言·知本》亦云：

> 言《周礼》者真以为周公太平之书，而不知有六国之阴谋。地不足于封，民不足于役，农不足于赋，有司不足于祭，将谁欺邪？

此处矛头所向皆是王安石。王氏推重《周礼》，真以为周公致太平之书，而晁氏以为残伪不足据。晁说之《景迂生集》卷一《元符三年应诏封事》亦云：

> 《字说》之列学官，甚非神宗意也。其此不当置而置者，乃有不可罢而罢者。《春秋》，孔子笔削以惧万世乱臣贼子者也。有国者不知《春秋》。前有谗而弗见，后有贼而不知，为人臣者不知其义，则不知人伦之大教也。元祐之初，尝列于学官矣。今置而不用，恐非所以尊经术也。昔孟子欲言周礼，而患无其籍。今之《周礼》最出汉末，世之以六国之制，多汉儒之所论次者。或谓六国阴谋之书，则过也。大要敛财多货，黩祀烦民，冗碎可施于文，而不可措于事者也。犹以王制之所存得列于学官，而《春秋》法王之制反可黜乎？

直接揭露王安石敛财烦民的险恶用心，辨伪于是成为政治斗争的工具。晁说之《景迂生集》卷十五《答勾龙寿南先辈书》亦云：

> 今学者知自置于经师，而不知有人师，甘心为一经之士，名曰大义，而实以碎义困踬童子，起而语易，薄乎诗书，例诋先贤为腐儒。先贤说虽是而未新也，颇谓仁义之用不及道德之恍惚，有愧性命之微妙，但未敢明以孔氏下乎老庄耳。然黜《春秋》而尊尚伪《周礼》，弃《孝经》而以《孟子》配《论语》，几何不使文武之道坠地也耶？……足下远质孟子于荀卿、王充及韩退之晚年之论，近观温公之《疑孟》及泰伯之《孟子杂辨》，刘元甫之于瞽瞍杀人，刘道原之于舜禹避丹，均则世俗孔孟之称

安乎？亦尝一日近思乎？何烦足下远过老仆羁旅之舍，而不自珍其辞章乎？说之前日叨为太子詹事，请太子读《论语》而未读《孟子》，所以尊孔子而尊太子之问学，尚一德也，赖陛下明圣朝奏而暮画可，然卿士大夫骇谤，太学诸生纷纷诬毁百出，无异报私仇者，今日放逐之中，尚复何言！足下幸察不宣。正月二十六日说之上。

今按，王安石以《周礼》《孟子》为变法的经典，引起反对派的不满，宋代学者遂群起质疑《周礼》，怀疑《孟子》，皆有政治史与思想史的复杂背景，绝非纯粹的文献辨伪学。

九、叶梦得

（一）叶梦得其人

叶梦得（1077—1148），字少蕴，号石林，长洲（今属苏州）人。祖籍处州松阳（今属浙江），北宋刑部侍郎叶逵五世孙，曾祖叶纲始迁苏州。绍圣四年（1097）成进士，历任翰林学士、户部尚书、江东安抚大使等官职。晚年隐居湖州弁山玲珑山石林，故号石林居士。所著诗文多以石林为名，如《石林书传》《石林燕语》《石林词》《石林诗话》等。绍兴十八年（1148）卒，年七十二。死后追赠检校少保。

在北宋末年到南宋前半期的词风变异过程中，叶梦得是起到先导和枢纽作用的重要词人。作为南渡词人中年辈较长的一位，叶梦得开拓了南宋前半期以"气"入词的词坛新路。叶词中的气主要表现在英雄气、狂气、逸气三方面。

梦得博极群书，强记绝人。《书》与《春秋》之学，视诸儒最为精耳。石林《石林书传自序》曰："自世尚经术，博士业《书》十常三四，然第守一说，莫能自致其思，余窃悲之。因参总数家，推原帝王之治，论其世，察其人，以质其所言，更相研究，折衷其是非。"

（二）叶梦得的文献辨伪

1. 《周易》

叶梦得言："自司马迁以来，学者皆言孔子传商瞿，瞿本非门人高弟，略无一言见于《论语》。性与天道，子贡且不得闻，而谓商瞿得之乎？"[1] 由此可知，叶梦得主要是对"孔子传商瞿《易》"一事进行考辨。他认为，首先，商瞿不是孔子的弟子，《论语》中也没有记载其任何信息，按照常理，孔子不应该传授给他。其次，叶梦得认为，孔子的正门弟子子贡尚且避而不谈的"性与天道"，而商瞿谈论，这也是不合情理之处。

对于《周易》一书的考辨，叶梦得之前已经不乏其人，但叶梦得所提出的考辨理由却是全新的。

2. 《尚书》

《书》五十八篇，出于伏生者，初二十三篇，出于鲁恭王所坏孔子宅壁中者，增

---

① 马端临：《文献通考》卷一百七十五，影印文渊阁四库全书本，第614册第32页。

多二十六篇。伏生书后传欧阳歙，鲁恭王壁中《书》，孔安国为之传。汉兴，诸儒传经，次第各有从来。伏生当文帝时年已老，口授晁错，颇杂齐鲁言，或不能尽辨。他经专门，每辄数家，惟《书》传一氏。安国无所授，独以隶古易科斗，自以其意为训解，不及列于学官。故自汉讫西晋，言《书》惟祖欧阳氏。安国训解晚出，皇甫谧家所谓二十六篇者，虽当时大儒扬雄、杜预之徒，皆不及见。刘向以鲁恭王书校伏生本，《酒诰》亡简一，《召诰》亡简二，字之不同者尤多。《书》非一代之言也，其文字各随其世不一体，其授受异同复若此，然大抵简质渊懿，不可遽通，自《立政》而上，非伊尹、周公、傅说之辞，则仲虺、祖乙、箕子、召公，后世以为圣贤不可及者也。其君臣相与往来，告戒论说，则尧、舜、禹、汤、文、武是也，是以其文峻而旨远。自《立政》而下，其君则成王、穆王、康王、平王，其臣则伯禽、君陈、君牙，下至于秦穆公，其辞则一时太史之所为也，视前为有间矣，是以其文亦平易明白，意不过其所言，孔子取之，特以其有合于吾道焉尔。自安国学行，欧阳氏遂废，今世所见，惟伏生大传，首尾不伦，言不雅驯，至以天、地、人、四时为七政，谓《金縢》作于周公没后，何可尽据？其流为刘向《五行传》，夏侯氏灾异之说，失孔子本意益远。安国自以为博考经传，采摭群言，其所发明，信为有功，然余读《春秋传》《礼记》《孟子》《荀子》，间与今文异同。《孟子》载《汤诰》"造攻自牧宫"，不言"鸣条"；《春秋传》述《五子之歌》，衍"率彼天常"一句；证《康诰》"父子兄弟，罪不相及"，今文乃无有，疑亦未能尽善。若荀卿引《仲虺》曰"诸侯能自得师者王，得友者霸"，引《康诰》"惟文王敬忌，一人以怿"，其谬妄有如此者。《礼记》以"申劝宁王之德"为"田观宁王"，以"庶言同则"亡"绎"字，其乖误有如此者。微孔氏则何所取正？余于是知求六经残缺之余，于千载淆乱之后，岂不甚难而不可忽哉！

3. 《春秋左氏传》

叶梦得《春秋考》卷三《统论》中，曾专门考辨《春秋左氏传》的作者不是左丘明。

　　　左氏，鲁之史官，而世其职，或其子孙也。古者以左史书言，右史书动，故因官以命氏。传初但记其为左氏而已，不言为丘明也。自司马迁论《春秋》，言鲁君子左丘明惟弟子人人异端，各安其意，而失其真，因孔子史记具论其语，班固从而述之，谓孔子思存前世之业，以鲁史官有法，与左丘明观其史记，据行事以作《春秋》，口授弟子，弟子退而异言。丘明恐弟子各安其意，以失其真，故论本事而作传。明夫子不以空言说经也。其说本于司马迁。固以丘明为名，则左为氏矣。然迁复言左丘失明，厥有《国语》。按《姓谱》有左氏，有左氏氏，迁以左丘为氏，则传安得名左氏耶？至刘歆附会《论语》，以为亲见孔子，好恶与圣人同，此则专门之家欲以辨求胜，而非其实也。据迁、固自不知为史，凡目之体，谓左氏创为此传，且言为鲁史官，非孔子弟子与孔子相与共成其书。今《春秋》终哀十四年，而孔子卒，传终二十七年，后孔子卒十三年，辞及韩魏知伯赵襄子之事，而名鲁悼公、楚惠王夫以春秋为经而续之，知孔子者固不敢为是矣。以年考之，楚惠王卒去孔子四十七年，鲁悼公卒去孔子四十八年，赵襄子卒去孔子五十三年，察其辞仅以哀公孙于越尽其一世之事为经，终泛及后事赵襄子为最远，而非止于襄子，不知左氏后襄子复几何时，岂有与孔子同时非弟子而如是其久者乎？以左氏为丘明，自司马迁失之也。唐赵氏虽疑之，而不能必其说。今考其书，杂见秦孝公以后事甚多，以予观之，殆战国、周、秦之间人无疑也。

吾既言左氏非丘明，不可不毕其说以破学者之惑。盖有必不可诬而见之事者：官之有庶长不更，秦孝公之所名也；祭之有腊以易蜡，秦惠公之所名也；饮之有酎，礼之所无有，而吕不韦《月令》之所名也。今左氏记秦败麻隧，言获不更女父，乃见于成之十三年，晋败子栎，言秦庶长帅师，乃见于襄之十一年，虞公假道伐虢宫之奇，言虞不腊，乃见于僖之五年，则安得遽先有是名，乃见于襄之二十二年，则安得遽先有是名乎哉？曰古今制名，沿习各有自，未必创起于一时，是或然矣。然腊，祭也，饮酎，君臣之盛礼也，不应兆于数百年之前而不一见，此三国之史所追书尔。何以知之？麻隧之败，《春秋》本不书，但言伐秦而已，此后之为晋史者增书以自夸之辞，左氏狃其闻见，皆信之而弗悟，则左氏固出于秦孝公、惠公、吕不韦之后矣。非特此也。陈敬仲入齐，至田和篡齐，去春秋九十余年，而记周史筮敬仲之辞曰："子孙代陈，有国必在姜姓。"见于庄之二十二年。晋分列为诸侯，去春秋终百余年，而记毕万始筮仕之辞曰："公侯子孙必复其始。"见于闵之元年，周亡实三十一世七百余年，而记成王定鼎郏鄏，言卜世三十，卜年七百，占者精于术数，类非后世所能及。然天人茫昧之际，亦不应逆得其所代之姓氏，所后之子孙与其存亡之年纪世次若合符契如是者。余意此乃周秦之间卜筮家者流欲自神其艺，假前代之言著书以欺后世，亦左氏好奇，兼取而载之，则左氏或出于周亡之后未可知。周公卜洛，不过言惟洛食而已，使术数而果精，则周公且知之矣。若敬仲毕万之事非卜筮家所记，则亦田和以后魏史所追书者。不然，陈晋之史何为而记之乎？

班固记《左氏》本出于鲁恭王所坏孔子宅壁中，然汉初张苍、贾谊皆已传左氏，则其前自见于世矣。太史公为《十二诸侯表序》论孔子西观周室，论史记旧闻兴于鲁，而次《春秋》，上记隐，下至哀之获麟，约其文辞，去其繁重，以制义法，王道备，人事该，七十子之徒口授耳传，指为有所讥刺褒讳，挹损之文辞不可以书见也。鲁君子左丘明惧弟子人人异端，各安其意，失其真，故因孔子史记具论其语，成《左氏春秋》。铎椒为楚威王传，为王不能尽观《春秋》，采取成败，卒四十章，为《铎氏微》。赵孝王时，其相虞卿上采《春秋》，下观近世，亦著八篇，为《虞氏春秋》。吕不韦者，秦庄襄王相，亦上观尚古，删拾《春秋》，集六国时事，以为八览、六论、十二纪，为《吕氏春秋》。及荀卿、孟子、公孙固、韩非之徒，各往往捃摭《春秋》之文。至陆德明为《经典释文序》，遂授刘向《别录》，以为左丘明授曾申，申授吴起，起授其子期，期授铎椒，椒授虞卿，卿授荀卿，卿授张苍。刘向《别录》世不复见，不知其有无。以太史公考之，但言数子各著书尔，不言其相授也。今观吴起虽学于曾子，其行事绝不相类，其书专以论兵，尚不及《司马法》，何知《春秋》乎？虞卿书传言节义称号揣摩政谋八篇者是也，本以讥刺国家得失，未有传《春秋》而志揣摩者也。荀卿书论《春秋》善胥命，于蒲一事本出于《公羊》《穀梁》，非左氏意，亦固不出于《左氏》。其说自与太史公相戾，故赵氏以为出于近代欲尊孔子者之妄接《左氏》。初无师，张苍、贾谊但传其书，亦未必尽见其全。至鲁恭王所得始备。太史公从孔安国得诸侯世家，多探其事，以《世本》相参，凡左氏所无者，太史公亦多阙，故吾疑左氏为鲁史官世守其职者。春秋名史，列国通用铎椒，盖楚史虞卿盖赵史，太史公自不晓也。汉初，诸儒大抵皆云左氏不传《春秋》，虽力为之，主者亦无所附会，故不得已，而托之丘明以为重。至范升直以为丘明师徒于传，又无其人可以见，虽东汉盛行之时犹不能为之辞。贾逵至欲以谶纬合之，而德明乃敢强论其所授，固不待攻而自破也。

学者多罪左氏以经从赴告，而杜预解经有不通者，复多因其说委曲迁就，甚有疑经以为误者。夫以经从赴告，固非矣，若谓皆不从赴告，则经何由得其事乎？经者，约鲁史而为者也。史者，承赴告而书者也。诸国不赴告，则鲁史不得书。鲁史所不书，则《春秋》不得载。然赴告未必皆以实篡杀而立，与大夫弑君而更立君者，天下之大恶也，必有加之辞而不自言者。如《左氏》记楚麇齐阳生等实弑，而以疟疾赴者，是也。当时史官知其妄，必亦考其实而后载之策，古今人情不能相远，则事之是非固已定于承告之初也。设史官有传闻之谬，或怀私意，为之损益，孔子知之，亦必有为之是正者。若但据其文而不革，则何用为经乎？一国之史各以记其一国之事而已，他国非来告与过我者皆不书，理所宜然也。其余容有不暇告，与有故不通而不来告者，是亦告则书，不告则不言也。而左氏皆杂取他书参之……皆以为实，或以公弗临，或以非公命，不书为义。杜预释京师饥，亦以非王命。附上例三者是非固不可知，然即其间言罃与公子豫，左氏同以为请师，公不从而专行者也，而经见罃伐郑，不见豫盟翼书罃，而不书豫，则何理乎？《春秋》者，别嫌明微，定天下邪正，将使乱臣贼子闻之而惧者也。今十室之邑同罪异罚，尚不足服其众，谓春秋为万世法而为之，其亦不足信矣。由是言之，三者皆非鲁史，左氏妄益之也。推之他国可以类见。吾故以为《春秋》从史，史从赴告，赴告之是非已定于初，其有不实，孔子必有以核之，可正则正，不可正则阙之而已。故曰盖有不知而作之者，我无是也。

凡《左氏》载事与经背者不可概举。吾初以为理可妄推，事不可妄为，审无是事，左氏安敢凿为之说？及反复考之，然后知左氏之好诬真，无所忌惮，犹之六国辩士，苟欲借古事以成其说，虽率其意为之，不顾也。经书郑伯髡顽如会，未见诸侯，丙戌卒于鄵。据左氏言，则郑僖公为太子，与子罕适晋，不礼焉。又与子丰适楚，亦不礼焉。及朝晋，子丰欲愬于晋，废之，子罕不可，乃止。至会于鄬子驷相，又不礼焉。侍者谏不入，又谏杀之。及鄵子驷使贼夜弑僖公，而以疟疾赴于诸侯，是以臣弑君，而经不显其实也。经书莒人弑其君买朱钼，据左氏言，莒犁比公生去疾，及既立，展舆又废。犁比公虐，国人患之，展舆率国人以攻，莒子弑之。是以子弑父，而经不正其名也。恶孰大于弑父与君，经书云尔，而左氏敢特异。若据经言，则子驷之事，盖全无有犁比之死，亦不当以国人首恶，是可信乎？或曰《春秋》初但据鲁史赴告之辞尔，二事各见于国史，经成而后出，左氏追附之者也。此亦不然髡顽之弑，讳而以疟疾赴，谓之非实可也。犁比之弑，初不言讳，以莒人告，既曰展舆率之则实矣，罪状昭然如是，其明《春秋》岂以犁比之虐而后展舆之诛乎？左氏载仲尼曰："君子曰：两者不同。"君子即孔子，似是其弟子所记，或当时尊之者之传，然未必皆实，或有所附会，不可尽信。如赵盾事，仲尼曰："董狐，古之良史也。书法不隐。赵宣子，古之良大夫也，为法受恶，惜也越竟乃免。"此语《公羊》《穀梁》不载。今谓董狐书法不隐为良史，可也，谓赵盾为法受恶，方加以弑君，便进以良大夫固已不伦，然犹云可也，至于越竟乃免，则于理为大害。夫《春秋》论实杀，不实弑尔。实弑者，以法而正书；弑非实杀者，以义而加之弑。今以盾非实弑，责其不讨贼，而加之弑，则自不当论免不免。纵越竟而反不讨贼，亦当加弑矣。若实弑者，在国亦诛，越竟亦诛，无所逃于天地之间，尚何以越竟为限乎？此乃晋史盾之党为盾辞，而假之孔子，左氏不能辨也。故其载董狐语略而不全。《公羊》曰："人弑尔君，复国不讨贼，此非弑君如何？"《穀梁》曰："反不讨贼，则志同。志同则书重，非子而谁？今非子而谁语。"三家略同，而左氏独略去人弑尔君及志同志重之言，直曰"亡不越竟，反不讨贼，非子而谁"，若此即盾乃与闻乎弑者矣，安得更有为法受恶之事乎？以是推之，凡左氏称仲尼君子之言，学者要当折之以经，参之以理，而后可信也。《公羊》《穀梁》二书，汉初以来皆不见其正所从出。自东汉谶纬之书行，妖妄附会之徒始皆假托其言，鄙俚不经之极，而后世学者不能尽知其故，犹以为惑。故言孔子始作《春秋》，以哀十四年获麟之后，因得血书端门之命，使子夏等十四人求周史记，得百二十国宝书，九月而成。始于春，终于秋，因谓之《春秋》。

按：文内大旨在申明所以攻驳、排斥《左传》《公羊》《穀梁》者，实际上皆本于周之法庭制作以为断，初非有所臆测于其间，故所言皆论次周典，以求合于《春秋》之法。其文辨博纵横，而语有本原。南宋陈振孙《直斋书录解题》称其"辨定考究，无不精详"。明人张燧《千百年眼》亦云："宗《左氏》者，以为丘明受经于仲尼，所谓好恶与圣人同乎，观孔子所谓左丘明耻之，丘亦耻之，乃窃比老彭之意，则其人当在孔子之前。而左氏传《春秋》者非丘明，盖有证矣。或以为六国时人，或以为左史倚相之后，盖以所载虞不腊等语，秦人始以十二月为腊月，又左氏所述楚事极详，有无经之传，而无无传之经，亦一证也。又左氏中纪韩、魏、智伯事，举赵襄子之谥，则是书之作必在襄子既卒之后。若以为丘明，则自获麟至襄子卒已八十年矣，即使孔子与丘明同时，不应孔子既没七十有八年，而丘明犹能著书也。今左氏引之，其为六国人无疑。"显然暗袭了叶氏的上述论说。

又按："凡左氏称仲尼君子之言，学者要当折之以经，参之以理，而后可信也。"此可谓之叶氏辨伪规则。

4. 《请汰释氏疏》《何无佛论》《乞罢斥宦官章》

《石林燕语》卷十：

王元之素不喜释氏，始为知制诰，名振一时。丁晋公、孙何皆游门下，元之亦极力延誉，由是众多侧目。有伪为元之《请汰释氏疏》，及《何无佛论》者，未几有商、洛之贬。欧阳文忠公丁母忧，服除召还。公尝疾士大夫交通权近，至是亦有伪作公《乞罢斥宦官章》传播者，遂出知同州。会有辨其诬，遂复留。

十、王观国

（一）王观国其人

王观国，长沙人，政和五年（1115）乙未进士，官承务郎，绍兴初知汀州宁化县，劝农公事，兼兵马监押。著有《学林》十卷，《四库全书》著录。《四库提要》略云，观国，长沙人，其事迹不见于《宋史》，《湖广通志》亦未之载，惟贾昌朝《群经音辨》载有观国所作后序，结衔称承务郎，知宁化县兼兵马监押，末题绍兴壬戌秋九月中澣，则南渡以后人也。考晁公武、陈振孙两家书目及《宋史·艺文志》，俱未著录。吴曾《能改斋漫录》、赵与时《宾退录》引之，均称《学林新编》，今所传本但题《学林》，无"新编"二字。书中专以辨别字体、字义、字音为主，自六经、史汉，旁及诸书，凡注疏笺释之家，莫不胪列异同，考求得失，多前人之所未发。论其大致，盖引据详洽，辨析精核者十之八九，以视孙奕《示儿编》殆为周之，南宋诸儒讲考证者不过数家，若观国者亦可谓卓然特出云云。

（二）王观国的文献辨伪

1. 《尔雅》

《学林》卷八"霍山"条云：

> 《尔雅》曰："泰山为东岳，华山为西岳，霍山为南岳，常山为北岳，嵩高为中岳。"郭璞注曰：霍山即天柱山，潜水所出。《前汉·郊祀志》曰："舜岁二月东巡狩，至于岱宗。岱宗，泰山也。五月巡狩至南岳者，衡山也。八月巡狩至西岳者，华山也。十一月巡狩至北岳者，常山也。中岳，嵩高也。五载一巡狩。"观国案：南岳者，衡山也，而《尔雅》以霍山为南岳者。《前汉·郊祀志》曰：武帝巡南郡，至江陵而东登礼灊之天柱山，号曰南岳。颜师古注曰：灊，庐江县也，盖庐山有霍山，即天柱山之别名，灊水出焉，所谓灊霍者也。汉武南巡，惮衡山之远，而东至霍山，即祀，以为南岳。《尔雅》当举衡山以为南岳，而反举霍山者，非古也。是以知《尔雅》非周公之作也。①

王观国对于《尔雅》一书用力甚深，书中征引达百处之多。仅据一例即断"《尔雅》非周公之作"，孤证不足信也。

2. 《胡笳曲十八拍》

《学林》卷八"胡笳"条云：

> 秦再思《纪异录》曰："琴谱《胡笳曲》者，本昭君见胡人卷芦叶而吹之，昭君感之为制曲，凡十八拍。"观国案：《后汉·列女传》：董祀妻，蔡邕女也，名琰，字文姬，博学有才辨，适卫仲道，夫亡，无子。兴平中丧乱，文姬为胡骑所获，在胡中

---

① 《四库全书》第851册，第140页。

十二年。曹操素与邕善，痛其无嗣，乃遣使以金璧赎之，而嫁于祀。后感伤乱离，作诗二章，辞皆载在本传。今世所传《胡笳十八拍》亦或用文姬诗中语，盖非文姬所撰，乃后人撰以咏文姬也。小说谓昭君制曲，则误矣。王荆公作集句《胡笳曲十八拍》，首言"中郎有女能传业，颜色如花命如叶"者，亦咏蔡文姬也。王昭君未尝有曲传于世。①

王观国已经明确指出，今世所传《胡笳十八拍》非文姬所撰。《胡笳十八拍》在20世纪50年代成为学术界一大公案，卷入讨论的人数非常多。

十一、朱翌

（一）朱翌其人

朱翌（1097—1167），字新仲，号潜山居士、省事老人。舒州人。《宋史翼》有传。清鲍廷博《猗觉寮杂记跋》述其生平事迹云：

> 朱翌，字新仲，龙舒人。汉桐乡啬夫邑之后，政和间以太学生赐第，为溧水簿。高宗南渡，秘书监中书舍人，与修《徽宗实录》。秦桧逐赵鼎，以为鼎党，谪居曲江，已而放归。朝廷悯其饥寒，计贬所十四年，衣袴悉以予之。初流寓桐庐，爱茨庐山水，遂家焉。谪归后，卜居于鄞。所著《灊山集》四十四卷，今已失传。右《杂记》二卷，盖在曲江时所著，方流离迁徙，索手无书，而能绅绎经史，探索百氏，旁引曲证而折衷之，亦足以征其腹笥之富已。晚年自号省事老人，尝作《信天缘堂记》云："天生匹夫，一饭前定，多图未必得，坐视未必失，世岂有一门困于无饭者乎？"其天怀放旷又如此。

（二）朱翌的文献辨伪

1. 《尔雅》

> 《尔雅》非周公书也。郭璞序云：兴于中古，隆于汉氏，未尝指为周公。盖是汉儒所作，亦非中古也。其言多释《诗》，以是知之。如切如磋，如琢如磨，瑟兮僩兮，赫兮喧兮之类，皆卫诗……列国之诗，非周公与中古时期矣。

朱翌认为"《尔雅》非周公书也"，是汉儒所作。

2. 《东坡注杜诗》

> 近世传《东坡注杜诗》，李歜编者，诞妄无根，不可名状。其言某事某论者，今

皆无此书，一妄也；且古人语各不同，如三国时与西汉人语、两汉人与六朝人语各有体格，今皆一律，此二妄也；诗人用古语三字或两字或全句多矣，取其自然，不如是切，当是撰字贴诗惟恐句中漏一两字，使人觉之甚可笑，此三妄也。其大妄者有三，有灼然有出处而歇不知者。

朱翌分别从引用、风格等方面进行辨伪。

十二、邵博

（一）邵博其人

邵博，字公济。邵雍之孙，伯温之子。绍兴八年（1138）赐同进士出身，除秘书省校书郎，九年（1139）出知果洲，又知眉州。二十二年（1152）被免去左朝散大夫知眉州之职。二十八年（1158）卒。著有《西山集》《邵氏闻见后录》。

（二）邵博的文献辨伪

1. 《连山易》

邵博认为《连山易》"意义浅甚，其刘炫之伪书乎？"① 此从文本内容上辨伪。

2. 《周礼》

在考辨《周礼》时，邵博认为该书"最后出，多杂以六国之事"②，此主要是借用司马光的观点，认为"文正公意亦以《周礼》多新室之事也。自王荆公借以文其政事，尽以为周公之书，学者无敢议者矣"③。今按，当时学者腹诽者甚多，俟其下野，群起而攻之矣。

3. 《文中子》

邵博认为，《文中子》一书不伪。在此之前，司马光认为王通"所称朋友门人……如苏威、杨素、贺若弼……之徒，考诸旧史，无一人语及通姓名者，又疑其子弟誉之太过"④。但邵博认为：

> 予得唐文人刘禹锡言，在隋朝诸儒，惟王通能明王道……游其门者，皆天下俊杰。著书于家。既没，谥曰文中子。则苏威公等实其朋友门人无疑，非子弟誉之太过无疑，不但司空图、皮日休重其书⑤亦无疑也。禹锡之言，岂文正偶不见耶？⑥

---

① 朱彝尊：《经义考》卷二，影印文渊阁四库全书本，第 677 册，第 13 页。
② 邵博：《邵氏闻见后录》卷三，影印文渊阁四库全书本，第 1039 册，第 227 页。
③ 邵博：《邵氏闻见后录》卷三，影印文渊阁四库全书本，第 1039 册，第 227~228 页。
④ 邵博：《邵氏闻见后录》卷四，影印文渊阁四库全书本，第 1039 册，第 233 页。
⑤ 此处指司空图、皮日休作《文中子碑》（见宋代姚铉《唐文粹》卷第五十一）。
⑥ 邵博：《邵氏闻见后录》卷四，影印文渊阁四库全书本，第 1039 册，第 233 页。

此处，邵博通过前人对《文中子》的看法来考辨，他所举的刘禹锡、司空图和皮日休的观点皆不见于司马光。对于司马光来说，这属于占据的新材料。通过占据的新材料来推翻原有的观点，这是后世辨伪方法中比较常见的一种。

4. 《元经》

邵博《闻见后录》中引晁以道言："逸才辨莫敌，其拟《元经》等书以欺一世之人，不难也。"① 此即引用晁以道的观点，认为《元经》为伪书。

5. 《碧云騢》

在考辨《碧云騢》时，对于学者们皆认为《碧云騢》一书为伪书的观点，邵博怀疑该书确实为梅尧臣所作，即认为该书并不伪。"圣俞蚤接诸公，名声相上下，独穷老不振，中不能无躁，其《闻犯公讪诗》……夫为郡而以酒悦人，乐奏记，纳谀佞，岂所以论范公者，圣俞之意，真有所不足邪！如著文公灯笼锦事②，则又与《书窜诗》合矣。"③ 此处，邵博结合梅尧臣"独穷老不振"和"著文公灯笼锦事"等生活经历和其晚年生活状态，以及"灯笼锦事"与《书窜诗》相合等方面，认为该书确实为梅尧臣所作。

十三、黄伯思

（一）黄伯思其人

黄伯思（1079—1118），字长睿，别字霄宾，号云林子，黄履孙，邵武（今属福建）人。著有《东观余论》。

（二）黄伯思的文献辨伪

1. 《连山易》《归藏易》

黄伯思认为：

> 桓谭谓《连山》八万言，《归藏》七千三百言，是《殷书》与《周易》等，夏

---

① 邵博：《邵氏闻见后录》卷五，影印文渊阁四库全书本，第 1039 册，第 225 页。

② 原文如下：文彦博相，因张贵妃也。贵妃父尧封，尝为文彦博父洎门客。贵妃认尧封为伯父，又欲上大夫为助，于是诱进彦博。彦博知成都，贵妃以近上元，令织异色锦。彦博遂令工人织金线灯笼，载莲花，中为锦纹，又为秋迁，以备寒食。贵妃始衣之，上惊曰："何处有此锦？"妃正色曰："昨令成都文彦博织来，以尝与妾父有旧，然妾安能使之？盖彦博奉陛下耳。"上色怡，自尔属意彦博。彦博自成都归，不久参知政事。贝州王则叛，朝廷以明镐往取之，贼将破，上以近京，甚忧之。一日，宫中语曰："执政大臣无一人为国家了事者，日日上殿，无有取贼意，何益？"贵妃密令人语彦博。明日上殿，乞身往破贼。上大喜，以彦博往统军，至则镐已破贼擒矣。捷书至，遂就路拜彦博同平章事。后因监察御史唐介拜疏，召彦博殿上面条奇锦事数件，质于上，皆实事，彦博守本官，出知许州。明年上元中，官有诗曰："无人更织灯笼锦，红粉宫中忆佞臣。"上闻此句亦笑。（出自宋梅尧臣《碧云騢》明顾文房小说本）。另《书窜诗》，二者合。

③ 邵博：《邵氏闻见后录》卷十六，影印文渊阁四库全书本，第 1039 册，第 292 页。

之文字几二十倍于文王、周公之辞，岂古昔之方册乎？为此说者亦不明古今之通义矣。①

此处，黄伯思首先从《连山》《归藏》字数的差异上来考辨二书，认为时代远古之书反而比时代较近之书的字数更多，有些不符合情理。

2.《易林》

黄伯思《东观余论》卷下《校定焦赣易林序》：

承议郎行秘书省校书郎臣黄某所校雠中焦延寿《易林》，定著十六篇……其说长于灾变，以授京房。又著《易林》十六篇，其法每卦变而之六十四，为林凡三千八百四。臣谓延寿之法，凡筮得某卦之某卦，则观其所之卦，林以占吉凶，或卦爻不发，则但观本卦林词，初未尝分四时节候。至于《汉书·京房传》所谓六十四卦，更直日用事者，盖爻主一日六十卦当三百六十日，余四卦为监司，此法但以风雨寒温为候，而占灾变耳……后世昧者弗悟，乃合二术而一之，而于直日卦中求所得卦以考人之吉凶，谬托燕蓟士之秘法，岂不误甚欤……延寿所著虽卜筮之书，出于阴阳家流，然当西汉中叶，去三代未远，文辞淡雅，颇有可观。

3.《师春》

黄伯思《东观余论》卷下《跋师春书后》：

杜预记《汲冢书》有云，别一纸纯集疏《左氏传》卜筮事，上下次第及其文义皆与《左传》同，名曰《师春》，师春似是抄集人名也。仆近在馆中求《师春》观之，乃与杜说全异。杜云纯集《左传》卜筮事，而此乃记诸国世次及十二公岁星所在并律吕、谥法等，末乃书《易象》变卦，又不专载《左氏》卜筮，由是知其非元凯所见《师春》也。然杜记汲冢他书中有《易》阴阳说，而无象系，又有纪年三代并晋魏事，疑今《师春》盖后人杂抄《冢书》《纪年》等篇耳。然杜云《纪年》起自夏商，而此自唐虞以降皆录之。杜云《纪年》皆三代王事，无诸国别，而此皆有诸国。杜云《纪年》特记晋国，起殇叔，次文侯、昭侯，而此记晋国世次，自唐叔始，不特起于殇叔，则三者又与纪年异矣。及观其书岁星事，有"征南洞晓阴阳"之语，乃知此书亦西晋人集录，而未必尽出汲冢也。然多古事，可备考证，固不可废云。

杜预称《汲冢师春》"纯集疏《左氏传》卜筮事，上下次第及其文义皆与《左传》同，名曰《师春》，师春似是抄集人名"。即按照杜预的说法，《汲冢师春》之内容和体例皆取自《春秋左氏传》，但今观中秘所藏《师春》，"乃与杜说全异……乃记诸国世次及十二公岁星所在并律吕、谥法等"，即此和杜预所见全然有别。最后结论为："此书亦西晋

---

① 朱彝尊：《经义考》卷二，影印文渊阁四库全书本，第677册，第17页。此为朱彝尊转引黄伯思之语。

人集录，而未必尽出汲冢也。"

黄伯思《东观余论》卷下《校定师春书序》亦云：

> 承议郎行秘书省校书郎臣黄某所校雠中《师春》五篇，以相校，除复重，定著三篇，篇中或误以"梦"为"瞢"，以"放"为"依"，如此类者众，颇挢，皆已定，可缮写。案：晋太康二年，汲郡民不准盗发魏襄王冢，得古竹书，凡七十五篇。晋征南将军杜预云：别有一卷，纯集《左氏传》卜筮事，上下次第及其文义皆与《左传》同，名曰《师春》。师春似是抄集人名也。今观中秘所藏，《师春》乃与预说全异。预云纯集卜筮事，而此乃记诸国世次及十二公岁星所在并律吕、谥法等，末乃书《易》象变卦，又非专载《左氏传》卜筮事，由是知此非预所见《师春》之全也。然预记汲冢他书中有《易》阴阳说而无象系，又有纪年三代并晋魏事，疑今《师春》盖后人杂抄《纪年》篇耳。然预云《纪年》起自夏商周，而此唐虞以降皆录之。预云《纪年》皆三代王事，无诸国别，而此皆有诸国。预云《纪年》特记晋国，起殇叔，次文侯昭侯，而此记晋国世次自唐叔始，是三者又与纪年异矣。及观其纪岁星事，有杜"征南洞晓阴阳"之语，由是知此书亦西晋人集录，而未必尽出汲冢也。然臣近考辨秘阁古宝器，有宋公铼鼎，稽之此书，防乃宋景公名，与鼎铭合，而太史公记及他书皆弗同。由是知此书尚多古事，可备考证，固不可废云。

4.《西京杂记》

黄伯思《东观余论》卷下《跋西京杂记后》：

> 此书中事皆刘歆所记，葛稚川采之，以补班史之缺耳。其称余者，皆歆本语，中有歆所记草木名，而段柯古作《酉阳书》，乃云稚川就上林令虞渊得朝臣所上草木名，非也，盖段误以歆自称余为稚川耳。又按《晋史》，葛未尝至长安，而晋官但有华林令而无上林令，其非稚川决也。柯古博洽，时罕俦，犹舛谬如此。

黄伯思认为《西京杂记》为刘歆作，段成式《酉阳杂俎》所记"稚川就上林令虞渊得朝臣所上草木名"[1] 是段成式的失误，因为"葛未尝至长安，而晋官但有华林令而无上林令，其非稚川决也"[2]。

5.《列仙传》

黄伯思《东观余论》卷下《跋刘向列仙传后》：

> 司马相如云："列仙之儒居山泽间。"列仙之名当始此。传云刘向作，而《汉书》向所序六十七篇，但有《新序》《说苑》《列女传》等，而无此书。又叙事并赞不类向文，恐非其笔，然事详语约，辞旨明润，疑东京文也。

---

① 黄伯思：《东观余论》卷下，影印文渊阁四库全书本，第850册，第364页。
② 黄伯思：《东观余论》卷下，影印文渊阁四库全书本，第850册，第364页。

《列仙传》作者非刘向，理由有二：第一，从书目著录看，"《汉书》向所序六十七篇……无此书"。第二，从文章风格看，"叙事并赞不类向文"，即风格与刘向不类。

6. 《真诰》

黄伯思《东观余论》卷下《跋崇宁所书真诰册后》：

> 《真诰》所载杨许三公往返书牍，语存而迹逸，深可嗟慨，故聊书之，殊愧词翰不伦也。然予书格本出魏晋，知者观之，亦可以求古人之笔意。

7. 《第一帝王书》

黄伯思《东观余论》卷上《法帖刊误上·第一帝王书》：

> 凡草书分波磔者，名章草，非此者但谓之草，犹古隶之生今正书，故章草当在草书先，然本无章名，因汉建初中杜操伯度善此书，章帝称之，故后世目焉。今此卷首帖偶章草便以为章帝书，误矣。然此书亦前代作，但录书者集成千字中语耳。米径以此辩之，未中其病。米云，晋武书当是孝武，非也。仆案：省启帖与后谯王帖虽在疑录，似非一家书，续帖中炎报帖颇与此笔法同。炎，晋武名，非孝武也。然皆后人依放此帖，末云故遣信还古者，谓使为信，故逸少帖云信，遂不取答。《真诰》云：公至山下又遣一信见告。谢宣城传云：荆州信去倚待。陶隐居帖云：明旦信还，仍过取反。凡言信者，皆谓使人也。近世犹有此语，故虞永兴帖云事已信人口具，而今之流俗遂以遣书馈物为信，故谓之书信，而谓前人之语亦然，不复知魏晋以还所谓信者乃使之别名耳。

8. 《楚词》

黄伯思《东观余论》卷下《校定楚词序》：

> 楚词虽肇于楚，而其目盖始于汉世。然屈、宋之文与后世依放者通有此目，而陈说之，以为惟屈原所著则谓之《离骚》，后人效而继之则曰《楚词》，非也。自汉以还，文师词宗慕其轨躅，摛华竞秀，而识其体要者亦寡，盖屈、宋诸骚皆书楚语，作楚声，纪楚地，名楚物，故可谓之楚词。若些只羌谇謇纷侘傺者，楚语也。顿挫悲壮，或韵或否者，楚声也。沅湘江澧、修门夏首者，楚地也。兰茝荃药、蕙若苹蘅者，楚物也。他皆率若此，故以楚名之。自汉以还，去古未远，犹有先贤风概，而近世文士但赋其体，韵其语，言杂燕粤，事兼夷夏，而亦谓之楚词，失其指矣。此书既古，简册迭传，亥豕帝虎，舛误甚多。近世晁监美叔独好此书，乃以春明宋氏、赵郡苏氏本参校失得，其子伯以、叔予又以广平宋氏及唐本与太史公记诸书是正，而某亦以先唐旧本及西都留监博士杨建勋及洛下诸人所藏，及武林吴郡椠本雠校，始得完善。文有殊同者，皆两出之。按此书旧十有六篇，并王逸《九思》为十七，而某所见旧本，乃有扬雄《反骚》一篇，在《九叹》之后（此文亦见雄本传），与《九思》共十有八篇，而王逸诸序并载于书末，犹《古文尚书》《汉本法言》及《史记·自序》《汉书·叙传》之体，骈列于卷尾，不冠于篇首也。今放此录之。又太史公《屈

原列传》、班固《离骚传》序论次灵均之事为详，故编于王序右方。陈说之本以刘勰《辨骚》在序之前，论世不伦，故绪而正之，而《天问》之章词严义密，最为难诵。柳柳州于千祀后独能作《天对》以应之，深弘杰异，析理精博，而近世文家亦难遽晓，故分章辨事，以其所对别附于问，庶几览者莹然，知子厚之文不苟为艰深也。自《屈原传》而下，至陈说之序，又附以今序，别为一卷，附十通之末，而目以《翼骚》云。至于屈原行之忠狷，文之正变，事之当否，固昔贤之所详，仆可得而略之也。

第五章

南宋的文献辨伪

一、曹粹中

（一）曹粹中其人

曹粹中（约 1090—?），字纯老，号放斋，定海人也。庄简公李光之婿。宣和六年（1124）进士，释褐黄州教授。

曹粹中有《诗说》三十卷，已佚。

（二）曹粹中的文献辨伪

曹粹中认为《诗小序》非出于郑玄：

> "羔羊之皮，素丝五纮。"《毛传》谓："古者素丝以英裘，不失其制，大夫羔裘以居。"其说如此而已，而《序》云："在位皆节俭正直，德如羔羊，且以退食为节俭。"其说起于康成，毛无此意也。"维鹊有巢，维鸠居之。"《毛传》谓："鸠不自为巢，居鹊之成巢。"其说如此而已，而《序》云："德如鸤鸠，乃可以配焉。""君子偕老，副笄六珈。"《毛传》云："能与君子偕老，乃宜居尊位，服盛服。"而《序》云："故陈人君之德，服饰之盛，宜与君子偕老。"则与《传》意先后颠倒矣。《序》若出于毛，亦安得自相违戾如此。要知《毛传》初行之时，犹未有《序》也，意毛公既托之子夏，其后门人互相传授，各记其师说，至宏而遂著之，后人又复增加，殆非成于一人之手，则或以为子夏，或以为毛公，或以为卫宏，其势然也。①

---

① 朱彝尊：《经义考》卷九十九，影印文渊阁四库全书本，第678册，第306页。

《诗序》卷首提要云：“以为《毛传》初行，尚未有《序》，其后门人互相传授，各记其师说者，曹粹中也。曹粹中《放斋诗说》亦举《召南·羔羊》《曹风·鸤鸠》《卫风·君子偕老》三篇，谓《传》意《序》意不相应，《序》若出于毛，安得自相违戾。其说尤足为续申之语，出于毛后之明证。”曹粹中在考证《诗序》方面也是重要的一家，不可忽视。

二、张邦基

（一）张邦基其人

张邦基（约1097—？），字子贤，高邮人。自题淮海，疑为祖籍。生卒年均不详，宋高宗绍兴初前后在世。仕履不详，平生事迹不详。喜藏书。著有《墨庄漫录》。

（二）张邦基的文献辨伪

1. 《龙城录》《云仙散录》

张邦基《墨庄漫录》卷二云：

> 近时传一书曰《龙城录》，云柳子厚所作。非也，乃王铚性之伪为之。其梅花鬼事，盖迁就东坡诗“月黑林间逢缟袂”及“月落参横”之句耳。
>
> 又作《云仙散录》，尤为怪诞，殊误后之学者。又有李歜注杜甫诗及注东坡诗事，皆王性之一手，殊可骇笑，有识者当自知之。

他指证二书“乃王铚性之伪为之”，但没有提供证据。以往的辨伪往往信口开河，缺少实证。谁主张，谁举证，这是诉讼的原则，也是辨伪的原则。没有证据，如何采信？本书之所以不厌其烦地抄录原始文献，就是提供证据。

2. 《碧云骣》

《墨庄漫录》卷二云：

> 魏泰道辅自号临汉隐君，著《东轩杂录》《续录》《订误》《诗话》等书。又有一书，讥评巨公伟人阙失，目曰《碧云骣》。取庄献明肃太后垂帘时，西域贡名马，颈有旋毛，文如碧云，以是不得入御闲之意。嫁其名曰都员外郎梅尧臣撰，实非圣俞所著，乃泰作也。

魏泰为何将《碧云骣》一书嫁名“都员外郎梅尧臣撰”？凭什么实据说此书非圣俞所著，而是魏泰自作。今戴建国教授考证之后证明此书确为梅圣俞所著。

3. 《瘗鹤铭》

《墨庄漫录》卷六云：

> 润州扬子江焦山之足石岩下，惟冬序水退，始可模打。世传以为王逸少书，然其

语不类晋人，是可疑也。欧阳永叔以为华阳真逸乃顾况之道号，或是况所作，然亦未敢以为然也。予尝以穷冬至山中，观铭之侧，近复有唐王瓒刻诗一篇，字画差小于《鹤铭》，而笔势八法，乃与《瘗鹤》极相类，意其是瓒所书也。

4. 《关子明易传》《李卫公对问》《龙城记》《树萱录》
《墨庄漫录》卷八云：

　　何蓬子楚作《春渚纪闻》云：《关子明易传》《李卫公对问》，皆阮逸著撰。予考之《唐·艺文志》及本朝《崇文总目》，皆无之，子楚之言或然也。又云：《龙城记》乃王铚性之作，《树萱录》刘焘无言作。予谓性之之伪作《龙城记》果不诬，而《树萱录》，《唐书·艺文志》小说类自有此名，岂无言所作也？此书所载诸事近于寓言，而诸篇诗句皆佳绝，盖唐人之善诗者为之。如"江声兼小雨，暝色入啼猿""藕隐玲珑玉，花藏缥缈容""红树醉秋色，碧溪弹夜弦""网断蛛犹织，梁空燕不归"，皆警绝，非近人所能也。

5. 《穆天子传》
《墨庄漫录》卷九云：

　　《穆天子传》，古书也。杜子美多用其事语，如"天子之马走千里""王命官属休""曾祝沉豪牛""歃玉大宛儿"，凡此四皆出此书也。曾皈彦和，博学之士，予先君有此书，彦和借往雠校，乃题其后云：晋中书监令荀公曾知嶠所上篆文《穆天子传》六卷，即太康二年汲冢人准盗发魏襄王墓所传竹书也。按《束皙传》：竹策书凡七十五篇，内《穆天子传》五篇，言周穆王游行四海，见帝台西王母。杂书十九篇，周食田法周书论楚事，周穆王美人盛姬死事。然则《穆天子传》本五篇，公曾等所上乃有六卷者，今观第六卷多记盛姬事，盖并入杂书中，此一篇也。书虽残缺，不可尽读，而其所载事物，多故志之所无者。如《世民》之吟、《黄泽》之谣、《黄竹》之诗，其辞皆雅驯可喜。又如"虎牢""五鹿"之所以名，亦可以博异闻矣。尝考《汉书·地理志》，京北有西郑，河南有新郑，汉中有南郑。京兆之郑，先儒谓之郑，班固曰："周宣王弟桓公邑。"应劭亦曰："宣王母弟友所封也。其子与平王东迁，更称新郑。"臣瓒曰："周穆王以下都于新郑，不得以咸封。初，桓公为司徒，王室作乱，故谋于史伯，而寄帑与贿于虢会之间。幽王既败，二年而灭会，四年而灭虢，居于郑父之丘，是以为郑桓公，无封京兆之文也。"颜师古曰："穆王以下无西郑之事，瓒说非也。"今按此书，自第四卷而下，卷末皆书天子之入于南郑，盖瓒所谓穆王之所都者是也。第五卷有祭父自圃郑来谒，盖瓒之所谓郑父之丘者是也。理即校书郎中传瓒，乃公曾嶠所部校《穆天子传》官属也，故因取此传以注《汉书》。然传称南郑，瓒西郑，所未详其所以异，岂近世传写之误也。汉中之郑为南郑，不应京兆之郑复称南郑。其称西郑，乃以圃郑为东耳。西郑穆王出游，反必入焉，岂非以其所都故耶？设非王都，亦圻内近地也。邦家在疆地畿内，诸侯当在邦都，其内为县，又其内为都，则西郑之于镐京，殆可为公邑而已，亦不足以为国也。且是时已有圃郑矣，则不必因桓公之子从周东迁乃得郑名，然谓之新郑，又果何耶？虽然，如瓒之说亦岂全非哉？亦汲冢中竹书，唯此书及《师春》行于世，余如《纪年》、瓒语之类，复已亡逸。

三、晁公武

（一）晁公武其人

晁公武（1101—1174），字子止，学者称昭德先生。祖籍澶州清丰（今河南濮阳）。出身书香世家。五世祖晁迥，真宗时累官至翰林学士承旨，卒赠太子太保，谥文元。高祖晁宗悫，曾任尚书祠部员外郎，知制诰。景祐年间为翰林学士，兼龙图阁学士，后任参知政事，卒赠工部尚书，谥文庄。曾祖晁仲衍，颇擅诗文，官至朝散大夫、祠部员外郎。父亲晁冲之，世称具茨先生，以诗擅名于时，受知于陈师道，与吕本中为友，是"江西诗派"的重要诗人。叔父晁说之、晁补之更是宋代著名的文学家，均有大量作品传世。[1] 晁公武幼承家学，浸耽群书。身逢靖康之耻，携家入蜀避难，寓居嘉定府（今四川乐山）。故家藏书，在战乱中损失殆尽。绍兴二年（1132），登进士第，后为四川转运副使并度属官。绍兴十七年知恭州，后又知荣州、合州、泸州等地。隆兴初，入朝为吏部郎中、监察御史。隆兴二年兼枢密院检详文字，不久又为御史台右正言、殿中侍御史、侍御史。他对当时官冗恩滥的现象提出了一系列救弊之策。乾道四年（1168），以敷文阁待制为四川安抚制置使。五年，除敷文阁直学士，在四川重建广惠仓，赈济饥民。七年，诏除临安府少尹，擢吏部侍郎。岳珂《桯史》记隆兴二年汤思退罢相，洪适草制作平语，侍御史晁公武击之，则亦骨鲠之士。关于晁公武的生平事迹，《宋史》无传。李焘为晁公武撰写了墓志铭，可惜李焘文集未传于世，这篇墓志铭也未流传下来。刘兆祐撰《晁公武及其郡斋读书志》，孙猛撰《晁公武传略》，王德毅撰《晁公武编年事辑》，郝润华撰《晁公武评传》，皆可参考。

（二）晁公武的文献辨伪

《郡斋读书志》在宋代有两个版本，即衢本与袁本。衢本与袁本首先在收书多寡上有差异，袁本收 1458 部，衢本收 1467 部。其次，是类别，袁本分 43 类，衢本分 45 类，衢本比袁本多设两个类目：一是把子部天文卜算类分为天文类和星历类；一是集部设文说类。除外，在序文和解题诸方面二本均有不同，在内容和质量方面也有差异，孙猛教授从收书数量、序文、分类、归类、编排、书名、卷数、作者、解题九个方面对袁本和衢本进行了比较、分析，得出结论："《读书志》二本是衢本优于袁本。"[2] 此书有总序，部有大序，多数小类前有小序；每书有解题，从而形成了一个严谨完备的体系。全书的大序、小序中，注意阐述各部各类的学术渊源和流变，发挥了古代目录学"辨章学术，考镜源流"

---

① 郝润华：《晁公武评传》，《晁公武评传·陈振孙评传》，南京大学出版社 2006 年版，第 3 页。

② 郝润华：《晁公武评传》，《晁公武评传·陈振孙评传》，南京大学出版社 2006 年版，第 5 页。

的优良传统。《郡斋读书志》是我国现存最早的、具有提要内容的私藏书目，对于后世目录学影响很大。比晁公武稍后的目录学家陈振孙说："其所发明，有足观者。"陈氏所作的《直斋书录解题》就是效法《郡斋读书志》撰成的，有不少内容引用了晁氏的书目提要。宋末学者王应麟的《困学纪闻》《汉书艺文志考证》《玉海》也大量征引了《郡斋读书志》。至于元代马端临的《文献通考·经籍考》，则主要是以晁、陈二书目为蓝本编纂的。成于清代中叶的《四库全书总目》采用《郡斋读书志》的材料多达三百多条。由此可见《郡斋读书志》在我国目录学史上的重要地位。

郝润华教授称："以晁公武的文献辨伪来说，《郡斋读书志》考辨过的伪书有近一百部，这些辨伪成果，大部分被后世学者所承认。""晁公武初步探索出的辨伪方法，对后世影响很大，明代胡应麟、清代的姚际恒以及四库馆臣修《四库全书总目》都大量借鉴和吸收了他的经验和方法，使辨伪方法更趋于成熟。"①

毕业于安徽大学的杨大忠在 2007 年、2010 年先后以《郡斋读书志对版本学与辨伪学的影响》《郡斋读书志研究》为题完成硕士学位论文与博士学位论文，辨伪学的考察也是其中一个重要方面。他认为，《郡斋读书志》著录图书丰富，考订精审，尤其在辨伪学方面有着重要的成就。晁公武身处两宋之交，一方面受到汉唐以来辨伪余绪的影响，同时又亲承宋代辨伪思潮的涤荡，其在《郡斋读书志》解题的撰写中将辨伪作为重要内容之一就成为自然的事了。从现存目录学著作来看，《郡斋读书志》是第一部运用充分证据辨伪的古典目录学著作。公武辨伪，从范围上来看，遍及经、史、子、集四部。晁氏使用的辨伪之法共有十二种之多，且有些已经超过了明胡应麟和梁启超理论归纳的范畴。晁氏首疑或首辨的伪书、伪文在数量上也是相当可观的，这为后人继续辨伪起了首开其端的作用。有些伪书现已佚去，但通过《郡斋读书志》的记载，今人仍能见其大致面目。有些伪书虽然不是晁氏首辨，但公武却为此提供了相当充分的证据，令人信服不已。

《郡斋读书志》收入的图书达 1492 部，基本上包括了宋代以前各类重要的典籍，尤以搜罗唐代和北宋时期的典籍最为完备。这些典籍至今不少已亡佚和残缺，后世可据书目的提要而窥其大略。孙猛《郡斋读书志校证》，以清汪士钟初刊本为底本，用宋刊袁本合校，参校其他十余种善本和历代史志书目，为现存各种版本和前人研究成果之集大成者。

拙著《文献辨伪研究》（武汉大学出版社 2021 年版）曾将晁公武辨伪书语列表一一加以评析。

四、范浚

（一）范浚其人

范浚（1102—1150），字茂名（一作茂明），婺州兰溪（金华兰溪）香溪镇人。绍兴中，举贤良方正。以秦桧当政，辞不赴。闭门讲学，笃志研求，学者称香溪先生。著有《香溪集》。

---

① 郝润华：《晁公武评传》，《晁公武评传·陈振孙评传》，南京大学出版社 2006 年版，第 215 页。

（二）范浚的文献辨伪

1.《周易》

范浚《香溪集》卷七《易论》：

> 昔者仲尼与群弟子难疑答问，及群弟子相与论议而接闻于夫子，其言具存，凡二十篇，曾无一以《易》为问者。厥后孟轲以仁义之说倡于战国，其书凡三万四千余言，亦无一语及《易》。世儒疑之。及观秦燔典籍，大经大法俱为寒灰，而独《易》以卜筮之书得不亡灭，然后知孔门弟子与孟轲之有得于《易》也。盖当春秋时，有为《易》说者皆出于卜筮，如周太史为陈侯筮、陈仲遇"观"之"否"曰：风为天，于土上山也，有山之材而照之以天光，于是乎居土上，故曰观国之光，利用宾于王。毕万筮仕于晋，遇"屯"之"比"，辛廖占之曰："吉，'屯'固'比'入，吉孰大焉。"……凡此类见于传记不可缕数，未有不出卜筮而言《易》者，况当秦之时去古益远，士不知经，其独以《易》为卜筮之书固宜，然则言《易》者必出于卜筮，则有得于《易》者固无待乎必言《易》也。

2.《尚书》

范浚《香溪集》卷七《书论》：

> 予尝读《大诰》《酒诰》与夫《多士》《多方》等篇，切怪其辞古义奥，虽宿儒老学，有疑滞而不能句者，当时群下何从明其说，以知上之旨意哉？或者以为三代盛时，家塾、党庠所以肄业者固已习耳熟，则上之诰命夫人而能通其义。然抑闻之，昔者史佚不敛下殇于宫，召公问之，史佚曰："吾敢乎哉？"召公言于周公，周公曰："岂不可史佚行之夫？"岂者怪拒之辞，岂不可云者，周公所以深言不可也。史佚不达其旨，谓为许己，因遂行之。召公贤相也，史佚贤史也，以两贤者而不能明周公之一言，谓当时群下夫人而能通诰命之说，其可乎？意者一时致仕之臣，为州里父师少师，坐于门塾，而教出入之子弟群下，于诰命有不能晓，则父师少师与州长党正之徒开谕诏告，使其心释意解，知所以教戒之义，则庶乎可也。

范浚《香溪集》卷六《五帝纪辨》云：

> 范子曰：孔子定《书》，断自唐虞以下，以为唐虞而上不可知也。圣人去古未远，犹难言之。太史公乃欲为黄帝、颛顼作纪于千百岁后，何耶？世传《孔子家语》载《五帝德》《帝系姓》等，皆非古书，使其说诚详如之，则夫子著之于书久矣。意迁姑欲摭摅传记以示洽博，非复考其言之当否。夫黄帝、神农，后也，阪泉之战信亦悖妄，以臣伐君，犹有惭德，而况为之后者，信或有之，则黄帝贼矣，尚得为圣人乎？

范浚《香溪集》卷六《去四凶辨》云：

　　或曰：尧之时，四凶犹在，舜即位始去之。左氏谓尧不能去，然则何以为尧乎？答曰：左氏失言，彼四凶恶未稔，天下未尽，闻则尧不遽诛，至舜而四罪章乃诛之耳。汉人固云唐尧优游，四凶厌服，海内唐人亦谓使尧恶四凶，不待试用，加之诛放，天下必以为戮不辜。此言是也。不然，以尧大圣，去四凶如摄虮虱耳，不能云乎哉？太史公因左氏语而易之曰：尧未能去，谓未去之可也，以谓未能，则亦不可。然予抑有疑者，洪水方割，万人昏垫，使鲧治之，历九载而绩弗成，则赤子之为鱼，久且众矣，忍鱼其民，而不忍乎凶人，实忍万人，而不忍一鲧之身，岂尧心哉？此固予所疑者，其亦尽信书不如无书谓乎？

范浚《香溪集》卷十《尧典论》：

　　夫子序书，辞严旨奥，不越数言，而终篇大义粲然可明，若序《尧典》言昔在帝尧聪明文思光宅天下，将逊于位，禅于虞舜。则尧之广大同天，始能格于上下，协和万邦，终能求贤于侧陋，授以天下盛德大业已备见矣。后世邪说、横议诋诬大圣，谓尧幽囚，谓舜臣尧，怪妄百出，特考是数言，而唐虞禅绍之美，昭若白日，纷纷诡论，不攻自破。盖功成者去，天道固然。尧将逊位，不以授丹朱而授舜，是谓天下为公之道。故曰将逊于位，禅于虞舜，圣言折衷尧舜之道，益明于是。又曰：惟天为大，惟尧则之。对宰我之问亦云：陶唐其仁如天。孟子推其说则曰：为天下得人者谓之仁。盖尧以天下授丹朱，则丹朱利而天下病，以天下授舜，则天下利而丹朱病。尧曰：吾终不以天下之病利一人，卒授舜以天下。方其念丹朱与天下利病孰轻孰重，苟怀一毫有我之心，则视利天下不足以病其子，视利其子，虽病天下不屑也。惟尧无我，视天下犹吾子也，视利天下犹利吾子也。如是，则吾子与天下何择焉？所利者众，则为之耳。且授舜之利，公利也。授丹朱之利，私利也。不以私利易公利，此天心也。此其所以能视天下犹吾子，而则天之大为天下得舜，而如天之仁也。同天如此，故聪无不闻，明无不见，文无不被，思无不通，而其神能光宅天下也。夫以尧舜圣德，光明盛大，胡可以管窥蠡测，妄议涯畛。而世儒谓尧行天道以治人，舜行人道以奉天，是不惟不知尧舜，抑亦不知道，又不知天人也。

范浚《香溪集》卷十《汤誓仲虺之诰论》：

　　汤之伐桀，为天下除虐也。而商人乃曰：我后不恤我众，舍我穑事，而割正夏。此岂于人心有不顺哉？盖商人以穑事为念，商人之私心也。成汤以正夏为急，天下之公心也。商人知安汤之仁，而不知天下苦桀之虐，谓克终穑事，有食以饱，吾商人足矣。天下苦桀虐，我其如彼，何夏罪虽至极，彼其如我。何嗟！夫知有商人而不知有天下，是商人之私心也。惟汤则以为，普天之下举归吾仁，率土之众，谁非商民，博施济众，岂非吾心；吊民罚罪，岂非吾事。苟急吾穑，徒能饱，吾有众而已。彼天下之罹桀残虐割剥者，甚溺于涂，甚踣于炉，呼天无告，急于倒挂，吾其坐视而不救欤？则吾心有外矣。吾为不仁矣，吾其以天下为非我矣。吾其上负皇天之眷求，下负万国来苏之望矣。必往之誓，胡可前却而不果哉？嗟夫！以天下为商人，而不以商人外天下，是天下之公心也。然而汤能以天下之公心伐天下之同害，上承天意，下协民愿，宜无不慊，而犹有惭德，何哉？盖以臣伐君，以诸侯为天子，以一国有天下，天下之至难也，天下之至疑也。圣人行之，圣人之不幸也，圣人之不得已也。成汤于所遇之不幸，而处势之不得已，故果于必往，行天下之至难，冒天下之至疑，故犹有惭德，其必往也，以救万方之祸，其有惭德也，以忧万世之乱。救万方之祸者，仁也。忧万世之乱者，仁之至也。此成汤所以为圣人也。仲虺以汤之怀惭，虽出于仁厚，而恐或至于动心，以害大有为之志，故陈义作诰，以释汤意，首言天乃锡王，勇智表正，万邦统言夏王有罪，帝用不臧，是天意释桀而眷汤，汤可以仰无愧于天矣。又言商家邦于有夏，若苗秭之必见，剪除商人危惧同心恶桀。又言汤之宽仁，彰信天下，攸徂之民相庆徯至，是人心去桀而归汤，汤可以俯无怍于人矣。仰无愧，俯无怍，何为犹有惭德也哉？且以常人言之，凡所谓贵有天下者，为得便私适己，肆意极情，选声以娱听，选色以从欲，积财储货以厚自封殖，横心所念，无不自如，然后为快也。成汤乃独不迩声色，不殖货利，则何利于有天下也哉？亦兴天下所同利而已。兴天下所同利，非利己也，又何惭德之有哉？然而仲虺之忠笃于爱君，惟恐成汤自大，或有侈心骄志，故虽释汤之怀惭，而犹告以昭德建中、制事制心之道，又告以自满自用慎终惟始之戒也。成汤之心不忘戒慎，惟恐有侈心骄志，忽不自知，故虽无庸怀惭，而犹诞告万方，以兹朕未知获戾于上下，栗栗危惧，若将陨于深渊，又告以朕躬有罪，不敢自赦，无以万方也。凡汤之能有万邦，实用此道。故荀卿曰：汤武非取天下也，修其道，行其义，兴天下同利，除天下同害，而天下归之，岂不信哉？

范浚《香溪集》卷十《说命三篇论》：

> 高宗得傅说，言梦帝赉子良弼。何也？曰人心其神矣乎！苟惟精一，则虚明洞达，事物之至，无不感通。
> 故孔子曰："清明在躬，志气如神。"《中庸》曰："至诚之道，可以前知。"方高宗恭默思道，盖清明矣，至诚矣，志气如神矣，可以前知矣；则帝赉良弼，形于宵梦，又何疑哉？
> 世之议者，妄谓高宗知傅说之贤，遽欲引以为相，惧群臣不心服，天下不以为宜，因假梦以神其事，以要信于一时。呜呼，其诬高宗乎！使诚假梦以用说，岂不为伪乎？彼其三年不言，亦已久矣，乌可伪为乎？
> 扬雄曰："夫信周，其诚上通于天。"高宗诚与天通，天以良弼赉之，此甚盛德也。议者诬以为伪，岂非所谓邪说横议乎？
> 《春秋外传》曰："昔商武丁笃其德，至于神明。"又曰："若武丁之神明也，其圣之睿广也，其智之不疾也，犹自谓未义，故三年默以思道。"又曰："使之象梦，旁求四方之贤，得傅说以来，升以为公，而使朝夕规谏。"
> 夫惟高宗不以睿知自大，精意思道，恭默以笃其德，至于神明，故诚格上帝，梦得贤辅。初非知其为傅说也，以宵梦所见之象，旁求得之，然后知其为傅说也。考于经，合于传，其说甚明；而议者谓为假梦，是不知至诚上通，至于神明之道，而妄论如此。意必以为高宗不能往梦傅说，傅说不能见梦高宗也。殊不知人之诚心，殆犹明

鉴。鉴明洞彻，无物不形，虽群象杂委于前，而色色呈露，无得遁者。鉴非往照，物无来心，实感通之理，冥于自然耳。高宗之诚，善必先知，则梦得贤人，与鉴烛物何异？

盖高宗恭默所思，思得良弼以自辅耳。逮其精诚感通，则同焉者合，类焉者应，乃有良弼，见于正梦。初非彼来，亦非此往，神交默契，莫知所以然而然耳。从是观之，岂非甚盛耶？其可以邪说诬为伪事耶？

然观高宗既得傅说，立以为相，命之纳诲。责以正己，使之作砺；责以济己，使之作舟楫；责以泽民，使之作霖雨；又责以启沃，如药石；又责以为己明谟，如跣视地；又责以作成己德，如曲蘖；又责以可否相济，如盐梅；又责以继美于阿衡，其望说之心可谓切至矣。而说之进言勤勤，反复大概，惟以从谏、务学、任人为先，何哉？

盖从谏，帝王之大烈，而学之为王者事，其已久矣；至于任人，则治乱安危系焉。是三者，实人主之要务。又况能从谏，则舍己从人，无我而为圣矣；能务学，则可以穷理尽性，以至于命而为圣矣；能任人，则得良臣以助而为圣矣。三者皆为圣之道。而傅说乃以望高宗，则其待高宗者，为如何哉？其所以任高宗之责者，为如何哉？

抑尝观成汤，改过不吝，而从谏弗咈。其于伊尹，则学焉而后臣之。其任人也：则德懋懋官，功懋懋赏。是从谏、务学、任人三者，汤皆力行而尽之矣。高宗之命说，固尝曰："惟暨乃僚，罔不同心，以匡乃辟，俾率先王，迪我高后，以康兆民。"又曰："其尔克绍，乃辟于先王，永绥民。"

凡所以望说者，皆冀其佐己，使己蹈迪成汤之踪而继承之，则说以汤所力行者为辅导，不亦宜乎？

范浚《香溪集》卷十《君牙冏命吕刑论》：

穆王之书，见于经者三篇。命君牙为大司徒，命伯冏为大仆正，命吕侯训畅夏刑。其言皆丁宁告戒，以求助轻刑为意。

夫子录而叙之，与典谟并传；自余无穆王事见于轻者。以三篇为圣人所取，则穆王信亦贤矣。而好议论者，掎摭传记不典之语，横加诋訾，谓穆王征犬戎，祭公谋父谏不听。又谓其欲以车辙马迹周天下，祭公谋父诵《祈招》之诗以止王心。嗟乎！信不典之语如此，不几于废经乎？世有善为《春秋》者，以经考传之真伪，是学经之法也。岂惟《春秋》哉？凡百家传记有异论，皆当折衷于圣言。今遽以传记废经，遂谓穆王非贤，甚不可也。

且二说皆出于《左氏》，《左氏》浮夸而失之诬者也。窃求诸经，穆王命其臣使翼己作股肱心膂；又命左右前后之士正救所不及，"绳愆纠缪，格其非心"。又以厥后自圣为戒。输诚求助，切至如此，岂不能听谋父之谏乎？

且以《祈招》一诗，犹能止王非心，则欲征犬戎，谋父进谏累数百言，宁有不能止其行乎？又求诸经，穆王能念前人付托之重，戒慎恐惧，若涉冰蹈虎，怵惕惟厉，至中夜以兴，思免厥愆。此其心与尧、舜、禹、汤、文、武战战栗栗之心何异？又慕文、武出入起居，罔有弗钦。此其志亦高矣，何至于肆其侈心，周行天下乎？

《吕刑》一篇，首言蚩尤作乱，苗民淫虐。继言伯夷降典，折民惟刑，皋陶制百姓于刑之中；又历言察狱钦刑，中正审克之道。大要以慎罚不滥，宥过从轻为意。原其设心，虽小眚薄罪，犹将尽心焉，况甲兵大刑，其肯轻用，以不享责犬戎，妄加讨伐乎？

以《君牙》《冏命》《吕刑》三篇，考《左氏》记穆王事，则其伪著矣。

3. 《周礼》

范浚《香溪集》卷五《读周礼》云：

> 周公作六典，谓之《周礼》。至于六官之属，琐细悉备，疑其不尽为古书也。周公驱猛兽，谓虫蛇恶物为民物害者，而蝈氏云掌去鼃黾，焚牡蘜，以灰洒之，则死。鼃黾不过鸣声聒人，初不为民物害也，乃毒死之，似非君子所以爱物者。又牡蘜焚灰，大类狡狯戏术，岂所以为经乎？司关云，凡货不出于关者，没其货，罚其人，说者谓不出于关从私道出，避税者，则没其财而挞其人。此决非周公法也。文王治岐，关市讥而不征，周公相成王，去文王未远，纵不能不征，使凡货之出于关者征之足矣，何至如叔季世设为避税法，没其货，挞其人，劫天下之商必使从关出哉？此必汉世刻敛之臣如桑羊辈，欲兴权利，故附益是说于《周礼》，托吾周公以要说其君耳。不然，亦何异贱丈夫登垄断而罔市利，其为周公何如哉？

范浚从书的制度和文气上怀疑《周礼》"琐细悉备，疑其不尽为古书"。首先，他认为书中有周公毒死鼃黾之事，此"似非君子所以爱物者"，又"牡蘜焚灰，大类狡狯戏术，岂所以为经乎？"范浚认为这些事迹与周公以及经典的思想不合。其次，他还从制度上进行考辨，他认为"凡货不出于关者……此决非周公法也"，文王时"关市讥而不征"，周公时代距离文王很近，即使做不到"讥而不征"，也不至于"没其货，挞其人"。由此，他推测《周礼》一书"必汉世刻敛之臣如桑羊辈，欲兴权利，故附益是说于《周礼》，托吾周公以要说其君耳"。当然，他的推测过于大胆，更缺少小心之求证，只能说是一种假说而已。

4. 《月令》

范浚《香溪集》卷七《月令论》：

> 《月令》见今《戴记》。汉贾逵、马融、蔡邕、魏王肃，皆以为周公作。晋孔晁因曰："周公制十二月赋政之法，作《月令》。"而郑康成、高诱等以为秦吕不韦时集诸儒作，唐孔颖达因曰："不韦十二月纪，正与《月令》文同，而小异者才三数字耳。"束皙则又以为夏时之书；刘子珪则又以为秦诸儒，取圣王月令之事记之；牛里仁则又以为杂有虞、夏、商、周之法，不得全称周书，亦未可全称秦典。
>
> 然窃考之，周三公不称相，至六国时始称相；而《月令·孟春》曰"命相布德和令"。周有大司马无太尉，至秦官始有太尉；而《月令·孟夏》曰"命太尉赞桀

俊"。周有内宰无奄尹，而《仲冬》曰"命奄尹申宫令"。周有酒人无酋人，而《仲冬》曰"命大酋，秫稻必齐"。周以建子为正，而《季秋》曰"合诸侯制，百县为来岁受朔日"。周以上春衅龟，而《孟冬》曰"命太史衅龟"。周五时迎气，皆前期十日齐，而《孟春》曰"先立春三日，天子齐"。

又若《孟春》言"兵戎不起，不可从我始"，《仲冬》言"农有不收藏积聚者，马牛畜兽，有放佚者，取之不诘"之类，决非周公语也，则《月令》不出周公时明甚。然当吕不韦时，秦始皇未并天下，尚称王，而《月令》云天子。秦未改周政，而《月令》以孟冬为岁首。不韦方招致宾客游士，欲以并天下，食客至三千人，家僮至万人，而《月令·仲冬》云"罢官之无事者"。凡此又疑不尽为吕氏时书也。

若以始皇既并天下称天子，而秦人取不韦书，增加之为《月令》耶？则始皇既并天下，罢侯置守矣，而《月令·孟夏》曰"行赏封诸侯"。始皇置三十六郡矣，而《季夏》曰"命四监，大合百县之秩刍，以养牺牲"。始皇以十月朔为正矣，而《季冬》曰"天子与公卿大夫，共饬国典，论时令，以待来岁之宜"。始皇子弟为匹夫矣，而《季冬》曰"命同姓之邦，共寝庙之刍豢"。始皇更民名曰"黔首"矣，而《孟春》曰"行庆施惠，下及兆民"。始皇衣服旄旌节旗皆尚上黑矣，而《孟春》曰"天子载青旗，衣青衣"。凡此则又非始皇为帝时书也。既非周公时书，又非吕不韦书，又非始皇既为帝时书，则《月令》果何人作耶？予详求其说，盖以为吕氏使其客人人著所闻，集论以为十二纪，初非出一手也。

至汉淮南王安，与苏飞、李尚，及诸儒大山、小山等著书，又取吕氏十二纪，附益为《时则训》，今见《淮南鸿烈解》，盖亦诸儒为之，而非出一手也。夫十二纪既非出一手，汉人取而附益之，又非出一手，已而礼家抄合于《礼记》，则《月令》岂一人之为哉？意不韦宾客著所闻，或取虞、夏、商、周之遗典，或据时事以为说，其后汉诸儒又增加之，故《月令》官名时事，杂用虞、夏、商、周、秦、汉之制。何以知《月令》杂用虞夏、商、周之制也？

盖鸾车，有虞氏之路也，而《孟春》曰"天子乘鸾路"。周之大司寇，在夏为大理，而《孟秋》曰"命理瞻伤察创视折"。又凡《月令》，皆本夏时，多与《夏小正》合；而车旗衣服，皆取于商之制而有变焉。以此知其杂用虞、夏、商、周之制也。

何以知《月令》杂用汉制也？按前所论，季秋"合诸侯，制百县，为来岁受朔日"。以为周，则不当谓十月；以为秦，则不当言诸侯。盖淮南王安与诸儒著书在文帝时，汉犹以冬十月为岁首，而又有诸侯，故"合诸侯"与"为来岁受朔日"之说，惟稽之汉制，无龃龉不合。当是汉儒增加不韦《季秋纪》中语，而汉人传者，因以《鸿列解》为正，并易吕氏《季秋》本文，从《时则训》，礼家又取以为《月令》；故今三书季秋"合诸侯"与"为来岁受朔日"文皆同。以此知其杂用汉制也。

何以知汉人取十二月纪增加之也？按《周礼》秋献龟，与凡取龟皆用秋时，实夏之秋耳，《月令·季夏》乃曰"命渔师伐蛟、取鼍，登龟、取鼋"。盖作《月令》者，误以秋献龟，据周秋之也。周之八月，夏之六月，故妄于季夏言登龟。以其误妄，知汉人增加之也。

又按《时则训》："孟春之月，招摇指寅，其位东方，其日甲乙。盛德在木，服八风水，爨箕燧火。东方御女，青色，衣青衣，鼓琴瑟。其兵矛，其畜羊，朝于青阳左个，以出春令。"凡此类皆吕氏书所无，则汉人增加亦多矣。岂惟《季秋》纪哉？

郑康成于"鸿雁来"注云："今《月令》'鸿'皆为'候'。"孔颖达谓《月令》出有先后，入《礼记》者为古，不入《礼记》者为今。盖戴圣删《大戴》书为四十六篇，谓之《小戴记》；汉末马融，遂传小戴之学，融又足《月令》《明堂位》《乐记》，合四十九。

5.《老子》

范浚《香溪集》卷五《读老子》：

万类莫不共由，谓之道；在我得之，谓之德。仁也、义也、礼也、智也，皆得之在我者也。故四者异名，总而名之曰道，若所谓立人之道曰仁与义之类是也；亦总而名之曰德，若所谓君子行此四德之类是也。然则在我得此道矣，以止而觉焉者言之，则谓之仁；以履行而言之，则谓之礼；以行得其宜而言之，则谓之义；以知仁义礼之用而察焉者言之，则谓之智。是特其名异耳，岂道与德有二哉？岂仁、义、礼、智与道、德为六哉？仁之觉、智之知亦非二也，智之知、知之用也、仁之觉兼知之体而为言也。礼也，义也，智也，虽不可谓之仁，而仁之觉无不在焉，犹元气之发生谓之春也，夏也，秋也，冬也虽不可谓之春，而元气未尝不行乎其中。物虽雕落于秋，终藏于冬，而发生之性未尝不存焉。此易所以谓仁为元也，然则道德仁义礼智初非有二也。老氏之书乃曰先道而后德，先德而后仁，先仁而后义，先义而后礼，是岂诚老聃之言乎？且以老聃譬之，以其姓称之则曰李氏，名称之则曰耳，字称之则曰伯阳，谥称之则曰老聃，然其人实一人耳。谓李耳与伯阳为二人，可乎？谓先李耳而后为伯阳，先伯阳而后为聃，可乎？使老聃诚知道，则是言非其言也，岂后人附益之辞耶？昔者曾子言孝而曰，仁者仁此者也，礼者履此者也，义者宜此者也。孟子言仁义而曰，智之实，知斯二者弗去是也。礼之实，节文斯二者是也。以参与轲之言求之，仁、义、礼、智初非有二，谓先仁而后义，先义而后礼，奚可哉？学者读老书，宜慎所择。

6.《曾子》

范浚《香溪集》卷五《读曾子》云：

世传曾参书述孝悌、仁义、阴阳之说甚著，虽不皆底于道，要与《齐鲁论》《孔子家语》《礼记》等书言相出入，亦弘扬姬、孔之一助也。班生志儒家书，有《曾子》十八篇，今其存者十篇而已，不知余八篇为何等语，而脱亡于何时。《隋书》录《曾子》两卷，与今本同意，其亡于魏晋之间也。

五、胡宏

（一）胡宏其人

胡宏（1102—1161），字仁仲，号五峰，人称五峰先生，崇安（今福建崇安）人。胡安国之子，湖湘学派创立者。著有《易外传》《知言》《皇王大纪》《五峰集》等。

（二）胡宏的文献辨伪

1.《周易》

胡宏《五峰集》卷四《皇王大纪论》之"《周易》成书"条：

> 愚读包羲画卦，文王系辞，周公爻辞，孔夫子翼，然后知圣人忧患后世之至也。后生晚学守一卷成书，岂复知经百千岁四圣人竭心思之勤，故愚复其旧，将以启之也。夫先圣后圣发明大义，如太和之体万物，春生秋杀，雷动风行，千变万化，务晓人以生生之道，初非缘已成事，由闻见知识而为之者。故愚读之警动焉。呜呼！圣人亦人耳，所以臻此必有道矣。夫《诗》《书》《春秋》后人犹多引以正心断事，至于《易》则希矣。吁！士大夫负先圣可胜道哉！

2.《尚书》

胡宏《五峰集》卷四《皇王大纪论》之"载《书》之叙"条云：

> 孔子定《书》必有先后之义。经秦焚毁，圣人之意不可尽见。愚详考经文，禹当尧时，别九州，平水土，而载于《夏书》之首者，此夏后氏之王天下也。今虽以载于帝王之时，探本索原，固未失圣人之意矣。商高宗惟傅说之言是听，殷所以衰而复兴，礼所以废而复起，黩于祭祀，其初年时事也，若不能改，致有肜日之异，又何以为高宗？故今载《肜日》之训于《说命》之前，以不没高宗改过从善致中兴之实也。《康诰序》曰：成王既伐管叔、蔡叔，以殷余民封康叔。谨按：康叔者，成王之叔父也，不应称之曰朕其弟，成王者，康叔之犹子也，不应自称曰乃寡兄，其曰兄曰弟者，盖武王命康叔之辞也，故《史记》武王封康叔于卫，且康叔者，文王之子，叔虞，成王之弟也。周公东征，叔虞已得封于唐，王命归周公于东，岂有康叔得封反在唐叔之后乎？故不得不舍《书叙》而从经史也。周公东征，三年而归，明年奉王东伐淮夷，遂践奄，还归于丰，而作《多方》。及营洛邑，成周公反政于王，分正东郊，而作《多士》。以《多士》在《多方》之前，既无大义，而时不可逆，是以正之也。武王崩之年，师尚父犹在。成王二年，三监叛，尚父不任征讨，而周公自行者，是尚父已薨矣。周公不见知于成王，所以敢将兵居外者，恃召父为保耳。不然，周公其可离成王左右乎？故《君奭》之作在元年，而不在定乱之后也。以《无逸》系于周公将没者，考于《君奭》《立政》《洛诰》诸篇，周公于成王皆有冲孺幼小之称，而《无逸》独无，故知其为最后也。凡此皆本之经文，非敢以胸臆乱古书之旧，

或有尚论方人之君子，盍试考诸是耶非耶，又从而正之可也。

3.《周礼》

胡宏《五峰集》卷四《皇王大纪论》认为《周礼》为刘歆伪作：

> 《周礼》祀冕
>
> 武王定天下，命周公制礼，追王、太王、王季、文王，上祀先公，以天子之礼。夫先公之于先王，虽有远近、侯王之别，皆吾祖也，故一事以天子之礼。刘歆傅会成书，乃曰享先王则衮冕，享先公飨射，则鷩冕，是降先公于先王，使与宾客诸侯为伍也。天下宁有是？故《周礼》之书颠倒人伦，不可以为经也。
>
> ……
>
> 此象文孔子之所作也，孔子极言天地之道，谓乾道变化，则万物各正性命，坤顺承天，而万物生焉。是故虽一物之微，无天地合而后成其施者，天也，产者，地也。刘歆《周礼》曰："以天产作阴德，以中礼防之；以地产作阳德，以和乐防之。"是裂天地为二本，而中和礼乐异道矣，何可以为经，与《易》《诗》《书》《春秋》比乎？

胡宏对《周礼》中"太宰之属"进行了翔实考辨，从《周礼》中聚敛之臣的畜养、官府次舍、王后之职、祭祀之事、服制、饮食等制度方面进行考证，认为"太宰之属六十有二，考之未有一官完善者……而可谓之《经》与《易》《诗》《书》《春秋》配乎？"

今按：胡宏首先咬定《周礼》为刘歆伪造，然后寻找所谓的证据，一一排击之，未免先入为主，枉顾其他。这种主观臆断式的假辨伪是疑古派经常采用的招式，应该彻底反思。

六、郑樵

（一）郑樵其人

郑樵（1104—1162），字渔仲，兴化军莆田县（今福建莆田）人。居夹漈山中，自称溪西遗民，学者称夹漈先生。著有《通志》《夹漈遗稿》等。

（二）郑樵的文献辨伪

1.《连山易》《归藏易》

> 言占筮事。其辞质，其义古，后学以其不文则疑而弃之。……独不知后之人能为此文乎？……六十四卦非至周而备也。但法之所立，数之所起皆不相为用。《连山》用三十六策，《归藏》用四十五策，《周易》用四十九策。诚以人事代谢，星纪推移，一代一谢，渐繁渐文，又何必近耳目而信诸，远耳目而疑诸？[1]

---

[1]　郑樵：《通志》卷六十三，影印文渊阁四库全书本，第 374 册，第 300~301 页。

郑樵从常理考辨，认为《连山易》《归藏易》和《周易》中所用的"三十六策""四十五策"和"四十九策"为"人事代谢，星纪推移，一代一谢，渐繁渐文"，即是遵循事物发展的规律由少至多、由简到繁的。

2. 《三坟书》

　　三皇太古书亦谓之《三坟》。一曰《山坟》，二曰《气坟》，三曰《形坟》。天皇伏羲氏本《山坟》而作《易》，曰《连山》；人皇神农氏本《气坟》而作《易》，曰《归藏》；地皇黄帝氏本《形坟》而作《易》，曰《坤乾》。虽不画卦，而其名皆曰卦爻、大象，连山之大象有八，曰君、臣、民、物、阴、阳、兵、象，而统以山；《归藏》之大象有八，曰归、藏、生、动、长、育、止、杀，而统以气；《坤乾》之大象有八，曰天、地、日、月、山、川、云、气，而统以形。皆八而八之，为六十四。其书汉魏不传，至元丰中始出于唐州比阳之民家，世疑伪书。然其文古，其辞质而野，其错综有经纬，恐非后人之能为也。如纬书犹见取于前世，况此乎！且《归藏》至晋始出，《连山》至唐始出，则《三坟》始出于近代，亦不为异事也。

郑樵在考辨《三坟书》时，认为该书非伪书，因为"其文古，其辞质而野，其错综有经纬"。

3. 《尚书》

《文献通考》卷一百七十七引郑樵曰：

　　按《易》《诗》《书》《春秋》皆有古文，自汉以来，尽易以今文，惟孔安国得屋壁之书，依古文而隶之。安国授都尉朝，朝授胶东庸生，谓之《尚书》古文之学。郑玄为之注，亦不废古文，使天下后学于此一书而得古意。不幸遭明皇更以今文，其不合开元文字者谓之"野书"。然易以今文，虽失古意，但参之古书，于理无碍，亦足矣。明皇之时，去隶书既远，不通变古之义，所用今文，违于古义尤多。臣于是考今《书》之文，无妨于义者从今，有妨于义者从古，庶古今文义两不相违，曰《书考》。迨《武成》而未及终编，又有《书辨讹》七卷，皆可见矣。

马端临按："《汉儒林传》言孔氏有《古文尚书》，孔安国以今文读之。《唐·艺文志》有《今文尚书》十三卷，注言玄宗诏集贤学士卫包改古文从今文。然则汉之所谓古文者科斗书，今文者隶书也。唐之所谓古文者隶书，今文者世所通用之俗字。隶书，秦、汉间通行，至唐则久变而为俗书矣，何《尚书》犹存古文乎？盖安国所得孔壁之书，虽为之传，而未得立于学官。东京而后，虽名儒亦未尝传习，至隋、唐间方显，往往人犹以僻书奥传视之，缮写传授者少，故所存者皆古物，尚是安国所定之隶书，而未尝改以从俗字，犹今士大夫蓄书之家有奇异之书，世所罕见者，必是旧本，且多古字是也。噫！百篇之《书》，遭秦火而亡其半，所存者五十八篇，而其间此二十五篇者，书虽传，而字复不谐于俗。传于汉者为科斗书，传于唐者为隶书，皆当时之人所罕习者。盖出自孔壁之后，又复晦昧数百年，而学者始得以家传人诵也。"

4. 《诗序》

《四库提要》云："以为村野妄人所作，昌言排击而不顾者，则倡之者郑樵、王质，和之者朱子也。然樵所作《诗辨妄》一出，周孚即作《非郑樵诗辨妄》一卷，摘其四十二事攻之。"

郑樵《夹漈遗稿》卷一《寄方礼部书》云："所以不识《诗》者，以大、小《序》与毛、郑为之蔽障也。不识《春秋》者，以三《传》为之蔽障也。作《原切广论》三百二十篇以辨《诗序》之妄，然后人知自毛、郑以来所传诗者皆是录传。又《春秋考》二十卷，以辨三家异同之文。《春秋》所以有三家异同之说，各立褒贬之门户者，乃各主其文也。今《春秋考》所以考三家有异同之文者，皆是字之讹误耳，乃原其所以讹误之端由，然后人知三传之错。观《原切广论》，虽三尺童子亦知大、小《序》之妄说；观《春秋考》，虽三尺童子亦知三《传》之妄，辨大、小《序》与三《传》之妄，然后知樵所以传《春秋》得圣人意之由也。《诗》主在乐章，而不在文义；《春秋》主在法制，亦不在褒贬。"

陈振孙云："辨妄者，专指毛、郑之妄。谓《小序》非子夏所作，可也；尽削去之，而以己意为之序，可乎？樵之学虽自成一家，而其师心自是，殆孔子所谓不知而作者也。"

马端临云："夹漈专诋《诗序》，晦庵从其说，所谓'事无两造之辞，则狱有偏听之惑'者，大意谓《毛序》不可偏信也。然愚以为譬之听讼，《诗》者，其事也；齐、鲁、韩、毛则证验之人也。《毛诗》本书具在，流传甚久，譬如其人亲身到官，供指详明，具有本末者也。齐、鲁、韩三家，本书已亡，于他书中间见一二，而真伪未可知，譬如其人元不到官，又已身亡，无可追对，得之风闻道听，以为其说如此者也。今舍《毛诗》而求证于齐、鲁、韩，犹听讼者以亲身到官所供之案牍为不可信，乃采之于旁人传说，而欲以断其事也，岂不误哉！"

元梁益《诗传旁通》卷十五："《小序》先自合为一编，后乃各引以超冠篇端，今复并为一编，缀于经后，以还其旧，因以论其得失。此朱子去序言诗之本意也。去序言诗，雪山王氏质、夹漈郑氏樵已有其法，朱子盖取之。"

5. 《尔雅》

郑樵认为，"约六经而归《尔雅》"[1]，故"有《诗》《书》而后有《尔雅》，《尔雅》凭《诗》《书》以作，往往出自汉代笺注未行之前，其孰以为周公哉？"[2] 郑樵认为，《尔雅》作于六经之后，不可能出自周公。

七、姚宽

（一）姚宽其人

姚宽（1105—1162），字令威，号西溪。会稽嵊县（今浙江嵊县）人。宣和三年

---

① 朱彝尊：《经义考》卷二百三十八，影印文渊阁四库全书本，第 680 册，第 136 页。
② 朱彝尊：《经义考》卷二百三十八，影印文渊阁四库全书本，第 680 册，第 136 页。

（1121）随父迁居诸暨。聪慧异常，博闻强记，精于天文推算。其尤工词章、篆隶及工技之事。后来以荫补官。著有《西溪集》《史记注》《战国策补注》（剡川姚氏本《战国策》行于世，日本早稻田大学有藏本，清嘉庆读未见书斋有刻本）、《西溪丛语》等。

（二）姚宽的文献辨伪

1. 杜甫赠李龟年诗

姚宽《西溪丛语》卷上云：

> 江季共说杜甫赠李龟年诗非甫所作。盖岐王死时，与崔涤死时，年尚幼。又甫天宝乱后，未尝至江南也。范摅《云溪友议》言，明皇幸岷山，伶官奔走，李龟年奔迫江潭，甫以诗赠龟年云云。又云龟年曾于湘中采访使筵上唱"红豆生南国，秋来发几枝，赠君多采撷，此物最相思"云云，歌阕莫不望行在而惨然。龟年唱罢，忽闷绝仆地，以左耳微暖，妻子未忍殡殓，经四日乃苏，曰："我遇二妃，令教侍女兰苕唱被襗毕，放还。"且言主人即复长安，而有中兴之主也。谓龟年："汝何忧乎？"时甫正在湘潭，或有此诗，更须考究。

2. 《南部烟花录》

姚宽《西溪丛语》卷下云：

> 《南部烟花录》文极俚俗。又载陈后主诗云："夕阳如有意，偏傍小窗明。"此乃唐人方域诗，六朝诗语不如此。《唐·艺文志》所载《烟花录》记幸广陵事，此本已亡，故流俗伪作此书，与裴铏《传奇》载秦人事及赋唐俚诗无异。

3. 《水经》

姚宽《西溪丛语》卷下云：

> 《水经》世以为桑钦撰。予读《易水注》云："易水经其东南，合滱水，故桑钦曰：易水出北新城西北，东入滱，自下滱、易互受通称矣。"又广阳县溪水亦引桑钦说，且《水经》正文皆无此语，恐非桑钦撰，当别有书也。古书散亡，良可叹已。

姚宽为一代博洽工文之士，亦为考证家之有根柢者，所疑无不益人心智。

八、胡仔

（一）胡仔其人

胡仔（1110—1170），字元任，胡舜陟次子。绩溪（今属安徽黄山市）人。宣和年间寓居泗上，以父荫补将仕郎，授迪功郎，监潭州南岳庙，升从仕郎。绍兴六年（1136），随父任去广西。著有《苕溪渔隐丛话》前集60卷。三十二年，复任福建转运用司干办公事。三年任满，归隐苕溪，续成《苕溪渔隐丛话》后集 40 卷，合前集为一百卷。另著有《孔子编年》。

（二）胡仔的文献辨伪

1. 苏李诗

《苕溪渔隐丛话》前集卷一云：

> 东坡云：刘子玄辨李陵《与苏武书》，非西汉文，盖齐、梁间文士拟作者。吾因悟陵与苏武《赠答》五言诗，亦后人所拟，而统不能辨。李善注《文选》，本末详备，极可喜。所谓五臣者，真俚儒之荒陋者也，而世以为胜善，亦谬矣。
>
> 蔡宽夫《诗话》云："五言起于苏武、李陵，自唐以来有此说，虽韩退之亦云然。苏李诗世不多见，惟《文选》中七篇耳。世以苏武诗云'寒冬十二月，晨起践凝霜，俯观江汉流，仰视浮云翔'，以为不当有江汉之言，或疑其伪。予尝考之，此诗若答李陵，则称江汉决非是；然题本不云答陵，而诗中且言'结发为夫妇'之类，自非在房中所作，则安知武未尝至江汉邪？但注者浅陋，直指为使匈奴时，故人多惑之，其实无据也。《古诗十九首》，或云枚乘作，而昭明不言，李善复以其有'驱车上东门'与'游戏宛与洛'之句，为辞兼东都。然徐陵《玉台》分'西北有浮云'以下九篇为乘作，两语皆不在其中。而'凛凛岁云暮''冉冉孤生竹'等别列为古诗，则此十九首，盖非一人之辞，陵或得其实。且乘死在苏、李先，若尔，则五言未必始二人也。"

2. 蔡琰诗

《苕溪渔隐丛话》前集卷一云：

> 东坡云："读《列女传》蔡琰二诗，其词明白感慨，类世所传《木兰诗》，东京无此格也。建安七子，犹含养圭角，不尽发见，况伯喈女乎？又琰之流离，为在父没之后。董卓既诛，伯喈乃遇祸。今此诗乃云为董卓所驱虏入胡，尤知其非真也。盖拟作者疏略，而范晔荒浅，遂载之本传，可发一笑也。"
>
> 蔡宽夫《诗话》云："《后汉·蔡琰传》载其二诗，或疑董卓死，邕被诛，而诗叙以卓乱流入胡，为非琰辞。此盖未尝详考于史也。且卓既擅废立，袁绍辈起兵山东，以诛卓为名，中原大乱，卓挟献帝迁长安，是时士大夫岂能皆以家自随乎？则琰之入胡，不必在邕诛之后。其诗首言'逼迫迁旧邦，拥主以自强，海内兴义师，共欲诛不祥'，则指绍辈固可见。继言'中土人脆弱，来兵皆胡羌，（'胡'原作'明'，今据徐钞本校改。）纵猎围城邑，所向悉破亡，马边悬男头，马后载妇女，长驱西入关，迥路险且阻'，则是为山东兵所掠也。其末乃云'感时念父母，哀叹无穷已'，则邕尚无恙，尤亡疑也。"

3. 《木兰诗》

《苕溪渔隐丛话》前集卷二十三云：

《隐居诗话》云："《古乐府》中《木兰诗》《焦仲卿诗》，皆有高致。盖世传《木兰诗》为曹子建作，似矣，然其中云'可汗问所欲'，汉、魏时夷狄未有可汗之名，不知果谁之词也。杜牧《木兰庙诗》云：'弯弓征战作男儿，梦里曾经与画眉，几度思归还把酒，拂云堆上祝明妃。'殊有美思也。"

洪驹父《诗话》云："《古乐府·木兰篇》：'愿驰千里明驼足，千里送儿还故乡。'明字多误作鸣，驼卧腹不帖地，屈足漏明，则行千里。"苕溪渔隐曰："余读《古乐府·木兰篇》云：'愿驼千里足，送儿还故乡。'止此而已，驹父乃云如此，疑其误也。"

4. 《香奁集》
《苕溪渔隐丛话》前集卷二十三云：

《遯斋闲览》云："《笔谈》谓《香奁集》乃和凝所为，后人嫁其名于韩偓，误矣。唐吴融诗集中有《和韩致尧侍郎无题》二首，与《香奁集》中《无题》韵正同，偓《叙》中亦具载其事。又尝见偓亲书诗一卷，其《袅娜》《多情》《春尽》等诗，多在卷中。偓词致婉丽，非凝言。余有《香奁集》，不行于世。凝好为小词，洎作相，专令人收拾焚毁。然凝之《香奁集》，乃浮艳小词，所谓不行于世，欲自掩耳，安得便以今《香奁集》为凝作也。"

5. 王建《宫词》
胡仔认为王建《宫词》中杂有杜牧、白居易和王昌龄的作品：

王建《西清诗话》云："欧阳永叔《归田录》言：'王建《宫词》，多言唐宫中事，群书阙记者，往往见其诗。如内中数日无呼唤，传得滕王蛱蝶图。滕王元婴，高祖子，史不著所能，独《名画记》言善画，亦不云工蛱蝶。'所书止此，殊不知《名画记》自纪嗣滕王、湛然善花鸟蜂蝶，又段成式《酉阳杂俎》亦云：'尝见滕王蝶图，有名江夏班，大海眼，小海眼，菜花子。'盖湛然非元婴，孰谓张彦远不载邪？又建《宫词》云：'鱼藻宫中锁翠娥，先皇行处不曾过，如今池底休铺锦，菱角鸡头积渐多。'事见李石《开成承诏录》，文宗论德宗奢靡云：'闻得禁中老宫人每引流泉，先于池底铺锦。'则知建诗皆摭实，非凿空语也。"

唐王建《宫词》，旧跋云："王建，大和中为陕州司马，与韩愈、张籍同时，而籍相友善，工为乐府歌行，思远格幽，初为渭南尉，与宦者王守澄有宗人之分，因过饮以相讥戏，守澄深憾曰：'吾弟所作《宫词》，禁掖深邃，何以知之？'将奏劾建，因以诗解之曰：'先朝行坐镇相随，今上春宫见长时。脱下御衣偏得着，进来龙马每教骑。尝承密旨还家少，独奏边情出殿迟。不是当家频向说，九重争遣外人知。'事遂寝。《宫词》凡百绝，天下传播，效此体者，虽有数家，而建为之祖耳。

苕溪渔隐曰：余阅王建《宫词》……其间杂以他人之词。[1]

---

[1] 何汶：《竹庄诗话》卷十三，中华书局1984年版，第252页。

他认为王建《宫词》中的"银烛秋光冷画屏，轻罗小扇扑流萤，天阶夜色凉如水，卧看牵牛织女星"为杜牧之诗；"宝杖平明金殿开，暂将纨扇共徘徊，玉颜不及寒鸦色，犹带昭阳日影来"为王昌龄的诗，此为通过指明作者具体为谁来辨伪。以上所举杜牧之诗名为《秋夕》，后世基本对该诗的作者为杜牧无异议。但对于所言为王昌龄的诗，宋代计有功在《唐诗纪事》中将其归为王建。

6. 《归去来》与《般涉调哨遍》

《苕溪渔隐丛话》前集卷三：

> 东坡云："余旧好诵陶潜《归去来》，尝患其不入音律，近辄微加增损，作《般涉调哨遍》，虽微改其词，而不改其意，请以《文选》及本传考之，方知字字皆非创入也。词曰：'为米折腰，因酒弃家，身口交相累。归去来，谁不遣君归，觉从前俱非今是。露未晞，征夫指予归路，门前笑语喧童稚。嗟旧菊都荒，新松暗老，吾年今已如此。但小窗容膝，闭柴扉，策杖看孤云暮鸿飞，云出无心，鸟倦知还，本非有意。噫归去来兮，我今忘我兼忘世。亲戚无浪语，琴书中有真味。步翠麓崎岖，泛清溪窈窕，涓涓暗谷流春水。观草木欣荣，幽人自感，吾生行且休矣。念寓形宇内复几时，不自觉，皇皇欲何之。委吾心，去留谁计。神仙知在何处，富贵非吾志。但知临水登山，啸咏自引，壶觞自醉，此生天命更奚疑。且乘流遇坎还止。'"

《苕溪渔隐丛话》前集卷三引东坡云："古之诗人有拟古之作矣，未有追和古人者也，追和古人，则始于东坡。"

7. 《太白集》

《苕溪渔隐丛话》前集卷五云：

> 东坡云："近见曾子固编《太白集》，自云颇获遗亡，如《赠怀素草书歌》及《笑矣乎》数首，皆贯休以下词格。二人皆号有识者，故深可怪。白乐天《赠徐凝》、韩退之《赠贾岛》之类，皆世俗无知者所托，不足多怪。"山谷云："《太白集》中《长干行》二篇，'妾发初覆额'，真太白作也。'忆妾深闺里'，李益尚书作也，所谓'痴妬尚书李十郎'者也；词意亦清丽可喜，乱之太白诗中，亦不甚远。大儒曾子固刊定，亦不能别也。太白豪放，人中凤凰麒麟，譬如生富贵人，虽醉着暝暗哼呓中作无义语，终不作寒乞声耳。今太白诗中谬入他人作者，略有十之二三，欲删正者，当用吾言考之。"
>
> 东坡云："'湘中老人读黄老，手援紫虆坐碧草，春至不知湘水深，日暮忘却巴陵道。'唐末有人见作是诗者，词气殆是李谪仙。予都下见有人携一纸文书，字则颜鲁公也，墨迹如未干，纸亦新健，其诗曰：'朝披梦泽云，笠钓青茫茫。'此语非太白不能道也。"苕溪渔隐曰："太白此诗中后云：'暮跨紫鳞去，海气侵肌凉。'亦奇语也。"
>
> 东坡云："今《太白集》中有《归来乎》《笑矣乎》及《赠怀素草书》数诗，决非太白作，盖唐末五代间学齐己辈诗也。余旧在富阳，见国清院太白诗，绝凡近。过

彭泽兴唐院，又见太白诗，亦非是。良由太白豪俊，语不甚择，集中亦往往有临时率然之句，故使妄庸辈敢耳。若杜子美，世岂复有伪撰邪？余尝舟次姑孰堂下，读《姑孰十咏》，怪其语浅近，不类李白。王平甫云：'此李赤诗也，亦见《柳子厚集》。自比李白，故名赤，其后为厕鬼所惑以死。'今观其诗止此，而以太白自比，则其人心疾久矣，岂厕鬼之罪也。"苕溪渔隐曰："东坡此语，盖有所讥而云。"

《西清诗话》云："蕲州黄梅县峰顶寺，在水中央，环伏万山，人迹所罕到。曾阜为令时，因事登其上，见梁间一粉版，尘暗粉落，拂涤视之，乃谪仙诗，云：'夜宿峰顶寺，举手扪星辰，不敢高声语，恐惊天上人。'世间传杨大年幼时诗，非也。"

太白诗中误入他人作者略有十之二三，含伪量不可谓不高矣。如何搞好太白诗的辨伪，这是一个重大的历史难题。

《苕溪渔隐丛话》前集卷三十：

《花品序》又云："牡丹自则天已后始盛。"欧公此言信然。余今因以开元时牡丹二事验之，盖开元正是则天已后也。其一事，即《李翰林集后序》，云："开元中，禁中初重木芍药，即今牡丹也，得四本，红、紫、浅红、通白者，上因移植于兴庆池东沉香亭前，会花方繁开，上乘照夜车，太真妃以步辇从，诏选梨园弟子中尤者，得乐十六色，李龟年以歌擅一时之名，手捧檀板，押众乐前，将歌之，上曰：赏名花，对妃子，焉用旧乐辞为。遽命李龟年持金花笺赐翰林供奉李白，立进《清平调辞》三章。白欣然承诏，犹若宿酲未解，因援笔赋之。其一曰：'云想衣裳花想容，春风拂槛露华浓。若非群玉山头见，会向瑶台月下逢。'其二曰：'一枝红艳露凝香，云雨巫山枉断肠。借问汉宫谁得似，可怜飞燕倚新妆。'其三曰：'名花倾国两相欢，长得君王带笑看。解释春风无限恨，沉香亭北倚阑干。'龟年以歌辞进，上命梨园弟子，略约调抚丝竹，遂促龟年歌之，太真妃持玻璃七宝杯酌西凉州蒲萄酒，笑领歌辞，意甚厚。上因调玉笛以倚曲，每曲遍将换，则迟其声以媚之。太真妃饮罢，敛绣巾重拜上。自是顾李翰林尤异于诸学士。"

《清平调辞》三章是否李白所作，历来存在争议。

8.《金针集》

《苕溪渔隐丛话》前集卷八云：

《诗眼》云："世俗所谓乐天《金针集》，殊鄙浅，然其中有可取者，'炼句不如炼意'，非老于文学不能道此。又云'炼字不如炼句'，则未安也，好句要须好字，如李太白诗：'吴姬压酒唤客尝。'见新酒初熟，江南风物之美，工在压字。老杜《画马诗》：'戏拈秃笔扫骅骝。'初无意于画，偶然天成，工在拈字。《柳诗》：'汲井漱寒齿。'工在汲字。工部又有所喜用字，如'修竹不受暑''野航恰受两三人''吹面受和风''轻燕受风斜'，受字皆入妙。老坡尤爱'轻燕受风斜'，以谓燕迎风低飞，乍前乍却，非受字不能形容也。至于'能事不受相促迫''莫受二毛侵'，虽不及前句警策，要自稳惬尔。"

9. 王维诗
《苕溪渔隐丛话》前集卷十五云：

　　东坡云："味摩诘之诗，诗中有画，观摩诘之画，画中有诗。诗曰：'蓝溪白石出，玉山红叶稀。山路元无雨，空翠湿人衣。'此摩诘之诗也。或曰非也，好事者以补摩诘之遗。"

10. 卢仝诗
《苕溪渔隐丛话》前集卷十九云：

　　《雪浪斋日记》云："玉川子诗，读者易解，识者当自知之，《萧才子宅问答诗》，如《庄子》寓言，高僧对禅机。惟《有所思》一篇，语似不类，疑他人所作，然飘逸可喜。其词曰：'当时我醉美人家，美人颜色娇如花。今日美人弃我去，青楼朱箔天之涯。娟娟姮娥月，三五二八圆又缺。翠眉蝉鬓生别离，一望一见心断绝。心断绝，几千里，梦中醉卧巫山云，觉来泪滴湘江水。湘江两岸花木深，美人不见愁人心。含愁更奏绿绮琴，调高弦绝无知音。美人兮美人，不知为暮雨兮为朝云。相思一夜梅花发，忽到窗前疑是君。'"

曾晦之《雪浪斋日记》认为《有所思》一篇不类卢仝语，疑为他人所作。按，曾晦之，字仲恭（一作仲共），行五十，曾宰之孙。官大理司直。

11. 刘梦得诗
《苕溪渔隐丛话》前集卷二十云：

　　《雪浪斋日记》云："荆公喜唐人'枫林社日鼓，茅屋午时鸡'，书于刘楚公第。或以为此即储光羲诗。"苕溪渔隐曰："此一联乃梦得《秋日送客至潜水驿诗》，非储光羲也。"

12. 《瘗鹤铭》
《苕溪渔隐丛话》前集卷三十二云：

　　《西清诗话》云："丹阳焦山断崖有《瘗鹤铭》，或传为王逸少，自晋迄唐，论书者未尝及之，而碑言华阳真逸撰，欧公《集古》跋云顾况道号。子美诗云：'山阴不见《换鹅经》，京口空传《瘗鹤铭》。'真作右军书矣。余读《道藏陶隐居外传》：'号华阳真人，晚号华阳真逸。'道书言华阳金坛之地，第八洞天东北门，俱润州境也。丹阳与茅山地相犬牙，又三茅陶故居，则《瘗鹤铭》为隐居不疑。"

九、沈作喆

（一）沈作喆其人

沈作喆（约1100—？），字明远，号寓山，湖州人。绍兴年间进士。淳熙间，以左奉议郎为江西漕司干官。因诗忤漕帅魏道弼被劾，夺三官。不得志以卒。著有《寓山集》《寓简》。

（二）沈作喆的文献辨伪

1. 《周易》

《寓简》卷一认为：

> 文王重《易》，六爻八卦之为六十四自文王始也。而《大传》言包牺氏以来已有，盖取诸《益》、取诸《睽》，凡一十三卦之类，何也？盖圣人谓某爻像某物，某得某卦，如耒耜得《益》，弧矢得《睽》耳，非谓先有卦名乃作某器也。不然，上古结绳而治，后世圣人易之以书契，盖取诸《夬》，岂未有书契之前已有《夬》卦耶？亦谓伏羲造书契得《夬》之义耳。且如八纯卦之象，何曾先立乾、坤、艮、震、巽、兑、坎、离之名，而后始有天、地、雷、风、山、泽、水、火之形哉？仲尼论阳一君而二民，君子之道也，阴二君而一民，小人之道也。此三画之象八卦，小成之体，未重之前也。至论二与四，三与五，同功而异位，则始有重爻之象。六位之体，既重之后也。
>
> 《易》者，至神之数，吉凶之先兆，使人见机而作，避祸而自求福也。文王、仲尼，盖重《易》而系之者也。其于《易》之数，知之远矣，宜能远祸而安其身者。然文王有拘羑之辱，仲尼有畏匡之厄，何也？岂人之祸福吉凶自有定数存于冥冥之中，虽圣与智不可得而逃耶？若曰我知其在我者无悔，而任其所谓在物者，则夫《易》之道欲令人进退语默得其时，无蹈患害，果何预哉？冥顽嚚凶，目不辨六画而名位充志，富贵没身者又何哉？圣人已矣，后之志士仁人玩占知变，穷《易》之道，而困厄颠踣者多是也，又何哉？吾不知其说也。
>
> 唐人顾象深于《易》，尝言《易》更三圣，犹夫三辰同丽太极。自汉田、丁、京、刘以来，百派奔凑，惟唐一行方见天机，神交造物，智斟人事，制动也有柅，变通也无方，向之支流委输于我。其他绸绎祖述三十有余家，骛精于掎撅，匿巧于穿凿，犹制氏之于乐，铿锵而已，徐氏之于礼，善容而已。刘禹锡尝指龟策讯之，象曰："古先圣人知道之妙不可博而得也，故设象以致意，梯有以取无，取当其粗，用当其精。夫权衡所以揣轻重，不为捶钩者设也；寻尺所以商远迩，不为运斤者设也。几存乎人，是则以天时为卦体，物理为爻位，外附人事以象焉，内取诸身以象焉。得枢于寰中，迎数于象外，自然之理。不知其然，虽欲强名，措说无地，彼枯茎朽壳安能与于此乎？"予观顾生之言，盖邃于《易》者，惜其无著述传世，以尽见其所学。独禹锡载其言于志中，故表而出之。

　　《易》之为书，虽不可为典要，然圣人大概示人以阴阳柔刚消息盈虚之理，进退存亡吉凶悔吝之义，虽穷万物之变，要不失其正而已。若夫至数之要，神妙不测者，圣人盖难言之也。后世之士不务守经合道而好论其变化，渺茫不见涯涘，广著图象，远征亿万不可名言无所致诘之数，以为自得之学，致使俗儒妄讥，竞为艰深之说。不知其常而曰我知其变，不知其体而曰我知其用，既以自欺，又以欺世，为害滋多。且如五行之在天地间，自开辟以来，其相生相克以为人地万物四时之用，其功与天地日月并矣。邵尧夫非不知数，然其说以谓天地有水火土石而已，木生于土，金生于石，勿论也。夫五物者，经世之用，纪岁时、行气运，其来久矣，不可阙一也。今加以本无之一，而去其本有之二，可乎？又石岂不生于土乎？如用邵说，则黄帝、岐伯之书与洪范九畴之大法皆可废也，又可乎？盖自汉京房、焦贡之学流于驳杂，而扬雄又以四为数，其弊久矣。要之守道笃志之士，不当务多歧以迷大道，尚奇说以叛正经。若真积力久至于大而化之之圣，圣而不可测知之神之地，固自得之于心，岂肯形之于说？况又非说之所能发明也。昔释氏有法常者，得法于道一师。或问常何所得，常曰："吾师教我以即心是佛。"或曰："一师近日佛法又不同，乃云非心非佛。"常曰："此老惑乱于人未止也。任汝非心非佛，我但即心即佛耳。"道一闻而肯之。夫士之本无所得，又无所守，而随世谬悠，有不愧于法常者乎？

沈作喆认为："《易》者，圣人所以究天人之际，乐性命之理，而忘其涉世之忧患也。"可谓精辟之论。

2. 《乾凿度》

《寓简》卷一认为：

　　太乙九宫之数，虽出纬书《乾凿度》，而传于阴阳家者流，然其间微隐玄妙之理合于《易》与黄帝之书，不可废也。太一行九宫之法以九一三七为四方，以二八四六为四隅，而五奠位乎中宫，经纬交络无不得十五者，而独不见其所谓十者焉。盖土寄王于四方，不独主时，故不可以位命之也。《易》之所谓参伍以变，错综其数，是也。黄帝曰："水数六，火数七，木数八，金数九，土数五。"水火木金皆以成数，土独以生数，而不言十者，土不独居成数也。又曰："五运之复太过者，其数成；不及者，其数生、土常以生也。"又曰："天地之至数始于一，终于九。"皆不言十焉。呜呼，可谓妙矣！《易》之坤曰："地道无成而代有终也。"作《易》者其知之矣。九宫之数盖出于此。孰谓黄帝之书为出于战国之伪而独为医家之用也哉？《月令》言四时之数，春曰八，夏曰七，秋曰九，冬曰六，皆举成数，而中央独曰其数五。扬雄为《太玄》，亦以三八为木，四九为金，二七为火，一六为水，兼具生成之数，而五五为土。言五五而不言十，盖不可名言也。其法本于自然而发见于黄帝之书与九宫之说。汉儒欺世，窃以为自得之学，而学者不悟也。

3. 《尚书》

《寓简》卷一认为：

《礼记》注云：《兑命》三篇在《尚书》，今亡。又云：《君陈》《泰誓》《甫刑》《高宗》之书皆亡，盖未见全书之出也，《左氏》所引亦多如此。

4. 《诗序》

《寓简》卷一认为《诗序》得于师传：

> 《诗》之作也，其寓意深远。后之人莫能知其意之所在也，因《诗序》而知之耳。然则《序》其有功于《诗》矣。予谓病夫《诗》者，亦《序》之力也。盖《诗》本以微言谏风，托兴于山川草木而劝谏，于君臣父子夫妇朋友之间，其旨甚幽，其词甚婉，而其讥刺甚切，使善人君子闻之，固足以戒，使夫暴虐无道者闻之，不得执以为罪也，是故言之而勿畏。今为之《序》者，晓然使人之知其为某事而作也，又知其切中于其所忌也，故后世以《诗》而得罪者相属，是则《序》之过也夫。石林曰："《诗序》盖当时诵者得于师传。"

5. 《周礼》

《寓简》卷一认为《周礼》不伪：

> 周之末，礼乐散亡，六国之君独魏文侯好古。汉孝文时得其乐人窦公，盖年一百八十余岁矣，献其乐书。孝文奇之。自言善鼓琴瑟，能导引，故寿如此。窦公亦异人也哉！考窦公所献书，乃《周官》"大宗伯"之《大司乐》章也。然则《周官》实周之遗书，非后世伪作，然自六国时已亡失不完矣。窦公所传，一章而已。今之存者，往往出于汉诸儒应募所作，非全书也。

沈作喆认为，"《周官》实周之遗书，非后世伪作"，从战国时已亡失不全。这一判断大体上是对的。

6. 《月令》

《寓简》卷一认为：

> 《礼记》驳杂，《月令》尤甚。《月令》用夏正，而车马衣服之制皆殷之旧也。周制，朝祀戎猎各以其事，而《月令》乃以四时为变。古者于禘则发爵赐服，于尝则出田邑；而《月令·孟秋》乃曰"毋封诸侯，毋以割地"，顾于立夏之日封诸侯。《周礼·龟人》"上春衅龟"，谓建寅之月也；而《月令·孟冬》"命太史衅龟策"，盖秦之正月也。三代之官，有司马无太尉，而《月令·孟夏》"命太尉赞杰俊"。此殆吕不韦宾客之所为耶？

7. 《中庸》

《寓简》卷一认为《中庸》可疑：

> 《中庸》，子思子之言，犹可疑也。夫喜怒哀乐之未发，谓之和可也；发而中

节，谓之中可也。和顺积中，何喜怒哀乐之有？有感而应焉，无过不及也，则谓之中而已矣，而何以易之？《列子》言喜之复也必怒，怒之复也必喜，皆不中也，可谓知言。

8.《庄子》

《寓简》卷七认为《渔父》篇非庄子书：

> 支道林说《逍遥游》，至数千言；谢东山解《渔父》，至万余言。呜呼，多乎哉！至言妙道，一而足矣。一犹为累，忘言可矣。奚以数千万言为哉？此与汉之腐儒说若稽古三万字何异？且《渔父》一篇，文理浅俗，非庄子书，眉山知其妄，甚快人意也。

9.《列子》

《寓简》卷三认为《列子》不可以常理推：

> 魏文帝著《典论》，谓世称火鼠毛为布，垢则火浣，如新者，妄也。火无生育之性，鼠焉得生其间。至明帝世，外国乃有奉此布来贡献者，遂急刊前论，人皆笑之。然此事前古已尝有之。《列御寇》书云："周穆王征西戎，戎献锟铻剑、火浣之布，垢则投之火，出而振之，皓然疑乎雪。皇子以为无此物，传之者妄也。萧叔曰：'皇子果于自信，诬理也哉。'"曹丕独不知此乎？天地之间，万物之诡怪非常，变化亡穷，何所不有？而欲以区区一己之见，断其有无者，狭陋甚矣。《尔雅·十龟》其一曰火龟，郭璞云："犹火鼠也。"物有含异气者，不可以常理推也，信哉！

10.《鹖冠子》

《寓简》卷四认为《鹖冠子》不伪：

> 韩退之读《鹖冠子》，为是正讹谬数十字。云："十有六篇，今其书乃十有八篇，不可考。"鹖冠子者，楚人，居山中，其著书本黄老，近刑名家，好论兵，词旨剀厕而切磋，使其得志而为政于一国，成功当不下公孙鞅，为祸亦恐未让也。而愈谓使援其道施之国家，功德岂少云者，吾弗信之矣。抑韩子好奇之过也。庞煖师事鹖冠子而不传其姓名，班固云煖为燕将。

11.《内经素问》

《寓简》卷七认为：

> 《内经素问》，黄帝之遗书也。学者不习其读，以为医之一艺耳。殊不知天地人理，皆至言妙道存焉。文字讹脱，错乱失其本经，予删取其论天人之奥者，离之合之，正是之，手书而藏之。
> 《素问》叙五运平气与太过不及之纪。金之平气曰审平，不及曰从革，太过曰坚

成。盖金微不能为政，但随气所胜，革化而已。至其太壮，则坚成而不受火令，皆非平和之气也。此与《洪范》不同，或者《素问》为是。

王冰注《素问》，叙气候，仲春有芍药荣，季春有牡丹华，仲夏有木槿荣，仲秋有景天华，皆今《月令》《历书》所无。又以桃始华为小桃华，王瓜生为赤箭生，苦菜秀为吴葵荣，戊寅元历皆有之。

此从文章整体文风来考辨。沈作喆对于该书的考辨极为简略，只是从该书的"文字讹脱"上判定该书"失其本经"，难免有失武断，因为"文字讹脱"与否和书的真伪并无直接的逻辑关系。他怀疑该书的态度是端正的，之前和之后有很多学者都对该书是否为黄帝所作产生怀疑，但在举证方面与沈作喆有所不同。

12.《楚词》

《寓简》卷四认为：

楚词《惜誓》一章，超逸绝尘，气象旷远，真贾生所作无疑。《招隐士》一章，奇险独出，恨不知小山为谁氏，深惜之。汉武爱《离骚》而淮南作《传》，抑亦小山之文也。严忌《哀时命》，乃在屈、宋师弟子之间，自余如脱故著新，勿复论。

13. 柳子厚文集

《寓简》卷四认为：

柳子厚文集多假妄，如《柳州谢上表》云："去年蒙恩追召，今夏始就归途。襄阳节度使于頔与臣有旧，见臣暑月在道，相留就馆。寻假职名，意欲厚臣，非臣所愿。"予按于頔在镇，跋扈日久，元和三年闻宪宗英武，惧而入朝。九月拜司空，至八年二月，頔以罪贬为恩王傅。而子厚诏追赴都，乃是元和十年，頔之去襄阳久矣，岂得留子厚假职名哉？且谢上表不应言及此，文理不伦，定知其伪也。又有《代刘禹锡同州谢上表》。予按子厚以元和十四年十月死柳州，而禹锡至文宗朝大和九年始迁同州，距子厚之死十七年矣，安得尚为梦得作表？其文卑弱，作伪显然，而编摩者疏谬不能删去，读其书者亦不复发摘，可叹也。宾客集中自有《同州刺史兼长春宫使谢表》，甚善。子厚集中又有《上大理崔卿启》等，亦尘俗凡陋，非子厚文。

柳子厚自言："仆早好观古书，家所蓄晋魏时尺牍甚具。又二十年来遍观长安贵人好事者所蓄，殆无遗焉。以是善知书，虽未尝见名氏，望而识其时也。"予初谓不然，不敢信也。及遍观古法书，或真迹，或石刻，真迹寡矣，年岁久远，人间殆不复见，其仅存者皆归御府，但追想其笔势飞动、精神发越耳。石刻无生动意，然典刑具在，遗法赖以不泯，亦可以论其世也。予因以稽考笔法渊源，自其曾、高至于昆、仍、云、来，信乎其体变随时有渐，虽古今特异，然流派不相杂也。又以知学问不专，闻见不博，孰见其有所得也哉？

十、吴曾

（一）吴曾其人

吴曾，字虎臣，抚州崇仁（今属江西）人。博学，能文能诗，多有著述。禀性聪慧倜傥，有抱负。15 岁时肄业于太学，值金兵南下，携书归，与名士孙仲益、汪彦章、韩子苍、徐师川等交游，学问益进。吕居仁称其"文宏大奇伟，言高旨远，当与江西诸名公并称"。绍兴三十二年（1162），汇编笔记《能改斋漫录》。余嘉锡在《四库提要辨证》中说："几与洪迈《容斋随笔》相埒。" 73 岁病故。其为人，世人褒贬不一。褒之者说："起知严州，去贪吏、恤良民，善政著闻。"贬之者评论说："党附秦桧，曲意取媚""为投降政策辩护"。

（二）吴曾的文献辨伪

1. 《纪闻》

《能改斋漫录》卷四"《纪闻》非温公所为"条云：

> 司马公《纪闻》载："进士叶适，试补监生第一，王介甫爱其所对策。布衣徐禧，得洪州进士黄雍所著书，窃其语，上书褒美新法，介甫亦赏其言。皆奏除官，令于中书习学检正。及介甫出知金陵，吉甫荐二人，皆安石素所器重。上召见，适奏对不称旨。徐禧无学术而口辩，扬眉奋髯，足以动人主意。或问以故事，禧对：'此非臣所学，臣所学云云。'其说皆雍语也。而蔡承禧收得雍草，封上之。承禧又言：'禧母及妻，皆非良家。'又言：'禧前居父丧而博，为吏所捕，因亡命诣阙上书。'"《纪闻》以此事得于王熙。温公著《纪闻》，多得于人言。则有毁者，或失其真之说，是非特未定也。或者又以《纪闻》非公所为，然后人不能不致疑于其间。最后予读东坡《悼徐德占》诗，其序云："余初不识德占，但闻其初为惠卿所荐，以处士用。元丰五年二月，偶以事至蕲水，德占闻予在传舍，惠然见访。与之语，有过人者。是岁十月，闻其遇祸，作诗吊之。"诗云："美人种松柏，欲使低荫门。栽培虽易长，流恶病其根。哀哉岁寒姿，肮脏谁与论。竟为时所误，不免刀斧痕。一遭儿女污，始觉山林尊。从来觅栋梁，未免傍篱藩。南山隔秦岭，千树龙蛇奔。大厦若果倾，万牛何足言。不然老岩壑，合抱枝生孙。死者不可悔，吾将遗后昆。"乃知《纪闻》所传不足信。①

2. 《胡笳十八拍》

《能改斋漫录》卷五"胡笳十八拍"条云：

> 王观国《学林新编》曰："秦再思《纪异录》云：'琴谱《胡笳曲》者，本昭君见胡人卷芦叶而吹之，昭君感焉，为制曲，凡十八拍。'观国以为董祀妻蔡琰文姬为

---

① 《四库全书》第 850 册，第 557 页。

胡骑所获，归作诗二章。今世所传《胡笳曲十八拍》，亦用文姬诗中语，盖非文姬所撰，乃后人所撰，以咏文姬也。《纪异》谓昭君制曲，则误矣。王荆公作《集句胡笳曲十八拍》，首言"中郎有女能传业"者，亦咏蔡文姬也。王昭君未尝有《胡笳曲》传于世。"以上皆王说。予按，《琴集》曰："《大胡笳十八拍》，《小胡笳十九拍》，并蔡琰作。"及案蔡翼琴曲，有大小《胡笳十八拍》。《大胡笳十八拍》，沈辽集，世名沈家声。《小胡笳》又有契声一拍，共十九拍，谓之祝家声。祝氏不详何代人。李良辅《广陵止息谱》序曰："契者，明会合之至理，殷勤之余也。"李肇《国史补》曰："唐有董庭兰，善沈声，盖大小胡笳云。"以此校之，观国谓非文姬所撰，亦非矣。予又按，谢希逸《琴论》曰："平调，明君三十六拍。胡笳，明君二十八拍。清调，明君十三拍。间弦，明君十九拍。蜀调，明君十二拍。吴调，明君十四拍。杜琼，明君二十一拍。凡有七曲。"然则明君亦有胡笳，但拍数不同耳。庾信诗云："方调琴上曲，变入胡笳声。"观国谓昭君不能制曲，又非也。①

元李冶《敬斋古今黈·逸文二》亦云：

> 诸乐有拍，惟琴无拍，只有节奏。节奏虽似拍，而非拍也。前贤论今琴曲已是郑、卫。若又作拍，则淫哇之声，有甚于郑、卫者矣。故琴家谓迟亦不妨，疾亦不妨，所最忌者惟其作拍。而《能改斋漫录》论《胡笳十八拍》引谢希逸《琴论》云：平调明君三十六拍，胡笳明君二十八拍，清调明君十三拍，间弦明君九拍，蜀调明君十二拍，吴调明君十四拍，杜琼明君二十一拍。七曲皆言拍，果是希逸语否？在琴操其实不当言拍，止可言几奏也。今琴谱载大小胡笳十八拍，或十九拍者，乃后世琴工相传云尔。

3.《李靖兵法》

《能改斋漫录》卷十四"李靖兵法"条云：

> 李靖兵法，世无全书，略见于《通典》。今《对问》出于阮逸家，或云："逸因杜佑附益之也。"然予家有《李靖六军心镜》数卷，其文浅近，岂伪书耶？②

吴曾记诵渊博，故援据极为赅洽，辨析亦多精核。

十一、李焘

（一）李焘其人

李焘（1115—1184），字仁甫，一字子真，号巽岩。眉州丹棱（今四川省丹棱县）人。李焘以名节、学术著称，长于吏治，关心民瘼。又博览典籍，仿照司马光《资治通

鉴》体例，以四十年时间撰成《续资治通鉴长编》九百八十卷。另有《巽岩文集》《四朝通史》《春秋学》《六朝制敌得失通鉴博议》《说文解字五音韵谱》等五十多种著述，多已佚失。

（二）李焘的文献辨伪

1.《帝王历纪谱》

李焘在考辨《帝王历纪谱》时，有袭《崇文总目》的成分，《崇文总目》云该书"题云荀卿撰者，非也"①，在其基础上，李焘主要从以下方面考辨该书。第一，李焘云"荀卿未尝相秦，其谬妄立见"②，即认为荀卿未曾相过秦，更不可能著此书，此从人物行述上辨伪。第二，李焘认为该书"笔削最无义例，前后抵牾不可遍举"③，此为从一书文体和前后矛盾上辨伪。第三，认为该书"所著族系又与《世本》不同，质之司马迁、杜预亦复差异"④，即通过比勘其他古籍辨伪。第四，他还认为"《血脉》间有强附横入，灼然非类者"⑤，即从整体文风来考辨，认为书中有窜入之处。

李焘在辨伪时，对于怀疑有误需要改正的书，"顾不敢轻改，姑仍其旧，使学者自择焉"⑥，此为李焘在考辨古书时的一个特点，即不轻下定论，而是等后人评判。

2.《春秋得法志例论》

《春秋得法志例论》的考辨始自李焘。李焘认为，该书作者实为冯信道，但信道"今无子孙，其书则为鬻书者擅易其姓名，属诸李陶。陶字唐夫，尝学于温公，号通经。李氏诸子，唐夫最贤，而《得法志例》则实非唐夫所论也，不知者妄托之"⑦。对于该书，李焘主要结合作伪者的作伪动机来考辨，他认为该书是后世作伪者为了牟利而托名李陶。至于为什么是托名李陶而非别人，李焘则未明说。李焘比较清楚事情的前因后果，因此判定其为伪书。

3.《逸周书》

对于《逸周书》，李焘主要通过史志目录对《逸周书》的著录、比勘其他古籍和文辞方面来考辨。李焘认为，隋、唐《志》皆言此书出自晋代，那么此书晋代以前无。但晋代以前的《汉书·艺文志》"所录并著《周书》七十一篇，且谓孔子删削之余。而司马迁记武王克殷事盖与此合"⑧。由此，李焘认为，该书有可能"西汉世已得入中秘，其后稍隐，学者不道，及盗发冢，乃幸复出"⑨。此外，李焘认为该书"多驳辞，宜孔子所不取，抑战国处士私相缀缉，托周为名"⑩，即从该书的思想、文辞上辨伪。

---

① 王尧臣：《崇文总目》卷二，影印文渊阁四库全书本，第674册，第19~20页。
② 马端临：《文献通考》卷一百八十二，影印文渊阁四库全书本，第614册，第151页。
③ 马端临：《文献通考》卷一百八十二，影印文渊阁四库全书本，第614册，第151页。
④ 马端临：《文献通考》卷一百八十二，影印文渊阁四库全书本，第614册，第151页。
⑤ 马端临：《文献通考》卷一百八十二，影印文渊阁四库全书本，第614册，第152页。
⑥ 马端临：《文献通考》卷一百八十二，影印文渊阁四库全书本，第614册，第152页。
⑦ 马端临：《文献通考》卷一百八十三，影印文渊阁四库全书本，第614册，第159页。
⑧ 朱彝尊：《经义考》卷七十五，影印文渊阁四库全书本，第678册，第53页。
⑨ 朱彝尊：《经义考》卷七十五，影印文渊阁四库全书本，第678册，第53页。
⑩ 马端临：《文献通考》卷一百九十五，影印文渊阁四库全书本，第614册，第325页。

4.《鹖子》

对于《鹖子》一书，李焘主要从以下几个方面辨伪。首先，李焘认为，"《艺文志》二十二篇，今十四篇。《崇文总目》以为八篇亡，特存此十四篇耳。某谓刘向父子及班固所著录者，或有他本，此盖后世依托也"①，此从目录学书目的著录以及篇卷变化情况来辨伪。其次，"熊既年九十始遇文王，胡乃尚说三监、曲阜时，何耶？"② 此为从内容上前后矛盾考辨。再次，从文章整体来看，李焘认为《鹖子》一书"文多残缺，卷第与篇目皆错乱，甚者几不可晓，而注尤谬误"③。虽然怀疑该书可能是伪书，但李焘"不敢以意删定，姑存以俟考"④。

5.《碧云骔》

李焘曰：

《碧云骔》一书，凡庆历以来名公巨卿无不讥诋。世传此书以为出于梅尧臣怨怼之口。其后诸公论议多矣，如叶梦得、王铚则以为非尧臣所为，而邵博乃疑其诗，以为尧臣之意真有所不足，遂以此书为实出于尧臣。今以魏泰《东轩笔录》考之，然后知泰之嫁名于尧臣者，不特此书也。《笔录》载文彦博灯笼锦事，大略如《碧云骔》所云。其载尧臣作唐介《书审诗》，则句语狂肆，非若尧臣平时所作简古纯粹，平淡深远。

又曰：

尧臣作此诗不敢示人，及欧阳修为编其集，时有嫌避，又削去此诗，是以人少知者。

李焘主要从魏泰《东轩笔录》中的记载来考辨该书。首先从文气上辨伪："其载尧臣作唐介《书审诗》，则句语狂肆，非若尧臣平时所作简古纯粹，平淡深远。"其次，从逻辑上辨伪。魏泰认为："尧臣作此诗不敢示人，及欧阳修为编其集，时有嫌避，又削去此诗，是以人少知者。"⑤ 李焘认为，魏泰之所以这么说，是因为"泰既已此诗嫁于尧臣，又虑议者以为修所编无此，遂曰修有嫌避而此不载，皆无所考之辞也。观此，则谓泰以《碧云骔》之书假名尧臣，不妄矣"⑥。

晁公武、陈振孙对此书均有所考辨，详见前面有关部分。

《文献通考》卷二百十七引邵氏曰：

梅尧臣著《碧云骔》，当昭陵时，天下大臣惟杜祁公衍、富郑公弼、韩魏公琦、

① 马端临：《文献通考》卷二百十一，影印文渊阁四库全书本，第614册，第497页。
② 马端临：《文献通考》卷二百十一，影印文渊阁四库全书本，第614册，第497页。
③ 马端临：《文献通考》卷二百十一，影印文渊阁四库全书本，第614册，第497页。
④ 马端临：《文献通考》卷二百十一，影印文渊阁四库全书本，第614册，第497页。
⑤ 马端临：《文献通考》卷二百十七，影印文渊阁四库全书本，第614册，第573页。
⑥ 马端临：《文献通考》卷二百十七，影印文渊阁四库全书本，第614册，第573页。

欧阳公修无贬，外悉讥诋之，无少避。范仲淹亦在诋中，以仲淹微时常结中书舍人范仲尹，因以破家，仲淹既贵，略不收恤，王铚不服，以为魏泰伪托尧臣著此书。铚跋范仲尹墓志云："近时襄阳魏泰者，场屋不得志，喜伪作他人著书，如《志怪集》《括异志》《倦游录》，尽假名武人张师正。又不能自抑，出其姓名，作《东轩笔录》，皆用私喜怒，诬蔑前人，最后作此书。且范仲淹与欧阳修、梅尧臣立朝同心，讵有异论？特尧臣子孙不辉，故挟之借重以欺世。今录杨辟所作范仲尹墓志，庶几知泰乱是非之实至此也。则其他泰所厚诬者，皆迎刃而解，可尽信哉！铚犹及识泰，知其从来最详。张而明之，使百世之下，仲淹不蒙其谬焉。颍人王铚题。"博以为不然，亦书其下。使仲淹不蒙其谬，尧臣亦不失为君子矣。然尧臣叠接诸公，名声相上下，独穷老不振，中不能无躁。其闻范仲淹讣，诗云："一出屡更郡，人皆望酒壶。俗情难可学，奏记向来无。贫贱常甘分，崇高不解谀。虽然门馆隔，泣与众人俱。"夫为郡而以酒悦人，乐奏记、纳谀佞，岂所以论范仲淹？尧臣之意真有所不足邪！如著彦博灯笼锦事，则又与《书窜诗》合矣。故疑此书实出于尧臣。

十二、程大昌

（一）程大昌其人

程大昌（1123—1195），字泰之，徽州休宁（今属安徽）人。绍兴二十一年（1151）进士。二十六年，除太平州教授。二十七年，召为大学正。三十年，迁秘书省正字。孝宗即位，擢著作佐郎，历国子司业兼权礼部侍郎、直学士院。著有《演繁露》《考古编》《雍录》等书。

《考古编》卷一《诗论序》云：

> 三代以下，儒者孰不谈经而独尊信汉说者，意其近古，或有所本也。若夫古语之可以证经者，远在六经未作之前，而经文之在古简者，亲预圣人援证之数则，其审的可据，岂不愈于或有师承者哉？而世人苟循习传之旧，无能以其所当据而格其所不当据，是敢于违古背圣人，而不敢于是正汉儒也。

于此可见其治学态度与辨伪取向。

（二）程大昌的文献辨伪

1. 《周易乾凿度》

程大昌认为《周易乾凿度》一书不伪：

> 汉、魏以降，凡言《易》学者皆已宗而用之，非后世托为也。①

---

① 朱彝尊：《经义考》卷二百六十三，影印文渊阁四库全书本，第680册，第379页。

此从前人对待该书的态度上辨伪。

2.《诗序》

程大昌《考古编》卷二云：

诗论九

《诗序》世传子夏为之，皆汉以后语，本无古据，学者疑其受诸圣人，喋不敢议。积世既久，诸儒之知折中夫子者，亦尝觉其违异而致其辨矣。予因参己意而极言之。夫子尝曰："《关雎》乐而不淫，哀而不伤。"是说也，夫子非以言诗也，或者鲁太师挚之徒乐及《关雎》，而夫子嘉其音节中度，故曰虽乐矣，而不及于淫，虽哀矣，而不至于伤，皆从乐奏中言之，非以叙列其诗之文义也。亦犹宾牟贾语《武》而曰：声淫及商者，谓有司失传而声音夺伦耳，非谓武王之《武》实荒放无检也。今《序》误认夫子论乐之指，而谓《关雎》诗意实具夫乐淫哀伤也，遂取其语而折之曰："忧在进贤，不淫其色，哀窈窕，思贤才，而无伤善之心焉。"是《关雎》之义也，其与夫子之语既全不相似。又按之《关雎》，乐则有之，殊无一语可以附着于淫哀伤也。夫其本圣言而推之者，尚破碎如此，其他何可泥名失实而不敢加辨也欤？至他《序》失当，与诗语不应，则有昭然不可掩者矣。《荡》之诗以"荡荡上帝"发语，《召旻》之诗以"旻天疾威"发语，盖采诗者摘其首章要语以识篇第，本无深义，今《序》因其名篇以《荡》，乃曰"天下荡荡，无纲纪文章"，则与"荡荡上帝"了无附着。于《召旻》又曰："旻，闵也，闵天下无如召公之臣也。"不知闵天疾威有闵无臣之意乎？凡此皆必不可通者，而其他倒易时世舛误本文者触类有之。又如《丝衣》之序引高子曰"以缀其下"，自是援引他师解诂以释诗意，决非古语。世儒于其不通者，则姑敛默而阙疑焉。大抵疑其传授或出圣门焉耳，然则不能明辨著序者之主名，则虽博引曲谕，深见古诗底蕴，学者亦无敢主信也矣。

诗论十

谓序《诗》为子夏者，毛公、郑玄、萧统辈也；谓子夏有不序《诗》之道三，疑其为汉儒附托者，韩愈氏也。《诗》之作托兴，而不言其所从兴，美刺虽有指著，而不斥其为何人，子夏之生去《诗》亡甚远，安能臆度而补著之欤？韩氏所谓知不及者至理也，范晔之传卫宏曰："九江谢曼卿善《毛诗》，宏从受学，作《毛诗序》，善得风雅之旨，于今传于世。而郑玄作《毛诗笺》也，其致著传授明审如此，则今传之《序》为宏所作何疑也。"然而以子夏而较卫，其上距古诗年岁远近又大不侔，既子夏不得追述，而宏何以能之？曰晔固明言所序者《毛传》耳，则《诗》之《古序》非宏也。《古序》之与宏《序》今混并无别，然有可考者。凡《诗》发《序》两语，如《关雎》后妃之德也，世人之谓《小序》者，《古序》也，两语以外，续而申之，世谓《大序》者，宏语也。郑玄之释《南陔》曰："子夏序《诗》篇义合编，遭战国至秦，而《南陔》六诗亡，毛公作传，各引其序冠之篇首，故《诗》虽亡而义犹在也。"玄谓《序》出子夏失其传矣。至谓六诗发《序》两语，古尝合编，至毛公分冠者，玄之在汉盖亲见之。今六《序》两语之下明言有义亡辞，知其为秦火以后见《序》而不见《诗》者所为也。毛公于《诗》第为之传，不为之序，则其申释先序辞义，非宏而孰为之也？以郑玄亲见而证先秦故有之《序》，以六《序》缀语而例三百五篇《序》语，则《古序》、宏《序》昭昭然白黑分矣。

诗论十一

宏之学出于谢曼卿，曼卿之学出于毛公，故凡宏《序》文大抵祖述《毛传》以发意指。今其书具在，可复视也。若使宏《序》先毛而有，则《序》文之下毛公亦应时有训释，今惟郑氏有之，而毛无一语，故知宏《序》必出毛后也。郑氏之于《毛传》，率别立笺语以与之别，而释《序》则否，知纯为郑语不竢表别也。又况周自文、武以后，鲁自定、哀以前，无贵贱，朝野率皆有诗，诗之或指时事，或主时人，则不可概定，其决可揆度者，必因事乃作，不虚发也。今其续《序》之指事喻意也，凡《左传》《国语》所尝登载，则深切著明，历历如见。苟二书之所不言，而古书又无明证，则第能和附诗辞顺畅其意，未有一序而能指言其人其事也。此又有以见序之所起，非亲生作诗之世目击赋诗之事自可以审定不疑也。然范晔谓续《序》之为宏作，真实录矣。且夫《诗》之《古序》，亦非一世一人之所能为也。采诗之官本其得于何地，审其出于何人，究其主于何事，具有实状，致之大师，上之国史，国史于是采案，所以缀辞其端，而藏诸有司，是以有发篇两语，而后世得以目为《古序》也。《诗》之时世，上自周，下迄春秋，历年且千百数，若使非国史随事记实，则虽夫子之圣，亦不得凿空追为之说也。夫子之删《诗》也，择其合道者存之，其不合者去之。删采既定，取国史所记二语者合为一篇，而别著之，如今书序之未经散裂者。《史记》法言叙篇传之同在一帙者，其体制正相因也。经秦而《南陔》六诗逸。诗虽逸，而序篇在，毛公训传既成，欲其便于讨求，遂厘剟诸《序》，各置篇首，而后卫宏得缀语以纪其实，曰："此六诗者，有其义而亡其辞也。"此又其事情次比可得而言者然也。"

程大昌《考古编》卷三云：

诗论十三

《孔子世家》：古诗三千余篇，及至孔子去其重，取可施于礼义者三百五篇。然而今《诗》之著《序》者顾三百一十一篇，何也？龚遂谓昌邑王曰：大王诵《诗》三百五篇。王式曰：臣以三百五篇谏讖纬之书，如《乐纬》《诗纬》《尚书璿玑钤》。其作于汉世者，皆以三百五篇为夫子删采定数，故长孙无忌辈推本其说，知汉世毛学不行，诸家不见《诗序》，不知六诗亡失也。然则先汉诸儒不独不得古传正说而宗之，虽《古序》亦未之见也。夫既无《古序》以总测篇意，则往往杂采他事，比类以求归宿。如战国之人相与赋诗，然断章取义，无通概成说。故班固总齐、鲁、韩三家，而折衷之曰：申公之训，燕、韩之传，或取春秋杂说，咸非其本义也。然则《古序》也者，其《诗》之喉襟也欤？毛氏之传固未能悉胜三家，要之，有《古序》以该括章指，故训诂所及，会一诗以归一贯，且不至于漫然无统。河间献王多识古书，于三家之外，特好其学，至自即其国，立博士以教，与《左氏传》偕行，亦为其源流本古故耳，然终以不得立于天子学官，故竟西都之世不能大显。积世既久，如《左氏春秋》《周礼》六官，儒之好古者悉知本其所自，特加尊尚，而《毛传》始得自振。东都大儒如谢曼卿、卫宏、郑众、贾逵、郑玄皆笃嗜传习，至为推广其教，而万世亦皆师承。昔之三家，乃遂不能与抗，则《古序》之于毛公，其助不小矣。班固之传毛也，曰：毛公之学自谓出于子夏，则亦以《古序》之来不在秦后，故以子夏名之云耳，毛亦未必能得的传而真知其出于何人也。若夫郑玄直指《古序》以为子夏，则实因仍毛语无可疑也。子夏之在圣门，固尝因言《诗》而得褒予矣，曰"起予者商也"，则汉世共信《古序》之所由出者必以此也。然子贡亦尝因切磋琢磨而有会于夫子之意，其曰"赐也始可与言《诗》已矣"，是亦夫子语也。而独以《序》归之子夏，其亦何所本哉？

诗论十四

古昔陈诗以观民风，审乐以知时政，诗若乐语言声音耳，而可用以察休戚得失者，事情之本真在焉故也。如使采诗典乐之官稍有增损，则虽季札、师旷亦未以用其聪与智矣。是故诗之作也，其悲欢讥誉、讽劝赠答，既一一著其本语矣，至其所得之地与夫命地之名，凡诗人之言既已出，此史家宁舍国号以从之，无肯少易。夫其不识真如此，所以足为稽据也。及其裒辑既成，部居已定，圣人因焉定之以南者，既不杂雅，其名雅者亦不参颂，其不为南、雅、颂，而为徒诗者，亦各以国，若地系之，率仍其旧，圣人岂容一毫加损哉？知此说者，其于诗无遗例矣故。南一也，而有周、召以分陕命之也。颂一也，而有周、商、鲁，以时代别之也。诗陈于夏，而类著于豳，周人因后稷先公赋诗之地也。自七月以后，多为周公而作，察其言，往往刺朝廷之不知，豳大夫其实为之也。在盘庚时，商已为殷，且颂又有殷武，今其颂乃皆为商。唐叔封唐，在燮父时已为晋矣，至春秋时实始有诗，今其目乃皆为唐，又其甚者。三监之地，自康叔得国时已统于卫，今其诗之在顷襄文武者，乃复分而为三，邶、鄘、卫，凡此数者，猝而视之，若有深意，徐而考实证类，正从民言之便熟者纪之耳，本无他意也。后世事有类此者，中国有事于北方，惟汉人为力，故中国已不为汉，而北方犹指中国，为汉唐人用事于西，故羌人至今尚以中国为唐，从其称谓熟者言之，古今人情不甚相远也。《王·黍离》诸篇，既徒诗而非乐，不可以参之南、雅、颂，故以诗合诗，杂置列国，如冀州之在《禹贡》，下同他州，不必更加别异，知于帝都之体无损也，不独此也。《木瓜》美齐而列于卫，《猗嗟》刺鲁而系诸齐，《召穆》之民劳卫武，《宾之初筵》不附其国而在二雅，推此类具言之，若事为之说，则不胜其说，而卒不能归一也。今一言以蔽曰，本其所得之地而参贯，此彼俱无疑碍，故知其为通而可据也。且夫子尝自言述而不作，六经惟《春秋》疑于作，而"夏五""郭公"亦因故不改，乃至于《诗》特因其旧而去取焉，其肯自己立程耶？故因其所传之乐而命之名，本其所作之地而奠其列，是所谓信以传信也，亦所谓述而不作也。

诗论十五

或曰：卫宏之言南也。曰：化自北而南也。今二南之诗有江、沱、汉、汝，而无齐、卫、鄘、晋，则其以分地南北为言，不无据也。曰十五国，单出国名，而周、召独缀南，其下以汉人义类自相参较，则既不一律矣，而谓其时化独南被未能北及者，意其当文王与纣之世也。然而纣犹在上，文王仅得以身受命，而居西为伯，召公安得伯爵而称之，况又大统未集，周虽有陕，陕外未尽为周，周虽欲限陕，而分治之，召公亦于何地而施其督苴也。又如《甘棠》一诗，正是追咏遗德，疑其尚在召公国燕之后，于是时也，周之德化既已纯被天下，无复此疆尔界矣。《驺虞》《麟趾》尽其推而放诸四海无不准者，岂复限隔何地而曰某方某国甫有某诗也，则宏之即周、召分地而奠南北者，非笃论也。周公居中，王畿在焉，故所得多后妃之诗。召公在外，地皆侯服，则诸侯大夫士庶人皆有诗可采，亦各随其分地而纪系其实，宏乃因其及后妃也，而指为王者之化，因其在侯服也，而命为诸侯之风，然则王化所被，一何狭而不畅耶？此皆不知南之为乐，故支离无宿耳。

程大昌经过考证之后认为，《诗序》非卫宏所作。

3.《春秋繁露》

马端临《文献通考》卷一百八十二曰：

> 右《繁露》十七卷，绍兴间董某所进。臣观其书辞意浅薄，间掇取董仲舒策语杂置其中，辄不相伦比，臣固疑非董氏本书矣。又班固记其说《春秋》凡数十篇，《玉杯》《繁露》《清明》《竹林》各为之名似非一，书今董某进本，通以《繁露》冠书，而《玉杯》《清明》《竹林》特各居其篇卷之一，愈益可疑。他日读《太平寰宇记》及杜佑《通典》，颇见所引《繁露》语言，顾董氏今书无之。《寰宇记》曰："三皇驱车抵谷口"，《通典》曰："剑之在左，苍龙之象也；冠之在首，玄武之象也。四者，人之盛饰也。"此数语者不独今书所无，且其体致全不相似，臣然后敢言今书之非本真也。

程大昌主要从三个方面辨伪：一是从文词辨伪，程大昌认为此书"辞意浅薄，间掇取董仲舒策语杂置其中……固疑非董氏本书"。二是从引文辨伪，"他日读《太平寰宇记》及杜佑《通典》，颇见所引《繁露》语言，顾董氏今书无之"。三是从文体辨伪。程大昌认为，《太平寰宇记》和《通典》中所引《春秋繁露》"数语者不独今书所无，且其体致全不相似"。

4.《三辅黄图》

程大昌对于《三辅黄图》和《周易乾凿度》的考辨则比较简单。认为《三辅黄图》中出现了"又尝命槐里为兴平，兴平之名，乃唐至德二年所改，又在肃宗时也，然则今《图》盖唐人增续成之"，此为从书中出现的年号辨伪。

5.《水经》

程大昌《考古编》卷十"《水经》不纯桑钦书"条云：

> 河水右渎，东北迳长乐郡武疆县故城，东郦曰长乐，故信都也。晋太康五年，改从今名。按杜佑以钦所纪有后汉和帝时地名，疑其人出和帝以后，今此既改信都从长乐，则晋太康间事也。议者以为后人误以郦注加之本文，然此所订正信都，改为长乐，乃郦所注，则不得谓为以郦注而入之经。

6. 木兰诗

程大昌《演繁露》卷十六"木兰"条云：

> 乐府有木兰，乃女子代父征戍，十年而归，不受爵赏。人为作诗，然不著何代

人，独诗中有"可汗大点兵"语，知其生世非隋即唐也。女子能为许事，其义且武，在缇萦上。或者疑为寓言，然白乐天《题木兰花》云："怪得独饶脂粉态，木兰曾作女郎来。"又杜牧有《题木兰庙诗》曰："弯弓征战作男儿，梦里曾经与画眉。几度思归还把酒，拂云堆上祝明妃。"既有庙貌，又曾作女郎，则诚有其人矣，亦异哉！

7.《列子》

程大昌《演繁露》卷十四"汉藏书处"条曰：

汉世藏书，旧知有禁中、外台之别。今读刘向叙载所定《列子》之书，而知中书之外，又有太常、太史与中秘而三也。向言所校三藏本篇章，大率中书多，外书少，知汉留意中秘，故比他本特备也。史迁绅金匮石室以成《史记》，岂尝许其稽阅中秘邪？或太史所藏，于汉家事实则金匮石室以加严邪？然不知正在何地也。

8.《西京杂记》

程大昌《演繁露》卷十二"墓石志"条云：

《西京杂记》："杜子夏葬长安，临终作文曰云云，及死，命刊石埋于墓侧。"则墓之有志不起南朝王俭。然《西京杂记》所纪制度，多班固书所无，又其文气妩媚，不能古劲，疑即葛洪为之。①

十三、洪迈

（一）洪迈其人

洪迈（1123—1202），字景庐，号容斋，又号野处。洪皓第三子。官至翰林院学士、资政大夫、端明殿学士、宰执、封魏郡开国公、光禄大夫。南宋著名文学家。著有《容斋随笔》《夷坚志》。

（二）洪迈的文献辨伪

1.《三易》

《容斋续笔》卷八"蓍龟卜筮"条云：

又"掌《三易》之法，曰《连山》，曰《归藏》，曰《周易》。其经卦皆八，其别皆六十有四"。今独《周易》之书存，他不复可见。世谓文王重《易》，六爻为六十四卦，然则夏、商之《易》已如是矣。《左氏传》所载懿氏占曰："凤皇于飞，和鸣锵锵。有妫之后，将育于姜。"成季之卜曰："其名曰友，在公之右。同复于父，

---

① 《四库全书》第 852 册，第 174 页。

敬如君所。"晋献公骊姬之繇曰："专之渝，攘公之羭。"嫁伯姬之繇曰："车说其较，火焚其旗。寇张之弧，侄其从姑。"秦伯伐晋曰："千乘三去，三去之余，获其雄狐。"文公纳王，遇黄帝战于阪泉之兆。鄢陵之战，晋侯筮曰："南国又，射其元，王中厥目。"宋伐郑，赵鞅卜救之，遇水适火，史龟曰："是谓沈阳，可以兴兵，利以伐姜，不利子商。"史墨曰："盈，水名；子，水位。名位敌，不可干也。"杜氏谓"鞅姓盈，宋姓子"，盖言"嬴"与"盈"同也。史赵曰："是谓如川之满，不可游也。"卫庄公卜梦，曰："如鱼赪尾，衡流而方羊裔焉。闵门塞窦，乃自后逾。"此十占皆不可得其说，故杜元凯云："凡筮者用《周易》，则其象可推。非此而往，则临时占者或取于象，或取于气，或取于时日、王相以成其占。若尽附会以爻象，则架虚而不经。"可为通论。然亦安知非《连山》《归藏》所载乎？

2.《子夏易传》

《容斋续笔》卷十四"子夏经学"条云：

　　孔子弟子，惟子夏于诸经独有书。虽传记杂言未可尽信，然要为与他人不同矣。于《易》则有传，于《诗》则有序，而《毛诗》之学，一云子夏授高行子，四传而至小毛公；一云子夏传曾申，五传而至大毛公。于《礼》则有《仪礼·丧服》一篇，马融、王肃诸儒多为之训说。于《春秋》所云"不能赞一辞"，盖亦尝从事于斯矣。公羊高实受之于子夏，谷梁赤者，《风俗通》亦云子夏门人。于《论语》则郑康成以为仲弓、子夏等所撰定也。后汉徐防上疏曰："《诗》《书》《礼》《乐》，定自孔子；发明章句，始于子夏。"斯其证云。

3.《书序》

《容斋四笔》卷一"周公作《金縢》"条云：

　　《尚书》孔氏所传五十九篇皆有序，其出于史官者不言某人作，如《虞书》五篇，纪一时君臣吁咈都俞及识其政事，如《说命》《武成》《顾命》《康王之诰》，《召诰》自"惟二月既望"至"越自乃御事"、《洛诰》自"戊辰王在新邑"至篇终、《蔡仲之命》自"惟周公位冢宰"至"邦之蔡"皆然。如指言某人所作，则伊尹作《伊训》《太甲》《咸有一德》，《盘庚》三篇，周公作《大诰》《康诰》《酒诰》《梓材》《多士》《无逸》《君奭》《多方》《立政》是也。惟《金縢》之篇，首尾皆叙事，而直以为周公作。按此篇除册祝三王外，余皆《周史》之词，如"公乃自以为功""公归纳册""公将不利于孺子""公乃为诗以贻王""王亦未敢诮公""公命我勿敢言""天动威以彰周公之德""公勤劳王家"之语，"出郊""反风"之异，决非周公所自为，今不复可质究矣。

通过文辞辨伪，洪迈认为《金縢》非周公所作。

《容斋续笔》卷二"汤武之事"条云：

汤、武之事，古人言之多矣。惟汉辕固、黄生争辩最详。黄生曰："汤、武非受命，乃杀也。"固曰："不然，桀、纣荒乱，天下之心皆归汤、武。汤、武因天下之心而诛桀、纣，不得已而立，非受命为何？"黄生曰："冠虽敝必加于首，履虽新必贯于足。今桀、纣虽失道，君上也，汤、武虽圣，臣下也，反因过而诛之，非杀而何？"景帝曰："食肉毋食马肝，未为不知味；言学者毋言汤、武受命，未为愚。"遂罢。颜师古注云："言汤、武为杀，是背经义，故以马肝为喻也。"《东坡志林》云："武王非圣人也，昔者孔子盖罪汤、武，伯夷、叔齐不食周粟，而孔子予之，其罪武王也甚矣。至孟轲始乱之，使当时有良史，南巢之事，必以叛书，牧野之事，必以弑书。汤、武仁人也，必将为法受恶。"可谓至论。然予窃考孔子之序《书》，明言伊尹相汤伐桀，成汤放桀于南巢，武王伐商，武王胜商杀受，各蔽以一语，而大指皦如，所谓六艺折衷，无待于良史复书也。

4.《尚书》
《容斋四笔》卷二"诸家经学兴废"条云：

《尚书》自汉文帝时伏生得二十九篇，其后为大小夏侯之学。古文者，武帝时出于孔壁，凡五十九篇，诏孔安国作传，遭巫蛊事，不获以闻，遂不列于学官，其本殆绝，是以马、郑、杜预之徒皆谓之逸书。王肃尝为注解，至晋元帝时，《孔传》始出，而亡《舜典》一篇，乃取肃所注《尧典》，分以续之，学徒遂盛。及唐以来，马、郑、王注遂废，今以孔氏为正云。

5.《泰誓》
《容斋续笔》卷一"泰誓四语"条云：

孔安国《古文尚书》，自汉以来，不列于学官，故《左氏传》所引者，杜预辄注为逸书。刘向《说苑·臣术篇》一章云："《泰誓》曰：'附下而罔上者死，附上而罔下者刑。与闻国政而无益于民者退，在上位而不能进贤者逐。'此所以劝善而黜恶也。"汉武帝元朔元年，诏责中外不兴廉举孝。有司奏议曰："夫附下罔上者死，附上罔下者刑。与闻国政而无益于民者斥，在上位而不能进贤者退。此所以劝善黜恶也。"其语与《说苑》所载正同。而诸家注释，至于颜师古，皆不能援以为证。今之《泰誓》，初未尝有此语也。汉宣帝时，河内女子得《泰誓》一篇献之，然年月不与序相应，又不与《左传》《国语》《孟子》众书所引《泰誓》同，马、郑、王肃诸儒皆疑之，今不复可考。

6. 大禹之书
《容斋三笔》卷十五"大禹之书"条云：

《夏书·五子之歌》，述大禹之戒，其前三章是也。禹之谟训，舍《虞》《夏》二书外，他无所载。《汉书·艺文志》杂家者流，有《大禹》三十六篇，云："传言禹所作，其文似后世语。"厹，古禹字也，意必依仿而作之者，然亦周、汉间人所为，今寂而无传，亦可惜也。

7. 太公丹书

《容斋续笔》卷九"太公丹书"条云：

太公《丹书》今罕见于世，黄鲁直于礼书得其诸铭而书之，然不著其本始。予读《大戴礼·武王践阼篇》，载之甚备，故悉纪录以遗好古君子云："武王践阼三日，召士大夫而问焉，曰：'恶有藏之约，行之行，万世可以为子孙常者乎？'皆曰：'未得闻也。'然后召师尚父而问焉，曰：'黄帝、颛顼之道可得见与？'师尚父曰：'在《丹书》。王欲闻之，则斋矣。'王斋三日，尚父端冕奉书，道书之言曰："'敬胜怠者吉，怠胜敬者灭；义胜欲者从，欲胜义者凶。凡事不强则枉，弗敬则不正，枉者灭废，敬者万世。'藏之约，行之行，可以为子孙常者，此言之谓也。'又曰：'以仁得之，以仁守之，其量百世；以不仁得之，以仁守之，其量十世；以不仁得之，以不仁守之，必及其世。'王闻《书》之言，惕若恐惧。退而为《戒书》，于席之四端为铭。前左端铭曰：'安乐必敬。'前右端铭曰：'无行可悔。'后左端铭曰：'一反一侧，亦不可以忘。'后右端铭曰：'所监不远，视尔所代。'几之铭曰：'皇皇惟敬，□生垢，□戕□。'鉴之铭曰：'见尔前，虑尔后。'盥盘之铭曰：'与其溺于人也，宁溺于渊。溺于渊，犹可游也；溺于人，不可救也。'楹之铭曰：'毋曰胡残，其祸将然；毋曰胡害，其祸将大；毋曰胡伤，其祸将长。'杖之铭曰：'恶乎危？于忿疐。恶乎失道？于嗜欲。恶乎相忘？于富贵。'带之铭曰：'火灭修容，慎戒必共，共则寿。'屦之铭曰：'慎之劳，劳则富。'觞豆之铭曰：'食自杖，食自杖，戒之憍，憍则逃。'户之铭曰：'夫名难得而易失。无勤弗志，而曰我知之乎？无勤弗及，而曰我杖之乎？扰阻以泥之，若风将至，必先摇摇，虽有圣人，不能为谋也。'牖之铭曰：'随天之时，以地之财，敬祀皇天，敬以先时。'剑之铭曰：'带之以为服，动必行德，行德则兴，倍德则崩。'弓之铭曰：'屈申之义，发之行之，无忘自过。'矛之铭曰：'造矛造矛，少间弗忍，终身之羞。予一人所闻，以戒后世子孙。"凡十七铭。贾谊《政事书》，所陈教太子一节千余言，皆此书《保傅篇》之文，然及胡亥、赵高之事，则为汉儒所作可知矣。

8. 《诗序》

《容斋三笔》卷十"小星诗"条云：

《诗序》不知何人所作，或是或非，前人论之多矣。唯《小星》一篇，显为可议。《大序》云："惠及下也。"而继之曰："夫人惠及贱妾，进御于君。"故毛、郑从而为之辞，而郑笺为甚，其释"肃肃宵征，抱衾与裯"两句，谓"诸妾肃肃然而行，或早或夜，在于君所，以次序进御"。又云："裯者床帐也，谓诸妾夜行，抱被与床帐待进御。"且诸侯有一国，其宫中嫔妾虽云至下，固非间阎贱微之比，何至于抱衾而行？况于床帐，势非一己之力所能致者，其说可谓陋矣。此诗本是咏使者远适，夙夜征行，不敢慢君命之意，与《殷其雷》之指同。

《容斋三笔》卷一"晁景迂经说"条云：

> 其论《诗序》云，作诗者不必有序。今之说者曰，《序》与《诗》同作，无乃惑欤！且逸诗之传者，岐下之石鼓也，又安睹《序》邪？谓晋武公盗立，秦仲者石勒之流，秦襄公取周地，皆不应美。《文王有声》为继伐，是文王以伐纣为志，武王以伐纣为功。《庭燎》《沔水》《鹤鸣》《白驹》，箴、规、诲、刺于宣王，则《云汉》《韩奕》《崧高》《烝民》之作妄也。未有《小雅》之恶如此，而《大雅》之善如彼者也。谓《子衿》《候人》《采绿》之《序》骈蔓无益，《樛木》《日月》之《序》为自庚，《定之方中》《木瓜》之《序》为不纯。孟子、荀卿、左氏、贾谊、刘向汉诸儒，论说及《诗》多矣，未尝有一言以《诗序》为议者，则《序》之所作晚矣。晁所论是否，亦未敢辄言。但其中有云，秦康公臞穆公之业，日称兵于母家，自丧服以寻干戈，终身战不知已，而序《渭阳》，称其"我见舅氏，如母存焉"，是果纯孝欤？陈厉公弑佗代立，而序《墓门》责佗"无良师傅"，失其类矣。予谓康公《渭阳》之诗，乃赠送晋文公入晋时所作，去其即位十六年。衰服用兵，盖晋襄公耳，《传》云"子墨衰绖"者也。康公送公子雍于晋，盖徇其请。晋背约而与之战，康公何罪哉？责其称兵于母家，则不可。陈佗杀威公太子而代之，故蔡人杀佗而立厉公，非厉公罪也。晁诋厉以申伦，亦为不可。

9. 《周礼》

《容斋续笔》卷十六"《周礼》非周公书"条云：

> 《周礼》一书，世谓周公所作，而非也。昔贤以为战国阴谋之书。考其实，盖出于刘歆之手。《汉书·儒林传》尽载诸经专门师授，此独无传。至王莽时，歆为国师，始建立《周官经》以为《周礼》，且置博士。而河南杜子春受业于歆，还家以教门徒，好学之士郑兴及其子众往师之，此书遂行。歆之处心积虑，用以济莽之恶，莽据以毒痛四海，如五均、六筦、市官、赊贷，诸所兴为，皆是也。故当其时，公孙禄既已斥歆颠倒六经毁师法矣。历代以来，唯宇文周依六典以建官，至于治民发政，亦未尝循故辙。王安石欲变乱祖宗法度，乃尊崇其言，至与《诗》《书》均匹，以作《三经新义》，其序略曰："其人足以任官，其官足以行法，莫盛乎成周之时；其法可施于后世，其文有见于载籍，莫具乎《周官》之书。自周之衰，以至于今，太平之遗迹，扫荡几尽，学者所见无复全经。于是时也，乃欲训而发之，臣知其难也。以训而发之之难，则又以知夫立政造事追而复之之为难。"则安石所学所行实于此乎出。遂谓："一部之书，理财居其半。"又谓："泉府，凡国之财用取具焉，岁终，则会其出入而纳其余，则非特搉兼并，救贫厄，因以足国事之财用。夫然故虽有不庭不虞，民不加赋，而国无乏事。"其后吕嘉问法之而置市易，由中及外，害遍生灵。呜呼！二王托《周官》之名以为政，其归于祸民一也。

对于《周礼》一书的真伪，众说纷纭，争论焦点主要在于《周礼》是否为周公所著。洪迈认为《周礼》非周公所作，而是出于刘歆之手。他认为，"《汉书·儒林传》尽载诸经专门师授，此独无传。至王莽时歆为国师，始建立《周官经》以为《周礼》，且置博士"。这是从书的流传轨迹来考辨。此外，洪迈认为"歆之处心积虑，用以济莽之恶"，由于该书是刘歆在被立为国师后才置博士的，而该书的流行是因为"河南杜子春受业于歆，还家以教门徒，好学之士郑兴及其子众往师之，此书遂行"，这是从政治原因上考辨。一言以蔽之，此种说法难以成立，仍然只是一种主观臆断。他说："盖出于刘歆之手。"也明确表示还是一种大胆的假设，并没有加以小心的求证。结尾又不忘批判王安石，也说明辨伪是政治斗争的有力武器。

《容斋三笔》卷十五"《周礼》奇字"条云：

> 六经用字，固亦间有奇古者，然惟《周礼》一书独多。予谓前贤以为此书出于刘歆。歆常从扬子云学作奇字，故用以入经。

从使用奇字的角度加以补证。

《容斋四笔》卷二"诸家经学兴废"条亦云：

> 汉高堂生传《士礼》十七篇，即今之《仪礼》也。《古礼经》五十六篇，后苍传十七篇，曰《后氏曲台记》，所余三十九篇名为《逸礼》。戴德删《古礼》二百四篇为八十五篇，谓之《大戴礼》，戴圣又删为四十九篇，谓之《小戴礼》。马融、卢植考诸家异同，附戴圣篇章，去其烦重及所缺略而行于世，即今之《礼记》也。王莽时，刘歆始建立《周官经》，以为《周礼》，在三礼中最为晚出。

10. 《檀弓》

《容斋三笔》卷十四"《檀弓》注文"条云：

> 《檀弓》上下篇，皆孔门高第弟子在战国之前所论次。其文章雄健精工，虽楚、汉间诸人不能及也。而郑康成所注，又特为简当，旨意出于言外。

11. 《左传》

《容斋随笔》卷十四"扬之水"条云：

> 《左传》所载列国人语言书讯，其辞旨如出一手。说者遂以为皆左氏所作，予疑其不必然，乃若润色整齐，则有之矣，试以诗证之。《扬之水》三篇，一《周诗》，一《郑诗》，一《晋诗》，其二篇皆曰"不流束薪"，"不流束楚"。《邶》之《谷风》曰"习习谷风，以阴以雨"，《雅》之《谷风》曰"习习谷风，维风及雨"。"在南山之阳""在南山之下""在南山之侧"；"在浚之郊""在浚之都""在浚之城"；"在河之浒""在河之涘""在河之漘"；"山有枢，隰有榆""山有苞栎，隰有六駮"，"山有蕨薇，隰有杞桋"；"言秣其马""言采其虻""言观其旂""言韔其弓"。皆杂

出于诸诗，而兴致一也。盖先王之泽未远，天下书同文，师无异道，人无异习，出口成言，皆止乎礼义，是以不谋而同尔。

12.《论语》

《容斋三笔》卷十二"闵子不名"条云：

《论语》所记孔子与人语及门弟子并对其人问答，皆斥其名，未有称字者，虽颜、冉高第，亦曰回，曰雍，唯至闵子，独云子骞，终此书无损名。昔贤谓《论语》出于曾子、有子之门人，予意亦出于闵氏。观所言闵子侍侧之辞，与冉有、子贡、子路不同，则可见矣。

13.《孟子》

《三笔》卷五"舜事瞽瞍"条云：

《孟子》之书，上配《论语》，唯记舜事多误，故自国朝以来，司马公、李泰伯及吕南公皆有疑非之说。其最大者，证万章涂廪、浚井、象入舜宫之问以为然也。《孟子》既自云尧使九男事之，二女女焉，百官牛羊仓廪备，以事舜于畎亩之中。则井、廪贱役，岂不能使一夫任其事？尧为天子，象一民耳，处心积虑杀兄而据其妻，是为公朝无复有纪纲法制矣！六艺折中于夫子，四岳之荐舜，固曰："瞽子。父顽，母嚣，象傲，克谐以孝，烝烝乂，不格奸。"然则尧试舜之时，顽傲者既已格乂矣。舜履位之后，命禹征有苗，益曰："帝初于历山，往于田，日号泣于旻天，于父母，负罪引慝，祗载见瞽瞍，夔夔齐栗，瞽瞍亦允若。"既言允若，岂得复有杀之之意乎？司马公亦引九男、百官之语，烝烝之对，而不及益赞禹之辞，故详叙之以示子侄辈。若司马迁《史记》、刘向《列女传》所载，盖相承而不察耳。至于桃应有瞽瞍杀人之问，虽曰设疑似而请，然亦可谓无稽之言。孟子拒而不答可也，顾再三为之辞，宜其起后学之惑。

14.《方言》

《三笔》卷十五"别国方言"条云：

今世所传扬子云《輶轩使者绝代语释别国方言》，凡十三卷，郭璞序而解之。其末又有汉成帝时刘子骏与雄书，从取《方言》，及雄答书。以予考之，殆非也。雄自序所为文，《汉史》本传但云："经莫大于《易》，故作《太玄》；传莫大于《论语》，作《法言》；史篇莫善于《仓颉》，作《训纂》；箴莫善于《虞箴》，作《州箴》；赋莫深于《离骚》，反而广之；辞莫丽于相如，作四赋。"雄平生所为文尽于是矣，初无所谓《方言》。《汉·艺文志》小学有《训纂》一篇。儒家有雄所序三十八篇，注云："《太玄》十九，《法言》十三，乐四，箴二。"杂赋有雄赋十二篇，亦不载《方言》。观其答刘子骏书，称"蜀人严君平"，按君平本姓庄，汉显帝讳庄，始改曰"严"。《法言》所称"蜀庄沈冥，蜀庄之才之珍，吾珍庄也"，皆是本字，何独至此书而曰"严"。又子骏只从之求书，而答云："必欲胁之以威，陵之以武，则绲死以从命也！"何至是哉？既云成帝时子骏与雄书，而其中乃云孝成皇帝，反复抵牾。又书称"汝、颍之间"，先汉人无此语也，必汉、魏之际好事者为之云。

15.《汲冢周书》
《容斋续笔》卷十三"汲冢周书"条云：

《汲冢周书》今七十篇，殊与《尚书》体不相类，所载事物亦多过实。其《克商解》云"武王先入适纣所在，射之三发，而后下车，击之以轻吕，斩之以黄钺，县诸大白。商二女既绖，又射之三发，击之以轻吕，斩之以玄钺，县诸小白。"越六日，朝至于周，以三首先馘，入燎于周庙，又用纣于南郊。夫武王之伐纣，应天顺人，不过杀之而已。纣既死，何至枭戮俘馘，且用之以祭乎？其不然者也。又言武王狩事，尤为淫侈，至于擒虎二十有二，猫二，糜五千二百三十五，犀十有三，牦七百二十有一，熊百五十一，黑百十八，豕三百五十有二，貉十有八，麇十有六，麝五十，麈三千五百有二。遂征四方，凡憝国九十有九国，馘磨亿有十万七千七百七十有九，其多如是，虽注家亦云武王以不杀为仁，无缘所馘如此，盖大言也。《王会篇》皆大会诸侯及四夷事，云："唐叔、荀叔、周公在左，大公在右，堂下之右，唐公、虞公南面立焉，堂下之左，商公、夏公立焉。"四公者，尧、舜、禹、汤后，商、夏即杞、宋也。又言：俘商宝玉亿有百万。所纪四夷国名，颇古奥，兽畜亦奇崛，以肃真为稷真，狄人为秽人，乐浪之夷为良夷，姑蔑为姑妹，东瓯为且瓯，渠搜为渠叟，高句丽为高夷。所叙："秽人前儿，若弥猴，立行，声似小儿。良夷在子，弊身人首，脂其腹，炙之藿则鸣。扬州禺禺鱼、人鹿。青丘狐九尾。东南夷白民乘黄，乘黄者似骐，背有两角。东越海蛤、海阳、盈车、大蟹。西南戎曰央林，以酋耳，酋耳者，身若虎豹。渠叟以䶂犬，䶂犬者，露犬也，能飞，食虎豹。区阳戎以鳖封，鳖封者，若彘，前后有首。蜀人以文翰，文翰者，若皋鸡。康民以桴苡，其实如李，食之宜子。北狄州靡䶂䶂，其形人身枝踵，自笑，笑则上唇翁其目，食人。都郭生生，若黄狗，人面能言。奇干善芳，头若雄鸡，佩之令人不昧。正东高夷嗛羊，嗛羊者，羊而四角。西方之戎曰独鹿，邛邛距虚。犬戎文马，而赤鬣缟身，目若黄金，名古皇之乘。白州北闾，北闾者，其华若羽，以其木为车，终行不败。"篇末引伊尹《朝献商书》云："汤问伊尹，使为四方献令。伊尹请令，正东以鱼皮之鞸、鳎酱、蛟䱱、利剑；正南以珠玑、玳瑁、象齿、文犀；正西以丹青、白旄、江历、龙角；正北以橐驼、䮷騄、駃騠、良弓为献。汤曰：善。"凡此皆无所质信，姑录之以贻博雅者。唐太宗时，远方诸国来朝贡者甚众，服装诡异，颜师古请图以示后，作《王会图》，盖取诸此。《汉书》所引："天予不取，反受其咎，毋为权首，将受其咎。"以为《逸周书》，此亦无之，然则非全书也。

16.《孔丛子》
《容斋三笔》卷十"孔丛子"条云：

前汉枚乘与吴王濞书曰："夫以一缕之任，系千钧之重，上悬无极之高，下垂不测之渊，虽甚愚之人犹知哀其将绝也。马方骇，鼓而惊之；系方绝，又重镇之。系绝于天，不可复结。坠入深渊，难以复出。"《孔丛子嘉言》篇，载子贡之言曰："夫以一缕之任，系千钧之重，上悬之于无极之高，下垂之于不测之深，旁人皆哀其绝，而造之者不知其危。马方骇，鼓而惊之，系方绝，重而镇之。系绝于高，坠入于深，其危必矣。"枚叔全用此语。《汉书》注诸家皆不引证，唯李善注《文选》有之。予按《孔丛子》一书，《汉书·艺文志》不载，盖刘向父子所未见。但于儒家有《太常蓼侯孔臧》十篇，今此书之末，有《连丛子》上下二卷，云孔臧著书十篇，疑即是已。然所谓《丛子》者，本陈涉博士孔鲋子鱼所论集，凡二十一篇，为六卷。唐以前不为人所称，至嘉祐四年，宋咸始为注释以进，遂传于世。今读其文，略无楚、汉间气骨，岂非齐、梁以来好事者所作乎？《孔子家语》著录于《汉志》，二十七卷，颜师古云："非今所有《家语》也。"

洪迈认为其文略无楚、汉间风骨，从文气上看可能是齐、梁以来好事者所作。

17.《文中子》

《容斋续笔》卷一"文中子门人"条云：

王氏《中说》，所载门人，多贞观时知名卿相，而无一人能振师之道者，故议者往往致疑。其最所称高第，曰程、仇、董、薛，考其行事，程元、仇璋、董常无所见，独薛收在《唐史》有列传，踪迹甚为明白。收以父道衡不得死于隋，不肯仕，闻唐高祖兴，将应义举，郡通守尧君素觉之，不得去。及君素东连王世充，遂挺身归国，正在丁丑、戊寅岁中。丁丑为大业十三年，又为义宁元年，戊寅为武德元年，是年三月炀帝遇害于江都，盖大业十四年也。而杜淹所作《文中子世家》云："十三年江都难作，子有疾，召薛收谓曰：吾梦颜回称孔子归休之命。乃寝疾而终。"殊与收事不合，岁年亦不同，是为大可疑者也。又称李靖受《诗》及问圣人之道，靖既云"丈夫当以功名取富贵，何至作章句儒"，恐必无此也。今《中说》之后，载文中次子福畤所录云："杜淹为御史大夫，与长孙太尉有隙。"予按淹以贞观二年卒，后二十一年高宗即位，长孙无忌始拜太尉，其不合于史如此。故或者疑为阮逸所作，如所谓薛收《元经传》，亦非也。

通过对比《新唐书·薛收传》和《文中子世家》中所载薛收之事，时间上不合，洪迈据此认为二书"事不合，岁年亦不同，是为大可疑者也"。另外，他从事实情理方面辨伪。《中说》中有"杜淹为御史大夫，与长孙太尉有隙"之语，洪迈认为，"淹以贞观二年卒，后二十一年高宗即位，长孙无忌始拜太尉，其不合于史如此。故或者疑为阮逸所作"；"又称李靖受《诗》及问圣人之道，靖既云'丈夫当以功名取富贵，何至作章句儒'，恐必无此也"。

18.《列子》

《容斋续笔》卷十二"列子书事"条云：

《列子》书事，简劲宏妙，多出《庄子》之右，其言惠盎见宋康王，王曰："寡人之所说者，勇有力也，客将何以教寡人？"盎曰："臣有道于此，使人虽勇，刺之不入，虽有力，击之弗中。"王曰："善，此寡人之所欲闻也。"盎曰："夫刺之不入，击之不中，此犹辱也。臣有道于此，使人虽有勇弗敢刺，虽有力弗敢击。夫弗敢，非无其志也。臣有道于此，使人本无其志也。夫无其志也，未有爱利之心也。臣有道于此，使天下丈夫女子莫不欢然皆欲爱利之，此其贤于勇有力也，四累之上也。"观此一段语，宛转四反，非数百言曲而畅之不能了，而洁净粹白如此，后人笔力，渠复可到耶！三不欺之义，正与此合。不入不中者，不能欺也；弗敢刺击者，不敢欺也；无其志者，不忍欺也。魏文帝论三者优劣，斯言足以蔽之。

《容斋四笔》卷一"《列子》与佛经相参"条云：

张湛序《列子》云："其书大略明群有以至虚为宗，万品以终灭为验，神惠以凝寂常全，想念以著物自丧，生觉与梦化等情。所明往往与佛经相参。"予读《天瑞篇》载林类答子贡之言曰："死之与生，一往一反。故死于是者，安知不生于彼？故吾知其不相若矣，吾又安知吾今之死不愈昔之生乎？"此一节所谓与佛经相参者也。又云："商太宰问孔子：'三王五帝三皇圣者欤？'孔子皆曰：'弗知。'太宰曰：'然则孰者为圣？'孔子曰：'西方之人有圣者焉，不治而不乱，不言而自信，不化而自行，荡荡乎民无能名焉，丘疑其为圣。弗知真为圣欤，真不圣欤？'"其后论者以为《列子》所言，乃佛也，寄于孔子云。

《容斋四笔》卷一"西极化人"条云：

《列子》载周穆王时，西极之国有化人来，王敬之若神。化人谒王同游，王执化人之法，腾而上者中天乃止，暨及化人之宫，自以居数十年，不思其国。复谒王同游，意迷精丧，请化人求还。既寤，所坐犹向者之处，侍御犹向者之人。视其前，则酒未清、肴未晞。王问所从来，左右曰："王默存耳。"穆王自失者三月。复问化人，化人曰："吾与王神游也，形奚动哉？"予然后知唐人所著《南柯太守》《黄粱梦》《樱桃》《青衣》之类，皆本乎此。

19.《尹文子》
《容斋续笔》卷十四"《尹文子》"条云：

《汉·艺文志》名家内有《尹文子》一篇，云："说齐宣王。先公孙龙。"刘歆云："其学本于黄、老，居稷下，与宋钘、彭蒙、田骈等同学于公孙龙。"今其书分为上下两卷，盖汉末仲长统所铨次也。其文仅五千言，议论亦非纯本黄、老者。《大道篇》曰："道不足以治则用法；法不足以治则用术，术不足以治则用权；权不足以治则用势；势不足则反权。权用则反术；术用则反法；法用则反道；道用则无为而自治。"又曰："为善使人不能得从，此独善也。为巧使人不能得为，此独巧也。未尽善巧之理。为善与众行之，为巧与众能之，此善之善者，巧之巧者也。故所贵圣人之治，不贵其独治，贵其能与众共治；贵工倕之巧，不贵其独巧，贵其能与众共巧也。今世之人，行欲独贤，事欲独能，辩欲出群，勇欲绝众。独行之贤，不足以成化；独能之事，不足以周务；出群之辩，不可为户说；绝众之勇，不可与正陈。凡此四者，乱之所由生。圣人任道、立法，使贤愚不相弃，能鄙不相遗，此至治之术也。"详味其言，颇流而入于兼爱。《庄子》末章，叙天下之治方术者，曰："不累于俗，不饰于物，不苟于人，不忮于众。愿天下之安宁，以活民命，人我之养，皆足而止，以此白心，古之道术有在于是者。宋钘、尹文闻其风而悦之，作为华山之冠以自表。虽天下不取，强聒而不舍者也。其为人太多，其自为太少。"盖亦尽其学云。荀卿《非十二子》有宋钘，而文不预。又别一书曰《尹子》，五卷，共十九篇，其言论肤浅，多及释氏，盖晋、宋时衲人所作，非此之谓也。

20.《开元天宝遗事》
《容斋随笔》卷一"浅妄书"条云：

《开天遗事》托云王仁裕所著。仁裕，五代时人，虽文章乏气骨，恐不至此，姑析其数端以为笑。其一云姚元崇开元初作翰林学士，有步辇之召。按元崇自武后时已为宰相，及开元初三入辅矣。其二云郭元振少时美风姿，宰相张嘉贞欲纳为婿，遂牵红丝线，得第三女果随夫贵达。按元振为睿宗宰相，明皇初年即贬，死后十年，嘉贞方作相。其三云杨国忠盛时，朝之文武争附之，以求富贵，惟张九龄未尝及门。按九龄去相位十年，国忠方得官耳。其四云张九龄览苏颋文卷，谓为文阵之雄师。按颋为相时，九龄元未达也，此皆显显可言者，固鄙浅不足攻，然颇能疑误后生也。

洪迈认为皆与史事不合。据此推测《开元天宝遗事》为后人托名于王仁裕。

21.《孔氏野史》
《容斋随笔》卷十五"孔氏野史"条云：

世传孔毅甫《野史》一卷，凡四十事。予得其书于清江刘靖之所，载赵清献为青城宰，挈散乐妓以归，为邑尉追还，大惭且怒，又因与妻忿争，由此惑志。文潞公守太原，辟司马温公为通判，夫人生日，温公献小词，为都漕唐子方峻责。欧阳永叔、谢希深、田元均、尹师鲁在河南，携官妓游龙门，半月不返，留守钱思公作简招之，亦不答。范文正与京东人石曼卿、刘潜之类相结以取名，服中上万言书，甚非言不文之义。苏子瞻被命作《储祥宫记》，大貂陈衍干当宫事，得旨置酒与苏高会，苏阴使人发，御史董敦逸即有章疏，遂堕计中。又云子瞻四六表章不成文字。其他如潞公、范忠宣、吕汲公、吴冲卿、傅献简诸公，皆不免讥议。予谓决非毅甫所作，盖魏泰《碧云騢》之流耳。温公自用庞颍公辟，不与潞公、子方同时，其谬妄不待攻也。靖之乃原甫曾孙，佳士也，而跋是书云："孔氏兄弟曾大父行也，思其人欲闻其言久矣，故录而藏之。"汪圣锡亦书其后，但记上官彦衡一事，岂弗深考云。

洪迈认为《孔氏野史》中对"诸公皆不免讥议","决非毅甫所作，盖魏泰《碧云
骎》之流耳"，他从时代上判断："温公自用庞颍公辟，不与潞公、子方同时，其谬妄不
待攻也。"

22.《云仙散录》《老杜事实》

《容斋随笔》卷一"浅妄书"条云：

> 俗间所传浅妄之书，如所谓《云仙散录》《老杜事实》《开元天宝遗事》之属，
> 皆绝可笑。然士大夫或信之，至以《老杜事实》为东坡所作者，今蜀本刻杜集，遂
> 以入注，孔传续《六帖》，采摭唐事殊有工，而悉载《云仙录》中事，自秽其
> 书。……惟张象指杨国忠为冰山事，《资治通鉴》亦取之，不知别有何据。近岁兴化
> 军学刊《遗事》，南剑州学刊《散录》，皆可毁。

洪迈对《云仙散录》《老杜事实》等浅妄书进行了辨伪。今按，《云仙散录》并非
"浅妄书"，更非伪书①，当分别观之。

23. 诸传托名东坡

《容斋随笔》卷七"七发"条云：

> 枚乘作《七发》，创意造端，丽旨腴词，上薄《骚》些，盖文章领袖，故为可
> 喜。其后继之者，如傅毅《七激》、张衡《七辩》、崔骃《七依》、马融《七广》、曹
> 植《七启》、王粲《七释》、张协《七命》之类，规仿太切，了无新意。傅玄又集之
> 以为《七林》，使人读未终篇，往往弃诸几格。柳子厚《晋问》，乃用其体，而超然
> 别立新机抒，激越清壮，汉、晋之间，诸文士之弊，于是一洗矣。东方朔《答客
> 难》，自是文中杰出，扬雄拟之为《解嘲》，尚有驰骋自得之妙。至于崔骃《达旨》、
> 班固《宾戏》、张衡《应闲》，皆屋下架屋，章摹句写，其病与《七林》同，及韩退
> 之《进学解》出，于是一洗矣。《毛颖传》初成，世人多笑其怪，虽裴晋公亦不以为
> 可，惟柳子厚独爱之。韩子以文为戏，本一篇耳，妄人既附以《革华传》，至于近
> 时，罗文、江瑶、叶嘉、陆吉诸传，纷坛杂沓，皆托以为东坡，大可笑也。

24. 苏李诗

《容斋随笔》卷十四"李陵诗"云：

> 《文选》编李陵苏武诗凡七篇，人多疑"俯观汉江流"之语，以为苏武在长安所
> 作，何为乃及汉江？东坡云："皆后人所拟也。"予观李诗云："独有盈觞酒，与子结
> 绸缪。"盈字正惠帝讳，汉法触讳者有罪，不应陵敢用之，益知坡公之言为可信也。

以上主要从地名、避讳等方面对李陵苏武诗进行辨伪。

《容斋随笔》卷三"和归去来"条云：

---

① 详见拙著《云仙散录详考》，武汉大学出版社 2020 年版。

今人好和《归去来词》，予最敬晁以道所言。其《答李持国书》云："足下爱渊明所赋《归去来辞》，遂同东坡先生和之，仆所未喻也。建中靖国间，东坡和《归去来》，初至京师，其门下宾客从而和者数人，皆自谓得意也，陶渊明纷然一日满人目前矣。参寥忽以所和篇示予，率同赋，予谢之曰：'童子无居位，先生无并行，与吾师共推东坡一人于渊明间可也。'参寥即索其文，袖之出，吴音曰：'罪过公，悔不先与公话。'今辄以厚于参寥者为子言。"昔大宋相公谓陶公《归去来》是南北文章之绝唱，五经之鼓吹。近时绘画《归去来》者，皆作大圣变，和其辞者，如即事遣兴小诗，皆不得正中者也。

上面这一条并非专门辨伪之论，但与辨伪极有关系。明乎此理，始可与言辨伪矣。

25.《续树萱录》

《容斋随笔》卷十六"《续树萱录》"条云：

顷在秘阁抄书，得《续树萱录》一卷，其中载隐君子元撰夜见吴王夫差，与唐诸诗人吟咏事。李翰林诗曰："芙蓉露浓红压枝，幽禽感秋花畔啼，玉人一去未回马，梁间燕子三见归。"张司业曰："绿头鸭儿咂萍藻，采莲女郎笑花老。"杜舍人曰："鼓鼙夜战北窗风，霜叶沿阶贴乱红。"三人皆全篇。杜工部曰："紫领宽袍漉酒巾，江头萧散作闲人。"白少傅曰："不因霜叶辞林去，的当山翁未觉秋。"李贺曰："鱼鳞鬐空排嫩碧，露桂梢寒挂团璧。"三人皆未终篇。细味其体格语句，往往逼真。后阅《秦少游集》，有《秋兴》九首，皆拟唐人，前所载咸在焉。关子东为秦集序云"拟古数篇，曲尽唐人之体"，正谓是也。何子楚云："《续树萱录》乃王性之所作，而托名他人。"今其书才有三事，其一曰贾博喻，一曰全若虚，一曰元撰，详命名之义，盖取诸子虚、亡是公云。

十四、周煇

（一）周煇其人

周煇（1126—1198），泰州人。一代词宗周邦彦之子。隐居多年，不愿为仕，以藏书为事，当世名公卿多折节下之，亦简亢自高，不予报谢。著有《清波杂志》《清波别志》《辕录》。

（二）周煇的文献辨伪

1.《碧云骐》

周煇《清波杂志》卷四：

碧云骐者，厩马也。庄宪太后临朝，初以赐荆王曦。王恶其旋毛，太后知之，曰："旋毛能害人耶？吾不信。"留以备上闲，为御马第一。以其吻肉色碧如霞片，故云。世以旋毛为丑，此以旋毛为贵。虽贵矣，病可去乎？梅圣俞不得志于诸公间，乃借此名著书一卷，诋讪庆历巨公。后叶石林于《避暑录》尝辨乃襄阳魏泰所著，嫁之圣俞。其略谓万有一不至，犹当为贤者讳。盖亦未免置疑。邵公济，康节孙也，亦引圣俞《闻范文正公讣诗》云："一出屡更郡，人皆望酒壶。俗情难可学，奏记向来无。贫贱常甘分，崇高不解谀。虽然门馆隔，泣与众人俱。"谓为郡以酒悦人，乐奏记纳谀。岂所以论文正者，以是又疑真出于圣俞也。煇旧得《斌玖录》一编，亦若《碧云骃》，专暴人之短，为人借去不归。

周煇认为该书确为梅尧臣所作。其主要根据为梅尧臣为范仲淹所作讣诗。他认为梅尧臣所言范仲淹"谓为郡以酒悦人，乐奏记纳谀"等事并不符合，实为梅尧臣污范仲淹之举。

2. 张无垢《语录》

周煇《清波杂志》卷九"无垢《语录》"条云：

张无垢贬南安，凡十有四年，寓处僧舍，未尝出门户。其一话一言，举足为法，警悟后学宏矣。其甥于恕裒集《语录》十二卷，既已刊行，其间《论语绝句》，读者疑焉。盖公自有《语解》，亦何假此发明奥义？尝叩公门人郎晔，晔云："此非公之文也，《语录》亦有附会者。"

3. 《太素脉》

周煇《清波杂志》卷十一：

煇尝见父友许志康论太素脉，谓可卜人之休咎。因及治平中京师医僧智缘为王荆公诊脉，言当有子登科甲之喜，时王禹玉在坐，深不然之。明年，雱果登第。缘自矜语验，诣公乞文以为宠。公为书曰："妙应大师智缘，诊父之脉，而知其子有成名之喜。翰林王承旨疑古无此，缘曰：昔秦医和诊晋侯之脉，知其良臣将死。夫良臣之命，尚于晋侯脉息见之。因父知子，又何怪乎？"所书大略如此。许云："此非荆公之文，特其徒假公重名矜炫，以售其术尔。"

十五、朱熹

（一）朱熹其人

朱熹（1130—1200），字元晦，又字仲晦，号晦庵，晚称晦翁。祖籍徽州府婺源县（今江西婺源），生于南剑州尤溪（今属福建尤溪县）。十九岁中进士，任江西南康、福建漳州知府、浙东巡抚等职。官拜焕章阁侍制兼侍讲，为宋宁宗讲学。晚年遭遇庆元党禁，被列为"伪学魁首"，削官奉祠。后被追赠为太师、徽国公，赐谥文，故世称朱文公。

朱熹是"二程"（程颢、程颐）的三传弟子李侗的学生，与二程合称"程朱学派"。他非孔子亲传弟子而享祀孔庙，位列大成殿十二哲者。朱熹是理学集大成者，闽学代表人物，被后世尊称为朱子。其理学思想影响巨大，成为官方哲学。著述甚多，有《四书章句集注》《太极图说解》《通书解说》《周易读本》《楚辞集注》等，后人辑有《朱子大全》《朱子全书》等。

（二）朱熹的文献辨伪

朱熹是南宋时期文献辨伪的代表性人物，他指出过："天下多少是伪书，开眼看得透，自无多可读。"①

朱熹继续对《古文尚书》辨伪。其业绩最著名者有二：一是直斥《尚书》孔安国传为伪，"孔《传》之依托，自朱子以来递有论辨，至国朝阎若璩作《古文尚书疏证》，其事愈明"②。二是辨《书序》之伪："《小序》决非孔门之旧；安国《序》亦决非西汉文章。"③ 朱子辨《古文尚书》不够深入，又力主调停之说。一方面他发现了"《书》有两体，有极分晓者，有极难晓者""伏生书多艰涩难晓，孔安国壁中书却平易易晓"④；另一方面他又巧为弥缝："《尚书》诸命皆分晓，盖如今制诰是朝廷做底文字。诸诰皆难晓，盖是时与民下说话，后来追录而成之。"朱熹为什么要这样做呢？原来宋明理学的基石——"虞廷十六字"，即"人心惟危，道心惟微，惟精惟一，允执厥中"，语出《大禹谟》，亦在朱子的怀疑范围之内。从文献辨伪的角度，朱子怀疑《大禹谟》的真实性，但是，在义理层面，他又把《大禹谟》作为自己的理论基础。在这种两难选择中，朱子牺牲了考据，而成全了义理。朱子于《古文》尝窃疑之，独至《大禹谟》及十六字，则阐发不遗余力。他称："熹窃谓生于今世，而读古人之书，所以能别其真伪者，一则以其义理之所当否而知之，二则以其左验之异同而质之。未有舍此两途而能直以臆度悬断之者也。"⑤ 这种"义理第一，考据第二"的双重标准反映出朱子辨伪学研究有其严重局限性⑥。阎若璩云："雨中已将十六字大肆发挥，只言其有依傍，非能凿空撰出者，不似郝氏并十六字亦骂倒，太武断矣。"⑦ 朱熹的辨伪面很宽，据白寿彝辑《朱子辨伪书语》可知其疑辨古书达四十余种。如他继刘敞、郑樵之后对《诗序》提出怀疑，其《诗序辨说》专为考辨《诗序》真伪而作。他对《左传》《孝经》《孔丛子》《管子》《子华子》《归藏》《正易心法》《春秋繁露》《世本》《中说》《握奇经》《潜虚》《阴符经》《龙虎经》等古籍均有考辨。其辨伪方法被归纳为六条。朱子的辨伪成果多被《四库全书总目》吸收。

白寿彝所辑录的《朱熹辨伪书语》是朱熹辨伪之语的合集，属于资料性汇编的资料，对于后人研究朱熹在文献辨伪方面的相关问题有很大意义。白寿彝在该书的《序》中对

---

① 《朱子语类》卷八十四。

② 《四库全书总目》卷一一，《尚书正义》提要。

③ 《晦庵先生文集》卷五四《答孙季和》。

④ 阎若璩：《古文尚书疏证》，上海古籍出版社1987年版，第1265页。

⑤ 《朱文公文集》卷三八。

⑥ 赵刚：《论阎若璩"虞廷十六字"辨伪客观意义》，《哲学研究》1995年第4期。

⑦ 《四库全书》第859册，第555页。

于朱熹辨伪的原因、方法也有比较深刻的阐述。钱穆《朱子的辨伪学》一文认为，朱熹的文献辨伪中，"最大胆，有系统，又关涉于学术最大者，厥为其对古经籍之辨伪"①。在该文中，钱穆具体分析了朱熹考辨《尚书》《书序》《诗序》《春秋左氏传》《礼记》等经部文献的过程，并通过朱熹的考辨之语，总结出朱熹文献辨伪的特点，如"朱子辨伪精神最伟大不可及处，在其辨及古经籍，而毫不为讳"②"朱子对宋代人著作，凡所寓目，必辨其真伪不苟且放过"③。后来者对于朱子辨伪学多有论述，然未能后来居上，后出专精，略之可也。

陈振孙《直斋书录解题》卷三在评论《孝经刊误》时称，朱熹"抱遗经于千载之后，而能卓然悟疑辨惑，非豪杰特起独立之士，何以及此？后学所不敢仿效，而亦不敢拟议也"，此亦可以视为对朱熹的辨伪学的总体评价。

拙著《文献辨伪研究》（武汉大学出版社 2021 年版）将朱熹辨伪书语列表一一加以评析。

朱子将周子有关精蕴之分的理论运用于文献辨伪实践，可谓活学活用。弟子执经问难，朱子随时开示，谈笑之间，儒家经典之真伪疑难涣然冰释，足见其学养深厚。拘于答问体例，又是弟子日后追记，很多问题往往蜻蜓点水，没有深入论述。朱熹云："读书玩理外，考证又是一种工夫，所得无几而费力不少。向来偶自好之，固是一病；然亦不可谓无助也。"④ 朱熹坚持义理与考据并举且偏重义理的双重标准，其长处在此，短处亦在此。双重标准必须放弃，毕竟辨伪必须客观，应该实事求是，信而有征，凭材料说话。在辨伪的最初阶段，"大胆假设"是允许存在的，一旦进入论证环节，必须"小心求证"，在论证过程中应该彻底排除主观臆测方面的因素，惟有如此才能得出真实可信的结论。辨伪就是论证，既证伪，也证真。如朱子在比较《孔子家语》与《孔丛子》之后，认为前者真而后者伪。辨伪历史上的最大教训就是，一旦某书引起怀疑，就不证自伪，疑而不用，结果"逼良为娼"，弄真成假。疑古成风，疑古成派，疑古成病！这就是两千年辨伪史留下的沉重教训！俱往矣，疑古派可以休矣！

十六、程迥

（一）程迥其人

程迥，字可久，应天府（今河南宁陵）人。登隆兴元年（1163）进士第，历扬州泰兴尉。著有《古易考》《古易章句》《古占法》《易传外编》《春秋传显微例目》《论语传》《孟子章句》《文史评》《经史说诸论辨》《太玄补赞》《户口田制贡赋书》《乾道振济录》《医经正本书》《条具乾道新书》《度量权三器图义》《四声韵》《淳熙杂志》《南斋小集》。

---

① 钱穆：《朱子之辨伪学》，《朱子新学案》第五册，九州出版社 2011 年版，第 266 页。
② 钱穆：《朱子之辨伪学》，《朱子新学案》第五册，九州出版社 2011 年版，第 291 页。
③ 钱穆：《朱子之辨伪学》，《朱子新学案》第五册，九州出版社 2011 年版，第 290 页。
④ 顾颉刚：《古籍考辨丛刊》第一集，社会科学文献出版社 2010 年版，第 93 页。

（二）程迥的文献辨伪

1.《周易》

程迥《周易章句外编》云：

> 《易》者，开物成务，冒天下之道者也。而辞、象、变、占皆《易》中之一体。主于一，则用其三。至秦指为卜筮之书，岂秦人以巽言对暴君，俾得不焚抑所见者然邪？近世郭兼山乃曰："《周易》，古者卜筮之书。"是袭秦人之谬也。伏羲、文王、孔子之为《易》，由略以致详，未尝有异道也。后世训诂所得有浅深，或支分派别，乃入于谶纬壬遁之学耳。故曰前圣后圣，其归一揆。汉东莱费直序焦延寿《易林》曰："《易》者广矣大矣，以言乎天地之间则备矣。"推此言之縣辞说卦所以为未尽也。故《连山》《归藏》《周易》皆异辞而共卦，虽三家并行，犹一隅尔。

2.《周易·序卦》

程迥《周易章句外编》认为"《序卦》非圣人书"：

> 先儒曰《序卦》非《易》之蕴。朱待制新仲尝谓迥曰：《序卦》非圣人书。唐僧一行《易纂》引孟喜《序卦》曰：阴阳养万物，必讼而成之。君臣养万民，亦讼而成之。然则今《序卦》亦出于经师可知也。而其间藏反对卦变之义，其《杂卦》之末又出一卦特立之义。

3.《子夏易传》

程迥《周易章句外编》认为《子夏易传》非卜商之书：

> 《子夏易传》，京房为之笺，先儒疑非卜商也。近世有陋儒用王弼本为之注，鄙浅之甚，亦托云子夏。凡先儒所引子夏传，此本皆无之。熙宁中房审权萃训诂百家，凡称子夏者，乃取后本赝。

程迥从引文上辨伪，认为前人所引《子夏传》中的文字，皆不见于该书。

十七、薛季宣

（一）薛季宣其人

薛季宣（1134—1173），字士龙，号艮斋，学者称艮斋先生，永嘉（今浙江温州市鹿城区）人。著有《古文周易》《古诗说》《书古文训》《春秋经解》《春秋指要》《论语直解》《小学》《浪语集》等。

(二) 薛季宣的文献辨伪

1. 河洛图书

《浪语集》卷二十六《河洛图书辩》：

> 《易》系天垂象，见吉凶，圣人象之；河出图，洛出书，圣人则之。其言盖有叙，观之以理，无晦也。说者或谓河图洛书本皆无有，圣人为此说者，以神道设教也。是非惟不知圣人，则不达不言而化之义乌足与较是非理道哉？或者又以为，当伏羲之时，河尝出龙马负图，自神农至于周公，洛水皆出龟书。此则似是而非，无所考征，就龙龟之说成无验之文。自汉儒启之，百世宗之，征引释经，如出一口，而圣人之道隐，巫史之说行。末世闇君洎夫乱臣贼子据之，假符命，惑非彝，为天下患害者比比而是。圣人忧深虑远，肯为此妖伪残贼哉？盖亦有其说已传注，求其事而弗得，于是乎托汗漫以驾其迂诬，虽知惑世诬人，不暇防也。且圣人之作《易》，仲尼固已于《大传》详之，《大传》无文，其可凿以胸臆，就如其说，垂象为象，降自天乎？走尝切痛之，为反复以思之者，更岁推之久，究之至，而后乃得之。《传》不云乎：伏羲氏之作《易》也，仰以观于天文，俯以观于地理，观鸟兽之文，近取诸身，远取诸物，始画八卦。图书之说从可知矣。夫《易》之有卦，所以悬法也。画卦之法，原于象数，则象数者，《易》之根株也。河图之数四十有五，乾元用九之数也。洛书之数五十有五，大衍五十之数也。究其终始之数，则九实尸之，故地有九州，天有九野，传称河洛皆九曲，岂取数于是乎？《春秋命历序》：河图，帝王之阶图载江河山川州界之分野。谶纬之说虽无足深信，其有近正不可弃也。信斯言也，则河图洛书乃《山经》之类，在夏为《禹贡》，周为职方氏所掌，今诸路闰年图经，汉司空舆地图、地里志之比也。按《山海经》所言，皆地之物产鸟兽虫鱼草木之属，其古史职方之意欤？仲尼所言几不外是，其曰河洛之所自出川师上之名也。走不能远引，请以官仪为征。凡今古官书之所为名称者，必以某官司某郡国自谓而后具其职官，如春秋他国之事，汉官府上尚书其传于人，书于史，亦第称某所行某事，言某事上某事，而于其职事皆略，闻者皆断然不惑者，以官司郡县必有主之者，非能自尔也。然则图书为川师所名，何独至古而惑者哉？或曰：是则然矣，图与书奚辩？曰：图书者详略之云也，河之原远中国不得，而包之可得而问者，其形之曲直，原委之趋向，洛原在九州之内，经从之地与其所列名物人得而详之，史缺其所不知，古道然也。是故以书言洛河，则第写于图，理当然耳。昔者，周天子之立也，河图与大训并列，时九鼎亦宝于周室，皆务以辩物象而施地政，所谓据九鼎，按图籍者也。仲尼作于周末，病礼乐之废坏，职方之职不举，所为发叹凤图者非有他也。龟龙之说果何稽乎？第观垂象之文，其义可以自见。

2.《周易》

《浪语集》卷二十六《书古文周易后》：

> 《古易经》二篇，《彖》《象》《文言》《系辞》《说卦》《序卦》《杂卦》总十篇，

以参校别异同，定著十二篇，皆已刊正，可诵读也。道德久矣，书存而著，可即之见道者。圣人之遗经，遭秦绝学，举煨烬，无完书，惟《易》号数术家，故独免而传后。包羲之卦，文王周公之辞，仲尼之赞，于是乎具在，天岂有意斯文哉？何其保之之固也。他经虽玄妙，难拟要，皆自《易》出也。夫礼乐王政之纪纲，《诗》《书》《春秋》其已事也，凡名数、声音、性命、事物之理，非《易》无自见也。六经之道，《易》为之宗，故他经亡而《易》传不殊，其书之存也，假《易》亡其数卦，其害将可言哉？天之所以相后人何如其切，至于六经大难之际，乃《易》保全之，而人有重不幸者，《易》师为之也。夫《易》之为书，广大悉备，尽天地万物之道者也。辞、占、象、数皆其一物，而《易》师者析之以教，虽互有启发，于义驳矣，《易》道之隐，其肇兹乎？且八卦条陈，六爻咸列，系辞其下，《易》之教也，仲尼赞述其义，未尝不错以成文，分系卦爻，非其旨矣，欲明圣人之意，舍故书何稽乎？是以差次其书，尽复于古；古文不可得见，故以正隶写之，判《文言》为二篇。象有小大之别，《易经》无义不足辩焉。惟《文言》一篇，旧失其序，虽先儒谓次象、象，或以为次《系辞》，以理言之，皆非其旧。夫乾坤，《易》之门也。非乾坤无以见《易》，故以《文言》起之，而系之象辞，象若系辞之后，恐非必然。先儒所云，盖即今文以求古也。今文布象、象、卦爻之下，故《文言》不得不居后，非元在后也。虽然，不敢以已见为必得，姑从其近是者之次，以待后之明哲。若夫传注之失得，在所不论。

3. 《诗序》

《浪语集》卷二十四《答何商霖书二》：

《诗序》于先王之诗皆言朝廷之所施用，其所称叙不过一诗之指，幽、厉之雅，邶、鄘之风，视前序为何如，正变断可知矣。豳风之作亦以当时之变，豳尝变而终不克变，成王、周公之美也。变风见录，起于政俗之异，国自为次，固其理也。邶、鄘之不合于卫，自其邦人之不予诗章，自为篇袠，初非前有其序，圣人删诗而为之，次第则因变之先后。国风起周、召、邶、鄘，而迄于豳，见治乱，有可易之理以为序，有因改斯为不可厚诬。反鲁所正之诗，止于雅颂而已……《诗》《书》之序非圣人莫能为之，然其源流岂无所自。《易·系》不皆兴于孔氏，则《诗》《书》可以类知，如孔子自己为之，必有不能为之者矣。走于反古诗说，虽不主于先儒，于其所长不敢废也。古人尚或采诸刍荛之说，况圣人之徒欤？务相乖违，非反古之道矣，不能自明六经之学，诚世儒之深病。凿空以攻先儒之论，不亦后世之罪人哉？观于会通，则古道之去人不远矣。

4. 《山海经》

《浪语集》卷三十《叙山海经》：

《古山海经》，刘歆所上书十三篇，内别五山，外纪八海。郭璞注集厘十八卷，其十卷《五山经》，八卷《海外》，二《海内》《大荒经》也。《五山》《海外经》端有条绪，《海内》《大荒经》汗漫有不可通者。是书流传既少，今独《道藏》有之……其所占山川已随世变，草木鸟兽类非久存之物，神怪荒唐之说，人耳目所不到，郭氏所注不能皆得其实，而上世故实可供文墨之用者，前人采摘称引略尽，则此书之垂亡仅在，固宜左氏传称大禹铸鼎象物，以知神奸，入山林者不逢，不若魑魅魍魉，莫能逢之。山海所述，不几是也。经言大川所出，及舜所葬，皆秦汉时郡县，又有成汤、文王之事，《管子》之文，其非先秦有夏遗书，审矣。刘歆集略直云伯益所记，又分伯益、伯翳，以为二人，皆未之详考于太史公记，则汉西京书，非后世之作也。《山海经》要为有本于古，或秦汉增益之书。太史公谓：言九州山川，《尚书》近之，至《山海经》《禹本记》所言怪物，余不敢言也然哉！郭氏叹道所存，俗之所弃，不无称许之过。要之，楚辞之学在《山海经》为所本，君子穷神辨物，此书有不可废者。所谓臣秀，即刘歆也。歆以有新之朝，更名以应光武之谶，校雠之世，必当王氏时也。走读《汉·艺文志》，念其书不多见，此《山海经》虽在，亦且亡矣，爱之不忍捐弃，故录置家藏书中。

5.《晏子春秋》
《浪语集》卷二十六《晏子春秋辩》：

圣人之道，不掠美，以为能，不瞀世，以为明，善者从之，非者去之，要在乎据中庸之道以折中于物，而不以己见为必得。此其所以大而无方也。柳子厚辩《晏子春秋》，以为墨者齐人尊著晏子之事，以增高为己术者，其言信典且当矣。虽圣人有不易，走见而喜其辩，谓其所自见诚有大过人者。晚得《孔丛子》读之，至于诘墨，怪其于《墨子》无见，皆《晏子春秋》语也，乃知子厚之辩有自而起。呜呼！若子厚者，可谓掠美、瞀世也与？使孔丛出于其前，子厚不应无见，如在其后，出则大业书录具存，抉剔异书，扳从己出，谓他人弗见，取像攫金之子，不可谓知。子厚妙文辞者，尚亦为此剽窃之患，厥有由来矣。孔子曰："知之为知之，不知为不知也。"然则君子诚其所知，阙其所不知，而后为真知，奚错必妄。

6.《管子》
《浪语集》卷二十六《辩管子》：

走读管子书杂篇，观其纤巧权诈，变见两端，要多放利愚民，上欺天子，下倾同列，务强齐国，而非遵王之道。仲尼之称管仲仁人也，桓公九合诸侯，不以兵车，管仲之力也，微管仲，吾其被发左衽矣。仲而为此，其民不可得愚，将见人人异心，诸侯瓦解，齐不得霸，周不复王，中国裂矣，何九合之有哉？以人许之，则管于人情非他道已，孔子谓桓公正而不为谲，管子虽有是说，将何所复施守正而谲行之，且非不谲之谓，桓公犹不是用而仲为之者乎？往行前言，当以孔子为信。今夫管氏书者，出战国纵衡者流，求售其书，世之夷吾云尔。夷考其说，皆非实事。孟子不为管仲，端有以哉。左氏叙桓公以蔡姬兴伐蔡之师，亦信书之过。

7. 《阴符经》

《浪语集》卷三十《叙黄帝阴符经》云：

　　《阴符经》三篇，李筌所传本三百二十七言，凡三百六十三字。龙昌期注本，衍"自然之道静"已下八十有九言，以相校雠，定从龙昌期本。孙光宪称王蜀军校黄承真得郑山古本，与今不同者五六十言，然犹未闻衍字如此其多也。语云《阴符》三百字，则昌期本若可疑，其句法又少不同，而文意相通，未可删也，姑存其语，以俟后来者裁之。山谷先生以为经出李筌，熟读其文，知非黄帝书也。欲文奇古，反诡谲不经。其言糅杂兵家，妄托子房、孔明诸贤训注，可笑！惜其不经柳子厚一掊击也。其笑然矣，谓其糅杂兵家，似乎未详经意所在。李筌序道骊山老母授经之事，大约依仿《老子河上公序》张子房授书圯上之说，其亦诞矣。就令果为寇谦之所藏之故，要非黄帝书也。康节先生谓与《素问》皆七国时书，为近之矣。留侯、武侯注，未之见，李筌又未尝及，妄可知已。易奚氏善和墨，而煤多易；宣包氏工图虎，而图多包。黄帝治五气，而方术者名之，此必无之理也。《阴符经》专明盗时修炼，在养生者不为无取。其文大略效法古文《老子》语意，谬矣！或者乃疑老氏出，此不亦诬乎！使《阴符》果无可观者，则何以为道术祖？孔子曰："虽小道，必有可观者焉。"泛览兼通，无及泥焉可也。

8. 《握奇经》

《浪语集》卷三十《叙握奇经》云：

　　《风后握奇经》三百八十四字，续图三百十五字，合标题七百九字。以众本《武经总要》阵法铨次传著成章，而存异文于下，已缮写可读。……《握奇经》旧传风后受之玄女，用佐黄帝杀蚩尤于涿鹿之野。荒唐之说，无所考信。《汉志》兵阴阳家书有《风后》，刘歆、班固已言依托，观公孙丞相注释则非。所谓书十三篇、图二卷者，先秦典籍类皆口以传授，反复其义，未易以晚出浮伪訾也。《七略》兵家四种，《军礼》《司马法》存者尚百五十五篇；《吴孙子》八十二篇，图九卷；《齐孙子》八十九篇，图四卷。自神农、黄帝、伊尹、太公、范蠡、大夫种、吴起、魏公子、广武君、韩信、项羽诸家，其书具在，略皆亡矣。今独《孙子》十三篇者为兵权谋之祖。论形势者，本《握奇经》。

9. 《焦氏易林》

《浪语集》卷三十《叙焦氏易林》云：

　　汉焦赣《易林》十六卷，卷有四林，林有六十四繇。凡六十四卦之变，四千九十有六，以所传中秘书、孙氏藏书参校。中书内多亡佚，以孙氏书诠补圆备，故书屡经传写，字多舛误，以羊为爭，以快为决，若此者众，为是正其晓然者其不可知，以喜为嘉，以鹊为观，以乌为鸟，一卦两占之类，并两存之，无所去取，具已刊定可缮写。……刘向校书，以为诸《易》学说皆祖田何、杨叔、丁将军，大谊略同，唯京氏为异。焦延寿独得隐士之说，托之孟氏，不与相同。《艺文志》：《易》有孟氏、京房诸篇，无复分异。京氏书世尚有之，虽阴阳家，不特灾变之候，论以《汉·儒林传》《艺文志》自有不可诬者。诸儒党同伐异，可尽信邪？

十八、王明清

（一）王明清其人

王明清（1135—?），字仲言，颍州汝阴（今安徽阜阳）人。祖父王莘，字乐道，曾学于欧阳修；父王铚，为藏书之家。少承家学，习知历朝史实及典章制度。历事孝宗、光宗、宁宗三代，历官滁州来安令、签书宁国军节度判官、泰州通判、浙西参议官。陈傅良荐于史馆，未就。鉴于南渡后史料散亡，遂广采旧闻遗事，成《挥麈录》二十卷，分前录、后录、三录、余话，所记宋代政事、制度札记，颇为详尽，为《建炎以来系年要录》及《高宗实录》所采。家富藏书，他亦喜聚书，所著《挥麈后录》中记述其家藏图书渊源甚详，家藏数万卷，皆手自校雠。贮之于乡里，汝阴士大夫多从而借观。安陆、汝阴两处藏书被德安知府陈规掠走大半。南渡后所至穷力抄录，亦有书数万卷，后为吴彦猷、秦熺夺去大半。

（二）王明清的文献辨伪

1. 《文中子》

王明清《挥麈录》卷三认为《文中子》不伪：

> 欧、宋《唐书》不著《文中子》，而李习之、刘禹锡等载之甚详。文中子王通，隋末大儒。欧阳文忠公、宋景文修《唐书》，房、杜传中，略不及其姓名。或云其书阮逸所撰，未必有其人。然唐李习之尝有《读文中子》，而刘禹锡作《王华卿墓铭序》，载其家世行事甚详，云门多伟人，则与书所言合矣，何疑之有？又皮日休有《文中子碑》，见于《文粹》。

王明清参考了朱熹的观点，所用材料虽与朱熹相同，但结论却完全相反。

2. 《建隆遗事》

王明清《挥麈录》卷三"《建隆遗事》词多诬谤"条云：

> 《建隆遗事》，世称王元之所述，其间率多诬谤之词。至于称赵普、卢多逊受遗昌陵，尤为舛缪。案《国史》，韩王以开宝六年八月免相，至太平兴国六年九月，始再秉衡钧。当太祖升遐时，政在外，何缘前一日与卢丞相同见于寝邪？称太祖长子德昭为南阳王，又误矣。初未尝有此封。元之当时近臣，又秉史笔，岂不详知？且载《秦王传》中云云，安有淳化三年而见《三朝国史秦王传》邪？可谓乱道。此特人托名为之。又案，元之自有《小畜集序》及《三黜赋》，与《国史》本传俱云："淳化

二年自知制诰舍人贬商州。至道二年，自翰林学士黜守滁上。咸平二年，守本官知齐安郡。"而此序年月次序，悉皆颠错，其伪也明矣。

此书为何人所托，则不可考矣。

十九、陈傅良

（一）陈傅良其人

陈傅良（1137—1203），字君举，号止斋，学者称止斋先生，浙江温州瑞安人。乾道八年（1172）进士，官至宝谟阁待制、中书舍人兼集英殿修撰，青年时期执教于家塾，后主讲于茶院寺之南湖塾，学生数百。中进士后授泰州教授，仍在家教书。后任职湖南，公余在岳麓书院讲学，门墙极盛。卒谥文节。著有《止斋文集》《周礼说》《春秋后传》《左氏章指》《建院篇》《历代兵制》《毛诗解诂》《八面锋》等。

（二）陈傅良的文献辨伪

1. 辨《周礼》非圣人之书

陈傅良《止斋文集》卷四十《夏休井田谱序》云：

> 谓《周礼》为非圣人之书者，则以说之者之过，尝试之者不得其传也。《周礼》说甚众，独郑氏学至今行于世。郑经生志以为之传焉耳，于其说不合，即出己见附会穿凿。其举而措之斯世可，不可复古，郑虑不及此也。故曰说之者过。自刘歆以其术售之新室，民不聊生。东都之舆服，西魏之官制，亦颇采《周礼》，然往往抵牾。至本朝熙宁间，荆公王安石又本之为青苗、助役、保甲之法，士大夫争以为言。安石谓俗儒不知古谊，竟下其法，争不胜。自是百年，天下始多故矣。故曰，尝试之者，不得其传也。以是二者，至废《周礼》，此与因噎废食者何异？读夏君休所著《井田谱》，亦有志矣。郑氏井邑若画碁然，盖祖《王制》。《王制》晚杂出。汉文帝时，以海内画为九州，州必方千里，千里必为国二百一十。其后，班固《食货志》亦谓井方一里，八家各私田百亩，公田十亩，是为八百八十亩，为庐舍，盖人二亩半云。凡若此，夏君皆不取。汉以来诸儒鲜或知之者。其说畿内广成万步谓之都，不能成都谓之鄙，虽不能鄙，即成县者与之为县，成甸者与之为甸，至一丘一邑尽然。以其不能成都成鄙，故谓之闲田。以其不可为军为师，而无所专系，故谓之闲民。乡遂市官皆小者兼大者，他亦上下相摄备其数，不必具其员。岁登下民数于策，损益之，是谓相除之法。皆通论也。余至纤至悉，虽泥于数度，未必皆叶，然其意要与时务合，不为空言。去圣人远，《周礼》一经，尚多三代经理遗迹。世无覃思之学，顾以说者缪，尝试者复大谬，乃欲一切驳尽为慊，苟得如《井田谱》与近时所传林勋《本政书》者数十家，各致其说，取其通如此者，去其泥不通如彼者，则周制可得而考矣。周制可得而考，则天下亦几于理矣。夏氏书成绍兴间，尝上之朝，已而流落，久不显。吾友楼大防访求得之，于治永嘉之明年刊之郡斋。大防博雅好古，而知今吾所谓取其通

者，去其泥不通者，盖其人与？则不但此一书而已也。

陈傅良《止斋文集》卷四十《进周礼说序》亦云：

> 尝缘诗书之义以求文武周公成康之心，考其行事，尚多见于《周礼》一书，而传者失之，见谓非古。彼二郑诸儒，崎岖章句，窥测皆薄物细故，而建官分职关于盛衰，二三大指，悉晦弗著，后学承误，转失其真。汉魏而下，号为兴王，颇采《周礼》，亦无过舆服、官名，缘饰浅事，而王道缺焉尽废，恭惟本朝纯用周政，千载一时，爰自艺祖不忍役一夫之力，而养禁旅，不欲使天下一吏得以专政，而罢方镇，制度文为，虽非周旧，而深仁厚泽，意已独至。肆我列圣，浸以宽大，任子及于异姓，取士及于特奏，养兵及于剩员，甚者污吏有叙复，重辟有奏裁，论议之臣每不快此，而国家世守重于更定，盖周衰且千载，而诗书之意于是焉在，岂不盛哉！熙宁用事之臣，经术舛驳，顾以《周礼》一书理财居半之说，售富强之术，凡开基立国之道斫丧殆尽，而天下日益多故，迄于靖康，社稷丘墟，生民涂炭，老生宿儒发愤推咎，以是为用《周礼》之祸，抵排不遗力。幸以进士举，犹列于学宫，至论王道不行，古不可复，辄以熙宁尝试之效借口，则论著诚不得已也，故有格君心，正朝纲，均国势，说各四篇，而为之序如此。

2. 《家语》《孔丛子》
陈傅良《止斋文集》卷四十《谢怀英老子实录序》云：

> 怀英尝为举子，知推尊孔氏矣，已而脱儒冠去为道士，以其推尊孔氏者尊老子，于是为书若干卷。自开辟以来，凡老子名迹变化及其遗事言散见于百家，掇拾诠次无遗，谓之实录。呜呼！何其专且博也，则诚有功于道家者。儒者筮仕，即不得专志于书，虽专志于书，往往不暇崎岖，及世次年月也，或有暇及此，又不敢不务差择，则拘于六经，而不得骋，故吾夫子之道与天地相为无穷。夫人推尊之愿未有如怀英此书者，向使怀英幸卒旧业，不去为道士，则此书将为孔氏作，其有功何如哉！虽然，昔太史公尝作《孔子世家》，盖有志于此矣。说者反曰：夫子之道与天地相为无穷，且必与战国若汉封君较久长者，则世家似不宜作。孔氏之子孙辑所逮闻，作《家语》《孔丛子》二三书，儒者亦弗甚称道。至赣羊楛矢，稍欲以夸大圣人，又或以语神怪，不取也。然则使怀英幸卒旧学，不去为道士，将为书尊孔氏，则庶以六经断百氏，必不得骋其博如此。余是以叹息于怀英其不幸，而不得自托于孔子也夫，其亦幸而得自托于老子也夫。故因以为序云。

3. 《孙子兵法》
陈傅良《止斋文集》卷四十《孙子发微序》云：

> 自六经之道散而诸子作，盖各有所长，而知兵未有过孙子者。春秋之季，天下将趋于战国矣，故武之书多权谋，儒者辄摈弗道，间有好其书者，又往往为之章句训

解。夫兵事尚变，而欲以训诂求之，不亦陋乎！

此序代陈颐刚作。其时有人怀疑孙子的真实性，而陈傅良此序维持旧说，难能可贵。陈傅良《止斋文集》卷四十《跋徐荐伯诗集》亦云：

> 世多谓书生不知兵，谓书生不知兵，犹言孙武不善属文耳。今观武书十三篇，盖与《考工记》《穀梁子》相上下。

陈傅良将《孙子兵法》与《考工记》《穀梁子》相提并论，从理论上大大提升了孙子的地位。

二十、楼钥

（一）楼钥其人

楼钥（1137—1213），字大防，又字启伯，号攻愧主人，明州鄞县（今浙江宁波）人。南宋大臣、文学家楼璩第三子。隆兴元年（1163）进士及第，授温州教授，迁起居郎兼中书舍人。韩侂胄被诛后，起为翰林学士，拜吏部尚书，迁端明殿学士。嘉定初年，同知枢密院事，升参知政事，授资政殿大学士，提举万寿观。嘉定六年（1213），卒，谥号宣献，赠少师。大定九年（1169），随舅父汪大猷出使金朝，按日记叙述途中所闻，写成《北行日录》。著有《攻愧集》一百二十卷。

（二）楼钥的文献辨伪

1. 《古文孝经》

楼钥《攻愧集》卷五十一《古文孝经指解后序》云：

> 《古文孝经》实吾夫子之旧。秦火之后出于屋壁，而颜芝所藏十八章已先行于世，翼奉、张禹等五人各自名家，古文惟孔安国、马融为之传，而又不显。隋开皇中，刘炫为作《稽疑》一篇，已多讥笑。唐陆德明亦云古文世既不行，随俗用郑康成注十八章本，独一刘知幾以为行孔而废郑，诸儒争辩蜂起。明皇亦以今本注而序之，书以八分刻之经台，犹在长安，童而习之，皆此也。司马文正公仅得古文于秘阁之藏，为之指解，尝以进仁宗、哲宗，而范太史祖禹继为之说。噫！自汉以来，何其好者之寡也……圣人之言可谓深切，而能有终者亦岂易易乎？钥余生无几，深知兢惧，得正而毙，所愿加勉，故以告有志之士，且以补二公之说云。

2. 《春秋繁露》

楼钥《攻愧集》卷七十七《跋春秋繁露》云：

> 《繁露》一书，凡得四本，皆有高祖正议先生序文。始得写本于里中，亟传而读

之，舛误至多，恨无他本可校。已而得京师印本，以为必佳，而相去殊不远。又窃疑《竹林》《玉杯》等名与其书不相关，后见尚书程公跋语，亦以篇名为疑。又以《通典》《太平御览》《太平寰宇记》所引《繁露》之书，今书皆无之，遂以为非董氏本书，且以其名谓必类小说家。后自为一编，记杂事，名《演繁露》，行于世。开禧三年，今编修胡君仲方宰萍乡，得罗氏兰堂本刻之县庠，考证颇备。凡程公所引三书之言，皆在书中，则知程公所见者未广，遂谓为小说者非也。然止于三十七篇，终不合《崇文总目》及欧阳文忠公所藏八十二篇之数。余老矣，犹欲得一善本，闻婺女潘同年叔度景宪多收异书，属其子弟访之，始得此本，果有八十二篇，是萍乡本犹未及其半也，喜不可言，以校印本各取所长，悉加改定，义通者两存之，转写相讹，又古语亦有不可强通者。《春秋会解》一书，仲方摭其引《繁露》十三条，今皆具在。余又据《说文解字》王字下引董仲舒曰："古之造文者，三画而连其中谓之王。三者，天地人也，而参通之者王也。"许叔重在后汉和帝时，今所引在《王道通三》第四十四篇中，其余传中对越三仁之问，朝廷有大议使，使者及廷尉张汤就其家问之求雨，闭诸阳，纵诸阴，其止雨反，是三策中言，天之仁爱，人君天道之大者在阴阳，阳为德，阴为刑，故王者任德教而不任刑之类，今皆在其书中，则其为仲舒所著无疑。且其文词亦非后世所能到也。《左氏传》犹未行于世，仲舒之言《春秋》多用公羊之说。呜呼！汉承秦敝，旁求儒雅士，以经学专门者甚众，独仲舒以纯儒称，人但见其潜心大业，非礼不行，对策为古今第一。余窃谓惟仁人之对曰："仁人者，正其谊，不谋其利，明其道，不计其功。"又有言曰："不由其道而胜，不如由其道而败。"此类非一，是皆真得吾夫子之心法，盖深于《春秋》者也。自扬子云犹有愧于斯，况其他乎？其得此意之纯者，在近世惟范太史《唐鉴》为庶几焉。褒贬评论，惟是之从，不以成败为轻重也。潘氏本《楚庄王篇》为第一，他本皆无之，前后增多凡四十二篇，而三篇阙焉，惟《玉杯》《竹林》二篇之名未有以订之，更俟来哲。仲方得此，尤以为前所未见，相与校雠。

楼钥主要是从引文和文辞上辨伪，认为程大昌"见者未广"。楼钥认为《春秋繁露》并非伪书，《春秋会解》《说文解字》等书中所引《春秋繁露》之语，"今皆在其书中，则其为仲舒所著无疑"，"且其文词亦非后世所能到也"。

3.《八阵图》

楼钥《攻愧集》卷七十七《跋八阵图》云：

八阵自桓温一言之后无能究其说者。乾道末年，客授东嘉，始闻其说于毘陵使君薛士隆，而陈君又以薛氏所传《握机》及马隆赞示余，于是始见武侯之遗意。王清叔晓以要略，建安蔡季通元定著论尤详。嘉定三年，编修胡仲方槩示余一篇，盖其妇翁王景醇方帅夔门，裒前后众说，寄仲方，且俾访求遗逸。余遂取所藏薛、陈、王、蔡四家之书，悉以授之，将以复寄夔帅，并刻焉。武侯之阵，原于先天六十四卦之方图，而其实则井田之遗法也。文中子以不井田为苟道，且曰："诸葛亮不死礼乐，其有兴乎？"盖以深知井田之制也。毘陵尝问余曰："一部《周礼》兵制何在？"对曰："在夏官。"曰："此但畋猎阅习坐作进退之说，且非兵制也。"对曰："寓兵于农。比间族党为伍为什，即其制也。"毗陵曰："固然，当知古人法制素明，中外一致，非如后世别有兵法。八佾之舞，六十四人即此法也。祭祀燕飨，犹以为用，人人习熟，公卿皆可为将帅，用此道也。法制既隳，知兵者犹得遗意。"余因其言而考之。韩信连百万之众，战必胜，攻必取，自谓多多益办者，此也。项羽败亡之后，以二十八骑分四队而下，尚能披靡汉军，亦此也。晋之马隆，以一小将自荐，武帝倾意用之，孤军深入，略无后继，音问既绝，而捷奏忽闻，则已斩树机能而平凉州矣。史但言其用偏箱车，今乃知其深于八阵如此。后之任将帅者可不知此哉！

楼钥以为《八阵图》出自诸葛亮。又多方发挥，触类旁通。

二十一、王炎

（一）王炎其人

王炎（1137—1218），字晦叔，婺源人。乾道五年进士，官至军器少监，与淳熙中观文殿大学士王炎名姓偶同，非一人也。所著有《读易笔记》《尚书小传》《礼记论语孝经老子解》《春秋衍义》《象数稽疑》《禹贡辨》《考工记乡饮酒仪诸经考疑》《编年通纪》《纪年提要》《天对解》《韩柳辨证》《伤寒论》，总题曰《双溪类稿》，今已无传，惟诗文集仅存。炎初与朱子相契，朱子集中和炎寄弟诗有"只今心事同千里，静对箪瓢独喟然"之句，炎亦多有与朱子往还之作，交谊颇笃。其诗文博雅精深，亦具有根柢。程敏志辑《新安文献志》，所采最多。而此外议论纯粹，引据典确者尚不可悉数，盖学有本原，则词无鄙诞，较以语录为诗文者固有蹈空征实之别矣。

（二）王炎的文献辨伪

1. 《周易》

王炎《双溪类稿》卷二十六《读易笔记序》云：

> 未有书契之初，羲皇首画八卦，文字生焉，则《易》之有书，繇有画也。画以数起，数之用于占者，世虽未之能学，至其本元。河图起于天一地二，而变于九六七八。天一之画奇其数，以太阳之九。地二之画耦其数，以太阴之六。著之用，衍以少阳之七，七卦之重定于少阴之八，此学《易》者所通知也。由数起画，画者象之所寓，象者理之所托也。舍象则理不著矣，舍画则象不明矣。故三画为八卦，六画为六十四卦，画变则象异，画不变则象同。象有体而理无迹也，有体则显，无迹则隐，本隐以之显，圣人立象之意也。即显以索隐，学者观象之方也。文王犹惧后人未能有见，故发其凡于卦之象，周公又本文王之旨，著其变于卦之爻，爻象之词具而于象与理，可以见其端倪矣。虽然，圣人之经或言约而旨博，或语密而义深，读者未必遽了，非文王周公故隐而不发也，开其端于言之中，而存其意于言之外，欲学者深思而自得之，则象所蕴畜，义味深长，可玩而不可厌也。尼父生知之圣也，而读《易》韦编三绝，且曰假我数年，则于《易》道彬彬矣。《十翼》训释，不惮辞费，学者岂

得易言之哉？秦焚古文字，《易》以卜筮之书幸存，此天地鬼神之所护持，以诏来世。而自汉以来，《易》道不明，焦延寿、京房、孟喜之徒，遁入于小数曲学，无足深诮。而郑玄、虞翻之流，穿凿附会，象既支离，理滋晦蚀。王弼承其后，遽弃象不论，后人乐其说之简且便也，故汉儒之学尽废，而弼之注释独行于今。……夫《易》，三圣人所尽心也，立义深于《诗》《书》，而措辞严于《春秋》。《书》之有譬，《诗》之有比，惟意所之，初无定旨。《易》象反是，以奇耦之画摹写天地万物之形似，而寄于六十四卦之中。一卦六画，画有此象，圣人即著之于辞，画无此象，不泛然旁引曲取也，岂得执《诗》《书》比谕为例哉？前辈尝有疑其不然者，故于象数求之加详，然掇拾先儒旧说，嚼糟粕之余，失甘香之味，其所发明无几耳。

2. 纬书

王炎《双溪类稿》卷二十六《郊祀论下》云：

自郑康成引纬乱经，持诡说以汨正论，而先王之礼遂晦而不明。盖汉儒之论经，党同伐异，求伸其专门之说。自世祖以来，谶纬之学盛行，是故何休假纬书以言《春秋》，康成假纬书以言《礼》，皆欲因时君所好，借纬为重，而求其说之胜也。昔人固有知其失者矣。王肃曰："郑氏学行，孔氏之路枳棘充焉。"盖诋其以纬乱经也。后世之言礼者，考信于经，合于经则得之，不合于经则失之。故吾之论郊祀，详于稽经而略于议史也。

纬书皆假托孔子，而何休假纬书以言《春秋》，郑玄假纬书以言《礼》，援引纬书以证经。王炎提出纬书"考信于经"的原则，即"合于经则得之，不合于经则失之"。

3.《尚书》

王炎《双溪类稿》卷二十四《尚书小传序》云：

夫子删《书》，始自尧舜，讫于平王，凡百篇。秦火煨烬之后，伏生口所传授才二十余篇。汉壁腐坏之余，孔安国手所校定止于五十八篇。老翁幼女齐语之讹、脱简科斗秦隶之变，必有失其真者。西汉诸儒经学各自名家，其训注行于今者，惟《毛氏诗》《孔氏尚书》。昔人有言孔安国说《书》不如毛公说《诗》。毛公时发大义，孔安国章句而已。其说诚然。然章句所以训故，亦不可略也。某不足以知《书》之大义。古语有曰："天下无粹白之狐。"而有粹白之裘为其缉众腋而成之也。今所解亦不过会缉先儒之遗论，间有未安者，或以己意发之。既终篇，因序其大略曰：四代之书，尧舜言动载于二《典》；禹之治水，见于《禹贡》；武王功伐，其略见于《武成》；周公遭变，其要见于《金縢》。其余皆君之格言至论，盖右史之所记也。尧、舜、禹、启、盘庚、高宗、成、康、穆王之为君，皋陶、益、傅、说、召公、君牙之徒之为臣，正也；汤武征伐与尧舜不同，伊尹、箕子、周公进退去就与皋陶、益、傅说不同，变之正也。正者，道之经；变之正者，道之权。经权举而圣贤之道尽矣。

4. 《周礼》

王炎《双溪类稿》卷二十六《周礼论》云：

《周官》六典，周公经治之法也。秦人秉竹简以畀炎火。汉兴，诸儒传于煨烬之余，藏于岩穴之间，其书已亡而幸存。汉既除挟书之律，武帝时六典始出，帝不以为善，作十论七难以排之，藏于秘府，不立于学官，其书虽存而如亡。天下之治不可无法，犹之为圆必以规，为方必以矩，为平直必以准绳，六典之备也。武帝之志欲驰骛于规矩准绳之外，虽四代之书，且以为朴学而弗好，其于《周礼》何有立论，排之宜矣。东都诸儒知有《周礼》，而其说不同。以为战国阴谋之书者，何休也；以为周公致太平之迹者，郑康成也。六官所掌，纲正而目举，井井有条，而诋之以为战国之阴谋，休谬矣！而康成以为致太平之迹，其说亦未然也。治法至太平而大备，而所以致太平者不专系于法之详也。周公辅政，管、蔡流言，不安于朝，而之于东都。及其《鸱鸮》之诗作，《金縢》之书启，然后成王逆公以归。既归之后，伐管、蔡，作洛邑，迁殷民。管、蔡既平，殷民既迁，洛邑既成，公则归政于成王矣。当公归政之时，成王莅政之初，淮夷犹未定也，而况公未归政，管、蔡未平，殷民未迁，洛邑未成，虽有六典，安得尽举而行之？成王即政，巡侯甸，伐淮夷，中外无事，还归在丰，作《周官》之书，以戒饬卿士大夫，则周公之经制盖施行于此时。吾是以知六典之法，至太平而后备，非用六典而能致太平也。夫为治有定法，天下无定时，时异则法异。虽尧舜禹相授一道法，亦不能无损益也。分画九州，尧之制也。至舜，则析而为十有二州。分命羲和，尧之制也。至夏，则羲和合为一官。圣人察人情，观世变，立法经治，虽不可变，亦不可泥古。此周公之意也。而读《周礼》者，至今不能无疑。王畿不可以方千里也，五服不可以分为九服也，三等之国不可斥之以为五等也，井田之制积同为成，积丘为县都，内外不容异制也。或者见其可疑，则曰："《周礼》非周公之全书也，盖汉儒以意易之者多矣。"汉儒之言《周礼》诚不能无失，然亦不敢遽变其意也。考之于经，见其可疑，举而归罪于汉儒，岂得为至论哉？且夫禹之五服，服五百里，各指一面言之，故东西相距而为五千。周之九服方五百里，则以其方广言之，东西相距其地亦止于五千，又何斥大封域之有，且梁州之地职方所无，周公岂不能复先王之故土而治之，然而不在封域之内者，务广德，不务广地，可知矣。言其斥大封域而为九服，考之不详之故也。周之洛邑，虽曰天地之中，北近大河，东西长而南北狭，不可以规方千里，然温在今之河北，下阳在今之河东，皆畿内地，不以河为限也。若曰洛在河南，不能规方千里，则商人之都在河北，涯邦畿千里，何以见于商颂，则言千里，王畿之非实者，亦考之不详之故也。井田之法，凡九夫为井，皆以成田言之，沟洫道涂不与焉，内而乡遂，外而县都，其法一也。然在乡遂则自一井，积之方十里为成，又自一成积之方百里为同，所以定乡遂，授田之数也。在家邑则自一井积而为邑，为丘，为甸，四甸为县，四县为都，所以定公卿之采地也。郑康成不察内之成同，外之邑都，皆自一井积之，见其广狭不同，而以为井田异制，又为之说曰：一甸之地旁加一里，以为成一都之地，旁加十里而为同。此康成之误，有以汩经之文，而遂谓先王井地之制不应内外异法，此又考之不详之过也。若夫三等之国分为五等，则周公之意盖逆虑世变，而求有以制之也。唐虞之世，天下号为万国，然强则肆，弱则屈，故则争，于是迭相兼，并至周之初，宇内不过千八百国，则向之万国，社稷丘墟十七八矣。周公于是欲分而为五等，自公以下所食之地少，附庸之国多，欲其以大比小，以小事大，庶几可以小大相维，然必建邦国之时，方定其地，初非取先王经制之国尽从而更张之也。盖周公虽定六官之制，亦度时措之宜而行之，盖有定其制而未行者矣，亦有已行之后世随时而变者矣。定鼎郏鄏，谓之建国，以为民极。然成康未尝都洛，幽王之败，周始东徙，此所谓定其制而未行者。三等之国分为五等，法虽立而未行，亦此意也。五刑之罪二千五百，穆王变为祥刑，凡三千条，穆王去成王未远也，然不用周公之法，《吕刑》一书夫子盖有取焉。此所谓后世随时而变者也。若曰徒封数大国，则诸侯尽扰司徒之制，言封国不言徙国，以封为徙，此又考之不详之过也。虽然前辈之所疑者，吾固推经意而辨之矣。《周礼》犹有可疑者，先儒盖未之疑也。祀昊天上帝，则服大裘而冕祀，五帝亦如之，且祀昊天于南至，服裘为宜，祀黄帝于季夏盛暑之月，而亦服裘，可乎？王播大圭又执镇圭以朝日，《考工记》谓之大圭，其长三尺，杼上蔡首，郑康成谓玉方一寸，其重一斤，若圭长三尺，设若其博二寸有半，其厚四分，则其重殆三十斤，而王能播之乎？王乘玉辂，建太常，维者六人，服皆衮冕。夫衮冕，王与上公之服也。维太常者徒行于车后，乃亦衣龙衮，与王同服，不几于尊卑无辨乎？太宰，六官之长也，其属六十，而内小臣、寺人、九嫔、世妇、女御之职皆与焉，以天子之正卿，而宦寺、宫妾悉为之属，不已几乎天官？既有世妇，春官又有世妇，且曰每宫卿二人谓之妇，则不得以为卿。郑康成乃曰：如汉有长秋，亦以士人居之。夫士人为卿，则又不得谓之妇矣。且王后六宫，而天子六卿，若宫有二卿，则卿十有二人，何其数之多耶？《周礼》一书，今学者所传，康成之训释也，则康成可谓有功于《周礼》矣。虽然，六官之制度，以康成而传，亦以康成而晦。盖康成之于经，一则以纬说汩之，一则以臆说汩之，是以周公之典其意不得不晦也。周公之典既晦，是以学者不得不疑也。前辈之所疑者，不揆其僭而释之。而吾之所疑，则世未有辨之者。后必有能辨之者矣，故表其说以待来者考正焉。

主要是从制度上考辨。王炎认为，郑玄之于《周礼》，一则以纬说汩之，一则以臆说汩之。又曰："汉儒之言《周礼》诚不能无失，然亦不敢遽变其意也。考之于经，见其可疑，举而归罪于汉儒，岂得为至论哉？"

5.《素问》

王炎《双溪类稿》卷二十五《运气论》云：

五运六气之说，不见于儒者之六经，而见于医家之《素问》。夫《素问》，乃先秦古书，虽未必皆黄帝、岐伯之言，然秦火已前，春秋战国之际，有如和、缓、秦越人辈，虽甚精于医，其察天地阴阳五行之用，未能若是精密也，则其言虽不尽出于黄帝、岐伯，其旨亦必有所从受矣。……是故《素问》方伎之书，而《洪范》则圣人经世之大法也。知有《素问》，不知有《洪范》，方伎之流也，知有《洪范》，不知有《素问》，儒者何病焉。

6. 《本草》

王炎《双溪类稿》卷二十五《本草正经序》云：

> 《本草》旧三卷，药三百六十有五种。梁陶弘景附《名医别录》，亦三百六十有五种，分七卷。唐显庆中，苏恭增百十有四种。国朝开宝中，卢多逊重定，增百三十有三种。元祐中，掌禹锡补注附以新补八十有二种，新定十有七种，合一千七十有六种，分二十有一卷。新旧混并，经之本文遂晦。今摭旧辑为三卷，序之曰：衣有蔽膝，樽有玄酒，乐有土鼓、苇籥，存古也。存古者何？不忘其初也。世莫古于上古，人莫圣于三皇，伏羲有《易》，神农有《本草》，黄帝有《素问》等书。医在后世据方投疾，则圣人济天下之仁术也。古书竹简火于秦，《易》以卜筮存，《本草》《素问》以方技存其天乎？西汉去古未远，班固《艺文志》序医四种三十有六家，独弃《本草》不录。淮南王安曰：神农尝百草滋味，一日七十毒，医方始兴。楼缓少诵医经本草方，衍数十万言。平帝元始五年，举天下通医术本草者，吏为驾轺，传遣诣京师，时重《本草》如此，固不录何也。梁《七录》始载神农《本草》三卷，或者谓初未著文字，师学相传，谓之《本草》，颇疑其不然。今考其书，论药性温凉味甘苦多异，殆后人所附益，非本文。古之人能谨起居，薄滋味嗜欲，故受病少，医又神圣，则用药三百六十有五种有余矣。后之人不能摄生，风湿寒暑，侵其肌肤，劳苦无极，弊其筋骨，饮啖无度，伤其肠胃，嗜欲无已，竭其精髓，故受病多。医又上非和、缓，巧非扁、仓，故用药一千七十有六种，而犹若不足。是以删取本文三篇以存古人，以儆庸医。和、缓已远，扁、仓不生，药视古三倍，庸医借此射利，幸而中，攘臂有矜色，不中，病者死，医盖自如，与操刃杀人者相去几何，噫！

王炎所言"梁《七录》始载神农《本草》三卷，或者谓初未著文字，师学相传，谓之《本草》"，是袭自掌禹锡"惟梁《七录》载神农《本草》三卷，推以为始，斯为谬矣……盖上世未著文字，师学相传，谓之《本草》"。但王炎对于这种观点，"颇疑其不然，今考其书，论药性温凉甘苦多异，殆后人所附益，非本文"，即并不认可该说法，他认为"古之人能谨起居，薄滋味嗜欲，故受病少，医又神圣，则用药三百六十有五种有余矣；后之人……嗜欲无已，竭其精髓，故受病多……故用药一千七十有六种而犹若不足。是以删取本文三篇，以存古人，以儆庸医"。

二十二、陈亮

(一) 陈亮其人

陈亮（1143—1194），字同甫，号龙川，学者称为龙川先生。婺州永康（今浙江永康）人。才气超迈，喜谈兵事。宋孝宗时，被婺州以解头荐。乾道五年（1169），上《中兴五论》。淳熙五年（1178），再诣阙上书，极论时事，反对和议，力主抗金。遭人嫉恨，两度入狱。出狱后志气益励。淳熙十五年（1188 年），第三次上书，建议由太子监军，驻节建康，以示锐意恢复。绍熙二年（1191），被人诬告，第三次下狱，次年出狱。四年，被宋光宗亲擢为状元，授签书建康府判官公事，未及就任而逝，年五十二。宋理宗时，追谥文毅。

（二）陈亮的文献辨伪

1.《书经》

陈亮《龙川文集》卷十《经书发题》认为：

> 昔者圣人以道揆古今之变，取其概于道者百篇，而垂万世之训。其文理密察，本末具举，盖有待于后之君子，而经生分篇析句之学其何足以知此哉？亮也何人，而敢议此！盖将与诸君共举焉。夫盈宇宙者，无非物；日用之间，无非事。古之帝王独明于事物之故，发言立政，顺民之心，因时之宜，处其常而不惰，遇其变而天下安之。今载之《书》者，皆是也。要之，文理密察之功用，至尧而后无慊诸圣人之心，是以断诸《尧典》而无疑。由是言之，删《书》者，非圣人之意也，天下之公也。

2.《周礼》

陈亮《龙川文集》卷十《经书发题》认为：

> 《周礼》一书，先王之遗制具在。吾夫子盖叹其郁郁之文，而知天地之功莫备于此，后有圣人不能加毫末于此矣。世儒之论，以为治至于周公而术已穷，穷则不可以复。继周之后必为秦，吾夫子盖逆知之而不言也。呜呼！果其穷也，则周公之志荒矣。自伏羲、神农、黄帝以来，顺风气之宜，而因时制法，凡所以为人道立极，而非有私天下之心也。盖至于周公，集百圣之大成，文理密察，累累乎如贯珠，井井乎如画棋局，曲而当尽，而不污无复，一毫之间而人道备矣，人道备则足以周天下之理，而通天下之变，变通之理，具在周公之道，盖至此而与天地同流，而忧其穷哉？夫周家之制既定，而上下维持至于八百余年，诸侯既已擅立，周之王徒拥其虚器，蒸然立于诸侯之上，诸侯皆相顾而莫之或废，彼独何畏而未忍哉？岂非周公之制有以维持其不忍之心，虽颠倒错乱，而犹未亡也。当是之时，周虽自绝于天，有能变通周公之制，而行之天下，不必周而周公之术盖未始穷也。秦徒见其得天下之难，以为周公之制，盖非其所便，并与夫仅存者而尽弃之，而不知周家之制既尽，而秦亦亡矣，人道废，则其君岂能独存哉？始夫子之言曰，其或继周者，虽百世可知也，盖以为后之王者必因周而损益焉。自是变通，至于百世而不穷，而岂知其至此极也。汉高祖崛起草莽，而得天下，知天下厌秦之苛思，有息肩之所，故其君臣相与因陋就简，存宽大之意，而为汉家之制民，亦以是安之，而汉祚灵长绝而复续者，几与夏、商等。自是功利苟且之政习以为常，先王不易之制弃而不讲，人极之不亡者几希矣。此有志之士所以抱遗书而兴百世之叹，反复推究，而冀其复见天地之大全也。然自秦火之余，此书已非其全，而驳乱不经之言，盖如黑白之不相入，尚可考而知也。虽然，文武之政，布在方册，其人存，则其政举。自周之衰，以迄于今，盖千五百余年矣，天独未厌于斯乎？故将与诸君参考同异，有以待焉。

3. 《春秋》

陈亮《龙川文集》卷十《经书发题》认为：

圣人之于天下也，未尝作也而有述焉。近世儒者有言述之者，天也；作之者，人也。《诗》《书》《礼》《乐》，吾夫子之所以述也。至于《春秋》，其文则鲁史之旧，其详则天子诸侯之行事，其义则天子之所以奉若天道者，而孔子何作焉？孟子之所谓作者，犹曰整齐其文云耳，世儒遂以为《春秋》孔子所自作，笔则笔，削则削，虽游、夏不能赞一辞于其间，言其义圣人之所独得也。信斯言也，则《春秋》其孔氏之书乎？夫《春秋》，天子之事也。圣人以匹夫而与天子之事，此王法之所当正也，不能自逃于王法，而能正人乎？乱臣贼子其有辞矣。夫赏天命，罚天讨也，天子奉天而行者也。赏罚而一毫不得其当，是慢天也。慢而至于颠倒错乱，则天道灭矣。灭天道，则为自绝于天。夫子，周之民也，伤周之自绝于天，而不忍文、武之业遂坠于地也。取鲁史之旧文，因天子诸侯之行事，而一正之，赏不违乎天命，罚不违乎天讨，犹曰此周天子之所以奉乎天者也。或去天称王，或宰以名见，犹曰此周天子之所以自赎乎天者也。天之道不亡，则周不为自绝于天。周不为自绝于天，则天下犹有王也。天下有王，而乱臣贼子安得不惧乎？然则《春秋》者，周天子之书也，而夫子何与焉？或曰：《春秋》而系之以鲁，何也？曰：天下有王，凡诸侯之国之所记载，独非天子之事乎？而况鲁周之宗国，其事可得而详也。夫子曰："如有用我者，吾其为东周乎？"此夫子之志，《春秋》之所由作也。是以尽事物之情，达时措之宜，正以等之，恕以通之，直而行之，曲而畅之，其名是也，其实非也。则文与，而实不与，其心然也，其事异也，则诛其事而达其心，微显阐幽，谨严宽裕，如天之称物平施，如阴阳之并行不悖，文武周公之政所以曲当乎人心者也，而谓《春秋》孔子之所自作，宜非亮之所敢知也。《春秋》所书，无往而非天，学者以人而视《春秋》，而谓有得于圣人之意者，非也。故将与诸君以天下之公而观之，毋以一人之私而观之，辞达而义畅，庶乎可以窥天道之全也。

他认为《春秋》非孔子之所自作。

4. 《礼记》

陈亮《龙川文集》卷十《经书发题》认为：

礼者，天则也。礼仪三百，威仪三千，周旋上下，曲折备具，此非圣人之所能为也。《礼记》一书，或杂出于汉儒之手。今取《曲礼》，若《内则》《少仪》诸篇，群而读之，其所载不过日用饮食、洒扫应对之事，要圣人之极致安在？然读之使人心恍意满，虽欲以意增减而辄不合。返观吾一日之间，悚然有隐于中，是孰使之然哉？今而后知三百、三千之仪无非吾心之所流通也。心不至焉，而礼亦去之。尽吾之心，则动容周旋无往而不中矣，故世之谓繁文末节，圣人之所以穷神知化者也。夫礼者，学之实地也。由敬而后可以学礼，学礼而后有所据依，三百、三千而一毫之不准，皆敬之不至，而吾之心不尽也。一毫之不尽，则其运用变化之际，必有肆而不约者矣。由此言之礼者，天则也，果非圣人之所能为也。

陈亮认为《礼记》一书杂出于汉儒之手，非圣人之所能为也。

5.《文中子》

陈亮《龙川文集》卷十四《类次〈文中子引〉》云：

> 初，文中子讲道河汾，门人咸有记焉。其高弟若董常、程元、仇璋，盖尝参取之矣。薛收、姚义始缀而名之曰《中说》，凡一百余纸，无篇目卷第，藏王氏家。文中子亚弟凝，晚始以授福郊、福畤，遂次为十篇，各举其端二字以冠篇首，又为之叙篇焉；惟阮逸所注本有之。至龚鼎臣得唐本于齐州李冠家，则以甲乙冠篇，而分篇始末皆不同；又本文多与逸异。然则分篇叙篇未必皆福郊、福畤之旧也。昔者孔氏之遗言，盖集而为《论语》，其一多论学，其二多论政，其三多论礼乐。自记载之书，未尝不以类相从也。此书类次无条目，故读者多厌倦。余以暇日参取阮氏、龚氏本，正其本文，以类相从，次为十六篇。其无条目可入与凡可略者，往往不录，以为王氏正书。盖文中子没于隋大业十三年五月，是岁十一月，唐公入关，其后攀龙附凤，以翼成三百载之基业者，大略尝往来河汾矣。虽受经，未必尽如所传，而讲论不可谓无也。然智不足以尽知其道，而师友之义未成，故朝论有所不及，不然，诸公岂遂忘其师者哉？及陆龟蒙、司空图、皮日休诸人始知好其书。至本朝，阮氏、龚氏遂各以其所得本为之训义，考其始末，要皆不足以知之也。独伊川程氏以为隐君子，称其书胜荀、扬。荀、扬非其伦也，仲淹岂隐者哉？犹未为尽仲淹者。自周室之东，诸侯散而不一，大抵用智于寻常，争利于毫末，其事微浅而不足论。齐威一正天下之功大矣，而功利之习，君子羞道焉。及周道既穷，吴、越乃始称伯于中国。《春秋》天子之事，圣人盖有不得已焉者。战国之祸惨矣，保民之论，反本之策，君民轻重之分，仁义爵禄之辨，岂其乐与圣人异哉？此孟子所以通《春秋》之用者也。故事半，古之人功必倍之。孟子固知夫事变之极、仁义之骤，用而效见之易必也，纪纲之略备，而民心之易安也。汉高帝之宽简，而人纪赖以再立；魏武之机巧，而天地为之分裂者十数世，此其用具之《春秋》，著之《孟子》，而世之君子不能通之耳，故夫功用之浅深，三才之去就，变故之相生，理数之相乘，其事有不可不载，其变有不可不备者，往往汩于记注之书。天地之经纷然不可以复，正文中子始正之，续经之作，孔氏之志也，世胡足以知之哉？经曰："天地设位，圣人成能。"传曰："天下之生久矣，一治一乱。"是以类次《中说》，而窃有感焉。

陈亮《龙川文集》卷十六《书〈文中子附录〉后》认为：

> 《文中子世家》阮氏本以为杜淹撰，龚氏本则曰福奖。福奖，福郊也，今虽不可考，而世家不可不录，故存其录而去其人。房、魏论礼乐事出于福畤所录，虽其间语言不能无饰，然参考太宗与诸公经营当时之事，宜必有此。今备存之，重去其旧也。以余观之，魏徵、杜淹之于文中子，盖尝有师友之义矣。如房、杜直往来耳，故尝事文中子于河汾者，一切抄之，曰门人弟子，其家子弟见诸公之盛也，又从而实之。夫文中子之道，岂待诸公而后重哉？可谓不知其师其父者也。关子明之筮同州府君实书而藏之，备其本末者，亦福畤也。世往往以其筮为怪。《易》有理有数，数出于理者

也。得其理足以知百世之变，明其数足以计将来之事，而又何怪焉？如子明之论人谋天命有后世儒生之所不及知者。《文中子家世》之明王道，子明盖有助焉。龚氏安得以私意易之哉？故存此三书，曰《文中子附录》。

陈亮认为，《文中子》一书中虽难免有修饰的成分，但参照书中所述史事，该书应该是真书。

6. 传注

陈亮《龙川文集》卷十一《传注》云：

> 昔者孔子适周，而观礼上世帝王之书，盖亦无所不睹矣。包羲氏、神农氏、黄帝氏始开天地而建人极，其大者固已为百王之所不可废，而风俗之尚朴，法度之尚简也，故其书不可存而存其大者。《易》所载十三卦，圣人是也。而《易》之书，则天地古今之变备矣。帝王始因时立制，可以为万世法程，而百王之纲理世变者自是而愈详，故裁而为书，三代损益之变，后世圣人将有考焉，而夏、商之书，杞、宋特不足证，于是始定《周礼》，又参考周家风俗之盛衰，与其列国离合之变，删而为《诗》，其于周可谓详矣。又取累圣之所以宣天地之和者，列为《乐》书，而又伤春秋之变，遂不可为也。齐威、晋文之伯首，变三代之故，而天地之大经从此废矣。圣人之所以通百代之变者，一切著之《春秋》。六经作而天人之际其始终可考矣。此圣人之志也，而王仲淹实知之。九师三傅，齐、韩、毛、郑、大戴、小戴，与夫伏生、孔安国之徒，其于六经之文，穷年累岁，不遗余力矣，师友相传，考订是非，不任胸臆矣，而圣人作经之大旨，则非数子之所能知也。天下而未有豪杰特起之士，则世之言经者岂能出数子之外哉？出数子之外者，任胸臆而侮圣言者也，彼其说之有源流也，历盛衰之变也，合前后之智也，于圣人之大者犹有遗也。纳天下之学者于规矩之内，吾未见其舍注疏而遽能使其心术之有所止也。当汉、唐之盛时，学者皆重厚质实，而不为浮躁儇浅之行，彼其源流有自来矣。祖宗之初，不以文字卑陋为当变，而以人心无所底止为可忧，故天下之士惟知诵先儒之说以为据依，而不自知其文之陋也。是以重厚质实之风，往往或过于汉、唐盛时。其后景祐、庆历之间，欧阳公首变五代卑陋之文，奋然有独抱遗经以究终始之意，终不敢舍先儒之说，而犹惓惓于正义，盖其源流未远也。嘉祐以后，文日盛而此风少衰矣，极而至于熙丰之尚同，犹未若今日之放意肆志，以侮玩圣言也。圣人作经之大旨，非豪杰特立之士不能知，而纤悉曲折之际，则注疏亦详矣，何所见而忽略其源流而不论乎？无怪乎人心之日偷而风俗之日薄也。然考之三朝，未尝立法也，而天下之学者知以注疏为重，则人心之向背，顾上之人如何耳。夫取果于未熟与取之于既熟，相去旬日之间，而其味远矣。将以厚天下学者之心术，而先启其纷纷，则又执事之所当虑也，可与乐成，难与虑始，此岂忠厚者之论乎？盍亦思所以先之。

7. 经传互证

陈亮《龙川文集》卷十四《春秋比事序》：

《春秋》继四代而作者也，圣人经世之志寓于属辞比事之间，而读书者每患其难通，其善读则日，以传考经之事迹，以经考传之真伪，如此则经果不可以无传矣。游、夏之徒胡为而不能措一辞也？余尝欲即经以类次其事之始末，考其事以论其时，庶几抱遗经以见圣人之志。客有遗余以《春秋》总论者，日是习《春秋》者之秘书也，余读之洒然有当于余心，虽其论未能一一中的，而即经类事以见其始末，使圣人之志可以舍传而独考，此其为志亦大矣。惜其为此书之勤而卒不见其名也，或日是沈文伯之所为也。文伯名棐，湖州人，尝为婺之校官，以文字称而不闻，以经称也，使其非文伯也。此书可不传乎？使其果文伯也，人固不可以浅料也，因为易其名日《春秋比事》，锓诸木，以与同志者共之。

今按：所谓“以传考经之事迹，以经考传之真伪”，其实就是经传互证，这也是经学文献辨伪学的主要方法之一。

附录明嘉靖刻本《龙川集》附书二通云：

卷末附录《书院记》，必是两公所作，详著创建之由。卷首亦当有序，申明复刊之故，第以版式差近，宋元不知何时流入坊肆，奸黠书贾恶其害己，遂并刊去之以售其伪。此事之瞭然者也。

今按：此为版本作伪，与文献辨伪有别。

二十三、叶适

（一）叶适其人

叶适（1150—1223），字正则，号水心居士，温州永嘉人。居于永嘉水心村，世称水心先生。淳熙五年（1178）进士及第，中榜眼，官至兵部侍郎。卒谥文定（一作忠定）。著有《水心先生文集》《水心别集》《习学纪言》等，现有《叶适集》行世。

（二）叶适的文献辨伪

1.《连山易》《归藏易》

叶适之前，唐代陆德明、李延寿，北宋黄伯思、邵博曾怀疑二书为伪书。但叶适所用辨伪方法与前人有所不同。《习学记言》卷三十七认为：

《隋志》无《连山》。至于《归藏》十三卷，盖汉初已亡。按晋《中经》有之，惟载占筮。唐乃有《连山》十卷，司马膺注。至本朝亦无《连山》；而《归藏》三卷，称晋薛贞注。按《刘炫传》：《连山》，炫所造也，坐以得罪。然则《连山》《归藏》皆非本书矣。《周官》虽载三易，远自夏、商，其不经孔氏，无所传授者，后灭没不复著矣。孔氏所不道而道不存焉，学者自不必追论，亦可。

叶适首先从前代书目不著录来辨伪，又援引前代史书资料辨伪。

2.《周易》与《易传》

叶适认为伏羲作八卦，文王作卦辞、爻辞的说法不可信，《习学记言》卷三《易总论》认为：

> 班固用刘歆《七略》记《易》所起，伏羲、文王作卦、重爻，与《周官》不合，盖出于相传浮说，不可信。言孔氏为之《彖》《象》《系辞》《文言》《序卦》之属，亦无明据。《论语》但言"加我数年，五十以学《易》"而已，《易》学之成与其讲论问答乃无所见。所谓《彖》《象》系辞作于孔氏者，亦未敢从也。然《论语》既为群弟子分别君子、小人无所不尽，而《易》之《象》为君子设者五十有四焉，其词意劲属，截然著明，正与《论语》相出入，然后信其为孔氏作无疑。至所谓上、下《系》《文言》《序卦》文义复重，浅深失中，与《彖》《象》异而亦附之孔氏者，妄也。

叶适通过比勘其他古籍辨伪。他认为，"十翼"之中独《彖辞》《象辞》为孔子之文，至于《系辞》《文言》《序卦》文义复重，深浅失中，与《彖辞》《象辞》异而附之孔氏者，妄也，他从文义、文风上进行辨伪，断定非圣人所作。此说与朱熹大同小异。

《习学记言》卷四十四《杨子太玄》云：

> 所谓《十翼》者，独《彖》《象》为孔子之文，其他或先或后，皆非也。然皆自附于孔氏。司马迁固不能辨；而刘向父子与雄尤笃信之。及班固取《七略》以志艺文，百世之后，虽有豪杰特出之士，心不能思，智不能虑，涤胶以漆，妄为清明，而孔氏之学榛棘蔽路矣。嗟夫，雄虽误后世而自误亦岂少哉！古人有作无述，孔氏有述无作。《彖》《象》，述也，非作也。雄不能知，以为《彖》《象》者，作而已，故既首之，复自赞之，又自测之。述、作世而纪法乱，自误一也。言一而已，有精者，无粗也；有深者，无浅也。《十翼》非一人之言也，浅深、精粗宜其不同。

他坚持认为，《十翼》除《彖》《象》之外非孔子作。今按，此说似是而非。

尚秉和《焦氏易诂》当时不敢确定《十翼》是否为孔子所作，他认为"《十翼》解《易》由浅及深"。此说得失参半，可以与叶适之说互相阐发。叶适认为"《彖》《象》为孔子之文"，尚秉和能确定《十翼》"为一人之文"，两者一结合，自然推导出"《十翼》为孔子所作"。这一结论同时将二人的结论都刷新了，这是他们万万没有预料到的结果。

3.《尚书》与《书序》

叶适《习学记言》卷五云：

> 以《书》为孔氏之书，《序》亦孔子作，其说本出班固。固因司马迁，迁因孔安国。安国无先世的传，止据前后浮称兼左氏楚灵王言倚相事尔。固引"洛出书"，而谓字文为《书》，既已甚陋。安国初言"《典》《坟》，至夏、商、周，诰义奥雅，历代以为大训"。旋复言"讨论《坟》《典》，芟烦翦浮"，则是孔子并大训亦去取也，

岂有是哉！文字章，义理著，自典、谟始，此古圣贤所择以为法言，非史家系日月之泛文也。自是以后，代有诠叙，尊于朝廷，藏于史官。孔氏得之，知其为统纪之宗，致道成德之要者也，何所不足而加损于其间以为孔氏之书欤？

《书序》亦由旧史所述，明记当时之事，以见其书之意，非孔子作也。不然，则升自陑，放太甲，杀受，皆其书所无有，孔子胡断然录之哉？春秋以后，游士浸盛。虽然，不因孔氏而获见《书》之全者寡矣，又况后世屋壁中乎？其尽归之孔氏，不足怪也。至于迹上古已定不刊之训，推孔氏有述无作之心，则盖有不然者。后有君子，当更考详。（或疑非安国文，无证）

叶适认为《书序》"亦由旧史所述，明记当时之事，以见其书之意，非孔子作也。不然，则升自陑，放太甲，杀受，皆其书所无有，孔子胡断然录之哉？"主要从《书序》中的内容和常理来辨伪。

叶适《习学记言》卷六亦云：

余于《尚书》，既辨百篇非出于孔氏，复疑《诗》不因孔氏而后删，非故异于诸儒也，盖将推孔氏之学于古圣贤者求之，视后世之学自孔氏而始者则为有间，亦次第之义当然尔。

他认为百篇《尚书》非出于孔子，又怀疑《诗经》不因孔子而后删定。孔子既慨叹文献不足征，为何又要删《诗》《书》呢？由此可见，叶适的怀疑也有其合理性。

4.《周礼》

叶适《习学记言》卷七云：

《周官》独藏于成周，孔子未之言，晚始出于秦、汉之际。故学者疑信不一。好之甚者以为周公所自为，此固妄耳。其极尽小大，天与人等，道与事等，教与法等，粗与细等，文与质等，无疏无密，无始无卒，其简不失，其繁不溢，则虽不必周公所自为，而非如周公者亦不能为也。

旧说《周礼》出自周公，而叶适对此予以否定："此固妄耳。"又称"虽不必周公所自为，而非如周公者亦不能为"。试问周代在周公之后有如周公者吗？回答是否定的。周公之后五百年才有孔子出来。叶适又云："盖周、召之徒因天下已定，集成其书，章明一代之典法，殆尧、舜、禹、汤所无有，而古今事理之粹精特聚见于此……然余所疑者，周都丰、镐，而其书专治洛邑。然则乡遂、郊野、兴贤、劝氓，凡国之政将一断于是书，而旧都莫之用耶？或旧都固自有法，而一畿之内可以两治耶？书之所不言，不可得考。而周之所以致盛治则犹有不尽具者，此其为深可惜也。其后宗周亡灭，而东周之君臣世守此书。然诸侯、夷狄方迭为强雄，家官巨列所职不过行于一城，而微文缛典乃或准于天下，以是为共主四百余年……其所以为异者，《舜典》以人任官而《周官》以官任人尔。余故谓自成、康盛时其人已不足以尽行其道。然学者于此观之，当知官有职业。知官有职业，故知人有职业。知官有职业，则道可行；知人有职业，则材可成。愈于子思、孟子犹未免以意言之，岂其亦未见此书也？"

5.《春秋》

叶适《习学记言》卷九云：

> 孟子曰：《春秋》，鲁史记之名，孔子所作，以代天子诛赏。故曰："知我者其惟《春秋》乎？罪我者其惟《春秋》乎？"孟子去孔子才百余岁，见闻未远，固学者所取信而不疑也。今以《春秋》未作以前诸书考详，乃有不然者。古者载事之史皆名《春秋》，载事必有书法；有书法必有是非。以功罪为赏罚者，人主也；以善恶为是非者，史官也。二者未尝不并行，其来久矣。史有书法而未至乎道，书法有是非而不尽乎义，故孔子修而正之，所以示法戒，垂统纪，存旧章，录世变也。然则《春秋》非独鲁史记之名，孔子之于《春秋》，盖修而不作。且善恶所在，无间贵尊，凡操义理之柄者皆得以是非之，又况于圣人乎？乃其职业当然，非侵人主之权而代之也。然则《春秋》者，实孔子之事，非天子之事也。不知孟子何为有此言也？意者以是书接禹、周公，有大功于世，其道卓越，又欲揭而异之乎？虽然，考索必归于至实，然后能使学者有守而不夸。后世之所以纷纷乎《春秋》而莫知底丽者，小则以《公》《穀》浮妄之说，而大则以孟子卓越之论，故也。

叶适《习学记言》卷四十九亦云："周道既坏，上世所存皆放失，诸子、辩士人各为家。孔子搜补遗文坠典，《诗》《书》《礼》《乐》《春秋》，有述无作。"孔子与五经的关系甚为密切，是否"有述无作"，难以确言，尤其是《春秋》，笔削旧史，无异自撰。诚如金毓黻《中国史学史》第七章《唐宋以来之私修诸史》所云："宋司马光承英宗之命而修《通鉴》，有刘颁、刘恕、范祖禹诸贤为之佐，又得以书局自随，及书成，神宗又为之命名制序，不可不谓之官修矣。然考修是书时，凡属宏纲细目，悉由光一手草创，无异自撰一史。同修诸氏，虽各分撰一部，用力甚勤，然仅属初稿，为编订比缉之助，最后勒定，仍属之光。昔者孔子修史，亦极惨澹经营之功，故曰，笔则笔，削则削，子夏之徒不能赞一辞。以后例前，正可借喻。"准此，不能证明"《春秋》非孔子所作"。

6.《春秋左氏传》

叶适《习学记言》卷十二云：

> 以《国语》《左氏》二书参较，《左氏》虽有全用《国语》文字者，然所采次仅十一而已。至《齐语》不复用，吴、越《语》则采用绝少，盖徒空文，非事实也，《左氏》合诸国记载成一家之言，工拙烦简，自应若此。惜他书不存，无以遍观也。而汉魏相传，乃以《左氏》《国语》一人所为。《左氏》雅志未尽，故别著外传，余人为此语不足怪，若贾谊、司马迁、刘向不加订正，乃异事尔。

通过比较，叶适认为《春秋左氏传》有全用《国语》文字者，即认为《春秋左氏传》中有袭用《国语》的成分。

7.《中庸》

叶适《习学记言》卷八云："汉人虽称《中庸》子思所著，今以书考之，疑不专出子思也。"《习学记言》卷四十四亦云："孔子未尝以辞明道，内之所安则为仁，外之所明则为学，学即六经也，至于内外不得异称者，于道其庶几矣。子思之流，始以辞明道，辞之所之，道亦之焉，非其辞也，则道不可以明。《中庸》未必专子思作，其徒所共言也。"

叶适认为，《中庸》的作者不专出子思，与其徒所共同创作。但这只是出于怀疑，没有提供任何证据。他说"今以书考之"，到底是如何考证的，他没有公布证据，事过境迁，无从得知，根据"疑罪从无"原则，叶适的说法只好存而不论。

8.《史记》

叶适《习学记言》卷十九云：

> 迁于《十二诸侯表》言齐、晋、秦、楚在成周微甚，《汉诸侯表》又言太公于齐兼五侯地，接齐，比三国并吞最少。秦尽得宗周旧地，晋始封，亦不微，后乃滋暴。楚本无封国，浸起蛮夷之雄耳。武王初意不在封子弟，余固论之，大要有德则兴，无德则衰而亡，初不以形势强弱，而周以宗室同姓多为诸侯，虽卑，不忍偣，而强大者因相挟未敢取，故犹寄号名数百年，而周之实已亡矣。世儒以此论封建郡县得失，盖疏于事，而汉置诸侯王于夹辅，何取？徒使其谋臣策士忘食而忧势，必尽绌削之而后已耳。迁序次高祖至《建元以来王子侯者年表》示当世得失之林，正应史职，盖古法无可改。后有欲作，则从其时，且古人亦以其时言之尔，岂自意其为古乎？今远取载籍以来纷更之以就己法，使古今皆失，则文掩于前，而道坠于后，其病于学者非小故也。据《将相年表》，迁没后亡其书，则今所谓《大事记》者，后人依仿诸表载之，非迁笔也。

9.《孔子家语》

叶适《习学记言》卷十七云：

> 《家语》历世存之，终不能明其于孔子之言为正伪。余既颇采次，而怪孔子周旋当世五六十年，所从之众，问对之多，宜不特《论语》一书而止；则其别为记集以辅世教，如《家语》之类几是也。箕子曰："会其有极，归其有极。"《论语》，问对之极也。《论语》所同，《家语》所异，极不会乎？《论语》所有，《家语》所无，极不归乎？孔安国以《论语》为正实，《家语》其虚乎？以《论语》为切事，《家语》其泛乎？夫地产百物，工技艺能则有美恶、大小之异，精粗、工拙之辨，圣人之言岂若是乎？余固叹《论语》《左氏》之外，疑皆非孔子之言。其沦没而不传者，殆不可为限量。而安国所谓实夫子本旨者，滋孔氏之道所由以不明也！

叶适《水心别集》卷六《孔子家语》亦云：

> 《孔氏家语》《左氏春秋》与夫记礼之书，世载孔子之言行，此其人皆得圣人而师之矣。不然，则其师友问学之旧，言语行事之所及者也。不然，则虽其世有先后，而尝接闻其风声者也。近者在游、夏之后，远者出孟轲之间，此其去圣人也不属不近焉，而其所载记者何其浅也？盖略得其辞而转失其意，或皆非其本真而相传以为说，

穷乡委巷之人所以道圣贤之事，与夫当世之鄙儒求以自附于圣贤之名者无不在焉。矜浮而不实，鄙野而无义，观其往反问答盖不足以知游、夏之言也，岂直非孔子、颜渊之意也哉！孔氏之子孙既集以为一家之记，而司马迁论为世史，又尽取而次之，凡后世称诵阙里之遗言以为口实者，往往皆出于三书。甚矣，迁之陋也！孔氏益远而大义微灭，世无复明智深识之士皎然知圣贤之言于杂乱不可考之中，而遂以为其道止如此，可不痛乎！

叶适《辩家语为荀氏之传》：

按《论语》："君召使摈，色勃如也，足躩如也。公西赤宗庙之事，如会同，端章甫，愿为小相焉。孔子曰：'赤也为之小，孰能为之大。'"然则，君在其国而宗庙出其境，而会朝固皆有相，择能而使无常官，事毕而止夹谷之会。孔子与齐人辨争最著其效，至于能还郓欢龟阴之田，而孔子及子路由此预鲁政矣。故学者讹传以为相鲁也。相与不相，于孔子无所加损，然弟子名实之不知，而后世以虚言为实用，则学者之心术疏矣。又按《论语》："子疾病，子路使门人为臣。病间，曰：'久矣哉！由之行诈也！无臣而为有臣，吾谁欺？欺天乎？'"详此，则孔子见用子路以为喜，而孔子不喜；子路以为贵，而孔子不贵。又孔子自言"以吾从大夫之后者再"，皆明其义非乐其官。则所谓有喜色而乐，贵以下人者果非也！又按：始诛少正卯，子贡进曰："夫少正卯，鲁之闻人。今夫子为政而始诛之，其为失乎？"详此，则少正卯之闻次于孔子。又按：下文有父子讼者同狴执之，三月不决，其父请止，孔子舍之。夫父子讼真大罪，而孔子尚欲化之使复于善。少正卯为国闻人其罪未彰而孔子乃先事设诛，播扬其恶由后为夫子本旨，则其前为非夫子本旨明矣。按：舜谗说殄行，震惊朕师，故命龙作纳言出、纳惟允，而周、召之于顽民待之数世。然则汤诛尹谐，文王诛翻正，以至华士付乙史何？少正卯殆书生之寓言，非圣贤之实录也。使后世谓圣人之用不量先后缓急，教未加而遽震乾大讨轻举妄发，以害中道。而曰孔子实然，盖百世所同患矣！自子思、孟子犹皆不然，独荀况近之，故余以为荀氏之传也。

10.《老子》
叶适《习学记言》卷七云：

老聃本周史官，而其书尽遗万事而特言道，凡其形貌朕兆，眇忽微妙，无不悉具。余尝疑其非聃所著，或隐者之词也。

《习学记言》卷十五亦云：

言老子所自出莫著于《孔子家语》《世家》《曾子问》《老子列传》。盖二戴记孔子从老聃祭于巷党云云；史佚子死，下殇有墓，礼家、儒者所传也。司马迁记孔子见老聃，叹其犹龙；遁周藏史，至关，关令尹喜强之著书，乃著上、下篇，言道德之意，非礼家、儒者所传也。以庄周言考之，谓关尹、老聃，古之博大真人，亦言孔子赞其为龙，则是为黄老学者借孔子以重其师之辞也。二说皆途引巷授，非有明据。然迁谓"世之学老子则绌儒学，儒学亦绌老子"。称指必类，乃好恶之实情，乌得举其所诋，而亦谓孔子闻之哉！且使聃果为周藏史，尝教孔子以故记，虽心所不然，而欲自明其说，则今所著者岂无绪言一二辨析于其间？而故为岩居川游素隐特出之语，何耶？然则教孔子者必非著书之老子，而为此书者必非礼家所谓老聃，妄人讹而合之尔……盖老子之学乃昔人之常，至其尽去谬悠不根之谈，而精于事物之情伪，执其机要，以御时变，则他人之为书固莫能及也。然迁既以为不知所终，又以为寿百六十岁，又其居自有乡里，又以为查王为塾将，传至汉。而所谓教孔子之老聃，著书之老子，乃不能辨其本事，而徒详于末流，则非余所知也。

11.《管子》

叶适《习学记言》卷四十二云：

> 管仲始以盐策霸齐。余尝疑《左氏》所不载；而《管子》书乃诸子、辨士刻薄揣摩者附会其说，非实事也。是时王道虽衰而未尽，圣贤余论尚存，若管子果夺商贾之利以自封殖，议者安肯赦之？且陈氏盗齐柄，盖以家量贷，以公量收，晏子谓民爱之如父母，归之如流水。然则豪夺民利非管氏所为，决也。

叶适《习学记言》卷四十五亦云：

> 《管子》非一人之笔，亦非一时之书，莫知谁所为。以其言毛嫱、西施、吴王好剑推之，当是春秋末年。又，"持满""定倾""不为人容"等语，亦种、蠡所遵用也。其时固有师传，而汉初学者讲习尤著。贾谊、晁错以为经本，故司马迁谓读管氏书，详哉其言之也。篇目次第最为整比，乃汉世行书。至成、哀间，向、歆论定群籍，古文大盛，学者疑信未明，而管氏、申、韩由此稍绌矣。然自昔相承，直云此是齐桓、管仲相与谋议唯诺之辞，余每惜晋人集诸葛亮事，而今不存。使管子施设果传于世，士之浅心既不能至周、孔之津涯，随其才分亦足与立，则管仲所亲尝经纪者岂不足为之标指哉？惟夫山林处士，妄意窥测，借以自名。王术始变，而后世信之，转相疏别，幽蹊曲径，遂与道绝，而此书方为申、韩之先驱，鞅、斯之初觉。民罹其祸而不传其福也，哀哉！

叶适认为，"《管子》非一人之笔，亦非一时之书"。不知作者为谁，以其中"毛嫱""西施""吴王好剑"等词语推断，当是春秋末年。他从思想方面切入，认为"孔子以器小卑管仲，责其大者可也；使其果狠琐为市人，不肯为之术，孔子亦不暇责矣。故《管子》之尤谬妄者，无甚于《轻重》诸篇"。另外，叶适从制度方面切入，认为"《小匡》乃言管仲制国为二十一乡，商、工六，士、农十五，纵横参乱，尤不近理，盖非一人之笔"。《四库全书总目》卷一百一《管子提要》曰："旧本题管仲撰。刘恕《通鉴外纪》引《傅子》曰：'管仲之书，过半便是后之好事所加，乃说管仲死后事，轻重篇尤复鄙俗。'叶适《水心集》亦曰：'《管子》非一人之笔，亦非一时之书，以其言毛嫱、西施、吴王好剑推之，当是春秋末年。'今考其文，大抵后人附会多于仲之本书。其他姑无论，即仲卒于桓公之前，而篇中处处称桓公，其不出仲手，已无疑义矣。书中称'经言'者九篇，称'外言'者八篇，称'内言'者九篇，称'短语'者十九篇，称'区言'者五篇，称'杂篇'者十一篇。称'管子解'者五篇，称'管子轻重者'十九篇。意其中孰为手撰，孰为记其绪言如语录之类，孰为述其逸事如家传之类，孰为推其义旨如笺疏之类，当时必有分别。观其五篇明题管子解者，可以类推，必由后人混而一之，致滋疑窦耳。"显然已经吸收利用了叶适的辨伪成果。

刘咸炘《子疏》定本卷下《法家第八》云："管仲时尚无聚徒养客之事，此乃道、法、权、术诸家称述管子。称管者，以其霸功也。《孟子》曰：齐人知管仲、晏子而已。管、晏皆有书，是齐人所为也。战国风气在开于齐，别有专论。"张舜徽《汉书艺文志通释》卷三亦云："此书在刘向前，乃杂乱无章之文献资料。经刘向去其复重，订其讹谬，写定为八十六篇，仍为一部包罗甚广之丛编，固非纪录管子一人之言行也。古人记事纂言，率资简策。积之既多，每取其相近者聚而束之。大抵河平校书以前之古代遗文，多属此类，不独《管子》然也。刘向区而别之，诸书始粲然可观。然于删除繁重之际，不可谓其所割弃者，皆全无足取者也。若其校录《管子》，竟除去复重至四百八十四篇之多。如此丰赡旧文，岂尽不足采掇乎？"二家之说均建筑在叶适的基础之上。

12.《握奇经》

叶适《习学记言》卷四十六认为：

> 兵法何必自黄帝起？而世所传《握奇》文者，兵家流借其名。李靖亦有不知乎？丘井所以度地居民，岂为兵制？谓数起于五，终于八，皆在此，非也。周自上世迁岐，已有立国之法，谓太公始建，非也。戎车三百两，虎贲三千人，言师尽行，谓立军制，非也。六步七步，四伐五伐六伐七伐，誓众贵速，且不穷兵，谓教战法，非也。夫法所以用兵，而兵之成败不专在法，若必以法为胜，则蚩尤、桀、纣若林之旅，岂其皆无法哉？且项羽之于汉高，固尝百胜一败而亡，岂汉一日而有法哉？靖虽通明练事，而兵家之习气不除，恐如此而谋人之国家，亦尽有害。偶值唐之方兴，故不见耳。至李勣，则见之矣。

叶适认为《握奇经》乃兵家者流借用黄帝之名，并非出自黄帝之手。他批评前人说："独珍贵阵法，既以为黄帝所制；又谓太公实缮其法；又谓齐人得其遗法，管仲复修之。又祖《管子》言管仲分齐为三。又谓诸葛亮八阵即《握奇法》。凡此皆山泽隐约，以术自喜，夸妄相承，而后人信之。就如其言，则自黄帝、三代数千年独数人通悟阵法，余皆寂寥零落。且天下之兵无日不斗，而部伍、卒乘将安所寄托乎？"兵家类著作往往需要借用圣贤之类为其书站台，上自黄帝，下至诸葛亮、刘伯温，兵家者流竞相依托，借用其名，神乎其技，以招徕信徒。因此，兵家类著作往往也是作伪的重灾区。

13.《六韬》

叶适《习学记言》卷四十六认为：

> 古人盛际，尧举舜，舜荐禹、皋陶，汤用伊尹，高宗梦傅说，《书》皆详纪；而

文王遇太公望事乃阙略，可恨！《诗》但言"维师尚父，时维鹰扬，谅彼武王，肆伐大商，会朝清明"而已。观《左氏》载"赐履"一节，盖太公初进，文王尚为诸侯，及佐武灭商，遂屏辅于外，故其功不及周、召之大也。然世俗流传而兵家窃借以为书，若今《六韬》者，后世承缪，谓其君臣遇合之间，阴谲狭陋至此，则何以"对越在天"而"上帝临汝"乎？

　　自《龙韬》以后四十三篇，条画变故，预设方御，皆为兵者所当讲习。《孙子》之论至深不可测，而此四十三篇繁悉备举，似为《孙子》义疏也。其书言避正殿，乃战国后事，固当后于《孙子》。论将有十过，近于五危；战车十死，战骑十败，与《行军》《九地》相出入。其《励军》言礼将、力将、止欲，练士各聚卒教战，成三军，又本于吴起，然则孙、吴固兵家所师用。至庄周亦称九徵，则真以为太公所言矣。然周嫚侮为方术者，而不悟《六韬》之非伪，何也？盖当时学术无统，诸子或妄相诋訾，或偶相崇尚，出于率尔，岂足据哉？按《军用》述三军器用攻守之具、秩品众寡之法，甲士万人，器械重厚，无所不有，计十万人乃足，盖非道路所能容。左氏邲之战但言军行右辕，左追蓐前，茅虑无中权后劲，百官象物而动，军政不戒而备。城濮七百乘，辅靷鞅靽而已，若群物尽行，起江越海，皆有兵，其临时仓猝，施用不及，乃自败之道，然亦不可不知也。《孙子》谓："无辎重则亡，无粮食则亡，无委积则亡。"又曰：百里而争利则擒将军，五十里而争利则蹶上将军。夫阻守其处，见利而不能争，则何取于兵，而舍辎重粮委，徒手而搏者，又未有不覆军杀将，则兵焉往而求胜。然则为《孙子》之术者，必无战而后可尔。

　　叶适认为，《六韬》中"自《龙韬》以后四十三篇……繁悉备举，似为《孙子》义疏也"①，此为通过比勘《孙子》一书来考辨。其次，"其书言避正殿，乃战国后事，固当后于《孙子》"②，叶适认为，文中出现的"避正殿"③暗示了其时代应为战国之后，此为通过名物的时代性来考辨。另外，"（庄）周嫚侮为方术者，而不悟《六韬》之非伪，何也？盖当时学术无统，诸子或妄相诋訾，或偶相崇尚，出于率尔，岂足据哉"④。此处，叶适对于庄周言《六韬》为方术之书而不言其为伪书的原因做了猜测，认为可能是由于庄子所处时代的学术特点决定的。此处，叶适的辨伪有了时代意识，即考虑到不同时代，而辨伪的方式或者亦有不同。

　　14.《孙子》

　　叶适《习学记言》卷四十六云：

　　　　按：司马迁称"《孙子》十三篇"，两言之。而班固志艺文，乃言《吴孙子兵法》八十二篇，又《吴起》四十八篇，而今吴起六篇而已。又今《中庸》一篇，而《志》称四十九篇，岂昔所谓篇者特章次之比，非今粹书也。然迁时已称十三篇，而

①　叶适：《习学记言序目》卷四十六，影印文渊阁四库全书本，第 849 册，第 762 页。
②　叶适：《习学记言序目》卷四十六，影印文渊阁四库全书本，第 849 册，第 762 页。
③　理论上讲，"避正殿"始自汉代。
④　叶适：《习学记言序目》卷四十六，影印文渊阁四库全书本，第 849 册，第 762 页。

刘歆、班固在其后，反著八十二篇，以《火攻》《用间》考之，疑《孙子》亦有未尽之书。然此为文字多少，其不存者自不足论。迁载：孙武，齐人而用于吴，在阖庐时破楚入郢为大将。按：《左氏》无孙武。他书所有，《左氏》不必尽有。然颍考叔、曹刿、烛之武、鱄设诸之流，微贱暴用事，《左氏》未尝遗，武功名章灼如此，乃更阙略。又，同时伍员、宰嚭一一诠次，乃独不及武耶？详味《孙子》与《管子》《六韬》《越语》相出入，春秋末、战国初山林处士所为，其言得用于吴者，其徒夸大之说也。自周之盛，至春秋，凡将兵者必与闻国政，未有特将于外者。六国时此制始改。吴虽蛮夷，而孙武为大将，乃不为命卿，而《左氏》无传焉，可乎？故凡谓穰苴、孙武者，皆辨士妄相标指，非事实。其言阖庐试以妇人，尤为奇险，不足信。且武自诡妇人可勒兵，然用百八十人为二队，是何阵法？且既教妇人而爱姬为队长，则军吏不可参用男子，队长当斩，其谁任之？仓猝展转，武将自败之不暇。然谬误流传，但谓穰苴既斩宠臣，而孙武又戮爱姬也。不知真所谓知兵者何用此。或问：子不与斩爱姬于事何所损益？天下有道，征伐自上出，而行阵部伍皆有定法，以教天下。天下无道，匹夫贱人以意言兵，行阵部伍，无复常经。其流及上，而为国者愿听命焉。祸结数千年，不可救止，此岂小故，而谓无所损益耶？

叶适认为，孙武为大将，而《左传》却不载其事迹，似不合情理。又认为《孙子》中所言阖庐之事不足信。

15.《神农本草》

叶适《习学记言》卷四十一云：

《于志宁传》载修定《本草图经》事，世谓神农尝药；而黄帝以前，以识相付，不传文字，安得有此？神农《本草》，自古为医师所传。如黄帝、岐伯对问，皆非矣。

叶适认为，黄帝时还没有文字，因此不可能是黄帝作。唐代啖助曾以"后之学者，乃著竹帛，而以祖师之目题之"[①] 对此现象加以解释。

二十四、王楙

（一）王楙其人

王楙（1151—1213），字勉夫，长洲（今苏州）人。养母不仕，惟杜门著述，当时称为讲书君。著有《野客丛书》三十卷，《野老记闻》一卷，皆考证典籍异同，自序称："仆间以管见随意而书，积数年间卷帙俱满。旅寓高沙，始命笔吏，不暇诠次，总而录之为三十卷，目之曰《野客丛书》。"又称"此书自庆元改元以来凡三笔矣，继观他书，间有暗合，不免为之窜易"，盖刻意自成一家之言。

---

① 陆淳：《春秋集传纂例》卷一，影印文渊阁四库全书本，第 146 册，第 381 页。

（二）王楙的文献辨伪

1.《古文尚书》

《野客丛书》卷十四"古文尚书"条云：

> 　　《遁斋闲览》曰：《春秋》襄公六年，楚杀令尹子辛，君子谓楚共王于是乎不刑，因举《虞书》"成允成功"为证。又哀公十八年，巴人伐楚，《传》引"官占，惟先蔽志，昆命于元龟"，此皆《大禹谟》之文。杜预注曰，《逸书》也。是未尝读《古文尚书》耳。仆谓当是之时，《古文尚书》未出，而预之所引，非今之本，是以不同，如《国语》引《泰誓》曰"民之所欲，天必从之"，《汤誓》曰"余一人有罪，无以万夫"，韦昭注皆曰，今书无此文，其散亡乎？又引"关石和钧，王府则有"，"众非元后何戴，后非众无与守邦"，"民可近不可下"如此等语甚多。韦昭皆注以为《逸书》。按今《尚书》数处本文具存，初未尝散失也。非特《国语》为然，又如《礼记》引《君陈》"此谋此猷，惟我后之德"，《泰誓》"予克受，惟朕文考无罪"，郑氏注亦以为无此文，不知此文元在。杜预之见正与韦昭、郑玄同，皆以本文为逸词，非不读《古文尚书》，盖《古文尚书》未行于时故尔。且预所见不独是也，如"戒之用休，董之用威""与其杀不辜，宁失不经""慎始敬终，终以不困""皋陶迈种德，念兹在兹""圣有谟勋，明征定保"如此等语，预皆注为《逸书》。又如穆叔举《泰誓》"民之所欲，天必从之"，预注谓今《尚书》无此文。诸儒疑之，按诸语具存今《尚书》中。"圣有谟训"作"圣有谟勋"，注谓圣哲有谋功者。此一字与今不同。

《野客丛书》卷四"《尚书》抵牾"条亦云：

> 　　《尚书大传》与《古文尚书》所载不同。《大传》谓："周公死，王诵欲葬于成周。天乃雷电以风，禾尽偃，大木斯拔，国人大恐。王乃葬周公于毕，示不敢臣也。"梅福、张奂等皆引以为言。据今《尚书》言"大雷雨以风，禾尽偃，大木斯拔"，见于周公居东之日，而非其死葬之时。以此一事观之，则知《大传》与经抵牾多矣。岂惟《大传》如此，今之《尚书》与汉本亦多不同。王嘉奏对，引皋陶戒舜之语，曰："无教佚欲有国，兢兢业业，一日二日万几。"师古注谓《虞书·咎由》之词，言有国之人不可傲慢逸欲，但当戒谨危惧，以理万事之几。敎字与教字意甚相远，而敎之意为尤长。元城先生谓恐敎字转写作教字耳。仆又观陈蕃疏曰"皋陶戒舜无教逸游"，则于今本教字初未尝差也。汉人引经，率多如此。不特是也，如《尚书》"天齐于人，俾我一日"，而杨赐则曰"天齐乎人，假我一日"。《尚书》"上刑适轻，下刑适重"，而刘恺则曰"上刑挟轻，下刑挟重"。《尚书》"黎民于变时雍"，而阳朔二年诏则曰"黎民于蕃时雍"。《尚书》"方命圮族"，《蜀志》《晋书》皆曰"放命圮族"。《尚书》"平章百姓"，《史记》曰"便章百姓"。徐广注：便，平也。《刘恺传》曰"辨章百姓"，郑玄注：辨，明也。似此之类甚多，汉人各习其师，往往不同如此。

2. 《春秋繁露》

《野客丛书》卷一"董仲舒决狱事"条曰：

> 董仲舒在家，朝廷如有大议，使使者及廷尉张汤就其家问之，其对皆有明法。及上疏条教，凡百二十三篇，而说《春秋》事得失，《闻举》《玉杯》《繁露》《清明》《竹林》□□□数十篇，十余万言，皆传于后世。其传文如此，而应劭所载，微有异同，曰：胶东相董仲舒，老病致仕。朝廷每有政议，数遣廷尉张汤，亲至陋巷，问其得失。于是作《春秋决狱》二百三十二事，动以经对言之。所谓《决狱》二百三十二事，世亦罕闻。

3. 《禽经》

《野客丛书》卷二十八"禽经"条云：

> 章茂深尝得其妇翁石林所书《贺新郎》词，首曰"睡起啼莺语"，章疑其误，颇诘之，石林曰："老夫尝考之矣。流莺不解语，啼莺解语，见《禽经》。"仆因求之《禽经》，止一卷，不载所著人名。自汉《七略》、隋《经籍志》、唐《艺文志》、本朝《崇文书目》皆不载，观其洞究物理，殆非常人所为。观《埤雅》及诸书述《禽经》所载，而今《禽经》无之，尚数十条……疑《禽经》非全本。此语得之鲍夷白。仆又观之，如鹭目成而受胎，鹤影接而怀卵，鸳鸯交颈，野鹊传枝，此见变化论。鹤以声交，鹊以意交，鸡鹊以睛交而孕，此见《尔雅疏》。鱼瞰鸡瞩，鸟无肺胃，蜃无脏，见《崇有论》。此类甚多，皆《禽经》所当收者。鲍夷白谓《禽经》非后人作。仆考古今群书类目，并无《禽经》，又观《三国志》陈长文引《牛经》《马经》《鹰经》及诸《相印》《相笏》等经，谓皆出于汉世，独不闻《禽经》之说。今《崇文书目》载《马经》《鹤经》《驼经》《鹰经》《龟经》，亦无《禽经》，疑后人所作。《埤雅》谓师旷作。

首先，从书目源流辨伪。王楙认为该书"汉《七略》、隋《经籍志》、唐《艺文志》、本朝《崇文书目》皆不载"。其次，从该书的内容辨伪，"观其洞究物理，殆非常人所为"。再次，从引文辨伪。

4. 当时佚事

《野客丛书》卷二"当时佚事"条云：

> 事有存于当时，史传没其实而不闻者，何可胜数！如高祖时赵尧举春，李舜举夏，儿汤举秋，贡禹举冬，此事不因魏相检举祖宗故事而行，何自而知。此一条正在高皇帝所述诏书天子所服第八篇，而前七篇所载者又不知何事。《史记》所载褚先生曰：田仁刺举三河，河南、河内太守皆杜周子弟，河东太守石丞相子孙仁刺三河，皆下吏诛死，今《前汉·杜周传》但言两子夹河为郡守，治皆残酷，不言所终，而石丞相子孙又不载所谓河东太守者。后汉梁统疏曰：哀、平继体，即位日浅，听断尚寡。丞相王嘉轻为穿凿，亏除先帝旧约定律，数年之后，百有余事，或不便于理，或

不厌民心，谨择其先害于治体者傅奏于左。今《王嘉传》及《刑法志》并无其事，晋段灼疏曰：帝鳌委政舅家，使权势外移，帝幸禹家，拜禹床下，问天灾事，禹低卬五侯之间，苟取容媚，是以朱云抗节求尚方剑，以戒其余。今《朱云传》但云：张禹以师傅位特进，甚尊重云。上书请尚方剑，斩佞臣一人，张禹而不言其所以。司马温公作《通鉴》，却连是文，正合段灼之言，举此数端，益知自古以来善恶之实漏网于史策间多矣。天子所服一条又见于《汉杂事》，乃知五时衣始于此。

5. 经书因误

《野客丛书》卷二"经书因误"条：

经书间亦有流传之误，因迁就为本文者甚多，如《礼记》引《君牙》之词，曰"夏暑雨，小民惟曰怨；资冬祁寒，小民亦惟曰怨"。注谓资读为至，齐、梁之语，声之误也。夏日暑雨，小民怨天。至冬祁寒，小民又怨天。案今《君牙》之文曰"夏暑雨，小民惟曰怨咨；冬祁寒，小民亦惟曰怨咨"。其本文如此，惟《礼记》中误写咨为资，而下文又脱一咨字，遂曲为之说，以全其文义如此。又如《中庸》曰"素隐行怪"，《汉志》则曰"索隐行怪"，此如《书序》八卦谓之八索，徐邈以为八素，盖索与素字，文相近故耳。

6. 《汲冢书》

《野客丛书》卷十一"汲冢书"条云：

《史记·燕世家》所载，或曰："禹荐益，已而以启人为吏。及老，而以启为不足任乎天下，传之于益。已而启与交党，攻益夺天下。"谓禹名传天下于益，已而实令启自取。此说甚背经旨。前辈往往致疑。《战国策》亦有是语，司马贞注曰：经传无闻，未知所由。仆尝考之，其说出于《汲冢书》。《汲冢书》凡七十五篇，出于魏安釐王墓中。其言大率与今经史相反，如云夏年多殷；益干启位，启杀之；太甲杀伊尹；文王杀季历；自周受命至穆王百年，非穆王寿百岁；幽王既亡，有共伯和者摄行天子事，非二相共和。《师春》一篇，书《左传》诸国卜筮，师春是造书之姓名也。《琐语》十一篇，诸国卜梦妖怪相书也。《缴书》二篇，论弋射法。此类不一，今《崇文总目》有《汲冢周书》十卷。

7. 《论语笔解》

《野客丛书》卷二十八"退之注《论语》"条云：

《闻见录》曰：张籍祭韩退之诗曰："《鲁论》未讫注，手足今微茫。"是退之尝有《论语注》而未成也。今世所传宰我昼寝作画，三月不知肉味，三月作音，是其所注者。仆考李汉序退之集曰："有《论语注》十卷，后世罕传。"然缙绅先生往往有道其三义者。近时钱塘汪充家有是本，王公存刊于会稽郡斋，目曰《韩文公论语笔解》，自《学而》至《尧曰》二十篇，文公与李翱指摘大义，以破孔氏之注，正所谓三义者。观此不可谓《鲁论》未讫注，后世罕传也。然观《闻见录》引三月不知肉味，三月作音字，今所行《笔解》无此语，往往亦多遗佚，或谓韩公所解多改本文，近于凿。仆又观退之别集答侯生问《论语》一书，有曰："愈昔注解其书，不敢过求其意，取圣人之旨而合之，则足以取信后生辈耳。"韩公以此自谓，夫岂用意于凿乎？

8. 《鹖冠子》

《野客丛书》卷二十九"鹖冠子"条云：

> 《三山老人语录》云：性命生死之说，自秦后，贾谊独窥其奥。其为长沙传，赋鹏自广，言千变万化，未始有极。忽然为人，何足控抟；化为异物，又何足患！小智自私，贱彼贵我；达人大观，物无不可，真人恬漠，独与道息，释智离形，超然得丧。乘流则逝，得坎则止。其生兮若浮，其死兮若休，泛乎若不系之舟。此语自汉以来，皆不能出其右。汉文帝朝，惟贾谊颖然独出，论性命，尽天地，后世无以加也。仆谓谊此等语，皆出于《鹖冠子》。案袁淑《真隐传》，鹖冠子，楚人，隐居深山，以鹖为冠，号鹖冠子，著书言道家事，冯煖事之，显于赵。刘向亦载其事，《前汉·艺文志》有《鹖冠子》一篇。今所行四卷十五篇，如所谓"中流失船""一壶千金""贵贱无常，物使之然"，皆出于是。韩退之独非其书，以为好事者伪为是本，反用《鹏赋》以文饰之，非谊之有取于此也。晚进小生，不敢妄据此书，书此以俟识者。

9. 李陵之诗

《野客丛书》卷二十九"五言诗"条云：

> 晋、唐以来，文人类多以五言诗起于李陵。或者又引《毛诗》五言之句，谓李陵五言出于三百篇之诗。仆谓是则然矣。往往李陵之诗，首尾彻章，皆以五言，前此未有考耳。仆观徐陵《玉台新咏》，有枚乘《杂诗》九章，皆五言彻章。此正明为五言诗者，在李陵之前。若是，则岂可谓五言诗起于李陵乎？林少颖先生所类《观澜集》，收枚乘诗数章，题曰《古诗》。注谓不知时代，又失姓氏，但云古诗。林先生未见《玉台新咏》故尔。

10. 一诗见两处

《野客丛书》卷二十八"唐人一诗见两处"条云：

> 唐人一诗见两处刊者甚多。如"万愁生旅夜，百病转衰年""时过无心求富贵，身闲不梦见公卿"，此二诗既见《姚合集》，又见《王建集》。"赁宅得花饶，初开恐是妖"，此一诗既见《杨巨源集》，又见《王建集》。"有月皆同赏，无秋不共悲"，此诗在《卢纶集》则曰忆司空文明，在《司空文明集》则曰忆卢纶，不知果谁为也。

11. 拟古非作伪

《野客丛书》卷十二"江淹拟古"条曰：

> 《遁斋闲览》云："《文选》有江淹《拟汤惠休诗》曰：'日暮碧云合，佳人殊未来。'"今人遂用为休上人诗故事。仆谓此误自唐已然，不但今也。如韦庄诗曰："千斛明珠量不尽，惠休虚作碧云词。"许浑《送僧南归诗》曰："碧云千里暮愁合，白雪一声秋思长。"曰："汤师不可问，江上碧云深。"权德舆《赠惠上人诗》曰："支郎有佳思，新句凌碧云。"孟郊《送清远上人诗》曰："诗夸碧云句，道证青莲心。"张祜《赠高闲上人诗》曰："道心黄檗老，诗思碧云秋。"雪窦诗曰："碧云流水是诗家。"曰："汤惠休词岂易闻，暮风吹断碧溪云。"此等语皆以为汤诗用，惟韦苏州《赠皎上人诗》曰："愿以碧云思，方君怨别词。"似不失本意。吴曾《漫录》但引乐天与唐上人对答二诗为证，岂止此邪？

12. 暗合非作伪

《野客丛书》卷十六"随笔议论"条曰：

> 后人议论，往往多与前人暗合。近时《容斋随笔》出入书史，考据甚新。然观以前杂说，不约而同者，十居二三，如谓真宗摘孟蜀王箴中语"尔俸尔禄"数言为《戒石铭》，此说已见《野人闲话》。谓《广韵》杬字注，杬木汁可渍鸭子，谓之咸杬，此说已见《唐书音训》。谓山谷诗"月出虎虩藩"，出于老杜《伐木诗序》，此说已见《艺苑雌黄》。谓诗"愿言则嚔"，人说我则嚔，此说见《观风编》。此类甚多。如论牡丹玉蕊之属，亦皆前人论过，容斋其未知邪？前二事，亦见《续释常谈》。咸杬事，见《玉篇》《齐民要术》。

13. 据风格辨伪之局限

《野客丛书》卷六"荆公读苏文"条曰：

> 《冷斋夜话》载，王荆公居钟山，一日于客处得东坡《宝相藏记》，展诵于风檐之下，喜见须眉，曰："子瞻，人中龙也。然有一字未稳。"客请愿闻之，公曰："日胜日贫，不若日胜日负。"东坡闻之，拊掌大笑，以为知音。又潘子真《诗话》载，东坡作《表忠观碑》，荆公置坐隅，有客问曰："相公亦喜斯人之作？"公曰："斯绝似西汉。"坐客叹誉不已。公笑曰："西汉谁文可拟？"坐客或比以司马相如、扬雄之流。公曰："相如赋《子虚》《大人》，洎《谕蜀文》《封禅书》耳。雄所著《太玄》《法言》以准《易》，未见其叙事典赡若此。直须与子长驰骋上下，如《楚汉以来诸侯王年表》。"苕溪渔隐以谓熙宁间介甫当国，力行新法，子瞻讥诮其非，形于文章者多矣，介甫能不芥蒂于胸次？想亦未必深喜其文章。今二者所笔，恐非其实。仆谓二公皆一时伟人，其所不相能者，特立朝议论间耳。然其文章妙处，各自心服，何尝以平日议论不相能之故，并以其所长者忌之？苟如是，何以为二公？渔隐以市井常态测二公，过矣！此如颜师古谓萧望之忌韩延寿之能出己之上之说一同。

不可以市井常态推测，此条亦可运用到辨伪之中。据风格辨伪亦为常法，但不能据此定案。

14. 史事前推

《野客丛书》卷十五"握发等事"条曰：

> 今言吐哺握发，必归之周公，如李瀚《蒙求》所载是也，不知先此大禹，盖尝一馈而十起，一沐而三握发矣，事见《淮南子》。今言持竿诵经不知雨之流麦，必称高凤，不知先此朱买臣，盖尝孜孜修学，不觉雨之漂粟矣，事见《邹子》。《前汉书》载韩信微时从漂母乞食，不知先此伍子胥微时，盖尝从击绵女子乞食矣，事见《吴越春秋》。此三事皆在前，世罕传焉。

二十五、高似孙

（一）高似孙其人

高似孙（1158—1231），字续古，号疏寮，浙江鄞县（今属宁波）人，后迁居嵊县（古称剡县）。似孙为高文虎长子。高氏勤于著述，著作多达二十余种。现存世的有：《剡录》《史略》《子略》《纬略》《蟹略》《骚略》《砚笺》《疏寮小集》《选诗句图》《剡溪诗话》。亡佚的有：《经略》《集略》《诗略》《古世本》《战国策考》《蜀汉书》《汉书司马相如传注》《汉官》《烟雨集》《秦桧传》及《乐论》等。从其著书目录来看，高氏在目录学方面下过不少功夫，其《史略》《子略》与今已失传的《经略》《集略》《诗略》构成一整套关于我国古籍的专科目录学系列著作。

（二）高似孙的文献辨伪

1. 《周易》

《子略》卷二云：

> 卦始于伏羲，重于文王，成于孔子，天人之道极矣。究人事之始终，合天地之运动，吉凶悔吝，祸福兴衰，与阴阳之妙，迭为销复，有无相乘，盈虚相荡，此天地之用、圣人之功也。《易》有忧患，此之云乎？《书》纪事，《诗》考俗，《春秋》以明道，《礼》《乐》以稽政，往往因其行事，书以记之者也。《易》之作，极圣人之蕴奥，而天下无遗思矣。

高似孙认为："所谓道者，盖羲皇之所凿，周、孔之所贯，岂复有所增损哉？"此所谓道者特指《周易》而言，仍然坚持传统说法，可谓信而好古，述而不作。

2. 《黄帝阴符经》

《子略》卷一云：

观天之道，执天之行，尽矣。故天有五贼，见之者昌。五贼在心，施行于天；宇宙在乎手，万化生乎身。天性，人也。人心，机也。立天之道，以定人也。天发杀机，日月星辰。地发杀机，龙蛇起陆。人发杀机，天地反复。天人合发，万变定基。性有巧拙，可以伏藏。九窍之耶，在乎三要，可以动静。火生于木，祸发必克；奸生于国，时动必溃。知之修练，谓之圣人。

天地，万物之盗；万物，人之盗；人，万物之盗。三盗既宜，三才既安，故曰食其时，百骸理；动其机，万化安。人知其神而神，不知不神所以神。日月有数，大小有定，圣功生焉，神明出焉。其盗机也，天下莫不见，莫能知。君子得之固穷，小人得之轻命。

瞽者善听，聋者善视，绝利一源，用师十倍；三反昼夜，用师万倍。心生于物，死于物，机在目。天之无恩而大恩生，迅雷烈风，莫不蠢然。至乐性余，至静则廉。天之至私，用之至公。禽之制在气。生者死之根，死者生之根；恩生于害，害生于恩。愚人以天地文理圣，我以时物文理哲。自然之道静，故天地万物生。天地之道浸，故阴阳胜，阴阳相推而变化顺矣。至静之道，律吕所不能契。爰有奇器，是生万象。八卦甲子，神机鬼藏。阴阳相胜之术，昭昭乎进乎象矣。

似孙曰：轩辕氏凿天之奥，泄神之谋，著书曰"阴符"，虽与八卦相表里，而其辞其旨，涉乎几、入乎深。唯深也，故能通天下之志；唯几也，故能通天下之迹。唯神也，故不疾而速，不行而至。轩辕氏皆有得于此者。尧、舜、禹以来，皆精一危微，行所无事之时。《阴符》之学，无所著见，岂非行之于心，仁于天下者乎？汤、武有《誓》，《韬》《匮》有兵，八阵有图，遂皆用此以神其武，而况有《风后握奇》一书，又为之经纬乎？此黄帝心法，而后世以为兵法者，是以此书见之兵家者流，殆未曾读《阴符》矣。呜呼，若符之学一乎兵，则黄帝之所以神其兵者，岂必皆出于此哉！古之聪明睿知，神武而不杀，故通其变，使民不倦。神而化之，使民宜之。此为《阴符》之机矣。其曰："天有五贼，见之者昌。"此又出于羲画之表，人固有五贼，特莫之见耳。若能见之，何止乎昌耶？夫子曰："老而不死之谓贼。"此之谓也。皮日休之言奇矣。皮日休和陆龟蒙《读阴符诗》有曰："三百八十言，出自伊耆氏。"皮氏所见，亦今本耳。

清马骕《绎史》卷五云："《阴符》四百余言，世传黄帝遗书也。义蕴无所不包，或谓兵法之鼻祖，或谓道德之权舆，诸子百氏悉在环域之中矣。"高似孙亦不以《黄帝阴符经》为伪，认为是"黄帝心法"。唐李筌《黄帝阴符经疏序》云："少室山达观子李筌……至嵩山虎口岩石岩中得《阴符》。本绢素书，朱漆轴，以绛缯缄之。封云：'魏真君二年七月七日，上清道士寇谦之藏诸名山，用传同好。'其本糜烂，应手灰灭。筌略抄记，虽诵在口，竟不能晓其义理。因入秦，至骊山下，逢一老母……说《阴符》玄义……筌所注《阴符》，并依骊山母所说，非筌自能。后来同好，敬尔天机，无妄传也。"唐张果《黄帝阴符经注序》："《阴符》自黄帝有之，盖圣人体天用道之机也……其文简，其义玄。凡有先圣数家注解，互相隐显，后学难精，虽有所主者，若登天无阶耳……偶于道经藏中得《阴符传》，不知何代人制，词理玄邈，如契自然。臣遂编之附而入注，冀将来君子不失道旨。"宋黄瑞节曰："二家皆尊向是书，而其说自不能合。张后李出，一切以李为非是，然张亦未为得也。姑举'阴符'二字之义，张果云筌以阴为暗，以符为合，昧之至也。而其自为说曰：'观自然之道，无所观也。不观之以目，而观之以心，心深微而无所见，故能照自然之性，其斯之谓，阴执自然之行，无所执也，不执之以手，而执之以机，机变通而无所系，故能契自然之理，其斯之谓符。'终篇大率如此。又有骊山老母注，往往后之人之托，语意殊浅，间引张解，则知其又出张后也。"（《阴符经考异序》附按）晁公武《郡斋读书志》卷三以为伪书："《阴符经》一卷，右唐少室山人布衣李筌序云：《阴符经》者，黄帝之书，或曰受之广成子，或曰受之玄女，或曰黄帝与风后、玉女论阴阳六甲，退而自著其事。阴者，暗也；符者，合也。天机暗合于事机，故曰阴符。皇朝黄庭坚鲁直尝跋其后云：'《阴符》出于李筌，熟读其文，知非黄帝书也。盖欲其文奇古，反诡谲不经，盖糅杂兵家语，又妄说太公、范蠡、鬼谷、张良、诸葛亮训注，尤可笑，惜不经柳子厚一掊击也。'"宋朱熹《阴符经考异序》亦云："《阴符经》三百言，李筌得于石室中，云寇谦之所藏，出于黄帝。河南邵氏以为战国时书，程子以为非商末则周末，世数久远，不得而详知，以文字气象言之，必非古书，然非深于道者不能作也。大要以至无为宗，以天地文理为数，谓天下之故皆自无而生有，人能自有以返无，则宇宙在手矣。筌之言曰：'百言演道，百言演法，百言演术。'道者，神仙抱一；法者，富国安民；术者，强兵战胜；而不知其不相离也。一句一义，三者未尝不备。道者得其道，法者得其法，术者得其术，三之则悖矣。或曰此书即筌之所为也，得于石室者，伪也。其词支而晦，故人各得以其所见为说耳。筌本非深于道者也，是果然欤？吾不得而知也。吾恐人见其支而不见其一也，见其晦而不见其明也，吾亦不得而知也。是果然也，则此书为郢书，吾说为燕说矣。"

3.《风后握奇经》

《子略》卷一云：

似孙曰：《风后握奇经》三百八十四字，其妙本乎奇正相生，变化不测，盖潜乎伏羲氏之画，所谓天、地、风、云、龙、鸟、蛇、虎，则其为八卦之象明矣。盖注"奇"读如"奇耦"之"奇"，则尤可与《易》准。诸儒多称诸葛武侯八阵、唐李卫公六花皆出乎此。唐裴绪之论，又以为六十四阵之变，其出也无穷。若此，则所谓八阵者，特八卦之统尔……然观太公武韬，且言牧野之师有天阵、有地阵，此固出于《握奇》。而又有人阵焉，此又出于天、地阵之外者，非八阵、六花所能尽也。独孤及作《风后八阵图记》，有曰："黄帝顺煞气以作兵法，文昌以命将风后握机制胜，作为阵图。故八其阵，所以定位。衡抗于外，轴布于内，风、云负其四维，所次备物也。虎张翼以进，蛇向敌而蟠，飞龙翔鸟，上下其势，所以致用也。至若疑兵以固其余地，游军以案其后列，门具将发，然后合战，弛张则二广迭举，掎角则四奇皆出。图成樽俎，帝用经略，北逐獯鬻，南平蚩尤，遗风冥冥，神机未昧。项籍得之霸西楚，黥布得之奄九江，孝武得之攘匈奴。唐天宝中，客有得其遗制于黄帝书之外篇，裂素而图之。"按鱼复之图，全本于《握机》。赜其妙、穷其神者，武侯而已。独孤乃以为项、黥、武帝得之，未之思欤？

昔者风后以阵法佐黄帝戮蚩尤，若变与神，盖出于《握奇经》者也。所谓经者，本乎先天，赜乎八卦，错以九畴，非武侯窥其几、泄其用。四头八尾，脉落联，因队相容，随形可首，虽曰奇正迭变，未有不出于正者。故曰黄帝之师百战百胜者，此其得之。

考唐代独孤及《毗陵集》卷十七《风后八阵图记》云："黄帝受之，始顺煞气以作兵法，文昌以命将。于是乎征不服、讨不庭，其谁佐命？曰元老风后。盖戎行之不修，则师律用爽；阴谋之不作，则凶气何恃？故天命圣者以光战术，俾悬衡于未然；察变于倚数，握机制胜作为阵图。夫八宫之位，正则数不忒、神不惑，故八其阵，所以定位也。衡抗于外，轴布于内，风云负其四维，所以备物也。虎张翼以进，蛇向敌而蟠，飞龙翔鸟，上下其势，所以致用也。至若疑兵以固其余地，游军以案其后列，门具将发，然后合战，弛张则二广迭举，犄角则四奇皆出。必使陷坚阵、拔深垒，若星驰天旋，雷动山破。彼魏之鹤列、郑之鱼丽、周之熊罴、昆阳之虎豹出，匪以律我，异于是。既而图成樽俎，帝用经略，北逐獯鬻，南平蚩尤，戡黎于阪泉，省方于崆峒，底定万国，旁罗七曜，鼎成龙至，去而上仙于是在。遗风冥冥，时亡而图存于戏。圣迹长往，神机未昧。酌其流者，犹足以决胜九军、御侮万里，故项藉得之以霸西楚，黥布得之奄有九江，孝武得之攘匈奴、服瓯越，东收獩貊，西拓大夏。然则圣图幽赞，未始有涯。唐天宝中，客有为韬钤者得其遗制于黄帝书之外篇，裂素而图之。"可见高似孙观点大体本乎此。

4.《鬻子》

《子略》卷一云：

> 魏相奏记载霍光曰：文王见鬻子，年九十余，文王曰："噫，老矣。"鬻子曰："君若使臣捕武逐麋，臣已老矣。若使坐策国事，臣年尚少。"文王善之，遂以为师。今观其书，则曰发政施仁谓之道，上下相亲谓之和，不求而得谓之信，除天下之害谓之仁。其所以启文王者决矣，其与太公之遇文王有相合者。太公之言曰："君有六守：仁、义、忠、信、勇、谋。"又曰："鸷鸟将击，卑飞翩翼。武狼将击，弭耳俯伏。圣人将动，必有愚色。"尤决于启文王者矣。非二公之言殊相经纬，然其书辞意大略淆杂。若《大诰》《洛诰》之所以为《书》者，是亦汉儒之所缀辑者乎？太公又曰："天下，非一人之天下，天下之天下也。"奇矣！《艺文志》叙鬻子名熊，著书二十二篇。今一卷，六篇。唐贞元间柳伯存尝言："子书起于鬻熊。"此语亦佳，因录之。永徽中，逢行珪为之序曰："《汉志》所载六篇，此本凡十四篇。"予家所传，乃篇十有二。

《文献通考·经籍考》引石林叶氏曰："世传《鬻子》一卷，出祖无择家。《汉·艺文志》本二十二篇，载之道家。鬻熊，文王所师，不知何以名道家，而小说家亦别出十九卷，亦莫知孰是，又何以名小说？今一卷，止十四篇，本唐永徽中逢行珪所献。其文大略，古人著书不应尔。庾仲容《子抄》云六篇，马总《意林》亦然。其所载辞略，与行珪先后差不伦，恐行珪书或有附益云。"又引巽岩李氏曰："《艺文志》二十六篇，今十四篇，《崇文总目》以为其八篇亡，特存此十四篇耳。某谓刘向父子及班固所著录者或有他本，此盖后世所依托也。熊既年九十始遇文王，胡乃尚说三监曲阜时，何邪？又文多残阙，卷第与目篇皆错乱，甚者几不可晓，而注尤谬误，然不敢以意删定，姑存之以俟考。"陈振孙《直斋书录解题》道家类"鬻子"条曰："鬻熊为周文王师，封于楚，为始祖。《汉志》云二十二篇，今书十五篇，陆佃农师所校。"又有"鬻子注"条，曰："唐郑县尉逢行珪撰，止十四篇，盖中间以二章合而为一，故视陆本又少一篇。此书甲乙篇次皆不可晓，二本前后亦不同，姑两存之。"《四库全书总目》卷一百十七杂家类"鬻子"条曰："《鬻子》一卷，旧本题周鬻熊撰。《崇文总目》作十四篇，高似孙《子略》作十二篇，陈振孙《书录解题》称陆佃所校十五篇。此本题唐逢行珪注，凡十四篇，盖即《崇文总目》所著录也。考《汉书·艺文志》道家《鬻子说》二十二篇，又小说家《鬻子说》十九篇，是当时本有二书。《列子》引《鬻子》凡三条，皆黄老清静之说，与今本不类，疑即道家二十二篇之文。今本所载，与贾谊《新书》所引六条文格略同，疑即小说家之《鬻子》说也。杜预《左传注》称鬻熊为祝融十二世孙。孔颖达疏谓不知出何书。《史记》载鬻熊子事文王早卒，其子曰熊丽，熊丽生熊狂，熊狂生熊绎。成王时举文、武勤劳之后嗣，受封于楚。《汉书》载魏相奏记霍光称文王见鬻子年九十余。虽所说小异，然大约文、武时人。今其书乃有'昔者鲁周公'语，又有'昔者鲁周公使康叔往守于殷'语，而贾谊《新书》亦引其成王问答凡五条，时代殊不相及。刘勰《文心雕龙》云：'鬻熊知道，文王咨询，遗文余事，录为《鬻子》。'则裒辑成编，不出熊手。流传附益，或构虚词，故《汉志》别入小说家欤？独是伪《四八目》一书见北齐阳休之序录，凡古来帝王辅佐有数可纪者，靡不具载。而此书所列禹七大夫皋陶、杜子业、既子、施子黯、季子宁、然子堪、轻子玉，汤七大夫庆辅、伊尹、湟里且、东门蝡、南门蝡、西门疵、北门侧，皆具有姓名，独不见收。似乎六朝之末，尚无此本。或唐以来好事之流，依仿贾谊所引，撰为赝本，亦未可知。观其标题甲、乙，故为佚脱错乱之状，而谊书所引，则无一条之偶合，岂非有心相避，而巧匿其文，使读者互相检验，生其信心欤？且其篇名冗赘，古无此体，又每篇寥寥数言，词旨肤浅，决非三代旧文。"今按：关于鬻子之文，自唐代魏徵《群书治要》、马总《意林》抄录以来，明清以后皆有整理研究。今人严灵峰教授所编《周秦汉魏诸子知见书目》辑有鬻子历代注疏达三十三种之多，钟肇鹏教授撰《鬻子校理》，张京华教授撰《鬻子笺证》，可资参考。

5.《太公金匮六韬》

《子略》卷一云：

　　《诗》曰："维师尚父，时维鹰扬，谅彼武王，肆伐大商，会朝清明。"郑康成称其"天期已至，兵甲之疆，师率之武，故今伐商，合兵以清明也"。《牧誓》曰："时甲子昧爽，武王朝至于商郊牧野。"与《诗》合也。武王之问太公曰："何以知人心？"王时寝疾，太公负而起之曰："行迫矣，勉之。"武王乃驾骛冥之车，周旦为之御，至于孟津。大黄参连弩，大才扶骨车、飞凫、电影、方头铁锤、行马、渡沟飞桥、鹰爪方凶铁把、天阵、地阵、人阵、积楥临衡，云梯飞楼，武衡大橹，云火万炬，吹鸣箛。审此，则康成所曰"兵甲之疆，师率之武"，为可考欤？亦《诗》所谓"檀车煌煌，驷騵彭彭"者也。又考诸武王曰："殷可伐乎？"太公曰："天与不取，反受其咎。"武王又曰："诸侯已至，士民何如？"太公曰："大道无亲，何急于元士。"武王又曰："民吏未安，贤者未亲，何如？"太公曰："无故无新，如天如地。"其言若有合于《书》者。《诗》之上章曰："保右命尔，燮伐大商""上帝临汝，无贰尔心"。此之谓欤？

《文献通考》引《周氏涉笔》曰："谓太公为兵家之祖，自汉人已然。本无所稽，仅以阴符有托而云尔。太公遇文王事，尚未足信，况谈兵哉？周诗'鹰扬'外无他语。……《六韬》不知出何时，其屑屑共议，以家取国，以国取天下，殆似丹徒布衣太原宫监所经营者。"又引水心叶氏曰："自《龙韬》以后四十三篇，条画变故，预设方御，皆为兵者所当讲习。《孙子》之论至深不可测，而此四十三篇繁悉备举，似为《孙子》义疏也。其书言避正殿，乃战国后事，固当后于《孙子》。……至庄周亦称九徵，则真以为太公所言矣。然周嫚侮为方术者，而不悟《六韬》之非伪，何也？盖当时学术无统，诸子或妄相诋訾，或偶相崇尚，出于率尔，岂足据哉？"陈振孙《直斋书录解题》兵书类曰："《六韬》六卷，武王太公问答。其辞鄙俚，世俗依托也。"宋赵希弁《郡斋读书后志》卷二兵家类著录《六韬》六卷，曰："《汉艺文志》无此书，梁隋唐始著录。分文、武、龙、虎、豹、犬六目，兵家权谋之书也。"宋王应麟《汉艺文志考证》卷五："今《六韬》六卷六十篇，《尚书正义》以为后人所作，非实事也。《馆阁书目》谓《周史六弢》恐别是一书。（《通鉴外纪》云："志在儒家，非兵书也。今《六韬》文王武王问太公兵战之事，其言鄙里烦杂，不类太公之语，盖后人依托为之。"）唐氏曰：春秋以前中国未有骑战，计必起于战国之时。今《六韬》言其战最详，决非太公所作，当出于孙、吴之后，谋臣策士之所托也。"《四库全书总目》卷九十九兵家类云："《六韬》六卷。旧本题周吕望撰。考《庄子·徐无鬼篇》，称《金版六韬》。《经典释文》曰：'司马彪、崔撰云，《金版六韬》皆《周书》篇名，本又作《六韬》，谓太公六韬：文、武、虎、豹、龙、犬也。'案：今本以文、武、龙、虎、豹、犬为次，与陆德明所注不同。未详孰是，谨附识于此。则战国之初，原有是名。然即以为《太公六韬》，未知所据。《汉书·艺文志》兵家不著录，惟儒家有《周史六韬》六篇。班固自注曰：'惠、襄之间，或曰显王时，或曰孔子问焉。'则《六韬》别为一书。颜师古注，以今之《六韬》当之，毋亦因陆德明之说，而牵合附会欤？《三国志·先主传注》，始称'间暇历观诸子及《六韬》《商君书》，益人志意'。《隋志》始载《太公六韬》五卷，注曰：'梁六卷，周文王师姜望撰。'唐、宋诸志皆因之。今考其文，大抵词意浅近，不类古书。中间如避正殿，乃战国以后之事。将军二字，始见《左传》，周初亦无此名。案：《路史》有'虞舜时伯益为百虫将军'之语。杂说依托，不足为据。其依托之迹，灼然可验。又《龙韬》中有《阴符》篇云：'主与将有阴符凡八等，克敌之符长一尺，破军之符长九寸，至失利之符长三寸而止。'盖伪撰者不知阴符之义，误以为符节之符，遂粉饰以为此言，尤为鄙陋。殆未必汉时旧本。故《周氏涉笔》谓'其书并缘吴起，渔猎其词，而缀辑以近代军政之浮谈，浅驳无可施用'。胡应麟《笔丛》亦谓'其《文伐》《阴书》等篇为孙、吴、尉缭所不屑道。'然晁公武《读书志》称'元丰中，以《六韬》《孙子》《吴子》《司马法》《黄石公三略》《尉缭子》《李卫公问对》颁行武学，号曰七书'。则其来已久，谈兵之家，恒相称述。"《四库全书简明目录》卷九兵家类亦云："《六韬》六卷，旧本题周吕望撰。其文义不类三代，盖因《庄子》'金版六弢'之语而附会成书，然陆德明《庄子释文》谓太公六韬文、武、虎、豹、龙、犬也，则其伪在陈、隋以前矣。"今按：《文选注》引《七略》曰："《太公金版玉匮》，虽近世之文，然多善者。"是其书本名《金版》，亦名《金版玉匮》；本是周书，亦言太公，后人还称《太公金匮》。《太公金匮》一书今已不存，清儒洪颐煊、严可均皆有辑佚本。

6.《孔丛子》

《子略》卷一云：

> 《汉·艺文志》无《孔丛子》，而《孔甲盘盂》二十六篇出于杂家，而又益以《连丛》，其《独治篇》称孔鲋一名甲，世因曰"孔丛子"。《盘盂》者，其事杂也。《汉书注》又以孔甲为黄帝之史，或夏帝时人，篇第又不同，若非今《孔丛子》也。《记问篇》载子思与孔子问答，如此，则孔子时子思其已长矣，然《孔子家语》后叙及《孔子世家》皆言子思年止六十二，孟子以子思在鲁穆公时，固常师之，是为的然矣。按孔子没于哀公十六年，后十六年哀公卒，又悼公立三十七年，元公立二十一年。穆公既立，距孔子之没七十年矣。当是时，子思犹未生，则问答之事，安得有之耶？此又出于后人缀集之言，何其无所据若此！好古之癖，每有悦乎异帙奇篇，及观其辞、考其事，则往往差谬而同异。呜呼！夫子没而微言绝，异端起而大义乖，皆苟简于一时，而增疑于来世，故为学者舍六经何师焉？

《朱子语录》曰："《家语》杂记得不纯，却是当时书。《孔丛子》是后来自撰出。"又曰："汉卿问孔子顺许多话，却好，曰出于《孔丛子》，不知是否。只《孔丛子》说话多类东汉人，其文气软弱，全不似西汉文字，兼西汉初若有此等话，何故略不见于贾谊、董仲舒所述，恰限到东汉方突出来，皆不可晓。"明王袆《大事记续编》卷三："《孔丛子》伪书也，不足据。"《四库全书总目》卷九十一："《孔丛子》三卷，旧本题曰孔鲋撰。所载仲尼而下子上、子高、子顺之言行凡二十一篇，又以孔臧所著赋与书上下二篇附缀于末，别名曰《连丛》。鲋字子鱼，孔子八世孙。仕陈涉为博士。臧，高祖功臣孔聚之子，嗣爵蓼侯。武帝时官太常。其书《文献通考》作七卷。今本三卷，不知何人所并。晁公武《读书志》云：'《汉志》无《孔丛子》，儒家有《孔臧》十篇，杂家有孔甲《盘盂书》二十六篇，其《独治篇》，鲋或称孔甲。意者孔丛子即孔甲，《盘盂》《连丛》即《孔臧书》。'案《汉书·艺文志》颜师古注，谓孔甲，黄帝之史，或云夏后孔甲，似皆非。则《孔丛》非《盘盂》。又《志》于儒家《孔臧》十篇外，诗赋家别出《孔臧赋》二十篇，今《连丛》有赋，则亦非儒家之孔臧。公武未免附会。《朱子语类》谓：'《孔丛子》文气软弱，不似西汉文字，盖其后人集先世遗文而成之者。'陈振孙《书录解题》亦谓：'案孔光传，孔子八世孙鲋，魏相顺之子，为陈涉博士，死陈下，则固不得为汉人。而其书记鲋之没，则又安得以为鲋撰？'其说当矣。《隋书·经籍志》论语家有《孔丛》七卷，注曰：'陈胜博士孔鲋撰。'其序录称《孔丛家语》，并孔氏所传仲尼之旨，则其书出于唐以前。然《家语》出王肃依托，《隋志》既误以为真，则所云《孔丛》出孔氏所传者，亦未为确证。朱子所疑，盖非无见。即如'《舜典》"禋于六宗"，何谓也？子曰："所宗者六，皆洁祀之也，埋少牢于泰昭，所以祭时也；祖迎于坎坛，所以祭寒暑也；主于郊宫，所以祭日也；夜明，所以祭月也；幽禜，所以祭星也；雩禜，所以祭水旱也。禋于六宗，此之谓也。"'其说与伪《孔传》、伪《家语》并同，是亦晚出之明证也。其中第十一篇即世所传《小尔雅》，注疏家往往引之。然皆在晋、宋以后，惟《公羊传·疏》所引贾逵之说，谓'俗儒以六两为锊'，正出此书，然谓之'俗儒'，则非《汉·艺文志》之《小尔雅》矣。"关于《孔丛子》一书的真伪问题，详参孙少华之博士论文《孔丛子研究》（中国社会科学出版社 2011 年版）。

7.《曾子》

《子略》卷一云：

> 《曾子》者，曾参与其弟子公明仪、乐正子春、单居离、曾元、曾华之徒讲论孝行之道、天地事物之原，凡十篇。自《修身》至于《天圆》，已见于《大戴礼》，篇为四十九、为五十八。他又杂见于《小戴礼》，略无少异，是固后人掇拾以为之者欤？刘中垒父子秦、汉《七略》已不能致辨于斯，况他人乎？然董仲舒《对策》已引其言，有曰："尊其所闻则高明，行其所知则光大。"则书固在董氏之先乎？又其言曰："君子爱日，及时而成，难者不避，易者不从。且就业，夕自省，可谓守业。年三十、四十无艺，则无艺矣。五十不以善闻，则无闻矣。质者吾自三省吾身，何其辞费耶？"予续先太史《史记注·七十二弟子传》"参，字子舆"，晋灼读音如"宋昌骖乘"之"参"，因并及之。

高似孙认为，《曾子》中"自《修身》至于《天圆》，已见于《大戴礼》"，同时，"他又杂见于《小戴礼》，略无少异，是固后人掇拾以为之者欤？"此处考辨之语应该是借鉴了朱熹"独取《大戴礼》之十篇以充之"[1]的观点，但高似孙对其观点有了进一步补充，认为该书还有借鉴《小戴礼》的成分，为后人集他书以成，此主要是从比勘其他古籍上辨伪。此外，高似孙认为"董仲舒《对策》已引其言，有曰'尊其所闻则高明，行其所知则光大'，则书固在董氏之先乎？"此即从引文中考辨书的时代。

晁公武《郡斋读书志》曰："曾子者，鲁曾参也。旧称曾参所撰。其《大孝篇》中乃有乐正子春事，当是其门人所纂尔。《汉·艺文志》：《曾子》十八篇；《隋志》：《曾子》二卷、目一卷；《唐志》：《曾子》二卷。今此书亦二卷，凡十篇，盖唐本也。视汉亡八篇，视隋亡目一篇。考其书俱已见于《大戴礼》，世人久不读之，文字谬误为甚，乃以《大戴礼》参校之，其所是正者至于千有余字云。"《文献通考》引《周氏涉笔》曰："《曾子》一书，议道褊迫，又过于荀卿，盖战国时为其学者所论也。孔子言七十而从心所欲，不逾矩，正指圣境妙处。此书遽谓七十而未坏，虽有后过，亦可以免。七十而坏与否，已不置论，而何以为过，何以为免，圣门家法无此语也。"《四库全书总目》卷九十五云："《曾子全书》三卷。明曾承业编。承业为曾子六十二代孙，序称博士，盖袭职之宗子也。案宋汪晫尝辑《曾子》一卷，分十二篇，割裂补缀，已非唐以来之旧本。是编又分主言一篇为卷一，修身、事父母、制言上、中、下、疾病、天图七篇为卷二，本孝、立孝、大事三篇为卷三。与王应麟《玉海》所云今十篇，自《修身》至《天图》皆见于《大戴礼》者，又多出《主言》一篇，而分合迥异，不知其何所依据？殆亦以意为之也。"

8. 向秀《庄子解义》

《子略》卷二云：

---

① 朱熹：《晦庵集》卷第八十一，影印文渊阁四库全书本，第1145册，第694页。

初注《庄子》者数十家，莫能究其旨要。向秀于旧注外为《解义》，妙析奇致，大畅玄风。【《秀别传》曰：秀与嵇康、吕安为友，趣舍不同。嵇康傲世不羁，安放逸迈俗，而秀雅好读书，二子颇以此嗤之。后秀将注《庄子》，先以告康、安，康、安咸曰："此书讵复须注，徒弃人作乐事耳。"及成，以示二子，康曰："尔故复胜不？"安乃惊曰："庄周不死矣！"后注《周易》，大义可观，而与汉世诸儒互有彼此，未若隐庄之绝伦也。《秀本传》或言秀游托数贤，萧屑卒岁，都无注述，唯好《庄子》，聊隐崔撰所注，以备遗忘云。《竹林七贤论》云：秀为此义，读之者无不超然若已出尘埃而窥绝冥，始了视听之表，有神德玄哲，能遗天下、外万物，虽复使动竞之人，顾观所徇，皆怅然自有振拔之情矣。】唯《秋水》《至乐》二篇未竟而秀卒。秀子幼，《义》遂零落，然犹有别本。郭象者，为人薄行，有隽才，【《文士传》曰：象，字子玄，河南人，少有才理，慕道好学，托志《老》《庄》，时人咸以为王弼之亚。辟司空掾、太傅主簿。】见秀《义》不传于世，遂窃以为己注，乃自注《秋水》《至乐》二篇，又易《马蹄》一篇，其余众篇，或定点文字而已。【《文士传》曰：象作《庄子注》，最有清辞道旨。】后秀《义》别本出，故今有向、郭二《庄》，其义一也。

郭象，字子玄，西晋河南人。少有才理，好《老》《庄》，能清言。辟司徒掾，稍迁黄门侍郎。东海王司马越引为太傅主簿。任职专权，为时论所轻。尝以向秀《庄子注》攘为己有，述而广之。此举开攘袭之先河，亦为作伪之恶例。郭象自是当世大才，可惜坏了心术。作伪者大抵有才无德。必也正心术乎！

9.《列子》

高似孙在考辨《列子》时有参考刘向观点的成分，认为刘向所言该书"迂诞恢诡，非君子之言"① 的观点，是因为人们见到该书"荒唐幻异，因以为诞"②，此为其文献辨伪中参考刘向观点之处。《子略》卷二云：

刘向论《列子》书穆王、汤问之事，迂诞恢诡，非君子之言。又观穆王与化人游，若清都、紫微、钧天、广乐，帝之所居，夏革所言，四海之外，天地之表，无极无尽。传记所书，固有是事也，人见其荒唐幻异，固以为诞。然观太史公《史》，殊不传列子，如《庄周》所载许由、务光之事。汉去古未远也，许由、务光往往可稽，迁犹疑之。所谓御寇之说，独见于寓言耳，迁于此讵得不致疑耶？周之末篇，叙墨翟、禽滑厘、慎到、田骈、关尹之徒，以及于周，而御寇独不在其列，岂御寇者其亦所谓鸿蒙列缺者欤？然则是书与《庄子》合者十七章，其间尤有浅近迂僻者，特出于后人荟萃而成之耳。至于"西方之人有圣者焉，不言而自信，不化而自行"，此固有及于佛，而世尤疑之。夫"天毒之国，纪于《山海》。竺乾之师，闻于柱史"，此杨文公之文也。佛之为教，已见于是，何待于此时乎？然其可疑可怪者不在此也。

① 高似孙：《子略》卷二，影印文渊阁四库全书本，第 674 册，第 509 页。
② 高似孙：《子略》卷二，影印文渊阁四库全书本，第 674 册，第 509 页。

首先，"观太史公《史》殊不传列子……周之末篇，叙墨翟、禽滑厘、慎到、田骈、关尹之徒，以及于周，而御寇独不在其列"①，即从《史记》不著录列子之事辨伪，先秦两汉重要书籍中不著录是辨伪的一个切入点，但不是决定因素，不可过分夸大。

其次，高似孙认为"是书与《庄子》合者十七章，其间尤有浅近迂僻者，特出于后人荟萃而成之耳"②。即通过比较《庄子》书中的内容来考辨，即通过比勘其他古籍的办法。

复次，认为书中出现了佛教用语，"夫'天毒之国，纪于《山海》。竺乾之师，闻于柱史'，此杨文公③之文也。佛之为教，已见于是，何待于此时乎！"④ 此亦只是疑点，不足以下判断。

《四库全书总目》卷一百四十七云："《列子》八卷。旧本题周列御寇撰。前有刘向校上奏，以御寇为郑穆公时人。唐柳宗元集有《辨列子》一篇，曰'穆公在孔子前几百岁，《列子》书言郑国，皆言子产、邓析，不知向何以言之如此。《史记》郑缭公二十四年、楚悼王四年，围郑，杀其相驷子阳。子阳正与列子同时。是岁鲁穆公十年，不知向言鲁穆公时，遂误为郑耶？其后张湛徒知怪《列子》书言穆公后事，每不能推知其时，然其书亦多增窜，非其实，其言魏牟、孔穿皆出列子后，不可信'云云。其后高似孙《纬略》遂疑列子为鸿蒙云将之流，并无其人。今考第五卷《汤问》篇中，并有邹衍吹律事，不止魏牟、孔穿。其不出御寇之手，更无疑义。然考《尔雅》疏引《尸子·广泽》篇曰'墨子贵兼，孔子贵公，皇子贵衷，田子贵均，列子贵虚，料子贵别囿，其学之相非也数世矣。而已皆弇于私也。天、帝、皇、后、辟、公、弘、廓、宏、博、介、纯、夏、幠、冢、晊、昄，皆大也，十有余名，而实一也。若使兼、公、虚、均、衷、平、易、别囿一实也，则无相非也'云云。是当时实有列子，非庄周之寓名。又《穆天子传》出于晋太康中，为汉、魏人之所未睹。而此书第三卷《周穆王》篇所叙驾八骏、造父为御至巨搜、登昆仑、见西王母于瑶池事，一一与传相合。此非刘向之时所能伪造，可信确为秦以前书。考《公羊传·隐公十一年》'子沈子曰'，何休注曰：'子沈子，后师。沈子称子冠氏上，着其为师也。'然则凡称'子某子'者，乃弟子之称师，非所自称。此书皆称'子列子'，则决为传其学者所追记，非御寇自著。其世记列子后事，正如《庄子》记庄子死，《管子》称吴王、西施，《商子》称秦孝公耳，不足为怪。晋光禄勋张湛作是书注，于《天瑞》篇首所称子列子字，知为追记师言，而他篇复以载及后事为疑，未免不充其类矣。书凡八篇，与《汉志》所载相合。赵希弁《读书附志》载：'政和中，宜春彭瑜为积石军倅，闻高丽国《列子》十卷，得其第九篇曰《玄瑞》于青唐卜者。'云云。今所行本，皆无此卷，殆宋人知其妄而不传欤？其注自张湛以外，又有唐当涂丞殷敬顺《释文》二卷，此本亦散附各句下。然音注颇为淆乱，有灼然知为殷说者，亦有不辨孰张、孰殷者。明人刊本，往往如是，不足讶也。据湛自序，其母为王弼从姊妹，湛往来外家，故亦善谈名理，其注亦弼注《老子》之亚。叶梦得《避暑录话》乃议其虽知《列子》近佛

---

①　高似孙：《子略》卷二，影印文渊阁四库全书本，第 674 册，第 509 页。

②　高似孙：《子略》卷二，影印文渊阁四库全书本，第 674 册，第 509 页。

③　"杨文公"即宋代杨亿。

④　高似孙：《子略》卷二，影印文渊阁四库全书本，第 674 册，第 509 页。

经，而逐事为解，反多迷失。是以唐后五宗之禅绳晋人，失其旨矣。"

10.《文子》

《子略》卷二云：

> 柳子厚以《文子》徐灵府注十二卷、李暹训注十二卷，天宝中，以《文子》为《通玄真经》。子为老子弟子，其辞指皆本之老子。其传曰老子弟子。虽其辞指，柳子厚以为时有若可取，盖驳书也。凡孟子数家，皆入剽窃，文词又牙相抵而不合，人其损益之欤？或聚敛以成其书欤？乃为刊去谬乱，颇发其意。子厚所刊之书，世不可见矣。今观其言，曰："神者，智之渊，神清则智明；智者，心之府，智公则心平。"又曰："上学以神听之，中学以心听之，下学以耳听之。"又曰："贵则观其所举，富则观其所欲，贫则观其所爱。"又曰："人性欲平，嗜欲害之。"此亦文子之一脔也。

《四库全书总目》卷一百四十六云："《文子》二卷。案：《汉志》道家，《文子》九篇，注曰：'老子弟子，与孔子并时。而称周平王问，似依托者也。'（案：此班固之原注，《读书志》以为颜师古注，误也。）《隋志》载《文子》十二篇，注曰：'老子弟子。《七略》有九篇，梁十卷亡。'二《志》所载，不过篇数有多寡耳，无异说也。因《史记·货殖传》有'范蠡师计然'语，又因裴骃《集解》有'计然姓辛，字文子，其先晋国公子'语，北魏李暹作《文子》注，遂以计然、文子合为一人。文子乃有姓、有名，谓之辛钘（案：暹注今已不传，此据《读书志》所引）。案：马总《意林》列《文子》十二卷，注曰：'周平王时人，师老君。'又列《范子》十三卷，注曰：'并是阴阳、历数也。'又曰：'计然者，葵丘濮上人，姓辛，名文子。其先晋国公子也。其书皆范蠡问而计然答。'是截然两人、两书，更无疑义。暹移甲为乙，谬之甚矣。柳宗元集有《辨文子》一篇，称'其旨意皆本老子，然考其书，盖驳书也，其浑而类者少，窃取他书以合之者多。凡孟子辈数家，皆见剽窃，峣然而出其类，其意绪文辞，又互相抵而不合。不知人之增益之欤？或者众为聚敛以成其书欤？今刊去谬恶滥杂者，取其似是者，又颇为发其意，藏于家'。是其书不出一手，唐人固已言之。然宗元所刊之本，高似孙《子略》已称不可见。今所行者，仍十二篇之本。别本或题曰《通玄真经》，盖唐天宝中尝加是号，事见《唐书·艺文志》云。"

11.《管子》

《子略》卷三云：

> 古者盛衰之变，甚可畏也。先王之制，其盛极于周。后稷、公刘、大王、王季、文、武、成、康、周公之所以制周者，非一人之力，一日之勤，经营之难，积累之素，况又有出于唐、虞、夏、商之旧者。及其衰也，一夫之谋，一时之利，足以销靡破凿，变徙划蚀，而迤无余脉。吁，一何易耶？九合之力，一霸之图，于齐何有也？使天下一于兵而忘其为农，天下一于利而忘其为义。孰非利也，而乃攻之以贪，骋之以诈。孰非兵也，而乃趋之以便，行之以①。一切先王之所以经制天下者，烟散风

---

① 学津本、四部本、丛编本"以"下有"险"字，《文献通考》卷二百十二作"巧"字。

靡，无一可传。呜呼，仲其不仁也哉！而况井田既坏，概量既立，而商鞅之毒益滋矣。封建既隳，《诗》《书》既燎，而李斯之祸益惨矣。系谁之咎耶？汉、唐之君，贪功苟利，兵穷而用之无法，民削而诛之无度，又有出于管仲、鞅、斯之所不为者，岂无一士之智、一议之精？区区有心于复古者，而卒不复可行①。盖三代之法其②坏而扫地久矣。坏三代之法，其一出于管仲乎？刘邵③之志人物也，曰管仲，曰商鞅，皆以隶之法家。李德裕以邵之索隐精微，研几玄妙，实天下奇才。至以管仲与商鞅俱人物之品，往往不伦。德裕顾未尝熟读其书耳，邵所谓皆出于法者，其至论欤？孔子曰："齐一变至于鲁，鲁一变至于道。"使齐尽变其功利之习，仅庶几于鲁耳，然则安得而变哉？圣人非有志于变齐也，古之不可复也，为可叹耳。

晁公武《郡斋读书志》曰："刘向所定，凡九十六篇，今亡十篇。世称齐管仲撰。杜佑《指略序》云唐房元龄注。其书载管仲将没对桓公之语，疑后人续之，而注颇浅陋，恐非玄龄，或云尹知章也。管仲九合诸侯，以尊王室，而三归反坫，僭拟邦君，是以孔子许其仁，而陋其不知礼义者，以故谓仲但知治人，而不知治己。予读仲书，见其谨政令，通商贾，均力役，尽地利，既为富强，又颇以礼义廉耻化其国俗，如《心术》《白心》之篇，亦尝侧闻正心诚意之道，其能一正天下，致君为五伯之盛，宜矣。其以泰侈闻者，盖非不知之，罪在于志意易满，不能躬行而已。孔子云尔者，大抵古人多以不行礼为不知礼，陈司败讥昭公之言亦如此，然则其为书固无不善也。后之欲治者庶几之，犹可以制四夷而安中国，学者何可忽哉！因为是正其文字，而辩其音训云。"《四库全书总目》卷一百零一云："晁公武《读书志》曰：'刘向所校本八十六篇，今亡十篇。'考李善注陆机《猛虎行》曰：'江邃《文释》引《管子》云："夫士怀耿介之心，不荫恶木之枝，恶木尚能耻之，况与恶人同处"。今检《管子》近亡数篇，恐是亡篇之内而邃见之。'则唐初已非完本矣。明梅士享所刊，又复颠倒其篇次。如以《牧民解》附《牧民篇》下，《形势解》附《形势篇》下之类，不一而足。弥为窜乱失真。此本为万历壬午赵用贤所刊，称由宋本翻雕。前有绍兴己未张嵲后跋云：'舛脱其众，颇为是正。'用贤序又云：'正其脱误者逾三万言。'则屡经点窜，已非刘向所校之旧。然终逾于他氏所妄更者，在近代犹善本也。旧有房玄龄注，晁公武以为尹知章所托，然考《唐书·艺文志》，玄龄注《管子》不著录，而所载有尹知章注《管子》三十卷。则知章本未托名，殆后人以知章人微，玄龄名重，改题之以炫俗耳。案：《旧唐书》，知章，绛州翼城人，神龙初，官太常博士。睿宗即位，拜礼部员外郎，转国子博士。有《孝经注》《老子注》，今并不传，惟此注借玄龄之名以存。其文浅陋，颇不足采。然蔡绦《铁围山丛谈》，载苏轼、苏辙同入省试，有一题，轼不得其出处，辙以笔一卓而以口吹之，轼因悟出《管子注》。则宋时亦采以命题试士矣。且古来无他注本，明刘绩所补注，亦仅小有纠正，未足相代，故仍旧本录之焉。"

---

① "不复可行"，《文献通考》卷二百十二"不可复行"。
② "其"，《文献通考》卷二百十二作"甚"。
③ "邵"，四库本作"劭"，下同。

12.《亢仓子》

《子略》卷三云：

> 孔子曰："上有好者，下有甚焉。"《亢桑子》之谓欤？开元、天宝间，天子方向道家者流之说，尊老氏，表庄、列，皇皇乎清虚冲澹之风矣。又以《亢桑子》号"洞灵真经"，上既不知其人之仙否，又不识其书之可经，一旦表而出之，固未始有此书也。襄阳处士王褒来献其书。书，褒所作也。按《汉略》《隋志》皆无其书，褒之作也，亦思所以趋世好、迎上意耶？今读此编，往往采诸《列子》《文子》，又采诸《吕氏春秋》《新序》《说苑》，又时采诸《戴氏礼》。源流不一，往往论殊而辞异，可谓杂而不纯、滥而不实者矣。太史公作《庄周列传》，固尝言其语空而无实，而柳宗元又以为空言之尤，皆足知其人、决其书。然柳氏所见，必是王褒所作者。

唐王士源《孟浩然集序》："士源幼好名山，行年十八，首事陵山恒岳，咨求通玄丈人。过苏门，问道隐者左知运，太白习隐诀，终南修《亢仓》九篇。"唐韦滔天宝九载《孟浩然集序》："宜城王士源者，藻思清远，深鉴文理，常游山水，不在人间，著《亢仓子》数篇，传之于代。"唐柳宗元《柳河东集》卷四《辩亢仓子》："太史公为《庄周列传》，称其为书，《畏累》《亢桑子》皆空言无事实。今世有《亢桑子》书，其首篇出《庄子》，而益以庸言，盖周所云者尚不能有事实，又况取其语而益之者，其为空言尤也。刘向、班固录书无《亢仓子》，而今之为术者乃始为之传注，以教于世，不亦惑乎！"宋吕南公《灌园集》卷十七《读亢仓子》："治平四年，余见此书于今集贤邓校理家，怪其诣致不伦，不及文、庄、列、老远甚，其辞又最鄙陋，令人懒读，常疑有好事者诡冒为之。……后二年，在淮南始见《唐史》新书，乃知开元时王士源者造此。又四年，于汴京见李肇《国史补》，其说与新书同，盖新书据肇所记而言之耳。……柳先生尝论《亢仓》不宜传解，而不虑为唐人诈造，其辩盖犹未尽。余方自怜不惑之早，故为之志，以佐柳于尽焉。"明宋濂《文宪集》卷二十七《诸子辨》："《亢仓子》五卷，凡九篇，相传周庚桑楚撰。予初苦求之不得，及得之，终夜疾读，读毕，叹曰：是伪书也。剿老、庄、文、列及诸家言而成之也。其言曰：危代以文章取士，则剪巧绮襜益至，而正雅典实益藏。夫文章取士，近代之制，战国之时无有也。其中又以人易民，以代易世，世民，太宗讳也，伪之者其唐士乎？予犹存疑而未决也。后读他书，果谓天宝初诏号亢桑子为《洞灵真经》，求之不获，襄阳处士王士元采诸子文义类者撰而献之。其说颇与予所见合，复取读之，益见其言词不类，因弃去。"明王世贞《读书后》卷五《读亢仓子》："亢仓子，其文辞东京之后，迂于儒者耳，其议则无嘉焉。余读《公孙龙》，虽其谬悠鄙舛，而要之纵放强辨，俨然战国之习也，伪者多援少倍，多拘少列。《亢仓子》，伪书也。《列子》载亢仓子，遂有《亢仓子》；《家语》记子华子，遂有《子华子》；贾谊称鹖冠子，遂有《鹖冠子》。呜呼！士之托空名以求传其言者，意亦可悲哉！"《四库全书总目》卷一百四十六云："《亢仓子》一卷。旧本题庚桑楚撰，唐柳宗元尝辨其伪。晁公武《读书志》曰：案唐天宝元年诏号亢桑子为《洞灵真经》，然求之不获。襄阳处士王士元谓庄子作庚桑子，太史公、列子作《亢仓子》，其实一也。取诸子文义类者补其亡。今此书乃士元补亡者。宗元不知其故而遽诋之，可见其锐于讥议也。今考《新唐书·艺文志》载王士元

《亢仓子》二卷，所注与公武所言同，则公武之说有据。又考《孟浩然集》首有宜城王士元序，自称修《亢仓子》九篇。又有天宝九载韦滔序，亦称宜城王士元藻思清远，深鉴文理，常游山水，不在人间，著《亢仓子》数篇，传之于代云云，与《新唐书》所言合。则《新唐书》之说亦为有据。宋濂作《诸子辨》，乃仍摘其以'人'易'民'，以'代'易'世'，断为唐人所伪，亦未之考矣。惟是庚桑楚居于畏垒，仅见《庄子》，而《史记·庄周列传》则云周为书如《畏垒》《亢仓》，皆空言无事实。则其人亦鸿蒙云将之流，有无盖未可定。其书《汉志》《隋志》皆不著录。至于唐代，何以无所依据，凭虚漫求？毋亦士元先有此本，而出入禁中之方士如叶法善、罗公远者转相煽惑，预为之地，因而诏求欤？观士元自序，称天宝四载，征谒京邑，适在书成之后，是亦明证也。刘恕《通鉴外纪》引封演之言曰：王巨源采《庄子·庚桑楚》篇义补葺，分为九篇。云其先人于山中得古本，奏上之。敕付学士详议。疑不实，竟不施行。今《亢桑子》三卷是也。（案：此条《封氏闻见记》不载，盖今本乃残阙之余，其以王士元为王巨源，以《亢仓子》为《亢桑子》，以二卷为三卷，则传闻异词也。）然则士元此书，始犹伪称古本。后经勘验，知其不可以售欺，乃自承为补亡矣。然士元本亦文士，故其书虽杂剽《庄子》《老子》《列子》《文子》《商君书》《吕氏春秋》、刘向《说苑》《新序》之词，而联络贯通，亦殊亹亹有理致，非他伪书之比。其多作古文奇字，与卫元嵩《玄包》相类。晁公武谓内不足者必假外饰，颇中其病。《宋史·艺文志》别有《亢仓子音》一卷，殆即释其奇字欤？《崇文总目》作九篇，晁、陈诸家皆同。《宋志》作二卷，宋濂《诸子辨》则作五卷。此本仅有一卷，而篇数与《崇文总目》合，盖又明人所并云。"

高似孙考辨该书时主要参考了刘肃和柳宗元的观点。唐代刘肃曾言该书"取《庄子·庚桑楚》一篇为本，更取诸子文义相类者合而成之"[1]。高似孙在刘肃的基础之上，又对《亢仓子》一书所采其他书中之内容作了补充。

13.《鹖冠子》

《子略》卷三云：

春秋、战国间，人才之伟且多，有不可胜[2]者，不得其时，不得其位，不得其志，退而藏之山谷林莽之间，无所泄其谋虑智勇，大抵见之论著。然其经营驰骋天下之志，未始一日忘，而其志亦可窥见其万一者矣。是以功名之念有以怵其心，利害之机有以荡其虑，而特立独行之操，不足以尽洗见闻之陋也。是其为书不出于黄老，则杂于刑名，是盖非一《鹖冠子》而已也。柳子厚读贾谊《鵩赋》，嘉其词，而学者以为尽出《鹖冠子》。得其书读之，殊为鄙浅，唯谊所引用者为甚美，余无可言者。《列仙传》曰："鹖冠子，楚人，隐居，衣弊履穿，以鹖为冠，莫测其名。著书言道家事，则盖出于黄老矣。"其书有曰："小人事其君，务蔽其明，塞其聪，乘其威，以灼然天下。天高而难追，有福不可请，有祸不可违。"其言如此，是盖未能忘情于斯世者。至曰："凤鸟阳之精，麒麟阴之精，万民者德之精。"呜呼，亦神矣！

---

① 刘肃：《大唐新语》卷九，影印文渊阁四库全书本，第1035册，第366页。
② 学津本、四部本、丛编本"胜"下有"数"字。

《四库全书总目》卷一百十七云："《鹖冠子》三卷。案：《汉书·艺文志》载《鹖冠子》一篇，注曰楚人。居深山，以鹖为冠。刘勰《文心雕龙》称鹖冠绵绵，亟发深言。《韩愈集》有《读鹖冠子》一首，称其《博选篇》四稽、五至之说，《学问篇》一壶千金之语，且谓其施于国家，功德岂少。《柳宗元集》有《鹖冠子辨》一首，乃诋为言尽鄙浅，谓其《世兵篇》多同《鵩赋》，据司马迁所引贾生二语，以决其伪。然古人著书，往往偶用旧文，古人引证，亦往往偶随所见。如'谷神不死'四语，今见《老子》中，而《列子》乃称为黄帝书。'克己复礼'一语，今在《论语》中，《左传》乃谓仲尼称《志》有之。'元者善之长也'八句，今在《文言传》中，《左传》乃记为穆姜语。司马迁惟称贾生，盖亦此类，未可以单文孤证，遽断其伪。惟《汉志》作一篇，而《隋志》以下皆作三卷，或后来有所附益，则未可知耳。其说虽杂刑名，而大旨本原于道德，其文亦博辨宏肆。自六朝至唐，刘勰最号知文，而韩愈最号知道，二子称之，宗元乃以为鄙浅，过矣。此本为陆佃所注，凡十九篇。佃序谓愈但称十六篇，未睹其全。佃，北宋人，其时古本韩文初出，当得其真。今本韩文乃亦作十九篇，殆后来反据此书以改韩集，犹刘禹锡《河东集》序称编为三十二通，而今本柳集亦反据穆修本改为四十五通也。佃所作《埤雅》，盛传于世，已别著录，此注则当日已不甚显，惟陈振孙《书录解题》载其名。晁公武《读书志》则但称有八卷一本，前三卷全同《墨子》，后两卷多引汉以后事。公武削去前后五卷，得十九篇。殆由未见佃注，故不知所注之本先为十九篇欤？"

14.《鬼谷子》

《子略》卷三云：

战国之事危矣，士有挟隽异豪伟之气求骋乎用，其应对酬酢、变诈激昂，以自放于文章，见于顿挟①险怪、离合揣摩者，其辞又极矣。《鬼谷子》书，其智谋、其数术、其变谲、其辞谈，盖出于战国诸人之表。夫一辟一阖，《易》之神也；一翕一张，老氏之几也。鬼谷之术，往往有得于阖辟翕张之外，神而明之，益至于自放溃裂而不可御。予尝观诸《阴符》矣，穷天之用，贼人之私，而阴谋诡秘，有《金匮》《韬略》之所不可该者，而鬼谷尽得而泄之，其亦一代之雄乎！按刘向、班固《录》《书》无《鬼谷子》，《隋志》始有之，列于纵横家，《唐志》以为苏秦之书。然苏秦所记，以为周时有豪士隐者，居鬼谷，自号鬼谷先生，无乡里族姓名字。今考其言，有曰："世无常责②，事无常师。"又曰："人动我静，人言我听。知性则寡累，知命则不忧。"凡此之类，其为辞亦卓然矣。至若《盛神》《养志》诸篇，所谓中稽道德之祖，散入神明之赜者，不亦几乎！

唐长孙无忌《鬼谷子序》："《隋书经籍志》：《鬼谷子》三卷，皇甫谧注。鬼谷子，楚人也，周世隐于鬼谷。梁有陶弘景注三卷，又有乐壹注三卷。从横者，所以明辩说，善

---

①　"顿挟"，四库本作"顿跌"。

②　"责"，四库本作"贵"。《绎史》卷一百十四、《鬼谷子》均作"贵"，唐马总《意林》卷二引作"责"。

辞令，以通上下之志者也。汉世以为本出行人之官，受命出疆，临事而制，故曰'诵《诗》三百，使于四方，不能专对，虽多亦奚以为'。《周官·掌交》'以节与币，巡邦国之诸侯，及万姓之聚，导王之德意志虑，使辟行之，而和诸侯之好，达万民之说，谕以九税之利、九仪之亲、九牧之维、九禁之难、九戎之威'是也。佞人为之，则便辞利口，倾危变诈，至于贼害忠信，覆乱邦家。监修国史赵国公长孙无忌等上。"《四库全书总目》卷一百十七云："《鬼谷子》一卷。案《鬼谷子》，《汉志》不著录。《隋志》纵横家有《鬼谷子》三卷，注曰周世隐于鬼谷。《玉海》引《中兴书目》曰，周时高士，无乡里族姓名字，以其所隐，自号鬼谷先生。苏秦、张仪事之，授以《捭阖》至《符言》等十有二篇，及《转丸本经》《持枢中经》等篇。因《隋志》之说也。《唐志》卷数相同，而注曰苏秦。张守节《史记正义》曰，鬼谷在雒州阳城县北五里。《七录》有苏秦书，乐壹注云，秦欲神秘其道，故假名鬼谷。此又《唐志》之所本也。胡应麟《笔丛》则谓《隋志》有苏秦三十一篇，张仪十篇，必东汉人本二书之言，荟萃为此，而托于鬼谷，若子虚亡是之属。其言颇为近理，然亦终无确证。《隋志》称皇甫谧注，则为魏、晋以来书，固无疑耳。《说苑》引《鬼谷子》'有人之不善而能矫之者难矣'一语，今本不载；又惠洪《冷斋夜话》引《鬼谷子》曰'崖蜜，樱桃也'，今本亦不载；疑非其旧。然今本已佚其《转丸》《胠乱》二篇，惟存《捭阖》至《符言》十二篇，刘向所引或在佚篇之内。至惠洪所引，据王直方诗话，乃《金楼子》之文，惠洪误以为《鬼谷子》耳。（案：王直方《诗话》今无全本，此条见朱翌《猗觉寮杂记》所引。）均不足以致疑也。高似孙《子略》称其一阖一关，为《易》之神；一翕一张，为老氏之术。出于战国诸人之表，诚为过当。宋濂《潜溪集》诋为蛇鼠之智，又谓其文浅近，不类战国时人，又抑之太甚。柳宗元辨《鬼谷子》，以为言益奇而道益隘，差得其真。盖其术虽不足道，其文之奇变诡伟，要非后世所能为也。"

15.《黄石公素书》

《子略》卷三云：

> 梁肃《圯桥石表》曰："黄帝氏方平蚩尤时，乃玄女启符，风后行诛。汉祖方征秦、项时，乃黄石授《兵》，留侯演成。《易》称'人谋鬼谋，百姓与能。'又曰：'神道设教而天下服。'"盖谓是矣。东坡以为子房（授）[受]书于圯上老人，其事甚怪，安知非秦之世有隐君子者，出而试之，世不察，以为鬼物，亦已过矣。子房以盖世之才，不为伊尹、太公之谋，而特出于荆轲、聂政之计，以侥幸于不死，此圯上老人之所深惜。老人者，以为子房才有余，而忧其度量之不足，故深折其少年刚锐之气，使之忍小忿而就大谋。高祖之所以胜，项籍之所以败，在能忍与不能忍之间耳。项籍惟不能忍，是以百战百胜而轻用其锋。高祖忍之，养其全锋而待其弊，岂出于张良者乎？按黄石公又有《三略》三卷、《兵书》三卷、《三奇法》一卷、《阴谋军秘》一卷、《五垒图》一卷、《内记敌法》一卷、《秘经》一卷、《记》一卷。又有《张良经》一卷，其出于《三略》《素书》者乎？

《四库全书总目》卷九十九："《素书》一卷，旧本题黄石公撰，宋张商英注。分为六篇，一曰《原始》，二曰《正道》，三曰《求人之志》，四曰《本德宗道》，五曰《遵义》，六曰《安礼》。黄震《日抄》谓其说以道、德、仁、义、礼五者为一体，虽于指要无取，而多主于卑谦损节，背理者寡。张商英妄为训释，取老子'先道而后德，先德而后仁，先仁而后义，先义而后礼'之说以言之，遂与本书说正相反。其意盖以商英之注为非，而不甚斥本书之伪。然观其后序所称圯上老人以授张子房，晋乱，有盗发子房冢，于玉枕中得之，始传人间。又称上有秘戒，不许传于不道、不仁、不圣、不贤之人，若非其人，必受其殃；得人不传，亦受其殃。尤为道家鄙诞之谈。故晁公武谓商英之言世未有信之者。至明都穆《听雨纪谈》，以为自晋迄宋，学者未尝一言及之，不应独出于商英，而断其有三伪。胡应麟《笔丛》亦谓其书中'悲莫悲于精散，病莫病于无常'，皆仙经、佛典之绝浅近者。盖商英尝学浮屠法于从悦，喜讲禅理，此数语皆近其所为，前后注文与本文亦多如出一手。以是核之，其即为商英所伪撰明矣。以其言颇切理，又宋以来相传旧本，姑录存之，备参考焉。"

16. 文中子

《子略》卷四云：

> 道始于伏羲，终于孔子，孔子以来二千余年矣，孟轲氏、扬雄氏、王通氏、韩愈氏，皆祖述孔子而师尊之，若通拳拳于六经之学，自孟子而下未有也。续《书》以考汉、晋之事，续《诗》以观六代之俗，修《元经》以断南北之疑，《易》止于赞，《礼》《乐》止于论。呜呼，通之用心，足以知圣人矣。世率以是疵王氏，是殆未知其所以知圣人者乎？善乎日休皮氏之言曰："《礼》之篇二十有五，《诗》之篇三百六十，《元经》之篇三十一，《易》之篇七十。孟子能踵孔子而赞其道，夐乎千世可继孟子者，通也。"按：杜执礼所作《文中子世家》，又有《乐论》三十篇、《读书》一百五十篇、《元经》凡五十篇。盖受《书》于东海李育，学《诗》于会稽夏琠，问《礼》于河东关子明，正《乐》于北平霍汲，考《乐》于族父仲华，圣人之大旨，天下之能事，至是毕矣。陆龟蒙序之，谓之"王氏六经"。呜呼，盖自孟子历两汉数百年而仅称扬雄，历六朝数百年而仅称王通，历唐三百年而唯一韩愈。六经之学，其著于世者若此，已是匪难乎？异时房、卫诸公，共恢文武，以济贞观之盛，亦天命也。此盖出于司空表圣之言，其尚知道乎？

《四库全书总目》卷九十一云："《中说》十卷，旧本题隋王通撰。《唐志》文中子《中说》五卷，《通考》及《玉海》则作十卷，与今本合。凡十篇。末附序文一篇及杜淹所撰《文中子世家》一篇，通子福畤录唐太宗与房、魏论礼乐事一篇，通弟绩与陈叔达书一篇。又录关子明事一篇。卷末有阮逸序，又有福畤贞观二十三年序。晁公武《郡斋读书志》尝辨通以开皇四年生，李德林以开皇十一年卒，通方八岁。而有德林请见，归援琴鼓荡之什，门人皆沾襟事。关朗以太和丁巳见魏孝文帝，至开皇四年通生已相隔一百七年，而有问《礼》于朗事。薛道衡以仁寿二年出为襄州总管，至炀帝即位始召还。又《隋书》载道衡子收，初生即出继族父儒，及长不识本生，而有仁寿四年通在长安见道衡，道衡语其子收事。洪迈《容斋随笔》又辨《唐书》载薛收以大业十三年归唐，而世家有江都难作，通有疾，召薛收共语事。王应麟《困学纪闻》亦辨

《唐会要》载武德元年五月始改隋太兴殿为太极殿，而书中有隋文帝召见太极殿事。皆证以史传，抵牾显然。今考通以仁寿四年自长安东归河汾，即不复出，故《世家》亦云大业元年一征又不至。而《周公篇》内乃云：'子游太乐，闻龙舟五更之曲。'阮逸注曰：'太乐之署，炀帝将游江都，作此曲。'《隋书·职官志》曰：'太常寺有太乐署。'是通于大业末年复至长安矣。其依托谬妄，亦一明证。考《杨炯集》有《王勃集序》，称祖父通，隋秀才高第，蜀郡司户书佐，蜀王侍读。大业末，退，讲艺于龙门。其卒也，门人谥之曰文中子。炯为其孙作序，则记其祖事必不误。杜牧《樊川集》首有其甥裴延翰序，亦引《文中子》曰'言文而不及理，王道何从而兴乎'二语，亦与今本相合。知所谓文中子者实有其人。所谓《中说》者其子福郊、福畤等纂述遗言，虚相夸饰，亦实有其书。第当有唐开国之初，明君硕辅不可以虚名动。又陆德明、孔颖达、贾公彦诸人老师宿儒，布列馆阁，亦不可以空谈惑。故其人其书皆不著于当时，而当时亦无斥其妄者。至中唐以后，渐远无征，乃稍稍得售其欺耳。宋咸必以为实无其人，洪迈必以为其书出阮逸所撰，诚为过当。讲学家或竟以为接孔、颜之传，则颠之甚矣。据其伪迹炳然，诚不足采，然大旨要不甚悖于理。且摹拟圣人之语言自扬雄始，犹未敢冒其名。摹拟圣人之事迹则自通始，乃并其名而僭之。后来聚徒讲学，酿为朋党，以至祸延宗社者，通实为之先驱。《坤》之初六，履霜坚冰。《姤》之初六，系于金柅。录而存之，亦足见儒风变古，其所由来者渐也。"

总而言之，对于高似孙的辨伪成就，顾颉刚认为："高似孙的著作多是随笔性的，体例不严谨，文辞又拖沓，心得也稀少，在学术地位上不能算高。不过，他是上承柳宗元，下开宋濂、胡应麟的一个人。"庶几近之。

二十六、蔡沈

（一）蔡沈其人

蔡沈（1167—1230），字仲默，号九峰，建州建阳人。蔡元定次子。专意为学，不求仕进，少从朱熹游，后隐居九峰山下，注《尚书》，撰《书集传》。其书融会众说，注释明晰，为元代以后试士必用。

（二）蔡沈的文献辨伪

1. 三皇五帝之书

蔡沈云：

> 今按《周礼》：外史掌三皇五帝之书，周公所录，必非伪妄。而春秋时《三坟》《五典》《八索》《九丘》之书，犹有存者，若果全备，孔子亦不应悉删去之；或其简编脱落，不可通晓，或是孔子所见，止自唐、虞以下，不可知耳，今亦不必深究其说也。

2. 《尚书》

蔡沈云：

> 汉儒以伏生之书为今文，而谓安国之书为古文。以今考之，则今文多艰涩，而古文反平易。或者以为今文自伏生女子口授晁错时失之，则先秦古书所引之文皆已如此，恐其未必然也。或者以为记录之实语难工，而润色之雅词易好，故训、诰、誓、命有难易之不同，此为近之。然伏生倍文暗诵，乃偏得其所难，而安国考定于科斗古书，错乱摩灭之余，反专得其所易，则又有不可晓者。至于诸序之文，或颇与经不合，而安国之序又绝不类西京文字，亦皆可疑。独诸序之本不先经，则赖安国之序而见。

二十七、赵与时

（一）赵与时其人

赵与时（1172—1228），宋太祖七世孙，《宋史》无传，《志乘》亦不载其名。赵孟坚《彝斋文编》陈崇礼序，称其从慈湖先生问学，当系宋儒杨简门人。与时所著《宾退录》十卷，辨析典故，颇多精核。

（二）赵与时的文献辨伪

1. 王建宫词

《宾退录》卷一对于王建宫词有明确考辨：

> 王建以宫词著名，然好事者多以他人之诗杂之，今世所传百篇不皆建作也。余观诗不多，所知者如"新鹰初放兔初肥，白日君王在内稀。薄暮千门临欲锁，红妆飞骑向前归。""黄金捍拨紫檀槽，弦索初张调更高。尽理昨来新上曲，内宫廉外送樱桃。"张籍宫词二首也。"泪尽罗巾梦不成，夜深前殿按歌声。红颜未老恩先断，斜倚熏笼坐到明。"白乐天《后宫》词也。"闲吹玉殿昭华管，醉折梨园缥蒂花。十年一梦归人世，绛缕犹封系臂纱。"杜牧之《出宫人》词也。"红烛秋光冷画屏，轻罗小扇扑流萤。瑶阶夜月凉如水，坐看牵牛织女星。"杜牧之《秋夕》诗也。"宝仗平明秋殿开，且将团扇暂徘徊。玉颜不及寒鸦色，犹带昭阳日影来。"王昌龄《长信秋词》也。"日晚长秋帘外报，望陵歌舞在明朝。添炉欲蓺熏衣麝，忆得分时不忍烧。""日映西陵松柏枝，下台相顾一相悲。朝来乐府歌新曲，唱著君王自作词。"刘梦得《魏宫词》二首也。或全录，或改一二字而已。王平甫谓馆中校花蕊夫人宫词，止三十二首夫人亲笔，又别有六十六篇者乃近世好事者旋加搜索续之，语意与前诗相类者极少，诚为乱真。世又有王岐公宫词百篇，盖亦依托者。①

---

① 《四库全书》第853册，第656页。按：王岐公，即王珪，著有《华阳集》。

《宾退录》卷八继续考辨所逸十篇见于洪文敏所录《唐人绝句》中：

> 余首卷辨王建宫词多杂以他人所作，今乃知所知不广。盖建自有宫词百篇，传其集者，但得九十篇，蜀本建集序可考。后来刻梓者以他人十诗足之，故尔混清。余既辨其人矣，尚有二首"殿前传点各依班，召对西来入诏蛮。上得青花龙尾道，侧身偷觑正南山""鸳鸯瓦上忽然声，昼寝宫娥梦里惊。元是吾皇金弹子，海棠窠下打流莺"者，未详谁作也。所逸十篇今见于洪文敏所录《唐人绝句》中，然不知其所自得。其词云："忽地金舆向日陂，内人接着更相随。却回龙武军前过，当处教开卧鸭池。""画作天河刻作牛，玉梭金镊采桥头。每年宫女穿针夜，敕赐诸亲乞巧楼。""春来睡困不梳头，懒逐君王苑北游。暂向玉花阶上坐，簸钱赢得两三筹。""红灯睡里看春云，云上三更直宿分。金砌雨来行步滑，两人抬起隐金裙。""蜂须蝉翅薄松松，浮动搔头似有风。一度出时抛一遍，金条零落落函中。""教遍宫娥唱尽词，暗中头白没人知。楼中日日歌声好，不问从初学阿谁。""弹棋玉指两参差，背局临虚斗着危。先打角头红子落，上三金字半边垂。""宛转黄金白柄长，青荷叶子画鸳鸯。把来不是呈新样，欲进微风到御床。""供御香方加减频，水沈山麝每回新。内中不许相传出，已被医家写与人。""药童食后送云浆，高殿无风扇少凉。每到日中重掠鬓，衩衣骑马绕宫廊。"

《宾退录》卷十记花蕊宫词二十八首：

> 首卷书王平甫所云花蕊宫词三十二首，今考王恭简《续成都集》记才二十八首，尽笔于此。庶真赝了然。（下略）

按明杨慎《升庵诗话》卷二"王建宫词"条以为"鸳鸯瓦上忽然声"为花蕊夫人诗：

> 王建宫词一百首，至宋南渡后推动七首，好事者妄取唐人绝句补入之。"泪尽罗巾梦不成"，白乐天诗也。"鸳鸯瓦上忽然声"，花蕊夫人诗也。"宝帐平明金殿开"，王少伯诗也。"日晚长秋帘外报"，又"日映西夫松柏枝"二首，乃乐府《铜雀台》诗也。"银烛秋光冷画屏"及"闲吹玉殿昭华管"二首，杜牧之诗也。余在滇南见一古本，七首特全，今录于左："忽地金舆向月陂，内人接著便相随。却回龙武军前过，当殿教看卧鸭儿。"唐著作佐郎崔令钦《教坊记》云："左右两教坊，左多善歌，右多工舞，外有水泊，俗号月陂，形如偃月也。"又云："妓女入宜春苑，谓之内人，亦曰前头人，言常在驾前也。其家在教坊，四季给米。得幸者，谓之十家。""画作天河刻作牛，玉梭金镊采桥头。每年宫女穿针夜，敕赐新恩乞巧楼。""春来懒困不梳头，懒逐君王苑北游。暂向玉阶花下立，簸钱赢得两三筹。""弹棋玉指两参差，阶局临虚斗着危。先打角头红子落，上三金字半连垂。""宛转黄金白柄长，青荷叶子画鸳鸯。把来不是呈新样，欲进微风到御床。""供御香方加减频，水沉山麝每回新。内中不许相传出，已被医家写与人。""药童食后进云浆，高殿无风扇小凉。每

到日中重掠篦，衩衣骑马绕宫廊。"

2. 浅妄书

赵与时在《容斋随笔》基础上对《云仙散录》《开元天宝遗事》《老杜事实》等浅妄书进行了更为深入的辨伪：

> 《容斋随笔》谓近世所传《云仙散录》《开元天宝遗事》《老杜事实》皆浅妄绝可笑，而颇能疑误后生。然但辨《遗事》中数事，余二书无说，《老杜事实》世不多见。葛常之《韵语阳秋》云：老杜诗云："东阁官梅动诗兴，还如何逊在扬州。"按逊传无扬州事。而逊集亦无扬州梅花诗。但有《早梅》诗云："兔园标物序惊时，最是梅御霜当路。发映雪凝寒开枝，横却月观花绕凌。风台应知早飘落，故逐上春来杜公。"前诗乃逢早梅而作，故用何逊事。又意却月、凌风皆扬州台观名。尔近时有妄人假东坡名作《老杜事实》一编，无一事有据。至谓逊作扬州法曹，廨舍有梅一株，吟咏其下，岂不误学者。以上皆葛语。若《云仙散录》，则余家有之，凡三百六十事，而援引书百余种，每一书皆录一事，周而复始，如是者三。其间次序参差者，数条而已，编集文籍岂能整齐如此已可一笑。《序》称："天祐元年，金城冯贽取九世典籍，撮其膏髓，别为一书，庶兵火煨烬之后，来者不至束手，今百书逐无存者。"则贽可谓前知矣。《崇文总目》成书，时距天祐未甚久。隋唐以前书籍存者极多，贽家之书无一著录，虽有《金銮密记》之类一二种，而所编三事本书反无之，又其造语尽仿《世说》，后阅馆本《逊集》，葛所引梅诗尚脱第四联，"朝酒长门泣，夕驻临邦杯。"①

《云仙散录》之真伪并非如此简单，详见拙著《云仙散录详考》。诚如赵与时所云："夫以一石刻之微，而言人人殊，莫能定于一，然后知考古之难也。"文献辨伪亦当作如是观矣。

3. 《纪孟十诗》

《宾退录》卷二又云：

> 近岁尝见《纪孟十诗》，题张孝祥作，《于湖集》中无之，必依托者。如："争地争城立霸基，焉能一统混华夷。力期行政需求艾，深欲为王愧折枝。缘木求鱼何及计，为丛驱雀失深思。是宜孟氏谆谆诲，不嗜杀人能一之。异端邪说日交驰，圣哲攻之心费辞。深诋并耕排许子，极言二本辟夷之。复明陈仲廉无取，力斥杨朱义不为。寄语外人非好辨，欲令大道日星垂。"

以张孝祥《于湖集》中无《纪孟十诗》，因而推断必依托之辞，证据似乎不足。

4. 《南迁录》

《宾退录》卷三指证《南迁录》之伪，云：

---

① 《四库全书》第853册，第663页。

　　近岁，金虏为鞑靼所攻，自燕奔汴，有《南迁录》一编盛行于时，其实伪也。卷首题通直郎秘书省著作郎骑都尉赐绯。张师颜编虏之官制，其于士民，须知独无通直一阶，其伪一也；虏之世宗，以孙原王璟为嗣，储父曰允恭，璟立，追尊允恭为显宗。《录》乃谓璟为允植之子，其伪二也；虏之君臣皆以小字行，然各自有名，粘罕名宗维，兀术名宗弼，《录》乃称忠献王罕，忠烈王术，其伪三也。虏事，中国不能详，然灼知其伪者已如此，而士大夫多信之。

《南迁录》的真伪亦为一大公案，拟另文讨论，兹不赘述。

5.《胡笳十八拍》

《宾退录》卷四述王安石作《胡笳十八拍》，亦为后世一大公案，词云：

　　王荆公一日访蒋山元禅师，坐闲谈论，品藻古今。元曰："相公口气逼人，恐著述搜索劳役，心气不正，何不坐禅，体此大事？"又一日，谓元曰："坐禅实不亏人，余数年欲作《胡笳十八拍》不成，夜坐间已就。"元大笑。事见《宗门武库》。

果如其言，则《胡笳十八拍》为王安石所作矣。

二十八、魏了翁

（一）魏了翁其人

　　魏了翁（1178—1237），字华父，号鹤山。邛州蒲江县（今属四川）人。庆元五年（1199）中进士，授签书剑南西川节度判官。历任国子正、武学博士、试学士院，以阻开边之议忤韩侂胄，改秘书省正字，出知嘉定府。史弥远掌权时，力辞召命。后历知汉州、眉州、遂宁府、泸州府、潼川府等地。嘉定十五年（1222），召为兵部郎中，累迁秘书监、起居舍人。宝庆元年（1225），遭到诬陷，被黜至靖州居住。绍定五年（1232），起复为潼川路安抚使、知泸州。端平元年（1234），召入朝任权礼部尚书兼直学士院，旋即以端明殿学士、同签书枢密院事之职督视江淮京湖军马，封临邛郡开国侯。卒赠太师、秦国公，谥文靖。著有《鹤山全集》《九经要义》《古今考》《经史杂钞》《师友雅言》《鹤山长短句》。

（二）魏了翁的文献辨伪

1. 河图洛书

魏了翁《鹤山集》卷六十三《跋司马子纪先后天诸图》云：

　　涑水司马叔原覃思义理之学，自羲文周孔之《易》、河图洛书之数、阴阳动静之义、日月迟速之度，以及周、程、张、邵、朱、张子之书，旁观历览，为图为书，时贤皆有题识，又欲求一言于予。予迁靖未返，不得与叔原共学，姑识数者之疑于末。且先天图自魏伯阳参同，陈图南爻象卦数始略见此意，至邵尧夫而后大明，千数百年间不知此图安所托，而图南始得此图亦已奇矣。而诸儒无称焉。数往者顺，谓震、离、兑、乾，知来者逆，谓巽、坎、艮、坤，皆以左旋言之。今叔原以为自乾至震，自坤至巽，此必有所据。朱文公以十为河图、九为洛书，引邵子说，辨析甚精。叔原从之，而邵子不过曰圆者河图之数，方者洛书之文，且戴九履一之图其象圆，五行生成之图其象方，是九圆而十方也，安知邵子不以九为图、十为书乎？故朱子虽力攻刘氏，而犹曰《易》《范》之数，诚相表里，为可疑耳。又曰安知图之不为书，书之不为图？则朱子尚有疑于此也。近世朱子发、张文饶精通邵学，而皆以九为图、十为书，朱以列子为证，张以邵子为主。予尝以《乾凿度》及张平子传所载太极五行九宫法考之，即所谓戴九履一者则是图，相传已久，安知非河图也。靖士蒋得之，云当以先天图为河图，生成数为洛书，亦是一说。叔原谓日月亦左旋，此张说朱意也。第日起北陆春，西陆夏，南陆秋，东陆而冬，返乎北陆，则为右乎左乎？谓日速月迟，读书穷理，正欲其自得，况叔原所引见处一分亏之诗，即予少作也。吾侪所见本不相远，第以历家细算分数言之，则月行十三度，余者特约法耳。其实则一日至四，二十四至晦，行十四度，余五日至八，二十至二十二，行十三度，余惟自九日，至十九，仅行十二度。余此犹二至之晷刻，最迟不为无理，而叔原反疑之，独取望日为证，则望日正行迟之日也，况本乎阳者常舒迟，本乎阴者常急促，若日迟而月速，大者舒而小者促，此亦阴阳自然之分也。叔原之图精且密矣，盍更以是审思之，日食书甲乙，如辛卯日与辰相戾为异，尤不经。康成虽有是说，然春秋壬午日食亦日与辰相戾也。而左氏谓不为灾，又何邪？叔原谓分星起于汉唐，谓汉则已后，谓唐则滋邈，岂以《左氏内外传》与《周礼》为不可信邪？是三书亦有可疑，而分次之说，相传已久，独星不依方而以受封之日为次，此传注之可疑，而未有说以破之耳。大抵叔原之说十得六七。予方敛衽之不暇，尚有未能释然者，姑摘一二以备审订，他时道樊以如印，叔原必有以复于予也。绍定四年六月甲子，临卭魏某书。

魏了翁考察了河图、洛书之数的源流，对此不无疑问。河图、洛书之数的来源并不明确，直到汉儒以后才有伏羲八卦本之河图，大禹九畴本之洛书之说，而宋朝更出现九图十书和十图九书两种说法。朱熹以十图九书为是，并以邵雍之说为据，在《易学启蒙》中反复辨析。不过，魏了翁认为此说也并不可靠。因为邵雍本身的说法并不明确，朱熹的证据不可靠。邵雍说："盖圆者河图之数，方者洛书之文，故羲、文因之而造《易》，禹、箕叙之而作《范》也。"邵雍只言方圆，不言九、十之数，这不能说明河图、洛书孰九、孰十。从表象来看，"戴九履一之图其象圆，五行生成之图其象方，是九圆而十方也，安知邵子不以九为图，十为书乎？"不但如此，朱熹本人也颇有疑问。他说："《易》《范》之数，诚相表里，为可疑耳。"又说："安知图之不为书，书之不为图？"而近世大儒朱震、张行成都以九为图、十为书。朱震以《列子》作证据，张行成则依据邵子之说为主。二者实难定取舍。

2.《周易》

魏了翁《鹤山集》卷一百八《师友雅言上》：

> 司马子已叔原说，重卦或以为伏羲，以系辞或以为文王，或以为夏禹，司马子长

以为文王，但舜说谋及卜筮，若未重卦，则筮止有八卦，变方成卦，卦未重，则筮用不行。

魏了翁《鹤山集》卷六十二《题林叔清古易》："《易》之为书，广大悉备，知仁随见，小大由识，各适所求。"

3.《尚书》

魏了翁《鹤山集》卷一百九《师友雅言下》：

　　《礼记》祭先脾注许氏异义云：《今尚书》欧阳说，肝木也，心火也，脾土也，肺金也，肾水也。《古尚书》说，脾木也，肺火也，心土也，肝金也，肾水也。许氏又谨按《月令》，四时之祭与《古尚书》同。郑驳云：《月令》祭四时之物，及其五藏之上下次之耳。

4.《周礼》

魏了翁《鹤山集》卷六十三《跋司马子纪先后天诸图》：

　　叔原谓分星起于汉、唐，谓汉则已后，谓唐则滋邈，岂以《左氏内外传》与《周礼》为不可信邪？是三书亦有可疑，而分次之说，相传已久，独星不依方而以受封之日为次，此传注之可疑，而未有说以破之耳。

魏了翁《鹤山集》卷一百三《周礼折衷》：

　　周之官联其联事处最密，故朱文公谓一部《周礼》盛水不漏。
　　《周礼》用字处文法极严，如小宰八成之类，一字移不得。

魏了翁《鹤山集》卷一百七《周礼折衷》：

　　《旅獒》以玩人丧德，玩物丧志为戒，且云无有远迩，毕献方物，惟服食器用。周公制礼，必不专立一条，以共王者玩好之用。此书所以人疑刘歆之附会。

魏了翁《鹤山集》卷一百八《师友雅言上》：

　　鹤山云："《周礼》《左氏》并为秦汉间所附会之书。《周礼》亦有圣贤遗法，然附会极多。"
　　鹤山云："《周礼》与《左氏》两部字字谨严，首尾如一，更无疏漏处，疑秦汉初人所作，因圣贤遗言，遂成之。"

魏了翁《鹤山集》卷一百九《师友雅言下》：

　　《周礼》一书不见三公之官，与《书》全不合。郑康成在师氏注云：以为周、召曾为此官，考之《顾命》师氏虎臣，则师氏乃大夫之官，而《牧誓》亦先于师氏，注大夫官以兵守王门者，意郑康成不见《古文尚书》，故臆度师氏为三公耳。

　　《王制》与《周礼》不同，《周礼》与《左氏》不同。

　　康成以汉制解经，以赋为口率出泉，三代安有口赋？王介甫用之以误熙宁，皆郑注启之。传注之误最系利害。又如国服为息，息字则凡物之生歇处便生。王介甫引用王莽时事以证《周礼》为二厘取息之制，古人元不取民以钱，土地所产，元无钱，误国甚矣。介甫错处尽是郑康成错注处！王莽时岁什一之法，自康成引以注息字，介甫浑错看，可见欧、苏以前未尝有人骂古注，想承其误，以至此。

　　《周礼》一书毕竟曾行与否，成王在丰止曾往洛行祭礼一次，为书称烝祭岁事是也。即不曾居洛行此书。王在丰，周公自在洛行之，此不可信也。又王畿之外，甸、稍、县、都各五百里，王畿凑合丰与洛之地，方得一千里，甸、稍、县、都如何安排？此又不可信也。先儒只去僻处说，不曾从大处看。惟胡五峰断然以为刘歆《周礼》。盖汉成帝时向子歆校理秘书，始将此书列序于《录》《略》，亡《冬官》一篇，以《考工记》足之，是起于成帝刘歆，而成于郑玄，附离者大半。

　　《周礼》一部可疑处甚多，然制度纪纲缜密处亦多。看《周礼》，须是只用三代法度看，义理方精。郑注多引后世之法释经，尤不是。

　　晦翁所谓一部《周礼》盛水不漏者，以其官相联属，更无罅漏疏阔处。

5.《礼记》《仪礼》

魏了翁《鹤山集》卷五十二《横渠礼记说序》云：

　　横渠张先生之书行于世者，惟《正蒙》为全书，其次则《经学理窟》……今《礼记说》一编，虽非全解，而四十九篇之目大略固具，且又以《仪礼》之说附焉。然则是编也，果安所从得与？尝反覆寻绎，则其说多出于《正蒙》《理窟》，信闻诸书或者先生虽未及定著为书，而门人会萃遗言以成是编与？亦有二程先生之说参错其间，盖先生之学其源出于程氏，岂先生常常讽道之语，而门人并记之与？先生强学质行于丧祭之礼，尤谨且严，其教人必以礼为先，使人有所据守，若有问焉，则告之以知礼成性之道。其行之于家也，童子必使人执幼仪，亲洒扫，女子则观祭祀，纳酒浆，凡以固其肌肤之会、筋骸之束，而养其良知良能之本然。其始也，闻者莫不疑笑，久而后信其说之不我欺也，翕然丕变，惟先生之从。呜呼！是恶可强而致然与？岂人心之所无而可以袭而取之与？人受天地之中以生，莫不有仁义礼知之性具乎其心，故仁其体也，义其用也，知以知之礼，则所以节文。仁义者也，且自父坐而子立、君坐而臣立推之，凡升降上下、周旋裼袭之文，丧祭射御冠昏朝聘之典，夫孰非因性情所有天理之自然而为之。品节者如此，所谓天叙天秩，此其是也。然出天理则入人欲，故品节云者，又将以为人情或纵之防限也。孔孟教人，要必以是为先。今所谓《礼记》《仪礼》诸书，虽曰去籍于周衰，煨烬于秦虐，淆乱于汉儒，然所谓经礼曲礼者，错然于篇帙之中，其要言精义则有可得而推寻者。使后生小子自其幼学，因而从事乎？

魏了翁《鹤山集》卷一百八《师友雅言上》云：

　　吾尝欲著《礼记》一部，专破汉儒穿凿以误后人之病，如献田宅者操右契，古者乡井受田有定法，安得有献田宅之理？如经止说曾祖而下至曾孙，亦无自高祖至玄孙之文，《记》所谓显祖皇祖其说亦不一，若有高祖以下之称，则汉惠不应名其父为高祖矣。以此知《礼记》皆汉儒曲说。

　　曾子易箦一事，某终疑其无此事。《檀弓》内多短曾子而誉子游，某疑此书必秦汉间人所撰，否亦是子游门人相传之说，恐曾子必不与季孙交，且受其物使。孔子知曾子与季孙交且受其物，亦必不乐。《檀弓》在《礼记》中，亦似孔门之遗言者，然是则可疑。

　　《檀弓》必子游之门人所记，盖其语专美子游，而于曾子、有子辈则差贬之。

魏了翁《鹤山集》卷一百九《师友雅言下》云：

　　因说三礼，谓某亦欲下工整顿三礼，但如曲礼"毋不敬，俨若思，安定辞"，安民哉？外如敖不可长，欲不可从，便着整理，此决非圣贤语。

6.《春秋左传》

魏了翁《鹤山集》卷一百八《师友雅言上》云：

　　鹤山云：古亥字，豕字也，二首六身，是后世字，亦左氏非丘明之证也。

　　鹤山云：《左传》范氏出于尧一段文不连属，贾逵以为汉人添入，刘氏要《左传》行于世，与"虞不腊矣"亦秦时字。此《左传》可疑处。

　　鹤山云："《周礼》《左氏》并为秦汉间所附会之书。《周礼》亦有圣贤遗法，然附会极多。"

　　鹤山云："《周礼》与《左氏》两部字字谨严，首尾如一，更无疏漏处，疑秦汉初人所作，因圣贤遗言，遂成之。"

7.《素问》

魏了翁《鹤山集》卷一百八《师友雅言上》云：

　　《坎》《离》为心肾之说，出于《素问》，附会之论，不可信。《易》中《坎》却言"心亨"。

　　汉以前如《五行传》以土居中为心，盖水火并位居中。汉以后，有岐、黄《素问》以《坎》《离》为心肾，某常疑《素问》为东汉后人所撰。唐节谓《素问》《阴符》七国时书。

　　因说《素问》中谓心为火，而以"坎维心亨"观之，则《易》中惟《坎》有心字，是心属土。汉《五行传》专以心属土，意《素问》之书，东汉后方有此假黄帝为名耳。其说与《五行传》皆不合。又极而言之，说土王四季十八日，其说似无所据而实有据。

魏了翁《鹤山集》卷一百九《师友雅言下》云：

> 《素问》人以为黄帝书，但其中如云"醉后入房"等语，决非黄帝时语。今以六经考之，有门，有堂，有阶，有陈，有督，有垂，有塾，有记，有廉，其中为堂，为屋，堂室各半，大率堂之向北，一半为室，室两夹为房，乃祭祀享宾之所，非人燕休之地。若谓房为妇人所在，后世语也。
>
> 《坎》中一画即心体，故八卦惟习坎有孚惟心亨，心居中，虚于坎，可见然心肾皆属坎，水火未尝离，非深于《易》自得者不及此。
>
> 因论今人以《素问》所载遂以《坎》《离》为心肾，而在《易》只有《坎》为心，而《离》不言心，屡为人言而辞穷。《素问》所配八卦，亦与汉儒《五行传》不同。

魏了翁主要从五行上辨伪，认为汉代之前和之后，五行各行所主亦不同。他根据《素问》中出现的以"《坎》《离》为心肾"判定该书应该为以《坎》《离》主心肾的东汉所作。

8.《陈思王帖》

魏了翁《鹤山集》卷五十九《跋陈思王帖》云：

> 按隋秘府所藏有魏黄初篇，其书至唐初已亡，莫知为何等书也。以类推之，如子建之遗文，在当时固多有存亡者，奚独《鹞爵》等赋云乎？唐太宗出御府金币，致天下古本，命魏元成及虞褚定其真伪，篇各有印，印以贞观为文。今《鹞爵赋》及赠王仲宣诗皆有此印，疑为唐秘府所藏矣。亡何，遽为武氏子脂泽所得，良为可惜。最后有在建业文房，而后归之浮休张氏，盖几于屡厄，而仅脱者。一缣素之传，固亦有幸不幸哉！今自隋炀帝至浮休居士，所题其为帖凡五，虽乏精神，颇多态度，或疑赝伪，或谓临模，固亦在疑信间，然迹其所由来，则源流固自可考。今藏于新普安史君任公之家。嘉定八年春王正月，临卬魏某得与寓目，辄题其后。

二十九、章如愚

（一）章如愚其人

章如愚，字俊卿，自幼颖悟，潜心理学。登庆元五年（1199）进士，与真德秀同榜，累官国子博士。未几，改知资州，政绩大著。开禧初，被召上疏，极陈时政，因忤韩侂胄，罢秩，归结草堂山中，与士子讲学。远近咸师尊之，称曰山堂先生。所著有《群书考索》六十六卷、文集若干卷。事迹具《（康熙）金华县志》。

元吴师道《敬乡录》云："同叔（即傅寅）所著有《群书百考》。章如愚俊卿《考索》出于此而加详，今《考索》盛行，而《百考》鲜有读者矣。章如愚，字俊卿，金华人。庆元丙辰进士，仕至国博宫讲，有《考索》一百卷，又撮其要为《卓约》二十卷，便于举子业者。"

(二) 章如愚的文献辨伪

1. 《系辞》《文言》《序卦》

章如愚《群书考索》卷一认为：

> 《系辞》《文言》《序卦》或以为非孔子作，其间每更一事必称"子曰"，若夫子自作，不应自称"子曰"。欧公亦以为然。唐僧一行《易纂》引孟喜《序卦》，文辞与今《易》不同，然则今之《序卦》等恐非夫子全文，或出于经师，未可知也。

2. 《古文尚书》

章如愚《群书考索》卷一认为：

> 尚书始末，古者伏羲氏之王天下也，始画八卦，造书契，以代结绳之政。由是文籍生焉。伏羲、神农、黄帝之书谓之三坟，言大道也。少昊、颛帝、高辛、唐虞之书谓之五典，言常道也。至于夏、商、周之书，虽设教不伦，雅诰奥义，其归一揆，是故历代宝之，以为大训。先君孔子生于周末，讨论坟典，断自唐虞以下，讫于周，芟夷烦乱，剪截浮辞，举其宏纲，撮其机要，足以垂世立教，典、谟、训、诰、誓、命之文凡百篇，所以恢宏至道，示人主以轨范也。孔子百篇，遭秦火不存。至汉伏生，口授得二十八篇，后又得《泰誓》一篇，为二十九篇。孔壁之书既出，孔安国定其可知者二十五篇，又别出《舜典》《益稷》《盘庚》《康王之诰》共为五十八篇。其文以隶书存古文，故谓之《古文尚书》。此书之成，遭巫蛊不出。汉儒闻孔氏之书有五十八篇，遂以张霸之徒造伪书二十四篇，为《古文尚书》。两汉儒者所传，大抵皆霸伪本也，其实未尝见真《古文尚书》。故杜预注《左氏》，韦昭注《国语》，赵岐注《孟子》，凡所举书出于二十五篇之内，皆指为逸书，其实未尝逸也。刘歆当西汉之末，欲立古文学官，移书责诸博士甚力。然歆之所见皆伪本，亦非真古文书也。以至贾、马、郑、服之辈亦皆不见古文书。至晋然后其书渐出，及开皇三年，求遗书，得《舜典》，然后于书大备，孔氏书始出，皆有隶书。至唐天宝间，诏卫衡改古文从今文书，今之所传乃唐天宝所定之本也。

3. 古《三坟》

章如愚《群书考索》卷一认为：

> 此书之目见于孔安国序，而《汉·艺文志》已不载。本朝元丰中，毛渐因奉使西京得之。按其书以山、气、形为别，《山坟》谓之《连山》，《气坟》谓之《归藏》，《形坟》谓之《坤乾》，与先儒所言三《易》异。其中有《纪姓》一篇、《皇策》一篇、《政典》二篇。《胤征》引《政典》曰："先时者杀无赦，不及时者杀无

赦。"孔氏谓夏后氏为政之典籍，今《政典》之文颇合，岂伪邪？【毛渐序】《馆阁书目》云："皆依托也。"【《左传》："楚灵王谓左史倚相能读三坟、五典、八索、九丘之书。"】《三坟》本朝张商英天觉得之于北阳民家，《坟》皆古文，而《传》乃隶书。三坟者，山、气、形也。按《七略》《隋志》皆不载，世皆以为天觉伪撰云。【晁志】《舜典》晋元帝时豫章内史梅赜始以孔《传》奏上，而缺《舜典》一篇，乃取王肃《尧典》"慎徽"以下分为《舜典》以续之。自是欧阳、大小夏侯家等学，马融、郑玄、王肃诸注废，而古文孔《传》独行，列于学官，永为世范。齐建武中，吴兴人姚方兴采马、王之义，以造孔《传》。《舜典》云：于大航拾得，诣阙以献，举朝集议，咸以为非。及江陵板荡，其文北入中原，学者异之。隋刘炫遂取一篇列诸本第，故今人所习《尚书·舜典》元出于姚氏者焉。

4. 河图洛书
章如愚《群书考索》卷九：

《易》曰："河出图，洛出书，圣人则之。"刘牧以为《河图》《洛书》同出于伏羲之世，殊不知《河图》授羲，《洛书》锡禹，经传之明文，古今之通论也。故刘歆、马融、孔安国之徒谓天授伏羲以《河图》，锡禹以《洛书》。然天数二十有五，地数三十，不可易也。而《河图》之数则四十有五，《洛书》之数则五十有五，其不同者何也？天地之数五十有五，今大衍之数止于五十，又何也？盖五者中数也，在五行曰土。今以四时论之，木王于春，火王于夏，金王于秋，水王于冬，惟土分王四季十有八日，共成七十二日，以藏四时之间，而成岁功也。今大衍止五十，盖三才分四象，著五者退藏于密也。其用四十有九，由体起用也。分而为四十有九，合而为一，然则无为而为者，其惟五乎？《河图》者，大衍之本也，其数五居中，而一与九次之，三居乎左之中，四与八次之，七居乎右之中，六与二又次之，总为四十有五而止，盖虚十者，是亦上也。盖大衍所虚者，生数也。河图并与成数而虚之。然《河图》或纵或横，皆十有五，今以五居中，象《易》之太极也。虚十于中，是不纵不横，亦十五也，岂天地密意欤？若《洛书》其畴，虽九数，亦五十有五。五行也，五事也，八政之典，五纪也，六三德之，与十稽疑也。八庶证也，五福之与六极也。唯大衍之五十，皇极五也，特不言数，岂非非数之数？然后于数之中而有所统会也。然则《易》之太极河图之五，《洛书》之皇极，经天纬地，宗主万变，乃象数出入之门，皆不离乎此也。孰谓天地五十有五、《河图》四十有五、《洛书》五十有五而有异者哉？虽然，《易》与《洪范》相为表里。后世吕不韦取而著之《月令》，扬雄以是而草《太玄》，刘向以是而作《五行传》，班固、范晔以是而作《五行志》，皆第相沿，仍宜其一揆，而或异同，何也？《易》曰："天一，地二，天三，地四，天五，地六，天七，地八，天九，地十。"又曰："天数五，地数五。五位相得，而各有合。"《洪范》："一曰水，二曰火，三曰木，四曰金，五曰土。"则数至于五而不及于六七八九十，何也？《月令》春秋则其数八，夏则其数七，中央其数五，秋则其数九，冬则其数六，又不及于一二三四十，何也？《太玄经》曰："三八为木，四九为金，二七为火，一六为水，五五为土。"又不言于十，何也？《洪范》则以水、火、木、金、土为序，《易》则不言，《大禹谟》则以水、火、金、木、土、谷为序，而增谷为六府者，何也？《月令》则以木、火、土、金、水为序，《太玄》则以木、金、火、水、土为序，班固、刘向以木、火、土、金、水为序，范晔则以木、金、火、水、土为序，又何也？盖《易》不言水、火、金、木、土者，以既寓于四象，则不待言而理自存，犹礼官不言垂象也。其《洪范》不及于六七八九十者，即其生数，可以见其成数也。《太玄经》曰："一德而作二生，一刑而作五尅，五生不相殄，五尅不相逆。"不相殄乃能相继，父子之道也。不相逆乃能相治，君臣之道也。《大禹谟》之言以水治火，以火治金，以金治木，以木治土，以土治谷，相治之理也。增谷为六府者，土爰稼穑，禹论其可歌之功也。吕不韦《月令》据《夏小正》以正四时，则以德之盛者言之也。刘向仿《月令》而作传，班固拟刘向之传而作《志》，故其序一与之同，皆取相生，亦犹制地之律，以资生为功，故黄钟为宫，大簇为角，姑洗为羽之义也。一与六共宗，二与七共朋，三与八成友，四与九同道，五与十相守。扬子云拟《易》而作《太玄》，故合生成之数。范晔作《志》，则本《太玄》而衍历，故其序与之合。以自下尅上为言，木受制于金，金受制于火，火受制于水，水受制于土，皆取相制之义也。

5.《子夏易传》

章如愚《群书考索》卷一认为：

> 汉之《易》家，自田何始何而上，未尝有书，魏管辂谓《易》安可注者，其得先儒之心欤？古今学者咸谓卜子夏受《易》孔子而为之传，然太史公、刘向父子、班固皆不论著。唐刘知几知其伪矣。是书亡，不传于今。今号为《子夏易传》者，窃意非古所传。何者？观其书不依古《易经》次，乃遵费氏、郑氏、王氏所合《彖》《象》《文言》于爻下而传之也（唯隋、唐《志》有《卜子夏易传》二卷，文已残缺）。子夏《诗序》之外有《易传》，唐刘知几谓疑出于汉之杜氏。

《崇文总目》亦云该书"篇第略依王式，决非卜子夏之文"。章如愚在此基础上又有所深化，仍然从古书体制上着眼，指出《子夏易传》"其书不依古《易经》次，乃遵费氏、郑氏、王氏所合《彖》《象》《文言》于爻下而传之"。

6.《诗序》

> 《诗序》《关雎》旧解云三百一十二篇，并是作者著为名。旧说云起此至"用之邦国焉"，名《关雎序》，谓之《小序》，自"风风也"讫末，名为《大序》。《关雎序》为《大序》，余诗为《小序》。《诗序》之说不同。《家语》曰："子夏习于《诗》而通其义。"或曰："出于孔子及弟子之知《诗》者所作。"郑《诗谱》意《大序》子夏作，《小序》子夏、毛公合作。《东汉·儒林传》曰："卫宏从谢曼卿受学，作《毛诗序》，善得风雅之旨。"王肃云："子夏所序《诗》，今之《毛诗》是也。"《隋·经籍志》曰："先儒相承，谓《毛诗序》子夏所创，毛公及卫敬仲又加润益。"唐韩愈以为，《诗序》非子夏所著。其说不一。自今观之，《关雎》一篇，使作

《诗》者本无《序》，后人何遽知其为后妃之德也？《鹊巢》一篇，使作《诗》者本无《序》，后人何遽知其为夫人之德也？谓作《诗》本无《序》，虽夫子之圣，亦不能逆知数十百年之前诗人所作之意，何从而次序之？又况其为子夏者乎？然则《诗》之有《序》，自太史采《诗》之时，明乎得失之迹，已叙其美刺之意于篇之首。自美刺一言而下，意者讲师之说，或出于子夏，或出于毛公，与卫宏之徒非一人之手，故其存于诗者辞重复，不然，则六亡诗之《序》何以只存首之一辞？盖诗之亡者，经师不得而见，故其序不详。《丝衣》之《序》，高子曰：灵星之尸也。以是考之，则《诗序》附益之辞，亦皆非汉儒作明矣。或谓作诗时故有其名矣，自名而下，皆后世自为之，何以言之，盖《韩诗》序《汉广》曰："悦人也。"序《汝坟》曰："辞家也。"匡衡习《齐诗》，其引诗曰："念我皇祖，陟肇庭止。"《韩诗》言"敝笱在梁，其鱼遗遗"，《鲁诗》言"中夜之言，不可道也"，皆有差字。萧复以为卜子夏序。韩愈常以三事疑其非。至介甫独谓诗人所自制。按《东汉·儒林传》曰："卫宏作《毛诗序》，善得风雅之旨。"《隋·经籍志》曰："先儒相承谓《毛诗序》，子夏所创，毛公及卫公所润益。"愈之言盖本于此。《韩诗》序《芣苢》曰："伤夫也。"《汉广》曰："悦人也。"序若诗人所自载，毛公犹愈诗也，不应不同，则是不出一人之手明矣。

章如愚对于《诗序》的考辨分为以下几个方面：

第一，文辞辨析。"以《诗序》考之，文辞淆乱，知其非出于一人之手也。"

第二，据理类推。章如愚认为《诗序》非一人所作，是因为"《史记》作于司马氏，而《日者》等《传》褚先生实补之；《汉史》作于班固，而《古今人表》曹大家实续之"，由此，章如愚推断《诗序》亦非成于一人之手。

第三，引证前人。章如愚承袭韩愈的观点，"昌黎议《诗》有曰'子夏不序《诗》'，愚然后知《诗序》非子夏所作，实出于汉之诸儒也"。

第四，比勘古籍。章如愚认为，《诗序》中的内容在多部古籍中也有，如《周礼》《礼记》《尚书》《春秋左氏传》《国语》等，由此，认为《诗序》"持辞引援，往往世出于传记之文"，而不可谓一人为之。

7. 《仪礼》

对于《仪礼》一书，章如愚借鉴了乐史怀疑《仪礼》的思想：

韩愈尝苦《仪礼》难读，以为文王、周公之法制粗在于是。班固志艺文，以鲁高堂生所传《士礼》十七篇，其篇数与《仪礼》同。大宋朝乐史谓《仪礼》有可疑者五：汉儒传授《曲台杂记》后，马融、郑众始传《周官》，而《仪礼》未尝以教授。一疑也。《周礼》缺冬官，求之千金不可得，使有《仪礼》全书，诸儒宁不献之朝乎？班固《七略》、刘歆九种并不著《仪礼》。魏、晋、梁、陈之间，是书始行。二疑也。《聘礼》篇所记宾行饔饩之物、禾米刍薪之数、笾豆簠簋之实、铏壶鼎瓮之列，考之《周官》，掌客之说不同。三疑也。其中一篇《丧服》盖讲师设问难以相解释之辞，非周公之书。四疑也。《周官》所载，自王以下，至公、侯、伯、子、男皆有其礼，而《仪礼》所谓公食大夫礼及燕礼皆公与卿大夫之事，不及于王，其他篇所言曰主人，曰宾而已，似侯国之书，使周公当太平之时，岂不设天子之礼？五疑也。今考其书，犹有可疑者，且吉、凶、宾、嘉皆有其礼，而军礼独阙焉。自天子至士皆有冠礼，而大夫独无焉。乡饮酒之礼有党正以正齿位，而今独不载焉。宾礼之别有八燕礼之等，有四冠昏之篇，皆冠以士大射之礼，独名曰仪朝遇之礼不录，而独存觐礼，其他礼食不载，而独有公食大夫礼，以至言本末之异同。是皆考究精微者焉。

章如愚比较认同乐史的观点，认为"考究精微"。

8.《孟子》

章如愚《群书考索》卷八"孟子类"云：

> 孟子名轲，子思弟子，有列传。师古曰：《圣证论》云：轲字子车。此志无字，未详其所得。【出《艺文志》】鲁公族孟孙之后师孔子之孙子思，著书七篇，遭苍姬之讹录，值炎刘之末，奋进不得佐兴唐虞雍熙之和，退不能信三代之余风，耻没世而无闻焉，是故垂宪言以贻后人，于是退而论集，所与高弟弟子公孙丑、万章之徒难疑答问，又自撰其法度之言，著书七篇二百六十一章三万四千六百八十五字，包罗天地，揆叙万类，可谓亚圣命世之大才也。又有《外书》四篇——《性善》《辨文》《说孝经》《为正》，其文不能洪深，不与内篇相与，似非孟子本，其后世依仿而托之者也。孟子既没，公孙丑万章之徒撰次，难疑答问，成书七篇。后汉赵岐为章句，析为十四篇。唐林谨思以弟子记轲之言不能尽其意，故演而续之，作《续孟子》二卷。本朝冯休谓《孟子》有可疑者，或门人所增益，乃作《删孟》一卷……韩愈以为弟子所会集，非轲自作。今考之，则知愈言非妄也。其书孟子所见诸侯名谥，如齐宣王、梁惠王、梁襄王、滕定公、滕文公、鲁平公是也，夫死然后有谥，轲著书时所见诸侯不应皆死，故予以愈言为然。

章如愚指出，《外书》四篇"其文不能洪深，不与内篇相与，似非孟子本"，当为后世依托。冯休认为《孟子》有可疑者，或门人所增益。韩愈以为《孟子》一书系其弟子所会集，非孟轲自作，理由是书中孟子所见诸侯皆用谥号。章如愚对此大表赞同。

9.《尔雅》

章如愚《群书考索》卷十云：

> 张晏《汉艺文志注》云："尔，近也；雅，正也。"魏张揖上《广雅表》言周公著《尔雅》一篇，《三朝记》哀公曰："寡人欲学小辨，以观于政，可乎？"孔子曰："《尔雅》以观于古，足以辨言矣。"是知周公所作也。今俗所传《尔雅》三卷，或言仲尼所增，或言子夏所益，或言叔孙通所补。陆德明《释文》云："《释诂》盖周公作。"邢昺疏云："《释诂》一篇，相承以为周公作，但其文有周公后事，故先儒共疑焉。"
> 西汉郭威谓《尔雅》周公所制，而《尔雅》有"张仲孝友"。张仲，宣王时人，非周公之制明矣。刘歆尝以问扬子云，子云曰：孔子门徒游夏之徒所记，以解释六艺者也。刘向以谓《外戚传》称史佚教其子以《尔雅》。《尔雅》，小学也。又《记》

言孔子教鲁哀公学《尔雅》，《尔雅》之出远矣。旧学者皆云周公所记也。"张仲孝友"之类，后人所足耳。【西京杂记】若言"胡不承权舆"，及"缁衣之席兮"，此秦康、郑武之诗，在周公之后明矣。【疏】欧阳公《本义》亦谓《尔雅》非圣人之书。考其文理，乃是秦汉之间学《诗》者纂集说《诗》博士解诂之言尔。周公倡之于前，子夏和之于后，自尔以后，世罕得闻。至汉武帝时，济南人终军既辨豹文之鼠，人服其博物，故争相传授，《尔雅》之业于是遂显。其后虽注者十余家，犹未详备。陆德明《叙录》犍为文学注二卷，刘歆注三卷，樊光注六卷，李巡注三卷，推此五家而已。又《五经正义》援引有某氏、谢氏、顾氏，今郭氏言十余千，典籍散亡，未知谁氏，然皆未详。夫《尔雅》者，先儒授教之术，后进索隐之方，诚传注之滥觞，为经籍之枢要者也。夫混元辟而三才肇位，圣人作而六艺斯兴。本乎发德于衷，将以纳民于善。洎夫醇醨既异，步骤不同，一物多名，（繁）〔系〕方俗之语，片言殊训，滞今古之情。将使后生若为钻仰，由是圣贤间出，诂训递陈，周公倡之于前，子夏和之于后。虫鱼草木，爰自尔以昭彰；礼乐诗书，尽由斯而纷郁。然又时经战国，运历挟书，传授之徒浸微，发挥之道斯寡，诸篇所释，世罕得闻。惟汉终军独深其道，豹鼠既辨，斯文遂隆。其后相传，乃可详悉。其为注者，则有犍为文学、刘歆、樊光、李巡、孙炎，虽各名家，犹未详备。惟东晋郭景纯用心几二十年，注解方毕，甚得六经之旨，颇详百物之形。学者祖焉，最为称首。其为义疏者，则俗间有孙炎、高琏，皆浅近俗儒，不经师匠。今既奉上敕校定，考按其事，必以经籍为宗；理义所诠，则以景纯为主。

关于《尔雅》作者，众说纷纭，或云周公所记，或言仲尼所增，或言子夏所益，或言叔孙通所补。欧阳修谓《尔雅》非圣人之书。考其文理，乃是秦、汉间学诗者纂集。此条多因袭《尔雅注疏》之成果，缺乏己见，其他各条亦大体如此。

10.《孔子家语》

章如愚《群书考索》卷十云：

《孔子家语》者，皆当时公卿士大夫及七十二弟子之所咨访交相对问言语也。【后序】始皇之世，李斯焚书，而《孔子家语》与诸子同列，故不见灭。高祖克秦，悉敛得之，皆载于二尺竹简，多有古文字。及吕氏专汉，取归藏之。其后被诛亡，而《孔子家语》乃散在人间，好事者或各以意增损其言，故使同是一事，而辄异辞。孝景皇帝末年，募求天下礼书，于时京师士大夫皆送官，得吕氏之所传《孔子家语》，而与诸国事及七十子辞妄相错，世不可得知，以付掌书，与《曲礼》众篇乱简合而藏之秘府。元封之时，吾仕京师，窃惧先人之典辞将遂泯没，于是因诸公卿大夫，私以人事募求其副，悉得之，乃以事类相次，撰集为四十四篇。又有《曾子问礼》一篇，自别属曾子问，故不复录。其诸弟子书所称引孔子之言者，本不存乎《家语》，亦以其已自有所传也，是以皆不取也。将来君子不可不鉴。【同上】

按：班固《艺文志》："《孔子家语》二十七篇。"颜注云："非今所有《家语》。"则以肃之所注者在可疑也。【馆阁书目】

以上引用了两条材料，一是《孔子家语后序》，二是《馆阁书目》。前者是第一手的材料，理应受到重视。

11. 文中子《中说》

章如愚《群书考索》卷十云：

> 隋王通所与门人答问，薛收姚义集而名之曰《中说》，唐杜淹为序，宋朝阮逸注。宋咸以文中悉模《论语》句迹仲尼事，且谓李靖、陈叔达、房、魏诸公未尝师事，作《过文中子》，又为《驳中说》，凡二十二事，共十卷。王福畤记正观初杜淹问王凝曰："子圣贤之弟也，有闻乎仲父？"曰："凝亡兄尝讲道于河汾，亦尝预于斯六经，之外无所闻也。"淹曰："昔人咸有记焉。盖薛收、姚义缀而名之曰《中说》。兹书天下之昌言也，微而显，曲而当，旁贯大义，宏阐教源。门人请问之端文中行事之迹则备矣，子盍求之家仲父。"曰："凝以丧乱以来未遑及也。退而求之，得《中说》一百余纸，大抵杂记不著篇目，首卷及序则蠹绝磨灭，未能铨次。十九年，仲父被起为洺州从事，又以《中说》授予曰：'先兄之绪言也。'"余再拜曰：《中说》之为教也，务约致深，言寡理大，其比《论语》之记乎？孺子奉之，无使失坠。因而辨类分综，编为十篇。

按：章如愚所述比较靠谱。文中子实有其人，《中说》虽有夸饰不当之处，也并非伪书。

三十、陈振孙

（一）陈振孙其人

陈振孙（1179—1262），字伯玉，号直斋，吴兴（今浙江湖州市）人。又称湖州人，或安吉人。嘉定元年（1208），出任建康府溧水教谕。三年任满，直斋离职。起为绍兴教官。继任鄞学教授。出宰南城，通判兴化，除军器监簿与诸王宫大小学教授。端平三年（1236）知台州，嘉熙元年五月改知嘉兴府。提举浙西，迁官国子司业，擢侍郎。《宋史》无传。厉鹗《宋诗纪事》称其端平中仕为浙西提举，改知嘉兴府。考周密《癸辛杂识》"莆田阳氏子妇"一条，称陈伯玉振孙，时以倅摄郡。又"陈周士"一条，称周士，直斋侍郎振孙之长子。则振孙始仕州郡，终官侍郎，不止浙江提举，鹗盖考之未详也。

（二）陈振孙的文献辨伪

武秀成教授在前人研究特别是乔衍琯先生《陈振孙学记》的基础之上，将陈振孙的文献辨伪方法归纳为以下几点：

> 所谓两纲十三例，一曰"就传授统绪上辨别"，下统八例：从旧志不著录，而定其伪或可疑；从前志著录，后志已佚，而定其伪或可疑；从今本和旧志说的卷数篇数不同，而定其伪或可疑；从旧志无著者姓名，而定后人随便附上去的姓名是伪；从旧

志或注家已明言是伪书而信其说；后人说某书出现于某时，而那时人未看见那书，从这上可断定那书是伪；书初出现已发生许多问题，或有人证明是伪造，我们当然不能相信；从书的来历暧昧不明而定其伪。二曰从文义内容上辨别，下统五例：从字句罅漏处辨别；从抄袭旧文处辨别；从佚文上辨别；从文章上辨别。

《直斋书录解题》中大规模的辨伪，令我们感到意外之喜的是，其辨伪方法的丰富竟有超出梁氏两纲十三例范围的。从人品修养上辨别；由亲自访察而获其事实来辨别；由书中窜改未尽之文字而辨别。①

以上是以梁启超的"辨伪公例"为参照系，未免落入窠臼。梁启超的"辨伪公例"不足为据，详见后面的专文考辨。陈振孙对《云仙散录》的所谓辨伪根本经不起历史的检验，而武秀成教授居然大力肯定，未免随人短长。

综合前人已有研究结论，窃以为，文献辨伪学自刘向、刘歆父子的草创，历魏晋南北朝隋唐的沉潜（至刘知幾已经非常突出），复经宋代疑古之淬炼，至晁、陈之时，辨伪学的胎儿已经大体成型，躁动于母腹之中，已经临盆了。晁、陈之学并非只是目录之学，更是辨伪之学。他们的辨伪意识较之前代更为强烈，更为纯正。

拙著《文献辨伪研究》（武汉大学出版社 2021 年版）将《直斋书录解题》辨伪书语列表一一加以评析。

三十一、陈善

（一）陈善其人

陈善（？—1169），字子兼，一字敬甫，号秋塘，罗源人。著有《扪虱新话》。

（二）陈善的文献辨伪

1. 《东坡集》

陈善《扪虱新话》下集卷四认为：

> 《东坡全集》中《东坡集》有《叶嘉传》，此吾邑陈表民作也……贺方回《青玉案》卒章有"曾湿西湖雨"之句，人以为东坡词，此乃华亭姚晋作也……予观坡集中如《睡乡》《醉乡记》之类，鄙俚浅近，决非坡作。

此为通过文气和指明伪作者为谁来辨伪。陈善亦提及了这一现象出现的原因，即"今市书肆往往逐时增添改换，以求速售，而官之不禁也"②，即伪作者为了获利而为之。

---

① 武秀成：《陈振孙评传》，《晁公武·陈振孙评传》，南京大学出版社 2006 年版，第 422、443 页。

② 陈善：《扪虱新话》下集卷四，《丛书集成初编》本第 311 册，第 91 页。

2. 拟渊明作诗

陈善《扪虱新话》下集卷四认为：

> 山谷尝谓：白乐天、柳子厚俱效陶渊明作诗，而惟柳子厚诗为近。然以予观之，子厚语近而气不近，乐天气近而语不近，子厚气凄怆，乐天语散缓，虽各得其一，要于渊明诗未能尽似也。东坡亦尝和陶诗百余篇，自谓不甚愧渊明，然坡诗语亦微伤巧，不若陶诗体合自然也。要知渊明诗，须观江文通《杂体诗》中拟渊明作者，方是逼真。

拟古不等于作伪，但不少拟作往往被误认为伪作。

三十二、赵汝楳

（一）赵汝楳其人

赵汝楳（约1175—?），宋太宗八世孙，商王元份七世孙，资政殿大学士善湘之子，史弥远之婿，居鄞县（今浙江宁波）。宝庆二年（1226）成进士。理宗时官至户部侍郎，封天水郡公。著有《周易辑闻》六卷、附《易雅》一卷、《筮宗》一卷。

（二）赵汝楳的文献辨伪

1. 《周易》

赵汝楳《周易辑闻》卷一上：

> 周者，姬姓，王天下之国名。易，变易也。《易》道变易无穷，故以名书。案：《周官》大卜三曰《周易》，则知为周人之所自名，以别于《连山》《归藏》也。夫子尝曰二篇之旨，今题曰上篇下篇，上篇三十卦，下篇三十四卦，其序皆反对。

赵汝楳《易雅·学释第三》：

> 书所以载道，《易》所以名书也。包牺阐道而寓之画，画则书之权舆也。三代皆有书，夏首《艮》，曰《连山》，商首《坤》，曰《归藏》，周首《乾》，曰《周易》。今之《易》，《周易》也。文王爱世之所演也，上篇始《乾》《坤》，天地之体也，终《坎》《离》，天地之用也，下篇始《咸》《恒》，人事之体也，终《既》《未》，人事之用也。是乃三极之道也。周公系爻，倚物象以明理。物象者，画之证者也。夫子系传本之以性命道德，居则观象玩辞，动则观变玩占，盛德大业由此乎出。于是文王、周公之旨大明矣。自秦垢莫污，其书传授历历可考。传言商瞿受《易》于圣人，历桥庇馯臂周丑孙虞田何，不闻有所述作，何传王同周玉孙丁宽服生皆著《易传》，丁

将军学最盛，有施、孟、梁丘三家，又费直以彖、象、系辞解说上下经，高相亦传丁将军学。然其书皆亡所可考者。梁丘贺以占筮显名汉宣时，费直长于卦筮，高相专说灾异，其后虞翻、关子明之徒尤注意于占。至管辂虽分筮卜卦，乃绝口不及《易》中辞义矣。嗟夫！夫子系《易》之书，幸传于汉世，而诸人大率皆主于筮卦灾异，而反遗性命道德，何邪？商瞿在孔门非名弟子，意者止受占筮于夫子，故其所传仅如是邪？太史公自序谓受《易》于杨何，乃止云《易》著天地、阴阳、四时、五行，则自商瞿以来所传益可见矣。《易》专为筮，未经吾夫子之手之说也，言灾异则筮卜之遗意也。若焦延寿不祖田阳，不用筮卜，自成一家。京房传之，专明卦气占验，极而至于苏竟、郎颛、杨由、景鸾、樊英之徒，则以《易》兼河洛图，纬风角七政，而易侪于谶纬矣。……《易》家有《子夏传》，儒先多引以断疑，虽于其书不于其人，然亦不容不辨。盖由《隋志》以为卜商，故后人承而弗察，信之者以为京房为之笺，疑之者以为近世人以王弼本冒为之。传世有两书，今观诸儒所引二书中语，皆不类洙泗气象，纵微后人冒作，亦决非卜商之书。孙坦氏曰：世有《子夏传》，以为亲得孔子之蕴。观其辞，间或取《左氏春秋传》语证之，晚又得十八占，称天子则曰县官，尝疑汉杜子夏之学。窃以为，卜商但尝言《诗》，未闻明《易》。案：钦邺与邓彭祖、王商、万章、禽庆之徒皆字子夏，二杜于《易》未闻师授，孙氏之论尚为可疑，唯彭祖传梁丘之学，如以子夏为彭祖，犹有仿佛，以为钦、邺，则无所依据。余未敢以《隋史》为信，世之说经者更详之。

赵汝楳考辨《子夏易传》一书时，主要是驳斥孙坦"《子夏易传》为杜子夏（钦）作"的观点。赵汝楳认为：杜钦、杜邺与邓彭祖、王商、万章、禽庆皆字子夏。二杜于《易》未闻师授，孙氏之论尚为可疑。惟彭祖传梁丘之学，如以子夏为彭祖，犹有仿佛，以为钦、邺则无所依据。由此，他认为《子夏易传》不可能为杜子夏作，此主要从常理辨伪。但只根据这一条证据便断定该书的作者非杜子夏，有失武断。

2.《十翼》

《周易辑闻》卷一上：

"十翼"之目，诸儒人异其说，况《乾》《坤》文言杂以释爻之辞。费直传不载《序》《杂》二篇，《说卦》至汉宣时始得之，安知非如张霸之《泰誓》，自当阙疑。今上下系乃孔门弟子记录圣人论《易》之语，如大衍之数一章颠倒不伦，又他有冠以"子曰"者，有不冠者，有援爻辞于前者，有证于后者，皆门人各随所闻记录而成，如《论语》不可以为圣人所作。

3. 河图洛书

赵汝楳《易雅·图书释第十八》：

浩浩元气，精灵具存，混沦既分，昭乎日星之在上，确乎川岳之在下。自然之文若是孰为之者，抑亦元气流精，物物神奇尔。河图洛书，圣人则之，东序陈之，其来已久。形制不传，其为文若数，莫可臆知，而圣人宝尚如此，是亦自然之文，非人力之所作为也。典籍灰扬，存者可考。圣人不过曰："河出图，洛出书。"初未尝明著其文。汉儒乃指为画卦叙畴之原，刘歆谓《洪范》自五行至六极，凡六十五字，皆洛书本文，是洛书不为数也。扬雄明一六二七之数，《乾度》述一九三七之叙，不闻有图书之名，是数不为图书也。独孔安国谓"神龟负文于背，有数至九"，则以洛书为数矣。夫安国、歆皆汉硕儒，歆又专佐符命，宜见秘文，其说之异同乃如此，岂图书已亡于汉，二子姑以意定言邪？后之学者缅企图书之名，习安国之说，而数不可见，遂以扬雄、《乾度》之数强名曰图书，而圣人之所宝中古之所不传，始断断乎为数矣。雄之数十，凡五位，止于五十，后人衍为五十五，目之曰河图；《乾度》之数九，其位亦九，后人因太乙游宫之次，目之曰洛书。至刘牧互易其名，朱子虽复其旧，迨今学者所主犹未一。况陈希夷有未合、已合之分，邵康节有圆数、方文之辨，若画卦、叙畴等论。由汉以来，纷纭诞异，不可胜载，奈之何哉？呜呼！河图洛书，古必有是，傥形制湮泯，正可阙疑，何至依缘仿，像以一时臆见，而断千古之疑邪？若夫图或为书，书或为图，其无所取证，于圣人则均也。

三十三、赵汝谈

（一）赵汝谈其人

赵汝谈（？—1237），字履常，号南塘，宋太宗八世孙，居余杭。生而颖悟，年十五，以大父恩补将仕郎。登淳熙十一年（1184）进士第。

（二）赵汝谈的文献辨伪

赵汝谈天资绝人，沉思高识，自少至老，无一日去书册。其论《易》，以为为占者作；《书》尧、舜二典宜合为一，禹功只施于河洛，《洪范》非箕子之作；《诗》不以《小序》为信；《礼记》杂出诸生之手；《周礼》宜傅会女主之书。要亦卓绝特立之见。为文章有天巧。笃于伦谊而忘仇怨，御史王益祥尝劾之，后汝谈官其乡，益祥愧不敢见，汝谈乃数过之，相得欢甚。尝论议韩非、李斯皆有荀卿之才，惟其富贵利欲之心重，故世得而贱之，惟卿独能守其身，不苟希合，士何可不自重哉？所著有《易》《书》《诗》《论语》《孟子》《周礼》《礼记》《荀子》《庄子》《通鉴》《杜诗注》。①

赵汝谈曾考辨《周易》，陈振孙言："礼部尚书赵汝谈履常撰，专辨'十翼'非夫子作，其说亦多自得之见。"② 由于该书已经亡佚，具体信息我们不得而知。但我们可以通过此知道赵汝谈曾专门考辨过《周易》的作者问题。且从陈振孙对其言语的引用情况来

---

① 见《宋史》列传第一百七十二。
② 陈振孙：《直斋书录解题》卷一，影印文渊阁四库全书本，第 674 册，第 543 页。

看，其专辨"十翼"之作应还是为后人比较推崇的。

三十四、陈汲

（一）陈汲其人

陈汲（约1180—?），字及之，一字兼济，永嘉人。嘉定七年（1214）中甲戌袁甫榜。嘉定十三年（1220），知军陈汲复立朱文公祠于三贤祠之东，郡人陈宓为记。著有《周礼全书》。

（二）陈汲的文献辨伪

陈汲认为：

> 《周礼》一书，周家法令政事所聚，或政典，或九州，或司马教战之法，或《考工记》。后之作者纂其典章法度而成一代之书，有周公之旧章，有后来更有续者。犹风雅颂通谓之周诗，誓诰命通谓之周书也。信之者以为周公作，不信者以为刘歆作，皆非也。①

信古派以为是周公所作，疑古派以为是刘歆所作，而陈汲采取折衷态度，认为二者皆非也。陈汲的观点是一种典型的折衷派的观点。《周礼》的内容反映的是周代的典章制度，但是其书非纂于一人一时，其中既有周公旧章，也有后人窜入的，这一观点比较接近历史的真实情况。

《周礼》一书既是检验今文家与古文家的试金石，也是检验疑古派与信古派的试金石。是疑古还是信古，这是一个关系重大的学术问题。

三十五、刘克庄

（一）刘克庄其人

刘克庄（1187—1269），字潜夫，号后村，福建莆田人。嘉定二年（1209）因荫补将仕郎，后历任靖安主簿、真州录事、建阳县知县、帅司参议官、枢密院编修官。淳祐六年（1246），宋理宗因其久有文名，赐其同进士出身，后任秘书少监，官居工部尚书、建宁府知府。景定五年（1264），以焕章阁学士之职致仕。咸淳五年（1269），卒谥文定。其诗属江湖诗派，早年学晚唐体，晚年诗风趋向江西诗派。词深受辛弃疾影响，多豪放之作。著有《后村先生大全集》。

---

①　王与之：《周礼订义·论周礼纲目》。

(二) 刘克庄的文献辨伪

1.《千字文》

刘克庄认为《千字文》殆非梁人作：

> 梁武帝教诸王书，令殷铁石于钟、王书中选一千字不重者，召周兴嗣曰："卿有才思，为我韵之。"兴嗣一夕编缀进上，须发皆白。宋刘后村曰："《法帖》中汉章帝已尝书此文，殆非梁人作也。"又米芾为博士尝奉诏以黄庭坚小楷书作《千字文》以献，见《太常博士》。①

《千字文》非梁代周兴嗣撰，因为"《法帖》中汉章帝已尝书此文，殆非梁人作也"，主要是从书中的时代上考辨。

2.《逸周书》

考辨《逸周书》时，刘克庄袭前人观点，主要从内容上考辨，认为该书"皆荒唐夸诞，不近人情"②。

3.《樊川续别集》

刘克庄《后村诗话》卷一认为：

> 杜牧、许浑同时，然各为体。牧于唐律中常寓少拗峭以矫时弊。浑则不然，如"荆树有花兄弟乐，橘林无实子孙忙"之类，律切丽密或过牧，而抑扬顿挫不及也。二人诗不著姓名亦可辨。樊川有《续别集》三卷，十之八九皆浑诗。牧佳句自多，不必又取它人诗益之。若《丁卯集》割去许多杰作，则浑诗无一篇可传矣。牧仕宦不至南海，《别集》乃存《南海府罢》之作，甚可笑。

刘克庄认为杜牧从来没有去过南海，但其《别集》中却有《南海府罢》之作，作伪痕迹太过明显。这是据行踪辨伪。

4.《李娃传》托名白行简

刘克庄《后村诗话》卷一认为：

> 欧阳率更貌寝，长孙无忌嘲之云："谁令麟阁上，画此一猕猴。"好事者遂造白猿之说，谤及其亲。郑畋名相，父亚亦名卿，或为《李娃传》，诬亚为元和，畋为元和之子，小说因谓畋与卢携并相不咸，携诟畋身出倡妓。按畋与携皆李翱甥，畋母，携姨母也，安得如《娃传》及小说所云乎？唐人挟私忿腾虚谤，良可发千载一笑。亚为李德裕客，白敏中素怨德裕，及亚父子。《娃传》必白氏子弟为之，托名行简，又嫁言天宝间事。且《传》作于德宗之贞元，追述前事可也。亚登第于宪宗之元和，畋相于僖宗之乾符，岂得预载未然之事乎？其谬妄如此！如《周秦行纪》，世以为德

---

① 彭大翼：《山堂肆考》卷一百二十三，影印文渊阁四库全书本，第 976 册，第 418 页。
② 马端临：《文献通考》卷一百九十五，影印文渊阁四库全书本，第 614 册，第 327 页。

裕客韦绚所作，二党真可畏哉！

托名也是作伪。刘克庄认为，《李娃传》必白氏子弟为之，托名行简，又嫁言天宝间事。

5. 《周秦行记》
刘克庄《后村诗话》卷一认为：

> 唐人叙述奇遇，如后土夫人事，托之韦郎；无双事，托之仙客；莺莺事虽元稹自叙，犹借张生为名。惟沈下贤《秦梦记》，牛僧孺《周秦行记》，李群玉《黄陵庙》诗，皆揽归其身，名检扫地矣。

刘克庄认为，《周秦行记》等书皆为伪托。

6. 《木兰诗》
刘克庄《后村诗话》卷一认为：

> 《焦仲卿妻》诗，六朝人所作也。《木兰诗》，唐人所作也。《乐府》惟此二篇作叙事体，有始有卒，虽辞多质俚，然有古意。

7. "拟古" 往往夺真
刘克庄《后村诗话》卷一认为：

> 谢康乐有《拟邺中诗》八首，江文通有《拟杂体》三十首，名曰"拟古"，往往夺真。亦犹退之《琴操》，真可以弦庙瑟；子厚《天对》，真可以答《天问》。今人号为摹拟其作，求其近似者少矣！

正因为拟古之作往往夺真，容易欺骗读者，给辨伪工作增大了难度，不可不慎。

8. 坡诗风格多变
刘克庄《后村诗话》卷二认为：

> 坡诗略如昌黎，有汗漫者，有典严者，有丽缛者，有简澹者。翕张开阖，千变万态。盖自以其气魄力量为之，然非本色也。它人无许大气魄力量，恐不可学。和陶之作，如海东青、西极马，一瞬千里，了不能为韵束缚。

一个人的风格不是一成不变的，也为辨伪工作增加了难度。

9. 《胡笳》
刘克庄《后村诗话》卷一认为：

> 古今赋咏闺情者，不过恩怨相尔汝。贺方回词云："挥金陌上郎，化石山头妇。无物系君心，三岁扶床女。"陈子高《绝句》云："壁间卫玠眉目是，膝下枚皋言语

真。纵使无情似郎主，那能对此不沾巾。"乃就幼稚上发意尤新。前世惟蔡琰《胡笳》诸篇为然。子高别有句云："莫向边鸿问消息，断肠书信不如无。"甚有思致。

此处以《胡笳十八拍》为蔡琰之作。

10. 不信人间有许由

刘克庄《后村诗话》卷一认为：

> 许由事不见于经，故扬雄以为疑。诚斋云："子云到老不晓事，不信人间有许由。"虽沉著痛快，终未有以折衷。鄱阳前辈汤君锡独曰："尧始让四岳，四岳举舜，乃让于舜。《左传》云：'夫许，太岳之后。'杜注云：'尧四岳。'然则太岳非由乎？后人遂有洗耳之说尔。"援引切而说不凿，可谓之善读书矣。君锡名师中，苦学强记，既登第，遽弃官，亦不求岳庙以终其身。

这是对疑古派最辛辣的嘲讽！因为他们到老不晓事，不信人间有许由、屈原、尧、舜、禹、孙武、孙膑……"只愁说到无言处，不信人间有古今"，悲哉！"兴来诗就筋来尽，不信人间有是非"痛哉！"悬知千古无言子，不信人间有六经"。哀哉！

11. 《汲冢书》

刘克庄《后村诗话》卷一认为：

> 《汲冢书》十卷七十篇，与《艺文志》《周书》七十一篇合，但少一篇。晁子止谓其记录失实，李成父谓书多驳辞，宜孔子所不取。又谓刘向、司马迁、班固皆常见此书，其后稍隐，及盗发冢，乃幸复出。中间所载武王征四方，馘亿有十万七千七百七十有九，俘三亿万二百三十，暴于秦王、汉武矣。狩禽虎二十有三，麋五千二百三十五，犀十有二，牦七百二十有一，熊百五十有一，黑百一十有八，豕三百五十有二，貉十有八，麈十有六，麝五十，鹿三千五百有八。纣圃虽大，安得熊黑如是之众！又谓俘商宝玉亿有百万，皆荒唐夸诞，不近人情，非止于驳而已。百篇圣人所定，孟子犹疑"漂杵"之语。前辈云："吾欲忘言观道妙，六经俱是不全书。"况《汲冢书》之类乎！

刘氏以为《汲冢书》荒唐夸诞，不近人情，未免以今测古，不足为凭。

12. 后人误以入集

刘克庄《后村诗话》卷二认为：

> 半山拟寒山云："我曾为牛马，见草豆欢喜。又曾为女人，欢喜见男子。我若真是我，只合长如此。若好恶不定，应知为物使。堂堂大丈夫，莫认物为己。"后有慈受和尚者拟作云："奸汉瞒淳汉，淳汉总不知。奸汉做驴子，却被淳汉骑。"半山大手笔，拟二十篇殆过之。慈受一僧尔，所拟四十八篇，亦逼真可喜也。寒山诗粗言细语皆精诣透彻，所谓一死生、齐彭殇者。亦有绝工致者，如"地中婵娟女，玉佩响珊珊。鹦鹉花间弄，琵琶月下弹。长歌三日绕，短舞万人看。未必长如此，芙蓉不耐

寒。"殆不减齐梁人语。此篇亦见《山谷集》，岂谷喜而笔之，后人误以入集欤？

后人整理前人遗作时往往出现张冠李戴，误将抄录他人之作误入其集，当细心辨之。

13. 易之窃名

刘克庄《后村诗话》卷三认为：

> 张易之、昌宗目不识字，手不解书，谢表及和御制皆附者为之。所进《三教珠英》，乃崔融、张说辈之作，而易之窃名为首。

目不识字，不著一字，竟然尽得风流，欺人乎？斯天乎？

14.《刘子》非刘勰所撰

刘克庄《后村诗话》卷三认为：

> 贺兰敏之为《封东岳碑》，张昌龄所作也。《刘子》书，咸以为刘勰所撰，乃渤海刘昼所制。昼无荣位，博学有才，故取其名，人莫知也。

按：此条与上条并见于唐张鷟《朝野佥载》卷六。

15. 张狗儿爱偷文章

刘克庄《后村诗话》卷三认为：

> 进士章弘知诗："君为河畔草，逢春心剩生。妾如台上镜，得照始分明。"同房常定宗改"始"字为"转"字，遂争此诗，皆云我作。博士罗道琮判云："昔五字定表，以理切称可。今一言竟诗，取词多为主。诗归弘知，转还定宗。"张狗儿爱偷文章，时为之语曰："活剥王昌龄，生吞郭正一。"

按：此条见于唐刘肃《大唐新语》卷十三。

16.《题子美坟》无一字是韩笔

刘克庄《后村诗话》卷一认为：

> 世传退之有《题子美坟》七言一首，末章有"三贤所归同一水"之句。此篇出入平仄数韵，累三十六句，其辞鄙浅，无一字是韩笔。韩集李汉所编，亦无此篇。

《题子美坟》，一作《题杜工部坟》，托名韩愈，确乎不类。

17. 太白《拟古》《感兴》疑为贯休之徒效颦

刘克庄《后村诗话》卷一认为：

> 太白《拟古》十三首，《感兴》六首，文义或不相属，与集中五言古诗绝不类，岂贯休之徒效颦耶！

18. 《姑孰十咏》疑非李白作

刘克庄《后村诗话》卷一认为:

> 《姑孰十咏》, 前辈疑非白作, 信然!

李白的文集中有一组很特别的诗——《姑孰十咏》, 歌咏姑孰 (也作姑孰, 即今马鞍山当涂县) 周边的十个景点, 既有自然景观如天门山, 也有人文景观如谢公宅, 形式都是五言八句, 极像五律, 但是每首皆押仄声韵, 给人印象又是古体诗。而诗歌语言与人们印象中的李白诗歌似乎不太一样, 于是从宋代起, 有人怀疑这不是李白之作, 说是中唐时期一个自称李白继承者李赤或南唐另一李白的作品, 当然坚定地认为是李白作品的也大有人在。所谓前辈指苏轼。其《东坡志林》卷二载: "过姑孰堂下, 读李白《十咏》, 疑其语浅陋, 不类太白。孙邈云: 闻之王安国, 此李赤诗, 秘阁下有赤集, 此诗在焉。白集中无此。赤见柳子厚集, 自比李白, 故名赤。" 苏轼过姑孰堂, 约于北宋元丰七年 (1084年) 七月初。徐小洁《明代朱谏与李白诗歌辨伪》称, 明代朱谏《李诗辨疑》与《李诗选注》虽为合刻, 却较《选注》流传稍广。敬乡楼丛书编撰者以单行本形式印行此书, 知者遂多。朱谏辨疑体系主要由两部分组成: 《辨疑小序》和二百余首疑诗的辨析。《辨疑小序》置于卷首, 以问答的形式系统地阐述了朱谏对诗歌艺术特征的认识及李诗疑作存在的客观原因, 并从艺术风貌的角度, 以李益、李赤伪劣诗风为反面典型, 强调李诗能够精察并得以甄别的可能性, 具有较高的学术自信。但安徽师范大学中国诗学研究中心吴振华认为不伪, 他在搜集李白文集中所有的五言八句诗并细致分辨其语言及押韵形式的基础上, 认定这组诗是李白的作品。

19. 《笑歌行》《悲歌行》疑非李白作

刘克庄《后村诗话》卷一认为:

> 《笑歌行》《悲歌行》, 太浅易, 欠豪放, 前辈疑非白作。

王定璋《李白〈笑歌行〉〈悲歌行〉真伪辨》认为, 现存《李太白全集》中的部分诗歌的真伪, 由于资料缺乏和复杂的历史原因, 一直是学术界众说纷纭, 莫衷一是的突出问题。这一情况无疑给我们今天整理研究李白的作品带来了困难, 我们毋须埋怨既成事实而必须正视它。[①]

20. 香山集中数绝疑好事者为之

刘克庄《后村诗话》卷六认为:

> 元、白皆唐诗大家, 余观古作者, 必以艰深文浅近, 必以尖新革尘腐。二公独不然, 世传其有赋咏, 元语多犯白, 固有偷格律之嘲。白遇赋咏, 必使老妪闻而晓解者。两《长庆集》部帙数倍韩、柳, 其间大篇如《连昌宫辞》《琵琶行》之类, 不可胜书, 姑录其尤警策者于编。元初与仇士良争驿, 劾严厉苛敛, 忤时相意, 赖李

---

① 王定璋:《李白〈笑歌行〉〈悲歌行〉真伪辨》,《社会科学研究》1984 年第 6 期。

绛、崔群论救，其诗有"佞存真妾妇，谏死是男儿"之句。初节甚高，及为学士，有上眷中人争与之交，遂党中人，以沮裴度，非复昔日微之矣。其卒甫五十三，故白哀诗云："因知早贵兼才子，不得多时在世间。"白天资近道，多称人之善，然"当君白首同归日，是我青山独往时"之句，不哀彼之冤，而幸我之免。文饶不存辈行，不分雅俗，但欲以浙西观察临苏州刺史，道眼观之，只堪一笑。集中数绝，余常疑好事者为之，香山未必有此作也。

三十六、叶大庆

（一）叶大庆其人

叶大庆，字荣甫，龙泉人。少时入县学，弱冠升京师国子学。开禧元年（1205）中进士。授建州州学教授。上自六经诸史，下逮当朝名家著述，无所不谙，并以词赋知名于时。对诸生授业解惑，辨伪纠谬，议论精确，说理透辟，深得学子爱戴。晚年，身患痼疾，杜门辞教，将数十年之教学笔记，整理成《考古质疑》一书。

《考古质疑》内容涉及历朝史实、典章制度、文字训诂、诗词文章，而以考证史实为多。如考司马迁《史记》记事前后矛盾处，辨析中者，结论令人信服。大庆死后，好友建州郡丞叶武子慷慨解囊，将《考古质疑》付梓，于宝庆二年（1226）问世，后收入《永乐大典》。

（二）叶大庆的文献辨伪

1.《尚书》

叶大庆《考古质疑》卷一云：

《书》之《秦誓》，乃穆公自悔而作尔。《史记》则以为作于渡河焚船，大败晋人之后。《盘庚》三篇，乃因迁都告谕臣民而作尔。《史记》则以为盘庚弟小辛立，殷道衰，百姓思盘庚，作《盘庚》三篇。至于《文侯之命》，乃周平王东迁，晋文侯仇有安定之功，故锡命之尔。《史记》则以为周襄王命晋侯重耳。盖襄王之命重耳，《左传》以为用平礼也，言用平王享文侯仇之礼以享重耳也。其义甚明。《史记》乃并引父义和丕显文武能谨明德，昭登于上，布闻在下，维时上帝集厥命于文武，于是晋文公称霸，是指义和为重耳也。今以《尚书》之《序》考之，《秦誓》曰："秦穆公伐郑，晋襄公帅师败诸崤函，归作《秦誓》。"《盘庚》之《序》曰："盘庚五迁，将治亳，殷民胥怨，作《盘庚》三篇。"平王锡晋文侯秬鬯圭瓒，作《文侯之命》。非不明白。《史记》乃抵牾如此。盖三书虽得于伏生所传，是时孔子百篇之序遭巫蛊事未立于学官，故迁不及见，所以与《书序》之言不同欤？又如秋熟未获，雷电以风拔木偃禾之事，乃周公居东未还之时，故成王曰："惟朕小子其新逆，我国家礼亦宜之。王出郊，天乃雨，反风，禾起，岁熟。"《书》所载甚明也。迁史于《鲁世家》乃云："周公卒后，秋未获。"此亦迁史之误。君子取信于《书》之《金縢》可也。

2.《周礼》

叶大庆《考古质疑》卷一云：

> 周人以讳事神，然《雝》诗言"克昌厥后"，《噫嘻》言"骏发尔私"，何以不为文武讳耶？至于《周礼》一书、《七月》一诗皆周公作也。《礼》有昌本之菹，《诗》有麃发之咏，皆不之讳者，盖周去古未远，虽曰文为之备，尚遗朴略之风，其避讳固未如后世之悉，特不敢指曰文王昌、武王发，若泛用二字，则未之讳也。

叶大庆认为《周礼》一书为周公作，这是恪守传统观点。

3.《列子》

叶大庆《考古质疑》卷三认为：

> 列子之书，大要与《庄子》同，不可以其寓言为实也。如《杨朱》篇云：晏平仲问养生于管夷吾，夷吾问送死于平仲，大庆以《史记·秦纪》及《穀梁传》参考之，秦缪鲁僖之十二年已言管仲死。是岁癸酉。《史记·齐世家》以管仲卒于桓公四十一年，如此则是僖公十五年丙子，《齐世家》误矣。平仲虽莫究其始，然《史记》载婴死于夹谷之岁，则是鲁定公十年也。自仲之死，至是已百五十年。使其问答，仲当垂死之岁，婴方弱冠之时，婴有百七十之寿矣。以此知其不然也。又《史记·管婴列传》云：仲卒，齐遵其政，后百余年有晏子焉。然则二子非同时，而列子之寓言明矣。《容斋随笔》云：庄子之鲲鹏，列子之六鳌，其语大若此。《庄子》：北溟有鱼，其名为鲲，鲲之大，不知其几千里也。化而为鸟，其名曰鹏，鹏之背，不知其几千里也。《列子·汤问》第五：渤海之东，不知几亿万里，中有五山，五山之根，无所连着，帝使巨鳌十五举首戴之，迭为三番，六万岁一交焉，五山始峙而不动。龙伯之国有大夫，一钓而连六鳌。庄子之蛮触，列子之焦螟，其语小又如此。《庄子·则阳》第二十五云：有国于蜗之左角曰触氏，有国于蜗之右角曰蛮氏，时相与争地而战，伏尸数万。《列子·汤问篇》：江浦之间虫曰焦螟，群飞而集于蚊睫，弗相触也。栖宿去来，蚊弗觉也。离朱方昼拭眥扬眉而望之，弗见其形；师旷方夜擪耳俯首而听之，弗闻其声。大庆谓，凡若此类，人固知其寓言。如引古人问答，容有未易觉者，故大庆特举盗跖之讥孔子，与管晏之问答以明之。

叶大庆认为《列子》为寓言。又以为《列子》书多后人增益：

> 刘向校《列子》书，定著八篇，云：列子，郑人，与穆公同时，盖有道者也。孝景时，贵黄老术，此书颇行于世。大庆按，缪公立于鲁僖三十二年，薨于鲁宣三年，正与鲁文公并世。《列子》书《杨朱篇》云：孔子伐木于宋，围于陈、蔡。夫孔子生于鲁襄二十二年，缪公之薨五十五年矣。陈、蔡之厄，孔子六十三岁。统而言之，已一百十八年。列子，缪公时人，必不及知陈、蔡之事明矣。况其载魏文侯、子夏之问答，则又后于孔子者也。不特此尔，第二篇载宋康王之事，第四篇载公孙龙之言，是皆战国时事，上距郑缪，三百年矣。晋张湛为之注，亦觉其非，独于公孙龙事

乃云后人增益，无所乖错，而足有所明，亦何伤乎？如此皆存而不除。大庆切有疑焉，因观《庄子·让王篇》云："子列子穷，容貌有饥色，客有言于郑子阳曰：列御寇，有道之士也。居君之国而穷，君无乃不好士乎？子阳即令官遗之粟，列子再拜而辞。使者去，其妻曰：妾闻为有道者之妻子，皆得佚乐，今有饥色，君过而遗先生食，先生不受，岂不命耶？列子笑曰：君非自知我也。以人之言而遗我粟，至其罪我也，又且以人之言。此吾所以不受也。其卒民果作难而杀子阳。"观此，则列子与郑子阳同时，及考《史记·郑世家》，子阳乃繻公时，二十五年杀其相子阳，即周安王四年癸未岁也。然则列子与子阳，乃繻公时人，刘向以为缪公，意者误以繻为缪欤？虽然，大庆未敢遽以向为误，姑隐之于心。续见苏子由《古史·列子传》，亦引辞粟之事，以为御寇与繻公同时。又观《吕东莱大事记》云：安王四年，郑杀其相驷子阳，遂及列御寇之事。然后因此以自信。盖列与庄相去不远，庄乃齐宣梁惠同时，列先于庄，故庄子著书多取其言也。若列子为郑繻公时人，彼公孙龙乃平原之客，赧王十七年，赵王封其弟胜为平原君，则公孙龙之事，盖后于子阳之死一百年矣。而宋康王事，又后于公孙龙十余年，列子乌得而预书之？信乎后人所增，有如张湛之言矣。然则刘向之误，观者不可不察；而公孙龙、宋康王之事，为后人所增益，尤不可以不知。

《列子》之书大要与《老子》同，不可以其寓言为实。

4.《文子》

叶大庆《考古质疑》卷二对于《文子》的时代有所探讨：

大庆近观《文子》一书，凡一十二篇，谓之《通玄真经》。犹庄子所谓《南华真经》，列子所谓《冲虚真经》也。其书大率多载老子之言，或谓之老子弟子是也。而其序乃以为周平王时人，按《史记·货殖传》注，裴骃曰："计然，葵丘濮上人。姓辛，字文子，其先晋国亡公子也。尝南游于越，范蠡师事之。"《文选》曹子建《求通亲亲表》引《文子》曰："不为福始，不为祸先。"此所引乃《文子》第三卷《守虚篇》。而李善注云："范子曰，文子者姓辛，葵丘濮上人，称曰计然。范蠡师事之。"又《北史》萧大圜云："留侯追踪于松子。陶朱成术于辛文。"然则所谓文子，乃春秋末人也。但其书第五卷有平王问于文子曰："吾闻子学得道于老聃。"云云，注家谓平王为周平王，故其序遂以为周平王时人。夫《春秋》起于鲁隐，正周平王之时，是为春秋之始。范蠡事越子句践以灭吴，是乃春秋之末，前后相去二百余年。乃谓文子为平王时人可乎？况其书第一卷又载孔子问道于老子，老子曰："正汝形，一汝视，天和将至。"是则老子与孔子同时，皆去平王时甚远也。又其书《上仁篇》云："伯乐相之。王良御之。"王良与赵简子同时，亦春秋末年也。然则谓为平王时人，岂不误欤？曰孔子与老子答问，其为同时，固也。如上文之所援引，安得平王时有所谓老聃？而曰："吾闻子学得道于老聃。"似真误矣。但前史所述孔子皆可考其所生之岁月，如老聃则莫推其始，止云姓李名耳，字伯阳，周守藏室之史也。尝观迁史《周纪》，幽王时三川皆震，伯阳甫曰："周将亡矣。"注云："伯阳父，周柱下史老子也。"及幽王立褒后，太史伯阳读史记曰"周亡矣"云云。由此而观，则太史伯阳即老子也。固已见于幽王之前，则平王谓吾闻子学道于老聃，又似非误。况孔子窃比于老彭，说者谓老聃彭祖，夫彭祖尧臣，绵唐、虞，历夏、商，则老聃之年，迁史谓其修道以养寿，或者生于幽王之前，而绵历春秋之季，亦未可知也。更俟智者质之。

5.《中说》

叶大庆《考古质疑》卷五认为"《中说》非阮逸所作"：

《容斋随笔》云：《中说》所载门人多贞观时知名卿相，而无一人能振师之道者，故议者往往致疑。其最所称高弟曰程、仇、董、薛、程、元、仇、璋、董、常无所见，独薛收《唐史》有列传，踪迹甚为明白……挺身归国，正在丁丑、戊寅岁中，丁丑为大业十三年，又为义宁元年，戊寅为武德元年，是年三月，炀帝遇害于江都，盖大业十四年也。杜淹作《文中子世家》，云十三年江都难作，子有疾，召薛收，谓曰：吾梦颜回称孔子归休之命，乃寝疾而终，殊与收事不合，岁年亦不同，是大可疑也。又称李靖受诗，及问圣人之道，靖既云丈夫当以功名取富贵，何至作章句儒，恐必无此。《中说》后载文中子次子福畤所录云，杜淹为御史大夫，与长孙太尉有隙。予按淹以贞观二年卒，后二十一年，高宗即位，长孙无忌始拜太尉，其不合于史如此，故或疑为阮逸所作也。大庆谓容斋之所辩证是矣，尝观杜淹所撰世家，年世既已抵牾，且或疏略自戾，岂止如容斋所疑乎？盖容斋所疑尚犹有可诿者，大庆之所疑，因得以附见焉……自是以至开皇十八年戊午，盖一百一岁矣，使子明为记室时方弱冠，至是亦百二十余岁矣，安得有文中子问礼于子明之事？非年岁之抵牾乎？容斋所疑反不及此，何也？虽然，杜淹所撰岂其欲大吾师之道而彰其名，故不暇详究其年月而起后人之诋訾乎？容斋遂并疑《中说》为阮逸所作，大庆则未敢以为然也，何者？逸乃我宋仁宗朝人。《唐书·艺文志》已有王通《中说》，皮日休有《文中子碑》，亦言序述六经，敷为《中说》，李、薛、房、杜皆其门人。而刘禹锡作《王华卿墓铭序》，载其家世行事甚详，云门多伟人，则与其书所言合矣。司空图又谓文中子致圣人之用，房、卫数公皆为其徒，恢文武之道，以济贞观治平之盛。至于李翱《读文中子》，且以其书并之《太公家教》。刘蕡《读文中子》，又以六籍奴婢讥之。是虽当世儒者好恶不同，推尊之或过，毁损之失真，要知自唐已有此书，决非阮逸所作明矣，岂容斋偶忘之乎？盖容斋所疑，不过因薛收、李靖之事，安知薛收不于文中子既死而方应义举？李靖初年从学而后乃投笔乎？十三年之难，若以史所载田蚡之死都护之置例之，则亦杜淹叙述之误耳。长孙太尉之隙，若以《左传》所称陈桓公、田成子，汉史张良称汉王之等例之，则亦王绩追书之误尔。然则大庆所谓容斋所疑尚有可诿者，以是特杜淹、王绩之徒有所谬误，亦何足以疑《中说》哉？

大庆前谓《中说》非阮逸所作甚明。续考《中说》亦有可疑处，往往王氏子弟如王凝、福畤不无附会于其间，何以言之？《王道篇》云："李德林请见之，与之言，归有忧色。门人问子，子曰：'德林与吾言，终日言文，而不及理。'门人退，子援琴鼓荡之什，门人皆霑襟焉。"又《礼乐篇》云：安平公问政，即德林也。大庆按《通鉴》，德林死于开皇之十年，时文中子方七岁，固未有门人，德林何为请见而问政？门人何为闻琴而露襟哉？此其谬误，断无可疑，故谓王凝、福畤不无附会于其间者此也。

叶大庆据文献考证，认为《中说》非阮逸所作，但其间有王凝等人的附益之词。

6.《史记》《汉书》

最值得注意的是，该书卷一对于古书附益发表了有价值的见解：

> 司马迁作《史记》，班固作《汉书》，然《汉书》季布、萧何、张耳、袁盎及张骞、李广、卫霍等赞大略多与《史记》同（原注：《汉书》张骞赞即《史记·大宛传》后），或全取本文，或改易数字，此无他，马作于前，班述于后，观史固无可疑，然窃惜司马相如传赞乃固所作，而《史记》乃谓太史公曰，全与《汉书》同。夫迁之所作，在固容或袭之，如固之所作，迁安得预同之哉？且迁在武帝时，扬雄生于汉末，今《相如传》后且引扬雄以为靡丽之赋劝百讽一，此班固作赞晓然矣，何为《史记》乃以为太史公之语而杂于其间耶？诸家注释并不及此，大庆读至于此，窃尝惑之，遍假诸本校之，又皆一同，因反复而究之。《公孙弘传》乃载平帝元始中王元后诏赐弘子孙爵。徐广注曰：后人写此及班固所称以续卷后，乃知相如之赞亦后人写入而托之太史公也。于是喟然叹曰：古人著书多为后人所加，以启学者之疑，何可胜纪！《九州箴》，扬子云所作也。徐坚《初学记》所载《润州箴》，乃有六代都兴之语（原注：《汉书·扬雄赞》曰："箴莫善于虞箴作州箴。"晋灼曰："九州之箴也。"《初学记》扬雄《润州箴》曰："洋洋润州，江山秀远。蒋庙钟山，孙陵曲衍。江宁之邑，楚曰金陵。吴晋梁宋，六代都兴。"雄生西汉之末，安得预有"吴晋梁宋六代都兴"之语哉）。《艺文类聚》，唐太宗时欧阳询所编也，而有苏、李、沈、宋之诗（原注：正月十五有苏味道《夜游诗》，洛水门有李峤《拜洛诗》，寒食门有沈佺期、宋之问诗，四子皆后人，欧阳安得预编之也）。是皆后人所加，使人不能无疑，类如此，观者不可不知。

以上观点得到稍后学者陈叔方的支持，《颍川识小》卷上云："扬子云后于太史公者也，《史记》相如传乃引扬雄语，此后人续之，非迁笔明矣。"

三十七、严羽

（一）严羽其人

严羽，字丹丘，一字仪卿，自号沧浪逋客，世称严沧浪。邵武莒溪（今福建省邵武市拿口镇严坊村）人。生卒年不详，据其诗推知主要生活于理宗在位期间，至度宗即位时仍在世。早年就学于邻县光泽县学教授包恢门下，包恢之父包扬曾受学于朱熹。一生未曾出仕，大半隐居在家乡，与同宗严仁、严参齐名，号"三严"；又与严肃、严参等八人，号"九严"。严羽论诗推重汉魏盛唐，号召学古，所著《沧浪诗话》名重于世，被誉为宋、元、明、清四朝诗话第一人。

（二）《沧浪诗话》的文献辨伪

1. 《木兰歌》

　　《木兰歌》最古，然"朔气传金柝，寒光照铁衣"之类，已似太白，必非汉魏人诗也。

　　《木兰歌》，《文苑英华》直作韦元甫名字，郭茂倩《乐府》有两篇，其后篇乃元甫所作也。

据风格判断《木兰歌》必非汉魏人诗。

2. 《问来使》

　　《西清诗话》载：晁文元家所藏陶诗，有《问来使》一篇，云："尔从山中来，早晚发天目。我屋南山下，今生几丛菊。蔷薇叶已抽，秋兰气当馥。归去来山中，山中酒应熟。"予谓此篇诚佳，然其体制气象与渊明不类，得非太白逸诗，后人谩取以入陶集尔。

　　按《容斋五笔》亦云："诸集中皆不载，惟晁文元家本有之，盖天目疑非陶居处。然李太白云：'陶令归去来，田家酒应熟。'乃用此尔。……古今诗人怀想故居，形之篇咏，必以松竹梅菊为比兴"。

3. 伪太白

　　《文苑英华》有太白《代寄翁参枢先辈》七言律一首，乃晚唐之下者。又有五言律三首：其一，《送客归吴》；其二，《送友生游峡中》；其三，《送袁明甫任长江》，集本皆无之。其家数在大历、贞元间，亦非太白之作。又有五言《雨后望月》一首，《对雨》一首，《望夫石》一首，《冬月归旧山》一首，皆晚唐之语。又有"秦楼出佳丽"四句，亦不类太白，皆是后人假名也。《文苑英华》有《送史司马赴崔相公幕》一首云："峥嵘丞相府，清切凤凰池。羡尔瑶台鹤，高楼琼树枝。归飞晴日好，吟弄惠风吹……"此或太白之逸诗也。不然，亦是盛唐人之作。

4. 《少年行》

　　《太白集》中《少年行》，只有数句类太白，其他皆浅近浮俗，决非太白所作，必误入也。

《少年行》原诗云：

　　击筑饮美酒，剑歌易水湄。经过燕太子，结托并州儿。少年负壮气，奋烈自有时。因击鲁勾践，争博勿相欺。

五陵年少金市东，银鞍白马度春风。落花踏尽游何处，笑入胡姬酒肆中。

君不见淮南少年游侠客，白日球猎夜拥掷。呼卢百万终不惜，报仇千里如咫尺。少年游侠好经过，浑身装束皆绮罗。兰蕙相随喧妓女，风光去处满笙歌。骄矜自言不可有，侠士堂中养来久。好鞍好马乞与人，十千五千旋沽酒。赤心用尽为知己，黄金不惜栽桃李。桃李栽来几度春，一回花落一回新。府县尽为门下客，王侯皆是平交人。男儿百年且乐命，何须徇书受贫病。男儿百年且荣身，何须徇节甘风尘。衣冠半是征战士，穷儒浪作林泉民。遮莫枝根长百丈，不如当代多还往。遮莫姻亲连帝城，不如当身自簪缨。看取富贵眼前者，何用悠悠身后名。

今按：据其风格"只有数句类太白，其他皆浅近浮俗"，断定"决非太白所作"。试问是哪几句类太白？这种辨伪还比较简单，也没有具体指证，因而难以断案。

5.《酒渴爱江清》

"酒渴爱江清"一诗，《文苑英华》作"畅当"，而黄伯思注《杜集》，编作少陵诗，非也。

《苕溪渔隐丛话后集》卷三十一云：

苕溪渔隐曰："鲁直少喜学佛，遂作《发愿文》云：'今日对佛发大誓，愿从今日尽未来世，不复淫欲饮酒食肉，设复为之，当堕地狱，为一切众生代受其苦。'可谓能坚忍者也。其后悉毁禁戒，无一能行之，于诗句中可见矣。以《酒渴爱江清》作五诗，其一云：'廖侯劝我酒，此亦雅所爱。中年刚制之，常惧作灾怪。连台盘拗倒，故人不相贷。谁能知许事，痛饮且一快。'《嘲小德》云：'中年举儿子，漫种老生涯。学语啭春鸟，涂窗行暮鸦。欲嗔主母惜，稍慧女儿夸。解著《潜夫论》，不妨无外家。'《谢荣绪割獐见贻二首》云：'何处惊麋触祸机，烦公遣骑割鲜肥，秋来多病新开肉，粝饭寒菹得解围。''二十余年枯淡过，病来著下剧甘肥，果然口腹为灾怪，梦去呼鹰雪打围。'《传》云：'饮食男女，人之大欲存焉。'若戒之则诚难，节之则为易，乃近于人情也。《东皋杂录》云：'鲁直《嘲小德》有学语春莺啭，书窗秋雁斜，后改曰：学语啭春鸟，涂窗行暮鸦。以是知诗文不厌改也。'"

可见《酒渴爱江清》原为黄庭坚之诗，不是杜甫之诗。

6. 子美画像诗

"迎旦东风骑蹇驴"绝句，决非盛唐人气象，只似白乐天言语。今世俗图画以为少陵诗，渔隐亦辨其非矣；而黄伯思编入《杜集》，非也。

《苕溪渔隐丛话后集》卷八云：

《诗说隽永》云："晁氏尝于中壸缄线纩夹中得吴越人写本杜诗，讳'流'字之类，乃盛文肃故书也。如'日出篱东水'等绝句六首乃九首，其一云：'漫道春来好，狂风大放颠。飞花随水去，翻却钓鱼船。'"苕溪渔隐曰："此诗浅近，决非少陵语。庸俗所乱，不足凭也。"苕溪渔隐曰："世有碑本子美画像，上有诗云：'迎旦东风骑蹇驴，旋呵冻手暖髯须。洛阳无限丹青手，还有工夫画我无？'子美决不肯自作，兼集中亦无之，必好事者为之也。李太白《戏子美诗》：'饭颗山头逢杜甫，头戴笠子日卓午。借问别来太瘦生，只为从前作诗苦。'《李翰林集》亦无此诗，疑后人所作也。"

苕溪渔隐首发难端，严羽亦不隐美，古之人哉！宋陈起编《江湖小集》卷四十《叶茵顺适堂吟稿》有《少陵骑蹇驴图》诗云："防破衣宽骨相寒，为花日日醉吟鞍。时人只道题风月，后世将诗作史看。"杜甫骑蹇驴早在宋代已见诸吟咏与图画，并非空穴来风。

7. 杜甫《避地》

少陵有《避地》逸诗一首云："避地岁时晚，窜身筋骨劳。诗书遂墙壁，奴仆且旌旄。行在仅闻信，此生随所遭。神尧旧天下，会见出腥臊。"题下公自注云："至德三载丁酉作。"此则真少陵语也。今书市集本，并不见有。

此处据诗题下杜甫自注"至德三载丁酉作"一语证真——"此则真少陵语也"。至德三年即758年。此诗已收入《杜甫诗全集》卷三。

8. "坡曰""师曰"

《杜集》注中"坡曰"者，皆是托名假伪，渔隐虽尝辨之，而人尚疑者，盖无至当之说，以指其伪也。今举一端，将不辨而自明矣。如"楚岫八峰翠"，注云："景差《兰亭春望》：'千峰楚岫碧，万木郢城阴。'且五言始于李陵、苏武，或云枚乘。汉以前五言古诗尚未有之，宁有战国时已有五言律句耶？观此可以一笑而悟矣。虽然，亦幸而有此漏逗也。

杜注中"师曰"者，亦"坡曰"之类，但其间半伪半真，尤为殽乱惑人。此深可叹，然具眼者自默识之耳。

9. 《送杨子》

太白诗："斗酒渭城边，垆头耐醉眠。"乃岑参之诗，误入。

10. 《塞上曲》

太白《塞上曲》"骝马新跨紫玉鞍"者，乃王昌龄之诗，亦误入。昌龄本有二篇，前篇乃"秦时明月汉时关"也。

11.《赠孟郊》

孟浩然有《赠孟郊》一首。按东野乃贞元、元和间人，而浩然终于开元二十八年，时代悬远，其诗亦不似浩然，必误入。

孟浩然逝世十一年之后，孟郊才出生，绝对不可能给孟郊写诗。而《唐文粹》《全唐诗》均以讹传讹。严羽从时代与风格两个方面辨伪，堪称定论。

考《四库全书》本《孟浩然集》卷首提要亦称："洪迈《容斋随笔》尝疑其《示孟郊》诗时代不能相及。今考《长安早春》一首，《文苑英华》作张子容，而《同张将军蓟门看灯》一首亦非浩然游迹之所及。则后人窜入者多矣。"

三十八、王柏

（一）王柏其人

王柏（1197—1274），字会之，自号长啸，改号鲁斋。金华（今属浙江）人。以教授为业，曾受聘主丽泽、上蔡等书院。咸淳十年卒，谥文宪。著有《诗疑》《书疑》《王文宪公文集》。事见《王文宪公圹志》，《宋史》卷四三八有传。

（二）王柏的文献辨伪

1. 河图洛书

王柏《鲁斋集》卷三《研几图序》：

河图出而人文开，八卦画而《易》道显，九畴锡而《洪范》著。《书》固不先于图也，成王之传位也。河图在东序，《大训》在西序，参错于天球、弘璧之间。圣主之所宝可知矣。古人左图右书，未尝偏废。后世书籍浸繁，而图学几绝。间有因玩好摹写景物以悦目，而有关于理者固鲜。图学之中，兴非神圣不能作，非明智不能传。《洪范》历千有余年，非箕子孰能陈之？先天图湮没者二千余年，至邵子而始出。濂溪周子再开万世道学之渊源者，《太极图》也，而《通书》次之。盖有一图之义极千万言而不能尽者，图之妙实不在书之后也。近世夹漈郑公遂作《图谱略》，固不足以尽天下之图，而图之名义亦可概见。其论纵横开合，援引宏博，既富矣哉，而于理非其所尚，此为可恨焉耳。

王柏《鲁斋集》卷六有《河图赞》《洛书赞》，可以合观。

2.《尚书》

王柏《鲁斋集》卷四《书疑序》云：

圣人之经，最古者莫如《书》，而最难读者亦莫如《书》。以二帝三王治天下之大经大法，孰有加于《书》者？奈何伏生之口授，蝌蚪之变更，孰能保其无误，此

《书》之所以难读也。朱子于诸经莫不探其渊源，发其简奥，疏瀹其湮塞，而贯通之，缕析其错揉而绅绎之，无复遗恨，独于《春秋》不敢著一字，《书》止解典谟三篇而已。后又有《金縢》《召诰》《洛诰说》及《考定武成》，凡四篇……在昔先儒笃厚信古，以为观《书》不可以脱简疑经，如此则经尽可疑，先王之经无复存者。后生为学所当确守先儒之训，何敢疑先王经也。不幸秦火既焰，后世不得见先王之全经也。惟其不全，固不可得而不疑。所疑者，非疑先王之经也，疑伏生口传之经也。读《书》者往往困于训诂，而不暇思经文之大体，间有疑者，又深避改经之嫌，宁曲说以求通，而不敢轻议以求是。夫圣人之书，万世之大训也，与日月并明，与天地始终，不惟不当疑，亦本无可疑。后学非丧心，孰敢号于众曰："吾欲改圣人之经。"然伏生女子之口传，孰不知其讹舛。圣人之经不可改，伏氏之言岂亦不可正乎？纠其缪而刊其赘，订其世而合其离，或庶几乎得复圣人之旧。此有识者之不容自已。汉、唐诸儒，智不足而守有余，泥古护短，坚不可开。逮至本朝，二三大儒方敢折衷以理，间有删改，讥议喧豗，犹数十年而后定。今训注多已详明，而犹可略也。惟错简繁多，极问玩索，若稍加转移，以复大体，不动斤斧，以凿元气，不可强通者仍缺之，是亦先儒凡例之所详也。元体苟正，则训诂不待费词，可以益简而益明矣。愚不自揆，因成《书疑》九卷，凡五十篇，正文考异八篇，藏之家塾，以备探讨。呜呼！欧阳公曰："经非一世之书也，传之缪非一日之失也，刊正补辑非一人之能也，使学者各极其所见，而明者择焉，以俟圣人之复生也。"予深有感于斯言云。

他对《尚书》已经不是怀疑，而是大加删改了，疑古未免过勇矣。

3.《毛诗》

王柏《鲁斋集》卷十六《诗十辨》云：

毛诗辨

愚尝求三百篇之诗矣，固非唐虞夏商之诗也，固非尽出于周公之所定也，亦非尽出于夫子之所删也。周公之旧诗不满百篇，先儒以为正风正雅是也。夫子之删固非删周公之所已定删。周公之后，庞杂之诗存者止二百有余篇，先儒以为变风、变雅是也。颂虽无正变之分，而实有正变之体。周公、夫子合而为三百篇，而总系之于周也，然今之所谓三百篇者皆周公、夫子之旧乎？愚不得而知也。昔成康既没之后，至孔子时，未五百年，虽经幽、厉之暴乱，而贤人君子之隐于下者未绝也。太史册府之掌，藏未亡也，太师蒙瞽之音，调未失也，而雅颂庞杂已荒，周公之旧制，夫子自卫反鲁，然后正之，况东迁之后，周室已极衰微，夫子既没，而大义已乖。乐工入河入海，而声益废，功利攘夺，干戈相寻，视礼乐为无用之器。至于秦政而天下之势大乱极坏，始与吾道为凤怨大仇，遂举诗书而焚灭之，名儒生者又从而坑戮之，偶语《诗》《书》者复厉以大禁，其祸惨烈，振古所无。汉定之后，《诗》忽出于鲁，出于齐、燕。国风雅颂之序，篇什章句之分，吾安知其果无脱简毂乱，而尽复乎周公、孔子之旧也。夫《书》授于伏生之口，止二十有八篇，参之以孔壁之藏，又二十有五篇，然其亡失终不可复见者犹有四十有余篇，其存者且不胜其错乱讹舛，为万世之深恨。今不知《诗》之为经，藏于何所，乃如是之秘传于何人，乃如是之的遭焚禁之大祸，而三百篇之目宛然如二圣人之旧，无一篇之亡、一章之失。《诗》《书》同祸，而存亡之异辽绝乃如此，吾斯之未能信。夫天下之书，合千万人之言，如出于一人之口，吾知其传之之的也。虽数人之言而亦不能不异者，吾知其传之之讹也，以其传之之的，固幸其言之无不同，以其传之之讹，亦幸其言之有所异也。何者？与其彼此俱失，而无它左验，固不若互得互失，而可以参考也。是以汉初最善复古，而齐、韩、鲁三家之《诗》并列于学官，惟毛苌者最后出，其言不行于天下，而独行于北海。郑康成，北海之人也，故为之笺。自是之后，学者虽不识毛苌，而笃信康成，故《毛诗》假康成之重，而排迮三家，独得盛行于世。毛、郑既孤行，而三家抵牾之迹遂绝，而不得参伍错综以订其是非。凡诗家疏义等学，合十有二种，凡九十余家，至本朝又三十余家，无非推尊毛、郑，崇尚《小序》，学者惑于同而忘其异，遂信其传之之果也。且苌自谓其学传于子夏。按子夏少夫子四十一岁，至汉已三百年，乌在其为得于子夏哉？若传于子夏之门人，则流派相承，具有姓氏，不应晦昧湮没，诡所授受，以诳后世。惟《鲁诗》有原见称于史，至西晋而已亡。陆机虽撰毛公相传之序，上接子夏，而又与释文无一人合，其伪可知。愚是以于《毛诗》尤不能不疑也。

风雅辨

昔者朱子破千载之惑，退黜《小序》，删夷缠绕，作为《诗传》。自《诗》之湮没，经几何年，而一旦洗出本义，明白简直，可谓骏功，无有遗恨！惟风雅之别，虽有凡例，而权之篇什犹未坦然，故其答门人之问亦多未一，于是有腔调不同之说，有体制不同之说，有词气不同之说，或以地分，或以时分，或以所作之人而分，诸说皆可参考，惟腔调不传，其说不可考也。近世儒者乃谓义理之说胜，而声歌之学日微。古人之诗用以歌，非以说义也。不能歌之，但能诵其文，而说其义可乎？究其为说主声而不主义，如此则虽郑卫之声可荐于宗庙矣。天作清庙，可奏于宴豆之间矣，可谓舍本而逐末。凡歌声悠扬于喉吻，而感动于心，思正以其义焉耳。苟不主义，则歌者以何为主，听者有何可味，岂足以薰蒸变化人之气质，鼓舞动荡人之志气哉？

经传辨

自咸阳三月之焰熄，而经已灰，后世不幸而不得见圣人之全经也久矣，出于煨烬之余者率皆伤残毁裂，而不可缀补。经生学士不甘于缺疑，而耻于有所不知，又不敢诵言其为伤残毁裂之物，于是研精极思，剟剔辕订，雕刻藻绘，日入于诡，而伤残毁裂之书又从而再坏矣。江左儒先，尊经过厚，而忘其再坏，乃以为先王之教未经践踏，岿然独全者惟风雅颂而止耳。又谓圣人欲以诗人之平易而救五经之支离，孰知后世反以五经之支离而变《诗》之平易，是殆不然。当三百篇之全之时，而五经未尝碎缺，当五经之支离，而《诗》亦未尝平易。又以后世伤残毁裂之经视圣人完全严密之经，又非所以言圣人之时之经也。六经虽同一道，而各有体，犹四时均一气而各有用，此皆天理之不容已。虽圣人亦不可得而以意损益之也。圣人初何容心以此救彼哉。若彼待此救，则各有一偏，则圣人之经在圣人之时已非全书矣。于理有所未通，然《诗》之为教所以异于他经者，自有正说。当周之初，虽有《易》而本之卜筮，虽有《书》而藏之史官，《仪礼》未尝著，《周官》未颂，麟未出，而《春秋》未有朕兆也。周公祖述虞舜，命夔典乐之教，于是诏太师教以六诗，是以《诗》之为教最居其先。然其所以为教者，未有训故传注之可说，不过曰此为风，此为雅颂，此为比兴，此为赋而已，使学之者循六义而歌之，玩味其词意，而涵泳其性情。苟片言有得，而万理冰融，所以销其念虑之非，而节其气质之世，莫切于此。此《诗》之所以为教者然也。汉之刘歆得见闻之近，乃谓《诗》萌芽于文帝之时。一人不能独尽其经，或为雅，或为颂，相合而成，吾故知各出其讽诵之余，追残补缺，以足三百篇之数耳，乌得谓之独全哉？自是以来，承讹踵陋，训诂传注之学日盛，而六义之别反埋。至程夫子始曰："学《诗》而不分六义，岂能知诗之体？"其门人谢氏又曰："学《诗》须先识六义体面，而讽咏以得之。"故朱子亦以为古今声诗条理无出于此。是以于《诗集传》每章之下分别比兴赋之三义，而风雅颂姑从其旧，非谓风雅颂部分已明而不当易也，亦非谓六义中风雅颂可缓而不必辨也，特以其无所考验而难于定耳。朱子且难于定，后世孰从而定之哉？间尝窃思朱子之作《易本义》也，因晁氏古《易》复其经传之旧，于以正后世离经合传之缪，以是知周公之诗与夫子之诗必不杂出于风雅颂之中。夫子未删之前，周公之诗虽或庞杂，犹幸正变之说尚存于既删之后，故敢祖是例以析之，详味其正经之旨，则汉儒戕乱之病不待疏驳而自见矣。昔朱子尝谓分《诗》之经，分《诗》之传，此说得之吕伯恭，而朱子因立此例于《楚词集注》。今推本二先生之意而为是编，因著其所疑于前，以待有道者正之。

王柏认为，《毛诗》非子夏作，主要对于毛苌之《诗》传于子夏一事进行怀疑。首先，从时代而言，"子夏少夫子四十一岁，至汉已三百年，乌在其为得于子夏哉"[1]。他认为子夏的时间距离汉代时代太久远，不可能为其所作。其次，从前代无著述上考辨，"若传于子夏之门人，则流派相承，具有姓氏，不应晦昧埋没，诡所授受，以诳后世"[2]。王柏认为，该书若真为子夏所作，不应该后世对于该事没有任何著录。

4.《孔子家语》

王柏认为，《孔子家语》"乃王肃自取《左传》《国语》《荀》《孟》《二戴记》割裂织成之"[3]，此主要通过比勘其他古籍来辨伪。

5.《国语》

王柏《鲁斋集》卷三《续国语序》云：

> 至我本朝苏黄门始曰："太史公浅近而不学，疏略而轻信。"朱子屡称此言最中其病。及观黄门之《古史》，又上及于三皇，以伏羲、神农、黄帝充之，若与《大传》同，以少昊、颛顼、帝喾、唐虞谓之五帝，终与《大传》异，其轻信何躬自蹈之乎？尧、舜吾知其为帝也，禹、汤、文、武吾知其为王也，皋陶、稷、契、伊、傅、周、召吾知其为贤也，吾何从而知之？以吾夫子之书而知之也。夫子，圣人也，前圣之所传，至吾夫子而止，后学之取信，亦至吾夫子而止。于吾夫子而止，于吾夫子不得取吾信，乌乎取吾信。唐虞之上，三皇五帝之有无离合，吾不得而信也。出于吾夫子之言，吾之所信也。其或出于诸子百家之书，非吾之所敢信也。虽百篇之义固

① 王柏：《诗疑》卷二，朴社1930年版，第38页。
② 王柏：《诗疑》卷二，朴社1930年版，第38页。
③ 朱彝尊：《经义考》卷二百七十八，影印文渊阁四库全书本，第680册，第568页。

不得而追补，然其大经大法巍乎灿然，如日月五星之丽乎天，未见其不足也。千载之下，犹未闻有法而行之者，以追帝王之余风，尚何求于茫茫不可致诘之外哉？《春秋》之书，吾夫子之亲笔也，其人可信也，其时可近也，传之者失夫子之意多矣，曾不是之求，乃舍近而求之远，弃实而求之虚，何耶？天地之内，一日之间事如沙尘，何可胜纪，大者无出于三纲五常，而至微者亦皆有理。三代既远，自汉而下，其见于史者十有七，不过存一二于百千万亿之中，而学者犹罕能尽观而遍考也。我朝治平间，先正司马公奉旨编成《资治通鉴》，合一千三百六十二年之事为二百九十四卷，君臣出治之本，天人相与之际，规谏之从违，刑政之得失，善可为法，恶可为戒，采摭刊削，井然有条，最为三代之下甚盛之书也。文公朱先生以之编《通鉴纲目》五十有九卷，大书为纲，分注为目，纲仿《春秋》，目仿《左传》，踵编年之成文，还策书之旧制……于是考《国语》之为书，始于周穆王，终于周定王，凡四百八十有余年，止八国之书，合一百八十有二章。唐之柳宗元乃以《国语》文胜而言庞，好怪而反伦，学者溺其文，必信其实，是圣人之道翳也，遂作《非国语》六七十篇，以望乎世者愈狭而求相于吕化光，岂不愚哉……窃尝疑之，《左传》《国语》文气不同，未必出于古人之手。《左传》之文浮，《国语》之文质。浮者近于诬，质者近于冗。《左传》多详事情，《国语》多陈制度，然重见者亦少，虽间有之，而详略且异者，故相避然。此可疑者一也。见于《春秋》者犹有一百二十四国，今《国语》止列其八，他皆不足取乎？况陈、宋、卫、秦皆大国也，亦无一语之可纪，何耶？此可疑者二也。齐之内政不见于经，而出于《管子》，先儒皆以为非管仲书，疑战国之士伪为之，岂有七百余年之齐别无他语独删节此书乎？此可疑者三也。汉兴之初，亦以周之旧典礼经废坠湮灭，诸儒幸得其传，皆欣然存之而不疑，司马公已定为列国之旧史矣，非左氏之文也。尝闻诸国各有史，而不相知，秦并六国，始尽得之，往往私相传录，皆非全书。左氏文之而为传，《国语》疑未经穿凿者，秦其本国也，宋、卫非秦所灭，所以独无，与自入《通鉴》以来周止亡国之语耳，非可续也。魏、赵、韩分晋，而《晋语》亡。田和篡齐，而《齐语》亡。越已灭吴，楚灭越灭鲁，韩灭郑，齐灭宋，故国所存惟楚而已。吁！中原礼义之国、帝王声教文物之地俱已丘墟。虽秦、楚亦未几而亡矣。此天地之大变，古今之奇祸也，乌在其为可续哉？虽然，仆之所续者书也，非续其国也。诚以国言之，鲁固亡矣，而有不亡者存，以吾夫子之圣，亘万世而不可磨灭，门人子孙班班于后世，远夷暴君亦莫不款谒致敬，至今犹然。虽周公、伯禽之封国，实成汤、微子之苗裔也，遂以《续鲁语》为首，上以黜夫子之所不取，下以续夫子之所传，《续鲁语》者，亦所以续《宋语》也，又以补袁公《本末》之所未备云。

6.《家语》

王柏《鲁斋集》卷八《通赵星渚》云：

朱子之说《中庸》至矣精矣，而某妄有所疑。朱子平时谓《家语》为《孔丛子》伪书，今于《集注》反取之以证《中庸》之误，愚尤惑焉。哀公问政子曰云云，至其政息，窃意夫子之答只此数语，自人道敏政而下，至及其成功一也，皆子思之言，又举夫子三句以证之，故又著"子曰"字，恐非妄也。此下子思又自说去《家语》，中间又举哀公曰，此恐不足信。其妄谓其中"仁者人也，义者宜也"，此非夫子平时语，自是孟子得于子思者，其为子思之言明矣。未审高见以为然否。某固陋之质，于经书疑处甚多，无笔吏抄写，未能一一质于高明，先述此三条，以求开悟之方。

王柏《鲁斋集》卷八《家语考》云：

予每读《中庸集注》，以《家语》证《中庸》之有缺有衍，私窃疑之，因书与赵星渚言，答曰：文公谓《家语》为先秦古书无可疑者，因求《家语》之始末，而益有大可疑，请从而论之。

考古非易事也，此先儒之所甚谨，岂后学之所当妄议。必学博而理明，心平而识远，殆庶几乎得之。盖学不博，不足以该贯群书之言；理不明，不足以融会群书之旨；心不平，则不能定轻重之权；识不远，则不能解古今之惑。予不敏，何足以知之？窃尝谓学者莫不读《论语》也。自汉以来，诸儒名家亦莫不笺释《论语》也。至我本朝，伊洛、紫阳诸老先生出，而《论语》之义始大明，曰脱简，曰错简，曰衍文，曰缺文，曰某当作某，始敢明注于下，然未有定《论语》为何人所集也。固尝曰：此《鲁论》也，此《齐论》也，此为子贡之门人记矣，此为闵子之门人记矣，此成于有子曾子之门人矣。然子贡、闵子、有子之门人，后世不闻其有显者，惟曾子传得其宗，当时执删纂之柄者岂非子思乎？吾闻夫子年三十有五，而弟子益进，辙环天下几四十年，登其门者凡三千人，其格言大训宜不胜其多也，岂《论语》五百章所能尽哉？于此五百章之中而高第弟子之言居十之一，七十子之言不能尽载也，三千人之姓名不能尽知也，况其言乎？呜呼！《论语》之书精则精矣，而于夫子之言未可谓之大备也。宜乎诸子百家各持其所闻，而发越推阐，莫知所以裁之。毫厘之差，千里之谬，固有不能免者。予读《家语》而得《论语》之原，其序谓当时公卿大夫士及诸弟子悉集录夫子之言，总名之曰《家语》，斯言得之矣。正如今程子、朱子之语录也。盖颜子之所闻，曾子未必知也。子贡之所闻，子游未必知也。齐鲁之君问答二国不能互闻也，以今准古，揆之以事，度之以理，不有以大会粹为一书，则散漫而无统，浩博而难求。门人何以别其精微，故曰《家语》之原乎？然记者非一人，录者非一人，才有高下，词有工拙，意有疏密，理有精粗，纷然而来，兼收并蓄。亦不得而却也。于斯时也，七十子既丧，而大义已乖，骎骎乎入于战国矣。各剿略其所闻，假托其所知，纵横开阖，矫伪饰非，将之以雄辞诡辨，以欺诸侯，以戕百姓，其祸根盘结于海内，紫乱朱，郑乱雅，大道晦蚀，异端抢攘，诬圣言，误后世，此有识者所以夙夜寒心思有以拯之，不得不于《家语》之中采其精要简明者，集为《论语》，以正人心，以明圣统，以承往绪，以启来哲，为悠远深长之计，其滔滔横溃于天下者固不能遽遏绝也。俟其祸极而势定，则大本大原正大光明巍然与日月并行于天地万世之下，莫不于此而宗之。其功又岂在禹下哉……庆育三家，大戴删其繁为八十五篇，小戴又删为四十六篇，育无传焉。马融得《小戴礼》，又足《月令》《明堂》《乐记》三篇，郑康成受业于融，为之注解，究其原多出于荀卿之所传，故《戴记》中多有荀卿之书。班固曰："《孔子家语》二十七卷。"卷与篇不同。颜师古已注云："非今所有之《家语》。"成帝时孔子十三世孙衍上书，言戴圣近世小儒，以曲礼不足，乃取《孔子家语》杂乱者。及子思、孟轲、荀卿之书，以裨益之，总名曰《礼》，遂除《家语》本篇，是灭其原，而存其末也。以是观之，《礼记》成而《家语》又几于亡矣。予于是有曰：《论语》者，古《家语》之精语也。《礼记》者，后《家语》之精语也。今之《家语》十卷，凡四十有四篇，意王肃杂取《左传》《国语》、荀、孟、二戴之绪余，混乱精粗，割裂前后，织而成之，托以安国之名，舍珠玉而存瓦砾，宝康瓠而弃商鼎，安国不应如是之疏也。且安国，武帝时人，孔壁之藏，安国之所守也，不能以金石丝竹之遗音、正曲台之繁芜，其功反出于二戴之下？必不然矣！是以朱子曰：《家语》是王肃编古录杂语，其书虽多疵，却非肃自作，谓今《家语》为先秦古书。窃意是初年之论未暇深考，故注于《中庸》亦未及修，故曰《家语》为王肃书，此必晚年之论无疑也。吁！《家语》之书，洙泗之的传也。不幸经五变矣，一变于秦，再变于汉，三变于大戴，四变于小戴，五变于王肃。洙泗之流风余韵寂然不复存，以古《家语》正《中庸》，其词甚恳，其义甚明，奈不可得而见也。以今《家语》正《中庸》终恐有所未安，以朱子晚年之论久之未必不改也。学者胶柱而调瑟，却成大病，是以不容不论，惟明者择焉。

"学博而理明，心平而识远"，可谓辨伪之十字箴言。不具备四项基本功夫者，切莫妄言辨伪矣！疑古派往往学不博，理不明，心不平，识不远，其辨伪水平可想而知矣。

三十九、黄震

（一）黄震其人

黄震（1213—1281），字东发，浙江慈溪人。著有《黄氏日抄》《古今纪要》《古今纪要逸篇》和《戊辰修史传》。

黄震为朱熹四传弟子，创立了东发学派。黄震治学广涉经学、理学、史学等各领域，治学思想主要集中在《黄氏日抄》里。侯外庐在《中国思想通史》中把黄震作为13世纪后期中国思想发展史上的代表人物，颇有识见①。自20世纪50年代以来，哲学界、史学界对黄震及东发学派的研究日趋重视，并不断趋于深入，所取得的研究成果也颇为丰硕②。

（二）黄震的文献辨伪

1. 《周易》
《黄氏日抄》卷六《读易》云：

① 张伟：《黄震与东发学派》，人民出版社 2003 年版，第 2 页。
② 张伟：《黄震与东发学派》，人民出版社 2003 年版，第 5 页。

《易》，圣人之书也，所以明斯道之变易，无往不在也。王弼间以老庄虚无之说参之，误矣。我朝理学大明伊川程先生始作《易传》，以明圣人之道，谓《易》有圣人之道四焉，以言者尚其辞，以动者尚其变，以制器者尚其象，以卜筮者尚其占，吉凶消长之理、进退存亡之道备于辞，推辞考卦，可以知变，而象与占在其中，故其为传，专主于辞，发理精明，如揭日月矣。时则有若康节邵先生，才奇学博，探赜造化，又别求《易》于辞之外，谓今之《易》后天之《易》也，而有先天之《易》，焉用以推占事物，无不可以前知。自是二说并兴，言理学者宗伊川，言数学者宗康节，同名为《易》，而莫能相一。至晦庵朱先生作《易本义》，作《易启蒙》，乃兼二说，穷极古始，谓《易》本为卜筮而作，谓康节先天图得作《易》之原，谓伊川言理甚备，于象数犹有阙。学之未至于此者，遂亦翕然向往之，揣摩图象，日演日高，以先天为先，以后天为次，而《易经》之上晚添祖父矣。愚按：《易》诚为卜筮而作也，考之经传，无有不合者也。爻者，诚为卦之占吉凶悔吝者，诚为占之辞，考之本文亦无有不合者也。且其义精辞核，多足以发伊川之所未发，及《易》至晦庵，信乎其复旧而明且备也。然吉者必其合乎理，凶悔吝者必其违乎理，因理为训，使各知所趋避，自文王、孔子已然，不特伊川也。伊川奋自千余载之后，易之以卜者，今无其法以制器者，今无其事以动者，尚变今具存乎卦之爻，遂于四者之中专主于辞以明理，亦岂非时之宜而《易》之要也哉？若康节所谓先天之说，则《易》之书本无有也。虽据其援《易》为证者，凡二章，亦未见其确然有合者也。

象辞文王作，爻辞周公作，《文言》《系辞》孔子作。

黄震在《周易》作者的问题上维持了传统信古派的说法，与宋代疑古派拉开了距离。

2.《乾坤凿度》

《黄氏日抄》卷五十七云：

《凿度》不知谁所作，矫黄帝而为之言，云庖牺氏之古文，黄帝演古籀文，而苍颉修为上下篇。上篇《乾凿度》。凿，开也。度，路也。圣人凿开天路，显彰化源也。其说谓有太易，而有太初，而有太始，而有太素，乃及古帝者之代兴，乃及乾、坤、巽、艮之四门，乃及坎、离、震、兑之四正。至若配身取象、取物制度等说支离矣。下篇《坤凿度》也，谓太古变乾之后，次《凿坤度》，谓坤元十性，谓坤有八色，曰荡配，曰凌配，支离益甚矣。《乾坤凿度》之言，大率词涩而理寡。又有《周易乾凿度》《周易坤凿度》二篇，又皆矫孔子而为之言，窃取《系辞》。余自太极、两仪、八卦而生六十四卦，而至爻象，复归太易、太初、太始、太素之说，谓太易未见气也，太初气之始也，太始形之始也，太素质之始也，较之《乾坤凿度》文颇明直，是出一人之手而伪为古今华质之不同以互相发明者欤？然以日之十干、辰之十二支、星之二十八宿指为大衍之数五十，于《易》未必合。而以《易》之三百六十析当朞之日，是京房卦气之法，此书正为此作，而前冒大《易》为重耳。若其谓入戊午部二十九年伐崇侯，作灵台，改正朔，布王号，天下受箓，应河图，又谓消息卦纯者为帝，不纯者为王，恐皆非君子之言，而谓帝乙以生日为名，亦非殷以即位之年太岁为号。考历者已得之矣。

黄震对易纬作了精密的研究，断定《周易乾凿度》《周易坤凿度》窃取《系辞》。

3.《易纬稽览图》

《黄氏日抄》卷五十七云：

> 纬虽非正书，然出汉世。此书言至今大唐上元二年乙亥卦起中孚，不知何人作也。书有推天元甲子之术，推易天地人之元术，皆堕小数，不足留情。其曰癸巳元年一百九十万八千八百五十三岁，乃加太初元年，殆诬诞耳惟。其谓六日八十分之七，注云一卦七分，此为京房卦法，则明至每候言灾异之应，恐亦未必然。

黄震论证《稽览图》为京房卦法。

4.《易纬通卦验》

《黄氏日抄》卷五十七云：

> 《卦验》有于七经、于河洛之目，于理无所考，而亦矫孔子为之辞。首云太皇之先与耀合元精，五帝期以序七神，此不过为无所考以相欺，大率为卦气发，然僻书耳。

黄震认为《易纬通卦验》非孔子之书。

5.《周易参同契》

《黄氏日抄》卷五十七云：

> 《参同契》者，本汉世上虞人魏伯阳所造。其说出于神仙传，不足凭。为之注释者，五代末彭晓，则此书必出于五代之前也。参，杂也。同，通也。契，合也。此方士炼丹之书，谓与诸丹经理通而义合也，然必冒《周易》为称者。炼丹取子午时为火候，是为坎离，因用乾、坤、坎、离四正卦于橐钥之外。其次，言屯、蒙六十卦以见一日用功之早晚。又次，言纳甲六卦以见一月用功之进退。又次，言十二辟卦以分纳甲六卦而两之。要皆附会《周易》，以张大粉饰之。其实炼丹无符于《易》，《易》本无预于炼丹，而今世言火候者因以三百八十四爻为一周天，以一爻直一日，而爻多日少，终不相合，其妄可知。近世蔡季通学博而不免于杂，尝留意此书，而晦翁与之游，因为校正其书，颇行，然求其义，则终无之。呜呼！炼丹之说盛于唐，而唐世人主若士大夫凡惑然者无不速其死，此书又可尚乎？道书魏伯阳传言，伯阳将三弟子一白犬入山作金丹，丹成，与犬犬死，伯阳自服自死，弟子继服又死，二弟子不服而出山，为伯阳求棺敛，至则伯阳已活矣。其鄙如此，且或有之，人生奈何以一死试丹，而伯阳之再活者今安在？寿几何耶？

黄震认为《周易参同契》非魏伯阳所造，而是五代之前所伪造的。

6.《三坟书》

《黄氏日抄》卷五十七云：

孔安国作《书序》，明言孔子去《三坟》，而断自唐虞二《典》为《书》。今信安毛渐正仲乃称，元丰七年，奉使京西，得《古三坟书》于唐州比阳道民间，为伪固不待辨而知，特其所以为伪有不容不辨者。夫《三坟》虽不可复知，概以今之二典，则载事之书，后世所谓史册之类也。今其书乃以山坟为第一，而指为天皇伏羲氏《连山》之《易》；以气坟次之，而指为人皇神农氏《归藏》之《易》，以形坟又次之，而指为地皇轩辕氏《坤乾》之《易》。愚按：伏羲画八卦，历文王、孔子而成今之《易》，三才之道备焉，此外无余蕴。《周礼》六典晚出，于王莽、刘歆始有《连山》《归藏》《周易》三者之名，意谓夏、商之世各自有《易》，于义无稽，而好异者喜言之，自谓博古，已成空谈，况于窃取其名为《三坟》之书，然乎否耶？山坟言君臣、民物、阴阳、兵象，气坟言归藏、生动、长育、止杀，形坟言天地、日月、山川、云气，一字各释为一事，实皆无理。山坟缀以《姓纪》之篇，气坟缀以《皇策》之篇，形坟缀以《政典》之篇，亦皆无理。毛渐乃云《胤征》尝引《政典》指为证据，不知《政典》夏氏国法，非《三坟书》也。此书不必辨。

黄震认为此《三坟书》不必辨，因其无理过甚。

7.《诗序》

《黄氏日抄》卷四《读毛诗·大序》云：

此本《关雎》之《序》，而并序三百篇大旨，以故语或不伦，晦庵易置其次，以"诗者志之所之"居篇首，为《大序》，而别取其言《关雎》者居后，为《关雎》之《序》，于义正矣，而非复古人之本文。严华谷依本文而逐章各疏其所以然，读者且合从严氏。国史掌《书》而不掌《诗》，《大序》乃谓《诗》作于国史。孔子言《关雎》"乐而不淫，哀而不伤"，盖淫者乐之过，伤者哀之过，惟此诗得性情之正。《大序》乃谓不淫其色，无伤善之心，此《大序》之失也。晦庵辟之，当从晦庵。

《黄氏日抄》卷九十《读诗私记序》：

《诗》自卫宏作《小序》，诸儒往往凭之以说《诗》，随其所发，理趣虽精，而《诗》之所以作则世远，未必知其果然否也。王雪山、郑夹漈始各舍《序》而言《诗》，朱晦庵因夹漈而酌以人情天理之自然而折衷之，所以开示后学者已明且要。东莱吕氏读《诗》时尝杂记诸儒之旧说，未及成书，公已下世，学者以其与晦庵之说异而与旧传之诸说同也，或莫适从。临川章君叔平因两家之异，参诸说之详，断以己见，各以私记，无一语随人之后，其用功之精勤与谦虚不敢自信之意果何如哉！

在《诗序》作者问题上，黄震支持朱熹之说。

8.《周礼》

《黄氏日抄》卷三十《读周礼》云：

孟子生于周末，周室班爵禄之制已不可得而闻，刘歆生于汉末，乃反得今所谓

《周礼》六官之书，故后世疑信相半。如张横渠则最尊敬之，如胡五峰则最摈抑之。至晦庵朱先生折衷其说，则意周公曾立下规模而未及用。近世赵汝腾按"惟王建国以为民极"数语，意周公作洛后所为，然亦不可考矣。惟程氏谓有《关雎》《麟趾》之意，然后可以行《周官》之法度，此为于其本而言之。学者明乎此，则不必泥其纷纷者。然窃意《周官》法度在《尚书·周官》一篇，而未必在此书六典尔。今以先儒考订，聊笔其一二云。

设官之多

陈及之云："或谓乡遂设官最冗，六乡之民不过七万五千家，今设官至万八千九百三十人，为大夫者百八十人，六遂之民亦不过七万五千家，而设官乃三千九百九十八人，为大夫者四十人，乡遂共十五万家，官吏乃至二万三千人。十五万家之所入能几何，而足以养二万三千官吏？"愚按：吕氏总计地官公卿大夫士通用三十万夫，府史胥徒又不预焉，则又不止陈氏所计二万三千之数而已。使此书果出于周，尚不过《尚书·周官》一篇之疏，况又说之不通如此。

官之交互

陈君举曰：如大史内史掌六典、八法、八则、八柄之贰，宜属天官，乃属春官；大小行人、司仪掌客，宜属春官，乃属秋官；宰夫掌臣民之复逆矣，则大仆、小臣、御仆之掌复逆宜属天官，乃属夏官；宰夫掌治朝之位矣，则司士正朝仪之位宜属天官，乃属夏官；地官掌邦畿之事，凡造都邑、建社稷、设封疆既悉掌之矣，而掌固、司险、掌疆、候人又见于夏官；天官掌财赋之事，自天府至掌皮既悉领之矣，而泉廪人、仓人又见于地官；自膳夫至腊人不过充君之庖者，悉领于天官，至外朝百官之廪禄、府史、胥徒之稍食番上宿卫之给乃见于地官；自内司服至屦人凡王宫服饰之用悉领于天官，而司服、司常、典瑞、巾车之属乃见春官。此其分职皆有不可晓者。愚按：书作于周，而定于孔子，大如三宅三俊，《书》所载也，《周官》无之，小如三亳阪尹，《书》所载也，《周官》无之，而此乃至于交互重复何哉！

《黄氏日抄》卷五十四云：

赧王十九年，赵主父灭中山，酺五日。《周礼》"族师祭酺"注曰："酺者，为人物灾害之神也。"《汉律》："三人以上无故群饮酒，罚金四两，横赐得令，群饮者谓之酺。"东莱据此谓群饮之禁远自周公赐酺之制，亦必非始于赵也。愚按：《周礼》出于汉末，谓酺为祭神，恐未可知，而破群饮之禁以赐酺，则始见于此尔。

黄震认为《周礼》出于汉末，其法度在《尚书·周官》一篇。

9.《中庸》

《黄氏日抄》卷二十五云：

《中庸》，按《家语》，子思所作，实得圣门之亲传，非汉儒所集其他记礼比也。然至唐李翱始为之说，至本朝周濂溪始得其要，至二程先生、张横渠、吕氏、游氏、杨氏、侯氏、谢氏、尹氏始各推衍其义，自是为集解者凡三家，会稽石敦初集濂溪以下十人之说。晦庵先生因其《集解》，删成《辑略》，别为《章句》，以总其归，又为《或问》以明其所以去取之意，已无余蕴矣。吴郡卫湜再为《集解》，乃增入石氏元本及附入石氏元所不集，与晦庵以后诸皆取之。晦庵《章句》虽亦参错其间，意若反有未满于晦庵者。天台贾防久为《集解》，杂列诸家晦庵《章句》之说，又特间见一二而已。晦庵以命世特出之才，任万世道统之托，平生用力尽在《四书》，《四书》归宿萃于《中庸》，其该贯精备，何可当也，而二家之所见如此哉！至若《中庸章句序》，道学渊源尽在此书，尤不容不朝夕吟诵。

黄震认为《中庸》作者为子思。

10. 《春秋繁露》

《黄氏日抄》卷五十六云：

董仲舒传说《春秋》事得失，《闻举》《玉杯》《繁露》《清明》《竹林》之属数十篇十余万言。颜师古注皆其所著书名。本朝《崇文总目》："《繁露》七十卷八十二篇。"与隋、唐《志》卷目同，目谓其义引宏博，非出近世，然总以《繁露》为名。又即用《玉杯》《竹林》题篇，已疑后人附著矣。及《中兴馆阁书目》止存十卷三十七篇。新安程大昌《读太平寰宇记》及杜佑《通典》见所引《繁露》语，言今书皆无之，因知今书之非本真。又《读太平御览》："古《繁露》语特多。"《御览》，太平兴国间编茸，此时《繁露》尚存，今遂逸不传。合此三说观之，是隋、唐、国初《繁露》已未必皆董仲舒之旧。中兴后，《繁露》又非隋、唐、国初之《繁露》矣。近世胡尚书槼为萍乡宰日刊之县斋，仅此三十七篇而已。其后得攻愧楼参政校定本十七卷八十二篇之旧复全，其兄胡槻既刊之江东漕司，其后岳尚书珂复刊之嘉禾郡斋，世遂以为定本。攻愧谓为仲舒所著无疑，而取《楚庄》篇第一，谓为潘氏本有之。至于《调均》一篇，萍乡本列置第二十五，及攻愧再定本，乃不及此篇，则不知何说也。又程氏谓《通典》载："剑在左，青龙象；刀在右，白虎象；轼在前，朱雀象；冠在首，玄武象。"谓此数语今书所无，而今书《服制象》篇此语实具存，程氏以为无之，不知又何也。愚按：今书惟对胶西王越大夫之问辞约义精，而具在本传，余多烦猥，甚至于理不驯者有之。如云宋襄公由其道而败，《春秋》责之襄公，岂由其道者耶？如云周无道，而秦伐之，以与殷周之伐，并言秦果伐无道者耶？如云志如死灰，以不问，问以不对，对恐非儒者之言。如以王正月之王为文王，恐《春秋》无此意。如谓黄帝之先谥四帝之后，恐隆古未有谥。如谓："舜主天，法商，禹主地，法夏，汤主天，法质，文王主地，法文。"于理皆未见其有当。如谓楚庄王以天不见灾而祷之于山川，不见灾而惧可矣，祷于山川以求天灾，岂人情乎？若其谓性有善姿，而未能为善，惟待教训而后能为善，谓性已善防于无教，孔子言善人吾不得而见之，而孟子言人性皆善，过矣。是又未明乎本然之性也。汉世之儒，惟仲舒仁义三策炳炳万世，曾谓仲舒之《繁露》而有是乎？欧阳公读《繁露》，不言其非真，而讥其不能高其论，以明圣人之道，且有"惜哉惜哉"之叹。夫仲舒纯儒，欧公文人，此又学者所宜审也。

黄震据理辨《繁露》非真，多烦猥，于理不驯。这种辨析在思想史上可能不失为一种有益的探讨，但在文献辨伪学方面似乎缺少证据，还是一种大胆的假设而已。

11. 《孝经》

《黄氏日抄》卷一《读孝经》云：

> 汉兴，河间人颜芝之子得《孝经》十八章，是为《今文孝经》。鲁恭王坏孔子屋壁，得《孝经》二十二章，是为《古文孝经》。郑康成诸儒主今文，孔安国、马融主古文，而今文独行。唐明皇诏议二家孰从，刘知幾谓宜行古文，诸儒争之，卒亦行今文。明皇自注《孝经》，遂用今文十八章者为定本。我朝司马温公在秘阁，始专主《古文孝经》，作为《指解》而上之，至以世俗信伪疑真为言。愚按：《孝经》一耳，古文、今文特所传微有不同。如首章今文云："仲尼居，曾子侍。"古文则云："仲尼闲居，曾子侍坐。"今文云："子曰：先王有至德要道。"古文则云："子曰：参，先王有至德要道。"今文云："夫孝，德之本也，教之所由生也。"古文则云："夫孝，德之本，教之所由生。"文之或增或减，不过如此，于大义固无不同。至于分章之多寡，今文《三才章》"其政不严而治"与"先王见教之可以化民"通为一章，古文则分为二章。今文《圣治章》第九"其所因者本也"与"父子之道天性"通为一，古文亦分为二章，"不爱其亲而爱他人"者古文又分为一章，章句之分合率不过如此，于大义亦无不同。古文又云："闺门之内，具礼矣乎，严父严兄妻子臣妾犹百姓徒役也。"此二十二字今文全无之，而古文自为一章，与前之分章者三共增为二十二，所异者又不过如此，非今文与古文各为一书也。若以今文为伪，而必以古文为真，恐未必然。至晦庵朱先生，因衡山胡侍郎及玉山汪端明之言，就《古文孝经》作《孝经刊误》，以天子至庶人五章皆去"子曰"与引诗云之语，而并五章为一章，云疑所谓《孝经》者本文止如此，而指此为经，其余则移置次第，而名之为传，并刊其用他书窜入者，如"孝，天之经，地之义"至因地之义，为《春秋左氏传》载子太叔为赵简子道子产之言，如"以顺则逆"以下为左氏传所载季文子北宫文子之言，如"进思尽忠，退思补过"亦《左传》所载士贞子之言，遂以《孝经》为出于汉初《左氏传》未盛行之前，且云不知何世何人为之，凡系先儒考《孝经》之异同如此。愚按：《孝经》视《论语》虽有衍文，其每章引《诗》为断，虽与刘向《说苑》《新序》《列女传》文法相类，而孝为百行之本，孔门发明孝之为义，自是万世学者所当拳拳服膺，他皆文义之细，而不容不考。至晦庵疏则了然矣。严父配天一章，晦庵谓孝之所以为大者本自有亲切处，使为人臣子者皆有，今将之心反陷于大不孝，此非天下通训，而戒学者详之，其义为尤精。愚按：《中庸》以追王大王、王季为达孝，亦与此章严父配天之孝同旨。古人发言义各有主，学者宜审所躬行焉，若夫推其事之至极，至于非其分之当言，如晦庵所云者，则不可不知也。

12. 《逸周书》

《黄氏日抄》卷五十五云：

> 《汲冢周书》七十篇，自《度训》至《小开解》，凡二十三篇，皆载文王遇纣

事，多类兵书，而文涩难晓。……谓恶率诸侯以朝贤人，而己独不往。谓五年之积者霸，愚恐周初兴时无此说。谓武王既胜殷，庶方不服者分师俘之，凡憝国九十有九，服国五百六十有二。愚按：此与"一戎衣而天下大定"之说相反。然孟子亦自言灭国者五十。又谓殷之五子亡，伯禹之命用胥兴化乱，是与《五子之歌》相反。谓汤将放桀，先居中野，民皆归之，桀乃致国于汤，汤不受，桀南徙千里，民复奔归汤，桀又徙鲁民，归汤如初，桀复去，汤乃放桀而复薄，又以国让三千诸侯，而后即位，是夏商乃禅也，非伐也，恐亦未必然。可疑者如此……此书出汲冢，多类兵书，后多类周语。然伐商迁洛之事多与今《尚书》合，而文无一语相合。将战国之士仿而为之欤？然不可晓也。

黄震怀疑《逸周书》为"战国之士仿而为之"，但其说不确定，缺少自信。

13. 《国语》

《黄氏日抄》卷五十五云：

　　《国语》起穆王伐犬戎，讫越句践灭吴分国，以纪谋议，凡阴阳、律吕、天时、人事、逆顺之数焉，其文宏衍精絜，韦昭注文亦简切称之，昭谓左丘明作，迹其事事必要祸福为验，固与《左传》类，然考其岁月，《春秋传》以谥载赵襄子，已非出于孔子所称之邱明。今《国语》避汉讳，谓鲁庄严公，又果左丘明之作否耶？惟事必稽典刑，言必主防敬，周衰之崇虚邪说一语无之，是足诏万世也。

14. 《孔子家语》

《黄氏日抄》卷四十二云：

　　谓《家语》载父子交讼，孔子不加刑，乃同狴而囚之，三月之后，父求止讼而释之。谓圣人感移人心之妙愚，恐孔子之感人心不如此，而《家语》未可尽信也。

"水心外集"条论《孔子家语》亦云：

　　谓《家语》《左传》《礼记》皆近圣人之世，而所载皆不能知其言，后世若荀卿、司马迁、扬雄亦皆不足以知圣贤之言。今世之知言者谈性命，而圣贤之实犹未著。愚谓此借《家语》以排世之谈性命者。谓均之不知圣言尔然，岂其伦耶？且不明斥性命之说为不知圣言者果何在，岂亦如论治特发其大意，而不尽言，必待佐天子得行其道然后自以已之说而易天下耶？虽然，濂洛性命之说大明于天下有日矣，水心思以易之也，难哉！

15. 《孔丛子》

《黄氏日抄》卷三十二云：

　　《孔丛子》者，孔子八世孙鲋字子鱼之所集，殆《家语》之后继其文，虽类诸子，而守论坚确，更战国秦汉流俗无所浸淫，真足言孔氏之书矣。其一，记孔子之言于诗书为详，无一语及于高远，其二，记子思之言，谓夫子尝告以"心之精神是谓圣"。按：近世学者或执此一语以为识心，即为圣人，然子思之问本以审事物真伪，夫子之答又继以推数究理，而圣人亦难之，则所以发挥此心之用甚明，正与异端识心之说相反。其三，记子上之言，谓子思告以先训："学必由圣，而杂说不与焉。"其四，记子高之言，以理胜于辞，终屈公孙龙白马非马与臧三耳无稽之辨。其五，记子顺之言，对魏王华山道士长生不死之问，曰：谓若闻之传闻者妄也，若闻之不死者今安在？折学者称孔子少孤，不知其父之说，谓由虚造谤言以诬圣人，是未自洁，而益其垢。子顺相魏，九月说赵之间，合韩之隙，归齐之尸，陈大计不用，知天下必并于秦，致其事，寝于家，进退无愧矣。其六，则子鱼诘墨之言，子鱼避秦祸而藏书，陈耳荐之陈涉，迎为太师，谏涉用周章西入关，知其必败，仕六旬，先卒，陈谊亦无辱焉，凡皆所谓历战国秦汉流俗而无所浸淫者也。然其所能守正，非自任之重，弘毅强立，亦何能不浸淫也哉？而原其所以自任之勇，大抵皆原于子思，谓其父析薪，其子不克负荷，谓之不肖者，则子思所自任以继夫子者也。谓锦缋纷华，所服不过温体，三牲太牢，所食不过充腹，而以无欲惟能成其志，则子思所以训子，上使之自任者也。谓尧舜文武之道可以力致，而夜思昼行，滋滋浸汲，则子思所以传孟子，使之自任者也。观其却老莱舌柔不弊之说，却其友樽酒束修之馈，其所以坚强自立为何如，故其能弘道如此。其后子高却邹文，季节之泣别，子顺却枚产匲财求富之说，渊源固有自来矣。《孔丛子》之后有《连丛》焉，又子顺弟三子之后孔臧之书，臧为武帝大常，与安国同集古义。臧子琳，琳次子茂，茂传子卬，卬生仲骥，骥生子立，子立生子元，子元生子建，皆世其业，而建不仕莽，归阙里，生子仁，子仁生子丰，子丰能屈鲍彦淮南子之学，子丰生和章，帝幸其居，为临晋令而终，其子季彦遂家华阴云。

"心之精神是谓圣"，旨哉斯言！

16.《曾子》

《黄氏日抄》卷五十五云：

> 《曾子》之书，不知谁所依仿而为之。言虽杂而衍然，其不合于理者盖寡。若云与父言言畜子，与子言言孝父，与兄言言顺弟，与弟言言承兄，皆世俗委曲之语，而良贾深藏如虚，又近于老子之学，殊不类曾子刚毅气象。若乐正子下堂伤足之事，尊其所闻则高明，行其所知则光大之说，亦皆会粹。此书亦有足观。特以天圆地方之说为非，而谓天之所生上首，地之所生下首，上首之谓圆，下首之谓方。虽务博，而未必然。

17.《子华子》

《黄氏日抄》卷五十五云：

> 子华子，晋人程本，子华其字，自称孔子与之倾盖者也（事亦见《孔丛子》）。刘向序其书，谓赵简子欲仕之，逃而之齐，馆于晏子。简子死，而反于晋以卒。盖本

其书多晏子答问之辞，未知然否。书凡十卷，虽本老子虚无之说，而能自攻其徒欺诞之语，且尊孔氏，而其文亦蔚乎可观，贤于诸子远矣。要亦不可以治世而向乃悲其不遇。余谓纵不生齐晋间，亦岂有遇世之正学哉？

今按：《子华子》为南北宋之际所造之伪书，黄震虽然"未知然否"，还是以为真书，未免上当受骗。详见我的学生王献松的硕士论文《子华子辨伪》。

18.《新语》

《黄氏日抄》卷五十六云：

> 《新语》十二篇，汉太中大夫陆贾所撰。一曰《道基》，言天地既位，而列圣制作之功。次曰《术事》，言帝王之功当思之于身，舜弃黄金，禹捐珠玉，道取其至要。三曰《辅政》，言用贤。四曰《无为》，言舜周。五曰《辨惑》，言不苟合。六曰《慎微》，言谨内行。七曰《资质》，言质美者在遇合。八曰《至德》，言善治者不尚刑。九曰《怀虑》，言立功当专一。十曰《本行》，言立行本仁义。十一曰《明试》，言君臣当谨言行。十二曰《思务》，言闻见当务执守。此其大略也。往往多合于理，而又黜神仙之妄言、墨子之非，则亦有识之言矣。然其文烦细，不类陆贾豪杰士所言。贾本以诗书革汉高帝马上之习，每陈前代行事，帝辄称善，恐不如此书组织以为文。又第五篇云："今上无明正圣主，下无贞正诸侯，锄奸臣贼子之党。"考其上文，虽为鲁定公而发，岂所宜言于大汉方隆之日乎？若贾本旨谓天下可以马上得，不可以马上治之意。十二篇咸无焉，则此书似非陆贾之本真也。

黄氏认为，《新语》一书似非陆贾之本真，"其文烦细，不类陆贾豪杰士所言"，主要从风格上判断，但难以下结论。

19.《说苑》

《黄氏日抄》卷五十六云：

> 《说苑》者，刘向之所校雠，去其复重，与凡已见《新序》者，而定为二十卷，名《说苑》。然自今观之，其间烦重与《新序》混淆者尚亦多有，且亦多傅会，如唐虞三代孔门问答，其词旨议论殊非圣贤气象。楚庄王贤君，而谓其筑台杀谏者七十二人，秦皇严诽谤之诛，而反谓其能受茅、焦鲍白令与侯生三人之极谏，凡欲言其臣之节，必先甚其君之恶，形容文致，殆非人情。曾晳大贤，谓其因耘瓜，而击其子几死。子路高弟，谓其欲释古学，揆之事理，皆未必然。又桑谷之祥，既以为太戊，又以为武，于《书》则武丁乃鼎雉之事耳，龙蛇之章，既以为介之推，又以为舟之侨，于传则侨乃戮于城濮之役耳。鸿鹄六翮之喻，《新序》以为因桑告晋平公，《说苑》以为古乘告。赵简子不屑扶君之事，《新序》以为虎防事赵简子，《说苑》以为隋防事晋文侯。君不能致士之说，《新序》以为大夫对卫相，《说苑》以为田饶对齐相。宗卫解衣就鼎以谏佛肸之说，《新序》以为田单，《说苑》以为田基。是二书定于一人，而自为异同，若严则音聋之讼，一以为公叔文子告楚，《说苑》以为晏子告齐，是一书重出，而亦自异同。刘向自以为去其复重，而尚若是，何哉？方南丰编集时，

官书仅有五卷，后于士大夫间得十五卷以足之，则后世之残断错误，非必皆刘向本文耳。然其指归皆出于劝善惩恶，冀扶世教，虽不尽纯，而最多精语，过于诸子之杂书横议远矣，君子亦不可以不观也。而南丰乃讥其徇物者多，自为者少。

20. 《鬻子》
《黄氏日抄》卷五十五云：

鬻子名熊，逢行珪序其书云：熊，楚人，年九十，见文王。王曰："老矣。"熊曰："使臣捕兽逐麋，已老矣。使臣坐策国事，尚少也。"文王遂师之。故其书首之以文王问，此必战国处士假托之辞。盖自《汉·艺文志》已有其篇目，其语亦多可采，如以知其身之恶而不改为大忘，如以自谓贤者为不肖，如曰察吏于民，凡皆足以警世，其余则载五帝、禹、汤之政，皆主得人，文亦不烦，异乎诸子之寓言虚诞者矣。然每篇多以"政曰"起语，而以昔者追述文王之问，既托文王，而下又云鲁周公，且亦未知自称"政曰"者为谁。逢行珪既不能明言，而反释以为政术之间，则非辞矣。

21. 《商子》
《黄氏日抄》卷五十五云：

《商子》者，公孙商鞅之书也。始于垦草督民耕战，其文烦碎不可以句，至今开卷于千载之下，犹为心目紊乱，况当时身被其祸者乎？然殿中与御史之号实用此书，事必问法官，亦出此书。后世一切据法为断者，亦合省所自出矣，或疑鞅亦法吏之有才者，其书不应烦乱若此，真伪殆未可知。

22. 《尹文子》
《黄氏日抄》卷五十五云：

《尹文子》二篇，以大道自名，而所学乃公孙龙之说。九流所列为名家者也。因缘白马非马之说，而生好牛好马之说，复摭拾名实相乱之事以证之，无理而迁，不足言文，而顾以夫子正名为据。呜呼！夫子之所谓名者果此之谓乎？道丧俗坏，士有谬用其心如此者。

23. 《孙子》
《黄氏日抄》卷五十八云：

《孙子》言兵首谓："兵者，国之大事，死生之地，存亡之道。"而切切欲道民使之，与上同意，欲不战而屈人兵，欲先为不可胜，以待敌之可胜，欲无恃其不来，恃吾有以待之至。论将则谓"进不求名，退不避罪，惟民是保，而利于主"，盖终始未尝言杀，而以久于兵为戒。所异于先王之训者，惟诡道一语，然特自指其用兵变化，而言非俗情所事奸诈之比。且古人诡即言诡，皆其真情，非后世实诈而反谬言诚者比也。若《孙子》之书，岂特兵家之祖，亦庶几乎立言之君子矣。诸子自荀、扬外其余浮辞横议者莫与比。

24.《吴子》
《黄氏日抄》卷五十八云：

　　《吴子》言兵先以得士心为本，名曰父子兵，此吮疽之术也。审敌可否，未尝言杀，机权议论亦足为《孙子》之亚矣。尝劝魏文侯飨赏有功行之三年士，不得令，而奋系起曰："人有短长，气有盛衰，乃发无功，而不与飨者五万，破秦者五十万。"

25.《唐太宗李卫公问对》
《黄氏日抄》卷五十八云：

　　兵自黄帝立丘井法井字形，开方为九，五为陈法，四为闲地，所谓数起于五也，虚其中，大将居之，环其四面，诸部连绕，所谓数终于八也。形圆而势不散，所谓散而成八，复而为一也。太公实缮其法。至管仲复修太公法，五家为轨，故五人为伍，十轨为理，故五十人为小戎，四里为连，故二百人为卒，十连为乡，故二千人为旅，五乡一帅，故万人为军，皆本《司马法》也。陈数有九，大将握奇零，其中四头八尾，触处为首，诸葛亮以布八阵图。李靖本之，大陈包小陈，大营包小营，隔落钩连，曲折相对，外画之方，内环之方，以成六花，名六花阵，故靖言兵专本乎正，自谓西讨突厥，越险数千里，此制未尝敢易。至于奇正相生，如环无端，靖谓惟孙武能之，吴起而下莫可及焉。谓舅韩擒虎但以奇为奇，以正为正尔。盖兵家之立言，无出于孙武，而兵家之讲明，亦无过于李靖矣。靖言爱士，太宗以威克厥爱，诘之靖，必对以威克者，一时誓师之言爱结者，平时养士之素可也。顾乃谓爱设于先，威设于后，《尚书》所以谨戒其终，非所以作谋于始，则非书之旨矣。古者斋庙授钺，盖必不得已而用兵，故告之宗庙，且示谨重也。靖乃曰"假成于神"，则不知古人恻怛之心矣。《孙子》首篇其一曰道，而继以道者，令民与上同意。至曹公注释亦云，导之敬令，是训导之导，非道德之道也。靖乃曰："道之说，至微至深，《易》所谓聪明睿智。"则亦非《孙子》立言之本旨矣。太公谓步兵与车骑战必依丘墓，孙子谓天隙之地、丘墓故城，兵不可处。太宗问二说不同，而靖专主太公。窃意太公言战当有所依，孙子言屯当审所寓，二说自并行而不相背。靖言张良学太公《六韬》《三略》，此殆因圯上老人授书而言。窃意《韬》《略》乃后世附会，未必太公之书。若其论高祖不善将将，殆靖欲太宗保全功臣耳，亦未得为确论。

26.《六韬》《黄石公三略》
《黄氏日抄》卷五十八云：

　　《韬》《略》世谓出太公，虽李卫公亦云，以愚观之，伪书尔。春秋荀吴始尝舍车而步，汉以后始有骑将，今其书以车骑步分三，太公时有之乎？春秋后始霸，三代虽有伯，不以霸称也。今其书历叙皇帝王霸，太公时有之乎？春秋霸主始有结连与国深入人境者，今其书称必得大国之与邻国之助。又云行数百里，人马倦休，太公时有之乎？又谓"取天下者若逐野兽，天下皆有分肉之心"，此袭用"秦失其鹿，天下共逐"之语。而赘婿者秦始有之，其书亦称赘婿，且自谓《三略》为衰世作，则不能自掩其为后世之伪，明矣。况其为书类多掇拾《三略》，大率以柔弱不贪为主。此老子之说也。《六韬》言犹豫狐疑之戒，乃吴子之所已言也。言山兵者，即吴子之谷战。言泽兵者，即吴子之水战。十四变，即吴子之十三系。十一卒，即吴子之五练锐。教战即其士先教戒之说。分险即其过敌溪谷之说。"雨不张盖"等语出《尉缭子》书。火战等说亦备孙子书，而涓涓不绝等语又遍集古书者也。要其前后本无主说，《三略》既不见上中下可分之的，《六韬》亦不见文、武、龙、虎、豹、犬之义，大抵书之不切于兵者居半，切于兵者多死法，敌而木偶人也，则可耳。其最无理者，文伐十二节皆阴刻防人之语，岂文伐之义乎？股肱羽翼七十二人轻重失次，泛其无纪，岂股肱羽翼之义乎？文王，圣人也，太公闻风兴起，动盍归乎来之思。武王以圣继圣，顺天应人，而太公兴鹰扬之师。今顾以孩提视文武，谓其求教太公，虽帝尧之圣，亦文王所未闻，待倾听而始知焉。此皆根于卜猎得师一语，故附会至此耳。然按《六韬》谓太公坐茅而渔，《尉缭子》又谓太公屠牛朝歌，卖食盟津，余七年主不听，而遇文王，是则卜猎之说尚未定也，况《韬》《略》可信其为太公之书乎？

27.《黄石公素书》
《黄氏日抄》卷五十六云：

《素书》六篇，曰《原始》，曰《正道》，曰《求人之志》，曰《本德宗道》，曰《遵义》，曰《安礼》。其说以道德仁义礼五者为一体，虽于指要无所取，而其间言语杂出，多生于卑谦损节，背理者寡，特非圯上老人授子房手乱世之书耳。张商英乃妄为训释，取老子"失道而后德，失德而后仁，失仁而后义，失义而后礼"之说以言之，与本书五者一体之说正相反。甚至为之后序，谓晋乱有盗发子房冢，于玉枕中获此书，何其鄙欤！幸此言出于商英，识者固所不屑观尔。

28.《阴符经》
《黄氏日抄》卷五十八云：

经以符言，既异矣符。以阴言，愈异矣。首云："观天之道，执天之行尽矣。"天之道固可观，天之行其可执耶？谓五行为五贼，谓三才为三盗。五行岂可言贼？三才岂可言盗？又曰："天有五贼，见之者昌；三盗既宜，三才既安。"贼岂所以为昌？盗岂所以为安？即若谓人知其神而神，不知不神所以神，此本老聃可道非道之说。后世有伪为道书者，曰《常清净经》，有伪为佛书者，曰《般若经》。千变万化，皆不出反常一语。初非异事，乃雷同语耳。言用兵而不能明其所以用兵，言修炼而不能明其所以修炼，言鬼神而不能明其所以鬼神，盖异端之士掇拾异说，而本无所定见者，岂此其所以为阴符欤？然则人生安用此书为也。唐永徽五年，尝敕褚遂良写一百二十卷，不知果然否？近世大儒亦加品题，则事之不可晓者。

29.《老子》
《黄氏日抄》卷五十五云：

　　《老子》之书必隐士嫉乱世而思无事者为之。异端之士私相推尊，过为诬诞。如序称葛仙翁所作，谓老子出于无始之劫，以道为天地万物母。至周衰，道不行，始西去，不知洪荒未尝以治，称黄帝、尧、舜之治皆以仁义礼乐，初无用乎老子虚无之道，圣王不行而周衰，初非老子之道不行，使道不能行而去之，则天下于老子之道何赖而劫者？后世佛氏之说亦不当淆入以论老子也。

30.《关尹子》
《黄氏日抄》卷五十五云：

　　《关尹子》九篇，其一曰《宇》，注云道也。其二曰《柱》，云建天地也。三曰《极》，云尊圣人也。四曰《符》，云精神魂魄也。五曰《鉴》，云心也。六曰《匕》，云形也。七曰《釜》，云化也。八曰《筹》，云知也。九曰《药》，云杂治也。序以为关尹喜之书。汉有方士来上，则其伪可知矣。且其文陋弱，其言道皆归之于无果无则，又安有所谓道而为是费辞哉？如曰："为者必败，执者必失，故闻道于朝，可死于夕。"此为粗可晓者。然与《老子》《论语》本旨不合，此袭之而不善用者也。如曰："一日死者如一息得道，十年百年死者如历久得道。"是人生惟以速死为幸，而不欲天下之有生也，何等立言哉！

从文气与思想主旨方面入手，认为《关尹子》乃汉后的伪书。

31.《文子》
《黄氏日抄》卷五十五云：

　　文子者，云周平王时辛钘之字，即范蠡之师计然，尝师老子而作此书。其为之注与序者，唐人默希子而号其书曰《通玄真经》，然伪书尔。孔子没，于周平王几百年，及见老子，安有生于平王之时已先能师老子耶？范蠡，战国人，又安得上师平王时之文子耶？此伪一也。老子所谈者清虚，而计然之所事者财利，此伪二也。其书述皇王帝霸，而霸乃伯字，后世转声为霸耳，平王时未有霸之名，此伪三也。相坐之法咸爵之令，皆秦之事，而书以为老子之言，此伪四也。伪为之者，殆即所谓默希子，而乃自匿其姓名欤？其序盛称唐明皇垂衣之化，则其崇尚虚无，上行下效，皆失其本心，为可知明皇之不克终，于是乎兆矣，岂独深宫女子能召渔阳鼙鼓之变哉？书之每章必托老子为之辞，然用老子之说者，文衍意重，淡于嚼蜡，否者又散漫无统，自相反复，谓默希子果有得于老子，吾亦未之信。今略类分其说，如称为惠者生奸，此法家之说；政胜其民，不附其上，此术家之说；国之所以强者必死也，此兵家之说；而

《上》德一篇又全引诸子譬喻语，凡其散杂类此，既曰道灭而德兴，又曰道之中有德，既非仁义矣，又曰治之本仁义也，既非礼义矣，又曰不知礼义，法不能正，凡其反复类此，而其言之偶合理者有二，曰："不法其已成之法，而法其所以为法者，与世推移。"曰："自天子至于庶人，四体不勤于事，求瞻者未之闻。"其言之最害理者亦有二，曰："任臣者，危亡之道也；尚贤者，痴惑之原也。"曰："去恩意，舍圣智，外贤能，废仁义，禁奸伪，则齐于道矣。"

从作者时代、思想主旨、名物制度等方面将《文子》证伪。

32.《列子》

《黄氏日抄》卷五十五云：

列子才颖逸而性冲澹，生乱离而思寂寞，默察造化消息之运，于是乎轻死生，轻视人间死生之常，于是乎遗世事，其静退似老聃，而实不为老聃。老聃用阴术，而列子无之。其诞谩似庄周，而亦不为庄周。庄周侮前圣，而列子无之。不过爱身自利，其学全类杨朱，故其书有《杨朱篇》，凡杨朱之言论备焉。而张湛序其书，乃谓往往与佛经相参。余按：列子，郑人，而班、马不以预列传。其书八篇，虽与刘向校雠之数合，实则典午氏渡江后方杂出于诸家，其皆列子之本真与否，殆未可知。今考辞旨所及，疑于佛氏者凡二章。其一谓，周穆王时，西域有化人来，殆于指佛，然是时佛犹未生，而所谓腾而上中天化人之宫者，乃称神游，归于说梦，本非指佛也。其一谓，商太宰问圣人于孔子，孔子历举三皇五帝非圣，而以圣者归之西方之人，殆不指佛。然孔子决不黜三五圣人，而顾泛指西方为圣，且谓西方不化，自行荡荡，无能名，盖寓言华胥国之类，绝与寂灭者不侔，亦非指佛也。使此言果出于《列子》，不过寓言，不宜因后世佛偶生西域，而遂以牵合，使此言不出于《列子》，则晋人好佛，因列子多诞，始寄影其间，翼为佛氏张本尔，何相参之有哉？且西域之名始于汉武，列子预言西域，其说尤更可疑。佛本言戒行，而后世易之以不必持戒者，其说皆阴主列子，皆斯言实祸之，不有卓识，孰能无惑耶？

此条将《列子》与佛教进行比较，角度新颖，足资参考。

33.《庄子》

《黄氏日抄》卷五十五云：

《庄子》之可录者固过于《老子》，然其悖理者则又甚于《老子》。盖《老子》隐士之书，而《庄子》乱世之书也。其所以变乱天下之常者，不过借天下之不常以乱其常。如麋鹿食荐，则因谓民食刍粟者为非正味。如巨盗负箧，则因谓缄滕防盗者为盗积。如瞽者不见文采，聋者不闻钟鼓，则因谓文采钟鼓为无用。于是乎混而毂之，谓是即非，非即是，而是非之两忘，于是乎复荡而空之，谓人不必有材，心不必有知，而天下生生之理尽绝，于是乎又复引而伸之，谓入水不濡，入火不焦，为天下之至人。呜呼！此诚乱世之书。而后世禅学之所自出也。是非之理判然，安得而使之无。人生而有血气心知，安得而使之无。果如其说，心定神全，入水入火，不惊不悖，犹可也，安得而不焦不濡？此固天下所必无之理，童子犹将笑之，奈何其文奇说诞，人情易惑，虽老师宿儒，反或溺之耶？呜呼！悲夫！盍火其书。道家者流，谓黄帝上天，谓老子西出关为长生不死之证。然黄帝之墓好道之，汉武亲过之。老聃之死好道之，庄子亲载之。庄子生于战国，六经之名始于汉，而《庄子》之书称六经，意《庄子》之书亦未必尽出于庄子。

黄震认为《庄子》为乱世之书，未必尽出于庄子之手。

34.《亢仓子》

《黄氏日抄》卷五十五云：

亢仓子名楚，说本老子，文类庄子，亦有近理者。如曰："所谓国郜者主德不下宣人，欲不上达也。"如曰："士有天下人爱之者，有其主独爱之者。用天下人爱者，则天下安；用主独爱者，则天下危。"如曰："理人者，先务□，人□则朴。"此其近理者也。亦有背理者，如曰：大乱之本，祖乎尧舜。如曰：蜕地之谓水，蜕水之谓气，蜕气之谓虚，蜕虚之谓道。如曰：安知天下之正污洁。此其背理者也。至其妄自标榜以欺世，则谓灵王使祭公致襜帛，有禳水旱之间，谓熊开拜为亚尹，尝微服而逃，则有不能自掩其欺者矣。盖其书称自乡而县，县而州，此后世之区画也，称被以青紫章服，此后世之品式也，称吾无谁私兮，羌忽不知其读，此仿后世之《楚词》，而字多用古文，又欲以自盖其今文而益彰者也。曾谓周灵楚国之世而有此哉？其书有云："意气谷神，以谷为似。"与《老子》所称谷神不同。

从文、理、事等方面辨析，认为《亢仓子》一书欲盖弥彰。至于"大乱之本，祖乎尧舜"，足备一说，可为文化积淀说张本。

35. 河上公《老子注》

《黄氏日抄》卷五十五云：

至八十一章之解，直谓河上公坐虚空中授汉文帝，其事发于裴楷，不知汉文帝在位二十三年，仅尝劳军及郊雍，未尝幸河上，而裴楷乃晋人，非汉人也。一本作裴偕，又未详其何人。且史称河上丈人为安期生之师，六传而至盖公。盖公尚在文帝之前，河上公岂当文帝之世？其说不经，全类市井小说，略不知古今，辱《老子》之书又甚矣，姑辩其妄。

从作者时代与思想内容进行辨析，认为其书伪妄。

36.《抱朴子》

《黄氏日抄》卷五十五云：

《抱朴子》其伪书哉？不然，葛稚川何独误天下后世之愚不肖者耶？夫道即日用常行之理。不谓之理，而谓之道者，道者，大路之称，即其所易见，形其所难见，使知人之未有不由于理，亦犹人之未有不由于路，故谓理为道，而凡粲然天地间人之所常行者皆道矣，奈何世衰道微，横议者作，创以恍惚窈防为道，若以道为别有一物超出天地之外，使人谢绝生理，离形去智，终其身以求之，而终无得焉。吁，可怪也！道固无所不在，而人则未必尽能合于道，时则有备道之圣人作为君师，而人道以立。自羲、黄、尧、舜以至于今，世世相承，以维持人道于不坏不泯，皆圣人力矣。奈何世衰道微，横议者作，创为真人、至人之目，反以圣人为未尝闻道，不知彼所谓真人至人者所生何时，所行何事，其姓名声迹所载何书，是特一时故为寓言，而人犹或想像歆慕，信以为真有其人焉。吁，可怪也！然虽可怪，要其所误者不过世所指为过高之人心之妄想。虽喜谈虚无之道，身之实用终不能自外吾圣人之道。其间槁馘山林，确守不移者，万不能一二，亦不过生养休息于吾道覆露之内，彼愚不肖者犹未为其所误也。误天下后世之愚不肖，非《抱朴子》之书而谁耶？……抱朴亦身将老且死，举四海之众，历百世之久，皆未尝见一长生者，而徒一则曰长生，二则曰长生，吾谁欺，欺天乎？而徒使天下后世之愚不肖者用其导引之术，以歆偃道傍，流落乞丐，用其房中之术，以防荡不检，纵欲伤生，用其金丹黄白之术，以烧假煅伪，终无一成，徒罄卖其祖父之田庐，以至贫窭愚，故曰，《抱朴子》其伪书哉？不然，葛稚川何独误天下后世之愚不肖者耶？

从思想宗旨与关键词/概念入手，认为《抱朴子》是一部伪书。

37. 《管子》

《黄氏日抄》卷五十五云：

《管子》之书不知谁所集，乃庞杂重复，似不出一人之手。然诸子惟荀卿、扬雄、王通知宗尚孔氏，而未知其觉用于世果何如。余皆处士横议，高者诬诞，下者刻深，戏侮圣言，坏乱风俗，盖无一非孔门之罪人。其间尝获用于世，而卓然有功，为孔子所称者，管子一人而已。余故读其书，而不敢忽，为之熟复再三，而条列之。大抵管子之书其别有五，《心术》《内业》等篇皆影附道家以为高，《侈靡》《宙合》等篇皆刻断隐语以为怪，管子责实之政，安有虚浮之语？使果出于管子，则亦谬为之以欺世，殆权术之施于文字间者尔，非管子之情也。管子之情见于《牧民》《大匡》《轻重》之篇，然《牧民》之篇最简明，《大匡》之篇颇粉饰，《轻重》之篇殆傅会，《牧民》之要曰："仓廪实则知礼节，衣食足则知荣辱。礼义廉耻，国之四维。四维不张，国乃灭亡。"此管子政经之纲。苟得王者之心以行之，虽历世可以无弊。秦汉以来，未有能践其实者也。其说岂不简明乎？……其亦琐屑甚矣，未必皆管子之真。愚故疑其为附会，抑此以其政言也。若其书载鲍叔荐仲与求仲于鲁，及入国谋政，与戈虡鸿飞，四时三弊，临死戒勿用竖习、易牙、开方等说，皆屡载而屡不同，或本文列前而解自为篇，或并篇，或无解，或云十日齐戒以召仲筋三行，而仲趋出，又云乐饮数旬而后谏，自相矛盾，若此不一，故曰庞杂重复，似不出一人之手。杨忱序管子论高文奇，虽有作者，不可复加一辞矣。张巨山谓其《心术》《内业》等篇为管氏功业所本，意巨山好道家学，故云尔。

黄震认为《管子》一书庞杂重复，自相矛盾，似不出一人之手。信而有征，可为定论。

38.《刘子》

《黄氏日抄》卷五十五云：

> 《刘子》之文类俳，而又避唐时国讳，以世为代，往往杂取九流百家之说，引类援事，随篇为证，皆会粹而成之，不能自有所发明，不足预诸子立言之列。播州录事袁孝政注而序之，乃盛称誉，且谓五十五篇取五行生成之数，于义无考焉。然又谓刘子名昼，字孔昭，而无传记可凭，或者袁孝政之自为者耶？

39.《文中子》

《黄氏日抄》卷五十五云：

> 《文中子》之书以《易》《老》并言，以释、老与儒为三教，盖亦六朝流习耳。迹其言议，多有近理。如曰："廉者常乐无求，贪者常忧不足。"如曰："人有不及，可以情恕，非意相干，可以理遣。"如曰："易乐者必多哀，轻施者必多夺。"问何以息谤，曰："无辩。"问何以止怨，曰："无争。"然要其指归，大要亦不出老子慈俭之说，于圣门未有得焉。至其主摭枝野鹿之说，谓上无为，下自足，至治之代，人老死不相往来，则习老子之说，而不之考也。古者鸿荒之世，人之异于禽兽者几希，圣人者作教之以相生相养之道，然后渐有伦理，以趋于治。太古何尝有治？至后世圣人然后有治耳。且上果无为，则下亦乌能自足耶？若夫帝国战德，皇国战无为，德与无为而以战，言虽老子未尝道，甚至借圣门以掩释教之弊。谓："诗书盛而秦灭，非仲尼之罪；虚玄长而晋乱，非老庄之罪；斋戒修而梁亡，非释迦之罪。"呜呼！晋则长虚玄矣，梁则修斋戒矣，秦果盛诗书者乎？呜呼！曾谓《文中子》而有此，恐亦后世附会之尔。

黄震考辨的文献包括经部、史部和子部，不含集部文献。之所以这样，一定程度上和黄震的治学旨趣有关：

> 其于学，近则大抵尊信周、程、朱子之说，远而上溯孔、孟、六经；验之于笃行，以为实用。倡朱子之学于浙东，佛禅老庄"架空"之论，固所弃绝；即陆、杨一派心学，亦在鄙驳之列。每论公暇，则批阅经、子四部诸书，随手札记，疏其精要，明其原委。凡微词疑义，则反复辨说，而断以己意。不主于一家，不树立门户，盖多深造自得，有所创发之论，此《日抄》之所由作也。
>
> 东发亦长于史学……治学问尚义理，重考据，而忽视辞章……故其读唐、宋人文集，特尚载理之文，遇其中有不合义理者，即为辨正。[①]

黄震为宋元之际的理学大师，他不仅是中国思想史上的巨人，而且在辨伪学史上也占有重要的一席。

---

① 林政华：《宋代大儒黄震之生平与学术》，花木兰文化出版社 2011 年版，第 16 页。

四十、王应麟

（一）王应麟其人

王应麟（1223—1296），字伯厚，号深宁居士，又号厚斋，庆元府鄞县（今浙江省宁波市鄞州区）人。博学多才，学宗朱熹，涉猎经史百家、天文地理，熟悉掌故制度，长于考证。南宋灭亡以后，他隐居乡里，闭门谢客，著书立说。著有《困学纪闻》《小学绀珠》《玉海》《通鉴答问》《深宁集》《诗地理考》等。

（二）王应麟的文献辨伪

1. 《礼古经》

对于《礼古经》一书，王应麟主要从篇名上考辨，认为该书"篇名颇见于他书"①。通过考证，王应麟认为该书的篇名分别见于《贾谊传》《内宰注》《聘礼注》《觐礼注》《射人疏》《月令注疏》《诗泉水疏》《月令礼器疏》《蔡邕论》《通典》《荀子》《大戴礼记》《小戴礼记》和《管子》等书。但王应麟并没有十分明确地提出此书为伪书。

2. 《大戴礼》

王应麟主要借鉴了韩元吉的观点，除此之外，他还通过书中的行文体例来辨伪，如"《易本命篇》与《家语》同……《大戴》以'子曰'冠其首，疑此篇子夏所著，而《大戴》取以为'记'"② 等，亦即，王应麟通过《易本命篇》中的"子曰"，认为该书应该是子夏所作。

3. 《逸周书》

王应麟主要是借鉴了李焘的观点，但并没有明确指出自己的借鉴。此外，王应麟主要从引文上考辨。他举出《吕氏春秋》《史记》《淮南子》《说苑》《墨子》《战国策》等书中所引文"皆曰《周书》，今文有无其语者，岂在逸篇乎？"③

4. 《文中子》

王应麟认为，"《唐会要》载武德元年五月始改隋太兴殿为太极殿，而书中有隋文帝召见太极殿事"④，即认为《文中子》一书中出现了后世才有的事物，此从史实不合上辨伪。他认为《邓析子》中"其论无厚者，言之异同，与公孙龙同类"⑤，即通过比勘其他古籍辨伪。

5. 《六韬》

考辨《六韬》时，则主要是袭前人观点，"唐氏云：'春秋以前中国未有骑战，计必

---

① 王应麟：《汉艺文志考证》卷二，影印文渊阁四库全书本，第 675 册，第 25 页。
② 王应麟：《困学纪闻》卷五，影印文渊阁四库全书本，第 854 册，第 249 页。
③ 王应麟：《汉艺文志考证》卷一，影印文渊阁四库全书本，第 675 册，第 16 页。
④ 永瑢：《四库全书总目》卷九十一，中华书局 1960 年版，第 774 页。
⑤ 王应麟：《汉艺文志考证》卷七，影印文渊阁四库全书本，第 675 册，第 71 页。

起于战国之时。今《六韬》言骑战最详，决非太公所作'"①。

6. 《司马法》

主要是从该书的引文上辨伪，认为《周礼注》《周礼疏》《左传疏》《说文解字》和《通典》所引《司马法》之语，"其文或不见今五篇中"②。

四十一、金履祥

（一）金履祥其人

金履祥（1232—1303），字吉父，号次农，自号桐阳叔子，浙江兰溪人。宋、元之际的学者。学者尊称为仁山先生。早年受学于王柏，后又学于何基，造诣益深，凡天文、地形、礼乐、田乘、兵谋、阴阳、律历之书，无不精研。时值南宋末年，政治动荡，虽绝意仕进，但未忘忧国。元兵围攻襄樊，履祥献策朝廷，建议以重兵由海道直趋燕蓟，且备叙海舶所经地形，历历可据以行，然未被采纳。德祐初年，南宋朝廷以迪功郎、史馆编校等职召任，坚辞不受。寻应严州知州聘，主讲钓台书院。宋亡，筑室隐居金华仁山下，讲学著书，以淑后进，许谦、柳贯皆出其门。元大德七年（1303）卒，至正年间谥文安。著有《尚书注》《大学疏义》《论语集注考证》《孟子集注考证》《通鉴前编》《举要》《仁山集》，编有《濂洛风雅》。

（二）金履祥的文献辨伪

1. 《连山》《归藏》

> 《连山》《归藏》，其辞不复可考。学者谓邵氏互体《既济》卦诸图即《连山》之遗法也，后世纳甲归魂之法即《归藏》之遗法也。

2. 《三坟书》

金履祥认为"古《易》既有六十四《卦》，安得又有《三坟》？龟山尝辨其非"③。此处因袭前人杨时的观点。

3. 《尚书》

金履祥《尚书表注序》云：

> 《书》者，二帝三王圣贤君臣之心所以运量警省，通变敷政施命之文也。君子于

---

① 关于此"骑战之事"，王应麟在《汉艺文志考证》中有"唐氏曰：'春秋以前中国未有骑战，计必起于战国之时。今《六韬》言骑战最详，决非太公所作。'"此有两点不知。第一，此处的"唐氏"为谁；第二，王应麟和黄震二者是谁借鉴了谁，因为二者皆未名言，而二者时代又相近，不知道此一方法最先出自谁。

② 王应麟：《汉艺文志考证》卷二，影印文渊阁四库全书本，第674册，第28页。

③ 朱彝尊：《经义考》卷七十二。

此考迹，以观其用，察言以求其心，以诚诸身，以措诸其事，大之用天下国家，小之为天下国家用。顾不幸不得见帝王之全书，幸而仅存者又不幸有差误异同附会破碎之失。考论不精，则失其事迹之实；字辞不辨，则失其所以言之意。此书所以未易读也。盖自周衰，而帝王之典籍不存，学校之教习俱废。夫子观周，历聘诸国，归而定书焉，以诏后世。不幸而烬于秦，灰于楚，钳于斯，何偶语挟书之律，久之而伏生之耄言仅传，孔氏之壁藏复露。伏生者，汉谓今文。孔壁者，汉谓古文。顾伏生齐语易讹，而安国讨论未尽。夫壁中不惟有古文诸篇计，必兼有今文诸篇。安国虽以伏生之书考古文，不能以古文之书订今文，是以古文多平易，今文多艰涩。今文虽立学官，而大小夏侯、欧阳文各不同，不幸古文竟汉世不列学官。后汉刘陶独推今文三家，与古文异同，是正文字七百余字，号曰《中文尚书》，不幸而不传于世。至东晋，而古文孔《传》始出。至萧齐始备，至萧梁始行北方。至唐贞观悉屏诸家，独立孔《传》，且命孔颖达诸儒为之疏。夫古文比今文固多且正，但其出最后，经师私相传授最久，其间岂无传述附会。所以《大序》大体不类西京，而谓出安国，《小序》事意多谬经文，而上诬孔子。前汉传授师说，不为训解，后汉始为训解，而谓训传尽出安国之手。唐儒曲畅注说，无所辨正。至开元间，则一用今世文字，改易古文。至后唐长兴间，则命国子监板行五经，而孟蜀又勒诸石。后之学者守汉儒之专门，开元之俗字、长兴之板本果以为一字不可刊之典乎？幸而天开斯文，周、程、张、朱子相望继作，虽训传未备，而义理大明。圣贤之心传可窥，帝王之作用易见。朱子传注诸经略备，独书未及。尝别出《小序》，辨正疑误，指其要领，以授蔡氏，而为《集传》，诸说至此有所折衷矣。但书成于朱子既殁之后，门人语录未萃之前尔。履祥翻阅诸家之说，章解句释，盖亦有年。一日摆脱众说，独抱遗经，复读玩味，则见其节次明整，脉络贯通，中间枝叶与夫讹谬一一易见。因推本父师之意，正句画段，提其章旨，与夫义理之微，事为之概，考证字文之误，表诸四阑之外，以授子侄，间以示朋从之士。虽为疏略，然苟得其纲要，无所疑碍，则其精详之蕴固在。夫自得之者何如耳。好古博雅之君子，若或见之赦其僭，补其缺，辨其疑，则亦此书之幸也。所愿窃有请焉。湳河后学金履祥吉父序。

清汤斌《十三经注疏论》云：

> 孔颖达《正义》旨趣多乖，惟宋儒蔡沈《集注》颇得其要，金履祥《表注》、王柏《书疑》、魏了翁《要义》亦多可采焉。

金履祥《仁山文集》卷三《通鉴前编序》亦云：

> 朱子曰："古史之体可见者，《书》《春秋》而已。"《春秋》编年通纪，以见事之先后。《书》则每事别纪，以见事之始末。意者当时史官既以编年纪事，至于大事则又采合而别记之，若二典所记上下百有余年，而《武成》《金縢》诸篇，或更数月，或历数年，其间岂无异事，盖必已具于编年之史，而今不复见矣。履祥按：《竹书纪年》载三代以来事迹，然诡诞不经，今亦不可尽见。

金履祥《仁山文集》卷三《通鉴前编后序》云：

> 　　右《通鉴前编》……大抵出于《尚书》诸经者为可考信，其出于子、史、杂书者，不失之诞妄，则失之浅陋，盖其智不足以知圣人，而流俗传闻，其高者既以绝世拔出，而大道必绝出于事物常情之表，故其说失之诞妄；其下者则又以世俗之腹量圣人之心，故其说又失之浅陋。惟以《尚书》之仅存者，于今为帝王全书，刘道原《外纪》之作，《尚书》不入，虽曰尊经避圣，然帝王之事舍《尚书》则诸家真稗官小说之流耳，今不敢从《外纪》之例，而从胡氏《大纪》之例焉。顾《尚书》一经，诸儒解者虽已精详，但似未尝潜泳反复以推篇章之全意，而句解字释，意或不属，履祥因为之注释章旨，随意所到，虽不能详，然圣经之篇章与圣人之体用似或得之。至于子、史、杂书之不弃者，则以古今共传，不可尽废，帝王世远，谈者日希，礼失求诸野，此犹不愈于野乎？故存其近似，削其诞浅，或加之辨释焉。但惟此编本名表年，惟当于书史上阙之外表著其年而附证于章后尔。既编年表，例须表题，或嫌于《春秋》纲目之例，然所用者既《史记》年表之法，而所表题又《书经》本语之文，虽间或增损，君子鉴其非僭可也。周平王以后，《春秋》自有全书，但左氏收拾国史，以翼经事，于隐公之篇多误，庄公之篇多缺，其间亦多有所遗，如楚随所以争起，于请爵管仲所以霸本于内政，皆略不书，甚而孔子出处述作亦俱不书焉，以其书主于解经，而其事或具于外传，诸史、《秦誓》之作在于封殽尸之后，传既不及，而《书序》又谬，其时卫辄父子争国，夫子自楚反陈，久之至卫，明年即反鲁，而记者多谓夫子久于在卫。履祥所编，欲止平王，而诸若此类不可不辨。获麟以后，事多亡逸，欲备古今，以接《通鉴》，则于《春秋》所不能避，亦不敢尽入也。《春秋》一书，固圣人晚年哀痛之意，然孔子周游无位，典册不备，未必尽得周史，因见宗鲁一国之策，多违旧章，就加笔削，以示大法，其余多因旧史，不尽改也。则其岁月名号改以从周，未必谬圣人之意，况又自有《皇极经世》之例，遂并论次以接《通鉴》焉。

4.《书序》

金履祥曰：

> 朱子疑安国《大序》非西汉文字，履祥疑屋壁中丝竹之音，此东汉谶纬涉怪家言。①

四十二、熊朋来

（一）熊朋来其人

熊朋来（1246—1323），字与可，南昌人。登宋咸淳十年进士。仕元，为福清县判官。事迹具《元史·儒林传》。

---

① 毛奇龄：《古文尚书冤词》卷四。

朋来之学，恪守宋人，故《易》亦言先天后天、河图洛书，《书》亦言《洪范》、错简，《诗》亦不主《小序》，《春秋》亦不主"三传"。盖当时老师宿儒相传如是，门户所限，弗敢尺寸逾也。（《四库全书卷首提要》）

（二）熊朋来的文献辨伪

1. 河图洛书

熊朋来《经说》卷一"河图洛书"条云：

> 河图洛书之名，自《易大传》言之，天一，地二，天三，地四，天五，地六，天七，地八，天九，地十，言河图数也；参伍以变，言洛书数也。言洛书者，莫如《易大传》参伍之说。后儒知有《洪范》而已，至于其方位，则莫如《大戴礼记·明堂篇》所谓二九四七五三六一八者最为明白。本注云：法龟文也。二九四是其前三位，七五三是中间三位，六一八是尾后三位。汉儒所说龟文可证者，莫如大戴经注之言。大抵图书之说，至宋始详。其源发于希夷，而刘牧亦从范谔昌传希夷之学，其紊乱图书，特错互言之，以秘其术尔。《易本义启蒙》虽改正十为河图，九为洛书，而朱氏之门于其他文字间有未经改正处，后儒犹或执刘牧旧说为是，反以所改正为不然者。

熊朋来认为，《易》中兼有河图洛书：

> 《易大传》曰："河出图，洛出书，圣人则之。"《易》中盖兼取于图书矣。后儒直以《易》为河图、《范》为洛书，遂使图书体用二致，至谓伏羲得其图，禹得其书，至谓《洪范》中几十字为龟文，固哉其言图书也！如《大传》所谓参伍以变，错综其数，乃夫子发明洛书之数。参者，三而数之。伍者，五而数之。错者，交而互之。综者，总而絜之。即洛书之数，而《易》用之，以变易所以成天地之文，定天下之象者也。故圣人于《易》以图书并言之。

2. 古文今文《尚书》

熊朋来《经说》卷二"古文今文《尚书》"条云：

> 《书》有今文古文，晁错所受伏生以汉隶写之，故曰今文；鲁共王得孔壁所藏科斗文字，故曰古文。然孔壁真古文之《书》不传。后有张霸之徒伪作二十四篇，亦名"古文尚书"。汉儒所治不过伏生二十八篇，及武帝时得伪《泰誓》一篇，故《艺文志》称二十九篇。伏生二十八篇者，虞书则《舜典》合于《尧典》，《益稷》合于《皋陶谟》，凡二篇，夏书则《禹贡》《甘誓》，凡二篇，商书则《汤誓》《盘庚》《高宗肜日》《西伯戡黎》《微子》，凡五篇，周书则《牧誓》《洪范》《康诰》《酒诰》《金滕》《大诰》《君奭》《多方》《多士》《梓材》《召诰》《洛诰》《立政》《无逸》《康王之诰》（合于《顾命》）《吕刑》《文侯之命》《费誓》《秦誓》，凡十九篇，通为二十八篇。晋豫章内史梅赜别得《古文尚书》二十五篇，凡汉儒注经指为逸书者，

遂皆有其书。又并有孔安国传序，世传以为真，然所谓古文者，不如今文之古矣。案：梅赜西晋时奏上《古文尚书》已亡失《舜典》，至萧齐建武四年，姚方兴于大航头得而献之，以为即孔安国所注，会方兴缘事书寝不行。至隋开皇二年，购求古书，乃得之。又案：隋开皇求书时，有刘光伯者，伪作古书及《连山易》等悉上送官，后因有人告首，其伪遂败。窃意刘光伯辈实繁有徒，不被告首者，其书遂传。《古文尚书》至隋开皇始备。至唐天宝始变汉隶为俗楷，其间安能无伪。今《小序》定非孔安国所作，《大序》亦不类西汉文字。古书尚有伪，况孔序乎？郑康成本有《尚书注》，以不合注伪《泰誓》，故儒家不传。康成不见《武成》，则《礼记注》不知商容为人名宜也。若《无逸》，则伏生口授已有其书，乃不知言乃谨当为言乃雍。尝见汉隶石经《无逸》书文与今楷本略不同，康成所见《无逸》或无言乃雍之文，且因高宗二字，遂妄疑言乃谨为《说命》逸书，竟以谨悦为注。使康成《尚书》行世，则其谬必不止如《诗笺》《礼注》而已。

3.《诗序》

熊朋来《经说》卷二"诗序引乐记"条云：

　　《诗大序》多引《乐记》语，其小异处亦《乐记》为得其当。作《诗序》之人必出于《礼记》已传之后。

4.《仪礼》《周礼》《礼记》

熊朋来《经说》卷四"《仪礼》《周礼》《礼记》"条云：

　　今"三礼"多为后儒所议，虽《仪礼》不免乐史之疑，《礼经》赖此书为稍完尔。《礼记》出于汉儒之手，如《王制》为汉文帝博士所作，《缁衣》为公孙尼子作，《月令》为吕不韦作，其他托为孔子之言者，未必皆可信。然曾子与门人问答，非大小《戴记》无以传，故《大学》《中庸》亦在其中，能记圣人问礼老聃，问乐苌弘之言，又能记曾子、子思传道之书者，《礼记》之功也。《曲礼》《礼运》《学记》《乐记》皆有格言。大戴于践阼能记丹书之文，于明堂能记洛书之位，有辅世教，其间古记多是七十子之徒所传者。《周礼》官职颇繁碎，林氏、胡氏、包氏相继诋毁，有如冢宰之宫府一体，司乐之律同合声，司马四时因田习战，寓兵于民。此等岂后世儒者所能作？故程子以为天官之职须襟怀洪大方看得。朱子亦谓此周公辅成王诚意正心之学。礼经纵有伪杂，瑕不掩瑜，不可便谓非圣人之书也。

熊朋来《经说》卷五"《仪礼》《礼记》"条：

　　《仪礼》是经，《礼记》是传，儒者恒言之。以《冠义》《昏义》《乡饮酒义》《射义》《燕义》《聘义》与《仪礼》士冠、士昏、乡饮酒、射、燕、聘之礼相为经传也。刘氏又补士相见、公食大夫二义，以为二经之传。及读《仪礼》，则《士冠礼》自记冠礼以后即冠礼之记矣，《士昏礼》自记士昏礼凡行事以后即昏礼之记矣，

《乡饮酒》自记乡朝服谋宾介以后即乡饮之记矣，《乡射礼》自记大夫与公士为宾以后即乡射之记矣，《燕礼》自记燕朝服于寝以后即燕礼之记矣，《聘礼》自记久无事则聘以后即聘礼之记矣，《公食大夫礼》自记不宿戒以后即公食大夫之记矣，《觐礼》自记凡侯于东厢以后即觐礼之记矣，《士虞礼》自记虞沐浴不栉以后即士虞礼之记矣，《特牲馈食礼》自记特牲以后即特牲之记矣，《士丧礼》则士处适寝以后附在既夕者即士丧礼之记矣，《既夕礼》则启之昕以后即既夕之记矣。汉儒称《既夕礼》即《士丧礼》下篇，故二记合为一也。《丧服》一篇每章有子夏作传，而记公子为其母以后又别为丧服之记，其记文亦有传。是子夏以前有此记矣。十七篇惟《士相见》《大射》《少牢馈食》《有司彻》四篇不言记。其有记者十有三篇。然《冠礼》之记有孔子曰：其文与《郊特牲》所记《冠义》正同。其余诸篇，惟既夕之记略见于《丧大记》之首章，丧服之传与大传中数与相似。余记自与小戴冠、昏等六义不同，何二戴不以礼经所有之记文而传之也？十三篇之后各有记，必出于孔子之后、子夏之前，盖孔子定礼而门人记之，故子夏为作《丧服传》，而并其记亦作传焉。三礼之中，如《周礼》大纲虽正，其间职掌繁密，恐传之者不皆周公之旧。《左传》所引周公制《周礼》曰殊，与今《周礼》不相似，亦恨其仅以《左传》之文尔。大小戴所记固多格言，而讹伪亦不免，惟《仪礼》为礼经之稍完者，先儒谓其文物彬彬，乃周公制作之仅存者。后之君子有志于礼乐，勿以其难读而不加意也。

熊朋来《经说》卷六"《礼记》引书"条云：

> 《礼记》引《书》者，惟《学记》《坊记》《表记》《缁衣》《大学》。若据孔安国传，彼时五十八篇皆出矣。然孔壁二十五篇，东汉诸儒解经者皆未见，故先儒疑孔安国传亦伪也。注《礼记》者，如《学记》引《说命》，《坊记》引《君陈》，皆曰今亡高宗言乃讙之注，但知有《说命》之书，不知其为《无逸》之文，妄指为讙说之"讙"，不知本文当为"雍"，作《释文》《正义》者从而遂非传说，尤为可恨。尹躬天见于西邑夏，依本书读为先，见周田观文王之德，依本书读为割，申劝宁王之德则言乃讙，当读为乃雍，又何疑焉？《乐记》商容只当是《尚书》中所言商容记文，必有脱辞。郑氏未尝见《古文尚书》，遂迁就妄言《缁衣》引尹吉注读吉为告。案《咸有一德》乃训也，非告也，注亦曰今亡。其他如《表记》《缁衣》引《甫刑》《太甲》《太誓》《君奭》，《大学》引《帝典》《康诰》《泰誓》，皆在二十五篇之外，故不曰亡书。然《泰誓》予克纣以下，则以为无此章。《缁衣》亦引《说命》《君陈》，而不言亡书，独于《学记》《坊记》引《说命》《君陈》者，谓之亡书，何汉儒前后异同如此？

四十三、陈藻

（一）陈藻其人

陈藻，字元洁，号乐轩，福清人。早年师事网山林亦之，为艾轩林光朝再传弟子，得艾轩经学之传，一时学者多从之游。与艾轩、网山并称"三先生"，后人为建"三先生祠堂"。侨居横塘，家贫，授徒不足自给，课妻子耕织以为生。生平备历艰厄，处之夷然。扁所居曰乐轩。享年七十五。既卒，门人林希逸请于朝，赠迪功郎，谥文远。著有《乐轩集》。

（二）陈藻的文献辨伪

1.《连山》

《经义考》卷二引陈藻曰：

> 夏有《连山》，筮昉于此乎？故夏未代虞，而舜廷有之矣。

2.《古文尚书》

陈藻《乐轩集》卷六《书》云：

> 安国孔氏有《古文尚书》，以今文读之，一传而为儿宽都尉朝，司马迁是其传说已行于当时矣，而范史所载又以杜林得《漆书古文尚书》以示卫宏等，而古文遂行，是则林之所得又何书耶？以书名家，如前所述者众矣，今之所传独安国孔氏，何也？孟子曰："尽信《书》不如无《书》。吾于《武成》取二三策而已矣。"嗟夫！《书》不可尽信，况諓諓诸家之说乎？

3.《周礼》

陈藻《乐轩集》卷六《周礼》云：

> 《周礼》一书，其所载者六官。武王既黜殷命，还归在丰，作《周官》。或以为即此书也，或以为次于《立政》之下者一篇而止耳。今观二书，虽详略不同，而实相表里，岂六篇者其详，而一篇者其略耶？以官作其书而以礼命之，何耶？凡一官之首必冠以民极二字。极者，道之正统。礼者，道之一端。礼果足以尽道耶？六经之目，《周官》一数也。既武帝以是为末世渎乱不验之书，则当时表章以何者而足六经之数耶？岂以《仪礼》耶？若果然，则后人经小戴而不经《仪礼》，又何耶？说者又以为始皇时疾《周官》，搜焚独悉，是以隐藏百年，虽自山岩屋壁入于秘府，而五家之儒莫见。夫六经等耳，始皇特疾此书，其亦有说欤？始皇疾之，而汉五家之儒亦莫得见于秘府，何欤？且是书也始于成帝之刘歆，识其为周公致太平之迹，永平杜子春一尊信之，从而有郑众、贾逵、马融、康成迭出而和其唱，其书遂与五经抗衡于世。今读其书，舍注传而难晓。康成后出，所存旧注因称司农者众，称大夫者兴。兴者，众之子。康成以其宗，而别其称，后人而指康成，则又以兴为先郑，而彼为后郑焉。且成周之书而释于东汉诸儒之手，官名变矣，器物改矣，其为注传意料臆度，马曰是而贾曰非，先郑曰然而后郑曰否，将孰为当耶？贾公彦等其疏之去取可信耶？不可信耶？请先辨其书之所由来，次及于传说之当否，以观诸君闻见渊源之浅深。

陈藻《乐轩集》卷六《周礼井田沟洫赋税兵政》云：

　　《周礼》一书，周公致太平之迹是也。国以民为本，民以食为天。授田一事，非王政之所先乎？一夫受田百亩，大司徒有不易一易再易之地，率三夫而受六夫之地也。遂人之田，莱则率六夫而受十三夫之地焉。此于六遂然也。其在大司徒也，则合以为六乡，而又曰凡造都鄙，都鄙云者，为王子弟公卿大夫之采地也。且乡遂都鄙受田之制不同，必皆有说，其说安在耶？余夫二十五亩，孟子有是言也。遂人言余夫所受之田莱乃如正夫之数。《周礼》《孟子》之言将何者为是耶？夫有井田，则有沟洫之制，见于遂人、匠人之职，匠人所载沟洫浍之深广有尺度，遂人所载径界途道路则无阔狭之数焉。注言容轨之多少不知其果然乎否也。今以疏考之，是三分为田，而外一分往往为沟洫径路之属，是又果然乎否也。噫！使其果然，揆以人情，未大庾也。至九万夫之地，治沟浍者用五万三千一百三十有六夫，而出田税者止三万六千八百六十四夫耳。治沟浍之夫几二倍于出税之夫，此曷为可行者耶？井田沟洫之制既明，则赋税当以次讲。孟子对毕战井地之问，请野九一而助国中，什一使自赋，盖野外役事比国中为差少，故其赋轻。此周人通贡助行之，而谓之彻也。什一为常，而重者无过九一一。载师所述轻者二十一，重者至二十五，将孟子欲反先王之制欤？抑《周礼》非周公之全书欤？田不耕者罚以三家之税，犹可也，宅不毛者罚以二十五家之泉布，无乃太甚已乎？恐非先王酌中之法也。分田制赋军政之所由出，今其有大可疑者。夫王畿千里，是为百同九百万夫之地也，宫室、途巷、林麓等去其三分之一，又以上中下地通之，则大率受三百万夫也。天子六军，止用七万五千人，若不悉籍以为兵，是四十夫出一兵，悉籍以为兵，而更番用之，则四十战而后当一役，况先王之世岂常有征战之事哉？然则古虽寓兵于民，役实甚轻，其法固善，不可破也。谓之大可疑，何哉？大司马王六军，大国三军，次国二军，小国一军，王畿千里为百，大国之地，而与孟子所言万乘千乘百乘者为何如？以开方法准之，则孟子所言万取千，千取百，盖亦以抵牾难用矣，况周礼乎？古人立言垂训，必皆可用之绩，有所会归，非苟然也，诸君幸细绅寻之。

陈藻《乐轩集》卷八《周汉兵农分合》云：

　　周之兵、农未尝不分，汉之兵、农未尝不合。世儒皆谓，当周之时，兵即农，农即兵。汉袭秦制，始农为农而兵为兵。窃恐读书之未审耳。夏殷之礼，夫子以文献不足而致叹。班爵之问，孟子以诸侯去籍而不详。今而谈古之制，不得其意，而悉取信于其书，安得全书而据哉？世儒之于《周礼》也，或以为周公书，或以为非周公书。虽不可尽信，然兵、农之制寓诸井田，亦有大略可寻焉。且以丘邑论之，成方十里，则百里之地也，去旁加者为沟洫，又去其公田，则一井八夫，六十四井为夫五百一十二，所出长毂一乘七十有五人，则几七人而兵一夫也。况以王畿方千里论之，去其城邑林麓，又去其一易再易之田，犹有三百万夫。而天子六军止七万五千人，盖四十夫而以一夫为兵，孰谓兵、农之不分耶？而古者又谓兵、农一致，何也？及观汉法，而得周制焉。鸣呼！失礼尚求诸野，岂其失周制而不可求诸汉乎？周、汉之制不全，判儒生直岐而言之则差矣。古今人情一也，且悉驱民以为兵，夫岂不扰而谓先王为之乎？夫汉丞相子不免戍边，不免其赋耳，岂非宰相之子赋止戍边，而其余品官之家则又有他军需耶？大抵汉之调兵，县则更卒，边则由戍，中都则卫士，都尉则材官，车骑楼船凡四者皆以平民更代为之也。西都之冯唐不云乎，罢遣卫士必劝以农桑。盖民年二十三为正卒，五十六免为庶人。其为正卒者，一岁卫士，一岁材官等兵，一岁县更卒，一岁边戍，四者惟卫士衣食于县官，其余孰给之哉？县更者、戍边者亦宜人人身亲之。县更者岁一月，边戍者三日，月出钱二千，其名践更，三日出钱二百，其名过更，然则役者役，赋者赋，以意度之，材官亦然也。周民若彼其多，而兵数若是其寡者，是必亦合数夫出赋而供一夫之役也。汉制亦周之遗，岂兵、农不分于周而不合于汉耶？特井地坏耳。今之沿边土兵役者出丁，而坐者供送，正周汉之制。至于庶民出赋以养兵，亦何尝大异于古，是则周之制犹存于汉，汉之制犹存于今。世之儒生每恨今之不如古，何欤？

陈藻《乐轩集》卷八《尚书·周礼·本朝官制》云：

> 后人以官制之得失折衷于《周礼》，窃又以《周礼》之得失而折衷于《尚书》。且《尚书·周官》首之以三公三孤，次之以六卿，而冢宰盖六卿之长也。《周礼》六卿，每二卿则公一人，而天官之有太宰，非一卿而当二卿者乎？今考其所职，乃无所不统，非后世吏部尚书之比，乃宰相事也。夫六卿之长者，既为宰相，则所谓公孤者又何官也？《书》自太保奭而至毛公，盖尝著其六人矣，注谓冢宰第一召公领之，而终之以司空，第六毛公领之，其间有所谓毕公者，注以为司马，而书又有太保率西方诸侯，毕公率东方诸侯，则毕公者岂非与召公并为东西二伯乎？六卿既兼二伯矣，宁不兼三公已乎？窃尝以《周礼》而折衷于《尚书》，其得者盖如是尔，孰谓《周礼》非周公之典乎？然穆王之命太仆正其书一篇，丁宁反覆，以后之德不德，实系乎此，盖以其率天子左右侍御仆从之属切于王身其任为甚重者也。《周礼》自太宰、小宰、宰夫之后，则继之以宫正，宫正而下，膳、庖、酒、醢、舍、幕、裘、枭等职皆侍御仆从官也。然则《周礼》之宫正即书之太仆正穆王之命，其重如此，而宫正乃上士为之，岂周人命一上士而辄有一篇之书如是耶？此以《周礼》而折衷于《尚书》，不能无疑者也。二经所载，既相抵牾，以后人官制之得失而折衷于《周礼》，果得其当乎？夫《周礼》首入天官，而可疑者彰彰矣。三百六十属其疑可既耶？恭惟国朝官制，盖沿唐旧，而或有所更革创立，岂无得失，讵可不讲求其故耶？文武两途，枢密本兵武臣职也，用文资正官以充其使（太平兴国），而昉于石熙载，何耶？既曰使矣，而知院（淳化）之名又昉于张逊等，何耶？

陈藻《乐轩集》卷八《周礼尚书官制异同》：

> 《周官》一书，成王在丰所作也。首之以三公三孤，次之以六卿率属，终之以九牧阜万民，其辞简，其意尽，其视天下可指画于掌中。《周官》《立政》盖相为表里者也。略公孤而不言，但曰王左右常伯常任释者以为三公六卿，其信然欤？卿固六也，特致意于司徒、司马、司空之三者，何欤？其曰准人非司寇欤？不曰司寇而必曰准人，何欤？《酒诰》之文犹是尔，亦以司徒、司马、司空而谓之圻父、农父、宏父

也。《立政》《酒诰》皆特举斯三者，则冢宰、宗伯、司寇犹可缓欤？《洪范》八政亦止言其三人，且去司马而言司寇，是又何欤？三公不备，虽难其人，周公往矣，召公由保以迁师夫，岂不当而卒老于其官，将朝廷不陟之欤？抑召公确逊之欤？成周官制，《周官》序其大略，《周礼》则演而伸之，盖一事也。今若判然不相关者，何欤？卿可兼公，于书概见，而公孤之寄为甚重，盖在六官上也。今地官乡老二卿，则公一人，公而可以谓之乡老欤？又可系之地官欤？太师、太保而谓之师氏、保氏，以中下大夫而属之地官，此其轻重之意与《周官》同欤？异欤？此又若不相关者然也。其他《周礼》又皆有可疑者焉。考之天官，有兽人、獻人、鳖人，奚不与衡虞、角羽同属于地官欤？天府岂礼官之属，而世妇、女史不以隶于冢宰，而亦在于宗伯之下，何欤？夏官之挈壶氏胡不处于春官冯相保章之内，而弁师胡不置于司服之次欤？秋官之属太失之泛，而其甚有哲蔟氏、蝈氏之类，其果何谓欤？冬官阙矣，而续以《考工记》，其书真可以补亡？而王公论道之数语，乃唐虞三代精微之训，今使六官全具，而有若天施地设，然其又何欤？比者銮舆幸学，爰命儒臣坐讲《周官》，甚盛举也。《周官》一篇截然井然，无一可议，然合《尚书》《周礼》而绅寻之，则莫能冰释。短檠岁月，讲求必熟，幸发挥焉。

四十四、刘炎

（一）刘炎其人

刘炎（约宋末元初），字子宣，松阳人。著有《刘子迩言》十二卷。清曹立身修、潘茂才纂《（乾隆）松阳县志》卷九："刘炎，字子宣，少侍父邂斋先生，习闻庭训，专事程朱之学。因庆元党籍，隐居不仕。从真文忠游。著《刘子迩言》十二卷，其略曰：'中天地而立，与天地参者，人也。天命以人不物之矣，天不物之，而自待以物始也。人终去禽犊不远矣。然则人之性，天地之性也，孔以为贵，孟以为善。天地予人之正也。荀卿谓之恶，主血气言之也。扬雄谓之混，杂人与物言之也。韩愈品分之，是犹以清浊之气高下之质言之也。荀、韩、扬之言性，皆非天地予人之正也。君子保天地之性之谓仁，成天地之性之谓学。'其言行于世。"黄宗羲《宋元学案》卷八十一"真西山学案·西山讲友·刘先生炎"亦云："刘炎，字子宣，括苍人。西山序其《迩言》曰：'予读刘子《迩言》，屡废而叹，有问者曰："刘子之言，常言也，子何叹之数乎？"予曰："子以予为玩其文辞也邪，若惟文辞之玩而已，则刘子固常言也，夫孰知其有功于学者邪。"'"刘炎之学，扬温公抑荆公，立场坚定不移。

（二）刘炎的文献辨伪

1.《连山》《归藏》

刘炎《迩言》卷十云：

> 或问《连山》《归藏》之真伪，曰："《汉志》不录《连山》，《唐志》则有之；《汉志》不录《归藏》，晋《中经》、隋唐《志》则有之。昔无今有，其伪可知。况

其言之不经耶？"

　　刘炎从前代目录学书目不著录来考辨《连山》《归藏》之真伪，认为《连山》《归藏》二书，前代书目无著录，后世反而有之，由此认为二书为伪。而且，他认为二书"言之不经"，即从思想内容方面来考辨。

　　2.《尚书》
　　刘炎《迩言》卷十云：

　　　　或问《书》有艰深易直之异，何也？曰：古文二十五篇则易直，伏生所传多齐语，故艰深。晁错在当时十且不知二，后世强为之说，不无谬妄矣。

　　3.《周礼》
　　刘炎《迩言》卷十云：

　　　　或问《周礼》果圣人之全书乎？曰：司门讥财物之犯禁者，举而没之，司关凡货之不出于关者，举其货，罚其人。周公于民之意虑不若是之察也。

第六章
元代的文献辨伪

元初学者在《古文尚书》辨伪方面直承南宋之风。《四库全书总目》认为：

> 《古文尚书》自贞观敕作《正义》以后，终唐世无异说……其分编今文、古文，自赵孟頫《书古今文集注》始，其专释今文则自（吴）澄此书始。自序谓"晋世晚出之《书》，别见于后"，然此四卷以外，实专释古文一篇。朱彝尊《经义考》以为权词，其说是也。

可见《四库全书总目》对元代辨伪学代表学者赵孟頫、吴澄在辨伪史上的作用予以肯定。

一、吴澄

（一）吴澄其人

吴澄（1249—1333），字幼清，晚字伯清，抚州崇仁（今江西乐安）人。元代杰出的理学家、经学家、教育家。宋末中试乡贡。宋亡后隐居家乡，潜心著述，学者称草庐先生。至大元年（1308），被征召任国子监丞，至定元年（1321）任翰林学士；泰定元年（1324）为经筵讲官，敕修《英宗实录》。核定《老子》《庄子》《大玄经》《乐律》《八阵图》等，于《易》《春秋》《礼记》及郭璞《葬书》均有《纂言》。享年85岁，追封临川郡公，谥文正。与许衡齐名，并称为"南吴北许"。有《吴文正公全集》传世。事迹详见危素所撰《吴文正公年谱》。

（二）吴澄的文献辨伪

1. 《周易》

吴澄《吴文正集》卷一《四经叙录·易》云：

> 伏羲之《易》，昔在皇羲始画八卦，因而重之为六十四，当是时《易》有图而无书也。后圣因之作《连山》，作《归藏》，作《周易》，虽一本诸伏羲之图，而其取用盖各不同焉。三《易》既亡其二，而《周易》独存，世儒诵习，知有《周易》而已。伏羲之图鲜或传授，而沦没于方伎家，虽其说具见于夫子之《系辞》《说卦》，而读者莫之察也。至宋邵子始得而发挥之，于是人乃知有伏羲之《易》，而学《易》者不断自文王、周公始也。今于《易》之一经，首揭此图冠于经端，以为伏羲之《易》，而后以三《易》断之，盖欲使夫学者知《易》之本原，不至寻流逐末，而昧其所自云尔。

此说仍然信古。

2. 三《易》

吴澄《吴文正集》卷一《四经叙录》云：

> 《连山》，夏之《易》。《周礼》：太卜掌三《易》，一曰《连山》，二曰《归藏》，三曰《周易》，其经卦皆八，其别皆六十有四。或曰神农作《连山》，夏因之以其首《艮》，故曰《连山》，今亡。《归藏》，商之《易》，子曰："我欲观殷道，是故之宋而不足征也。吾得《坤乾》焉。"说者以《坤乾》为《归藏》，或曰黄帝作《归藏》，商因之，以其首《坤》，故曰《归藏》，今亡。《周易》上下经二篇，文王、周公作；《象》《象》《系辞上下》《文言》《说卦》《序卦》《杂卦传》十篇，夫子作。秦焚书，《周易》以占筮独存。

此说仍然信古。

3. 《古文尚书》

吴澄辨明《古文尚书》二十五篇系收拾遗佚连缀而成。吴澄在当时号称"大儒"，影响尤巨。

吴澄《吴文正集》卷一《四经叙录》云：

> 《书》二十八篇，汉伏生所口授者，所谓今文书也。伏生故为秦博士，焚书时，生壁藏之，其后兵起，流亡，汉定，生求其书，亡数十篇，独得二十八篇，以教授于齐鲁之间。孝文时，求能治《尚书》者，天下无有。欲召生，时年九十余矣，不能行，诏太常遣掌故晁错往受之。生老，言不可晓，使其女传言教错，齐人语多与颍川异，错所不知，凡十二三，略以其意属读而已。夫此二十八篇，伏生口授，而晁错以意属读者也，其间阙误颠倒固多，然不害其为古书也。汉魏数百年间，诸儒所治不过此尔。当时以应二十八宿，盖不知二十八篇之外犹有书也。东晋元帝时，有豫章内史

梅赜增多伏生书二十五篇，称为孔氏壁中古文，郑冲授之苏愉，愉授梁柳，柳之内兄皇甫谧从柳得之，以授臧曹，曹授赜，赜遂奏上。其书今考传记所引古书，在二十五篇之内者。郑玄、赵岐、韦昭、王肃、杜预辈并指为逸书，则是汉魏晋初诸儒曾未之见也，故今特出伏氏二十八篇，如旧以为汉儒所传确然可信，而晋世晚出之书别见于后，以俟后之君子择焉。《书》二十五篇，晋梅赜所奏上者，所谓古文书也。《书》有今文古文之异，何哉？晁错所受伏生书，以隶写之。隶者，当世通行之字也，故曰今文。鲁恭王坏孔子宅，得壁中所藏，皆科斗书。科斗者，仓颉所制之字也，故曰古文。然孔壁真古文书不传。后有张霸伪作《舜典》《汩作》《九共九篇》《大禹谟》《益稷》《五子之歌》《胤征》《汤诰》《咸有一德》《典宝》《伊训》《肆命》《原命》《武成》《旅獒》《冏命》二十四篇，目为古文书。《汉·艺文志》云："《尚书经》二十九篇，《古经》十六卷。"二十九篇者，即伏生今文书二十八篇及武帝时增伪《泰誓》一篇也。《古经》十六卷者，即张霸伪古文书二十四篇也。汉儒所治，不过伏生书及伪《泰誓》，共二十九篇尔。张霸伪古文虽在，而辞义芜鄙，不足取重于世，以售其欺。及梅赜二十五篇之书出，则凡传记所引书语，注家指为逸书者，收拾无遗。既有证验，而其言率依于理，比张霸伪书辽绝矣。析伏氏书二十八篇为三十三，世以新出之书，通为五十八篇，并《书序》一篇，凡五十九。有孔安国传及序，世遂以为真孔壁所藏也。唐初诸儒从而为之疏义，自是以后，汉世大小夏侯、欧阳氏所传《尚书》止有二十九篇者废不复行，惟此孔壁传五十八篇孤行于世。伏氏书既与梅颐所增混淆，谁复能辨？窃尝读之，伏氏书虽难尽通，然辞义古奥，其为上古之书无疑。梅赜所增二十五篇，体制如出一手，采集补缀，虽无一字无所本，而平缓卑弱，殊不类先汉以前之文。夫千年古书，最晚乃出，而字画略无脱误，文势略无龃龉，不亦大可疑乎？吴氏曰：增多之书皆文从字顺，非若伏生之书诘曲聱牙。夫四代之书，作者不一，乃至二人之手而定为二体，其亦难言矣。朱仲晦曰："书凡易读者皆古文，岂有数百年壁中之物不讹损一字者？"又曰："伏生所传皆难读，如何伏生偏记其所难，而易者全不能记也。"又曰："孔书至东晋方出，前此诸儒皆未见，可疑之甚。"

4.《书序》
吴澄《吴文正集》卷一《四经叙录》云：

（朱仲晦）又曰："《书序》，伏生时无之，其文甚弱，亦不是前汉人文字，只似后汉末人。"又曰："《小序》决非孔门之旧，安国序亦非西汉文章。"又曰："先汉文字重厚，今《大序》格致极轻。"又曰："《尚书》孔安国传是魏晋间人作，托安国为名耳。"又曰："《孔传》并《序》皆不类西京文字气象，与《孔丛子》同是一手伪书。"盖其言多相表里，而训诂亦多出《小尔雅》也。夫以吴氏及朱子所疑者如此，顾澄何敢质斯疑而断断然不敢信此二十五篇之为古书，则是非之心不可得而昧也。故今以此二十五篇自为卷袠，以别于伏氏之书，而《小序》各冠篇首者，复合为一，以置其后。孔氏《序》亦并附焉。而因及其所可疑，非澄之私言也，闻之先儒云尔。

吴澄所谓"澄何敢质斯疑而断断然不敢信"，这种对待朱子之学的态度大成问题，未免盲从权威，缺少学术理性，不足为凭。

5. 《诗序》

吴澄《吴文正集》卷一《四经叙录》云：

> 由汉以来，说《三百篇》之义者，一本《诗序》。《诗序》不知始于何人，后儒从而增益之。郑氏谓《序》自为一编，毛公分以置诸篇之首，夫其初之自为一编也。《诗》自《诗》，《序》自《序》。《序》之非经本旨者，学者犹可考见，及其分以置诸篇之首也，则未读经文，先读《诗序》。《序》乃有似诗人所命之题，而诗文反若因《序》以作，于是读者必索诗于《序》之中，而谁复敢索诗于《序》之外者哉？宋儒颇有觉其非者，而莫能去也。至朱子始深斥其失而去之，然后足以一洗千载之谬。澄尝因是舍《序》而读诗，则虽不烦训诂，而意自明。又尝为之强诗以合《序》，则虽曲生巧说，而义愈晦。是则《序》之有害于诗为多，而朱子之有功于诗为甚大也。今因朱子所定去各篇之《序》，使不淆乱乎诗之正文，学者因得以诗求诗，而不为《序》说所惑。

6. 三礼

吴澄《吴文正集》卷一《三礼叙录》云：

> 《仪礼》十七篇，汉兴，高堂生得之以授瑕邱萧奋，奋授东海孟卿，卿授后苍，苍授戴德、戴胜。大戴、小戴及刘氏《别录》所传十七篇次第各不同，尊卑吉凶，先后伦序，惟《别录》为优，故郑氏用之，今行于世。礼经残阙之余，独此十七篇为完书。以唐韩文公尚苦难读，况其下者。自宋王文公行新经义，废黜此经，学者亦罕传习。朱子考定《易》《书》《诗》《春秋》四经，而谓三礼体大，未能绪正，晚年欲成其书，于此至惓惓也。《经传通解》乃其编类草稿，将俟丧祭礼毕而笔削焉，无禄弗逮，遂为万世之阙典。澄每伏读而为之惋惜。窃谓《乐经》既亡，经仅存五，《易》之《彖传》《象传》本为《系辞》《文言》《说卦》《序卦》《杂卦》诸传，共为《十翼》，居上下经二篇之后者也。而后人以八卦爻之中。《诗》《书》之《序》本自为一编，居国风、雅、颂、典、谟、誓、诰之后者也，而后人以冠各篇之首。《春秋》三经三传初皆别行，《公》《穀》配经，其来已久，最后注左氏者又分传以附经之年，何居？夫传文、序文与经混淆，不惟非所以尊经，且于文义多所梗碍，历千数百年而莫之或非也，莫之或正也。至东莱吕氏，于《易》始因晁氏本，定为经二篇、传十篇。朱子于《诗》《书》各除篇端《小序》，合而为一，以置经后。《春秋》一经，虽未暇详校，而亦别出左氏经文，并以刊之临漳，于是《易》《书》《诗》《春秋》悉复夫子之旧。五经之中，其未为诸儒所乱者，惟二礼经。然三百三千不存，盖十之八九矣。朱子补其遗阙，则编类之初不得不以仪礼为纲，而各疏其下，脱稿之后必将有所科别，决不但如今稿本而已。若执稿本为定，则经之章也，而以后记、补记、补传分隶于其左也，与《彖》《象传》之附《易经》者有以异乎否也。经之篇也而以传篇、记篇、补篇错处于其间也，与《左氏传》之附《春秋经》

者有以异乎否也。夫以《易》《书》《诗》《春秋》之四经，既幸而正，而《仪礼》之一经，又不幸而乱，是岂朱子之所以相遗经者哉？徒知尊信草创之书，而不能探索未尽之意，亦岂朱子之所望于后学者哉？呜呼！由朱子而来，至于今将百年，然而无有乎尔。澄之至愚不肖，犹幸得以私淑于其书，实受罔极之恩。善继者卒其未卒之志，善述者成其未成之事，抑亦职分之所当然也。是以忘其僭妄，辄因朱子所分礼章，重加伦纪，其经后之记，依经章次，秩叙其文，不敢割裂，一仍其旧，附于篇终，其十七篇次第并如郑氏本，更不间以他篇，庶十七篇正经不至杂糅二戴之记中，有经篇者离之为逸经。礼各有义，则经之传也以戴氏所存，兼刘氏所补，合之而为传。正经居首，逸经次之，传终焉，皆别为卷，而不相亲。此外悉以归诸戴氏之记。朱子所辑及黄氏《丧礼》、杨氏《祭礼》亦参伍以去其重复，名曰《朱氏记》，而与二戴为三。凡周公之典，其未坠于地者，盖略包举而无遗，造化之运不息，则天之所秩未必终古而废坏。有议礼制度考文者出，所损所益，百世可知也。虽然，苟非其人，礼不虚行，存诚主敬，致知力行，下学而上达，多学而一贯，以得夫尧、舜、禹、汤、文、武、周、孔之心，俾吾朱子之学末流不至为汉儒学者事也。澄也不敢自弃，同志其尚敦勖之哉！

《仪礼逸经》八篇，澄所纂次。汉兴，高堂生得《仪礼》十七篇。后鲁恭王坏孔子宅，得《古文礼经》于孔氏壁中，凡五十六篇，河间献王得而上之。其十七篇与《仪礼》正同，余三十九篇藏在秘府，谓之《逸礼》。哀帝初，刘歆欲以列之学官，而诸博士不肯置对，竟不得立。孔、郑所引《逸中溜礼》《禘于太庙礼》《王居明堂礼》皆其篇也，唐初犹存，诸儒曾不以为意，遂至于亡，惜哉！今所纂八篇，其二取之《小戴记》，其三取之《大戴记》，其三取之郑氏注，奔丧也，中溜也，禘于太庙也，王居明堂也，固得逸礼三十九篇之四，而投壶之类未有考焉。疑古礼逸者甚多，不止于三十九篇，亦经刊削，但未如《公冠》等篇之甚耳。五篇之经文殆皆不完，然实为《礼经》之正篇，则不可以其不完而摈之于记，故特纂为逸经，以续十七篇之末。至若中溜以下三篇，其经亡矣，而篇题仅仅见于注家，片言只字之未泯者，犹必收拾而不敢遗，亦我爱其礼之意也。

吴澄《吴文正集》卷三《答海南海北道廉访副使田君泽问》云：

毁《周礼》非圣经，在前固有其人，而皆不若吾乡宏斋包恢之甚，毫分缕晰，逐节诋排，如法吏定罪，卒难解释，观者必为所惑。如近年科举不用《周礼》者，亦由包说惑之也。包说印行，比之巽卿正义其多十倍。然愚尝细观，不过深叹其无识而已。今巽卿所言，比之于包极为平恕，以包之苛细严刻，识者犹笑其为蚍蜉撼大树，而凡诸家之所诋，愚皆有说以答之，累千言未可既也，今不复言。

7.《孝经》
吴澄《吴文正集》卷一《孝经叙录》云：

《孝经》，《汉·艺文志》：《孝经》古孔氏一篇二十二章，《孝经》一篇十八章，长孙氏、江翁、后苍、翼奉、张禹传之，各自名家，经文皆同，惟孔氏壁中古文为异。《隋·经籍志》：《孝经》，河间人颜芝所藏，汉初芝子贞出之。又有《古文孝经》与《古文尚书》同出孔安国为传。刘向以颜本比古文，除其繁惑，而安国之本亡于梁。至隋，秘书监王邵访得孔《传》，河间刘炫因序其得丧，讲于人间，渐闻朝廷，儒者皆云炫自作之，非孔旧本。邢昺正义曰：《古文孝经》旷代亡逸。隋开皇十四年，秘书学生王逸于京市陈人处得本，送与著作郎王邵，以示河间刘炫，仍令校定，炫遂以庶人章分为二，曾子敢问章分为三，又多闺门一章，凡二十二章，因著《古文孝经稽疑》一篇。唐开元七年，国子博士司马贞议曰：《今文孝经》是汉河间王所得颜芝本，至刘向以此校古文，定一十八章。其古文二十二章出孔壁，未之行，遂亡其本。近儒辄穿凿更改，伪作《闺门》一章，文句凡鄙，又分《庶人章》从"故自天子"以下别为一章，以应二十二之数。朱子曰："旧见衡山胡侍郎《论语说》，疑《孝经》引《诗》非经本文，初甚骇焉，徐而察之，始悟胡公之言为信，而《孝经》之可疑者不但此也。因以书质之沙随程可久丈，程答书曰：'顷见玉山汪端明，亦以为此书多出后人傅会。'于是乃知前辈读书精审，其论固已及此。又窃自幸有所因述，而得免于凿空妄言之罪也。"又曰："《孝经》独篇首六七章为本经，其后乃传文，皆齐鲁间儒篡取《左氏》诸书之语为之传者，又颇失其次第。"澄曰：夫子遗言，惟《大学》《论语》《中庸》《孟子》所述醇而不世，此外传记诸书所载真伪混淆，殆难尽信。《孝经》亦其一也。窃详《孝经》之为书，肇自孔、曾一时问答之语，今文出于汉初，谓悉曾氏门人记录之旧，已不可知。武帝时，鲁恭王坏孔子宅，于壁中得《古文孝经》，以为秦时孔鲋所藏。昭帝时，鲁国三老始以上献，刘向、卫宏盖尝手校。魏晋已后，其书亡失，世所通行，惟《今文孝经》十八章而已。隋时有称得《古文孝经》者，其间与今文增减异同，率不过一二字，而文势曾不若今文之从顺，以许慎《说文》所引及桓谭《新论》所言考证，又皆不合，决非汉世孔壁之古文也。宋大儒司马公酷尊信之，朱子《刊误》亦据古文，未能识其何意。今观邢氏疏说，则古文之为伪审矣。又观朱子所论，则虽今文亦不无可疑者，焉疑其所可疑，信其所可信，去其所当去，存其所当存，朱子意也。故今特因朱子《刊误》，以今文古文校其同异，定为此本，以俟后之君子云。

吴澄《吴文正集》卷二《答张恒问孝经》云：

问："《孝经》何以有今文古文之别？"曰："黄帝时仓颉始造字，周宣王时史籀因仓颉字更革为大篆，秦始皇时李斯因史籀字更革为小篆。仓颉字谓之古文，秦人以篆书繁难，又作隶书，取其省易，专为官府行文书而设。自此人趋简便，习隶者众，习篆者寡。公私通行悉是隶书。经火于秦，而复出于汉。当时传写只用世俗通行之字。武帝时，鲁恭王坏孔氏屋壁，得孔鲋所藏《书》《礼》及《论语》《孝经》，皆仓颉古文字，后人称汉儒隶书传写之经为今文，以相别异云尔。古文书孔安国献之，遭巫蛊事，不及施行，安国没后，其书无传。东莱张霸诡言受古文书，成帝征至，校其书，非是。《汉志》所载《武成》之辞即张霸伪古文书也。东晋梅赜于伏生今文书外增多二十五篇，今行于世，果真孔壁所藏者乎？古文《礼》五十六篇，内十七篇与今文《仪礼》同，余三十九篇谓之《逸礼》，郑玄注《仪礼》《礼记》，屡尝引用。孔颖达作疏之时犹有，后乃毁于天宝之乱。古文《论语》二十一篇，与《鲁论语》《齐论语》为三。古文《孝经》二十二章，与今文《孝经》为二。魏晋而后不存，隋人以今文《孝经》增减数字，分析两章，又伪作一章，名之曰《古文孝经》，其得之也绝无来历左验。《隋·经籍志》及唐开元时集议显斥其妄，邢昺正义具载详备可考。司马温公有《古文孝经指解》，盖温公资质重厚，于《孝经》今文尚且笃信，则谓古文尤可尊也，而不疑后出之伪。朱子识见高明，《孝经》出于汉初者尚且致疑，则其出于隋世者何足深辨也，而《刊误》姑据温公所注之本，非以古文优于今文而承用之也。"恒又问："《孝经》果可疑乎？"曰："朱子云：'《孝经》出于汉初《左氏》未盛行之时，不知何世何人为之也。'窃谓《孝经》虽未必是孔门成书，然孔鲋藏书时已有之，则其传久矣。礼家有七十子，后弟子所记二戴《礼记》诸篇多取于彼，其间纯驳相杂。《公》《穀》《左氏》等书称道孔子之言者亦然。《孝经》殆此类也。亦七十子之后之所为尔。中有格言，朱子每于各章提出，而《小学》书所纂《孝经》之文，其择之也精矣。朱子曷尝尽疑《孝经》之为非哉？学者岂可因后儒之傅会而废先圣之格言也。"

8.《庄子》
吴澄《吴文正集》卷一《老庄二子叙录》云：

庄氏书《内篇》盖所自著，《外篇》或门人纂其言以成书，其初无所谓《杂篇》也，窃疑后人伪作《让王》《渔父》《盗跖》《说剑》，剿入寓言，篇中离隔寓言之半为《列御寇篇》，于是分末后数篇，并其伪书名为《杂篇》，以相淆乱云尔。今既从苏氏说，黜其伪，复以《列御寇》合于寓言而为一篇，《庚桑楚》以下与《知北游》以上诸篇，不见精粗深浅之不侔，通谓之《外篇》可也。夫庄氏书瑰玮参差，不以觭见之，唯《骈拇》《胠箧》《马蹄》《缮性》《刻意》五篇自为一体，其果庄氏之书乎？抑亦周秦间文士所为乎？是未可知也。故特别而异之，以俟夫知言之君子详焉。苏氏所黜四篇亦存之，以附其后。或曰《史记》称庄子作《渔父》《盗跖》《胠箧》以诋訾孔子之徒，当时去战国未远也，而已莫辨其书之异同矣。且其书汪洋恣纵乎绳墨之外，而乃规规焉，局局焉，议其篇章，得无陋哉？曰：得意固可以忘言，将欲既其实，而谓不必既其文欤也。杨倞注荀卿书，定其篇次，读者咸以为当。予于庄氏之书亦然。

9.《葬书》
吴澄《吴文正集》卷一《葬书叙录》云：

《葬书》相传以为晋郭璞景纯之作。内外八篇，凡一千一百五十八字。世俗所行有二十篇，皆后人增以缪妄之说。建安蔡元定季通去其十二，而存其八，亦既得之，然就其所存犹不无颠到混淆之失。惟此本为最善。篇分内外，盖有微意。杂篇二，俗本散在正书篇中，或术家秘啬故乱之也。此别为篇，伦类精矣，览者详焉。

吴澄《吴文正集》卷十六《地理真诠序》亦云：

> 《汉·艺文志》宫宅地形二十卷，盖相地之书也，然官有其书，民间无之。无其
> 书，亦无其术。通于其术，如晋郭景纯辈，旷代一见，岂人人能哉？杨翁给使唐宫秘
> 书中得此禁术，后避巢寇至赣，为赣人言地理，术盛于江西自此始。长安苍黄出奔
> 时，跋涉万里，九死一生，仅保余息，恶有文自随。大率指授曰受面命心，得不在书
> 也。此术之传渐广，而其书之出日富，好事者增益附会之尔。极于宋末儒之家，家以
> 地理书自负涂之人，人人以地理术自售。郭、杨、曾殆滔滔而是。噫，何其昔之秘而
> 今之显，昔之难而今之易，昔之寡而今之多也。余评诸家地理书，郭氏《葬书》虽
> 不敢必其为景纯之作，而最为简当，俗本亦复乱之以伪，余黜其伪，存其真，才千余
> 字，若建安书市所刻《地理全书》，繁芜秽杂，丰城儒流所撰《玉髓经》，假托欺诳，
> 奈之何！举世惑焉而莫之察也。噫，可叹已！吾里王谦道于诸书中去所可去，取所可
> 取，辑《地理真诠》三卷，衍者十无一二，择之不亦精乎！以此而相地，必不苟，
> 以此而授人，必不惑矣。谦道游四方四十年，工于诗。前辈巨公皆许可之"儒家之
> 术，术家之儒"，书之精也宜哉！

按《玉髓经》相传出自宋仙师张子微之手。

10.《太极图说》

吴澄《吴文正集》卷三《答田副使第二书》云：

> 梭山陆子美与晦庵书云：《太极图说》与《通书》不类，疑非周子所为。不然，
> 则是其学未成时所作。不然，则或是传他人之文，后人不辨也。盖《通书》言五行
> 阴阳太极，未尝加无极字。假令《太极图说》是其所传，或其少时所作，则作《通
> 书》时不言无极，盖已知其说之非也。

11. 疑古思想

吴澄《吴文正集》卷二十《古今通纪序》云：

> 《易》叙伏羲、神农、黄帝氏；《书》起尧、舜及夏、商、周，此帝王传系之见
> 于经者。秦而下有史可稽，伏羲以前异书所载则荒诞不足征已。旧日纪历代传系之书
> 皆始伏羲而讫宋。

二、刘壎

（一）刘壎其人

刘壎（1240—1319），字起潜，号水云村。学者称水村先生。江西南丰人。南丰著名
文人隐士刘镗之侄。读书于麻姑山，刻苦肄习。研经究史，网罗百氏，文思如涌泉，宋季

与同里谌祐自求各以诗文鸣。年三十七而宋亡，越十八年，入元后年五十五为盱郡学正。年七十受朝命为延平路儒学教授。1311 年为南剑州学官。既满，诸生复留授业者，三年乃归。著有《隐居通议》《水云村泯稿》《水云村稿》《经说讲义》《哀鉴》《英华录》。

(二) 刘壎的文献辨伪

1. 《尚书》

《隐居通议》卷十一《辨秋胡妇》云：

> 《武成》，周书也，去春秋战国同代而未远，又经圣笔亲定。孟子犹曰："尽信《书》，不如无《书》。"

2. 《黄石公素书》

《隐居通议》卷二十四云：

> 《前汉书》载，张良尝间从容步游下邳，圯上遇一老父，后五日夜半，出一编书，曰："读是则为王者师，后十年兴。"十三年，孺子见济北谷城山下黄石即我也。后十三岁，良从汉高帝过济北，果得谷城山下黄石，取而宝祠之。用是书佐高帝，取天下。此说近于怪诞，知道君子所不信。然良之事业卓冠一代，非凡人所能及，或者其有所受之也。世多指兵书《三略》为黄石公所撰之书。宋张商英曰："非也。晋乱，有盗发子房冢，于玉枕中获此书六篇，凡一千三百三十六言。上有秘戒，不许妄传，世所谓《素书》。"是也。或又谓《素书》之旨即老子道德仁义礼之说，实与《道德经》相表里。近得其书读之，其意虽祖老子，其文殊不古雅，故不复录，而姑载其六篇之名，云原始章第一、正道章第二、本德忠道章第三、求人之志章第四、遵义章第五、安履章第六。六篇之中，多言修身、治国、用人之道，而不及于兵，似与兵法之说不合。

刘壎认为，《黄石公素书》其意虽祖老子，其文不古雅，其言不及于兵，似与兵法之说不合。

3. 《列子》

《隐居通议》卷十九《列子精语》云：

> 刘向校《列子书录》有云："列子者，郑人也，与郑穆公同时，盖有道者也。其学本于黄帝、老子，号曰道家。道家者，秉要执本，清虚无为，及其治身接物，务崇不竞合于六经。而《穆王》《汤问》二篇，迁诞恢诡，非君子之言也。至于《力命篇》一推分命，《杨朱》之篇惟贵放逸，二义乖背，不似一家之书。然各有所明，亦有可观者。"向此数语颇能尽御寇之旨。按：列子书凡八篇，其粹者莫出于《天瑞》一篇。传者云御寇先庄子，故庄子称之，然后世多宗《南华》而谈《冲虚至德》者反寡，盖庄子得其说而善用之，所谓青出于蓝而青于蓝者。究其旨归，则漆园之言皆郑圃之余也。人自生至终大化有四，婴孩也。少壮也，老耄也，死亡也。其在婴孩，

气专志一，和之至也，物不伤焉，德莫加焉；其在少壮，则血气飘溢，欲虑充起，物所攻焉，德故衰焉；其在老耄，则欲虑柔焉，体将休焉，物莫先焉，虽未及婴孩之全方于少壮间矣；其在死亡也，则之于息焉，反其极矣。

4.《梅花赋》

《隐居通议》卷五《梅花赋》云：

唐丞相广平文贞公宋璟作《梅花赋》，昔人谓广平铁石心肠，乃能宛转作此赋。昔尝读之矣，近又复见一赋，岂后人效之乎？俱录于后，以俟识者考焉。

垂拱二年（一作三年），余春秋二十有五，战艺再北，随从父之东川，授馆官舍。时届除日（一作时病连月），顾瞻墙垣，有梅一本，于蓁莽中（一作敷荣于榛莽中）。喟然叹曰：呜呼斯花（一作梅）！托非其所出群之姿，何以别乎？若其贞心不改，是则可（一作足）取也已。感而成兴，遂作赋曰：

高斋寥阒，岁晏山深，景曒曒以斜度，风悄悄而乱吟。坐穷荒其无朋（一作坐穷檐而后无朋），进一觞而孤斟。前步除以彳亍，倚藜杖于墙之阴。蔚有寒梅，谁其封殖，未绿叶而先葩，发青枝于宿蘖（一作荄），擢秀敷荣，冰玉一色。胡杂沓于众草，又芜没于丛棘。匪王孙之见知，欲（一作羌）洁白其何极！

若夫琼英缀雪，绛萼着霜，俨如傅粉，是谓何郎；清馨潜袭，疏蕊暗嗅，又如窃香，是谓韩寿；冻雨晓（一作晚）湿，宿露朝滋，又如英皇泣于九嶷；爱日烘晴，明蟾照夜，又如神人来从（一作自）姑射；烟晦晨昏，阴霾昼闭，又如通德掩袖拥髻；狂飙卷沙，飘素摧柔，又如绿珠轻身坠楼。半开半合，非默非言，温伯雪子，目击道存；或俯或仰，匪笑匪怒，东郭顺子，正容物悟。或憔悴若灵均，或欹傲若曼倩，或妩媚若文君，或轻盈若飞燕。口吻雌黄，拟议殆遍。

彼其艺兰兮九畹，采蕙兮五柞，缉之以夫容，赠之以芍药，玩小山之丛桂，掇芳草（一作洲）之杜若，是皆物出于地产之奇名，著于风人之托。然而艳于春者，望秋先悴（一作零）；盛于夏者，未冬已萎。或朝华（一作开）而速谢，或夕秀而遄衰。曷若兹卉，岁寒独（一作特）妍，冰凝涸冱，擅美专权。相彼百花，孰敢争先？莺语犹（一作方）蛰，蜂房未喧，独步早春，自全其天。

至若措迹隐深，寓形幽绝，耻邻市鄽，甘遁岩穴。江仆射之孤灯，向壁不少栖迟（一作向寂不怨栖迟）；陶彭泽之三径，投闲曾无惆结。实（一作贵）不移于本性，方有俪于君子之节。聊染翰以寄情（一作怀），因（一作用）垂示于来哲。

从父见而勖之曰："万木僵仆，梅英载吐；玉立冰洁，不易厥素；子善体物，永保贞固！"

又一篇序曰：忆深山大川，断石长岩，兰芳幽秋，草落严霜，一气颓枯，万物闭藏，天地不色而艳，根荄逞寒而芳。雪霜之间，特然梅花，孤香高标，入眼澄俗。予因作而赋之曰：

云寒草死兮万根荄之不芳，风枭冽兮冰生水乡。山瘦兮月小，天空兮水光。落片影之冥鸿，照疏枝之夕阳。矧无人兮霜封雾琐，挺孤独兮瘦节贞香。忍屈于灵均之手，沈洒于烟雨之乡。实不老于鼎鼐，渴若迎于酒浆。一花一蘂，一诗一觞。泛踪迹于杳冥，餐孤芳而翱翔。吟吐字而不俗，延淡墨而意长。啐啄肺腑，剔摩胃肠。香太极而不古，名濂溪而逾扬。何石丑而与齐，何松怪而与刚。落孤景而不沈，荐清芬于冥芒。溜春水而屏屏，振深冰而浪浪。度笛声于远关，写孤梗于吟腔。幽谷兮碟碟，春风兮苍苍。蜂黄蜨粉，飞飞双双。臭发不死，寸心未荒。棘草深兮榛芜，篱落虚而凄凉。信芳杜之羞颜，委薰荛之并伤。日月渐古，人心行藏。念此幽特，情兮可忘。奏古骚于绝响，托微兴之将将。分姑山之逸游，遣回仙于吟庞。予信发于此时，将永歌而长望。

　　按：姑山、回仙二语不知何谓，若曰和靖种梅孤山，则是宋时事，若指回仙为洞宾，则洞宾唐末人也，相去悬隔，恐别有意。傥必执此二事，则此赋必他人作矣。

唐皮日休《桃花赋》云："余尝慕宋广平之为相，贞姿劲质，刚态毅状，疑其铁肠石心，不鲜吐婉媚辞，然睹其文而有《梅花赋》，清便富艳，得南朝徐庾体，殊不类其为人也。后苏相公味道得而称之，广平之名遂振。呜呼！以广平之才未为是赋，则苏公果暇知其人？将广平困于穷，厄于踬，然强为是文邪？日休于文尚矣，状花卉，体风物，非有所讽？辄抑而不发，因感广平之所作，复为《桃花赋》。"（《全唐文》卷七百九十六）

宋周辉《清波杂志》卷九"彭门会"条云："晁无咎之贬玉山也，过彭门，而陈履常废居里中。无咎出小鬟，舞《梁州》以佐酒。履常作《减字木兰花》云：'娉娉袅袅，芍药梢头红样小。舞袖低垂，心到郎边客已知。金樽玉酒，劝我花前千万寿。莫莫休休，白发簪花我自羞。'无咎云：'人疑宋开府铁心石肠，及为《梅花赋》，清便艳发，殆不类其为人。履常清通，虽铁心石肠不及开府，而此词清便艳发，过于《梅花赋》矣。'"

宋周密《癸辛杂识后集·荔枝梅花赋》："唐舒元舆《牡丹赋序》云：'吾子独不见张荆州之为人乎，斯人信丈夫。然吾观其文集之首有《荔枝赋》焉。荔枝信美矣，然而不出一果，所与牡丹何异，但问其所赋之旨何哉？'皮日休《桃花赋序》云：'余尝慕宋广平之为相，贞姿劲质，刚态毅状，疑其铁肠与石心，不解吐婉媚辞。然睹其文而有《梅花赋》，清便富艳，得南朝徐庾体，殊不类其为人也。'二序意同。《梅花赋》人皆知之，《荔枝赋》则人未有用之者，何耶！然《梅花赋》今不传，近徐子方以江右所刊者出观，其文猥陋，非惟不类唐人，亦全不成语，不善于作伪者也。"

宋舒邦佐《读广平梅花赋》云："子猷清雅如此君，菊花冷淡如渊明。古人嗜物非著物，风味相似因适情。不见铁心宋广平，仍肯一赋写梅兄。爱渠风雪不改清，似我不肯郎张卿。"

宋陆游《六言杂兴》："广平作《梅花赋》，少陵无海棠诗。正自一时偶尔，俗人平地生疑。"

宋江少虞《宋朝事实类苑》卷三十八"歌曲艳丽"："文章纯古，不害其为邪；文章艳丽，亦不害其为正。然世或见人文章铺陈仁义道德，便谓之正人；若言及花草月露，便谓之邪人，兹亦不尽也。皮日休曰：'余尝慕宋璟之为相，疑其铁肠与石心，不解吐婉媚辞。及睹其文，而有《梅花赋》，清便富艳，得南朝徐庾体。'然余观近世所谓正人端士者，亦皆有艳丽之辞，如前世宋璟之比，今并录之。如乖崖公张咏席上赠官妓小英歌曰：'天教拚百花，抟作小英明如花，住近桃花坊北面，门庭掩映如仙家。美人宜称言不得，龙脑熏衣香入骨。维阳软縠如云英，亳郡轻纱若蝉翼。我疑天上婺女星之精，偷入筵中名小英。又疑王母侍儿初失意，谪向人间为饮妓。不然何得肤如红玉初碾成，眼似秋波双睑

横。舞态因风欲飞去，歌声遏云长日（明抄本作'自'）清。有时歌罢下香砌，几人魂
魄遥相惊。人看小英心已足，我看小英心未足。为我高歌送一杯，我今赠尔新翻曲。'韩
魏公晚年镇北都，一日病起，作《点绛唇》小词曰：'病起厌厌，宴堂花谢添憔悴。乱红
飘砌，滴尽胭脂泪。惆怅前春，谁向花前醉？愁无际，武陵回睇，人远波空翠。'司马温
公亦尝作《阮郎归》小词：'渔舟容易入春山，仙家日月闲。绮窗纱幌映朱颜，相逢醉梦
间。松露冷，海霞殷，匆匆整棹还。落花寂寂水潺潺，重寻此路难。'又曹修古立朝，最
号刚方謇谔，尝见池上有所似者，亦作小诗寓意曰：'荷叶卓芙蓉，圆清映嫩红。佳人南
陌上，翠盖立春风。'"

　　元方回《宋广平梅花赋跋》：皮日休《桃花赋序》有曰："宋广平为相，其端姿劲质，
刚态毅状，疑其铁石心肠，不解吐婉媚辞。然观其文，而有《梅花赋》，清新富艳，得南
朝徐庾体，殊不类其为人也。"似亦为知言者。盖唐人文，袭六朝余弊，至元和而后大
变，此赋诚有徐庾之风，引傅粉何郎、窃香韩寿、九疑英皇、姑射神人、通德拥髻、绿珠
坠楼、温伯雪子、东郭顺子、灵均憔悴、曼倩敧傲、文君妖媚、飞燕轻盈十二事以况之，
而缴之曰，口吻雌黄，拟议殆遍，意谓世人之见梅花者，其雌黄未必皆中的也，然后断以
己见，谓凡草木皆无岁寒之操，而此花独君子之节，措迹隐深，寓形幽绝，耻邻市廛，甘
遁岩穴，此十六字非寻常体物语，终之以永保贞固，乃广平一生刚劲之气见乎辞者，盖其
为宰相也，争大事不少，挫过于姚崇，其未相在外跋涉之时多，其既相在位之时亦少，视
彼沾沾自喜，以宰相为荣而固位惜宠不肯退者万万矣。信乎其为永保贞固也。而日休乃谓
赋语婉媚，是不可不详，订本末以示来哲。

　　元王恽《秋涧集》卷七十三《宋广平梅花赋后语》："广平《梅花赋》，予尝闻双溪
耶律公求斯文久矣，得之者当以乘马相觊，愿见之心与公略同。至元癸巳春，予待诏阙
下，秘书郎赵天民来谒，赵之父故中书门客也，因询赋之隐见，曰：已得之矣。翌日录似
本来献，老眼增明，疾读数过，至独步早春，自全其天，贵不性移，俪夫君子之节之句，
当时已为从父击节。而袭美谓公铁石肝肠，吐婉辞为疑，以予观之，风人托物，词尚华
丽，况徐庾之体乎？当时公甫逾冠，而岁寒之姿、调羹之事固已表表于未第之前。如渊明
高风远韵，又何害见闲情于一赋者哉！"

　　元陆文圭《墙东类稿》卷十《跋赵学士书》："宋广平《梅花赋》有虚谷、献之、仁
近三先生跋。公《自叙》云：'垂拱三年，战艺再北，客馆东川，观墙阴梅花，托根非
所，感而作赋。'皮袭美见而称之，竟失其传，三百年后复出，诸老先生考订精详，援据
该博，无复加矣。于公出处进退之义未之及也。余独怪垂拱何如时，十月为坤，黄裳易
位，天地闭，草木为之不蕃，此贤人括囊而隐之时也。广平方欲出仕，又恨其登第之不
早，何耶？东川非其所凤阁鸾台乃其所耶？公刚肠嫉恶，劲气逼人，老而弥笃，诚为可
敬，计作赋时，牝鸡老妪尚未得二璧也。罗织之祸，诸贤骈首就僇，后人哀之，而亦惜其
才之轻试也。公鞫狱太原，而出使方力争之，几不免虎口。设有不幸，不过如泄冶之徒，
终未合蘧伯玉君子之道，故君子贵时中，尚知几，若公晚辅开元，正色立朝，永保贞固，
相业居第一，则议者无訾焉。余顷在吴子余书几见公《梅花赋》，未识偏旁，读不成句，
与今本绝异，未知孰是。所谓作赋补亡，则虚谷以为忠定伯，纪山村以为文清、太初二
李，不同诚伯纪也。足以配广平，然恐太初为是，更考之。宋欧阳光祖寿丞相亦赋此。"

　　清俞樾"宋广平梅花赋非真"条亦论及此问题，兹不赘述。

5. 《元丰续稿》

《隐居通议》卷十四《南丰先生学问》云：

> 濂洛诸儒未出之先，杨、刘昆体固不足道。欧、苏一变，文始趋古。其论君道、国政、民情、兵略，无不造妙，然以理学或未之及也。当是时，独南丰先生曾文定公议论文章根据性理，论治道则必本于正心诚意，论礼乐则必本于性情，论学必主于务内，论制度必本之先王之法。其初见欧阳公之书有曰："明圣人之心于百世之上，明圣人之心于百世之下。"又曰："趋理不避荣辱利害。"其卓然绝识，超轶时贤。先儒言欧公之文纡余曲折，说尽事情。南丰继之，加以谨严，字字有法度。此朱文公评文专以南丰为法者。盖以于其周、程之先，首明理学也。然世俗知之者盖寡，亡他，公之文自经出，深醇雅澹，故非静心探玩，不得其味，而予特嗜之其《元丰类稿》，则览之熟矣。近得《续稿》四十卷，细观其间或多少作，不能如《类稿》之粹，岂公所自择，或学者诠次如《庄子》内外篇、山谷内外集之分欤？其间如《过客论》，则放《两都赋》，如《诏弟语》，则放《客难》《僮约》《进学解》，如《襄阳救灾记》，则放《段太尉逸事》，文公谓其多摹拟古作，盖此之类。又有《释疑》一篇，亦放西汉文字。前辈谓此乃公少年慕学，借此以衍习其文耳。观后听琴序题赵充国撰、题魏郑公撰诸篇，皆其妙者盖不可及也。其上李连州书，十五岁所作，前集秃秃记，二十五岁所作，公生于真宗天禧己未，岁至仁宗嘉祐二年丁酉及第时年三十九矣，神宗元丰五年壬戌四月试中书舍人，赐紫金鱼袋，九月二十八日母仁寿太君朱氏卒，公丁忧，明年癸亥四月丙辰公卒于江宁府，年六十五，归葬南丰，朱文公作年谱，具载其本末如此。

三、白斑

（一）白斑其人

白斑（1248—1328），字廷玉，钱塘人。原是四明名儒舒少度的遗腹子，后为钱塘人白某收作嗣子。自号湛渊子。撰《湛渊静语》。

（二）白斑的文献辨伪

1. 《疑孟》

《湛渊静语》卷二云：

> 或问文节倪公思曰："司马温公乃著《疑孟》，何也？"答曰："盖有为也。"当是时，王安石假《孟子》"大有为"之说，欲人主师尊之，变乱法度，是以温公致疑于《孟子》，以为安石之言未可尽信也。

由此可见，一部辨伪史，也是半部政治思想史。温公学派当时以文献辨伪为名，与王安石一派从学理上展开辩论。

2. 寒山子诗

《湛渊静语》卷二指出唐代寒山子诗混有后世伪作：

> 吕洞宾、寒山子皆唐之士人，尝应举不利，不群于俗，盖楚狂沮溺之流，观其所存诗文可知。如寒山子诗，其一云："有人兮山陉，云卷兮霞缨。秉芳兮欲寄，路漫兮难征。心惆怅兮狐疑，蹇独立兮忠贞。"前辈以为无异《离骚》语。今行于世者，多混伪作，以谐俗尔。

到底有哪些伪作混入寒山子诗中？可惜他没有明确指出，这种影响之谈，往往捕风捉影，难以确证，存此线索，提醒后世研究者——"此处有地雷，当心被炸飞！"

3. 水心文

《湛渊静语》卷二云：

> 韩侂胄为相时，尝招致水心叶适。已在坐，忽门外有以谩刺求谒者，题曰"水心叶适候见"。坐中恍然。侂胄以礼接之，历举水心进卷中语，其客皆曰："某少作也，后皆改之。"每诵改本，精好逾之。遂延入书院饭焉，出一杨妃手卷，令跋其后，索笔即书曰："开元天宝间，有如此姝，当时丹青，不及麒麟凌烟，而及诸此。吁！世道判矣。水心叶某跋。"又出米南宫帖，即跋云："米南宫笔迹尽归天上，犹有此纸散落人间。吁！欲野无遗贤，难矣！"如此数卷，辞简意足，一坐骇然。侂胄大喜，密语之曰："自有水心在此，岂天下有两子张耶？"其人笑曰："文人才士如水心一等，天下不可车载斗量也。今日某不假水心之名，未必蒙与进至此。"侂胄然之，为造就焉。其人姓陈，名说，建宁人，后举进士。

假水心遇到真水心，好比李鬼遇到李逵。李逵怒斩李鬼，那是小说家的虚构；陈说遇到叶适，公然假冒其人，伪托其文，情节更加戏剧化。假水心在真水心面前题跋其文，出语惊人，语惊四座，这无疑是辨伪学史上不可多得的绝妙史料。

假名士之名，迹近作伪，与招摇撞骗同科，"忍能对面为盗贼"，一般人都难以接受。韩侂胄虽为奸相，倒也有几分爱惜人才，对假水心能够包容，雅量不小。陈登原《韩平原评》云："此非叶公之好龙，实近燕君之市骨。"且以"平原好士"许之，良有以也。①

四、陈栎

（一）陈栎其人

陈栎（1252—1335），字寿翁，晚号东阜老人，安徽休宁人。宋末元初学者。崇朱熹

---

① 此则材料由陈开林博士提供，特此致谢。按：陈登原所引经过改写，并非原文，反而将戏剧化的情节过滤掉了。

之学。宋亡，隐居著书。延祐初，有司强之科举，试乡闱中选，不赴礼部，教授于家，晚号东阜老人，学者称定宇先生。所著有《定宇集》。

（二）陈栎的文献辨伪

1. 三坟

陈栎《定宇集》卷一《书解折衷自序》云：

> 《周礼》外史掌三皇五帝之书，楚左史倚相亦能读此书，盖伏羲、神农、黄帝之书是为《三坟》，此三皇书也。少昊、颛顼、高辛、唐尧、虞舜之书是为《五典》。此五帝书也。

陈栎相信三皇五帝之书，可谓信而好古矣。

2. 河图洛书

陈栎《定宇集》卷四《河图洛书辨》云：

> 夫图书何物也？《易》《范》之原也。图数十，故《易》有天一至地十之文。书数九，故《范》有初一至次九之畴。此说自汉以来未之有改也。独刘牧自出意见，无所祖述，妄从而易置之。先儒辨之非不明也，今人尽排诸儒之说，而力仍刘牧之误，何欤？详今人立说之由，必因见河图之火数南，水数北，木数东，金数西，适与后天之离南、坎北、震东、兑西者合，遂从而苦索之。又见图书圣人则之之文，以为图书，皆为《易》之原。此圣人字乃指羲、文，谓夫子不应说《易》而及《范》，不应舍文王而及禹也，遂揭《大传》之说为之主，而以先天后天之相配者证成之。其论亦巧矣。然不可以洛书先河图也，遂不得不易置之。虽有诸儒之说，亦尽排之而不顾，而吾就其说推之，有大不可者一，有不可通者六。圣人之精，画卦以示；圣人之蕴，因卦以发。夫子之《十翼》，因卦以发，《易》之余蕴，凡可以推广证验者皆及之，非拘拘于卦画而已。"河出图，洛出书，圣人则之"云者，亦泛言圣人之作。《易》《范》其原皆出于天，而非出于人。盖因《易》而推说及《范》，非专指《易》也。详观此处，上文如定吉凶，成亹亹者，莫大乎蓍龟，岂《易》中亦有龟之法乎？天生神物，圣人则之，亦泛言蓍龟图书之类耳。又如以卜筮者尚其占，与《易》道四之一，岂《易》中亦有卜之法乎？《易》有蓍筮而无龟卜，则河图而未及洛书。今夫子因蓍筮而泛及龟卜，因河图之《易》而泛及洛书之《范》，庸何伤乎？又况先儒明言书亦可以为《易》，图亦可以为《范》，伏羲但据河图以作《易》，不必预见洛书而已逆与之合。大禹但据洛书以作《范》，不必追考河图而已暗与之符。是河图固《易》之原，而洛书亦未始不可与《易》合也。今人但以河图洛书与先天后天之《易》有可相分配也，何不可之有，亦何必易置图书而后为惬乎？《大传》曰："天数五，地数五，至而行鬼神也。"晦翁以为此一节夫子发明河图之数也。今人亦易置之，是以此为发明洛书数矣。如此则是羲本河图以画卦，夫子反无一言发明之，而独累数十言发明洛书之数，毋乃论《易》而昧其原乎？孔安国谓龙马负图，出于河，羲本之以画卦，神龟负书出于洛，禹本之以叙畴。此说与《大传》之说未见其相悖。

前汉去古未远，其说必有所受，晦翁岂轻祖述之未易此言也。刘歆经纬表里之说甚精且妙，班固不过述之，岂饰为经纬之说乎？十为图，九为书，自关子明、邵尧夫、朱晦翁、蔡西山诸儒言之详、辨之精，确乎不可易也。刘牧之说，托言于希夷，亦犹麻衣道者自附于希夷之类耳，岂足信乎？不特此也。晦翁庆元丁巳春《书阁皂山河书后图洛》云：因读《大戴礼》又得一证。其《明堂篇》有二九四七五三一八之语，郑氏注云：法龟文也。然则汉人固以此九数为洛书文矣，是又九为洛书之一大证验也。今人其亦闻之乎？凡今人之为说《易》置图书，乃其受病之根也，大不可者一也。伏羲之则河图以作《易》，盖虚其中之五与十而不用者，太极也。奇数二十，偶数二十者，两仪也。以一二三四为五六七八者，四象也。析四方之合以为乾、坤、离、坎，补四隅之空，以为兑、震、巽、艮者，八卦也。若夫先天八卦圆图之方位，不过以八卦横图中分而图之耳，一分为二，二分为四，四分为八。以其自然之序言之，则乾一、兑二、离三、震四、巽五、坎六、艮七、坤八是也。即此横图中分而圆之，则乾一、兑二、离三、震四，自南而东，巽五、坎六、艮七、坤八，自西而北是也。此乃三爻之圆图，若又因而重之为六十四卦之圆图，则可以知六阳六阴之消长，天根月窟之往来，启蒙所列诸图莫妙于此。其所以画先天八卦之圆图，亦以见六十四卦之圆图之所从出，且亦以对后天八卦之圆图耳，非必伏羲之有意于则河图以为此图也。使伏羲之画卦作《易》，不过如今人之说规规然，则九数之洛书勾加生受以为图，不亦浅乎！此其不通者一也。自康节以来，皆谓十数为圆者，为河图，九数为方者，为洛书。今人易置之，乃以十数者为方，九数者为圆，殊不知河图有四方而无四隅，其体所以圆；洛书有四方而且有四隅，其体所以方。但河图虚中而不用其数偶，体虽圆而用则方，洛书用中，以为主其数奇，体虽方而用则圆。今人专以十数者为方、九数者为圆，岂不见古诗之云乎："安得双车轮，一夜生四角。"无角则圆而行，有角则方而止，此特文义之小小者耳。从来画图书者于洛书则列四奇，于四方列四偶，于四隅而方之体自见，今乃规而圆之于河图，则列一六二七三八四九相得之数于四方而缺其四隅，而圆之体自形。今乃以阴阳变化等字补而方之，是不顾理数之是非，而惟傅会于笔墨之牵补耳。此其不通者二也。自诸儒以来，皆谓河图为体，洛书为用。今人虽易置之，而体用之说不易，然谓图数四十五，体数乏，书数五十五，用数赢。窃谓体数无乏之理，用数无赢之理。体者全体之谓，不全岂可以言体？是体数不可乏也，特用数或可乏耳。体以立其常，用以达其变，体数赢者其常也用数乏者，其变也，大衍之数五十，非体数赢乎？其用四十有九，非用数乏乎？譬之人有四体，不可缺一，是体不可不全也。及其用是四体也，手既持足，或可以不必履足，既履手或可以不必持是用，可以不必拘于全也。今人既易置图书，故不得不以体数乏饰。四十五之少，用数赢饰。五十五之多耳。此其不通者三也。自诸儒以来，皆以河图为相生之五行，洛书为相克之五行，今人相生相克之说不殊，但易置图书，遂谓伏羲，则其相克者，以为先天之《易》。文王则其相生者，以为后天之易。窃谓先天未入用，后天始入用耳。先天立其体，后天达其用。先天著其常，后天通其变。有体而后有用，有常而后有变，有相生之五行，而后有相克之五行无缘。伏羲反取相克者以为先天之《易》，文王反取相生者以为后天之《易》，何先后体用常变之颠错乎？羲本河图之相生以作《易》，故《易》明言生生之谓《易》，天一至地十，《易》明列之，未尝及相克之五行也。禹本洛书之相克者以作《范》，而六府明言水、火、金、木、土五行相克之序，惟禹言之外此未之见也。此又一大证验也。今人惟《易》置图书，故其误也如此，此其不通者四也。五位相得，《启蒙》释之甚明，不过以一六、二七、三八、四九、五十之五位相得，未及乎画卦也。今人取以分配，乃谓震、巽相得而东，兑、乾相得而西，而于坎、则谓自得而北也，于离则谓自得而南也，于坤、艮则又横贯于中，何经皆言相得，而今人乃杜撰自得之说。此其不通者五也。九数之洛书，戴九，右七六八其足也。今人取以配先天之卦位，九居上，与戴九合，七居右，与右七合，而六居下，是移右足之六而居履一之地，八居左，是进左足之八而居左三之位，毋乃进退改移之不均乎？此其不通者六也。凡今人所辛苦而仅得之者，虽不无奇巧之可喜，而多有牵合之可非，不若不必易置图书，不必独出《洪范》，但谓后天之卦位适与河图之数合先天之卦位，以四象言，亦与洛书之数依稀有合者，以见图书与《易》经纬表里会合之妙，如此乃先儒所未提掇者，则其有功于图书与《易》亦不小矣。何必犯此大不韪，辟倒集诸儒大成之晦翁乎？羲则图作《易》，禹则书作《范》，此图书正说也。图亦可为《范》，书亦可为《易》，与夫今人分配等说，此图书衍说也。今人因衍说之，一二可通者而遂废正说之无往不通者，其失之远矣。《易》有地十，何说而谓羲之《易》非出于十数之图乎？畴无次十，何说而谓禹之《范》非出于九数之书乎？古今道理之秘，自晦翁出，何微不显，何幽不阐矣。刘牧生乎晦翁之前，而为此论，无责也。今人生乎晦翁之后，而为此论，欲免其责，难矣哉！今人之说惟其有前之一不可，是以有后之六不通，使贾长沙闻之，宁不又曰："可为痛哭者一，可为长太息者六哉！"

3.《尚书》
陈栎《定宇集》卷一《书解折衷自序》云：

至孔子始，断自唐虞以下，讫于周，去三坟五典所定者二帝三王书，凡百篇焉，岂三坟五典简编脱落而不可通邪？抑孔子所见但始于唐虞也，今不可考矣。及秦坑焚祸作，百篇之《书》无敢藏者。汉孝文时闻济南有伏生胜能读之，生时年九十余，欲召之，不能行，诏晁错往受，生又老，不能正言，其女传言教晁，以意属读，所得仅二十余篇耳。先是，孔子远孙有犯秦禁，密藏竹简书于其家壁中者。至汉景帝子鲁共王坏孔子旧宅，又于壁中得《尚书》数十篇，皆蝌蚪书，后世遂目出于孔壁者为古文，出于伏生者为今文，合古今文共五十八篇，即今行于世者是也。外四十二篇，自此时已亡矣。篇各有序，或曰孔子作。然序多与经戾，非孔子作也。自孔壁初藏时已有此序，百序共为一篇，武帝诏孔安国传书，安国始分序各冠每篇之首，即今所谓《小序》，而亡书四十二篇之名，尚赖《小序》可见焉。三皇五帝之书自孔子时而已失，二帝三王之书遭嬴秦氏而不全。今所存五十八篇，学者可不知其旨哉。《书》体有六，典、谟、训、诰、誓、命是也。今篇名元有此六字者，固不待言矣。其无此六字，如《太甲》《咸有一德》《旅獒》《无逸》《立政》，训体也；《盘庚》《戢黎》《微子》《多士》《多方》《君奭》《周官》，诰体也；《胤征》，誓体也；《君陈》《君牙》《吕刑》，命体也。虽其间不无简编之残断，字语之舛讹，然上自尧舜之盛，下逮东周之初，二千余年之事犹赖此可考焉。兼诸经之体多已见于书中，舜皋之歌、五子之歌，三百篇祖也。《周官》六卿，太平六典之纲也。《洪范》之占用二可以见《易》之用。《舜典》《皋谟》之五礼可以该礼之名。自虞迄周，二千年之史笔在焉。下逮周平王、秦穆公，正与《春秋》接矣。诸经各得其一体，而《书》具诸经之全体。治经而不尽心于此，非知本者。予幼习此经，老矣犹心醉焉。诸家之解，充栋汗牛，啄啄屑屑，孰为真的。蔡氏受朱子付托，惜亲订仅三篇。朱子说《书》谓通其可通，毋强通其难通，而蔡氏于难通罕阙焉，宗师说者固多，异之者亦不少。予因训子，遂掇朱子大旨及诸家之得经本意者，句释于下，异同之说低一字折衷之，语录所载及，他可采之说与夫未尽之蕴，皆列于是，惟以正大明白为主，一毫穿凿奇异悉去之。噫！讲姚姒、核灏噩而至此，亦劳矣尔。

陈栎《定宇集》卷一《尚书蔡氏集传纂疏自序》云：

> 《书》载帝王之治，而治本于道，道本于心。道安在？曰在中。心安在？曰在敬。揖让、放伐、制度、详略等事虽不同，而同于中。钦、恭、寅、祗、慎、畏等字虽不同，而同于敬。求道于心之敬，求治于道之中，详说反约，《书》之大旨不外是矣。况诸经全体上下千数百年之治迹、二帝三王之渊懿皆在于书。稽古者舍是经，奚先哉？孔子所定，半已逸遗，厥今所存，出汉儒口授，孔宅壁藏错简断编当阙疑者何限？自有批注以来，三四百家，朱子晚年始命门人集传之，惜所订正三篇而止。圣朝科举兴行，诸经四书一是以朱子为宗，《书》宗蔡《传》，固亦宜然。

此序作于泰定四年丁卯正月望日。陈栎在此前三十年尝编《书解折衷》，旨在羽翼蔡《传》。其友胡庭芳见而许可之，勉以即蔡《传》而纂疏之，遂加博采精究，方克成编。

4.《诗序》

陈栎《定宇集》卷一《诗经句解序》云：

> 《诗序》之作，或以为孔子，或以为子夏，或以为国史，皆无明文可考，惟《后汉书·儒林传》以为卫宏作《诗序》，传于世。今考《小序》与《诗》抵牾，臆度傅会，缪妄浅陋，常多有根据，而得《诗》意者常少，其非孔子、子夏所作，而为宏所作明矣。诸序本自合为一编，至毛氏为《诗训传》，始引序入经，分置各篇之首，不为注文，而直作经字，于是读者转相尊信，无敢拟议。至有不通必为之委曲迁就，穿凿附合，宁使经之本文缭戾碎破，不成文理，而终不敢以《小序》为出于汉儒也。独朱文公《诗传》始去《小序》，别为一编，序说之可信者取之，其缪妄者正之，而后学者知《小序》之非闻正大之旨至矣尽矣。

5.《孔子家语》

陈栎《勤有堂随录》云：

> 范称发（名起，居休宁。自号尺山老人，著《井观杂说》，多不足取，姑摘其中

二条于此）曰："古者有两子我。太史公曰，宰我为临菑大夫，与田常作乱，以夷其族，孔子耻之。《孔子家语》同辞。《家语》后《史记》出，想孔猛（作《家语》）、王肃（注《家语》）为司马迁所误耳。"按《左氏传·哀公十四年》阚止、子我事齐简公，与陈恒争宠，属徒攻公宫，不胜被杀。夫宰予在圣门虽累遭诃斥，然而言语居四科之次，与子贡并称，必不至弄兵君侧，以速大祸；况子路及难，夫子且哭问拜吊，至于覆醢齐之乱，夫子请讨，《鲁论》与《左氏》，备载颠末。今子我身戕族夷，祸逾子路，而无一言及之，岂圣人师生之情，独薄于子我哉？假使不悲其死，亦当有以责其死矣。然则王肃受误于孔猛，孔猛受误于太史公，而太史公受误于子我之名欤？班固以文直事核（史迁赞）、博物洽闻（刘高赞）许之，在愚其敢轻訾。然尚论古之人者，不知其人，可乎？！

6.《关尹子》

《勤有堂随录》云：

《关尹子》书，乃三国六朝以后人托为之，窃《老》《庄》之近似，而世之以术数之小巧者。其说亦有可喜者，有一节云："人之少也，当佩乎父兄之教；人之壮也，当达乎朋友之箴；人之老也，当警乎少壮之说。"老警乎少壮之说，他书之所罕言。人之老也，智虑有昏耄之渐，岂可恃其年高而忽少壮之言哉？师老成，此为少者言之；警少壮，此为老者言之。

陈栎认为，《关尹子》乃三国六朝以后人依托为之，其说甚是。

五、马端临

（一）马端临其人

马端临（1254—1340），字贵与，一字贵舆，号竹洲。饶州乐平（今江西乐平）人。右丞相马廷鸾之子。著有《文献通考》《大学集注》《多识录》。

《文献通考》是中国古代典章制度方面的集大成之作，体例别致，史料丰富，内容充实，评论精辟。

（二）马端临的文献辨伪

1.《周易》

《文献通考·经籍考》（本节以下引文同）：

昔伏牺氏始画八卦，以通神明之德，以类万物之情，盖因而重之为六十四卦。

及乎三代，是为三《易》。夏曰《连山》（言似山内出气），殷曰《归藏》（言万物莫不归而藏于其中。杜子春曰："《连山》伏牺，《归藏》黄帝。"《周礼疏》按：今《归藏·坤》开筮："帝尧降二女为舜妃。"又见《节》卦云："殷王其国，常母谷若。"依子春说《归藏》黄帝，何得有帝尧及殷王事？盖子春之意，伏牺、黄帝造其名，夏、殷因其名以作《易》也），周文王作《卦辞》，谓之《周易》。

　　周公作《爻辞》。孔子为《彖辞》《象辞》《系辞》《文言》《序卦》《说卦》《杂卦》，谓之《十翼》。班固曰："孔子晚而好《易》，读之，韦编三绝，而为之传。"即《十翼》也（先儒说重卦及爻辞并《十翼》不同）。自鲁商瞿子木受《易》孔子（商瞿，姓），以授鲁桥庇子庸（姓桥，名庇，字子庸），子庸授江东馯臂子弓（馯，姓也，音韩），子弓授燕周鬼子家，子家授东武孙虞子乘，子乘授齐田何子装。及秦焚书，《周易》独以卜筮得存，唯失《说卦》三篇，后河内女子得之。汉初，传《易》者有田何，何授丁宽，宽授田王孙，王孙授沛人施仇、东海孟喜、琅邪梁丘贺，由是有施、孟、梁丘之学。又有东郡京房，自云受《易》于梁国焦延寿，别为京氏学，尝立，后罢。后汉施、孟、梁邱、京氏，凡四家并立，而传者甚众。汉初又有东莱费直传《易》，其本皆古字，号曰《古文易》，以授琅邪王璜，璜授沛人高相，相以授子康及兰陵母将永，故有费氏之学行于人，而未得立。后汉陈元、郑众，皆传费氏之学。马融又为其传，以授郑玄，玄作《易注》，荀爽又作《易传》，魏代王肃、王弼并为之注。自是费氏大兴，高氏遂衰。梁邱、施氏、亡于西晋，孟氏、京氏有书无师，梁、陈郑玄、王弼二注列于国学。齐代唯传郑义。至隋，王注盛行，郑学浸微，今殆绝矣。《归藏》，汉初已亡，按晋《中经》有之，唯载卜筮，不似圣人之旨。唐开元中，备有三《易》。至宋，惟《归藏》略存而不传习。汉募群书多散逸，而《易》独完，学者传之，遂分为三。一曰田何之《易》，始自子夏，传之孔子，《卦》《象》《爻》《彖》与《文言》《说卦》等离为十二篇，而说者自为章句，《易》之本经也。二曰焦赣之《易》，无所师授，自本言得之隐者，第述阴阳灾异之言，不类圣人之经。三曰费直之《易》，亦无师授，专以《彖》《象》《文言》等参卦爻。凡以《彖》《象》《文言》杂入卦中者，自费氏始。田何之学，施、孟、梁丘之徒最盛。费氏初微，但传民间。至后汉时，陈元、郑众之徒皆学费氏，费氏兴而田何遂息，古十二篇之《易》遂亡其本。及王弼为注，亦用卦象相杂之经，自晋之后，弼学独行，遂传至今。

2. 《连山》《归藏》

　　按：《连山》《归藏》，乃夏、商之《易》，本在《周易》之前。然《归藏》，《汉志》无之；《连山》，《隋志》无之。盖二书至晋、隋间始出，而《连山》出于刘炫之伪作，《北史》明言之；度《归藏》之为书，亦此类耳。夹漈好奇，独尊信此二书与古《三坟书》，且咎世人以其晚出而疑之。然殊不知《毛氏诗》《左氏春秋》《小戴氏礼》与《古文尚书》《周官》六典，比之当时，皆晚出者也；然其义理，其文辞，一无可疑，非二《易》《三坟》之比，不谓之六经，可乎？故今叙二《易》，不敢遽指为夏、商之书，姑随其所出之时，置之汉之后唐之前云。

马端临又总论易类伪书曰："关朗《易》不载于目，《乾凿度》自是纬书，焦赣《易林》又属卜筮，子夏书或云张弧伪为；然则《隋志》所录，舍王弼书皆未得见也。独鼎祚所集诸家之说，时可见其大旨。《唐录》称鼎祚书十七卷，今所有止十卷，而始末皆全，无所亡失，岂后人并之邪?"

3. 子夏《易》

《崇文总目》：此书篇第，略依王式，决非卜子夏之文。又其言近而不笃，然学者尚异，颇传习之。

晁氏曰：旧题卜子夏传。《唐·艺文志》子夏书已亡，今此书约王弼《注》为之者，止《杂卦》。景迂云："张弧伪作。"

陈氏曰：按《隋》《唐志》有《卜夏传》二卷，残阙。陆德明、李鼎祚亦时称引。考《汉志》初无此书。有孙坦者，为《周易析蕴》，此汉杜子夏也，未知何据。使其果然，何为不见于《汉志》? 其为依托明矣。隋、唐时止二卷，已残缺，今安得有十卷? 且其经文、《彖》《象》《爻辞》相错，正用王弼本，决非汉世书。以陆德明所引，求之今传，则皆无之，岂惟非汉世书，亦非隋、唐所传书矣。其文辞浅俚，非古人语，姑存之以备一家。

按晁以道《传易堂记》曰："古今咸谓子夏受于孔子而为之传，然太史公、刘向父子、班固皆不论著。唐刘子玄知其伪矣。书不传于今，今号为《子夏传》者，《崇文总目》知其为伪，而不知其所作之人。予知其为唐张弧之《易》也。"晁之言云尔。张弧有《王道小疏》五卷，见《馆阁书目》云唐大理评事，亦不详何时人。

4. 关子明《易传》

晁氏曰：魏关朗撰。元魏太和末，王虬言于孝文，孝文召见之，著成《筮论》数十篇。唐赵蕤云："恨书亡半，随文诠解，才十一篇而已。"李邯郸始著之目云。王通赞《易》，盖宗此也。

《朱子语录》：关子明《易》，伪书也。

陈氏曰：唐赵蕤注。然隋唐《志》皆不录，或云阮逸伪作。

5.《麻衣道者正易心法》

李潜序曰：此书顷得之庐山一异人（或云许坚）。或有疑而问者，余应之云："何疑之有? 顾其议论可也。"昔黄帝《素问》、孔子《易大传》，世尚有疑之，尝曰："世固有能作《素问》者乎? 固有能作《易大传》者乎? 虽非本真，是亦黄帝、孔子之徒也。"余于《正易心法》亦曰："世固有作之者乎? 虽非麻衣，是乃麻衣之徒也。"胡不观其文辞议论乎? 一滴真金，源流天造，前无古人，后无来者，翩然于羲皇心地上驰骋，实物外真仙之书也。读来十年方悟，浸渍触类，以知《易》道之大如是也。得其人，当与共之。

南轩张子曰：呜呼! 此真麻衣道者之书也。其说独本于羲皇之画，推《乾》《坤》之自然，考卦脉之流动，论反对变复之际，深矣! 其自得者欤? 希夷隐君，实传其学。二公高视尘外，皆有长往不来之愿，抑列御寇、庄周之徒欤? 虽然，概以吾圣门之法，则未也。形而下者谓之器，或者有未察钦！其说曰："六十四卦，惟《乾》与《坤》，本之自然，是名真体。"又曰："六子重卦，《乾》《坤》杂气，悉是假合，无有定实。"予则以为六子重卦，皆《乾》《坤》杂气之妙用，真实自然，非假合也。希夷述其说曰："学者当于羲皇心地上驰骋，无于周、孔脚足下盘旋。"予则以为学《易》者，须于周、孔脚足寻求，然后羲皇心地上可得而识，推此可概见矣。然其书之传，固非牵于文义，凿于私意者所可同年而语也。

朱子曰：此书词意凡近，不类一二百年文字。如所谓"雷自天下而发，山自天上而坠"，皆无理之妄谈；所谓"一阳生于子月，而应于卯月"，乃术家之小数；所谓"由破体之乃成全体"，则炉火之末技；所谓"人间万事，悉是假合"，乃佛者之幻语。必近年术数末流，道听涂说，掇拾老佛医卜诸说之陋者，以成此书。后二年，守南康，有前湘阴主簿戴师愈者求谒，即及《麻衣易》，因复扣之，宛然此老所作。欲驰报敬夫，敬夫已下世。时当涂守李侍郎寿翁，雅好此书，亟以书来曰："即如君言，斯人而能为此书，亦吾所愿见，幸为津致之。"戴不久即死，而寿翁亦得请西归矣。《麻衣易》是戴师愈所作，太平州刊本第二跋即其人也。昨亲见之，甚称此《易》，以为得之隐者，问之，不肯明言其人。某适到其家，见有一册《杂录》，乃戴公自作，其言皆与《麻衣易》说相类。及戴死，其子弟将所作《易》图来看，乃知真戴所自作也。

……

6.《尚书》

孔安国《尚书序》曰：先君孔子，讨论坟典，断自唐虞以下，讫于周。芟夷烦乱，翦截浮辞，举其宏纲，撮其机要，足以垂世立教。典、谟、训、诰、誓、命之文凡百篇，所以恢弘至道，示人主以轨范也。帝王之制，坦然明白，可举而行，三千之徒，并受其义。及秦始皇灭先代典籍，焚书坑儒，天下学士，逃难解散，我先人用藏其家书于屋壁（颜师古曰："《家语》云：'孔腾，字襄，畏秦法峻急，藏《尚书》《孝经》《论语》于夫子旧堂中。'而《汉记·尹敏传》云孔鲋所藏。二说不同，未知孰是。"）。汉室龙兴，开设学校，旁求儒雅，以阐大猷。济南伏生，年过九十，失其本经，口以传授，裁二十余篇。以其上古之书，谓之《尚书》。百篇之义，世莫得闻。（《汉·艺文志》云："《尚书经》，二十九卷。"注云："伏生所授者。"《儒林传》云："伏生名胜，为秦博士。以秦时禁书，伏生壁藏之。其后大兵起，流亡。汉定，伏生求其书，亡数十篇，独得二十九篇，即以教于齐、鲁之间。孝文时，求能治《尚书》者，天下无有。闻伏生治之，欲召，时伏生年九十余，老不能行，于是诏太常，使掌故晁错往受之。"颜师古曰："卫宏《定古文尚书序》云：'伏生老，不能正言。言不可晓，使其女传言教错。齐人语多与颍川异，错所不知凡十二三，略以其意属读而已。'"陆氏曰："二十余篇即马、郑所注二十九篇是也。"孔颖达曰："《泰誓》本非伏生所传，武帝之世始出而得行，史因以入于伏生所传之内，故云二十九篇也。"今按此序言伏生失其本经，口以传授。《汉书》乃言初亦壁藏，而后亡数十篇。其说与此序不同，盖传闻异辞尔。至于篇数亦复不同者，伏生本但有《尧典》

《皋陶谟》《禹贡》《甘誓》《汤誓》《盘庚》《高宗肜日》《西伯戡黎》《微子》《牧誓》《洪范》《金滕》《大诰》《康诰》《酒诰》《梓材》《召诰》《洛诰》《多方》《多士》《立政》《无逸》《君奭》《顾命》《吕刑》《文侯之命》《贾誓》《秦誓》，凡二十八篇，今加《泰誓》一篇，故为二十九篇耳。其《泰誓》甚伪之说，详见本篇，此未暇论也）。至鲁恭王，好治宫室，坏孔子旧宅，以广其居，于壁中得先人所藏古文虞、夏、商、周之书及《传》《论语》《孝经》，皆科斗文字。王又升孔子堂，闻金石丝竹之音，乃不坏宅，悉以书还孔氏。科斗书废已久，时人无能知者，以所闻伏生之《书》考论文义，定其可知者，为隶古定，更以竹简写之，增多伏生二十五篇。伏生又以《舜典》合于《尧典》，《益稷》合于《皋陶谟》，《盘庚》三篇合为一，《康王之诰》合于《顾命》，复出此篇，并序，凡五十九篇，为四十六卷。其余错乱摩灭，弗可复知，悉上送官，藏之书府，以待能者（陆氏曰：恭王，汉景帝子，名余。《传》，谓《春秋》也。一云《周易·十翼》非经，谓之《传》。科斗，虫名，虾蟆子，书形似之。为隶古定，谓用隶书以易古文。吴氏曰：伏生传于既耄之时，而安国为隶古，文特定其所可知者，而一篇之中，一简之内，其不可知者盖不无矣，乃欲以是尽求作书之本意，与夫本末先后之义，其亦可谓难矣。而安国所增多之书，今篇目具在，皆文从字顺，非若伏生之书，诘曲聱牙，至有不可读者。夫四代之书，作者不一，乃至二人之手，而遂定为二体乎？其亦难言矣。二十五篇者，谓《大禹谟》《五子之歌》《胤征》《仲虺之诰》《汤诰》《伊训》《太甲》三篇、《咸有一德》《说命》三篇、《泰誓》三篇、《武成》《旅獒》《微子之命》《蔡仲之命》《周官》《君陈》《毕命》《君牙》《冏命》也，复出者，《舜典》《益稷》《盘庚》三篇、《康王之诰》，凡五篇。又百篇之《序》自为一篇，共五十九篇，即今所行五十八篇，而以《序》冠篇首者也。为四十六卷者，《孔疏》以为同序者同卷，异序者异卷。同序者，《太甲》《盘庚》《说命》《泰誓》，皆三篇共序，凡十二篇，只四卷。又《大禹》《皋陶谟》《益稷》《康诰》《酒诰》《梓材》亦各三篇共序，凡六篇，只二卷。外四十篇，篇各有序，凡四十卷，通共序者六卷，故为四十六卷也。其余错乱摩灭者，《汩作》《九共》九篇、《槁饫》《帝告》《厘沃》《汤征》《汝鸠》《汝方》《夏社》《疑至》《臣扈》《典宝》《明居》《肆命》《徂后》《沃丁》《咸乂》四篇、《伊陟》《原命》《仲丁》《河亶甲》《祖乙》《高宗之训》《分器》《旅巢命》《归禾》《嘉禾》《成王政》《将蒲姑》《贿肃慎之命》《亳姑》。凡四十二篇，今亡）。承诏为五十九篇作传，于是遂研精覃思，博考经籍，采摭群言，以立训传。约文申义，敷畅厥旨，庶几有补于将来。《书序》，序所以为作者之意，昭然义见，宜相附近，故引之各冠其篇首，定五十八篇（详此章虽说《书序》序所以为作者之意，而未尝以为孔子所作。至刘歆、班固始以为孔子所作）。既毕，会国有巫蛊事，经籍道息，用不复以闻，传之子孙，以贻后代。若好古博雅君子与我同志亦，所不隐也。

《隋·经籍志》曰：汉济南伏生口传二十八篇。又河内女子得《泰誓》一篇，献之。伏生作《尚书传》四十一篇，以授同郡张生，张生授千乘欧阳生，欧阳生授同郡儿宽，宽授欧阳之子，世世传之，至曾孙欧阳高，谓之《尚书》欧阳之学。又有夏侯都尉，受业于张生，以授族子始昌，始昌传族子胜，为大夏侯之学。胜传子建，别为小夏侯之学。故有欧阳，大、小夏侯，三家并立。讫汉东京，相传不绝，而欧阳最盛。初，汉武帝时，鲁恭王坏孔子旧宅，得其末孙惠所藏之书，字皆古文。孔安国以今文校之，得二十五篇。其《泰誓》与河内女子所献不同。又济南伏生所诵，五篇相合。安国并依古文，开其篇第，以隶古字写之，合成五十八篇。其余篇简错乱，不可复读，并送之官府。安国又为五十八篇作传，会巫盅事起，不得奏上，私传其业于都尉朝，朝授胶东庸生，谓之《尚书古文》之学，而未得立。后汉扶风杜林传《古文尚书》，同郡贾逵为之作训，马融作传，郑玄亦为之注。然其所传，唯二十九篇，又杂以今文，非孔旧本。自余绝无师说。晋世秘府所顾，有《古文尚书》经文，今无有传者。及永嘉之乱，欧阳、大、小夏侯《尚书》并亡。济南伏生之传，唯刘向父子所著《五行传》是其本法，而又多乖戾。至东晋，豫章内史梅赜，始得安国之传，奏之，时又阙《舜典》一篇。齐建武中，吴姚方兴于大航头得其书，奏上，比马、郑所注多二十八字，于是始列国学。梁、陈所讲，有孔、郑二家，齐代唯传郑义。至隋，孔、郑并行，而郑氏甚微。自余所存，无复师说。又有《尚书》逸篇，出于齐、梁之间，考其篇目，似孔氏壁中书之残缺者，故附尚书之末。

7. 孔安国《尚书注》

晁氏曰：安国《古文尚书》至晋、齐间始显（详见总论）。唐孝明不喜古文，以今文易之，又颇改其辞。如旧"无颇"，今改"无陂"之类是也。按安国既定古文，会有巫盅事，不复以闻，藏于私家而已。是以郑康成注《礼记》、韦昭注《国语》、杜预注《左氏》、赵岐注《孟子》，遇引今《尚书》所有之文，皆曰"逸《书》"，盖未尝见古文故也。然尝以《礼记》较《说命》，《孟子》较《泰誓》，大义虽不远，而文不尽同，意者安国以隶古定时失之耳。

陈氏曰：考之《儒林传》，安国以《古文》授都尉朝，第第相承，以及涂恽、桑钦。至东都，则贾逵作训，马融、郑玄作传、注解，而逵父徽实受《书》于涂恽，逵传父业，虽曰远有源流，然而两汉名儒皆未尝实见孔氏《古文》也。岂惟两汉，魏、晋犹然，凡杜征南以前所注经传，有援《大禹谟》《五子之歌》《胤征》诸篇，皆曰逸《书》，其援《泰誓》，则云今《泰誓》无此文，盖伏生《书》亡《泰誓》，《泰誓》后出。或云武帝末民有献者，或云宣帝时，河内女子得之，所载白鱼火乌之祥，实伪书也。然则马、郑所解，岂真《古文》哉！故孔颖达谓贾、马辈惟传孔学三十三篇，即伏生书也，亦未得为孔学矣。颖达又云，王肃注《书》，始似窃见孔《传》，故于乱其纪纲，以为太康时。皇甫谧得《古文尚书》于外弟梁柳，作《帝王世纪》，往往载之。盖自太保郑冲授苏愉，愉授梁柳，柳授臧曹，曹授梅赜，赜为豫章内史，奏上其《书》，时已亡《舜典》一篇。至齐明帝时，有姚方兴者，得于大航头而献之，隋开皇中搜索遗典，始得其篇。夫以孔注历汉末无传，晋初犹得存者，虽不列学官，而散在民间故邪？然终有可疑者。

石林叶氏曰：今孔氏《尚书》，本所谓《古文尚书》，出鲁恭王毁孔子宅所得也。孔安国为之传，会巫盅事作，不得列于学官，故汉儒虽扬雄之徒，多未之见。西汉所传欧阳、大小夏侯三家而已。扬雄《法言》称《酒诰》之篇俄亡矣。《艺文志》所谓"刘向以中古文校欧阳、大小夏侯经文，《酒诰》脱简一，《召诰》脱简二"者也。惟太史公尝从安国授《书》，故班固云"迁书载《尧典》《禹贡》《洪范》《微子》《金縢》诸篇，多古文说"。今《史记》所引《书》及《叙》，皆与孔氏本合，其余诸儒所引字与训诂，或不同者，皆出欧阳、大小夏侯氏三家也。

容斋洪氏《随笔》曰：孔安国《古文尚书》，自汉以来，不列于学官，故左氏《传》所引者，杜预辄注为《逸书》。刘向《说苑·臣术》篇一章云："《泰誓》曰：'附下而罔上者死，附上而罔下者刑。与闻国政而无益于民者退，在上位而不能进贤者逐。'此所以劝善而黜恶也。"汉武帝元朔元年，诏责中外不兴廉举孝。有司奏议曰："夫附下罔上者死"云云，其语与《说苑》所载正同。而诸家注释，至于颜师古，皆不能援以为证。今之《泰誓》，初未尝有此语也。汉宣帝时，河内女子得《泰誓》一篇献之，然年月不与序相应，又不与《左传》《国语》《孟子》众书所引《泰誓》同，马、郑、王肃诸儒皆疑之，今不复可考。

《朱子语录》：孔安国解经最乱道，看得只是《孔丛子》等做出来。盖因说《书》云。某尝疑孔安国《书》是假《书》，比毛公《诗》如此高简，大段省事。汉儒训释文字，多是如此，有疑则阙。今此却尽释之，岂有千百年前人说底话，收拾于灰烬屋壁中与口传之余，更无一字讹舛？理会不得，如此可疑也。兼《小序》皆可疑。《尧典》一篇，自说尧一代为治之次序，至让于舜方止，今却说是让，于舜后方作。《舜典》亦是见一代政事之终始，却说历试诸难，是为要受让时作也。至后诸篇皆然。况他先汉文章，重厚有力量，他今大序格致极轻，却疑是晋、宋间文章。况孔《书》是东晋方出，前此诸儒皆不曾见，可疑之甚。

8. 《古文尚书》

晁氏曰：汉孔安国以隶古定五十九篇之《书》，盖以隶写籀，故谓之隶古。其书自汉迄唐，行于学官，明皇不喜古文，改从今文，由是古文遂绝。陆德明独存其一二于《释文》而已。皇朝吕大防得本于宋次道、王仲至家，以较陆氏《释文》，虽小有异同，而大体相类。观其作字奇古，非字书傅会穿凿者所能到。学者考之，可以知制字之本也。

夹漈郑氏曰：按《易》《诗》《书》《春秋》皆有古文，自汉以来，尽易以今文，惟孔安国得屋壁之书，依古文而隶之。安国授都尉朝，朝授胶东庸生，谓之《尚书》古文之学。郑玄为之注，亦不废古文，使天下后学于此一书而得古意。不幸遭明皇更以今文，其不合开元文字者谓之"野书"。然易以今文，虽失古意，但参之古书，于理无碍，亦足矣。明皇之时，去隶书既远，不通变古之义，所用今文，违于古义尤多。臣于是考今《书》之文，无妨于义者从今，有妨于义者从古，庶古今文义两不相违，曰《书考》。迨《武成》而未及终编，又有《书辨讹》七卷，皆可见矣。

按：《汉·儒林传》言孔氏有《古文尚书》，孔安国以今文读之。《唐·艺文志》有《今文尚书》十三卷，注言元宗诏集贤学士卫包改古文从今文。然则汉之所谓古文者科斗书，今文者隶书也。唐之所谓古文者隶书，今文者世所通用之俗字也。隶书，秦、汉间通行，至唐则久变而为俗书矣，何《尚书》犹存古文乎？盖安国所得孔壁之书，虽为之传，而未得立于学官。东京而后，虽名儒亦未尝传习，至隋、唐间方显，往往人犹以僻书奥传视之，缮写传授者少，故所存者皆古物，尚是安国所定之隶书，而未尝改以从俗字，犹今士大夫蓄书之家有奇异之书，世所罕见者，必是旧本，且多古字是也。噫！百篇之《书》，遭秦火而亡其半，所存者五十八篇，而其间此二十五篇者书虽传，而字复不谐于俗。传于汉者为科斗书，传于唐者为隶书，皆当时之人所罕习者。盖出自孔壁之后，又复晦昧数百年，而学者始得以家传人诵也。

9.《古三坟书》

　　晁氏曰：张天觉言得之于比阳民家，《坟》皆古文，而传乃隶书。所谓三坟者，山、气、形也。《七略》《隋志》皆无之，世以为天觉伪撰。

　　陈氏曰：元丰中，毛渐正仲奉使京西，得之唐州民舍。其辞诡诞不经，盖伪书也。《三坟》之名，惟见于《左氏》右尹子革之言，盖自孔子定《书》，断自唐虞以下，前乎唐虞，无征不信，不复采取，于时固已影响不存，去之二千载，而其书忽出，何可信也！况"皇"谓之"坟"，"帝"谓之"典"，皆古史也，不当如毛所录，其伪明甚。人之好奇，有如此其僻者。晁公武云张商英伪撰，以比李筌《阴符经》。

　　石林叶氏曰：《古三坟书》为古文，奇险不可识，了不知其为何语，其妄可知也。

　　夹漈郑氏曰：三皇太古书亦谓之《三坟》。一曰《山坟》，二曰《气坟》，三曰《形坟》。天皇伏羲氏本《山坟》而作《易》，曰《连山》；人皇神农氏本《气坟》而作《易》，曰《归藏》；地皇黄帝氏本《形坟》而作《易》，曰《坤乾》。虽不画卦，而其名皆曰卦爻、大象，《连山》之大象有八，曰君、臣、民、物、阴、阳、兵、象，而统以山；《归藏》之大象有八，曰归、藏、生、动、长、育、止、杀，而统以气；《坤乾》之大象有八，曰天、地、日、月、山、川、云、气，而统以形。皆八而八之，为六十四。其书汉魏不传，至元丰中始出于唐州比阳之民家，世疑伪书。然其文古，其辞质而野，其错综有经纬，恐非后人之能为也。如纬书犹见取于前世，况此乎？且《归藏》至晋始出，《连山》至唐始出，则《三坟》始出于近代，亦不为异事也。按：夫子所定之《书》，其亡于秦火，而汉世所不复见者，盖杳不知其为何语矣。况《三坟》已见削于夫子，而谓其书忽出于元丰间，其为谬妄可知。夹漈好奇而尊信之，过矣。又况详孔安国《书序》所言，则坟典，《书》也，盖百篇之类也；《八索》，《易》也，盖象、象、文言之类也。今所谓《三坟》者，曰《山坟》《气坟》《形坟》，而以为《连山》《归藏》《坤乾》之所由作，而又各有所谓大象、六十四卦，则亦是《易》书，而与百篇之义不类矣，岂得与五典并称乎？

10.《诗序》

　　《释文》：旧说云"《关雎》，后妃之德也"至"用之邦国焉"，名《关雎序》，谓之《小序》；此以下则《大序》也。《大序》是子夏作，《小序》是子夏、毛公合作，卜商意有未尽，毛更足成之。

　　《后汉·儒林传》：卫宏从谢曼卿受学，作《毛诗序》，善得《风》《雅》之旨，至今传于世。

《隋志》：先儒相承，谓《毛诗》。《序》，子夏所创，毛公及卫敬仲更加润色。

石林叶氏曰：世人疑《诗序》非卫宏所为，此殊不然。使宏凿空为之乎？虽孔子亦不能。使宏诵师说为之，则虽宏有余矣。且诵宏序，有专取诸书之文而为之者，有杂取诸书所说而重复互见者，有委曲宛转附经而成其书者，不可不论也。"《诗》有六义，一曰风，二曰赋，三曰比，四曰兴，五曰雅，六曰颂"，其文全出于《周官》；"情动于中，而形于言，言之不足，故嗟叹之"，其文全出于《礼记》；"成王未知周公之志，公乃为诗以遗王"，其文全出于《金縢》；"高克好利而不顾其君，文公恶而欲远之不能，使高克将兵而御狄于竟，陈其师旅，翱翔河上，久而不召，众散而归，高克奔陈"，其文全出于《左传》；"微子至于戴公，其间礼乐废坏"，其文全出于《国语》；"古者长民，衣服不贰，从容有常，以齐其民"，其文全出于《公孙尼子》。则《诗序》之作，实在数书既传之后明矣。此吾所谓专取诸书所言也。《载驰》之诗，"许穆夫人作也，闵其宗国颠覆"矣，又曰"卫懿公为狄人所灭"。《丝衣》之诗，既曰"绎，宾尸"矣，又曰"灵星之尸"。此盖众说并传。卫氏得善辞美意，并录而不忍弃之，此吾所谓杂取诸书之说，而重复互见也。《驺虞》之诗，先言"人伦既正，朝廷既治，天下纯被文王之化"，而复继之以"蒐田以时，仁如驺虞，则王道成"。《行苇》之诗，先言"周家忠厚，仁及草木"，然后继之以"内睦九族，外尊事黄耇，养老乞言"。此又吾所谓委曲宛转，附经而成其义也。即三者而观之，序果非宏之所作乎。汉氏文章未有引《诗序》者，惟黄初四年，"有共公远君子，近小人"之说，盖魏后于汉，宏之《诗序》，至此始行也。

又曰：世以《诗序》为孔子作，初无据，口耳之传也。惟《隋·经籍志》以为子夏作，先儒相承云，毛公及卫宏润益之。今定为孔子作固不可，若孔子授子夏而传之，是亦尝经孔子所取，亦何伤乎。大抵古书未有无序者，皆系之于篇末，盖以总其凡也。今《书》有序，孔安国以为孔子作，自安国始，迁之逐篇之首。

《易》有《序》《卦》《象》《象》《爻》辞，王辅嗣迁之逐卦之中。

至太史公《自序》、扬子云《法言》，皆其遗法。况《诗》皆记其先王之政与列国之事，非见其序，盖有全篇莫知所主意者。孔子虽圣人，人事之实，亦安能臆断于数百载之下？犹之《春秋》，必约鲁《史》而后可为，郑忽与晋文公出入晋、郑，不以告，鲁《史》所不得书，则孔子不能强笔而削之也，而谓卫宏能之，可乎？所谓卫宏从谢曼卿受学而作者，范晔之言尔。据史，毛公，赵人，与河间王同时，三传而为徐敖。初无谢曼卿者，独《东汉贾逵传》言"父徽，学《毛诗》于谢曼卿"，"至显宗，令撰《齐》《鲁》《韩诗》与《毛氏》同异"。盖汉自中兴后，《毛诗》始见，郑康成与卫宏略先后，岂有不知，而以宏之言为孔子者？此理尤甚明。吾谓古者凡有是诗，则有是序，如今之题目者，故太师陈之，则可以观风俗，辅人采之，则可以知训戒，学者诵之，则可以兴，可以观，可以群，可以怨。其藏在有司，孔子删《诗》，既取其辞，因以其序，命子夏之徒为之，则于理为近矣。

朱子曰：《诗序》之作，说者不同。或以为孔子，或以为子夏，或以为国史，皆无明文可考。惟《后汉儒林传》以为卫宏作《毛诗序》，今传于世，则《序》乃宏作明矣。然郑氏又以为诸序本自合为一编，毛公始分以置诸篇之首，则是毛公之前，其传已久，宏特增广而润色之耳。故近世诸儒多以序之首句为毛公所分，而其下推说云云者，为后人所益，理或有之。但今考其首句，则已有不得诗人之本意，而肆为妄说者矣，况沿袭云云之误哉！然计其初，犹必自谓出于臆度之私，非经本文，故且自为一编，别附经后。又以尚有齐、鲁、韩氏之说并传于世，故读者亦有以知其出于后人之手，不尽信也。及至毛公引以入经，乃不缀篇后，而超冠篇端，不为注而直作经字，不为疑辞而遂为决辞，其后三家之传又绝，而毛说孤行，则其抵牾之迹，无复可见。故此序者，遂若诗人先所命题，而诗文反为因序以作，于是读者转相尊信，无敢拟议，至于有所不通，则必为之委曲迁就，穿凿而附合之。宁使经之本文缭戾破碎，不成文理，而终不忍明以《小序》为出于汉儒也。愚之病此久矣，然犹以其所从来也远，其间容或真有传授证验而不可废者，故既颇采以附传中，而复并为一编，以还其旧，因以论其得失云。

欧阳公《诗谱补亡后序》曰："后之学者，因迹前世之所传，而较其得失，或有之矣。若使徒抱焚余残脱之经，侁侁然于去圣千百年之后，不见先儒中间之说，而欲特立一家之论，果有能哉？"此说得之。盖自其必以为出于卫宏、毛公辈之口，而先以不经之臆说视之，于是以特立之己见，与之较短量长，于辞语工拙之间，则只见其龃龉而不合，疏缪而无当耳。夫使序诗之意果不出于作诗之初，而皆为后人臆度之说，则比兴讽咏之词，其所为微婉幽深者，殆类东方朔"声謷尻高"之隐语，蔡邕"黄绢幼妇"之廋词，使后人各出其智，以为猜料之工拙，恐非圣经诲人之意也。或曰：诸《小序》之说，固有舛驰鄙浅而不可解者，尽信之可乎？愚曰：《序》非一人之言也。或出于国史之采录，或出于讲师之传授，如《渭阳》之首尾异说，《丝衣》之两义并存，则其舛驰固有之，择善而从之可矣。至如其辞语之鄙浅，则序所以释经，非作文也。祖其意足矣，辞不必玩也。夫以夫子之圣，犹不肯杂取诸逸《诗》之可传者，与三百五篇之有序者并行，而后之君子乃欲尽废序以言《诗》，此愚所以未敢深以为然。故复撮述而不作多闻阙疑之言，以明孔子删《诗》之意，且见古《序》之尤不可废也。

11.《周礼》

晁氏曰：郑玄注。汉武帝时，河间献王开献书之路，得《周官》，有五篇，失《冬官》一篇，乃募以千金，不得，取《考工记》以补其阙。至孝成时，刘歆校理秘书，始得序列，著于《录》《略》，为群儒排弃，歆独以为周公致太平之迹。永平时，杜子春初能通其读，郑众、郑兴亦尝传受，康成皆引之，以参释异同云。

陈氏曰：按《艺文志》曰："《周官经》六篇"，本注云"王莽时歆置博士"。

颜师古曰"即今之《周官礼》也，亡其《冬官》，以《考工记》足之。"愚尝疑《周礼》六典与《书·周官》不同，《周官》司徒掌邦教、敷五典、扰兆民；司空掌邦土、居四民、时地利。二官各有攸司，盖自唐、虞九官，禹、契所职，则已然矣。今《地官》于教事殊略，而田野井牧、乡遂稼穑之事，殆皆司空职耳。《周官》初无邦事之名，今所谓事典者，未知定为何事？书阙亡而以《考工记》足之，天下之事，止于百工而已邪？先儒固有疑于是书者，若林孝存以为武帝知《周官》末世渎乱不经之书，作十论七难以排弃之；何休亦以为六国阴谋之书。甚者或谓刘歆附益以佐王莽者也。惟郑康成博览，以为周公致太平之迹，故其学遂行于世。愚按：此书多古文奇字，名物度数，可考不诬，其为先秦古书，似无可疑。愚所疑者，邦土邦事灼然不同，其他繁碎驳杂，与夫刘歆、王安石一再用之而乱天下，犹未论也。玄之学出于扶风马融，而参取杜子春、郑大夫、郑司农之说。子春，河南缑氏人，生汉末，至永平初尚在，年九十余，郑众、贾逵皆受业焉。大夫者，河南郑兴少赣也。司农者，郑众仲师，兴之子也。融，字季长。

12.《孔子家语》

王肃注。后序曰：《孔子家语》者，皆当时公卿士大夫及七十二弟子之所咨访交相对问言语也，既而诸弟子各自记其所问焉，与《论语》《孝经》并。时弟子取其正实而切事者，别出为《论语》，其余则都集录之，名之曰《孔子家语》。

凡所论辩，疏判较归，实自夫子本旨也；属文下辞，往往颇有浮说，烦而不要者，亦由七十二子各共叙述，首尾加之润色，其材或有优劣，故使之然也。孔子既没而微言绝，七十二弟子终而大义乖。六国之世，儒道分散，游说之士各以巧意而为枝叶，唯孟轲、荀卿守其所习。当秦昭王时，荀卿入秦，昭王从之问儒术，荀卿以孔子之语及诸国事、七十二弟子之言凡百余篇与之，由此秦悉有焉。始皇之世，李斯焚书，而《孔子家语》与诸子同列，故不见灭。高祖克秦，悉敛得之，皆载于二尺竹简，多有古文字。及吕氏专汉，取归藏之，其后被诛亡，而《孔子家语》乃散在人间。好事者或各以意增损其言，故使同是一事而辄异辞。孝景皇帝末年，慕求天下遗书，于时京师士大夫皆送官，得吕氏之所传《孔子家语》，而与诸国事及七十子辞妄相错杂，不可得知，以付掌书，与《曲礼》众篇乱简合而藏之秘府。元封之时，吾仕京师，窃惧先人之典辞将遂泯没，于是因诸公卿大夫，私以人事慕求其副，悉得之，乃以事类相次，撰集为四十四篇。又有曾子《问礼》一篇，自别属《曾子问》，故不复录。其诸弟子书所称引孔子之言者，本不存乎《家语》，亦以其已自有所传也，是以皆不取也，将来君子不可不鉴。

博士孔衍言："臣祖故临淮太守安国，逮仕于孝武皇帝之世，以经学为名，以儒雅为官，赞明道义，见称前朝。时鲁共王坏孔子故宅，得古文科斗《尚书》《孝经》《论语》，世人莫有能言者，安国为改今文，读而训传其义。又撰次《孔子家语》。既毕讫，会值巫蛊事起，遂各废不行于时。然其典雅正实，与世相传者不可同日而论也。光禄大夫向以其为时所未施行，故《尚书》则不记于《别录》，《论语》则不使名家也。臣窃惜之。且百家章句，无不毕记，况孔子家古文正实而疑之哉！又戴圣皆近世小儒，以《曲礼》不足，而乃取《孔子家语》杂乱者，及子思、孟轲、荀卿之书以禅益之，总名曰《礼记》。今见其已在《礼记》者，则便除《家语》之本篇，是为减其原而存其末也，不亦难乎？臣之愚，以为宜如此为例，皆记录别见，故敢冒昧以闻奏上。"天子许之，未即论定而遇帝崩，向又病亡，遂不果立。

晁氏曰：序注凡四十四篇，刘向校录止二十七篇。后王肃得此于孔子二十四世孙猛家。

　　《朱子语录》曰：《家语》杂，记得不纯，却是当时书；《孔丛子》是后来自撰出。

　　又《与吕伯恭书》曰：遗书愚意所删去者亦须抄出，逐段略注删去之意，方不草草。若只暗地删却，久远易惑人。记《论语》者只为如此，留下《家语》，至今作病痛也。

　　陈氏曰：孔子二十四世孙猛所传。魏王肃为之注。肃辟郑学，猛尝受学于肃，肃从猛得此书，与肃所论多合，从而证之，遂行于世云。博士安国所得壁中书也，亦未必然。其间所载，多已见《左氏传》《大戴礼》诸书。

13.《孟子外书》

　　又有《外书》四篇：《性善辩》《文说》《孝经》《为正》，其文不能弘深，不与内篇相似，似非孟子本真，后世依仿而作者也。

14.《孝经》

　　朱熹《孝经刊误跋尾》云：熹旧见衡山胡侍郎《论语说》，疑《孝经》引《诗》，非经本文。初甚骇焉，徐而察之，始悟胡公之言为信，而《孝经》之可疑者，不但此也。因以书质之沙随程可久丈，程答书曰："顷见玉山汪端明亦以为此书多出后人附会。"于是乃知前辈读书精察，其论固已及此。又窃自幸有所因述，而得免于凿空妄言之罪也。因欲掇取他书之言可发此书之旨者，别为《外传》（如冬温夏清、昏定晨省之类，即附始于事亲之传），顾未敢耳。

　　《朱子语录》："《孝经》，疑非圣人之言。且如先王有至德要道，此是说得好处。然下面都不曾说得切要处著，但说得孝之效如此。如《论语》中说孝，皆亲切有味，都不如此。《士》《庶人章》说得更好，只是下面都不亲切。"

　　陈振孙曰："抱遗经于千载之后，而能卓然悟疑辨惑，非豪杰特起独立之士，何以及此？后学所不敢仿效，而亦不敢拟议也。"

15.《朱文公家礼》

　　朱子自序曰：尝独究观古今之籍，因其大体之不可变者，而少加损益于其间，以为一家之书。大抵谨名分、崇爱敬，以为之本。至其施行之际，则又略浮文、务本实，以窃自附于孔子从先进之遗意。诚得与同志之士熟讲而勉行之。

　　李氏曰：先生居母祝令人忧，居丧尽礼。盖自始死以至祥禫，参酌古今，咸尽其变，因成《丧》《葬》《祭礼》，又推之于《冠》《婚》，共成一编，命曰《家礼》。既成，为一童行窃之以逃。先生易簀，其书始出，今行于世。然其间有与先生晚岁之论不合者，故未尝为学者道之。

　　杨氏曰：愚按《家礼》一书，今之士大夫家冠婚丧祭多所遵用。然此书始成，辄复失之，先生未尝再加审订，则世或未之知也。初，先生所定《家乡邦国王朝礼》，专以《仪礼》为经，及自述《家礼》，则又通之以古今之宜。故《冠礼》则多取司马氏，《婚礼》则参诸司马氏、程氏。《丧礼》本之司马氏，后又以高氏之书为最善。及论祔迁，则取横渠《遗命》，治丧则以《书仪》疏略而用《仪礼》。祭礼兼用司马氏、程氏，而先后所见又有不同。节祠则以韩魏公所行者为法。若夫明大宗、小宗之法，以寓爱礼存羊之意，此又《家礼》之大义所系，盖诸书所未暇及，而先生于此尤拳拳也。惜其书既亡，至先生既没而后出，先生不及再修为一定之成仪，以幸万世，而反为未成之阙典。愚尝与朋友读而病之，于是窃取先生平日去取折衷之言，有以发明《家礼》之意者，若婚礼亲迎用温公入门，以后则从伊川之类是也；有后来议论始定，不必守《家礼》之旧仪者，若《祭礼》祭始祖，初祖而后不祭之类是也；有超然独得于心，不用疏家穿凿之说，而默与郑注本义契合，若"深衣之续衽钩边"是也；有用先儒旧义，与经传不同，未见于后来之考订议论者，若丧服辟领、妇人不杖之类是也。凡若此者，悉附于逐条之下，以待朋友共相考订，庶几粗有以见先生之意云。

16. 图谶

《隋·艺文志》：《易》曰："河出图，洛出书。"然则圣人之受命也，必因积德累业，丰功厚利，诚著天地，泽被生人，万物之所归往，神明之所福飨，则有天命之应。盖龟龙衔负，出于河、洛，以纪易代之证，其理幽昧，究极神道。先王恐其惑人，秘而不传。说者又云：孔子既叙六经，以明天人之道，知后世不能稽同其意，故必立纬及谶，以遗来世。其书出于前汉，有《河图》九篇，《洛书》六篇，云自黄帝至周文王所受本文。又别有三十篇，云自初起至于孔子，九圣之所增演，以广其意。又有《七经纬》三十六篇，并为孔子所作，并前合为八十一篇。而又有《尚书·中候》《洛书纬》《五行传》《诗·推度灾》《纪历枢》《含神雾》《孝经·勾命决》《援神契》《杂谶》等书。汉代有郗氏、袁氏说。汉末，郎中郗萌，集图纬谶杂占为五十篇，谓之《春秋灾异》，宋均、郑玄并为谶律之注。然其文辞浅俗，颠倒舛谬，不类圣人之旨。相传疑世人造为之后，或者又加点窜，非其实录。起王莽好符命，光武以图谶兴，遂盛行于世。汉时，又诏东平王苍，正五经章句，皆命从谶。俗儒趋时，益为其学，篇卷第目，转加增广。言五经者，皆凭谶为说，唯孔安国、毛公、王璜、贾逵之徒独非之，相承以为妖妄，乱中庸之典。故因汉鲁恭王、河间献王所得古文，参而考之，以成其义，谓之古学。当世之儒，又非毁之，竟不得行。魏代王肃，推引古学，以难其义。王弼、杜预从而明之，自是古学稍立。至宋大明中，始禁图谶，梁天监以后，又重其制。及高祖受禅，禁之逾切。炀帝即位，乃发使四出，搜天下书籍与谶纬相涉者，皆焚之，为吏所纠者至死。自是无复其学，秘府之内，亦多散亡。今录其见存，立于六经之下，以备异说。

陈氏曰：按《后汉书》"纬候之学"注言："纬，七纬也；候，《尚书中候》也。"所谓《河》《洛》七纬者，《易纬》，《稽览图》《乾凿度》《坤灵图》《通卦验》《是类谋》《辨终备》也；《书纬》，《璇玑钤》《考灵曜》《帝命验》《运期授》也；《诗纬》，《推度灾》《纪历枢》《含神雾》也；《礼纬》，《含文嘉》《稽命徵》《斗威仪》也；《乐纬》，《动声仪》《稽耀嘉》《叶图徵》也；《孝经纬》，《援神契》《钩命决》也；《春秋纬》，《演孔图》《元命包》《文耀钩》《运斗枢》《感精符》《合诚图》《考异邮》《保乾图》《汉含孳》《佐助期》《握诚图》《潜潭巴》《说题辞》也。谶纬之说，起于哀、平、王莽之际，莽以此济其篡逆，公孙述效之，而光武绍复旧物，乃亦以《赤伏符》自累，笃好而推崇之，甘心与莽、述同智。于是佞臣陋士从风而靡，贾逵以此论《左氏》学，曹褒以此定汉礼，作《大予乐》。大儒如郑玄专以谶言经，何休又不足言矣。二百年间，惟桓谭、张衡力非之，而不回也。魏、晋以革命受终，莫不傅会符命，其源实出于此。隋、唐以来，其学浸微矣。考《唐志》犹存九部八十四卷，今其书皆亡，惟《易纬》仅存者如此，及孔氏《正义》或时援引，先儒盖尝欲删去之，以绝伪妄矣。使所谓七纬者皆存，犹学者所不道，况其残阙不完，于伪之中又有伪者乎！姑存之以备凡目云尔。《唐志》数内有《论语纬》十卷，七纬无之。《太平御览》有《论语·摘辅象》《撰考谶》者，意其是也。《御览》又有《书·帝验期》《礼·稽命曜》《春秋·命历序》《孝经·左方契》《威嬉拒》等，皆七纬所无，要皆不足深考。

致堂胡氏曰：谶书原于《易》之推往以知来，周家卜世得三十，卜年得八百，此知来之的也。《易》道既隐，卜筮者溺于考测，必欲奇中，故分流别派，其说浸广，要之各有以也。《易》道所明，时有所用，知道者以义处命，理行则行，理止则止，术数之学盖不取也。光武早岁从师长安，受《尚书》大义，夷考其行事，盖儒流之英杰也，何乃蔽于谶文，牢不可破邪？

又曰：纬书原本于五经而失之者也，而尤紊于鬼神之理，幽明之故。夫鬼神之理，幽明之故，非知道者不能识。自孟子而后，知道者鲜矣，所以易惑而难解也。断国论者，诚能一决于圣人之经，经所不载，虽有纬书谶记，屏而不用，则庶乎其不谬于理也。

17.《汲冢周书》

晁氏曰：晋太康中汲郡与《穆天子传》同得，晋孔晁注。盖孔子删采之余，凡七十篇。古者天子诸侯皆有史官，唯书法信实者行于世。秦、汉罢黜封建，独天子之史存。然史官或怯而阿世，贪而曲笔，虚美隐恶，不足考信。则儒学处士，必私有记述，以伸其志，将来赖之以证史官之失，其私益大矣。以司马迁之博闻，犹采数家之言以成其言，况其下者乎！亦有闻见单浅、记录失实、胸臆偏私、褒贬弗公以误后世者，在观者慎择之而已矣。

陈氏曰：晋太康中，汲郡发魏安釐王冢，所得竹简书，此其一也。凡七十篇《叙》一篇，在其末。今京口刊本以叙散在诸篇，盖以仿孔安国《尚书》。相传以为孔子删《书》所余者，未必然也。文体与古文不类，似战国后人仿效为之者。

巽岩李氏曰：隋、唐《经籍》《艺文志》皆称此书得之晋太康中汲郡魏安釐王冢，孔晁注解，或称十卷，或八卷，大抵不殊。按此，则晋以前初未有此也。然刘向、班固所录，并著《周书》七十一篇，且谓孔子删削之余。而司马迁记武王克殷事，盖与此合。岂西汉世已得入中秘，其后稍隐，学者不道，及盗发冢乃幸复出邪？

篇目比《汉》但阙一耳，必班、刘、司马所见者也，系之汲冢，失其本矣。书多驳辞，宜孔子所不取。抑战国处士私相缀缉，托周为名，孔子亦未必见章句，或脱烂难读，更须考求，别加是正云。

容斋洪氏《随笔》曰：《周书》今七十篇，殊与《尚书》体不相类，所载事物亦多过实。

《汉书》所引"天予不取，反受其咎，毋为权首，将受其咎。"以为《逸周书》，此亦无之，然则非全书也。

后村刘氏曰：《汲冢书》十卷，七十篇，与《艺文志》"《周书》七十一篇"合，但少一篇。晁子止谓其记录失实，李仁父谓书多驳词。按中间所载武王征四方，馘亿有十万七千七百七十有九，俘三亿万二百三十，暴于秦皇、汉武矣。狩擒虎二十有二（云云见前段）。纣围虽大，安得熊黑如是其众？又谓俘商宝玉亿有百万。皆荒唐夸诞，不近人情，非止于驳而已。百篇圣笔所定，孟子犹疑"漂杵"之语。前辈云"吾欲忘言"，观道妙六经，俱不是全书，况《汲冢》之类乎！

18.《山海经》

晁氏曰：大禹制，晋郭璞传，汉侍中、奉车都尉刘秀校定。表言："禹别九州，而益等类物善恶著此书。皆圣贤之遗事，古文明著者也。"大父尝考之于书，有曰："长沙、零陵、雁门，皆郡县名，又自载禹、鲧，似后人因其名参益之。"

陈氏曰：汉侍中、奉车都尉臣秀所校秘书。秀即刘歆也。晋郭璞注。按《唐志》，二十三卷，《音》二卷。今本锡山尤袤延之校定。世传禹、益所作，其事见《吴越春秋》，曰："禹东巡，登南岳，得金简玉字，通水之理，遂行四渎，与益共谋，所至使益疏而记之，名《山海经》。"此其为说，恢诞不典。司马迁曰："言九州山川，《尚书》近之矣，至《禹本纪》《山海经》所书怪物，余不敢言之也。"可谓名言。孰曰多爱乎！故尤跋明其非禹、伯翳所作，而以为先秦古书无疑。然莫能名其何人也。

19.《孔丛子》

晁氏曰：楚孔鲋撰。鲋字子鱼，孔子八世孙也。仕陈胜为博士，以言不见用，托目疾而退，论集其先仲尼、子思、子上、子高、子顺之言，及己之行事，名之曰《孔丛子》，凡二十一篇。丛之为言，聚也。《邯郸书目》云："一名《盘盂》，取事杂也。至汉，孔臧又以其所著赋与书，谓之《连丛》，附于卷末，十一篇。嘉祐中，宋咸为之注。"按《汉志》无《孔丛子》，而儒家有《孔臧》十篇，杂家有孔甲《盘盂》书二十六篇。其注谓"孔甲，黄帝史。或曰夏帝，疑皆非"。今此书一名《盘盂》，《独治篇》又云鲋或称孔甲，《连丛》又出孔臧。意者，《孔丛子》即《汉志》孔甲《盘盂》书，而亡六篇；《连丛》即《汉志》孔臧书，而其子孙或续之也。

陈氏曰：孔氏子孙世记其先世系言行之书也。《小尔雅》一篇，亦出于此。

《中兴书目》称汉孔鲋撰，一名《盘盂》。按《孔光传》，孔子八世孙鲋，魏相顺之子，为陈涉博士，死陈下，则固不得为汉人。而其书记鲋之没，第七卷号《连丛子》者，又记太常臧而下数世，讫于延光三年季彦之卒，则又安得以鲋撰？

按《儒林传》所载为博士者，又曰孔甲，颜注曰："将名鲋而字甲也。"今考此书，称子鱼名鲋，陈人，或谓之子鲋，或称孔甲，然则颜监未尝见此书邪？《艺文志》有孔甲《盘盂》二十六篇，本注谓黄帝史，或曰夏帝孔甲，似皆非也。其书盖田蚡所学者，其与孔鲋初不相涉也。《中兴书目》乃曰"一名《盘盂》"，不知何据，岂以《汉志》所谓孔甲，即陈王博士之孔甲邪？

高氏《子略》曰：《汉艺文志》无《孔丛子》，而孔甲《盘盂》二十六篇出于杂家，而又益以《连丛》。其《独治篇》称孔鲋一名甲。世因曰《孔丛子》《盘盂》者，其事杂也。《汉书》注又以孔甲为黄帝之史，或夏帝时人，篇第又不同，若非今《孔丛子》也。《记问篇》载子思与孔子问答，如此，则孔子时子思其已长矣。然《孔子家语后序》及《孔子世家》，皆言子思年止六十二，《孟子》以子思在鲁穆公时固常师之，是为的然矣。按孔子没于哀公十六年，后十六年哀公卒，又悼公立三十七年，元公立二十一年。穆公既立，距孔子之没七十年矣。当是时，子思犹未生，则问答之事，安得有之邪？此又出于后人缀集之言，何其无所据若此！

《朱子语录》：汉卿问："孔子顺许多话却好。"曰："出于《孔丛子》，不知是否。只《孔丛子》说话多类东汉人，其文气软弱，全不似西汉文。字兼西汉初若有此等话，何故略不见于贾谊、董仲舒所述，恰限到东汉方突出来。皆不可晓。"

20.《文中子》

晁氏曰：右隋王通之门人共集其师之语为是书。通行事于史无考，独《隋唐通录》称其有秽行，为史臣所削。今观《中说》，其迹往往僭圣人，模拟窜窃，有深可怪笑者。独贞观时诸将相，若房、杜、李、魏、二温、王、陈，皆其门人。予尝以此为疑，及见李德林、关朗、薛道衡事，然后知其皆妄也。通生于开皇四年，而德林卒以十一年，通逮八岁，固未有门人。通仁寿四年尝一到长安，时德林卒已九载矣，其书乃有子在长安，德林请见，归，援琴鼓《荡》之什，门人皆沾襟。关朗在太和中见魏孝文，自太和丁巳，至通生之年甲辰，盖一百七年矣，而其书有问礼于关子明。《隋书·薛道衡传》称道衡仁寿中，出为襄州总管，至炀帝即位，召还。《本纪》仁寿二年九月，襄州总管周摇卒。道衡之出，当在此年矣。通仁寿四年始到长安，是年高祖崩，盖仁寿末也。又《隋书》称"道衡子收，初生即出继族父儒，养于儒宅，至于长成，不识本生"。其书有"内史薛公见子于长安，语子收曰：'汝往事之。'"用此三事推焉，则以房、杜辈为门人，抑又可知矣。

程子曰：王通，隐德君子也。当时有少言语，后来为人传会，不可谓全书。其粹处殆非荀、杨所及，若续经之类，皆非其作。

王氏《挥麈录》曰：文中子，隋末大儒。欧阳文忠公、宋景文修《唐书》，房、杜传中略不及其姓名。或云其书阮逸伪作，未必有其人。然唐李习之尝有《读文中子》，而刘禹锡作《王华卿墓志序》，载其家世行事甚详，云"门多伟人"，则与书所言合矣，何疑之有？又皮日休有《文中子碑》，见于《文粹》。

龙川陈氏《类次文中子引》曰：讲道河、汾，门人咸有记焉。其高弟若董常、程元、仇璋，盖常参取之矣。薛收、姚义始缀而名之曰《中说》。凡一百余纸，无篇目卷第，藏王氏家。文中子亚弟凝，晚始以授福郊、福畤。遂次为十篇，各举其端二字以冠篇首，又为之序篇焉。惟阮逸所著本有之。至龚鼎臣得唐本于齐州李冠家，则以甲乙冠篇，而分篇始末皆不同，又本文多与逸异。然则分篇叙篇，未必皆福郊、福畤之旧也。昔者孔氏之遗言，盖集而为《论语》，其一多论学，其二多论政，其三多论礼乐。自记载之书，未尝不以类相从也。此书类次无条目，故读者多厌倦。余以暇日，参取阮氏、龚氏本，正其本文，以类相从，次为十六篇，其无条目可寻与凡可略者，往往不录，以为王氏正书。盖文中子没于隋大业十三年五月，是岁十一月唐公入关，其后攀龙附凤，以翼成三百载之基业者，大略尝往来河、汾矣。虽受经未必尽如所传，而讲论不可谓无也。然智不足以尽知其道，而师友之义未成，故朝论有所不及，不然，诸公岂遂忘其师者哉？及陆龟蒙、司空图、皮日休诸人，始知好其书。至本朝阮氏、龚氏，遂各以其所得本为之训义，考其始末，皆不足以知之也。

又曰：以《中说》方《论语》，以董常比颜子，与门人言而名朝之执政者，与老儒老将言而斥之无婉辞，此读《中说》者之所同病也。今按阮氏本则曰："严子陵钓于湍石，尔朱荣控勒天下，故君子不贵得位。"龚氏本则曰："严子陵钓于湍石，民到于今称之；尔朱荣控勒天下，死之日，民无得而称焉。"故模仿《论语》者，门人弟子之过也。龚氏本曰："出而不声，隐而不没，用之则成，舍之则全。"阮氏本则因董常而"言终之，曰吾与尔有矣"。故比方颜子之迹，往往过多。内史薛公使遗书于子，子再拜而受之。推此心以往，其肯退而名杨素诸公哉？薛公谓子曰："吾文章可谓淫溺矣。"子离席而拜曰："敢贺丈人之知过也。"谓其斥刘炫、贺若弼而不婉者，过矣。至于以佛为圣人，以无至无迹为道，以五典潜五礼，错为至治，此皆撰集《中说》者抄入之，将以张大其师，而不知反以为累。然仲淹之学，如日星炳然，岂累不累之足云乎？姑以明予类次之意如此。

又曰：魏徵、杜淹之于文中子，盖尝有师友之义矣。如房、杜，直往来耳。故尝事文中子于河、汾者，一切抄之曰门人弟子，其家子弟见诸公之盛也，又从而实之。夫文中子之道，岂待诸公而后重哉？可谓不知其师其父者也。

朱子曰：王仲淹生乎百世之下，读古圣贤之书而粗识其用，则于道之未尝亡者，盖有意焉，而于"明德新民"之学，亦不可谓无其志矣。然未尝深探其本而尽力于其实，以求必得夫"至善"者而止之，顾乃挟其窥觊想像之仿佛，而谓圣之所以圣，贤之所以贤，与其所以修身，所以治人，以及夫天下国家者，举皆不越乎此。是以见隋文而陈十二策，则既不自量其力之不足以为伊、周，又不知其君之不可以为汤、武。且不待其招而往，不待其问而告，则以轻其道以求售焉。及其不遇而归，其年盖亦未为晚也。若能于此反之于身，以益求其所未至，使"明德"之方、"新民"之具，皆足以得其"至善"而止之，则异时得君行道，安知其卒不逮于古人？政使不幸终无所遇，至于甚不得已而笔之于书，则必有以发经言之余蕴，而开后学于无穷。顾乃不知出此，而不胜其好名欲速之心，汲汲乎日以著书立言为己任，则其用心为已外矣。及其无以自托，乃复撷拾两汉以来文字言语之陋，功名事业之卑，而求其天资之偶合，与其窃取而近似者，依仿六经，次第采辑，因以牵挽其人，强而跻之二帝三王之列。今其遗编虽不可见，然考之《中说》，而得其规模之大略。则彼之《赞易》，是岂足以知先天后天之相为体用？而高、文、武、皇之制，是岂有精一执中之传？曹、刘、颜、谢之诗，是岂有物则秉彝之训？叔孙通、公孙述、曹褒、荀勖之礼乐，又孰与伯夷、后夔、周公之懿？至于宋、魏以来，一南一北，校功度德，盖未有以相君臣也。则其天命人心之向背，统绪继承之偏正，亦何足论，而欲攘臂其间，夺彼予此，以自列于孔子之《春秋》哉？盖既不自知其学之不足以为周、孔，不知两汉之不足为三王，而独以是区区者，比而效之于形似影响之间，傲然自谓足以承千圣而绍百王矣……至于假卜筮，象《论语》，而强引唐初文武名臣以为弟子，是乃福郊、福畤之所为，而非仲淹之雅意。然推原本始，乃其平日好高自大之心有以启之，则亦不得为无罪矣。

《朱子语录》：问："董子、文中子如何？"曰："仲舒本领纯正。班固所谓'醇儒'极是。行于天下国家事业，恐未必如仲淹。仲淹识见高明，如说治体处极高了，但于本领处欠。如古人'明德、新民、止至善'处，皆不理会。要知，文中子论治体处，高似仲舒，而本领不及；爽似仲舒，而纯不及。"又曰："文中子有志于天下，亦识得三代制度，较之房、魏诸公，又有些本领，只本原上工夫都不理会。若究其议论本原，只自庄、老中来。"

陈氏曰：《唐志》五卷。今本第十卷有《文中子世家》《房魏论礼乐事》《书关子明事》及《王氏家书世录》。旧传以此为前后序，非也。又有龚鼎臣注，自甲至癸为十卷，而所谓前后序者，在十卷之外，亦颇有所删取。李格非跋云，龚自谓明道间得唐本于齐州李冠，比阮本改正二百余处。

21.《鹖子》

晁氏曰：楚鹖熊撰。按《汉志》云："为周师，自文王以下问焉，周封为楚祖。"凡二十二篇。今存者十四篇。唐逢行珪注，永徽中上于朝。叙称见文王时行年九十，而书载周公封康叔事，盖著书时百余岁矣。

石林叶氏曰：世传《鹖子》一卷，出祖无择家。《汉·艺文志》本二十二篇，载之道家。鹖熊，文王所师，不知何以名道家。而小说家亦别出十九卷，亦莫知孰是，又何以名小说。今一卷，止十四篇，本唐永徽中逢行珪所献。其文大略，古人著书不应尔。廖仲容《子钞》云六篇，马总《意林》亦然。其所载辞略，与行珪先后差不伦，恐行珪书或有附益云。

巽岩李氏曰：《艺文志》二十六篇，今十四篇，《崇文总目》以为其八篇亡，特存此十四篇耳。某谓刘向父子及班固所著录者，或有他本，此盖后世所依托也。熊既年九十始遇文王，胡乃尚说三监曲阜时何邪？又文多残阙，卷第与目篇皆错乱，甚者几不可晓，而注尤谬误。然不敢以意删定，姑存之以俟考。

高氏《子略》曰：魏相《奏记》载霍光曰："文王见鹖子，年九十余，文王曰：'噫！老矣。'鹖子曰：'君若使臣捕虎逐麋，臣已老矣，若使坐策国事，臣年尚少。'文王善之，遂以为师。"今观其书，则曰："发政施仁谓之道，上下相亲谓之和，不求而得谓之信，除天下之害谓之仁。"其所以启文王者决矣。其与太公之遇文王有相合者。太公之言曰："君有六守：仁、义、忠、信、勇、谋。"又曰："鸷鸟将击，卑飞翕翼；虎狼将击，弭耳俯伏；圣人将动，必有愚色。"尤决于启文王者矣。非二公之言殊相经纬，然其书辞意大略清杂，若《大诰》《洛诰》之所以为书者，是亦汉儒之所缀辑者乎？太公又曰："天下非一人之天下，天下之天下也。"奇矣！《艺文志》叙鬻子名熊，著书二十二篇。今一卷六篇。唐贞元间，柳伯存尝言，子书起于鬻熊，此语亦佳，因录之。永徽中，逢行珪为之序曰："《汉志》所载六篇，此本凡十四篇，予家所传乃十有二篇。"

陈氏曰：《汉志》云二十二篇，今书十五篇，陆佃农师所校。唐郑县尉逢行珪注，止十四篇，盖行珪以二章合而为一，故视陆本又少一篇。此书甲乙篇次，皆不可晓，二本前后亦不同。姑两存之。

22. 李暹注《文子》

晁氏曰：右李暹注。其传曰姓辛，葵丘濮上人，号曰计然，范蠡师事之。本受业于老子，录其遗言，为十二篇云。按刘向录《文子》九篇而已。《唐志》录暹注，与今篇次同，岂暹析之欤？颜籀以其与孔子并时而称周平王问，疑依托者。然三代之书，经秦火幸而存者，其错乱参差类如此。《尔雅》，周公作也，而有"张仲孝友"。列子，郑穆公时人，而有"子阳馈粟"是也。李暹师事僧般若流支，盖元魏人也。

河东柳氏《辨文子》曰：文子书十二篇，其传曰老子弟子（唐有徐灵府注，又有李暹注训，或谓其书录老子遗言）。其辞有若可取，其旨意皆本老子。然考其书（孝即考字），盖驳书也。其浑而类者少，窃取他书以合之者多。凡孟子辈数家，皆见剿窃，峣然而出其类。其意绪文辞，又牙相抵而不合。不知人之增益之欤？或者众为聚敛以成其书欤？然观其往往有可立者，又颇惜之，闵其为之也劳。今刊去谬恶乱杂者，取其似是者，又颇为发其意，藏于家。

高氏《子略》曰：天宝中，以《文子》为《通元真经》。柳子厚为刊去谬乱，颇发其意。子厚所刊之书，世不可见矣。今观其言，曰："神者智之渊，神清则智明；智者心之府，智公则心平。"又曰："上学以神听之，中学以心听之，下学以耳听之。"又曰："贵则观其所齐，富则观其所欲，贫则观其所爱。"又曰："人性欲平，嗜欲害之。"此亦学之一裔也。

《周氏涉笔》曰：《文子》一书，诚如柳子厚所云驳书也。然不独其文聚敛而成，亦黄、老、名、法、儒、墨诸家，各以其说入之，气脉皆不相应。其称平王者，往往是楚平王，序者以为周平王时人，非也。

陈氏曰：按《汉志》有《文子》九篇。老子弟子，与孔子同时，而称周平王问，似依托者也。又按《史记·货殖传》徐广注："计然，范蠡师，名钘。"裴骃曰："计然，葵丘濮上人，姓辛，字文子。"默希子引以为据。然自班固时已疑其依托，况未必当时本书乎？至以文子为计然之字，尤不可考信。

23. 《列子》

晁氏曰：郑列御寇撰。刘向校定八篇，云："缪公时人，学本于黄帝、老子，清虚无为，务崇不竞，其寓言与庄周类。"晋张湛注。唐号《冲灵真经》。景德中，加"至德"之号。

河东柳氏《辩列子》曰：刘向古称博极群书，然其录列子，独曰郑穆公时人。穆公在孔子前几百岁，列子书言郑国，皆云子产、邓析，不知向何以言之如此。《史记》郑缯公二十四年，楚悼王四年，围郑，郑杀其相驷子阳。子阳正与列子同时。是岁，周安王三年，秦惠王、韩烈侯、赵武侯二年，魏文侯二十七年，燕僖公五年，齐康公七年，宋悼公六年，鲁穆公十年，不知向言鲁穆公时遂误为郑耶？不然，何乖错至如是？其后张湛徒知怪列子书言穆公后事，亦不能推知其时。然其书亦多增窜，非其实。要之，庄周为放依其辞，其称夏棘、狙公、纪渻子、季咸等皆出《列子》，不可尽纪。虽不概于孔子道，然其虚泊寥廓，居乱世，远于利，祸不得逮于身，而其心不穷。《易》之"遁世无闷"者，其近是欤？余故取焉。其文辞类《庄子》，而尤质厚，少伪作。好文者可废耶？其《杨朱》《力命》（《列子》篇名），疑其杨子书。其言魏牟、孔穿皆出列子后，不可信。然观其辞，亦足通知古之多异术也，读焉者慎取之而已矣。

石林叶氏曰：《列子·天瑞》《黄帝》两篇，皆其至理之极，尽言之而不隐，故与佛书直相表里，所谓庄语者也。自周穆王以后，始渐纵弛，谈谐纵横，惟其所欲言，盖虑后人浅狭，难与直言正理，则设为诡辞以激之。刘向弗悟，遂以为不似一家之书。张湛微知之，至于逐事为注，则又多迷失。然能知其近佛，是时佛经到中国者尚未多，亦不易得矣。要之，读老氏、庄、列三书，皆不可正以言求。其间自有庄语，有荒唐之辞。如佛氏至唐禅宗，自作一种语，自与诸经不类，亦此意也。

容斋洪氏《随笔》曰：《列子》书事，简劲宏妙，多出《庄子》之右。其言惠盎见宋康王说勇有力一段语，宛转四反，非数百言曲而畅之不能了，而洁净粹白如此，后人笔力，渠可复到耶！

《朱子语录》曰：《列子》平淡疏旷。《孟子》《庄子》文章皆好，《列子》便有迂僻处，《左氏》亦然，皆好高而少事实。因言《列子》语，佛氏多用之。《庄子》全写《列子》，又变得峻奇。《列子》语温纯，柳子厚常称之。

高氏《子略》曰：太史公史殊不传《列子》，如庄周所载许由、务光之事。汉去古未远也，许由、务光往往可稽，迁犹疑之。所谓御寇之说，独见于寓言耳，迁于此讵得不致疑耶？周之末篇，叙墨翟、禽滑厘、慎到、田骈、关尹之徒，以及于周，而御寇独不在其列，岂御寇者，其亦所谓鸿蒙、列缺者欤？然则是书与《庄子》合者十七章，其间尤有浅近迂僻者，特出于后人会萃而成之耳。至于"西方之人，有圣者焉，不言而自信，不化而自行"，此故有及于佛，而世尤疑之。夫天毒之国纪于《山海》，竺乾之师闻于柱史，此杨文公之文也。佛之为教，已见于是，何待于此时乎？然其可疑可怪者不在此也。

24. 《鹖冠子》

晁氏曰：班固载："鹖冠子，楚人。居深山，以鹖羽为冠。"著书一篇，因以名之。至唐韩愈称爱其《博选》《学问篇》，而柳宗元以其多取贾谊《鵩赋》，非斥之。按《四库书目》《鹖冠子》三十六篇，与愈合，已非《汉志》之旧。今书乃八卷，前三卷十三篇，与今所传《墨子》书同。中三卷十九篇，愈所称两卷皆在，宗元非之者，篇名《世兵》亦在。后两卷有十九论，多称引汉以后事，皆后人世乱附益之。今削去前后五卷，止存十九篇，庶得其真。其词杂黄、老刑名，意皆浅鄙，宗元之评盖不诬。

高氏《子略》曰：《列仙传》曰："鹖冠子，楚人，隐居。著书言道家事，则尽出于黄、老矣。"其书有曰："小人事其君，务蔽其明，塞其聪，乘其威，以灼然天下。天高不难追，有福不可请，有祸不可违。"其言如此，是盖未能忘情于斯世者。

《周氏涉笔》曰：韩文《读鹖冠子》，仅表出首篇"四稽五至"末章"一壶千金"，盖此外文势阙，自不足录。柳子厚则断然以为非矣。按《王铁篇》所载，全用楚制，又似非贾谊后所为。先王比同起教，乡遂达才，道广法宽，尊上帅下，君师之义然也。今自五长、里有司、扁长、乡师、县啬夫、郡大夫递相传告，以及柱国、令尹。然动辄有诛，柱国灭门，令尹斩首，举国上下，相持如东湿，而三事六官，亦皆非所取，通与编氓用三尺法，此何典也？处士山林谈道可也，乃妄论王政何哉？

陈氏曰：陆佃解。今书十九篇，韩吏部称十有六篇，故陆谓其非全。韩公颇道其书，而柳以尽鄙浅言。自今考之，柳说为长。

《崇文总目》：今书十五篇，述三才变通、古今治乱之道。唐世尝辩此书后出，非古所谓《鹖冠子》者。

25. 《亢仓子》

晁氏曰：唐柳宗元曰："太史公为《庄周列传》，称其为书，《畏累》《亢仓子》，皆空言无事实。今世有《亢仓子》书，其首篇出《庄子》，而益以庸言。盖周所云者，尚不能有事实，又况取其语而益之者？其为空言尤也。刘向、班固录书无《亢仓子》，而今之为术者，乃始为之传注，以教于世，不亦惑乎！"按唐天宝元年，诏号《亢仓子》为《洞灵真经》，然求之不获。襄阳处士王士元谓"《庄子》作《庚桑子》，太史公《列子》作《亢仓子》，其实一也"。取诸子文义类者，补其亡。今此书乃士元补亡者，宗元不知其故而遽诋之，可见其锐于讥议也。其书多作古文奇字，岂内不足者，必假外饰欤？

高氏《子略》曰：开天、元宝间，天子方乡道家者流之说，尊表老氏、庄、列。又以《亢桑子》号《洞灵真经》，既不知其人之仙否，又不识其书之可经，一旦表而出之，固未始有此书也。处士王褒乃趋世好，迫上意，撰而献之。今读其篇，往往采诸《列子》《文子》，又采《吕氏春秋》《新序》《说苑》，又时采诸《戴氏礼》，源流不一，往往论殊而辞异，可谓杂而不纯，滥而不实者矣。

《周氏涉笔》曰：《庚桑楚》固寓言，然所居以忘言化俗，以醇和感天。今所著切切用诛罚政术，盖全未识庚桑者。其称"危代以文章取士，剪巧绮滥益至"，正指唐事。又补贼广引佚赦，率是狱案文书。又一乡、一县、一州，被青紫章服，皆近制。既为唐人短浅者无书不烦子厚培击也。惟《农道》一书可读，自合孤行。

陈氏曰：首篇所载，与庄子《庚桑楚》同。"亢仓"者，"庚桑"声之变也。

26.《关尹子》

陈氏曰：周关令尹喜，盖与老子同时，启老子著书言道德者。按《汉志》有《关尹子》九篇，而《隋》《唐》及《国史志》皆不著录，意其书亡久矣。徐藏子礼得之于永嘉孙定，首载刘向校定序，末有葛洪后序。未知孙定从何传授，殆皆依托也。序亦不类向文。

27.《素书》

晁氏曰：题黄石公著。凡一千三百六十六言。其书言治国治家治身之道，庞杂无统，盖采诸书以成之者也。

陈氏曰：后人附会依托以为之者。

28. 无尽居士注《素书》

晁氏曰：皇朝张商英注。商英称《素书》凡六篇。按《汉书》黄石公圯上授子房，世人多以《三略》为是，盖误也。晋乱，有盗发子房冢，玉枕中获此书。商英之言，世未有信之者。

29.《阴符经》

晁氏曰：唐少室山人布衣李筌注。云："《阴符经》者，黄帝之书。或曰受之广成子，或曰受之元女，或曰黄帝与风后、玉女论阴阳六甲，退而自著其事。阴者暗也，符者合也。天机暗合于事机，故曰'阴符'。"皇朝黄庭坚鲁直尝跋其后，云："《阴符》出于李筌。熟读其文，知非黄帝书也。盖欲其文奇古，反诡谲不经，盖糅杂兵家语，又妄说太公、范蠡、鬼谷、张良、诸葛亮训注，尤可笑。惜不经柳子厚一培击也。"

《朱子语录》：同邱主簿《进黄帝阴符经传》。先生说："《握奇经》等文字，恐非黄帝作，唐李筌为之。圣贤言语自平正，却无跷欹如许。"

《崇文总目》：自太公而下，注传尤多。今集诸家之说合为一书，若太公、范蠡、鬼谷子、诸葛亮、张良、李淳风、李筌、李合、李鉴、李锐、杨晟凡十一家，自淳风以下皆唐人。又有"传曰"者，不详何代人。太公之书，世远不传，张良本传，不云著书，二说疑后人假托云。又有《阴符经叙》一卷，不详何代人叙，集太公以后为《阴符经》注者凡六家，并以惠光嗣等传附之。

30. 《天机子》

晁氏曰：不著撰人。凡二十五篇。或曰一名《阴符二十四机》，诸葛亮撰。予观其词旨，殆李筌所为尔，托之孔明也。载《道藏》中。

31. 《管子》

晁氏曰：刘向所定，凡九十六篇，今亡十篇。世称齐管仲撰。

杜佑《指略》序云："唐房玄龄注。其书载管仲将没，对桓公之语，疑后人续之。而注颇浅陋，恐非玄龄，或云尹知章也。"管仲九合诸侯，以尊王室，而三归反坫，僭拟邦君，是以孔子许其仁，而陋其不知礼义者，以故谓仲但知治人而不知治己。予读仲书，见其谨政令，通商贾，均力役，尽地利，既为富强又颇以礼义廉耻化其国俗。如《心术》《白心》之篇，亦尝侧闻正心诚意之道。其能一正天下，致君为五伯之盛，宜矣。其以泰侈闻者，盖非不知之，罪在于志意易满，不能躬行而已。孔子云尔者，大抵古人多以不行礼为不知礼，陈司败讥昭公之言亦如此。然则其为书固无不善也，后之欲治者庶几之，犹可以制四夷而安中国，学者何可忽哉！因为是正其文字而辩其音训云。

东坡苏氏曰：尝读《周官》司马法，得军旅什伍之数。其后读管夷吾书，又得管子所以变周之制。盖王者之兵出于不得已，而非以求胜敌也，故其为法，要以不可收而已。至于桓、文，非决胜无以定霸，故其法在必胜。繁而曲者，所以为不可败也；简而直者，所以为必胜也。

水心叶氏曰：《管子》非一人之笔，亦非一时之书，莫知谁所为。以其言毛嫱、西施、吴王好剑推之，当是春秋末年。又"持满定倾，不为人客"等，亦种、蠡所遵用也。其时固有师传，而汉初学者讲习尤著，贾谊、晁错以为经本，故司马迁谓"读管氏书，详哉其言之也"。篇目次第，最为整比，乃汉世行书。至成、哀间，向、歆论定群籍，古文大盛，学者虽疑信未明，而管氏、申、韩由此稍绌矣。然自昔相承，直云此是齐桓、管仲相与谋议唯诺之辞。余每惜晋人集诸葛亮事，而今不存。使管子施设果传于世，士之浅心既不能至周、孔之津涯，随其才分亦足与立，则管仲所亲尝经纪者，岂不足为之标指哉？惟夫山林处士，妄意窥测，借以自名，王术始变；而后世信之，转相疏别，幽蹊曲径，遂与道绝。而此书方为申、韩之先驱，鞅、斯之初觉。民罹其祸，而不蒙其福也。哀哉！

又曰：管氏书独盐策为后人所遵，言其利者无不祖管仲，使之蒙垢万世，甚可恨也！《左传》载晏子言"海之盐蜃，祈望守之"，以为衰微之苛敛，陈氏因为厚施，谋取齐，而齐卒以此亡。然则管仲所得，齐以之伯，则晏子安得非之？孔子以小器卑管仲，责其大者可也，使其果猥琐为市人不肯为之术，孔子亦不暇责矣。故《管子》之尤谬妄者，无甚于《轻重》诸篇。

高氏《子略》曰：先王之制，其盛极于周。后稷、公刘、太王、王季、文、武、成、康、周公之所以创周者，非一人之力，一日之勤，经营之难，积累之素，况又有出于唐、虞、夏、商之旧者。及其衰也，一夫之谋，一时之利，足以销靡破凿，变徙划蚀，而迤无余脉。吁！一何易耶！九合之力，一霸之图，于齐何有也，使天下一于兵而忘其为农，天下一于利而忘其为义。孰非利也，而乃攻之以贪，骋之以诈；孰非兵也，而乃趋之以便，行之以巧。一切先王之所以经制天下者，烟散风靡，无一可传。呜呼，仲其不仁也哉！而况井田既坏，概量既立，而商鞅之毒益滋矣。封建既隳，《诗》《书》既燎，而李斯之祸益惨矣。系谁之咎耶？汉、唐之君，贪功苟利，兵穷而用之无法，民削而诛之无度，又有出于管仲、鞅、斯之所不为者。岂无一士之智，一议之精，区区有心于复古而卒不可复行？盖三代之法甚坏而扫地久矣！坏三代之法，其一出于管仲乎！

《周氏涉笔》曰：《管子》一书，杂说所丛。予尝爱其统理道理名法处过于余子，然他篇自语道论法，如《内业》《法禁》诸篇，又偏驳不相丽。虽然观物必于其聚，《文子》《淮南》徒聚众词，虽成一家，无所收采，《管子》聚其意者也。粹羽错色，纯玉间声，时有可味者焉。

32.《商子》

晁氏曰：秦公孙鞅撰。鞅，卫之庶孽，好刑名之学。秦孝公委以政，遂致富强，后以反诛。鞅封于商，故以名。其书本二十九篇，今亡者三篇。太史公既论鞅刻薄少恩，又读鞅《开塞书》，谓与其行事相类，卒受恶名，有以也。《索隐》曰："开谓刑严峻则政化开，塞谓布恩惠则政化塞。"今考其书，司马贞盖未尝见之，妄为之说耳。《开塞》乃其第七篇，谓道塞久矣，今欲开之，必刑九而赏一；刑用于将过，则大邪不生，赏施于告奸，则细过不失；大邪不生，细过不失，则国治矣。由此观之，鞅之术无他，特恃告讦而止耳。故其治不告奸者与降敌同罚，告奸者与杀敌同赏。此秦俗所以日坏，至于父子相夷，而鞅不能自脱也。太史公之言，信不诬矣。

《周氏涉笔》曰：商鞅书亦多附会后事，拟取他辞，非本所论著也。其精确切要处，《史记》列传包括已尽，今所存大抵泛滥淫辞，无足观者。盖"有地不忧贫，有民不忧弱"，凡此等语，殆无几也。此书专以诱耕督战为根本。今云使商无得籴，农无得粜，农无粜则窳惰之农勉，商无籴则多岁不加乐。夫积而不粜，不耕者诚困矣，力田者何利哉？暴露如丘山，不时焚烧，无所用之。管子谓"积多而食寡，则民不力"，不知当时何以为余粟地也。贵酒肉之价，重其租，令十倍其朴，则商估少而农不酣，然则酒肉之用废矣。凡《史记》所不载，往往为书者所附合，而未尝通行者也。秦方兴时，朝廷官爵岂有以货财取者？而卖权者以求货，下官者以冀迁，岂孝公前事耶？

33.《尹子》

陈氏曰：周尹文撰。仲长氏所定。序称尹文齐宣王时居稷下，学于公孙龙，龙称之。而《前汉·艺文志》叙此书在龙书上。颜师古谓尝说齐宣王，在龙之前。《史记》云公孙龙客于平原君，君相赵惠文王，文王元年，齐宣没已四十余岁矣。则知文非学于龙者也。今观其书，虽专言刑名，然亦宗六艺，数称仲尼，其叛道者盖鲜。

岂若龙之不宗贤圣，好怪妄言哉！李献臣云："仲长氏，统也。熙伯，缪袭字也。"《传》称统卒于献帝逊位之年，而此云"黄初末到京师"，岂史之误乎？此本富顺李氏家藏书，谬误殆不可读，因为是正其甚者，疑则阙焉。

高氏《子略》曰：班固《艺文志》名家者流，录《尹文子》。其书言大道，又言名分，又曰仁义礼乐，又言法术权势，大略则学老氏而杂申、韩也。其曰："民不畏死，由过于刑罚者也。刑罚中则民畏死，畏死则知生之可乐，知生之可乐，故可以死惧之。"此有希于老氏者也。又有不变之法，理众之法，平准之法，此有合于申、韩。然则其学杂矣，其识淆矣，非纯乎道者也。仲长统为之序，以子学于公孙龙。按龙客于平原君，赵惠文王时人也。齐宣王死，下距赵王之立四十余年矣，则子之先于公孙龙为甚明，非学乎此者也。晁氏尝称其"宗六艺，数称仲尼"。熟考其书，未见所以称仲尼、宗六艺者，仅称诛少正卯一事耳。呜呼，士之生于春秋、战国之间，其所以薰蒸染习，变幻捭阖，求骋于一时，而图其所大欲者，往往一律而同归。其能屹立中流，一扫群异，学必孔氏，言必六经者，孟子一人而已。

容斋洪氏《随笔》曰：《尹文子》文仅五千言，议论亦非纯本黄、老者，详味其言，颇流而入于兼爱。《庄子》末章，序天下之治方术者，曰："不累于俗，不饰于物，不苟于人，不忮于众。愿天下之安宁，以活民命，人我之养，毕足而止，以此白心，古之道术有在于是者。宋钘、尹文闻其风而悦之，作为华山之冠以自表。虽天下不取，强聒而不舍者也。其为人太多，其自为太少。"盖亦尽其学云。荀卿《非十二子》有宋钘，而文不预。又别一书曰《尹子》，五卷，共十九篇。其言论肤浅，多及释氏，盖晋、宋时细人所作，非此之谓也。

《周氏涉笔》曰：尹文子稷下能言者，刘向谓其学本庄、老。其书先自道以至名，自名以至法，以名为根，以法为柄。芟截文义。操制深实，必谓圣人无用于救时，而治乱不系于贤不肖。盖所谓尊主权，聚民食，以富贵贫贱斡动宇宙，其为法则然。盖申、商、韩非所共行也。老子曰："以正治国，以奇用兵，以无事取天下。"无事云者，翕张与夺，老氏所持术也。尹文子说之，以为用名法权术，而矫抑残暴之情，则已无事焉，已无事则得天下。然则犹未识老氏所谓道也。

34.《晏子春秋》

晁氏曰：齐晏婴也。婴相景公，此书著其行事及谏诤之言。

陈氏曰：《汉志》八篇，但曰《晏子》。《隋》《唐》七卷，始号《晏子春秋》。今卷数不同，未知果本书否？

柳氏《辩晏子春秋》曰：司马迁《读晏子春秋》高之，而莫知其所以为书。或曰晏子为之而人接焉，或曰晏子之后为之，皆非也。吾疑其墨子之徒有齐人者为之。墨好俭，晏子以俭名于世，故墨子之徒尊著其事，以增高为己术者。且其旨多尚同、兼爱、非乐、节用、非厚葬久丧者，是皆出墨子。又非孔子、好言鬼事、非儒、明鬼，又出墨子。其言问枣及古冶子等，尤怪诞（《晏子春秋》曰："公孙栖、田开疆、古冶子事景公，勇而无礼，晏子言于公，馈之二桃，曰三子计功而食之云。公孙栖、田开疆曰：'吾勇不若子，功不逮子，取桃不让，是贪也；然而不死，无勇也。'皆反其桃，契领而死。古冶子曰：'三子死之，吾独生，不仁。'亦契领而死。"）。又往往言墨子闻其道而称之，此甚显白者。自刘向歆、班彪固父子，皆录之儒家中。甚矣，数子之不详也！盖非齐人不能具其事，非墨子之徒则其言不若是。后之录诸子书者，宜列之墨家。非晏子为墨也，为是书者，墨之道也。

《崇文总目》：《晏子》八篇，今亡。此书盖后人采婴行事为之，以为婴撰则非也。

35.《鬼谷子》

晁氏曰：鬼谷先生撰。按《史记》，战国时隐居颍川阳城之鬼谷，因以自号。长于养性治身，苏秦、张仪师之。叙谓此书即授二子者，言捭阖之术，凡十三章。《本经》《持枢》《中经》三篇，梁陶弘景注。《隋志》以为苏秦书，《唐志》以为尹知章注，未知孰是。陆龟蒙诗谓鬼谷先生名训，不详所从出。柳子厚尝曰（云云见后段）。来鹄亦曰："鬼谷子昔教人诡绐、缴讦、揣测、恢滑之术，审备于章旨，六国时得知者，惟仪、秦而已。如捭阖、飞箝，实今之常态。"是知渐漓之后，不读鬼谷子书者，其行事皆得自然符契也。昔仓颉作文字，鬼为之哭。不知鬼谷作是书，鬼何为耶？世人欲知鬼谷子者，观二子之言略尽矣。故掇其大要著之篇。

柳氏《辩鬼谷子》曰：元冀好读古书，然甚贤《鬼谷子》，为其《指要》几千言。《鬼谷子》要为无取，汉时刘向、班固录书无《鬼谷子》。《鬼谷子》后出，而险鸷峭薄，恐其妄言乱世难信，学者宜其不道。而出之言纵横者，时葆其书。尤者，晚乃益出《七术》（《鬼谷子》下篇有《阴符七术》，谓《盛神法五龙》《养志法灵龟》《宝意法腾蛇》《分威法仗能》《散势法鸷鸟》《转圜法猛兽》《损兑法灵蓍》七章是也），怪谬异甚，不可考校。其言益奇，而道益狭，使人狂狙失守，而易于陷坠，幸矣，人之葆之者少。今元子又文之以《指要》，呜呼，其为好术也过矣。

高氏《子略》曰：《鬼谷子》书，其智谋、其数术、其变谲、其辞谈，盖出于战国诸人之表。夫一辟一阖，《易》之神也；一翕一张，老氏之几也。鬼谷之术，往往有得于阖辟翕张之外，神而明之，益至于自放溃裂而不可御。予尝观于《阴符》矣，穷天之用，贼人之私，而阴谋诡秘，有金匮韬略之所不可该者，而《鬼谷》尽得而泄之，其亦一代之雄乎！按刘向、班固录书无《鬼谷子》，《隋志》始有之，列于纵横家。《唐志》以为苏秦之书，然苏秦所记，以为周时有豪士隐者，居鬼谷，自号鬼谷先生，无乡里俗姓名字。今考其言，有曰："世无常贵，事无常师。"又曰："人动我静，人言我听。知性则寡累，知命则不忧。"凡此之类，其为辞亦卓然矣。至若《盛神》《养志》诸篇，所谓中稽道德之祖，散入神明之颐者，不亦几乎？郭璞《登楼赋》有曰："揖首阳之二老，招鬼谷之隐士。"又《游仙诗》曰："青溪千余仞，中有一道士。借问此何谁？云是鬼谷子。"可谓慨想其人矣。徐广曰："颍川阳城有鬼谷。"注其书者，乐台、皇甫谧、陶弘景、尹知章。

36.《子华子》

晁氏曰：其传曰："子华子，程氏，名本，晋人也。"刘向校定其书。按《庄子》

称"子华子见韩昭侯"，陆德明以为魏人，既不合。又《艺文志》不录《子华子》书。观其文辞，近世依托为之者也。其书有"子华子为赵简子不悦"，又有"秦襄公方启西戎，子华子观政于秦"。夫秦襄之卒在春秋前，而赵简子与孔子同时，相去几二百年，其抵牾类如此。且多用《字说》，谬误浅陋，殆元丰以后举子所为耳。

朱子曰：会稽官书版本有《子华子》者，云是程本字子华者所作，孔子所与倾盖而语者，好奇之士多喜补之。以予观之，其词故为艰涩，而理实浅近，其体务为高古，而气实轻浮，其理多取佛老医卜之言，其语多用《左传》、班史中字，其粉饰涂泽、俯仰态度，但如近年后生巧于模拟变撰者所为，不惟决非先秦古书，亦非百十年前文字也。原其所以，只因《家语》等书有孔子与程子倾盖而语一事，而不见其所语者为何说，故好事者妄意此人既为先圣所予，必是当时贤者，可以假托声势，眩惑世人，遂为造此书以傅会之。正如麻衣道者本无言语，只因小说有陈希夷问钱若水骨法一事，遂为南康军戴师愈者伪造《正易心法》之书以托之也。《麻衣易》予亦尝辩之矣。然戴生朴陋，予尝识之，其书鄙俚不足惑人。此《子华子》者，计必一能文之士所作，其言精丽过《麻衣易》远甚。如论河图之二与四，抱九而上，跻六与八，蹈一而下，沉五居其中，据三持七，巧亦甚矣。唯其巧甚，所以知其非古书也。又以洛书为河图，亦仍刘牧之谬，尤足以见其为近世之作。或云王钰性之、姚宽令威多作赝书，二人皆居越中，恐出其手，然又恐非其所能及。如《子华子》者，今亦未暇详论其言之得失，但观其书数篇，与前后三序，皆一手文字。其前一篇，托为刘向而殊不类向他书。后二篇乃无名氏岁月，而皆托为之号，类若世之匿名书者。至其首篇"风轮""水枢"之云，正是并缘释氏之说。其卒章"宗君""三祥""蒲璧"等事，皆剿剥他书，傅会为说。其自序出处，又与《孔丛子》载子顺事略相似（《孔丛》亦伪书也）。又言有大造于赵宗者，即指程婴而言。以《左传》考之，赵朔既死，其家内乱，朔之诸弟或放或死，而朔之妻乃晋君之女，故武从其母，畜于公宫，安得所谓大夫屠岸贾者兴兵以灭赵氏，而婴与杵臼以死卫之云哉？且其曰有大造者，又用吕相绝秦语，其不足信明甚。而近岁以来，老成该洽之士亦或信之，固已可怪，至引其说以自证其姓氏之所从出，则又诬其祖矣。大抵学不知本而眩于多爱，又每务欲出于众人之所不知者以为博，是以其弊必至于此，可不戒哉！

《周氏涉笔》曰：子华子所著。刘向序者，文字浅陋不类向，其云善持论，聚徒著书，更题其书，皆非当时事辞。大抵十卷者，编缉见意，鸠聚众语，《老》《庄》《荀》《孟》《国语》《素问》《韩非》《楚词》俱被剿拾，殆似百家衣葆，其实近时文字。又多解字义，盖古文屡降，至汉世，今文犹未专行。吾尝疑其《三经》后此书方出，故信《字说》而主《老》《庄》，又论："治古之时，积美于躬，弗忧于无闻，如击考鼓钟，其传以四达，驿如也。今则不然，荒飈怒号而独秀者先陨，霜露霄零而朱草交槁。媾市之徒，又从而媒孽以髟摇之。萌意于方寸，未有毫分也，而触机阱；展布其四体，未有以为容也，而得奉梏。抱其一概之操，泯泯默默而愿有以试也，而漫漫之长夜特未旦也。疾雷破山，澍雨如注，鸡鸣于塒时，而失其所以为司晨也。人寿几何，而期有以待也？"吾反复其言而悲之，嗟夫！斯人也，是书也，毋乃党禁不开，善类涂地，无所叫号之时乎！

陈氏曰：考前世史志及诸家书目，并无此书，盖假托也。《馆阁书目》辩之当矣。《家语》有孔子遇程子倾盖事，而《庄子》亦载子华子见昭僖侯一则，此其姓字之所从出。昭僖与孔子不同时，然《庄子》固寓言，而《家语》亦未可考信。班固《古今人表》亦无之。使果有其人，遇合于夫子，班固岂应见遗也？其文不古，然亦有可观者，当出近世能言之流，为此以玩世耳。

37.《神异经》《十洲记》

陈氏曰：称东方朔撰，张茂先传。

晁氏曰：汉东方朔撰。班固赞言："朔之谈谐，逢古射覆，其事浮浅，童儿牧竖，莫不眩耀。而后世好事者，因取奇言怪语附著之朔。"岂谓此书之类乎？

陈氏曰：亦称东方朔撰。二书诡诞不经，皆假托也。《汉书》本传叙朔之辞，末言刘向所录朔书具是矣，世所传他事皆非也。《赞》又言，朔之谈谐，其事浮浅，行于众庶，而后世好事者，因取奇言怪语附著之朔，故详录焉。史家欲祛妄惑，可谓明矣。

38.《周秦行纪》

晁氏曰：唐牛僧孺自叙所遇异事。贾黄中以为韦瓘所撰。瓘，李德裕门人，以此诬僧孺。

39.《龙城录》

陈氏曰：称柳宗元撰。龙池谓柳州也。罗浮梅花梦事出其中。《唐志》无此书，盖依托也。或云王铚性之作。

《朱子语录》曰：柳文后《龙池杂记》，王铚所为也。子厚叙事文字多少笔力！此记衰弱之甚，皆寓古人诗文中不可晓知底于其中，似暗影出。

40.《艾子》

陈氏曰：相传为东坡作，未必然也。

今按，孔凡礼先生认为，《艾子杂说》是苏轼所作。①
41.《东轩笔录》《续录》

晁氏曰：右皇朝魏泰撰。襄阳人，曾布之妇弟，为人无行而有口，颇为乡里患苦。元祐中，纪其少时公卿间所闻，成此编。其所是非多不可信。心喜章惇，数称其长，则大概已可见。又多妄诞，姑举其一，如谓王沂公登甲科，刘子仪为翰林学士，尝戏之。按沂公登科，虽在子仪后四年，其入翰林，沂公反在子仪前七年。沂公咸平五年登科，子仪天禧三年始除学士，盖相去二十年，其谬至此。

王氏曰：魏泰者，场屋不得志，喜伪作他人著书，如《志怪集》《括异志》《倦游录》，尽假名武人张师正。又不能自抑，出其姓名作《东轩笔录》。皆用私喜怒诬蔑前人。最后作《碧云騢》，假作梅尧臣，毁及范仲淹，而天下骇然不服矣（详见《碧云騢》条下）。

42.《碧云騢》

晁氏曰：皇朝梅尧臣圣俞撰。昭陵时，有御马名"碧云騢"，以旋毛贵；用以名书者，诋当时鼎贵之人，然其意专在范文正也。顷年获拜赵氏姑于恭南，因质此事之诞信。答曰："异哉圣俞！作谤书以诬盛德，盖诛绝之罪也。"

陈氏曰：题梅尧臣撰。以厩马为书名，其说曰："世以旋毛为丑，此以旋毛为贵，虽贵矣，病可去乎？"其不逊如此，圣俞必不尔也。所记载十余条，公卿多所毁诋，虽范文正亦不免。或云实魏泰所作，托之圣俞。王性之辨之甚详，而《邵氏闻见后录》乃不然之。

邵氏曰："梅尧臣著《碧云騢》，当昭陵时，天下大臣惟杜祁公衍、富郑公弼、韩魏公琦、欧阳公修无贬，外悉讥诋之，无少避。范仲淹亦在诋中，以仲淹微时常结中书舍人范仲尹，因以破家，仲淹既贵，略不收恤。"王铚不服，以为魏泰伪梅尧臣著此书。铚跋范仲尹墓志云："近时襄阳魏泰者，场屋不得志，喜伪作他人著书，如《志怪集》《括异志》《倦游录》，尽假名武人张师正。又不能自抑，出其姓名，作《东轩笔录》，皆用私喜怒诬蔑前人，最后作此书。且范仲淹与欧阳修、梅尧臣立朝同心，讵有异论？特尧臣子孙不辉，故挟之借重以欺世。今录杨辟所作范仲尹墓志，庶几知泰乱是非之实至此也。则其他泰所厚诬者，皆迎刃而解，可尽信哉！铚犹及识泰，知其从来最详。张而明之，使百世之下仲淹不蒙其谬焉。颍人王铚题。"博以为不然，亦书其下。使仲淹不蒙其谬，尧臣亦不失为君子矣。然尧臣早接诸公，名声相上下，独穷老不振，中不能无躁。其闻范仲淹讣，诗云："一出屡更郡，人皆望酒壶。俗情难可学，奏记向来无。贫贱常甘分，崇高不解谀。虽然门馆隔，泣与众人俱。"夫为郡而以酒悦人，乐奏记、纳谀佞，岂所以论范仲淹？尧臣之意真有所不足邪！如著彦博灯笼锦事，则又与《书窜诗》合矣。故疑此书实出于尧臣。

李氏曰：《碧云騢》一书，凡庆历以来名公巨卿无不讥诋。世传此书以为出于梅尧臣怨怼之口。其后诸公论议多矣，如叶梦得、王铚则以为非尧臣所为，而邵博乃疑其诗，以为尧臣之意真有所不足，遂以此书为实出于尧臣。今以魏泰《东轩笔录》考之，然后知泰之嫁名于尧臣者，不特此书也。《笔录》载文彦博灯笼锦事，大略如《碧云騢》所云。其载尧臣作唐介《书窜诗》，则句语狂肆，非若尧臣平时所作简古纯粹，平淡深远。又曰："尧臣作此诗，不敢示人，及欧阳修为编其集，时有嫌避，又削去此诗，是以人少知者。"详味此言，是泰既以此诗嫁于尧臣，又虑议者以为修所编无此，遂曰修有嫌避而此不载，皆无所考之词也。观此，则谓泰以《碧云騢》之书假名尧臣不妄矣。况尧臣平日为人，仁厚乐易，未尝忤于物，欧阳修尝以此而铭其墓。使尧臣怨恕，果为此书以厚诬名臣，则所养可知矣。今市井轻浮之子未必为之，而谓尧臣为之哉？

43.《星簿赞历》

陈氏曰：《唐志》称《石氏星经簿赞》。《馆阁书目》以其有徐、颍、婺、占等州名，疑后人附益。今此书明言依甘、石、巫咸氏，则非专石申书也。

44.《八五经》

晁氏曰：序云黄帝书。"八五"，谓八卦、五行。虽后人依托，而其辞亦驯雅，相墓书也。吕才《葬篇》以六说诘其不验，且云："世人之为葬巫所欺，忘擗踊荼毒，以期徼幸。由是相茔陇，希官爵，择时日，规财利。"诚哉是言也。

陈氏曰：《序》称大将军记室郭璞。《后序》言："余受郭公橐书数篇，此居一，公戒以秘之。丞相王公尽索余书，余以公言告之，得免。"末称太兴元年六月，盖晋元帝时。王公，谓导也。然皆依托耳。其书为相墓作。

45.《六韬》

晁氏曰：周吕望撰。按《汉·艺文志》无此书，《梁》《隋》《唐》始著录，分文、武、龙、虎、豹、犬六目，兵家权谋之书也。元丰中，以《六韬》《孙子》《吴子》《司马法》《黄石公三略》《尉缭子》《李卫公问对》颁行武学，令习之，号"七书"云。按兵法，汉成帝尝命任宏分权谋、形势、阴阳、技巧为四种。今又有卜筮、政刑之说，盖在四种之外矣。

《周氏涉笔》曰：谓太公为兵家之祖，自汉人已然，木无所稽，仅以《阴符》有托而云尔。太公遇文王事尚未足信，况谈兵哉？《周诗》"鹰扬"外无他语。周公曰："惟文王尚克修和我有夏。亦惟有若虢叔，有若闳夭，有若泰颠，有若南宫括。""武王惟兹四人，尚迪有禄。后暨武王，诞将天威，咸刘厥敌。惟兹四人，昭武王惟冒，丕单称德。"向使太公主柄伐商，身为大将，周公其遗之乎？

《六韬》不知出何时，其屑屑共议"以家取国""以国取天下"，殆似丹徒布衣、太原宫监所经营者。《史记》载君臣各把钺，断首悬旗，以后人臆记，非实也；归略免囚，好事为之。而此书因著《文伐》十二节，阴赂左右，辅其淫乐，养其乱臣，与韩非所云"纳费仲、奉玉版"并为一论，盖文、武、周、召之一厄也。《管子》书载汤结女华以为阴，事曲逆以为阳，战国诸子窥测古圣，妄诞率类此。太公举贤尚功，周公知其有篡弑之臣，亦是后人妄以见事附合。而诸子因记杀华士，谓周公驰往救之，疏谬可笑。此书有《上贤篇》，则"六贼七害"指"抗志高节""轻爵位""贱有司""语无为""言无欲""虚论高议""穷居静处"条居大半，全与暴乱同科。按武王既定天下，其《诗》曰"日靖四方"，其《书》曰"无有作恶"，当"丕单称德"之世，而纷然悬赏罚，募功名，不知将何出也！此书并缘《吴起》，渔猎其词，而缀缉以近代军政之浮谈，浅驳无可施用。盖吴起、武侯，真答问也，故问者当其形，对者应其实，至于料六国形势所当出，百代之下，犹可想像。而此书问答徒效之也，故务广不务精，语脉皆不相应，读者宜熟察也。

陈氏曰：其辞鄙俚，世俗依托也。

水心叶氏曰：自《龙韬》以后四十三篇，条画变故，预设方御，皆为兵者所当讲习。《孙子》之论至深不可测，而此四十三篇繁悉备举，似为《孙子》义疏也。其书言"避正殿"，乃战国后事，固当后于《孙子》。《论将》有"十过"，近于"五危"；《战车》"十死"、《战骑》"九败"与《行军》《九地》相出入；其《励军》言"礼将""力将""止欲将"，《练士》各聚卒，《教战》成三军，又本于《吴起》。然则《孙》《吴》固兵家所师用。至庄周亦称"九徵"，则真以为太公所言矣。然周嫚侮为方术者，而不悟《六韬》之伪。何也？盖当时学术无统，诸子或妄相诋訾，或偶相崇尚，出于率尔，岂足据哉！

46.《黄石公三略》

晁氏曰：题曰《黄石公上中下三略》。其书论用兵机权之妙，严明之决，明妙审决，军可以死易生，可以存易亡。《经籍志》云"下邳神人撰"。世传此即圮上老人以一编书授张良者。

陈氏曰：其书傅会依托也。

西山真氏序曰：《三略》先秦书，虽非鹰扬翁自作，要必其遗法。予尝深味之，其言治国养民法度，与儒者指意不悖，而敛藏退守、不为物先之意，则黄、老遗言也。子房号称善用兵，然最所得者，不过"与物推移，变化无方，因敌转化，动而辄随"数语耳。以此推之，则今传于世者，子房所受书也。

47.《武侯十六策》

晁氏曰：蜀诸葛亮孔明撰。《序》称："谨进便宜十六事：一治国，二君臣，三视听，四纳言，五察疑，六治民，七举措，八考黜，九治军，十赏罚，十一喜怒，十二治乱，十三教令，十四斩断，十五思虑，十六阴察。"陈寿录孔明书，不载此策，疑依托者。

48.《李卫公问对》

晁氏曰：唐李靖对太宗问兵事。史臣谓李靖《兵法》，世无完书，略见于《通典》。今《对问》出于阮逸家，或云逸因杜氏附益之。

陈氏曰：亦假托也。文辞浅鄙尤甚。今武举以七书试士，谓之《武经》，其间《孙》《吴》《司马法》或是古书，《三略》《尉缭子》亦有可疑，《六韬》《问对》伪妄明白，而立之学官，置师、弟子伏而读之，未有言其非者，何也？何薳《春渚纪闻》言，其父去非为武学博士，受诏校七书，以《六韬》《问对》为疑，白司业朱服。服言此书行之已久，未易遽废。遂止。后为徐州教授，与陈师道为代，师道言，闻之东坡，世所传王通《元经》、关子明《易传》及李靖《问对》皆阮逸伪撰，逸尝以草示奉常公云。奉常公者，老苏也。

按：《四朝国史·兵志》，神宗熙宁间，诏枢密院曰："唐李靖《兵法》，世无全书，杂见《通典》，离析讹舛，又官号物名，与今称谓不同，武人将佐，多不能通其意。令枢密院检详官与王震、曾旼、王白、郭逢原等校正，分类解释，令今可行。"岂即此《问答》三卷邪？或别有其书也？然晁、陈二家以为阮逸取《通典》所载附益之，则似即此书。然神宗诏王震等校正之说既明见于《国史》，则非逸之假托也。

49. 《黄帝素问》

晁氏曰：昔人谓《素问》者，以素书黄帝之问，犹言"素书"也。唐王砅注。

砅谓："《汉·艺文志》有《黄帝内经》十八卷，《素问》即其经之九卷，兼《灵枢》九卷，乃其数焉。"先是第七亡逸，砅时始获，乃诠次注释，凡八十一篇，分二十四卷。今又亡《刺法论》《本病论》二篇。砅自号启玄子。医经之传于世者多矣，原百病之起瘸者，本乎黄帝；辩百药之味性者，本乎神农；《汤液》则称伊尹。三人皆古圣人也，悯世疾苦，亲著书以垂后，而世之君子不察，乃以为贱技，耻习之。由此故，今称医者多庸人，治之失理，以生为死者甚众。激者至云"有病不治，常得中医"，岂其然乎！故予录医颇详。《隋志》以此书为首，今从之。

陈氏曰：黄帝与岐伯问答。《三坟》之书无传，尚矣，此固出于后世依托，要是医书之祖也。唐太仆令王砅注，自号启玄子。按《汉书》但有《黄帝内外经》至《隋志》乃有《素问》之名，又有全元起《素问注》八卷。嘉祐中，光禄卿林亿、国子博士高保衡承诏校定、补注，亦颇采元起之说附见其中。其为篇八十有一。王砅者，宝应中人也。

50. 《灵枢经》

晁氏曰：王砅谓此书即《汉志》《黄帝内经》十八卷之九也。或谓好事者于皇甫谧所集《内经》《仓公论》中抄出之，名为古书也。未知孰是。

今按，《灵枢》又称《针经》。自王焘《外台秘要方》始力言误针之害。高保衡等云："方技者，论病以及国。原诊以知政，非能通三才之奥，安能及国之政哉？晋皇甫谧博综典籍百家之言，沉静寡欲，有高尚之志。得风痹，因而学医。习览经方，遂臻至妙。取《黄帝素问》《针经》《明堂》三部之书，撰为《针灸经》十二卷，历古儒者之不能及也。或曰，《素问》《针经》《明堂》三部之书非黄帝书，似出于战国。"

51. 《补注神农本草》

晁氏曰：宋朝掌禹锡等补注。旧说《本草经》神农所作，而《艺文志》所不载。《平帝纪》："诏天下举知方术、本草者。""本草"之名，盖起于此。梁之《录》载

《神农本草》三卷。书中有后汉郡县名，盖上世未著文字，师学相传，至张机、华佗始为编述。嘉祐初，诏禹锡与林亿、苏颂、张洞等为之补注。以《开宝本草》及诸家参校，采拾遗逸，刊定新旧药名一千八十二种，总二十卷。

今按，孙思邈《千金翼方》曰："伊尹《汤液》，根据用炎农《本草》。扁鹊针灸，一准黄帝雷公。问难殷勤，对扬周密。去圣久远，愚人无知，道听途说，多有穿凿，起自胸臆。至如王遗乌御之法，单行浅近。虽得其效，偶然即谓神妙。且事不师古，远涉必泥。夫欲行针者必准轩辕正经，用药者须根据神农《本草》。"张志聪《本草崇原自序》曰："《神农本草》，谓之本经，计三百六十五种，以应周天之数。"可见《神农本草》是按照神秘数字编纂而成的，日均一种，上应于周天之数。

52.《子午经》

赵希弁曰：题云扁鹊撰。论针砭之要，成歌咏。盖后人依托者。

53.《四十二章经》

水心叶氏曰：按《四十二章经》质略浅俗，是时天竺未测汉事，采摘大意，颇用华言以复命，非浮屠氏本书也。夫西戎僻阻，无有礼义忠信之教，彼浮屠者，直以人身喜怒哀乐之间，披折解剥，别其真妄，究其终始，为圣狂、贤不肖之分，盖世外奇伟广博之论也。与中国之学皎然殊异，岂可同哉！世之儒者不知其浅深，猥欲强为攘斥，然反以中国之学佐佑异端，而曰吾能自信不惑者，其于道鲜矣。

《朱子语录》曰：释氏书，其初只有《四十二章经》，所言甚鄙俚。后来日添月益，皆是中华文士相助撰集。如晋、宋间自立讲师，孰为释迦，孰为阿难，孰为迦叶，各自问难，笔之于书，转相欺诳，大抵皆是剽窃老、列意思，变换推衍，以文其说。《四十二章经》之说却自平实，如言弹琴弦急则绝，慢则不响，不急不慢乃是，大抵是偷老、庄之意。后来达磨出来，一切扫尽。至《楞严经》，做得极好。

54.《校定韩昌黎集》《外集》

陈氏曰：晦庵朱侍讲熹以方氏本校定，凡异同定归一，多所发明，有益后学。《外集》皆如旧本，独用方本益大颠三书。愚按方氏用力于此集勤矣，《外集》删削甚严，而存此书，以见其邀速常语初无崇信之说，但欲明世间问答之伪，而不悟此书为伪之尤也。盖由欧公跋语之故。不知欧公自以《易大传》之名与己意合，从而实之。此自通人之一蔽，东坡固尝深辩之。然其谬妄，三尺童子所共识，不待坡公也。今朱公决以为韩笔无疑，方氏未足责，晦翁识高一世，而其所定者乃尔，殆不可解。今按《外集》第七卷曰"疑误"者，韩郁注云，潮州灵山寺所刻，末云"吏部侍郎、潮州刺史"者，非也。退之自刑部侍郎贬潮，晚乃由兵部为吏部，流俗但称韩吏部尔。其书盖国初所刻，故其谬如此。又潮本《韩集》不见有此书，使灵山旧有此，刻集时何不编入？可见此书之妄也。然其妄甚白，亦不待此而明。朱子《韩文考异序》曰：南安韩文出莆田方氏，近世号为佳本，予读之信然，然犹恨其不尽载诸本同异，而多折衷于三本也。原三本之见信，杭、蜀以旧阁、以官，其信之也则宜。然如欧阳公之言，韩文印本初未必误，多为校雠者妄改。亦谓如《罗池碑》改“步”为“涉”，《田氏庙》改“天明”为“王明”之类耳。观其自言，为儿童时得蜀本韩文于随州李氏，计其岁月，当在天禧中年。且其书已故敝脱略，则其摹印之日，与祥符杭本，盖未知其孰先孰后。而嘉祐蜀本又其子孙明矣。然而犹曰：“二十年间闻人有善本者，必求而改正之。”则固未尝必以旧本为是，而悉从之也。至于秘阁官本，则亦民间所献，掌故令史所抄，而一时馆职所校耳。其所传者，岂真作者之手稿？而正之者，岂尽刘向、扬雄之伦哉？读者正当择其文理意义之善者而从之，不当但以地望形势为重轻也。抑韩子之为文，虽以“力去陈言”为务，而又必以文从字顺，各识其职为贵。读者或未得此权度，则其文理意义，正自有未易言者。是以予于此书，姑考诸本之同异而兼存之，以待览者之自择，区区妄意，虽或窃有所疑，而不敢偏有所废也。

综上所述，《文献通考·经籍考》采用辑录体，对汉宋时期的文献目录中的有关辨伪资料做了初步汇集，虽然挂一漏万，为余嘉锡等人所讥，但它产生了巨大的“核聚”效应，既为明代辨伪学的理论总结提供了资料基础，也为明清时期尤其是《四库提要》的辨伪实践提供了参考借鉴。且书中不乏己见，如论乐类云：“乐者，国家之大典，古人以与礼并称，而陈氏《书录》则置之诸子之后，而侪之于技艺之间，又太不伦矣。虽后世之乐不可以拟古，然既以乐名书，则非止于技艺之末而已。况先儒释经之书，其反理诡道，为前贤所摈斥者，亦沿经之名，得以入于经类，岂后世之乐书，尽不足与言《乐》乎！故今所叙录，虽不敢如前志相承，以之拟经，而以与仪注谶纬并列于经解之后，史、子之前云。”又论杂史曰：“夹漈言古今编书所不能分者五，可以订历代艺文志之失。所谓‘见名不见书，看前不看后’者，尤足以究其所失之源。然愚尝考之，经录犹无此患，而莫谬乱于史。盖有实故事而以为杂史者，实杂史而以为小说者。又有《隋志》以为故事，《唐志》以为传记，《宋志》以为杂史者。若一一考订，改而正之，则既不欲以臆见改前史之旧文，且所录诸书，盖有前史仅存其名，晚学实未尝见其书者，则亦无由知其编类之得失，是以姑仍其旧。”

六、黄泽

（一）黄泽其人

黄泽（1259—1346），字楚望，资州（今四川资中）人。

（二）黄泽的文献辨伪

其辨释诸经要旨，则有《六经补注》，诋排百家异义，则取杜牧之不当言而言之意作《翼经罪言》。其论《周礼》，以为六官所掌皆修唐、虞、夏、商已行之事，虽有因革损益，或加详密，而大体不能相远，非周公创为之制也。古今风俗事体不同，学者不深考世变，而辄指其一二古远可疑者，以为非圣人之书，此不难辨。独其封国之制与孟子不合，则所当论盖孟子所言，因殷之制，《周官》乃国家之制也，计武王兴周，殷诸侯尚千有余国，既无功益地，亦无罪削邑，此当仍其旧封百里之下为三等，如孟子之说，乃若周公、太公有大勋劳，及其余功臣当封爵，与夫并建宗亲以为藩屏，岂可限以百里之法哉？自当用周制耳。诸侯恶其害己而去其籍，是书当世学者鲜得见之，则周家一代之制，虽孟子亦有不能详也。其于官属多寡之由、职掌交互之故、错乱之说发尤精当。

七、吾丘衍

（一）吾丘衍其人

吾丘衍（1272—1311），一作吾衍，清初避孔丘讳，作吾邱衍，字子行，号贞白，又号竹房、竹素，别署真白居士、布衣道士，世称贞白先生。浙江开化县华埠镇孔埠人。元代金石学家，印学奠基人。秉性豪放，左目失明，右脚瘸跛，行动仍频有风度。著有《周秦石刻释音》《闲居录》《竹素山房诗集》《学古编》等。

（二）吾丘衍的文献辨伪

1. 《三坟书》

《学古编·辩谬品六则》云：

> 《三坟书》，此伪本，大不可信。言词俗谬，字法非古。《尚书》无"也"字，此书有之。

2. 《古文尚书》

《学古编·辩谬品六则》云：

> 《古文尚书》，系后人不知篆者，以夏𣽈韵集成。亦有不合古处。若言今古篇次，文法同异，姑存之；言字画则去之。

3. 《古文孝经》

《学古编·辩谬品六则》云：

> 《古文孝经》，内一篇大谬，今文无之。后人妄欲作古，以古文字集成者。观者当取其字。

4. 《山海经》

《闲居录》云：

《山海经》非禹书，其间言鲧入羽渊，及夏后启等事，且又多祭祀鬼神之说，中间凡有"政"字皆避去。则知秦时方士无疑。柳宗元喜其文，效之为《柳州山水记》，用其事为天对。

清周广业《经史避名汇考》卷五引用此条材料，指出其说本南宋尤袤，广业又加案："秦书最著者无如《吕氏春秋》，其成在始皇八年，见《季春纪·序意篇》，或泥史谓在迁蜀后者误，故多避楚字，未避政字，间有之。"

5. 《十字碑》

《学古编·辩谬品六则》：

延陵季子《十字碑》在镇江，人谓孔子书。文曰："呜呼！有吴延陵君子之墓。"按古法帖上止云"呜呼！有吴君子"而已。篆法敦古，似乎可信。今此碑，妄增"延陵之墓"四字。除"之"外三字，是汉人方篆，不与前六字合。借夫子以欺后人，罪莫大于此。又且因"君"字作"季"字。汉器，"蜀郡"洗字半边，正与此"君"字同，用此法也。以"季"字音，显见其谬。比干墓前有汉人篆碑，亦有此说，盖洪氏《隶释》《汉隶字源》辨之甚明，此不复具。

6. 《泉志》

《学古编·辩谬品六则》云：

《泉志》，闻有泉文近于道者，可以广见。又有妄作"三皇币"及禹时"币"，不可为信。"卍"，此字人谓万字，乃出古钱，不见此书，终不知也。故引入以待好事者。

7. 《六书故》

《学古编·辩谬品六则》云：

戴侗《六书故》。侗以钟鼎文编此书，不知者多以为好，以其字字皆有，不若《说文》与今不同者多也。形古字今，杂乱无法，钟鼎偏傍，不能全有，却只以小篆足之……引杜诗"无村眺望赊"为证，甚误学者。许字解字引经，汉时犹篆隶，乃得其宜。今侗亦引经而不能精究经典古字，及以近世差误等字，引作证据。锵、钟、鍨、锯、屄、屎等字，世俗作钟。钟鼎文，各有详注。"卯"字解尤为不到，此书为一厄矣。学者先观古人字书，方知吾言之当。

8. 李贺集

《闲居录》云：

《美人梳头歌》《有所思》《嗍少年》等皆他人诗。世儒有言，谓李长吉作诗，为獭祭鱼，以其多检书册也。然长吉用事，善于点化，皆无牵强矫揉处，当是博览所致，非浅学所可议也。

按《李贺集》之外集有二十余首诗，如《南园》《假龙吟歌》《感讽六首》《英然曲》等，似非李贺真作。王琦注曰："二诗《静女春曙曲》《少年乐》见郭茂倩所编《乐府诗集》，而元人所选《唐音遗响》，亦载其《少年乐》一首，似皆后人拟作，非长吉锦囊中所贮者。至《锦绣万花谷》《海录碎事》所引断句数则，尤不类，故弃而不录。

八、吴师道

（一）吴师道其人

吴师道（1283—1344），字正传。婺州兰溪（今属浙江金华兰溪）人。至治元年进士，授高邮县巫，再调宁国路录事。迁池州建德县尹。召为国子助教，寻升博士。其为教一本朱熹之旨，而遵许衡之成法。后因丁忧而归，以奉议大夫、礼部郎中致仕，终于家。著有《易诗书杂说》《春秋胡传附辨》《战国策校注》《敬乡录》及文集二十卷。

（二）吴师道的文献辨伪

1. 《古三坟书》

吴师道《礼部集》卷十六《古三坟书后题》云：

《古三坟书》一卷，宋元丰中，毛渐得之唐州北阳民家。绍兴中，沈斐刻于婺学。近岁火，板不存，予从张子长假其书读之。所谓三坟，以山、气、形为别，以伏羲《连山》、神农《归藏》、轩辕乾坤《易》合其目。坟各有传，又有《姓纪》《皇策》《政典》之篇。《后序》称天复中青城山裂，石中所得，不云何人，亦可疑矣。仁山金先生谓："《周官》外史虽有三皇五帝之书，未闻坟、典之名，倚相所读，或别有异书尔。《序》以尧、舜有二《典》，遂引三坟五典配三皇五帝，反滋纷纷。伏羲之书莫大于卦，夫子从而翼之。倘炎黄之书存，安得而不录？后世农家、方技及老庄书所载往往传述失真。近时《三坟书》出张商英家，且古《易》既有六十四卦，安得又有《三坟》？龟山尝辨之。"此以理而推其伪者也。《三坟》，《汉·艺文志》已无传。《隋史》载刘炫撰《书》百数卷，题曰《连山易》。子长谓此书卷题不同，亦非炫所撰者。"天复"乃唐末号，去之二千年，一旦复出，裂石所得，尤涉怪诞。按：晁公武云"张商英伪撰"，盖得其实矣。既明其伪，固不足深辨。略举一二，以见撰者之谬。《大传》曰："《易》有太极，是生两仪，两仪生四象，四象生八卦。"先儒不知先天之义，故多误解。今其言曰："混沌为太始，其数一，一为太极，天地之父母，一极易，天高明而清，地博厚而浊，谓之太易，为天地之变。太易之数二，二为两仪，阴阳之形，谓之太初，为天地之交。太初之数四，四盈易，四象变而成万物，谓之太素，为三才之始。太素之数三，三盈易，天地孕而生男女，谓之三才。三才者，天地之备也。"其言颠倒错庢，漫无纪统，而自比于《易》，可乎？夏书《政典》云云，先儒皆以为指义和，林氏独谓上文"邦有常刑"，于先王之诛文意已足，此乃戒史士之辞。故金先生《表注》因之，其说正矣，岂区区摹拟傅会者所能知哉？且诸儒皆不信其书，而毛渐、沈斐特信之，亦好奇之过尔。斐亦衢人，字文伯，尝为婺之教官，所著《春秋比事》。陈亮序以为湖州人。陈振孙谓湖有沈文伯，名长卿，不名斐。今因此书题识，知亮误也，因并记之。

此文从多方面辨析，相当全面，且很深入，具有极高的价值。

《礼部集》卷十九《国学策问四十道》亦云：

> 问："三皇"之名经始见于《周官》，未尝称其人以实之也。孔安国序《书》，以伏羲、神农、黄帝为三皇，或谓本《易大传》。然《大传》曰："伏羲氏没，神农氏作。神农氏没，黄帝、尧、舜氏作。"亦无明文也。司马迁《史记》以轩辕下属之五帝，而小司马补记则以伏羲、女娲、神农为三皇。又有天皇、地皇、人皇之号，大与此异。二说出于谶纬《杂记》，其果可取以为据乎？外史掌三皇之书，不言《三坟》也。左史倚相能读《三坟》，不云三皇也。孔氏以三坟五典合之三皇五帝，可谓有征矣。《书序》之文，先儒颇疑之，遂以是为一定不可易之论，可乎？且《三坟》言大道，夫子岂得去之，而断自唐虞乎？世有《三坟书》，出宋元丰中，果古书乎？伏羲画卦著于《易》矣，神农、黄帝之说杂见于阴阳、道家、农家、方药诸书，其果可尽信乎？前代古帝王之祭，不独三皇也，祭三皇著令于唐。夫其开天建极，功被万世，固当在所尊。我朝大建宫宇，春秋祭祀，甚盛典也。顾乃属之医家者流，而限为专门曲艺之祖，议礼之意，其可得而闻欤？系欲究名号之是非，核书文之真伪，订典祀之当否，谈三皇者不可以不知也。其明辨而详陈之，验所学，观卓识焉。

2.《子华子》

吴师道《礼部集》卷十六《题子华子后》云：

> 予幼时见乡校壁间石刻朱子《与杜叔高书》，称《子华子》非常可笑者，识之而未见其书，后购得而读之，又考朱子疏辨其可笑之实，窃悼夫为是者之枉错其心也。朱子以书出越中，恐王铚、姚宽所为，晁公武以为元丰后举子所作，盖因其中多《字说》浅谬也。愚谓其伪之显然易辨者，孔子遇程子倾盖，见《家语》。子华子说韩昭僖侯见《庄子》。战国去孔子世远，二人而合为一。苟以《庄子》为寓言，则陆德明云魏人者，必非妄也。永嘉叶适最尊信之，至怪孔门弟子无记者，孟、荀、汉唐之士皆以为异说，望而弃之。适于古人可信者，往往摘抉讥诃，而于所不可信者，独坚亮而深取之，不识其何说也。二后序一称默希子，默希者，唐南岳道士徐灵符号，尝注《文子》，即其端所谓训解《玄通经》者，盖其人以是书至唐始出，故依托为之。又云读《吕氏春秋》，见子华子云云，今第二章丁氏穿井得一人之说，即《吕览》所载，剽掠可以验也。一称钧几叟者，辨今书没，昭僖侯一则，其意又使人致疑于庄，而证其为寓，又以实其编离简断，非全书之语，尤为狡狯善眩，而孰知夫人之终不可眩哉？辄因朱子之言，而摭其遗。

3.《潜虚》

吴师道《礼部集》卷十七《潜虚旧本后题》云：

某少好占筮等书，尝购得司马公《潜虚》，附以张敦实《发微》诸论者，不知何人所刻，其书完具无缺，意为善本也。又得里中孙氏写本，盖提刑公宪文故物，纸背有梁充家为福建安抚使韩彦直知泉州时手书名，当时往来书札也，于是百五六十年矣，特爱之甚，见其文阙，因以前本令学子补书之。后数年，读朱子《跋张氏潜虚图》，记所得范炳文别本首末，乃知完本为赝书。赧然流汗，愧前日之轻率，而增加猥杂，不可削除，以为大恨。因与许君益之言之，君遂出藏本，亦阙文者，归以参校。用朱子法，非其旧者，悉以朱圈别之；仍前录跋语于卷后，以识愚之愧恨，又以示儿辈，俾之广见闻，慎取予，而毋蹈予之失也。按：朱子所记行变解之数，此本亦不合，未有所考。特命图之后、跋语之前一条，凡例二十六字，记占四十三字，注六字，所谓命图之关纽、占法之变者，此独有之，而许君本亦阙。则此本岂范公所传之旧欤？因抄其二条以示许君，而并记其说于此云。张敦实，徽婺源人。其乡有刊本完书。又闻昭武有艮斋谢氏所注释，未见。

4.《灵棋经》

吴师道《礼部集》卷十八《灵棋经后题》云：

《灵棋经》，卜占法也。《隋·经籍志》有《十二灵棋卜经》一卷，其法用十二子，上、中、下各四，掷而布之，视其所得之卦，而断之以其辞。除阴漫无象，卦凡一百二十有四，繇辞古雅，似焦赣《易林》。南齐江溢尝占得"金盌玉杯"之辞，今见《初吉》卦。晁无咎《求志赋》："讯黄石以吉凶兮，棋十二而星罗。曰由小而棋大兮，何有颠沛？"今见卷首《升腾》卦。张宣公云："其家先魏公所藏，其说甚有理。以十二子验阴阳奇耦之数，若阴胜阳，必不佳。在静江时旱，卜云：'堂上流水，堂下行舟。'已而果雨。"今见《阴掌》卦，上句作"中庭水深"，文微异。按其书有曰"一本"云云，此或别传也。王伯厚《纪闻》引《异苑》谓："出张文成，受法于黄石公，行师用兵，万不失一。东方朔密以占众事。"愚谓此亦后人依托傅会。今其书有"商山四皓，养性行道"之言，文成、四皓并时，安得有此？知不然也。宣公目之以有理，而发明其说，以见其所以灵，非苟然者。阴阳在天地间，不可相无。然圣人之于《易》也，尝崇阳而抑阴，进阳而退阴。阳胜阴者常吉，阴胜阳者常凶，莫非自然之理也。是法窥见此妙，虽微黄石、文成，亦岂常人也哉？予家先大父畜此书，甚敬信之。纸背有绍兴十一年棋兵官记所占验事。三象内第七卦为人剪去。岁久纸烂，祭法以后残缺，俾儿辈重写。因题。

5. 文中子

吴师道《礼部集》卷十八《书文中子后》云：

程子曰："王通，隐德君子也。其言为人傅会，不可谓全书，论其粹处，非荀、杨所及。续经之类，皆非其作。"朱子极论续经之僭，而又曰："至于假卜筮，象《论语》，而强引唐初文武名臣以为弟子，是乃福畤之所为，而非其意。"二先生所以论王氏者当矣。愚尝观韩子《送王含序》，谓读《醉乡记》，悲其托于昏冥以逃，不遇圣人为之归者，以为绩盖通之弟。通之学知尊孔氏，与韩同科，何以无一言及之？称《醉乡》之文辞，而续经、《中说》乃反不道耶？因是而思，福郊、福畤与其门人既傅会成书，当时耳目犹近，故藏于家而不敢出，意数世之后殆不复有辨之者，故刘禹锡、李翱始举其名。二人与韩同时，而韩独不见，盖其传犹未广。唐季皮日休、司空图好之而始章，其出没隐见之故可知矣。然其岁月事实抵牾乖刺，终不足以掩后世之耳目也。夫子之于亲，弟子之于师，其所以尊崇褒美之者，固无不极其至。然当以诚心不欺为主，虚美诬辞，岂所以为爱也哉？不惟自陷于妄伪，而反为父师之累，至有不信其真有是人者，郊、畤、门人之罪，可胜诛哉！因书之以为世戒。

湖北省学术著作
Hubei Special Funds for
Academic Publications 出版专项资金

辨伪研究书系

中国文献辨伪学史稿

（中）

司马朝军　编著

WUHAN UNIVERSITY PRESS

武汉大学出版社

目　录

第七章
明代前期的文献辨伪

明代前期指洪武—宣德（1368—1434），明代中期指正统—隆庆（1435—1572），明代晚期指万历—崇祯（1573—1644）。

一、宋濂

（一）宋濂其人

宋濂（1310—1381），字景濂，号潜溪，浦江人。元至正末召为国史院编修官，不就；洪武中官至翰林学士承旨。一代礼乐制作，宋濂所裁定者居多。正德中，追谥文宪。著有《宋濂全集》。事迹详见《宋濂年谱》（徐永明著，浙江大学出版社 2011 年版）、《宋濂·方孝孺评传》（王春南著，南京大学出版社 1998 年版）。

（二）宋濂《诸子辨》评析

《诸子辨》为宋濂早年著作，也是我国辨伪学史上第一部专著，在《文献通考·经籍考》的基础上，广泛吸收了柳宗元、晁公武、高似孙、朱熹、黄震等人的辨伪成果。拙著《文献辨伪研究》（武汉大学出版社 2021 年版）将《诸子辨》辨伪书语列表一一加以评析。

二、王祎

（一）王祎其人

王祎（1322—1374），字子充，号华川，婺州路义乌（今浙江义乌）人。元末隐居青岩山中。元至正十八年（1358），朱元璋取婺州，召为中书省掾，迁待礼郎，出知南康府事。明洪武元年（1368），出为漳州府通判。二年（1369），与宋濂同任《元史》总裁官。书成，拜翰林待制、同知制诰兼国史院编修官。五年（1372），奉诏出使云南，招降元梁王孛儿只斤·把匝剌瓦尔密。六年十二月二十四日（1374 年 2 月 5 日），遇害，年五十二岁。

王祎师事柳贯、黄溍，学有原本，兼优谋略，以文章名于世，与宋濂并称"浙东二儒"。著有《王忠文公集》二十四卷、《大事记续编》七十七卷、《重修革象新书》二卷等。

（二）王祎的文献辨伪

1. 《河图》

王祎《王忠文公集》卷四《河图辩》云：

《河图》出于书契未作之先。载籍以来，几千年于此矣，而所以为《河图》者，其说未明也。《易·系辞》曰："河出图，洛出书，圣人则之书。"《顾命》曰："《河图》在东序。"《论语》曰："河不出图。"《河图》之名，见于经者如此，而其为体则固未始经见也。后世儒者因其体之不经见也。顾遂以其私传臆说互相模拟穿凿，圣秘凌厉道妙，各自以为得其说矣，然卒莫有至当之归于是。《河图》者，天地自然之数，而圣人所以示万世阴阳造化之理者，乃反视之若神奇怪妄者焉。自今观之，为关朗氏之说者，曰：《河图》之文，七前六后，八左九右，五十居中。《洛书》之文，九前一后，三左七右，四前左，二前右，八后左，六后右。是以十为《河图》，九为《洛书》也，为刘牧氏之说者。曰一六居北，二七居南，三八居左，四九居右，五十居中者，《洛书》也。戴九履一，左三右七，二四为肩，六八为足者，《河图》也。是以九为《河图》，十为《洛书》也。二氏之说，其相反也若此。邵子曰：圆者，《河图》之数。方者，《洛书》之文。又曰：圆者，星也，历纪之数其肇于此乎？方者，画也，画州井地之法其放于此乎？世皆谓邵子以十为图，而九为书也，然戴九履一之图，其象圆一六二七之图，其象方是九圆而十方也，安知邵子不以九为图、十为书乎？朱子发、张文饶精通邵学者也，亦皆以九为图、十为书，而朱氏推序其源流，以为濮上陈抟以先天图传种放，放传穆修，修传李之才，之才传邵子。放以《河图》《洛书》传李溉，溉传许坚，坚传范谔昌，谔昌传刘牧，修以《太极图》传周敦颐，敦颐传程颢、程颐。程子解《易大传》，大概祖刘氏说也。及新安朱子，始力诋刘氏之非，而引大戴礼书二九四七五三六一八之言以证《洛书》，以为《大传》既陈天地五十有五之数，《洪范》又明言"天乃锡禹洪范九畴"，则九为《洛书》，十为《河图》，夫复何疑？然而犹曰《易》《范》之数诚相表里。又曰："安知图之不为书，书之不为图？"则朱子尚不能无疑于此也。临卭魏氏则又疑朱子之说，以谓朱子始以九图、十书为刘长民托之陈图南，辞而辟之，而引邵子为证，然邵子第言圆方，而不言九、十，果孰为书孰为图也。又谓：靖士蒋山以先天图为《河图》，五行生成数为《洛书》，戴九履一图为太乙下行九宫数。此不为无见者。盖九宫数见之《乾凿度》，张平子传即所谓《太乙图》，而刘牧以为《河图》，固有可疑。先天图卦爻方位缜密停当，其为古书无疑，乃仅见于魏伯阳《参同》。陈图南爻象卦数犹未甚白，至邵子乃大明，今定为《河图》，虽无明证，而诚有可取者。是则魏氏虽拟朱子之说，而亦无有一定之论也。厥后，言《河图》者复数家，新安罗端良尝以《河图》示人，谓建安蔡季通得于蜀隐者，其体如车轮，白黑交错，而八分之，以为八卦。纯白者，纯阳而为乾。纯黑者，纯阴而为坤。黑白以渐杀之而为余卦。此其一也。江东谢枋得以为尝传《河图》于异人，其为状依仿八卦以为体，坎离中画，而相交焉，乃与方士抽坎填离之术相仿佛。此其二也。或曰，凡与《太极图》合者乃《河图》也。或曰，九、十二图皆《河图》也。由是论之，先儒之论《河图》其为说甚不同也。后世将孰从而孰信之？且《河图》出于伏羲之世，至孔子时数千年矣。其间群圣人未尝言之，孔子固尝言之矣，而不言其所为图。自孔子以来又千余年，亦未尝有明言之者。而自近世关氏、刘氏以后，乃若是纷纷而莫之统壹焉。余闻之师，刘歆以八卦为《河图》，王肃曰《河图》八卦也，王充亦曰伏羲王《河图》从河水中出，《易》卦是也。此其为知《河图》者。以余论之，谓圣人因《河图》以为八卦则可，谓八卦即《河图》则不可。《系辞》明言圣人则之。则之云者，因之以为之之谓也。孔安国曰：伏羲氏王天下，龙马出河，遂则其文以画八卦谓之《河图》，是则圣人实因《河图》以画八卦，其可即谓《河图》为八卦乎？大抵世儒因其体之不经见也，故得以肆为异说而莫之顾，而亦孰知《河图》之体未尝不见于经也。《系辞》曰：天一，地二，天三，地四，天五，地六，天七，地八，天九，地十。朱子释之曰：此天地之数，阳奇阴偶，即所谓《河图》也。是《河图》固经之所载而见焉者也。窃意河之所出者，此则其本文。谓之本文者，自一至十五，十五点有如星象，故谓之图也。其位以一六居下，二七居上，三八居右，四九居左，五十居中，以生数合成数而分配如此者。其本文自然之定位也。盖其中五为衍母，次十为衍子，次一二三四为四象之位，次六七八九为四象之数。二老位于西北，二少位于东南，其数则各以其类交错于外，而八卦定矣。于是伏羲则之，而乾、坤、艮、巽、坎、离、震、兑之卦画焉，是则圣人之，因《河图》以画八卦。苟谓《河图》即八卦亦可也。或曰，审如斯言，则以八卦为《河图》固有可征，然谓河之所出者，天一至地十即为其本文，无乃涉于怪妄欤？曰，非然也。天地启造化之秘，以示万世，则其事固非世之数数然者。欧阳子尝疑《河图》《洛书》为怪妄矣，而南丰曾氏非之曰："以非所习见，则果于以为不然，是以天地万物之变为可尽于耳目之所及，亦可谓过矣。"呜呼！曾氏之言，固予之所为言也。

在看待《河图》《洛书》的真伪问题上，宋代分为两大派，一以欧阳修为首，一以曾巩为首，两派针锋相对，王祎赞成曾派，近乎理性。

2.《洛书》

王祎《王忠文公集》卷四《洛书辩》云：

《洛书》非《洪范》也。昔箕子之告武王曰："我闻在昔鲧陻洪水，汩陈其五行，帝乃震怒，不畀洪范九畴彝伦攸斁，鲧则殛死，禹乃嗣兴，天乃锡禹洪范九畴彝伦攸叙。"初不言《洪范》为《洛书》也。孔子之系《易》曰："河出图，洛出书，圣人则之。"未始以《洛书》为《洪范》也。盖分图书为《易》《范》，而以洪范、九畴合《洛书》，则自汉儒孔安国、刘向、歆诸儒始其说，以谓："《河图》者，伏羲氏王天下，龙马出河，负图其背，其数十，遂则其文，以画八卦。《洛书》者，禹治水时，神龟出洛，负文其背，其数九，禹因而第之以定九畴。"后世儒者以为九畴帝王之大法，而《洛书》圣言也，遂皆信之，而莫或辨其非。然孰知《河图》《洛书》者皆伏羲之所以作《易》，而《洪范》九畴则禹之所自叙而非《洛书》也。自今观之，以《洛书》为《洪范》，其不可信者六。夫其以《河图》为十者，即天一至地之一耳，信如斯言，则是复有八《河图》而后九畴乃备也。若九畴之子目，虽合《河图》五十有五之数，而《洛书》之数乃止于四十有五。使以《洛书》为九畴，则其子目已缺其十矣，本图之数不能足，而待他图以足之，则造化之示人者，不亦既疏且远乎！而况九畴言理不言数，故皇极之一不为少，庶征之十不为多，三德之三不为细，福极之十一不为巨。今乃类而数之，而章其偶合五十有五之数……且其数虽五十有五，而于阴阳奇偶方位将安取义乎？此其不可信者三也。班固《五行志》举刘歆之说，以"初一曰五行"至"威用六极"六十五字为《洛书》之本文，以本文为禹之所叙，则可以为龟之所负，而列于背者则不可。夫既有是六十五字，则九畴之理与其次序亦已粲然明白矣，岂复有白文二十五、黑文二十而为戴履左右肩足之形乎？使既有是六十五字，而又有是四十五数并列于龟背，则其为赘疣不亦甚乎！此其不可信者四也。且箕子之陈九畴，首以鲧陻洪水发之者，诚以九畴首五行，而五行首于水，水未平则三才皆不得其宁，此彝伦之所为斁也。水既治，则天地由之而立，生民由之而安，政化由之而成，而后九畴可得而施，此彝伦所为叙也。彝伦之叙，即九畴之叙者也。盖《洪范》九畴原出于天，鲧逆水性，汨陈五行，故帝震怒，不以畀之。禹顺水性，地平天成，故天以锡之耳。先言帝不畀鲧，而后言天锡禹，则可见所谓畀所谓锡者即九畴所陈三才之至理，治天下之大法，初非有物之可验、有迹之可求也，岂曰平水之后天果锡禹神龟而负夫畴乎？仲虺曰："天乃锡王勇智。"《鲁颂》曰："天锡公纯嘏。"言圣人之资质，天下之上寿，皆天所赋予，岂必是物而后可谓之锡乎？使天果因禹功成锡之神龟以为瑞，如箫韶奏而凤仪，《春秋》作而麟至，则箕子所叙直美禹功可矣，奚必以鲧功之不成发之乎？此其不可信者五也。夫九畴之纲，禹叙之，犹羲文之画卦也，而其目箕子陈之，犹孔子作《彖》《象》之辞以明《易》也。武王访之，犹访太公而受丹书也。天以是理锡之禹，禹明其理而著之畴，以垂示万世，为不刊之经，岂有诡异神奇之事乎？郑康成据《春秋》纬文有云："河以通乾出天苞，洛以流坤吐地符。"又云："河龙图发，洛龟书感。"又云："《河图》有九篇，《洛书》有六篇。"夫圣人但言图书出于河洛而已，岂尝言龟龙之事乎？又乌有所谓九篇、六篇者乎？孔安国至谓天与禹神龟负文而出，诚亦怪妄也矣。人神接对，手笔粲然者，寇谦之、王钦若之天书也，岂所以言圣经乎？此其不可信者六也。然则《洛书》果何为者也？曰《河图》《洛书》皆天地自然之数，而圣人取之以作《易》者也。于《洪范》何与焉？群言淆乱，质诸圣而止。河出图，洛出书，圣人则之者，非圣人之言欤？吾以圣人之言而断圣人之经，其有弗信者欤？刘牧氏尝言《河图》《洛书》同出于伏羲之世，而河南程子亦谓圣人见《河图》《洛书》而画八卦，吾是以知孔安国、刘向歆父子、班固、郑康成之徒以为《河图》授羲、《洛书》锡禹者皆非也。或曰："《河图》之数即所谓天一至地十者固也，《洛书》之数其果何所征乎?" 曰:《洛书》之数其亦不出于是矣。是故朱子于《易启蒙》盖详言之,其言曰:"《河图》以五生数,合五成数,而同处其方,盖揭其全以示人,而道其常数之体也。《洛书》以五奇数统四偶数,而各居其所,盖主于阳以统阴,而肇其变数之用也。中为主而外为客,故《河图》以生居中而成居外,正为君而侧为臣,故《洛书》以奇居正而偶居侧。"此朱子之说也。而吾以谓《洛书》之奇偶相对,即《河图》之数散而未合者也。《河图》之生成相配,即《洛书》之数合而有属者也。二者盖名异而实同也。谓之实同者,盖皆本于天一至地十之数;谓之名异者,《河图》之十、《洛书》之九其指各有在也。是故自一至五者,五行也,自六至九者,四象也,而四象即水、火、金、木也。土为分旺,故不言老少,而五之外无十,此《洛书》所以止于九也。论其方位,则一为太阳之位,九为太阳之数,故一与九对也;二为少阴之位,八为少阴之数,故二与八对也;三为少阳之位,七为少阳之数,故三与七对也;四为太阴之位,六为太阴之数,故四与六对也。是则以《洛书》之数而论《易》,其阴阳之理,奇偶之数,方位之所,若合符节。虽《系辞》未尝明言,然即是而推之,如指诸掌矣。朱子亦尝言《洛书》者,圣人所以作八卦,而复曰九畴并出焉,则犹不能不惑于汉儒经纬表里之说故也。呜呼!事有出于圣经明白可信,而后世弗之信,而顾信汉儒傅会之说,其甚者盖莫如以《洛书》为《洪范》矣。吾故曰,《洛书》非《洪范》也,《河图》《洛书》皆天地自然之数,而圣人取之以作《易》者也。

此处反复证明一个观点——《洛书》非《洪范》。王祎表面上主张"以圣人之言而断圣人之经",实则疑经惑古思想相当严重。

3.《夏小正》

王祎《王忠文公集》卷五《夏小正序》云:

《夏小正》世以为夏书,其书在《大戴礼》中,传之者戴氏也,郑康成为之注,或曰卢辨注,谓为郑氏,非也。颍川韩元吉氏尝以范太史家藏旧本校定之,然与故所传关本讹舛不同。会稽傅崧卿氏又据关本而为训释,实多所补正。及考亭朱子集《仪礼》,尊信《小正》而用之,经其论定者,旨益加明矣。今括苍赵君复集诸家之说而为之解,于是为尤详密者也。以予论之,《小正》之为夏书不可无疑者。孔子定《书》断自唐虞虞书,以"历象日月星辰敬授人时"为重事,《小正》其遗法也。孔子尝曰:"我欲观夏道,是故之杞而不足征也,吾得夏时焉。"及答颜渊以为邦曰行夏之时,而作《春秋》用夏时以冠月,其有取于夏时如此。设《小正》诚夏书,则在孔子所必取,然而不与《禹贡》同列于百篇,何耶?郑氏谓夏时者夏四时之书,其书存者有《小正》,则以《小正》为夏书者郑氏也。不信圣人而汉儒是信,可不可耶?《礼记·月令》汉儒皆以为周公作,而其中杂有虞夏商周秦汉之制,殆汉末诸儒采吕氏《十二月纪》《淮南子·时则训》等书为之耳。《大戴礼》之有《小正》,《小戴礼》之有《月令》,乌知其非类耶?或曰吕氏据《夏小正》以正四时,或曰《小正》具十二月而无中气,有应候而无日数,至《时训》乃五日为候,三候为气,六十日为节,因《小正》而加详也。意者《小正》特出于《月纪》《时训》之前者耶?是则以《小正》为夏书诚有可疑者也。赵君之言谓郑氏以《小正》为夏书本无左验,所纪昏旦中星与星之见伏率，与《月令》《月纪》《时训》不合。唐一行推以历术，知其实在夏时，其为夏书无疑，是又不然。天虽高，星辰虽远，苟求其故，则精历数者悉所能考。盖自上古以来，天行日至星辰之次，舍其度数无不可知，况在夏后之世，安知非精历数者逆考而遡推之，求其故以著于书，亦岂可遂信之而不疑乎？世以《本草》为神农之书，《素问》为黄帝之书，其果出于神农、黄帝否乎？《本草》《素问》不可必其出于神农、黄帝，《月令》不可必其出于周公，则《小正》之为夏书，予固不敢不致疑其间也。惜乎！赵君已不可作，不得以予所疑者质之。然君之为此书，则既考核详而论辨密，卓见绝识，往往而是，不其有可传者欤？第其真本及所著他书皆厄于兵，而此篇者乃其伯氏掇拾遗稿，重所缮录，章句字画之脱误不能无之，览者择焉而已。君讳有桂，诜仲其字，学行志业且载宋太史所为墓志，兹故弗道，而论予所疑者序其书焉。

王袆不仅怀疑《夏小正》是夏书，而且认为“《本草》《素问》不可必其出于神农、黄帝，《月令》不可必其出于周公”，其疑古已经病入膏肓矣。

4.《水经》

王袆《王忠文公集》卷五《水经序》云：

《水经》汉桑钦所作，《艺文志》缺弗录，而《隋·经籍志》有两《水经》，一本三卷，郭璞注，一本四十卷，郦善长注。善长道元字也，然皆不著撰人氏名。《旧唐志》乃云郭璞作，宋《崇文总目》亦不言撰人为谁，但云郦注四十卷，亡其五。至《新唐志》始谓为桑钦作，又言一云郭璞作，盖疑之也。按《前汉书·儒林传》，《古文尚书》涂恽授河南桑钦君长，晁氏《读书志》谓钦成帝时人也，今以其书考之，济水过寿张，即前汉寿良县，光武所更名，又东北过临济，即狄县，安帝所更名，荷水过湖陆，即湖陵县，章帝所更名，分水过永安，即彘县，顺帝所更名，则其书非作于成帝时，若顺帝以后人所为矣。又其书言武侯垒，又云魏兴安阳县，注谓武侯所居魏，分汉中，立魏兴郡。又云江水东径永安宫南，则昭烈托孤于武侯之地也。又其言北县名多曹氏时置南县，名多孙氏时置，是又若三国以后人所为也。又云改信都从长乐，则晋太康五年也。又河水北薄骨律镇城，注云赫连果城，则后魏所置也。此其书又若晋后魏人所为也。意者钦本成帝时人，实为此书。及郭、郦二氏为传注，咸附益之，而璞晋人，道元后魏人也。是故《山海经》禹、益所记也，而有长沙、零陵、桂阳、诸暨之名；《本草》神农所述也，而有豫章、朱厓、赵国、常山、秦高、真定、临淄、冯翊之称；《尔雅》作于周公，而云“张仲孝友”；《苍颉篇》造于李斯，而云“汉无天下”，要皆后人所附益，非复其本文。然则《水经》为钦作无疑。盖久而经传相淆，而钦之本文亡矣。本文虽亡，可不谓为钦作哉？《通典》谓郭注多疏略迂怪而已，不传，今郦注四十卷固完，而旧本往往失于迁就，有错简。金蔡正甫氏尝作《补正》三卷，而亦不传。今唯郦注旧本犹行而已。夫天地之间，唯水为多，故水者地之脉络也，大川相间，小川相属，而凡郡县州道瓜列棋布，皆因水以别焉。地理之书始于《禹贡》，而《禹贡》之分九州，必主山川，以定经界，诚以山川之形绵亘无易，州县之设更革不常，故宛州可移而济河之宛不能移也，梁州可迁而华阳黑水之梁不能迁也。此《禹贡》所以为万世不易之书也。后世史家主于州县，以为书州县更革，其书亦遂以废而不传，以彼之易于不传，则《水经》之书其果得而废之欤？大抵此书所引天下之水百三十有七，江河在焉，而郦氏注引枝流一千二百五十一，其源委之吐纳、沿路之所经，缠络枝烦，条贯手伙，搜渠访渎，靡或漏遗，总其概而览之，天下可运于掌矣。故自《禹贡》以后，此书最为近古而不可废，岂亦所谓万世不易者欤？顾世之为地理学者，莫不即迩而昧远，就简而惮烦，而卒亦纷纭而无所据。桑氏之学废不复讲久矣，不亦惑哉！故予因为序论以致予意，抑予之力岂能重其书？览者考其迹，求其故，而观其会通，必有能识其要者矣。

王祎肯定《水经》为汉桑钦所作，难能可贵。更为可贵的是，他分析了《山海经》《本草》《尔雅》《苍颉篇》的附益问题。

5. 《古文孝经》

王祎《王忠文公集》卷五《孝经集说序》云：

《孝经》有古文今文之异。当秦燔书时，河间颜芝藏其书。汉初芝子贞出之，河间献王得而上诸朝。长孙氏、江翁、后苍、翼奉、张禹之徒皆名其学。凡十八章，所谓今文也。武帝时，鲁恭王坏孔子宅，得《孝经》与《尚书》于壁中，以为秦时孔鲋所藏。昭帝时，鲁国三老始以上献，孔安国为之传，凡二十二章，所谓古文也。刘向典校经籍，实据颜本，以比古文，除其繁惑，以十八章为定。郑众、马融、郑玄皆为之注，专从今文，故古文不得列于学宫，而安国之本亡于梁。隋开皇中，王劭始访得之，以示河间刘炫，炫遂分《庶人章》为二，《曾子敢问章》为三，又多《闺门》一章，以足二十二章之数，且序其得丧，讲于人间，时议皆疑炫所自作，而古文非复孔氏之旧矣。唐开元间，诏诸儒集议，刘知幾请行孔《传》，司马贞力非之，独主郑说。玄宗自为之注，用十八章为正。先是，自天子至庶人五章，惟皇侃标其目，冠于章首，至是用诸儒议，章始各有名，如开宗明义等类，为之疏者，元行冲也。至宋邢昺为《正义》，训诂益复加详。而当世大儒司马温公、范蜀公则皆尊信古文。司马公为《古文指解》，谓始皇三十四年始燔书，距汉兴仅七年，孔氏子孙岂容悉无知者？必待恭王然后乃出，盖始藏之时去圣未远，其书最真，与历世疏远转相传授者不侔，且《孝经》与《尚书》同出孔壁，世知《尚书》之真，而疑《孝经》之异，何也？迨朱徽公为《刊误》，亦复多从古文，以古文七章、今文六章已前合而为经，删"子曰"者二，引《书》者一，引《诗》者四，凡五十七字，以余章为传，删"先王见教"以下六十九字，"以顺则逆"以下九十字，凡其章之次第文之异同，皆用古文为据，谓经一章者，孔子统论天子诸侯卿大夫士庶人之孝，盖一时之言，而后人妄分之。其传十四章，则或者杂引传记以释经文者也。而近时临川吴氏复以谓隋时所得古文与今文增减异同率不过一二字，文势曾不若今文之顺，以许慎《说文》所引桓谭《新论》所言考证皆不合，决非汉世孔壁之古文，爰因《刊误》重以古文今文较其同异焉。夫今文最先出，自刘向、郑玄等，以及唐世君臣，皆知表章之，其书固已通行。古文出稍后，而安国之《传》既亡，刘炫之本又以为非真。至宋二三大儒始加尊信，而其书以显，岂其显晦各系于时之好尚哉？今行中书右丞公以古文今文及

《刊误》三书虽皆行世，而学者皆习而不察，乃与儒者议汇，次其先后，且删汉、唐、宋诸家训注附于古文之下，刻本以行，于是《孝经》之为书本末具矣。呜呼！孝者，天之经，地之义，而百行之原也。自天子达于庶人，尊卑虽有等差，至于为孝，曷有间哉！五经四子之言备矣，而教学必以《孝经》为先，则以圣言虽众，而《孝经》者实总会之也。

6.《葬书》

王祎《王忠文公集》卷二十《丛录》云：

堪舆家之说原于古阴阳家者流。古人建都邑，立家室，固未有不择地者。而择地以葬，其术则本于晋郭璞，所著《葬书》二十篇，多后人增以谬妄之说，蔡元定尝去其十二，而存其八，后世言地理之术者，此其祖矣。自近世大儒考亭朱子以及蔡氏，莫不尊信其术，以谓夺神功，回天命，致力于人力之所不及，莫此为验，是固有不可废者矣。

他认为郭璞《葬书》多后人增以谬妄之说。

三、方孝孺

（一）方孝孺其人

方孝孺（1357—1402），字希直，一字希古。台州府宁海人。著有《逊志斋集》《逊志斋外集》等，今人整理为《方孝孺集》（浙江古籍出版社 2013 年版）。

（二）方孝孺的文献辨伪

1.《周官》

《逊志斋集》卷四《周官》一云：

余始读《诗·大雅·豳风》，见其积累之盛，而知周之所由兴。然犹异之曰："何其久也？"及读《周礼》至于大司徒、乡大夫、州长、党正之法，然后慨然叹其虑民之详，曰："尽在是矣。"治天下易也，莫难于一天下之民心，民心可一也，莫难于使民心咸出于正道。无加于尧舜求其治之法，以为必有异常绝特之事，而其书之所载，止于正德、利用、厚生，斯三者何足为异哉？然而越数千载，卒未有弃三事而行之者，则圣人之治天下，固不以求异也，尽其道而已。斯民也，无以养生则死，无以致用则劳，无能正于其德则愚。以利言之，愚不若死之甚也。以言乎义，生不厚，不过于死。人不知德，必至于为乱，故圣人尤以为先。

武王、周公岂好为烦细不急之务哉？宫室、衣服欲其嫩且固，坟墓欲其莊，兄弟、师儒、朋友欲其联，比同族党欲其相保爱葬救，州与乡欲其相赒相宾。或岁一读法，或月一读法，善有可称者，书之惟恐不及；过有稍著者，戒之惟恐不改。其日夜提掇督励斯民而训之者，虽父兄之教子弟不若是密也。计其时之民不在于田庐，则在族师、闾胥之庭；不治稼穑，则闻仁义礼乐之教。搜狩则习弓矢，祭酹则肄俎豆，曷尝暂放其心而弛其力哉？其法之详故（疑衍）如此，故为之民者有忠顺而无乖逆，可使以义，而不可刦以势，六七百年之间强，诸侯狼顾鸢视者，莫敢先发陵上之言。必至于周礼尽废，而后肆道之化民也，夫岂微哉！秦不识其深意，视为无用之虚言而焚除之，由是斯民如放豚逸马，肆然法度之外，而不可复制。惰者为盗，悍者为乱，桀黠者杂出于徒囚之中，驰逐海内，咸有争天下之心，至于今而未已。人情易于纵肆，而难于检制，释先王之法服而被发左衽，去揖让拜跪而倨傲急佚，顺乎其适意也，欲反而尽复乎古，不亦难乎！然而不行其道，终不足以为治，不顾一时之怨而兴百世之坠典，非明以察之、勇以断之、坚忍以持之者不能也。庸人习于苟且，智士畏乎造端，然则何由而可复耶？君以身任之而不夺于流言，臣以道揆之而不泥于近利，三年而成，十年而安，继乎其后者能推而守之，武王、周公之治可几也。

《逊志斋集》卷四《周官》二云：

以一事之失，而疑先王之政皆不可行；以一人之谬，而疑天下之士皆不可信，此为治者之大患。车战，古法也，房管、陈涛之战以车而败，战者遂谓车不可用，自秦以来，不以车战而丧师杀将者亦多矣，岂皆车之过哉？管以迂疏妄肆，不知人而败，非车致然也，由管之所为，使不以车战，其能不败乎？故议管者罪管可也，罪车战不可也。先王之政其详不可悉知也，《周官》之所载诡于圣人之道者虽有之，然遗典大法所以经世淑民者秩乎明且备，岂后世所能及乎？人见有用之而致乱者，因以为《周官》罪，此鄙陋无稽之甚者也。盗窃孔子之履纳之，而逾人之墙履，宁有过乎？窃履者，可诛耳。王安石之用《周官》，弃其大者而不行，惟取泉府之一言，以傅会其私，卒为天下祸，此安石之谬也。《周官》之言利亦稍密矣，盖以千里之邦畿，而供天地社稷之祭、车服宫室之用、公卿大夫群臣之禄、诸侯之燕飨、四夷之遗赍，咸出于是，固宜有其法焉。然取民也有制，役民也有节，凶礼则无力政、无财赋、无关门之征，其不厉民以自养亦明矣。安石不师其善者，而泥于国服为息之说，期以富国，而国终不能富，《周官》之法岂止于此而已乎？为治有本末，养民有先后，制其产使无不均，详其教使无不学，文、武、周公之大意也。法古者亦取其大意所属而行之，奚患财之不足哉？不治其本，而以理财为先，此文、武、周公之所诛而《周官》之所弃者也。安石不顾而妄行，后世不察而并罪《周官》，《周官》何与焉？自治道之不明，士之自任者鲜矣，自信而不惑者尤鲜也，安石之自任而自信汉以下儒者皆莫之及，使诚识其大者而行之，其事功岂不甚伟哉？惜其学不知道而过于自信也。斯民不见先王之治久矣，遇主者恒患不知道，有其器者恒患不逢其时，其法存，其人存，苟有遇乎世，焉知《周官》之果不可行哉？

《逊志斋集》卷四《周礼辨疑》云：

《周礼》者，周史所记周之治事书也，以其出于周也，文、武、周公之遗法微意往往可得而推，以其成于史氏所述也，故不能无谬于圣人，然去后世之制则已远矣，其有不能大过于后世者，盖亡逸之余，秦汉之士以意增损之者众也。条狼氏之誓群臣于驭曰车轵，于大夫曰鞭五百，于大史曰杀，小史曰墨，周法岂若是暴哉？君臣之际有常礼，上不以尊而威其下，下不以卑而屈于上，道合则仕，否则引而退，不宜以鞭笞戮辱惧之也。夫驭及太史皆近臣，大夫则国之执政，加以严刑而誓于众，使贤者居其职而能不知愧乎？此非以礼使人之道也。且车裂、鞭三百之法，秦、汉以降之所有，周之盛时宁有秦法御群臣哉？其非周制也明矣。昔欧阳氏、苏氏皆尝疑《周礼》，然皆其制度之失耳，于道无害也。《周礼》之善多矣，制度之不尽合，岂足为周公累哉！若其有庾于道者，则学周公者所宜知也。

圣人之治天下，立法也严，而行法也恕。严者所以使民知法之可畏而不犯，恕者所以使民知刑罚行于不得已而不怨。斯二者其为事不同，其至仁之心一也。昔者读《酒诰》之书，尝疑武王欲杀群饮者为过甚，既而思之，武王岂好杀之主哉？其为是言也，盖爱其民之深而人不知也。示之以姑息，阱民于死地而后刑之，孰若先之以不可犯之禁，使民不陷于罪之为美乎？武王以为使殷民酗酱而至于为乱，不诛之则害法，诛之则害仁，民受其祸者必众矣，不若威之以至严，使闻吾言者疑吾为过，察吾心者感吾为仁，圣人之用心不苟以悦民，而使民阴受其惠，此仁之至者也。《周礼》，周之遗书，其虑民亦详矣，然不能无可惑者焉，司徒之媒氏仲春令会男女于是时也，奔者不禁，夫王者之防民，范之以礼义，犹恐其为邪，况纳之于邪，何以责其不由礼义乎？昏娶以礼，至劳而逆情也；越礼而奔，至易而适意也，然人不敢为其易而勉为其所难者，以有法禁存焉耳，今日不禁人之奔，孰肯舍至易而为其所难乎？是令之行男女无以礼合者矣，启之以淫奔之路，苟又从而罪之，是罔民也，纵其越礼而不诘，是贼民也。夫妇者，人伦之始，夫妇之伦不正，则人之伦将乱矣，武王、周公乌忍为此姑息之政以乱伦也哉！贤人之言可伪为也，圣人之心千载可推而知也，求其言而不合，能揆之于其心，则是与非决矣，人奚由伪？

人之情不能无欲也，故不能无争，争而不能自直也，故不能不赴愬者，非人之所得已也。故君子尽心焉，察之惟恐其不明，处之惟恐不合乎中，民之有欲愬者惟恐其不至也，安可责之以其所必无，而禁抑使勿言乎？《周礼・司寇》言：民以财货相讼者，令入束矢；以罪相告者，令入钧金而后听之。此非周制也。民心贫富不同而后强弱生焉，强弱相凌然后狱讼生焉，强不胜而弱胜者十一，弱不胜而强胜者十九，私斗于下而不胜则愤而愬于上，则凡愬者多贫弱之劫于势力而不获自存者也，乌得钧金与束矢乎？钧金、束矢，富强者之所有，而贫弱者之所无也，苟必欲得之而后听其辞，则富与强者常胜，而贫弱者终困抑而不伸，何由尽民之情而服人之志乎？以是而听讼，后世暴吏之所为周之法必不若是也。孔子之门盖有以听讼称者，孔子曰："听讼，吾犹人也，必也使无讼乎？"夫听讼而得其情未为失也，孔子犹且非之，况苟取于民而禁其讼者哉？治天下不能使民无讼而禁其勿讼，其差甚矣焉！在其为周公之政，吾固知《周礼》非全书也。

治经不可致疑也，疑经太过，则圣人之言不行。亦不可无疑也，不能有疑，则圣人之意不明。始于有疑，而终于无所疑者，善学者也。苟于信而不知择于经，何所明哉？《周礼》，余之所最好，而疑之为尤甚，盖好其出于古，爱其为先王之制，而惜其或失先王之意也，故求之也详，味之也深，于其有可疑者不得不为之辨也。昔者周公论为治之道备矣，未尝及乎财利，武王受西旅之獒，召公骇然以为不可而争之，夫受一犬未为害道，财利国之所宜用，言之未为有过，二公抑之而不言，斥之而不使人主受其贡者，所以防乱源而慎其始也。王者之所为，将为后世法，举手投足且不可不慎，况著之于书定一代之制？周公谨之，宜何如哉！《周礼》之于言利，何其密也，金玉玩好则入于玉府，良货贿则入于内府，至于山师、川师皆使致珍异之物，其汲汲于利如此，岂周公意哉？以为周公之所著而法之，不惟诬周公，且祸后世矣！昔之疑周礼者，诋斥过甚，固不足知圣人之意，然若此者，其非周公之言决也？天下之患莫甚于名是而实非，人求之以其名，而行之于事，必自财利始，元丰之祸是也。然则余安得不辨乎？

方孝孺云："始于有疑，而终于无所疑者，善学者也。"旨哉斯言！疑古过勇者，不善学者也。

2. 武王诛纣
《逊志斋集》卷四《武王诛纣》云：

余读《春秋》，见其纪时书事，少者止一二言，多者不过数十言，断断然传其所信而不敢肆。窃尝疑之，以为当时史官所载必详矣，孔子曷不尽举而书之，奚为简略如是哉？及观左氏、穀梁、公羊三子之传，各述其所闻甚详，或曲说以传经，或因经而构事，肆情极论，无复顾忌，初若可喜，徐而推之，率多虚词而鲜事实，往往不足以得其要领，而数增人之惑，然后知孔子谨严，其词若不敢尽者，忧天下后世之至也。孔子尝系《易》以辞矣，反复诘难，至于理彰义竭而后止，何独于《春秋》而不尽其辞？盖道可以智穷，而事必以实著。与其循疑而失实，以为后世害，不若著其可信者之为愈也。故曰："多闻阙疑。"又曰："吾犹及史之阙文也。"此孔子之意也。

3. 《三坟书》
《逊志斋集》卷四《读三坟书》云：

书之名真而实伪者多矣，何从而信之哉？亦在审辨之尔。辨之法有三：味其辞以望其世之先后，正其名以求其事之是非，质诸道以索其旨之浅深，而真伪无所匿矣。吾尝执是以观天下之书，盖十不失一焉。若世传《三坟书》者，则又凡鄙而易见者也。孔安国称伏羲、神农、黄帝之书谓之《三坟》，其言大道。今此书以《山坟》为伏羲之书，言君臣、民物、阴阳、兵象，谓之《连山易》，而《姓纪》《皇策》之篇附焉；以《气坟》为神农之书，言归藏生动、长育生杀谓之《归藏易》；以《形坟》为黄帝之书，言其目而传以申之，考其辞则不类，正其名则不合，质诸道则浅陋而无稽。其《姓纪篇》曰："太始者，元胎之萌。太极者，天地之父母。太易者，天地之变。太初者，天地之交。太素者，三才之始。天地孕而生男女，谓之三才。"颇剽庄、列之余言，而造为异说。此其道之浅陋无稽者也。其论物则曰："木为金所克，服阳臣十干。"此后世历生之常谈，伏羲之时曾有之乎？论民曰："四民之物，以货为本。"伏羲之时曷有四民之名乎？谓封拜之辞曰策。策始于汉，而谓伏羲氏有策辞可乎？祭天地于圆丘，大夫之妻曰命妇，《周礼》始有之，而谓天地圆丘恩及命妇，为黄帝之事可乎？相人之术起于衰世，而谓圣人以形辨贵贱，正贤否，为神农氏之书可乎？此其名之不合者也。其辞皆后世俚野之谈，而其尤谬者曰："山月升腾，川月专浮，山云叠峰，气云霰彩，山气笼烟，川气浮光，云气流霞。"皆唐人为诗之语。其《政典篇》往往窃取《书》《易》而损益之，如曰：惟天生民，惟君奉天，民惟邦本，食惟民天，出言惟辞，制器惟象，动作惟变，卜筮惟占，先时者杀，不及时者杀，皆是也。或者未之察，顾谓书所谓政典正本诸此而定为上古之书，其亦异哉！然世之伪书众矣，如《内经》称黄帝，《汲冢书》称周，皆出于战国秦汉之人，故其书虽伪，而其文近古，有可取者。此书则又伪于近代者也，其后有序，不著其姓名，自谓天复中隐于青城之西，因风雨石裂中有石匣，得此书于匣中，其文绝与此书类。天复，唐昭宗时也，岂即青城隐者所伪邪？虽然，圣人之经犹日月，然其道犹天地，然使孔子时有《三坟书》，孔子固不得而删存其名，而亡其书，孔子犹尝言之。今孔子之系《易》，但云伏羲氏画八卦，神农氏为耒耜，黄帝垂衣裳，未尝言三皇有所谓《三坟书》也！孔子不言，安国何据而言之耶？然则安国之言亦妄矣，彼伪为书者，因其言而复僭袭"周礼""三易""连山""归藏"之名，以为伏羲、神农之书，《周易》不可袭，则以《归藏》先《坤》后《乾》，名黄帝者故曰《坤乾》，其亦妄之妄者耶？以区区俚野之文，而欲托于三代唐虞之上，是犹瞽夫愚破镜于空中，而欲自比于日月也，其亦惑之甚耶？于乎！世之拟经者亦可以知愧矣。

此处总结出了辨伪三法："味其辞以望其世之先后，正其名以求其事之是非，质诸道以索其旨之浅深。"这是辨伪学史上的一次突破，应命之曰"方氏三法"。

4. 《夏小正》

《逊志斋集》卷四《读夏小正》云：

《夏小正》凡三百九十余言，先儒以孔子所谓行夏之时者即此书，且以时之正、令之善释之。自今观之，其书记十二月之候有关于人事者二十有七，若采芸采蘩、祭鲔摄桑、剥瓜剥枣、纳蔚取茶之类，皆备记之，求其大者，惟服公田绥士女万用入学剥鲜颁冰始蚕祈麦攻驹颁马王狩陈筋革十一事而已，岂所谓令之善者止于斯乎？孔子有取于《夏时》，以建寅之月为岁首耳，岂诚谓此书乎？使此书果夏之遗书，孔子曷不编于《禹贡》《胤征》之间乎？孔子倘见此书，奚不曰得《夏小正》而曰得《夏时》乎？孔子未尝指而言之后乎？孔子者乃从而实之岂固别有所受乎？或者信其说，遽谓《汲冢书》之《周月解》、吕不韦之《月令》皆本诸此，果何以定其先后乎？圣人之经传之万世而无惑者，以其明道也，于道苟无损益，虽谓出于孔氏之壁，成于尧舜之时，谓之古书，则可矣，吾安敢信哉！

5. 《汲冢周书》

《逊志斋集》卷四《读汲冢周书》云：

《汲冢周书》十卷七十解，或谓晋太康中出于汲郡魏安釐王冢，故曰汲冢，以论载周事，故曰周书。宋李焘以汉司马迁、刘向尝称之，谓晋时始出者非也。此固是矣。刘向谓其书为周书，即孔子删定之余者，则非也。何者？其事有可疑也。略举其大者言之。武王之伐殷，诛其君，吊其民而已。其《世俘篇》乃曰馘磨亿有十万七千七百七十有九，俘人三亿万有二百三十，夫杀人之多若是，虽楚汉之际乱贼之暴不若是之酷，而谓武王有是乎？所诛以亿万计，天下尚有人乎？周公之用人不求备于一人。其《官人篇》乃曰："醉之以酒以观其恭，纵之以色以观其常，临之以利以观其不贪，滥之以乐以观其不荒。"以诈术防人，而责人以正，虽战国之世纵横权数之徒所不为，曾谓周公而以此取人乎？王者之师，禁乱除暴，以仁义为本。其《大武篇》则曰："春违其农，夏食其谷，秋取其刈，冬冻其葆。"不仁孰甚焉！其《大明篇》则曰："委以淫乐，略以美女。"不义孰甚焉！此后世稍有良心者所不忍为，曾谓王者之用兵乃若是乎？其为文王之言曰："利维生痛，痛维生乐，乐维生礼，礼维生义，义维生仁。"此稍知道者所不言，曾谓文王大圣人而为是言乎？其《文传篇》曰："有十年之积者王，有三年之积者霸。"霸之名起于衰世周初，未尝有之谓王者，不以道德而在乎积谷之多，是商鞅之徒所不言，而以为文王之言可乎？其他若是者甚众。及载武王伐商之事，往往谬诞，与《书》不合。由此观之，决非周书。谓孔子删定之余者，非也。其中若《谥法》《周月》《时训》《职方》之篇，又与《尔雅》《月令》间有合者。窃意汉初书亡，隐士缙绅之流所伪者，以为周书，而司马迁不察，故引而用之，刘向因以为古书耳。其中《芮良夫篇》最雅驯，其曰："后除民害，不惟民害，民害非后，惟其雠民。至亿兆后一而已，寡不敌众，后其危哉！"呜呼！君子之言，三复其篇，为之出涕。

以儒家伦理衡量《汲冢周书》，发现存在诸多矛盾，于是断定绝非周书。文献辨伪与思想理论存在不一致，这就是历史的复杂性，不可做简单判断。

6. 《司马法》

《逊志斋集》卷四《读司马法》云：

周司马有用兵之法，至齐威王欲尊用田穰苴遗法，乃论古司马法，附穰苴之书于其中，号司马穰苴。《司马法》，《汉·艺文志》百三十篇，今所传者五篇，盖周书之存者寡矣，而其言论犹有先王之遗意焉。先王之兵，非黩武好胜也，将止乱而已。此书所谓以战止战者得之。先王之兵，以爱民为本，此书所谓不因防，不加防，冬夏不兴师者，得之先王之世寓兵于农，农隙讲武，此书所谓忘战必危者。得之以德不以力，王道之盛也，非此书所谓六德者乎？正名而不尚诡，王道之要也，非此书所谓遍告诸侯、彰明有罪者乎？所谓举贤立明，正复厥职，则兴灭继绝之事也。所谓以仁为本，以义治之，则王者之政，文武之所由兴也。若是者，非穰苴所能言，其为遗书无疑。至有驳而不纯、谲而不正者，则皆穰苴之法，而亦非战国之谈兵者所能及。盖兵书之近道者也。呜呼！王者之不作也久矣，人心之趋下也日以滋矣，于是英君谋士以谲诈为奇，以屠戮为武，若唐太宗、李靖之问答，惟知有孙、吴之术，而《司马法》为虚语矣，况有出于孙、吴之不忍言者乎？悲夫！

不能以孙、吴之术判断《司马法》为伪，因其道不同也，因为《司马法》不以屠戮为武，而强调"以战止战"，即"止戈为武"。以甲判乙，不可取也。

7.《三略》

《逊志斋集》卷四《读三略》曰：

> 《三略》三篇，或谓太公之书，非也。盖后人伪而托焉。太公之言于书无所见，孟子以为天下之大老与伯夷并称，则其人可知矣。三篇之中，大率皆平浅鄙狭，世援军防以足成之。夫谶书起于战国之后，太公之时曾有之乎？中略之，末谓《三略》为衰世而作，太公之佐文王果衰世乎？其间曰揽英雄，曰侵盗县官，曰奸雄相称，曰霸者制士以权，皆汉魏以后之言，曰非谲奇无以破奸息寇，非阴谋无以成功，曰豪杰事职国势乃弱，其诡谬害理，虽太公之奴隶所不屑道，而妄谓太公之书，可乎？复有《六韬》者，其诬圣贤尤甚。论六兵则皆窃孙、吴之所陈，至其所自言，猥细烦曲，无足观者。至于避正殿用骑卒之说，又其伪之易见者也。近世三山施子美为之讲义，曲为辨释，以炫其博，卒不敢言其为伪，其愚陋无识，特儿童之见耳，而世乃传而诵之。

方孝孺认为《三略》粗浅害理，乃后人作伪而托名于太公。

8.《子华子》

《逊志斋集》卷四《读子华子》曰：

> 余始闻太史公言，《子华子》为伪书。近求其书，以观其辞，婉丽可喜，未觉其为伪也。及详味而徐察之，始知为伪书无疑。盖子华子，程氏，名本，子华其字，晋人，与孔子同时，孔子所与倾盖而语者也。夫孔子周游四方，道途所遇，若楚狂、沮溺、荷蒉、荷蓧丈人之流，皆不足知其意，至于叹息而不已，子华子一见而得圣人之欢心，亟解束帛而赠之，岂非当时之贤者哉，其言论宜有过人者，今所传十篇之中，语道德则颇袭老、列之旨，专对则仿左氏之文，辨黄帝铸鼎事，不能直排其谬，而曲为之说，傅会不经，与晏子论俭，虽为近正，而起人君奢侈之端，答北宫意祥瑞之问，善矣，乃恐后世巧诈诞谲之臣作为声歌，荐之郊庙，似指汉武朱雁芝房之事，其子车氏狠之喻，复窃韩愈所作《柳宗元墓铭》，论代播州之意，医药之技，孔子罕言之，则剧谈之，而不置八卦，以宫言孔子《赞》易时未有也，而曰坎宫、震宫，解字之不类，时之乖错者甚众，以为子华子之书，岂非诬哉？其首有刘向序，亦与向文殊，盖亦伪也，伪之者不知为谁。晁公武以为元丰以后人，以《字说》而知之，或以为王铚，岂或然欤？嗟乎！人之著书，上欲以淑来世，其次亦欲扬声光于不朽，而伪是书，既不足以淑诸人，而又不能少见其名，果何为哉？果何为哉？

文中太史公指宋濂。观其辞未觉其为伪，可见作伪几可乱真；详其味而徐察之始知其伪，可见辨伪绝非易事，需要反复体味，有一个曲折的过程。经此过程，各方面的能力都有所提升，一旦豁然开朗，群疑顿释，如拨开乌云见到太阳一般。作为宋濂的弟子，方孝孺继承了其师的辨伪学，且有所拓展，惜乎早死，未能大成。

9.《曾子》

《逊志斋集》卷四《读曾子》曰：

> 《曾子》十篇一卷，其词见《大戴礼》，虽非曾子所著，然格言至论杂陈其间，而于言孝尤备。意者出于门人弟子所传闻，而成于汉儒之手者也。故其说间有不纯，如曰"喜之而观其不诬，怒之而观其不惛，近诸色而观其不逾，饮之而观其有常"，又曰"神灵者，礼乐仁义之祖也"，又曰"君子将说富贵，必勉于仁"，若是者，决非曾子之言。顾其言孝，有足感予者。予少之时事二亲，尝谓人子无所自为心，以父母之心为心。今此书曰："孝子无私忧，无私乐，父母之忧忧之，父母所乐乐之。"旨乎其有味哉，一何似予之所欲言也！然少时知之而不能躬见之，及今欲养而二亲已莫在矣。《疾病》篇有曰："亲戚既没，虽欲孝，谁为孝？"诵其言，辍业流涕者久之。

方孝孺辨伪既靠灵敏的嗅觉，更靠灵敏的味觉。味觉不对，可能有假；味觉对头，为之流涕。方氏之舌具特异功能，故能辨别真伪。也因其舌之特异功能，招致灭门之灾。从方孝孺的舌头可以产生无数的联想，这就是历史的魅力。

10.《荀子》

《逊志斋集》卷四《读荀子》曰：

> 道之不明，好胜者害之也。周衰，先王之遗言大法漫灭浸微。孔子出而修之，斯道皎然复章。圣人之业焕然与天地同功。彼处士者，生于其后，务怀诽讪之心，以求异于前人。其心以为尧舜之道，孔子既言之矣，复附而重言之，何以云云为哉？于是各驰意于险怪诡僻，涣散浩博之论，排击破碎先圣人之道，以伸其觋琐一曲之偏智，若杨朱、墨翟、宋钘、列御寇、庄周、慎到之徒是也。孟子生乎其时，惧圣人之道败坏于邪说，乃敷扬孔子之意而攻黜之，然后复定。盖彼之说偏驳易辨，故其入人也浅，可指其过而声之也。若荀卿者，剽掠圣人之余言，发为近似中正之论，肆然自居于孔子之道而不疑，沛乎若有所宗渊乎，执之而无穷，尊王而贱霸，援尧、舜，摭汤、武，鄙桀、纣，俨若儒者也。及要其大旨，则谓人之性恶，以仁义为伪也，妄为蔓衍不经之辞，以蛆蠹孟子之道，其区区之私心，不过欲求异于人，而不自知卒为斯道谗贼也。盖数家者偏驳不伦，故去之也易；荀卿似乎中正，故世多惑之。惜无孟子者出以纠其谬，故其书相传至今。孔子曰："恶紫，为其乱朱也；恶郑声，为其乱雅乐也。"夫欲摈悖道之书而不用，必自荀卿始。何者？其言似是而实非也。

今按，方孝孺认为孔子的学说是唯一真理，孟子发扬了真理，而危害最大的是荀子。他认为要保护人的理性，不要让人的私欲来污秽理性。这完全是程朱理学的思想。（章培恒先生讲授、曾庆雨整理：《明代文学与哲学上》）明敖英《绿雪亭杂言》曰："荀子以礼为伪，宋儒多疵之，殊不知荀子盖指礼之末流之弊而言也，非言礼之本体也。尝试观之，鲁国禘自既灌而往之礼，王莽谦恭下士之礼，苏章杯酒待故人之礼，曹丕受禅之礼，桓温拜表辄行之礼，谓之非伪也，而可乎？故傅说曰：'礼烦则乱。'孔子曰：'礼，与其奢也宁俭。'老子曰：'礼者，忠信之薄，而乱之首也。'皆即末流之弊而言也。孰谓兰陵老令，曾不知礼乎？不然，其著书何以曰'学至乎礼而止'？何以曰'人无礼则不生，事无礼则不成，国家无礼则不宁'？何以曰'礼者所以正身也，师者所以正礼也'？"

11.《吴子》

《逊志斋集》卷四《读吴子》曰：

> 卫人吴起书六篇，兵书也。起尝受学于曾子，故其书间谈仁义，然起乌足以知仁义哉？起尝杀妇而求将，啮臂与母盟，其天资固刻忍之人，是以见弃于曾子之门，而卒以兵显。观其论兵，则孙武之亚也。而武之说为明备矣，起尝与魏武侯言"在德不在险"，信战国时之名言，特以无行见少于世，亦可以见圣人之教入人者深，而是非之公终不可泯也。于乎！岂不足为喜功者之戒哉！

《吴子》之书向来以为伪，而方氏以为真，为战国时之书。

12.《慎子》

《逊志斋集》卷四《读慎子》曰：

> 世以慎到与邓析、韩非之流并称。到虽刑名家，然其言有中理者，非若彼之深刻也。其谓"立天子以为天下，非立天下以为天子"，不犹儒者所谓君为轻之意乎？其谓"役不得逾时"，不犹不违农时之意乎？其谓"用人之自为，不用人之为我"，不犹舍己从人之意乎？其谓"不设一方以求于人"，不犹无求备之意乎？其谓"人君任人而勿自躬"，不犹任贤勿疑之意乎？但到不闻圣人之道，不知仁义之治，堕于曲学，而流于卑陋尔夫，岂其性然哉！

13.《尹文子》

《逊志斋集》卷四《读尹文子》曰：

> 《尹文子》一卷，刘向定为刑名家书。仲长统分为上下二篇，且以刘向之论为诬。然向谓为刑名家者，诚是也，特善于邓析、田骈者耳。其说治国之道，以为人君任道不足以治，必用法术权势。术者，人君之所密用，群下不可妄窥。势者，制法之利器，群下不可妄为。非刑名家而何？但其为民之心颇切，末章尤中时君之弊。使举而行之，名实正而分数明，赏罚严而事功举，亦足以善其国。然其苛刻检柅，而难于持循蹈履，非王者之道，以故君子不取。而统独好之，遂因以斥向，殆有所激而然耶？

14.《邓析子》

《逊志斋集》卷四《读邓析子》曰：

> 郑人邓析所著《无厚》《转辞》二篇，其言皆严酷督责之行，韩非、李斯之徒也。呜呼！先王之泽竭，而仁义道德之说不振，刑名者流著书以干诸侯，用之而亡国

者何限？其遗毒余焰蔓延于天下，生民受其害，至今而未已，不亦哀哉！予择其可取者二百言著于篇，余皆焚之。夫水浊则无掉尾之鱼，政苛则无逸乐之士。故令烦则民诈，政扰则民不定。不治其本而务其末，譬如拯溺锤之以石，救火投之以薪。为君当若冬日之阳，夏日之阴，万物自归，莫之使也。恬卧而功自成，优游而政自治，岂在振目扼腕，手据鞭朴而后为治欤？心欲安静，虑欲深远。心安静则神策生，虑深远则计谋成。心不欲躁，虑不欲浅。心躁则精神滑，虑浅则万事倾。怠生于宦成，病始于少瘳，偏生于懈慢，孝衰于妻子。目贵明，耳贵聪，心贵公。以天下之目视则无不见，以天下之耳听则无不闻，以天下之知虑则无不知。

可于去留之处辨真伪，未明言其所以然，想必还是靠味觉。一般人没有灵敏的味觉，万万不可胡来，惟有高明如方孝孺者始可味其辞而断其真伪。辨伪是一门高级艺术，惟得道者始可与言辨伪。

15.《尉缭子》

《逊志斋集》卷四《读尉缭子》曰：

《尉缭子》二十三篇。尉缭子，或曰齐人，或曰梁人，以其有惠王问答语也。三山施子美称其有三代之遗风，其然哉？三代之盛，未尝有兵书也。非惟无兵书，而兵亦非君子之所屑谈也。君子之道图乱于未萌，扶危于既安，本之以德礼，导之以教化，同之以政令，使兵无自而作，俟兵之起，而后与战，虽孙武、吴起为将，且恐不救，而况云云之书岂足恃乎？故好言兵者，贼天下者也。著书论兵者，流祸于后世者也，皆不免于圣人之诛也。尉缭子不能明君子之道，而恣意极口称兵以惑众，其重刑诸令，皆严酷苛暴，道杀人如道饮食常事，则其人之刻深少恩可知矣。《武议》《原官》诸篇，虽时有中理，譬犹盗跖而诵尧言，非出其本心，是以无片简之可取者。谓之有三代之遗风，可乎？然孙、吴之书与《尉缭子》一书，彼以兵为职，无怪其然。若《尉缭子》者，言天官、兵谈、制谈、战威、守权、十二陵、武议、将理、原官、治本、战权、重刑令、伍利令、分塞令、束伍令、经卒令、勤卒令、将令，有似乎君子而实非者也。予不得不论之。

宋代学者施子美认为《尉缭子》有三代之遗风，方孝孺认为其说不能成立，理由是三代无兵书，又从其书之内容加以剖析，刻薄少恩，恣意妄谈，不可谓之有三代仁政之遗风。这是以儒家之道评判兵家之书。以甲判乙，不足为凭。

第八章

明代中期的文献辨伪

一、何乔新

（一）何乔新其人

何乔新（1427—1503），字廷秀，号椒丘，又号天苗。江西广昌盱江镇人。何文渊第三子。景泰五年（1454）中进士，后拜刑部侍郎。持宪严谨，人不敢欺，一时刑狱，号无冤滥。气正而完，德刚而毅，经训沉酣，道腴隽味。孝宗嗣位，万安、刘吉等忌乔新刚正，出为南京刑部尚书。未几，复代杜铭为刑部尚书。弘治元年（1488），吏部尚书王恕举荐为刑部尚书，弘治四年（1491）辞官归里，辞官后杜门著述。弘治十五年十二月二十二日（1503年1月19日）卒。正德十一年（1516），追赠太子太保，次年追谥文肃。著述有《椒丘文集》《周礼集住》《策府群玉》等。

（二）何乔新的文献辨伪

1. 《连山》《归藏》

《唐·艺文志》有《连山》十卷，出于长孙无忌，次述文多阙误，其书不传久矣。然求之《周易》，尚有可言者，所谓"兼山艮"，即"连山"之遗意也。六爻皆别人象，书虽不存，象可得而推焉。

《隋·经籍志》有《归藏》十三卷，出于刘光伯所上，意甚浅陋，书虽不传，《易》所谓坤以藏之，即《归藏》之遗意也。

2. 《子夏易传》

子夏之《易》，不依古《易》篇次，而遵费氏，则为后人之假托可见。

何乔新《椒丘文集》卷一云：

自伏羲画卦，而《大易》之道著。《连山》者，炎帝之《易》，夏后氏因之以作《易》者也。其卦以艮为首，盖以艮者山也。艮所以成言乎物，故曰《连山》，具其体也。《归藏》者，黄帝之《易》，而商人因之以作《易》者也。其卦以坤为首，盖以坤者地也，坤所以厚德载物，故曰《归藏》，取其用也。逮至于周，而《易》之书大备，故《周易》之卦以《乾》为首，盖以乾者，天也，乾所以首出庶物，故曰《周易》，观其象也。三《易》之体，各以一卦为首，各以一义为先。然经卦皆八，其别皆六十四。夏、商《易》取七八，以不变为占也；《周易》取九六，以变为占也。

《隋·艺文志》有《归藏》十三卷，出于刘光伯所上，意甚浅陋。《唐·艺文志》有《连山》十卷，出于长孙无忌次述，文多阙误，则二书之不传久矣。然尝求之《周易》，尚有可言者，所谓"兼山艮"，即"连山"之遗意也。六爻皆别人象，所谓"坤以藏之"，即"归藏"之遗意也。全体皆言地道，其书虽不存，其象则可得而推焉。

重卦之人，诸儒不同。然十三卦制器尚象，既羲农所取，则重于伏羲明矣。《十翼》之说亦有不同，大抵不出乎《象》《彖》《文言》《系辞》《说卦》《序卦》《杂卦》之中，又岂可舍是而他求《十翼》哉？上经之卦三十，所以象阳奇，下经之卦三十四，所以象阴偶。上经首《乾》《坤》而终于《离》《坎》者，盖首于天地阴阳之正也，故以水火之正终焉；下经首《咸》《恒》而终于《未济》者，盖先于夫妇阴阳之交也，故以水火之交终焉。自汉以来，考象占者疑于术数，而不得其弘通简易之法；谈义理者沦于空寂，而不适乎仁义中正之归。丁宽作《易说》三万言，而训诂之学兴。焦延寿述阴阳灾异，而穿凿之弊起。

九师之《易》，王通以为《易》道因之而微，则无资于圣经可知也。王弼之传，则高谈理致，祖尚清虚而已。颖达之疏，则随文生义，依徇王氏而已。迨程子作《易传》，《易》之义理始大明。朱子作《本义》，《易》之象占始益著。盖程子之《易》，发挥孔子之《十翼》者也；朱子之《易》，则推三圣教人卜筮之旨者也。后世有功于《易》道，非程朱而何哉？夫书即古史也，伏羲氏之书则曰《山坟》，君、臣、民、物、阴、阳、兵、象，八者而已；神农氏之书则曰《气坟》。归、藏、生、动、长、育、止、杀，八者而已；黄帝之书则曰《形坟》，天、地、日、月、山、川、云、气，八者而已。

3.《尚书》

何乔新《椒丘文集》卷一云：

孔子删《书》，定为百篇，其芟除坟典而不录者，以其世尚洪荒而莫考也。断自唐虞以为始者，以其道原中正而无弊也。伤周道之既东，而东周之兴，汲汲有望于鲁，则取伯禽之誓师，而《费誓》固有深意也。叹王纲之解纽，而天下之势骎骎将入于秦，则取穆公之悔过，而《秦誓》非示微意乎？其间所载，如尧舜之揖逊，汤武之放伐，大而天文、地理之所奠序，微而草木鸟兽之所含生，精而性命道德之蕴，粗而法度官名之著，上下千百年间，靡不悉备焉，无非恢宏至道，示人主以轨范也。然《书》有六体，典、谟、训、诰、誓、命是也。其读二典也，则知其为君道之尽；其读三谟也，则知其效臣职之至；训戒于君上，则事得以规正；诰告于臣民，则情得以通达；有誓焉，则俾士庶之尽命而知所畏；有命焉，则俾臣下之尽心而知所禀。出治规模，灿然毕具，乃若典谟，虽为二帝之书，然观誓征苗之师，命羲和之官，则未尝无誓命也。训、诰、誓、命，虽为三王之书，然观商有先人之典，周有丕显之谟，则未尝无典谟也。迨秦焚《书》百篇，仅存其半，其出于伏生口授者谓之今文，而得于孔壁所藏者谓之古文。今文多艰涩，而古文反平易者，以伏生记录之实语难工，而安国润色之雅辞易好也。然《小序》之说必非出于圣，而《大序》之文又甚绝不类于西汉，此其可疑也。自汉以来，传者非一，安国之注类多穿凿，颖达之疏惟详制度，近世之注朱子所取者四家，而王安石伤于凿，吕祖俭伤于巧，苏轼伤于略，林之奇伤于繁。至蔡氏《集传》出，别今古文之有无，辨《大序》《小序》之讹舛，而后二帝三王之大经大法灿然于世焉。

4.《仪礼》

何乔新《椒丘文集》卷一云：

《仪礼》未知孰作，或以为周公作之也。孔子有学礼之言，《礼记》有读礼之文，当是时固已有简牍之传矣，决非秦、汉间笔也。其法度必出于圣人。若曰周公作之，则非所敢知也。遭秦焚书，《礼经》废坏，其传于世者十七篇而已。《冠》《昏》《相见》三篇皆士礼也，《乡饮》《乡射》二篇大夫礼也，《燕》《射》《聘》《觐》《公食大夫》五篇诸侯礼也，《士丧》《既夕》《士虞》《特牲馈食》四篇皆诸侯之士丧祭礼，《少牢》《馈食有司彻》二篇皆诸侯之卿大夫祭礼，《丧服》一篇则通言上下之制。汉兴，高堂生得之，以授瑕丘萧奋，奋授东海孟卿，卿授后苍，苍授戴德、戴圣，是为今文。后鲁恭王坏孔子宅，得古经五十六篇于壁中，河间献王得而上之，其十七篇与《仪礼》正同，余三十九篇藏在秘府，是为古文。哀帝初，刘歆欲以列之学官，而诸博士不肯置对，竟不得立。唐初犹存，诸儒不以为意，遂至于亡，惜哉！及宋朱子与东莱吕氏商订"三礼"篇次，欲取《礼记》中有关于《仪礼》者附之经，其不系《仪礼》者别为记。吕氏既不及答，而朱子亦不及为，晚乃作《仪礼经传通解》，以《仪礼》为纲，分王朝邦国等类，而《礼记》分隶于其间，亦未成之书，而丧、祭二礼又其门人黄氏、杨氏所续也。近世临川吴氏独疑其经传混淆，以为经之章也，而以为记，补记补传，分隶于其左，其与《象》《象传》之附《易经》者有以异乎？经之篇也，而以传篇、记篇、补篇错处于其间，其与《左氏传》之附《春秋经》者有以异乎，是岂朱子之所以相遗经者哉？于是重加纂次，以十七篇者并依郑氏次第，为正经，取戴氏郑注中有经篇者为逸经，凡八篇，其二取之《小戴记》投壶、奔丧也，其三取之《大戴记》公冠、诸侯迁庙、诸侯衅庙也，其三取之郑氏注中溜禘于太庙王居明堂也。礼各有义，则经之传也，以戴氏所存，兼刘氏所补者，合之为传，凡十篇。盖《小戴记》中《冠义》《昏义》《乡饮酒义》《射义》《燕义》

《聘义》乃周末汉初之人作以释礼，而戴氏抄以入记，乃依《礼经》篇次，萃为一编。《射义》一篇迭陈天子、诸侯、卿、大夫、士之射，厘为《乡射义》《大射义》二篇。《士相见义》《公食大夫义》则用清江刘原父所补，惟《觐义》阙，则取《大戴记》朝事一篇以备之，正经居首，逸经次之，传终焉，皆别为卷而不相紊。凡周公之典未坠于地者，盖略包举而无遗矣。

5. 《周礼》
何乔新《椒丘文集》卷一云：

《周礼》一书，乃周家致太平之迹也。周公当功成治定之日，礼备乐和之际，作为此书，以粉饰太平，详于典章文物，而不及于道化，严于职分官守，而不切于君身。今观一书之中，其兵农以井田，其取民以什一，其教民以乡遂，其养士以学校，其建官以三百六十，其治天下以封建，其威民以肉刑，大本既立，然后其品节条目日夜讲求而增益之。其上则六典、八法、八则、九柄、九贡、九赋、九式之序，其次则祭祀、朝聘、冠昏、丧纪、师田、行役之详，下至于车旗圭璧之器、梓匠轮舆之度与夫画缋刮摩搏埴之法，又其细则及于登鱼取龙搰鼈之微，莫不备具。如天焉有象者在，如地焉有形者载，非聪明睿智，孰能及此哉？奈何一毁于战国之诸侯，再毁于秦坑之烈焰。汉兴百余年，河间献王始上其书于秘府。又百年，刘歆始列其书于《录》《略》。惟其晚出，故当世儒者共疑之，或谓文王治岐之书，或谓成周理财之书，或以为战国之阴谋，或以为汉儒之附会。窃谓五等之爵、九齑之服、祭天祀地之礼、朝觐会同之事皆非文王时所得为也。虽其书固详于财，然其规画也似巧，而惠下也甚厚，其经入也似丰，而奉上也甚约，谓理财之书，又非深知《周礼》者也。使战国有如是之法，则为三代矣；使汉儒有如是之学，尚为汉儒哉！不幸书未成而公亡，其间制度有未施用，故封国之制不合于《武成》，建都之制不合于《召诰》，设官之制不合于《周官》，九齑之制不合于《禹贡》。凡此皆预为之而未经行也。欧阳氏疑其设官太多者，非惟一官可以兼众职，而有其事则设，无其事则废者亦多也，岂常置其官而多费廪禄乎？苏氏疑王畿千里无地以容之者，盖王畿四方相距千里，凡远郊近郊，甸地稍地，大都小都，截然整齐，如画棋局，亦其设法则然耳，而其地则包山林陵麓在其中，安能如一图哉？胡氏疑冢宰论道之官不当统宫壶财用之事，殊不知财用统于冢宰，则用度有节，而无侈用滥赐之弊，宫壶统于冢宰，则身修家齐，而无女宠嬖幸之习，是乃格心之要务也，又岂可轻议其非哉？虽然，欲行圣人之事，则必当法圣人之书。欲法圣人之书，则必当求圣人之心。彼刘歆之谄新室，则溺于所习之谀佞。王安石之行新法，则拘于所习之偏驳。大率假圣人之法言，行一己之私志，宜其用之而不验也。独宇文周用苏绰之言，盖已略仿《周礼》而行之，如授田之法、府卫之志，后世此意稍为近古。有唐因之，亦致太平，特以其无圣人之心，不能扩而充之，以致圣人之治耳。昔卢植言《周礼》与《春秋》相表里，盖《周礼》为尊王作，而《春秋》亦为尊王作也。故《周官》记三百六十属之分职，而冠之以惟王之一辞。《春秋》载二百四十年之行事，而首之以书王之特笔。兹非二书之相为表里乎？然则诋以为非圣人之书者，谬矣！

　　论先王之法度莫备于成周，论成周之制作莫详于《周礼》。盖《周礼》者，周公致太平之书也。规模极其广大，节目极其周详，非圣人不能作也。故文中子曰："如有用我执此以往学者，其可不之考乎？"姑举其概而言之，八法、八则、八柄，太宰之所掌也。曰官属，曰官职，曰官联，曰官常，曰官成，曰官法，曰官刑，曰官计，非所谓八法乎？曰祭祀，曰法则，曰废置，曰禄位，曰赋贡，曰礼俗，曰刑赏，曰田役，非所谓八则乎？至于爵以驭其贵，禄以驭其富，予以驭其幸，置以驭其行，生以驭其福，夺以驭其贫，废以驭其罪，诛以驭其过，又所谓八柄也。六叙、六联、八成，小宰之所掌也，曰以叙正其位，曰以叙进其治，曰以叙作其事，曰以叙制其食，曰以叙受其会，曰以叙听其情，非所谓六叙乎？曰祭祀之联事，曰宾客之联事，曰丧荒之联事，曰军旅之联事，曰田役之联事，曰敛弛之联事，非所谓六联乎？至于听政役以比居，听师田以简稽，听闾里以版图，听称责以傅别，听禄位以礼命，听取予以书契，听卖买以质剂，听出入以要会，又所谓八成也。司徒所掌莫重于三物、八刑。以言乎三物，则有所谓六德、六行、六艺之目焉；以言乎八刑，则有所谓不孝、不睦、不姻、不悌、不任、不恤、造言、乱民之刑焉。司马所掌，莫重于九法、九伐。制畿封国以正邦国，设仪辨位以等邦国，进贤兴功以作邦国，建牧立监以维邦国，制军诘禁以纠邦国，施贡分职以任邦国，简稽乡民以用邦国，均守平则以安邦国，比小事大以和邦国，此所谓九法也。冯弱犯寡则眚之，贼贤害民则伐之，暴内陵外则坛之，野荒民散则削之，负固不服则侵之，贼杀其亲则正之，放弑其君则残之，犯令陵政则杜之，外内乱鸟兽行则灭之，此所谓九伐也。大祝掌辨六号，则有所谓神号、鬼号、祇号、牲号、齍号、币号者焉。其辨九祭，则有所谓命祭、衍祭、炮祭、周祭、振祭、擩祭、绝祭、缭祭、共祭者，此属于宗伯者然也。小司寇以五声听狱讼，岂非辞听、色听、气听、耳听、目听之谓乎？士师掌士之八成，岂非邦汋、邦贼、邦谍与夫犯邦令挢邦令为邦盗为邦朋为邦诬之谓乎？此属于司寇者然也。至其名官莫不有义，治非天事，谓之天官者，治以道为本也；教非地事，谓之地官者，教以化为本也。礼以仁为本，故礼曰春官；政以礼为本，故政曰夏官；刑以义为主，故刑曰秋官；事以智为主，故事曰冬官。名曰宰，以制变为义；名曰夫，以帅人为义。以正人则曰正，以长人则曰伯。司者，伺察之谓。氏者，世守之称。尊其智，故称大夫；卑其任，故称人。大纲小纪，莫不具载，非圣人心胸广大，孰能与于此？彼不知而妄议者乌足以论圣人之制作哉？奈何煨烬于秦火，而圣人之经不全；附会于汉儒，而圣经之旨益晦。是故天官之文有杂在他官者，如内史、司士之类是也；亦有他官之文杂在天官者，如甸师、世妇之类是也；地官之文有杂在他官者，如大司乐诸子之类是也；亦有他官之文杂在地官者，如阍师、柞氏之类是也。春官之文有杂在他官者，如封人、大小行人之类是也；亦有他官之文杂在春官者，如御史、大小胥之类是也；夏官之文有杂在他官者，如衔枚氏、司隶之类是也；亦有他官之文杂在夏官者，如职方氏、弁师之类是也。至如掌祭之类，吾知其非秋官之文，县师、廛人之类，吾知其为冬官之文。缘文寻意以考之，参诸经籍以证之，何疑之有？冬官未尝亡也，杂于五官之中耳。汉儒考古不深，遂以《考工记》补之，岂知乡师、载师之属则杂于司徒，兽人、人之属则杂于太宰，土方、形方之属则杂于司马，雍氏、萍氏之属则杂于司寇，郑、贾诸儒承讹踵谬，莫觉其非。至临川俞庭椿始作《复古编》，东嘉王次点又作《周官补遗》，草庐吴氏又从而考订之，由是《周礼》六官始得为全书矣。

何乔新《椒丘文集》卷五《以王安石参知政事议行新法》云：

王安石之行新法，天下后世攻之不少恕，至或诋为奸邪。予谓安石徇其学术之偏以成误国之祸，信有罪矣，然谓之奸邪，则过矣。安石之意，盖以欲行王政，当先致富强，而宋之中叶，帑藏耗竭，兵卫寡弱，不足以有为也，于是以其所学于古者而施于政，凡可以富国强兵者无不为。其青苗法则曰："先王榷制兼并，均济贫乏之意也。"其行免役法则曰："先王致民财，以禄庶人在官者之意也。"其行保甲法则曰："先王寓兵于农之意也。"不度于时，不谋于众，断断然自信所学而不疑。及群议哗然，坚执不回，于是老成者斥，巧佞者进，卒至群奸肆毒，祸流海内。安石之罪其何辞？然原其初心，则欲致富强以行王政尔，非欲残民生如商鞅、桑弘羊、宇文融之所为也。议者比而同之，岂万世之公论哉？若曰《周礼》周公所作也，凡安石所建立，皆本于《周礼》，而其祸若此，然则《周礼》果不可行乎？曰：不然。周公之法无不善，所以因时制宜者存乎人。譬之和、扁之方无不良，所以诊脉用药者存乎医。先王知法之不可独恃也，故敷求哲人以守其法焉。庸医用药以致杀人，不可归罪于和、扁之方。庸人用法以乱天下，又岂可归罪于圣人之法乎？况青苗之法，李参行之陕西而民便，王广廉行之陕西而民亦便，使奉法者皆参、皆广廉，安知其终不可行哉？安石不知求人，而徒欲恃法以为治，是知良方可以疗病，而不知非良医不能用方也。

何乔新《椒丘文集》卷九《周礼集注序》云：

《周礼》一书，周公致太平之法也。非周公之法，乃文、武之法也。非惟文、武之法，乃尧、舜、禹、汤之法也。尧、舜、禹、汤、文、武、周公距今数千载，其致治之大本大法于今可见者，《书》与《周礼》而已。《书》载其道，治天下之本也；《周礼》载其法，治天下之具也。有志于唐虞三代之盛者，舍二书何以哉？秦火之余，《书》轶其半，然诸儒无异论。《周礼》固多错简，诸儒论说何其纷然也。甚者或以为战国阴谋之书，或以为汉儒附会之说。呜呼！使战国有是法则为三代矣，使汉儒有是学尚可谓之汉儒哉？独程朱二大儒洞识圣心之精微，以为非圣人不能作。然亦论其大旨而已，微词奥义未及论著，残章断简未及考正，君子惜之。夫冬官未尝亡也，何必以千金购之？胡为以《考工记》补之？至临川俞氏寿翁始悟冬官散见于六官之中，作《复古编》以正汉儒妄补之非。永嘉王氏次点亦作《周礼订注》以羽翼俞氏之说。其后临川吴氏、清源邱氏各有考注。乔新自幼读是书，沉潜有年，以为四家之说备矣，惜其得于此者或失于彼，乃重加考订，每篇首依郑本列其目，存旧以参考也；次则取四家所论定其属，正讹以从古也；黜《考工记》别为卷，不敢渎圣经也；参考诸说，附以臆见，作集注以俟后之君子。有天下国家者以《书》之所载立其本，以《周礼》所载措诸用，孰谓唐虞三代之盛治不可复哉？世谓《周礼》不可行者，以刘歆、王安石用之而败也。呜呼，是非圣经之过也。彼不识圣心，而徒泥其文也。唐太宗斟酌苏绰之制，以为建官、授田、制军、诘禁之法。而贞观之治远迈两汉。况以圣人之心行圣人之法，天下岂有不蒙圣人之泽乎？

何乔新认为《周礼》非圣人不能作，又坚持"冬官不亡论"，所谓"以圣人之心行圣人之法"，也是一种道统论。

6.《礼记》

何乔新《椒丘文集》卷一云：

> 《礼记》之作，出自孔氏，盖七十子之徒共撰所闻，或录旧礼之义，或录变礼所由，或兼记体履，或杂叙得失，见于汉初者二百余篇，戴德删为八十五篇，号"大戴礼"，戴圣删为四十九篇，号"小戴礼"，精粗杂记，靡所不有，不能皆纯。《曲礼》论撰于曲台，而不及五礼之本。《王制》著述于博士，而尽失先王之意。《缁衣》本乎公孙尼子，而仿《鲁论》之文。《礼运》载夫子之说，而大道之言则本于老氏之遗意。《经解》引《易》之纬书，而尝禘之说多牵于夫子之绪论。《明堂位》周公践阼之说乃流俗之妄语。《月令》四时异居之制，以阴阳之拘忌，其言之疵者大略如此。然其文繁，其义博，学者观之，如适大都之市珠玑宝玉，随其所取，如游阿房之宫，千门万户，随其所入，博而约之，亦可弗畔，未可以其言非尽出于夫子而轻议之也。

何乔新认为《礼记》出自孔门弟子共同编撰，未可以其言非尽出于孔子而轻议之。其论颇为有见。

7.《河图》《洛书》

何乔新《椒丘文集》卷一云：

> 刘歆谓《河图》《洛书》相为经纬，八卦九章相为表里，盖经言其正，纬言其变。主图而言，则图为经，而书为纬也；主书而言，则书为经而图为纬也。所取则者为表，相通者为里，故图之表为八卦，而其里亦可明畴也。书之表为九畴，而其里亦可画卦也。

二、王锜

（一）王锜其人

王锜（1432—1499），字元禹，自号梦苏道人、苇庵处士，苏州府长洲人。终生不仕，以耕读为业。其家旧有万卷堂，藏书甚多，皆宋元馆阁校勘定本，诸名公手抄题志者居半。著有《寓圃杂记》等。事迹见明吴宽《王苇庵处士墓表》（《家藏集》卷七四）、刘凤《王锜传》（《续吴先贤赞》卷一二）及《吴中人物志》卷九。

（二）王锜的文献辨伪

王锜《寓圃杂记》卷五辨《剪灯新话》之伪云："《剪灯新话》，固非可传之书，亦非瞿宗吉所作。廉炎杨先生，阻雪于钱塘西湖之富氏，不两宵而成。富乃文忠之后也。后宗吉偶得其稿，窜入三篇，遂终窃其名。此周伯器之言，得之审者。"

今按：《剪灯新话》作者问题已成一重公案，此可备一说。

三、王鏊

（一）王鏊其人

王鏊（1450—1524），字济之，号守溪，晚号拙叟，学者称其为震泽先生。吴县（今属江苏苏州）人。幼随父读书，聪颖异常。八岁能读经史，十二岁能作诗。成化十一年（1475）进士，授翰林编修。明孝宗时历侍讲学士、日讲官、吏部右侍郎等职。明武宗时任吏部左侍郎，与吏部尚书韩文等请武宗诛刘瑾等"八虎"，但事败未成。旋即入阁，拜户部尚书、文渊阁大学士，次年，加少傅兼太子太傅、武英殿大学士。在任之日尽力保护受刘瑾迫害之人，逢瑾之怒，竟拂衣归视。其人粹白无瑕，岳岳不阿，高风劲节，为人称道。嘉靖三年（1524）去世，追赠太傅，谥号文恪。王守仁赞其为"完人"，唐寅赠联称其"海内文章第一，山中宰相无双"。

其学博通有识鉴，制行修谨，文章醇正。又生当明之盛时，士大夫犹崇实学，不似隆庆、万历以后，聚徒植党，务以心性相标榜，故持论颇有根据。著有《震泽编》《震泽集》《震泽长语》《震泽纪闻》《姑苏志》等传世。《震泽长语》自经术、典制、文章、声律以及象纬、仙释之学，亡不撷精咀华，多昔人未阐之论。《震泽纪闻》则褒贞斥佞，征信订讹。

（二）王鏊的文献辨伪

1. 《周易》

《震泽长语》卷上"经传"条曰：

> 余始读《易》，至《系辞传》，曰：大哉言乎！天地阴阳造化之赜尽在是矣。非圣人，孰能作之？而欧阳永叔以为非圣人作，何也？读至《序卦》《杂卦》，乃若有疑焉。若永叔之见，而亦未敢为必然之论。读《淇水集》，彼亦疑之，谓有不合而强通之者。余因是考之伏羲画卦、文王系辞、周公爻辞，共为二篇，曰"正经"。孔子于正经之后，翼以十篇，曰"上象传""下象传""大象传""系辞传上""系辞传下""文言传""说卦传上、中、下"十篇。是为《十翼》。经自经，翼自翼，孔子不敢同于前圣也。自商瞿传至梁丘贺，曰象辞，所以释经，乃分二翼于各卦之下。郑康成又移《文言传》于《乾》《坤》二卦之后。王弼又移《象传》于各爻之后。经三紊乱。既乱正经，又失《十翼》，非复《易》之旧矣，诸儒多欲校定而不能。盖秦火之后，《易》以卜筮独存，而《十翼》散在人间。汉文帝广文学《十翼》所存唯《彖》《象》《系辞》《文言》。至宣帝时，河上女子掘冢得《易》全书，上之。内《说卦》中下二篇污坏不可复识，《十翼》遂亡其二。后人以《序卦》《杂卦》足之，则二篇果非圣人作乎？胡一桂《翼传》又谓："圣人读《易》超然，意与《易》会，

而为之辞，岂常人寻行数墨者比？"则亦未敢遽疑之也。

欧阳修怀疑《系辞》是孔子所作，而王鏊认为非孔圣人不能作之，但对《序卦》《杂卦》二篇存疑。

2. 《子夏易传》

《震泽长语》卷上"经传"条曰：

> 《易》有子夏传，而亡之。

王鏊认为《子夏易传》已亡，言下之意，对今传之《子夏易传》之真伪已下判断矣。

3. 《麻衣正易心法》

《震泽长语》卷上"经传"条曰：

> 《麻衣正易心法》，四十二章。朱子谓其伪作，掇拾老、佛、医、卜之说，其信然乎？然其立论亦甚奇，谓："羲皇《易》道不立文字，使天下之人观象而知吉凶。后世《易》道不传，圣人不得已而有辞。学者一著于辞，便谓'《易》止于是'。于是周、孔孤行，不知有卦画微旨。学《易》者，当于羲、皇心地上驰骋，无于周、孔注脚下盘旋。周、孔犹谓之注脚，而况后世之纷纷乎？"今学者终年守传注，犹不能明《易》，而欲单观卦象，其亦难矣。

朱子认为《麻衣正易心法》是伪作，王鏊述之而已，未能补充新的意见。

4. 《诗序》

《震泽长语》卷上"经传"条曰：

> 《诗序》相传亦云子夏作。
>
> 《诗小序》。序，所以作者之义，而或与诗词不应。自宋以来，人多疑之，未敢尽屏，至朱子一切刮去"自讽其诗而为之说卓"哉？其为见也，视古注亦简切易晓，可谓有功于《三百篇》矣。但古人作诗，必自命题，借使亡焉。国史采之，亦必著其所自。不然，其人去之千古，安知微意所属？使今人为诗不自命题，则释之者言人人殊，不知果谁能得作者之心也。
>
> 毛、郑泥于《小序》，宛转附合，多取言外之意。朱子不泥《序》说，独味诗之本旨。毛、郑固多失，然去古未远，其说亦或有自。朱子以夫子"郑声淫"之说于郑、卫之风，多指为淫奔。杨文宪公守陈谓："春秋列国大夫会盟，多赋诗以见志，使皆淫词，焉肯引以自况？若夫子意在垂戒，一二篇足矣，何取于多若是？"
>
> 如《风雨》《鸡鸣》《丘中有麻》之类，《序》以为思贤，《木瓜》以为报功，《采葛》以为惧谗，《青青子衿》以为刺学校废，如此之类，姑从其旧，未为不可也。
>
> 季子观周乐，为之歌"卫"，曰："美哉！渊乎忧而不困。吾闻卫康叔武公之德如是。是其卫风乎？"为之歌"郑"，曰"美哉！其细已甚，民弗堪也。是其先亡乎？"郑卫多淫风，季子皆曰"美哉"且谓"康叔武公之德如是"。郑虽讥其细，亦

不及于淫，何也？

季子观周乐。豳在齐之后，秦之前，今居风之末，岂非夫子所改定乎？文中子曰："系之豳，远矣哉！"

王鏊对于《诗序》既赞同朱子有功于《诗经》，但对"郑诗淫"也提出了批评意见。

5. 《仪礼》

《震泽长语》卷上"经传"条曰：

今五经，惟《礼》最繁乱，惜不一经朱子绪正。朱子尝欲以《仪礼》为经，《礼记》为传，经传相从，诚千古之特见也。若《士冠礼》则附以《冠义》，《士婚礼》附以《昏义》，《士相见礼》附以《士相见义》，《乡饮酒礼》附以《乡饮酒义》，《乡射礼》附以《乡射义》，《燕礼》附以《燕义》，《大射礼》附以《大射义》，《聘礼》附以《聘义》，《公食大夫礼》附以《公食大夫义》，《觐礼》附以朝事，如草庐所附亦得矣。然其余有不可附者亦无如之何，姑循其旧而释之，庶不失古之义。朱子晚年著《仪礼经传》，始家礼，次乡礼，次学礼，次邦国礼，次王朝礼，秩然有序，可举而行。然其间杂引《大戴礼》《春秋内外传》《新序》《列女传》《贾谊新书》《孔丛子》之流，杂合以成之，乃自为一书，非以释经也。至勉斋，续丧、祭二礼。草庐《纂言》割裂经文，某亦未敢从也。

汉兴，高堂生得《仪礼》十七篇。后，鲁共王坏孔子宅，得古文礼经于孔氏壁中，凡五十六篇。河间献王得而上之。其十七篇与《仪礼》正同，余三十九篇藏在秘府，谓之逸礼，其后刘歆欲列之学官，诸博士不肯置对而止。孔、郑所引逸《中雷礼》《禘于大庙礼》《王居明堂礼》，皆其篇也。唐初犹存，诸儒曾不以为意，遂至于亡。草庐摭拾残缺，合为"逸经八篇"，其《投壶》《奔丧礼》取之《小戴》，《公冠礼》《诸侯迁庙礼》《衅庙礼》取之《大戴》，《中雷礼》《禘于大庙礼》《王居明堂礼》取之郑注，杂合以成之，亦"爱礼存羊"之意乎？

6. 《周礼》

《震泽长语》卷上"经传"条曰：

《周礼》，周公致太平之书。规模大，节目详，有能举而行之，则治效可立致，而其间亦有可疑焉者。

冢宰掌邦治。正百官，其职也，而宫禁妇寺之属皆在，乃至兽人、獻人、鳖人、司裘、染人、屡人之类，何琐屑？而天府、外府、大小史、内外史，乃属之春官。

司徒掌邦教。所谓教者，师氏、司谏、司救，五六员而已。其它六乡、六遂分掌郊里征敛财赋，纪纲市城，管钥门关，而谓之教，何哉？

职方氏、形方氏，邍师之属，岂得归之司马、大小行人之职？岂得归之秋官？

《司空》一篇已亡，汉儒以《考工记》补之。〔宋〕俞庭椿、王次点独谓未尝亡也，混于五官之中耳。《周官》曰："司空掌邦土，居四民，时地利。"则土地之图、人民之数，与夫土会、土宜、土均、土圭之法，不宜为司徒之职。《王制》曰："司空，度地居民，量地远近，兴事任力。"则经土地而井牧其田野，与夫起土役令赋之事，不宜为小司徒之职。如五官之中，凡掌邦居民之事，分属之司空，则五官各得其分，而冬官亦完且合三百六十之数。《周官》粲然无缺，诚千古之一快也。而予不敢从，何哉？曰乱经。

尝疑《周礼》皆经世大典，中间所载夷隶掌与鸟言，貉隶掌与兽言，庶氏以嘉草攻毒蛊䖲，蝈氏掌覆夭鸟之巢，则书十日、十二辰、十二月、十二岁、二十八宿之号；去夭鸟则以救日之弓、救月之矢，夜射之；它如莽草以薰蠹虫蠹。炭以攻狸虫牡。蒯以瘴蛊鼁。牡橭、午贯，象齿以杀水虫之神。何若是之琐屑，而亦岂必尽可用耶？

及观越裳氏迷于归路，公为作指南车，期年而至国。指南之针，阴阳家至今用之，方隅立定。又以阳城土圭测日，自王城四面去千里，则减一寸，乃知圣人精义入神有如此者。公自谓多才多艺。孔子谓之"才之美"。其谓是耶？

王鏊认为《周礼》为周公致太平之书，但对其中琐屑之处颇有献疑。

7.《家语》

《震泽长语》卷上"经传"条曰：

余少，则读《家语》。后阅他书，有云事见《家语》者，无之讶焉，而莫知所谓。一日阅《汉·艺文志》，载《家语》二十七卷。颜师古注云："非今所有《家语》也。"乃知《家语》本有不同。遍索旧本不可得。一日，至书市，有《家语》曰王肃注者，阅之，则今本所无多具焉。乃知今本为近世妄庸所删削也。肃谓："《家语》皆当时公卿大夫及诸弟子咨访问答之语。弟子取其正实切事者为《论语》，其余集之为《家语》，属文下辞，颇有烦而不要者，弟子材或有优劣故也。汉初散在人间，好事者或各以意增损，故使事同而辞异。孔御谓戴圣以曲礼不足，乃取《家语》及子思、孟轲、荀卿之书以裨益之。后人见其文已见《礼记》，则除《家语》本篇。是为灭其源而存其末也。"然则《家语》出诸弟子，固有不同。汉初则紊之，戴圣又紊之，近世妄庸又紊之。经三紊乱，孔氏之旧，存者几何？幸王肃本尚存，而人间已难得。以何吏侍之好古谓不可得，而余偶得之，岂亦天之未丧斯文也欤？

王鏊认为今本《孔子家语》为后世之人所删削，一紊于汉初，再紊于戴圣，三紊于近世。但他认为《家语》主体不伪，王肃本为难得之本。

8.《春秋繁露》

《震泽长语》卷上"经传"条曰：

《春秋繁露》十卷，世多以为伪书。余反复考之，其《玉杯》《竹林》《玉英》，至《十指》，皆说《春秋》事，宛然《公羊》之义，《公羊》之文也。虽或过差，而笃信其师之说，可谓深于《春秋》者也。考功名，即考绩之义，度制即限田之义。阴阳终始、五行生胜、反复乎天人之际，所谓阳常居大夏而以生育长养为事，阴常积于空虚不用之处，以此见天之任德不任刑者，一篇之中三致意焉，岂非平日讲贯蕴畜者在是？因为武帝置对于篇耶？抑既以告于君，又退而申衍其说耶？郊祀所以告张汤，问仁所以告易，王其说具在祈雨止雨，虽流于灾异，汉儒之所不免也。独何疑于仲舒耶？其文词高古，亦非近世所能为也。自楼郁、晁公武、欧阳永叔辈未尝致疑于此，独新安程太昌以为非董氏本书，谓《太平寰宇记》、杜佑《通典》所引《繁露》语，今亡之。其曰"剑在左，苍龙之象也。刀在右，面白虎之象也。以至禾实于野，粟缺于仓"等语，昌以为亡之，而今书具在，岂昌所见乃别本耶？抑未尝深考耶？若本传谓闻举《玉杯》《蕃露》《清明》《竹林》之属，今总名《蕃露》。或岁久传授错谬，不足深辨也。

荀爽对策曰："今臣僭君服，下食上珍，宜略依古礼及董仲舒制度之别。"盖亦指《繁露·度制篇》也。

王鏊认为《春秋繁露》与《春秋公羊传》吻合，其文词高古，非后世所能伪造。其说可从。

9.《曾子》

《震泽集》卷三十五《读曾子》曰：

《曾子》十章，今见《大戴礼》。其言醇粹朊切，不离修身、力学、言行，而于孝尤谆谆焉，蔼乎孔子之家法也。然则是皆出于曾氏之手乎？未可知也。夫曾子之言，见于《鲁论》，见于《大学》，见于《孝经》《礼记》，今以是拟之，殆亦有若之似孔子。自《孝经》《礼记》已不能无疑，况下此者乎？然自前世荀卿、董仲舒、刘向至近世朱子《小学》，多引用其说，未有异焉。虽未必尽出于曾，盖亦孔门之余裔，先秦之古文也，可不重乎？昔人谓《论语》为曾子门人公明仪、乐正子春之徒为之，吾于是亦云。

王鏊对《曾子》一书是否出于曾氏之手持怀疑态度，推测其书可能是将见于古书中的曾子之言加以辑佚而模拟之。其结论是："虽未必尽出于曾，盖亦孔门之余裔。"这是相当有道理的。

10.《越绝书》

《震泽长语》卷下"文章"条曰：

《越绝书》十五卷，相传以为子贡作。其未然乎？其缺文讹字，断简几不可读。《计倪》《请籴》《宝剑》《九术》《军气》《春申君》篇亦已往往见于《史记》《吴越春秋》等书。其《记地传》乃出秦皇、汉武及更始、建武中事，乌在其为子贡作乎？或子贡有作，后人附会合杂以成之乎？然古书之存于今者寡矣，其间亦有异闻焉，安可废之？

王鏊怀疑《越绝书》为子贡之作。此说已经为现代学者所证实，详见李步嘉先生《越绝书研究》一书。

四、都穆

（一）都穆其人

都穆（1458—1525），字玄敬，一作元敬，郡人称南濠先生。原籍吴县相城（今苏州市相城区）人，后徙居城区南濠里（今苏州阊门外南浩街）。少与唐寅交好，有说牵涉于唐氏科举之案。弘治十二年（1499）第进士，授工部主事，官至礼部郎中。著有《金薤琳琅》《南濠诗话》。

（二）都穆的文献辨伪

1. 《论语笔解》

《经义考》卷二百十三：

> 都穆曰：唐李汉序韩文曰：有《论语解》十卷，传学者不在集中，予家藏古本韩文有之，但其说时与今不同。如"六十而耳顺"，《解》云："耳当为尔，犹言如此也。"如"曾谓泰山不如林放乎"，《解》云：谓当作为，言冉有为泰山非礼也。如"宰予昼寝"，《解》云：昼当作画。宰予四科十哲，安得有昼寝之责？如"人之生也直"，《解》云：直德字之误，言人生禀天地之大德也。如"子所雅言"，《解》云：音作言字之误也。如"三嗅而作"，《解》云：嗅当作鸣鸇之鸇雊之声也。如"子在回何敢死"，《解》云：死当作先。如"浴乎沂"，解云：浴当作沿。如"君子而不仁者有矣夫"，《解》云仁当作备。如"以杖叩其胫"，《解》云：叩当作指。如"君子贞而不谅"，《解》云：谅当作让。如"孔子时其亡也"，《解》云：时当作待。如"乡愿德之贼"，《解》云：乡愿当作内柔。已上诸说，朱子尝谓其鄙浅，复曰为伊川之学者皆取之。及观韩文有《答侯生问论语书》曰："愈昔注其书，而不敢过求其意，取圣人之旨而合之，则足以信后生辈耳。"然则朱子之所谓鄙浅，固韩公之欲求信于后生者耶？

2. 《素书》

> 宋张商英注《素书》一卷，谓即圯上老人以授张子房者。其曰"晋乱，有盗发子房冢，于玉枕中获之，自是始传人间"。又曰："上有秘戒，不许传于不道不仁不圣不贤之人。若非其人，必受其殃，得人不传，亦受其殃。"以为其慎重如此，此可以见其伪矣。子房以三寸舌为帝者师，而卒之谢病辟谷，托从赤松子游，君子称其明哲保身，顾有死而葬以玉枕，其伪一也。自晋逮宋，历年久远，岂是书既传，而荐绅君子不得而见，亦未闻一言及之，其伪二也。书有秘戒，乃近世术家欲神其术之俚言，而谓圯上老人为之，其伪三也。且书中之言，往往窃吾儒之绪论，而饰以权诈。苏文忠谓圯上老人，秦之隐者，而其言若是，乌足以授子房？其为张氏之伪明矣。（《听雨纪谈》）余谓《史记》留侯世家欲神张良佐汉事，所言多不实。彼四皓者，

其事其地，前人犹多疑之；圯上老人与仓海君、赤松子等耳，又足信乎苏轼以为秦世隐君子出而试之。（《留侯论》）

都穆认为《素书》为伪书，从被托者事迹、未见称引、术家秘戒三方面予以证伪。

黄云眉认为："盖虚拟未定之辞，且云其意不在书，而此书竟托之圯上老人作，诚姚氏所谓荒陋无足辨者。"

五、姚福

（一）姚福其人

姚福，字世昌，号定轩，自号守素道人，应天府上元（今江苏南京）人。明成化、嘉靖间南京羽林卫世袭千户。好读书著述，留心古今之事。著有《青溪暇笔》《定轩集》《避喧录》《窥豹录》《定轩诗话》《风树亭稿》等，辑有《明文苑通编》《兵谈纂类》《神医诊籍》等。

（二）姚福的文献辨伪

1. 《康衢谣》《夏人歌》《采薇歌》

《青溪暇笔》卷下论《康衢谣》《夏人歌》《采薇歌》诸歌谣真伪：

> 《康衢谣》，列子之寓言也，未必尧时民俗之歌。岂有治天下五十余年而尚不知治与不治，戴己与不戴己而为圣人也？《诗·皇矣》篇与此小异，盖列子答问乎？《夏人歌》二章，非饮酒醉歌，盖下民怨桀无道，思归汤也。《采薇歌》以暴易暴兮，不知其非矣。此言似非夷齐所出，夷齐自义不食周粟，岂尝以武王为暴哉？扣马之诛，先儒固已疑之矣。《饮牛歌》《获麟歌》皆七言，七言之作其来尚矣。万章问百里奚自鬻于秦，孟子曰："好事者为之也。"然《庆廖歌》独非好事者为之乎？刘坦之皆取以补选，诗之逸当有可议。

2. 《辨奸论》

《青溪暇笔》卷下"知人之鉴"条论及《辨奸论》：

> 苏老泉有知人之鉴，作《辨奸》于王安石未用之前。先儒以其说为幸中，殆不然哉。观其《名二子说》，不二百言，断尽二子一生出处，非知人之甚明，能若是乎？

《青溪暇笔》卷上"《易》道广大"条云：

> 孔子曰"不以人废言"，有以夫。温公平生不喜《孟子》，以为伪书，出于东汉，因作《疑孟论》。而其子康乃曰："孟子为书最醇正，陈王道尤所宜观。"至疾甚革，

犹为《孟子解》二卷。福按，司马氏父子同在馆阁，而其好尚之不同乃如此。虽父子之至亲，而不敢苟同，其亦异乎阿其所好者矣！

阮葵生《茶余客话》卷十"疑孟尊孟"条亦云：

> 明姚福云："温公平生不喜《孟子》，以为伪书，出于东汉，因作《疑孟论》。而其子康乃曰：'《孟子》为书最善，直陈王道，尤所宜观。'疾革犹为《孟子解》二卷。司马氏父子同在馆阁，而其好尚之不同如此。虽父子之至亲，而不敢苟同，其亦异乎阿其所好者矣。"余隐之有《尊孟辨》，朱子独取之而改其未当者，见文集。

温公表面上以《孟子》为伪书，实际上是为了反对王安石，因王氏打着孟子"大有为"的旗子。

六、湛若水

（一）湛若水其人

湛若水（1466—1560），字元明，初名露，字民泽，避祖讳改为雨，后定今名。因居广之增城甘泉都，学者称为甘泉先生。著有《二礼经传测》《大学古本》《中庸测》《古小学》《春秋正传》《古乐经传》《圣学格物通》《心性图说》《白沙诗教解注》《甘泉集》等。生平事迹详见《湛若水年谱》（上海古籍出版社2016年版）。

（二）湛若水的文献辨伪

1. 《礼记》

湛若水《甘泉先生续编大全》卷二十六云：

> 益问《表记》曰："'以德报德，则民有所劝；以怨报怨，则民有所惩。'陈氏谓以《论语》'以直报怨，以德报德'之言观之，《表记》恐非夫子之言。守益亦谓陈说近是，但鼠首两端，终莫能决。惟我师翁教正之。""《礼记》多不是圣人之言，所以吾谓《二礼经传》，只以《礼记》为传，真伪待学者自择耳。云以怨报怨，乃不识义理，昧犯而不校之指。若知与物同体之意，何校之有？"

甘泉先生认为《礼记》多不是圣人之言。根据《论语》之一言判断《表记》恐非孔夫子之言，此法甚为大胆。

2. 吴澄《三礼考注》

湛若水《湛甘泉先生文集》卷三《知新后语》云：

> 吴草庐作《三礼考注》，吾惑焉耳。礼有二，故孔子曰："经礼三百，曲礼三千。"其《周礼》不过从《曲礼》中发挥出治天下法来，其纲见于《曲礼》六官矣。

草庐作《曲礼》，又取《盛德》等篇名，补窜以为天子之礼。殊不知天子礼亦已杂见于《曲礼》下篇中，草庐取他篇文补入《曲礼》，却将《曲礼》文窜在他篇，又补《士相见》义，不止一二处，可谓乱经。

3. 朱子《小学》

湛若水《湛甘泉先生文集》卷三《知新后语》云：

> 古者小学、大学皆有书，《小学》是童子事，《大学》是大人事，二书皆未尝亡。《大学》尚是全书，杂于《戴记》，程子既表章之。惟《小学》书已残阙，散见于《礼记》诸篇中，未尝亡，但未有人选出复为一书耳。某常病朱文公作《小学》，杂取他书，既非古书之旧，又收邓攸诸人过中之行，又其有明伦等篇，皆已是大学之事。某常欲取《礼记》诸篇中有小学事者，类成《古小学》一书。

湛若水《甘泉先生续编大全》卷二十五云：

> 齐龙问："《小学》《大学》乃圣人因人施教妙法，而《小学》之教，首曰：'元亨利贞，天道之常。仁义礼智，人性之纲。'齐龙窃谓此奥义，恐非初学者可与骤语，不知果何以也？""诚似躐等，不知文公何意？此予《古小学》之所由作也。"

4. 《礼记·射义》

湛若水《甘泉先生续编大全》卷二十五云：

> 齐龙问：孔子射于矍相之圃，使子路执弓矢出延射曰："贲军之将，（忘）［亡］国之大夫，与为人后［者不］入。"夫为将而贲军，为大夫而（忘）［亡］国，宜不可与之进矣。然伯叔无子，有侄而不继之，于理顺乎？于情安乎？又使公罔裘扬觯而语曰："幼壮孝弟，耆耋好礼，不从流俗，修身以俟死者，在此位也。"夫必皆孝弟好礼修身俟死之人，然后得在其位，则天下之为弃人多矣，岂圣人无一人不欲其入于善之心哉？
>
> 此非圣人之言也，乃汉儒伪入者。且败军之将、亡国之大夫，亦有不幸，非己致之者。至于与为人后，在孔子时井田未坏，无所利而为，何与为人后之有？况圣（入）［人］不弃人，尧舜于庶顽（才）［谗］说尚欲候以明之，欲并生哉，见圣人待物之洪，虽至恶亦所不弃。以此观之，可见此段皆伪也。以我观书，随处得益。

湛若水《湛甘泉先生文集》卷三《知新后语》："《仪礼》之记乃本传也，《礼记》乃其义耳。'射不主皮'，《射礼》之记文也。孔子引之，乃知此记甚古，或同《仪礼》时有也，诸礼皆然。"

5. 《明堂位》

湛若水《湛甘泉先生文集》卷三《知新后语》云：

《明堂位》当与《月令》作一类看。《明堂位》只可看前一节，后皆伪也。

今按，又见于《湛子约言》卷九。《明堂位》为何后节皆伪，甘泉并没有论证。

6. 《月令》

湛若水《湛甘泉先生文集》卷三《知新后语》云：

《月令》是古先王之制，但中亦有秦人添入者，如命大尉及县鄙，便是秦制。

今按，又见于《湛子约言》卷九。甘泉先生从制度方面论证《月令》中有秦人附益，此乃内证。

7. 《周礼》

湛若水《湛甘泉先生文集》卷三《知新后语》云：

《明堂位》曰："昔者周公朝诸侯于明堂之位。"后人便讹以为周公摄位践阼朝诸侯，非也。盖周公制礼，使诸侯朝天子于明堂耳，故继以天子负斧扆南向而立，其后云："此周公明堂之位也。"可见是周公制此礼。若云"周公朝诸侯"，大害义理。启后世乱贼之心，必世吾也。周公践天子之位以下皆后儒附会，其文皆牵强附合，不可信。

《周礼》本圣人作，有后人添入者。如梦人及盟咀之事非圣人作，及酒人、盐人、醯人皆琐碎之甚，圣人决不如此。若要用，大率要斟酌损益。

《周礼》本圣人作，周公制礼，则《周礼》即为周公所制。他认为有后人添入者，酒人、盐人、醯人皆琐碎之甚，推测圣人决不如此。但这只是后世的臆测，难以采信。

8. 《仪礼》

湛若水《湛甘泉先生文集》卷三《知新后语》云：

《周官》六篇如《月令》十二章各有分属，乃当时布政之书也。孔子说："吾学周礼。"非特今之《周官》，但周之礼即是。如《仪礼》亦周公作，皆是也。

甘泉先生认为《仪礼》为周公所作。

9. 易图

《与薛中离论古太极图》云：

前日在燕翼堂，与老人期山行。轿子夫马宿具矣，忽飘然解缆，何所见而去耶？察言观色，令人警惧。承示《图书质疑》，良工之心亦独苦矣。中间伊川未可深非。水初学时，梦见伊川于山坡，衣冠严整，吾心惕然。告予以明道先生后头来。岂非欲人先学伊川，有卓立，可学明道乎？其余议论多中者，其小未合且置之。水谓欲求方圆，须得规矩；若不得规矩，安求方圆？此其急务也。大抵足下此书只以古太极图为主而损益之也。今据古太极图二，其一图黑白各在上下之稍东稍西起者，以为未见根阴根阳之义。其一图黑白各在上下之中起者，以为见根阴根阳之义，而未见互藏其宅，是根一也，宅又一也。思之则诚若有所疑者。盖太极者，乃至极之理，此理初何形象？濂溪不得已而画之一圈，亦已多矣。图说曰："无极而太极。"太极者，至理也；无极者，以言其无穷尽也，言［至理］无穷尽也，道体本无穷尽也，故曰"太极本无极也"，何等易见！而朱子以为太极之上不可无"无极"，陆子则以为不宜于太极之上加"无极"，皆未之察耳，而争辩互动数百言，可乎？太极者，至理浑然未分之时也，今所传古太极图，则于未分之时而强加之以黑白，惑矣！夫太极未形，一理浑然，黑白何分？阴阳何判？其此图有分有判者，此乃二仪图也，非太极图也，盖后儒好事者为之，伪称古图也。盖有不知而作者，此之谓也。执事何据而论之？若是古图，则濂溪、程、张、朱、陆诸大儒何不一言及之耶？其余则似过于分析配合，又突过于紫阳之上矣。吾独爱濂溪明道之浑沦，其后惟吾白沙先生复得此意。其或继周者，则白沙可也。且执事以为发明周子原一之义，夫主静者，主一也，其见是矣，然而周子太极图只一圈，而足下古太极图分黑白，阴阳分配，是为发明周子乎？心即性也，性即理也，性者心之生理也，心性一也，而分心图性图为二，可乎？心图性图之下又为一大图，左二而右一，何指乎？若谓阴左而阳右，阴阳反易其位矣。岂以心为阴，以性为阳耶？皆不可晓也。足下所急在求孟子勿忘勿助之规矩，而方圆自得。以足下之才力涵养，至六七十为之，未晚也。感执事质疑之义，故有以答执事，固非好辩也，不得已也。

《甘泉先生续编大全》卷之三十三《岳游纪行录》亦同。
《与叔辉仲通自正诸同志论图书》亦云：

　　天地间物皆具奇偶象数，而图书又象数之显然者也。圣人因其象数之显然而至理寓焉，故一见而感触，遂画一奇为一，一者阳也；一偶为--，--者阴也。因而重之，又重之，三画以成八卦，卦以成《易》。伊川见卖兔者曰："此兔亦可以画卦。"知《易》者也。盖兔首尾皆奇，四足画偶，奇偶即具阴阳，亦可画卦，非止图书也。学者宜体《易》理以有诸己而已矣。故图书者，圣人画卦之刍狗也。后儒未能体《易》理，汲汲焉理会图书，分析配合，是求之圣人画卦之刍狗也，岂不误哉！伊川诘尧夫："知《易》数为知天？知《易》理为知天？"今图书，《易》数之类也，故周、程只是学《易》，未曾理会图书，可知矣。且若以兔画卦，亦将何以分析配合乎？况伏羲《河图》出于千载之上，不必待《洛书》而乃著。大禹《洛书》出于千载之下，不必追征于《河图》而后明。又况未见图书以前，未有一画，古之圣神何以明道也？故圣人之学，求以明其道而已；欲明其道，求诸吾心而已，不必纷纷之支离也。

《湛子约言》卷七亦云：

　　或问："《河图》《洛书》为圣人神道设教，何谓也？"曰："八卦、洪范之理在羲、禹之心，触马、龟而发焉耳。天地一阴阳也，阴阳一奇耦也，而皆本于自然，夫是之谓神道。呜呼！伪之乱真也久矣。"

10.《诗序》

《厘正诗经诵序》云：

　　《诗》何为而厘正也？甘泉子曰："厘正夫淫诗也，厘正夫《小序》之淆杂者也。"曰："其厘正夫淫诗何也？"曰："非厘刺淫诗也。夫子去淫奔诗也，淫奔之词不可存于经也，此必夫子已删者，后儒复取而杂入焉者也。夫子曰：'吾自卫反鲁而乐正。'曰：'诗三百，一言以蔽之，曰思无邪。'无邪者正也，故雅颂之词，与刺不正者、刺淫奔者，皆正也。故曰：'去郑声，郑声淫。'淫奔之声不使留于聪明，然后可以畜其德也。若夫淫奔之诗，所谓导欲增悲者，何德之畜？夫古之诗皆乐章也，奏之乡党焉，奏之闺门焉，奏之邦国焉。周子曰：'乐词善则歌者慕。'淫奔之词果善乎？可慕乎？果可奏之乡党闺门邦国乎？是化人以淫也，其大不可也。此夫子之所以去之，独存三百篇尔也。一曰'诗三百'，二曰'诵诗三百'。逮其孙安国，亦曰'三百'。今乃三百一十篇，其一十篇者，殆非夫子所删去淫诗，好事之儒复取而混之为三百一十者乎？其云'惩创逸志'，刺淫则可，淫奔之词则不可，是化人逸志以淫也。"曰："吾子之去之，有据乎？"曰："有之。《诗》《书》不可尽信者多矣。《书》有伪《泰誓》，有《汲冢周书》。或今文有而古文无，或古文有而今文无。《武成》犹待乎考定，孟氏止取其二三。《诗》有逸诗，有有其声无词者，断可知矣。""其厘正《小序》何也？"曰："《小序》者，如今人作诗者必先有序于前，为某人某事尔也。《诗》之《大序》，孔门弟子子夏以夫子之意为之。其曰'国史明乎得失之迹'，国史谓《小序》也。其时近，故其记事也切；与后之生乎千百年之后，而忆说乎千百年之前者，不亦异乎！故论《诗》者必以《小序》为正。然其中有数字后儒杂入者，然亦寡矣。厘而正之，使《序》纯乎古，则《序》正；《序》正，则诗正矣。""然而必曰'诵诗'者何也？""不闻孔、曾、思、孟之指乎？不闻程氏之指乎？孔子曰'诵诗三百'，未闻读诗也。孟子曰'诵其诗'，未闻读诗也。诗曰：'绵蛮黄鸟，止于丘隅。'则止曰'于止知其所止。可以人而不如鸟乎'耳矣。诗曰：'天生蒸民，有物有则。民之秉彝，好是懿德。'则曰'为此诗者，其知道乎！故有物必有则。民之秉彝也，故好是懿德'耳矣。此孔子之诵诗也。诗曰：'桃之夭夭，其叶蓁蓁。之子于归，宜其家人。'则曰：'宜其家人，而后可以教国人。'诗曰：'乐只君子，民之父母。'则曰'民之所好好之，民之所恶恶之，此之谓民父母'云尔。此曾子之诵诗也。诗曰：'鸢飞戾天，鱼跃于渊。'则止曰：'言其上下察也。'诗云：'维天之命，于穆不已。'则曰：'天之所以为天也。''于乎不显，文王之德之纯。'则曰：'文王之所以为文也。'此子思之诵诗也。诗云：'既醉以酒，既饱以德。'则曰：'言饱乎仁义也。'诗曰：'经始灵台，经之营之。庶民攻之，不日成之。'则曰：'文王以民力为台为沼，而民欢乐之。'诗曰：'刑于寡妻，至于兄弟，以御于家邦。'则曰：'言举斯心加诸彼而已。'此孟子之诵诗也。程明道于诗不用训说，惟加一二，吟哦上下，以养其性情。故于'瞻彼日月，悠悠我思'，则曰：'思之切矣。'于'道之云远，曷云能来！'则曰：'归乎正也。'此明道之诵诗也。吾取以为法焉。诵也者，吟哦咨嗟之谓也。吟哦之不足，则咨嗟之；咨嗟之不足，则长言之。乐发于中，形于言。乐则生矣，生则恶可已也。恶可已，则不知手之舞之，足之蹈之。手舞足蹈者，乐之事也。此诗之教所以为乐之章，而德之所以成也。愚闻之师曰：'有疏，微言塞。今之读诗者滞其心于训诂之间，玩物丧志，果可以成德乎？果可以达于政，使之四方，而能专对乎？果可以兴，可以观，可以群，可以怨，迩之以事父，远之事君乎？诸皆诵诗畜德，德之成而诗之大用也。'愚生千载之下，怅斯文之不明，于每章之下作诵语数字，以备学诗者吟哦咨嗟而得之，以成盛德而达诸大用也。其朱子之训诂，则旁注于逐句逐字之中，可以释训足矣。盖以［省学］者诵习之劳，玩物之病也。而凡朱子赋比兴之指，及其传说，则存之于后，不敢易焉。何居？朱子诗传于诸书为尤善也，故不敢易焉。若夫所删十篇之什，则以淫奔之诗既去，不能什也。"或曰："然则子之取各篇题小序置于每篇之首，何居？"曰："仿文公以国风周南之说于篇端，使诵诗者一开卷阅篇，即知作诗之义也。"

11.《老子》
《非老子序》云：

叙曰：非老子何为者也？非老子之言也，非老子之作也。道其道，德其德，非吾圣人之所谓道德也，是以知其非老子聃之作也。聃称年逾几百，夫历年弥久，宜道德弥邵。古之称耆老成人者，曰"其稽我古人之德"，曰"其有能稽谋自天"。今观老子《道德》上下篇，无一言概乎天理者，其能稽谋自天乎？无一言发明六经之指者，其能稽古人之德矣乎？非怪诞不经之语，则权谋术数之指。予故知非聃之所为作也。记聃为周柱下史，多闻博古，必贯穿三坟、五典、六经之奥者，而谓聃为此书乎？如聃为此书，则聃之志荒矣！异言流播，伪以传伪，而不知此书称"失道而后德，失德而后仁，失仁而后义，失义而后礼。礼者，忠信之薄"，是薄礼而不为者也，乃称孔子问礼焉，何居？又称犹龙焉，何居？夫问礼之言是，则薄礼之言非也；薄礼之言是，则问礼之言非也。故知上下篇决非聃之作也。又称关尹喜请作《道德经》五千余言，今观五千言可一言而尽之，曰"无"之一字足矣，奚以五千之游言，谍谍呶呶乎为哉？其必喜之徒伪为之也，其伪《泰誓》之类也乎？其汲冢之《周书》之为也乎？未可知也。世之悖圣离道之君子，又从而章解句释之，以圣经贤传之言附会其说，并称二圣。或援孔以入老，或推老以附孔，皆望风捉影之为。语曰："河豚可食，命亦难舍。"其言可悲也夫！是无怪乎前此问礼犹龙之附会矣。今且不暇鸣鼓而攻之于庭庭也，特为此惧，闲先圣之道，又恐诐（谣）［淫］邪遁之言或蔽陷离穷乎我也。夫孟子之学必先于知言，学者常知言焉，则邪不能入之矣。故予忘其年之耋耋，词而非之。非之，所以明先圣之道也，实不得已也，予岂好辩哉？予岂好辩哉？

《田州欧阳公生祠记》云："辩伪，智也。"善哉斯言！甘泉先生认为《道德经》绝非老聃之作，而是尹喜之徒伪造。其说未免臆断，因缺少坚实证据也。

七、王守仁

（一）王守仁其人

王守仁（1472—1529），幼名云，字伯安，别号阳明，浙江绍兴府余姚县（今属宁波余姚）人，因曾筑室于会稽山阳明洞，自号阳明子，学者称为阳明先生，亦称王阳明。明代著名的思想家、文学家、哲学家和军事家，陆王心学之集大成者，精通儒家、道家、佛家。弘治十二年（1499 年）进士，历任刑部主事、贵州龙场驿丞、庐陵知县、右佥都御史、南赣巡抚、两广总督等职，晚年官至南京兵部尚书、都察院左都御史。因平定宸濠之乱军功而被封为新建伯，隆庆年间追赠新建侯。谥文成，故后人又称王文成公。

王守仁的学说思想王学（阳明学），是明代影响最大的哲学思想。其学术思想传至日本、朝鲜半岛以及东南亚，立德、立言于一身，成就冠绝有明一代。弟子极众，世称姚江学派。其文章博大昌达，行墨间有俊爽之气。有《王文成公全书》。

（二）王守仁的文献辨伪

《大学古本》

王守仁《大学古本序》云：

> 《大学》之要，诚意而已矣。诚意之功，格物而已矣。诚意之极，止至善而已矣。止至善之则，致知而已矣。正心，复其体也；修身，著其用也。以言乎已，谓之明德；以言乎人，谓之亲民；以言乎天地之间，则备矣。是故至善也者，心之本体也。动而后有不善，而本体之知，未尝不知也。意者，其动也。物者，其事也。至其本体之知，而动无不善。然非即其事而格之，则亦无以致其知。故致知者，诚意之本也。格物者，致知之实也。物格则知致意诚，而有以复其本体，是之谓止至善。圣人惧人之求之于外也，而反覆其辞。旧本析而圣人之意亡矣。是故不务于诚意而徒以格物者，谓之支；不事于格物而徒以诚意者，谓之虚；不本于致知而徒以格物诚意者，谓之妄。支与虚与妄，其于至善也远矣。合之以敬而益缀，补之以传而益离。吾惧学之日远于至善也，去分章而复旧本，傍为之释，以引其义。庶几复见圣人之心，而求之者有其要。噫！乃若致知则存乎心悟，致知焉尽矣。

八、唐锦

（一）唐锦其人

唐锦（1476—1554），字士綗，一字士冏，号龙江居士，松江（今属上海）人。弘治九年（1496）登进士第。著有《龙江集》，复修《上海志》。生平事迹见徐献忠《江西提学副使唐公行状》、朱希周《唐公墓志铭》《国朝献征录》《（嘉庆）松江府志》卷五十二。

（二）辨《四皓书》为拟作

唐锦《梦余录》间及辨伪之事，如卷四辨《四皓书》为拟作，必唐初文人所拟作：

> 殷芸载张良与四皓书云："皇极须日月以扬光，后土待岳渎以导滞，而当圣世，鸾凤林栖，不翔乎太清，麒麟岳遁，不步于郊草。"四皓答书云："野食于丰草之中，避暑于林木之下。青蝇盗声于晨鸡，鱼目窃价于隋珠。滑泥以浊白水，扬尘以乱清风。谨因飞龙之使，以写鸣蝉之音。"予谓二书皆非汉文，必唐初文人所拟作耳。自殷氏载之，后人袭之，遂以为真张良、四皓之文，大可笑也！

今按，南宋赵希弁《郡斋读书后志》云：

> 《西汉补遗》一卷，右何备德辅补西汉之遗文也。盖束晳补《诗》之义耳。希弁尝读其《皇太子遗四皓书》及《侯公说项羽辞》，因思昔东坡先生亦尝为《侯公说项羽辞》载于集中，而《商芸小说》载张良所与商山四皓书，则世所罕见也。其书曰："良白。仰惟先生，秉超世之殊操，身在六合之间，志凌造化之表，但自大汉受命，祯灵显集，神母告符，足以宅兆民之心。先生当于此时，耀神爽乎云霄，濯凤翼于天汉，使九门之外有非常之客，北阙之下有神气之宾，而渊潜山隐，窃为先生不取也。良以顽薄，承之忝官，所谓绝景不御，而驾服驽骀。方今元首钦明，文思百揆之佐，立则延首，坐则引领，日仄而方文，不御夜昽，而阊阖不闭，盖皇极须日月以扬光，后土待岳渎以导滞，而当圣世，鸾凤林栖，不翔乎太清，麒麟岳遁，不步乎郊薮，非所以宁八荒，慰六合也。不得侍省，展布腹心，略写至言，想望翻然，不猜其意。张良白。"备乾道中权工侍兼权直院。

又按，陆次云《尚论持平》卷下"四皓"条曰："古今真伪之辨，辨之于其人，不若辨之于其事之可信也。"

又按，许自昌《樗斋漫录》载：

> 四皓之名，见于《法言》《汉书》《乐书》，多不同。前辈尝辨之，王元之在汝日以诗寄毕文简曰："未必颈如樗里子，定应头似夏黄公。"文简谓绮里、季夏当为一人，黄公则加一人也。杜诗云："黄绮终辞汉王逸，少有尚想黄绮帖。"陶诗云："黄绮之南山。"又云："且当从黄绮南。"《史记》："李绪辞梁武之召云：周德虽兴，夷齐不厌薇蕨；汉道方盛，黄绮无间山林。"盖各以首一字呼之，于是元之遂改此句，后皆以文简为据。然汉刻四皓神坐，一曰东园公，二曰绮里季，三曰夏黄公，四曰角里先生。按《三辅旧事》云：汉惠帝为四皓作碑，当时所镌必无误书，然则元之所用非误也。盖昔人论四皓或云园绮，或云绮夏，亦未必尽举首一字，或渊明自读作绮里季夏，不可知。周爕曰：追绮季之迹。《世说》曰：绮季、东园公、夏黄公、角先生谓之四皓。书有绮里先生，季其字也，则是为夏黄公益可信矣。

九、陈霆

(一) 陈霆其人

陈霆（1477—1550），字声伯，一字震伯，自号水南，称水南山人，晚年又自称渚山真逸、可仙道人，湖州府德清人。著有《唐余纪传》《两山墨谈》《渚山堂词话》《水南稿》等书。生平事迹见《（正德）仙潭志》卷三、《（雍正）浙江通志》卷二三七、《两浙名贤录》卷二四及《金陵琐事》。

(二) 陈霆的文献辨伪

1. 《河图》《洛书》

《两山墨谈》卷九云：

> 扬雄《核灵赋》曰："大《易》之始，河序龙马，洛贡龟书。"刘牧亦谓河图洛书同出于伏羲之世。至沈约撰《宋书·符瑞志》，则谓燧人氏没，伏羲氏代之，受龙图，画八卦，所谓河出图者也……然又谓黄帝之世，鱼流于海，得图书焉。龙图出河，龟书出洛，赤文篆字，以授轩辕……大抵皆出于纬书，正不可信。

2. 文王囚歌

《两山墨谈》卷九云：

> 《通鉴外纪》载，文王被囚于羑里，乃伸愤郁而作歌曰："殷道溷溷，浸浊烦兮。朱紫相合，不分别兮。迷乱声色，信谗言兮。炎炎之虐，使我愁兮。幽闭牢穽，由其言兮。遘我四国，忧勤勤兮。"详其辞意，怨诽浅激，绝非文王语也。三分有二，而事殷不衰，文王之德所以为至，使如此言，殆小夫之浅浅者耳。臣罪当诛兮，天王圣明，文王之心盖如此。若《外纪》所载，则秦汉而下好事者所拟也。

陈霆认为《通鉴外纪》所载《文王囚歌》绝非文王之作，乃秦汉以后之好事者所拟作。

3. 《诗序》

《两山墨谈》卷一云：

> 洪容斋曰："《诗序》不知果何人所作。《小星》一篇，显为可议。"抱衾与裯"，郑氏以裯为床帐，谓诸妾夜行，抱被与床帐以待进御。且诸侯有一国，其嫔妾虽至下，固非闾阎贱微之比，何至于抱衾而行？况床帐势非一己之力所能致者，其说可谓陋矣。此诗本咏使者远适，夙夜征行，不敢稽违君命之意，与《殷其雷》同旨。"按洪氏此说不为无见，但小星为房中之咏，先儒相仍为说久矣。然曰南国夫人能不妒忌，以惠其下，故其众妾美之，而众妾之进御于君，不敢当夕，类见星而往还，故因

所见以起兴，则于辞虽似，而于意亦未然。夫诸妾既日进御，则自应就君之寝，今日抱衾以行，知非以进御也。盖宫中嫔妾常夕例番直于君之寝所，汉魏而下，有尚宫司闱之设，唐宫词有直更之语，大率沿古制也。以其典司床箦，故敬戒而宵征而其行也。抱衾与裯，自为卧具，裯本襌被，其训床帐者非也。盖宫中夜直，自有进退之序，亦以见后妃之化远及于南国之宫室，故当时供直者皆安于命，而习于劳，且又作诗以咏叹之，是为家人风化之美，非专以获进御故也。

4. 《乐记》

《两山墨谈》卷十八云：

　　《乐记》一篇，窃叹其高深道古，非秦汉文字可并。致堂胡氏谓为子夏所述，或又谓子贡所作，然皆无可经据。愚意此或夫子所示意，门人商赐辈述以共成者也。

5. 《鬻子》

《两山墨谈》卷十七云：

　　鬻子书二十二篇，秦火之后，《汉·艺文志》谓止存六篇。今阅逄行珪所注者乃有十四篇。按：鬻子名熊，年九十，见周文王，王曰："嘻！老矣！"鬻子曰："使臣捕兽逐麋，诚老矣。使臣坐策国事，尚少也。"王乃师之。然则鬻子商末人也，度至周公封鲁之时，必已死。今其书有曰："昔者鲁周公曰：吾闻之，知善不行谓之狂，知恶不改谓之惑。"又曰："昔者鲁周公使康叔往守于殷。"观此二节，则鬻子应至武王末年尚存，然则须年百一十以上，岂有耄荒若此，而复能著述耶？故疑其书非鬻子自作。盖东汉以后好事者掇拾其语而汇集成篇者也。不然，汉所存止六篇，而今至十四篇之广，安知非后人附益哉？

陈霆认为《鬻子》非鬻子自作，而是东汉以后好事者掇拾而成，今本或有后人附益。

6. 《子华子》

《两山墨谈》卷八云：

　　《子华子》信是赝作，其文气全不类《国语》《左氏》。其推尊仲尼，有曰："昔者吾反自郯，闻语于孔子，而不忘于心，孔子之所志，其过人者远矣，日者主君之召也，孔子辙环于河浒，而弗肯渡，援琴而写志，命之曰《临河之操》，夫孔子之所以弗至，是乃我所以行者也。"又曰："仲尼天也，其可违物而置处乎？其可绝物而自营乎？仲尼之辙迹则病矣，而予皇暇之恤。"详其尊向之意，若在弟子之列。夫周末诸子，如庄、列辈，皆诋訾孔子，不少推借。子华子聚徒谈道，其名家久矣，纵其知孔子，然岂肯遽屈下如此哉？此必后之学者，徒见孔子与程子相遇于途，有倾盖而语之事，故因伪撰于篇，而推尊之过，不复自觉，决非子华子之口语也。况当倾盖之时，孔子顾子路曰："取束帛以赠先生。"则是子华子年在尊行，故有先生之称，然则不可在弟子之列，审矣。又其篇中多"何以故"之语，此乃六朝文士翻译佛书之言。而《执中》一则，殆类举业论义。所答晏子问党，亦类东汉党论。其曰："鼯吟而鼬啼，且晓昏而日映也，苍莽蹒跚，四顾而无人声，流光驰景，却顾于断蹊绝壑之下，云雨之所出入也，垄耕溪饮为力也佚，而坐啸行歌，可以卒岁。"此乃近世习为文者之语，春秋之世岂有如此语言哉？故吾决其伪作者必晋宋时人。虽然，其文字则妙矣。

陈氏从"何以故"随佛经出现的角度来分析《子华子》为伪书是有一定的说服力的，但是他据此认定作伪者为晋宋时人，则过于武断。据我的学生王献松考证，《子华子》乃宋人伪作。

7.《鹖冠子》

《两山墨谈》卷八云：

> 《鹖冠子》之书多言兵意，其为人乃鬼谷之类。韩、陆二氏止言其杂黄老、刑名，殆略之耳。《王鈇篇》言成鸠氏天曲日术之道。成鸠氏者，天皇氏也，斯乃大道混茫之世，太上淳德之始，而言其为道，乃用管子内政之术，规以寓兵，而文法计制大详且密。此本春秋战国之阴谋，乃以是语三皇以道化民之事，谬亦甚矣。

8.《竹书纪年》

《两山墨谈》卷十三云：

> 《文王世子篇》称：文王谓武王曰我百尔九十，吾与尔三焉。于是文王年九十七而终，武王年九十三而终，世儒固多疑之，以为年之短长命也。虽圣人亦岂能与子，而《竹书纪年》则曰武王年五十四，仁山金氏谓，信如武王年九十三之说，则文王应以十五而生武王，前此已生伯邑考，武王应以八十一而生成王，后此又生唐叔，虞人情事理必不然矣。缘是以《竹书》为信。予考之太史公载《逸周书》之言曰：武王至于周，自夜不寐。周公旦即王所，曰："曷为不寐？"王曰："告汝：惟天不飨殷，自发未生于今六十年，麋鹿在牧，蜚鸿满野。天不飨殷，乃今有成。今我未定天保，何暇寐！"夫武王谓天之弃殷，自其未生之时迨至今大定之日，屈指为六十年，则是灭殷之时，武之年应未及六十，《竹书》五十四之说疑可信也。

9.《吴越春秋》

《两山墨谈》卷十三云：

> 泰伯三以天下让，先儒谓三让固逊也，太王志欲剪商，而太伯不从，太王意欲传位及昌，而太伯逃去。于时商日衰而周日疆，周盖骎骎有代商之势，太伯乃弃而不取，是其父子昆弟之间实以天下相逊也，且其迹隐微，故民无得而称焉。予读《吴

越春秋》："古公病将卒，令季历让国于太伯，而三让不受，故云太伯三以天下让。"《吴越春秋》作于东汉赵晔，前人谓其去古未远，又晔越人，宜知吴越之故，然则三让之说，岂晔固得其实耶？但《春秋》《史记》无之，则又疑后人因《论语》之文而伪补其说，是未可知也。姑存之。

10.《越绝书》

《两山墨谈》卷十六云：

《越绝书》，不知作者谁氏，或谓子贡、子胥作者妄也。观其援引不伦，序次无法，类谫浅者所为。而所记有及西汉时事者，又其间文法间有类《吴越春秋》处，其正言无几，而杂说旁出，复疑古有是书，后人从而剿入他说，岂东汉之际如赵晔辈者所著耶？其最不经者，谓舜有不孝之行，去耕历山，三年大熟，身自外养，父母皆饥，舜父顽，母嚚，兄狂，弟敖。考之经典，孔孟皆称舜为大孝，舜岂有外养之理？四岳曰：瞽子，父顽，母嚚，象傲；舜固未闻有兄也。又谓子胥妻楚王之母，《吴越春秋》载子胥入郢，令吴王纳昭之夫人，然则子胥固未尝身此举也。凡此皆有惑于后之学者，予故深辟之。

陈霆认为《越绝书》非子贡、子胥之作，而是东汉之际人所撰。可详参李步嘉先生《越绝书研究》）。

十、梅鷟

（一）梅鷟其人

梅鷟（1483? —1553），字致斋，旌德（今属安徽宣城）人。武宗正德八年（1513）举人，官南京国子监助教、盐课司提举。著有《尚书考异》《尚书谱》《古易考原》《春秋指要》《仪礼翼经》《南雍志·经籍考》等。

（二）梅鷟的文献辨伪

梅鷟著《尚书考异》《尚书谱》二书，辨古文之伪。傅兆宽已有专著评述，兹不赘述。

姜广辉认为，梅鷟著成系统考辨《古文尚书》的第一部专著《尚书考异》，逐一抉发晋以前文献中与《古文尚书》经文蹈袭雷同之处，但无法确证原创与抄袭。故考辨《古文尚书》的要点，并不在于发现多少蹈袭雷同的证据，而是需要为《古文尚书》辨伪确立一个有说服力的逻辑基点。有了这一逻辑基点，作伪举证方能显示其应有价值。《尚书考异》可能由梅鹗撰就，由梅鷟续成之。[1]

---

① 姜广辉：《梅鷟尚书考异考辨方法的检讨——兼谈考辨古文尚书的逻辑基点》，《历史研究》2007 年第 5 期。

十一、郎瑛

（一）郎瑛其人

郎瑛（1487—1566后），字仁宝，号藻泉，仁和（今浙江杭州）人。著有《七修类稿》《萃忠录》《青史衮钺》等书。学者称草桥先生，许应元为作《草桥先生传》。

（二）郎瑛的文献辨伪

1. 诗文托名

郎瑛《七修类稿》卷二十三"诗文托名"条云：

> 昔宋太史景濂辨廉、仁、公、勤四箴乃王迈实之之作，但西山爱此四铭，特揭座右。自赵松雪误言为西山之作，世遂成讹也。辨证甚悉。今《西山集》第二十卷中果自言其所以，奈何一讹之后，虽名人学士不复知也。如《杜律虞注》乃元季京口进士张伯诚所注，今山西所刻七言注解黄海亭后跋已悉之矣。《剪灯新话》乃杨廉夫所著，惟后《秋香亭记》乃瞿宗吉撰也，观其词气不类可知矣。《香奁集》，鄙亵者非杨廉夫，乃韩致光之诗。然三者非欲借重于人，则一时刊误，亦到今尚有未知者。

古代诗文的作者一旦以讹传讹，难以勘误。郎瑛据词气辨伪，亦不失为辨伪之一法。

2. 陶诗真伪

郎瑛《七修类稿》卷二十五"陶诗真伪"条云：

> 陶诗《归田》第六首末篇，人以为江淹者，韩子苍辨其江淹《杂拟》，似陶诗耳，但"开径望三益"，江淹不类。予以为此句固不类，而前说种苗，后结桑麻，陶公亦不如此世；且江诗通篇一字不差，岂江窃陶者耶？窃之则诸篇之拟何如？
>
> 《问来使》一篇，东涧以为晚唐人因太白感秋诗而伪为之，殊不知乃宋苏子美所作，好事者混入陶集中，巨眼者自能辨之。

拟作本非作伪，但容易被误认为原作。陶渊明诗是个人竞相模拟的首选，拟作甚夥，究与原作难以混同。

考《陶渊明集》卷二《问来使》诗曰："尔从山中来，早晚发天目。我屋南窗下，今生几丛菊？蔷薇叶已抽，秋兰气当馥。归去来山中，山中酒应熟。"

宋洪迈《容斋五笔》卷一"问故居"条云：

> 陶渊明《问来使》诗云："尔从山中来，早晚发天目。我屋南窗下，今生几丛菊？蔷薇叶已抽，秋兰气当馥。归去来山中，山中酒应熟。"诸集中皆不载，惟晁文元家本有之，盖天目疑非陶居处。然李大自云："陶令归去来，田家酒应熟。"乃用此尔。王摩诘诗曰："君自故乡来，应知故乡事。来日绮窗前，寒梅著花未？"杜公

送韦郎归成都云："为问南溪竹，抽梢合过墙。"《忆弟》云："故园花自发，春日鸟还飞。"王介甫云："道人北山来，问松我东冈。举手指屋脊，云今如许长。"古今诗人怀想故居，形之篇咏，必以松竹梅菊为比兴，诸子句皆是也。至于杜公《将别巫峡赠南卿兄瀼西果园》诗云："苔竹素所好，萍蓬无定居。远游长儿子，几地别林庐。杂蕊红相对，他时锦不如。具舟将出峡，巡圃念携锄。"每读至此，未尝不为之凄然。《寄题草堂》云："尚念四小松，蔓草易拘缠。霜骨不甚长，永为邻里怜。"又一篇云："四松初移时，大抵三尺强。别来忽三载，离立如人长。"尤可见一时之怀抱也。

南宋严羽《沧浪诗话》考证之十四亦云："《西清诗话》载：晁文元家所藏陶诗，有《问来使》一篇，云：'尔从山中来，早晚发天目。我屋南山下，今生几丛菊。蔷薇叶已抽，秋兰气当馥。归去来山中，山中酒应熟。'予谓此篇诚佳，然其体制气象，与渊明不类，得非太白逸诗，后人漫取以入陶集尔。"

3. 词非欧阳作

郎瑛《七修类稿》卷三十一云：

> 王铚《默记》记欧阳文忠公私甥女事，为此降官，事亦详矣。而《钱氏私志》又述其自作之词曰："江南柳，叶小未成阴。人为丝轻那忍折，莺怜枝嫩不胜吟。留取待春深。十四五，闲抱琵琶寻。堂上簸钱堂下走，恁时已留心（一作"恁时相见早留心"）。何况到如今。"盖甥女依公时，方七岁故也。
>
> 予意公因甥女无依，领回方七岁，公何便有此心，况此词后一拍全似他人之说公者。但事之有无，未可与辩；词非公为，决然也。或者钱世昭因公《五代史》中多毁吴越，故抵之。如落第士子作《醉蓬莱》以嘲公也，读者理推。

今按，明祝允明（1461—1527）《祝子罪知录》卷四"欧阳修"条亦云：

> 又曰：（欧阳）修任河南推官，养一妓，时钱文僖为留守，梅圣俞、谢希深、尹师鲁同在幕下，惜欧有才无行，共白钱，钱屡讽而不之恤。一日宴后圃，客集而欧与妓俱不至，移时方来，在坐相视以目。钱责妓云："未至何也？"妓云："中暑往凉堂睡着觉，而失钗犹未见。"钱曰："若得欧阳推官一词，当为偿汝钗。"欧即赋云"柳外轻雷池上雨"云云，遂命妓满酌赏欧，而偿妓钗，咸谓欧当少戢，不惟不恤，翻以为怨。后修《五代史》，痛毁吴越，又于《归田录》说钱数事，皆不美希白。尝戒子孙毋得劝人阴事，贤者为恩，不贤者为怨。欧后为人言其盗甥，表云："丧厥夫而无托，携孤女以来归。"张氏时方七岁，内翰伯见而笑之，云年方七岁，正是学簸钱时也。欧词云："江南柳，叶小未成阴。人为丝轻那忍折，莺怜枝嫩不胜吟。留取待春深。十四五，闲抱琵琶花外寻。堂上簸钱堂下走，恁时相见已留心，何况到如今。"欧知贡举，其题出通其变，使民不倦，乃云通其变，而使民不倦，贤良伯唱云试官偏爱外生，而于是科场大哄，皆报东门之役也。（钱世昭）
>
> 演曰：欧好讦人闺门，而为人纠举，亦多以中冓，如子妇事记载甚多。又甥女

事，更一端也。妓游之荒，更二也。大率既位宰辅，负一时极望，公者以为之讳也，私者畏其锋而莫敢直也，诸事必有必无，亦未可遽定，而当时昌言不一如此，又岂皆凭虚而略无一二情实者乎？后学又以文宗归之，故到于今犹不能置议其间，殆有甚于其生时者。盖后生胶固耳目，惟恐犯不韪耳，博学明辨当如是乎？若其学术，则尊濮一事，公悖经典，殆于小人之无忌惮，他复何计。情迹皎然彰明，尚为营护盖覆，其何理耶？要之，修有才能文，而偏傲淫放，欺世自高，本其凶德，至于刻深险诐，倾陷士类，又由忮忌而有之，乃成大恶，谥以佚狠，犹未尽之，况反誉耶？休休之度，正其所无，视王旦辈犹不及，钦若、丁谓相远几何，而论者以匹于范、韩、富公，何其悖颠！大冥之抵乎是。

明蒋一葵《尧山堂外纪》亦云：

欧阳公尝有小词云："江南柳，叶小未成阴。人为丝轻那忍折，莺怜枝嫩不胜吟。留取待春深。十四五，闲抱琵琶寻。堂上簸钱堂下走，恁时相见已留心。何况到如今。"后有谤欧公盗甥者，表云："丧厥夫而无托，携孤女以来归。"张女此时年方七岁，钱穆父素恨公，见而笑云："年七岁，正是学簸钱时也。"及知贡举时，落第举人复作《醉蓬莱》词以讥之。

今按，钱穆父即钱勰，是吴越王钱镠的后人，与苏轼等交好，和欧阳修是政敌。他后来官至龙图阁大学士，开封知府，就是包拯那个位置。所说的落第举人则是刘辉，可惜当初恶搞版的《醉蓬莱》已经找不到了。欧阳修自己曾写过一阕《醉蓬莱》，"事还成后，乱了云鬟，被娘猜破"，艳情而已，本事却无从查考。

晚清况周颐《蕙风词话》卷四辨之云：

《词苑丛谈》卷十辨证有云……初，欧公有盗甥之疑，上表自白云："丧厥夫而无托，携幼女以来归。"张氏此时年方七岁，钱穆父素恨公，笑曰："正是学簸钱时也。"愚按：欧公词出《钱氏私志》，盖钱世昭因公《五代史》中多毁吴越，故诋之，此词不足信也。（《丛谈》止此）按：周淙《辇下纪事》云：德寿宫刘妃临安人入宫为红霞帔，后拜贵妃，又有小刘妃者，以紫霞帔转宜春郡夫人，进婕妤，复封婉容，皆有宠，宫中号妃为大刘娘子，婉容为小刘娘子。婉容入宫时年尚幼，德寿赐以词云："江南柳，嫩绿未成阴，攀折尚怜枝叶小，黄鹂飞上力难禁。留取待春深。"（《纪事》止此）德寿之词与《默记》所传欧公之作仅小异耳。钱世昭《私志》称彭城王钱景臻为先王景臻追封，当建炎二年，世昭为景臻之孙愐景臻弟三子之犹子，以时代考之，亦南宋中叶矣。《四库全书提要》于钱世昭、王铚时代并未考定详确，窃疑后人就德寿词衍为双调以诬欧公，世昭遂录入《私志》，王铚因载之《默记》，唯钱穆父固与欧公同时，然公词既可假托，即自白之表、穆父之言亦何不可造作之有。窃意欧阳文集中未必有此表也。

又按，清施男《邛竹杖》卷三《江南柳辩》亦云：

余襄读欧公《江南柳词诗》也。公词有："江南柳，叶小未成阴。人为丝轻那忍折，莺怜枝嫩不胜吟，留取待春深。十四五，间抱琵琶寻。堂上簸钱堂下走，恁时相见已留心。何况到如今。"词固丽淫，而诋者曰："张氏年方七岁，正堂下簸钱走时也。"按：张为永叔甥遗孤女，归父家，适公族子晟。晟官宿州，赴郡宴失舟，诉开封府，盖晟妾与舟人通，妻欲笞之，舟人先惧而遁，反为妾所诬。京尹承风旨，令张氏引公以自解狱，上仁宗，大骇，遣中使王昭明监勘张氏反异始得白，然犹坐没张氏奁具，买田作，欧阳户出知滁州，时刘辉挟省闱见诋之恨，亦赋《醉蓬莱》词，兼附会者，谓公官河南时曾嬖一妓，钱文僖留守西京，惜其才，屡讽不悛，后修《五代史》《十国世家》及《归田录》多訾毁吴越，钱希白常戒子孙曰：尔辈甚无勘人阴事，贤者为恩，不肖者为怨。呜呼！公岂不肖者耶？忠厚开国如宋，名地位望若欧，毁至尤来，尚烦狱吏，虽云贤者不免，然荆棘崇高，江河沦下，可畏甚矣。廿五日。

4. 伪仙诗

郎瑛《七修类稿》卷三十七云：

池州青羊宫石刻一律，嘉靖间都御史刘大漠所刻，其跋云："是刻如雷电鬼神，变幻莫测，却又不失六书矩度，信非异人不能。九龙主人宜加呵护，若为飘车羽轮辇去，宁不或承之羞哉。"

世传诗为陈抟所书也，其诗云："仙境闲寻采药翁，草堂留语数宵同；虚传山下云深处，直与人间路不通。泉引藕花来洞口，月将松影过溪东。求名心在闲难遣，明日马蹄尘土中。"后款曰："三清道丈玉皇举人太和子书。"

以予论之，此好奇而未仕者为之也。观首云"仙境闲寻"，未又曰"求名心在闲难遣，明日马蹄尘土中"，仙尚有此言耶？况书名特神其号，尤可知矣。但字体异常，不知书者随风传诵，若谓"不失六书矩度"数语，刘盖欲欺世人，不知世有识者所笑多也。至如虚传来影数字，因传为此字未必真是也，拓之露丑，徒污纸墨，见者自能别之。

5. 《孔子家语》

郎瑛《七修类稿》卷四十二云：

予尝疑孔衍序《家语》，乃孔壁所藏，安国所为；其后王肃序之尤详，何无一言之及孔壁事？其曰"元封时，吾仕京师"云云，却又是安国言语，何已为序之而又以吾为安国，疑必有讹字也。

后闻何燕泉先生改注《家语》，意其必已改正明白，得而读之，其于缺略者补之，旧注之庸陋者易之，而他书所载为《家语》者，则又别为外篇，可谓深有功于圣门矣。然吾之所疑，彼犹在焉，又未尝不扼腕而三叹焉。

昨见鲁斋王文宪公《家语考》一编，以四十四篇之《家语》，乃王肃自取《左传》《国语》《荀》《孟》《二戴》之书割裂织成之耳，然后知其所序若是，而孔衍之序，意亦王肃自为也，故已序遂不言在孔壁事耳。惜燕泉未见王《考》，徒为怅怅，有力者梓其文，附于何序之后，使后人有所考云。余意见"事物类"。

　　《家语》一书，《汉·艺文志》载二十七卷，《唐志》载王肃注十卷，近世四十四章。旧乃王广谋所注，庸陋荒昧；新得何侍郎更之，已觉就正，惜非全书。何又作《家语外集》，藏之未刻，其故何序辨之详矣。昨读王阁老鏊《震泽长语》，有曰："一日至书市，得王肃注本《家语》，乃近世所无。"又曰："以何侍郎之好古，不可得，余得之，岂天欲未丧斯文欤？"予以何正求之而王得之，则当即送于何，使得以校所存之外集可也；或何以谢世，今亦刻之可也。否则再失，万古不复见矣。（卷四十二）

6.《孔丛子》

郎瑛《七修类稿》卷二十四云：

　　《孔丛子》七卷，孔氏八世孙孔鲋撰也。嘉祐中，宋咸注之。咸叙鲋不世用，退集先君仲尼、子思、子上、子高、子顺之言及己之事，为六卷；至汉武时，孔臧双以己著书赋附于卷末，为之《连丛》上下篇。本朝宋学士景濂辨为即咸伪作，画以子思、孔子，相去甚远，疑无问答。

　　予据《阙里志》云："子思，曾子弟子，逮事仲尼。"则亦或有其言也，其曰伪书，则无疑矣。何也？文非西京，一也。汉、唐之《志》不载，止见于《中兴书目》，二也。其言先世，俱称子上、子高、子顺，于己之篇言已多矣，复曰："子鱼名鲋甲，陈人"，似非一气自己当云者，三也。其中论"行夏之时"与"仁者乐山"等语，皆牵强之解，使当时朱子以为然耶？宁不即取夫子之言，肯复为之解乎？四也。以子思年十六至宋，为宋乐翔之徒围之，遂作《中庸》。予考子思，鲁缪公欲用为相，不受；适卫，不仕；反鲁教授其徒数百，疑此时作《中庸》也；况十六亦非作书之时，或者依于《史记》谓"尝困于宋，子思作《中庸》"之二句，遂不各句分解而谬从之，五也。末后《叙世》一篇，尤为谬乱，以孔安国为孔茂所生，孔骥又加为孔仲骥，六也。夫孔臧，汉武时人；孔季彦，后汉安帝时人；臧何知数世之后事？七也。

　　予又以为伪固伪矣，或者非咸所为，其注丰生子和之处，以为孔氏子孙所作之书，故不称名而称字；然则历称某生某者，又何如耶？且孔喜字仲和，亦非子和，苟咸有心伪为，亦必考其谱志；况咸亦名人学士，未必苟且如此。必朱子以后之人为之也。但其书论说高远，不杂奇怪，子上以前之言，似有圣贤气象；子顺以后之言，似多纵横之家，必亦善为书者之作欤？

郎瑛据文气、书志、称谓、训诂等辨伪。

7.《素问》

郎瑛《七修类稿》卷十五云：

　　《素问》文非上古人得知之，以为即全元起所著，犹非隋、唐文也，惟马迁、刘向近之，又无此等义语。宋聂吉甫云："既非三代以前文，又非东都以后语，断然以为淮南王之作。"

予意《鸿烈》解中内篇文义，实似之矣，但淮南好名之士，即欲藉岐黄以成名，特不可曰述也乎？或者医卜未焚，当时必有岐黄问答之书，安得文之以成耳。不然，阴阳五行之理，学思固得；人身百骸之微，非圣不知；何其致疾之由，死生之故，明然纤悉？此淮南解性命道理处，必窃《素问》，而诡异奇瑰处，乃苏飞等为之也。故宋潜溪以淮南出入儒、墨，不纯正，此是也。

且淮南七十二候与《素问》注皆多芍药荣、五物玫；麦秋至为小暑至，较《吕氏春秋》不同，则王冰当时亦知《素问》出淮南也。岐黄之文，至于首篇曰上古，中古而曰今世，则黄帝时果末世耶？又曰以酒为浆，以妄为常，则仪狄是生其前，而彼时人已皆伪耶？《精微论》中罗裹雄黄，《禁服篇》中歃血而受，则罗与歃血，岂当时事耶？予故以为岐黄问答，而淮南文成之者耳。

8. "诗非蹈袭"

郎瑛《七修类稿》卷二十云：

子美诗有"夜足沾沙雨，春多逆水风"。乐天诗云："巫山暮足沾花雨，陇水春多逆浪风。"

陶渊明诗云："采菊东篱下，悠然见南山。"韦应物亦有"采菊露未晞，举头见南山。"

又东坡《续丽人行》首四句："深宫无人春昼长，沉香亭北百花香，美人睡起薄梳洗，燕舞莺啼空断肠。"

萨天锡《题杨妃病齿》诗则云："沉香亭北春昼长，海棠睡起扶残妆，清歌妙舞一时静，燕语莺啼空断肠。"但略少变其文，如此等诗，不可尽述，每见录于诗话，美则以为点铁化金，刺则以为蹈袭古诗，附会讥诮，殊为可厌。予略灵数首于右，以见陶、杜岂特待曰韦点化，而应物、天锡固窃诗者哉？故老杜尝戏为诗曰："咏及前贤更勿疑，递相祖述复先谁？"

大抵诵人诗多，往往为已得也，右夫黄鲁直《黔南十绝》，则又不在此例，故欲逐首取裁白诗，诗选所谓乐天多于敷衍，山谷巧于剪裁是也。又范廖尝在宜州问鲁直曰："君何累用白句？"

鲁直曰："庭坚少时诵熟，久而忘其为何人诗，故阻雨衡山尉厅，偶然遇事，信手书尔。"廖复以点铁之语告之，山谷大笑曰："点铁化金，如此快耶？"夫衡山尉厅之诗固然，而《黔南十绝》，岂亦忘之为得也？此又黄公之可笑。

9.《汲冢周书》

郎瑛《七修类稿》卷二十二"西王母考"条云：

西王母之事，由《汲冢周书》穆王乘八骏，西巡狩，宴瑶池而捧王母之觞；又《汉武外传》亦以七夕会于甘泉，王母捧仙桃而降；因此二说，至今传之。殊不知《汲冢周书》乃伪书也，因穆王巡狩忘反，故为此说；而武帝又好神仙封禅之事，是以彼此傅会如此。

《汲冢周书》非伪书，《汉武外传》是伪书，郎瑛此处有对有错。

10. 禹碑

郎瑛《七修类稿》卷二十二"禹碑释文"条云：

　　　　禹碑释文，杨殿元靖阳生俱有刻矣，但卜余字不同。据《游宦纪闻》云：癸酉二字难识，二公皆未释之；似虽有人心之灵，万里相符之妙。然则癸酉二字无耶？无则此碑今据《纪闻》，而明《纪闻》亦伪者耶？殊不知字特奇古，非秦、汉以下碑文之可证，不过拟其形似者释之耳。如较庐山紫霄峰刻法帖，禹书亦皆不类，是所谓古书不必同文意也。予因二字欠释及，以此二字，杨曰非古文语，似矣。

　　　　予意杨释为久旅，尤非古文语，盖忘家即久旅矣；不若依旧，则形象庶几耳。故拟其相似者，更其十一字，亦庶几文义之通也。书之于左，仍以二公所释，各注于下，以俟博古君子。若夫辨非禹碑及翻刻来历，自有尚书顾东桥、太守季彭山诸说在焉。

禹碑真伪至今未有定论。

11. 诗句偶同

郎瑛《七修类稿》卷二十二"诗句偶同"条云：

　　　　《琵琶记》内白乐天诗句已有："儿家门户重重闭，春色缘何得入来。"唐薛惟翰诗《春女怨》云："白玉堂前一树梅，今朝忽见数花开；儿家门户寻常闭，春色因何得入来。"金石《抹世绩纸鸢》诗有："果物戏人人戏物，为风乘我我乘风。"同时黄讽《题齐物堂》亦云："果蝶梦周周梦蝶，为风乘我我乘风。"是皆可谓闭门造车，出门合辙者也。

今按：诗句偶同，不可谓之作伪。

12. 《三国演义》

郎瑛《七修类稿》卷二十三"三国宋江演义"条云：

　　　　《三国》《宋江》二书，乃杭人罗本贯中所编。予意旧必有本，故曰编。《宋江》又曰钱塘施耐庵的本。昨于旧书肆中得抄本《录鬼簿》，乃元大梁钟继先作，载元、宋传记之名，而于二书之事尤多，据此尤见原亦有迹，因而增益编成之耳。

13. "秦汉书多同"

郎瑛《七修类稿》卷二十三云：

　　　　《孟子》所书："齐景公问于晏子曰：'吾欲观于转附朝儛，遵海而南，放于琅邪，吾何修而可以比于先王观也。'晏子对曰：'天子诸侯无非事者，春省耕而补不足，秋省敛而助不给。今也不然。师行而粮食，从流下而忘反谓之流，从流上而忘反谓之连，从兽无厌谓之荒，乐酒无厌谓之亡。先王无流连之乐，荒亡之行。'景公说：'大戒于国。'"《管子》内《言戒篇》曰："威公将东游，问于管仲曰：'我游犹轴转斛，南至琅邪。'司马曰：'亦先王之游已，何谓也?'对曰：'先王之游也，春出，原农事之不本者，谓之游。秋出，补人之不足者，谓之夕。夫师行而粮食其民者谓之亡，从乐而不反者谓之荒。先王有游夕之业于民，无荒亡之行于身。'威公退，再拜命曰：'宝法。'"洪容斋读而疑之，以管氏既自为书，必不误也，何二子之语相似？因而载之《三笔》，欲细考也。元人郑元祐以贾谊《新书》多同《大戴》之篇，意古或有是言。予尝记忆所知者，《荀子·劝学篇》与《大戴》之《劝学》前面俱同，或句有先后，字有多寡，乃《大戴》刊误也。《礼论》与《史记·礼书》后段同，《乐论》与《乐记》互有详略，内中《三年问》即《礼记》之所载也，《哀公篇》前半段即《大戴·哀公五义章》也。《大戴·三本》一篇，是截《荀子·礼论》中之一段"天地者生之本也"五百言。而《史记》又截五百言之后"礼岂不至哉"以下作"自己极言礼之损益"为《礼书》之结。《礼经·聘义》后，子贡问比德于王一段，亦《荀子》之所有。《礼》有《礼运》，《家语》亦有之，始则俱同，而中后则未详于《礼》也。《大戴·曾子大孝》篇与《小戴·祭义》同，《礼察篇》与《小戴·经解》篇同，且又重出贾谊《治安策》。《文王官人》篇与《汲冢周书·官人解》相出入。《新书·保传》前一段千六百言无一字之不同《大戴》，中则《大戴》增益三公、三少之事，末段胎教几二千言又无也。但其中《大戴》说巾车之处，《新书》却说悬弧之礼，此则不同也。然《大戴》总为一篇，而《新书》各条分之。《家语·执辔》篇言人物之生数一段，又与《鸿烈解·地形训》《大戴·易本命》数百言相同。《列子·黄帝》篇言海上之人好鸥一段。与《吕览·精喻》篇海上之人好蜻者全类。《战国策》楚宣王与群臣问答狐假虎威一事，与《新序》并同，但其后二十余言不同。二者所同皆不下二百余言。予尝反复思维，岂著书者故剽窃耶？抑传记者或不真耶？非也。二戴之于《礼记》，彼此明取删削，定为礼经。其余立言之士，皆贤圣之流。一时义理所同，彼此先后传闻。其书原无刻本，故于立言之时，因其事理之同，遂取人之善以为善，或呈之于君父，或成之为私书，未必欲布之人人也。后世各得而传焉，遂见其同似，于诸子百家偶有数句、数百言之同者，正是如此耳。此又不能尽述。

秦汉古籍存在雷同现象，这是文献学上的一个普遍现象，也是辨伪学史上的难题。

14. 《晋春秋》《楚梼杌》

郎瑛《七修类稿》卷二十"晋春秋楚梼杌"条云：

晋文《春秋》、楚史《梼杌》，二书不著作者姓氏。元人吾子行以谓一日并得之也，金华宋景濂、王子充直以为子行所作，然无据也。予考汉、唐、晋、宋之史书目未载焉，此则子行所著无疑。

15. 武王追王明文

郎瑛《七修类稿》卷二十"武王追王明文"条云：

> 唐梁肃、宋欧阳公、游定夫、皆有文王未尝称王之论，然不过以《语》《孟》及《泰誓》《武成》之文，夷、齐、虞、芮、仲连、曹操之事，冥探曲证，仿佛比拟，卒无武王追王之明文。虽苏、张口舌，人谁适从？愚读太史公《伯夷传》，有曰："西伯卒，武王载木主，号为文王，东伐纣。"此非武王追王之明文乎？古称马迁良史，其文核，其事实，执此则诸公论说可以尽废。呜呼！纷纷千古，考索无人，簪横吾前，迷而不见，惜哉！

前信息时代，考实之学须终生积累，而现在秒决可也。

16. 古语有本

郎瑛《七修类稿》卷二十"古语有本"条云：

> 诸葛孔明有曰："非淡薄无以明志，非宁静无以致远。"孙思邈有曰："胆欲大而心欲小，智欲圆而行欲方。"《淮南子·主术训》曰："非淡薄无以明德，非宁静无以致远。"又曰："心欲小而志欲大，智欲圆而行欲方。"是知二贤之言皆有所本。

今按，"古语有本"与辨伪有关，今人不明此理，常过度疑古，愈辨愈昏。

17. 《书经》《仪礼》

郎瑛《七修类稿》卷二十八"《书经》《仪礼》可全"条云：

> 今《书经》多错简脱文，谓非古文也。宋《三朝志》载，雍熙中，日本僧奝然入贡云："国中有古五经。"欧阳公《日本刀歌》云："徐生行时书未焚，逸书百篇今尚存。令严不许传中国，举世无人识古文。"欧言未必无据。
>
> 又《一统志》：永乐中，沅州御史刘有年上《仪礼逸经》十八篇，是《仪礼》亦未亡也。不知当时庙堂无一人表章传之，今日无一人奏以取之，岂古人求逸书之意耶？予问人，曰不知。岂所载皆非耶？

今按，毛奇龄《经问》卷三："蔡氏请征海外《古文尚书》一疏，因宋人多有攻古文为伪者。欧阳修《日本刀歌》末有云：'徐福行时书未焚，《尚书》百篇今尚存。令严不许通中国，举世无人识古文。'意必海外有其书，故欲取以为证。按《崇文总书目》载，咸平中日本僧奝然以郑康成注《孝经》来献，不言有《尚书古文》。又郑麟趾《高丽史》宣宗八年即宋之元祐六年，李资义使宋，还奏云帝闻吾国书籍多好本，馆伴书所求书目录授之，首开百篇《尚书》，答云无有也。是高丽尚未有，况日本乎？欧阳氏狡狯之词，甚言举世人不能辨古文耳。若真求之，则痴人前难说梦矣。"

又按，"欧言未必无据"的猜测是缺少证据的，而以这种方式搞假考证、假辨伪的大有人在。谁主张，谁举证。既然你有证据，请拿出来！拿不出证据，就是臆测。

18. 解缙集中杂伪者多

《七修类稿》卷二十九"中秋不见月"条云：

永乐中秋，上方开宴赏月，月为云掩，召学士解缙赋诗，遂口占《风落梅》一阕，其词云："嫦娥面，今夜圆，下云帘，不著臣见。拼今宵倚栏不去眠，看谁过广寒宫殿？"上览之欢甚，复命赋长篇，又成长短句以进，歌曰："吾闻广寒人万三千修月斧，暗处生明缺处补，不知七宝何以修合成，孤光洞彻乾坤万万古。三秋正中夜当午，佳期不拟嫦娥误。酒杯狼藉烛无辉，天上人间隔风雨。玉女莫乘鸾，仙人休伐树。天柱不可登，虹桥在何处？帝阍悠悠叫无路，吾欲斩蛤蟆，磔其兔，坐令天宇绝纤尘，世上青霄灿如故，黄金为节玉为辂，缥缈鸾车烂无数，水晶帘外河汉横，冰壶影里笙歌度。云旗尽下飞玄武，青鸟衔书报王母，但期岁岁奉宸游，来看霓裳羽衣舞。"上益喜，同缙饮。过夜半，月复明朗，上大笑曰："子才真可谓夺天手段也。"盖既以其天才，又歌有"坐令天宇绝纤尘"等句，今集止载后歌，而杂伪者多也。

明蒋一葵《尧山堂外纪》卷八十一亦云：

永乐中秋，上方开宴赏月，月为云掩，召解缙赋诗，遂口占《风落梅》一阕，其词云："嫦娥面，今夜圆。下云帘，不着臣见，拼今宵，倚栏不去眠。看谁过广寒宫殿。"上览之，欢甚。复命赋长篇，又成长短句以进，歌曰："吾闻广寒八万三千修月斧，暗处生明缺处补。不知七宝何以修？合成孤光洞彻乾坤万万古。三秋正中夜当午，佳期不拟嫦娥误。酒杯狼籍烛无辉，天上人间隔风雨。玉女莫乘鸾，仙人休伐树，天柱不可登，虹桥在何处！帝阍悠悠叫无路，吾欲斩蛤蟆，磔其兔。坐令天宇绝纤尘，世上青霄粲如故。黄金为节玉为辂，缥缈鸾车烂无数。水晶帘外河汉横，水壶影里笙歌度。云旗尽下飞玄武，青鸾衔书报王母。但期岁岁奉宸游，来看霓裳羽衣舞。"上益喜，同缙饮，过夜半，月复明朗。上大笑曰："子才真可谓夺天手段也。"

郎瑛能够辨伪，而蒋一葵信以为真，二者高下立判矣。

19. 辨陆秀夫挽张世杰诗之伪

郎瑛《七修类稿》卷二十九"铁胆金甲"条云：

《山房随笔》载陆秀夫挽张世杰诗："曾闻海上铁斗胆，犹见云中金甲神。"惜其全篇不传。又注二句故实云："为焚张之尸，其胆如斗而不化，须臾，云中见金甲神人曰：'我关系不小，身后出必恢复也。'"殊不思陆死于张之先也，不知此何诗也，妄载如此。

明朱国祯《涌幢小品》卷二十"文陆二事"条亦云：

张世杰已溺死，诸军棺敛，焚尸岛上，其中胆大如斗，更焚不化，众皆号恸。须臾，云中见金甲神人大声曰："太上以我驱驰，关系不小，以多方措置恢复矣。"由是军心皆不移,葬之香山之赤坎村。陆秀夫挽以诗曰:"曾闻海上铁斗胆,犹见云中金甲神。"盖《说郛》之说如此。然崖山之败,秀夫负祥兴帝入海。世杰知事不济,夺舟先去,行收兵,欲再立赵氏后,遇杨太后,告之故,太后大恸死。世杰葬之海滨,欲投占城,飓风溺死,则在秀夫赴海之后矣。二说再详。然谓世杰葬阳江之赤坎村,则阳江无此村。陈白沙因阳江令何昌之说,封墓立祠,作心贺卷赠之,盖诳白沙也。君子可欺以方,信矣!

前人已经辨明陆秀夫挽张世杰诗之伪,而《全宋诗》卷210仍然将此残句系于陆秀夫名下,未免失于考证矣。

20. 非荆公诗

郎瑛《七修类稿》卷二十九"非荆公诗"条云:

"周公恐惧流言日,王莽谦恭下士时;假使当年身便死,一生真伪有谁知?"诸书引者,皆以为荆公之诗,《临川集》不载,不知何人者也。以格律论之,亦必宋人耳。

今按,此诗出白居易诗《放言五首》之三:"赠君一法决狐疑,不用钻龟与祝蓍。试玉要烧三日满,辨材须待七年期。周公恐惧流言日,王莽谦恭未篡时。向使当初身便死,一生真伪复谁知。"

又按,"以格律论之"虽为辨伪之一法,但弄不好也会发生严重误判。又如同卷"改子陵起句韵"条载:

宋人题严子陵诗曰:"一着羊裘便有心,羊裘岂是钓鱼人;当时只着蓑衣去,江水茫茫何处寻?"篛冠徐延之伯龄以人字为非韵,改作"一着羊裘用意深,羊裘岂是钓鱼心。"然韵虽不错,用意终不似前。

徐延之与严子陵时代相去甚远,仅点窜数字,用韵不变,若以格律论之,亦必严重误判。由此可见,辨伪之事绝非易易!

21. 诗不类人

郎瑛《七修类稿》卷二十九"诗不类人"条云:

昔人云:山林之诗与台阁者不同,以其素习而出言自类也。故有粉墙人看之论耳。乐天富贵酒色,可为至矣;而人品天资,又非寻常之士。诗有"尘埃常满甑,钱帛少盈囊;侍女甚蓝缕,妻悉不出房",真可笑也。意此若予之事,而予未尝有此言,何耶?

今按,"诗不类人"现象在古代是常态。若不明此理,以此辨伪,无疑会制造大量的冤假错案。

22. 二高诗误

郎瑛《七修类稿》卷二十九"二高诗误"条云：

"两京作斤卖，五溪无人采。夷夏虽有殊，气味终不改。"此诗见高适集中，《唐诗纪事》又入于高力士下。

人以力士无集，因一高字误入。殊不知力士曾贬永州，五溪其地也。况段柯古叙力士事证，亦有《咏荠》之作；高适但往还于山、陕、四川，未尝至湖、湘间，此必力士之诗无疑。达夫集中收者，反为高字传讹也。且适集"斤"作"荠"尤非，题既《咏荠》，又可复云？但力士集中，"终"作"都"，此或适集"终"字尚是也。

今按，高适集中误入高力士之诗，显然因错而成伪作。此实为辨伪篇。

23. 古今诗同

郎瑛《七修类稿》卷三十"古今诗同"条云：

予一日江干被雨，暮归适值潮至，塘路险崎，轿上得四句云："暮色连江色，湖声杂雨声；行人归思急，辛苦问前程。"昨读《唐诗纪事》，比丘尼海印有《舟夜》云："水色连天色，风声杂浪声；旅人归思苦，渔叟梦魂惊。举棹云先到，移舟月逐行；续吟诗句罢，犹见远山横。"岂知前三句皆同文，可谓预先偷也。

今按，"古今诗同"，理或有之，古人无法查重，无伤大雅。今人著书作文，先得过查重关。无论有心无心，不得同类也。明代拟古成风，乃有意为之，点金成铁，或点铁成金，又当别论。

24.《题昭君》与《明妃词》雷同

郎瑛《七修类稿》卷三十"题昭君"条云：

予尝拟为昭君辞帝语云："爱妾一身，孰若惜取沙场万骨哉！妾闻昔殷高宗以图得傅说而中兴，今陛下以图得妾而外靖。为妾之计，得自拟于古贤臣，自以意亦少可。"后诵高季迪《明妃词》云："妾语还凭归使传，妾身没虏不须怜；愿君莫杀毛延寿，留画商岩梦里贤。"可谓闭门造车，出门合辙。

今按，闭门造车可以休矣！作文可以模拟，但要翻空出奇，自成面目。

25. 佳句人先道

郎瑛《七修类稿》卷三十一"佳句人先道"条云：

予友虞子匡元良，质美年少，志学有过人处；虽补弟子员，不屑于时义也。予契且敬，每有作，辄过商议。或为易数字，则首肯焉；多即挥去曰："非己作也，可盗名乎？"一日，次韵题人之扇，有联云："瓦樽频泛绿，银烛短烧红。"予叹赏久之，既而观《因话录》，有三红秀才应子和诗曰："两岸夕阳红，风过落花红，蜡炬短烧红。"遂惊且笑，始知所谓好句人先得，达者所见略同也。

今按，"好句人先得"，后来者究竟是有意作伪还是无意雷同？

26. 梅花诗

郎瑛《七修类稿》卷三十一"梅花诗"条云：

> "冽冽北风吹倒人，乾坤无地不生尘；胡儿冻死长城下，始信江南别有春。"
>
> "我家洗砚池边树，朵朵开来点墨痕；不要枝头好颜色，只留清气满乾坤。"
>
> 右二诗世传为王元章作也，故予于其传亦载后绝，然考《竹阁集》又无。后得止庵周大参抄本一书，知前乃太祖之作，后乃刘伯温之作，一时事也。盖伯温因太祖有疑而召至，时正梅开于雪中，太祖前作，固有意焉；而刘之诗，尤明白其心事，于是君臣相好如故也。

钱谦益《列朝诗集》甲集前编第五云："余家有元章真迹，下二句云：'清高只有老梅树，照水开花个个真。'""朵朵开来点墨痕"，钱作"朵朵花开淡墨痕"。

27. 荆叔诗

郎瑛《七修类稿》卷三十三"荆叔诗"条云：

> 《唐诗正声》载：荆叔《题慈恩寺塔》诗云："汉国山河在，秦陵草树深；暮云千里色，无处不伤心。"予尝以此诗于塔无相涉，后闻终南山有小白石处，刻一诗，足有唐风，字乃晋体，深五七分，惜无名也，传其句，又是前诗。及读《唐诗纪事》，而此诗亦曰题塔，又系于无名之下，但又注曰："不知何人题名荆叔。"予复疑之，因考姓氏诸书，并无荆叔之名，而《纪事》可谓收唐人能诗者尽矣，所以复注如此，此特好事者伪名偶写此诗于塔。高棅不考，而遂编入于《正声》必矣。昨会史乾用，云亲乾用，见此诗于慈恩塔，果小白石，字刻如前所闻，在塔之顶，并无人名。然后方知前诗必题终南者，好事者凿移于塔，如孟东野《咏蔷薇》之石，今移于史给事家也。

28. 明唐诗人暗合

郎瑛《七修类稿》卷三十八"明唐诗人暗合"条云：

> 国初王元章《书怀》、王子充《郡斋偶赋》，诗意相同而韵上差其二，句谓异矣。及读唐刘长卿《余干旅舍》与张籍《宿江上馆》诗，韵同意同，真可谓巧也，又皆奇作，特录于稿。
>
> 元章诗云："世情多曲折，客况自堪怜；听雨悉如海，怀人夜似年。草肥燕地马，花老蜀山鹃；冷淡无归计，苍苔满石田。"子充诗云："宦况真萧索，虚斋足自眠；思亲怀爱日，阅史录疑年。白发生愁后，黄华立醉边；风流陶靖节，输尔早归田。"
>
> 刘诗云："摇落暮天迥，丹枫霜叶稀；孤城向水闭，独鸟背人飞。渡口月初上，邻家渔未归；乡心正欲绝，何处捣征衣。"张诗云："楚驿南渡口，夜深来客稀；月明见潮上，江静觉鸥飞。旅宿今已远，此行殊示归；离家久无信，又听捣寒衣。"

今按，暗合究竟算不算作伪？古代存在巧合现象，现在恐怕需要查重。

29. 白沙诗

郎瑛《七修类稿》卷三十八云：

> 世以陈白沙非知诗者，而《麓堂诗话》载其题崖山大忠祠之诗曰："天王舟楫浮南海，大将旌旗仆北风；世乱英雄终死国，时来胡虏亦成功。身为左衽皆刘豫，志复中原有谢公；人众胜天非一日，西湖云掩岳王宫。"又以谓深知声律者，殊不知昔之所传，非今之所刻。盖今选解其诗者，只欲遵其道统，不复以词章为重，故于近体有蕴藉者不录，却以似禅而难通者往往录出，解以己意，人之见之，莫怪其为不知也。如："张帆海上回，帆挂铁桥树；惊起白虾蟆，跳上飞云去。"又曰："半酣发浩歌，声光真朗彻；是身如虚空，乐矣生灭灭。"不知"虾蟆跳飞云"是何所喻？而"生灭灭"，又何所解？通本未可一二数也，反于外传只句中尽有诗句，如"仲尼不作周公梦，天下谁嗟吾道衰？"又曰："一春花鸟篇章废，万里云霄羽翼孤"，何尝不佳？此选诗者之过，不思程、朱何尝不作近体，诚可笑也。大都白沙是任道豪杰，惜流于禅，若指刻集谓之诗教，恐亦难也。

今按，此条虽不是辨伪，但与之相通。若专以所谓风格辨伪者，不可以单一之风格衡量一个具有多种风格的作者。陈白沙既可言理，也能抒情，不能以前者废后者。以前的辨伪家们在这一方面大多失之于简单。

十二、杨慎

（一）杨慎其人

杨慎（1488—1559），字用修，号升庵，四川新都人。正德辛未（1511）进士第一，授翰林院修撰。以谏大礼谪戍滇中。杨慎为一代名状元，文章、学问震耀一时。事迹具《明史》本传。杨慎著述之富，为明人第一。著有《升庵经说》《易解》《檀弓丛训》《丹铅诸录》等二百余种书。

（二）杨慎的文献辨伪

《丹铅诸录》（包括《余录》《续录》《摘录》《总录》等）内容相当丰富，其中辨伪方面也有不少创见，他认为：

（1）《元经》非出文中子，盖阮逸赝作耳。

（2）《文选·雪赋》注引班婕妤《捣素赋》，疑非婕妤之作，盖亦卓见也。此赋六朝拟作无疑，然亦是徐庾之极笔。

（3）《汉书·艺文志》鬼谷区三篇，注即鬼臾区也……今按鬼谷即鬼容者，又字相似而误也。高似孙《子略》便谓《艺文志》无鬼谷子，何其轻于立论乎！按：明陈耀文《正杨》卷二对此条有补正。

（4）《朱子语录》谓与大颠书乃昌黎平生死案。呜呼，晦翁之言抑何其秋霜烈日邪！愚考韩与大颠书刻石于另山禅院，乃僧徒妄撰，假韩公重名以尊其道，犹怀素假李白歌称其草书独步也。怀素草书歌人皆信其非白作，而独以大颠书为出于韩，何哉？李白作歌赠怀素，不足以损白之名，而韩公以道自任，一与颠书，则所损多矣。世人多不成人之美，虽心知其非，乃乘瑕蹈隙而挤之。卓哉李汉之先见序公之文曰无有失坠，总其目以七百，正虑后人羼入阑增以诬韩公也。以此证之，死案犹可翻也。呜呼，至公无我之心，自圣人以下皆不能矣。古人谓公论百年而定，若此者虽千年犹不定也。按：明陈耀文《正杨》卷四对此条有辩驳。

（5）《春秋题辞》出汉人伪笔，未可深信。

（6）《唐诗鼓吹》以宋胡宿诗入唐选，宿在《宋史》有传，文集今行于世，所选诸诗在焉，观者不知其误，何耶？《鼓吹》之选，皆晚唐之最下者，或疑非遗山，观此益知其伪也。

（7）《省心录》乃沈道原作，非林和靖也。《指掌图》非东坡所作。《李卫公问对》阮逸伪作。《文中子》《元经》《关子明易》皆逸伪作。《龙城录》王性之伪作。子厚叙事何等笔力，此记衰弱之甚，皆寓古人诗文中不可晓者于其中。凡伪书皆然，予闻之朱子云。

（8）《连山》藏于兰台，《归藏》藏于太卜，此语见于桓谭《新论》，则后汉时《连山》《归藏》犹存，不可以《艺文志》不列其目而疑之。至隋世之《连山》《归藏》则伪作，上官求赏者耳。

（9）文王、周公之世何尝有单骑之说乎？或问《六韬》有骑战，子何言古无单骑？曰《六韬》伪文，非太公著……骑兵出于夷狄，至赵武灵王令国中胡服骑射，其事始入中国耳。

（10）《阴符经》非黄帝书，盖出后汉末。唐人文章引用者惟吴武陵《上韩舍人行军书》有禽之制在气一语，梁肃受命宝赋有天人合发区宇乐推一语，冯用之《机论》《权论》两引之，此外绝无及之者。

（11）《汲冢琐语》其文极古，然多诬而不信，如谓舜囚尧，太甲杀伊尹，又谓伊尹与桀妃妹喜交，其诬若此……然则何以知之，曰其文不类战国。

（12）《阴符经》之文，李筌伪作，或信以为黄帝者，无目者也。其文尚不能望《六韬》《三略》之藩篱、《素问》《汲冢》之万一，而以轩辕之作视之，有目者如是乎？按：明陈耀文《正杨》卷一对此条有补正。

（13）《草书百韵歌》乃宋人编成以示初学者，托名于羲之。近有一庸中书取以刻石，而一巨公序之，信以为然……信乎伪物一售，信货难市也。谚云："若无此辈，饿杀此辈。"

（14）鬻子，文王时人，著书二十二篇，子书莫先焉。今其存者十四篇，皆无可取，后人赝本无疑也。按贾谊《新书》引《鬻子》七条，如云："和可以守而严可以守，而严不若和之固也。和可以攻而严可以攻，而严不若和之德也。和可以战而严可以战，而严不若和之胜也。"又云："治国之道，上忠于主，而中敬其士，而下爱其民。故上忠其主者，非以道义，则无以入忠也。而中敬其士，非以礼节，则无以谕敬也。下爱其民，非以忠信，则无以行爱也。"又曰："圣王在上位，则天下不死军兵之事，而民免于一死，而得一生矣。圣王在上位，而民无冻馁，民免于二死，而得二生矣。圣王在上位，而民无天阏之诛，民免于三死，则得三生矣。圣王在上位，则民无厉疾，民免于四死，而得四生矣。"是皆正言确论也，今之所传有是乎? 又《文选》注引《鹖子》:"武王率兵车以伐纣，纣虎旅百万，阵于商郊。起自黄鸟，至于赤斧，三军之士，莫不失色。"今本亦无，以知其为伪书矣。曷取贾谊书中七条补之，以冠于书，亦愈于传赝售伪也。

（15）文人伪作外夷文字——余尝疑《穆天子传》西王母歌词出于后人粉饰，且《山海经》载西王母虎首鸟爪，形既殊异，音亦不同，何其歌词悉似《国风》乎……音韵与汉无异，愈可疑也……究其文笔，与当时翰苑何差? 言语不通之国，未必能集老庄之玄言，习徐庾之丽句也。

（16）今南方所刻唐诗皆非全帙。先公（杨炯）在翰苑，日裒集唐诗，极为精备，较近日所传大有不同。缘吴人射私利，刻各家唐诗，取其卷帙齐均厚薄如一以便于售，极为可恶……若杨炯诗不多，乃取杨巨源诗妄入之。陋者骤观，竞相语以为新奇未见，而争市之。是重不幸也! 聊书以传赏鉴者。

（17）苏文忠公云，苏武、李陵之诗乃六朝人拟作。宋人遂谓在长安而言江汉盈卮酒之句，又犯惠帝讳，疑非本作。予考之，殆不然。班固《艺文志》有苏武集、李陵集之目。挚虞晋初人也，其《文章流别志》云:"李陵众作，总杂不类，殆是假托，非尽陵制，至其善篇有足悲者。"以此考之，其来古矣。即使假托，亦是东汉及魏人张衡曹植之流始能之耳。杜子美云:"苏武李陵是吾师。"子美岂能无见哉? 东坡跋黄子思诗云"苏李之天成"，尊只亦至矣。其曰六朝拟作者，一时鄙薄萧统之偏辞尔。

（18）李益集有乐府杂体一首云:"蓝叶郁重重，蓝花石榴色。少女归少年，光华自相得……既为随阳雁，勿学西流水。"此诗比兴有古乐府之风，唐人少及此者。或云非益作，乃无名氏代霍小玉寄益之诗也。

（19）《邓子序》:人谓东方曼倩，学不纯师。余于邓析子亦云。从来虚无则老、庄司化，刑名则商、韩执契，经济则敬仲持窾，飞箝捭阖则鬼谷导机。盖悉有专门，各不相借，凛凛乎如画界而守也。今观是书，则经纬相成，玄黄至陈，宫商迭奏，初无定质。其言"神不可见，幽不可见""智者寂于是非，明者寂于去就"，则鬼谷子家言也。其言"百官有司，各务其刑""循名责实，察法立威"，则申、韩氏意也。其言"达道者，无知之道，无能之道""圣人以死，大盗不起"，则漆园语也。其言"心欲安静，虑欲深远""尊贵无以高人，聪明无以笼人，资给无以先人，刚勇无以胜人"，则柱下史"知雄守雌，知白守黑"之遗教也。至云"藏形匿影，群下无私""明君视民而出政"。又云"民一于君，事断于法"，"君人者不能自专而好任下，则智日困而数日穷"，则又皆管大夫不失政柄、君臣明法之旨也。然篇中多御辔励臣之语，邓析殆长于治国者与? 虽其书合纂组以成文，然皆几几乎道，可谓列素点绚，流润发彩，言之成服者矣。

以上涉及二十余种古籍，所考尚欠深入，也不够详明，大多数点到即止，未能穷本溯源，但是遍及四部，使用的辨伪方法也多样化，从著录、文笔、制度、风格、音韵等方面加以考察。特别值得一提的是，他首次提出了"不可以《艺文志》不列其目而疑之"的方法。

(三)《四库全书总目》对杨慎之批评

长期以来，世人仅知杨慎是造伪专家，《四库全书总目》对此亦多见微词，如揭发他伪造石鼓文以及其他古书：

是编第一卷为石鼓古文，第二卷为音释，第三卷为今文，附录则自唐韦应物至明李东阳所作石鼓诗，凡五篇。前有正德辛巳慎自序称："东阳尝语慎及见东坡之本，篆籀特全。将为手书上石，未竟而卒。慎因以东阳旧本录而藏之。"《金石古文》亦言升庵得唐人拓本，凡七百二字，乃其全文，冯惟讷《诗纪》亦据以载入《古逸诗》中。当时盖颇有信之者。后陆深作《金台纪闻》，始疑其以补缀为奇。至朱彝尊《日下旧闻》考证古本以"六辔"下"沃若"二字、"灵雨"上"我来自东"四字，皆慎所强增。第六鼓、第七鼓多所附益，咸与《小雅》同文。又鼓有□文，郭氏云："恐是臾字，白泽也。"慎遂以恶兽白泽入正文中，尤为欺人明证。且东阳《石鼓歌》云："拾残补阙能几何"，若本有七百余字，东阳不应为是言云云。其辨托名东阳之伪，更无疑义。今考苏轼《石鼓歌》自注称："可辨者仅'维鱮贯柳'数句。"则称全本出于轼者，妄。又韩愈《石鼓歌》有"年深阙画"之语，则称全本出唐人者，亦妄。即真出东阳之家，亦不足据，况东阳亦伪托欤？

(石鼓文)摹本之中，薛尚功、杨慎最著。案：宋、金以前，争石鼓之时代，断断不休；元以来真伪论定矣，而争文字者，又哄而聚讼。凝作此书，既不以今日所存之三百二十余字以考定其真，又不详列诸家之本以纠其异，徒以杨慎伪本犹属全文，而据以为主。根本先谬，又加以意为增减，弥起纠纷。

杨慎《丹铅录》谓杜常华清宫诗见《长安志》，诗中"晓风"乃作"晓星"，检今本实无此诗。盖慎喜伪托古书，不足为据。

明陶晋模撰……杂记湖南山水物产，间及古迹。然考证殊多疏漏。如辨峋嵝碑，信杨慎所录者为真本，则其他可知矣。

前有顾应祥序云："此书附在《华阳国志》，近世无传。升庵杨太史谪居于滇，以其旧所藏本手录见示。"云云。考隋以来经籍、艺文诸志，皆无此书……且汉王恢攻南越，在建元六年；张骞使大夏，在元狩元年。此云骞以白帝东越攻南越，大行王恢救之。年月之先后既殊，事迹亦不知何据。又晋泰始七年分益州置宁州，而此云六年，牂柯郡下元鼎六年亦误作元鼎二年，抵牾不一。杨慎好撰伪书，此书当亦汉《杂事秘辛》之类也。

至石鼓自唐以来辨论甚多，如杨慎所伪则字完于真本。

他如杨君《石门颂》，杨慎讥其不识遄字，考之碑文，正作凿石，别无遄字。是则慎杜撰之文，又不足以为适病矣。

《东坡石鼓文全本》，实杨慎伪托，而以为篆籀特全。

杨慎作《丹铅录》尝攘其说，而讳所自来。

至杨慎改岳麓禹碑中"南暴昌言"四字为"南渎衍亨"，伪云得之梦中，之淙亦信之，尤为寡识。

慎博览群书，喜为杂著。计其平生所叙录，不下二百余种。其考证诸书异同者，则皆以"丹铅"为名……慎以博洽冠一时，使其覃精研思，纲罗百代，竭平生之力以成一书。虽未必追踪马、郑，亦未必遽在王应麟、马端临下，而取名太急，稍成卷帙，即付枣梨，饾饤为编，只成杂学。王世贞谓其"工于证经而疏于解经，详于稗史而忽于正史，详于诗事而略于诗旨。求之宇宙之外，而失之耳目之内"，亦确论也。又好伪撰古书以证成己说，睥睨一世，谓无足以发其覆。而不知陈耀文《正杨》之作已随其后。虽有意求瑕，诋諆太过，毋亦木腐虫生，有所以召之之道欤？然渔猎既富，根柢终深，故疏舛虽多，而精华亦复不少。求之于古，可以位置郑樵、罗泌之间。其在有明，固铁中铮铮者矣。

慎于正德、嘉靖之间，以博学称，而所作《丹铅录》诸书，不免瑕瑜并见，真伪互陈。又晚谪永昌，无书可检，惟凭记忆，未免多疏。耀文考正其非，不使转滋疑误，于学者不为无功。然蚌起争名，语多攻讦，丑词恶谑，无所不加。虽古人挟怨构争，如吴缜之纠《新唐书》者，亦不至是，殊乖著作之体。

明之中叶，以博洽著者称杨慎……然慎好伪说以售欺。

绝不以偶阙是编而讳言未见，与惠栋《九经古义》自称未见《易举正》者相同。均犹有先儒笃实之遗，知其他所援引，皆实见本书，与杨慎、焦竑诸人动辄影撰者异矣。

世称二十四番花信风，杨慎《丹铅录》引梁元帝之说，别无出典，殆由依托。

《汉杂事秘辛》出于杨慎伪撰。

《汉杂事秘辛》为杨慎赝作，世所共知。

明杨慎称："或掘地得石函，中有古文《参同契》，魏伯阳所著，上、中、下三篇，后序一篇；徐景休笺注三篇，后序一篇；淳于叔通补遗《三相类》二篇，后序一篇，合为十一篇。"其说颇怪。慎好伪托古书，疑其因《唐志》之言别《三相类》于《参同契》，造为古本。

独《杨升庵集》中别载七首，云得之古本，今录于后云云……惟杨慎之言多不足据，《石鼓文》尚能伪造，何有于王建宫词？

又《重阳铭》一篇，炯据《全蜀艺文志》采入，冯浩注本则辨其碑末结衔乃乡贯皆可疑，知为旧碑漫漶，杨慎伪补足之，援慎伪补樊敏、柳敏二碑，证炯之误信。

慎以博洽冠一时，其诗含吐六朝，于明代独立门户，文虽不及其诗，然犹存古法，贤于何、李诸家窒塞艰涩不可句读者，盖多见古书，薰蒸沉浸，吐属自无鄙语，譬诸世禄之家，天然无寒俭之气矣。至于论说考证，往往恃其强识，不及检核原书，致多疏舛。又恃气求胜，每说有窒碍，辄造"古书"以实之。

何致之伪岣嵝碑、杨慎之伪石鼓文，并出近代。

是编所采，皆金石之文。上起古初，下迄于汉。然真伪错杂，殊多疏漏。如阳虚石室仓颉文、岣嵝禹碑、庐山禹刻、比干铜盘铭，皆显然伪撰，人所共知。而列以冠首，岂足传信？石鼓文，韩愈已云缺画，郑、薛诸家所载，无不诡缺。慎乃臆为补足，诡称得之李东阳。不知东阳《怀麓堂集》固明云未见完本也。又如沙邱石椁铭，文见《左传》，秦刻峄山诸石，《史记》具载，非至慎之时尚有金石可据。一概泛登，不挂一漏万乎？

《四库全书总目》对杨慎非常反感，批评也相当激烈，认为他"好撰伪书""好伪撰古书以证成己说""好伪说以售欺""动辄影撰""喜伪托古书，不足为据"。同时，我们也不得不承认，有明一代，称博洽者首推杨慎。他博闻强识，也是一代辨伪高手。从前述诸条可见，其辨伪功力虽不及后来者精深，也曾遭到不少后来者的驳斥，不尽可信，但筚路蓝缕之功亦不可没。杨慎认为："不可以《艺文志》不列其目而疑之。"此论原本为其造伪张目，但也有相当的合理性，《艺文志》不列其目就不一定全是伪书，如果专门"以《艺文志》不列其目而疑之"，这种做法本身就有简单化之嫌，奇怪的是，此种简单化的做法迄今仍很盛行，因此，杨慎之论又未尝不具有纠偏之功效。

周亮工《书影》卷八"其人何心"条云：

> 杨用修先生《丹铅》诸录出，而陈晦伯《正杨》继之，胡元瑞《笔丛》又继之。时人颜曰《正正杨》。当时如周方叔、谢在杭、毕湖目诸君子集中，与用修为难者，不止一人；然其中虽极辨难，有究竟是一义者，亦有互相发明者。予已汇为一书，颜曰《翼杨》。书已成，尚未之镌耳。薛千仞云："用修过目成诵，故实皆在其胸中，下笔不考，误亦有之；然无伤于用修。"好事者寻章摘句，作意辨驳，得其一误，如得一盗赃，沾沾自喜。此其人何心！良可笑也。

杨慎轻于著述，时人为之纠错，此乃正常之学术现象，何可厚非？考据之学，往往后来居上，势所必然。

文廷式《纯常子枝语》卷六亦云：

> 杨升庵学博而好造故实，明人已多讥之，不独《正杨》一编也。邓云霄《冷邸小言》云："近世多有信稗官小说而辨驳经史者，刻而播之以示博，此何异痴人说梦？当坐妖言之律，杨用修其作俑者也。"邓氏论诗而所见及此，诚笃论也。

十三、丰坊

（一）丰坊其人

丰坊（1492—1563），字存礼，后更名道生，更字人翁，号南禺外史，浙江鄞县人。关于丰坊之家世，可详见林庆彰《〈丰坊与姚士粦〉》第一章第一节。坊少警敏，对案摊书，目睛出眶外半寸，人从座右出入皆不知。读书十行并下，过目不忘。正德十四年（1519）中乡试第一。嘉靖二年（1523）成进士，次年随父争大礼，下狱，廷杖后出为南京吏部考功主事。五年，迁通州同知，略有政声。八年，谢病归，绝家务，简交游，锁阁读书其中。其性狂易，不谐于俗，仕途受阻后，变本加厉，为人逸出法纪外，行事多怪诞荒谬。知者以为激诡，而不知者以为诞罔。其书学极博，五体并能。诸家自魏、晋及明靡不兼通规矩，尽从手出。工于执笔，以故其书大有腕力。喜用枯笔，稍乏风韵。尤擅草书。故宫博物院有其嘉靖二十一年（1542）草书诗卷。嘉靖四十一年（1562）书古诗十九首卷。家藏古碑刻甚富，临摹乱真，为人撰定法书，以真易赝，不可穷诘。工篆刻，善画山水，不师古人，自成一家，兼写花卉。丰坊玩世不恭，不拘法理，性情孤僻。家有万卷楼，藏书数万卷，负郭田千余亩，尽鬻以购法书名帖，又常夜以继日，心摹手追，晚年更是潦倒于书淫墨癖之中。黄宗羲《丰南禺别传》对他有很形象的描写："读书注目而视，瞳子尝堕眶外半寸，人有出其左右，不知也。"丰坊不善治家理财，故后来家财丧失殆尽，其万卷楼藏书中的宋椠和写本，为门生辈窃去十之有六，后又不幸遭大火，故所存佳本已无多。丰坊与天一阁范钦交往颇深，早时范钦曾从万卷楼抄书，丰坊亦曾为范钦作《藏书记》，故万卷楼劫余之书尽售与天一阁，也就是顺理成章之事了。

丰坊出身藏书世家，极喜藏书，其家藏书起自北宋。宋南渡后，历元迄明，代有闻人，收藏愈富。如《千字文》《孝经》《龙瑞宫记》和许多宋元刻本、抄本、碑帖，乃海内墨宝。在藏书史上留下"恶名"是因为他曾伪造了不少"古书"。如《河图》石本、《鲁诗》石本、《大学》石本，丰坊谬称是其祖先清敏公于北宋间得之于秘府；又有朝鲜本《尚书》、日本本《尚书》，谎说是其曾祖丰庆得之于驿馆。吴焯《绣谷亭薰习录》评说："其著述未免欺人，其翰墨洵可传世也。"全祖望《天一阁藏书记》则讥为"贻笑儒林，欺罔后学"。

（二）丰坊的文献作伪

朱彝尊《经义考》卷五四载：

> 丰氏坊《古易世学》十五卷，存。《易辨》一卷，存。陈子龙曰：丰坊字存礼，鄞县人。嘉靖二年进士。除礼部主事，以吏议免官。家居，坐法窜吴中，改名道生，字人翁，年老贫病以死。存礼高才博学，下笔数千言立就，于十三经皆别为训诂，钩新索异，每托名古本，或外国本。今所传《石经大学》《子贡诗传》，皆其伪撰也。
>
> 陆元辅曰：丰氏《古易世学》本坊一人所作，而伪托于伪祖稷、曾祖庆、父熙，而以己承其学，真狂易者所为也。
>
> 朱彝尊按：丰坊《易辨》以孔子授《易》于商瞿，故其说《文言传》凡云何谓也，言是瞿所问，凡云子曰，则夫子答之之辞。

朱彝尊《经义考》卷八九"丰氏坊《古书世学》"：

> 陆元辅曰：《古书》云者，以今文、古文、石经列于前，而后以楷书释之，且采朝鲜、倭国二本以合于古本，故曰《古书》也。世学云者，丰氏自宋迄明，四世学《古书》，稷为《正音》，庆为《续音》，熙为《集说》，道生为《考补》，故曰《世学》也。《续音》中多异闻新说，其序云：正统六年，庆官京师，朝鲜使臣妫文卿、日本使臣徐睿入贡，因召与语，二人皆读书能文辞，议论六经，亹亹出人意表，因以《尚书》质之。文卿曰：吾先王箕子所传，起神农《政典》，至《洪范》而止。睿曰：吾先王徐市所传，起《虞书·帝典》，至《秦誓》而止。又笑：官本错误甚多，

孔安国伪《序》皆非古经之旧。如《虞书·帝告》纪尧舜禅授之事,《汩作》纪四凶之过,《九共》纪四岳九官十二牧考绩之事,《稾饫》纪后稷种植之法,《序》皆不知。吾国之法,有传古经一字入中国者夷九族,使臣将行,搜检再三,遣兵卫之出境。则六一翁令严不许传中国者,不信然欤?固请订其错误,仅录一《典》、二《谟》、《禹贡》《盘庚》《泰誓》《武成》《康诰》《酒诰》《洛诰》《顾命》见示。谨录附先清敏公《正音》之下,俾读是经者尚有考于麟角凤毛之遗隽云。又曰:梁姚方兴妄分《尧典》《舜典》为二篇,伏生今文、孔安国古文、鸿都石经、魏三体石经合为一篇,止名《尧典》。箕子朝鲜本、徐市倭国本总作《帝典》,与子思《大学》合。王鲁斋、王深宁皆以为最是,今从之。《考补》云姚方兴本齐篡主萧道成之臣,伪增"曰若稽古帝舜曰"七字于"重华"之上,变乱其文,分为二《典》。于建武二年上之。后事篡主萧衍,以罪见诛。箕子封于朝鲜,传《书》古文,自《帝典》至《微子》而止,后附《洪范》一篇。徐市为秦博士,因李斯坑杀儒生,托言入海求仙,尽载古书至岛上立倭国,即今日本是也。二国所绎《书经》,先曾祖通奉府君与杨文懿公皆尝录得,以藏于家。观其序说,依托之迹显然。鄞人万斯大曰:"此吾乡丰礼部废弃于家,穷愁著书而伪托者,名为《世学》,其实一手所为,五经皆有伪撰,不独《古书》也。"吁!可怪哉!

朱彝尊《经义考》卷一一三云:

> 丰氏坊《鲁诗世学》三十六卷(一作十二卷),存。
> 黄虞稷曰:"坊言家有《鲁诗》,传自远祖稷,然实自撰。又作《诗传》,托之子贡,而同时又有作《诗说》托之申培者,皆伪书也。"按:丰氏《鲁诗世学》列伪《子贡诗传》于前,而更"小雅"为"小疋","大雅"为"大疋",尽反子贡之《序》。谓之"世学"者,以《正音》归之远祖稷,以《续音》归之庆,以《补音》归之耘,以《正说》归之其父熙,而己为之考补,其实皆坊一手所制也。坊恃其能书,以篆隶体伪为《正始石经》,一时巨公若泰和郭子章、京山利瓦伊桢辈皆信之,而又为此书以欺世。不知《鲁诗》亡于西晋,自晋以后孰得见之?其仅存可证者,洪丞相适《隶释》所载蔡邕残碑数版,如"河水清且涟漪"作"兮","不稼不穑"作"啬","坎坎伐轮兮"作"歛歛","三岁贯女"作"宦女","山有枢"作"蓲"。此外,"素衣朱襮"作"绡",见《仪礼注》;"伤如之何"作"阳",见《尔雅注》;"艳妻扇方处"作"阎妻";"中冓之言"作"中寋",见《汉书注》。而丰氏本则仍同《毛传》之文,是未睹《鲁诗》之文也。楚元王受《诗》于浮丘伯,刘向,元王之后,故《新序》《说苑》《列女传》说《诗》皆依鲁,故其义与《毛传》不同。而丰氏本无与诸书合,是未详《鲁诗》之义也。至于《定之方中》为《楚宫》,移入《鲁颂》,又移逸诗"唐棣之华"四句于《东门之墠》二章之前,而更篇名为《唐棣》,又增益《渐渐之石》之辞曰:"马鸣萧萧,陟彼崖矣;月丽于箕,风扬沙矣;武人东征,不遑家矣。"肆逞其臆见,狎侮圣人之言。且虑己之作伪未能取信于人,则又假托黄文裕佐作序,中间欲申鲁说而改易毛、郑者,皆托诸文裕之言,排斥先儒不遗余力。其如文裕自有

《诗传通解》行于世，其《自序》略云："汉兴，鲁、齐、韩三家列于学官，史称鲁最为近之，其后三家废而《毛诗》独行世，或泥于'鲁最为近'一语，必欲宗之。然《鲁诗》今可考者，有曰'佩玉晏鸣，关雎叹之'，以为刺康王而作，固已异于孔子之言矣。又曰'驺虞，掌鸟兽官，古有梁驺，天子之田也'，文王事殷，岂可以天子言哉？其为《周南》《召南》首尾已谬至此。"以是观之，则文裕言《诗》不主于鲁明矣。又四明杨文懿著《诗私钞》改编《诗》之定次，文裕罪其师心僭妄，是岂肯尽弃其学而甘心助丰氏之邪说乎？至于党丰氏者，不知《石经》为坊伪撰，乃诬文裕得之中秘，今文渊阁之书目录具在，使果有魏时石经，目中岂不登载？洵无稽之言，稍有知识者，当不为所惑也。

阎若璩《潜丘札记》卷五《补正日知录》云：

"丰熙伪《尚书》"云："其曰：附后《洪范》一篇，则所云惟十有三祀，王访于箕子者，必冠之以《周书》，文义乃通。"按：《左传》屡引《洪范》，皆目为《商书》，不曰《周书》。说者谓为此夫子未删前之书名也。今云必冠之以《周书》，文义乃通。亦不必然。

阎若璩《与宋既庭》云：

承示《诗论》八篇，内及鲁《申公诗说》，此出近代伪书之尤者也。《汉书·杜钦传》：《关雎》为叹康王之后，臣瓒曰："此《鲁诗》。"《谷永传》阎妻骄扇，注以为《鲁诗》，言厉王无道，内宠炽盛也。"先君之思，以畜寡人"，郑康成注，记时尚未得毛传，故用《鲁诗》，曰："此卫夫人定姜之诗也。"刘向《列女传》正同。盖向家世《鲁诗》，故今《诗》说《关雎》仍属太姒，《燕燕》仍庄姜，《十月之交》仍幽王，皆与《毛诗》合，安在毛与三家绝异哉！显误如此，不待细考。

全祖望《鲒埼亭集外编》卷十九《丰学士画像记》云：

甬上学统，肇开于庆历五先生，时则丰清敏公受业于正议楼公。而桃源之友也，再盛于淳熙四先生，时则丰制使公宅之于杨、袁，虽稍晚出，而同讲学于朱、陆之间者也。及明嘉靖中，张文定公论学颇矫新建、增城之偏，时则丰学士公其同心也。世知甬上四大姓，重圭累衮，丰氏与其一，而不知三百年之学统，绵绵延延，丰氏必参其闲。呜呼，盛矣！学士之宗旨，以居敬为要，故其别署曰一斋，殆有见于后来儒者之必趋于狂禅，而思所以障之欤？至世所传《石经河图》《石经鲁诗》《石经大学》、外国本《尚书》，皆出自学士子考功所伪撰，上溯之清敏诸公，以至学士，谬托名焉，不知者或遂以为学士之著述，罪其侮经而反没其躬行之实。诸家论明儒，皆不及学士，岂知其深造自得之实也。议礼一案，司马公、程子之论，亦不尽足以折欧阳氏。然学士诸君不欲负孝宗，则固司马公、程子之心也。永嘉辈借此以幸进，则固非欧阳之比也。丰氏之子孙微矣。予少时过紫清观，犹及见学士之像，今亡矣夫。忽见之胡京兆鹿亭斋中，特记之。

全祖望《鲒埼亭集外编》卷三十四《题丰氏五经世学》云：

丰氏既谬造《石经河图》《石经鲁诗》《石经春秋》《石经大学》，又谬造高丽《尚书》、日本《尚书》，于是又造先贤先儒所为诸传记以辅翼之，而皆托之清敏，或其大父方伯所传，梨洲别传记之略具。丰氏詈朱子无所不至。夫欲詈之，则必先考据其时代而言之，以庶几人之或信，不当任口周内也。今托于郝陵川之言，谓史卫王通于杨皇后，朱子馆史氏，因为大夫得见小君之礼以附会之。门人或问所出，则曰忘之。使朱子而果然，则校之丰氏之背父逢君，良不甚远。不知朱子卒于庆元六年，史之官未达也。历开禧至嘉泰三年，史不过吏部侍郎，犹然侍从。是年诛平原，始执政。史虽以内援得成功，然非有共仲、叔孙、侨如、庆克之污，丰氏岂特得罪大贤，即史卫王当击之矣。且朱子何尝馆史氏？馆者，慈湖杨文元公也。陵川则江汉先生之徒，力宗朱子者也。丰氏非漫不读书之人，而悖诞至此，其病狂以后所为无疑也。若其中亦有可采者，不当以人废之，是则梨洲之言信然！

尤侗《艮斋续说》卷七亦云：

《诗传》之异于《诗序》者，《王风》之下，次齐、次魏、次唐、次曹、次郐、次郑、次陈、次秦，前后参差。而尤舛者，豳风改为鲁风，以颂合焉。小雅、大雅改为小疋、大疋，而篇什亦不同次。今毛、郑诸家皆宗《诗序》，惟朱子贬之耳，而《诗传》无闻焉，故人疑其伪。然《申公诗说》一一遵之。则在汉初，其诗已传，而雅颂阙文甚多。使后人伪作，不应同于薛鼓、鲁鼓也。

《四库全书总目》卷十三云：

《古书世学》六卷，明丰坊撰。是编以今文、古文石经列于前，而后以楷书释之，且采朝鲜、倭国二本以合于古本，故曰《古书》。又以丰氏自宋迄明世学《古书》，稷为《正音》，庆为《续音》，熙为《集说》，道生为《考补》，故曰《世学》。其《序》曰："正统六年，庆官京师，朝鲜使臣妠文卿、日本使臣徐睿入贡。二人皆读书能文辞，议论六经，出人意表，因以《尚书》质之。文卿曰：吾先王箕子所传，起神农《政典》至《洪范》而止。睿曰：'吾先王徐市所传，起《虞书·帝典》至《秦誓》而止。'又笑官本错误甚多，孔安国伪《序》皆非古经之旧。如《虞书·帝告》纪尧舜禅授之事，《汩作》纪四凶之过，《九共》纪四岳九官十二牧考绩之事，《稾饫》纪后稷种植之法，《序》皆不知。吾国之法，有传古经一字入中国者夷九族。使臣将行，搜捡再三，遣兵卫之出境。则六一翁谓令严不许传中国者，不信然欤？固请订其错误，仅录一《典》、二《谟》、《禹贡》《盘庚》《泰誓》《武成》《康诰》《酒诰》《洛诰》《顾命》见示。仅录附先清敏公《正音》之下，俾读是经者尚有考于麟角凤毛之遗隽云。"又曰："梁姚方兴妄分《尧典》《舜典》为二篇，伏生今文、孔安国古文、鸿都石经、魏三体石经合为一篇，止名《尧典》。箕子朝鲜本，徐市倭国本总作《帝典》，与子思《大学》合。王鲁斋、王深宁皆以为最是，今从之。"《考补》云："姚方兴本齐篡主萧道成之臣，伪增'曰若稽古帝舜曰'七字于'重华'之上，变乱其文，分为二《典》。于建武二年上之。后事篡主萧衍，以罪见诛。箕子封于朝鲜，传《书》古文，自《帝典》至《微子》而止，后附《洪范》一篇。徐市为秦博士，因李斯坑杀儒生，托言入海求仙，尽载古书至岛上立倭国，即今日本是也。二国所释《书经》，先曾祖通奉府君与杨文懿公皆尝录得，以藏于家。"顾炎武《日知录》曰："案宋欧阳永叔《日本刀歌》：'徐福行时书未焚，《逸书》百篇今尚存。'盖昔已有是说。"夫诗人寄兴之辞，岂必真有其事哉！日本之职贡于唐久矣，自唐及宋，历代求书之诏不能得，而二千载之后庆乃得之。其得之又不以献之朝廷，而藏之家。何也？至曰箕子传《书》古文，自《帝典》至《微子》，则不应别无一篇《逸书》，而一一尽同于伏生、孔安国之所传。其曰后附《洪范》一篇者，盖徒见《左氏传》三引《洪范》，皆谓之《商书》。而不知王者周人之称，十有三祀者周史之记，不得谓商人之书也。《禹贡》以导山导水移于九州之前，此不知古人先经后纬之义也。《五子之歌》"为人上者奈何不敬"，以其不叶，而改之曰"可不敬乎"，谓本之鸿都石经。据《正义》言，蔡邕所书《石经尚书》，止今文三十四篇，无《五子之歌》，熙又何以不考而妄言之也？其辨可谓明矣。今考《明英宗实录》，正统六年，无此二国使臣之名，则其为子虚乌有，已可不辨。又朝鲜今为外藩，其书不异于中国，绝无箕子本之说。日本所刻《七经孟子考文》，其书为中国所佚者，惟孔安国《孝经传》、皇侃《论语义疏》、而《孝经传》山井鼎等又自言其伪。至其《尚书》，则一一与中国注疏本同，不过字句偶异耳。然则朝鲜本、倭国本者何自来哉？是又不待证以篇章字句而后知其妄也。

任启运《清芬楼遗稿》卷二《申公诗说序》云：

> 古之传《诗》者三家，鲁申公受《诗》于浮丘伯，作《诂训》，是为《鲁诗》；齐辕固生作《诗传》，燕人韩婴作《诗内外传》，皆不知所自受。汉时，三家皆列于学，而《毛传》未出。毛苌者，赵人，自言其传出子夏，其后郑众、贾逵、马融作传，郑康成作笺，《毛诗》乃大显，而三家遂废。《隋·经籍志》言："《齐诗》亡于魏，《鲁诗》亡于晋。"至《唐志》但存《韩诗》，是《申公诗说》之亡久矣。明人搜罗旧籍，《申公诗说》俨然具在，然案之伪书无疑也。其以《鲁颂》为《鲁风》，于《豳风》则分《七月》一篇入《小雅》，余尽入《鲁风》。周公未尝之鲁，何以公所作者为《鲁风》乎？《孟子》引《鲁颂》，不云《鲁风》也。其余若分大小雅为

正，为续，为传，取逸诗《唐棣之华》合《东门之墠》，大约与《子贡诗传》相似。然《子贡传》亦伪书也。嗟乎！《诗》之作者远矣。朱子疑《小序》，《毛传》而多所更变，然更变之庸必当乎？唐人之诗皆自题其篇，故易晓解，假令今日尽去其题，而使一人臆以度之，其弋获者，百一而已，况古之诗人，其旨远，其辞微，其托物比类，皆其所不欲明言，而欲以千百年后之一人，一一而度之，庸有当乎？孔子曰："小子何莫学夫《诗》？"而复约之以一言曰"思无邪"。《孟子》云："以意逆志，是为得之。"圣贤之说《诗》，如此而已。其他引《诗》见于《论语》《礼记》《左传》《国语》，皆与后世经师异。然则谓《诗》无定解者，妄也；谓《诗》必当为定解者，诬也；谓不得《诗》之定解且无容置一喙者，惑也。愚于三《礼》则详说之，而《诗》独阙焉，非后《诗》也，有难言者也。《小序》《毛传》最为近古，《笺》《疏》而下，与朱《传》并存，不复有所去取，以所得于性情者在我，不在人也。然则《申公诗说》存之乎？抑废之乎？曰：读书且无论其真伪，当于心而已。《小序》亦未必其果为子夏也，彼申公者，亦说《诗》者流也，庸讵知斯人之臆而说者，不弋获于百一也？则知其伪而存之可也。

林庆彰《〈丰坊与姚士粦〉序》云：

> 中、晚明士人多好作伪书，就中以丰坊、姚士粦二氏为最，影响亦最巨。丰氏显于北宋，为四明四著姓之魁，历宋、元、明三代，煊赫五百余年。至坊以作伪书颓其家声。后世论丰氏所作伪书者，如毛奇龄、姚际恒、《四库提要》等，虽多所阐发，然未得其实者尚颇有之。近代余嘉锡氏以辨证《四库提要》名重一时，然论丰氏伪书，亦不免疏失。是知考证之事未易为也。

林庆彰先生就现存十数种传本详加比勘，条述其异同，发现《诗传》曾经后人窜改。今诸丛书所收者皆非《诗传》原本。《诗说》先儒皆以为丰坊依仿《诗传》而作，林氏详研《鲁诗世学》，始知《诗说》乃袭自《世学》，而非依仿《诗传》。既袭自《世学》，则决非丰坊所作。数百年来关于《诗传》《诗说》之疑案，经条分缕析，终于水落石出，得到了比较合理的解释，这也成为近四十年来文献辨伪学的经典案例。

十四、李诩

（一）李诩其人

李诩（1505—1593），字厚德，号戒庵老人，常州府江阴人。少为诸生，性耽文史，研习理学，坎坷不遇，久试不售，遂弃举业，居家读书著述。所作《世德堂吟稿》《名山大川记》《心学摘要》诸书，皆已亡佚。为人主真率，家创真率窝，于此可窥其性情。生平事迹见《（道光）江阴县志》卷十七。

（二）李诩的文献辨伪

1.《天禄阁外史》

《天禄阁外史》，乃近年昆山王逢年所诡托者，逢年特一有笔性浪子耳。迩有余姚人胡御史某，沾沾以文学自喜，杂此文于《左》《国》、司马诸篇中刊行，颁于苏、常四郡学宫，令诸生诵之。殆亦一奇事也。如《省心录》非林和靖，《指掌图》非东坡，《龙城录》非子厚，皆系伪作，此等甚多。

今按，谈迁《枣林杂俎·艺篑》"伪书"条亦云："毛渐伪《三坟》，张升伪《玄命苞》，孙定伪《关尹子》，阮逸伪《玄经》，宋咸伪《孔丛子》，徐灵府伪《文子》，戴师愈伪《麻衣子》，袁康伪《吴越春秋》。明昆山王逢年伪《天禄阁外史》，海盐姚士粦伪《於陵子》。"

徐应雷撰《黄叔度二诬辨》，亦涉及《天禄阁外史》，附录于下：

黄叔度言论风旨无所传闻。入明嘉靖之季，昆山王舜华（名逢年）有高才奇癖，著《天禄阁外史》，托于叔度以自鸣。舜华为吾友孟肃（名在公）诸大父行，余犹及见其人，知其著《外史》甚确。自初出，有篡入东汉文者，王舜华尚在，而天下谓《外史》出秘阁，实黄徵君著，则后世曷从核真赝乎？叔度无弦琴，曷横加五弦七弦诬之也。近复有温陵李氏著论曰："牛医儿一脉，颇为害事，甚至互相标榜，目为颜子。自谓既明且哲，实则贼德而祸来学。回视国家将倾，诸贤就戮，上之不能如孙登之污埋，次之不能如皇甫规之不与，下之不能兴狐兔之悲，方且沾沾自喜，因同志之死以为名高，是诚何忍哉？此乡原之学，不可以不早辨也。"此李氏有所激而言也。李氏尝曰："世固有有激而言者，不必说尽道理。明知是说不得，然安可无此议论乎？"李氏盖激于乡原之与世浮沉也，而移色于叔度，竟不考诸史传，评叔度之始末。按《朱子纲目》，于汉安帝延光元年冬，书汝南黄宪卒。当是时，天下无党人。又四十五年，为桓帝延熹九年，捕司隶校尉李膺、太仆杜密、部党二百余人下狱，遂策免太尉蕃。永康元年六月，赦党人归田里。又三年，为灵帝建宁二年冬十月，复治钩党，杀前司隶校尉李膺等百余人。史册之彰明较著如此。计诸贤之就戮，去叔度卒，已四十有八年。夫诸贤之最激烈者莫若李膺、范滂。李膺且死，曰："吾年已六十。"范滂之死年三十三，遡叔度卒之年，李膺年十三，范滂正未生。故曰当是时天下无党人。盖宪卒之十有六年，而滂始生。宪卒之三十有八年，为延熹二年，而膺以河南尹按宛陵。大姓羊元群始与时忤，又七年而党事起。则党人之祸于宪何与哉？宪虽大贤，安能救诸贤之就戮于吾身后之四十有八年耶？岂谓当宪之时党人有兆？李膺虽幼而有长于膺者，范滂虽未生而有先滂生多年者，叔度曷不化诲之，使不及于祸耶？噫！即使叔度与诸贤皆同时，自孔子不能改一子路之行行以善其死，而何以钩党百余人，责一叔度也。岂谓不能维持国事，使吾身殁四十年之后，刑戮不加于善人耶？则大树将颠，非一绳所维，而何以责不就征辟之一布衣也。是故叔度之隤然处顺，渊乎似道，无异孙登之默，何以曰不能如孙登之污埋，当叔度之生存？尚未有党人之名，何以曰不能如皇甫规之不与？诸贤未至于就戮，何以曰不能兴狐兔之悲？又何以曰回视国家将倾，诸贤就戮，方且沾沾自喜，因同志之死以为名高？李氏之轻于持论如此，不亦无其事而唾骂名贤盛德乎哉？且叔度之为颜子，为千顷波，盖诸贤之目叔度，不闻叔度之目诸贤也，何尝互相标榜？叔度稍以言论自见，则为郭林宗。叔度不死遭乱，则必为申屠蟠。总之，必能保身，何尝自谓既明且哲？夫以李膺之简亢，独以荀淑为师，乃牛医儿年十四，荀公一见，竦然异之曰："子吾之师表也。"以戴良之才高倨傲，自谓"仲尼长东鲁，大禹出西羌，独步天下，无与为偶"。而见叔度未尝不正容，及归，惘然若有失也。叔度盖《易》之所谓龙德耶？何以曰"贼德而祸来学"？曰"此乡原之学也"？且李氏既恶乡原矣，顾于胡广、冯道、有取焉，何也？盖李氏奇人盛气，喜事而不能无事，以济世为贤，而不以遁世为高，故喜称胡广之中庸、冯道之长乐，绝不喜叔度之无事。今李氏方盛行于世，故览者不察也。余故以《纲目》之大书特书辨之。虽然，千顷汪汪，万古如斯，澄之淆之，河海不知。余固辨其所不必辨也。

可见《天禄阁外史》绝非一般伪书，还牵涉思想史上的公案。辨伪学与思想史的关系复杂微妙，于此可窥一斑。

又按，《四库全书总目》卷一百二十四《天禄阁外史》提要云：

> 《天禄阁外史》八卷（内府藏本），旧本题汉黄宪撰。前有晋谢安，唐田宏、陆贽题词。每篇又有宋韩洎赞，而冠以王鏊之序。词旨凡鄙，显出一手。朱国桢《涌幢小品》载徐应雷《黄叔度二诬辨》曰：黄叔度言论风旨，无所传闻。入明嘉靖之季，昆山王舜华名逢年，有高才奇癖，著《天禄阁外史》，托于叔度以自鸣。舜华为吾友孟肃诸大父行，余犹及见其人，知其著《外史》甚确。自初出有纂入东汉文者，时舜华尚在。而天下谓《外史》出秘阁，实黄徵君著，则后世曷从核真赝乎？又李诩《戒庵漫笔》曰："《天禄阁外史》乃近年昆山王逢年所诡托者。迩有余姚人御史某（案：即刻《两京遗编》之胡维新），沾沾以文学自喜，杂此文于《左》《国》、司马诸篇中刊行，颁于苏、常四郡学宫，令诸生诵习之，殆亦一奇事也。"据其所记，则此书出王逢年，明人已早言之。考张孔教《云谷卧余》，所言亦合。而流传之本仍题黄宪，殆不可解。王铖《读书蕞残》曰："其宾秦文中有《党锢》一篇，考《后汉书》本传，陈蕃为三公，临朝叹曰：'叔度若在，吾不敢先佩印绶。'是党祸未起，宪已谢世矣。"又宾晋文有《董卓篇》，益不相见，辨其伪迹甚明。惟谓传自谢安，或者即其门下士及子弟所为，则仍为伪序所欺，失考甚矣。

同卷《於陵子》提要亦云：

《於陵子》一卷（江苏巡抚采进本）旧本题齐陈仲子撰。王士禛《居易录》曰："万历间学士，多撰伪书以欺世，如《天禄阁外史》之类，人多知之。今类书中所刻唐韩鄂《岁华纪丽》，乃海盐胡震亨孝辕所造。《于陵子》，其友姚士粦叔祥作也。"

《四库全书总目》卷一百二十五《补计然子》提要云："考《文献通考》载范子《计然》十五卷，今其书不传，故《汉策》补之。然不伪托于古书，贤于姚士粦《於陵子》、王逢年《天禄阁外史》以赝售欺者多矣。"卷一百三十四《汉魏别解》提要云："至近代伪书，如《天禄阁外史》之类，亦一概滥收，殊失鉴别。"卷一百三十六《喻林》提要云："《申培诗说》《天禄阁外史》《武侯心书》之类，皆明代伪书，不能辨别。"卷一百四十三《今世说》提要云："徐喈凤序引汉黄宪为说，然《天禄阁外史》本王逢年之伪书，乌足据乎？"可见，李诩的此条辨伪已经被《四库全书总目》吸收利用，《天禄阁外史》成了一根辨别真伪优劣的探针。

2.《辨奸论》

苏老泉《辨奸论》《族谱亭记》，叶石林《避暑录话》、周公谨《齐东野语》二书中载当时作二文之情实，余录之，为索隐者助焉。叶云："苏明允本好言兵，见元昊叛西方，用事久无功，天下事有当改作，因挟其所著书，嘉祐初来京师，一时推其文章。王荆公为知制诰，方谈经术，独不喜之，屡诋于众，以故明允恶荆公甚于仇雠。会张安道亦为荆公所排，二人素相善，明允作《辨奸》一篇，密献安道，以荆公比王衍、卢杞，而不以示欧文忠。荆公后微闻之，因不乐子瞻兄弟，两家之隙，遂不可解。《辨奸》久不出，元丰间子由从安道辟南京，请为明允墓表，特全载之，苏氏亦不入石，比年稍传于世。荆公性固简率不缘饰，然而谓之食狗彘之食囚首丧面者，亦不至是也。"（《戒庵漫笔》卷一）

3.《博物志》

张华《博物志》，世止十卷，事多杂出诸书，或本书久失，后人掇拾为之耳。又云原四百卷，武帝俾删其繁，存此亦不应倍去若是之悬绝也。

十五、归有光

（一）归有光其人

归有光（1507—1571），字熙甫，号震川，又号项脊生，昆山人。今有《归有光全集》行世。生平见唐时升《归公墓志铭》（《三易集》卷十七）、王兆云《皇明词林人物考》卷十一、《明史》卷二八七。清孙岱有《归熙甫先生年谱》（清光绪二年嘉兴刊本）。

沈新林撰《归有光评传·年谱》（安徽文艺出版社 2000 年版）。

（二）归有光的文献辨伪

1.《易图》

《震川先生集》卷一《易图论上》云：

> 《易图》非伏羲之书也，此邵子之学也。"昔者庖羲氏之王天下也，仰则观象于天，俯则观法于地，观鸟兽之文与地之宜。于是始作八卦，以通神明之德，以类万物之情。"盖以八卦尽天地万物之理，宇宙之间，洪纤巨细，往来升降，生死消息之故，悉著之于象矣。后之人苟以一说求之，无所不通。故虽阴阳小数，纳甲飞伏、坎离填补、卜数只偶之类，人人尽自以为《易》，而要之皆可以《易》言也。
>
> 吾尝论之，以为《易》不离乎象数，而象数之变至于不可穷。然而有正焉，有变焉。卦之所明白而较著者为正，旁推而衍之者为变。卦之所明白而较著者，此圣者之作也，执其无端，以冒乎天下。旁推而衍之，是明者之述也，由其一方，以达于圣人。伏羲之作，止于八卦，因重之，如是而已矣。初无一定之法，亦无一定之书，而刚柔之上下，阴阳之变态极矣。夏为《连山》，商为《归藏》，周为《周易》。经别之卦，其数皆同。虽三代异名，而伏羲之《易》，即《连山》而在《连山》，即《归藏》而在《归藏》，即《周易》而在《周易》，未尝别有所谓伏羲之《易》也。后之求之者，即其散见于《周易》之六十四卦者是已。今世所谓图学者，以此为周之《易》而非伏羲之《易》，别出横图于前，又左右分析之，以象天气，谓之圜图；于其中交加八宫，以象地类，谓之方图。夫《易》之于天气地类盖详矣，奚俟夫图而后见也？且谓其必出于伏羲？既规横以为圜，又填圜以为方，前列六十四于横图，后列一百二十八于圜图，太古无言之教何如是之纷纷耶？
>
> 诸经遭秦火之厄，《易》独以卜筮存。汉儒传授甚明，虽于大义无所发越，而保残守缺，惟恐散失。不应此图交叠环布，远出姬、孔之前，乃弃而不论，而独流落于方士之家，此岂可据以为信乎？
>
> 《大传》曰："神无方，《易》无体。"夫卦散于六十四，可圜可方。一入于圜方之形，必有曲而不该者。故散图以为卦而卦全，纽卦以为图而卦局。邵子以步算之法，衍为《皇极经世》之书，有分秒直事之术，其自谓先天之学固以此。要其旨不叛于圣人，然不可以为作《易》之本。故曰推而衍之者变也，此邵子之学也。

归有光认为，《易图》远出姬、孔之前，而独流落于方士之家。但他没有深入考察这个过程。深入考察《易图》的流变过程，这一历史任务是清人完成的，详见后面黄宗羲、黄宗炎、胡渭等人的条目。

《震川先生集》卷一《易图论后》亦云：

> 或曰：子以《易图》为非伏羲之旧，固已明矣。若夫"河以通乾出天苞，洛以流坤出地符"，所谓《河图》《洛书》可废耶？盖宋儒朱子之说甚详，揭中五之要，明主客君臣之位，顺五行生克之序，辨体用常变之殊，合卦范兼通之妙，纵横曲直，

无不相值，可谓精矣。曰：此愚所以恐其说之过于精也。夫事有出于圣人，而在学者有不必精求者，《河图》《洛书》是也。圣人聪明睿智，德通于天。符瑞之生，出于世之所创见，而奇偶法象之妙，足以为作《易》之本，理亦有然者。然曰"《河图》《洛书》圣人则之"者，此《大传》之所有也。通乾流坤，天苞地符之文，五行生成，戴九履一之数，非《大传》之所有也。以彼之名，合此之迹；以此之迹，符彼之名。不与大《易》同行，不藏于博士学官，而千载之下，山人野士持盈尺之书，而曰古之图书者如是，此其付受，固已沉沦诡秘，而为学者之所疑矣。虽其说自以为无所不通，然此理在人，仁者、知者皆能见之。龙虎之经，金石草木之卜，轨荄占算之术，随其所自为说而亦无不合，岂必皆圣人之为之乎？《大传》曰："包羲氏之王天下也，仰则观象于天，俯则观法于地。"夫天地之间，何往非图，而何物非书也哉？揭图而示之曰，孰为上下，孰为左右，孰为乾、兑、离、震，孰为巽、坎、艮、坤，天之告人也，何其渎？因其上下以为上下，因其左右以为左右，因其乾、兑、离、震以为乾、兑、离、震，因其巽、坎、艮、坤以为巽、坎、艮、坤，圣人之效天也，何其拘？且彼所谓效变化、则垂象者，毫而析之，又何所当也？使二图者果在，如今所传，然其所谓精蕴者，圣人固已取而归之《易》矣，求图、书之说于《易》可也。子产曰："天道远，人道迩。"天者，圣人之所独得，而人者，圣人之所以告人者也。告人以天，人则骇而惑；告人以人，人则乐而从。故圣人之作《易》，凡所谓深微悠忽之理，举皆推之于庸言庸行之间。而卦爻之象，吉凶悔吝之词，不亦深切而著明也哉！圣人见转蓬而造车，观鸟迹而制字，世之人求马车之说与夫书之义则有矣，而必转蓬鸟迹之求，愚未见其然也。孔子赞《易》，删《连山》《归藏》，而取《周易》，始于《乾》，而终于《未济》，则图书之列，粲然者莫是过矣。今夫冶之所贵者范，而用者不求范而求器也；耕之所资者耒，而食者不求耒而求粟也。有图书而后有《易》，有《易》则无图书可也。故《论语》"河不出图"与凤鸟同瑞而已。《顾命》"河图在东序"，与兑弓和矢同宝而已。是故图书不可以精；精于《易》者，精图书者也。惟其不知其不可精与兑弓和矢同宝而已。是故图书不可以精；精于《易》者，精于图书者也。惟其不知其不可精而欲精之，是以测度摹拟，无所不至。故有九宫之法，有八分并文之画，有坎、离交流之卦，与夫孔安国、歆、向、扬雄、班固、刘牧、魏华父、朱子发、张文饶诸儒之论，或九或十，或合或分，纷纷不定，亦何足辩也。

今按，归有光坚持认为，《易图》非伏羲之旧，又认为："图书不可以精；精于《易》者，精于图书者也。"

2. 《易大传》

《震川先生集》卷一《易图论下》云：

　　或曰：自孔子赞《易》，今世所传《易大传》者，虽不必尽出于孔氏，而岂无一二微言于其间？子之不信夫《易图》，以为邵子之学则然矣。而邵子之所据者，《大传》之文也。不曰"《易》有太极，太极生两仪，两仪生四象，四象生八卦"乎？此其所谓横图者也。又不曰"天地定位，山泽通气，雷风相薄，水火不相射"乎？此其所谓伏羲卦位者也。又不曰"帝出乎震,齐乎巽,相见乎离,致役乎坤,说言乎兑,战乎乾,劳乎坎,成言乎艮"乎?此其所谓文王卦位者也。曰:此非《大传》之意也,邵子谓之云耳。夫《易》之法,自一而两,两而四,四而八,其相生之序则然也。八卦之象,莫著于八物。而天地也,山泽也,雷风也,水火也,是八者不求为偶,而不能不为偶者也。帝之出入,传固已详之矣。以八卦配四时,夫以为四时焉,则东南西北繫是焉定,非文王《易》置之而有此位也。盖《说卦》广论《易》之象数,白三才以至于八物、四时、人身之众体,与天地间之万物,何所不取?所谓推而衍之者也。此孰辨其为伏羲、文王之别哉?虽图与传无乖剌,然必因传而为此图,不当谓传为图说也。

且邵子谓先天之旨在卦气,传何为舍而曰"天地定位"?后天之旨在八用,传何为舍而曰"帝出乎震"?传言卦爻象变详矣,而未尝一言及于图,所可指以为近似者,又不过如此。自汉以来,说《易》者今虽不多,见然王弼、韩康伯之书尚在,其解前所称诸章,无有以图为说者。盖以图说《易》,自邵子始。吾怪夫儒者不敢以文王之《易》为伏羲之《易》,而乃以伏羲之《易》为邵子之《易》也,不可以不论。

今按,归有光批评"儒者不敢以文王之《易》为伏羲之《易》,而乃以伏羲之《易》为邵子之《易》"。

3.《尚书》

《震川先生集》卷一《尚书叙录》云:

余少读《尚书》,即疑今文、古文之说。后见吴文正公《叙录》,忻然以为有当于心。揭曼石称其"纲明目张,如禹之治水",信矣!自是数访其书,未得也。已亥之岁,读书于邓尉山中,颇得深究《书》之文义,益信吴公所著为不刊之典。因念圣人之书存者,年代久远,多为诸儒所乱。其可赖以别其真伪,惟其文辞格制之不同;后之人虽悉力模拟,终无以得其万一之似。学者由其辞,可以达于圣人,而不惑于异说。今伏生书与孔壁所传,其辞之不同,固不待于别白而可知。

昔班固志艺文,有《尚书》二十九篇,古经十六卷。古经,汉世之伪书。别于经,不以相混,盖当时儒者之慎重如此。而唐之诸臣不能深考,猥以晚晋世乱之书定为义疏,而汉魏专门之学遂以废绝。夫书之厄已至矣。伏生掇拾于流亡之余,以笃老之年,屡屡垂如线之绪于其女子之口,千万世之下,因是可以稍见唐虞三代之遗,而可不知所爱惜哉?

朱子盖有所不安,而未及是正,吴公实有以成之。而今列于学官者,既有著令,荐绅先生莫知广石渠、白虎之异义,学者蹈常习故,漫不复有所寻省,以数百年杂乱之书表章于一代大儒之手,而世亦莫能以尊信之,可叹也已!余未见吴公书,乃依仿其意,厘为今文如左,而存其叙录于前,以俟他日得公书参考焉。

其《尚书考异序》亦云:

有光读书邓尉山中，颇得深究书之文义，益信吴文正所著为不刊之典。因念圣人之书，存者年代久远，多为诸儒所乱，其可赖以别其真伪，惟其文词格致之不同。学者由其词可以达于圣人，而不惑于异说。今伏生书与孔壁所传，其文词格致之不同，固不待于别白而可知。昔班固志艺文云："《尚书》二十九篇，古经十六卷。"则以古文为汉世伪书，故别称为经，不使相混，盖当时儒者之慎重如此，而唐之诸臣不能深考，猥以晚近杂乱之书定为义疏，而汉儒专门之学遂以废绝。

吴文正即元代大儒吴澄，谥号文正。归有光奉其书为不刊之典。所谓"由其词可以达于圣人"与"由词以通其道"似有相通之处。

4.《武成》

惟一月壬辰，旁死魄。越翼日，癸巳，王朝步自周，于征伐商。

王若曰："呜呼，群后！惟先王建邦启土。公刘克笃前烈，至于大王，肇基王迹。王季其勤王家。我文考文王，克成厥勋，诞膺天命，以抚方夏。大邦畏其力，小邦怀其德。惟九年，大统未集。予小子其承厥志，底商之罪，告于皇天后土、所过名山大川。"曰："惟有道曾孙周王发，将有大正于商。今商王受无道，暴殄天物，害虐烝民，为天下逋逃主，萃渊薮。予小子既获仁人，敢祗承上帝，以遏乱略。华夏蛮貊，罔不率俾。恭天成命，肆予东征，绥厥士女。惟其士女，篚厥玄黄，昭我周王。天休震动，用附我大邑周。惟尔有神，尚克相予，以济兆民，无作神羞！既戊午，师逾孟津。癸亥，陈于商郊，俟天休命。甲子昧爽，受率其旅若林，会于牧野。罔有敌于我师，前途倒戈，攻于后以北，血流漂杵。一戎衣，天下大定。乃反商政，政由旧。释箕子囚，封比干墓，式商容闾。散鹿台之财，发巨桥之粟，大赉于四海，而万姓悦服。"

厥四月，哉生明。王来自商，至于丰。乃偃武修文，归马于华山之阳，放牛于桃林之野，示天下弗服。

丁未，祀于周庙，邦、甸、侯、卫骏奔走，执豆笾。越三日，庚戌，柴望，大告武成。

既生魄，庶邦冢君暨百工，受命于周。列爵惟五，分土惟三。建官惟贤，位事惟能。重民五教，惟食、丧、祭。惇信明义，崇德报功。垂拱而天下治。（《震川集》卷一）

《震川先生集》卷一《考定武成》云："余所考定如此。只移得厥四月以下一段，文势既顺，亦无阙文矣。汪玉卿尝疑甲子失序，盖先儒以《汉志》推此年置闰在二月，故四月有丁未、庚戌，本无可疑也。"

5. 古文《孝经》

《震川先生集》卷一《孝经叙录》云：

《孝经》一篇，十八章，河间颜芝所藏，芝子贞出之。《孝经古孔氏》一篇，二十二章，孔氏壁中所藏，鲁三老献之。汉世传《孝经》，有长孙氏、江氏、后氏、翼氏四家，而古文绝无师授。至刘向，校定并除，卒以十八章为定。魏、晋以后，王肃、韦昭、谢万、徐整之徒，注者无虑百家，莫有言古文者。盖古文并于十八章，而孔氏之别出者废已久矣。

隋刘炫始自离析增衍，以合二十二章之数，著《稽疑》一篇，当时遂以为孔《传》复出，而儒者固已哗然，谓炫自作。炫又伪造《连山》《鲁史》等百卷，则炫之书又可信哉？故尝以《古文孝经》与《古文尚书》俱自孔氏，而废兴隐见于汉、隋之际，其迹略同，而其可疑一也。

晋穆帝永和十一年，及孝武太元元年，再聚群臣，共论经义。荀昶撰进《孝经》诸说，以郑氏为宗，其后陆澄谓为非玄所注。唐开元七年，诏群臣集议，史官刘子玄遂请行孔废郑。夫子玄以为非郑之注可矣，因欲以废经而用刘炫之古文，岂不过哉？当是时，儒者尽非子玄。天子卒自注定从十八章，仍八分御札，勒于石碑，世谓之《石台孝经》。宋咸平中，诏邢昺、杜镐等依以为讲义。而司马温公《指解》犹尊用古文，其意诋今文为他国疏远之伪书，盖见新罗、日本之别序，而近忘京兆之石台也。

元吴文正公始斥古文之伪，因朱子刊误，多所更定。今予一从石本。独其章名，乃梁博士皇侃之所标，非汉时之所传，故悉去之。

予又著其说曰：大哉孝之道，非圣人莫之知也。昔孔子尝不对或人之问禘矣。其言明王之以孝治天下，至于刑四海、事天地，言大而理约，岂非极万殊一本之义，意其所以告曾子者如此哉？虽然，其书非孔氏之旧也。宋、元大儒，固卓然独见于千载之下，以破诸儒之惑矣。然其所去者是矣，而所存者又未必纯乎孔氏之旧也，则莫若俱存之。

自秦火之后，诸儒区区掇拾，而文艺之全者尟矣。非孔子复生，莫之能复也。今世所存，如《孝经》《家语》、大小戴之《记》，要以为有圣人之伪言，故莫若俱存之，而待学者之自择也。

《震川先生集》卷二《经序录序》云："予自屏居山林，得以遍读诸经。窃以意之所见，常以与今之传注异者。至如理、象之殊，而图、书大衍用九用六之论，未能定也。古、今文之别，而豫章晚出之书未能厘也。三百篇之全，而桑间、濮上之淫音，未能黜也。褒贬实录之淆乱，而氏族名字日月地名之未能明也。郊丘混而五天帝。昆仑，神州之一，而始祖之祭不及群庙也。《洪范》以后，《金縢》、《召》《洛》二《诰》之疏脱，非朱子之遗命也。开、庆师门之传，非郑氏之奥义也。绍兴进讲之书，非三传之专学也。则王柏、金履祥、吴澄、黄泽、赵汸卓越之见，岂可以其异而废之乎？欧阳子曰：'六经非一世之书，其将与天地无终极而存也。'以无终极视千岁，于其间顷刻耳。则予之待于后者无穷也。"于此可见其学术历程与授受源流。要之，归有光倾向于疑古，显然受到宋代疑古思潮的影响，特别是受到了欧阳修、王柏、金履祥、吴澄、黄泽、赵汸等人的直接影响，其中以吴澄为最，在其文献辨伪方面表现得尤为明显。唐、宋、元、明、清时期的古文家并非一味信古，而是与疑古派存在如此长久而深层的内在关联，此点向来未见有人道破。窃以为，文学史上的正统派古文家，其实也是思想史上的异端，他们的学问往往不如其文章，文胜于质，常剑走偏锋，妄图在思想上别开生面，结果大都走上疑古一路。至方苞更是登峰造极，为晚清康有为一派开辟了道路。

第九章
明代后期的文献辨伪

一、王世贞

（一）王世贞其人

王世贞（1526—1590），字元美，号凤洲，又号弇州山人，苏州府太仓人。嘉靖二十六年（1547）成进士，历任职大理寺左寺、刑部员外郎和郎中、山东按察副使青州兵备使、浙江左参政、山西按察使，万历时期历任湖广按察使、广西右布政使、郧阳巡抚，后因恶张居正被罢归故里，张居正死后，起复为应天府尹、南京兵部侍郎，累官至南京刑部尚书，卒赠太子少保。王世贞与李攀龙、徐中行、梁有誉、宗臣、谢榛、吴国伦合称"后七子"。李攀龙故后，王世贞独领文坛二十年，著有《弇州山人四部稿》《弇山堂别集》《嘉靖以来首辅传》《艺苑卮言》《觚不觚录》等。

（二）王世贞的文献辨伪

1. 《三坟》

王世贞《读书后》卷五《读三坟》云：

> 毛渐序《三坟》，其时皆以为伪书，而渐独信之，毋论其浅率而强为古语也。伏羲画《连山》，而有民兵器、阴兵妖、阳兵遣、兵阳阵。至策辞而曰：主我屋室，主我刃斧，神农归藏，而曰杀藏墓，此皆不知其时而妄为说者也。隋购天下遗书，有刘炫者伪为《连山》等易百余卷上之，受赏而去。后事发，坐抵罪。所谓《三坟》者，岂即其书也邪？

王世贞从气、时、辞、人等维度判断《三坟》为伪书。

2. 《尹文子》

王世贞《读书后》卷一《读尹文子》云：

> 《尹文子》非伪书，其言刑名者，真能言刑名家者也。所谓智巧皆当与众共之，独行之贤不足以成化，独能之事不足以周务，出群之辨不可为户说，绝众之勇不可以征阵，是以圣人任道以夷其险，立法以理其差，使贤愚不相弃，能鄙不相遗。能鄙不相遗，则能鄙齐功。贤愚不相弃，则贤愚等虑。此名语也。他所证多诸家书，颇核而不倍道，故存之。

王世贞从理、辞、人三个维度判断《尹文子》非伪书。

3. 《孔丛子》

王世贞《读书后》卷一《读孔丛子》云：

> 《孔丛子》，吾夫子之世家乘也，征献而文亦寓焉。自子思以后，世世为诸侯师，然而不能为其国救败辱焉，无它诸侯者能以礼夫子之礼，礼其后而不能以（阙）夫子之道用夫子之后之言故也。子顺所谋策皆不悖于理，而最后欲令魏阴媚嫪毒，以图苟全，则大谬。鲋之就陈涉也，以复焚书坑儒仇也，即死难，何累哉？独叙世一章谓琳子黄厥德不修，失侯爵。大司徒光分所食邑三百户，请封黄弟茂为关内侯。茂子子国，子国生子印，子印生弘农守仲欢，仲欢子立与刘歆友善，歆故光同时人，小可二十年耳，是立与六世大父行友也。立子元，元子建，仕王莽，为建戎大尹，亦似太速，疑必有脱误。

王世贞从理、辞、人三个维度判断《孔丛子》非伪。

4. 《刘子》

王世贞《读书后》卷一《读刘子》云：

> 刘昼、孔昭所作五十五篇，其词虽骫骳爽健，而不悖理道，识是非，有布帛菽粟之致。《清神》《防欲》《去情》《韬光》诸篇，苦李蒙庄之藩，隐然若窥见者。当六季之末，而不堕月露烟华，亦足贵矣。鄙名以后，小露学问，无关本真，兹则多生之余习矣。

王世贞从理、辞、事三个维度判断《刘子》非伪。

5. 《子华子》

王世贞《读书后》卷一《读子华子》云：

> 《子华子》十卷，自孔子遇诸剡而赠之以束帛，于是著焉。刘向序其辞，以为赵简子奉缮币聘之爵执圭而杀窦鸣、犊舜华，子华子逡巡弗应，简子大怒，将胁之以兵，子华子去而之齐，齐景公不能用也，馆于晏氏，简子卒而归晋，时已老矣，遂不复仕，以卒。余得而读之，《阳城胥渠章》颇言阴阳之理，亦有大致语，而风轮、水

枢之说，亦微近穿凿；其辨黄帝鼎成升遐事甚详，然似是公孙卿以后语；驳郯子礼亦正然，似是《左氏》以后语；辞赵简子聘章，则摹《檀》《左》文也。晏子之事景公也，不治阿且其言阿，则烹与封之说也，谓仲尼天也，又曰辙迹病矣，则门弟子之说也。《大道章》颇言身中之造化，时时及养生。《北宫意章》则及医矣，是岐黄之说也。凡《子华子》所言理，在春秋时最近，而文则广有所剽拟，诵之可也，采而益我可也，然不可以为真《子华子》。

王世贞从理、辞、事三个维度判断《子华子》非真。

6. 《素书》

王世贞《读书后》卷一《读素书》云：

黄石公《素书》六篇，至为浅显，孔、老、荀卿之所雅言者，岂别有不传之秘以授子房，而此则约其凡为可示人者哉？不然，当报仇大索之后，跪而进履于圯桥，与夜半不失约，子房已思过半矣，何用是《素书》为也！

王世贞从理、辞、事三个维度判断《素书》非真。

7. 《陆子》

王世贞《读书后》卷一《读陆子》云：

陆贾，纵横者流耳，而所撰十二篇皆浅显，无甚俶傥之见，而亦不诡于道。或谓非贾书，不然也。使后人伪为之，则必诡其理，雄其辞，而张皇其事矣。贾固时时近儒者。高帝不读书，故骤而叹其雄博，其意不在马上治，故徐而益有入焉。彼其它所以拊尉佗和平勃，皆正论也。是故幸以富寿怡乐终，而不为食其之烹、蒯彻之（阙）也，说固有道矣。

王世贞从理、辞、事三个维度判断《陆子》非伪。

8. 《淮南子》

《读书后》卷二《读淮南子》云：

读之知其非一手一事也。其理出于《文子》《庄子》《列子》，其辞出于《吕氏春秋》《玉杯》《繁露》《慎子》《邓析》《山海图经》《尔雅》，其人则左吴、苏飞、李尚、田由、雷被、伍被之徒，各取其长，而未及衷，以故多错综重复，不受整束。而淮南王之材甚高，其笔甚劲，是以能成一家言。盖自先秦以后之文，未有过《淮南子》者也。

王世贞从理、辞、人三个维度判断《淮南子》非一手一事。如果从史源学的角度出发，可能判断《淮南子》不过抄袭众说，如同冯友兰在《中国哲学史料学》一书中对待《吕氏春秋》一般。而王世贞又称"淮南王之材甚高，其笔甚劲，是以能成一家言"。杂家本来善于综合，取各家之长，错综重复，不受整束，最后融合而成一家之言。王世贞高度肯定《淮南子》，认为先秦以后之文未有出其右者。王世贞隐约认识到了中国文化的杂家化方向。

9.《文中子》

王世贞《读书后》卷三《读文中子》云：

> 立言之士，自吾夫子诸高弟颜、闵、参、赐外，要无若孟子。自孟子而后，则无若文中子矣。夫析理性，辨邪伪，精微入玄，沈快破的，故瞠乎不敢望邹人之藩，若衡事骘古，简要精当，河汾之间裕如也，奈何以模拟少之？第昔人谓文中子之高弟子房、杜、李、魏诸贤皆显贵，为贞观将相，而未有一言及其师，以为疑。若余不佞之所疑，固不止是。盖夫子大圣人，七十子之徒其齿莫重于颜、季二路，然未有长于夫子者。至考房、杜、李、魏诸贤，皆北面而事文中子，而皆长于文中子。文中子以开皇四年生，以大业十二年卒，寿仅二十三。今李卫公以贞观廿三年卒，年七十九，魏郑公以十七年卒，年七十三，当并长文中子十六岁也。房梁公以贞观廿二年卒，年七十一，当长文中子九岁也。杜密公以二年卒，年四十六，当长文中子四岁也。他若淹，若威，若州达，即不可考，要之，其齿皆不卑于房、杜者。文中子固十五而抗颜为人师，然岂必处处作项橐哉？将文中子之微言固不止是，而好事后进有剟入而乱其真者耶？若以为阮逸伪作，则断乎非逸所能办。聊志于此，以示传疑。

今按，文中子生于开皇四年（584），卒于大业十二年，享年三十四岁。王世贞从师生的年龄方面入手，提出了质疑，怀疑部分为伪，但也否定了《文中子》系阮逸伪作之说。

10.《草莽私乘》

王世贞《读书后》卷四《书草莽私乘后》云：

> 陶宗仪九成于书鲜所不读，尤好纂集文献掌故，如《辍耕录》《说郛》《书史会要》《图绘宝鉴》之类，虽雅郑未分，而璞玉良辨矣。洪武初，宋学士景濂序其《书史》，已推为耆硕，中间有纂修之召，不就。余尝见其《听琴轩诗序》及《送行文》，或作古隶，或作小楷，盖至洪武末犹存。而此所谓《草莽私乘》者，则皆忠臣、孝子、义夫、节妇之事，而元之末季诸公所撰著也。其能完身名于革故鼎新之际，晚节能以寿终，殆非偶矣。此书乃少年笔，楷法尤精谨，可存。余既爱其人，不忝乃祖靖节风，而惜其湮没也，特为拈出之。

《草莽私乘》曾经被视为伪书，而王世贞据稿本楷法辨别为陶宗仪真迹。

11.《大学》

王世贞《读书后》卷四《读大学》云：

> 《大学》一书，古圣帝王相传体用之大要。杂见于《礼经》，而朱子独表章之。今天下家喻人习，不若五经之有专治而不能相通也。于戏，亦盛矣！吾独惜朱子之勇于表章而不精于订定也。夫三纲领、八条目尽之矣，今杂置知止及物有本末诸条于首

章，以致知格物之解阙焉，而妄以腐庸之长语补之。不合听讼之章于"物有本末"后又赘之以释本末，且遂有本末而无终始，何舛也！王文成之格物与朱子异，且取《大学》之古本以正其误，似矣。然所谓古本者，恐亦未尽当也。新民之释章"明德"前而"止至善"后，昭昭若日星，谁能废之？且欲以如保赤子之一言而证亲民，抑何阔迂也。区区管窥，窃以《大学》本无阙文，位置稍失序耳。前亦非圣经，后亦非贤传，盖曾子引夫子之绪言，而绎其意以诲门人，门人因而成书。前列三纲八条，而后序释之，凡古人之为文，类如是耳。何以知非曾子书也？文有"曾子曰"云云，不应自言而中自引之也。所谓门人者，必子思也。何以知其子思也？它门人必不能也。……王文成之训格虽小抵牾，而其所谓物则合矣，即物穷理之支离，何必待辨而明。吾故曰，曾子授之，而亦子思述之者也。

王世贞认为，《大学》一书并非曾子之书，而是曾子授之，子思述之。理由是文中有"曾子曰"云云，不应自言而书中又自引之。

12.《中庸》

王世贞《读书后》卷四《读中庸》云：

读《中庸》而知孟子之为子思门人无疑也。孟子之言性善，委曲恳至，然不过因率性之道而明天命之真耳。其它所称："尧舜，性之；汤武，反之。"即诚明明诚生学安利之说耳。第反之一字，却似未稳，恐人作荀卿解首章，拟朱子解，则戒慎不睹，恐惧不闻，与下慎独功由浅而至深，而王文成解则下文之所谓独者即不睹不闻，而所谓慎即戒谨恐惧也。窃详文义，当以文成为当。下文朱解喜怒哀乐谓之中，即天命之性也，发而皆中节谓之和，即率性之道也。文成解则慎独以后修道之教事也，微犯致字义矣。第朱子解则天下有大本而无达道矣，至于致中和，分天地，位万物育，又分戒惧谨独，支离割强，大失子思本意。

中和者，体用也。中庸者，即已成之德。而表之曰无过不及而已，曰平常而已。注变和言庸者，误庸之一字。禅者亦知之，曰平常心是道。

君子无入而不自得几于化矣。而末引夫子失鹄反身之论，所以异于庄周、列御寇也。

"鬼神之为德章"直与《易·系》相表里，祭义不足尽之。郊社之礼所以祀上帝也，此语有深味，而朱子以不言后土为省文，似失之。天以象，地以形，虽分而上下，然各一物耳，而所以主宰之者一上帝也。冬至而祀南郊，其神此上帝也。夏至而祀北郊，其神此上帝也。所谓《易》有太极也。故诗书圣贤之所称述有上帝而已，不言后土者，非略之也。释之言曰帝，释天道之言曰玉帝，亦此义也。所谓阎罗王者，主治人之尽而为鬼者，非土也。

王世贞将《中庸》与《孟子》比较，又发现"鬼神之为德章"与《易经·系辞》相表里，均不失为一家之言。

13.《管子》

《读书后》卷五《读管子》曰：

余读《左氏》所称管子大要，佐桓公以正，如伐楚却郑太子，辞上卿礼，彬彬乎德言君子也。即孔子亦称之曰："如其仁！如其仁！"及读《管子》一书，自定兵制、兴鱼盐诸大策外，往往择卑而易行，博小以图大，转败以为绩，巧取而不匮，愚其君，遂愚其民，以愚天下之诸侯，使翕然用于吾术，而不敢背。窃以为，战国之策士术史傅会而增益之者，晚而信其然不谬妄也。夫齐积狙之国也，戎与楚积强之虏也，骤而用齐以王，齐必不信，骤而加戎楚以王，楚必不绌。管子善因时者也。时至三代人犹纯如也，及周之衰，而人断断如也。孟氏曰：管仲，曾西之所不为也，而子为我愿之乎？又曰：王不待大，文王以百里，汤以七十里，滕不五十里邪？井田之制，孟氏之言则既行之矣，至于筑薛之问而后其技穷也。得王而王者，周公也。得伯而伯者，管子也。能王而不得王者，孔子也。不能王而欲王者，孟氏也。昔宋之南压于金，若卵矣，而濂、闽之徒，日谆谆以正心诚意之说告其君，至于用略焉，万一不幸，而君任之井吾田，车吾兵，不逾时而社稷饱敌矣。于乎！今安得起仲而将相其才，使之南治岛，北却敌，徐而置濂、洛诸儒于庠序间，雅步高论，藻饰其所不足邪？

王世贞辨《管子》为战国之策士术史傅会而增益之。

14.《逸周书》

王世贞《读书后》卷五《读逸周书》云：

余读《逸周书》七十一篇，未尝不奇深其文辞，而怪其悖也。其言甚仁汤而武武，曰："桀与其属五百人止不齐民弃之，往奔汤，凡数徙辄弃。汤放桀，而复薄三千诸侯大会，汤退再拜，从诸侯之位，诸侯莫敢即。"又曰："武王征西方憝国九十有九，馘魔亿有十万七千七百七十有九，俘人三亿万有二百三十。"是武王者，秦始、汉武之靡也。王子晋曰："吾复三年，上宾于帝所。"以是至今称晋仙去、王会叙事、固典有法。然所纪奇民、淫殄、怪鸟兽抑又何诞也，奈何不使人主津津好大哉？第书名汲冢者非。按《汲冢书》：晋太康二年，汲郡人不准发安釐王冢，出书凡七十五篇，如《纪年琐语》、梁丘藏徼《书》《易》《国语》《论语》篇目。杜预序称太甲杀伊尹事，今本皆无之。《书》所载武王斩纣妲已、悬头二太白旗及周公谥法，已收之太史公《史记》中，宁至魏始出哉？虽然，余未获见《汲冢书》以为恨，而孟子于《武成》乃仅取二三策，何也？

王世贞从辞、理等维度考辨出土文献，因为书中记载武王大举杀戮人民，与其圣人身份不符，而与秦始皇、汉武帝等暴君相比反而有过之而无不及。古人辨伪有一道儒家伦理底线，突破此一底线则难以接受。文献与思想的标准往往难以一致。

15.《家语》

王世贞《读书后》卷五《读家语》云：

吾尝读《家语》，怪其错杂不精，如所称商羊、萍实于大道，奚益也？虽然，是宁独无圣贤之言乎哉？自宋儒表四子列于经，独尊《论语》，《论语》行而《家语》废。乃至如《周礼》《孝经》圣人经国尽性之书不得一列学官，使诸儒传习，可慨也。孟子言仁义，辟杨墨，其功大矣，至于辨理气之属，论君臣之际，未甚彻也。有任而发者，有矫而致者，于经犹月之于日也。夫三礼，《周礼》也、《仪礼》也、《曲礼》也。今废《周礼》《仪礼》不戢，而厕之以《月令》《檀弓》《儒行》诸篇，抑何轻重失次也。愚不揆，欲诠"三礼"，而删其歆莽襃犹之附会者为《礼经》，尊《论语》而删其非夫子言者，采《孝经》《礼记》《中庸》《大学》《家语》之凡为夫子言而粹者别为经，以配礼而六之。其非夫子言而稍粹者，如《鲁论》《门人》《檀弓》诸家合为传，与《孟子》翼经而两之，未敢也，聊识于此。

16.《鬻子》

《弇州四部稿》卷一百一十二《读鬻子》云：

《鬻子》，伪书也。其文辞虽不悖谬于道，要之，至浅陋者掇拾先贤之遗而加饰之耳。谓禹"据一馈而七十起"，非"三吐"之厄言乎？七十起，何其劳也！禹得七大夫，如杜、季、施，皆非夏氏，因生之姓，至所谓东门虚、南门蠋、西门疵、北门侧，几乎戏矣。夫鬻子九十而为文王师也，乃末篇曰"昔者鲁周公使康叔往守于殷"，何哉？阮逸伪《元经》，李筌伪《阴符》，刘歆伪《周礼》，固矣，犹能文其辞，未有如《鬻子》之浅陋者也。虽然，使伪而近也，毋宁伪而远也乎？

王世贞从辞、理等维度考辨《鬻子》为伪书，庶几近之。至于阮逸伪《元经》，李筌伪《阴符》，刘歆伪《周礼》，王氏并未提供任何真凭实据，未免盲从他人。

17.《亢仓子》

王世贞《读书后》卷五《读亢仓子》云：

《亢仓子》，其文辞东京之后，迁于儒者耳，其议则无嘉焉。余读《公孙龙》，虽其谬悠鄙屑，而要之纵放强辨，俨然战国之习也，伪者多援少倍，多拘少判。《亢仓子》，伪书也。《列子》载亢仓子，遂有《亢仓子》；《家语》记子华子，遂有《子华子》；贾谊称鹖冠子，遂有《鹖冠子》。呜呼！士之托空名以求传其言者，意亦可悲哉！

王世贞从辞、理等维度辨伪，且将《子华子》《鹖冠子》一并证伪。今按，《子华子》确实是伪书，而《鹖冠子》并非伪书。"托空名以求传其言"也是一种编纂方法，从编纂学或者编辑学的角度看问题，还是有积极意义的。

18.《鬼谷子》

王世贞《读书后》卷五《读鬼谷子》云：

刘向、班固不载《鬼谷子》，《隋志》始有之，以故读者疑其伪撰。然其命篇甚奇，词亦伟至。所以捭阖张翕之机，大要出于老氏。老氏之以退为进，以与为取，知白守黑，知雄守雌，不足求足，不大求大，虽天下后世之言术者莫外焉，深于鬼谷者也。鬼谷，老氏之所甚讳也。仪、秦，又老氏之所甚讳也。虽然，不得而终讳以辞其咎。夫老氏之于礼，犹惜其为乱首，而充其说诈而为仪、秦，惨而为申、韩，诞而为市大，悖而为梁角，于乎，可胜乱哉！按：鬼谷子，楚人，隐鬼谷，不著名氏，尝有书责仪、秦。夫既教之矣，又何责焉？《续仙传》曰："鬼谷子即王诩也，得道为地仙。"此谀辞也。

王世贞从志、辞、理、人等维度辨别，指出了《鬼谷子》与《道德经》的内在联系，可谓洞见。

19.《邓析子》

《读书后》卷五《读邓析子》云：

《邓析子》五篇。邓析子，郑人也，或云数难子产之政，子产戮之。按《左氏》，驷歂嗣子太叔为政，始杀析。其人不足论。其文辞，战国策士倪耳。循名责实，察法立威，先申、韩而鸣者也。至谓天于人，父于子，兄于弟，俱无厚者，何哉？先王之用刑也，本于爱。析之用刑也，本于无厚。于乎！诛晚矣。《转辞》篇"与智者言，依于辩"数语，同《鬼谷子》，岂后人傅其旨苟益其辞也耶？要之，小人之言往往出于机心之发，故不甚其远耳。《吕氏春秋》记析尝教获溺尸者、购溺尸者交胜而不可穷，固市井舞之魁也。孰谓驷歂失刑哉？

王世贞从人、辞、理等维度辨别，怀疑后人傅其旨而益其辞。

20.《吕氏春秋》

王世贞《读书后》卷五《读吕氏春秋》云：

《吕氏春秋》其文辞错出不雅驯，往往有类齐谐稗官者，其食客所为耳。悬千金于市，购增损而莫之敢也，畏其意，故不信其令，焉取增损哉？儒家者流取其篇首所纪《月令》厕之经，迨今焉甚矣。不韦之巧也，始而以财役其身，阴乱秦裔而不悟也，既而以财役其言，阴乱圣经而又不悟。噫嘻，则岂独不韦罪哉？

王世贞从人、辞、理等维度辨别，发现其中有类齐谐稗官者，即其门客所为。

21.《元命苞》

王世贞《读书后》卷五《读元命苞》云：

右书据以为后周卫元嵩述，唐苏源明传，李江注，杨元素由秘阁传本镂行，而张升以授杨揖者也。愚谓此即素撰，或张升撰而托者也。卦下每作重迭文、难字，而考之诸字书则易晓，其旨甚浅，而于理不甚悖，又经传注若出一人手，故以为宋人作也。凡唐以前伪书，其理驳，而时有精旨，其文杂而古，其字奇而有不可识者。今皆反之，故以为宋也。《乾坤凿度》亦然。惟《穆天子传》《竹书纪年》《汲冢周书》，则非秦汉以前人不能也。

王世贞从理、文（辞）、字等维度总结出带有规律性的认识："凡唐以前伪书，其理驳，而时有精旨，其文杂而古，其字奇而有不可识者。"这是他辨伪的尺度与准绳，壮哉！

22.《佛祖统纪》

王世贞《读书后》卷六《书佛祖统纪后》云：

> 第十六卷大颠上韩昌黎书，系僧雏伪撰，吾前已辨之。柳子厚少年急功名，不自检，犹无害，晚途远宦，邑郁侘傺，至死而谓神以恐喝求祀望阿修罗趣，且不可得，岂可以其作绮语，赞僧媚佛，而谆谆录之也。

23.《列子》

王世贞《读书后》卷一《读列子》云：

> 吾始好《列子》文，谓其与《庄子》同，叙事而独简劲有力，以为差胜之。于鳞亦以为然。而柳子厚故谓《列子》辞尤质厚，少诡作，最后稍熟《庄子》，始知《列子》之不如《庄子》远甚。凡《列子》之谈理，引喻皆明浅，仅得其虚泊无为，以幻破□□于肤膜之间。而《庄子》则往往深入，而探得其髓，其出世、处世之精妙，有超于揣摩意见之表者。至其措句琢字，出鬼入神，固非《列子》之所敢望也。吾意《列子》非全文，其文当缺而后有附会之者。凡庄子之所引微散漫，而列子之所引则简劲，疑附会之者因《庄子》之文而加劘琢者也。柳柳州《列子辨》独举刘向所称为郑穆公时人，以穆公在孔子前百余岁，而历举列子在缪公时，与其相驷子阳证其非。夫列子引孔子不一而足，是可知已，又何必别引子阳以为证，且向宁不自知其非郑穆公，穆之一字当由传录者讹。柳州之辨其所不必辨，尤可笑也。

王世贞从理、辞、人、事四个维度判断《列子》非伪书，他认为"《列子》非全文，其文当缺而后有附会之者"。

《读书后》卷五《读列子》亦云：

> 《庄子》语多引《列子》，或曰傅会之书也。此殆不然。其持论无以大异，《庄子》其叙事裁而揉，辞法则似胜之。独所称化人见周穆王，与西方有圣人语，为瞿昙氏之学者往往相引以重，至谓其教尝已行于中国，而秦废绝之。噫，亦谬矣！余谓《列子》中所载二事与《关尹子》之言皆非旧文，儒而瞿昙学者阴益之。

王世贞又从理、事、辞、人等维度辨别《列子》之真伪，断定"《列子》中所载二事与《关尹子》之言皆非旧文"。

24.《关尹子》

王世贞《读书后》卷五《读关尹子》云：

> 《关尹子》九篇，刘向所进云：其人即老子所与留著五千言者。其持论抑塞支离

而小近，实非深于师老子者也。其辞《潜夫》《论衡》之流耳，不敢望西京，何论《庄》《列》？至云："人之厌生死者、超生死者皆是大患也。譬如化人，若有厌生死心、超生死心，止名为妖，不名为道。"则昭然摩腾入洛后语耳，岂向自有别本邪？抑向本遗错后人妄益之邪？夫老子而不为关尹著五千言已耳，老子而为关尹著五千言，此其非关尹语也无疑。

王世贞从理、辞、人等维度辨别《关尹子》之真伪。

《读书后》卷七《书关尹子要语后》亦云：

> 昔关尹子望紫气一缕于函谷之东，而知犹龙公之至。今不佞读《关尹子》一句，而知其非关尹子书。虽然，是后世识玄理、晓养生、苦思振奇者之所撰，其言非以托关尹子也，何以故能识玄理、晓养生、苦思振奇者，必不以关尹子重。以关尹子重者，其人必剽黄、老、庄、列之厄绪而为之。屈于旨，伸于辞，恒也。今此所屈者辞也，所伸者旨也，故曰非以托关尹子也。乃王生为余书者，则奇已甚矣，思愈苦矣，夫亦可以已矣夫。

王世贞仍然从理、辞、人等维度辨别《关尹子》，断定非关尹子书。

25.《化书》

王世贞《读书后》卷七《书化书后》云：

> 《化书》者，观化也。凡自有而忽无，自无而忽有，皆化也。其自有而渐无，自无而渐有者，亦化也。以我推物，以物推物，物以物物推天地，皆自有无之际得之而葆身，理天下之道寓焉。其旨远，其辞文，其言约而中。是故识者曰：此非齐丘之所著，而真人谭峭景升之所著也。景升书成而授齐丘，使行之，齐丘匿而以己名焉。或曰：齐丘既得书，忌景升而杀之。或曰：醉而以皮囊之沈之水。为道家者曰：景升，羽化者也。齐丘不得而杀也。宋人之传奇至云："有鱼而得一皮囊，藻荇封之，若駄鸟卵，启而得一人，鞠鞠熟眠，醒而问渔者曰：'《化书》行乎？'曰：'行矣。''吾在此甚乐，幸复为我缝而置诸水。'"此傅会也。夫渔者何以知《化书》之行？夫渔者得人而复置之水，宁有是理哉？是书也，吾以为齐丘必窜入其自著十之一二，而后掩为己有，如《五常》一章忽云"运帝王之筹策，代天地之权衡，则仲尼其人是也"。彼盖所以名齐丘意也。若景升，必不推仲尼，亦不必附于儒者。又齐丘于观化之际，辄自称小人，所谓不考而招者，一笑一笑。

王世贞从理、辞、人等维度辨别《化书》，以为"齐丘必窜入其自著十之一二，而后掩为己有"，根据就是儒道之辨——因为景升为道家，必不推孔子，亦不必附于儒家。

26.《元始上真众仙记》

王世贞《读书后》卷七《书元始上真众仙记后》云：

> 此记别标为葛洪枕中书，而序辞称于罗浮山夜半静斋忽降一真人授书，谓二仪未

分，溟涬鸿蒙，状若鸡子，有盘古真人，自称元始天王游于其中，凡六劫而忽生太玄玉女，相与通气，结精还居玉京山宫殿，凡一劫而一施，太玄母生天皇，十三头，治三万六千岁。其后天皇生地皇，地皇生人皇，太玄母又生扶桑大帝。东王公号元阳父，九光玄女号太真，西王母太上真人元始天王弟子也。金阙老子，太上弟子也。其职如世之有司徒、丞相耳。它灵真衔名往往与《位业图》相出入。至所称张衡、杨云为北方鬼帝，治罗浮山，嵇康为中央鬼帝，治抱犊山，伯夷、叔齐为九天仆射，周公旦为北帝师，屈原为海伯，王弼为北海监，皆《真诰》所不载，却又有大可笑者。洪化去在晋惠中，而许暎、许穆、许玉斧、郭景纯皆生南渡以后，与洪不相及。又云二许为真人，未有掌领，又似未见《真诰》全文者。夫好夸饰而不核古，以是作伪书，久而始逗露，一何幸也。《道藏》若此类多，不可尽摘，摘其尤著者。

王世贞从理、辞、人、书等维度辨别《道藏》中的伪书。

27.《石函记》

王世贞《弇州续稿》卷一百五十八《许真人石函记后》云：

《石函记》上下卷，按此函既为许真君所载，而中所构撰皆不类晋人语。盖自张紫阳而后，陈泥丸、白紫清继之，俱以无碍之辨才，发性命之宗旨，一时门弟子模仿为之，末宗骪骳之气可捆，乃至所为《醉思仙歌》亦托之真君，《大还丹歌》则托之吴猛，《铅汞歌》托之严君平，《龙虎歌》托之阴长生，《破迷正道还丹歌》托之钟离，《云房敲爻谣头坏赠别方处士》题王先生，《庵门赠乔二郎鄂渚二道谷神直指大丹诸歌》托之吕洞宾，《还丹》《破迷》《至真》三歌托之刘海蟾，鄙俚冗沓，不能脱沿街鼓简气，如出一口。不知长生之四言何其古雅，得正始之音，而海蟾五言古风，钟、吕近体清逸秀劲，何尝不沨沨唐氏本色耶？此必陈上阳之流为之。饰画无盐，唐突西子，良可恨也。若其中有一二精至语，不妨作摩天偶例取之。

王世贞从理、辞、气等维度判断道教文献之真伪。

综上所述，一代文豪王世贞善于从理、辞、人、事等维度判断文献真伪，形成了一套比较固定的辨伪方法，这在当时是相当高明的。明末方以智较之王世贞更为高明，维度更多，判断更加周密。或曰，辨伪学方法如同滚雪球，越滚越大，前修未密，后出转精。信哉！

二、杨时乔

（一）杨时乔其人

杨时乔（1531—1609?），字宜迁，号止庵，信州上饶人。嘉靖四十四年（1565）进士。万历中，累官吏部左侍郎。绝请谒，谢交游，止宿公署，苟苴不及门，铨叙平允。卒，谥端洁。著有《端洁集》《两浙南关榷事书》《周易古今文全书》《马政记》等，并传于世。

（二）杨时乔的文献辨伪

1.《易》历四圣

重卦始于伏羲，象辞出于文王，爻辞出于周公。《周易》名经始于周，分上下经，为二篇，《彖》《象》四传、《十翼》作于孔子。古《易》二经、四传、《十翼》各自为篇。取彖象传作注，解经文附经下，自费直始，而定于刘向，成于郑康成。取《文言》、乾坤二卦附于乾坤《象传》后，始于王弼。以《系辞》附于《象传》后，改《说卦》上中作《系辞》，加传字，以《文言》十八条附《系辞传》，削去彖、象传、文言之名，成于韩康伯。至宋晁以道疑分二经为非，吕伯恭以分二经为是，朱子《本义》从之。吴澄分四传，以《系辞》为大象，以爻辞为小象，合为象传，亦皆未安。

2.《焦氏易林》

焦氏之学溺于阴阳占察，不类圣人之经。

3. 文中子之《易》

诸儒谓文中子之《易》出于关朗，自言赞《易》道以申先师之志，所赞者亦《易》之末节尔，不知《易》理故也。

三、焦竑

（一）焦竑其人

焦竑（1541—1620），字弱侯，号澹园，山东日照人，以军籍居金陵。著有《焦氏笔乘》《易筌》《俗书勘误》《国史经籍志》《国朝献征录》《熙朝名臣实录》《养正图解》《玉堂丛语》《焦氏类林》《支谈》《焦弱侯问答》《老子翼》《庄子翼》《庄子阙误》《阴符经解》《澹园集》等书。生平事迹见《明史·文苑传》、李剑雄《焦竑评传》、焦安南《状元焦竑传》、史振卿《焦氏笔乘研究》。

（二）焦竑的文献辨伪

1.“伪书”条

《焦氏笔乘》卷六“伪书”条云：

《本草》，神农书也，中言豫章、朱崖、赵国、常山、奉高、真定、临淄、冯翊出诸药物，如此郡县，岂神农时所有耶？《山海经》，禹、益书也，中有长沙、零陵、桂阳、诸暨，如此郡县，岂禹时所有耶？《三坟》，伏羲、神农、黄帝书也，然谓封拜之辞曰策。策始于汉，而谓伏羲氏有策辞可乎？祭天地于圜丘，大夫之妻曰命妇，《周礼》始有之，而谓天地圜丘、恩及命妇，为黄帝之事，可乎？相人之术起于衰世，而谓圣人以形辨贵贱正贤否为神农之书，可乎？《三略》《六韬》，太公书也，然其中杂援军谶，以足成之，夫谶书起于战国之后，太公之时曾有之乎？《尔雅》，周公书也，然其中有云"张仲孝友"。张仲，宣王之臣也，周公安得载之《尔雅》？《左传》，丘明书也，然其中有云"虞不腊矣"。夫腊之为节，秦始有之，丘明安得记之《左传》？《汲冢》，周书也，其《周月解》则以日月俱起于牵牛之初。夫自尧时日躔虚一度，至汉《太初历》始云起牵牛一度，何《周月》而乃尔？《时训解》则以雨水为正月中气，夫自汉初以前历皆以惊蛰为正月中气，至《太初历》始易之以雨水，何《时训》而云然？《子华子》，程本书也，其语道德则颇袭《老》《列》之旨，语专对则皆仿《左氏》之文，是何彼此之偶合？作声歌似指汉武朱雁芝房之事，喻子车复窃韩愈、宗元墓铭之意，是何先后之相侔？《苍颉篇》，李斯作也，其曰"汉兼天下，海内并厕，豨黥韩覆畔讨灭残"，然则汉事何以载于秦书？此类甚多，或摹古书而伪作，或以己意而妄增，至使好事之流曲为辨释，以炫其博，是皆未之深考耳。

2. 《易》

《焦氏笔乘》卷二"神农黄帝皆作《易》"条云：

伏羲重卦六十四卦之名已具，又命子襄为飞龙氏造为六书。黄帝时，苍颉第从而衍之耳。干宝《周礼》太卜掌三《易》之法注云："伏羲之《易》小成，为先天；神农之《易》中成，为中天；黄帝之《易》大成，为后天。"则神农、黄帝皆作《易》矣。然未知何据，或曰神农曰连山氏，故《连山》为炎帝之《易》，所谓中成也；黄帝曰归藏氏，故《归藏》为轩辕之《易》，所谓大成也。

《焦氏笔乘》续集卷四"古易"条云：

古人欲发明圣贤经传，皆自为一书，不以相附。如孔子作《十翼》以赞《易》，子思、孟子作《学》《庸》七篇明《论语》，庄周作《庄子》以明老，是也。自王弼始以《十翼》杂于经文，不知《易》文有韵，不可以他语间之。且伏羲有伏羲之《易》，文、周有文、周之《易》，孔子有孔子之《易》，又有难强同者，故朱子作《本义》以还其旧。成化间，一俗儒复分散如王弼本，业举者便之，至今遂不复见《易》之原文，良可叹也。宋人云晁说之作《古易》，象象别异于卦爻，欲学者不执象以论卦，不执象以论爻，语为得之，然谓《古易》作于说之，甚谬。

3. 《古文尚书》

《焦氏笔乘》卷一"尚书古文"条云：

国子学正梅鷟曰：《尚书》惟今文四十二篇传自伏生口诵者为真，古文十六篇出孔壁中者尽汉儒伪作，大抵依约诸经、《论》《孟》中语，并窃其字句而缘饰之。其补《舜典》二十八字，则窃《易》中"文明"、《诗》中"温恭允塞"等字成文。其作《大禹谟》"后克艰厥后臣克艰厥臣"等句，则窃《论语》"为君难为臣不易"成文。"惟精惟一，允执厥中"等句，则窃《论语》"允执厥中"等语成文。征苗、誓师、赞禹、还师等，原无此事，舜分北三苗与窜三苗于三危已无烦师旅。伪作者徒见《舜典》有此文，遂模仿为书召还兵有苗格诸语。《益稷》赓歌亦窃《孟子》手足腹心等句成文。其外《五子之歌》窃《孟子》忸怩之语。《泰誓》三篇取《语》《孟》"百姓有过，在予一人""若崩厥角稽首"之文。其外《胤征》《仲虺之诰》《汤诰》《伊训》《太甲》《咸有一德》《说命》《武成》诸篇文多浅陋，必非商周之作。相传恭王坏孔子宅，欲以为宫而得之，不知竹简漆书岂能支数百年之久，壁间丝竹入音是何人作，乃献书者之饰辞也。梅作有成书，今藏余家，异日当板行之。

《焦氏笔乘》续集卷三"尚书叙录"条云：

归熙甫题跋一篇云：某少读《尚书》，即疑今文古文之说，后见吴文正公《叙录》，忻然有当于心。揭曼石称其网举目张，如禹之治水，自是数访其书，未得也。己亥岁，读书邓尉山中，颇得深究《书》之文义，益信吴公所著为不刊之典。因念圣人之书存者年代久远，多为诸儒所乱，其可赖以别其真伪，惟其文辞格制之不同，后之人虽极力模拟，终无以得其万一之似。学者由其辞可以达于圣人，而不惑于异说。今伏生《书》与孔壁所传其辞不同，固不待别白而可知。昔班固志艺文，有《尚书》二十九篇、《古经》十六卷，《古经》汉世之伪书，别于经，不以相混，盖当时儒者之慎重如此。而唐之诸臣不能深考，猥以晚晋世乱之书定为义疏，而汉、魏专门之学遂以废绝。夫《书》之厄已至矣。伏生掇拾于流亡之余，以笃老之年，仅仅垂如线之绪于其女子之口，千万世之下，因是可以稍见唐虞三代之遗，而可不为之爱惜哉？朱子盖有所不安，而未及是正。吴公实有以成之，而今列于学官者，既有著令，荐绅先生莫知广石渠白虎之异义，学者蹈常袭故，漫不复有所寻省，以数百年世乱之书，表章于一代大儒之手，而世亦莫能以尊信之，可叹也已。余未及见吴公书，乃依仿其意，厘为今文如左，而存其《叙录》于前，以俟他日得公书参考焉。

同卷又云：

余尝疑《尚书古文》之伪，《笔乘》已载梅学正、归太仆二人之言为据，昨偶见赵子昂真迹一卷中一篇，亦具论此，乃知人心之同然也，第恨其书不可见。今录其序于此曰：《诗》《书》《礼》《乐》《春秋》皆经孔子删定笔削，后世尊之以为经，以其为天下之大经也。秦火之后，《乐》遂无复存。《诗》《书》《礼》《春秋》由汉以来诸儒有意复古，殷勤收拾，而作伪者出焉。学者不察，尊伪为真，俾得并行以售其欺，书之古文是已。嗟夫！书之为书，二帝三王之道于是乎在，不幸而至于亡，于不幸之中幸而有存者，忍使伪乱其间邪？又幸而觉其伪，忍无述焉以明之，使天下后世常受其欺邪？余故分今文、古文而为之集注焉。嗟夫！可与知者道，难与俗人言也。

余恐是书之作，知之者寡，而不知者之众也。昔子云作《法言》，时无知者，曰："后世有子云，必爱之矣。"庸讵知今之世无与我同志者哉？

毛奇龄《经问》卷十八曾经对焦竑的会试对词大加讥讽：

万历己丑科会试主考许国、王式诲第三场第三问有云："《书》古文传自孔壁，或曰赝也，何以辨其然与？"

第七名焦竑对云："《书》古文称自孔壁者赝也，其词固不类，且多剽取也。《艺文志》别古经于《尚书》，盖犹疑之，弗敢毂焉。夫不忍于刊赝而忍赝者毂乎，故当正而删之者此也。"

予读竟蹋足大笑，曰："嗟乎！只如此，此足攻古文耶？焦君不读书，不识《汉志》，诸君亦不识耶？"

坐客竟起争询曰："何谓也？"予曰：焦君对策凡五十七字，惟《艺文志》至弗敢毂焉十七字，是古文罪案。谓《艺文志》疑古文也，不知此非《艺文志》也。《艺文志》云《尚书古文经》四十六卷，谓孔书也，经二十九卷，谓伏书也。自元吴澄攻古文，闻《艺文》有经与《尚书》之分，而目不见《汉书》，妄意称《尚书》者必是今文，称经者必是古文，遂毅然作《尚书纂言》，分去古文二十五篇，而独存今文二十九篇，名之曰《尚书》，以为古文非《尚书》也。因误引《艺文志》作证，而颠倒之曰：《尚书经》二十九篇，《古经》十六卷。此固攻古文者一大冤案。而明归有光无学，闻澄说如此，亦效之，大攻古文，然亦目不见《汉书》，便大言曰：有光读书深知《书》义，能分别真伪，今伏书、孔书原自别白。班氏志艺文，分《尚书》二十九篇，古经十六卷，以古文为汉世伪书，别称为经，不使相混，其慎重如此。而唐作义疏，致汉儒专门之学遂以废绝。予每诵其言，辄为之惭报移日。今竑又目不见《汉书》，拾有光唾余，便堂堂然对策如此，此非黑暗世界乎？夫百犬之吠，固以声也，乃不意一犬之吠，并形亦无有。然则今之哓哓者皆犬也，而徒吠矣。是日大雨，潜丘遽别去，道过吴尺凫家，留语云："为我致毛先生。"老友无几人，能直言教我，我方感之，岂有所芥蒂，特欲我毁所著《疏证》，则不能但各行其是，可耳径去。

毛奇龄对吴澄、归有光、焦竑一系的《古文尚书》辨伪方法予以痛击，可谓入木三分。

4.《诗序》

《焦氏笔乘》卷二"马端临论《诗序》不可废"条云：

《桑中》《东门之墠》《溱洧》《东方之日》《东门之池》《东门之杨》《月出》，《序》以为刺淫，而朱《传》以为淫者所自作；《静女》《木瓜》《采葛》《丘中有麻》《将仲子》《遵大路》《有女同车》《山有扶苏》《箨兮》《狡童》《褰裳》《子之丰》《风雨》《子衿》《扬之水》《出其东门》《野有蔓草》，《序》本别指他事，而朱《传》亦以为淫者所自作。夫以淫昏不检之人，发而为放荡无耻之词，而其诗篇之繁多如此，夫子犹存之，则不知其所删何等一篇也？夫子之言曰"思无邪"。如《序》者之说，则虽诗词之邪者亦必以正视之。如朱子之说，则虽诗词之正者亦必以邪视之。且《木瓜》《遵大路》《风雨》《子衿》诸篇，虽或其词间未庄重，然首尾无一字及妇人，而谓之淫邪，可乎？盖尝论之：均一劳苦之词也，出于序情闵劳者之口则为正雅，而出于困役伤财者之口则为变风也；均一淫泆之词也，出于奔者之口则可删，而出于刺奔者之口则可录也；均一爱戴之词也，出于爱桓叔、共叔者之口则可删，而出于刺郑庄、晋昭者之口则可录也。

5. 《周礼》
《焦氏笔乘》续集卷三"面朝后市"条云：

《寓简》云："神宗御经筵，方讲《周官》，从容问面朝后市何义。侍讲官据王氏《新义》对曰：'朝阳事，市阴事，故前后之次如此。'上曰：'何必论阴阳？朝者，君子所会，市者，小人所集。义欲向君子而背小人也。'侍臣皆惊叹。"周之末，礼乐散亡，六国之君独魏文侯好古。汉孝文时，得其乐人窦公，年百八十余岁，献其书，孝文奇之。自言善鼓琴瑟，能导引，故寿如此。窦公亦异人也。考窦公所献书，乃《周官》大宗伯之《大司乐章》。然则《周官》实周之遗书，非后世伪作。自六国时已亡失不完矣。今之存者往往出于汉儒应募所作，非全书也。

6. 《月令》
《焦氏笔乘》续集卷五"月令"条云：

《月令》篇，李济翁《资暇集》云：今人咸依陆德明所说，是《吕氏春秋》十二纪之首，后人合为之，误也。盖出《周书》第七卷《周月》《时训》两篇。蔡邕《玉篇》云周公所作，是也。《吕纪》自采于《周书》，则不得言《戴礼》取诸《吕纪》，明矣。自"东风解冻"至"水泽腹坚"，后魏始入历，为七十二候。其所载与《夏小正》《淮南·时则训》《管子》《汲冢书》互有出入。朱文公作《仪礼经传解》，备引之。予又见王冰注《素问》，亦引《月令》七十二候，与今世行《吕氏春秋》及历中所载不同。如"桃始华"为"小桃华"，"雷乃发声"下有"芍药荣"，"田鼠化为鴽"下有"牡丹华"，"王瓜生"作"赤箭生"，"苦菜秀"作"吴葵华"，"麦秋至"作"小暑至"，"半夏生"下有"木槿荣"，"蛰虫坏户"下有"景天华"。惟《易·通卦验》亦载节候，而其书今亡。类书所引若条风至而杨柳津。景风至而搏劳鸣，虾蟇无声。凉风至而鹤鸣。闾阖风至而蜻蜍吟。日至而泉跃。泉跃即今水泉动也。可考古今节候之异。

7. 《文始经》
《焦氏笔乘》续集卷二"支谈下"条云：

《文始经》绝非关尹子作。其所言婴儿蕊女、土偶咒诵之类，老子时无是言也。

然其旨足发《首楞严》之奥，祛后学之疑。令关尹复生，不能易也。如曰："一情恶，为小人。一情善，为贤人。一情冥，为圣人。一情善恶者，自无起有，不可得而秘。一情冥者，自有之无，不可得而示。一情善恶者为有知，惟动物有之。一情冥为无知，普天之下道无不在。"又曰："蜮射影，能毙我知。夫无知者亦我，则普天之下我无不在。"又曰："我之为我，如灰中金，而不若矿砂之金。破矿得金，淘砂得金，扬灰终身，无得金者。"又曰："人无以无知、无为者为无我，虽有知有为，不害其为无我。譬如火也，躁动不停，未尝有我。"又曰："物非我物，不得不应；我非我我，不得不养。虽应物，未尝有物；虽养我，未尝有我。"又曰："今之情情不停，皆气所为。而气之为物，有合有散。我之所以行气者，未尝合，未尝散。有合者生，有散者死。彼未尝合、未尝散者，无生无死。客有去来，邮常自若。"又曰："譬若大海，变化亿万蛟鱼，水一而已。我之与物，蓊然蔚然，在大化中，性一而已。知夫性一者，无人无我，无死无生。"噫，此诸佛之密因也！

焦竑认为，《文始经》（即《关尹子》）绝非关尹子作。《文始经》与《道德经》《南华经》《黄庭经》《阴符经》并称道教五大经典。

8.《西京杂记》

《焦氏笔乘》续集卷三"新丰"条云：

> 《西京杂记》是后人假托为之，其言高帝为太上皇思乐故丰，放写丰之街巷屋舍，作之栎阳，冀太上皇见文如丰然，故曰新丰。然《史记》："汉十年太上皇崩，诸侯来送葬，命郦邑曰新丰。"是改郦邑为新丰，在太上皇既葬之后，与《杂记》所言不同。《酉阳杂俎》称庾信作诗用《杂记》，旋自追改，曰："此吴均语，恐不足用。"其非汉人书，益明矣。

焦竑认为，《西京杂记》为后人假托。

9.《家语》《孔丛子》

《焦氏笔乘》卷二"年月抵牾"条云：

> 《家语》记孔子年二十而生伯鱼，伯鱼卒时年五十，计其年当在颜子之后。《论语》颜路请车时，孔子已言鲤死，则《家语》误矣。鲤死既在回之前，孔子亦当六十以降，子思之生又不知前此几年，则孔子卒时，子思应不甚幼。《孔丛子》有子思与孔子问答之语，其证也。《史记·年表》孔子卒在周敬王四十一年，鲁缪公立在威烈王十九年，上下相去七十一年，而子思之寿止六十有二，宜不及见缪公之立。然《孔丛子》载缪公薨时，子思居卫，《孟子》亦屡言缪公之于子思，此两人同时，则年表亦误矣。宋高似孙《子略》、国朝宋景濂并云："子思寿六十二，鲁缪公同时人。"缪公之立，距孔子之没七十年，当是时子思犹未生，问答之事安得有之？予谓既信寿六十二之说，即不当信相去七十年之说。以七十年之说为可信，则子思之生当

在孔子梦奠之后矣。伯鱼先孔子而卒，子思又安得后孔子而生哉？此理甚明而不能察，何也？书传年月抵牾如此者甚多，不可胜举。

《焦氏笔乘》卷三"孟子非受业子思"条云：

> 《史记》载孟子受业子思之门人，不察者遂以为亲受业于子思，非也。考之孔子二十生伯鱼，伯鱼先孔子五年卒。孔子之卒，敬王四十一年，子思实为丧主，四方来观礼焉。子思生年虽不可知，然孔子之卒，子思则既长矣。孟子以显王二十三年至魏，赧王元年去齐，其书论仪、秦，当是五年后事，距孔子之卒百七十余年。孟子即已耆艾，何得及子思之门相为授受乎哉？《孔丛子》称孟子师子思，论牧民之道，盖依放之言，不足多信。

10.《文中子》

《焦氏笔乘》卷二"文中子"条云：

> 文中子动以孔子为师，其见地甚高，志甚大。或以模拟太过病之，非也。此如世人有所慕悦，则其举止言动不觉尽似之，以其精神所注故也。不然，诗祖李、杜，文祖迁、固，未有非之者，独訾文中子之法孔子乎？宋咸作《驳中说》，谓文中子乃后人所假托，实无其人，则几于瞽说矣。王绩有《负苓者传》，陈叔达有《答王绩书》，曰："贤兄文中子，恐后之笔削陷于繁碎，宏网正典，暗而不宣，乃兴《元经》，以定真统。"陆龟蒙《送豆卢处士序》亦曰："昔文中子生于隋代，知圣人之道不行，归河汾间，修先君之业。"后司空图、皮日休俱有《文中子碑》。五子皆唐人，言之凿凿如此，咸独臆断其无，可乎？！宋龚鼎臣尝得唐本《中说》于齐州李冠家，盖《中说》之行久矣。陈同父类次《文中子》，云十篇，举其端二字以冠篇，篇各有序，惟阮逸本有之。又阮、龚二本时有异同，如阮本曰："严子陵钓于湍石，尔朱荣控勒天下，故君子不贵得位。"龚本则曰："严子陵钓于湍石，民到于今称之，尔朱荣控勒天下，民无得而称焉。"龚本曰："出而不声，隐而不没，用之则成，舍之则全。"阮本则因董常而言，终之曰："吾与尔有矣。"岂逸不无增损于其间，遂启后世之疑邪？

《元经》十卷，王通撰。中华书局本作"玄经"，大误。

《焦氏笔乘》续集卷三"王勃集序"条亦云：

> 《杨炯集》二十卷，今不传，第诗数十篇耳。近童佩搜访遗文，合为十卷，有王子安集序，中云：文中子之居龙门也，睹隋室之将散，知吾道之未行徇，叹凤之远图，宗获麟之遗制，裁成大典，以赞孔门，讨论汉魏，迄于晋代，删其诏命，为百篇以续书，甄正乐府，取其雅奥，为三百篇以续诗。又自晋太熙元年至隋开皇九年平陈之岁，褒贬行事，述《元经》以法《春秋》。门人薛收为之传，未就而殁……此亦可

为《文中子》非伪书一证。

11. 《亢仓子》

《焦氏笔乘》续集卷三"亢仓子梼杌"条云：

> 亢仓子，《庄子》庚桑楚也。其书本唐王士源作。士源作《孟浩然集序》，自言入终南山，修《亢仓子》九篇。《乘梼杌》，元吾邱衍作。王祎《吾子行传》备言之。此书有衍小序，云："与《晏子春秋》相似，疑出于一时。"盖托言之耳。古人有所著作而托于人以传者，不可胜数。然其意与刘炫伪造《鲁史记》《连山易》诸书攫赏者自不同也。王元美《卮言》谓《亢仓子》为伪书，盖未见源序耳。

焦竑认为，《亢仓子》本唐王士源伪造。

12. 《九辩》《九歌》

《焦氏笔乘》卷三"《九辩》《九歌》皆屈原自作"条云：

> 《离骚经》："启《九辩》与《九歌》兮。"即后之《九歌》《九辩》，皆原自作无疑。王逸因"夏康娱以自纵"之句，遂解《九歌》为禹，不知时事难于显言，乃托之古人，此诗人依仿形似之语耳。不然，则上所谓"就重华而陈词"，岂真有重华可就邪？舍原所自言不之信，而别解之，不知何谓？《九辩》谓宋玉哀其师而作，熟读之，皆原自为悲愤之言，绝不类哀悼他人之意。盖自作与为他人作，旨趣故当霄壤。乃千百年读者无一人觉其误，何邪？

《焦氏笔乘》续集卷四"《九辩》"条亦云：

> 《九辩》，余定以为屈原所自作无疑，只据《骚经》"启九辩与九歌兮"一语，并玩其词意而得之。近览《直斋书录解题》载《离骚释文》一卷，其篇次与今本不同，以此观之，决无宋玉所作搀入原文之理。

13. 《庄子》

《焦氏笔乘》卷二"外篇杂篇多假托"条云：

> 内篇断非庄生不能作，外篇、杂篇则后人搀入者多。之、呛让国在孟子时，而《庄》文曰"庄子身当其时"。昔者陈恒弑其君，孔子请讨。而《胠箧》曰："陈成子弑其君，子孙享国十二世。"即此推之，则秦末汉初之言也。岂其年逾四百岁乎？曾、史、盗跖与孔子同时，杨、墨在孔后孟前，《庄子》内篇三卷，未尝一及五人，则《外篇》《杂篇》多出后人可知。又"封侯""宰相"等语，秦以前无之，且避汉文帝讳，改"田恒"为"田常"，其为假托尤明。

焦竑的这个判断还是比较准确的，也为后来的庄学研究者所证实。

14.《晏子春秋》

《国史经籍志》卷四云：

> 《晏子春秋》十二卷，墨氏见天下无非为我者，故不自爱而兼爱也，此与圣人之道济何异，故贾谊、韩愈往往以孔、墨并名；然见俭之利而因以非礼，推兼爱之意而不殊亲疏，此其敝也。庄生曰："墨子虽独任为天下，何其太觳而难遵。"有以也夫。墨子死，有相里氏之墨，相芬氏之墨，邓陵氏之墨，世皆不传。《晏子春秋》旧列儒家，其尚同、兼爱、非乐、节用、非厚葬久丧、非儒、明鬼，无一不出墨氏，柳宗元以为墨子之徒尊著其事以增高为己术者，得之。

四、胡应麟

胡应麟其人

胡应麟（1551—1602），字元明，又字元瑞，自号少室山人，兰溪人。万历丙子举人，以依附王世贞得名，故《明史·文苑传》附载世贞传中。

《四库全书总目》对其著述有较为恰当的评述：

> 《少室山房笔丛》正集三十二卷续集十六卷，此其生平考据杂说也，分正、续二集，为书十六种：曰《经籍会通》四卷，皆论古来藏书存亡聚散之迹；曰《史书占毕》六卷，皆论史事；曰《九流绪论》三卷，皆论子部诸家得失；曰《四部正讹》三卷，皆考证古来伪书；曰《三坟补遗》二卷，专论《竹书纪年》《逸周书》《穆天子传》三种，以补《三坟》之阙……曰《丹铅新录》八卷，曰《艺林学山》八卷，则专驳杨慎而作。其中征引典籍，极为宏富，颇以辨驳自矜，而舛讹处多不能免……近时张文麓《螺江日记》以为《竹书》实出于晋太康年，而应麟以为咸宁，反纠杨慎为非是。

其辨伪专著为《四部正讹》，《四库全书总目》认为："率本前人遗议，稍加详密，间折衷耳。"又云：

> 《四部正讹》谓"惮于自名者魏泰《笔录》"，然《东轩笔录》实泰自署名，其托名梅尧臣者乃《碧云骃》。谓"卫元嵩《元命包》袭《春秋》《孝经纬》之名"，然元嵩书名《元包》，不名"元命包"。且《春秋》有《元命苞》，苞字从草，《孝经》并无"元命包"也。至谓"《子华子》之程本即伪撰者之姓名"，益无稽矣。姑约举其一二，尚不止沈德符等之所纠。盖捃摭既博，又复不自检点。抵牾横生，势固有所不免。

拙著《文献辨伪研究》（武汉大学出版社 2021 年版）曾将胡应麟《四部正讹》一一加以评析，对其辨伪贡献也有详细归纳总结。

五、郝敬

（一）郝敬其人

郝敬（1557—1639），字仲舆，号楚望，湖北京山人。学者称楚望先生。天启时官谏议，仅十月，为当事者訾为浮躁，左迁归田。杜门扫轨二十年，著述甚富，统名《山草堂集》。分内外编。内编名目："谈经""易领""问易""学易枝言""毛诗序说""春秋非左""四书摄提""时习新知""闲邪记""谏草""小山草""啸歌""艺圃伧谈""史汉愚按""制义""读书通"，共十六卷。外编名目："批点《左氏新语》""批点《史记》琐琐""批点《前汉书》琐琐""《后汉书》琐琐""批点《三国志》琐琐""批点《晋书》琐琐""批点《南史》琐琐""《北史》琐琐""批点《旧唐书》琐琐""批选杜诗""批选唐诗""皆谈"，共十二种。

《艺圃伧谈》的诗论分为雅郑之辨、性情之正、真伪之判等三方面，推举《诗经》，以《楚辞》、汉魏古诗为次，列唐诗于最末。

郝敬在辨伪方面并没有跳出朱子的掌心，但他又对朱子之说多所质疑，击中其软肋。

（二）郝敬的文献辨伪

1. 《归藏》

《经义考》卷三引郝敬之说：

> 《归藏》坤卦，坤为地，百昌归土，曰归藏。

2. 《周易》

> 《春秋传》："韩宣子适鲁，观书于太史，见《易象》，曰：'吾乃知周公之德与周之所以王。'"然则《易象》系自周公久矣。孔颖达作《正义》辨之甚详，而班固云："《易》更三圣，世历三古。"说者以伏羲、文王、孔子为三圣，周公不与焉。尝观孟子序："尧舜以来，闻知止称文王，亦不及周公。"盖二圣父子同世，言父则不复及子，言三古则不复列四圣，立言应尔，岂谓周公不与于斯文乎？说者因《大传》云："作《易》者有忧患，当文王与纣之事，其辞危。"因谓危辞多在爻，爻辞亦文王作，非也。文王序《易》，逐卦系辞，周公承考，逐爻系象，《易》始大备。公尝自言文王我师，孔子亦谓文王无忧，父作子述，即此类也。今检爻辞，如《随》云"王用享于西山"，《升》云"王用享于岐山"，指文王岐周也。《明夷》云"明夷于南狩，得其大首"，指武王诛纣也。箕子之明夷，指箕子为奴也。《小畜》《履》《随》《蛊》皆隐用文武之象，《泰》之六五、《归妹》之六五引商王帝乙，是文王所亲臣事者也，岂以系爻，凡此皆足以征爻辞之非出自文王甚明也。盖周公相武王，诛

纣，伐商，晚遭流言，忧患与文考同，故摹写往事，真切如此。凡周公之辞，孰非文王之辞？惟象作自文王，故夫子为文王作象传，为乾坤二卦作文言，其象传则为周公作，又甚明也。圣人修辞立诚，言不尽意。伏羲画卦，无辞以俟文王。文王系象，无爻以俟周公。周公系象，无传以俟孔子。三圣皆以未尽之意递相传述，若使文王系象又系爻，则周公作象亦宜作《翼》。孔子成《春秋》，修经亦宜修传，如后世自为纲，自为目，识者讥之矣。又曰：孔子神明天纵，读《易》三绝韦编，而作《十翼》，羲圣卦位爻画未明，而作《说卦》。文王演《易》，次第未明，而作《序卦》，象辞未明而作《象传》，周公爻象未明而作《象传》，恐作者泥于爻，又约其旨而作《大象》，虑学者局于序，又错其序而作《杂卦》，无所不用其极，而世儒犹谓孔子有未尽之《易》，以待夫陈抟、魏伯阳、邵尧夫先天后天方圆等图出，而后羲《易》见。吁，亦愚且悖矣！又曰：卦八而已，无所谓六十四也。六十四者，八之错耳。经第言八，卦未尝言六十四。《周礼》太卜八为经，六十四为别，即经之别耳。邵尧夫横图相生，是经与别浑无分也。既以序生如干有枝，枝有叶，则不应言八卦相错；既序矣，焉用错一生二，二生四，四生八，犹强引两仪、四象、八卦语解至八生十六，十六生三十二，三十二生六十四，则凿空漫说矣。其实，八卦错成六十四，安所得十六与三十二乎？

3.《古文尚书》
《谈经》卷二云：

三代以前坟典，至春秋时杂越矣，孔子特加删正，弟子心通其义者七十人，是时天下学士大夫博学道古，鲁国诸生多至三千。周之季年，文胜世运然也。浸淫至于战国，七十子之门人后裔转相传习，径窦遂多，荒宕隐怪，纵横飞箝，种种异说云兴。七王割据，俗殊道分，士争饰其学、诡其辨以相高，而六经被其薄蚀，真赝始混淆矣。百家蜂涌，议论庞杂，呶聒而不可胜听。秦皇、李斯一举而畀之炎火，有激而然，非尽其罪也。故昔之伪言莫多于七国嬴秦之季。汉因秦禁，六籍荒阁，黔首久愚，目识一丁，辄称儒生，安车造门，天子师事矣。曩时伪编皆托冢中壁间之藏，鼠璞杂进，笙竽不分，至于今二千余年，承讹习迷，蒙而不发，亦为不善辨矣。

六经者，百氏之根柢。经术不明，如五谷种杂而苗灭裂，以报转相讹袭，遂不复可简别矣。如世之为典为考为志为略，用力虽勤，源本不清，无适不谬，故《书》之有古文也，《春秋》之有三传也，《礼》之有《周礼》也，百家皆已引为绳墨，据为根柢，而庸讵知夫所谓绳墨者之非绳墨，所谓根柢者之非根柢欤？自非卓识，焉能简别？《书》辞渊塞，《诗》语清通，故虞书浑朴，其言诗则曰"声依永，律和声"，喜起之歌，乃有逸响，雅颂训诂，多周公制作，雅颂明畅，训诂结涩，盖主于感者，使人易晓，主于训戒者，使人深思。夫子谓不学《诗》，无以言，故《诗》《书》体异也。春秋战国以来，辞尚风韵，虽叙事之文皆有依永和声之致。夫子作《易传》《论语》，春容尔雅，清风习习，皆诗之为言也。然义理含蓄，混沌未凿。至秦汉以后，刓觚雕朴，文不务实，全尚声口，此古今文辞深浅华实之辨也。《尧典》《禹贡》其辞简奥，叙事朴直有体，《皋陶谟》精深淹雅，自是上皇风味。古人言语高远，质而愈新，后人极意整齐，而反伤气，有意舒散，而反见拙，如商彝周鼎，自然苍润，俗工雕镂乱真，识者自能鉴之。

《书序》非夫子作，其篇目真赝混淆，语多孟浪，烦简不中节，殆周秦间人杜撰。今观虞书一典，千余言括尽两二百年盛事，皋陶一谟仅七百言，五臣弼主洪猷包罗殆尽，非独文字高简，亦由古人笃实，尚行寡辞，竹简篆书记载烦难，自不能多。予尝谓虞书不容更有第三篇，以其希贵也。据《序》，虞书尚有十一篇，偕亡，则虞庭文辞之多何异秦汉，不足信耳。

《礼记》曰："疏通知远，《书》之教也，其失也诬。"初不解所谓，何独《书》称诬乎？及读《孟子》"尽信《书》不如无《书》"，则《书》之可疑从来远矣。孟子距删《书》所才百余年，简编已不足尽信，宜后世伪作愈盛也。秦汉之际，去古未远，残编尚有存者，故序中尚多真目。古文二十五篇间有微言，要之非完璧矣。而朱元晦谓《书》不须尽解，亦缘孟子"尽信《书》不如无《书》"之意。然朱所谓易解者，乃其不必解之伪书，而所谓难解者，正其删定之原籍。然则弃嘉谷而收稂莠也，可乎？

《尧典》《皋陶谟》《禹贡》三篇，文辞最古，法度森严，有头尾，有血脉，有分段，有照应，为千万世史书冠冕。后世依仿其体，为帝纪、世家、列传，枝叶敷荣，非不可观。然一登泰山，顿觉丘阜为小。尧舜一德，故二帝并典。五臣同心，故皋陶合谟。孔书离《尧典》为二，以补《舜典》，其识已卑。别增《禹谟》一篇，尤琐碎不成文理。此何待具眼者乃能辨之乎？古圣文辞深奥，精密无痕，如《书》与《易》自是一种文字，孔书极力模仿，而音节匀畅，俊彩庄严，已落近格。扬雄作《大玄》拟《易》，肠胃俱呕，转觉后尘之愈远。此圣凡天人之隔也。《书》不难读，首当观世代升降与先后治乱次第分明，逐篇文字可迎刃而解。王介甫、朱元晦谓《大诰》难读，且须阙之。今若不先理会《金滕》，《大诰》如何可读？予读书次第通融，所以有得，读《易》亦然。诸公读《易》，并《序卦》以为无用，况肯求《尚书》次第乎？

先儒误解《金滕》，诬周公杀兄，故自《大诰》以下诸篇语多不晓。夫既不达圣人之情，焉能解圣人之语？反称《大诰》难读，至欲阙之，前辈识见如此之盘郁也，其更端层迭，是古人真意委婉周至也，含辉敛彩，晶光自尔溢发，气若断续而悠远，条鬯舒散，不用绳削，而变态不可端倪，此古人生气也。至于二十五篇，清浅松泛，边幅整齐晓然，如揭日月而行，无复昧爽氤氲气象。《诗》云："衣锦尚䌹。"恶其文之著也。故君子之道暗然而日章，知此者可与论道，可与论《书》。

孔书与二十八篇良苦较然，岂千余年来无识者？盖以吕易嬴，久假不归，而依附圣经，攻之则有投鼠之忌，如读《春秋》，明知五霸为罪人，以其依附三王久重于发难，是以姑息养其蟊贼也。汤武不弑君，天下何时底定？千古有相知，汤武非弑君者。

朱元晦谓《大诰》《多士》等篇辞语艰涩，如官府行移文字，传示民间，夹杂俗语，故难解。《蔡仲》《君牙》等篇，如今翰林制诰文字，与士大夫语，故易晓。按《大诰》《康诰》有何俗语，而偏以语俗人，岂俗人明敏反胜学士大夫乎？学士大夫难解者，俗人其能解乎？凡训语非对臣民口授，必裁成篇章，经圣人手，虽史官润色，本圣人口泽，故言多渊恳，神理溢于辞章之外，隐合于胸臆肺腑之中，若出若不出，离而视之，深沈蒙晦，无迹可寻，会而通之，生气浮动，温如春，泠如秋，穆如清风，泽如甘雨，绅绎其绪，嚼咀其味，恍然见其心曲，亲炙其眉宇，而聆其謦欬，非圣人之言而能若是乎？至于二十五篇，清浅齐截，自是三代以下韶秀之姿，语多浮响，意不切题，或先贤记闻，或后人依托，天壤悬隔，乌可相乱也。

后人文字皆拣选材，具一字一句迭砌而成。古人文字无边齐，无畔岸，拍天驾海而来。

文字出上古，自然深沈，有郁苍之气，正是未雕之璞。一落叔季，肤浅轻扬，气运风会，莫知所以然而然也。《尚书》二十八篇，当世即欲不如此作不得。五经皆夫子手订，及夫子自作，亦是春秋以后文字。如《论语》二十篇，春容尔雅，愚者可知，犹谓有子之徒记述。至于《春秋》《周易十翼》，夫子手笔，亦是愚者可知。文章因乎世运，虽孔子欲为四代典谟之文，亦不可得已。

二十八篇真足为万世国史之宗，后人何幸，因伏生所授得见四代鸿宝。其二十五篇如《伊训》《太甲》之类，《左》《国》诸书骎骎欲方驾矣。子曰："辞达而已矣。"又曰："修辞立其诚。"达者，达其所立也。辞欲达诚，诚如何可达？后世文章以清利为达，正是齿牙间喋喋，不与精神命脉相关。心自心，辞自辞，如近代辞赋何有半语真实？二十八篇若康、召等语，字字肝胆泼放简策上，后儒反病其诘屈不达，未知竟是谁达谁不达也！○诸传独《孟子》近古，七篇中所引书如《太甲》《伊训》《汤誓》等语质直而少逸响，正与二十八篇文字一律，足征伏书是真，孔书是假。又如《大学》所引《康诰》作新民若保赤子，唯命不于常等语篇内自然吻合，孔书取引语填补痕迹宛然。孔书《伊训》《太甲》《说命》《君陈》等篇，《礼记》《学记》《表记》《缁衣》多引用其语，盖《记》与孔书先后同出，其所引当世已无全文，摹仿补缉，非古人完璧也。孔书四代文字一律，必无此理。《诗》如商颂缜栗而渊瑟，周颂清越而驯雅，此二代文质之分也。《诗》既尔，《书》亦宜然，岂得商书清浅反不如周书朴茂乎？若以《伊训》《太甲》与《康诰》《大诰》诸篇并列先后，文质觉倒置矣。

孔书诸篇辞义皆浮泛，如《伊训》不切放桐复亳，《说命》不切帝赉良弼，《君陈》毕命不切尹东郊，其他皆然。转移更换，皆可通用。古史典要，决无此病。为后人按步仿效，故其语势褊侧，如室中演棒，四碍不得自由，若真古文，如《大诰》诸篇，任说得纵横舒展，真赝功沽，天地悬隔。

愚读伏书二十八篇，观二帝同典，五臣共谟，益信古人制作精深。按《周书》知周公无杀管叔事，益信孔书为妄作。圣人复起，不易吾言。

《秦誓》真秦穆公作，春秋之文渐近明浅，犹多沈浑之味，自然处高于《左》《国》。《费誓》虽列编末，而简奥渊深，自是周初文字。《文侯之命》峻整，自是周末春秋初年文字世运风味一一可摹。若夫《伊训》《说命》风格卑弱，尚不敢望《秦誓》，乃得与典谟并列，真是千古不平事。

夫子删定之季，周室东迁已久，典籍散亡，计当日所定四代书亦应不多。伏生所授二十八篇，四代规模已具，恐未止三之一耳。《诗》比训诰易于存记，有乐官典守，故三百余篇具在。《书》辞深奥，故伏生所记止此。若二十五篇者，虽多可不至遗忘，亦真与伪之别也。

"不达圣人之情，焉能解圣人之语？"善哉斯言！

4.《诗序》

《谈经》卷三云：

　　《三百篇》所以高绝千古，惟其寄兴悠远。不读《古序》，不达作者之志与圣人删定之旨，后人疑序与诗不似，不似处正宜理会，诗所难言正在此。自朱元晦不通《古序》，学者谬承师说，浅陋枯索，无复兴致可凤。《诗序》相传为子夏与毛公合作。今按：各序首一句为各诗根柢，下文皆申明首句之意，故先儒谓首序作自子夏，余皆毛公增补。今观首序简当精约，非目巧可撰。古人有诗即有题，或国史标注，或掌故记识，曾经圣人删正，决非苟作。而毛公发明微显，详略曲尽，为千余年诗家领袖。至宋儒师心薄古，一切诋为妄作，只据诗中文字断以己意，创为新说。今用之，予未敢信其为然也。

　　古人作诗，先有题而后有诗，未有诗成然后以题强肖者。箴铭记赞之类，题阙或可据辞标补，至于诗义微婉，虽事有所本，而常托兴象外，据辞撰题，决无此理。朱子改序，皆先有诗而后有题也。

　　《诗序》首句函括精约，法戒凛然，须经圣裁，乃克有此。其下毛公申说，乍读似阔略，寻思极得深永之味。后人不解，诋为浅陋。千古寸心，得失自知，此言《诗》所以难也。或谓毛公有大小，非出一手，其父子兄弟转相发明，故传与序间不合。大抵笺不如传，传不如序。毛公补序，又不如序首一语。读《诗》惟当以首序为宗。余解《诗》于序首句加"古序曰"三字，下以"毛公曰"别之，后附朱说，参以管见，不敢辞其妄也。

　　序者，遂也，作者有未达之志，序以遂之。故《古序》即诗人之志。《诗》辞明显，序即不及，但道《诗》所未言者与后人所不知者而已。朱子于序必责《诗》中语为征，与古人作序意正相反。苟《诗》辞明征，又焉用序为？如朱说，依样葫芦，都似重语。《尚书序》孟浪，正坐此。虽不用，亦无伤。若《诗》无《古序》，则似夜行，乌可废邪？

　　《诗》别有齐、鲁、韩三家，失其传矣。然三家未见《古序》，则其学亦可知也。毛公据《古序》与经传合，而能变通，游演曲畅，作者之情千载独行，良非偶尔。朱子一切诋为凿空妄说，今虚心检阅，自觉古是而今非。有识者何敢谀今而背古乎？《古序》全体《春秋》之义，于凡美刺各举大纲，而不尽之义寄于言外。当时作诗详委具在，国史今不可考已，毛公序说有所受之，亦犹《左传》于《春秋》，虽精旨未畅，而大略可据。朱欲废毛，已为不可，直欲并《古序》废之，予河汉而不信也。

　　读《诗》本《古序》，义理周匝完备，雅颂各得其所，圣人删《诗》，手泽如新。朱子谓"《序》不可信，须并三百篇亦不信，始得"。如以三百篇为古，而序为非，古改从今说，则其错乱不可胜道矣。国风尚有十五，国以为别，至于雅皆朝廷献替，颂为宗庙登歌，如小雅《沔水》改为忧乱，非规宣王，《白驹》改为留贤，非大夫刺王，《黄鸟》《我行其野》改为民适异国，非刺宣王，《谷风》改为朋友相怨，非刺幽王,《蓼莪》改为孝子不得终养,《四月》改为遭乱自伤,非刺幽王,《无将》《大车》改为行役,非大夫悔用小人,《车舝》改为新婚,非刺幽王,《采绿》改为思夫,非刺怨旷,《隰桑》改为喜见君子,非刺幽王,《绵蛮》改为微贱劳苦,非刺乱,以上皆如朱说,则小雅之与国风何以别乎?《楚茨》《信南山》《甫田》《大田》皆非刺幽王,大雅《生民》非尊祖,《既醉》非太平,《凫鹥》非守成,《假乐》非嘉成王,以上尽改从朱说,则雅与颂又何以别乎?《民劳》《板》改为同列相戒,非刺厉王,《抑》改为卫武公自作,非刺幽王,《崧高》《烝民》《韩奕》皆改为赠行,非美中兴,如此则与风又何别乎?周颂《臣工》非诸侯助祭,《噫嘻》非祈谷,皆改为戒农官,《访落》《敬之》《小毖》皆改为成王自作,如此则与雅又何别乎?鲁颂四篇,《駉》但为牧马,《有駜》但为燕饮,《泮水》但为修泮宫,《閟宫》但为修祖庙,如此则此与风何别乎?若是则三经纷拏如丝,必尼父再生,重加删正,乃可通也。

朱元晦诋《小序》世代名氏,皆为妄语。凡序云美某人刺某事,必责诗中有某名某事为征,不然,即斥为凿空,若辞类他人他事,即以他人他事代之,惟以切直为主,作诗如此,但可谓之记事文字浅率甚矣。何称为主文而谲谏乎?如二南文王诗也,未尝一字及文王,《关雎》《葛覃》大姒诗也,未尝一字及大姒。若尽责名与事为征,则虽二南诸诗亦凿空矣。按辞征事,以校他书,考制度则可,言《诗》则不可。

朱子诋前人师说为凿空,抑不知己之改作又何所据,犹之凿空耳。第如朱说浅率,其凿空易,如《古序》深远,其凿空难。今试使人暗索,为朱说者十常八九,如《古序》者百无一二。古人凿空何不就其明且易者,而为其远且难者乎?毛公距夫子删《诗》所四百年,既为凿空,朱子又后千五百年,謷然自以为某诗非某事,实因某事而作,此何异李少君遇九十岁翁,绐云我识尔曾王父面孔,知者诳而不信也。

朱子改《古序》,只据文辞疑似悬断,大抵浅俗如《叔于田》刺郑庄公,不教养其弟,辞似美叔段,遂改为美叔段,《将仲子兮》刺庄公与祭仲谋杀弟,辞似妇人与男子语,遂改为淫奔,如序何其深永,如朱则委巷之言矣。详见各篇。朱元晦专以史传质序。史传自与序合,然序古而史传后出,以史传征序,是以黄小征老人也。如曹风三百赤芾,序谓刺共公,是也。朱谓序附会《左传》晋文公数曹乘轩三百之事,此自《左传》牵《诗》属辞耳,岂真曹有三百大夫之多乎?又如吴札观鲁乐,先孔子删《诗》所五十有九年,而《左传》所述皆因三百篇次第,今不谓《左传》附会诗,反谓《序》附会《左传》,意在排《古序》求胜耳。子云:“信而好古。”好而不信,则如无好。又曰:“多闻阙疑。”疑而改作,无宁阙诸。

朱子谓《序》无据而揣摩也。夫君子善善长而恶恶短,就使无据,宁揣摩古人之似而入于善,无宁揣摩不似而入于恶也。入于善者,成人之美;入于不善者,成人之恶。故曰过疑从轻,况本无疑乎?如《木瓜》为感齐桓公作,《青青子衿》为学校不修作,此何疑也?今不拟以报德之辞、学校之咏,而皆改从淫奔,岂惟渎乱圣经,亦可谓好成古人之恶者矣。余难枚举,附见各篇。

以上又载其《毛诗原解·读诗》,颇有心得,是其有关《诗经》的纲要性论述。郝敬批评朱熹"只据文辞疑似悬断",可谓一击制敌。朱熹主废序,郝敬主尊序,两派各明一义,互有得失,究以郝敬为稳重。现代诗经学研究普遍接受了朱熹的解诗模式,未免误入歧途。所谓"按辞征事,以校他书,考制度则可,言《诗》则不可",这一治学路数被现代学者抛弃了,但其中不乏精义。

5.《礼记》

郝敬《谈经》卷五云:

> 礼家言杂而多端,达者须灵镜独照,然后可以观古人陈迹。苟无高明豁达之见,耳食训诂,逐处成滞矣。
>
> 是书汉儒戴圣所记,多先圣格言。七十子门人缚自得述,非出一手。如《中庸》子思作也,《缁衣》公孙尼子撰也,《月令》吕不韦修也,《王制》汉文帝时博士录也,《三年问》荀卿述也,真赝相袭,瑕不掩瑜。先儒推《周礼》《仪礼》为经,欲割《记》为传。夫三书皆非古之完璧。《周礼》尤多揣摩,杂以乱世阴谋富强之术。《仪礼》枝叶繁琐,未甚切日用。惟此书多名理,天命人性易简之旨,圣贤仁义中正之道,往往而在。如《大学》《中庸》两篇岂《周官》《仪礼》所有,故三《礼》当以《记》为政。
>
> 《礼》非夫子原定之书矣。后儒各记所闻,致相矛盾。达观者自能折衷,其有不知,存而弗论。牵强附合,失之愈远。如《王制》云公侯国方百里,伯七十里,子、男五十里,而《周礼》云公五百里,侯四百里,伯三百里,子二百里,男百里。《王制》云天子三公九卿下至元士百二十人,而《周礼》官职且多至三百六十,若其人不可胜数也。《王制》云次国三卿一命于其君,小国三卿皆命于其君,而《周礼》云诸侯之卿大夫士皆命自天子。《月令》封诸侯以孟夏,而《祭统》云出田邑以秋。《杂记》云公圭九寸,侯伯圭七寸,子、男圭五寸,而《周礼》云子执谷璧,男执蒲璧……如此之类,错杂纷挐,师说相承,言人人殊。虽使考证详确,古今异宜,亦难尽用。而郑康成辈好信不通,执此征彼,及其不合,牵强穿凿,诪张百出。初学为其所眩惑,随声应和,莫知其乌,世儒所以苦于读礼也。
>
> 先儒以《大学》《中庸》两篇为道学典要,别为二书。夫礼与道非二物也,礼者道之匡郭,道无垠堮,礼有范围,故德莫大于仁,教莫先于礼,圣教约礼复礼为仁,礼仪三百,威仪三千,致中和,天地位,万物育,此道之至极,礼之大全也。故曰,即事之治谓之礼。冠昏丧祭,礼之小数耳。子云:"民可使由之,不可使知之。"世儒见不越凡民,执小数而遗大体,守糟魄而忘菁华,如《曲礼》《王制》《内则》《玉藻》《杂记》以为礼,如《大学》《中庸》则以为道,过为分疏,支离割裂,非先圣所以教人博文约礼之意。自二篇孤行,道为空虚,而无实地。自四十七篇别列,礼为浮华而无根柢,所宜亟还旧观者也。

以上又载其《礼记通解·读礼记》,是其有关《礼记》的完整论述。

6.《仪礼》

郝敬《谈经》卷六云:

礼非强作，是人道之经纬。无礼，则无人道。

《仪礼》非尽先圣之旧矣，后儒纂述旧闻，杂以历代仪注，荟蕞成书，皆士大夫行礼节目。朱仲晦欲尊《仪礼》为经，夫仪之不可为经，犹经之不可为仪也。经者，万世常行；仪者，随时损益。父子、君臣、长幼、朋友，经也；"礼仪三百，威仪三千"，仪也。皆以节文斯五者而已。五者三代相因，而仪者所损益可知也。世儒耳食朱说，各骋胸臆，为纂为考，其破裂不足观也。

作《仪礼》者亦未及亲见古人，其辞多罔象。如凡礼皆行于庙，而竟不言告庙之仪，冠冕衣裳皆不定其制度物色，庙寝堂阶房室户牖皆不明言其向背，使后人猜度影响，迄无定论。每于篇终辄引记闻参伍，其无画一之见，可知亲见古人者必不尔。

《仪礼》作于衰世，故其仪文虽详，而大纲不清。虽不及天子之礼，而时或杂越以大夫乱诸侯，诸侯乱天子，往往有之。如燕礼称君为公，是诸侯之礼也，诸侯称公已为僭矣，而其臣又有称诸公，位在卿大夫上者，惟天子有三公，诸侯之臣，贵无加于卿，而称公，是乱天子也。郑玄谓大国之孤四命，此《周礼》典命之说，《周礼》亦非古也。稽古以孟子为正。孟子曰：天子一位，公一位，侯一位，伯一位，子、男同一位。凡五等。君一位，卿一位，大夫一位，上士一位，中士一位，下士一位，凡六等。此周班也。何尝诸侯有臣称公，大国卿上有称诸公者乎？

以上又载其《仪礼节解·读仪礼》，是其有关《仪礼》的完整论述。
《仪礼节解》卷一云：

《仪礼》者，礼之仪。周衰礼亡，昔贤纂辑见闻，著为斯仪，非必尽先圣之旧。然欲观古礼，舍此末由矣。篇凡十有七，学者苟无恭敬之心，读此书，则如观傀儡耳。三礼所以先记也。

"学者苟无恭敬之心，读此书，则如观傀儡耳"，诚然诚然。然疑古派所缺乏的正是恭敬之心，他们疑古过勇，是其长处，也是其短处。

7. 《周礼》

郝敬《谈经》卷七云：

《周礼》非阙也，而世儒以为阙也。《考工记》非补也，而世儒以为补也非阙，而使人见以为阙非补，而使人见以为补，是书所以奇也。五官之文直而正，《考工》之文曲而奇，人疑其裁自两手，而不知本同也，是书所以愈奇也。世儒谓汉儒补记周公作五官。夫五官非圣人之作记，亦非汉儒所能补，殆六国处士纵横之学乎？

世儒以六官错杂，疑其为后人所乱耳。如《易》以象、象附爻，《诗》《书》以序附各篇，《春秋》以传附各年之类。夫《易》《诗》《书》以类附为便观省也。五官错杂，何为者耶？朱仲晦疑其为草创。夫官属三百六十，条分缕列，无所不具，独一编次，疑为草创，求其说不得耳。盖是书取法天地四时。天地之数成于五五，为参两之合，天惟五行，人惟五事，是书六官以配天辰十二，而省司空官属，以法五行，用五数，非阙也。曰：然则宜散天官于五官可也，以冬官分寄，何也？曰：冬官主事，而四时惟冬无事。万物冬藏，故其官为司空。唐虞司空总百揆，即古之冢宰也。天无为而冢宰知始，冬无事而司空代终，故司空散寄于五官，即冢宰兼摄乎百职也。司空兼考冢宰兼职一也，故《易》数水为天一，道家以水为上德，终始五德，莫大乎水，是以冢宰继天，司空治水，功德同也。阳分六官，以成岁序，阴省冬官，以法五行，亦犹《易》数五而爻用六，作者以此变幻其旨，隐晦其文，盖天所以能为万物主者唯其不显君，所以能为万民主者，唯其不测，不测之谓神，不显之谓德，故乾元用九，潜而勿首，此作者之意，而世儒以为错简，正堕其云雾中矣。

《周礼》之事，莫大于体国经野，择土中，建王畿，分九服，制乡遂，稍县都鄙皆地官之事也，世儒谓当移属司空。若移属司空，则地官不为虚名乎？

夫水土、国邑本皆地事也。司徒既为地官，自不得不任地事。地官既任水土、国邑，则冬官之阙亦不得不阙。其余惟有城郭、宫室、器用，司空自宜任之，然以之设官则不足，故别记工人补司空，亦不得不补也。

六官异事，而未始不相通。四时异序，而物生有早晚，气候有迟速，造化人事之自然也。故冢宰掌百官，而司勋、司禄又不属冢。宰司徒掌赋役，而职岁、职币又不属司徒。宗伯掌礼仪，而行人、司仪又不属宗伯。司马掌防御，而司门、司关又不属司马。司寇掌刑禁，而司虣、司稽又不属司寇。事为之官，官无专事，长必有贰，贰必有属，一器一用，一泉一布，关通数职，无独遂之权，如人一身，大小相维，四体并运，苟手持而足不前，耳听而目不视，则支离偏枯，失其常度矣。今欲分疏六官，变易昔人之旧，以合后世六曹之例，安知今人之是而古人之非乎？是或一道也。

四时五行，造化之秘，羲文作《易》，禹箕叙《畴》，皆取地水为师，水地为比。水藏于地，兵藏于民，其道一也，故古之治师者寓兵于民。及战国韬钤之家饰《易》说为阴符，乃有奇门遁甲、八卦飞伏、隐怪恢谲之谭。是书所用其微旨，与人君合五官，为主造化，合五气，为天《易》，曰天德不可为首，故王无名，而冢宰首六官，司徒、宗伯、司马、司寇如四体也。天官有统而无为，万物皆附于地，生长收成皆听命于春、夏、秋三时，冬官无事而有终，自然之法象，非强作也。

《周礼》隐藏冬官，错列六属，牢笼百世之学者，即此便是纵横之习。详观其布置经营，全似《管子·内政》，盖其学虽宗圣人，而杂以刑名功利，焉可以诬周公也。

凡读书，明白易简者，圣贤之大道也，其烦琐隐僻者，皆百家之小术也。周礼与大道相违远矣，六经言道德，是书专言名法，六经之辞易简，是书之辞冗僻。

《周礼》之不可为经也，不在五官之错乱，而况五官本无错乱也。儒者亟议改订，苟改订矣，《周礼》可遽行乎？且如司徒乡老一职，而公卿大夫至下士，凡一万八千七百五十人，一市之中，商贾几何？司市官属凡一百四十二人，一商之肆，自肆长至史二百有十人。行此法也，骚扰烦苛，民其能堪乎？此管、商纵横什伍严密之政，学者睹其节目，不通其大纲，喜其文字，不思其义理，见其布置，不察其谋，为睹其名法，不穷其源委，猥以为周公致太平之书。及其舛迕不通，反疑为后人错乱而不知，是书之不可用者，不在文辞之错乱，而在事理之跋疐。其所以眩惑后世者，不能掩其事理之跋疐，而特诪张于文辞，使人不可端倪耳。即如世儒所订六官，一一整齐，按其职以设官，执其数以用人，六官之属十万，官多民少，糜沸蚁动，岂能一朝居不深惟其事理，而徒以错乱掩其谬戾，左矣。

读《周礼》而后知道德功利，周、孔、管、商之分，疑似之间而已。盖纲纪法度为治之具也，挟智用术，遂至猬毛茧丝，烦苛百出，则是以法度搰乱天下也。权谋之家作俑，使任放之徒借口归咎于圣人纲纪法度，以为枝指悬疣，君子所以恶莠之乱苗也。自秦以前，百家横议，茛稂害其嘉谷。自汉以后，诸儒承讹，鱼目溷其夜光，经术不明其来已久。理学诸儒自谓千古旦暮，诋空寂为异端，而阴用二氏，默坐澄心以为道，斥管、商为功利，而误认周、礼名法、纵横以为经，唯之与阿，相去几何？是以穷经必先于知道也。

六经者，古圣人治天下之道。是书则后世治天下之法也。天下神器可以道御，不可以计算约束，而望其心理也。圣人贵道不贵法。后世之治纯用周礼，正贰殷辅，簿书期会，把持约束，使上下竭蹙，禀承奸猾不敢舞其文，周法固使然，而实意朘削，虚文相掩，无事则苟且蒙敝，有事则颓塌不振，法亦无如之何矣。故孟子曰：徒法不能以自行。《周礼》之书，徒法而已。

是书所言，高者不过古人名物度数，卑者则簿书泉谷米盐细琐而已。虽有仁义道德之名，归于功利富强之实，名为礼而实与礼无涉。学者无卓识，随人赞和，则千古无旦期矣。嗟夫！读《周礼》而不知其非周公之书者，暗也。明知其非周公之书而不敢质言者，欺也。圣凡虽隔，不越此心。学者求信诸心而已矣。

行周礼之法，闾阎一出一入皆有捡押，民间一泉、一布、一马牛、一车辇皆有稽比。闾阎隶胥络绎四时，会要征求，讫无宁日，民生其世，如鱼游鼎釜，忧生理之蹙，而觉宇宙之为隘。傥周公太平之书，然欤？否欤？

六官之属，皆详于王畿，略于侯邦。王者以四海为家，法令独详于千里之内，则是偏枯之令、霸者富强之私耳。故夫《仪礼》详于士大夫，略于天子，《周礼》详于王国，略于诸侯，谓天子以下可降而推，大夫以上可遡而考欤？其实皆衰世补葺杜撰之书，非先王之明保典刑也。

《周礼》之谓周公，亦犹《左传》之谓左丘明也。周公未尝为礼，左丘明未尝为传。好信者耳食其名，为讹而已。忠信曰周，大道曰周，始终循环亦曰周。语云："周旋中礼。"岂亦谓周公中礼与？观其言曰：惟王建国辨方正位，以五行八卦为方，以天地春夏秋冬为位，五气循环，周游不息，故曰周也。术家以天阙西北为不周之方，故是书托始于天。而阙冬以象之，藏冬于地，以应坎之邻乾，邹衍、鬼谷辈所谓终始五德之运，以道术为滑稽，礼法为诙谐，故其言本备，而毁以为残，其数本条，而纷以为错，其事本显，而遁以为隐，其文本周，而诡以为不周，更自名曰《周礼》，将以滥竽于夏、商二代之间，而世儒信以为周公之礼，几不为其所揶揄也乎？

学古贵通方。执一隅而谭《周礼》，宜其不解也。如秋官穴氏、翟氏、涿壶、赤友之类，本谓政至秋而治定功成，四方皆已翦削平定，惟是篱壁之间草木虫蚁之妖莫不皆有销磨厌胜之术，以其滑稽运其权谋，未可拘拘核其实也。如必执事以论官，执文以求解，若何而可？儒者不达，妄谓从圣人广大心胸流出，夫炮土之鼓、救日之弓，圣人广大心胸中何必有此等物？可笑也！

为此书者借古人影像铺张自家胸臆，所载典礼名物半真半赝，不可质辨，但觉琐碎杜撰处多。又其道尚鬼，凡名法必先鬼神，大宗伯掌礼鬼事，强半若先王之礼专为事鬼而设也者，故卜筮巫祝皆属礼官，其言荒诞，甚违民义之训。郑玄崇信谶纬，极力从臾，以为周公之作，附合三代故事，多为之说，而终难强通。善读《周礼》者，以周礼读之，不必问周公也。

六官名法，多因先王旧典补葺成章，其间驯雅正大可通行者，是先王之旧也，其琐碎拘泥烦复不近情者，是后人之补造也。故有玄览独照之识、知变通损益之宜，然后可与谈《周礼》。不然，则其利天下也少，而其害天下也多。按是书所详者名数，而名数不可尽拘也。六官之属，三百有六十，其人凡七万有奇，无常数者尚不与焉。则是王朝庶官日食十万，以推之列国，一一按法用人，尽天下之人以为官，亦不足矣。盖其所言不在人而在官，不在官而在法。因子之多寡，以志事之轻重，借官之秩序以寓法之详委，所记典故名物不必皆有，而时或杜撰以足数，其言若迂阔，而究其旨有所切指，其名似恩款，而按其事不必实用，所言在此，而意或出于彼。要者反略，而其不要者反详。如司马诸职为军伍设，而职目所云多非其正。司寇之属多隐语，司徒治地居民大抵与司马相表里，皆纵横押阖之法。善读者睹其大纲布置，以会通其旨，至于目中隐显出没，旁及其余，而不直指其端者，亦可因一隅而窥其全矣。

读是书者，观五官布置，经纬错综之意，修内谋外，藏锋蓄锐之机，令行禁止，除奸别蠹之法，课功计吏，励精振作之权，理烦治剧，通明练达之识，秦汉而降，论吏事少有能过者。若夫区区辨六曹之职掌，订简编之残阙，是守章句之鄙儒、抱案牍之迂吏乌足与谭《周礼》乎？

从古有治人，无治法。所谓人者非取备数而已。周官之属多至十万，岂先王为政在人之意？孔子曰为政在人。取人以身，修身以道，修道以仁。是书但知用人，而不务取人之本，但知官备则政立，而不思人得然后官举。苟徒具官，而不察其人，人愈多而官愈冗，官愈冗而事愈废，以此望治，不可得矣。

世儒称《周礼》精详，其实鹘突。如大宰之八法、八统、九式、九两、六叙、八成、六计，司徒之十二教、十二荒政，大宗伯之五礼，司寇之五刑，士师之五禁、五戒，皆徒有其名，而不详其施用。如司服之五冕、五弁，司弓矢之六弓、四弩、八矢、王弧、夹庾、唐大之类，亟数其物，而不言其制，使后世训诂之士悬空猜度，猜度不中，诡曰古有是礼，今亡矣，而不知古未必有是礼也。前人以杜撰作之，后人以杜撰解之，今人又以杜撰改订之。嗟夫！五齐三醴之说未明，而议祼献；衮冕袆袲之说未明，而议服色；禘祫朝庙之说未明，而议祭享；井牧之说未明，而议赋役。耳食郑康成之陋，而议考订，五十步百步可笑等耳。

《周礼》之要，在体国经野，故其任莫重于地官。宅八寸二分，是六百里差一寸也。又梁大同中，二至测影于金陵一尺一寸七分，洛阳影一尺五寸八分，金陵去洛阳北千里，而影差四寸，是二百五十里而差一寸也。然则司徒之说未足信也。……然则《周礼》岂真圣人之经欤？

《周礼》非圣人纯粹以精之书，然作者雄材大略，亦自不可当，质有瑕玖，文有纯驳，理有是非，事有得失，自其本来。郑康成妄拟周公，世儒哄然附和，遇纰缪辄归咎于后儒之错乱。嗟夫！后儒何能措一手也。谓后儒措手而乱之，已非矣。后儒又措手而改订之，其将能乎？朱元晦笃信好学，志大识短，欲考正六经，而其为《周易本义》，疏浅无当，改《毛诗》古序，篇篇成错，晚议变置《三礼》，割《记》以附经，未果，而世儒承旨，卤莽磔裂，毁前人之旧章，违作者之初志，譬如补器，始犹微璺，今且支离破碎，愈不足观矣。昔人所谓可长大息者也。

术家之事尚阴谋，故《周礼》精神全注于冬官。夫人日用而不知者，惟器为然。《易》曰："形乃谓之器，成而用之谓之法，民咸用之谓之神。"孟子谓一人之身而百工之所为备，五官之事谁非工也。故其言曰，国有六职，百工居一，藏神于器也。冬水司令，而水反涸，天下之物柔而善藏者惟水。天一生水，乾初主潜，故司空主事而无事，《周礼》之秘在司空。

六官名属次第，如《春秋》之有经，《诗》《书》之有古序，一书之纲领也。旧本置之篇端，后儒疑有错误，不知其所经营，正在此。至于各职系事，如纲之有目，吴幼清考订《三礼》，削而不用，读其职事，而不知其官爵之崇卑、人数之多寡与夫官寺、妇女、工贾、羹奴之异，何以辨其职事哉？朱元晦改《诗序》，黜《易·序卦》，其蔽与此同。今分置各职之前，以为纲，系其事，以为目，使读者便于观省焉。凡礼者，义而已，古今不同时，而礼可以义起。《三礼》所载不必尽同，损益之义百世可知也。学者两端用中，较若画一。苟穿凿比拟，如前之为训诂者既非，而妄臆改订，若今之为《考注》者，尤谬。断鹤之颈以益凫，裁狗之皮以补貂，岂惟丧其旧观，亦且乖其常理，不知而作，其斯之谓与？郑康成解《周礼》，有本文明白易晓，注反牵强不通者，如天官掌次设皇邸，皇者，美大之称耳。

以上又载其《周礼完解·读周礼》，是其有关《周礼》的纲要性论述，旨在否定《周礼》出自周公。值得注意的是，他对朱熹也多所否定。
《周礼完解》卷一开宗明义：

《周礼》一书，儒者杂阴阳、名、法家，所为治天下之法。根本术数，而依附礼经。袭用八卦方位，五德始终之运，配以《尚书·周官》六职，推广其条，为三百六十，以合周天之数。阳匿其端，使参差离散。若为古礼残缺不周者，而诡名曰《周礼》。孔子尝自言"吾学周礼"，将遂以此滥竽于公旦之作，其滑稽之雄者与？天地定位，四时成序。月令明堂十二居，五气周流，亦即此意。而其名实变幻，莫可端倪。于各官首辄云"辨方正位，体国经野"，引而不发。使数千年来罔象索之而不获，亦甚奇已。

几乎将《周礼》的神圣外衣剥夺殆尽。其思想之解放远在现代疑古派之前！
8.《孟子外书》
《谈经》卷九云：

按《汉书·艺文志》："《孟子》十一篇，注云七篇，并《外书》四篇，为十一。"赵岐云："《外书》四篇，《善辨》《文说》《孝经》《为政》，其文不能洪深，不与内篇相似。"今《外书》无所考见。《荀子》引孟子三见齐王不言事曰："我先攻其邪心。"《杨子》引《孟子》云："有意而不至者有矣，未有无意而至者也。"刘向《说苑》引《孟子》云："人皆知以食愈饥，莫知以学愈愚。"鲍照《河清赋颂序》引《孟子》云："千载一圣，是旦暮也。"此数语，七篇不载，傥即所谓《外书》者欤？

毛奇龄对于郝敬批评甚厉，如《古文尚书冤词》卷三谓："吴棫、蔡沈、吴澄、郝敬辈专以文体平险、词旨厚薄定时代先后，此真盲人瞎马之论。"卷五又谓："郝敬、归有光胸腹最陋，只拾得'孔书疑汉魏间人所作'一语，遂谓伯仲汉魏，不知此五歌有四歌为《左传》《国语》全引之文，至第二歌竟无一剩语，岂《左传》《国语》皆汉魏间书乎？抑此二书皆意浅响浮者乎？有光谓文辞格致古今迥别，不知其何以别之也？"《经问》卷四又云："明郝敬作《九经解》，纯用武断，谓诸子庶子皆是官名，而燕义献士之后献庶子是公卿大夫士之庶子，非庶子官，则此庶子是适庶之庶，天下无燕礼，而独取庶子一等与燕末者，且此毕竟是谁庶子，公乎？卿乎？大夫士乎？一人乎？抑多人乎？何所去取乎？且卿大夫之庶子，大者仍为卿大夫，小亦为士，未可遽为司役也。……此皆不甚解而强晓事者，宋、明人解经大率类此。"

六、张燧

（一）张燧其人

张燧，字和仲，湖南湘潭人，生卒年月不详。其父张嘉言，字克扬，万历壬辰（1592）进士，著有《在公录》。万历辛亥（1611）进行京察，张嘉言以不谨罢归，殖产兴业，经营农桑蔬果。兄弟皆贵，好治生产业，而和仲汲汲务友朋，耽书史，言动静治，不尚苟同。自太学还，构香海居，周匝清流古木，中系一舸，无浓寒溽暑，晨起手一卷，命僮者纸笔自随，有省辄记识之，虽藩溷不释。兴至，偕僧具香茗上舟，拽荡前湾浓阴乍满，展书凝坐，篆烟茶沸，往往好鸟送音，弄羽其上，亦不知去也。所著《来见编》《千百年眼》《易筏》行世。或曰与其好友夏君宪讳楷者同纂。时未乱，以病卒于家。事迹详见郭金台《张和仲小传》、王闿运《湘潭县志》卷八《张嘉言传》。

（二）《千百年眼》的文献辨伪

1. 武王追王明文

> 唐梁肃、宋欧阳公、游定夫皆有文王未尝称王之论，然不过以《语》《孟》及《泰誓》《武成》之文，夷、齐、虞、芮、仲连、曹操之事，冥探曲证，仿佛比拟，卒无武王追王之明文。虽苏、张口舌，人难适从。愚读太史公《伯夷传》，有曰："西伯卒，武王载木主，号为文王，东伐纣。"此非武王追王之明文乎？古称马迁良史，其文核，其事实，执此则诸公论说可以尽废。千古以来，览者俱未之及，何哉？（卷一）

今按，此条抄自《七修类稿》，仅将"呜呼！纷纷千古，考索无人，簪横吾前，迷而不见，惜载"改为"千古以来，览者俱未之及，何哉"。朱志先教授《千百年眼校释》一书考证详明，但此条失检。又按，文王是否称王的问题，是上古史上的重大问题，争论纷纷，至古史辨派仍然未能解决。

2.《金縢》

> 读《书》至《金縢》，反复详究，疑其非古《书》也。夫周公面却二公穆卜，以为"未可戚我先王"矣，乃私告三王，自以为功。此憸人佞子之所为也，而谓周公为之乎？且滋后世刲股醮天之俗。其册祝有曰："今我即命于元龟，尔其许我，我其以璧与珪，归俟尔命。尔不许，我乃屏璧与珪。"夫人有事于先王，而可以珪璧要之乎？又曰："公归，乃纳册于金縢之匮中。"盖卜册之书，藏于宗庙，启之则必王与大夫皆弁。既曰周公别为坛墠，则不于宗庙之中明矣；不于宗庙，乃私告也。周公人臣也，何得以私告之册而藏于宗庙金縢之匮，又私启之也？又曰："王与大夫尽弁，以启金縢之书，乃得周公所自以为功，代武王之说。"夫武王疾瘳，四年而崩，周公居东，二年而归，凡六年之久。周公尚卜，恶有朝廷六年无事而不启金縢之匮，至今乃启之耶？即此五事，反复详究，是编非古书也必矣。（卷一）

今按，此文抄自明初王廉《迂论·金縢非古书》。

3. 孔子著述

> 孔子生平，唯于《周易》有赞，《诗》《书》则删之，《礼》《乐》则定之，《春秋》则笔削之。笔但笔其旧文，有削则不尽笔，定亦不添一笔，删则不笔者多矣，盖不贵增而贵减。文王、周公之象象多诡奇，而孔子之传文极显浅。殷《盘》、周《诰》之书，词多涩舌，而鲁《论》之纪载无聱牙。古文自古，今文自今，要以畅事理觉后觉而止矣，盖不尚诡而尚平。呜呼！此圣人"窃比"之深意，非若后世争妍笔楮为也。（卷二）

今按，孔子与六经的关系，是文献辨伪学史上的重大问题，疑古派拼命切割，肆意否定，旨在否定孔子的权威，是一种不择手段的假辨伪。此处比较传统，基本上还是信古的。

4.《诗序》

> 《桑中》《东门之墠》《溱洧》《东方之日》《东门之池》《东门之杨》《月出》，序以为刺淫，而朱传以为淫者所自作。《静女》《木瓜》《采葛》《邱中有麻》《将仲子》《遵大路》《有女同车》《山有扶苏》《蘀兮》《狡童》《褰裳》《子之丰》《风雨》《子衿》《扬之水》《出其东门》《野有蔓草》，序本别指他事，而朱传亦以为淫者所自作。夫以淫昏不检之人，发而为放荡无耻之词，而其诗篇之繁多如此，夫子犹存之，则不知其所删何等一篇也。夫子之言曰"思无邪"，如序者之说，则虽诗词之邪者，亦必以正视之；如朱子之说，则虽诗词之正者，亦必以邪视之。且《木瓜》《遵大路》《风雨》《子衿》诸篇，虽或其词间未庄重，然首尾无一字及妇人，而谓之淫耶，可乎？盖尝论之，均一劳苦之词也，出于序情闵劳者之口，则为正雅；而出

于因役伤财者之口，则为变风也。均一淫佚之词也，出于奔者之口则可删，而出于刺奔者之口则可录也。均一爱戴之词也，出于爱桓叔、共叔者之口则可删，而出于刺郑庄、晋昭者之口则可录。（卷二）

5. 春秋逸《诗》《书》

僖二十三年，赵衰赋《河水》，则春秋之世，其诗犹存，今亡矣。楚左氏倚相，能读三坟五典，则春秋之世，其书犹存，今亡矣。宋洪迈为山林教时，林少颖为《书》学谕，讲"帝厘下土"数语，曰："知之为知之，《尧典》《舜典》之所以可言也；不知为不知，《九共》《稾饫》略之可也。"（卷二）

6.《论语》

《论语》所记孔子与人问答，比及门弟子，皆斥其名，未有称字者。虽颜、冉高弟，亦曰回、雍，至闵子独云子骞，终此书无指名。然则谓《论语》出于曾子、有子之门人，又安知不出于闵子之门人耶？观所言闵子侍侧之词，与冉有、子贡、子路不同，亦可见矣。（卷二）

7. 老彭即老聃

老彭，王辅嗣、阳中立皆以为老聃也。《三教论》云："五千文容成所说，老为尹谈，述而不作。"则老彭之为老子，其说古矣。（卷二）

按：赵翼《陔余丛考》卷四"彭祖即老聃"条对此有详细之论证。

8. 左氏非丘明

宗《左氏》者，以为丘明受经于仲尼，所谓"好恶与圣人同"乎，观孔子所谓"左丘明耻之，丘亦耻之"，乃"窃比老彭"之意，则其人当在孔子之前。而左氏传《春秋》者非丘明，盖有证矣。或以为六国时人，或以为左史倚相之后，盖以所载"虞不腊"等语，秦人始以十二月为腊月，又左氏所述楚事极详，有无经之传，而无无传之经，亦一证也。又左氏中纪韩、魏、智伯事，举赵襄子之谥，则是书之作必在襄子既卒之后。若以为丘明，则自获麟至襄子卒已八十年矣，即使孔子与丘明同时，不应孔子既没七十有八年，而丘明犹能著书也。今左氏引之，其为六国人无疑。（卷二）

9. 三礼之乖异

七十二子之在孔门，问道均矣，夫子没而其说不同。曾子袭裘而吊，子游裼裘而吊。小敛而奠，曾子曰于西方，子游曰于东方。异父之服，子游曰为之大功，子夏曰为之齐衰。曾子、子游同师于夫子，而异说如此，况复传之群弟子之门人，则其失又远也。从而信之，则矛盾可疑；从而疑之，则其说有师承。此三礼文义不能无乖异也。迨其后也，吕不韦作《月令》，盖欲为秦典，故祭祀官名不纯于周；汉博士欲为汉制，故封爵不纯于古。后世明知二书出于秦、汉，犹且目《月令》为周礼，《王制》为商礼。至于今则以其传远而不敢辨矣，惜哉！（卷三）

10. 孟子非受业子思

《史记》载：孟子受业子思之门人。不察者遂以为亲受业于子思，非也。考之孔子二十生伯鱼，伯鱼先孔子五年卒，孔子之卒敬王四十一年，子思实为丧主，四方来观礼焉。子思生年虽不可知，然孔子之卒，子思则既长矣。孟子以显王二十三年至魏，报王元年去齐，其书论仪、秦，当是五年后事，距孔子之卒百七十余年。孟子即已耆艾，何得及子思之门相为授受乎哉！《孔丛子》称孟子师子思，论牧民之道，盖依仿之言，不足多信。（卷三）

今按，周广业《孟子四考四·孟子出处时地考》中亦指出孟子受业于子思之说是不真实的。杨泽波《孟子评传》中，经过详细论证指出"考之于《孟子》本书及鲁国世系，在关于孟子师承的三种不同说法当中，受业于子思之门人的说法，较为合理，而直接受业于子思，或受业于子思之子子上两种说法，都不足为信"。[①]

11. 孟子不尽信《武成》

孟子于《武成》止取二三策，又曰"尽信书则不如无书"，可见古圣贤读典谟犹自有去取，所以识见笼罩千古。今之学者甘作辕下之驹，何怪其日陋也。虽然，使是说不出孟氏，则宋儒又以为异端之射的矣。（卷三）

12. 魏襄王竹简与孔壁同功

春秋战国殉葬之风大行，至始皇穿冢骊山，珠玑宝玉，穷极人代。唐太宗独以《兰亭》，高出千古矣。然孰与魏襄王之竹简也。襄王即《孟子》所谓"不似人君"者，而冢中独竹简数十车，古器一二，服玩珍怪无闻焉。即世传三书，无论如《大易·系辞》，或烬于秦火，而出于冢中，则襄王竹简岂不与孔壁同功哉！当战国纷争，雅尚有如若人，诚未易者，乃世率置之弗道，惜哉！（卷三）

今按，明董说《七国考》卷十《魏丧制·以书葬》云：

《束皙传》：晋太康二年，汲郡人盗发魏襄王墓，或云安釐王冢，得竹书数车，其中与经传大异者，云夏年多殷，益干启位，启杀之。太甲杀伊尹，文王杀季历。自

---

① 此处参考朱志先教授《千百年眼校释》（武汉大学出版社 2017 年版）第 48 页的考证。

周受命至穆王寿百岁也。幽王既亡，共伯和者摄行天子事，非二相共和也。初发冢者，烧策照取宝物，及官收之多，烬简断策。据此，魏以书葬也。《余冬序录》云：汲县发古冢人姓不，不字呼作彪，其名准。《一统志》又云：汉初有人发魏襄王冢，得竹简书十余万言。胡应麟曰：武帝纪咸宁五年，汲郡人发魏襄王冢，非太康二年，襄王即孟子所谓不似人君者，而冢中独竹简数十车，古器一二，他服玩珍怪无闻焉。即世传三书，无论如《大易·系辞》，或烬于秦火，而出于冢中，则襄王竹简岂不与孔壁同功哉？当战国纷争，雅尚如襄王，诚未易者。

13. 孙武入郢之举疑伪

孙武之谈兵，当在穰苴之后、吴起之前。然武为吴将入郢，其说或未尽然。丘明于吴事最详练，又喜夸好奇，以武如此举动，不应尽没其实。盖战国策士以武圣于谈兵，耻以空言令天下为说文之耳。夫谈者固未必有用，用者固有不必谈。刘子玄非真能史，其论史即马、班莫能难。严羽卿非真能诗，其论诗即李、杜莫能如。藉令马、班、李、杜自言之，或未必如二子之凿凿也，而责二子以为马、班、李、杜则悖矣。（卷三）

黄云眉认为：

此亦足备一说。故孙武之有无其人虽未暇定，而十三篇之非孙武书，则固无可疑者。然余读杜牧《注孙子序》而不能不联想十三篇与曹操之关系。牧之言曰："武所著书凡数十万言，曹魏武帝削其繁剩，笔其精切，凡十三篇，成为一编。曹自为序，因注解之曰：'吾读兵书战策多矣，孙武深矣！'然其所为注解，十不释一，盖非曹不能尽注解也。予寻《魏志》，见曹自作兵书十余万言，诸将征伐，皆以新书从事，从令者克捷，违教者负败，意曹自于新书中驰骤其说，自成一家事业，不欲随孙武后，尽解其书，不然者，曹岂不能耶！"（《樊川文集》卷十）是十三篇乃经曹操笔削而成，非本文如此。

14. 战国九流中辩士

战国著书者亡非辩士，九流中具有其人。孟、荀，儒之辩者也；庄、列，道之辩者也；衍、奭，阴阳之辩者也；髡、孟，滑稽之辩者也；宋玉，词赋之辩者也。今但知仪、秦、髡、衍为辩士，孟氏有好辩之名，亦小矣。（卷四）

今按，节选胡应麟《少室山房笔丛》卷二十七"九流绪论上"，但没有完整摘抄句子，胡应麟句末"而后世不得以辩而目之，术可亡择哉"被张燧删掉。

15. 古书之伪

《本草》，神农书也，中言豫章、朱崖、赵国、常山、奉高、真定、临淄、冯翊出诸药物，如此郡县，岂神农时所有耶？《山海经》，禹、益书也，中有长沙、零陵、桂阳、诸暨，如此郡县，岂禹时所有耶？《三坟》，伏羲、神农、黄帝书也，然谓封拜之辞曰策。策始于汉，而谓伏羲氏有策辞可乎？祭天地于圜丘，大夫之妻曰命妇，《周礼》始有之，而谓天地圜丘、恩及命妇为黄帝之事可乎？相人之术起于衰世，而谓圣人以形辨贵贱正贤否为神农之书可乎？《三略》《六韬》，太公书也，然其中杂援军谶，以足成之，夫谶书起于战国之后，太公之时曾有之乎？《尔雅》，周公书也，然其中有云张仲孝友，张仲，宣王之臣也，周公安得载之《尔雅》？《左传》，丘明书也，然其中有云"虞不腊矣"。夫腊之为节，秦始有之，丘明安得记之《左传》？《汲冢》，周书也，其《周月解》则以日月俱起于牵牛之初。夫自尧时日躔虚一度，至汉《太初历》始云起牵牛一度，何《周月》而乃尔？《时训解》则以雨水为正月中气，夫自汉初以前历皆以惊蛰为正月中气，至《太初历》始易之以雨水，何《时训》而云然？《子华子》，程本书也，其语道德则颇袭《老》《列》之旨，语专对则皆仿《左氏》之文，是何彼此之偶合？作声歌似指汉武朱雁芝房之事，喻子车复窃韩愈、宗元墓铭之意，是何先后之相侔？《苍颉篇》，李斯作也，其曰"汉兼天下，海内并厕，豨黥韩覆畔讨灭残"，然则汉事何以载于秦书？此类甚多，或摹古书而伪作，或以己意而妄增，至使好事之流曲为辩释，以炫其博，是皆未之深考耳。（卷四）

今按，完全摘自焦竑《焦氏笔乘》卷六"伪书"条。

16. 秦火后遗书

　　万历甲午，司农郎叶公春及疏云："孔子删《书》，断自唐虞讫周，典谟训诰誓命之文凡百篇，秦火后行于世者五十八篇耳。秦始皇二十六年，遣徐福发童女数千人入海求神仙。徐福多载珍宝图史，至海岛，得平原大泽，止王不归，今倭其种也。始皇三十四年始下焚书之诏，故司马光温公《倭刀歌》曰：'徐福时行书未焚，遗书百篇今尚存。'乞乘小西飞封款之便，及纂修正史之时，檄至彼国，搜寻三代以前古书。"叶公此疏，实非迂阔。《丹铅总录》《双槐岁抄》亦尝言及之矣。陈眉公山居课儿有诗曰："儿曹莫恨咸阳火，焚后残书读尽无。"［夏君宪曰：如此表章，不枉却叶公手疏也。然秦灰之后，代有异书，其毁灭散逸于腐人之手者多矣。有稍知收藏，辄群聚而笑之，尚望其搜求于海外耶？则谓叶公此疏为空言可也。］（卷四）

今按，完全摘自陈继儒《狂夫之言》卷四。陈继儒原文将欧阳修的《倭刀歌》误作司马光，也照抄不误，殊为可笑！

17. 视草之义

　　古人称视草者，谓视天子所草也。古者诏令多天子自为之，特令词臣立于其侧，以视所草何如耳。故汉武帝诏淮南王，令司马相如视草，非令相如代笔也。今典制语者，皆代天子笔，非视草之义而称视草，不亦谬乎！（卷五）

今按，完全摘自张萱《疑耀》卷七"视草之义"条。

又按，代笔实为作伪之一种。

18. 歆、向废图谱之学

　　河出图，天地有自然之象；洛出书，天地有自然之理，二者不可偏废也。图，经也；书，纬也。一经一纬，相错而成文，相须而成变化。见书不见图，如闻其声不见其形；见图不见书，如见其人不闻其语。图至约也，书至博也。即图而求易，即书而求难。故学者为学，置图于左，置书于右，索象于图，考理于书，则人亦易为学，学亦易为功。后之学者，离图即书，尚辞务说。故虽平日胸中有千章万卷，及置之周行执事之间，则茫然不知所向。秦人虽弃儒学，未尝弃图书，诚以为图之具不可一日无也。萧何知取天下易、守天下难，故入咸阳先取秦图书。一旦干戈既定，文物悉张，由是萧何定律令而刑罚清，韩信申军法而号令明，张苍定章程而典故有伦，叔孙通制礼仪而名分有别。夫高祖以马上得天下，一时武夫役徒知《诗》《书》为何物？而此数公又非老师宿儒、博通古今者，非图书有在、指掌可明见，则一代之典未易举也。况是时挟书之律未除，屋壁之藏不启，所谓书者有几？无非按图之效也。后世书籍既多，儒生接武，及乎议一典礼，有如聚讼，玩岁愒日，纷纷纭纭，纵有所获，披一斛而得一粒，所得不偿劳矣。此其失，实自歆、向启之。汉初典籍无纪，刘氏创意，总括群书，分为《七略》，只收书不收图。《艺文》之目，递相因袭，故天禄、兰台、三馆、四库内外之藏，但闻有书而已。萧何之图，自此委地。后之人将慕刘、班之不暇，故图消而书日盛。唯任宏后兵书一类分为四种，有书五十三家，有图四十三卷，载在《七略》，独异于他。宋、齐之间，群书失次，王俭于是作《七志》，以为之纪；六志收书，一志专收图谱，谓之《图谱志》。不意末学而有此作也！且有专门之书，则有专门之学；有专门之学，则其学必传，其书亦不失。任宏之《略》，刘歆不能广之；王俭之《志》，阮孝绪不能续之。孝绪作《七录》，录散图而归部，录世谱而归记注。盖积书犹调兵也，聚则易固，散则易亡。积书犹赋粟也，聚则易赢，散则易乏。按任宏之图与书几相等，王俭之《志》自当七之一。孝绪之《录》，虽不专收，犹有总记，内篇有图七百七十卷，外篇有图百卷，未知谱之如何耳。隋家藏书，富于古今，然图谱无所系。自此以来，荡然无纪。至唐、虞、夏、商、周、秦、汉上代之书具在，而图无传焉。图既无传，书复日多，兹学者之难成也。天下之事，不务行而务说，不用图谱可也。若欲成天下之事业，未有无图谱而可行于世者。（卷五）

　　今按，据朱志先教授研究，此条完全摘自郑樵《通志》卷七十二《图谱略第一·索象》，仅删去句尾"作图谱略"四字。

　　又按，所谓"图书学"既是易学的重要方面，也是辨伪学的重要组成部分。

19. 图谱之益

　　世无图谱，人亦不识图谱之学。张华，晋人也，问以汉之宫室，千门万户，其应如响，时人服其博物。张华固博物矣，此非博物之效也，见汉宫室图焉。武平一，唐人也，问以鲁三桓、郑七穆，春秋族系，无有遗者，时人服其明《春秋》，平一固熟于《春秋》矣，此非明春秋之功也，见《春秋》世族谱焉。使华不见图，虽读尽汉人之书，亦莫知前代宫室之出处；使平一不见谱，虽诵《春秋》如建瓴水，亦莫知古人氏族之始终。当时作者，后世史臣，皆不知其学之所自。逮郑夹漈见杨佺期《洛京图》，方省张华之由，见杜预《公子谱》，方觉平一之故。由是而知图谱之学，其裨益宏矣。今之学者，此类都成废阁，何怪其博洽不逮古人也。歆、向之罪可胜讨乎！（卷五）

今按，据朱志先教授研究，此条摘自郑樵《通志》卷七十二《图谱略第一·索象》。

20. 古《易》

古人欲发明圣贤经传，皆自为一书，不以相附。孔子作《十翼》以赞《易》，而王弼乃以《十翼》杂于经文，不知《易》文有韵，不可以他语间之。且伏羲有伏羲之《易》，文周有文周之《易》，孔子有孔子之《易》，又有难强同者，故朱子作《本义》以还其旧。成化间一俗儒复分散如王弼本义，举者便之，至今遂不复见《易》之原文，良可叹也。宋人云：晁说之作古《易》，象象别异于卦爻，欲学者不执象以论卦，不执象以论爻，语为得之。然谓古《易》作于说之，甚谬。（卷六）

今按，据朱志先教授研究，此条完全摘自焦竑《焦氏笔乘续集》卷四"古易"条。

21. 《尚书》古文今文辨

国子学正梅鷟曰：《尚书》唯今文四十二篇传自伏生口诵者，为真古文；十六篇出孔壁中者，尽汉儒伪作，大抵依约诸经《论》《孟》中语，并窃其字句而缘饰之。其补《舜典》二十八字，则窃《易》中"文明"、《诗》中"温恭允塞"等成文。其作《大禹谟》"后克艰厥后，臣克艰厥臣"等句，则窃《论语》"为君难，为臣不易"成文；"惟精惟一，允执厥中"等句，则窃《论语》"允执厥中"等语成文。征苗誓师、赞禹还师等，原无此事，舜分北三苗与窜三苗于三危，已无烦师旅，伪作者徒见《舜典》有此文，遂模仿为誓召还兵，"有苗格"诸语。益稷赓歌，亦窃《孟子》"手足腹心"等句成文。其外《五子之歌》窃《孟子》"怵惕"之语，《泰誓》三篇取《语》《孟》"百姓有过，在予一人""若崩厥角稽首"之文。其外《胤征》《仲虺之诰》《汤诰》《伊训》《太甲》《咸有一德》《说命》《武成》诸篇，文多浅陋，必非商、周之作。相传共王坏孔子宅，欲以为宫而得之。不知竹简漆书岂能支数百年之久，壁间丝竹八音是何人作？尤谬妄不经之甚也。按，此说甚精，吴文正公有《叙录》，揭曼石称其纲举目张，如禹之治水。后归熙甫仿其意厘为今文，近时焦弱侯又见赵子昂真迹一卷，亦具论此，且云分古文今文而为之集注，乃知人心有同然也。（卷六）

今按，据朱志先教授研究，此条完全摘自焦竑《焦氏笔乘》卷一"古文尚书"条，删去焦竑的句尾之论："乃献书者之饰辞也。梅作有成书，今藏余家，异日当板行之。"另此文中有"近时焦弱侯又见赵子昂真迹一卷，亦具论此……"说明张燧应该看过焦竑《焦氏笔乘续集》。

22. 古人言《易》不及周公

　　班固《汉书》云："《易》道深矣。人更三圣，世历三古。"以伏羲为上古，文王为中古，孔子为下古也，与周公绝无干涉。故《系词传》累举庖羲、文王，而略不及周公，亦自可见。扬子云曰："宓羲绵络天地，经以八卦，文王附六爻，孔子错其象，象其辞，然后发天地之藏，定万物之基。"班、扬去古未远，较世儒所传当得其实。（卷八）

今按，杭世骏《订讹类编》卷上"《易》无周公"条的论证中完全抄录张燧此条，可惜未注明出处。萧穆《敬孚类稿》卷一《周公不作易爻说》，与此条相近，但比张燧所述更为详细。

23. 苏文之伪

　　韩退之作《毛颖传》，此本南朝俳谐文。《驴九锡》《鸡九锡》之类，而小变之耳。俳谐文虽出于戏，实以讥切当世封爵之滥。而退之所致意，亦正在中书君老不任事，"今不中书"等数语，不徒作也。文章最忌祖袭，此体但可一试之耳。《下邳侯传》，世已疑非退之之作，而后世乃因缘效仿不已。司空图作《容成侯传》，其后又有《松滋侯传》，近岁温陶君《黄甘绿吉》《江瑶柱》《万石君传》纷然不胜其多，至有托之苏子瞻者。妄庸之徒遂争信之。子瞻岂若是之陋耶？中间惟《杜仲》一传，杂药名为之，其制差异，或以为子瞻在黄州时，出奇以戏客，而不以自名。叶石林尝问苏氏诸子，亦以为非是。然此非玩侮游衍，有余于文者，不能为也。（卷十）

今按，完全摘自宋代叶梦得《避暑录话》卷下。

24. 李密《陈情表》讹字

　　李密《陈情表》有"少仕伪朝"之句，责备者谓其笃于孝而妨于忠。尝见佛书引此文，"伪朝"作"荒朝"，盖密之初文也。"伪朝"字盖晋改之以入史耳。刘静修诗有云："若将文字论心术，恐有无边受屈人。"盖指此类乎？（卷六）

今按，此条并不辨伪，但其理与辨伪通。将"若将文字论心术，恐有无边受屈人"替换为"若将文字论辨伪，恐有无边受屈人"，信哉！

《千百年眼》虽非原创性辨伪，它以特殊的形式传播了前人的辨伪成果，多多少少也起过一点作用。

七、焦周

（一）焦周其人

焦周（1564?—1605），字茂潜（《四库全书总目》作茂叔），上元（今江苏南京）人。焦竑之次子。万历二十八年（1600）举应天乡试。生平事迹见《金陵通传》。此书前有万历四十一年（1613）周润生序，称每披览有会，与夫闻见所经，辄以札记，久之成帙，题曰《说楛》。清康熙间印本有"怀德壹主人告白"云："澹园先生（指焦竑）雅赡渊源，著述宏富，为前明一代巨儒，藏书甲于天下，嗣君茂叔先生，寝食载籍，科第流声，纂辑《说楛》一书，纪事属词，搜遐探异，凡天地之广漠，品物之繁多，仙释之灵玄，靡不兼赅具备。是故老师宿儒、志奇好古者，所共津逮无涯也。特为刊出，用助见闻，读者珍之。"未免狐假虎威，虚张声势。焦周学问不及其父万一，故不能深入辨析，但他点破了晚明作伪现象，亦在辨伪学史上略有薄名。

（二）焦周的文献辨伪

焦周记人作伪书，曰："近庸劣无知之人，取前人成书，谬加增损，以苟小利，然往往托之名人，最为可恶。金陵书坊十数年来有刻必归家君，曩见新安之墓石，太山之铜碑，往往皆然。昔元白诗文，流播人间，市井小儿皆诵习之，至鸡林之远，无不传诵，有一篇伪者，其宰相必能辨之，不知今亦有能辨此者否。"

今按，由"金陵书坊十数年来有刻必归家君"一语，可知晚明作伪之盛，焦竑是名状元、大学者，名头太盛，往往成为金陵书坊作伪的被托者，实则侵犯其名誉权与知识产权。

八、孙能传

（一）孙能传其人

孙能传（约1564—1613），字一之，奉化人。万历十年（1582）举人，官至工部员外郎。雅好读书，纵观秘阁藏书，万历三十三年（1605）尝与张萱等同编《内阁书目》。著有《益智编》《谥法纂》《剡溪漫笔》等书。生平事迹见《（雍正）浙江通志》。《剡溪漫笔》全书四万言，分六卷，附骥于《益智编》。每言一事，必举古人成败得失，所以临机处变者。盖能传敦德博古，渊宏广肆，于书无所不读，而又识瞻远，知微虑深。居尝私语曰："时局日非，当事者有功成之危，遁尾之厉，将滔天燎原，噬脐莫及矣。"于此可窥能传著书之旨。能识古人经世之用，书中颇有精粹之语。如谓孟浩然诗无一语不出自《文选》，欲取《文选》注浩然诗，谓诗文用歇后语亦是一疵，谓《晋书》《世说新语》可互证，谓唐赋善体物，谓《管子》多后人赝入，谓讲究字学但正其点画，不必逆古人之意而曲为之说，谓韩非《说难》本荀子，谓《南史》多方言，谓岑参集中多袭用己句，谓《三国志》论赞绝无可采云云，多为读书得间之言。

（二）孙能传的文献辨伪

辨《管子》其中亦多后人赝入

孙能传《剡溪漫笔》卷一云：

> 《管子》文最古奥，乃其中亦多后人赝入。《小问篇》云："百里奚秦国之饭牛者也，穆公举而相之，遂霸诸侯。"考穆公之薨在周襄王三十一年，仲以王八年卒，先穆公之薨巳二十三年矣。仲求宁戚时安得称公谥号？《七臣篇》云："楚王好小腰，而美人省食；吴王好剑，而国士轻死。"好剑乃吴王阖闾，好小腰，一以为楚灵王，一以为庄王，事皆在后，大抵伪撰文字，其使事下语未免破绽，若有神使之，不令后世尽受其欺也。桓公游琅琊一段：先王之游也，春出原农事之不本者谓之游，秋出补人之不足者谓之夕，师行而粮食其民者谓之亡，从乐而不反者谓之荒，先王有游夕之业于人，无荒亡之行于身。全本《孟子》傅会成文。

九、胡震亨

（一）胡震亨其人

胡震亨（1569—1645），字君鬯，改字孝辕，号赤城山人，晚自称遁叟，海盐人。才识通敏，为诸生即以经济自负。著有《李杜诗通》《盐邑艺文志》《海盐县图经》《赤城山人稿》《唐诗丛谈》《续文选》《靖康咨鉴录》等书，与毛晋同校《岁华纪丽》，凡海虞毛氏书，多震亨所编定。又辑有《唐音统签》，逾一千卷，堪称一代之大观、千秋之鸿制。生平事迹见《嘉兴府志》《（乾隆）江南通志》《槜李诗系》。

（二）胡震亨的文献作伪与辨伪

1. 《岁华纪丽》

清初王士禛《居易录》曰："万历间，学士多撰伪书以欺世。如《天禄阁外史》之类，人多知之。今类书中所刻唐韩鄂《岁华纪丽》乃海盐胡震亨孝辕所造，《於陵子》其友姚士粦叔祥作也。"

晚清莫友芝《郘亭知见传本书目》卷五驳之曰："《岁华纪丽》四卷，唐韩谔撰。王士禛以为胡震亨伪造，然钱遵王家有旧抄本七卷，之内有缺文，后见章丘李中麓藏宋刻本正同。据钱氏言，此书原有真本，或震亨稍微改辑耳。"

2. 《杂事秘辛》

《汉杂事》一卷，得于安宁州土知州董氏，前有义乌王子充印。盖子充使云南时箧中书也。然御览诸书，亦有汉杂事而略不见收。此特载汉桓帝懿献梁皇后被选及六礼册立事，而吴姁入后燕处审视一段，最为奇艳，但太秽亵耳。不谓冀威赫震人，犹得渎选如此。卷首有"秘辛"二字不可解，要是卷帙甲乙名目。余尝搜考弓足原始不得，及见"约缣迫袜，收束微如禁中"语，则缠足后汉已自有之。言脱于口，追驷不及，聊志于此，用塞疏漏之诮。

《杂事秘辛》提要曰："不著撰人名氏。杨慎序，称得于安宁土知州万氏。沈德符《敝帚轩剩语》曰：'即慎所伪作也。'叙汉桓帝懿献皇后被选及册立之事。其与史舛谬之处，明胡震亨、姚士粦二跋，辨之甚详。其文淫艳，亦类传奇，汉人无是体裁也。"

十、沈长卿

（一）沈长卿其人

沈长卿（1573—1632），字幼宰，别号灰庵，自号钱江逸民，钱塘（今浙江杭州）人。万历举人。著有《沈氏日旦》。

（二）沈长卿的文献辨伪

《沈氏日旦》卷一云：

> 袁小修中道为其兄石公宏道作《文集序》，辨真指赝，《狂言》等书皆伪托也者。予久疑其陋，见《序》不觉跃然。龙湖老子假批评，不知被书肆射几许利矣。天下慧眼少，肉眼多，真文阳浮慕，而伪文实实快心，臭味妙合，故易售也。苏长公全集其间颇有伪文，观者至此必大骇吾言。然此非予言，即苏长公之言也，人自不曾看到。

龙湖老子即晚明思想家李卓吾，当时名气甚大，作伪者多托其名。伪书常畅，往往借名人效应以射利。

十一、钱希言

（一）钱希言其人

钱希言（1573—1638？），字简栖，常熟人。少遇家难，移居吴县。以布衣居词坛领袖。博览好学，刻意为声诗，王百谷见其诗，曰："后来第一流也。"薄游浙东、荆南、豫章，屠长卿、汤若士诸公皆称之。然恃才负气，人争避之，卒以穷死。著有《剑筴》《狯园》《松枢十九山》等书。生平事迹见《苏州府志·人物志》。

（二）钱希言的文献辨伪

1. 赝籍
钱希言《戏瑕》卷三"赝籍"条云：

　　昔人著赝籍，往往附会古人之名，然其名虽假托乎，其书不得谓之伪也。今人则鬻其所著之书，为射利计，而所假托者，不过取悦里耳足矣。夫赝至今人，而浅陋则已极也。《嫏嬛记》，传是余邑桑民怿悦所藏，祝希哲允明窃之，第无核据。观之二公集中，初未尝用嫏嬛语，后此而作者，有缉柳编《女红余志》诸书五六种，并是赝籍，不知何人缔构？顾多俊事致谈，书类胜国，要或近时好事者为之耳。比来盛行温陵李贽书，则有梁溪人叶阳开名昼者，刻画摹仿，次第勒成，托于温陵之名以行。往袁小选中郎尝为余称李氏《藏书》《焚书》《初潭集》《批点北西厢》四部，即中郎所见者亦止此而已。数年前，温陵事败，当路命毁其籍，吴中锓《藏书》板并废。近年始复大行，于是有李宏父批点《水浒传》《三国志》《西游记》《红拂》《明珠》《玉合》数种传奇，及《皇明英烈传》，并出叶笔，何关于李？项又有赝袁中郎书以趋时好，如《狂言》，杭人金生撰，而一时贵耳贱目之徒，无复辨其是非，相率倾重赏以购，秘诸帐中，等为楚璧，良可嗤哉！昼落魄，不羁人也。家故贫，素嗜酒，时从人贷饮，醒即著书，辄为人持金鬻去，不责其值，即所著《樗斋漫录》者也。近又辑《黑旋风集》行于世，以讥刺进贤，斯真滑稽之雄已。昔尝于太原斋头见云间刻顾氏《诗史》，阅之乃中翰正谊名也。余与王先生相顾惊叹，王先生曰："孟尝君能得士，此岂虎头公所能办哉？"后余过云间，乃知华亭有词人唐汝询仲言者，目双瞽，著成是书，顾氏以三十金诡得之。嗟乎！唐生之文诚贱，何至此甚也？千古不白之冤，俟异世子云者起，故当有定论耳。管仙客尝见唐人撰《春秋调人》一书，盖调和《膏肓》《废疾》《墨守》三家而成文者。其书虽亡，岂遂无其目耶？《战国策》十卷，约从五之，连衡五之，鲍彪旧注刘向定本，然非龙门所采书也，盖必有古本，是何从见哉？坊刻《大唐西域记》，后乃杂三王太监下西洋事，令元装绝倒地下矣。近吴中官刻几汗牛，烂用贵人千金，以冯观察诸公言之，并是伪托者，余欲起而纠缪，闻者不腊其舌乎？

　　所谓赝籍，即伪书也。此条辨通行之伪书若干种，论叶昼之事尤有价值。
2.《龙城录》《龙城记》
钱希言《戏瑕》卷一"御赐月儿羹"条云：

　　世传《龙城录》是柳宗元撰，而近见一书，载柳诚悬尝作《龙城记》，为锦样书以进，唐文宗方御煎面月儿羹，命分赐之，不知何所据也，抑《龙城记》又别一书耶？小说并称宋人王铚撰，托名柳州。

以上考辨伪书，皆发人所未发。

十二、董斯张

（一）董斯张其人

董斯张（1587—1628），原名嗣章，字然明，改名后字遐周，号借庵，湖州府乌程人。董份之孙。科举世家，富冠一郡。著有《广博物志》《吴兴艺文补》《静啸斋存草》《吹景集》诸书，辑《吴兴备志》未竟。生平事迹见钱谦益《列朝诗集》、董樵《遐周先生言行略》。

（二） 董斯张的文献辨伪

1.《列子》

"列子中世悴"条称向疑《列子》杂魏晋人笔，其窜南华语者十之三。

董斯张认为《列子》一书常入《庄子》语者占30%，又杂入魏晋人笔。

2.《星经》《剑录》

《星经传》汉甘石书，其叙须女四星有台州、婺州之目，与《尔雅》之零陵、长沙何异？《隐居刀剑录》载唐李章武名，又杨玉夫候织女苍梧憨态也，而移之升明帝。隐居尝以一事不知为深耻，乃居恒目击者反淆讹若斯哉？或谓隐居特好说剑，《真语》中所称尸解，盖剑术也。又云，但畜神剑，与之相随，十三年自能化形。好事者因傅会之，成《剑录》一书云。

然"孔明能用《素书》"条竟不知《素书》为伪书。

董斯张深知著述甘苦，认为"博物信是难事"，虽有所撰述，但未能深入其中。晚明学术风气虚中有实，已开启清初考据之风，至顾炎武方能扭转乾坤。

十三、陈子龙

（一） 陈子龙其人

陈子龙（1608—1647），初名介，字卧子、懋中、人中，号大樽、海士、轶符等。松江华亭（今属上海）人。崇祯十年进士，曾任绍兴推官，论功擢兵科给事中，命甫下而明亡。清兵陷南京，他和太湖民众武装组织联络，开展抗清活动，事败后被捕，投水殉国。其诗歌成就较高，诗风或悲壮苍凉，充满民族气节；或典雅华丽；或合二种风格于一体。擅长七律、七言歌行、七绝，被公认为"明诗殿军"。亦工词，为婉约词名家、云间词派盟主，被后代众多著名词评家誉为"明代第一词人"。后人辑有《陈忠裕公全集》。

（二） 陈子龙的文献辨伪

朱彝尊《经义考》卷五四载：

丰氏坊《古易世学》十五卷，存。《易辨》一卷，存。
陈子龙曰：丰坊，字存礼，鄞县人。嘉靖二年进士。除礼部主事，以吏议免官。

家居，坐法窜吴中，改名道生，字人翁，年老贫病以死。存礼高才博学，下笔数千言立就，于十三经皆别为训诂，钩新索异，每托名古本，或外国本。今所传《石经大学》《子贡诗传》，皆其伪撰也。

一代才俊也知辨伪，信哉风气之化人也。

十四、方以智

（一）方以智其人

方以智（1611—1671），字密之，号曼公，桐城人。父孔炤，万历四十四年进士，官至湖广巡抚，著有《周易时论》等书。方以智著有《通雅》《物理小识》《药地炮庄》《东西均》等书，凡数十种，今人汇为《方以智全书》。生平事迹见《清史稿·遗逸传》、余英时《方以智晚节考》、任道斌《方以智年谱》、罗炽《方以智评传》。子中德、中履、中通、中发俱淹通博学，能世其业。

（二）方以智的文献辨伪

《通雅》对于前人在辨伪方面的成果相当重视，卷首一有详细引用。同时，方以智也提出了一些独到的见解：

（1）即如《素问》《本草》，业者沿加，岂可以汉郡名而疑神农？周公《尔雅》，学者随时增益，自是通训，岂可以张仲而黜之、不列十三经乎……若嗜浅恶深，一切疑之，永叔疑《文言》，象山慈湖疑《系传》，至今郝京山、何元子信文王八卦而疑伏羲先天图，岂不可笑？

（2）《关尹子》，后起者也，其论道器颇平。《鹖冠》《亢仓》，搜剔铦锋，甚则为《阴符》，奇其事为《山海经》《穆天子传》，守起业而浸广之，《灵枢》《素问》也，皆周末笔。《阴符》《关尹》《鹖冠》《亢仓》则晋唐笔也。

（3）《孔丛子》……《汉志》儒家杂家各载之……《文选注》引《七略》云："盘盂书，黄帝史孔甲为之。"而人遂以附会孔丛子。直斋言其记问篇子思与孔子问答，孟子言鲁穆公与子思同时，则孔子没且七十年矣。元瑞谓孔氏子孙杂记其先世之言行也。宋景濂因咸注而以为咸伪作，又疑之太过矣。伯鱼卒在孔子前，则子思无不见孔子者，《史记》表不足信也。

（4）黄伯思校雠《师春》非杜预所言之《师春》也……元瑞曰：伯思所与《通考》、陈氏说同，然《纪年》即今冠以"竹书"者，而黄以《师春》当之，亦大卤莽矣。智按：升庵所称《琐语》亦不得见，不过所引数条，此《师春》一卷何以独全？杜预所见或尚是真伯思所见，则后人附之者。《琐语》固妄，生封缴书可知也。自周末至晋历年近六百，安得竹简无恙邪？

（5）《鬼谷子》有《揣篇》《摩篇》《捭阖篇》，人或信苏秦揣摩本此。鬼谷即鬼庾区，曾知为无是公乎？伪作者因秦揣摩成而附会耳。

（6）书不尽信，明其理、事、文、气、时、变而无逃矣……梅鷟之驳《古文尚书》，安石之废《麟经》，永叔不信《文言》，杨简且疑《系词》，不必矣。周末文盛，诸子各造一奇，托者亦可观。汉出之七十二纬则无足取。因仲尼倾盖有《子华》，因柱史出关有《尹喜》《鹖》《文》《鹖冠》之类，往往而然，葛洪之托刘歆，卫元嵩之托苏源明，赵蕤之托关朗，庆虬之托相如……

（7）大约异书多伪。

（8）周公《月令》因《夏小正》，《吕览》因《月令》，《淮南》因《吕览》，记有异同，非后人笔也。

第（1）条论附益，将后人增益的部分与原来的部分区别对待，极有见地；第（2）条据文笔以定时代，亦为辨伪一法；第（3）条据理推断，出奇制胜；第（4）条因缺乏考古知识而怀疑竹简，情有可原；第（5）怀疑《鬼谷子》，亦未达一间；第（7）条泛论异书，缺乏实例，因而价值不大；第（8）论因袭，亦从辨伪方法入手。

最为重要的是第（6），他在前人辨伪成就的基础上总结出了高度凝练的辨伪方法，我们姑且称为"方六条"。"方六条"与"胡八条"相比，有同有异，大同小异，"事""文""时"三个方面是相同之处，方以智提出了"理""气"与"变"。根据"理""事""文""气""时""变"等因素综合考察，辨其真伪，这就比胡应麟更为深入。同时他又扬弃了胡应麟"核之撰者以观其托，核之传者以观其人"等不尽合理的地方，其辨伪方法也就更为圆熟。

从上可见，方以智比较谨慎，反对轻于疑古，对宋濂等人疑古过头的地方有所针砭。方以智既是开考据学风气之先河的大师，也是一位精通辩证法的大师。可以毫不夸张地说，方以智提出的从"理""事""文""气""时""变"六个方面辨伪的方法，完全契合辩证之道，代表了中国古代辨伪学方法论的最高水准。

第十章
清代前期的文献辨伪

本书关于清代的划分大致如下：

清代前期：顺治、康熙、雍正（1644—1735）；

清代中期：乾隆、嘉庆（1736—1820）；

清代后期：道光、咸丰、同治、光绪、宣统（1821—1911）。

一、钱谦益

（一）钱谦益其人

钱谦益（1582—1664），字受之，号牧斋，晚号蒙叟、东涧老人。学者称虞山先生。著述甚富，有史学著作《明史稿》，后毁于火。文学著作《牧斋诗抄》《有学集》《初学集》等，后人汇为《钱谦益全集》。章太炎评曰："明中世，自李梦阳、王世贞务为诘诎瑰异之辞以相高，其失模效秦汉而无情实。谦益与艾南英讼言排拒，学者风靡，然其体最揪嬗。谦益为人，徇名而死权利。江南故党人所萃，己以贵官，擅文学，为其渠率，自意也省世多谓谦益所赋，特以文墨自刻饰，非其本怀。以人情恩宗国言，降臣陈名夏至大学士，犹拊顶言不当去发。以此知谦益不尽诡伪矣。"

（二）钱谦益的文献辨伪

1. 《子贡诗传》

钱谦益《初学集》卷七十九《与卓去病论经学书》云：

前辱示经解数篇，置几案间，偶一翻阅，得《诗二传考》，有《诗传》宗端木之语，蹶然而起曰："世安得有此书？恨无从取而征之。"读至终篇，乃盎然而笑曰："古今经传之疑义，有必须详考曲证而后明者，有可一言而决者。"所谓可一言而决者，此类是也。

《前汉·儒林传》：鲁人申公为鲁《诗》，齐人辕固生为齐《诗》，燕人韩婴为韩《诗》，赵人毛长传《诗》，是为毛《诗》。毛《诗》传自子夏。《隋·经籍志》谓《毛诗序》子夏所创，毛公及东汉卫宏所润益。先儒相承接受，如是而已。子贡之《诗传》，传之者三家耶？大、小毛公耶？古书之沦亡而晚出多矣。齐建武中，得《尚书·舜典》于大桁。晋太康中，得《纪年·师春》于汲县，此书何从而得之？孟喜从田王孙受《易》，得《易》家候阴阳灾变书，诈言田生且死时，枕膝独传喜。梁丘贺谓安得此事。喜之诈伪曲说，史犹为证明其非，安有端木之《诗传》与西河比肩并出，而自汉及隋不著《经籍》者乎？近儒尊之者曰："传《鸱鸮》则知《金縢》居东为避鲁，而孔书致辟管叔之说妄。传《楚宫》则知《春秋》城楚丘为内词，而三传封卫之说妄。"夫周公之诛管、蔡也，齐桓公之存三亡国也，载在经史，炳如日星。信斯言也，六经、《尚书》、三传皆当束之高阁，燔为劫灰，而左氏、公、穀、司马迁、毛、郑以下诸大儒，皆千古眯目瞽听谶言狂易之人乎？诞诬不经，莫此为甚！而去病不以为异，何也？以《中庸》九经分配《小雅》诸什，而以《鹤鸣》一章配修身，冠《小雅》之首。程、朱表章《中庸》之后，委巷小生，无知杜撰，自纳败阙，首尾毕露，其陋尤甚于丰坊之伪《石经》，以去病之高明淹雅，老于斯文，不肯一笔抹杀，顾为称量比拟，曰《诗传》《毛传》，孰异孰同？孰得孰失？此不亦劳而无功，用心于无所用乎？譬之有遗矢于此，一人逐而甘之，以为酏饮也。又一人从旁正之曰："是有择焉。其可嗜者五谷之精英，其他则粪秽也。"甘之者可谓大愚矣，从而正之者，亦未可以为智也。引喻不经，聊以发去病一笑耳。六经之学，渊源于两汉，大备于唐、宋之初。其固而失通，繁而寡要，诚亦有之，然其训故皆原本先民，而微言大义去圣贤之门犹未远也。学者之治经也，必以汉人为宗主，如杜预所谓原始要终。寻其枝叶，究其所穷，优而柔之，餍而饫之，涣然冰释，怡然理顺，然后抉摘异同，疏通疑滞。汉不足，求之于唐；唐不足，求之于宋。唐、宋皆不足，然后求之近代。庶几圣贤之门仞可窥，儒先之钤键可得也。今之学者不然，汩没于举业，眩晕于流俗。八识田中，结辖晦蒙，自有一种不经不史之学问，不今不古之见解。执此以裁断经学，秤量古人，其视文、周、孔、孟，皆若以为堂下之人，门外之汉，上下挥斥，一无顾忌。于两汉诸儒何有？及其耳目回易，心志变眩，疑难横生，五色无主，则一切街谈巷说，小儿竖儒所不道者，往往奉为元龟，取为指南。此无他，学问之发因不正，穷老尽气而不得其所指归，则终于无成而已矣。呜呼！有欧阳公之才，然后可以黜《系辞》；有朱子之学，然后可以补《大学》。然而君子犹疑之，以为如是则不足以辟王充之《问孔》，诛扬雄之僭经也。若近代之儒，肤浅沿习，谬种流传，尝见世所推重经学，远若季本，近则郝敬，舛驳支蔓，不足以点兔园之册，而当世师述之，令与汉、唐诸儒分坛立教，则其听荧《诗传》，认为典记也，又曷怪乎！孔子曰："述而不作，信而好古。"吾以为今人反之曰："作而不述，疑而好今。"何也？以其疑于古，不疑于今，知援今而证古，不知援古而证今也。又曰："学而不思则罔，思而不学则殆。"吾以为今人又反之曰："学而不学则罔，思而不思则殆。"非不学不思也，学非其所学，而思非其所思也。

仆少不通经，长而失学。今老矣，亲见去病专勤愤悱，从事于经学，白首纷如，不知老之将至，以为今之经神儒宗，非吾所逮及也。又不自满假，虚心下问，故因论《诗传》而放言之，以求正焉。身虽惛于经学，不知一二，犹冀百世之下，得吾言而存之，可以箴俗学之膏肓，而起其废疾也。去病其终有以教之，无以为狂瞽而舍我焉，幸甚幸甚！谦益再拜。

此文字字珠玑，不啻为讨伐疑古派的檄文。

《子贡诗传》《申培诗说》，以上二书，明丰坊伪撰。钱牧斋《列朝诗集》记丰坊曰："《子贡诗传》，即其伪撰也。"钱未及《诗说》耳。从未闻有《子贡诗传》；徒以孔子有"可与言诗"一语，遂附会为此，其诞妄固不必言。

2. 《春秋繁露》

钱谦益《有学集》卷四十六《跋春秋繁露》云：

《繁露深察名号篇》云："性比于禾，善比于米，米出禾中，而禾未可全为米也。善出性中，而性未可全为善也。"又云："民之性如茧如卵，卵待覆而为雏，茧待缲而为丝，性待教而为善。"余少而服膺，谓其析理精妙，可以会通孟荀二家之说，非有宋诸儒可几及也。

黄云眉认为："文人好事之谈，极不足据。试以仲舒本传'质朴之谓性，性非教化不成'二语，与是书'性者天质之朴也，善者王教之化也，无其质则王教不能化，无其王教则质朴不能善'等句对照，其矫意合之迹，盖昭昭也。然则是书固不仅书名伪，而书亦伪矣。"今按，黄云眉判断失误，《春秋繁露》并非伪书。

3. 《东坡志林》

钱谦益《初学集》卷八十五《跋东坡志林》云：

马氏《经籍考》：《东坡手泽》三卷，陈氏以为即俗本《大全》中所谓《志林》也。今《志林》十三篇，载《东坡后集》者，皆辨论史传大事。世所传《志林》，则皆琐言小录，世取公集外记事跋尾之类，捃拾成书，而讹伪者亦阑入焉。公北归《与郑靖老书》云：《志林》竟未成，但草得书传十三卷。则知十三篇者，盖公未成之书，而世所传《志林》者，谬也。宋人编公外集，尽去《志林诗话》标目，入之杂著中，最为有见。近代所刻《仇池笔记》《志林》之类，皆丛杂不足存也。

今按，顾实《重考古今伪书考》认为："《东坡志林》，陈直斋《书录解题》著录。盖东坡随笔记载，未及成书，后人搜辑墨迹为之，故名曰手泽。刻《大全集》者，又嫌其名有似父之意，故易名曰《志林》。"顾氏以为牧斋之说不足取。东坡手泽，只字片语皆为瑰宝，顾实之说是也。

4. "杜诗伪苏注"

钱谦益《初学集》卷一百十《读杜二笺（下）》云：

《东坡外集》载《辨王谊伯论杜鹃》云：子美盖讥当时之刺史，有不禽鸟若也。

严武在蜀，虽横敛刻薄，而实资中原，是"西川有杜鹃"。其不虔王命，擅军旅，绝贡赋以自固，如杜克逊在梓州，是"东川无杜鹃耳"。涪、万、云安刺史，微不可考。其尊君者为有，怀贰者为无，不在夫杜鹃真有无也。案杜克逊事，新旧两书俱无可考。严武在东川之后，节制东川者，李奂、张献诚也。其以梓州反者，段子璋也。梓州刺史见杜集者，有李梓州、杨梓州、章梓州，未闻有杜也。既曰讥当时刺史，不应以严武并列也。逆节之臣，前有段子璋，后有崔旰、杨子琳，不当舍之而刺涪、万之刺史微不可考者也。所谓杜克逊者，既不见史传，则亦子虚亡是之流，出后人伪撰耳，其文义舛错鄙倍，必非东坡之言。世所传《志林》诸书，多出妄庸人假托，如伪苏注之类，而无识者误编之集中也。

又云：

> 世所传伪苏注，即宋人《东坡事实》。朱文公云："闽中郑昂伪为之也。"宋人注太白诗即引伪杜注以注李，而类书多误引为故实。如《赠李白》诗："何当拾瑶草？"注载东方朔《与友人书》。元人编《真仙通鉴》，本朝人编《赤牍书记》并载入矣。洪容斋谓疑误后生者，此也。又注家所引《唐史拾遗》，唐无此书，亦出诸人伪撰。

5.《致身录》《从亡日记》

《致身录》叙明建文壬午之事，从亡者三十二人，史彬与焉。云藏之茅山，道士手授焦竑，故竑为之序。科臣欧阳调律上其书于朝。惟钱牧斋以吴匏庵、史彬墓表核之，断其必无者十，见《初学集》。又有程济《从亡日记》，钱以为踵《致身录》之伪而为之也。

钱谦益《初学集》卷二十二《致身录考》云：

> 成化间，吴江处士史鉴明古与长洲吴文定公为友，尝请文定公表其曾祖讳彬字仲质之墓，今《匏庵集》中所载《清远史》《府君墓表》是也。万历中，吴中盛传《致身录》，称建文元年，彬以明经征入翰林为侍书。壬午之事，从亡者三十二人，而彬与焉。彬后数访帝于滇、于楚、于蜀、于浪穹。帝亦间行数至彬家。诸从亡者，氏名踪迹，皆可考证。前有金陵焦修撰序，谓得之茅山道书中。好奇慕义之士，见是录也，相与欷歔太息，彷徨凭吊，一以为必有，一以为未必无。南科臣欧阳调律上其书于朝，且有欲为请谥立祠，附方、铁诸公之后者。
>
> 余以墓表暨录参考之，断其必无者有十：
> 表称彬幼跌宕不羁，国初与诸少年缚贪纵吏献阙下，赐食与钞，给身遣还。恭谨力田，为粮长，税入居最。每条上利害，多所罢行，乡人赖之。如是而已。令彬果逊国遗臣，纵从亡访主，多所讳忌，独不当云曾受先朝辟召乎？即不然，亦一老明经也。其生平读书缀文，何以尽没而不书乎？文定之表，盖据明古行状，何失实一至于此？其必无者一也。表称每治水诸使行县，县官以为能，推使前对，反复辨论，无所畏。彬既从亡间归，尚敢邛首伸眉，领诸父老抗论使者前，独不畏人物色乎？县官岂无耳者，独不知为故翰林侍书，推使前对使者乎？其必无者二也。表记彬生平自缚吏诣阙，足迹不出里闬。录载其间关访主，廿年之间，遍走海内，何相背也？洪熙初，奉诏籍报民间废田，减邑税若干石，以录考之，彬方访帝于滇南，何暇及此？其必无

者三也。表言彬重然诺，遇事不计利害，至死不悔。而录云以从亡为仇家所中，死于狱。彬实未曾死狱，而云以从亡死狱，甚其词以觊恤也。表书其卒之日宣德二年三月十日，而录云后三日。书其年六十有二，而录云六十七。卒之年与日皆舛误。其必无者四也。从亡徇志之臣，或生扦牧围，或死膏草野，或湮灭而渊沉，或鸟集而兽散。身家漂荡，名迹漫漶。安有晏坐记别，从容题拂，曰某为补锅匠，某为葛衣翁，某为东湖樵，比太学之标榜，拟期门之会集哉？野史记壬午七月，有樵夫闻诏，自沉于乐清之东湖，今则以为从亡之牛景先。岂湛湖者一樵，从亡者又一樵耶？其必无者五也。录载彬入官后元年谏改官制，四年请坚守，请诛增寿，皆剽窃建文时政，以彬事傅致之也。不然，何逊国诸书，一时论谏皆详载，而独于彬削之耶？其必无者六也。录后有敷奏记事，洪武二十四年八月廿五日，东湖史仲彬缚贪纵官吏，见上于奉天门，赐酒馔宝钞。次日陛辞，朱给事吉祖之秦淮。王文学彝、张待制羽、布衣解缙赋诗赠行，而给事中黄钺记其事。按朱吉墓记，洪武二十三年，辞荐不起，廿五年，以明经能书荐入中书，书诏敕。二十七年，授户科给事中。是年吉正辞疾里居，尚未入官，何得称给事祖钺秦淮也？张羽为太常司丞，谪岭南，半道召还，自沉于龙江。此洪武初年也。王彝与魏观、高启同诛，洪武七年也。解缙二十三年除江西道监察御史，旋放归，是年缙不在朝，又不当称布衣也。黄钺建文元年以宜章县典史中湖广乡试，次年中胡广榜进士，授刑科给事中。安得洪武中先官给事也？作是录者，以钺同郡人，又死于壬午，故假钺以重彬，而不知其？舛驳若是。其必无者七也。录云：吴江县丞到彬家问："建文君在否？"彬曰："未也。"微哂而去。当时匿革除奸党，罪至殊死，何物县丞，敢与彬开笑口相向乎？此乡里小儿不解事之语。其必无者八也。当明古时，革除之禁少弛矣。明古之友，自吴文定而外，如沈启南、王济之辈，著书多讼言革除，何独讳明古之祖？明古为姚善、周是修、王观立传，具在《西村集》中，大书特书，一无避忌。何独于己之祖则讳而没其实乎？其必无者九也。郑端简载梁田王等九人，松阳王诏得之治平寺转藏上。彼云转藏，此云道书，其傅会明矣。序文芜陋，亦非修撰笔也。其必无者十也。

　　史之后人诸生兆斗，改录为《奇忠志》，多所援据。通人为之序，以为有家藏秘本，合于茅山所传者也。去年兆斗过余，问侍书事真伪云何？余正告之曰："伪也。"为具言其所以。兆斗色动，已而曰："先生之言是也。"问其所藏秘本，则逊谢无有。余观《西村集·赵秉文画跋考》云：世之作伪者，幸其浅陋不学，故人得而议之。使其稍知时世先后，而饰词以实之，尚何辨哉？明古之论，殆为斯录发钦？语有之，俗语不实，流为丹青。余之为是考也，深惧夫史家弗察，溺于流俗而遗误后世也。余岂好辨哉！

同卷《书致身录考后》亦云：

　　余作《致身录考》，客又持程济《从亡日记》示余，余掩口曰：陋哉！此又妄庸小人，踵《致身录》之伪而为之者也。按张芹《备遗录》：济，朝邑人，为岳池县教谕，有术数。建文命护军徐州。金川门破，不知所之。郑端简则云：济曾为翰林院编修，为建文君决计剃发，数以术免于难。端简好奇，或因河池学舍及徐州碑石之事而傅会之，未必确也。又言济随建文君来南京，至京，不知所终。端简未见《实录》，故杨行祥之狱在正统五年，而《逊国记》言天顺初，斯已讹矣。其所谓西内老佛者，《国史》已明著其伪。而况从亡之臣，随至南京者，谁见之而谁识之乎？又况所为《日记》者，谁授之而谁传之？又将使谁正之乎？作《致身录者》，涉猎革除野史，借从亡脱险之程济，傅合时事，伪造彬与济往还之迹，以欺天下。而又伪造济此书，若将疏通证明之者，此其本怀也，《致身录》之初出也，夫已氏者，言于文宫庶文起曰："当时程济亦有私记，载建文君出亡始末，惜其不传耳。"文起叙备载其语，亡何而《日记》亦出矣。济之从亡，仅见于野史，其曾有私记，出何典故？夫已氏何从而前知之？此二书者，不先不后，若期会而出，汲冢之古文，不闻发冢；江左之异书，谁秘帐中？《日记》出而《致身录》之伪愈不可掩矣。甚矣作伪者之愚而可笑也。大抵革除事迹，既无实录可考，而野史真赝错出，莫可辨证。吾邑有黄给事钱者，忧居闻变，自投琴川桥下死。里人杨仪为给事立传，载给事与方希直执手商榷云云。又称给事少受学于其五世祖瀿，瀿之子福收其尸，为诗吊之。梦羽好著书，浮诞不实。又喜夸大其谱牒，识者哂之。同时邓蔽修邑志，削瀿、福不载固已正其诬矣。而此传已流传人间，互相援据，由此观之，岂独二书之袭伪哉！他如懿文新月之句，则残元之陈编也。铁氏二女教坊之作，则沈愚之艳诗也。《史翼》之载李祺，《吾学编》之载常升，皆云以建文命，战守江浦。考其实，则皆洪武中或死或戮者也。正史既不可得而见矣，后之君子有志于史事者，信以传信，疑以传疑，无好奇撑异而遗误万世之信史，则可也。或曰："革除之际，忠臣义士，骈首接踵，而身名湮没，天下之所悲也。与其过而削之，宁过而存之，不亦可乎？"余应之曰："是固然矣。妄一男子，欲荐撑其先祖，信笔排缵，俨然附方、铁诸公之后，猥云过而存之，则吾恐革除之书，且充栋宇，而其庙祀且遍闾阎也。且夫少帝之事往矣，忠臣义士，不可谓不多矣。若子之言，其必人挟射天之矢，家畜吠尧之犬，使成祖无所容于天地而后快与？今之君子，夫谁非戴天履地，服事成祖之圣子神孙者欤？其亦弗思而已矣。"

而吴江朱鹤龄非之，详见后文"朱鹤龄"条。

黄云眉认为："此对谦益为诛心之论。然《致身录》之伪，钱说诚确，固未有能针对其事而否定之者。"疑则传疑可也。

6. "钱九条"

钱谦益将杜注注家错缪归纳为"钱九条"：

一曰伪托古人
一曰伪造故事
一曰傅会前史
一曰伪撰人名
一曰改窜古书
一曰颠倒事实
一曰强释文义
一曰错乱地理
一曰妄系谱牒

"钱九条"虽不尽为辨伪而发，但无不与辨伪相通，因此也可以视为其辨伪方法论。钱谦益《初学集》卷一百十《注杜诗略例》云：

　　　　吕汲公大防作《杜诗年谱》，以谓次第其出处之岁月，略见其为文之时，得以考其辞力少而锐，壮而肆，老而严者如此。汲公之意善矣，亦约略言之耳。后之为年谱者，纪年系事，互相排缵，梁权道、黄鹤、鲁訔之徒，用以编次后先，年经月纬，若亲与子美游从，而藉记其笔札者。其无可援据，则穿凿其诗之片言只字，而曲为之说，其亦近于愚矣。今据吴若本识其大略，某卷为天宝未乱作，某卷为居秦州、居成都、居夔州作。某紊乱失次者，略为诠订。而诸家曲说，一切削去。

　　　　子美集皆天宝以后之作，而编诗者系某诗某诗于开元，仍《年谱》之讹也。子美与高、李游梁、宋、齐、鲁在天宝初太白放还之后，而《谱》系于开元二十五年，故诸家因之耳。旧史载高适代崔光远为成都尹，《谱》以为摄也，遂大书于上元一年曰：十月，以蜀州刺史高适摄成都。唐制，节度使阙，以行军司马摄知军府事，未闻以刺史也。元微之《墓志》载嗣子宗武，《谱》以宗文为早世也，遂大书于大历四年曰：夏，复回潭州，宗文夭。按樊晃《小集序》，子美殁后，宗文尚漂寓江陵也。若此之类，则愚而近于妄矣。

　　　　杜诗昔号千家注，今虽不可尽见，亦略具于诸本中。大抵芜秽舛陋，如出一辙。其彼善于此者三家。赵次公以笺释文句为事，边幅单窘，少所发明，其失也短。蔡梦弼以捃摭子传为博，泛滥舛驳，昧于持择，其失也杂。黄鹤以考订史鉴为功，支离割剥，罔识指要，其失也愚。余于三家，截长补短，略存什一而已。

　　　　注家错缪，不可悉数，略举数端，以资隅反：

　　　　一曰伪托古人。世所传伪苏注，即宋人《东坡事实》。朱文公云："闽中郑昂伪为之也。"宋人注太白诗即引伪杜注以注李，而类书多误引为故实。如《赠李白》诗："何当拾瑶草？"注载东方朔《与友人书》。元人编《真仙通鉴》，本朝人编《赤牍书记》并载入矣。洪容斋谓疑误后生者，此也。又注家所引《唐史拾遗》，唐无此书，亦出诸人伪撰。

　　　　一曰伪造故事。本无是事，反用杜诗见句增减为文，傅以前人之事，如伪苏注碧山学士之为张褒，一钱看囊之为阮孚，昏黑上头之为尝琮是也。蜀人师古注尤可恨，王翰卜邻，则造杜华母命华与翰卜邻之事；焦遂五斗，则造焦遂口吃醉后雄谭之事。流俗互相引据，疑误弘多。

　　　　一曰傅会前史。注家引用前史，真伪杂互。如王羲之未尝守永嘉，而曰庭列五马；向秀在朝本不任职，而曰继杜预镇荆。此类如盲人瞽说，不知何所来自，而注家犹传之。

　　　　一曰伪撰人名。有本无其名，而伪撰以实之者。如卫八处士之为卫宾，惠、荀之为惠昭、荀珏，向乡之为向询是也。有本非其人而妄引以当之者，如韦使君之为韦宙，马将军之为马燧，顾文学之为顾况，萧丞相之为萧华，己公之为齐己是也。至前年渝州杀刺史一首，注家妄撰渝、遂刺史及叛贼之名，而单复《读杜愚得》，遂系之于谱，尤为可笑。

　　　　一曰改窜古书。有引用古文而添改者，如慕容宝樗蒲得卢，添"袒跣大叫"四字，《赭白马赋》用"品骁腾"为句，而《蜀都赋》觞以缥青，一醉累月，断裂上下文，以就"蜀酒"之句也。有引用古诗而窜易者，如"庾信蒲城桑叶落"，改为"蒲城桑落酒"，陆机"佳人眇天末"，改为"凉风起天末"也。此类文义违反，大误后学，然而为之者亦愚且陋矣。

一曰颠倒事实。有以前事为后事者，如《白丝行》以为刺窦怀贞，萧京兆以为哀萧至忠是也。有以后事为前事者，如《悲青坂》而以为邺城之役，雍王节制而以为朱滔、李怀仙之属是也。

一曰强释文义。如"掖垣竹埤梧十寻"，解之曰：垣之竹，埤之梧，长皆十寻。有此句法乎？如"九重春色醉仙桃"，解之曰：入朝饮酒，其色如春。有此文理乎？此类皆足以疑误末学，削之不可胜削者也。

一曰错乱地里。如注龙门则旁引《禹贡》之龙门，不辨其在洛阳也。注土门、杏园，则概举长安之土门、杏园，不辨其在河南也。注马邑，则概举雁门之马邑，不辨其在成州也。诸家惟黄鹤颇知援据，惜其不晓抉择耳。

一曰妄系谱牒。按唐《宰相世系表》，杜预四子，锡、跻、耽、尹。襄阳杜氏出自预少子尹。元稹《墓志》云：晋当阳侯下十世而生依艺。甫《祭远祖当阳君文》，称十三叶孙甫。甫为预之后，未知预四子谁为甫之祖。而旧谱以甫为尹之后，此何据也？唐《旧书·杜易简传》：易简，襄州襄阳人。周硖州刺史叔毗曾孙。易简从祖弟审言。易简、审言，同出叔毗下，获嘉为甫高祖，即硖州之子也。《周书·杜叔毗传》：其先京兆杜陵人也。徙居襄阳。祖乾光，齐司徒右长史。父渐，梁边城太守。此世系之较然可考者也。以《世系表》推之，尹下六代为袭池阳侯洪泰，与乾光为行，洪泰生二子，祖悦、颙，与渐为行。颙生三子，景仲、景秀、景恭，与叔毗为行。叔毗、景恭皆仕周，其子皆仕隋。叔毗之子为廉卿，则未知其为易简之祖欤？审言之祖欤？旧谱以叔毗为颙子，景仲、叔毗并系颙下，纰缪极矣。此不可不正也。颜鲁公撰《杜济神道碑》，为征南十四代孙。甫有《示从孙济》诗，斯为合矣。《世系表》济与位同出景秀下，并征南十四代，而诗称从弟位，抑又何欤？宋人谓《新唐·宰相世系表》承用逐家谱牒，多所缪误。欧阳公略不笔削，恐未可以表为据也。姑书之以俟博闻者。

宋人解杜诗，一字一句，皆有比托。若伪苏注之解屋上三重茅，师古之解笋根稚子，尤为可笑者也。黄鲁直解《春日忆李白》诗曰：庾信止于清新，鲍照止于俊逸，二家不能互兼所长。渭北地寒，故树有花少实；江东水乡，多蜃气，故云色驳杂。文体亦然。欲与白细论此耳。洪驹父《诗话》：一老书生注杜诗云：儒冠上服，本乎天者亲上，以譬君子。纨绔下服，本乎地者亲下，以譬小人。鲁直之论，何以异于此乎？而老书生独以见笑，何哉？

杜集之传于世者，惟吴若本最为近古，它本不及也。题下及行间细字，诸本所谓公自注者多在焉。而别注亦错出其间，余稍以意为区别，其类于自注者，用朱字，别注则用白字，从《本草》之例。若其字句异同，则壹以吴本为主，间用它本参伍焉。

宋人词话以蜀人《将进酒》为少陵作者。蔡梦弼诗注载王维画《子美骑驴醉图》，并子美断句诗。至于郑虔愈疟之说，宗文斧臂之戏，李观坟土之辩，韩愈撼遗之诗，皆委巷小人流传之语，君子所不道也。饭颗山头一诗，虽出于孟棨《本事》，而以谓讥其拘束，非通人之谭也，吾亦无取焉。

世人多从校勘学角度切入，我独从辨伪学视角切入，始知牧斋堂庑之深。

7. 本朝自有本朝之文

钱谦益《初学集》卷七十九《答唐训导（汝谔）论文书》云：

> 夫文之必取法于汉也，诗之必取法于唐也，大人而能言之也。汉之文有所以为汉者矣，唐之诗有所以为唐者矣。知所以为汉者而后汉之文可为，曰为汉之文而已，其不能为汉可知也。知所以为唐者而后唐之诗可为，曰为唐之诗而已，其不能为唐可知也。自唐、宋以迄于国初，作者代出，文不必为汉而能为汉，诗不必为唐而能为唐，其精神气格皆足以追配古人。其间为古学之蠹者有两端焉：曰制科之习比于俚，道学之习比于腐。斯二者，皆俗学也。然而文章之脉络，画然如江河之行地。代有其人，人有其传，固非俗学之可得而乱也。弘、正之间，有李献吉者，倡为汉文杜诗，以叫号于世，举世皆靡然而从之矣。然其所谓汉文者，献吉之所谓汉而非迁、固之汉也；其所谓杜诗者，献吉之所谓杜而非少陵之杜也。彼不知夫汉有所以为汉，唐有所以为唐，而规规焉就汉、唐而求之，以为迁、固、少陵尽在于是，虽欲不与之背驰，岂可得哉！献吉之才，固足以颠顿驰骋，惟其不深惟古人著作之指归，而徒欲高其门墙，以压服一世，矫俗学之弊，而不自知其流入于谬，斯所谓同浴而讥裸裎者也。嘉靖之季，王、李间作，决献吉之末流而扬其波，其势益昌，其谬滋甚。弇州之年既富于李，而其才气之饶，著述之多，名位之高，尤足以号召一世。然其为谬则一而已。今观弇州之诗，无体不具。求其名章秀句，可讽可传者，一卷之中，不得一二。其于文，卑靡冗杂，无一篇不偭背古人矩度。其规摹《左》《史》，不出字句，而字句之讹缪者，累累盈帙。闻其晚年手《东坡集》不置，又亟称归熙甫之文，有"久而自伤"之语。然而岁月逾迈，悔之无及，亦足悲矣！夫本朝非无文也，非无诗也。本朝自有本朝之文，而今取其似汉而非者为本朝之文；本朝自有本朝之诗，而今取其似唐而非者为本朝之诗。人尽蔽锢其心思，废黜其耳目，而唯谬学之是师。在前人犹仿汉、唐之衣冠，在今人遂奉李、王为宗祖。承讹踵伪，莫知底止。
>
> 仆尝论之，南宋以后之俗学，如尘羹途饭，稍知滋味者，皆能唾而弃之。弘、正以后之谬学，如伪玉赝鼎，非博古识真者，未有不袭而宝之者也。谬学之行，惑世而乱真，使夫人穷老尽气，至死而不知悔，其为祸尤惨于俗学。二十年来，亦有知訾警李、王者矣，学弥粗而识弥下。若近年之谈诗者，苍蝇之鸣，作于蚯蚓之窍，遂欲以一隙之见，上下今古。公安袁小修尝叹息曰："少陵《秋兴》，元、白《长恨》诸篇，皆千秋绝调，彼何人斯，奋笔简汰？此辈无心，所以昧目。"贤哉小修，其所见去人远矣。嗟夫！古学一变而为俗，俗学再变而为谬。谬之变也，不可胜穷。五方之音，变而为鸟语；五父之逵，变而为鼠穴。譬诸病症，愈变愈新。自良医视之，其所由传染，要不离于本病而已。谁生厉阶？至今为梗。岂能不追叹于献吉哉！

钱谦益于宋明学术文章多所批评，反对复古派拟古。他认为，文章风格具有时代性，无法逾越。此理亦可运用于文献辨伪。他将科举之学与宋明理学一起视为俗学，在当时语境下可能是一种特识。显学必俗，俗学必显。最下最传，最伪最传，这就是文化传播史。

二、陈确

（一）陈确其人

陈确（1604—1677），明末清初思想家，初名籁永，字原季，号逊肤；后改名道永，字非玄。明亡之后，又改名为确，字乾初。浙江海宁新仓（今海宁朝阳乡）人。年四十始与黄宗羲同受学于刘宗周。明亡后，隐居著述。著有《大学辨》《葬书》《瞀言》和诗文集等。

（二）陈确的文献辨伪

林庆彰先生在《清初的群经辨伪学》第七章有过专门研究①，今撮录其要点，述之如次。

1. 《大学》的作者问题

《大学》自宋至清流传的过程中衍生了数个争论不休的问题：一是作者问题；二是错简问题。在二程之前，绝无学者论及《大学》的作者。至程颢（明道）始说："《大学》，乃孔氏遗书，须从此学则不差。"（《二程集》，页18）"《大学》，孔子之遗言也。"（同上，页1204）朱熹没能确定《大学》的真正作者。由他的话，可知孔子、会子、子思、孟子跟《大学》都有关系。如此笼统的言论，自不易为后学所相信，所以，后来的学者对《大学》的作者问题，仍旧争论不休。首先否定《大学》非圣人之书的，是属于陆学派而时代稍后于朱子的杨简。他认为《大学》书诚意与孔子"毋意"不合，又多支离，判身心为二，与圣人立教宗旨不合（《慈湖先生遗书》卷十三《论大学》）宋末黎立武作《大学发微》，元何异孙作《十一经问对》，则直指为出于曾子，而成于曾子门人之手。王柏的《大学沿革论》则以为子思所作（《鲁斋集》卷九）。明嘉靖年间，丰坊伪造《石经大学》，遂以为《大学》《中庸》二篇皆子思所作。

2. 考辨《大学》作者

陈确自入刘宗周之门，发现《大学》作者成了问题：

> 《大学》，其言似圣而其旨实窜于禅，其词游而无根，其趋罔而终困，支离虚诞，此游、夏徒所不道，决非秦以前儒者所作可知。苟终信为孔、曾之书，则诬往圣、误来学，其害有莫可终穷者，若之何无辨！（《陈确集·大学辨一》）

今按，《大学》本来为入德之门，如果其作者非孔、曾，其权威性瞬间被怀疑与否定，无异于釜底抽薪，对于儒学可谓根本性打击。可见宋、元、明、清时期的辨伪学绝非只是文献学上的枝节问题，更是思想史、文化史上的根本问题。正如林庆彰先生所说："要成德成圣，自以阅读圣人之专著最为便捷。而当时人人所诵读的竟是'游、夏之徒所

---

① 林庆彰：《清初的群经辨伪学》，台北文津出版社1990年版，第369~380页。

不道'的伪书，何能成德成圣？如让这种书再继续流传下去，不但'诬往圣'，且'误来学'。这就挑起了乾初辨正《大学》的动机。"

林庆彰先生归纳陈确辨伪之法有两大条，一从史料鉴定证明《大学》非孔、曾之书，一从义理的分析证明《大学》不符孔门宗旨。① 今细按原文，第一个方面相当薄弱，第二个方面稍微好点。其实，陈确不通考据辨伪之法，还是在大搞默证与自由心证，因此，他在辨伪学上的贡献很小很小，在思想史上的贡献相对来说要大一点。易代之际，他们那一代思想家都在反思明亡之理，欲从理论上清理总结历史的经验教训，最后大都归咎错误，抛出"清谈亡国论"，把亡国之责强行让文人承担，让陆王心学派当背锅侠，而为昏君开脱罪责，异哉！

三、朱鹤龄

（一）朱鹤龄其人

朱鹤龄（1606—1683），字长孺，号愚庵，江苏吴江人。明诸生。与顾炎武同为惊隐诗社成员。性好学，遗落世事，晨夕手一编，行不识路途，坐不知寒暑；或谓之愚，因以愚庵自号。尝笺注杜子美、李义山诗集，故所为韵语，颇出入二家。甲申之后，屏居著述。与顾亭林相友善，亭林亦劝以本厚之学。乃更湛思致力于诸经注疏及先儒语录。著述甚富，有《愚庵诗文集》《读左日钞》《春秋集说》《诗经通义》及《尚书埤传》十七卷，并撰《禹贡长笺》十二卷。

（二）朱鹤龄的文献辨伪

1. 《孔传》

朱鹤龄《尚书埤传自序》云：

> 六经之学，非训诂不明。然有训诂不能无异同，有异同不能无舛驳，他经皆然，《尚书》为甚。盖《尚书》者，帝王之心法，治法所总而萃也。后世大典章、大政事，儒者朝堂集议，多引《尚书》之文为断，义解一讹，贻害非尠。如误解用牲于郊牛二，而世遂有主合祭天地及南郊北郊之说者矣。误解九族与罪人以族，遂有旁及母族妻族而坐之者矣。误解桐宫居忧复子明辟而世，遂以放君负扆真为伊周之事矣。误解金作赎刑，始以黄金易黄铁矣。误解臣妾逋逃，始以妇女从军矣。误以《洪范》五行牵合庶征福极而介甫反之，遂谓天变不足畏矣。误以弗辟为致辟，居东为东征，而公孙硕肤之美不白矣。误解弱水在条支，昆仑即河源，及《书序》成王伐东夷，而汉武之穷兵西北，隋唐之越海征辽东皆不足戒矣。嗟乎！传《书》岂易言哉！百篇之文火于秦，残于汉，马融、郑玄、王肃之徒开辟草昧，甚为简略。《古文孔传》晚出，《书》义稍显。孔颖达为之疏，虽正二刘（焯、炫）之失，未惬学者之心，求其条贯群言，阐明奥指，信无逾于仲默《集传》者。但其意主于拨弃注疏，故名物

---

① 林庆彰：《清初的群经辨伪学》，台北文津出版社 1990 年版，第 371~380 页。

制度之属不能无讹，笔力视紫阳《易》《诗》二《传》亦多不逮，识者不能无憾焉。考明初令甲本宗注疏，蔡《传》附之后，又以蔡《传》未精，命儒臣刘三吾等博采诸说，参互考订，名《书传会选》颁诸学宫，其后《大全》行而此书遂废。又其后，制科专取蔡氏，而大全亦庋高阁，白首穷经，仍讹踵陋。……夫仲默作传已不尽同紫阳之说，何独疑于生仲默之后者哉！

2.《诗序》

《诗序》之出于子夏与出于毛公，虽无可考，然自周至春秋数百年，其说必有所本。大约首句为《诗》根柢，以下则推而衍之，间出汉儒。八九百年来，说《诗》者宗《序》，迄无异辞。因郑夹漈作《辨妄》，朱子《集传》从之，掊击不遗余力，《集传》行而《序》几废。实则康成用礼学笺《诗》，或牵经配《序》，或泥《序》传经，胶执支离，举诗人言前之旨、言外之意而尽淫乱。孔疏又依违两家。朱《传》出，诚有廓清之功。惟毛、郑可黜，《序》不可黜。盖无《序》说《诗》，即无所凭依。故诗义一泊于康成之胶滞，再泊于紫阳之斥排。将圣人所谓"主文谲谏""厚人伦，美教化"以至于"动天地，感鬼神"者，其终晦昧淫没而不可求。于是窃取古义而参诸家，于汉取毛、郑，唐取孔冲远，宋取欧阳、颍滨、东莱、华谷，清取陈氏长发，释音用明陈一斋、清顾亭林。凡《序》之不可易而可信者，为疏明之；其抵牾不可信者，则详辨之；要以审定可否，综核异同，使积蔽群疑涣若冰释。成《诗经通义》十二卷，盖折衷于今古之间者。

3. 辑注杜工部集序

客有谯于余曰："子何易言注杜也。书破万卷，涂行万里，乃许读杜子。足不逾丘里，目不出兔园，日取诗史而排纂之，穿穴之，冀以自鸣于世，吾恐觚棱刜而揶揄者随其后也。"余曰："是固然已。抑子之所言者，学也。子美之诗，非徒学也。夫诗以传声，节奏成焉。声以命气，底滞通焉。气以发志，思理函焉。体变极焉，故曰诗言志。志者，性情之统会也。性情正矣，然后因质以纬思，役才以适分，随感以赴节。虽有时悲愁愤激，怨诽刺讥，仍不戾温厚和平之气。不然，则靡丽而失之淫，流漓而失之宕，雕镂而失之瑱，繁音促节而失之噍杀，缀辞逾工，离本逾远矣。子美之诗，惟得性情之至正而出之，故其发于君父友朋家人妇子之际者，莫不有敦笃伦理、缠绵菀结之意。极之履荆棘，漂江湖，困顿颠踬，而拳拳忠爱不少衰。自古诗人变不失贞，穷不陨节，未有如子美者，非徒学为之，其性情为之也。子美没已千年，而其精诚之照古今、殷金石者，时与天地之噫气、山水之清音增响答于溟涬颒洞、太虚寥廓之间。学者诚能澄心静虑，正己之性情，以求遇子美之性情，则崆峒仙仗之思，茂陵玉盌之感，与夫杖藜丹壑、倚棹荒江之态，犹可俨然。晤其生面而揖之，同堂不必以一二隐语僻事耳目所不接者为疑也。且子亦知诗有可解，有不可解乎？指事陈情，意含风喻，此可解者也。托物假象，兴会适然，此不可解者也。不可解而强解之，日星动成比拟，草木亦涉瑕疵，譬之图罔象而刻空虚也。可解而不善解之，前后贸时，浅深乖分，欣忭之语反作诽讥，忠剀之词几邻怼怨。譬诸玉题珉而乌转舃也。二者之失，注家多有，兼之伪撰假托，疑误后人，瞀说支离，袭沿日久，万丈光焰化作百重云雾矣。今为剪其繁芜，正其谬乱，疏其晦塞，咨诹博闻，网罗秘卷，斯亦古人实事求是之指，学者所当津逮其中也。"

诗有可解有不可解之说诚卓论矣。不可解而强解之，可解而不善解之，皆大有其人矣。

4."伪苏注"

《与李太史论杜注书》云：

> 杜注刻成，适先生惠以大序，重比球琳。子美非知道者，此语似唐突子美，然子美自言之矣。文章一小技，于道未为尊。此语正可与子美相视莫逆于千载之上也。汉魏以下诗文之有注，昉于《文选》。《文选》而外，注杜诗者最多，亦最杂。盖《文选》之注，张载、颜延之、沈约、薛综、徐爰、刘渊林诸人经始之，又得李善荟萃之，子邕复益之以义，故能传述至今。杜诗注则错出无伦，未有为之剪截而整齐之者，所以识者不能无深憾也。
>
> 近人多知其非，新注林立，尽以为子美之真面目在是矣。然好异者失真，繁称者寡要，如"聊飞燕将书"，乃西京初复，史思明以河北诸州来降，故用聊城射书事。今引安禄山降，哥舒翰令以书招诸将，诸将复书责之。此于收京何涉也？"豆子雨已熟"本佛书"譬如春月下诸豆子得暖气色，寻便出土"。伪苏注以豆子为目睛，既可笑矣，今却云"赞公来秦州，已见豆熟"。夫杨枝用佛书，豆子亦必佛书，若云已见豆熟，乃陆士衡所讥"挈瓶屡空"者，子美必不然也。"旷原延冥搜"，"旷原"出《穆天子传》，今妄益云原昆仑东北脚名，此出何典乎？"何人为觅郑瓜洲"，瓜洲见张礼《游城南记》。今云郑审大历中为袁州刺史。审刺袁州，安知不在子美没后乎？地理山川古迹，须考原始及新、旧《唐书》《元和郡县志》，不得已，乃引《寰宇记》《长安志》以及近代书耳。"春风回首仲宣楼"，应据盛弘之《荆州记》甚明，今乃引《方舆胜览》高季兴事；季兴，五代人也，季兴之仲宣楼，岂即当阳县仲宣作赋之城楼乎？"白马江寒树影稀"，白马江，地志在蜀州，今崇庆州之白马江是也，时子美在蜀州送韩十四，故云。今引《寰宇记》王僧达为荆州，刑白马祭江，不亦颠乎？"春城回北斗，郢树发南枝"，"北斗"用"斗柄东而天下皆春"，非指长安城为北斗形也。《史记》楚考王徙都寿春，命曰郢。寿春，唐钟离郡，今凤阳也。时韦氏妹从宦钟离，故曰郢树，非指江陵之郢也。二句蒙上"郎伯"一联，彼此分言，正是诗法。"回北斗""发南枝"又贴切元日。今引柳诗"长在荆门郢树间"，岂可通乎？
>
> 注子美诗，须援据子美以前之书。类书必如《类聚》《初学》《白帖》《御览》《玉海》等，方可引用。今"师子花""卧竹根"皆引《天中记》，《天中记》乃近时人所撰尔，况二注皆谬。"炙手可热"，《两京新记》可引，《万回传》可引，崔颢诗亦可引。今乃引《唐语林》开成、会昌中语，彼岂以开成会昌在子美以前乎？"人生五马贵"，五马虽的证，然古乐府"使君从南来，五马立踟蹰"，可证太守五马，汉

时已有之，今却引宋人《五色线集》北齐柳元伯事，此何异流俗类书所收王羲之为永嘉太守，庭列五马乎？

以上特略举其概，他若"黄河十月冰""三军肯载书""危沙折花当"诸解，皆凿而无取，虽其说假托巨公以行，然涂鸦续貂，贻误后学，此不可以无正者也。李善注《文选》，止考某事出某书，若其意义所在，贯穿联络，则俟索解人自得之。此正引而不发之旨。黄山谷亦云："欲于欣然会意处略笺数语，终以汨没世俗不暇。"今人章为之解，句为之释，已非达人所宜，况又累牍不休，有专注《秋兴八首》，至衍成卷帙者，此何异唐人解"曰若稽古"四字，乃作数万余言，虽罄剡溪之藤书之，岂能竟乎？此又不可以无正者也。

夫子美固非知道者，然道莫重于君臣父子矣，《三百篇》得列为经，亦在迩之事父，远之事君。子美之诗，忧君父之播迁，愤乱贼之接踵，深衷悱恻，千汇万状，使后人把卷彷徨而不忍释，则虽谓之知道，可也。因读其诗者之误解而引绳批根，刊正其失，而暴著其所以然，使世之学者因是以进求夫《三百》之大指，亦未必非知道之君子所乐许也。先生以为如何？

5. 《致身录》
《书史仲彬事》云：

当洪武御极惩贪甚严，吴江税户史仲彬应诏，与诸少年缚贪纵官吏六人见上于奉天门，条其实。六人具伏付法司论死，一邑快之。上赐酒馔，予抄给驿舟还家。洪熙改元，诏天下有户绝而田芜者除其额，胥吏抑勒不行，仲彬慨然曰："此朝廷德意也。"惧祸不可，遂条上得减税若干。石仲彬行事其见于吴文定公墓表者如此。至万历末年，其九世孙某刻《致身录》云：仲彬为建文帝侍书。建文逊位，屡至其家，曾孙鉴其所赐名也。仲彬与补锅匠衣蒉翁、雪庵和尚等二十二人相约从亡，间关万里，言甚凿凿。陈征君继儒、钱阁学龙锡、乔司马拱璧诸公皆作序表章，自为可信。或乃援吴文定墓表驳之，列为十条，以为其事皆属子虚亡是，乃后人伪撰以觊觎也。此论出，而《致身录》几不行。然吾邑二百年以来，父老相传，谓建文尝居史氏。今所遗水月观匾额，是建文篆书，其说必有自来，非可凿空为之者。或谓建文既出，必深潜远引，不当近伏畿甸，是不然。方金川失守之时，遗臣多亡命三吴，密谋举义，事虽不成，建文深得人心，其间岂无悲感故君阴相翼卫者，况仲彬为人素仗气任侠，鱼服暂留，然后为冥飞寥廓之计。此亦事理之所宜有，即尔时法网严峻，然吾邑如杨任之匿黄子澄、吴贵三之庇袁杞山，率破千金湛七族而不顾，安得谓仲彬之必非其人乎？特录中所云神乐观环坐与往来滇南等语，则出后裔之缘饰傅会，未可据为实然耳。夫建文逊国本末，《实录》未有明文，诸臣从亡不过得之野老之传闻、稗编之笔录，其间影响失实者固多矣。仲彬之事其过信之者，既比之介推割股，弘演纳肝，而力驳之者直以为子虚亡是，诬张为幻而已，皆非古人疑则传疑之意也。《致身录》又云：明古尝修《吴江志》，过吴江诗二首、词一首，建文作也。垂虹亭寄绮川张南村二诗，仲彬作也。列艺文志，不书名，莫公旦采明古稿，成书俱刻作无名氏。夫明古修志见杨南峰《纪谈》，是诚有之，但云建文诗则大妄。建文出亡，文皇遣使物色，未尝少忘，即来史氏亦必埋光铲影，踪迹惟恐人知，岂有施施然题诗写兴如骚人墨客之所为者乎？《吾学编》所载逊国后三诗，识者谓为赝作。又载新月金陵二诗，见杨铁崖集，然则建文诗章流播率好事者为之，若此之傅会，不尤章章乎？仲彬能诗，是未可知。然明古生成弘间，何必讳其曾祖之诗而不书名，且莫氏与张氏居最迩，世有交分，岂不知仲彬作而必代为之讳乎？今张氏裔孙据录中语刻于家集，余恐后世不考而为所惑也，并辨及之，以谂来者。

四、黄宗羲

（一）黄宗羲其人

黄宗羲（1610—1695），字太冲，一字德冰，号南雷，别号梨洲老人、梨洲山人、蓝水渔人、鱼澄洞主、双瀑院长、古藏室史臣等，学者称梨洲先生。著有《易学象数论》《南雷文案》《明儒学案》《明夷待访录》《宋元学案》《明文海》等书，今汇为《黄宗羲全集》行世。

（二）黄宗羲的文献辨伪

1. 《易图》

《周易·系辞传》说："河出图，洛出书，圣人则之。"正表示《河图》《洛书》是圣人效法的对象。自先秦至唐，有人以《河图》《洛书》为祥瑞之物，也有以《河图》为八卦、《洛书》为《洪范·九畴》之文，但不论何种说法，都未提到有图。入宋以后，学术发展的路向丕变，图书之学兴起，但论《河图》《洛书》与前人大不相同。《易图》的总源头是陈抟。陈抟以先天图传仲放，放传穆修，穆修传李之才，之才传邵雍；放以《河图》《洛书》传李溉，溉传许坚，许坚传范谔昌，谔昌传刘牧；穆修以《太极图》传周敦颐，敦颐传程颢、程颐。周敦颐用《太极图》来解释宇宙万物化生的过程，遂成为理学家宇宙论的根据。自宋至明末，学者研究阐释者甚多，但因图的来历交待不清，怀疑者也随之产生。由宋至清遂构成一绵延不断的论辨传统。①

最先开启清代学者考辨《易图》之门的是黄宗羲。他于顺治十八年（1661），五十二岁时，著成《易学象数论》六卷。卷一论图书、先天图、天根月窟、八卦方位、纳甲、纳音、占课；卷二论卦气、卦变、互卦、蓍法、占法；卷三论《原象》；卷四论《太玄》《乾坤凿度》《元包》《潜虚》《洞极》《洪范》；卷五论皇极；卷六论六壬、太乙、遁甲奇门、衡运等。其中，卷一论图书六篇，论先天图两篇，合计八篇，为论《易图》之作。林庆彰先生认为，黄宗羲的首要工作是如何扫除与圣人之旨不合的种种附会。思想史上的

---

① 林庆彰：《清初的群经辨伪学》，台北文津出版社1990年版，第65~77页。

意义要比辨伪学上的意义重要得多。① 这一评价甚为公允。

2.《古文尚书》

林庆彰先生认为，黄宗羲《易学象数论》论辨图书之伪，态度非常坚定。黄宗羲于《伪古文尚书》起先恐未有深刻的认识。他曾经说："圣人之言不在文词，而在义理，义理无疵，则文词不害，其为异如《大禹谟》'人心''道心'之言，此岂三代以下可伪为者哉！"足见黄宗羲早年对《伪古文》的态度。后来为阎若璩《尚书古文疏证》作序，态度已大加转变，直指《古文尚书》为伪书。黄宗羲的序，除述及吴澄（草庐）、归有光（震川）、郝敬（楚望）、梅鷟等人的疑古文外，并对阎氏的辨伪成果，颇为嘉许，黄氏说："中间辨析三代以上之时日、礼仪、地理、刑法、官制、名讳、记事、句读、字义，因《尚书》以证他经史者，皆足以祛后儒之蔽，如此方可谓之穷经。"足见黄氏对阎氏辨伪方法的推崇。此外，从序文中也可看出宗羲辨证《古文尚书》的方法，兹略述之：

（1）从史传记载的矛盾疑《古文尚书》之伪

> 从来之议《古文》者，以史传考之，则多矛盾。既云安国之学，以授都尉朝，朝授庸生，庸生授胡常，胡常授徐敖，及王璜、涂恽，涂恽授贾徽，徽以授其子逵。其传授历然，何以《后汉书》又称扶风杜林于西州得漆书《古文尚书》一卷，同郡贾逵为之作训。则其所授于父者何书耶？既言贾逵为《古文尚书》作训，何以逵之所训者，止欧阳、夏侯之书，而不及其他也？又云："马融作传，郑康成作注。"何以康成之注《书序》，有《汩作》《九共》《典宝》《肆命》《原命》，而无《仲虺之诰》《太甲》《说命》诸篇也。即篇名同者，亦不同其文，如注《禹贡》，引《胤征》云："厥厥玄黄，绍我用王。"乃孔书《武成》文也。又云："康成传其孙小同，小同与郑冲，同事高贵乡公，冲以《古文尚书》教授，其学未绝。"何以东晋豫章内史梅赜，始得安国之传奏之，史传之矛盾如此。

黄宗羲以为史传之矛盾重重。②

（2）从抄袭前人之文辨《古文尚书》之伪

> "允执厥中"，本之《论语》；"惟危""惟微"，本之《荀子》。《论语》曰："舜亦以命禹"，则舜之言者，即尧之所言也。若于尧之言，有所增加，《论语》不足信矣。"人心""道心"，正是《荀子》性恶宗旨。"惟危"者，以言乎性之恶；"惟微"者，此理散殊，无有形象，必择致至精，而后始与我一，故矫饰之论生焉。后之儒者于是以心之所有，唯此知觉；理则在于天地万物。穷天地万物之理，以合我心之知觉，而后谓之道，皆为人心道心之说所误也。夫人只有一心，当恻隐自能恻隐，当羞

---

① 林庆彰：《清初的群经辨伪学》，台北文津出版社 1990 年版，第 85~91 页。
② 林庆彰：《清初的群经辨伪学》，台北文津出版社 1990 年版，第 185~187 页。

恶自能羞恶，辞让是非，莫不皆然。不失此本心，无有移换，便是"允执厥中"。故《孟子》言求放心，不言求道心；言失其本心，不言失其道心。夫子之从心所欲，不逾矩，只是不失人心而已。然则此十六字者，其为理学之蠹，甚矣！

林庆彰先生指出，黄宗羲不但指出十六字心传乃本之《论语》《荀子》，且以为"人心惟危，道心惟微"，乃《荀子》性恶之宗旨。后世学者误以人心之所有唯此知觉，必须穷万物之理，以合我心之知觉，始可谓之道，此点实为"人心""道心"之说所误，遂以十六字心传"为理学之蠹"。吾人皆知，十六字心传为宋明理学传道之说立论的根据，所以前引黄氏之文，以为"岂三代以下可伪为者哉"！表示宗羲受理学传统影响之一种保守态度。又将十六字心传视为"理学之蠹"，则当时学风之潜移，于宗羲身上，实可看得最清楚。①

今按，黄宗羲的转向是值得玩味的。前后何以判若二人？可能与神州陆沉有极大之关系。身处明朝，志在传王学之心法，所谓"为天地立心，为生民立命，为往圣继绝学，为万世开太平"，故坚决维护十六字心传的权威性，以为"岂三代以下可伪为者哉"！后来，将十六字心传视为"理学之蠹"，挥刀自宫，切断与心学的联系，无疑是面对新朝的一种自我保护的策略。因此，窃以为，黄宗羲的转向在思想史上的意义远大于在学术史上的意义。十六字心传无论出自何书，其实都无关紧要，重要的是，它本身所具有的思想之光与文化之源。

五、陆世仪

（一）陆世仪其人

陆世仪（1611—1672），字道威，号刚斋，晚号桴亭，别署眉史氏。少好养生之说，既而弃去，一于敬天敬心之学。著《思辨录》，分小学、大学、立志、居敬、格致、诚正、修齐、治平、天道、人道、诸儒异学、经、子、史籍十四门。

（二）陆世仪的文献辨伪

1. 《周易》

陆世仪《桴亭先生文集》卷一《乾卦讲义》云：

> 《易》是天人合一之书，古往今来，天覆地载，只是这个《易》。圣人穷理尽性至命，亦只是这个《易》。百姓戴高履厚，日用不知，亦只是这个《易》。……孔子知道不可行，则退而赞述。孟子知时不可得，则退而著书。所谓后天奉天也。如此，方见得九。

---

① 林庆彰：《清初的群经辨伪学》，台北文津出版社1990年版，第187~188页。

陆世仪肯定了孔子与《周易》的关系，与疑古派截然不同。

2. 文中子

世之论文中子者多不同，有极诋之者，有极称之者，其言皆不平。惟程子谓王通隐德君子，当时言语后来为人傅会，其粹处殆非荀、杨所及。若续经之类皆非其所作。此为至当不易之论。

辨文中子续经之类皆非其所作。

按《桴亭先生文集》卷三《曹颂嘉漫园文稿序》曰："羲、文之《易》所以述天人，即后世性理诸书是也。虞夏商周之《书》、孔子之《春秋》所以纪政事，即后世史传诸书是也。商周之雅颂、十五国之风诗，所以言性情，即后世乐府诗歌之类是也。周公之《周礼》《仪礼》、汉儒之《礼记》所以载典礼，即后世八书、十志之类是也。然而在古则谓之经，在今则概谓之诗与文，盖有说焉。古人之诗文，先有道而后有言者也，可以为万世法，故谓之经。后人之诗文，则诗文而已矣，求一言之几于道而不可得，即或有煌煌大言，如韩之《原道》、欧之《本论》，亦庶几乎圣人之徒矣，而程朱犹谓之倒学。盖先有文而后有道，学为文而规模乎前哲，求其不倍乎道，而冀其文之或传也，乃后世之学为韩、欧八大家之文者，并其所谓倒学者而忘之，而日驰骛于体格、气局、词令、才情之末。夫所谓体格、气局、词令、才情者，如化工之于品物，天风之于水波，皆自然者也。若徒为叔敖、优孟，则剪彩为花，垒石为丘而已，于古人何有焉？故君子之于道也，尽其志而学焉，内观乎身心性命之微，外观乎天地民物之大，从容而践履之，优游充积而发抒之，灿然而理明，油然而辞顺。"于此可见，他对经典的真伪问题坚持传统看法，不轻于疑古，于五经的作者没有提出异议，保守中有坚守，尤为难能可贵。然《读史笔记自序》又云："先儒程子有言：'五经，载道之书。《春秋》，圣人之用。'故通乎《春秋》者然后能经，能权愚。谓不独《春秋》，凡经皆体，凡史皆用。不知经，内圣之学不明；不读史，外王之道不具。二者不可偏废也。然史氏好诬，传闻失实，大道既隐，好恶日乖。《春秋》而后无信史，仲尼而后无笔削。虽史书具存，能读史者鲜矣。"《春秋》而后无信史，无疑对孔子以后的历史著作进行了全盘否定，未免过于偏激。

六、周亮工

（一）周亮工其人

周亮工（1612—1672），本名亮，字元亮，号栎园，祥符（今河南开封）人。著有《印人传》《读画录》《字触》《书影》《闽小记》《赖古堂诗文集》，今人汇编而成《周亮工全集》。生平事迹见《清史列传·贰臣传》《嘉庆重修一统志》卷四二四。

（二）周亮工的文献辨伪

1. 《水浒传》

《书影》卷一云：

> 《水浒传》相传为洪武初越人罗贯中作。又传为元人施耐庵作，田叔禾《西湖游览志》又云此书出宋人笔。近金圣叹自七十回之后，断为罗所续；因极口诋罗，复伪为施序于前，此书遂为施有矣。予谓世安有为此等书人，当时敢露其姓名者！阙疑可也。定为耐庵作，不知何据。

周亮工对于《水浒传》的作者持阙疑态度，比较谨慎。学界后来一直存在争议。

2. 叶昼造伪

《书影》卷一云：

> 叶文通，名昼，无锡人，多读书，有才情。留心二氏学，故为诡异之行，迹其生平，多似何心隐。或自称锦翁，或自称叶五叶，或称叶不夜；最后名梁无知，谓梁溪无人知之也。当温陵《焚》《藏》书盛行时，坊间种种借温陵之名以行者，如《四书第一评》《第二评》《水浒传》《琵琶》《拜月》诸评，皆出文通手。文通自有《中庸颂》《法海雪》《悦容编》诸集；今所传者，独《悦容编》耳。文通甲子、乙丑间游吾梁，与雍丘侯五汝戢倡为海金社，合八郡知名之士，人镌一集以行。中州文社之盛，自海金社始。后误纳一丽质，为其夫殴死。文通气息仅属，犹鸣冤邑令前，惜乎无有白其事者。侯汝戢言，其遗骸至今旅泊雍丘郭外。

今按，此条与钱希言《戏瑕》卷三雷同。

3. 《笳声十八拍》

《书影》卷十云：

> 蔡琰《笳声十八拍》，昔人谓唐人伪撰；《木兰词》，《英华》以为唐韦元甫作。予谓《十八拍》俱用沈约韵，《木兰词》首章亦用沈韵，愈证为唐。盖此等诗原是昔人设身处地，代为悲叹而作，初非伪撰，后人误作本人耳。使当日有心伪误，何不稍出入其韵，乃留此破绽，使后人一眼觑破耶！今人动作《明妃怨》，中间颇有似明妃自道者，亦将谓皆明妃自作，亦将谓后人伪撰耶！不辨明矣。

周亮工以为《笳声十八拍》原为唐人设身处地代蔡文姬作，初非伪撰，后人误认为蔡氏本人。这种解释比较取巧，缺少实证。

4. 《千秋金鉴录》

《书影》卷八云：

> 《纲目》唐开元二十四年张九龄上《千秋金鉴录》："'以镜自照见形，以人自照

见吉凶"两语者，其书之序意也；述前世兴废之源者，其书意也。'兹《录》也，《序》无两语，而述前世兴废之源，择焉不精，语焉不详，不似公口中语，伪无疑矣。

周亮工认为今本《千秋金鉴录》非张九龄原作，当是后人伪作。

七、张尔岐

（一）张尔岐其人

张尔岐（1612—1678），字稷若，号蒿庵，山东济阳人。明诸生。祖以上皆以务农为生。父行素，官石首县丞，罢兵难，尔岐欲身殉，以母老止。顺治七年，贡成均，亦不出。尔岐逊志好学，笃守程朱学说，题其室名"蒿庵"，教授乡里以终身。著《天道论》《中庸论》《谨俗论》《笃终论》《立命说辨》《周易说略》《老子说略》《蒿庵集》《蒿庵闲话》等。

顾炎武尝与汪琬书，称尔岐之学，根本先儒，立言简当；又与友人论师道书曰："独精三礼，卓然经师，吾不如张稷若。"其为亭林所推重如此。《四库全书总目》比较二家之书后做出如下判断："《日知录》原原本本，一事务穷其始末，一字务核其异同。是编特偶有所得，随文生义，本无意于著书，谓之零玑碎璧则可，至于网罗四部，镕铸群言，则实非《日知录》之比。"

（二）张尔岐的文献辨伪

1. 《三礼考注》

张尔岐《蒿庵闲话》卷二云：

> 愚读《仪礼》，偶得吴氏《考注》，其注皆采自郑、贾，往往失其端末。其不用郑、贾者四十余事。惟《少牢篇》"尸入正祭"章补入"尸授祭肺"四字为有功于经，余皆支离之甚。草庐名宿，岂应疏谬至此？后得《三礼考注序》云，辄因朱子所分礼章，重加伦纪，其经后之记，依经章次秩序，其文不敢割裂，一仍其旧。今此书则割裂记文，散附经内矣。序又云，二戴之《记》中有经篇，离之为逸经。礼各有义，则经之传也。以戴氏所存兼刘氏所补合之而为传，传十五篇。今此书十五篇则具矣，《士相见》《公食大夫》二篇但采摭《礼记》之文以充数，求所谓清江刘氏之书无有也。至于逸经八篇，序详列其目，《公冠》《迁庙》《衅庙》取之大戴，《奔丧》《投壶》取之小戴，《中霤》《禘于太庙》《王居明堂》取之郑氏注。逸经虽曰八篇，实具其书者五篇而已。其三篇仅存篇题，非实有其书也。今此书大戴《明堂》列之第二，盖不知王居明堂之与明堂为有辨也。三者与序皆不合，其不出于吴氏也审矣。序又云，正经居首，逸经次之，传终焉，皆别为卷而不相絮。此外悉以归诸戴氏之记。朱子所辑及黄氏《丧礼》杨氏《祭礼》亦参伍以去其重复，名曰《朱氏记》，而与二戴为三。本书次第，略见于此。今此书《朱记》了不可见，而又杂取二戴之

书名为《曲礼》者八篇，庞杂萃会，望之欲迷。与所云悉以归诸戴氏之《记》者又不合。何物妄人，谬诬先儒至此。

《四库全书总目》卷二十五《三礼考注》提要引用其辨伪成果，且加以肯定：

> 《三礼考注》六十四卷，旧本题元吴澄撰。其书据《尚书·周官篇》以改《周礼》六官之属。分《大司徒》之半以补《冬官》，而《考工记》别为一卷。《仪礼》十七篇为正经，于大、小《戴记》中取六篇为《仪礼》逸经，取十六篇为《仪礼》传。别有《曲礼》八篇。然澄作《尚书纂言》，不信古文，何乃据《周官》以定《周礼》。即以澄《三礼叙录》及《礼记纂言》考之，所列篇目亦不合。其经义混淆，先后矛盾者，不一而足。虞集作澄《墓志》，宋濂《元史》澄本传，皆不言澄有此书。相传初藏庐陵康震家，后为郡人晏璧所得，遂掩为己作，经杨士奇等钞传改正。然士奇《序》及成化中罗伦《校刻序》皆疑其为璧所作，则当时固有异论矣。士奇又言："闻诸长老，澄晚年于此书不及考订，授意于其孙当，当尝为之而未就。"朱彝尊《经义考》言："曾购得当所补《周官礼》，以验今书，多不合。"又张尔岐《蒿菴闲话》曰"……"云云，然则是书之伪，可以无庸疑似矣。

《四库全书总目》卷一百二十九《蒿庵闲话》提要亦云："其论吴澄《三礼考注》出于依托，极为精核。盖尔岐本长于《礼》，故剖析凿凿。使尽如斯，则方驾《日知录》可也。"

2. 《周官》《仪礼》

张尔岐《仪礼郑注句读序》云：

> 在昔周公制礼，用致太平，据当时施于朝廷乡国者勒为典籍，与天下共守之。其大体为《周官》，其详节备文则为《仪礼》。周德既衰，列国异政，典籍散亡，独鲁号秉礼，遗文尚在。孔子以大圣生乎其地，得其书而学焉，与门弟子修其仪，定其文，无所失坠。子思曰："仲尼祖述尧舜，宪章文武。"孔子亦自谓曰："吾学周礼，今用之，吾从周。文王既没，文不在兹乎？"并谓此也。秦氏任刑废礼，此书遂熄。汉初，高堂生传《仪礼》十七篇。武帝时，有李氏得《周官》五篇，河间献王以《考工》补冬官，共成六篇奏之。后复得古经五十六篇于鲁淹中，其中十七篇与高堂生所传同，余三十九篇无师说，后遂逸。《汉志》所载传礼者十三家，其所发明，皆《周官》及此十七篇之旨也。十三家独小戴大显，近代列于经以取士，而二礼反日微。盖先儒于《周官》疑信及半，而《仪礼》则苦其难读故也。夫疑《周官》者，尚以新莽、荆国为口实。《仪礼》则周公之所定，孔子之所述。当时圣君贤相、士君子之所遵行，可断然不疑者，而以难读废，可乎？愚三十许时，以其周、孔手泽慕而欲读之。读莫能通，旁无师友可以质问，偶于众中言及，或阻且笑之。闻有朱子《经传通解》，无从得其传本。坊刻考批注诂之类，皆无所是正，且多谬误，所守者唯郑注、贾疏而已。注文古质，而疏说又漫衍，皆不易了。读不数翻，辄罢去。至庚戌岁，愚年五十九矣，勉读六阅月，乃克卒业焉。于是取经与注章分之，定其句读，

疏则节录其要，取足明注而止。或偶有一得，亦附于末，以便省览。且欲公之同志，俾世之读是书者或少省心目之力，不至如愚之屡读屡止，久而始通也。因自叹曰：方愚之初读之也，遥望光气，以为非周、孔莫能为已耳，莫测其所言者何等也。及其矻矻乎读之，读已又默存而心历之，而后其俯仰揖逊之容如可睹也，忠厚恻恻之情如将遇也。周文郁郁，其斯为郁郁矣。君子彬彬，其斯为彬彬矣。虽不可施之行事，时一神往焉，仿佛戴弁垂绅从事乎其间，忘其身之乔野鄙儓，无所肖似也。使当时遇难而止，止而竟止，不几于望辟雝之威仪，而却步不前者乎？噫！愚则幸矣。愿世之读是书者勿徒惮其难也。

八、顾炎武

（一）顾炎武其人

顾炎武（1613—1682），初名绛，字宁人，号亭林，亦自署蒋山佣。南都败后，因为仰慕王炎武之为人，改名炎武。因故居旁有亭林湖，学者尊为亭林先生。与黄宗羲、王夫之并称为明末清初三先生。年十四，补诸生，屡试不遇，见时事日非，遂弃去举子业，屏居山中。取家藏经史、累朝实录及天下郡县志、明代名人文集奏疏遍阅之，有得辄录。学问渊博，博涉多通。晚年治经重考证，开清代朴学风气。其学以博学于文、行己有耻为主，合学与行、治学与经世为一。诗多伤时感事之作。著有《日知录》《天下郡国利病书》《肇域志》《音学五书》《亭林诗文集》等。

（二）顾炎武的文献辨伪

林庆彰先生指出："炎武虽为后人推尊为清代考据学的鼻祖，然其考据的代表作《日知录》，着重学术兴衰、风俗民情和国计民生的论述。于经部伪书并未下苦功辨证。"①

1. 《连山》《归藏》《周易》

《日知录》卷一"三易"条云：

> 夫子言包羲氏始画八卦，不言作《易》，而曰："《易》之兴也，其于中古乎？"又曰："《易》之兴也，其当殷之末世，周之盛德邪？当文王与纣之事邪？"是文王所作之辞始名为《易》。而《周官》大卜掌《三易》之法：一曰《连山》，二曰《归藏》，三《易》之名以名之也。犹之墨子书言"周之《春秋》，燕之《春秋》，宋之《春秋》，齐之《春秋》"。周、燕、宋、齐之史，非必皆"春秋"也，而云"春秋"者，因鲁史之名以名之也。

2. 《古文尚书》

顾炎武怀疑《古文尚书》的条目有《泰誓》《古文尚书》《书序》诸条。《日知录》

---

① 林庆彰：《清初的群经辨伪学》，台北文津出版社 1990 年版，第 188 页。

卷二《泰誓》条云：

> 商之德泽深矣，尺地莫非其有也，一民莫非其臣也。武王伐纣，乃曰："独夫受，洪惟作威，乃汝世仇。"曰："肆予小子，诞以尔众士，殄歼乃仇。"何至于此？纣之不善，亦止其身，乃至并其先世而仇之，岂非《泰誓》之文出于魏、晋间人之伪撰者邪？【蔡氏曰："《泰誓》《武成》一篇之中，似非尽出一人之口。"① 又引吴氏言，疑其书之晚出，或非尽当时之本文。盖已见及乎此，特以注家之体，未敢直言其伪耳。】"朕梦协朕卜，袭于休祥，戎商必克。"伐君大事，而托之乎梦，其谁信之？殆即《吕氏春秋》载夷、齐之言，谓武王扬梦以说众者也。

顾炎武以为武王伐纣不应如此残暴，并纣之先世而仇之。遂怀疑《泰誓》为魏、晋间人伪造。又引蔡沈之言，以为蔡氏已知《泰誓》之伪，只因注家之体，未敢直言其伪。炎武又说："《孟子》引《书》：'王曰无畏，宁尔也，非敌百姓也，若崩厥角，稽首。'今改之曰：'罔或无畏，宁执非敌，百姓懔懔，若崩厥角。'后儒虽曲为之说，而不可通矣。"炎武以为《泰誓中》改易《孟子》所引武王之言，遂不可通。此乃就文理辨之。又《古文尚书》条说："然则今之《尚书》，其今文古文皆有之三十三篇，固杂取伏生、安国之文。而二十五篇之出于梅赜，《舜典》二十八字之出于姚方兴，又合而一之。孟子曰：'尽信书不如无书。'于今日而益验之矣。"

顾炎武说"二十五篇之出于梅赜""《舜典》二十八字之出于姚方兴"，则其于《古文尚书》之伪，态度已颇为坚定。此外，炎武《五经同异》一书，曾经转录朱文公《书临纬所刊书经后》和吴澄《书经叙录》二文置于《尚书》部分的前头。该二文皆辨证伪《古文尚书》之重要文字，于此可见顾炎武对《古文尚书》的态度。

3. 外国本《尚书》

外国本《尚书》为丰坊伪造系列伪书之一，顾炎武以为丰坊之父丰熙所伪造，并不确切。惟其辨证方法仍有可述者。《日知录》卷二"丰坊伪《尚书》"条云：

> 五经得于秦火之余，其中固不能无错误，学者不幸而生乎二千余载之后，信古而阙疑，乃其分也。近世之说经者莫病乎好异，以其说之异于人而不足以取信，于是舍本经之训诂，而求之诸子百家之书。犹未足也，则舍近代之文，而求之远古。又不足，则舍中国之文而求之四海之外。如丰熙之《古书世本》，尤可怪焉（鄞人言，出其子坊伪撰。又有《子贡诗传》，后儒往往惑之）。曰箕子朝鲜本者，箕子封于朝鲜，传《书》古文，自《帝典》至《微子》止，后附《洪范》一篇。曰徐市倭国本者，徐市为秦博士，因李斯坑杀儒生，托言入海求仙，尽载古书至岛上，立倭国，即今日本是也。二国所译书，其曾大父河南布政使庆录得之，以藏于家。按宋欧阳永叔《日本刀歌》："徐福行时书未焚，逸书百篇今尚存。"盖昔时已有是说，而叶少蕴固已疑之。夫诗人寄兴之辞，岂必真有其事哉？日本之职贡于唐久矣，自唐及宋，历代

---

① 宋金履祥《书经注》卷七："蔡氏曰：'此篇严肃而温厚，与汤誓诰相表里，真圣人之言也。《泰誓》《武成》一篇之中，似非尽出一人之口，岂独此篇而全书乎？'"

求书之诏不能得，而二千载之后，庆乃得之。其得之，又不以献之朝廷，而藏之家，何也？（宋咸平中，日本僧奝然以郑康成注《孝经》来献，不言有《尚书》。）至曰箕子传《书》古文，自《帝典》至《微子》，则不应别无一篇逸书，而一一尽同于伏生、孔安国之所传。其曰后附《洪范》一篇者，盖徒见《左氏传》三引《洪范》皆谓之《商书》，（《文公五年》引"沈渐刚克，高明柔克"，《成公六年》引"三人占，从二人"，《襄公三年》引"无偏无党，王道荡荡"。《正义》曰，箕子商人，所说故谓之《商书》。）【丁氏《校正》：阎云：《左传》屡引《洪范》，目为《商书》，说者谓此夫子未删前之书名也。寿昌案：亭林力辟丰熙伪《书》并《古书世本》之伪，又子贡《诗传》出其子坊伪撰，实有功正学之言。】而不知"王"者，周人之称，"十有三"者，周史之记，不得为商人之书也。《禹贡》以"道山""道水"移于"九州"之前，此不知古人先经后纬之义也。（孔安国传"道岍及岐"，即云："更理说所治山川首尾所在。"是自汉以来，别无异文。《史记·夏本纪》亦先九州而后道山、道水。）《五子之歌》"为人上者，奈何不敬"，以其不叶，而改之曰"可不敬乎"，谓本之《鸿都石经》。据《正义》言，蔡邕所书石经《尚书》，止今文三十四篇，无《五子之歌》，熙又何以不考而妄言之也。（《五子之歌》乃孔氏古文，东晋豫章内史梅赜所上，故《左传·成公十六年》引"怨岂在明，不见是图"，《哀公六年》引"惟彼陶唐，有此冀方"，杜预注并以为《逸书》。《国语》周单襄公引"民可近也，而不可上也"，单穆公引"关石和钧，王府则有"，韦昭解亦以为《逸书》。）夫天子失官，学在四裔，使果有残篇断简，可以补经文而助圣道，固君子之所求之而惟恐不得者也。若乃无益于经，而徒为异以惑人，则其于学也亦谓之异端而已。愚因叹夫昔之君子，遵乎经文，虽章句先后之间，犹不敢辄改。故元行冲奉明皇之旨，用魏徵所注《类礼》，撰为疏义，成书上进，而为张说所驳，谓章句隔绝，有乖旧本，竟不得立于学官。夫《礼记》，二戴所录，非夫子所删，况其篇目之次，元无深义，而魏徵所注，则又本之孙炎（字叔然，汉末人）。以累代名儒之作，申之以诏旨，而不能夺经生之所守，盖唐人之于经传，其严也如此。故啖助之于《春秋》，卓越三家，多有独得，而史氏犹讥其不本所承，自用名学，谓后生诡辩，为助所阶。乃近代之人，其于读经，卤莽灭裂，不及昔人远甚；又无先儒为之据依，而师心妄作，刊传记未已也，进而议圣经矣；更章句未已也，进而改文字矣。此陆游所致慨于宋人，（陆务观曰：唐及国初学者，不敢议孔安国、郑康成，况圣人乎？自庆历后，诸儒发明经旨，非前人所及，然排《系辞》，毁《周礼》，疑《孟子》，讥《书》之《胤征》《顾命》，不难于议经，况传记乎？赵汝谈至谓《洪范》非箕子之作。）而今且弥甚！徐防有言："今不依章句，妄生穿凿，以遵师为非义，意说为得理，轻侮道术，寖以成俗。"呜呼！此学者所宜深戒，若丰熙之徒，又不足论也。（近有谓得朝鲜本《尚书》，于《洪范》"八政"之末，添多五十二字者。按元王恽《中堂事记》，中统二年，高丽世子禃来朝，宴于中书省。问曰，传闻汝邦有《古文尚书》及海外异书。答曰，与中国书不殊。是知此五十二字者，亦伪撰也。）汉东莱张霸伪造《尚书》百二篇，以中书校之，非是。"霸辞受父，父有弟子尉氏樊并，诏存其书。后樊并谋反，乃黜其书。"而伪《逸书·嘉禾》篇，有"周公奉鬯，立于阼阶，延登赞曰：假王莅政"之语。莽遂依之，以称居摄。是知惑世诬民，乃犯上作乱之渐。《大学》之教，禁于未发者，其必先之矣。

此条既辨证徐市倭国本《尚书》，也考辨箕子朝鲜本《尚书》。林庆彰先生指出，所谓箕子朝鲜本《尚书》，实就当时通行之《伪古文尚书》加以改篡而成。

4. "心学"十六字

《黄氏日钞》解《尚书》"人心惟危，道心惟微，惟精惟一，允执厥中"一章曰："此章本尧命舜之辞，舜申之以命禹，而加详焉耳。尧之命舜曰：'允执厥中。'今舜加'危微精一'之语于'允执厥中'之上，所以使之审择而能执中者也。此训之之辞也，皆主于尧之'执中'一语而发也。尧之命舜曰：'四海困穷，天禄永终。'今舜加'无稽之言勿听，以至敬修其可愿'于'天禄永终'之上，又所以警切之，使勿至于困穷而永终者也。此戒之之辞也，皆主于尧之'永终'二语而发也。'执中'之训正说也，'永终'之戒反说也。盖舜以昔所得于尧之训戒，并其平日所尝用力而自得之者，尽以命禹，使知所以执中而不至于永终耳，岂为言心设哉？近世喜言心学，舍全章本旨，而独论人心道心，甚者单摭'道心'二字，而直谓即心是道，盖陷于禅学而不自知，其去尧、舜、禹授受天下之本旨远矣！【丁氏《校正》〔晏案〕人心道心，出东晋伪古文，袭用《荀子》语，黄梨洲《古文尚书疏证序》亦谓"人心道心"十六字为理学之蠹。】蔡九峰之作《书传》，述朱子之言曰：'古之圣人将以天下与人，未尝不以治之之法而并传之。'可谓深得此章之本旨。九峰虽亦以是明帝王之心，而心者，治国平天下之本，其说固理之正也。其后进此《书传》于朝者，乃因以三圣传心为说。世之学者，遂指此书十六字为传心之要，而禅学者借以为据依矣。愚按，心不待传也，流行天地间，贯彻古今，而无不同者，理也。理具于吾心，而验于事物。心者，所以统宗此理，而别白其是非。人之贤否，事之得失，天下之治乱，皆于此乎判。此圣人所以致察于危微精一之间，而相传以执中之道，使无一事之不合于理，而无有过不及之偏者也。禅学以理为障，而独指其心，曰不立文字，单传心印。圣贤之学，自一心而达之天下国家之用，无非至理之流行，明白洞达，人人所同，历千载而无间者。何传之云俗说漫淫，虽贤者或不能不袭用其语，故僭书其所见如此。"

《中庸章句》引程子之言曰："此篇乃孔门传授心法。"亦是借用释氏之言，不无可酌。

《论语》一书，言心者三，曰："七十而从心所欲，不逾矩。"曰："回也，其心三月不违仁。"曰："饱食终日，无所用心。"乃"操则存，舍则亡"之训。门人未之记，而独见于《孟子》。夫未学圣人之操心，而骤语夫从心，此即所谓饱食终日，无所用心，而旦昼之所为，有牿亡之者矣。

唐仁卿（名伯元，澄海人，万历甲戌进士，官至吏部文选司郎中）答人书曰："自新学兴而名家著，其冒焉以居之者不少。然其言学也则心而已矣。元闻古有学道，不闻学心；古有好学，不闻好心。'心学'二字，六经孔孟所不道。今之言学者，盖谓心即道也，而元不解也。何也？危微之旨在也，虽上圣而不敢言也。今人多怪元言学而遗心，孰若执事责以不学之易了，而元亦可以无辞于执事。子曰：'有能一日用其力于仁矣乎？'又曰：'一日克己复礼。'又曰：'终日乾乾，行事也。'元未能也。孔门诸子日月至焉，夫子犹未许其好学，而况乎日至未能也，谓之不学可也。但未知执事所谓学者，果仁邪？礼邪？事邪？抑心之谓邪？外仁、外礼、外事以言心，虽执事亦知其不可。执事之意，必谓仁与礼与事即心也，用力于仁，用力于心也；复礼，复心也。行事，行心也。则元之不解犹昨也。谓之不学可也。"又曰："孳孳为善者心，孳孳为利者亦未必非心。危哉心乎！判吉凶，别人禽，虽大圣犹必防乎其防，而敢言心学乎？心学者，以心为学也。以心为学，是以心为性也。心能具性，而不能使心即性也，是故求放心则是，求心则非；求心则非，求于心则是。我所病乎心学者，为其求心也。心果待求，必非与我同类；心果可学，则以礼制心、以仁存心之言，毋乃为心障与？"

《论语》"仁者安仁"，《集注》谢氏曰："仁者心无内外、远近、精粗之间，非有所存，而自不亡；非有所理，而自不乱。"此皆庄、列之言，非吾儒之学。《太甲》曰："顾諟天之明命。"子曰："回之为人也，择乎中庸，得一善，则拳拳服膺而弗失之矣。"故曰："操则存，舍则亡。"不待存而自不亡者，何人哉？

今按，顾炎武不善于辨伪，考据虽开一代风气之先，亦不够精粹，惟经世之学为其所长。

九、黄宗炎

（一）黄宗炎其人

黄宗炎（1616—1686），字晦木，一字立溪，学者称鹧鸪先生。明季贡生。黄尊素次子，黄宗羲弟。与兄黄宗羲、弟黄宗会号称"浙东三黄"。兄弟三人均为刘宗周弟子。著有《周易象辞》《寻门余论》《六书会通》《二晦集》《山栖集》等。

（二）黄宗炎的文献辨伪

1.《连山》《归藏》

黄宗炎《周易寻门余论》卷下云：

桓谭《新论》谓《连山》八万言，藏之兰台，《归藏》四千三百言，藏之太卜。是殷书与《周易》等，夏之文字几二十倍于文王、周公之辞，岂古昔之方册乎？为此说者亦不明古今之通义矣。又不知吾夫子亦曾见之否？何平生竟无一言及此也。按：《归藏》尚留六十四卦名，云缺其四，其间不同于《周易》者，需为溽，云上于天而将雨，必有湿溽之气先见乎下……其他则不可详也。此多纬书之傅会，不足深信，姑释于此，以为好事者之决疑，然其当否，亦未可知。异学不能害正道，其所以害之之故，未有不缘于似是而非者。夫子云恶莠乱苗，恶郑乱雅，恶乡愿乱德，俱以似是而非也。

2. 图书

朱彝尊《经义考》卷十六引用其说云：

> 周茂叔之太极图、邵尧夫之先后天图同出于陈图南。夫阴阳老少之说未尝见于《十翼》，不过后人以揲蓍求卦，著于版上，以为分别纪数也，故称其名俗而不古，然犹强解曰，画卦自下而上，有一画，始有二画，以至三画，故作此影响之论。若夫六画之卦，一干为主，为下卦，是为贞卦，而递以八卦加之为上卦，为是悔卦，其它七卦莫不皆然，安得于此时拆去其上二画而为四画，拆去其上一画而为五画也哉？如既已重之，则一卦各错八卦，显然成六十四卦，安得于此中有先后去取之殊，而为十六、为三十二也哉？图南本黄冠师，此图不过仙家养生之所寓，故牵节候以配合，毫无义理。再三传而尧夫受之，指为性天窟宅，千古不发之精蕴尽在此图，本义崇而奉焉，证是羲皇心传，置夫大《易》之首。以言乎数，则不逮京房、焦赣之可征；以言乎理，则远逊辅嗣、正叔之可据。且曲为之说曰："此图失自秦火，流于方外，自相授受，不入人间。"夫《易》为卜筮之书，不在禁例，宜并其图而不禁，岂有止许民间藏卦爻而独不许藏图之事？朱元晦与王子合书云：邵氏言伏羲卦位近于穿凿附会，且当阙之。乃《易学启蒙》《本义》又如此其敬信，不可解也。

黄宗炎《周易寻门余论》卷上云：

> 《河图》《洛书》之说，其言怪妄，不足深信，何所仿佛乎卦画？凿之而不得其故，则遁为著策所由兴，及附防割剥于著策，又无可契合，是图书也，直可有可无之余事尔，岂足为大《易》之根原乎？支离蔓衍，无当圣经，惟欧阳永叔欲尽扫除，真开拓千古之心胸者也。有宋儒者无虑百数，俱不能有此独辟之见，又不能从而和之，乃依回皋杌于其间，岂务民反经之正道哉？夫子赞《易》，删定《诗》《书》《礼》《乐》，笔削《春秋》，生民未有贤于尧舜，何尝赖此怪妄之事。凡善读书之人，须求圣人于庸德庸行中，勿搜其隐怪，则庶几无大背矣。

黄宗炎《周易寻门余论》卷下云：

> 客问："陆子静悟弈为《河图》数，卧观棋局两日，而弈无敌于天下，信有之乎？"曰："此必无之事也。《河图》之数传者如彼，棋局之格画者如此，前后左右上下中边毫无可通，子静虽贤，何能有此不情之智慧、非理之聪明？棋工满天下，吾未见其稍习夫《河图》，关子明、刘长民辈吾未闻其以弈称于当日，或者象山偶弈，聊以《河图》之说示学者，或遂传之而失其实，与吾所以恶夫图数之不足凭，智者易为邪说以欺人，愚者无可以指证，而甘受其诳也。孟子云：'弈，小数，非专心致志则不得。'岂有无假学习，仅得两日之空思而遂高出于天下者哉？庄生云：'七日而虮大如车轮。'但言其视虮，非言其学射也。若夫射，则彼习之有素矣。如果有是，吾又惜其不以《河图》穷《易》理，而乃以弈竟《河图》也。"

黄宗炎《图学辨惑序》云：

> 《易》有图学，非古也，注疏犹是魏晋唐所定之书，绝无言及于此者。有宋图学三派出自陈图南，以为养生驭气之术，托诸大《易》，假借其乾坤水火之名，自申其说，如《参同契》《悟真篇》之类，与《易》之为道截然无所关合。儒者得之，始则推墨附儒，卒之因假即真，奉螟蛉为高曾，甘自屈其祖祢。据朱子发《经筵进表》，宋《易》之陈氏亦犹汉之《易》学，授受俱鼻祖于田子装。田氏之学传自圣门，历历可数。图学从来出自图南，则道家者流杂之大《易》，遂使天下靡然称为《易》《老》，儒者极其崇奉，并讳其所谓《老》，专以《易》归之，亦可畏也。上古何尝有图，但文字未备，画为奇耦，示文字之造端尔。陈氏不识古文古字，误以为图也。文、周、孔子文字大备，始得畅其所言，著之竹木，而义理昭然可睹，皆所以阐发古文古字之幽隐，破除其艰涩，以就夫坦夷。读《十翼》正所以明显象爻辞象，明显象爻辞象正所以追测卦画之古文古字也。创为三图，而欲掩包牺已露之面目，使天下后世重求之于晦冥蒙昧之途，何殊知饔飧，而以茹毛饮血为至味，毁庐舍而以上巢下穴为适安也。秦焚《诗》《书》，《易》独以卜筮得免。若有图，亦宜不禁，胡为偏遁而孤行方外？秦汉之时虽有黄老之学，亦只在民间，岂有与世间隔不通于学士大夫之理乎？此皆据其偏辞无能强申者也，非惑与？可不辩与？

黄宗炎《周易寻门余论》卷上云：

> 朱元晦曰："传所以解经。既通其经，则传亦可无。经所以明理。若晓得理，则经虽无亦可。"此语与陆子静"六经为我注脚"其实相似。与庄周之尘垢糠秕、达摩之不立语言文字同一义也。

今按：老庄、禅宗与后现代哲学多有相通之处，长于解构，去蔽解毒是其长处，短处是破坏力太大。

3.《周易》

黄宗炎《周易寻门余论》卷上云：

> 《易》始于伏圣六十四卦画皆具，唐虞夏商皆世守之，似乎稍有润色，然而不可考矣。其相传《连山》《归藏》之名亦宜有所依据，确否已难尽信。文王演为彖辞，周公系以爻辞，而《易》始大备，其道乃中天矣。故专属之周，曰《周易》。

黄宗炎《周易寻门余论》卷下：

> 卦、爻、彖、象诸名，文、周所无必，立自夫子。观《大传》所称，则似确有前人一定之则者。然或太卜传守，原有大略，迨夫子取而阐发之，始详尽而可征信，然要之《易》行既久，各国俱有占辞，未必合一，如纬书所传之类，虽属汉儒附会，亦必一二稍有根本，惟在鲁者，乃周公所作，尽善尽美，鲁用之，孔子从之。

　　陈图南曰：羲皇始画八卦，重为六十四，不立文字，画即文字也。以谓不立文字者，但知后世之俗书，不识文字之造端尔。使天下之人默观其象而已。如其象则吉凶应，违其象则吉凶反，此羲皇不言之教也。自有天地来，未有方册文字，而羲皇始为之，正欲以言垂教天下后世之法则也。乃云不言之教，盖以今时视上古，失烦简之义，其论颠倒矣。《易》道不行，乃有周、孔。三代有《易》，太卜掌之，凡有作事，必资卜筮，著在六经，惟觉其崇信太过，未尝不行也，又何所据而云然。周、孔孤行，《易》道复晦。此二语者，以异学明攻圣人，不知周公爻辞仅藏在鲁，不行于天下，孔子道不行，其《十翼》在当时亦无能崇信之者，未始得孤行而晦《易》道也。盖上古卦画明，《易》道行。此明此行，当是指五帝之世，其他不可考矣。唐虞之典谟具在，何曾有语及卦画者？何以知其明且行也？后世卦画不明，《易》道不行。此不明不行又不知指何日，或是殷末与春秋之世。按《周礼》太卜掌三《易》之法，一曰《连山》，二曰《归藏》，三曰《周易》。《礼传》云：得《坤乾》则殷之明卦画也，似若可征于唐虞。箕子，殷之贵臣，其陈《洪范》在周公系爻之前，不可言不明不行也。春秋二百四十余年，左氏之言《易》及乎龟策如响应声，王侯卿大夫以龟为重宝，吾正嫌其尚鬼信巫尔，尤不可云不明不行也。不知稽古论世，徒恣臆狂言，何与圣人？于是不得已而有辞指周爻、孔翼，学者一著其辞便为《易》止于是，而周、孔遂自孤行。周末不知重爻辞、《十翼》，秦汉仅以卜筮相授受，未有重辞者，故《说卦》篇章至于遗失，出自河内女子而始全。汉儒传《易》，但言术数，鲜有知周爻、孔翼之理义。为《易》止于辞，将以谁咎？使学者而能奉行周、孔之《易》，则为人君者御天而宁万国，养民教民，有泰无否，帝王不杀，百姓无忧患。原羲皇画卦之初心，亦不过欲天下后世长如是尔。但文字始开，未能一一精详也。以周、孔孤行为恨，是惧孔子之道不息，杨、墨之道不著者矣。更不知有卦画微旨，羲皇卦画之旨发端甚微，文王阐之而有未尽也，周公又阐之而有未明也。于是，孔子大肆其宣畅，使微者悉著，无智愚贤不肖皆可奉行此旨，错诸事业，岂卦画与象辞各有一道乎？乃别立畸说以欺耳食者，天下靡然从之，不特文、周、孔子之心废，而并使羲皇仰观俯察以教天下之至意一皆入于清静无为之域，岂不谬哉！此之谓买椟还珠。周公、孔子犹皆椟也，非珠也。噫！由汉以来皆然，《易》道胡为而不晦也！愚按：陈氏立言如此，显然攻周、孔而欲灭抹之。凡为圣人之徒者，当如鹰鹯之逐鸟雀。邵氏、朱氏反因之而加弥缝，补凑掩护其已甚之处，而著其无稽之衰说，为之调和酌剂，让其居于文王、周公之上，且求泯然无迹，又从而为之诪张别发，极其崇信，何异乎见人辱其君师父兄不能奋臂往救，而反助之弓矢戈铤者也。盖老氏之学，万有毕本于无，爻象之至赜至世皆混沌无形为之主宰。陈氏欲从卦画之几微而复归于混沌，不过借卦画抑辞象，以明其清静无为之教，岂知羲皇正欲离混沌而就文明。江河发原始于滥觞，文周为之四渎，孔子放乎四海也。本末之颠倒不同，尧夫固浑然自处于老氏，不足为怪，元晦强而合之，益可叹也。

　　数千年俱称愿学者，惟是先天太极一出，遂乱羲、文、周、孔之道，每有驾乎其上之语，而其所以欲胜前圣后圣者，则禀之黄老也。晦庵于从信《易传》之中每多微辞，于邵、周二图则过于七十子之服孔子，此真不可解者。

欧阳永叔从读书为文章入门，而有见于道者，既论图书之怪妄为不足信，又曰："孔子出于周末，惧文王之志不见于后世，而《易》专为卜筮用也，乃作象、象发明卦义，所以推原本意，而矫世失，然后文王之志大明。《易》之沦于卜筮也，非止今世，微孔子，则文王之志没泯不见矣。学者专于卜筮，犹见非于孔子，况遗其辞而执其占法，欲以见文王作《易》之意，不亦远乎！凡欲为君子者，学圣人之言，欲为占者，学大衍之数，惟在所择之尔。"愚谓此数语者出于邵图之先，已足以破千古之惑，真圣人之徒也。彼拘拘五行、屑屑蓍龟者，胸次广隘，岂可校量乎？

4. 《系辞》
黄宗炎《周易寻门余论》卷上云：

欧阳永叔疑《系辞》非夫子书，岂以崇信蓍龟太过，与夫子雅言有异，此盖就《易》之忧患前民而言也。三代以龟为宝，如《尚书》所藏多听命于神。至夫子立教，始尽洗往圣之习。孟子继之，悉务民义，而重经常俱大中至正，绝无鬼神之事以惑斯民，然自为开辟则可，以之赞《易》，则乖往圣之旨矣。明乎此义，而后可读《系辞》，而后可读《易》也。

5. 《子夏易传》
黄宗炎《周易象辞》卷四云：

军旅之所至，必择高地倚险而居，故从阜，营卫端肃，队伍周密，故从帀，以其为众人所归仰，故借为师傅之称。丈，十尺也，从又，古从十，指杖头形，或云十尺指右手执杖而度量短长之意，老者扶杖而行，故借为老人之称，为借所专，俗加木作杖。吴澄据《子夏传》作大人。《子夏传》伪书，不足凭。丈人名义甚美，何必改作。

6. 《周礼》
黄宗炎《周易象辞》卷四云：

《周礼》春官太师执同律以听军声：宫则军和，士卒同心；商则战胜，士卒强；角则军扰多变失志；微则将急数怒军士劳；羽则军弱少臧。臧谓俘虏，男曰臧，女曰获。《周礼》伪书，未可尽信。行师而重俘虏，岂救民之意？

黄宗炎《周易象辞》卷七亦云"《周礼》伪书，不可为训"。
黄宗炎《周易寻门余论》卷上亦云"即《周礼》之伪托于周公，《灵枢》《素问》之伪托于黄帝、岐伯，为战国、秦、汉时人之所作，犹然若断续，若缺文，不可胜计，况于殷周之际，况于唐虞之上乎？"

十、尤侗

（一）尤侗其人

尤侗（1618—1704），字同人，更字展成，号悔庵，又号艮斋，晚号西堂老人、鹤栖老人。苏州长洲人。明末诸生。工时文，词曲亦负盛名。尝以制义《怎当她临去秋波那一转》及《西堂杂俎》传入禁中，顺治帝誉之为"真才子"。补学官弟子，屡试于乡，不利，顺治五年（1648）拔贡生，九年任永平府推官。不畏强御，坐挞旗丁降调。康熙十八年（1679）召试博学鸿词，列二等，授翰林院检讨，与修《明史》。同日入院，艮斋最长，以齿序，四十九人皆坐其下。留史局三年，分撰志传，多至三百篇，覃恩授征仕郎。四十二年，康熙帝南巡迎驾，升为侍讲。旋告归家居，翌年卒于乡里。著有《明艺文志》《西堂全集》。

（二）尤侗的文献辨伪

1. 《左氏春秋》

尤侗《引义考》引云：

> 左氏之为丘明，自迁、固以下皆信之，独啖助、赵匡立说以破其非，而王介甫断左氏为六国时人者有十一事，据《左传》纪韩、魏、智伯之事及赵襄子之谥，计自获麟至襄子卒，已八十年。夫子谓"左丘明耻之，丘亦耻之"，则丘明必为夫子前辈。岂有仲尼殁后七十八年，丘明犹能著书者乎？《诗》有大、小毛，《书》有大、小夏侯，《礼》有大、小戴，六国时人岂无左氏？必以丘明实之，亦固矣！

2. 辨伪之术与治病之方相通

尤侗《西堂杂俎》二集《医暇厄言序》云：

> 新安程云来先生尝辑即得方，予既序而行之矣。居久之，复出《医暇厄言》示予。予读而笑曰：嘻！夫医安得暇乎哉？世所谓名医，吾知之矣。旦起而纳谒者，屡满户焉。入其室，问其疾，各投以药而去。其士大夫以折简邀者，则登名于版，日中而食，肩舆而出，望门而止，候主人之颜色，酬酢未毕，索笔定案，以授使者。归而谋诸弟子，俾参剂焉。抵暮而返，则药囊果然矣。其为小儿医者，昼居不出，昏夜叩人之门户，秉烛一视，疾趋而去，若驿传之速。漏尽始休，或要于路，或候于门，皆喜其来，而恨其晚也。其下医窃慕之。虽病者之有无多寡未可知，往往乘车从仆，招摇过市，穷日之力而后已。见者诧之曰：夫夫也忙甚，必名医也，医安得暇乎哉？先生曰：唯唯否否。医而不暇，何以为医良？医病万变，药亦万变，是故以志一之，以气辅之，以理持之，以神守之，寂而通之，息而游之，此岂汲汲遑遑所能治乎？夫治

病犹治兵也。栾针之称晋师曰：好以暇，金鼓方急，使摄饮焉，鄢陵所以胜也。诸葛之羽扇，谢艾之胡床，祭遵之投壶，安石之赌墅，皆暇也。予之治病，亦如是矣。

今按，此非辨伪文，辨伪医也。治病犹治兵，辨伪之术亦与之相通。"以志一之，以气辅之，以理持之，以神守之"，此用药之方法也，若移之以辨伪，亦若合符契，真赝立判。

十一、王夫之

（一）王夫之其人

王夫之（1619—1692），字而农，号姜斋、又号夕堂。崇祯十五年中乡试。与顾炎武、黄宗羲并称明清之际三大思想家。著有《周易外传》《黄书》《尚书引义》《永历实录》《春秋世论》《噩梦》《读通鉴论》《宋论》等书。

（二）王夫之的文献辨伪

1. 图书

王夫之《船山思问录内篇》云：

太极图，以象著天地之化也。《易》曰"天一，地二，天三，地四，天五，地六，天七，地八，天九，地十"；以数纪天地之化也。可言，皆化也。天地之体，象无不备，数无有量，不可拟议者：天一非独，九亦非众，地二非寡，十亦非赜。先儒言《洪范》五行之序，谓水最微，土最著；尚测度之言耳。聚则谓之少，散则谓之多。一，最聚者也；十，最散者也。气至聚而水生，次聚而火生，水金又次之。土，最散者也，是以块然钝处，而无锐往旁行坚津之用；数极其散，而化亦渐向于情归矣。九聚，则一也；十聚，则二也。天地之数，聚散而已矣，其实均也。

夫伏羲画卦，即为筮用，吉凶大业，皆由此出；文王亦循而用之尔。岂伏羲无所与于人谋，而文王略天道而不之体乎？邵子之学，详于言自然之运数，而略人事之调燮；其末流之弊，遂为术士射覆之资。要其源，则"先天"二字启之也。胡文定曰："伏羲氏，后天者也。"一语可以破千秋之妄矣。

《河图》出，圣人则之，以画八卦。则者，则其象也。上下，《乾》《坤》也。一、五、七，《乾》也。六、十、二，《坤》也。《乾》尽乎极南而不至乎极北，《坤》生乎极北而不底乎极南；《乾》皆上而《坤》皆下也。故曰"天地定位"，上下奠也。左、右，《坎》、《离》也。八、三、十，《坎》也，位乎右不至乎左。九、四、五，《离》也，位乎左不至乎右。中五与十互相函焉，以止而不相逾，故曰"水火不相射"。一、三、二，《兑》也。二、四、一，《艮》也。一、二互用，参三、四而成《艮》《兑》，故曰"山泽通气"。《兑》生乎二，故位南东。《艮》成乎二，故位南西。《艮》、《兑》在中，少者处内也，而数极乎少，少则少也。九、六、八，《震》也。八、七、九，《巽》也。八、九互用，参六、七而《震》《巽》成。《震》

自西而北而东，《巽》自东而南而西，有相追逐之象焉，故曰"雷风相薄"。《震》成乎八，故位东北。《巽》成乎九，故位西南。《震》《巽》在外，长者处外也，而数极乎多，多则长也。朱子曰："析四方之合，以为《乾》《坤》《坎》《离》，补四隅之空，以为《兑》《巽》《震》《艮》。"亦此谓与！

《河图》明列八卦之象，而无当于《洪范》；《洛书》顺布九畴之叙，说见《尚书稗疏》。而无肖于《易》。刘牧托陈抟之说而倒易之，其妄明甚。牧以书为图者，其意以谓《河图》先天之理，《洛书》后天之事；而玄家所云"东三南二还成五，北一西方四共之"，正用《洛书》之象而以后天为嫌，因易之为《河图》以自旌其先天尔。狂愚不可瘳哉！

《清国史》本传言："其言《易》，不信陈抟之学，亦不信京房之术，于'先天'诸图及纬书杂说，皆排之甚力。"

2.《庄子》外篇

《庄子解》认为，《外篇》非庄子之书，疑乃庄子后学拟《庄子》而作。其中《胠箧》篇为学庄者伪作，《在宥》篇亦非庄书，《天道》篇为秦汉之际"学黄老之术以干人主者"所作，《至乐》篇乃"学老庄掠其肤说狂躁之心者"伪托，又疑《达生》篇非庄子作。

3. 辨吴三桂奏之伪

《永历实录》卷十七云：

> 有张充美者自吴来，伪作吴三桂奏，言举三秦反正迎驾。姜瓖起兵大同，已败没矣。一妄男子自言从大同来，伪作瓖血疏求援。又或投疏，易名姓，称常州蒋拱宸举义复东吴者。朝廷遂诧，谓旦夕奏廓清。

十二、毛奇龄

(一) 毛奇龄其人

毛奇龄（1623—1716），又名甡，字初晴、大可，又字于一、齐于，号西河。学者称西河先生。明末诸生。清初参与抗清，流亡多年始出。康熙十八年（1679）召试博学鸿词，列二等，授翰林院检讨，与修《明史》。著有《毛诗续传》《古今通韵》《春秋毛氏传》《经集》《竟山乐录》《西河诗话》《西河词话》《四书改错》《河图洛书原舛编》《太极图说遗议》等数十种，诗赋杂著230余卷，后人编为《西河合集》。

奇龄所学博杂，而自负者在经学，然好为争辩，他人所已言者，必力反其词。《古文尚书》自宋吴棫后多疑其伪，及阎若璩作《尚书古文疏证》，奇龄乃力辨为真，作《古文尚书冤词》，又删旧作《尚书广听录》为五卷，以求胜于若璩。但于《周礼》《仪礼》，又以为战国之书。《古文尚书冤词》未免意气，而于二《礼》之断定乃持平之论。奇龄好胜，所作《经问》指名攻驳者惟顾炎武、阎若璩、胡渭三人，以三人博学重望，足以攻击，而余子碌碌，不足齿录。

奇龄虽以经学自负，而生当明清之际，朴学未兴，理学方炽，非王则朱，奇龄于此遂多所论述，而所言多中肯綮，在当时学者中造诣独深。虽然博杂不纯，一如其他诸作，但能区别心、物、知、行，于朱王之学非皮相者。

（二）毛奇龄的文献辨伪

1.《易图》

毛奇龄《经问》卷七云：

> 且夫太极三五出自真元，非无据也。尝游南屏，客有举太极图以相质难者。予历举参同之分、真元之合，以为其图当出于隋唐之间，而客犹未信，以为参同有之真元，不然恐道藏难稽，未必非好事者伪为之也。时朱竹垞在坐，朗然言曰："君不读陈子昂《感遇诗》乎？其首章曰：'太极生天地，三元更废兴。'至精，谅斯在三五，谁能征夫？子昂唐世，不见陈抟太极原文，并无三五，而其诗如此，则《真元妙经》在当时已行其书矣。"予乃三揖而叹曰："有是哉！人患不读书耳。事果足据，亦何书不可征信？而乃是图之伪陈抟传之，周子受之，朱、陆且起而争之。"由今以思，可不必也。夫暧昧之作，不能久饰。元、明儒者亦多疑是图有伪，而彼此设辨，然究不能得其根柢，必至今日而匡廓至精，发之自予，《真元妙经》之实证之自竹垞，吾犹恨其败露之太晚矣。

2.《古文尚书》

毛奇龄《古文尚书冤词》云：

> 七岁受《尚书》，即闻有今文、古文之分。以问经师，经师勿告也。崇祯十六年，国子助教邹镛疏请分今文、古文《尚书》，而专以今文取士为言。会京师戒严，不及报。曲水社修禊事，山阴张杉谓众曰："毁经之祸萌矣！国家取士三百年，专用朱子之书以立学，谓可以卫经，而经学大坏。前此万历十二年，南户部员外房伯元得魏正始石经《大学》本于科臣许仁卿家，实考功郎中丰坊伪造本也。疏请立学官，勒令取士，废《大学》旧本。幸其疏以他事与中监不合，驳奏不行，然事亦危矣。原其意，则以朱子改《大学》公然取士，遂相率更窜，以各行其说，所谓踵其事而效尤焉者。近者宗伯臣姜公逢元以《毛诗》进讲，上敕勿讲《国风》，且特谕东宫讲官毋敢以《国风》进太子前者。何则？以其淫也。夫以《三百五篇》皆弦歌之诗，太史采之，圣人删之，乐师鼓舞而肄习之，播之乡人，布之邦国，进之宫闱，与朝庙、鬼神、宾客实深飨燕，而一旦以淫风解经，致使君臣不得通，父子不相间，秽恶厌弃，一如哇声媟语之不可亲近，则是何故？今《尚书》又见告矣。"坐客皆咨嗟而罢。

> 其明年，国亡，盗贼四起。予避兵山市，客有能为古、今《尚书》说者，急请教之。客曰："今文者，伏生口授《书》也。古文者，孔子屋壁中所藏，而发而献之官府者也。乃自献之官，而外无其书，是以两汉名儒皆未之见。暨永嘉乱后，中外古

文皆不可考。而东晋之初，有豫章内史梅赜忽奏上《古文尚书》，此何来者？非伪书乎？乃自唐人作注疏，并为改写，而其书至今行之。独新安朱熹斥为假书，其注《四书》《五经》，已改《大学》，删《孝经》，定《诗》淫风，表《太极图说》《河图》《洛书》而加于《大易》之首。唯《尚书》则疑之，因不欲注，而授其意于门人蔡沈，使分别今、古文有无，注于各篇之下，而别存杂说以著其伪。于是诸门弟子共祖述之。而元吴澄、明郝敬、归有光辈俱竞起攻辨，迄无遗力。吴澄作《书纂言》，则但存今文二十八篇，直削去古文，以示毁黜伪书之意。今其书具在也。"予闻言恶之，归而不食者累日。及髡发还土室，室中所藏经与史亡劫殆尽。已复以仇构，奔走道路，无暇为考证。然渐闻开国以来，其攻之者遍天下，无论知不知，公然著书以行世。且有踵明代梅鷟谩骂古文之《书》，效罗喻义《是正》一编，专刻今文经而去古文者。展转煽惑，其言罔诞不可闻。

蠡吾李堪者，多学人也。其尊人孝悫先生为北方名儒。堪尝从游于博陵颜习斋先生之门，以实践称。康熙庚午，举顺天乡试，与儿子远宗为同年生，并上公交车门。忽越三千里问乐于予，传二变、四清、九声、十二管之学，三日卒业。纵论诸《坟》《典》《易象》《春秋》，探幽抉微，起予所未逮。遽曰："梅氏上古文，晋史无有，何也？"予曰："旧史十八家有之，子不见夫孔氏之疏之引之者乎？"曰："虽然，当茁之。"予唯唯而退。既而堪寓桐乡郭明府署，与桐之学人争古文真伪，著《辨》一卷。予阅之，甚善，思竟其业。值予辑《丧礼》未就，仍舍之去。

福建漳浦县学生蔡衍锃以所刻《奏稿》一本传流至浙，中载康熙三十六年今上北狩还，上疏于昌平郊外，上顾而问之，以九校行速不能随，挟疏乞通政上，非例，还其疏，乃持归，刻之。大约请立《孝经》于学官，废《礼记》，分今文、古文《尚书》，而征《尚书》于海外，以定真伪。其所以征海外《书》者，因欧阳修作《日本刀歌》，其末有云："徐福行时书未焚，《尚书》百篇今尚存。令严不许通中国，举世无人识古文。"谓海外当有真古文也。夫谓海外有真古文，则中国古文伪矣；海外真古文当求，则中国伪古文当废矣。毁经之机，至此已决。

因急为考定，究其根柢，知官府所藏名为"中古文"，汉、晋皆存。而民间授受者则名为"外学"，亦自相嬗不绝。故刘歆校书，自中自外，皆亲验其书名，为"中外相应"，虽不立学官，世多未见。又令甲森严，立学者称为"官书"，不立学者即称为"逸书"。然门户挤排，不能遽废。即有张霸伪《书》堂堂进献，尚得缘中秘直斥其伪。至于梅赜所上，系孔《传》，而非经文。而经文在内者，直记曰："永嘉乱后，犹存经文。"经文在外者，则自都尉朝至桑钦，尹敏至杨伦，太保郑冲至梅赜，皆历有授受，彼我传述，并无伪学。夫然后快然而号于世曰："天乎！天乎！《古文尚书》今不既复出矣乎？"今夫投人以文，虽井里缝褐之夫，单篇连简，犹必改容而收之。倘或老师宿儒稍负才望，则必什袭不暇。纵使其字句之间稍有疑惑，亦何可轻为谤讪，遽致诬蔑？况于古先圣贤之册，历二禅、三代帝德王功之显迹，而前贤藏之，后儒献之，历代帝王为珍秘而保护之，所称"出岩屋而登天府者"乎！

向予解经，并不敢于经文妄议一字。虽屡有论辨，辨传非辨经也。即或于经文有所同异，亦必以经正经，同者经，即异者亦经也。今乃以孔《传》而妄认古经，以孔《传》之不伪而妄认古经之伪，千秋冤市，几不能解。夫儒者释经，原欲卫经。

今乃以误释之故，将并古经而废之，所谓卫经者安在？且《大学》言"格物"矣，格物者原不必穷致事理。而改《大学》者，必谓："天下事物莫不有理，一理不格，于知有碍。"今物有理而不识，事有冤而不知，经尚如此，何况他物？然则改《大学》何为矣？吾惧《大学》之错、《国风》之淫、《古文尚书》之伪，后人必有藉帝王之势而毁其者，吾故讼古文之冤而并及之。

《书大序》真伪，与古文全不关涉，惟《小序》则古文中本有之书，此不可不辨者。但《大序》亦断非伪作，并非魏、晋间人所得为。按：《汉志》"上断唐、虞，下讫于秦"诸语，皆用《序》言。而《正义》疏"科斗书"引郑玄注"科斗书"为证，则"科斗"二字仅见《大序》。既有汉注，则非魏、晋所得作可知也。至于《小序》，则《汉志》明云："孔子删《书》百篇，而为之序。"即贾、马、郑三人亦皆云："《小序》，孔子所作。"今虽不定为孔子，然与《书》同出孔壁，则真正旧本，非复后人可伪为者。况《经义考》云："《周官·外史》'达书名于四方。'既达书名，则自当有《序》，达作者之意。"此固古文百篇一弁冕也。今凿言非先汉文字，文体甚弱，只是后汉末人所为，此必曾见马、郑二人有《书序》注，而二人皆东汉末人，故以为言。而不知司马迁作《史记》时，已曾收其文入夏、殷、周三《本纪》中。迁正是先汉人，且其文亦不甚弱。伏生时虽无此，然迁曾问诂安国家，则恰从孔门得之。村父穿青婴，处处失眼。故吾谓吴棫、蔡沈、吴澄、郝敬辈专以文体平险、词旨厚薄定时代先后，此真盲人瞎马之论，大不足道！只《史记》亦寻常书，何以都不一观，多此饶舌？为可叹耳！今考《史记·本纪》有《五子之歌》《胤征》《汤征》《女鸠》《女方》《典宝》《汤诰》《沃丁》《高宗肜日》《高宗之训》《归禾》《嘉禾》《召诰》《洛诰》《多士》《多方》《周官》《贿息慎之命》诸篇，皆袭用《书序》，无更改者。请善识文体者一再读之！

朱子可以改《大学》，阳明可以改《大学》，为何丰坊不能改《大学》？从辨伪学角度看这都是作伪，从思想史角度看，这都是为了争取话语权与解释权。

毛奇龄《经问》卷十四亦云：

予与朏明未尝以经论往复，忆初主客时，曾闻其有古文真伪之辨，故予向作《古文冤词》成，谨寄一本于朏明，而未蒙裁答，或亦不然其说乎？顾予则何敢不答，坐隐忍以滋謇悔，只恐诐诐无当，徒费笔札，为圣学羞，则终望乎良友之训正也已。

毛奇龄《经问》卷十八云：

伏书二十九篇，原有伪《泰誓》一篇，与二十八篇同出，后以《泰誓》文颇不雅驯，回护伏书者多谓此篇是增入之书，如《后汉书》建安间黄门侍郎房宏谓宣帝时河内女子得此篇增之，即王充《论衡》其言亦然。而唐儒陆德明、孔颖达则直谓司马迁所增，此皆莫须有之辞。然并无有言《小序》一篇在二十九篇内者。夫二十八篇，是《尚书》无歉数也，若果《小序》在篇内，则直以此一篇抵二十九篇之数，而其数已足，何必多方曲折解辨，此《泰誓》一篇是增本，不是原本夫。不云无《泰誓》，而只争《泰誓》之增与不增，则有《泰誓》可知也。不以他文校篇数，而只以《泰誓》一篇较论篇数之增减，则其无他文又可知也。自攻古文者，初间尽情攻《小序》，以《小序》为孔书所同出也。既而见《史记》多载《小序》，因复夺《小序》而冠之今文之首。一则以此补篇数，可免伪《泰誓》之失，一则不使《小序》归孔书，以作司马迁见《小序》不见孔书之证。其用心良苦，而又不然者。《小序》之必不能代《泰誓》，犹之李不能代桃，前亦既言之矣。若《小序》之出孔书，则诸家多能言之。《大序》云增多伏生二十五篇，分出五篇，并序共五十九篇。陆氏《释文》云古文五十九篇即今所行五十八篇，其一是百篇之《序》。孔氏《正义》云：孔书五十八篇，加《序》一篇为五十九篇。是以孔书初出，安国之兄蓼侯孔臧与安国书云：臧闻《尚书》二十八篇取象二十八宿，何图乃复有百篇耶？此因伏书所载并无《小序》，故前此所闻但知二十八篇，而不知有百篇，以百篇即《小序》也。向使《小序》为伏生所有，则百篇之名出之已久，曰不图，曰复有是何言与，故攻古文者在朱、吴以后接踵而出，如金履祥、黄镇成、王柏、熊朋来辈，犹必曰：伏二十八篇，合《泰誓》为二十九篇。孔五十八篇，合百篇之《序》为五十九篇。相传已久，无可移易。而吠声之徒将并此百篇之《序》而亦乱之，指黑为白，认鹿作马，则亦何事不可冤！而梅鷟无赖，尚以行此为得计，自夸为圣经之忠臣义士，不亦悲乎！

又书问：今攻古文者层见沓出，必欲摧败之而后已。先取梅鷟、罗敦仁之说阴移百篇《小序》，夺而冠之二十八篇之首，以百篇之名为《史记》所全见也，乃取《史记》五帝、夏、商、周《本纪》及鲁、卫、燕、晋、蔡、宋诸《世家》中引及《尚书》者为真《尚书》，不经引及者为伪《尚书》，别列《史记》所引者为一编，而斥其余经，此说何如（朱氏《经义考》亦主其说）？

此仍是吴氏《书纂言》之单列今文而删古文，罗敦仁《尚书是正》之以大书录今文、小书录古文之故智也。殊不知史迁之见《小序》，而不见经文，在《冤词》辨之极详。大抵孔书一出，史迁既就安国家寻问，但得百篇之序，故急采录之，而五十八篇则原本已送于官，其更写一本方借之作传注，不能他授，乃未几而巫蛊事发，即所作传注亦不能上，而史迁则又遭李陵之祸，缧绁受辱，安国藏本只得传都尉朝一人，而史迁无与，故其叙《金縢》诸书载古文说，而《泰誓》《蔡仲之命》则略载古文于其中，以见大意，是其不见古文者，不见真古文，非不见伪古文也。谓真古文初出而不能见，非谓伪古文晚出而不及见也。向使《史记》引古文有一与今本龃龉者，则今本为伪，而《史记》无有也。向使今本古文二十五篇而《史记》所引，偶有一篇在今本之外，则今本为伪，而《史记》又无有也。果欲如《史记》所引，以别真伪，则古文伪者二十有二，而今文之伪亦一十有一，何则古文只《泰誓》《蔡仲之命》，而其余皆伪，若今文则所未引者，在商书有《盘庚》三篇作一篇，而在周书则犹有《大诰》《康诰》《酒诰》《梓材》《召诰》《洛诰》《多士》《多方》《立政》《顾命》，合《康王之诰》凡一十四篇，作一十一篇，皆伪书也。夫只以古文二篇，今文十七篇，舍百篇之经，而仅存此十九篇，以为《尚书》，世无是理，然且意在伪古文而乃行其说，而今文皆伪，如之何乎？

毛奇龄《古文尚书冤词余录》又云：

予作《古文尚书冤词》成，蠡吾李生携之北行，即江浙间亦多知其事，然无来驳辨者。久之，桐乡钱晓城专攻古文者也，特来会城，信宿姚立方家，立方亦攻古文者，相对无如何，特介立方来谒，但以请教《易》《春秋》为言，举《春秋》秦获晋侯占验与两蔡侯申为问，语讻而去。

其年予寄《冤词》一本与德清胡朏明，以其亦攻古文也。朏明不答，后有人传朏明语云："杜林漆书不过用漆写古文耳，何以知古文不伪，而漆书为伪？"此由朏明不知漆书本末，故其言如此，此不必再辨者。

康熙四十一年，淮安阎潜丘挟其攻古文书若干卷，名曰《疏证》，同关东金素公来，亦先宿姚立方家，而后见过，但杂辨诸经疑义，并不及古文一字。次日复过予，时金素公、沈昭嗣、倪鲁玉、姚立方俱在座。偶及顾亭林《日知录》论礼一条，谓天子诸侯绝期，惟恐以期丧废祭事也。予顾在座眙愕，谓古礼并无以期丧废祭事之文，此是何说？因微有诘辨，遂罢。

逾数日，潜丘谓人曰："伪古文似难而实是也，不伪古文似易而实非也。"且有从潜丘来者，云："阎先生谓古文真伪不必辨，但辑吴才老后迨元明及今凡攻古文者合作一集，传之后来，以为屏弃古文之案，则但存其说，岂无起而踵行之者。"予闻而叹曰：凡词穷者，必曰食肉不食马肝，未为不知味也。语不能胜人，必曰谓臧两耳似易而实非也，谓臧三耳似难而实是也。此皆笼统是非炫乱可否之言，何足为据夫！不伪古文亦非易事，且何以实非，必当明言其所以非者。予作《冤词》原约云：若此书有乖错，万祈立赐我，谴诲及迟之数年，并无一人来驳正者，则亦可已矣。乃又多集讼词，以为他日爱书之据，用心如此，吾如之何哉！虽然，蚍蜉众多，果足撼大树耶？

又逾日，与潜丘集顾揩玉宅，适禾中朱竹垞来坐，中语及潜丘所著，予剧言春秋无父子同为大夫之事，又言《四书释地》所记阙里是错，又言毛、朱诗说不宜引王柏、程敏政谬说作据，潜丘俱唯唯，第微及攻古文事，则竹垞谓明万历间会试场曾以废古文发策问而试，录载焦弱侯文具在也，明当来寓同观之。予私忖以科场功令拟废此书，则一言出入，而先圣古经存毁之几决于俄顷，势亦危矣，且恍然悟昨所传攻古文者，将合并诸说汇作一集，言信有征，归三叹不寐。

明起过竹垞寓亭，时王百朋在坐，顷之潜丘来，出试录并观。

毛奇龄《西河集》卷十八《寄阎潜丘古文尚书冤词书》云：

接读《四书释地》一编，又经三年，淮上去此不远，而邮寄甚艰。去夏，闽客属一缄寄丘洗马，至今未达。昨著《丧礼》一书，见《尧峰文钞》内颇多论辨，然无一不误，不止如前时所示数则，急欲奉质，不可得，因叹当世果无一善读书者。

近蠡吾李塨（字恕谷，康熙庚午举人），为李孝悫先生之子。其人学有根柢，曾游博陵颜习斋门，胸不安，有疑义，越三千里来证所学，固已度越侪辈矣。乃以寓居桐乡之故，与桐之钱氏作《古文尚书》真伪之辨，列主客来问。某向亦不惬伪《古文》一说，宋人诞妄，最巨信。及惠教所著《古文尚书疏证》后，始怏怏，谓此事经读书人道过，或不应谬，遂置不复理。今就两家说，重为考订，知《古文尚书》自汉武年出孔壁后，凡内府藏弃，与民间授受，相继不绝。且历新都篡杀、永嘉变乱，亦并无有遗失散亡之事。而梅赜在晋所上者，又但是孔《传》，并非古文经文。其在《隋书·经籍志》开载甚明，外此，则又无他书可为借口，则其里、其底了然于人，何得有假？因就彼所辨，而断以平日所考证，作《古文尚书定论》四卷。其中微及潜丘，并敝乡姚立方所著攻古文者，兼相质难。以为学无两可，只有一是，苟或所见不谬，即当力持其说，以为可定。虽自揣生平所学，百不如潜丘，且相于数十年，诚不忍以言论抵牾，启参差之端。只谓圣经是非，所系极大，非可以人情嫌畏，谬为逊让。况潜丘之学万万胜予，亦必不敢谓能胜六经。大凡有学识人定无我见，一闻真是，便当自舍其所非。

曩者，先仲氏观陈宗伯所藏商彝，心疑其赝，而闷不敢言。及撤去，客有以千金请值者，始自悔其误，而再请观之，然不得矣。故先仲氏尝曰："观古有所失，即悔且不及，何况不悔。"今六经之重，不止一鼎，古文为二帝三王之书，又不止《毛诗》《左氏》《公》《榖》《周礼》《仪礼》《礼记》诸经之比，向亦惟卫经心切，诚恐伪之果足以乱真。故任此无何之言，而姑且耐之，一经指正，即悛除不暇。此如清君侧之奸者，其称兵直前，以为君侧有奸耳；君侧无奸，则此兵向君矣，而可乎？

夫圣经无可非而非之，诐士也。君侧无奸而忽指之为有奸者，谗人也。尔乃辨之愈明，来攻者愈急，宁以兵向君，而必不敢向谗人；宁得罪圣经，而必不敢得罪此宋、元间非圣毁经之诐士。此则何解？然且研经好学如立方者，亦复墨守不丁，日各行所知，则生姜真树生矣。某因削去《定论》名色，而改名《冤词》，且增四卷为八卷，而再加考订。如孔《疏》之诬指郑《注》二十三篇为孔书二十三篇、漆书二十四篇为张霸二十四篇，则当更校其篇数。明儒谓安国之卒，先于太初，孔氏献书，不及巫蛊，则当更考其年月。贾逵、马融援伪学以冒孔学，则授受当更清。卫宏、许慎据伪古文以乱真古文，则字画当更核。然不曰"释冤"，而曰"冤词"，以不敢释也。吾第列其冤，而世释之，释不在我也。世不肯释冤，而必欲冤之，冤亦不在我也。如此，则可以告无罪矣。

拙著并《丧礼》十卷，统呈掌记，外《定论》原叙数页，一并奉览。窃谓潜丘所学，何处不见，原不藉毁经以为能事。且胸藏该博，必有论辨所未及、考据所未备，以广我庰隘。《冤词》无定，潜丘定之，何如何如！某顿首。

《伪古文尚书》自宋吴才老疑为伪书，至清初阎若璩的《古文尚书疏证》已成定案。而西河仍以《伪古文尚书》为真，他在《与阎潜丘论尚书疏证书》中有云：

昨承示《尚书疏证》一书，此不过惑前人之说，误以《尚书》为伪书耳。其于朱、陆异同，则风马不及，而忽诟金溪，并及姚江，则又藉端作横枝矣。

《尚书》本圣经，前人妄有遗议者，亦但以出书早晚、立学先后为疑，未尝于经文有不足也。且人心、道心，虽《荀子》有之，然亦《荀子》引经文，不是经文引

《荀子》。况《荀子》明称《道经》，则直前古遗文，即《易通卦验》所云"燧人在伏羲以前，置刻《道经》，以开三皇五帝之书"者是也。又且正心、诚意，本于《大学》；存心、养性，见之《孟子》，并非金溪、姚江过信伪经始倡为心学，断可知矣。

今人于圣门忠恕，毫厘不讲，而沾沾于德性、问学，硬树门户，此在孩提稚子，亦皆有一诋陆辟王之见存于胸中，以尊卓识而拾人牙慧，原不为武。然且趋附之徒，借为捷径，今见有以此而觊进取者。尊兄虽处士，然犹出入于时贤时贵之门，万一此说外闻，而不谅之徒藉为口实，则以此而贻累于尊兄之生平者不少，吾愿左右之闷之也。

至若学宫从祀，则从来荒谬，向与尊兄言庙、学合一之陋，孔子、先圣称名之谬，极蒙许可。至从祀进退，则大不足凭。汉世大儒，如康成、子政辈，皆以神仙、图谶纷纷罢祀，乃有受华山之书，阐《参同》之秘，指太乙九宫为《洛书》九类，而公然与圣经并传者。是以王草堂作《圣贤儒史》一书，颇有订证，而足下偏执程敏政无学之说以为金科，陋矣。鄙意谓《尚书疏证》总属难信，恐于尧、舜、孔子千圣相传之学，不无有损。

这不是从《尚书》本身之真伪来论证，只是从道统立场来论证。《尚书·大禹谟》之所谓"十六字心传"，见于《荀子》，而西河谓《荀子》本于《道经》，《道经》即《易通卦验》，乃燧人在伏羲以前，置刻《道经》以开三皇五帝之书。这是毫无根据的言论，以此来论证《尚书》，只能说明西河之陋，而不能说明其博。但西河之辩论也是有部分合理之处。

总之，西河非朴学，粗枝大叶，以之方于亭林、百诗，非其伦也。以此而从事考据，鲜有不误者。西河于阳明学不能说无心得，经学非其所长，人品亦为时人所疵议，但于音律乃有独到，而李塨曾从之问学。

3.《古书世学》

毛奇龄《经问》卷十八云：

或言甬东袁六符好攻古文，故见予《冤词》，颇自沮然，时时来杭，道其乡人通洋者每得海外书有日本《孝经》，是"仲尼闲居曾子侍坐"，有千文，互异八字，有《尚书》即丰氏《世学》本，惟新罗《尚书》无《大禹谟》《五子之歌》《旅獒》《君陈》四篇，而多《舜典》半篇，在"慎徽五典"之前，其余句字多不同。吉安曾弘副使在康熙甲辰年得其书，未经入献而即死，遂藏于家。今将诣吉安求之。其人曾介沈生士安谒子，不值而去。予急遣沈生告其所知，幸勿为伪自为伪，以伪圣经，罪当加等。上有皇天，下有厚土，勿谓此中可欺也。君乡人丰氏，世为伪书，在明嘉靖间曾造海外书二本，名为《古书世学》，其一称朝鲜本者，云箕子封于朝鲜，传《书》古文，自《帝典》至《微子》止，而附《洪范》一篇于其末，其一称徐市倭国本者，云市为秦博士，因李斯坑儒，托言入海，尽载古书至岛上，立为倭国，即今日本是也。二国所译书，其曾王父河南布政司使丰庆录得之，以藏于家，而丰熙述之，实则丰坊伪为也。幸其书不攻古文，故不为大害，然而作伪之恶渐不可长，已为世唾诟摈斥久矣。若曾弘副使，则本乡人所不齿，即其人亦不知何等，而可与之语此等事乎？况海外无《尚书》，在列朝记载甚明。周显德中，新罗献《孝经》；宋咸平中，日本献郑注《孝经》，并言无《尚书》本。即元祐中求高丽百篇《尚书》，亦并言无有。甚至外国史官载中国历求《尚书》不得，是海外《尚书》绝无影响，后有出者皆属赝作。行伪之徒其亦可以废然矣。士君子生，抱才质，苟知力学，亦何事不可为，而必出于此？夫必欲出此，吾亦无如何，然何苦乃尔。

今人动辄称"域外汉学"之类，其实叫"海外汉学"更有传统。

4.《〈诗传〉〈诗说〉驳议》

毛奇龄《〈诗传〉〈诗说〉驳议》卷一云：

> 《诗传》，子贡作。《诗说》，申培作。向来从无此书。至明嘉靖中，庐陵中丞郭相奎家忽出此二书，以为得之黄文裕秘阁石本，然究不知当时所为石本者何如也。第见相奎家所传本，则摹古篆书而附以楷体今文，用作音注。嗣此则张元平司马刻于贵竹，专用楷体，无篆文。而李本宁宗伯则复合刻篆文、楷体于白下，且加子夏《小序》于其端，共刻之，名曰"二贤言诗"。而于是《诗传》《诗说》一入之《百家名书》，再入之《汉魏丛书》，而二书之名遂相沿不可去矣。按：从来说《诗》，不及子贡，即古今艺文志目，亦从无子贡《诗传》，徒以《论语》有"赐也，始可与言《诗》已矣"一语，遂造为此书。其识趣弇陋，即此可见。若申培鲁人，善说《诗》，故《汉书·儒林传》云"言《诗》，于鲁则申培公"，而《艺文志》亦云"汉兴，鲁申公为《诗训故》"，则申培说《诗》，固自有据。但《传》又云"申公独以《诗经》为训故以教，无传"，言第有口授，无传文也。则申公虽说《诗》，而无传文。即《志》又云"所载《鲁诗》，有《鲁故》二十五卷，《鲁说》二十八卷"，《隋志》亦云"小学有《石经鲁诗》六卷"，则申公说《诗》，虽有传文，亦第名"鲁故""鲁说""鲁诗"，不名"诗说"，即谓"鲁说"即"诗说"。然《诗说》只二十四篇，无卷次，亦并非二十八卷与二十五卷六卷。况《隋志》又云"《鲁诗》亡于西晋"，则虽有传文，而亦已亡之久矣。乃或者又曰"《鲁诗》亡于西晋"，则西晋后亡之，固已然，安知西晋之所亡者不即为明代之所出者耶？则又不然。夫《鲁诗》至西晋始亡，则西晋以前，凡汉、魏说《诗》有从《鲁诗》者，则必当与今说相合。乃汉、魏以来，说《诗》不一，假如汉杜钦云"佩玉晏鸣，《关雎》刺之"，注云："此《鲁诗》也。"今《诗说》所载，反剽窃匡衡所论，如云"《风》，《诗》之首，王化之基"，曾不一云"刺诗"。如刘向《列女传》云："《燕燕》，夫人定姜之诗。"或云"此《鲁诗》"，而《诗说》反袭毛、郑为庄姜、戴妫大归之诗。如此者不可胜数，则今之《诗说》全非旧之《诗故》，居然可知。

5.《河图洛书原舛编》《太极图说遗议》

《河图洛书原舛编》《太极图说遗议》直斥理学家崇拜的图书之学均出于宋人伪托，尤斥朱熹不遗余力。

毛奇龄《易小帖》卷二亦云：

《左传》"《三坟》《五典》《八索》《九丘》"，不知所指。孔安国谓："《三坟》者，伏羲、神农、黄帝之书；《五典》者，少昊、颛顼、高辛、唐、虞之书。"则其"三"与"五"亦但合三皇五帝数目。而作"伪三坟"者，窃子华子"出于一，立于两，成于三，《连山》以之而呈形，《归藏》以之而御气，《大易》以之而立数"，遂造"三坟"名色，曰"山坟""形坟""气坟"，谓即羲《易》与《连山》《归藏》三皇之《易》，则无理矣。至"八索九丘"，孔氏谓"夏、商、周所传《大训》"，然又谓"八卦之设谓之八索，求真义也。九州之制谓之九丘，言九州所聚也。"则岂八卦之设在夏、商后耶？若《山堂考索》曰："八索，八卦之说，则正述孔氏语，然孔氏又谓先君孔子赞《易》道以黜八索，述《职方》以除九丘。"则"八索九丘"总为夫子所除黜者，更不可解。

6.《周礼》
毛奇龄《经问》卷二云：

问：桐乡钱丙有极辨诸经为伪者，谓《周礼》伪书也，即井邑车乘一条可知矣。其言一夫五亩之宅，二亩半在田，二亩半在邑。古者都城不过百雉，千室之邑，民居二千五百亩，并官府仓库庠塾不下三千余亩，虽千雉之城不足以容之，此其谬而伪者一也。

既谓一井八家，又云九夫为井，则自矛盾矣。其谬而伪者二也。

《周礼》为周末之书，不特非周公所作，即战国孟子以前皆未曾有，故孔子引经与春秋诸大夫引经以及东迁以后混一，以前凡诸子百家引经并无一字及此书者。如孔子言"吾学周礼"及韩宣子聘鲁所云"周礼尽在鲁"，皆非此书，然则言周礼者当据《春秋》，不当据此书明矣。但此书系周末秦初儒者所作，谓之周人礼则可，谓之伪周礼则不可，以并无有真《周礼》一书，而此窃袭之以假其文也。是以是书在前亦早有知其非者，如汉林孝存称为末世渎乱不验之书，何休斥之为六国阴谋之书。惟郑康成独论注之，过尊为周公致太平之迹。而宋王安石直进其书，集诸儒训解，竟至排弃孔子《春秋》，不令立学官，取士而以是书勒取士令甲，则经学乱矣。第《周礼》不明，《礼记》杂篇皆战国后儒所作，而《仪礼》《周礼》则又在衰周之季、吕秦之前，故诸经说礼皆无可据，而汉世注经者必杂引三《礼》以为言，此亦大不得已之事，原非谓此圣人之经不刊之典也。若或又谓是书出于汉孝成之世，系汉人所作，并非周人，则不然。按《汉志》，六国魏文侯时曾以乐书赐乐工窦公，至孝文时献其书，即此书之大宗伯大司乐章也。桓谭《新语》亦云窦公一百八十岁，则六国之末已有其书，其为周人作，而非汉人，又可知耳。

《孟子》五亩之宅，在他经无其文，即朱氏注云二亩半在田，二亩半在邑，亦是概括前儒之说为言，并非《周礼》。丙欲攻《周礼》，而以朱氏《章句》妄坐之，其不足辨已明矣，但其义则原有未可解者。据《周礼》遂人曰："夫一廛言每夫当任一廛也。"然前郑注作百亩之廛，即田中庐也，后郑注作里居之廛，即国中宅也，此皆据《孟子》为说者。至载师园廛之税，则贾公彦疏直以园为田亩之宅廛为国中之宅，引据《孟子》文分指五亩，因有云其说见《周礼》者，然即云《周礼》亦不过如是已耳，其在他经他礼则绝无可考。唯《汉·食货志》云在野曰庐，在邑曰里，而何休云一夫一妇受田百亩、公田十亩、庐舍二亩半，谓此八夫者既受百亩矣。又析公田之百亩而各受十亩，以其余二十亩又八分之，各得二亩半，以为庐舍，则在田之宅固已明矣。然在邑无解。若赵岐注孟子此是正注，而其文不明，但云庐井邑居各二亩半以为宅，冬入保城二亩半，故为五亩。尝细绎其文，其云庐井即在田者，云邑居即在邑者，然既有庐井，又有里居，是在野在邑尽之矣。曰各二亩半，则五亩尽之矣，乃又曰冬入保城二亩半，岂邑里之外又有城居，五亩之外又有二亩半与？抑邑居即城居而复言之与？

至若以都城百雉当侯国之城，以千室之邑当民居之宅，则大谬矣……古千乘之国，地方百里，出兵车千乘，故称千乘之国，方里而井百里之国为万井，而出千乘，是十井出一乘，不问可知矣。周礼乃谓九夫为井，四井为邑，四邑为丘，四丘为甸，甸六十四井出车一乘，则是百里之国止，出兵车一百五十六乘耳，何名千乘乎？其谬而伪者三也。

……其言一乘甲士三人，步卒七十二人，徒役二十五人，是百人供一乘，千乘为十万人也。千乘之国，其井万，八家一井，凡八万家，八万家而赋十万人，先王有是制乎？春秋时，鲁之大搜革车千乘，须借二万人于他国，而后可足其数矣。又鲁赋于吴、晋皆八百乘，吴、晋有征伐鲁，出八万人随之，是其国中仅存妇人而无男子，此一车百人之说，断之以理，而知其诬也。其谬而伪者四也。

此甸出一乘之《司马法》文也，但其文止有甲士三人，步卒七十二人，并无徒役二十五人之文，惟宋胡安国注《春秋》，谓作丘甲如唐兵法，增二十五人为徒役，此臆说也。又后世兵家言如曹公新书类增徒役二十五人，在辎车之下，此在《司马法》旧文原未曾有，乃妄自增此，而以七万五千之数增至十万，反谓先王无是制，谓须借兵于他，又谓男子尽行而妇人居守，则无忌惮矣。且丙不读书耳，《周礼》乡遂起军旅法每乡万五千六百二十五家，约赋万二千五百人为一军，一国三军即已有三万七千五百人矣，况由此而三遂，而公邑，而都鄙，其所赋之数以次相准，虽曰凡起徒役毋过家一人，而家有正卒，又有羡卒，正卒家一人，而羡卒则三卒两卒，一家并不止一人也。……可知一乘原无七十五人，彼七十五人之说，证之于古而知其诞也。其谬而伪者五也。

自古及今，无不甲而战者，故齐桓甲士三千人，吴王甲士三万人，今乘车三人为甲士，其步卒七十五人，不甲何以御锋镝？先王之制，战马且必介而后驰，而人乃反不为之介，是爱人不如爱马矣。其谬而伪者六也。

《司马法》一车七十五人，在他经无明文，此原不可据者……古战士皆有伍，故晋伐无终，毁乘为伍，凡五乘为三伍，可知无不伍之兵也。今一车步卒七十二人，七十人为伍，十有四，余二人，却不成伍，岂有此阵法乎？若二人并车上甲士三人成一伍，则是君大夫将帅与庶人为步卒者共伍也。其谬而伪者七也。

卒伍之制起于《周礼》，甸乘之制起于《司马法》。初以《司马法》攻《周礼》，固已可笑。今复以《周礼》攻《周礼》，则可笑倍甚。此固无容置辨者。然其制则何可泯也。《周礼》小司徒职乃防万民之卒伍而用之，五人为伍，五伍为两，四两为卒，五卒为旅，五旅为师，五师为军，以起军旅。此乡遂出军之法也。乡遂赋人不赋车，六乡之内原有比闾族党州乡之制，而出军之法准之。如五家为比，则五人为伍，以家出一人也，五比为闾，则五伍为两，以闾为二十五家，即两为二十五人也。四闾为族，则四两为卒，每族百家，即每卒百人也。五族为党，则五卒为旅，党五百家即旅五百人也。五党为州，则五旅为师，凡二千五百家为州，即二千五百人为师。五州为乡，则五师为军，凡万二千五百家为乡，即万二千五百人为军。盖一家出一人，一乡出一军。天子六乡，出六军，诸侯三乡，出三军。其六遂三遂同于此数，此本乡遂出军之法与都鄙县鄙计地出车之制截然不同。然而行军临阵对敌制胜则又准之。故《尚书·牧誓》曰旅曰师，而《左传》繻葛之战有偏伍之名。栾武子言楚军制有卒两之目。管子作内政，先请桓公定卒伍，凡五乡、五鄙、五正、五属，皆以伍为数，而其后《尉缭子》有束伍令，汉制有尺籍伍符，唐太宗兵法有五兵五当之制，皆用其说，而反谓《周礼》无卒伍，妄矣！若其云晋伐无终毁车为伍，以五乘而为三伍，遂忧七十二人之余二人，则无论毁车为伍，正毁车制而作步兵，不当以车兵之数与步兵相较，乃即就其毁车之数计之，其云以五乘而为三伍者，谓每车甲士三人五车，三五一十五，故可作三伍也。然则五车徒卒，每车七十二人，五倍之正可作七十二伍，何曾有余？故唐太宗兵法合甲士徒卒而统计之，有云小列五人，大列二十五人，参列之得七十五人，又伍参之得三百七十五人，可以为正，可以为奇，是晋制分数、唐制合数皆无赢羡。己则昧昧，而妄以此议古人，何其不自量乎？四井为丘，丘出马一匹。四丘为甸，甸出车一乘。则鲁之丘甲出马一匹者，更令其出四匹。一旦而骤增其赋四倍，有此暴政乎？其谬而伪者八也。

此则尤无理矣。……丙自今以后请细心体究，毋徒袭宋人余唾，为经学祸，则某亦且有厚望焉。

李日炜问孟子："孔子曰：'始作俑者其无后乎？'此二语与《檀弓》孔子谓'为刍灵者善，为俑者不仁'正同。若为其象人而用之句，则孟子解作俑不仁之义，而旧注谓俑一名象人，则词法戾矣。俑虽象人，然岂得名象人耶？"

曰：刍灵，名象人，见《周礼》郑司农注。俑名象人，则见《周礼》冢人职文。盖古者以涂车刍灵为殉葬之物。刍灵者，束茅为人形也。周代以木名俑，即《史记》所云土偶人、木偶人者，然而象人矣，故亦名象人。《周礼》冢人及葬言鸾车象人，谓当论遣车及俑以待用即是物也，则是以刍灵名象人，自与《檀弓》《孟子》所引夫子语相反，若以俑名象人，则《周礼》有其名，《孟子》有其说，又何碍焉。如是，则《周礼》信伪书矣。曾孟子释义尚不能解而以为名，可乎？

曰：此则以小人劣腹待古人矣。《周礼》一书亦未易作，岂有《孟子》此句在黄口稚子能解者，而谓作《周礼》者不能解，此明儒郝敬、罗喻义辈诂《古文尚书》者之余习，而并及是书者也。古人以义为名者甚多，天子有事祭天，与郊祭相类，遂名曰类。《王制》："天子将出类于上帝。"是也。天有形体，王者以璿玑仪器范而象之，即名曰象。《虞书》："历象日月星辰。"是也。此皆即义以立名者。是以春秋有如夫人言比于夫人也。别记东海有若木若华，谓有似于木与华也。向有问于先仲氏曰芍药，名将离，得非以《毛诗·溱洧》篇有赠别意乎？曰：容有之。曰：若然，则将离之名为后起矣。曰：何必然。焉知非名将离，而乃取以赠别者，此真通人之言。若谓象人，是名于孟子词法有戾，则请以是比，推之舜摄政而祭上帝为其类祀，郑人将别而赠芍药为其为将离也，此又说书者一艾子也。

按，毛奇龄谓"刘歆不能造为《周礼》出处踪迹，以欺当世"。《四库提要》亦谓："作伪者必剿取旧文，借真者以实其赝，《古文尚书》是也。刘歆宗《左传》，而《左传》所云礼经，皆不见于《周礼》；《仪礼》十七篇皆在《七略》所载古经七十篇中，《礼记》四十九篇，亦在刘向所录二百十四篇中；而《仪礼》聘礼宾行饔饩之物，禾米刍薪之数，笾豆簠簋之实，铏壶鼎瓮之列，与'掌客'之文不同，又《大射礼》天子诸侯侯数侯制，与'司射'之文不同，《礼记·杂记》载子男执圭，与'典瑞'之文不同，礼器天子诸侯席数，与'司射'之文不同，《礼器》天子诸侯席数，与'司几筵'之文不同。如斯之类，与二礼多相矛盾，歆果赝托周公为此书，何难牵就其文，使与经传相合，以相证验，而必留此异同，以启后人之攻击？然则《周礼》一书，不尽原文，而非出依托，可概睹矣。"

7.《礼记》

李慈铭咸丰庚申（一八六〇）十月初八日日记载：

> 阅毛西河《昏礼辨正》《辨定祭礼通俗谱》《丧礼吾说篇》《曾子问讲录》诸书，虽蔑弃无儒，不特掊击注疏，痛诋朱子，至谓《礼记》由秦汉人掇拾，多不足信，《士礼》亦战国以后俗儒所为，怪诞不经，其恣悍已甚；然博辨不穷，不可谓非辨才绝出也。其力辨今世子死孙称承重之非，墓祭之近古，纸钱即明器，今市中所货千张，皆作刀布形，最为近古；上香即古之炳萧，乐之有喇叭洒捸，即汉晋之铜角，乐部之所谓横吹，《周礼》之六同，郑注谓以铜为管曰同，尤近于古。《士丧礼》有楔齿缀足几之非；殡在西墙下之非；大夫殡去车、以棺著地、士殡掘地埋棺之非，吊丧有哭无拜礼、主拜宾、宾不答，皆足以匡古今之失。所定祭礼亦实在可行。其言昏礼须庙见后始配合，三年丧宜三十六月，虽于古无徵，多为通儒所驳，然亦言之成理，持之有故也。四库只收《辨定祭礼通俗谱》，余皆附存目，尤深斥其《丧礼吾说篇》，谓颠舛乖谬，莫过于是。然其谓丧服有齐衰，无斩衰，及父在不当为母期年、父母不当为长子三年等，诚为巨谬。其言丧礼立重诸儒所说近于非理，因谓重即铭旌，所以识别死者，即所以依神，故重有主道，重之为言幢也，童童然也，则颇有名理。若如旧说旧圆，诚不知何所取义也。

8.《汉志》所载杂说家书多为后世伪造

毛奇龄《胡氏东冈琐言序》云：

> 昔《汉·艺文志》载杂说家为书千余，今并无一存。即世所传《齐谐》《洞冥》《搜神》《博物》《西京》《越绝》诸记，悉后之人袭其名而伪为之。故记中所载，并与史传所征及他书记注所引据者，了不相合。是何杂说之难传也！然而唐、宋、元、明以来，人有外集，集有别记，篇帙之多，至比之山毛海淳，而厌不欲观，则又何与？

9. 金闺窈窕易于作伪

毛奇龄《徐昭华诗集序》云：

闺中传诗，自《三百》始。顾《三百》多采蓝、伐肄、执殳、弋雁之妇，而其后班、蔡、鲍、谢，下及管、李，非名门巨阀，传诗颇鲜。盖闾阎夫妇操作不暇，何暇与之言文章之事哉？独是金闺窈窕易于作伪。故世传李都御史妻陈懿遗诗，半属赝成；而近年女士黄皆令，游于诸家。知闺中所作，类有藉于补镘者，则夫闺诗之未易工也。

10.《子夏易传》

毛奇龄《西河集》卷四十八《重刻荀悦汉纪袁宏后汉纪序》云：

六艺家史家失传久矣！皇上搜经学之在章句外者，侍卫成君应诏，梓《经解》数十百卷，而隋、唐以前，抄括无有，只一《子夏易传》，而侍卫原序尚三叹为宋、元间人伪书，则他可知矣。

11. 科举试卷文多伪造

毛奇龄《汇刻小试文卷序》云：

唐、宋赴试举子，先以词业进所司。词业者，举子生平所为文也。明即不然。士当应举，即自闼其文，不令与所司相通。而居常肄业，往往群连类集，创社于枌榆之间。载笔无几何，辄板其文以行世。较之乡举之“行稿”、礼部之“房牍”，倍为张大。苟非社业有名字，即见举礼部，仍不得预馆局侍从之选。而今又不然。士子不创社，不板文，出其词业，不得与行稿、房牍并行艺林。然而行稿、房牍之为文，则皆其文也。礼部无房本，而乡闱撤帘后，行卷不齐，坊选搜未售之文，伪为举业，而见举者亦复遍假诸他人以自文其陋。虽未行，然行过毕焉。

徐子二吉偕同人为文，声应气求，未尝挟敦盘，赞牲醴，鼓钟燕饮，徼盟会之习，而声气所感，群焉以兴，其文早播诸远迩。其应试而见举以去者，不可指绌。乃不假词业，不需社文，简生平小试诸牍，板之行世。夫试牍与闱牍一也。试于乡，试于礼部，与试于州县，亦一也。见举者既得挟二试以行于时，而已举、未举，亦各得因诸小试以自见其技。九鼎在门，无异于在庙，而太阿有神，可以刲兕虎，即可以挥晋、郑之兵之众。则虽《小试文卷》，自当与两闱朱墨并行于世，又何有于唐宋词业、有明社义之纷纷者为？

毛奇龄揭露的这一科举黑幕很有意义，揭开了科举史的冰山一角，也为文献辨伪学开启了一条新的路径。

12. 西河六十后序文多他人捉刀

毛奇龄《龙山祝矜删诗序》云：

予自乙丑归田后，年逾六十，老且病，不能为文辞。遇有亲知作庆吊、屏幛、樽石及诗文集序，听其自为文，署年月、名字与印记去。且有伪为予手书以付碑版者，予见之，俯首称不敏，不敢直，如此者又十年矣。

祝子矜删偶出其近诗，属予为序。予爱而留之，不辞，又不使自为，然又急切不能应，弃之案左者越半年。自忖古书画家见名人踪迹，眷恋不释，然又不能弁其前而蘘其后，点次其佳好，则但为署一名，曰"某观"。予之读矜删之诗，可无署一名以厕其间与？近世为诗者好谈二宋，而今则义当小变之际。明时郭廓既已洒涤，而二宋佻噍诸习，亦复去之恐或后，则迄今以往，自宜有独辟意境、推陈出新者为之更始，而矜删先之，予观而知之也。然则观之无以异于序之也。夫以矜删之才、之学，其为古文、今文，无不超然独得，一往多上人，而予皆得以观之而知之也，而况于诗已！

13. 辨经书之伪

毛奇龄《经义考序》云：

《经义考》者，诸儒说经之书目也。古经定于六，春秋以前，惟有《易》《书》《诗》《礼》《乐》《春秋》六名，见于《经解》。而其时，夫子传《易》，子夏序《诗》，虞卿论《春秋》，各有经说行乎其间。即至燔书以后，尚有《古五子》十八篇、《周官传》四篇，列《汉志》中。而嗣此诸儒之说经者，遂纷纷焉。

自宋人倡为论曰："秦人焚经而经存，汉人穷经而经亡。"而后之伪为《文中子》者，直伸其语曰："九师兴而《易》道微，《三传》作而《春秋》衰。"于是谈经之徒各大扫儒说，而经学不可问矣。考汉武倡制科，以经义为对策之首。而汉后说经之文，皆称经义。今贡举家犹以经义名举文，可验也。

独是予之为经，必以经解经，而不自为说。苟说经而坐与经忤，则虽合汉、唐、宋诸儒并为其说，而予所不许。是必以此经质彼经，而两无可解，夫然后旁及儒说。然且儒说之中，汉取十三，而宋取十一，此非左汉而右宋也。汉儒信经，必以经为义，凡所立说，惟恐其义之稍违乎经。而宋人不然。《孟子》曰："尽信《书》则不如无《书》。"《书》可信乎？吾所信者，义而已。第先立一义，而使诸经之为说者，悉以就义，合则是，不合即非，是虽名为经义，而不以经为义。

14. 房选、行牍率皆坊人伪为之

毛奇龄《素园试文序》云：

昔历、祯间，社业与房书并行。而今则房选、行牍率皆坊人伪为之，而社刻无有，惟取学使以下及诸司考校文版行坊间，则犹存社业之遗意焉。

15. 制艺伪造为王荆公、曾子固、苏子瞻、子由诸文

毛奇龄《先正小题选序》云：

从来应举之文，始于制策，而既而词赋，又既而经义帖括，止矣！自元仁宗朝实创为八比之法，改去帖括，首以《四书》文取士，更名"书义"，而别立体制，曰破题，曰接题，曰小讲，曰官题，曰中比、后比，曰原经，曰结尾。而于是书契以来，遂有八比一法在人世间焉。然且主者命题，多下小簸。相传延祐解士题用"子曰"二字，其首解破题袭韩愈文"匹夫而为百世师，一言而为天下法"，以为能事。其在明初，载之《元文矜式》间，曩时老成人能道之也。乃选家无学，称八比文为制艺。夫制科取士，皆天子亲试于庭；八比试有司，并非制也。又以为八比始于宋，伪造为王荆公、曾子固、苏子瞻、子由诸文，以诬惑斯世。夫八比矜式，元实始之，宋时"书义"尚未行，焉所得八比而预用之也？人日循墙而不知为序久矣！

16. 辨《汲冢竹书》之伪

毛奇龄《经问补》卷三云：

至若《汲冢竹书》，竟称西伯发。予前所云武嗣西伯竹书之谬者，相传其书出于晋太康年，系后人作伪，袭《吕览》而为之者。且云，纣四十二年为武王改元之年，西伯发受丹书于吕尚，四十四年，西伯发伐黎，五十二年，周始伐殷。则不识《泰誓》惟十有三年春是连文九年、武四年合称十三年，而以武改元，至此为十三年。此正蔡氏、朱氏、金氏诸宋人所袭伪，而凡《尚书·无逸》《礼记·文王世子》《中庸》《大戴礼》《书传》《诗传》《尚书大传》诸书一切俱焚毁者，是书祸也。详见予《尚书广听录》及《四书正事》诸篇。

毛奇龄对于辨伪学的贡献较大，材料较多，俟其全集整理本出版之后，再普查一边，做一专题研究——《毛奇龄辨伪学研究》。以上不过跑马观花，难免挂一漏万。

十三、王士禄

（一）王士禄其人

王士禄（1626—1673），字子底，山东济南新城人。少能文章，清介有守。工诗咏，与弟士祜、士祯齐名，称为"三王"。

王士禄于诸书"能综择折衷，独成义例。辨《子贡诗传》《申公诗说》皆伪书，尤有功经学"。

（二）王士禄的文献辨伪

汪琬《尧峰文抄·节孝王先生传》云：

近世所传《子贡诗传》《申公诗说》皆伪也。明有鄞人丰道生，好撰伪书，自言其家有《鲁诗世学》一书，传自远祖稷，实自撰也。又作《诗传》，托之子贡，以为张本，而所谓世学者，若相与发明，盖以世学之视传，犹毛传、郑笺之视《序》，示有本也。寻有妄人依旁《诗传》，别撰《诗说》，其体类《小序》，其说与丰氏尽同，惟篇次小异。道生叙《诗传》原流，又诡其所从出，云魏正始中虞喜奉诏摹石，而宋王子韶开河得之。其说最支离，而同时诸公无觉之者。郭子章刻之于楚，李维桢为序，亦不一致疑。惟道生同郡周应宾著《九经考异》，辨之特详。然微周氏，其伪亦灼然也。凡古书原流、存亡真赝，汉《艺文》、隋《经籍》降及郑《通志》、马《通考》诸书可复而按也。《汉书·儒林》叙诸家授受尤悉，并无一言及《子贡诗传》者。考《虞喜传》，亦无奉诏书石经事，独申公为《鲁诗》，《汉志》："《鲁故》二十五卷，《说》二十八卷。"《隋志》明言亡于西晋，安得至今犹存耶？且其卷数亦不合。所谓说者，殆即《毛氏故训》之流，必不效《小序》体也。至《诗传世学》之伪，穿凿掩覆，痕迹宛然，如《诗传》篇目，于《郑故》阙《狡童》一篇，别出《麦秀》一篇，云子良谏用狂狡云云，而《世学》则取箕子《麦秀》一歌为此篇首章，盖以两诗皆有"彼狡童兮"一语，故牵合也。《诗传》于郑又阙《东门之墠》一篇，于《王风》别出《唐棣》一篇，而《世学》则取《论语》"唐棣之华"四语为此篇首章，盖以《唐棣》有"岂不尔思，室是远而"之句，而《东门》首章有"其室则迩，其人甚远"，次章复有"岂不尔思"语，故牵合也。又好影借春秋时事为说，如《陈风》因《小序》《株林》一篇为刺陈灵淫夏姬事，遂以《墓门》为泄冶刺灵公，《防有鹊巢》为内子忧泄冶，《泽陂》为国人伤泄冶，其他异说尤多，率取春秋事与诗语相附会，其义之善而与毛、郑异者，又特暗窃诸家，非有所受也。此书本不足以欺后世，然凌蒙初作《传诗适冢》竟跻传于《序》之右，以为端木长于西河。邹忠胤作《诗传阐》，亦往往据传以攻《序》，而姚氏《诗疑问》引《传说》与《序》等，遂若《诗传》果出子贡之手者。窃恐后世惑之，故著其概云。先生撰述甚伙，此一篇尤善。至于官阀、世系，具载其同产弟贻上所作年谱中。

汪琬又曰："予与贻上同举礼部，又与先生同榜进士，后先官京师，相好也，群居酒次，贻上议论风发，而先生独恂恂不妄措一词，固知其笃行君子人云。始予以疾请告，先生趋视予疾，眷眷不忍别去，且和予遮字韵诗以相赠，至今弆其迹箧衍中。顾先生已不复可见矣，故为传之如右。"

按，明周应宾著《九经考异》，详见《四库全书存目丛书》经部第 150 册。

十四、黄虞稷

（一）黄虞稷其人

黄虞稷（1629—1691），字俞邰，号楮园。其父居中，字明立，本籍晋江，官南京国子监丞，遂移居南京。七岁能诗，有神童之目。康熙十八年（1679）以诸生举鸿博，遭母丧，不与试。二十年（1681），虞稷以布衣入翰林院，食七品俸禄，充《明史》纂修官。又与修《一统志》，分纂福建全省分志。三十年七月，引疾归江宁，到家仅五日即辞世。少好读书，老而弥笃，千顷斋中藏书亦万余卷，俞邰博雅好学古，时值南都倾覆，天府之宝藏，故家之插架，尽力搜罗以益之。家富藏书，逾八万卷，甲于江南。除了影响深远的《千顷堂书目》外，还著有《我贵轩集》《建初集》《朝爽阁集》《蝉巢集》《史传纪年》《楷园杂志》《千顷斋集》诸书，大多失传。仅《千顷堂书目》传于世，且为《明史·艺文志》所本。《四库提要》称其体例可云最善，又斥之曰："惟'制举'一门可以不立。明以八比取士，工是技者隶首不能穷其数。即一日之中，伸纸搦管而作者，不知其几亿万篇。其不久而化为故纸败烬者，又不知其几亿万篇。其生其灭，如烟云之变现、泡沫之聚散。虞稷乃徒据所见而列之，不亦颠耶？"[1]

（二）黄虞稷的文献辨伪

1.《千顷堂书目》概况

《四库全书总目》云：

> 《千顷堂书目》三十二卷，国朝黄虞稷撰。所录皆明一代之书。经部分十一门，既以"四书"为一类，又以《论语》《孟子》各为一类；又以说《大学》《中庸》者入于三礼类中，盖欲略存古例，用意颇深。然明人所说《大学》《中庸》皆为"四书"而解，非为《礼记》而解。即《论语》《孟子》亦因"四书"而说，非若古人之别为一经，专门授受。其分合殊为不当。《乐经》虽亡，而不置此门，则律吕诸书无所附，其删除亦未允也。史部分十八门，其簿录一门，用尤袤《遂初堂书目》之例，以收《钱谱》《蟹录》之属古来无类可归者，最为允协。至于典故以外又立食货、刑政二门则赘设矣。子部分十二门，其墨家、名家、法家、纵横家并为一类，总名世家，虽亦简括，然名家、墨家、纵横家传述者稀，遗编无几，并之可也。并法家删之，不太简乎？集部分八门，其别集以朝代科分为先后，无科分者则酌附于各朝之末。视唐、宋二《志》之糅乱，特为清晰，体例可云最善。惟制举一门可以不立。明以八比取士，工是技者隶首不能穷其数。即一日之中，伸纸搦管而作者，不知其几亿万篇。其不久而化为故纸败烬者，又不知其几亿万篇。其生其灭，如烟云之变现、泡沫之聚散。虞稷乃徒据所见而列之，不亦颠耶？每类之末，各附以宋、金、元人之书，既不赅备，又不及于五代以前，其体例特异，亦不可解。然焦竑《国史经籍志》既诞妄不足为凭，傅维鳞《明书经籍志》、尤侗《明史艺文志稿》，尤冗杂无绪。考明一代著作者，终以是书为可据，所以钦定《明史·艺文志》颇采录之。略其舛驳而取其赅赡可也。

《四库提要》预设立场，评论前人得失不尽公允。如制举一门著录科举文献，极有文化史眼光，岂可一概抹杀？

张钧衡《千顷堂书目跋》云：

---

[1] 今按，四库馆臣对于科举持批判态度，此论尤为偏激。百年无废纸，科举文献岂可一笔抹杀乎？

右《千顷堂书目》三十二卷，黄虞稷撰。此目所录，皆有明一代之书，经部十二门，为易，为书，为诗，为三礼，为礼乐，为春秋，为孝经，为论语，为孟子，为经解，为四书，为小学；史部十八门，为国史，为正史，为通史，为编年，为别史，为霸史，为史学，为史钞，为地理，为职官，为典故，为时令，为食货，为仪注，为政刑，为传记，为谱系，为簿录；子部十二门，为儒家，为杂家，为小说家，为兵家，为天文家，为历数家，为五行家，为医家，为艺术家，为类书，为释家，为道家；集部八门，为别集，为制诰，为表奏，为骚赋，为词曲，为制举，为总集，为文史也。意欲成明一代艺文志，《提要》以集部分八门，其别集以朝代科分为先后，无科分者则酌附于各朝之末，视唐、宋二《志》之糅乱，特为清晰，体例可云是善，后本朝修《明史》，艺文一志，以此书作根柢而润色之，则其赅赡可知矣。每类之末，各附以宋、金、元人之书，俞邰以《宋志》漏略，《元史》又无艺文，意援宋、隋《志》例，补录遗逸，《提要》以为不赅备，又不及于五代以前，殊不可解诋之，殆未窥俞邰之意耶？《金陵朱氏家集》云："南仲公朱廷佐入吴郡庠，与周忠介友善，南渡后面折马、阮，不求仕进，手写古今书目，为黄俞邰、龚蘅圃所得，以备史料。"《千顷堂书目》盖即参取南仲公书目而成，然钱受之采明诗，从俞邰借书，得尽阅所未见，又为作《千顷斋藏书记》，是俞邰实有是书，并非悉据旧目。或桑海之际，朱氏之书与目，均为俞邰所得与？此书从无刻本，今以十万卷楼、汉唐斋两抄本互补刻之。

张钧衡为黄氏辩护，能窥俞邰之本意。

2.《千顷堂书目》的辨伪书目

丰熙《古易传疑》

丰坊《古易世学》十五卷，又《易辨》一卷【本坊一人所为，托言丰稷及曾祖庆父熙所授，故曰世学。】

傅文兆《羲经十一翼》六卷【其书为《古周易》二卷，《观象篇》一卷，《观变篇》一卷，《玩辞篇》一卷，《玩占篇》一卷。文兆，金溪人，以孔子传为"十翼"，而己又翼孔子，故谓之"十一翼"。谓爻辞为文王所作，与周公无涉。】

梅鷟《尚书谱》五卷，又《尚书考异》【旌德人，正德癸酉举人，南京国子监助教，复官盐课司提举，力攻古文之伪。】

丰坊《鲁诗世学》三十六卷【一作十二卷，坊言家有《鲁诗世学》，是书传自远祖稷，然实自撰也，又作《诗传》托之子贡，而同时，又有《诗说》托之申培者，皆伪书，不录。】

丰坊《石经大学》一卷【坊所伪托。】

陈建《明通纪》二十七卷，又《续通纪》十卷【隆庆间给事中李贵利言，建以草莽之臣，越职僭拟，请毁其板，从之。或云，梁储弟亿托名建作。】

钱士升《逊国逸书》【《致身录》《从亡随笔》《扪膝录》，皆伪书。】

史仲彬《致身录》一卷【钱谦益辨其伪作，别有程济《从亡随笔》一卷，刘琳《扪膝录》四卷，皆伪书，钱士升辑为《逊国逸书》，不录。】

刘琳《扪膝录》【称玉海子，不知何人。】

《奉天靖难记》四卷【不知何人撰，诸多诬伪。】

《陈金凤外传》一卷【金凤，闽王延钧后，王宇序云，万历中闽农夫掘地于石函中得之，盖伪书也。】

王逢年《天禄阁外史》八卷【伪托黄宪作。别有无名氏所为《於陵子》《计然子》，皆不录。】

3.《千顷堂书目》的辨伪缺失

辨别真伪历来就是书目编制的一个不可忽视的环节。《千顷堂书目》著录有明一代著作，但在辨伪方面着墨不多，偶有提及，也是语焉不详。它对于明代伪书相当轻视，不愿过多著录伪书，涉及伪书明言"不录"，这种做法极不科学。如此一来，明代制造的很多伪书就这样自生自灭，无声无息，赤条条来，赤条条去，甚至连书名都没有留下来。这无疑给后世辨伪学家研究伪书造成了极大的困难。上穷碧落下黄泉，踏破铁鞋无觅处，徒唤奈何！书目不著录伪书，这是渎职；著录伪书不全，也是失职。

十五、朱彝尊

（一）朱彝尊其人

朱彝尊（1629—1709），字锡鬯，号竹垞，又号金风亭长、小长芦钓鱼师。明大学士国祚曾孙。少生有异秉，书过眼即能复诵。十七，弃举子业，肆力于古学，久之，博通群籍。顾宁人、阎百诗皆亟称之。家贫客游，南逾岭，北出云朔，东泛沧海，登之罘，经瓯越。所至丛祠荒冢、破炉残碣之文，莫不搜剔考证，与史传参校同异。归里，约李良年、周筼、缪泳辈为诗课，文名益噪。康熙己未（1679），举博学鸿词，授检讨，时富平李因笃、吴江潘耒、无锡严绳孙及彝尊皆以布衣入选，同修《明史》。著有《日下旧闻》《经义考》《明诗综》《词综》《曝书亭诗文集》等书。又有《瀛洲道古录》《五代史注》《禾录》诸书，俱属稿未成。

（二）朱彝尊的文献辨伪

1.《连山》《归藏》

朱彝尊《经义考》卷二云：

按，《连山》《归藏》，《汉志》不载，则其亡已久。而郦道元注《水经》，引《连山易》云："有崇伯鲧，伏于羽山之野。"是元魏时尚有其书矣。若司马膺所注，度即刘炫伪本尔。李淳风《乙巳占》云："有冯羿者，得不死之药于西王母，姮娥窃之以奔月，将往，枚筮于有黄，有黄占之曰：'吉，翩翩归妹，独将西行，逢天晦芒，无恐无惊，后且大昌。'姮娥遂托身于月。"是亦伪本《连山》之文，今其书亦亡。毛渐所序《三坟》，首列《山坟》，谓是《连山》之《易》，伏羲所作。其象有崇山君、伏山臣、列山民、兼山物、潜山阴、连山阳、藏山兵、叠山象等义，其言曰："天皇始画八卦，《连山》名《易》，君臣民物，阴阳兵象，始明于世。荒诞不足信也。"

又按，黄佐《六艺流别》载《连山由辞·复》初七曰："龙潜于渊，存神无眹。"象曰："复以存神，可致用也。"《剥》上七曰："数穷致剥，终吝。"象曰："致剥而终，不知变也。"《姤》初八曰："聚蛇于洼，滋孽之牙。"象曰："阴滋牙，不可长也。"《中孚》初八曰："一人知女，尚可以去。"象曰："女未归孚，不中也。"不知本于何书？岂有《连山》之《易》乃效工弼《易传》之体乎？作伪者拙，且为刘炫笑矣。

又按，杜子春以《连山》为宓羲、《归藏》为黄帝，姚信以《列山》为神农，而班孟坚《古今人表》既于圣人列宓牺、神农、黄帝，又于仁人著《列山》《归藏》，不应复出乃尔。

2.《古文尚书》

朱彝尊《曝书亭集》卷五十八《尚书古文辨》云：

《尚书古文》出孔子壁中。安国，孔子后，悉得其书。考伏生所传二十九篇，得多十六篇，以授都尉朝倪宽，于时司马迁亦从安国问故。班固谓迁书载《尧典》《禹贡》《洪范》《微子》《金縢》诸篇，多古文说。考诸《史记》，于《五帝本纪》载《尧典》《舜典》文，于《夏本纪》载《禹贡》《皋陶谟》《益稷》《甘誓》文，于《殷本纪》载《汤誓》《高宗肜日》《西伯戡黎》文，于《周本纪》载《牧誓》《甫刑》文，于《鲁周公世家》载《金縢》《无逸》《费誓》文，于《燕召公世家》载《君奭》文，于《宋微子世家》载《微子》《洪范》文。凡此皆从安国问故而传之者，乃孔壁之真古文也。然其所载不出二十九篇外，惟《汤诰》载其文百三十字，《太誓》载其文九十七字，良由十六篇未奉诏旨立博士，设弟子，安国不敢私授诸人。故自胶州庸生而下，至于桑钦所习者，仍二十九篇而已。东汉之初，扶风杜林得漆书于西州以授徐巡、卫宏，于是贾逵作训，马融作传，郑康成注解，余若尹敏、孙期、丁鸿、刘祐、张楷、孔乔、周磐类从漆书之学，初不本于安国，而孔颖达《正义》谬称孔所传者贾逵、马融等皆是，又言郑意师祖孔学，而贱夏侯、欧阳等，由颖达不察见古文字，即以为安国所传亦粗疏甚矣。漆书古文虽不详其篇数，而马、郑所注实依是书，陆氏《释文》采马氏注甚多，然惟今文暨《小序》有注，亦无一语及增多篇文，是贾、马、郑诸家未睹孔氏古文者也。《后汉书·孔僖传》："自安国以下，世传《古文尚书》。"《连丛子》亦载孔大夫与僖子季彦问答，大夫曰："今朝廷以下，四海以内，皆为章句内学，而君独治古义，盍固己乎？"季彦答曰："先圣遗训，壁出古文，临淮传义可谓妙矣，而不在科策之例。世人固莫识其奇，赖吾家世世独修之。"若是，则壁中之书僖家具存矣。独怪肃宗幸鲁，遇孔氏子孙，备具恩礼，僖家既有临淮传义，其时上无挟书之律，下无偶语之之禁，何不于讲论之顷一进之至尊，上之东观，乃秘不以示人乎？窃意僖家古义亦无异博士所传之篇目，是僖亦未睹孔氏增多之古文也。赵岐注《孟子》，高诱注《吕览》，杜预注《左传》，遇孔氏增多篇内文皆曰逸书，惟许慎《说文序》谓《易》称孟氏，《书》孔氏，《诗》毛氏，夫以贾、马、郑诸儒均未之见，许氏何由独得之？其撰《五经异义》于《舜典》裡于六宗，一云：六宗者，上不谓天，下不谓地，旁不谓四方，居中恍惚，助阴阳变化。此欧阳生、大小夏侯氏说也。一云：古《尚书》说六宗者，谓天宗三，地宗三。天宗，日、月、北辰也；地宗，岱山、河、海也。日月为阴阳宗，北辰为星宗，岱山为山宗，湖海为水宗，所谓古《尚书》说者，贾逵之说本之漆书者也。使许氏称孔氏书，则四时寒暑日月星水旱之气亦必举之矣，乃仅述欧阳、夏侯、贾氏之说，则慎实未见孔氏古文者也。谯周《五经然否论》援古文书说以证成王冠期，考今《孔传》无之，则周亦未见孔氏古文者也。《正义》谓王肃注《书》，始似窃见《孔传》，故注乱其纪纲，为夏太康时。然考陆氏《释文》所引王注不一，并无及于增多篇内只字，则肃亦未见孔氏古文者也。《正义》又云：《古文尚书》郑冲所授，冲在高贵乡公时业拜司空，高贵乡公讲《尚书》，冲执经亲授，与郑小同俱被赐，使得孔氏增多之书，何难上进？其后官至太傅，禄比郡公，几杖安车，备极荣遇。其与孔邕、曹羲、荀顗、何晏共集《论语训注》，奏之于朝，何独孔书止以授苏愉，秘而不进？又《论语解》虽列何晏之名，冲实主之，若孔书既得，则或谓孔子章引《书》即应证以《君陈》之句，不当复用包咸之训，谓孝乎惟孝，美大孝之辞矣。窃疑冲亦未见孔氏古文者也。《正义》又引《晋书》皇甫谧从姑子外弟梁柳得《古文尚书》，故作《帝王世纪》往往载《孔传》五十八篇之书。夫士安既得五十八篇之书，笃信之，宜于《世纪》均用其说，乃《孔传》谓尧年十六即位，七十载求禅，试舜三载，自正月上日至尧殂二十八载，尧死寿一百一十七岁，而《世纪》则云尧年百一十八岁，《孔传》谓舜三十始见试用，历试二年，摄位二十八年，即位五十年，升道南方巡守，死于苍梧之野而葬焉，寿百一十二岁，而《世纪》则云舜年八十一，即真八十三，而荐禹九十五，而使禹摄政摄五年，有苗氏叛，南征，卒于鸣条，年百岁。《孔传》释文命谓外布文德教命，而世纪则云足文履己，故名文，命字高密。《孔传》释伯禹谓禹代鲧为崇伯，而《世纪》则云尧封为夏伯，故谓之伯禹。《孔传》释《吕刑》云吕侯为天子司寇，而《世纪》则云吕侯为相，所述多不相符。窃疑谧，亦未见孔氏古文者也。然则增多十六篇，自汉迄西晋蔑有见者，一旦东晋之初古文五十九篇俱出，而并得孔氏受诏所作之传，学者有不踊跃称快者乎？于焉诸儒或说大义，或成义疏，或释音义，越唐及汴宋，莫敢轻加拟议。南渡以后，新安朱子始疑之。伸其说者，吴棫、赵汝谈、陈振孙诸家，犹未甚也。迨元之吴澄，明之赵汸、梅鷟、郑瑗、归有光、罗敦仁，则攻之不遗余力矣。盖自徐邈注《尚书》逸篇三卷，晋人因而缀辑，若拾遗秉滞穗以作饭，集雉头狐腋以为裘，于大义无乖，而遗言足取，似可以无攻也。论其大略，传文之可疑者，安国尝注《论语》矣，《尧曰篇》"予小子履"十句注云是代桀告天之文，《墨子》引《汤誓》若此，而传以释《汤诰》"在克夏之后，虽有周亲"二句，注云亲而不贤则诛之，管、蔡是也，仁人谓箕子、微子来则用之，而传则云纣至亲虽多，不如周家之多仁人，传注出自一人之手而异其辞，何与？《史记·殷本纪》："殷之太师、少师持其祭器奔周。"《周本纪》："纣杀比干，囚箕子。太师疵，少师强，抱其乐器奔周。"《宋世家》："微子数谏纣，纣弗听。及去，未能自决，乃问于太师、少师。太师、少师劝微子去，遂行。"则今文《微子》篇所云父师、少师自有其人，史迁受书于安国，其说必本于安国也，乃今《孔传》

云父师、少师、三公箕子也，少师、孤卿比干也。夫三仁皆殷王子父师，若系箕子，殷人尚质，其语兄之子必呼其名，惟出于疵之口，故称微子曰王子也。班氏《古今人表》亦书太师疵、少师强，姓名流传有自，而伪托《孔传》者不知也。至于赒肃慎之命，注云东海、驹骊、夫余、馯貊之属。武王克商，皆通道焉。考《周书·王会篇》，北有稷慎，东则涉良而已，此时未必即有驹骊、夫余之名，且主骊主朱，蒙以汉元帝建昭二年始建国号，载《东国史略》。安国承诏作《书传》时，恐驹骊、夫余尚未通于上国，况武王克商之日乎？序文之可疑者。二坟言大道，五典言常道，遁辞易穷，分之无可分也。赞《易》道以黜八索，述职方以除九丘，无稽勿听，刺之无可刺也。古文之存于今者，惟岣嵝禹碑奇古难识，其诸坛山石、岐阳猎碣，以及夏殷周鼎钟鬴鬲敦卣盘匜之属并不作科斗文，何独孔壁所藏书独用之？殆不过张皇其辞，以欺惑后世焉尔。文言以所闻伏生之书考论文义，定其可知者。此金华王柏所云古文之书初无补于今文，反赖今文而成书者巳。且如司马氏问故于安国，载入《史记》，诸篇字句多别，今四十九篇中凡今文所有，悉与伏生所授无异辞。则作序者初不见孔壁古文，仅增多二十五篇而已。且班固《汉志》、刘歆《移太常博士书》、荀悦《汉纪》、颜师古注《汉书》增多只十六篇，而安国承诏为五十九篇作传，若是则诸家所云翻不足信也。《史记·孔子世家》称安国为今皇帝博士，至临淮太守，早卒。自序有云："予述皇帝以来，至太初而讫。"又云："卒述陶唐以来，至于麟趾。"是安国之卒本在太初以前。若巫蛊事发，乃征和二年，距安国之没当已久矣。《汉纪》孝成帝三年，刘向典校经传，考集异同，于《古文尚书》云"武帝时孔安国家献之"，则知安国已没，而其家献之。《汉书》《文选》镂本流传，偶脱去"家"字尔，若班氏云遭巫蛊仓卒之难，未及施行，乃史家追述古文所以不列学官之故，而序言会国有巫蛊事，经籍道息，乃出自安国口中，不亦刺缪甚乎！自高斋十学士登之文选，后之学者遂不敢非，是不可以不辨。

《曝书亭集》卷三十三《答萧山毛检讨书》云：

日者王百朋秀才过梅会里，语及《书》今古文本末，既行，虑答之未晰，乃遗以书，中及魏博士高堂隆所称"日若稽古帝舜曰重华，建皇授政改朔"一十五字，证重华以上九字不始于大航头。鄙见思移此文置在"璇玑玉衡"之前，为《舜典》之首，然不敢自信，即属秀才质之左右，随接足下书，叠叠数百言，援《孟子》《史记》《前后汉》《晋书》，谓《尧典》当至"四海遏密八音"而止，自此而下则为《舜典》。足下之言是也。仆已悔前言之失矣。来书亦云，姚方兴本二十八字不始于大航头，第谓魏王肃注《古文尚书》，晋范宁注《古文舜典》，俱有其文，则仆以为不然。当梅赜奏上《孔传》时，亡《舜典》一篇，购不能得，乃取王肃注今文《尧典》，从"慎徽五典"以下分为《舜典》篇以续之。其后范宁为今文集注，俗间或取《舜典》篇以续孔氏，故《正义》曰："《舜典》亡失，宁为解时巳不得焉。"又曰："多用王、范之注补之，而皆以慎徽巳下为《舜典》之初。"其云补以王、范之注者，盖言慎徽巳下之注也。是时方兴之书未上，此二十八字王、范安得有其文而注之？却王、范所注本皆今文也乎？足下据《释文序录》信二十八字出之王注，然陆氏言方兴所上止十二字，其余一十六字乃曰或此下更有云云，凡二十八字，异聊出之于王注无施也。其辞若有深疑焉。使濬深哲知等训果出之王注，则亦何必施以聊字及无施也字？足下截而取之，恐非《释文》致疑之初义矣。陆氏《序录》于《书传》以孔氏为正，惟《舜典》一篇用王肃本二十八字之训，无一录者，明非肃注也。然则今学官所颁大航头二十八字，注者为谁，吾意开皇后得方兴本，爰取其所造《孔传》实之，其余仍用肃注，想当然矣。由今论之，百篇之序原有《舜典》，自不必复济南生之旧，当如足下之说，以月正元日为《舜典》之初，与其冠以方兴之文，不若取信高堂隆之议。盖方兴采马、王之注造《孔传》，近于有心作伪，而濬哲已下方兴不以奏上，殆未必尽出其书。故梼昧之见，拟以隆一十五字冠之篇首，虽建皇二字无证文，而月正元日改朔之义存焉。询于四岳以下，则授政之大端也。敢再质于讲席。仆见近时攻《古文尚书》者不一，足下力为《孔传》辩冤，爱惜古人已至。若因梅赜之冤，而并欲白方兴之冤，则天下皆冤民，而辩之不胜其辩矣。仆非好为难驳也，朋友相规于分则尔。昔者陈君举尝撰《毛诗解诂》，以朱元晦《集传》去《序》为非，元晦移书求其说，答云："公近与陆子静辩无极矣，又与陈同甫争论王霸矣。某未敢注诗，不过为门弟子讲说，今已毁弃之。"盖不欲滋其辩耳。或谓君举善全朋友之道，然责善之义谓何？足下行年八十矣，仆今亦七十有四，举一时尚刀锥盐谷纷争子母之利，而颓然二老翁独以经义相考证，即鄙言未合，度足下必一笑置之，断不效朱陆之嚣嚣聚讼也。

3.《鲁诗世学》

朱彝尊《曝书亭集》卷四十二《丰氏鲁诗世学跋》云：

丰氏坊《鲁诗世学》三十六卷，列伪《子贡诗传》于前，而更"小雅"为"小正"，"大雅"为"大正"，尽反子夏之序。谓之"世学"者，以"正音"归之远祖稷，以"续音"归之庆，以"补音"归之耘，以"正说"归之其父熙，而己为之考补，其实皆坊一手所制也。坊恃其能书，以篆隶体伪为《正始石经》，一时巨公若泰和郭子章、京山李维桢辈皆信之，而又为此书以欺世。不知《鲁诗》亡于西晋，自晋以后孰得见之？其仅存可证者，洪丞相适《隶释》所载蔡邕残碑数版，如"河水清且涟漪"作"㥁"，"不稼不穑"作"嗇"，"坎坎伐轮兮"作"歓歓"，"三岁贯女"作"宦女"，"山有枢"作"苣"。此外，"素衣朱襮"作"绡"，见《仪礼注》，"伤如之何"作"阳"，见《尔雅注》，"艳妻煽方处"作"阎妻"，"中冓之言"作"中冓"，见《汉书注》。而丰氏本则仍同《毛传》之文，是未睹《鲁诗》之文也。楚元王受《诗》于浮丘伯，刘向，元王之后，故《新序》《说苑》《列女传》说《诗》皆依《鲁》，故其义与《毛传》不同，而丰氏本无与诸诗合，是未详《鲁诗》之义也。至于《定之方中》为《楚宫》移入《鲁颂》；又移逸诗《唐棣之华》四句于《东门之墠》二章之前，而更篇名为《唐棣》；又增益《渐渐之石》之辞曰："马鸣萧萧，陟彼崖矣。月丽于箕，风扬沙矣。武人东征，不遑家矣。"肆逞其臆见，狎侮圣人之言，且虑己之作伪未能取信于人，则又假托黄文裕佐作序。中间欲申鲁说而改易毛、郑者，皆托诸文裕之言，排斥先儒，不遗余力。其如文裕自有《诗传通解》行世，其自序略云："汉兴，鲁、齐、韩三家列于学官，史称鲁最为近之。其后三家废而《毛诗》独行。世或泥于鲁为近一语，必欲宗之；然《鲁诗》今可考者，有曰'佩玉晏鸣，关雎叹之'，以为刺康王而作，固已异于孔子之言矣。又曰，驺虞掌鸟兽官，古有梁驺，天子之田也，文王事殷，岂可以天子言哉？其为周南、召南首尾已谬至此。"以是观之，则文裕言诗不主于鲁明矣。又四明杨文懿著《诗私钞》，改编《诗》之定次，文裕罪其师心僭妄，是岂肯尽弃其学，而甘心助丰氏之邪说乎？至于党丰氏者，不知石经为坊伪撰，乃证文裕得之中秘，今文渊阁之书目录具在，使果有魏时石经，目中岂不登载？洵无稽之言，稍有知识者当不为所惑也。

黄云眉认为："就上所举，亦足证丰坊作伪求异之心理。"有道是，魔高一尺，道高一丈。狐狸无论多么狡猾，还是会留下脚印，最后都敌不过好猎手。作伪者与辨伪者就是狐狸与猎手的关系。丰坊在作伪时留下了一个明显的时代错误，他忘记了子夏不可能看到他身后的《大学》《中庸》，那是后来者写的，无论如何他也不可能看到！朱彝尊正是凭借这一豁口锁定了目标，综合书目的考察、篇次的考察，最终将《鲁诗世学》予以证伪。

4.《子贡诗传》

朱彝尊《经义考》卷一百云：

> 《子贡诗传》，自汉迄宋，志艺文者，不著于录。嘉靖中，忽出于鄞人丰道生之家。取子夏所序三百十一篇悉紊其次：以《鹤鸣》先《鹿鸣》，于是"四始"乱矣。《何彼秾矣》，南也而入之风；《黄鸟》《我行其野》《无将》《大东》《采绿》《渐渐之石》《苕之华》《何草不黄》，雅也而入之风；《小弁》《抑》，大雅也而入之小雅；《定之方中》，风也而入之颂，于是"六义"乱矣。至于列国之风，移易错杂，雅、颂亦然。又删去"笙诗"六篇之目。而且更"野有死麕"曰"野麕"，"简兮"曰"柬兮"，"东门之墠"曰"唐棣"，"还"曰"营"，"卢令"曰"庐令"，"遵大路"曰"大路"，"大叔于田"曰"太叔"，"山有扶苏"曰"扶胥"，"出其东门"曰"东门"，"兔爰"曰"有兔"，"菁菁者莪"曰"菁莪"，"皇皇者华"曰"煌华"，"圻父"曰"圻招"，"大东"曰"小东"，"信南山"曰"南山"，此亦有何关系，必求异于子夏所序之诗乎？尤可怪者：邶、墉、卫诗虽分为三，然延陵季子来观乐曰："我闻康叔武公之德如是，是其卫风乎！"则同为卫诗矣；而乃以邶为管叔时诗，墉为霍叔时诗。又以小雅为小正，大雅为大正。《中庸》子思所作，而子贡反袭其言，窃"凡为天下国家有九经，修身则道立"以下十句，以说小正；窃《大学》"心正而身修"四句以传《关雎》，陋矣哉！本欲伸己之诐辞邪说，而厚诬先贤，可谓妄人也已矣！

黄云眉《古今伪书考补正》认为：

> 彝尊是跋，以未睹《鲁诗》之文，未详《鲁诗》之义，攻丰坊二书之伪，足与《经义考》驳义相阐发。其与姚氏略异者，姚氏谓二书与《诗经通解》亦多暗合，彝尊则谓黄佐并非主《鲁诗》者。但二说亦可通，不主《鲁诗》者，亦岂无与《鲁

诗》暗合处也。独怪丰坊欲伸《鲁诗》之说,则辑《鲁诗》之鳞爪而表扬之可耳。欲自创新义,则著论放言之可耳。乃必托之子贡,托之申培(子贡、申培授受源流亦不可考),又托之远祖丰稷,托之丰庆、丰耘、丰熙,又撰《十三经训诂》以穿凿之(见《明史》坊本传),曾是不惮烦而以弋世学之美名,矜独得之秘传乎!且坊欲伸《鲁诗》之说,则于《鲁诗》宜若何博搜旁采,以弥缝其作伪之迹,乃于《汉书》《仪礼》《尔雅》等书之注亦未细读,留极大之罅漏而不觉,徒纷纷以多造撰人为能事,岂所谓心劳日拙者欤!抑果黄宗羲所谓"一官不得志,无所不寄其牢骚,至经传亦复为拊掌之资"欤!(见《南雷文定》三集卷二《丰南禺别传》)然当时受其欺者,除姚所举外,如沈守正之《诗经说通》,以伪《鲁诗》冠其书;林兆珂之《毛诗多识编》,亦兼采伪《传》伪《说》;何镗收之《汉魏丛书》;毛晋收之《津逮秘书》;康熙中,陆棻且信其三年之丧三十六月之说,遭忧家居,阅三十七月而不出补官,其门人邱嘉穗载之《东山草堂迩言》中以为美谈。则甚矣,能读书者之少也!《石经大学》之伪造,当时巨公亦多为所惑,此不复辨。

作伪心劳日拙,自欺欺人,失信于人,何苦来哉!

5.《六经奥论》

朱彝尊《曝书亭集》卷四十二《六经奥论跋》云:

世传《六经奥论》六卷,成化中盱江危邦辅藏本黎温序而行之,云是郑渔仲所著。荆川唐氏辑《稗编》,从之。今观其书,议论与《通志·略》不合。渔仲尝上书曰:"十年为经旨之学,以其所得者作《书考》,作《书辨讹》,作《诗传》,作《诗辨妄》,作《春秋考》,作《诸经序》,作《刊谬正俗跋》。五六年为天文地理虫鱼草木之学,所得者作《春秋列国图》,作《尔雅注》,作《诗名物志》。"而《奥论》曾未之及,则非渔仲所著审矣。

至于《经义考》中的经学文献辨伪资料极其丰富,可谓专科辨伪学汇编,拟专题研究,兹不赘述。

十六、胡渭

(一) 胡渭其人

胡渭(1633—1714),初名渭生,字朏明,号东樵。渭著《禹贡锥指》二十卷,图四十七篇。谓汉孔安国、唐孔颖达、宋蔡沈于地理多疏舛,乃博稽载籍,考其同异而折衷之。山川形势,郡国分合,道里远近夷险,一一讨论详明。又汉、唐以来,河道迁徙,为民生国计所系,故于导河一章,备考决溢改流之迹,留心经济,异于迂儒不通时务。间有千虑一失,则不屑阙疑之过。又撰《易图明辨》十卷,专为辨定图书而作。康熙四十四年(1705),康熙南巡,胡渭以《禹贡锥指》献行在,康熙御书"耆年笃学"四大字赐之，当时儒者引以为荣。五十三年（1714），卒，年八十有二。

（二）胡渭的文献辨伪

胡渭《易图明辨》卷一"《河图》《洛书》"条云：

> 《易》之为书，八卦焉而已。卦各具三画，上画为天，下画为地，中画为人，三才之道也。羲皇仰观而得天道，俯观而得地道，中观于两间之万物而得人道，三才之道默成于心，故立八卦以象之，因而重之，遂为六十四，所谓兼三才而两之也，言八卦则六十四卦在其中矣。观下文所举《离》《益》《噬嗑》等皆因重之，卦可知也。夫子言羲皇作《易》之由，莫备于此《河图》《洛书》，乃仰观俯察中之一事。后世专以图书为作《易》之由，非也。《河图》之象不传，故《周易》古经及注疏未有列图书于其前者，有之，自朱子《本义》始。《易学启蒙》属蔡季通起稿（见《宋史·儒林传》），则又首本图书，次原卦画，遂觉《易》之作全由图书，而舍图书无以见《易》矣。学者溺于所闻，不务观象玩辞，而唯汲汲于图书，岂非《易》道之一厄乎？

> 《诗》《书》《礼》《春秋》皆不可无图，惟《易》无所用图，六十四卦，二体六爻之画，即其图也。八卦之次序方位，则乾坤三索出震齐巽二章尽之矣，安得有先后天之别哉？《河图》之象，自古无传，何从拟议？《洛书》之文，见于《洪范》五行九宫，初不为《易》而设。

按，《易图明辨》是专辨宋儒所传《河图》《洛书》等种种传统旧说。这些图是宋、元、明儒讲学的理论武器。相传是伏羲、文王传下来的。胡渭妄图将这些东西与《易经》切割开来。周敦颐的《太极图说》、朱子的《周易本义》是支配思想界的力量。胡渭这种廓清辞辟，梁启超《中国近三百年学术史》认为"功不在禹下"。由此可见，胡渭的所谓辨伪其实具有复杂的思想史、学术史背景。

胡渭《易图明辨题辞》云：

> 古者有书必有图，图以佐书之所不能尽也。凡天文、地理、鸟兽、草木、宫室、车旗、服饰、器用、世系、位著之类，非图则无以示隐赜之形，明古今之制。故《诗》《书》《礼》《乐》《春秋》皆不可以无图。唯《易》则无所用图，六十四卦二体六爻之画，即其图矣。白黑之点、九十之数、方圆之体、复姤之变，何为哉？其卦之次序方位，则乾坤三索、出震齐巽二章尽之矣，图可也，安得有先天后天之别？《河图》之象自古无传，从何拟议？《洛书》之文见于《洪范》，奚关卦爻？五行九宫初不为《易》而设，《参同契》先天太极，特借《易》以明丹道，而后人或指为《河图》，或指为《洛书》，妄矣！妄之中又有妄焉，则刘牧所宗之《龙图》，蔡元定所宗之《关子明易》是也，此皆伪书，九十之是非，又何足校乎？故凡为《易图》以附益经之所无者，皆可废也。就邵子四图论之，则横图义不可通，而圆图别有至理。何则？以其为丹道之所寓也。俞琰曰：先天图虽《易》道

之绪余，亦君子养生之切务。人曰丹家之说虽出于《易》，不过依仿而托之者，初非《易》之本义，因作《易外别传》以明之。故吾谓先天之图与圣人之《易》，离之则双美，合之则两伤。伊川不列于经首，固所以尊圣人，亦所以全陈、邵也。观吾书者，如以为西山之戎首、紫阳之罪人，则五百年来有先我而当之者矣，吾其可末减也。

阮元《易图明辨序》亦云：

> 元幼学《易》，心疑先后天诸图之说。庚子得《毛西河先生全集》中《河图洛书原舛篇》，读之豁然，得其原委。友人歙凌次仲廷堪谓元曰："子知西河之辨《易》，未见德清胹明先生《易图明辨》，尤详备也。"元识之，求其书不可得，继在京师见四库馆书目录之，曰其书一卷辨《河图》《洛书》，二卷辨五行、九宫，三卷辨《参同契》、先天图、太极图，四卷辨《龙图》《易数钩隐图》，五卷辨《启蒙》图表，六卷七卷辨先天古《易》，八卷辨后天之学，九卷辨卦变，十卷辨象数流弊，并引据经典，原原本本，于易学深为有功。元乡注益切。丙辰，视学至吴兴，始求得读之，盖距昔已十六年矣。愧闻道之甚迟，喜斯篇之未泯，亟命其家修板刷印，广为流传，以贻学者。

阮元不过转述了《四库提要》的观点而已。
李慈铭咸丰庚申（1860）三月初七日的日记载：

> 阅胡胹明氏《禹贡锥指》。是书精博固可取，而武断者亦多……与阎百诗、顾景范诸君，皆久居徐健庵尚书幕，同佐修《一统志》，故于地理皆为名家，而识隘语俚，亦略相似。予尝谓当时有三大书：顾氏栋高之《春秋大事表》、阎氏之《尚书古文疏证》、胡氏之《锥指》，皆独出千古，有功经学，门径亦略同，而皆无经师家法，有学究习气。江氏藩辑《国朝经师经义》，皆弃而不录。全氏祖望力诋《锥指》，谓其葛藤反过于程大昌，皆非平情之论。

十七、万斯大

（一）万斯大其人

万斯大（1633—1683），字充宗，别字褐夫，因患足疾而自号跛翁，浙江鄞县（今宁波）人。万泰第六子，生逢丧乱，不为科举之学，与其弟万斯同等俱师事黄宗羲，为黄氏之高足弟子。其为人刚毅质直，义形于色。又性和易，好结纳贤豪，奖引后进。绝意进取，独精经学，广搜诸家之说，昼夜钻研，穷其旨要，尤邃于《春秋》、三礼之学。所著《周官辨非》《学礼质疑》《仪礼商》《礼记偶笺》《学春秋随笔》，多先儒所未发。

（二）万斯大的文献辨伪

1. 《周官辨非》

李鄴嗣《周官辨非序》云：

> 善治莫如省官，善政莫如薄敛，古今图治之本，斯二者而已。凡见诸《诗》《书》所载先王之政，俱昭然可考，惟《周官》一书，所列官冗而敛重，即末世亡国之弊，亦无过此者。前辈为本战国阴谋之书，及东汉末年，其书乃行。至用其学而见诸实事，古今惟二人，一曰刘歆，一曰王安石。歆始以进于新莽，于是建为《周官经》，置博士，而莽遂据此立公卿大夫士，日议设官，行五均六管，市官赊贷，至毒流四海，而莽遂亡。安石以进于神宗，于是作为《三经新义》，上匹《诗》《书》，而安石遂创立三司条例官，日议理财市易均属，害延中外，群小继之，而前宋亦亡。盖是书之足祸人国，而两人学术徒足遗笑千载。斯诚可哀已。吾友万子充宗最精于经学，生平于六艺之文辨若秋芒，尽疑其义。更取《周礼》一书，条举件系，极辨其非，凡五十余节，大略惟官冗而赋重，此则其为害之大者也。充宗意谓刘歆初用此书以媚莽，颠倒圣经，忠孝堕地，已彰彰耳目，不意数百年后，复有一王安石，至谓其法可施于后世，其文有见于载籍，莫具于《周官》一书，欲尽举而见诸立政造事，竟若不知前此有一新莽国师者。今特为《辨非》一卷，使天下后世读之晓然，知此书一用之后，当不复更有安石，而益知惟五经可以治世。学术渊源一归于正，斯则其功在百世者也。

万斯大《周官辨非自序》云：

> 世称《周礼》周公所作，吾考鲁史克有言："先君周公制《周礼》曰：则以观德，德以处事，事以度功，功以食民。"今观《周礼》无此言，则知周公之《周礼》已亡，而今之所传者，后人假托之书也。先儒信之者什七，疑之者什三，只缘《周礼》二字当头。且知，就《周礼》言《周礼》，笼统读过，不加精析，遂惊叹其学贯天人，经纬万事，推与《仪礼》《礼记》并立为三。愚则谓，此书所载，止详诸官职，掌其法制、典章，取校于五经、《论》《孟》，殊多不合。夫不合于五经、《论》《孟》，则是非有在矣。天下是非有一定，无两可。以《周礼》为是，将以五经、《论》《孟》为非乎？使其不合于五经、《论》《孟》而所措施者，无伤于国体、无害于民生，即不置是非焉亦可。乃其猥琐不经，掊克无艺，一由其道丧亡之至如影随形，迂儒犹曰："此《周礼》也，无可议。"或且曰："此不善用《周礼》之过，非《周礼》之过。"呜呼！震其虚名而忘其实祸，直谓之无是非之心可也。不特此也，吾就其本文详析，多自相谬戾，弊害丛生，不可一日行于天下。周公之书决不如此！故断然还其名曰《周官》。诸不合于五经、《论》《孟》者取而辨之，得若干条。虽然，置其非而存其是，典章法制乃有可观。予非《周官》为是《周官》也可。

万斯大《周官辨非·天官》云：

圣人之治天下，利民之事，丝发必兴；厉民之事，毫末必去。关市之赋，厉民之甚者也。周公制礼，岂肯笔之于书以为常法哉？昔文王治岐，关市几而不征。武王有天下，奉行不变，故周公作《无逸》以训诚成王曰："文王不敢盘于游田，以庶邦惟正之供。"言无横敛也。复曰："继自今嗣王，则其无淫于观、于逸、于游、于田，以万民惟正之供。"期其法祖而无横敛也。使赋及关市，宁非横敛乎？吾以是知《周官》非周公所作，决也！昔《孟子》言仁政曰："关讥而不征。市廛而不征，法而不廛。"尝悼虐政之害，曰："古之为关也，将以御暴。今之为关也，将以为暴。"使周公时已赋及关市，则已为暴矣。孟子何以有古今之叹哉？举末世之弊政，诬圣人之制作，流毒当世，贻祸无穷。为此言者，古今之罪人也。

《经义考》卷一百二十八引陆元辅曰："以《周官》为非周公之书，举其可疑者辨驳之，凡五十五则。或举吴氏之说，或独抒己见，皆持之有故，言之成理。梨洲极称许之，以为不意晚年见此奇特。"

黄云眉认为，万斯大撰《周官辨非》，取其不合于五经、《论》《孟》者辨之，凡五十余节；崔述称此书条理详备，诚有可观，然其说多出于后人臆度，非周公所作周一代之制。

2.《学礼质疑》

《学礼质疑》卷一"秦时夏正由不韦始"条云：

儒者因秦之不改时月，遂谓周时亦然。则《左传》之春正月而日南至【僖公五年】，六月日食，而云日过分而未至。当夏四月，是谓孟夏【昭公十七年】，其言岂诬乎？世儒疑《左》伪不可信，予就其文以察之，纵非丘明，盖亦春秋后战国前人也。以周人言周时，岂有错误，而欲以生居千百年后之人与之较争得失乎？然周既改时月，而秦实不改史，于秦政年始之前，未闻有复夏时事，于是周秦终始之际不能使人之不疑。予读《月令》，而始得其说。按《史记》，秦政元年，吕不韦为相，凡十年而免。十年之间，政年尚幼，国事皆不韦专之，其集诸儒为《春秋》实在此时。当时已悬之国门，莫能易其一字，其十二篇首，《月令》皆从夏时，盖不韦亦知周时之未善，而有得于孔子夏时之语也。不韦既成《春秋》，见周已灭亡，遂因以改正时月，时不韦以仲父之尊、太后之宠、相国之重，唯我主之，其谁敢违之？特以其时六国尚存，未成一统，止行于国中，而未及乎天下。至政并天下，遂因之改十月为年始，而时月一如夏时之旧焉。又考《史记》，政五年冬雷，九年四月寒冻有死者。若尔时犹是周正，则冬乃酉戌亥月有雷，不足异，四月乃卯月，寒甚，亦无足怪，何以特书之？足以知此时之改从夏正也。改时大事，而史不言者，不韦之意实欲于平一天下之后，借仲父之尊、太后之宠、相国之重，逞其才智，取其著于《春秋》者，一举而见之施行，而无如子之不知为父残刻鲜终，史臣以其事由不韦，且尚属偏方时事，曷敢公之载？借致此事湮没不传，而万世之疑遂由兹以起嗜。而今而后，学者闻予此言，可以无疑于秦矣，亦可以无疑于周矣。

《学礼质疑》卷一云："礼随时变。古礼之不行于今，何害？吾恶其非古而托于古，且恐儒者惑于今之失，而遂以之释经也，故特为之辨。"

十八、徐善

（一）徐善其人

徐善（1634—1693），字敬可，号蠹谷，又号泠然子。嘉兴人。身世多舛，发奋读书，兼通文史，在经学、史学等方面均有创作。代高士奇撰《春秋地名考略》。著有《易论》《庄子注》《徐氏四易》《蠹谷集》等。

（二）徐善的文献辨伪

1.《归藏》

《归藏》之亡久矣，有求之《古三坟》及司马膺、薛贞之书者，失之讹；有即指归魂纳甲之书为《归藏》者，失之陋；有谬解"乾君坤藏"之语而谓方图即《归藏》者，失之傅会。若卫氏之操笔妄拟，则失之肆矣。又曰：子复，丑临，寅泰，卯大壮，辰夬，巳乾，午姤，未遁（《归藏》本文作逯），申否，酉观，戌剥（《归藏》本文作仆），亥坤，此《归藏》十二辟卦，所谓《商易》也。辟者，君也。其法先置一六画坤卦，以六阳爻次第变之，即成复、临、泰、大壮、夬五辟卦，次置一六画乾卦，以六阴爻次第变之，即成姤、遁、否、观、剥五辟卦。十辟见而纲领定矣。于是又置一六画坤卦，以复辟变之，成六卦之一阳，以临辟变之，成十五卦之二阳，以泰辟变之，成二十卦之三阳，以大壮辟变之，成十五卦之四阳，以夬辟变之，成六卦之五阳，更进为纯乾，而六十四卦之序已尽变矣。徐而察之，乾之六位已为递变之新爻，而坤之六位犹为未变之旧画，即卦中阳爻已变，而阴爻犹故也。于是复置新成之乾卦，以姤辟变之，成六卦之一阴，以遁辟变之，成十五卦之二阴，以否辟变之，成二十卦之三阴，以观辟变之，成十五卦之四阴，以剥辟变之，成六卦之五阴，更进为纯坤，而坤之六位已更新矣。卒之，非有两营也，止此六十四虚位，顺而求之，由坤七变得阳爻，一百九十二而纯乾之体见。逆而溯之，由乾七变得阴爻一百九十二，而纯坤之体见。一反一覆，而三百八十四爻之《易》以全矣。（《经义考》卷三）

2. 图书

图南之书已亡，度其目约二十一篇，而图书二象居其末。马氏《经籍考》不载，则由其徒秘不示人，故当时未传尔。其序文义晦涩，叶梦得以为伪作，良是。又曰：图书得图南而始显，乃昧者缘之，复滋异辞，有谓天地十数，列九五位之图为伏羲自造者，范谔昌也；有谓《河图》止一圆，而九宫非《河图》者，丰坊也；有谓九宫五位二象皆《河图》者，章俊卿、王采也；有谓撰十图以尽《河图》变体，妄相传述者，赵以夫、黄镇成、熊朋来也。至雷思齐，则但信九数为图，而不信有书。蒋德之则但信十数为书，而不信有图。其持论皆不能无疵。及乎西山蔡氏《反易》之后，异解更多，有托言青城隐者，阴阳相含，就其中八分之以当八卦，谓之《河图》，用井文界分九宫，谓之《洛书》者，罗源也；有谓《河图》即太极图者，赵谦也；有仿佛八卦作坎离中画交流，谓之真《河图》，得于异人传授者，谢枋得也。若乃图书形状，亦人人殊，袭汉人者谓图呈于龙甲，信星点者谓龟文如璀瑂，杨龟山谓图书但出于水，无龟与龙。俞琰谓《河图》之文镌于宝石，若近世喻国人谓泉脉上涌而纹成水面，则益怪矣。呜呼！又奚怪司马君实、欧阳永叔、王子充、归熙甫诸人之欲尽废图书也哉？

十九、阎若璩

（一）阎若璩其人

阎若璩（1636—1704），字百诗，山西太原人。学者称潜丘先生。康熙十七年（1678），诏征博学鸿儒科，阎若璩应荐赴试，落策后仍寓居京师，日以论学为事。尝入《大清一统志》书局，又协助徐乾学编纂《资治通鉴后编》。工诗文，通经史，尝辨《古文尚书》之伪。著有《尚书古文疏证》《潜丘劄记》。

（二）阎若璩的文献辨伪

1. 《尚书古文疏证》的条目分类

《尚书古文疏证》八卷，全部内容分 128 条，存 99 条，内容也相当驳杂。戴君仁先生《阎毛古文尚书公案》（1963 年版）将这 99 条分为十四大类。[①]

（1）第一类，泛论晚出《古文尚书》是伪书（《古文尚书》以下简称《古文》）。

> 第一条，言《两汉书》所载古文篇数与今异。
> 第二条，言《古文》亡于两晋之乱，故无以证晚出书之伪。
> 第三条，言郑康成所注古文篇名与今异。
> 第四条，言《古文》书题、卷数、篇次当如此。
> 第十五条，言《左传》《国语》所引《逸书》皆今有。
> 第十六条，言《礼记》引《逸书》皆今有，且误析一篇为二。
> 第十七条，言孔安国古文学源流真伪。
> 第二十三条，言晚出书不古不今，非伏非孔。
> 第一〇六条，言晚出《古文》与真《古文》互异处犹见于《释文》、孔《疏》。

（2）第二类，分别根据古书引用《尚书》各篇的话，以证晚出《古文》之伪。

---

① 这部分内容参考了林庆彰先生《清初的群经辨伪学》，存 99 条，列举少了 3 条，不是完全穷举。

第五条，言古文《武成》见刘歆《三统历》者今异。

第六条，言古文《伊训》见《三统历》及郑注者今遗。

第七条，言晚出《泰誓》独遗《墨子》所引三语为破绽。

第八条，言《左传》载夏日食之礼，今误作《春秋》。

第九条，言《左传》"德乃降"之语，今误入《大禹谟》。

第十条，言《论语》"孝乎惟孝"为句，今误点断。

第十一条，言《孟子》引书语，今误入两处。

第十二条，言《墨子》引书语，今妄改释。

第十三条，言《左传》引夏训语，今强入《五子之歌》。

第十四条，言《孟子》引今文与今合，引古文与今不合。

第二十七条，言《君陈》以"尔有嘉谋嘉猷"等语作成王误。

第五十一条，言两以《孟子》引书叙事为议论。

第五十二条，言以《管子》引《泰誓》史臣辞为武王自语。

第五十五条，言伪《泰誓》明两载《汉志》，今仍与之同。

第六十八条，言古文《毕命》见《三统历》以与己不合遗末句。

第七十四条，言古人以韵成文，《大禹谟》《泰誓》不识。

第七十九条，言《左传》引《夏书》作释辞，《大禹谟》不当尔。

第八十条，言《左传》引《蔡仲之命》追叙其事，今不必尔。

以上诸条都是用《尚书》佚文，和晚出《古文》各篇相对校，以看出作伪之迹。

（3）第三类，晚出《古文》妄说、妄语及误解、误认、误本、误仿者。

第二十六条，言晚出《武成》《泰誓》仍存改元观其旧说。

第四十九条，言两以追书为实称。

第五十条，言两以错解为实事。

第五十六条，言《尔雅》解郁陶为喜，今误认为忧。

第六十一条，言伊尹称字于太甲为误仿《缁衣》，亦兼为《序》误。

第六十三条，言《泰誓》有族诛之刑为误本《荀子》。

第七十五条，言《旅獒》马郑读曰豪，今仍本字。

第八十五条，言《武成》认商郊、牧野为二地。

第八十六条，言《泰誓上》《武成》皆认津为在河之南。

第一〇一条，言《蔡仲之命》周公致辟于管叔，本王肃《金縢》辟字解。

第一〇四条，言太康失国时，母已不存，五人御母以从，乃妄语。

（4）第四类，晚出《古文》各篇字句，乃从各种古书剽窃而来。

第三十一条，言"人心惟危、道心惟微"，纯出《荀子》所引《道经》。

第六十四条，言《胤征》有玉石俱焚语为出魏晋间。

第七十六条，言《论语》譬喻之辞，令悉改而正言。

（5）第五类，晚出《古文》各篇内容抵牾不合。

第五十三条，言《武成》癸亥甲子不冠以二月非书法。
第五十四条，言《泰誓上》惟十有三年春系以时非史例。
第五十七条，言《大禹谟》让皋陶不合《尧典》让稷契。
第五十八条，言晚出书增帝曰畴咨不合唐虞世大公。
第五十九条，言重华文命与放勋皆帝王号，伪作者不知。
第六十条，言伪作者依《书序》撰太甲事，不合《孟子》。
第六十二条，言《周官》从《汉百官公卿表》来，不合《周礼》。
第六十七条，言考定《武成》未合《左传》数纣罪告诸侯之辞。

（6）第六类，不似者二条。

第七十三条，言《五子之歌》不类夏代诗。
第九十八条，言《泰誓》声纣之罪诟厉已甚，必非圣人语。

（7）第七类，忘而未采者二条。

第七十七条，言《史记》有《夏书》曰今忘采用。
第七十八条，言《说文》有《虞书》《商书》《周书》等曰今忘采用。

（8）第八类，将一作二者二条。

第六十四条，言今《尧典》《舜典》本一，为姚方兴二十八字所横断。
第六十六条，言今《皋陶谟》《益稷》本一，别有《弃稷》篇见《扬子》。

（9）第九类，旁证者五条。

第十八条，言赵岐不曾见古文。
第二十条，言古文《孝经》以证《书》。（戴君仁先生以为本条应说是：用桓谭《新论》证《古文尚书》之真即可知晚出书之伪）
第二十一条，言古文《礼经》以证《书》。
第二十四条，言《史记》多古文说，今异。
第二十五条，言《说文》皆古文，今异。

（10）第十类，申论前条者三条。

第三十二条，言古书如此者颇多。按：这是承第三十一条论"人心道心"出《荀子》而来的。可作为该条的附语，不应独立为一条。

第八十一条，言以历法推仲康日食胤征都不合。按：这是补充第八条言《左传》载夏日食之礼，今误作季秋的。

第一〇三条，言《大禹谟》于"四海困穷"上插入他语，似舜误会尧之言。按：这是申论第三十一条，言"人心惟危，道心惟微"纯出《荀子》所引《道经》，和第七十四条，言古人以韵成文，《大禹谟》《泰誓》不识。

(11) 第十一类，辨证孔《传》之伪的十二条。

第十九条，言孔安国注《论语》与今《书传》异。

第二十二条，言《书传》用《毛诗传》。

第六十九条，言孔安国《传》就经下为之，汉武时无此。

第七十条，言孔安国《传》不甚通官制。

第八十七条，言汉金城郡乃昭帝置，孔安国《传》突有。

第八十八条，言晋省谷城入河南，孔安国《传》已然。

第八十九条，言济渎枯而复通，乃王莽后事，孔安国《传》亦有。

第九十条，言孔安国《传》三江入震泽之非。

第九十一条，言孔安国《传》华山之阳解非是。

第九十二条，言孔安国《传》梁岐在雍州解仍是。

第一〇〇条，言孔安国《囧命》传，误合《周礼》大驭太仆为官，本《汉表》应劭注。

第一一二条，言伪孔《传》以洛书数有九，禹因之以成九类之说非。

(12) 第十二类，辨《大序》者仅一条。

第一〇七条，言孔安国《书序》谓科斗书废已久，本许慎《说文序》。

(13) 第十三类，论述前人及时人疑古文者九条。

第一一三条，言疑古文自吴才老始。

第一一四条，言朱子于古文犹为调停之说。

第一一五条，言马公骕信及古文可疑。

第一一六条，言郝氏敬始畅发古文之伪。

第一一七条，言郑氏瑗疑古文二条。

第一一八条，言王充耘疑古文三条。

第一一九条，言梅氏鷟《尚书谱》有未采者录于篇。

第一二〇条，言与石华峙论东汉时今文与逸篇或离或合。

第一二一条，言姚际恒攻伪古文有胜余数条录于篇。

(14) 第十四类，与辨伪无关者十一条。

第七十一条，言孔颖达疏最下证以《武成》。

第七十二条，言白居易补《汤征》，书久可乱真。

第八十二条，言以历法推《尧典》，蔡《传》犹未精。

第八十四条，言以历法推成汤三月丙寅日正合。

第九十三条，言蔡《传》澭、沮二水解不属党州。

第九十四条，言蔡传不谙本朝舆地。

第九十五条，言《禹贡》甸服里数所至。

第九十六条，言《史记》荥阳下引河为《禹贡》后。

第九十九条，言书之隐见亦有时运，古文盛行已久后当废。

第一一一条，言东汉时真古文可以正今文之脱误。

第一二八条，言孔安国从祀未可废，因及汉诸儒。

其中，第十四类所属的 11 条，与辨伪无关。则阎氏书现存 99 条，与辨伪有关者仅 88 条而已。今人论及阎氏书论辨《古文尚书》之伪时，每每说有 128 条证据，实未详考该书内容所致。

今按，再除去第十类 3 条、第十一类 12 条、第十二类 1 条、第十三类 9 条，真正与辨伪直接相关者只有 63 条！此数不及 128 条之半数！

又按，第十三类论述前人及时人疑古文者 9 条，是有关辨伪学史的，为我们撰写辨伪学史提供了宝贵材料，我们也可以将这些材料充实到本书的各个部分之中。

2.《尚书古文疏证》的辨伪方法

阎若璩《尚书古文疏证》立目 128 条，而实际上密切相关者只有九类 63 条。阎氏本人当时并没有方法论的自觉，他也只是笼统而言："以虚证实，以实证虚。"又说："要事求有据，不敢凭臆以决。"泛泛而谈，难以发挥具体的指导作用。后人为了从他的辨伪实践中归纳出辨伪条例，总结辨伪方法，三百年间展开了一场持续接力。

1930 年，容肇祖先生发表《阎若璩的考证学》，将其考据方法归纳为 15 条：

第一，实物作证例；

第二，实地作证例；

第三，由地理沿革考证例；

第四，官名证例；

第五，时历证例；

第六，典礼制度考证例；

第七，文字文体考证例；

第八，句读文义考证例；

第九，逸文考证及前人引后异入引前例；

第十，训诂考证例；

第十一，假设通则例；

第十二，统计归纳例；

第十三，继续追求例；

第十四，决定不疑例；

第十五，阙疑例。

1961 年，苏庆彬先生发表《阎若璩胡渭崔述三家辨伪方法之研究》，将其考据方法归纳为 34 条：

第一，以史志书目证；

第二，以篇次之编排证；

第三，以篇数篇名证；

第四，以史例证；

第五，以古人撰书义例证；

第六，以古人行文之惯例证；

第七，以古人传注之义例证；

第八，以古人引书之义例证；

第九，以引援旧文失实证；

第十，以剿窃前人征引古书之遗文而阙漏证；

第十一，以后人征引夫书之多寡证；

第十二，以文字证；

第十三，以文字之演进证；

第十四，以音韵证；

第十五，以文体证；

第十六，以文辞证；

第十七，以文理证；

第十八，以句读证；

第十九，以地名设置先后证；

第二十，以地名流变证；

第二十一，以时代先后证；

第二十二，以时代思想证；

第二十三，以时代之风尚证；

第二十四，以律历证；

第二十五，以官制证；

第二十六，以礼制证；

第二十七，以汉人经学之师承家法证；

第二十八，以称谓证；

第二十九，以圣贤之言行证；

第三十，以伪书者之心理证；

第三十一，以情理证；

第三十二，以史实证；

第三十三，以征引先圣时贤之说证；

第三十四，以穷源法证。

诚如林庆彰先生所批评的，这些分目非常详尽，惟不免流于琐屑。有些方法可因其性质相近而加以合并。此外，钱穆、孙钦善等先生皆于阎若璩辨伪学撰有专文，兹不赘述。

林庆彰先生在前人研究的基础上，归并为五类19条：

（1）从书籍之著录、篇数考辨。

从前志著录，后志已佚，而定其伪
从今本的篇数、篇名与前人所述不同，而定其伪

（2）从《尚书》佚文证《古文尚书》之伪。

《伪古文尚书》未及征引的
割裂原文屈就己意

（3）从抄袭古书字句和文意处辨别。

抄袭古书字句者
袭用古书文意者

（4）从礼制、官制、历法、地理等证《古文尚书》之伪。

从伪书误解礼制考辨
从伪书误解官制考辨
从伪书记日与古例不合考辨
从伪书作者不谙地理考辨

（5）从伪书的文章考辨。

伪书的文章和史例不合
伪书的文章不合古人撰书义例
伪书的安国《传》不合古人传注体例
从文章的难易辨《古文尚书》之伪
从文章好作排偶辨《古文尚书》之伪
从文理乖舛论辨《古文尚书》之伪
从文字的应用论辨《古文尚书》之伪
就句读讹误辨《古文尚书》之伪
从音韵的使用论辨《古文尚书》之伪

　　林先生的归纳大体完备。但他是以梁启超的辨伪条例为参照系，未能跳出梁氏掌心，未免智者千虑必有一失。他坦言道："至于阎氏辨伪方法有否较特出的地方？笔者会将阎氏所用的方法，与梁启超《古书之真伪及其年代》一书所列辨伪方法相比较，如从伪书误认官制、礼制等处辨之，从史例、古人撰书义例、传注体例、句读讹误等辨之，皆为梁氏所未道及。则阎氏《疏证》除对学术思想史有积极的意义外，更拓展辨伪方法的领域，使辨伪书的方法更加细密。清中叶以后辨伪学能更加兴盛，清初学者的努力功不可没，而阎氏的《疏证》实应推首功。"林先生撰写《清初的群经辨伪学》一书时，学界还没有公开清算梁启超的所谓辨伪公例，更没有系统清算阎若璩的辨伪学，因此，林先生的判断难免受到时代的影响。

　　李慈铭咸丰戊午（一八五八）十一月初一日日记载：

　　　　终日读《尚书古文疏证》。阎氏此书，致力最深，虽时病冗漫，又气矜自满，动辄牵连它书，颇失体裁，而雄辩精到处，自不可及。惟既以《史记》所载之《大誓》为伪，又不信《书序》，因而并力攻《诗小序》，以及《左传》《檀弓》俱遭驳诘，逞私武断，亦往往而有。全谢山笑为陋儒，非无因也。其中因端类及诸条，前人已间采入《潜丘札记》，予谓当悉去之，则其浩博自在，而此书之体例不致紊矣。

　　梁启超《中国近三百年学术史》认为：

　　　　百诗仅有这点点成绩，为什么三百年来公认他是第一流学者呢？他的价值，全在一部《古文尚书疏证》。《尚书》在汉代，本有今古文之争。伏生所传二十八篇，叫做《今文尚书》。别有十六篇，说是孔安国所传，叫做《古文尚书》。然而孔安国这十六篇，魏晋之间，久已没有人看见。到东晋，忽然有梅赜其人者，拿出一部《古文尚书》来，篇数却是比今文增多二十五篇，而且有孔安国做的全传——即全部的注。到初唐，陆德明据以作《经典释文》，孔颖达据以作《正义》。自此以后，治《尚书》者，都用梅赜本，一千余年，著为功令。中间虽有吴棫、朱熹、吴澄（吴澄，字幼清，元崇仁人，著《书纂言》四卷，唯注《今文尚书》，谓《古文尚书》乃晋世晚出之书，不注）、梅鷟（字致斋，明旌德人。著《尚书考异》五卷，指出证据，明言东晋《古文尚书》是伪书）诸人稍稍怀疑，但都未敢昌言攻击。百诗著这部《古文尚书疏证》，才尽发其覆，引种种证据证明那二十五篇和孔传都是东晋人赝作。百诗从二十岁起就着手著这部书，此后四十年间，随时增订，直至临终还未完成。自这部书出版后，有毛西河（奇龄）著《古文尚书冤词》和他抗辩，在当时学术界为公开讨论之绝大问题，结果阎胜毛败。《四库提要》评阎书所谓："有据之言，先立于不可败也。"自兹以后，惠栋之《古文尚书考》，段茂堂（玉裁）之《古文尚书撰异》等，皆衍阎绪，益加绵密。而伪古文一案，遂成定案。

　　　　请问，区区二十篇书的真伪，虽辨明有何关系，值得如此张皇推许吗？答道，是大不然。这二十几篇书和别的书不同，二千余年来公认为神圣不可侵犯之宝典，上自皇帝经筵进讲，下至蒙馆课读，没有一天不背诵他。忽焉真赃实证，发现出全部是假造，你想，思想界该受如何的震动呢？凡信仰的对象，照例是不许人研究的，造物主到底有没有？耶稣基督到底是不是人？这些问题，基督教徒敢出诸口吗？何止不敢出诸口，连动一动念也不敢哩。中国人向来对于几部经书，完全在盲目信仰的状态之下。自《古文尚书疏证》出来，才知道这几件"传家宝"里头，也有些靠不住，非研究研究不可。研究之路一开，便相引于无穷。自此以后，今文和古文的相对研究，六经和诸子的相对研究，乃至中国经典和外国经典的相对研究，经典和"野人之语"的相对研究，都一层一层的开拓出来了。所以阎百诗的《古文尚书疏证》不能不认为近三百年学术解放之第一功臣。

阎百诗为什么能有这种成绩呢？因为他的研究方法实有过人处。他的儿子说道："府君读书，每于无字句处精思独得，而辩才锋颖。证据出入无方，当之者辄失据。常曰：'读书不寻源头，虽得之，殊可危！'手一书至检数十书相证，侍侧者头目为眩，而府君精神涌溢，眼烂如电，一义未析，反复穷思，饥不食，渴不饮，寒不衣，热不扇，必得其解而后止。"（阎咏《左汾近稿·先府君行述》）他自己亦说："古人之事，应无不可考者。纵无正文，亦隐在书缝中，要须细心人一搜出耳。"（《潜丘札记》卷六）戴东原亦说："阎百诗善读书。百诗读一句书，能识其正面背面。"（段玉裁著戴先生年谱）大抵百诗学风，如老吏断狱，眼光极尖锐，手段极严辣，然而判断必凭证据，证据往往在别人不注意处得来。《四库提要》赞美他说："考证之学，未知或先。"（《古文尚书疏证》条下）百诗在清学界位置之高，以此。《四库提要》又说："若璩学问淹通，而负气求胜，与人辩论，往往杂以毒诟恶谑，与汪琬遂成仇衅，颇乖著书之体。"（《潜丘札记》条下）

梁氏的这种调子现在看来已经过时，阎若璩被大大地高估了。由此而来的清代学术史应该改写。杨善群《评阎若璩考据的胡编乱造法》一文认为："清初阎若璩所撰《尚书古文疏证》，以128条论据证明了古文《尚书》之'伪'，历来评价极高。然而，经过长期研究，却发现该书采用了八种不正当的辨伪方法，其第七种可称之为'胡编乱造'，表现在：对孔传《尚书》作多项指控，与历史事实完全不符；'精心设计'古文《尚书》各篇的'伪作'过程，纯属主观想象；为'证伪'之目的，随心杜撰离奇故事。随着阎氏八种不正当辨伪方法地一一揭露，所谓'伪古文《尚书》'的真相终将水落石出。"张岩、丁鼎等先生也主张重审《古文尚书》案。

3. 《大学》

阎若璩《李塨文集·题辞》云：

予谓如《大学》不必定曾子作，以一引"曾子曰"，遂谓是弟子于师之辞。然则《礼器》亦止一引曾子，《内则》亦一引，此二篇亦曾氏门人所成乎？且《孟子》七篇，于颜渊或名之，或字之，或子之，则子通称也。是编乃与予说合，一也。

阎若璩认为《大学》不必定为曾子作。

二十、万斯同

（一）万斯同其人

万斯同（1638—1702），字季野，号石园，鄞县人。著有《丧礼辨疑》《石经考》《儒林宗派》《宋季忠义录》《南宋六陵遗事》《庚申君遗事》《历代史表》《历代宰辅汇考》《庙制图考》《河渠考》《昆仑河源考》《书学汇编》等书，今人汇编为《万斯同全集》。

（二）万斯同的文献辨伪

1.《河图》《洛书》

万斯同《石园文集》卷六《易图明辨序》云：

> 予初读《易》，惟知朱子《本义》而已。年垂三十，始集汉魏以后诸家传注，与里中同志者讲习，乃颇涉其津涯。因叹朱子笃信邵子之过，而《本义》卷首之九图为可已也。友人德清胡朏明先生，精于易学，庚辰仲夏，示予以《易图明辨》十卷，则《本义》之九图咸为驳正，而谓朱子不当冠于篇首。予读之大喜，跃然曰："至哉言乎，何其先得我心乎！"予尝谓《河图》《洛书》、先天后天、羲文八卦六十四卦方圆诸图，乃邵子一家之学，以此为邵子之《易》则可，直以此为羲、文之《易》，则大不可。乃朱子恪遵之反若羲文作《易》，本此诸图，不亦异乎！夫《河图》见于《顾命》《系辞》《论语》，古固有之，而后世亡之矣。今之自一至十之图，本出陈希夷，古人未尝语及，非真《河图》也。戴九履一之图，今之所谓《洛书》者，见于《汉书·张衡传》及纬书《乾凿度》，乃《太乙下行九宫图》，非《洛书》也，后世术家配以一白二黑之数，至今遵用不变，岂果真《洛书》乎？卦止有出震齐巽之位，乃孔子之所系，而文王、周公之遗法也，安得有先天之位？此谁言之而谁传之？天地定位一节，不过言八卦之相错耳，何曾有东西南北之说，而欲以是为先天卦位乎？此不特先天二字可去，即后天二字亦必不可存。盖卦位止一而无二，不得妄为穿凿也。八卦之序，自当以父母六子为次，孔子《系辞》屡言之，乃舍此不遵，以乾、兑、离、震、巽、坎、艮、坤为次，此何理乎？太极生两仪、两仪生四象、四象生八卦，固出于《系辞》，而实非生卦之谓也，乾坤生六子，其理显然，而坤可置于最末乎？三男三女，可错乱而无序乎？《易》但有三画之卦，重之则为六画，未尝有二画、四画、五画之卦也；但有八卦、六十四卦，未闻八卦重为十六、十六重为三十二、三十二始重为六十四也。必曰一每生二，以次而加，试问《易》中曾有是说乎？至于卦变，惟程、苏二家为可信，古人十辟之说，予犹不敢从。若朱子之《本义》，益为支离。况与《启蒙》之言不合，一人而持两说，令学者何所适从？此予必不敢附会者也。凡此诸说，间与友人言之，或然或不然。读先生此书，一一为之剖析，洵大畅予怀。而其采集之博，论难之正，即令予再读书十年，必不能到。何先生之学大而能精

如此！以此播于人间，《易》首之九图即从此永废可也。

2.《古文尚书》
《古文尚书辨一》云：

南宋以后儒者之排《古文尚书》，何其甚也！古文出自孔壁中，孔安国为之传，凡五十九篇。其后，都尉朝、庸生、胡常、徐敖、王璜、涂恽、桑钦递相传授，以至东汉之贾徽、贾逵、尹敏、盖豫、周防、丁鸿、杨伦、周盘、刘佑、张楷、孔昱、孙期，皆传其学，而先圣裔孙孔僖传言，孔氏世传《古文尚书》。此其授受源流历历可据，孰敢议其伪？即至魏晋之时，郑冲传苏愉，愉传梁柳，柳外弟皇甫谧得之，以传臧曹，曹传梅赜，此见于史传，彰明较著者，安得谓梅赜始传？倘古文始出于赜，则两汉所传者何书耶？郑冲以下相传者何书耶？说者见郑玄之释诸经，杜预之释《左传》，凡遇《古文尚书》，皆注曰逸书，因诬为伪。不知古文不立学宫，人间诵习者原少，玄生于汉末，兵戈云扰，宜有所未见。预在晋初，时方尚清谈，经籍道息，而古文止郑冲、苏愉传之，亦宜其未见，无足怪也。若谓出于赜手，则赜之文学必高出于时辈，为晋代之大儒，何当时无一人称述之？《儒林传》中亦无一语言及？今《古文尚书》具在，其文章典雅，义理深醇，无论赜不能撰，即两汉诸名儒岂能仿佛其一句？如此而犹疑其伪，必如三盘八诰之艰涩晦滞，令人不可解释者乃谓之真耶？试取今文论之。如二《典》《皋谟》《禹贡》无可议矣。《甘誓》之挐戮，《酒诰》之群饮咸杀，此商鞅、韩非之法，后世庸主之所不忍者，而谓古帝王为之乎？《盘庚》之三篇不过数十言可了，而乃演为数千言，大要迫之以威，动之以鬼神，初无体恤民下之意。此不足为有无，即不传亦可。《大诰》端以卜吉为言，亦假鬼神以胁服之，初无深义。《多士》《多方》不过言尔先王取夏亦如此，不可违我命，亦无深义。《吕刑》之赎罪，及于大辟，此岂可为后世法？《费誓》止饬行陈，反不若《秦誓》之篇有补于君道。愚谓今之《尚书》必非圣人删定之书。圣人之本止存鲁国，未必遍行天下，且当时无楮笔传写，而列国方兴于战伐，何暇及《诗》《书》之事？即门弟子群居讲习，亦不过口相授受，而得之简编者必寡。今《甘誓》《吕刑》诸篇，必有为孔子所已删者，其未删之前学者先已诵习，故犹传于后世。若删定之本，则已毁于秦火，伏生之授晁错，岂果先圣之定本哉？后人不疑伏生之书，而反疑孔氏壁中之书，亦见其无识矣。

《古文尚书辨二》云：

伏生今文所以诘屈聱牙至不可句读者，实由伏生年老，语不可晓，其女传言授错，而齐人语与颍川殊，错所不知者十之二三，略以其意属读，故致艰涩如此，非《尚书》原本固然也。若《古文尚书》则出自孔氏壁藏，其言明白正大，如日月昭垂，无一篇不可为后世法。视今文之《甘誓》《盘庚》《大诰》《多士》《多方》《吕刑》《费誓》诸篇，不啻碔砆之与和璧，奈何反疑为伪，而惟今文是信哉？今文《周诰》中屡言"周公曰""王若曰"，吾意古人必无是体。周公既摄政，其所出诰命即成王之诰命也，何必自标于天子之上以显示于天下哉？后世大臣摄政如周公者多矣，未闻所出诏令尽归于己，以招权而示威也，此必伏生父子有所遗忘，而文不能接，故妄加斯言以更端，而后人误仍之耳，岂《周诰》之本文如是哉？夫学者读古人书在别其义理之深浅，而文词之险易其次也。以古文之深醇如此，而人犹议之，然则《汲冢周书》《穆天子传》可驾于《禹谟》《伊训》《说命》之上，而樊绍述之文远胜退之、子厚矣。近时有为《尚书疏证》者，痛诋古文之伪，谓即出于梅赜之手，一日问予曰："子意若何？"余对曰："自唐、宋迄元、明，诋古文者数十家矣，予非不知之，然而其文不可议也。使《尚书》而无古文，不当列于五经矣，安得颁之学宫，与《易》《诗》《春秋》并重哉？"其人亦不以为忤。故愚谓今文之艰深固非后人所能作，而古文之理足词醇又岂后人所能假？况二《典》《皋谟》《洪范》《无逸》其文亦显易，与古文无甚殊，亦可疑为伪撰而概斥之哉？汉武帝因辕固、黄生争言汤武放弑，语有之曰："食肉不食马肝，不为不知味。学者不言汤武受命，不为愚。"今天下之伪书多矣，何必疑及古文，拾前人之唾余，而自矜为博学哉！

万斯同认为，"学者读古人书在别其义理之深浅，而文词之险易其次也"。这是辨伪学的"轻重律"，即义理优先于文词，也就是义重于辞。从万斯同与阎若璩的面对面交锋来看，万斯同的才学识远超过阎若璩。不幸的是，阎若璩有关《古文尚书》的辨伪可谓破绽百出，但被清廷定为"公论"，一下子把明代自宋濂迄方以智的辨伪学拉低到谷底，至清末民初更是跌入疑古的深渊，迷途不返，迷雾重重。直到李学勤先生重提"走出疑古时代"，我们才看到曙光。

《古文尚书辨三》云：

《尚书》之有今古文也，今文少而古文多，凡今文所有者，古文无不有，古文所有者，则今文不尽有。同出壁藏，而多寡相悬者何也？《史记》言秦焚书，伏生壁藏之。其后兵火起，流亡。汉定，伏生求其书，亡数十篇，独得二十九篇，即以教于齐鲁之间。是则伏生所藏固不止二十九篇。孔氏之古文必尽在其内。特以兵乱失之，而后人不获见耳。学者因其书无《大禹谟》等二十余篇，遂疑出孔壁者为伪，岂通论哉？夫同一壁藏，而有全有不全者，则以先圣宫墙，人莫敢坏，而伏生一老博士，流离播迁，力不克护持耳。然数十篇虽亡，其平日所记忆者，犹可笔之于书，授诸后学。生乃竟忽之，止以二十九篇教授，是则生之过也。若孔壁之书，固无所损，使当时有识科斗者尽译出之，必更多于五十九篇，乃安国不能识，时人亦无识者，遂不能复百篇之旧。其所余剩简，又上之于官，藏于书府，不复可见，致后人有遗恨。是伏生既失之于前，安国又失之于后，皆经籍之不幸，而斯道之缺事也。盖是时武帝倦勤，不复留意经术，故古文不及表章。使如宣帝诏求能通古文者，四海之大，必有起而应诏之人，俾以隶书传写，将残简犹可尽录，而今文之诘曲难晓者亦可因是而厘正。惜乎失此一机也！先儒之议古文者，谓较之今文若出二手，此说诚然。愚谓古文无疵可议，所可议者今文也。今文亦有平易者，皆无可议。所可议者，诘曲难晓之文也。今不疑其可议者，反疑其无可议者，不亦异哉！朱子之疑古文，谓千百年前人言论收拾于灰烬屋壁之中，岂有一字无误？如此可疑。夫孔壁所藏，更有《孝经》《论语》《礼记》，亦无所舛谬，岂尽伪书乎？今文之商盘、周诰，所以晓谕愚民者，极为古奥，则在数百年前诸圣人相语一堂者，当更有甚焉。乃唐、虞之典谟反觉平易，岂可谓商周之文真而唐虞之文伪乎？以《禹谟》《伊训》《太甲》《说命》《旅獒》《周官》《君陈》《毕命》《君牙》《同命》诸篇而悉斥之为伪，必病狂丧心之人。苟其不然，宁有是谬妄之论哉！至吴澄、郝敬竟摈古文于今文之外，何无忌惮如此。今二子书具在，何人取而阅之，徒陷于狂妄而已矣。

万斯同辨《古文尚书》，不信其伪，而谓伏生所传《今文尚书》非《尚书》原本。万斯同的反驳是极具杀伤力的，绝不可轻忽之。

3.《诗序》

《群书疑辨》卷一《诗序说》云：

《诗》无所谓大小《序》也。世所传《大序》，即《关雎》一篇之序，作者特以全经大旨总序于首篇，《葛覃》以下，则以次序之。先儒乃以《关雎》之序为《大序》，而分《葛覃》以下诸序为《小序》，甚无识也。梁昭明太子竟以《大序》为子夏所作，列之于《文选》，尤为无识。或曰："《诗序》非子夏所作，将谁作乎？"曰："此卫宏所作也。"《后汉书·儒林传》言，宏作《毛诗序》，善得风雅之旨，至今传于世。先儒非不知，而故讳之。或曰孔子所作，或曰子夏所作，或曰太史采诗时所作。陆德明《释文》引沈重说："《大序》子夏作，《小序》子夏、毛公合作，子夏意有未尽，毛更足成之。"《隋书·经籍志》：《诗序》子夏所创，毛公及卫宏更加润色，或以为《诗序》首句毛公作下皆卫宏作。众说纷纭，将何所据？吾直归之卫宏而已矣。夫使《诗序》而果出于孔子、子夏、太史，则《毛诗》之外尚有韩、齐、鲁三家，其说宜归于一。何以《关雎》一篇，毛氏以为美，而三家皆以为刺乎？举此一端，其余可推，惟出于卫宏，故其说多穿凿。如《卷耳》之求贤审官，《蒹葭》之不用周礼，《衡门》之诱陈僖公，此岂得诗人之意者乎？愚谓三百十一篇之序不但非孔子、子夏、太史所作，并非毛公所作，何以明之？旧说言子夏传曾申，曾申传李克，克传孟仲子，孟仲子传根牟子，根牟子传荀卿，荀卿传毛亨，毛亨传子苌。其源流如此，则苌为《诗序》，必得诗人本旨。今观《关雎》之《序》，因《论语》有"乐而不淫，哀而不伤"二语，乃以此四字入于《序》中，而牵强解之，此岂传自子夏者乎？《小雅·节南山》至《何草不黄》，凡四十四篇序，皆为刺幽王，其有本非刺者，则曰陈古以刺今，此果子夏之本旨乎？《昊天有成命》本颂成王之德也，乃以为郊祀天地，自古有合祀天地之礼欤？只因王莽曾合祀，故卫宏附会之。孰谓子夏而有是说乎？子夏无是说，则毛苌亦必无是说，何诗序之纷纷淆乱哉？盖毛苌止因《诗》以作《传》，卫宏则因《传》以作《序》，是以弥失其真也。夫以《序》为孔子、子夏、太史所作，则不可以《序》为卫宏所作，庸何伤？况《汉书》明著其说，何故弃而不取？信后人读书稽古，莫不取征于前史，前史已载而犹不信，岂他书之世出者顾可信哉？总由宋之儒者端辟汉儒，元、明之儒者又端辟宋儒。欲辟宋儒，不得不推古之贤者以为重，而宏之德业不足以服宋儒，故明知《诗序》出宏手，而有意讳之也。宋之首排《诗序》者，实惟郑樵，而朱子继之。郑说人不之信，独朱子之说盈天下，惟其误解国风，故人益推尊《诗序》，而不知两者皆失其平也。先儒惟欧阳氏《诗本义》《吕氏读诗记》最为醇正。苏氏《诗解》直斥《序》为卫宏作，是也，而犹用其首句，则择之未尽善也。严氏《诗缉》为千古卓绝之书，而坚执《序》为史官所作，则偏信《大序》之故也。若石林叶氏既信为宏作，又疑非宏作，且云郑玄与宏略相先后，岂有不知而以《序》为孔子作？夫宏仕于光武时元年，于献帝世相去百五十年，何云略相先后？彼于时世且未审，又何足与辨是非哉！

其论《诗》，则显攻《小序》，又以己意重分为风、雅、颂。

4.《周礼》

《四库提要》称姚际恒"辟《周礼》之伪则本之万斯同"。然遍检《万斯同全集》，未见相关材料，录此备考。

二十一、方中履

（一）方中履其人

方中履（1638—1686），字素北，一字素伯，号合山、小愚，自号龙眠小愚、合山逸民，桐城人。方以智之第三子。著有《古今释疑》《汗青阁集》《理学正训》《学道编》等书。生平事迹见《清史稿·遗逸传》《清史列传·儒林传》《文逸公家传》（载《桐城方氏七世遗书》卷首）、马其昶《桐城耆旧传》卷七。

（二）方中履的文献辨伪

1.《周易》

方中履《古今释疑》卷一云：

> 伏羲始画八卦，因而重之为六十四。重卦之人凡有四说，王辅嗣等以为伏羲，郑康成之徒以为神农，孙盛以为夏禹，史迁等以为文王，孔颖达、陆德明皆依王说。及乎三代，是为三《易》，夏曰《连山》，殷曰《归藏》。《连山》《归藏》之名虽见于《周礼》太卜，然《汉志》《隋志》皆无之，盖二书至晋、隋间始出，而《连山》出于刘炫之伪作，《北史》明言之。度《归藏》之为书亦此类耳。夹漈郑氏独尊信此二书，《文献通考》讥之。按《连山》首艮，《归藏》首坤。龟山杨氏曰："扬雄《太玄》曰始于寅，义取《连山》。卫元嵩《元包》卦首于坤，义取《归藏》。司马公《潜虚》亦取《归藏》云。"
>
> 周文王作卦辞，谓之《周易》。周公作爻辞。郑康成谓卦辞爻辞皆文王所作。马融、陆绩、王肃、姚信始有周公作爻辞之说，《正义》从之，盖爻辞多文王以后事。如《升》之六四"王用享于岐山"，武王克殷之后始追号文王为王，若爻辞是文王所作，不应云"王用享于岐山"。又《明夷》六五"箕子之明夷"，武王观兵之后箕子始被囚奴，文王不应豫言"箕子之明夷"。且《左传》："韩宣子适鲁，见《易象》云：'吾乃知周公之德。'"则爻辞为周公作明矣。冯椅复宗郑说，而云《明夷》

"箕"字蜀本作"其"字。胡一桂曰:"前汉赵宾正蜀人解《明夷》箕子为荄兹。"则蜀本初未尝作"其"字,况《明夷》箕子之称又自有夫子《象传》为之确据,乌可傅会蜀本一字之误,以证爻辞为非周公作哉!

孔子为《彖辞》《象辞》《系辞》《文言》《序卦》《说卦》《杂卦》,谓之《十翼》。及秦焚书,《周易》独以卜筮得存,唯失《说卦》三篇。宣帝时,河内女子发老屋得之,汉初言《易》者有田何卦象、爻象与《文言》《说卦》等离为十二篇,而说者自为章句,《易》之本经也。自商瞿子木受《易》孔子,五传而至田何,何授丁宽,宽授田王孙,王孙授施雠、孟喜、梁丘贺,由是有施、孟、梁丘之学。或谓始自子夏受之孔子而为之传。履按:陆德明、李鼎祚亦时称引孙坦疑汉杜子夏之学,考《汉志》初无此书,乃约王弼注为之者。晁景迂曰:"唐张弧伪作。"又有焦赣之《易》,第述阴阳灾异之言,不类圣人之经。焦赣字延寿,授京房,房授殷嘉姚平乘弘,由是有京氏之学,与施、孟、梁丘凡四家并立。延寿自言从孟喜问《易》,房以为即孟氏学,瞿牧非之。刘向亦疑延寿独得隐士之说,托之孟氏。晁补之曰:"今以当时书验之,盖有孟氏京房十一篇灾异,孟氏京房六十六篇,同为一家之学。"则其源委孰可诬哉!今其章句亡矣,乃略见于僧一行及李鼎祚之书。世所传《京氏易传》三卷,吴陆绩注名与古不同,疑隋、唐《志》之错卦是也。今之火珠林盖祖京氏。

民间又有费直之《易》,专以《象》《象》《文言》解释上下经。费直授王璜。《隋志》言,璜授高相,相授子康及毋将永。履按:《儒林传》高相自言出于丁将军,与费公同时,何得云王璜所授耶?晁公武曰:欧阳永叔谓孔子古经已亡。按刘向以中古文《易经》较施、孟、梁丘,经或脱去无咎悔亡,唯费氏经与古文同,然则古经何尝亡哉!

按:六经皆出于汉,他书多散逸,而《易》独完,盖未经秦火,惟有《周易》其为孔氏之旧,无复可疑。中间虽为诸儒所乱,不过离合经传耳。而欧阳修独不信《文言》,何哉?因元者四语先见于《左传》穆姜,故谓《文言》非孔子作,不知《左传》本后人之书,穆姜所引者乃左氏附会填入者也,彼老妇岂能作此微言?顾以后来之窃拾,而疑圣人之言,可乎?陆象山、杨慈湖亦疑《系辞》,至今郝楚望、何玄子诸公且信后天图,而不信先天图,不必矣。

2.《尚书》

方中履《古今释疑》卷一云:

孔安国《尚书序》曰:"先君孔子讨论坟典,断自唐虞,以下讫于周,典谟训诰誓命之文凡百篇,三千之徒并受其义。及秦焚书坑儒,我先人用藏其家书于屋壁。"《家语》云:"孔腾,字子襄,畏秦法峻,急藏《尚书》《孝经》《论语》于夫子旧堂中。"而《汉记·尹敏传》云孔鲋所藏。《隋志》又作孔惠所藏。汉兴,济南伏生年过九十,失其本经,口以传授,裁二十余篇,以其上古之书,谓之《尚书》。百篇之义,世莫得闻。《儒林传》曰:"伏生名胜,以秦时禁书,伏生壁藏之。汉定,伏生求其书,亡数十篇,独得二十九篇。孝文时闻伏生能治《尚书》,欲召,时伏生年九十余,老不能行,于是使晁错往受之。"颜师古曰:"卫宏定《古文尚书》,序云伏生老不能正言，使其女传言教错。齐人语多与颍川异，错所不知，凡十二三，略以其意属读而已。"陆德明曰：二十余篇即马、郑所注二十九篇是也。孔颖达曰：《泰誓》本非伏生所传。马融云《泰誓》后得。郑玄《书论》亦云民间得《泰誓》。《别录》曰：武帝末，民有得泰誓书于壁内者，献之。而言二十九篇者，以司马迁在武帝之世见《泰誓》出，而得行入于伏生所传内故也。案：王充《论衡》及《后汉史》，献帝建安十四年，房宏等说，云宣帝本始元年，河内女子有坏老子屋，得《古文泰誓》三篇，今《史》《汉》皆云伏生传二十九篇，则司马迁时已得《泰誓》，不得云宣帝时始出也。蔡沈曰：今按此序，言伏生失其本经，口以传授。《汉书》乃言初亦壁藏而后亡数十篇，其说与此序不同，盖传闻异辞耳。至于篇数亦复不同者，伏生本但有《尧典》《皋陶谟》《禹贡》《甘誓》《汤誓》《盘庚》《高宗肜日》《西伯戡黎》《微子》《牧誓》《洪范》《金縢》《大诰》《康诰》《酒诰》《梓材》《召诰》《洛诰》《多方》《多士》《立政》《无逸》《君奭》《顾命》《吕刑》《文侯之命》《费誓》《秦誓》，凡二十八篇，今加《泰誓》一篇，故为二十九耳。汉儒所引皆此伪《泰誓》，如曰白鱼入于王舟，有火复于王屋，流为乌，太史公记《周本纪》亦载其语。至晋孔壁古文书行，而伪《泰誓》始废。

至鲁共王坏孔子旧宅，于壁中得先人所藏古文虞夏商周之书及传《论语》《孝经》，皆科斗文字，悉以还孔氏。科斗书废已久，时人无能知者，以所闻伏生之书考论文义，定其可知者为隶古字，更以竹简写之，增多伏生二十五篇，伏生又以《舜典》合于《尧典》，《益稷》合于《皋陶谟》，《盘庚》三篇合为一，《康王之诰》合于《顾命》，复出此篇，并序凡五十九篇。除序止五十八篇，而《汉志》作五十七篇，与此异。其余错乱摩灭，弗可复知，悉上送官，藏之书府。二十五篇者，谓《大禹谟》《五子之歌》《胤征》《仲虺之诰》《汤诰》《伊训》《太甲》三篇、《咸有一德》《说命》三篇、《泰誓》三篇、《武成》《旅獒》《微子之命》《蔡仲之命》《周官》《君陈》《毕命》《君牙》《冏命》也。复出者，《舜典》《益稷》《盘庚》三篇、《康王之诰》凡五篇。又百篇之序自为一篇，共五十九篇，即今所行五十八篇，而以序冠篇首者也。其余错乱摩灭者，《汩作》《九共》九篇《稾饫》《帝告》《厘沃》《汤征》《汝鸠》《汝方》《夏社》《疑至》《臣扈》《典宝》《明居》《肆命》《徂后》《沃丁》《咸乂》四篇、《伊陟》《原命》《仲丁》《河亶甲》《祖乙》《高宗之训》分《器旅》《巢命》《归禾》《嘉禾》《成王政》《将蒲姑》《贿肃慎之命》《亳姑》，凡四十二篇，今亡。

遂承诏为五十九篇作传书序，序所以为作者之意，故引之各冠其篇首，定五十八篇。详此章虽说《书序》，序所以为作者之意，而未尝以为孔子所作。至刘歆、班固始以为孔子所作。朱子曰："《小序》决非孔门之旧。"

……履按：《汉·艺文志》云："《尚书古文经》四十六卷，经二十九卷。"二十九卷，即伏生今文也。四十六卷，即张霸伪古文也。汉儒所治不过伏生书尔。张霸伪古文虽在，而辞义芜鄙，不足取重于世，故成帝时乃黜其书。及梅赜二十五篇之书出，则凡传记所引书语注家指为逸书者收拾无遗。既有证验，又有孔安国传及序，世遂以为真孔壁所藏也。唐初孔颖达等从而为之疏义。孔氏正义盖取蔡大宝、巢猗、费甝、顾彪、刘焯、刘炫等疏修之，凡二十卷。自是汉世大小夏侯、欧阳氏所传止二十九篇者废不复行，唯此《孔传》五十八篇孤行于世。至天宝三载，诏卫包改古文为今文，今之所传乃天宝所定本也。蔡沈作《书传》，则复合序篇于后。胡广等《大全》从之，窃怪《尚书古文》果系安国之本，何至晋齐之间而始出？自郑玄注《礼记》，韦昭注《国语》，赵岐注《孟子》，杜预注《左氏》，遇引今《尚书》所有之文皆曰逸书，不应七百年中并无一人见之，诚可疑也。故蔡《传》曰：今按汉儒以伏生之书为今文，而谓安国之书为古文。以今考之，则今文多艰涩，而古文反平易，或者以为今文自伏生女子口授舛错时失之，则先秦古书所引之文皆已如此，恐其未必然也。或者以为记录之实语难工，而润色之雅词易好，故训诰誓命有难易之不同，此为近之。然伏生背文暗诵，乃偏得其所难，而安国考定于科斗古书错乱摩灭之余，反专得其所易，则又有不可晓者。至于诸序之文或颇与经不合，而安国之序又绝不类西京文章，亦皆可疑。吴才老亦曰：增多之书皆文从字顺，非若伏生之书诘曲聱牙。夫四代之书，作者不一乃，至二人之手，而定为二体乎？其亦难言矣。吴幼清曰：伏氏书虽不尽通，然辞义古奥，其为上古之书无惑。梅赜所增二十五篇，体制如出一手，采集补缀，虽无一字无所本，而平缓卑弱，殊不类先汉以前之文。夫千年古书最晚乃出，而字画略无脱误，文势略无龃龉，不亦大可疑乎？梅鷟直断古文为汉儒伪作，良有以也。其传则朱子谓是魏晋间人所作，托名安国耳。

3.《诗序》

方中履《古今释疑》卷一云：

《诗序》之作，说者不同，或以为孔子，或以为子夏，或以为国史，皆无明文可考。沈重曰："《关雎》，后妃之德也，至用之邦国焉。名《关雎序》，谓之《小序》，此以下则《大序》也。《大序》是子夏作，《小序》是子夏、毛公合作。卜商意有未尽，毛更足成之。"郑玄、王肃、萧统皆主《大序》作于子夏，《小序》作于毛公，惟《后汉·儒林传》则以为卫宏从谢曼卿受学，作《毛诗序》。《隋志》亦云子夏所创，毛公及卫敬仲更加润色。韩愈议曰："子夏不序《诗》，有三焉，知不及，一也；暴扬中冓之私，《春秋》所不道，二也；诸侯犹世不敢以云，三也。汉之学者欲显其传，因托之子夏耳。"叶石林曰："世以《诗序》为孔子作，初无据，口耳之传也。"按《序》云《诗》有六义，其文全出于《周官》。情动于中而形于言，言之不足，故嗟叹之，其文全出于《礼记》。成王未知周公之志，公乃为诗以遗王，其文全出于《金縢》。高克好利而不顾其君，文公恶而欲远之，其文全出于《左传》。微子至于戴公，其间礼乐废坏，其文全出于《国语》。古者长民衣服不贰，从容有常，以齐其民，其文全出于《公孙尼子》。则《诗序》之作实在数书既传之后，明矣。盖卫宏作于东汉，故汉世文章未有引《诗序》者，惟黄初四年有曹共公远君子近小人之说，盖魏后于汉宏之序至此始行也。苏子由亦以为卫宏作，非孔氏之旧，止存其首一言，余皆删去。按司马迁曰："周道缺而《关雎》作。"扬雄曰："周康之时，颂声作乎下，《关雎》作乎上。"与今《毛诗序》之意绝不同，则知《序》非孔子之旧明矣。程泰之曰："凡《诗》发叙两语，如《关雎》后妃之德也，世谓《小序》者，古序也。两语以外，续而申之，世谓《大序》者，宏语也。宏序大抵祖述《毛传》。若使宏序先毛而有，则序文之下毛公亦时有训释，今惟郑氏有之，而毛无一语，故知宏序必出毛后也。"郑樵曰："汉兴，四家之诗惟《韩诗》有《序》，汉儒多宗之。如司马迁、扬雄、范晔皆以二南作于周衰之时，此韩学也。《毛诗》至卫宏始为之《序》，或谓《大序》作于子夏，《小序》作于毛公，非也。《序》有郑注而无郑笺，其不作于子夏，明矣。毛公于《诗》第为之传，其不作《序》又明矣。命篇大序盖出于当时采诗太史之所题，而题下之序则卫宏从谢曼卿受师说为之也。"朱晦庵曰："郑氏以为诸序本自合为一篇，毛公始分以置诸篇之首。"则是毛公之前其传已久，宏特增广之耳。故近世诸儒多以《序》之首句为毛公所分，而其下推说者为后人所益，理或有之，但今考其首句则已有不得诗人之本意而肆为妄说者矣，况沿袭之误哉？计其初犹必自谓出于臆度之私，非经本文，故且自为一编，别附经后，又以尚有齐、鲁、韩氏之说，并传于世，故读者亦有以知其出于后人之手，不尽信也。及至毛公引以入经，乃不缀篇后，而超冠篇端，不为注文，而直作经字，不为疑辞，而遂为决辞。其后三家之传又绝，而毛说孤行，则其抵牾之迹无复可见。故此序者遂若诗人先所命题，而诗文反为因序以作，于是读者转相尊信，无敢拟议，至于有所不通，则为之委曲迁就，穿凿而附合之，宁使经之本文缭戾破碎，不成文理，而终不忍明以《小序》为出于汉儒也。故予不可以不辨。马端临曰："《诗》《书》之序，自史传不能明其为何人所作，而先儒多疑之。至朱文公之解经，则依古经文析而二之，而于《诗》国风诸序诋斥尤多。以愚观之，《书序》可废，而《诗序》不可废也。就《诗》而论之，雅颂之序可废，而十五国风之序不可废。何也？盖诗之所不言而必赖序以明。彼风之为体，比兴之辞多于叙述，风谕之意浮于指斥，盖有反复咏叹，联章累句，而无一言叙作之意者，而序者乃一言以蔽之曰为某事也，苟非其传授之有源，探索之无误，则孰能臆料当时指意之所归以示千载乎？第序亦非一人之言也，或出于国史之采录，或出于讲师之传授，如渭阳之首尾异说，丝衣之两义并存，则其舛驰，固有之择善而从之可矣。"履按：去《序》言《诗》，自考亭始。因吕成公太尊《小序》，遂尽变其说，盖矫枉过正，非平心折衷之论也。然亦决非子夏所作。今按：子夏有《诗序》，而子贡有《诗传》，使果出于二子，则二子同学于夫子，夫子皆许以可言《诗》，其《序》与《传》宜无异同矣，乃十五国之风次第不一，《序》列豳于末，而《传》列鲁于豳之前，《绿衣》《燕燕》《日月》《终风》《击鼓》《新台》《二子乘舟》诸篇序入豳，而传入卫，《氓》《芄兰》《木瓜》《有狐》《考槃》序入卫，而传入豳，《伐檀》《陟岵》《园有桃》《硕鼠》《葛屦》《十亩之间》序入齐，而《传》入魏。且如《樛木序》曰后妃逮下，而《传》曰南国慕文王之德，归心于周。《草虫序》曰大夫妻能以礼自防也，而《传》曰南国之大夫聘于京师，睹召公而归心。《小星序》曰"夫人无妒忌之行，惠及贱妾"，而《传》曰"小臣奉使勤劳于公"。《柏舟序》曰"卫顷公之时仁人不遇"，而《传》曰"康叔忧王室也"。《雄雉》《匏有苦叶序》曰"刺卫宣公"，而《传》曰"风管叔"。二书不同如此。若以《传》为真，则《序》为伪矣。若以《传》为伪，则何以见《序》之真乎？方汉初鲁、齐、韩《诗》皆列学官，毛苌后出，岂不欲与三家争胜，乃有子夏之序受诸夫子而不引为师承者乎？且司马子长、扬子云之徒皆推隆孔氏，安有子夏《诗序》而不尊信者，况夫子之作邪？即国史采录，曾经夫子所取，亦必信之。其于二南惟引韩氏之说，则

《大序》《小序》俱出后人亦已明矣。子贡之《传》亦不见引于汉人，是二书皆托二子之名者复何疑乎？

4. 《仪礼》
方中履《古今释疑》卷二云：

　　《汉·艺文志》曰："帝王质文，世有损益，至周曲为之，防事为之制，故曰礼经三百，威仪三千。"按《礼经说》曰："正经三百，动礼三千。"《礼器》曰："礼经三百，曲礼三千。"《中庸》曰："礼仪三百，威仪三千。"详此诸文，当时制作本有二书，故郑康成谓《礼经》《周礼》也，《曲礼》《仪礼》也。颜师古曰：《礼经》三百，《周礼》三百六十官也。三百，举成数也。威仪三千，乃谓冠婚吉凶，盖《仪礼》是及周之衰，诸侯将逾法度，恶其害己皆灭去其籍。自孔子时而不具，至秦大坏。汉兴，鲁高堂生传士礼十七篇，讫孝宣时，后仓最明。《儒林传》云："仓说礼数万言，号曰《后氏曲台记》。"郑樵云："今之《礼记》是也。"陆文裕谓别有《曲台记》，不传，戴德、戴圣、庆普皆其弟子，三家立于学官。大小戴十七篇，次第与刘向《别录》皆不同。今注疏即别录之次。礼古经者出于鲁淹中，多三十九篇，有天子诸侯卿大夫之制，虽不能备，犹愈仓等。推士礼而致于天子之说，《隋·经籍志》曰："古经出于淹中，河间献王献之，凡五十六篇，并威仪之事，无敢传之者。唯十七篇与高堂生所传不殊，而字多异。"此今之《仪礼》是也。其余三十九篇，郑玄谓之逸礼。今《礼记》中之奔丧、投壶、实逸礼也。张淳谓汉初未有仪礼之名，疑后学者见十七篇中有仪有礼，遂合而名之。按：贾公彦云《仪礼》与《周礼》同是周公摄政六年所制。汉末郑玄乃以今古二字并之，取其于义长者作注。其《丧服》一篇，子夏先传之，迄齐黄庆、隋李孟悊，各有疏义。唐贾公彦复删二书以为疏，《经籍考》五十卷，今监本十七卷。朱子曰："今《仪礼》多是士礼。"如河间献王得古礼五十六篇，乃孔壁所藏之书，其中却有天子诸侯礼，所以班固言愈于推士礼以知天子诸侯之礼，是班固作《汉书》时其书尚在，郑康成亦及见之，今注疏中有援引处，不知失于何时。而张淳云："如刘歆所言，则高堂生所得独为士礼，今《仪礼》乃有天子诸侯大夫之礼，居其大半，疑今《仪礼》非高堂生之书，但篇数偶同耳。"此则不深考，于刘说不察其所谓。士礼者，特略举首篇以名之，其曰推而致于天子者，盖专指冠、昏、丧、祭而言，若燕、射、朝、聘，则士岂有是礼而可推耶？又曰："《仪礼》，礼之根本，《礼记》乃其枝叶。"《礼记》本是解释《仪礼》，且如《仪礼》有《冠礼》，《礼记》便有《冠义》，《仪礼》有《昏礼》，《礼记》便有《昏义》，至燕、射之礼莫不皆然，只是《仪礼》有《士相见礼》，《礼记》却无《士相见义》，后来刘原甫补成一篇。履按：陆德明即曰《礼记》乃《仪礼》之传。如介僎宾主，《仪礼》特言其名，《礼记》兼述其事，故《礼记》记《仪礼》之遗缺也，但《仪礼》与《周礼》《礼记》不免诡异。郑樵曰："三礼之学，其所以诡异者，其端有四，有出于前人之所行而后人更之者，有出于圣门而传之各异者，有后世诸儒损益前代自为一朝之典者，有专门之学各自名家，而以臆见为先代之训者。此四者不可不知也。"

今按，文末所引郑樵之传实见于《六经奥论》卷五"三礼同异辨"，作者尚在存疑之列。

5.《周礼》

方中履《古今释疑》卷二云：

> 《隋志》曰：汉时有李氏得《周官》，《周官》盖周公所制官政之法，上于河间献王，独阙冬官一篇，献王购以千金，不得，遂取《考工记》以补其处，合成六篇，奏之。至王莽时，刘歆始置博士，以行于世。河南缑氏及杜子春受业于歆，因以教授。是后马融作《周官传》以授郑玄，玄作《周官注》。至唐贾公彦撰疏，发挥郑学，最为详明。《经籍考》十二卷，今监本四十二卷。履按：秦火之后，《周礼》比他经最后出，故论者不一，独刘歆称为周公致太平之迹。郑众以《书序》言成王既黜殷命，还归在丰，作《周官》，即此《周官》。贾疏非之。郑玄则曰：周公居摄而作，七年致政，成王以此授之，使居洛邑，治天下。若林孝存以为武帝知其末世渎乱不经之书，作十论七难以排弃之。何休亦以为六国阴谋之书。甚者或谓刘歆附益以佐王莽者也。厥后，惟苏绰、王通善之，诸儒未尝有言者。至于王安石又用之而乱天下，故叶水心曰："《周官》晚出，而刘歆遽行之大坏矣，苏绰又坏矣，王安石又坏矣，千四百年更三大坏，而是书所存无几矣。"苏颖滨曰："周公之所以治天下者，莫详于《周礼》。然以吾观之，秦汉诸儒以意损益之者众矣，非周公之完书也。何以言之？周之西都，今之关中也，其东都，今之洛阳也。二都居北山之阳、南山之阴，其地东西长，南北短，短长相补，不过千里，古今一也。而《周礼》王畿之大，四方相距千里，如画棋局，近郊远郊，甸地稍地，小都大都，相距皆百里千里之方，地实无所容之，故其畿内远近诸法类皆空言耳。此《周礼》之不可信者一也。《书》称武王克商，而反商政，列爵惟五，分土为三。故《孟子》曰：'天子之制，地方千里，公侯百里伯七十里，子男五十里，不能五十里，不达于天子，附于诸侯曰附庸。'郑子产亦云：'古之言封建者盖若是。'而《周礼》诸公之地方五百里，诸侯四百里，诸伯三百里，诸子二百里，诸男百里，与古说异。郑氏知其不可而为之说，曰商爵三等，武王增以子男，其地犹因商之故，周公斥大九州始皆益之。如《周官》之法，于是千乘之赋自一成十里，而出车一乘，千乘而千成，非公侯之国无以受之。吾窃笑之，武王封之，周公大之，其势必有所并，必有所徙。一公之封，而子男之国为之徙者十有六。封数大国而天下尽扰。此书生之论，而有国者不为也。传有之曰：方里而井，十井为乘，故十里之邑而百乘，百里之国而千乘，千里之国而万乘，古之道也。不然，百乘之家为方百里，万乘之国为方数圻矣，故无是也。语曰：'千乘之国摄乎大国之间。'千乘虽古之大国，而于衰周为小，然孔子犹曰安见方六七十如五六十而非邦也者。然则虽衰周，列国之强家犹有不及五十者矣。韩氏、羊舌氏，晋大夫也，其家赋九县，长毂九百，其余四十县，谓一县而百乘，则可谓一县而百里则不可。此《周礼》之不可信者，二也。王畿之内，公邑为井田，乡遂为沟洫。此二者，一夫而受田百亩，五口而一夫为役，百亩而税之十一，举无异也。然而井田自一井而上，至于一同而方百里，其所以通水之利者，沟、洫、浍三。沟、洫之制，至于万夫，方三十二里有半，其所以通水利者，遂、沟、洫、浍、川五，利害同而法制异，

为地少而用力博。此亦有国者之所不为也。楚芜掩为司马，町原防，井衍沃。盖平川广泽，可以为井者井之，在阜堤防之间，狭不可井，则町之。皆因地以制广狭多少之异。井田、沟洫，盖亦然耳，非公邑必为进田，而乡遂必为沟洫。此《周礼》之不可信者，三也。三者既不可信，则凡《周礼》之诡异远于人情者，皆不足信也。古之圣人，因事立法以便人者有矣，未有立法以强人者也。立法以强人，此迂儒之所以乱天下也。"胡五峰曰："谨按：孔子定《书·周官》六卿，冢宰掌邦治，统百官，均四海者也。今以刘歆所成《周礼》考之，太宰掌建邦之六典，夫太宰统五官之典，以为治者也，岂于五官之外更有治典哉？则掌建六典，歆之妄也。太宰之属六十，小宰也，司会也，司书也，职内也，职岁也，职币也，是六官之所掌辞繁而事复类，皆期会簿书之末，俗吏掊克之所为，而非赞冢宰进退百官均一四海之治者也。百乘之家不畜聚敛之臣。今天官有宰夫者，考郡都鄙县之治乘，其财用之出入，凡失财用物辟名者诛之，其足用长财善物者赏之。夫君相守恭俭，不尚末作，使民务本，此足用长财之要也。百官有司谨守其职，岂敢逾越制度，自以足用长财为事。若刘歆之说是，使百官有司不守三尺，上下交征利，椎剥其民，以危亡其国之道，非周公致太平之典也。古之王者，守礼寡欲，由义而行，无所忌讳，不畏灾患。今天官甸师乃曰，丧事代王受眚灾，此楚昭宋景之所不为者也。而谓周公立以为训，开后王忌讳之端乎？先王之制，凡官府次舍列于库门之外，所以别内外，严贵贱也。今宫正乃比宫中之官府，次含之众寡。"又曰："去其奇邪之民，则是妃嫔官吏众庶杂处廉，陛不严而内外乱矣。宫伯掌王宫之士庶子，郑玄以为诸吏之嫡庶宿卫王宫者也。天子深居九重，面朝后市，谨之以门卫，严之以城郭沟池，环之以乡遂县都，藩之以侯甸男邦，采卫守之，以夷蛮戎狄周匝四垂，中天下而立，定四海之民。今周公乃于宫中置诸吏，又以其士庶子卫王宫，何示人不广而自削弱如此也？王后之职，恭俭不妒忌，帅夫人嫔妇以承天子，奉宗庙而已矣。今内宰凡建国，左右立市，岂后之职也哉？内小臣掌王后之命，后有好事于四方，则使往有好令于卿大夫则亦如之。妇人无外事，以贞洁为行。若外通诸侯，内交群下，则将安用君矣？夫人臣尚无境外之交，曾谓后而可乎？阍人掌守王宫中门之禁，说者以为二官奄者、墨者也。古者不使刑人守门，公家不畜刑人。周公作《立政》，戒成王以缀左右缀衣虎贲，欲其皆得俊乂之人。今反以隐宫刑余近日月之侧，开乱亡之端乎？寺人内竖贱人非所贵也，内祝掌宫中祷祠禳祴之事。夫祭祀之礼，天子、公、卿、诸侯、大夫、士行之于外，后妃、夫人、嫔妇供祭服笾豆于内。凡天地宗庙山川百神祀有典常，又安用此么么祷祠禳祴于宫中？此殆汉世女巫就左道入宫中，乘妃姬争妒，与为厌胜之事耳。刘歆乃以为太宰之属，置于王宫，其诬周公也甚矣。冢宰当以天下自任，故王者内嬖嫔妇敌于后，外宠庶孽齐于嫡，宴游无度，衣服无章，赐与无节，法度之废，将自此始。虽在内庭，为冢宰者真当慎其责也。若九嫔之妇，法世妇之宫，具女御之功，事女史之内政，典妇之女功，乃后夫人之职也，何为而亦统于冢宰耶？四方贡职，各有定制。王者为天下主财奉礼义以养，天下无非王者之财也，不可以有公私之异。今大府乃有式贡之余财以共玩好之用，不几有如李唐之君受裴延龄之欺罔者乎？王府乃有王之金玉良货贿之藏，不几有如汉桓灵置私库者乎？内府乃有四方金玉齿革良货贿之献，而供王之好赐不几有如李唐之君受四方羡余之轻侮者乎？王裘服宜夫人嫔妇之任也，今既有司裘，又有缝人、屦人等九官，则皆掌衣服者也。膳夫、酒正之职，固不可废，又有腊人、盐人等十有六官，则皆掌饮食者也。医师之职固不可废，又有兽医等五官皆医事也，帷幕次舍之事固不可废，而皂隶之所作也亦置五官焉。凡此既不应冗滥如是，且皆执技以事上役于人者也，而以为冢宰进退百官、均一四海之属，何也？汉兴，经五伯七雄，圣道绝灭，大乱之后，陈平为相，尚不肯任廷尉内史之事。周公承文、武之德，相成王，为太师，乃广置宫闱、猥亵、衣服、饮食、技艺之官以为属，必不然矣。其末则又有夏采之官焉，专掌王崩复土者也。呜呼！安得是不祥之人哉！礼官临大变，一时行之可矣，乃预置官以俟王崩，而行其职，何不祥之甚也！太宰之属六十有二，考之未有一官完善者，则五卿之属可知矣，而可谓之经，与《易》《诗》《书》《春秋》配乎？"王炎曰："《周礼》犹有可疑者，先儒盖未之疑也。祀昊天上帝，则服大裘而冕，祀五帝亦如之，且祀昊天于南至，服裘为宜，祀黄帝于季夏盛暑之月，而亦服裘，可乎？"王播大圭又执镇圭以朝日，以《考工记》考之，大圭其长三尺，郑康成谓：玉方一寸，其重一斤，若圭三尺，其博二寸有半，其厚四分，则其重殆三十斤，而王能播之乎？王乘玉辂，建太常，维者六人，服皆衮冕。夫衮冕王与上公之服也，维太常者徒行车后，乃亦衣龙衮与王同服，不几于尊卑无辨乎？天官既有世妇者，官又有世妇，且曰每宫卿二人谓之妇，则不得以为卿。郑康成乃曰："如汉有长秋，亦以士人居之。"夫士人为卿，则又不得谓之妇矣。且王后六宫，而天子六卿，若宫有二卿，则卿十有二人，何其数之多耶？郝氏《完解》曰：观《周礼》布置经营，全似《管子》内政，盖其学本宗圣，而杂以刑名功利，焉可诬周公也。夫《周礼》之不可为经，不在五官之错乱，而况五官本无错乱也。今儒者亟议改订。苟改订矣，《周礼》可遂行乎？且如司徒乡老一职，而公卿大夫至下士凡一万八千七百五十人，一市之中，商贾几何，司市官属凡一百四十二人，一商之肆，自肆长至史二百有十人，行此法也，骚扰烦苛，民其能堪乎？此管、商纵横什伍严密之政，学者睹其节目，不通其大网，喜其文字，不思其义理，见其布置，不察其谋，为睹其名法，不穷其源委，猥以为周公致太平之书，及其舛逆不通，反疑为后人错乱，而不知是书之不可用者，不在文辞之错乱，而在事理之踉戾。其所以眩惑后世者，不能掩其事理之踉戾，而特诪张于文辞，使人不可端倪耳。今即以世儒所订六官，一一整齐，按其职以设官，执其数以用人，六官之属十万，糜沸蚁动，官多民少，岂能一朝居不深惟其事理，而徒以错乱掩其谬戾，左矣。

6. 《礼记》

方中履《古今释疑》卷二云：

《礼记》者，即所谓《小戴礼》也。《隋志》曰：汉初，河间献王又得仲尼弟子及后学者所记一百三十一篇献之，时亦无传之者。至刘向考较经籍，得一百三十篇，向因第而叙之。又得《明堂阴阳记》三十三篇、《孔子三朝记》七篇、《王氏史氏记》二十一篇、《乐记》二十三篇，凡五种，合二百十四篇。戴德删其烦重，合而记之，为八十五篇，谓之《大戴礼》。而戴圣又删大戴之书为四十六篇，谓之《小戴记》。汉末马融遂传小戴之学，融又足《月令》一篇、《明堂位》一篇、《乐记》一篇，合四十九篇。而郑玄受业于融，又为之注，其为义疏者甚多。唯皇甫侃、熊安生见于世。唐孔颖达撰《正义》，则据皇氏为本，其有不备，以熊氏补焉。《经籍考》七十卷，今监本六十三卷。今之《大全》所主者，陈澔注也。郑玄云《月令》吕不韦所作。蔡邕、王肃云周公作，非也。《月令》云："乃命太尉。"此秦官名。其服饰、车旗并不合周法。《吕氏春秋》以《月令》为首，乃不韦之作无疑。至唐明皇改黜旧文，附益时事，号《御删月令》，升为《礼记》首篇，俾李林甫等为之解。今监本注疏仍复郑氏之旧。《乐记》，河间献王所作。刘献云："《缁衣》，公孙尼子所作。"卢植云："《王制》，汉文时博士所作。"其余众篇皆如此例，但未能尽知所记之人。独《大学》《中庸》为孔氏之正传。至二程，始尊信而表章之。朱子为之章句，遂独行，与《论》《孟》称"四子书"。按：《中庸》是子思所作，已见于《孔丛子》。《大学》，至程子乃曰孔氏之遗书，朱子乃曰经是孔子之言，而曾子述之，传是曾子之意，而门人记之，颇补正其错简脱文，如格物章诚意章是也。注疏此谓知本，此谓知之至也，通下诚意章皆在经文之下，自引《淇澳》诗至没世不忘也，又在诚意章下，听讼一章又在止于信下，《集注》悉考正之，且谓格物章亡，补作一篇。郝氏《通解》曰：凡礼不可常行者，非礼之经，用于古，不宜于今，而犹著之于篇，非圣人立经之意，即四十九篇中所载，如俎豆席地，袒衣行礼，书名用方策，人死三日敛之类，古人用之，今未宜。父在为母期，出母无服，师丧无服，此等虽古近薄，父母为子斩衰，妻与母同服，此等失伦，官士不得庙事，祖支子不祭，此等非人情，杖不杖，视尊卑贵贱，哭死为位于外，熬谷与鱼腊置柩旁，此等近迂阔，国君飨宾，夫人由交爵，命妇入公宫养子，国君夫人入臣子家吊丧，此等犯嫌疑，祭祀用子弟为尸，使父兄罗拜若袷祭，则诸孙济济一堂为鬼，此等近戏谑，人死含珠玉，以诲盗圹中藏瓮甒筲衡等器，岁久腐败陷为坑谷，此等无益有害。古人每事不忘本，酒尚玄，冠服用皮，食则祭，至于宗族姓氏则随便改易，如司徒、司空、韩氏、赵氏，惟官惟地，数世之后迷其祖姓，又何其无重本之思也。庙制，天子至士庶有定数，皆有堂有寝，有室有门，大邑巨家，父子世官，兄弟同朝，将庙不多于民居乎？如云皆设于宗子家，则宗子家无地可容，如父为大夫子为士庶，则庙又当改毁，倏兴倏废，祖考席不暇暖，适子继体，分固当尊。至于抑庶之法，亦似太偏。丧服有等，不得不杀，至于三殇之辨亦觉太琐，衰麻有数，不得不异，至于麻葛之易，亦觉太烦。天子选士，观德用射，射中得为诸侯，不中不得为诸侯，如此之类，虽古礼乎，乌可用也。故凡礼非一世一端可尽，古帝王不相沿袭，圣人言礼不及器数，惟曰义以为质，有以也。此四十九篇大都先贤传闻，后儒补缀，非尽先圣之旧。而郑康成信以为仲尼手泽，遇文义难通，则称竹简烂脱，颠倒其序，根据无实，则推殷夏异世，逃遁其说，节目不合，则游移于大夫士庶之间，左右两可，解释不得，则托为殊方语音，变换其文，牵强穿凿，殊乖本初。盖郑以《记》为经，既不敢矫《记》之非。世儒又以郑为知礼，不敢议郑之失。千余年来，所以卒瞀瞀然耳。按《大戴礼》八十五篇，陈振孙曰：今篇第自三十九而下，止于八十一，其前阙三十八篇，末阙四篇，所存当四十三，而于中又阙第七十二，复出一篇，实存四十篇，意其阙者即圣所删邪？然《哀公问》《投壶》二篇，与今《礼记》文不异，他亦间有同者。《保傅篇》世言贾谊书所从出也。今考《礼篇》汤武秦定取舍一则尽出谊疏中，反若取谊语剿入其中者。《公符篇》至录汉昭帝冠辞，则此书殆后人好事者采获诸书为之，故驳杂不经，决非戴德本书也。题九江太守，乃小戴所历官，尤非是。

方中履认为，《礼记》为非先圣之书。

7.《左传》

方中履《古今释疑》卷二"《左传》非丘明作"条云：

刘歆曰："左氏丘明好恶与圣人同，亲见夫子，而公羊在七十子之后。"司马迁曰："鲁君子左丘明因孔子史记具论其语，成《左氏春秋》。"班固《艺文志》曰："仲尼与左丘明观鲁史而作《春秋》，而丘明作传。"杜预序《左传》亦云："左丘明受经于仲尼。"郑樵曰："详诸所说，皆以左氏为丘明无疑矣。至唐啖助、赵匡独立说以破之。啖助曰：《论语》所引丘明乃史秩、迟任之类，左氏集诸国史以释《春秋》，后人谓左氏为丘明，非也。赵氏曰：公、穀皆孔氏之后人，不知师资几世。左丘明乃孔子以前贤人，而左氏不知出于何代。惟啖、赵立说以破之，未有的论。然使后人不以丘明为左氏者，则自啖、赵始矣。况孔氏所称左丘明，姓左，名丘明，断非左氏明矣。今以左氏传质之，则知其非丘明也。左氏中纪韩魏智伯之事，又举赵襄子之谥，则是书之作必在赵襄子既卒之后。若以为丘明，自获麟至襄子卒已八十年矣，使丘明与孔子同时，不应孔子既没七十有八年之后，丘明犹能著书。今左氏引之，此左氏为六国人，在于赵襄子既卒之后，明验一也。左氏战于麻隧，秦师败绩，获不更女父。又云：'秦庶长、鲍庶长、武帅师及晋师战于栎。'秦至孝公时立赏级之爵，乃有不更、庶长之号，今左氏引之，是左氏为六国人，在于秦孝公之后，明验二也。左氏云：'虞不腊矣。'秦至惠王十二年初腊，郑氏、蔡邕皆谓腊于周，即蜡祭，诸经并无明文，惟吕氏《月令》有腊先祖之言，今左氏引之，则左氏为六国人，在于秦惠王之后，明验三也。左氏师承邹衍之诞，而称帝王子孙。按：齐威王时，邹衍推五德终始之运，其语不经，今左氏引之，则左氏为六国人，在齐威王之后，明验四也。左氏言分星，皆准堪舆。按：韩、魏分晋之后，而堪舆十二次始有赵分曰大梁之语，今左氏引之，则左氏为六国人，在三家分晋之后，明验五也。左氏云：'左师辰将以公乘马而归。'按：三代时有车战，无骑兵，惟苏秦合从六国，始有车千乘、骑万匹之语。今左氏引之，是左氏为六国人，在苏秦之后，明验六也。左氏序吕相绝秦声子说齐，其为雄辩狙诈直游说之士，捭阖之辞，此左氏为六国人，明验七也。左氏之书序秦楚事最详，如楚师犹拾藩等语，则左氏为楚人，明验八也。据此八节，亦可以知左氏非丘明，是为六国时人无疑矣。或问伊川曰：'左氏是丘明否？'曰：'传无丘明字，故不可考。'又问：'左氏可信否？'曰：'不可全信，信其可信者耳。'其知言欤？"（此段实际出自《六经奥论》——引者注）东坡曰："……"刘道原曰："惠公爱少子，立为太子，而国人不与，而立隐，隐曰：'吾将让焉。'太子桓公俟望十年不获，而羽父杀隐，立桓，桓曰：隐摄也。吾取之左氏，信桓之欺，故曰摄。公、穀信隐之诈，故曰让，皆失之。可知传者本皆迁就所传之史，而揣摩立说，故展转求当于圣人，而捉襟露肘，补绽不及。左氏略近于二传，然自明者观之，其未尝亲见仲尼甚燎然也。"陆文裕曰："《论语》反鲁乐正事在哀公十一年孔子六十五前，此诗礼乐散乱十一于千百。季札聘鲁在襄公二十九年，是时夫子八岁，安得乐工之所肄习与？季子之所审定者皆夫子国风雅颂之新编也。疑左氏之传会以此。又季子所论既往，则或有据，独于歌秦，则推其方来，是于音义何所取，而与列国异例，疑后人之附会《左氏》，以此故先儒以为《左氏》出于子骏，而'君子曰'皆汉儒之文也。"郝京山曰："左丘明为鲁史官，或然谓《左传》即丘明作，非也。若丘明所作，当时亲见夫子，其说亦自不可易。今详《传》中断例叙事，种种迂谬，反有借义公、穀者，岂亲见仲尼者乎？如出丘明之手，则经之所书事未有不详者，有阙未有不知者，今经有阙而不知，有事而无考，岂见而知之者与？其非丘明作无疑也。且其力在藻绘，而略于圣人作经之意，此后世词人借玄晏求传而已。公、穀袭左而加例，胡氏袭三传而加凿，致使圣人忠厚之作成险刻琐碎射覆之书，皆因信左太过耳。盖《左传》出三晋辞人之手，故其说往往右晋，誉重耳五臣不啻口出，夸晋功业，无异三王子孙，世受诸侯朝贡卿大夫招权纳贿，贪淫败乱，皆铺张其事，恬不以为怪。世儒遂谓《春秋》尊晋，仲尼奖伯承迷，至今皆《左传》误之也。"履闻之老父曰：推"左丘明耻之，丘亦耻之"之语，必丘明在前，夫子因之，故云若许可，门人则不必如此词气也。孔安国曰"左丘明，鲁太史"，亦未尝以为受《春秋》之弟子也。疏乃曰"以鲁太史而受经于孔子"，则傅会矣。陈振孙断之，谓非一人，盖战国时扬才立说之士，或更有左丘氏而出于汉儒之手，又托之丘明。观歆移书让博士，岂不欲多方求胜乎？太史公曰："左丘失明，厥有《国语》。"然《史记》多采《国策》，而少《左传》语，岂直未见耶？必出本有汉人增加明矣。《国语》二十一篇，自魏晋以后，书录所题皆曰《春秋外传》，盖以《左传》为内也。司马迁传赞左丘明为传，又纂异同为《国语》。陆淳则谓与《左传》文体不伦，定非一人所为。

8.《论语》

方中履《古今释疑》卷三云：

《汉书·艺文志》曰："《论语》者，孔子应答弟子时人及弟子相与言而抢问于夫子之语也。当时弟子各有所记，夫子既卒，门人相与辑而论撰，故谓之《论语》。"郑康成以为仲弓、子游、子夏等撰定。柳宗元曰：《论语》非孔子弟子所记也。孔子弟子曾参最少，少孔子四十六岁。曾子老而死，是书记曾子之死，则去孔子也远矣。曾子之死，孔子弟子略无存者矣。吾意曾子弟子之为之也。且是书载弟子必以字，独曹子、有子不然，由是言之，弟子之号之也。然则有子何以称子曰？孔子之殁也，诸弟子以有子为似夫子，立而师之，则固尝有师之号矣。今所记独曾子最后死，余是以知之，盖乐正、子春、子思之徒相与为之尔。或曰：孔子弟子尝杂记其言，然而卒成其书者，曾氏之徒也。按：汉兴，传者则有三家，《鲁论语》者，鲁人所传，凡二十篇，即今所行篇次是也。龚奋、夏侯胜、韦贤及子玄成、曾扶卿、夏侯建、萧望之并传之；《齐论语》者，齐人所传，别有《问王》《知道》二篇，凡二十二篇，其二十篇中章句颇多于《鲁论》，王吉、朱畸、王卿、贡禹、五鹿充宗、庸谭并传之，唯王吉名家；《古论语》者，与《古文尚书》同出于孔氏壁中，章句烦省，与《鲁论》不异，唯分尧曰下章子张问以为一篇有两子张，凡二十一篇。如淳曰分尧曰篇，后子张问何如可以从政以下为篇名，曰从政，其篇次又不与《齐》《鲁论》同。张禹初受《鲁论》，兼讲《齐论》，后遂合而考之，除去《齐论》《问王》、《知道》二篇，号张侯论，为世所贵。后汉包咸、周氏并为章句，列于学官。马端临曰：《问王》《知道》二篇，《古论语》亦无之，度必后儒依仿而作，非圣经之本真，此所以不传。若夫子之言，禹何人，而能删乎？《古论》唯孔安国为之训解，而世不传。至马融亦为之训说。汉末郑玄就《鲁论》为本，参考《齐论》《古论》而为之注。魏陈群、王肃、周生烈皆为义说，何晏又为集解，《齐论》《古论》遂亡。至隋，何、郑并行，宋邢昺奉诏撰《正义》，一以何晏为主，是谓注疏。《经籍考》十卷，今监本二十卷。胡广等辑《四书大全》，则主朱子《集注》焉。《汉志》又有《孔子家语》二十七篇，颜师古曰：非今所有《家语》。按：今《家语》者，盖王肃所注，得于孔子二十四世孙猛家。《后序》曰：《家语》者，皆当时公卿士大夫及七十二弟子之所咨访交相对问言语也。诸弟子既取其正实而切事者，别出为《论语》，其余则集录之，名曰《孔子家语》。秦焚书，与诸子同列，故不见灭。高祖克秦，悉敛得之。及吕氏专汉，取归藏之。其后被诛亡，而《家语》乃散在人间，好事者或各以意增损其言，故使同是一事，而辄异辞，妄相错杂，不可得知。马昭曰："今《家语》，王肃增加，非郑玄所见也。"

9. 《孟子》
方中履《古今释疑》卷三云：

《史记》云："孟轲受业子思之门人（《艺文志》作子思弟子），道既通，所如者不合，退与万章之徒序《诗》《书》，述仲尼之意，作《孟子》七篇。"《艺文志》载《孟子》十一篇，盖又有《外书》四篇也。后汉赵岐题辞曰：此书孟子之所作也，故总谓之《孟子》七篇二百六十一章三万四千六百八十五字。秦焚经籍，其书号为诸子，得不泯绝。而《外书》四篇，《性善》《辩文》《说孝经》《为正》，其文不能弘深，似非孟子本真也。《艺文志》，《孟子》十一篇，时合此四篇。唐林慎思谓《孟子》七篇，非轲自著，乃弟子共记其言。韩愈亦云万章、公孙丑所会集。晁公武曰："今考其书，载孟子所见诸侯皆称谥，如齐宣王、梁惠王、梁襄王、滕定公、滕文公、鲁平公是也。夫死然后有谥，轲无恙时，所见诸侯不应皆前死。且惠王元年至平公之卒凡七十七年，轲始见惠王，目之曰叟必已老矣，决不见平公之卒也，后人追为之明矣。"则岐之言非也。《荀子》载："孟子三见齐王，而不言，弟子问之曰：我先攻其邪心。"扬子载孟子曰："夫有意而不至者有矣，未有无意而至者也。"今书皆无之，则知散轶也多矣。岐谓秦焚书得不泯绝，亦非也。履按：诸侯之谥安知非后人所加？夫子舆自作书，马迁即云然，固不始于台卿，林韩何从而识其为万章、公孙丑所记耶？宋冯休因而删孟，可谓妄矣。前乎休而非孟者荀卿，刺孟者王充，后乎休而疑孟者司马光，与孟辩者苏轼，然不若休之甚。余允文乃撰《尊孟辩》七卷，自赵岐注《孟子》，乃析七篇为上下，凡十四篇。

10. 《孝经》

方中履《古今释疑》卷三云：

《汉·艺文志》曰："《孝经》者，孔子为曾参陈孝道也。夫孝，天之经，地之义，民之行也。举大者言，故曰《孝经》。"《隋·经籍志》曰："孔子既叙六经，题目不同，指意差别，恐斯道离散，故作《孝经》以总会之。"履按：此本郑玄《六艺论》，遭秦焚书，为河间人颜芝所藏。汉初，芝子贞出之，凡十八章，而长孙氏、江翁、后苍、翼奉、张禹皆名其学。又有《古文孝经》与《古文尚书》同出，多闺门一章。其余经文大较相似。又有衍出三章，合为二十二章。颜师古曰："《庶人章》分为二，《曾子敢问章》分为三，又多一章，凡二十二章。"桓谭《新论》云：古《孝经》千八百七十二字，今异者四百余字。孔安国为之传。至刘向典较经籍，以颜本比古文，除其繁惑，以十八章为定。郑众、马融并为之注。又有郑氏注，相传或云郑玄，其立义与玄所注余书不同，故疑之。《正义》曰：称郑康成注起于晋荀昶，齐陆澄非之，请勿藏于秘省。王俭不依，遂得见传。梁代安国及郑氏二家并立国学。安国之本亡于梁乱，陈及周齐唯传郑氏。至隋，王劭于京师访得《孔传》，遂至刘炫，炫因序其得丧，述其议疏，讲于人间，渐闻，朝廷遂著令与郑氏并立。唐开元中，刘知幾议宜行孔废郑，证其非康成者十有二，司马贞等排之，谓古《孝经》乃刘炫妄分二十二章，以应《艺文志》之数，又伪作《闺门》一章，假称《孔传》，卒行郑学。后明皇自注，序言注者百家，所取王肃、刘劭、虞翻、韦昭、刘炫、陆澄六家之说也。元行冲造疏，颁于天下，遂以十八章为定。陈眉公曰：《孝经·闺门》一章由周秦而下，传汉至唐，司马贞为国家讳，始黜之，而马嵬之祸续见，则《孝经·闺门》之教废也。王荆公谓《春秋》断烂朝报，不列学宫，使先圣笔削之书人主不得闻讲，学士不得传习，而宋遂北辕，则《春秋》内外之防与复仇之教废也。孔子曰："我志在《春秋》，行在《孝经》。"二书抹去，祸及家国，故曰畏圣人之言。五代时，孔、郑皆亡。周显德末，新罗献别序《孝经》，即郑注者，此见《宋三朝艺文志》，而《崇文总目》以为咸平中日本僧所献，未详孰是。宋咸平中，诏邢昺、杜镐等撰《正义》，则本行冲而增损焉。《经籍考》三卷，今监本九卷。晁补之曰："何休称：子曰：'吾志在《春秋》，行在《孝经》。'此本《钩命决》之文，信斯言也，则《孝经》乃孔子自著也。今其首章云：'仲尼居，曾子侍。'则非孔子所著明矣。详其文，当是曾子弟子所为书。"程迥曰："汪端明以为此书多出后人附会。"《朱子语录》亦疑《孝经》非圣人之言，作《孝经刊误》，谓今文六章、古文七章以前为经，后为传，且删去所引《诗》《书》之文，指为后人所增，又删去先王见教以下六十七字，以顺则逆以下九十字，未知何据。惟司马君实确信古文，以谓《孝经》《尚书》俱出壁中，今人皆知《尚书》之真，而疑《孝经》之伪，是何异信脍之可啖，而疑炙之不可食也。

11. 《尔雅》

方中履《古今释疑》卷三云：

《汉·艺文志》："《尔雅》二十篇，今书惟十九篇。"志初不著撰人名氏，郭璞序亦但称兴于中古，隆于汉氏而已。至陆德明《释文》始谓《释诂》为周公所作，其说荟本于魏张揖《上广雅表》言："周公制礼以道天下，著《尔雅》一篇，以释其义。而《释言》以下，或言仲尼所增，或言子夏所足，或言叔孙通所益，或言梁文所补，皆解家所说，先师口传，疑莫能明也。"旧有刘歆、樊光、李巡、孙炎之注，今惟郭璞注行于世，邢昺撰疏，盖以郭氏为主。《经籍考》十卷，今监本十一卷。郑樵曰："有《诗》《书》而丧有《尔雅》，《尔雅》冯《诗》《书》以作，往往出自汉代笺注未行之前，其执以为周公哉！一字本一言，一言本一义，餭自餭，糊自糊，不得谓糊为餭。讯自讯，言自言，不得谓讯为言。襧自襧，袍自袍，不得谓袍为襧。衮自衮，黻自黻，不得谓衮为黻。不独此也。大抵动以十数言而总一义，今举此四条，亦可知其昧于诂理……"《朱子语录》亦曰："《尔雅》是取传注以作，后人却以《尔雅》证传注。赵岐说《孟子》《尔雅》皆置博士，在《汉书》亦无可考。"履按：《尔雅》谓为周公书者，因刘向以史佚教其子以《尔雅》《三朝记》。孔子曰："《尔雅》以观于古，足以辨言矣。"《春秋元命包》言子夏问夫子作《春秋》，不以初、哉、首、基为始，何是以知为周公所造？盖附会之说也。由今论之，周公吐哺，用人之长，安知非彼时集之，而后人沿加耶？其有江南语者，亦犹《神农本草》之汉郡名，乃《别录》《大观》补之也，岂足概全书乎？又有《小尔雅》《汉志》亦载之，而不著名氏，《馆阁书目》云孔鲋撰，盖即《孔丛子》第十一篇也，当是好事者抄出别行。扬雄《方言》、刘熙《释名》皆仿《释诂》而作者也。魏张揖又著《广雅》，隋曹宪为之音解，避炀帝讳，更名《博雅》。《唐志》有刘伯庄《续尔雅》，刘杳撰《要雅》，李商隐《蜀尔雅》，与刘温润《羌尔雅》皆取其名耳。宋元丰中，陆佃为《埤雅》，罗愿作《尔雅翼》，郑樵有《尔雅注》，餭糊襧袍，古多通音，讥之非是，其曰峨峨、丁丁之不达物情，则果然矣。老父少尝注《尔雅》，既而以其所称不足以尽，后人乃用其分例而为《通雅》，主于考究音义，折衷舛驳，兼杨升庵、王元美、胡元瑞诸公而是正之。成于天末，凡五十卷，岂若《广埤》之类直以意取《玉篇》之字而已邪？

《尔雅》是否出自周公之手，历史上颇有争议。

12. 伪书之辨

方中履《古今释疑》卷三云：

自秦火后，汉开献书之路，置写书之官。又使陈农求遗书于天下，诸子传说皆充秘府，而托者、加者、讹者应不能免。然汉以前之伪书尚可观，后此之伪书不足齿矣。如岐伯《素问》明知托名，而书自可传。《握奇》之托风后，亦其类也。《山海经》附会《楚辞》，岂出大禹？此与《穆天子传》皆周末笔也。尧日至虚，而《汲冢周书》起牵牛，何异豨黥、韩覆乃载李斯之《仓颉篇》，或亦神农《本草》之有汉郡名，周公《尔雅》之有张仲孝友耶？因《周礼》有"连山"之名，故刘炫作《连山》。因《左传》有"三坟"之名，故张天觉作《三坟》。卜商《诗传》、子贡《越绝书》虽不真，而可观。《连山》《三坟》则纬书一流耳，无味甚矣。又有掇古人之事而伪者，仲尼倾盖而有《子华子》，柱史出关而有《关尹子》是也。伊尹负鼎而《汤液》闻，宁戚饭牛而《相经》著，尤属可笑。若《文子》《鹖冠》之伪，颜师古、柳宗元已言之。犹之《鬻子》《鬼谷子》也。太公《六韬》、黄石《三略》《素书》以及东方朔《神异经》《十洲记》、刘更生之《列仙传》，陈振孙尽辨其为伪作。他如《西京杂记》本葛洪作，而以伪刘歆。《汉武故事》本王俭作，而以伪班固。《亢仓子》因庚桑楚本唐王士元作，胡元瑞所笑王元美不知者也。《乘梼杌》乃吾衍作，王祎《吾子行传》备言之，与《晏子春秋》相似，疑出于一时，元瑞亦未之知也。《元经》出阮逸，世以即逸作。《孔丛》出宋咸，世以即咸作。柳子厚以《晏子》出墨子之徒，黄山谷以《阴符经》出李筌，晁公武以《子华子》出姚宽、王铚，朱子以《麻衣易》出戴师愈，黄东发以《文子》出徐灵符，陈直斋以《关朗易传》出阮逸，宋景濂以《关尹子》出孙定，王元美以《元命包》出张升，胡元瑞以《三坟》出毛渐，知其伪而已，何求其人耶？王铚之作《龙城录》，托名于柳，犹杜解之托名于苏也。魏泰之嫁名于梅圣俞以《碧云骃》，犹和凝之嫁名于韩偓以《香奁集》也。《黄帝内传》《飞燕外传》并后人所为，淫邪荒诞，尤无足取，大抵百家小说无论真伪，可一览而置之。刘知幾曰："郭子横《洞冥》、王子年《拾遗》全构虚辞，用惊愚俗。"杨升庵谓如任昉《述异》、殷芸《小说》、沈约《梁四公子记》、唐人《杜阳杂编》《天宝遗事》、宋人《云仙散录》《清异录》皆足误人。温公作《通鉴》，亦误取《天宝遗事》，况下此者乎？其志怪频袭者益无谓，洪何必《夷坚》，胡何必集异苑邪？即使熟读《太平广记》，所谓记丑而博耳，儒者焉贵？

既然"汉以前之伪书尚可观"，那么"后此之伪书不足齿"之论就难以成立。

二十二、姚际恒

姚际恒其人

姚际恒（1647—约1715），字立方，一字善夫，安徽新安人，僦居浙江仁和（今属杭州市）。清初学者中以际恒最不幸，他的事迹多不可考，著作又亡佚。他是个国子监生，早年耽于词章之学，后来专力治经。康熙三十二年（1693），毛奇龄引阎若璩来见，此时姚际恒已完成《古文尚书通论》。阎氏因"喜而手自缮写"（《尚书古文疏证》卷八）。三十六年（1697），际恒以所著《尚书通论》和《仪礼通论》就质于李塨（见《恕谷先生年谱》卷二）。四十四年（1705），《诗经通论》成。四十六年（1707），《春秋通论》完成。四十九年（1710），《九经通论》全部完成。此外，另有《庸言录》《好古堂书画记》和《古今伪书考》三书。他的《九经通论》，为《易传通论》《古文尚书通论》《诗经通论》《周礼通论》《仪礼通论》《礼记通论》《春秋通论》《论语通论》《孟子通论》。民国以后，顾颉刚搜访际恒书甚力，至民国三十三年，尚存者有：《诗经通论》《仪礼通论》二书，《春秋通论》缺六分之一，《古文尚书通论》，阎若璩《尚书古文疏证》引用数十条，《礼记通论》散入杭世骏《续礼记集说》中。《九经通论》中可确定与辨伪有关者，有《古文尚书通论》，林庆彰从阎氏书中辑出三十余条。《周礼通论》，已佚。不过毛奇龄的《周礼问》有部分为辨驳际恒而作，从毛氏书可看出际恒的某些论点。《礼记通论》，林庆彰已从杭氏书中辑出，计有十数万言，其中攻击《大学》《中庸》者甚多。①

拙著《文献辨伪研究》（武汉大学出版社 2021 年版）有专章"姚际恒《古今伪书考》评析"对姚际恒的《古今伪书考》书中的要点一一加以评析，对其辨伪功过得失进行了总结。

二十三、戴名世

（一）戴名世其人

戴名世（1653—1713），字田有，一字褐夫，号药身，别号忧庵，晚号栲栳，晚年号称南山先生。死后，讳其姓名而称之为"宋潜虚先生"。又称忧庵先生。江南桐城人。著有《南山集》。

（二）戴名世的文献辨伪

1. 辨后世之老子而非孔子时之老子

《南山集》卷一《老子论上》云：

> 自孔子没而出而惑世诬民者有两家，曰老，曰佛。为后世儒家之所訾诮，顾其言诚怪诞，圣人之所弗取，而学者之于圣人之道未知果能窥见万一否，但能訾诮两家，即号曰儒，儒若是易耶？余尝读老子之书，反复绅绎其言，颇有可采，而非佛氏之所及者。佛之盛也，乘中国气虚而入，其言荒唐不可致诘，而托于天人性命之理，学士大夫多惑之。其尤荒谬不通者，轮回、生死之说，而愚人信之。亦或往往有所忌惮，故亦可藉以摄服天下之人，使稍敛其邪志。呜呼！孔子之道不能以教天下，而必假手于佛，吾叹之久矣。昔孔子明王道，述古文，未尝不于异端为兢兢，假使如后世儒者之论，谓老子为异端，夫子独不能辞而辟之耶？既不能辞而辟之，而复与其弟子间关道路，从之问礼，且叹服而许与之，将谓孔子者亦老氏之徒耶？然则老子之负谤于天下者，非老氏之过也，为老氏之说者之过也。庄周、列御寇之流，其言依仿老子，吾观其书，大抵悯世之昏浊，为洸洋自恣，以适己志，此文人学士之雄者耳，不得与老子并。而申不害、韩非之流惨核少恩，假托老子以自重，其实未得老子之万一也。太史公著《史记》，谓申、韩原于道德，吾又疑之久矣。且夫佛之为圣道害也，往往创立名字，分别宗门，显与孔子为敌，而老子固未尝有是也。当其为周守藏室之史，固非无意于世者，见周之衰，遂去，出关而隐，自关令尹强之，乃著上下篇，言道德之意五千余言，而去莫知所终，亦未尝有意为文字留人间以逞其说，而冀天下之从己也。吾观其出处行藏，非有谬于圣人，而其书不过哀斯人之愚迷，而自道其淡泊无为

---

① 林庆彰：《清初的群经辨伪学》，台北文津出版社 1990 年版，第 60 页。

之意，盖春秋时之一隐君子耳。后之为老子说者，亦莫知老子，或称之反过其实。太史公曰："世之学老子者，则绌儒学，儒者亦绌老子。夫老子与孔子当日未尝相绌也，则学者过也。"呜呼！自申不害、韩非假托老子之说，而使老子蒙诟于万世，浸寻而至于秦汉以后为老子之徒者，筑宫以祀之，刻木以像之，造立鬼神名字而自异其衣冠，往往祷祈赛请，又依仿浮屠氏之书，作为鄙俚无稽怪诞之言，曰是老子也，则老子之冤亘万世而莫之白矣。夫巫觋自老子未出而其兴已久矣，巫见佛之盛也，顾己无所宗，乃假托老子自重，以拟于佛，而敢与孔子抗，此岂老子之罪乎？神仙之事不见于经传，其说惝恍荒忽，而尝见于诸子百家之书，大抵为其术者，屏繁嚣，守清净，其说近老子，故亦时时称诵老子之道，而世又以老子真怪迂矣。呜呼！老子一隐君子耳，不幸姓名言语落在人间，尊之者曰圣人，斥之者曰异端，滥觞于庄、列，决裂于申、韩，诬于巫觋，而晦于神仙，而遂以为圣道之害。噫！此后世之老子而非孔子时之老子也。

以前是道不同不相为谋，以后是道不同可以文明对话，文明互鉴互融，美美与共。《南山集》卷一《老子论下》云：

　　或曰："子以老子之言颇有可采者，其说可得闻乎？"曰：老子之书具在，吾非敢臆而说也。后之人以异端之解解之，此其所以与圣人乱也。孔子适周，见老子，其叮咛付授不过数语，而孔子叹异之。其后所著书上下篇，大抵不出此数语之中。吾不知孔子当日曾见其书与否，而数语叮咛，夫子不以为非，则其书未可尽非也。吾观其书，其大旨不过谓恃法则法亡，争功则功去，不知足者召祸，可欲者丧身，静可以观动，柔可以胜刚，其于祸福之相倚，盈谦之相越，天道人事得失谆谆乎反复言之，而深切不见其有谬戾圣人者也，而独其有数言不能为老子解者，曰"礼者忠信之薄而乱之首"，曰"大道废，有仁义"，曰"绝圣弃智，民利百倍，绝仁弃义，民复孝慈，盖所谓大道者，混混之时，闷闷之风也"，所谓"仁义者，煦煦之仁，孑孑之义也"。彼见世之溷浊，而慨想于太古荒远之事，以为愤激之言。又其视仁义太小，不可为训。此老子所以不得为圣人也。其他所论著往往多有与圣贤相发明，而世之荡检逾闲，放弃礼法，无复忌惮者，曰老氏，人亦从而指之曰此老氏也，不知此固老氏之所深戒，而猥以拟之，不已谬乎！今夫佛氏之为教也，戕贼其身，枯槁其性，归于空虚无有。夫空虚无有诚不足以治天下，而老子所言皆行己治人，涉历世故之道，初非等于颓堕混瀇不可致诘者，而世又有朴遫迂谨、顽钝寂寞之徒，托之老氏，以自掩其无能，不知此又老子之所深戒，而不取也。或曰：子之诵法者孔子，孔子之道亘万世莫之及矣，而子犹欲为老氏别白者，何耶？曰：所以尊孔子者也。自三代之后，老也，佛也，俨然与孔子并立而为三者也。夫老子非孔子匹也，周衰之时一隐君子，而不大谬戾于圣人者也。吾所以云云者，以后世尊老子为圣人，而欲以抗孔子，又或斥为异端，而谓有害于孔子，皆非老子也。吾以告夫世之论老子者也。

以前过于强调正统与异端之分，其实文化多元思想融通也是可行之道。

2. 辨《左传》非丘明所作

《南山集》卷一《左氏辨》云：

> 《左传》果丘明所作乎？曰非丘明所作也。唐啖助、赵匡始断其非丘明所作，其说是矣。以《左传》为丘明所作者，司马迁也，刘歆也，班固也，杜预也。司马迁因《论语》有"左丘明耻之"之语，遂悬断其为左丘明；而刘歆欲立《左》于学，诸儒莫应，乃谓好恶与圣人同，亲见夫子，盖为张皇夸大之语，欲藉夫子以重左氏，其说不必皆有所自也。班固谓仲尼与左丘明观鲁史而作《春秋》，而丘明作传。杜预谓左丘明受经于仲尼，皆踵其说而讹愈甚者也。啖助言《论语》所引丘明乃史佚、迟任之类，集诸国以释《春秋》者，别有一左氏耳，而后之论者遂求其人以实之，或曰左氏六国时人也，或曰楚人也，或曰晋人也，或曰汉儒之文也，为是说者皆不考其世，且不知文章之体制者也。古者列国皆有史，不独鲁也，左史纪事前后相继，亦不出自一人之手也。晋之史则纪晋之事独详，楚之史则纪楚之事独详。左氏者，纂辑列国之史以成书，非皆其所自者，奈之何于其纪载之独详者遂悬断其为某国之人乎？左氏纪魏韩智伯之事，又举赵襄子之谥，自获麟至襄子卒，已八十年，使丘明与孔子同时，则孔子既没八十年，而丘明犹能著书，必无之事也。或遂以左氏为六国时人，夫自古著书之家，一书之成往往经数人之手，安知非获麟之后又有人焉补其所不及，如褚少孙之补《史记》、班昭之补《汉书》，而又安得悬断其为某世之人乎？左氏初出于张仓之家，显于刘歆，而或遂谓为汉儒之文，信斯言也，则是左氏者凿空妄撰，附会《春秋》而成此一书。如此，则六经、诸子皆出汉儒之所撰，而三代以前之书无片言半辞之可信者矣。且夫文章之体制与时为升降。宋之文不及唐，唐之文不及汉，汉之文不及六国，六国之文不及春秋。左氏之文奇质古奥，已非六国所及，其叙事为千古史法之宗，而谓汉儒能执笔为之，其说迂谬不通之甚者也。吾以为，左氏者，鲁之史官，而不与孔子同时，即或同时，而未尝奉教于夫子者也。观其所引仲尼之言，多非其真，盖假托于仲尼以自信其说，亦或传闻之者有所不免。后之学者亦惟考其世，视其文章之体制而可以辨之矣。

从文章体制角度论证《左传》乃鲁之史官所著，而非左丘明作。

二十四、李塨

（一）李塨其人

李塨（1659—1733），字刚主，号恕谷。直隶（今河北）蠡县人。著有《小学稽业》《大学辨业》《圣经学规纂》《论学》《周易传注》《诗经传注》《春秋传注》《论语传注》《大学传注》《中庸传注》《学礼录》《学乐录》《拟太平策》《田赋考辨》《宗庙考辨》《禘祫考辨》《阅史郄视》《平书订》《恕谷文集》等。其门人冯辰、刘调赞共纂《恕谷先生年谱》。同治中，德清戴子高望，撮取颜、李之说，为《颜氏学记》一书。东海徐氏汇刻《颜李遗书》，又命其门客为《颜李语要》各一卷、《颜李师承记》九卷。

（二）李塨的文献辨伪

1. 《古文尚书》

《竹书记年集证》引李塨曰：

> 三苗虽一国，而君民不同。窜三危者，乃窜其君，未尝举国人而尽窜之。礼天子不灭国，当必更立一君于其地，奈其君荒迷如故，则又征之，故其誓词曰："君子在野，小人在位。"此非其民所得为者。是舜窜一君，禹又征一君，不相溷也。且谓禹无征苗事者，谬也。《史记》："吴起对魏武侯云：昔三苗，左洞庭，右彭蠡，德义不修，而禹灭之。"此彰彰者。甲但知苗之来格当在炖煌，而不知仍在本国。盖有三危之苗，有本国之苗。《禹贡》云："三苗丕叙。"此三危之苗也。"三危宅而三苗叙"，即炖煌也，此舜所窜者也。《益稷》云："苗顽弗即工。"此本国之苗也。"三危方叙绩"，而本国无功，此即禹所征者也。故《舜典》黜陟分北三苗，亦惟三危，与三苗考绩不同，故在禹治水之后，既黜陟而分北之，而至此不率，则又征之，此明验矣。若《吕刑》苗民则直是唐初帝尧之事。《国语》云："三苗复九黎之恶，尧兴诛之。"而《正义》亦曰：此灭苗民，在尧初兴时，至尧末年，则又有窜苗之事。是唐虞之际凡三诛苗，尧则遏绝之，杀其身，翦其嗣，不灭其国。舜则窜徙之，而不杀其身。禹则第征之来之，而并不窜徙，以渐而化，则以渐而轻。世但攻古文，辨征苗事，而不知尧舜与禹其三世治苗有如是者，是《今文尚书》曾未梦见，而欲攻《古文》，此妄也。《大禹谟》若干章，每章必有诸书引用之文。吴澄所云传记所引收拾无遗者，此真圣谟洋洋，嘉言孔彰也。汴宋人多辑格言，世有集唐人诗为珍秘者，即千文集字犹相传至今。古文总作伪，而圣谟嘉言会粹一处，则亦不可沫矣。明闽人陈第有《古文引书证》一编，虽不无遗漏，然亦有可纪者，如此除前卷证夏书条，及前条有《左传》郤缺引《书》，鲁庄公引《书》，臧武仲引《书》，仲尼引《书》，孔子引《书》，声子引《书》，《吕氏春秋》引《书》，襄五年引《书》，《国语》内史过引《书》，《后汉·刘梁传》引《书》，《国策》赵武灵王引《书》，《墨子》引《书》。外尚有《左传》引《书》："惟先蔽志昆命于元龟。"《孟子》引《书》曰："洚水儆予。"又曰："舜往于田，号泣于旻天。"又曰："祇载见瞽瞍，夔夔斋栗，瞽瞍亦允若。"《荀子》引《书》："维予从欲而治类。"

甲谓：据《中庸》周公始追王太王、王季，而《武成》于伐纣之后即称为太王、王季、文王，此非伪书败漏乎？

李塨曰：追王之典，武王为之，追王而达上下，则周公制礼为之。《大传》曰：武王既事牧野而退，柴于上帝，祈于社，遂率天下诸侯骏奔走，执豆笾，追王太王、亶父、王季历、文王昌，则是牧野归后即告。《武成》而行追王之典，其所云："柴于上帝，骏奔走，执豆笾。"正《武成》中骏奔执豆，柴望大告，《武成》之原文也。是追王之典武王为之。不然，汉高尚知王太公，岂有武王定天下而不识尊亲事，反出汉高下者？惟丧祭之礼由追王而推，凡诸侯、大夫、士上下通达，以祭以葬，则周公实为之。《中庸》有明文矣。人第读《中庸》而不读《大传》，固不识武王之有追王。若读《史记》，则文王亦曾改正朔，易制度，追尊古公为太王，公季为王季，吾虽不信，然甲岂知之。

2.《河图》《洛书》
李塨《李塨文集》上册《论学》卷二云：

> 管廷耀问学，予曰："画家言画鬼容易画马难，以鬼无质对，马有证佐也。今讲河洛、太极者，各出心手，图状纷然。而致良知者又猖狂自喜，默默有物，皆画鬼也。子志于学，子臣弟友、礼乐兵农，亦画马而已矣。"
> 德清胡朏明（名渭）以所著《易图明辨》相质，言："今《易》注首《河图》《洛书》（古《河图》《洛书》周秦时已亡），先天八卦方位次序、六十四卦方位次序，皆本之道家。魏伯阳《参同契》、陈抟《伪龙图》、刘牧《钩隐图》，夔魖诞谩，芜秽圣经。"予曰："此皆圣学不明所致也。学明则经正，修己治人之事，惟日不足，而暇造此幻渺之具耶？"

3."三礼"
李塨《李塨文集》上册《论学》卷一云：

> 河右毛先生《礼编》引据《孟子》《左传》，谓三代之礼至春秋已亡，"三礼"皆战国后人所作。塨条请曰："古者杀青繁难，非若后世楮翰，易成易积。又典策藏于朝廷，学士习行皆以身相授受，不重占毕，故易代更制，则习之者少，而往籍易湮，孔子言夏、殷之礼不足征，是也。若《周礼》在春秋时则不然。子云：'文武之政，布在方策。'又云：'郁郁乎文哉！'子贡云：'文武之道，未坠于地，在人。贤者识其大者，不贤者识其小者。'是春秋时《周礼》见在也。子云：'吾学周礼，今用之。'若《周礼》已亡，而焉从学之？而何以用之？随会讲聚典礼，季文子使晋，求遭丧之礼而行，以鲁昭公之童心而知礼。子太叔、晏平仲皆言礼。昭公四年，申之会，向戍献公合诸侯之礼六，子产献伯子男会公之礼六。盖列国之于礼乐，或不学不行，或行而不正，昔人遂谓礼乐废坏，而岂其策书亡耶？《汉·艺文志》及《周礼》废兴，《序》言礼乐书至孔子时不具，已属误语，况曰亡耶？《杂记》哀公使孺悲之孔子学士丧礼，士丧礼于是乎书。盖鲁国虽重礼教，然传行既久，后进世兴，圣人以所学者为教，考订详正，故鲁人书而存之，大约如《仪》《礼》《记》之类，邹鲁文学遂多家传耳，非谓士丧礼之在国册者尽失，而此后始有也。若如此，则春秋列国贤士多矣，岂无行礼者？无献无文，以何考之？况谓学礼孔子，是失礼书，则孔子云'二三子有志乎礼者，于赤乎学之'，岂孔子亦失礼书耶？今天下制义充栋，而幼学必求工制义者从而学焉，岂失制义文乎？孟子言'诸侯恶其害己，皆去其籍'，则战国后礼册始有剥落矣。然其言乃指班爵禄之一端，非概指周礼也。不然，孟子之时，周尚未有代德，列国制度必多传述，而谓其礼尽亡，可乎？况即班爵禄一端，其略固有传闻也。孟子云'诸侯之丧礼，吾未之学，而尝闻之'，是诸侯之礼未亡也。言未

学诸侯之礼，则士礼在所学矣。滕国之人安于其君，不行三年之丧耳，不可谓其不知有三年之丧也。莫之行者，有是礼而不行之辞也。充虞疑孟子之未美，乃考究之意，非礼书无可质也。今'三礼'、会典皆在，然有一行礼者，更群起而訾謷之矣，岂礼书无可质乎？韩宣子见《易象》《春秋》云'周礼尽在鲁'。夫《易象》《春秋》原周礼中事，非礼书亡而执此以为礼也。若以为《春秋》载礼甚多，故云则所载者，正载当时行礼、论礼者也，礼亡尚何载焉？况杜元凯注《春秋》，固曰：'韩子所见，盖周之旧典礼经。'孔仲达疏云：'《春秋》凡例，皆周公之旧章也。'是春秋战国礼之未亡也审矣。《周礼》《仪礼》，汉儒皆传为周公摄政六年所作，刘歆云：'周公致太平之迹，俱在《周礼》。'郑康成云：'周公居摄而作六典之职，谓之《周礼》。'贾公彦云：'《周礼》《仪礼》并是周公摄政太平之书。'《仪礼》十七篇，汉初兴，高堂生博士即传之。《周礼》，始皇特疾恶，搜求焚烧之，独悉，是以隐藏百年。武帝时，出于山岩屋壁，入于秘府。至成帝时，刘歆校理，然亡其《冬官》一篇，以《考工记》足之，时以晚出，故多排议。郑康成辨解群疑，《周礼》大行。夫使汉人伪作，则当尽作，何故缺其《冬官》，而河间献王以千金购之不得耶？况《周礼》《仪礼》宏纲细目，亦非悬空所可伪者，是二书明无与于汉人也。今先生谓战国人作，亦属揣词，以其礼间不合于《左传》，且《丧服》篇似本《荀子》《戴记》。然左氏与公、榖即互有参差，今必左氏不误而二礼误乎？《仪礼》本《荀子》《戴记》，焉知《荀子》《戴记》非本《仪礼》乎？此壁书捃拾诸书之说，先生已辞而辟之矣。《仪礼》传自周初，而记与传，后人附之，未为不可。乃或者谓子夏传文法似公羊，必公羊高辈冒为之，则又穿凿矣。至以孔孟时未引二礼文为疑，则《论语》固引《仪礼》'射不主皮'矣。《汉志》载六国魏文侯好古，其时乐人窦公藏《周礼》大司乐章，至孝文时献之。其文何尝不见于孔孟时耶？孔子云：'先进于礼乐，野人也；后进于礼乐，君子也。'如今乡饮酒礼，明初《会典》宾、主、介、僎皆正向，明季易为隅向。明初燕会崇俭，晚乃斥靡烊筭之类。盖同此礼而仪文流失，致有分岐，质文丰俭，遂分先后，则《仪礼》《周礼》传自周初，而春秋战国之人或附离以后进者有之。经书自秦火后，比有错简脱落，则二书中亦或有错简脱落者有之，但不可定为战国人作也。即设为战国人作，是时密迩春秋，而《仪礼》记有孔子之言，则必圣门弟子所流传者，其识大、识小之遗，亦必十九属周初礼矣。至于《礼记》，孔仲达《正义》云：'孔子没后，七十二子之徒共撰所闻以为记。《中庸》，子思所作。《缁衣》，公孙尼子所撰。'郑康成云：'《月令》，吕不韦所修。'卢植云：'《王制》，汉文时博士所录。'其余众篇，皆如此例，但未能尽知所记之人也。盖秦季人高堂伯五传至戴圣，皆传《仪礼》，而又传周秦汉人言礼之文以为之记，原属会稡，其中即间有舛驳，无足怪焉。但三代大经大法、修己治人之事，舍是三书，无以考之。今世官政，犹是六典遗意。《会典》《家礼》，不出《仪礼》规模，而皆以《礼记》络纬其中。可见此三书者，百世不可磨，而考研折衷，则学人事耳。后世喜空言而置实事，故于载言之书多乐道之。'三礼'记载实事，自宋、明以来驳议纷然，今谬者且指为伪矣，是必礼法荡然，一无可考，变人类为禽兽而后快也，不亦可惧之甚欤？子云：'吾自卫反鲁，然后乐正。'则乐在当时，固有纷乱，亦未亡也。自秦火以后，而乃十亡七八矣。先生修明礼乐，有功圣道甚大，至立论少过者，尚祈一更正焉。"河右却寄曰："极有理之论。《周礼》至春秋'已亡'改作'已微',何如?"

李塨《李塨文集》上册《论学》卷二云:

> 钱丙谓："观三物,知《周礼》伪书也。《虞书》言五典,今六行取孝友而去其三,则周人但有父子、兄弟,而无君臣、夫妇、朋友也。添睦、姻、任、恤,是父子、兄弟外,别有四伦,为六伦也,此为拂理叛圣。世未有仁义礼智之人而不中和者,亦未有中和之人而不仁义礼智者,更未有舍五德之外而别为圣者,安可并列为六?今世有恭俭直信刚勇之人,何漏而不取?是六德犹隘矣。况仁义礼智,四德相并,跻三于德,降一于艺,是何道理?礼、乐与射、御、书、数并称经天纬地之业,执鞭之役,偕升并进,不伦之甚。"李子谓:"教之具在六艺,则必由此而可成德行也。今世善书、能算、惯射之人不乏,何人由此成其孝友,成其圣智歇?予谓伯夷义德至矣,而不可谓和也,臧武仲之智,可言忠和乎?胡广称中庸是必气质近于和者,然可谓仁义乎?是各自为德也。至于圣,则塨《瘳忘编》有注文矣,圣以身之俊利机神言也,古训通明,谚所谓伶俐是也,非造极之圣也。故注疏以臧武仲圣人解之,且智仁等,亦非如舜之智、颜渊之仁也。必如此,自古有几,而取之一乡乎?盖其德性有聪明、不残忍、不呆执、不柔靡、不伪、不戾,即为六德矣。不言礼者,礼有仪文,不专考德,故入于艺,圣人言执礼是也。且艺非降也,君亦言礼、乐二艺为经天纬地之业矣,而降乎?若恭则该以礼,俭直刚勇则该以义,忠即信,非漏也。中乃引用诒字,君并未见《周礼》,而但据引用语,遂驳古经,可乎?孝友为亲序,君所知也。注疏任谓信于朋友,君又未见矣。不言夫妇者,闺门之事不便于考察,故略之。然世未有不刑于妻而能尽孝友者,言孝友则夫妇之伦具其中耳。三物宾兴,皆教之以事君也,不待专教以事君也。明代课士,八比外,尚廉德行优劣。然有考校诸生而即问曰:'汝事君忠否者乎?'此全不解世事者矣。若睦九族、姻外戚、恤众人,皆行谊之大者,何可不教?何可不考?圣人对哀公言三德,而赞《易》又言四德,岂自背乎?孟子言教以五伦,而对梁惠王又专言修其孝弟,岂自渗漏乎?至言尧舜之道,孝弟而已,岂谓尧舜无君臣、夫妇、朋友乎?盖有通言者,有统言者,何执泥名数乃尔?古者大射、宾射、燕射以及田猎、询民、祭祀、选诸侯卿大夫士,皆用射自天子以至大夫,出皆用御。《周礼》大驭、戎仆、齐仆,职皆大夫掌御车,春秋用士大夫御车以战,胜负倚之。至于今世,上自宰辅,下至有司,所谓察理刑名、钱谷者,实只用书、数二艺,是四艺本与礼乐并重也。愚言全德行必由六艺,原统六艺而言。君乃不言礼乐,专较射、御、书、数,举人半面而訾其须偏、目之眯乎?抑故作诬语乎?然即论四艺,父兄为贼所劫,而己不能关弓而射之;父兄欲乘车,命之御,对曰:'不能。'命之记一家什器,曰:'我不解书。'命之计生产业,曰:'不知数。'能尽孝友服劳之事乎?非疾而不能执弓,搅辔而震骇,举毛锥如枪,持珠算而颠倒,以言圣智,可乎?是射、御、书、数之人,原未必即能孝友圣智,而欲全孝友圣智,必不可废射、御、书、数也。近世颜习斋、陆道威两大儒皆重六艺。道威之言曰:'六艺之外,如天文、地理、兵法、律令、农田、水利、文学皆学较选士所宜具。'

其言甚是。然周取士不以此数者，盖文学即在六艺内，而天文司于保章冯相，世有传人，不选于外，地理在封建，了然棋列，兵法在司马，律令在司寇，农田水利，现有井田。入学之士，凡国有饮射、兵戎、读法、丧祭、役政，皆备执事，是学六艺，则诸事悉可阅历而能，不必分科也。且天文等即有不能者，亦无妨于分任。惟六艺尽人宜习之，但有专精、兼通之分耳。圣门子路习兵，然能射，亦能礼、能瑟，冉有、樊迟为御，故曰身通六艺者七十二人。是六艺者，日用必需之事，不可缺者也。若今时教选髦士，德以四德，行以五伦，艺于六者之外，再分天文、地理等科，亦无不可，但不求实用，而好为横议，执一以驳古经，甘自居于非道侮圣，则罪滋大矣。"

李塨《李塨文集》上册《论学》卷二云：

> 钱丙不讲学问，不讲持行，专以明理为言。年来加以狂怪，将《大学》《中庸》《古文尚书》《易·系辞》《周礼》《仪礼》《礼记》《春秋》三传，有见者，有未见者，望风而诟，曰："我理见以为如是，虽古圣起，吾不信也。吾信吾理而已矣。"近又移之于医，自《素问》以至刘、李之书，及诸《本草》，皆斥为非，惟取张氏《伤寒》，尚指其中一半属伪，而曰："人参不补，石膏不寒，半夏无毒，不必姜制。"遂谋出而行医。予问之曰："君曾习医乎？"曰："否。""亦识药乎？"曰："否。皆以理断之耳。"因问之曰："敝地有巴旦杏，南方无有？其味若何？其长如干？"渠茫然然，则不目见，不身试，何由以理断之耶？且君之以理断，即当前莫辨也。天下之物，因形以察理，则理可辨，而今君曰："吾但论理。"有甲者，本顾而皙，君曰"矮而黧"，且曰："彼形不可凭，而理可凭。"夫理者，物之脉理也。物形既置，理安傅哉？君与人争田，听讼者问旧契非君田，问证人非君田，观疆界形迹非君田，君曰："吾心之理，固以为吾田也。"此亦无如之何矣。"明理"二字，老生常谈，然不意其弊至此。

李塨反对"以理断之"，这对于文献辨伪学具有启发意义。凡是那些单方面"以理断之"的辨伪往往是假辨伪，虽然会轰动一时，但最后都经不起历史的检验。

《田赋考辨》亦云：

> 凡书无论疑信，必详阅其书，然后可为之辞，从未有未见其书，而即可悬断其是非者。今甲于《周礼》初未尝一面，而但见《左传》杜注一段有《周礼》二字，遂误以为《周礼》文而诟之，而不知《周礼》无是文也，斯尚足辨欤？惟是田赋乃三代大法，古经无正文不可以无考也。河右先生曰："然。"因考辨如左。甲抄《春秋》成公元年作丘甲杜注，论其下曰：《周礼》伪书也，即井邑车乘一条可知矣。其言一夫五亩之宅，二亩半在田，二亩半在邑。古者都城不过百雉，千室之邑，民居二千五百亩，并官府仓庾库塾不下三千余亩，虽千雉之城，不足以容之，此其谬而伪者一也。既谓一井八家，又云九夫为井，则自矛盾矣，谬而伪者二也。

河右先生曰：《孟子》五亩之宅，在他经无文，即朱氏注云二亩半在田，二亩半在邑，亦是概括前儒之说为然，不惟非《周礼》，并非《周礼》诸家释经之注。甲欲攻《周礼》，而以朱氏《集注》妄坐之，其不足辨已明矣。但其义则据《周礼》遂人曰夫一廛言每夫当任一廛也，然而前郑注作百亩之廛即此田宅也，后郑注作里居之廛，即此邑宅也，此皆据孟子为说者，然而各言有宅，未尝分指五亩也。至载师园廛之说，两郑龃龉，而贾公彦为疏，以园为田亩之宅为二亩半，廛为里居之宅，引《孟子》五亩文以为据。《汉·食货志》云："在野曰庐，在邑曰里。"而何休云："一夫一妇受田百亩，公田十亩，庐舍二亩半，谓此八夫者，既受百亩矣。又析公田之百亩而受其十亩，其余二十亩又八分之，各得二亩半，以为庐舍。"《考工》匠人疏曰："以为庐宅井灶葱韭。"则在田之宅既已明白，而在邑之宅则诸儒未之详也。赵岐注《孟子》云："庐井邑居各二亩半以为宅，各入保城二亩半，故为五亩。"尝细绎其文，其云庐井即田中之庐也，云邑居即里居也。《尔雅·释言》曰："里者，邑也。"既有庐井，又有里居，是在野在邑尽之矣。曰各二亩半，则五亩尽之矣。至若以都邑百雉当侯国之城，以千室之邑当民居之宅，则大谬矣。按《考工记》匠人营国王城方九里，郑《驳异义》亦云国城九里，公七里，侯伯五里，子男三里。特郑又云，王城十二里，公城九里，故《尚书大传》则云古者公之国有九里之城，三里之宫，七十里之国，有三里之城，一里之宫，五十里之国，有一里之城，以城为宫。此虽周制，蒛略彼此各据，并无成说，然亦大概如是。若都城，则县稍之外，都鄙之地，所以为公卿采地，与王子弟之食邑者，在王畿之外，一层千室之邑，则郊甸之外，家稍之地，所以为大夫百乘之家，与王子弟之稍疏者之食邑在都鄙之内，一层何曾是侯国民居之名，故孔子将堕三都，曰邑无百雉之城，言都邑也。清之役舟有曰：鲁之群室众于齐之兵车，言家臣之邑居也。若谓邑里之宅城中，不容则前儒亦虑及之。孟子方里而井，《周礼》亦以一里为一井，今无论城之三里九里各有多寡，而但以五里之城折中为断。五里者，五五二十五里也。每里以家二亩半计之，当住三百六十家，二十五里当容九千家。今亦不从《周礼》诸制，以五百、四百、三百、二百、一百限五等侯服，而即取至减者，以孟子公侯百里为断。百里者，万井也。每井有八家，则已得八万家矣。以八万家之里居，而只以九千家之地应之，可乎？况城中所谓庙、社、朝诸区又当分去三国之一乎？

按毛奇龄之说详见其《经问》卷二：

问："桐乡钱丙有极辨诸经为伪者，谓《周礼》伪书也，即井邑车乘一条可知矣。其言一夫五亩之宅，二亩半在田，二亩半在邑。古者都城不过百雉，千室之邑民居二千五百亩，并官府仓库庠塾不下三千余亩。虽千雉之城，不足以容之。此其谬而伪者一也。既谓一井八家，又云九夫为井，则自矛盾矣。其谬而伪者二也。"《周礼》为周末之书，不特非周公所作，即战国孟子以前皆未曾有，故孔子引经，与春秋诸大夫引经，以及东迁以后混一以前凡诸子百家引经，并无一字及此书者。如孔子言

"吾学周礼"，及韩宣子聘鲁所云"周礼尽在鲁"，皆非此书。然则言周礼者，当据《春秋》，不当据此书，明矣。但此书系周末秦初儒者所作，谓之周人礼则可，谓之伪《周礼》则不可。以并无有真《周礼》一书，而此窃袭之以假其文也。是以是书在前亦早有知其非者，如汉林孝存称为末世渎乱不验之书，何休斥之为六国阴谋之书。惟郑康成独论注之过尊，为周公致太平之迹。而宋王安石直进其书，集诸儒训解，竟至排弃孔子《春秋》，不令立学官，取士而以是书勒取士令甲，则经学乱矣。第《周礼》不明，《礼记》杂篇皆战国后儒所作，而《仪礼》《周礼》则又在衰周之季、吕秦之前，故诸经说礼皆无可据，而汉世注经者必杂引三礼以为言，此亦大不得已之事，原非谓此圣人之经不刊之典也。若或又谓是书出于汉孝成之世，系汉人所作，并非周人，则不然。按《汉志》，六国魏文侯时曾以乐书赐乐工窦公，至孝文时献其书，即此书之大宗伯大司乐章也。桓谭《新语》亦云窦公一百八十岁，则六国之末已有其书，其为周人作，而非汉人，又可知耳。

4.《大学》

李塨《大学辨业》卷一云：

> 按《大学》，二程各有移易，然尚未分经传。至朱子《章句》，遂分圣经贤传。其言曰："正经辞约而理备，言近而指远，非圣人不能及。"然以其无他左验，且意或出于古昔先民之言也。故疑之而不敢质，曰："盖夫子之言，而曾子述之。"至于传文，或引曾子之言，而又多与《中庸》《孟子》者合，则知其成于曾子门人之手，而子思以授孟子无疑也。夫《大学》载道甚正，自是孔门弟子所传述，但千载后未有见文，难以凿定何人耳。
>
> 宋程灏改《大学》一本，程颐改一本，朱熹改一本；元王柏改一本；明蔡清改一本，季本改一本，高攀龙宗崔铣论改一本，甬东丰氏伪政始石经一本，葛寅亮改一本，王世贞改一本。王草堂《二经汇刻》曰："自程明道移易《大学》，而伊川再易，是弟不以兄为然也。二程之学递传以至朱子，朱子已下，递传以至鲁斋，一脉相承，源流可考。朱子再为移易、增补，分别经传。鲁斋削去补传，以'知止''听讼'二段，为释'格物致知'，是徒不以师为然也。嗣后虚斋增'所谓致知在格物者'一句，彭山削'故治国在齐其家'七字，丰坊搀入《论语》，屺瞻定为七章，弇州、后渠另行移易，是后儒不以先儒为然也。何如恪遵原本，焉有异同？况其书载在注疏，其板藏于国学，非一人一家之书。今改本盛行，原文晦蚀，变乱旧章，终无底止，不得不辨。"又曰："《论语》重出者，莫敢删去不载；束皙补亡者，不敢刊入《毛诗》，何以朱子于《孝经》删削二百二十一字，于《大学》增补一百二十八言，以致后儒效尤，纷纷改窜。二经何辜，遭此割裂，至于此极耶!"二程改经，僭妄者因之，《大易》《尚书》，皆被剥削颠越。至于改本《周礼》，竟将五官割补《冬官》，妄人作妄，可怪可哂，亦已至矣。

二十五、何焯

（一）何焯其人

何焯（1661—1722），字润千，因早年丧母，改字屺瞻，号义门、无勇、茶仙，晚年多用茶仙。寄籍崇明。先世曾以"义门"旌，学者称义门先生。著有《诗古文集》《语古斋识小录》《道古录》《义门读书记》《义门先生文集十二卷》等。

（二）何焯的文献辨伪

1. 《伊尹说》

何焯《义门读书记》卷三曰：

> 小说家《伊尹说》二十七篇，依托之书，皆入小说，弗为弗灭，斯举衷矣。

2. 世所传商文毅公文皆后人伪托

《义门先生集》卷十《两浙训士条约》（代颜学山学使作）云：

> 成弘以前，举业以能熟记传注为尚，仅具对偶，固与帖经无异也。久而琼山、长沙在馆阁，颇病其不能解义思，创革文体，而其学亦足以召云命律，于是乎守溪鹤滩出焉，以情纬物，以文被质，始变学究为秀才，彬彬乎，郁郁乎，自为一代之文，而非复宋元经义之旧规矣。持论过高者，或訾古今文之裂自守溪始，是犹谓文法亡于昌黎、诗法裂于康乐，徒思撼前修以要名，而不知其无当也。
>
> 窃苏、张之绪余，醉佛、老之糟粕，此万历后二十年政乱于上，言庞于下之应也。天启间文，则无非温陵之横议，而体制亦颠倒狂逸，几于飞头歧尾，乳目脐口，凡宦寺盗贼祸变相仍，已魄兆萌苗于心声。艾千子发愤奋笔，实中流之一壶也。庙堂之上，不能转移廓清，举文章之柄，倒授草野书生，可叹已夫！
>
> 若夫雕藻淫艳昧没而世者皆为五行之妖，而不当以风气之正变论也。就浙东西十一郡前辈言之，世所传商文毅公文皆后人伪托。成化乙未，谢文正公与守溪领袖馆阁，文之雅正，称其为人。弘正间，王文成公步趋苏堂，疏畅条达。己未，长沙以魁其经，殆闻鹤滩之风而兴者乎？

《义门先生集》卷十《杂识》云：

> 宋代稽山石邦哲，字熙明，仕至大理正。家有博古堂，藏书尤多，世传越州石氏历代名帖，其所开也，帖凡二十七种，其目详见陈思《宝刻丛编》，孙北海少宰独得其全者，并有虞仲房集汉字《千文》一册，然未及辨其由来也。后流传归吾乡前辈，余偶得寓目，因为考证帖，以吉日癸巳首石经数行在第二，乐天诗简则第二十七也。好奇矜博者往往指石经为鸿都物，不知即石氏所刻，今已罕睹，何待推之使高耶？乐

天书得□□余韵，宋以后亦无能过者，真迹闻尚在人间也。鲁公鹿脯二帖、寒食帖皆石氏刻，重模者无复此沉着痛快矣。清远道士诗出忠义堂石刻，亦宋拓本，然余疑是学颜书者因公有是诗而伪为之，结字局束，乏从容之度。公本传，大历十二年，元载败后，始为刑部尚书，安得五年遽以结衔也？

二十六、徐文靖

（一）徐文靖其人

徐文靖（1667—1756），字位山，一字毐尊，安徽当涂人。少时生活困苦，勤学不息。雍正元年（1723），57 岁始中举人。主试官黄叔琳自谓得了三个人才，徐文靖为其中之一。乾隆十七年会试授翰林院检讨。不久告还。著有《禹贡会笺》《山河两戒考》《竹书纪年统笺》《管城硕记》《正字通略记》等。

（二）徐文靖的文献辨伪

1. 《周易》

《管城硕记》卷二云：

> 《系辞上传》《本义》曰："《系辞》本谓文王、周公所作之辞，系于卦爻之下者，即今经文。此篇乃孔子所述《系辞》之传也。"按：《南齐书·陆澄传》："澄与王俭书曰：弼于注经中已举《系辞》，故不复别注。今若专取弼《易》，则《系》说无注。"《顾欢传》："欢又注王弼《二系》，学者传之。"又《沈驎士传》："著《周易两系训注》。"其书并亡。今所传者，惟韩注已耳……下卷辨《系辞》非孔子命名，止可谓之赞《系》，今爻辞乃可谓之《系辞》。又重定其次序。又有《注补》一篇，辨周、孔述作，与诸儒异。据此，则文王所作卦辞不当与周公爻辞同在《系辞》之列。

2. 《子夏易》

《管城硕记》卷二云：

> 《经籍考》：《子夏易》十卷。晁氏曰："《唐·艺文志》：子夏书已亡，今此书约王弼注为之者，止《杂卦》。景迂云：张弧伪作。"按：《隋》《唐志》：《易》有卜夏传二卷，残阙。孔氏《易正义》（序）［卷首］引《子夏传》云："虽分为上下二篇，未有经字。"洪容斋曰："孔子弟子惟子夏于诸经独有书，于《易》则有《传》，于《诗》则有《序》，于《礼》则有《仪礼丧服》一篇，于《春秋》所云不能赞一辞，盖亦尝从事于斯矣。后汉徐防上疏曰：《诗》《书》《礼》《乐》定自孔子，发明章句始于子夏，斯其证云。"今《经解》以《子夏易传》为首卷，亦是意也。

3.《古文尚书》

《管城硕记》卷三云：

《尚书序》云：鲁恭王坏孔子宅，于壁中得先人所藏古文虞夏商周之《书》，皆科斗文字。科斗书废已久，时人无能知者，以所闻伏生之《书》考论文义，定其可知者，为隶古定，更以竹简写之。按：《尚书》有古文者，仓颉书也，孔壁所藏者是也。今文者，汉隶书也，伏生所授者是也。《古文尚书》，孔安国为之作传，定五十八篇。会武帝末，国有巫蛊事，用不复以闻。《书传》散失于民间，终汉之世，诸儒皆未之见。孔氏曰："刘歆作《三统历》，论武王伐纣，引《今文泰誓》云：丙午逮师。又引《武成》越若来三月五日甲子，咸刘商王受。并不与孔同。"是不见《孔传》也。后汉初，贾逵奏《尚书》疏云"流为乌"，是与孔亦异也。马融《书序》云："经传所引《泰誓》，《泰誓》并无此文。"又云："逸十六篇，并无师说。"是融亦不见也。服虔、杜预注《左传》"乱其纪纲"，并云"夏桀时"。服虔、杜预皆不见也。郑玄亦不见之，故注《书序》《舜典》云"入麓伐木"，注《五子之歌》云"避乱于洛汭"，注《胤征》云"胤征，臣名"。又注《禹贡》引《胤征》云："厥篚玄黄，绍我周王。"又注《咸有一德》云："伊陟、臣扈曰。"又注《典宝》引《伊训》云："载孚在亳。"又曰："征是三朡。"又注《旅獒》云："獒读曰豪，谓是酋豪之长。"又古文有《仲虺之诰》《太甲》《说命》等见在，而云亡。其《汩作》《典宝》之等一十三篇见亡，而云已逸。是不见古文也。至晋世王肃注《书》，始似窃见孔《传》，故注"乱其纪纲"，为夏太康时。又《晋书·皇甫谧传》云："姑子外弟梁柳边得《古文尚书》，故作《帝王世纪》，往往载孔《传》五十八篇之书。"《晋书》又云：晋太保公郑冲以古文授扶风苏愉，愉授天水梁柳，柳授城阳臧曹，曹授郡守子汝南梅赜，又为豫章内史，遂于前晋奏上其书，而施行焉。时已亡失《舜典》一篇。晋末范宁为解时，已不得焉。至齐萧鸾建武四年，姚方兴于大航头得而献之。议者以为孔安国之所注也。值方兴有罪，事亦随寝。至隋开皇二年购募遗典，乃得其篇焉。

4.《书序》

《管城硕记》卷五云：

《康诰》。蔡《传》曰：按《书序》以《康诰》为成王之书，今详本篇，康叔于成王为叔父，成王不应以弟称之。说者谓周公以成王命诰，故曰弟。然既谓之王若曰，则为成王之言。周公何遽自以弟称之也？序书者不知篇首四十八字为《洛诰》脱简，遂因误为成王之书。是知《书序》果非孔子所作也。按：《卫康叔世家》曰："周公旦以成王命兴师伐殷，杀武庚禄父、管叔，以殷余民封康叔为卫君。周公旦惧康叔齿少，乃申告康叔。"故谓之《康诰》。蔡《传》以为序《书》者误，岂太史公亦误乎？据《竹书》："武王十三年大封诸侯。十五年冬，迁九鼎于洛。十七年冬十二月，王陟。成王元年秋，武庚以殷畔。三年，王师灭殷，杀武庚禄父，迁殷民于卫。"《康诰》"惟三月哉生魄"，周之三月，夏之正月也。计武王以丙申年十二月陟，至成王三年正月，相距二十七月。时成王冲幼，在丧服亮阴之中，方二年及三月耳，不得遽作诰以命康叔，故周公取武王时告康叔者申之。太史公谓周公申告康叔者是也。序《书》者因叙之于此，非误也。且康叔于武王时初封于康，则曰《康诰》。犹召公封召，则曰《召诰》，蔡仲封蔡，则曰《蔡仲之命》。若成王三年迁殷民于卫，时康叔已改封于卫矣，不曰《卫诰》而曰《康诰》者，岂非本武王之书而周公申之哉？蔡《传》又以序《书》者不知《康诰》篇首四十八字为《洛诰》脱简，遂因误为成王之书。是又不然。篇首云"周公初基作新大邑于东国洛"，非直指《洛诰》言也。《史记·周本纪》："武王曰：粤瞻雒伊，毋远天室。营周居于洛邑而后去。"至十五年，遂迁鼎于洛。《书序》所云岂即《洛诰》之洛哉？

5.《诗序》

《管城硕记·凡例》："《诗》以《小序》为准，而朱子诋之太甚，过矣。余乡陶忠宪公安《读毛诗》诗云：'古韵自谐何用叶，序文有受未全非。考亭理趣明如日，独此时时与愿连。'数语檃括殆尽。"今按，不知《鲁诗世学》《子贡诗传》为伪书，竟然引以为证，未免上了丰坊的当。

《管城硕记》卷六云：

> 《释文》：旧说云，《诗序》：《关雎》，后妃之德也，至用之邦国焉，名《关雎序》，谓之《小序》。此以下则《大序》也。沈重云：案郑《诗谱》意，《大序》是子夏作，《小序》是子夏、毛公合作。卜商意有不尽，毛更足成之。或云：《小序》是东海卫敬仲所作。朱子曰：近世诸儒多以《序》之首句为毛公所分，而其下推说云云者，为后人所益，理或有之。但今考其首句，则已有不得诗人之本意而肆为妄说者矣。况沿袭云云之误哉？又论《邶·柏舟序》曰：诗之文意事类可以思而得，其时世名氏则不可以强而推。若为《小序》者姑以其意推寻探索，依约而言。不知其时者，必强以为某王某公之时，不知其人者，必强以为某甲某乙之事。于是傅会书史，依托名谥，凿空妄语，以诳后人。且如《柏舟》不知其出于妇人，而以为男子。不知其不得于夫，而以为不遇于君，此则失矣。乃断然以为卫顷公之时，则其故为欺罔，以误后人之罪不可掩矣。凡《小序》之失，以此推之，什得八九矣。按：马端临《经籍考》曰："《诗》《书》之《序》，自史传不能明其为何人所作，而先儒多疑之。至朱文公之解经，则依古经文析而二之，而备论其得失，而于《诗·国风》诸篇之序诋斥尤多。以愚读《国风》诸诗，知《诗》之不可无《序》，而《序》之有功于《诗》也。盖风之为体，比兴之辞多于叙述，讽谕之意浮于指斥。盖有反复咏叹，联章累句，而无一言叙作之之意者。而序者乃一言以蔽之曰，为某事也。苟非其传授之有源，探索之无舛，则孰能臆料当时指意之所归，以示千载乎？而文公深诋之，且于《桑中》《溱洧》诸篇，辨析尤至。以为安有刺人之恶，而自为彼人之辞，以陷于所刺之地而不自知者哉？其意盖谓诗之辞如彼，而《序》之说如此，则以诗求诗可也，乌有舍明白可见之诗辞，而必欲曲从臆度难见之序说乎？"其说固善矣。然愚以为必若此，则《诗》之难读者多矣，岂直郑、卫诸篇哉？夫《芣苢》之《序》以为妇人乐有子，为后妃之美也，而其诗语不过采掇芣苢之情状而已。《黍离》

之《序》以为闵周室宫庙之颠覆也，而其诗语不过慨叹禾黍之苗穗而已。此《诗》之不言所作之意，而赖《序》以明者也。若舍《序》以求之，则其所以采摭者为何事，而慨叹者为何说乎？《叔于田》之二诗《序》以为刺郑庄公也，而其诗语则郑人爱叔段之辞耳。《扬之水》《椒聊》二诗《序》以为刺晋昭公也，而其诗语则晋人爱桓叔之辞耳。此诗之叙其事以讽，初不言刺之之意，而赖《序》以明者也。若舍《序》以求之，则知四诗也，非子云《美新》之赋，则袁宏《九锡》之文耳。是岂可以训，而夫子不删之乎？《鸨羽》《陟岵》之诗见于变风，《序》以为征役者不堪命而作也。《四牡》《采薇》之诗见于正雅，《序》以为劳使臣遣戍役而作也。而深味四诗之旨，则叹行役之劳苦，叙饥渴之情状，忧孝养之不遂，悼归休之无期，其辞语一耳。此诗之辞同意异，而赖《序》以明者也。若舍《序》以求之，则文王之臣民亦怨其上，而《四牡》《采薇》不得为正雅矣。即是数端而观之，则知《序》之不可废。《序》不可废，则《桑中》《溱洧》何嫌其为刺奔乎？盖尝论之，均一劳苦之词也，出于叙情闵劳者之口，则为正雅。而出于困役伤财者之口，则为变风也。均一淫泆之词也，出于奔者之口，则可删；而出于刺奔者之口，则可录也。均一爱戴之词也，出于爱叔段、桓叔者之口则可删，而出于刺郑庄、晋昭者之口则可录也。夫《茉莒》《黍离》之不言所谓，《叔于田》《扬之水》之反辞以讽，《四牡》《采薇》之辞同变风，文公胡不玩索诗辞，别自为说，而卒如《序》者之旧说，求作诗之意于诗辞之外矣。何独于郑、卫诸篇而必以为奔者所自作，而使圣经为录淫辞之具乎？且夫子尝删《诗》矣，其所取于《关雎》者，谓其乐而不淫耳。则夫《诗》之可删，孰有大于淫者。今以文公《诗传》考之，其指以为男女淫佚奔诱而自作诗以叙其事者，凡二十有四，如《桑中》《东门之墠》《溱洧》《东门之枌》《东门之池》《东门之杨》《月出》，则《序》以为刺淫，而文公以为淫者所自作也。如《静女》《木瓜》《采葛》《丘中有麻》《将仲子》《遵大路》《有女同车》《山有扶苏》《萚兮》《狡童》《褰裳》《丰》《风雨》《子衿》《扬之水》《出其东门》《野有蔓草》，则《序》本别指他事，而文公亦以为淫者所自作也。夫以昏淫不检之人，发而为放荡无耻之辞，而其诗篇之繁多如此，夫子犹存之，则不知所删何等一篇也？愚非敢苟同《序》说而妄议先儒也，盖尝以孔子、孟子之所以说《诗》者读《诗》，而后知《序》说之不缪，而文公之说多可疑也。孔子之说曰："诵《诗》三百，一言以蔽之，曰思无邪。"孟子之说曰："说诗者不以文害辞，不以辞害志，以意逆志，是为得之。"夫经非所以诲邪也，而戒其无邪；辞所以达意也，而戒其害意。盖知诗人之意者，莫如孔、孟。虑学者读《诗》而不得其意者，亦莫如孔、孟。是以有无邪之训焉，则以其辞之不能不邻乎邪也。使篇篇如《文王》《大明》，则奚邪之可闲乎？是以有害意之戒焉，则以其辞之不能不害其意也。使章章如《清庙》《臣工》，则奚意之难明乎？以是观之，则知刺奔果出于作诗者之本意，而夫子所不删者，其诗决非淫泆之人所自赋也。或又曰：文公尝言雅者二雅是也，郑者《缁衣》以下二十一篇是也，卫者《邶》《鄘》《卫》三十九篇是也。《桑间》，卫之一篇《桑中》是也。二南、雅、颂，祭祀朝聘之所用也。郑、卫、桑、濮，里巷侠邪之所作也。夫子于郑、卫，盖深绝其声于乐以为法，而严立其词于《诗》以为戒。今乃欲为之讳其郑、卫、桑、濮之实，而文以雅乐之名，又欲从而奏之郊庙之中，朝廷之上，则未知其将欲荐之于何等之鬼神，用之于何等之宾客乎？愚又以为未然。夫《左传》言季札来聘，请观周乐，而所歌者《邶》《鄘》《卫》《郑》皆在焉。则诸诗固雅乐矣。使其为里巷侠邪所用，则周乐安得有之？而鲁之乐工亦安能歌异国淫邪之诗乎？然愚之所论不过求其文意之指归而知其得于性情之正耳。至于被之弦歌合之音乐，则《仪礼》《左传》所载古人歌诗合乐之意盖有不可晓者。夫《关雎》《鹊巢》，闺门之事，后妃夫人之诗也。而《乡饮酒》《燕礼》歌之。《采苹》《采蘩》，夫人大夫妻能主祭之诗也，而《射礼》歌之。《肆夏》《繁遏》《渠》，宗庙配天之诗也，而天子享元侯歌之。《文王》《大明》《绵》，文王兴周之诗也，而两君相见歌之。以是观之，其歌诗之用与诗人作诗之本意，盖有判然不相合者，不可强通也。则乌知《郑》《卫》诸诗不可用之于燕享之际乎？《左传》载列国聘享赋诗，固多断章取义，然其大不伦者，亦以来讥诮。如郑伯有赋《鹑之奔奔》，楚令尹子围赋《大明》，及穆叔不拜《肆夏》，宁武子不拜《彤弓》之类是也。然郑伯如晋，子展赋《将仲子》；郑伯享赵孟，子太叔赋《野有蔓草》；郑六卿饯韩宣子，子齹赋《野有蔓草》，子太叔赋《褰裳》，子游赋《风雨》，子期赋《有女同车》，子柳赋《箨兮》，此六诗皆文公所斥以为淫奔之人所作也，然所赋皆见善于叔向、赵武、韩起，不闻被讥。乃知《郑》《卫》之诗未尝不施之于燕享，而此六诗之旨意训诂当如《序》者之说，不当如文公之说也。或曰：文公之于《诗序》，于其见于经传信而有证者则从之，如《硕人》《载驰》《清人》《鸱鸮》之类是也。其可疑者则未尝尽断以臆说，而固有引书以证其谬者矣。曰：是则然矣。然愚之所以不能不疑者，则以其恶《序》之意太过，而所引援指摘似亦未能尽出于公平而足以当人心也。夫《关雎》，《韩诗》以为衰周之刺诗，《宾之初筵》，《韩诗》以为卫武公饮酒悔过之诗，皆与毛《序》反者也。而《韩诗》说《关雎》则违夫子不淫不伤之训，是决不可从者也。《初筵》之诗，夫子未有论说也，则诋毛而从韩。夫一《韩诗》也，《初筵》之《序》可信，而《关雎》之《序》独不可信乎？《邶·柏舟》，毛《序》以为仁人不遇而作，文公以为妇人之作，而引《列女传》为证，非臆说矣，然《列女传》出于刘向，向上封事论恭显倾陷正人，引是诗"忧心悄悄，愠于群小"之语，而继之曰："小人成群，亦足愠也。"则正毛《序》之意矣。夫一刘向也，《列女传》之说可信，而封事之说独不可信乎？此愚所以疑文公恶《序》之意太过，而引援指摘似为未当，此类是也。

6.《春秋》

《管城硕记》卷十云：

《礼记·经解》云："子曰：温柔敦厚，《诗》教也；絜净精微，《易》教也；比事属辞，《春秋》教也；疏通知远，《书》教也。"按：《春秋》作于孔子，世儒以《经解》为疑，谓孔子不应自称为经。殊不知《孝经》作于孔子，亦尝自称曰："志在《春秋》，行在《孝经》。"经曰："孝者，天之经。"其取名应始是矣。《周礼》"太卜掌三《易》之法，其经卦皆八"，贾公彦曰："云经卦皆八者，谓以卦为经，即《周易》上经、下经是也。"《周礼》小宗伯之职"掌建国之神位"，故书位作立，郑司农曰："立读为位。"古文《春秋经》"公即位"为"公即立"。《汉书·艺文志》

"《春秋古经》十二卷"，隐七年《左传》"凡诸侯同盟薨，则赴以名，谓之《礼经》"，预注："此言凡例，乃周公所制《礼经》也。"《易》《诗》《礼》《春秋》周时已称经矣。古人经止训常，未始如后世之尊。盖后世以经为圣人之书，故尊之而不敢并。《博物志》曰："太古书今见存，有《神农经》《山海经》。"又如巫咸《星经》、甘石《星经》、师旷《禽经》，商周时已有。汉武置五经博士，必是先有五经之名矣。

7. 《左氏春秋》

《管城硕记》卷九云：

《唐书·啖助传》曰：助爱公、穀二家，以左氏解义多谬，其书乃出于孔氏门人。且《论语》孔子所引率前世人老彭、伯夷等，类非同时。而言左丘明耻之，丘明盖如史佚、迟任者。按：陆淳《春秋辨疑》以《论语》左丘明前孔子，而传《春秋》之左丘氏，则孔子弟子之门人也，后孔子。《左传》记韩、魏、智伯事，举赵襄子谥，则《左传》作于襄子卒后。自获麟至襄子卒，已八十年，使左丘与孔子同时，不应孔子没七十有八年犹有著书也。又陈氏《读书考》曰："《春秋左氏传》自昔相传以为左丘明撰，其好恶与圣人同者也。而其末记晋智伯反丧于韩、魏，在获麟二十八年，去孔子没亦二十六年，不应年少后亡如此。又其书称'虞不腊矣'，见于尝酎及秦庶长，皆战国后制，故或疑非孔子所称左丘明，别自是一人为史官者。"而朱子《论语集（传）[注]》引程子曰："左丘明，古之闻人也。"大抵皆主于啖氏之说。而《啖传》，史臣断曰："啖助在唐，名治《春秋》，摭（讪）[诎]三家，不本所承，自用名学，凭私臆决，徒令后生穿凿诡辨，诟前人，舍成说，而自谓纷纷，助所阶已。"至宋王安石，疑左氏六国时人，凡十一事。其说盖本于此。以愚考之，《家语》及《史记》皆云："孔子不得用于卫，将西见赵简子，至于河，临河而叹。"《赵世家》注正义曰："《左传》哀公二十年，简子死，襄子嗣立，以越围吴故，降其父之祭馔，而使楚隆慰问吴王，为哀公十三年。简子在黄池之役与吴王质言曰好恶同之，故减祭馔及问吴王也。"孔子与简子同时，孔子之徒独宜先简子之子死乎？《魏世家》魏桓子与韩康子、赵襄子共伐灭智伯。史迁谓"左丘失明，厥有《国语》"，而《国语》于智襄子、韩康子亦皆举谥。则《左传》举赵襄子谥，何疑也？皇甫谧《帝王世纪》元王十一年癸未，三晋灭智伯，距敬王三十九年获麟十七年尔，乌在如陈氏之说有二十八年乎？又以秦孝公时立赏级之爵，乃有不更、庶长之号，《左传》谓秦师败绩，获不更女父。又云秦庶长鲍、庶长武帅师及晋师战于栎。春秋时不应有是。据《商君列传》"孝公以卫鞅为左庶长，卒定变法之令。令有军功者，各以（卒）[率]受上爵"。是卫鞅至秦之始，而秦已有是号矣。所谓卒定变法之令者，亦止如《商子书》中《更法》《垦令》《农战》《去强》诸项，非谓其自立官爵，而后以此官之可知也。《汉书》称商君为法于秦，战斩一首，赐爵一级。其爵：一公士，二上造，三簪袅，四不更，五大夫。使如啖、陆诸说，公士、大夫，亦至鞅而始有乎？况周有常伯、准人，晋有舆尉，郑有褚师，此类皆《周官》所无，亦可谓后人所羼入乎？又秦惠三十二年初腊，吕氏《月令》腊先祖。今《左氏》云"虞不腊矣"，是在其后也。然应劭《风俗通》曰："《礼传》曰：夏曰嘉平，殷曰清祀，周曰腊。"证知周原称腊，故茅蒙《太原谣》曰："继世而往在我盈，帝若学之腊嘉平。"始皇闻之，改腊曰嘉平。秦前蚤已有腊、有嘉平之名，可谓秦始称腊，乃改腊为嘉平乎？又以韩、赵、魏分晋之后，堪舆十二次始有赵分曰大梁之语。今《左氏》言分星皆主堪舆，疑在分晋之后。然《左氏》称昭元年岁在大梁，到十三年岁复在大梁，未尝言赵分也。又《尔雅》："大梁，昂也。"可谓分晋之后始有《尔雅》乎？至以齐威王时驺衍推五德终始之运，其语不经，今《左氏》引之，则应为六国时人。然《家语》以伏羲配木，神农配火，黄帝配土，少昊配金，颛顼配水，数圣人革命改号，取法五行，岂必谓帝王子孙皆师承主运之迂悭乎？又以惟苏秦合从，始有车千乘骑万匹之语，今《左传》不应言"左师展将以公乘马而归"，此盖以《曲礼》"前有车骑"疏曰"古人不骑马，经典无言骑者。今言骑，是周末时礼"故也。然《左传》所谓乘马，如《诗·陈风》曰"驾我乘马"，与《周礼》校人职曰"凡颁良马而养乘之。乘马一师四圉"，又齐右职曰"王乘则持马，行则倍乘"，乘马，四马也。左氏"将以公乘马而归"，言将以轻车而归，岂曰以公骑马乎？又以序吕相绝秦、声子说齐，雄辩狙诈，直游说捭阖之辞。然仲尼弟子如子贡说田常，又说吴救鲁伐齐，岂独非春秋时乎？故前汉刘子骏曰："丘明好恶与圣人同，亲见夫子，而公、榖在七十子后，传闻之与亲见，其详略不同也。"《后汉·班彪传》曰："定、哀之间，鲁君子左丘明论集其文，作《左氏传》三十篇。又撰异闻，号曰《国语》二十［一］篇。"沈约《宋书·礼志》曰："孔子作《春秋》，诸侯讳妒，惧犯时禁，是以微辞妙旨，义不显明。时左丘明、子夏造膝亲受，无不精究。孔子既没，微言将绝，于是丘明退，撰所闻而为之传。"又汉宣帝时严彭祖善《春秋》，其《观周篇》曰：孔子将修《春秋》，与左丘明乘如周，观书于周史，归而修《春秋》之经，丘明为传。刘向《别录》曰："左丘明授曾申，申授吴起，起授其子期，期授楚人铎椒，椒作抄撮八卷授虞卿，卿作抄撮九卷授荀卿，荀授张苍。"《汉书·儒林传》张苍、贾谊、张敞、刘公子皆修《左氏春秋》，其源流远有端绪，无可疑也。又丘明，鲁人，《北魏·地形志》东平富城县有左丘明冢。丘明自孔子弟子，安在别是一人哉！

今按：陈氏《读书考》当为陈振孙《直斋书录解题》。

8.《周礼》

《管城硕记·凡例》："《周礼》，周公摄政时所作，官制与《尚书·周官》不同，当是未成之书，犹未较若画一也。"

《管城硕记》卷一云：

《噬嗑》：四爻，得金矢。《本义》曰："《周礼》讼狱，入钧金束矢而后听之。"按：王弼注："金，刚也。矢，直也。"或谓："讼狱入金矢，盖刘歆逢新室之恶，假讼狱以为聚财，而阴托《周礼》为名，实开后世鬻狱行贿之端。朱子不宜引之以注《易》。"是又不然。《大司寇》"以两造禁民讼，入束矢于朝，然后听之。以两剂禁民狱，入钧金三日，乃致于朝，然后听之"，注云："百矢为一束，三十斤为钧。"束矢钧金固非贫民所能办，必入而后听其辞，则民之不能达者多矣。不知圣人之意以入矢入金，禁民讼狱，使之自惜其金矢而萌悔心，犹可止也。故入金三日乃致于朝，实禁之也。且亦如官刑、军刑之类。则入钧矢，非穷民也。若穷民之狱，《秋官·司寇》既以肺石达穷民。《夏官·太仆》又建路鼓于大寝之门外以待达穷者。与遽然则入金矢，所以禁富民之健讼也。刚直则听。自知不刚直，则不听也。《管子》曰"索讼者三禁而不可上下坐成以束矢"，亦是意也。岂真假之以聚财，而因疑《周礼》非周公之书，并疑朱子之误信以注《易》哉？

《管城硕记》卷十二云：

　　陈氏《读书考》曰：按《艺文志》，《周官经》六篇。颜师古曰：即今之《周礼》也。先儒固有疑于是书者，若林孝存以为武帝知《周官》为渎乱不经之书，作十论七难以排弃之。何休亦以为六国阴谋之书，惟郑康成博览，以为周公致太平之迹。愚按：此书多古文奇字、名物度数，可考不诬，其为先秦古书似无可疑。愚所疑者，邦土邦事，灼然不同，其他烦碎驳杂，与夫刘歆、王安石一再用之而乱天下犹未论也。按：北平黄老师昆圃《周礼节训序》曰：闻之三代而下，礼为治天下之一端。三代而上，礼为治天下之统会。韩宣子见《易象》与《鲁春秋》而曰："周礼尽在鲁。"是《易》《春秋》亦礼也。设官分职，以为民极，而统名为《周礼》。殷因于夏礼，周因于殷礼，礼之外更无他事矣。《周礼》其大纲，《仪礼》其节目，《礼记》为义疏。义疏设科，而大纲与节目不与。圣经之兴废其亦有时乎？窃惟前人于《周礼》之书良多异论。朱子则以为周家法度广大精密，又云周公从广大心中流出，是《周礼》固无可议也。《尚书》中《立政》《周官》二篇，与《周礼》盖相为表里。以愚度之，《立政》篇恐是周公未定《周礼》时作，故常伯、常任、准人等名与《周礼》多参差不合。《周官》篇是已定《周礼》时作，故六卿率属一一相符。《周礼》序官立政，直揭命官之精意，而曰吁俊，尊上帝曰，克知宅心，灼见俊心，曰罔攸兼于庶狱庶慎，又曰罔敢知于兹。此《周礼》未言之旨，而读者宜于言外得之者也。《周礼》分职，《周官》兼明尽职之要，而曰学古入官，议事以制，曰功崇惟志，业广惟勤，曰居宠思危，曰推贤让能，此亦《周礼》未言之旨，读者当于言外得之者也。《周礼》如方罫立政，《周官》如奕者之举棋。方罫三百六十，常定者也。举棋有巧拙，得失无定者也。是故官虽当必得其人，以居之职，虽备必得其人以理之。新莽、荆舒非不借口《周礼》，而反误天下，此犹弈者举棋不善，而可以咎方罫乎？

　　《隋·经籍志》曰：汉时有李氏得《周官》，上于河间献王，独阙冬官一篇，遂取《考工记》以补其处，合成六篇，奏之。王莽时，刘歆始置博士以行于世，杜子春受业于歆，因以教授。按：《周官》及《考工记》，今本所定者大抵皆杜子春及郑司农所读也，而李氏所上者，汉时皆谓之故书，其故书与今本不同者，见于郑注凡数百焉。如……之类是也。故书之字义有《尔雅》所不及载、《说文》所不及详者，其为秦前之古书无疑。而或者疑于是书，谓刘歆所附益以佐新莽者，谬矣！

　　程氏迥曰：《考工记》须是齐人为之。又详于车制，而不及舟，其为西北人之书无疑也。筑氏为削。削，书刀也。不记纸而记削，其非晚周书可知。按：记夏后氏上匠，殷上梓，周人上舆。又曰：夏后氏世室，殷人重屋，周人明堂。则称周人者必非周公时所记书也。……又曰郑之刀，自非周初时书矣。……其谓《周官》所阙者，指所阙冬官一篇，非谓《考工记》也。叶氏《过庭录》以为世既无此书，僧虔何从证之乎？此亦好奇以欺众尔，是又不达其旨矣。据韦续字源，高阳氏制科斗书，周宣王时史籀始改科斗为大篆，此犹是科斗，则当是史籀以前书矣。韩昌黎《科斗书后记》曰："李阳冰之子服之授予。"以其家科斗书《孝经》僧虔所见之书或不全，而韩公于科斗书不能广之以传于世，可惜也。

《管城硕记》卷十二云：

贾公彦序《仪礼》曰：《周礼》《仪礼》发源是一，理有终始，分为二部，并是周公摄政致太平之书。《周礼》为末，《仪礼》为本，本则难明，末便易晓，是以《周礼》注者则有多门，《仪礼》所注后郑而已。按：《仪礼疏》曰："《周礼》言周不言仪者，《周礼》是周公摄政六年所制，取别夏、殷，故言周；《仪礼》言仪不言周者，欲见兼有异代之法。"士礼有商祝、夏祝，郑氏注曰："商祝，祝习商礼者。"夏祝，祝习夏礼者。"是礼兼夏商，故不言周。其解说郑注而为之疏者，齐有黄庆，隋有李孟悊。庆则举大略小，悊则举小略大，不无互有修短，若乃择善而从，兼增己意，其贾氏乎？郑渔仲曰："《周礼》《仪礼》乃周人之礼，所谓《礼记》者，特二礼之传注耳。"夫《礼记》本以传二礼，而反为正经，《周礼》《仪礼》独不置博士，岂非汉儒欲伸己说之过与？

《管城硕记》卷十三云：

陈氏曰：《古礼辨误》三卷，永嘉张淳所校，首有目录，载大小戴、刘向篇第异同，以古监本、巾箱本、杭细本、严本校定，识其误而为之序。谓高堂生所传士礼尔，今此书兼有天子、诸侯、卿大夫礼，决非高堂所传。其篇数偶同。按朱子曰：张淳云如刘歆所言，则高堂生所得独为士礼，而今《仪礼》乃有天子、诸侯、大夫之礼，居其大半，疑今《仪礼》非高堂生之书，但篇数偶同耳。此则不深考于刘说所订之误，又不察其所谓士礼者特略举首篇以名之，其曰推而致于天子者，盖专指冠、昏、丧、祭而言，若燕射、朝聘，则士岂有是礼而可推耶？

9.《礼记》
《管城硕记》卷十三云：

仲长统曰："《礼记》作于汉儒，虽名为经，其实传也。"陆德明曰：记二礼之遗缺，故曰《礼记》。刘向校定二百五十篇，戴德删为八十五篇，谓之《大戴记》，戴圣删为四十六篇，谓之《小戴记》。马融益《小戴记》《明堂位》、《月令》、《乐记》三篇为四十九篇，行于世。按《戴记通解》曰：凡礼不可常行者，非礼之经，用于古，不宜于今，而犹著之于篇，非圣人立经之意。即四十九篇中所载，如俎豆、席地、袒衣、行礼，书名用方策，人死三日敛之类，古人用之，今未宜。父在，为母期，出母无服，师丧无服，此等虽古近薄；父母为子斩衰，妻与母同服，此等失伦；官士不得庙事，祖支子不祭，此等非人情；杖不杖，视尊卑贵贱，哭死为位，于外爇谷，与鱼腊置柩旁，此等近迂阔；国君飨宾，夫人出交爵命，妇入公宫养子，国君夫人入臣子家吊丧，此等犯嫌疑；祭祀用子孙为尸，使父兄罗拜，若祫祭，则诸孙济济一堂为鬼，此等近戏谑；人死含珠玉，以诲盗圹中藏瓮瓯筲衡等器，岁久腐败，陷为坑谷，此等无益有害。古人每事不忘本，酒尚玄，冠服用皮，食则祭，至于宗族姓氏则随便改易，如司徒、司空、朝氏、赵氏唯官唯地，数世之后迷其祖姓，又何其无本之思也。庙制天子至士庶有定数，皆有堂，有寝，有室，有门，大邑巨家，父子世官，兄弟同朝，将庙不多于民居乎？如云皆设于宗子家，则宗子家无地可容，如父为大夫，子为士庶，则庙又当改毁，倏兴倏废，祖考席不暇暖，适子继体分固当尊。至于抑庶之法，亦似太偏。丧服有等，不得不杀。至于三殇之辨，亦觉太琐。衰麻有数，不得不异。至于麻葛之易，亦觉太烦。天子选士，观德用射，射中得为诸侯，不中不得为诸侯，如此之类，虽古礼乎，乌可用也。故凡礼非一世一端可尽，帝王不相沿袭。圣人言礼不及器数，惟曰义以为质，有以也。此四十九篇，大都先贤传闻后儒补缉，非尽先圣之旧，而郑康成信以为仲尼手泽，遇文义难通，则称竹简烂脱，颠倒其序，根据无实，则推夏殷异世，逃遁其说，盖郑以记为经，不敢矫记之非，世儒又以郑为知礼，不敢议郑之失，千余年所以卒贸贸耳。

10.《大学》

《管城硕记》卷十三云：

程子曰："《大学》孔氏之遗书。"朱子曰："右经盖孔子之言，而曾子述之，其传则曾子之意，而门人记之也。"按：后汉贾逵曰："孔伋穷居于宋，惧先圣之学不明，而帝王之道坠，故作《大学》以经之，《中庸》以纬之。"则是《大学》《中庸》皆子思作也。《宋中兴艺文志》曰：《中庸》《大学》实孔氏遗书。程子以《大学》为孔氏之遗书，不云曾子，是也。若以为曾子之意而门人记之，不应于传中止一引曾子矣。且《大学》之引曾子，不犹《中庸》之引仲尼乎？可谓非子思书乎？新安胡氏曰："仁宗时王尧臣及第，赐《中庸》篇。吕臻及第，赐《大学》篇。于《戴记》中表章此二篇，以风厉儒臣。是以开《四书》之端。"然《南史·梁本纪》曰：武帝撰《周易讲疏》《毛诗春秋问答》《尚书大义》《中庸讲疏》，则是于《戴记》中表章《中庸》者不始宋仁宗也。

11.《月令》

《管城硕记》卷十三云：

《隋·经籍志》云：《小戴记》四十六篇，汉末马融传小戴之学。融又作《月令》一篇、《明堂》一篇、《乐记》一篇，合四十九篇。而郑玄受业于融，又为之注。按《牛弘传》曰：今《明堂》《月令》者，郑玄云是吕不韦著《春秋》十二纪之首章，礼家抄合为记。蔡邕、王肃云周公所作周书内有《月令》第五十三，即此也。

各有证明，文多不载。束皙以为夏时之书。刘瓛云：不韦鸠集儒者寻于圣王月令之事，而记之。不韦安能独为此记？今案：不得全称，周书亦未可即为秦典，其内世有虞夏殷周之法，皆圣王仁恕之政也。又《唐·天文志》日度议曰：梁大同历夏后氏之初冬至，日在牵牛初，以为明堂月令，乃夏时之记，据中气推之不合，更以中节之间为正，乃稍相符。不知进在节初，自然契合。故袁准《正论》曰："古有王居明堂之礼，《月令》则其事也。"魏征《谏录》曰："《月令》起于上古。"《书》云："敬授人时。"吕不韦只是修古《月令》，未必起秦代也。

唐孔氏《月令疏》曰：蔡邕、王肃言周公所作，其中官名、时事多不合周法。案：吕不韦集诸儒所著为十二月纪，合十余万言，名为《吕氏春秋》，篇首皆有《月令》，与此文同，是一证也。又周无太尉，唯秦官有太尉，而此《月令》云："乃命太尉。"此是官名，不合周法，二证也。又秦以十月建亥为岁首，而《月令》云：为来岁受朔日。则是九月为岁终，十月为受朔，此是时不合周法，三证也。又周有六冕，郊天迎气，则用大裘乘玉辂建太常日月之章，而《月令》服饰、车旗并依时色，此是事不合周法，四证也。故郑云其中官名、时事多不合周法。按：《月令》非吕不韦所作，其说已见于前矣。其云太尉为秦官，则亦非也。郑氏疑三王之官有司马无太尉，秦官则有太尉。俗人皆云周公作《月令》，未通于古。据鱼豢《典略》曰："古者兵狱官皆以尉为名。"《国语》晋悼公使祁奚为元尉，铎遏寇为舆尉，奚午为军尉，管子管藏于里尉。又襄二十一年《左氏传》："栾盈曰：将归，死于尉氏。"杜预曰："尉氏，讨奸之官。"《正义》曰："《周礼》司寇之属无尉氏之官。"又《石氏星经》紫微垣右枢第二星曰少尉。尉既有少，则应有太矣。故《中候握河纪》云："舜为太尉。"《河图录运法》云："尧坐舟中，与太尉舜观凤凰。"

12. 《檀弓》
《管城硕记》卷十三云：

唐孔氏《檀弓疏》曰：案子游讥司寇惠子废嫡立庶。又《檀弓》亦讥仲子舍嫡孙而立庶子，其事同子游，是孔门习礼之人未足可嘉。《檀弓》非门徒，而能达礼，故善之，以为篇目。按：宋华父魏氏曰：《檀弓》不知何人所作，而一篇之书，独于子游极其称誉。虽于孔门诸子率多讥评，又以言、曾并列，其是言而非曾者非一，几若偏于抑扬，然即其书以考之，大抵当典礼讹阙，无所考证之时，人之有疑弗决者以质诸子游，故前后典礼所阙者十有四皆以言游一言为可否，亦足以见时人之耳目，虽汰哉叔氏之语若讥之，而实尊之。然则游以习礼，列于文学，兹其为文为学盖三代典章之遗赖游以有存者。然则以《檀弓》名篇，而不以子游，何也？檀弓为六国时人，生子游之后，故得载子游之语。若竟以子游名篇，檀弓之语乌从而载之，孔氏以檀弓非门徒而达礼，故善之以名篇者非也。

13. 《缁衣》
《管城硕记》卷十三云：

《缁衣》。刘献云:"公孙尼子之所作也。"孔氏疏云:"按郑《目录》曰:'名曰《缁衣》,善其好贤者厚也。'"按:《缁衣》所引《诗》《书》,字多与今异。如《诗》云"有梏德行",郑注:"梏,大也。"今《诗》作"觉"。《诗》云:"昔吾有先正,其言明且清,国家以宁,都邑以成,庶民以生。谁能秉国成,不自为正,卒劳百姓。"陆氏《释文》曰:"昔吾有先正从此至庶民以生,今本皆无此语。余在《小雅·节南山》篇。或皆逸诗也。"《容斋三笔》云:"予按《文选》,张华《答何邵诗》曰:'周任有遗规,其言明且清。'然则周任所作也。而李善注云:'《子思子》:《诗》曰:"昔吾有先正,其言明且清。"'世之所存《子思子》,亦无之,不知善何据?意当时或有此书,善必不妄也。特不及周任遗规之意,又不可晓。"引《书·尹吉》曰:"惟尹躬及汤,咸有一德。"《尹吉》曰:"惟尹躬先见于西邑夏。"郑注:吉当为告。告,古文诰字之误也。《兑命》曰:"惟口起羞。"《兑命》曰:"爵无及恶德。"郑注:"兑当为说,谓殷高宗之臣傅说也。"《君雅》曰:"夏日暑雨,小民惟曰怨资。"郑注:"雅,《书序》作牙,假借字也。"陆氏曰:"《尚书》无曰字,资,作咨。"《君奭》曰:"在昔上帝,周田观文王之德。"郑注:"古文周田观宁王之德为割申劝宁王之德。今博士读为厥乱劝宁王之德,三者皆异,古文似近之。"石林叶氏曰:"余读《春秋传》《礼记》《孟子》《荀子》,间与今文异同。《孟子》载《汤诰》造攻自牧宫,不言鸣条。《春秋传》述《五子之歌》衍率彼天常一句,证康诰父子兄弟罪不相及。"今文乃无有。若荀卿引《仲虺》曰:"诸侯能自得师者王,得友者霸。引《康诰》惟文王敬忌,一人以怿。其谬妄有如此者。《礼记》以申劝宁王之德为田观宁王,以庶言同则无绎字。其乖牾有如此者。微孔氏,则何所取正。"盖当时公孙尼子所见之《诗》《书》犹或是古文也。而古文简篇脱烂,不无讹舛,是以多异同也。

14.《史记》
《管城硕记》卷十八云:

《史记·平津侯主父列传》后引太皇太后诏大司徒大司空,徐广曰:"此是平帝元始中,王元后诏后人写此。"《索隐》曰:"按广所云,则又非褚先生所录也。"按:《史·儒林传》后云:"董仲舒子及孙皆以学至大官。"又《贾谊传》云:"孙贾嘉好学。"此皆非太史公之本文,乃褚少孙所补也。班固目录曰:"冯商,长安人,成帝时待诏金马门,受诏续太史公书十余篇。"《后汉·杨终传》:"肃宗时受诏,删太史公书,为十余万言。"无怪乎《史记》所录往往有少孙已后事也。

15.《剧秦美新》
《管城硕记》卷十八云:

潘阳节曰:"扬雄为莽大夫,心劳而日拙。"注曰:"雄自汉成帝之世以奏赋为郎,给事黄门,历成、哀、平三世,不迁官。王莽篡位,转为大夫,称莽功德,比伊、周,作《剧秦美新》之文。"按:班固谓莽篡位,谈说之士用符命、称功德获封爵者甚众，雄复不侯，以耆老，久次转为大夫。则知转为大夫者以久次得，非以《剧秦美新》而得也。王荆公曰："子云之《剧秦美新》盖后人诬笔。"洪容斋曰：雄亲蹈王莽之变，退托其身于列大夫中，不与高位者同其死，世儒或以《剧秦美新》贬之，是不然。此雄不得已而作也。夫述诵新莽之德，止能善于暴秦，其深意，固可知矣。又按：《后汉书·桓谭传》曰：谭意非毁俗儒，由是多见排抵。当莽居摄篡弑之际，天下之士莫不竞褒称德美，作符命以求容媚，谭独自守默然无言。又谭于世祖时上疏曰：今诸巧慧小才、伎数之人，增益图书，矫称谶记，以欺惑贪邪，诖误人主。章怀注：图书即谶纬符命之类。又雄本传曰：刘歆子棻尝从雄作奇字，棻复献符命，莽投之四裔。雄恐不能自免，乃从阁上自投下。莽闻之，曰：雄素不与事，何故在此？假令雄《剧秦美新》，则谭亦必非毁之，而乃见其《太玄》曰：是书也可与大《易》准。假令雄伪作符命，则莽亦必并投之，而乃曰：雄素不与事，则夫伪作符命。《剧秦美新》者，岂非皆后人之诬笔哉？

16.《阴符经》

《管城硕记》卷十九云：

王弇州曰："《道藏》内《阴符经》凡数十种，注释亦如之，独赵文敏书最为定本，他本有自然之道六十八字。朱元晦谓其理独妙，不过以其有阴阳八卦律历诸语而深契之耳，不知有此正所以非阴符也。"按：唐李筌传骊山老母曰："阴符三百余言，百言演道，百言演法，百言演术。"则自观天之道，执天之行至自然之道静，故天地万物生浸，故阴阳胜，凡三百七十九字。陆龟蒙《读阴符经诗》："清晨整冠坐，朗咏三百言。"皮日休《和读阴符经》："三百八十言，出自伊耆氏。"二公所读之本只三百八十余字，去筌未远，当必无差。下又有阴阳相推而生变化凡六十四字，疑后人注释之语而误入也，但据明堂位伊耆氏之乐，伊耆，神农，非黄帝也。而《中兴书目》以为《阴符经》黄帝之书，或云受之广成子，或云与风后元女论阴阳六甲，退而自著其事。阴者，暗也；符者，合也。天机暗合于事机，故曰阴符。黄山谷谓阴符出于筌，熟读其文，知非黄帝书。蔡西山曰："此书即筌所为也。"

按《四库全书》卷首提要云：

《管城硕记》三十卷，国朝徐文靖撰。文靖号位山，当涂人。雍正癸卯举人，乾隆元年荐举博学宏词，十七年荐举经学，特授翰林院检讨衔。此其所作笔记，自经史以至诗文，各加辨析考证，每条以所引原书为纲，而以己按为目，盖欲小变说部之体，其大致与笺疏相近。其间疏漏之处，读《易》据梁武以解《文言》，而王应麟之辑郑注反未之见。至于读史引证，乃及于潘氏之《总论》、刘定之之《十科策略》、蔡方炳之《广治平略》、廖文英之《正字通》、阴时夫之《韵府群玉》，皆未免断断俗学，然其推原《诗》《礼》诸经之论，旁及子、史、说部，参互考证，语必求当，亦颇能有所发明，要可谓博而勤者矣。

此条提要并没有一个字提及《管城硕记》对辨伪学的贡献，可见《四库提要》之局限性。四库馆臣具有鲜明的考据学意识，以考据学的视野审视与考察每一部著作，高标准，严要求，近乎严苛，似酷吏法家，刻薄寡恩，呵斥一切语涉违碍之字词句段，窜改违禁文字。但是他们并没有独立的辨伪学意识，也就没有特别在此方面加以考察。

二十七、王懋竑

（一）王懋竑其人

王懋竑（1668—1741），字子中，号白田，江苏宝应人。少从叔父式丹学，刻励笃志。精研朱子之学，身体力行。康熙五十七年（1718）成进士，乞就教职，授安庆府教授。著有《白田草堂存稿》《白田杂著》等书。生平事迹见《清史稿·儒林传》《清史列传》卷六七、钱大昕《王先生懋竑传》（《潜研堂文集》卷三八）、佚名编《白田王公年谱稿》（《扬州学派年谱合刊》，广陵书社 2008 年版）。

（二）王懋竑的文献辨伪

1. 《周易》

王懋竑《读书记疑》卷一云：

> 《汉书·艺文志》：“秦燔书，而《易》为卜筮之事，传者不绝。”《儒林传》：“秦禁学，《易》为卜筮之书，独不禁。”是《易》固全书，未尝缺也。至王充《论衡》始云：“孝宣皇帝时，河内女子发老屋，得逸《易》《礼》《尚书》各一篇，奏之。”此刘歆、班固所未言，恐传闻之误。《易正义》、陆氏《释文》皆不载其说。《隋·经籍志》云：“秦后惟失《说卦》三篇，后河内女子得之。”盖本王充之误，而《说卦》三篇又与充不同，抑不知其所据矣。马贵与《文献通考》序《易》本《隋志》语，而不考其误，当以《汉志》正之。
>
> 秦焚书，《易》以卜筮独存。汉兴，诸儒传授不绝，宜其完整异于诸经。而以今考之，则固不然。伏羲画八卦，见于《系辞》，其益为六十四卦，史迁以为文王，而据《周官》，三《易》经卦皆八，其别有六十四，则已传自夏、商，非始于文王也。卦爻之辞旧以为文王所系，而爻辞所称多文王后事，故以为周公。凡此两汉诸儒皆无相传确说，后人各以意推言之耳。《系辞》中颇有疑义，《序卦》《杂卦》尤难晓解。自费直、郑康成以后，篇第更复淆乱，其与焚而复出之经固无以大异也。施、孟、梁丘诸《易》今不可见，王、韩之注于象数愈阔略。其使商瞿以来相传之旨不大白于后也，汉魏诸儒皆与有责焉耳。
>
> 《春秋传》其言以《周易》筮之者，所举皆今象爻之辞，其他繇辞有不尽出于《周易》者，然未尝指言以《连山》筮之，以《归藏》筮之也。《连山》《归藏》其名见于《周官》，而《春秋内外传》则无之。
>
> 《洪范》言卜筮最详，则商以上固自有书，但后《周易传》，而前此之《易》遂不可考耳。

乾上、乾下等目不知何人所题，《正义》《释文》《集解》皆无注，独《本义》详注之，而亦未言出于何人也。临川言此羲皇乾上乾下之卦，则似以为羲皇之所题矣。

鄱阳董氏云："卦画下所书上下两体卦名，始于费氏，分注《大象传》之上不与经连，至郑氏移置各卦六画之下。朱子《本义》因之。按：今注疏本止注上下两体，不云何人所注。"董氏说不知从何得之，俟考。

《正义》以来皆谓文王《卦辞》，周公《爻辞》，孔子《彖辞》《象辞》《系辞》《文言》。自汉上朱氏始疑其误，东莱吕氏复《古周易》，乃以卦下之辞为彖，爻下之辞为象，而孔子所作皆依王肃本加传字。其《系辞》则通指卦爻所系之辞，而《文言》指经文之言，亦犹《系辞》之义但异其名耳。晁以道、吕汲公虽复古易，而其名仍王弼之旧，吕氏乃尽正之，《大全》俱削不载于《文言》中。象后仅载数语，又误以为陆氏德明语，其疏缪如此。周公系爻辞，若初九、九二等，不知亦周公所名否。《本义》用九注云：于此发之，而圣人因系之辞。则似非周公所名矣。大抵此类皆不可考，《本义》亦概言之，未能以决也。

《易序》非程子作也。其云散之在理，则有万殊；统之在道，则无二致。分理与道为二，与程子语不类。太极者，道也。两仪者，阴阳也。意虽无误，语却疏矣。至云未形未见者，不可以名求，尤为乖刺，与《易传序》迥然各别，断断非程子作也。上下篇义亦非程子作，俱不载伊川文集，后人妄增入之。元鄱阳董氏又以此二篇载于《易传》之前，明初《大全》因而不改，贻误后学，不可不辨。

据庞万里考证，今《周易程氏传》前附有《易序》一文，《河南程氏文集·遗文》中也收有《易序》一文。但二程终身不提周敦颐的《太极图说》和《通书》，也从未提到太极的观念，更不提无极；而是讲天理、道、理。《易序》中有太极、无极之语，与二程的理论体系极不协调。前人以及目前国内外不少学者认为《易序》并非程颐的著作。从《易序》的思想带有从二程向朱熹过渡性质的特点来看，它应是某位程门后学人物的作品，疑《易序》的作者是周行己。周行己系程颐和吕大临的门人，他从吕大临处也接受了张载的一些观点。张载虽较少提及太极，但他在《横渠易说》《正蒙》中引用过太极的观念。[①]

2. 《尚书》《书序》

王懋竑《读书记疑》卷一云：

卫宏《序》与《史·儒林传》《汉·艺文志》不合，疑宏之妄。

《书序》，朱子断以为非安国作，今云至刘歆、班固则真以为安国作矣。此注朱子文集无之。

《汉志》言张霸为百两篇，以中书校之，非是。后黜其书，所载甚明。孔氏语不知所据，其谓刘向、歆皆不见真古文，而《汉志》古经四十六卷乃霸书，则几于诬矣。篇目出于郑氏，而以为张霸作，则不知所据。

---

① 庞万里：《〈二程集〉中〈易序〉作者考辨》，《中州学刊》2019 年第 1 期。

《伊训》《毕命》皆伏生之传所无，《律历志》所引疑出古文，而又与《孔传》所传不同，盖不可解。蔡氏推之伏生口传，而晁错属读者，误也。口授之云，朱子已不之信，但未及辨其妄耳。

孔子删《诗》《书》，太史公谓古诗三千篇，孔子删为三百篇，后人又谓篇或删其章，章或删其句，不独全诗也。据此，则《书疑》亦有纂辑，不仅删定矣。愚意《尧典》若稽古云云，及《甘誓》大战于甘之类，当出自夫子之手，非尽史臣原文也，更详之。

3.《大禹谟》

王懋竑《读书记疑》卷一云：

典以纪事，谟以纪言，而《大禹谟》乃杂乱其体，可怪也。其中精言不一，必非后之人所能赝作。意残编断简，或有存者，而依仿增益以成之与？亦不可考矣。

4.《大全》

王懋竑《读书记疑》卷一云：

《大全》所载朱子语往往有《语类》《文集》所不载者，不知何本。考《诗传遗说》亦无之，其有自他处采来。可考者凡十之二三。有坊本《诗传折衷》，多载晦庵新说，皆是赝作。后人不察，以广取博采为务，而不复辨其真伪。凡《大全》所载必出于此等赝书也。

他认为《大全》所载朱子语多赝。

5.《后出师表》

王懋竑《读书记疑》卷一云：

《蜀志·诸葛武侯传》不载《后出师表》，以中多斥操语也。晋承魏后，故寿为讳之，所载《前出师表》中亦有删改。

《后出师表》，《纲目》删曹操二段，疑非朱子意，当补入。

6.《读南丰集》

王懋竑《读书记疑》卷十六云：

《听琴》序语多难解，此决非南丰作。

7.《家语》

王懋竑《读书记疑》卷一云：

《通典》云：三月而卒哭，受以六升布为衰裳，七升布为冠，小祥而练除，首绖受以七升布为衰裳。据此，则衰与练衣为二也。张子曰：小祥乃练其功衰而衣之，则练与功衰非二物。《家语》季桓子丧康子练，而无衰。子游问于孔子曰：既服练服可以无衰乎？孔子曰：无衰衣者，不以见宾，何以除焉。按：此练服与衰不同，《家语》之言不足信也。

梁启超在《中国近三百年学术史》一书中对白田的辨伪学成就颇为肯定：

> 白田其他的著述，还有一部《白田草堂存稿》，内中也是研究朱子的最多。他考定许多伪托朱子的书，或朱子未成之书由后人续纂者，如《文公家礼》《通鉴纲目》《名臣言行录》及《易本义》前面的九个图和筮仪等等，都足以廓清障雾，为朱子功臣。此外，许多杂考证也有发明，如考汉初甲子因《三统历》窜乱错了四年，也是前人没有留意到的事。

如何准确地评价王懋竑的辨伪学成就还是一个没有完成的历史话题，尚待深入展开。

二十八、方苞

（一）方苞其人

方苞（1668—1749），字灵皋，亦字凤九，晚年号望溪，亦号南山牧叟，江南桐城人。与姚鼐、刘大櫆合称桐城三祖。著有《望溪先生文集》18卷，《集外文》10卷，《集外文补遗》2卷，戴钧衡将其合编为《方望溪先生全集》。

（二）方苞的文献辨伪

1. 《尚书》

《方苞集》卷一《读古文尚书》云：

> 先儒以《古文尚书》辞气不类《今文》，而疑其伪者多矣。抑思能伪为是者谁与？夫自周以来，著书而各自名家者，其人可指数也。言之近道，莫若荀子、董子。取二子之精言而措诸《伊训》《太甲》《说命》之间，弗肖也；而谓左丘明、司马迁、扬雄能为之与？而况其下焉者与？然则其辞气不类《今文》何也？尝观《史记》所采《尚书》，于"肆觐东后"，则易之曰"遂见东方君长"；"太子朱启明"，则曰"嗣子丹朱开明"；"有能奋庸熙帝之载"，则曰"有能成美尧之事者"；如此类，不可毛举。因是疑《古文》易晓，必秦汉间儒者得其书，苦其奥涩，而稍以显易之辞更之，其大体则固经之本文也。《无逸》之篇，今文也。试易其一二奥涩之语，则与《古文》二十五篇之辞气其有异乎？迁传《儒林》曰："孔氏有《古文尚书》，而安国以今文读之，遂以起其家逸书。"而安国自序其书，谓"科斗书废已久，时人无能知者。以所闻伏生之书，考论文义，定其可知者，增多二十五篇"。夫古文既不可知，仅就伏生之书以证而得之，则其本文缺漫及字体为伏生之书所不具者，不得不稍

为增损，以足其辞，畅其指意。此增多二十五篇所以独为易晓，而与伏生之书异与？然则迁所云"以今文读之"者，即余所谓以显易之辞通其奥涩，而非谓以隶书传之也。

此篇先以辞气辨伪，以《古文尚书》辞气不类《今文》，而怀疑其为伪书。继而从作伪者入手，排除荀子、董子、左丘明、司马迁、扬雄作伪的可能。今按，如此排除法甚为笨拙，一般不会采用此法。方苞的思维比较怪异，在辨伪方面非常另类。最大的可能是方苞当时不知道如何辨伪，还没有摸到门径，无法升堂入室。

《方苞集》卷一《读大诰》云：

> 昔朱子读《大诰》，谓："周公当时欲以此耸动天下，而篇中大意，不过谓周家辛苦创业，后人不可不卒成之；且反复归之于卜，意思缓而不切，殊不可晓。"呜呼！此圣人之心所以与天地相似，而无一言之过乎物也。盖纣之罪，可列数以耸人听，而武庚之罪则难为言。所可言者，不过先王基业之不可弃，与吉卜既得，可征天命之有归而已。夫感人以诚，不以伪，此二者，乃周人之实情，可与天下共白之者也。其于武庚，则直述其"鄙我周邦"之言，未尝有一语文致其罪。其于友邦君，第动以"友伐厥子"之私义，而不敢谓大义当与周同仇也。非圣人而能言不过物如是与？不惟此也，周初之书，惟《牧誓》为不杂。武王数纣之罪，惟用妇言、弃祀事，而剖心、斮胫、焚炙、刳剔诸大恶弗及焉。至于暴虐奸宄，则归狱于"多罪逋逃"之臣。故读《牧誓》而知圣人之心之敬，虽致天之罚，誓师声罪，而辞有所不敢尽也。读《大诰》而知圣人之心之公，审己之义，察人之情，壹禀于天理，而修辞必立其诚也。然《大诰》之书，自汉至宋，千有余年，读者莫之或疑，至朱子而后得其间焉。是又治经者所宜取法也夫！

此篇辨《大诰》之伪，将首创权让给朱子。

《方苞集》卷一《读尚书记》云：

> 《书》说之谬悠，莫如《君奭》篇《序》称"召公不悦"，及周公代成王作诰而弟康叔。自唐以后，众以为疑。朱子出，其论始定；然折之以理，而未得其情也。
>
> 余既辨《周官》，正《戴记》，然后悟曰：是二者，亦刘歆之为耳。盖歆承莽意作《明堂记》，奏定"居摄践阼"之仪，而《戴记》所传无是也。故预征天下有《逸礼》《古书》《周官》文字者，令记说于廷中，以示《明堂记》所自出。不徒购其书，而征其人使记说，利其无稽也。故前后至者，以千数。而又多为之征，于《文王世子》之篇窜焉。周末诸子言礼者，莫笃于荀卿；而网罗旧闻，莫先于《史记》。故于荀氏、司马氏之书亦窜焉。奏称"周公践阼，而召公不悦"。所以探汉大臣之心而多为之变以携之也；而于《记》无可附，故于《君奭》之《序》窜焉，而并窜鲁、燕《世家》以为之征。
>
> 莽改元，称《康诰》"王若曰：朕其弟，小子封"，以为周公受命称王之文。则当是时，尚无篇首周公作洛，众会之文也使此文前具，则必引为明证，而不徒虚为之

说矣。歆知其说为天下所心非，故复窜此以设疑于后世尔。盖是篇乃伏生之书，博士弟子所循诵也，若早窜焉，则众哗然而辨其非矣。

苏氏谓："《康诰》之首，乃《洛诰》错简，群儒因之。"亦非也。其地其时，实与《多士》篇应，而"见士于周"，义亦近焉。盖五服之国各登其民治而贡士于周，故公因而告之。然大义无存焉，虽存而不论可也。

余悯汉、唐诸儒为歆所蔽，使圣人之经受其诬，而记礼者及荀氏、司马氏亦为歆而受恶。故辨其所由然，使后有考焉。

方苞辨《周官》，正《戴记》，然后悟曰："是二者，亦刘歆之为耳。"如此拙劣的辨伪竟然被后来的康有为所采用，并发挥到极致。原来方苞与康有为以下的疑古派真可谓一脉相承，似未见人道破！方苞原来才是近代疑古派的不祧之祖。

《方苞集》卷一《读尚书又记》亦云：

西伯受命称王，而断虞、芮之讼，及以是年改元。自欧阳氏辨其妄，群儒昭然若发蒙矣；然特谓司马氏、孔氏、毛氏之妄耳。《书》之《传》，《诗》之《序》，自前世多疑其伪，惟《史记》为完书。迁知六艺必折衷于孔子。文王"服事殷"，"武王末受命，周公成文、武之德"而"追王"：孔子之言甚著，而敢妄为异说乎？

盖莽既称《康诰》，以为周公居摄称王之文。故复为此，以示居摄称王而复臣节者，周公也。受命称王而不复为人臣者，文王也。纣君天下数十年；西伯断二国之讼，诸侯乡之，遂以是年改元，制正朔。况孺子襁抱，刘崇潜，翟义灭，宗室王侯、公卿大夫、郡国吏士同心相推戴乎？纬书言："文王受命，有白鱼负图、赤雀衔书之瑞。"亦莽受铜符、帛图、金策，据以即真之符验也。

《诗》《书》之文，曰"文王受命惟中身"，谓继世而为诸侯也；曰"文王受命，有此武功"，谓受命为西伯而专征伐也。以受命为称王，自《史记》始，而后为《书传》《诗序》者因之耳。《史记》宣、成间始少出而未显，今所传，乃歆所校录，而可据为信乎？《周本纪》"诗人道西伯，盖受命之年称王"，至"王瑞自太王兴"，不独与《论语》《中庸》显背，绳以文义，亦多骈旁枝。削之，前后语意正相承无间。

朱子谓："《史记》之妄，欧阳氏所辨明矣。'惟九年，大统未集'，实为痕瑕。"呜呼！《武成》之篇，古文也。《古文尚书》《毛诗》，皆自歆发。歆为《三统历》，考上世帝王，以为文王受命九年而崩。则《武成》及《周本纪》之文，为歆所增窜，尚何疑乎？呜呼！歆之遍窜群书，以曲为弥缝，乃其奸之所以卒发于后世与？

今按，方苞以为刘歆"遍窜群书，以曲为弥缝"，可谓"大胆之假设"。方苞对于清代特别是晚清的假辨伪学负有不可推卸的责任。他把辨伪学引向了歧途，而后来者康有为更加猖狂恣肆，把这一套荒谬的假辨伪推向了极端，写出了轰动一时的《新学伪经考》。

《方苞集》卷一《读君牙冏命吕刑文侯之命费誓秦誓》云：

《尚书》自《毕命》以下，所存六篇，先儒多未达其义。余尝考之：《费誓》，则事可传也；《君牙》《冏命》《秦誓》，则言不可废也；《吕刑》《文侯之命》，则事不可没也。三代之刑典，至穆王而始变；文、武之旧都，至平王而终弃：可无志乎？《吕刑》之言，虽或不可废，而孔子录之，则非以其言也。观《文侯之命》，无一言之当物而弗删，则以著事变而非有取于其辞义，审矣。

司马迁作《史记》，于《费誓》具详焉，于《秦誓》删取焉，而《文侯之命》则没之，盖以其言无足存而不知事不可没也。用此观之，圣人删述之义，群贤莫之能赞，岂独《春秋》之笔削哉？

《书》存《文侯之命》，而宣王中兴，用贤讨叛，事列正雅者，其誓、诰、策、命之文，无一见焉。先儒以谓亡于幽王之乱，而余窃意所亡者，不惟宣王之书，自《君牙》以下六篇，皆孔子撷拾于乱亡之余，非得之周室之史记也。

自唐、虞、夏、商非关一代废兴之故，不以列于《书》。故《周书》自《毕命》以前，皆造周毖殷、保世靖民之大政也。若专取辞意之善，则成康之际，周、召共政，史逸作册，其命官之辞，远过于《君牙》《同命》者必多矣。孔子乃舍彼而取此，义安处与？用此，知康王以前，策、命之大者，已与誓、诰并列于学官，而立为四术；其余内史所藏，孔子盖未之见也。《吕刑》则布在四方，而有司籍之。若鲁若晋若秦之书，则其国传之。《君牙》《同命》，则其家守之。子尝学礼，而病杞、宋之无征。故于《周书》，惜其仅有存者，而录之以垂法戒焉耳。使得诸周内史所藏，则岂宜阔希而不类如此哉？使内史之籍尚存，而孔子未之见，亦不宜竟以《君牙》以下六篇续备有周一代之书，而定以百篇之数。

抑观《君牙》《同命》《秦誓》，而又以叹世变之亟焉。文武之政刑，皆变乱于穆王，而读其书，彬彬乎去成、康不远也。秦穆悔过思贤之言，可法于后世，而力逞其忿，以遂前愆，言与行显背，而谓可涂民之耳目。夏、殷之末造，未尝有是也。二帝、三王纯一忠敬之风，其尚可复也哉？此又序书之隐义也。

方苞认为，《君牙》《同命》《吕刑》《文侯之命》《费誓》《秦誓》"皆孔子撷拾于乱亡之余，非得之周室之史记"。

2. 《周官》

《方苞集》卷一《读周官》云：

呜呼！世儒之疑《周官》为伪者，岂不甚蔽矣哉！《中庸》所谓尽人物之性，以赞天地之化育者，于是书具之矣。盖惟公达于人事之始终，故所以教之、养之、任之、治之之道，无不尽也。惟公明于万物之分数，故所以生之、取之、聚之、散之之道，无不尽也。运天下犹一身，视四海如奥阼，非圣人而能为此乎？

然自汉何休、宋欧阳修、胡宏皆疑为伪作。盖休耳熟于新莽之乱，而修与宏近见夫熙宁之弊，故疑是书晚出，本非圣人之法，而不足以经世也。莽之事不足论矣，熙宁君臣所附会以为新法者，察其本谋，盖用为富强之术，以视公之依乎天理以尽人物之性者，其根源较然异矣。就其善者，莫如保甲之法；然田不井授，民无定居，而责以相保相受，有罪奇邪相及，则已利害分半，而不能无拂乎人情矣。修与宏不能明辨安石所行，本非《周官》之法，而乃疑是书为伪，是犹惩覆颠而废舆马也。

是书之出，千七百年矣。假而战国、秦、汉之人能伪作，则《冬官》之缺，后之文儒有能补之者乎？不惟一官之全，小司马之缺，有能依仿四官之意以补之者乎？其所以不能补者何也？则事之理有未达，而物之分有未明也。

呜呼！三王致治之迹，其规模可见者，独有是书，世变虽殊，其经纶天下之大体，卒不可易也。若修与宏者，皆世所称显学之儒，而智不足以及此，尚安望为治者笃信而见诸行事哉？必此之疑，则惟安于苟道而已，此余所以尤痛疾乎后儒之浮说也。

何休、欧阳修、胡宏皆怀疑《周官》为伪作，皆因激于时事而发。方苞批评他们"犹惩覆颠而废舆马"。

《方苞集》卷一《周官辨伪一》云：

凡疑《周官》为伪作者，非道听途说而未常一用其心，即粗用其心而未能究乎事理之实者也。然其间决不可信者实有数事焉：《周官》九职贡物之外，别无所取于民；而"载师"职则曰"近郊十一，远郊二十而三，甸、稍、县、都皆无过十二"；市官所掌，惟廛布与罚布；而"廛人"之绒布、总布、质布，则增其三。夏、秋二官，驱疫祴蛊，攻狸蛊，去妖鸟，驱水虫，所以除民害，安物生，肃礼事也；而以戈击圹，以矢射神，以书方厌鸟，以牡橭、象齿杀神，则荒诞而不经。若是者，揆之于理则不宜，验之于人心之同则不顺，然而经有是文，何也？则莽与歆所窜入也。

盖莽诵六艺以文奸言，而浚民之政，皆托于《周官》。其未篡也，既以"公田口井"布令，故既篡下书，不能遽变十一之说，而谓汉法名三十税一，实十税五，则其意居可知矣。故歆承其意而增窜"同师"之文，以示《周官》之田赋本不止于十一也。莽立山泽、六管、榷酒、铸器，税众物以窃工商；故歆增窜"廛人"之文，以示《周官》征布之目，本如是其多也。莽好厌胜，妖妄愚诬，为天下讪笑；故歆增窜"方相""壶涿""蝈蟩""庭氏"之文，以示圣人之法，固如是其多怪变也。夫歆颂莽之功，既曰"发得《周礼》，以明因监"，而公孙禄数歆之罪，又曰"颠倒五经，使学士疑惑"，则此数事者，乃莽与歆所窜入决矣。然犹幸数事之外，五官具全，圣人制作之意，昭如日星，其所伪托，按以经之本文，而白黑可辨也。

古者公田为居，井灶场圃取具焉，国赋所入，实八十亩。《孟子》及《春秋传》所谓十一，乃总计公私田数以为言。若周之赋法，不过岁入公田之谷，并无所谓十一之名也；又安从有"二十而三"与"十二"之道哉？"同师"之法通乎天下，又安有近郊、远郊、甸、稍、县、都之别哉？"载师"职所以特举国宅、园廛、漆林，以田赋之外，地征惟此三者耳。今去"近郊十一"至"无过十二"之文，而"载师"职固辞备而义完矣。《周官》之田赋，更无可疑者矣。

周之先世，关市无征，及公制六典，商则门征其货，贾则关市征其廛，盖以有职则宜有贡，又惧所获过赢，而民争逐末耳。"肆长"之敛总布，盖总一肆卖赊官物所入布而敛之，非别有是征也。若质布则本职无是，绒布则通经无是也。今去绒布、质布、总布之文，而"廛人"职固辞备而义完矣。《周官》之市征，更无可疑者矣。

"方相氏"之索室驱疫也，"庭氏"之射妖鸟也，"蝈蟩氏"之覆妖鸟之巢也，乃圣人明于幽明之故而善除民惑也。害气时作，妖鸟夜鸣，人之所忌，其气焰足以召疾殃，故立为经常之法，俾王宫帅众而驱之，引弓而射之，则民志定，其气扬而天厉自息矣。夫疫可驱也，而"蒙熊皮，黄金四目"，与莽之遣使"负鸞""持幢"何异乎？卜得吉兆，以安先王之体魄，而"入圹，戈击四隅，以驱方良"，与莽之令"武士入高庙，拔剑四面提击"何异乎？妖鸟之巢可覆也，而以方书日月星辰之号悬其巢；妖鸟之有形可射也，不见其形而射其方，犹有说也；神之降，不以德承焉，不以其物享焉，而射之可乎？水虫之怪可驱也，而其神可杀乎？神无形而有死，神死而渊可为陵，其诳耀天下，与莽之"铸威斗""镌铜人膺文""桃汤、赭鞭，鞭洒屋壁"，异事而同情。今于"方相氏"去"蒙熊皮，黄金四目"及"大丧"以下之文，于"䂮蔟氏"去"以方书"以下之文，覆其巢，则鸟自去矣；以方书悬巢上，是不覆其巢也。与上文显背。于"壶涿氏"，去"若欲杀其神"以下之文，于"庭氏"去"若神也"以下之文，则四职固辞备而义完矣。其他更无可疑者矣。凡世儒所疑于《周官》者，切究其义，皆圣人运用天理之实。惟此数事，揆以制作之意，显然可辨其非真，而于莽事，则皆若为之前辙而开其端兆，然则非歆之窜入而谁乎？

昔程子出《大学》《中庸》于《戴记》，数百年以来莫有异议。朱子斥《诗小序》，虽有妄者欲复开其喙，而信从者稀矣。惜乎！是经之大体，二子断为非圣人不能作，而此数事未得为二子所薙芟也。虽然，理者，天下之公也；心者，百世所同也。然则姑存吾说，以俟后之君子，其可哉！

《方苞集》卷一《周官辨伪二》又云：

媒氏："仲春之月，（大）［令］会男女，奔者不禁。"近或为之说曰："是乃圣人之所以止佚淫而消斗辨也。每见盯庶之家，嫠者改适，猜鬭丛生，变诈百出，由是而成狱讼者十四三焉；岂若天子之吏以时会之，而听其相从于有司之前，可以称年材，使各得其分愿哉？管子治齐，以掌媒合独，犹师其意，则斯乃民治之所宜也审矣。"呜呼！管子生政散民流之后，而姑为一切之法，是不可知；若成周之世，则安用此哉？自文王后妃之躬化，远蒸江、汉，至周公作洛，道洽政行，民知秉礼而度义也久矣。又况《周官》之法：冠昏之礼事，党正教之；比户之女功，鄴长稽之；凡民之有邪恶者，虽未丽于法，而已'坐诸嘉石，役诸司空'，任诸州里廛，尚何怨旷阴私暴诈之敢作哉？管子合獨之政，乃取鳏寡而官配之；若会焉而听其自奔，则虽乱国污吏能布此为宪令乎？盖莽之法，私铸者伍坐。没入为官奴婢，传诣钟官者，以十万数；至则易其夫妇，民人骇痛。故歆增窜"媒氏"之文，以示《周官》之法官会男女而听其相奔；则以罪没而易其夫妇，犹未为已甚也。莽之母死而不欲为之服；歆与博士献议："《周礼》：王为诸侯缌衰，弁而加环绖，同姓则麻，异性则葛。"今《周礼》"司服"无"弁而加环绖"三语，则媒士之文为歆所增窜也决矣。按：莽欲九锡，则增易《左传》，谓周公"越九锡之检"；莽欲称假皇帝，则云："《书·逸嘉禾篇》周公奉鬯立于阼阶，延登，赞曰：假王涖政，勤和天下。"其伪构经文，皆歆为之谋主也。又以文义覈之，于"奔者不禁"下，承以"无故而不用令者罚之"，则所谓不用令，未知其何指也。既曰"（大）［令］会男女"，又曰"司男女之无夫家者而会之"，重见赘设，失言之序。必削去"仲春之月"以下三十七字，然后媒氏之文与义皆完善。

呜呼！圣人之法，所以循天理而达之也；圣人之经，所以传天心而播之也；乃为悖理逆天之语所混淆，至于二千余年而不可辨，则歆诚万世之罪人也。余尝病班史于莽之乱政奸言，纤悉不遗，于义为疏，于文为赘；然《周官》之为歆所伪乱者，乃赖班史而备得其征，岂非圣人之经，天心不欲其终晦，而既蚀复明，固有数存乎其间耶？或曰："歆于司服职转不窜入三语何也？"盖他职所增，皆怪变不经，故必窜入，以惑人听。司服职则本有"为诸侯缌衰"及"其首服皆弁绖"之语，而"弁而加环绖，同姓则麻，异姓则葛"，乃礼家之常谈，众共知之。歆之奸心，以《周官》虽藏册府，而恐吏民或私有其书，故以莽之乱政窜入诸官，颁示天下，而于己所献议，礼家之常谈，转不窜入；使人疑古书之传有同异，以比于《易》《诗》《书》之文引用或有增损者。正所谓"颠倒五经，使学士疑惑"也。

今按，《周官辨》一书曾经出版别行之本，且为《四库全书总目》列入存目：

《周官辨》一卷，国朝方苞撰。是书就《周礼》中可疑者摘出数条，断以己见，分别伪、辨惑二门。大旨以窜乱归之刘歆，凡十篇。已录入所著《望溪文集》中。此其初出别行之本也。

《方苞集》卷一《周官析疑序》云：

《周官》一书，岂独运量万物，本末兼贯，非圣人不能作哉？即按其文辞，舍《易》《春秋》，文、武、周、召以前之《诗》《书》，无与之并者矣。盖道不足者，其言必有枝叶，而是书指事命物，未尝有一辞之溢焉，常以一字二字尽事物之理，而达其所难显，非学士文人所能措注也。

凡义理必载于文字，惟《春秋》《周官》，则文字所不载，而义理寓焉。盖二书乃圣人一心所营度，故其条理精密如此也。尝考诸职所列，有彼此互见，而偏载其一端者，有一事而每职必详者，有略举而不更及者，有举其大以该细者，有即其细以见大者，有事同辞同而倒其文者，始视之若樊然淆乱，而空曲交会之中义理寓焉。圣人岂有意为如此之文哉？是犹化工生物，其巧曲至，而不知其所以然，皆元气之所旁畅也。观其言之无微不尽而曲得所谓如此，况夫运量万物而一以贯之者乎？

余初为是学，所见皆可疑者，及其久也，义理之得，恒出于所疑。因录示生徒，使知世之以《周官》为伪者，岂独于道无闻哉，即言亦未之能辨焉耳。

《方苞集》卷一《周官集注序》云：

朱子既称《周官》遍布周密，乃周公运用天理熟烂之书。又谓颇有不见其端绪者，学者疑焉。是殆非一时之言也。盖公之兼三王以施四事者，具在是书，其于人事之始终，百物之聚散，思之至精，而不疑于所行，然后以礼乐、兵刑、食货之政散布六官，而联为一体，其笔之于书也，或一事而诸职各载其一节，以互相备，或举下以该上，或因彼以见此，其设官分职之精意半寓于空曲交会之中，而为文字所不载。迫而求之，诚有茫然不见其端绪者。及久而相说以解，然后知其首尾皆备，而脉络自相灌输，故叹其遍布而周密也。余尝析其疑义，以示生徒，犹苦旧说难自别择，乃并纂录，合为一编。大指在发见端绪，使学者易求，故凡名物之纤悉、推说之衍蔓者概无取焉。盖是经之作非若后世杂记制度之书也。其经纬万端，以尽人物之性，乃周公夜以继日穷思而后得之者，学者必探其根原，知制可更，而道不可异，有或异此必蔽亏于天理，而人事将有所穷，然后能神而明之，随在可济于实用，其然则是编所为发其端绪者，特治经者所假道，而又岂病其过略也哉！

3.《仪礼》

《方苞集》卷一《读仪礼》云：

《仪礼》志繁而辞简，义曲而体直，微周公手定，亦周人最初之文也。然其制惟施于成周为宜。盖自二帝三王彰道教以明民，凡仁义忠敬之大体，虽甿隶晓然于心，故层累而精其义，密其文，用以磨砻德性而起教于微眇，使之益深于人道焉耳。后世淳浇朴散，纵性情而安恣睢，其于人道之大防，且阴决显溃而不能自禁矣；乃使戋戋于登降进反之仪，服物采色之辨，而相较于微忽之间，不亦末乎！吾知周公而生秦、汉以降，其用此必有变通矣。独是三代之治象，与圣人彷徨周浃之意，可就其节文数度省想而得之。故昌黎韩子读此，惜不得进退揖让于其间。然其辞以类相从，其义以合而见，而韩子乃分剟而别著为篇，则非吾之所能知矣。

《方苞集》卷一《书考定仪礼丧服后》云：

余少读《仪礼丧服传》，即疑非卜氏所手订，乃一再传后门人记述，而间杂以己意者；而于经文则未敢置疑焉。惟尊同者不降，时憪然不得于余心。乃试取传之云尔者剟而去之，而传之文无复舛复支离而不可通晓者；更取经之云尔者剟而去之，而经之义无不即乎人心：然后知是亦歆所增窜也。盖丧服之有厌降，见于子思、孟子之书；惟尊同不降，则秦、周以前载籍更无及此者。而于莽之过礼竭情以侍风疾，及称供养太皇太后，义不得服功显君事尤切近，故假是以为比类焉。呜呼！先王制礼，有迹若相违而理归于一者，以物之则各异，而所以为则者，无不同也。尊同而不降，物之则无是也，曾是可厚诬先圣而终蔽人心之同然者乎？夫莽诵六艺，以文奸言，其于《易》《春秋》间有称引，皆自为之说而谬其指：《书》之《传》《诗》之《序》虽有假托，而经文则未尝增易焉。然则公孙禄所谓"颠倒五经，使学士疑惑"者，丧服经传之文尤显见于当时，而为老师宿儒所指斥者欤？时《周官》始出，《戴记》尚未列于学官。

4.《孟子》

《望溪文集》卷一《读孟子》云：

余读《仪礼》，尝以谓虽周公生秦、汉以后，用此必有变通。及观《孟子》，乃益信为诚然。孟子之言养民也，曰'制田里，教树畜而已'；其教民，则'谨庠序之教，申之以孝弟之义'。凡昔之圣人所为深微详密者，无及焉，岂不知其美善哉？诚势有所不暇也。然由其道层累而精之，则终亦可以至焉。其言性也亦然。所谓践形养气，事天立命，间一及之；而数举以示人者，则无放其良心以自异于禽兽而已。既揭五性，复开以四端，使知其实不越乎事亲从兄，而扩而充之，则自无欲害人、无为穿窬之心始。盖其忧世者深，而拯其陷溺也迫，皆昔之圣人所未发之覆也。呜呼！周公之治教备矣。然非因唐、虞、夏、殷之礼俗，层累而精之，不能用也。而孟子之言，则更乱世，承污俗，旋举而立有效焉。有宋诸儒之兴，所以治其心性者，信微且密矣，然非士君子莫能喻也；而孟子之言，则虽妇人小子，一旦反之于心而可信为诚然。然则自事其心与治天下国家者，一以孟子之言为始事可也。

"层累"一词始见于此！此说被顾颉刚据为己有，且加以扩展，或为一大学说。

5.《明堂记》

《方苞集》卷一《辨明堂记》云：

《明堂位》列《戴记》，先儒以为诬，旧矣；而余尤疑是篇不知何为而作也。谓周人记之，则于明堂方位度数、朝会礼仪宜详；谓鲁人自侈大，则宜先周公勋劳、法则以及山川、土田、附庸、殷民、周索、命诰、典册，而无一具焉。至鲁君臣相弑，三传无异辞，初诵经书者皆识焉；记者能详四代之服、器、官而独昧于此，岂不异哉？及读《前汉书》，然后知此莽之意，而为之者，刘歆之徒耳。莽之篡，无事不托于周公：其居摄也，群臣上奏，称《明堂位》以定其仪。故记所称，莫不与莽事相应。其称"周公践天子之位以治天下，朝诸侯于明堂"，以莽践阼，背斧依，南面朝群臣也。贼臣受九锡以为篡征，自莽始。故备举鲁所受服、器、官，以为是犹行古之道耳。其称鲁君臣未尝相弑，又以示传闻不可尽信，若将为平帝之弑设疑也。其篇首曰："昔者周公朝诸侯于明堂之位，天子负斧依，南乡而立。"易周公以天子，与当日群臣所奏"周公始摄，则居天子之位，非乃六年然后践阼"，隐相证也。莽赞称假皇帝，则奏称《书·逸嘉禾篇》"周公奉鬯立于阼阶，延登，赞曰：假王莅政，勤和天下"。《书》既逸矣，云云者谁实为之？又况漫无所稽之杂记哉？或疑"周公践阼，倍依以朝诸侯"，别见《史记》鲁、燕世家，而荀卿《儒效篇》亦曰"以枝代主"，疑《明堂记》或有所授。不知古用简册，秘府而外，藏书甚希。太史公书，宣、成间始少出。自向校遗书，歆卒父业，以序《七略》，东汉宗之；凡后世子、史之传，皆歆所校录也。歆既伪作《明堂记》，独不能增窜太史公、荀子之文哉？《诗》《书》而外，周人之书成体而不杂者，莫如《左氏春秋传》；史克之颂，祝蛇之言，于鲁先世事详矣，无一语及此，而悖乱之说皆见于歆以后始显之书，则歆实伪乱增窜以文莽之奸也决矣。尝考《鲁世家》削去"成王临朝"至"翋翋如畏然"，《燕世家》削去"成王既幼"至"召公乃说"，前后文义吻合无间，而《周本纪》所谓"周公摄行政当国"，与《尚书》"位冢宰正百工"义正相符，是则刘歆之徒所未及改更而尚存其旧者。且《金縢》乃伏生之书，始出即列于学官，称"王与大夫尽弁"。又云："公为诗以贻王，而王亦未敢诮公。"则年非甚少，断可识矣。以是观之，凡言成王幼者，皆莽、歆之诬妄也。盖欲言周公践阼，而不得不言成王幼不能践阼耳。昔韩子论学，首在别古书之正伪。取其正者以相参伍，而得其会通，则昭昭然如分黑白矣。

6.《考定文王世子》
《方苞集》卷一《书考定文王世子后》云：

> 余少读《世子记》，怪其语多复沓枝赘。既长，益辨周公践阼之诬、武王梦帝与九龄之妄，而未有以黜之。及观《前汉书》，王莽居摄，群臣献议，称《明堂位》周公践阼以具其仪，然后知是篇诬妄语亦当时所增窜也。是篇所记，教世子之礼也，而称成王不能涖阼者再，周公践阼者三，成王幼而孤，无由习世子之礼，非关不能践阼也。周公抗世子之法于伯禽，岂必践阼而后法可抗哉？其强而附之增窜之迹隐然可寻。莽将即真，称天公使者见梦于亭长曰：摄皇帝当为真。故伪附此记，以示年齿命于天，而梦中得以相与昔周文武实见此兆，则亭长之梦信乎其有征矣。尝考《周官》显悖于圣道者实有数端而察之，莫不与莽事相应，故公孙禄谓歆"颠倒五经，使学士疑惑，其罪当诛"，意当其时老师宿儒必具见《周官》《礼记》本文，而愤其伪乱，故禄亦疾焉。余于《周官》之不类者，既辨而削之，乃并芟薙是篇，稍移其节次，而发其所以然之义。孟子曰："予岂好辨哉？予不得已也。"之数者，乃礼义之大闲，自前世或疑而未决，或习而不知其非，故不自揆，刊而正之，以俟后之君子。
>
> 莽之乱政皆托于《周官》，而僭端逆节一征以《礼记》，其引他经特迁其说，谬其指而未敢易其本文。【其受九锡，奏称谨以六艺通义，经文所见《周官》《礼记》宜于今者为九命之锡，盖他经则迁就其义，而《周官》《礼记》则增窜其文之征也。】盖武帝时五经虽并列于学官，而《易》《诗》《书》《春秋》传诵者多，故说可迁，指可谬，其本文不可得而易也。《仪礼》孤学，自高堂生而外，学者徒习其容，而不能通其义，故于《丧服》微窜经文，附以传语。至《戴记》则后出而未显，《周官》自莽与歆发，故恣为伪乱，然恐海内学士或间见《周官》之书，而传《仪礼》《戴记》者能辨其所增窜，故特征天下有逸《礼》、古《书》、《毛诗》《周官》《尔雅》、天文、图谶、钟律、月令、史篇文字者，并诣公车，至者以千数，皆令记说廷中，而又使歆卒父业，典校群书，而颁布之。使前见《周官》《仪礼》《戴记》之本文者，亦谓歆所增窜杂出于廷中，记说而疑古书所传或有同异，其巧自盖者可谓曲备矣。自班固志艺文，壹以歆所定《七略》为宗，虽好古之士无所据以别其真伪，而每至歆所增窜，则鲜不以为疑。盖《书》可伪乱，而此理之在人心者不可蔽也。戴氏所述《礼记》无《明堂位》，至东汉之初，马融始入焉。其为歆所伪作无可疑者，而此记所称周公践阼及他诬妄语，莫不与莽事相应，一如莽之乱政分窜于诸官。先圣之经、古贤之记，为歆所伪乱者，转赖其自盖之迹，以参互而得之，岂惟人心之不可蔽哉？盖若天所牖焉。后之人或以专罪余，则非余之所敢避也。
>
> 莽之求书先逸《礼》，以戴氏所传无《明堂位》，及此记所增窜也。次古《书》，以称《周书》逸《嘉禾》篇，假王涖政也。次《毛诗》，以毛氏后出，未显，俾众疑其引诗而迁其说，谬其指者，或出于毛氏也。次《周官》，其乱政皆分窜于诸官

也。并及《尔雅》《世家》，使众莫测也。《易》《春秋》无求焉，以莽事无所托，虽有称引，而于本文无增窜也。昔朱子谓《戴记》所传或世以衰世之礼，然相提而论，其诬枉未有若周公践阼居天子之位者，其妖妄未有若武王梦帝与？九龄而文王复与？以三者其悖谬未有。若大夫为其父母兄弟之未为大夫者之丧服如士服，及士之子为大夫则其父母不能主者。凡此皆先儒所深病，蒙士所心非也。莽为其母功显君服天子之吊服，而不主其丧，则《世记》之文母亦歆所增窜，以示大夫士相去一间耳。而古者子为大夫于父母之服即有变，况践阼居天子之位乎？子为大夫父母之为士者尚不敢主其丧，况居天子位与？尊者为体而可私屈为母丧主乎？歆既邪恶，而文学乃足以济其奸，凡所增窜辞气颇与《戴记》《周官》为近，故历世以来群儒虽究察其非，终怀疑而未敢决焉。班史谓自书传所载乱臣贼子无道之人，考其祸败，未有如莽之甚者。余考自古承学之士通经习礼，而为妖为孽亦未有如歆之甚者也。然莽以六艺文奸言，当其时即交讪焉，而歆蠹蚀经传以诬圣人，乱先王之政，至于千七百余年而莫敢雠芟，则歆之罪其更浮于莽也与？

方苞提出了刘歆伪造群书之说，自以为"后之人或以专罪余，则非余之所敢避也"。他完全没有料到，他的这些妖妄之言被后来的今文经学家们特别是康有为所覆盖。尽管方苞有好汉做事好汉当的担当意识，无所回避，但是还是被康有为抢了风头。通过历史的考察，我们才发现，从方苞到康有为的这一不为学界所知道的隐线。

7.《大戴记》

《方苞集》卷一《文王十三生伯邑考辨》云：

余少阅《大戴记》，称文王十三生伯邑考，即辨其诬而未得证验。先兄曰："文王嘉止大邦有子，安有是？"然犹不能无疑。及考《王莽传》："平帝年十有二，而莽欲以女配。"故歆先窜此于《大戴记》，以示文王始婚，亦年十有二，然后莽请考论五经，以定天子之娶礼。又恐《戴记》出宣元间，学者多见其书，故其后复征群士使记说逸礼于廷中，以欺惑学士。莽之篡无事不托于文、武、周公，盖夏、殷以前先圣之事与言所传甚希，众皆耳熟焉，难以凿空构立，而经传诸子皆周人之书，遭秦火而始出于汉，故使歆典校，卒向之业，以售其奸。自东汉相传以至于今，皆歆所校录也。学者可溺于前儒传授之言，而不别其真伪哉！

此为刘歆伪造群书之说。此说后来被无限放大。方苞亦始作俑者乎？

8.《金縢》

《方苞集》卷一《成王立在襁褓之中辨》云：

武王崩，成王幼，在襁褓之中，说见《家语》，又见《史记》，又见贾谊《保傅篇》，而《汉书》亦云武帝命画周公负成王图以赐霍光，盖莽与歆既曰成王不能践阼，则年宜甚幼。而《金縢》之篇无是也。其书乃伏生所传，旧列学官，不可诪张为幻，故于《戴记》窜焉。又恐《戴记》出宣元间，学者间有其书，故欲多为之征，而《论语》乃世儒所习诵，故又于《家语》窜焉。汉兴，博学多闻莫如贾生，继

《春秋》，创史法，囊括载籍，为世所宗，莫如太史公，故又于二书窜焉。至《汉书》所云，或武帝偶命作图以示立少子之意，或其事亦歆等构造，又或史官所记本周公辅成王图，而歆易为负班固，因之皆不足据也。众言樊乱必折诸经。《金縢》之篇曰："王与大夫尽弁。"则既冠明矣。公以诗贻王，而王亦未敢诮公，则已甚达于世事矣。以是知古书中言成王幼，不能践阼者皆妄也，而况云在襁褓之中哉？幸而《金縢》之篇尚存，不然，则歆之怪变竟无从而得之矣。或又以王自称冲子，周召称王孺子为疑，是惑也，盘庚之诰自称冲人，范文子为大夫赞军，谋而武子呼为童子。嗣君之自谓，师保之规箴，其称言义当若此，不可以弗察也。

9. 《礼记·经解》
《方苞集》卷一《读经解》云：

此记中间所述多荀卿语，疑出于汉之中叶，而传荀氏之学者为之也。三代盛时，国不异政，家无殊俗，《诗》《书》《礼》《乐》布在庠序，以为四术。降至春秋，王道虽微，而周礼未改。孔子赞《易》，作《春秋》，其徒守之。陵夷至于战国，百家放纷，儒术大绌焉。有一国而专立一经以为教者哉？遭秦灭学，至汉景武之间，诸老师各抱一经以授其徒，于是齐、鲁、燕、赵、邹梁之学兴，而承其学者复以教于乡邑，各自为方，不能相通，而其人之性质行能亦渐摩于经说而别异焉。记者既列教之所由分，并其说之有所失，而又念一道德而同风俗，非群儒之私教所可冀也。所以养君德，施政教，正俗化，莫急于礼，而礼非天子不能行。礼之兴，然后君德可成，而百官得其宜，万事得其序，和仁信义得其质，宗庙朝廷得其秩，室家乡里得其情。礼之废，则君臣、父子、夫妇、长幼恩薄，道苦序失行恶，其乱百出而不可禁御，凡此皆荀氏所谓"原先王，本仁义，礼正其经纬蹊径。不道礼宪，而求之于诗书，不可以得之"之本指也。夫六经火于秦，并出于汉，而礼之废则自汉始。河间献王献古邦国礼五十六篇，武帝不用而沿袭秦，故以定宗庙百官之仪，其士礼之仅存者亦未布颁以为民纪。自是以来，学者循诵《易》《诗》《书》《春秋》之文，而虚言其义，有得有失，一如《记》所称，而礼则湮沉残缺，每至郊庙大议，众皆蒙昧而莫知其原。同阎士庶丧祭宾婚荡然一无所守，而竟于淫侈。《记》所云以旧礼为无所用而去之者，意在斯乎？学者可习其读而弗察欤？

方苞认为，《礼记·经解》可能出于汉代中叶。

10. 《周官·大司马·四时田法》
《方苞集》卷一《书周官大司马四时田法后》云：

圣人之政，尽万物之理，而不过者不惟其大，惟其细。圣人之文，尽万事之情，而无遗者不以其详，以其略。周公五官之典皆然，而大司马四时田法尤其显著者也。盖观春与秋而知冬夏之田，王及诸侯皆不与焉。盛暑隆寒，不宜以武事烦尊者，且官徒殷，则劳费大也……于夏举勺，于冬举烝，则祠尝视此矣。于春举社，则秋报可知矣。于秋举方则春祈可知矣。于秋冬日致禽，则春夏献禽之约可知矣。于冬特举馌兽，则秋犹未敢备取，而不足以供四郊之馌可知矣。田法战法，冬详其目，而春举其纲。仲冬大阅，司马建旗于后表之中，至不用命者斩之，即春搜以旗致民，平列陈如战之陈也，中军以鼙令鼓至，鸣铙，且却坐，作如初，即春搜所教坐作进退疾徐疏数之节也，以旌为左右和之门至车徒皆噪，即春搜表貉誓民鼓遂围禁也。前期修战法，四时所同，而于冬乃出之，则三时专辨其一，而大阅备举其全具见矣。使以晚周秦汉人籍之，则倍其文尚不足以详其事，经则略举互备，括尽而无遗，是之谓圣人之文也。

11.《周官》《戴记》《书传》《诗序》

《方苞集》卷一《书辨正周官戴记尚书后》云：

余以《王莽传》辨《周官》所伪乱，循是以考《戴记》《尚书》及子、史传注，然后知舍莽政之符验，《周官》无可疵者，舍莽事之比类，古圣无见诬者。循是以讨去之，然后诸经之贼蚀一旦而廓然。呜呼！《书》更秦火，篇残文缺而已耳，而歆所伪乱则混淆于本文之中，伏暗而不可见，叠出互证，深固难摇。自程、朱二子出，然后能辨古书之正伪，而后之儒者知以理义为衡。故凡《周官》《戴记》《书传》《诗序》之纰谬，虽未辨所从生，而鲜不以为疑，疑之者众，然后或得其间，而白黑可判焉。汉儒之治经，莫勤于郑氏，然以莽事训《周官》，而于周公践阼、文王受命称王皆笃信焉，而益漫其支流，况《毛序》《孔传》之伪世乎？世俗之贸儒尚或以经说，惟汉儒为有据，而诋程朱为凭臆，非所谓失其本心者与？

方苞先入为主，以为经书史传无往不伪，未免疑古过度矣。

12. 祭薛中丞、裴太常二篇

《方苞集》卷一《书祭裴太常文后》云：

韩公自言所学先在辨古书之正伪，周秦诸子如管、庄、荀、韩可谓显著者矣，而案之皆有伪乱。余尝欲削其不类者，以无溷后人而未暇也。韩公之文一语出则真气动人，其辞镕冶于周人之书，而秦、汉间取者仅十一焉。今集中乃载祭薛中丞、裴太常二篇，意浅直，多俗韵。唐世家中尚不为好，而谓公为之与？二篇乃同官联祭之文，意者他人所为，公名载焉。公文重于时，故二家子姓矜为公作，而编集者莫能辨耳。公省试文明白曲畅，无甚可愧者，犹自谓近于俳优者之辞，则二篇决知非公作也。夫文之高下雅俗，判若黑白，学者犹安于习见，而莫知别择，况圣人之经，其微辞隐义辨在毫芒，蔽晦于前儒承授之说，而不察不著者，与此未可为不知者道也。

13.《亢桑子》

《望溪集》卷三《书柳子厚辨亢桑子后》云：

《亢桑子》之伪，柳子厚辨之。晁氏谓唐天宝中诏求其书不得，而襄阳王士元乃假托焉。士元年世，先后于柳，虽不可知；然果诏求不得，而伪者晚出，则辨宜及之。且是书剽剟戴记、诸子语甚众，而子厚第云首篇出《庄子》而益以庸言。又以文章取士及被青紫章服，为唐以后人语明甚。不据是斥之，而独以刘向、班固其录为疑，然则今所传者又可谓即子厚之所斥耶？

黄云眉认为其言亦颇当理。

总之，方苞在文献辨伪方面做了大量的负面工作。他以桐城派领袖群伦，其文名压倒了学名。有人对他的学问颇为轻视，这是不太公允的。其实他在辨伪学史上居于相当重要的地位，他的辨伪实际上对于康有为、顾颉刚产生了深刻的影响，而后者绝不提及。如顾颉刚的所谓"层累造成"的古史理论，殊不知"层累"一词就是方苞首先使用的。

二十九、任启运

（一）任启运其人

任启运（1670—1744），字翼圣，世称钓台先生。著有《周易洗心》《礼记章句》《四书约指》《孝经章记》《夏小正注》《竹书纪年考》《逸书补》《孟子时事考》《清芬楼文集》《清芬楼遗稿》等。

（二）任启运的文献辨伪

1. 《尚书》

任启运《清芬楼遗稿》卷二《尚书内外篇章句序》云：

> 孔子删《书》，断自唐虞，定修己治人之大法。毁于秦火，儒者谓古书三千二百四十篇，自黄帝始。孔子删之，存百有二十，以百二篇为《尚书》。十八篇为《中候》。或曰百篇尚已，吾不得而知。汉兴，伏生始传《尚书》。伏生，故秦博士，其所传虞夏之书四，曰《帝典》，曰《皋陶谟》，曰《禹贡》，曰《甘誓》，商之书五，曰《汤誓》，曰《盘庚之诰》，曰《高宗肜日》，曰《西伯戡黎》，曰《微子》，周之书十有九，曰《牧誓》，曰《洪范》，曰《金滕》，曰《大诰》，曰《多方》，曰《康诰》《酒诰》《梓材》，曰《召诰》《洛诰》，曰《多士》，曰《君奭》，曰《立政》，曰《无逸》，曰《顾命》，曰《吕刑》，曰《文侯之命》，曰《费誓》，曰《秦誓》，凡二十八篇。纵遗缺不全，后贤后王慎取而善推之，大法亦略云具矣。自汉广下求书之令，于是真伪杂出，先之以《泰誓》，后之以《古文泰誓》，云河内女子坏老子屋得之，古文则云鲁共王得诸孔壁，然刘歆曰古文十六篇，张霸曰古文可审定者二十五篇，梅赜亦云二十五，而张霸本则有《舜典》《弃稷》《汩作》《九共》《汤征》《典宝》《肆命》《原命》，梅赜本则有《五子之歌》《仲虺之诰》《伊训》《太甲》《说命》《微子之命》《蔡仲之命》《周官》《君陈》《毕命》《君牙》《冏命》十六篇，甚乖异。《禹谟》《胤征》《咸有一德》《武成》《旅獒》《泰誓》，其目一，其文又绝异《伪泰誓》，故有郑传张霸本，托郑传以行，今废久，梅赜本托《孔传》，唐孔疏因之，宋蔡氏又因之。世所习五十九篇者是也。顾唐孔氏之言曰："刘向作《别录》，班固作《艺文志》，刘歆作《三统历》，皆不见《孔传》。"又云："孔所传者，胶东庸生、刘歆、贾逵、马

融等所传是也。"又云："郑意师祖孔学。汉初，卫宏、贾、马亦传孔学。王肃似窃见《孔传》。"又云："《孔传》之后，历及后汉之末，无人传说。晋太保公郑冲始得之。"其言源流益荒谬难信。昔子夏、子张、子游以有若似圣人，欲以所事孔子事之，曾子不可，夫岂不怀，盖其敬也。《伪泰誓》张霸本摭拾未全，后儒得乘其隙，故遂废。梅赜本补苴备矣，然衷诸孔子得毋似之然乎？今本其所自析而存之，曰《尚书》内篇、伏生本外篇、梅赜本，取汉马氏、郑氏、王氏、孔氏、唐孔氏、宋蔡氏、苏氏、元吴氏、明王氏、姚氏诸说，旁及《纪年》《史记》《大纪》《通鉴前编》，考其事，玩其文，通其意，反复绅绎，为《章句》若干卷，信者著之，疑者阙焉。

2.《申公诗说》

任启运《清芬楼遗稿》卷二《申公诗说序》云：

　　古之传《诗》者三家，鲁申公受《诗》于浮丘伯，作《诂训》，是为《鲁诗》；齐辕固生作《诗传》，燕人韩婴作《诗内外传》，皆不知所自受。汉时，三家皆列于学，而《毛传》未出。毛苌者，赵人，自言其传出子夏，其后郑众、贾逵、马融作传，郑康成作笺，《毛诗》乃大显，而三家遂废。《隋·经籍志》言："《齐诗》亡于魏，《鲁诗》亡于晋。"至《唐志》但存《韩诗》，是《申公诗说》之亡久矣。明人搜罗旧籍，《申公诗说》俨然具在，然案之伪书无疑也。其以《鲁颂》为《鲁风》，于《豳风》则分《七月》一篇入《小雅》，余尽入《鲁风》。周公未尝之鲁，何以公所作者为《鲁风》乎？《孟子》引《鲁颂》，不云《鲁风》也。其余若分大小雅为正，为续，为传，取逸诗《唐棣之华》合《东门之墠》，大约与《子贡诗传》相似。然《子贡传》亦伪书也。嗟乎！《诗》之作者远矣。朱子疑《小序》，《毛传》而多所更变，然更变之庸必当乎？唐人之诗皆自题其篇，故易晓解，假令今日尽去其题，而使一人臆以度之，其弋获者，百一而已，况古之诗人，其旨远，其辞微，其托物比类，皆其所不欲明言，而欲以千百年后之一人，一一而度之，庸有当乎？孔子曰："小子何莫学夫《诗》？"而复约之以一言曰"思无邪"。《孟子》云："以意逆志，是为得之。"圣贤之说《诗》，如此而已。其他引《诗》见于《论语》《礼记》《左传》《国语》，皆与后世经师异。然则谓《诗》无定解者，妄也；谓《诗》必当为定解者，诬也；谓不得《诗》之定解且无容置一喙者，惑也。愚于三《礼》则详说之，而《诗》独阙焉，非后《诗》也，有难言者也。《小序》《毛传》最为近古，《笺》《疏》而下，与朱《传》并存，不复有所去取，以所得于性情者在我，不在人也。然则《申公诗说》存之乎？抑废之乎？曰：读书且无论其真伪，当于心而已。《小序》亦未必其果为子夏也，彼申公者，亦说《诗》者流也，庸讵知斯人之臆而说者，不弋获于百一也？则知其伪而存之可也。

3.《礼记》

任启运《清芬楼遗稿》卷二《礼记章句序》云：

　　世传五经旧矣，然《礼记》固非孔子定也。孔子删《诗》《书》，定《礼》《乐》，赞《周易》，修《春秋》，四经具在，而礼独湮没，惜哉！汉河间献王收孔子弟子书百三十一篇，刘向校之，亡其一，后又得孔子《三朝记》《明堂阴阳记》《王氏史氏记》《乐记》共二百十四篇，戴德删并为八十五，戴圣又删之，损益离合，为四十六（戴圣所删今名《大戴礼》，其合者如衅庙礼，入《杂记》中，坐如尸二句入《曲礼》中，分者如庙事篇分为《朝义》《聘义》，《曲礼》《檀弓》《杂记》各分上下篇），可谓博收而慎取之矣。马融取诸刘向增入者三，《乐记》善矣，《月令》稍滥，《明堂位》益夸四制，不知益自何人，约《大戴·本命篇》，窜以己说，而《朝义》复亡，今所传四十九篇者是也。郑康成注之，孔颖达疏之，遂列诸经，与孔子所定《易象》《诗》《书》《春秋》等矣。或曰：《仪礼》，经也，《礼记》，传也。此以论冠、昏、饮、燕、射、聘诸义则然，他篇不可概论。或曰：治天下大法具在《周礼》，是宜经，然作圣门庭闼奥，若《大学》《中庸》探礼乐本原，若《礼运》《乐记》其言多与《易传》《诗》《书》相表里，而《曲礼》《少仪》《内则》尤治身治家要法，非是即《周礼》何以行哉？记四十九篇，言丧、祭盖半，而丧居三之一，古人于此兢兢焉，此意即礼之本也，而或乃废之，谬矣！《月令》《王制》间杂秦汉，要亦掇之虞夏商周为多。传曰：礼与时宜，学者苟综所闻，得圣人之意，因时进退，而以道为权，虞夏可师，秦汉亦可监也，何必成周？汉注唐疏多附会，要所援据，杂而不越，义蕴殊可寻。宋朱子作《大学中庸章句》，精粹越诸儒，然自是汉儒之学微矣，学者牵于所闻，或饰虚辞以自遁，不务会通，而妄相訾謷，奚益？夫圣人之礼，将以宰天地，顺万物，其事行于班朝莅官之地，而其义皆寄诸学者诵说讨辨之中。学者之讨辨极于微渺，而后施之，铢黍不爽，其衡儒者之论荒而悠谬，渐浸于朝，宁自秦汉以逮元明，菲议周礼，而轻变之，本末失衡，轻重倒置。君臣之交，坏于秦父子之恩，薄于汉唐为母三年而夫妇之序废，明为妾母服斩，而嫡庶之分淆，中乎人，心乎风俗，虽一时议政者过要，亦学者讲不精、理不明之致也，故曰礼之义明，而万事可得而理矣。

4.《孝经》

任启运《清芬楼遗稿》卷二《孝经章句序》云：

汉兴，河间颜贞出其父芝所藏《孝经》，长孙氏、江氏、翼奉、后苍、张禹、郑众递相传述，越三国两晋，辨说滋益多要，自康成定为十八章后，皇甫侃《义疏》备三十家，于十八章未之或改也。隋王劭始言得汉孔安国古文旧传凡二十二章，信乎否哉？唐初并存，刘讥郑惑，司马斥，孔郐，明皇集儒官令状章名重加商订，今所传者是也。顾《闺门章》既除而数，犹十八，知非郑氏之旧矣。宋朱子刊误定为经一章、传十四章，运遵朱子加以训释，从《礼记》例，亦名章句。既成，今上之元年，运以乡举入都，遂从刘学使山右，于佛龛得抄本，见有文同《戴记》，而今本无者，携以归，徐审之，盖传之十章也。孔子言："身体发肤不敢毁伤，孝之始；立身行道扬名后世，孝之终。"又言："始于事亲，中于事君，终于立身。"传释不敢毁伤及事亲事君，而去立身于义何居？知此必逸文也。旧注言孔子云："行在《孝经》。"则《孝经》孔子自作，朱子辟之，谓曾氏门人所记，谅哉！曾氏门人子思尚矣，余如乐正、子春、公明仪、公明高大都笃谨，能守其师说。《中庸》言修道以仁，仁者，人也，亲亲为大，反身不诚，不顺乎亲，非专言孝，而孝之义毕该。传《孝经》者，未之逮也。顾经传体裁绝似《大学》，其出曾子门人无疑耳。我皇上孝治天下，而《孝经》之全即于元年出，殆所谓志气如神，有开必先者欤？运幼受《戴记》，于不辱其身二语，日奉以周旋，而常以一言几致折臂保身之难，至于如此，今年逾六十，手足之启正未可知，此运今所为补定此章而弥复战惧者也。

吴敏树《柈湖文录》卷三《孝经章句序》亦云："《孝经》与《论语》并重，自古然已。《论语》者，门弟子各记所闻。《孝经》则专出曾氏，其文明见曾子矣。曾子以孝闻，而独传孔门之宗，后儒于其门人所出之书，独惟尊《大学》。谓《孝经》其义未深，非其至者，不知古人尤重此书。自汉以前，已列为经，大师章句，代有承传。近儒论出，遂不知重，致使书贾之家，竟无专刻。敏树幼时受读，乃是小学行本，列在马融《忠经》之后。夫《论语》问孝，孟懿子、武伯、子游、子夏之徒，所语皆一身一家之事。《大学》老老兴孝以平天下，《中庸》舜大孝，武王周公达孝，始扩言之，与《孝经》合，列之小学，实为不伦，况孝实兼忠，经屡申之。马融何人也！妄别为经，其人事行尤丑秽，故当投之门墙之外，而乃用其书以训童子乎！"

5.《夏小正》

任启运《清芬楼遗稿》卷二《夏小正序》云：

孔子曰："我观夏道，得《夏时》焉。"《夏时》之等以是观之，说者谓《夏时》《小正》之属。《小正》者，《大戴礼》之四十七篇也。孔子以是观夏礼，小戴摈之《记》外，学者遂置不论云。朱子集礼，别其经传，列《月令》前，盖朱子之鉴别精矣。金氏因之采入《通鉴》，于传稍有异同。愚谓戴礼古传当有所受之也。又小戴所弃者多，此篇不可弃。

三十、揆叙

（一）揆叙其人

揆叙（1675—1717），字恺功，号惟实居士，姓那拉氏，满洲正黄旗人。明珠之子，纳兰容若之弟。荫生。早年师从吴兆骞、唐东江、查他山。著有《御定皇舆表》《益戒堂诗集》《益戒堂诗后集》。生平事迹见《清史列传·大臣传》《满洲名臣传》《国朝诗人征略》《清人诗集叙录》。

（二）揆叙的文献辨伪

1.《尚书》

《隙光亭杂识》卷五、卷六讨论《尚书》，尤其关注其真伪问题，文繁不录。

2. 佛道文献

宋潜溪云：道家诸书多寇谦之、吴筠、杜光庭、王钦若之徒所撰，文多鄙俚，独《度人经》号为雅驯。《唐·艺文志》颇著其目。余按：道家天尊、道士等称并见佛经。沙门自称贫道，见于《世说》诸书。此其偷窃之至微者，然亦可以见其无所不窃矣。

3.《庄子》

《汉书·艺文志》载《庄子》五十三篇，今存者三十三篇，其中《让王》《说剑》《渔父》《盗跖》四篇，苏子瞻以其浅陋，不入于道，删去之是也。《说剑》篇差爽健，以战国策士之文。

4.《左氏春秋》

明陆子余著《左氏春秋镌》，疑其书未必尽出丘明，或战国之初有淑于七十子之徒者为之，故其指意所存往往不中于道。余颇韪之……余谓此理之所必无者，宜乎陆氏之致疑也。

5. 论附益

圣经贤传，每叹为后人附益淆乱，然终难以掩天下万世之耳目。其最甚者，无如《书经》……又太史公没于武帝时，而《贾谊传》言贾嘉至孝昭时列为九卿，《司马相如传》引扬雄语，皆出后人之手何疑。

6. 论宋儒疑古之不可信

夫子请讨陈恒，胡氏云："仲尼此举先发后闻可也。"盖宋儒于昔贤每多吹毛索瘢，此则并夫子而不满其意矣。杨升庵云："果如胡氏之言，则不告于君而擅兴甲兵，是孔子先叛矣，何以讨人哉？与宋岳武穆之意正同。"其语亦甚快，惜乎胡氏不闻斯言也。

第十一章

清代中期的文献辨伪

一、顾栋高

（一）顾栋高其人

顾栋高（1679—1759），字复初，一字震沧，又自号左畲，江苏无锡人。康熙六十年（1721）成进士，受内阁中书。著有《方儒粹语》《春秋大事表》《毛诗类释》《尚书质疑》等。

（二）顾栋高的文献辨伪

1. 《古文尚书》

顾栋高撰《尚书质疑》，此书质量不高，多有非议。

王鸣盛《西庄始存稿》卷二十九《与顾震沧司业书》云：

> 末学小生跧伏海隅，钦慕道范久矣。末由抠衣讲席，一聆高论。比来京师，味经先生以贱名达之左右，先生答书恨不得面晤。以当代大儒通怀乐善如是，且感且愧。伏读尊著《尚书质疑》，议论新特，多发前人所未发。第其中考据有未的者，尚宜酌定。谨摅一得奉闻，或即鸣盛之所以报知己也。有苗论谓禹无徂征之事，其文盖出于刘歆。按：禹之征苗详载汲郡古文及《墨子·兼爱篇》。舞干羽事，则《韩非子》《淮南子》及皇甫士安《帝王世纪》皆有之。又案：孔安国古文五十八篇，三十四篇与伏生同，内《盘庚》三篇同卷，《太誓》三篇同卷，《顾命》《康王之诰》二篇同卷，实二十九篇。二十四篇增多者，伏生所无，内《九共》九篇同卷，实十六篇增多之篇。自武帝时已入中秘，刘向校古文，著于《别录》。歆领校秘书，卒父前业。及平帝时遂立古文于学官。建武之际亡《武成》一篇，故班志载五十七篇。永嘉乱

后增多者又复亡失，梅赜乃奏上二十五篇，孔颖达遂诬二十四篇为张霸伪造，今大禹谟乃赜所上，而以为作于歆，歆乃亲见古文者，恐无伪作之事，其宜酌定一也。

《四库提要》卷十四《尚书质疑》提要亦云："所著《春秋大事表》，最为精密。其注《诗》，亦有可观。惟此一编，较他书为次乘。其例不载《经》文，亦不训释《经》义。惟标举疑义，每条撰论一篇，为数凡四十有一。大抵多据理臆断，不甚考证本末。如谓帝王巡狩必不能一岁而至四岳，因疑惟泰山为天子亲至，余皆不至其地，引泰山独有明堂为证。且称华山、恒山、衡山久在晋、楚境内，若有明堂，而为晋楚所毁，列国宜何如问罪，《春秋》宜何如大书特书。夫《春秋》明例，承告乃书，二百四十年中，未有以毁某来告者也。安得以《春秋》不书毁为本无明堂之证。晋不奉正朔（《春秋》凡载晋事，传与经皆差两月，杜预以为晋用夏正），楚僭称王号，孰问其罪？又安得以《春秋》无书毁明堂者为本无明堂之证乎？古文《尚书》晋时乃出。栋高既确信'危微精一'数语，断其必真（案："危微精一"数语，实《荀子》所载，云出《道经》），乃独以两阶干羽一事为刘歆窜入，主名确凿，此出何典记也？《山海经》本不足信，蔡《传》引其怪说以注《禹贡》，自是一失。栋高驳之是也。至谓为刘歆所伪作，则《禹本纪》《山海经》之名先见于《史记·大宛传赞》，亦歆所窜入欤？周代诸侯所以能知其名者，赖《春秋传》耳。夏、商年远文略，靡得而徵。乃谓夏、商不封建同姓。考《史记·夏本纪》曰："禹为姒姓，其后分封，用国为姓，故有夏后氏、有扈氏、有男氏、斟寻氏、彤城氏、褒氏、费氏、杞氏、缯氏、辛氏、冥氏、斟戈氏。"云云，则夏代分封，史有明证，乌得遽断其无？如以不见于《书》而断之，则今文惟有齐吕伋、鲁伯禽、晋文侯、秦穆公，古文惟有蔡仲耳。周公封鲁，召公封燕，《书》且无明文矣。他如论尧、舜、禹非同姓，论商、周改时改月，论'乱臣十人'中有胶鬲，论《洪范》不本《河图》《洛书》，论'微子面缚'而又'左牵羊，右把茅'，论周公未尝居摄，亦皆前人之旧论，不足以言必得。大抵栋高穷经之功，《春秋》为最，而《书》则用力差少。人各有所短长，不必曲为之讳也。"

2.《周礼》

顾栋高《春秋大事表》卷十四《丘甲田赋论》云：

《春秋》成元年作丘甲，哀十二年用田赋，杜氏两注马牛之数，前后自相违戾，具见李氏廉辨论中。李氏特取文定之说曰："作丘甲者，每丘出一甲士，而甸出甲士四人也。往者三人，而今增其一。杜氏以为'丘出甸赋加四倍'者，非是。用田赋者，往时田主出粟，而赋则取于商贾之里廛。今鲁以商贾所当出之赋，而于田上征之，盖收区域之征，以备车牛乘。若汉家收田赋泉以补车马，亦其遗意。杜氏以为别其田及家财各为一赋者，非是。因谓《司马法》所云'甸出一乘'者，其实止出一乘之人，一切马牛车乘决非丘甸所出。"卓哉斯论！可破千古之惑。而后儒往往不之信者，则以《周礼》小司徒及乡师、遂师俱有"六畜车辇、旗鼓兵器、帅而至"之文，疑此言与《周礼》相悖。余谓《周礼》出于王莽时好为繁重碎密之制，特傅会《司马法》以瞀当世之愚民，非周制之本然也。夫信《周礼》，不若信《左传》。信《左传》，尤不若信《诗》《书》。《诗》《书》非出于一人之手，学者可因文思义，以想见当时之制度。非若《周礼》勒成一书，有所增饰，故至今犹可考而知也。尝考《左氏传》，郑庄公伐许，授兵于大宫，公孙阏与颍考叔争车，晋惠公御秦师，乘小驷郑入也。则车马皆出自上可知矣。卫懿公将战，国人受甲者皆曰使鹤，郑子产授兵登陴，楚武王授师子焉以伐随。则甲仗兵器皆出自上可知矣。夫以六十四井之地，需出长毂一乘、戎马四匹、牛十二头，则必庐井沟洫之外别有牧地，主伯亚旅而外别有圉人，筑场纳稼之余别烦刍茭，且或秣饲不以时，或致临事倒毙，不大败乃公事乎？不特此也。果其马牛车辇皆出民间，公家可以不烦畜马，而卫风有"骙牝三千"，鲁颂有"驹驹牡马"，岂反不以备战阵，而止以供游观乎？不特此也。马牛车辇皆民自具则必怨，行役者兼述其供马赋车之苦，劳归士者并慰其车烦马殆之勤，而《东山》止言"制彼裳衣，勿士行枚"，《何草不黄》之诗止云"匪兕匪虎，率彼旷野"，但曰民劳耳，未尝一言及车马也。且其制当自周初已定，武王胜商克纣，当云归马于民间，还牛于卒伍可矣，何云"归马华山之阳，放牛桃林之野"，此尤大彰明较著者也。且即《周礼》一书亦自相矛盾。既云马牛供于丘甸矣，而大司马校人之职复云掌王之六马十二闲，又云凡军事物马而颁之，大司徒牛人又云军旅供其兵车之牛，与其牵旁以载公任器，与《左传》授甲授兵正相类。可见《周礼》一书有真有伪，所贵好学深思之士旁通经传，参互而别择之，勿徒泥于先儒之成说，庶乎考诸三王而不谬也。谨因文定与李氏之说为衡定之，曰初税亩加赋也，作丘甲益兵也，用田赋备车马也，春秋当日之情事了然若睹，而诸儒之说亦有所折衷矣。

今按："信《周礼》，不若信《左传》；信《左传》，尤不若信《诗》《书》"，此将四经的可信度分为三等，《诗》《书》最可信，《左传》次之，《周礼》最不可信。这只是一孔之见，不足为凭。彼谓《周礼》出于王莽时，也是误判。又按：《清儒学案》中华书局点校本误将"李氏廉辨论"标为"李氏《廉辨论》"，李氏廉为人名，不可割裂。

皮锡瑞《经学通论·论〈聘礼〉与〈乡党〉文合可证礼经为孔子作》云：

> 顾栋高《〈左氏〉引经不及〈周官〉〈仪礼〉论》，谓："《周礼》为汉儒傅会，即《仪礼》亦未取信为周公之本文。"俞正燮《〈仪礼〉行于春秋时义》驳顾氏说，谓"时行其仪，故不复引其文"，据臧孙为季孙立悼子，为《仪礼》宾为苟敬及嗣举奠法，齐侯饮昭公酒，使宰为主人而请安，为《仪礼》请安法；郱庄公与夷射姑饮酒，私出，阍乞肉焉，为《仪礼》取荐脯法。虽其礼相吻合，未可据之以《仪礼》为周公作，真出孔子之前也。

二、江永

（一）江永其人

江永（1681—1762），字慎修，又字慎斋。经学家、语言学家、数学家、天文学家，徽派学术的开创者。著有《礼书纲目》《春秋地理考实》《周礼疑义举要》《翼梅》《正弧三角疏义》《推步法解》《律吕新论》《律吕阐微》《古韵标准》《音学辨微》《四声切韵表》《近思录集注》《乡党图考》《礼记训义释言》《河洛精蕴》《孔子年谱辑注》《群经补义》《仪礼释例》《仪礼释宫谱增注》《历学补论》《考订朱子世家》《读书随笔》《卜易圆机》《论语琐言》《慎斋文钞集》若干卷等。

(二) 江永的文献辨伪

1.《河图》《洛书》

《河洛精蕴》一书为江永79岁时写就，故而通体精深，绝非他书之言《易》数者可比。书分内外二篇，内篇论图书卦画之原，先天后天之理，蓍策变占只法，为河洛之精；外篇论图书卦画所包涵，旁推交通，为河洛之蕴。

江永《河洛精蕴自序》云：

> 天不爱道，地不爱宝，河出马图，洛出龟书，天地之大文章也。天以光气昭烁于三辰，地以精华流衍为五行，其为文章也大矣。复假灵于神物，出天苞，吐地符，示之图焉，倍五为十而显其常，又示之书焉，藏十于九而通其变。常者具无穷之变，变者皆自然之常。参伍而列，错综而居。天地不自匿其妙道至宝，所以牖闿圣人，而启其聪明，发其神智，又将有不尽之文章于是乎起也。
>
> 卦画者，圣人之文章也。一奇一偶，太极呈焉，仪象生焉，三画既成，八象肖焉，万汇该焉。自"天地定位"，以至"水火不相射"者，先天之为体也。自"帝出乎震"，以至"成言乎艮"者，后天之为用也。先后不可相无，犹图、书不可废一也。至于八卦相荡，六爻相错，而《易》道成焉，其书遂能与天地准，弥焉纶焉，冒天下之道焉。其始不过奇偶二画而已，虽圣人之聪明神智，仰观俯察，远求近取，随处皆可会心，而以天地自然之文章，心领而神契者必尤深。故曰"河出图，洛出书，圣人则之"，非虚言也。周子曰："圣人之精，画卦以示；圣人之蕴，因卦以发。"《易》不止五经之源，实天地鬼神之奥，此论《易》之粹言。所谓精者，自然流出，不假智力安排；所谓蕴者，包蓄无涯，不遗精粕煨烬。两言足以尽《易》道之妙矣。更探本而言之，卦之精即图、书之精，卦其右契，而图、书其左券也；卦之蕴皆图、书之蕴，卦其子孙，而图、书其祖宗也。余学《易》有年矣，古今诸儒之说，亦尝遍观矣。窃疑圣人之所以则图、书作《易》者，必有的确不可移易之理，何以先儒言之，犹在可彼可此、若合若离之间？则其所以求圣人之精者，岂无遗义以待后人之探索乎？文王作《易》，以反对为次序，因有反复往来之义，以明天道有循环，人事有变迁，此义甚显也，何以先儒言之，乃舍近求诸远，舍明索诸幽，则其所以发圣人之蕴者，岂无剩义以待后人之补苴乎？夫《易》遂之广大，圣人屡言之，而未条其事目也。今思之，《易》前似有《易》，陈希夷之《龙图》是也；《易》中复有《易》，中爻之十六互卦是也；《易》后又有《易》，焦赣之《易林》，及后世《火珠林》占法是也。更举图书、卦画同源而共流，旁推而交通者，若算家之勾股乘方，乐家之五音六律，天文家之七曜高下，五行家之纳甲纳音，音学家之字母清浊，堪舆家之罗经理气，择日家之斗首奇门，以至天有五运六气，人有静脉动脉，是为医学之根源，治疗之准则者，亦自图书、卦画而来。

黄圣谦《河洛精蕴》跋云：

圣人则《河图》《洛书》而作《易》，《易》之为书，广大悉备，冒天地人之道于六十四卦之中，是所为图书者，当必有以统卦画之全，极天文、地理、人事之变，而后圣人得而则之。近读婺源江慎修先生所著《河洛精蕴》一编，凡卦画次序、方位、著策、变占，一一从河洛而抉其精；以及天文、地理、人事，一一从河洛而阐其蕴。

江永《河图洛书原始》云：

汉孔安国云："《河图》者，伏羲氏王天下，龙马出河，遂则其文，以画八卦。《洛书》者，禹治水时，神龟负文，而列于背，有数至九，禹遂因而第之以成九类。"按：此孔氏《论语注》及《尚书洪范传》也。《尚书孔传》晋魏间人伪撰，然法《洛书》，陈九畴，刘歆已言之。而《大戴礼·明堂篇》有二九四七五三六一八之文，郑康成注云："法龟文也。"则亦以《洛书》为龟文也。箕子为武王陈《洪范》九畴，谓治天下之大法有此九类耳，未必有取于《洛书》。《洛书》九数有一定之方位，《洪范》五行居一，皇极居五，似有合矣，然三八政何以居东？七稽疑何以居西？九五福六极何以居南？二五事、六三德何以居西南、西北？四五纪、八庶征何以居东南、东北？九畴之次第虽可臆推，《洛书》之方位则难强解。其云天乃锡禹《洪范》九畴者，犹云天启其衷云耳，非真以龟文为九畴由天锡之也。

江永《群经补义》卷一《尚书补义》亦云：

《尚书》孔安国《传》，晋魏间人伪撰。其言禹治水时，神龟负文而列于背，有数至九，禹遂因而第之以成九类，后人遂谓《洛书》为九畴，非也。箕子为武王陈《洪范》九畴，谓治天下之大法，有此九类耳，未必有取于《洛书》。《洛书》九数有一定之方位，《洪范》五行居一，皇极居五，似有合矣，然三八政何以居东，七稽疑何以居西，九五福六极何以居南，二五事、六三德何以居西南西北，四五纪、八庶征何以居东南东北，九畴之次第虽可臆推，《洛书》之方位则难强解。其云天乃锡禹《洪范》九畴者，犹云天启其衷云耳，非真以龟文为九畴，由天锡之也。

此条与《河图洛书原始》基本吻合。江永又云：

按刘歆云：《河图》《洛书》相为经纬，八卦九章相为表里。此言似有见，以《河图》言之，火南，水北，木东，金西，合四方之正位似为经，而《洛书》为纬；以《洛书》言之，奇数居四，正耦数居四隅，似为经，而《河图》为纬。以八卦言之，天、地、水、火、雷、风、山、泽各居其方，似为表，而数为里；以《洛书》言之，生数成数阴阳配偶各得其位，似为表，而卦为里。然其所以相为经纬表里者，恐歆亦未能明言。图书卦画所以交关者，其窈奥未发也。况以九章为九畴，八卦九畴有何交涉乎？元魏太和时，关朗子明述其六代祖渊有《洞极真经》，其叙本论云：《河图》之文，七前六后，八左九右，是故全七之三以为离，奇以为巽，全八之三以为震，奇以为艮，全六之三以为坎，奇以为乾，全九之三以为兑，奇以为坤，正者全其位隔者尽其画。四象生八卦，其是之谓乎？按：昔人不知有先天八卦，故惟以后天八卦言之，其比附《河图》，牵强补凑，非自然之理也。

　　《易》曰："河出图，洛出书，圣人则之。"今幸有河洛二图传于世。朱子《易本义》取之以冠篇端，又作《启蒙》以发明之，可谓万世之幸矣。相传《河图》出于伏羲之世，则圣人之作《易》也，必于《河图》为最先。《易》卦之作，所谓《易》有太极，是生两仪，两仪生四象，四象生八卦者也。夫图以点而卦以画，图数有十，而卦止八，二者甚不相伴，何以言则？既曰则之，则必有确然不易之理数与之妙合无间，然后可谓则图作《易》。今以卦之方位视图之方位，若方底而圆盖，圆凿而方枘，龃龉不能相入。若曰则之以意，不在形迹，则虚遁之辞也。若但以虚位比拟，可彼可此，牵强组合，可东可西，则亦不见圣人之神智矣。扬子云作《太玄》拟《易》，朱子讥其零星凑合，曾谓圣人则图作《易》，亦同于比拟组合者耶？《启蒙》之论，则《河图》也，曰：析四方之合，以为乾、坤、离、坎，补四隅之空，以为兑、震、艮、巽。又曰：乾、坤、离、坎居四实，兑、震、艮、巽居四虚。后学思之，甚可疑焉。夫谓析四方之合以为乾、坤、离、坎而居四实也，未知其用内一层之生数抑？用外一层之成数乎？如用生数，则一似可为坤，而二何以为乾？三似可为离，而四何以为坎？如用成数，则六似可为坤，而七何以为乾？八何以为离，九何以为兑？其谓补四隅之空，以为兑、震、艮、巽而居四虚也，未知其用成数补，抑用生数补乎？如用成数，则六似可居西北当艮，而七何以为兑？八似可居东北当震，而九何以为巽？如用生数，则二似可居西南当巽，而一何以为震？三何以为兑？四何以为艮？皆非确然之理数，正是虚位比拟，可彼可此，牵强组合，可东可西，恐圣人会心于图象以作《易》，不如是其肤浅也。且八方当八卦，而中间五十竟置诸无用之地，则亦不见造化之妙矣。愚谓《河图》之数，水北，火南，木东，金西，乃先天涵后天之位，而其所以成先天八卦者，乃是析图之九四三八以当乾、兑、离、震之阳仪，分图之二七六一以当巽、坎、艮、坤之阴仪。序列既定，然后中判，规而圆之，乾、兑、离、震居左，则九四三八亦居左，巽、坎、艮、坤居右，则二七六一亦居右，适与《洛书》八方相符焉。此图书卦画所以有相为经纬、相为表里之妙。若欲于图之八数求卦之方位，必有虚位比拟牵强组合之病矣。且先儒于两仪、四象亦有未的确处。《本义》云："两仪者，始为一画以分阴阳。四象者，次为二画以分太少。"此言卦画则确矣。《启蒙》配合图书，则谓两仪者奇耦。夫阴阳之道变化无方，岂止论奇耦哉？

2. 《尚书》孔安国《传》

《群经补义》卷一《尚书补义》云：

　　诸侯有命圭及谷璧、蒲璧朝觐执之以为挚，而天子亦执冒四寸以朝诸侯，自是相见之仪当如此。旧说谓圭头斜锐，其冒下斜刻，小大长短广狭如之。诸侯来朝，天子以刻处冒其圭头，有不同者，则辨其伪。舜之辑五瑞，令其执之，以合符于天子，而验其信否，审知非伪，乃颁还之。此伪《孔传》释瑁字谬妄之说也。命圭有伪，则诸侯亦有盗窃者乎？冒下之刻果能尽辨之乎？璧是圆形，异于圭之锐，又将何以辨之？以冒防伪辨伪，可谓拙矣。以此说辑瑞、颁瑞，似此举专为防诸侯之盗窃者。煌煌觐后大典只为阴私诡秘之计，何其视圣人德量之不广乎？伏生《尚书大传》谓诸侯有过者留其珪，无过者还之，此说犹近理。惜《集传》未辨正，他处诸侯执圭亦以合瑞言之，皆承《孔传》之误。

《群经补义》卷一《尚书补义》云：

> 《周官》云："六年五服一朝。"言六年而五服皆朝边，正与《周礼》大行人合，谓王巡狩之后，一年侯服朝，二年甸服朝，三年男服朝，四年采服朝，五年卫服朝，至六年当要服朝，是为六年六服一朝，而惟言五服者，蛮夷道远略之，故空其文耳。《孔传》失经意，谓五服六年一朝，会京师，是五年诸侯皆无事，至六年而皆聚京师，计当时五服有数百，国王之接见亦不胜其劳，群臣日以待宾客为事，皆不遑他务矣。圣王制礼何为必逸于五岁而并劳于一岁乎？此伪《孔传》不达事理之言，蔡《传》亦误从之也。

江永以《孔传》为伪书，但未加以论证，应是随大流也。

3. 《孝经援神契》

《群经补义》卷一《尚书补义》云：

> 《孝经援神契》，汉人伪撰。亦有"字者，孳乳而生"之说，许氏盖因之，后之著字书者无不袭孳生之说矣。

三、沈彤

（一）沈彤其人

沈彤（1688—1752），字冠云，号果堂，江苏吴江人。康雍间，何义门以古学倡导东南，四方从游弟子著录者甚众，而果堂为之后劲。少淳笃，尽洗吴中名士习气。读书以穷经为根柢，贯穿古人之异同，务求其至是。文章不屑辞华，独抒心得。顾暗淡自修，世鲜知之者。乾隆元年，由诸生应博学鸿词科，缘奏赋至夜半，不及成诗，不入选。有人荐修三礼暨《大清一统志》，议叙授九品官，耻不仕，遂以亲老乞归。居丧不茹荤，不内寝，动中乎礼。穷年屹屹，闭门撰述，群经皆有考订。

其学长于三礼。以宋欧阳修疑《周官》官多田少，禄且不给，其有辨者，率以摄官为辞，乃详制周制，著宦爵数、公田数、禄田数，成《周官禄田考》三卷。又尝为《周官颁田异同说》《五沟异同说》《井田军赋说》《释地征篇》，援据典核，自郑注贾疏后，推为特精。复撰《仪礼小疏》一卷，取士冠礼、士昏礼、公食大夫礼、丧服、士丧礼，为之笺疏，足订旧义之讹。居恒讲求经世之务，所著《保甲论》，与安溪李光型《保甲说》并能剖析利病，见称于时。主纂吴江、震泽二县志，震泽故吴江之分邑也，于二志经纬分合各有法，可以为天下分邑修志者之式。其他尚有《尚书小疏》一卷，《春秋左传小疏》一卷，《果堂集》十二卷。兼通医术，又为《气穴考略》《内经本论》，各若干卷。

（二）沈彤的文献辨伪

1. 《古文尚书考》

沈彤《果堂集》卷五《古文尚书考序》云：

> 辨东晋所出《古文尚书》之伪者，自赵宋而来，约有两端，曰文从字顺而易读，曰掇拾传记而无遗。前之说，则所云读以今文者之删添与传者之私窜足以解之，后之说，则所云传记之征引自多古文者足以解之，皆不得谓挟持有故也。吾友惠君定宇，淹通经史，于五经并宗汉学，著述多而可传。其《古文尚书考》二卷，能据真古文以辨后出者之伪。大指言郑康成所述二十四篇之目见于唐《正义》者，即《汉艺文志》之十六篇，刘歆、班固以为孔安国所得古文无异词。自梅赜奏古文二十五篇，列诸国学，孔颖达乃以二十四篇为张霸所造，遂令梅书杂古经而大行，是谓伪其真而真其伪。余惟班之《艺文志》即刘之《七略》，刘在成、哀间领校秘书，班在显宗时典其职，于所谓十六篇者皆亲见其文而载之于书。十六而为二十四，郑析其《九共》一篇为九耳。若张霸所造乃百两篇，且当时即以乖秘书见黜，然则郑之二十四篇非张霸伪书而为真古文可决也。郑之二十四篇为真古文，则梅之二十五篇为伪古文亦可决也。夫二十五篇之古文，非不依于义理，顾后儒之作虽精醇，不可以混清圣籍。扬子、文中子之拟经，皆谓之僭；况以伪乱真者！故欲尊古经，必辨后出者之伪；而欲辨后出者之伪，必据其前之真者而后可；此定宇之书所由高出于群言邪？得是而后出古文之为伪，虽素悦其理而信之者亦无以为之解，而所谓足以解者，皆转而为浮说矣。太原阎百诗，近儒之博且精者，著《尚书古文疏证》五卷，先得定宇之指，定宇书不谋而与之合，文词未及其半，而辨证益明，条贯亦益清云。

可谓推许备至，然友朋之间难免有溢美之词。

2. 《古文尚书冤词》

沈彤《果堂集》卷七《书古文尚书冤词后一》云：

> 此书八卷，其要者数条。毛氏据《隋书·经籍志》以辨梅赜所奏《古文尚书》二十五篇之非伪也。其大指谓孔壁古文藏晋世秘府者，永嘉乱后犹存，梅赜特以无传，故上孔安国之传，而未尝上古文之经。又谓郑康成所述古文二十四篇乃杜林漆书，与孔壁书不合。如其言，则梅之二十五篇真孔壁书，而指其伪者诚过，岂知毛之于《隋志》乃误解之而妄据之哉？《志》云："后汉扶风杜林传《古文尚书》，同郡贾逵、马融、郑玄为之作传注。"然其所传惟二十九篇，又杂以今文，非孔旧本所云非孔旧本者，乃以所传止二十九篇，而不足五十八之数，杂以今文，而不皆古文，非

谓其篇目词句与孔旧本异也。且马融亦传漆书本，其注《书序》云："逸十六篇。"即郑所述二十四篇之逸书，郑为书赞称安国为先师，谓贾、马传其业，则漆书与孔壁本安得有不合者？《志》又云："晋世秘府所存有《古文尚书》经文，今无有传者。至东晋梅赜始得安国之传，奏之。"所云今无有传者，传即传授之传，明古文亡于永嘉，其后官私本皆绝也。云梅赜奏安国之传，不云经者，以上已言经文，则此但言传，而经在其中矣。《正义》之引《晋书》谓："太保郑冲以《古文尚书》授苏愉，三传至梅赜，遂奏上其书。"上云以《古文尚书》授，而下云上其书，则其书非即古文乎？而可云梅赜不上古文经乎？且若以无有传为无传注，则梅赜奏上其传，施行已历数朝矣，而尚云"今无有"又可通乎？毛又以马、郑所注《书序》百篇亡，书目凡二十二篇，为漆书本，则漆书本固有逸书十六篇在中，此明与马融说乖，并妄据而无之矣。书中谓："陈第辨梅鷟之攻古文，以寡学自坐谬误，不足以洒冤。毛之学虽多，而识则寡，吾谓非惟不足以洒冤，且反足为辨伪者之口实矣。"虽然，其辨正义以郑所述二十四篇为张霸伪书之误，语甚明快，则与辨梅赜伪书者之见不谋而合，其识未尝不高也。乃能辨此，而不能辨彼，何哉？

沈彤《果堂集》卷七《书古文尚书冤词后二》云：

毛氏此书自谓惧《古文尚书》将见废而为之，然吾知其必不废也。《古文尚书》非独聚敛传记所采语，其中间亦必有真古文之残编剩简，如《隋志》所载《尚书》逸篇之类者，故其尤善者皆各有精言，以立一篇之干。若不得真古文之要领，以深悉其伪，则其学弥粹，其信弥笃。李文贞，近世之大儒，其言曰："《禹谟》《伊训》《说命》，传道之书也。《太甲》《旅獒》《周官》诸篇，亦非董仲舒、刘向辈所能言。"夫大儒而信之如此，则不信者罕矣。其书自东晋列国学，置博士，历今千余年，无贵贱贤愚不之学习，安得有议其废者？即或议之，而其势固不行也。传曰："与其过而废之也，宁过而立之。"果欲议废，则亦乖于理矣。《禹谟》三篇，虽非亲授受之文，而圣人之道存焉。《太甲》诸篇有大醇而无小疵，以为非董、刘所能言，固也。夫董、刘之言有志于修身行政，尚孳孳取为师法，况高出董、刘者乎？故吾知其必不废也，以其言决之也。并书此于后，以解毛地下之惧，且以明辨真伪者之专以尊经，非有意于梅书之废也。

李文贞以其书之精言非董、刘所能道，而定宇以为王肃自为之。盖自为，虽董、刘不能聚敛，以为则子雍能之矣。然魏晋百年间能之者亦惟子雍耳。若但规抚其体气，则后人颇有能之者。白居易之拟《汤征》，苏伯衡之拟《献禾》《归禾》《嘉禾》，皆与古文曲肖也。

张崇兰议之曰："观沈氏此言，信非倚托郑氏门户，自命汉学者所能道。瞀儒纷纷，削去古文，勒书行世，固沈氏所不及料也。其必以古文为伪者，亦所谓习俗移人耳。至云辨伪专以尊经，非有意于其废，语涉模棱。试思经之所以可尊者，以圣人之道存焉耳。今沈氏于此诸篇固云圣人之道存焉矣，何以辨为？《礼记》半出汉儒，所述与《古文尚书》较纯驳相去不知凡几，俨然列之于经，未闻沈氏汲汲用其辨也。然则尊经之说岂有当乎？

请进此言，以袪沈氏地下之惑。"

洪良品《古文尚书辨惑》卷十五亦云："古文至今日阎氏、惠氏、王氏、姚氏倡言排之，皆欲黜之于学，唯毛氏著书称冤。沈氏深恶其言，乃复巧为弥缝之说，谓辨真伪所以尊经，非有意于其废。吾谓古文之废不废，总以书之真不真为断。书果伪邪？虽显，黜之不为过，诸家所论则为尊经矣。书果真邪？虽诬以伪，终不废，诸家所论则为畔经矣。盖真伪是非本无中立之势，岂容模棱其词，思两立于不败之地。且彼既知为圣道所存，有大醇而无小疵，曾南丰云共执简者亦圣人之徒，并深微之意而亦传之是也。此岂后世所能缀辑摹拟者？诸家徒据其一孔私见，穿凿附会，强诬以伪，畔经孰甚焉？沈氏本其徒党，明知古文之必不可废，而又妒毛氏之说与之抵牾，于是抹倒毛氏，曲脱诸家，冀以伸邪说而黜异己，迹似调停，而意实偏袒，此正其门户之牢不可破者。张氏谓其囿于习俗，非倚托门户，殆犹为其所欺哉！"洪良品对于阎氏、惠氏、王氏、姚氏、沈氏之说全盘否定，壮哉！

四、程廷祚

（一）程廷祚其人

程廷祚（1691—1767），字启生，号绵庄，又号清溪居士，上元（今江苏南京）人。著《易通》六卷，《大易择言》三十卷，《尚书通议》三十卷，《青溪诗说》三十卷，《春秋识小录》三卷，《礼说》二卷，《鲁说》二卷。

（二）程廷祚的文献辨伪

1.《晚书订疑》

此书为辨伪专著，分三部分，一为辨《古文尚书》之伪痕迹，二为辨《书序》，三为杂论晚书二十五篇来源。在论证作伪痕迹和搜求古文出处方面都有精辟独到之处，尤其对伪书来源和出现时代有比较缜密地考察，对伪书出自东晋初年梅颐所献说提出不同见解。指出：南朝刘宋初年徐广、范晔、裴松之（三人均卒于元嘉年间）三位学者都没有见过这部伪书，而裴松之子裴骃在其所著《史记集解》中却开始大量引用伪传。故认定伪书出现，不是东晋初年而是刘宋元嘉年间。有南菁书院刻本，收进《皇清经解续编》。[①]

惠栋《晚书订疑序》云：

> 程子绵庄《晚书订疑》成，其问岁生惠栋为之序曰：孔冲远，唐初大儒，少通郑氏《尚书》，及为国子博士，数进忠言，侍讲东宫，面折不讳，意其为笃学而有直节之士也。乃受诏撰《尚书义赞》，自为矛盾，弃郑氏而用伪孔氏。夫《尚书》自胶东庸生而下，至郑康成，人知为孔氏古文，历两汉四百年来无异议。及晋永嘉，值经典丧亡，乃有豫章内史梅颐伪造二十五篇，托之孔氏以传世。冲远素习郑义，刃著直节，岂不能力争于上前，已曲意希指，又明知郑氏师祖孔学（此语见《尧典正

---

① 吴枫主编：《简明中国古籍辞典》，吉林文史出版社 1987 年版，第 787 页。

义》），反以郑所述二十四篇为伪，深文周内，且与《百两》同科。此书既出，著为定论。凡不本《正义》者谓之异端，当时即有识其伪者，孰敢从而辨之哉？宋、元、明诸儒斥伪孔氏者不少，然皆惑于二十四篇伪书之说，不能得真古文要领，于是学者纷如，或以郑氏为今文，以伪孔氏为古文，或以二十八篇为今文，以二十五篇为古文，樊然散乱，莫所折衷。栋自少疑之，稍长，反复于《尧典正义》，见所载郑氏二十四篇之目，恍然悟孔氏逸书具在，因作《古文尚书考》二卷。及读绵庄之书，宛如闭门造车，不谋而合辙。盖后人尊信伪孔氏者，以周秦所引逸书尽在二十五篇之内，而不知其伪正坐是耳。绵庄既纠其缪，又为分疏其出处，使伪造者无遁形，可谓助我张目者矣。唐人尚诗赋，冲远通经，不间以诗赋传，而经义又复矛盾如此。绵庄内举制科，实兼诗赋、经义之长，固今日之通才也。余学万不逮绵庄，而丛残著述，独能与之同趣，是则余之幸也夫。

惠栋此序前半段现身说法，叙述自己辨伪之过程，后半段评述程氏之得失，高度认同其具体做法，以为"绵庄既纠其缪，又为分疏其出处，使伪造者无遁形，可谓助我张目"。然而这类序跋具有极大的欺骗性，往往一荣俱荣，一损俱损。假如程廷祚的辨伪不能成立，惠栋也面临同样的尴尬。事实上，一部清代《尚书》辨伪史，就是一场没有终结的智力博弈。谁对谁输，至今并没有结果，因为这场智力博弈还在激烈进行之中。

程廷祚《晚书订疑自序》云：

《尚书》今所谓古文者最为晚出，然自隋唐至前宋，无人言其可疑。至吴才老、朱晦庵始起而议之。厥后，元吴幼清为《纂言》，明郝仲舆著《辨解》，焦若侯订古本，皆刊落二十五篇而弗录，或亦失之过矣。夫二十五篇之书，祥正疏通仿观无一言之违于理道，而其为前古书传所称引者，视伏书为尤多，又奚以见其可疑也。若谓可疑者文从字顺，异于伏书，则伏书之中亦不皆诘曲聱牙也。且周穆王而下，暨秦穆公之同时，其文载于《左》《国》者众矣，未尝与《吕刑》《文侯之命》《秦誓》同其体制，岂彼皆可疑乎？盖晚书之可疑在于来历不明，而诸儒不能言其所以然，致使议论沸腾，能发之而不能定也。近代萧山毛氏为《古文尚书冤辞》，征引甚博，力辟先儒之论，志存矫枉，而复失之过。余曩曾为文以正之矣，而未尽也，今复为《晚书订疑》三卷，以质诸好古之君子云。

《晚书订疑》目录如下：

卷上
《史》《汉》载《古文尚书》之由
古文之名以字体训诂不以篇章
安国十六篇不传
二汉《尚书》之学
安国注《论语》之证
许氏《说文》之证

程廷祚《原词》第二十六条云：

> 古文之在东汉，几于家传户习，非若往时遭巫蛊事未立于学官者矣。然诸儒不闻，以其出于安国，而名之孔僖，以安国后世子孙亦然。其曰古文者，不过以字体训诂不侔于欧阳、大小夏侯焉尔。由此推之，当日安国以授都尉朝者，本与伏生之篇第未尝稍异。然则所谓得多十余篇者，亦《史》《汉》无足重轻之方也。

张崇兰议之曰："谓东汉古文止是字体训诂之不侔于三家，甚确。然不得其惟传二十九篇之故，于是辗转求通，计无复之，至以马迁、刘歆、班固诸人所言为不足信。甚矣读书之难也！"

洪良品《古文尚书辨惑》卷十五亦云："东汉家传户习，而立于学者，杜林古文耳。谓诸儒不言出于安国，其说近是。然贾逵尝以安国古文校三家本，郑康成亦云先师安国亦好，此学非不知有安国者。至孔僖传载，僖世传安国古文。今乃谓其不出于安国，可乎？安国得五十八篇古文以授都尉朝，故史迁云逸书得十余篇，班固云以考二十九篇，得多十六篇，纪载如此分明，何得云与伏书篇第无异？且王充《论衡》有云：'六典不传，犹之《古文尚书》《左氏春秋》之不兴。'其重古文如此，今乃谓为不足重轻，何也？刘歆云'信口说而背传记'，其程氏之谓乎？"

程廷祚《原词》第二十九条云：

> 梅赜之奏《孔传》，吾不谓其无是事也。若二十五篇者，似又出于梅赜之后。颖达德明既敢于道改史汉旧文，同时之人又何难增窜《帝王世纪》及《晋史》诸书以实其说，而谓所言授受源流有可信者乎？按《晋·荀崧传》，元帝时置博士九人，有《古文尚书》孔氏，其孔氏者，以古文，非以晚书二十五篇及伪传也。《隋志》称齐建武中姚方兴上《舜典》，后于是始立国学，则晋世所立，其为两汉之旧古文可知矣。又考是时从梁武之议，斥方兴而不用，则《隋志》所言犹难尽信，恐终江左之世未尝得立也。

张崇兰议之曰："画分东晋所立古文与增多之篇为二，且谓二十五篇出于梅赜之后，论最奇创。其端由于东汉不及增多之篇，思之不得其解故也。一切典籍以攻古文，故悉举而伪之，曰追改，曰增窜，曰难尽信，则所恃以为考据者安在矣？语云：'大惑易性。'此之谓也。"

洪良品《古文尚书辨惑》卷十五亦云："程氏既信梅赜有上孔传事，则孔异于郑者以多二十五篇，何云出于梅赜之后？谓颖达德明追改《史》《汉》，岂《史记》所云逸书滋多，《汉书》所云得多十六篇者，岂皆二人所追改邪？如此谬诞，原不足与置辨，但彼疑晋室所立古文非晚书二十五篇，盖执今文三家训诂之例，不知孔、郑之异，虽以训诂，亦以篇数。《史》《汉》所记，刘歆所言，皆在皇甫谧、孔颖达、陆德明以前。今谓其增窜《帝王世纪》《旧晋史》诸书，不知其书唐初尚存，人人共见，岂孔、陆二人所能售其伪者！他家诬王肃，诬皇甫谧，诬梅赜，程氏更诬及颖达、德明，可谓诪张为幻矣。且谓所立为两汉旧古文一语，已自矛盾。《前汉》除五十八篇外，别无歧出，古文唯《后汉》始有郑氏三十四篇。古文范志孔僖另为一派，剖析甚明，故晋初并立于学，及经丧乱五十八篇之传既亡，故梅赜得而上之。程氏徒见诸书浑言孔、郑，未及篇数，遂欲混而一之，不知志纪已详，余文从省，其踪迹尚可追寻，岂程氏所可假借立论乎？《隋志》称姚方兴上《舜典》，后于是始立国学，专指所上之二十八字而言，今曰乃两汉之旧古文，不独误读《史》《汉》，并亦误会《隋志》矣。夫梁武帝所议斥者，亦方兴之二十八字，与古文《孔传》无干。今因此疑江左未立古文，是不知梁昭明太子已将《孔传·大序》载入《文选》中，并《文选》而亦忘之也。张氏谓其大惑易性，良然！"

今按：程氏大惑易性，诪张为幻，其说难以成立。近年旧案重提，确实应该彻底重审，以明辨其真伪。

2. 《书序》

《汉志》云："孔子纂《书》，上断于尧，下讫于秦，凡百篇，而为之序。"夫以《序》为孔子作，其谁敢信？殆周秦间为《尚书》之学者记其所闻而作也。疑与安国壁中书同出，故司马迁从安国问，而载于《史记》。欧阳、夏侯三家皆不言《序》，后汉孔学既行，注《尚书》者遂皆注《序》，则《序》出于孔，信矣。案：《序》于经不足为轻重，而二十八篇之外，群逸书赖以垂其篇名。若为稽古之一助，然前而百两之浅陋，后而二十五篇之补缀，又莫不由之以起。呜呼！秦火以后，圣经之得丧安危，岂人所能为哉！

伏书合者四篇，而《序》皆分之（《尧典》《皋陶谟》《盘庚》《顾命》）。《九共》之书，不知何以作，而篇有九。《咸义》四篇，《说命》《泰誓》俱三篇，成汤从先王居，既作《帝告》，又作《厘沃》《伊尹》，且有夏而归以告。《汝鸠》《汝方》亦有二篇，汤既不迁夏社，欲明其义，一篇足矣，又作《疑至》，作《臣扈》，古人淳质，何书策之多邪？盖古《书》古有百篇之说，而其名不皆传，后之作序者，或一事而制数篇，或一篇而分数卷，但欲增益篇题以盈其数，不知举成数者无择于多寡，而胡兢兢以百为也。且《左传》有《夏训》《伯禽之命》《唐诰》，《大传》之序有《掩诰》，《戴记》有《尹告》，《墨子》有《禹誓》《禹之总德》《汤之官荆》，《逸周书》有祭公之《顾命》，《礼记》引祭公误作叶公，诸篇《书》之所有，而

《序》之所无者尚复不少，孰谓盈百之数，遂足以夸书之多哉？此篇出于诸伪书之前，好古者有所不忍弃，后儒谓之《小序》，而反以孔安国之伪序为《大序》，颠倒甚矣。今略举其可疑者，疏之于后。

五、厉鹗

（一）厉鹗其人

厉鹗（1692—1752），字太鸿，又字雄飞，号樊榭、南湖花隐等。家贫，性孤峭，不苟合。始为诗即得佳句。于学无所不窥，一发之于诗。康熙五十九年（1720），李绂典试浙江，得鹗卷，阅其谢表，曰："此必诗人也！"亟录之。计偕入都，尤以诗见赏汤右曾。再试礼部不第。乾隆元年（1736），举鸿博，误写论置诗前，又报罢。其后赴都铨，行次天津，留友人查为仁水西庄，觞咏数月，不就选，归。年六十无子，主政为之割宅蓄婢。翌年卒于乡。鹗搜奇嗜博。扬州马曰琯小玲珑山馆富藏书，鹗久客其所，多见宋人集，为《宋诗纪事》一百卷。又著《南宋画院录》《辽史拾遗》《东城杂记》诸书，皆博洽详赡。

（二）厉鹗的文献辨伪

《古文尚书》

《樊榭山房集》卷八《题敬身所藏崔子忠伏生授经图》云：

> 树底危坐秦博士，头童背偻须眉苍。彼姝侍侧两鬟妥，启唇似有声微扬。一人炯视面若削，高冠褒衣意则庄。刻深颇似见颜色，颍川掌故称智囊。据石作几俛首听，手操不律书几行。登来化我本齐语，岂至难辨如公羊。此时未有蔡侯纸，非是简策应缣缃。嬴灰既冷孔壁匮，圣权独赖生扶将。二十五篇复继出，微言大义难低昂。后儒往往疑作伪，欲与百两俱沦亡。典午清淡那辨此，地下齿冷梅豫章。操矛入室真卤莽，安得生也相撑搪。北平崔丹古节士，布袍草履神扬扬。贵人乞画怒不与，槁死土室甘饥䞋。龙泓馆主得小轴，晨夕坐对斋屋张。遗经独抱溯姚姒，朴学正可传诸郎。犹胜济南一女子，宛转膝下青衿裳。

六、杭世骏

（一）杭世骏其人

杭世骏（1696—1773，一作1695—1772），字大宗，号堇浦，自号秦亭老民，仁和（今浙江杭州）人。著有《续礼记集说》《石经考异》《续方言》《史汉北齐书疏证》《金史补》《词科掌录》《榕城诗话》《道古堂诗文集》等书。生平事迹见《清史稿·文苑传》、应澧《杭大宗墓志铭》、汪曾唯《杭堇浦轶事》、龚自珍《杭大宗逸事状》。

（二）杭世骏的文献辨伪

《订讹类编》全书十万言，正编六卷，续补二卷，其目曰义讹、事讹、字讹、句讹、书讹、人讹、天文讹、地理讹、岁时讹、世代讹、鬼神讹、礼制讹、称名讹、服食讹、动物讹、植物讹、杂物讹，凡十七类。细核全书，有订而未讹者，有讹而未订者，有数典忘祖者，有以讹传讹者，有越订而越讹者，有不必订者，亦有未必讹者。大体而言，引据典核，多有可观，"书讹"部分尤为精彩。

1. "《子贡诗传》《申公诗说》"条

杭世骏《订讹类编》卷四云：

> 《汪尧峰文钞》云：王子底讳士禄，自号西樵山人，晚岁潜心六经，其论伪《诗传》曰：近世所传《子贡诗传》《申公诗说》，皆伪也。明有鄞人丰道生好撰伪书，自言其家有《鲁诗世学》一书传自远祖稷，实自撰也。又作《诗传》，托之子贡，以为张本。而所谓《世学》者，若相与发明。寻有妄人依傍《诗传》，别撰《诗说》，其体类《小序》，其说与丰氏尽同，惟篇次小异。道生叙《诗传》源流又诡其所从出，云魏正始中虞喜奉诏摹石，而宋王子韶开河得之，其说最支离，而同时诸公无觉之者。惟道生同郡周应宾著《九经考异》辨之特详，然微周氏，其伪亦灼然也。凡古书源流存亡真赝，《汉·艺文》《隋·经籍》降及郑《通志》、马《通考》诸书可覆而按也。《汉书·儒林》叙诸家授受尤悉，并无一言及《子贡诗传》者。考《虞喜传》亦无奉诏书，石经事独申公为《鲁诗》，《汉志》："《鲁故》二十五卷，《说》二十八卷。"《隋志》明言亡于西晋，安得至今犹存耶？且其卷数亦不合，所谓说者殆即毛氏训故之流，必不效《小序》体也。至《诗传》《世学》之伪，穿凿牵合，又好影借春秋事，与《诗》语相附会，其义之善而与毛、郑异者，又特暗窃诸家非有所受也。

2. "《文选》缪陋"条

杭世骏《订讹类编》卷四云：

> 东坡云：余读《文选》，恨其编次无法，去取失当，齐梁文章衰陋，而萧统尤为卑弱，《文选》引斯可见矣。今观渊明集可喜者甚多，而独取数首以知其余，忽遗者多矣。渊明作《闲情赋》，所谓国风好色而不淫，正使不及周南与屈、宋所陈何异，而统大讥之，此乃小儿强作解事者。
>
> 刘子玄辨李陵与苏武书非西汉文，盖齐梁间文士拟作者。吾因悟陵与苏武赠答五言诗亦后人所拟，而统不能辨。
>
> 李善注《文选》本末详备，极可喜，所谓五臣者真俚儒之荒陋者也，而世以为胜善，亦谬矣。谢瞻张子房诗云："苟愿暴三殇。"此礼所谓上中下三殇，言暴秦无道，戮及孥稚也，而乃云"苟政猛于虎，吾父、吾子、吾夫皆死于是"，谓夫与父为殇，此岂非俚儒之荒陋乎？
>
> 五臣既陋甚，至于萧统亦其流耳。宋玉《高唐神女赋》，自"玉曰唯唯"以前皆

赋也，而统谓之序，大可笑也。相如赋首有子虚、乌有、亡是三人论难，岂亦序耶？其余谬陋不一，亦聊举其一二耳。

今按：杭世骏此条撮录苏轼有关《文选》的短文四则：

【文先去取失当】

舟中读《文选》，恨其编次无法，去取失当。齐、梁文章衰陋，而萧统尤为卑弱，《文选引》，斯可见矣。如李陵书苏武五言，皆伪而不能辨。今观渊明集，可喜者甚多，而独取数首。以知其余人忽遗甚多矣。渊明作《闲情赋》，所谓《国风》好色而不淫，正使不及《周南》，与屈、宋所陈何异，而统大讥之，此乃小儿强作解事者！

【刘子玄辨文选】

刘子玄辨《文选》所载李陵与苏武书，非西汉文，盖齐、梁间文士拟作者也。吾因悟陵与苏武赠答五言，亦后人所拟。今日读《列女传》蔡琰二诗，其词明白感慨，颇类世所传木兰花诗，东京无此格也。建安七子，犹含养圭角，不尽发见，况伯喈女乎？又：琰之流离，必在父没之后。董卓既诛，伯喈乃遇祸。今此诗乃云为董卓所驱虏入胡，尤知其非真也。盖拟作者疏略，而范晔荒浅，遂载之本传，可以一笑也。

【李善注文选】

李善注《文选》，本未详备，极可喜。所谓五臣者，真俚儒之荒陋者也。而世以为胜善，亦谬矣。谢瞻《张子房》诗云："苟愿暴殇。"此礼所谓上中下殇。言暴秦无道，戮及孥稚也。而乃引"苛政猛于虎，吾父吾子吾夫皆死于是"，谓夫与父为殇，此岂非俚儒之荒陋者乎？诸如此甚多，不足言，故不言。

【五臣注文选】

五臣注《文选》，盖荒陋愚儒也。今日偶读嵇中散《琴赋》云："间辽故音庳，弦长故微鸣。"所谓庳者，犹今俗云杀声也（杀音鲜，出《羯鼓录》），两弦之间，远则有杀，故曰"间辽（则音庳）"。微鸣云者，今之所谓泛声也，弦虚而不接，乃可按，故云"弦长则微鸣"也。五臣皆不晓，妄注。又云："《广陵》《止息》《东武》《大山》《飞龙》《鹿鸣》《鹍鸡》《游弦》。"中作《广陵散》，一名《止息》，特此一曲尔，而注云"八曲"。其他浅妄可笑者极多，以其不足道，故略之。聊举此，使后之学者，勿凭此愚儒也。五臣既陋甚，至于萧统亦其流尔。宋玉《高唐神女赋》，自"王曰唯唯"以前皆赋也，而统谓之序，大可笑也。相如赋首有子虚、乌有、亡是三人论难，岂亦序耶？其余谬陋不一，聊举其一耳。

杭世骏此条全部撮自苏轼，未能厘清界线，自今视之有侵权之嫌。

3. "孔子未尝删诗"条

杭世骏《订讹类编》卷四云：

《池北偶谈》云："孔子但正乐，使各得其所而已，未尝删诗，观自卫反鲁云云可见。一则曰'诗三百'，再则曰'诵诗三百'。对哀公问郊，亦曰：'臣闻诵诗三百，不可以一献。'知古诗本来三百篇，非孔子自删定也。又《左传》列国卿大夫燕享赋诗，率皆三百篇中之诗，多在孔氏之前，其非夫子手删，了然可见。"叶水心《习学记言》云："《史记》言，古诗三千，孔安国亦言，删诗为三百篇。"按：诗，周及诸侯，用为乐章。今载于《左氏》者，皆史官先所采定，就有逸诗殊少矣，不待孔子而后删十取一也。《论语》称诗三百，本谓古人已具之诗，不应指其自删者言也。辅广亦谓司马迁言古诗三千传闻之误，其说与予见略同。愚案：即《四书》《左传》《礼记》等书所引，可见逸者有限，况是乐章，安得大加削，去仅存什一哉？孔颖达云："经传所引诸诗见存者多，亡失者少，不容孔子十去其九。"朱子亦云："孔子不曾删去，只是刊定而已。"汪钝翁云：孔子于《春秋》郭公、夏五有文无义者皆书于册而不之去，其于小雅《南陔》六诗有目无词者亦然。降而至于《桑中》《溱洧》诸篇犹班班具列，决无删去之理。逸诗者或句存而亡其章，或章存而亡其篇，不得为完诗，故太师弗之采，鲁人弗之录，则孔子亦听之而已矣。

4.《难经》《炮炙》《神农本草注》《俞拊方》
杭世骏《订讹类编》卷四云：

《居易录》云：《史记占毕》一条云，医家二扁鹊，一黄帝时人，一战国时人，二雷公，一黄帝时人，一赵宋时人。战国秦越人明洞医道，世以其与黄帝时扁鹊类，因以为号。今所传《难经》乃秦越人作，非扁鹊也。宋雷斅撰《炮炙》三卷，人多不知其名，因《素问》有雷公为黄帝弟子，遂以《炮炙》为雷公撰，非也。《隋志》有雷公注《神农本草》四卷，《汉志》有秦始皇帝扁鹊《俞拊方》三十卷。皆假托耳，考古者不可不知。

按，《史记占毕》作者为胡应麟。
5.《香奁集》
杭世骏《订讹类编》卷四云：

钱遵王云："沈括《笔谈》云：'和凝贵后，以《香奁集》嫁名于致光。'则宋人已辨之详矣。昭宗反正密勿之谋，致光为多。观其不草韦昭范诏，正所谓'如今冷笑东方朔，只用诙谐待（原诗作"侍"——引者注）汉皇'也（案：致光召对诗）。诗以言志，致光可称卓然不拔之君子矣。嗟乎！致光遭唐末造，'金銮前席，危将虎须'（案：致光诗集中语）。及乎投老无门，托迹瓯闽，竟赍志以殁，此岂浅夫浪子所能然耶？后人但知流浪香奁，无有洗发其心事者，千载而下，可为陨涕也。"○石林叶氏曰："世传《香奁集》江南韩熙载所为，误。沈存中《笔谈》又谓：'汉相和凝所为，后贵，恶其侧艳，嫁名于偓，亦非也。余家有唐吴融诗一集，其中有和韩致尧无题三首，与《香奁集》中无题韵正同，而偓序中亦具载其事。'又：'余曾在温陵于偓裔孙坰处见偓亲书所作诗一卷，虽纸墨昏淡，而字画宛然，其《袅娜》《多情》《春尽》等诗多在卷中，此可验矣。'偓富于才情，词致婉丽，能道人意外事，固非凝所及。据《北梦琐言》云：'凝少年好为小词，令布于汴洛。洎作相，专令人收拾焚毁。契丹人寇号为曲子相公。'然则凝虽有集名香奁，与偓同，仍浮艳小词耳，安得便以今世所行《香奁集》为凝作耶？"〇愚案：二说未知孰是。窃意无题及《袅娜》《多情》《春尽》等作实系偓诗，和凝欲嫁名于偓，特以偓诗错杂其间，故令真赝莫辨，亦未可知。致光功业、心术卓然不群，如今冷笑云云，非泛然作鄙夷语也。宋王应麟入元不仕，晚岁自撰志铭，有曰"其仕其止，如偓如图"，图则司空表圣，偓则致光也。伯厚钦仰致光，可谓至矣，后人何为轻议乎？致光自书裴郡君祭文，首书"故唐天祐十一年甲戌岁"，是岁朱氏篡唐已八年，为乾化四年，犹书故唐官衔，而不用梁年号。宋景祐中，庞籍奏上偓诗，诏官其四世孙奕，亦忠臣食报之一证也。

按，钱遵王《读书敏求记》卷四"韩内翰香奁集三卷"条云：

《香奁集》三卷，予从元人抄本录出，末卷多自负一诗，洪迈绝句亦未妆，行间字极佳，比流俗本迥异。予尝命名手绘图二十六幅，装潢成帙，精妙绝伦，阅之意蕊舒放。嗟乎！致光遭唐末造，金銮前席，危捋虎须，及乎投老无门，托迹瓯闽，竟赍志殁，此岂浅夫浪子所能然耶？后人但知流浪香奁，无有洗发其心事者，千载而下可为陨涕也。沈括云："和凝后贵，以此集嫁名于致光。"则宋人已辨之详矣。

6. 《吟窗杂录》

杭世骏《订讹类编》卷四云：

《渔洋诗话》云："今世俗所传《吟窗杂录》最纰缪可笑。如第一卷《诗格》曰魏文帝撰，而有双声、叠韵、回文之类，岂建安之代已先有沈约四声及璇玑图诗耶？"

《吟窗杂录》是宋代陈应行编辑的一部汇集从初唐到北宋有关诗格、吟谱、句图以及诗论的书籍。《渔洋诗话》作者为清初大文豪王士禛。此条又见于王士禛《带经堂诗话》。

7. 《黄庭经》

杭世骏《订讹类编》卷四云：

《东观余论》云：世传《黄庭经》为逸少书，仆尝考之，非也。按：陶隐居《真诰翼真检论上清真经始末》云：晋哀帝兴宁二年，南岳魏夫人所授弟子司徒公府长史杨君，使作隶字写出，以传护军长史许君及子上计掾，以付子黄民，民以传孔点，后为王兴先窃写之。渡江飘沦，惟有《黄庭》一篇得存。盖此经也。仆案：甲子岁，逸少以晋穆帝升平五年卒。是年岁在辛酉，后二年即哀帝兴宁二年，始降黄庭于世，安得逸少预书之？又案：梁虞龢论书表云：山阴县礦村养鹅道士谓羲之曰：久欲写《河上公老子》，缣素早办，而无人能书。府君若能自屈书《道德经》两章，便合群以奉。于是羲之便停半日，为写毕携鹅去。而《晋书》本传亦著道士云：为写《道德经》，当举群相赠耳。初未尝言写《黄庭》也。以二书考之，则《黄庭》非逸少书无疑。然陶隐居与梁武帝启云：逸少有名之迹，不过数首，《黄庭》《劝进》《告誓》等不审犹有存否。盖此启在著《真诰》前，殆未之考证耳。至唐张怀瓘作书帖云：乐毅《黄庭》但得几篇，即为国宝。遂误以为逸少书。李太白承之作诗云："山阴道士如相访，为写黄庭换白鹅。"苟欲随之耳，初未尝考之，而韩退之第云"数纸尚可博白鹅"，而不云黄庭，岂非觉其谬欤？愚案：《老杜房公池鹅诗》亦不斥言所书何经。太白又有诗云："扫素写道经，笔精妙入神。书罢笼鹅去，何曾别主人。"岂觉其误而又作此欤？至于陶谷跋《黄庭经》云："山阴刘道士以鹅群献右军，乞书《黄庭经》。宋人如黄山谷、梅圣俞、吕居仁诸人诗皆承袭用之，而不知其非也。白氏《六帖》亦然。王勉夫云：《晋史》但言道士谷，何以知其刘君。考晋帖献之有刘道士鹅亦复归也，无乃据此乎？《仙传拾遗》谓管霄霞笼红鹅一双遗之，请书《黄庭经》，亦误也。"○永叔云："《遗教经》相传云羲之书，伪也，盖唐世写经手所书耳。"

8. 杭本《唐诗纪事》错讹

杭世骏《订讹类编》卷四云：

> 杨升庵曰："余于滇南见故家收《唐诗纪事》抄本甚多，近见杭本，十去其九。《陶集》遗季札赞，《草堂诗余》书坊射利欲速售，减去九十余首，兼多讹字。余抄为《拾遗辩误》一卷。《张籍集》十二卷，今止三四卷，又旁取他人之作入之。王维诗取王涯绝句一卷入之，王涯绝句一卷在三舍人集中，将谁欺乎？"

杨慎《升庵集》卷六十"书贵旧本"条云：

> 观乐生爱收古书，尝言古书有一种古香可爱。余谓此言未矣，古书无讹字，转刻转讹，莫可考证。余于滇南见故家收《唐诗纪事》抄本甚多，近见杭州刻本，则十分去其九矣。刻《陶渊明集》遗季札赞。《草堂诗余》旧本书坊射利欲速售，减去九十余首，兼多讹字。余抄为《拾遗辩误》一卷。先太师收《唐百家诗》皆全集，今苏州刻则每本减去十之一，如《张籍集》本十二卷，今只三四卷，又旁取他人之作入之，王维诗取王涯绝句一卷入之，诧于人曰：此维之全集。以图速售。今王涯绝句一卷在三舍人集之中，将谁欺乎？……其余不可胜数也。书所以贵旧本者，可以订讹，不独古香可爱而已。

杨慎《升庵诗话》卷八亦载此条。杨慎著作自我重复现象比较严重，亦其一短也。

9. 《管子》非真管仲作

杭世骏《订讹类编》卷四云：

> 《楂上老舌》（明闽中陈衎撰）云，子书什九伪作，《管子》亦伪也。但奇奥，非东汉以后人笔。管仲先桓公卒，书中《小称篇》乃载桓公身后之事，其伪而不及

检点者也。《史记·管仲传》并无著书立言之语。

今按：所谓"子书什九伪作"的说法不足为凭。

10.《圣教序》非褚公书

杭世骏《订讹类编》卷四云：

> 《柳南随笔》："褚河南帖，今世盛推《同州圣教序》，而友人吴嘉树征誉尝辨其非褚公书，其说良是。盖褚公之殁在显庆三年，而此碑书龙朔三年建，是在褚公没后五年也，后人因此碑未署书者姓名，谬添大唐褚遂良云云，其添刻数字，与碑文笔迹迥异，学书者亦不可不知。"

11. 江文通拟古

杭世骏《订讹类编》卷四云：

> 《遁斋闲览》：《文选》有江文通拟古三十首，如拟休上人闲情云："日暮碧云合，佳人殊未来。"今人遂用为休上人诗故事。又拟陶渊明田园诗云："种禾在东皋，苗生满阡陌。"今此诗又在渊明集中，皆误也。

今按：此条宋元间人多所记载，如《能改斋漫录》《林下偶谈》《优古堂诗话》《观林诗话》《石林诗话》等。

12.《碧云诗》是江淹拟汤惠休诗，非惠休作

杭世骏《订讹类编》卷四云：

> 《野客丛书》曰："《遁斋闲览》云：《文选》有江淹拟汤惠休诗，曰：'日暮碧云合，佳人殊未来。'今人遂用为休上人诗故事，仆谓此误自唐已然，不但今也。如韦庄诗曰：'千斛明珠量不尽，惠休虚作碧云词。'许浑送僧南归诗曰：'碧云千里暮愁合，白雪一声秋思长。'曰：'汤师不可问，江上碧云深。'权得舆赠惠上人诗曰：'支郎有佳思，新句凌碧云。'孟郊送清远上人诗曰：'诗夸碧云句，道证青莲心。'张祜赠高闲上人诗曰：'道心黄檗老，诗思碧云秋。'雪窦诗曰：'碧云流水是诗家。'曰：'汤惠休词岂易闻，暮风吹断碧溪云。'此等语皆以为汤诗用，惟韦苏州赠皎上人诗曰：'愿以碧云思，方君怨别词。'似不失本意。吴曾《漫录》但引乐天与唐上人对答二诗为证，岂止此耶？"

今按：见于《野客丛书》卷十二"江淹拟古"条。

13.《刀剑录》之讹

杭世骏《订讹类编》续补卷上云：

> 《天香楼偶得》："《南史·宋后废帝纪》：'元徽五年七月七夕，帝令杨玉夫伺织女度报己，因与内人穿针讫，醉卧仁寿殿东阿毡幄中。玉夫取千牛刀杀之。'而陶弘

景《刀剑录》乃云：'顺帝准于升明元年掘得一刀，铭曰："帝血光，照一室。"至二年七月，帝使杨玉候织女，玉候女不得，惧死，用以弑帝，果如铭。'盖误以后废帝为顺帝，以杨玉夫为杨玉也。顺帝于元徽五年七月即位，即改是年为升明元年。至三年四月，始禅于齐，亦无二年七月遇弑之事。杨玉夫弑后废帝，本系萧道成指使，非关候织女，且史云伺织女度报已，或限以报明时刻而已，乃云候女不得，惧死，尤属荒怪。"

14. 铁氏二女诗
杭世骏《订讹类编》续补卷上云：

《列朝诗集》："逊国诸书载铁氏二女诗，谓铁司马就义，二女没入教坊，献诗于原问官，上闻，得赦出，嫁士人。考铁长女诗乃吴人范昌期题老妓卷作也。诗云：'教坊落籍洗铅华，一片春心对落花。旧曲听来空有恨，故园归去却无家。云鬟半嚲临青镜，雨泪频弹湿绛纱。安得江州司马在，尊前重为赋琵琶。'昌期字鸣凤，诗见张士瀹《国朝文纂》。同时杜琼用嘉亦有次韵诗，题曰无题，则其非铁氏作明矣。次女诗所谓'春来雨露深如海，嫁得刘郎胜阮郎'，其论尤为不伦。宗正睦㰂论革除事，谓建文流落西南诸诗皆好事伪作，则铁女之诗可知。革除闲事野史所载大半伪谬，本朝闺阁诗出好事假托者居多。如章纶母金节母诗'谁云妾无夫'一篇，高季迪诗也。陈少卿妻'野鸡毛羽好'一篇，释道原乐府也。甄节妇'泉流不归山长歌'，罗一峰诗也。今尽削之。"

次女诗全文为：

骨肉衰残产业荒，一身何忍去归娼。泪垂玉箸辞官舍，步蹴金莲入教坊。览镜自怜倾国色，向人羞学倚门妆。春来雨露宽如海，嫁得刘郎胜阮郎。

《列朝诗集》编纂者为钱谦益，于此亦可考见其辨伪功力。

15. 辨李白《姑苏十咏》之伪
杭世骏《订讹类编》续补卷上"李白姑苏十咏之伪"云：

《读书质疑》：《姑苏十咏》乃姑苏溪丹、阳湖谢公宅、凌歊台、柏公井、慈姥竹、望夫山、牛渚、矶灵、虚山、天门山是也。其诗相传为太白所作，浅近粗俗，不类李白，乃李赤诗也。柳子厚《李赤传》云：李赤，江湖人也。尝曰吾善为歌诗，类李白，故自号曰李赤。后为鬼所惑，卒死于厕。

今按，宋代王象之编的《舆地纪胜》记述："《九域志》云：《姑孰十咏》诗，云唐李白撰。"苏东坡挚友郭祥正写有《追和李白姑孰十咏》诗，郭不仅读过《十咏》，并点明作者是李白。宋代彭乘在《墨客挥犀》中记载："张端公伯玉大科成名，篇什豪迈，万为清脱。过姑孰见李白《十咏》，叹美久之。"既肯定《十咏》是李白所作，并多有赞美之词。苏东坡曾说："过姑孰堂下，读李白《十咏》，疑其浅近。"孙邈云："闻之王安国，此属李赤诗，秘阁下有赤集，白集中无此。"（王琦注《李太白全集》）宋代陆游在《入蜀记》中说："《李太白集》有《姑孰十咏》，予族伯父彦远尝言：'东坡自黄州还，过当涂读之，抚掌大笑曰："赝物败矣，岂有李白作此语者！"'"可见首先怀疑《十咏》非李白所作却是苏东坡，其理由是"疑其浅近""岂有李白作此语者"。但所言均出自别人转述，王安国所言也出自别人之口。于是，明代高棅编《唐诗品汇》录《十咏》中五首，就题名李赤作。清代王琦作《李太白全集》注，摘录一些资料（即苏东坡、王安国所言），否认《十咏》为李白所作。

16.《易》无周公

杭世骏《订讹类编》续补卷上"《易》无周公"条云：

> 《本义》云："象者，卦之上下两象及两象之六爻，周公所系之辞也。"此说非也。《易》无周公。扬雄《解难》、魏伯阳《参同契》、刘勰《文心雕龙》可证。盖卦之六爻亦文王所系之辞也。如上下皆乾，则曰"天行健，君子以自强不息"，如水雷屯，则曰"云雷屯，君子以经纶"，此孔子《大象传》也。六爻如"潜龙勿用"为文王之辞，孔子则以"阳在下也"释之。如"盘桓"为文王之辞，孔子则以"志行正也"释之。此《小象传》也。全与周公无涉。
>
> 班固《汉书》云："《易》道深矣，人更三圣，世历三古，以伏羲为上古，文王为中古，孔子为下古也。"与周公绝无干涉。故《系辞传》累举庖犧、文王而略不及周公。扬子云曰："伏羲绵络天地，经以八卦。文王附六爻，孔子错其象，象其辞，然后发天地之藏，定万物之基。"班、扬去古未远，较世儒所传当得其实。
>
> 万历间，慈溪傅文兆著有《羲经十一翼》，曰《太初易》《古周易》《玩辞篇》《观变篇》《观象篇》《玩占篇》，大与举子业不同，而推明古《易》次序，上下二篇，《十翼》十篇，将三圣《易》学阐明深切。及汉儒费直乱《易》根因，剖辨无余蕴，且力主文王作爻辞之说，绝与周公无干，盖谓扬雄、魏伯阳、刘勰俱直言文王、伏羲，原无一字及周公。两汉及梁去古未远，所见不差，而周公系爻之说但始于唐孔颖达附会，未便可信也。

杭世骏一再说明，周公系爻之说始于唐孔颖达附会。

17.《鹅群帖》

杭世骏《订讹类编》续补卷上云：

> 《东观余论》：《鹅群帖》，前辈谓大令真笔。仆观此帖词云"崇虚刘道士鹅群"。按：崇虚馆乃宋明帝太始四年建，子敬晋人，相去五十余年，何得已称之？其伪可无疑。

王献之《鹅群帖》云："献之等再拜：不审海监诸舍上下动静，比复常忧之。姊告，无他事。崇虚刘道士鹅群并复归也，献之等当须向彼谢之。献之等再拜。"已刻入《淳化阁帖》。米芾《书史》载："王诜每余到都下，邀过其第，即大出书帖，索余临学。因柜中翻索书画，见余所临王子敬《鹅群帖》，染古色，麻纸，满目皴纹，锦囊玉轴装，剪他书上跋连于其后。又以临《虞帖》装染，使公卿跋。余适见，大笑，王就手夺去。谅其他尚多，未出示。"

18.《笔阵图》

杭世骏《订讹类编》续补卷上云：

> 《天禄识余》："《笔阵图》乃羊欣作，李后主续之。今陕西刻石李后主书也，以为羲之，误矣。"

今按：《笔阵图》是旧题卫夫人撰，后众说纷纭，或疑为王羲之撰，或疑为六朝人伪托的书法论著。该著作论述写字笔划的著作，阐述执笔、用笔的方法，并列举七种基本笔划的写法。因其流传很广，此姑存旧说，仍列为卫夫人作。《笔阵图》中一个突出的观点，是认为书道的精微奥妙，是难以明言的，所以文章开头便说："夫三端之妙，莫先乎用笔；六艺之奥，莫重乎银钩。"

又按：《天禄识余》是清初高士奇撰。而此说始见于杨慎《升庵集》卷六十二，《订讹类编》未得其朔。

19. 草书《心经》

杭世骏《订讹类编》续补卷上云：

> 《丹铅总录》：草书《心经》乃唐驸马郑万钧所书，张说有序，见《唐文粹》。今陕西碑林有此石刻。或以为右军书，非也。

按：草书《心经》单刻帖，现存陕西省西安碑林。与《肚痛帖》《千字文》刻在一处。有云晋王羲之书，有云唐张旭书；而明王世贞称谓郑万钧书，均无确据。赵岷《石墨镌华》云："书虽遒逸，而疏纵不入格，不中怀素为奴，况右军乎？余观此书，笔法不似唐人，逗入宋时蹊径，而万钧学有傅癖，书成草圣，自非孟浪者，此恐亦非万钧迹也。姑附五代之末。"

综上所述，《订讹类编》正续编多涉及辨伪，然讹与伪究非一事，不可混为一谈。全书以正误之辨、是非之辨为主体，涉及真伪之辨、有无之辨。真伪之辨者多见精彩。

20.《灵枢经》

杭世骏《道古堂文集·灵枢经跋》云：

> 《七略》《汉·艺文志》：《黄帝内经》十八篇，皇甫谧以《针经》九卷、《素问》九卷合十八篇当之。《隋书·经籍志》：《针经》九卷，《黄帝九灵》十二卷。是《九灵》自《九灵》，《针经》自《针经》，不可合而为一也。王冰以《九灵》名《灵枢》，不知其何所本。余观其文义浅短，与《素问》之言不类，又似窃取《素问》而铺张之。其为王冰所伪托可知。后人莫有传其书者。至宋绍兴中，锦官史崧乃云家藏旧本《灵枢》九卷，除已具状经所属申明外，准使府指挥依条申转运司选官详定，具书送秘书省国子监。是此书至宋中世而始出，未经高保衡、林亿等校定也。其中

《十二经水》一篇，黄帝时无此名，冰特据身所见而妄臆度之。

按，日人丹波元胤《中国医籍考》辨之曰：

> 曰《灵枢》，曰《九虚》，曰《九灵》，并是黄冠所称。而《九卷针经》，其为旧名也。夫为灵枢者，王冰以前不有载之者，故亿等以为冰所命。而杭世骏直为冰之赝鼎者，更为疏妄。《甲乙》之书，撰集《素问》。《针经》《明堂孔穴》《针灸治要》三部。《素问》《明堂》之外，乃《针经》文，悉具于《灵枢》。则实是为古之《针经》无疑矣。其文有少异者，传写之差误耳。如十二经水，《甲乙》亦有之。若据杭言，《甲乙》亦为唐人之伪托乎？盖《素问》《灵枢》并秦汉人所撰。如宦者湖水之类，无害其为书矣。

21. 《脉诀》

杭世骏《道古堂文集·脉诀跋》云：

> 子朱子曰："俗传《脉诀》辞最鄙浅，非叔和本书，乃能直指高骨为关。"柳贯曰："朱子取高骨为关之说，不知其政出王叔和《脉经》也。《脉诀》乃宋中世人伪托；或曰五代高阳生所著。"吕复曰："六朝高阳生谬立七表八里九道之目以误学者。"高阳生不知何人柳以为五代，则宜入《宋史·艺文志》，吕以为六朝，则宜入《唐书·艺文志》；两志无之，疑是宋世庸医枕中之秘，非通人所习也。吕又云："通真子刘元宾为之注，且续歌括附其后，辞既鄙俚，意亦滋晦。"今世俗乃以歌括为《脉诀》，则辗转迷谬，贻误不浅矣。

杭世骏辨《脉诀》非王叔和本书。佚名《脉诀乳海》附录《脉诀考证》亦详辨《脉诀》之伪：

> 晦庵朱子曰："古人察脉非一道，今世惟守寸关尺之法。所谓关者多不明，独俗传《脉诀》，词最鄙浅，非叔和本书，乃能直指高骨为关。然世之高医，以其书赝，遂委弃而羞言之。"（《跋郭长阳书》）
>
> 东阳柳贯曰："王叔和撰《脉经》十卷，为医家一经。今《脉诀》熟在人口，直谓叔和所作，不知叔和西晋时尚未有歌括，此乃宋之中世人伪托，以便习肆尔。朱子取其高骨为关之说，不知其正出《脉经》也。"
>
> 庐陵谢缙翁曰："今称叔和《脉诀》，不知起于何时，宋熙宁初，校正《脉经》，尚未有此，除孔硕始言《脉诀》出而《脉经》隐，则《脉诀》乃熙宁以后人作耳。惟陈无择《三因方》，言高阳生剽窃作歌诀，刘元宾从而和之，其说似深知《脉经》者，而又自著七表、八里、九道之名，则陈氏亦未尝详读《脉经》矣。"
>
> 河东王世相曰："诊候之法不易精也。轩、岐微蕴，越人、叔和撰《难经》《脉经》，犹未尽泄其奥，五代高阳生著《脉诀》，假叔和之名，语多牾，辞语鄙俚，又被俗学妄注，世医家传户诵，茫然无所下手，不过借此求食而已，于诊视何

益哉?"

云间钱溥曰: "晋太医令王叔和著《脉经》, 其言可守而不可变。及托叔和《脉诀》行, 而医经之理遂微。盖叔和为世所信重, 故假其名而得行耳。然医道之日浅, 未必不由此而误之也。"

草庐吴澄曰: "俗误以《脉诀》为《脉经》, 而王氏《脉经》, 知者或鲜, 脉书往往混牢、革为一, 夫牢为寒实, 革为虚寒, 安可混乎? 脉之浮沉、虚实、紧缓、数迟、滑涩、长短之相反, 匹配自不容易, 况有难辨, 如洪、散俱大, 而洪有力; 微、细俱小, 而微无力; 芤类浮, 而边有中无; 伏类沉, 而边无中有; 若豆粒而摇摇不定者动也, 若鼓皮而如如不动者革也, 俱对待也。又有促、结、代, 皆有止之脉, 促疾, 结缓, 故可为对, 代则无对。总之凡二十七脉, 不止于七表、八里、九道、二十四脉也。"

濒湖李时珍曰: "《脉经》论脉, 止有二十四种, 无长短二脉。《脉诀》歌脉, 亦有二十四种, 增长短而去数散, 皆非也。《素》《难》、仲景论脉, 只别阴阳, 初无定数。如《素问》之鼓搏、喘横, 仲景之平、荣章、纲损、纵横、逆顺之类是也。后世脉之精微失传, 无所根据, 准因立名而为之归著耳。今之学人, 按图索骥, 犹若望洋, 而况举其全旨乎? 此草庐公说, 独得要领也。"

七、惠栋

(一) 惠栋其人

惠栋 (1697—1758), 字定宇, 号松崖, 学者称小红豆先生。课徒著述, 终身不仕。其学沿顾炎武, 一生治经以汉儒为宗, 以昌明汉学为己任, 尤精于汉代《易》学。栋于诸经熟洽贯穿, 谓诂训古字古音, 非经师不能辨, 作《九经古义》二十二卷, 《易汉学》八卷, 《易例》二卷, 《周易述》二十三卷, 《明堂大道录》八卷, 《禘说》二卷等。

(二) 惠栋的文献辨伪

《古文尚书考》

惠栋《古文尚书考》二卷, 辨郑康成所传之二十四篇为孔壁真古文, 东晋晚出之二十五篇为伪。

顾颉刚《校点古今伪书考序》云:

> 当他 (指姚际恒) 六十四岁 (康熙四九, 庚寅, 1710)《九经通论》脱稿时, 阎氏已死了六年了, 朱氏 (指朱彝尊) 也于上一年死了。再过些年, 学术的重心移到惠栋、戴震的身上, 清初的辨伪运动便成了"过时货"了。所以姚氏的学问, 此后就不听到别人谈起, 除了杭世骏之外, 乾嘉学者几乎没有引用他的片词只语的, 到四库馆一开, 学术思想更统一了, 他便没有立锥之地了。

　　在顾颉刚看来，"清初的辨伪运动"被乾嘉考据学（或称"乾嘉汉学运动"）所取代。或谓：

　　在《清代学术概论》中，梁启超把清代学术思想的演变划分为启蒙期、全盛期、蜕分期、衰落期四个阶段，对各阶段的相互联系、学术成就及其局限进行了深入评析，提出了许多精当的见解。启蒙期的代表人物为顾炎武、王夫之、黄宗羲、颜元、阎若璩、胡渭、王锡阐、梅文鼎等。他们反对晚明王学的"束书不观，游谈无根"的空疏学风，在经学、史学、哲学、科学等领域倡导求实求真学风，教学者摆脱宋明儒的羁勒，从而开启了清代学术。梁启超指出："吾于清初大师，最尊顾、黄、王、颜，皆明学反动所产也。"（第13页）顾炎武是对于晚明学风作猛烈攻击之第一人，"大声疾呼以促思潮之转捩，则炎武最有力焉"（第8页）。黄宗羲对近代思想最有影响的著作是《明夷待访录》。书中论道："由今日观之，固甚普通甚肤浅。然在二百六七十年前，则真极大胆之创论也。""而后此梁启超谭嗣同辈倡民权共和之说，则将其书节抄，印数万本，秘密散布，于晚清思想之骤变，极有力焉。"（第14页）王夫之"感于明学之极敝而生反动，欲挽明以返诸宋，而于张载之《正蒙》，特推尚焉。其治学方法，已渐开科学研究的精神"。"其言'天理即在人欲之中，无人欲则天理亦无以发现'，可谓发宋元以来所未发。"（第15页）颜元"则明目张胆以排程、朱、陆、王，而亦菲薄传注考证之学，故所谓'宋学''汉学'者，两皆吐弃，在诸儒中尤为挺拔，而其学卒不显于清世"。（第16页）全盛期的主要代表人物为惠栋、戴震。他们又可称为正统派。正统派与启蒙派的区别在于：第一，启蒙派对于宋学，猛烈攻击其一部分，而仍因袭其一部分。正统派则自固壁垒，将宋学置于不议不论之列。第二，启蒙派抱着通经致用的观点，喜言成败得失经世之务。正统派则为考证而考证，为经学而治经学。正统派的治学根本方法，在"实事求是""无征不信"；他们的研究范围，以经学为中心，而衍及小学、音韵、史学、天算、水地、典章、制度、金石、校勘、辑逸等。对于惠栋，梁启超的评价是："平心论之，此派在清代学术界功罪参半。笃守家法，令所谓'汉学'者壁垒森固，旗帜鲜明，此其功也。膠固、盲从、褊狭，好排斥异己，以致启蒙时代之怀疑的精神、批评的态度，几天阏焉，此其罪也。"（第25页）对于戴震，梁启超则作了更多的肯定，认为："《疏证》一书，字字精粹"（第30页），"其哲学之立脚点，真可称二千年一大翻案。其论尊卑顺逆一段，实以平等精神，作伦理学上一大革命。其斥宋儒之糅合儒佛，虽辞带含蓄，而意极严正。随处发挥科学家求真求是之精神，实三百年间最有价值之奇书也。"（第31页）梁启超又对此派的治学方法作了总结，指出："清儒之治学，纯用归纳法，纯用科学精神。"（第45页）概括起来，这种方法可分为四步："第一步，必先留心观察事物，觑出某点某点有应特别注意之价值。第二步，既注意于一事项，则凡与此事项同类者或相关系者，皆罗列比较以研究之。第三步，比较研究的结果，立出自己一种意见。第四步，根据此意见，更从正面旁面反面博求证据。证据备则勒为定说，遇有力之反证则弃之。"（第45页）

八、秦蕙田

（一）秦蕙田其人

秦蕙田（1702—1764），字树峰，号味经，江苏金匮人。治经深于《礼》，继徐乾学《读礼通考》作《五礼通考》。又有《周易象日笺》《味经窝类稿》等。

（二）秦蕙田的文献辨伪

1. 《周礼》非王莽伪造

秦蕙田《五礼通考》卷一：

> 蕙田案：南郊北郊，天地分合祭，千古聚讼。考分祭见于《周礼》之圜丘方泽。《礼记》之泰坛、泰折厥有明文，合祭则无之也，而后人以北郊不见经传为疑。案：《汉书·志》载匡衡、张谭议有"祭天于南郊，瘗地于北郊"，及翟方进等引《礼记》"南郊定天位，北郊就阴位"之语，去古未远，其言必有所本，固不特注疏为然，是不得谓之无据也。合祭自王莽始。后之君臣图宴安，惮劳费，于是曲为附会，往往以《召诰》用牲于郊牛二，谓经文无北郊，及《昊天有成命》诗歌天不歌地为辞。夫《周礼》称圜丘方泽，亦未尝有南郊之名。《郊特牲》之变圜丘为南郊，亦犹祭法之言泰坛，同实而异名耳。且言南正以别于北，而经之泛言郊者，皆统天地可知，何必以无北郊之文为疑也。至宋苏轼，以《诗序》郊祀天地，谓诗终篇言天而不及地，未有歌其所不祭，祭其所不歌者。今祭地于北郊，独歌天而不歌地，岂有此理？是不知圜丘方泽正须两用，故言天地若合为一，祭则但云郊祀足矣，不必标举天地也。孔疏云经不言地，序知其因此二祭而作，故具言之，其意甚明。若谓歌天而不歌地，考诗词《昊天有成命》二后受之意，谓我周受命而为天子，当主天地之祭，此犹言其命维新，天作高山云尔，非专指天之功德而歌颂之也。是终篇虽未尝歌地，并亦何尝歌天？苏氏乃指一天字以为歌天不歌地，过矣！夫此诗唯不称所祭之功德，而成王不敢康以下但言主祭之基命宥密，则用之祀天可，用之祭地亦可，固不得据为合祭之证也。考天地之祭，汉时或分或合，后唯魏文帝之太和、周武帝之建德、隋高祖之开皇、唐玄宗之开元、宋神宗之元丰、元文宗之至顺、明世宗之嘉靖特主分祭，余皆主合祭，其间廷臣建议，惟宋绍圣中黄复言南郊合祭，自古无有，止因王莽谄事元后，遂跻地位，合席同牢，逮乎先帝始厘正之，陛下初郊，大臣以宣仁同政，复用王莽私意，合而配之，渎乱典礼。此言深悉合祭病根。明嘉靖时，夏言疏驳霍韬，《周礼》莽贼伪书，不足据，曰合祭以后配地，实自莽始。莽果伪为是书，何不削去圜丘方泽之制、天地神祇之祭而自为一说耶？此言足明分祭之确据，两议可为万世定论矣。夫自汉以来，盈庭集议，主合祭者往往不能夺分祭之理，可见人心之不可泯，而主分祭者往往不能屈合祭之势，可见人欲之不易克。观明世宗南北郊之制甫定，神宗万历三年，阁臣张居正进郊礼图册，仍以孟春合祭为说，其言曰："冬至极寒，而

裸献于星露之下；夏至盛暑，而骏奔于炎歊之中。"时义为戾。夫身为大臣，不以敬天勤民相儆勖，而以便安逸豫为逢迎，隐微深痼，前后一辙，良可慨也。我朝定南北郊祭，天子岁必亲行，破累代之陋规，遵古经之正礼，三代之盛奠以加焉。

2.《家语》大裘之词盖王肃伪造

秦蕙田《五礼通考》卷二十一：

　　《家语》："郊问天子大裘，以黼之被裘，象天。"王注："大裘为黼文也，言被之大裘，其有象天之文，故被之道路，至泰坛而脱之。"

　　陈氏《礼书》：《礼记》惟君黼裘以誓，省大裘，非古也。则戒誓省视用黼裘，而后世大裘焉。故记者讥之。《家语》谓大裘黼文以象天。王至泰坛脱裘服衮。张融又易之，以为王至泰坛脱衮服裘。盖王肃托孔子以信其说，张融疑王肃以变其论。然《记》曰："郊之日，王皮弁以听祭，报则前祭，未尝服大裘也。"又大裘无文，与黼不同，二者之说误矣。

　　蕙田案：黼裘服以誓，省不闻服以祀天。祀天服大裘，取其质也，安用黼为？此盖王肃伪造之词，陈氏非之，是矣。

3. 革郑氏信谶之流弊

秦蕙田《五礼通考》卷九：

　　礼乐志自周衰，礼乐坏于战国，而废绝于秦。汉兴，六经在者皆错乱散亡杂伪，而诸儒方共补缉，以意解诂，未得其真。而谶纬之书出以乱经矣。自郑玄之徒号称大儒，皆主其说，学者由此牵惑没溺，而时君不能断决，以为有其举之莫可废也。由是郊丘明堂之论至于纷然而莫知所止。礼曰："以禋祀祀昊天上帝。"此天也，玄以为天皇大帝者，北辰耀魄宝也。又曰："兆五帝于四郊。"此五行精气之神也。玄以为青帝灵威仰、赤帝赤熛怒、黄帝含枢纽、白帝白招拒、黑帝汁光纪者五天也。由是有六天之说，后世莫能废焉。唐初贞观礼冬至祀昊天上帝于圜丘，正月辛日祀感生帝灵威仰于南郊，以祈谷而孟夏雩于南郊，季秋大享于明堂，皆祀五天帝，其配神之主，贞观初圜丘、明堂、北郊，以高祖配，而玄帝唯配感帝。

　　蕙田案：郊丘之论，自汉以后纷然矣。此志叙述原委简括详明。至是人始知六天之谬，而贞观礼所定冬至圜丘、孟春祈谷、孟夏雩祀、季秋明堂，卓然与经典合。儒者之效遂开有唐一代制作。厥后开元礼成，而五典灿然明备矣。后代礼乐之得其正，实赖贞观礼为之权舆。太宗之治所以焕然不同也。然南郊祀灵威仰，圜丘雩祀明堂，皆祀五天帝，尚未能革郑氏，信谶之流弊深哉！

4. 辨郑氏禘祫皆殷祭

秦蕙田《五礼通考》卷九十七：

郑氏《王制注》："周改夏祭曰礿，以禘为殷祭也。鲁礼，三年丧毕而祫于太祖。明年春禘于群庙。自尔之后，五年而再。殷祭一祫一禘也。"《周礼》大宗伯注同。

杨氏复曰：郑氏以禘祫同为殷祭，抑不知祫者合毁庙未毁庙之主于太祖之庙而祭之，方谓之殷祭。禘者，禘其祖之所自出，于始祖之庙而以始祖配之，此祭不兼群庙之主，为其尊远不敢亵也。今乃谓禘为殷祭，可乎？惟其以禘祫皆为鲁礼，又以禘祫同为殷祭，故后之言禘者皆求之于一祫一禘之中，而不求于禘其祖之所自出，混禘于祫，而遂至于不知有禘，遂使二千年来国家大典礼为所汩坏，是谁之过欤？然义理在人心，终不可埋没。唐大历间，赵伯循作《春秋纂例》，独得其说于大传小记祭法之中，以破郑氏诸儒注疏之谬，学士大夫皆是之。又曰：禘祫之礼不同。王者既立始祖之庙，又推始祖所自出之帝，而以始祖配之，所谓禘也。合群庙之主于始祖之庙，而设殷祭，所谓祫也。先儒皆知祫为殷祭矣，而又兼以禘为殷祭，其说何从始乎？盖自成王念周公有大勋劳，赐以郊禘重祭，圣人已叹其非礼，然鲁之有禘，特祭于周公之庙，而上及于文王，以文王者，周公之所出也。其后闵公二年，僭用禘礼，行吉祭不于周公之庙，而行之于庄公之宫，而禘之礼始紊。自僖公八年用禘礼，合先祖，序昭穆，用致夫人于庙，而禘礼始与祫混淆而无别。《春秋》常事不书，特书闵公、僖公两禘者，记失礼之始也。文公二年，大事于太庙，跻僖公。《公羊传》曰：大事者何？大祫也。谓大合毁庙之主于太祖之庙而祭之也。天子有祫，诸侯亦有祫，于文公乎何讥？讥其逆祀跻僖公也。郑康成乃谓禘祫皆为鲁礼。夫谓祫为鲁礼可也，鲁之有禘，行于周公之庙，已非礼矣，况僭而行之于庄公之宫，又禘于太庙，以致妾母，可以谓之礼乎？禘宗庙之大祭也，故惟禘礼为盛。观明堂位之言可见。闵、僖窃禘之盛礼，以侈一时之美观，犹周公庙有八佾，其后窃而用之于季氏之庭，此圣人之所深恶也。况三年丧毕而吉祭，此禘礼也。闵公丧未毕，窃禘之盛礼，以行吉祭，合先祖，序昭穆，此祫礼也。僖公窃禘之盛礼，以致夫人禘祫之混自此始也。郑氏不能推本寻源，以辨禘祫二礼之异，正闵、僖僭禘之罪，以明《春秋》之意，反取《春秋》之所深讥者以明先王禘祫之正礼，又妄称禘祫皆为殷祭，三年一祫，五年一禘，二礼常相因并行，且多为说以文之。案：郑注《王制》及春官大宗伯、《诗·殷颂》皆曰鲁礼三年丧毕而祫于太祖，明年春，禘于群庙，自尔以后，五年而再殷祭，一祫一禘。愚始读郑氏，三注意其必有昭然可据之，实及考其所自来，则曰一禘一祫之说出于春秋鲁礼及纬书，夫溺于纬书之伪，而不悟其非，此郑氏之蔽惑，不足责也。谓出于春秋鲁礼者并无事实可证，乃专取僖公之禘、文公之祫二事穿凿傅会，以文致其说而已。夫禘祫二事其源各异，本不相因，僖公之禘未尝因乎祫，文公之祫未尝关乎禘也，今其说曰：文公二年既有祫，则僖公二年亦必有祫。僖公八年既有禘，则文公八年亦必有禘。事之本无，既牵合影射以为有，盖欲明僖公之禘前有祫，文公之祫后有禘，以证一禘一祫之说而已，此其妄一也。夫既取僖公之禘、文公之祫为证矣，又增宣公八年之禘以明之，谓僖宣八年皆有禘。考于《春秋》宣公八年，有事于太庙，未尝有禘文，乃郑氏驾虚词以多其证，此其妄二也。文二年《公羊传》云："五年而再殷祭。"所谓五年再殷祭者，谓三年一祫，五年再祫，犹天道三年一闰，五年再闰也。郑氏乃引之以为三年一祫，五年一禘之证，此其妄三也。二年至八年相去凡七年，与五年再殷祭之数不合也，则为之说曰："鲁礼三年丧毕而祫于太祖，明年春禘于群庙，自尔以后五年而再殷祭。”夫谓三年丧毕而祫于太祖可也，明年春禘于群庙，何所据而为是说乎？强添此事于五年再殷祭之前，直欲以掩五年、七年不合之数耳。后之儒者知其不可，则为之说曰：“丧毕之祫，祫之本明年之禘，禘之本此。”其为说亦巧矣。惜乎其似是而实非也，此其妄四也。且后世之所以信郑氏者，以其所据者《春秋》也，而郑氏所据者乃是以无为有，驾虚为实，取闵、僖僭窃之礼，以明先王禘祫之正。礼既三注，其说于经又以此说推演为禘祫志，注疏盈溢，文不胜繁，故观者莫辨，诸儒靡然而从之，是皆求其说于郑注之中，未尝以经而考注之真伪也。王肃最为不信郑氏，亦以禘为五年殷祭之名，不亦误乎！自郑氏之说立，混禘于祫，而禘之礼遂亡；混祫于禘，而祫之礼亦紊。夫礼不王不禘，王者禘其祖之所自出，见于《大传》，见于《小记》，见于《丧服子夏传》，非不甚明。祭法首述虞夏殷周四代已行之礼，又信而有证，固有国家者所当讲明而举行也。自汉以来，世之儒者皆置之而不论其故，何哉？盖后之言禘者皆求其说于三年一祫、五年一禘之中，而不求之于禘其祖之所自出，皆由汉儒混禘于祫，而遂至于不知有禘，此禘礼之所由亡也，可不惜哉！

蕙田案：杨氏之辨极为明畅。

辨纬书之伪。

5.《山海经》多出伪撰

秦蕙田《五礼通考》卷二百五：

蕙田案：昆仑国见于《禹贡》，而昆仑山为河源，见于《山海经》《尔雅》《淮南子》《凉土异物志》、桑钦《水经》。若其得之目击者，则《唐书·吐谷浑传》载："任城王道宗侯君集次星宿川，望积石，览观河源。"《吐蕃传》："刘元鼎使还，言自湟水入河处，西南行二千三百里，有紫山直大羊同国，古所谓昆仑虏，曰闷摩黎山，东距长安五千余里，河源其间。"由此观之，则昆仑山当以《唐书·吐蕃传》为定，盖在西域之西南明矣。夏西戎即唐吐蕃，今之西番也。《禹贡》："昆仑折支渠搜。"颜氏云："昆仑国盖附近昆仑山者。"昆仑即在雍州之外。则刘元鼎所云东距长安五千余里者近是，而非如《山海经》《水经》所云矣。案：《山海经》之言昆仑也，一曰槐江之山丘，时之水出焉。西南四百里，曰昆仑之丘。又曰海内昆仑之墟，在西北。又曰西海之南流沙之滨，赤水之后，黑水之前，有大山名曰昆仑墟，在西北，去嵩高五万里，地之中也。盖《山海经》多出伪撰，止因《禹贡》有昆仑之名，而附以荒诞不经之语。《水经》则又因《山海经》而附会之，与《史记·禹本纪》去嵩高五万里者，皆与《大荒经》相类，乃胡胐明一一求其地以实之，愚矣！

6.《孔丛子》伪书

秦蕙田《五礼通考》卷二百二十五：

《孔丛子》：陈王曰：周存二代，别有三恪，其事云何？答曰：封夏殷之后，以为二代。绍虞帝裔，备为三恪。恪，敬也，礼之如宾客也，非谓特有二代，别有三恪也。凡所以立二代者，备王道，通三统也。王曰：三统者何？答曰：各自用其正朔。二代与周，是谓三统。

蕙田案：《孔丛子》伪书，出于魏晋以后，不足信。

九、龚炜

（一）龚炜其人

龚炜（1704—?），字仲辉，自号巢林散人，晚号际熙老民，昆山人。著有《巢林笔谈》《屑金集》《虫灾志》《续虫灾志》等，多已散佚。

（二）龚炜的文献辨伪

书中间或留意文献真伪，如辨《孔子世家》所载沮封之语不似晏子，所疑不无道理。

周中孚称《巢林笔谈》杂记其所见闻，时寓劝戒之意，间或推阐经史，辨证误诬，悉归平允，盖巢林乃谨愿之士，故其言颇有蔼然之致，惟不谙考证，笃信《素书》为黄石公作，殊出臆见。①

今按，词章之学、科举之学、考据之学、经世之学在清代大致存在链条关系，始则由词章之学入门（潜龙勿用），进而科举之学；若科举及第（见龙在田），中进士，入庶常，点翰林，始得窥中秘，博览群书，退则以考据之学为业（或跃在渊），进则以经世之学为业（飞龙在天）。巢林科举失败，未得一第，老死于户牖之下，未能进阶修考据之业，于文献真伪实则没有资格纵谈。虽偶然论及，亦不能预流。

十、全祖望

（一）全祖望其人

全祖望（1705—1755），字绍衣，号谢山，自署鲒埼亭长，鄞县人。著有《汉书地理志稽疑》《鲒埼亭集》内外编、《鲒埼亭诗集》等书，今人有《全祖望集汇校集注》。生平事迹见《清史稿·儒林传》《清史列传·儒林传》、严可均《全绍衣传》、刘光汉《全祖望传》、董秉纯《全谢山年谱》、王永健《全祖望评传》、詹海云《全祖望学术思想研究》等。

（二）全祖望的文献辨伪

1. 《子夏易传》

《鲒埼亭集》外编卷二十七《子夏易传跋尾》云：

---

① 周中孚：《郑堂读书记补逸》卷二十五。

《子夏易传》，唐开元中曾诏列于学宫，同帖正经，以试多士。刘知几争之曰："《汉·艺文志》《易》十三家，无《子夏传》，至《七录》始有《子夏传》六卷，或曰韩婴作，或曰丁宽作。然据《汉志》，《韩易》二篇、《丁易》八篇，求其符会，事殊隟刺，岂非后来假凭前哲，必欲行用，深以为疑。"诏下儒臣集议，司马贞等以为《七略》有《子夏传》，不行已久；荀勖《中经簿》四卷，《隋志》梁时六卷，今二卷，则错谬多矣。王俭《七志》引《七略》云："《易传》子夏二篇，韩氏作，而今题载薛虞记秘库有之，传文指趣质略，无益后学。于是停止帖经。"然则今所行十一卷，固属赝本；即《七略》以来之书，亦依托耳。孙坦《周易析蕴》欲以汉之杜子夏当之，《书录解题》谓其无据。夫曰韩、曰丁、曰薛，其见于前人著录者，尚难审定，况臆度耶！

黄云眉《古今伪书考补证》认为"斯言最为得之"。

2. 《古文尚书》

《鲒埼亭集》外编卷二十七《吴草庐书纂言》严厉批评元代大儒吴澄：

　　宋人多疑《古文尚书》者，其专注今文，则自草庐始。是书出，世人始决言古文为伪而欲废之，不可谓非草庐之过也。近世诋古文者日甚，遂谓当取草庐之书，列学官以取士，亦甚乎其言之矣。竹垞亦不信古文，然不敢昌言，而谓草庐之作尚出权辞。噫！权辞也，而轻以之训后世哉！

全祖望认为《古文尚书》不伪。诚如严评所云："谢山盖信《古文尚书》者。"李评《题仲氏易》亦云："萧山（指毛奇龄——引者注）之学，经为第一。经则《诗》第一，《四书》次之，《礼》次之，《春秋》又次之，皆杰然可传者也。《易》又在《春秋》之次，然亦确有所见。最下者，其《古文尚书冤词》乎？谢山固深信古文，津津拾其唾者也，乃云论古之荒谬，毛氏为尤，毛氏之谬经为尤。呜呼！是何言欤？"

《鲒埼亭集》外编卷二十七《题古文尚书疏证》严厉批评清代大儒阎若璩：

　　阎征君所著书，最得意者，《古文尚书疏证》也，其次则《四书释地》。征君稽古甚勤，何义门学士推之，然未能洗去学究气为可惜，使人不能无陋儒之叹，盖限于天也。

阎若璩《尚书古文疏证》一书企图证伪《古文尚书》，这一学术立场后面显然有思想史背景，绝非纯粹之文献辨伪，而这一基本立场正好与全祖望背道而驰，二者的碰撞是不可避免的。这一争论迄今为止仍然没有最终解决。"革命尚未成功，同志仍需努力。"全祖望所谓"学究气""陋儒"刺激了阎若璩的粉丝，如李评反唇相讥："阎氏固不得为通儒，然其考订之精博，陋何有乎？谢山喜骂人，又侈然以南宋之道脉、残明之忠裔自任，遂于先儒近哲多所指斥。其平生最恶西河之书，无西河之才，而有西河之愎，可笑也。"如此相互讥笑无济于事，还得平心静气地讨论学术问题。

3. 《周礼》

《鲒埼亭集》卷第三十一《静远阁周礼解序》云：

> 评事（指王石雁）之言曰：《周礼》五官非阙也，而不知者以为阙。《考工》非补也，而不知者误以为补。五官之文直而正，《考工》之文曲而奇，似乎裁于两手，而不知其一手也。出于一手，然各为一书。五官固非圣人之作，而《考工》亦非汉人能为，盖六国时仿古而著之者，故其书颇似《内政》。其云《周礼》，非成周之"周"也，盖以五德循环周流之旨言之。论六虚者，谓天西北倾，故为不周之风，故是书以天始而虚冬，藏冬于地以象坎之邻乾，而以不周为周，故其五官之员已具足，而归其奇零于《考工》，非以《考工》为冬官也。《考工》之为记，犹之《仪礼》丧服之有记也。何以知其为六国时人之书？试以地官之员言之，其多至万余，此固必不可行。而大宗伯之官，言鬼者大半。秋官之为职，至于草木虫蚁之类，莫不有消磨厌胜之术。其非圣人之书明也。然其作者，亦非汉以后人所能及。朱子笃于好古，而不解心悟：解《易》则肤浅无当，说《诗》则轻改古序，其割《周礼》以附二礼，尤为无谓。盖其所言之大旨如此，为自来经师所未有，虽未可奉为定论，然亦奇矣。

全祖望认为，《周礼》五官非圣人之作，《考工记》亦非汉人能伪。

4. 《周官》

《鲒埼亭集》外编卷三《土圭赋序》云：

> 《周官》建都取地中之说，先儒辨之备矣。予谓当以大司徒所载，参之《典瑞》，然后知其本非《周官》之文。《大司徒》所云"测土深求日景"，即《典瑞》所云"致日致月"也。《大司徒》所云"土地制域"，即《典瑞》所云"封国则以土地"也。而《大司徒》独于"日至之景尺有五寸"以下，接以天地、阴阳、日月、风雨七句。吾疑此七句者，汉人之言搀入经文，旧经必无是也。况读其文，乃类《考工记》句法，五官中不概见。从来辨此者，只攻郑、贾不知本文中明有之，不指明经文之错，则郑、贾、马可折也。善哉《唐志》之言曰："古人所以步圭景之意，将欲节宣和气，辅相物宜，而不在于辰次之周径也。"词科诸公偶拈是题，乃序其说于端。

辨《周官》建都取地中之说非《周官》之文。

5. 《六经奥论》

《鲒埼亭集》外编卷三十四《跋六经奥论》云：

> 竹垞先辈跋《六经奥论》，据渔仲所上书，只有《书考》《书辨讹》《诗传》《诗辨妄》《诗名物记》《春秋考》《春秋列国图》《诸经序》《刊谬正俗跋》，而无《奥论》；且谓其书议论，颇与《通志·略》不合。
>
> 然其于是书之妄，有未尽者。盖渔仲卒于高宗末年，其于乾淳诸老则前辈也，而

书中称薛常州者四，则孝宗以后人之书矣，称朱文公者一，则宁宗以后人之书矣。又引晁公武《易解》，皆渔仲后辈也。而最发露者，其《天文总辨》中论《鬼料窍》一条，谓"夹漈先生尝得是书而读之"，尚得以为渔仲所著乎？乃笑明中叶人传是书为渔仲而行之者，盖终未尝读是书也。

予又观其论《易》，谓先天诸图，康节得之希夷将启手足之际，则作是书者其于人之系代源流，本不知也。

其引福州《道藏》所刻郭京《周易举正》，则意其亦闽人，而要其中议论固有发前人所未逮者，如论《秦誓》之类是也。惜其撰人之不传耳。

全祖望据作者时代、谥号、学术源流等方面断定《六经奥论》乃伪托郑樵之作。平心而论，这种辨伪还是非常有说服力的。

6.《孔丛子》

问："《孔丛子》，世亦以为赝书，然否？"答："不敢谓其为西京之书，亦并不类东京之书，然东发先生有言：'其文笔虽卑弱，而义理颇醇。'"

全祖望据文笔风格判断《孔丛子》为伪书，还是缺少坚实证据的。前人辨伪往往凭感觉，抓住一点不及其余，未免简单粗暴。

7.《子华子》

问："《子华子》，世皆以为赝书，而水心先生笃信，是何说也？"答："水心讲学，虽不合于朱子，然其卓然之见，不可谓非魁儒。至于极口称《子华子》，则好奇之过矣。"

全祖望批评叶水心因为好奇而断定《子华子》为真，可谓一语中的。

8.《孙子》

《鲒埼亭集》卷第二十九《孙武子论》云：

眉山苏子谓："孙武用兵，不能必克，与书所言远甚。吴起言兵，轻法制，草略无所统纪，不若武书词约意尽。然起用于鲁破齐，用于魏制秦，入楚则楚霸，而武之所为乃如此，书之不足信固矣。"全子曰：苏子之言，可谓独具论世之识者，然吾尚惜其言之未尽。夫孙子亦安知兵？今世人之所共称，莫如以军令斩吴王宠姬一事。不知此乃七国人所传闻，而太史公误信之者。夫吾亦何以知其斩宠姬之诬，盖即于入郢之师知之。当吴人之大举也，楚之来相拒者为子常，斯其人如沐猴而冠，而又罢于奔命之余，以遇常胜之师，兵未交而胆已落，其可以贺战胜也，固以尽人知之。若孙子之师律，则未见其有可恃。方夫概王之独出也，大类晋河曲之赵穿，使其一掷，则事且未可知。然虽幸而得捷，而师律已紊，寡君之贵介弟，遂有翘然自喜之心，卒之首偾于秦者亦夫概，而窃归自立之祸起焉。夫始则擅发，而武不能禁；继则窃归，而武不及知。古所谓大将之师，其进如风，其止如山者，不如是矣。鸡泽之会，不过以玉帛相见者也。扬干乱于曲梁，则魏绛戮其仆，虽婴悼公之怒，弗之恤也，晋是以能继霸。况当两军对垒，而军法乃尔，吾不知孙子斩姬之刃果安在也。且夫扫境以出，不虞于越之乘于虚，贪前进而忘后患也。决漳水以灌纪南，决赤湖水以灌郢，弃生灵以博一日之胜，是豨突之徒也。唐侯在军，国已为秦所灭，何策应之疏也。子期焚其营而不能避，可以见营垒之无法也。子蒲、子虎在当时非名将，孙子之遇之也，辄累北焉，然则前此五战之威，特以子常之故耳。从来成败之难言也，其败者未必无嘉谋，而或坐失其机；成者未必皆庙算，而或会逢其适。彼左司马之请首尾夹击，真兵法也。向使当其前者，或有子期兄弟一人在焉，吴其殆哉！《左氏春秋内外传》纪吴事亦颇详，然绝不一及孙子；即《越绝》诸书，出于汉世，然亦不甚及孙子。故水心疑吴原未尝有此人，而其书其事皆纵横家之所伪为者，可以补《七略》之遗，破千古之惑。若十三篇之言，自应出于知兵者之手，不可按之以责孙子之不售也。

今按，此文在叶水心"孙子抹杀论"的基础上滑得更远，错得更奇。何以至此？一味臆断，缺少证据。既然说"其书其事皆纵横家之所伪为"，那么请你拿出证据来！

又按，辨伪之文与古代文体有较为密切的关联，往往以论、考、辨、说、序、跋等文体出现。

9. 《六韬》《泰誓》

问：《史记》："武王伐纣，卜龟兆不吉，群公皆惧，独太公强之。"按《尚书》孔疏亦引《六韬》："龟焦筮又不吉，太公曰：枯骨朽筮不逾人矣。"厚斋谓："《六韬》非太公所作，不足信。"按《尚书》："朕梦协朕卜。"则《六韬》之妄明也。答：引《泰誓》以诘《六韬》，甚佳。《左传·昭七年》卫史朝已及之矣。然愚更有说于此，武王救民水火之中，所信者天，并不必卜不必梦也。托梦卜以坚众心，则所自信者反薄矣。故《吕览》载夷、齐之言，谓武王扬梦以说众。而顾亭林疑《泰誓》之为伪者，此也。汤之放桀而有惭德，自是高于武王。梨洲黄氏曰："有汤之惭，然后君臣之分著，而人知故国之不可以遽剪。有虺之诰然后揖逊征诛之道一，而人知独夫之不可以横行。"其言最精，武王逊汤正在此。周公之作《多士》曰："非我小国敢弋殷命。"则亦似为武王补此一节口过，斯周公之功所以大。

10. 《道德指归论》

《鲒埼亭集》外编卷三十四《读道德指归》云：

张南漪语予曰：《道德指归》前有谷神子序，其云严君平姓庄氏，故称庄子，班史避明帝讳，更之为严。然则篇中所称庄子者，皆君平自称也。故卷首即称："庄子曰：'老子之作，上经象天，下经象地。'"其发明宗旨，几二百言。此后每设为问答，必曰"何以言之""何以明之""何以效之""或曰""敢问"而后，以"庄子曰"答之，盖皆君平自称之言，无疑也。阎潜丘乃以为庄周逸篇之文，以补王厚斋之漏，何其粗也！其所引亦不完。南漪之言，核而笃矣。然予并疑是书乃赝本，非君平之作也。《汉志》于《老子》所录有四家：《邻氏经传》四篇，《傅氏经说》三十七篇,《徐氏经说》六篇,《刘向说》四篇。使君平有之,不应不见于志,其疑一也。《王贡传》载君平事,但曰祖老子、严周之旨,著书十余万言,是特祖其意而别为书,非竟若是书之为笺释也。然《汉志》亦不录,是已亡矣,安得晋、魏间忽出乎?其疑二也。且予尝观其文,亦颇不类西京人语,其疑三也。

今按,全祖望据书目与文气辨伪。

11.《山海经》

《鲒埼亭集》卷第三十二《浮山大禹庙山海经塑像诗序》云:

夫以是经(指《山海经》)果足信乎?则出自伯益之手,宁不足以附《禹贡》而豫于百篇之目。然但以所纪禹事考之:崇伯之父明有代系,而以为白马,则与《世本》不合;崇伯化于羽渊,而又化于塣渚,则与《左传》不合;共工既放,而尚除恶未尽,有臣相鲧为害,则与《孟子》不合;帝启之献三嫔于天,而窃《九辩》《九歌》《九招》之乐以下,虽并见于《天问》,然与《尚书》之《九歌》不合。所纪禹事如此,而其余概可见。

谓是经竟无征乎?则毕方、贰负诸证,历见汉人之所述,郭氏已著之题词中;而有明之季,颙鸟见于南昌佛寺,朱中尉谋玮志之;精卫遗种见于海上,林太常时对志之;鹢鸟见于杭城东,陈高士廷会志之;刑天之舞,则西方徼外多见之者,固不可以为尽诬也。

辨《山海经》非出自伯益之手。

12. 辨《岣嵝碑》、太学《石鼓》之伪

《鲒埼亭集》外编卷三十五《跋岣嵝碑》云:

《吴越春秋》载神禹有《岣嵝山铭》,岂得尚存?后人之为之者,自以韩吏部诗之故,犹之明人妄为日本《尚书》,盖以欧阳兖公诗之故。有是哉,其好奇也。虽然《岣嵝碑》与"穆王坛山"四字,夫人不知其伪,而不知太学《石鼓》之与二刻钧也。

今按,《岣嵝山铭》今存湖南衡阳岣嵝峰,现代考古学家考证《岣嵝山铭》系战国时期所作。

又按,李评云:"全氏知《岣嵝》《坛山》皆伪,是矣。至以《石鼓》为伪,则他人所未发,不能深信,乃独不知季札铭为伪,何耶?"

13.《十六国春秋》

《答史雪汀问十六国春秋书》曰:"马氏《通考·经籍考》中不列是书,则在宋时已鲜传者。乃有明中叶以来,居然有雕本百卷行世。以愚观之,直近人撮拾成书,驾托崔氏,并非宋时所有也。宋龚颖远历图载前凉张实改元永安,张茂改元永元,张重华改元永乐,张祚改元和平,张天锡改元太清,张大豫改元凤凰,谓出鸿书。晁公武曰：'晋世张轨世袭凉州，但称愍帝建兴正朔，其间惟张祚篡窃，改建兴四十二年为和平元年，祚诛后，复奉穆帝升平之朔，不知颖何所据？或云出崔氏书，崔书久不传于世，莫能考也。'愚以今本对之，并无此事。孔毅甫谓从古史法，两人一事，必曰语在某人传，《晋书》王隐谏祖约奕棋一节，两传俱出，为文烦复，是乃史法紊乱之滥觞者。若在崔氏，今本有同一事而三四见者。况其列传大都寥寥数行，不载生卒，不叙职官，东涂西抹，痕迹宛然，是不辨而自见者，古今无此史例也。然且伦父不学，所有坊间《汉魏丛书》，再取今本芟之，百不存一，则即系崔氏旧本，经此刊除，已不足观，况其为伪书乎！"

14.《资治通鉴纲目》
《鲒埼亭集》外编卷三十四《书朱子纲目后》云：

黄榦尝谓《纲目》仅能成编，朱子每以未及修补为恨。李方子亦有"晚岁思加更定，以归详密"之语。然则《纲目》原未成之书。其同门贺善争之，以为《纲目》之成，朱子甫越四十，是后修书尚九种，非未成者。又力言朱子手著。但观朱子《与赵师渊书》，则是书全出讷斋，其本之朱子者不过凡例一通，余未尝有所笔削，是左证也。著述之难，大儒不能无余论，雷同附和之徒，遂以为《春秋》后第一书，可谓耳食。苟或能成朱子之志，重为讨论，不可谓非功臣也，但必为蚍蜉所大骇耳。

15. 柳宗元文集之伪篇
《鲒埼亭集》外编卷三十四《再跋柳先生年谱》云：

王厚斋曰："柳州之文多冒名者，《马退山茅亭记》见于独孤及集，《百官请复尊号表》六首，皆出于崔元翰，《请听政第三表》，《文苑英华》乃林逢。第四表云'两河之寇盗虽除，百姓之疮痍未合'，乃穆宗、敬宗时事。《代裴行立谢移镇表》，行立移镇在后。《柳州谢上表》其一乃李吉甫郴州谢上表。《舜禹之事》《谤誉》《咸宜》三篇，晏元献曰'恐是博士韦筹作'，而《愈膏肓疾赋》，晏公亦云'肤浅不类'。若《为裴令公举裴冕》，乃晁说作，柳州之生，冕薨已五年。"今按，谱中所列《尊号表》六首、《柳州谢上表》未及别择，其余似亦知其非而不载。

全祖望注意到王厚斋的辨伪成果，一一验证，发现王氏所列举的文章还有两种没有得到认同。

16. 世传荆公读昌谷诗
《鲒埼亭集》外编卷二十六《史雪汀注李长吉诗序》云：

世传荆公读昌谷诗，所讥雁门太守行语，蔡宽夫《诗说》辨之，以为此不知诗者之言，必非荆公所有，然未有以明证之者。近偶忆《临川集·古风集句送吴显道》一篇："滕王高阁临江渚，东边日出西边雨。"荆公有取于此句，则世所传真老头巾之附会。予友史雪汀注昌谷诗，属予为序，予书此简，请以附之卷末。雍正癸卯正月望日。

严评："其诗不足序，则力辞之可耳。今若此文，是以为戏矣。待朋友之道，岂宜尔乎?"今按，全氏此序虽怪异，但歪打正着，为辨伪学提供了史料。

17. 郑思肖《心史》

《鲒埼亭集》外编卷二十五《杲堂诗文续钞序》云：

> 李君甘谷出其王父杲堂先生未行之集，诠次开雕，令予任复审之役。予喟然叹曰：先生是集之得传也，悕矣! 谢皋羽之卒也，自其《晞发集游录》而外，皆以殉葬，故不存。郑所南沉《心史》于井底，三百年而始出。近有方韶父之裔孙逢人顿首，求其先集足本而不可得，皋羽之幸而存者，冬青之岁月，西台甲乙之姓氏尚成疑案。所南之幸而得出者，或且以为姚叔祥之赝本。由此观之，韶父之集之遇也难矣。皋羽弃家客死，所南无后，其零落良不足怪。韶父之后人贤矣，而其生已晚，斯其所以为好事之恨也。残明甬上诸遗民述作极盛，然其所流布于世者或转非其得意之作，故多有内集。夫其内之云者，盖亦将有殉之埋之之志，而弗敢泄。百年以来，霜摧雪剥，日以陵夷。以予所知，董户部次公、王太常无界、林评事荔堂、毛监军象来、高枢部隐学、宗征君正庵、徐霜皋、范香谷、陆披云、董晓山，其秘抄甚多，然而半归乌有。予苦搜，得次公、荔堂、披云三家于劫灰中，水功、隐学尚余残断者存，而象来、正庵、霜皋则不可得矣。然诸公犹非其绝无者，若骆寒厓、李玄象、高废翁则竟不可得，即以李氏而言，戒翁、礜叟其与先生共称三李者也，皆无完集，得赭于今。呜呼! 诸公之可死者身也，其不可死者心也。昭昭耿耿之心，旁魄于太虚，而栖泊于虞渊、咸池之间。虽不死，而人未易足以知之。其所恃以为人所见者，此耳。此即诸公昭昭耿耿之心也，而听其消磨腐灭，夫岂竟晏然而已乎?

《鲒埼亭集》外编卷三十四《心史题词》：

> 亡友长兴王敬所尝为予言，《心史》必是伪作，予是其言，而无征也已。读阎百诗集，其中引万季野语，【严校：应作曹秋岳。】以为海盐姚叔祥所依托，则敬所已下世，叹其不得闻此佳证也。尝以语钱唐厉樊榭，则谓叔祥岂能为此诗文。予谓阎、万二丈皆不妄语者，必有所据。所南别有《锦线集》，【严注：今长塘鲍氏刻入丛书。】明崇祯中尚存，梨洲先生曾见之。予今求之不得，但从《永乐大典》得见其奇零者。向使是而在，以之对勘《心史》，当有败阙。但不知叔祥何故造为是书，虽非真本，要属明室将亡之兆也已。吴儿喜欺人，至今谬称瘗井旧物，以索高价，凡有数本，予见其二。

今按，《心史》不是伪作，陈福康教授《井中奇书考》《井中奇书新考》已经彻底证伪了各种"伪作说"。全祖望门户之见甚深，作为浙东学派的重要人物，对东吴学派（如钱谦益）多有微词，又称"吴儿喜欺人"，因为苏州一带历来是文物作伪的重镇。全祖望先入为主，没有调查研究，误信人言（误信友人之言、误信论敌之言），妄下雌黄，留下笑柄，可谓文献辨伪的反面典型。"毋信人之言，人实诳汝"，信哉！

18.《绥寇纪略》

《鲒埼亭集》外编卷二十九《跋绥寇纪略》云：

> 陈令升曰："梅村《绥寇纪略》不类其集，疑非梅村所为，然舍梅村亦莫能当此者。"令升盖心疑之，而不敢质言也。及见林太常玺庵。所答先赠公帖子谓："此书原名《鹿樵野史》，出一遗老之手，梅村得之，遂以行世。然其中为不肖门生邹漪窜改十五，遂无完本。"太常每言及漪，辄切齿，以为吾同谱邹木石何不幸生此无赖子，专为辗转降附之张缙彦出脱。按漪所作《明季遗闻》，以出脱缙彦，曾被萧震参纠者也。而万征君季野则谓其中亦有可节取者。

辨《绥寇纪略》非吴梅村所为。

19.《幸存录》

《鲒埼亭集》外编卷二十九《幸存录跋》云：

> 夏文忠公《幸存录》有二本，其一稍详，且志阮大铖语曰："此敝门生钱谦益也。"而一本无之。愚疑前一本乃足本，若芟之者，乃丙戌以后，东涧之客代为洗雪，而削去之耳。呜呼！此公之瓦裂，虽灭去此一语，亦不足以自盖也。"

同卷《汰存录跋》云：

> 巢先生因而序以证之，谓是录出于文忠身后，盖冒托其名者。然慈溪郑平子曰："梨洲门户之见太重，故其人一堕门户，必不肯原之。此乃其生平习气，亦未可信也。"予颇是之。

今按，此处据生平辨伪。

20.《续幸存录》

《鲒埼亭集》外编卷二十九《续幸存录跋》云：

> 世以《续幸存录》为夏淳古作，若非淳古，固不应用此名也。然有可疑者，其自称内史，以越中尝命为中书舍人也，似矣。顾其序南都众正之任用，而曰："先人备位小宰。"此何所本？文忠官考功耳，乃以为小宰乎？其时小宰，则吕公大器也。淳古不应昧于官制若此。

今按，此处据官制辨伪。

21. 黄道周遗诗

《鲒埼亭集》外编卷三十三《题石斋先生遗诗》云：

> 石斋先生遗诗，是人伪作，其中真笔不及半，但观其凑成三百十一篇之目，便是

村学究所为，强合《毛诗》之数者。开卷便说留侯因人成事，坐据三韩千里之地，渔阳铁骑所出，而不能用，是其人全不识东西者。阳翟之韩而以为三韩，三韩而即为渔阳，何其妄乎！以读破万卷之石斋而为此言耶？

今按，严注持反对意见："忠端此诗，殆为假作留侯，而故谬其辞耳，非全不知东西者。张忠烈公集中有《留侯论》，则指洪同安，意与忠端同，非伪作也。"

22. 丰氏《五经世学》

《鲒埼亭集》外编卷三十四《题丰氏五经世学》云：

丰氏既谬造《石经河图》《石经鲁诗》《石经春秋》《石经大学》，又谬造高丽《尚书》、日本《尚书》，于是又造先贤先儒所为诸传记以辅翼之，而皆托之清敏，或其大父方伯所传，梨洲《别传》记之略具。

丰氏詈朱子无所不至。夫欲詈之，则必先考据其时代而言之，以庶几人之或信，不当任口周内也。今托于郝陵川之言，谓史卫王通于杨皇后，朱子馆史氏，因为大夫得见小君之礼以附会之。门人或问所出，则曰："忘之。"使朱子而果然，则校之丰氏之背父逢君，良不甚远。不知朱子卒于庆元六年，史之官未达也。历开禧至嘉泰三年，史不过吏部侍郎，犹然侍从。是年诛平原，始执政。史虽以内援得成功，然非有共仲、叔孙、侨如、庆克之污，丰氏岂特得罪大贤，即史卫王当击之矣。

且朱子何尝馆史氏？馆者，慈湖杨文元公也。陵川则江汉先生（指赵复——引者注）之徒，力宗朱子者也。丰氏非漫不读书之人，而悖诞至此，其病狂以后所为无疑也。若其中亦有可采者，不当以人废之，是则梨洲之言信然！

《鲒埼亭集》外编卷十九《丰学士画像记》亦云：

甬上学统，肇开于庆历五先生，时则丰清敏公受业于正议楼公。而桃源之友也，再盛于淳熙四先生，时则丰制使公宅之于杨、袁，虽稍晚出，而同讲学于朱、陆之间者也。及明嘉靖中，张文定公论学颇矫新建、增城之偏，时则丰学士公其同心也。世知甬上四大姓，重圭累衮，丰氏与其一，而不知三百年之学统，绵绵延延，丰氏必参其间。呜呼，盛矣！学士之宗旨，以居敬为要，故其别署曰一斋，殆有见于后来儒者之必趋于狂禅，而思所以障之欤？至世所传《石经河图》《石经鲁诗》《石经大学》、外国本《尚书》，皆出自学士子考功所伪撰，上溯之清敏诸公，以至学士，谬托名焉，不知者或遂以为学士之著述，罪其侮经而反没其躬行之实。诸家论明儒，皆不及学士，岂知其深造自得之实也。议礼一案，司马公、程子之论，亦不尽足以折欧阳氏。然学士诸君不欲负孝宗，则固司马公、程子之心也。永嘉辈借此以幸进，则固非欧阳之比也。丰氏之子孙微矣，予少时过紫清观，犹及见学士之像，今亡矣夫。忽见之胡京兆鹿亭斋中，特记之。

今按，《鲒埼亭集》外编卷三十三《跋丰考功札》亦云："考功有愧于学士，宜其子亦多忤耳。"

十一、袁枚

（一）袁枚其人

袁枚（1716—1798），字子才，号简斋，学者称随园先生。致仕之后得废圃于金陵小仓山下，构园名之曰随园，拥书万卷，种竹浇花，疏泉架石，厘为二十四景，窗牖皆用五色琉璃，游人阗集。为诗主性灵，古文、骈体亦纵横跌宕，自成一格。性情通侻，尤喜宾客。四方人士投诗文者殆无虚日，从者如市，享盛名者五十年，学者称随园先生云。年八十二而卒。著有《小仓山房诗文集》《随园诗话》等。

（二）袁枚的文献辨伪

1.《系辞》

《随园随笔》卷十九云：

> 欧公疑《系辞》非圣人所作，自知其说之忤众，故同时得一廖称所见相合，喜不自禁。《酌中志》载："刘若愚称先师陈矩有遗书一卷，说周公作《系辞》始于孔颖达，其实文王作之，与周公无涉也。"所见亦奇。

今按：蕅益大师《周易禅解》卷九《说卦传》亦云：

> 此广八卦一章，尤见《易》理之铺天匝地，不间精粗，不分贵贱，不论有情无情，禅门所谓"青青翠竹，总是真如，郁郁黄花，无非般若"。又云："墙壁瓦砾皆是如来清净法身。"又云："成佛作祖。犹带污名。戴角披毛。推居上位。"皆是此意。前云乾，健也；坤，顺也，乃至兑，说也，而此健等八德则能具造十界。且如健之善者，则为天为君；其不善者，则为瘠为驳。顺之善者，则为地为母；其不善者，则为吝为黑。下之六卦无不皆然。可见不变之理常自随缘，习相远也。然瘠驳等仍是健德，吝黑等乃是顺德。可见随缘之习理元不变，性相近也。若以不变之体，随随缘之用，则世间但有天圜乃至木果等可指陈耳，安得别有所谓乾？故《大佛顶经》云无是见者。若以随缘之用，归不变之体，则惟是一乾健之德耳，岂更有天圜乃至木果之差别哉？故《大佛顶经》云无非见者，于此会得，方知孔子道脉，除颜子一人之外，断断无有能会悟者，故再叹曰"今也则亡"。○此中具有依正因果善恶无记烦恼业苦等一切诸法，而文章错综变化，使后世儒者无处可讨线索，真大圣人手笔，非子夏所能措一字也。欧阳腐儒乃疑非圣人所作，陋矣！陋矣！！

蕅益大师通过《易》与禅的比较，发现《说卦传》具有依正因果善恶无记烦恼业苦等一切诸法，而文章错综变化，使后世儒者无处可讨线索，真大圣人手笔，非子夏所能措一字。又一而再再而三地讥讽欧阳修为腐儒陋儒，因为欧阳修怀疑《说卦传》非孔子所作。此条材料甚少为人所注意，特拈出以与袁枚之说相比较。

2. 《古文尚书·大禹谟》

《小仓山房文集》卷二十二《征苗疑》云：

　　人多疑《古文尚书》而不疑其征苗者，何也？夫舜之德可以舞百兽，宁不可以格苗？若苗既不如默，又岂干羽之所能格？"惟德动天"，常人之所知也，舜、禹不知，不智；伯益知之而不早谏于用兵之时，不忠。岂以舜、禹之圣必待因于心、横于虑而后作乎？孔子曰："乐云乐云，钟鼓云乎哉？"干羽、钟鼓，乐之仪文也；声教、德化，乐之精神也；精神未孚而忽以仪文孚之，岂理也哉？瞽瞍虽顽，舜之父也。伯益谏禹，引瞽瞍焉证，是以逆苗拟天子之父也。君子一言以为不智。禹之失兵机，其过小；益之伤国体，其罪大。魏张邰亡，群臣叹息，辛毗解之曰："当建安时，天下不可一日无武帝；然武帝崩，魏固无恙。"云云。裴松之责其拟人不伦，然则伯益之圣乃不如后世一裴松之子乎？且夫"窜三苗于三危"，《舜典》也；"三苗丕叙"，《禹贡》也；"苗民淫刑以逞，是用剿绝"，《吕刑》也。苗既窜矣，何事于征？苗既叙矣，何必再征？苗剿绝矣，又何曾格？其他"分北三苗"，"何迁乎有苗"，皆无来格之说。以《尚书》证《尚书》而真伪定。然则"瞽瞍允若"之言，孟子何以引之？曰：此《尚书》之逸文也，非征苗语也。孟子称"吾于《武成》取二三策而已"，今之《武成》可取者何止二三策？盖均非其旧本也。止"血流漂杵"四字犹其逸文尔。

　　《韩非子·五蠹篇》："有苗不服，禹将伐之。舜曰：'不可。'"《说苑》亦载其词。《淮南子·缪称训》曰："禹执干戚舞两阶间而有苗服。"吴起曰："三苗氏左洞庭，右彭蠡，德不修，禹灭之。"《吕氏春秋》曰："舜行德三年而三苗服。"是数说者，亦俱与《尚书》不合。

3. 《尚书·金縢》

《小仓山房文集》卷二十二《金縢辨上》云：

　　《金縢》虽今文，亦伪书也。孔子曰："不知命，无以为君子。"又曰："丘之祷久矣。"三代圣人天、寿不贰。武王不豫，命也，岂太王、王季、文王之鬼神需其服事哉？以身代死，古无此法，后世村巫、里媪之见则有之矣。广陵王胥曰："死不得取代，庸身自逝。"周公岂广陵之不若乎？二公欲穆卜，公拒之，以为"未可以戚我先王"。臣与子一也，他人戚先王不可，而已戚先王则可，非伯尊之攘善而何？周人以讳事神，名，终将讳之，故《礼》"卒哭乃讳"。其时武王虽病，并未终也，不称"元孙发"以祷，而称"元孙某"以讳，是先以死人待武王也。某某者，后世之俗讳，三代所无也。商人曰"帝甲""帝乙"，此不称名之证，不称"某"也。周人所谓讳者，以谥代名，故礼"凡祭不讳，临文不讳"。临之以高祖则不讳曾祖以下。晋荀偃祷，称平公为"曾臣彪"，此称名之证，不称某也。《诗》曰"一之日觱发"，曰"骏发尔私"，皆公作也。寻常咏歌不讳于其子成王之前，而一旦祷祀，反讳于祖父太王、王季、文王之前，于义何当？治民、事神，一也，故曰："未能事人，焉能事鬼？"元孙既无才无艺，不能事鬼神矣，又安能君天下、子万民乎？赞"周公之材之美"，始于《论语》，造伪书者窃孔子之言作公自称语，悖矣。汤、武革命，应乎天而顺乎人。武王克商已二年，纵有不讳，与天之降宝命何伤？刘先主草创西蜀，即位二年，遽崩，仗一孔明犹能支持强敌。而周家积累千余年，以至仁伐至不仁，十乱犹存，八百诸侯尚在，周公不必忧危至此。且周公既不告庙而私祷矣，武王已瘳，己身无恙，公之心已安，公之事已毕，此私祷之册文，焚之可也，藏之私室可也，乃纳之于太庙之《金縢》，预为日后邀功免罪之计，其居心尚可问乎？《礼》："祝嘏词说藏于宗祝，非礼也，是谓幽国。"岂周公有所不知而躬蹈之乎？《中庸》曰："事死如事生。"《孟子》曰："人能充无受'尔''汝'之实，无所往而不为义也夫。"又曰："享多仪，仪不及物。"然则"尔""汝"者古人挟长之称，而圭璧者所以将敬之物也。公呼先王焉"尔"，不敬；自夸材艺，不谦；终以圭璧要之……夫周公古之达孝也，孝父与兄孰切？当文王崩何以不祷？或曰：武王得天下，主幼国危，关系甚大，公故急而焉之耳。然则塞至大勋未集，年又九十七岁，周公以为老耶？贱耶？直当死时耶？

《小仓山房文集》卷二十二《金縢辨下》云：

周人重卜，国有事卜于太庙，礼也。《金縢》藏后，武王在位四年，公又居东二年，六年中周人竟不一卜太庙启《金縢》乎？此说也，括苍王氏曾言之。然康成以为《金縢》者古藏秘书者皆然，不自周公始，犹可支吾。按经文曰"公乃自以为功"云云，是并二公不告且不知也。二公尚不知，百辟卿士何以知之，曰："嘻！公命我勿敢言？"百辟卿士既知之，则二公必知之久矣。在百辟卿士位卑分远，难以进言，容或有之。二公为国元老，明知公之精忠灵感至于如此，而乃耳闻流言，目击去国，相与坐视，寂若吞炭，何其忍也？倘风雷不作，金縢不启，王竟诮公诛公，彼二公者，律以左儒、杜伯之义，尚何颜坐而论道乎？及至天已反风，禾已尽起，方瞿瞿焉命邦人起大木而筑之，以愚夫、愚妇所共晓，里胥、田畯所不屑为者，二公乃自以为功。不扶帝室之懿亲，而扶田中之僵木，何其不知大体也？经文曰："我之勿辟，则无以见我先王。"训"辟"字为诛辟，则二叔倘已称兵，周公征之，宜也，不必为此言。二叔尚未称兵，仅流言而已，周公不可以王师报私忿也。训"辟"字为逃辟，使公能自信，居东与居洛，一也。公不能自信，则率土之滨孰非周土，乱臣贼子人人得而诛之，非越境可免也。周公岂将为武仲之据防、秦针之适晋乎？然则二叔流言奈何？曰：此尤不足信也。当时叛者武庚，非二叔也。监之者不早发觉，又从而助之，自宜同罪，亦成王、周公之不得已也。武王克商，迁九鼎于洛邑，义士犹或非之。武庚为纣嫡子，兴复商之社稷，名正言顺，何必以讨周公为词；不比后世王敦、苏峻起兵，冒"清君侧"之名也。若欲纵反间害公，使周国无人，则周公虽死，而"鹰扬"之太公，"平格"之君奭，巍然尚存，皆足以奠周邦、诛顽民而有余，又不比赵止一李牧，北齐止一斛律光，去其人即可图其国也。况兄终弟及，商法皆然，即使周公代成王而践其位，在武庚视之，亦不过如盘庚、阳甲、外丙、仲壬之相承而已矣，何"不利孺子"之有？何流言之有？若夫鸱鸮，恶鸟也。周公忧盛危明，借绸缪未雨之意，君臣交儆，可也；若为王信流言而作，是以恶鸟比君父矣。拟人不伦，指斥已甚，周公其不圣矣乎？康成解"既取我子，毋毁我室"，以为"既捕我党羽矣，宜还我土地爵位"，何蚩妄乃尔？总之，汉求亡经过甚，致伪书世出。梅福曰："成王以诸侯礼葬周公，而天动威，风雷交作。"《鲁世家》曰："周公薨，大风拔木，成至，乃启《金縢》。"《尚书大传》曰："成王葬周公，遇风雷，追念前事，序而记之。"蒙恬曰："成王有疾，周公揃爪沈河，书而藏之。二叔作乱，周公奔楚，成王读记府之文乃迎周公。"四说者言人人殊，皆与《金縢》不合。善乎谯周之言曰："《尚书》遭秦火多缺失，学者谈《金縢》都难凭信。"斯得之矣。

4.《诗经》

《随园随笔》卷十九云：

> 元儒王柏疑《三百篇》为后人伪作，非三代以上之诗。宋大中年博士沈朗进新毛诗四章，表云："《关雎》言后妃，不可为三百之首，故别选尧舜诗二章，取《虞人箴》为禹诗，《文王篇》为文王诗。"是翻孔子之案也，而朝廷嘉之，可发一笑。

5. 三礼

《小仓山房文集》卷十五《答李穆堂先生问三礼书》云：

> 先生以大儒总裁三礼，命诸翰林条对所见。枚年少不学，何所妄言。但自幼读礼而疑，稍长泛览百家，而疑乃益深。夫三代远矣，今之微文大义幸不绝如线者赖有孔子。孔子之言又杂矣，今之可信者赖有《论语》。引孔子为断而三代之礼定；引《论语》为断而孔子之言定。孔子赞《周易》，正雅、颂，志欲行周公之道，形于梦寐，岂有周公手定之书竟不肄业及之之理？子所雅言，《诗》《书》外，惟《礼》加一"执"字，于石经为"艺"字，盖《诗》《书》有简策之可考，而《礼》则所重在躬行，非有章条禁约也。故孺悲学丧礼于夫子，而夫子亦常问礼于老聃。使《仪礼》有书，《周礼》有书，则人人依书而习之足矣，又何孰礼、学礼、问礼之纷纷耶？"孔子拱而尚左，弟子皆左。子曰：'甚矣，二三子之好学也！丘也有姊之丧故也。'"使尚左、尚右礼有明文，则诸弟子早已习之，不从书而从师，何也？子曰："周监于二代，郁郁乎文哉！"曰："周因于殷礼，所损益可知也。"此数语者，夫子举周之盛时而言也。周公兼三王，思四事，必有宏纲巨旨在人耳目者，故夫子于夏、殷言"不足"而于周则愿从焉。子曰："文胜质则史。"曰："如用之，则吾从先进。"曰："礼与其奢也，宁俭。"此数语者，夫子举周之衰世而言也。春秋礼坏乐崩，必有繁文缛节增饰已侈者，故夫子以先进正之，而于奢俭、文质三致意焉。若使《周礼》《仪礼》当时具存，则笾豆、膴胲、升降、裼袭，其严若彼，其细若此，周德虽衰，天命未改，自上下下，习惯自然，又安得有先进后进、从奢从俭之分哉？后儒以《礼》证之《诗》《书》不合，以《礼》证《礼》又不合，于是附会以为周公未成之书。夫周公相成王，夜以继日，犹恐天下不治，何暇仰屋梁偶偶著书？其门下士亦必无吕不韦、淮南王诸客也。后世学孔子者莫如孟子，证《春秋》者莫如《左传》。孟子言"周室班爵禄，其详不可得而闻"，言井田经界亦以意为之，而引《诗》及龙子之言为证。使当日《周礼》尚存，则郊、遂、川、浍之名历历可数，孟子守

先生之道以待后之学者，而竟目不产见此书，其所守者何道也……仲孙湫曰"鲁秉周礼"，未知"周礼"何指？韩宣子聘鲁，见《易象》与《鲁春秋》，曰："周礼尽在鲁矣。"然则《易象》《春秋》即周礼也，非别有所谓《周礼》也……若鲁所守先世之礼，与他国所存周家之书，亦未尝无一二可考者。史克对宣公曰："先君周公制周礼，曰：'则以观德，德以处事。'又作《誓命》曰：'窃贿为盗，盗器为奸。'单子称周制曰："列树以表道，立鄙食以表路。周之秩官曰：'敌国宾至，关尹以告。'"申无宇曰："文王之法曰：'有亡，荒阅。'"此数书者，考之今之《周礼》绝无其词，岂左氏之所引者亡，而左氏之所未引者反存耶？抑《左氏》、《孟子》均不足信，而惟今之《周礼》《仪礼》为足信耶？夫礼，与其过而废之也，宁过而存之，此亦好古者之苦心。然不辨其真伪，不摘其纯疵，而概以为先王之书，莫敢眹视，则所关于世道人心者甚巨。刘歆、新莽无论已，荆公、方正学俱以此书误世，而当时争之者俱就事论事，而未尝有一二豪杰之士，直指《周官》《周礼》之非圣，破其所挟持，以致人主不悟，而天下陷于败亡，为可叹也！总而论之：今之《周礼》，今之《管子》《晏子》也。管子相桓公，才最大；晏子事景公，学甚正；今所传之书殊驳，必非管、晏所作。夫以世霸之才，后人拟之而不类，况周公乎？以无关重轻之《管子》《晏子》，后人尚附会之，况《周礼》乎？

……《周礼》《戴礼》较《仪礼》纰谬更甚，先儒掊抴亦更多，故所疑百十条不录。

辨伪学有一条规则，即证据多多益善，不厌其详，最好能够形成证据链。袁枚称发现了百十条证据，却不拿出来，让人如何采信？又如何判案？只有把所发现掌握的证据全部摆出来，让别人一条条核实，才会得出正确的判断。事实胜于雄辩，辨伪学尤其如此。我们撰写辨伪学史，如果只是空谈，不将史料摆出来，只是空谈辨伪方法，那样的空壳子不过是绣花枕头，中看不中用。

6.《礼记》

《小仓山房尺牍》卷十《再答李少鹤》云：

《礼记》一书，汉人所述，未必皆圣人之言。即如"温、柔、敦、厚"四字，亦不过诗教之一端，不必篇篇如是。二雅中之"上帝板板，下民卒瘅"，"投畀豺虎"，"投畀有北"，未尝不裂眦攘臂而呼，何敦厚之有？故仆以为，孔子论《诗》，可信者，"兴、观、群、怨"也；不可信者，"温、柔、敦、厚"也；或者夫子有为言之也毛。夫言岂一端而已，亦各有所当也。

袁枚认为《礼记》一书为汉人所述，所记未必皆是孔子之言。他的这一说法有部分合理性。

7.《大学》《中庸》

《小仓山房尺牍》卷八《答袁清溪书》云：

鄙意《大学》《中庸》原属《戴记》，未必皆曾子、子思之言，宋儒揭而出之，与《论语》并列，亦属可省。

《小仓山房尺牍》卷八《答叶书山庶子》亦云：

> 来礼云："《中庸》填砌拖沓，敷衍成文，手笔去《论语》《大学》甚远，尚不如《孟子》，是汉儒所撰，非子思作也。其陈蟫有无心而发露者：孔孟皆山东人，故论事就眼前指点。孔子曰：'曾谓泰山不如林放。'曰：'泰山其颓。'孟子曰：'登泰山而小天下。''挟泰山以超北海。'就所居之地，指所有之山，人之情也。汉都长安，华山在焉，《中庸》引山称'载华岳而不重'，明明是长安之人引长安之山，此伪托子思之明验，已无心而发露矣。"真可谓读书得间，发二千年古人所未有。

袁枚认为，《大学》《中庸》未必皆曾子、子思之言。叶书山在写给他的信中认为《中庸》非子思所作，而是汉儒所撰，其证据即《中庸》所谓"今夫地一撮土之多，及其广厚载华岳而不重，振河海而不泄，万物载焉"，证据相当薄弱，而袁枚深表赞同，称许为"读书得间，发二千年古人所未有"，未免溢美。考据学有一条规则，即孤证不信。仅仅凭借一条孤证就下结论，这是考据学的大忌。

8.《大戴礼记》

《随园随笔》卷二十四"诸子"条云：

> 汉人好敷衍凑集以成一书，故《淮南·要略》一篇全用《庄子》。《大戴礼》《投壶》《哀公问》《曾子大孝篇》半抄《戴记》；《保傅》一篇全写《贾子》；《投壶》一篇又仿《仪礼》。

9.《春秋》与《左传》

《小仓山房尺牍》卷八《答叶书山庶子》云：

> 鄙意终觉《春秋》一书断非孔子所作。孔子自称"述而不作"，作《春秋》，史官事也，孔子非史官，不在其位，不谋其政，焉有侵史官之权而妄为代作，曰"知我、罪我"，俨然以素王自居？不但夫子不肯，鲁之君臣及史官亦不能容也。且既云"笔则笔，削则削，游、夏不能赞一词"矣，乃孔至绝笔于获麟，而后之《春秋》，从哀公十四年起直书至十六年孔子卒而后止，三年中是又何人之笔，何人所赞哉？可见鲁自有史官，有《春秋》，不与孔子为存亡也。书之可信者莫如《论语》，《论语》载子之教人则"《诗》《书》执《礼》"，自勉则"五十学《易》"，绝无半字及《春秋》。韩宣子聘鲁见《易象》与《鲁春秋》；《楚语》庄王傅太子，申叔时教之，以《春秋》；《晋语》称羊舌肸习于《春秋》：是孔子之前，四方之国有《春秋》久矣。或者孔子自卫反鲁，正雅、颂之余，偶读《春秋》而略加修饰，《公》《穀》所引有"不修《春秋》"之称，是未可知也，而"作"则断无之事。尤可笑者，卢仝高束三传，独抱遗经以究终始，然则"天王狩于河阳"，周襄王无故而远狩于千里之外；隐、桓二公皆被弑而经皆书"薨"，是圣人之直笔转不如晋之董狐、齐之南史氏

矣，乱臣贼子又何所鉴戒而惧耶？

　　袁枚认为"《春秋》一书断非孔子所作"，其论证方式相当奇怪，先自行设定一个前提条件："作《春秋》，史官事也。"然后在此基础上进行推理："孔子非史官，不在其位，不谋其政，焉有侵史官之权而妄为代作"，他的结论是："《春秋》非孔子所作。"从逻辑上看好像天衣无缝，其实他的前提条件是自欺欺人的做法，以后代之逻辑强加于前人。至于从哀公十四年起直书至十六年孔子卒而后止，乃后人附益之笔，这本是一种常见现象，早已不足为奇了。袁枚读书得间，能够从字里行间发现一些文本矛盾现象，这是好的一面，但他未免好弄小聪明，往往走入歧途，得出荒谬的结论。古往今来的疑古派大多是聪明人，而他们忘记了前人的训导——"好学深思，心知其意""多闻阙疑，慎言其余"。在材料不足的时候，光凭借逻辑推理，往往得出奇谈怪论。辨伪之学离不开逻辑推理，但更多的是靠证据。

　　有人认为左丘明古无其人，袁枚加以驳斥。《随园随笔》卷二十四"左丘明见《史记·十二诸侯年表》"条云："人常疑左丘明古无其人。《史记·十二诸侯年表》：'孔子作《春秋》，鲁君子左丘明惧弟子人人异传，故具论其语，成《左氏春秋》。'是左丘明者，乃鲁国贤者，为孔子同时友，非弟子也。故曰：左丘明耻之，某亦耻之。又班固《白虎通》：'以《春秋》书名，黄帝时已有。'亦奇。"

　　今按：袁枚怀疑孔子作《春秋》，这应该记大过；肯定左丘明其人的存在，实际上也维护了《左传》的真实性，这是正确的。

10.《公羊传》《穀梁传》

《随园随笔》卷一"公羊、穀梁传皆姜姓所作"条云：

　　周青原曰："公羊，齐人，名高；穀梁，鲁人，名赤：自昔云然。惟罗泌《路史》谓二子之外，此姓罕见，'公羊''穀梁'，切韵皆'姜'，疑是姜姓一人作，此二传假托两人名耳。"罗氏此说未免好奇；然郑清之《送新姜诗》有"公、穀一人，其姓则姜"之语，朱竹垞赠姜开先词亦用此事。

11.《论语》

《小仓山房尺牍》卷二十四《论语解一》亦云：

　　诸子百家冒孔子之言者多矣，虽《论语》吾不能无疑焉。夫子之所最重者仁也，以颜子之资仅许以三月，其他令尹子文、陈文子皆不许也。何至于管仲而曰："如其仁，如其仁？"管仲果仁矣，天下有仁人而器小、不俭且不知礼者乎？天下之知礼、能俭且器不小者或未必仁也？腾口说而持之过坚，使前后不合，后世之慎言语、少许可者且不然，而谓圣人然乎？然则何以有此？曰：《论语》有《齐论》《鲁论》之分。齐人最尊管仲，所谓："子诚齐人也，知管仲、晏子而已矣！"以管仲为仁者，齐之弟子记之也。故上篇"齐桓公正而不谲"，下篇"陈成子弑简公"，非《齐论》而何？鲁人素薄管仲，所谓"五尺之童羞称五霸"。以管仲为无一可者，鲁之弟子记之也。故上文"哀公问社"，下文"子语鲁太师以乐"，非《鲁论》而何？均有伪托，未足为信。然则圣人之言如何？曰："人也，夺伯氏骈邑三百，没齿而无怨言。"善善从长，誉而不过，此圣人之论管仲也。

《小仓山房尺牍》卷八《答叶书山庶子》亦云：

> 仆因之有《论语》之疑焉。陆象山先生曰："观《易》《诗》《书》圣人手定者，方知编《论语》者颇有语病。"初闻此言，似乎太妄。然平心玩之，亦似有理。大抵《论语》记言不出一人之手，又其人非亲及门墙者，故不无"所见异词，所传闻异辞"之累。即如论管仲，忽而褒，忽而贬；"学不厌，诲不倦"，忽而自认，忽而不居：皆不可解。其叙事笔法，《下论》不如《上论》之朴老，如《道千乘之国》《弟子入则孝》两章，直起直落，不作虚冒架子。至《下论》则论仁而曰"能行五者于天下"，论政而曰"尊五美，屏四恶"，都先作一虚冒，如廋词隐语，教人猜度。倘子张不问，则不知五者为何行，五美、四恶为何事矣。其他如"九思""三戒""三损""三益""三愆""三长"，都是先加虚冒，开《周礼》"九贡""九赋"之门。《子见南子》一节，子路何以不悦，夫子何至立誓，至今解说不明，足下亦曾议论及之耶？

袁枚的《论语》之疑问尚不足以证明为伪造。语录之体，仅记其言，未造其境，千年之后，语境消失，无从索解，终于成为死结。

12.《尔雅》

《随园随笔》卷二十四"编文用《尔雅》之非"条云：

> 郭注《尔雅》"阏逢""摄提格"未详。司马贞《索隐》以《尔雅》为近人所作，所记年名不符，古钟鼎从未有以"阏逢""摄提格"记年者。郑夹漈曰："今人编年好用《尔雅》名，甲为阏逢，乙为旃蒙，是以一元大武为牛也。"夫隐语为督井逃难之言，岂可施于简编乎？

今按："阏逢""摄提格"为木星记年，是一种古老的纪年方法。《尔雅·释天》记载，太岁在甲曰阏逢，在寅曰摄提格。司马贞《索隐》以《尔雅》为近人所作的说法是不对的。《尔雅》有极为古老的渊源。

13.《孟子疏》

《随园随笔》卷十七云：

> 孙奭《孟子》疏《伯夷目不视恶色章》，引《史记》晋杀巫臣取夏姬事，今《史记》并无此文。考《左传》叔向娶夏姬之女犹曰"娶于申公巫臣氏"，则夏姬未尝被夺矣。惟叔向之母有"杀三夫"之语，注谓"御叔、连尹襄老、巫臣"，亦因巫臣病死在夏姬之先耳。
>
> 按：朱子谓《孟子疏》乃邵武士人伪作，非宣公原本，其所引多不足信也。

今按：袁枚此处引朱熹之说以为据，并未提供新的证据。

14. 《史记》《汉书》

《随园随笔》卷二"《史》《汉》均非旧本"云：

> 《史记》天汉以后，褚少孙所补也。成帝时长安冯商待诏金马门。受诏续《太史公书》十余篇。后汉校书郎杨终受诏删《太史公书》为十余万言，然则史迁之真鲜矣。《梁书·刘之遴传》：之遴得《古本汉书》，称"永平十六年五月二十一日己酉，郎班固上"，而今本无上书年月。古本以《序传》为中篇；以表、志、列传相合为次；《外戚传》即次帝纪下。《淮阴赞》曰："淮阴毅毅，伏剑周章。"皆与今本不合。然则孟坚之真亦可疑矣。《萧琛传》：宣城有僧赍一葫芦，中有《汉书·序传》，曰："此是班固真本。"惜未载其文字。

《随园随笔》卷二"古本《汉书》多伪作"条亦云：

> 梁刘之遴所引古本《汉书》，全绍衣以为伪造。《外戚传》以元后与莽接，有深意焉，必无升在列传首卷之理。《外戚》不列陈、项之上，则《诸王》亦不次《外戚》也。

15. 《竹书纪年》

《随园随笔》卷四云：

> 《竹书纪年》支离敷衍，为伪书无疑。然为之解者，以杀季历者为文丁，非纣王也。然文王即位，岂容不共戴天之仇？太甲杀伊尹者，是战国人窜入以傲田和、晋三卿之类，否则前命尹为卿士，后言"祠保衡"为无著矣。
>
> 韦昭注《国语》，杜预注《左氏》，皆以"携王"为伯服，不知为王子余臣，似宜存之以备一考。

袁枚认为《竹书纪年》为伪书无疑。《竹书纪年》有今本与古本之分，他所指证的应该是今本。

16. 《资治通鉴纲目》

《随园随笔》卷四"《纲目》非朱子所作"条云：

> 《纲目》非朱子所作，乃门人赵师渊所为，朱子文集中已言及之。盖朱子方责文中子作《元经》拟《春秋》之妄，岂肯躬自蹈之？书中舞文弄字之弊不可枚举。凡偏安之主称"殂"，不知《尚书》之"帝乃殂落"，尧非偏安之主也。凡小人卒称"死"，不知《尚书》之"五十载陟方乃死"，舜非小人也。荆轲刺秦王书"盗"；张良击秦王书"报仇"。符氏、毛后以死节与之；吕氏、杨后以不死节与之。既特笔书杨雄为"莽大夫"矣，而他人之臣莽者不书。既仿《汉晋春秋》以昭烈为汉帝矣，而其子则书"后主"。郭威弑湘隐王书"弑"，弑隐帝则书"杀"，所谓自乱其例也。

《通鉴》"乔知之爱婢碧玉，为之不昏"，则删"不"字而曰"为之昏"。"高纬游南苑，从官暍死六十人"，讹为"赐死六十人"。

《小仓山房诗文集》卷十《史学例议序》亦云：

> 古有史而无经。《尚书》《春秋》，今之经，昔之史也。《诗》《易》者，先王所存之言；《礼》《乐》者，先王所存之法，其策皆史官掌之。汉以来作者二十一家，互有得失，非合参分校，则瑕瑜不明。南耕先生为例议十六，质确其过，其旨远，其辨正，此其志与夫为《史通》以矜文士之藻者异也。其言《纲目》非朱子所作，尤信。夫《纲目》继《春秋》者也，《春秋》继《尚书》者也。《尚书》无褒贬，直书其事，而义自见。《春秋》本鲁史之名，未有孔子，先有《春秋》，孔子述而不作，故"夏五""郭公"悉仍其旧，宁肯如舞文吏以一二字为抑扬，而真以素王自居耶？朱子恶王通作《元经》拟《春秋》，必不自蹈其非。弟子假托，亦犹仲舒、何休各附会其师说而已。夫史者，衡也，鉴也，狭曲蒙匦也。国家、人物、政事则受衡受鉴，而盛载于蒙匦者也，为之例，为之议，然后衡平鉴明，而匦篚亦无舛午之虞。然先生老矣，未必登石渠，执竹简，随太史之后，大书特书，有如巧匠袖手旁观不斫，而徒浏览于千门万户，为群梓人程巧而致功焉，惜哉！

今按，此序大旨与笔记相吻合。"《纲目》非朱子所作"并非袁枚首创，而是南耕先生的观点，袁枚为人作序，借机据作己有，写入笔记。如果我们不与其序文对读，还会误以为这是袁枚自己的观点。袁枚在乾嘉时代为才子式文人，并非学者。他的学术成就当时也没有得到学术界的承认。我们现在梳理辨伪学史，一切从史料出发，实事求是，是其是而非其非，决不虚美。

17.《十六国春秋》

《随园随笔》卷三"《十六国春秋》载孔子事独奇"条云：

> 《十六国春秋》名为一百卷，而事迹寥寥，皆晋书载记之唾余，断非崔鸿之旧本。按，《北史·崔鸿传》极言所书十六国慕容改号、姚兴被擒之误，又称李雄《蜀书》未得，则此书之传至今者其伪无疑。

18.《晏子春秋》

《随园随笔》卷二十四"诸子"条云：

> 《晏子春秋》俚浅已甚，参入孔子、曾子见晏子等语，尤为不伦。

今按，参入孔子、曾子见晏子等语，当属附益现象。《随园随笔》卷二十四"文人寓言"条亦云："文人寓言不可为典要者，如《晏子春秋》一桃杀三士。"但浅未必是伪，需要综合诊断。

19.《贾子》
袁枚《小仓山房文集》卷二十三《读贾子》云：

　　《贾子》，伪书也。天子御四夷，有五帝、三王之道在，未闻表与饵也。贾生王佐才，识政体，必无是言。若所云云，隋炀帝都已行之，其效何如也？吾尤怪太史公谓生悲不用，故早折，非知生者。洛阳年少，内位大夫，外为师傅，非不遇也。文帝朒诚，自惊不及，宁肯虚誉，其所议论颇见施行。其未为丞相者，将老其才而用之。宾门、纳麓，尧试舜且然，而遽谓文帝不用生乎？生不死，帝必用生。生用，其所施必远过晁、董。而卒之天夺其年，岂非命耶！生自伤为傅无状，哭泣过哀，思文帝之恩，惜梁王之死，盖深于情者也，所以为贤也。为《鹏赋》，吊屈原，皆文人之偶寄。颜渊不改其乐，亦三十而卒，乌得以其早亡焉有所怼乎？夫书既不足以传生，而太史公又妄以己意测生，宜乎苏氏之论生愈与生远也。

20.《文中子》
《随园随笔》卷十九"文中子之疑"条云：

　　今所传文中子为王通撰，唐初名臣俱出其门。《挥麈录》乃云"乃唐人王逸所伪托，故《新》《旧书》并无其人"。

21.《墨子》
《随园随笔》卷二十四"诸子"条云：

　　《墨子》奥涩难读，既曰"非攻"矣，乃有《备城》《备水》等篇。既曰"非儒"矣，乃南游使卫，载书甚多。《所染篇》抄袭《吕览》；《兼爱》《明鬼》纯盗佛经。至诋孔子为白公，尤悖。

22.《管子》
《随园随笔》卷二十四"诸子"条云：

　　《管子》庞杂，非一人之笔，或本文列前而解自为篇，或有篇而无解。其自相矛盾者，如"桓公十日斋戒召仲，仲三觞三行而趋出"，又云"乐饮数旬而后谏"。戒勿用竖刁、易牙等语，屡称而屡不同。且有西施、毛嫱等语，年代太悬隔矣。

23.《商子》
《随园随笔》卷二十四"诸子"条云：

　　《商子》二十六篇，虽奇崛不可句读，而"殿中""御史"之号实出是书，其非孝公之世，明矣。

24.《金人南迁录》

《随园随笔》卷二十三"《金人南迁录》与《金史》《大金国志》不符"条云：

> 金人张师颜《南迁录》载章宗内侍姚天贵与牛刁儿争地，讼之大兴尹，尹不能决，乃奏章宗，上方与李宸妃饮，令别踏地与刁儿，以此刁儿怒，与穆三奴等于七夕入宫杀章宗，宸妃以疾不与，闻变，急召宰相完颜章等讨贼，迎磁王允明，立为皇太叔，有司奏宸妃知情，乃亦赐死云云。常疑此一节事何以《金史》无之，《大金国志》《宋史》皆不载入，但云帝薨以善终，称后阅《宾退录》，极言张师颜《南迁录》之诬。世宗贤主而诬以新台之行，允迪贤太子，而诬以南凉观被杀。此书半属子虚，然此种传闻亦可存之，以留疑案。

25.《心史》

《随园随笔》卷二十三"《心史》载文天祥事与宋元史不符"条云：

> 郑所南《心史》云："文山大骂元祖，数其五罪，致被剖割，取其心肺食之。"皆与宋元史"从容柴市"之说不合。又载元主好食孕妇乳中血并食腹中小儿，太觉荒谬。予故常疑此史之不真。铁匣在井二百年，断无纸墨不坏之理。惟四言诗一首殊可爱，曰："今日之今，霍霍栩栩。少焉瞩之，已化为古！"

今按：郑所南《心史》不伪。现代考古学的研究早已表明，铁匣在井二百年，有纸墨不坏之理。宋元史"从容柴市"之说可能是一种虚构性质的书写，心肺被食之说应该可信。元主好食孕妇乳中血并食腹中小儿，在清代汉人看来太觉荒谬，历史事实可能就是如此，现代很多人也好食孕妇乳中血及胎盘。因此，袁枚对《心史》的判断是靠不住的，应该全部推翻。

26.《文章缘始》

《小仓山房文集》卷二十三《书留侯传后》云：

> 惠帝为四皓立碑，为后世人臣赐葬之始，见任昉《文章缘始》，而《通典》《通考》《金石录》皆无之，方知《文章缘始》亦伪书……惠帝时无司徒官，碑称夏黄公为惠帝司徒，尤可笑。

27.《后出师表》

《小仓山房文集》卷二十三《后出师表辨》云：

> 《后出师表》非孔明作也。夫兵，危事也；伐国，大谋也。张皇六师者有之，一鼓作气者有之，拊马而食以肥应客者有之。未有先自危怯、昭布上下而后出师者也。若果为亮作，是亮之气已馁而其精已消亡矣。其《前表》曰："兴复汉室，还于旧都；不效，则治臣之罪。"何其壮也！《后表》曰："坐而待亡，不如伐之；成败利钝，非臣所能逆睹。"何其衰也！当是时，街亭虽败，犹拔西县千家以归；蜀之山

河，天险如故，后主任贤勿贰，非亡国之君；亮再举而斩王双，杀张郃，宣王畏蜀如虎。大势所在，有成无败，有利无钝，已较然矣，何至戚戚嗟嗟，遽以才弱敌强、民穷兵疲之语，上危主志，下懈军心，而又称难凭者事，以豫解其日后无功之罪，虽至愚者不为，而谓亮之贤而为之乎？表中六难，屡言曹操之败，再言先帝之败，以归命于天，此日者家言也，将军出师而为此言，无谓；己不解而欲后主解，无益；胸中抱六不解而贸贸出师，悖矣。按，此表上于建兴六年，亮此时年未五十，非当死时也。后死于十二年，天也，非亮之所当知也。诸贤死尽而劝降之谯周老而不死，天也，又非亮之所当知也。亮不特知汉之必亡，且知己与诸贤之中年必死，岂理也哉？当邓艾入蜀时，使后主听姜维之言，早备阴平及阳安关口，则艾不能入；纵入后，其时罗宪、霍弋犹以重兵据要害，故孙盛以为乞师东国，征兵南中，则蜀不遽亡。将士在剑阁者，闻后主降，咸怒，拔刀斫石。然则亮死后十余年，蜀犹未可亡，而亮出兵时乃先云"坐而待亡者"何耶？然则此表谁作？曰此蜀亡后好亮者附会董广川"明道不计功"之说，以夸亮之贤且智，而不知适以毁亮也。裴松之称此表本集所无，出张俨《默记》，陈寿削之，真良史哉！

现代学者如傅斯年也怀疑过《后出师表》，似乎未读过此文。

28. 古书伪托撰人姓名

《随园随笔》卷二十五云：

古书伪托撰人姓名，有无端而发露其伪者。《中庸》，汉儒所纂，而相传为子思所作。按，孔子、孟子皆山东人，故每言山必称泰山，曰"曾谓泰山"，曰"泰山其颓"，曰"挟泰山以超北海"，曰"登泰山而小天下"，皆言山东最尊之山，就近指点也。《中庸》一言山即曰"载华岳而不重"，明明是长安之人说长安之华山，汉都长安故也。

因而类推之：

《山海经》相传禹作也，乃有"零陵""长沙"，是汉时地名。

《尔雅》，相传周公作也，乃有"张仲孝友"，仲是宣王时人。

《水经》，汉桑钦著也，乃有"江水东经永安宫"之语。永安宫，昭烈托孤处也，桑钦见《西汉·儒林传》，相隔二百余年。

《易林》，焦延寿著也，有"昭君是福"等语，延寿是宣帝时人，昭君是元帝时人。

《星经》，甘、石著也，有"羽林""郎将"等名，甘、石是周以前人，羽林、郎将乃秦、汉官名。

《列仙传》，刘向作也，赞云："七十四人已见佛经。"

《苍颉篇》，李斯书也，中有"汉兼天下"，"稀黥、韩覆"等语。

《元命苞》，春秋书也，有"公输""鲁班"等名，皆战国时人。张平子深驳其伪。

汉惠帝避名盈，苏、李《河梁诗》"独有盈觞酒"，不避"盈"字，俱可疑。

《本草》，神农书也，中有"豫章""朱崖""赵国""常山""奉高""真定"

"临淄""冯翊"出诸药味郡名。

《汲冢周书·周月解》，以日、月俱起于牵牛之初。按，尧时日躔虚一度，至汉《太初历》始云"日起牵牛一度"，何周月乃尔？又，《时训解》以雨水为正月中气，考自太初以前历皆以惊蛰为正月中气，至《太初历》始易之以雨水，何时训而云然耶？

《管子》称"三晋之君"，其时无三晋。

《国语》，"勾践之伯，陈、蔡服从"，其时有蔡无陈。

《吕氏春秋》"晋文公师随会"，《韩诗外传》"孟尝君学于闵子"，年代不符，皆可笑也。

十二、卢文弨

（一）卢文弨其人

卢文弨（1717—1795），字绍弓，一作召弓，号矶渔，又号檠斋，更号弓父，"抱经"乃其堂名，学者称抱经先生，仁和（今属浙江杭州）人。著有《抱经堂文集》《礼仪注疏详校》《群书拾补》《经典释文考证》《常郡八邑艺文志》等书，今人整理为《卢文弨全集》。生平事迹见《清史列传》本传、《清史稿》本传、《汉学师承记》卷六。

（二）卢文弨的文献辨伪

1. 《古文尚书》
《龙城札记》卷一：

《尚书》伪古文，东晋时始出，宋、元以来疑者众矣，近世诸儒攻之尤不遗余力。然虽知其伪，而不可去也。善乎白田王氏之言曰："东晋所上之书，疑为王肃、束晳、皇甫谧辈所拟作。其时未经永嘉之乱，古书多在，采掇缀缉，无一字无所本。特其文气缓弱，又辞意不相连属，时事不相对值，有以识其非真。而古圣贤之格言大训，往往在焉，有断断不可以废者。至于姚方兴之二十八字，昔人已明言其伪，直当黜之无疑。"案：此为持平之论。后人可不必更置喙矣。王氏名懋竑，字予中，宝应人。进士。由教授特召授翰林院编修。其文已梓者仅九卷，考证经史，极明确，闻所著尚多，惜无由尽见之。

2. 《古文孝经孔氏传》
《抱经堂文集》卷二《新刻古文孝经孔氏传序》云：

表章遗书，莫先于经。近代之伪撰者，若张商英《古三坟书》，吾衍《晋文春秋》《楚梼杌》，丰坊《子贡诗传》《申公诗说》之类，其言举无可采，而好事者为传之，此则过也。然如张霸之《百两篇》，时君既知其伪撰矣，而爱其文辞，亦使之流传于世。《连山》《归藏》，古无著录，而《隋》《唐志》始有之。今见于诸书所引用者，其文类斑驳可喜。《子夏易传》见于陆德明、孔颖达、李鼎祚所引者，于训诂名物为详，相传以为张弧伪作。弧，唐人也，孔、陆诸人宁有不知而肯轻相承用乎？此必有所由来。然如今通志堂之所收者，则又并非张弧之旧矣。使此数书而在，亦焉得不为传。《孝经》有古今文，郑康成注者，今文也；孔安国传者，古文也。五代之际，二家并亡。宋雍熙中，尝得今文郑氏注于日本矣，今又不传。新安鲍君以文，笃学好古，意彼国之尚有是书也，属以市易往者访求之，顾郑氏不可得，而所得者乃《古文孔氏传》，遂携以入中国。此书亡逸殆及千年，而一旦复得之，此岂非天下学士所同声称快者哉！鲍君不以自私，亟付剞劂，而以其本示余。余按传文以求之。如云“闲居静而思道也”，则陆德明引之矣；“脱衣就功，暴其肌体”云云，则司马贞引之矣；“上帝亦天也”，则王仲丘引之矣。其文义典核，又与《释文》《会要》《旧唐书》所载一一符会，必非近人所能撰造。然安国之本亡于梁而复显于隋，当时有疑为刘光伯所作者。即郑注，人亦疑其不出于康成。虽然，古书之留于今日者有几，即以为光伯所补缀，是亦何可废也。盖其文辞微与西京不类，与安国《尚书传》体裁亦别，又不为汉惠帝讳“盈”字，唯此为可疑耳。汉桓谭、唐李士训皆称《古孝经》千八百七十二言，今止一千八百六十一言，此则日本所传授，前有太宰纯序，所谓不以宋本改其国之本是也。唯是章首传云“孔子者男子之通称也仲尼之兄伯尼”，十五字断属讹误。因下有“曾子者男子之通称”一语而误“曾”为“孔”，当为衍文。仲尼之兄，自字孟皮，安得与仲尼同字？且于本文亦无所当，此当为后人羼入无疑。余所以致辨者，恐人因开卷一二龃龉，遂并可信者而亦疑之，则大非鲍君兢兢扶微振坠之本意矣。故备举其左证于前，以明可信。且《尚书传》朱子亦以为不出于安国，安在此书之必与规规相似也！然其误入者，则自在读者之善择矣。德水卢氏尝刻《尚书大传》《周易乾凿度》等书，流布未广。其家被籍之后，板之在否，不可知。此皆汉氏遗文，好古者所当爱惜。若能与此书并寿诸梓，以为众书冠冕，譬之夏彝商鼎，必非柴、哥、官、汝之所得而齐量矣。前朝所刻书，多取伪者，今皆取其真者，不益以见国家文教之美，朝野相成，为足以度越千古也哉！

3. 辨《端木诗传》《鲁申公诗说》之伪

《抱经堂文集》卷八《王厚斋诗考跋》云：

汉贾景伯受诏撰《齐、鲁、韩诗与毛诗异同》，今其书不传。厚斋王氏乃从三家既亡之后，区区于群书所引零章断句，掇拾而成之，其用心可谓勤矣。夫三家之学，诚不如毛公之精，然并行于当时，立博士，诸儒传授，各有源流，非凿空妄说比。而今皆失坠，莫睹其全，幸此书所辑，得以考十一于千百。三家中唯《韩诗》差详，齐、鲁则皆寥寥无几矣，惜哉！明人有伪作《鲁申公诗说》及《端木诗传》者，故为文蚀简脱，以示可信，时亦有觉其伪者。得此书以相参验，其伪乃益明，则此书诚学者所当宝贵也。余又观近时人往往见古人所引诗书与今不类者，辄以意更之。使得见此书，亦当瞿然知其不可妄作。故余急校而录之，并增其所未备者若干条，又所注书名复厘而析之，视旧本稍详正矣。然余又欲学者善观之，无徒取一二字句之异，曲为之说，反攻毛氏。盖古人引用偶有异同，如同一《左传》所载，而"匪交匪教"与"彼交匪教"皆两有之，王氏但载其与今异者耳，岂可便据此谓必当作"匪交"乎？又《毛诗》今所传亦有讹，如"朔月辛卯"，今皆讹为"朔日辛卯"矣；"家伯维宰"，今皆讹为"家伯冢宰"矣。此非三家之文，乃转写致误，而举世习读，鲜有知其讹者。余恐后世反得议此书之漏，是以并附著焉。

以《诗考》证《端木诗传》《鲁申公诗说》二书之伪，其法甚为高明。

4.《新书》非贾生所自为

《抱经堂文集》卷十《书校本贾谊新书后》云：

> 《新书》非贾生所自为也，乃习于贾生者萃其言以成此书耳。犹夫《管子》《晏子》非管、晏之所自为。然其规模节目之间，要非无所本而能凭空撰造者。篇中有"怀王问于贾君"之语，谊岂以贾君自称也哉！《过秦论》史迁全录其文；《治安策》见班固书者乃一篇，此离而为四五；后人以此为贾生平日所草创，岂其然欤？《修政语》称引黄帝、颛、喾、尧、舜之辞，非后人所能伪撰。《容经》《道德说》等篇，辞义典雅，魏晋人决不能为。吾故曰，是习于贾生者萃而为之，其去贾生之世不大相辽绝，可知也。

卢文弨认为《新书》非贾谊自著，乃研习贾谊者萃其言而成，证据比较薄弱。黄云眉认为：

> 盖以为《新书》非伪书比。《四库总目提要》曰："其书多取谊本传所载之文，割裂其章段，颠倒其次序，而加以标题，殊瞀乱无条例。今考《汉书》谊本传赞称：'凡所著述五十八篇，掇其切于世事者，著于传。'应劭《汉书注》亦于《过秦论》下注曰："贾谊书第一篇名也。"则本传所载，皆五十八篇所有，足为显证。然决无摘录一段立一篇名之理，亦决无连缀十数篇合为奏疏一篇上之朝廷之理。疑谊《过秦论》《治安策》等，本皆为五十八篇之一，后原本散佚，好事者因取本传所有诸篇，离析其文，各为标目，以足五十八篇之数，故饾饤至此。其书不全真，亦不全伪。"而余嘉锡《提要辨证》曰："汉人五经诸子，皆有章句之学，《孝经》今古文皆有章名，《老子》河上公注本亦有章名，何谓无摘录一段立一篇名之理乎？陆贾述存亡之征，奏之高祖，号《新语》，此与上疏无异，而分为十二篇，贾谊之疏何为不可分为若干篇乎？贾山上书，名曰《至言》，错上疏，谓之《守边》、《备塞》、《劝农》、《力本》，并见本传，贾谊之疏，何为独不可有篇名乎？《提要》狃于《汉书》《治安策》前后相联，以为本是一篇，故曰无连缀十数篇合为奏疏一篇之理；不知固明云'谊数上疏'，又曰'其大略曰'，则本非一篇，而固连缀之为一也。"按，余氏驳《提要》割裂章段之说，未是。《新书》割裂之迹显然，何得援古书分章段之例拟之？陆贾《新语》十二篇，每奏一篇，高帝未尝不称善，号其书曰"新语"（《史记》本传），盖贾本为高帝著书，与上书不同。今《新语》亦伪书，固不足征，而《汉书》谊传言谊数上疏，又言所载仅大略，则非每疏皆载，或一疏全载可知。然其

书决不能以痛哭流涕长太息等所分之章段，若今日《新书》所割裂之章段，分次奏上，可断言也。余氏又何得援《新语》分篇奏上之例以拟之？卢氏与《提要》之语，皆近调停，而余氏又曲予回护，皆不可谓有识。

十三、庄存与

（一）庄存与其人

庄存与（1719—1788），字方耕，号养恬，江南武进（属常州）人。幼诵六经，尤长于《书经》。今文经学派（常州学派）首创者。著有《春秋正辞》《尚书概见》《尚书说》《毛诗说》《周官说》等，后辑为《味经斋遗书》。

（二）庄存与的文献辨伪

《尚书既见》不辨真伪

李慈铭同治辛未（一八七一）正月二十三日日记载：

> 庄氏之《尚书概见》，向读龚定庵所撰碑文云云，私揣其书必毛氏《古文尚书冤词》之流，而侍郎素称魁儒，又在毛氏后，既有为而作，当更援据精慎，不似毛氏之武断。乃今阅之，既无一字辨证其真伪，亦未尝阐发其义理，但泛论唐虞三代之事势，凭私决臆，蔓衍支离，皆于经义毫无关涉。其开首即论舜征苗事，谓此尚是舜摄位而未为天子时，则枚书述益赞禹之言，明云帝初于历山，舜但摄位而皋陶已称之曰帝，不几自相矛盾乎？又据《孟子》帝使九男二女以事舜于畎亩之中语，谓舜徵庸以后，未受侥官，故尚在畎亩，而有舜往于田号泣之事，皆逞辨无理。其书仅三卷，卷不及五千字，而辨成王非幼年即位一节，至七八千字，所引不出《孟子》。附会纠缠，浮辞妙要，乾隆间诸儒经说，斯最下矣。阮氏《学海堂经解》中屏之不收，可谓有识。

庄存与在文献辨伪学史上的作用远没有他在思想史上的大。在乾嘉考据学全盛之日，他自觉处于边缘，不为风气所转移，而是蛰伏下来，悄悄地另辟蹊径，成为清代后期公羊学派的开山祖师。

十四、江声

（一）江声其人

江声（1721—1799），经学家、藏书家。本字涛，改字叔瀛，号艮庭、鳄涛。原籍安徽休宁，侨寓江苏元和（今吴县）。一生未仕。中年师事"吴派"著名学者惠栋。治学宗汉儒成法，长于旁搜博引。深研古训、精治《说文》，以为经、子古书之准绳。又受惠栋、阎若璩影响，认为梅赜所献《古文尚书》为伪，故集汉儒之说，参与己见，成《尚书集注音疏》。另撰有《论语质》《恒星说》《六书说》等。

（二）江声的文献辨伪

《江声传》称《尚书集注音疏》，存今文二十九篇，以别梅氏所上二十八篇之伪造。取书传所引《汤誓》《泰誓》诸篇逸文，按《书序》入录云。

李慈铭同治庚午（1870）五月初九日日记载：

> 阅江氏《尚书集注音疏》。自注自疏，古所罕见，江氏盖用其师惠定宇氏《周易述》家法。惠氏以荀、郑、虞等《易》注既亡，掇拾奇零，非有一家之学可据，故不得不为变例。江氏亦以马、郑之注，由于辑集，故用其师法。巨儒著述，皆有本原，不得以井管拘墟，轻相訾议也。

十五、王鸣盛

（一）王鸣盛其人

王鸣盛（1722—1798），字凤喈，字礼堂，别字西庄，晚号西江、西沚居士，嘉定（今属上海）人。幼从长洲沈德潜受诗，后又从惠栋问经义，遂通汉学。乾隆十九年（1754）以一甲第二人进士授翰林院编修。鸣盛性俭素，无声色玩好之娱，晏坐一室，呻唔如寒士。年六十余，双瞽。越十年，双目复明。嘉庆三年（1798），卒于吴门。著有《尚书后案》《周礼军赋说》《十七史商榷》《蛾术编》《西庄始存稿》等书，今人整理而成《王鸣盛全集》。

（二）王鸣盛的文献辨伪

1.《古文尚书》

王鸣盛《尚书后案自序》云：

> 《尚书后案》何为作也？所以发挥郑氏康成一家之学也。《书》本百篇，秦火后伏生传今文三十四篇，孔安国得壁中古文，增多二十四篇，余四十二篇亡矣。三十四篇者，即二十九篇，《尧典》一，《皋陶谟》二，《禹贡》三，《甘誓》四，《汤誓》五，《盘庚》六，《高宗肜日》七，《西伯戡黎》八，《微子》九，《太誓》十，《牧誓》十一，《洪范》十二，《金縢》十三，《大诰》十四，《康诰》十五，《酒诰》十六，《梓材》十七，《召诰》十八，《洛诰》十九，《多士》二十，《无逸》二十一，《君奭》二十二，《多方》二十三，《立政》二十四，《顾命》二十五，《费誓》二十六，《吕刑》二十七，《文侯之命》二十八，《秦誓》二十九，伏书本二十八，《太誓》别得之民间，合于伏书，故二十九。安国得古文，以今文读之，又于其中分《盘庚》《太誓》各为三，分《顾命》为《康王之诰》，故三十四也。二十四篇者，

即十六篇，其目郑具述之，《舜典》一，《汨作》二，《九共》九篇十一，《大禹谟》十二，《益稷》十三，《五子之歌》十四，《胤征》十五，《汤诰》十六，《咸有一德》十七，《典宝》十八，《伊训》十九，《肆命》二十，《原命》二十一，《武成》二十二，《旅獒》二十三，《冏命》二十四也。自安国递传至卫宏、贾逵、马融及郑氏，皆为之注。王肃亦注之。惟郑师祖孔学，独得其真，但诸家只注三十四篇及百篇之序，增多者无注。至晋，又亡。好事者别撰，增多二十五篇，内有《太誓》，故于三十四篇删去《太誓》，又分《尧典》之半充《舜典》，《皋陶谟》之半充《益稷》，改为三十三篇，并撰《孔传》，盖出皇甫谧手云。夫增多者已亡矣，目犹在也，三十四篇汉注犹在也。晋人所撰与真古文二者皆不合。孔颖达作疏，用之反诬郑述增多为张霸书，自是三十四篇汉注亦亡矣。予遍观群书，搜罗郑注，惜已残阙，聊取马、王传疏益之，又作案以释郑义，马、王传疏与郑异者条析其非，折中于郑氏。名曰"后案"者，言最后所存之案也。至二十五篇，则别为后辨附焉。嘻！草创于乙丑，予甫二十有四，成于己亥，五十有八矣，寝食此中，将三纪矣，又就正于有道江声，乃克成此编。予于郑氏一家之学可谓尽心焉耳。若云有功于经，则吾岂敢。

"草创于乙丑（1745），予甫二十有四，成于己亥（1779），五十有八矣。"知《尚书后案》成书时间是乾隆十年（1745）至乾隆四十四年（1779），历时三十五年。然而从王氏所存稿中可知，乾隆三十年（1765）初刻四十卷本《西庄始存稿》，卷十九、二十之《洪范后案》应为《尚书后案》中《洪范》一篇之初稿。二者对比之下，互有异同。

钱大昕《西沚先生墓志铭》云："又与惠征君松厓讲经义，知诂训必以汉儒为宗，服膺《尚书》，探索久之，乃信东晋之古文固伪，而马、郑所注实孔壁之古文也，东晋所献之《太誓》固伪，而唐儒所斥为伪《太誓》者实非伪也。古文之真伪辨，而《尚书》二十九篇粲然具在，知所从事矣……尝言：'汉人说经必守家法。'亦云：'师法自唐贞观撰诸经义疏而家法亡，宋元丰以新经义取士而汉学殆绝。今好古之儒皆知崇《注疏》矣，然《注疏》惟《诗》、三礼及《公羊传》犹是汉人家法，他经注则出于魏、晋人，未为醇备。'故所撰《尚书后案》专宗郑康成，郑注亡逸者，采马、王补之，《孔传》虽伪，其训诂犹有传授，非尽向壁虚造，间亦取焉。经营二十余年，自谓存古之功与惠氏《周易述》相埒。"（《潜研堂集》文集卷四十八）王鸣盛始则服膺《尚书》，后乃信东晋之古文固伪，而马、郑所注实孔壁之古文；东晋所献之《太誓》固伪，而唐儒所斥为伪太誓者实非伪；古文之真伪辨，而《尚书》二十九篇粲然具在。王鸣盛又云："汉人说经，必守家法——亦云师法——自唐贞观撰《诸经义疏》，而家法亡；宋元丰以新经义取士，而汉学殆绝。今好古之儒皆知宗注疏矣，然注疏惟《诗》三礼及《公学传》犹是汉人家法，他经注则出于魏晋人，未为醇备。"故所撰《尚书后案》二十卷，专主郑康成；郑注亡逸者，采马、王补之；《孔传》虽伪，非尽向壁虚造，间亦取焉。经营二十余年，自谓存古之功足与惠氏《周易述》相埒。

2.《晏子春秋》

《蛾术编》卷十四云：

柳子厚谓《晏子春秋》非婴著，墨氏之徒剿合而成。今观《汉志》儒家首列

《晏子春秋》，柳说恐未是。

王鸣盛认为，《晏子春秋》非婴著，墨氏之徒剿合而成。

十六、戴震

（一）戴震其人

戴震（1724—1777），字东原，又字慎修，号杲溪，休宁人。戴震治学广博，在天文、数学、历史、地理、音韵、文字、训诂等方面均有成就，是"乾嘉学派"的代表人物之一，皖学的集大成者。著有《孟子字义疏证》《毛郑诗考证》《戴氏水经注》《考工图记》《勾股割圆记》等书。

（二）戴震的文献辨伪

1. 辨《尚书》今文古文

戴震《东原文集》卷一《尚书今文古文考》云：

> 《尚书》二十八篇，济南伏生所传，后附益《太誓》一篇，用当时隶书写之，故称《今文尚书》。而景帝时，鲁恭王坏孔子宅，所得者多十六篇。许叔重《说文解字叙》记六体书："一曰古文，孔子壁中书也。"盖如商、周鼎彝之书，故称《古文尚书》。以入于秘府，未列学官，故谓之中古文。伏生书无《太誓》，而《史记》乃云："伏生求其书，亡数十篇，独得二十九篇。"殆因是时已于伏生所传内益以《太誓》，共为博士之业，不复别识言耳。刘向《别录》曰："民有得《太誓》书于壁内者献之，与博士使读说之，数月，皆起传以教人。"刘歆移书太常博士曰："孝文皇帝始使掌故晁错从伏生受《尚书》。《尚书》初出屋壁，朽折散绝。《太誓》后得，博士集而读之。"郑康成《书论》曰："民间得《太誓》。"刘、郑所记，可援以补史家之略。卫宏《定古文尚书叙》云："生老不能正言妄曰不可晓，使其女传言教错。齐人语多与颍川异，错所不知者凡十二三，略以其意属读而已。"此不察之说也。济南张生及欧阳生和伯，实躬事伏生受《书》，由是《书》有欧阳、大小夏侯之学。《史记》及《汉书》皆曰："秦时燔书，伏生壁藏之。汉兴，即以教于齐、鲁之间。"其非得之口诵，无女子传言事甚显白，《太誓》外，有百篇之序，《史记》并见采录。前此太常蓼侯孔臧与安国书曰："臧闻《尚书》二十八篇，取象二十八宿，何图乃有百篇邪？"
>
> 《古文尚书》之出于汉代者，《儒林传》称逸书得十余篇。刘歆言："逸书十六篇，藏于秘府，伏而未发。"《艺文志》言："以考二十九篇，得多十六篇。"荀悦《汉纪》言："得《古文尚书》，多十六篇。武帝时，孔安国家献之。"马融《书序》言："逸十六篇，绝无师说。"其篇名则郑注《书序》逸篇之目：《舜典》《汩作》《九共》《大禹谟》《弃稷》《五子之歌》《胤征》《典宝》《汤诰》《咸有一德》《伊训》《伊陟》《原命》《武成》《旅獒》《冏命》。以此十六卷，合今文所有之二十九

卷，百篇之序一卷，是为《艺文志》"《尚书古文经》四十六卷"。《九共》析为九，则逸书凡二十四，而今文所有者析为三十四。《盘庚》《太誓》各分而三，《顾命》分"王若曰"以下为《康王之诰》也。不数百篇之序，故刘向《别录》云"五十八篇"。桓谭《新论》云"《古文尚书》旧有四十五卷，为五十八篇"。《艺文志》虽数百篇之序增多一卷，而四十六卷者，一卷篇亡，郑康成所谓"《武成》逸篇，建武之际亡"，适当其亡篇，故《志》仅称五十七篇。古文非博士所治，是以谓之逸书。刘向、刘歆、班固、贾逵校理秘书，咸得见之。民间则有胶东庸生之遗学。建初、延光、光和中，尝诏选高才生能通者，以扶微学、广异义。而后汉之儒，如尹敏、周防、孔僖、杜林、卫、贾、马、郑，传是学不一人。然贾、马、郑虽雅好古文，其作训注，亦但解其今文所立于学官者，岂逸篇残脱失次，不可读欤？

逸书既亡，东晋元帝时梅赜乃奏上《古文尚书》孔安国传，于二十八篇析为三十一之外，更析《尧典》《皋陶谟》为《舜典》《益稷》，增多十九篇，析为二十五，以傅合五十八篇之数。散百篇之序引冠篇首，而分同序者同卷，异序者异卷，亡篇之序，列次其间，为四十六卷，以傅合《艺文志》所录卷数，盖莫由知聚敛群书而为之者实始何人。赜自受之臧曹，曹受之梁柳，柳受之苏愉，愉受之郑冲，而其说往往与王肃不异，是又今之《古文尚书》，而非汉时秘府所藏、经师所涉之十六篇矣。

2. 辨《周礼》为周之书

戴震《东原文集》卷一《周礼太史正岁年解二》云：

《周礼》之书，曰岁终，曰正岁，曰春、秋、冬、夏，皆夏时也。夏数得天，以夏时经纪庶事，斯顺而易明。然周之颁朔，必以周正，故用夏谓之岁，用周谓之年。太史按其从夏时所行之事，合以周之历日，此之谓正岁年以序事也……使有夏无周，周焉用改正朔哉？《周礼》所志，于官事无不备，曾谓一王正朔之大，可以空其事，没其文，而使后人之读是书，疑若周未尝改正朔也者，则周正为大不美而不可存也，岂周之书哉？今其书先之以"正月之吉"，布政之始也，故曰"始和"，谓始协调之。继之以"正岁"，于是而后得遍奉以行也。六官之长，有止言"正月之吉"，不言"正岁"者，上之所慎在宣布之始也。六官之属，有止言"正岁"，不言"正月之吉"者，待上之宣布，乃齐同奉行也。上之布之，必不能一日而遍王畿千里之广，下之奉行，又同用是日，恶能相及乎哉？是故因时制其宜，以建子之月宣布自上，一王正朔之大，既非阙然无事；以建寅之月，百职咸举，夏数得天，复顺其序而不违。孔子论为邦，用夏时，而作《春秋》必奉周。《周礼》用正岁以合天，而必先"正月之吉"以著正朔，其义一而已矣。

3. 辨《仪礼》不伪

戴震《东原文集》卷九《与任孝廉幼植书》云：

今幼植奋笔加驳于孔冲远、贾公彦诸儒，进而难汉之先师郑君康成矣，进而訾汉以来相传之子夏《丧服传》为刘歆、王莽傅会矣，进而遂訾《仪礼》之经、周公之制作为歆、莽之为之矣。呜呼!《记》不云乎:"毋轻议礼。"

方《周官经》初出,未立学官,马融所谓"入于秘府,五家之儒莫得见"是也。迄王莽时,刘歆置博士。永平之初,杜子春年且九十,能通其读,贾逵、郑众往受业,然后颇行于世。俗学肤浅,往往求之不可通,辄肆指摘云"刘歆窜入"。若《士礼》十七篇,汉兴,高堂生传之以授萧奋,萧授孟卿,孟授后苍,后授戴德、戴圣、庆普。武帝时,后氏立于学官,宣帝复立大、小戴,《艺文志》故云:"《礼经》十七篇,后氏、戴氏。"此后师师相传,绝不问此经与歆、莽相涉,史绝不问歆、莽改博士之业,博士失其师承也。

今目为刘歆傅会者,于《传》则所谓"小功者,兄弟之服,不敢以兄弟之服服至尊",于经则"女子子为父母、世父母、叔父母出降服也"。《记》曰:"至亲以期断。"试以此言曰旁差之,昆弟期,从父昆弟大功,从祖昆弟小功,族昆弟缌,由族昆弟而上,族父、族祖父、族曾祖父皆缌,由从祖昆弟而上,从祖父、从祖祖父皆小功,此制服之易知者。由从父昆弟而上,世父、叔父何以不大功也?自"至亲以期断"之言上差之,父何以不期、祖不大功、曾祖不小功,四世祖不缌也?立期之节象,天地则已易,四时则已变,凡在天地之中者,莫不更始。然而孝子之心不能以已也,使倍之而为制三年之丧,故曰"三年以为隆"。人子不隆于其亲,不可以为子。父在为母期,屈于至尊,不敢伸其私尊,而犹无不及其节也。为人后者,为其父母期,持重于大宗者,降其小宗而犹无不及其节也。幼植有取于孔冲远,谓"至亲以期断"专为此二者,则失制礼之深意矣。祖父母、世父母、叔父母之期也,亦隆也。不隆于祖,不隆于父之昆弟,不可以为孙子。缌麻之加一等而小功,小功之加一等而大功,不可谓之隆。圣人于是为"齐衰三月"之服,以上杀之义,故减九月、五月之数而三月。以祖虽百世有隆无替,故不敢以功、缌加于祖考而齐衰。《传》云:"不敢以兄弟之服服至尊。"意如是。康成申之曰:"重其衰麻,尊尊也;减其日月,恩杀也。"且丧服及曾祖,不及四世祖以上。康成因《传》文"小功者兄弟之服"而明之曰:"正言小功者,服之数尽于五,则高祖宜缌麻,曾祖宜小功也。据祖期则曾祖宜大功、高祖宜小功也。高祖、曾祖皆有小功之差,则曾孙、玄孙为之服同也。"又于《缌麻三月》章曰:"族曾祖父者,曾祖昆弟之亲也。族祖父者亦高祖之孙,则高祖有,服明矣。"盖通乎经所不言之意。然而犹未尽夫子孙之于祖考不相逮则已矣,虽不相逮,必不可曰有无服之祖也。苟相逮,皆齐衰三月。其杀也者,以上杀为义;其不复杀也者,以有隆无替为义。道并行而不相悖,夫是之谓文。《诗》曰:"曾孙笃之。"郑笺》云:"曾犹重也,自孙之子而下事先祖,皆称曾孙。"《礼注》云:"于曾祖以上称曾孙而已。"由是言之,《仪礼》言曾祖,即关四世祖以上也。

幼植知昆弟之昆为兄,不审古人法度之言兄弟与昆弟异义,不惟《仪礼》,他经及《尔雅》皆然。《传》曰:"何如则可谓之兄弟?"《传》曰:"小功以下为兄弟。"此《传》中引《传》相证明也。《尔雅》曰:"母与妻之党为兄弟。"又曰:"妇之党为婚兄弟,婿之党为姻兄弟。"诗·小雅》:"兄弟无远。"郑《笺》云:"兄弟,父之党、母之党。"盖兄弟云者,或专言异姓,或兼同姓异姓,皆举远不以关大功之亲。《记》曰:"兄弟皆在他邦,加一等;不及知父母与兄弟居,加一等。"此惟小功以下即于疏,故加等。若大功以上则昆弟也,世父母、叔父母也,从父昆弟也,岂可以皆在他邦及少孤相依而加等哉？大功之亲，分当相恤；其不相恤，是贼其性者也。小功以下而相恤，斯进之也。故《传》有曰："子无大功之亲。"不言小功，古人立言精微若此。《记》曰："夫之所为兄弟服，妻降一等。"或欲援此为叔嫂有服之证，则与《檀弓》"奔丧逸礼"相背戾，且本篇《传》文言"夫之昆弟无服"，亦相与背戾。阎百诗解之曰："夫之所为兄弟服，即夫之所为小功服，妻降一等为缌麻也。服问之外兄弟，指外祖父母从母在小功者，是其证。"百诗此论精矣，惜尚未告之以昆弟不言兄弟，及举远不可关大功之亲，使其义益晓然也。

　　若女子子出降服，此与"男女异长"意同。以女子生而有遗人之道，使之异于男子。岂若幼植之意，必十五以后许嫁笄，始别异哉？服有出降或缘有适人之道而即降，以异于男子，世父母、叔父母、姑姊妹之大功是也；或既适人而后降，为众昆弟大功是也；或不敢降，祖父母期，曾祖父母齐衰三月是也。昔儒谓降旁亲，不降正尊，可与"至亲以期断"之言"外亲之服皆缌"之言，"小功以下为兄弟"之言，合为义例之大要。惟降旁亲，而父没则不降昆弟之为父后者。然后妇人虽在外，必有归宗之义明，惟不降正尊，而当其既嫁从夫，不能二尊，且降父之服而为期，舅姑亦期。然后所谓父者子之天，夫者妻之天，妇人不贰斩者，犹曰不贰天之义明。圣人制，为父在，为母期，女子子适人者为其父母期，是二者，义之至也。

　　以幼植所深訾为刘歆傅会者二条，今姑据此疏通证明之，其精微非圣人不足与于此，余皆可类推。震勖病同学者多株守古人，今于幼植反是。凡学未至贯本末，彻精粗，徒以意衡量，就令载籍极博，犹所谓"思而不学则殆"也。远如郑渔仲，近如毛大可，只贼经害道而已矣。今幼植具异质而年富，成就当不可量，是以不敢不尽言。

　　今按，戴震此信甚为重要，任大椿驳斥孔冲远、贾公彦诸儒，进而难汉之先师郑玄，进而訾汉以来相传之子夏《丧服传》为刘歆、王莽傅会矣，进而訾《仪礼》之经、周公之制作为歆、莽之为之，有的放矢，如解连环。此文亦可谓后来康有为假辨伪之砭石。

4. 辨《家语》袭《大戴》

戴震《东原文集》卷一《大戴礼记目录后语一》云：

　　史绳祖谓《大戴记》杂取《家语》之书，其说不然。《家语》，王肃所私定，窃取其书为之。史氏误连读《公冠篇》孝昭冠辞为成王冠辞，而云："祝辞内有先帝及陛下字，周初岂有此？《家语》止称王，当以为正。"此史氏不审章句，谬加讥评也。王肃袭取为《冠颂》，已章句不辨《家语》袭《大戴》，非《大戴》取《家语》，就此一条，亦其明证。

5. 辨《小尔雅》为后人皮傅掇拾而成

戴震《东原文集》卷三《书小尔雅后》云：

　　《小尔雅》一卷，大致后人皮傅掇拾而成，非古小学遗书也。如云"鹄中者谓之正"，则正鹄之分未之考矣。"四尺谓之仞"，则筑官仞有三尺，不为一丈，而为及肩之矣。"浍深二仞"，无异洫深八尺矣。其解释字义，不胜枚数以为之驳正，故汉世大儒不取以说经，独王肃、杜预及东晋枚赜奏上之《古文尚书》孔传，颇涉乎此。《广量》曰："豆四谓之区，区四谓之釜。"本［诸］《春秋传》"四升为豆，各自其四以登于釜"之文。"釜二有半谓之籔"，本《聘礼记》"十六斗曰籔"。"籔二有半谓之缶"，此句无本。"缶二谓之钟"，所谓"陈氏新量，皆登一焉，钟乃大矣"者。齐旧量，盖先王之制，区斗六升，釜六斗四升，钟六斛四斗。陈氏从而诡更之，釜登一区则八斗，区登一豆则二斗，豆登一升则五升，而钟实八斛。兹用旧量之豆、区、釜，用新量之钟，两法世施，显相刺谬。《广衡》曰："两有半曰捷，倍捷曰举。"皆于古无本。"倍举曰锊"，贾景伯所称俗儒以锊重六两是也。不稽古训，故目之曰俗儒云尔……或曰："《小尔雅》者，后人采王肃、杜预之说为之也。"

"不稽古训，故目之曰俗儒"，善哉斯言！戴震认为《小尔雅》为后人皮傅掇拾而成。

6.《曾子》

戴震《经考》卷四云：

　　《曾子》十篇。《汉书·艺文志》《曾子》十八篇名参，孔子弟子。《隋书·经籍志》《曾子》二卷、目一奏。按《曾子》书，《汉志》《隋志》皆别行，今不复有传本，惟《大戴礼》中《曾子立事》至《曾子天圆》十篇为两卷，篇题皆冠以"曾子"二字，其即《汉志》曾子之尚存者无疑。

7. 辨《易传》之真伪

皮锡瑞《易经通论》云：

　　以卦辞、爻辞为孔子作，疑无明文可据，然亦非尽无据也。古以系辞即为卦辞、爻辞，汉儒说皆如是。而今之《系辞》上下篇，古以为《系辞传》，《释文》王肃本有传字，盖古本皆如是。宋吴仁杰《古周易》以爻为系辞。今考《系辞》有云："圣人设卦观象，系辞焉而明吉凶。"又云："圣人有以见天下之物，而观其会通，以行其典礼，系辞焉以断其吉凶，是故谓之爻。"又云："系辞焉而命之，动在其中矣。"又云："系辞焉以尽其言。"据此诸文，明是指卦爻辞谓之系辞。若谓系辞中四处所云系辞，即是今之《系辞》，孔子不应屡自称其所著之书，又自言其作辞之义，且不应自称圣人。盖系辞即卦辞爻辞，乃孔子所作；今之《系辞》，乃《系辞》之传，孔子弟子所作。《系辞》中明有"子曰"，必非出自孔子手笔。《史记·自序》引《系辞》之文为《易大传》，是其明证。凡孔子所作谓之经，弟子所作谓之传，所云"圣人系辞焉以断其吉凶"，乃孔子弟子作传，称孔子为圣人，非孔子作《系辞》而称文王周公为圣人也。郑樵《六经奥论》曰："《易大传》言系辞者五，皆指爻辞曰系辞，加上系曰系辞焉而明吉凶，系辞以断其吉凶，有二曰系辞焉而命之，孔子专指爻辞以为系辞。今之《系辞》，乃孔门七十二子传《易》于夫子之言，为《大传》之文。则《系辞》者其古传《易》之《大传》欤？"郑樵以《系辞传》为《易大传》，正本《史记》。孔疏云："经文王周公所作，传孔子所作。"不知孔子以前，不得有经。《汉书·儒林传》云："孔子晚而好《易》，读之，韦编三绝，而为之传。"则已误以孔子所作为传，与《史记》之说大异矣。欧阳修不信祥异，以《系辞》云"河出图，洛出书，圣人则之"为非孔子之言，不知《系辞传》本非孔子之言，乃孔子弟子所作，以解释孔子之言者也。《史记·孔子世家》云："孔子晚而喜《易》，序《彖》，系《象》《说卦》《文言》。"史公既以今之《系辞》为《易大传》，则不以为孔子所作，世家所谓，亦必指卦辞、爻辞而言。系者，属也。系辞犹云属辞。据《史记》云，伏羲画八卦，文王重卦为六十四，分为三百八十四爻，而无其辞，至孔子乃属辞以缀其下，故谓之系。此其有明文可据而不必疑者也。惟《孔子世家》引《说卦》，颇疑有误。《论衡·正说篇》曰："至孝宣皇帝之时，河内女子发老屋，得逸《易》《礼》《尚书》各一篇，奏之，皇帝下示博士，然后《易》《礼》《尚书》各益一篇。"所说《易》益一篇，盖《说卦》也。《隋书·经籍志》曰："及秦焚书，《周易》独以卜筮得存，唯失《说卦》三篇，后河内女子得之。"所谓三篇，盖兼《序卦》《杂卦》在内。据王充说，《说卦》至宣帝时始出，非史公所得见，故疑《世家》"说卦"二字为后人搀入者。《说卦》论八卦方位，与卦气图合，疑焦、京之徒所为。程迥《古易考》十二篇，阙《序》《杂卦》，以为非圣人之言。李邦直、朱新仲、傅选卿皆疑《序卦》。近儒朱彝尊亦然。戴震云："昔儒相传，《说卦》三篇，与今文《大誓》同，后出《说卦》分之为《序卦》《杂卦》，故三篇辞旨不类孔子之言，或经师所记孔门余论，或别有所传述，博士集而读之，遂一归孔子，谓之《十翼》矣。"据此，则古今人皆疑《说卦》三篇；而《十翼》之说，于古无征。《汉书·艺文志》："《易经》十二篇。"又曰："孔氏为之《彖》《象》《系辞》《文言》《序卦》之属十篇。"是已分为十篇，尚不名为《十翼》，孔疏以为"郑学之徒，并同此说"，是《十翼》出东汉以后，未可信据。欧阳修谓《十翼》之说不知起于何人，自秦汉以来，大儒君子不论。后人以为欧阳不应疑经；然《十翼》之说实不知起于何人也。

黄云眉认为："姚氏《通论》不可见。康有为谓：'十翼之名，史迁父受《易》于杨何，未之闻，殆出于刘歆之说。《彖》《象》与卦辞、爻辞相属分为上下二篇，乃孔子所作原本，歆以上下二篇，属之演爻之文王，既不可通；因以己所伪作之《序卦》《杂卦》，附之河内女子所得之事，而以为孔子作十篇为《十翼》。夺孔子所作而与之文王、周公，以己之所作而冒之孔子，侜张为幻，可笑可骇。'（说详《新学伪经考》）其言似足为锡瑞'《十翼》起于何人'之语下一解；然如此论古，虽属快刀斩麻，终觉于心不安。《说卦》出于汉宣帝时，《序卦》《杂卦》，叶适已谓为后人伪撰（见《习学记言》），其伪固不待言；然必以《序卦》《杂卦》归之刘歆，未免近于武断。至卦辞、爻辞为孔子所作，《系辞》乃孔子弟子所作，皮、康之说皆同，而亦无确据。章炳麟设十二谬以斥皮说（章太炎《文录初编》），其不信孔子作《易》是也；其必推而上之以为文王作，则更谬矣。余意《易传》必非孔子作，崔述谓出于七十子以后之儒者，近是。柯汝锷谓：'孔子未尝为《易》作传，十翼之名，皆后代讲师所立。夫子论《易》，见于《论语》者，止"加我数年"及"不恒其德"二章。其他答问所及，大率依古训以立言。如"克己复礼仁也"及"出门如见大宾"二语，皆见之"左氏"，夫子以之告颜渊仲弓"述而不作"，夫子盖自言之矣。'（《瓻天录》）其言亦有理。孔子固未尝赞《易》，《论语》'五十以学

《易》，可以无大过矣'，《鲁论》本作'五十以学，亦可以无大过矣'，其以'亦'为'易'，钱玄同以为乃汉人欲证孔子赞《易》之说者所改。又《易·艮卦·象传》'君子以思不出其位'，其'以'字，钱氏亦以为作《大象》者袭《论语》曾子语，欲使与他卦象传词例一律而加之。（见《读书杂志》第十期）……要之，孔子与《易传》无关。"顾颉刚谓《易传》之作，最早不得过战国，迟则在西汉中叶，说见《古史辨》第三册。

十七、王昶

（一）王昶其人

王昶（1725—1806），字德甫，又字琴德，号述庵，又号兰泉。肄业紫阳书院时，从惠定宇游，于是潜心经术，讲求声音训诂之学。是时沈归愚为院长，选兰泉及王凤喈、吴企晋、钱晓征、赵升之、曹来殷、黄芳亭七人诗称为"吴中七子"。乾隆十八年（1753）乡试中式，次年联捷成进士。归班候选，秦蕙田延之修《五礼通考》。二十四年十一月由内阁中书入直。久在军营，著有劳绩，着升授鸿胪寺卿，赏戴花翎，在军机处行走。命纂《金川方略》，充总修官。寻擢通政使司副使。四十二年三月，擢大理寺卿。四十三年，上因《大清一统志》成于雍正四年，至乾隆二十三年平定准噶尔回部，拓地二万余里，及府州县增置改析者多，命重修，充总修官。四十四年，补授都察院左副都御史。又有旨授河南布政使。官至刑部侍郎。有一藏书印云："二万卷，书可贵；一千通，金石备。购且藏，剧劳勚。愿后人，勤讲肄。敷文章，明义理，习典故，兼游艺。时整齐，勿废置。如不材，敢卖弃。是非人，犬豕类，屏出族，加鞭箠。述庵传诚。"著述甚多，有《春融堂诗文集》《金石萃编》《明词综》《国朝词综》《湖海诗传》等。

（二）王昶的文献辨伪

1. 《墨子》
王昶《春融堂集》卷四十三有是书跋：

> 凡六卷。按《汉志》载《墨子》七十一篇，今仅存五十三篇；《新唐志》载十五卷，今仅存六卷，其文亦多钩鈲析乱不可读。按篇中率问谁以"故墨子曰"云云，盖亦出于墨氏弟子所记。然考其弟子著见者，有程繁、管黔、洴游、高石子、骆滑厘、弦唐子、公尚过、胜绰、高孙子，而《庄子》所载相里勤、苦获已齿、邓陵子不具焉，何欤？《汉志》有董无心《难墨子》一篇，今亦不传。

2. 《庄子》
王昶《春融堂集》卷四十三有是书跋：

> 郭象注，凡十卷。《汉志》：《庄子》五十二篇。今三十三篇，晁公武云郭象合之。然公武又云内篇八，今内篇实七篇，云八者误也。又考《隋志》有晋太傅主簿郭象注《庄子》三十卷，《目》一卷。梁《七录》三十三卷，至《唐志》则云十卷，

已与今本同。是三十卷者，不审何时合并耶？每注后附以陆德明《音义》。据《隋书》，郭象自有《庄子音》三卷，陆德明自有《庄子文句义》二十卷。意郭《音》已亡，后人因取句义削节附之，与陆所引郭及崔撰、向秀、司马彪、李颐备见《隋志》，梁简文《讲疏》亦见《唐志》。至所云徐者，当是徐邈，邈有《集音》三卷；所云李者，或为李轨，轨有《音》一卷；又所云李顺者，恐即李颐之讹；若嵇康、郭璞、支遁、潘尼诸人，则志率未之载。而韦昭、皇甫谧等则皆从他书引入，惜其少分晰耳。

又按：《世说》注云："秀好《庄子》，应崔撰所注，以备遗忘。"又《晋书》秀传云："《庄周注》内外数十篇，历世方士莫适论其旨统，秀乃为之隐解，读之者超然心悟，莫不自足。"惠帝之世，郭象又述而广之。又《郭象传》："先是，注《庄子》者数十家，向秀于旧注外而为解义，大畅玄风，惟《至乐》《秋水》二篇未竟而秀卒。秀子幼，其义零落，然颇有别本迁流，象遂窃以为己注，乃自注《秋水》《至乐》二篇，又易《马蹄》一篇，其余众篇，或点定文句而已。后秀义别本出，故今有向、郭二《庄》，其义一也。"然自晋以后，注迄用郭不用向，而陆德明遂谓子玄之注得庄生之大旨，而忘其出于秀也。矧史称东海王越引象为太傅主簿，权重灼内外，由是素论去之。然则象固非能注《庄》者，且其指陈玄旨，可以别成一书，未尝沾沾焉与本经比附也。

3.《刘子》

王昶《春融堂集》卷四十三有是书跋：

《刘子》二卷，北齐刘昼著，共五十六篇，唐播州录事参军袁孝政注。按，昼字孔昭，所撰有《高才不遇传》《金箱壁言》，而是书本传无之。又《隋·经籍志》，若《顾子》《符子》入书录，而此独未载，何与？考《唐志》，《刘子》十卷，刘勰撰，孝政序云："昼播迁江表，故作此书。"时人莫知，谓为刘勰。或曰刘歆、刘孝标作，陈氏振孙至不知为何代人。晁氏谓其俗薄，则殊有见也。大抵《唐志》之《刘子》，非即此《刘子》，而此书不见于《昼传》，为后人伪撰无疑。明人好作伪，《申培诗说》《子贡易、诗传》《天禄阁外史》，无识者多奉为天球拱璧，是书盖其流亚尔。

今按，顾实《重考古今伪书考》认为："王昶《春融堂集》有是书跋，断为明人伪撰，可谓失考之甚。"黄云眉亦云："若昶疑明人伪托，益无可凭。"顾氏、黄氏均误读原文，王昶断为"为后人伪撰无疑""是书盖其流亚尔"，而非"断为明人伪撰"！致误之由在于紧接其后的一句"明人好作伪"，这句只是类比，而非判断！二人受到干扰，阅读心理可以推测。

4.《麻衣易》

《春融堂集》卷三十一《与杨孝廉书》云：

仆闻善言《易》者，蜀为盛。汉君平以下，于唐有资州李氏，著《易解》，取蜀才说蓦富；于五代有房氏，著《易海》，惜为《撮要》划削，弗得究其全；于宋有《麻衣易》，云得诸青城山道者。

朱熹对于《麻衣易》多所辨伪，而王昶于《麻衣易》仅仅点到为止，未置可否，似乎不知其伪也，怪哉！

5.《忠经》《汉宫香方》

王昶《春融堂集》卷三十四《郑氏书目考》云：

> 又《玉海》附载："《忠经》一卷，马融撰，郑玄注。"《崇文总目》在小说。此系伪书，不足录。又刘克庄《墨庄漫录》载："《汉宫香方》，郑康成注。"尤谬妄也。

《郑氏书目考》详细考证了郑玄的著作目录，同时也辨明伪书二种。

6.《古文尚书》

王昶《春融堂集》卷三十六《沈仲方尚书条辨序》云：

> 疑《古文尚书》自朱子始，后吴氏澄、郝氏敬宗之，然往往举文词体格为言。至国朝阎百诗引绳批根，直抉其伪之所以然。近日族兄鸣盛暨程编修晋芳、江布衣声又为吹波助澜。而江氏之说尤精当，阎氏攻《古文》，毛氏奇龄有《冤词》《广听》之作。然毛氏谓百篇之名不始孔子，墨翟有"周公旦读书百篇"之语。夫书自《旅獒》以下二十六篇，皆周、召诸人所作，周公固不当读自著之书，并不当读召公之书。且《君陈》以下十篇作在周公后，公何从读之？至《泰誓》一篇，在伏生所传《今文》二十八篇之外，刘向以来皆如是说。而毛氏尽斥为无据，何以服后人之心？由是以推其人驳诘者，盖不可枚举。
>
> 仲方嗜古博学，于《尚书》之篇第及今古文之分合，皆能精心力考，驳毛氏之讹，兼以补阎氏之所未及。使毛氏复出，不能难也。而其语意和缓，不以叫嚣攻讦为畏，尤得儒者辨论之法。然《今文》齾缺断燧，非完书，且其中为杜林《漆书》、刘向中古文所乱，是以锱铢纷纠，输攻墨守，不可诘究如此。仲方他日南归道吴，而询之江君，更必有以分黑白而定一尊矣。
>
> 仲方又有《逸周书条辨》，考证精审。后有论《汲冢》者，未能或之过也。

王昶《春融堂集》卷三十一《与陆耳山侍讲书》云：

> 某顿首启耳山大兄：执事不通邮问久矣，昨见邸抄，知执事改官翰林，甚喜甚慰。此典不举久矣。渔洋之负重望，在汲引人材。其诗虽为义门、次山诸公所贬，而贬之者之诗转出其下远甚。惟古文间纂入唐宋间小说语，又于经术颇疏。今执事从六十年继其后，则求所以接迹古人，而副国家之旷典，将何以自树立耶？比者征书遍天下，遗文坠简出于荒冢破壁者必多。未审亡友惠君定宇之《周易述》及《易汉学》，当路者曾录其副以上太史否？《周易述》德州所刊，闻其家籍没后，版已摧为薪。此

书本发明李资州《集解》，而《易汉学》为之纲。微《易学》，则《易述》所言不可得而明。此二书，某寓中皆有之。《易学》盖征君手写本，凤喈光禄、捂升员外皆复加考正，尤可宝贵。如四库馆未有其书，嘱令甥瑞应捡出，进于总裁，呈于乙览，梓之于馆合，庶以慰亡友自首穷经之至意。余尚有《古文尚书考证》等书，晓征学士殆有其本，如得并入秘书，尤大幸也。

十八、赵翼

（一）赵翼其人

赵翼（1727—1814），字云崧，一字耘崧，号瓯北，又号裘萼，晚号三半老人。常州府阳湖县（今江苏省常州市）人。乾隆二十六年（1761）进士。长于史学，考据精赅。所著《廿二史札记》与王鸣盛《十七史商榷》、钱大昕《二十二史考异》合称"清代三大史学名著"。著有《瓯北诗话》《陔余丛考》《瓯北集》等书。

（二）赵翼的文献辨伪

1.《古文尚书》

赵翼《陔余丛考》卷一云：

> 《古文尚书》，自宋以来，诸儒多疑其伪。吴才老曰："古文皆文从字顺，非伏生书之诘曲聱牙。夫四代之书，作者不一，乃至一人之手而定为二体，其亦难言矣。"朱子曰："凡《书》易读者皆古文，岂有数百年壁中之物不讹损一字者？伏生所传皆难读，如何伏生偏记其所难，而易者全不能记？又孔安国《书传》是魏、晋间人作，托安国为名耳。"又曰："《孔传》并序皆不类西京文字，似与《孔丛子》同出一手。"吴草庐曰："伏生书虽难尽通。然词义古奥，其为上古之书无疑。梅赜所增二十五篇，体制如出一手，采辑补缀，虽无一字无所本，而平缓卑弱，殊不类先汉以前之文。"此皆疑古文为伪者。自此三说行，而后人附和纷纷，大概不越乎"古文何以皆易读，今文何以皆难读"二语。不知与古文所以易读之故，本在《史记·儒林传》及安国《书序》中，学者初不深求耳。《儒林传》曰："孔壁有《古文尚书》，安国以今文读之。"安国《书序》曰："科斗书废已久，时人无能知者。以所闻伏生之书，考论文义，定其可知者为隶古定，以竹简写之，增多伏生二十五篇。"由此以观，是安国本不识古文，以伏生之今文对读，始以意揣而识其字。既识古文，则今文所无者，即以今文古文相同之字读之，间有不识者，则以文义贯穿之。略如鸠摩罗什及房融等之译经，其义则原本，其词则有出于翻译时之润色者，故与诸书所引《尚书》文转有参差不尽符之处。且所译之二十五篇，体制如出一手，职是故也。盖安国所传古文，原从科斗字译出，非字字皆科斗原文而毫无改换也。后人不于科斗转为隶字之处反复推求，但谓古文即科斗原文，因而致疑于二十五篇何以皆文从字顺，毋怪乎并为一谈，牢不可破矣。至草庐谓采辑补缀，无一字无所本，是直谓伪造者历采各书所

引《尚书》之文，零星凑集，串插成文也。然果如此，则《孟子》所引"放勋殂落""我武维扬"等句已一一在所采中，而"劳之来之"等句亦应《尚书》文也，何以又不采入？且不特此也，《左传》《国语》所引《书》尚多，如《左传》楚公子弃疾如晋，晋人欲弗纳，叔向引《书》曰"圣作则"；又叔向告韩宣子断狱，引《夏书》曰"昏墨贼杀，皋陶之刑也"；卫献公在夷仪篇引《书》曰"慎始而敬终，终以不困"；《国语》单襄公论却至将败，引《书》曰"民可近也，而不上也"（以上皆春秋时人所引书）。《战国策》述荀息之语曰"《周书》有之：美女破舌，美男破老"（亦见《汲冢书武称解》）；苏秦说魏王，引《书》曰"绵绵不绝，蔓蔓奈何，毫毛不拔，将成斧柯"（此书周庙中金人铭，盖周人已笔之于《书》矣）；《魏策》智伯索地于魏桓子，任章劝桓子与之，引《周书》曰"将欲败之，必姑辅之；将欲取之，必姑与之"，《韩非子·喻老篇》亦引此二语（按《老子》微明章与此大同小异，盖本周人书也。朱子曰：老子为柱下史，故见此书。王应麟谓苏秦所读《阴符经》当即此）。《韩非子·外储篇》引《周书》"毋为虎傅翼，将飞入邑，择人而食"（亦见《汲书寤儆解》）。《吕览·听言篇》引《周书》曰："往者不可及，来者不可待。"《孝行篇》引《商书》曰："刑三百，莫大于不孝。"《慎大篇》引《周书》曰："若临深渊，若履薄冰。"《适威篇》引《周书》曰："民善之则畜也，不善则仇也。有仇而众，不知无有。"《贵信篇》引《周书》曰："允哉允哉。"《史记》蔡泽说应侯，引《书》曰："成功之下，不可久处。"又《蒙恬传》引《周书》曰："必参而伍之。"（以上皆战国时人所引书）《韩诗外传》哀公取人章引《周书》曰："为虎傅翼。"（与《韩非子》同）《史记·楚世家》引《周书》曰："欲起毋先。"《商鞅传》引《书》曰："恃德者昌，恃力者亡。"《汉书·萧何传》引《周书》曰："天予不取，反受其咎。"又《刘濞传》赞引《尚书》曰："毋为权首，将受其咎。"《淮南子·泛论篇》引《周书》曰："上言者下用也，下言者上用也。"《览冥篇》引《周书》曰："掩雉不得，更顺其风。"《白虎通》引《书》曰："太社惟松，东社惟柏，南社惟梓，西社惟栗。"《汉书·律志》引《书》曰："先其算命。"《主父偃传》引《周书》曰："安危在出令，存亡在所用。"《平当传》引《周书》曰："正稽古建功立事。"董仲舒对策引《书》曰："白鱼入于王舟，有火复于王屋，流为乌，周公曰复哉复哉。"《萧望之传》引《书》曰："戎狄荒服。"《王商传》史丹引《书》曰："以左道事君者诛。"《王莽传》引《嘉禾篇》曰："周公奉鬯，立于阼阶，延登赞曰：假王莅政，勤和天下。"王充《论衡》引《书》曰："予惟率夷怜尔。"又引《书》曰："伊尹死，大雾三日。"又引《梓材》曰："强人有王开贤，厥率化民。"《后汉书》杨赐疏引《周书》曰："天子见怪则修德，诸侯见怪则修政，卿大夫见怪则修职，士庶人见怪则修身。"又《刘恺传》引《书》曰："上刑挟轻，下刑挟重。"《左传》杜注引《作雒篇》曰："千里百县。"（以上汉、晋人所引《书》）如此之类，《书》之零章断句散见于他书者正多，又何以不一一补缀成篇，而听其在二十五篇之外？则草庐所云历采各书凑集成文之说，究未可为定论也。《今文尚书》世以其出于伏生口授，罕有疑之者。抑思《盘庚》等篇所以告谕愚民，使之家喻户晓，岂转作此艰涩不可解之语？若谓当时语言本是如此，则《左传》《国语》所引《夏书》《商书》何以又多文从字顺，绝不如此？今因其艰涩不可解，遂谓之古奥而深信之，此更非通论语矣。以九十余岁之人，追忆少时所习记诵，岂无遗忘？一也。以齿豁口呿之年，语音岂无淆混？二也。以土音授异乡之人，兼令侍婢传述字句，岂无讹谬？三也。然则《今文尚书》亦未必字字皆孔门原本，与《古文尚书》正同，未可以易读而致疑、难读而深信也。按：安国《书序》谓："科斗书废已久，时人无能知者，以伏生之书考论文义，定为隶古定云云。"阎百诗力斥其伪，谓萧何以六体试学童，一曰古文，即科斗书，是汉初已使人人习之，何以孔壁中古文无人能识？然卫恒《书势》则谓古文绝于秦，汉兴，人不识，故逸在秘府，不立学官。恒，晋人，去汉初未远，其说必有所自。当秦焚书，书之科斗字者已尽在所焚中，否则藏之壁莫敢习读。其现行文字，惟斯篆、邈隶。是以汉初科斗之学已绝。迨台壁书渐出，如安国辈以今文读之，解释传播，始有识者。至哀、平间，刘歆已能好之，欲立博士，然究非人人皆晓，故诸儒尚畏难而不肯立。况安国时去秦未久，而已人人识古文乎？

2.《泰誓》

赵翼《陔余丛考》卷一云：

汉时别有《泰誓》一篇，其中载白鱼入舟，火流王屋，化为赤乌等事，而于《左传》《国语》《孟子》诸书所引《泰誓》之文无一语相合。故马融疑之，谓其文义浅露。吾见书传多矣，所引《泰誓》俱不在今《泰誓》之内也。然汉以来此《泰誓》盛行，诸儒所见《泰誓》皆是此篇。（董仲舒《天人策》、司马相如《封禅书》、司马迁《周本纪》皆引用白鱼、赤乌之事，王充《论衡》引此事，并明言《泰誓》之文。马融谓《春秋传》所引《泰誓》"民之所欲"二句，《国语》引《泰誓》"朕梦协朕卜"三句，《孟子》引《泰誓》"我武维扬"五句，孙卿引《泰誓》"独夫受"一句，《礼记》引《泰誓》"予克受非予武"六句，俱不在今《泰誓》之内。杜预注《左传》所引《泰誓》"民之所欲"二句，谓今《泰誓》无此文。故诸儒疑之。韦昭注《国语》，引"民之所欲"二句，亦云今考《泰誓》无此文。可见诸儒所见《泰誓》皆武帝时所出之本，故反疑《左传》等书所引为脱简）至周、隋间，孔安国《古文尚书》出，有《泰誓》三篇，与此迥别，且与诸书所引《泰誓》之文多合。于是孔颖达直斥此篇为伪，而以《孔传》所出为真，此一重公案久定矣。近日王西庄则又以颖达所谓真者为伪，伪者为真。其强词博辨，大概以《史记》及《尚书大传》为据，谓《汉书·儒林传》称司马迁作《史记》多从孔安国问故，而《史记·周本纪》已有白鱼赤乌二事，是必从安国古文《泰誓》中来，则白鱼赤乌之为真《泰誓》无疑也。又《尚书大传》出自伏生，而其中《泰誓》传云："太子发升于舟，白鱼入于舟中，有火流于王屋，化为赤乌三足。"是又与当时所传《泰誓》中语相合，益可见白鱼赤乌之为真《泰誓》也。其证佐可谓确矣。然此《泰誓》一篇本系别出，刘向谓武帝时民间得之于壁间，王充《论衡》谓宣帝本始元年河内女子坏老屋得之。虽所传时代不同，要其为单行独出，非伏生今文中所有，亦非安国古文中所有，则凿凿不爽。况伏生书本二十八篇，而史迁云二十九篇，孔颖达谓当时此《泰誓》一篇已盛行，迁遂并入伏生书内，而总为二十九篇耳。是迁方以此为伏生今文，而西庄反以为史迁引用安国之古文，其是非更不待辨。至以《尚书大传》与此

《泰誓》相合为证，按伏生传《书》在景帝时，而此《泰誓》出在武帝时，则《大传》在先，此《泰誓》在后，明系汉儒因武帝购遗书，遂依仿《大传》造此《泰誓》一篇，托为得自坏屋者而献之。或谓《泰誓》原文若本无此鱼鸟等事，则伏生之徒何由凭空撰传？此更不然也，《大传》所记多有与《尚书》本文不相涉者，不过因某朝有某事，即附叙某朝书篇之下（说见"尚书大传"条内），不得谓此传必从《泰誓》真本而出也。然则此《泰誓》一篇，昔人久斥为伪，不必再翻公案，反以为真，而以今《泰誓》三篇为伪也。至邢凯《坦斋通编》以《左传》"纣有亿兆夷人"数句，杜预注谓今《泰誓》无此文，凯乃驳之，以为现在《泰誓》篇中而预以为无此文，岂偶忘之耶？此又不知杜预时但有白鱼赤乌之《泰誓》，而今《泰誓》三篇尚未出也，而遂据今《泰誓》以折之，此又宋人之陋也。按：颖达所斥《伪泰誓》今虽不传，然尚有散见于他书者。董仲舒《天人策》引《泰誓》云："白鱼入王舟，有火复于王屋，流为赤乌，周公曰，复哉复哉！"司马迁引《泰誓》云："师尚父左杖黄钺，秉白旄以誓曰，苍兕苍兕，总尔众庶，与尔舟楫，后至者斩。"马融述《泰誓》云："八百诸侯，不召自来，不期同时，不谋同辞，火复于上，至于王屋，流为雕五，以谷俱来举火。"《汉书·郊祀志》引《泰誓》云："正稽古立功立事，可以永年，丕天之大律。"《平当传》引《泰誓》云："正稽古立功立事，可以永年，传于无穷。"《白虎通》引《泰誓》云："太子发升于舟。"刘歆《三统历》引《泰誓》云："丙午逮师。"又《汉书·谷永传》引《书》曰"自绝于天"，又引《书》曰"乃用妇人之言"，颜注皆曰今文《泰誓》。以上各条，皆汉武时所出《泰誓》之文也。

赵翼认为《泰誓》是仿《大传》而成。

3.《诗序》

赵翼《陔余丛考》卷二云：

《诗序》，先儒相承谓子夏作，毛苌、卫敬仲又从而润益之。朱子说《诗》尽废《小序》，固未免臆说。然后人驳之者，如杨升庵、毛西河、朱竹垞、王阮亭诸人，亦徒多词费。但引季札观乐及程伊川诗说数语，则不辨自明矣。季子观周乐，为之歌卫，曰："美哉渊乎，忧而不困者也！吾闻卫康叔、武公之德如是，是其卫风乎！"为之歌郑，曰："美哉其细已甚，民弗堪也。是其先亡乎！"全无一语及于淫乱，则概以为淫奔者过也。程子云：《诗小序》必是当时人所传国史，明乎得失之迹者是也。不得此，何由知此篇是甚意思？若《大序》，则是仲尼所作。此二说者可以证明，不待烦言矣。又欧阳公作《诗本义》，其《序问篇》云：《毛诗》诸序与孟子说诗多合，故吾于《诗》常以序为证，而朱子《白鹿洞赋》有曰："广青衿之遗问，乐菁莪之长育。"或举以为问，朱子曰："旧说亦不可废。"然则考亭亦未尝必以《小序》为非也。盖朱子注《诗》，亦只有另成一家言，如欧阳公说《春秋》，苏氏说《易》，王氏《经义》《字说》之类。宋人著述往往如此，其意原非欲尽废诸家之说，而独伸己见，以为万世之准也。及后代尊朱子太过，至颁之学宫，专以取士，士之守其说者遂若圣经贤传之不可违。而其中实有未安者，博学之士遂群起而伺间抵隙。正以其书为家弦户诵，则一经批驳，人人易知也。使朱子《诗》注不入令甲取士，亦只如欧阳说《春秋》、苏氏说《易》之类，不过备诸家中之一说，谁复从而诋淇乎？即如欧氏《春秋》及苏氏《易》，其中不当处亦甚多，而世顾未有从而攻击者也。

4. 《国语》

赵翼《陔余丛考》卷二云：

《国语》二十一卷，《汉书·艺文志》不载撰人姓氏。其时说经者皆谓之《春秋外传》，惟司马迁有云：左丘失明，厥有《国语》。班固作迁赞，因曰：孔子作《春秋》，左丘明为之传，又纂异同为《国语》。韦昭亦以为左丘明采穆王以来，下讫鲁悼，其文不主于经，号曰"外传"。颜师古本此众说，故注《艺文志》，直以《国语》为左丘明撰。宋庠因之，亦谓出自丘明。今以其书考之，乃是左氏采以作传之底本耳。古者列国皆有史官记载时事，左氏作《春秋传》时，必博取各国之史以备考核。其于《春秋》事相涉者，既采以作传矣，其不相涉，及虽相涉而采取不尽，且本书自成片段者，则不忍竟弃，因删节而并存之。故其书与《左传》多有不划一者，如襄王伐郑一事，《左传》以《常棣》诗为召穆公所作，而《国语》则以为周文公所作。晋文公返国一事，《左传》记是年九月晋惠公卒，明年正月秦伯纳公子重耳，而《国语》则十月晋惠公卒，十二月秦伯纳公子。鄢陵之战，《左传》苗贲皇在晋侯之侧曰："楚之良，在中军王族而已。"而《晋语》作苗棼皇，《楚语》则云雍子谓栾书曰："楚师可料也，在中军王族而已。"如果左氏一手所撰，何不改从划一，而彼此各异若此乎？可知《国语》本列国史书原文，左氏特料简而存之，非手撰也。魏、晋之人以其多与《左传》相通，遂以为左氏所作耳。又如长勺之战，《鲁语》曹翙与庄公论战数百言，《左传》但以"小惠未遍，小信未孚"数句括之。鄢陵之役，范文子不欲战，《晋语》述其词累幅不尽，至分作三四章，《左传》但以"外宁必有内忧，盍释楚以为外惧"数语括之。正可见左氏以此为底本，而别出炉锤，笔夺天巧，岂其示巧于此，而复作《外传》以示拙也？窃尝论之，左氏之采《国语》，仙人之脱胎换骨也。《史记》于秦、汉以后自出机杼，横绝千古，而秦、汉以前采取《国语》《左传》，则天吴紫凤，颠倒裋褐也；《汉书》之整齐《史记》，则屈骐骥以就衡轭也。观于诸书因袭转换之间，可以悟作文之旨矣。（王充《论衡》云："左氏传经，词语尚略，故复选录《国语》之词实之。"啖助谓："《国语》非一人所为，盖左氏集诸国史以释《春秋》，后人便傅著丘明也，是亦不以《国语》为丘明作。"）

5. 《周礼·冬官》

赵翼《陔余丛考》卷三"《周礼》冬官补亡之误"条云：

《周礼》缺《冬官》一篇，刘歆以《考工记》补之，汉、唐以来皆无异说。至宋淳熙间，临川余廷椿始创论，以为冬官之属初未尝缺，其官皆杂出于五官之中，乃作《复古司空》一篇，朱子巫称之。永嘉王次点益引伸其说，作《周官补遗》，亦为真西山所赏。元人吴草庐、丘吉甫又因之，各有撰述，然其间亦各有不同者。今王氏

《周官补遗》已不传，草庐所编则据《尚书》司空掌邦土，谓冬官不应杂在地官司徒掌邦教之内，遂取掌邦土之官列于司空之后，其他亦未尝分割。惟余氏、丘氏则益加割裂。余氏以天官、地官、春官、夏官内四十九官改入冬官，丘氏则以为天官六十三、地官七十九、春官七十、夏官六十九、秋官六十六，若以周官三百六十每官六十之数论之，天官羡三、地官羡十九、春官羡十、夏官羡九、秋官羡六，是五官内共羡四十七官。而所著《周礼补亡》一书，又于五官内稍有裁核，定为天官六十、地官五十七、春官六十、夏官六十、秋官五十七，而以大司空、小司空内五十四官改入冬官，与余氏大同小异。虽各以意割截旧文，然亦可见先儒之究心也。王鏊《震泽长语》云："俞廷椿、王次点以五官中凡掌邦居民之事皆分属之司空，则五官各得其分，而冬官亦完，且合三百六十之数，周官粲然无缺，诚千古之快也。"而余不敢从，何哉？曰"乱经"。是鏊亦未敢以为是也。按《南齐书》有人掘楚王冢，得青简书，广数分，长二尺，凡十余简。王僧虔辨之，云是科斗书《考工记》，《周官》所阙文也。然则《考工记》原非杂于五官内，刘歆以之补《冬官》亦非。

　　《周礼》原典系圣人编辑，俞廷椿、王次点重加编辑，也不失为一种有益的探索，何必冠以"乱经"的大帽子？如果从编纂学的角度看辨伪学，可能会别有会心。俞、王之辈也是经典的创新者，应该重新评判其利弊得失，"周官新编"也是创新。

　　6. 古今人诗句相同

　　赵翼《陔余丛考》卷二十四云：

　　　　古今人往往有诗句相同者。《庚溪诗话》云："赵紫芝有野水多于地，春山半是云之句。余读《文苑英华》所载唐诗，此二句皆已有之，但不作一处耳。唐僧诗'河分冈势断，春入烧痕青'，一僧嘲其蹈袭，云：'河分冈势司空曙，春入烧痕刘长卿。不是师兄偷古句，古人诗句犯师兄。'盖皆以剽窃为戒。金赵秉文诗多犯古人句。李屏山序其集云：'公诗往往有太白、乐天语，某辄能识之。'亦阴诮其袭用前人语也。然如'河分冈势，春入烧痕'，本非一人之诗，而掇拾作联，亦未为不可，而行墨间兴之所至，偶拉入前人诗一二句，更不足为病也。惟全用一联一首，略换数字，此则不免剽窃之诮。今按庾信诗：'地中鸣鼓角，天上下将军。'而骆宾王赋有云：'隐隐地中鸣鼓角，迢迢天上下将军。'阴铿诗：'水田飞白鹭，夏木啭黄鹂。'而王维诗有云：'漠漠水田飞白鹭，阴阴夏木啭黄鹂。'薛据诗：'省闼开文苑，沧浪学钓舟。'而杜甫诗有云：'独当省署开文苑，兼从沧浪学钓舟。'白居易《寄元九诗》：'百年夜分半，一岁春无多。'而黄鲁直诗有云：'百年中半夜分去，一岁无多春暂来。'罗隐《陇头水》诗云：'借问陇头水，年年恨何事。全疑呜咽声，中有征人泪。'而于濆诗亦云：'借问陇头水，终年恨何事。深疑呜咽声，中有征人泪。'唐诗：'忍以浮云看世代，悲将流水照须眉。'而刘青田《题太公钓渭图》有云：'浮云看世代，流水照须眉。'此皆不得谓非抄袭也……又元人李孝光《墨梅诗》："孤山招得老逋魂，白鹤归来楚云黑。"而同时成廷珪亦有《墨梅诗》云："三生石上见逋仙，独鹤归来楚云黑。"此亦明是相袭。"至如宗楚客有"日映层岩图画色，风摇杂树管弦声"之句，而杜少陵"绝壁过云开锦绣，疏松隔水奏笙簧"似之。白香山有"醉貌如霜叶，虽红不是春"之句，而苏东坡"儿童误喜朱颜在，一笑那知是醉红"亦似之。又放翁诗"西风吹散朝来酒，依旧衰颜似叶黄"，元人诗"貌似叶红都被酒，头如雪白也簪花"。此又脱胎变化，另出炉锤，使人不觉其运用之妙。又元遗山《感金哀宗入蔡州》诗："蛟龙岂是池中物，虮虱空悲地上臣。"同时李俊民有《襄阳变后》诗"蛟龙不是池中物，燕雀休知垄上人。"亦指蔡州亡国事，似亦相袭，然各极对偶之妙。

袭用前人语本是一种常见的修辞手段，何必大惊小怪？点铁成金，脱胎换骨，历代有之。

7.《论语》

赵翼《陔余丛考》卷四云：

> 世人读《论语》，童而习之，遂深信而不疑，而不复参考《左传》，其亦陋矣。……战国及汉初人书所载孔子之遗言轶事甚多，《论语》所记本亦同此记载之类，齐鲁诸儒讨论而定，始谓之《论语》。语者，圣人之遗语；论者，诸儒之讨论也。于杂记圣人言行真伪错杂中取其纯粹以成此书，固见其有识，然安必无一二滥收者固未可以其载在《论语》，而遂一一信以为实事也。

赵翼对《月令》等也有所辨析，俟异日增补。

十九、汪启淑

（一）汪启淑其人

汪启淑（1728—1799），字慎仪，一字秀峰，号讱庵，又号印癖先生，安徽歙县人。著有《撷芳集》《兰溪棹歌》《飞鸿堂印人传》《讱庵诗存》等书，工铁笔，又酷嗜金石文字，辑有《飞鸿堂印谱》《汉铜印存》《集古印存》《退斋印类》诸集。生平事迹见《（光绪）重修安徽通志》《徽州府志》及金天翮《皖志列传稿》卷四。

（二）汪启淑的文献辨伪

1.《心书》

> 前明胡少室以为历代艺文书目从未见载，遂斥为伪。然其辞气醇雅，恐苏明允尚难拟议，岂近世人所能假托耶？

2.《相牛经》

> 不著作者姓氏，托名宁越，亦犹《禽经》托名师旷，《鹤经》托名浮邱耳。然《齐民要术》已载其文，似两汉人之书。

3.《碧云骝》

　　盖魏泰所作，嫁名于梅尧臣。当时士大夫每以私怨肆口谤人。此书章人皆知出于魏手，故圣俞不蒙其咎。至元人陆辅之一跋，全未深晰，极称许其足补当时遗事，非后人可拟，殊属愦愦。

今考，《碧云骝》确为梅尧臣之作，录以备参。

二十、钱大昕

（一）钱大昕其人

钱大昕（1728—1804），字晓徵，号辛楣，晚年自署竹汀居士，先世自常熟徙居嘉定，遂为嘉定（今属上海）人。所著《十驾斋养新录》与顾炎武《日知录》并称。著述满家，后人汇刻为《潜研堂全书》《嘉定钱大昕全集》。生平事迹见《清史稿·儒林传》《清史列传·儒林传》《畴人传》。

（二）钱大昕的文献辨伪

1.《诗序》
钱大昕《十驾斋养新录》卷一云：

　　愚谓宋儒以《诗序》为卫宏作，故叶石林有是言。然司马相如、班固皆在宏之前，则《序》不出于宏已无疑义。愚又考孟子说《北山》之诗云："劳于王事而不得养父母。"即《小序》说也。唯《小序》在孟子之前，故孟子得引之。汉儒谓子夏所作，殆非诬矣。说《诗》者不以文害辞，不以辞害志，诗人之志见乎《序》，舍《序》以言《诗》，孟子所不取，后儒去古益远，欲以一人之私意窥测古人，亦见其惑已。

2.《孟子正义》
"孟子章指"条云：

　　赵岐注《孟子》，每章之末括其大旨，间作韵语，谓之《章指》，《文选注》所引赵岐《孟子章指》是也。南宋后伪《正义》出，托名孙奭所撰，尽删《章指》正文，仍剽掠其语，散入《正义》。明国子监刊《十三经》承用此本，世遂不复见赵岐元本矣。考《崇文总目》载陆善经注《孟子》七卷，称善经删去赵岐《章指》与其注之繁重者，复为七篇，是删去《章指》始于善经。邵武士人作《疏》，盖用善经本也。

"孟子正义非孙宣公作"条云：

《孟子正义》，朱文公谓邵武士人所作。卷首载孙奭《序》一篇，全录《音义序》，仅添三四语耳。其浅妄不学如此。晁公武《读书志》有孙奭《音义》而无《正义》，盖其时伪书未出，至陈振孙《书录解题》始并载之。马端临《经籍考》并两书为一条，云《孟子音义正义》共十六卷，引晁氏曰："皇朝孙奭等采唐张镒、丁公著所撰，参附益其阙，古今注《孟子》者，赵氏之外有陆善经。奭撰《正义》以赵《注》为本，其不同者时时兼取善经，如谓'子莫执中'为'子等无执中'之类。"今考"子等无执中"之说初不载于《正义》，唯《音义》有之。马氏既不能辨《正义》之伪托，乃改窜晁语以实之，不知晁《志》本无《正义》也。

3. 《南迁录》

钱大昕以《金史》纪传证《南迁录》之伪：

《金人南迁录》题云"著作郎张师颜撰"，陈直斋谓其岁月牴牾。不合。今考其所述年号事迹，如云"兴庆二年十一月，立皇太孙"，"四年正月，世宗晏驾，太孙登极，逾月改元天统"；"天统四年十一月，诛郑王允蹈"，"五年正月，爱王据城叛"；"泰和十四年七夕，章宗为牛刀儿所弑，颁遗诏立磁王允明为皇太叔。七月八日，磁王即位。十五日，为内侍赵元德等所弑，大臣议：潍王允文，世宗第六子，次当立。十八日，潍王即位，谥磁王为明宗力，"八月，爱王自立，谥其父郑王为明宗"；"十一月，爱王薨，北国主立其子雄为三大王"，"天定二年辛未四月，策进士"；"五年甲戌正月八日，上晏驾。百官议淄王允德世宗第八子当立。十日，即帝位"；"五月，葬德宗于福宁陵"。以《金史》纪传校之，全不相应，大约南宋好事者妄作。

此条首发难端，但后人有所辩难，兹不赘述。

4. 今本《竹书纪年》

《晋书·束皙传》称《竹书》之异云"益干启位启杀之"。《史通》引《竹书》云"益为后，启所诛"。今本《竹书》云"夏启二年，费侯伯益出就国。六年，伯益薨"。与束皙、刘知几所引全别。然则今之《竹书》，乃宋以后人伪托，非晋时所得之本也。

《水经注》引《竹书纪年》之文，其于春秋时，皆纪晋君之年；三家分晋以后，则纪魏君之年，未有用周王者，盖古者列国各有史官，纪年之体，各用其国之年，孔子修《春秋》亦用其法。今俗本《纪年》改用周王之年，分注晋、魏于下，此例起于紫阳《纲目》，唐以前无此式也，况在秦、汉以上乎？《纪年》出于魏、晋，固未可深信，要必不如俗本之妄；唯明代人空疏无学，而好讲书法，乃有此等迂谬之识。故愚以为是书必明人所茸，宋晁氏、陈氏、马氏书目皆无此书，知非宋人伪撰也。

此书盖采撷诸书所引，补凑成之。如"显王十六年，秦伐韩阆与，惠成王使赵灵破之"。注云"不知是何年"，又"三十一年，秦苏胡帅师伐郑。败苏胡于酸水"。

注云"不知是何年，附此"。又"三十五年，楚得吾帅师伐郑，围纶氏"。注云"不知何年，附此"。"赧王七年，翟章救郑，次于南屈"。注云"此年未的"。如系古本如此，则纪年历历，何云"未的"，又云"不知何年"耶？

裴骃《史记集解》于《夏本纪》引《汲冢纪年》云："有王与无王，用岁四百七十一年矣。"于《殷本纪》引《汲冢纪年》云："汤灭夏以至于受二十九王，用岁四百九十六年也。"此二条今本《纪年》俱在《附注》中，相传《附注》出于梁沈约，而《梁书》《南史》约传俱不言曾注《纪年》，《隋·经籍》《唐·艺文志》载《纪年》亦不言沈约有《附注》，则流传之说不足据也。裴氏生于休文之前，其注《史记》已引此文，则此语不出于休文明矣。裴氏不云《纪年》有注，则此两条者实《纪年》正文，未尝别有注也。

《晋书·束皙传》云："《纪年》十三篇，记夏以来至周幽王为犬戎所灭，以晋事接之；今本脱"晋"字。三家分，仍述魏事至安釐王之二十年。"据此知《纪年》实始夏后，今本乃始于黄帝，亦后人伪托之一证也。

《史记正义》引《括地志》云："故尧城在濮州鄄城县东北十五里。《竹书》云昔尧德衰，为舜所囚也。又有偃朱故城，在县西北十里。《竹书》云舜囚尧，复偃塞丹朱，使不与父相见也。"今《竹书纪年》乃宋以后人所撰，故不取囚尧偃朱之说。

5. 《十六国春秋》

今世所传《十六国春秋》凡两本：其一见于何镗等所刊《汉魏丛书》，仅十六卷，寥寥数简，殆出后人依托；其一明万历中嘉兴屠乔孙、项琳之所刊，前有朱国祚序，凡百卷，盖抄撮《晋书》《载记》，参以它书，附合成之，其实亦赝本也。考《宋史·艺文志》《崇文总目》、晁、陈、马三家书目，不载崔鸿《十六国春秋》，则鸿书失传已久。龚颖《运历图》载前凉张实以下皆改元，晁氏谓不知所据，或云出崔鸿《十六国春秋》。鸿书久不传于世，莫得而考焉，是宋人已无见此书者。明人好作伪书，自具眼者观之不直一哂耳。又考《北史·崔鸿传》，鸿既为《春秋》百篇，别作《序例》一卷、《年表》一卷。今本无《序例》《年表》。又鸿子子元奏称"亡考刊著赵、燕、秦、夏；西凉、乞伏、西蜀等遗载，为之赞序，褒贬评论"。今本有叙事而无赞论，此其罅漏之显然者。

6. 《东家杂记》

《东家杂记》二卷，孔子四十七代孙、右朝议大夫、知抚州军州事传所撰，有绍兴甲寅三月自序。传于宣和六年尝撰《祖庭杂记》，其书虽不传，犹略见于孔元措《祖庭广记》中。此则从思陵南渡以后，别为编辑，改"祖庭"为"东家"者，殆痛祖庭之沦陷，而不忍质言之乎？考四十九代孙玢袭封衍圣公，其时传已称本家尊长，而卷中所述孔氏世系讫于五十三代孙沫，计其时代，当在南宋之季，盖后来别有增入矣。卷首《杏坛图说》，与钱遵王所记正同。又有《北山移文》《击蛇笏铭》

《元祐党籍》三篇，恐皆后人妄增，非传意也。

以上三条皆在《十驾斋养新录》卷十三，均可信从。《东家杂记》并非伪书，而是有所附益。

7.《子思子》

《潜研堂文集》卷十七《论子思子》曰：

> 沈休文云："《中庸》《表记》《坊记》《缁衣》皆取《子思子》，《乐记》取《公孙尼子》。"休文去古未远，其说当有所自。宋儒以《中庸》出子思氏，特表章之，而不知《表记》《坊记》《缁衣》三篇亦子思氏之言也。或谓《缁衣》公孙尼子所作。按《文选注》引子思子曰："民以君为心，君以民为体。"又引子思子诗云："昔吾有先正，其言明且清。"今其文皆在《缁衣》篇。则休文之说信矣。《坊记》一篇，引《春秋》者三，引《论语》者一。《春秋》，孔子所作，不应孔子自引；而《论语》乃孔子没后诸弟子所记录，更非孔子所及见。然则篇中云"子言之""子曰"者，即子思子之言，未必皆仲尼之言也。仲尼已往，七十子之徒惟子思氏独得其传。《汉志》有《子思》二十三篇，唐、宋之世尚存七卷，今已邈不可得，独此数篇附《礼记》以传，而其词醇且简，与《论语》相表里，此固百世而下有志于圣贤之学者所宜讲求而体验者欤？子思之学，出于曾子，曾子书亦不传，而其十篇犹见于《大戴记》《小戴记》，有《曾子问篇》《檀弓》《杂记》《祭义》《内则》《礼器》《大学》诸篇，俱引曾子说。曾子、子思之微言，所以不终坠者，实赖汉儒会粹之力。后之人诋谋汉儒，摘其小失屏斥之，得鱼兔而忘筌蹄，其亦弗思甚矣。

8.《甘石星经》

《十驾斋养新录》卷十四"星经"条：

> 今世俗所传《甘石星经》又不知何人伪撰，大约采《晋》《隋》二《志》成之。《续汉书·天文志》注引《星经》五六百言，今本皆无之，是刘昭所见之《星经》久失其传矣。

《甘石星经》考之未详，令人大跌眼镜。

二十一、鲍廷博

（一）鲍廷博其人

鲍廷博（1728—1814），字以文，号渌饮，安徽歙县人。勤学好古，不求仕进，喜购藏秘籍，藏书甚富。校刻有《知不足斋丛书》30 辑，207 种。著有《花韵轩小稿》《咏物诗》等。

（二）鲍廷博的文献辨伪

1. 《古文孝经孔氏传》

日本有太宰纯校刊之《古文孝经孔氏传》，鲍廷博刻之，卢文弨序之，谓：

> 按传文以求之，如"闲居静而思道也"，则陆德明引之矣；"脱衣就功，暴其肌体"云云，则司马贞引之矣；"上帝亦天也"，则王仲邱引之矣。其文义典核，又与《释文》《会要》《旧唐书》所载一一符合，必非近人所能撰造。

其说是也。此书必非近人所能撰造。

2. 《苏沈良方》

> 《良方》托始于沈梦溪。迨宋南渡后，或益以东坡论说，而苏、沈之名著焉。元、明以来，其传渐寡。近年吴郡程君永培始出藏本，授梓以行。会朝廷诏颁内殿聚珍版本于各直省，于是其书复大显于世。顾殿本初颁，藏家争先快睹，既不敷承领，而程刻又不列坊肆，无以餍四方之求。博因参合两本，益广其传，上以仰副圣天子嘉惠艺林之至意，而程君活人济世之心抑又推而广之矣。殿本辑自《永乐大典》，大概详沈而略苏。程刻较完，而承讹袭谬，无从是正。往时程君过予，语次及之，若有歉然于中者。盖虑其贻误，较他书所系尤重也。今证以殿本，尽刊其误，其为愉快当何如耶？

二十二、毕沅

（一）毕沅其人

毕沅（1730—1797），字纕蘅，亦字秋帆，因从沈德潜学于灵岩山，自号灵岩山人。先世居徽之休宁，明季避地苏之昆山，又徙太仓州，后析置镇洋县，遂占籍焉。著述甚富，主持编纂《续资治通鉴》，又有《传经表》《经典辨正》《灵岩山人诗文集》等。生平事迹见《清史稿》《潜研堂文集》《弇山毕公年谱》《毕沅诗集》等。

（二）毕沅的文献辨伪

1. 《古文尚书》

潘祖荫《古文尚书四种序》云：

> 书综四代，无古今，一也。自离秦燔，漆简亡佚，鲁壁所藏，伏生所口授，百篇

之旧，十三励存，中垒通识，辨二诰于俄空，胶西硕师，杂五行于纬候。今文之目，肇祖西京，而中古文若灭若没，且孔传孤行，梅本晚出，或肇始而未备，或读末而不终。唐人疏之，杂糅于一。才老首发难锋，草庐亦张异帜，紫阳犹豫，莫衷一是。明梅氏鸷掊击尤力。我朝治尚书者，亦祖今斥古，阎、惠、王、孙、段诸家，逞其博辨，巧相诬毁，讥王肃以伪造，诋梅赜以窃取，万口雷同，若合一揆。虽陈氏第、毛氏奇龄辈申之于前，齐氏召南、翁氏方纲、阮氏元辈争之于后，而颓波所激，莫之或挽。洪子右臣，探综图纬，甄采坟典，凤纲东观之秘，更备西台之掌，朝陈敬忌，法十怼于伊训，夕论灾祥，绎八征于箕范，铅椠之下，尤耽古文，罗六体之旧闻，网百氏之琐说，绵历三载，著录四编，传授始卒，则通汉晋之邮，篇目增损，则证孔、班之阙，《禹誓》《汤誓》不淆于伪说，《毕命》《冏命》不荧于改字，与夫附会往籍，滥引杂家，穿凿以遂其非，卤莽以成其误。彼此调护之术，如王之翼惠，后先乖刺之说，如朱之援孔，并纠其疏谬，匡其舛驳，以理道之醇实，而知非荀、扬所能该，以文字之深厚，而知非肃、谧所能托，洵足折是非之衷，而息异同之喙矣。仆与右臣忝一日之长，循省是编，犁然有当，屏张霸之百两，黜杜林之三家，阐明奥旨，既振起于将来，条贯群言，亦发皇于未坠，辨而不激，笼萧山之往图，质而不诬，导大兴之前轨，彦和所谓览文如诡，寻理则畅者，是编殆得之与？

2.《墨子》

毕沅《墨子注叙》云：

> 《墨子》七十一篇，见《汉·艺文志》。隋以来为十五卷，目一卷，见《隋·经籍志》。宋亡九篇，为六十一篇，见《中兴馆阁书目》，实六十三篇。后又亡十篇，为五十三篇，即今本也。

二十三、周广业

（一）周广业其人

周广业（1730—1798），字勤圃，号耕崖（或作耕厓），海宁人。与陈鳣、吴骞交往最密，又与前辈王鸣盛、卢文弨往复论学。著有《经史避名汇考》《读易纂言》《孟子四考》《读相台五经随笔·续笔》《动植小识》《周世年考》《三余掫录》《过夏杂录》《过夏续录》《广德直隶州志》《宁志余闻》《两浙地志录》《昭烈灵泽夫人庙考》《文昌通纪》《客皖纪行》《客皖录》《冬集纪程》《石经纪略》《桐川石墨》《补汉官仪》《季汉官爵考》《浙江乡会副榜考》《四部寓眼录补遗》《蓬庐诗钞》《蓬庐文钞》等书。生平事迹见《清史列传·儒林传》、吴骞《愚谷文存·周耕厓孝廉传》、吴庆坻《（民国）杭州府志·

《儒林》。

（二）周广业的文献辨伪

1.《古文尚书》

《蓬庐文钞》卷四《书松霭先生古文尚书集说后》云：

> 《尚书》之有今古文也，蝌蚪与汉隶之异，非截然两书也。《史记·儒林传》云："伏生得二十九篇，教于齐鲁之间。"又云："孔氏有古文，安国以今文读之，因以起其家。逸书得十数篇。"《汉书·艺文志》云："安国得古文，以考二十九篇，得多十六篇，献之，遭巫蛊，未列于学官。刘向以中古文校欧阳、大小夏侯三家经文，字异者七百有余，脱字数十。"师古注见《中古文易经》下。又《儒林传》："成帝时求古文，得张霸《百两篇》，以中书校之，非是。"师古亦谓天子所藏之书，言中以别于外。师古谓中者天子之书也。又《楚元王传》："刘向领校中五经秘书。"注同，盖即安国所献，武帝所藏者，使果截然两书，安国安能读以今文？且以考二十九篇耶？其异字七百余，大率如郑注《仪礼》所云阘为蓺、阈为霠、格为嘏之类，别无抵牾。然则增多之篇与伏书亦必大致相同，何以齐梁间所出之古文平易，乃反过今文数倍？无怪宋元以来疑之者日益众也。然其最惑人者，无如《孔传》即序中受诏为五十九篇作传一语，其伪立见。天汉所献，焉得五十九篇？既献之后，即遭巫蛊，复以何时受诏？既奉诏作传，何绝不见于世？盖孔安国有二，一为西汉人，一为东晋人。东晋之孔安国、曾参用马融、王肃本，作今文二十八篇传，合伪《秦誓》为三十九，其书不甚著，惟李颙《尚书注》、裴骃《史记解》尝称引之。至齐，姚兴方获其本，误认为西汉孔安国，遂妄造古文传足之，又伪为序传，诡称得诸大舣头。向著《读经随笔》已详言之，未暇就正有道。今秋归自桐川，叔氏松霭先生惠示大著，首言朱子所疑《孔传》也，孔书序也，真不刊之论。窃喜与鄙意符合，而诸家之过于抨击，及西河讼冤反证紫阳者，皆未允矣。事冗，久留案头，未遑卒业。岁暮稍闲，细读一过，辄附数行于卷末，望有以教之。

《蓬庐文钞》卷五《上王西庄光录名鸣盛》亦云：

> 广一介沟愚，僻居浙汜，往岁奉读尊著《尚书后案》，体大思精，虽不能窥测高深于万一，而朴学师承，犁然在目，私心仰企，奚啻斗山。

2.《孝经》

《蓬庐文钞》卷四《书陈仲鱼集孝经郑注后》云：

> 余尝考论《孟子》古注于刘熙綦母邃并有甄录，独康成注不能举一字，心殊慊然，窃谓此书录自《隋志》，而自序及史传皆不载，疑与《孝经注》均非郑所手著。

今陈君所集《孝经注》凡百数十条，通德家法，宛然在目，洵可爱也。盖是注曾列学官，肄习者众，故其书今虽失传，而文犹轶见于群籍，然非陈君力为搜采，亦安能寻坠绪而绵绝业哉？君嗜古穷经，所谓且日进，即其为功于郑氏如此，当必不忍使孟注七卷独归泯灭，余又安能无厚望耶？

《蓬庐文钞》卷四《书孝经后》云：

经注以出汉魏晋诸儒者为古，独《孝经》阙焉。在唐以前，有孔安国、郑氏两家同列学官。孔注古文晚出，系刘炫伪托，今虽存，无足贵。郑注今文，或云康成。宋史虽列其名，其书已佚。于是治《十三经》者，以唐明皇注足之，明知软抵，势使然也。癸卯六月，寓吴山，丁君小雅、陈君仲鱼见过。陈君示余所辑《郑氏孝经注》一册，凡陆氏《释文》、邢氏《正义》及《文选注》等书所引，靡不甄录。余深嘉其用意之勤，为跋其后。比来京师，借阅金蟠葛鼐所刊《十三经全注》，其《孝经》卷首乃大书古注，旁题汉郑氏注，方惊异，间读所载宋成都府学主乡贡傅注序，则固袭刘知幾十谬七惑之说以诋郑，而盛称明皇注释为允当，又依监本注疏分为九卷，心颇疑之，急读其注，与明皇实不差一字，重检其总目，亦云《孝经》汉郑氏注，并引《隋·经籍志》证之……又有《古文孝经》与《古文尚书》同出，比长孙有闺门一章，其余经文大较相似，篇简缺解，又有衍出三章，并前合为二十二章，孔安国为之传。至刘向典校经籍，以颜本比古文，除其繁惑，以十八章为定。郑众、马融并为之注。又有郑氏注，相传或云郑玄，其立义与玄所注余书不同，故疑之。梁代安国及郑氏二家并立国学，而安国之本亡于梁乱。陈及周、齐惟传郑氏。梁有马融、郑众注《孝经》二卷，亡，至隋秘书监王劭于京师访得孔传，送至河间刘炫，炫因序其得丧，述其议疏，议于人间渐闻，朝廷后遂著令，与郑氏并立，儒者喧喧，皆云炫自作之，非孔旧本，而秘府又先无其书。《隋志》首《古文孝经》一卷，注孔安国传，梁末亡逸，今疑非古本。《宋书·礼志》：晋太兴初，议欲修立学校，唯《周易》王氏，《尚书》郑氏，古文孔氏，《毛诗》《周官》《礼记》《论语》《孝经》郑氏，《春秋左传》杜氏、服氏，各置博士一人。

3. 《论语》《孟子》

《蓬庐文钞》卷四《书程复心孔子论语年谱孟子年谱后》云：

《论》《孟》二书皆其门弟子所记，非出一手，亦非同时，何从得其年而谱之？年之最著者，《论语》只十五志学一章，《孟子》则在齐自言四十不动心，在梁惠王称曰叟耳。欲举全书栉比而鳞次之，难矣！加以史传纷糅，多所抵牾，袭旧恐失之诬，翻新又恶其凿，故自汉以来，注家林立，鲜从事乎此者。吴君兔床有元儒程子见所著《孔子论语年谱》《孟子年谱》各一卷，以此书为经，参互传记以纬之，用意甚远，陈义亦甚高，顾其间颇有难强合者。谱孔子首言周灵王二十一年，鲁襄公二十一年，岁己酉，日庚子，孔子生鲁襄之年，似从《公羊》、《穀梁》以周灵计之，又似从《史记》《家语》，盖灵王二十一年乃鲁襄之二十二年岁，庚戌而非己酉，己酉则周灵王二十年也。且自己酉推至鲁哀公十六年壬戌孔子卒，当七十四岁，而谱终于七十三，与《史记》《家语》、杜预《左传注》、《孔氏家谱》《祖庭纪年》正同。虽刘恕《外纪》有七十四之说，未尝援以为证矣。

4.《鬻子》

周广业《循陔纂闻》卷一云：

> 鬻子名熊，殷人，年九十，为文王师，周封为楚祖。著书二十有二篇，为子书之冠，见《汉书·艺文志》道家，今佚不传。其散见者，贾谊《新书·修政篇》所引七条，《文选注》所引一条，今世本所存十四篇皆无之……明杨文宪公慎《鬻子论》据此断世本为赝，而欲取贾谊书中七条以补之，诚为有见。又末篇昔者鲁周公使康叔往守于殷云云，皆极其浅陋，决为伪书。升庵又称新书七条如'和可以守，而严可以守，不若和之固也'云云，皆正言确论。则知二公所言但指世本为伪。如刘炫之伪《三坟》，张霸之伪《书》，刘歆之伪《周礼》，李筌之伪《阴符》，阮逸之伪《元经》耳，非谓本无此书，而后人凭空结撰也。余壬午科试策，问诸子源流，余文云："最先有鬻熊子。"阅者批其旁曰："伪书也。"是诚然矣，但未知执笔者意中曾知有真本《鬻子》否也。○鬻熊，《列子》作粥熊，贾子《新语》作粥子。○刘向《新序》曰：文王学乎铰时子斯。○《唐·艺文志》有逢行珪注《鬻子》一卷。马总《意林》亦首言鬻熊著子二十二篇，今一卷六篇，唐世已止六篇，何今反有十四篇，其为伪书益无可疑。

今按，《循陔纂闻》全书八万言，分五卷，实杂抄四部，缀缉成编。征引虽博，弋获无多。中间多采杂说，皆不著所出。自称"纂闻"者，似有瞒天过海之嫌。此书可谓之书抄，亦可谓之笔记，然与成一家之言之著作固有别矣。开卷谓："余壬午科试，策问诸子源流。余文云：'最先有《鬻熊子》。'阅者批其旁曰：'伪书也。'是诚然矣，但未知执笔者意中曾知有真本《鬻子》否也？"可知其书原为备考笔记。

5.《鬼谷子》

周广业《蓬庐文钞》卷四《书钞本鬼谷子后》云：

> 绿饮鲍君购得《鬼谷子注》钞本，属余是正。注甚明白简当，自非五季宋人所及。乃其卷首题曰"东晋贞白先生丹阳陶弘景注"，则非也。陶系梁人，大同初赐谥贞白，东晋之误，无待深辨。案《鬼谷》录自《隋志》，有皇甫谧、乐壹注各三卷，新、旧《唐志》无皇甫，而增尹知章注三卷，不闻陶也。陶注始见于晁氏《读书志》，潜溪《诸子辨》继之，卷如乐、尹，而亡《转圆》《胠箧》二篇，是本篇卷适与相符，当即宋氏所见者。其书不类古本，如以《捭阖》《反应》《内揵》《抵巇》

列上，《飞箝》《忤合》《揣摩》《权谋》《决事》《符言》并亡篇列中，《本经》《阴符》《七术》及《持枢中经》列下，与近刻无异。凡文之轶见于《史记》《意林》《太平御览》诸书者，此皆无之。其篇名旧有作反复、抵巇、飞钻、涅闿、午合、揣情、摩意、量权、谋虑者，今亦不然。至《盛神》《养志》诸篇，正柳子厚所讥。晚乃益出七术，怪谬不可考校之言，梁世宁遽有此？纵有之，隐居抗志华阳，安用险诡之谈而诠解之？《梁史》及邵陵王碑铭亦绝不言其注《鬼谷》，而伪托焉可乎？《困学纪闻》载尹知章序《鬼谷子》有云：苏秦、张仪事之，受捭阖之术十三年，复受《转丸》《胠箧》二章。晁氏则但言叙，谓此书即授仪秦者，虽详略不同，可证其皆为尹序。序出于尹，安见注不出尹？观其注文，往往避唐讳，如以民为人，世为代，治为理，缧绁为缧绁之类，而笔法又绝类《管子注》，是为尹注无疑。尹生中宗、睿宗之世，卒于开元六年，故于隆基字不复避也。其《注亡》篇云：或有取庄周《胠箧》充次第者，以非此书之意，不取注《持枢》云恨太简促，或简篇脱烂，本不能全故也。盖自底柱沦没之后，五部散亡，不能复睹文德旧本，故注家以为憾事。若果系陶注，则同时刘勰作《文心雕龙》，明言转丸骋其巧辞，飞钳伏其精彩，此岂不见原文者可遽云转丸已亡乎？庾仲容亦梁人，其所钞子今在《意林》，"人动我静"及"以德养民"二条，显有完书可据，何是本独以脱误为恨？此亦是尹非陶之明证矣。乃其讹尹为陶，莫解其由，以意揣之，尹注在旧史，虽云颇行于时，而新志却自注云尹知章不著录，意其本在宋初原无标识，而《持枢篇》注中尝一称元亮曰，元亮系陶渊明字，或错认陶渊明为陶通明，遂妄立主名，而读者不察，致成久假耳。抑或诐道之徒既诡鬼谷子为王诩强名为元微子，以贞白寓情仙术复矫托以注，未可知也。然是注世已罕传，大可宝贵，似宜改题曰唐国子博士尹知章注，与赵蕤《长短经》合梓以行，其裨益人神智正不少也。辛丑闰五月七日书。

6.《天录识余》
周广业《循陔纂闻》卷一云：

高江村《天录识余》计十二卷，其末卷皆重出，其与前不同者数条而已，不知校对者何以疏漏乃尔，其余亦出自剽窃者多。

7. 宫词
周广业《循陔纂闻》卷一云：

《渔隐丛话》云："王建宫词：'御厨不食索时新，每见花开即苦春。白日卧多娇似病，隔帘教唤女医人。'花蕊夫人宫词：'厨船进食簇时新，侍宴无非列近臣。日午殿头宣索脍，隔花催唤打鱼人。'二词纪事虽异，造语颇同，第花蕊词更工，建所不及。"余谓此说殊未当。建词曰不食御厨而索时新，又曰卧多仙病，其幽思曲笔，摹写病孕，殆入神境；花蕊词既曰簇时新矣，又催唤打鱼，且日午索脍，而打鱼人尚须催唤，吾不知具脸何时得成也。女医可隔帘教唤，而渔户不可隔花催唤，此失理之甚者，而渔隐反谓之工，寔不可解。

二十四、姚鼐

（一）姚鼐其人

姚鼐（1732—1815），字姬传，一字梦谷，室名惜抱轩，学者称惜抱先生，桐城人。与方苞、刘大櫆并称为"桐城派三祖"。姚鼐治学以经学为主，兼及子史、诗文。著有《惜抱轩全集》，编有《古文辞类纂》等。生平事迹见《清史稿·文苑传》《清史列传·文苑传》、毛岳生《姚先生墓志铭》、吴德旋《姚惜抱先生墓表》、陈用光《姚先生行状》、姚莹《刑部郎中从祖惜抱先生行状》、郑福照《姚惜抱先生年谱》。

（二）姚鼐的文献辨伪

《惜抱轩文集》卷六《答翁学士书》云："夫道有是非，而技有美恶。诗文皆技也，技之精者必近道，故诗文美者命意必善。文字者，犹人之言语也，有气以充之，则观其文也，虽百世而后，如立其人而与言于此；无气，则积字焉而已。意与气相御而为辞，然后有声音节奏高下抗坠之度，反复进退之态，采色之华。故声色之美，因乎意与气而时变者也，是安得有定法哉！自汉、魏、晋、陈、齐、梁、陈、隋、唐、赵宋、元、明及今日，能为诗者殆数千人，而最工者数十人。此数十人，其体制固不同，所同者，意与气足主乎辞而已。人情执其学所从入者为是，而以人之学皆非也；及易人而观之，则亦然。譬之知击棹者欲废车，知操辔者欲废舟，不知其不可也。"姚鼐此处虽论文气，其理实际上与辨伪相通。古文家执此术可以辨别文章之高下优劣，也可以辨别真伪。此法类似校勘学上的"理校"，难度系数较高，惟高明者能用之。

1. 《古文尚书》

姚鼐《惜抱轩九经说》卷三《尚书说一》云：

> 世或谓今所传之《古文尚书》虽非真本，而所言理当，则亦何恶？吾谓不然。伪古文所采其具有精理者数语而已，其余义虽无谬，然不免廓落而不切，碎细而无统，安得谓之当理哉？且非圣贤而为圣贤之言，苟深求之，终有大背理，浅鄙之见流露行间者，今试为抉出之。《大禹谟》言益赞于禹，以舜事父母之道比之格苗顽，可谓不伦之甚。其背理一也。"威克厥爱，允济；爱克厥威，允罔功"，此孙、吴之旨，岂三代用师之道？其背理二也。仲虺以汤言足听闻，为夏桀所忌，然则汤非伐夏，救民也，为自活之计，如石敬唐而已。其背理三也。随会引仲虺有言曰"取乱侮亡"，固是古语，而解以兼弱，则非是。古王者继绝扶危，恶忍兼弱哉？今并以兼弱入仲虺之口，其背理四也。《武成》言华夏蛮貊，罔不率俾，昭我周王，天休震动，如东晋本以为告皇天后土辞，如是夸亦甚矣。如宋贤定本，则半为告诸侯语，其为矜骄也则均。葵邱之会，齐桓震而矜之，畔者九国，今武王之过乃甚于齐桓乎？其背理五也。

《君陈》乃臣下相称之辞，故美以嘉谋嘉猷归善于君，今从《礼记》剿取，矫以为成王，以此美其臣，是欲自为名矣，况王不当称臣为君乎？其背理六也。嘉绩多于先王，此岂为人子孙敢出之语。其背理七也。至武王斥纣肆口非体，则前人固已言之矣。彼作伪者搜集勤博，亦微有巧思，遂能欺千余年，明知之目，朱子首觉其诈，后人因端寻之。至阎百诗辈如谳狱，尽发藏证，究其情变矣，吾谓以前儒者慎重遗经，不敢废黜，固理当然也，此后则是非大明显，黜之不为过，不当列之学矣。

姚鼐以后测前，持后代之理推论前代史事，违反历史原则。

姚鼐《惜抱轩全集》文后集卷一《尚书辨伪序》云：

> 《古文尚书》出自东晋，至唐韩退之自言辨古书之真伪，而不明言伪者为何？吾意其殆即谓《古文尚书》也。宋大儒始所论《古文》为伪之端，儒者展转寻考，益得其理，至于今日，而《古文尚书》之伪大明。余谓前儒议论慎重，不敢轻出，此奉古之道当然，固非过也。若至今日，学者犹曲护《古文尚书》，此则近于无识，不可谓非过矣。
>
> 学问之事有三：义理、考证、文章是也。夫以考证断者，利以应敌，使护之者不能出一辞。然使学者意会神得，觉犁然当乎人心者，反更在义理、文章之事也。昔阎百诗之斥伪古文，专在考证，其言良切；而长沙唐石岭先生作《尚书辨伪》，其辨多以义理、文章断之。先生生远，不得见阎氏之书，而能自断于此，可谓真有识矣。
>
> 鼐昔作《尚书说》，中有数条乃复与先生意合。今先生子刺史，以先生书见示，愚窃以自喜，第恨生晚，不见阎先生，亦不见先生也。先生既未见阎氏之书，故言亦不能无误，如以孔注为安国撰，而不知其亦伪也。以此叹前后学人，每不能尽聚以广其识，独其大体同者，遥遥可合符而已。

姚鼐《惜抱轩笔记》卷一云：

> 《尚书》为伪作古文者窜增，以乱圣籍，固可恶矣。而自汉以来所传之《今文尚书》亦颇为所改易，转失其真。《顾命》太保承介圭上宗奉同瑁。吾始疑经云王受同瑁而介圭安所置乎？及读《吴志·虞翻传》注内引翻驳康成之注书，乃悟经本是"上宗奉同"，其瑁字，则作伪者因虞翻语而妄增，后文王受同瑁瑁乃圭字，亦作伪者改之也。若经木有瑁字，虞翻安得复读同为冃，而反讥康成释为酒杯之非乎？盖康王朝诸侯本执介圭不执冃，谓执冃此自仲翔之误，而作伪书者乃信而入之经文，则是康王升阶之后两手受三器，而应门受朝手持两器也，亦太不成礼仪矣。古太庙中必有崇坫，以康圭坫在两楹之间，康王所受惟同与圭，将祭则奠圭于坫，执同以祭。祭者，灌也，既灌则退立，奠同而执圭，少俟如听命焉，乃复奠圭，秉同以祭，如是者三，礼以三而成也。及太保受同，则王手惟执圭而出，至应门之内也……此与明人之加《白虎通》瑁字皆似是而非，吾恐后人读书者据此妄改之本反谓吾为删改经文也，故详著之。

洪良品《古文尚书四种》辨之曰：

> 裴松之《三国志注·虞翻别传》曰：翻奏，郑玄解《尚书》，远失，以《顾命》
> 康王执瑁，古同字似同，从误作同，既不觉，定复训为杯在，虞翻之意止驳郑注作同
> 之非，而上文明言康王执瑁，未尝谓同字下无瑁字也。共云上宗奉同者，因所驳为同
> 字，故截而引之，非谓以此句止有奉同也。姚氏不明于古人截字之意，遽臆断为经文
> 止上宗奉同，而瑁字乃作伪者所增，且即杜撰共词以瑁即圭字，据《白虎通》亦引
> 《尚书》曰：再拜兴对乃受同瑁。又诬言宋元本无瑁字，乃明人刻《白虎通》晚出书
> 增之，皆非事实。此惟段玉裁驳钱氏之说得之。钱大昕曰："今本《尚书》出于梅
> 赜，或以习闻仲翔说，兼取二文，以和合郑、虞之义。"段氏驳之曰：玩《正义》引
> 乃受同瑁。郑注云：王既对神，则一手受同，一手受瑁。知《古文尚书》实有二字。
> 马云：同者，大同天下。傥无瑁字，则大同天下为何物而奉之受之乎？《白虎通》亦
> 引"乃受铜瑁"，则《今文尚书》无异也。段氏亦不信《古文尚书》者，于此即据
> 郑注以斥异说，可谓不烦言而解矣。姚氏泥于书句，谓康王升阶，不应两手受三器，
> 应门受朝，不应一手持两器，不知下文明有三宿、三祭、三诧诸事，士宗、太保、宗
> 人诸臣，岂必受之无次第之用，无旁接之人邪？郑注明言宗伯卿一人、小宗伯二人，
> 凡三人用其上二人，此即上宗之有二人，可与分执同与瑁者也。姚氏知其如此，则其
> 前说俱败，乃即臆断为此二人必是一人，反诬唐人改一为二，妄改古籍，以伸己说，
> 转以妄改误加诸古人，且恐后世读书者知其妄改，乃豫弥缝掩饰，诡为自辨之词，不
> 知后世读书人岂皆无目者，而可任其颠倒是非，不一别白邪？吾不意攻古文之弊，其
> 变幻遂至于此。

洪良品的批评是相当严厉的，对姚鼐之说可谓釜底抽薪。
姚鼐《惜抱轩笔记》卷四云：

> 《史记·河渠书》："《夏书》曰：禹抑洪水十三年，过家不入门，陆行载车，水
> 行载舟，泥行蹈橇，山行即桥，以别九州，随山浚川，任土作贡，通九道，陂九泽，
> 度九州。"鼐疑此盖《大禹谟》之正文也。汉时谓《尧典》以下统名虞夏书，故
> 《汉书·沟洫志》亦因《史记》曰"《夏书》云云"，而《说文》檟字下引《虞书》
> 予乘四载，水行乘舟，陆行乘车，山行乘檟，泽行乘轴，即谓之虞夏书，故或谓之
> 虞，或谓之夏，皆可耳，要皆是引《大禹谟》也。汉儒注书说四载，多据此文，而
> 明言出于书者，惟太史公、班固、许慎三家，此三家固皆真见《古文尚书·大禹谟》
> 者也。作伪古文《禹谟》者，岂不见此？然伪作古人为论说之辞差易，为序事之辞
> 则难，故虽见此语，而不敢用耳。

此条专辨《大禹谟》之伪。
2.《周礼》
姚鼐《惜抱轩笔记》卷二云：

《周礼》一书，何休以为六国阴谋之书，非也。郑康成云："周公居摄，作六典之职。"宋儒亦信以为周公所为。此亦非也。刘歆以谓周公致太平之迹，谓之迹，非谓其书周公作也。其语差近实矣。吾则以谓其书非一时之书。汉郑仲师以为即《尚书·周官篇》，后儒多讥其误。吾以谓仲师虽误，然其说亦有失中之得焉。窃疑"惟王建国，辨方正位，体国经野，设官分职，以为民极，乃立天官冢宰"，此殆正西周时《周官》之语，其下所载略如今书之序官而已，下当即接以地官、春官等，后人盖取周官文增益之，以其文既繁，为编间隔，乃又加"惟王建国"二十字于五官之上，西周之文岂若是繁复哉？以其原本《周官篇》故其书曰《周官》，仲师之言亦不为甚谬。然则是书当依西汉旧名曰《周官》，不当曰《周礼》也。

姚鼐认为，《周礼》非一时之书。

3.《韩诗外传》《贾生新书》

姚鼐《惜抱轩笔记》卷三《论语》云：

先生本是父兄之称，后生本是弟子之称，以师长犹父兄也，故亦谓之先生，而后生亦以是称。凡受学者固不必亲子弟也。然立名之始，则原以一家人而分之，故《论语》先生馔及《仪礼》兄弟后生举觯乃正是其本义。近世所有之《韩诗外传》《贾生新书》乃有以先醒释先生之义，大为鄙陋。且《说文》有醒无醒，醒乃后世之字，即此一端，足明此两书皆为后人伪作之本也。世乃有信其说者，亦可嗤矣！如晚生字，晋人以称家之幼小，见《晋书·元帝纪》。又王大令帖二女晚生皆佳，后世乃以为通用之卑称，其理亦正如此耳。《礼记》遭先生于道，先生与之言，则对此先生，皆当通父兄师长言之，《正义》固已误以师长为主矣。

姚鼐认为，《韩诗外传》《贾生新书》皆为后人伪作之本。当然，这种观点不妥。

4.《左传》

姚鼐《惜抱轩全集》文集卷五《辨郑语》云：

太史公曰："左丘失明，厥有《国语》。"吾谓不然。今《左氏传》非尽丘明所录，吾固论之矣。若《国语》所载，亦多为《左传》采录，而采之非必丘明也。

姚鼐认为，《左传》非尽左丘明所录。

5.《孝经》

姚鼐《惜抱轩全集》文集卷五《孝经刊误书后》云：

《孝经》非孔子所为书也，而义出于孔氏，盖曾子之徒所述者耳。朱子疑焉，为之刊误。夫古经传远，诚不能无误也；然朱子所刊，亦已甚耳。夫其书有不可通者，非本书之失，后人离合其章者之过，而文有讹失，不能明也。

《汉·艺文志》云："《孝经古孔氏》一篇，二十三章。其《曾子敢问章》为三章。"夫孝之常，在于事亲立身，而其极至于严父配天，故《曾子敢问章》义与首章之说相备。朱子《中庸章句》以孔子言子、臣、弟、友之常为费之小，以舜、文、武、周公之孝为费之大。夫《孝经》亦犹是已。举《中庸》之言孝，以释严父配天之义，则知圣人论孝，必极于是。以人子自尽之实，则匹夫啜菽而不为不足，以其行于天下之量，则为帝王，制礼乐，皆备于孝之中。故曰"义相备"也。

"子言：天地之性，人为贵"，至"圣人之德，又何以加于孝乎"，其辞尽矣。其下"故亲生之膝下"，至"不敬其亲而敬他人者，谓之悖礼"，自为一章，以申"资于事父以事君而敬同"义也。自"以顺则逆，民无则焉"，至"其仪不忒"，又为一章，言君子苟不能自慎其威仪，而但以虚辞训民，民必逆之；而滋为凶德，纵能得志于民，而己实无礼以临之，君子亦所弗贵，是以君子慎威仪。此章以申"非先王法服不敢服，非法言不敢道"义也。《古孔氏》分三章是也，而章首各有脱文，又"训"误为"顺"。儒者见其发句言"故"言"以"，遂联属之，而以"子曰"字置"父子之道天性"及"不爱其亲"之上，别失其所矣。

《孝经》后章之文，多以广前章之义，但非必以经传分其次，亦不必拘拘比附也。若其辞有同于《左传》者，盖此固曾氏之书，而《左传》传自曾申，刘向《别录》记之矣；意或为传时取辞于是，未可知也。不幸《孝经》之文，讹脱不具。朱子觉此文义之不完，反不如左氏之可通，遂疑为袭左氏也。其病亦由混合为章者过也。若其首前儒所分为七章者，朱子合为一章，则说诚善无以易矣。

夫儒者有德行，有言语、文学，苟非亚圣之才，不能备也。德行之儒，或疏于辞，若《坊记》《表记》《缁衣》之类，每一言毕，辄引《诗》《书》文以证之，间有不甚比附而强取者矣，亦洙、泗间儒者之习然也。子思、孟子然后不为是习，至荀子则亦有之矣。《孝经》引《诗》《书》亦颇有，然知其取义有疏密则可耳，而节去之，恐未可也。

今按，顾实先生认为："孝者，中国民族血统之结晶也。自中国民族衰，而朱晦庵以还始纷纷疑《孝经》，适以见宋、元诸大儒之妄。《吕览》曰：'夫孝，三百五帝之本务，而万事之纪也。'（《孝行览》）《吕览·察微篇》且有引《孝经》之文，《孝经》之不伪，丁晏《孝经征文》一书，言之已甚明。至其文体，俞樾《古书疑义举例》之寓名例，尝举隋刘炫之说以明之。《孝经正义》引刘炫述义曰：'炫谓孔子自作《孝经》，本非曾参请业而对也。夫子运偶陵迟，礼乐崩坏，名教将绝，特感圣心，因弟子有请问之道，师儒有教诲之义，故假曾子之言以为对扬之体，乃非曾子实有问也。若疑而始问，答以申辞，则曾子应每章一问，仲尼应每问一答。按经，夫子先自言之，非参请也。诸章以次演之，非待问也。且辞义血脉，文连旨环，而开宗题其端绪，余音广而成之，非一问一答之势也。理有所极，方始发问又非请业请答之事。首章言"先王有至德要道"，则下章云"此之谓要道也，非至德其孰能顺民"，皆遥结首章，非答曾子也。举此为例，凡有数科，必主其曾子言，首章答曾子已了，何由不待曾子问，更自述而明之。且首起曾参侍坐，与之论孝，开宗明义，上陈天子，下陈庶人，语尽无更端。于曾子未有请，故假参叹孝之大，又说以孝为理之功，说之已终，欲言其圣道莫大于孝，又假参问，乃说圣人之德，不加于孝，在前论敬顺之道，未有规谏之事，故须更借曾子言，陈谏净之义。此皆孔子须参问，非参须问孔子也。庄周之斥鷃笑鹏，罔两问影，屈原之渔父鼓枻，太卜拂龟，马卿之乌有

亡是，扬雄之翰林子墨，宁非师祖制作，乃为楷模者乎.' 曲园推重刘氏之说，谓非博览周秦古书，通于圣贤著述之体，不能为此言也！谅哉！至若谏净章之见疑于世，亦宋儒之深文周纳，而吹毛索瘢，务令儒术益便于专制束缚，其实古人秉性谅直，正如《孝经》所说，岂若宋以来儒者之常怀臆病耶？归熙甫、姚首源皆中前人之毒，其愚不可瘳。"其说较为平实可信，可谓疑古派之砭石。而黄云眉则认为姚鼐过于胆小，曰：

> 此则并朱熹所疑者而不敢疑，亦太怯矣。余谓其文不若《左传》之可通，则袭《左传》复何疑。且不特袭《左传》也。《孟子》曰："子服尧之服，诵尧之言，行尧之行。"《孝经》袭之而为"非先王之法服不敢服，非先王之法言不敢道，非先王之德行不敢行"等语。《孝经·天子章》曰"刑于四海"，《诸侯章》曰"保其社稷"，《卿大夫章》曰"守其宗庙"，《庶人章》曰"谨身"，亦袭《孟子》"天子不仁，不保四海，诸侯不仁，不保社稷，卿大夫不仁，不保宗庙，士庶人不仁，不保四体"之意。

黄云眉在疑古方面显然大大超过了姚鼐，但是，我们必须看到，文献辨伪旨在实事求是，而不是比谁的胆子大。有人说："一分真伪，则古书去其半。"近代以降，大家都在比胆子，似乎胆子越大，伪书越多——这就是疑古派留下的乱摊子！

6. 《逸周书》

姚鼐《惜抱轩全集》文集卷五《辨逸周书》云：

> 世所传《逸周书》者，《汉·艺文志》载之《六艺略》尚书中。但云周书七十二篇，不云《尚书》之逸者。云孔子所论百篇之余者，刘向说也。班氏不取，识贤于向矣。
>
> 然吾谓班氏辨此亦未审。子贡曰："文、武之道，贤者识其大，不贤者识其小。"虽小而所传诚文、武道，非诬也，诬则奚取哉？周之将亡，先王之典籍泯灭，而里巷传闻异辞。盖闻而识者，无知言裁辨之智，不择当否而载之，又附益以己之私说。吾意是《周书》之作，去孔子时又远矣，文、武之道固坠矣。
>
> 《庄子》言"圣人之法，以参为验，以稽为决，其数一二三四"，是也。此如箕子陈《九畴》，及《周礼》所载，庶官所守，皆不容不以数纪者。若是书以数为纪之词，乃至烦复不可胜记，先王曷贵是哉？吾固知其诬也。
>
> 其书虽颇有格言明义，或本于圣贤，而间杂以道家、名、法、阴阳、兵权谋之旨。《程寤》《太子晋》篇，说尤怪诞，殆非儒者所道。校书者宜出之六艺，入之杂家，乃为当耳。宜依其本书名曰《周书》，虽与《尚书·周书》名同，不害也。不当曰逸，云逸则附之《尚书》矣。

7. 今本《家语》

姚鼐《惜抱轩笔记》卷三云：

> 澹台灭明，《史记》："澹台灭明，状貌甚恶。"孔子曰："以貌取人，失之子

羽。"言几不知其为贤也。而《家语》乃言其有君子之容,而行不称为以容取人,失之子羽。《索隐》以其异为疑。吾谓今《家语》伪耳,《史记》所采,或即孔氏真《家语》也。刘原父以有妇人焉为邑姜,嫌以为太姒,则武王不可曰予有乱臣也。鼐按:《释文》作予有乱十人,云本或作乱臣,非。按陆德明所云有臣字,非者,即原父意耳,然即依今《论语》作乱臣,而妇人作太姒,亦无病,盖武王所云予,犹云我国家,非指己身也。惟武王所言乃文王时事,故孔子言三分有二,亦言文王也。

8.《国语》
姚鼐《惜抱轩全集》文集卷五《辨郑语》:

　　又其(指《国语》)略载一国事者,周、鲁、晋、楚而已。若齐、郑、吴、越,首尾一事,其体又异。辑《国语》者,随所得繁简收之。而《郑语》一篇,吾疑其亦《周语》之文,辑者别出之者。

　　周自子朝之乱,典乱散亡,后之君子,掇拾残阙,亦颇附会非实,喜言神怪。若《周语》房后为丹朱冯,及是篇龙漦之说,何其诞耶!夫褒姒之事,郑桓公所亲见,如是篇史伯所述,后世纪前代之辞,非同时辞也。

　　郑桓公,周贤人也,而谓寄赇诱虢、郐,取其地,用小人倾诈之术;且当西周时,史伯恶能知周必东迁,郑必从之哉?此可谓诬善之辞矣。秦仲居幽王时,仅一附庸,不足云小国,而何以云国大?造饰之辞,忘其时之不合。以丘明君子,必不取也。

　　若郑人为《郑语》,宜载有郑东建国后之事。子产引《郑书》"安定国家,必大焉先",司马叔游引"恶真丑正,实番有徒"。然则郑固有语,辑《国语》者卒未得耶?

姚鼐《惜抱轩笔记》卷四亦云:

　　《晋语》:"胥臣言文王谋于蔡原,而访于辛尹。"然则蔡是周成内邑名,文王所谋之蔡不知为谁,后以其地予子蔡叔度及蔡仲之封,因旧名以被新邑,犹郑之居新郑也。以此足证伪《古文书》"邦之蔡"三字于文为不顺,若《左传》命之以蔡,则其文无病,邦之者,必其地先有蔡名也,命之者命复蔡侯耳。

9.《新书》
姚鼐《惜抱轩文集》卷五《辨贾谊新书》云:

　　贾生书不传久矣。世所有云《新书》者,妄人伪为者耳。班氏所载贾生之文,条理贯通,其辞甚伟。及为伪作者分晰,不复成文,而以陋辞联厕其间,是诚由妄人之谬,非传写之误也。贾生陈疏,言"可为长太息者六",而传内凡有五事,阙一。吾意其一事言积贮,班氏已取之入《食货志》矣,故传内不更载耳。伪者不悟,因《汉诸侯王表》有"宫室百官,同制京师"之语,遂以此为长太息之一。然贾生疏云

"今君君臣臣，上下有差"，已足该此义矣；不得又别为其一也。

夫天子母曰皇太后，妻曰皇后。诸侯王母曰王太后，妻曰王后。虽武、昭以后，抑损宗室，终不改此制，何尝为无别耶？易王后曰妃，自魏晋始。作伪者魏晋后人，乃妄意汉制之必不可用耳。若诸侯王相用黄金印，固为僭矣，故五亲王世易为银印。然吾以为此亦未为巨害。汉御史大夫秩中二千石，银印青绶。张苍以淮南王相，迁为御史大夫。周昌以御史大夫降相赵。高祖曰："吾极知其左迁。"其时国相乃金印，此正如隋以来外官章服官品虽崇，而位绌于京职之卑品耳。是亦何必为太息哉？

要之，汉初诸侯王，用六国时王国之制，故其在国有与汉庭无别者若此。若皇帝，臣下称之曰陛下，此是秦制，周末列国诸王所未有，则汉诸侯王必不袭用秦皇帝之制，而使其国臣称曰陛下，而伪为贾生书及之。此必后人臆造，非事实也。真西山取《新书》是篇，欲以补贾生之疏，吾是以为之辨。若其文辞卑陋，与贾生悬绝，不可为量，则知文者可一见决矣。

黄云眉云："余谓姚说甚精辟。而袁枚《读贾子》曰：'《贾子》伪书也。天子御四夷，有五帝三王之道在，未闻表与饵也。贾生王佐才，识政体，必无是言。若所云云，隋炀帝都已行之，其效何如也。'则以人证伪，又与姚鼐之以文证伪者不同；然袁说疏矣。"今按，姚鼐所谓《新书》由魏晋以后妄人伪撰之说难以成立。

10. 《孙子兵法》

姚鼐《惜抱轩文集》卷五《读孙子》云：

左氏序阖闾事无孙武；太史公为列传，言武以十三篇见于阖闾。余观之，吴容有孙武者，而十三篇非所著，战国言兵者为之，托于武焉尔。

春秋大国用兵，不过数百乘，未有兴师十万者也；况在阖闾乎！田齐、三晋既立为侯，臣乃称君曰主。主在春秋时，大夫称也。是书所言，皆战国事耳。

其用兵法，乃秦人以虏使民法也，不仁人之言也。然自是世言用兵者，以为莫武若矣。

今按，姚鼐据军事史、称谓史判断"是书所言皆战国事"，将《孙子兵法》的成书时代往后拉。与前人不同的是，他只是将《孙子兵法》与孙武切割开来，但不抹杀孙武的存在。他的这一做法也是难以成立的，证据不够坚硬，也没有形成完整的证据链，还是一种臆测，因此无法采信。

11. 《司马法》

姚鼐《惜抱轩笔记》卷七《读司马法》云：

不佞尝论今世《司马法》为伪书。今抄撮古书所引《司马法》于后。

《石书》引"国容不入军，军容不入国，国虽大，好战必亡。天下虽平，忘战必危。天下既平，天子大恺。春搜秋狝，诸侯春振旅，秋治兵，所以不忘战也。军赏不逾月，欲民速得为善之利也"。

《周礼》郑注引六尺为步，步百为晦，晦百为夫，夫三为屋，屋三为井，井十为通，通为匹马三十，家士一人，徒二人，通十为成，成百井三百家，革车一乘，士十人，徒二十人，十成为终，终千井，三千家，革车十乘，士百人，徒二百人，十终为同，同方百里，万井三万，家革车百乘，士千人，徒二千人。夏后氏谓辇曰余车，殷曰胡奴车，周曰辎辇，辇一斧一斤一凿一梩一锄，周礼加二版二筑。夏后氏二十人而辇，殷十八人而辇，周十五人而辇。昏鼓四通为大鼜，夜半三通为晨，戒旦明五通为发昫，鼓声不过阊，鼜声不过阊，铎声不过琅，上卜下谋，是谓参之，得意则恺乐恺歌，示喜也。上多前房，王国百里为郊，二百里为州，三百里为野，四百里为县，五百里为都。《左传》杜注引百人为卒，二十五人为两，车十五乘为大偏，又百人为卒，二十五人为两，车九乘为小偏，十五乘为大偏，逐奔不远，从绥不及，逐奔不远，则难诱，从绥不及，则难陷。

《论语集解》马融引六尺为步，步百为亩，亩百为夫，夫三为屋，屋三为井，井十为通，通十为成，成出革车一乘。鼐按：《周礼》小司徒贾疏云：郑所引革车一乘，士十人，徒二十人，此是天子畿丙采地法。郑注《论语》道千乘之国，亦引《司马法》彼是畿外邦国法，彼云革车一乘，甲士三人，步卒七十一人。鼐意郑注《论语》盖因于马，马所引当亦有甲士三人二句，盖何晏节之。至贾疏以为畿内畿外异法，则非也。盖所云士十人者可以战之士，而及战又选其才，而甲而居车上者三也，卒七十二人者可以为徒兵之卒，而及战又选其才，而为徒兵者二十也。士非即甲士，卒非即徒，盖守营护辇重皆必有人焉，然则《司马法》之文备，而郑于《周礼》《论语》引其文，或互有详略欤？马融"广成颂命师于辇、纛偃伯于灵台"，章怀注引《司马法》即今世书耳，不知偃伯、灵台果出《司马法》否？

12. 兵书之伪

姚鼐《惜抱轩文集》卷五《读司马法六韬》：

> 世所有论兵书，诚为周人作者，惟孙武子耳，而不必为武自著；若其余，皆伪而已。

> 任宏以《司马法》百五十五篇入"兵权谋"，班固出之以入《礼经》。太史公叹其阂廓深远，则其书可知矣。世所传者，泛论用兵之意，其辞庸甚，不足以言《礼经》，亦不足言权谋；且仅有卷三耳。

> 《汉·艺文志》，《吴起》四十八篇，在"兵权谋"，《尉缭子》三十一篇，在"兵形势"。今《吴子》仅三篇，《尉缭子》二十四篇。魏晋以后，乃以笳笛为军乐。彼吴起安得云"夜以金鼓笳笛为节"乎？苏明允言："起功过于孙武，而著书顾草略不逮武。"不悟其书伪也。尉缭之书，不能论兵形势，反世商鞅刑名之说，盖后人杂取，苟以成书而已。

> 《庄子》载女商曰："横说之则以《诗》《书》《礼》《乐》，从说之则以金版《六弢》。"然则《六弢》之文，必约于《诗》《书》《礼》《乐》者也。刘向、班固皆列周史《六弢》于儒家，且云"惠、襄之间；或云显王时，或曰孔子问焉"。然则其为周史之辞，若周任、史逸之言无疑也。非言兵，亦无与太公也。今《六韬》徵取兵家之说，附之太公，而弥鄙陋。周之权曰钧，不曰斤。其于色曰玄曰黑曰缁，不

曰乌。晋、宋、齐、梁间，市井乃有乌衣、乌帽语耳；而今《六韬》乃曰斤曰乌。余尝谓周秦以降文辞高下差别颇易见，世所谓《古文尚书》者，以他书事实证之，其伪已不可逃。然直不必论此。取其文展读，不终卷而决知非古人所为矣。盖古书亡失，多在汉献、晋惠愍间，而好为伪者，东晋以后人也。唐修《隋书》，作《艺文志》，不知古书之逸，举《司马法》之类悉载之。颜师古注《汉书》，于《六韬》直以为即今书。此皆不足以言识。至韩退之乃识古书之正伪，惜其于此数者，未及详言之也。

《汉书·刑法志》所载古井田出车之法甚详，其文盖出于《司马法》，与包咸注《论语》辞同也。《刑法志》引其文备，故以六十四井出车一乘，别以三十六井地，当山川、沈斥、城池、邑居、园囿、术路，合之则百井。包咸引其辞略，故第言"成出车一乘"耳，其原出一也。作伪者其所见书寡，于为《古文尚书》者，故举此及他经史明载之《司马法》而并遗之。

黄云眉认为："史志中兵书，今所传者，殆无一为真本，不特以上六书也。姚鼐因论《司马法》《六韬》而斥《吴子》《尉缭子》亦伪，甚是。顾实重考除以《吴子》'今本六篇，首尾起讫一贯，结构过小'，疑非原书外；其《三略》《六韬》《司马法》《尉缭子》等，皆辨其非伪。"又云：

其继姚鼐而攻《司马法》者，则以龚自珍之言为最劲。其言曰……经此六疑，无异为此书伪构之定谳矣。

龚自珍辨伪之言详见本书龚自珍条，兹不赘述。

13.《老子河上公章句》

姚鼐《惜抱轩文集》卷三《老子章义序》云：

《老子》书，六朝以前解者甚众，今并不见，独有所谓《河上公章句》者，盖本流俗人所为，托于神仙之说。其分章尤不当理，而唐、宋以来莫敢易，独刘知幾识其非耳。余更求其实，少者断数字，多则连字数百为章，而其义乃明，又颇为训其旨于下。夫著书者，欲人达其义，故言之首尾曲折，未尝不明贯，必不故为深晦也。然而使之深晦、迂而难通者，人好以己意乱之也。《庄子·天下篇》引《老子》语，有今文所无，则知传本今有脱谬。其前后错失甚明者，余少正之，并以待世好学君子论焉。

今按，《老子河上公章句》应该不伪，而姚鼐辨伪缺少坚硬的证据，此古文家辨伪之通病，只凭文气臆测，难以梳理出过硬的史料证据，还是以臆断为主。

14.《庄子》《列子》之附益

姚鼐《惜抱轩文集》后集卷二《跋列子》云：

《庄子》《列子》皆非尽本书，有后人所附益。然附益《庄子》者，周秦人所为。若今世《列子》书，盖有汉、魏后人所加，其文句固有异于古者。且三代驾车以驷马，自天子至卿大夫一也。六马为天子大驾，盖出于秦汉君之侈，周曷有是哉？《白虎通》附会为说曰："天子之马六者，示有事于天地四方。"此谬言也。《列子·周穆王篇》王驾八骏，分于二车，皆两服两骖，此子文之真也。至《汤问篇》言"泰豆教造父御六辔不乱，而二十四蹄，所投无差"，此非周人语也。且既二十四蹄矣，辔在手者安止六乎？伪为《古文尚书》者，取《说苑》"腐索御奔马"之文，而更曰"朽索御六马"，皆由班氏误之耳。古书惟《荀子》有"伯牙鼓琴，六马仰秣"语。此言在厩秣马有六，闻音舍抹仰听，与驾车时不相涉。自晋南渡，古书多亡缺，或辄以意附益。《列子》出于张湛，安知非湛有矫入者乎？吾谓刘向所校《列子》八篇，非尽如今之八篇也。

15. 《破邪论序》

姚鼐《惜抱轩笔记》卷八"考证鉴别"条云：

> 王禹卿尝谓："辨论古人法书，当以其神气、体势鉴别真伪，方为正法眼藏，如米襄阳、董思白辈是也。若如尤延之、何屺瞻辈以考证求当，岂有是处？"吾谓君言固是，然亦复太偏。且如世所传虞永兴《破邪论序》，自署衔太子中书舍人，太子官但有中舍人，安得有中书舍人？永兴父名荔，而序中用'薛荔'字，此必唐时僧徒寡闻见者所妄作伪托，欲以自取重于世耳。思翁乃不能辨，屡云学永兴《破邪论》，精鉴者乃如是乎？又《戏鸿堂帖》载陶隐居书，而称元帝，陶隐居安知湘东即位后之谥？此皆考证之明见其谬，而思翁不能无失也。然则自诩鉴别，或亦不免轻信而自欺，反有不如考证家之无可藏匿耳。

姚鼐认为《破邪论序》是唐时僧徒寡闻见者所伪托。
陆以湉《冷庐杂识》卷一亦云：

> 虞永兴《破邪论序》最为世所宝贵。余观昆山叶征君奕苞《金石录补》谓："《破邪论序》有云：'太史令傅奕，学业肤浅，识虑非常，乃穿凿短篇，凭陵正觉。法师愍彼后昆，撰《破邪论》一卷。'夫胡僧咒人，奕破其妖妄，识者韪之。今反以为邪，世南从而和焉，何也？"又观桐城姚姬传比部鼐《惜抱轩笔记》谓："《破邪论序》自署衔太子中书舍人，太子宫但有中舍人，安得有中书舍人？永兴父名荔，而序中用'薛荔'字，此必唐时僧徒寡闻见者所妄作伪托，欲以自取重于世耳。"以二说证之，其非永兴书可知。吁！世俗鲜精察之识，而以伪为真者多矣，不独此帖为然。

16. 《望溪先生集外文》

姚鼐《惜抱轩全集》文后集卷一《望溪先生集外文序》云：

> 先生立言必本义法，而文气高古深厚，非他人所能伪。今此漏凡□十卷，读之诚皆先生文无疑也。然先生《望溪集》乃手自订，此皆其芟去不欲存者。虽后之君子

阅此芟去之文，亦以为不可及，然仰思先生之芟，宜有知其用意深严，而懔然增悟者矣。然则□□其复镌刻，付之集后可也。至其所以芟之之理，霈浅学也，恐妄度未必当先生之意，故亦不敢遽有论，将以待后之读者自得之焉。

姚鼐对于望溪先生的集外文分为两步走，一是辨真伪，二是辨优劣。前者据桐城派之义法，考察之后发现："文气高古深厚，非他人所能伪。"将此集为文全部证真。后者说得比较委婉，"思先生之芟宜有知其用意"，方苞自己芟去不欲存，自有深意，姚鼐看破却不说破，优劣之判已然道破。

二十五、段玉裁

（一）段玉裁其人

段玉裁（1735—1815），字若膺，号懋堂。徽派朴学大师，长于文字、音韵、训诂之学，同时也精于校勘。著有《说文解字注》《六书音韵表》《古文尚书撰异》《毛诗故训传定本》《经韵楼集》等。

（二）段玉裁的文献辨伪

1.《古文尚书》《周礼》
段玉裁《古文尚书撰异》卷一云：

> 《文选·东都赋》"宪章稽古"，李善注：《尚书》曰："粤若稽古帝尧。"又《鲁灵光殿赋》："粤若稽古，帝汉祖宗。"善曰：《书》曰：粤若稽古帝尧。玉裁按：此李善所据本作粤也。唐时各本不同，故李善引作粤，李贤注《班固传》引作曰，与正义本同。《周书·武穆解》曰若稽古字亦作曰。蔡氏沈云：曰、粤、越通，古文作粤，云古文者，谓宋时宋次道、王仲至家《古文尚书》，晁公武刻石蜀中，薛季宣据之为《书古文训》者也。宋人多误认此为壁中真本，曰若稽古四字为句，不独《皋陶谟》也，盖《尧典》亦然。下文帝尧曰放勋五字为句，《逸周书·武穆解》：曰若稽古，曰昭天之道。熙帝之载，揆民之任，夷德之用，此可证也。汉策文亦多云惟稽古。
>
> 《史记·儒林传》曰：孔氏有《古文尚书》，而安国以今文读之，因以起其家。逸书得十余篇，盖《尚书》滋多于是矣。按：今文二字蒙上古文二字而言，壁中书皆古文，故谓之《古文尚书》。今文者，汉所习隶书也。以今文读之者，犹言以今字读之也。秦制隶书，以趣约易，而古文遂绝。壁中古文，憨能识者，安国独能以今字写定古文。凡古云读者，其义不一，讽诵其文，曰读定其难识之字，曰读得其假借之字，曰读抽续其义而推演之，曰读子国于壁中书……递传至都尉朝庸生、胡常、徐敖、王璜、涂恽、桑钦者，以故《尚书》有古孔说，今欧阳、夏侯说，而其奇文异画往往见于《说文解字》，而马、郑、王伪孔《尚书》中无之。窃谓此正如《周礼》一书出于山岩屋壁，经刘歆、杜子春、郑众、贾逵之读而后行，郑君康成注中凡言某

故书作某，杜子春、郑司农读为某者，今《周礼》多已改从杜、郑所读为之字，而不从山岩屋壁故书之字。康成所云二三君子其所变易灼然如晦之见明是也。由此言之，《说文解字》所载《尚书》，其壁中故书存其旧迹欤？马、郑、王伪孔之本，其子国以今字读定者欤？马、郑、王之注必有如《周礼》故书作某，《仪礼》古文作某，今文作某之云，而尽散失难考。伪孔之传则目不睹真壁中物，缺而不道。今之言《尚书》者必欲用《说文解字》改马、郑、王伪孔相传之本，是鹔鴨已翔乎寥郭之字，而罗者犹视乎薮泽也。倘《史记》谓上文伏生《尚书》为今文，则汉魏人只有欧阳、夏侯《尚书》《古文尚书》二目，绝无谓欧阳、夏侯为《今文尚书》者。汉魏人注《汉书》，多以古文别于欧阳、夏侯……晋以后《古文尚书》盛行，始有言《今文尚书》以别之者。

2. 《书序》《孔丛子》《连丛子》

《书序》亦有古文今文之殊。《汉志》曰：《尚书古文经》四十六卷，此盖今文二十八篇为二十八卷，又逸篇十六卷，并《书序》得此数也。伏生教于齐鲁之间，未知即用《书序》与否。而大史公胪举十取其八九，则汉时《书序》盛行，非俟孔安国也。假令孔壁有之，民间绝无，则亦犹逸篇十六卷绝无师说耳。马、班安能采录？马、郑安能作注？以及妄人张霸安能窃以成百两哉？《孔丛子》与《连丛子》皆伪书也，臧与国书曰，闻《尚书》二十八篇，取象二十八宿，何图古文乃有百篇耶？学者因此语疑百篇《书序》至安国乃出，然则其所云弟素以为《尧典》杂有《舜典》，今果如所论者，岂亦可信乎？其亦惑矣，惟内外皆有之，是以史记字时有同异。

今按，李慈铭光绪乙亥（1875）十二月十五日日记载：

阅段氏《古文尚书撰异》，其意实矫江氏（声）、王氏（鸣盛）之专主《说文》诸书，改定经文，而尤与江氏为难。然谓枚氏所传之古文三十一篇，字字为孔安国真本，夫亦孰从而信之。苦为分别，多设游辞，所谓甚难而实非者，徐谢山诋其为伪古文讼冤，有以也。惟其博证广搜，旁及音诂，义据精深，多有功于经学，故为治《尚书》者所不可废耳。

李慈铭同治甲戌（1874）六月初五日日记载：

夜阅段氏《古文尚书撰异》。此书诂训纷纶，可谓经学之窟，惟必分析今文古文，凿凿言之，且谓汉魏以前欧阳夏侯《尚书》无今文之称；孔安国所传《尚书》，亦用今字；《说文》所载《尚书》古文，马、郑、王本皆无之；俱近于任肛而谈，意过其通，反为蔽也。臧拜经言钱竹汀氏有签记颇多，惜不得见之。

湖北省学术著作
Hubei Special Funds for 出版专项资金
Academic Publications

辨伪研究书系

中国文献辨伪学史稿

（下）

司马朝军　编著

WUHAN UNIVERSITY PRESS
武汉大学出版社

目　　录

二十六、沈可培

（一）沈可培其人

沈可培（1737—1799），字养原，号蒙泉，晚号向斋，嘉兴人。乾隆三十七年（1772）进士，历任江西上高、直隶安肃、天津宝坻知县，以事降调，遂不复出。历主潞河、洣源、云门诸书院。著有《洣源问答》《夏小正注》《星度释略》《依竹山房诗集》等书。生平事迹见《两浙輶轩录》卷三五、《历代画史汇传》卷五○。

（二）沈可培的文献辨伪

1.《古文尚书》

> 凡古文有、今文无之篇，汉、唐诸儒未有疑为伪者，其说始于吴才老，而吴草庐因之，大旨总不出古文易读，今文难读，何以伏生偏记其难，而不能记其易，遂以诘曲聱牙者为真，以文从字顺者为伪。不知文章不论艰深平易，只论义理。如《大禹谟》十六字心传在焉，且无非精义微言；《五子之歌》实为变风、变雅之权舆；《胤征》所谓"歼厥渠魁，胁从罔治"为后世行师讨罪之要道，《仲虺之诰》"葛伯仇饷"，孟子所引"以义制事，以礼制心"，与《汤诰》"降衷于下民，若有恒性，克绥厥猷惟后"，皆传心之至言。至《伊训》《太甲》《咸有一德》为大臣格心之标准，《说命》三篇乃自古言学之肇端，《泰誓》原有伪书，古文出而始废。以《论语》《孟子》之所有，伏生之所无，将信伏生而不信《论》《孟》乎？若谓古文皆系采辑补缀，无一字无所本，因此遂指为伪，试思《左传》《国语》《国策》《吕览》《史记》所引之书，及散见于他书为古文尚书所无者，作伪之人，又何不一一采辑补缀耶……伏生之书，以高年之人追忆少时诵习，加以方言辗转相授，此今文难读之故也。经书遭祖龙炬后，岂尽完善，生今之世，确守古籍，而阙其疑，乃儒生之分也，若好新奇之说，一唱百和，拾人牙慧，冀翻前案，得罪先圣，可胜言耶？

沈可培认为，《古文尚书》之伪非为千古定论，可谓掷地有声。
《续修四库全书总目提要》（稿本）第11册第701页评其辨伪学曰：

> 可培之学，本之于紫阳，而不废汉儒考证。其考证诸书，不尚详搜证据，而以义理为断，其学不失为渊博，顾未能精湛也。如论《伪古文尚书》云："凡古文有今文无之篇，唐、汉诸儒未有疑为伪者，其说始于吴才老，而吴草庐因之，大旨总不出古文易读，今文难读，何以伏生偏记其难，而不能记其易，遂以诘曲聱牙者为真，以文从字顺者为伪。不知文章不论艰深平易，只论义理。如《大禹谟》十六字心传在焉，且无非精义微言；《五子之歌》实为变风、变雅之权舆；《胤征》所谓'歼厥渠魁，胁从罔治'为后世行师讨罪之要道，《仲虺之诰》'葛伯仇饷'，《孟子》所引'以义制事，以礼制心'，与《汤诰》'降衷于下民，若有恒性，克绥厥猷惟后'，皆传心之

至言。……经书遭祖龙炬后，岂尽完善，生今之世，确守古籍，而阙其疑，乃儒生之分也。若好新奇之说，一唱百和，拾人牙慧，冀翻前案，得罪先圣，可胜言耶？"夫古文之伪，有宋吴、朱疑之于前，清代阎、惠、程、王辨之于后，证据确凿，乌得谓为翻案文字？且谓古文有关于心传，清代黄宗羲治义理之学者，亦谓十六字为伪书，是古文之伪无损于宋儒义理之学也，而谓翻案为得罪于先圣，然则掇拾后人伪书，奉为至言，宁不污蔑先圣耶？盖可培之学务博览，而才识不足以佑之，故立论多有未彻之处也。

此则提要表面上肯定可培之学务博览，而实际上讥讽其才识不足，因为以异同为是非，未免党同伐异。

2. 《金縢》

今所传《金縢》一篇，词意浅率，诚有可疑，至其事则确凿之至，何也？王莽事事学周公，而为平帝请命，金縢之事，传中再见，非周公实有金縢之事之明征乎？或原文为秦火所灭，而今所传者乃后人拟作与？

沈可培认为，《金縢》今所传者乃后人拟作。此处立论不当，疑古未免过勇。

3. 《孟子外书》

孟子逸语不尽出于《外书》也。《外书》四篇，邠卿谓其文不能闳深，不与内篇相似，故其书不甚传，至宋熙时子始为之注。熙时子者，相传即公非先生刘贡父也。余从座师刘文定公处录副，读其文，不与内篇相似，信然。然其他逸语散见于子、史诸书者，大义微言，似反突过《外书》，泰山岩岩之气象，往往遇之。

沈可培认为，孟子逸语不尽出于《孟子外书》。今按，此说似乎可从。

二十七、孙志祖

（一）孙志祖其人

孙志祖（1737—1801），字诒谷，亦作颐谷，号约斋，仁和（今属浙江杭州）人。乾隆三十一年（1766）进士。晚掌紫阳书院。著有《家语疏证》《后汉书补证》《文选李善注补证》《文选考异》《读书脞录》等。生平事迹见《清史稿·儒林传》、孙星衍《江南道监察御史孙君志纯传》、阮元《孙颐谷侍御史传》。

（二）孙志祖的文献辨伪

1. 《古文尚书》
《读书脞录》卷一"奈何"条云：

《古文尚书》之伪，至今日而论定，不必回护，亦毋庸掊击。近之攻古文者吹求于字句之间，转滋口实。使毛西河至今存，必有"续冤词"之作矣。如桐城姚姬传霈《左传补注》云：古经传皆言如何若何，惟楚人言奈何。申叔、展蓬、启疆皆楚人，故《左传》止此二处称奈何。老、庄、屈、宋皆有奈何，固楚言然也。伪为《五子歌》者不知其为楚言，而误用之，竟忘却《召诰》有曷其、奈何、勿敬之语。伪古文自袭《召诰》，非用楚言，《召诰》非古文，召公非楚人也。

2.《孔子家语》
《续修四库全书总目提要》（稿本）云：

> 《读书脞录》七卷（清嘉庆间刊本），清孙志祖撰。志祖字颐毂，号约斋，浙江仁和人。乾隆丙戌进士，由部曹转为江南道监察御史。少颖异，读群经、《文选》等似素习者……是编自识曰："予少时溺苦于八比文，自五经章句外，塾师戒勿泛涉，偶得《毛西河集》，于灯下读之，不寐者累夕，稍有启悟。壮岁通籍，承乏西曹，鼃勉簿领，几束书不观者十年。逮丙申岁，陈情归里，瑟居多暇，始得恣意披览，又虑师丹之善忘，偶有所得，随事疏记，积久成帙，因有感于卢抱经学士'辛苦纂集，烟飞灰荩'之语，乃略加诠次，付剞劂。凡说经二卷，说子史二卷，杂识三卷，唯冀直谅多闻之君子，匡其不逮，而纠正其失，庶炳烛之明，得以及今而更正，此则区区之心也夫云。"则知此七卷书者，盖皆备忘之录，自惜心力，因而授剞劂，初非有意著书，亦未尝自是其言以为一家语也。所记各条，虽云疏证典籍，然每引前人之说后，辄加案语，大抵皆自为理解，或驳或摘，亦有赞证旧说者，不必尽疏所引，持论虽多訾诋宋儒，未出汉学范围，然此实当时读书风习，或偶染于不自觉耳。良以所见诚不能皆为定论，然亦平恕商榷之辞出之，正见学者冲虚切磋之怀，足使读者得隅反启悟之益，与心存门户者之语固不同也。

《清史稿·儒林传》亦云：

> 孙志祖，字诒谷，仁和人……志祖清修自好，读经史必释其疑而后已，著《读书脞录》七卷，考论经、子、杂家，折衷精详，不为武断之论。又《家语疏证》六卷，谓王肃作《圣证论》以攻康成，又伪撰《家语》，饰其说以欺世。因博集群书，凡肃所剿窃者，皆疏通证明之。又谓《孔丛子》亦王肃伪托，其《小尔雅》亦肃借古书以自文，并作《疏证》以辨其妄。

阮元《揅经室集》二集卷五《孙颐谷侍御史传》亦云：

> 侍御所著书有《家语疏证》六卷。谓王肃作伪难郑，诬圣背经，既作《圣证论》以攻康成，又伪撰《家语》，饰其说以欺世。因博集群书，凡肃所剿窃者，皆疏通证

明之，如鞫盗之获真赃也。其有功于郑氏，似孙叔然……《读书脞录》七卷，考论经子杂家，折中精详，实事求是，不为凿空武断之论，愿然如其为人。又谓《孔丛子》亦王肃伪托，其《小尔雅》乃肃借古书以自文，作《疏证》辨其妄，惜未成书。又《脞录续篇》亦未成。

孙星衍《平津馆文稿》卷下《清故江南道监察御史孙君志祖传》亦云：

　　浙中之学，自明季空谈性命，或分门别户，不求古经义，好辨者则驰骋其词，无所归宿。国初，经学有非《周官》、信伪《尚书》，不守汉儒注义者。至先生，以为说经而不尊信郑康成，宜大道岐而卮言出也。背康成，由王肃。信王肃，出宋人。王肃之背经诬圣，由伪造《家语》《孔丛子》，及作《圣证论》，改易汉以上郊祀宗庙丧纪之制，惜魏时王基、孙炎、马昭难王之书皆不传，于是作《家语疏证》六卷，集群书之异词，以证肃之窜改谬妄，以明家语之非古本，刊版流播，学者称快。又集驳《圣证论》及疏证《孔丛》《小尔雅》之非古本，其书未成。

前人对孙志祖其人其书皆给予高度评价。但笔者以为，应该重新评价。广而言之，清代经学史、学术史、思想史、辨伪史皆应该重新评价。

3.《孔丛子》

《读书脞录》卷七"仞"条云：

　　《孔丛子》语，多与《书孔传》《家语》合，予以为皆王肃一人所作也。惟《书·旅獒》传及《家语·致思篇》注，并云"八尺曰仞"，以异于康成之"七尺曰仞"也；而《小尔雅》则云"四尺谓之仞"，又与《书传》《家语》注不同，他书亦无有同《小尔雅》者，不应歧互乃尔！丁小山云："当是'四尺谓之'下脱五字，盖四尺别有度名，而倍之为仞，仍是'八尺曰仞'也。"其说颇确。

今按，其说不确，将《孔丛子》《孔传》《孔子家语》之书皆认定为王肃所伪作，此乃冤案也。

二十八、章学诚

（一）章学诚其人

　　章学诚（1738—1801），原名文镳、文酕，字实斋，号少岩。所著书以《史籍考》为最博，《文史通义》为最著，而《校雠通义》为最精。《史籍考》竭毕生心力然后成。惜遗稿竟不传。至于《文史通义》，则以六经皆史，夷经为史，功耶罪耶？《校雠通义》不过三卷，精神内敛，上探班、刘，胜义纷呈，洵为杰作。道光壬辰，次子华绂始编定为《文史通义内篇》五卷，《外篇》三卷，《校雠通义》三卷，刊于大梁。全稿除《史籍考》

外，卒前存诸萧山王宗炎处。乌程刘翰怡得之，重加校订，益以《信摭》《乙卯丙辰札记》《阅书随札》《永清志》《和州志》，为《外集》十八卷，并目录、附录各一卷，共五十卷。

（二）章学诚的文献辨伪

章学诚《文史通义》一书涉及文献辨伪的内容密度极高，不惮繁琐，节录如次：

易教上

六经皆史也。古人不著书，古人未尝离事而言理，六经皆先王之政典也。或曰：《诗》《书》《礼》《乐》《春秋》，则既闻命矣。《易》以道阴阳，愿闻所以为政典，而与史同科之义焉。曰：闻诸夫子之言矣。"夫《易》开物成务，冒天下之道。""知来藏往，吉凶与民同患。"其道盖包政教典章之所不及矣。象天法地，"是兴神物，以前民用"。其教盖出政教典章之先矣。《周官》太卜掌三《易》之法，夏曰《连山》，殷曰《归藏》，周曰《周易》，各有其象与数，各殊其变与占，不相袭也。然三《易》各有所本，《大传》所谓庖羲、神农与黄帝、尧、舜，是也。（《归藏》本庖羲，《连山》本神农，《周易》本黄帝。）由所本而观之，不特三王不相袭，三皇、五帝亦不相沿矣。盖圣人首出御世，作新视听，神道设教，以弥纶乎礼乐刑政之所不及者，一本天理之自然，非如后世托之诡异妖祥，谶纬术数，以愚天下也。

夫子曰："我观夏道，杞不足征，吾得《夏时》焉。我观殷道，宋不足征，吾得《坤乾》焉。"夫《夏时》，夏正书也。《坤乾》，《易》类也。夫子憾夏、商之文献无所征矣，而《坤乾》乃与夏正之书同为观于夏、商之所得；则其所以厚民生与利民用者，盖与治历明时，同为一代之法宪；而非圣人一己之心思，离事物而特著一书，以谓明道也。夫悬象设教，与治历授时，天道也。《礼》《乐》《诗》《书》，与刑、政、教、令，人事也。天与人参，王者治世之大权也。韩宣子之聘鲁也，观书于太史氏，得见《易象》《春秋》，以为周礼在鲁。夫《春秋》乃周公之旧典，谓周礼之在鲁可也，《易》象亦称周礼，其为政教典章，切于民用而非一己空言，自垂昭代而非相沿旧制，则又明矣。夫子曰："《易》之兴也，其于中古乎？作《易》者，其有忧患乎？"顾氏炎武尝谓《连山》《归藏》，不名为《易》。太卜所谓三《易》，因《周易》而牵连得名。今观八卦起于伏羲，《连山》作于夏后，而夫子乃谓《易》兴于中古，作《易》之人独指文王，则《连山》《归藏》不名为"易"，又其征矣。

或曰：文王拘幽，未尝得位行道，岂得谓之作《易》以垂政典欤？曰：八卦为三《易》所同，文王自就八卦而系之辞，商道之衰，文王与民同其忧患，故反复于处忧患之道，而要于无咎，非创制也。周武既定天下，遂名《周易》，而立一代之典教，非文王初意所计及也。夫子生不得位，不能创制立法，以前民用；因见《周易》之于道法，美善无可复加，惧其久而失传，故作《象》《象》《文言》诸传，以申其义蕴，所谓述而不作；非力有所不能，理势固有所不可也。

后儒拟《易》，则亦妄而不思之甚矣！彼其所谓理与数者，有以出《周易》之外邪！无以出之，而惟变其象数法式，以示与古不相袭焉，此王者宰制天下，作新耳目，殆如汉制所谓色黄数五，事与改正朔而易服色者为一例也。扬雄不知而作，则以九九八十一者，变其八八六十四矣。后代大儒，多称许之，则以其数通于治历，而著揲合其吉凶也。夫数乃古今所共，凡明于历学者，皆可推寻，岂必《太玄》而始合哉？著揲合其吉凶，则又阴阳自然之至理。诚之所至，探筹钻瓦，皆可以知吉凶；何必支离其文，艰深其字，然后可以知吉凶乎？《元包》妄托《归藏》，不足言也。司马《潜虚》，又以五五更其九九，不免贤者之多事矣。故六经不可拟也。先儒所论仅谓畏先圣而当知严惮耳。此指扬氏《法言》，王氏《中说》，诚为中其弊矣。若夫六经，皆先王得位行道，经纬世宙之迹，而非托于空言。故以夫子之圣，犹且述而不作。如其不知妄作，不特有拟圣之嫌，抑且蹈于僭窃王章之罪也，可不慎欤！

今按，前两段言三《易》，第三段言《周易》经传作者，末段言拟《易》，皆关乎辨伪。

又按，拟经是一种常见的文化现象，拟《易》不同于作伪。章学诚认为"六经不可拟"，未免迂执。

易教中

夫子曰："加我数年，五十以学《易》，可以无大过矣。"又曰："吾学周礼，今用之，吾从周。"学《易》者，所以学周礼也。韩宣子见《易象》《春秋》，以为周礼在鲁。夫子学《易》而志《春秋》，所谓学周礼也。夫子语颜渊曰："行夏之时，乘殷之辂，服周之冕，乐则《韶》舞。"是斟酌百王，损益四代，为万世之圭臬也。历象递变，而夫子独取于夏时；筮占不同，而夫子独取于《周易》。此三代以后，至今循行而不废者也。然三代以后，历显而《易》微；历存于官守，而《易》流于师传；故儒者敢于拟《易》，而不敢造历也。历之薄蚀盈亏，有象可验，而《易》之吉凶悔吝，无迹可拘；是以历官不能穿凿于私智，而《易》师各自为说，不胜纷纷也。故学《易》者，不可以不知天。

今按，孔子与《周易》的关系问题一直是辨伪学史上的难题，宋代以来的疑古派一直怀疑甚至否定孔子与《周易》的关系，而章学诚提出了"学《易》者，所以学周礼也"的独特观点。

书教上

《周官》外史，掌三皇五帝之书。今存虞、夏、商、周之策而已，五帝仅有二，而三皇无闻焉。左氏所谓《三坟》《五典》，今不可知，未知即是其书否也？以三王之誓、诰、贡、范诸篇，推测三皇诸帝之义例，则上古简质，结绳未远，文字肇兴，书取足以达微隐、通形名而已矣。因事命篇，本无成法，不得如后史之方圆求备，拘于一定之名义者也。夫子叙而述之，取其疏通知远，足以垂教矣。世儒不达，以谓史家之初祖，实在《尚书》，因取后代一成之史法，纷纷拟《书》者，皆妄也。

三代以上之为史，与三代以下之为史，其同异之故可知也。三代以上，记注有成法，而撰述无定名；三代以下，撰述有定名，而记注无成法。夫记注无成法，则取材也难；撰述有定名，则成书也易。成书易，则文胜质矣。取材难，则伪乱真矣。伪乱真而文胜质，史学不亡而亡矣。良史之才，间世一出，补偏救弊，愈且不支。非后人学识不如前人，《周官》之法亡，而《尚书》之教绝，其势不得不然也。

《周官》三百六十，具天下之纤析矣，然法具于官，而官守其书。观于六卿联事之义，而知古人之于典籍，不惮繁复周悉，以为记注之备也。即如六典之文，繁委如是，太宰掌之，小宰副之，司会、司书、太史又为各掌其贰，则六典之文，盖五倍其副贰，而存之于掌故焉。其他篇籍，亦当称是。是则一官失其守，一典出于水火之不虞，他司皆得藉徵于副策。斯非记注之成法，详于后世欤？汉至元成之间，典籍可谓备矣。

孟子曰："王者之迹息而《诗》亡；《诗》亡然后《春秋》作。"盖言王化之不行也，推原《春秋》之用也。不知《周官》之法废而《书》亡，《书》亡而后《春秋》作，则言王章之不立也，可识《春秋》之体也。不知《周官》之法废而《书》亡哉？

书教中

《书》无定体，故易失其传；亦惟《书》无定体，故托之者众。周末文胜，官礼失其职守，而百家之学，多争托于三皇五帝之书矣。艺植托于神农，兵法、医经托于黄帝，好事之徒传为《三坟》之逸书而《五典》之别传矣。不知书固出于依托，旨亦不尽，无所师承，官礼政举而人存，世氏师传之掌故耳。惟"三""五"之留遗，多存于《周官》之职守，则外史所掌之书，必其籍之别具，亦如六典各存其副之制也。左氏之所谓《三坟》《五典》，或其概而名之，或又别为一说，未可知也。必欲确指如何为三皇之坟，如何为五帝之典，则凿矣。

《逸周书》七十一篇，多官礼之别记与《春秋》之外篇，殆治《尚书》者杂取以备经书之旁证耳。刘、班以谓孔子所论百篇之余，则似逸篇，初与典、谟、训、诰，同为一书，而孔子为之删彼存此耳。毋论其书文气不类，醇驳互见，即如《职方》《时训》诸解，明用经记之文，《太子晋解》，明取春秋时事，其为外篇别记，不待繁言而决矣。而其中实有典言宝训，识为先王誓诰之遗者，亦未必非百篇之逸旨，而不可遽为删略之余也。

《书》无定体，故附之者杂。后人妄拟《书》以定体，故守之也拘。古人无空言，安有记言之专书哉？汉儒误信《玉藻》记文，而以《尚书》为记言之专书焉。于是后人削趾以适屦，转取事文之合者，削其事而辑录其文，以为《尚书》之续焉；若孔氏《汉魏尚书》、王氏《续书》之类皆是也。无其实，而但貌古人之形似，譬如画饼饵之不可以充饥。况《尚书》本不止于记言，则孔衍、王通之所拟，并古人之形似而不得矣。刘知幾尝患史策记事之中，忽间长篇文笔，欲取君上诏诰，臣工奏章，别为一类，编次纪传史中，略如书志之各为篇目，是刘亦知《尚书》折而入《春秋》矣。然事言必分为二，则有事言相贯、质与文宣之际，如别自为篇，则不便省览，如仍然合载，则为例不纯；是以刘氏虽有是说，后人讫莫之行也。至如论事章疏，本同口奏，辨难书牍，不异面论，次于纪传之中，事言无所分析，后史恪遵成法可也。乃若扬、马之辞赋，原非政言，严、徐之上书，亦同献颂，邹阳、枚乘之纵横，杜钦、谷永之附会，本无关于典要，马、班取表国华，削之则文采灭如，存之则纪传猥滥，斯亦无怪刘君之欲议更张也。

书教下

《易》曰："蓍之德圆而神，卦之德方以智。"间尝窃取其义，以概古今之载籍，撰述欲其圆而神，记注欲其方以智也。夫智以藏往，神以知来，记注欲往事之不忘，撰述欲来者之兴起，故记注藏往似智，而撰述知来拟神也。藏往欲其赅备无遗，故体有一定，而其德为方；知来欲其决择去取，故例不拘常，而其德为圆。《周官》三百六十，天人官曲之故可谓无不备矣。然诸史皆掌记注，而未尝有撰述之官；（祝史命告，未尝非撰述，然无撰史之人。如《尚书》誓诰，自出史职，至于帝典诸篇，并无应撰之官。）则传世行远之业，不可拘于职司，必待其人而后行；非圣哲神明，深知二帝三王精微之极致，不足以与此。此《尚书》之所以无定法也。

《尚书》《春秋》，皆圣人之典也。《尚书》无定法，而《春秋》有成例。故《书》之支裔，折入《春秋》，而《书》无嗣音。有成例者易循，而无定法者难继，此人之所知也。然圆神方智，自有载籍以还，二者不偏废也。不能究六艺之深耳，未有不得其遗意者也。史氏继《春秋》而有作，莫如马、班，马则近于圆而神，班则近于方以智也。

诗教上

战国之文，其源皆出于六艺，何谓也？曰：道体无所不该，六艺足以尽之。诸子之为书，其持之有故而言之成理者，必有得于道体之一端，而后乃能恣肆其说，以成一家之言也。所谓一端者，无非六艺之所该，故推之而皆得其所本；非谓诸子果能服六艺之教，而出辞必衷于是也。《老子》说本阴阳，《庄》《列》寓言假象，《易》教也。邹衍侈言天地，关尹推衍五行，《书》教也。管、商法制，义存政典，《礼》教也。申、韩刑名，旨归赏罚，《春秋》教也。其他杨、墨、尹文之言，苏、张、孙、吴之术，辨其源委，挹其旨趣，九流之所分部，《七录》之所叙论，皆于物曲人官，得其一致，而不自知为六典之遗也。

战国之文，既源于六艺，又谓多出于《诗》教，何谓也？曰：战国者，纵横之世也。纵横之学，本于古者行人之官。观春秋之辞命，列国大夫，聘问诸侯，出使专对，盖欲文其言以达旨而已。至战国而抵掌揣摩，腾说以取富贵，其辞敷张而扬厉，变其本而加恢奇焉，不可谓非行人辞命之极也。孔子曰："诵诗三百，授之以政，不达；使于四方，不能专对，虽多奚为？"是则比兴之旨，讽谕之义，固行人之所肄也。纵横者流，推而衍之，是以能委折而入情，微婉而善讽也。九流之学，承官曲于六典，虽或原于《书》《易》《春秋》，其质多本于礼教，为其体之有所该也。及其出而用世，必兼纵横，所以文其质也。古之文质合于一，至战国而各具之质；当其用也，必兼纵横之辞以文之，周衰文弊之效也。故曰：战国者，纵横之世也。

后世之文其体皆备于战国，何谓也？曰：子史衰而文集之体盛；著作衰而辞章之学兴。文集者，辞章不专家，而萃聚文墨，以为蛇龙之菹也。后贤承而不废者，江河导而其势不容复遏也。经学不专家，而文集有经义；史学不专家，而文集有传记；立言不专家，而文集有论辨。后世之文集，舍经义与传记、论辨之三体，其余莫非辞章之属也。而辞章实备于战国，承其流而代变其体制焉。学者不知，而溯挚虞所衷之《流别》，甚且以萧梁《文选》，举为辞章之祖也，其亦不知古今流别之义矣。

至战国而文章之变尽，至战国而后世之文体备，其言信而有徵矣。至战国而著述之事专，何谓也？曰：古未尝有著述之事也，官师守其典章，史臣录其职载。文字之道，百官以之治，而万民以之察，而其用已备矣。是故圣王书同文以平天下，未有不用之于政教典章，而以文字为一人之著述者也。道不行而师儒立其教，我夫子之所以功贤尧舜也。然而予欲无言，无行不与，六艺存周公之旧典，夫子未尝著述也《论语》记夫子之微言，而曾子子思，俱有述作以垂训，至孟子而其文然后阂肆焉，著述至战国而始专之明验也。（《论语》记曾子之没，吴起尝师《曾子》，则《曾子》没于战国初年，而《论语》成于战国之时明矣。）春秋之时，管子尝有书矣，《鬻子》《晏子》，后人所托。然载一时之典章政教，则犹周公之有《官礼》也。记管子之言行，则习管氏法者所缀辑，而非管仲所著述也（或谓管仲之书，不当称桓公之谥，阎氏若璩又谓后人所加，非《管子》之本文，皆不知古人并无私自著书之事，皆是后人缀辑，详《诸子》篇）。兵家之有《太公阴符》，医家之有《黄帝素问》，农家之《神农》《野老》，先儒以谓后人伪撰，而依托乎古人；其言似是，而推究其旨，则亦有所未尽也。盖末数小技，造端皆始于圣人，苟无微言要旨之授受，则不能以利用千古也。三代盛时，各守人官物曲之世氏，是以相传以口耳，而孔、孟以前，未尝得见其书也。至战国而官守师传之道废，通其学者，述旧闻而著于竹帛焉。中或不能无得失，要其所自，不容遽昧也。以战国之人，而述黄、农之说，是以先儒辨之文辞，而断其伪托也；不知古初无著述，而战国始以竹帛代口耳。（外史掌三皇五帝之书，及四方之志，与孔子所述六艺旧典，皆非著述一类，其说已见于前。）实非有所伪托也。然则著述始专于战国，盖亦出于势之不得不然矣。著述不能不衍为文辞，而文辞不能不生其好尚。后人无前人之不得已，而惟以好尚逐于文辞焉，然犹自命为著述，是以战国为文章之盛，而衰端亦已兆于战国也。

诗教下

古无私门之著述，未尝无达衷之言语也。惟托于声音，而不著于文字，故秦人禁《诗》《书》，《书》阙有间，而《诗》篇无有散失也。后世竹帛之功，胜于口耳；而古人声音之传，胜于文字；则古今时异，而理势亦殊也。自古圣王以礼乐治天下，三代文质，出于一也。世之盛也，典章存于官守，礼之质也；情志和于声诗，乐之文也。迨其衰也，典章散，而诸子以术鸣。故专门治术，皆为官礼之变也。情志荡，而处士以横议，故百家驰说，皆为声《诗》之变也（名、法、兵、农、阴阳之类，主实用者，谓之专门治术，其初各有职掌，故归于官，而为礼之变也。谈天、雕龙、坚白、异同之类，主虚理者，谓之百家驰说。其言不过达其情志，故归于诗，而为乐之变也)。战国之文章,先王礼乐之变也。然而独谓《诗》教广于战国者,专门之业少,而纵横腾说之言多。后世专门子术之书绝(伪体子书,不足言也),而文集繁。虽有醇驳高下之不同,其究不过自抒其情志。故曰后世之文体皆备于战国,而《诗》教于斯可谓极广也。学者诚能博览后世文之集,而想见先王礼乐之初焉,庶几有立而能言(学问有主即是立,不尽如朱子所云肌肤筋骸之束而已也),可以与闻学《诗》学《礼》之训矣。

论文拘形貌之弊,至后世文集而极矣。盖编次者之无识,亦缘不知古人之流别,作者之意指,不得不拘貌而论文也。集文虽始于建安,而实盛于齐、梁之际;古学之不可复,盖至齐梁而后荡然矣。范、陈、晋、宋诸史所载,文人列传,总其撰著,必云诗、赋、碑、箴、颂、诔若干篇而未尝云文集若干卷;则古人文字,散著篇籍,而不强以类分可知也。孙武之书,盖有八十二篇矣,而阖闾以谓"子之十三篇,吾既得而见",是始《计》以下十三篇,当日别出独行,而后世始合之明徵也。韩非之书,今存五十五篇矣。而秦王见其《五蠹》《孤愤》,恨不得与同时。是《五蠹》《孤愤》,当日别出独行,而后世始合之明徵也。《吕氏春秋》自序,以为良人问十二纪,是八览六论,未尝入序次也。董氏《清明》《玉杯》《竹林》之篇,班固与《繁露》并纪其篇名,是当日诸篇未入《繁露》之书也。夫诸子专家之书,指无旁及,而篇次犹不可强绳以类例;况文集所衰,体制非一,命意各殊,不深求其意指之所出,而欲强以篇题形貌相拘哉!

经解上

至于官师既分,处士横议,诸子纷纷,著书立说,而文字始有私家之言,不尽出于典章政教也。儒家者流,乃尊六艺而奉以为经,则又不独对传为名也。

然所指专言六经,则以先王政教典章,纲维天下,故《经解》疏别六经,以为入国可知其教也。《论语》述夫子之言行,《尔雅》为群经之训诂,《孝经》则又再传门人之所述,与《缁衣》《坊》《表》诸记,相为出入者尔。刘向、班固之徒,序类有九,而称艺为六,则固以三者为传,而附之于经,所谓离经之传,不与附经之传相次也。当时诸子著书,往往自分经传,如撰辑《管子》者之分别经言,《墨子》亦有《经》篇,《韩非》则有《储说》经传,盖亦因时立义,自以其说相经纬尔,非有所拟而僭其名也。经同尊称,其义亦取综要,非如后世之严也。圣如夫子,而不必为经。诸子有经,以贯其传,其义各有攸当也。后世著录之家,因文字之繁多,不尽关于纲纪,于是取先圣之微言,与群经之羽翼,皆称为经。如《论语》《孟子》《孝经》,与夫大小《戴记》之别于《礼》,《左氏》《公》《穀》之别于《春秋》,皆题为经,乃有九经、十经、十三、十四诸经,以为专部,盖尊经而并及经之支裔也。而儒者著书,始严经名,不敢触犯,则尊圣教而慎避嫌名,盖犹三代以后,非人主不得称我为朕也。然则今之所谓经,其强半皆古人之所谓传也。古之所谓经,乃三代盛时,典章法度,见于政教行事之实,而非圣人有意作为文字以传后世也。

经解中

　　至于术数诸家，均出圣门制作。周公经理垂典，皆守人官物曲，而不失其传。及其官司失守，而道散品亡，则有习其说者，相与讲贯而授受，亦犹孔门传习之出于不得已也。然而口耳之学，不能历久而不差，则著于竹帛，以授之其人，亦其理也。是以至战国而羲、农、黄帝之书，一时杂出焉。其书皆称古圣，如天文之《甘石星经》，方技之《灵》《素》《难经》，其类实繁，则犹匠祭鲁般，兵祭蚩尤，不必著书者之果为圣人，而习是术者奉为依归，则亦不得不尊以为经言者也。

　　又如《汉志》以后，杂出春秋战国时书，若师旷《禽经》，伯乐《相马》之经，其类亦繁，不过好事之徒因其人而附合，或略知其法者托古人以鸣高，亦犹儒者之传梅氏《尚书》与子夏之《诗大序》也。他若陆氏《茶经》，张氏《棋经》，酒则有《甘露经》，货则有《相贝经》，是乃以文为谐戏，本无当于著录之指。

经解下

　　异学称经以抗六艺，愚也；儒者僭经以拟六艺，妄也。六经初不为尊称，义取经纶为世法耳，六艺皆周公之政典，故立为经。夫子之圣，非逊周公，而《论语》诸篇不称经者，以其非政典也。后儒因所尊而尊之，分部隶经，以为传固翼经者耳。佛老之书，本为一家之言，非有纲纪政事；其徒欲尊其教，自以一家之言，尊之过于六经，无不可也。强加经名以相拟，何异优伶效楚相哉？亦其愚也。扬雄、刘歆，儒之通经者也。扬雄《法言》，盖云时人有问，用法应之，抑亦可矣。乃云象《论语》者，抑何谬邪？虽然，此犹一家之言，其病小也。其大可异者，作《太玄》以准《易》，人仅知谓僭经尔，不知《易》乃先王政典而非空言，雄盖蹈于僭窃王章之罪，弗思甚也。卫氏之《元包》，司马之《潜虚》，方且拟《玄》而有作，不知《玄》之拟《易》已非也。刘歆为王莽作《大诰》，其行事之得罪名教，固无可说矣。即拟《尚书》，亦何至此哉？河汾六籍，或谓好事者之缘饰，王通未必遽如斯妄也。诚使果有其事，则六经奴婢之诮，犹未得其情矣。奴婢未尝不服劳于主人，王氏六经，服劳于孔氏者，又何在乎？

　　束晳之《补笙诗》，皮日休之《补九夏》，白居易之《补汤征》，以为文人戏谑而不为虐，称为拟作，抑亦可矣。标题曰"补"，则亦何取辞章家言，以缀《诗》《书》之阙邪？

　　至《孝经》，虽名为经，其实传也。儒者重夫子之遗言，则附之经部矣。马融诚有志于劝忠，自以马氏之说，援经征传，纵横反复，极其言之所至可也。必标《忠经》，亦已异矣。乃至分章十八，引《风》缀《雅》，一一效之，何殊张载之《拟四愁》，《七林》之仿《七发》哉！诚哉非马氏之书，俗儒所依托也。宋氏之《女孝经》，郑氏之《女论语》，以谓女子有才，嘉尚其志可也。但彼如欲明女教，自以其意立说可矣。假设班氏惠姬，与诸女相问答，则是将以书为训典，而先自托于子虚、亡是之流，使人何所适从？彼意取其似经传耳，夫经岂可似哉？

原道上

　　自然，圣人有不得不然，其事同乎？曰：不同。道无所为而自然，圣人有所见而不得不然也。圣人有所见，故不得不然；众人无所见，则不知其然而然。孰为近道？曰：不知其然而然，即道也。非无所见也，不可见也。不得不然者，圣人所以合乎道，非可即以为道也。圣人求道，道无可见，即众人之不知其然而然，圣人所藉以见道者也。故不知其然而然，一阴一阳之迹也。学于圣人，斯为贤人。学于贤人，斯为君子。学于众人，斯为圣人。非众可学也，求道必于一阴一阳之迹也。自有天地，而至唐、虞、夏、商，迹既多而穷变通久之理亦大备。周公以天纵生知之圣，而适当积古留传，道法大备之时，是以经纶制作，集千古之大成，则亦时会使然，非周公之圣智能使之然也。盖自古圣人，皆学于众人之不知其然而然，而周公又遍阅于自古圣人之不得不然，而知其然也。周公固天纵生知之圣矣，此非周公智力所能也，时会使然也。譬如春夏秋冬，各主一时，而冬令告一岁之成，亦其时会使然，而非冬令胜于三时也。故创制显庸之圣，千古所同也。集大成者，周公所独也。时会适当时而然，周公亦不自知其然也。

　　孟子曰："孔子之谓集大成。"今言集大成者为周公，毋乃悖于孟子之指欤？曰：集之为言，萃众之所有而一之也。自有天地，而至唐、虞、夏、商，皆圣人而得天子之位，经纶治化，一出于道体之适然。周公成文、武之德，适当帝全王备，殷因夏监，至于无可复加之际，故得藉为制作典章，而以周道集古圣之成，斯乃所谓集大成也。孔子有德无位，即无从得制作之权，不得列于一成，安有大成可集乎？非孔子之圣，逊于周公也，时会使然也。孟子所谓集大成者者，乃对伯夷、伊尹、柳下惠而言之也。恐学者疑孔子之圣，与三子同，无所取譬，譬于作乐之大成也。故孔子大成之说，可以对三子，而不可以尽孔子也。以之尽孔子，反小孔子矣。何也？周公集羲、轩、尧、舜以来之大成，周公固学于历圣而集之，无历圣之道法，则固无以成其周公也。孔子非集伯夷、尹、惠之大成，孔子固未尝学于伯夷、尹、惠，且无伯夷、尹、惠之行事，岂将无以成其孔子乎？夫孟子之言，各有所当而已矣，岂可以文害意乎？

原道中

　　后世服夫子之教者自六经，以谓六经载道之书也，而不知六经皆器也。《易》之为书，所以开物成务，掌于《春官》太卜，则固有官守而列于掌故矣。《书》在外史，《诗》领大师，《礼》自宗伯，乐有司成，《春秋》各有国史。三代以前，《诗》《书》六艺，未尝不以教人，不如后世尊奉六经，别为儒学一门，而专称为载道之书者。盖以学者所习，不出官司典守，国家政教；而其为用，亦不出于人伦日用之常，是以但见其为不得不然之事耳，未尝别见所载之道也。夫子述六经以训后世，亦谓先圣先王之道不可见，六经即其器之可见者也。后人不见先王，当据可守之器而思不可见之道。故表章先王政教，与夫官司典守以示人，而不自著为说，以致离器言道也。夫子自述《春秋》之所以作，则云："我欲托之空言，不如见诸行事之深切著明。"则政教典章，人伦日用之外，更无别出著述之道，亦已明矣。秦人禁偶语《诗》

《书》，而云"欲学法令，以吏为师"。夫秦之悖于古者，禁《诗》《书》耳。至云学法令者，以吏为师，则亦道器合一，而官师治教，未尝分歧为二之至理也。其后治学既分，不能合一，天也。官司守一时之掌故，经师传授受之章句，亦事之出于不得不然者也。然而历代相传，不废儒业，为其所守先王之道也。而儒家者流，守其六籍，以谓是特载道之书耳。夫天下岂有离器言道，离形存影者哉？彼舍天下事物、人伦日用，而守六籍以言道，则固不可与言夫道矣。

言公上

古人之言，所以为公也，未尝矜于文辞，而私据为己有也。志期于道，言以明志，文以足言。其道果明于天下，而所志无不申，不必其言之果为我有也。《虞书》曰："敷奏以言，明试以功。"此以言语观人之始也。必于试功而庸服，则所贵不在言辞也。誓诰之体，言之成文者也。苟足立政而敷治，君臣未尝分居立言之功也……文与道为一贯，言与事为同条，犹八音相须而乐和，不可分属一器之良也。五味相调而鼎和，不可标识一物之甘也。故曰：古人之言，所以为公也，未尝矜于文辞，而私据为己有也。

司马迁曰："《诗》三百篇，大抵贤圣发愤所为作也。"是则男女慕悦之辞，思君怀友之所托也。征夫离妇之怨，忠国忧时之所寄也。必泥其辞，而为其人之质言，则《鸱鸮》实鸟之哀音，何怪鲋鱼忿诮于庄周，《苌楚》乐草之无家，何怪雌风慨叹于宋玉哉？夫诗人之旨，温柔而敦厚，主文而谲谏，言之者无罪，闻之者足戒，舒其所愤懑，而有裨于风教之万一焉，是其所志也。因是以为名，则是争于艺术之工巧，古人无是也。故曰：古人之言，所以为公也，未尝矜于文辞，而私据为己有也。

夫子曰："述而不作。"六艺皆周公之旧典，夫子无所事作也。《论语》则记夫子之言矣。"不恒其德"，证义巫医，未尝明著《易》文也。"不忮不求"之美季路，"诚不以富"之叹夷齐，未尝言出于《诗》也。"允执厥中"之述尧言，"玄牡昭告"之述汤誓，未尝言出于《书》也。《论语》记夫子之微言，而《诗》《书》初无识别，盖亦述作无殊之旨也（王伯厚常据古书出孔子前者，考证《论语》所记夫子之言，多有所本。古书或有伪托，不尽可凭，要之古人引用成说，不甚拘别）。夫子之言，见于诸家之称述（诸家不无真伪之参，而子思、孟子之书，所引精粹之言，亦多出于《论语》所不载），而《论语》未尝兼收，盖亦详略互托之旨也。夫六艺为文字之权舆，《论语》为圣言之荟粹，创新述故，未尝有所庸心，盖取足以明道而立教，而圣作明述，未尝分居立言之功也。故曰：古人之言，所以为公也，未尝矜其文辞，而私据为己有也。

周衰文弊，诸子争鸣，盖在夫子既殁，微言绝而大义之已乖也。然而诸子思以其学易天下，固将以其所谓道者争天下之莫可加，而语言文字未尝私其所出也。先民旧章存录而不为识别者，《幼官》《弟子》之篇、《月令》《土方》之训是也。辑其言行，不必尽其身所论述者，管仲之述其身死后事，韩非之载其李斯《驳议》是也。《庄子》《让王》《渔父》之篇，苏氏谓之伪托；非伪托也，为庄氏之学者所附益尔。《晏子春秋》，柳氏以谓墨者之言。非以晏子为墨，为墨学者述晏子事，以名其书，犹《孟子》之《告子》《万章》名其篇也。《吕氏春秋》，先儒与《淮南鸿烈》之解同称，盖谓集众宾客而为之，不能自命专家，斯固然矣。然吕氏、淮南未尝以集众为讳，如后世之掩人所长以为己有也。二家固以裁定之权自命家言，故其宗旨未尝不约于一律，斯又出于宾客之所不与也。诸子之奋起，由于道术既裂，而各以聪明才力之所偏，每有得于大道之一端，而遂欲以之易天下。其持之有故而言之成理者，故将推衍其学术，而传之其徒焉。苟足显其术而立其宗，而援述于前，与附衍于后者，未尝分居立言之功也。故曰：古人之言，所以为公也，未尝矜其文辞，而私据为己有也。

　　夫子因鲁史而作《春秋》，孟子曰"其事齐桓、晋文，其文则史"，孔子自谓窃取其义焉耳。载笔之士有志《春秋》之业，固将惟义之求，其事与文，所以藉为存义之资也。世之讥史迁者，责其裁裂《尚书》《左氏》《国语》《国策》之文，以谓割裂而无当；世之讥班固者，责其孝武以前之袭迁书，以谓盗袭而无耻。此则全不通乎文理之论也。迁史断始五帝，沿及三代、周、秦，使舍《尚书》《左》《国》，岂将为凭虚、亡是之作赋乎？必谓《左》《国》而下，为迁所自撰，则陆贾之《楚汉春秋》，高祖孝文之《传》，皆迁之所采撷，其书后世不传，而徒以所见之《尚书》《左》《国》，怪其割裂焉，可谓知一十而不知二五者矣。固书断自西京一代，使孝武以前不用迁史，岂将为经生决科之同题而异文乎？必谓孝武以后为固之自撰，则冯商、扬雄之纪，刘歆、贾护之书，皆固之所原本，其书后人不见，而徒以所见之迁史，怪其盗袭焉，可谓知白出而不知黑入者矣。以载言为翻空欤？扬、马词赋，尤空而无实者也。马、班不为文苑传，藉是以存风流文采焉，乃述事之大者也。以叙事为征实欤？年表传目，尤实而无文者也。《屈贾》《孟荀》《老庄申韩》之标目，《同姓侯王》《异姓侯王》之分表，初无发明，而仅存题目，褒贬之意，默寓其中，乃立言之大者也。作史贵知其意，非同于掌故，仅求事文之末也。夫子曰："我欲托之空言，不如见诸行事之深切著明也。"此则史氏之宗旨也。苟足取其义而明其志，而事次文篇，未尝分居立言之功也。故曰古人之言所以为公也，未尝矜其文辞，而私据为己有也。

　　汉初经师，抱残守缺，以其毕生之精力，发明前圣之绪言，师授渊源，等于宗支谱系；观弟子之术业，而师承之传授，不啻乌鹊黑白之不可相淆焉，学者不可不尽其心也。公、穀之于《春秋》，后人以谓假设问答以阐其旨尔。不知古人先有口耳之授，而后著之竹帛焉，非如后人作经义，苟欲名家，必以著述为功也。商瞿受《易》于夫子，其后五传而至田何。施、孟、梁丘，皆田何之弟子也。然自田何而上，未尝有书，则三家之《易》，著于《艺文》，皆悉本于田何以上口耳之学也。是知古人不著书，其言未尝不传也。治韩《诗》者，不杂齐、鲁，传伏《书》者，不知孔学；诸学章句训诂，有专书矣。门人弟子，据引称述，杂见传纪章表者，不尽出于所传之书也，而宗旨卒亦不背乎师说。则诸儒著述成书之外，别有微言绪论，口授其徒，而学者神明其意，推衍变化，著于文辞，不复辨为师之所诏，与夫徒之所衍也。而人之观之者，亦以其人而定为其家之学，不复辨其孰为师说，孰为徒说也。盖取足以通其经而传其学，而口耳竹帛，未尝分居立言之功也。故曰，古人之言，所以为公也，未尝矜于文辞，而私据为己有也。

言公中

　　呜呼！世教之衰也，道不足而争于文，则言可得而私矣；实不充而争于名，则文可得而矜矣。言可得而私，文可得而矜，则争心起而道术裂矣。古人之言，欲以喻世；而后人之言，欲以欺世。非心安于欺世也，有所私而矜焉，不得不如是也。古人之言，欲以淑人；后人之言，欲以炫己。非古人不欲炫，而后人偏欲炫也，有所不足与不充焉，不得不如是也。孟子曰："矢人岂不仁于函人哉？操术不可不慎也。"古人立言处其易，后人立言处其难。何以明之哉？古人所欲通者，道也。不得已而有言，譬如喜于中而不得不笑，疾被体而不能不呻，岂有计于工拙敏钝，而勉强为之效法哉？若夫道之所在，学以趋之，学之所在，类以聚之，古人有言，先得我心之同然者，即我之言也。何也？其道同也。传之其人，能得我说而变通者，即我之言也。何也？其道同也。穷毕生之学问思辨于一定之道，而上通千古同道之人以为之藉，下俟千古同道之人以为之辅，其立言也，不易然哉？惟夫不师之智，务为无实之文，则不喜而强为笑貌，无病而故为呻吟，已不胜其劳困矣；而况挟恐见破之私意，窃据自擅之虚名，前无所藉，后无所援，处势孤危而不可安也，岂不难哉？夫外饰之言，与中出之言，其难易之数可知也。不欲争名之言，与必欲争名之言，其难易之数，又可知也。通古今前后，而相与公之言，与私据独得，必欲己出之言，其难易之数，又可知也。立言之士，将有志于道，而从其公而易者欤？抑徒竞于文，而从其私而难者欤？公私难易之间，必有辨矣。呜呼！安得知言之士，而与之勉进于道哉？

　　古未有窃人之言以为己有者，伯宗梁山之对，既受无后之谪，而且得蔽贤之罪矣。古未有窃人之文以为己有者，屈平属草稿未定，上官大夫见而欲夺，既思欺君，而且以谗友矣。窃人之美，等于窃财之盗，老氏言之断断如也。其弊由于自私其才智，而不知归公于道也。向令伯宗荐辇者之贤，而用缟素哭祠之成说，是即伯宗兴邦之言也，功不止于梁山之事也。上官大夫善屈平而赞助所为宪令焉，是即上官造楚之言也，功不止于宪令之善也。韩琦为相，而欧阳修为翰林学士。或谓韩公无文章，韩谓："琦相而用修为学士，天下文章孰大于琦？"呜呼！若韩氏者，可谓知古人言公之旨矣。

　　窃人之所言，以为己有者，好名为甚，而争功次之。功欺一时，而名欺千古也。以己之所作，伪托古人者，奸利为甚，而好事次之；好事则罪尽于一身，奸利则效尤而蔽风俗矣。齐丘窃《化书》于谭峭，郭象窃《庄》注于向秀，君子以谓儇薄无行矣。作者如有知，但欲其说显白于天下，而不必明之自我也。然而不能不恫心于窃之者，盖穿窬肬箧之智，必有窜易更张以就其掩著，而因以失其本指也。刘炫之《连山》，梅赜之《古文尚书》，应诏入献，将以求禄利也。侮圣人之言，而窃比河间、河内之搜讨，君子以为罪不胜诛矣。夫坟典既亡，而作伪者之搜辑补苴（如古文之采辑逸书，散见于记传者，几无遗漏），亦未必无什一之存也。然而不能不深恶于作伪者，遗篇逸句，附于阙文，而其义犹存；附会成书，而其义遂亡也。向令易作伪之心力，而以采辑补缀为己功，则功岂下于河间之《礼》、河内之《书》哉（王伯厚之《三家诗考》，吴草庐之《逸礼》，生于宋、元之间，去古浸远，而尚有功于经学。六朝古书不甚散亡，其为功较之后人必更易为力，惜乎计不出此，反藉以作伪）？郭象

《秋水》《达生》之解义，非无精言名理可以为向之亚也；向令推阐其旨，与秀之所注相辅而行，观者亦不辨其孰向孰郭也，岂至遽等穿窬之术哉？不知言公之旨，而欲自私自利以为功，大道隐而心术不可复问矣。

　　学者莫不有志于不朽，而抑知不朽固有道乎？言公于世，则书有时而亡，其学不至遽绝也。盖学成其家，而流衍者长，观者考求而能识别也。孔氏古文虽亡，而史迁问故于安国，今迁书具存，而孔氏之《书》未尽亡也。韩氏之《诗》虽亡，而许慎治《诗》兼韩氏；今《说文》具存，而韩婴之《诗》未尽亡也。刘向《洪范五行传》与《七略》《别录》虽亡，而班固史学出刘歆；今《五行》《艺文》二志具存，而刘氏之学未亡也。亦有后学托之前修者，褚少孙之藉灵于马迁，裴松之之依光于陈寿，非缘附骥，其力不足自存也。又有道同术近，其书不幸亡逸，藉同道以存者，《列子》残阙，半述于庄生，杨朱书亡，多存于《韩子》；盖庄、列同出于道家，而杨朱为我，其术自近名法也。又有才智自骋，未足名家，有道获亲，幸存斧琢之质者，告子杞柳湍水之辨，藉孟子而获传；惠施白马三足之谈，因庄生而遂显；虽为射者之鹄，亦见不羁之才非同泯泯也。又有琐细之言，初无高论，而幸入会心，竟垂经训。孺子濯足之歌，通于家国；时俗苗硕之谚，证于身心。其喻理者，即浅可深；而获存者，无俗非雅也。凡若此者，非必古人易而后人难也，古人巧而后人拙也，古人是而后人非也，名实之势殊，公私之情异，而有意于言与无意于言者，不可同日语也。故曰无意于文而文存，有意于文而文亡。

　　今有细民之讼，两造具辞，有司受之，必据其辞而赏罚其直枉焉。所具之辞，岂必乡曲细民能自撰哉？而曲直赏罚，不加为之辞者，而加之讼者，重其言之之意，而言固不必计其所出也。墓田陇亩，祠庙宗支，履勘碑碣，不择鄙野，以谓较论曲直，舍是莫由得其要焉。岂无三代钟鼎，秦、汉石刻，款识奇古，文字雅奥，为后世所不可得者哉？取辨其事，虽庸而不可废；无当于事，虽奇而不足争也。然则后之学者，求工于文字之末，而欲据为一己之私者，其亦不足与议于道矣。

　　或曰：指远辞文，《大传》之训也。辞远鄙倍，贤达之言也。“言之不文，行之不远”，辞之不可以已也。今日求工于文字之末者非也，其何以为立言之则欤？曰：非此之谓也。《易》曰：“修辞立其诚。”诚不必于圣人至诚之极致，始足当于修辞之立也。学者有事于文辞，毋论辞之如何，其持之必有其故，而初非徒为文具者，皆诚也。有其故，而修辞以副焉，是其求工于是者，所以求达其诚也。“《易》奇而法，《诗》正而葩”，“《易》以道阴阳”，《诗》以道性情也。其所以修而为奇与葩者，则固以谓不如是，则不能以显阴阳之理与性情之发也。故曰非求工也。无其实而有其文，即六艺之辞，犹无所取，而况其他哉？

　　圣人之言，贤人述之，而或失其指。贤人之言，常人述之，而或失其指。人心不同，如其面焉。而曰言托于公，不必尽出于己者，何也？盖谓道同而德合，其究终不至于背驰也。且赋诗断章，不啻若自其口出，而本指有所不拘也。引言互辨，与其言意或相反，而古人并存不废也。前人有言，后人援以取重焉，是同古人于己也。前人有言，后人从而扩充焉，是以己附古人也。仁者见仁，知者见知，言之从同而异，从异而同者，殆如秋禽之毛，不可遍举也。是以后人述前人，而不废前人之旧也。以为并存于天壤，而是非失得，自听知者之别择，乃其所以为公也。君子恶夫盗人之言，而遽铲去其迹，以遂掩著之私也。若夫前人已失其传，不得已而取裁后人之论述，是乃无可如何，譬失祀者，得其族属而主之，亦可通其魂魄尔。非喻言公之旨，不足以知之。

言公下

　　上窥作者之指，下挹时流之撰。口耳之学既微，竹帛之功斯显……推言公之宗旨，得吾道之一贯。惟日用而不知，鸮炙忘乎飞弹。试一揽夫沿流，蔚春畦之葱蒨。

　　别有辞人点窜，略仿史删（因袭成文，或稍加点窜，惟史家义例有然。诗文集中，本无此例。间有同此例者，大有神奇臭腐之别，不可不辨）。凤困荆墟，悲迷阳于南国（庄子改《凤兮歌》）；《鹿鸣》萍野，诵宵《雅》于《东山》（魏武用《小雅》诗）。女萝薛荔，陌上演山鬼之辞；绮纨流黄，狭斜袭妇艳之故（乐府《陌上桑》与《三妇艳》之辞也）。梁人改《陇头》之歌（增减古辞为之）。韩公删《月蚀》之句（删改卢仝之诗），岂惟义取断章，不异宾筵奏赋（歌古人诗，见己意也）。以至河分阆势，乃联春草青痕（宋诗僧用唐句）；积雨空林，爰入水田白鹭。譬之古方今效，神加减于刀圭；赵壁汉师，变旌旗于节度。艺林自有雅裁，条举难穷其数者也。苟为不然，效出于尤。仿《同谷》之七歌（宋后诗人颇多），拟河间之《四秋》（傅玄、张载，尚且为之，大可骇怪），非由中以出话，如随声而助讴。直是孩提学语，良为有识所羞者矣（点窜之公）。

　　又有诗人流别，怀抱不同。变韵言兮裁文体，拟古事兮达私衷。旨原诸子之寓辞，文人沿袭而成风；后人不得其所自，因疑作伪而相攻。盖伤心故国，斯传塞外之书（李陵《答苏武书》，自刘知几以后，众口一辞，以为伪作。以理推之，伪者何所取乎？当是南北朝时，有南人羁北，而事类李陵，不忍明言者，拟此书以见志耳）；灰志功名，乃托河边之喻（世传鬼谷子《与苏秦张仪书》，言河边之树，处非其地，故招剪伐，托喻以招二子归隐，疑亦功高自危之人所托言也）；读者以意逆志，不异骚人之赋（出之本人，其意反浅，出之拟作，其意甚深，同于骚也）。其后词科取士，用拟文为掌故。庄严则诏诰章表，威猛则文檄露布。作颂准于王褒，著论裁于贾傅。兹乃为矩为规，亦趋亦步。庶几他有心而予忖，亦足阐幽微而互著（拟文之公）。

　　又如文人假设，变化不拘。《诗》通比兴，《易》拟象初。庄入巫咸之座，屈造詹尹之庐。楚太子疾，有客来吴。乌有、子虚之徒，争谈于较猎；凭虚、安处之属，讲议于京都。《解嘲》《客难》《宾戏》之篇衍其绪，镜机、玄微、冲漠之类濬其途。此则寓言十九，诡说万殊者也。乃其因事著称，缘人生义。譬若酒袭杜康之名，钱用邓通之字。空槐落火，桓温发叹于仲文之迁（庾信《枯树赋》所借用者。其实殷仲文迁东阳，在桓温久卒之后）；素月流天，王粲抽毫于应、刘之逝（谢庄《月赋》所借用者，其实王粲卒于应、刘之前）。斯则善愁即为宋玉，岂必楚廷？旷达自是刘伶，何论晋世？善读古人之书，尤贵心知其意。愚者介介而争，古人不以为异也已。

史德

　　才、学、识三者，得一不易，而兼三尤难，千古多文人而少良史，职是故也。昔者刘氏子玄，盖以是说谓足尽其理矣。虽然，史所贵者义也，而所具者事也，所凭者文也。孟子曰："其事则齐桓、晋文，其文则史，义则夫子自谓窃取之矣。"非识无以断其义，非才无以善其文，非学无以练其事，三者固各有所近也，其中固有似之而非者也。记诵以为学也，辞采以为才也，击断以为识也，非良史之才、学、识也。虽刘氏之所谓才、学、识，犹未足以尽其理也。夫刘氏以谓有学无识，如愚估操金，不解贸化。推此说以证刘氏之指，不过欲于记诵之间，知所决择，以成文理耳。故曰：古人史取成家，退处士而进奸雄，排死节而饰主阙，亦曰一家之道然也。此犹文士之识，非史识也。能具史识者，必知史德。德者何？谓著书者之心术也。夫秽史者所以自秽，谤书者所以自谤。素行为人所羞，文辞何足取重？魏收之矫诬，沈约之阴恶，读其书者，先不信其人，其患未至于甚也。所患夫心术者，谓其有君子之心，而所养未底于粹也。夫有君子之心，而所养未粹，大贤以下所不能免也。此而犹患于心术，自非夫子之《春秋》，不足当也。以此责人，不亦难乎？是亦不然也。盖欲为良史者，当慎辨于天人之际，尽其天而不益以人也。尽其天而不益以人，虽未能至，苟允知之，亦足以称著述者之心术矣。而文史之儒，竞言才、学、识，而不知辨心术以议史德，乌乎可哉？

　　今按，刘子玄的"三长论"可以图示如下：

　　　事——齐桓晋文——非学无以练其事——学——记诵……偏于历史（考据）
　　　文——史　　　　——非才无以善其文——才——辞采……偏于文学（辞章）
　　　义——夫子窃取——非识无以断其义——识——系断……偏于哲学（义理）

此论可以与辨伪学相通，详后。章学诚认为，还要"辨心术以议史德"，虽然有理，是诚伪之辨，与文献辨伪学在深层相通，表面上稍微隔了一层。

史注

　　魏、晋以来，著作纷纷，前无师承，后无从学。且其为文也，体既滥漫，绝无古人笔削谨严之义；旨复浅近，亦无古人隐微难喻之故；自可随其诣力，孤行于世耳。至于史籍之掌，代有其人，而古学失传，史存具体。惟于文诰案牍之类次，月日记注之先后，不胜扰扰，而文亦繁芜复沓，尽失迁、固之旧也。是岂尽作者才力之不逮，抑史无注例，其势不得不日趋于繁富也。古人一书，而传者数家。后代数人，而共成一书。夫传者广，则简尽微显之法存。作者多，则抵牾复沓之弊出。复流而日忘其源，古学如何得复，而史策何从得简乎？是以《唐书》倍汉，《宋史》倍唐，检阅者不胜其劳，传习之业，安得不亡？

　　夫文史之籍，日以繁滋，一编刊定，则征材所取之书，不数十年，尝失亡其十之五六，宋、元修史之成规，可复按焉。使自注之例得行，则因援引所及，而得存先世藏书之大概，因以校正艺文著录之得失，是亦史法之一助也。且人心日漓，风气日变，缺文之义不闻，而附会之习，且愈出而愈工焉。在官修书，惟冀塞责，私门著述，敬饰浮名，或剽窃成书，或因陋就简。使其术稍黠，皆可愚一时之耳目，而著作之道益衰。诚得自注以标所去取，则闻见之广狭，功力之疏密，心术之诚伪，灼然可见于开卷之顷，而风气可以渐复于质古，是又为益之尤大者也。然则考之往代，家法既如彼；揆之后世，系重又如此；夫翰墨省于前，而功效多于旧，孰有加于自注也哉？

朱陆

　　告子曰："不得于言，勿求于心；不得于心，勿求于气。"不动心者，不求义之所安，此千古墨守之权舆也。是非之心，人皆有之。不能充之以义理，而又不受人之善，此墨守之似告子也。然而藉人之是非以为是非，不如告子之自得矣。

　　古人著于竹帛，皆其宣于口耳之言也。言一成而人之观者，千百其意焉，故不免于有向而有背。今之黠者则不然，以其所长，有以动天下之知者矣。知其所短，不可以欺也，则似有不屑焉。徒泽之蛇，且以小者神君焉。其遇可以知而不必且为知者，则略其所长，以为未可与言也；而又饰所短，以为无所不能也。雷电以神之，鬼神以幽之，键箧以固之，标帜以市之，于是前无古人，而后无来者矣。天下知者少，而不必且为知者之多也；知者一定不易，而不必且为知者之千变无穷也；故以笔信知者，而以舌愚不必深知者，天下由是靡然相从矣。夫略所短而取其长，遗书具存，强半皆当遵从而不废者也。天下靡然从之，何足忌哉！不知其口舌遗厉，深入似知非知之人心，去取古人，任偏衷而害于道也……其人于朱子盖已饮水而忘源；及笔之于书，仅有微辞隐见耳，未敢居然斥之也。此其所以不见恶于真知者也。而不必深知者，习闻口舌之间，肆然排诋而无忌惮，以谓是人而有是言，则朱子真不可以不斥也。故趋其风者，未有不以攻朱为能事也。非有恶于朱也，惧其不类于是人，即不得为通人也。夫朱子之授人口实，强半出于《语录》。《语录》出于弟子门人世记，未必无失初旨也。然而大旨实与所著之书相表里，则朱子之著于竹帛，即其宣于口耳之言。是表里如一者，古人之学也。即以是义责其人，亦可知其不如朱子远矣，又何争于文字语言之末也哉！

文德

　　凡言义理，有前人疏而后人加密者，不可不致其思也。古人论文，惟论文辞而已矣。刘勰氏出，本陆机氏说而昌论文心；苏辙氏出，本韩愈氏说而昌论文气；可谓愈推而愈精矣。未见有论文德者，学者所宜于深省也。夫子尝言"有德必有言"，又言"修辞立其诚"，孟子尝论"知言""养气"，本乎集义，韩子亦言，"仁义之途"，"《诗》《书》之源"，皆言德也。今云未见论文德者，以古人所言，皆兼本末，包内外，犹合道德文章而一之；未尝就文辞之中言其有才，有学，有识，又有文之德也。凡为古文辞者，必敬以恕。临文必敬，非修德之谓也。论古必恕，非宽容之谓也。敬非修德之谓者，气摄而不纵，纵必不能中节也。恕非宽容之谓者，能为古人设身而处地也。嗟乎！知德者鲜，知临文之不可无敬恕，则知文德矣。

　　韩氏论文，"迎而拒之，平心察之"。喻气于水，言为浮物。柳氏之论文也，"不敢轻心掉之"，"怠心易之"，"矜气作之"，"昏气出之"。夫诸贤论心论气，未即孔、孟之旨，及乎天人、性命之微也。然文繁而不可杀，语变而各有当。要其大旨则临文主敬，一言以蔽之矣。主敬则心平，而气有所摄，自能变化从容以合度也。夫史有三长，才、学、识也。古文辞而不由史出，是饮食不本于稼穑也。夫识生于心也，才出于气也。学也者，凝心以养气，炼识而成其才者也。心虚难恃，气浮易弛。主敬者，随时检摄于心气之间，而谨防其一往不收之流弊也。夫缉熙敬止，圣人所以成始而成终也，其为义也广矣。今为临文，检其心气，以是为文德之敬而已尔。

文理

　　韩退之曰："记事者必提其要，纂言者必钩其玄。"其所谓钩玄提要之书，不特后世不可得而闻，虽当世籍、湜之徒，亦未闻其有所见，果何物哉？盖亦不过寻章摘句，以为撰文之资助耳。此等识记，古人当必有之。如左思十稔而赋《三都》，门庭藩溷，皆著纸笔，得即书之。今观其赋，并无奇思妙想，动心骇魄，当藉十年苦思力索而成。其所谓得即书者，亦必标书志义，先掇古人菁英，而后足以供驱遣尔。然观书有得，存乎其人，各不相涉也。故古人论文，多言读书养气之功，博古通经之要，亲师近友之益，取材求助之方，则其道矣。至于论及文辞工拙，则举隅反三，称情比类，如陆机《文赋》，刘勰《文心雕龙》，锺嵘《诗品》，或偶举精字善句，或品评全篇得失，令观之者得意文中，会心言外，其于文辞思过半矣。至于不得已而摘记为书，标识为类，是乃一时心之所会，未必出于其书之本然。比如怀人见月而思，月岂必主远怀？久客听雨而悲，雨岂必有愁况？然而月下之怀，雨中之感，岂非天地至文？而欲以此感此怀，藏为秘密，或欲嘉惠后学，以谓凡对明月与听霖雨，必须用此悲感，方可领略，则适当良友乍逢，及新昏宴尔之人，必不信矣。是以学文之事，可授受者规矩方圆；其不可授受者心营意造。至于纂类摘比之书，标识评点之册，本为文之末务，不可揭以告人，只可用以自志。父不得而与子，师不得以传弟。盖恐以古人无穷之书，而拘于一时有限之心手也。

文集

　　集之兴也，其当文章升降之交乎？古者朝有典谟，官存法令，风诗采之间里，敷奏登之庙堂，未有人自为书，家存一说者也。自治学分途，百家风起，周、秦诸子之学，不胜纷纷；识者已病道术之裂矣。然专门传家之业，未尝欲以文名，苟足显其业，而可以传授于其徒（诸子俱有学徒传授，《管》《晏》二子书，多记其身后事，《庄子》亦记其将死之言，《韩非·存韩》之终以李斯驳议，皆非本人所撰，盖为其学者，各据闻见而附益之尔），则其说亦遂止于是，而未尝有参差庞杂之文也。两汉文章渐富，为著作之始衰。然贾生奏议，编入《新书》（即《贾子书》。唐《集贤书目》始有《新书》之名）；相如词赋，但记篇目（《艺文志》《司马相如赋》二十九篇，次《屈原赋》二十五篇之后，而叙录总云，《诗赋》一百六家，一千三百一十八篇。盖各为一家言，与《离骚》等），皆成一家之言，与诸子未甚相远，初未尝有汇次诸体，裒焉而为文集者也。自东京以降，讫乎建安、黄初之间，文章繁矣。然范、陈二史（《文苑传》始于《后汉书》），所次文士诸传，识其文笔，皆云所著诗、赋、碑、箴、颂、诔若干篇，而不云文集若干卷，则文集之实已具，而文集之名犹未立也（《隋志》："别集之名，《东京》所创。"盖未深考）。自挚虞创为《文章流别》，学者便之，于是别聚古人之作，标为别集；则文集之名，实仿于晋代（陈寿定《诸葛亮集》二十四篇，本云《诸葛亮故事》，其篇目载《三国志》，亦子书之体。而《晋书·陈寿传》云，定《诸葛集》，寿于目录标题，亦称《诸葛氏集》，盖俗误云）。而后世应酬牵率之作，决科俳扰之文，亦汎滥横裂，而争附别集之名，是诚刘《略》所不能收，班《志》所无可附。而所为之文，亦矜情饰貌，矛盾参差，非复专门名家之语无旁出也。夫治学分而诸子出，公私之交也。言行殊而文集兴，诚伪之判也。势屡变则屡卑，文愈繁则愈乱。苟有好学深思之士，因文以求立言之质，因散而求会同之归，则三变而古学可兴。惜乎循流者忘源，而溺名者丧实，二缶犹且以锺惑，况滔滔之靡有底极者。

篇卷

《易》曰："艮其辅，言有序。"《诗》曰："出言有章。"古人之于言，求其有章有序而已矣。著之于书，则有简策。标其起讫，是曰篇章。孟子曰："吾于《武城》，取二三策而已矣。"是连策为篇之证也。《易·大传》曰："二篇之策，万有一千五百二十。"是首尾为篇之证也。左氏引《诗》，举其篇名，而次第引之，则曰某章云云。是篇为大成，而章为分阕之证也。要在文以足言，成章有序，取其行远可达而已。篇章简策，非所计也。后世文字繁多，爰有校雠之学。而向、歆著录，多以篇卷为计。大约篇从竹简，卷从缣素，因物定名，无他义也。而缣素为书，后于竹简，故周、秦称篇，入汉始有卷也。第彼时竹素并行，而名篇必有起讫；卷无起讫之称，往往因篇以为之卷；故《汉志》所著几篇，即为后世几卷，其大较也。然《诗经》为篇三百，而为卷不过二十有八；《尚书》《礼经》，亦皆卷少篇多，则又知彼时书入缣素，亦称为篇。篇之为名，专主文义起讫，而卷则系乎缀帛短长，此无他义，盖取篇之名书，古于卷也。故异篇可以同卷，而分卷不闻用以标起讫。至班氏《五行》之志、《元后》之传，篇长卷短，则分子卷。是篇不可易，而卷可分合也。嗣是以后，讫于隋、唐，书之计卷者多，计篇者少。著述诸家，所谓一卷，往往即古人之所谓一篇；则事随时变，人亦出于不自知也。惟司马彪《续后汉志》，八篇之书，分卷三十，割篇徇卷，大变班书子卷之法，作俑唐、宋史传，失古人之义矣。

至于其间名小异而实不异者，道书称号，即卷之别名也，元人《说郛》用之。蒯通《隽永》称首，则章之别名也，梁人《文选》用之。此则标新著异，名实故无伤也。唐、宋以来，卷轴之书，又变而为纸册；则成书之易，较之古人，盖不啻倍蓰已也。古人所谓简帙繁重，不可合为一篇者，今则再倍其书，而不难载之同册矣。故自唐以前，分卷甚短。六朝及唐人文集，所为十卷，今人不过三四卷也。自宋以来，分卷遂长。以古人卷从卷轴，势自不能过长；后人纸册为书，不过存卷之名，则随其意之所至，不难巨册以载也。以纸册而存缣素为卷之名，亦犹汉人以缣素而存竹简为篇之名，理本同也。然篇既用以计文之起讫矣，是终古不可改易，虽谓不从竹简起义可也。卷则限于轴之长短，而并无一定起讫之例。今既不用缣素而用纸册，自当量纸册之能胜而为之界。其好古而标卷为名，从质而标册为名，自无不可；不当又取卷数与册本，故作参差，使人因卷寻篇，又复使人挟册求卷，徒滋扰也。夫文之繁省起讫，不可执定；而方策之重，今又不行（古人寂寥短篇，亦可自为一书，孤行于世。盖方策体重，不如后世片纸，难为一书也）；则篇自不能孤立，必依卷以连编，势也。卷非一定而不可易，既欲包篇以合之，又欲破册而分之，使人多一检索于离合之外，又无关于义例焉，不亦扰扰多事乎？故著书但当论篇，不当计卷（卷不关于文之本数，篇则因文计数者也。故以篇为计，自不忧其有阙卷，以卷为计，不能保其无阙篇也）。必欲计卷，听其量册短长，而为铨配可也。不计所载之册，而铢铢分卷，以为题签著录之美观，皆是泥古而忘实者也。《崇文》《宋志》间有著册而不详卷者。明代《文渊阁目》则但计册而无卷矣。是虽著录之阙典，然使卷册苟无参差，何至有此弊也。

师说

经师授受，章句训诂；史学渊源，笔削义例；皆为道体所该。古人"书不尽言，言不尽意"。竹帛之外，别有心传，口耳转受，必明所自，不啻宗支谱系不可乱也。此则必从其人而后受，苟非其人，即已无所受也，是不可易之师也。学问专家，文章经世，其中疾徐甘苦，可以意喻，不可言传。此亦至道所寓，必从其人而后受，不从其人，即已无所受也，是不可易之师也。苟如是者，生则服勤，左右无方，没则尸祝俎豆，如七十子之于孔子可也。至于讲习经传，旨无取于别裁；斧正文辞，义未见其独立；人所共知共能，彼偶得而教我；从甲不终，不妨去而就乙；甲不我告，乙亦可询；此则不究于道，即可易之师也。虽学问文章，亦末艺耳。其所取法，无异梓人之恭琢雕，红女之传缔绣，以为一日之长，拜而礼之，随行隅坐，爱敬有加可也。必欲严昭事之三，而等生身之义，则责者固，而施者亦不由衷矣。

感遇

古者官师政教出于一……韩非致慨于《说难》，曼倩托言于谐隐，盖知非学之难，而所以申其学者难也。然而韩非卒死于说，而曼倩尚畜于俳，何也？一则露锷而遭忌，一则韬锋而幸全也。故君子不难以学术用天下，而难于所以用其学术之学术。古今时异势殊，不可不辨也。古之学术简而易，问其当否而已矣。后之学术曲而难，学术虽当，犹未能用，必有用其学术之学术，而其中又有工拙焉。身世之遭遇，未责其当否，先责其工拙。学术当而趋避不工，见摈于当时；工于遇而执持不当，见讥于后世。沟壑之患逼于前，而工拙之效驱于后……中人之情，乐易而畏难，喜同而恶异，听其言而不察其言之所谓者，十常八九也。有贱丈夫者，知其遇合若是之难也，则又舍其所长，而强其所短，力趋风尚，不必求惬于心，风尚岂尽无所取哉？其开之者，尝有所为；而趋之者，但袭其伪也。夫雅乐不亡于下里，而亡于郑声，郑声工也。良苗不坏于蒿莱，而坏于莠草，莠草似也。学术不丧于流俗，而丧于伪学，伪学巧也。天下不知学术，未尝不虚其心以有待也。伪学出，而天下不复知有自得之真学焉。此孔子之所以恶乡愿，而孟子之所为深嫉似是而非也。然而为是伪者，自谓所以用其学术耳。

辨似

夫言所以明理，而文辞则所以载之之器也。虚车徒饰，而主者无闻，故溺于文辞者，不足与言文也。《易》曰："物相杂，故曰文。"又曰："其旨远，其辞文。"《书》曰："政贵有恒，辞尚体要。"《诗》曰："辞之辑矣，民之洽矣。"《记》曰："毋剿说，毋雷同，则古昔，称先王。"传曰："辞达而已矣。"曾子曰："出辞气，斯远鄙倍矣。"经传圣贤之言，未尝不以文为贵也。盖文固所以载理，文不备，则理不明也。且文亦自有其理，妍媸好丑，人见之者，不约而有同然之情，又不关于所载之理者，即文之理也。故文之至者，文辞非其所重尔，非无文辞也。而陋儒不学，猥曰"工文则害道"。故君子恶夫似之而非者也。

陆士衡曰："虽杼轴于予怀，怵他人之我先；苟伤廉而愆义，亦虽爱而必捐。"盖言文章之士，极其心之所得，常恐古人先我而有是言；苟果与古人同，便为伤廉愆义，虽可爱之甚，必割之也。韩退之曰："惟古于文必己出，降而不能乃剿袭。"亦此意也。立言之士，以意为宗，盖与辞章家流不同科也。人同此心，心同此理。宇宙辽扩，故籍纷揉，安能必其所言古人皆未言邪？此无伤者一也。人心又有不同，如其面焉。苟无意而偶同，则其委折轻重，必有不尽同者，人自得而辨之。此无伤者二也。著书宗旨无多，其言则万千而未有已也，偶与古人相同，不过一二，所不同者，足以概其偶同。此无伤者三也。吾见今之立言者，本无所谓宗旨，引古人言而申明之，申明之旨，则皆古人所已具也。虽然，此则才弱者之所为，人一望而知之，终归覆瓿，于事固无所伤也。乃有黠者，易古人之貌，而袭其意焉。同时之人有创论者，申其意而讳所自焉。或闻人言其所得，未笔于书，而遽窃其意以为己有；他日其人自著为书，乃反出其后焉。且其私智小慧，足以弥缝其隙，使人瞢然莫辨其底蕴焉。自非为所窃者觌面质之，且穷其所未至，其欺未易败也。又或同其道者，亦尝究心反复，勘其本末，其隐始可攻也。然而盗名欺世，已非一日之厉矣。而当时之人，且曰某甲之学，不下某氏，某甲之业，胜某氏焉。故君子恶夫似之而非者也。

万世取信者，夫子一人而已。夫子之言不一端，而贤者各得其所长，不肖者各误于所似。"诲人不倦"，非渎蒙也。"予欲无言"，非绝教也。"好古敏求"，非务博也。"一以贯之"，非遗物也。盖一言而可以无所不包，虽夫子之圣，亦不能也。得其一言，不求是而求似，贤与不肖，存乎其人，夫子之所无如何也。孟子善学孔子者也。夫子言仁知，而孟子言仁义，夫子为东周，而孟子王齐、梁；夫子"信而好古"，孟子乃曰："尽信书，则不如无书。"而求孔子者，必自孟子也。故得其是者，不求似也。求得似者，必非其是者也。然而天下之误于其似者，皆曰吾得其是矣。

说林

道，公也。学，私也。君子学以致其道，将尽人以达于天也。人者何？聪明才力，分于形气之私者也。天者何？中正平直，本于自然之公者也。故曰道公而学私。

道同而术异者，韩非有《解老》《喻老》之书，《列子》有《杨朱》之篇，墨者述晏婴之事，作用不同，而理有相通者也。术同而趣异者，子张难子夏之交，荀卿非孟子之说，张仪破苏秦之从，宗旨不殊，而所主互异者也。

文辞非古人所重，草创讨论，修饰润色，固已合众力而为辞矣。期于尽善，不期于矜私也。丁敬礼使曹子建润色其文，以谓后世谁知定吾文者，是有意于欺世也。存其文而兼存与定之善否，是使后世读一人之文，而获两善之益焉，所补岂不大乎？

司马迁袭《尚书》《左》《国》之文，非好同也，理势之不得不然也。司马迁点窜《尚书》《左》《国》之文，班固点窜司马迁之文，非好异也，理势之不得不然也。有事于此，询人端末，岂必责其亲闻见哉？张甲述所闻于李乙，岂盗袭哉？人心不同，如其面也。张甲述李乙之言，而声容笑貌，不能尽为李乙，岂矫异哉？

诸子体例不明，文集各私撰者，而一人之史，鲜有知之者矣。

弟子承师说而著书，友生因咨访而立解，后人援古义而敷言，不必讳其所出，亦自无愧于立言者也。

陈琳为曹洪作书上魏太子，言破贼之利害，此意诚出曹洪，明取陈琳之辞，收入曹洪之集可也。今云："欲令陈琳为书，琳顷多事，故竭老夫之思。"又云："怪乃轻其家丘，谓为倩人。"此掩著之丑也，不可入曹洪之集矣。

诸子一家之宗旨，文体峻洁，而可参他人之辞。文集，杂撰之统汇，体制兼该，而不敢入他人之笔。其故何耶？盖非文采辞致，不如诸子；而志识卓然，有其离文字而自立于不朽者，不敢望诸子也。果有卓然成家之文集，虽入他人之代言，何伤乎！

庄周《让王》《渔父》诸篇，辨其为真为赝；屈原《招魂》《大招》之赋，争其为玉为璠；固矣夫文士之见也。

醴泉，水之似醴者也。天下莫不饮醴，而独恨不得饮醴泉，甚矣！世之贵夫似是而非者也。

著作之体，援引古义，袭用成文，不标所出，非为掠美，体势有所不暇及也。亦必视其志识之足以自立，而无所藉重于所引之言；且所引者，并悬天壤，而吾不病其重见焉，乃可语于著作之事也。考证之体，一字片言，必标所出。所出之书，或不一二而足，则必标最初者（譬如马、班并有，用马而不用班）。最初之书既亡，则必标所引者（譬如刘向《七略》既亡，而部次见于《汉·艺文志》，阮孝绪《七录》既亡，而阙目见于《隋·经籍志》注。则引《七略》《七录》之文，必云《汉志》《隋注》）。乃是慎言其余之定法也。书有并见，而不数其初，陋矣。引用逸书而不标所出（使人观其所引，一似逸书犹存），罔矣。以考证之体，而妄援著作之义，以自文其剽窃之私焉，谬矣。

人之有能有不能者，无论凡庶圣贤，有所不免者也。以其所能而易其不能，则所求者，可以无弗得也。主义理者拙于辞章，能文辞者疏于徵实，三者交讥而未有已也。义理存乎识，辞章存乎才，徵实存乎学，刘子玄所以三长难兼之论也。一人不能兼，而咨访以为功，未见古人绝业不可复绍也。私心据之，惟恐名之不自我擅焉，则三者不相为功，而且以相病矣。

风尚所趋，必有其弊，君子立言以救弊，归之中正而已矣。

"丧欲速贫，死欲速朽"，有子以谓非君子之言；然则有为之言，不同正义，圣人有所不能免也。今之泥文辞者，不察立言之所谓，而遽断其是非，是欲责人才过孔子也。

荀子著《性恶》，以谓圣人为之"化性而起伪"。伪于六书，人为之正名也。荀卿之意，盖言天质不可恃，而学问必藉于人为，非谓虚诞欺罔之伪也。而世之罪荀卿者，以谓诬圣为欺诞，是不察古人之所谓，而遽断其是非也。

诸子著书，承用文字，各有主义，如军中之令，官司之式，自为律例，其所立之解，不必彼此相通也。屈平之灵修，庄周之因是，韩非之参伍，鬼谷之捭阖。苏张之纵衡，皆移置他人之书而莫知其所谓者也（佛家之根、尘、法、相，法律家之以、准、皆、各、及、其、即、若，皆是也）。

汉儒传经贵专门，专门则渊源不棼也。其弊专己守残，而失之陋。刘歆《七略》，论次诸家流别，而推《官礼》之遗焉，所以解专陋之瘴厉也。唐世修书置馆局，馆局则各效所长也。其弊则漫无统纪，而失之乱。刘知幾《史通》，扬榷古今利病，而立法度之准焉，所以治散乱之瘴厉也。学问文章，随其风尚所趋，而瘴厉时作者，不可不知槟榔犀角之用也。

所虑夫药者，为其偏于治病，病者服之可愈，常人服之，或反致于病也。夫天下无全功，圣人无全用。五谷至良贵矣，食之过乎其节，未尝不可以杀人也。是故知养生者，百物皆可服。知体道者，诸家皆可存。六经三史，学术之渊源也。吾见不善治者之瘴厉矣。

学问文学，聪明才辨，不足以持世，所以持世者，存乎识也。所贵乎识者，非特能持风尚之偏而已也，知其所偏之中，亦有不得而废者焉。非特能用独擅之长而已也，知己所擅之长，亦有不足以该者焉。不得而废者，严于去伪（风尚所趋，不过一偏，惟伪托者，并其偏得亦为所害），而慎于治偏（真有得者，但治其偏足矣），则可以无弊矣。不足以该者，阙所不知，而善推能者；无有其人，则自明所短，而悬以待之（人各有能有不能，充类至尽，圣人有所不能，庸何伤乎？今之伪趋逐势者，无足责矣。其间有所得者，遇非己之所长，则强不知为知，否则大言欺人，以谓此外皆不足道。夫道大如天，彼不见天者，曾何足论。己处门内，偶然见天，而谓门外之天皆不足道，有是理乎？曾见其人，未暇数责），亦可以无欺于世矣。夫道公而我独私之，不仁也。风尚所趋，循环往复，不可力胜，乃我不能持道之平，亦入循环往复之中，而思以力胜，不智也。不仁不智，不足以言学也。不足言学，而嚣嚣言学者乃纷纷也。

知难

为之难乎哉？知之难乎哉？夫人之所以谓知者，非知其姓与名也，亦非知其声容之与笑貌也；读其书，知其言，知其所以为言而已矣。读其书者，天下比比矣；知其言者，千不得百焉。知其言者，天下寥寥矣；知其所以为言者，百不得一焉。然而天下皆曰："我能读其书，知其所以为言矣。"此知之难也。人知《易》为卜筮之书矣；夫子读之，而知作者有忧患，是圣人之知圣人也。人知《离骚》为词赋之祖矣；司马迁读之，而悲其志，是贤人之知贤人也。夫不具司马迁之志，而欲知屈原之志，不具夫子之忧，而欲知文王之忧，则几乎罔矣。然则古之人有其忧与其志，不幸不得后之人有能忧其忧，志其志，而因以湮没不章者盖不少矣。

释通

　　《易》曰："惟君子为能通天下之志。"说者谓君子以文明为德，同人之时，能达天下之志也。《书》曰："乃命重、黎，绝地天通。"说者谓人神不扰，各得其序也。夫先王惧人有匿志，于是乎以文明出治，通明伦类，而广同人之量焉……通史之修，其便有六：一曰免重复，二曰均类例，三曰便铨配，四曰平是非，五曰去牴牾，六曰详邻事。其长有二：一曰具剪裁，二曰立家法。其弊有三：一曰无短长，二曰仍原题，三曰忘标目。何谓免重复？夫鼎革之际，人物事实，同出并见。胜国无徵，新王兴瑞，即一事也。前朝草窃，新主前驱，即一人也。董卓、吕布，范、陈各为立传，禅位册诏，梁、陈并载全文，所谓复也。《通志》总合为书，事可互见，文无重出，不亦善乎？何谓均类例？夫马立《天官》，班创《地理》，《齐志·天文》，不载推步；《唐书·艺文》不叙渊源；依古以来，参差如是。郑樵著《略》，虽变史志章程，自成家法；但六书七音，原非沿革，昆虫草木，何尝必欲易代相仍乎？惟通前后而勒成一家，则例由义起，自就隐括。《隋书·五代史志》（梁、陈、北齐、周、隋），终胜沈、萧、魏氏之书矣（沈约《宋志》、萧子显《南齐志》、魏收《魏志》，皆参差不齐也）。何谓便铨配？包罗诸史，制度相仍。惟人物挺生，各随时世。自后妃宗室，标题著其朝代；至于臣下，则约略先后，以次相比（《南、北史》以宗室分冠诸臣之上，以为识别，欧阳《五代史》，始标别朝代）。然子孙附于祖父，世家会聚宗支（《南、北史》王谢诸传，不尽以朝代为断）。一门血脉相承，时世盛衰，亦可因而见矣。即楚之屈原，将汉之贾生同传，周之太史，偕韩之公子同科，古人正有深意，相附而彰，义有独断，末学肤受，岂得从而妄议耶？何谓平是非？夫曲直之中，定于易代。然晋史终须帝魏，而周臣不立韩通，虽作者挺生，而国嫌宜慎，则亦无可如何者也。惟事隔数代，而衡鉴至公，庶几笔削平允，而折衷定矣。何谓去牴牾？断代为书，各有裁制，详略去取，亦不相妨。惟首尾交错，互有出入，则牴牾之端，从此见矣。居摄之事，班殊于范；二刘始末（刘表、刘焉），范异于陈。统合为编，庶几免此。何谓详邻事？僭国载纪，四裔外国，势不能与一代同其终始；而正朔纪传，断代为编，则是中朝典故居全，而藩国载纪乃参半也。惟南北统史，则后梁、东魏悉其端，而五代汇编，斯吴越、荆、潭终其纪也。凡此六者，所谓便也。何谓具剪裁？通合诸史，岂第括其凡例，亦当补其缺略，截其浮辞，平突填砌，乃就一家绳尺。若李氏《南、北》二史，文省前人，事详往牒，故称良史。盖生乎后代，耳目闻见，自当有补前人，所谓凭藉之资，易为力也。何谓立家法？陈编具在，何贵重事编摩？

专门之业，自具体要。若郑氏《通志》，卓识名理，独见别裁，古人不能任其先声，后代不能出其规范；虽事实无殊旧录，而辨名正物，诸子之意，寓于史裁，终为不朽之业矣。凡此二者，所谓长也。何谓无短长？纂辑之书，略以次比，本无增损，但易标题，则刘知幾所谓"学者宁习本书，怠窥新录"者矣。何谓仍原题？诸史异同，各为品目，作者不为更定，自就新裁。《南史》有《孝义》而无《列女》，《通志》称《史记》以作时代（《通志》汉、魏诸人，皆标汉、魏，称时代，非称史书也。而《史记》所载之人，亦标《史记》，而不标时代，则误仍原文也），一隅三反，则去取失当者多矣。何谓忘题目？帝王、后妃、宗室、世家，标题朝代，其别易见。臣下列传，自有与时事相值者，见于文词，虽无标别，但玩叙次，自见朝代。至于《独行》《方伎》《文苑》《列女》诸篇，其人不尽涉于世事，一例编次，若《南史》吴逵、韩灵敏诸人，几何不至于读其书不知其世耶？凡此三者，所谓弊也。

横通

通人之名，不可概拟也，有专门之精，有兼览之博。各有其不可易，易则不能为良；各有其不相谋，谋则不能为益。然通之为名，盖取譬于道路，四冲八达，无不可至，谓之通也。亦取其心之所识，虽有高下、偏全、大小、广狭之不同，而皆可以达于大道，故曰通也。然亦有不可四冲八达，不可达于大道，而亦不得不谓之通，是谓横通。横通之与通人，同而异，近而远，合而离。

老贾善于贩书，旧家富于藏书，好事勇于刻书，皆博雅名流所与把臂入林者也。礼失求野，其闻见亦颇有可以补博雅名流所不及者，固君子之所必访也。然其人不过琴工碑匠，艺业之得接于文雅者耳。所接名流既多，习闻清言名论，而胸无智珠，则道听途说，根底之浅陋亦不难窥。周学士长发以此辈人谓之横通，其言奇而确也。故君子取其所长而略其所短，譬琴工碑匠之足以资用而已矣。无如学者陋于闻见，接横通之议论，已如疾雷之破山，遂使鱼目混珠，清流无别。而其人亦遂嚣然自命，不自知其通之出于横也。江湖挥麈，别开琴工碑匠家风，君子所宜慎流别也。

横通之人可少乎？不可少也。用其所通之横，以佐君子之纵也。君子亦不没其所资之横也。则如徐生之礼容，制氏之铿锵，为补于礼乐，岂少也哉？无如彼不自知其横也，君子亦不察识其横也，是礼有玉帛，而织妇琢工，可参高堂之座，乐有钟鼓，而镕金制革，可议河间之记也。故君子不可以不知流别，而横通不可以强附清流，斯无恶矣。

评妇女之诗文，则多假借；作横通之序跋，则多称许；一则怜其色，一则资其用也。设如试阮之糊名易书，俾略知臭味之人，详晰辨之，有不可欺者矣。虽然，妇女之诗文，不过风云月露，其陋易见。横通之序跋，则称许学术，一言为智为不智，君子于斯，宜有慎焉。

横通之人，无不好名。好名者，陋于知意者也。其所依附，必非第一流也。有如师旷之聪，辨别通于鬼神，斯恶之矣。故君子之交于横通也，不尽其欢，不竭其忠，为有试之誉，留不尽之辞，则亦足以相处矣。

繁称

　　古人著书，往往不标篇名。后人校雠，即以篇首字句名篇。不标书名，后世校雠，即以其人名书，此见古人无意为标榜也。其有篇名书名者，皆明白易晓，未尝有意为吊诡也。然而一书两名，先后文质，未能一定，则皆校雠诸，易名著录，相沿不察，遂开歧异；初非著书之人，自尚新奇，为吊诡也。

　　有本名质而著录从文者，有本名文而著录从质者，有书本全而为人偏举者，有书本偏而为人全称者，学者不可不知也。本名质而著录从文者，《老子》本无经名，而书尊《道德》；《庄子》本以人名，而书著《南华》之类，是也。本名文而著录从质者，刘安之书，本名《鸿烈解》，而《汉志》但著《淮南内外》；蒯通之书，本名《隽永》，而《汉志》但著《蒯通》本名之类，是也。书名本全而为人偏举者，《吕氏春秋》有十二纪、八览、六论，而后人或称《吕览》；《屈原》二十五篇，《离骚》特其首篇，而后世竟称《骚赋》之类是也。书名本偏而为人全称者，《史记》为书策纪载总名，而后人专名《太史公书》；孙武八十余篇，有图有书，而后人即十三篇称为《孙子》之类，是也。此皆校雠著录之家所当留意。虽亦质文升降，时会有然，而著录之家，不为别白，则其流弊，无异别号称名之吊诡矣。

匡谬

　　书之有序，所以明作书之旨也，非以为观美也。序其篇者，所以明一篇之旨也。至于篇第相承，先后次序，古人盖有取于义例者焉，亦有无所取于义例者焉，约其书之旨而为之，无所容勉强也。《周易·序卦》二篇，次序六十四卦相承之义，《乾》《坤》《屯》《蒙》而下，承受各有说焉。《易》义虽不尽此，此亦《易》义所自具，而非强以相加也。吾观后人之序书，则不得其解焉。书之本旨，初无篇第相仍之义列，观于古人而有慕，则亦为之篇序焉。猥填泛语，强结韵言，以为故作某篇第一，故述某篇第二。自谓淮南、太史、班固、扬雄何其惑耶？夫作之述之，诚闻命矣。故一故二，其说又安在哉？且如《序卦》《屯》次《乾》《坤》，必有其义。盈天地间惟万物，《屯》次《乾》《坤》之义也。故受之以《屯》者，盖言不可受以《需》《讼》诸卦，而必受以《屯》之故也。《蒙》《需》以下，亦若是焉而已矣。此《序卦》之所以称次第也。后人序篇，不过言斯篇之不可不作耳。必于甲前乙后，强以联缀为文，岂有不可互易之理，如《屯》《蒙》之相次乎？是则慕《易》序者，不如序《诗》《书》之为得也。《诗》《书》篇次，岂尽无义例哉？然必某篇若何而承某篇则无是也。六艺垂教，其揆一也。何必优于《易》序，而歉于《诗》《书》之序乎（赵岐《孟子篇序》，尤为穿凿无取）。

　　或曰："附会篇名，强为标榜，盖汉儒说经，求其说而不免太过者也。然汉儒所以为此，岂竟全无所见，而率然自伸其臆欤？"余曰："此恐周末贱儒已有其端矣。著书之盛，莫甚于战国；以著书而取给为干禄之资，盖亦始于战国也。故屈平之草稿，上官欲夺，而《国策》多有为人上书，则文章重，而著书开假借之端矣。《五蠹》《孤愤》之篇，秦王见之，至恨不与同生，则下以是干，上亦以是取矣。求取者多，则矜榜起，而饰伪之风亦开。余览《汉·艺文志》，儒家者流，则有《魏文侯》与《平原君》书。读者不察，以谓战国诸侯公子何以入于儒家？不知著书之人自托儒家，而述诸侯公子请业质疑，因以所问之人名篇居首，其书不传，后人误于标题之名，遂谓文侯、平原所自著也。夫一时逐风会而著书者，岂有道德可为人师，而诸侯卿相，漫无择决，概焉相从而请业哉？必有无其事，而托于贵显之交以欺世者矣。《国策》一书，多记当时策士智谋，然亦时有奇谋诡计，一时未用，而著书之士，爱不能割，假设主臣问难以快其意，如苏子之于薛公及楚太子事，其明徵也。然则贫贱而托显贵交言，愚陋而附高明为伍，策士夸诈之风，又值言辞相矜之际，天下风靡久矣。而说经者目见当日时事如此，遂谓圣贤道德之隆，必藉诸侯卿相相与师尊，而后有以出一世之上也。呜呼！此则囿于风气之所自也。

假设问答以著书，于古有之乎？曰：有从实而虚者，《庄》《列》寓言，称述尧、舜、孔、颜之问答，望而知其为寓也。有从虚而实者，《屈赋》所称渔父、詹尹，本无其人，而入以屈子所自言，是彼无而屈子固有也，亦可望而知其为寓也。有从文而假者，楚太子与吴客，乌有先生与子虚也。有从质而假者，《公》《穀》传经，设为问难，而不著人名，是也。后世之士摛词掞藻，率多诡托，知读者之不泥迹也。考质疑难，必知真名。不得其人，而以意推之，则称或问，恐其以虚构之言，误后人也。近世著述之书，余不能无惑矣。理之易见者，不言可也。必欲言之，直笔于书，其亦可也。作者必欲设问，则已迂矣。必欲设问，或托甲乙，抑称或问，皆可为也。必著人以实之，则何说也？且所托者，又必取同时相与周旋，而少有声望者也，否则不足以标榜也。至取其所著，而还诘问之，其人初不知也，不亦诬乎？且问答之体，问者必浅，而答者必深；问者有非，而答者必是。今伪托于问答，是常以深且是者自予，而以浅且非者予人也，不亦薄乎？君子之于著述，苟足显其义，而折是非之中，虽果有其人，犹将隐其姓名而存忠厚，况本无是说而强坐于人乎？诬人以取名，与劫人以求利，何以异乎？且文有起伏，往往假义有问答，是则在于文势则然，初不关于义有伏匿也。倘于此而犹须问焉，是必愚而至陋者也。今乃坐人愚陋，而以供己文之起伏焉，则是假推官以叶韵也。昔有居下僚而吟诗谤上官者，上官召之，适与某推官者同见。上官诘之，其人复吟诗以自解，而结语云，问某推官。推官初不知也，惶惧无以自白，退而诘其何为见诬。答曰：非有他也，借君衔以叶韵尔。

问难之体，必屈问而申答，故非义理有至要，君子不欲著屈者之姓氏也。孟子拒杨、墨，必取杨、墨之说而辟之，则不惟其人而惟其学。故引杨、墨之言，但明杨、墨之家学，而不必专指杨朱、墨翟之人也。是其拒之之深，欲痛尽其支裔也。盖以彼我不两立，不如是，不足以明先王之大道也。彼异学之视吾儒，何独不然哉？韩非治刑名之说，则儒、墨皆在所摈矣。墨者之言少，而儒则《诗》《书》六艺，皆为儒者所称述，故其历诋尧、舜、文、周之行事，必藉儒者之言以辨之。故诸《难》之篇，多标儒者，以为习射之的焉。此则在彼不得不然也，君子之所不屑较也。然而其文华而辨，其意刻而深，后世文章之士多好观之。惟其文而不惟其人，则亦未始不可参取也。王充《论衡》，则效诸《难》之文而为之。效其文者，非由其学也，乃亦标儒者而诘难之。且其所诘，传记错杂，亦不尽出儒者也。强坐儒说，而为志射之的焉，王充与儒何仇乎？且其《问孔》《刺孟》诸篇之辨难，以为儒说之非也，其文有似韩非矣。韩非绌儒，将以申刑名也。王充之意将亦何申乎？观其深斥韩非鹿马之喻以尊儒，且其自叙，辨别流俗传讹，欲正人心风俗，此则儒者之宗旨也。然则王充以儒者而拒儒者乎？韩非宗旨，固有在矣。其文之隽，不在能斥儒也。王充泥于其文，以为不斥儒，则文不隽乎？凡人相诟，多反其言以诟之，情也。斥名而诟，则反诟者必易其名，势也。今王充之斥儒，是彼斥反诟，而仍用己之名也。

质性

　　《洪范》三德，正直协中，刚柔互克，以剂其过与不及；是约天下之心知血气，聪明才力，无出于三者之外矣。孔子之教弟子，不得中行，则思狂狷，是亦三德之取材也。然而乡愿者流貌似中行而讥狂狷，则非三德所能约也。孔、孟恶之为德之贼，盖与中行狂狷乱而为四也。乃人心不古，而流风下趋，不特伪中行者，乱三为四，抑且伪狂伪狷者流，亦且乱四而为六；不特中行不可希冀，即求狂狷之诚然，何可得耶？孟子之论知言，以为生心发政，害于其事。吾盖于撰述诸家深求其故矣。其曼衍为书，本无立言之旨，可弗论矣。乃有自命成家，按其宗旨，不尽无谓；而按以三德之实，则失其本性，而无当于古人之要道，所谓似之而非也。学者将求大义于古人，而不于此致辨焉，则始于乱三而六者，究且因三伪而亡三德矣。呜呼！质性之论，岂得已哉？

　　《易》曰："言有物而行有恒。"《书》曰："诗言志。"吾观立言之君子，歌咏之诗人，何其纷纷耶？求其物而不得也，探其志而茫然也，然而皆曰："吾以立言也，吾以赋诗也。"无言而有言，无诗而有诗，即其所谓物与志也。然而自此纷纷矣。

　　有志之士，矜其心，作其意，以谓吾不漫然有言也。学必本于性天，趣必要于仁义，称必归于《诗》《书》，功必及于民物，是尧、舜而非桀、纣，尊孔、孟而拒杨、墨；其所言者，圣人复起，不能易也。求其所以为言者，宗旨茫然也。譬如《彤弓》《湛露》，奏于宾筵，闻者以谓肄业及之也。或曰："宜若无罪焉。"然而子莫于焉执中，乡愿于焉无刺也。惠子曰："走者东走，逐者亦东走；东走虽同，其东走之情则异。"观斯人之所言，其为走之东欤？逐之东欤？是未可知也。然而自此又纷纷矣。

　　豪杰者出，以谓吾不漫然有言也，吾实有志焉，物不得其平则鸣也。观其称名指类，或如诗人之比兴，或如说客之谐隐，即小而喻大，吊古而伤时，嬉笑甚于裂眦，悲歌可以当泣，诚有不得已于所言者。以谓贤者不得志于时，发愤著书以自表见也。盖其旨趣，不出于《骚》也。吾读骚人之言矣："纷吾有此内美，又重之以修能。"太史迁曰："余读《离骚》，悲其志。"又曰："明道德之广崇，治乱之条贯，其志洁，其行廉，皭然泥而不滓，虽与日月争光可也。"此贾之所以吊屈，而迁之所以传贾也；斯皆三代之英也。若夫托于《骚》以自命者，求其所以牢骚之故而茫然也。嗟穷叹老，人富贵而己贫贱也，人高第而己摈落也，投权要而遭按剑也，争势利而被倾轧也，为是不得志，而思托文章于《骚》《雅》，以谓古人之志也；不知中人而下，所谓"齐心同所愿，含意而未伸"者也。夫科举擢百十高第，必有数千贾谊，痛哭以吊湘江，江不闻矣。吏部叙千百有位，必有盈万屈原，搔首以赋《天问》，天厌之矣。孟子曰："有伊尹之志则可，无伊尹之志则篡也。"吾谓牢骚者，有屈贾之志则可，无屈贾之志则鄙也。然而自命为骚者，且纷纷矣。

有旷观者，从而解曰：是何足以介也，吾有所言，吾以适吾意也。人以吾为然，吾不喜也，人不以吾为然，吾不愠也。古今之是非，不欲其太明也；人我之意见，不欲其过执也。必欲信今，又何为也？有言不如无言之为愈也。是其宗旨盖欲托于庄周之齐物也。吾闻庄周之言曰："内圣外王之学，暗而不明"也，"百家往而不反，道术将裂"也，"寓言十九，卮言日出。"然而稠适上遂，充实而不可以已，则非无所持，而漫为达观，以略世事也。今附庄而称达者，其旨果以言为无用欤？虽其无用之说，可不存也。而其无用之说，将以垂教欤？则贩夫皂隶，亦未闻其必蕲有用也。豕腹饕餮，羊角戢戢，何尝欲明古今之是非，而执人我之意见也哉？怯之所以胜勇者，力有余而不用也。讷之所以胜辨者，智有余而不竞也。蛟龙战于渊，而蝼蚁不知其胜负；虎豹角于山，而狌狸不知其强弱；乃不能也，非不欲也。以不能而托于不欲，则夫妇之愚，可齐上智也。然而遁其中者，又纷纷矣。

《易》曰："一阴一阳之谓道。"阳变阴合，循环而不穷者，天地之气化也。人秉中和之气以生，则为聪明睿智。毗阴毗阳，是宜刚克柔克，所以贵学问也。骄阳沴阴，中于气质，学者不能自克，而以似是之非为学问，则不如其不学也。孔子曰："不得中行而与之，必也狂狷乎！狂者进取，狷者有所不为。"庄周、屈原，其著述之狂狷乎？屈原不能以身之察察，受物之汶汶，不屑不洁之狷也。庄周独与天地精神相往来，而不傲倪于万物，进取之狂也。昔人谓庄、屈之书，哀乐过人。盖言性不可见，而情之奇至如庄、屈，狂狷之所以不朽也。乡愿者流，托中行而言性天，剿伪易见，不足道也。于学见其人，而以情著于文，庶几狂狷可与乎！然而命骚者鄙，命庄者妄。狂狷不可见，而鄙且妄者纷纷自命也。夫情本于性也，才率于气也。累于阴阳之间者，不能无盈虚消息之机。才情不离乎血气，无学以持之，不能不受阴阳之移也。陶舞愠戚，一身之内，环转无端，而不自知。苟尽其理，虽夫子愤乐相寻，不过是也。其下焉者，各有所至，亦各有所通。大约乐至沉酣，而惜光景，必转生悲；而忧患既深，知其无可如何，则反为旷达。屈原忧极，故有轻举远游餐霞饮瀣之赋；庄周乐至，故有后人不见天地之纯、古人大体之悲；此亦倚伏之至理也。若夫毗于阴者，妄自期许，感慨横生，贼夫骚者也。毗于阳者，猖狂无主，动称自然，贼夫庄者也。然而亦且循环未有已矣。

黠陋

言文章者宗《左》《史》。《左》《史》之于文，犹六经之删述也。《左》因百国宝书；《史》因《尚书》《国语》及《世本》《国策》《楚汉春秋》诸记载，己所为者十之一，删述所存十之九也。君子不以为非也。彼著书之旨，本以删述为能事，所以继《春秋》而成一家之言者，于是兢兢焉，事辞其次焉者也。古人不以文辞相矜私，史文又不可以凭虚而别构；且其所本者，并悬于天壤，观其入于删述之文辞，犹然各有其至焉；斯亦陶镕同于造化矣。吾观近日之文集，而不能无惑也。传记之文，古人自成一家之书，不以入集；后人散著以入集，文章之变也。既为集中之传记，即非删述专家之书矣；笔所闻见，以备后人之删述，庶几得当焉。黠于好名而陋于知意者，窥见当世之学问文章，而不能无动矣，度己之才力，不足以致之；于是有见史家之因袭，而黜次其文为传记，将以渊海其集焉，而不知其不然也。宣城梅氏之历算，家有其书矣。袞录历议，书盈二卷，以为传而入文集，何为乎？退而省其私，未闻其于律算有所解识也。丹溪朱氏之医理，人传其学矣。节抄医案，文累万言，以为传而入文集，何为乎？进而求其说，未闻其于方术有所辨别也。班固因《洪范》之传而述《五行》，因《七略》之书而叙《艺文》。班氏未尝深于灾祥，精于校雠也，而君子以谓班氏之删述，其功有补于马迁；又美班氏之删述，善于因人而不自用也。盖以《汉书》为庙堂，诸家学术比于大镛鼖鼓之陈也。今为梅、朱作传者，似美宗庙百官之美富，而窃取庭燎反坫以为蓬户之饰也。虽然，亦可谓拙矣。经师授受，子术专家，古人毕生之业也。苟可猎取菁华以为吾文之富有，则四库典籍犹董泽之蒲也，又何沾沾于是乎？

承考于《长杨》，何谓也？善则称亲，过则归己，此孝子之行，亦文章之体也。《诗》《书》之所称述，远矣。三代而后，史迁、班固俱世为史，而谈、彪之业亦略见于迁、固之叙矣。后人乃谓固盗父书，而迁称亲善。由今观之，何必然哉？谈之绪论，仅见六家宗旨，至于留滞周南，父子执手欷歔，以史相授，仅著空文，无有实迹。至若彪著《后传》，原委具存，而三纪论赞，明著彪说，见家学之有所授受；何得如后人之所言，致启郑樵诬班氏以盗袭之嫌哉？第史迁之叙谈，既非有意为略；而班固之述彪，亦非好为其详；孝子甚爱其亲，取其亲之行业而笔之于书，必肖其亲之平日，而身之所际不与也。吾观近日之文集，而不能无惑焉。其亲无所称述欤？阙之可也。其亲仅有小善欤？如其量而录之，不可略而为漏，溢而为诬可也。黜于好名而陋于知意者，侈陈己之功绩，累牍不能自休，而曲终奏雅，则曰"吾先人之教也"。甚至敷张己之荣遇，津津有味其言，而赋卒为乱，则曰"吾先德之报也"。夫自叙之文，过于扬厉，刘知幾犹讥其"言志不让，率尔见哂"矣。况称述其亲，乃为自诩地乎？夫张汤有后，史臣为荐贤者劝也；出之安世之口，则悖矣。伯起世德，史臣为清忠者幸也；出之秉、赐之书，则舛矣。昔人谓《长杨》《上林》诸赋，侈陈游观，而末寓箴规，以谓讽一而劝百。斯人之文，其殆自诩百而称亲者一欤？

矜谓者之通，何谓也？国史叙《诗》，申明六艺。盖诗无达言，作者之旨，非有序说，则其所赋不辨何谓也？今之《诗序》，以谓传授失其义，则可也；谓无待于序，不可也。《书》之有序，或者外史掌三皇五帝之书，当有篇目欤？今之《书序》，意亦经师授受之言，仿《诗序》而为者欤？读者终篇，则事理自见；故《书》虽无序，而书义未尝有妨也。且《书》故有序矣，训诰之文终篇记言，则必书事首简，以见训诰所由作。是记事之《书》无需序，而记言之《书》本有序也。由是观之，序之有无，本于文之明晦，亦可见矣。吾观近日之文集，而不能无惑也。树义之文，或出前人所已言也，或其是非本易见也，其人未尝不知之，而必为之论著者，其中或亦有微意焉，或有所托而讽焉，或有所感而发焉；既不明言其故矣，必当序其著论之时世，与其所见所闻之大略，乃使后人得以参互考质，而见所以著论之旨焉。是亦《书》序训诰之遗也。乃观论著之文，论所不必论者，十常居七矣，其中岂无一二出于有为之言乎？然如风《诗》之无序，何由知其微旨也。且使议论而有序，则无实之言类于经生帖括者，亦可稍汰焉，而人多习而不察也。至于序事之文，古人如其事而出之也。乃观后世文集，应人请而为传志，则多序其请之之人，且详述其请之之语。偶然为之，固无伤也；相习成风，则是序外之序矣。虽然，犹之可也。黠于好名而陋于知意者，序人请乞之辞，故为敷张扬厉以谀己也。一则曰：吾子道德高深，言为世楷，不得吾子为文，死者目不瞑焉。再则曰：吾子文章学问，当代宗师，苟得吾子一言，后世所徵信焉。己则多方辞让，人又搏颡固求。凡斯等类，皆入文辞，于事毫无补益，而借人炫己，何其厚颜之甚邪？且文章不足当此，是诬死也；请者本无是言，是诬生也。若谓事之缘起，不可不详，则来请者当由门者通谒，刺揭先投，入座寒温，包苴后馈。亦缘起也，曷亦详而志之乎？而谓一时请文称誉之辞，有异于是乎？

　　著卜肆之应，何谓也？著作降而为文集，有天运焉，有人事焉。道德不修，学问无以自立，根本蹶而枝叶菱，此人事之不得不降也。世事殊而文质变，人世酬酢，礼法制度，古无今有者，皆见于文章。故惟深山不出则已矣，苟涉乎人世，则应求取给，文章之用多而文体分，分则不能不出于文集。其有道德高深，学问精粹者，即以文集为著作，所谓因事立言也。然已不能不世酬酢之事，与给求之用也，若不得为子史专家，语无泛涉也。其误以酬酢给求之文为自立而纷纷称集者，盖又不知其几矣。此则运会有然，不尽关于人事也。吾观近日之文集，而不能无惑也。史学衰，而传记多杂出，若东京以降，《先贤》《耆旧》诸传，《拾遗》《搜神》诸记，皆是也。史学废，而文集入传记，若唐、宋以还，韩、柳志铭，欧、曾序述，皆是也。负史才者不得身当史任，以尽其能事，亦当搜罗闻见，核其是非，自著一书，以附传记之专家。至不得已，而因人所请，撰为碑、铭、序、述诸体，即不得不为酬酢应给之辞，以杂其文指，韩、柳、欧、曾之所谓无如何也。黠于好名而陋于知意者，度其文采不足以动人，学问不足以自立，于是思有所托以附不朽之业也，则见当世之人物事功，群相夸诩，遂谓可得而藉矣。藉之，亦似也；不知传记专门之撰述，其所识解又不越于韩、欧文集也，以谓是非碑志不可也。碑志必出子孙之所求，而人之子孙未尝求之也，则虚为碑志以入集，似乎子孙之求之，自谓庶几韩、欧也。夫韩、欧应人之求而为之，出于不得已，故欧阳自命在五代之史，而韩氏欲诛奸谀于既死，发潜德之幽光，作唐之一经，尚恨托之空言也。今以人所不得已而出之者，仰窥有余美，乃至优孟以摩之，则是词科之拟诰，非出于丝纶，七林之答问，不必有是言也；将何以徵金石，昭来许乎？夫舍传记之直达，而效碑志之旁通，取其似韩、欧耶？则是矉里也。取其应人之求为文望邪？则卜肆也。昔者西施病心而矉，里之丑妇，美而效之；富者闭门不出，贫者挈妻子而去之。贱工卖卜于都市，无有过而问者，则曰：某王孙厚我，某贵卿神我术矣。

俗嫌

　　夫文章之用，内不本于学问，外不关于世教，已失为文之质；而或怀挟褊心，诋毁人物，甚而攻发隐私，诬涅清白；此则名教中之罪人，纵幸免刑诛，天谴所必及也。至于是非所在，文有抑扬；比拟之余，例有宾主；厚者必云不薄，醇者必曰无疵；殆如赋诗必谐平仄，然后音调；措语必用助辞，然后辞达。今为醇厚著说，惟恐疵薄是疑；是文句必去焉哉乎也，而诗句须用全仄全平，虽周、孔复生，不能一语称完善矣。嗟乎！经世之业，不可以为涉世之文。不虞之誉，求全之毁，从古然矣。读古乐府，形容蜀道艰难，太行诘屈，以谓所向狭隘，喻道之穷；不知文字一途，乃亦崎岖如是。是以深识之士黯然无言。自勒名山之业，将俟知者发之，岂与容悦之流较甘苦哉！

针名

　　名者，实之宾。实至而名归，自然之理也，非必然之事也。君子顺自然之理，不求必然之事也。君子之学，知有当务而已矣；未知所谓名，安有见其为实哉？好名者流，徇名而忘实，于是见不忘者之为实尔。识者病之，乃欲使人后名而先实也。虽然，犹未忘夫名实之见者也。君子无是也。君子出处，当由名义。先王所以觉世牖民，不外名教。伊古以来，未有舍名而可为治者也。何为好名乃致忘实哉？曰：义本无名，因欲不知义者由于义，故曰名义。教本无名，因欲不知教者率其教，故曰名教。揭而为名，求实之谓也。譬犹人不知食，而揭树艺之名以劝农；人不知衣，而揭盆缫之名以劝蚕；暖衣饱食者，不求农蚕之名也。今不问农蚕，而但以饮暖相矜耀，必有辍耕织而忍饥寒，假借糠秕以充饱，隐裹败絮以伪暖，斯乃好名之弊矣。故名教名义之为名，农蚕也。好名者之名，饱暖也。必欲骛饱暖之名，未有不强忍饥寒者也。

　　然谓好名者丧名，自然之理也。非必然之事也。昔介之推不言禄，禄亦弗及。实至而名归，名亦未必遽归也。天下之名，定于真知者，而羽翼于似有知而实未深知者。夫真知者，必先自知。天下鲜自知之人，故真能知人者不多也。似有知而实未深知者则多矣。似有知，故可相与为声名。实未深知，故好名者得以售其欺。又况智干术驭，竭尽生平之思力，而谓此中未得一当哉？故好名者往往得一时之名，犹好利者未必无一时之利也。

　　且好名者，固有所利而为之者也。如贾之利市焉，贾必出其居积，而后能获利；好名者，亦必浇漓其实，而后能徇一时之名也。盖人心不同如其面，故务实者，不能尽人而称善焉。好名之人，则务揣人情之所同，不必出于中之所谓诚然也。且好名者，必趋一时之风尚也。风尚循环，如春兰秋鞠之互相变易，而不相袭也。人生其间，才质所优，不必适与之合也。好名者，则必屈曲以徇之，故于心术多不可问也。唇亡则齿寒，鲁酒薄而邯郸围，此言势有必至，理有固然也。学问之道，与人无忮忌，而名之所关，忮忌有所必至也。学问之道，与世无矫揉；而名之所在，矫揉有所必然也。故好名者，德之贼也。

　　若夫真知者，自知之确，不求人世之知之矣。其于似有知实未深知者，不屑同道矣。或百世而上，得一人焉，吊其落落无与俦也，未始不待我为后起之援也。或千里而外，得一人焉，怅其遥遥未接迹也，未始不与我为比邻之洽也。以是而问当世之知，则寥寥矣，而君子不以为患焉。浮气息，风尚平，天下之大，岂无真知者哉？至是而好名之伎亦有所穷矣。故曰实至而名归，好名者丧名，皆自然之理也，非必然之事也。辛之事亦不越于理矣。

砭异

古人于学求其是，未尝求异于人也。学之至者，人望之而不能至，乃觉其异耳，非其自有所异也。夫子曰："俭，吾从众。泰也，虽违众，吾从下。"圣人方且求同于人也。有时而异于众，圣人之不得已也。天下有公是，成于众人之不知其然而然也，圣人莫能异也。贤智之士，深求其故，而信其然。庸愚未尝有知，而亦安于然。而负其才者，耻与庸愚同其然也，则故矫其说以谓不然。譬如善割烹者，甘旨得人同嗜，不知味者，未尝不以谓甘也。今耻与不知味者同嗜好，则必啜糟弃醴，去脍炙而寻藜藿，乃可异于庸俗矣。语云："后世苟不公，至今无圣贤。"万世取信者，夫子一人而已矣。夫子之可以取信，又从何人定之哉？公是之不容有违也。夫子论列古之神圣贤人，众矣。伯夷求仁得仁，泰伯以天下让，非夫子阐幽表微，人则无由知尔。尧、舜、禹、汤、文、武、周公，虽无夫子之称述，人岂有不知者哉？以夫子之圣，而称述尧、舜、禹、汤、文、武、周公，不闻去取有异于众也，则天下真无可以求异者矣。是非之心，人皆有之。至于声色臭味，天下之耳目口鼻，皆相似也。心之所同然者，理也，义也。然天下歧趋，皆由争理义，而是非之心，亦从而易焉。岂心之同然，不如耳目口鼻哉？声色臭味有据而理义无形。有据则庸愚皆知率循，无形则贤智不免于自用也。故求异于人，未有不出于自用者也。治自用之弊，莫如以有据之学，实其无形之理义，而后趋不入于歧途也。夫内重则外轻，实至则名忘。凡求异于人者，由于内不足也。自知不足，而又不胜其好名之心，斯欲求异以加人，而人亦卒莫为所加也。内不足，不得不矜于外，实不至，不得不骛于名，又人情之大抵类然也。以人情之大抵类然，而求异者固亦不免于出此，则求异者何尝异人哉？特异于坦荡之君子尔。夫马，毛鬣相同也，龁草饮水，秣刍饲粟，且加之鞍鞯而施以箝勒，无不相同也，或一日而百里，或一日而千里；从同之中而有独异者，圣贤豪杰，所以异于常人也。不从众之所同，而先求其异，是必诡衔窃辔，踶跳嗤龁，不可备驰驱之用者也。

砭俗

或谓代人属草，有父母者，不当为人述考妣也。颜氏著训，盖谓孝子远嫌，听无声而视无形，至谆谆也。虽然，是未明乎代言之体也。嫌之大者，莫过君臣；周公为成王诏臣庶，则不以南面为嫌。嫌之甚者，莫过于男女；谷永为元帝报许后，即不以内亲为忌。伊古名臣，拟为册祝制诰，则追谥先朝，册后建储，以至训敕臣下，何一不代帝制以言，岂有嫌哉？必谓涉世远嫌，不同官守，乐府孤儿之篇，岂必素冠之棘人？古人寡妇之叹，何非须眉之男子？文人为子述其亲，必须孤子而后可，然则为夫述其妻，必将阍寺而后可乎？夫非礼之礼，非义之义，君子弗为，盖以此哉！

申郑

孔子作《春秋》，盖曰其事则齐桓、晋文，其文则史，其义则孔子自谓有取乎尔。夫事即后世考据家之所尚也，文即后世词章家之所重也，然夫子所取，不在彼而在此。则史家著述之道，岂可不求义意所归乎？自迁、固而后，史家既无别识心裁，所求者徒在其事其文。惟郑樵稍有志乎求义，而缀学之徒嚣然起而争之。然则充其所论，即一切科举之文词、胥吏之簿籍，其明白无疵，确实有据，转觉贤于迁、固远矣。

今按，章学诚据孔子作《春秋》推导出"三维"空间：

第一维度——事——后世考据家之所尚也——考据之学
第二维度——文——后世词章家之所重也——词章之学
第三维度——义——孔子所"窃取之矣"——义理之学

在"三维"基础上展开"三维"辨伪，这是一种基于学术史的辨伪。传统的辨伪往往是单维度的，如柳宗元辨诸子之伪，抓住一点，不及其余，其结论往往经不起推敲。

答客问上

史之大原，本乎《春秋》。《春秋》之义，昭乎笔削。笔削之义，不仅事具始末，文成规矩已也。以夫子"义则窃取"之旨观之，固将纲纪天下，推明大道。所以通古今之变，而成一家之言者，必有详人之所略，异人之所同，重人之所轻，而忽人之所谨，绳墨之所不可得而拘，类例之所不可得而泥，而后微茫杪忽之际，有以独断于一心。及其书之成也，自然可以参天地而质鬼神，契前修而俟后圣，此家学之所以可贵也。陈、范以来，律以《春秋》之旨，则不敢谓无失矣。然其心裁别识，家学具存，纵使反唇相议，至谓迁书退处士而进奸雄，固书排忠节而饰主阙，要其离合变化，义无旁出，自足名家学而符经旨；初不尽如后代纂类之业，相与效子莫之执中，求乡愿之无刺，侈然自谓超迁轶固也。若夫君臣事迹，官司典章，王者易姓受命，综核前代，纂辑比类，以存一代之旧物，是则所谓整齐故事之业也。开局设监，集众修书，正当用其义例，守其绳墨，以待后人之论定则可矣，岂所语于专门著作之伦乎？
唐后史学绝，而著作无专家。后人不知《春秋》之家学，而猥以集众官修之故事，乃与马、班、陈、范诸书，并列正史焉。于是史文等于科举之程式，胥吏之文移，而不可稍有变通矣。

答问

或问："前人之文辞，可改窜为已作欤？"答曰："何为而不可也。古者以文为公器，前人之辞如已尽，后人述而不必作也。赋诗断章，不啻若自其口出也。重在所以为文辞，而不重文辞也。苟得其意之所以然，不必有所改窜，而前人文辞与己无异也。无其意而求合于文辞，则虽字句毫无所犯，而阴仿前人之所云，君子鄙之曰窃矣。"或曰：陈琳为曹洪报魏太子，讳言陈琳为辞。丁敬礼求曹子建润色其文，则曰后世谁知定吾文者。唐韩氏云：'惟古于文必己出，降而不能乃剽窃。'古人必欲文辞自己擅也，岂曰重其意而已哉？"答曰："文人之文，与著述之文，不可同日语也。著述必有立于文辞之先者，假文辞以达之而已。譬如庙堂行礼，必用锦绅玉佩，彼行礼者，不问绅佩之所成。著述之文是也。锦工玉工，未尝习礼，惟藉制锦攻玉以称功，而冒他工所成为己制，则人皆以为窃矣。文人之文是也。故以文人之见解，而议著述之文辞，如以锦工玉工，议庙堂之礼典也。"

或曰："昔者乐广善言，而挚虞妙笔，乐谈挚不能封，挚笔乐不能复，人各有偏长矣。然则有能言而不能文者，不妨藉人为操笔邪？"答曰："潘岳亦为乐广撰让表矣，必得广之辞旨，而后次为名笔，史亦未尝不两称之。两汉以下，人少兼长，优学而或歉于辞，善文而或疏于记。以至学问之中，又有偏擅，文辞一道，又有专长；本可交助为功，而世多交讥互诋，是以大道终不可得而见也。文辞末也，苟去封畛而集专长，犹有卓然之不朽，而况由学问而进求古人之大体乎？然而自古至今，无其人焉，是无可如何者也。"

或曰："诚如子言，文章学问，可以互托。苟有黠者，本无所长，而谬为公义，以滥竽其中，将何以辨之？"答曰："千钧之鼎，两人举之，不能胜五百钧者，仆且蹶矣。李广入程不识之军，而旂旌壁垒，为之一新。才智苟逊于程，一军乱矣。富人远出，不持一钱，有所需而称贷，人争与之，他人不能者何也？惟富于钱，而后可以贷人之钱也。故文学苟志于公，彼无实者，不能冒也。"

或曰："前人之文，不能尽善，后人从而点窜以示法，亦可为之欤？"答曰："难言之矣。著述改窜前人，其意别有所主，故无伤也。论文改窜前人，文心不同，亦如人面，未可以己所见，遽谓胜前人也。刘氏《史通》，著《点烦》之篇矣。左、马以降，并有涂改，人或讥其知史不知文也。然刘氏有所为而为之，得失犹可互见。若夫专事论文，则宜慎矣。今古聪敏智慧，亦自难穷，今人所见，未必尽不如古。大约无心偶会，则收点金之功；有意更张，必多画墁之诮。盖论文贵于天机自呈，不欲人事为穿凿耳。"

或问："近世如方苞氏，删改唐、宋大家，亦有补欤？""夫方氏不过文人，所得本不甚深，况又加以私心胜气，非徒无补于文，而反开后生小子无忌惮之渐也。小慧私智，一知半解，未必不可攻古人之间，拾前人之遗，此论于学术，则可附于不贤识小之例，存其说以备后人之采择可也。若论于文辞，则无关大义，皆可置而不论。即人心不同如面，不必强齐之意也。果于是非得失，后人既有所见，自不容默矣，必也出之如不得已，详审至再而后为之。如国家之议旧章，名臣之策利弊，非有显然什百之相悬，宁守旧而毋妄更张矣。苟非深知此意，而轻议古人，是庸妄之尤，即未必无尺寸之得，而不足偿其寻丈之失也。方氏删改大家，有必不得已者乎？有是非得失，显然什百相悬者乎？有如国家之议旧章，名臣之策利弊，宁守旧而毋妄更张之本意者乎？在方氏亦不敢自谓然也。然则私心胜气，求胜古人，此方氏之所以终不至古人也。凡能与古为化者，必先于古人绳度尺寸不敢逾越者也。盖非信之专而守之笃，则入古不深，不深则不能化。譬如人于朋友，能全管、鲍通财之义，非严一介取与之节者，必不能也。故学古而不敢曲泥乎古，乃服古而谨严之至，非轻古也。方氏不知古人之意，而惟徇于文辞，且所得于文辞者，本不甚深，其私智小慧，又适足窥见古人之当然，而不知其有所不尽然，宜其奋笔改窜之易易也。"

古文公式

古文体制源流，初学入门当首辨也。苏子瞻《表忠观碑》，全录赵抃奏议，文无增损，其下即缀铭诗。此乃汉碑常例，见于金石诸书者，不可胜载；即唐、宋八家文中，如柳子厚《寿州安丰孝门碑》亦用其例，本不足奇。王介甫诧谓是学《史记》诸侯王年表，真学究之言也。李耆卿谓其文学《汉书》，亦全不可解。此极是寻常耳目中事，诸公何至怪怪奇奇，看成骨董？且如近日市井乡间，如有利弊得失，公议兴禁，请官约法，立碑垂久，其碑即刻官府文书告谕原文，毋庸增损字句，亦古法也。岂介甫诸人于此等碑刻犹未见耶？当日王氏门客之訾摘骇怪，更不直一笑矣。

以文辞而论，赵清献请修表忠观原奏，未必如苏氏碑文之古雅。史家记事记言，因袭成文，原有点窜涂改之法。苏氏此碑，虽似抄缮成文，实费经营裁制也。第文辞可以点窜，而制度则必从时。此碑篇首"臣抃言"三字，篇末"制曰可"三字，恐非宋时奏议上陈、诏旨下达之体；而苏氏意中，揣摩《秦本纪》"丞相臣斯昧死言"及"制曰可"等语太熟，则不免如刘知几之所讥，貌同而心异也……余谓奏文辞句，并无一定体式，故可点窜古雅，不碍事理。前后自是当时公式，岂可以秦、汉之衣冠，绘明人之图像耶？苏氏《表忠观碑》，前人不知，而相与骇怪，自是前人不学之过。苏氏之文，本无可议。至人相习而不以为怪，其实不可通者，惟前后不遵公式之六字耳。夫文辞不察义例，而惟以古雅为徇，则"臣抃言"三字，何如"岳曰于"三字更古？"制曰可"三字，何如"帝曰俞"三字更古？舍唐、虞而法秦、汉，未见其能好古也。

古文十弊

余论古文辞义例，自与知好诸君书，凡数十通；笔为论著，又有《文德》《文理》《质性》《黜陋》《俗嫌》《俗忌》诸篇，亦详哉其言之矣。然多论古人，鲜及近世。兹见近日作者，所有言论与其撰著，颇有不安于心，因取最浅近者，条为十通，思与同志诸君相为讲明。若他篇所已及者不复述，览者可互见焉。此不足以尽文之隐，然一隅三反，亦庶几其近之矣。

一曰，凡为古文辞者，必先识古人大体，而文辞工拙又其次焉。不知大体，则胸中是非不可以凭，其所论次未必俱当事理。而事理本无病者，彼反见为不然而补救之，则率天下之人而祸仁义矣。有名士投其母氏行述，请大兴朱先生作志。叙其母之节孝，则谓乃祖衰年病废卧床，溲便无时，家无次丁，乃母不避秽亵，躬亲薰濯。其事既已美矣。又述乃祖于时蹙然不安，乃母肃然对曰："妇年五十，今事八十老翁，何嫌何疑？"呜呼！母行可嘉，而子文不肖甚矣。本无芥蒂，何有嫌疑？节母既明大义，定知无是言也。此公无故自生嫌疑，特添注以斡旋其事，方自以谓得体，而不知适如冰雪肌肤，剜成疮痏，不免愈濯愈痕瘢矣。人苟不解文辞，如遇此等，但须据事直书，不可无故妄加雕饰。妄加雕饰，谓之剜肉为疮，此文人之通弊也。

二曰，《春秋》书内不讳小恶。岁寒知松柏之后彫，然则欲表松柏之贞，必明霜雪之厉，理势之必然也。自世多嫌忌，将表松柏，而又恐霜雪怀惭，则触手皆荆棘矣。但大恶讳，小恶不讳，《春秋》之书内事，自有其权衡也。江南旧家，辑有宗谱。有群从先世为子聘某氏女，后以道远家贫，力不能婚，恐失婚时，伪报子殇，俾女别聘。其女遂不食死，不知其子故在。是于守贞殉烈两无所处，而女之行事实不愧于贞烈，不忍泯也。据事直书，于翁诚不能无歉然矣。第《周官》媒氏禁嫁殇，是女本无死法也。《曾子问》，娶女有日，而其父母死，使人致命女氏。注谓恐失人嘉会之时。是古有辞昏之礼也。今制，婿远游，三年无闻，听妇告官别嫁。是律有远绝离昏之条也。是则某翁诡托子殇，比例原情，尚不足为大恶而必须讳也。而其族人动色相戒，必不容于直书，则匿其辞曰："书报幼子之殇，而女家误闻以为婿也。"夫千万里外，无故报幼子殇，而又不道及男女昏期，明者知其无是理也。则文章病矣。人非圣人，安能无失？古人叙一人之行事，尚不嫌于得失互见也。今叙一人之事，而欲顾其上下左右前后之人，皆无小疵，难矣。是之谓八面求圆，又文人之通弊也。

三曰，文欲如其事，未闻事欲如其人者也。尝见名士为人撰志，其人盖有朋友气谊，志文乃仿韩昌黎之志柳州也，一步一趋，惟恐其或失也。中间感叹世情反复，已觉无病费呻吟矣。末叙丧费出于贵人，及内亲竭劳其事。询之其家，则贵人赠赙稍厚，非能任丧费也。而内亲则仅一临穴而已，亦并未任其事也。且其子俱长成，非若柳州之幼子孤露，必待人为经理者也。诘其何为失实至此？则曰：仿韩志柳墓终篇有云："归葬费出观察使裴君行立，又舅弟卢遵，既葬子厚，又将经纪其家。"附纪二人，文清深厚。今志欲似之耳。余尝举以语人，人多笑之。不知临文摹古，迁就重轻，又往往似之矣。是之谓削趾适屦，又文人之通弊也。

四曰，仁智为圣，夫子不敢自居。瑚琏名器，子贡安能自定。称人之善，尚恐不得其实；自作品题，岂宜夸耀成风耶？尝见名士为人作传，自云吾乡学者，鲜知根本，惟余与某甲，为功于经术耳。所谓某甲，固有时名，亦未见必长经术也。作者乃欲援附为名，高自标榜，恶矣！又有江湖游士，以诗著名，实亦未足副也。然有名实远出其人下者，为人作诗集序，述人请序之言曰："君与某甲齐名，某甲既已弁言，君乌得无题品？"夫齐名本无其说，则请者必无是言，而自诩齐名，藉人炫己，颜颃不复知怍恧矣！且经援服、郑，诗攀李、杜，犹曰高山景仰；若某甲之经，某甲之诗，本非可恃，而犹藉为名。是之谓私署头衔，又文人之通弊也。

五曰，物以少为贵，人亦宜然也。天下皆圣贤，孔、孟亦弗尊尚矣。清言自可破俗，然在典午，则滔滔皆是也。前人讥《晋书》，列传同于小说，正以采摭清言，多而少择也。立朝风节，强项敢言，前史侈为美谈。明中叶后，门户朋党，声气相激，谁非敢言之士？观人于此，君子必有辨矣。不得因其强项申威，便标风烈，理固然也。我宪皇帝澄清吏治，裁革陋规，整饬官方，惩治贪墨，实为千载一时。彼时居官，大法小廉，殆成风俗；贪冒之徒，莫不望风革面，时势然也。今观传志碑状之文，叙雍正年府州县官，盛称杜绝馈遗，搜除积弊，清苦自守，革除例外供支，其文洵不愧于循吏传矣。不知彼时逼于功令，不得不然，千万人之所同，不足以为盛节。岂可见阉寺而颂其不好色哉？山居而贵薪木，涉水而宝鱼虾，人知无是理也，而称人者乃独不然。是之谓不达时势，又文人之通弊也。

六曰，史既成家，文存互见，有如《管晏例传》，而勋详于《齐世家》；张耳分题，而事总于《陈余传》；非惟命意有殊，抑亦详略之体所宜然也。若夫文集之中，单行传记，凡遇牵联所及，更无互著之篇，势必加详，亦其理也。但必权其事理，足以副乎其人，乃不病其繁重尔。如唐平淮西，《韩碑》归功裴度，可谓当矣。后中谗毁，改命于段文昌，千古为之叹惜。但文昌徇于李愬，愬功本不可没，其失犹未甚也。假令当日无名偏裨，不关得失之人，身后表阡，侈陈淮西功绩，则无是理矣。朱先生尝为故编修蒋君撰志，中叙国家前后平定准回要略，则以蒋君总修方略，独力勤劳，书成身死，而不得叙功故也。然志文雅健，学者慕之。后见某中书舍人死，有为作家传者，全袭《蒋志》原文，盖其人尝任分纂数月，于例得列衔名者耳，其实于书未寓目也。是与无名偏裨居淮西功又何以异？而文人喜于摭事，几等军吏攘功，何可训也？是之谓同里铭旌。昔有夸夫，终身未膺一命，好袭头衔，将死，遍召所知，筹计铭旌题字。或徇其意，假藉例封待赠修职登仕诸阶，彼皆掉头不悦。最后有善谐者，取其乡之贵显，大书"勋阶师保殿阁部院某国某封某公同里某人之柩"。人传为笑。故凡无端而影附者，谓之同里铭旌，不谓文人亦效之也，是又文人之通弊也。

七曰，陈平佐汉，志见社肉，李斯亡秦，兆端厕鼠。推微知著，固相士之玄机；搜间传神，亦文家之妙用也。但必得其神志所在，则如图画名家，颊上妙于增毫；苟徒慕前人文辞之佳，强寻猥琐，以求其似；则如见桃花而有悟，遂取桃花作饭，其中岂复有神妙哉？又近来学者喜求徵实，每见残碑断石，余文剩字，不关于正义者，往往藉以考古制度，补史缺遗，斯固善矣。因是行文，贪多务得，明知赘余非要，却为有益后世，推求不惮辞费。是不特文无体要，抑思居今世而欲备后世考征，正如董泽矢材，可胜暨乎？夫传人者文如其人，述事者文如其事，足矣。其或有关考征，要必本质所具，即或闲情逸出，正为阿堵传神。不此之务，但知市菜求增，是之谓画蛇添足，又文人之通弊也。

八曰，文人固能文矣，文人所书之人，不必尽能文也。叙事之文，作者之言也。为文为质，惟其所欲，期如其事而已矣。记言之文，则非作者之言也；为文为质，期于适如其人之言，非作者所能自主也。贞烈妇女，明诗习礼，固有之矣。其有未尝学问，或出乡曲委巷，甚至佣妪鬻婢，贞节孝义，皆出天性之优，是其质虽不愧古人，文则难期于儒雅也。每见此等传记，述其言辞，原本《论语》《孝经》，出入《毛诗》《内则》，刘向之《传》，曹昭之《诫》，不啻自其口出，可谓文矣。抑思善相夫者，何必尽识鹿车鸿案，善教子者，岂皆熟记画荻丸熊，自文人胸有成竹，遂致闺修，皆如板印。与其文而失实，何如质以传真也？由是推之，名将起于卒伍，义侠或奋闾阎，言辞不必经生，记述贵于宛肖。而世有作者，于斯多不致思，是之谓优伶演剧。盖优伶歌曲，虽耕氓役隶，矢口皆叶宫商，是以谓之戏也。而记传之笔，从而效之，又文人之通弊也。

九曰，古人文成法立，未尝有定格也。传人适如其人，述事适如其事，无定之中，有一定焉。知其意者，旦暮遇之。不知其意，袭其形貌，神弗肖也。往余撰和州故给事《成性志传》，性以建言著称，故采录其奏议。然性少遭乱离，全家被害，追悼先世，每见文辞。而《猛省》之篇尤沉痛，可以教孝，故于终篇全录其文。其乡有知名士赏余文曰："前载如许奏章，若无《猛省》之篇，譬如行船，鹢首重而舵楼轻矣。今此婪尾，可谓善谋篇也。"余戏诘云：设成君本无此篇，此船终不行耶？盖塾师讲授《四书》文义，谓之时文，必有法度以合程式。而法度难以空言，则往往取譬以示蒙学，拟于房室，则有所谓间架结构；拟于身体，则有所谓眉目筋节；拟于绘画，则有所谓点睛添毫；拟于形家，则有所谓来龙结穴。随时取譬。然为初学示法，亦自不得不然，无庸责也。惟时文结习，深锢肠腑，进窥一切古书古文，皆此时文见解，动操塾师启蒙议论，则如用象棋枰布围棋子，必不合矣。是之谓井底天文，又文人之通弊也。

十曰，时文可以评选，古文经世之业，不可以评选也。前人业评选之，则亦就文论文可耳。但评选之人，多非深知古文之人。夫古人之书，今不尽传，其文见于史传，评选之家，多从史传采录。而史传之例，往往删节原文，以就骈括，故于文体所具，不尽全也。评选之家不察其故，误谓原文如是，又从而为之辞焉。于引端不具，而截中径起者，诩谓发轫之离奇；于刊削余文，而遽入正传者，诧为篇终之蕲峭。于是好奇而寡识者，转相叹赏，刻意追摹，殆如左氏所云："非子之求，而蒲之觅矣。"有明中叶以来，一种不情不理自命为古文者，起不知所自来，收不知所自往，专以此等出人思议，夸为奇特，于是坦荡之途生荆棘矣。夫文章变化侔于鬼神，斗然而来，戛然而止，何尝无此景象？何尝不为奇特？但如山之岩峭，水之波澜，气积势盛，发于自然；必欲作而致之，无是理矣。文人好奇，易于受惑，是之谓误学邯郸，又文人之通弊也。

妇学

春秋以降，官师分职，学不守于职司，文字流为著述（古无私门著述，说详《校雠通义》）。丈夫之秀异者，咸以性情所近，撰述名家（此指战国先秦诸子家言，以及西京以还经史专门之业）。至于降为辞章，亦以才美所优，标著文采（此指西汉元、成而后，及东京而下诸人诗文集）。而妇女之奇慧殊能，锺于闲气，亦遂得以文辞偏著，而为今古之所称，则亦时势使然而已。然汉廷儒术之盛，班固以谓利禄之途使然。盖功令所崇，贤才争奋，士之学业，等于农夫治田，固其理也。妇人文字，非其职业，间有擅者，出于天性之优，非有争于风气，骛于声名者也（好名之习，起于中晚文人，古人虽有好名之病，不区区于文艺间也。丈夫而好文名，已为识者所鄙。妇女而骛声名，则非阴类矣）。

唐山《房中》之歌，班姬《长信》之赋，《风》《雅》正变（《雅》指《房中》，《风》指《长信》），起于宫闱，事关国故，史策载之。其余篇什寥寥，传者盖寡，《艺文》所录，约略可以观矣。若夫乐府流传，声诗则效，《木兰》征戍，《孔雀》乖离，以及《陌上》采桑之篇，山下蘼芜之什，四时《白纻》，《子夜》芳香，其声啴以缓，其节柔以靡，则自两汉古辞（皆无名氏），讫于六朝杂拟，并是骚客拟辞，思人寄兴，情虽托于儿女，义实本于风人，故其辞多骀宕，不以男女酬答为嫌也（如《陌上桑》《羽林郎》之类，虽以贞洁自许，然幽闲女子，岂喋喋与狂且争口舌哉？出于拟作，佳矣）。至于闺房篇什，间有所传，其人无论贞淫，而措语俱有边幅。文君，淫奔人也，而《白头》止讽相如。蔡琰，失节妇也，而抄书恳辞十吏。

其他安常处顺，及以贞节著者，凡有篇章，莫不静如止水，穆若清风，虽文藻出于天娴，而范思不逾阃外。此则妇学虽异于古，亦不悖于教化者也。

《国风》男女之辞，皆出诗人所拟；以汉、魏、六朝篇什证之，更无可疑（古今一理，不应古人儿女，矢口成章。后世学士，力追而终不逮也）。譬之男优，饰静女以登场，终不似闺房之雅素也。昧者不知斯理，妄谓古人虽儿女子，亦能矢口成章，因谓妇女宜于风雅；是犹见优伶登场演古人事，妄疑古人动止，必先歌曲也（优伶演古人故事，其歌曲之文，正如史传中夹论赞体，盖有意中之言，决非出于口者，亦有旁观之见，断不出本人者，曲文皆所不避。故君子有时涉于自赞，宵小有时或至自嘲，俾观者如读史传，而兼得咏叹之意。体应如是，不为嫌也。如使真出君子小人之口，无是理矣。《国风》男女之辞与古人拟男女辞正当作如是观。如谓真出男女之口，毋论淫者万无如此自暴，即贞者亦万无如此自亵也）。

妇学篇书后

或曰："《诗序》诚不可尽废矣。顾谓古之氓庶，不应能诗，则如役者之谣，舆人之祝，皆出氓庶，其辞至今诵之，岂传记之诬欤？"答曰："此当日谚语，非复雅言，正如先儒所谓殷盘周诰，因于土俗，历时久远，转为古奥，故其辞多奇崛；非如风诗和平庄雅，出于文学士者，亦如典谟之文，虽历久而无难于诵识也。以风诗之和雅，与民俗之谣谚绝然不同，益知国风男女之辞皆出诗人讽刺，而非蚩氓男女所能作也。是则风趣之说不待攻而破，不待教而诛者也。"

诗话

说部流弊，至于诬善党奸，诡名托姓。前人所论，如《龙城录》《碧云骒》之类，盖亦不可胜数，史家所以有别择稗野之道也。事有纪载可以互证，而文则惟意之所予夺，诗话之不可凭，或甚于说部也。

方志立三书议

孟子口：其事，其文，其义，《春秋》之所取也。即薄牒之事而润以尔雅之文，而断之以义，国史方志皆《春秋》之流别也。譬之人身，事者其骨，文者其肤，义者其精神也。断之以义，而书始成家。书必成家，而后有典有法，可诵可识，乃能传世而行远。故曰志者志也，欲其经久而可记也。

盖一书自有一书之体例，《诗》教自与《春秋》分辙也。

《书》曰："诗言志。"古无私门之著述，经子诸史皆本古人之官守；诗则可以惟意所欲言。唐、宋以前，文集之中无著述。文之不为义解（经学）、传记（史学）、论撰（子家）诸品者，古人始称之为文。其有义解、传记、论撰诸体者，古人称书，不称文也。萧统《文选》，合诗文而皆称为文者，见文集之与诗同一流别也。

和州志艺文书序例

前代搜访图书，不悬重赏，则奇书秘策，不能会萃；苟悬重赏，则伪造古逸，妄希诡合；三坟之《易》，古文之《书》，其明徵也。向令方州有部次之书，下正家藏之目，上借中秘之徵，则天下文字，皆著籍录；虽欲私锢而不得，虽欲伪造而不能，有固然也。夫人口孳生，犹稽版籍；水土所产，犹列职方。况乎典籍文章为学术源流之所自出，治功事绪之所流传，不于州县志书，为之部次条别，治其要删，其何以使一方文献无所阙失耶？

和州志列传总论

至于正史之外，杂记之书，若《高祖》《孝文》，论述策诏，皆称为传（《汉·艺文志》有《高祖传》十三篇，《孝文传》十一篇），则故事之祖也。《穆天子传》《汉武内传》，小说之属也。刘向《列女传》，嵇康《高士传》，专门之纪也。王肃《家传》，王衮《杂传》，一家之书也。《东方朔传》《陆先生传》，一人之行也。

和州志前志列传序例上

《记》曰："疏通知远，《书》教也；比事属辞，《春秋》教也。"言述作殊方，而风教有异也。孟子曰："颂其诗，读其书，不知其人可乎？"言坟籍具存，而作者之旨不可不辨也。古者史官各有成法，辞文旨远，存乎其人。孟子所谓其文则史，孔子以谓义则窃取，明乎史官法度不可易，而义意为圣人所独裁。

和州文徵序例

古人著述，各自名家，未有采辑诸人，裒合为集者也。自专门之学散，而别集之风日繁，其文既非一律，而其言时有所长，则选辑之事兴焉。

论著者，诸子遗风，所以托于古之立言垂不朽者，其端于是焉在。刘勰谓论之命名，始于《论语》，其言当矣。晁氏《读书志》，援"论道经邦"，出于《尚书》，因诋刘氏之疏略。夫《周官》篇出伪古文，晁氏曾不之察，亦其惑也。诸子风衰，而文士集中乃有论说辨解诸体，若书牍题跋之类，则又因事立言，亦论著之派别也。

修志十议

三，议征信。邑志尤重人物，取舍贵辨真伪。凡旧志人物列传，例应有改无削。新志人物，一凭本家子孙列状投柜，核实无虚，送馆立传。此俱无可议者。但所送行状，务有可记之实，详悉开列，以备采择，方准收录。如开送名宦，必详曾任何职，实兴何利，实除何弊，实于何事有益国计民生，乃为合例。如但云清廉勤慎，慈惠严明，全无实徵，但作计荐考语体者，概不收受。又如卓行亦必开列行如何卓，文苑亦必开列著有何书，见推士林，儒林亦必核其有功何经，何等著作有关名教，孝友亦必开明于何事见其能孝能友。品虽毋论庸奇偏全，要有真迹，便易采访。否则行皆曾、史，学皆程、朱，文皆马、班，品皆夷、惠，鱼鱼鹿鹿，何以辨真伪哉？至前志所收人物，果有遗漏，或生平大节，载不尽详，亦准其与新收人物，一例开送，核实增补。

今按，若不明"义法"，则难以辨真伪。一部《文史通义》通篇即讲"义法"，因此在某种意义上来看，《文史通义》也是一部别具一格的辨伪专著。

古人官师合一

《校雠通义·原道篇》云：

> 刘歆盖深乎古人官师合一之道，而有以知私门无著述之故也。何则其叙六艺而后，次及诸子百家，必云某家者流，盖出于古者某官之掌，其流而为某氏之学，失而为某氏之弊。其云某官之掌，即法具于官，官守其书之义也；其云流而为某家之学，即官司失职而师弟传业之义也；其云失而为某氏之弊，即孟子所谓生心发政作政害事；辨而别之，盖欲庶几于知言之学者也。

六艺乃周官之旧典

> 六艺乃周官之旧典也。《易》掌太卜，《书》掌外史，《礼》在宗伯，《乐》隶司乐，《诗》领于太师，《春秋》存于国史。夫子自谓述而不作，明乎官司失守，而师弟子之传业于是判焉。秦人禁偶语《诗》《书》，而云欲学法令者，以吏为师。其弃《诗》《书》，非也，其曰以吏为师，则犹官守学业合一之谓也。由秦人以吏为师之言，想见三代盛时，《礼》以宗伯为师，《乐》以司乐为师，《诗》以太师为师，《书》以外史为师，三《易》《春秋》亦若是而已矣。

金毓黻在《中国史学史》中分析道："此所谓官师合一，即古人学在王官之证。古人之要典，皆由百司之史掌之，故百家之学，悉在王官，而治学之士，多为公卿之子弟，就百官之史而学之，故其学不能下逮于庶民。迨周之衰，王官失守，散而为诸子百家，民间亦得以其业私相传授。而刘、班二氏溯其源，曰某家者流，出于古者某官，虽其所说，未必尽雠，而古人官师合一之旨，借是以明，章氏所说，最为得古人之意者也。秦人以吏为师，吏即史也，惟古今有不同者，一则学下逮于庶民，而百家之学以兴；一则所学以法令为限，而百家之学以绝耳。《汉志》谓道家出于史官，其为说之当否，姑不具论，惟章学诚谓六经皆史，近人多宗其说。至谓六经百家之学，悉出于史官，究有断限不明之嫌，若谓其书悉掌于百司之史，则无可疑者也。"既然六艺为周官旧典，其真实性就毋庸置疑，显然章学诚归纳的这一命题也属于辨伪学的范畴。

"章七条"

顾颉刚《古今伪书考跋》云：

论伪书者，予最服膺实斋。窃取其言，分为七类，非可以伪书包也：

一曰"师说"。圣人制作，守于官司；及周末文胜，轶为百家。口耳之学不能无差，则著于竹帛以授之其人，所以求传习之广焉。是以羲、农、黄帝之书杂出于战国，连类于汉、魏。其后有卓越之人，为众宗仰，法度犹传，笔札未录，则知之者亦述之而仍其人。此正古人言公之旨，不必以诚伪规度者也。如《素问》《本草》《山海经》《周髀算经》《易传》《三礼》《难经》《星经》，虽有伪附，又不能定其著书之人，然终不当与虚造者等视。今四库所著录，诸家书目所胪列，医药、术数之书独多依托，良由此等学说不凭书籍以传耳。

二曰"后记"。《管子》述死后事，《韩非》载李斯驳议，盖古人书无私著，大出后学缀辑，虽有不伦，无乖传信。故《管子》《晏子》不可谓之伪书，犹《春秋公羊传》成于高孙寿，《尚书大传》录于张生、欧阳生也。论其体例，与前类颇同。惟前在记学，学则虽远无弗赅，纵法言多疏，师承非可悉求，亦以意联贯为之；此在记事，事则年代不能遽，言行不能虚构：所以异也。

三曰"挟持"。或蹈偶之名，或袭散见之语。是故因倚相而有《三坟》；因老传而有《关尹》；贾生感赋，遂作《鹖冠》；列子夸言，因成《穆传》：其附托巧而心日拙矣。章氏曰："刘炫之《连山》，梅赜之《古文尚书》，应诏入献，将以求禄利也。夫坟、典既亡，而作伪者之搜辑补苴，未必无什一之存，如古文之搜辑逸书，散见于记传者几无遗漏。六朝古书不甚散亡，采辑之功必易为力。计不出此，藉以作伪，岂不惜哉！"是故，薛据作伪，则亦王肃也；江声作伪，则亦梅赜也。然而一存补逸之功，一有乱古之罪者，操术不可不慎也。此伪托古昔者也。

四曰"假重"。名贤之作，为世宝贵；苟有一籍之传，奚止十缣之价。故《小学》推晦庵，《政经》题西山，《杜解》归子瞻，《潜虚》属君实。此伪托近世者也。凡兹二类，胥实斋所谓奸利。"欺于朝则得禄位，欺于市足恣垄断"：心术之蔽，有如是哉！

五曰"好事"。盖体同于拟作，心在乎炫奇。弄数十之愚人，戏千年之古子。脱略不羁，风流自赏。明丰坊、姚士粦辈傥其人乎！又或心怀愤激，辄欲诬陷嫁祸，僧孺《行纪》、圣俞《碧云骝》作焉。

六曰"攘夺"。前此数类皆自作之而以伪人，此则窃人之言以为己有，于诸书中品最下矣。章氏曰："窃人之美，等于窃财之盗，老氏言之，断断如也。谭峭窃《化书》于齐丘，郭象窃《庄子》于向秀，作者有知，不能不恫心于窃之者，盖穿窬肤箧之智必有窜易更张，以就其掩著而失其本旨也。不知言公之旨，而欲自利以为功，大道废而心术不可问矣！"予谓清代古籍大明，所不著者必已弗传，而采辑诸书逸文，则有《玉函》五百余种，《抱经》《平津》《问经》《别下》《心斋》《鲁山》百余种，粲然毕陈，欲伪古者已无从措手，挟持好事之途庶几可绝。独攘夺则剧于前古，往往万目昭昭，而攘金者咸攘臂于市。举国化之，恬不为怪。其能窜易更张，盖犹绝少。廉耻道丧，遂令王俭、阮逸宜尊美让，悲哉！

七曰"误会"。本非伪书，后人迷不能辨，遂沿传为伪作。举凡姚君所谓"有后人妄托其人之名者""有两人共此一书名，今传者不知为何人作者""有未足定其著书之人者"，皆是也。

今按，章学诚的辨伪方法可以归纳为"三维辨伪"，三维即"事—文—义"。《文史通义·博约中》云：

王伯厚氏，盖因名而求实者也。昔人谓韩昌黎因文而见道，既见道，则超乎文矣。王氏因待问而求学，既知学，则超乎待问矣。然王氏诸书，谓之纂辑可也，谓之著述，则不可也，谓之学者求知之功力可也，谓之成家之学术，则未可也。今之博雅君子，疲精劳神于经传子史，而终身无得于学者，正坐宗仰王氏，而误执求知之功力，以为学即在是尔。学与功力，实相似而不同。学不可以骤几，人当致攻乎功力则可耳。指功力以谓学，是犹指秫黍以谓酒也。

这段话表面上是批评王伯厚，其实是批评顾炎武，顾炎武《日知录》正是继承《困学纪闻》的治学路数。《文史通义·说林》公开批评乾嘉汉学："尊汉学，尚郑、许，今之风尚如此，此乃学古，非即古学也，居然唾弃一切，若隐有所恃。"

二十九、崔述

（一）崔述其人

崔述（1740—1816），字武承，号东壁，直隶大名人，乾隆举人，历官知县等。清朝著名的辨伪学者。著作由门人陈履和汇刻为《东壁遗书》，内以《考信录》三十二卷最令学者注目。

（二）崔述的文献辨伪

1. 《考信录》释例

崔述的《考信录》，虽非为辨伪而作，但他对于先秦的书，除《诗》《书》《易》《论语》外，几乎都怀疑，连《论语》也有一部分不相信。

崔述《考信录自序》云：

《考信录》何以有《提要》也？所以自明作《考信录》之故也。薛敬轩先生云："自考亭以还，斯道已大明，无烦著作，直须躬行耳。"此不过因世之学者心无实得，而但剽袭先儒道学陈言以为明道，以炫世而取名，故为是言以警之耳。朱子以后，岂无一二可言者乎！朱子以《书传》属蔡沈，以《丧》《祭》二礼属黄榦，至于《春秋经传》，绝无论著，是朱子亦尚有未及为者。《鸱鸮》，《诗传》沿用《伪传》旧说，及与蔡沈书，始改以从郑，是朱子亦尚有未及正者。况自近世以来才俊之士喜尚新奇，多据前人注疏，强词夺理以驳朱子，是朱子亦尚有待后人之羽翼者。苟有所见，岂容默而不言。故先之以《提要》，以见茹之而不能茹者，良有所不得已，阅者当有以谅其苦心也。

其《少年遇合记略》云：

> 余何以能著《考信录》也？祖宗父母之所教养，亦师长先达之所扶持而长育之者也。余幼而家贫，少长即被水患，田庐悉没，性又拙于逢世；然往往有先达诸公重其才而怜其遇，导其前而恤其艰者，以故衣食粗给，闻见渐广，以至于今。三十以后，所遇渐多龃龉。四十以来，抑又甚焉。乡曲之豪排之厄之者常不乏人，而有权势者惟重财，不复问及士，几于不能自存矣。藉使少年时即如中年所遇，当不免于穷饿以死，何有于书！即幸而不死，而奔走困厄之余，能糊其口足矣，何暇读书，又何暇于著此书也！余不才，不能有所建白于世，使天下后世指而目之曰，某人知人，某人知人，而仅于有此书，其何忍不溯其所由来乎！书既成，乃追记其少年遇合之略，以附于《考信录》之后云。

赵贞信辑录《崔述考辨古籍语》，为我们准备了丰富的材料。赵贞信说："崔述一生最大的贡献，就在他的'考信'的精神。他作《考信录》的目的，是想把古代的帝王、圣贤们的事情，一件一件都考得真真实实。古代的帝王、圣贤们的事情为什么传到后代就会不真实了？它的原因当然很多，但后人所以能够知道古代帝王、圣贤们的事情，是依靠书本的，因为书本的著作者和著作的时代不真实，就牵涉到里面的记载也成了不真实，这实在是许多原因里面的一个重要原因。他既然要考实古代的帝王、圣贤们的事情，那就不得不首先搞清楚那些书本的真真著作者和真真的著作时代，因为这样，所以在《考信录》里就有了很多的考辨古籍真伪的文字。"撰写《考信录》的目的是为了考辨史实之真伪，与文献辨伪有关。崔述在文献辨伪学方面也做出了卓越的贡献。

考信录·释例

（1）时代与识见（以下三章，通论读书当考信之意）。

圣人之道，在六经而已矣。二帝、三王之事备载于《诗》《书》（《书》谓《尧典》等三十三篇），孔子之言行具于《论语》。文在是，即道在是，故孔子曰："文王既没，文不在兹乎"？六经以外，别无所谓道也。顾自秦火以后，汉初诸儒传经者各有师承，传闻异词，不归于一，兼以战国之世，处士横议，说客托言，杂然并传于后，而其时书皆竹简，得之不易，见之亦未必能记忆，以故难于检核考正，以别其是非真伪。东汉之末，始易竹书为纸，检阅较前为易；但魏、晋之际，俗尚词章，罕治经术，旋值刘、石之乱，中原陆沉，书多散轶，汉初诸儒所传《齐诗》《鲁诗》《齐论》《鲁论》陆续皆亡，惟存《毛诗序传》及张禹更定之《论语》，而伏生之《书》，田何之《易》，邹、夹之《春秋》亦皆不传于世。于时复生妄人，伪造《古文尚书》经传、《孔子家语》，以惑当世。二帝、三王、孔门之事于是大失其实。学者专己守残，沿讹踵谬，习为固然，不之怪也。虽间有一二有识之士摘其疵谬者，然特太仓稊米，而亦罕行于世。直至于宋，名儒迭起，后先相望，而又其时印本盛行，传布既多，稽核最易，始多有抉摘前人之误者。或为文以辨之（如欧阳永叔《帝王世次图序》《泰誓论》，苏明允《喾妃论》，王介甫《伯夷论》之类），或为书以正之（如郑樵《诗辨妄》，赵汝谈《南塘书说》之类），或作传注以发明之（如朱子《论语》《孟子集注》《诗集传》、蔡氏《书传》之类）。盖至南宋而后六经之义大著。然经义之失真已千余年，伪书曲说久入于人耳目，习而未察，沿而未正者尚多，所赖后世之儒踵其余绪而推广之，于所未及正者补之，已正而世未深信者阐而明之，帝王圣贤之事岂不粲然大明于世！乃近世诸儒类多摭拾陈言，盛谈心性，以为道学，而于唐、虞、三代之事罕所究心。亦有参以禅学，自谓明心见性，反以经传为肤末者。而向来相沿之误遂无复有过而问焉者矣！余年三十，始知究心六经，觉传记所载与注疏所释往往与经互异。然犹未敢决其是非，乃取经传之文类而辑之，比而察之，久之而后晓然知传记注疏之失。

（2）人言不可尽信。

人之言不可信乎？天下之大，吾非能事事而亲见也，况千古以上，吾安从而知之！人之言可尽信乎？马援之薏苡以为明珠矣；然犹有所因也。无兄者谓之盗嫂，三娶孤女者谓之挝妇翁，此又何说焉！舌生于人之口，莫之扪也；笔操于人之手，莫之制也；惟其意所欲言而已，亦何所不至者！余自幼时闻人之言多矣，日食止于十分，月食有至十余分者。世人不通历法，咸曰月一夜再食也；甚有以为己尝亲见之者。余虽尚幼，未见历书，然心独疑之。会月食十四分有奇，夜不寝以观之，竟夜初未尝再食也。唯食既之后，良久未生光，计其时刻约当食四分有奇之数，疑即指此而言。然同人皆不以为然。又数年，见诸家历书果与余言相同。人之言其安从而信之！郡城刘氏家有星石二枚，里巷相传，咸谓先时尝落星于其第，化而为石。余自幼即闻而疑之。稍长，从刘氏兄弟游，亲见其石，及其所刻篆文楷字，细诘之，则曰：“实无是事。先人宦南方，得此石，奇其状非人世所有，聊刻此言以为戏耳。”此现有石可据，有文可征，然且非实，人之言其又安从而信之！周道既衰，异端并起，杨、墨、名、法、纵横、阴阳诸家莫不造言设事以诬圣贤。汉儒习闻其说而不加察，遂以为其事固然，而载之传记。若《尚书大传》《韩诗外传》《史记》《戴记》《说苑》《新序》之属，率皆旁采卮言，真伪相淆。继是复有谶纬之术，其说益陋，而刘歆、郑康成咸用之以说经。流传既久，学者习熟见闻，不复考其所本，而但以为汉儒近古，其言必有所传，非妄撰者。虽以宋儒之精纯，而沿其说而不易者盖亦不少矣。至《外纪》《皇王大纪》《通鉴纲目前编》等书出，益广搜杂家小说之说以见其博，而圣贤之诬遂万古不白矣！孟子曰：“尽信《书》则不如无《书》；吾于《武成》，取二三策而已矣。”圣人之读经，犹且致慎如是，况于传注，又况于诸子百家乎！孟子曰：“博学而详说之，将以反说约也。”然则欲多闻者，非以逞博也，欲参互考订而归于一是耳。若徒逞其博而不知所择，则虽尽读五车，遍阅四库，反不如孤陋寡闻者之尚无大失也。

（3）少见者多误。

凡人多所见则少所误，少所见则多所误。唐卫退之饵金石药而死，故白居易诗云：“退之服硫黄，一病讫不瘥。”而宋人杂说遂谓韩退之作《李于墓志》戒人服金石药，而自饵硫黄。无他，彼但知有韩昌黎字退之，而不知唐人之字退之者尚多也！

故曰，少所见则多所误也。余崔在魏，族颇繁，然外县人罕识之，多知有余兄弟。族人有病于试场者，则相传以为余兄弟病也。族人有畜优者，则相传以为余兄弟畜优也。此耳目之前，身亲之事，犹若此，则天下之大，千古以上可知已。故好德不如好色，许允事也，而近世类书以为许浑。韩魏公在扬州与客赏金带围，王珪与陈旭、王安石也，而近世类书以为王曾。晋、宋之事且犹不免传讹，况乎三代以上固当有十倍于此者。是以颜阖之事载为颜渊，阖我所为移之宰我，诸如此类盖不可数。但此幸而本书尚存，犹可考而知之；若不幸而《吕氏春秋》亡，人必以论东野毕者为颜渊，《左传》亡，人必以陈恒所杀者为宰予。虽聒而与之语，终不见听，必曰："古者言如是，夫岂无所传而妄记者！"然则唐、虞、三代之事，战国、秦、汉所述，其移甲为乙，终古不白者，岂可胜道哉……故今《录》中凡事之不见于经者，度其不类此人之事，则削之而辨之。嗟夫，嗟夫，此难为眇见寡闻而粗心浮气者道也！

（4）以己度人（以下七章，皆论战国邪说寓言不可征信）。

人之情好以己度人，以今度古，以不肖度圣贤。至于贫富贵贱，南北水陆，通都僻壤，亦莫不互相度。往往迳庭悬隔，而其人终不自知也。汉疏广为太子太傅，以老辞位而去，此乃士君子常事；而后世论者谓广见赵、盖、韩、杨之死故去。无论盖、韩、杨之死在此后，藉使遇宽大之主，遂终己不去乎！何其视古人太浅也！昭烈帝临终托孤于诸葛武侯，曰："嗣子可辅，辅之；若不可辅，君可自取，毋令他人得之。"此乃肺腑之言，有何诈伪，而后世论者谓昭烈故为此言以坚武侯之心……夫僧之心吾诚不知其何如，然其事则损己以利人也，损己利人而犹谓其欲损人以利己，其毋乃以己度人矣乎！然此犹他人事也。余之在闽也，无名之征悉蠲之民，有余之税悉解之上；淡泊清贫之况，非惟百姓知之，即上官亦深信之。然而故乡之人隔数千余里终不知也，归里之后，人咸以为携有重赀。既而僦居隘巷，移家山村，见其饭一盂，蔬一盘，犹曰："是且深藏，不肯自炫耀也。"故以己度人，虽耳目之前而必失之；况欲以度古人，更欲以度古之圣贤，岂有当乎！是以唐、虞、三代之事，见于经者皆纯粹无可议，至于战国、秦、汉以后所述，则多杂以权术诈谋之习，与圣人不相类，无他，彼固以当日之风气度之也！故《考信录》但取信于经，而不敢以战国、魏、晋以来度圣人者遂据之为实也。

（5）虚言衍成实事。

战国之时，说客辨士尤好借物以喻其意。如"楚人有两妻"，"豚蹄祝满家"，"妾覆药酒"，"东家食，西家宿"之类，不一而足。虽孟子书中亦往往有之。非以为实有此事也。乃汉、晋著述者往往误以为实事而采之入书，学者不复考其所本，遂信以为真有，而不悟者多矣……又有无是事，有是语，而递衍之为实事者。《春秋》传，子太叔云："楚不恤其纬而忧宗周之陨，为将及焉。"此不过设言耳。其后衍之，遂谓漆室之女不绩其麻而忧鲁国。其后又衍之，遂谓鲁监门之女婴尤卫世子之不肖，而有"终岁不食葵，终身无兄"之言，若真有其人其事者矣！由是韩婴竟采之以入《诗外传》，刘向采之以入《列女传》。传之益久，信者愈多，遂至虚言竟成实事。由是言之，虽古有是语，亦未必有是事；虽古果有是事，亦未必遂如后人之所云云也。况乎战国游说之士，毫无所因，凭心自造者哉！乃世之士但见汉人之书有之，遂信之而不疑，抑亦过矣。故今《考信录》中，凡其说出于战国以后者，必详为之考其所本，而不敢以见于汉人之书者遂真以为三代之事也。

（6）古语失解后之妄说。

战国、秦、汉之书非但托言多也，亦有古有是语而相沿失其解，遂妄为之说者。古者日官谓之日御，故曰"天子有日官，诸侯有日御"。羲仲、和仲为帝尧臣，主出纳日，以故谓之日御。后世失其说，遂误为御车之御，谓羲和为日御车，故《离骚》云"吾令羲和弭节兮，望崦嵫而勿迫"，已属支离可笑。又有误以御日为浴日者，故《山海经》云"有女子名羲和，浴日于甘渊"，则其谬益甚矣……然此古语犹间见于经传，可以考而知者，若夫古书已亡，而流传之误但沿述于诸子百家之书中者，更不知凡几矣。大抵战国、秦、汉之书皆难征信，而其所记上古之事尤多荒谬。然世之士以其传流日久，往往信以为实。其中岂无一二之实？然要不可信者居多。乃遂信其千百之必非诬，其亦惑矣！

（7）儒者采谶纬语。

先儒相传之说，往往有出于纬书者。盖汉自成、哀以后，谶纬之学方盛，说经之儒多采之以注经。其后相沿，不复考其所本，而但以为先儒之说如是，遂靡然而从之……盖纬书称三代之祖出于天之五帝，郑氏缘此，遂以禘为祭天，而谓《小记》"禘其祖之所自出"为禘其始祖之所自出。王氏虽驳郑氏祭天之失，而仍沿始祖所自出之文。由是始祖之前复别有一祖在，岂非因纬书而误乎！余幼时尝见先儒述孔子言云，"吾志在《春秋》，行在《孝经》"；稽之经传，并无此文。后始见何休《公羊传序》，唐明皇《孝经序》有此语；然不知此两序本之何书。最后检阅《正义》，始知其出于《孝经纬》之《钩命诀》也。大抵汉儒之说，本于七纬者不下三之一；宋儒颇有核正，然沿其说者尚不下十之三。

（8）实事之传误（以下五章，论汉人解诂之有误）。

战国之时，邪说并作，寓言实多，汉儒误信而误载之，固也。亦有前人所言本系实事，而递传递久以致误者。此于三代以上固多，而近世亦往往有之……古之国史既无存于世者，但据传记之文而遂以为固然，古人之受诬者尚可胜道哉！故余为《考信录》，于汉、晋诸儒之说，必为考其原本，辨其是非；非敢诋谋先儒，正欲平心以求其一是也。

（9）记忆失真之弥缝。

传记之文，有传闻异词而致误者，有记忆失真而致误者。一人之事，两人分言之，有不能悉符者矣。一人之言，数人递传之，有失其本意者矣。是以《三传》皆传《春秋》，而其事或互异。此传闻异词之故也。古者书皆竹简，人不能尽有也，而亦难于携带，纂书之时无从寻觅而翻阅也。是以《史记》录《左传》文，往往与本文异。此记忆失真之故也。此其误本事理之常，不足怪，亦不足为其书累。顾后之人阿其所好，不肯谓之误，必曲为弥缝，使之两全，遂致大误而不可挽……郑氏之注《礼》也，凡《记》与《经》异及两记互异者，必以一为周礼，一为殷礼；不则以一为士礼一为大夫礼。此皆不知其本有一误，欲使两全，而反致自陷于大误者也……凡兹之误，皆显然易见者。推而求之，盖不可以悉数。而东周以前，世远书缺，其误尤多。故今为《考信录》，不敢以载于战国、秦、汉之书者悉信以为实事，不敢以东汉、魏、晋诸儒之所注释者悉信以为实言，务皆究其本末，辨其同异，分别其事之虚实而去取之。虽不为古人之书讳其误，亦不至为古人之书增其误也。

（10）传闻异词之重出。

传记之文，往往有因传闻异词，遂误而两载之者……《列子》称孔子观于吕梁而遇丈夫厉河水，又称息驾于河梁而遇丈夫厉河水，此本庄周寓言，盖有采其事而稍审其易其文者，伪撰《列子》者误以为两事而遂两载之也。《战国策》中如此之类不可枚举，而《家语》为尤甚，亦不足缕辨也。由此观之，一事两载乃传记之常事，或因传者异词，亦有两事皆非实者。正如唐人小说，以饼拭手之事，或以为肃宗，或以为宇文士及；误称犹子之事，或以为赵需，或以为何儒亮耳。必尽以为两事，误之甚矣！以此例之，汉以来之书以误传误者甚多，不得尽指以为实也。

（11）曲全与误会。

后人之书，往往有因前人小失而曲全之，或附会之，遂致大谬于事理者。《大戴记》云："文王十二而生伯邑考，十五而生武王。"《小戴记》云："文王九十七而终，武王九十三而终。"信如所言，则武王元年，年八十有四，在位仅十年耳。而《序》称十有一年伐殷，《书》称十有三祀访范，其年不符。说者不得已，乃为说以曲全之云：文王受命九年而崩，武王冒文王之年，故称元年为十年。《春秋》书齐桓公之卒在十有二月乙亥，周正也。殡于十二月辛巳，距卒仅七日耳。而《传》采夏正之文，以为卒于十月乙亥；则卒与殡遂隔六十七日。说者以其日之久也，遂附会之以为尸虫出于户。此岂近于情理哉！前人之为此言，不过一时失于考耳，初不料后之人引而伸之，遂至于如是也。然此犹皆前人之误之有以启之也，若乃经传本无疑义，而注家误会其意，及与他文不合，不肯自反，而反委曲穿凿以蕲其说之通者，亦复不少……故今为《考信录》，悉本经文以证其失，并为抉其误之所由，庶学者可以考而知之，而经传之文不至于终晦也。

（12）强不知以为知。

孔子曰："知之为知之，不知为不知，是知也。"又曰："吾犹及史之阙文也。"夫圣人岂不乐于人之尽知，然其势必不能。强不知以为知，则必并其所知者而淆之。是故无所不知者，并真知也；有所不知者，知之大者也。今之去二帝、三王远矣，言语不同，名物各异，且易竹而纸，易篆而隶，递相传写，岂能一一之不失真……彼汉人之说经，有确据者几何，亦但自以其意度之耳，然则其类此者盖亦不少矣，特古书散轶，无可证其误耳，乌在其可尽信也哉……夫以宋人读宋人之书，时代甚近，宜无误也，然其误尚如此，况二千年以前之书，又无他书可校者乎！故今为《考信录》，凡无从考证者，辄以不知置之，宁缺所疑，不敢妄言以惑世也。

（13）取名拾实。

磁州故产磁器。有孙某者，仿古哥、定、汝诸窑之式造之。既成，择其佳者埋地中。逾两年，取出，市于京师、保定诸贵人家，见者莫不以为真也。由此获利十倍。州中鬻烟草者，杨氏最著名，价视他肆昂甚，贸易者常盈肆外。肆中物不能给，则取他肆之物，印以杨氏之号而畀之。人咸以为美；虽出重价，不惜也。由是言之，人之所贵者名而已矣，非有能知其实者也。郑康成，东汉名儒也，所注虽不尽是，然亦未尝尽非，而王肃百计攻之以求胜。然而公道难夺，卒不可胜。于是其徒杂取传记诸子之文，伪撰《古文尚书》《孔子家语》（《家语》虽有王肃序，然玩其文，亦系其徒伪撰，非肃自作）以欺世人而伸肃说。至于隋、唐之际，复遇刘焯、孔颖达者，不学无识，妄为表章，由是郑学遂微，郑书遂亡，后之学者遂信之而不疑。嗟夫，圣人之经犹日月也，其贵重犹金玉也，伪作者岂能袭取其万一？乃世之学者闻其为"经"辄不敢复议，名之为"圣人之言"遂不敢有所可否，即有一二疑之者，亦不过曲为之说而已，是贵人之买磁器而市贾之贩烟草也！司马迁，汉武帝时人也，而今《史记》往往述元、成时事。刘向，西汉人也，而今《列女传》有东汉人在焉。谓此二子者有前知之术乎？抑亦其书有后人之所作而妄入之其中者邪！《周秦行纪》，李德裕之客所为也，而嫁名牛僧孺。《碧云騢》，小人毁君子者之所为也，而嫁名梅尧臣。然则天下之以伪乱真者，比比然矣，若之何以其名而信之也！汉董仲舒疏论灾异，武帝下群臣议，仲舒弟子吕步舒不知为其师书，以为大愚，由是下仲舒吏。然则是其师书则尊信之，非其师书则诋諆之，而不复问其是与非矣！是故，辨异端于战国之时最易，为其别名为杨、墨也；辨异端于两汉之世较难，而人亦或不信，为其世入于传记也；辨异端于唐、宋以后最难，而人断断乎不之信，为其伪托之圣言也。故余谓读经不必以经之故浮尊之，而但当求圣人之意；果知圣人之文之高且美，则伪者自不能乱真。嗟夫，嗟夫，此固未易为人道也。

（14）伪书诬古人。

自明以来，儒者多辟象山、阳明，以为阳儒阴释，而罕有辨《尚书》《家语》之伪者。然吾谓象山、阳明不过其自为说之偏，而圣人之经故在，譬如守令不遵朝廷法度，而自以其臆见决事，然于朝廷无加损也。若伪撰经传，则圣人之言行悉为所诬而不能白，譬如权臣擅政，假天子之命以呼召四方，天下之人为所潜移默转而不之觉，其所关于宗社之安危者非小事也。昔隋牛弘奏请购求天下遗逸之书，刘炫遂伪造书百余卷，题为《连山易》《鲁史记》等，录上送官；其后有人讼之，始知其伪。陈师道言王通《元经》，关子明《易传》，及李靖《问对》，皆阮逸所伪撰，盖逸尝以草示苏明允云。然则伪造古书乃昔人之常事，所赖达人君子平心考核，辨其真伪，然后圣人之真可得，岂得尽信以为实乎！然亦非但有心伪造者之能惑世也，盖有莫知谁何之书，而妄推奉之，以为古之圣贤所作者；亦有旁采他文，以入古人之书者。庄周，战国初年人也，而其书称陈成子有齐国十二代；《孔丛子》，世以为孔鲋所作也，而其中载孔臧以后数世之事：然则其言之不出于庄周、孔鲋明甚。古书之如是者岂可胜道，特世人轻信而不之察耳。故吾尝谓自汉以后诸儒，功之大者，朱子之外，无过赵岐；过之大者，无过汉张禹、隋二刘、唐孔颖达、宋王安石等。何者？岐删《孟子》之外四篇，使《孟子》一书精一纯粹，不为邪说所乱，实大有功于圣人之经。禹采《齐论》章句杂入于《鲁论》中，学者争诵张文，遂弃汉初所传旧本。焯、炫等得江左之伪《尚书》，喜其新奇，骤为崇奉。颖达复从而表章之，著之功令，用以取士。遂致帝王圣贤之行事为异说所淆诬而不能白者千数百年，虽有聪明俊伟之士，皆俯首帖耳莫敢异词者，皆此数人之惑之也。至王安石揣摩神宗之意，以行聚敛之法，恐人之议己也，乃尊《周官》为周公所作以附会之，卒致蔡京绍述（京亦以《周官》附会徽宗之无道者），靖康亡国之祸，而周公亦受诬于百世。象山、阳明之害未至于如是之甚也。孰轻孰重，必有能辨之者。

（15）买菜求益。

昔人有言曰："买菜乎？求益乎？"言固贵精不贵多也。《韩昌黎文集》，李汉所订也。其序自称"收拾遗文，无所失坠，"此外更无他文甚明。而好事者复别订有《外集》，此何为者邪！陈振孙《书录解题》云："朱侍讲校定异同，定归于一，多所发明，有益后学。《外集》独用方本，益大颠三书，但欲明世间问答之伪，而不悟此书为伪之尤也。方氏未足责，晦翁识高一世，而其所定者□尔，殆不可解。案《外钞》云'潮州灵山寺所刻'，未云'吏部侍郎，潮州刺史'。退之自刑部侍郎贬潮，晚乃由兵部为吏部，流俗但称'韩吏部'尔，其谬如此。又潮本《韩集》不见有此书，使灵山旧有此，刻集时何不编入？可见此书妄也。"由是言之，吾辈生古人之后，但因古人之旧，无负于古人可矣，不必求胜于古人也。论语所记孔子言行不为少矣，昔人有以半部治天下者，况于其全！学者果欲躬行以期至于圣人，诵此亦已足矣。乃学者犹以为未足，而参以晋人伪撰之《家语》。尚恨《家语》所采之不广也，复别采异端小说之言为《孔子集语》及《论语外篇》以益之，不问其真与赝，而但以多为贵。嗟乎，是岂非买菜而求益者哉！余在闽时，尝阅一人文集，皆其所自订者，其序有云："异日有人增一二篇，及称吾《外集》者，吾死而有知，必为厉鬼以击之！"呜呼，为人订《外集》，而使天下之能文者痛心切齿而为是言，夫亦可以废然返矣！故今为《考信录》，宁缺毋滥；即无所害，亦仅列之"备览"：宁使古人有遗美，而不肯使古人受诬于后世。其庶几不为厉鬼所击也已。

（16）论经传记注亦有不可尽信之语。

经传之文亦往往有过其实者。《武成》之"血流漂杵"，《云汉》之"周余黎民，靡有孑遗"，孟子固尝言之。至《闷宫》之"荆、舒是惩，莫我敢承"，不情之誉，更无论矣。战国之时，此风尤盛，若淳于髡、庄周、张仪、苏秦之属，虚词饰说，尺水丈波，盖有不可以胜言者。即孟子书中亦往往有之。若舜之"完廪，浚井"，"不告而娶"，伊尹之"五就汤，五就桀"，其言未必无因，然其初事断不如此，特传之者递加称述，欲极力形容，遂不觉其过当耳。又如文王不遑暇食，不敢盘于游田，而以为其圃方七十里，管叔监殷，乃武王使之，而属之周公，此或孟子不暇致辨，或记者失其词，均不可知，不得尽以为实事也。盖《孟子》七篇皆门人所记，但追述孟子之意，而不必皆孟子当日之言；既流俗传为如此，遂率笔记为如此。正如蔡氏《书传》言《史记》称朱虎、熊、黑为伯益之佐，其实《史记》但称为益，从未称为伯益，蔡氏习于世俗所称，不觉其失，遂误以伯益入于《史记》文中耳。然则学者于古人之书，虽固经传之文，贤哲之语，犹当平心静气求其意旨所在，不得泥其词而害其意，况于杂家小说之言安得遽信以为实哉！

（17）传记不可合于经。

传虽美，不可合于经，记虽美，不可齐于经，纯杂之辨然也。《曲台杂记》，战国、秦、汉诸儒之所著也，得圣人之意者固有之，而附会失实者正复不少。大小两戴迭加删削，然尚多未尽者。若《檀弓》《文王世子》《祭法》《儒行》等篇，舛谬累累，固已不可为训。至《月令》乃阴阳家之说，《明堂位》乃诬圣人之言，而后人亦取而置诸其中，谓之《礼记》，此何以说焉！《周官》一书，尤为杂驳，盖当战国之时，周礼籍去之后，记所传闻而傅以己意者。乃郑康成亦信而注之，因而学者群焉奉之，与《古礼经》号为三礼。魏、晋以后，遂并列于学官。迨唐，复用之以分科取士，而后儒之浅说遂与《诗》《书》并重。尤可异者，孔氏颖达作《正义》，竟以《戴记》备五经之数，而先儒所傅之《礼经》反不得与焉。由是，学者遂废《经》而崇《记》；以致周公之制、孔子之事皆杂乱不可考。本末颠倒，于斯极矣！朱子之学最为精纯，乃亦以《大学》《中庸》跻于《论》《孟》，号为《四书》。其后学者亦遂以此二篇加于《诗》《书》《春秋》诸经之上。然则君子之于著述，其亦不可不慎也夫！

（18）世益晚则采择益杂。

大抵古人多贵精，后人多尚博；世益古则其取舍益慎，世益晚则其采择益杂。故孔子序《书》，断自唐、虞，而司马迁作《史记》乃始于黄帝。然犹删其不雅驯者。近世以来，所作《纲目前编》《纲鉴捷录》等书，乃始于庖牺氏，或天皇氏，甚至有始于开辟之初盘古氏者，且并其不雅驯者而亦载之。故曰，世益晚则其采择益杂也。管仲子卒也，预知竖刁、易牙之乱政，而历诋鲍叔牙、宾须无之为人，孔子不知也，而宋苏洵知之，故孔子称管仲曰"如其仁，民到于今受其赐"，而苏氏责管仲之不能荐贤也。禘之礼，为祭其始祖所自出之帝，而以始祖配之，左氏、公羊、穀梁三子者不知也，而唐赵匡知之，故《三传》皆以未三年而吉祭为讥，而赵氏独以禘为当于文王，不当于庄公也。汉李陵有《重答苏武书》，陵与武有相赠之诗，班婕妤有《团扇诗》，扬雄有《剧秦美新》之作，司马迁、班固不知也，而梁萧统知之，故《史记》《汉书》不载其一字，而其诗文皆见于《昭明文选》中也。由是言之，后人之学远非古人之所可及：古人所见者经而已，其次乃有传记，且犹不敢深信，后人则自诸子百家，汉、唐小说，演义，传奇，无不览者。自《庄》《列》《管》《韩》《吕览》《说苑》诸书出，而经之漏者多矣。自《三国》《隋唐》《东西汉》《晋》演义，及传奇、小说出，而史之漏者亦多矣。无怪乎后人之著述之必欲求胜于古人也！近世小说有载孔子与采桑女联句诗者云："南枝窈窕北枝长，夫子行陈必绝粮。九曲明珠穿不过，回来问我采桑娘。"谓七言诗始此，非《柏梁》也。夫《柏梁》之诗，识者已驳其伪，而今且更前于《柏梁》数百年，而托始于春秋，嗟夫，嗟夫，彼古人者诚不料后人之学之博之至于如是也！

（19）不考虚实而论得失。

有两人皆患近视，而各矜其目力，不相上下。适村中富人将以明日悬匾于门，乃约于次日同至其门，读匾上字以验之。然皆自恐弗见，甲先于暮夜使人刺得其字，乙并刺得其旁小字。暨至门，甲先以手指门上曰："大字某某。"乙亦用手指门上曰："小字某某。"甲不信乙之能见小字也，延主人出，指而问之曰："所言字误否？"主人曰："误则不误，但匾尚未悬，门上虚无物，不知两君所指者何也？"嗟乎，数尺之匾，有无不能知也，况于数分之字安能知之！闻人言为云云而遂云云，乃其所以为大误也。《史记·乐毅传》云："毅留狥齐五岁，下齐七十余城，唯独莒、即墨未服。"是毅自燕王归国以后，日攻齐城，积渐克之，五载之中共下七十余城，唯此两城尚未下也。此本常事，无足异者。而夏侯太初乃谓毅下七十余城之后，辍兵五年不攻，欲以仁义服之：以此为毅之贤。苏子瞻则又谓毅不当以仁义服齐，辍兵五年不攻，以致前功尽弃：以此为毅之罪。至方正学则又以二子所论皆非是，毅初未尝欲以仁义服齐，乃下七十余城之后，恃胜而骄，是以顿兵两城之下，五年而不拔耳。凡其所论，皆似有理，然而毅初无此事也！是何异门上并无一物，而指之曰"大字某某，小字某某"者哉！大抵文人学士多好议论古人得失，而不考其事之虚实。余独谓虚实明而后得失或可不爽。故今为《考信录》，专以辨其虚实为先务，而论得失者次之，亦正本清源之意也。

2. 《考信录》考辨古书之方法

《考信录·总目》云：

（1）考辨古书之方法。

唐、虞有唐、虞之文，三代有三代之文，春秋有春秋之文，战国、秦、汉以迄魏、晋亦各有其文焉。非但其文然也，其行事亦多有不相类者。是故，战国之人称述三代之事，战国之风气也；秦、汉之人称述春秋之事，秦、汉之语言也。《史记》直录《尚书》《春秋传》之文，而或不免杂秦、汉之语；《伪尚书》极力摹唐、虞、三代之文，而终不能脱晋之气：无他，其平日所闻所见皆如是，习以为常而不自觉，则必有自呈露于忽不经意之时者。少留心以察之，甚易知也。宋时，有与其从兄子讼析赀者，几二十年不决。赵善坚以属张淏。讼者云："绍兴十三年，从兄尝鬻祖产，得银帛楮券若干，悉辇而商；且书约，期他日复置如初。"淏曰："绍兴三十年后方用楮币，不应十三年汝家已预有若干；汝约伪矣！"由是其讼遂决。此岂非自呈露于忽不经意之时者乎！夫淏以考古名于时，宜其不长于吏事矣，然乃精于听讼若此，何哉？考古之与听讼，固一理也。是故《易传》之述包羲，帝而称王（唐、虞以前无称"王天下"者，说见《补上古录》中），《蔡传》之引《史记》，益而加伯（《史记》以前称益，未有加以伯者，说见《唐虞录》中），此行文者所不自觉也。《传》之《三坟》《五典》《八索》《九丘》，《杜注》但云"皆古书名"，及《伪书序》既出，而《林注》遂历历数之：无他，文必因乎其时故也。所以汉人好谈谶纬，则所撰之《泰誓》，"乌流""火覆"，祥瑞先呈；晋人喜尚排偶，则所撰之《泰誓》，"斮胫""剖心"，对待独巧。誓诰不及二帝，而《伪古文书》虞世有伐苗之誓；盟诅不及三王，而《吕氏春秋》武王有四内之盟。甚至王通之《元经》，以隋人而避唐讳。是知伪托于古人者未有不自呈露者也。考古者但准是以推之，莫有能遁者矣。然而世之学者往往惑焉，何也？一则心粗气浮，不知考其真伪；一则意在记览，以为诗赋时文之用，不肯考其真伪；一则尊信太过，先有成见在心，即有可疑，亦必曲为之解，而断不信其有伪也。正如绍兴三十年后方行楮币，此宜当日人人知之，即不知，亦不难考而得之，乃历二十年而讼不决也。最可笑者，《月令》中星明明战国时之躔度，少通历法者皆能辨之，而《伪周书》有之，人遂以此为周公之制。嗟夫，嗟夫，此《考信录》一书之所以不能已于作也！

（2）上达与下学。

自明季以来，学者大抵多为时文，购买讲章墨卷，晨夕揣摩，以为秘笈；此外不复寓目。其能读书不专为时文者，千百人中或仅得一二人耳；然又多以文士自居，以记览为宏博，以诗赋为风雅。其能不仅为记诵词章之学者，又千百人中之一二人耳。就此一二人，已为当世不可多得之人，然又多以道学自命，谨厚者惟知恪遵程、朱，放佚者则竟出入王、陆。然考其所言，大抵皆前人之陈言，其驳者固皆拾庄子、佛氏之唾余，即其醇者亦不过述宋儒性理之剩说。其真殚精经义，留心治术，为有用之学者，殊罕所遇。然后知学问之难言也！述自读诸经《孟子》以来，见其言皆平实切于日用，用之修身治国，无一不效，如布帛菽粟，可饱可暖，皆人所不能须臾离者。至于世儒所谈心性之学，其言皆若甚高，而求之于用殊无所当。正如五色彩纸，为衣可以美观，如用之以御寒蔽体，则无益也。孟子曰："天下之本在国，国之本在家，家之本在身。"盖本于《书·尧典》"克明俊德"七句之意。自《大学》篇始推之于正心、诚意、致知、格物，然要仍以修身为本。逮宋以后，诸儒始多求之心性，详于谈理而略于论事，虽系探本穷源之意，然亦开后世弃实征虚之门。及陆、王之学兴，并所谓知者亦归之渺茫空虚之际，而正心诚意遂转而为明心见性之学矣。余窃谓圣人之道大而难窥，圣贤之事则显而易见，与其求所难窥，不若考所易见。子贡曰："贤者识其大者，不贤者识其小者。"述赋性愚纯，不敢言上达之事，惟期尽下学之功，故于古帝王圣贤之事，尝殚精力以分别其是非真伪，而从无一言及于心性者。固自知其不贤，甘为识小之人，亦有鉴于魏晋之谈名理而尚老庄，卒至有陆沉之祸也。

3. 驳龙马负图之说

《考信录》卷上云：

朱子《论语集注》云："《河图》，河中龙马负图，伏羲时出。"余求其所本，经传皆无之。《书》云："大玉，夷玉，天球，河图，在东序。"《易大传》云："河出图，洛出书，圣人则之。"皆未言为龙马所负，亦不言圣人为谁何也。《春秋传》《史记》皆不及伏羲时事，无可证其真伪者。惟《汉书·五行志》引刘歆语，以为伏羲继天而王，受《河图》而画《八卦》，《论语集解》引孔安国语，亦以《河图》为《八卦》，而皆不言所本何书（《书孔传》有"伏羲王天下，龙马出河，遂则以画八卦"之语，此系后人伪撰，故不引）。孔氏颖达《周易正义》云：《礼纬含文嘉》曰："伏羲德合上下，天应以鸟兽文章，地应以《河图》《洛书》，则而象之，乃作《八卦》。'故孔安国等并云伏羲得《河图》而作《易》。"又云："《春秋纬》云：'河以通乾出天苞，洛以流坤吐地符；河龙图发，洛龟书感。'孔安国以为《河图》则八卦是也，《洛书》则九畴是也。"然则龙马负图之事乃出纬书而孔、刘采之者。纬书者，异端方士之言耳，朱子何为而信之哉？且如纬书之言，则《河图》《洛书》同出于伏羲之世；而孔、刘乃以八卦、九畴分属之，尤不可解。不知后儒何以皆用之也？《传》云："包牺氏之王天下也，仰则观象于天，俯则观法于地，观鸟兽之文与地之宜，于是始作八卦。"不言则《河图》以为卦也。使画卦果本于《河图》，则此乃当时大事，千古异祥，《传》当特举之，何得概等诸鸟兽之文而已乎！孔氏颖达固已疑及于此，但以前人旧说不敢驳证，乃为扶同迁就之词，以为《易》理宽宏，何妨更法《河图》，亦可谓游移而失据矣！《外纪》又谓伏羲氏有龙马负图之瑞，故以龙纪官，盖见《补本纪》有龙瑞之文，因附会之以为巧合。不知以龙名官者乃太暤，非伏羲也，适见其诬而已矣！故余于伏羲氏不载龙马负图之事。孔子曰："吾犹及史之阙文也。"余惟孔子之言是从焉耳。

由此，崔述将《河图》《洛书》证伪了。

4. 驳神农氏作《本草》之说

《考信录》卷上云：

> 世传神农始为《本草》（今所谓《本经者》），《汉书·艺文志》有《神农黄帝食禁》七卷、《神农世子技道》二十三卷，《外纪》因之，遂谓炎帝尝药，一日遇七十毒，遂作方书以疗民疾。所谓炎帝，乃沿《补本纪》之误，意即谓神农也。余按，书契始于黄帝以后，然犹未有篇策，神农之世安得有策书乎！且《本草》文浅陋，多用后世地名，少有识者自能辨之。《补本纪》谓始尝百草，始有医药，此或然耳；然传记皆无文，而后世方技之士多托之古圣人者，难以征信。故今阙之。

5. 辨文王羑里演《易》之伪

《丰镐考信录》卷二云：

> 曰：文王未尝囚于羑里，则《易》何为演也？曰：此亦《史记》言耳。《易传》但言其作于文王时，不言文王所自作也；但言其有忧患，不言忧患为何事也。《史记》因传此文，遂以文王羑里之事当之，非果有所据也。且其《自序》文云："西伯拘羑里，演《周易》。孔子厄陈、蔡，作《春秋》。屈原放逐，著《离骚》。左丘失明，厥有《国语》。孙子膑脚，而论《兵法》。不韦迁蜀，世传《吕览》。韩非囚秦，《说难》《孤愤》。"所引者凡七事。然以今考之，孔子作《春秋》在归鲁以后，非厄陈、蔡之时。《吕览》之成，悬诸国门，是时不韦方为秦相，亦未迁蜀。《屈原传》，作《离骚》在怀王之世，至顷襄王乃迁之江南，非放逐而赋《离骚》也。《韩非传》，作《说难》《孤愤》皆在居韩时，秦王见其书之，韩乃遣非使秦，亦非囚秦而作《说难》《孤愤》也。此三传及《孔子世家》皆迁之所自著，而皆自反之，乌在其可信乎！至《国语》与《左传》事多抵牾，文亦不类，必非一人所作，失明之说恐亦以其名明而致误耳。《孙武传》既以十三篇为武书矣，而于膑又云"世传其兵法"，然《赞》但称"孙武、吴起兵法"，又似膑无书者。七事之中，其谬之显然易见者四焉，渺茫恍惚不可究者二焉。孔子曰："举一隅不以三隅反，则不复也。"况已举三隅而犹不能以一隅反乎！由是言之，《易》即文王所作，亦断不在羑里时矣。

6. 辨文王作《彖辞》周公作《爻辞》之伪

《丰镐考信录》卷五云：

> 近世说《周易》者皆以彖辞为文王作，爻辞为周公作。朱子《本义》亦然。余按：传前章云："《易》之兴也，其于中古乎？作《易》者其有忧患乎？"初未言"中古"为何时而"忧患"为何事也。至此章（按，指"《易》之兴也，其当殷之末世，周之盛德邪？当文王与纣之事邪"章）始言其作于文王时，然未尝言为文王所自作也。且曰"其当"，曰"其有"，曰"邪"，曰"乎"，皆为疑词而不敢决。则是

作传者但就其文推度之，尚不敢决言其时世，况能决其为何人之书乎！至司马氏作《史记》，因传此文，遂附会之，以文王羑里所演；是以《周本纪》云："西伯之囚羑里，盖益《易》之八卦为六十四卦"，《自序》亦云："西伯拘羑里，演《周易》"（演者，增也，即《本纪》所云"益八为六十四"，者也）。自是遂以《易》卦为文王所重。及班氏作《汉书》，复因《史记》之言，遂断以辞为文王之所系；是以《艺文志》云："文王重《易》六爻，作上、下篇"；又云："人更三圣，世历三古"（谓伏羲、文王、孔子）。自是遂以《易》象、爻之辞为文王所作矣。然其中有甚可疑者。《明夷》之五称"箕子之明夷"，《升》之四称"王用享于岐山"，皆文王以后事，文王不应预知而预言之。《史》《汉》之说不复可通，于是马融、陆绩之徒不得已，乃割爻辞谓为周公所作以曲全之。而郑康成、王弼复以卦为包羲、神农所重，非文王之所演。然后，后儒始独以象辞属之文王，两分爻辞属之周公矣。由是言之，谓文王作象辞，周公作爻辞者，乃汉以后儒者因《史记》《汉志》之文而展转猜度之，非有信而可征者也。夫以卦为羲、农所重，虽无确据，而理固或有之；若周公之系《易》，则传记从未有言及之者，惟《春秋传》有见《易象》而知周公之德之语；然此自谓《易象》，非谓《易》辞也。晋文公之谋迎襄王也，筮之，遇《大有》之《睽》，曰："吉，遇'公用享于天子'之卦。"则是《易》辞晋固有之，不待至鲁而后见。且即使起所见者果《易》之辞，而卦爻之辞果文王与周公所分系，则于文当兼言文王、周公之德，亦不得但美周公而不及文王也秦、汉以后，司马、班氏最为近古，然皆但言文王，不称周公。乃至《易纬乾凿度》《通卦验》等书最善附会者，亦但称羲、文、孔三圣人，而无一言及于周公，乌得分卦爻之辞而属之两人也！且《系辞传》文云："其初难知；其上易知。"又云："二与四同功而异位；三与五同功而异位。"又云："爻有等，故曰物；物相雑，故曰文；文不当，故、吉凶生焉。"然后承之曰："《易》之兴也，其当殷之末世，周之盛德邪？当文王与纣之事邪？是故其辞危，危者使平，易者使倾。"（此文朱子分为两章，古本合为一章）前呼后应，辞意甚明。所谓"其辞危"者，正指诸爻之辞而言；若果辞内有文王以后事，或《易》非文王作而《史》《汉》误称之，不得独摘象辞属之文王，而别以爻辞属之周公也。乃朱子《本义》既不正其猜度之失，又不详其展转之因：而直曰"此文王所系"，"此周公所系，"若传记确有明文可据，传经以来即如是说者：无乃非阙疑之义而使后之学者靡所考证乎！故今但录《易》《春秋》传原文以存疑义；而不敢据汉儒展转猜度之说，遂直断何者为何人所作。仍略记其为说之因，庶使学者有所考焉。

崔述认为，《易经》象词、爻词不可定为文王、周公作。

7. 辨《易传》非孔子所作
《丰镐考信录》卷二"《易传》大难语可疑"条亦云：

　　按：孔子之在厄，《论语》言之，《孟子》言之。文王之在厄，《诗》不言，《书》不言，《论语》《孟子》亦无有言之者；至《易》《春秋传》始言之；《战国策》《尚书大传》《史记》以降，言之者更多。何邪？谓实无是事邪，何以传记言之者累累。谓果有是事邪，六经、《孟子》不当皆讳之而不言。且只此一事耳，何以传记言之者纷纷而各异乎？盖尝思之，孔子之在厄也，于《论语》不过云"绝粮"，于孟子不过云"无交"；而传记增而衍之，遂有陈、蔡大夫合谋以兵围之之说，与夫颜渊埃墨之堕，子贡乞师之行。由是言之，传记之好因端附会，乃其常事。窃疑文王固尝见忌于纣，纣欲伐之而甘心焉，而文王不肯举兵相抗，委曲退让以承顺之，如太王之事獯鬻，勾践之事吴然者；而后之人递加附会，各以其意而为之说，是以纷纷不一。孔子之去战国仅二百余年，犹如彼，况文王之下迄战国至八百年乎！余宁从《经》而缺之，不敢从《传》而妄言也。《易传》本非孔子所作，乃战国时所撰，是以汲冢《周易》有《阴阳篇》而无《十翼》，其明验也。而所云"大难"者，亦未言为何难。《大戴》"嫌于死"句亦殊难解；然上云"不说诸侯之听于周"，下云"伐崇、许、魏"，则文王之征伐非纣之所赐矣；不云"臣事天子"而云"客事天子"，则文王亦未尝立纣之朝而为之三公矣。《大戴记》乃秦、汉间人所撰，此语不知何本，疑战国以前道商、周之事，其说有如此者，是以晋韩厥、司马侯皆以之喻晋、楚也。不知《易传》所谓"大难"，亦如《大戴记》之所云云邪？抑作《传》者即因见他传记有羑里之事而为是言邪？既无明文，未便悬揣而臆断之，姑列之于存疑；而《大戴记》虽不足征信，然亦可以资考证，故并列之存参。《易传》非孔子作，说见《洙泗录·归鲁篇》中。

《洙泗考信录》卷三云：

《世家》云："孔子晚而喜《易》，序《彖》《系》《象》《说卦》《文言》。"由是班固以来诸儒之说《易》者皆谓《传》为孔子所作。至于唐、宋，咸承其说。余按：《春秋》，孔子之所自作，其文谨严简质，与《尧典》《禹贡》相上下；《论语》，后人所记，则其文稍降矣；若《易传》果孔子所作，则当在《春秋》《论语》之间，而今反繁而文，大类《左传》《戴记》，出《论语》下远甚，何耶？《系词》《文言》之文，或冠以"子曰"，或不冠以"子曰"；若《易传》果皆孔子所作，不应自冠以"子曰"字；即云后人所加，亦不应或加或不加也。孟子之于《春秋》也，尝屡言之，而无一言及于孔子传《易》之事；孔、孟相去甚近，孟子之表章孔子也不遗余力，不应不知，亦不应知之而不言也。由此观之，《易传》必非孔子所作，而亦未必一人所为；盖皆孔子之后通于《易》者为之，故其言繁而文；其冠以"子曰"字者，盖相传以为孔子之说而不必皆当日之言；其不冠以"子曰"字者，则其所自为说也。杜氏《春秋传后序》云："汲县冢中，《周易》上下篇与今正同；别有《阴阳说》，而无《彖》《象》《文言》《系辞》。疑于时仲尼造之于鲁尚未播之于远国也。"余按：汲冢《纪年篇》乃魏国之史；冢中书，魏人所藏也。魏文侯师子夏，子夏教授于魏久矣，孔子弟子能传其书者莫如子夏；子夏不传，魏人不知，则《易传》不出于孔子而出于七十子以后之儒者无疑也。又按《春秋》襄九年传，穆姜答史之言与今《文言》篇首略同而词小异。以文势论，则于彼处为宜。以文义论则"元"即"首"也，故谓为"体之长"；不得遂以为"善之长""会"者"合"也，故前云"嘉之会也"，后云"嘉德足以合礼"；若云"嘉会足以合礼"，则于文为复，而"嘉会"二字亦不可解。"足以长人，合礼，和义，而干事，是以虽随无咎"；今删其下二句而冠"君子"字于四语之上，则与上下文义了不相蒙。然则是作《传》者采之鲁史而失其义耳，非孔子所为也。《论语》云："曾子曰：'君子思不出其位。'"今《象传》亦载此文。果《传》文在前与，记者固当见之，曾子虽尝述之，不得遂以为曾子所自言；而《传》之名言甚多，曾子亦未必独节此语而述之。然则是作《传》者往往旁采古人之言以足成之，但取有合卦义，不必皆自己出。既采曾子之语，必曾子以后之人之所为，非孔子所作也。且《世家》之文本不分明，或以"序"为《序卦》，而以前"序《书》传"之文例之，又似序述之义，初无孔子作《传》之文。盖其说之晦有以启后人之误，故今皆不载。

今按："若《易传》果孔子所作，则当在《春秋》《论语》之间"，这是崔述给自己设的第一个局。殊不知《易传》与《春秋》《论语》文体不同，《易传》倾向于哲学诠释，《春秋》倾向于历史叙事，而《论语》则是孔子语录体课堂实录，由此可见，三者缺少可比性，崔述的预设也就不攻自破。"既采曾子之语，必曾子以后之人之所为，非孔子所作也"，这是崔述给自己设的又一个局。假如是曾子引用了《周易》之"君子思不出其位"，崔述的说法也顷刻坍塌。崔述善于自己给自己设局，弄得煞有介事，好像经他一忽悠，真的变假，假的变真。崔述最后把自己都绕进去了。

又按：《考信录》有"备览""存疑"二目："其书所载之事可疑者多，而此事尚无可疑，不敢遂谓其非实也，则列之于备览。其书所载之事可信者多，而此事殊难取信，不敢概谓其皆实也，则列之于存疑。皆慎重之意也。"《考信录》卷下又称：

《周官》："外史掌三皇、五帝之书。"伪孔安国《尚书序》云："伏羲、神农、黄帝之书，谓之《三坟》，言大道也；少昊、颛顼、高辛、唐、虞之书，谓之《五典》，言常道也。孔子睹史籍之烦文，惧览者之不一，讨论坟典，断自唐、虞以下。"后之儒者皆尊其说；余独以为不然。夫古帝王之书果传于后，孔子得之，当何如而表章之，其肯无故而删之乎！《论语》屡称尧、舜，无一言及于黄、炎者，孟子溯道统，亦始于尧、舜，然则尧、舜以前之无书也明矣。《周官》一书，所载制度皆与经传不合，而文亦多排比，显为战国以后所作，先儒固多疑之，不足据也。《春秋传》云："左史倚相能读《三坟》《五典》《八索》《九丘》。"杜氏注云："皆古书名。"悉不言为何人所作。使此序果出于安国，杜氏岂容不见。而林氏尧叟乃取《伪序》之文以释《左传》，甚矣宋儒之不能阙疑也！《虞书》曰："慎徽五典，五典克从。"又曰："天叙有典，敕我五典。"是知尧、舜之世已有五典之名；盖即五伦之义，书之策以教民，所谓"敬敷五教"者也。不得舍经所有之五典，而别求五典以实之也。典籍之兴，必有其渐。仓颉始制文字；至于大挠，然后作甲子以纪日；至于羲、和，然后以闰月定四时成岁以纪年：必无甫有文字即有史官之理。以情度之，亦当至唐、虞以降然后有史书也。自《易》《春秋》传始颇言羲、农、黄帝时事，盖皆得之传闻，或后人所追记。然但因事及之，未尝盛有所铺张也。及《国语》《大戴记》，遂以铺张上古为事，因缘附会，舛驳不可胜纪。加以杨、墨之徒欲绌唐、虞、三代之治，藉其荒远无征，乃妄造名号，伪撰事迹，以申其邪说；而阴阳神仙之徒亦因以托之。由是司马氏作《史记》，遂托始于黄帝。然犹颇删其不雅驯者，亦未敢上溯于羲、农也。逮谯周《古史考》、皇甫谧《帝王世纪》，所采益杂，又推而上之，及于燧人、包羲。至《河图》《三五历》《外纪》《皇王大纪》以降，且有始于天皇氏、盘古氏者矣。于是邪说诐词杂陈混列，世代族系紊乱庞杂，不可复问，而唐、虞、三代之事亦遂为其所淆。窃谓谈上古者，惟《易》《春秋》传为近古，而其事理亦为近正；以此证百家之谬，或亦有不可废者。故余杂取《易》《春秋》传文，以补上古之事。司马氏曰："学者载籍极博，犹考信于六艺。"是余之志也夫！

其意甚善，但其做法未能贯彻始终，还是疑古过勇，他批评"宋儒之不能阙疑"，其实他自己也不能阙疑。

8. 驳《连山》《归藏》为羲、农时书说

《考信录》卷上云：

> 《周官》太卜有三《易》之名：一曰《连山》，二曰《归藏》，三曰《周易》。杜子春云："《连山》，伏羲；《归藏》，黄帝。"孔颖达云："神农曰连山氏，亦曰烈山氏；黄帝曰归藏氏。"余按，《易传》言《易》详矣，《春秋传》亦多说《易》者，然皆未有《连山》《归藏》之名。《周官》乃后人所撰，其然否未可知也。即使果然，亦当出于后世，郑氏以为夏、殷者，或有之；若羲、农之世，则未有篇策，安得有文字传于后世哉！至因康成以厉山为神农之误，而并《连山》之名归之，则尤谬矣！故今不取。

9. 驳黄帝作《素问》《灵枢》之说

《考信录》卷上云：

> 世所传《素问》一书，载黄帝与岐伯问答之言；而《灵枢》《阴符经》或亦称为黄帝所作。至战国诸子书述黄帝者尤众（若《庄子》书称黄帝问道于广成子之类）。余按：黄帝之时尚无史册，安得有书传于后世；且其语多浅近，显为战国、秦、汉间人所撰。盖战国时杨、墨之徒欲绌尧、舜，故称尧、舜以前之黄帝以驾乎其上；而工于艺术者亦欲藉古圣人之名以取重于世，因假托之以为言耳。此类甚多，不足缕辨，亦不胜缕辨也。

10. 夏世撰典得之传闻

《夏考信录》卷一云：

> 曰：然则尧在位七十载止有授时一事，别无功可纪乎？曰：亦非也。尧以圣人之德在天子之位，至于"光被四表"，"黎民于变"，其丰功仁政超前古而贻后世者盖不知凡几矣。但唐、虞时人情淳朴，虽有简策，尚未有史籍；二帝既崩，夔、龙之徒以为尧、舜功德隆盛，实开万世之天，生民以来未有伦比，不可不著之策以传于后，故撰《尧典》一篇，于是始有史耳。而时已当夏世，舜在位之政及见者或多，若舜摄

政时则见者希矣。至尧七十载前，则多得之传闻，难可依据；而古人又慎重，不肯传疑，故但叙其功德之大概。惟此章乃命羲、和之策，盖二氏所世守弗替者，故得以采而录之耳。然尧开天救世之功实成于舜，故尧之事业尤以举舜敷治为最大。既已载尧求舜之切，用舜之奇，与舜摄政命官之事，则尧之功即此已见，政不必取七十载以前之政条举而缕叙也。不善读书者不能推求及此，遂若尧之生平碌碌无所表见，有贤而不能用，有奸而不能去，直待舜而后能用人行政，创制显庸者：其失《尚书》之旨亦大矣！故今因记尧之授时而备论之。

今按，崔述的文献辨伪学上承欧阳修，下启顾颉刚。"欧阳修—崔述—顾颉刚"三者构成了疑古派的主干线，足见他在文献辨伪学史上的地位之重要。

崔述《尚友堂文集》卷一《书欧阳文忠公廖氏文集序后》云：

> 甚矣世之好怪也！人不必皆明理而好以耳食；六经出于圣人，不幸而为异说所乱，后人不能辨其伪，而相传为圣人之言，信而不疑，犹之可也。释、老之说，《十洲》《神异》之书，以及后世术数占验之法，鬼神果报之记载，其书既不出于圣人，而理又倍诞胶碍，其不足信至明，而举天下信之不疑，何说也？自宋以来，儒者辈出，往往能辨古书之真伪，剖理之是非，道少明于世。然儒者多，而敢为异说以乱真，伪淆是非者其人亦益众。若宋张九成、陆九渊、明陈献章、王守仁，皆以高才绝学，甘为异教，别立宗门，簧鼓世人；而士大夫造诞幻，记怪异，推行邪说，日甚一日。岂理在天下原无是非欤？抑宇宙之大，邪正杂居，果出于天道欤？将厌常丑正，而索隐行怪以为高欤？抑识见卑陋，囿于世俗，轻信而无辨别欤？何淆乱信是也？
>
> 欧阳公自谓"哀学者守经以笃信，而不知伪说之乱经"，为说以辍之，而以为后世必有同其说者，信可谓豪杰之士矣！余之为说多与之同，盖所见有不可昧者。然公在当时，说与人异者，无如《濮议》。若司马温公、程正公，皆一时大儒，而皆背异不能合；则是父子伦理之间已有不可强同者。而况怪妄之说，尤举世所信服；公虽谓不待千世而有同者，而一人明之，百人乱之，其亦何所补于世耶！
>
> 虽然，君子之心不能强其所不合，而待于世者无穷。天下之大，无一人不与吾同者，不为多；既如彼矣，有一人独存其是，不为少。呜乎，此余之所以茫然长思而不知自愧也！

顾颉刚云：

> 观其《书欧阳文忠公廖氏文集序后》曰："人不必皆明理而好以耳食；六经出于圣人，不幸而为异说所乱，后人不能辨其伪，而相传为圣人之言，信而不疑。"又曰："欧阳公自谓'哀学者守经以笃信，而不知伪说之乱经'，为说以辍之，而以为后世必有同其说者，信可谓豪杰之士矣！余之为说多与之同，盖所见有不可昧者。"呜呼，何其似《考信录释例》之甚也！

可见顾颉刚也将他与欧阳修联系起来考察，所见略同。

11. 辨拟作之舜歌
《夏考信录》卷四云：

《尚书大传》载舜时作《大唐之歌》，其词曰："舟张辟雍，鸧鸧相从。八风回回，凤皇喈喈。"又载舜之歌云："卿云烂兮，纠缦缦兮！日月光华，旦复旦兮！"八伯和曰："明明尚天，烂然星陈。日月光华，弘予一人！"帝乃载歌曰："日月有常；星辰有行。四时从经；万姓允诚。于予论乐，配天之灵。还于圣贤，莫不咸听。夔乎鼓之；轩乎舞无之。菁华已竭，裹裳去之。"余按：此数歌者，浅而无味，泛而不切；惟"夔乎"以下四句颇有意义，而语意又与上文不伦，盖录他人之作而不知其不合者：其为后人所拟显然。试取"元首股肱"之歌比而熟玩之，则知其伪矣。而唐、虞之时但有十二牧九牧之官，亦无有所谓"八伯"者也。乃近世言诗者竟有录此诗于唐、虞之世者，殊可笑也！

俗传舜《南风之歌》云："南风之薰兮，可以解吾民之愠兮！南风之时兮，可以阜吾民之财兮！"余按：赓载之歌词浑厚而意深远，此歌则词露而意浅，声曼而力弱，不类唐、虞时语，盖后世工于琴者所拟作，正如韩子《拘幽操》之拟文王，《履霜操》之拟伯奇耳。传之既久而浅识者遂以为舜自作，误矣。且所谓"歌《南风》"者，谓其声之协于南风耳，《传》所称"节八音而行八风"是也；非其词之为"南风"也。遂以南风为歌，亦属附会。故今不载。又按：《乐记》此文下云："夔始制乐以赏诸侯"。石梁王氏曰："夔制乐，岂专为赏诸侯！"其言良是。故今删之。

12. 《古文尚书考》
《尚友堂文集》卷上《古文尚书考》云：

《书经》蔡《注》每篇序所云今文古文，解者曰："今文，伏生所授，马、郑等注；古文，孔壁所藏，安国所传。"是说相沿久矣。以予考之，有可疑者。

《后汉书·儒林传》云："中兴，牟融习《大夏侯尚书》，东海王良习《小夏侯尚书》，沛国桓荣习《欧阳尚书》。扶风杜林传《古文尚书》，林同郡贾逵为之作训，马融作传，郑康成注解，由是《古文尚书》遂显于世。"据此，是马、郑所注非伏生之《尚书》而《古文尚书》也。考《古文尚书》，当前汉时孔安国授都尉朝，朝授胶东庸潭，谭授清河胡常，常授虢徐敖，敖授琅琊王璜及平陵涂恽，恽授河南桑钦，平帝时立于学官。后汉习《古文尚书》，见于《儒林传》者，南阳尹敏初受《欧阳尚书》，后受《古文》；汝南周防师事徐州刺史盖豫，受《古文尚书》，撰《尚书杂记》三十二篇；鲁国孔僖世传《古文尚书》；东昏杨伦师事丁鸿，习《古文尚书》；东海卫宏从杜林受《古文尚书》，作《训旨》；济阴孙期习《古文尚书》。又《贾逵传》云："父徽，受《古文尚书》于涂恽。逵传父业。肃宗立，特好《古文尚书》，诏逵入讲北宫白虎观，南宫云台。逵数为帝言《古文尚书》，与经传《尔雅》训诂相应，诏令撰《欧阳》《大小夏侯尚书》古文同异。逵集为二卷，帝善之。八年，乃诏诸儒各选高才生受《左氏》《穀梁春秋》《古文尚书》《毛诗》由是四经遂行于世。"安帝延光二年，诏选三署郎及吏人能通《古文尚书》《毛诗》《穀梁春秋》各一人。又刘陶学《古文尚书》，张楷通《古文尚书》，刘陶学《古文尚书》。此《古文尚书》之传习于两汉者班班可考也。其后不知何以不传于世。

至东晋时，梅赜之《古文尚书》出，人遂以伪为真。自是众说纷纭，若伪孔安国《尚书序》，孔颖达之类，其说皆不足信。而世人贵耳贱目，信近说而灭旧闻，两汉之《古文尚书》遂无复考其源流者矣。伪《古文尚书序》云："秦始皇灭先代典籍，学士解散，我先人藏其家书于屋壁。汉室隆兴，旁求儒雅；济南伏生年过九十，失其本经，口以传授。"而《前汉书》则曰："秦时禁书，伏生壁藏之。其后大兵起，流亡。汉定，伏生求其书，亡数十篇，独得二十九篇。孝文时，使晁错往受之。"《序》又云："鲁共王于壁中得先人所藏古文虞、夏、商、周之书，皆科斗文字；以所闻伏生之书考论文义，定其可知者，增多状生二十五篇。其余错乱磨灭，弗可复知。悉上送官，藏之书府。承诏为五十九篇作《传》。既毕，会国有巫蛊事，不复以闻。"而《前汉书》则曰"《书》十六篇，孔安国献之"，曰"悉得其书，以考二十九篇，得多十六篇"，曰"孔氏有《古文尚书》，孔安国以今文字读之，《逸书》得多十余篇，盖《尚书》兹多余是矣"，曰"鲁共王得古文坏壁之中，《书》十六篇"，篇数不同，亦绝无"错乱磨灭，不复可知"之说。又《汉书》只言"遭巫蛊之事，未立余学官"，亦无"为五十九篇作《传》"之文。《史记》藏书之说及篇数，并同《汉书》。而刘歆《移太常博士书》亦云"孝文皇帝使掌故晁错从伏生受《尚书》。《尚书》初出于屋壁，朽折散绝。及鲁共王坏孔子宅，得古文于坏壁之中，《逸礼》有三十九，《书》十六篇。天汉之后，孔安国献之。遭巫蛊仓卒之难，未及施行"，说亦与《史记》《汉书》同。是伪《尚书序》不足信也（口授之说本之卫宏，宏，东汉时人，不若太史公、刘歆去伏生差近，为得其真；而《汉书》以备一代之史，说必不诬）。

孔颖达云："孔君作《传》，值巫蛊不行，遂有张霸之徒伪作《舜典》以下二十四篇，并伏生二十八篇，复出《舜典》《益稷》《盘庚》二篇、《康王之诰》及《秦誓》，共三十四篇，以求合孔氏五十八篇之数。刘向、班固、刘歆、贾达、马融、郑康成之徒，皆不见真古文，而误以此为古文之书。"按《前汉书·儒林传》云："百两篇者，出东莱张霸，分析合二十九篇以为数十，又采《左传》《书序》，为作首尾，凡百二篇；篇或数简，文意浅陋。成帝时，刘向校之非是，后遂黜其书。"是张霸之书凡百二篇，非五十八篇也。《儒林传》既明言"刘向校之非是，遂黜其书"，何得云刘向、班固诸人误以为《古文尚书》乎？此说他无所见，不知颖达何所据而云然？且既云"伪作《舜典》《益稷》"，而又云"复出《舜典》《益稷》"，岂有二《舜典》、二《益稷》乎？颖达又云："郑康成师祖孔学，而贱夏侯、欧阳等；何意郑《注》并与孔异，篇数并与三家同！"夫既云"郑康成误以张霸五十八篇为真古文"，而又云"郑《注》并与三家同"，自相矛盾，此孔颖达之说不足信也。

余若《隋·经籍志》、陆德明之类，其说亦大概不出乎此。此皆后人之所遵信传说而不疑其非者也。

以余观之，马、郑所注为《古文尚书》，《后汉书》既有明文，而篇数乃与伏生同者，盖汉时世所诵说者止伏生二十八篇，而孔安国虽得古文，亦多以二十八篇为学者传说。其所上十六篇；与二十八篇别行，当时人罕见者，故刘歆云："藏于秘府，伏而未发。"成帝时校理旧文，乃得之，而未大传于民间。王莽之乱，遂复不存。及杜林于丙州得《古文尚书》，亦止二十八篇。自是贾达为作训，马融作《传》，郑康成作《注》，篇数虽与伏生同，而文字多异，故杜林谓"古文虽不合时务，愿诸生无悔所学"；贾达谓"《古文尚书》与经传《尔雅》训诂相应"，撰集三家《尚书》及《古文》同异三卷；而刘陶推三家《尚书》及《古文》，是正文字三百余事，名曰《中文尚书》；皆所争在文字同异，而未尝言篇数之多寡也。是以《汉书·艺文志》，《逸书》十六篇与二十八篇别出；而晋秘府所有《古文尚书》，当时若束晳、杜预诸人，岂无一人见之，若果有出于二十八篇之外者，其所著书岂无一言及之，而尽以书传所引为《逸书》耶？（《隋·经籍志》："晋世秘府有《古文尚书》经文，今无有传者。"）又按《隋·经籍志》云："贾逵、马融、郑氏所传惟二十九篇，又杂以今文。"则是杂以今文耳，非既今文可知也。夫使马、郑所注果为今文，则范蔚宗不当误也。微独蔚宗不当误而已，蔚宗作《后汉书》本之《东观余论》及袁山松、谢承诸人，岂尽不知马、郑所注为今文耶？所载诸习《古文尚书》者，岂尽妄说耶？故吾谓马、郑所注既孔壁古文，无可疑也。

然而以为今文者何也？盖永嘉之乱，欧阳、夏侯三家《尚书》并亡，惟存伏生《大传》，而马、郑所注《古文》尚行于世。及梅赜上《伪古文》，自是孔、郑并行。此后南北分争，天下日乱，而士大夫又务于诗赋，经学遂无师承。至隋、唐之际，李延寿、孔颖达辈止见马、郑所注与伏生篇数同，遂误谓古文为今文。然颖达言"郑氏师祖孔学而贱夏侯、欧阳；何意郑《注》并与孔异，篇数并与三家同"，盖亦疑之矣。今文止有伏生《大传》，《崇文总目》谓"伏胜撰，郑康成注"。康成既注古文，复注此耶？晁公武谓"胜终之后，诸从学者所作"。陈振孙谓"当是其徒杂记所闻，亦未必是当时本书"。故叶梦得谓"其言不雅驯；而《隋·经籍志》谓为四十一篇，《书录解题》谓为八十三篇，篇数亦不同"，则其书之真伪不可得而知也。安知非见郑康成所注《古文》而伪作者乎？

至于梅赜所上《古文尚书》，其伪妄不能逃有识者之鉴别，故儒者多疑之。而《晋书》载其传受渊源，云："郑冲以《古文》授苏愉；愉授梁柳；柳授臧曹；曹授梅赜"，不知伪作欺人者未有不假纲所自以售其欺者也。故未几而姚方兴采马、王之注，造《孔传·舜典》，云"于大䑹头买得上之"，以师其故智矣。陆德明又言"王肃亦注《今文》，而解大与《古文》相类，或肃私见《孔传》而秘之乎"。不知此乃伪作《孔传》者窃王肃之《注》也。姚方兴亦采马、王之注以作《孔传·舜典》矣。梅赜所上《古文尚书》本无《舜典》，但取王肃注《尧典》，从"慎徽五典"以下分为《舜典》；方兴伪作二十八字冠于其首。梁武帝时为博士，议谓"孔《序》称伏生误合五篇，皆文相承接。《舜典》首有'曰若稽古'，伏生虽昏耄，何容合之！"黜而不用。故陆德明《释文》仍用王肃《注》，自"慎徽五典"以下为《舜典》。而《隋·经籍志》谓"姚方兴得《舜典》奏上，多二十八字，列于国学"，宋林之奇、陈振孙又谓"隋开皇中始得《舜典》"，皆与德明说异。德明，唐人，若隋时已行方兴《舜典》，又何以云"仍用王肃《注》，自'慎徽五典'以下为《舜典》"乎？可见诸说亦不足信也。

要之，自有孔安国《尚书序》之后，人局于所见，以先入之言为主，递相传说；

未有能虚心博考，探其源流，辨其同异者。故相传为今文，则谓之今文；相传为古文，则谓之古文而已。不知古人之说亦未必尽可信，其学亦未必皆过于后人。既如孔传《尚书》之伪，至宋始多疑之者，而隋、唐无闻焉。岂非章句训诂之功多，而辨别之识，考据之学，有所不足与？呜呼，昔之人去古未远，遗书犹有存者，考其是非常易，而人不为或不能；今之人虽欲考之，而去古已远，传书益少，其考之益难：此古说之所以难明，而有志者用为太息也！

13.《拘幽操》
《丰镐考信录》卷二云：

曰：《琴录》何以载有文王《拘幽操》也？曰：《琴录》之文，词意浅近，不惟非圣人之言，亦不类三代时语，乃后人闻相传有此事而拟作者耳。唐韩子亦尝有《拟拘幽操》，近世琴谱亦有称为文王所自作者。但此幸而有韩诗存，少知读书者犹得辨其非实；若传之日久，不幸而韩诗亡，则虽大儒亦必以为实矣。彼《琴录》所载，亦如是而已矣！窃谓周、秦以前，事难详考，不宜轻为拟作；倘失其实，贻误后人不浅。然宋人且有以韩子此诗为能得文王之心者。茫茫天下，吾将与谁言之！悠悠后世，当必有人知之！

14. 引李绂语辨《伪书》"人心道心" 之说
《夏考信录》卷四云：

伪《尚书·大禹谟》舜命禹之言云："人心惟危，道心惟微。"朱子云："人莫不有是形，故虽上智不能无人心；亦莫不有是性，故虽下愚不能无道心。二者杂于方寸之间而不知所以治之，则危者愈危，微者愈微矣。"余按：人之心一而已矣，若道则安得有心！道也者，日用当行之路也：今以人心为道心已不可况谓人心之外别有一道心乎！孔子曰："操则存，舍则亡。"孟子曰："心之官则思：思则得之，不思则不得也。"谓心有操舍思不思则可，谓有两心则不可也。圣贤之教曰"存心"，曰"尽心"，曰"仁，人心也"，所存所尽皆此一心而已，未有以人心为不美而于此外别求一心者也。惟庄子、佛氏乃以心为己累，而谓去之忘之然后可至于道。然则蔑视人心而别立一道心之名者，乃异端之说而必非圣贤之教也明矣。余少读《尚书》及《中庸序》时，固已疑其语之不经；今二十余年，得李巨来绂《古文尚书考》，而后知其语果本于道家也。因录其文于左：

【李巨来《古文尚书考》】古《古文尚书》，凡《今文》所无者如出一手，盖汉、魏人赝作。朱子亦尝疑之，而卒尊之而不敢废者，以"人心，道心"数语为帝王传授心法而宋以来理学诸儒所宗仰之者也。余友万编修云："即此数言，可证其赝。""危、微"二语出于《荀子》；而《荀子》又得之于《道经》，非《尚书》语也。梅鷟尝言之矣。余复考之，盖《荀子·解蔽篇》言"舜之治天下也，不以事诏而万物成：处一之危，其荣满侧；养一之微，荣矣而未知。故《道经》曰：'人心之危；道心之微。'危微之几，惟明君子而后能知之。"荀子之论危微者如此，而引

《道经》以为证，则《尚书》必无"人心惟危，道心惟微"之语。何也？荀子为李斯之师，其所著书在《诗》《书》未燔之前。荀子凡引《诗》《书》并称"《诗》云"、"《书》云"，而此独称"《道经》曰"，则秦火之前荀子所见之《尚书》无危微语也。杨倞勉强迁就，注云："今《虞书》有此语；而云《道经》者，盖有道之经。"不知汉以前从未尝称《易》《诗》《书》《春秋》为经；《论语》《孟子》所引亦无经字。且孔、孟为儒家而黄、老为道家，自战国至汉无异辞。道家之书则曰经，如老子《道德经》、庄子《南华经》、列子《冲虚经》、关尹子《文始经》，皆是。《道经》之非《尚书》也明矣。

按晋王坦之作《废庄论》，亦引"道心惟微，人心惟危"二语，而不言其本于《虞书》；且与《庄子》"吹万不同，孰知正是"二语连举，则此语之出于诸子明甚。盖道家者流小仁义而外形骸，故分心以为二；荀子以性为恶，采之亦不足怪。若舜，则必无此言明矣。朱子宗孔、孟之道，辟异端之说，而乃以道家之言为圣人传心之要旨，无怪乎明季讲学者之尽入于禅也！

15. 吴棫、蔡沈、顾炎武疑《泰誓》

齐、梁以来所传《泰誓》三篇，语多浅陋，先儒往往有疑之者。吴氏云："汤、武皆以兵受命，然汤之辞裕，武王之辞迫；汤之数桀也恭，武王之数纣也傲；学者不能无憾。疑其书之晚出，或非尽当时之本文也。"蔡氏跋《牧誓》篇后云："此篇严肃而温厚，与《汤誓》相表里，真圣人之言也。《泰誓》《武成》，一篇之中似非尽出于一人之口。岂独此为全书乎？"顾氏云："商之德泽深矣，尺地莫非其有也，一民莫非其臣也。武王伐纣，乃曰'独夫受洪惟作威，乃汝世仇'；曰'肆予小子，诞以尔众士殄歼乃仇。'何至于此！纣之不善亦止其身，乃至并其先世而仇之，岂非《泰誓》之文出于魏、晋间人之伪撰者邪！吴氏、蔡氏盖已见及乎此；特以注家之体，未敢直言其伪耳。"

16. 伪《泰誓》掇拾之谬

余按：纣之无道，《尚书》言之详矣。《牧誓》严而不怒，直而不绞，圣人之言也。《微子》意存规戒，指陈无隐，语曲而忧深，情切而意悲，忠臣义士之言也。《酒诰》《无逸》《立政》等篇，亦皆和平庄雅，无可议者。独此《泰誓》三篇，数纣之罪，切齿腐心，矜张夸大，全无圣人气象。圣人伐暴救民，何至于此！岂惟武王必无此言，三代以上从未有如是之言也！至其语虽皆有所本，而重复杂乱，绝无章法，即移上篇语于中篇，移中篇语于下篇，亦未见其不可。然则何所见而必分为三度言之乎！先儒之论当矣。惟是篇中所采经传之文舛谬累累，先儒尚多有未及者，略缀数则于左：

"天视自我民视"二句，本之《孟子》。"我武维扬"五句，本之《孟子》而少改之。"民之所欲"二句，本之《春秋传》。"纣有亿兆夷人"四句，本之《春秋传》而少改之。"予克受"六句，本之《坊记》。原文皆称《泰誓》云云。虽于上下文义未甚融洽，然于理无大谬，不必深论。

17. 《史记》采《泰誓》无三篇中语

历观三篇，无非掇拾前人之语；而引用失当者十之八九，小者乖于文义，大者伤于名教。使武王光明磊落之心，忠厚和平之意不白于后世者，皆此三篇之惑之也！嗟夫，王肃之徒伪撰此书，不过欲绌郑学而伸肃说耳，而岂知其诬圣人而惑后世至于如是乎！昔司马迁亲从安国问《古文》，而《史记》所采《泰誓》文无三篇中一语，则三篇非孔壁中原书明矣。乃后儒反以《史记》所载者为伪。岂亲承其人者反得其伪，而数百余年后绝灭失传之余反得其真乎！余不解其为何理也！故今三篇之文概不采。至其年月之谬数，纣罪之附会，说已见前《商纣篇》中及前篇《初伐纣条》下。

18. 《牧誓》与《伪泰誓》之相反

吾读《泰誓》，而知武王之必斩纣头悬诸太白，必不封武庚于商也。吾读《牧誓》，而知武王之必封武庚于商，必不忍斩纣头而悬诸太白也。何者？《牧誓》数纣之罪，不过曰"惟妇言是用"而已，"惟多罪逋逃是崇，是长，是信，是使"而已；其暴虐百姓，奸宄商邑，虽纣主之而实大夫卿士之成之也。玩其词，揆其意，克商之后必将此暴虐奸宄者尽诛之以快人心；至于纣，即使不死，亦不过废而迁之，使不得一有所为，不得复用此暴虐奸宄之人，如越句践之居吴王于甬东者而已，非惟不肯灭其社稷，亦必不肯残其身，况于已死而尚毁其尸乎！而《泰誓》数纣之罪，则曰"淫酗肆虐"，曰"罪浮于桀"，曰"残害万姓"，曰"毒痡四海"，曰"焚炙忠良，刳剔孕妇"，曰"斮朝涉之胫，剖贤人之心"；甚至斥为"独夫"名为"世雠"，念除恶之务本，必殄歼之乃止。玩其词，揆其意，克商之后必生执纣而甘心焉，然后始泄其忿；至于武庚，不杀亦已幸矣，亦必窜之流之，其尚肯封之乎！由是言之，《牧誓》与封武庚之武王一武王，《泰誓》与悬纣头之武王又一武王也；言《牧誓》之言者必不忍言《泰誓》之言，言《泰誓》之言者必不能言《牧誓》之言也；忍悬纣头于太白者必不肯封武庚于商，肯封武庚于商者必不忍悬纣头于太白也。然则此二篇必有一真一伪，此二事亦必有一是一非，显然而可见也。犹之乎匡章不忍欺死父之必不欺生君，胡广不肯舍一猪之必不舍身命也。《牧誓》一篇，出于伏生、孔安国壁中，而先行于两汉；《泰誓》三篇，出于齐、梁之际，而晚行于隋、唐。武庚之封，与《诗》《鸱鸮》、《东山》合，与《书》《金縢》、《大诰》合；纣头之悬，则经传从未有一言及之者。此果孰是孰非，孰真孰伪，学者苟平心而察之，不难辨也。如《牧誓》果武王之言，封武庚果武王之事，则伪《孔氏古文》与《逸周书》所记不可信也明矣。吾与作《伪书》者无怨，顾伤古圣人之事见诬于后世，故不忍于不言。说并见前《孟津之誓》及后条下。

19. 高定论《牧誓》之谬

《唐国史补》云："高定读《牧誓》，问其父曰：'奈何以臣伐君？'父曰：'应天顺人。'曰：'用命赏于祖，不用命戮于社'，岂是顺人？'父不能答。"余按：武王与纣原非君臣；但商纣世为天子，周乃一侯国耳。故晋韩厥及司马侯皆以周喻晋，以纣喻楚，《孟子》齐人伐燕章中亦尝以周喻齐，以纣喻燕，皆若敌国然者，至以"赏于祖，戮于社"为非顺人，语尤乖谬。行军必有赏罚，岂无赏罚始为顺人乎！《费誓》云"汝则有大刑"，"汝则有常刑"，鲁公之征徐戎亦不得谓之顺人乎！且此乃《甘誓》语，何得用之以讥武王！不知其父何以不能答，作书者又何以载之为美谈也？说并见前《文王篇》中及后条下。

20. 辨《古文尚书》之伪

崔述撰《古文尚书辨伪》，全书分为二卷。卷一为《古文尚书真伪源流通考》，卷二包括《集前人论尚书真伪》《李世来书古文尚书冤词后补说》《尧典分出舜典考辨》，附《北迈读伪古文尚书黏签标记》。

《古文尚书真伪源流通考》云：

△《伪古文尚书》之成立

唐、宋以来，世所传《尚书》凡五十八篇：其自《尧典》以下至于《秦誓》三十三篇，世以为《今文尚书》；自《大禹谟》以下至于《冏命》二十五篇，世以为《古文尚书》。余年十三，初读《尚书》，亦但沿旧说，不觉其有异也。读之数年，始觉《禹谟》《汤诰》等篇文义平浅，殊与三十三篇不类，然犹未敢遽疑之也。又数年，渐觉其义理亦多刺谬。又数年，复渐觉其事实亦多与他经传不符，于是始大骇怪：均为帝王遗书，何独悬殊若此？乃取《史》《汉》诸书复考而细核之，然后恍然大悟，知旧说之非是。所谓《古文尚书》者，非孔壁之《古文尚书》，乃齐、梁以来江左之伪《尚书》；所谓《今文尚书》者，乃孔壁之《古文尚书》也。《今文尚书》者，伏生壁中所藏，凡二十八篇（后或分为三十一篇），皆隶书，故谓之"今文"；与今《尧典》以下三十三篇，篇目虽同，而字句多异。《古文尚书》者，孔氏壁中所藏，皆科斗字，故谓之"古文"。孔安国以今文读之，得多十六篇。其二十八篇，即今《尧典》以下三十三篇，原止分为三十一篇，马融、郑康成之所注者是也。其十六篇，残缺不全，绝无师说，谓之《古文尚书逸篇》。西汉之时，《今文》先立于学官。迨东汉时，《古文》乃立。自是学者皆诵《古文》，而《今文》渐微。永嘉之乱，《今文》遂亡，《古文》孤行于世，伪《尚书》者出于齐、梁之间而盛于隋世，凡增二十五篇；又于三十一篇中别出《舜典》《益稷》两篇；共五十八篇，有《传》及《序》，伪称汉孔安国所作。唐孔颖达作《正义》，遂黜马、郑相传之真《古文尚书》，而用伪《书》伪《传》取士。由是学者童而习之，不复考其源流首尾，遂误以此为即《古文尚书》，而孔壁《古文》之三十一篇反指为伏生之《今文》，遂致帝王之事迹为邪说所淆诬而不能白者千有余年。余深悼之，故于《考信录》中逐事详为之辨，以期不没圣人之真。然恐学者狃于旧说，不能考其源流，察其真伪，循其名而不知核其实也，故复溯流穷源，为"六证""六驳"，因究作伪之由，并述异真之故，历历列之如左，庶伪者无所匿其情云尔。

△**六证之一——孔安国古文篇数**

一，孔安国于壁中得《古文尚书》，《史记》《汉书》之文甚明，但于二十九篇之外复得多十六篇；并无得此二十五篇之事。

"孔氏有《古文尚书》，而安国以今文读之，因以起其家；《逸书》得十余篇。盖《尚书》滋多于是矣。"（《史记·儒林列传》）

"《古文尚书》者，出孔子壁中。武帝末，鲁共王坏孔子宅，欲以广其宫，而得《古文尚书》及《礼记》《论语》《孝经》，凡数十篇，皆古字也。共王往入其宅，闻鼓琴瑟钟磬之音，于是惧，乃止不坏。孔安国者，孔子后也，悉得其书，以考二十九篇，得多十六篇。安国献之。遭巫蛊事，未列于学官。"（《汉书·艺文志》）

按：二十九篇者，《尧典》（今《舜典》"慎徽五典"以下在内）、《皋陶谟》（今《益稷篇》在内）、《禹贡》《甘誓》《汤誓》《盘庚》（三篇合为一篇）、《高宗肜日》《西伯戡黎》《微子》《牧誓》《洪范》《金縢》《大诰》《康诰》《酒诰》《梓材》《召诰》《洛诰》《多士》《无逸》《君奭》，《多方》《立政》《顾命》（《康王之诰》在内）、《吕刑》《文侯之命》《费誓》《秦誓》，凡二十八篇，并《序》为二十九篇，与《今文》篇数同，《史记》所谓"以今文读之"者是也。其十六篇，《舜典》《汩作》《九共》（后或分为九篇，故《正义》谓之二十四篇）、《大禹谟》《益稷》《五子之歌》《胤征》《汤诰》《咸有一德》《典宝》《伊训》《肆命》《原命》《武成》《旅獒》《冏命》，《史记》所谓"起其家，《逸书》得十余篇"者是也。而今所传二十五篇，则有《仲虺之诰》《太甲》三篇、《说命》三篇，《泰誓》三篇、《微子之命》《蔡仲之命》《周官》《君陈》《毕命》《君牙》，十有六篇，而无《汩作》《九共》《典宝》《肆命》《原命》，五篇；惟《舜典》等十有一篇，与汉儒所传篇目同，而《舜典》《益稷》又皆自《尧典》《皋陶谟》分出，非别有一篇。篇目既殊，篇数亦异，其非孔壁之书明甚。使孔壁果得多此二十五篇，班固何以称为十六篇，司马迁何以亦云十余篇乎？盖撰《伪书》者闻有五十八篇之目（刘向《别录》云五十八篇，盖分《盘庚》为三篇，《九共》为九篇，出《康王之诰》，而增河内女子之《伪泰誓》三篇也）。不知其详，故撰此二十五篇，而别出《舜典》《益稷》二篇，以当其数。惜乎，学者之不察也！

△**六证之二——东汉古文篇数**

一，自东汉以后传《古文尚书》者，杜林、贾逵、马融、郑康成诸儒，历历可指，皆止二十九篇；并无今书二十五篇。

"杜林，茂陵人，尝得漆书《古文尚书》一卷，宝爱之；每遭困厄，握抱叹息曰：'古文之学将绝于此邪！'建武初，东归，征拜侍御史。至京师，河南郑兴、东海卫宏皆推服焉。济南徐兆始事卫宏，后皆更从林学。林以所得《尚书》示宏曰：'林危厄西州时，常以为此道将绝也，何意东海卫宏、济南徐生，复得之邪！是道不坠于地矣！'"（《后汉纪》光武帝第八卷）

"扶风杜林传《古文尚书》。林同郡贾逵为之作训，马融作传，郑玄注解，由是《古文尚书》遂显于世。"（《后汉书·儒林传》）

"《尚书》十一卷（马融注）。《尚书》九卷（郑玄注）。《尚书》十一卷（王肃注）"，"后汉扶风杜林博《古文尚书》。同郡贾逵为之作训，马融作传，郑玄亦为之注。然其所传唯二十九篇。"（《隋书·经籍志》）

按：王莽之末，赤眉焚掠，典籍沦亡略尽，是以杜林死守此书以传于后。其二十九篇者？即《史记》所谓"以今文读之"，本纪、世家之所引者是也。马、郑皆传杜林之书，而止二十九篇，然则非但《仲虺之诰》等十有六篇为《古文》所无，即《大禹谟》等九篇亦非杜林、贾逵所传之《古文》矣。如果二十五篇出于孔壁，经传历历俱全，何以杜林漆书无之，贾、马、郑诸儒皆不为之传注乎？然则二十五篇决非安国壁中之书明矣。

△六证之三——《伪书》文体

一，伪书所增二十五篇，较之马、郑旧传三十一篇文体迥异，显为后人所撰。

《大禹谟》与《皋陶谟》不类；篇末誓词亦与《甘誓》不类。

《五子之歌》《胤征》摭拾经传为多；其所自撰则皆浅陋不成文理。

《泰誓》三篇，誓也，与《汤誓》《牧誓》《费誓》皆不类。

《仲虺之诰》《汤诰》《武成》《周官》，皆诰也，与《盘庚》《大诰》《多士》《多方》皆不类。

《伊训》《太甲》三篇、《咸有一德》《旅獒》，皆训也，与《高宗肜日》《西伯戡黎》《无逸》《立政》皆不类。

《说命》《微子之命》《蔡仲之命》《君陈》《毕命》《君牙》《冏命》九篇，皆命也，与《顾命》《文侯之命》皆不类。

按：《皋陶谟》高古谨严；《大禹谟》则平衍浅弱，《汤》《牧》二誓和平简切；《泰誓》三篇则繁冗愤激，而章法亦杂乱。《盘庚》诸诰，诘曲聱牙之中具有委婉恳挚之意；《仲虺》三诰则皆浅易平直。惟《武成》多摘取传记之文，较为近古，然亦杂乱无章。训在商者简劲切实，在周者则周详笃挚，迥然两体也，而各极其妙。《伊训》《太甲》诸篇，在《肜日》《戡黎》前数百余年，乃反冗泛平弱，固已异矣；而《周书》之《旅獒》乃与《伊训》等篇如出一手，何也？至于命词九篇，浅陋尤甚，较之《文侯之命》，犹且远出其下，况《顾命》乎！且三十一篇中命止二篇，而二十五篇命乃居其九，岂非因命词中无多事迹可叙，易于完局，故尔多为之乎？试取此二十五篇与三十一篇分而读之，合而较之，则黑白判然，无待辨者。无如世之学者自童子时即连属而读之，长遂不复分别，且多不知其孰为马、郑所传，孰为晋以后始出者，况欲其较量高下，分别真伪，此必不可得之数也。其亦可叹也夫！

△六证之四——《史记》引《尚书》

一，二十九篇之文，《史记》所引甚多，并无今书二十五篇一语。

《五帝本纪》，《尧典》之文（《舜典》"慎徽五典"以下在内）全载。

《夏本纪》，《禹贡》《皋陶谟》（《益稷》在内），《甘誓》之文全载。《伪书》之《大禹谟》《五子之歌》《胤征》三篇，无载其一语者。

《殷本纪》《宋世家》，《汤誓》《洪范》（今在《周书》中）《高宗肜日》《西伯戡黎》之文全载。《微子》载其半。《盘庚》略载大意。《伪商书》凡十篇，无载其一语者。《汤诰》颇载有数十言，乃今《伪书》所无。

《周本纪》《鲁世家》，《牧誓》《金縢》之文全载。《无逸》《吕刑》《费誓》皆载其半。《多士》《顾命》（《康王之诰》在内）略载大意。《燕世家》之《君奭》，《卫世家》之《康诰》《酒诰》《梓材》，《秦本纪》之《秦誓》，皆略载大意。《伪周书》十二篇，无载其一语者。

按：真《古文尚书》二十八篇，《史记》全载其文者十篇，载其半者四篇，略载其大意者八篇；其未载者，《周书》六篇而已。盖此十四篇者，诰体为多，文词繁冗而罕涉于时事，故或摘其略而载之，或竟不载，从省文也。然所载者亦不可谓少矣。《伪书》二十五篇乃无一篇载者，何也？《皋陶谟》载矣，《大禹谟》何以反不载？《甘誓》《汤誓》《牧誓》皆载矣，《泰誓》何以独不载？《吕刑》，衰世之法，犹载之；《周官》，开国之制，而反不载。至于《武成》，乃纪武王伐商之事，尤不容以不载。然则司马氏之未尝见此书也明矣！夫迁既知有《古文》而从安国问故矣，何以不尽取而观之？安国既出二十八篇以示迁矣，即何吝此二十五篇而秘不以示也？然则此二十五篇之书不出于安国，显然易见。惜乎后儒之不思也！

△六证之五——《汉书·律历志》引逸书

一，十六篇之文，《汉书·律历志》尝引之，与今书二十五篇不同。

《伊训篇》曰："惟太甲元年，十有二月，乙丑朔，伊尹祀于先王，诞资有牧方明。"（《汉书·律历志》）

《武成篇》："惟一月壬辰旁死霸，若翌日癸巳，武王乃朝步自周，于征伐纣。""粤若来三月既死霸，粤五日甲子，咸刘商王纣。""惟四月既旁生霸，粤六日甲戌，武王燎于周庙。翌日辛亥，祀于天位。粤五日乙卯，乃以庶国祀馘于周庙。"（并同上）

"《尚书逸篇》二卷。""《尚书逸篇》出于齐梁之间。考其篇目，似孔壁中书之残缺者，故附《尚书》之末。"（《隋书·经籍志》）

按：《汉志》所引《伊训》《武成》之文皆与今书《伊训》《武成》不同，则今之《伊训》《武成》非孔安国壁中之书明矣。《伊训》《武成》既非孔壁《古文》，则《大禹谟》等七篇亦必非孔壁《古文》矣。况《仲虺之诰》等十有六篇乃孔壁之所本无者乎！盖所得多之十六篇，文多残缺难解，故《汉志》虽间有征引，而学者皆罕所诵习，马融所谓"《逸》十六篇，绝无师说"者也。既无师说，则日益以湮没，是以迨隋仅存二卷；至唐以《伪书》取士，人益不复观览，遂并此二卷而亡之耳。由是言之，《尚书逸篇》即马融之"《逸》十六篇"，刘歆、班固所引《伊训》《武成》之文，此乃孔壁之《真古文》，而二十五篇为后人所伪撰，不待言矣。

△六证之六——东汉、吴、晋诸儒道逸书

一，自东汉逮于吴晋数百余年，注书之儒未有一人见此二十五篇者。

"《书》曰：'天降下民，作之君，作之师。惟曰其助上帝，宠之四方。有罪无罪，惟我在；天下曷敢有越厥志！'"注："《书》，《尚书》逸篇也。"（赵岐《孟子注》）

"《书》曰：'汤一征，自葛始。'""《书》曰：'我后；后来其苏！'"注："此

二篇皆《尚书》逸篇之文也。"（同上）

"《书》曰：'浲水警余。'"注："《尚书》逸篇。"（同上）

"《兑命》曰：'念终始，典于学。'"注："兑当为说字之误也。高宗梦传说，求而得之，作《说命》三篇；在《尚书》。今亡。"（郑康成《学记注》）

"《君陈》曰：'尔有嘉谋嘉猷，入告尔君于内；女乃顺之于外，曰："此谋此猷，惟我君之德。"于乎，是惟良显哉！'"注："君陈，盖周公之子，伯禽弟也？名篇；在《尚书》。今亡。"（郑康成《坊记注》）

"《尹吉》曰：'惟尹躬及汤，咸有一德。'"注："吉，当为告。告，古文诰字之误也。《尹告》，伊尹之诰也。《书序》以为《咸有一德》。今亡。"（郑康成《缁衣注》）

"《夏书》有之曰：'众非元后何戴！后非众无与守邦。'"注："《夏书》，逸书也。"（韦昭《国语注》）

"《夏书》曰：'戒之用休，董之用威，劝之以九歌，勿使坏。'"注："逸书。"（杜预《春秋左传集解》）

"《夏书》曰：'道人以木铎徇于路，官师相规，工执艺事以谏。'"注："逸书。"（同上）

"《周书》曰：'皇天无亲，惟德是辅。'"注："《周书》，逸书。"（同上）

右十则，皆见于今《伪书》，而赵、郑、韦、杜诸儒皆注以为"逸书"，或云"今亡"。然则自汉逮晋，无一人之见此书也。无一人见此书，则此书不出于安国明矣。此四书中所引《尚书》之文尚多，不可悉载；姑举数则，以见其凡。

孔氏《正义》云："刘向作《别录》，班固作《艺文志》，并不见《孔传》。刘歆作《三统历》，引《泰誓》《武成》，并不与孔同。贾逵奏《尚书疏》，与孔亦异。马融《书序》云：'经传所引《泰誓》，《泰誓》并无此文。'又云：'《逸》十六篇绝无师说。'是融亦不见也。服虔、杜预注《左传》'乱其纪纲'，并云：'夏桀时作。'服虔、杜预皆不见也。郑玄亦不见之，故《仲虺之诰》《太甲》《说命》等篇见在而云亡，其《汩作》《典宝》等十三篇见亡而云已逸，是不见《古文》也。"余按：自孔安国以后学之博者，西汉无过向、歆，东汉无过赵、班、贾、马、服、郑，吴、晋无过韦、杜。之数人者皆不见，天下岂复有见此书者！藉令安国果有此书，一人偶未之见，遗之可也，必无四百年中博学多闻之士竟无一人见之之理。然则当时原无此书，而此书为后人所伪撰，不待言矣。

△传伪《书》者之自解五说

据此六端观之，此二十五篇者乃后人所伪撰，非孔壁中之书，不待明者而知之矣。然自隋、唐以来，学者皆信之而不疑，何也？盖缘传《伪书》者恐人之不之信，巧为之词，曲为之解，学者不复考其源委，遽信以为实然故也。其说大抵有五。其一谓马、郑所传乃《今文》，非《古文》，故与伏生之篇数同，而无二十五篇，——由是学者遂真以三十一篇为《今文》，而不复疑此书晚出之非真矣。其二谓《今文》乃伏生之女所口授，因齐音难晓，而晁错以意属读之者，故多艰涩难解，不若二十五篇平易，——由是学者遂真以三十一篇为口授，而不复疑此书文体之不类矣。其三因《汉书》有张霸伪作《百两篇》一事，遂诬《汉志》所载安国多得篇目乃霸伪书之目，所引《伊训》《武成》篇文乃霸伪书之文，——由是学者遂不复疑东晋以后出者非真，而反谓西汉之时得者为伪矣。其四因《汉书》有"武帝末未列学官"一语，遂诬终汉之世不列学官，以故不行于世，儒者皆不之见，——由是学者遂不复疑此书为晋以后之书，而反谓司马、赵、郑、韦、杜诸儒为未尝学问矣。至其尤诬妄者，《正义》引《晋书》云："皇甫谧于姑子梁柳边得《古文尚书》，故作《帝王世纪》，往往载《孔传》五十八篇之书。"又引《晋书》云："晋太保公郑冲以《古文》授扶风苏愉字休预，预授天水梁柳字宏季，——即谧之外弟也，——季授城阳臧曹字彦始，始授郡守子汝南梅赜字仲真，又为豫章内史，遂于前晋奏上其书而施行焉。"——由是学者遂以此二十五篇为真有所传，而不复疑其为后人之伪撰矣。而岂知其莫非子虚乌有之事也哉！嗟夫，两汉、晋、隋之书昭然在耳目间，非天下之秘书，世所不经见也，何为皆若不见不闻然者，而惟伪说之是信乎？故今复采汉、晋诸书之文足证其伪妄者列之左方，学者一一核之可矣。

△六驳之一——古文、今文篇第不异

一，《古文》《今文》分于文字之同异，不分于篇第之多寡：马、郑所传虽止二十九篇，与《今文》同，而文字则与《今文》异，两汉之书所载甚明。

"济南伏生传《尚书》，授济南张生及千乘欧阳生。欧阳生授同郡兒宽；宽授欧阳生之子；世世相传，至曾孙欧阳高，为'《尚书》欧阳氏学'。张生授夏侯都尉；都尉授族子始昌；始昌传族子胜，为'大夏侯氏学'。胜传从兄子建；建别为'小夏侯氏学'。三家皆立博士。"

"刘向以中古文校欧阳、大小夏侯三家经文，《酒诰》脱简一，《召诰》脱简二。率简二十五字者，脱亦二十五字；简二十二字者，脱亦二十二字。文字异者七百有余，脱字数十。"（《汉书·艺文志》）

"中兴，北海牟融习《大夏侯尚书》，东海王良习《小夏侯尚书》，沛国桓荣习《欧阳尚书》。荣世习相传授，东京最盛。"（《后汉书·儒林传》）

"逵数为帝言《古文尚书》于经传《尔雅》诂训相应；诏令撰《欧阳》《大小夏侯尚书》《古文》同异。逵集为三卷。帝善之，复命撰《齐》《鲁》《韩诗》与《毛氏》异同。"（《后汉书·贾逵传》）

"永嘉之乱，《欧阳》《大小夏侯尚书》并亡。济南伏生之传，惟刘向父子所著《五行传》是其本法，而又多乖戾，"（《隋书·经籍志》）

按：《欧阳》，《大小夏侯尚书》，皆《今文》也。刘向以《古文》校之而有异文脱简，贾逵又撰三家与《古文尚书》同异，则刘、贾所见者《真古文》也。若仍是《今文》，则与三家有同而无异，何有异文脱简，又何撰同异之有哉！是以《尹敏传》云："初习《欧阳尚书》（即今文），后受古文。"东汉所谓《古文》之非《今文》明矣。况永嘉之乱，《今文》已亡，安得复有存者！后世学者不知《古文》《今文》之分，乃以篇数多者为《古文》，少者为《今文》，遂以今书三十三篇为《今文》，谬矣！

孔氏《正义》称刘向作《别录》不见《孔传》？后世耳食者遂以为刘向未见《古文》。夫刘向以《古文尚书》校《今文》，若不见《古文》，以何校之？然则刘向但见《真古文》，未见《伪古文》耳。且云"中古文"，则安国之《古文尚书》已上于朝矣，安有藏于家之事！然则马、郑相传之《尚书》决为《古文》而非《今文》明矣。

△六驳之二——今文亦壁藏

一，无论马、刘所传之为《古文》而非《今文》也，即伏生之《今文》亦其壁中所藏之书，并无其女口授之事，不得与二十五篇文体互异。

"伏生者，济南人也，故为秦博士。孝文帝时，欲求能治《尚书》者，天下无有；乃闻伏生能治，欲召之。是时伏生年九十余，老不能行，于是乃诏太常，使掌故朝错往受之。秦时焚书，伏生壁藏之。其后兵大起，流亡。汉定，伏生求其书，亡数十篇，独得二十九篇，即以教于齐、鲁之间。学者由是颇能言《尚书》；诸山东大师无不涉《尚书》以教矣。伏生教济南张生及欧阳生；欧阳生教千乘兒宽，（《汉书》无此八字而有"张生为博士"五字）而伏生孙以治《尚书》征，不能明也。自此之后，鲁周霸、孔安国、雒阳贾嘉，颇能言《尚书》事。"（《史记·儒林列传》。《汉书》略同，但文异者十余，增者一，删者十余耳。故不重录）

按此文，则伏生之《今文》乃壁中所藏书。故刘歆《移博士书》亦云："《尚书》初出于屋壁，朽折散绝；今其书见在。"则是二十九篇之策现存，错何难自以目览之，而必待夫女子之口授乎？且云伏生能"治"《尚书》而不云能"诵"《尚书》，则是所以欲召之者，谓伏生能通达其义，非徒诵其文也。错所受者《尚书》之义，乌用以意属读！若徒诵其文，则伏生之门人若张生、欧阳生等众矣，何人不可以授，又不必其女而后能授也。由是言之，伏生并无口授之事；此二十五篇之所以浅近易知而与马、郑相传之《尚书》大不类者，正以其作于魏、晋之后，原非二帝、三王之言故尔，无他故也。盖作《伪书》者目知其文不类，而恐人之讥己，故伪造此说以弥缝之。乃后之学者沿讹踵谬，皆信之而不疑，岂《史记》《汉书》唐以后之人皆不复观乎？真天下之怪事也已！

"卫宏，字敬仲，东海人也，少与河南郑兴俱好古学。初，九江谢曼卿善《毛诗》，乃为其训；宏从曼卿受学，因作《毛诗序》，善得风雅之旨，于今传于世。后从大司空杜林更受《古文尚书》，作《训旨》。时济南徐巡师事宏，后更从林学，亦以儒显。由是古学大兴。"（《后汉书·儒林传》）

按：此文言作《训旨》而不言作《序》，言作《毛诗序》而不言作《尚书序》，则世所传宏《序》非宏所自作也。孔安国之作《书传》与《序》，班固不知，则巧为之说曰，书未行于世也。今蔚宗乃宋元嘉时人，梅赜果于东晋奏上其书，宏《序》行于世矣，蔚宗何以亦不之知？且云"宏受《古文尚书》，由是古文大兴"然则宏果有序，班固见之熟矣，何以为《儒林传》乃绝不载伏生口授之事，而仍录《史记》之文乎？盖由作《伪书》者自知其文不类而恐人之讥己，是以造为此说，绾之孔、卫以弥缝之。乃后之学者沿讹踵谬，皆信之而不疑，岂《史记》《前后汉书》唐以后之人皆不复观乎？真天下之怪事也已！

△六驳之三——班固斥张霸伪书

一，张霸之《伪书》乃百二篇，并非二十四篇，班固《汉书》业已斥之，必无反以《伪书》为《古文》之理。

"世所传百两篇者，出东莱张霸，分析合二十九篇以为数十，又采《左氏传》

《书叙》为作首尾，凡百二篇，篇或数简，文意浅陋。成帝时，求其古文者，霸以能为'百两'征。以中书校之，非是。霸辞受父，父有弟子尉氏樊并。时大中大夫平当，侍御史周敞劝上存之。后樊并谋反，乃黜其书。"（《汉书·儒林列传》）

按：《汉书》此文称霸书"文义浅陋"，又云"以中书校之非是"，是班氏明明以张霸之书为伪矣；乌有作《儒林传》则痛证其伪，作《艺文志》又深信其真，作《律历志》反引其书为证者哉！班氏所引《伊训》《武成》之文，非霸伪书而为孔壁之真古文明矣。《汉书》所引者为真，则梁、陈所出者为伪可知也。况霸所撰乃百二篇，非二十四篇；乃分析二十九篇为之，亦非别有二十四篇也。今颖达但欲表章伪书，遂公然以安国以来相传之《逸》十六篇（即二十四篇）为伪，复公然以百二篇为二十四篇，亦妄之至矣！且十六篇之语不始于固，《史记·儒林传》言之矣。司马迁，汉武帝时人，张霸，成帝时人，迁作《史记》，何由预知后世之有张霸《伪书》，并其篇第之多寡乎！盖凡颖达之说，颠倒矛盾，类皆如此；学者少留意焉，则其谬不攻自破矣。

△六驳之四——《古文尚书》立学官

一，孔安国《古文》，当时已传于世，王莽及章帝时又已立于学官，两汉之书所载甚明，并未散轶，不容诸儒皆不之见。

"安国为谏大夫，授都尉朝；而司马迁亦从安国问故。迁书载《尧典》《禹贡》《洪范》《微子》《金縢》诸篇，多《古文》说。都尉朝授胶东庸生。庸生授清河胡常少子，以明《穀梁春秋》为博士部刺史，又传《左氏》。常授虢徐敖；敖为右扶风掾，又传《毛诗》，授王璜，平陵涂恽子真。子真授河南桑钦君长。王莽时，诸学皆立，刘歆为国师，璜、恽等皆贵显。"（《汉书·儒林列传》）

"八年，乃诏诸儒，各选高才生受《左氏》《穀梁春秋》《古文尚书》《毛诗》。由是四经遂行于世。皆拜逵所选弟子及门生为千乘王国郎，朝夕受业黄门署。学者皆欣欣美慕焉。"（《后汉书·贾逵传》）

按此文，则《古文尚书》当孔安国时已传于人而行于世，至王莽时而立于学官，至东汉章帝时而再立于学官，且为帝所崇重，习《古文》者皆授官，而为世所欣慕矣，安得诸儒皆不之见，至梁、陈时而突出乎！盖《汉志》所谓"未列于学官"者，谓未置博士及弟子耳，非谓其书不行于世，但藏于家也；谓武帝时未列于学官耳，亦非终已不列于学官也。且《毛诗》《左氏》《穀梁春秋》当武帝时皆未列于学官，皆至王莽时而始立，至章帝时而再立，何以皆行于世，马、郑、服、杜皆得见之而笺注之，独《古文尚书》遂以不列学官之故，致无一人之见之乎？甚矣不学而耳食者多也！

△六驳之五——《晋书》无古文授受事

一，《正义》称郑冲传《古文尚书》，皇甫谧采之作《世纪》，至梅赜奏上其书于朝，考之《晋书》，并无此事。

《本纪》无文。

《儒林传》中不载此事。苏愉、梁柳、臧曹、梅赜亦皆无传。《郑冲传》中但有高贵乡公讲《尚书》，冲执经亲授之语，并无所讲乃孔氏五十八篇之文。

《皇甫谧传》中但有梁柳为太守，谧不为加礼一事，并无柳传《古文尚书》及谧得之之文。

按：梅赜果尝奏上此书，《本纪》即不之载，《儒林传》中岂得并无一言及之；乃非惟无其事，亦并无苏愉等三人之名，然则三人亦皆子虚乌有者也。且凡纪事之体，必书年月，而《尚书正义》《隋书》记此事，皆不言为某帝之时，某年之事，盖缘当时本无此事，系之以时，则人覆检而知其诬，故传《伪书》者为此含混之词，使人无从辨其真伪；孔氏道听途说，遂从而录之耳。且夫五十八篇之书，魏以前未行于世也。当魏主讲《尚书》之时，冲所执者果系孔氏之五十八篇，《传》岂得不大书特书，而乃但云《尚书》。既但云《尚书》，则即马、郑之二十九篇可知矣。柳为太守，谥不加礼，琐事耳，然犹载之传中，若谥果从柳得《古文尚书》而作《帝王世纪》，此乃经术之显晦，著作之本原，何得反略之而不记乎？嗟夫，《史记》《两汉》之书，人所共读者也，乃明明与《今文》相校之《古文》，而谓之《今文》；明明别有百二篇，而谓之即二十四篇；明明壁藏其书者，而谓之口授；明明立学官，置弟子，而谓之私藏于家。彼其于共读之《史》《汉》尚不难以黑为白，况人不多读之《晋书》，亦何难以无为有乎！

△六驳之六——郑、孔解诂与《伪书》之抵牾

一，非但梅赜未尝奏上此书也，即郑冲亦未尝见此书，孔安国亦不知有此书，考之《论语集解》可见。

"子曰：'《书》云："孝乎惟孝，友于兄弟，施于有政。"是亦为政，奚其为政！'"注："包曰：'孝乎惟孝，美大孝之词。友于兄弟，善于兄弟。施，行也。所行有政道，与为政同。'"（《论语集解》）

按：《集解》乃郑冲与何晏同纂辑者。所引包说，以"孝乎惟孝"为句，以"施于有政"为一家之政。今《伪书》此文无"孝乎"二字，而"施于有政"作"克施有政"，乃指治民之政而言，与包所说迥异。若冲果见此书？岂容复采乐包说！今何、郑既以包训为是，则其未尝见此书明矣。

"曰：'予小子履，敢用玄牡，敢昭告于皇皇后帝。'"注："孔曰：'履，殷汤名。此伐桀告天之文。……《墨子》引《汤誓》，其辞若此。'"（《论语集解》）

按：今《伪书》此文乃汤灭夏之后告诸侯百姓者。安国果见此文，不当谓之"伐桀告天"。且今伪书《汤诰》现有此文，安国何不注云"今《尚书·汤诰》有之"，乃反引《墨子》以为证乎？安国既引《墨子》为证，则是安国所见之《古文尚书》并无此文也明矣。

"虽有周亲，不如仁人。"注："孔曰：'亲而不贤不忠则诛之，管、蔡是也。仁人谓微子、箕子，来则用之。'"（《论语集解》）

按此注，是以此言为泛论周之事，以"周亲"指周之公族，以"仁人"指商之贤臣也。今《伪书》此文乃武王誓师之词，不惟管、蔡未叛，微、箕亦尚未来。安国果见此篇，何容复作此解！且《伪传》云："周，至也。言纣至亲虽多，不如周家之少仁人。"反以周亲属商，以仁人属周，与安国《论语》之注正相悖。然则《伪书》《伪传》之不出于安国明矣。

孔氏《正义》云："此文与彼正同，而孔注与此异者，盖孔意以彼为伐纣誓众之词，此泛言周家政治之法，欲两通其义，故不同也。"夫圣人之言，一也，岂得忽以

为彼，忽以为此。安国宁有此一口两舌之事乎！此理显然易见，而颖达犹欲曲全《伪传》之说，抑亦异矣！嗟夫，安国，西汉名儒乃为妄人所诬如是，为颖达者不能为乃祖辨其诬，顾反附会焯、炫而表章之，以致后儒摘斯传之纰缪，动辄归咎安国，使安国蒙不白之冤于千载之上，谁之过与！此余之所为长太息者也！

　　△《伪书》之著者及其推行之年代

　　曰：五十八篇经传非孔安国所传，梅赜所奏上，果何人所撰，至何时始行于世邪？曰：江左士大夫于经学皆不留意，罕有言及此者，此不可详考矣、但据其时所著之书观之，王坦之，东晋人也，范蔚宗，宋元嘉时人也，藉令东晋之初此书果已奏上行世，坦之、蔚宗必无不见之者，而坦之著《废庄论》，引"人心，道心"二语，不言其为《虞书》（详见《唐虞考信录》中），是坦之未见此书也；蔚宗著《后汉书儒林传》，但云"贾逵作训，马融作传，郑玄注解，由是《古文尚书》遂显于世"，若不知别有二十五篇者，是蔚宗亦未见此书也。直至梁刘勰作《文心雕龙》，始引此二十五篇之文。然则是元嘉以前，此书初未尝行于世，至齐、梁之际始出于江左也。然但行于江左已耳，中原犹未有此书。故《隋书·经籍志》云："梁、陈所讲有孔、郑二家；齐代惟传郑义；至隋，孔、郑并行而郑氏甚微。"然则是隋灭陈以后，此书乃渐传于北方，刘焯、刘炫之辈以为奇货而注释之，然后此书大行而《郑注》渐废也。至其撰书之人，则梅鷟、李巨来皆以为皇甫谧所作。以余观之，不然。西晋之时，《今文》《古文》并存于世，安能指《古文》为《今文》，而别撰一《古文尚书》以欺当世。况谧果著此书，必已行世，何以蔚宗犹不之知；又何以江左盛行而中原反无之？然则此书乃南渡以后，晋、宋之间，宗王肃者之所伪撰，以驳郑义而伸肃说者耳。何以言之？《左传》"乱其纪纲"，旧说以为夏桀之时，而肃以为太康之世；《无逸》"其在祖甲"，马、郑以为武丁之子，而肃以为太甲之事。今《伪经》以"乱其纪纲"入《五子之歌》，《伪传》以祖甲为太甲，明明祖述肃说，暗攻先儒，其为宗肃学者之所伪撰？毫无疑义。盖汉末说经者皆宗康成，逮王肃起，恃其门阀，始好与郑为难。其说不无一二之胜于郑，而荒唐悖谬者实多。但肃父为魏三公，女为晋太后，以故其徒遂盛，其说大行，天下之说经者分为二派，一宗郑学，一宗王学。宗郑者黜王；宗王者驳郑。值永嘉之乱，《今文》失传，江左学者目不之见，耳不之闻，又其时俊桀之材，非务清谈，即殚心于诗赋笔札，经术之士绝少，但见马、郑所传与《今文》篇数同，遂误以为《今文》。由是宗肃学者得以伪撰此书以攻郑氏。书既撰于晋、宋之间，故至齐、梁之际姑行于当世也。孔氏见《伪书》《伪传》之说多与肃同，不知其由，遂疑肃私见《孔氏》而秘之。夫肃专攻郑氏，如果此书在前，肃尝见之，其攻郑氏之失，必引此书为证，云《尚书》某篇云云，某传云云，世人谁敢谓其说之不然，何为若出之于己然者？然则是《伪书》之采于肃说，非肃说之本于《伪书》明矣。即《正义》所称"皇甫谧从梁柳得此书，故作《帝王世纪》，多载其语"者，亦作《伪书》者之采于《世纪》，正如《鹖冠子》采贾谊之《鵩鸟赋》，而人反谓谊赋之采于《鹖冠子》耳。但南北朝中无穷经博古之人察知其伪，遂使其书得行。然马、郑之本书尚在，后之人犹可考而知之。至唐太宗时，孔颖达奉诏作《五经正义》，既不能辨其真伪，又误以其传真为其祖安国所著，遂废郑注而用之，自是郑氏古本遂亡，士人之应明经试者，莫不遵功令，读《伪传》，二十五篇之文遂与三十三篇之经并重，习而不察，以为固然，竟不知《史》《汉》以来汉、晋诸儒所述并无此文，而出于后人之伪撰者矣。

△《家语》之伪撰者

然不但今《尚书》二十五篇为宗王肃者之所伪撰也，即今所传《家语》亦肃之徒之所伪撰。《汉书·艺文志》云："《孔子家语》二十七卷。"师古注云："非今所有《家语》。"是今《家语》乃后人所伪撰，非汉所传孔氏之《家语》也。今《家语》序云："郑氏学行五十载矣，自肃成童始志于学，而学郑氏学矣，然寻文责实，考其上下，义理不安，违错者多，是以夺而易之。然世未明其款情，而谓其苟驳前师，以见异于人。"又云："有孔猛者，家有其先人之书。昔相从学，顷还家，方取以来。与予所论，有若重规叠矩"。然则今之《家语》乃肃之徒所撰，以助肃而攻康成者，是以其文多与肃同而与郑说互异。此序虽称肃撰，亦未必果肃所自为，疑亦其徒所作而绱名于肃者。由是言之，伪撰古书乃肃党之长技，今伪《古文尚书》亦多与肃说同而与郑氏异者，非肃党为之而谁为之乎！

△《孝经》之《伪孔氏经传》

亦不但《尚书》有《伪孔氏古文经传》也，即《孝经》亦有《伪孔氏古文经传》。《孝经正义》云："隋开皇十四年，秘书学生王逸于京市陈人处买得一本，送与著作王邵，以示河间刘炫。"则是后世所谓《古文孝经》者，出于隋世，非汉儒所传孔壁之《古文孝经》也。又云："开元七年，国子博士司马贞议曰：'《今文孝经》是汉河间王所得颜芝本。至刘向，以此参校《古文》，省除繁惑，定此一十八章。其《古文》二十二章，中朝遂亡其本。近儒欲崇古学，妄作传学，假称孔氏，辄穿凿更改，又伪作《闺门》一章，以应二十二之数，非但经文不真，抑亦传文浅伪。'由是明皇自注《孝经》，颁于天下，以十八章为定。"则是南北分王之时，经术荒废，好事者造为伪书以惑当世，乃其常事也。但彼二十二章者，幸而有司马贞驳其谬戾，以故不行于世，而此二十五篇者，不幸而遇孔颖达谬相推奉，黜真书而用伪者以取士，遂致唐人奉为不刊之书耳。惜乎后世之儒之不能以三隅反也！

△《伪书》破绽三端

曰："二十五篇之文果出后人所撰，何其似圣人之言也？曰：乌得似！后世学者不之察耳。三十三篇中，无一道学陈腐之语，然其所载行政用人之略及训诰中所与其君及群臣百姓言者，无一非修身经国之要务，不言道而道莫大焉，不言学而学莫纯焉。其二十五篇则不然：自其所采经传旧文而外，大率皆道学语。然按之乃陈腐肤浅，亦有杂入于异端者。其义不逮，一也。三十三篇之中，事多于言，事亦皆与经传相应，无可议者。二十五篇则言多而事少，其事皆杂采于诸子及汉儒之注说，考之于经既不合，揆之以理亦多谬。其事不经，二也。三十三篇，四代之书，迥然四代之文，古今升降，一望了然，典谟誓诰各有其体，不相混也。二十五篇则自《大禹谟》至《冏命》其文如出一手，谟训命诰约略相似，更无分别。其文不类，三也。昔宋阮逸伪造《元经》，称隋王通所撰，而《河汾王氏书目》无之，《唐·艺文志》亦无之；且避唐景帝（神尧之祖）讳，称石虎为季龙，又避唐神尧讳，称戴渊为若思。"以故直斋陈氏得知其伪，谓"逸心劳日拙，自不能掩"。今此二十五篇，《史记》无之，班、范《两汉》之书无之，贾逵、马融、郑康成之所传亦无之，赵岐、杜预、韦昭诸儒皆不之见，而其中世以异端之言，小说之事，魏晋排偶组练之文，与三十三篇之书高下悬绝，较之阮逸伪书尤为易辨。惜乎后世学者震于其名而皆不之察也！

△《伪书》剽窃经传

曰：经传所引《尚书》之文，二十五篇之中皆有之，何以言其伪也？曰：此作《伪书》者剽窃经传之文入其中耳。子不见夫铁器乎，铸者无痕而补者有痕。凡经传所引之语在三十三篇中者，与上下文义皆自然相属；在二十五篇中者，其上下承接皆有补缀之迹，其有痕无痕至易辨也。且其中有传记所引逸书之文而剽窃之者，亦有传记之所自言，并非引书，而亦剽窃之者。"六府三事"，郤缺自解经文，"同德度义"，苌弘自抒己见，岂得牵帅之以入经！至于"除恶务本"，乃权谋之士所言，尤不得入圣人口中也。有采经传之意而改其词者。"有攸不为臣，东征"，删其首句而移之伐纣，可乎！"天下曷敢有越厥志"，改以为"予"而属之武王，谬矣！有采经传之词而失其意者。周亲之不如仁人，谓己不私其亲，可也；以周亲属之纣，则不伦。嘉谋之归于我后，臣下自相勉励，可也；成王以之命官，则失言。此剽窃之不能掩者也。且《尚书》凡百篇，而凡经传所引略已尽于二十五篇之中，然则其余四十二篇（五十八篇外，尚当有《逸书》四十二篇）经传遂无引其一语者乎？是以传记所引在三十三篇中者少，在二十五篇中者多。何者？彼固专以裒集传记之语成文者也。即以其引传记观之，而其伪已不能掩矣！

△识别《伪书》之不易

曰：三代有三代之文，两汉有两汉之文，魏、晋以还，文体益变，二十五篇之文岂后世文人之所能赝为。此固不得疑为伪也。曰：能赝为者多矣！魏、晋之世，文士多好摩拟古人之文，其习尚然也。若夏侯湛之《昆弟诰》，其声音笑貌俨然《尚书》矣，试隐其名而加以古人之名，使无识之人观之，岂复有疑其伪者乎？宋文彦博帅永兴，得褚遂良《圣教序》墨迹，因令子弟临摹一本；会宴僚属，乃并出二本，令坐客别之，客皆以摹者为真迹也。夫书法，其浅者也，犹且如是，况文之难知乎！嗟夫，《管》《晏》《鹖冠》诸子大率皆后人所伪撰，至于昭明所选《高唐》《风赋》《黄鹄怨歌》之属，为后人所拟作者尤多，乃传之日久，而人遂莫不信以为真。故凡世之以伪乱真者，惟实有学术而能文章者然后乃能辨之；悠悠世俗之目，其视莠莫非稷也，视鱼目莫非珠也，乌乎其能知之！昔隋牛弘奏请购求天下遗逸之书，刘炫遂伪造书百余卷，题为《连山易》《鲁史记》等，录上送官，取赏而去。后有人讼之，坐除名。然则伪造古书乃昔人之常事，使不遇讼之者，则至今必奉为圣人之言矣。古今之如此者，岂可胜道，特难为不学而耳食者言耳。纵使梅赜果尝奏上此书，尚不可据为实，况并无此事乎！此所关于圣人之政事言行者非小，故余不辞尤谤而考辨之。

△集前人论《尚书》真伪

二十五篇之伪，非述一人之私言也，古人固已有之。盖唐儒疑而未言，宋儒言而未决，至南宋之末，赵氏始决言其伪。自是以后，言者益多。但世之学者咸笃志于举业，不深考耳。今略载其一二于左。

△韩愈疑《伪书》

韩子《进平淮西碑表》云："其载于《书》，则《尧》《舜》二典，夏之《禹贡》，殷之《盘庚》，周之《五诰》。"《进学解》云："《周诰》《殷盘》，诘曲聱牙。"

按：于夏不称《禹谟》而称《禹贡》，于殷、周不称《汤诰》《武成》而反称《盘庚》《五诰》，则是其文浅陋平弱，韩子固已疑之，但未形于文耳。

△朱熹疑《伪书》

《朱子语录》云："孔安国解经最乱道，看来只是孔丛子等做出来。因说《书》云：'某尝疑孔安国书是假书。'"

又云："《孔书》是东晋方出，前此诸儒皆不曾见，可疑之甚。"

按：朱子此语，则是明以二十五篇为伪撰矣。惜其但与门人言之，未尝自为《书传》，尽废其伪而独存其真也。

△吴棫疑《伪书》

吴氏曰："伏生传于既耄之时，而安国为隶古定，特定其所可知者，而一篇之中，一简之内，其不可知者盖不无矣。乃欲以是尽求作书之本意与夫本末先后之义，其亦可谓难矣。而安国所增多之书，今篇目具在，皆文从字顺，非若伏生之书，诘曲聱牙，至有不可读者。夫四代之书，作者不一，乃至二人之手而遂定为二体乎？其亦难言矣！"

又论《泰誓》云："汤、武皆以兵受命。然汤之辞裕，武王之辞迫；汤之数桀也恭，武王之数纣也傲；学者不能无憾。疑其书之晚出，或非尽当时之本文也。"

△蔡沈疑《伪书》

九峰蔡氏曰："按汉儒以伏生之书为'今文'而谓安国之书为'古文'，以今考之，则《今文》多艰涩，而《古文》反平易。或者以为《今文》自伏生女子口授晁错时失之，则先秦古书所引之文皆已如此，恐其未必然也。或者以为记录之实语难工而润色之雅词易好，故训诰誓命有难易之不同，此为近之。然伏生倍文暗诵乃偏得其所难，而安国考定于科斗古书错乱摩灭之余反专得其所易，则又有不可晓者。"

又跋《牧誓篇》后云："此篇严肃而温厚，与《汤誓》相表里，真圣人之言也。《泰誓》《武成》，一篇之中，似非尽出于一人之口。岂独此为全书乎？"

按：吴、蔡两先生所辨明矣：既以文体不同别之，复以义理有乖驳之，后学复何疑焉！惟口授之说原无其事，说已详前卷《真伪源流通考》中。

△赵汝谈疑《伪书》

陈直斋《书录解题》云："《南塘书说》三卷，赵汝谈撰。疑古文非真者五条。朱文公尝疑之，而未若此之决也。"

按：吴、蔡于此皆不能以无疑，然终未敢决言其伪。岂非久假难归，极重难返，虽贤者亦不免游移其间乎？乃赵氏独直斥为伪撰，非有大过人之识安能如是！惜余未得见其书也。

近世以来，斥其伪者尤多。若梅、顾、朱、李诸先生咸有论著。惜余学浅居僻，未见梅、朱二君之书，仅于李巨来《古文尚书考》中见其一斑也。今载顾、李两家之说于左：

△顾炎武疑《伪书》

顾宁人论《泰誓》云："商之德泽深矣，尺地莫非其有也，一民莫非其臣也。武王伐纣，乃曰'独夫受，洪惟作威，乃汝世仇'，曰'肆予小子，诞以尔众士，殄歼乃仇'，何至于此？纣之不善，亦止其身，乃至并其先世而仇之，岂非《泰誓》之文出于魏、晋间人之伪撰者邪？吴氏、蔡氏盖已见及乎此，特以注家之体，未敢直言其伪耳。"

△李绂疑《伪书》

李巨来《古文尚书考》云："《古文尚书》，凡《今文》所无者，如出一手，盖汉、魏人赝作。朱子亦尝疑之，而卒尊之而不敢废者，以'人心，道心'数语为帝王传授心法，而宋以来理学诸儒所宗仰之者也。余友万编修云：'即此数言，可证其赝。危微二语出于《荀子》，而《荀子》又得之于《道经》，非《尚书》语也。梅鷟尝言之矣。'余复考之，盖《荀子·解蔽篇》言'舜之治天下也，不以事诏而万物成。处一之危，其荣满侧。养一之微，荣矣而未知。'故《道经》曰："人心之危，道心之微。"危微之几，惟明君子而后能知之。荀子之论危微者如此，而引《道经》以为证，则《尚书》必无'人心惟危，道心惟微'之语。何也？荀子为李斯之师；其所著书在《诗》《书》未燔之前。荀子凡引《诗》《书》，并称'《诗云》''《书云》'，而此独称'《道经》曰'，则秦火之前荀子所见之《尚书》无危微语也。杨倞勉强迁就，注云：'今《虞书》有此语，而云《道经》者，盖有道之经。'不知汉以前从未尝称《易》《诗》《书》《春秋》为经，《论语》《孟子》所引亦无经字。且孔、孟为儒家而黄、老为道家，自战国至汉无异辞。道家之书则曰经，如《老子道德经》《庄子南华经》《列子冲虚经》《关尹子文始经》，皆是。《道经》之非《尚书》也明矣。《经解》出于《戴记》，未必为孔子之言，然通篇无经字，其经目则汉儒所署耳。《孝经》亦汉人抄撮圣贤绪言为之，不然，不应汉以前无一人语及之也。至汉武帝，始设五经博士。盖汉初尚黄、老，儒者慕焉，因亦效道家者流，各尊其所治之书为经，自称曰经师。此如庞蕴《语录》，惟僧人称之，而宋儒弟子之无识者亦录其师之言，名以语录焉耳。其在秦以前，未闻称《易》《诗》《书》《春秋》为经也。知危微之语出于《道经》而非出于《尚书》，然后知《古文尚书》之赝较然明白。或谓孔壁之书，司马迁亦从安国问故，故班固谓'迁书载《尧典》《禹贡》《洪范》《微子》《金縢》诸篇多《古文》说'，班固，汉人，其言不可据乎？曰：班说是也。然司马迁所引者、安国所得壁中之真《古文尚书》，非今所有之《古文尚书》也。秀水朱氏彝尊尝考之矣。《史记》中，《五帝本纪》引二《典》，《夏本纪》引《禹贡》《皋陶谟》《益稷》《甘誓》，《殷本纪》引《汤誓》《高宗肜日》《西伯戡黎》，《周本纪》引《牧誓》《甫刑》，《鲁世家》引《金縢》《无逸》《费誓》，《燕世家》引《君奭》，《宋世家》引《微子》《洪范》，皆《今文尚书》所有，不足为据。其所引为《古文》所有而《今文》所无者，惟《殷本纪》所引《汤诰》，《周本纪》所引《泰誓》二篇而已；然其辞皆与今所传《古文尚书》绝不相类。盖安国所得壁中《古文》信有其书，而特非今世所行之《古文尚书》也。司马迁亲问故于安国，而所引之辞绝不类，则今之《古文尚书》复何所恃以取信于天下也哉？然则《尚书》之所谓可信者，皆其可疑者也。"

按：百余年以来，读书有卓识者无过于顾宁人先生，所推为博学者无过于李巨来先生，而皆以《孔氏经传》为伪，则此二十五篇之非安国《古文》明矣。惟巨来称"安国所得壁中《古文》信有其书，而特非今世所行之《古文尚书》"者，考之尚有未详。盖安国壁中之《古文》即今三十三篇之书，与《今文》篇数同而文字互异，前卷固已详言之矣。司马氏所引，班氏所称，皆此也。此外十六篇，则所谓《尚书逸篇》者是也。但《今文》亡于永嘉，而人遂误以三十三篇为《今文》耳；非别有《古文》而今亡之也。故今补而正之。

〇李巨来《书"古文尚书冤词"后》补说

毛西河有《古文尚书冤词》，以二十五篇为非伪（此书未见）。巨来作此辨之，深足以纠世人之惑。今摘录之于此。然其中亦尚有未尽未周者，故复补其未备，附录于后。

△《晋书》无古文授受事

"余少时读《尚书正义》，考《古文》授受引《晋书》云：'晋太保郑冲授扶风苏愉，愉授天水梁柳，柳授城阳臧曹，曹授汝南梅赜。'考之《晋书》，绝无其语，不知《正义》何所据也。按《晋书》郑冲本传，止云'高贵乡公讲《尚书》，冲执经亲授'而已，并未有《古文》之说。又称冲与孙邕、曹羲、荀𫖮、何晏共集《论语》诸家训注之书，名曰《论语集解》，奏之魏朝，未闻有经学授之何人。又冲仕魏至司空司徒，常道乡公即位，拜太保，位三司上，封寿光侯，而阿附司马昭；比炎篡位，冲实奉禅策，拜太传，进爵为公，视孔光、张禹之罪又有甚焉。此辈经术又安用哉！况苏愉、臧曹、梅赜，《晋书》并无其人；惟梁柳附见《皇甫谧传》，亦止言其作郡，并无得《古文尚书》之事。毛西河氏作《古文尚书冤词》，亦据《正义》引《晋书·皇甫谧传》，云：'谧从姑子外弟梁柳得《古文尚书》，故作《帝王世纪》，中多载其语'，则《谧传》并无之。毛氏乃引晁公武《十八家晋书》为辞。按《唐书·艺文志》，唐初，《晋书》虽有七家，御制书出，余必称名。《正义》所引未称某人《晋书》，必《御制晋书》矣。且《御制晋书》成于贞观，而《唐书·儒学传》谓《尚书正义》，永徽中，于志宁等校正，始布天下，则《正义》自当引御制《晋书》，不当他引也。毛氏为《古文尚书》称冤，大声疾呼，著书立说，而所引疏阔，与孔氏《正义》无异，安足以传信后世而箝天下之口也哉！"

按：毛氏以《十八家晋书》为解，不过强词夺理而已。假使他《晋书》果有之，贞观《晋书》必无删之之理。圣经显晦，天下之大事也，数百年亡轶之书一旦忽出，岂容略而不言！修《晋书》者与孔氏之书无仇也，何为处处皆削其文？况当时方崇奉此书以为真，乃无故削其文，尤不近于情理。然则是他《晋书》原无此语，故贞观《晋书》亦不能凿空而增此文也。此盖传《伪书》者假设此言以欺当世，孔氏道听涂说而未及覆核耳；不必曲为之说也。毛氏乃欲以想当然之说定古书之真伪谬矣！巨来此辨深足以正世人之惑，故今补而论之。

△伪《书》与皇甫谧之关系

"考晋时著书之富无若皇甫谧者；尝因《正义》所引牵连梁柳，即疑《古文》为谧所作。后得梅鷟《尚书考异》观之，所见多相合者。其序文则直指《古文尚书》为谧作以授梁柳。其别有所据耶？抑亦因《谧传》及梁柳而臆揣之耶？'他人有心，予忖度之'，《古文》之作自谧，可信十之六七矣。"

按：巨来以二十五篇为伪，是也。惟从梅氏以为皇甫谧作，尚恐未然。谧所著书虽多荒谬，然或采摘太杂，及附会以己意，则有之矣，若公然撰伪经以欺世，则谧尚未至是。且谧所著《帝王世纪》，汤之后有外丙、仲壬两代，与《孟子》《史记》

合，而《伪传》释《伊训篇》云："汤崩，逾月太甲即位。"与谶说正相反，其非谶所著明甚。梅氏但因《伪书》《伪传》多采《世纪》之文，遂猜度之以为谶作，误矣。故今正之。

△古书可赝造

"吾友方灵皋谓汉以来文章具在，孰能赝为之者。不知后人特未尝摹经而自作文字，故不相似耳。刘原父尝补作《礼经》三义，杂之《戴记》，有过之无不及；况搜集群书，征引《尚书》原文，特以己意联属其间，因稍加补缀，何不似之有！黎丘鬼虽父不能辨其子；优孟为叔敖衣冠，楚王不得不爱也。"

按：谓摹经所以似经，固也，然特其貌似，貌之一二分似耳，究之不脱当时风气。试取其书读之，文势则多杂排偶，句法则率经煅炼，名言浅语间出错陈，与三十三篇毫不相类，一望而知为晋以后人之笔。以之欺世俗之人，则有余；以之入知文者之目，则固不能掩也。犹之乎苏子瞻市猪于金华，中道而逸，买猪代之，而客犹赞其美，使其遇陆鸿渐，必不至以江水为潭水也。

△辨《晋书·荀崧传》"古文尚书孔氏"语

又按：自汉下逮魏、晋，言《古文尚书》者众口如一，无可以假借者。故毛、方两家虽极力崇奉《伪书》，而皆毫无证据，其失不待言矣。惟唐贞观中所纂《晋书》内二语，颇足惑世；然其误亦显然易见。毛、方虽皆未之及，然世人读书粗心浮气者多，恐数百年后复有以此献疑者，故附辨之如左：

《晋书·荀崧传》中记简省博士事，内云："《尚书》郑氏，《古文尚书》孔氏。"似当晋时已有此伪《书》者。然按《传》中所载，《春秋左传》二家，《易》《诗》《周官》《礼记》《论语》《孝经》各一家，加以《尚书》二家，当为博士十人，何以但云九人？前后不符，其为误衍孔氏一家无疑。且考《职官志》，称晋承魏制，置博士十九人，江左减为九人。魏既未尝以《孔传》列学官矣，晋安得而有之？而《隋书》亦称齐建武中，《孔传》始列国学。合观诸书，孔氏之文之为误衍，不待问者。盖今之《晋书》乃唐人采七家《晋书》而纂录之者：郑氏本传《古文尚书》，是以《旧晋书》有《古文尚书》之文；而当唐初，人皆指伪《孔氏经传》为《古文》，纂《晋书》者因误以所称《古文尚书》者为孔氏《伪书》，遂于郑氏之外别出孔氏之文，以致其数不相合耳。且《尚书》非《古文》则《今文》，非《今文》则《古文》，今乃云"《尚书》郑氏，《古文尚书》孔氏"，然则郑氏者今文邪？古文邪？盖隋、唐间学者专尚词赋，不甚通于经术，而唐初承大乱之后，廷臣之有学问者少，故不敢定马、郑之为古文今文，——谓为今文，则永嘉之乱今文已亡；谓为古文，则又别有五十八篇伪孔氏之经传与郑互异，——故不得已而为是两可骑墙之语耳。大抵古来自修之史多佳，词臣共修者多不佳。自修者，必有其所见，其平日亦必详考之，否则恐有舛误，贻讥后世，故佳者多，《史记》《两汉》《南北史》等书是也。词臣共修之书，则多以官使之，未必皆有学术，其平日亦未尝留心于此，而又不专其事，即有抵牾，莫肯任咎，故佳者少。是以伏生之书本属壁中所藏，而《隋书》称"伏生口授二十八篇"；杜林本传孔氏《古文尚书》，而《隋书》称"杂以《今文》，非孔旧本"；皆习于世俗流传之语，而未尝取《史汉》诸书核正其是非耳。盖凡古来词臣共修之书多不可据如此，刘知幾《史通》言之详矣。《隋书》《晋书》皆唐初人所纂，复何怪乎《荀崧传》中之误衍此文也！

○《尧典》分出《舜典》考辨

今世所传《尚书》，首有《尧典》《舜典》两篇；《尧典》自"曰若稽古"起，至"帝曰钦哉"止；《舜典》自"曰若稽古"起至"陟方乃死"止。习举业者幼而读之，以为《古文尚书》果如是矣。不知此乃唐孔颖达所改之本，自隋以前，《尚书》原文本系一篇，而无"曰若稽古帝舜"以下二十八字。但学者皆为举业计，不考之古，非惟不知孰为古文，孰为今文，甚至并不知有古文今文之名者，况能知《舜典》之为后人所分乎！余于《唐虞考信录》固已辨之。今因详考《古文尚书》真伪，复缕陈其本末是非如左：

△伏生《尧典》

一，伏生所传《今文尚书》，通为《尧典》，并不别分《舜典》：——《今文尚书》凡二十八篇（篇目详见《古文尚书源流真伪考》中），首为《尧典》，自"曰若稽古帝尧"起，至"帝曰钦哉"，即继以"慎徽五典"云云，至"陟方乃死"止，不惟不分两篇，亦无"曰若稽古帝舜"以下二十八字。则是战国西汉以来通为《尧典》矣。

△孔氏《舜典篇》

一，孔安国所传《古文尚书》，亦通为《尧典》；别有《舜典》篇，而非自《尧典》分出者：——《古文尚书》于二十八篇外，得多十六篇（篇目已见《古文真伪考》中）内有《舜典》一篇。而《尧典》"帝曰钦哉"之下，仍继以"慎徽五典"云云，至"陟方乃死"止。其十六篇学者罕所诵习，马融所谓"《逸》十六篇绝无师说"者也。其后郑康成注《尚书》，分《盘庚》为三篇，分《顾命》后章为《康王之诰》，而《尧典》未尝分。则是东汉、魏、晋以来，亦通为《尧典》矣。

△分《尧典》为《舜典》之说

一，东晋以后，《伪古文尚书》出，于二十八篇外多《大禹谟》等二十五篇（篇目已见《古文真伪考》中）分出《益稷》《盘庚》《康王之诰》四篇，而无《舜典》。或云《舜典》缺也；或云"慎徽五典"以下当为《舜典》。自是始有分《尧典》为《舜典》之说。然尚未有"曰若稽古帝舜"以下二十八字也。

△十二字及十六字之出现

一，据《正义》称齐建武中，姚方兴于大航头得孔氏《古文尚书》，有"曰若稽古帝舜，曰重华协于帝"十二字，在"慎徽五典"之前。方兴寻以他罪诛死，以故其书不行于世。或云"协于帝"下复有"浚哲文明，温恭允塞；玄德升闻，乃命以位"十六字。《正义》两载其说，不能详也。

△二十八字之定为《舜典》之首

一，隋开皇时购求遗书，有人称得方兴之二十八字者，因而渐行于世。及唐初，孔颖达作《尚书正义》，遂定以为《舜典》之首，冠于"慎徽五典"之前。由是《尧典》一篇分以为二。唐、宋学者不究其始，靡然从之。然以经文考之，乖谬累累，显然可见。故历辨之如左：

△割去《尧典》下文之不通

"师锡帝曰：'有鳏在下，曰虞舜。'帝曰：'俞予闻如何？'岳曰：'瞽子。父顽，母嚣，象傲。克谐以孝；烝烝乂，不格奸。'帝曰：'我其试哉！女于时，观厥刑于二女。'厘降二女于妫汭，嫔于虞。帝曰：'钦哉！'"

按：尧、舜之事既分二典，则尧之事皆当载之于《尧典》中、况自"师锡帝"以后，至"受终于文祖"，皆记尧举舜之事，事相承，文相贯也。若至"帝曰钦哉"而止，非惟其事未毕，而其文亦未完。何得遽割其下文而属之《舜典》，致文有首而无尾，而尧亦有始而无终。天下宁有如是不通之史官乎！然则"慎徽五典"以后仍当为《尧典》，不得为《舜典》，明矣。

△尧让位时称帝

"帝曰：'格，汝舜！询事考言，乃言底可绩三载。汝陟帝位。'舜让于德，弗嗣。"

按：《尧典》首有"曰若稽古帝尧"，故其后皆以"帝"称尧，而不斥言"尧"。今《舜典》首亦有"曰若稽古帝舜"，则其后文亦当以"帝"称舜，而不斥言"舜"。今反称尧为帝而称舜以名，经传中有如是之文理邪？《春秋》于诸侯之事皆书某国，书其君为某侯，独于鲁则书曰"我"，于鲁君则书曰"公"。何者？《春秋》，鲁史也。若晋之《乘》，楚之《梼杌》，则必书晋、楚为我，晋、楚之君为公为王，而书鲁为鲁，鲁君为鲁侯，明矣。岂有《舜典》中而以"帝"称尧，而以"舜"称舜者哉！然则此为《尧典》中语而非《舜典》之文，明矣。

△《尧》殂落时称帝

"二十有八载，帝乃殂落。百姓如丧考妣；三载，四海遏密八音。月正元日，舜格于文祖。"

按：尧至是始殂落，则以前之事皆当属之《尧典》。且既名为《舜典》，篇首又有"曰若稽古帝舜"之文，所谓"帝乃殂落"者，尧乎？舜乎？史册如此，将何以传信于后世乎！此乃君臣大义所关，非小小者可比，不知向来诸儒何以相沿而不觉也？

前章称舜以名，犹曰尧尚在也，今则尧已崩矣，何以犹称舜而不称为帝？然则此篇之为《尧典》而非《舜典》，明矣。

△舜命九官时之称谓

"舜曰：'咨，四岳！有能奋庸熙帝之载，使宅百揆，亮采惠畴？'佥曰：'伯禹作司空。'帝曰：'俞，咨禹！汝平水土，惟时懋哉！'"

按：此后舜命九官之文皆称舜为帝。何者？尧已殂落，称帝无所嫌也。然命官之首仍称舜以冠之者，何居？盖此篇，《尧典》也，故于舜必别白言之，然后其文始明。故此文之先冠以"舜曰"，犹《尧典》首之先冠以"曰若稽古帝尧"也。有"曰若"语，则后文之称帝皆尧矣；有"舜曰"之文，则后文之称帝皆舜矣。古人之文谨严如此，而后人犹乱之，可伤也夫！

前章称舜，犹曰尧崩初也，此则尧崩久矣，何以仍冠以舜？然则此篇之为《尧典》而非《舜典》明矣。

△《尧典》篇终又称舜名

"舜生三十征庸；三十在位；五十载陟方乃死。"

按：前章命官之文既称舜为帝矣，此何以又别白而称为舜？尧之殂落称为帝，何以舜之陟独称为舜也？且尧殂落之后，备言百姓四海哀慕之诚，舜之功德不亚于尧，何以绝无一言及之，而但追述其征庸在位之年，意何居焉。盖此篇，《尧典》也，舜即位后固当以帝称之，若叙舜之始终，则必别白以舜称之，始与文体相称。且尧功德之隆惟在举舜，故于篇终备记舜征庸在位之年，以著之终始，而后尧之功始全。若百姓四海之哀慕舜，固当于《舜典》中言之，不必载于《尧典》也。然则此篇之为《尧典》而非《舜典》，明矣。

△《孟子》引《尧典》文

然此两篇之当为一篇，不待细考经文而后知也，《孟子》固言之矣。《万章》篇云："《尧典》曰：'二十有八载，放勋乃殂落。百姓如丧考妣；三载，四海遏密八音。'"今此文乃在《舜典》中。然则自战国以前，孔门所传之《尚书》固通为《尧典》一篇，不分《舜典》矣。

△梁武帝辨二十八字

即二十八字之伪，亦不必细考经文而后知也，梁武帝固已斥之矣。武帝云："伏生误合五篇，皆文相承接。《舜典》首有'曰若稽古'，伏生虽昏耄，何容合之！"然则"曰若稽古帝舜"以下二十八字必非《舜典》之文，明矣。

△隋、唐时人妄信伪《书》之故

曰：然则何以至隋、唐而分为两篇，而增此二十八字也？曰：魏、晋以后，南北分王，国尚战争，士竞诗赋，罕有以经学为事者，以故伪者得以乱真。至隋，天下归于一，始欲振兴文教，于是牛宏奏请购求天下遗逸之书。然经学之荒已久，朝廷诸臣无复有学识能辨真伪者。是以刘炫伪造古书《连山易》《鲁史记》等百有余卷，朝廷莫敢以为伪也，遂信之而赏之；其后为人所讼，始知其伪，然后免死除名而黜其书。而伪《古文孝经》亦开皇十四年王邵等所传播，当时亦皆以为真也；逮唐，始有觉其伪者。是知隋世士大夫妄信伪书，乃其常事。况此文仅二十八字，尤不足为异矣。颖达原无学术，故妄取而载之。而唐时最重诗赋进士之科，轻视明经，应明经举者，不过遵功令取科第而已，谁复知考其本末者。至宋，沿习日久，益视以为固然，虽大儒亦不复异议，遂使圣人之经为后人所杂乱。良可惜也！良可叹也！

道光四年九月二十三日，陈履和《古文尚书辨伪跋》云：

右《尚书辨伪》二卷，先生晚年作；而卓识早定，故前著《考信录》绝不称引一语，且力驳之。自宋、元以来，论辨《尚书》者何啻数十家。前明梅氏、国朝阎氏洋洋大篇，先生皆未之见。由今观之，正不啻数百年间人同堂讲晰。先生识力所至，间与古合，更有发前人所未发者。

履和藏先生全书久，昔年在都，质之尚书山阳汪公，公悦之，序之。既出都，又闻有宜兴任君泰，悦其书，作诗叹赏，以为"大谨乃如狂，至允反不平"，令人一读一起舞。嗟乎，是何可多得！而履和既不能长侍汪公，执弟子之仪，又不获一见任君，悉其生平何如，为可惜也。

伪《书》二十五篇，人人童而习之，昔贤辨论尚未必首肯，何况晚出之作，众难群疑，固然不足怪。伏思我朝《四库全书总目提要》一书，皆奉高宗纯皇帝钦定，刊布海内，古文二十五篇之伪，朝廷早有定论，非草茅下士一人一家之私言也，故今刻《辨伪》一书，恭录《提要》中论《尚书》三则，别为一册，以冠篇首，俾阅《辨伪》者先敬观此三则，庶胸中目下如离照当中，群阴开霁，从此纵览诸家，大有破竹之乐矣。

崔述《古文尚书辨伪》有点闭门造车，没有充分利用前人的研究成果。

崔述《尚友堂文集》卷上《古文尚书考》亦云：

《书经》蔡《注》每篇序所云"今文古文"，解者曰："今文，伏生所授，马、郑等注；古文，孔壁所藏，安国所傅，"是说相沿久矣。以予考之，有可疑者。

《后汉书·儒林传》云："中兴，牟融习《大夏侯尚书》，东海王良习《小夏侯尚书》，沛国桓荣习《欧阳尚书》。扶风杜林传《古文尚书》，林同郡贾逵为之作《训》，马融作《传》，郑康成《注解》，由是《古文尚书》遂显于世。"据此，是马、郑所注非伏生之《尚书》而《古文尚书》也。考《古文尚书》，当前汉时孔安国授都尉朝，朝授胶东庸潭，潭授清河胡常，常授虢徐敖，敖授琅琊王璜及平陵涂恽，恽授河南桑钦，平帝时立于学官。后汉习《古文尚书》，见于《儒林传》者，南阳尹敏初受《欧阳尚书》，后受《古文》；汝南周防师事徐州刺史盖豫，受《古文尚书》，撰《尚书杂记》三十二篇；鲁国孔僖世传《古文尚书》；东昏杨伦师事丁鸿，习《古文尚书》；东海卫宏从杜林受《古文尚书》，作《训旨》；济阴孙期习《古文尚书》。又《贾逵传》云："父徽，受《古文尚书》于涂恽。逵传父业。肃宗立，特好《古文尚书》，诏逵入讲北宫白虎观，南宫云台。逵数为帝言《古文尚书》，与经传《尔雅》训诂相应，诏令撰《欧阳》《大小夏侯尚书》古文同异。逵集为二卷，帝善之。八年，乃诏诸儒各选高才生受《左氏》《穀梁春秋》《古文尚书》《毛诗》由是四经遂行于世。"安帝延光二年，诏选三署郎及吏人能通《古文尚书》《毛诗》《穀梁春秋》各一人。又刘陶学《古文尚书》，张楷通《古文尚书》。此《古文尚书》之传习于两汉者班班可考也。其后不知何以不传于世。

至东晋时，梅赜之《古文尚书》出，人遂以伪为真。自是众说纷纭，若伪孔安国《尚书序》，孔颖达之类，其说皆不足信。而世人贵耳贱目，信近说而灭旧闻，两汉之《古文尚书》遂无复考其源流者矣。伪《古文尚书序》云："秦始皇灭先代典籍，学士解散，我先人藏其家书于屋壁。汉室隆兴，旁求儒雅；济南伏生年过九十，失其本经，口以传授。"而《前汉书》则曰："秦时禁书，伏生壁藏之。其后大兵起，流亡。汉定，伏生求其书，亡数十篇，独得二十九篇。孝文时，使晁错往受之。"《序》又云："鲁共王于壁中得先人所藏古文虞、夏、商、周之书，皆科斗文字；以所闻伏生之书考论文义，定其可知者，增多状生二十五篇。其余错乱磨灭，弗可复知。悉上送官，藏之书府。承诏为五十九篇作《传》。既毕，会国有巫蛊事，不复以闻。"而《前汉书》则曰"《书》十六篇，孔安国献之"，曰"悉得其书，以考二十九篇，得多十六篇"，曰"孔氏有《古文尚书》，孔安国以今文字读之，《逸书》得多十余篇，盖《尚书》兹多余是矣"，曰"《鲁共王》得古文坏壁之中，《书》十六篇"，篇数不同，亦绝无"错乱磨灭，不复可知"之说。又《汉书》只言"遭巫蛊之事，未立余学官"，亦无"为五十九篇作《传》"之文。《史记》藏书之说及篇数，并同《汉书》。而刘歆《移太常博士书》亦云"孝文皇帝使掌故晁错从伏生受《尚书》。《尚书》初出于屋壁，朽折散绝。及鲁共王坏孔子宅，得古文于坏壁之中，《逸礼》有三十九，《书》十六篇。天汉之后，孔安国献之。遭巫蛊仓卒之难，未及施行"，说亦与《史记》《汉书》同。是伪《尚书序》不足信也（口授之说本之卫宏，宏，东汉时人，不若太史公、刘歆去伏生差近，为得其真；而《汉书以备一代之史，说必不诬)。

　　孔颖达云："孔君作《传》，值巫蛊不行，遂有张霸之徒伪作《舜典》以下二十四篇，并伏生二十八篇，复出《舜典》《益稷》《盘庚》二篇、《康王之诰》及《秦誓》，共三十四篇，以求合孔氏五十八篇之数。刘向、班固、刘歆、贾达、马融、郑康成之徒皆不见真古文，而误以此为古文之书。"按《前汉书·儒林传》云："百两篇者，出东莱张霸，分析合二十九篇以为数十，又采《左传》《书序》，为作首尾，凡百二篇；篇或数简，文意浅陋。成帝时，刘向校之非是，后遂黜其书。"是张霸之书凡百二篇，非五十八篇也。《儒林传》既明言"刘向校之非是，遂黜其书"，何得云刘向、班固诸人误以为《古文尚书》乎？此说他无所见，不知颖达何所据而云然？且既云"伪作《舜典》《益稷》"，而又云"复出《舜典》《益稷》"，岂有二《舜典》、二《益稷》乎？颖达又云："郑康成师祖孔学，而贱夏侯、欧阳等；何意郑《注》并与孔异，篇数并与三家同！"夫既云"郑康成误以张霸五十八篇为真古文"，而又云"郑《注》并与三家同"，自相矛盾，此孔颖达之说不足信也。

　　余若《隋·经籍志》、陆德明之类，其说亦大概不出乎此。此皆后人之所遵信传说而不疑其非者也。

　　以余观之，马、郑所注为《古文尚书》，《后汉书》既有明文，而篇数乃与伏生同者，盖汉时世所诵说者止伏生二十八篇，而孔安国虽得古文，亦多以二十八篇为学者传说。其所上十六篇；与二十八篇别行，当时人罕见者，故刘歆云："藏于秘府，伏而未发。"成帝时校理旧文，乃得之，而未大传于民间。王莽之乱，遂复不存。及杜林于丙州得《古文尚书》，亦止二十八篇。自是贾达为作训，马融作《传》，郑康成作《注》，篇数虽与伏生同，而文字多异，故杜林谓"古文虽不合时务，愿诸生无悔所学"；贾达谓"《古文尚书》与经传《尔雅》训诂相应"，撰集三家《尚书》及《古文》同异三卷；而刘陶推三家《尚书》及《古文》，是正文字三百余事，名曰《中文尚书》；皆所争在文字同异，而未尝言篇数之多寡也。是以《汉书·艺文志》，《逸书》十六篇与二十八篇别出；而晋秘府所有《古文尚书》，当时若束皙、杜预诸人，岂无一人见之，若果有出于二十八篇之外者，其所著书岂无一言及之，而尽以书传所引为《逸书》耶？（《隋·经籍志》："晋世秘府有《古文尚书》经文，今无有传者。"）又按《隋·经籍志》云："贾逵、马融、郑氏所传惟二十九篇，又杂以今文。"则是杂以今文耳，非既今文可知也。夫使马、郑所注果为今文，则范蔚宗不当误也。微独蔚宗不当误而已，蔚宗作《后汉书》本之《东观余论》及袁山松、谢承诸人，岂尽不知马、郑所注为今文耶？所载诸习《古文尚书》者，岂尽妄说耶？故吾谓马、郑所注既孔壁古文，无可疑也。

　　然而以为今文者何也？盖永嘉之乱，欧阳、夏侯三家《尚书》并亡，惟存伏生

《大传》，而马、郑所注《古文》尚行于世。及梅赜上《伪古文》，自是孔、郑并行。此后南北分争，天下日乱，而士大夫又务于诗赋，经学遂无师承。至隋、唐之际，李延寿、孔颖达辈止见马、郑所注与伏生篇数同，遂误谓古文为今文。然颖达言"郑氏师祖孔学而贱夏侯、欧阳；何意郑《注》并与孔异，篇数并与三家同"，盖亦疑之矣。今文止有伏生《大传》，《崇文总目》谓"伏胜撰，郑康成注"。康成既注古文，复注此耶？晁公武谓"胜终之后，诸从学者所作"。陈振孙谓"当是其徒杂记所闻，亦未必是当时本书"。故叶梦得谓"其言不雅驯；而《隋·经籍志》谓为四十一篇，《书录解题》谓为八十三篇，篇数亦不同"，则其书之真伪不可得而知也。安知非见郑康成所注《古文》而伪作者乎？

至于梅赜所上《古文尚书》，其伪妄不能逃有识者之鉴别，故儒者多疑之。而《晋书》载其传受渊源，云："郑冲以《古文》授苏愉；愉授梁柳；柳授臧曹；曹授梅赜"，不知伪作欺人者未有不假托所自以售其欺者也。故未几而姚方兴采马、王之注，造《孔传舜典》，云"于大航头买得上之"，以师其故智矣。陆德明又言"王肃亦注《今文》，而解大与《古文》相类，或肃私见《孔传》而秘之乎"。不知此乃伪作《孔传》者窃王肃之《注》也。姚方兴亦采马、王之注以作《孔传·舜典》矣。梅赜所上《古文尚书》本无《舜典》，但取王肃注《尧典》，从"慎徽五典"以下分为《舜典》；方兴伪作二十八字冠于其首。梁武帝时为博士，议谓"孔《序》称伏生误合五篇，皆文相承接。《舜典》首有'曰若稽古'，伏生虽昏耄，何容合之！"黜而不用。故陆德明《释文》仍用王肃《注》，自"慎徽五典"以下为《舜典》。而《隋·经籍志》谓"姚方兴得《舜典》奏上，多二十八字，列于国学"，宋林之奇、陈振孙又谓"隋开皇中始得《舜典》"，皆与德明说异。德明，唐人，若隋时已行方兴《舜典》，又何以云"仍用王肃《注》，自'慎徽五典'以下为《舜典》"乎？可见诸说亦不足信也。

要之，自有孔安国《尚书序》之后，人局于所见，以先入之言为主，递相传说；未有能虚心博考，探其源流，辨其同异者。故相传为今文，则谓之今文；相传为古文，则谓之古文而已。不知古人之说亦未必尽可信，其学亦未必皆过于后人。既如孔传《尚书》之伪，至宋始多疑之者，而隋、唐无闻焉。岂非章句训诂之功多，而辨别之识，考据之学，有所不足与？呜呼，昔之人去古未远，遗书犹有存者，考其是非常易，而人不为或不能；今之人虽欲考之，而去古已远，传书益少，其考之益难：此古说之所以难明，而有志者用为太息也！

21. 辨删《书》之说

《洙泗考信录》卷三云：

《伪孔传书序》云："伏羲、神农、黄帝之书，谓之《三坟》，言大道也。少昊、颛顼、高辛、唐、虞之书，谓之《五典》，常常道也。孔子睹史籍之烦文，惧览者之不一，讨论《坟》《典》，断自唐、虞而下。"《书纬》云："孔子得黄帝玄孙帝魁之书迄于秦穆公，凡三千二百四十篇，为《尚书》。断远取近，定其可为世法者百二十篇，为《简书》。"后世多以其说为然。余按：《传》云："郯子来朝，昭子问焉，曰：'少昊氏鸟名官，何故也？'郯子曰，'吾祖也，我知之。'仲尼闻之，见于郯子而学之。"圣人之好古也如是，果有羲、农、黄帝之书传于后世，孔子得之当如何而爱护之，当如何而表章之，其肯无故而删之乎！《论语》屡称尧、舜，孟子言必称尧、舜，其道唐、虞之事尤详，而皆无一言及于黄、炎者，则高辛氏以前之无书也明矣。唯《春秋传》颇言上古时事，然其文多平而弱，其事多奇而诡，与《尧典》《禹贡》大不类，盖皆出于传闻，必非当时之书之所载也。《三坟》《五典》之名虽见于《传》，然不言为何人所作，故杜氏《注》但云"皆古书名"。若《书序》果出于安国，杜氏岂容不见而不注耶！《虞书》曰："慎徽五典。"又曰："天叙有典。""自我五典。"是知尧、舜之世已有五典，盖即五伦之义书之策以教民者。安知《传》之所云非此五典欤？古者以竹木为书，其作之也难，其传之也亦不易；孔子所得者止于是，则遂取是而考订整齐之以传于门人耳，非删之也。《世家》但云"序《书》"，亦无删《书》之文。《汉志》虽有《周书》七十余篇；然皆后人之所伪撰。刘向但云"孔子所论百篇之余"，亦未尝言孔子之所删也。故今于删《书》之说悉不敢载。

22. 《伪书·蔡仲之命》
《丰镐考信录》卷二云：

伪《尚书》有《蔡仲之命篇》，乃本《左传》文而衍之者。其《序》之谬，前于《周公篇》中已辨之矣。其命词亦缀辑前人语言以成篇者。

23. 《伪书·仲虺之诰》
《商考信录》卷一云：

伪《古文尚书》有《仲虺之诰》，乃掇拾经传之文而参以己意联属成篇者；浅弱排比，绝不类夏、商间语，不但与诰体不相似也。尤可笑者：随季所引止"取乱侮亡"四字，子皮所引止"乱者取之，亡者侮之"八字，即前文而有详略耳；其"兼弱攻昧"乃随季自述武经之语，"推亡固存"乃子皮自告大夫之言；今乃悉取以入篇中，而云"兼弱攻昧，取乱侮亡，推亡固存"，重复堆砌，不成文理，亦足以见其窘于词而穷于凑矣！故今不采其文。其篇首所称"惟有惭德"者，亦非是。说见后篇《吴公子札条》下。

24. 伊尹伪书五篇
《商考信录》卷一云：

《伪古文尚书》伊尹之书凡五篇：曰《伊训》，曰《太甲》三篇，曰《咸有一德》。然其文义率多浅易，文势颇杂排偶，非惟不类夏、商间语，亦并不类秦、汉时文。其中虽有名言佳论，而皆掇拾经传之文及经传所引《逸书》之语（如"昧爽丕显"及"作孽，犹可违"之类）而联缀以成篇者，正如集腋为裘者然；其为魏、晋后人之所拟作无疑。且《伊训》与《汉书》所引之文不同；《太甲》三篇，据《史记》乃褒太甲之书，而今乃戒太甲之语；《咸有一德》据《史记》乃作于汤世，而今乃以为太甲时伊尹归政之后。故今皆不录。

25. 辨删《诗》之说

《洙泗考信录》卷三"辨删《诗》之说"条云：

　　《世家》云："古者诗三千余篇；及至孔子，去其重，取可施于礼义，上采契、后稷，中述殷、周之盛，至幽、厉之缺，三百五篇。"康成之徒多非其说。孔氏颖达云："书传所引之诗，见在者多，亡逸者少，则孔子所录不容十分去九，迁言未可也。"而宋欧阳氏修云："以《诗谱》推之，有更十君而取一篇者，有二十余君而取一篇者。由是言之，何尝三千！"邵氏雍亦云："诸侯千有余国，《风》取十五；西周十有二王，《雅》取其六。"则又皆以迁言为然。余按：《国风》自《二南》《豳》以外多衰世之音，《小雅》大半作于宣、幽之世，夷王以前寥寥无几，如果每君皆有诗，孔子不应尽删其盛而独存其衰。且武丁以前之颂岂遽不如周，而六百年之风雅岂无一二可取，孔子何为而尽删之乎？子曰："诵《诗》三百，授之以政，不达？使于四方，不能专对，虽多，亦奚以为！"子曰："诗三百，一言以蔽之，曰'思无邪'。"玩其词意，乃当孔子之时已止此数，非自孔子删之而后为三百也。《春秋传》云："吴公子札来聘，请观于周乐。"所歌之风无在今十五国外者。是十五国之外本无风可采；不则有之而鲁逸之，非孔子删之也。且孔子所删者何诗也哉？郑、卫之风，淫靡之作，孔子未常删也。"丝麻菅蒯"之句不逊于"缟衣茹芦"之章，即华室远"之言亦何异于"东门不即"之意；此何为而存之，彼何为而删之哉？况以《论》《孟》《左传》《戴记》诸书考之，所引之诗逸者不及十一，则是颖达之言左券甚明；而宋儒顾非之，甚可怪也，由此论之，孔子原无删《诗》之事。古者风尚简质，作者本不多，而又以竹写之，其传不广，是以存者少而逸者多。《国语》云："正考父校商之名颂十二篇于周大师，以《那》为首。"郑司农云："自考父至孔子又亡其七篇。"是正考父以前颂之逸者已多，至孔子又二百余年而又逸其七。古义世愈近则诗愈多；世愈远则诗愈少。孔子所得止有此数，或此外虽有而缺略不全……非删之也。《尚书》百篇，伏生仅传二十八篇，逸者七十余篇；孔安国得多十余篇，逸者尚数十篇。礼之逸者尤多。自汉以来易竹以纸，传布最易，其势可以不逸，然其所为书亦代有逸者。逸者事势之常，不必孔子删之而后逸也。故今于删《诗》之说悉不敢载。

26. 《诗序》

《洙泗考信录》卷二"《诗序》非子夏作"条云：

　　先儒多谓《毛诗》传自子夏，今《诗序》乃子夏所作。余按：西汉以前书未有言及《毛诗》之《序》者；惟《后汉书·卫宏传》言为《毛诗》作序，则是《诗序》乃宏所作。且《序》之不合于经义者甚多，参之传记亦多舛误，而文词亦不逮《论语》远甚，其非子夏所作显然；不过汉末魏、晋之人传《毛诗》者借子夏名以为重耳。后人震于其名，遂相视莫敢议，虽以朱子详陈缕辨而人犹不信也。甚矣识古书之真伪非易事也！故今不载作《序》之事。其序之误已散见诸录中，兹不复举也。

《洙泗考信录》卷二"《序》为后汉卫宏作"条云：

> 《诗序》乃后汉卫宏作。唐人旧说以为子夏、毛公所作。沈重云："案郑《诗谱》意，《大序》是子夏作，《小序》是子夏、毛公合作。陆氏云："旧说，起"关雎"至"用之邦国焉"名《关雎序》；自"风风也"讫末，名为《大序》"；卜商意有不尽，毛更足成之。"此说非也。何者？《史记》作时，《毛诗》未出。《汉书》始称《毛诗》，然无作序之文。惟《后汉书·儒林传》称"谢曼卿善《毛诗》，乃为其训。宏从曼卿受学，因作《毛诗序》，善得风雅之旨；于今传于世。"则《序》为宏所作显然无疑。其称子夏、毛公作者，特后人猜度言之，非果有所据也。《记》曰："无征不信，不信民弗从。"今卫宏作《诗序》现有《后汉书》明文可据。如谓为子夏、毛公所作则《史》《汉》传记从无一言及之。不知说者何以不从其有征者而惟无征之言之是从也？

《洙泗考信录》卷二"《序》非子夏作"条云：

> 孔子，鲁人也。孔子既没，七十子之徒相与教授于齐、鲁之间，故汉初传经者多齐、鲁之儒。子夏虽尝教授西河，然究在鲁为多。观《戴记》所言多在鲁之事，而《论语》称子游讥子夏之门人，子夏之门人问交于子张，则子夏之门人在鲁者不乏矣。齐、鲁既传其《诗》，亦必并传其《序》。何以《齐》《鲁》两家之《诗》均不知有此序而独赵人乃得之乎？盖自毛公以后传其说者递相增益，递相附会，宏闻之于师，遂取而著之《序》耳。而后之人乃奉《序》为不刊之典，其亦可叹也夫！

《洙泗考信录》卷二"《序》非孔子与国史作"条云：

> 以《序》为子夏、毛公所作，固已不可信矣。尤可怪者，宋程子以《大序》为孔子所作，《小序》为当时国史所作。夫《论语》所载孔子论《诗》之言多矣，若《关雎章》《思无邪章》"诵诗三百"，以及"兴观群怨"，《周南》《召南》等章，莫不言简意赅，义深词洁。而《诗序》独平衍浅弱，虽有精粹之言，亦多支蔓之语，绝与《论语》之言不类，岂得强属之于孔子！至于各篇之序失诗意者甚多，其文亦殊不类三代之文。况变风多在春秋之世，当时王室微弱，太史何尝有至列国而采风者，《春秋》经传概可见也。以为太史所题，诬矣！嗟夫，《本草》《内经》，世以为神农、黄帝之所作矣。《六韬》，世以为太公之所作矣。《山海经》，明明载西汉之郡县，而公然以为出于禹、益。《月令》，明明载战国之躔度，而公然以为作自周公。彼术数之徒，浅学之士苟欲尊其所传以欺当世，亦不足多怪；不料儒者而亦

蹈是习也!

前半段据文风辨伪难以定案,后半段所举《山海经》之例,不明附益之例。
《洙泗考信录》卷二"《序》无大小之分"条云:

旧说以《诗序》"风,风也"以下至"《关雎》之义也"止,多通论全诗,因目
之为《大序》,为子夏所作。及朱子作《传》,从程子,以为孔子所作;而以"乐得
淑女"以下数言析"哀乐淫伤"为四事,且以"伤"为"伤善",大失《论语》之
旨,遂割属之《小序》;而断自"诗者志之所之"至"诗之至也"为《大序》。余
按:《诗序》自"《关雎》,后妃之德也"以下,句相承,字相接,岂得于中割取数
百言,而以为别出一手!盖《关雎》乃风诗之首,故论《关雎》而因及全诗,而
章末复由全诗归于《二南》,而仍结以《关雎》,章法井然,首尾完密,此固不容
别分为一篇也。至"《关雎》《麟趾》之化系之周公","《鹊巢》《驺虞》之德系
之召公",明明承上文"一国之事系一人之本"而言,故用"然则"字为转语。若
于"诗之至也"画断,则此文上无所承,而"然则"云云者于文义不可通矣。由
是言之,《序》不但非孔子、子夏所作,而亦原无大小之分,皆后人自以意推度之
耳。

《洙泗考信录》卷二"《序》出于一人之手"条云:

旧说以逐篇序其义者为《小序》(郑氏樵以首句为《大序》,下文所言为《小
序》。程氏、范氏则又以首句为《小序》,下文所言为《大序》。说皆与旧说异)。
《隋·经籍志》称"《序》为子夏所创,毛公及卫敬仲更加润益"。说者因是遂以
《序》之首句为毛公所作,或以为太史所题,而其下乃卫宏所续。余按:《序》之首
句与下所言相为首尾,断无止作一句之理。至所云"刺时""刺乱"者,语意未毕,
犹不可无下文,则其出于一人之手无疑也。况宏果续前人之《序》,蔚宗岂得归功
于宏,而谓今所传者为宏作乎!然乃为是说者,无他,皆由尊崇《序》说太过,
惟恐言为宏作则人轻之而不深信,而无如《后汉书》明明有宏作《序》之文,故
不得已而分属之,以发端首句为太史毛公所作,而其下文乃归之宏,以两全之。嗟
夫,古人已往,不能起九京以自明,一任后人欲属之谁即属之谁耳。此可为长太息
者也!

《洙泗考信录》卷二"强不知以为知"条云:

《诗序》好强不知以为知。孔子之修《春秋》也,特二百年前事耳,史册尚在,
然已不能尽知,往往阙其所疑。三百篇之《诗》,经秦火以后,岂能一一悉其本末!
故《史记》称"申公教无传疑,疑者则缺不传"。是当楚、汉之际,居于鲁而得孔子
之真传者已不能尽知也。今毛公乃赵人,作《序》者在后汉之初,乃能篇篇皆悉其
为某公之时、某人之事,其将谁欺!然其失经意在此,其能使诸儒信之不疑者亦在

此。何者？彼以为教无传疑者必有所不知，此言之历历者必其无所不知者也。余有族人子，聪颖而无学术。一日，有乡人来，以古事相质问，不知也，遂妄言之。乡人既去，乃谓余曰："与乡中愚人语，不可言不知。言不知，则彼将轻我。虽妄言之，彼庸知其非乎！彼见我言之凿凿，惟有心悦诚服耳。"嗟夫，申公诗不传疑而先亡于西晋，《毛诗》逐篇皆序其由，垂二千年而莫敢议其失，乃知族人子之所见良是，无怪乎元、明诸儒之多以朱子《诗序辨说》为非也！

《洙泗考信录》卷二"刺诗之锻链"条云：

《诗序》好以诗为刺，时刺其君者，无论其词何如，务委曲而归其故于所刺者。夫诗生于情，情生于境，境有安危亨困之殊，情有喜怒哀乐之异，岂刺时刺君之外遂无可言之情乎！且即衰世亦何尝无贤君贤士大夫在。尧、舜之世，亦有四凶；殷商之末，尚有三仁。乃见有称述颂美之语，必以为"陈古刺今"。然则文、武、成、康以后更无一人可免于者矣！况《邶风》之《雄雉》，《王风》之《君子于役》，皆其夫行役于外，而其妻念之之诗，初未尝有怨君之意，而以为刺平王、宣公，抑何其锻链也！尤无理者，郑昭公忽虽非英主，亦无失道，而连篇累牍皆指以为刺忽之诗，其所关于名教者岂浅哉！至宋朱子，始驳其失。然自朱子以后，说者犹多曲为《序》解以议朱子之非，吾不知其为何故也！

《洙泗考信录》卷二"附会《左传》"条云：

《诗序》好取《左传》之事附会之。盖《三家》之《诗》其出也早，《左传》尚未甚行，但本其师所传为说。《毛诗》之出也晚，《左传》已行于世，故得以取而牵合之。然考《传》所记及《诗》所言往往有毫不相涉者。伐郑之役，五日而还，而强属之"居处丧马"之章。宋襄之立，卫在楚丘，而犹欲以"刀苇杭河"而渡。言"仲"则必为"祭仲"；言"叔"则必为"共叔"。亦有采而失其意者。以"实周行"为"官人"，断章取义也，而误以为"闵使臣之劳"。以《硕人》篇证庄姜，证其"美"也，而误以为"闵无子"之意。盖缘汉时风气最好附会，重黎也而以为羲和，太皞也而以为包羲，炎帝也而以为神农，以彼为此，比比皆然，不之怪也。《汉书·艺文志》云："汉兴，鲁申公为《诗训故》；而齐辕固、燕韩生皆为之《传》，或取《春秋》，采杂说，咸非其本义。与不得已，鲁最为近之。"则是《齐》《韩》诸家已采《左传》之事以附会之。况于《毛诗》晚出，作《序》者在后汉之初，其取《传》事以附会之更不待言。汉末魏、晋诸儒不加细核，辄以为其说有据，遂笃信而不疑。是《诗序》之失在附会，而其所以能使人信者亦在于附会也。

《洙泗考信录》卷二"《诗序》所举人名不可信"条云：

世儒皆谓"《诗序》近古，其说必有所传。十二国风之中，称为美某公，刺某公者，必某公之事无疑也。"虽然，余尝细核之矣。《邶》《鄘》《卫风》三十九篇，直指为某君者十有七。《王风》十篇，直指为某王者五。《郑》则二十一篇而直指者十有一。《齐》则十一篇而直指者六。《唐》则十二篇而直指者九。《陈》则十篇而直指者七。乃至《秦》止十篇而得九，《曹》止四篇而得三。惟其事与君无涉则已耳，苟事涉于其君，不举其谥则称其名与字（如秦仲卫州吁之类），徒称君者百不得三四焉。可谓言之凿凿也已！而独《魏风》七篇，《桧风》四篇则无一篇直指为某君者。言及其君，但云"其君俭啬褊急"，"其君俭以能勤"，"君不用道"，"忧其君"，"刺其君"，"疾其君"而已，未尝一举其谥若字。此何以说焉？既果真有所传，何以此二国独不知其为某公？况桧亡于鲁惠之世，魏亡于鲁闵之世，且在齐哀、陈幽之后二百余年，何以远者知之历历，而近者反皆不之知乎？盖周、齐、秦、晋、郑、卫、陈、曹之君之谥，皆载于《春秋传》及《史记世家》《年表》，故得以采而附会之；此二国者，《春秋》《史记》之所不载，故无从凭空而撰为某君耳。然则彼八国者亦非果有所传，而但就诗词揣度言之，因取《春秋传》之事附会之也彰彰明矣！谚曰："宁在人前全不会（俗呼，"能"为"会"），莫在人前会不全。"盖会不全则智穷于所域，其为剽袭与否人一望而知之，不能欺也。然自有《序》以来，斥其妄者自朱子及郑渔仲、王伯厚以外不多觏焉，其亦可怪也夫！

《读风偶识》卷四"说经之轻信人言"条云：

古之人主有轻信人言而误用奸人，误杀贤臣者。读史者辄讥其不明，固也。然此亦人之通病，非独人主然也。虽说经亦如是而已矣。孟子曰："左右皆曰贤，未可也。诸大夫皆曰贤，未可也。国人皆曰贤，然后察之。见贤焉，然后用之。"至于曰"不可"，曰"可杀"，亦然。必待国人之言金同，然后察之；必待察之见其果然，然后去之杀之。若是乎其不肯轻于信人也！今说经者则不然。《卫序》《郑笺》之说《诗》也，不过一家如是言耳，《齐诗》不如是也，《鲁诗》不如是也，即《韩诗》亦不如是也；是何异一二人如是言，而诸大夫国人皆不以为贤，不以为不可，不以为可杀乎？且考之《史略》《汉书》，不合也，考之《春秋》经传、《国语》，不合也，即细玩本诗之词意而亦不合也；是何异一二人如是言，及察之而实未尝资，未尝不可，未尝可杀乎？然而说者皆不之问，有如不见不闻然者，此何故哉？夫诸大夫国人之言皆同，尚犹不敢尽信而必察之，况仅一家言之，而遂曰"《诗序》近古，必非妄言者"，然则古人之受诬者可胜道哉！此可为长太息者也！

27.《孝经》
《洙泗考信录》卷四"《孝经》非孔子作"条云：

世多以《孝经》为孔子所作。何休《公羊春秋序》云："孔子曰：'吾志在《春秋》，行在《孝经》。'"余按：《孝经》十八篇中多孔子与曾子问答之语，然则是曾子之门人笔之于书耳，非孔子所自为书也。果孔子所自为，岂得称其门人曰"曾子"乎？其陋一也。"经"也者，后世尊古圣人之书之称，孔子、孟子之时无此语也。自汉以后，始有"经"名；孔子之不题以经，明矣。藉令孔子之时即有此语，亦止以经名《诗》，以经名《书》与《易》，可矣，不应自名其言以为经也。孔子曰："述而不作，信而好古，窃比于我老彭。"圣人之谦也如是，而谓以经自名其言乎哉！其陋二也。《中庸》曰："君子之道四，丘未能一焉：所求乎子，以事父，未能也。"孝虽莫大于圣人，然圣人之心必不自以为孝；而乃曰"吾行在《孝经》！"其陋三也。然则其非孔子之言明甚。故今不取。

28.《论语》

《洙泗考信录》卷四"《论语》成于后儒纂辑"条云：

《汉志》云："《论语》者，孔子应答弟子时人及弟子相与言而接闻于夫子之语也。当时弟子各有所记，夫子既卒，门人相与辑而论纂，故谓之《论语》。"余按：《鲁论语》中所记之君大夫如哀公、康子、敬子、景伯之属皆以谥举，曾子、有子皆以子称，且记曾子疾革之言，则是孔子既没数十年后，七十子之门人追记其师所述以成篇，而后儒辑之以成书者，非孔子之门人弟子之所记而辑焉者也。然其义理精纯，文体简质，较之《戴记》独赐为得真，盖皆笃实之儒谨识师言，而不敢大有所增益于其间也。

《洙泗考信录》卷四"《论语》后五篇之可疑"条云：

唯其后之五篇多可疑者。《季氏篇》文多俳偶，全与他篇不伦，而《颛史》一章至与经传抵牾，《微子篇》杂记古今轶事，有与圣门绝无涉者。而《楚狂》三章语意乃类庄周，皆不似孔氏遗书。且"孔子"者，对君大夫之称，自言与门人言则但称"子"，此《论语》体例也；而《季氏篇》章首皆称"孔子"，《微子篇》亦往往称"孔子"，尤其显然而可见者。《阳货篇》纯驳互见，文亦错出不均；《问仁》《六言》《三疾》等章文体略与《季氏篇》同；而《武城》《佛肸》二章于孔子前称"夫子"，乃战国之言，非春秋时语。盖杂辑成之者，非一人之笔也。《子张篇》记门弟子之言，较前后篇文体独为少粹；惟称孔子为"仲尼"，亦与他篇小异。至《尧曰篇》，《古论语》本两篇，篇或一章，或二章，其文尤不类。盖皆断简无所属，附之于书末者，《鲁论语》以其少故合之；而不学者遂附会之，以为终篇历叙尧、舜、禹、汤、武王之事而以孔子继之，谬矣！窃意此五篇者皆后人之所续入，如《春秋》之有《续经》者然，如《孟子》之有《外篇》者然，如以《考工记》补《周官》者然，其中义理事实之可疑者盖亦有之，今不能以遍举，学者所当精择而详考也。其前十五篇中，唯《雍也篇》南子章事理可疑，《先进篇》侍坐章文体少异，语意亦类庄周，而皆称"夫子"，不称子，亦与《阳货篇》同；至《乡党篇》之色举章，则残缺无首尾而语意亦不伦，皆与《季氏篇》之末三章，《微子篇》之末二章相似，似后人所续入者。盖当其初篇皆别行，传其书者续有所得辄附之于篇末，以故醇疵不等，文体互异。惜乎后世未有好学深思之士为之分别而正之也！呜呼，《孟子》之十一篇，刘歆已合之矣，幸而赵氏去古未远，知其本异，而其识又足以辨其真伪，遂断然以后四篇为后世之所依仿而托之者，决然删而去之，以故《孟子》一书纯洁如一，赵氏力也。彼张禹、马融、何晏之辈固不足以及此！以康成之名儒，乃亦混混无所分别，何也？及至于宋，传益久，尊益至，则虽以朱子之贤，亦且委曲为之解说而不敢议。然则如赵氏者，可不谓孟子之功臣也与！尤可异者，宋复有《孔子集语》，明复有《论语外篇》，若犹以《论语》为未足而益之者。取《庄》《列》异端小说之言而欲跻诸经传之列。呜呼，人之识见相越可胜叹哉！

崔述自述研究《论语》经历云：

> 余五六岁时，始授《论语》，知诵之耳，不求其义也。近二十，始究心书理，于《公山》《佛肸》两章颇疑其事不经，然未敢自信也。逾四十后，考孔子事迹先后，始知其年世不符，必后人所伪撰，然犹未识其所以入《论语》之由也。六十余岁，因酌定《洙泗余录》，始取《论语》源流而细考之，乃知在秦、汉时传《齐》《鲁论》者不无有所增入，而为张禹采而合之，始决然有以自信而无疑。故录其详，附载于此。然世之学者惟知玩讲章，作举业，未尝有人究其义理，考其首尾，辨其源流者，无怪乎其见而大骇，终不以余言为然也！

崔述附录孔检讨《大戴记补注序录》云：

> 《家语》者，先儒马昭之徒以为王肃增加。肃横诋郑君，自为《圣证论》，其说不见经据，皆借证于《家语》。大抵抄撮二《记》，采集诸子，而古文奥解悉润色之，使易通俗读；唯《问郊》《五帝》之等传记所无者，斯与肃说若合符券。其为依托，不言已明。《公冠篇》述孝昭冠辞，云"陛下"者，谓昭帝也；"文、武"者，谓汉文帝、武帝也。而肃窃其文，遂并列为成王冠颂。是尚不能寻章摘句。举此一隅，谬陋弥显。况以礼是郑学，无取妄滋异端，故于《家语》殊文别读独置而弗论也。

又称："余昔会试时，曾与检讨相识，年甚少也。数十年不相见，不意其学刻苦如是。《考信录》既成后，始见此书，因其论《家语》与余所见同，附录其文于此。"

29.《孟子》

《孟子事实录》卷下云：

> 《史记·孟子荀卿列传》云："孟子乃述唐、虞、三代之德，是以所如者不合；退而与万章之徒序《诗》《书》，述仲尼之意，作《孟子》七篇"。赵岐《孟子题词》云："退而论集所与高第弟子公孙丑、万章之徒难疑问答，又自撰其法度之言，著书七篇。"余按：谓《孟子》一书为公孙丑、万章所纂述者，近是；谓孟子与之同撰，或孟子所自撰，则非也。《孟子》七篇之文往往有可议者。如"禹决汝、汉，排淮、泗，而注之江"，"伊尹五就汤，五就桀"之属，皆于事理未合。果孟子所自著，不应疏略如是，一也。七篇中，称时君皆举其谥，如梁惠王、襄王、齐宣王、鲁平公、邹穆公皆然；乃至滕文公之年少亦如是。其人未必皆先孟子而卒，何以皆称其谥，二

也。七篇中，于孟子门人多以子称之，如乐正子、公都子、屋庐子、徐子、陈子皆然；不称子者无几。果孟子所自著，恐未必自称其门人皆曰子，三也。细玩此书，盖孟子之门人万章、公孙丑等所追述，故二子问答之言在七篇中为最多，而二子在书中亦皆不以‘子’称也。今正之。

30.《大学》非曾子作

《洙泗考信余录》卷一云：

世多以《大学》为曾子所作。朱子分"大学之道"至"未之有也"为经，为孔子之言，其余为传，为曾子之意而门人所记。余按：诚意章云"曾子曰"云云，果曾子所自作，不应自称曾子，又不应独冠此文以"曾子曰"，朱子之说近是。然即"大学之道"以下亦殊不类孔子之言。且玩通篇之文，首尾联属，先后呼应，文体亦无参差，其出一人之手明甚，恐不得分而二之也。凡文之体，因乎其时，故《论语》之文谨严，《孟子》之文舒畅，《左传》采之群书则文错出不均。《大学》之文繁而尽，又多排语，计其时当在战国，非孔子、曾子之言也。然其传则必出于曾子。何以知之？《论语》：孔子曰"吾道一以贯之"，曾子曰"夫子之道忠恕而已矣"。今《大学》所言皆忠恕之事。"欲修其身者先正其心，欲正其心者先诚其意"，忠也。"欲治其国者先齐其家，欲齐其家者先修其身"，恕也。"如恶恶臭，如好好色"，忠也。"心不在焉，视而不见，听而不闻"，以其不忠也。"有诸己而后求诸人，无诸己而后非诸人"，恕也。"所恶于上毋以使下，所恶于下毋以事上"，戒其不恕也。忠恕二言，大学之道尽矣。盖曾子得之于孔子，而后人又衍之为《大学》者也。故今于《曾子篇》不载作《大学》之事而仍推其意如此。

曾子之事，先后亦难详考；姑取《论语》《孟子》之文，约略次之如右。闵子以下并同，不复再举。

31.《中庸》

《洙泗考信余录》卷三"《中庸》非子思作"条云：

世传《戴记·中庸篇》子思所作。余按：孔子、孟子之言皆平实切于日用，无高深广远之言。《中庸》独探赜索隐，欲极微妙之致，与孔、孟之言皆不类。其可疑一也。《论语》之文简而明；《孟子》之文曲而尽。《论语》者，有子、曾子门人所记，正与子思同时；何以《中庸》之文独繁而晦，上去《论语》绝远，下犹不逮《孟子》？其可疑二也。"在下位"以下十六句见于《孟子》，其文小异，说者谓子思传之孟子者。然孔子、子思之名言多矣，孟子何以独述此语？孟子述孔子之言皆称"孔子曰"，又不当掠之为己语也。其可疑三也。由是言之，《中庸》必非子思所作。盖子思以后，宗子思者之所为书，故托之于子思，或传之久而误以为子思也。其中名言伟论盖皆孔子、子思相传之言；其或过于高深及语有可议者，则其所旁采而私益之者也。又"哀公问政"以下，《家语》亦有之，至"择善而固执之者也"止，其中每隔数语即有"公曰"云云以发之。朱子以"博学"以下为子思所补，而"公曰"云云乃子思所删。余按：《论语》所记孔子之言未有繁至数百言者，而继绝举废，朝聘以时，皆天子之事，孔子之告哀公何取焉？盖孔子之答哀公本不过十余言，其后则撰书者推衍其说，是以"好学"之句又以"子曰"发之。近世所传《家语》，本后人所伪撰，彼盖不知孔子之言之于何止，故采其文逮于"择善固执"耳。其"公曰"云云者，词理浅陋？且增此数问，前后文义亦间隔不通，乃其所妄增无疑也。嗟夫，《中庸》之文采之《孟子》，《家语》之文采之《中庸》，少究心于文义，显然而易见也，乃世之学者反以为《孟子》袭《中庸》，《中庸》袭《家语》，颠之倒之，岂不以其名哉！韩子云："然后识古书之正伪。"嗟夫，嗟夫，此固未可以轻言也！

从内容、文风、称谓三方面提出证据，论证《中庸》书非子思之作。今按，缺少坚硬证据，不足以定案。

《洙泗考信余录》卷三"《中庸》非一篇"条云：

　　世传《中庸》四十九篇，而今《戴记》止有《中庸》一篇；说者谓其四十八篇已亡。以余观之，今世所传《中庸》非一篇也。何以明之？自"天命之谓性"至"惟圣者能之"仅数百言，而"中庸"之文凡九见，"中"之文凡六见，其余他文亦皆与中庸之义相关。自"君子之道"以后数千言皆与中庸之义不相涉；"中庸"之文仅一见，而又与"广大""精微""高明"之文平列。其可疑者一也。"君子之道"以下皆言日用庸行之常，"鬼神之为德也"以下皆言礼乐祭祀之事，迥不相类；"哀公问政"以后词意更殊。朱子曲为牵合，以"道不远人"三章为"费之小者"，"舜其大孝"三章为"费之大者"，"哀公"以后为"兼小大"，其说固已矫强；而鬼神章明言祭祀之事，乃以鬼神为道为一气之屈伸，而以"齐明盛服"数语为借祭祀之鬼神以明之，一章之中，鬼神凡为两说，委曲宛转以薪合于"费隐"之义。其可疑者二也。自"天下至诚为能尽其性"以下皆分"天道""人道"；而"愚而好自用"二章其文不类，"聪明睿知"二章其序不符，则又以"小德""大德""不倍""不骄"分释之。愚而好自用章以为不倍，固已；王天下有三重章其为不骄者何在？其可疑者三也。按：《汉书·艺文志》称《乐记》二十三篇，今《戴记》亦止一篇；然以《史记》及前人之说考之，则今《乐记》实十三篇，《戴氏》删其十篇，而合此十三篇为一耳。然则《中庸》亦当类此：盖戴氏删其三十余篇而取其未删者合为一篇也。以其首篇言"中庸"故通称为《中庸》，犹首章言"檀弓"遂通称为《檀弓》，首章言"文王世子"遂通称为《文王世子》也。古者以竹为简，其势不能多；后世易之以纸，故合而录之，因不复存其旧目耳。以今《中庸》通为一篇，而谓四十八篇尽亡，误矣。

《洙泗考信余录》卷三"《中庸》非出一手"条云：

> 《中庸》不非一篇也，亦不似出于一手者，其义有极精粹者，有平平无奇者，间亦有可疑者，即所引孔子之言亦不伦。何以参差若是？其非一人所作明甚，细玩则知之矣。

《孟子事实录》卷下"《中庸》袭《孟子》之证"条云：

> 此章文又见于《中庸》，与此大同小异。"居"之作"在"，盖因一时语言之异，如《论语》之"斯"，《大学》之"此"者然；《孟子》先名实章亦作"居下位"，《中庸》素其位章亦作"在下位"，是也。"友"之加"朋"，文亦可省。然皆无足为大得失也。惟"不顺乎亲"语未免大重；不顺乎亲，不可以为子，岂但不信于友而已！"事亲勿悦"，但不为亲所喜悦耳，措语较有分寸。"诚"者，理也，德也，故云"思诚者""诚之者"则以诚为用字，似欠醇古。《孟子》此章原言诚能动人，故由"获上"，"信友"，"悦亲"递近而归本于"诚身"，然后以至诚未有不动总结之，又以不诚之不动反结之，首尾呼应，章法甚明。《中庸》采此章文，但欲归本于诚身以开下文"不思不勉，择善固执"之意，意不在于动人，故删其后两句。然则是《中庸》袭《孟子》，非《孟子》袭《中庸》，明矣。至于虚字互异，本不足为轻重，然"获上""信友""悦亲"皆指人而言，故皆用"于"字，"明善""诚身"则不可用"于"字，故变文而曰"乎"、曰"其"；《中庸》概用"乎"字，亦不若《孟子》之妥适。"获上""信友""悦亲""诚身"，皆已见于上文，故助语用"矣"字，"治民"，上文无之，用"也"字为得之。"不获于上"系转语，故用一"而"字；"反身"则不必多一"诸"字也。"是故"二字紧承上文，醒出主意，似亦不当删去。细玩此章文义，《中庸》之不及《孟子》显然可见。若之何先儒犹以为孟子述《中庸》之言也！

32. 《丧服大传》
《洙泗考信余录》卷二云：

> 《礼丧服篇大传》，先儒相传亦以为子夏作。余按：《传》之名言精义甚多，然亦往往有与经抵牾者，子夏不应如是；或子夏之徒之所为，后世传而失其真耳。

33. 辨鬻子为文、武师之说
《丰镐考信录》卷一云：

> 《史记》记文王臣有鬻子。刘向《别录》云："鬻子名熊，封于楚；今所传《鬻子》书，有与文王、武王问答之语，《列子》及贾谊《新书》颇述之，由是世称鬻熊

为文、武师云。"余按：书中所载问答之言，皆浅陋无深意义，亦多近黄、老，明系后人之所伪托。且熊绎之事康王，楚灵王尝述之矣；灵王好为夸张大言者，若其祖果为文、武师，何容默而不述乎！

今按，崔述认为今所传《鬻子》一书浅陋，系后人之所伪造。

34. 《二南》

《丰镐考信录》卷二云：

> 自毛、郑以来，说诗者皆以《二南》为文王时诗；于是《汉广》《汝坟》《摽梅》《小星》《江有汜》《野有死麕》诸篇皆训以为文王德化所被，风俗之美。余反复玩之，殊不其然。何者？盛世之音有贞无慝；"女"而"游"，"士"而"诱"，求偶而不能以少待，其不可以为训明甚。即"宵征"之叹"命"，"不与"之知"悔"，与至治之时让德施惠，敬事怀恩，上下交孚景象，何啻千里之隔！虽说者曲为称美，终不免于瑕瑜互见。谓其犹有先王之遗风，可也；遂以此为文王之化，亦浅之乎论文王矣！至于《汝坟》一篇，明明东迁时诗："王室如毁"即指宗周之陨，"父母孔迩"即谓其邑大夫之来，词意显然。若以文王与纣之事当之，则纣之暴原不行于畿外，而诗人亦不必代为之忧；汝之距丰千数百里，亦无缘谓之"孔迩"也。且二十五篇中，文王与凡商、周间人未尝一见；所见者二人，"召伯""平王"，皆在武王以后。孔子曰："举一隅不以三隅反，则不复也。"然则其余特不见其名，无可考耳；其必皆在成、康以后无疑矣。乃后之说者于《甘棠》《何彼襛矣》二篇必委曲迁就以求合于传说；即有一二有识之士断然以此二篇为武王以后诗，而其余仍以为文王时诗。甚矣先入之言之中于人心者深也！

"先入之言之中于人心者深也"，善哉此言！若以己之矛陷子之盾，可乎？

35. 《周颂》

《丰镐考信录》卷六云：

> 自宋以来，释此诗及《执竞篇》者多从《序》说。或云："成王非'基命'之君；而周之'奄有四方'非自成、康始。"然则《洛诰》之"王如弗敢基命定命"，亦将以为非告成王；《鲁颂》之"奄有龟蒙"，亦将谓鲁至僖公时始有龟、蒙之地哉！……原其所以穿凿附会，务以成、康为武王者，无他，狃于前人之说，以为《颂》皆周公所作，周公制礼作乐，不应无祀天地及祀武王之诗；自周公后，不当复有作《颂》者耳。不知以此诗为祀天地武王者，《序》之言耳，非《经》自言之也。《周颂》三十一篇，其中称天及武王者甚多，何所见必此二诗然后可以祀天地武王？《诗》之逸者多矣，又安知祀天地武王者之非已逸乎？周公以后不当有《颂》，则何以宣、幽之世尚有《大雅》？又何以春秋之时鲁尚有《颂》？岂侯国可以作颂，天子反不可乎？若谓成王非世室，不当有祀成王之诗，则祀成王时将遂无乐乎？而武王当周公时亦不得遂立世室也。嗟夫，《国语》以《常棣》为周公之诗，与《传》相抵牾者，则人皆信之；此诗之言为成王，与经相合者，则人不之信。朱子沿《序》之

误而未正者，虽委曲难通，皆相安为固然；至此诗正《序》之误，辨语详晰，而反极力以攻之。宋玉曰："其曲弥高，其和弥寡。"韩子曰："小惭，亦蒙谓之小好；大惭，亦蒙谓之大好。小称意，人必小怪之；大称意，人必大怪之。"吾始未以为然，及读《周颂》而后深信其不谬也！岂是所非而非所是，人情固当然乎？《周颂》非周公所作，说已见前《周公相成王篇》中。

36. 周公制礼之说

《丰镐考信录》卷五云：

> 周公相业，前两篇详之矣。惟《记》多称周公制礼，而《春秋传》亦尝及之，必非无故而妄言者。但经未有明文，而《传》亦不多见。两汉传经之儒遇有古书莫知其出自何人者，辄目之为周公所作，往往互相乖刺，遂致圣人之制淆乱而不可稽，而释经亦多失其旨，学者惑焉而莫适从也。故今复系之以此篇，考而辨之。

两汉经儒遇有古书作者不明者，辄归之于周公所作，崔氏此说似乎言过其实。

37. 《礼经》作于春秋以降

《丰镐考信录》卷五云：

> 《古礼经》十七篇（今谓之《仪礼》），世皆以为周公所作。余按：此书周详细密，读之犹足以见三代之遗，识其名物之制，以考经传之文，大有益于学者，不可废之书也。然遂以为周初之礼，周公所作之书，则非也。周公曰："享多仪，仪不及物，曰不享，惟不役志于享。"孔子曰："先进于礼乐，野人也；后进于礼乐，君子也。如用之，则吾从先进。"然则圣人所贵在诚意，不在备物；周初之制犹存忠质之遗，不尚繁缛之节，明矣。今《礼经》所记者，其文繁，其物奢，与周公、孔子之意判然相背而驰，盖即所谓后进之礼乐者，非周公所制也。且古者公侯仅方百里，伯七十里，子男五十里；而今聘食之礼，牲牢笾豆之属多而无用，费而无当，度其礼每岁不下十余举，竭一国之民力犹恐不胜。至于上士之禄仅倍中士，中士仅倍下士，下士仅足以代其耕；而今《士礼》，执事之人实繁有徒，陈设之物灿然毕具，又岂分卑禄薄者所能给乎！此必春秋以降，诸侯吞并之余，地广国富，而大夫士邑亦多，禄亦厚，是以如此其备；非先王之制也。襄王赐齐侯胙曰："以伯舅耋老，加劳赐一级，无下拜！"齐侯曰："小白，余敢贪天子之命，无下拜！"下拜登受。是古礼，臣拜君于堂下；虽君有命，仍俟拜毕乃升，未有升而成拜者也。齐桓为诸侯盟主，权过于天子，然犹如是，则寻常之卿大夫可知矣。秦穆公享晋公子重耳，公子赋《河水》，公赋《六月》。公子降拜稽首；公降一级而辞焉。是古礼；君自行君之谦，臣自循臣之节；辞者自辞，拜者自拜；不因其辞而遂不成拜于下也。晋文乃邻国之公子，旦夕为晋君，与秦穆同列，然犹如是，则本国之卿大夫可知矣。故孔子曰："拜下，礼也；今拜乎上，泰也。"今《礼经》，臣初拜于堂下，君辞之，遂升而成拜，是孔子所谓"拜上"矣。齐桓、晋文所不敢出，而此书乃如是，然则其为春秋以降沿袭之礼而非周公之制明矣。朱子笃信《礼经》为周公所作，乃曲解孔子之言，谓"礼，必待君辞而后升成拜；今不待辞而拜于上，故谓之'泰'"不知升成拜者，果拜下邪？抑

拜上邪？不辞而拜于上，与辞而后成拜于上，均之为拜上也，岂得谓之拜下！孔子曰："拜下，礼也。"朱子则曰："拜上，礼也。"吾宁从孔子而悖朱子，不敢从朱子而悖孔子也。孔子曰："名不正则言不顺，言不顺则事不成。"又曰："惟名与器不可以假人。"名也者，圣人之所尤重者也。吴楚之僭王也，《春秋》书之曰"子"，慎其名也。故曰"王臣公，公臣大夫"；曰"一国三公，吾谁适从。"王之下不得复有王，即公之下不得复有公明矣。今《礼经》，诸侯之臣有所谓"诸公"者，此何以称焉？说经者无可置词，乃以"大国之孤"当之。大国之孤仅见于《周官》，经传未尝有也。宋，公爵也，春秋之世谁为之孤者？即使大国果有孤，既名为孤矣，亦不当复称为公；而孤止一人，亦不当称之为"诸公"也。或又以为"寄公"。然寄公偶有一人然耳，何缘得有诸公；而寄公于国君为宾，亦不应从臣礼也。盖自春秋之末；大夫浸以上僭：齐有棠公，郑伯有之臣称伯有曰"公焉在"，此卿大夫僭称公之始也。其后晋、韩、赵、魏氏灭知伯，亦僭称诸侯，而仍朝事晋君：《竹书纪年》所谓"桓公邑哀侯于郑"，"郑哀侯来朝"者是也。而鲁三桓亦僭称公：《孟子》所谓"费惠公"，《史记·年表》所谓"三桓胜鲁如小侯"者是也。窃疑宋、卫诸邦亦当类是，但春秋、战国间百数十年载籍不存，无可考耳。然则此书乃春秋、战国间学者所记，所谓"诸公"即晋三家、鲁三桓之属，周公时固无此制也。观礼，诸侯朝于天子，天下之大礼也。聘礼，诸侯使大夫聘于诸侯，礼之小焉者耳。观礼之详，虽百聘礼不为过；而今《聘礼》之详反十倍于《观礼》，此何故哉？此无他，春秋以降，王室微弱，诸侯莫朝，观礼久失其传矣，但学士大夫闻于前哲者大概如此，因而记之；若聘礼乃当世所通行，是以极其详备。然则此书之作当在春秋以后明甚。若果周公所为，岂容于其大者反略而其小者反详，轻重之颠倒如是乎！盖凡传记所称"周公制礼"云者，亦止制其大纲而已。古者风尚简质，周初虽视夏、商为文，然较之春秋时已有"野人"之目；而圣人创制显庸以范围天下，欲其欣然乐就，亦必不过为繁赜难知之事。故《传》曰："简则易从。"仲弓曰："居敬而行简以临其民，不亦可乎！"况此十七篇中多系士礼，推而上之，为大夫，为诸侯，为天子，位益尊则其礼名益众而其礼文亦益繁，度不下数百篇而后可；而古者以竹为简策，重坠难举，数百篇者非十余车不能胜，天下之人何由尽得之尽知之而尽遵守之乎！唐之《开元》，宋之《开宝》，非不详矣，然止存诸秘府以美观听耳；学士大夫犹多目不经见者，况于蚩蚩之民！周公之制必不如是，明矣！盖《春秋》之书法即周礼之大纲，正名定分，尊尊亲亲，其大较也。故晋韩起聘于鲁，见《易象》与《鲁春秋》，曰："周礼尽在鲁矣！"然则周公之礼固不在于繁文缛节而在于大纲大纪也。由是言之，周公所制特其大略，至于润泽则亦各随其国之俗；而自东迁以后，世变风移，亦颇有所更改。故郑世子忽取于陈，陈针子送女，先配而后祖，针子曰："是谓不夫妇，诬其祖矣！"今《昏礼篇》正先配而后祖。然则郑人昏礼，先配后祖；陈人昏礼，先祖后配也。果周公所制之礼颁行天下，不应陈人独不知；即不知，亦不当反以此为讥也。王穆后崩，太子寿卒，晋叔向曰："王一岁而有三年之丧二焉。"今《丧服篇》为妻期年。叔向博通古今，楚欲傲以所不知而不能；果周公所制之礼，叔向何容不知！叔向不知，天下之人又谁知之！盖古者父、母、妻、长子，其体略同，又皆主人自主丧：妻之子为母三年，长子之子为父三年，故主丧者亦三年、其后盖以妇人之故，不欲以大丧行之，故减而为期；其子亦降为期。故《丧服篇》"父在为母期"，为是故也。说者拘于此篇为周公所制，乃曲为之说，谓"天子绝期，故改而为三年"。夫位尊则服降，尊尊也，重正统也；今以绝期之故，反改期为三年，以尊故而加服，岂不倒行逆施矣乎！《记》曰：恤由之丧，哀公使孺悲学士丧礼于孔子，《士丧礼》于是乎书。"是《士丧礼》之文昉于孔子也。以一反三，则他篇亦必非周公之笔。盖自周衰，礼乐散佚，圣贤采列国之文献，参互考订。故孔子曰："吾自卫反鲁，然后乐正，雅颂各得其所。"乐既有之，礼亦宜然。故曰："多闻，择其善者而从之，多见而识之，知之次也。"然今《士丧礼篇》亦未必即孔子之所书。司马氏之《史记》，褚先生补之，后汉人续之矣。刘向之《列女传》，后汉人续之矣。许慎之《说文》，徐铉更定之矣。况于秦火以前安能必其为当日之原本！犹不敢必为孔子之书，况欲笃信其为周公之书乎！惟是此书周密详备，学者藉是可以考经传之遗文，可以识三代之声名文物，而圣人之大经大法亦于是焉可以得之，如是而已。儒者必欲执为周公之制，遂使世之人疑古礼之断不可复行于后世，而是今非古者接踵而起；儒者亦不得不分其咎也。故今十七篇之作不载于《周公》之篇，而附论之如此。

崔氏切割《仪礼》与周公的关系，论证《仪礼》为春秋以降沿袭之礼而非周公之制。

38. 《周官》作于战国之世

《丰镐考信录》卷五云：

西汉末，《周官》一书出，向、歆之徒皆崇尚之；然犹以为记，未以为经也。迨东汉末，郑康成注之，名曰《周礼》，与《礼经》《戴记》并行，于是世之学者咸以《周官》为经，且以为周公所作；虽有宋诸大儒，莫不信之不疑。余按：此书条理详备，诚有可观，然遂以为周公所作，周一代之制，则非也。九州之内，约方三千余里；外尽四海，不过五千里。故孟子曰："海内之地，方千里者九。"《记》曰："四海之内，九州；州方千里。"《书》曰："弼成五服，至于五千；州十有二师；外薄四海，咸建五长。"今《周官》封国之制，诸公方五百里，侯方四百里，伯三百里，子二百里，男百里；天子邦畿之外，分九畿，畿每面五百里：通计为方万里。四海之内，安所得如许地而封之，而畿之！今自洛阳东际海，西逾积石而西，亦不过五千余里，经传之文较然可征，《周官》之诬亦已明矣。国家之建，必本大而末小。天子于诸侯，君臣也；公、侯、伯、子、男，伯仲也。故天子之地百诸侯，公侯倍伯，伯倍子男，本末之别也。今《周官》天子之地仅四诸公，而诸公之地乃二十五倍于男邦，正贾谊所谓"胫大如腰，指大如股"者，岂先王"辨上下，定民志"之大法乎？且春秋时列国吞并之余，宋、鲁犹不过二三百里，郑、许犹不过一二百里，其故墟具在而可按也。故孟子曰："今鲁，方百里者五。"当封国之初必小于是，不大于是，明矣。鲁即今曲阜，若果方四百里，则曹、邾、滕、薛皆在境内，何容复有此四国乎！《春秋》宣十五年，"初税亩"。《公羊传》曰："古者什一而藉。"又曰："什一者，天下之中正也：多乎什一，大桀小桀。"孟子曰："夏后氏五十而贡，殷人七十而助，周人百亩而彻：其实皆什一也。"是三代取民之制未有过于十一者也。今《周官》乃云"远郊二十而三；甸、稍、县、都皆无过十二"，其非周公之法明矣。孟子曰："廛无夫里之布，则天下之旅皆悦而愿为之氓矣。"是三代正赋之外未有丝毫课于民也。今《周官》乃云"宅不毛者有里布；民无职事者出夫家之征"，其非周公之法又明矣。后儒乃曲为之解，谓"战国时宅虽毛，亦有里布；民虽有职事，亦有夫家之征。孟子所谓'无夫里之布'者，谓宅毛及民有职事者耳，非谓一概无之也。"夫不毛无职事而使出夫里之布，是有夫里之布乎？是无夫里之布乎？孟子谓"无夫里之布"，而儒者谓"有夫里之布"，吾未见其可信也！盖此书撰于战国之时，彼固见当时有此法而遂以为其初固然耳，不必强取孟子之言以曲就之也。《书》云："越三日丁巳，用牲于郊，牛二，越翼日戊午，乃社于新邑，牛一，羊一，豕一。"《记》云："郊特牲而社稷太牢。"又云："帝牛不吉，以为稷牛。"又云："郊社之礼所以事上帝也。"是古者止有一郊，祭天乃于郊，而祭地则于社也。今《周官》乃云"冬至祭天于南郊，夏至祭地于北郊。"果尔，则周公于洛何以止一郊？即兼祭天地，亦不当同日而郊。况如此巨典，记礼者尤不应竟无一人知之也。《春秋》中书"郊"者凡九，皆但书郊，未有书南北郊者。果有两郊，不应混而同之。则其说之出于后人所臆度明矣。统言之，则曰"朝"；切指之，则曰"觐"。故《书》曰"群后四朝"；《诗》曰"君子来朝"；《春秋》曰"公朝于王所"。觐，犹"见"也。故《书》曰"乃日觐四岳群牧"；《诗》曰"以其介圭，入觐于王"；《春秋传》曰"王觐为可"；又曰"受策以出，出入三觐"。朝之外别无所谓觐也。"遇"者，不期而值之谓，故《春秋》曰"公及宋公遇于清"。诸侯修岁事于天子，不可谓之遇也。《书》曰"江汉朝宗于海"，朝即朝廷之朝，宗即宗子之宗；《记》所谓"宗人莫之宗"、《史记》所谓"学者宗之"是也。朝者，君臣之事；宗者，族姓之事。以人喻水，故谓之"朝宗"；非诸侯于天子又有所谓"宗"者也。今《周官》之文乃以为"春朝，夏宗，秋觐，冬遇"：经传有此事乎？有此文乎？盖撰此书者亦当夫籍去之后，故不得其实而妄以意度之也。若夫土圭之法，景朝景夕之言，尤为乖谬，盖景但有长短之殊，并无朝夕之异。今东去数百里则日出入先一刻，西去数百里则日出入后一刻；无论何地，置表待昼漏之半，日莫不在正南：安得有所谓景朝景夕者！此必不通历法，不游四方者之所为；宁周公之才之美而有是言乎？此宜少知人事者即不能欺，而沈酣经传之儒或反信之，其亦异矣！至于《史记》所称"周公作《周官》，作《立政》"者，乃指《周书》中《周官》篇而言，《书序》所谓"成王还归在丰，作《周官》"者，与此书无涉也。嗟夫，自《周官》一书出，汉人据之以释《经》，其有不合，则穿凿附会，以致离经而畔道者不少矣！至宋，王安石遂据"泉府"之注以行青苗，蔡京复据"王及后世子不会"之文以启徽宗之奢侈，而宋卒以此亡。虽二子之意，但假此以济其私，然不可谓非《周官》之有以启之也！可不为世之大监戒与！乃儒者犹奉此以为周公之书，而反疑诸经、《孟子》之误，亦可谓倒行而逆施矣！间有不信此书者，无识之徒必力排而痛诋之，以故视视而莫敢议，遂使三代之经制为刘歆所杂乱，良可叹也！或以为刘歆所伪作，固不其然，然必非周公之书则明甚也。余故详为之辨，而《周公》之篇不载作《周官》之事。

崔氏切割《周礼》与周公的关系，但《周礼》绝非刘歆所伪作。

39.《周颂》及《小雅》首数篇皆作于成王以后

《丰镐考信录》卷五云：

> 《周颂》三十一篇，说《诗》者以为皆周公所作。《小雅·鹿鸣》以下诸篇，说者亦以为周公作。余按：《周颂》云："成王不敢康，夙夜基命宥密。"又云："噫嘻成王，既昭假尔。"又云："自彼成、康，奄有四方。"诗中明举二王之谥，则非成王时诗明甚。由是言之，《周颂》或有周公所作，必不尽周公所作也。季札观于周乐，为之歌《小雅》曰："美哉！思而不贰，怨而不言，其周德之衰乎？"当周公时，固不可谓之"衰"。说者曲为之解，训衰为小，谓周德尚小也。夫衰者，衰也，由盛而渐降焉之谓也，故曰"自是以衰"。即未大盛，亦不得谓之衰；况周公之世，周德方隆，谓之衰，可乎！且《常棣》乃《小雅》第四篇，据《左传》已为召穆公作；《出车》乃《小雅》第八篇，据《汉书》已为宣王时诗，然则《小雅》之为周衰时诗，显然无可疑者，不得以为周公之所作也。盖圣人所以为圣人者，非必事事皆躬为之，亦非必事事皆胜于人也，正以不自有其善而能有天下之善，为人所不可及耳。不必《雅》《颂》皆自己作而后足见周公之才之美，惟其能致太平之盛而使天下后世有此《雅》《颂》，是乃周公之大功也。大抵世俗之情，有恶则恶皆归之，有善则善亦皆归之。顾作诗之时世不符，读者必致失其本意，穿凿附会，而《诗》之教遂荒。故今正之，而于《周公》之篇不载作《雅颂》事。《周颂》不皆周公所作，说详见后《成康之际篇》中。《鹿鸣》以下诸篇非周公作说详见后《宣王》及《召穆公》篇中。

40.《周语》以《常棣篇》为周文公作之非

《丰镐考信录》卷八云：

> 《周语》云："周文公之诗曰：'兄弟阋于墙，外御其侮。'"卫宏《毛诗序》云："《常棣》燕兄弟也。闵管、蔡之失道，故作《常棣》焉。"其说皆与《春秋传》异。韦氏昭、孔氏颖达咸谓"召穆公重述此诗而歌之"。杜氏、林氏注《左传》，遂亦沿其说云："周公作诗，召公歌之；富辰以为召穆公所作者，盖乐章久废，召穆公始作周公乐歌也。"余按："作"也者，前此未有而创之之谓也，故曰"述而不作"。若此诗果周公所作而召公但歌之，则文当云"纠合宗族于成周而歌《常棣》焉"，不当云"作诗"也。周公之事，此传前文言之矣，曰："周公吊二叔之不咸，故封建亲戚以蕃屏周。"若此诗果周公所作，则文当云"封建亲戚以蕃屏周，而作《常棣》焉，其词云云。"不当于周公绝口不言，而于召公反历历述之也。且其诗云："死丧之威，兄弟孔怀。"又云："丧乱既平，既安且宁。"皆似中衰之后，不类初定鼎时语。况作乱者，管、蔡兄弟也，以殷畔者，管、蔡兄弟之亲其所疏而疏其所亲也，而此诗反云"兄弟急难，良朋永叹"，"兄弟外御其侮，良朋烝也无戎"，语语与其事相反，何邪？若周公果因闵管、蔡而作此诗，则当自愧无德以化兄弟，使陷于大戾；不然，不当反护兄弟之罪而斥异姓之疏，使天下勤王之贤侯，从征之义士，闻之而投戈

太息也。盖此传后文云："周之有懿德也，犹曰'莫如兄弟'，故封建之；其怀柔天下也，犹惧有外侮，捍御侮者莫如亲亲，故以亲屏周。召穆公亦云。"撰《周语》者误会其意，遂疑"莫如兄弟""外御其侮"之句为周公之所作；撰《诗序》者又为《国语》所误，因臆度之而遂以管、蔡之事当之耳。不知所谓曰"莫如兄弟"者，但谓其意如此，其言如此，非谓其诗如此也；所谓"惧有外侮"者，但言其心惧有外侮，非必作诗言"外御其侮"然后得为惧也；周公之意，召公之诗，如合符节，故云"召穆公亦云"，非以歌周公之诗为"亦云"也。所以郑、唐旧说皆以此诗为召穆公所作。白韦氏、杜氏曲护《周语》《诗序》之失，于是《传》之明明称为召公所作者，巧辞强说，百计以属之周公；虽以朱子之最不信《序》，亦从而附和之，遂致诗人之意大半晦于说诗之人，亦可为之长太息矣。且夫说经者惟期定于一是耳：《周语》《诗序》既与《左传》不同，《左传》果是，则《周语》《诗序》必非，《周语》《诗序》果是，则《左传》必非。周则周，召则召，虽三尺童子皆知其不能两是也。乃必欲使之皆是而无非，委曲展转以求两全，而卒不可通，其亦拙矣！

41.《月令》
《丰镐考信录》卷五云：

《月令》一篇，世多以为周公所作。郑康成云："此本《吕氏春秋》十二月纪之首，礼家好事者抄合之；其中官名、时事多不合周法。"是汉儒固已非之矣。而《唐语林》云："《月令》出于《周书》第七卷《周月》《时训》两篇，蔡邕云'周公作'，是《吕纪》采于《周书》，非《戴记》取于《吕纪》，明矣。"则又以康成为非是。余按：《逸周书》本后人所伪撰，所言武王之事皆与经传刺谬，其非周初史官所记显然。然则《周月》《时训》两篇或即采之《吕氏春秋》或与《吕纪》同采之于一书，均未可知；与得以《逸周书》有之遂断以为周公之书也哉！况《月令》所言多阴阳家说，所载政事虽有一二可取，然所系之月亦未见有不可移易者；盖撰书者杂采传记所载政事而分属之于十二月，是以纯杂不均，邪正互见，岂惟非周公之书，亦断非周人之制。康成之言是也。至于所推中星日躔尤彰彰较著者。周公上距尧世止千二百余年，而《月令》"季春昏七星中"，"季秋昏虚中"，上距《尧典》之"仲春星鸟"，"仲秋星虚"，已差一月。周公下至西汉之末千余年，至刘宋又数百年，而《月令》"孟春之月，日在营室"，下至《三统历》，正月中日犹在室十四度，至《元嘉历》，正月中日犹在室一度，才差十余度耳。虽测验或有疏密，然不至大相径庭。上溯唐、虞之世何太远？下逮汉、宋之世何太近？其为战国时人所撰，毫无疑义。不知前人论者何以不考之此而遽信以为周公之书也！故今于《周公》之篇不载作《月令》之事。

崔氏所谓"《逸周书》本后人所伪撰"，这是先入为主，导致一招不慎，满盘皆输。
42.《尔雅》作于秦汉间
《丰镐考信录》卷五云：

世或以《尔雅》为周公所作。或云："周公止作《释诂》一篇，余皆非也。"余按：《释诂》等篇乃解释经传之文义，经传之作大半在于周公之后，周公何由预知之而预释之乎！至于他篇所记制度名物之属，往往有与经传异者，其非周公所作尤为明著。大抵秦、汉间书多好援古圣人以为重，或明假其名，若《素问》《灵枢》之属，或传之者谬相推奉，若《本草》《周官》之类，皆不可信。故今不载。

43. 左氏非左丘明
《洙泗考信余录》卷三云：

刘歆云："左丘明好恶与圣人同，亲见夫子。"是谓作《春秋传》者即《论语》之左丘明也。由是班固《汉书》谓孔子与左丘明观史记，杜氏《集解》谓左丘明受经于孔子，盖皆本之于此。自唐啖、赵，宋程、朱以来，始谓此作《传》者与孔子不同时，非《论语》之左丘明；而甚者至谓为秦时人。余按：《左传》终于智伯之亡，系以悼公之谥，上诬孔子之卒已数十年，而所称书法不合经意者亦往往有之，必非亲炙于孔子者明甚，不得以《论语》之左丘明当之也。战国之文恣横，而《左传》文平易简直，颇近《论语》及戴记之《曲礼》《檀弓》诸篇，绝不类战国时文，何况于秦襄、昭之际，文词繁芜，远过文、宣以前；而定、哀间反略，率多有事无词；哀公之末，事亦不备，此必定、哀之时纪载之书行于世者尚少故尔。然则作书之时上距定、哀未远，亦不得以为战国后人也。且《史记》但以《传》为左丘明所作，不言为何时人，而亦未有亲见孔子之文，不知二人姓名之偶同邪？抑相传为《左氏春秋》，而司马氏遂亿料之以为《论语》之左丘明邪？说《论语》者以左丘为复姓，与公羊、穀梁正同。乃传经者云公羊氏《春秋》，穀梁氏《春秋》，而此独云左氏《春秋》，不云左丘氏，又似作《传》者左氏而非左丘氏也者。然则传《春秋》者其姓名果为左丘明与否固未可定。然无此传则三代之遗制、东周之时事与圣贤之事迹年月先后皆无可考，则此书实孔子以后一大功臣也，不可不标其人。既相传为《左氏春秋》，故即题以左子而缺其名与字，但载《史记》之语以存参，并识后人轩轾之言以折衷焉。

44.《国语》
《洙泗考信余录》卷三云：

《史记·自序》云："左丘失明，厥有《国语》。"由是世儒皆谓《国语》与《春秋传》为一人所撰，东汉之儒遂题之曰《春秋外传》。余按：《左传》之文，年月井井，事多实录，而《国语》荒唐诬妄，自相矛盾者甚多；《左传》纪事简洁，措词亦多体要，而《国语》文词支蔓，冗弱无骨，断不出于一人之手明甚。且《国语》，周、鲁多平衍，晋、楚多尖颖，吴、越多恣放，即《国语》亦非一人之所为也。盖《左传》一书采之各国之史，《师春》一篇其明验也。《国语》则后人取古人之事而拟之为文者，是以事少而词多，《左传》一言可毕者，《国语》累章而未足也。故名之曰《国语》：语也者，别于纪事而为言者也。黑白迥殊，云泥远隔，而世以为一人所作，亦已异矣。又按《史记·自叙》，自文王、孔子以下凡七事，文王羑里之诬，余固已辨之矣，孔子之作《春秋》亦不在于陈、蔡，《离骚》《兵法》《吕览》《说难》之作皆与本传之说互异，然则此言亦未可尽信也。且列左丘于屈原后，言失明而不言名明，尚未知其意果以为即作《传》者之左丘明否，不得强指为一人也。

45. 《国语》纪事较记言为可信

《丰镐考信录》卷六云：

> 按：《国语》之作主于敷言，与《左传》主于纪事者不同，故以"语"名其书，犹孔门之有《论语》《家语》也。然其语亦非当日之语，乃后世之人取前史所载良臣哲士谏君料事之词而增衍之以成篇者，是以言中所述古事率多荒诞不经，与经博相悖者十而八九，而其文亦弱而不振，繁而不节也。且以《左传》较之，有同一事而所言亦同一意者，在《左传》不过以数语了之而意已足，至《国语》则铺张支蔓，旁引叠山，累牍而未肯已，其为后人所衍明甚。惟其篇首所记之事以为言张本者，及篇末所记以验其言者，虽不悉实，要之合于经传者多，而其文亦简直，疑此本之旧史原文，是以独为可据耳。故今于篇中所称引往事，即无显然之谬，亦仅列之备览；而篇首尾所记本国本时之事，审无可疑，则仍从《传》例，次《经》一格书之；至篇中所敷之言，则但摘取其一二语以见大意，而所衍繁文弗尽录焉，均此一书，夫岂有所低昂于其间，亦信其可信者而已矣！
>
> "穆王欲肆其心，周行天下，将皆必有车辙马迹焉。祭公谋父作《祈招》之诗以止王心；王是以获没于祗宫。"（《左传》昭公十二年）

黄云眉认为："余谓能知《国语》为刘歆所补缀，则姚鼐所疑《周语》《郑语》之诬而诬善，崔述所疑之事多矛盾，要亦为补缀者不易避免之破绽而已。至《左传》文词，复不可及，《国语》拟之，尤非所论于简洁支蔓之不同矣。而若卫聚贤撰《古史研究》，谓《国语》系楚国之产品；《楚语》《周语》乃左丘明后人左人郢所作；《吴语》《齐语》为郢子所作；《鲁语》《晋语》为郢之孙所作；《越语》上出郢之曾孙；《郑语》出郢之玄孙；惟《越语》下与全书异点颇多，当为另一人所作。一书而撰者六人，而五人又皆为左丘明之子孙，恐无此事实，今不取。"

46. 《孔子家语》

《洙泗考信录》卷一"《家语》世次不可信"条云：

> 《家语·本姓解》云："弗父何生宋父周；周生世子胜；胜生正考父；考父生孔父嘉；孔父生木金父；金父生睪夷；睪夷生防叔；避华氏之祸而奔鲁；防叔生伯夏；伯夏生叔梁纥。"余按：鄹叔以前，见于《春秋传》者仅弗父何、正考父、孔父嘉三世，见于《史记世家》者仅防叔、伯夏二世；此外皆不见于传记。《史记》之言余犹不敢尽信，况《史记》之所不言者乎！且孔父为华督所杀，其子避祸奔鲁，可也；防叔，其曾孙也，其世当在宋襄、成间，于时华氏稍衰，初无构乱之事，防叔安得避华氏之祸而奔鲁乎！《家语》一书本后人所伪撰，其文皆采之于他书而增损改易以饰

之：如《相鲁篇》采之于《春秋传》《史记》，《辨物篇》采之于《春秋传》《国语》，《哀公问政》《儒行》两篇采之于《戴记曲礼》，《子贡》《子夏》《公西赤问》等篇采之于《戴记》《春秋传》；以至《庄》《列》《说苑》、谶纬之书无不采，未有一篇无所本者。然取所采之书与《家语》比而观之，则其所增损改易者文必冗弱，辞必浅陋，远不如其本书，甚或失其本来之旨，其为剿袭显而可按。而世不察，以为孔氏遗书，亦已惑矣！《汉书·艺文志》云："《孔子家语》二十七卷。"师古曰："非今所有《家语》。"则是孔氏先世之书已亡，而此书出于后人所撰，显然可见。且《家语》在汉已显于世，列于《七略》，以康成之博学，岂容不见，而待肃之据之以驳己耶！此必毁郑氏之学者伪撰此书以为己证。其序文浅语夸，亦未必果出于肃，就令果出于肃，肃之学识亦不足为定论也。

同卷"《家语》载问礼事尤谬"条亦云：

《家语·观周篇》亦载问礼事，大略本之《世家》而颇增益，其语尤为纰缪。所载孔子言云："吾闻老聃博古知今，通礼乐之原，明道德之归，则吾师也；今将往矣。"余按：言老聃者惟《戴记·曾子问篇》为近古，然所称述亦皆礼之繁文末节——子贡所谓"识其小"者是也——乌睹所谓"通礼乐之原"者哉？至于世俗所传以为老聃言者，《道德经》耳，其言云："失道而后德，失德而后仁。"又云："上德不德，下德不失德。"其论道德谬矣——韩子云："道其所道，非吾之所谓道也；德其所德，非吾之所谓德也。"——乌睹所谓"明道德之归"者哉！孔子学官于郯子；入太庙，每事问；曰："吾自卫反鲁，然后乐正。"孔子之学亦颇得诸四方考订之功。《诗》曰："先民有言，询于刍荛。"太庙骏奔之人岂必皆尝闻道者乎！然则孔子即果适周，因问礼于老聃，以证鲁礼有无流传之误，此亦寻常事耳，谓足供圣人之采择则可矣，乌有以为己师而往从之者哉！韩子云："老者曰：'孔子，吾师之弟子也。'佛者曰：'孔子，吾师之弟子也。'为孔子者习闻其说，乐其诞而自小也，亦曰'吾师亦尝师之'云尔！不惟举之于其口，而又笔之于其书。"此言正为《家语》而发。呜呼，以异端攻吾道，胜不胜犹未可知也；以吾儒自攻吾道，而其势遂必无不胜，无怪乎异端之日炽而圣学之日微也！且《世家》但云"敬叔言于鲁君，请与孔子适周"而已，《家语》则载敬叔之言，全录《左传》孟僖子将死之语。夫此语僖子属其大夫则可，敬叔以适周请于君，何必详叙孔子之祖德乎！《世家》但云"自周反鲁，弟子益进"而已，《家语》则云"自周返鲁，道弥尊矣，弟子之进盖三千焉"。夫孔子之道大矣，岂一见老聃之所能尊？而是时孔子年仅三十有五，弟子安得遂至于三千乎？《家语》一书本魏、晋间人杂取子史中孔子之事缀辑增益以成书者，其时方崇老、庄，故其为言如此，若借老聃以为孔子重者，其识又远出司马迁下，而文亦浅陋鄙弱，本不足较。然自宋以来，儒者多信之不疑，以致没圣人之实，良非小失。故余不敢不为之辨。

同卷"《家语》载庄子托言之非"条亦云：

　　《观周篇》又云："孔子见老聃而问焉，曰：'甚矣，道之于今难行也！吾比执道而今委质以求当世之君而弗受也（云云）。'"余按：此文本之《庄子》之《天运篇》，采其意而改其文者。不知《庄子》一书特欲张大其荒诞之说，以言清净者之宗老聃也，故多托为老聃之言；以儒者之尊孔子也，故又借孔子以尊老聃之言：皆非以为实然也。《家语》乃列之于孔子事中，谬矣！孔子年三十余而适周，尚未及强仕之年，何得云"道之难行"耶？尚未历经列国，何得云"委质以求当世之君而弗受"耶？《家语》乃载之于《观周篇》中，疏矣！《庄子》一书乃异端之最无忌惮者；撰《家语》者自谓孔氏遗书，乃信庄周以卑孔子而尊老聃，岂非孔子之罪人乎？呜呼，《庄》《列》之书，世亦有信之者，要其不信者固多也；《家语》采之，斯无不信之矣，是误后人者《家语》也，非《庄》《列》也。故余于《庄》《列》异端之书不辨，亦不胜其辨；采于《家语》，然后辨之：以人之所重者在《家语》也。

　　《洙泗考信录》卷三"辨息驾河梁之说"条云：

　　《家语》云："孔子自卫反鲁，息驾于河梁而观焉。有悬水三十仞，圆流九十里，鱼鳖不能道，鼋鼍不能居，有一丈夫方将厉之。孔子使人并涯止之；丈夫不以措意，遂度而出。孔子问焉（云云）。"余按：此书本之《庄子》外篇，其原文云："孔子观于吕梁，县水三十仞，流沫四十里，鼋鼍鱼鳖之所不能游也，见一丈夫游之，数百步而出，被发行歌而游于塘下。孔子从而问焉；曰：'吾始乎故，长乎性，成乎命，从水之道而不为私焉，此吾之所以蹈之也。'"然则《外篇》之意但欲明夫自然之道，无为之旨，故设为丈夫、孔子问答之言以畅其说耳，非实事也。《家语》以为实然，愚矣。庄周书中，蚿蛇、河海、光景、无有，皆有问答之语，亦将谓光景、无有皆能为人言乎！且其所改《外篇》之文尤无伦理。吕梁之水，县三十仞，可也；自卫以下，河流平地，安得三十仞而县之！孔子观于吕梁，可也；自卫反鲁，去河绝远，安得河梁而息驾焉？丈夫游之而复出，孔子问焉，可也；若丈夫既度河，则与孔子各在河之一涯，又安能隔大河而与之语乎？呜乎，《庄子》之言之必无者，《家语》皆以为诚有也；《庄子》之言之容或有之者，《家语》则又改之使之必无；此何为耶？又按，《列子》《黄帝》《说符》两篇亦载此事，一与《庄子》文同，一与《家语》文同。盖《列子》亦后人之所伪撰，——故柳子厚谓其书多增窜，高氏亦谓后人会粹而成之者，——是以一事而两采之；较之《家语》尤不可信。

　　崔述从不同角度发掘证据，坚持认为，"《家语》一书本后人所伪撰""《家语》一书本魏、晋间人杂取子史中孔子之事缀辑增益以成书"。他的这一错误观点至今仍然有很大的消极影响。

　　今按：崔述与后来的顾颉刚一派有很大的不同，他非常尊孔，他说："余谓圣人非但不可毁，亦并不可誉；人虽欲自媚，其何加于日月乎！亦徒为不知量而已矣。"而现代疑古派是以打破偶像为目的，五四以降，更是以"打到孔家店"为口号。

　　47.《六韬》非太公作

　　《丰镐考信录》卷八云：

世传《六韬》为太公所作。《战国策》称苏秦得太公阴符之谋。《史记》亦云："西伯之脱羑里，归与吕尚阴谋修德以倾商政，其事多兵权与奇计，故后世之言兵及周之阴权皆宗太公。'唐以后因尊太公为武成王，专司武事，如孔子之为文宣王者然。余按：孟子云："由文王至于孔子，五百有余岁。若太公望、散宜生则见而知之，若孔子则闻而知之。"则太公者乃述、舜、禹、汤之道以佐文、武而开孔子者，非徒以兵事见长也。古者有文事者必有武备，是以三代以上，文武之途不分，无事则用之治国，有事则用之行师。故《诗》云："维师尚父，时维鹰扬，凉彼武王，肆伐大商。"要不过以仁义之道教民于平时，儆民于临事，率有勇知方之众，为伐暴救民之举耳。后世儒者泥于章句之俗学，沉于性命之陈言，不通达于世务，故不知兵者多，而所谓知兵者咸属之于权谋术数之流，由是文武遂分，岂知三代以上不如是乎！晋文公作三军，谋元帅，赵衰曰："却谷可，说礼乐而敦《诗》《书》。"霸者之佐犹能以《诗》。《书》礼乐行兵，况太公王者之佐，而反为此权谋术数之言乎：且《六韬》所言，术浅而文陋，较之孙武、吴起之书犹且远出其下，必秦、汉间人之所伪撰，盖以太公曾相武王伐商，故托之耳。后人信之为实过矣！故今不载。

崔述认为《六韬》非姜太公所作。又将学术分为章句、性命、世务、考据，即义理、考据、辞章、经世四学。

48.《丹书》之箴未可信

《丰镐考信录》卷八云：

《大戴记》云："武王践阼三日，召师尚父而问焉，曰：'黄帝、颛顼之道存乎？'师尚父曰：'在《丹书》，王欲闻之则齐。'王齐三日，端冕，师尚父亦端冕奉书而入，道书之言曰：'敬胜怠者吉；怠胜敬者灭。义胜欲者从；欲胜义者凶。凡事，不强则枉；弗敬则不正。枉者灭废；敬者万世。'"此事或以为在武王即位之初，或以为在武王克商之后。余按："敬胜"数言，文简而意周，事约而功广，诚为圣贤儆戒之言，帝王修持之要术也。然武王有文王之圣父太姒之圣母，其庭帏之教训岂不以"小心翼翼""缉熙敬止"之义朝夕而提撕之，而必待为君之日、致齐三日而后得闻此创论乎！且以此为在即位之初，则与后文"所监不远，视尔所代"及"予一人"之语不合；若以此为在克商之后，则尚父乃武王之师，十余年中所启沃者何事，而此语乃秘之而不以告乎？要其先后实为矛盾。或太公尝以敬义之旨告武王，而后人遂附会之而为此说与？

49.《伪书·旅獒》及《书序》

《丰镐考信录》卷八云：

《伪古文尚书》有《旅獒》篇，云："惟克商，遂通道于九夷八蛮；西旅底贡厥獒，太保乃作《旅獒》，用训于王。"余按：此篇之文浅弱细碎，乃杂缀传记之嘉言以成篇者。"狎侮君子"数言，与篇意全不类；"为山九仞"二语，则櫽括《论语》之文为之者，其伪固不待言。而于召公称为"太保"，亦与事理不合。何者？古之师保皆所以辅导人主，体隆礼重，故常以耆宿大臣为之，非若后世止为官阶以宠贵臣，虽子弟武夫皆可循次而迁转也。故《传》云："无有师保，如临父母。"又云："其为太子也师保奉之，以朝于婴齐而夕于侧也。"召公在文王时无所知名，而至康王时犹存，则其年当与周公相若。少于武王者，不得为武王之太保也。是以《史记·周本纪》于文王时无一言及于召公者；武王即位，乃云"召公、毕公之徒左右王"；其后召公凡屡见，皆称为"召公"，不称为太保；至成王世，迁殷遗民之后，乃云"召公为保，周公为师"。而《书·君奭篇序》亦云"召公为保，周公为师，相处王为左右"。然则是召公于成王时始为太保，不得于武王时豫书为太保也，周公不得为武王师，召公安得遂为武王保也！作《伪书》者盖见《召诰》《顾命》之于召公皆称之为"太保"，不求其故，而遂于武王之世亦以是称之；正如《吕览》之称"武王使保召公与微子盟"者然，皆由于臆度而伪撰，是以考其时势而不符耳。且《史记》多采《书序》之文，而此篇之《序》独不见于《本纪》，疑《书》与《序》出于一人之手。故今并不录。

"太保乃以庶邦冢君出取币，乃复入锡周公曰：'拜手稽首，旅王若公，诰告庶殷，越自乃御事。呜呼，皇天上帝改厥元子，兹大国殷之命；惟王受命，无疆惟休，亦无疆惟恤！呜呼，曷其奈何弗敬：……呜呼，若生子，罔不在厥初生，自贻哲命！今天其命哲，命吉凶，命历年；知今我初服。宅新邑，肆惟王其疾敬德；王其德之用，祈天永命。其惟王勿以小民淫用非彝，亦敢殄戮用乂，民若有功。其惟王位在德元，小民乃惟刑用于天下，越王显。上下勤恤，其曰我受天命，丕若有夏历年，式勿替有殷历年。欲王以小民受天永命。'"（《书·召诰》）

"周公若曰：'君奭，弗吊，天降丧于殷。殷既坠厥命，我有周既受，我不敢知曰厥基永孚于休，若天棐忱，我亦不敢知曰其终出于不祥！'……公曰：'君奭，告汝朕允。保奭，其汝克敬以予，监于殷丧大否，肆念我天威。予不允惟若兹诰，予惟曰襄我二人。汝有合哉，言曰在时二人。天休滋至，惟时二人弗戡。其汝克敬德，明我俊民，在让后人于丕时。呜呼，笃棐时二人，我式克至于今日休！我咸成文王功于不怠，丕冒，海隅出日，罔不率俾！'"（《书·君奭》）

50.《召公》

《丰镐考信录》卷八云：

《书序》云："召公为保，周公为师，相成王为左右；召公不说，作《君奭》。"《史记·燕世家》云："成王既幼，周公摄政，当国践阼；召公疑之，作《君奭》。"马氏融云："召公以周公既摄政致太平，功配文、武，不宜复列在臣位，故不说。"孔氏颖达云："成王即政之初，召公以周公尝摄王之政，今复在臣位，其意不说。"《蔡传》以为"诸家之说皆为《序》文所误，乃召公自以盛满难居，欲避权位，退老厥邑，周公反覆告谕以留之尔。"余按：《史记》之意以为此篇作于周公践阼之初，马、孔之说则在周公还政之后，然《书序》皆不见此意，但云"召公不说"，未言不说者何事；云"相成王为左右"则亦与周公践阼无涉也。盖诸家皆因《戴记》中有周公践阼之说先入而为之主，故司马氏亿料之而为是言，马氏、孔氏又以《史记》

之说与《序》"相成王"之文不合，故曲为之解，以为周公还政之后而召公不说，其实皆非《书序》意也。惟《蔡传》谓"召公欲避权位，周公留之"，于义为近。然细玩篇中之语，无非勉厉召公同心协力，共辅大业，不但不见召公有不说周公之意，亦殊不见召公有盛满难居之心。然则此篇乃周公自与召公相劝勉之言，初无别故如后人所云云也。禹、皋陶之相舜也，既各以谠言告舜矣，而二人者亦互相劝勉；不必相疑而后然也。今周公既作《立政》《无逸》以勉成王，召公亦作《召诰》以勉成王矣，则二公之相处亦必有互相勉厉之语，乃人情之常，大臣忧国之心之所必至；初不必于经文之外别寻事端而曲为之说也。召公当亦有告周公之篇，但史逸之耳。故今于《书序》《史记》诸家之言概不载。周公无践阼之事，说已详前《周公相成王篇》中。

三十、崔迈

（一）崔迈其人

崔迈（1743—1781），字德皋，大名人。崔述之弟。乾隆壬午举人。其《杂诗》云："癖性耽孤介，俗士多所忤。闭门稀出游，狭隘迫于路。往者游长安，求名不终遇。幡然归故林，颇得隐居趣。入室酒满尊，挂壁琴一具。虽无牺牛乐，且免神龟惧。啸傲《招隐》诗，吟咏《归田》赋。却怜世间人，醉梦几时寤。"著有《古文尚书考》《讷庵笔谈》《德皋诗草》。

（二）崔迈的文献辨伪

1.《书经》辨说

崔迈《讷庵笔谈》卷一云：

△《书序》不知出于何时

《书序》不知出于何时。《史记·三代世表》云："孔子序《尚书》，略无年月；或颇有，然多阙。"则是司马迁之时已有之矣。故《史记》多采《书序》入本纪、世家。然伏生《书》二十八篇无之。后世因孔安国《尚书序》言之，遂谓得之壁中，实不知果否。孔壁所出十六篇，人皆不见，而独传此序耶？今《史记注》所引马融、郑康成之说，盖皆解《序》者也。

△今本《虞》《夏》《商书》之分不知何本

今《虞书》《夏书》《商书》之分，不知本之伏生所藏耶？抑本之孔壁耶？抑自东晋梅赜上《古文尚书》始若是耶？与古书所引不同。或谓孔子所定。然《说文》所引亦以《周书》为《商书》，则是后汉时尚非如今书所定也。

△《尧典》《舜典》本系一篇

《尧典》《舜典》本系一篇。合舜于尧者，尧举舜而授以天下，舜受尧之天下，二帝一体也。史臣叙事，正如《史记·范睢蔡泽列传》，其事相因，不假强合，自成一篇首尾也。首叙尧治天下之事;"帝曰钦哉"以下接"慎徽五典",乃举舜而用之之事;"格汝舜"以下记舜摄位之事;"二十有八载,放勋乃徂落",则尧崩而舜摄位之事终矣。"月正元日"以下至篇末,则记舜治天下之事,以迄于崩。段落分明,血脉联贯,如人之形体,不可增减移动。姚方兴分而为二,以二十八字强增入之,如支蔓赘瘤;梁武帝驳之,最为有理。而后世终用之,使《尧典》无尾,岂复成文体乎!《史记·五帝本纪》全载今《尧典》《舜典》二篇,而亦以"慎徽五典"直接厘降二女之事。太史公会见古文而所载如此,则古文《尧典》《舜典》之不分,而"曰若稽古"二十八字之无所本可知也。况《孟子》所引,尤其明证。

△《尧典》《舜典》二序最可疑

《书序》之可疑者,无若《尧典》《舜典》二序。本系一篇,何以二序?其辞语亦浅率遗漏。吾宁信经,不敢信《序》也。

△由"异哉"之解可见《孔传》之伪

"异哉",《孔传》、孔《疏》俱解异为退,谓异从"巳"也。……故蔡《传》谓为强举之意。不考古字而止以后世之字为凭,其失多矣。然此亦可见《孔传》之伪,必叹以后人所作也。

△"象以典刑"一节与前后文不类

《舜典》自"正月上日"以至"达四聪",俱系叙事;而"象以典刑"一节与前后文不类,明系告谕之词,当属错简。(明杨守陈有是说)

△《大禹谟》掇拾《左传》郤缺语作经文

《左传》郤缺引《夏书》,但"戒之用休,董之用威,劝之以九歌,勿使坏"四句。"九功"以下皆解《书》之辞。而今《大禹谟》乃云"水、火、金、木、土、谷,惟修;正德、利用、厚生、惟和;九功惟叙;九叙惟歌。"明系掇拾郤缺语。后世尽为所欺。不知《书经》若果说明,郤缺又何必费解?郤缺何不全引《书》文,而乃隐其词而详解之乎?

△《大禹谟》抄袭《论语尧曰篇》使有韵者无韵

《论语·尧曰篇》尧命舜数言系韵语。今《大禹谟》抄袭之,却又离而为三,用他语增饰之,使有韵者无韵,适以形其陋也。

△筮超甚迟,"龟筮协从"乃后世语

画卦虽始于伏羲,而筮之名始见于《洪范》。虞、夏之际未有言筮者。《世本》谓巫咸始作筮,虽未必然,然"大龟"见于《禹贡》,"卜稽"见于《盘庚》,"元龟"见于《西伯戡黎》,而筮无闻焉。"龟筮协从",乃后世语也。"枚卜"二字亦不雅驯(《左传》哀十八年引《夏书》曰:"官占惟先蔽志,昆命于元龟。")。

△《胤征序》六可疑

《书序》云:"羲和湎淫,废时乱日;胤往征之,作《胤征》。"《古文》本此而作,其事深为可疑。盖《古文》不足信,而《书序》亦未敢以为然也。《尧典》有羲仲、和仲、羲叔、和叔之文,"羲和"非一人也。今云"羲和湎淫",又云"羲和废厥职",一人乎,非一人乎?可疑一也。《尧典》"乃命羲、和钦若昊天",盖羲伯、和伯也。羲伯、和伯在国都,而仲叔宅于四方,此湎淫之羲和必在国都者,在国都何用以六师征之乎?《胤征》巧为之辞曰:"酒荒于厥邑",既在其采邑而未尝据地拒命，则亦无事于张皇六师也。可疑二也。湎淫之罪，昏迷之愆，废之可矣，刑之可矣，何用兴师动众乎？可疑三也。不曰胤侯往征之，而曰"胤往征之"，胤似人名，非国名也。不曰王命胤往征之，而曰"胤往征之"，胤征未必由于王命也。可疑四也。《书序》无仲康字，不著其时。《史记》谓"当帝中康时"。《唐志》以为日食在仲康之五年。《经世书》以为征羲和在仲康之元年。然夏代未必止仲康时日食，而篇中仲康不足以为据也。可疑五也。苏氏以为"羲、和贰于羿，忠于夏，羿假仲康命，命胤侯征之"者，固未必然。蔡氏谓"以经考之，羲、和盖党羿恶，仲康畏羿之强，不敢正其罪而诛之，止责其废厥职，荒厥邑"，今经中亦全不见此意，则亦工于猜度者耳。说仲康者，有河北河南之异。此时仲康不知实在何地：在安邑，则号令未必能自己出；在太康，则羲和党羿，自在安邑，恐非仲康之力所能及也，可疑六也。陈氏大猷曲说羲和所以当征之故，至云"葛伯不祀，不过其身自得罪于祖宗，而汤以为始征；学者不疑汤之征葛，而疑胤侯之征羲和者，过也"。此说亦殊愦愦。既果如所言，羲和之罪过于葛伯，而汤于葛为敌国，仲康于羲和为天子，其理势同乎否乎？且谓"葛伯不祀，汤始征之"者，《书序》之陋也。观孟子所言，汤非以不祀征葛也，为其教童子而征之也。陈氏未读《孟子》，不足与辨也。

△《胤征》之伪即一首一尾可见

《胤征》之伪，既一首一尾可见。"肇位四海"，殊不成句。且是时夏方微弱，太康失国在外，仲康继之，譬如主人居宅为奴仆所据，主人寄居别业，此"公在乾侯"，"帝在房州"之时也，可曰"肇位四海"乎！史之书法如此，是欲张大之而适以彰其耻也。"胤侯命掌六师"，如此句法，不知命胤侯乎，胤侯命人乎？此与"惟说命总百官"俱不成文理。彼但见《说命》《毕命》《微子之命》《文侯之命》等篇名，"命"字皆在人下，而效之；不知以为篇名则可，以之为文则不通矣。至《书序》"吕命"二字原不可解，故昔人疑其阙文，不可以为比也。"火炎昆冈，玉石俱焚；天吏逸德，烈于猛火"，用字炼句正晋以后文章；两汉尚无之，而谓夏之时有之耶！《甘誓》有"不用命，戮戮汝"之言；《汤誓》有"不从誓言，孥戮汝"之语；《牧誓》告之以坐作击刺之法，勖之以虎貔熊罴之勇；《费誓》戒之以越逐寇攘之刑，训之以糗粮刍茭之备；皆誓体也。"火炎昆冈"八句，乃告敌人语，后世檄文之体，非所以誓军士也。即"威克厥爱，爱克厥威"之语，或临事告诫服官之大夫，或行师训谕统军之将帅，亦非所以誓军士也。但见《左传》有"作事威克其爱，虽小必济"之语，遂剿袭之，而不自知所以用之者非也。或曰：《胤征》，非胤誓也。若然，则《胤征》一篇，当叙征羲、和事之首尾，而不仅以空言了事矣。

△《古文书经》多偶语，且语气稚弱

晋人尚排偶，故《古文书经》多偶语，如"苗之有莠"，及"不迩声色"，"德懋懋官"等语皆是。《今文尚书》亦间有偶语，要有多少自然之气象；即比喻，亦不若"苗之有莠"等语气稚弱，望而知为汉以后人语也。

△桀、纣暴虐止行于畿内，伪《汤诰》《泰誓》皆疏妄

桀、纣暴虐，止行于畿内耳；四方诸侯之国，彼不能暴虐也。故《汤誓》数桀之罪，曰"夏王率遏众力，率割夏邑；有众率怠弗协"，而汤之民亦曰"夏罪其如台"。《牧誓》数纣之罪，曰"乃惟四方之多罪逋逃，是崇，是长，是信，是使，是

以为大夫卿士，俾暴虐于百姓，以奸宄于商邑"。而《伪汤诰》则曰"夏王灭德作威，以敷虐于尔万方百姓；尔万方百姓罹其凶害"，《伪泰誓》则曰"毒痛四海"，此皆作者疏妄，而不顾其理之所安也。

△《说命》首节已有不能掩其伪之三证，郑玄亮阴说亦不确

《国语》，白公子张谓楚灵王曰："昔殷武丁能耸其德，至于神明，以入于河，自河徂亳，于是乎三年默以思道。卿士患之，曰：'王言，以出令也。若不言，是无所禀令也。'武丁于是乎作书曰：'以余正四方，余恐德之不类，兹故不言。'如是而又使以象梦求四方之贤，得傅说，升以为公，而使朝夕规谏，曰：'若金，用汝作砺。若津水，用汝作舟。若天旱，用汝作霖雨。启乃心，沃朕心。若药不瞑眩，厥疾不瘳。若跣不视地，厥足用伤。'若武丁之神明也，其圣之睿广也，其知之不疚也，犹自谓未乂，故三年默以思道；既得道犹不敢专制，使以象旁求圣人；既得以为辅，又恐其荒失遗亡，故使朝夕规诲箴谏曰：'必交修予，无予弃也！'"今《书经·说命》全本之此。然《孟子》证之，则《国语》或即本之《书经》，而今不可得见。今之《说命》掇拾群书，人为所欺，而首一节已有不能掩其伪者三焉。"高宗亮阴，三年不言"之事，一见于《周书·无逸》，一见于《国语》，而《礼记》引《书》者三，《论语》引《书》者一，皆未言其为居丧不言；惟孔子及作《礼记》者乃释为居丧不言也。"亮阴"亦作"谅暗"，古之说者皆云"信默"；惟郑氏以为凶庐。若果如今《说命》及郑氏之说，则既云"宅忧"，而亮阴又即居庐，子张岂不解其故而尚以为问乎？《国语》无"亮阴"之语，《礼记》《论语》所引盖皆《无逸篇》语；无论与今《说命》不同，亦未必为古《说命》语。而伪作者采拾成文，又妄加"宅忧"二字，不弥见其陋乎！一也。《无逸篇》云"乃或亮阴，三年不言；其惟不言，言乃雍"，今《说命》亦云"其惟弗言"，但作"惟不言"解耳。不知《无逸》所云若作此解，则既云"三年不言"，而又云"其惟不言"，文义岂不重复，而周公之语岂不赘乎！夫所谓"其惟不言，言乃雍"者，犹云"不言则已，言必和"也。谅暗不言，三年之久岂遂一言不发哉！偶发一言必当于理，即所谓"夫人不言，言必有中"也。伪作者不解其义，截去下句，而止用"其惟不言"，不知其不成文理也。二也。"禀令"皆自上而下之辞；禀本从禾，今俗从示，音凛，与也，给也。《国语》云："王言以出令也，若不言，是无所禀令也。"言不发命令也。伪作者不解禀字之义，妄改云："不言，臣下罔攸禀令。"《伪孔传》遂解禀为"受"，而《唐韵》《集韵》遂有"笔锦切"一音，"受命曰禀"一解矣。而不知实误改《国语》也。三也。至郑氏亮阴之说，实亦不确。《无逸》云："作其即位，乃或亮阴。""乃或"云者，他人不必出于亮阴，而高宗乃或出于亮阴也。盖即位之后而亮阴不言，与《国语》可互证。且不言者，止亮阴之三年，而今《说命》乃云"王宅忧，亮阴三祀，既免丧，其惟弗言"，亦背异之一端也。但居丧之说？出于《论语》，人不敢疑耳。

2. 辨《书序》之伪

崔迈《讷庵笔谈》卷一云：

《书序》不知出于何时。《史记·三代世表》云："孔子序《尚书》，略无年月；

或颇有，然多阙。"则是司马迁之时已有之矣。故《史记》多采《书序》入本纪、世家。然伏生《书》二十八篇无之。后世因孔安国《尚书序》言之，遂谓得之壁中，实不知果否。孔壁所出十六篇，人皆不见，而独传此序耶？

　　《书序》之可疑者，无若《尧典》《舜典》二《序》。本系一篇，何以二《序》？其辞语亦浅率遗漏。吾宁信经，不敢信序也。

崔迈所谓"吾宁信经，不敢信序"，这一判断大致不错。

3. 辨《伪书》伐苗之说

崔迈《讷庵笔谈》：

　　《战国策》云："舜伐三苗。"又云："禹伐三苗。"而作《大禹谟》者遂撰一禹承舜命往伐三苗之事。其数三苗之罪，如"君子在野，小人在位，民弃不保，天降之咎"等语，皆想像郭廓通套语，与"苗顽弗即工"及《吕刑》所言皆不类。至于"敷文德""舞干羽"而"有苗格"，盖仿文王伐崇因垒而降之事，而此独觉迂阔可笑。《尧典》云："窜三苗于三危。"《吕刑》云："遏绝苗民，无世在下。"则三苗非干羽可感格，而刑窜有不能已者也。

4. 辨《伪书·胤征》

崔迈《讷庵笔谈》：

　　《书序》云："羲、和湎淫，废时乱日；胤往征之，作《胤征》。"《古文》本此而作，其事深为可疑。盖《古文》不足信，而《书序》亦未敢以为然也。《尧典》有羲仲、和仲、羲叔、和叔之文，羲、和非一人也。今云"羲和湎淫"，又云"羲和废厥职"，一人乎？非一人乎？可疑一也。《尧典》"乃命羲、和，钦若昊天"，盖羲伯、和伯也。羲伯、和伯在国都，而仲、叔宅于四方，此湎淫之羲、和必在国都者，在国都何用以六师征之乎？《胤征》巧为之辞曰："酒荒于厥邑。"即在其采邑而未尝据地拒命，则亦无事于张皇六师也。可疑二也。湎淫之罪，昏迷之愆，废之可矣，刑之可矣，何用兴师动众乎？可疑三也。不曰"胤侯往征之"，而曰"胤往征之"，胤似人名，非国名也。不曰"王命胤往征之"，而曰"胤往征之"，胤征未必出于王命也。可疑四也。《书序》无仲康字，不著其时，《史记》谓当帝中康时。《唐志》以为日食在仲康之五年。《经世书》以为征羲、和在仲康之元年。然夏代未必止仲康时日食，而篇中仲康不足以为据也。可疑五也。苏氏以为羲、和贰于羿，忠于夏，羿假仲康命，命胤侯征之者，固未必然，蔡氏谓以《经》考之，羲、和盖党羿恶，仲康畏羿之强，不敢正其罪而诛之，止责其废厥职，荒厥邑；今《经》中亦全不见此意，则亦工于猜疑者耳。说仲康者，有河北河南之异。此时仲康不知实在何地：在安邑，则号令未必能自己出；在太康，则羲、和党羿，自在安邑，恐非仲康之力所能及也。可疑六也。陈氏大猷曲说羲、和所以当征之故，至云："葛伯不祀，不过其身自得罪于祖宗，而汤以为始征。学者不疑汤之征葛，而疑胤侯之征羲、和者，过也。"此说亦殊愤愤。即果如所言，义、和之罪过于葛伯，而汤于葛为敌国，仲康于羲、和为天子，其理势同乎否乎？且谓'葛伯不祀，汤始征之'者，《书序》之陋也。观孟子所言，汤非以不祀征葛也，为其杀童子而征之也。陈氏未读《孟子》，不足与辨也！

5. 辨"敷虐万方"之文

崔迈《讷庵笔谈》：

> 桀、纣暴虐，止行于畿内耳；四方诸侯之国，彼不能暴虐也。故《汤誓》数桀之罪，曰："夏王率遏众力；率割夏邑；有众率怠弗协。"而汤之民亦曰："夏罪其如台。"《牧誓》数纣之罪，曰："乃惟四方之多罪逋逃，是崇是长，是信是使，是以为大夫卿士，俾暴虐于百姓，以奸宄于商邑。"而伪《汤诰》则曰："夏王灭德作威，以敷虐于尔万方百姓，尔万方百姓罹其凶害"，伪《泰誓》则曰"毒痛四海"，此皆作者疏妄，而不顾其理之所安也。

三十一、邵晋涵

(一) 邵晋涵其人

邵晋涵（1743—1796），字与桐，又字二云，号南江，余姚人。著有《尔雅正义》《南江诗文钞》《孟子述义》《旧五代史考异》《南江札记》《韩诗内传考》《皇朝大臣事迹录》《方舆金石编目》诸书，未传于世。生平事迹见《清史稿·儒林传》《清史列传·儒林传》、王昶《翰林院侍讲学士充国史馆提调官邵君晋涵墓表》、洪亮吉《邵二云先生传》、章学诚《邵与桐别传》、黄云眉《邵二云先生年谱》。

(二) 邵晋涵的文献辨伪

1. 《子夏易传》

《南江诗文钞·与章实斋书》云：

> 实斋六兄足下：别离如昨，倏及三旬，想兴居安吉。校文余暇，未知《文史通义》新有撰述否？自《周官》之法失其传，六艺乖散，校雠诸家纂而不知其统，缀学之徒无所承受，昧者受罨牢，黠者操奇谲，惘然奋笔，以眩耀时人之耳目。其术愈岐，其迹亦屡迁，其去康庄也愈远。诚得为之安定其辞，厘正其体，如衡之悬，如规矩之正，无巧工不巧，工率依仿以从事，世相守以成法，而囿或离畔以去也，不诚六籍所赖以昌明哉？足下以伉爽之识、沈鸷之思，采《七略》之遗意，娓娓于辨章旧闻，考撰同异，校雠之得其理，是诚足下之责也。仆自少读书，中无条贯，不能为原始要终之学。性好古训，惟思摭拾佚文，求经师相传之训。别后闭门授徒，讨论旧业，每慨去圣久远，古义渐沦。秦火而后，建安以前，师法失传。古书之所由散亡者，盖有三焉：其一为刘歆之移书太常，而博士置不肯对也。前此者则为武帝之立博士，后此者为班固之《艺文志》。汉兴，图书尚存，老师宿儒散布天下，陆贾之所称

述，贾谊之所诵习，不必尽由齐鲁诸儒所授也。文帝以不世出之主，表章五经，旁及诸子，故《孟子》《尔雅》皆得立于学官。其时又有命世之才为之彰明礼乐，审定经制，使贾生无邓通之谮，文帝享百年之寿，博士之业不废，古书尽出，儒效用显，则柱下之藏焚而不亡矣。景帝尚刑名，儒术既绌，武帝号为好儒，颇引文学之士，屡下诏曰："礼崩乐坏，朕甚闵焉。然武帝雄才多忌，止取专家，屏绝众说，又性好词赋，不能宗绍经训，在廷之臣多龌龊浅隘，好同伐异，莫为推广德意。五经博士廑得仍而不废，崇尚《公羊》，至禁卫太子不得受《穀梁》，抱残守阙之弊见乎此矣。夫文帝申广厉之制，而兴起者寡；武帝开天下以固陋之习，沿习至千百年而未有已，岂不哀哉！刘歆虽以移书见嫉于俗儒，犹幸得校秘书，续成《七略》。考子政之为《七略》也，将以敷赞圣训，网罗群言，汇公车所征、写书之官所上者，而各顺其职，分著于录，而靡有遗也，故曰与其过而废也，毋宁过而存之。此子政平日称述之言，而子骏闻而习焉者也。班固《艺文志》袭用其例，然实有缺略不备者，如《子夏易传》，汉初诸儒私相传习，得上秘府，遂得著于《七略》。王俭《七志》尚仍刘《略》之旧，而班《志》无之，是必班固因其不立于学官削而去之也。今《子夏易传》仅见于李氏《集解》者，语皆粹然无疵，可信为圣门所授。自班氏不载于《志》，浸至散亡，遂有伪造全书以惑人者。追原本始，皆班氏阶之厉也。《易传》即不出于西河书，藏于秘府，亦当著于目录，辨其由来，使天下后世明见其得失，乃懵然莫辨，猥以不载绝之，是与绝圣离知之甚者也。外此，若魏文侯《孝经传》、贾谊《左传解诂》皆先哲之绪言，后人徒以《汉志》所无，弃而不习，驯至沦亡。又纬书之兴，始于周末，盛于元成，太史公首述其言，京房、李寻递推其说，断无向、歆父子不见纬书之理，亦断无见其书而不载其书之理。今《汉志》无之，是亦班固所削也。夫纬书诚多鄙别字，不经之言，然亦有圣人遗训贯彻三才之理，择而辨之可也，削而去之不可也。夫建武永平之时，去古未远，纬书盛行，孰为周末所流传，孰为哀、平所增损，当有端绪可寻，尽去其籍，则其书出之早晚，后人何由考证？焚于隋，阙于唐，尽亡于宋，陋儒之弊等于焚书，不得为校书者辞其咎也。窃意班《志》所载，其称凡如干家者，皆删取刘《略》之余，其新入者，则班氏所附益。附益之不当，郑樵已讥之矣，又孰知其妄为进退不详不备之言，一至于此哉！足下锐志欲复《七略》之旧，宜取刘向《别录》散见群籍者合而抄之，以存刘之遗，匡班之误，以求六艺之本原，幸甚幸甚！然窃有规于足下者，以足下好无益之戏，而不专力于论撰也。历观古人著书，覃思极论，惟日不足，不敢参以游移。精神及于百年，则传之百年矣；精神及于千年，则传之千年矣。师旷调钟，知音在后，赖其器之长存也。赤白铣于之不准敛审律分吕之手，而不搏拊夔所望于达者之不失听哉。望及时孟进，勒为一书，质前俟后，传不传亦有命焉，默待已耳。

2. 《孟子疏》

阮元《南江邵氏遗书序》云：

> （邵晋涵）先生又曾语元云："《孟子疏》伪而陋，今亦再为之。"

邵晋涵集中未见有关论述。可能是二人私下交流时谈及此事，应该具有较高的可信度。

3.《尔雅》

邵晋涵《尔雅正义序》云："上古法强而治，后世圣人易之以书契……至于成周，文章大备，训诂日滋，元圣周公始作《尔雅》，以观政辨言。周室既衰，群气涽乱，折衷至圣，六艺以彰。七十子之徒发明章句，增成其义，传《尔雅》之篇"。又云：

> 作《尔雅》者，先儒迨无定论。张揖上《广雅表》云："周公制礼以道天下，著《尔雅》一篇以释其义。"今考周公赋宪受胪，作《谥法解》，其训释字义云："勤，劳也。肇，始也。怙，恃也。典，常也。康，虚也。惠，爱也。绥，安也。考，成也。怀，思也。"俱与《尔雅》同义，是周公作《尔雅》之证也。张揖又云："今俗所传三篇《尔雅》，或言仲尼所增，或言子夏所益。"今按：孔子作《十翼》以赞《周易》，象传云："师，众也。比，辅也。晋，进也。遘，遇也。"《序卦传》云："师者众也。履者礼也。颐者养也。晋者进也。遘者遇也。震者动也。"圣义阐敷，式昭雅训，是孔子增修《尔雅》之证也。发明章句，始于子夏。《仪礼·丧服传》为子夏所作，其亲属称谓，与《尔雅·释亲》同。世所传《子夏易传》，或云伪托。至于《经典释文》、李鼎祚《集解》所征引者，如云"元，始也。节，小也"。观象玩辞，必求近正，是子夏增益《尔雅》之证也。

黄云眉按：焦竑谓："《尔雅》，《诗》训诂也。子夏，传《诗》者也。子夏辈六十人，纂先师微言为《论语》，《论语》中言《诗》者多矣，子夏独能问逸诗。晦庵《读诗纲领》述《论语》十条，而终之子夏，得无意乎？传记中言子夏尝传《诗》，今所存者《诗》大小序，又非尽出子夏，故曰，《尔雅》即子夏之《诗传》也。且《尔雅》有《释诂》《释训》，毛公亦以其传《诗》也，故其解《诗》，错取《尔雅》之名，题曰'诂训传'，则《尔雅》之传《诗》，毛公固谓其然矣。"见《焦氏笔乘》卷一。是子夏增益《尔雅》，焦已先邵证之。然其说固非。谓毛公取《尔雅》篇名名其传，独不可谓作《尔雅》者，取《毛公诂训传》之名名其篇乎？且《尔雅》即为传《诗》而作，亦不能证《尔雅》必为子夏所增益也。"

4.《汉书》古本

《南江诗文钞》卷十二《汉书提要》云：

> 《汉书》一百二十卷，汉班固撰。《南史·刘之遴传》云："鄱阳嗣王范得班固所撰《汉书》真本献东宫，皇太子令之遴与张缵、到溉、陆襄等参校异同，之遴录其异状数十事。"以今考之，则语皆谬妄。据之遴云："古本《汉书》称永平十年五月二十日己酉郎班固上，而今本无上书年月日子。"案：固自永平受诏修《汉书》，至建初中乃成。又《班昭传》云："八表并《天文志》未竟而卒，和帝诏昭就东观藏书，踵成之。"是此书之次第续成，事隔两朝，撰非一手，之遴所见古本，既有纪、表、志、传，乃云总于永平中表上，殆不考成书之年月也。之遴又云："古文《叙传》号为中篇。"今本为《叙传》。又今本《叙传》载班彪事行，而古本云彪自有

传。夫古书叙皆载于卷末，固自叙作书之意，故谓之叙，追溯得姓以来祖父之事迹，故谓之传。叙传二字确不可易，后代史家皆沿其例。改作中篇，此何说也？至云彪自有传，则语尤荒诞。彪在光武之世举茂才，为徐令，以病去官，后数应三公之召，断宜入东汉，传惟见于叙传，故可于况伯矜稚之后详其生平，述其言论。若自为一传，则无卷可附。若以类相及，必《汉书》有《光武纪》及云台诸功臣传而后可也。奚不考《叙传》所云"起元高祖，终于孝平王莽之诛"乎？之遴又云："今本纪及表、志、列传不相合为次。"而古本相合为次，总成三十八卷，此为分卷而言也。固自言纪、表、志、传凡百篇，述纪十二，述表八，述志十，述列传七十，若相合为次，已失固自言之次第，合百篇为三十八卷，亦略无义例，徒事纷更尔。之遴又云："今本《外戚》在《西域》后。"古本次帝纪下。又今本高五子、文三王、景十三王、孝武六子、宣元六王世在诸传中，古本诸王悉次外戚下，在陈项传上。夫纪、表、志、传之次序固自言之，如之遴所述则传次于纪，而表、志反在传后，诸王既以代相承，宜总题曰诸王传，何以《叙传》作《高五王传第八》《文三王传第十七》《景十三王传第二十三》《武五子传第三十三》《宣元六王传第五十》耶？且《汉书》始改《史记》之《项羽本纪》《陈胜世家》为列传，自应居列传之首，岂得移在诸王之后？其述《外戚传第六十七》《元后传第六十八》《王莽传第六十九》，明以王莽之势成于元后，史家微意寓焉，若移《外戚传》次于本纪，是恶知史法哉？之遴又引古本述云……亦知之遴所谓古本者不足信矣。自魏王肃始撰伪经，至梁人于《汉书》复有伪古本，然心劳日拙，千载如见，究不可掩。后人校书者好言宋本，只求纸版之古，不顾文义之安，皆此类也。汉制近古，固此书叙次缜密，故郑康成、干宝引以注经，而经师如服虔、韦昭皆为《汉书注》，盖实有可辅经而行者，审音辨义，代有其人，不意尚有谬托古本，欲颠倒其次第者。驯至庸妄之徒谓班固不能文从字顺，益不足与辨矣。颜师古注，唐人称为班固忠臣，惜其只聚诸家旧注而定其折衷，不能旁征载籍以推广其义。然后人考正《汉书》者俱不能出颜氏之范围，则谓之忠臣也亦宜。

5. 辨通谱之伪

《南江诗文钞·劳氏家谱序》云：

劳氏相传出于姬姓。然姓氏书只载渤海劳霸。邓名世《辨证》只增载琅琊劳丙，而不言其详，盖慎之也。余考古人以爵为氏，以地为氏，以王父字为氏，各有流传。劳氏著闻于琅琊，去劳山伊迩，则所云以地为氏者庶几近之。余姚劳氏始于宋南渡，其定居孝义乡，则为德赐公惇德启后，子姓日蕃，海滨弦诵，有横经负耒遗风。近时余山先生更以儒学显。余友献其尚志节，砥砺问学，勉勉于余山先生之传，示余续修家谱，以德赐公为始祖，而不敢远有援引，盖慎之又慎矣。余见通都大邑多以联谱为戏，或一人之身而互引其祖孙父子为同辈，其有身跻脱仕，则相率奉以尊称，及考其前后昭穆，有懵然莫辨者。呜呼！自《周官》奠世系之职废，则宗法不立；宗法不立，则民气日漓，末俗相沿，遂相率而为伪，通谱其一端也。

6.《后出师表》

《南江札记》卷四云：

赵云以建兴七年卒散关之役乃在六年。后人或据此疑后表之伪，非也。以《元逊传》观之自明，第此表剧论时势之画，非若发汉中时所陈，得以激厉士众，不妨宣泄于外，失之蜀而得之吴，或伯松写留箱箧，元逊钩致之于身后耳。集不载者，盖明武侯之慎，非由陈氏之疏。若赵云传七年当作六年，云本信臣宿将箕谷失利适由兵弱，既贬世号将军，以明法散关之役，使其尚在必别统万众，使复所负，而不闻复出，其必殁于是冬之前矣。

7.《斜川集》

《南江诗文钞》卷八《书坊本伪斜川集后》云：

苏叔党《斜川集》十卷，《绛云楼书目》有之，徐巨源所谓千里致书求观至宝也。绛云楼毁，此书存没无考。张朴村云："《斜川集》世或失传。"以朴村久客玉峰徐氏而为是言，则传是楼当未有《斜川集》也。己丑，予客燕中，闻藏书家有《斜川集》刻本，假而观之，则取刘龙洲诗而易以叔党姓氏者。按：叔党卒于靖康，晁以道墓志可证。若龙洲往来诸公，辛稼轩、陆放翁、孙烛湖皆南渡闻人，后先年代不符，举其目即可辨其真伪，而书贾乃敢互易姓名，勇于欺人若此。然则书贾所为，毋乃近于滑稽玩世乎？自弘治诸子妄言不读唐以后书，宋元人别集遏而不行者几及百载。倦圃曹氏、栎下周氏收宋元文集于消沉漏夺之中，以广为富，以多相尚，一时从风而靡，其间作伪相欺者容或有之。予独惜叔党以名父之子，终身禁锢，晚得一官，卒以身殉国事，而遗集不克显著于世，至使书贾作伪本以欺人，而或以此反致真本之失传，此可为掩卷而太息者也。天壤甚大，有心人相继而起，安知不有得《斜川集》真本而收而宝之者？况叔党忠孝之言，风雨鬼神犹将呵护，而不忍其淹没，见闻固陋如予，终不敢以世有伪本而遂疑真本之亡也。好古之士其爱龙洲也，未必不如斜川，书贾特震于大小坡之名，而易刘以苏，所谓无识小人耳。世之以伪相尚也久矣。王逢年之《外史》，徐熥之《金凤传》，至今疑信相半。此书幸以袭用龙洲之语，故其辨易明。设有妄男子撰一编以托诸斜川，则几于不可究诘。虽然，苏门弟子诸集师授渊源莫不秩然有矩矱。《斜川集》而果亡也，《斜川集》而不亡也，又何难辨其真伪哉！

8.《龙洲集》

《南江诗文钞》卷八《书龙洲集后》云：

坊本《龙洲集》与《曝书亭书目》卷数符合，当是足本，书贾患龙洲之名不足取重于人也，托之于苏叔党，盖龙洲身后犹不为人知如此。南渡自和议既成，士大夫皆厌厌无气，独龙洲以布衣慷慨扬历兵间，不忘恢复之志，伏阙上书，指陈无顾忌，有国士之风。生平为朱子、南轩所许，游辛稼轩、陈同甫之间，而终于潦倒。同甫之晚遇，龙洲之不第，殆南宋气数为之也。读其集，感时抚事，血泪逆流，如秋笳之凄烈，如雄剑之夏鸣，精悍之气非同时江湖诸子所及，所谓言与行符者欤？第二卷缺二字，第三卷缺七字，第五卷缺一字，第七卷有误字，第十卷缺诗一首，惜未得善本校之。又《清波杂志》载龙洲二绝句，今集中无之，或原本所无，或书贾妄有删窜，未可臆断也。己丑秋假观于益都李进士芝畹，既卒业，书以质焉。

三十二、汪中

（一）汪中其人

汪中（1744—1794），字容甫，江都人。清时著名哲学家、文学家、史学家。与阮元、焦循同为"扬州学派"的杰出代表。著有《述学》《广陵通典》《容甫遗诗》等。

（二）汪中的文献辨伪

1. 《周官》

《述学》内篇卷一《周官征文》云：

> 《汉书·河间献王传》："献王所得书皆古文。先秦旧书，《周官》《尚书》《礼》《礼记》《孟子》《老子》之属。"《艺文志》："《周官经》六篇，王莽时刘歆置博士。"《经典叙录》："或曰：河间献王时有李氏上《周官》五篇，失冬官一篇，乃购千金，不得，取《考工记》补之。"据此三文，汉以前《周官》传授源流皆不能详，故为众儒所排。贾公彦序《周礼废兴》载《马融传》云：秦自孝公以下，用商君之法，其政酷烈，与《周官》相反。故始皇禁挟书，特疾恶，欲灭绝之。搜求焚烧之，独悉其言，亦无所据。中考之于古，凡得六征。《逸周书·职方解》即夏官职方，职文据序在穆王之世，云王化虽弛，天命方永，四夷八蛮，攸尊王政，作《职方》。一也。《艺文志》：六国之君，魏文侯最为好古。孝文时得其乐人窦公献其书，乃《周官》大宗伯之《大司乐章》也。二也。太傅礼朝事，载秋官典瑞、大行人、小行人、司仪四职文。三也。《礼记·燕义》夏官诸子职文。四也。《内则》食齐视春时以下天官食医职文，春宜膏豚膳膏荟以下庖人职文，牛夜鸣则庮以下内饔职文。五也。《诗·生民传》尝之日莅卜来岁之芟以下春官肆师职文。六也。远则西周之世，王朝之政典，大史所记，及列国之官世守之，以食其业。官失而师儒传之，七十子后学者系之于六艺，其传习之绪明白可据也。如是而以其晚出疑之，斯不学之过也。或曰：《周官》周公所定，而言穆王作《职方》，何也？曰：赋诗之义有造篇，有述古，夫作亦犹是也。召穆公纠合宗族于成周，而作《常棣》之诗，则述古亦谓之作，详《职方》《大司乐》二条，知《周官》之文各官皆分载其一，以为官法，故每职之下皆系曰掌，而太宰建之，以为六典，则合为一书，穆王作之，特申其告诫，俾举其职尔。若夫古之典籍，自四术以外，不能尽人而诵习之。故《孟子》论井地爵禄，汉博士作《王制》，皆不见《周官》，不可执是以议之也。古今异宜，其有不可通者，

信古而阙疑可也。

今按，黄云眉云："汪中《述学内篇·周官征文》，则以六征明《周官》与诸书合。盖汪氏见其合，而不知其所以合，万（斯大）、崔（述）二氏见其不合，而亦未知其所以不合。窃谓《周礼》实为中国前代政治家理想中之建国方略。其书非一人一时之笔，且必有一思致缜密之政治家集其大成，惟不能决定其始于何人，终于何人。要之，春秋以前绝不能孕此巨制，可断言也。"黄氏之言未免过于武断。

汪中云："古今异宜，其有不可通者，信古而阙疑可也。"此语表明其治学态度极其严肃认真，与疑古派不啻霄壤之别矣。嗟夫！强项者往往遇有不可通者，不肯阙疑，不肯信古，宁愿走上疑古过勇的不归之途。

2.《左氏春秋》

《述学》内篇卷一《左氏春秋释疑》云：

《左氏春秋》，典策之遗，本乎周公笔削之意，依乎孔子圣人之道，莫备于周公、孔子。明周公、孔子之道，莫若《左氏春秋》。学者其何疑焉？然古者左史记事，动则书之，是为《春秋》，而左氏所书，不专人事，其别有五，曰天道，曰鬼神，曰灾祥，曰卜筮，曰梦，其失也巫，斯之谓与？吾就其书求之。楚子庚侵郑，董叔言天道多在西北，南师不时必无功。叔向以为在其君之德，有星孛于大辰西及汉，裨灶曰："宋、卫、陈、郑将同日火。若我用瓘斝玉瓒，郑必不火。"子产不与。明年，郑火，裨灶曰："不用吾言，郑又将火。"子产以为天道远，人道迩，灶焉知天道，是亦多言矣，岂不或信，遂不与，亦不复火。由是言之，左氏之言天道未尝废人事也。随侯以牲牷肥腯粢盛丰备，谓可信于神，季良以为民神之主也。圣王先成民而后致力于神，民和而神降之福，齐侯疾梁丘据请诛于祝，固史嚚晏子以为祝不胜诅。由是言之，左氏之言鬼神未尝废人事也。郑内蛇与外蛇斗，内蛇死，申繻以为妖由人兴，人无衅焉，妖不自作。陨石于宋五，六鹢退飞过宋都，内史叔兴以为是阴阳之事，非吉凶所生，吉凶由人。由是言之，左氏之言灾祥未尝废人事也。晋献公筮嫁伯姬于秦，史苏占之不吉，及惠公为秦所执，曰：先君若从史苏之言，吾不及此。韩简以为先君多败德，史苏是占勿从何益。南蒯将叛，筮之得《坤》之《比》，子服，惠伯以为忠信之事则可，不然必败。《易》不可以占险。由是言之，左氏之言卜筮未尝废人事也。卫成公迁于帝丘，梦康叔曰：相夺予享公命祀相，宁武子以为相之不享于此久矣，非卫之罪，不以间成王周公之命祀。晋赵婴通于庄姬婴，梦天使谓己祭余，余福女士贞伯以为神，福仁而祸淫，淫而无罚，福也。祭其得亡乎？祭之之明日，而放于齐。由是言之，左氏之言梦未尝废人事也。此十者，后世儒者之所执以疑《左氏春秋》者也，而当时深识远见之君子类能为之，矢德音，蔽群疑，而左氏则已广记而备言之，后人其何疑焉。

3.《大学》

《述学》内篇卷二《大学平议》云：

周秦古书，凡一篇述数事，则必先详其目而后备言之。其在《逸周书》《管子》《韩非子》至多，本书《祭统》之十伦，《孔子闲居》之五至、三无，皆是也。今定为经传以为二人之辞，而首末相应，实出一口，殆非所以解经也。意者不托之孔子，则其道不尊，而中引曾子，则又不便于事必如是而后安尔。

门人记孔子之言，必称"子曰""子言之""孔子曰""夫子之言曰"以显之。今《大学》不著何人之言，以为孔子义，无所据。

孔子曰：中人以上可以语上也，中人以下不可以语上也。明乎教非一术，必因乎其人也。其见《论语》者问仁问政，所答无一同者，闻斯行诸，判然相反，此其所以为孔门也。标大学以为纲，而驱天下从之，此宋以后门户之争，孔氏不然也。宋儒既藉《大学》以行其说，虑其孤立无辅，则牵引《中庸》以配之。然曾子受业于孔门，而子思则其孙也。今以次于《论语》之前，无乃慎乎！盖欲其说先入乎人心使之合同而化，然后变易孔氏之义，而莫之非，所以善用其术而名分不能顾也。

4. 《贾谊新书》

《述学》内篇卷二《贾谊新书序》云：

《新书》五十八篇，汉梁太傅洛阳贾谊撰。今亡一篇，校本传自"凡人之知"至"胡不引殷周秦事以观之也"四百三十四字，书亡，其文据以补之，《问孝》《礼容语上》二篇有录亡书，《艺文志》但云贾谊称《新书》者刘向校录所加，荀卿子称荀卿《新书》见于杨倞之序，是其证也。《过秦》三篇本书题下亡论字，《陈涉项籍传论》引此应劭注云：贾谊书之首篇也，足明篇之非论。《吴志·阚泽传》始目为论。左思、昭明太子并沿其文，误也。自数宁至辅佐三十三篇，皆陈政事。按《晁错传》，错言宜削诸侯事及法令可更定者，书凡三十篇，则知当日封事，事各一篇，合为一书，固有其体班氏，约其文而分载之本传《食货志》尔。其指事类情，优游详邑，或不及本书，自《春秋》至《君道》皆国中失之事，自《官人》至《大政》皆通论，《修政》上下皆重言也，三古之遗绪托以传焉。《容经》以下则皆古礼逸篇，与其义旧本编录，亡次第，今略以意属之，定为六卷。题下有事势，有连语，有杂事，与《管子》书同例，今亦仍之。别为《年表》一篇，俾览者详焉。《经典序录》所次，本刘向《别录》。其叙《左氏传》云："荀卿授阳武张苍，苍授洛阳贾谊。"然则生固荀氏再传弟子也，故其学长于礼。其所陈立诸侯王制度，教太子敬大臣，皆先王之成法，周公旧典。仲尼之志，盖《春秋》经世之学在焉。是故备物典策国所与立君举必书以诏后世。《春秋》者，秉周礼而谨其变者也。吾于荀氏、贾氏之言礼也益信。刘子骏称汉朝之儒惟贾生而已，岂虚也哉？其书述左氏事，止《礼容》篇叔孙昭子一条，《先醒》篇言宋昭公出亡而复位，虢君出走，其御进酒食及枕土而死。《耳痹》篇言子胥何笔，而自投于江。《谕诚》篇言楚昭王以当房之德复国，皆不合左氏。《审微》篇言晋文公请隧叔孙于奚救孙桓子。《春秋》篇言卫懿公喜鹤而亡其国。《先醒》篇言楚庄王与晋人战于两棠，会诸侯于汉阳，申天子之禁，皆与左氏异同。其时经之授受不著竹帛，解诂属读，率皆口学，其有故书雅记、异人之闻，则亦依事枚举，取足以明教而已。《礼》篇、《君道》篇说《诗》《驺虞》、《鸳鸯》、《灵台》、《皇矣》、《旱麓》，均非毛义，于时三家之学未立，故秦时老师大儒犹有存者，师友所承不可尽知，使得是千百说而通之，岂复有末师之陋哉？于乎汉世慕尚经术，史氏称其缘饰，故公卿或持禄保位，被阿谀之讥，博士讲授之师仅仅方幅自守，文吏又一切取胜。盖仲尼既没，六艺之学其卓然著于世用者贾生也。传曰："称先王。"《诗》曰："秩秩大猷，圣人莫之。"贾生有焉。班氏叙梁捍吴楚及淮南四子之败，于其经国体远，既明列其功，而不详其学之所本，是以表而出之，若夫五饵三表，秦穆用之，遂伯西戎，而中行说亦以戒匈奴，则既有征矣，谓之为疏，斯一隅之见也。汉世是书盛行于世，司马迁、刘向著书，动见称述。孝昭通《保傅传》，则当时以教胄子，《傅职》《保傅》《连语》《辅佐》《胎教》，戴德采之礼篇之文，载在曲礼。今二书并尊为经，而是书传习盖寡，道之行废，岂命也与？

按《新书·道德说》论六经云：

《书》者，著德之理于竹帛而陈之，令人观焉，以著所从事，故曰："《书》者，此之著者也。"《诗》者，志德之理，而明其指，令人缘之以自成也，故曰"《诗》者，此之志者也"。《易》者，察人之精德之理与弗循，而占其吉凶，故曰"《易》者，此之占者也"。《春秋》者，守往事之合德之理与不合，而纪其成败，以为来事师法，故曰"《春秋》者，此之纪者也"。《礼》者，体德理而为之节文，成人事，故曰"《礼》者，此之体者也"。《乐》者，《书》《诗》《易》《春秋》《礼》五者之道备，则合于德矣，合则骧然大乐矣，故曰"《乐》者，此之乐者也"。人能修德之理，则安利之，谓福。莫不慕福，弗能必得，而人心以为鬼神能与于利害，是故具牺牲俎豆粢盛，斋戒而祭鬼神，欲以佐成福，故曰祭祀鬼神，为此福者也。德之理尽施于人，其在人也，内而难见，是以先王举德之颂而为辞语，以明其理，陈之天下，令人观焉。垂之后世，辩议以审察之，以转相告。是故弟子随师而问，博学以达其知，而明其辞以立其诚，故曰博学辩议，为此辞者也。

三十三、梁玉绳

（一）梁玉绳其人

梁玉绳（1744—1819），字曜北，号谏庵，又号清白士。钱塘（今浙江杭州）人。增贡生。著有《史记志疑》《清白士集》等书。生平事迹见《清史稿·儒林传》《清史列传·儒林传》。

（二）梁玉绳的文献辨伪

1. 《子夏易传》

崔秋谷尝谓余曰：《子夏易传》或云韩婴作，或云丁宽作。司马贞称刘向《七略》有之，则其来古矣，见《唐会要》。李鼎祚《集解》亦引《子夏传》，则唐时犹存，通志堂所刻完然无阙，顾李氏引者反无之，疑非唐之旧也。《困学纪闻》谓《子夏传》张弧作，考尤延之《遂初堂书目》，有《卜子夏易传》，有张弼解《卜子夏易传》，弼盖弧之讹，然毕竟是两书，今本乃弧之解传，而误以为《子夏》尔。弧著《素履子》十四篇，援经据义，实儒家流派，未必有意作伪如此。案《汉书·儒林传》，《易》者有沛人邓彭祖，字子夏，唐以前所传者，或彭祖之书，今所传者，即张弧之《解传》欤？

2. 孔安国《书序》《书传》

孔安国《书序》《书传》皆后人伪作，其真者不可见，盖久逸矣。或谓安国得古文只读而写之，未尝为传，似未确。

辨《书序》之伪：

百篇之《序》，真不敢臆决。但子长去孔子时未远，其言必有师承，盖从孔安国问故而得之尔。至《大戊》一篇，不见于序，当是脱逸，朱竹垞《经义考》谓即咸艾四篇之一，盖因《殷纪》连及而为之说。《九共》九篇，不闻异名，何独《咸艾》之篇别名《大戊》乎？其为《书序》所遗可见。《左传》定四年有《伯禽》《唐诰》二篇，《书大传》有《掩诰》，《汉志》引《月采》引《丰刑》，亦《书序》所无，秦火之后，各经尚多失亡，《书序》之阙，无足怪矣。墨子所引有《总德》，有《武观》，有《禽艾》，有《竖年》，有《去发》，皆《汲冢书》篇目，与《尚书》不合。

3.《金縢》

《书·金縢》一篇，今古文皆有，太史公载之《鲁世家》，然先哲多疑其伪，余据《淮南子》金縢豹韬语，疑古别有《金縢》之书。

4.《孟子》

孟子古注，惟赵氏得存。海宁杨文荪云：《后汉书·儒林传》程曾作《孟子章句》，高诱《吕氏春秋序》曰诱正《孟子章句》，又《隋志》有郑康成注《孟子》七卷，今皆无传，诸书均未引及，《宋史·艺文志》有扬雄注，似伪托。

5.《竹书纪年》非后人羼入

裴骃《史记·魏世家集解》引和峤云："《纪年》始自黄帝，终于魏之今王。"则非后人羼入矣。

梁玉绳认为《竹书纪年》非后人羼入。观点正确，但证据比较薄弱。

6. 《国语》

　　《左》《国》记事多异，文体亦殊。傅玄谓《国语》非丘明作，甚是。见《哀十三疏》。《困学纪闻》六引刘炫说同，即如《汉·艺文志》有《公羊外传》五十篇，《穀梁外传》二十篇，并佚不传，岂出二子之手乎？

7. 《孔子家语》

　　《家语》十卷，王肃伪撰，孙颐谷侍御作疏证，以发其伪，惟所引颜子之言，未尽获出处。案《韩子·显学》云"自孔子之死也，有颜氏之儒"，则颜子固有书矣。宋石经后有书目，一碑中列颜子，岂其书不载诸史艺文，别传于世，至南宋犹存乎？胡应麟《甲乙剩言》，明初朝鲜国曾以颜子献朝，议以伪书却之。

8. 《孔丛子》

　　《孔丛子》晚出，盖依托也，其言颇杂，多不可信，并有猥亵之语，断非出于孔氏，如子鱼谏陈王，以近事为喻，云梁人阳由者，其力扛鼎，然无治室之训，妻不畏惮，方怒，妻左手建杖，右制其头，妻授以背，而捉其阴，由乃伏地气绝，邻人趋而救之，妻不肯舍，或发其裳，乃解。何取喻鄙俗至此，与《国策》秦宣太后谓韩使者尚靳之言何异？

9. 《管子》

　　《管子》之文厚重奥峭，在诸子中别自一格，然多后人羼入，不独《弟子职》一篇附列也。

10. 《子华子》

　　《子华子》不见前录，《通考》引朱子及晁氏、周氏、陈氏，极论其伪，考《吕氏春秋》贵生先已诬徒明理知度，俱有引《子华子》语，今分见伪书各篇，知先秦有其人著书传世，特久亡佚尔。

11. 《亢仓子》

　　《亢仓子》即庄周所谓庚桑楚，其书九篇，伪也。

12. 《易林》

　　今所传《易林》乃《周易卦林》，献王在永平时已用为占，则亦非东汉人所为，或后来有所羼入耳。

13. 《西京杂记》

今所传《西京杂记》二卷，或以为晋葛洪著，或以为吴均伪撰，据洪序以为本之刘歆，洪特抄而传之。

14. 《圣贤群辅录》

陶元亮著《四八目》，宋以前无异称，司马贞《史记·留侯世家索隐》、鲍彪《战国·韩策注》俱引之，不知何时改名《圣贤群辅录》，吴礼部注《国策》，便已改称，当是宋人妄易其名也。

15. 《东坡杜诗事实》

《杜诗千家注》有东坡，汪应辰《文定集·书少陵诗集正异》云：闽中所刻《东坡杜诗事实》者，不知何人假托，皆凿空撰造，无一语有来处。朱子云：闽中郑昂伪为之，盖此犹王梅溪《苏诗注》，亦伪托也。

16. 《龙城录》

许彦周《诗话》载《子厚石刻》云：龙城，柳神所守，驱厉鬼，山左首，福土氓，制九丑。与许周生所藏石刻文小异，盖仍《龙城录》之伪也。

三十四、洪亮吉

（一）洪亮吉其人

洪亮吉（1746—1809），初名莲，又名礼吉，字君直，亦字稚存、华锋，号北江，别号又藁、天山戍客，晚号更生居士。本歙县人，后入江苏阳湖籍。著有《春秋左传诂》《卷施阁集》《三国疆域志》《洪北江文集》《附鲒轩集》《更生斋集》等书。

（二）洪亮吉的文献辨伪

1. 《汉书》颜师古注

小颜注《汉书》，其音义精者，皆系旧《注》，而攘为为己有。赖有《史记集解》《正义》等在，可以搜其根底。然不知者犹以为班氏功臣，真瞽说也。

今按，杨明照据此有考证，证实了洪亮吉所言不诬。

2.《真伪篇》

《卷施阁文甲集》卷第一《意言二十篇·真伪篇第十九》云：

> 今世之取人者，莫不喜人之真、厌人之伪。是则伪不可为矣，而亦不然。襁褓之时，知有母而不知有父，然不可谓非襁保时之真性也；孩提之时，知饮食而不知礼让，然不可谓非孩提时之真性也。至有知识，而后知家人有严君之义焉，其奉父也有当重于母者矣；饮食之道有三揖百拜之仪焉，酒清而不饮，肉干而不食，有非可径情直行者矣。将为孩提襁褓之时真乎，抑有知识之时真乎？必将曰：孩提襁保之时虽真，然苦其无知识矣。是则无知识之时真，而有知识之时伪也。吾以为圣人设礼，虽不导人之伪，实亦禁人之率真。何则？上古之时，卧倨倨兴眄眄，一自以为马，一自以为牛，其行蹎蹎，其视瞑瞑，可谓真矣。而圣人必制为尊卑上下、寝兴坐作，委曲烦重之礼以苦之，则是真亦有所不可行，必参之以伪而后可也。且士相见之礼，当见矣而必一请再请，至固以请乃克见；士昏之礼，当醴从者矣，亦必一请再请至固以请乃克就席；乡射礼，如不能射矣，而必托辞以疾；以至聘礼，不辱命而自以为辱；朝会之礼，无死罪而必自称死罪。非皆禁人之率真乎？《战国策》：卫人迎新妇，妇上车问骖马谁马也，御曰借之。新妇谓仆曰，拊骖无笞服。车至门扶，教送母曰：灭灶，将失火。入室见白，曰：徙之牖下，妨往来者。主人笑之。使当日者新妇见以为如此而不言，则伪矣。新妇之言，新妇之率真也，以真者为可笑，无怪乎人之日趋于伪矣。总之，上古之时真，圣人不欲过于率真，而必制为委曲烦重之礼以苦之；孩提襁褓之时真，圣人又以为真不可以径行，而必多方诱掖奖劝以挽之，则是礼教既兴之后，知识渐启之时，固已真伪参半矣。而必鳃鳃焉以真伪律人，是又有所不可行也。

这是诚伪之辨，与文献辨伪相去甚远。

3.《好名篇》

同书有《好名篇》云：

> 甚矣，名之累人也。圣贤能不好名乎？《孝经》曰："扬名于后世。"《论语》曰："君子疾没世而名不称焉。"是圣贤不能忘名也。崔杼之恶至弑君，而忧其名之传；贾充之恶至戕主，而忧其谥之著。是大奸大慝仍不能忘名也。则名不可好乎？曰：好名之弊亦尚足以扶世。何则？人而能好名，类皆聪颖拔萃之人也。聪颖拔萃之人，有赏之不能劝、罚之不能惩，而名之一字即足以拘之者矣。然则名亦可假乎？曰：不能也。有圣贤之名，有忠孝之名。圣之名而可假，则庄周、列御寇之徒假之矣；贤之名而可假，则郭解、楼缓之徒假之矣；忠孝之名而可假，则王莽、赵宣之徒假之矣。等而下之，至才士诗文之名亦无不然。文有文之精神，诗有诗之精神，精神能永百年者，则传至百年焉；精神能永之十世五世者，则传之十世五世焉；精神能历劫不磨者，则传之历劫而不磨焉。皆非己所能预也。己尚不能预，而何可以假乎？然则吾欲救天下好名之弊，亦惟使之各务实而已。语有之：实至者名归之。有圣贤之实者，自有圣贤之名，而庄周列御寇之徒不能假也；有忠孝之实者自有忠孝之名，而王莽、赵宣之伦不能假也。有文士之实者自有文士之名，而传百年传十世五世及历劫不

磨，亦纤屑不能假也。

"好名"则与文献辨伪密切相关。作伪者往往因为"好名"，不惜铤而走险，窃取他人之作以为己有。因为文士之名不能相假，所以必须辨伪。

三十五、赵绍祖

（一）赵绍祖其人

赵绍祖（1752—1833），字绳伯，号琴士，宁国府泾县人。道光元年（1821）举孝廉方正，滁州训导，赏五品衔。后主讲池州秀山、太平翠螺书院。著有《通鉴注商》《校补竹书纪年》《新旧唐书互证》《校补王氏诗考》《泾川金石记》《安徽金石略》《古墨斋金石文跋》《古墨斋笔记》《消夏录》《琴士诗钞》等书，辑有《泾川丛书》《金石文钞》等书，前人编辑而成《古墨斋全集》。生平事迹事迹见《清史稿·文苑传》附俞正燮传、《清史列传·文苑传》、陶澍《赵琴士征君墓志铭》、朱琦《赵琴士征君传》。

（二）赵绍祖的文献辨伪

1. 《古文尚书》

《古文尚书》，唐人最所尊信，故作为《义疏》，立之学官，而自宋以来疑之，虽朱子尝用"危微精一"四语作《中庸序》，而亦疑其为假书。至明梅鷟，沿吴草庐之说，而始大放厥辞，国朝阎百诗、惠定宇又本梅鷟之说，而抉摘搨掊，几于身无完肤矣。然诸儒疑信相参，所言亦各有镽漏，今略举之，不能详尽，亦不复诠次也。

2. 《孟子外书》

李赞庵《函海》、吴稷堂《艺海珠尘》皆刻有《孟子外书》四篇，近崇明施彦士集《逸文》一卷，以附其后，而总刊之，其用心可谓勤矣。然于此亦可见此四卷之非真本，而为后人之所收辑而增益者也。《古文尚书》之疑，实始朱子，然"人心道心"四语，本无大弊，故朱子用以作《中庸序》。近世阎百诗、惠定宇本旌德梅氏之说，以为出于《荀子》，而攻之不遗余力，亦可谓多事矣。后世学者欲阐而明之，何患无辞？不可更作伪以益其伪也。此书卷二中有一章云："子上谓孟子曰：'舜之诰禹曰："人心惟危，道心惟微，惟精惟一，允执厥中"。子其识之？'"使书中无此四语，而孟子不知，则子上于何书得之，使书中有此四语，则孟子读书岂有不知，而待子上之独举此而语之也？前既无所因而发，后又无所阐而明，而曰子其识之，亦索然而寡味矣。其为伪也决矣。

持之以故，立论不苟。

三十六、陈鳣

（一）陈鳣其人

陈鳣（1753—1817），字仲鱼，号简庄，又号河庄，别署新坡，海宁人。明遗民陈确六世孙。璘子。嘉庆三年（1798）中举人。六年（1801）成进士。博通经史，与钱大昭、胡虔并称三君。精于文字校勘之学，雅好藏书。著有《说文解字正义》《论语古训》《礼记参订》《经籍跋文》《简庄缀文》等书，辑郑玄《孝经郑注》《六艺论》。生平事迹见《清史稿·儒林传》《清史列传·儒林传》。

（二）陈鳣的文献辨伪

1. 《诗经》之作者

《简庄文钞》卷二《诗人考叙》云：

> 《诗》三百篇，上自天子后，下至臣庶妾媵，孔子取而录之，以为鉴戒。弟别其风为何国，而正其雅颂，使各得其所。盖以诗存人，不以人存诗也。然而诗人之姓氏，学者犹传其一二。《毛诗》之叙尚矣，其余往往散见于他说。善读者，因其人而得其诗之美刺，与夫时之兴衰、俗之厚薄，此诗教之可通于《春秋》者也。末学支离，不师古训，即《诗叙》且视为无用，安问其他？《孟子》曰："颂其诗，不知其人，可乎？"肄业之暇，辑为是编，一以《毛诗》为归，证以齐、鲁、韩三家遗说，更举群书附益。即有不合者，亦存其名而详辨之。自惟单闻浅见，古书之留于今者不能尽得，挂漏纰缪，固皆不免。大雅之士，监其庸而恕其妄焉，斯幸矣。

2. 《孝经》郑注

《简庄文钞》卷二《集孝经郑注叙》云：

> 郑康成注《孝经》，见于范书本传，《郑志·目录》无之。《中经簿》但称"郑氏解"，而不书其名，或曰是其孙小同所作。谨按，郑《六艺论》叙《孝经》云："玄又为之注。"叙《春秋》亦云："玄又为之注。"盖郑注《春秋》未成，后尽与服子慎，遂为服氏注，详见《世说新语》。乃从来列郑注，更无及《春秋》者。窃以其注《孝经》亦未写定，而其孙小同追录成之。据《隋书》称，《郑志》亦小同所撰，此或以先人未竟之书，故不敢载入《目录》。《中经簿》所题，盖要其终。范书所纪，则原其始也。自江左中兴，久立博士。穆帝集讲《孝经》，云以郑玄为主。荀茂祖《集解》因之。至陆彦渊，始疑其不与注书相类，请不藏于秘省。王仲宝违其议，遂得见传。夫郑注三《礼》，与笺《诗》互有异同，安在此注之必类于群经乎？唐开元敕议，时刘知幾以为宜行孔废郑，司马贞等非之，卒行郑说。然自玄宗取诸说以为己注，而后之学郑氏者日少。五季之衰，中原久佚。宋雍熙初，日本僧奝然以是书来献，议藏秘府，寻复失传。近吾友鲍君以文属汪君翼沧从估舶至彼国购访其书，亦不

可得矣。幸陆氏《释文》尚存其略，群籍中间有引之，因仿王伯厚《郑氏周易》例，集成一编。凡玄宗注、邢疏以为依郑氏者，悉为收合，庶以存一家之学。而见闻浅陋，更望汲古君子匡其所未逮焉。

3. 《家语》

《简庄文钞》卷二《家语疏证序》云：

> 今世所传《家语》十卷，凡四十四篇，王肃注，昔人多疑之，而未有专书。同郡孙颐谷侍御作《疏证》六卷，断为王肃伪撰。余读而叹曰："详哉言乎！犹捕盗者之获得真赃矣。"案《汉书·艺文志》："《家语》二十七卷。"师古曰："非今所有《家语》。"《唐书·艺文志》："王肃注《家语》十卷。"其即师古所言今所有与？《汉书》之志皆刘向校定，古人以篇为卷。今本四十四篇，校《汉志》增多二十一篇。吾友钱君广伯颇疑《汉志》所称二十七篇，即在今四十四篇中，且以《尚书》之二十八篇为证。余则以为不然。《尚书孔传》及《家语》俱王肃一人所作，《尚书》二十八篇，汉世大儒多习之，肃固不敢窜改，唯伪增多之篇，并伪为孔传，以逞其私。至于《家语》，肃以前儒者绝不引及，肃诡以孔子二十二世孙猛家有其书，取以为解。观其伪安国后叙云"以意增损其言"，则已自供罪状。然而肃之自叙首即以郑氏学为"义理不安，违错者多，是以夺而易之"？夫叙孔子之书，而先言夺郑氏之学，则是有心傅会，攻驳前儒，可知矣。又自叙引《语》云："牢曰：'子云：吾不试，故艺。'"谈者不知为谁，多妄为之说。《孔子家语》"弟子有琴张，一名牢，字子开，一字张，卫人也"。考郑注《论语》："牢，弟子子牢也。"肃云所为谈者，即指郑氏。夫《论语》记弟子不应称名。《汉白水碑》，琴张、琴牢判为二人，安得牵合若此邪？……马昭去肃未远，乃于《家语》一则曰"王肃增加"，再则曰"王肃私定"，斯言可为笃论。余固学郑氏之学者，然非好执一偏之见，黜王尊郑。盖尝平心读其书而决之耳。

辨伪如捕盗，必须获得真赃。至于孙氏之于《孔子家语》，并未获取真赃。

三十七、孙星衍

（一）孙星衍其人

孙星衍（1753—1818），字渊如，号伯渊，别署芳茂山人、微隐。阳湖人。少与同里杨芳灿、洪亮吉、黄景仁文学相齐。著有《尚书今古文注疏》《周易集解》《夏小正传校正》《明堂考》《考注春秋别典》《尔雅广雅诂训韵编》《魏三体石经残字考》《孔子集语》《晏子春秋音义》《史记天官书考证》《建立伏博士始末》《寰宇访碑录》《金石萃编》《续古文苑》《芳茂山人诗录》等。

（二）孙星衍的文献辨伪

1. 河图洛书

孙星衍《问字堂集》卷二《河图洛书考》：

> 汉人以八卦为《河图》，九畴为《洛书》，其说见孔安国注《论语》"河不出图"及马融注书"九畴"。又《汉·五行志》引刘歆说亦同，以"初一曰五行"已下六十五字为《雒书》本文。《礼记疏》引《中侯握河纪》："伏羲氏有天下，龙马负图出于河，遂法之，作八卦。"又："龟书，洛出也。"李鼎祚《周易集解》引孔安国注《系辞》、班固《汉书·叙传》及李奇注悉用其说。惟郑康成注《易》始用《春秋纬》，云《河图》有九篇，《洛书》有六篇也……至宋人乃妄以《洪范》五行为《河图》，又以太乙下行九宫式为《洛书》。近人毛奇龄辟之甚辨，而不能笃信汉人以八卦、九畴为《河图》《洛书》之说。顾炎武、惠栋知九宫为《易纬》，而不知其出于黄帝。核宋人致误之由，亦非无本。北周甄鸾注《数术记遗》九宫算云："九宫者，即二四为肩，六八为足，左三右七，戴九履一，五居中央。"又卢辩注《大戴礼·明堂篇》"二九四七五三六一八"云："记用九室，谓法龟文，故取此数，以明其剿也。"宋人见甄鸾有肩、足、戴、履之言，又见卢辩有九式法龟文之说，遂以九宫为龟文，不知甄鸾以肩、足、戴、履别上下前后之位，未言在于龟背。《大戴礼》所云"二九四七五三六一八"者，言明堂户牖堂室之数，逢十则有余数，若十余二，三十余六，七十余二之类也。卢辩谓"法龟文"，特因九室而言。如《伪孔尚书传》云"神龟负文而出，列于背，有数至于九"，亦即谓九畴，不必是九宫之式也。以"戴九履一，二四为肩，六八为足"，为是龟文，果何所出？亦复何取义乎？
>
> 太乙九宫式之传甚古，考其始，实出黄帝《素问·五常政大论》。岐伯有云"眚于三"，王冰注："三，东方也。"云"眚于九"，注："九，南方也。"云"其眚四维"，注："东南、西南、东北、西北，土之位也。"云"眚于七"，注："七，西方也。"云"眚于一"，注："一，北方也。"《六元正纪大论》则有灾七宫之属。《隋·经籍志》载《九宫经》三卷，郑玄注又称梁有《黄帝四部九宫》五卷。《唐会要》称会昌三年，王起等奏案《黄帝九宫经》。罗苹《路史注》引《壶子》云"黄帝体九窍以定九宫"，是九宫之式黄帝时即有之，故《遁甲书》亦用其法。《淮南·天文训》："太阴始建于甲寅，一终而建甲戌，二终而建甲午，三终而复得甲寅之元。"如法推之，甲寅在坎宫，则甲戌在离，甲戌在坎宫，则甲午在离，甲午在坎宫，则甲寅在离。则西汉人亦多知九宫者，故刘歆有"八卦九章相为表里"之语。至《易乾凿度》载其式云："《易》一阴一阳，合而为十五之谓道。"又云："太乙取其数，以行九宫，四正四维，皆合于十五。"郑康成注："太乙下行九宫，从坎宫始，坎，中男。始，亦言无遗也。自此而从于坤宫。坤，母也。又自此而从震宫。震，长男也。又自此从巽宫。巽，长女也。所行者半矣，还息于中央之宫。既又自此而从乾宫。乾，父也。自此而从兑宫。兑，少女也。又自此行于艮宫。艮，少男也。又自此从于离宫。离，中女也。行则周矣，上游息于太乙天一之宫，而反于紫宫。行从坎宫，始终于离宫。数自太一行之，坎为名耳。出从中男，入从中女，亦因阴阳男女之偶为终

始。云从自坎宫，必先之坤者，母于子，养之勤劳者。次之震，又之巽，母从异姓来，此其所以敬为生者。从息中而复之乾者，父于子，教之而已，于事逸也。次之兑，又之艮。父或老，顺其心所爱，以为长育多少大小之行。已为施此数者，合十五言其法也。"详注义多未精确，或是后人伪托。

今考九宫之法，不外阳造阴退。起坎者，乾贞于十一月子，坎阳进而上行之坤，坤贞于六月未，坤阴土退而下行之震，震阳木进而上行之巽，巽阴木退而下行之中，中兼艮坤，坤阴土退而下行之乾，乾阳金进而上行之兑，兑阴金退而下行之艮，艮阳土进而上行之离，离阴退而下行之坎。一阴一阳俱起者，天左旋，地右动之道。阳动而之阴，阴动而之阳者，《乾凿度》所谓并治而交错，行间时而治六辰。董仲舒《春秋繁露》所谓"阴适右，阳适左。适左者其道顺，适右者其道逆。逆气左上，顺气右下"是也。一白、二黑、三碧、四绿、五黄、七赤、八白、九紫者，《唐会要》载九宫贵神，天蓬星太乙坎水白，天内星摄提坤土黑，天冲星轩辕震木碧，天辅星招摇巽木绿，天禽星天符中土黄，天心星青龙干金白，天柱星咸池兑金赤，天任星太阴艮土白，天英星天乙离火紫是也。九宫即算法之捷，故逐甲式用之，知日月星奇所在及九星所临，自古皆有之。既非出于龟文，亦不得以为神禹《洛书》。隋焚谶纬，或尚记九宫，以示陈抟，遂讹为《洛书》。于时《乾凿度》未出，朱文公诸人不能博考，致为所惑，并忽《素问》而不观，则无能复辨九宫之缘起矣。

2. 《古文尚书》

孙星衍《岱南阁集》卷一《呈复座主朱石君尚书》云："若吾师以《伪尚书》无损益于人心风俗，窃又非之。孔子曰：君子亦有恶，恶莠、紫、郑声。莠何损于苗，紫何损于色，郑声何损于雅乐，是非不可乱也。尧、舜、禹、汤、文、武之言，可任其以伪乱真乎？张霸之书，王莽之诰，其言必衷诸道，不可以教后世，何必《太申》《旅獒》篇哉？《伪孔古文》剽袭经传引书之语，故有雅正之言，然是非倒置。瞽瞍，父也，以为信顺其子。五观非贤，以为作歌拒君。无论其制度典章之谬，且圣人之学具在九经，何言不足垂教？而藉伪晋人之言以为木铎，则盗亦有道。释典亦有劝善之言，岂儒者所宜择善服膺哉？若知其伪而不疑，反附于阙疑之义，是见义不为，非慎言其余也。"朱珪认为《伪古文尚书》无损益于人心风俗，而孙星衍针锋相对地提出了反对意见——伪书不可以教后世。自今视之，他的这一观点是难以成立的。《古文尚书》也有其来源，最初并不伪，后来者在其上面有所点窜。

孙星衍《原词》第三十一条《古文尚书马郑注序》曰：

> 郑氏受学于马，二家本同，故兼录之。又曰：马氏、郑氏三分《泰誓》。又曰：孔安国亦传今文，故《史记》云："孔氏有《古文尚书》，安国以今文读之。"后汉杜林又得漆书古文，贾逵撰欤？欧阳、大小夏侯《尚书》古文同异，于是今文合于古文。《隋·经籍志》称马、郑所传惟二十九篇，又杂以今文也。马、郑所注，虽止伏生之书，既从张恭祖受逸书十六篇，分为二十四，又注壁中百篇之序，遂曰《古文尚书》，而唐人犹谓此为今文者，以惑于伪古文也。又曰：孔子壁中所出古文尚书，杜林得之西文，郑氏受之张恭祖，皆即其本。又曰：古文增多篇，无传注，故

《儒林传》称司马迁从安国问故，而不言安国作传。马氏称为逸无师说，汉晋诸儒咸见其全书，或称为逸书者，非亡逸之谓，谓逸在伏生二十九篇之外也。唐人疑为不见古文，误矣。

3. 《墨子》
孙星衍《问字堂集》卷三《墨子后序》云：

墨子与孔异者，其学出于夏礼。司马迁称其善守御为节用，班固称其贵俭、兼爱、上贤、右鬼、非命、上同，此其所长，而皆不知墨学之所出。淮南王知之，其作《要略训》云："墨子学儒者之业，受孔子之术，以为其礼烦扰而不说，厚葬靡财而贫民，服伤生而害事，故背周道而用夏政。"其识过于迁、固。古人不虚作，诸子之教，或本夏，或本殷，故韩非著书亦载弃灰之法。《墨子》有《节用》，节用，禹之教也。孔子曰，禹菲饮食，恶衣服，卑宫室，吾无闲然。又曰："礼，与其奢，宁俭。"又曰："道千乘之国节用。"是孔子未尝非之。又有《明鬼》，是致孝鬼神之义，兼爱是尽力沟洫之义。《孟子》称墨子："摩顶放踵，利天下，为之。"而《庄子》称："禹亲自操橐耜，而九杂天下之川。腓无胈，胫无毛。沐甚风，栉甚雨。"《列子》称："禹身体偏枯，手足胼胝。"吕不韦称："禹忧其黔首颜色黎墨，窍藏不通，步不相过。"皆与书传所云"予弗子，惟荒度土功"，"三过其门而不入"，"思天下有溺者犹己溺之"同。其节葬亦禹法也。《尸子》称："禹之丧法，死于陵者葬于陵，死于泽者葬于泽。桐棺三寸，制丧三月。"见《后汉书注》。《淮南子·要略》称："禹之时，天下大水，死陵者葬陵，死泽者葬泽，故节财薄葬，闲服生焉。"又《齐俗》称："三月之服，是绝哀而迫切之性也。"高诱注云："三月之服，是夏后氏之礼。"《韩非子·显学》称："墨者之葬也，冬日冬服，夏日夏服。桐棺三寸，服丧三月。"而此书《公孟篇》墨子谓公孟曰："子法周而未法夏也。子之古非古也。"又公孟谓子墨子曰"子以三年之丧为非，子之三月之丧亦非也"云云。然则三月之丧，夏有是制，墨始法之矣。孔子则曰："吾说夏礼，杞不足征；吾学周礼，今用之，吾从周。"又曰："周监于二代，郁郁乎文哉，吾从周。"周之礼尚文，又贵贱有法，其事具《周官》《仪礼》《春秋传》，则与墨书节用、兼爱、节葬之旨甚异。孔子生于周，故遵周礼而不用夏制。孟子亦周人，而宗孔，故于墨非之，势则然焉。

若览其文，亦辨士也。《亲士》《修身》《经上》《经下》及《说》，凡六篇，皆翟自著，《经上》《下》略似《尔雅·释诂》文，而不解其意指。又怪汉、唐以来，通人硕儒，博贯诸子，独此数篇莫能引其字句，以至于今传写讹错，益难句谊。《晋书·鲁胜传》云，胜注《墨辩》，存其叙曰："墨子著书，作《辩经》以立名本，惠施、公孙龙祖述其学，正刑名显于世。孟子非墨子，其辩言正词则与墨同。荀卿、庄周等皆非毁名家，而不能易其论也。"又曰："《墨辩》有上、下经，经各有说，凡四篇，与其书众篇连第，故独存。今引说就经，各附其章，疑者阙之。又采诸众杂集为刑名二篇，略解指归，以俟君子。"如所云，则胜曾引说就经，各附其篇，恨其注不传，无可征也。《备城门》诸篇，具古兵家言，惜其脱误难读。而崒山先生于此书悉能引据传注类书，匡正其失。又其古字古言，通以声音训故之原，豁然解释，是当与高诱注《吕氏春秋》、司马彪注《庄子》、许君注《淮南子》、张湛注《列子》并传于世。其视杨倞、卢辩空疏浅略，则偶然过之。时则有仁和卢学士抱经、大兴翁洗马覃溪及星衍三人者，不谋同时，共为其学，皆折衷于先生。或此书当显，幸其成快，以惠来学。因以《荀子》《孔丛》《说苑》诸书及唐、宋人所引《墨子》佚文，属先生附于书后。至《开元占经》多引《墨子》占验灾异之词，疑不在此书，故不具录。

4.《小尔雅》

《古今伪书考考释》云："《小尔雅》，晁公武曰：'《小尔雅》，孔氏古文也。十三篇为广诂第一、广言第二、广训第三、广义第四、广名第五、广服第六、广器第七、广物第八、广鸟第九、广兽第十、广度第十一、广量第十二、广衡第十三。'孙星衍不以诂经，以其书伪，不肯误后学。"

孙星衍《岱南阁集》卷一《观风试士策问五条》云："《尔雅》，周公所作，各篇俱有增加，能辨晰之欤？"

5.《黄帝宅经》

孙星衍《问字堂集》卷一《相宅书叙》云：

相宅之术，出于《周官》大司徒之职，以土宜之法辨十有二土之名物，以相民宅而知其利害。古有《宫宅地形》二十卷，见《艺文志》形法家。班固云，形法者，大举九州之势以立城郭室舍形，以求其吉凶，犹律有长短而各征其声，非有鬼神，数自然也。今所传惟有《黄帝宅经》，而其文称文王、孔子、子夏、淮南、李淳风诸家《宅经》，盖宋人撰集成书，非古本矣。然以乾、坎、艮、震为阳，巽、离、坤、兑为阴，辰、戌为斜界。修造则阳宅以阴为得，阴宅以阳为得；迁移则从阴入阳、从阳入阴为吉，重阴重阳为凶；其术有所传，不可诬也。又有生气、福德、五鬼、绝命、刑祸之名，即今《八宅书》九星所本。考《开元占经》引《洛书》云，北斗第一曰破军，第二曰武曲，第三曰廉贞，第四曰文曲，第五曰禄存，第六曰巨门，第七曰贪狼。七星加辅弼，又见郭璞《元经》。而明周视作《阴阳定论》，以为立名之谬，盖不知妄作之言矣。

孙星衍认为，《黄帝宅经》为宋人伪书。

6.《孙子》

孙星衍《问字堂集》卷三《孙子略解序》云：

孙子生于敬王之代，著兵书以见吴王阖闾。《史记》列传称阖闾曰："子之十三篇，吾尽观之矣。"诸子之文，皆由没世之后门人小子撰述成书，惟此是其手定，且在列、庄、孟、荀之前，真古书也。《艺文志》称"《吴孙子兵法》八十二篇，图九卷"者，合图为八十二篇。张守节引《七录》云："《孙子兵法》三卷。案十三篇为上卷，又有中、下二卷。"然则中、下二卷即图也。郑君注《周礼》称《孙子》八陈有革车之乘，《隋书·经籍志》载"梁有《孙子八陈图》一卷，亡"，是已。吴王唯称十三篇，据其文言之耳。杜牧以为武所著书，凡数十万言，魏武削其繁，剩其精切，凡十三篇。案魏武叙云"撰为略解"，盖言解其大略，疑杜牧误认此语为魏武删削为十三篇也。今考《潜夫论》引《孙子》曰："将者，智也，仁也，敬也，信也，勇也，严也。是故智以折敌，仁以附众，敬以招贤，信以必赏，勇以益气，严以一令。故折敌则能合变，众附则思力战，贤智集则阴谋得，赏罚必则士尽力，气勇益则兵威自倍，威令一则惟将所使。"今无"是故智以折敌"以下文，或是潜夫述其义。又无云"敬也"，或是脱文，不可以为今本非《孙子》全书。

7. 《六韬》

孙星衍《平津馆丛书》《六韬序》云：

　　《六韬》六篇，列在《艺文志·儒家》，称《周史六弢》。注云："惠、襄之间，或曰显王时，或曰孔子问焉。"班固以为或惠、襄王时，或显王时史臣所述武王、太公之言，又疑周史述此以答孔子问，是为适周问礼所得书也。颜师古注云："即今之《六韬》也，盖言取天下及军旅之事。弢字与韬字同也。"考之《庄子·徐无鬼》篇，女商称《金版》《六韬》。陆氏德明《音义》引司马崔云："《金版》《六韬》皆《周书》篇名，或曰《秘谶》也。本又作《六韬》，谓太公《六韬》，文、武、虎、豹、龙、犬也。"《六弢》出于周显王之前，宜魏武侯时女商见之。《淮南子·精神训》篇："《金縢》《豹韬》，周公、太公阴谋图王之书也。"袁宏《后汉纪》："或说何进曰：太公《六韬》，有天子将兵事以示四方。"《三国志》注引先主遗诏称："闲暇历观诸子及《六韬》《商君书》，益人志意。"又云："闻丞相为写《申》《韩》《管子》《六韬》一通已毕。"是汉、魏时见此书，其即《艺文志》《六韬》明矣。又曰："明刻本互有脱误，因与家侍御志祖互相比校，项佐州塘爰付之梓，其《开元占经》《意林》《通典》《太平御览》等书引《六韬》或称《太公阴符》，或为今本所无，待御子同元又辑《佚文》一卷，刊附于后。"

孙星衍力反众说，认为《六韬》非后人所能伪托。

8. 《文子》

孙星衍《问字堂集》卷四《文子序》云：

　　黄帝之言，述于老聃；黄老之学，存于《文子》，西汉用以治世。当时诸臣皆能称道其说，故其书最显。唐天宝能尊老氏，而不用其言，又号之真经，儒者始束而不观。然诸子散佚，独此有完本存《道藏》中。其传不绝，亦其力也。今《文子》十二卷，实《七录》旧本。班固《艺文志》称九篇者，疑古以《上仁》《上义》《上礼》三篇为一篇，以配《下德》耳。《艺文志》注言："老子弟子，与孔子并时，而称周平王问，似依托。"盖谓文子生不与周平王同时，而书中称之，乃托为问答，非谓其书由后人伪托。宋人误会其言，遂疑此书出于后世也。案书称平王，并无"周"字，又班固误读此书，此平王何知非楚平王？书有云"老子学于常枞，见舌而知柔"，又云"齿坚于舌而先弊"。考《孔丛》云："子思见老莱子，老莱子曰：'子不见夫齿乎？齿坚刚，卒尽相磨。舌柔顺，终以不弊。'"老聃疑即老莱子。《史记》

所云亦楚人，著书十五篇，言道家之用。文子师老子，亦或游于楚，平王同时，无足怪者。杜道坚亦以为楚平王不听其言，遂有鞭尸之祸也。书又云"秦、楚、燕、魏之歌"，则其人至六国时犹在矣。《范子》称文子为辛计然之字，而为其师，当可引据。范蠡之，出于道家，其所教越，以亡取存，以卑取尊，以退取先之术也。又自齐遗大夫种书曰："蜚鸟尽，良弓藏，狡兔死，走狗烹。"亦出《文子》。是文子即计然无疑。李善、徐灵府亦谓为是。宋人又疑之，特以《唐志》农家自有计然，不知此由范蠡取师名以号其书，自非一人也。

　　淮南王受诏著书，成于食时，多引《文子》，增损其词，谬误叠出。今案《文子》云"神将来舍，德将为女居，容与舍居比，则言容受"，《淮南》作"德将来附若美"，是误读"容"为容色。《文子》云"妄为要中，功成不足以塞责，事败足以灭身"。《淮南》作"功之成也不足以更责，事之败也不足以灭身"，增"不"字而失其深戒之旨。《文子》云"羽翼美者伤其骸骨，枝叶茂者害其根荄"，"荄"，读如"核"，与"骨"为韵。《淮南》作"根茎"，则韵不合。《文子》云"天地无私也，故无夺也；无德也，故无怨也"。《淮南》作"日月无德也，故无怨也"，取日月以俪天地，而殊无义。《文子》云"下之任，惧不可胜理，故君失一则乱甚于无君也。"《淮南》作"下之径衢"，直误读其句而改其字。《文子》云："豹之为缟也，或为冠，或为袜。"《淮南》作"钧之镐也"，直认"豹"为"钧"，其义浅劣。《文子》云"譬若山林而可以为材，材不及山林，山林不及云雨"，言有材不及生材之地，生材之地不及生物之天，其生愈广。《淮南》作"譬若林木无材而可以为材，材不及林，林不及雨"，其义不赡。《文子》云"以禁苛为主"，《淮南》作"以奈何为主"，则形近而误。若此之属，不能悉数。则知《文子》胜于《淮南》。此十二篇，必是汉人依据之本，由当时宾客迫于成书，不及修辞达意。或有非贤，厕于其列，杂出所见，聊用献酬群心。又怪其时汉之阙庭无能刺其龃龉，古今好学之士，久已稀睹也。赖今《文子》具存，可得援证，柳宗元疑此驳书，所谓以不狂为狂者与？

　　《文选注》引《文子》群臣辐凑，张湛曰"如众辐之集于毂也"，是湛注《列子》，亦注此书，而目录家皆缺载。《新唐书·艺文志》《玉海》俱称元魏李暹注本，今不传。《玉海》又称有朱弁注本，《宋史·艺文志》作"朱玄"，今存《道藏》中。又有徐灵府本，题《通玄真经》，默希子注及杜道坚《通玄真经赞义》。灵府、道坚，空疏无所发明，而高诱注《淮南》诸篇则可引证此书也。《文子》书既称黄帝之言、神农之教，则其学有本。孔子圣人，礼传多称闻诸老聃，汉庭诸儒，贾生而已，其称"日中必彗"及《鵩鸟赋》多用黄老之言，是道家之学通于儒术者矣。计然者，名倪，亦名钘，倪、钘音相近，字之异也。

　　今按：依 1973 年河北定县 40 号汉墓出土的残简来看，《文子》一书并非伪书，是《淮南子》抄袭《文子》一书而非相反。《文子》书在韩非子之前或同时就存在，乃先秦古籍，《韩非子·内储说上》云："赏誉薄而漫者下不用，赏誉厚而信者下轻死。其说在《文子》，称若兽鹿。"其中有汉初人语，或北魏李暹辈所增。张岱年认为是汉初作品（参见张岱年《试谈〈文子〉的年代与思想》，见《道家文化研究》第五辑，上海古籍出版社 1994 年版）。李学勤认为："'平王'前人已考定当为楚平王，故文子的活动年代和范蠹相近。"（李学勤《简帛佚籍与学术史》，江苏教育出版社 2001 年版，第 22 页。）王锦民《古学经子》认为："定县汉中山王墓出土了简本《文子》，可知《文子》至迟出于汉初。简本《文子》中文子答平王问，并未确指是'周平王'，孙星衍《文子序》说当是楚平王，楚平王在位始于公元前五百二十八年，终于公元前五百一十六年；正与孔子同时。在《文子》一书中，颇多'道德''精神'等复合词，并论及王霸问题，可知其书之作成时间不会早于战国末期。"

9.《燕丹子》

孙星衍《燕丹子叙》云：

> 其书长于叙事，娴于词令，审是先秦古书，亦略与《左氏》《国策》相似，学在纵横、小说两家之间，且多古字古义……足证此书作在史迁、刘向之前。或以为后人割裂诸书，杂缀成之，未必然矣。

《燕丹子》最早见于《隋书·经籍志》小说家类，不著撰人姓名，注云："丹，燕王喜太子。"《旧唐书·经籍志》著录为三卷，题燕太子丹撰。因《汉书·艺文志》未载，《燕丹子》一直被怀疑非先秦书。《燕丹子》虽题燕太子丹撰，孙星衍认为实乃身没之后门客记载而成，亦不能因此认定为伪书。又从文风及学术渊源上肯定其为先秦古书，处于纵横、说家之间。这种分析比较合理。

10.《晏子春秋》

孙星衍《问字堂集》卷三《晏子春秋序》云：

> 《晏子》八篇，见《艺文志》，后人以篇为卷，又合《杂》上、下二篇为一，则为七卷，见《七略》（《史记正义》："《七略》云：《晏子春秋》七篇，在儒家。"）及《隋》《唐志》。宋时析为十四卷，见《崇文总目》，实是刘向校本，非伪书也。
>
> 其书与周、秦、汉人所述不同者：《问下》景公问晏子转附、朝舞，《管子》作"桓公问管子"；昭公问莫三人而迷，《韩非》作"哀公"。《谏上》景公游于麦丘，《韩诗外传》《新序》俱作"桓公"。《问上》景公问晏子治国何患，患社鼠，《韩非》《说苑》俱作"桓公问管仲"。《问下》柏常骞去周之齐见晏子，《家语》作"问于孔子"。此如《春秋》三传，传闻异辞，若是伪书，必采录诸家，何得有异？
>
> 唐、宋以来，传注家多引《晏子》。《问上》云"内则蔽善恶于君上，外则卖权重于百姓"，《艺文类聚》作"出则卖重寒熟，入则矫谄奴利"，一作"出则卖寒热，入则比周"。《杂下》"繁组驰之"，《文选注》作"击驿而驰"，《韩非》作"烦且"。《谏下》"接一搏蜩而再搏乳虎"，《后汉书注》作"持楯而搏猛虎"。《问上》"仲尼居处惰倦"，《意林》作"居陋巷"。《谏上》"天之降殃，固于富强，为善不用，出政不行"，《太平御览》作"当强为善"。此误"富"字为"当"，又误读其句。此皆唐、宋人传写之误，若是伪书，必采录传注，何得有异？
>
> 且《晏子》文与经史不同者数事：《诗》"载骖载驷，君子所届"，《笺》训为"极"，《谏上》则作"诚"，以骖驾八非制，则当为诚慎之义。《谏上》景公游于公阜，言"古而无死"及"据与我和"，日暮四面望睹彗星，云"夫子一日而三责

我"，《杂下》又云"昔者吾与夫子游于公邑之上，一日而三不听寡人"，是为一时之事，《左传》则以"古而无死""据舆我和"之言在鲁昭二十年，其"齐有彗星"降在鲁昭二十六年者，盖缘陈氏厚施之事，追溯灾祥及之耳。此事本不见《春秋经》，然则彗星见实在昭二十年、齐景之二十六年，《史记·十二诸侯年表》误在鲁昭二十六年、齐景之三十二年，非也。《问下》越石父反裘负薪息于涂侧，曰"吾为人臣仆于中牟，见使将归"，《吕氏春秋》及《新序》则云"齐人累之"，亦言以负累作仆，实非撄罪，《史记》误云"越石父在缧绁中"，又非也。他若引《诗》"武王岂不仕"，"仕"作"事"；引《左传》"薀利生孽"，"薀"作"怨"，"国之诸市"作"国都之市"，皆足补益经义，是以服虔、郑康成、郭璞注书多引之。书中与《管》《列》《墨》《荀》《孟》《韩非》《吕览》《淮南》《孔丛》《盐铁论》《韩诗外传》《说苑》《新序》《列女传》《风俗通》诸书文辞互异，足资参订者甚多。

《晏子》文最古质，《玉海》引《崇文总目》十四卷，或以为后人采婴行事为书，故卷帙颇多于前志，盖妄言矣。《晏子》名"春秋"，见于《史（迁）[记]》《孔丛子·顺说》及《风俗通》。"春秋"者，编年纪事之名，疑其文出于齐之《春秋》，即《墨子·明鬼篇》所引。婴死，其宾客哀之，从国史刺取其行事成书，虽无年月，尚仍旧名，虞卿、陆贾等袭其号。《晏子》书成在战国之世。凡称子书，多非自著，无足怪者。儒书莫先于晏子，今《荀子》有杨倞注，《孟子》有赵岐注，唯《晏子》古无注本。刘向分内、外篇，乱其次第，意尚嫌之，世俗所传本，则皆明人所刊，或外篇为细事附着内篇各章，或删去诋毁仲尼及问枣诸章，故书不可考矣。惟万历间沈启南校梓本尚为完善，自《初学记》《文选注》《艺文类聚》《后汉书注》《太平御览》诸书所引，皆具于篇，末章所缺，又适据《说苑》补足，既得诸本，是正文字，又为音义于后，明有依据。定为八篇，以从《汉志》，为七卷，以从《七略》，虽不能复旧观，以为胜俗本远矣。善乎刘向之言："其书六篇，皆忠谏其君，文章可观，义理可法，皆合六经之义。"是以前代入之儒家。柳宗元文人无学，谓墨氏之徒为之。《郡斋读书志》《文献通考》承其误，可谓无识。晏子尚俭，《礼》所谓"国奢则示之以俭"，其居晏桓子之丧尽礼，亦与墨子短丧之法异。《孔丛》云："察传记晏子之所行，未有以异于儒焉。"儒之道甚大。孔子言"儒行有过失，可微辨而不可面数"，故公伯寮愬子路而同列圣门。晏子尼溪之阻，何害为儒？且古人书"外篇"半由依托，又刘向所谓"疑后世辨士所为"者，恶得以此病晏子！乾隆五十三年，岁在戊申十月晦日书。

孙星衍的这篇序文是一篇典范的辨伪文章，其总观点是《晏子春秋》一书不伪——"实是刘向校本，非伪书也"，其证据是：传闻异辞，不是伪书；传写异辞，不是伪书；记载异辞，不是伪书；与经史不同，足资参订。层层递进，有理有据。最后，孙氏也承认："古人书'外篇'半由依托。"这是古籍传承过程中产生的一种常见现象——古书的附益。我们不能因为外篇的依托进而否定内篇。从这篇序文我们可以窥见孙星衍深厚的辨伪功力，绝非道听途说、故弄玄虚者可以比拟。

11.《神农本草经》

孙星衍《问字堂集》卷三《校定神农本草经序》云：

　　《神农本草经》三卷，所传白字书见《大观本草》……开宝复位序云："旧经三卷。世所流传《名医别录》，互为编纂。至梁贞白先生陶景乃以《别录》参其本经，朱墨杂书，时谓明白。"据此，则宋所传黑白字书实陶弘景手书之本。自梁以前，神农、黄帝、岐伯、雷公、扁鹊各有成书，魏吴普见之，故其说药性，所主或异，后人纂为一书。然犹有旁注或朱墨字之别，本经之文以是不乱。旧说本草之名，仅见《汉书·平帝纪》及《楼护传》。予按《艺文志》有《神农黄帝食药》七卷，今本讹为"食禁"，贾公彦《周礼》"医师"疏引其文正作"食药"，陈人不考，遂疑《本草》非《七略》中书也。《太平御览》引皇甫谧《帝王世纪》云："炎帝神农氏尝味草木，宣药疗疾，救天伤人命，百姓日用而不知，著《本草》四卷。"又云："岐伯，黄帝臣也。帝使伯尝味草木，典主医病，《经方》《本草》《素问》之书咸出焉。"则食药所以兼称神农、黄帝者以此。贾公彦引《中经簿》又有《子仪本草经》一卷，疑亦此也。梁《七录》有《神农本草》三卷，其卷数不同者，古今分合之异。

　　神农之世，书契未作，说者以此疑经。如皇甫所云，则知四卷成于黄帝。陶弘景云："轩辕已前，文字未传，药性所主，当以识识相因。至于桐雷乃著在于编简，此书当与《素问》同类。"其言良是。且《艺文志》农、兵、五行、杂占、经方、神仙诸家俱有神农书，大抵述作有本，其传非妄。是以《博物志》云："太古书今见存有《神农经》。"《春秋传》注贾逵以《三坟》为三皇之书，神农预其一。《史记》言秦始皇不去医药、卜筮之书，则此经幸与《周易》并存。颜之推《家训》乃云："《本草》神农所述，而有豫章、朱崖、赵国、常山、奉高、真定、临淄、冯翊等郡县名，出诸药物，皆由后人所羼，非本文。"陶弘景亦云："所出郡县，乃后汉时制，疑仲景、元化等所记。"按薛综注张衡赋引《本草经》"太一禹余粮，一名石脑，生山谷"，是古本无郡县名。《太平御览》引经，上云生山谷或川泽，下云生某山某郡，明"生山谷"本经文也，其下郡县，名医所益。今大观本俱作黑字，或合其文云某山川谷，某郡川泽，恐传写之误，古本不若此。仲景、元化后，有吴普、李当之皆修此经，当之书世少行用。《魏志·华陀传》言"阶从陀学"，《隋·经籍志》称《吴普本草》，梁有六卷。嘉祐《本草》云："普修《神农本草》，成四百四十一种，《唐·经籍志》尚存六卷，今广内不复存，惟诸书多见引据，其说药性寒温五味，最为详悉。"是普书宋时已佚。今其文惟见掌禹锡所引《艺文类聚》《初学记》《事类赋》诸书。《太平御览》引据尤多，足补大观所缺。重是《别录》前书，因采其文，附于本经，亦略备矣。其普所称有神农说者即是本经，大观或误作黑字，亦据增其药物，或数浮于三百六十五种，由后人以意分合，难以定之。其药名有禹余粮、王不留行、徐长卿、鬼督邮之属，不类太古时文。按字书以"禹"为虫，不必夏禹，其余名号，或系后人所增，或声音传述，改古旧称之致。又经有云"宜酒渍"者，或以酒非神农时物。然《本草衍义》已据《素问》首言以妄为常，以酒为浆，谓酒自黄帝始，又按《文选注》引《博物志》亦云"杜康作酒"，王著与杜康绝交书曰"康字仲宁"，或云黄帝时人，则俱不得疑经矣。

12. "凡称子书多非自著"

《孙星衍研究》一书在总结"孙星衍的诸子学成就"时指出：

孙星衍认为先秦子书多非自著，而是身没之后由宾客、门人记录其行事而成，《管子》《晏子春秋》《燕丹子》《吕氏春秋》等皆属此类。其于《晏子春秋序》云："晏子书成在战国之世，凡称子书，多非自著，无足怪者。"于《孙子略解序》云："诸子之文，皆由没世之后门人小子撰述成书。"于《燕丹子叙》云："古之爱士者，率有传书，由身没之后，宾客纪录遗事，报其知遇。如《管》《晏》《吕氏春秋》，皆不必其人自著"，认为《燕丹子》"当由六国游士哀太子之志，综其事迹，加之缘饰"而成。

同时的严可均、章学诚、清末的孙诒让等皆与孙星衍持论相同。严可均在《鹖子叙》《书管子后》中也提出了古书"不必手著"的观点。《鹖子叙》云："古书不必手著。《鹖子》盖康王、昭王后，周史臣所录，或鹖子子孙记述先世嘉言，为楚国之令典。"《书管子后》云："先秦诸子，皆门弟子或宾客或子孙撰定，不必手著。"章学诚针对《管子》的作者问题，指出："记管子之言行，则习管氏法者所缀辑，而非管仲所著述也。""古人并无私自著书之事，皆是后人缀辑。"孙诒让认为《墨子》亦多弟子所述，非自著："《墨子》书今存五十三篇，盖多门弟子所述，不必其自著也。"

余嘉锡在《古书通例》卷四《古书不皆手著》中梳理了以上清学者的观点，并做了进一步阐发："后人习读汉以后书，又因《隋志》于古书皆题某人撰，妄求其人以实之，遂谓古人著书，亦如后世作文，必皆本人手著。于其中杂入后人之词者，辄指为伪作，（真伪之分，当别求证据，不得仅执此为断。）而秦、汉以上无完书矣。不知古人著述之体，正不如是也。"洪湛侯《中国文献学新编》专立《先秦子书不皆出于手著》一节，亦引孙星衍说立论。可见孙星衍在这个问题的认识上代表了乾嘉学派的最高水平，影响至今。

但孙星衍并没有把对该问题的认识绝对化，他也指出先秦诸子自著之书并非没有；只是数量极少而已。他认为《孙子兵法》即为孙武自撰："惟此是其手定，且在列、庄、孟、荀之前，真古书也。"此说也得到了普遍认同。

由上可见，孙星衍对先秦子书著作权的认识既有代表了时代水平的卓越见解，也有因受时代及个人学识制约导致的偏颇。相比于后者，他的贡献是突出的。

今按，焦桂美教授于孙星衍研究用力较深，但此处她只是考察了孙星衍以后的情况，却没有考察孙星衍以前的情况，因此误以为"孙星衍在这个问题的认识上代表了乾嘉学派的最高水平""孙星衍对先秦子书著作权的认识既有代表了时代水平的卓越见解"。我们不得不说，如此研究学术史是十分危险的！往往自己挖坑，自陷坑中，还要将他人带入坑中。笔者早在 2008 年出版的《文献辨伪学研究》一书中即已指出宋濂在此问题上的贡献，而焦桂美教授没有跟踪前沿动态，其结论自然难以成立。

三十八、胡虔

（一）胡虔其人

胡虔（约1755—1825），字恭孟，一字雒君，号枫原，桐城人。嘉庆元年（1796）举孝廉方正，赐六品顶戴。谢启昆抚粤西时聘主秀峰书院，又助谢氏撰《西魏书》《小学考》《南昌府志》《广西通志》，助毕沅撰《两湖通志》《史籍考》。清代文人代工之风较为盛行，高官之作多为幕客捉刀而成。自著有《识学录》《柿叶轩笔记》《战国策释地》《桐城志艺文目录》等书。生平事迹见马其昶《桐城耆旧传》卷十、刘声木《桐城文学渊源考》及《（光绪）重修安徽通志》。

（二）胡虔的捉刀与辨伪

《西魏书》《小学考》《广西通志》

方东树《柿叶轩笔记序》：

> 胡虔，字雒君。父承泽，字廷简，号蛟门，雍正丙午举人，己酉聘充山东乡试同考官，庚戌成进士，授刑部主事，改山西灵石县知县，有惠政，修堤防，河民称为胡公堤。……乾隆丙午，翁学士方纲视学江西，君在其幕，时南康谢公启昆居忧在籍，因得与订交。谢故学士门生也，其后谢官江南河库道、浙江按察使，皆邀君至其署，惟任山西藩司，以道远不获同行，遂入秦观察瀛幕。及谢调浙藩，以至巡抚广西，自是君皆相从，与之终始焉。谢所纂《西魏书》《小学考》《广西通志》皆出君手。

三十九、凌廷堪

（一）凌廷堪其人

凌廷堪（1757—1809），字仲子，一字次仲。六岁而孤，冠后始读书，工诗及骈散文，兼为长短句。著有《礼经释例》《燕乐考原》《校礼堂文集》等。

（二）凌廷堪的文献辨伪

1. 《顾命》

《校礼堂文集》卷五《读顾命》辨《顾命》为周公所制之礼：

> 天子即位之礼，《仪礼》无此篇，其不传也久矣。惟《尚书·顾命》尚存其制，必是周公所制之礼，康王循之而行耳。盖康王之时全礼具存，未必如今之十七篇。后人据《顾命》以补《礼经》之阙，可也。苏氏不之省，反引《左传》叔向之言以疑之，谓是召公之误，周公若在，当不至此，何其慎也！夫侯国所行之典，不可以绳天

子，东迁以后之事，不可以律周初，此固无俟辨者。独不思国恤是如何巨典，即位是如何大事，岂有周公制礼漫不及之，而待召公临时卒办乎？盖古人之礼以继世为最重，《士冠礼》冠者取脯，"见于母，母拜受。子拜送，母又拜"。此適子冠于阼者则然，是母拜其子也。《丧服》"父为长子斩衰三年"，传曰："何以三年？正体于上，又乃将所传重也。庶子不为长子三年，不继祖也。"是父为长子之服，如子服其父也。《特牲馈食礼》祭毕，嗣子撰，主人再拜。嗣子，将为后者；主人，其父也，是父拜其子也。盖有国有家者，宗庙世守，所系甚大。故圣人制礼，于冠及丧、祭特隆其文以别之，非常礼可比也，况天子即位受顾命乎？不可以晋侯既葬未说衰经不见宾例之也。朱子亦曰："易世传授，国之大事，当严其礼。王侯以国为家，虽先君之丧，犹以为己私服也。"明乎此，则世之回护《顾命》，或以为有阙文，或以为在东都者，皆可以不必矣。

今按，宋叶梦得云："天子即位之礼，后世无传，《春秋》犹有可考。"不能考之于《尚书》，惜未达一间矣。王国维《周书顾命考》云："古礼经既佚，后世得考周室一代之古典者，惟此篇而已。"其说是也。

又按，凌廷堪《拜周公言》："非禹治水，则后世将无人。非周公制礼，则后世将无人伦。"（《校礼堂文集》卷五）他将周公制礼与大禹治水并举，可见推崇至极。

2.《司马法》

凌廷堪《复姚姬传先生书》云：

> 伏读集中论《司马法》，以世所传本为伪撰，故《汉书·刑法志》所引不在其中。窃谓《汉志》所载《司马法》与今所行《司马法》当是两书。何以知之？考《隋书·经籍志》经类三礼世大义下注云："梁有《司马法》三卷，亡。"此即《汉书·艺文志》礼类所载军礼《司马法》百五十五篇也。其书亡于江陵之难。《隋志》据《七录》存其目耳。又《隋志》子类载《司马兵法》三卷，下注云："齐将穰苴撰。"此即今所行本也。汪容甫明经因此书无传注所引者，遂谓是宋人删本，金辅之修撰又谓是阙佚不全，皆不知为两书故耳。（《校礼堂文集》卷二十四）

姚鼐以世所传《司马法》为伪撰，这是错误的，详见姚鼐条。凌廷堪认为《汉志》所载《司马法》与今所行《司马法》当是两书，可备一说。

3.《易筋经》《洗髓经》

凌廷堪《与程丽仲书》云：

> 承示《易筋经》一卷。旧传初祖达磨所授，盖依托也。前有李靖序，题曰"唐贞观二载春三月，三原李靖药师序"。案：唐明皇天宝三载春正月丙辰朔，改年为载，至肃宗乾元元年二月丁未，仍改载为年，此外皆称年，无称载者。此云"贞观二载"，其伪可知。序中又云："徐洪克遇之海外，得其秘谛，授于虬髯客，复授于子。"案：虬髯客，唐人戏作耳，非实有其人。观新、旧《唐书》皆无夫余国，他何足辨也。又有牛皋序，尤陋妄，题曰"宋绍兴十二年，鄂镇大元帅少保岳麾下，弘

毅将军汤阴牛皋鹤九甫序"。案：《宋史·牛皋传》，字伯远，妆州鲁山人，非汤阴
人，亦不字"鹤九"。鄂镇大元帅，宋时无此官。又《宋史·职官志》亦无"弘毅将
军"之号。序中又云："徽、钦北狩，泥马渡江。"案，宋高宗绍兴三十一年五月辛
卯，金遣高景山等来贺天申节，兼报渊圣皇帝讣音。九月甲午，上渊圣谥，庙号钦
宗。此序既云作于绍兴十二年，是时渊圣尚无恙，未上庙号，何得便云徽、钦也？序
又云："江南多事，予因应我少保岳元帅之募，署为裨将。"案皋传，初为射士，翟
兴表补保义郎，累迁荣州刺史、中军统领、果州团练使，留守上官悟辟为同统制，兼
京西南路提点刑狱，转和州防御使，充五军都统制。是嗥初隶翟兴，再隶上官悟，非
因应武穆之募，历官亦不云为"弘毅将军"也。又高宗绍兴十一年十二月，赐岳飞
死。十二年春正月，田师中领飞鄂州兵。案皋传又云："绍兴十七年上巳日，都统制
田师中大会诸将，遇毒而卒，年六十一。"是飞死后，皋又隶田师中麾下，皋卒时渊
圣犹在也。作伪者即以皋武人，目不知书为解，而官爵、名字、籍贯何由而误？未来
之事又何由而知乎？盖不通古今村夫子所臆撰也。后又附《洗髓经》一卷，其序托
名二祖慧可，云"初至陕西敦煌"。案：后魏时敦煌安得有陕西之称？皆可笑之甚
者。(《校礼堂文集》卷二十五)

今按，此信专门为辨伪而作，颇有理法，洵为斫轮老手。

四十、牟庭相

(一) 牟庭相其人

牟庭相 (1759—1832)，又名牟庭，字默人，一字陌人，山东栖霞人。乾隆六十年
(1795) 优贡生，任观城县训导，以病辞官。著有《楚辞述芳》《雪泥书屋杂志》《同文
尚书》《诗切》《投壶算草》等书五十余种，乱后佚大半。生平事迹见《畴人传三编》卷
二、《清史列传》卷六九。

(二) 牟庭相的文献辨伪

1. 《五孝传》

《雪泥书屋杂志》卷二云：

> 读《五孝传》，而知渊明之学直接洙泗一脉，同时才如颜、谢，清如远公，无或
> 窥其际也。

今按，《五孝传》非陶渊明所作，此处失之。

2. 《商子》

《雪泥书屋杂志》卷一云：

　　唐后商鞅书亡，今所行《商子》是后人伪造。其《开塞》篇曰："道塞久矣，今欲开之，必刑九而赏一；刑用于将过则，大邪不生，赏施於告奸，则细过不失。"云云，所言开塞，全非商君意，盖此人未见《索隐》，又不旁考韩非，率尔作伪，甚浅妄也。

牟庭相认为，《商子》是后人伪造。

3.《洪范五行传》

《雪泥书屋杂志》卷一云：

　　今世所传《洪范五行传》一篇，或出刘歆，或出许商，皆不可知，然必知其非伏生书也。

牟庭相认为，今世所传《洪范五行传》非伏生书。

4.《周礼》

《雪泥书屋杂志》卷二云：

　　《荀子·王制篇》有序官一段。序官，盖古书名。《乐论篇》其在序官也，曰："修宪命，审诛赏，禁淫声，以时顺修，使夷俗邪音不敢乱雅，太师之事也。"可证序官是古书名也。荀子时秦未焚书，而诸侯已去其籍，荀子撩拾遗文，仅得序官数百言，而记之于此，亦足以证明《周礼》一书非古书也。

5.《道德经》"莫知其极"四句

《雪泥书屋杂志》卷三云：

　　《道德经》："莫知其极，可以有国，有国之母，可以长久。"韩非《解老篇》中已具有此四句，则不可谓汉人羼之矣。然余第为其文性暗劣，定非老子所作，故当删之耳。虽非汉人羼之，而周秦人羼之，即可以无删乎？

6.《烟波钓叟赋》

《雪泥书屋杂志》卷二云：

　　《烟波钓叟赋》传之者谓出于赵普。考《宋史》称："普阖户启箧，读书竟日，及次日临政，处决如流。既薨，家人发箧视之，则《论语》二十篇耳。"又太原幽州之役，普始终以轻动为戒。尝从车驾征李筠，太祖笑曰："若胜介胄乎？"然则普固书生，不若唐之李卫公晓达兵机者也。而奇门何以托始于普？余甚惑焉。

四十一、凌扬藻

（一）凌扬藻其人

凌扬藻（1760—1845），字誉钊，号药洲，番禺人。乾隆时诸生，一生长于考证，为巡抚朱珪所赏识。著有《四书纪疑录》《岭海诗钞》《海雅堂诗文集》《群居课试》《析疑集》《药洲诗文略》等书。其子湘芸撰行述，称扬藻辑有《停云集》二卷、《凤城四家诗选》六卷，未刊行。

（二）凌扬藻的文献辨伪

1.《碧云騢》

叶石林《避暑录话》：士大夫作小说杂记，所闻见本，以为游戏，而或者暴人之短，私为喜怒，此何理哉？世传《碧云騢》一卷，为梅圣俞撰，皆力诋庆历以来公卿隐过，虽范文正公亦所不免议者，遂谓圣俞游诸公间官竟不达，愤而为此。夫君子成人之美，即使万有一不至，犹当为贤者讳，况未必有实？圣俞贤者，岂至是哉？后闻之乃襄阳魏泰所为，嫁之圣俞者也。泰喜作伪书，如《志怪集》《括异志》《倦游录》尽假名武人张师正，又自出姓名作《东轩学录》，皆用私喜怒诬蔑前人，最后作《碧云騢》，假名圣俞。〇騢，旋毛，马名，世以旋毛为丑，因取以名书，此岂特累诸公，又将诬圣俞。欧阳文忠《归田录》自言以唐李肇为法，而少异者不记人之过恶。君子之用心当如此也。

2.“古籍多后人所羼”说

《山海经》禹、益所记，而有长沙、零陵、桂阳、诸暨。《本草》神农所述，而有豫章、珠崖、赵国、常山、奉高、真定、临淄等郡县。《尔雅》周公所作，而云张仲孝友。孔子修《春秋》，而经书孔某卒。《世本》丘明所书，而有燕王喜。汉高祖《汲冢琐语》载秦望碑。《苍颉篇》李斯所造，而云汉兼天下。《列仙传》刘向所撰，而云七十四人出佛经。《列女传》亦向撰，终于赵悍后，而传有更始韩夫人、明德马皇后及梁夫人嫕。此皆后人所羼，非本文也。见《博雅录》。

3.《三字经》

童子所诵《三字经》，有王相者注之，谓是王伯厚所作。凌扬藻《蠢勺编》云：乃南海区适子所撰。适子字正敬，宋末人，入元不仕，见《广州人物传》，云云。语见扶沟乔勤恪公松年《萝摩亭札记》。声木谨案：《三字经》罕有知其出处，或有误以为南宋王伯厚尚书应麟所撰者，据凌氏之言，实为南海区适子。与尚书同为宋末忠节之士，或致以此传讹耳。（引自刘声木《苌楚斋四笔》卷四）

四十二、张惠言

(一) 张惠言其人

张惠言（1761—1802），原名一鸣，字皋文，一作皋闻，号茗柯，武进（今江苏常州）人。乾隆五十一年（1786）举人，嘉庆四年（1799）进士。与惠栋、焦循一同被后世称为"乾嘉易学三大家"。尝辑《词选》，为常州词派之开山。著有《茗柯文编》。

(二) 张惠言的文献辨伪

1.《子夏易传》

《茗柯文二编》卷上《子夏传》云：

> 《释文叙录》：《子夏易传》三卷。《七略》云：汉兴，韩婴传。《中经簿录》云：丁宽所作。张璠云：或馯臂子弓所作，薛虞记。虞不详何许人。《隋书·经籍志》：《周易传》二卷，魏文侯师卜子夏传，残阙。梁六卷。案《汉书·艺文志》：《易》有韩氏二篇，丁氏八篇，而无馯臂子弓，则张璠之言不足信。丁宽受《易》田何，上及馯臂子弓，受之商瞿，非自子夏，则荀勖言丁宽亦非。刘向父子博学近古，以为韩婴，当必有据。《儒林传》称韩生，亦以《易》授人，推《易》意而为之传，不闻其所受，意者出于子夏，与商瞿之传异耶？今所传《子夏传》十一卷，《崇文总目》云十卷，以《释文》《集解》诸书所引校之，都不相合。晁以道云：是唐张弧所作。惠征士栋以为唐时子夏残书尚存，无容伪为，为之必宋人也。然予谓即唐时二卷者亦非真，韩氏书其文浅近卑弱，不类汉人，殆永嘉以后群书既亡，好事者聚敛众说而为之也。朱子发云孟喜、京房之学大要皆自子夏传而出，此不察之言也。孟京之《易》传之商瞿，岂得出于子夏哉？子发又以七日来复传证京房六爻之义，以井谷射鲋传证《井》为五月之卦，固有合者。要之，为传者取于孟京，非孟京取于此传，观其文意可知也。然晁以道云二卷之书不传，而《汉上易传》所引皆非十一卷之伪书，则似朱子发见之者，其复出于晁后耶？而又何时亡之又不可晓也。

2.《图书》

《茗柯文二编》卷上《周易虞氏义序》云：

> 自魏王弼以虚空之言解《易》，唐立于学官，而汉世诸儒之说微。独资州李鼎祚作《周易集解》，颇采古《易》家言，而翻注为多，其后古书尽亡。而宋道士陈抟以意造为龙图，其徒刘牧以为《易》之《河图》《洛书》也。河南邵雍又为先天后天之图，宋之说《易》者翕然宗之，以至于今，牢不可破，而《易》阴阳之大义盖尽晦矣。

3. 《乾坤凿度》

《茗柯文二编》卷上《易纬略义序》云：

> 纬者，其原出于七十子之徒相与传夫子之微言，因以识阴阳五行之序、灾异之本也。盖夫子五十学易而知天命。子赣曰：夫子之言性与天道不可得而闻。是以其可言者，六艺之文著之，其难言者，游、夏之徒或口受其传，旨益增附，推阐以相传授。秦汉之间，师儒第而录之，其亦有技术之士以其所能推说于篇，参错间出，故其书而不能醇。刘歆之于纬精矣，当其时河洛之文大备，而《七略》不著录，将以符命之学出于其中，在所禁秘耶？郑康成氏，汉之大儒，博通古文，甄录而为之注，则纬之出于圣门，而说经者之不可废也审矣。至隋，而六经之纬焚灭，唯《易》独存。《后汉书》注载其目，曰《稽览图》《乾凿度》《坤灵图》《通卦验》《是类谋》《辨终备》，宋而更有《乾元序制记》《乾坤凿度》。宋之诸儒排而摈之，讫于元、明，无传于世，存者独明《永乐大典》所编，而纬无完书矣。窃尝以为，《乾坤凿度》伪书也，不足论《乾元序制记》，宋人抄撮者为之。《坤灵图》《是类谋》《辨终备》，亡佚既多，不可指说，其近完存者，《稽览图》《乾凿度》《通卦验》。《稽览图》论六日七分之候，《通卦验》言八卦暑气之应，此孟京氏阴阳之学。《乾凿度》论乾坤消息，始于一变，而七进而九，一阴一阳相并而合于十五，统于一元，正于六位，通天意，理人伦，明王度，盖《易》之大义条理毕贯，自诸儒莫能外之。其为夫子之绪论，田杨以来，先师所传习，较然无疑。至其命图书，考符应，算世轨，则其传湮绝，文阙不具，不可得而通，亦非达士之所欲说也。故就三书而求其醇者，《通卦验》十三，《稽览图》十五，《乾凿度》十八，《易》学芜绝，汉人之书皆已亡阙，其仅而存于今足以考古师说，如此三书者，治易者盖可忽乎哉？故条而次之，以类相说，通其可知者，阙其不可知者，存其义略焉尔。

四十三、江藩

（一）江藩其人

江藩（1761—1831），字子屏，号郑堂，晚号节甫，本籍安徽旌德，后为甘泉（今江苏扬州）人。监生。尝任丽正书院山长。后由京师至岭南，又被聘为《广东通志》纂修官。著有《周易述补》《尔雅小笺》《汉学师承记》《宋学渊源记》《隶经文》《炳烛室杂文》《江湖载酒词》等。

其学重视目录学，认为"目录者，本以定其书之优劣，开后学之先路。使从之某书当读，某书不当读""目录之学，读书入门之学也"。

（二）江藩的文献辨伪

1. 《尚书》

江藩《尚书今古文辨》云：

书有今文、古文、伪古文，国朝诸儒辨之详矣。惟今、古文之别，及今文、古文二家之异与同，其辨论则有未尽者。予以己意断之，而为之说焉。

当秦燔书，济南伏生，收拾烬余，得书二十八篇。汉兴，作《大传》以教于齐、鲁之间。生为秦博士，隶书始于秦时，生以隶书书之。今文者，隶书也。《汉书·艺文志》："鲁恭王坏孔子宅，欲以广其宫，而得《古文尚书》及《礼记》《论语》《孝经》，皆古字也。"古文者，篆书也。所谓古、今文者，乃篆、隶之别，经文无异同也。《儒林传》："孔氏有《古文尚书》，安国以今文读之。"盖安国不能尽识古文奇字，乃以伏生隶书经文，对读古文，而知某字为某字，是可知今、古文之经文，无异同矣。安国上古文，遭巫蛊事，未及施行，藏于秘府，名《中古文》。中秘所藏，故曰中也。伏生一传而为夏侯都尉及始昌、胜、建。胜为大夏侯学，建为小夏侯学。又一传为欧阳和伯，和伯授倪宽，宽授和伯之子及高、地余、政，为欧阳氏学。伏生之书，一再传而分为三家，师说已有不同，而经文亦复互异，于是刘向以中古文校欧阳、大、小夏侯三家经文，自向校定之后，今、古文合而为一，不知孰为古文，孰为今文矣。而近日儒生辨某句为今文，某句为古文，何所据而云然哉？

西京赤眉乱后，秘府典籍无存，杜林于西州得《漆书古文尚书》一卷，所谓"漆书"者，如兰台漆书之类，即中古文，非古文之外另有《漆书古文》也。第其书为安国之本欤？抑为更生校定之本欤？不可考矣。古今文二家之说，见于《五经异义》诸书者，是无疑义，然亦不能确凿言之也。窃谓伏生之说，乃七十子之微言大义，其原必出于齐之棘下生，与古文家说当无异辞。《史记·孔子世家》"安国为今皇帝博士"，是时课弟子，惟用今文，则安国先通今文，后得古文，以今文字读之，则其说亦本棘下生，与伏生不甚相远。而今文家之倪宽又受业于安国，则宽之弟子门人所谓欧阳氏学者，未必尽今文家说也。夏侯胜传胜从子建，自师事胜及欧阳高，左右采获，又从五经诸儒问与《尚书》说相出入者，牵引以次章句，具文饰说。胜非之曰"建所谓章句小儒，破碎大道"，建亦非胜"为学疏略，难以应敌"。据此则大夏侯之学，谨守师承；而小夏侯之学，失其师法。其学不但合今、古文为一，且杂以诸儒之说矣。今文之学，惟《大传》仅存千百之什一。如今文之大、小夏侯、欧阳氏，古文之胶东庸生、清河胡常诸儒之说皆亡。后汉初，杜伯山得漆书，授卫宏、徐巡，于是宏作《训旨》，盖豫作杂记，则今所传贾徽父子、马融、郑康成、卢植之说，皆本杜林，岂尽出于安国乎？《后汉书·卢植传》云"少与康成俱事马融，能通古、今学"，作《尚书章句》，是马、郑、卢三家之说，或取今文及夏侯、欧阳之说，或取古文及都尉朝、倪宽诸儒之说，为一家之学，其书不传，其文散见于群籍者，又安能辨其此为古文家，此为今文家乎？近日儒生断断然辨之曰："此今文家说，此古文家说。"又何所据而云然哉？

若夫杜林逸书，则诸儒但习句读，不为解义，然安国所上之书，虽不为训诂，其授都尉朝诸弟子者，必述棘下生之说而著之竹帛焉。意者汉时今文立于学官，置博士弟子员，传习者多。古文不列于学，传习者少。至汉末，而孔氏之书亡矣。故马融

《书序》云"绝无师说"，而郑君因无师说，亦不作注也。至晋永嘉之乱，今古文皆亡，惟存郑注，所以梅赜敢上伪书，若古文尚在，赜亦不能作伪，而南朝士大夫亦不信其说矣。今、古文二家之学，小夏侯合古文及诸儒之说，已非今文之旧，至马、郑之学，又合二汉诸家之说，今古杂糅，乌能条分缕析耶？

2. 百二《尚书》

江藩《书书叙后》云：

> 《书叙》百篇，今所传者，伪孔本也。《史记·孔子世家》云："叙《书传》，上纪唐虞之际，下至秦穆，编次其事。"是《叙》为孔子所著矣。《尚书纬》云："孔子求书，得黄帝玄孙帝魁之书，讫于秦穆公，凡三千二百四十篇，断远取近，定可以为世法者百二十篇，以百二篇为《尚书》，十八篇为《中候》。"此虽纬书之说，然先儒亦取之，且张霸伪造《百两篇》，篇数与百二篇同，在霸时纬学不显，而霸不为百篇，而为百二篇，是必本先儒之说以作伪，其不出于纬明矣。

> 窃谓《书》实百二篇，名百篇者，举成数也。今、古文皆出棘下生。伏书无叙，生年老遗忘耳。考《汉书·律历志》引《三统历》曰："康王十二年六月戊辰朔，三日庚午。故《毕命》《丰刑》曰：'惟十有二年六月庚午朏，王命作策《丰刑》。'"孔颖达书《正义》引此文"策"下有"书"字，据此则《毕命》《丰刑》乃同日命作。是书有《丰刑》一篇，刘歆亲见古文，故引此以正历也。康成郑君注《毕命叙》云："今其逸篇有册命霍侯之事，不与此叙相应，非也。"盖康成所有《逸书》内，又亡《毕命》一篇，时人以册命霍侯事为《毕命》，是以郑君辩之曰与此叙不相应，非也。然则《毕命》之外，有《册命霍侯》一篇矣，今《书叙》缺《丰刑》及《册命霍侯》之文，所以止有百篇尔。百篇之外，益以《丰刑》《册命霍侯》二篇，适符百二篇之数，是《书》实百二篇也。

3. 《周官》

江藩《周礼注疏献疑序》云：

> 仪征许君楚生，笃志古学，治《周官》经，著《献疑》一书示予。予卒读之而为之序，曰：西京大儒，专守师承，不为异说，明知师说之可疑，而不敢疑也。至高密郑君，始疑师说，如《诗笺》之疑《毛传》，《周官》之疑前郑、杜子春是矣。然无疑经者，有之自《周官》始。何劭公创义于前，林孝存发难于后，爰及赵宋诸人，改窜经文，漫讥注疏，俞廷椿为变乱之魁，王与之为煽助之党，分门别户，缪葛蔓延，至明末尚祖其谬说，此疑所不当疑者也。郑注、贾疏自汉及唐为专门之学，读礼之宗，虽王肃好难郑氏，然无异说。宋欧阳修以《周礼注疏》多引谶纬，又改经字，其《请校正五经札子》欲删削其书，然先秦以前之纬，其书皆出圣门弟子，如《乾凿度》诸书非尽不可据，即先秦以后之纬，亦有所本，岂可概以谶纬为不经之书而

弃之哉！若改字之说，如某字当作某字，所见本异也。如读如、读曰，或义从音出，或音从义出，乃声音训诂之学，非改字也。后人因欧九学之说，遂集矢于郑注、贾疏，不亦慎欤？此亦疑所不当疑者也。但知者千虑，必有一失，郑、贾二君，虽颛门名家之学，而训诂节文，亦有可疑者，乃千虑之一失也。宋、元诸儒恣肆排击，仅摭拾其引谶纬改字而已，非不欲攻训诂节文之失，然厅心浮气，又苦体毁难读，不能心通其义，而不能疑暂。

江藩表扬许氏"疑所当疑，不疑所不当疑"。同时他又批评宋元诸儒"疑所不当疑"。

4.《孟子注疏》

江藩《半氈斋题跋》卷上云：

《隋书·经籍志》《郡斋读书志》皆十四卷，今本从十四卷分为二十八卷。孙宣公有《音义序》，而《疏序》与之略同。议论多附王氏新学，盖熙宁以后人伪为之，朱子谓"邵武士人作，不解名物制度，其书不似疏"，是也。赵注元本，每章之后，有《章指》数十言，邵武士人删去，混入《正义》中，故后人有"疏里疏"之语。是书何义门学士借虞山毛氏本校正，录其篇叙，又取《章指》书于每章之下，并书毛斧季跋于后，乃何校本之最精者。

5.《乾凿度》

江藩《半毡斋题跋》卷上云：

《乾凿度》，不见于《汉书·艺文志》。《隋书·经籍志》、晁氏《郡斋读书志》曰："《易乾凿度》二卷。"右题"苍颉修古籀文，郑氏注"。盖在宋时作籀文古字，今则变而为楷矣。七十子之微言大义，藉此不坠。其论三微九宫、积蔀消息、爻辰卦气，一本孔子。成、哀之纬，其辞驳；先秦之纬，其辞醇。此乃先秦之纬也。晁氏曰："纬书伪起哀、平，桓谭、张衡之徒，皆深疾之。自符坚之后，其学殆绝，就使其尚存，犹不足保，况此文真也。"庄子曰："曲士不可以语道。"其昭德之谓乎？

6.《中华古今注》

江藩《半毡斋题跋》卷上云：

《中华古今注》，读马缟《序》，始知缟取崔豹书而为之《注》。昔人未见此书，题作马缟撰，非也。书中如"唐革隋制"云云，乃缟之《注》也。今本与豹书混而为一，无从是正，岂非恨事哉！

四十四、严可均

（一）严可均其人

严可均（1762—1843），字景文，号铁桥，乌程（今浙江湖州市吴兴区）人。嘉庆五年（1800）中举人，授建德县教谕，以疾辞归。辑《全上古三代秦汉三国六朝文》，又校辑诸经逸注及佚子书等数十种，合经、史、子、集为《四录堂类集》千二百余卷。

（二）严可均的文献辨伪

1.《鬻子》

严可均《铁桥漫稿》卷三《鬻子叙》云：

> 《汉志》道家："《鬻子》二十二篇，名熊，为周师，自文王已下问焉，周封为楚祖。"又小说家："《鬻子说》十九篇，后世所加。"《隋志》道家《鬻子》一卷，《旧唐志》改入小说家。案：隋、唐人所见皆道家残本，其小说家本梁时已佚失。刘昫移道家本当之，非也。《新唐志》仍归道家。今世流传仅唐永徽中华州郑县尉逢行珪注本，凡十四篇，为一卷。《道藏》作二卷，在颠字号，注甚疏蔓，又分篇琐碎，所题甲乙，故作颠倒靡乱，以瞀惑后人。宋又有陆佃校本，分行珪十四篇为十五篇，琐碎尤甚。又棼其次第，不足存。案，《群书治要》所载起迄如行珪，而第二篇至第十三篇联为一篇，则行珪十四篇仅当三篇。《意林》称今一卷六篇，末后所载多出'昔文王见鬻子'一条，则行珪十四篇未足六篇。行珪姓名不他见，其人为唐人与否，其本为唐本与否，未敢知之。
>
> 《鬻子》非专记鬻熊之语，故其书于文王、周公、康叔皆曰'昔者'。'昔者'，后乎鬻子言之也。古书不必手著，《鬻子》盖康王、昭王后周史臣所录，或鬻子子孙记述先世嘉言马楚国之令典西）。即《史记·序传》所谓'重黎业之，吴回接之，殷之季世，鬻熊牒之，周用熊绎笼一渠是续'者也。……诸子以《鬻子》为最早，神农、黄帝、大禹、伊尹等书疑皆依托，今亦不传。传者《本草》有后世地名，《六韬》言骑战，皆不在《鬻子》前，刘勰曰：'鬻熊知道，而文王咨谋。诸子肇始，莫先于斯。'诚哉是言！

2.《新语》

严可均《铁桥漫稿》卷五《新语叙》曰：

> 《艺文志》作二十三篇，疑兼他所论撰计之。《史记正义》引梁《七录》：'《新语》二卷，陆贾撰。'《隋志》《旧》《新唐志》皆同，《崇文总目》《郡斋读书志》《直斋书录解题》皆不著录。王伯厚《汉艺文志考证》云：'今存《道基》《世事》《辅政》《无为》《资质》《至德》《怀虑》七篇。'盖宋时此书佚而复出，出亦不全。至明弘治间，莆阳李廷梧字仲阳得十二篇足本，刻版于桐乡县治。……或疑明本反多

于王伯厚所见，恐是后人不全之本补缀五篇，以合本传篇数，今知不然者。《群书治要》载有八篇，其《辨惑》《本行》《明诚》《思务》四篇皆非王伯厚所见，而与明本相同……足知多出五篇，是隋、唐原本。

今按：严氏之说足解《四库全书总目》之惑。顾实《汉书艺文志讲疏》三《诸子略》引严可均云："汉代子书，《新语》最纯最早，贵仁义，贱刑威，述《诗》《书》《春秋》《论语》，绍孟、荀而开贾、董，卓然儒者之言。史迁反目为辨士，未足以尽之。"张舜徽《汉书艺文志通释》卷三亦云："汉初天下甫定，以儒学匡弼高帝而有所述造者，以陆贾为最先。实于开国弘规大有关系。……传至宋代，其书已残缺不全。故王应麟撰《汉书艺文志考证》时所见仅七篇。至明弘治间，始有人得十二篇足本刻之。《群书治要》载有八篇，多为王应麟所未见，而与明本大致相合。……严可均谓：'汉代子书，《新语》最纯最早。贵仁义，贱刑威。述《诗》《书》《春秋》《论语》，绍孟、荀而开贾、董，卓然儒者之言。'评论切当，殆非虚誉。陆贾尚有《楚汉春秋》九篇，在《六艺略》春秋家。"

四十五、焦循

（一）焦循其人

焦循（1763—1820），字理堂，一字里堂。江都北湖黄珏镇人。嘉庆六年（1801）中举人。著有《里堂学算记》《易章句》《易通释》《孟子正义》《剧说》等。平生所著散文辑为《雕菰楼集》二十四卷，由阮元于道光四年（1824）在粤刊行。

（二）焦循的文献辨伪

1.《周易》

焦循《江都焦氏雕菰楼易学序》云：

> 古今《易》学无虑数千百家，其大旨不外二端，曰理与数而已。荀爽、虞翻之《易》言数，王弼、韩康伯之《易》言理。言理者斥数，其弊流为庄、老；言数者置理，其弊涉于方术。是二者均失也。顾后儒惩辅嗣之弊，高谈性命，推论图书，立无极之名，创先天之说，支离附会，去《易》弥远，曾不若言数者之失之犹未离乎《易》象也。夫群经皆可理释，而惟《易》必由数推，《易赞》已明言之矣。

焦循《易广记》卷三云：

> 天津王又朴介山《易翼述信》十二卷，前一卷《读法》，后一卷《杂论》，中十卷解说经传，而主于孔子之《十翼》。其说曰：孔子，周人也，去文王数百岁而近，何以其说非文王之说，而朱子远隔二千余年，未尝别得义、文指授，何以反能知其为文王之本意而特揭而著之也？寻味爻卦各辞，非《彖》《象传》实有不能明者，是孔

子之说即文王、周公之说，并非孔子自为一《易》矣。若说《易》而不归诸孔子，则人各异说，何所折衷而得其是？况孔子赞《易》，而世目之为《十翼》者，乃谓为非三圣人之本意，夫既非其本意矣，而又谓之为翼，则所翼者何等也？今余年七十，稿凡四易，惟笃信孔子之言，实所以发明三圣人之意，而务求共相合者，然究亦未尝不合也，于是名之曰《易翼述信》。

上元程延祚绵庄撰《易通四种》，曰《易学要论》，曰《周易正解》，曰《易学精义》，曰《占法订误》。序于乾隆庚申，自称尽去旧说以求合于孔子。凡互卦、卦变、纳甲等尽斥去之，而当位、应等义亦知其非，尤斥程朱，自以为得三圣人设卦观象之故，然不信《大象》《序卦》，而别为《序卦》，则亦孔子《十翼》矣，何自相矛盾也？其说之推尊《十翼》云："《诗》《书》孔子不为作传，而于《易》作之，不欲遗后人以所难也。然则《易》道无由入，《十翼》其《易》之门乎？"

2.《尚书》

焦循《雕菰集》卷十六《尚书补疏叙》云：

东晋晚出《尚书孔传》，至今日稍能读书者皆知其伪。虽然，其增多之二十五篇伪也，其《尧典》以下至《秦誓》二十八篇固不伪也，则试置其伪作之二十五篇，而专论其不伪之二十八篇，且置其为假托之孔安国，而论其为魏晋间人之传，则未尝不与何晏、杜预、郭璞、范宁等先后同时。晏、预、璞、宁之传注可存而论，则此传亦何不可存而论？故王西庄光禄作《后案》力屏其伪，而于马、郑、王注外，仍列《孔传》。江艮庭处士作《集注音疏》，搜录汉人旧说，而于传说亦多取之。孙渊如观察屏《孔传》而掇辑马、郑，然经文二十八篇不能不取诸《孔传》之经文，且传之作也，不自显其姓名，而托诸孔氏，何为也哉？余尝综其传，而平心论之。"曰若稽古帝尧"，"曰若稽古皋陶"，《传》皆以"顺考古道"解之。郑以"稽古"为"同天"，"同天"二字可加诸帝尧，不可施于皋陶。若亦以皋陶为"同天"，则是人臣可僭天子之称颂。若以帝尧之"稽古"为"同天"，以皋陶之"稽古"为"顺考古道"，则文同义异，歧出无理。此《传》之善一也。"四罪而天下咸服"，《传》以舜征用之初即诛四凶，是先殛鲧而后举禹。郑以禹治水毕，乃流四凶，故王肃斥之云："是舜用人子之功而流放其父，则为禹之勤劳，适足使父致殛。舜失五典克从之义，禹陷三千莫大之罪。"此《传》之善二也。尧舍丹朱，以天位授舜，朱虽不肖，不宜自舜历数其不善。《史记》以"无若丹朱傲"上加"帝曰"，而《传》则以为禹之言。自禹言之则可，自舜言之则不可。此《传》之善三也。《盘庚》三篇，郑以上篇乃盘庚为臣时所作，然则阳甲在上，公然以臣假君命，因而即真。此莽、操、师、昭之事，而乃以之诬盘庚，大可怪矣，《传》皆以盘庚为王时所作。此《传》之善四也。微子问父师、少师，父师答之，不云少师，郑以为少师"志在必死"，盖以少师指比干。顾大臣徒志于死，遂不谋国以出一言，非可为忠。《传》虽亦以少师指比干，而于此则云："比干不见，明心同，省文。"此《传》之善五也。《金縢》"我之不辟"，郑读为"避"，谓周公避居于东。又以"罪人斯得"为成王收周公之属官，殊属谬悠，说者多不以为然。《传》则训"辟"为"法"，"居东"即东征，"罪人"

即指禄父、管、蔡。此《传》之善六也。《明堂位》以周公为天子，汉儒用以说《大诰》，遂启王莽之祸。郑氏不能辨正，且用以为《尚书注》，而以周公称王。自时厥后，历曹、马以及陈、隋、唐、宋，无不沿莽之故事王莽之故事，而《传》特卓然以周公不自称王，而称成王之命以诰，胜郑氏远甚。此《传》之善七也。为此《传》者，盖见当时曹、马所为，为之说者，有如杜预之解《春秋》、束晳等之伪造《竹书》。舜可囚尧，启可杀益，太甲可杀伊尹，上下倒置，君臣易位，邪说乱经，故不惮改《益稷》，造《伊训》《太甲》诸篇，阴与《竹书》相龃龉。又托《孔氏传》以黜郑氏，明君臣上下之义，屏僭越抗害之谭，以触当时之忌，故自隐其姓名。其训诂章句之间诚有未善，然三盘五诰诸奥辞传皆一一疏通，虽或有辨难而规正之，终不能不用为蓝本。余既集录二十八篇之解为《书义丛钞》，所有私见著为此编，与《丛钞》相表里云。

皮锡瑞对此有所批评，详见后面有关部分。

焦循《雕菰集》卷六《读书三十二赞》云：

> 古文之伪，发之自宋。潜丘阎氏，详疏博综。毛氏《冤词》，徒为市哄。光禄《后案》，复贾余勇。处士江公，用平众讼。郑疑亦区，孔是亦用。二十八篇，乃可以诵。

他将阎若璩《古文尚书疏证》、王鸣盛《尚书后案》、江声《古文尚书集注音疏》等量齐观，可谓清代《尚书》辨伪学的正统派。至于毛氏《冤词》"徒为市哄"，未免抑之过甚。

3.《礼记》

焦循《雕菰集》卷十六《礼记补疏叙》云：

> "三礼"之名，自汉有之，或以《仪礼》为经，《礼记》为传，或斥《周官》而疑《仪礼》，以为非圣人作。以余论之，《周官》《仪礼》一代之书也，《礼记》万世之书也。必先明乎《礼记》，而后可学《周官》《仪礼》。《记》之言曰：礼以时为大。此一言也以蔽千万世制礼之法可矣。《周官》《仪礼》固作于圣人，乃亦惟周之时用之。设令周公生宇文周，断不为苏绰、卢辩之建官。设令周公生赵宋，必不为王安石之理财。何也？时为大也。且夫所谓时者，岂一代为一时哉？开国之君审其时之所宜而损之益之，以成一代之典章度数，而所以维持此典章度数者犹必时时变化之，以拔民之偏而息民之诈。夫上古之世，民苦于不知其害在愚。中古以来，民不患不知而其害转在智。伏羲、神农之时，通在拆民之愚，故通其神明，使知夫妇父子君臣之伦，开其谋虑，使知树艺贸易之事。生羲、农之后者，知识既启，诈伪百出，其黠者往往窥长上之好恶以行其奸，假军国之禁令以济其贼。惟聪明睿知有以鼓舞而消息之，故黄帝、尧、舜氏作通其变，使民不倦，神而化之，使民宜之，通其变而又神而化所为，民可使由之，不可使知之，杀之而不怨，利之而不庸，民日迁善，而不知所以为之者，治之极也。礼之经也，明明德矣。又必新民知止，而归其要于絜矩，因天

命之性以为教矣，又必不动而敬，不言而信，而归其要于无声无臭，笃恭而天下平，于大有为而见其恭，已无为于必得其名，而见其民无能名。吾于《礼器》《礼运》《大学》《中庸》等篇得其微焉。余乡读《礼记》，尝为《索隐》一书。

4. 郑注《孝经》

焦循《雕菰集》卷十二《勘倭本郑注孝经议》云：

> 武康徐熊飞所得日本郑注《孝经》一本，以《经典释文》及《正义》核之，固有合者，而舛而不备者甚多，今略举其可疑者。《诸侯章释文》有"费用约俭，奢泰为溢"等文，明皇注云："费用约俭，谓之制节，慎行礼法，谓之谨度，无礼为骄，奢泰为溢。"《正义》云："此依郑注，释制节也。"其他虽未言依郑，而"奢泰为溢"一语，明注《释文》，疑其皆本诸郑。此刻惟有"费用约俭"语，其下皆异，可疑一也。《释文》有"薄赋敛，省徭役，列士封疆"等文，"列士"盖"列土"之讹，乃解"富贵不离其身，保其社稷"语也。此刻"保其社稷"下无"列土封疆"注，而系"薄赋敛，省徭役"于"和其人民"下，然则"列土封疆"将亦解"和其人民"乎？可疑二也。《卿大夫章释文》有"夜莫也懈惰"五字，此刻云："夜，暮也，以事天子勿懈惰。"按《释文》也字连懈字，此则相间矣。明皇注云："懈，惰也。"以惰释懈。郑注恐亦如是。易"也"为"勿可疑"三也。《士章》明皇注云："言爱父与母同，敬父与君同。"《正义》云："此依孔传也。"下列刘炫云云，注又云："言事父兼爱与敬也。"《正义》云："此依王注也。"注又云："移事父孝以事于君，则为忠矣。移事兄敬以事于长，则为顺矣。"《正义》云："此依郑注也。"既分为依孔、依王、依郑，则大义必殊，非止字句之小异也。此刻云："爱与母同，敬与君同。"并此二者，事父之道也。此正合孔、王二说。可疑四也。《庶人章释文》于"以养父母"下有"行不为非，度财为费，什一而出，无所复谦"等文，此刻云："行不为非，为谨身，富不奢泰，为节用，度财为费，父母不乏也。"揆之《释文》"行不为非"解谨身，"度财为费"解节用，申言度财之义，云什一而出，无所复谦。谦即不足之义。此十六字一连贯，注词义皆足，乃通贫富而言之，非戒奢泰也。此刻之注乃解节用为富不奢泰，远非郑义，且不曰无所复谦，而言父母不乏，可疑五也。《释文》故患不及其身也善，此刻有上句，无善字，但云未之有者，"未之有也"不辞，可疑六也。三才章《释文》有"孝弟恭敬民皆乐之"八字相连，此刻有之，而系"孝弟恭敬"于"民之行也"下，分系"民皆乐之"于"不肃而成"下，云顺治天下，下民皆乐之，可疑七也。孝治章《释文》有"聘问天子无恙"语，此刻云："古者诸侯大夫聘问天子，天子待之以礼。"无"无恙"字。《释文》又有"郊迎刍禾百车，以客礼待之，夜设庭燎，当为王者侯者"等文，卢氏拾《大行人疏》《御览》所引，此刻有之。《释文》"故得万国之欢"下又有"五年一巡守劳来"等文。卢氏拾《王制疏》引《孝经》注云："诸侯五年一朝天子，天子亦五年一巡守。"揆之《王制疏》，乃类举其略，五年一朝，即撮上节注也。此刻无"天子巡守"文，而复举诸侯五年一朝，可疑八也。《圣治章》"明堂者，天子布政之宫"，明皇注也，《正义》引郑氏曰："明堂居国之南，南是明阳之地，故曰明堂。"此刻之注同于明

皇，而郑所云无之。又《释文》有于朝越尝重译等文，此云："周公行孝朝，越尝重译来贡。"刻此者云：据《释文》"孝"下少一"于"字。然行孝于朝，文未善，无于字则不合《释文》，可疑九也。经文"因严以教敬，因亲以教爱"，《释文》有"致其乐亲近于母"等文，此盖解"亲爱"若曰"严近于父，亲近于母"，"亲"字断句。此刻注云："因亲近于其父，教之为爱。"改"母"为"父"，复增"其"字，与《释文》之义便殊，可疑十也。五刑章卢校《释文》云："科条三千，谓劓、墨、宫、割、膑、大辟、穿窬、盗窃者。劓，劫贼；伤人者，墨；男女不与礼交者，宫；割，坏人垣墙；开人关钥者，膑；手杀人者，大辟。"此刻注五刑谓墨、劓、剕、宫、割、大辟也易科条三千为五刑，二字与明皇注合。又卢氏校书好自改易，其考证云："膑旧脱，今补。《吕刑》作剕。《尚书大传》《白虎通》俱作膑。"又于"钥"下增"者膑"，云二字今补。揆之通志堂本，无此诸字。《释文》断续为体，不必补，且《释文》于经文下有所训解，每即用本注，此五刑之属三千下注云：墨、劓、剕、宫、大辟。明皇注亦作剕。然则卢氏所补之膑字，乌知旧非剕字，而此刻本作膑，竟同于卢氏所补，可疑十一也。广至德章《释文》有"天下父事三老，天子兄事五更"等语，此刻注云："天子无父，父事三老，天子无兄，兄事五更。"多二"无"字。《正义》云："旧注用应劭《汉官仪》天子无父，父事三老，兄事五更。"旧注未必即是郑注，可疑十二也。其后跋云：右《今文孝经郑注》一卷，《群书治要》所载也。其经文不全者，据注疏本补之。《群书治要》未识彼地何书（相传魏征所纂），揆其所云，盖就是书撝拾而出，如近人拾《太平御览》以成书也，即真郑注，当时已经删节，故经文且有不全，而所拾之注，其果即奝然所献之残文邪？乃今考之，其中少有菁华，则皆见于《释文》《注疏》诸书，而诸书所见此中不备者十之七八，虽真郑注，亦已糟粕。夫郑氏所以足重者，菁华也，去其菁华，止存糟粕，虽亲见其操笔而书，亦何足重？且郑氏《诗笺》《礼注》并立学官，其他残注散见典籍中者，光采自不可没，又安用此疑似之糟粕为乎？然世人贱目而贵耳，疏存而念亡。《礼注》《诗笺》通者甚鲜，而《易》《书》《论语》等注则争相拾之不倦。设此本废而不存，数十年后有言及者，必有惜此书之不梓行，而深恨传播者之无其人，抑或别有传之者竟以为真，正郑注复出，如向之皇侃《论语疏》、孔氏《古文孝经》直信不疑，虽不同《三坟》《诗说》之无稽，而古人传闻异辞之义，或有所未合。窃谓莫如存之，而题曰"日本郑注孝经"，不使混于学官所立诸经传，而置其真伪于不论不议，则既绝后人以耳代目之议，亦绝海外以伪书入中国之萌。其叙云"志在传诸瀛海之西"，抑知中国所重正不用此糟粕邪？嘉庆六年五月二十六日，江都焦循议。

四十六、臧庸

（一）臧庸其人

臧庸（1767—1811），本名镛堂，字在东，又字东序。后易名庸，字用中，一字西成，江苏武进人。拜经为其室名。著有《拜经堂文集》《拜经日记》《月令杂说》《诗考异》等。生平事迹见《清史稿·儒林传》《清史列传·儒林传》《文献征存录》卷三、陈鸿森《臧庸年谱》。阮元《揅经室集》二集卷六有《臧拜经别传》，桂馥《朴学斋文录》卷四有《亡友臧君诔》。

（二）臧庸的辨伪与作伪

《臧庸及其〈拜经堂文集〉述论》除了讨论他在校勘学、版本学、辑佚学、编纂学等方面的学术贡献之外，也涉及了辨伪学方面的贡献，指出："臧庸虽不以古籍辨伪著称，但他却能凭借自己的学识和精审的考证进行具体的辨伪实践，且言之成理，论之有据，解决了一些学术疑难问题，为辨伪学的发展提供了宝贵经验。"①

1. 《子夏易传》

臧庸《拜经堂文集》卷二《子夏易传序》云：

> 《释文序录》："《子夏易传》，卜商，字子夏，孔子弟子。《七略》云：'汉兴，韩婴传。'《中经簿录》云：'丁宽所作。'张璠云：'或驲臂子弓所作，薛虞记。'虞不详何人。"《唐会要》："开元七年，刘子玄议曰：'《汉书·艺文志》：《易》有十二家，而无《子夏传》。至梁阮氏《七录》，始有《子夏易》六卷。或云韩婴作，或云丁宽作。然据《汉书·艺文志》，《韩易》有十二篇，《丁易》有八篇，求其符会，则事殊乖剌。'司马贞《议》曰：'王俭《七志》引刘向《七略》云："《易传》，子夏，韩氏婴也。"今题不称韩氏，而载《薛虞记》。'今秘阁有《子夏传薛虞记》。"
>
> 庸以"子夏"之为"韩婴"，当以《七略》《七志》《七录》为据，汉、晋、六朝人所言不谬也。"婴"为幼孩，"夏"为长大名，与字相反而相成。"《韩易》十二篇"者，上、下经并《十翼》也。今本《汉书》脱"十"字，当据刘《议》补之。"薛虞记"者，"虞"盖子夏弟子，或后儒笺解之。韩婴《易传》之有《薛虞记》，犹韩婴《诗传》之有《薛君章句》耳。陆氏《释文》引薛虞说，孔氏《正义》引《薛虞记》，并举与张璠、司马贞所言合。

序称："庸留意此学几二十年。甲子（1804）顺天乡试，策问首及，庸大言子夏非卜商，乃汉韩婴，而考官深摈之。"又称："乙丑（1805）季冬，承德孙凤卿观察以辑本见示。庸方悼哲弟云亡，又嘉同志之有人也。废业三月，复理旧事，举向所知者质之，漫记卷端云。"由此可见他对于《子夏易传》的真伪问题思考之久与探索之苦，绝非今日之一挥而就。

今按，《拜经堂文集》与《拜经日记》二者大同小异，后者论证更加细密。

2. 日本足利古本《尚书》

臧庸《拜经堂文集》卷二《尚书注疏校纂序》云：

> 足利古本与宋、元同者皆善，余多有妄改者。《伪孔传》于诂训皆定主一义，虽不能如郑学之阔通，犹胜于俗儒不知诂训者。乃《传》解"厥"为"其"，而古本

---

① 丁喜霞：《臧庸及〈拜经堂文集〉整理研究》，中国社会科学出版社 2016 年版，第 22 页。

便改经"厥"字为"其";《传》解"艰"为"难",而古本便改经"艰"字为"难";《传》解"庸"为"用",而古本便改经"庸"字为"用";《传》解"时"为"是",而古本便改经"时"字为"是"。此后人私作之迹(其)[甚]显然者,则古本之伪也。宋、元本皆即《考文》所载,误者甚少。

今按,《尚书》日本足利古本不伪。臧庸判断出现重大失误,未免颠倒是非。

3.《王制》

臧庸《拜经日记》第七《王制》条云:

> 《礼记》正义引卢植云:"汉孝文皇帝令博士诸生作《王制》之书。"
>
> 案:《史记·封禅书》言:文帝召鲁人公孙臣,"拜为博士,与诸生草改历服色事"。明年,"使博士诸生刺'六经'作《王制》,谋议巡狩封禅事"。又见《汉书·郊祀志》。上卢尚书之言,盖本此。《三礼目录》云:"名曰《王制》者,以其记先王班爵、祭祀、养老之法度。"此于《别录》属制度,则先师仍以此篇为记先王之法,不从卢君说为汉制。
>
> 又案:刘向《别录》云:"文帝时所造书,有《本制》《兵制》《服制》篇。"(见《史记索隐》)而《礼记·王制》只有班爵、祭祀、养老之文,并无言《服制》《兵制》者,则此非汉文时书,审矣。且郑《目录》云"此于《别录》属制度",则刘向《别录》《礼记》本有《王制》,与汉文所造两列而不容混一。故先师《驳五经异义》云:"《周礼》是周公之制,《王制》是孔子之后大贤所记先王之事。"(《礼记》正义十三《王制》)又《答临孝存周礼难》云:"孟子当赧王之际,《王制》之作复在其后。"(见《礼记》正义十一《王制》)是可知《王制》在孔、孟之后,六国之时,与《王度记》相后先。盖秦犹未焚书,故先王之制向存梗概,必非汉人公孙臣辈所为也。

臧庸认为《王制》非汉文时书。

4.《尔雅》

臧庸《拜经堂文集》卷二《录尔雅汉注序》云:

> 余闻之先师郑公曰:"《尔雅》者,孔子门人所作,以释六艺之言。"扬子云亦云:"孔子门徒游、夏之俦所记。"作《雅》之人,斯为定论矣……夫治经必先通诂训,故《尔雅》者,六艺之权舆也。治《尔雅》者,必根本汉学,而后参考之郭氏,则此书又《尔雅》之权舆也。学者其知所后先欤!

他认为《尔雅》为孔子门人所作。

5.《小尔雅》《孔丛子》

臧庸《拜经堂文集》卷二《小尔雅征文》云:

> 善乎,戴东原氏之论《小雅》也!曰:"《小尔雅》下卷,大致后人皮傅掇拾而

成，非古小学遗书。如云'鹄中者谓之正'，则'正''鹄'之分未考矣。'四尺谓之仞'，则筑宫仞有三尺，不为一丈，而为及肩之墙矣。浍深二仞，无异洫深八尺矣。其解释字义，不胜枚数，以为之驳正。故汉世大儒不取以说经，独王肃、杜预及东晋枚赜奏上之《古文尚书孔传》颇涉乎此。"余初见戴氏之言，而叹其识之伟、论之精。既考前人之征引此书者，以为始于东晋郭景纯。夫经学至魏晋改师法，如王肃、伪孔、何晏、杜预、孔晁、郭璞，皆喜新好异、不经师匠者也，故其言往往互相祖述……后考之有年，知郭璞之前，王肃实首引此书。余高祖玉林先生以《孔丛子》为王肃伪作，而《小雅》在《孔丛》篇第十一，又自王肃以前无有引《小雅》者。凡作伪之人，私撰一书，世之人未之知也，必作伪者先自引重，而后无识者从而群然和之，世遂莫有知其伪者矣。然则《小雅》之为王肃私撰，而《孔丛》书之由肃伪作，皆确然无疑也。王肃之引《小雅》也，于何见之？曰：一征之以《仪礼疏》，再征之以《诗正义》。

今按：臧庸以《小雅》为王肃私撰，而《孔丛子》为王肃伪作，这种结论是不能成立的。他所谓"凡作伪之人，私撰一书，世之人未之知也，必作伪者先自引重，而后无识者从而群然和之，世遂莫有知其伪者矣"，也是一种自由心证的套路，难以成立。

6.《孔子家语》

臧庸《拜经日记》第八《孔子家语》云：

《孔子家语》不足为准。海内古义日兴，承学之士稍知所依归矣，而冬烘村学究之徒，犹复坚持伪书，奉为圣经贤传。此刘子骏移让太常博士所谓"挟恐见破之私意，而无从善服义之公心"也。余窃为痛恨，尝欲作《王肃小人》一书，如阎百诗《古文尚书疏证》，以尽攻肃之谬。近见孔检讨广森《大戴礼记补注·序录》辨《家语》一条，斯助我张目者，亟录郑君同志焉。

《序录》云：《家语》者，先儒马昭之徒以为王肃增加。肃横诋郑君，自为《圣证论》，其说不见经据，皆借证于《家语》，大抵抄撮二《记》，采集诸子，而古文奥解悉润色之，使易通俗读，唯《问郊》《五帝》之等传、《记》所无者，斯与肃说若合符券。其为依托，不言已公。《公冠》篇述孝昭冠辞，云"陛下"者，谓昭帝也；"文、武"者，谓汉文帝、武帝也。而肃窃其文，遂并列为《成王冠颂》。是尚不能寻章摘句。举此一隅，谬陋弥显。况以"礼是郑学"无取，妄滋异端，故于《家语》殊文别读，独置而弗论也。

今按，臧庸作为一个考据学家是极端偏执的，崇尚郑学几乎达到了疯狂的程度，拜经者，拜郑玄之经学也，容不得别人批评郑玄，可谓郑玄之铁杆保镖。恰巧王肃好与郑玄为难，这就大大引起了臧庸的恶感，一曰："肃之流毒经传，不既酷乎！"（《拜经日记第五》）二曰："甚矣，王肃为六经之蟊贼，先师之罪人也！"（《拜经日记第七》）痛恨王肃到了极点，竟然欲作《王肃小人》以攻之。这显然不是理性的态度，一上来就带着有色眼镜，疑人窃铁，预设立场，选边站，结果越辨越伪，不伪也伪。臧庸引孔广森之说为据，不是理性地审查孔氏之说，而是盲目地赞同。如此辨伪，显然违背价值中立的原则与实事求是的宗旨。这是一个辨伪失败的经典案例，我们应该从中吸取教训，引以为戒。高明的考据学家往往修炼到澄明境界，而低端的考据学者戾气冲天，赤舌烧城，不善于情绪管理。

7.《通俗文》

臧庸《刻通俗文序》云：

> 颜黄门谓《通俗文》世题河南服虔子慎造。《魏书》江式《表》，次此于《方言》《埤苍》间。是北人悉以此为汉服虔子慎所著。然梁阮氏《七录》本言李虔造。征之《初学记》，阮《录》为信。《唐志》称李虔《续通俗文》，殆蹈北人之见，惑于为有两书，遂误以李氏为续篇欤？
>
> 镛堂核之，断此非汉人之书。有三证焉：凡汉、魏古籍，悉登《晋志》。今《中经簿》及《七志》并无其目，此一证也。自孙叔然以前未解反切，而《通俗文》反音颇近时俗，此二证也。《叙》引苏林、张揖，皆魏人。论世，在子慎之后，此三证也。既至阮氏始为著录，则此书当出自晋、宋间人。岂因北方学者咸尊服氏，遂以名同而易姓乎？梁刘昭注《续汉志》始见征引，传至唐季而亡。此系六朝以前小学家为《释名》《广雅》之流，先儒注经史多所援据，不第《通俗》而已。且古今土俗不同，名物互异，由古目之为俗者，由今目之为古矣。爰采《一切经音义》诸书，略次其先后，以存一家绝学。署曰"服虔"，仍其旧也。（《拜经堂文集》卷二）

今按，以《通俗文》为李虔所撰，这种结论是不能成立的。

8. 臧琳《经义杂记》为臧庸伪托

己未孟冬，臧庸撰《跋经义杂记叙录后》云：

> 维我高祖玉林公，著书未刊，四传至先考，不绝如缕。先考镛藏遗稿甚固，教不孝等读书，粗有知识，始启箧校录，欲择其要者付梓。由是，当世学者甫知有玉林先生其人。阮司农为著先考《传》，论先考能守先绪、启后学。恭录此《传》以见我高祖之书之得传也。今《经义杂记》三十卷汗青斯竟，而不能起先考于九原，一睹之而色喜也，痛何如矣！（《拜经堂文集》卷二）

《经义杂记》出版之际，镛堂遍邀当代名家作序，声势浩大，一时红遍南北。然刘咸炘指出："叶焕彬谓：'臧琳《经义杂记》全与乾嘉诸儒所著书相类。'方东树谓是镛堂窜乱。余则谓直是镛堂一手改定。阎《序》不见于《潜丘札记》附刻诗文内，其为伪托又无可疑。镛堂《拜经日记》体例与此如出一手。"[1]

辛未季春，臧庸有《上阮云台侍讲书》，为自己辩护：

> 高祖当入《国史儒林传》，此陈编修充纂修官时自言之，有手书可据。《尚书集解案》亦编修由舍间索取，郎君为邮寄，意欲采其精者入《列传》，不幸《传》未成

---

[1] 刘咸炘：《内景楼检书记》，《推十书》子类，巴蜀书社2021年版，第437页。

而编修遭大故。犹幸大人续为总纂，其相知之深，有过之无不及也。乃客冬忽述外人"子孙润色"之言，阁下岂为之惑耶？夫此书在当时，有阎征君序，丁教授辑录遗文，并见征君手稿，在康熙丁丑。卢学士修《常州府志》，采入《儒林传》。及校勘《经典释文》，撰入《考证》，在乾隆己酉、庚戌间。时庸年二十有三，亡弟年始十四、五，谁能为润色？且此书先为学者流传已久矣。此必有嫉怨之士，诬以不根之谈。虽小学诂训在今日为极盛，然国初诸老已放其端。如阎氏《古文尚书疏证》《四书释地》等，有言小学者。再前则顾氏《音学五书》《金石文字记》中亦有之。且定宇之前，已有天牧，祖孙著述，刊布海内，亦岂后人之润色耶？庸至不肖，马齿四十有五，困于布衣，学行无一可称，以光大前人之业，观颜宇内，死有余憾。尚幸不诬之攘窃先人之书，掩为己有，以获罪于天地祖宗。此阁下犹可平心原恕也。然如阎、惠二征君，卢学士、钱詹事、段大令，并海内耆德，当世通儒，皆尊信此书。又阁下手撰先考《家传》《定香亭笔谈》《经义杂记题辞》，均有奖励之言。即辱知于庸，未始非因其儒者之后，故与之晋接，久而不衰。今一旦过聪细人之言，而致疑之，将前辈之尊信，先生之爱重，数十年来均为所欺。今操著作之柄，欲以明正学、黜伪儒，遽改其从前之所见耶？是其子孙之不肖，迥绝前人，转因稍知读书之故，而其祖宗之不幸见疑于当代，亦因有读书之子孙。假使其子孙为农工、为商贾，目不识丁，固不以此疑之矣……先生秉笔当为一代信史，邱氏九分已虚，犹恐有一分之实。先人之书刊于子孙，即间有一二删订，亦校字者之责也，可因此疑其全体乎？（《拜经堂文集》卷三）

孙星衍识云："国初，诸老讲经学者甚少，玉林先生故当时不显于世，其后荐举经学亦未被征。然古今潜德闻修、不博时名者极多，不可以此疑书。先生此文不可少。"胡秉虔亦云："此孝子慈孙之文，亦千古之公论也。"如此公案当重新审查。

四十七、周中孚

（一）周中孚其人

周中孚（1768—1831），字信之，号郑堂，乌程（今浙江湖州）人。戴子高之外王父。早年入诂经精舍，同舍者多显贵，惟中孚至五十五岁尚应乡试，同考官得卷力荐，主考官疑其有私，置副榜第一。从此弃举子业，读《四库提要》后，称"学之途径在是"，于是遍求诸史艺文、经籍，自汉迄唐存佚各书，备以搜集古籍，专攻流略之学。读一书，必为解题一篇，条其得失，议论颇能持平，莫友芝称之为好学深思之士。后客居上海，为李筠嘉编《慈云楼藏书志》，越数年，修订为《郑堂读书记》。受知阮元，与修《经籍纂诂》。中孚博闻强记，而文笔甚拙，其弟联奎能诗文，而疏于经术，阮元《定香亭笔谈》卷二谓之"二难"矣。著有《孝经集解》《逸周书注》《顾职方年谱》《子书考》《金石识小录》《山茨诗录》等书。生平事迹见戴望《外王父周先生述》《两浙輶轩续录》卷二七、《清儒学案·仪征学案》《清史列传·儒林传下二》。

（二）周中孚的文献辨伪

1. 《关尹子》
周中孚《郑堂读书记》卷六十九云：

> 《关尹子》一卷，垩海金壶本，旧题周尹喜撰。喜字公度，橐人。辟克老子过周喜去吏而从之。《四库全书》著录。按：《汉志》载《关尹子》九篇，《隋志》、新旧《唐志》《崇文目》《读书志》《通志》俱不载。至《书录解题》《通考》《宋志》始载有九卷，陈氏称其书亡久矣，徐蒇子礼得之于永嘉孙定，首载刘向校定序，篇末有葛洪后序，未知孙定从何传授，殆皆依托也。序亦不类向文。合观是书，凡一字、二柱、三极、四符、五鉴、六匕、七釜、八筹、九药九篇，《宋潜溪全集》二十七有《诸子辨》，谓其书多法释氏及神仙方技家，而藉吾儒言文之，如变我为智，一息得道，婴儿蕊女，金楼绛宫，青蛟白虎，宝鼎红炉，诵咒土偶之类，聃之时无是言也，其为假托盖无疑者。或妄谓二家之说实祖于此，过矣！然其文虽峻洁，亦颇流于巧刻，而宋象克之徒乃复尊之如经，其亦妄人哉！余谓此书在伪书之中颇有理致，有词采，或唐、五代间方士解文章者所为也。

2. 《公孙龙子》
周中孚《郑堂读书记》子部杂家类《公孙龙子》提要曰：

> 即其所存六篇核之，大旨欲综核名实，而恢诡其说，务为博辨。杨倞《荀子注》所谓曲说异理，不可为法也（《修身》篇坚白同异注）。吕东莱称：'告子彼长而我长之，彼白而我白之。斯言也，盖坚白同异之祖。孟子累章辨析，历举玉、雪、羽、马、人五白之说，借其矛而伐之，而其技穷（见《汉志》考证引）。'陈直斋亦称'其为说浅陋迂僻，不知何以惑当时之听'云。

周中孚继承《四库全书总目》考辨伪书的传统，在《郑堂读书记》中也考证了大量的伪书，多达150余种，如《春秋世谱》《大易衍说》《大业拾遗记》《都氏铁网珊瑚》《三辅黄图》等。其中子部书籍伪书伪文出现的最多，共120种。上面仅举二例，其他俟异日做专题研究。

四十八、陆继辂

（一）陆继辂其人

陆继辂（1772—1834），字祁孙，别字季木，号修平居士，别署小元池居士，室号崇百药斋，阳湖（今江苏常州）人。著有《崇百药斋诗文集》《合肥学舍札记》《碧桃记》杂剧、《洞庭缘》传奇、《清邻词》《词律评》。生平事迹见《清史稿》卷四八六、《清史列传·文苑传》《国朝耆献类征》卷二四六、李兆洛《贵溪县知县陆君墓志铭》。

（二）陆继辂的文献辨伪

1.《胡笳十八拍》

《孔雀东南飞》序事之妙，冠绝古今。愚者仿为之，再述一烈妇，即同嚼蜡。惟王元美《钤山高》一首可云唐临晋帖，其事变也。文姬《悲愤诗》亦竟有疵之者，反以《胡笳十八拍》为真作，其性与人殊不足与辨也。读杜公《咏怀》《北征》《玉溪行》《次西郊百韵》，方知沾溉之大。

2. 石鼓文

昌黎自言辨古书之诚伪，昭昭然如黑白分，而于宇文泰、苏绰等所造之石鼓文独心折不疑。至有陋儒编诗不收入之语。陋儒者何人邪？文人之言狂悖无有过于此者矣。

四十九、严元照

（一）严元照其人

严元照（1773—1817），字修能，号悔庵，又号蕙榜，归安（今属浙江湖州）人。著有《尔雅匡名》《悔庵学文》《柯家山馆诗集》《柯官山馆词》等书。

（二）严元照的文献辨伪

1. 半月泉上所刻东坡五绝

慈相寺在德清北门外，有半月泉，泉上刻东坡五绝一首，实伪作也。近汤纬堂《炙砚琐谈》曾辨之，予见壁间有宋人草书，断碑奇逸可喜。又有徐波诗石刻，惜无好事者磨搨之。

他认为半月泉上所刻东坡五绝一首为伪作。

2.《孟子外篇》

《千字文》云："孟轲敦素。"未详"敦素"所出，盖《孟子外篇》语也。兴嗣梁人，当及见其书。今所传者乃伪书，丁小雅教授曾作疏证辨之。

3.《心史》

郑所南《心史》明末始出，顾亭林有诗记之。然此实伪书也。阎百诗谓是姚士粦叔祥所撰，见《尚书古文疏证》卷五上第六十九条下。阎云闻之曹秋岳，当非妄语。

今按：《心史》并非伪书，元照未免随人说短长矣。详见陈福康《井中奇书考》《井中奇书新考》等书。

五十、沈钦韩

（一）沈钦韩其人

沈钦韩（1775—1831），字文起，号小宛，吴县（今江苏苏州）人。嘉庆十二年（1807）举人。授安徽宁国县训导。长于训诂考证。著有《幼学堂文集》八卷，诗集十七卷，《两汉书疏证》七十四卷，《水经注疏证》四十卷，《左传补注》十二卷，《左传地理补注》十二卷；又为《韩昌黎集补注》《王荆公诗补注》《文集注》《苏诗查注补正》《范石湖集注》等，均《清史列传》并传于世。

（二）沈钦韩的文献辨伪

沈钦韩《幼学堂诗文稿》文稿卷六《春秋左氏传补注序》云：

左氏之学，《儒林传》《经典序录》言之详矣。二千余年，黄童白叟知呻吟而抄括之。然其学若明若灭，若存若佚。若亡国之社，其神不灵；若枯树之枌，虽春不荣。块然于天壤，终无人窥其撰述之旨。得一二微言妙义，晓然为辅翼乎周公、孔子而千世一范者，则俗学显排之，邪说阴败之，鄙夫小生中其毒厌，不啻传尸鬼病。呜呼，可悯也已！为左氏厄者有四焉。始也一经一传，闷而不宣。学士端居匡坐，怀不能已，窃自耳剽口传，以遣时日。遂有公羊、穀梁、驺、夹氏之异。为一王之法制，为学官之祭酒，始愿岂及此哉！然汉之贱儒，喜其书短而易习，义浅而易推，则群居点窜，溥致世术，以盅世主，以胁后生。胡母、尹生之徒，生享美禄，没有荣名，群不逞者，戟腕咶舌而起矣。假左氏得行，其好丑譬诸二八妙姝与夫盲母狗也，彼复何所容其喙？"青青子衿"不将操瓢而行乞哉！诚不能不出死力以排之，至范升、何休而猖獗极矣，其厄一也，然其书虽不立于学官，通材大师犹递相传习其训故。虽末由发圣师之蕴奥，但守章句、数名物，待明智者自得之，固无伤乎左氏之书也。有杜预者，起纨绔之家，习篡杀之俗，无王肃之才学，而慕其凿空，乃绝智决防，以肆其猖狂无藉之说。是其于左氏，如蟹之败漆、蝇之污白，其义埋没于鸣沙礁石中，而杜预之妖焰，为鸡为狗，且蓬蓬于垣次矣。其厄二也。江左轻浮，学尚王、杜；中原敦庬，师仍郑、服。三百年中，崔灵恩、卫冀隆诸人，犹能关其口而夺之气。孔颖达者，卖国之谄子也。枵然无所得于汉学，蜣蜋之智，奉伪孔氏与杜预而甘且旨焉，排击郑、服，不遗余力。于是服氏之学始歇终亡，而杜预之义赫然果日之中天。其厄三也。自后博士倚席不讲，人心益儇恶。才辨章头，便欲掎人之短，扬己之长。啖助、赵匡、陆质、刘敞之流，哆然弄笔，弱弓蒿箭，竞以左氏为质的。经世大典，夷于附枝缀肒，甚者以为盅心丧志。学者摇手不敢窥，反不如杜预、颜籀之涕唾，犹时时吮咽。南宋习尚亦何可言？幸而不亡，盖宏辞从橐应官之文匂其膏馥耳。元、明来，此制一废，而士大夫真目不识丁矣。其大厄四也。礼者，奠天下之磐石也。礼废，则天子无以治万邦，诸侯无以治四境，卿大夫无以治一家。时则下陵上，裔乱华，亡国破家，杀身如偿券。孔子伤之，欲返诸礼而无其位，故因《春秋》以见意，以为修整于既往，其召福祥也如彼；勃乱于当今，则婴毒祸也如此。左氏亲受指归，故于礼之源流得失反复致详焉。周公、孔子治道之穷通，萃于一书。若其劝惩之旨，则婉而多风矣。时以为君子，则君子之；时以为善，则善之。冀此心默喻于千载，谨守逊言之戒，以全《春秋》付托之重。然其以礼爱护君父，不已深切著明哉！奈何杜预以周利之徒，懵不知礼文者，蹶然为之解，俨然行于世，害人心，灭天理，为左氏之巨蠹。后生曾不之察，腾杜预之义而播左氏之疵，左氏宁受焉？亦见其粗中薄植一魏晋之妄人，莫觉莫悟，何有于古学哉！区区之衷，久怀愤懑，遂补注十二卷，发明婉约之旨，胪陈典章之要，象纬堪舆之细碎亦附见焉。《注疏》之谬，逐条纠驳，各见于卷。则左氏之沉冤稍白，杜预之丑状悉彰。其幺麿蠡类，横葭左氏殆不足辨，不悉著。夫百家传闻，众言淆乱，与公羊、穀梁、司马迁事辞之悖谬，别为考异，不列兹编。噫嘻！昔者贾逵之讼左，不尽括左氏之长；刘炫之规杜，又不足仆杜预之短。是以芳烈不扬休，赤臭未末杀。小子何人，敢与兹事？将前哲之所启牖乎？今险愎刻薄之人，有窃钻何休之余窍，以诖误梧子，何不仁之甚也！盖圣世之贼民而已矣。

沈钦韩《幼学堂诗文稿》文稿卷七《答董琴南书》云：

　　钦韩归家，不敢怠荒，慨然念《左传》之书，一厄于《公羊》横行之日，再厄于杜预孤行之后，其微旨奥义，蒙于粪土蕾秽之中，而莫能澡雪。刘敞之徒，猖狂妄论，由于杜预之疢痏，而为左氏之诟病。孔颖达等素无学术，因人成事，《五经正义》稍有伦理者，皆南北诸儒之旧。观其固陋之习，最信《伪孔传》、杜预，于郑氏敢斥曰不通不近人情，于服氏曰尚不能离经辨句，何须著述大典？尊崇杜预，谓礼经为不足信。狂惑叫号，而郑之他经、服之《左传》由此废亡。名曰表章经学，实乃剥丧斯文，可胜恨哉！不揣浅陋，为《补注》十二卷。凡杜预之叛经诬传，纠摘纰缪，皆刘炫、卫冀隆所未及。其典章名物训故，皆补其败阙。盖用心十余年，而今始有成书。若《公》《穀》之诬妄、周汉诸子之异同，别为《考异》十卷。穷而自力于学，斯亦取征于足下者乎！

五十一、林春溥

（一）　林春溥其人

　　林春溥（1775—1861），字立源，号鉴塘、纳溪。福州闽县人，世居道山路怀德坊。嘉庆七年（1802）成进士，选翰林院庶吉士，散馆授编修，充文渊阁校理等职，历任顺天乡试、会试同考官，后讲学南浦、鹅湖、鳌峰诸处。潜心研究史学，著有《开辟传疑》《古史纪年》《古史考年异同表》《竹书纪年补证》等。

（二）林春溥的文献辨伪

林春溥《开卷偶得》曰：

《古文尚书》自朱子始疑之，后之和者众矣，一则以文之平易也，二则以出之太晚也，三则以为采辑补缀无一字无所本也。抑余亦有疑者。凡文之征实者不容伪，如《尧典》之命四仲，《禹贡》之叙九州，《洪范》之纲举目张，《顾命》之胪陈名物，皆非古文所及。平心而按，实有判然不同，然其间微言大义，酝酿宏深，语醇而气厚，亦决非晋人所能伪。即令采辑补缀，岂能浑然天成如己自出？衍至二十五篇之多，试使议古文者如其说而为之，恐不能成一篇，亦复谈何容易乎？今以源流考之，安国所传约有数派，其一以传都尉朝，而倪宽亦从安国受业，司马迁亦从安国问故；其一则安国以下世传《古文尚书》，然《史记》所引用不出伏生二十九篇之外，而欧阳、大小夏侯《尚书》皆出于宽，则仍伏氏之本也。盖古文增多，未奉诏旨，立博士，设弟子，安国不敢私授，其所称问，故受业者，不过就二十九篇中质其疑义，考其同异，如刘向以中古文校欧阳、大小夏侯三家经文，贾逵撰欧阳、大小夏侯《尚书》古文同异是已，惟孔世传及都尉朝等，乃其嫡派，其传授序次固有不可诬者。按《汉书·儒林传》："安国以古文授都尉朝，朝传之胶东庸生，生传之清河胡常，常传之虢徐敖，敖传之王璜及平陵涂恽，恽传之河南桑钦，而贾逵父徽实受书于涂恽，逵传父业，远有源流。"至晋太保郑冲以古文授扶风苏愉，愉授天水梁柳，柳授城阳臧曹，曹授汝南梅赜，遂于前晋奏上其书而施行焉，是岂出梅赜一有之手哉？朱子曰："孔书至东晋方也，前此诸儒皆未见，可疑之甚。"今按：《汉书·路书舒传》引《书》曰："与其杀不辜，宁失不经。"《春秋繁露》引《书》曰："尔有嘉谋嘉，犹入告尔君于内。尔乃顺之于外，曰：此谋此犹，惟我君之德。"又引《书》曰："厥辟不辟忝厥祖。"又《书》云："高宗谅闇，三年不言。"《说苑》引《书》曰："百姓有过，在予一人。"引孔子曰："木受绳则直，人受谏则圣。"《风俗通》引《尚书》曰："纣为逋逃渊薮。"《后汉书》刘梁引夏书曰："念兹在兹，顺事恕施。"《论衡》引《武成》"牧野之战，血流浮杵"。《说文》引虞书"牦"字及周书"若药不瞑眩"。《郑志》："赵商问成王，《周官》立太师、太傅、太保。"兹惟三公皆古文也，安得谓前此诸儒皆未经见邪？《淮南子》曰："禹执于戚儛两阶之间，而三苗服。"又曰："纣斩朝涉之胫而万民叛。"又曰："君子之居民，上以腐索御奔马。"《韩诗外传》引周制曰："先时者死无赦。"《论衡·答佞篇》云："故曰刑故无小，宥过无大。"盖亦得见古文，故有是语，否亦经师之所传说，但未能举其全篇耳。朱子又云："《书》凡易读者皆古文，岂有数百年壁中之物不讹损一字者？"又云："伏生所传皆难读，如何伏生偏记其所难，易者全不能记也。"案《汉书》："秦时禁《书》，伏生壁藏之。汉定，求其《书》，亡数十篇，独得二十九篇，即以教于齐鲁之间。"据此，则二十九篇故有其书，且以传于齐鲁矣。文帝求治《尚书》者，特以句读音义有难通晓，故使晁错往受之伏生，非谓竟无其书，待伏生纪录而后有也，何偏记难之有，至谓数百年壁中之物岂无讹损一字，则疑窦实在乎此。窃意壁书初出，当如今世民传《逸周书》摩灭脱损不一而足，又字皆难识，安国即以今文推识其字，因于二十九篇之外求其脱损少而有文义可寻者，引伸触类，遇必不可知之字，则以意润色之，遇有残缺，则采古书之零章断句以补缀之，其脱损多而文复古奥难晓，及征实纪载难以意造者，则皆舍之。此古文之所以皆空虚平易，而牵缀痕迹之处亦或不免也，岂凭虚采辑之所能为哉？然则读《尚书》者当如何？曰：吾人当学孔子之"信而好古"，不当学孟子之"尽信书则不如无书"。

五十二、胡承珙

（一）　胡承珙其人

胡承珙（1776—1832），字景孟，号墨庄，安徽泾县人。幼颖悟，十三即入邑庠。嘉庆乙丑（1805），成进士，选庶吉士。散馆，授翰林院编修。

自少工词章，通籍后，究心经术。遇有讲求实学者，率殷勤造访，引为同志。人或投以撰著，必细加考核，别其是非，不为虚文酬酢。解经多心得，不苟同前人。归里后，益专力著作，不预外事，住经恒至夜分，寒暑弗辍。凡成《毛诗后笺》《仪礼古今文疏义》《尔雅古义》《小尔雅义证》《求是堂诗文集》等。

（二）　胡承珙的文献辨伪

《求是堂文集》卷四《小尔雅疏证序》云：

> 《小尔雅》一卷，见于《汉·艺文》《隋·经籍志》者，孔鲋之本，李轨之解已不可复见，今所传者具载于《孔丛子》第十一篇，世遂以《孔丛》之伪而并伪之。戴氏东原谓是后人皮傅撮拾而成者，非古小学遗书也。以予考之，汉以后传注家征引此书者：王肃之说见于《诗》《礼正义》；杜预之注《左传》，训诂多与之合。至郦注《水经》，始明著书名。其后陆氏《释文》、孔贾经疏、释玄应《一切经音义》、李善《文选注》征用尤伙。持较今本，则皆灿然具在。其逸者不过数条，则安知非伪造《孔丛子》者剿取入之，而诸儒所见之本固犹无恙邪？若戴氏所疑，则亦有说……凡戴氏所难，皆无可疑者。其他训诂名物为《尔雅》所未备，而有补于经义者尚多。予曩时晤阳湖洪北江先生，曾属为一书，疏通而证明之。

《求是堂文集》卷四《小尔雅疏证序》亦云：

> 《小尔雅》者，《尔雅》之羽翼，六艺之绪余也。《汉书·艺文志》与《尔雅》并入《孝经》家，扬子云、张稚让、刘彦和之伦皆以《尔雅》为孔门所记以释六艺之文者，然则《小尔雅》犹是矣。汉儒训诂多本《尔雅》，毛公传《诗》，郑仲师、马季长注《礼》亦往往有与《小尔雅》合者，特以不著书名，后人疑其未经援及，然如《说文》所引《尔雅》之则固明明在《小尔雅》矣。其中如金鸟之解、公孙之称、请命之礼、属妇之名，合符诗书，深禅经谊。沿及魏晋，援据益彰。李轨作解，

今虽不存。而所注《法言》曼无劭美，即用雅训，是固足以名其学矣。唐以后人取为《孔丛子》第十一篇，世遂以《孔丛》之伪而并伪之。而郦氏之注《水经》，李氏之注《文选》，陆氏之《音义》，孔、贾之义疏，小司马之注史，释玄应之译经，其所征引，核之今本，粲然具存，此可见《孔丛》本多刺取古籍，而所取之《小尔雅》犹系完书，未必多所窜乱也。

《小尔雅疏证》谓《小雅》虽为后人列入《孔丛》，未必多所窜乱，不得以伪《孔丛》而并伪之。取戴震所疑四事，一一辨释，具载本书。

五十三、宋翔凤

（一）宋翔凤其人

宋翔凤（1779—1860），字虞庭，又字于庭，长洲（今江苏苏州）人。早年师事段玉裁、张惠言。嘉庆五年（1800）举人，授泰州学正，官湖南宝庆府（今邵阳）同知。著有《过庭录》《论证郑注》《大学古义说》《孟子赵注补正》《尚书谱》《小尔雅训纂》《尔雅释服》《朴学斋文录》《香草词》《碧云庵词》等书，又辑《五经要义》《五经通义》。生平事迹见《清史稿》卷四八二、《清史列传·儒林传》。

（二）宋翔凤的文献辨伪

1. 《子夏易传》
《古今伪书重考》云：

> 《释文序录》云"《子夏易传》三卷"，《七略》云"汉兴，韩婴传"。《七略》此文亦见《唐会要》引王俭《七志》所引刘向《七略》。考《汉书·儒林传》曰："韩婴，燕人也。景帝时至常山太傅，后其孙商为博士。孝宣时，涿郡韩生其后也，以易征，待诏殿中，曰所受易即先太傅所传也。"顷见宋翔凤《过庭录》有"子夏为韩婴孙商之字"一条，亦足备一解。盖本婴所传，而其孙商成此书，故曰《子夏易传》欤？然此书久佚，清孙冯翼、张澍、马国翰、黄奭俱有辑本。若晁氏《读书志》所指《子夏易传》，唐人张弧伪作，乃别一书，勿混为一。而《汉魏丛书》本《子夏易传》，又宋以后人伪作，更非张弧之书，断为伪中之伪，清《四库提要》已明言之。别详《汉书艺文志讲疏》。

2. 《古文孝经》
宋翔凤《过庭录》卷十云：

> 唐司马贞议云："古文二十二章，中朝遂亡其本，近儒欲崇古学，妄作此传，假称孔氏，穿凿更改，又作闺门一章，刘炫诡随，妄称其善。且闺门之义，近俗之语，必非宣尼正说。按其文云：'闺门之内，具礼矣乎，严父严兄，妻子臣妾，由百姓徒

役也，是比妻子于徒役。文句凡鄙，不合经典。'"按，司马氏驳阄门之义甚当。况《孝经》已云："治家者不敢失于臣妾，而况于妻子乎?"是以妻子亲于臣妾，兹又以妻子臣妾并举，而比于百姓徒役。且百姓、百官也，即臣之类，岂可侪于徒役? 圣人必无是言。

今按，《孝经》有古文今文之争：《今文孝经》十八章，谓河间人颜芝所藏，而芝子贞出之者。传之者有长孙、江、后、翼四家。《古文孝经》二十二章，谓系孔安国本，孔氏壁中所藏，孝昭时鲁国三老所献，建武时议郎卫宏所授，皆口传，官无其说。（见《说文》许冲所上书）至隋开皇十四年，秘书学生王逸得古文本于市人，刘炫校定之，著《稽疑》一篇，以为《孔传》复出，当时俱哗其伪。（黄云眉《古今伪书考补证》）

3.《鬻子》

宋翔凤《过庭录》卷十三"鬻子"条曰：

> 《鬻子》书已不传，今传逢行珪注《鬻子》乃是伪书，惟《新书·修政语》二篇当采自《鬻子》。凡文王以下问者，皆在下篇。其上篇载黄帝、颛顼、帝喾、尧、舜、禹、汤之言，皆《鬻子》所述以告文王以下者也。道家之言，皆托始黄帝，故《七略》列于道家，而以为人君南面之术，固治天下之书也。汉人言黄老，知老子亦出黄帝。

4. 宋广平《梅花赋》

> 广平之赋久佚不传，今传《梅花赋》，其中多袭忠定之语，是通篇亦多袭李意，知伪作自有蓝本。王志坚谓今《梅花赋》为明人拟作，刻《文致》中，然元刘壎《隐居通议》载广平《梅花赋》二篇，其一即今所传之赋也，又一篇绝异，又用唐末宋初事，《通议》亦断为他人所作，则此二篇皆宋、元间人依托。

五十四、管同

（一）管同其人

管同（1780—1831），字异之，上元（今属南京）人。与方东树、梅曾亮、姚莹被世人称为"姚门四杰"。著有《因寄轩文集》《因寄轩诗集》《皖水词存》等。

（二）管同的文献辨伪

1.《左传》

管同《因寄轩文集》初集卷三《读三传》云：

> 旧皆言左丘明学于仲尼，公羊、穀梁受经子夏，而作《春秋》三传。吾谓不然。

今左氏非出丘明所作，朱子尝言之，世或未然。其说若公羊、穀梁受经容出一师，而说者以师为子夏，则非其实矣。始吾读孟子，窃怪于左氏无所称述，而葵丘盟辞及其事则齐桓晋文等语所说略与公、穀同，亦疑二传诚先孟子。及今思之，孟子谓白圭云子之道貉道也，下乃详言貉事，是貉之说自孟子发之，前所未有，而今公羊初履亩传乃曰大桀小桀、大貉小貉。《穀梁传》曰："爱人而不亲则反其仁，治人而不治则反其智，礼人而不答则反其敬。"穀梁言此本引旧说，故其上加"故曰"之文，而是六语者又实出于《孟子》。由是言之，公羊、穀梁皆尝取《孟子》为传，而非《孟子》有取于二书也。夫子夏逮见魏文侯，其徒固与孟子相及，而要犹差先。今其书乃有是，是何故哉？周人之说《春秋》也，初不及三传，惟韩非书载楚灵弑郏敖，以为《春秋》记之，其文乃出《左氏》，而《公羊》、《穀梁》诸书无道及者。至秦博士，诸生对二世始用人臣无将之语，然犹不谓出于公羊，盖公、穀之后于左氏其时多矣。且刘向、班固皆不载二传，在周相传之序，惟戴宏独言之，谓二子受经子夏，此恐经师附会之辞，不足深信。吾谓公羊、穀梁皆周末魏惠襄后人，故其书用《孟子》，而又明引《尸子》。尸子者，其即商鞅之师，所称尸佼者与？

管同认为《左传》非左丘明所作。

2.《晏子春秋》

管同《因寄轩文集》初集卷三《读晏子春秋》云：

阳湖孙督粮星衍甚好《晏子春秋》，为之音义。吾谓汉人所言《晏子春秋》不传久矣，世所有者，后人伪为者耳。何以言之？太史公为《管晏传》赞曰："其书世多有，故不论论其轶事。"仲之传载仲言交鲍叔事独详悉，此仲之轶事。管子所无以是推之，荐御者为大夫，脱越石父于缧绁，此亦婴之轶事，而《晏子春秋》所无也。假令当时书有是文如今《晏子》，太史公安得称曰轶事哉？吾故知非其本也。唐柳宗元者，知疑其书，而以为出于墨氏，墨氏之徒去晏子固不甚远，苟所为，犹近古，其浅薄不当至是。是书自管、孟、荀、韩，下逮韩婴、刘向书，皆见剽窃，其诋訾孔子事，本出《墨子·非儒》篇，为书者见《墨子》有是，意婴之道必有与翟同者，故既采《非儒》篇入《晏子》，又往往言墨子闻其道而称之。是此书之附于墨氏，而非墨氏之徒为是书也。

且刘向、歆、班彪、固父子其识皆与太史公相上下，苟所见如今书多墨氏说，彼校书胡为入之儒家哉？然则孰为之曰其文浅薄过甚，其诸六朝后人为之者与？《崇文总目》称晏婴六篇已亡，今书出后人采撷，其言尤信。

此辨《晏子春秋》非墨氏之徒所为。严挺《晏子春秋辨证》论柳宗元、管同二人之说曰："此二说者，有同有异，其谓书非晏子自为，此柳宗元、管异之之所同也；若一认为墨者之徒有齐人者为之，一认为六朝人为之，一则证于《晏子春秋》，一则旁考于子长《史记》，此又柳、管之所异也。虽然，二子之论皆非也。"又曰："惟异之之论，凭空取巧，不足以服子厚之心，实则证子厚之论为是为非，予意当求之《晏子春秋》焉。"又曰："管同之论，亦非也。何以验之？太史公曰：'至其书世多有之，是以不论，论其轶事。'轶事者，书内之轶事，抑管仲、晏婴之轶事，史公未言也，故同之据为书内之轶事者，非也。纵令轶事为书内之轶事，而管同之论亦自欺而欺人者也。同曰：'仲之传载仲与鲍叔事独详悉，此仲之轶事，管子所无。'噫！《管子》何尝无是事乎？《大匡》一篇载有二说，《小匡》篇内亦稍称焉，又于柯之会曹沫以剑击桓公之事，史迁记之，《管子》亦载。同又曰：'荐御者为大夫，脱越石父于缧绁，此亦婴之轶事，而《晏子春秋》所无也。'是又不然，盖《晏子春秋》亦记此事，见卷五第二十四、二十五两章，开卷即得，胡谓婴之轶事《晏子春秋》所无耶？然则轶事之不训为书内之轶事，亦于此可见矣，同特凭空取巧耳！且同之谓《晏子春秋》为六朝后人所为者，亦非也。"

黄以周《读晏子》驳管氏之说曰："《晏子》之为书，孙伯渊力表章之，不复赘言。然外篇有不合经术，内篇亦多及身后之事，《晏子》一书信非平仲手撰也。或说出于齐之《春秋》，或说其宾客裒集成之，斯言当有所据。……近管异之又嗷嗷于是书，据《史记·管晏传》以荐御者、脱越石父为轶事，今书有是文，遂断汉人所言《晏子》不传已久，世所有者其文浅薄，六朝后人为之。盖异之于刘向之《叙录》未之细读也。向之言曰：'所校中书《晏子》十一篇，臣向谨与长社尉臣参校雠，太史书五篇，臣向书一篇，参书十三篇，凡中、外书三十篇。''中书'者，所谓禁中之秘书也，言中者以别于外；'向书一篇，参书十三篇'，所谓外书也。'凡中、外书三十篇，除复重者二十二篇，定著八篇'，是中书十一篇，外书十四篇，皆有复重也。汉太史亦藏书，所藏《晏子》五篇，盖最初之本，其书无复重，又不及荐御者、脱越石父诸事，太史公之所见者，太史书之五篇也，故作《管晏传》详叙二事，以补太史书之轶，而刘向校书遂附此事于五篇之末。然则世所行之《晏子》，即刘向校定之本，而刘向所校定之八篇，其文虽增，而前五篇之章节大判仍太史书最初之本也。管异之谓汉时《晏子》不传，固未核实；以其文为浅薄，亦可谓不知言。柳氏之论，前儒辟之已力，近无识之徒又翕然宗异之言，甚矣文人难与道古！而世之溺于文者，又好耳食也。"

3.《墨子》

管同《因寄轩文集》初集卷三《读墨子》云：

太史公说墨子，或曰并孔子时，或曰在其后。吾观墨子书，称墨子南游于楚，见楚献惠王，献惠王以老辞。楚惠之卒去梁惠止五十年，而孟子见梁惠时年已老，是则墨子仅差先于孟子。其称告子胜仁，譬犹跂以为长，偃以为广，此告子疑即《孟子》之告子。韩非言：自墨子死，有相里氏之墨，有相夫氏之墨，有邓林氏之墨。孟子所称墨者，夷之不知其为三氏之徒耶？抑亲受业于墨子者耶？要之，墨与孟时特相近，观墨子书文拙而义浅，疑不足动人，然其大意则欲上下君臣去差等而均劳苦，彼愚而贱者岂不欲其术之速行哉？凡异端之惑人，必先有以中人之欲，而墨之与佛，其尤工于煽诱也夫。

4.《吕氏春秋》

管同《因寄轩文集》初集卷三《读吕氏春秋》云：

襄尝疑言严酷者必曰秦法，然观不韦为相，乃敢广致宾客以著书，书且诋訾时君为俗主，至数秦先王之过，无所惮，而不闻秦以为罪也。疑秦法犹宽于后世矣。及读《史记》，始皇帝十年，不韦已免相，犹纳茅焦之谏，而迎太后于雍，又因李斯上书除逐客令，然则秦虽暴，初不罪言者，故用其力卒以并天下。至三十四年，用李斯议，始有"诽谤者族，偶语《诗》《书》弃市"之令。曾不旋踵，而社稷墟矣。呜呼！秦之事至恶，不足道，然其并天下也，以能用人言，其失天下也，以不闻其过。秦固如此，后之有国家者其亦知所鉴哉！

5.《燕丹子》

管同《因寄轩文集》初集卷三《读燕丹子》云：

太史公谓世言荆轲，其称燕太子丹之命乌头白、马生角也太过。乌头白见今《燕丹子》。然《燕丹子》要为伪书，其言丹事大要剽《史记》，独谓荆轲已劫秦王而宽使听琴，秦王因琴声，遂脱走以杀轲。此所言与史异耳。甚矣哉，儿童之说也！《汉·艺文志》《荆轲论》五篇，司马相如等论之无《燕丹子》，而唐人修《隋书》，乃著录以传于世，是可信乎？

今按：《燕丹子》非伪书。

6.《司马法》

管同《因寄轩文集》初集卷三《读司马法》云：

姚姬传先生尝谓今《司马法》为东晋后伪书，非汉人所言之本。同谓今《司马法》后二篇文甚古，恐非东晋后人所能伪作。若前三篇，则其辞诚浅，不可谓之洪阔深远矣。然考魏武序《孙子》，引是书云："人故杀人，杀之可也。""故杀"谓有意杀人，今律文犹有是语。今本乃于人下增"是"字，而杀人下增"安人"二字，则其上语意不可复通。又今本云："国容不入军，军容不入国。军容入国，则民德废；国容入军，则民德弱。"上二语见《汉书》，下四语始亦疑其伪作，及观刘渊林《吴都赋注》全引是文，而"民德废"作"民德麃"，麃与弱对，且语意绝精，作废者乃以字形相近而讹。愚乃知古书庸浅大抵传久舛误，而浅者以意增损其间耳，非其书本固然也。夫作伪者不能无依据，故采撷他书，十常八九。今《司马法》于《汉书》《周礼注》所引之文，同者仅十一，而不见且十八九焉。使其作伪夫，岂不知多取之而割弃若斯乎？《汉·艺文志》："《司马法》百五十五篇。"及《隋志》乃云三卷，而李善注《文选》所引是书多同孙子之文，然则今之五篇尚非《隋志》三卷之全，其古书所引多不在其中，盖无足怪矣。又考《隋志》贾诩注《司马法》三卷。今《文选》李注载《司马法》曰：古者以仁为本，以义治之之谓正。曹操曰：古者五帝三王以来也，仁者生而不名，义者成而不有。是此书在唐时犹有孟德注，而《隋志》无之。然则古书或著录而亡，或无录而在者，诚亦众矣，未可以篇章语句之不符而遂疑其伪也。

今按：此条辨伪材料至为高明，所谓"未可以篇章语句之不符而遂疑其伪"，较之于其师姚鼐，可谓青出于蓝而胜于蓝。

7. 《六韬》

管同《因寄轩文集》初集卷三《读六韬》云：

> 姬传先生尝据《汉志》谓："《六韬》非言兵，亦无与于太公。"今《六韬》徽取兵说，附太公而弥鄙陋。同谓今《六韬》为伪书，阎百诗已言如此。然考汉人言《六韬》，其说盖已相乖异。刘向、班固列周史《六弢》于儒家，且言惠、襄之间，或云显王时，或曰孔子问焉，而《后汉书·何进传》乃言太公《六韬》有天子将兵事，则是《六韬》果出太公，果言兵而非儒术也？何以乖错如此？《蜀志》注载诸葛亮集先主遗诏，敕后主云："闲暇历观诸子及《六韬》《商君书》，益人神智。"又云："闻丞相为写《申》《韩》《管子》《六韬》一通已毕。"详此语，是《六韬》乃类管、商、申、韩，必非儒家之术、不知周史《六弢》与太公《六韬》实二书，而《汉书》遗其一耶？抑东汉时《六韬》已亡，而当世人所言者即伪书耶？是皆不可知也。要之，周史《六弢》其书虽不可复见，而庄子载女商云："纵说之则以诗书礼乐，横说之则以金版《六弢》。"则《六弢》之文特约于诗书礼乐，岂言兵而管、商、申、韩之比哉？先生辨《六韬》言斤言乌，乃魏、晋、齐、梁后语。同谓不待魏、晋、齐、梁、东汉人所言，盖已非其真本矣。惜夫不克复见先生而更正之也。

8. 《河间乐记》

管同《因寄轩文集》初集卷三《辨河间乐记》云：

> 震泽任文田集古书为述记，而中载《河间乐记》九篇。予考《河间乐记》不传久矣，《汉·艺文志》谓自刘向校书，得《乐记》二十三篇，与王禹不同，其道寖以益微。盖自今《乐记》既行，而河间所采者已寖废，安得至今而尚存耶？其书以《乐气》至《乐歌》分为九篇之目，不知《古河间记》乃有《乐元》一篇。班固《白虎通》《汉·食货志》邓展注皆载其名矣。《食货志》言《乐语》有五均，邓展谓《乐语》河间献王所传道，任似见此，故其书亦载五均之说。然臣瓒注引《乐语》文云："天子取诸侯之士，以立五均，则市无二贾，四民常均，强者不得困弱，富者不得要贫。"则公家有余恩及小民矣。今任书第言五均，而臣瓒所引者皆不见此与？《白虎通》所引《乐元》语二十四句，真古《河间乐记》之文也。而任书皆无之，岂可信哉？其书稽古者已疑焉，而浅者或不知，吾故聊为之辨。若其文辞格致出于近代，而非西汉人书，则知文者可一见决矣。

9. 《招魂》

管同《因寄轩文集》初集卷三《读招魂》云：

> 旧皆谓《招魂》为宋玉作，太史公赞屈原曰：予读《离骚》《天问》《招魂》《哀郢》，悲其志。《招魂》亦原之为耳，岂玉作哉？其文之旨，首言魂魄离散，盖谓故国难安，亦尝有九州相君之志矣。卜居所云心烦虑乱时也，顾以义不可去，故招使

归来，然招之必托于帝告巫阳者，何也？孝子之于亲天，性也，忠臣之不忍离君，亦天命而已矣。其文之中，至乱辞之首，乃盛陈楚邦繁盛，则意讥。顷襄犹庄辛，论幸臣之旨，父死于秦，不思报复，而乃逞声色，纵猎游，侈陈之，正以见王之不道，而难与有为也。其文辨博阔丽，殊不易晓，故于篇终明见其意曰："魂兮归来哀江南。"君子之居季世也，欲他去则于义难安，欲不去则其忧不可解。在位而极言之，犹冀其君之一悟也。而为君者必屏弃放逐，遏其身而杜其口，虽不去亦何能为哉？则戚戚焉惟日忧故国之将亡而已矣。哀江南者，即庾信《哀江南》意也。自王逸以来，率不达其旨，猥以玉招原魂释之。是文首即曰"朕幼清以廉洁玉招原魂"，而谓原为朕耶？且数义者何由可通也？吾观阮籍《咏怀诗》首用湛，湛江水上有枫语，而继之朝云荒淫为黄雀哀等句，盖嗣宗追咎明帝之昏荒而作诗，以屈原庄辛自况也。其于斯文殆已得其解与？

10.《辨奸论》

管同《因寄轩文集》二集卷一《书苏明允辨奸论后》云：

> 苏明允《辨奸论》诋斥荆公，宋方勺《泊宅编》言其本末甚备。顷见周密《浩然斋雅谈》，谓尝见陈振孙，说此论亦间及二程。此本臆说无凭，而近世辟宋儒者多喜道之，其亦谬矣！明允之卒，张方平为墓碣，特载此文为荆公而作，子瞻有谢书可考也。当明允至京，盖在嘉祐治平之世，其时欧公既为介甫延誉，而潞公为相，又请不次擢用，以激奔竞之风，故论曰盖世之名而贤者有不知，若明道、伊川则自神、哲两朝始出仕，其于是论无一可合焉。夫面垢不洗，衣垢不澣者，介甫之实事，当其少年，尝见戒于韩魏公矣，世岂有囚首丧面之二程也？呜乎！道学之尊，犹天地日月也，纵使明允著论讥之，于二程亦何损，又况牵合臆决，绝不考其当时之事，彼振孙与密者亦何心哉？

此条材料证实《辨奸论》为苏洵真笔，并非伪作。

11.《撼龙经》

管同《因寄轩文集》二集卷二《龙经序》云：

> 予尝校定《地理犀精》，序而刻之，以为犀精之书精奥独辟，泄山川之奇秘，开后人之心胸，言地理者诚无出乎其右焉。然读其书，则原本杨、曾、廖、赖，而自景纯《葬经》而外，首推杨公，则《龙经》其最善已。譬之山犀精者，嵩、华而龙经其来脉也。譬之水犀精者，江河而龙经其发源也。龙经之难解者，由于辨星高文良以为其病有二，不能以破禄中分兼带不能向头尖处认正形，遂以为按山川而不合，委弃其书而不用也。可惜也！夫非深明地理者，盖不能为是言。是书坊本流传率多讹舛，虽文良公悉力校定，终以未得旧本为憾。予访求二十年，获见明万历壬子婺源吴位中刊本，又于孙渊如督粮家假得所藏宋刻本详校一过，始复其旧。按："龙经"之名，后人妄改为"撼龙"。昔廖君有言景纯《葬经》最精，其次则《龙经》为妙，由是言之，后人改名"撼龙"者谬，而吴本仍名"龙经"者真善本也。世传杨君之书不

止一种。今详校《龙经》，始知是书之外，如《断制》《粹言》及《形穴》所属星象议论等篇，悉出后人伪托，杨君以为重罪，故序而刊之，以公同好，使夫读犀精者，因流以溯源，穷端而竟委，地理之学庶几大明于世焉。

12. 薛文清公策问

管同《因寄轩文集》二集卷六《书薛文清公策问后》云：

薛文清公策问五十八首，前明时八世孙士宏刻于鄠县，今十一世孙天章天颜又重刊之。文清一代大儒，其议论止于如此。予初疑其非公作，及以《读书录》观之，则公言大抵朴实平易。此策问出于其手无疑也。语曰："非知之艰，行之维艰。"文清及本朝陆清献，读其遗书，似皆不能开发人意，而制行之纯，迥非他儒所能及，所谓耻其言而过其行者与？呜乎！必以高深超妙为儒言，则异学出矣。

13. 自称之义法

管同《因寄轩文集》二集卷六《题王悔生文集》云：

古人著书必自称名。《易大传》《论语》诸书则每篇称子，其始盖门人所记录，而沿及周末，则著书无不自子者矣。其在古未必然也。然以周人创之，则其例可用。唐宋人文柳子厚称柳子，苏子瞻称苏子，王介甫称王子，依仿古书，其称为有据。若夫字以表德，出于朋友之相呼。《论语》记颜渊、子贡云者，大抵他人所载述。古人著书必无自标其字者也。顷见恽氏《大云山房文集》，动于篇中署"恽子居曰"四字，意甚以为不典。恽氏孤学无师，无足怪耳。桐城王悔生从海峰游，于此等宜素讲，今其集首《孟献子论》亦自署"王悔生曰"，是岂合古人之义法哉？悔生文专学海峰，其序事颇有佳者，此则不当律令。予是以辨而书之。

"古人著书必无自标其字者"，据此"义法"，可以辨伪。

14. "别裁伪体"

管同《因寄轩文集》二集卷六《蕴素阁全集序》云：

文辞者，人之所自为也。自为之，则宜有工拙之殊，而不当有真伪之辨。而古之人有言曰别裁伪体，此何说也哉？无得于己，而剿贩古人，是谓无情之辞；无当于道，而涂泽古语，是谓无理之作。之二者，是为伪体而已矣。文辞之有伪体也，岂独明中叶为然。精而言之，子云之《法言》犹剿贩也；元和之雅颂，犹涂泽也。设使后世复有删定之圣人，则二者亦必归诸伪体。何者？为其专事诗文，而情理中有不足故也。予同年友盛君子履，笃于天伦，交游遍海内，为教谕，不自闲其官，日与诸生讲解论说，暇则研究经史，著《蕴素阁诗文集》数十卷。盖子履之为人，深于情而不悖于理者也，其论文也，以望溪方氏为隘，颇不循其义法。予则未知其何如。要之，子履之文，举其所学而笔之于书，无依傍之心，无摹拟之迹，大抵力将其真而不为伪体，是则其所长而已矣。若夫骈体、诗余，其制不同于古文，而君之为之则壹以其为文之旨联而贯之者也。予与子履别有年矣，今年秋，子履访予于安徽，出其全集，属序。予读讫，因掇其为文之大旨为序以贻之。

今按：《法言》不过模拟之作，将它视为伪作，未免失之于泛。如此别裁伪体，屈杀无边文士。

又按：《蕴素阁诗文集》作者为盛大士，其山水画以娄东王氏为宗。

15. 反疑古

管同《因寄轩文集》二集卷三《与吴子序书》云：

海内讲义理者或拙于文辞，工文辞者又疏于考证。吾师姚先生谓士必兼收焉然后为善。然而难觏其人也。足下其闻风兴起者与？佩服佩服！详观诸作，谓天子诸侯有冠礼，谓五祀主五行，有天下一国与有一家者，所祀不同，以至九庙缌麻十五升之解，殊皆的当。惟论禘及鲁郊禘二篇则同有疑焉。夫论禘以为祀天，而天分耀魄宝、赤熛怒等名，儒者固以为汉人之谬说矣。至于王肃、赵匡之解，朱子取焉，似已为确论。今足下谓商周禘契稷，以汤武配鲁禘，周公以伯禽配，如此则《祭法》《国语》皆不可信乎？太祖、始祖皆吾祖也，故《诗》曰"皇皇后帝""皇祖后稷"，经岂有谓汤、武为祖而契、稷非祖，特为祖所自出者乎？禘文从帝，故禘祖所自出，儒者必申以自出之帝，如以为祭诸侯，则禘何义乎？所谓庶子王亦如之者又何说乎？若夫鲁禘非礼，则周人已为是说，而《吕览》以为惠公请之，正欲为成王伯禽掩过耳。足下乃谓未尝非礼，以解《论语》犹可通，以解《礼运》孔子之言则不可通矣。夫经传之言固有芜杂，要当融会周浃，深思其义。《礼运》《大传》皆周末之书耳，禘祖所出，足下既深信而不疑，鲁禘非礼，周公其衰，则直断以为不出孔子，何以见彼之为真而此之必为伪也。凡此皆同之所疑也。同于禘义乡从宋儒，后闻钓台任氏之说，颇心折焉。若尊说则未安于心，不敢不以书布。

今按："融会周浃，深思其义"可谓文献辨伪之八字真言，也是对疑古派的最好砭石。

五十五、朱骏声

（一）朱骏声其人

朱骏声（1788—1858），字丰芑，号允倩，晚年又号石隐，吴县人。著有《六十四卦经解》《说文通训定声》《传经室文集》《夏小正补传》《离骚补注》《春秋左传识》《经史答问》等书。生平事迹见《清史稿》卷四八七、朱骏声自编《石隐山人自定年谱》。

（二）朱骏声的文献辨伪

1.《尚书·蔡仲之命》

朱骏声《尚书古注便读》云：

伪书因《左传》定公四年祝鮀之言而拟之。此篇古文原第在《固命》之后、《费誓》之前，当是穆王时蔡君，为度之孙若曾孙。古诸侯世子嗣位，必锡命于天子，此《序》之"蔡叔"非度，"蔡仲"非胡也。即《费誓》亦非伯禽，乃穆王时君，《序》言"伯禽宅曲阜"者，追叙始封之地，因嫌于君陈分正之东郊，故详记封地也。此与三监及淮夷叛、作《大诰》，乃两时两君两事，《史记》则误合为一耳！

2. 伪书确证

朱骏声《经史答问》卷四云：

问：伪《书》二十六篇，夫人知之，而毛西河独信之，有《古文尚书冤词》之著，其说不同，何也？曰：伪《书》有确凿可证者，如《尧典》"二十有八载"四句，《孟子》明引之，今分在《舜典》中，一也。《禹谟》引《左》庄八传"德乃降"，降乃夆服之夆，此鲁庄公语而误引之，二也。《五子之歌》乃太康、仲康、武观等兄弟五人淫溢康乐，遭羿之乱，须于洛汭，史臣伤时忧世而作；今以为太康有母弟五人皆贤，述禹戒而作歌，古书所未见，三也；《仲虺之诰》"推亡固存"四字乃《左》襄十四传中行献子语而连用之，四也。《汤诰》"敢用玄牡"数语，用《论语》，《墨子·兼爱篇》略同，然《论语》真孔注，谓《墨子》引作《汤誓》，而《墨子》则以为祷旱之词，五也。《咸有一德》"将告归"，按太甲复归之后，伊尹本无告归之事，此仿周公复政明辟之意凿空撰出者，六也。《旅獒》"獒"读为"酋豪"之"豪"，西戎无君，称强大有政者为"酋豪"，今乃以犬高四尺之"獒"当之，七也。《周官》"六服群辟"又曰"五服一朝"，按《禹贡》"五服"、《周礼》"九服"，且前后矛盾，八也。又"不学墙面"，用《论语》"正墙面而立"，使不读《论语》"墙面"二字，不知何语，九也。《君陈》"惟孝，友于兄弟，施于有政"，用《论语》而割去上"孝乎"二字，以《周语》"令德孝恭"代之，不知"孝乎惟孝"四字为句，自有伪《书》，至贻误后人，并《论语》亦误读，十也。又《尔雅》"风下民惟草"，用《论语》，然《论语》有"草上之风必偃"句，今割去此句，其谊难明，十一也。《君牙》"夏暑雨"四句，用《礼记·缁衣》，然《缁衣》"夏日暑雨，资冬祈寒"作对，"资"读为"至"也，今以"怨""咨"连文而去上文一"日"字，增下文一"咨"字，妄行改窜，十二也。此断非冤狱。

以上讨论毛奇龄《古文尚书冤词》之说，结论为："伪《书》有确凿可证者……断非冤狱。"并详列十二条证据。

3. 《子贡诗传》

鲁赐《诗传》与申培《诗说》大同小异，余以为鲁申培弟子有东海太守鲁赐，明嘉靖中丰坊所作伪书二种，一《诗说》、一《诗传》，非托于卫端木赐，乃托于东海太守、培之弟子耳！后人以讹传讹，遂以为孔子弟子子贡也。

五十六、沈涛

（一）沈涛其人

沈涛（1792—1855），原名尔岐，尔政，字西雝，一字季寿，号匏庐，嘉兴人。著有《论语孔注辨伪》《说文古本考》《常山贞石志》《畿辅金石记》《十经斋文集》《柴辟亭诗集》《匏庐诗话》《交翠轩笔记》《铜熨斗斋随笔》等书。生平事迹见《清史列传·儒林传》，附见《清史稿·黄易传》。

（二）沈涛的文献辨伪

1. 《论语正伪》《论语孔注辨伪》

《清代学人列传》：《论语》孔注之伪，自段茂堂发之，陈仲鱼昌言之，至先生乃设为五证，抉摘尽致，作《论语孔注辨伪》二卷。

2. 《竹书纪年》

> 《史记·五帝纪》正义引《括地志》云：故尧城在濮州鄄城县东北十五里。《竹书》云：昔尧德衰，为舜所囚也。又有偃朱故城，在县西北十五里。《竹书》云：舜囚尧，复偃塞丹朱，使不与父相见也。案，《晋书·束晳传》：《竹书》自《纪年》十三篇外，尚有《师春琐语》等七十五篇，则所引竹书，不知在何篇之中，非纪年之文也，今本《纪年》固非晋时旧文，而或据此以疑《纪年》之伪托，则非矣。

3. 《六韬》

沈涛《铜熨斗斋随笔》卷四"六韬"条云：

> 今《六韬》乃文王、武王问太公兵战之事，而此列之儒家，则非今之《六韬》也。"六"乃"大"字之误。《人表》有周史大弢。古字书无"弢"字，《篇韵》始有之，当为"弢"字之误。《庄子·则阳》篇："仲尼问于太史大弢，盖即其人。"此乃其所著书。故班氏有"孔子问焉"之说。颜以为太公《六韬》，误矣。今《六韬》当在《太公》二百三十七篇之内。

今按，姚振宗《汉书艺文志条理》卷二亦云："《庄子》有'仲尼问于太史大弢'，则确为大弢无疑。沈氏（即沈涛——引者注）所考，信有征矣。孙伯渊先生校刊《六韬》，编入《平津馆丛书》，其序反复辨证，谓即此《周史六弢》，盖考之未审，不可从也。"梁启超《汉书艺文志诸子略考释》亦曰："沈（即沈涛——引者注）说是，但今之《六韬》实亦伪书。"

第十二章

清代后期的文献辨伪

一、龚自珍

（一）龚自珍其人

龚自珍（1792—1841），一名巩祚，字璱人，号定庵，浙江仁和人。著有《尚书序大义》《大誓答问》《尚书马氏家法》《左氏春秋服杜补义》《左氏决疣》《春秋决事比》《定庵诗文集》等书。

（二）龚自珍的文献辨伪

1. 《古文尚书》

> 夫定石经，必改流俗。改流俗，大指有四：一曰改伪经，东晋伪《尚书》，宜遽削之，其妄析之篇，宜遽复并之。（《拟厘正五事书》）

2. 《最录尚书古文序写定本》

> 龚自珍曰：闻之外王父段先生，伪孔氏《尚书》，视马、郑本文字无大异也。枚赜及伪孔罪虽大，未尝窜改文字，又非别有经师相承，能异文字者也。《尚书》如此，《书序》亦然。自珍今写定《书序》，即用伪孔氏本，知枚氏罪在妄造故，伪孔罪在妄析故，罪皆不在文字间故。
>
> 又闻之段先生，凡经异师，异师则异字，家法相沿，其来绝旧。非考文之圣出于世，有德有位，未易言其是非而定于一者也。以《尚书》言，古文为《同命》，今文为《珣命》。何由知同之是耶？珣之是耶？

又闻之段先生，知汉师异字之不必改，则知后此无师妄改经者之亟当改。群经之厄小，《书》之厄大，伪孔之罪小，卫包之罪大。惟汉师异字不必改，"西伯戡黎"不依《史记》改"耆"。《牧誓》不依《说文》改《坶誓》，"贿肃慎之命"不依《史记》改"息慎"。《冏命》不依《史记》《说文》改《坰命》，《吕刑》不依《史记》改《甫刑》，《柴誓》不依《史记》改《誓》，余可推。惟唐以来，妄改经者亟当改，故《费誓》亟正之为《柴誓》，"东郊不开"亟正之为"东郊不关"。凡《卫包》所改字及板本误字，皆可推。

又闻之刘先生，成政当为成王征。龚自珍曰：王莽说明堂位之天子为周公，说《康诰》之"王若曰"亦为周公。此今文、古文大师所同，非宋儒胸臆所窥测也。朝诸侯则称天子，摄王则称王，何嫌何忌？朝野皆称王，史官书王，何嫌何忌？岂逆避王莽哉？公自公，莽自莽，又不系乎称王不称王。马融、郑玄受杜林漆简，《酒诰》之首，固曰"成王若曰"，成王也，在史臣区别之词，可谓一字千金也。然则《书序》何以概属之成王，成王有统有年，周公无统无年。

宋儒疑《书序》，最疑者，此篇也。何以疑？曰：此武王非成王也。自珍则本郑意而申其说曰：寡兄，周公称武王也。寡者，无二无匹最尊之词，孤亦无二无匹最尊之词，人君称君与夫人曰寡君、寡小君，皆非谦词。如曰谦词："毋坏高祖寡命。"亦谦乎？予一人，亦谦乎？蔡沈语甚辨，不知训诂，又□闻大义矣。见之兵备孙先生，刘歆《三统历》引《毕命》《丰刑》之篇十七字："惟十有二年六月庚午朏王命作册书《丰刑》。"当于《毕命》下，增《丰刑》字。自珍以为然，写本增两字。自珍又曰：《毕命》是古文多十六篇之一，郑康成见之，云是册命霍侯事，与《序》不相应，今《三统历》所引十七字，则不知其为册霍侯耶？册毕公耶？歆所见，与康成所见一书耶？两书耶？仅存旧题，大义盖阙。龚自珍曰：马、郑皆曰：百篇之序，孔子之所作也。

绎其文章，冲然浑圜，与《易·象》相似，纵非孔子，意者其游、夏乎？

可见龚自珍既受到其外祖父段玉裁的影响，也受到常州刘申受的影响。

3. 《尚书序大义》

《尚书序大义》为辨伪专书，文繁不录。

龚自珍诗云："孔壁微茫坠绪穷，笙歌绛帐启宗风。至今守定东京本，两庑如何阙马融。"小序云："戊子岁成《尚书序大义》一卷、《太誓答问》一卷、《尚书马氏家法》一卷。"俞樾有续刻《皇清经解》之议，曾将龚氏三种悉数纳入。

4. 《太誓》

龚自珍《太誓答问》为辨伪专书，总二十六篇。即：论伏生原本、论夏侯氏无增篇、论欧阳氏无增篇、论今文篇数具在、近儒异序同篇之脱非是、论五诰、论近儒《书序》当一篇之说、论班氏不以《书序》当一篇、论《书序》古今文并有、论后得者非《大誓》、论《大誓》晚立与伏生家法无涉、论《尚书大传》引此文之故、论孔壁中无《大誓》、论五十八篇之名、论刘向与班固袭称篇数之误、论班史称四十六卷之故、论隋史称二十五篇之谬、论唐人称三十四篇、论伪孔序称二十五篇之谬、论近儒遁词，论于充所考《大誓》篇数不合，论汉世何以不互校、论太史公古文之学、总论汉代今文古文名实、论

《大誓》逸文有二种、论东晋伪古文乘虚而入。

5.《周礼》《左氏传》

　　汉臣采雅记古仪官书，造《周礼》，又颇增益《左氏传》。（《乙丙之际塾议第十七》）

6. 最录列子

　　《列子》八卷，晋张湛注；明嘉靖中，吴郡顾春依宋景定改元龚自万本重刻者。自珍曰：列与庄异趣。庄子知生之无足乐，而未有术以胜生死也，乃曰：死若休，何容易哉！列子知内观矣。庄子欲陶铸尧、舜，而托言神人。列子知西方有圣人矣，其曰："以耳视，以目听。"曰："视听不以耳目。"于圣人六根互用之法，六识之相，庶近似之，皆非庄周所知者。求之庄，未可以措手足；求之列，手有扪而足有藉也。庄子见道十三四，列子见道十七八。丁大法之未东，皆未脱离三界。惜哉！

7. 道书

　　余平生不喜道书，亦不愿见道士，以其剿用佛书门面语，而归墟只在长生，其术至浅易，宜其无瑰文渊义也。独于六朝诸道家，若郭景纯、葛稚川、陶隐居一流，及北朝之郑道昭，则心喜之，以其有飘摇放旷之乐，远师庄周、列御寇，近亦不失王辅嗣一辈遗意也，岂得与五斗米弟子并论而并轻之耶？至唐而又一变，唐之道家，最近刘向所录房中家。（《上清真人碑书后》）

8. 佛书

　　第三十六问：全经颠倒、重复、蔓衍之故。答：易知也！西土有诸讲师，家置一编，户抱一偈，名闻利养之故。造作文字，有经之臣仆，有经之舆儓，舆儓又有舆儓焉。假如西土人来谭《春秋》《论语》，我土儒者取《春秋》《论语》付之，又误取二书之注疏付之，又误取二书之近世制举文付之，又误取制举文之坊刻评论付之，西土人不别也，尽译之以归。《法华》二十八品之东，亦若是乎？（《妙法莲华经四十二问》）

9. 七佛偈

　　《七佛偈》总一百八十八言，元虎溪师疑其伪。龚自珍曰：《七佛偈》无可疑也。凡虎溪所疑，及踵虎溪而疑者，总有四义，作九重破之：第一疑，谓大藏中无单行，故疑。破曰：教外别传，不在阿难结集中，破之一。复次，三藏十二部，各有体裁，伽陀只夜皆不单行，此伽陀也，前后无附丽牵连之文，不得单行，破之二。复次，达摩西来；口述梵语，未入大藏，破之三。第二疑，谓无译主之名，故疑。破曰：西土无赍来之贝牒，此土无诏译之帝王，译主辈冯何见之，而冯何译之？破之四。复次，达摩口传，即是达摩所译，译主许译经，达摩何以不许译偈？破之五。第三疑，谓天台慈恩贤首三家。皆不引其文，故疑。破曰：达摩口传至于六祖，六祖《坛经》数佛，必数释迦以前之六佛，《坛经》岂亦不可信乎？破之六。支那撰述引之者，有永明寿师《宗镜录》《景德传灯录》、契嵩大师《镡津集》，皆北宋以前矣，何必天台贤首？至慈恩宗，本不谭此义，宜其不引也。破之七。复次，六祖《坛经》不引之引，何子明引其文首尾具，始为引乎？破之八。第四疑，谓《付法藏因缘传》无之，故疑。破曰：著书者各有托始，此传托始释迦，有何可疑？破之九。以上九重义破四重疑竟。

10. 《大般若经》

龚巩祚曰：唐玉华寺译《大般若经》六百卷十六分，是西土伪经也。第二分，用秦译《摩诃般若波罗密经》，又模拟此经造四百卷，立初分，又模拟此经造百余卷，立第三分、四分、五分、六分；又取此经余滓，造数十卷，立第七分，至第十六分。独第二分是真经也。何以明此真？曰：龙树大士依此造论也。真经不恃唐译，鸠摩罗什、僧睿两大师，先勒成三十卷九十品，流通震旦矣。西土如别有六百卷者，龙树不应不言，罗什不应不见。且夫《摩诃》者，大也，三十卷九十品，已得一称，无容更有繁于此，更得大称者。盖判教诸师，判立三宗，中西并然。相宗、性宗，卷牒繁重，此师习此破相宗，欲敌余宗，恨文不富，门户小见，渐至僭伪。岂知教纵分三，佛止一佛，矧教纵分三，岂必卷牒相敌，始成三峙耶？龙树大士依三十卷九十品文，作《释论》一千卷，又名《大智度论》，罗什存一删九。龙树之言，圆赅三藏十二部教，不专诂破相。又龙树借此经，广明三藏十二部教，不专执破相。又龙树《释论》论也，十倍原文，体裁可尔，秦二师尚以为广而删之。唐师乃以经为略，又取西土伪经而译之，唐师所见，逊秦师远矣哉！唐圭峰大师曰："《般若》诸经，一气数百非字，一气数百不字，一气数百无字。"夫佛一代时教，立此一门，显此一境，标此一谛。判三宗者，是破相摄。判三乘者，是大乘摄。判四教者，是别教摄。审三谛者，是真谛依止。修三止者，是体真止依止。修三观者，是空观依止。发此音声，有此卷牒，有此言句矣。此言句者，不同相宗之艰言，不同性宗之辩言，不同小乘经之确言，不同陀罗尼之密言，不同伽陀之文言，最易剽窃，最易模拟，敷衍万倍，登龙宫之华严。求其后义，仍是前义，造作何难？然且校量功德，倍其文焉，然且广明罪报，恫喝挟制，又倍其文焉，使人敢怒而不敢议，我佛岂有是哉？使圭峰知予说，早唾置之矣。乃辟喻说之曰：佛说般若，醍醐也，模仿附益者，水也；醍醐一滴入一钵盂水，水多醍醐少矣，乃至入七钵盂水，水益多醍醐益少；《大般若》六百卷，是取醍醐一滴，入四大海水。（正译第五）

11. 《普贤劝法品》

第十二问：何以删《普贤劝法品》？答：伪经之最可笑者。凡恫喝挟制之言，皆西竺蛆虫师所为也。（详《正译第七》。）又此经自有《嘱累品》，不容益此品。

龚自珍认为，《普贤劝法品》为伪经之最可笑者。

12. 《司马法》

予录书至《司马法》，深疑焉。古有《司马兵法》，又有《穰苴兵法》，齐威王合之，名曰《司马穰苴兵法》，此太史公所言《司马法》宏廓深远，合于三代。穰苴区区小国行师之法而已。又太史公所言，二者合一百五十篇，宋邢昺所见也。见三卷者，晁氏也，见一卷者，陈氏也。实止一卷，为书五篇，则今四库本及一切本是也。其言孙吴之舆儓，尚不如尉缭子，所谓宏廓深远者安在？疑者一。自马融以降，引之者数十家，悉不在五篇中。疑者二。佚书乃至百四十有五，疑者三。存者是《司马法》，则佚者是《穰苴法》矣。齐威王合之之后，何人又从而分之，使之荡析也？疑者四。马融以下，群书所引，颇有三代兵法，及井田出赋之法，是佚书贤于存书远矣，是《穰苴法》贤于《司马法》远矣。疑者五。邢、陈、晁三君之生，不甚先后，所见悬殊，疑者六。道光壬辰闰九月，写《司马法》竟，并质六疑。（《最录司马法》）

龚自珍认为，《司马穰苴兵法》原来应为《司马兵法》与《穰苴兵法》。

13. 《李白集》

龚自珍曰：《李白集》，十之五六伪也：有唐人伪者，有五代十国人伪者，有宋人伪者。李阳冰曰："当时著述，十丧其九，今所存者，得之他人焉。"阳冰已为此言矣。韩愈曰："惜哉传于今，泰山一毫芒。"愈已为此言矣。刘全白云："李君文集家有之，而无定卷。"全白贞元时人，又为此言矣。苏轼、黄庭坚、萧士赟皆非无目之士，苏、黄皆尝指某篇为伪作，萧所指有七篇，善乎三君子之发之端也。宋人各出其家藏，愈出愈多，补缀成今本。宋人皆自言之。委巷童子不窥见白之真，以白诗为易效。是故效杜甫、韩愈者少，效白者多。予以道光戊子夏，费再旬日之力，用朱墨别真伪，定李白真诗百二十二篇。于是最录其指意曰：庄、屈实二，不可以并，并之以为心，自白始。儒、仙、侠实三，不可以合，合之以为气，又自白始也。其斯以为白之真原也已。次第依明许自昌本。（《最录李白集》）

龚自珍认为，李白既合庄子、屈原为一，又合儒、仙、侠为一。此说确为洞见，快哉！

14. 作伪亦须学问耳

自珍曰：阮公言是也，《史记》实有阙文，又有倒文，与石刻不符。前年于王侍郎（绍兰）斋中，获见北宋拓碣石秦刻文，与《史记》绝异。可是文宝只解抄《史记》，非解造秦刻，作伪亦须学问耳。（《秦泰山刻石残字跋尾》）

定庵此跋极有见地，深获我心。作伪须学问，辨伪更须学问。作伪不易，辨伪更难，最后都是斗智斗勇，看谁有学问。一部辨伪学史，就是一部相斫书。

二、魏源

（一）魏源其人

魏源（1794—1857），字默深、墨生、汉士，号良图，湖南隆回人。著有《诗古微》《书古微》《公羊古微》《海国图志》等书。又纂《圣武记》，编辑《皇朝经世文编》，后人汇集而成《魏源全集》。

（二）魏源的文献辨伪

魏源《书古微》对《尚书》真伪进行考辨，不仅承续阎若璩之说，辨东晋伪《古文尚书》，而且敢于质疑，进一步辨东汉马、郑《古文尚书》作伪，开创了《尚书》辨伪的新话题。

《书古微》对东晋伪《古文尚书》的辨伪分别针对伪孔的经文和注文两个方面。

其一，《书古微》辨伪古文臆造经文。

（1）东晋古文伪造"重华协于帝""文命敷于四海"之文，魏源重新辑补《舜典》，以正伪古文分《尧典》半为《舜典》之妄；"舜让于德不台"句，《史记·自叙》、班固《典引》引作"不台"，伪孔改为"不嗣"。

（2）"无若丹朱敖……予创若时"句与"娶于涂山……时乃功惟叙"句，魏源认为伪孔分别删去"帝曰""禹曰"，而概谓伯禹之词，与《史记》古文不合，抨击"伪孔敢以臆说改经文诬圣，狂颠君臣父子至千百年之长"。

（3）《五子之歌》系伪孔臆改敷衍之文，五子即五观，不肖，伪孔反以为贤；该篇名也是伪孔臆改，应作《五子之过》。

（4）《周礼》止有孤卿，而无三孤之名，伪古文所撰的《周官篇》则载三公、三孤之制。

（5）伪古文别撰《泰誓》三篇，《孟子》有"有攸不为臣，东征绥厥士女，筐厥玄黄，绍我周王见休"。其中"筐厥"句，郑注《禹贡》、郭注《尔雅》引为《尚书·胤征篇》，伪孔假造《泰誓》时用此文。

其二，《书古微》辨伪孔传的注文。

（1）《释道北条弱水黑水》辨伪《孔传》以《禹贡》黑水过梁州而入南海之说。

（2）辨伪《孔传》说《汤誓序》汤师从亳绕出桀西，乘其不意，并分析致误的原因是伪《孔传》以为汤从商邱迁至景亳，汤都在东方，"尽释伪《孔传》之诬"。

（3）魏源认为《盘庚》上篇"率吁众感出矢言"至"厎绥四方"为殷人不愿迁之词，伪《孔传》以篇首即盘庚誓词，故所释全与经义相反。

（4）伪《孔传》据刘歆三统历，以《康诰》《召诰》皆作于七年"复子明辟"之岁，并三年为一年，溷两地为一地。

（5）伪《孔传》因《书序》中《多士》《多方》《成王征》《蒲姑》等次于《洛诰》

复辟归政之后，臆解为再叛再征，傅会经文。

（6）《洛诰》末"戊辰，王在新邑，烝祭岁……惟周公诞保文武受命，惟七年"。伪《孔传》认为是始举新邑之祭，魏源认为是成王亲政之事。

（7）伪孔解《君奭》"时则有若甘盘"为"高宗即位，甘盘佐之，后有傅说"，魏源认为武丁初年有傅说，无甘盘；晚年则有甘盘，无傅说。一人异名，伪孔"甘盘旧学"之说有误。

《书古微》辨伪的主要目标不在"打死老虎"——辨东晋伪古文，而在于辟东汉《古文尚书》凿空无师传，在辨东晋伪古文之外，另辟天地，开启了新的学术话题。魏源不满"国朝诸儒知攻东晋晚出古文之伪，遂以马、郑本为真孔安国本，以马、郑说为真孔安国说，而不知马牛冰炭之不可入"（魏源：《书古微》，岳麓书社 2004 年版，第 1 页）。他将真《古文尚书》微言大义的湮没归咎于东汉《古文尚书》的出现，认为马、郑古文臆造矫诬，与西汉今古文判然二家，斥今文家为俗儒，致使东晋伪古文乘虚而入。因此，他要在辨东晋古文之伪的基础上，辟伪东汉古文，复还西汉今古文的微言大义。

魏源在《书古微序》中列数了马、郑古文不可信的五条依据，然而，这一辨伪成果仍有待商榷。魏源辨伪东汉古文，主要攻其两个方面：杜林漆本来源不明；马、郑异于他说。虽然他的辨伪内容仍有待商榷，但是他所运用的辨伪方法值得注意。

三、丁晏

（一）丁晏其人

丁晏（1794—1876），字俭卿，号柘堂，江苏山阳（今属淮安）人。著有《尚书余论》《郑氏诗谱考正》《毛诗陆疏校正》《论语孔注证伪》《孝经征文》《禹贡集释》《禹贡锥指正误》《曹集铨评》《石亭纪事续编》等。著书凡六十余种，生前汇刊部分著作为《颐志斋丛书》二十二种。

（二）丁晏的文献辨伪

1. 《古文尚书》
《颐志斋文集》卷一《尚书余论自叙》云：

> 乡先生阎潜丘征君著《尚书古文疏证》，抑黜伪书，灼然如晦之见明。古文之伪，至我朝而大著于世。晚进后生，皆知古文之为赝鼎矣。顾征君每云梅赜作伪，古文雅密，非梅氏所能为也。愚考之《家语》后序及《释文》《正义》诸书，而断其为王肃伪作。古文之排比细弱、剿袭复沓，其为魏晋间文字，善读者自能知之。然昔缀集而成，非肃之雅才好博，未易臻此。肃好作伪以难郑君。郑君之学，昌明于汉，肃为《古文孔传》以驾其上，后儒遂误信之。千数百年，莫能发其覆也。近世有惠松崖、王西庄、李孝臣诸先生，颇疑伪书作于王肃，而未能畅明其旨。愚特著论以申辨之。名曰"余论"，继诸先生之后也。夫西京孔安国只传授真古文，未尝著为传也。真古文久佚不传，今所传汉孔氏《书传》及《论语注》《孝经传》，皆王肃依托

为之者也。愚削稿数易，定为此篇，断断于真伪之辨，不欲使向壁虚造，厚诬古人，谩诮后世。征君可作，不易吾言矣。咸丰五年岁在乙卯秋八月十日。

2.《诗序》

《颐志斋文集》卷二《诗集传附释自叙》云：

> 丙辰之春，杜门养持，屏除人事，取朱子《诗传》绎读之，兼采汉、唐、宋诸家之解，断以己意，集众说之长，未有一字无来历者，然后叹朱子学之大也。朱子初解，亦用《序》说，《吕氏读诗记》多引之。至作《集传》，乃尽弃《小序》，以意解《诗》。善夫！程子之论曰："学《诗》而不求《序》，犹欲入室而不由户也。"《诗大序》，其文似《系辞》，其义非子夏所能言也，分明是圣人作此以教学者。《序》中言国史，明乎得失之迹，如非国史，则何以知其所美所刺？使当时无《小序》，虽圣人亦辨不得，然则《诗序》之说乌可以尽废乎？《集传》成于淳熙丁酉，朱子年四十八岁。其后作《白鹿洞赋》云"广青衿之疑问"，《孟子注》亦以《柏舟》为卫之仁人，皆从《序》说，是《集传》未为定论也。余自幼年受读此《传》，然皆类颠顷读过，未尝究心。今老矣，始得分析章句，附以释义，更为表明，写成一卷，以传家塾。函丈之儒，青衿之士，温习故书，庶有取焉。

颠顷读过，不加研究，又不能辨伪，皆非善读书者。

3.《周官》

《颐志斋文集》卷二《周礼释注自叙》云：

> 《周官》一书，汉初出于山农崖壁，旋入秘府，世儒莫得见。其经师传授皆不可考。何休、林硕之徒，汉人已不能无疑，宋、元而后之纷纷抵排者更无论矣。余尝征之群经，稽之史传，而知为成周之古文旧典。六国变古，暴秦燔书，《周官》寖废，汉初始著于世。献王得之，毛公传之，自刘向以前，诸儒称道者不绝，其向、歆以后，征引《周官》者，则不具述云。……余既不揣蠢愚，阐发郑旨，以相贾《疏》之所未及，为《释注》二卷。复恐后人之疑经，并以《注》为可议，于是摭成周之制度，沂汉氏之渊源，证其为周公致太平之道，以昭示来兹。庶后之学《周礼》者，尊经益以信《注》，则此序之所为作也。道光三年八月初七日。

4.《礼经》

同治二年（1863）十二月二十日，丁晏读邵懿辰《礼经通论》，谓"其说至绩，实为前儒未发之秘"，并撰有序跋。邵懿辰《礼经通论》书前有丁晏序：

> 邵位西先生著《礼经通论》，谓《仪礼》为完书，圣门所传，本无阙佚……余之所见如此）其时已疑《礼经》为全书……而犹未敢定为完褒。今见邵先生之论，积三十年之疑，一朝而格然解，始知礼经为古完书，而后人或疑其阙残，或疑其诬伪，则不学之过也……余因悟经既完书，即《记》亦为原本……《经》《记》皆为完书，

而非汉儒所能附益，余更申其论，阐发益明，惜不得位西而就正之也。余恨不及见位
西，得读其书，恍如面质。吾友高君伯平与位西至交，藏有《通论》上卷，抄以示
余，其下卷毁于浙烽，此幸而存者，重可宝也……今漕帅吴仲宣先生已印行胡氏书，
复刊邵氏《通论》上卷，用以表彰宿儒，嘉惠来学。若其文字精密，意蕴闳深，非
据披考据家所及。明圣道而翼世，教胄有赖焉。后有好学深思、实事求是者，知余言
之不诬也。同治二年十二月二十日山阳丁晏叙，时年七十。（上海图书馆藏同治间望
三益斋刻本）

《颐志斋文集》卷七《邵位西〈礼经通论〉跋》：

> 邵位西著《礼经通论》，谓《礼经》十七篇传自孔门，本无残缺。其说至精，实
> 为前儒未发之秘……语云"述而不作，信而好古"，余年逾七旬，墨守经训，深慨夫
> 博涉旁支、妄疑臆造，徒滋繁词，无裨实事，故因邵氏之论而约言之，以捻后之学
> 者。

5. 《论语》孔注

嘉庆十九年（1814），丁晏开始撰写《论语孔注证伪》，是为著书之始。是书《发凡》
称："是编创始于甲戌仲夏，迄乙亥（1815）季春甫脱稿，藏之箧，衍时有增易，逮丙子
（1816）始质于里中春园汪丈椿，丁丑又就正同郡蒿坪苏丈秉国，皆谬以为然，乃重加排
纂，厘为二卷。"

《颐志斋文集》卷二《论语孔注证伪自叙》云：

> 曩，乡先生阎潜丘征君著《尚书古文疏证》八卷，证明伪书，学者奉为定论，
> 然其卷二以《论语孔注》证《书传》之伪，盖犹以《论语注》为安国所作，而不知
> 亦以伪证伪也。……余自幼年即疑是注之伪，然未敢有言也。久之，确见其赝，驳诘
> 遂多，为《论语孔注证伪》稿凡五，易编为四卷，并以《尚书孔传》与《肃注》比
> 例以求，证《书传》亦肃所依托，以补潜丘之所未及。

嘉庆二十五年，丁晏入都应优贡朝考，寄住同乡汪廷珍府中，汪携《论语孔注证伪》
示诸王引之，引之大加赞赏，次年过淮时为此书撰有序。

王引之《论语孔注证伪序》云：

> 丁明经晏如，征君之同里也。生征君后百余年，而能绍乡前辈之学，触类而引伸
> 之，又相其说之所不及而补成之，为《论语孔注证伪》一书。入都应朝考，余因得
> 见其书。盖其要证有四，一曰两汉诸儒皆不言孔某为《论语训》，二曰孔注不讳汉高
> 祖名，三曰孔某卒于武帝元狩之末，不得至天汉后训解《论语》，四曰孔注与《书
> 传》《家语》《孔丛》说多相似，因是断为王肃所伪托。举千数百年之愚惑，一朝而
> 尽解之，其识卓矣！去年明经索序于予，予匆遽未能执笔。今年衔命典试浙江，道出
> 运河，舟中多暇，乃略道梗概，以附于明经之书。夫明经年甚富，而学之精锐已如

是，沉循是而日进焉，则博益博，精益精，寖与乡前辈相颉领，又寖与古经师颉颃，而又乌能测其学之所至哉！道光元年岁在辛巳七月既望，高邮王引之叙。（《续修四库全书》经部第 156 册）

汪喜孙评《论语孔注证伪》："订千载之讹，足上辟子雍，下进潜丘，有功圣经不少。"

刘文淇《论语孔注证伪书后》：丁俭卿晏云："案《魏志·王肃传》只言甘露元年薨，不言薨时年若干，又不载生于何年。惟裴注引肃父朗《与许靖书》曰：'肃生于会稽……'"（《青溪旧屋文集》卷七，《清代诗文集汇编》第 564 册第 44~47 页）

今按：刘文淇此文篇幅较长，主要考证王肃生年，并附有王肃简表，其结论为"王肃生于兴平二年，朗是时尚在会稽"。此书后仅见于刘氏文集中，未载于《论语孔注证伪》。

顾廷龙曾见此书抄本，并撰有跋：

先生此著不独力斥孔传之非真，并能考定王肃所依托，洞烛几微，允推绝学，宜高邮王氏引之叹为卓识也。……原稿分上下二卷，续录一卷，曾经仪征刘文琪、宝应刘宝楠、镇洋盛大士、同邑李续香、许汝衡诸家审阅，各有签注，讨论润色，语皆直谅，足相订补，具见良朋赏析之乐，惜先生未及改定耳。

6.《孝经》

丁晏《孝经征文自序》云：

《孝经征文》何为而述也？为宋儒之疑《孝经》者述也。疑《孝经》几于非圣矣，余滋惧焉，故述《征文》也。昔宋朱子作《刊误》一卷，删去子曰及引诗书之文，又谓"天经地义，进思尽忠，退思补过"等语出于《左氏传》，为取他书窜入。然《太平御览》学部引《孝经钩命决》云："首仲尼以立情性，言子曰以开号，列曾子示撰，辅书诗以合谋。"纬书出于汉世，而其言如此。然则子曰及引《诗》《书》皆《孝经》之本文，庸可删乎？汉匡衡称《大雅》"无念尔祖，聿修厥德"，孔子著之《孝经》首章，则篇中引《诗》固孔子之旧也。河间献王引《孝经》"天之经，地之义"。汉初大儒实事求是如献王者，亦称此为《孝经》，则非袭用他书文也。且《论语》一书，克己复礼，左氏以为古志出门如宾，承事如祭，左氏以为日季之言，岂得谓《论语》捃摭《左氏》而作乎？盖丘明博闻，多采孔门精语，缀集成文，而后儒反疑圣经剿取左氏，必不然矣。《孝经》有古文，有今文，古《孝经》孔氏不传，今传古文皆赝本，其可信者独有今文而已。注《孝经》者莫古于魏文侯，传文侯受经于西河，为孔门之私淑；引《孝经》者莫先于吕不韦书，《吕览》在未焚书以前，已明著其篇目。据是二者，益可证《孝经》之由来古矣。余暇日浏览群书，断自两汉，录其征引《孝经》者，并搜集古注，各附句下，俾后之学者知是书为汉以前所诵习讲授之书，而不出于后人之傅会，尊圣人之经而息群儒之议，《征文》之述，其亦不可以已也。若夫疏释经义，发挥圣言，则有先儒之书在，余虽不敏，犹将扬榷而陈之。道光壬午九月二十一日，淮安山阳丁晏自叙。

其友人盛大士《孝经征文序》称：

> 读书必辨真伪。自伪书世出，缀学之士罗络异闻，迤相祖述，若夫抗心晞古之彦，综核坠简，删除繁惑，辄谓坟典散佚，去圣辽远，古经留遗，多由伪托，不知卢卡群言，解释义旨，实事求是，如衡锱铢，偏信为愚，过疑为悖，末学肤受，其失则一。山阳丁子俭卿，殚功撰集，义据通深，尝驳辨《论语孔注》，谓非安国所作，《汉·艺文志》止详古文《论语》篇数，别无训释。武帝末鲁恭王坏孔子宅，得《古文尚书》及《礼记》《论语》《孝经》凡数十篇，皆古字。安国献之，亦不言其曾作训释，安国以《论语》教鲁人扶卿，见《论衡》，亦不详其注解。至魏正始中，何晏撰《集解》，突然有所谓《孔注》者，观王肃《家语后序》云，安国撰众师之义，为《古文论语训》十一篇，《尚书传》五十八篇，方悟《论注》《书传》俱系伪托，特著《家语后序》，取信后人，"伪家语"即出自肃，"伪孔注"或亦肃所为，何氏识暗，取入《集解》耳。俭卿之论，陋儒骇诧，然创而确，不可易也。其所述《孝经征文》，则因朱子《刊误》之作，不能无疑。考董仲舒《春秋繁露·五行对篇》，河间献王云："《孝经》曰：'夫孝，天之经，地之义。'"《汉书·匡衡传》："衡上疏曰：《大雅》曰：'无念尔祖，聿修厥德。'孔子著之《孝经》首章。"汉世儒者其言凿凿。余若《吕氏春秋》、陆贾《新语》、应劭《风俗通》、刘向《说苑》诸书，皆有援据《孝经》之语，则是两汉以前其书已炳若日月。桐城姚姬传先生云："《孝经》非孔子手订，而义出于孔氏，盖曾子之徒，所述特文有讹脱，章有离合，不得斥为伪书。"俭卿之言与姚氏互相发。又以《古文孝经孔传》一卷，近世所得自日本国者，亦非安国原本。安国作传，汉人不言，独《家语》言之。《家语》，王肃伪撰。此《孝经注》有与《家语》暗合。《隋·经籍志》王肃《孝经解》久佚不传，今略见宋邢昺疏中，而邢疏所引肃注，多与《孔传》相同，是必肃妄作传，假孔氏以证其臆见。唐司马贞指斥孔氏鄙俚不经，刘炫诡随，妄称其善，或遂疑炫所作，而不知刘炫得之王邵，邵与炫或皆被欺于王肃者也。存《孝经》之真，辨《孔传》之伪，真伪不乱，斯为尊经。近世士大夫惶惑于疑似之界，而读书无识，制行之大节遂不能无遗议焉。然则俭卿之述《孝经征文》，又不仅在文辞之末也。（盛大士《蕴愫阁文集》卷二，《清代诗文集汇编》第 501 册第 258 页）

"读书必辨真伪"在乾嘉时代已经成为考据学家的共识。丁晏《颐志斋感旧诗·盛子履广文》称："名大士，太仓州人，嘉庆庚申举人，官山阳教谕，与余累年切磋，无旬日，不相见。为余序诗及《孝经征文》。"今按，集中之序与《孝经征文》卷首所载颇有异同。集中又引沈西雍云：

> 日本国所传《古文孝经孔注》实系赝本。余持此论久矣，且与诸传注所引多不相合，似尚非子雍伪撰之本。近日又有《孝经郑注》一书，亦来自倭岛。其注上帝

曰"天之别名"，则与郑注他经天为昊天上帝，帝为五帝，显相违庆，其为伪书无疑。丁君之书虽未概见，观此序则其于古书真伪疑似之际判若淄渑。海外估舶作伪欺人，学士大夫往往为其所惑，余将辞而辟之，愿二君助我张目也。

丁晏撰《孝经征文》，集先儒说辨古文孔传之伪，文繁不录。
《颐志斋文集》卷三《孝经述注自叙》亦云：

> 《孝经述注》，唐玄宗、司马文正公、范华阳先生三家之注也。自唐初司马贞灼然正古文之伪，元宗石台《孝经注》依用今文十八章定本，其注取郑君、王肃、章昭、虞翻、刘劭、刘瓛、魏真克诸家，撮要翦芜，约文敷畅，注家之善者也。……愚尝病今之塾师，教学不读《孝经》，用是采择群言，以贻来学，述而不作，不敢作也。……愚年逾六旬，辑为斯注，庶几遵序党庠，朝益暮习，匪独学之助也，经正民兴之效，其必由是也夫！咸丰五年岁在乙卯立秋前一日。

书后附有《集先儒说辨古文孔传之伪》《日本古文孝经孔传辨伪》二文，认为自日本回传之古文《孝经孔传》即隋时刘炫所得之本，该本为王肃伪作，盛大士序亦赞同此说。

7.《易林》

《易林释文后序》自述此书撰作缘由："《易林释文》何为而作也？因黄氏校刻宋本多所窜改而作也。"丁晏认为黄丕烈校本《易林》虽源自宋本，但却是辗转传抄之影宋本，非宋本原貌，以毛本校黄本，发现黄本有许多臆改之处，故撰《释文》以纠缪。书成后数月，又得山东翟云升、牟庭所著《焦氏易林校略》，因见其中亦有讹误，遂撰《书翟氏牟氏易林校略后》以"匡救其非，就正有道"。

刘毓崧跋称："统观全书，无不与序言符合，而其精心卓识，尤在于谓《易林》学出西京，非东汉诸儒所能依托。"谭献《复堂日记》（戊子岁）称此书："文字异同每从毛、何二本，不用宋本。辨正顾千里、翟文泉、牟廷相三家之说，亦持之有故。"罗继祖撰《续四库提要》评此书："故详稽经史，下及子部，作为此篇。凡黄刻之可疑者，皆一一为之指证，实事求是，可谓信而好古矣。"

四、许瀚

（一）许瀚其人

许瀚（1797—1866），字印林，一字元翰，室名攀古小庐，日照人。一生共校刊宋、元、明本古籍50余种，著述仅金文题跋考释类即有170多篇。所校刊宋、元、明书籍，精审不减黄、顾。著有《攀古小庐古器物铭释文》《攀古小庐碑跋》《攀古小庐文》等书。生平事迹见《清史列传·儒林传》《清史稿·儒林传》、袁行云《许瀚年谱》、曹汉华《增广许瀚年谱》。

（二）许瀚的文献辨伪

"《伪古文尚书》袭《墨子》误断句说"称："《伪古文尚书》割裂《论语》《墨子》及真《泰誓》为《武城》，予小子既获仁人一段，《泰誓》中虽有周亲一段，阎百诗、宋半塘、王西庄论之详矣。瀚谓伪书不仅剽窃，并不识《墨子》句读。伪书取裁《墨子》以成文，痕迹显然，而《墨子》之言亦未可据。武王伐纣，会师孟津，军于牧野，安得有事于泰山隧。作伪者，知其不合事实，故屏弃泰山等字，而唯攘其文字，狡矣。或武王初巡，方东岳告祭之辞，亦可通去，要非伐商时誓辞也，泰山疑即涉《泰誓》传闻致误。"

五、陆以湉

（一）陆以湉其人

陆以湉（1801—1865），字敬安，号定圃，又号冷庐，桐乡人。著有《冷庐诗话》《冷庐杂识》《冷庐医话》《再续名医类案》《杭州纪难诗》《苏庐偶笔》《吴下汇谈》等书。生平事迹见《两浙輏轩续录》卷三六。

（二）陆以湉的文献辨伪

1. 《破邪论序》

陆以湉《冷庐杂识》卷一《破邪论序》云：

> 虞永兴《破邪论序》最为世所宝贵。余观昆山叶征君奕苞《金石录补》谓："《破邪论序》有云：'太史令傅奕，学业肤浅，识虑非常，乃穿凿短篇，凭陵正觉。法师愍彼后昆，撰《破邪论》一卷。'夫胡僧咒人，奕破其妖妄，识者题之。今反以为邪，世南从而和焉，何也？"又观桐城姚姬传比部鼐《惜抱轩笔记》谓："《破邪论序》自署衔太子中书舍人，太子官但有中舍人，安得有中书舍人？永兴父名荔，而序中用'薛荔'字，此必唐时僧徒寡闻见者所妄作伪托，欲以自取重于世耳。"以二说证之，其非永兴书可知。吁！世俗鲜精察之识，而以伪为真者多矣，不独此帖为然。

该条据叶奕苞《金石录补》、姚鼐《惜抱轩笔记》辨《破邪论序》非永兴所书，实乃唐时僧徒伪托之作。

2. 窃人之书

陆以湉《冷庐杂识》卷四"窃人之书"条云：

> 窃人之书为己有，自昔已然。如虞预之窃王隐，郭象之窃向秀，法盛之窃褚生，齐邱之窃谭子是也。元、明以来，如吴澄《三礼考注》，晏璧曾有之；倪士毅《四书辑释》，胡广等袭之；唐汝询《诗史》，顾正谊据之；张自烈《正字通》，廖文英攘之；张岱《石匮书》，谷应泰得之。〔改名《明史纪事本末》〕近代王尚书《明史

稿》，实万季野所缮也；傅观察《行水金鉴》，实郑芷畦所撰也；王履泰《畿辅安澜》，实戴东原所著也。此皆彰彰在人耳目者。

窃人之书以为已有，侵犯知识产权，也是作伪之一种。此条泛泛而论，蜻蜓点水，价值不高。

3. 他人代笔不当入集

陆以湉《冷庐世识》卷六"著述当自定"条云：

> 程篁墩词章负盛名，求其文者，多门下士代笔，殁后刊集，大半赝入，瑕瑜互见。吕新吾学业醇笃，其集为后人所编，俳谐笔墨，无不具载，为全书累。知文人著述必当及身自定也。

该条论代笔，这在古代是常见现象，往往为人所忽视。

六、郑珍

（一）郑珍其人

郑珍（1806—1864），字子尹，晚号柴翁，别号五尺道人、子午山孩、且同亭长。贵州遵义人。生平著述较富，有《仪礼私笺》《说文逸字》《说文新附考》《巢经巢经说》《郑学录》等，今以《郑珍全集》行世。

（二）郑珍的文献辨伪

1. 《古文尚书》

郑珍《巢经巢经说·伪古文尚书误采左传》云：

> 《左氏宣十一年传》："随武子曰：'见可而进，知难而退，军之善政也；兼弱攻昧，武之善经也。……仲虺有言曰"取乱侮亡"，兼弱也。《汋》曰："于铄王师，遵养时晦。"耆昧也。'"《襄十四年传》："中行献子曰：'仲虺有言曰："亡者侮之，乱者取之。"推亡固存，国之道也。'"《三十年传》："子皮曰：'仲虺之志云："乱者取之，亡者侮之。"推亡固存，国之利也。'"据此三引，知惟"取乱侮亡"句是《虺诰》本文，其文或士会减字，或荀偃、子皮增字，俱未可定。要是"兼弱攻昧"为士会语，"推亡固存"为荀偃、子皮语甚明。《伪孔·仲虺之诰》牵缀作"兼弱攻昧，取乱侮亡，推亡固存"以为虺语。又《昭二十四年传》："召简公、南宫嚚以甘桓公见王子朝。刘子谓苌弘曰：'甘氏又往矣。'对曰：'何害？同德度义，"纣有亿兆夷人，亦有离德；余有乱臣十人，同心同德"。此周所以兴也。'"据此，则"同德度义"句，苌弘语也，《伪孔》以作武王语，上配"同力度德"一句，又改"亦有离德"作"离心离德"以配下文"同心同德"。是其采撷《左传》，不独取庄八年"德乃降"以庄公语为《大禹谟》，如阎氏所摘矣。心劳日拙，可哂有如此者！

2. 《古文孝经孔氏传》

郑珍《巢经巢经说·辨日本国古文孝经孔氏传之伪》云：

《孝经》一篇，汉有今古文。今文颜贞出之，河间献王上之，长孙氏、江翁等说之。古文出自孔壁，秘在内府，至东汉许叔重、郑仲师始为解说，何有孔安国传也？隋刘炫始伪作《孝经孔氏传》，与今文郑注并列学官。五代之乱亡其传，惟本经存。乾隆中，钦人汪翼沧去日本，携彼国太宰纯校刊《古文孝经孔氏传》以归，付鲍廷博刻之。其书遂遍布海内。《四库提要》已斥其伪矣，然止谓陋冗不类汉人释经，而不暇实核其伪。当时精审若召弓卢氏，且极序辨为真孔氏作。赝书之惑人若是，余故为列十证辟之如左：

刘炫既撰孔氏注本，别作《古文稽疑》一篇明之，又作《义疏》三卷，书皆不传，要主孔氏驳郑氏。两汉以来，并谓《孝经》为孔子与曾子陈孝道，独炫谓孔子自作，特假曾子之言以为对扬之体，并非因曾子请业而对。是所撰《伪孔传》大端也。今孔序乃云："曾子躬行匹夫之孝，未达天子诸侯以下之事，因侍坐咨问，而夫子告其义，遂集录之，名曰《孝经》。"则与炫说不应。其伪一。

《孝经》汉止分章，晋荀昶撰集诸说，仍无章名。至皇侃《义疏》始标目，各冠章首。明皇御注因之。然则标章非古也，故宋司马温公所见古文本经止二十二章而已。今标目惟所多四章别立新名，余皆同御注。其伪二。

桓谭《新论》云："古《孝经》千八百七十二字，今异者四百余字。"班固《艺文志》序《孝经》云："'父母生之，续莫大焉'，'故亲生之膝下'，诸家说不安处，古文字读皆异。"异不止二处，班氏道其略，桓氏总其数也。今经文止少"桓氏"九字，犹云相传脱误。至见班氏有此言，乃改"续"为"绩"，改"生之膝下"作"生毓之"，其余除闺门章皆同今文，未见有字读皆异，异不过强加闲文语助百二十四字耳，亦未见四百余字也。其伪三。

郑氏注"孝始于事亲"三句云："父母生之，是事亲为始；四十强而仕，是事君为中；七十致仕，是立身为终。"刘炫驳之，文具载邢疏。是必《伪孔传》与郑异义，乃持以难郑氏。今传解此三句，正与郑义同。其伪四。

《御注》所用旧说，疏必云："依某注，非者则否。其天子章疏云：一人，天子也，依《孔传》。庆，善也。书传通。十亿曰兆，古数为然。"则惟"一人天子也"五字是《孔传》，余皆非也。又孝治章注"立德行义，不连道正，故可尊也"三句，疏云"此依孔传"，且引刘炫《义疏》解之。至"制作事业，动得物宜，故可法也"三句，疏不云"依某"，又自解之，则非孔传也。又注"容止，威仪也，必合规矩，则可观也"四句，又注"上正身以率下"一句，疏皆云"依《孔传》"，至"进退，动静也，不越礼法，则可则也"及"下顺上而法之，则德教成也"数句，皆明皇自撰，故疏不云"依某"，今一概认作《孔传》入之。是疏之体例尚未别白也。其伪五。

邢氏孝治章疏引孔安国曰："亦以相统理。"感应章注："礼君燕族人，与父兄齿也。"疏云："此依《孔传》。"今传中无此二条。可见空腹野夫即目前注疏犹未细检，宜其文俚俗至是。其伪六。

许冲《上说文表》称"《古文孝经》者,孝昭帝时鲁国三老所献"。按《史记·自序》云:"述黄帝以来,至太初而讫。"其《孔子世家》称孔安国"为今皇帝博士,至临淮太守,早卒",则安国卒在太初以前之迟不及昭帝,献壁中诸古文皆死后其子孙昕为。今孔序乃云:"鲁三老、孔子惠抱诣京师献之。"其伪七。

孔颖达云:"汉初为传训者,皆与经别行。及马融为《周礼注》,乃云欲省学者两读,故具载本文。"则东汉末始就经为注。今孔序云:"发愤精思,为之训传,悉载本文,万有余言。"是汉儒训诂体例且未知也。其伪八。

《前汉·艺文志》:"孔氏有《古文尚书》,孔安国以今文字读之,因以起其家逸书,得十余篇。"故《古文尚书》传自安国。始伏生所传二十九篇,今文耳,非古文。今孔序云:"昔吾逮从伏生论《古文尚书》谊。"是古文《尚书》祖师亦且不辨。其伪九。

陆氏《经典释文》,其初本标经文用朱书,标注文用墨书,故序例云:"朱以发经,墨以起传。"本因摘字为音,经传相间,欲便览者分别,乃如此书之。起发云者,即标之谓也。今孔序亦云"朱以发经,墨以起传",不知经何待发,所起者又何传也?是直不解陆氏所谓,徒见其例于古无有,以为甚奇异,可以欺世也。其伪十。

验此十事,知作是书者,彼穷岛僻奁一空腐之人,见前籍称引《孔传》中土久无其书,漫事粗捃,自诩绝学,以耀其国富秘藏耳。不知孔氏原未为《孝经》作传,就令唐人所见《孔传》至今尚存,亦是刘炫伪撰,不足与汉儒诸说并重,矧不善作伪,浅陋至于此极也!而世儒尚恐人不之遽信,巧为推护,非好奇之心先入之,即极丑态亦不复见歜?慎者或反据以驳汉人旧说,又至愚矣!

郑珍发十证以断其必伪,这是郑氏集中一篇大文章,是耶?非耶?学界一些学者力挺郑珍之说,几成定论。原山东大学教授黄云眉亦云:"珍所言未全确,但谓此《孔传》为日人粗捃而成,则无可疑。"但近年发现日本有几种抄本,《吐鲁番出土文书》二册所载张孝章墓出土之《孝经》写本残卷,可证《孝经孔氏传》非伪作。1984年,胡平生先生撰文,综合多家研究成果及新发现资料,证明《古文孝经》的经传均非隋代刘炫伪作,更非日本学者所伪造。郑珍之说虽不足为凭,但也有益于辨伪史。

3. 古本《大学》

郑珍《巢经巢文集》卷二《古本大学说序》:

《大学》,《小戴记》之第四十二篇也。汉河间献王后苍所传,郑康成所注,今称为古本,在礼记正义》中。至宋仁宗时,特取以赐及第进士。《大学》之单行自此始。后明道程子以诚意章有错简,遂移《康诰》四条、《汤盘》四条、《邦畿》三条,次"则近道矣"后。移"瞻彼""于戏""听讼"三条,次"节彼南山"后。伊川程子则移"康诰曰"至"止于信",次"知之至也"后;移"诗云瞻彼"至"没世不忘也"下接"康诰曰惟命"至"则失之矣",次"为天下僇矣"后;而以"听讼"条次"未之有也"后,"此谓知之至也"之前;谓"此谓知本"为衍。《大学》之有改本,自是始。朱子因之,更考经文,别为序次,以作《章句》,是为今本。世之童子启口即读之,于是汉传古经变而为朱子之《大学》。

而六七百年，学者之心不能泯然，亦遂争新角异，而《大学》日多矣。其最著者，董文清本退"知止""近道"二条，合"听讼"二条为《格致传》。宋叶丞相、王鲁斋、车清臣、明方正学、宋潜溪、蔡虚斋、王守溪、徐师曾、刘念台诸公，并昌明其说；郑济仲至篆书刻本行之，几几与朱子《章句》相伯仲。以外，崔后渠、高忠宪、李见罗、季彭山、郁文初诸改本，咸自惊独见，哄然一时。余纷纷益不可胜记。至王顺渠古本，删而改《大学》之祸极，至丰考功伪石经出，而转成笑柄矣。是故王文成、李文贞复古之功不可没也。

……顾念汉传古经旧矣，如先生之说，使仍就古本故次，则既不蹈董文清后诸儒欲复古而反乱古之讥，而于文成、文贞之书，大义复不相乖忤，不尤善欤！

借《大学》"古本"之名，纷纷改窜经文，形同作伪。这不是简单的版本作伪，而是复杂的思想论战。文献史与思想史往往交织在一起。

4.《檀弓》

郑珍《巢经巢经说·礼记正义驳文》云：

《檀弓》，郑氏《目录》云："名曰檀弓者，以其记人善于礼，故著姓名以显之。"《正义》谓《檀弓》在六国时，以篇中载仲梁子是六国时人也。按：首节论舍孙立子事，云檀弓趋问子服伯子，又云子游问诸孔子。注谓伯子盖子服景伯。景伯，孔子同时人，就令伯子未必是景伯，故注加"盖"字作疑词，而舍孙立子之非，檀弓疑之，子游问之，孔子断之，则檀弓与游、夏同时明矣。《正义》以篇中载仲梁子证是六国时人，似是以《目录》"记人"二字连读，谓此篇为檀弓所记，而忘郑《目录》于诸篇文例多云"名曰某者，以其记某"，此"记人"二字原不连读。因致误解。

5.《贾子新书》

郑珍《巢经巢文集》卷二《题移写贾子新书卢氏校本》云：

此《新书》十卷，盖后人取《汉书》本传中奏疏及它遗文，分析掇凑成之，非元书五十八篇之旧也。而此武陵何氏本，又讹脱不可读。绍弓卢氏以宋潭本、建本校刊者，删削是正，最为慎当。乃取其本增改此本，明误者，即涂之；若都可通，则两存，不必尽以卢氏所据者为是。要之，既非元书，本之异同，其相传亦各有所自，但求其晓畅可读，大段不失即得矣。

6.《易林》

郑珍《巢经巢文集》卷三《跋易林》云：

今世有《易林》四卷，相传为汉焦延寿赣撰。顾亭林以延寿在昭、宣之世，其时《左氏》未立，学官，而《易林》引《左氏》语甚多，又往往用《汉书》中事，其曰"刘季发怒，命灭子婴"，又曰"大蛇当道，使季畏惧"。则又非汉人所宜言，疑是东汉以后人撰，托之焦延寿者。

愚按，赣事实见《前汉·京房》及《儒林传》，并不言著《易林》。顾氏以用事措语疑之，此书不出赣信矣。考《隋书·经籍志》有焦赣《易林》十六卷，费直《易林》二卷，许峻《易新林》一卷，郭璞《周易林》五卷，鲁洪度《易林》三卷。《唐书·艺文志》又增多崔氏《周易林》十六卷，管辂《周易林》四卷，张满《周易林》七卷。是作《易林》者凡八家。崔篆乃骃之祖，建武中著《易林》六十四篇，见《骃传》。许峻乃曼之祖，著《易林》，见《方衍传》。篆，桓帝时人；峻，当在明、章间。二子皆不宜言"刘季"。则此书亦非崔、许所著。观其文奇崛光怪，景纯优为之；然朴质自然，非汉魏人不能也。是其管公明之书乎？唐会昌中，王俞序赣书云："四千九十六题，即是此本。"知其时赣书久亡，世遂以此当之耳。今之四卷，盖犹其旧也。

7.《弟子职》

郑珍《巢经巢文集》卷三《跋启秀书院壁书弟子职》云：

右《弟子职》一篇，古之小学所以教童子之规条也。今为《管子》书之弟五十九篇，据班氏《艺文志》，列此于《孝经》《尔雅》之后，则前汉时固以为经类而单行矣。子家多非元书本有，《管子》尤搀杂。此当自汉人采增。应仲远注班《志》，遂谓管子所作，实不然也。其书曲而尽，韵而易读。成周盛时，盖无不熟读而习行之，使人心性筋骸，在儿时已驯化于礼法之中，德之所以易成也。唐房玄龄作《注》，已十得七八，朱子因而分章句、补注文，纂入《仪礼经传通解》内，盖仍以为古经矣。

余惟朱子以此篇与《曲礼》《少仪》《内则》同为小学之支流余裔。今《曲礼》三篇赖编在《小戴礼》，人人得而诵之，独此篇以难得传本，因罕读者，故为手书朱子章句于书院垩壁，俾互相传写，用课童幼，庶几子夏教门人小学之法，不一二年将遍吾乡里小儿之口焉。

郑珍认为，《弟子职》非管子所作。

8. 韩集与大颠三书

郑珍《巢经巢文集》卷四《书韩集与大颠三书后》云：

韩文公元和十四年《潮州谢表》云："以正月十四日授潮州刺史，即日上道。以今月二十五日到州。"今月无实证。洪兴祖沿韩集或本《鳄鱼文》维年月日，作"维元和四年四月二十四日"之误，定为三月。方崧卿辩其决非三月，朱子深然之。而又云"与大颠第一书石本云四月七日，似实为三月二十五日到郡"，复以洪氏为是。是洪氏者，必欲以此三书为真韩氏作也，必欲实韩子之崇信佛教也。得此书以实韩子为崇信佛教，而韩子之人品学问乃始大裂，此朱子之心也。噫！朱子之心亦私而隘哉！

苏文忠公谓此书凡鄙，虽退之家奴仆亦不作。朱子亦诚见其凡鄙，谓有不成文理处矣，乃以旧本亡逸，僧徒所记不真，致有脱误当之。韩子由刑部侍郎贬潮，三书石刻后俱衔"吏部侍郎潮州刺史上颠师"。欧阳文忠意此官称之谬，当因流俗，但知为韩吏部，重刻者遂以己见臆改。朱子则谓时既谪刺，亦未必更带侍郎旧官。推朱子之意，盖止云妄改刑部为吏部，犹与人以疑闲不若直"以吏部侍郎"四字为后人妄增，使之伪迹尽灭，然后得人人信为韩作耳。

余谓此书之伪，但观其词鄙衔谬，已可断为庸妄人所假托。朱子虽坚与弥缝，而第一书之"四月七日"，万万不能弥缝也。考公《泷吏》诗云："南行逾六旬，始下昌乐泷。"泷在韶州乐昌县，公以正月十四日启行，行逾六旬始下此泷。则公之过乐昌，已是三月望后，去月之二十五计，多不过七八日。由此而韶而广而始至潮，《泷吏》诗云："下此三千里，有州始名潮。"三千里岂七八日可到？《谢表》云："臣所领州，去广州虽云才二千里，然来往动皆经月。"此公初到郡，据所新历以上告天子者。程期明白可据，由广至潮已须经月方到，韶之距广又一千里，其至亦必经旬日。公之到潮为四月二十五日，确无可疑。四月七日何由书召大颠也？方氏正洪《谱》三月到潮之非，亦据韶以后道里计。惜道之不详，使朱子得依违洪《谱》以全此书之伪。然方氏即道之详，朱子亦将不信。盖其心宁以此书之伪证日程之真，断不使以日程之真正此书之伪也。夫朱子岂不知此书出伪撰者哉！

此外，郑珍《郑学录》卷三《书目》对郑玄的著作多所考证，其中也有不少辨伪史料。

七、陈澧

（一）陈澧其人

陈澧（1810—1882），字兰甫、兰浦，号东塾，出生于广州木排头，世称东塾先生，广东番禺人。陈澧对天文、地理、乐律、算术、古文、骈文、填词、书法无不研习，著述达120余种，著有《东塾读书记》《汉儒通义》《声律通考》等。主持编印《菊坡精舍集》。

（二）陈澧的文献辨伪

1. 《周易》

《东塾读书记》卷四云：

伏羲作八卦，其重为六十四卦者何人，则不可知矣。（《三国志》：高贵乡公云："后圣重之为六十四。"此语最审慎。）然必在仓颉造文字之后也。八卦之为数少，可以口授，卦名至六十四卦，若无文字以标题卦名，上古愚民安能识别乎？孔冲远八论第二论重卦之人云："王辅嗣等以为伏羲，为得其实。"又云："《周礼》小史（案当作外史）掌三皇五帝之书。"明三皇已有书，故孔安国《书序》云："伏羲氏之王天下也，始画八卦，造书契。"澧案：自古无伏羲造书契之说。孔冲远独据伪孔说，且以《周礼》傅会之，其意亦以六十四卦不可无文字题识也。然《周礼》所谓三皇之书者，后世说三皇之事，非三皇时所作之书。（《周礼》贾疏云："《世本》作云仓颉造文字。仓颉，黄帝之史，则文字起于黄帝，而云三皇之书者，以有文字之后，仰录三皇时事也。"）且既引伪孔说，而伪孔亦但言伏羲始画八卦，不言画六十四卦也。冲远又云：《说卦》云：昔者圣人之作《易》也，幽赞于神明而生蓍，凡言作者，创始之谓，幽赞用蓍，谓伏羲矣。上系论用蓍，云四营而成《易》，十有八变而成卦，明用蓍在六爻之后，非三画之时。澧案：此以伏羲创始，牵连于用蓍，又以用蓍傅合于六画，已纡曲矣。且三画非创始，六爻乃为创始乎？六爻诚用蓍矣，何以知三画不可用蓍乎？

诸儒之说凡据十篇以解经者，皆得费氏家法者也。其自为说者皆非费氏家法也。说《易》者当以此为断。钱辛楣《周易读翼揆方序》云："三圣人为之经，宣尼为之传。故舍《十翼》以信《易》，非《易》也。"又有《赠邵冶南序》，其说亦然。

2. 《尚书》
《东塾读书记》卷四云：

《尚书》今文古文近儒考之详矣，惟谓今之《舜典》亦为《尧典》，而别有《舜典》，已亡，则尚可疑也。赵云松云："月正元日之后，皆是尧崩后之事，且前此不称帝，此后皆称帝曰，明是《舜典》原文，岂得指为《尧典》？其未陟方乃死，更是总结舜之始终，与尧何涉？而可谓之《尧典》乎？又《史记·舜本纪》即位后咨岳牧，命九官，即今《舜典》月正元日以后之事，迁既从孔安国问故，而作《舜本纪》，可知《古文舜典》本即此月正元日以后数节，非别有《舜典》一篇也。"（《陔余丛考》卷一）此所驳最精审。王西庄云："尧殂落，舜即真后，直至陟方，皆在《尧典》，古史义例不可知。"（《尚书后案》卷三十）

此但云不可知，不能解赵氏所驳也。又云《王莽传》两引十有二州，皆云《尧典》光武时张纯奏宜遵唐尧之典，二月东巡，章帝时陈宠言唐尧著典，肯灾肆赦。晋武帝初，幽州秀才张髦上疏，引肆类于上帝至格于艺祖，亦曰《尧典》。刘熙《释名》云《三坟》《五典》《八索》《九丘》今皆亡，惟《尧典》存。刘熙时真《舜典》已出，熙非尚书儒，或未之见，故云尔。

3. 《论语》
《东塾读书记》卷二云：

《论语》记圣人之言，有但记其要语，其余则删节之者。如《孟子》云：孔子曰："过我门而不入我室，我不憾焉者，其惟乡原乎？乡原，德之贼也。"据此，则《论语》所记节去上三句也。以此推之，如君子不器、有教无类四字而为一章，何太简乎！必有节去之语矣。所以然者，书之于竹简故也。故竹简谓之简，文字少亦谓之简，字义之相因，大率类此。

4. 《论语》皇疏

《东塾读书记》卷二云：

今世所传皇疏不尽真也。"子行三军则谁与"，《释文》云："谁与，皇音余。"今本皇疏云：若行三军，必当与己己有勇故也，故问则谁与之，此则读与字上声，不合于释文。盖皇疏残阙，而足利人妄补之也。（门人王峻之云，此条孙颐谷《读书胜录》已疑之，又子温而厉，释文云皇本作君子，今皇本亦作子，孙氏亦疑之。）

皇侃深于礼学，而《论语疏》乃略于礼制。子曰："禘自既灌而往者，吾不欲观之矣。"孔安国曰："禘祫之礼为序昭穆也。"皇疏云："五年之中，别作二大祭，一名禘，一名祫。"而先儒论之不同。今不具说。子曰："射不主皮。"马融曰："射有五善，一曰和志，二曰和容，三曰主皮，四曰和颂，五曰兴武。"皇疏云："马注与乡射五物少异。"亦可会也，不须委曲细通也。有若对曰："盍彻乎？"皇疏云："以《周礼》载师论之，则畿内用夏之贡法，其中有轻重轻重不同，自各有意，此不复具言也。"不知真皇疏略而不具言欤？抑非真皇疏欤？

5. 《孟子》伪孙疏

《东塾读书记》卷三云：

伪孙疏甚有精善处。如公都子曰告子曰章疏云：情、性、才三者，合而言之，则一物耳，分而言之，则有三名。盖人之性本善，而欲为善者非性也（案此语非是）。以其情然也，情之能为善者非情然也，以其才也，是则性之动则为情，而才者乃性之用也。所谓物者，自四肢五脏六腑九窍达之于君臣父子夫妇兄弟朋友，无非物也。所谓则者，即仁之于父子，义之于君臣，礼之于夫妇兄弟，信之于朋友也，是无非有物则有则也。形色天性章疏云：惟圣人能因形以求其性，体性以践其形，故体性以践目之形，而得于性之明，践耳之形而得于性之聪，以至践肝之形以为仁践肺之形，以为义践。心之形以通于神明，凡于百骸九窍五脏之形各有所践也，故能以七尺之躯、方寸之微，六通四辟，其运无乎不在，兹其所以为圣人与？如此二段，精善之至。近人以其伪而蔑弃之，不知其有可取者矣。

伪疏之不通者，如"我能为君约，与国战必克"，疏云："我能为君期，与敌国战斗心能胜。"连读"与国战"三字，谓国为敌国。此"其"不通也。"居恶在仁是也，路恶左义是也。"疏云："非仁非义者，亦以所居有恶疾，在于仁所行。有恶疾在于义，是也。"释恶为恶疾，又不通也。"然后知生于忧患"，疏云："如是则然后因而知人以忧患谋虑而生。"此连用"如是则然后因而"七字，又不通也。"曾晳死，曾元养曾子"，疏云："曾晳已死，曾元奉养其曾子。"此"其"字不通。"丑见王之敬子也"，疏云："今丑每见王之敬重其子也。"此"其"字又不通也。"奚为后我民之望之若大旱之望雨也"，疏云："怨云何为而后去，其我民之望其汤之来，若大旱之时人望其云电而雨之降。""周公招武王诛纣"，疏云："周公乃辅相武王，诛伐其纣。"此"其"字皆不通，然何以不通至此。此疏必非一人之笔也。

6. 朱子《集注》

《东塾读书记》卷二云：

> 朱子《集注》多本于何氏《集解》，然不称"某氏曰"者，多所删改故也。唐玄宗《孝经注》多本于先儒元行冲，为疏一一著明之曰：此某某义也。朱注无人作疏，而世俗读朱注者皆不读《集解》，遂不知朱注所自出矣。

所举例证从略。此重公案值得重审，有心者当留意焉。

7. 《孝经》

《东塾读书记》卷一云：

> 朱子上告君，下教民，皆以《孝经》。学者勿以朱子有《刊误》之作，而谓朱子不尊信《孝经》也。
>
> 朱子《孝经刊误》以"仲尼居"至"未之有也"为一节，云夫子曾子问答之言，而曾氏门人之所记，疑所谓《孝经》者其本文止如此，其下则或者杂引传记以释经文。澧谓：如朱子之言，则第一节犹《大学章句》所谓经一章，其下释经文者，犹《大学章句》所谓传也，杂引传记者，犹《中庸章句》所谓杂引孔子之言以明之也。朱子所疑者，章首"子曰"二字，及章末之引诗书与"天之经也，地之义也"云云，乃《左传》子太叔述子产之言，又疑严父莫大于配天，非所以为天下之通训（语类亦屡有此说）。然《中庸》亦有章首用子曰二字者，《孟子》每章之末引《诗》《书》者尤多，《左传》仲尼曰：古也有志，克己复礼仁也，曰季曰臣闻之，出门如宾，承事如祭，仁之则也。此《论语》孔子告颜渊仲弓者，而皆见于《左传》，则《孝经》有《左传》语，不必疑也。严父莫大于配天，与《孟子》所谓孝子之至莫大乎尊亲，尊亲之至，莫大乎以天下养文义正同，尤不必疑矣。
>
> 《四库全书总目》谓《孝经》与《礼记》为近，又以魏文侯有《孝经传》，则《孝经》为七十子之遗书。此考据最确，无疑义矣。仲尼居，曾子侍，与孔子闲居，子夏侍，仲尼燕居，子张、子夏、言游侍，文法正同。其书言孝道乃天下之大本，故自为一经。此经是孔子之言，其笔之于书者但可谓之述，不可谓之作，故郑君以为孔子作也。（《史记·仲尼弟子列传》则云曾子作）。黄东发《日钞》以《孝经》为首而《论语》《孟子》次之，以读经者当先读此经也（王俭《七志》以《孝经》居首，见《经典释文序录》。）

8. 《五孝传》

《东塾读书记》卷一云：

> 陶渊明有《五孝传》，或疑后人依托，澧谓不必疑也。盖陶公于家庭乡里以孝经为教，称引故实以证之，故其《庶人孝传赞》云："嗟尔众庶，鉴兹前式。"司马温公《家范》录《孝经》，居则致其敬，养则致其乐，病则致其忧，丧则致其哀，祭则致其严。五句每句各引经史以证之。盖《孝经》一篇，皆论以孝顺天下之大道。惟

此五句为孝之条目，故加以引证，亦所谓鉴兹前式也。

9. 文中子

文廷式《纯常子枝语》卷二云：

> 余尝论皮日休之尊孟子，以为有特识。师曰："他却为文中子所欺。文中子实黎丘之鬼也。"

八、曾国藩

（一）曾国藩其人

曾国藩（1811—1872），字伯函，号涤生，湘乡（今属湖南双峰）人。著有《求阙斋读书记》十卷等。

（二）曾国藩的文献辨伪

1. 《九章·惜往日》

> 自吴才老疑《古文尚书》为赝作，《朱子语类》亦数数疑之，明宣城梅氏、昆山归氏复申其说，我朝自阎百诗后辨伪古文者无虑数十百家，姚姬传氏独以神气辨之曰不类，柳子厚辨《鹖冠子》之伪亦曰不类。余读屈原《九章·惜往日》，亦疑其赝作，何以辨之？曰不类。

曾国藩怀疑《九章·惜往日》为赝作。

2. 《陈思王集·鰕䱇篇》

> 按解题云：谓《长歌行》者以芳华不久，当努力行乐，无至老大乃伤悲也。此则有远志而思立功于世者，殊与《长歌行》不类。"又疑《阮步兵集》多后人所附益，辨第四十八首曰："按《上林赋》注，焦明似凤西方之鸟也，此与鸣鸠并举，殊觉不伦，末二句与前四句尤为不伦，疑后人所附益也。

曾国藩认为《陈思王集·鰕䱇篇》为后人所附益。

3. 辨阮籍《咏怀诗》第六十四首为后人所附益

> 首二句与第九首相似，而基字不如岑字之稳，末句思妖姬语尤不伦，疑非阮公诗，后人附益之耳。

4. 第阮籍《咏怀诗》八十二首为后人所附益

此与四十四首七十一首语意重复，别无精义，疑亦后人附益之也。

5.《笑歌行》《悲歌行》

此首与《悲歌行》二首皆非太白诗也。郭茂倩《乐府》以《悲歌行》录入世曲歌辞，以《笑歌行》录入新乐府辞，不知有何区别，殆亦强作解事，不辨其为赝作耳。

今按：曾国藩不失为古文家，喜凭感觉，缺少实证，然辨伪仅凭风格难以定案。为何曾国藩读书求阙之法不能作为辨伪之准绳？因为辨伪讲求证据，不能跟着感觉走。

九、徐时栋

（一）徐时栋其人

徐时栋（1814—1873），字定宇，一字同叔，号淡潆、淡斋，别号西湖外史，又号柳泉，宁波府鄞县人。同治七年（1868）主持鄞志局，成《鄞县志》。著有《尚书逸汤誓考》《烟屿楼读书志》《山中学诗记》《柳泉诗文集》《烟屿楼文集》《烟屿楼诗集》等书，今人整理为《徐时栋集》（宁波出版社 2013 年版）。生平事迹见《两浙輶轩续录》卷四〇、董沛《清内阁中书舍人徐先生墓表》及龚烈沸《徐时栋年谱》（宁波出版社 2016 年版）。

（二）徐时栋的文献辨伪

1.《尚书》
《烟屿楼读书志》卷一云：

《尧典》首称"曰若稽古帝尧"，其下皆称帝曰，至四岳荐舜曰，虞舜以后，其称尧者为帝，称舜者为舜，格汝舜，舜让于德，舜格于文祖，至至尧崩，载舜命词始称帝曰，而犹恐后人疑为追述帝尧之辞，故于第一帝咨四岳之词，仍称舜曰，其后连用十七帝曰，至末处叙舜生平，则复称舜，以其《尧典》中记舜事不得不尔也。今自慎徽以下割为《舜典》，上冠以"曰若稽古帝舜"云云，然则"烈风雷雨弗迷"之下所称"帝曰"即帝舜乎？此理极平常，而割裂经文者茫然不察也。上云"曰若稽古帝舜"，既以舜为帝矣，下即接"以协于帝"，此帝字忽复指尧，从古至今有此书法乎？《皋陶谟》《益稷》皆称舜为帝，岂有《舜典》中反称舜者？《禹贡》首称"禹敷土"，末称"禹执玄圭"，以是时禹为舜臣，故不称王。《甘誓》《汤誓》以至《周书》诸誓语皆称王曰，未有他例，商人最质，然《盘庚》三篇惟叙事称盘庚，而述诰词则必称"王若曰"。《高宗肜日》篇首既称高宗，下即云"乃训于王曰"，《金滕》合叙武、成二王事，其前之王有疾，为王穆卜，王其罔害，王翼日乃瘳，皆武王也，其后之为诗以贻王，王亦未敢诮公，王与大夫二公及王王执书以泣，王出郊，皆成王也，盖中间有"武王既丧，不利孺子"等语，纪载已明，不至疑成为武也。《顾命》合叙成、康二王事，其前之王不怿，王乃洮颒水，王曰，王崩，皆成王也，其后之王麻冕黼裳，御王册命，王再拜兴，王三宿，王答拜，王答拜，王出在应门之内，王义嗣德，王若曰，王释冕，皆康王也。盖中间有乙丑王崩，逆子钊于南门等语，纪载已明，不至疑康为成也。若《尧典》一篇叙二帝事，中间"帝乃殂落，舜格文祖"等语，亦既纪载明白。凡舜命词可以称帝曰矣，而史臣则以为是《尧典》中叙舜事也，惟恐后人疑所称帝曰为追叙帝尧之词，故大书特书，于第一次命词著"舜曰"二字，至篇末总叙生平，在十七称"帝曰"之后，可以称帝生三十矣，而史臣则以为《尧典》中叙舜事也，惟恐后人疑所纪三十等语为总叙帝尧之事，故大书特书，于生三十上著一舜字，其详慎如此，其明白如此，而妄人者乃割"慎徽五典"以下为《舜典》，或割"帝曰格汝舜"以下为《舜典》，或割"正月上日"以下为《舜典》，或割月正元日以下为《舜典》，其尤妄者造为《舜典》，存后半而亡前半之说，于是取"月正元日"以下为《舜典》，下半而居然抄《史记·舜纪》文为《舜典》，补前半之亡号曰《舜典补亡》，刊刻行世。夫纪唐事于虞书，述舜事于尧典，合两朝为一朝，曲体两圣人授受天下之苦心，并为一典，以成空前绝后之书，此等识见固非庸妄巨子所能知者。即以史法论之，既已为《舜典》矣。舜既帝矣，而乃于称帝之中一称舜格，再称舜曰，三称舜生，天下有如是背谬之史例乎哉？若谓上古之世风气淳朴，史臣质实，故虽三称舜，而不以为非，然则《尧典》何以自首句纪实外通篇称帝而不称尧？《皋陶谟》《益稷》中何以通篇称帝而不称舜？吾尝谓割《尧典》下半当《舜典》者，倘其能改三舜字为三帝字，即许之补亡，若并此不知，是非特无知妄作，抑亦不识字矣。古今史事风气虽异，而其例则一。《金滕》《顾命》纪事之史也，但须叙述明白，前后王皆称王可也，正如后世纪专文中及两朝者曰洪武朝帝何为何事，永乐朝帝何言何语，至于纪人之史，后世之本纪也，汉高祖纪中必称后帝为孝惠，唐高祖纪中必称后帝为太宗，正是《尧典》中称舜之例也。

　　毛大可奇龄以《尧典》之月正元日以后为《舜典》下半，自以为读书得间，显然左证者，有曰："春秋战国间诸书引经凡称《尧典》者，只在慎徽五典以后、放勋殂落以前，如孟子《尧典》曰二十有八载放勋乃殂落类，而在月正元日后，则并无一语称《尧典》者，此则真《舜典》矣。"云云。余谓此妄语也。假令古人引月正元日以后经文有称《舜典》者，则其说尚可通，今并无有，何得以为据耶？

《烟屿楼读书志》卷二云：

　　造作伪书有于无意中自露破绽者，即如古人纪日之文，曰某日某甲子，越几日，某甲子。所谓几日者，必连前所记之日数之。如《召诰》云："三月惟丙午朏，越三日戊申，越三日庚戌，越五日甲寅。"又曰："若翼日乙卯，越三日丁巳。"又曰："越翼日戊午，越七日甲子。"《顾命》云："丁卯命作册度，越七日癸酉。"是当时史官纪事体例如此。而伪古文《武成》独曰："丁未祀于周庙，越三日庚戌。"是以越四日为越三日矣。即此一端，其伪显然。而其伪作《毕命》，则又曰："六月庚午朏，越三日壬申。"体例与古史合，岂有所本耶？即以纪日观之，《武成》之伪显然，而纷纷更定，窜乱原文，未必不为作伪者所窃笑也。按：《三统历谱》尝引《武成》矣，中有云"翼日辛亥祀于天位，越五日乙卯"，与真书若合符节，然则何得不信此而疑彼乎？凡《尚书》篇名见书中者皆即书中字摘以名篇者也，其纪事之辞，如《高宗肜日》《西伯既戡黎》之属，其纪言之辞，如《大诰》"尔多邦，尔殷遗多士，君子所其无逸，告尔四国多方"之属，皆是后人取书中字以名其篇，非如后世文士先造篇名而后作书也。不特书也，《诗经》亦然……此古人著书后人名书之通例也。而伪古文《旅獒》篇独曰："太保乃作《旅獒》，以训于王。"既非纪事，又非纪言，直是书序，今文二十八篇中无此例也。夫旅獒何解乎？就其文义曰"西旅底贡厥獒"，则旅獒二字名篇可也，以之属辞不可也，而曰"太保乃作《旅獒》"，请问旅獒是何物，而太保作之乎？其伪显然。

伪《古文尚书》不知古史体例，遂于《伊训》有元祀，《太甲》《说命》有三祀，《太誓》有十有三年，《毕命》有十有二年，无知妄作，不必诘者。

《书序》断非出自先圣，其所云往往与本经背谬。如谓成王作《康诰》，与经中朕其弟显然不合。世儒以汉学力辨而回护之，至以孟侯为周公呼成王，以朕其弟为周公呼康叔，而复以"王若曰"谓是周公述王之命，颠倒错乱，无一是者，断当以宋儒说武王作《康诰》，而篇首为《洛诰》之错简，万万无疑也。则序所云非也。序又云：成周既成，迁殷顽民，周公以王命诰作《多方》。按：经文以移迩遐邈为昔者之事，则殷民之迁远在成成周之前，故《召诰》云庶殷，《洛诰》云怭殷，安得营洛既久始迁殷民乎？且成王周公之称之者曰天邑，商曰殷献，民曰多方之义民，何尝轻贱之而以为顽民乎？则序所云又非也。至其逸者如《五子之歌》，如《旅獒》诸《序》，与伪书合，而与他传记所说不合，盖伪书依《序》作伪，而不知《序》之不尽合也。

西河论经亦自有的确不磨处，而盛气指斥，如贩夫裸骂、村妇拍手者，此何为也？若删其一切闲文与自造典故，及故求立异以攻朱子者，剥肤存液，未始不可开悟后学。嗟乎！安得有心明眼人一整理之。

徐氏于《尚书》用力甚深，又有《舜典补亡驳义》，亦为辨伪专著。

辨《汤誓》之伪

《烟屿楼读书志》卷末附录墓表云：

> 《尚书·汤誓》有二，一为伐桀，见于今文，一为祷旱，错见于《古书》。梅氏窃取古书，以缀《汤诰》，而祷旱之誓湮矣。先生正之，则有《逸汤誓考》。

辨《太誓》之伪

《烟屿楼读书志》卷末附录墓表云：

> 《太誓》亡于秦火，河内女子所献亦伪书也。近代崇汉学，据以为真，先生非

之，则有《三太誓考》。

2.《周礼》

《烟屿楼读书志》卷四云：

> 康成注大行人引《孟子》曰：诸侯有王。朱竹垞彝尊遽采此四字为《孟子》佚文。愚按：非也。前数叶中方引此四字，称《左传》，今词义并同，何为一引《左氏》，一引《孟子》乎？其注邑人引《曲礼》误以为《檀弓》，注射人引《射义》误以为《乐记》，此引《孟子》正同一错记也。

3.《礼记》

《烟屿楼读书志》卷四云：

> "男子三十始娶"，此记礼者妄言，不足凭信。传记所载，他姑勿论，即如文王之生伯邑考，孔子之生伯鱼，皆在十四五岁，岂有周公制礼而不法文王者？岂有孔子娶妻而不遵周礼者？传曰："国君十五而冠，冠而生子。"或曰："惟国君始蚤娶耳，庶人则必三十也。"信若是，已无解于孔子之生伯鱼矣。且吾更有证者，方舜之在下也，固庶人也，三十征庸，舜犹未娶，核诸礼家之说，其时不过应娶之年，乃何以盈廷师锡直称有鳏。孟子曰："老而无妻曰鳏。"可知三十未娶，过时已久，故孟子至以无后不孝言之。由此益见礼说之妄。
>
> 石梁王氏说：《坊记》谓既有"子云"，又引"《论语》曰"，不应孔子自言，因知皆后人为之。愚按：凡云子者，未必是指孔子。凡弟子记其先师之言皆可称子，后人见一子字，尽以属之孔子，遂往往有不可通者，犹之《诗》中多称君子，焉能篇篇知其所指何人。若谓是作者伪造假托，则不应故引《论语》以露破绽也。
>
> 《三年问》是天地间一片至文，读之能令人油然生孝弟之心，处三年之丧者，大约朝死而夕忘耳，故此篇痛哭流泪，以启发人之良心，而以大鸟兽小鸟兽为譬喻，使稍有血气者读之无不泪下。此篇全出《荀子·礼论》，字句稍有异同耳，古今之所一也。以上并荀卿文，荀卿此下论君丧亦三年之故，甚详记者删之，而孔子语以为结。荀卿之学本无愧于孟子，学者耳食而抑扬之，遂觉轩轾太过，即如此篇入之《礼记》，读者以为至文，若在荀子书中亦不为奇。
>
> 此篇文气醇厚远过西京，在荀子何尝有意为文，而自然是至文，此周秦两汉之别也。
>
> 《乡饮酒义》篇，自"孔子曰吾观于乡而知王道之易易也"至"故曰吾观于乡而知王道之易易也"，凡五节，并是《荀子·乐论》篇文。

4.《中庸》

《烟屿楼读书志》卷七云：

> 后人以朱子入《中庸》于《四书》中，遂尊信之，而以《大传》为误记，又或

有圆全两说者，谓武王虽追王三王，而追王之礼但行于文王，未及太王、王季，而武王崩其后，周公乃为成礼。则吾不知此所行者何礼？岂亦如后世上尊号已降谕旨而尚未宣读宝册耶？抑克商二年而后武王有疾疾瘳，又不知几年而后崩，莫牧室时已将追王而后竟忘之耶？又或有并《中庸》《大传》而俱不之信者，直据《史记》"西伯卒，武王载木主，号为文王"之语，谓武王未克商，先已追尊文王，是与西伯受命称王改元之说同一诬妄，尤不足辨。吾尝谓，论古事必据古书，而身亲其事之古书尤为铁据。《尚书·金縢》周史所作，是真身亲其事之古书也，一则曰："乃告太王、王季、文王。"再则曰："若尔三王。"三则曰："新命于三王。"此时武王未丧，而太王、王季与文王合称三王，历历如此，则追王之典必不成自周公断断无疑者。《中庸》《大传》同出《礼记》，《大传》牧室追王亦未敢谓其必然，而要是武王所追王，《金縢》具在，《中庸》不容不误也。毛大可极驳朱子五伦之说，谓是五达道，非五伦也，且言朱子以前无以此为五伦者，其辞甚辨而详。吾谓真妄说也。《吕览·壹行篇》曰："不可知，则君臣父子兄弟朋友夫妻之际败矣。十际皆败，乱莫大焉。凡人伦以十际为安者也。"明明是此五伦，明明是言人伦，大可未之知也。大可又言五伦只有天属，无人合，则并《论语》以君臣之义为大伦，《孟子》以男女居室为大伦而不知矣。《孟子》五伦与《中庸》五达道真是磁针珀芥相视无间者。《中庸》开章即曰："率性之谓道，修道之谓教。"至此复言天下之达道五，而《孟子》则曰："人之有道也，饱食暖衣，逸居而无教，则近于禽兽，圣人有忧之，使契为司徒，教以人伦。"所谓教者何？教也，即修道，谓教之教也。所谓道者何？道也，即率性谓道之道也，亦即天下达道之道也。而《中庸》既言达道，即继之曰："君臣也，父子也，夫妇也，昆弟也，朋友之交也。"而《孟子》既言道与教，即继之曰："父子有亲，君臣有义，夫妇有别，长幼有序，朋友有信。"而《中庸》又继此而言达德，以归于成功，而《孟子》又继此而言振德，而使之自得两书，若合符节如此。今不知二五即一十，而曰《中庸》昆弟，《孟子》长幼，明明不合，然则《中庸》所谓君子之道某未能一者，未知即此达道否。若君子之道即是天下达道，则达道称昆弟，而君子之道称兄弟，岂昆弟、兄弟又将有差别耶？《中庸》达道，孟子人伦，其夫妇兄弟朋友次序无一不合，而惟父子君臣则先后互异。盖五伦本以父子为首，而《中庸》特先君臣者，以此言是孔子对鲁哀公之言尊君，故先君臣耳。观孔子自言以求子先求臣，子夏之论以事父母先事君，而他日孔子对齐景则又以君臣先父子，此虽无关宏旨，然既究书义，不得不推勘到此。读书何可泥长幼，固有非兄弟者。而《孟子》长幼则明明是兄弟，且如兄弟二字是同生也，先生为兄，后生为弟，无不知者，而《周礼》大司徒之联兄弟非同生也，故郑注谓兄弟是婚姻嫁娶，《公羊传》云兄弟辞也，此亦非同生也，故何注谓宋、鲁之间名结婚姻为兄弟，而《尔雅·释亲》则曰"母与妻之党为兄弟"，又曰"妇之党为婚兄弟，婿之党为姻兄弟"。注谓"古者皆谓婚姻为兄弟"。若但执一说，遂可翻古人成案。则非特孟子长幼非昆弟，即孟子云兄弟有序，亦岂即《中庸》之昆弟乎？

5. 《孔子家语》

《烟屿楼读书志》卷四云：

《卫将军文子篇》称高柴之行云："往来过人，足不履影。"注谓："不履人之影，谦慎之至也。"此说吾甚疑之。夫必日月灯烛之下而后有人影，吾足欲履人影，而人影已在吾足上矣。即欲履之，何能履之？而以此为谦慎，恐高子之愚不至是也。《家语·弟子行篇》作"往来过之，足不履影"，王肃注言其往来常迹，故迹不履影也，语颇难解。日本太宰纯增注本正文小注皆有图断句，此注以"言其往来常迹"六字断句，愈不可解。吾细绎之，盖"常迹故迹"四字连文，"不履影也"四字是申明之词，犹云不履影者，言其往来常迹故迹也，盖"影"字只作"迹"字解，雨露之时，霜雪之下，沙土之上，皆有履迹，高子行步不爽分寸，步步在旧迹上，其迹分明，故曰足不履影，不履影者，谓不踏坏其旧影也，反是而乱其步趋，履迹纵横，旧影不可复见，是履影矣。语意似略奥，而理实较礼注为长。《大戴》作往来过人，故卢注如彼，《家语》作往来过之，故王注如此，皆望文生义也。《家语》虽出王肃伪造，然其所见《大戴》实古于卢氏。

6.《论语》
《烟屿楼读书志》卷九"论语"条云：

或问：毛西河分从陈蔡及德行节为两章，本之《史记》以驳《集注》语，颇支离。程子曰：四科乃从夫子于陈蔡者尔。门人之贤固不止此，曾子传道而不与焉，故知十哲世俗论也。和平通达，真善读圣贤书者，乃其于改错极驳集注，置程子语于不问，及稽求篇则及之，乃曰：经贵阙疑，不必凿凿，遁辞知穷，无足深诘。独于其言有二疑焉。其一，言此时伯牛、闵骞辈皆不可考究，有可考者否？余曰：圣门事迹不见他书而独载《论语》者，往往而有不必定，以不可考而疑之也。然伯牛一人则固明明可考。《尸子·仲尼之意》篇曰：孔子为司寇，以冉耕为中都宰，尝从厄于陈蔡之间。《白虎通·寿命章》《淮南·精神训》并云伯牛为厉。又见《论衡》《家语》。其一，言冉求一人明明于哀公三年为康子所召，又三年而后及陈蔡之难，其时冉求正仕鲁，至哀十一年尚为季氏帅师战清，见于《左传》，即此一人，显然不从陈蔡，其语似非无据。余曰：此全然无据之言。康子召冉求在哀公三年，陈蔡之难在哀公六年，焉知此三年中冉子必仕鲁而不从夫子。至哀公十一年为季氏帅师，与陈蔡之厄相距又五年，与康子之召相距又八年，岂得蒙混并为一时事？须知厄陈蔡时，冉子正不仕鲁，而从夫子，哀公三年康子奉命召冉子，及十一年清之战，与冉子议国事，而冉子有战功，正《史记》所谓康子之召非小用将大用者，乃哀六年鲁伐邾，七年鲁伐邾，八年鲁复有吴师，其时季孙柄国，国家多事，而所谓非小用将大用之人绝不一见有是理耶？且《世家》载康子召冉有后越三岁始厄陈蔡，已而楚昭王以师迎孔子，而孔子之楚，其秋昭王卒于城父，孔子遂自楚反卫，皆哀公六年事，当是时卫国大乱，邦人汹汹，正名一论，史公明述其语，虽不及冉子，而夫子为卫君之问必在此时，可断断无疑者也。乃朱子注卫君待子章以为鲁哀之十年，西河驳正之曰：此六年事，非十年事也。然则同一卫事，子路之问既在鲁哀之六年，而冉子之问必令迟至哀公十一年战清以后，何故？又《孔丛子·记问篇》曰：楚王使使奉金币，聘孔子。宰予、冉有曰："夫子之道至是行矣。"遂请见云云，然则楚聘夫子时，冉子方从夫子，明证确据之不一而足如此，又且《檀弓》称夫子将之荆，楚人聘夫子，但只一见，故孔疏定为哀公六年事，盖先之以子夏，又申之以冉有，是则冉有与难陈蔡，而先夫子至楚，明载《礼记》，从夫子自楚反卫，而与子贡商卫事，明载《论语》。《论语》《礼记》尚非僻书，何晓晓耶？凡说古事，苟无赤柄，必不可武断。哀公十四年，子路尚仕鲁，明年即死卫难，子贡从夫子，厄陈蔡，史传之有明证者，乃哀六年厄陈蔡，而哀七年即有康子使子贡辞太宰嚭之事，二年之间尚不能定其往返，而况首尾相距九年，而曰此必岁岁仕鲁，岂理也哉？曰：然则其谓郑皇诸家皆分两章，岂先儒皆错耶？余曰：是不然。凡经传各有师承，即如史公读此章，以为夫子己语，其作弟子列传，序首称孔子曰，下即接德行节、柴也愚节、回也屡空节，连贯成文，宛如后世集句者。然其伯牛、仲弓、子游诸传无不以此节为孔子语，而要是《史记》错而《集注》不错，夫说经而先执成见，则左袒右袒，但视吾舌可矣。西河极恶朱子，凡同《集注》者即为非，异《集注》者即为是，固不问皇、郑也。且吾有大骇者，郑注《论语》虽亡，而邢氏疏德行节明曰郑氏以合前章，今忽云康成以为此节与前节不连为一章，此又出何本耶？

7.《孟子》

《烟屿楼读书志》卷十"孟子"条云：

毛大可谓：孟子不道桓文之事，然孟子自为文多袭《管子》，如省刑罚，薄税敛。按：见《小匡》。规矩方员之正也，虽有巧目利手，不如规矩之正方员也。《法法》诸侯毋专杀大臣，毋曲堤，毋贮粟，□□□，毋擅废适子，毋置妾以为妻。《霸形》使税者百一钟，孤幼不刑泽，梁时纵关，讥而不征市，书而不赋，又以善胜人者，未有能服人者也，以善养人者，未有不胜人者也。《戒篇》以上并见其所著《四书剩言补中》。或尝举此为问，余笑曰：此妄语也。古人著书往往雷同，固不必抄说也。况孟子一生轻视管、晏，即使今本《管子》果在《孟子》之前，《孟子》未必袭之，而乃以战国时人私意增删真赝杂出之书，而谓《孟子》袭之，非梦语乎？且大可所数未尽也。试终举之。《五辅篇》曰："大者欲王天下，小者欲伯诸侯，大则以王，小则以伯。"又曰："小者兵挫而地削，大者身死而国亡。暴其民，甚则身死国亡，不甚，则身危国削。"又曰："关讥而不征，市廛而不税。"《小匡》曰："使关市几而不正，壤而不税。"《戒篇》曰："关几而不正，市正而不布，关市讥而不征，市廛而不征。关讥而不征，廛无夫里之布。"《宙合篇》曰："若合符然，若合符节。"《法法篇》曰："故巧者能生规矩，不能废规矩而正方员。公输子之巧，不以规矩不能成方圆。"《中匡》曰："薄税敛，轻刑罚，省刑罚，薄税敛。"《霸形》曰："民归之如流水，民归之由水之就下。"《戒篇》曰："千乘之国，不以其道，予之不受也。不义与之，齐国而弗受。"又曰："以德予人者谓之仁，以财予人者谓之良。分人以财谓之惠，教人以善谓之忠。"《心术上》曰："耳目者，视听之官也，耳目之官臣。"《乘马》曰："彼王者不夺民时，不违农时，勿夺其时。彼夺其民时。"《国蓄篇》曰："狗彘食人食，狗彘食人食。"又曰："道有饿民，途有饿莩，野有饿莩。"《法法》曰："故上之所好，民必甚焉。上有好者，下必有甚焉者矣。"其他字句相类，不可更仆数也。然且非特孟子也，孔子亦生管仲之后者也，而《管子·法法》曰："先难而后易，先难而后获。"又曰："政者正也。政者正也。"《戒篇》曰："故天不动四时之下，而万物化，天何言哉！四时行焉，百物生焉。"又曰："孝弟者，仁之祖也。孝弟也者，其为仁之本与？"《小称篇》曰："身不善之患，毋患人莫己知。不忠莫己，知求为可知也。"《小问篇》曰："夫寡非有国者之患也。丘也闻有国有家者不患寡。"《禁藏篇》曰："钻燧易火，钻燧改火。"《弟子职》曰："出入恭敬，如见宾客。出门如见大宾。"又曰："先生将食，弟子馔，馈有酒食，先生馔。"《形势解》曰："君不君，臣不臣，父不父，子不子。信如君不君，臣不臣，父不父，子不子。"又曰："事父母而不尽力，事父母能竭其力。"《版法解》曰："己之所不安，勿施于人。己所不欲，勿施于人。"又曰："故君子恶称人之恶。"子贡曰："君子亦有恶乎？子曰有恶恶称人之恶者。山之数曰：民富，君无与贫；民贫，君无与富。百姓足，君孰与不足？百姓不足，君孰与足？"皆与《论语》意义相同，则不应夫子与及门垂训教人而多袭《管子》也。又且静而安，法禁即静，而后能安也。闻贤而不举，殆《法法》即见贤而不能举，举而不能先命也。蓄必及于身，《宙合》即蓄必逮夫身也。生财有常法，《君臣上》即生财有大道也，故上不行则民不从，《法法》即其所令，反其所好，而民不从也。视则不见，听则不闻，《白心》即视而不见，听而不闻也。是《大学》又袭《管子》也。又且蹈白刃，《法法》即白刃可蹈也。继绝世，《霸言》即继绝世也。如日月之明，《任法》即如日月之代明也。天之所覆，地之所载，《侈靡》即天之所覆，地之所载也。书同名，车同轨，《君臣上》即车同轨，书同文也。是《中庸》又袭《管子》也。吾不意一部《四书》中袭《管子》者何以多至于此，乃至《左传》其全袭者无论矣，即非本事，而自为文者，则亦有一而伐之，服而舍之，《霸言》易子而食之，析骸而爨之，参患贱，不逾贵，少不凌长，远不闲亲，新不闲旧，小不加大，淫不破义等语，岂《左氏》袭《管子》耶？乃至于《诗》其引用者无论矣，即非引用而自为文者，则亦有人而无良，《宙合》夙兴夜寐，小心翼翼，执事有恪，其仪不忒，《弟子职》等语，岂《三百篇》又袭《管子》耶？大可既读《管子》，而独疑《孟子》，不谓之梦语得乎？又况《孟子》之与《管子》非但不肯相袭，且有全然相反者。《孟子》一书道伯业者，齐桓葵丘之会耳，而其所述盟辞与《管子·幼官篇》及《幼官图》中所载会诸侯之令，绝不相同，显证一也。盟辞中所云"毋贮粟，毋曲堤，毋擅废适子，毋置妾以为妻"等语，此依《管子》文也，与《孟子》大同小异。《管子·伯形篇》中亦载之，而是桓公与楚王遇于召陵，而令于遇上之辞，与《孟子》所云葵丘者绝异，显证二也。又《孟子》载齐景欲观转附朝儛一节文，《管子》亦载其略，乃是桓公问而管仲答者，又与《孟子》景问晏答绝异，显证三也。乃不意大可又张目言之曰：至于齐景公谓晏子；吾欲观于转附朝儛一节，则全袭齐桓事而易其名与语者，此则不谓之病狂丧心不得矣。夫孟子既排管子而袭其文，何故而易其名与语者？夫五伯桓公为盛，孟子之言也，涕出而女于吴，孟子之言也，则二君者由孟子之言固桓优于景也，子诚齐人，知管仲、晏子而已矣，孟子之言也，则二臣者由孟子之言无分优劣也。吾不解孟子此时复何恶于桓、仲，复何爱于景、晏，而以生平节取之词，忽易为爱恶变幻之说，而排管子而袭其文，而故易其名与语，而以桓仲为景晏也，而大可云云，此非病狂丧心之说乎？然且《孟子》详而《管子》略，《孟子》述夏谚数十言，而《管子》无之。《孟子》述闻谏以后诸善政，而《管子》无之。《孟子》述太师乐章，而《管子》无之。则岂有全袭人书而故造为始末以欺人者？然且此事非特《管子·戒篇》有之，即《晏子春秋·问篇》亦载之，其言较详于《管子》，而转略于《孟子》，大可既读《管子》，亦当并读《晏子》。苟读《晏子》，则亦当详慎审视之，反复辨难之，谓此事也果桓公耶？果景公耶？果管仲对耶？果晏子对耶？果孟子袭管晏耶？果管、晏袭孟子耶？抑桓、景并有此事而两臣之对适相合耶？抑三书各自为文而所闻异辞以致详略互异耶？乃全不参究，全不考核，而遽以袭之一字诬我孟子，又以易之一字重诬我孟子，其不谓之病狂而丧心者乎？

　　《管子·戒篇》曰："桓公问于管仲曰：'我游犹轴转斛，南至琅邪，司马曰：亦先王之游也，何谓也？'管仲对曰：'先王之游也，春出原农事之不本者谓之游，秋出补人之不足者谓之夕，夫师行而粮食其民者谓之亡，从乐而不反者谓之荒。先王有游夕之业于人，无荒亡之行于身。'桓公退，再拜命曰：'宝法也如此，是但有我游之愿，而因谏而止，固未尝一出也。'"则《孟子》所谓出舍于郊云云者，真是劈空造典故矣。于是《晏子》加详焉。《问篇下》曰："景公出游，问于晏子曰：'吾欲观于转附朝儛遵海，而南至于琅琊，寡人何修则夫先王之游？'晏子再拜曰：'善哉君之问也！闻天子之诸侯为巡狩，诸侯之天子为述职。春省耕而补不足者谓之游，秋省实而助不给者谓之豫。夏谚曰：吾君不游，我曷以休？吾君不豫，我曷以助。一游一豫，为诸侯度。今君之游不然。师行而粮食，贫苦不补，劳者不息。夫从南历时而不反谓之流，从下而不反谓之连，从兽而不归谓之荒，从乐而不归谓之亡。古者圣王无流连之游、荒亡之行。'公曰：'善！'命吏计公掌之粟，籍长幼贫氓之数，吏所委发廪出粟，以予贫民者三千钟。公所身见瘝老者七十人，振赡之，然后归也。"是又明明袭《孟子》文，而故抄变其词为同异者。且《孟子》中自"吾王不游至为诸侯忧"六十五字并夏谚文，故《晏子》引之，而复以己意释"流连荒亡"四字，作《晏子》者不知皆是谚词，误以今也之今为晏子时，特改此句作"今君之游不然"，然则《孟子》中"惟君所行也"五字不可解矣，此又抄窃之显然者。凡述古以谏者必称述古事，既完以后，以今事参合而折衷之，此古人定例，《孟子》中无不如此，如对齐宣交邻国之问，自"《诗》云王赫斯怒"至"武王亦一怒而安天下之民"皆述古事也，下始以"今王亦一怒"断之，又如对谋救燕之问，自"《书》曰汤一征"至"后来其苏"皆述古事也，下始以今燕虐其民断之。又如答万章宋行王政之问，自汤居亳至于汤有光，皆述古事也，下始以"不行王政云尔"断之。又如对滕文事大国之问，自昔者太王至效死勿去，皆述古事也，下始以君请择于斯二者断之。雪宫章晏子对景公自天子适诸侯至谓之亡，皆述古事也，下始以"先王无流连之乐、荒亡之行，惟君所行也"断之。且"惟君所行正"与"君请择于斯"二者语意吻合，为诸侯度，一也，为诸侯忧，二也，皆古人已事也，故曰惟君所行言二者，惟君自择之耳，犹之去邠邑岐一也，效死勿去二也，皆古人已事也，故曰择于二者若以为诸侯忧，一截作眼前事，则齐景已是流连荒亡，晏子但当戒以无然。如孟子告梁惠以王无罪岁，告齐宣以王速出令之类，何得云惟君所行乎？故知今也不然之今，是古之今，而非今之今也。《管子》记问游事凡一百八字，《晏子》凡二百二十八字，而《孟子》最详，凡二百六十三字，即以详略论，亦可见《管》《晏》之袭《孟子》，何则？古人引书有删节而无增加也，况《孟子》所载有条有理有始有末乎？然则《管》《晏》皆伪书乎？曰：《管子》真伪错出，《晏子》则《谏上》《谏下》二篇当是真本，《问篇》以后，则抄《左传》，抄《孟子》，抄《国语》，抄《墨子》，抄《韩非》，抄《吕览》，大约战国时人极推重管、晏，好事者取其书，更易补苴，以传于世耳。或曰，据《孟子》则问游事，自当属《晏子》，《管子》书伪矣。若晏子，则岂有不载之理？曰：此又不可执一论也。夫子相鲁及聘列国诸事迹，他书载之綦详，而反不见于《论语》。虽孟子行事亦往往见于他说，而孟子无之。夫著书非作传也，不必载也。毛大可曰："余幼读师行而粮食句，疑粮食二字难通，似有脱误，今始知粮食其民为确不可易也。"按：此语又妄。夫师行粮食者，谓从行之众皆饱食也，犹《孟子》云"行者有裹粮也"，行而裹粮，亦何足异？然以流连荒亡之故，从行甚众，徒费食用，则可异也，而况行者饱食，而居民则又无所得食也，故即继之曰"饥者弗食"，而行者虽得食，而疲劳于道路，不得休息也，故又继之曰"劳者弗息"，其义甚明，有何难通？作《管子》者抄变其词，以师行而粮食者谓之亡语不可通，于是加"其民"二字，而曰师行而粮食其民者谓之亡，其义遂与《孟子》迥别，而大可乃欲补《孟子》，非妄语乎？且此食字与下息字愿字为韵，若加其民二字，则二句无韵矣。又且晏子亦曰"今君之游不然，师行而粮食贫苦不补劳者不息"，是作《晏子》者所见《孟子》实无"其民"二字，若《孟子》有脱误，不应晏子亦脱误此二字，故曰妄也。大可又曰："转附朝儛为犹轴转斛之误，亦亥豕之最可验者。"余谓此又妄也。尹知章注《管子》曰："言我之游，必有所济，犹轴之转载斛石。"赵岐注《孟子》则曰："转附、朝儛，二山名。"近时孙星衍作《晏子音义》云："当依《管子》，且曰齐实无此山。"又曰："犹轴转斛，盖欲如轴舻转载斛石，是时齐海运，故景公欲浮舟而南观，孟子从流下，从流上，益信夫以轴之转载斛石譬己之游览，此尚成文乎？若谓齐海运以轴舻转载斛石，则是裹粮以游耳。"夫裹粮以游，则裹粮以游耳，何云犹耶？至以流下、流上证之，则更妄。《孟子》不又云从兽无厌耶？浮舟以游兽自何来？至谓齐无此山，则经传中山川地道今不得其处者甚多，可胜疑耶？然且孟、晏并云"吾欲观于转附朝儛"。今以四字为亥豕之讹，则将曰"吾欲观于犹轴转斛"，非笑语乎？即《管子》中无欲观字，而下云南至琅琊，亦不可接。如毛、孙诸说，则但云我欲游于琅琊足矣，然则犹轴转斛实当为转附朝儛之误，而大可反颠倒之，非妄耶？或谓犹轴盖轴舻之误，吾欲观于轴舻转斛者，盖景公欲往观海运，故下云遵海而南也。曰：是则《孟子》误，《晏子》误，而《管子》又误矣。仅此一言而三书并误，恐无此理。且轴舻转斛者，即是海舟运食也，而《管子》曰："我游犹轴转斛。"当解之曰："我游海舟运食而尚可通耶？"孙氏解《晏子》较旧注稍明白，然以石斛自载，殊觉难通，非但孟子之"吾欲观于"四字万万不可解也。

8. 《逸周书》
《烟屿楼读书志》卷十一云：

　　《逸周书》未可尽信，而其言事理亦自有确当不可易者。命训解曰：极祸则民鬼，民鬼则淫祭，淫祭则罢家。此言颇与后世情事相肖。凡民家遇疾病患难，连绵不绝，则必见鬼疑神，卜筮祈祷，而史巫纷若矣。

《尚书》纪月日不纪年，此想是古史体例如此。由文推诗，后人作诗往往开句用年号，或曰皇帝几十载，或曰某某几年春，唐人尤多此法，乃三百篇中则但有月日而无纪年，如曰："定之方中，作于楚宫。"曰："六月栖栖，戎车既饬。"曰："吉日惟戊，既伯既祷。"曰："正月繁霜，我心忧伤。"曰："十月之交，朔日辛卯。"曰："四月维夏，六月徂暑。"曰："二月初吉，载离寒暑。"似此不一而足，而总不及纪年，知古人行文自有定法如此。乃至《逸周书》则体例不一，有然有不然，盖其书真伪错杂，或系古史所纪，为孔子删余之书，或系战国伪托，为后人附益之篇，学者就此小小体例，核其真伪，亦什得一二矣。试胪举之。《程典解》之维三月既生魄，《程寤解》之文王去商在程正月既生魄，《御览》引此篇今亡，《大开解》之维王二月既生魄，《文儆解》之庚辰，以上文王时，《寤儆解》之维四月朔，《世俘解》之维四月乙未日，此篇纪月日甚多，《王权解》之维王不豫于五日，以上武王时。

《官人解》亦见《大戴礼》中，如曰："喜之以观其轻，怒之以观其重，醉之酒以观其恭，从之色以观其常。"诸语皆极确，当不可易，而浅露殊甚，入之《礼记》则近似，入之《尚书》全不似矣。《职方解》之在《周官》亦然。

《周书》中多用韵之文，又多计数，如四征、六极、八政、九德之属，几乎无篇不有，是皆周秦诸子故态，学《皋陶谟》《洪范》而全然不类者也。愚谓凡遇此等即非周史原书矣。

周秦以前之书所引《周书》今皆在此书中，故《逸周书》断非全出于战国时也。

《周书》七十二篇，盖必有数篇是周史为孔子所删者，战国诸子又杂以传闻附益之作，不一手，故其书有近《尚书》者，有绝似《国策》者，有似诸子者，而法家、兵家、权谋家、纵横家、儒、墨家无乎不有，而《太子晋解》则是小说家语矣。

9. 《尚史》
《烟屿楼读书志》卷十一"绎史"条云：

《帝王世纪》《古史考》既佚不传，或见他书所引，大约语多芜杂，不尽可信。后来作者若苏辙《古史》之悍，罗泌《路史》之妄，均无足观。独马氏《绎史》网罗古籍，述而不作，纪事本末，洋洋巨观，千古奇书也。后有李锴者抄撮此书，作为《尚史》，而才识不长，论断乖刺，直谓之无知妄作，可矣。

《烟屿楼读书志》卷十一"古史"条云：

苏子由生数千百年之后，俨然纪载三古，点窜《史记》，以为《古史》。《史记》固不尽可凭，而《古史》亦岂可作据哉？吾尝谓，莫远于三代以上之年，而莫杂于三代以上之书，亦莫妄于三代以上之事实。苟当吾世而欲考正旧事，勒为成书，此必非博与识不可。我朝马氏所为《绎史》庶几乎博矣，而识则未也。子由《古史》亦或有所驳正，而沿袭甚多。甚哉识之难也！彼继《古史》而为《路史》，继《绎史》

而为《尚史》者，更无足与论矣。

10. 《越绝书》
《烟屿楼读书志》卷十三"越绝书"条云：

> 周时有《越绝》一书，所谓或子贡或子胥作者，今所传《越绝书》乃汉袁康所作，是《越绝》之传，其后《越绝》亡而《越绝书》独存，书中明白可考，不解数千年来读是书者何以皆复梦梦。即以汉人之书而疑子贡、子胥作也，其篇末详记作书人姓名为袁康，删定者为吴平，既已显著名氏，毫不掩饰如此，而书中乃曰子贡作此书，子胥作此书，虽梦中呓语，无是理也。《本事篇》明云何不称越经书记而言绝乎？谓此书何以不名曰《越经》，或《越书》，或《越记》，而乃名《越绝》乎？下文详释所以称绝之故，今此书俨然名《越绝书》，而尚曰何不称书，又梦中呓语所未有者。即此两端，今书显为越绝之传，作者本是明白，并未作一梦语，而后之读其书者反皆愦愦说梦，可异也！余证尚多，余将为《越绝考》，以发其覆，而解数千年不解之疑案，亦一快事也。

11. 《忠经》
《烟屿楼读书志》卷十四"忠经"条云：

> 世伪造武侯《心书》，而中引伪《古文尚书》，他无论矣。季长《忠经》其引《书》词，亦伪居其五。

12. 《心书》
《烟屿楼读书志》卷十四"心书"条云：

> 世传武侯《心书》五十篇《新书》十四篇，读之多陈言，不类武侯他文字。又《心书·将诚篇》引《书》曰："狎侮君子，罔以尽人心；狎侮小人，罔以尽人力。"又《戒备篇》引曰："惟事事乃其有备，有备无患。"则不应东晋晚出之伪古文而武侯得见之也。且蜀汉诸臣上表昭烈劝进时以昭烈名合图谶，称圣讳昭著，又不应以武侯著书而以圣讳名篇也。凡此皆可疑者。

13. 《管子》
《烟屿楼读书志》卷十四"管子"条云：

> 《形势篇》曰："召远者使无为焉，亲近者言无事焉，惟夜行者独有也。"此数语为《淮南·览冥训》所本，房玄龄注：夜行谓阴行其德，亦不知夜行。是古书名也。详见《淮南子》条。
> "今日之今，霍霍栩栩，少焉瞩之，已化为古。"伪《心史》中语也。此等语前人多有之，不足为异。《管子·乘马篇》曰："昔之日已往而不来矣。"已为庄、列胚胎。

《左传》隐四年曰："贱妨贵，少陵长，远闲亲，新闲旧，小加大，淫破义，所谓六逆也。"《管子·五辅篇》曰："下不倍上，臣不杀君，贱不逾贵，少不陵长，远不闲亲，新不闲旧，小不加大，淫不破义，凡此八者，礼之经也。"下上君臣二事外，并次序亦复相同。《左氏》本《管子》乎？抑《管子》袭《左传》耶？

"朋党"二字始见《管子》，其《法禁篇》曰："以朋党为友。"《参患篇》曰："群臣朋党，则宜有内乱。"其他言人臣党而成群者甚多。按：仲以鲍叔之荐而相齐国，及其将死，而桓公欲以鲍叔为相，仲犹论其无相，度不足为相，其可谓不肯为党者矣。即廷臣此时亦不闻有分朋立党之事，而管子云云，逆料后世之必有是事耶？抑后人伪为之耶？

《小匡篇》多袭《齐语》，《大匡篇》则前半全袭《左传》，而有可发大噱者。如云二月鲁人告齐曰：寡君畏君之威云云，五月襄公田于贝邱云云，九年公孙无知虐于雍廪雍廪杀无知云云，凡其叙事并无年月，独此三处有之，而九年者，鲁庄公之九年也，而亦不知删节，可笑如此。其后半篇又杂入诸子，与《左传》本事违异者，盖以齐桓初年颇好战，而尝为鲁所败作者，欲护管仲，因造为仲谏不听诸语意，谓桓不听仲，故有是败耳。

14.《尤射》
《烟屿楼读书志》卷十五云：

魏缪袭作《尤射》，凡二十章，多古文奇字，其意似戒王圮厥德，纵射观游无度十字，其书序原文而作，书中多阙文，亦不知注者何人，注亦多阙，本脱佚耶？殆故为此狡狯耶？其赠玉章云："匪艾畴义，厥中周中，惟乃中厥，行周行，惟乃行厥言，周言惟乃言。"意欲仿《尚书》，而沓冗无味。又曰："若苗方萌，弗耕弗耘，弗有旋。"注云："旋，成熟也。"盖窃用《方言》"秦晋凡物树稼早成熟谓之旋也"。又曰："若鸡方卵，弗伏弗逎。"《玉篇》："逎，转也。"或取此义，或即是育字。弗有晨，按：晨者，谓雏出而能司晨也。下字已怪，且伏卵中能必其皆雄物也，牝鸡而司晨，不如弗伏弗逎之为愈矣。大抵全无意义，择眼生字入之寻常文字中，正所谓艰深文浅易者也。

15.《禽经》
《烟屿楼读书志》卷十五云：

古传师旷《禽经》，乃复有张华《禽经》，体物颇有工夫，不解何以必托诸古人也。王楙引鲍夷白语谓：古人引《禽经》，而今本无之者数十条，因为条列之。不知即《尔雅疏》《崇有论》诸书所引者，岂真三代物耶？

16.《相鹤经》
《烟屿楼读书志》卷十五云：

《相鹤经》相传为浮邱公授王子晋。崔文子学道于王子晋，因得其文，以藏嵩山少室中。后淮南采药得之，遂传于世。又有跋语云："熙宁十年正月一日王安石修。"不学之人动笔可怜可笑如此。

17.《相牛经》

《烟屿楼读书志》卷十五云：

> 宁戚饭牛车下世，遂传宁戚《相牛经》，其荒诞不足诘也。然其文仅二百余言，而奇古有气息，较之浮邱公《相鹤经》、朱仲《相贝经》、张华《禽经》又有上下床之别矣。

18.《圣贤群辅录》

《烟屿楼读书志》卷十五云：

> 《群辅录》，世谓其伪书，中一条云，唐林字子高，唐尊字伯高，并沛人，以洁履著名于成哀之世，号二唐，比楚二龚，后皆仕王莽。夫以洁履之人而并甘心为莽大夫，此宜渊明之所唾弃不顾者而录之耶？

19.《列子》

《烟屿楼读书志》卷十五云：

> 《仲尼篇》："子夏问孔子曰：'子张之为人奚若'？子曰：'师之庄贤于丘也。'"张湛注："犹矜庄。"又曰："师能庄而不能同。"注："庄而不能同，有违和光之义。"吾谓此章称颜子仁，子贡辩，子路勇，皆本《论语》，诸书独称论子张者，似罕见，不知亦窃《论语》曾子之言也。曾子曰："堂堂乎张也，是即所谓庄也。曰难与并为仁矣。"是即所谓不能同也。

《烟屿楼读书志》卷十一云："墨守传注，不敢稍闻异议，其失诌而固；排击先儒，以意自创新解，其失凿而妄，皆非也，过犹不及也。余尝谓是非天下之公，争论一己之私。先儒何尝无得失，细心察之，自见先儒，何必不非议，平心言之，自足也。六一尝曰：'先儒于经不能无失，而所得已多矣，正其失可也，力诋之不可也。尽其说而理有不通，然后得以论正。予非好为异论也。'此言深得后人读传注之法也。"

十、周寿昌

（一）周寿昌其人

周寿昌（1814—1884），字应甫，一字荇农，晚号自庵，长沙人。道光二十五年（1845）进士，累迁内阁学士兼礼部侍郎。著有《前汉书注补校》《后汉书注补正》《思益堂集》《思益堂日札》等书。生平事迹见《清史稿·文苑传》《清史列传·文苑传》、周礼昌所撰《行状》。

(二) 周寿昌的文献辨伪

周寿昌主要讨论了《水经注》戴袭赵案：

> 邵阳魏默深同年源曾函寄古文三首，俱未经刊行者，恐久或湮没失传，亟录于此。其《书明史稿一》云："尝闻杨椿之言曰：'《明史》成于国初遗老之手，而万季野功尤多，纪传长于表志，而万历以后各传又长于中叶以前。袁崇焕、左良玉、李自成传原稿皆二巨册，删述融汰，结构宏肃，远在宋元诸史上。'以上杨氏原文，是则是矣，然《宋史》以来，人人立传之弊仍不能革，即如太祖功臣十八侯，人各一传，或同一事而既见于此，复见于彼，使以此例施之《史记》《汉书》，则列传当多数倍。平云南事止宜见于沐英传，其从征诸将附于沐英传后足矣。平夏、平朔漠以李文忠、蓝玉为主，其从征诸将附二人传末足矣。至于《外国传》止宜择其二三岛夷之大者立传，其余止附见国名汇书本传之后，乃岛不过数十里，人不过数百家，渔村蜑户，动列蕃国，何与共球仅据三宝太监下西洋归奏铺张之词，毫无翦择。至于食货、兵政诸志，随文抄录，全不贯串，或一事有前无后，或一事有后无前，其疏略更非列传之比。且列传虽详，而于明末诸臣尚多疏略。即黄得功、李定国二人，予所见野史述其战功事迹数倍本传，此略所不当略，与前之详所不当详，均失之焉。"《书明史稿二》云："尝读故礼亲王《啸亭世录》曰：'康熙中，王鸿绪、揆叙辈党于廉亲王而力陷故理邸，故其所撰《明史稿》于建文君臣指摘无完肤，而于永乐及靖难诸臣每多恕辞，盖心所阴蓄，不觉流于笔端。从古金壬不可修史。王司徒言未可非也。'又闻安化陶文毅公之言曰：'王鸿绪《史稿》于吴人每得佳传，于太仓人尤甚，而于他省人辄多否少可。张居正一传，尽没其功绩，且谤以权奸叛逆，尤几无是非之心。幸乾隆中重修《明史》，略为平反，善哉！'二公之言或谓《明史稿》出万季野之手，其是非不应舛戾。折之曰：《史稿》于王之宋案列传后附采夏允彝《幸存录》数百言，以折衷东林、魏党之曲直。夫《幸存录》黄南雷诋为'不幸存录'，又作《汰存录》以驳之，故其前录则巢氏序谓出夏公身后，冒托其名，后录称夏淳古撰，全谢山驳其中先人备位小宰一语，其时小宰乃吕大器而，淳古父允彝仅官考功，岂有子诬其父之理？淳古十五从戎，十七授命，孝烈贯金后，视匪党如粪壤，岂有堪挂其齿之理？盖马、阮邪党所伪撰，而窜允彝父子之名以求信于世。其书专以扶邪抑正为事，虽以孙承宗、熊廷弼之功业忠烈，皆曲加污蔑。一则曰：'闻其不能无欲。'一则曰：'惟知善骂以避封疆之责。'而于邪党杨维垣、张捷、马、阮皆曲为解脱，乃南雷所深恶，岂有季野为南雷高弟，反采录其言以入正史？其为王鸿绪增窜无疑。且明太祖平张士诚，恶苏民为士诚守城不下，命苏、松田亩悉照私租起赋，凡淮张文武亲戚及后日籍没富民之田悉为官田。建文二年，降诏减免，每亩只输一斗，可谓干盏之仁政，乃成祖篡立，仍复洪武旧额，至今流毒，数百年未已，此事建文是，永乐非，比户皆知。今史稿只载成祖杀齐泰、黄子澄、方孝孺，夷其族，执铁铉于山东，

至京杀之，其余屠戮忠臣数百人，株连夷灭亲戚十余家，妻女发象奴及教坊为倡，皆讳不书。即苏、松浮粮复额，殃民之政，亦为之讳。考宋时苏州田租三十万，水田每亩租六升。至洪武中，而苏田十六分，仅一分为民田，余十五分皆官田，所以苏松浮粮至三百七十余万。宣德中，况钟为知府，正统间，周忱为巡抚，先后奏减十分之三，尚存一百七十万，而岁岁逋负不能足额。万历中，始有岁纳至八分之令。我朝康熙、雍正又豁免其半，改折其半，始定今额。鸿绪身为吴人，岂有不知而曲笔深讳。若非礼亲王诛心之论，乌能洞史臣之肺腑哉？鸿绪身后，其子孙镂板进呈，以板心雕‘横云山人史稿’，遂碍颁发，攘善而不遂，其攘盗名而适阻其名，岂非天哉？”又云：“《幸存录》处处以东林与攻东林者对勘，夫攻东林者何人，何以毫无称谓，盖去攻东林者四字，则必称阉党，将如何下笔，故为此蒙头盖面，掩耳盗铃之计，不言何人，可谓心劳日拙，欲盖弥彰矣。其先谓马士英是小人中君子，阮大铖是小人中小人，其后又谓某某等不如阮大铖尚有侠爽之气，可与言大谊，明出马、阮余党，于国亡之后尚怀余毒，含沙阴射，不得不嫁名于忠烈之夏允彝父子。呜呼！麟豸而为桀犬之吠乎？”其《书赵校水经注后》云：“近世赵一清《水经注》为戴氏所剿，而其徒全擅段氏反复力辩，为赵之剿戴，谓赵氏成书在前，刊书在其身后，凡分经分注之例，赵氏未尝一言，至戴氏始发明之。及聚珍板官为刊行，而后人校刊赵书，或采取戴说，故二书经文无异。是不以为戴氏之剿赵，而反以为赵氏之剿戴，且怪梁耀北昆仲刊赵书时何不明著其参取戴校之故，谓以攘美成疑案，其说呶呶千余言，诖误后学，靡所折衷，请详辟其妄，以正欺世盗名之罪。考赵氏书未刊以前，先收入《四库全书》，今四库书分贮在扬州文汇阁、金山文宗阁者，与刊本无二，是戴氏在四库馆时先睹预窃之明证，其后聚珍官板刻行又在其后。若谓赵氏后人刊本采取于戴，则当与四库著录之本判然不符而后可，岂四库书亦为赵氏后人所追改乎？其妄一也。若谓赵氏序例中未言经文不重举某水注必重举某水之例，则不知赵本第二卷《河水》篇下首言之矣，江水又东，径永安宫下为注之混经，则附录中欧阳元《水经序》又言之矣，皆戴氏所本，何谓赵氏不言？妄二也。且赵一清与全氏祖望同时治《水经》，全氏《水经》未刊，予曾见其抄本，凡例一卷，于经注分晰尤详。凡戴氏所举三例，皆在其中，故赵书不复重述凡例，岂若戴氏攘人所纂，故于赵书首辟其注中有疏之说，谓同于丰坊之伪本及戴氏所校《水经》，则又于第一卷《河水》篇《尔雅》河出昆仑墟下引《物理论》十六字为注中之小注，故世在所引《尔雅》之间，《山海经》下引《括地图》十三字，亦同此例。其余不一而足。是则注中小注之说，戴氏既窃之，而又斥之，盗憎主人，不顾矛盾，一至是乎？妄三也。此外，戴氏臆改经注字句，辄称《永乐大典》本，而《大典》现贮翰林院，源曾从友人亲往翻校，即系明朱谋㙔等所见之本，不过多一郦序，其余删改字句，皆系戴之伪托于《大典》，而《大典》实无其事，且恃秘阁官书海内无从窥见，可凭城社售其臆欺。妄四也。至赵氏《畿辅水利书》百六十卷，为戴氏就馆方制府时删成八十卷，则段氏亦不能曲讳。谓戴就方敏恪制府馆半载，何能成此巨帙？知其必有底稿，非出戴一人之手。试问《戴氏水利书》既据赵为蓝本，何以凡例中又不一字及于原书，深没其文，若同创造，是戴氏之于赵一窃再窃，不仅月攘，宜其书至嘉庆中又为吴江通判王履泰所窃，删改为《畿辅安澜志》，进呈被赏，可为郭象之报。妄五也。戴为婺源江永门人，凡六书、三礼、九数之学无一不受诸江氏。有同门方晞所作《群经补义序》称曰同门戴震可证。及戴名既盛，凡己书中称引师说，但称为'同里老儒江慎修'，而不称师说，亦不称先生，其背师盗名，合逢蒙、齐豹为一人，则攘他氏之书犹其罪之小者也。平日谭心性，诋程、朱，无非一念争名所炽，其学术、心术均与毛大可相符，江氏亦不愿有此弟子也。

该条以"五妄"之论驳段玉裁，证戴震所校《水经注》乃抄袭赵一清著作而成。

十一、乔松年

（一）乔松年其人

乔松年（1815—1875），字健侯，号鹤侪，徐沟（今山西清徐）人。著有《纬攟》《萝藦亭札记》等。生平事迹见《清史稿》本传、方浚颐《太子少保东河总督乔公墓志铭》（载《续碑传集》卷二七）。

（二）乔松年的文献辨伪

1.《古文尚书》

《古文尚书》，朱子疑之，而未昌言斥之，明梅氏鷟作《考异》乃力攻其伪，尽发其覆，本朝阎百诗作《疏证》，以申其说，王西庄鸣盛又作《尚书后案》及《后辨》，以竟其义，后出之书，以前人之书为基，继长增高，益详且密，故王书尤精，此外通儒多同此议。史迁亲从孔安国问故，今之古文若果为安国所学，史迁不容不见，乃《史记》所袭用《尚书》之文皆今文，而无一句古文，是史迁并未见此古文也，则非安国所学明甚。据此一节，即可断其为伪而无疑。史迁所述，有在《今文尚书》之外者，疑是安国所受真古文矣。西庄《后案》既辟东晋古文之伪，又搜讨郑康成注于群书而汇存之，其为功于郑学洵大。

毛西河谓古文不伪，作《冤词》以折梅、阎，此亦爱古守旧之意，与其轻疑不如过信，亦未可全非，特作伪之显而易见者，莫甚于割《尧典》以为《舜典》，增出二十八字，彼姚方兴者何所受之，直臆造而已，臆造而割裂之，致《尧典》止于帝曰钦哉，尧之事未终，而二十有八载帝乃殂落，入于《舜典》矣，《孟子》引此语而曰《尧典》，真铁案也。

2.《毛诗序》

三百四篇之序，虽长短不同，而非出一人之手。然愚细审序语，其发端一二语或至三语发明大意者，则古序，在毛公之前者也，其推阐之语，则后儒衍之，或即卫敬仲所附益。序后推阐之语，为后儒附益无疑。

《诗序》起语，纵非子夏、毛公作，而词句简而有要。后儒附益之语，便多枝蔓。

乔松年认为，序后推阐之语为后儒附益。

十二、蒋超伯

（一）蒋超伯其人

蒋超伯（1821—1875），初字梦仙，改字叔起，号通斋，自号南湄翁，江都（今江苏扬州）人。道光二十五年（1845）进士，改翰林院庶吉士，授编修，由刑部郎中补授江西道御史，官至广东按察使。性耽吟诵，居恒手不释卷。著有《窥豹集》《榕堂续录》等，后人辑为《通斋全集》《通斋先生未刻手稿十二种》。生平事迹见自撰《通斋自记》《国朝御史题名》《江都县志》（载《碑传集补》卷一七）。诗集中有《五十自述》，亦可窥其生平经历。

（二）蒋超伯的文献辨伪

1. 《关尹子》

古人著书，必远掫旁征，以引申其绪论，《大学》一篇，述及《盘铭》，荀卿之书多同《戴记》，《韩诗外传》引《荀子》之说，凡四十有四条，《汲冢周书》于《夏箴》开望之词，亦皆采及……若《关尹子》一书，创佹异之篇名，一宇、二柱、三极、四符、五鉴、六匕、七釜、八筹、九药，炫炉鼎之末技，《八筹篇》青蛟、白虎、宝鼎、红炉乃羽流之余唾，非诸子之训言矣。焦竑以《文始经》决非关尹作，其说当矣。

2. "兵书多托名黄石公"说

兵书多托名黄石公，不但《素书》而已，另有《黄石公兵书》《黄石公秘经》《黄石公记》《黄石公五垒图》《黄石公北斗三奇法》《黄石公阴谋行军秘法》等书。

3. 《梅妃传》

坊刻丛书有曹邺《梅妃传》，妃事迹不见于史，殆杜撰耳。或云《妆楼记》有之，然《妆楼记》亦无稽小说，非张泌笔也。

按刘声木《苌楚斋续笔》卷五："《钦定全唐诗》中有云梅妃即江妃，唐玄宗因其好梅，戏名为梅妃。诗中有梅妃《谢珍珠》诗，玄宗亦有《题梅妃画真》诗，班班可考，不得以不见于史为疑。"

4.《太素脉法》

《太素脉法》昉于医和，至宋时有僧智缘，与王珪、王安石同时，察脉知人贵贱休咎，其说遂大行于世，俗言传自崆峒樵者，非也。

5."古书多淆乱"说

古书多为后人羼乱。如庄休之外篇、世篇有汉人搀入语，其改田恒为田常即确证也。马迁之《史记》冯商、孟柳均曾续之，见刘歆《七略》，汉章帝时又曾诏杨终删之，见终本传，则今之迁史非原书也。《苍颉篇》曰："汉兼天下。"则非李斯语也。《本草》多汉世郡名，恐非神农作也。《易林》由词，世疑有崔篆增入者，亦非焦氏本书也。

此条能窥见古书附益现象。

十三、俞樾

（一）俞樾其人

俞樾（1821—1907），湖州德清人。字荫甫，自号曲园居士。治学以经学为主，旁及诸子学、史学、训诂学，乃至戏曲、诗词、小说、书法等。著有《群经平议》《诸子平议》《茶香室经说》《古书疑义举例》《小浮梅闲话》《春在堂随笔》等书。

（二）俞樾的文献辨伪

1.《河图》《洛书》
俞樾《湖楼笔谈》卷一云：

《系辞传》："河出《图》，洛出《书》，圣人则之。"乃古有此言，姑存其说耳。其实当文王时已无《洛书》矣。待以明之？成王之崩也，东序、西序，天府之宝备列无遗，乃《河图》存而《洛书》无闻焉。使文王时而有《洛书》，则传武王以至成王，历年未久，不应遗亡，必与《河图》同陈两序矣。故知文王时无《洛书》也。若孔子时则并无《河图》矣。孔子曰："凤鸟不至，河不出图，吾已矣夫！"使其时《河图》尚在，必无此言，故知孔子时无《河图》也。夫《河图》《洛书》自作《易》之圣人文王、孔子有不及见，乃儒者于千百年后随意造作，转相传授，曰：此《河图》，此《洛书》，吾谁欺？欺天乎？

2. 《周易》

俞樾《湖楼笔谈》卷一云：

> 《周易》"初九""初六"之类，疑皆孔子所加。观《左传》引《周易》文，宣七年传曰"其在《周易·丰》之《离》"，不曰《丰》上六。宣十年传曰"《周易》有之，在《师》之《临》"，不曰《师》初六。昭二十九年传曰："《周易》有之，在《乾》之《姤》曰'潜龙勿用'；其《同人》曰'见龙在田'；其《大有》曰'飞龙在天'；其《夬》曰'亢龙有悔'；其《坤》曰'见群龙无首，吉'；《坤》之《剥》曰'龙战于野'。"若当时《周易》已如今本，则曰初九，曰九二，岂不简而易晓，乃必以变卦言乎？故知"初，九""九二"之类孔子所加，古本无也。

俞樾于《周易》造诣不深，章黄一派皆然。清代考据学家大都如此，他们对于玄学往往浅尝辄止，因为玄学需要极高的哲学思辨力，否则不得其门而入。

3. 《古文尚书》

俞樾《茶香室丛钞》卷一《赵子昂尚书集注序》云：

> 明焦竑《笔乘》载赵子昂《尚书序》云："《诗》《书》《礼》《乐》《春秋》皆经孔子删定笔削，后世尊之以篇削。秦火之后，乐遂无复存。《诗》《书》《礼》《乐》《春秋》，由汉以来，诸儒有意复古，殷勤收拾；而作伪者出焉。学者不察，尊伪为真，俾得并行以售其欺，《书》之古文是已。嗟夫！《书》之为《书》，二帝、三王之道于是乎在，不幸而至于亡。于不幸之中幸而有存者，忍使伪乱其间耶？又幸而觉其伪，忍无述焉以明之，使天下后世常受其欺耶？余故分今文、古文而为之集注焉。嗟夫！可与知者道，难与俗人言也。余恐是书之作，知之者寡而不知者之众也。昔子云作《法言》，时无知者，曰：'后世有子云，必爱之矣。'庸讵知今之世无与我同志者哉！"
>
> 按，赵子昂以书画名后世，乃能灼知《古文尚书》之伪，著书以明之，是亦深于经学者矣。惜其书不传，要是国朝攻《古文尚书》者之先声也。按，序中不及《周易》，未知何意？疑或有误。然焦氏言得子昂真迹，则又当不误也。

俞樾《茶香室丛钞》卷十一《明儒有不信古文尚书者》云：

> 明郑瑗《井观琐言》云："《古文书》虽有格言而大可疑，岂有四代古书而篇篇平坦、整齐如此。如《伊训》全篇平易，惟《孟子》所引二言独艰深；《泰誓》'谓己有天命'四句皆不似古语，而其他与《今文》复出者却艰深，何也？《古文尚书》至东晋梅赜始显，《古文孝经》至隋刘炫始显，皆沉没六七百年而后出，表必孔壁所藏之旧矣。"
>
> 按，《古文尚书》之伪，朱子始发之，而赵子昂大畅其说，而其书不传。详见《丛钞》卷一。郑瑗，字仲璧，成化辛丑进士，则尚是明中叶时人，而能见及此，是亦本朝攻《古文尚书》者之先河也。

俞樾于《古文尚书》之真伪无独见，表彰赵子昂、郑瑗而已。这些也是文献辨伪学史料，不可忽视之。上等者为首创，其次为转述。

4.《诗序》

俞樾《茶香室丛钞》卷十二《朱文公废诗序有所本》云：

> 宋朱翌《猗觉寮世记》云："苏子由解《诗》不用《诗序》。"又云："苏子由解《诗》不用《序》，以为非子夏作。"按此，知朱紫阳废《诗序》不用亦有所本。

今按，此处仍然是转述别人的观点。

5.《周礼》

俞樾《湖楼笔谈》卷一云：

> 《周礼》一书，乃周衰有志之士所为，亦欲自成一代之制，以诒百王之法；非周公之书，亦非周制也。其以夏官名司马，殊为失之。夫司马，兵官也，夏者长养之时，而兵者阴类，故在《月令》，季夏之月"不可以起兵动众"。《诗·六月》篇郑笺曰："记'六月'者，盛夏出兵，明其急也。"亦见盛夏非出兵之时。而谓先王以夏官名司马乎！
>
> 《管子·五行篇》说黄帝六相曰："蚩尤明乎天道，故使为当时；大堂察乎地利，故使为廪者；奢龙辨乎东方，故使为工师；祝融辨乎南方，故使为司徒；大封辨乎西方，故使为司马；后土辨乎北方，故使为李。是故春者，工师也；夏者，司徒也；秋者，司马也；冬者，李也。"据此，则天、地、春、夏、秋、冬六官之名自古有之，而夏官是司徒非司马，即此可知《周礼》之非古制矣。

俞樾《湖楼笔谈》卷二云：

> 《周礼》一书未必周公所作；即果出周公，亦周之官制耳，非《礼经》也。汉世初出，本谓之周宣。王莽时，刘歆为国师，始建立《周官经》以为《周礼》。然东汉时马融作《周官传》，郑康成作《周官注》，未尝竟目为《周礼》也。

俞樾《宾萌集》卷二《经义世说》亦云：

> 《周官》之书，非周公所作也。意周室既衰之后，有志之士感王者之不作，礼乐崩坏，刑政紊乱，乃因周制而损益之以成此书，亦欲成一代之制，为后世之法，故与周制颇有不合，即天、地、春、夏、秋、冬六官之名亦非周制也。孟子论周礼不及此书，岂大儒如孟子未之见乎！固知非周公之书矣。

俞樾一再认为，《周礼》不是周公之书，亦非周制，而是"周衰有志之士所为，亦欲自成一代之制，以诒百王之法"。他的这一观点对后来产生了较大的影响。

6. 《大学》

俞樾《九九销夏录》卷三"十目所视二句异说"条云：

> 宋黎立武著《大学本旨》一卷，仍用古本，不分经、传，而以为皆曾子所作；其所称"曾子曰"，则以为是曾皙之言。按，此亦异说也。子思作《中庸》引其祖之言称"仲尼曰"，不称"孔子曰"，《中庸》一篇无一"孔"字。《哀公问政章》，依《论语》之例当称"孔子对曰"，而亦只称"子"，不称"孔子"？可知子孙称述与门弟子有殊也。《大学》既为曾子所作，而引曾皙之言乃称"曾子"，可知其非矣。

7. 《中庸》

《湖楼笔谈》卷一云：

> 子思作《中庸》，汉时已有此说，太史公亦信之。然吾谓《中庸》或孔氏之徒为之，而非子思所自为也。
>
> 《中庸》，盖秦书也。何以言之？子思之生当鲁哀公时，其殁也，当鲁穆公时，是春秋之末而战国之初。当是时，天下大乱，国自为政，家自为俗，而《中庸》乃曰："今天下车同轨，书同文，行同伦。"此岂子思之言乎？
>
> 吾意秦并六国之后，或孔子之徒传述绪言而为此书。秦始皇二十八年《琅邪刻石文》曰："普天之下，抟心壹志，器械一量，同书文字。"二十九年，《之罘刻石文》曰：''"黔首改化，远迩同度。"皆与《中庸》所言合，故知《中庸》作于此时也。
>
> 其曰"上焉者虽善无征，无征不信，不信民弗从。下焉者虽善不尊，不尊不信，不信民弗从"，然则一禀时王之制矣。此亦秦人之语也。

根据其中"今天下车同轨，书同文，行同伦"一语，又结合秦始皇时期的刻石材料，以二重证据证明《中庸》为秦书，证据相当薄弱，因为不能排除此句为后人所窜入。

8. 《左传》

《湖楼笔谈》卷一云：

> 《左传》所载当时君、大夫言语皆左氏所撰，非其本文，故历年二百，国非一国，人不一人，而辞气之间如出一口。且如秦穆作《誓》，列于《尚书》，与殷《盘》、周《诰》同一聱牙，而《左传》所载秦穆之语则皆近今矣，知由丘明润色也。又昭元年传载赵孟之言曰："老夫罪戾是惧，焉能恤远？"在礼，大夫年七十始称"老夫"。据襄三十一年传，孟孝伯谓赵孟挟长，不依古礼，然其私于子产曰："武请于家宰矣。"及穆叔赋《鹊巢》，则又曰："武不堪也。"安有对小国大夫自称其名，当夫子大臣辄称"老夫"！其为不然，盖可知矣。
>
> 当由左氏随事立文，称名者因其辞意谦抑，称"老夫"者因其语气衰颓，但取揣摩之维肖，不辞纪载之失真也。

9. 《左传节文》

《九九销夏录》卷三"以后世文法读经"条云：

> 明万历中刊刻《左传节文》十五卷，每篇分标叙事、议论、词令诸目，又标神品、能品、真品、妙品诸名，题"宋欧阳修编"。欧公何至有此？其伪托可知。苏批《孟子》，谢批《檀弓》，皆此类也。

10. 《孝经》

《九九销夏录》卷五"古书有篇名无章名"条云：

> 古书但有篇名，如《书》之《尧典》《舜典》，《诗》之《关雎》《葛覃》，皆篇名也。《礼记·乐记》一篇分十二篇，亦是篇名。惟《孝经》有开宗明义章、天子章、诸侯章等名，则是每章各有章名，他经所无，故学者疑《孝经》为伪书，不为无见。《老子河上注》本有章名，而王弼注本无之，河上本亦伪书也。

《春在堂尺牍》一《与应敏书》亦云：

> 《孝经》在秦时为河间颜芝所藏，汉初其子贞出之，凡一十八章，是为今文。而其后又有《古文孝经》出自孔氏屋壁，凡二十二章，安国为之作传。然唐开元时国子博士司马贞疑《古文闺门章》文句凡鄙，又讥《孔传》浅伪，是《古文孝经》真伪难明。言《孝经》者当以今文为正。明皇据以作注，宋邢昺据以作疏，迄今列于学官，士林诵习，皆今文也。

11. 《尔雅》

《湖楼笔谈》卷二云：

> 《尔雅》为周公之书，而有"张仲孝友"之文，学者疑焉。余谓晋人羼入也。晋大夫张老即张仲十三代孙，见《困学纪闻》所引《张氏谱》。其子孙在晋，故述其祖德，附之雅训，以为光荣。且如《释山》篇曰："梁山，晋望也。"此晋人增益之明证。不然，何国无望，而独举晋望乎？《释兽》篇："秦人谓之小驴。"夫方俗语言不可胜载，周公何意独载秦语乎？此亦晋人为之。盖秦、晋壤地相接，而又昏姻之国，秦人之语，耳熟能详，咕毕之士附载异闻，相承至今，莫能刊削矣。
>
> 春秋时晋最强，人文亦最盛，古书流传，往往经其附益。《逸周书》末载师旷见王王置事，《竹书纪年》以晋事终，皆此类也。

俞樾认为《尔雅》为周公之书，但有后人附益，他有举证为晋人附益，或然也。

12. 苏批《孟子》、谢批《檀弓》

《九九销夏录》卷三"以后世文法读经"条云：

明林兆珂有《考工述注》二卷，于记文皆旁加圈点，缀以评语。郭正域有《批点考工记》一卷，体例相同……国朝王澍《大学》《中庸》皆有圈点本。蒋家驹《尚书义疏》于经文亦有圈点。皆明以来陋习。世所传苏洵批《孟子》，谢枋得批《檀弓》，二书实皆伪书，古人无是也。

13.《曾子》《子思子》

《九九销夏录》卷四"曾子子思子"条云：

宋人著述之最陋而传至于今不废者，莫如汪晫所纂之《曾子》《子思子》。考晁公武《郡斋读书志》有《曾子》二卷，《子思子》七卷，虽真伪不可知，然此二书在宋时自有传本也。晫皆未之见，而自为纂辑。《曾子》十二篇，《仲尼闲居》篇第一，则即《孝经》也。《孝经》者，曾子问而孔子答之，皆孔子之言，非曾子之言，可谓之孔子，不可谓之曾子。自来子书岂有述人之言而自命为子者乎？《明明德》篇第二，则即《大学》也。《大学》一书，自宋以前未有言出于曾子者。后人以其中有"曾子曰"，遂谓出于曾子，不知有"曾子曰"正可知其不出曾子。其名篇因避《大学》之名题曰《明明德》，殊未该备。此外割截《曾子问》篇强立名目，更可笑矣。

《子思子》分九篇，《天命》第一，《鸢鱼》第二，《诚明》第三。割截《中庸》，弥不可解。

国朝阮元据《大戴记·曾子立事》等十篇定为《曾子》，为之注释，此千古不易之论，高出宋儒万万。

惟《子思子》除《中庸》外无可辑。《孔丛子》不足信。或谓《大学》子思作，然无考也。

14.《孔丛子》

《春在堂尺牍》一《与应敏书》亦云：

若夫《孔丛子》，则伪书也。虽托名孔鲋，而《汉志》初不著录。近孔荜轩氏疑是孔子二十二代孙名猛者伪造。猛从王肃学，承肃意而为之。然则《孔丛子》一书，虽孔氏之裔亦未能笃信矣。至孔壁之书，初不知为何人所藏，无从确证其为孔鲋，未敢因其为孔子九世孙，稍从迁就也。

15.《忠经》

《九九销夏录》卷四"忠经"条云：

《汉魏丛书》有《忠经》一卷，题曰"汉扶风马融撰"。然第一章引《书》"惟精惟一"两句，第六章引《书》"一人元良"两句，第十四章引《书》"旌别淑慝"一句，第十五章引《书》"木从绳则正"两句，第十六章引《书》"作善，降之百祥"四句，皆枚氏伪古文也，必非出于马融可知矣。《隋》《唐志》皆不著录，《崇文总目》始列其名。《玉海》于《孝经》后附汉《忠经》，引《书目》云"马融撰，郑玄注"，则宋时固有此书，且以为马融撰矣。

而《玉海》又附注云："《两朝志》：海鹏《忠经》。"则是书又海鹏所撰也。《古今图书集成》氏族典四百二十海姓部列传有唐海鹏，引《奇姓通》云："海鹏，唐人，撰《草经》一卷。"是唐时实有海鹏，且有著述传后，则《忠经》为其所作无疑，不知后人何以归之马融？融之为人，于忠字殊为有愧，不足为此书重，似宜改题"海鹏"以存其实也。

16.《千秋金鉴录》

《九九销夏录》卷四"《千秋金鉴录》"条云：

> 《唐书·张九龄传》："千秋节，王公并献宝鉴，九龄上事鉴，号《千秋金鉴录》以伸讽谕。"按，此事至今犹为美谈，而其书则固无传也。明嘉靖间忽有《千秋金鉴录》一书，为公裔孙希祖所传，曲江令童生圣刊刻以行于世。书中言安禄山为野猪之精，史思明为鹇鸟之精，杨贵妃为白鹇之精，其语怪诞不经。序文云："此录一千年后方许流布。"希祖殆自命为一千年后流布此书之人，然则即其所伪为可知矣。无知妄作以诬其祖，此书可烧，其人可诛。当时信之，足见明时儒者之陋。

《千秋金鉴录》确实为张九龄原创，但后来失传。明代嘉靖间忽然冒出来的所谓《千秋金鉴录》，其语怪诞不经，序文亦过于夸张，根据这些破漏可以判断为明人伪造的伪劣之书。

17.《渔樵问对》《渔樵闲话》

《九九销夏录》卷六"书名相袭"条云：

> 旧有《渔樵问对》一书，云是邵子所撰，晁公武《读书志》又云是张子撰。其书设为问答，发明事物之理，未知果出邵、张二子之手否？又有《渔樵闲话》一书，云是东坡撰，公武《读书志》则云"不知何人所为"，大抵亦伪书。又按《渔樵问对》，有云康节之祖所为，见晁公武《读书志》。考程明道为《康节墓志》云："祖讳德新，父讳古，皆隐德不仕。"则康节之祖德新也。乃刘安节《给事集》亦附载《渔樵问对》篇，其文皆同，岂此文又出于安节乎？

18.《浩斋语录》

《九九销夏录》卷四"曾子子思子"条云：

> 《大学》一书，自宋以前，未有言出曾子者……以《大学》为曾子所作者，在朱子以前，惟过源《浩斋语录》有此说。过源字道源，号浩斋，嘉祐间召为国子监直讲，不赴，卒于崇宁丙戌。然史不载其人，即李焘《长编》亦不载，不特是书真伪难知，即其人之有无亦未可必也。

今按：《浩斋语录》亦非伪书。

19. 《老子河上公注》
《九九销夏录》卷三 "论分经分传得失" 条云：

> 古者经自经，传自传，各自成书，孔于赞《易》即其体例也。三家传《春秋》，毛公传《诗》，无不如此。毛《传》连合经文，不知何人合并。郑康成作笺，则即在经传之下矣。然西汉经师实无此例。世传河上公老子注，注文即在经文之下，是以知其伪也。

《九九销夏录》卷五 "古书有篇名无章名" 条亦云：

> 古书但有篇名，如《书》之《尧典》《舜典》，《诗》之《关雎》《葛覃》，皆篇名也。《礼记·乐记》一篇分十二篇，亦是篇名……《老子河上注》本有章名，而王弼注本无之，河上本亦伪书也。

20. 《参同契》
《著书余料》云：

> "上察《河图》文，下序地形流，中稽于人心，参合考三才。"按，以此观之，则知《河图》即是天文；又以此推之，则知《洛书》即是地理：必古来《易》说相传如此。然则后世所传五十五数之《河图》，四十五数之《洛书》，虽云出自道家，而魏伯阳时固未有此物也。"《参同契》者，敷陈梗概，不能纯一；泛滥而说，纤微未备，阙略仿佛。今更撰录，补塞遗脱，润色幽深，钩援相逮。"据此数语，则《参同契》一篇盖有后人附益之辞矣。

21. 古本《老子》《参同契》
《九九销夏录》卷五 "伪古本" 条云：

> 儒家有《古文尚书》，有《古论语》，有《古孝经》，皆后出之书，以古本而驾举世通行之本之上。于是其风流入方外，终南山说经台有篆书《古老子》，末有夷门天乐道人李道谦跋，云："鲁之大儒高翱文举，善古篆书，为会真宫提点张志伟寿符书《道德》五千言，笔法精妙，古今罕有。至元庚寅，承命祀香岳、渎，驻于终南山万寿宫，遂摹诸经台，垂之永久。"详见《石墨镌华》，今尚有许剑道人刊本。此《老子》有古本也。
> 明杨升庵称南方掘地得石函，有《古文参同契》上、中、下三篇，《叙》一篇。徐景休《笺注》亦三篇，《后序》一篇。淳于叔通《补遗三》相类，上、下二篇，《后序》一篇。合为十一篇，与旧传止三篇者不合。余姚蒋一彪为作《集解》。此《参同契》有古本也。殆儒家诸古文有以启发之乎？
> 遵义郑珍云："《广川书跋》言：'《古老子》以'其'为'亓'，则宋以前相传自有古本。夏氏《古文韵》采其字最多云云。"说见其所著《汗简笺正》。是宋以前

自有古本《老子》。高文举未见其书，以意缀辑，是不足言古本矣。

22.《汉武故事》
《春在堂随笔》卷四云：

《汉书·公孙弘传》："凡为丞相、御史六岁，年八十，终丞相位。"所言如此而已。《汉武故事》乃云："上常轻服为微行；时丞相公孙弘数谏，弗从。弘谓子曰：'吾年已八十余，陛下擢为丞相，士犹为知己死，况不世之君乎！今陛下微行不已，社稷必危，吾虽不逮史鱼，冀万一能以尸谏！'因自杀。上闻而悲之，自为诔。"此事与《汉书》绝异。使弘果以尸谏而自杀，则亦汉之贤相矣。

《汉武故事》旧称班固撰，然其载长陵女子徐仪君事云："至今上元延中，已百三十七岁矣。"按元延乃汉成帝年号，则此书乃成帝时人所为，非班固也。

晁公武《读书记》引张柬之《洞冥记跋》，谓出于王俭，益无据矣。

余从前与汪调生拟补《汉书·今人表》，调生以公孙弘为阿世之学，颇贬抑之。今偶阅《汉武故事》得此一事，惜调生久作古人，不及更与之论定也。

23.《寿星石刻拓本》
《春在堂随笔》卷十云：

花农太史自山西典试还京，以汉周勃所绘《寿星石刻拓本》一纸见赠。余细审之，乃赝物也。额有篆书"汉丞相周勃立"六字，已觉可异。寿星之上有正书赞语八句，尤俚俗。其左旁题云："汉孝文皇帝壬戌元年，春，王正月，□□，丞相周勃立。""元"字虽漫漶而尚可辨。汉文元年，其年为壬戌，然是时未有年号，但书"元年"，未有书"壬戌元年"者也。岂亦如西凉李暠之"庚子元年"，窦建德之"丁丑元年"乎？作伪者不达古制如此！右旁题云："某年，知真定府事，前河南道监察御史，北平武尚贤重识。""年"字之上字迹尽泐，不可辨矣。

24. 伪撰古人诗文
《九九销夏录》卷六云：

《冲波传》载孔子见采桑娘有"南枝窈窕北枝长"之句，《东家世记》载孔子过臧文仲将坛有"将军战马今何在"之句，竟使吾夫子作唐人七言绝句，作伪者不特妄甚，抑亦陋甚。

乃明人选丝照作《周易独坐谈》，所引古事有周公作歌招夷、齐及夷、齐答歌，不经之谈竟以说经，明人之陋极矣！

杨维桢史义拾遗中有子思荐苟变书，孙膑答庞涓文，梁惠王送卫鞅还秦文，毛遂上平原君书。如此之类，皆以文为戏而已。

国朝吴定璋纂《七十二峰足征集》，搜辑历代文人之生于太湖者，录其所作，汇为此编。内有吴季札之孙濮婪所作《高山诗》三章。濮婪之名不见记载，《高山》之诗亦自古未闻，不知何处得之？殆亦伪撰欤？

世传汉晁错与友人尺牍云："日外人芳圃，知骑气南游，抱恨而反，所谓'南山千万峰，尽是相思情'也。吟编久客左右，偶欲检点，敢请颁下。"西汉人有此笔墨，大奇！明屠赤水收入《翰墨选注》，更奇！

又按：此为俞樾辨伪之通论，下面三条亦同。

25. 窃人著述

《九九销夏录》卷六云：

明张之象撰《唐诗类苑》，其稿为钱唐卓明卿所得，掩为己有。华亭王微为辨正之，遂以二本并行。

又有吴兴王氏著《藻林》一书，亦为明卿攘而有之，则至今竟为《卓氏藻林》矣。谈迁作《枣林艺篑》，虽为辨正，而卒不能胜之，并王氏之名世无知者，可慨也！

然郭象注《庄》，此风久矣。

明常熟人蔡征兰撰《天启宫词》一百首，其自注亦详明，为同县陈悰者所攘，见《静志居诗话》。至今刻以行世，竟题悰名。

明钱希言《戏瑕》云："尝于太原斋顽见云间刻顾氏《诗史》，方中翰正谊名也。"余与王先生相顾惊叹。王先生曰："此岂虎头公所能哉？"后余过云间，乃知华亭唐汝询仲言目双瞽，著是书，顾氏以三十金诡得之。

国朝高士奇著《春秋地名考略》十四卷，据阎若璩《潜丘札记》云："秀水徐胜敬可为人作《左传地名》。"即此书也。是高江村此书为徐敬可代作。

国朝张时为《界轩集》，有拟奏疏一通，请凡假名著书者视杀人之罪加一等，殆亦有激之谈邪？

26. 著书人名姓不真

《九九销夏录》卷六云：

《史记·苏秦传》正义引乐台注《鬼谷子》书云："苏秦欲神秘其道，故假名鬼谷。"是以自作之书托之他人也。

《化书》六卷，世传宋齐丘撰。而陈景元跋则云："谭峭景升在终南著《化书》，因游三茅，历建康，见齐丘有道骨，因以授之，曰：'是书之化，其化无穷；愿子序之，流于后世。'于是杖靰而去。齐丘遂夺为己有而序之。"是以他人之书攘为己作也。二事正相反。

张邦基《墨庄漫录》云："近时传一书曰《龙城录》，乃王性之为之，又作《云仙散录》，尤为怪诞。又有李歌注杜诗，注东坡诗，皆出性之一手。"按王性之名铚，著有《默记》及《补侍儿小名录》等书，则亦一著述家也，乃喜为此等书，驾名他人，何欤？

今《龙城录》犹行于世；梅花美人事，词赋家多用之。《云仙散录》当即《云仙世记》，其中所载如戴逵双柑斗酒事，亦引用至今。而《龙城录》则以为柳宗元作，《云仙世记》则以为冯贽作，王性之为人作嫁，竟无知者，亦殊无谓矣。

宋魏泰著《碧云骚》一书，托名梅舜俞，此人所共知者。王铚跋《范仲尹墓志》，又称其喜伪作他人著书，如《志怪集》《括异志》《倦游录》，尽假名武人张师正。

魏泰不得志于场屋，其言多轻肆诬诋，不自为名，固其宜也。王性之既知魏泰之非，乃亦效其所为，殊不可解。殆因臆造典故不可为训乎？

王渔洋《古夫于亭世录》云：“家有《疑耀》一书，乃李贽所著，其门人张萱序刻。余尝疑为萱自纂而嫁名于贽，中有‘校秘阁书及‘修玉牒’等语，萱尝为中书舍人，纂《文渊阁书目》，而贽未尝一官禁近也。及观论温公一条，云：‘余乡海忠介。’益信不疑。”按，此亦以自著之书嫁名于人也。

《日知录》云：“汉人好以自作之书托为古人，张霸《百二尚书》、卫宏《诗序》是也。晋以下则有以他人之书窃为己作者，郭象《庄子注》、何法盛《晋中兴书》之类是也。”今张萱《疑耀》驾名李贽，则非亭林所及料矣。

今按：古代诸如此类的辨伪零散材料不少，片言只语，广为流传，但是需要逐一核实，不可盲目相信，如《云仙散录》并非全伪，宋本《云仙散录》为真书，溢出部分为后人附益，详见拙著《云仙散录详考》。至于《碧云骚》一书，有人认为并非托名，而是真出梅圣俞之手。辨伪需要证据，不能人云亦云。

27. 伪造诸子名目

《九九销夏录》卷四云：

徐锴《说文通论》云：“孔子击磬于卫，拥缥子闻之，曰：‘有心哉，击磬乎！’”称荷蒉为“拥缥子”，殆楚金臆造此名也。

明代有《诸子汇函》一书，旧题归有光撰，未知信否？其诸子名目甚为诡异。屈原谓之玉虚子。宋玉谓之鹿溪子，鲁仲连谓之三柱子，淳于髡谓之波弄子，陆贾谓之云阳子，贾谊谓之金门子，董仲舒谓之桂岩子，东方朔谓之吉云子，刘向谓之青藜子，崔寔谓之嵝岈子，桓谭谓之荆山子，王充谓之委宛子，黄宪谓之慎阳子，仲长统谓之黉山子，王符谓之回中子，桓宽谓之贞山子，曹植谓之镜机子，束晳谓之白云子，嵇康谓之灵源子，刘勰谓之云门子，陆机谓之于山子，刘昼谓之石鲍子，李翱谓之协律子，罗隐谓之灵擘子，石介谓之长春子，皆不知所本。按曹子建《七发》云：“元微子隐居大荒之庭，镜机子闻而将往说焉。”则元微子乃子建自寓，而镜机子则客嘲、宾戏之流也。不以曹植为元微子而以为镜机子，殊懵然于宾、主之辨。至东方朔之吉云子，刘向之青藜子，尚有可附会。余者百思而莫得其解矣。余《小蓬莱谣》有一首云：“仙家名号日纷纷，人世勋阶总不闻。客到自称草衣子，不知元是奉成君。”诸子名目姑以是观之。

《诸子汇函》旧题归有光撰，实为伪书。归有光为古文名家，八股高手，王世贞也不入其法眼，何至如此庸劣？

十四、洪良品

(一) 洪良品其人

洪良品（1827—1897），字叙澄，号右臣，别号龙冈山人。著有《古文尚书辨惑》《诵经释要》《经说征是》《孔子家语验诬记》《古今称谓考》《紫藤花室骈文》《葵国奏议》《半亩园笔记》《古榆阁诗谈》等，合编印为《龙冈山人诗文集》，并撰有《顺天府志》《（光绪）黄冈县志》。

(二) 洪良品的文献辨伪

《古文尚书辨惑》

《古文尚书辨惑·凡例》云：

> 一，古文镠镥最多，字有蝌蚪隶古之异，篇有增多分并之殊，东汉则传授有歧，东晋则存亡各判，辨之不明，遂成疑狱。然原书具在，讨其源流，核其本末，剖析疑似，使之来历分明，庶来者有所考焉。
>
> 一，攻古文者异说歧出，其大旨不过数端：一曰汉世《古文》为二十四篇，一曰杜林《尚书》为安国真古文，一曰《古文》亡于东汉，晚出《古文》非汉学，一曰《汉志》《古文》止十六篇，无二十五篇，一曰魏王肃伪造《古文孔传》，一曰《古文》亡于永嘉，梅赜所上为伪本，一曰《古文》之伪定于朱子。此唱彼和，并为一谈。余特撮其机要，为考三篇，论三篇，辨四篇，说、解各一篇，务使是非昭然，不容稍有蒙混。
>
> 一，疑《古文》始于吴棫，未有专书。至吴澄以降，勒成卷帙，专以攻击《古文》。余取自元至今其最著者凡十七家，摘其大纲，加以论驳，凡其书之旨要、说之异同略具于此，并为揭其十失，以明症结所在，弁之卷首，以谂来学。
>
> 一，《古文》冤沉最久，非逐条剖判，其事不明。譬如折狱，必两造具辞，始成信谳。余取宋、元以至本朝诸家所论录为原案，而以己说申辨之。两端并列，一目了然，孰是孰非，百世下自有公论。
>
> 一，伪古文之说以阎若璩《尚书疏证》为会归，记博言辨，最足变乱是非，蛊惑愚智。卷中所录独多，而附以各家所论，其彼此雷同者省之。一切纷纭歧说赅备于斯，后有继者不过骈枝赘疣，直可等之自桧。
>
> 一，攻古文者每以朱子借口阎咏书疑之作，于朱子疑传序者录之，而于朱子信经文者置之，意存避就。兹编取《朱子语类》有涉古文者全行载入，去其复说，加以考证，末附与朱子同旨者凡十二家，以为论定古文之一助。
>
> 一，阎书始兴，毛奇龄著《冤词》辨之。至程廷祚、孙星衍、王鸣盛、段玉裁辈出，右阎黜毛，祖述成书，学者遂以毛氏为口实。兹录其书凡十之三四，证以古籍，平情论核，取其理长者，而于其偶舛者去之。毛氏而外，则有王氏劼之《后案驳正》、张氏崇兰之《尚书私议》、林氏春薄之《开卷偶得》、陶氏锐之驳阎

数条，并为采入，惟张氏私议说尤精密，所录独多，后皆附以鄙意，以期折衷于一是云。

一，是书网罗众说，意在权其至当，然其中有为群疑已久，为前人所未及言者，间出己见，设为问答之辞以发明之。末附余论，旁通曲证，务使纷纷聚讼，搜剔无遗，数年来，寝馈覃思，闻见启发，历三寒暑，数易稿而后成。盖其慎也。

一，考订之学最患徇门户，执偏见。兹编为表章古文而发，各家互有得失，择善而从。虽其人平日不信古文，而有一言之合，亦必甄录，以资发明。但文多繁复，或一事而取证数处，或一意而反复再三，实以古人语简致滋疑窦，故是编宁详毋略，务尽是非之实，不矜修饰之工识者谅之。

一，余始辨《古文》，犹未见王劼、张崇兰、翁方纲、赵翼诸家所论及诸友陆续以书见示，其中颇多与余暗合者，仍并采入，以证初说。盖非喜其见之同于己，正以明其论之出于公耳。

洪良品《古文尚书辨惑》目录：卷一、卷二为《尚书古今文源流本末》，卷三为考、辨、论、说、解，卷四《考古文尚书各家书目》，卷五至卷十、卷十一辨诸家《古文尚书》各条，卷十二《十四家论辨》，卷十三、卷十四、卷十五、卷十六附录四家著述书后，卷十七《古文尚书或问》，卷十八《古文尚书余论》。

洪良品《古文尚书辨惑》卷四曰：

攻古文之说，至明始有专书，人犹疑信参半。逮我朝阎、惠辈出，自谓以考证得之，一时承学之徒靡然从风，遂谓古文至今日已成定论。及予取其所考证者根究其出典，绌绎其原文，乃始悟其说之必不可信。计共大端，凡有十失，今缕列之如左：

一曰杜撰事实。此张崇兰所谓到处疑古人作伪，而因伪撰一事以诬古人者也。如阎若璩谓扬子云时《弃稷》之篇尚存，永嘉之乱亡失，《蔡仲之命》系成王杀管叔，周公不能救，而推恩其子。贾逵、服虔、王肃辈注《左传》，容有先断人志之说。惠栋谓夏书有《禹誓》之篇，《汤誓》有逸文一篇。朱彝尊谓安国早卒，年六十岁，王鸣盛作年四十岁，谓刘歆移博士书安国献之。宋板《文选》脱一家字，贾逵所注古文本出杜林，而以为出于涂恽，沈彤谓十六篇即正义之二十四篇，郑康成析《九共》一篇为九，孔广森谓五世之庙可以观怪，即图画屋壁以观之。孙星衍谓马、郑从张恭祖受逸书十六篇，分为二十四之类。

二曰窜改古书。此即汉世行金兰台改漆书古文以合其私之故智也。如阎若璩谓桓谭《新论》《古文尚书》四十五卷十八篇，改五为六，十上脱五，又引汉官分天下为三十六郡句，下私添至汉，又复增置六字。惠栋以伪书二十四篇无《毕命》，而《律历志》所引有《毕命》，改"同"为"毕"，以合于刘歆所见之十六篇。某氏解《史记》微子太师疵少师强，引《汉书人物表》有太师挚少师阳，谓疵当作挚，强阳音近，而朱彝尊从其说。郑注《咸有一德》今亡，王鸣盛改"亡"为"逸"。范宁今文集注，段玉裁改"今"为"古"之类。

三曰误会书旨。古书简奥，司马迁谓非好学深思不能心知其意，诸儒往往卤莽立论，故多误。如阎若璩误读《胤征》乃季秋月朔，反疑古文与《左传》不相应；误读《隋志》永嘉之乱欧阳、大小夏侯三家经文并亡，反谓古文即亡于此时；误读《正义》郑注二十四篇，以为郑所注，而忘前有张霸之徒伪造六字；误读《牧誓》商郊牧野，反议古文一地分为两地；误读《左传》杜注德乃降，以为庄公语，反誓古文之误入；朱彝尊误据《荀子》古有象刑，无肉刑语，而不审下文荀子之言；惠栋误会《康诰》殪戎殷，谓即中庸壹戎衣之义；钱大昕谓孔壁本有《泰誓》，与今文同，误以郑康成所注皆真《泰誓》；王鸣盛误读《汉书》司马迁从安国问故多古文说，而以《史记》《汤诰》《泰誓》为安国所受古文，又误会孔疏"郑曰心腹肾肠"，乃以为"郑曰忧肾阳"；姚鼐误据《易》"帝乙归妹"，以为《左传》微子帝乙元子帝乙即成汤，反议古文殷王元子之误等类。

四曰毁灭显证。孔子曰："知之为知之。"乃攻古文者，凡值证佐昭然，必先诋毁之，以灭其迹。此自欺其本心之明而以欺人也。如阎若璩明知商曰祀，周曰年，古文与《尔雅》相应，而曰古人却不拘，反谓古文以《尔雅》为蓝本；明见《三国志》陈琳檄文"玉石俱碎"本用《胤征》语，张纮笺"至治多不馨香"本用《君陈》语，《汉志·百官表》本用《周官》，且明著篇目，而皆以为古文所自出；明见郑康成《诗》《礼》异注谓训故家两书相同，各为诠释，而故议孔安国注《尚书》《论语》之两歧；荀子引道经，为改书名，乃历述荀子所引今文，而独置所引《吕刑》改名"传曰"，不引惠栋引《荀子议兵篇》，舜伐有苗事只引一半，其余置而不引，明见汲郡古文有仲康五年秋九月庚戌朔日食之文与孔书相应，反谓梅赜据汲冢书，故不用左氏说；王鸣盛明见赵商问太师太传太保兹惟三公为见《周官》古文，乃妄云出自纬书；明见张平子《思玄赋》旧注有孔安国，乃以为挚虞尊信其师皇甫谧等类。

五曰穿凿生例。谓古书本无是说，而巧为凿空言之也。如阎若璩谓李充校荀勖书录失亡过半，乃臆断，其中有古文谓启生于戊午，推知其元妃不存，遂以太康为无母；谓《李卫公问对》尚知辨正《尚书》之非谓王肃注，《咸有一德》必当时臣工赞美汤君臣之辞，谓"我武惟扬，侵于之疆，于汤有光"为对商先王自夸语；谓《旅獒》之篇是先有篇名，后乃按篇名造书，谓不学墙面近歌后语，为山九仞，功亏一篑，无譬喻语为袭《论语》之文。惠栋谓慎始而敬终，终以不困为《周书·常训篇》文，杜预注为逸书，梅氏遂采入《蔡仲之命》，谓平帝立古文十六篇，不著于录，故马融云逸无师说，王鸣盛谓孔疏先师辣子下生孔安国，子字当在孔安国上，如子沈子、子程子例之类。

六曰罗织入罪。谓书本不误，而多方周内，以生其罅隙也。如阎若璩谓伊尹称字于太甲，为误仿《缁衣》；谓《仲虺之诰》"兼弱攻昧，取乱侮亡"四句系袭《左传》删改以协韵；谓《泰誓》《武成》皆认孟津为在河之南；谓《蔡仲之命》周公致辟于管叔本王肃辟字解；谓《旅獒》称太保系以追书为实称；谓孔安国传系就经为注，武帝时此例。王鸣盛谓贾逵传《古文尚书》载于《说文》，凡《说文》所不合者皆晋人所改。孙星衍谓《左传》引《盘庚》恶之易也，如火之燎于原，今本无"恶之易也"四字，为伪孔所删。程廷祚谓古人授受源流系唐人增窜《帝王世纪》及《晋史》诸书以实其说。俞正燮谓刘铉为梅本伪造桑钦以后之人等类。

七曰附会古籍。古书疑似甚多，诸家不能辨析，往往假借以立论。如阎若璩知二十四篇有郑注亡篇之《武成》，乃私以伪《泰誓》易之，谓孟子葛伯仇饷为《汤征》逸文，谓《三统历》《毕命》作策丰刑为孔壁零章剩句，谓济渎枯而后通乃王莽后事。安国传亦有，朱彝尊谓《论语集解》为郑冲所上，安国不注书名，据此以为郑冲，不见古文。钱大昕谓伪书二十四篇即郑所受于贾、马之古文，惠栋谓马融读獒为豪为孔氏逸书之说，俞正燮谓杜林别自有古文漆书为复剩之卷，谓舜往于田曰号泣于旻天为《舜典》逸文，《说文》仁覆闵下，谓之旻天，为贾逵所传《舜典》逸文之类。

八曰滥引世说。密士祁曰：经不易伪，而所伪者多在子，盖其书在当时即多异说，不可据也。《史记》亦然，乃诸家反据二者以攻经。如阎若璩据王逸《离骚注》更得淫声驳太康游畋为伪事，据《墨子》丧师阙师驳孔传解“用爽厥师，爽作明”之非，据《史记》太甲归亳已为即位六年，与孟子异，反议《书序》之失，据《墨子》引《泰誓》小人见奸巧不言发罪钧，谓古文《泰誓》遗此语。惠栋据《吕氏春秋》五世之庙可以观怪，万夫之长可以生谋，反谓古文，为改《吕览》，据《墨子·非乐篇》《周书·尝麦篇》以证五子之为五观等类。

九曰彼此救应。此刘子骏所谓党同门，妬道真，挟恐见，破之私意，而无从善服义之公心者也。如郝敬谓周公无杀管、蔡事，而阎若璩亦云周公未尝杀兄，由汉儒误解我之弗辟为刑辟，而孔书承讹，阎氏谓传记所引《汤誓》皆在《汤诰》中，毛奇龄以今文《汤誓》反伪诘之，而惠栋即谓《汤誓》非全书，阎氏又以《泰誓》入二十四篇。俞正燮谓为康成所补，惠栋谓二十九篇兼序，王鸣盛即据为典要，孙星衍知江氏诸人说《泰誓》不可通，于是改为中下二篇亡失，以弥缝其说等类。

十曰前后矛盾。谓攻古文者，操两端之术以肆其诋媟，而不知与己说先乖剌也。如阎若璩引“帝德广运能自得师”二语、“惟口起羞”四语，谓其改以协韵。至《大禹谟》，又谓其与尧曰咨尔舜节有韵之文不类，为不识韵，既谓古文于传记收拾无遗，又因马融以传记所有《泰誓》皆在古文，不在今文，反谓古文之有遗落，既谓司马迁《史记》讫于太初，又谓《史记》金城系昭帝以后追书。惠栋既据爰立作相论道经邦业广惟勤诸句，以字非古义证明其伪，又引阎氏之说，而谓其无字无来历。朱彝尊引《家语》以证孔安国早卒之言，《家语》皆诸儒所斥为伪者，因攻古文，翻引以作证。王鸣盛谓伪《泰誓》书武王乃死谥为史臣追书，至论《旅獒》，则以召公当武王时未为太保，又以史臣追书之例不可据。王氏既谓郑康成不注增多篇，坐令亡逸，又谓但述其篇目等类。

右所列十失，共详具见卷中。纪昀《书史通通释后》云：轻议古人，自知庸妄，然子玄敢于诋孔子，则踵而效者，子玄亦不能咎。况古文为圣道所寄，阎、惠辈以邪说乱之，是非尤不可不为别白也。后有作者，当谅余衷焉。

今按，驳之甚当。辨伪不能搞一边倒。阎、惠以下的《尚书》辨伪研究需要重新复盘，彻查到底，绝不能敷衍了事。

十五、黄以周

（一）黄以周其人

黄以周（1828—1899），字元同，号儆季，又号哉生，浙江定海人。黄式三之子。幼承父教，以"传经明道"为己任。著有《礼书通故》《子思子辑解》《军礼司马法》《经训比义》《儆季杂著》等书。事迹详见王逸明《定海黄式三黄以周年谱稿》。

（二）黄以周的文献辨伪

1. 《古文尚书》

黄式三《尚书启幪·序》交代其书的撰述缘由：

> 伪《书》既行，贾、马、郑君之注亦遂亡，学者积非成是，罔识源流。自太原阎氏、东吴惠氏诸君子出，力斥古文伪《书》之杜撰。厥后，江氏《尚书集注音疏》、王氏《尚书后案》、段氏《尚书撰异》、孙氏《今古文注疏》相踵而出，收辑汉儒散残之注，补所未备，穷经之儒，渔猎采伐，以为山渊，数千年所谓佶屈聱牙、苦于难读之书，至此文从字顺，各识职矣。顾学者艰于博览，未必得江、王、段、孙四君子之书以发其蒙，翻阅旧解，沿讹袭谬，心既以先入者为之主，或即迷而不能返，式三深悯之。掇拾是编，提纲略目，主于简易，复为之备志所出，觊学者因略究详，全读四君子之书也。

黄以周《尚书讲义》云：

> ……何前后如出两人哉？如谓尧德钦明，断不若是之颠倒，则《尚书》之文不足信欤？尔小子读书有年矣，曾亦有疑于此否？夫读书不能有疑，与不读者等。既有疑而不求其信，则反不如不疑。不疑者犹尊经，疑者几致灭经，是何贵于读书者为？尧为至钦至明之君，何可轻訾？人君之大患，由于偏信。当是时，驩兜、共工辈济恶匿非，以求见信计，不为不密矣，术不为不工矣，而尧独有以窥其衷，何其明也。然此为党恶之臣，可以举主知所举犹易明也。

"不疑者犹尊经，疑者几致灭经"，诚然诚然！近代以降，疑古疑经成风，妄图灭经，这一不良之心后来居然获得成功，使得传统价值系统崩盘。思想解放以牺牲传统文化为代价，可谓得不偿失。

2. 《舜典》

> 古文《舜典》已佚，今《尧》《舜典》古不分。"曰若稽古帝舜曰重华"至"乃命以位"数语为后人所羼入，不可从也。羼此数语，则前后文皆不贯矣。首言钦明之裕诸己，次言明德之被诸人，次言钦天敬时，皆赞尧德之盛。……自尧有巽位之

命，四岳举舜时年三十，故曰鳏，而尧曰我其试哉，非仅观厥型于家也，亦惟历试诸慎五兴，纳百揆，宾四门，纳大麓，而见其人心归天，心向禅让之事乃定。正月上日受终文祖，告摄位也。时舜之年三十有三，摄政之后，百政具举，齐七政，天文昭也，禋六宗，祀典明也，辑五瑞，朝礼行也，柴望四岳，巡狩举也，肇十二州，封十二山，地理察也，上而天时，中而人事，下而地域，皆政事之荦荦大者，而刑以弼，教亦政之不可少，因并志之。说者谓肇十二州，在禹平水后，则舜之殛鲧，在禹告厥成功时欤？用人子之功，而流放其父，舜断不为也。或谓流放四凶在肇十二州之前，作史者因叙刑政而连及言之，则《尚书》颠倒其文欤？亦非也。肇十二州，亦摄位初年事也。越二十有八载，尧乃殂落，时舜之年六十，故曰舜生三十……小子读书宜先知纲领本末，再详考其章句，切不草率。小子听讲毕，复有疑曰：古尧舜不分二典，而目标《尧典》，事详舜事，是又何也？曰：书题成书，篇题《尧典》，互相儒也，且以见尧与舜之一德。

3. 《大禹谟》

郑康成曰《禹谟》已逸，是壁中古文已无是篇，后人撝摭古语，补缀成文。观其节次，摹模《皋陶谟》为之。前言禹陈矢谟，分二节，其一曰：后克艰，厥后帝因申言，后之克艰在知人安民，惟尧时克益，又叹美尧之允迪厥德为知人安民之本，此与《皋陶谟》之言异乎同乎？其二曰：惠迪吉，从逆凶，益曰：吁，戒哉！戒从逆也。禹又申之曰：于念哉！念惠迪也。皋陶定三德、六德、九德之等，禹陈三事、六府、九歌之叙，意亦相埒。后言帝之禅位亦分二节，其一帝曰格汝禹，示以逊位之意，其二帝曰来禹，示以道统之传。此又摹模《尧典》之文，而《皋陶谟》末详言乐用箫韶之武舞，禹谟末又详言兵用羽翳之文舞，皋陶扬言为十五国风之滥觞，禹之誓师为三代誓诰之权与，于事为古，特于文亦瓌瑰，此尤摹模之善者。然读《皋陶谟》错落古峭，《禹谟》靡矣。伯父质庭曰：《大禹谟》仿《皋陶谟》为之，《书序》两篇合序食有以也，惜《孔传》言之未详，得是乃畅。

在以"钦明"纵贯《尧典》之后，他开始提出问题：

四凶列于朝，曰滔天，曰圮族，知之不为不审矣，明知其不可，而因臣下之荐又使之撰功，责其成绩，屈己之明以流毒，因人之心以遗害，庸非见不善而不能退，退而不能远者欤？有鳏在下曰虞舜，曰予闻之矣，闻之而犹不用乎？四岳既师锡矣，曰我其试哉，抑又何疑焉？庸非见贤而不能举，举而不能先者欤？是岂尧时在位七十载，耄期倦勤，钦明德于以坠欤？不然，何前后如出两人哉？如谓尧德钦明断不若是之颠倒，则《尚书》之文不足信欤？尔小子读《书》有年矣，曾亦有疑于此否？

问题之来，一波未平，一波又起，层层推进，启人深思。尧为至钦至明之君，不可轻訾，提出这些问题没有否定尧为圣君，实见其明足以穿破巧伪奸计，使得钦明之论更为深刻。

人君之大患，由于偏信。当是时，驩兜、共工辈，济恶匿非，以求见信，计不为不密矣，术不为不工矣，而尧独有以窥其衷，何其明也！然此为党恶之臣，可以举主知所举，犹易明也。四岳为当时之贤大臣，为尧所信任，四岳举鲧以治水，吾意尧必以四岳者信用鲧矣，而尧亦深有以知其行，何其明也！

有时候，黄以周提出问题，并不作答，但是他设问发难足以让人看到深层的内容，看到问题的另外一面。

4.《皋陶谟》

自古君相之大患，不在政不明，刑不措，而在护其短而矜其长。国之本在民，不安民，国必危。民之命在官，不知人民必残……后世雄侈陈功德，讽主以禅让意，禹断不若是，特是观其语气，若有矜心焉。《禹谟》，伪古文也，言禹不矜不伐，天下莫与争功能，或者有见弓，此故反其说，以为补捄欤？尔小子有疑此否？能解此否？

5.《五子之歌》

今所传《五子之歌》，伪古文也，以五子为令德，与诸书违异，似失之矣。虽然，伪书之言悉有所本，书缺有间，今特无由溯其言耳。试以楚语观之，朱均一流，五观、太甲一流，管、蔡又一流，安知五观之自怨自艾不与太甲同乎？孔子删《书》，录《五子之歌》，盖嘉其悔过也。不然，五子非令德，孔子奚取其歌焉？作伪书者深窥是旨，其辞苦怨大庫也，亦实以自怨，去尔圣人重改过，秦穆之誓亦登于书矣。观其卒章之语，颜厚色愧，忸怩心惭，自惩前失，吾不知亏太甲奚若，而情辞怨悱，不下秦穆昆弟五人仲康在其中作伪古文者，窃取楚语之文，陈其怨艾，直以夏仲康比商太甲，自解此书者昧于五子自怨之义，竟谓蔼如仁义，殊失作者之意，而近儒矫之者，历引周汉诸书并厂作者之妄，竟谓五子大恶不悛，则孔子奚取于《五子之歌》？

6.《仲虺之诰》

《尚书》之仲虺，《荀子》之中虺，《史记》之中虺，寔一人也。《仲虺之诰》为汤伐桀，有惭德，作古文，已佚，今所传者亦伪作也。凡作伪者，采掇佚书，贯以己意，其语不能无出入，有经史引本篇语而遗漏之者，如《史记》载《汤誓》文，今伪《汤誓》篇失采是也；有经史引本篇语而误入他篇者，如记《缁衣》，两引尹吉语，尹吉即尹告，尹告即咸有一德，今伪《一德》篇既采"惟尹躬及汤咸有一德"语，而惟尹躬天见于西邑，夏自周有终相，亦惟终则，又误入《太甲》篇是也；有经史引他篇语而误入本篇者，如《孟子》引葛伯仇饷汤始征葛事，当为《汤征》篇之逸文，今伪书又误采入《仲虺之诰》是也。然葛伯仇饷孟子，虽详其颠末，小子窃有疑焉。葛伯不祀本有可诛之罪，无牺牲无粢盛，尤为诬妄之语，时汤一举灭之可也，奚必遗牲耕粢，直至仇饷而后征之？且亳、葛两国相去八百余里，郑康成说使众往耕，朝夕馈食，揆之情势，殊多不合。孟子之文殆亦传闻之失实者与？曰：不然。孟子言汤居亳，与葛为邻，是亳葛密迩为车辅相依之国也。先儒有谓汤居南亳，距葛六十里者近是。皇甫谧说往耕馈食，必使边境近氓为之，亦非遣国都人远赴之也。汤之地方七十里，葛为伯爵其国，与亳相埒，且与之接壤，而崛强为天下梗，故汤欲行王道，必自葛始。葛服而天下从之矣。无如葛伯襃然，自太诛求不已，曰无以供牺牲，曰无以供粢盛，如眈虎逐欲，哆口以待，即春秋强侯征牢征役亦不作是态，而汤切车辅之义，欲以德礼首服之，遗牲耕粢，委曲周旋，交邻之道尽矣，蔑以加矣，故孟子以为仁，天下有仁于交邻，而不仁于事君者乎？观汤之事，葛知其伐夏放桀，无利天下之心，而来世有以为口实者，真瞀人也，汤何惭焉。

7. 《伊训》《太甲》《咸有一德》《说命》

右文八篇，皆人臣陈戒之文也。自古人臣之告君，有指陈当日实事以相规者，有历叙本朝宪章以相训者，有历引前王事迹以相诫者，存其说于国，可以正身心，可以广识见，存其说于天下后世，可以明义理，可以考事实，可以稽典章。若夫空语道德，反复演说，三代上之陈戒其君，未有若此者矣。故《伊训》《太甲》《咸有一德》《说命》诸篇，揆诸周书真古文，殊属不类，然其文多采佚书，间有羼乱，亦皆前贤之格言，斯亦不废江河万古流也，安得以为伪书而少之。

8. 《诗序》
黄以周《群经说》卷二"论诗序"条云：

《诗序》之作，纷纷不一说。斥《序》者曰：《序》系卫宏作。九江谢曼卿善《毛诗》，宏从受学，遂作《诗序》。见《后汉·儒林传》。尊《序》者曰："国史明乎得失之迹，故作《诗序》，如非国史所作，何以知所美所刺之人？使当时无《小序》，虽圣人亦不得辨。且《大序》文似《系辞》，其义非子夏所能言，尤为圣人作。"以周按：《诗》有四家，《毛诗》有序，《齐》、《鲁诗》不闻有序，《韩诗》之序又不与毛同。如《诗序》出自国史，孔圣则齐、鲁二家当与正经并传，不应删削序说，韩序亦当与毛合一，不应别生异议。何以《关雎》一篇，《毛诗序》以为美，而三家皆以为刺乎？《采芑》《汝坟》诸篇，韩、毛两序说不归于一乎？《诗考》引《韩序》"《关雎》刺时也"，《文选注》引《韩序》"《采芑》伤夫有恶疾也"，《后汉·周盘传注》引《韩序》"《汝坟》辞家也"，谓《诗序》出于国史，孔圣者可以知其非矣。郑笺华黍云："《诗序》篇义合编，毛公作传，各引其《序》冠之篇首。"《郑志》云："《丝衣序》高子之言非毛公后人著之。"据此《诗序》在毛公之前，其传已久，而卫宏晚出，其《诗序》岂毛公所及见乎？抑郑君与卫宏时代不甚远，岂卫宏作序，郑君有不及知而妄为斯说乎？序篇分合，郑君言之凿凿，必得其实。后儒何为反据范书多生异说？且范书言宏作序，别为之序耳，非即今之《诗序》也，是犹郑君序《易》非《十翼》之《序卦》，马融《书序》非百篇序，以郑序见《世说·文学》篇注，马序见《泰誓正义》，则谓《诗序》作自卫宏者尤不可信矣。然则《诗序》何人作乎？曰《释文》《关雎序》下引沈重云：案郑《诗谱》意《大序》是子夏作，《小序》是子夏、毛公合作，子夏意有未尽，毛公更足成之，此言不诬也。又《序录》曰：孔子删录，取周诗，兼商颂，以授子夏，子夏遂作序焉。子夏传曾申，曾申传李克，李克传孟仲子，孟仲子传根牟子，根牟子传孙卿子，孙卿子传大毛公。是则毛公传子夏之学，其《诗序》间有足成之语，亦非无所授也。今去古远，其所足成者，不得其详，然细玩文义，亦有一二可见者，如《南陔》孝子相戒以养也，《白华》孝子之洁白也，《华黍》时和岁丰宜黍稷也，此子夏所作也。又曰：有其义而亡其辞，此毛公足成之语也。子夏序《诗》，《诗》未亡也，故知《南陔》言养，《白华》言洁，《华黍》言时岁之和丰也。毛公作传，此三诗已亡矣，而其义赖序以存，故曰有其义而亡其辞也。《由庚》《崇丘》《由仪》之序亦同此例。又如《丝衣》绎宾尸也，此子夏所作也。又曰："高子曰：灵星之尸也。"此毛公足成之语也。子夏传《诗》于高行子高子，即高行子也。子夏序诗意有未尽，故毛公引高子语以足之也。《桓》《赉》诸序例亦宜，然此并为合作之明证也。然则《序》作自子夏，而毛公又足成之，说《诗》者可不必遵《序》乎？是又不然。孔圣删《诗》存三百，惟子夏得其传。毛公亦遵守子夏传受之语以足成之耳。因毛公间有足成，遂不信子夏序，见有主文谲谏之诗，一则曰此淫奔者作也，一则曰此从叛者作也，其有寻于孔圣删诗之旨乎？知其无寻于删诗之旨，则又曰今诗三百篇非尽孔圣之旧，或且狂妄决裂，擅删古经，何如从《序》说《诗》，庶不得罪圣教乎？《记》曰："以旧坊为无所用，而坏之者必有水败。以旧礼为无所用，而去之者必有乱患。"以周于《诗序》亦云然。

黄以周《群经说》卷二认为："一书有一书之例。不通其例，触处皆碍。"

十六、王闿运

（一）王闿运其人

王闿运（1832—1916），字壬秋，又字壬父，号湘绮，世称湘绮先生。咸丰二年（1852）举人，曾任肃顺家庭教师，后入曾国藩幕府。1880 年入川，主持成都尊经书院。后主讲于长沙思贤讲舍、衡州船山书院、南昌高等学堂。授翰林院检讨，加侍读衔。辛亥革命后任清史馆馆长。著有《湘绮楼笺启》《楚辞注》《尚书义》《诗经补笺》《礼记笺》《春秋公羊传笺》《尔雅集解》《湘军志》《湘绮楼诗集》《湘绮楼文集》《湘绮楼日记》等，后人合刊为《湘绮楼全书》。

（二）王闿运的文献辨伪

1. 《尚书大传》
王闿运《尚书大传补注叙》云：

> 《尚书大传》旧为册一篇，见录于《汉·艺文志》，郑君注之，乃次为八十三篇。至《宋史·志》著录在官，卢见曾言元时犹存，至明而亡。孙之騄抄撮为四卷，残阙殊甚。然四库本不能不借资焉。乾隆之时，儒学大盛，先师遗书冥讨穷搜，而四卷古本讫不可得。见曾刊本云得之吴中，讳所从来，不知原本刊也抄也。卢文弨又以孙本所有者为补遗，而自作续补遗及考异。陈寿祺又兼采孔广林本为三卷，自谓详核而妄谓畅训为略说，言多专辄。闿运自廿五岁治《尚书》，越十有五年，旅京师，所笺廿八篇始成，多申伏以易郑。时越刻陈本《大传》未出，唯于德州漕渠旁店买得卢本，归途多暇，改其讹误，补郑注之阙略。自七月甲子至于壬申写百一十八纸，分为四篇。越十有五年，居成都，取家本对陈本，重加审定，仍为七卷，付局刊之。《大传》之文多入《礼记》，伏生所述，并孔为经，兼赅六艺，非唯书，故沛南之学本不衰微，此书存亡如骥一毛，然就其断章寻其宏旨，足以佐治道，存先典，明古训，雄文章，故绝而复明，隐而若显。郑注周密，《尔雅》平平，今具录存，大体备矣。至其八十三之数，就今推之，盖传经廿九篇各有畅训，共五十八也。《说序》一篇，今有《九告》等目是也。《五行传王祀》一篇，六事五位六沴也。《四时》一篇，《禁》一篇，又当有天文、卜筮、符端、春秋、灾异各一篇，合前六十六也。其说礼者，昏礼、后妃礼、养老、学祭、郊桑、造士、田狩、太子当各为一篇，评古事，记圣言，为略说一篇，八十三可知者七十有七，殆可谓无阙矣乎？但吴中本实由抄撮陈本，讥之而无以易之，今悉以先出为主，间采陈补，除其重复，有当注者，直下己意，其所盖阙，以竢君子。

2. 《鹖冠子》
《湘绮楼集·题鹖冠子》云：

> 道家《鹖冠子》一篇，纵横家《庞煖》二篇，《隋志》道家有《鹖冠》三卷，无《庞煖》书，而篇卷适相合，隋以前误合之。凡庞子言，皆宜入庞煖书。

黄云眉认为："但以庞子为疑，可谓未窥其全。"

十七、张之洞

（一）张之洞其人

张之洞（1837—1909），字孝达，号香涛，祖籍直隶南皮。有《张文襄公全集》传世。

（二）张之洞的文献辨伪

《书目答问》辨伪书目

卷一经部

《子夏易传》一卷。（孙冯翼刻《问经堂丛书》辑本，又张澍《二酉堂丛书》辑本，又玉函山房辑本。此唐以前人依托，今通志堂、汉魏丛书所收十一卷本，乃宋以后人伪作。）

《乾坤凿度》二卷。（伪。）

《乾元序制记》一卷。（伪。）

以上《易》之属（世道家言者不录。魏关朗《易传》，唐郭京《周易举正》，皆伪书，不录。）

以上《诗》之属（诗家与四家《诗》皆不合者不录。子贡《诗传》，申培《诗说》，皆伪书，不录。）

以上《论语》之属。（《论语》《孟子》，北宋以前之名，《四书》，南宋以后之名。若统于《四书》，则无从足《十三经》之数，故视注解家之分合别列之。韩愈、李翱《论语笔解》，伪书，不录。）

《孟子音义》二卷。（宋孙奭。士礼居影宋蜀大字本，抱经堂本，微波榭本，韩岱云本，成都局本，又通志堂本。此真孙奭作，疏乃伪托。）

以上《孝经》之属变改原书篇次者不录。知不足斋丛书有《古文孝经孔传》一卷、《今文孝经郑氏注》一卷，皆伪书，不录。

卷二史部

以上编年类别本纪年之属（隋王通《元经》，伪书，不录。）

《孔子集语》十七卷。（孙星衍、严可均辑。平津馆本。远胜宋薛据书。采集群书。所引真伪不一，经部、子部皆不可隶，故附于编年之后。）

《北徼汇编》四卷。（何秋涛。京师刻巾箱本。此书稿本浩繁，咸丰间进呈，旋毁。今琉璃厂市有刻本，止四卷，仍题何名，纪述详实，非出伪托。）

《古今伪书考》一卷。（姚际恒。知不足斋本。）

卷三子部

《管子》尹知章注廿四卷。（旧题唐房玄龄注。明赵用贤校本，即管韩合刻本，附刘绩补注。《十子》本同上，但多评语，不善。）

《孔丛子》三卷。（《汉魏丛书》本三卷。儒。有依托，不尽伪。金山钱氏有宋咸注七卷，本未刊。）

《老子》王弼注二卷。（聚珍本，杭本，福本。河上公注伪。道。）

右周秦诸子《鹖子》《子华子》皆伪书，《尉缭子》尤谬，不录。

《六韬》《关尹》《邓析》《燕丹》，伪而近古。

《握奇经》《三略》《心书》《李卫公问对》，伪书，不录。

《中说》十卷。（旧题隋王通。宋阮逸注。世德堂本。即《文中子》。）

《群书治要》五十卷。（旧题唐魏征。《连筠簃》本。阙三卷。）

《小学集注》六卷。（旧题《宋朱子》。通行本。）

《难经集注》五卷。（旧题周秦越人。）

《数术记遗》一卷。（旧题汉徐岳。北周甄鸾注。伪书。）

《易林》十六卷。（旧题汉焦赣。）

右术数家（东方朔《灵棋经》二卷，伪书，然是晋以前人作，刻《得月楼丛书》《珠丛别录》、刘氏《述古丛钞》中。）

《博物志》十卷，附《逸文》。（旧题晋张华。《指海本》，又士礼居本。《神异经》《十洲记》《洞冥记》《搜神记》《搜神后记》《述异记》，皆伪书近古者。）

《列仙传》二卷。（旧题汉刘向。王照圆校。《郝氏遗书》本，又《古今逸史》本，琳琅秘室本。）

右释道家（《阴符经》《素书》《道德指归论》，皆伪书，《真诰》《云笈七签》多诡诞，不录。）

十八、王先谦

（一）王先谦其人

王先谦（1842—1917），字益吾，因宅名葵园，晚号葵园，学者称为葵园先生。室名虚受堂。编有《皇清经解续编》《十朝东华录》《续古文辞类纂》。著有《尚书孔传参正》《诗三家义集疏》《释名疏证补》《汉书补注》《后汉书集解》《水经注合笺》《庄子集解》《荀子集解》《日本源流考》《外国通鉴》《虚受堂诗文集》等。

（二）王先谦的文献辨伪

1. 《今文尚书考证》

王先谦《虚受堂文集》卷六《今文尚书考证序》云：

《尚书》传自伏生，其徒欧阳、夏侯西京立学宗，习遍天下。溯龙门著记，虎观讲经，迄于熹平，所刊一以今文为主，虽其间有史公世采之说，有三家歧出之说，要皆截然不紊，考迹可知，古文肇出鲁壁，不列学官，盛于新莽，微于中兴，厥后杜、卫、贾、马赓续倡和，若故为今文树之敌者，而其从来亦远矣。夫经义不穷，引而日新，学途众趋，则材高者激而返古，理势固然，无足怪者。《汉书》称今文徒众，或善修章句，或增多师法，是今文已各自为说。若古文当日之不泯，亦非独文字古也。史迁从孔安国问故，明孔氏尝为故矣。迁书载《尧典》诸篇多古文说，是古文有说矣。桑君长名传古文，其言散见地志、水经，与今文不同者，皆可决其为古文说。刘歆又从而推演之，如莽建六宗，立三公，及三统历，言文王受命、武王克殷之年显背今文，由歆创说，此可以意定者，而必谓古文义说尽出于歆，或不其然。自郑君以汉末儒宗世揉今古，为书学一大变。东晋伪经传出，茫昧千年。本朝硕学朋兴，今古文界域始明，而蔽亦因之，曲阿高密，强仞今文，蔽一。尊尚古文，故抑伏传，蔽二。不信《史记》，摈斥旧闻，蔽三。皮君鹿门治《尚书》最精，尝为《大传疏证》《古文冤词平议》二书，行世矣。近复以《今文尚书考证》视余，其条理今文，详密精审，兼诸大儒之长，而去其蔽，后之治今文者得是编为前导，可不迷于所往。余读君撰著，每有针芥之合，惟于论古文义说反求于心而未能释然。序君书，因并出所见相质，窃附于诤友之义云。

2.《尚书孔传参正》
王先谦《尚书孔传参正序例》云：

自伏先生脱秦烬，发壁藏，以延三代圣经一线之脉，厥功甚巨。欧阳、张生传习本经，志记明白，而治古文《尚书》学者诬之曰口授，鄙之曰俗儒，不恤虚诞竞胜，过甚其辞。文人相轻，岂有量乎！古文之厄娄矣，阻于巫蛊，厌于博士，亡于永嘉，乱于梅、姚，且若显若晦于数百年间。刘向取校三家，文字异者七百有余，脱字数十。贾逵复奉诏撰《欧阳夏侯古文同异》三卷，此于本经为有实益，其卒增订与否，莫能明也。马、郑诸儒，可云笃好，然其所述，不及逸篇，致文谊罕通，积久渐灭，是所谓古文《尚书》者徒供伪学藏身之固，发千古争哄之端已耳。独马、郑二十九篇传注，于今古文同异藉资推究，有助经恉。有宋朱子、吴草庐氏发伪孔之覆，明梅氏鷟继之，国朝诸儒抉伪扶经，既美既备，惜其散而无纪，寻绎为难，学者束发受《尚书》，垂老而不明真伪古今之辨，岂不哀哉！先谦从事斯经，自《史》《汉》《论衡》《白虎通》诸书，迄于熹平石经，可以挥发三家经文者，采获略备，兼辑马、郑传注，旁征诸家义训，其有未达，间下己意。今古文说，炳焉著明。以伪孔古文虽经纯皇帝论定，然功令所布，家传僮习，莫敢废也，仍用其经传元文，附诸考证，为《尚书孔传参正》三十六卷，以便读者。雅才好博，亦或取斯云尔。《汉书·艺文志》"尚书"下云："经二十九卷。"班自注："大、小夏侯二家。"颜注："此二十九卷，伏生传授者。"先谦案：此一篇为一卷也。伏生之二十九篇：《尧典》一（连"慎徽五典"以下），《皋陶谟》二（连"帝曰来禹"以下），《禹贡》三，《甘誓》四，《汤誓》五，《盘庚》六，《高宗肜日》七，《西伯戡黎》八，《微子》九，《坶誓》十，《鸿范》十一，《大诰》十二，《金縢》十三，《康诰》十四，《酒诰》十五，《梓材》十六，《召诰》十七，《洛诰》十八，《多士》十九，《无佚》二十，《君奭》二十一，《多方》二十二，《立政》二十三，《顾命》二十四，《康王之诰》二十五，《柴誓》二十六，《甫刑》二十七，《文侯之命》二十八，《秦誓》二十九（《史记·周本纪》"作《顾命》，作《康诰》"，明为二篇，则二十九已足，并无《太誓》在内。《隋书·经籍志》："伏生口传二十八篇。又河内女子得《太誓》一篇献之。"宋王应麟说同。《释文》云："《太誓》与伏生所诵合三十篇。"《书》疏云："伏生二十九篇（并数《太誓》），《序》在外。"皆非）。《艺文志》班自注又云："欧阳经三十二卷。"志又云："欧阳章句三十一卷。大小夏侯章句各二十九卷。"先谦案：云"大小夏侯章句各二十九卷"者，《尧典》一，《皋陶谟》二，《禹贡》三，《甘誓》四，《汤誓》五，《盘庚》六，《高宗肜日》七，《西伯戡黎》八，《微子》九，《太誓》十，三篇同卷。《坶誓》十一，《鸿范》十二，《大诰》十三，《金縢》十四，《康诰》十五，《酒诰》十六，《梓材》十七，《召诰》十八，《洛诰》十九，《多士》二十，

《无佚》二十一，《君奭》二十二，《多方》二十三，《立政》二十四，《顾命》《康王之诰》二十五，《柈誓》二十六，《甫刑》二十七，《文侯之命》二十八，《秦誓》二十九。知《顾命》《康王之诰》为一篇者，《伪孔序》云："伏生《康王之诰》合于《顾命》。"（以欧阳、夏侯为即伏生本，误）《释文》云："欧阳、大小夏侯同为《顾命》。"此其明证也。既以《康王之诰》合于《顾命》，则二十八矣。仍为二十九者，王充、房宏皆云："后得《太誓》，二十九篇始定。"是后汉人见欧阳、夏侯本皆有《太誓》，合为二十九篇之明证也。云"欧阳章句三十一卷"者，分《盘庚》为三篇故也。（详《盘庚》本篇）云"欧阳经三十二卷"者，并经三十一卷、《序》一卷数之。经三十二卷而章句三十一卷者，西汉人不为《序》作解诂也。马、郑始为《序》作传注。《艺文志》又云："《尚书》古文经四十六卷。"班自注云："为五十七篇。"先谦案：云四十六卷者，据《艺文志》云孔安国所得壁中古文，以考伏生二十九篇，云伏生二十九篇，则是无《太誓》者。得多十六篇，据此篇为一卷。共四十五卷。《释文》云马、郑之徒百篇之序总为一卷，以一加四十五，是四十六卷也。马、郑序总一卷，盖本孔壁之旧。陆德明但见马、郑本如此，故据以为言也。得多十六篇者，《书》疏引郑注《书序》云：《舜典》一，别有《舜典》，非梅赜所分。《汩作》二，《九共》九篇十一，《大禹谟》十二，《益（当作弃）稷》十三，《五子之歌》十四，《胤征》十五，《汤诰》十六，《咸有一德》十七，《典宝》十八，《伊训》十九，《肆命》二十，《原命》二十一，《武成》二十二，《旅獒》二十三，《冏命》二十四（《汉书·律历志》有《毕命》文，此刘歆载之《三统术》者，是古文有《毕命》矣。颖达作《冏命》，同当为毕字之误也。惠栋、王鸣盛说同）。以此二十四为十六卷者，《九共》九篇共卷，除八篇，故为十六是也。云为五十七篇者，《书》疏又云："郑于伏生二十九篇之内，案：此欧阳、夏侯本，云伏生，误。分出《盘庚》二篇、此欧阳所分，以为郑分，误。《康王之诰》（此欧阳、夏侯合于《顾命》之后，郑又分之）、又《泰誓》三篇，为三十四篇（此就欧阳、夏侯本有《太誓》者分出二篇，足证上云伏生之误），更增益伪书二十四篇（此孔颖达袒伪《孔传》，以此二十四篇为张霸伪书。惠栋云："《汉志》先述逸《书》，后称张霸百两篇，明逸《书》非百两。《经典叙录》云：'百二篇文意浅陋，成帝时刘向校之，非是，后遂黜其书。'校古文者，向也，识百两之非古文，亦向也。岂有向撰《别录》仍取张霸伪书者，笃学如康成，亦以民间伪书信为壁中逸典者邪？"）。为五十八。"桓谭《新论》亦云："古文《尚书》，旧有四十五卷（除序言之），为五十八篇。"伪《武成》疏引郑云："《武成》，逸书，建武之际亡。"谭云五十八者，谭没于世祖时，在建武前，《武成》未亡。班云五十七者，班作《汉书》在显宗时，《武成》已亡故也。《书》疏引马融《书传序》云："《太誓》后得。案其文，似若浅露。"此孔壁不见《太誓》之明证也。使民间得之，孔壁又与之符合，马岂能为此言乎？然龚自珍以为今古文皆无《太誓》，则又非也。谓今文无《太誓》，何以处王充、房宏之说？彼二人皆亲见今文有《太誓》者也。明伏生与夏侯、欧阳二本之不同，则诸说无所阂碍矣。郑《书论》依《尚书纬》云："孔子求《书》，定可以为世法者百二十篇，百二篇为《尚书》，十八篇为《中候》。"读后得《太誓》"赤乌白鱼"之文，与《中候》合，明其为《中候》，则有以处《太誓》矣。

　　汉、魏人无谓伏书为今文者，晋、宋之间始有之，如徐广《史记音义》"今文《尚书》作'不怡'"之类，裴松之《三国志注》"今文《尚书》曰'优贤扬历'"，是也。至《释文》《正义》，则今文之称愈显，皆对伪古文而名之。龚自珍云："伏生壁中书实古文也，欧阳、夏侯之徒以今文读之，传诸博士，后世因曰伏生今文家之祖，此失其名也。孔壁固古文也，孔安国以今文读之，则与博士何以异？而曰孔安国古文家之祖，此又失其名也。"先谦谓今文固无定之称，因时代而异，秦、汉今文，是谓隶书，《隋书·经籍志》"今字《尚书》十四卷"（孔安国传。案：隋世已有今字，盖刘焯、炫等所为）。卫包所改，亦号今文，则今之楷字是已。周代，以仓颉所作为古文，籀书为今文。秦初，则李斯小篆为今文，其改用隶书，在始皇焚书之际。伏生当汉文时年九十余，上溯为秦博士，齿方壮强，所习《尚书》应从篆体，未必尚是古文元本。乱定之后，发壁藏以教齐鲁，亦早易作今文，非欧阳、夏侯始以今文读之也。《艺文志》云："六体者，古文、奇字、篆书、隶书、缪书、虫书。"颜注："古文，谓孔子壁中书。"《志》又云："《史籀篇》者，周时史官教学童书也。与孔氏壁中古文异体。"《说文序》云："宣王太史籀著《大篆》十五篇，与古文或异。至孔子书六经，左丘明述《春秋传》，皆以古文。"盖古文乃《书》之本文，如今所摹钟鼎款识籀篆，则周代通俗文字与古文两体并行。《汉志》云"异体"，《说文》云或异，虽变古，不全异也。孔子以古文书六经，不用时字，盖尊经之意。安国以今文读《尚书》，其古文真本固在，实有专称，通儒传授，不没其本来。而以为与今文博士无异，称古文者失其名，又非也。

　　司马迁为《史记》时，止欧阳《尚书》立学，故迁书叙述五帝、三代、秦《本纪》，鲁、卫、宋、蔡、晋、齐、燕《世家》，无不原本伏《书》。《汉书·儒林传》云："司马迁亦从安国问故，迁书载《尧典》《禹贡》《洪范》《微子》《金縢》诸篇，多古文说。"然则《尧典》诸篇以外，皆今文说可知。孙星衍以迁为用古文，误也。两汉博士治欧阳、夏侯《尚书》，载在令甲，平帝诏立古文。莽灭，遂废。后汉古文虽盛，不立学官，诏册章奏皆用博士所习。蔡邕石经亦据学官本。至应劭、徐干之论著，介于汉、魏之间，则颇有出矣。纬书、汉人所作汉碑通用今文，皆与《书》义相证发，明其时代限断，而后可以言今古文之别也。

　　《法言·问神篇》云："昔之说《书》者，序以百。"《汉书·艺文志》云："故《书》之所起远矣，至孔子纂焉，上断于尧，下讫于秦，凡百篇。"《论衡·正说篇》引俗儒（俗儒谓今文博士）说云："《尚书》二十九篇，法北斗七宿，四七二十八，其一曰斗。"直至孔安国《书》出，方知有百篇之目。《汉书·刘歆传》："歆移太常博士书云：往者缀学之士保残守缺，以《尚书》为备。"臣瓒注："当时学者谓《尚书》惟有二十八篇（除《序》言之），不知本百篇。"《书》疏云："郑《序》以为《虞夏书》二十篇，《商书》四十篇，《周书》四十篇。"是百篇之说，在孔壁书出后，壁书止多十六篇。云百篇者，当是据《序》知之。然《史记》本纪、世家所云作某篇者五十余条，其文字说解与古文《书序》多异，确是今文《书序》。据此，已不止二十九篇。至《大传》之引《九共》《帝告》佚文，《史记》之引《汤征》《汤诰》佚文，及《书》文之见于《孟》《荀》《礼记》《左传》所引，皆不止二十九篇之明证。博士之以《尚书》为备，特专己守残之成见，非真不知有百篇也。

据《汉书·儒林传》，安国古文，都尉朝、胶东庸生、胡常、徐敖、涂恽、桑钦递相传授。《后汉书》称张楷作注，卫宏作训旨，贾逵作训则，得多之十六篇，不容无说。而《书》疏引马序云："逸十六篇，绝无师说。"疑都尉朝等所传，但习其句读，而不释其文义。张卫贾之注训皆止解二十九篇，其后康成作注分伏书为三十四，逸篇为二十四，凡五十八篇（见《书》疏），而逸篇仍无注（《释文》云："马、郑所注，并伏生所诵，非古文也。"案：陆所谓古文，即指梅赜伪书言。陆及见马、郑注，若郑有二十四篇之注，当有流传于后，陆不得为此言，以此知郑惟注三十四篇也。又《尧典》疏云郑注《尚书》篇数并与三家同。是郑未注二十四篇也。说本江声），其故皆不可晓。朱子云："孔壁得古文《仪礼》五十六篇，郑康成曾见，且引其文于注中，不知缘何止解十七篇，而三十九篇不解，竟无传焉。"案：郑于《尚书》逸篇不注，与《仪礼》同。王鸣盛以为，古文在东汉未立学官，故郑亦不注。其或然邪？

或疑后汉杜林所得西州桼书一卷（见本传），非古文《尚书》真本。然《后汉·儒林传》载尹敏、杨伦、孙期、周防以及周磐、张楷皆习古文，所称授受渊源与林无涉。又孔僖自其祖安国以下世传古文，是安国真本具存，林何从而伪之？且《贾逵传》言逵父徽受古文于涂恽，逵悉传父业，《儒林传》又言杜林传古文《尚书》，同郡贾逵为之作训，马融作传，郑玄注解，由是古文遂显于世。使林传赝本，逵岂肯舍父业而为林书作训乎？盖必桼书与孔壁文字颇有同异，足资考证，或且有胜于安国所传者（古文四十六卷。桼书一卷，盖非全本）。故逵既作训，而马、郑诸儒虽于古文别有师承，益重此本也。

安国本藏于中秘，其副本流传民间，庸生之徒私相授受，不无讹脱变乱，如"我其试哉"上脱"帝曰"（《史记·五帝纪》有"尧曰"），"夔曰"八字重出，"优贤扬"作"心腹肾肠"，殷三宗无太宗而有祖甲，必非孔壁之旧。据此，知薄今爱古者未尝平心考核也。欧阳、夏侯三家皆今文说。小夏侯当古文出后，其文义乃颇合于古文，亦趋时之一验矣。王莽时，古文立学，义说渐盛。如《禹贡》所述水地，桑钦辈创之；立六宗，建三公，《三统历》之文王受命九年崩，武王十三年克殷，刘歆创之。厥后，卫、贾、马出，古文之说大明。康成作注，世糅今古，旁通曲畅，又为《书》学一大变，风会日新，途轨歧出，高才超世，囊括众家，盖有不得不然者。近儒强仞为今文，知亦非郑所心许耳。

向疑贾、马、许、郑皆大儒，何以必舍今从古？及观石经、汉碑，文字多讹，乃知今文因当时通行，不免讹俗，诸君好古，故鄙弃今学也。但今文有讹俗，不妨以古文参考，古文无说解，仍兼采三家所长，庶为尽善。乃诸君诋诼今文，别张帜志，学官未立，微显不常，王肃辈得乘其隙，伪造孔安国传，后人误信之，而东汉古文与西汉今文同归于尽。且诸君之崇古文，崇其文字之古耳，唐卫包乃尽易以讹俗之字，又岂诸君所及料者哉？（说本皮锡瑞）

伪孔之辨，定于国朝，天子考文之功美矣盛矣。诸儒力辟伪经，推见至隐，撷其精粹，各载本篇。自熹平石经亡后，今文遂无完本，二十九篇反藉伪传而存，古书遗碣可以参证文字同异。马、郑传注亡佚，宋以来颇有辑本，所当全采，以畅经恉。众家疏解，冶为一炉。时有管窥，弗忍割弃，增尘足岳，庶其企而。

　　梅《书》廿五，词旨坦明，益之传语，只形骈赘，它篇舛谬，随文记注，间袭马、郑，亦加披抉，假托安国，初无主名，唐陆德明云："王肃注大类古文。"孔颖达又云："其言多是孔传。"已颇滋疑议矣。近儒推勘，皆谓传出肃手，尤莫详于丁晏《尚书余论》。今取传义与王注合者条系经下，以资证明。《晋书·皇甫谧传》言古文授受渊源，谧亦与撰古文者也。肃之《孔丛》《家语》，谧之《汲郡纪年》，本冀辅真，转以证伪，心劳日拙，其自赞邪？凡以古字易经文，如郭忠恕、薛季宣所造作（自唐至今，有集古篆缮写之《尚书》，号壁中本，二十四篇亦在其中。盖集《说文》《字林》、魏石经及一切离奇之字为之。《释文序录》云："穿凿之徒，务欲立异，依傍字部，改变经文，疑惑后生，不可承用。"据此，唐以前久有此伪书。至郭忠恕作《古文尚书释文》，晁公武刻石于蜀，薛季宣为《书古文训》，宋人多误仞此为壁中真本）；以时字易经文，如卫包所改（唐明皇不喜古文，天宝三载命集贤学士卫包改古文为时字，名之曰"今文尚书"，其改古字，多错谬，详段玉裁《古文尚书撰异》。至宋开宝中，陈鄂等奉诏删改《释文》，令与包相应，而旧音古字无可寻求矣）；以古书易经文，如近儒取经传、诸子、《说文》所引《尚书》以改本经（其意以为安国真本如是，但马、郑与伪孔不同处，梗概已具于《释文》《正义》，不当于《释文》《正义》外断其妄窜。且魏晋人作伪时，卫、贾、马、郑之书尚存，皆知为安国递传之本，作伪者断不敢取三十四篇涂改字句，令与安国传本不类，以启天下之疑，故《尧典》虽析一为二，而慎徽之上未著一字，后有愚者乃为之耳。说本段玉裁。其或伪书偶有窜易、证据确凿者，仍各揭明于本篇句下）；以臆说易经文，如近儒点窜经字，以伸己见。若宋儒改经之为，皆乱经之甚者。包改之谬，详具本篇，余屏不取。

　　《尚书孔传参正》是王先谦最重要的一部经学著作，他对清代汉学有关《尚书》的研究成果作了一次较为全面、系统的整理和总结，是一部集成之作；同时他对前人的研究成果有所补充和发挥，对前人的误漏有所纠驳和疏正。龚抗云教授的博士论文《尚书孔传参正研究》指出，该书采用的是集解或集注类体裁，王先谦将乾嘉汉学的各种治学方法熔于一炉，将自清初阎若璩至清末皮锡瑞几乎所有清代汉学大家有关《尚书孔传》的辨伪以及疏证今、古文的代表性成果网罗无遗。辨真伪，汇各家抉伪之说于一编，正是王先谦撰著《尚书孔传参正》一书的宗旨之一。龚教授主要从补证伪书二十五篇经文的剽袭造伪、抉发伪孔擅改经文之举二个方面揭示了王先谦对伪书、传经文的补充证伪之功；从揭露伪孔传剽袭之迹、求证伪孔传出于王肃说、揭发皇甫谧与王肃合谋作伪之迹三个方面揭示了他对伪孔传的补充证伪之功。

　　3.《方言》

　　王先谦《虚受堂文集》卷五《方言序》云：

　　昔班孟坚为扬子云作传，具列所为书，而不载《方言》，《艺文志》亦无其目，宋洪迈乃疑是书为伪托。然考常氏《华阳国志》，述蜀都先贤，赞称："子云作《方言》。"常书本之陈承祚《耆旧传》，其言可信，而班氏独阙者，盖因其书不见于刘向、歆父子《七略》，无所据以入志，遂并传删自序两言耳。观本书载子云与歆往复二书，知当日裒辑未终，秘不肯出，致世无传述，原委可悉也。应氏《风俗通义》言周秦轺轩之使求方言，还奏籍之。嬴氏之亡，遗弃脱漏。蜀严君平、林闾、翁孺才有梗概，子云以次注续，与常书称子云师严、林作《方言》合。至其词义坚深，表里经训，非博览深思之儒不能为。虽西汉多文人，然自子云外，无足当之者矣。因以推知前古采风之使，方行列国，匪独陈其诗篇而已。其于异俗殊言，必将备其声音训诂，随以上进天子，展卷而绅词，缘文以知指，而天下治乱兴衰之故可得而征也。特其书藏在秘室，民间罕得见者。周公作《尔雅》以垂教，然后诗书之文可读，至于音义所自，卒未明言。今观《方言》载周、召二南，齐、秦、卫、郑之语，足以稽合经文者，可决为天府旧记所传。其采自朝鲜、洌水、西瓯、桂林诸区者，或出后来订坠搜遗之力。乃叹《方言》与《尔雅》同原，历千载而相赓续。严、林辈之用心与叔孙通、梁文诸人等。而此二书者创例于姬旦，撰成于子云，诚圣作明述之极轨也已。

十九、朱一新

（一）朱一新其人

朱一新（1846—1894），字鼎甫，号蓉生，义乌人。著有《汉书管见》《佩弦斋文存》，汇刻为《拙庵丛稿》，今人整理为《朱一新全集》。生平事迹见《直臣名师：朱一新传》。

（二）朱一新的文献辨伪

1. 泛论辨伪

《无邪堂答问》一书中讨论典籍真伪之处甚多，卷一云：

> 姚氏《古今伪书考》多出臆断。古来伪书，惟子部最多，经部作伪不易。汉魏六朝经师，一字之殊，断断考辨，若张霸、刘炫之伪造者，终不能售其奸。近人动辄疑经，唐以前无是也。《皇清经解》中颇有此弊。大率以己之意见治经，有不合者，则锻炼周内，以证古书之伪，而后可伸其私说。若推此不已，其祸殆烈于焚书。

历史证明，"锻炼周内"是辨伪之大忌。实事求是，信而有征，此乃辨伪之不二法门。

2.《文中子》

《无邪堂答问》卷一云：

> 劳植楠（字缵臣，南海人）问《文中子》真伪。答：《中说》非伪书，周秦诸子无不有自相抵牾之说，盖多为后人世乱也。
>
> 《中说》之世乱正与此同，特其书抵牾尤甚，又句摹字仿，俨欲以圣自居，人所骇怪，遂并其书而伪之耳。考唐人言文中子者，皮日休、陆龟蒙、司空图三家之书，

昔人已多援据。【新、旧《唐书》虽无通传,而事迹著述散见于王绩、王勃传及《经籍志》中,但皆五代后人之词,不具引。《旧书·王绩传》末有"兄通字仲淹,隋大业中名儒,自有传"云云,而今隋唐书皆无之,岂刘昫误记耶?】

惟通既以圣自居,诸弟子遂以圣尊之;唐以前又不知僭经之为非,自子云《法言》后,规沿袭,动辄成风,《中说》之摹拟,亦犹是也。知尊其师而不知所以尊,龙川陈氏所谓适足为是书之累耳。

黄云眉亦认为"盖谬书而非伪书也",庶几近之。

3.《忠经》

《无邪堂答问》卷一云:

> 《忠经》世以为伪。丁俭卿《论语孔注证伪》谓《崇文总目》有马融《绛囊经》一卷。融乃唐居士。《忠经序》有"臣融岩野之臣"云云,马季良贵戚豪家,安得称岩野?是唐马融所作明矣。

4.《奏对笔记》

《无邪堂答问》卷四云:

> 问:洪文襄《奏对笔记》?答:此是伪书。其中罅漏极多,又似经生策括,盖即今人所为,而嫁名于文襄者。

二十、黄遵宪

(一) 黄遵宪其人

黄遵宪(1848—1905),字公度,别号人境庐主人,广东嘉应州(今广东梅州市)人。光绪二年(1876),考中举人,历任驻日参赞、旧金山总领事、驻英参赞、新加坡兼马六甲总领事等职。戊戌变法期间,署任湖南按察使,协助湖南巡抚陈宝箴推行新政,戊戌变法失败后还乡。喜以新生事物熔铸入诗。著有《人境庐诗草》《日本国志》《治法》《人境庐集外诗辑》《黄遵宪与日本友人笔谈遗稿》等。

(二) 黄遵宪的文献辨伪

《周礼》

黄遵宪《日本职官志序》云:

> 世儒议《周官》或真或伪,纷如聚讼。其诋之尤力者,则曰刘歆以媚莽,苏绰以乱周,王安石以误宋,一若苍吉六典,苟袭其说,必贻乱阶者。夫莽之矫揉造作,侮圣蔑经,不足论矣。宇文氏特借《周官》官号以粉饰治具耳,于国之治乱无与也。

若夫荆公当北宋积弱以后，慨然欲济以富强，又恐富强之说为儒者所排击，于是附会经义，以间执儒者之口，其误宋也，乃借《周礼》以坚其说，并非信《周礼》而欲行其道也。然而世之论者纷纷集矢于经矣。宋欧阳公者，号知治体，其论《周礼》，谓六官之属，见于经者五万余人，而闾里县鄙之长、军师卒伍之徒仍不与焉。王畿千里之地，为田几井，容民几家，王官王族之国邑几数，民之贡赋几何，而又容五万人者于其间，其人不耕而赋，将何以给之？则疑其设官之繁若此。或者申其说，又谓《周礼》举市廛、门关、山林、川泽、所有鸟兽鱼鳖、草木玉石、一切货贿之属，莫不设之厉禁而尽征之，入市有税，入门有税，入关有税，辟而不入，则没入之，地所从产，又官守而以时入之，是则天之所生，地之所长，人之所养，俱入朝廷，不留一丝毫之利以予民，虽王莽之虐，恐其力亦不能悉如书中所载，以尽行其厉民之事，则又疑其赋敛之重如彼。然以观于泰西各国，其设官之繁，赋敛之重，莫不如是，而其国号称平治者，盖举一国之财，治一国之事，仍散之一国之民，故上无邕财，国无废政，而民亦无游手，然则一切货贿之税，即以养此五万余人，以是知《周礼》固不容疑也。泰西自罗马一统以来，二千余年；具有本末，其设官立政，未必悉本于《周礼》，而其官无清浊之分，无内外之别，无文武之异，其分职施治，有条不紊，极之至纤至悉，无所不到，竟一一同于《周礼》；乃至朴人之司金锡，林衡之司材木，匡人、撢人之达法则，诵王志，为秦、汉以下所无之官，而亦与《周礼》符合，何其奇也！朱子谓《周官》如一桶水，点滴不漏，盖综其全体，考其条目，而圣人制作之精意乃出，苟执其图便己私之说，以贻误责《周礼》，《周礼》不任受过也。

从中西比较的角度考察《周礼》，黄遵宪的世界眼光与比较意识大大超前。

二十一、孙诒让

（一）孙诒让其人

孙诒让（1848—1908），字仲容，号籀庼。浙江瑞安人。晚清朴学大师，著作有三十多种，代表作是《墨子闲诂》和《周礼正义》。所著还有《古籀拾遗》《逸周书斠补》《契文举例》《名原》《温州经籍志》等书，今人整理为《孙诒让全集》

（二）孙诒让的文献辨伪

1. 《周礼》

孙诒让《周礼正义序》云：

> 粤昔周公，缵文武之志，光辅成王，宅中入洛，爰述官政，以垂成宪，有周一代之典炳然大备，然非徒周一代之典也；盖自黄帝、颛顼以来，纪于民事以命官，更历八代，斟酌损益，因袭积累，以集于文武，其经世大法咸萃于是。故虽古籍沦佚，百不存一，而其政典沿革，犹约略可考：如《虞书》羲和四子为六官之权舆；《甘誓》

六卿为夏法；《曲礼》六大五官，郑君以为殷制，咸与此经多相符会，是职名之本于古也。至其宏章缛典，并苞远古，则如五礼、六乐、三兆、三《易》之属，咸肇端于五帝，而放于二王，以逮职方州服，兼综四朝，大史岁年，通晐三统，若斯之类，不可殚举。盖鸿荒以降，文明日启，其为治靡不始于粗略，而渐进于精详。此经上承百王，集其善而革其弊，盖尤精详之至者。故其治跻于盛太平之域。作者之圣，述者之明，蟠际天地，经纬万端，究其条绪，咸有原本，是岂皆周公所臆定而手创之哉？其闳意眇旨，通关常变，榷其大较，要不越政教二科：政则自典法、刑礼诸大端外，凡王后世子燕游、羞服之细，嫔御阍阘之昵，咸隶于治官，宫府一体，天子不以自私也。而若国危、国迁、立君等非常大故，无不曲为之制，豫为之防。三询之朝，自卿大夫以逮万民，咸造在王庭，与决大议。又有匡人、撢人、大小行人掌交之属，巡行邦国，通上下之志，而小行人献五物之书，王以周知天下之故，大司寇大仆树肺石，建路鼓，以达穷遽，诵训土训夹王车道图志，以诏观事辨物，所以宣上德而通下情者，无所不至，君民上下之间，若会四枝百脉而达于胸，无或雝阏而弗畅也。其为教，则国有大学、小学，自王、世子、公卿、大夫、士之子，暨夫邦国所贡，乡遂所进，贤能之士咸造焉；旁及宿卫、士庶子、六军之士，亦皆辈作辈学，以德行、道艺相切劘。乡遂则有乡学六、州学三十、党学百有五十，遂之属别如乡，盖郊甸之内，距王城不过二百里，其为学辜较已三百里七十有奇，而郊里及甸公邑之学尚不与此数，推之郚县疆之公邑、采邑，远及于畿外邦国，其学盖十百倍蓰于是，无虑大数，九州之内，意当有学数万，信乎教典之详，殆莫能尚矣。其政教之备如是。故以四海之大，无不受职之民，无不造学之士，不学而无职者，则有罚民之刑。贤秀挟其才能，愚贱贡其忱悃，咸得以自通于上，于以致纯太平之治，岂偶然哉！此经在西周盛时，盖百官府咸分秉其官法以为司存，而大宰执其总会，司会天府大史藏其副贰；成康既没，昭夷失德，陵迟以极于幽、厉之乱，平之东迁，而周公之大经良法荡灭殆尽；然其典册散在官府者，世或犹遵守勿替。虽更七雄去籍之后，而齐威王将司马穰苴尚推明《司马法》为兵家职志，魏文侯乐人窦公犹抱《大司乐》一经于兵火丧乱之余、他如朝事之义，大行之赞，述于大小《戴记》，《职方》之篇，列于《周书》者，咸其枝流之未尽渐灭者也。其全书经秦火而几亡。汉兴，景、武之间，五篇之经复出于河间，而旋入于秘府，西京礼家大师多未之见。至刘歆、杜子春始通其章句，著之竹帛，三郑、贾、马诸儒，赓续诠释，其学大兴。而儒者以其古文晚出，犹疑信参半。今文经师何休、临硕之伦，相与摈斥之。唐赵匡、陆淳，以逮宋、元诸儒，訾议之者尤众。或谓战国渎乱不经之书，或谓莽、歆所增附。其论大都逞臆不经，学者率知其谬，而其抵巘索瘢，至今未已者，则以巧词邪说附托者之为经累也。盖秦、汉以后，圣哲之绪，旷绝不续，此经虽存，莫能通之于治。刘歆、苏绰托之以佐王氏、宇文氏之篡，而卒以踣其祚；李林甫托之以修《六典》而唐乱；王安石托之以行新法而宋亦乱：彼以其诡谲之心，刻核之政，偷效于旦夕，校刊于黍秒，而谬托于古经以自文，上以诬其君，下以夺天下之口，不探其本而饰其末，其侥幸一试，不旋踵而溃败不可振，不其宜哉！而惩之者遂以为此经诟病，即一二闳揽之士，亦疑古之政教不可施于今，是皆胶柱锓舟之见也。夫古今者，积世积年而成之者也。日月与行星，相摄相绕，天地之远犹是也。圆颅而方趾，横目而直干，人之性犹是也。所异者其治之迹与礼俗之习已耳。故画井而居，乘车而战，裂壤而封建，计夫而授田，今之势必不能行也，而古人行之。祭则坐孙而拜献之，以为王父尸，昏则以侄娣媵而从姑姊，坐则席地，行则立乘，今之情必不能安也，而古人安之，凡此皆迹也习也。沿袭之久而无害，则相与遵循之；久而有所不安，则相与变革之，无勿可也。且古人之迹与习，亦有至今不变者：日月与地形同度，则相掩蚀，地气之蒸荡，则为风雨，人之所稔知也，而薄蚀则拜跪而救之，湛旱则号呼而祈之，古人以为文，至今无改也。柷敔拊搏，无当于铿锵之韵，血腥全烝，无当于饮食之道，而今之大祀，犹沿而不废。然则古人之迹与习，不必皆协于事理之实，而无人无所厌恶，则亦相与守其故常，千百岁而无变；彼夫政教之闳意眇恉，固将贯百王而不敝，而岂有古今之异哉！今泰西之强国，其为治非尝稽核于周公、成王之典法也，而其所为政教者，务博议而广学，以暨通道路严追胥化土物朴之属，咸与此经冥符而遥契；盖政教修明，则以致富强若操左券，固寰宇之通理，放之四海而皆准者，此又古政教必可行于今者之明效大验也。

孙诒让《周礼政要序》云：

中国开化四千年，而文明之盛，莫尚于周。故《周礼》一经，政治之精详，与今泰东西诸国所以致富强者若合符契。然则华盛顿、拿破仑、鲁索、斯密亚丹之伦所经营而讲贯，今人所指为西政之最新者，吾二千年前之旧政已发其端。吾政教不修，失其故步，而荐绅先生咸茫昧而莫知其原，是亦缀学者之耻也。

黄云眉认为：

孙、黄之辨《周礼》，意在援一中国之古书，比附东西诸国近代之政治，晚清学者当新旧激荡之际，多有此等搬运家世之论调，未足以言读书之识；然《周礼》本身价值，实有如孙、黄所言者，故揭二氏之语于此，以示与其它浅驳之伪书不同。且余以为，孙、黄忘时代之差异，辨此书为周公所作，推重愈甚，则晚出之说亦愈觉有力，以彼之矛，陷彼之盾，转足为此书不伪而伪之显证耳。

2. 《老子》河上注
孙诒让《籀庼述林·牟子理惑论书后》曰：

《牟子》三十七篇，唐宋以后，世无单行本，近世毗陵孙氏始从释氏《弘明集》抄出刊行，首尾尚完具可读。论中难疑答问，多引《老子》，而末篇云："所理止于三十七条，兼法老氏《道经》三十七篇。"今世所传河上公注本《老子》分八十一章，晋王弼注本、唐传玄校本悉同，而《汉书·艺文志》载老子有《傅氏经说》三十七篇，彼此互证，知汉人所见《老子》固分三十七章，今河上注不尔，足明其为伪本矣。

二十二、皮锡瑞

（一）皮锡瑞其人

皮锡瑞（1850—1908），字麓云，号鹿门，室名师伏堂，善化（今属湖南长沙）人。光绪八年（1882）举人，数应礼部试不第，遂绝意仕进。光绪季年，陈宝箴抚湘时尝赞助时务学堂，又任京师大学堂经学教习。皮锡瑞早年习古文经学，后改习今文经学，为晚清今文经学大师。著有《今文尚书考证》《孝经郑注疏》《经学通论》《经学历史》等书。《清史稿》不为列传。生平事迹见皮名振著《皮鹿门年谱》。

（二）皮锡瑞的文献辨伪

1. 论伏羲作《易》垂教在正君臣、父子、夫妇之义

《经学通论》之《易经》第二条云：

> 读《易》者当先知伏羲为何画八卦，其画八卦有何用处。……
> 锡瑞案：焦氏发明伏羲画卦之功尤畅。画卦之功，首在厚君民之别，故曰："上天下泽，履。君子以辨上下，定民志。"而地天为《泰》，天地为《否》，似与此义相反。盖《泰》之得在天地交，《否》之失在天地不交，《履》以位言，《泰》《否》以情言，所谓言岂一端而已。后世"尊卑阔绝，而上下之疏；礼节繁多，而君臣之义薄"。昧者欲矫其弊，遂议尽去上下之分，岂知作《易》垂教所以理人伦而明王道之义乎？

今按：此条论述伏羲画卦，涉及《易经》与四圣之关系。

2. 论重卦之人当从史迁、扬雄、班固、王充，以为文王

《经学通论》之《易经》第三条云：

> 《易》为群经之首。读《易》当先知作《易》之人。欲知作卦爻辞为何人，又必先知重卦为何人。《周易正义·第二论重卦之人》曰："重卦之人，诸儒不同，凡有四说：王辅嗣等以为伏羲重卦，郑玄之徒以为神农重卦，孙盛以为夏禹重卦，史迁等以为文王重卦。其言夏禹及文王重卦者，案《系辞》，神农之时已有盖取《益》与《噬嗑》，以此论之，不攻自破。其言神农重卦，亦未为得，今以诸文验之。案《说卦》云：'昔者圣人之作《易》也，幽赞于神明而生蓍。'凡言'作'者，创造之谓也。神农以后便是'述修'，不可谓之'作'也。则幽赞用蓍，谓伏羲矣。"
> 锡瑞案：解经以最初之说为主。《史记·儒林传》曰："自鲁商瞿受《易》孔子，传六世至齐人田何，字子庄，而汉兴。田何传东武人王同子仲，子仲传菑川人杨何。言《易》者本于杨何之家。"是杨何上距商瞿凡八传。汉初，《易》皆主杨何。太史公父谈亦受《易》于杨何，史公言《易》必用杨何之说。《周本纪》曰："西伯盖即位五十年，其囚羑里，盖益《易》之八卦为六十四卦。"《日者传》曰："自伏羲作

八卦，周文王演三百八十四爻，而天下治。"《正义》谓："史迁以为文王重卦。"其说甚明。且非独史迁之说为然也。扬子《法言·问神》篇曰："《易》始八卦，而文王六十四，其益可知也。"《问明》篇曰："文王渊懿也。重《易》六爻，不亦渊乎？"《汉书·艺文志》曰："至于殷、周之际，纣在上位，逆天暴物。文王以诸侯顺命而行道，天人之占可得而效，于是重《易》六爻。"《论衡·对作》篇曰："《易》言伏羲作八卦，前是未有八卦，伏羲造之，故曰作也。文王图八，自演为六十四，故曰演。"《正说》篇曰："伏羲得八卦，非作之；文王得成六十四，非演也。"是以为文王重卦者，非独史迁，更有扬雄、班固、王充，故《正义》以为"史迁等"。扬雄，西汉末人，班固、王充，东汉初人，皆与史迁说同。郑玄，东汉末人，已在诸人之后，其说以为神农重卦，盖以取《益》《噬嗑》为据，谓伏羲取诸《离》在八卦之内，神农取《益》《噬嗑》在六十四卦之内也。孔《疏》亦以神农之时，已有盖取《益》与《噬嗑》，为伏羲重卦之证。案，此说亦太泥。《朱子语类》曰："十三卦所谓'盖取诸《离》''盖取诸《益》'者，言结绳而为网罟，有《离》之象，非观《离》而始有此也。"又云："不是先有见乎《离》而后为网罟，先有见乎《益》而后为耒耜。圣人亦只是见鱼鳖之属，欲有以取之，遂做一个物事去拦截他；欲得耕种，见地土硬，遂做一个物事去别起他，欲合于《离》之象，合于《益》之意。"沈寓山《寓简》曰："《大传》言'盖取诸《益》''取诸《睽》'，凡一十三卦。盖圣人谓耒耜得《益》，弧矢得《睽》耳，非谓先有卦名，乃作某器也。"陈澧曰："案《系辞》所言'取诸'者，与《考工记·轮人》'取诸圜也''取诸易直也''取诸急也'文义正同。轮人意取诸圜，非因见圜物而取之也；意取易直与急，非因易见易直与急之物而取之也。"此三说皆极通，可无疑于神农时已有《益》与《噬嗑》，而不得云文王重卦矣。后人犹有疑者，皆疑所不当疑。罗泌《路史·余论》曰："世以为文王重卦，因扬雄之说而谬之也。'满招损，谦受益。'谦与损益，益稷之言不自后世。佃渔之《离》谓之小成可也；耒耜之《益》与交易之《噬嗑》岂小成哉？然则不自文王重卦，可识矣。"顾炎武《日知录》曰："考襄公九年，穆姜迁于东宫，筮之，遇《艮》之《随》。姜曰：'是于《周易》曰：《随》，元亨，利贞，无咎。'独言'是于《周易》'，则知夏、商皆有此卦，而重八卦为六十四卦者，不始于文王也。"

锡瑞案：罗氏不知"满招损，谦受益"出伪古文《大禹谟》，不足据。《益》与《噬嗑》言"取诸"者，朱子辨之已明。顾氏不知《左氏》世取占书，唐啖助已言不可尽信。占筮书多傅会。穆姜说"元亨利贞"之义，全同孔子《文言》，以为暗合，未必穆姜之学与圣人同。以为孔子作《文言》剿袭穆姜之说，尤无是理。疑占书取孔子《文言》，传之穆姜，而《左氏》载之，不当反据其文疑重卦不始文王也。丁晏《孝经征文》云："丘明博闻，多采孔门精语缀集成文，而后儒反疑圣剿取《左氏》，必不然矣。"据丁氏说，可为《左氏传》引圣经之证。焦循亦云："左氏生孔子赞《易》之后，刺取《易》义，以饰为周史之言。"

3. 论《连山》《归藏》

《经学通论》之《易经》第四条云：

孔、贾二《疏》不同。孔不从郑，以为代号。贾从郑，以为以义名。当以郑说义名为是。"连山""归藏"若是代号，不应夏、殷袭伏羲、黄帝之旧。且《连山》《归藏》不名"易"，若是代号，必下加"易"字乃可通。故郑皆以义名，与《连山》首《艮》《归藏》首《坤》正合。郑以"周易"为"周普"，亦以义名，盖本《系辞传》"《易》之为书也，周流六虚"。孔《疏》以为无据，非也。桓谭《新论》曰："《连山》八万言，《归藏》四千三百言。"不应夏《易》数倍于殷，疑皆出于依托。《连山》刘炫伪作，《北史》明言之。《归藏》虽出隋、唐以前，亦非可信为古书。删定"六经"，始于孔子。孔子以前，《周易》与《连山》《归藏》并称，犹鲁之《春秋》，与晋之《乘》、楚之《梼杌》并称也。《周易》得孔子赞之而传为经，《连山》《归藏》不得孔子赞之而遂亡，犹鲁之《春秋》得孔子修之而传为经，《晋乘》《楚梼杌》不得孔子修之而遂亡也。孔子所不赞修者，学者可不措意，况是伪书，何足辨乎？《连山》《归藏》之辞，绝不见于古书称引，盖止有占法而无文辞。故《周易》当孔子未赞之前，疑亦止有占而无文释也。

4. 论卦辞文王作、爻辞周公作皆无明据，当为孔子所作

《经学通论》之《易经》第五条云：

锡瑞案：据孔《疏》之说，文王作卦爻辞，及文王作卦辞，周公作爻辞，皆无明文可据，是非亦莫能决。今据西汉古义以断，则二说皆非是。以卦辞为文王作者，但据《系辞传》"《易》之兴也其于中古乎"下有"是故《履》，德之基也"云云，"当文王与纣之事耶？是故其辞危"云云，遂以为文王作卦辞。实则"《履》，德之其也"云云，共引九卦，正是文王重卦之证，则"其辞"云云，当即六十四卦，非必别有卦辞。伏羲在未制文字之先，八卦止有点画。文王在制文字之后，六十四卦必有文字。有文字即是辞，不必作卦辞而后为辞也。孔《疏》云："史传、谶纬皆言文王演《易》。"今考之史传，《史记》但云"文王演三百八十四爻"，不云作卦爻辞。谶纬云"卦道演德者文"，则演《易》即演三百八十四爻之谓，不必为辞演说乃为演也。其云周公作爻辞者，但以"箕子""岐山""东邻"等文不当属文王说。惠栋《周易述》用赵宾说而小变之，以"箕子"为"其子"，又据《禹贡》"冀州，治梁及岐"，《尔雅》"梁山，晋望也"，因谓岐山亦冀州之望，夏都冀州，"王用亨于岐山"者为夏王。惠氏疏通爻辞，可以解郑、贾诸人之疑矣。然以爻辞为文王作，止是郑学之义；以爻辞为周公作，亦始于郑众、贾逵、马融诸人，乃东汉古文家异说。若西汉今文家说，皆不如是。史迁、扬雄、班固、王充但云文王重卦，未尝云作卦辞、爻辞，当以卦爻之辞并属孔子所作。盖卦爻分画于羲、文，而卦爻之辞皆出于孔子。如此，则与"《易》历三圣"之文不背。"箕子""岐山""东邻""西邻"之类，自孔子言之，亦无妨。若以为文王作爻辞，既疑不应豫言；以为周公作爻辞，又与"《易》历三圣"不合。孔《疏》以为父统子业，殊属强辞。韩宣适鲁，单文孤证，未可依据。韩宣亦未明说周公作爻辞也。或疑《左氏传》引筮辞多在孔子之前，不得以卦辞、爻辞为始于孔子。案：占书傅会，前已言之。《困学纪闻》曰："'八世之后，莫之与京'，其田氏篡齐之后之言乎？'公侯子孙，必复其始'，其三卿分晋之

后之言乎？皆非《左氏》之旧也。"姚鼐以为"毕万筮仕晋"一条，吴起增窜以媚魏者。然则懿氏卜妻敬仲，云'有妫之后，将育于姜'，亦陈氏得政之后，人所增窜。若是当时实事，未必齐人不忌敬仲而更任用之。晋献公筮嫁伯姬于秦，有"为嬴败姬，侄其从姑，死于高梁"之占。叔孙穆子之生，有"以谗人入，其名曰牛，卒以馁死"之占。应验如神，疑皆傅会。若是当时实事，献公未必嫁女于秦，穆子未必用竖牛为政。《左氏传》此等处皆不可据。《说苑》泄冶引《易》曰"君子居其室"至"可不慎乎"，泄冶在孔子前，不应引《系辞》，此等明是后人搀入，《左氏》引《易》，亦犹是也。

今按：卦辞文王作、爻辞周公作皆无明据，诚然，但不能推导出"当为孔子所作"。皮锡瑞此处持今文经学家的立场，他的证据薄弱，结论不足为凭。

5. 论《易》至孔子始著，于是学士大夫尊信其书

《经学通论》之《易经》第六条云：

《王制》："乐正崇四术，立四教，顺先王《诗》《书》《礼》《乐》以造士。春秋教以《礼》《乐》，冬夏教以《诗》《书》。"《文献通考》："应氏曰：'《易》虽用于卜筮，而精微之理非初学所可语。《春秋》虽公其记载，而策书亦非民庶所得尽窥。故《易象》《春秋》，韩宣子适鲁始得见之。则诸国之教未必尽备六者。'"

锡瑞案：此亦卦辞爻不出于文王、周公之一证。若卦爻之辞为文王、周公作，则当如后世钦定、御纂之书，颁之学官以教士子矣。而当时造士止有《礼》《乐》《诗》《书》，则以《易》但有卦爻而无文辞，故不可与《礼》《乐》《诗》《书》并立为教，当时但以为卜筮之书而已。至孔子阐明其义理，推合于人事，于是《易》道乃著。《史记·孔子世家》曰："孔子晚而喜《易》，序《彖》《系》《象》《说卦》《文言》。读《易》，韦编三绝，曰：'假我数年，若是，我于《易》则彬彬矣。'孔子以《诗》《书》《礼》《乐》教弟子盖三千焉，身通六艺者七十有二人。"盖《易》与《春秋》，孔门惟高才弟子乃能传之。于是学士大夫尊信其说，或论作《易》之大旨，或说学《易》之大用，或援《易》以明理，或引《易》以决事，而其教遂大明。如《荀子·大略》篇曰："善为《易》者不占。"此以当时之用《易》者专为占卜，不知天地消长、人事得失，无不可以《易》理推测，故云善《易》不占，以挽其失。又曰："《易》之《咸》，见夫妇之道，不可不正也，君臣、父子之本也。咸，感也，以高下下，以男下女，柔上而刚下。聘士之义，亲迎之道，重始也。"此本《象传》《序卦》之旨而引申之。《非相篇》曰："好其实，不恤其文，是以终身不免埤污庸俗。故《易》曰：'括囊，无咎无誉。'腐儒之谓也。"此为当日石隐者流，如沮、溺、丈人匿迹销声，介之推所谓"身将隐，焉用文之"，究非中道。《大略》篇又曰："复自道，何其咎？以为能变也。"《吕览·务本》篇引而申之曰："以言本无异，则动卒有喜。"《荀子》言变，《吕览》言动，皆取《复》卦刚反之义。《吕览·应同》篇曰："平地注水，水流湿；均薪施火，火就燥。"阐发经义，简明不支。《慎大览》篇引《易》"愬愬，履虎尾，终吉"，可证今本之误。《召类》篇引史默说"涣群"之义曰："涣者，贤也。群者，众也。元者，吉之始也。'涣其群，元吉'

者，其佐多贤也。"可证注疏以"涣"为"涣散"之非。"元吉"与"大吉"异，"元吉"以德言，"大吉"以时言。《（象）［彖］》曰："大哉乾元，万物资始。"《文言》曰："乾元者，始而亨者也。"故曰"元吉者，吉之始"，亦可证旧解"元吉"为"大吉"之失。周末诸子引《易》，具有精义如此。《史记》载蔡泽言"亢龙"之义："上而不能下，信而不能（决）［诎］，往而不能自返。"《国策》载春申君言"狐濡其尾"之义："始之易，终之难。"皆引《易》文以决时事。其说之精亦可以补周末诸子之遗也。

6. 论卦辞爻辞即是《系辞》，《十翼》之说于古无征

《经学通论》之《易经》第七条云：

以卦辞、爻辞为孔子作，疑无明文可据，然亦非尽无据也。古以"系辞"即为卦辞、爻辞，汉儒说皆如是，而今之《系辞》上下篇，古以为《系辞传》。《释文》王肃本有"传"字，盖古本皆如是。宋吴仁杰《古周易》"以爻为《系辞》"。今考《系辞》有云："圣人设卦观象，系辞焉以明吉凶。"又云："圣人有以见天下之（物）［动］，而观其会通，以行其典礼，系辞焉以断其吉凶，是故谓之爻。"又云："系辞焉而命之，动在其中矣。"又云："系辞焉以尽其言。"据此诸文，明是指卦爻辞谓之"系辞"。若谓《系辞》中四处所云"系辞"即是今之《系辞》，孔子不应屡自称其所著之书，又自言其作辞之义，且不应自称圣人。盖"系辞"即卦辞、爻辞，乃孔子所作。今之《系辞》乃系辞之《传》，孔子弟子所作。《系辞》中明有"子曰"，必非出自孔子手笔。《史记·自序》引《系辞》之文为《易大传》，是其明证。凡孔子所作谓之经，弟子所作谓之传。所云"圣人系焉以断其吉凶"，乃孔子弟作传，称孔子为圣人，非孔子作"系辞"而称文王、周公为圣人也。郑樵《六经奥论》曰："《易大传》言'系辞'者五，皆指爻辞曰'系辞'。如《上系》曰'系辞焉而明吉凶''系辞以断其吉凶'有二，曰'系辞焉而命之'。孔子专指爻辞以为系辞。今之《系辞》，乃孔门七十二子传《易》，于夫子之言，为《大传》之文。则《系辞》者，其古传《易》之《大传》欤？"郑樵以《系辞传》为《易大传》，正本《史记》。孔《疏》云："经，文王、周公所作；传，孔子所作。"不知孔子以前不得有经。《汉书·儒林传》云"孔子晚而好《易》，读之，韦编三绝，而为之传"，则已误以孔子所作为传，与《史记》之说大异矣。欧阳修不信祥异，以《系辞》云"河（作）［出］图，洛出书，圣人（作）［则］之"为非孔子之言。不知《系辞传》本非孔子之言，乃孔子弟子所作，以解释孔子之言者也。《史记·孔子世家》云："孔子晚而喜《易》，序《彖》《系》《象》《说卦》《文言》。"史公既以今之《系辞》为《易大传》，则不以为孔子所作；《世家》所谓，亦必指卦辞、爻辞而言。系者，属也。系辞，犹云属辞。据《史记》云，"伏戏画八卦，文王重卦为六十四，分为三百八十四爻"，而无其辞，至孔子乃属辞以缀其下，故谓之系。此其有明文可据而不必疑者也。惟《孔子世家》引《说卦》颇疑有误。《论衡·正说》篇曰："至孝宣皇帝之时，河内女子发老屋，得逸《易》《礼》《尚书》各一篇，奏之。（皇）［宣］帝下示博士，然后《易》《礼》《尚书》各益一篇。"所说《易》益一篇，盖《说卦》也。

《隋书·经籍志》曰："及秦焚书，《周易》独以卜筮得存，唯失《说卦》三篇。后河内女子得之。"所谓三篇，盖兼《序卦》《杂卦》在内。据王充说，《说卦》至宣帝时始出，非史公所得见，故疑《世家》"说卦"二字为后人搀入者。《说卦》论八卦方位，与《卦气图》合，疑焦、京之徒所为。程迥《古易考》十二篇阙《序》《杂卦》，以为非圣人之言。李邦直、朱新仲、（傅）［王］（选）［巽］卿皆疑《序卦》，近儒朱彝尊亦然。戴震云："昔儒相传《说卦》三篇与今文《大誓》同后出。《说卦》分之为《序卦》《杂卦》，故三篇词指不类孔子之言。或经师所记孔门余论，或别有所传述，博士集而读之，遂一归孔子，谓之《十翼》矣。"据此，则古今人皆疑《说卦》三篇，而《十翼》之说于古无征。《汉书·艺文志》："《易经》十二篇。"又曰："孔氏为之《彖》《象》《系辞》《文言》《序卦》之属十篇。"是已分为十篇，尚不名为《十翼》。孔《疏》以为郑学之徒并同此说，是《十翼》出东汉以后，未可信据。欧阳修谓："《十翼》之说，不知起于何人。自秦、汉以来，大儒君子不论。"后人以为欧阳不应疑经，然《十翼》之说，实不知起于何人也。

7. 论孔子作卦辞、爻辞，又作《彖》《象》《文言》，是自作而自解

《经学通论》之《易经》第八条云：

　　或疑卦辞、爻辞为孔子作，《彖》《象》《文言》又孔子作。夫《彖》《象》《文言》，所以解卦辞、爻辞也，是岂孔子自作之而自解之欤？曰，孔子正是自作之而自解之也。圣人作《易》，幽赞神明，广大精微，人不易喻，孔子恐人之不能尽喻也，既作卦辞，又自作《彖》以解卦辞；既作爻辞，又自作《象》以解爻辞。《乾》《坤》为《易》之门，居各卦之首，又特作《文言》以释之。所谓"言之不足，故长言之"，所以开愚蒙、导后学也。若疑自作自解，无此文体，独不观扬雄之《太玄》乎？《太玄》准《易》而作者也。《汉书·扬雄传》曰："为其泰曼漶而不可知兖，故有《首》《衡》《错》《测》《摛》《莹》《数》《文》《掜》《图》《告》十一篇，皆以解剥玄体，离散其文，章句尚不存焉。"据此，是雄作《太玄》，恐人以为曼漶不可知，自作十一篇，解散其文，以示后人。正犹孔子作《易》，有卦辞、爻辞，恐人不知，自作《彖》《象》《文言》以示后人也。司马光《说玄》曰："《易》有《彖》，《玄》有《首》。彖者，卦辞也；首者，亦统论一首之义。《易》有爻，《玄》有赞。《易》有《象》，《玄》有《测》。《测》所以解赞也。《易》有《文言》，《玄》有《文》。《文》解五德并'中'首九赞，《文言》之类也。"据此，则《太玄》准《易》，《玄》之赞即《易》之爻。若谓自作不当自解，则扬子即作赞矣，何必又有《测》以解赞，复有言以解赞乎？当时"客有难《玄》太深，雄解之，号曰《解难》"，其辞曰："是以宓牺氏之作《易》也，绵络天地，经以八卦，文王附六爻，孔子错其象而象其辞，然后发天地之藏，定万物之基。"扬子但以文王为附六爻，与《法言》所说同。文王但重卦而无辞，则卦爻辞必孔子作，雄以孔子作卦爻辞，又作《彖》《象》《文言》而自解之，故准《易》作《太玄》，亦作《首》赞以法卦爻辞，又作《测》与《文》而自解之。扬雄《太玄》自作自解，人未有疑之者，独疑孔子不应自作自解，是知二五而不知十也。高贵乡公以下，多疑《彖》

《象》不当合经，不知《象》《象》与卦爻辞皆孔子一人所作。既皆孔子所作，则皆当称为经，并无经、传之分，惟《系辞传》当称传耳。《象》《象》合卦爻辞与不合卦爻辞，似可无庸争辨。《太玄》旧本分《玄》之赞辞为三卷，一方为上，二方为中，三方为下，次列《首》《衝》《错》《测》《摛》《莹》《数》《文》《掜》《图》《告》凡十一篇，范望散《首》《测》于赞辞之间，王涯因之。宋惟干依《易》之序，以《玄·首》准卦辞，《测》准《小象》，《文》准《文言》，《摛》《莹》《掜》《图》准《系辞》，《告》《数》准《说卦》，《衝》准《序卦》，《错》准《杂卦》，吴秘因之。司马光从范本，诸人纷纷改订，正与改订《易》文相似。其实一人所作，次序先后可以不拘。"阮孝绪称《太玄经》九卷，雄自作《章句》"，是雄且作《章句》以自解其《太玄》矣！尚何疑于自作自解之不可乎？章学诚《文史通义》以著书"自注"为最善，谓本班固《汉书》，不知扬雄又在班固之前，孔子更在前也。

8. 论宋人图书之学亦出于汉人而不足据

《经学通论》之《易经》第十七条云：

　　汉人有图书之学，宋人亦有图书之学。宋人之图书，亦出于汉人之图书。《公羊疏》曰："《六艺论》言：'六艺者，图所生也。'《春秋》言依百二十国史何？答曰：'王者依图书行事，史官录其行事，言出图书，岂相妨夺？'"俞正燮曰："百二十国史仍是图书，古太史书世处，取《易》于《河图》，则《河图》余九篇，取《洪范》于《洛书》，则《洛书》余六篇，皆图书也。"

　　锡瑞案：汉时图书即是谶纬。谶纬篇多以图名，则当时书中必有图。《韩敕礼器碑》云："秦、项作乱，不尊图书。"此碑多引纬书，其称图书必是谶纬。《易纬》亦或以图名篇。卦气出《稽览图》，则所云坎、离、震、兑为四正卦，余六十卦，每月五卦，卦六日七分，当日必有图以明之，是谶纬即图书之明证。宋人图书之学，出于陈抟。抟得道家之图，创为太极、河洛、先天、后天之说，宋人之言《易》学者多宗之。周子稍变而转易之，为《太极图说》，宋人之言道家者多宗之。邵子精于□□（数学），著《皇极经世书》，亦为学者所宗。程子与邵同时，又属懿戚，不肯从受数学。其著《易传》，专言理，不言数。《答张闳中书》云："得其义，则象数在其中。"故程子于《易》颇推王弼，然其说理非弼所及，且不世以老氏之旨，尤为纯正。顾炎武谓："见《易》说数十家，未见有过于程《传》者。"以其说理为最精也。朱子作《本义》以补程《传》，谓"程言理而未言数"，乃于篇首冠以九图。又作《易学启蒙》，发明图书之义。"同时袁枢、薛季宣已有异论，考《宋史·儒林传》，《易学启蒙》，朱子本属蔡元定创稿，非所自撰。《晦庵大全集》中载《答刘君房书》，《启蒙》本欲学者且就《大传》所言卦画蓍数推寻，不须过为浮说。而自今观之，如《河图》《洛书》，亦不免尚有剩语。至于《本义》卷首九图，王懋竑《白田世著》以《文集》《语类》钩稽参考，多相矛盾，信其为门人所依附。"则九图亦非朱子所自列也。朱子尝疑《龙图》是伪书，以康节之学为《易》外别传，持论至确。特疑程子《易传》不言象数，以致后来有九图之附益。宋、元、明言《易》者，开卷即及先天、后天，惟"元陈应润作《爻变义蕴》，始指先天诸图为道家借《易》

理以为修炼之术。吴澄、归有光亦不信图书。国朝毛奇龄作《图书原舛篇》，黄宗羲作《易学象数论》，黄宗炎作《图书辨惑》，争之尤力"。胡渭《易图明辨》"引据旧文，足箝依托之口"。张惠言《易图条辨》驳诘精审，足箴先儒之失，今且不必深论。但以图书二字诘之，图，今所谓画也；书，今所谓字也。是图但有点画，而书必有文字。汉人以河图为八卦，洛书为九畴。刘歆谓"初一曰五行"以下二十八字，即是《洛书》，其说尚为近理。宋人所传河洛，皆黑白点子，但可云河图、洛图，何云《河图》《洛书》？此百喙所不能解者。

9. 论先天图不可信朱子答袁机仲书乃未定之说

《经学通论》之《易经》第十八条云：

> 宋人图书之学，近儒已摧陷廓清，学者可勿道矣。而朱子之说，犹有不得不辨者。《答袁机仲书》曰："据邵氏说，先天者，伏羲所画之《易》也；后天者，文王所演之《易》也。伏羲之《易》，初无文字，只有一图以寓其象数，而天地万物之理，阴阳始终之变具焉。文王之《易》，即今之《周易》，而孔子所为作传者也。孔子既因文王之《易》以作传，则其所论固当专以文王之《易》为主。然不推本伏羲作《易》画卦之所由，则学者必将误认文王所演之《易》便为伏羲始画之《易》，只从中半说起，不识向上根原矣。故《十翼》之中，如八卦成列，历而重之，太极、两仪、四象、八卦，与天、地、山、泽、雷、风、水、火之类，皆本伏羲画卦之意；而今新书《原卦画》一篇，亦分两仪，伏羲在前，文王在后。必欲知圣人作《易》之本，则当考伏羲之画；若只欲知今《易》书文义，则但求之文王之经、孔子之传足矣。两者初不相妨，而亦不可以相世。来教乃谓专为邵氏解释，而于《易经》无所折衷，则恐考之有未详也。"《本义图说》曰："右《易》之图九。有天地自然之《易》，有伏羲之《易》，有文王、周公之《易》，有孔子之《易》。自伏羲以上，皆无文字，只有图画，最宜深玩。可见作《易》本原精微。文王以下，方有文字，即今之《周易》。然读者亦宣各就本文消息，不可便以孔子之《易》为文王之说也。"

锡瑞案：朱子此说与经学大有关碍。六经皆出孔子，故汉初人以为文王但重卦而无辞，卦辞、爻辞皆孔子作。其后乃谓文王作卦爻辞。又谓文王作卦辞，周公作爻辞。孔《疏》遂以文王、周公作者为经，孔子作者为传，则已昧于经传之别，而夺孔子之制作，以归之文王、周公矣。然《易》历三圣，道原一揆，犹未始歧而二之也。自宋陈、邵之图书出，乃有伏羲之《易》，与文王之《易》、孔子之《易》分而为三。朱子此说，更增以天地自然之《易》，判而为四。谓"不可便以孔子《易》为文王之说"，又谓"不可误认文王所演之《易》为伏羲始画之《易》"，则是学《易》者，于孔子之明义理、切人事者可以姑置勿论，必先索之杳冥之际，混沌之初，即使真为上古之传，亦无裨于圣经之学。矧其所谓伏羲者非伏羲也，乃陈、邵之书也；且非儒家之言，乃道家之旨也。夫以道家之旨解易，固不始于宋人，虞翻明引参同契，是道家之旨也，王弼以老氏注易，亦道家之旨也，然二人但以道家之旨，世于儒家之中，宋人乃以道家之书，加乎孔子之上，以图书之学说《易》，亦不始于宋人。卦气、爻辰出于谶纬，亦图书之学也。然汉人以谶纬为孔子所作，说虽近诬，尚不失为尊圣。宋人乃以羲、文列孔子之上，说尤近诬，而圣更不尊矣。学如孔子，亦云至矣，不当更求之于孔子之上。时代如孔子，亦云古矣，不当更推之于孔之前。世去孔子一二千年，圣学之仅存不过什一千百。乃于其仅存者视为未足，必远求之荒渺无徵，饰伪欺人，迭相祖述，怪图满纸，迷误后学。王鸣盛谓宋儒以"虞廷十六字"为三圣传心，此《风俗通》所云"鲍君神之类"，予谓先天诸图乃真鲍君神之类也。《朱子语类》曰："先天图传自希夷，希夷又自有所传。盖方士技术用以修炼。"则朱子非不知先天图不可信，《答袁机仲》盖未定之说，不可不辨。

皮锡瑞本为古文经学家，后转而为今文经学，其论调现在看来相当怪异，在当时是一名"网红"。

10. 论胡渭之辨甚确，若知《易》皆孔子所作，更不待辨而明

《经学通论》之《易经》第十九条云：

胡渭《易图明辨》辨《本义》之说曰：按《本义》卷首列九图于前，而总为之说，所谓天地自然之《易》，《河图》《洛书》也；伏羲之《易》，先天八卦及六十四卦次序方位也；文王之《易》，后天八卦次序方法及六十四卦之卦变也，是皆著为图者。伏羲有画而无辞，文王系象，周公系爻，孔子作《十翼》，皆递相发挥以尽其义。故曰"圣人之情见乎辞"，辞者，所以明象数之难明者也。而朱子顾以为三圣人之《易》，专言义理，而象数阙焉，是何说与？且《易》之所谓象数，著卦焉而已。卦主象，著主数。二体六画，刚柔世居者，象也；大衍五十，四营成《易》者，数也。经文粲然，不待图而明。若朱子所列九图，乃希夷、康节、刘牧之象数，非《易》之所谓象数也。三圣人之言，胡为而及此乎？伏羲之世，书契未兴，故有画而无辞。延及中古，情伪渐启，忧患滋多，故文王系象以发明伏羲未尽之意，周公又系爻以发明文王未尽之辞，一脉相承，若合符节。至于孔，绍闻知之统，集群圣之大成，论者以为生民所未有。使伏羲、文王、周公之意，而孔子有所不知，何以为孔子？既已知之，而别自为说，以求异于伏羲、文王、周公，非"述而不作"之旨也。然则伏羲之象，得辞而益彰，纵令深玩图书，而得其精微，亦不外乎文王、周公、孔子所言之理，岂百家众技之说所得而窜入其中哉？九图虽妙，听其为《易》外别传，勿以冠经首可也。

锡瑞案：胡氏之辨甚明，以九图为《易》外别传，尤确，特犹误沿前人之说。以为文王作卦辞，周公作爻辞，孔子作《十翼》，故但以为孔子之说，不异文王、周公之意，不知卦爻辞亦孔子之说也。自东汉后，儒者误疑《系辞传》云"盖取诸《益》与《噬嗑》"，以为神农时已有重卦，则重卦当属神农。重卦既为神农，则文王演《易》必当有辞，遂疑卦辞、爻辞为文王作。其后又疑文王作爻辞不应有"岐山""箕子""东邻"诸文，遂又疑爻辞为周公作，重悝邺缪，悍然以文王、周公加孔子之上，与六经皆孔子作之旨不合矣。宋之陈、邵更加伏羲，此犹许行并耕，上托神农，老、庄无为，高谈皇古，乃昌黎所谓"惟怪之欲闻"者。宋儒之学，过求高深，非但汉、唐注疏视为浅近，孔、孟遗经亦疑平易。故其解经多推之使高，凿之使深，有入于二氏而不觉者。其说《易》以孔之之《易》为未足，而务求之道家，亦

犹其解各经，疑孔子之言为未至，而间世以二氏也。宋时一代风尚如此，故陈、邵图书盛行，以朱子之明，犹无定见而为所惑。元、明以其书取士，学者不究《本义》，而先观九图，遂使《易》学沉霾数百年，国初诸儒辨之而始熄。若知《易》皆孔子所作，待辨而明矣。

今按："六经皆孔子作"的说法是难以成立的，今文经学的这一基本主张经不起历史的检验。

11. 论《易》说多依托，不当崇信伪书

《经学通论》之《易经》第二十六条云：

> 《困学纪闻》云："经说多依托，《易》为甚。《子夏传》，张弧作也；《关子明传》，阮逸作也；《麻衣正易》，戴题愈作也。"
>
> 锡瑞案：《关子明传》《麻衣正易》，朱子答李寿翁明言："两书皆是伪书。《关子明易》是阮逸伪作，陈无己集中说得分明。《麻衣易》乃是南康戴师愈作。"今两书已罕见称述。惟《子夏易传》见隋、唐《志》，刘知幾辨其伪，晁以道以为唐张弧作，朱彝尊《经义考》证以陆德明、李鼎祚、王应麟所引，皆今本所无。不但非子夏书，并非张弧书。或以为汉杜子夏作，又或以为韩婴、丁宽，皆傅会无据，不足辨。而论《易》之伪托，尚不止此数书，如《连山》《归藏》，《汉志》不载。《归藏》或以为晋薛正所得，或以为唐长孙无忌所得。《连山》，隋刘炫作，郑樵信以为真。不知《连山》《归藏》与《易》无关，非由孔子所定，其真其伪，皆可不论。先天、后天之图，汉以来所未见，宋陈抟始创为《龙图》。朱子以《龙图》为伪，更求真图，不知此皆道家修炼之图，与《易》无关，非由孔子所定，其真其伪，更可不论。高明好奇之士不知经皆孔子手定，凡出于孔子之后者不得为经。即出于孔子之前者亦不得为经。圣人则《河图》《洛书》，《系辞传》明言之。然圣人既则《图》《书》而作《易》，学者但求之于《易》，不必求之《图》《书》，犹《春秋》本鲁之《春秋》，孟子亦明言之。然圣人既据鲁史而作《春秋》，学者但求之《春秋》，不必求之鲁史。《庄子》云："筌者所以得鱼，得鱼而忘筌；蹄者所以得兔，得兔而忘蹄。"《河图》《洛书》与鲁《春秋》，正《庄子》筌蹄之类也。后儒不明此旨，惜《图》《书》不可见，惜未修《春秋》不可见，不思孔子之经且未能明，何暇求之孔子之前？求之不得，或且以伪应之。如《连山》《归藏》、河洛之图，皆无益于经，而反汩经义，岂非高明好奇之过哉！《汉·郊祀志》刘向引《易大传》曰："诬神者殃及三世。"今见《大戴礼·本命》篇。而子政以为《易大传》，与《史记》引《系辞》为《易大传》正同。又《经解》引《易》曰："差若毫厘，缪以千里。"今见《易纬》，而引为《易经》。则汉以前传本或与今本不同。今本以世经文，《序卦》《杂卦》盖出东汉以后。《十翼》之说亦出郑学之徒。宋人订《古周易》，欲复圣经之旧，其意未始不善，然但知经出义、文，不当以孔子所作之传世之，而不知经实出孔子，不当以弟子所作之传世之也。

12. 论《尚书》分今古文最先而《尚书》之今古文最纠纷难辨

《经学通论》之《书经》第一条云：

  两汉经学，有今古文之分，以《尚书》为最先，亦以《尚书》为最纠纷难辨。治《尚书》不先考今古文分别，必至茫无头绪，治丝而棼。故分别今古文，为治《尚书》一大关键，非徒争门户也。汉时今文先出，古文后出。今文立学，古文不立学。汉立十四博士：《易》，施、孟、梁丘、京氏；《尚书》，欧阳、大小夏侯；《诗》，鲁、齐、韩；《礼》，大、小戴；《春秋》，严、颜，皆今文立学者也。《费氏古文易》《古文尚书》《毛诗》《周官》《左氏春秋》，皆古文，不立学者也。其后今文立学者皆不传，古文不立学者反盛传。盖自东汉以来，异说渐起，非一朝一夕之故矣。谓今古文之分，《尚书》最先者，《史记·儒林传》举汉初经师，《诗》自申培公、辕固生、韩太傅；《礼》自高堂生；《易》自田何；《春秋》自胡母生、董仲舒，皆今文，无古文。惟于《尚书》云："孔氏有《古文尚书》，而安国以今文读之，因以起其家。"是汉初已有《古文尚书》，与今文别出，故曰今古文之分，以《尚书》为最先也。谓今古文以《尚书》为最纠纷难辨者。太史公时，《尚书》立学者惟有欧阳，太史公未言受书何人。《史记》引《书》多同今文，而《汉书·儒林传》云："司马迁从安国问故。迁书载《尧典》《禹贡》《洪范》《微子》《金縢》诸篇，多古文说。"然则《史记》引《书》为欧阳今文乎？抑安国古文乎？此难辨者一。《汉书·艺文志》曰："《古文尚书》者，出孔子壁中……安国献之，遭巫蛊事，未列于学官。刘向以中古文校欧阳、大小夏侯三家经文。"又《儒林传》曰："世所传《百两篇》者，出东莱张霸，分析合二十九篇以为数十，又采《左氏传》《书叙》为作首尾，凡百二篇……成帝时求其古文者，霸以能为《百两》征，以中书校之，非是。"《后汉书·儒林传》曰："扶风杜林传《古文尚书》，林同郡贾逵为之作训，马融作传，郑玄作解，由是《古文尚书》遂显于世。"据此，则汉时《古文尚书》已有三本，一孔氏之壁书，一张霸之《百两》，一杜林之漆书。此难辨者二。东晋梅颐献《古文尚书》，孔安国传，孔颖达作疏，以孔氏经传为真。马、郑所注为张霸伪书，宋儒以孔安国书为伪，近儒毛奇龄以孔氏经传为真，马、郑所注本于杜林漆书者为伪。阎若璩、惠栋则以孔氏经传为伪，马、郑所注本于杜林者，即孔壁真古文。刘逢禄、宋翔凤、魏源又以孔氏经传与马、郑本于杜林者皆伪，逸十六篇亦非孔壁之真。此难辨者三。

  锡瑞案：张霸书之伪，《汉书》已明辨之。孔安国书之伪，近儒已明辨之。马、郑《古文尚书》出于杜林者是否即孔壁真古文，至今犹无定论。故曰今古文之分以《尚书》为最纠纷难辨也。若唐玄诏集贤学士卫包改古文从今文，乃以当时俗书改隶书，与汉时今文不同。《文献通考》曰："汉之所谓古文者，科斗书；今文者，隶书也。唐之所谓古文者，隶书；今文者，世所通用之俗字也。"宋时又有《古文尚书》出宋次道家，尤不足据。阮元曰："卫包以前，未尝无今文，卫包以后，又别有古文也。"

西汉官方所立今文经学皆不传，古文经学不立学者反而盛传，这就是历史的选择。

13. 论伏生传经二十九篇，非二十八篇，当分《顾命》《康王之诰》为二，不当数《书序》与《大誓》

《经学通论》之《书经》第三条云：

孔子弟子漆雕开传《尚书》，其后授受源流皆不可考。汉初传《尚书》者，始自伏生。伏生传经二十九篇，见《史记·儒林传》《汉书·艺文志》。《儒林传》亦云："伏生求……得二十九篇。"无所谓二十八篇者。乃孔颖达《正义》云："《尚书》遭秦而亡，汉初不知篇数，武帝时有太常蓼侯孔臧者，安国之从兄也，《与安国书》云：'时人惟闻尚书二十八篇，取象二十八宿，谓为信然，不知其有百篇也。'"

锡瑞案：此引《论衡》"法四七宿"之说，而遗"其一曰斗"之文。段玉裁谓孔臧书不可信，王引之谓二十八篇之说见于伪《孔丛子》及《汉书·刘歆传》臣瓒注，盖晋人始有此说。据段、王说，则今文二十八篇之说非是。孔臧书即伪《孔丛子》所载也。惟王充《论衡·正说》篇云："至孝宣皇帝之时，河内女子发老屋，得逸《易》《礼》《尚书》各一篇，奏之。宣帝下示博士，然后《易》《礼》《尚书》各益一篇，而《尚书》二十九篇始定。"如其说，则益一篇乃有二十九，伏生所传者止二十八矣。所益一篇是《大誓》。《尚书正义》引刘向《别录》曰："武帝末，民有得《大誓》书于壁内者，献之。与博士使读说之，数月皆起传以教人。"《文选注》引《七略》同，且曰："今《太誓》篇是也。"《论衡》言宣帝时，与《别录》《七略》言武帝末不合。王引之、陈寿祺皆以《论衡》为传闻之误，则其言《尚书》篇数亦不可信。而即《论衡》之说考之，亦自有不误者。《正说》篇云："传者或知《尚书》为秦所燔，而谓二十九篇，其遗脱不烧者也。审若此言，《尚书》二十九篇，火之余也。七十一篇为炭灰，二十九篇独遗耶？夫伏生年老，晁错从之学时，适得二十余篇。伏生死矣，故二十九篇独见，七十一篇遗脱。"据此，则王仲任亦以为伏生传晁错已有二十九篇，与马、班说不异。其以为益一篇而二十九篇始定，盖当时传闻之辞，仲任非必坚持其说，而其说亦有所自来。

伏生所传二十九篇，《尧典》一，《皋陶谟》二，《禹贡》三，《甘誓》四，《汤誓》五，《般庚》六，《高宗肜日》七，《西伯戡黎》八，《微子》九，《牧誓》十，《鸿范》十一，《大诰》十二（叶梦得云，伏生以《大诰》列《金縢》前），《金縢》十三，《康诰》十四，《酒诰》十五，《梓材》十六，《召诰》十七，《洛诰》十八，《多士》十九，《毋佚》二十，《君奭》二十一，《多方》二十二，《立政》二十三，《顾命》二十四，《康王之诰》二十五，《鲜誓》二十六，《甫刑》二十七，《文侯之命》二十八，《秦誓》二十九。《释文》："王若曰：'庶邦侯甸男卫。'马本从此以下为《康王之诰》，欧阳、大小夏侯同为《顾命》。"故或谓今文二十九篇，当合《顾命》《康王之诰》为一，而以《大誓》当一篇者，王引之《经义述闻》是也。或以《书序》当一篇者，陈寿祺《左海经辨》是也。案以《书序》当一篇，《经义述闻》已辨之矣。以《大誓》当一篇，《大誓答问》已辨之矣。当从《大誓答问》，分《顾命》《康王之诰》为二，不数《大誓》《书序》为是。惟龚氏论夏侯、欧阳无增篇，无解于《释文》，所云欧阳、夏侯既无增篇，又并二篇为一，则仍止二十八，而无二十九矣。《史记·周本纪》云"作《顾命》""作《康诰》"（《康诰》即《康王之诰》）。则史公所传伏生之书，明分二篇，其后欧阳、夏侯乃合为一。疑因后得《大誓》，下示博士，使读说以教人，博士乃以《顾命》《康王之诰》合为一篇，而挽入《大誓》，此夏侯篇数所以仍二十九。欧阳又分《大誓》为三，所以篇数增至三十一也。《论衡》所云"益一篇而《尚书》二十九篇始定"，乃据其后言之；云"伏生传晁错，适得二十九篇"，乃据其先言。如此解，则二说皆可通，而伏生所传篇数，与博士所传篇数，名同而实不同之故亦可考而知矣。若《书正义》谓："司马迁在武帝之世，见《太誓》出而得行，入于伏生所传内，故为史总之，并云伏生所出，不复曲别分析。云民间所得也。"史公不应谬误至此，其说非是。汉所得《大誓》今残缺，考其文体，与二十九篇不类。白鱼赤乌之瑞，颇近纬书。伏生《大传》虽载之，似亦说经之文，而非引经之义。故董子但称为《书传》，马融疑之是也。唐人信伪孔古文，以此《大誓》为伪，遂致亡佚。近人以为不伪，复掇拾丛残而补之，似亦可以不必矣。

14. 论古文增多十六篇见《汉志》，增二十四篇为十六卷孔《疏》，篇数分合增减皆有明文

《经学通论》之《书经》第四条云：

　　伏生壁藏之《书》，汉立学，今传诵者也。孔氏壁藏之《书》，汉不立学，今已不传者也。《书》既不传，则真伪不必辨，而既考今文之篇数，不能不并考古文之篇数。《史记·儒林传》曰："逸书得十余篇。"《汉书·艺文志》曰："以考二十九篇，得多十六篇。"皆未列其篇名。《书正义》曰："案壁内所得，孔为传者凡五十八篇，为四十六卷。三十三篇与郑注同，二十五篇增多郑注也。其二十五篇者，《大禹谟》一，《五子之歌》二，《胤征》三，《仲虺之诰》四，《汤诰》五，《伊训》六，《太甲》三篇九，《咸有一德》十，《说命》三篇十三，《泰誓》三篇十六，《武成》十七，《旅獒》十八，《微子之命》十九，《蔡仲之命》二十，《周官》二十一，《君陈》二十二，《毕命》二十三，《君牙》二十四，《冏命》二十五。但孔君所传，值巫蛊不行以终。前汉诸儒知孔本有五十八篇，不见《孔传》，遂有张霸之徒，于郑《注》之外，伪造《尚书》凡二十四篇，以足郑《注》三十四篇，为五十八篇。其数虽与孔同，其篇有异。孔则于伏生所传二十九篇内，无古文《泰誓》，除《序》尚二十八篇，分出《舜典》《益稷》《盘庚》二篇、《康王之诰》为三十三，增二十五篇为五十八篇。郑玄则于伏生二十九篇之内，分出《盘庚》二篇、《康王之诰》，又《泰誓》三篇为三十四篇，更增益伪书二十四篇为五十八篇，所增益二十四篇者，则郑注《书序》，《舜典》一，《汩作》二，《九共》九篇十一，《大禹谟》十二，《益稷》十三，《五子之歌》十四，《胤征》十五，《汤诰》十六，《咸有一德》十七，《典宝》十八，《伊训》十九，《肆命》二十，《原命》二十一，《武成》二十二，《旅獒》二十三，《冏命》二十四，以此二十四为十六卷，以《九共》九篇共卷，除八篇，故为十六。故《艺文志》刘向《别录》云五十八篇。"

　　锡瑞案：孔《疏》以《伪孔古文》为真，以郑《注》古文为伪，诚为颠倒之见，而所数篇目必有所据。其引郑注《书序》，《益稷》当作《弃稷》，《冏命》当作

《毕命》。云增二十五篇，据《伪孔》序文，实当作二十四。盖作《伪孔》书者，知伏生二十九篇，不数《泰誓》与《序》，遂误以为二十八篇，而不知当数《康王之诰》也。桓谭《新论》云："《古文尚书》旧有四十五卷，为五十八篇。"《汉书·艺文志》云："《尚书古文经》四十六卷，为五十七篇。"二说不同。桓云四十五卷，盖不数《序》，五十八篇兼数《武成》，班云四十六卷则并数《序》，五十七篇不数《武成》。《武成》正义引郑云："《武成》逸书，建武之际亡。"故比桓谭时少一篇矣。篇数分合增减，皆有明文可据。俞正燮谓："《艺文志》本注云五十七篇者，与众本皆不应，七是误文。《正义》引刘向《别录》云'五十八篇'，八亦误文。"轻诋前人，殊嫌专辄。龚自珍不信《大誓》，极是。而必以为博士无增《大誓》之事，则二十九篇之数不能定。乃谓刘向龚称五十八，班固龚称五十七为误，即亦未尽得也。

15. 论《尚书》伪中作伪，屡出不已，其故有二：一则因秦燔亡失而篇名多伪，一则因秦燔亡失而文字多伪

《经学通论》之《书经》第五条云：

> 孔子所定之经，惟《尚书》真伪难分明。至伪中作伪，屡出不已者，其故有二：一为秦时燔经，《尚书》独受其害。《汉书·艺文志》曰："及秦燔书，而《易》为筮卜之事，传者不绝。"又曰："凡三百五篇，遭秦而全者，以其讽诵，不独在竹帛故也。"据此，则《易》《诗》二经皆全，未尝受秦害也。《史记·儒林传》曰："《礼》固自孔子时，而其经不具，及至秦焚书，书散亡益多。"《十二诸侯年表》曰："孔子次《春秋》，七十子之徒口受其传指，为有所刺讥褒讳挹之文辞不可以书见也。"据此，则《礼》虽因焚书而散亡，其先本不完全。《春秋》本是口传，今犹完全，亦未尝受秦害也。独《尚书》一经，《史记》云："秦时焚书，亡数十篇。"《汉书》云："《书》凡百篇，秦燔书禁学，汉兴亡失。"《论衡·正说》篇云："盖《尚书》本百篇，孔子所授也。遭秦用李斯之议，燔烧五经，济南伏生抱百篇藏于山中。孝景皇帝时，始存《尚书》，伏生已出山中，景帝遣晁错往，从受《尚书》二十余篇。伏生老死，书残不竟，晁错传于倪宽。"又云："至孝景帝时，鲁共王坏孔子教授堂以为殿，得百篇于墙壁中。武帝使使者取视，莫能读者，遂秘于中，外不得见。至孝成皇帝时，征为《古文尚书》学，东海张霸案百篇之序，空造百两之篇，献之成帝。帝出所秘百篇以较之，皆不相应。于是下霸于吏，吏白霸罪当至死，成帝高其才而不诛，亦惜其文而不灭。故百两之篇传在世间者，传见之人，则谓《尚书》有百两篇矣。"据此，则以孔子所定本有百篇，遭燔残缺不全。王充且以为孔壁所得，亦有百篇，因秘于中而不得见。学者既不得见，而徒闻百篇之名，遂有张霸出作伪。后之作《伪孔古文》者，正袭张霸之故智也。张霸与孔皆伪，究不知真古文安在。马、郑注古文十六篇，世以为孔壁真古文。而马融云："逸十六篇，绝无师说。"既无师说，真伪难明。《史》《汉》皆不具其篇目，刘逢禄以为《逸周书》之类，非真《古文尚书》，证以刘歆引《武成》即《逸周书·世俘解》，似亦有据。其书既亡，是非莫决。此因秦燔亡失而篇名多伪者也。一则今文、古文，《尚书》分别独

早，孔壁古文藏于中秘，刘向以古文校三家，成帝以秘百篇校张霸，皆必是真古文。后遭新莽、赤眉之乱，西京图籍未必尚存。《后汉书·杜林传》云："林前于西州得漆书《古文尚书》一卷，常宝爱之，虽遭难困，握持不离身。出以示卫宏、徐巡曰：'林流离兵乱，常恐斯经将绝。何意东海卫子、济南徐生，复能传之，是道竟不坠于地也。'古文虽不合时务，然愿诸生无悔所学。'宏、巡益重之，于是遂行。"案杜林古文，马、郑本之以作传注，所谓古文遂行也。此漆书或是中秘古文遭乱佚出者。杜林作《苍颉训纂》《苍颉故》，《汉书》云"世言小学者由杜公。"杜既精于小学，得古文一卷，可以校刊俗本之讹，故贾逵作训，马融作传，郑玄注解，皆据以为善本。许慎师贾逵，《说文》所列古文，当即贾逵所传杜林漆书一卷，故其字亦无多，或以为杜林见孔壁全书，固非。或又以漆书为杜林伪作，亦非也。《说文》"粉"字注引卫宏说。《隋书·经籍志》："《古文官书》一卷，后汉卫敬仲撰。"《史记·儒林传》正义、《汉书·儒林传》注皆引作卫宏《诏定古文尚书》。卫宏传杜林之学，《官书》一卷，盖本杜林。东汉诸儒，多压今文以尊古文，马融诋为俗儒，郑君疾其蔽冒。于是伪孔所谓隶古定，乃乘虚而入。自唐卫包改为今文，而隶古定又非其旧，于是宋人之伪古文又继踵而起。而据《经典释文叙录》曰："今齐宋旧本及徐、李等《音》所有古字，盖亦无几；穿凿之徒务欲立异，依傍字部，改变经文，疑惑后生，不可承用。"段玉裁谓："按此，则唐以前久有此伪书，盖集《说文》《字林》《魏石经》及一切离奇之字为之，传至郭忠恕，作《古文尚书释文》，此非陆德明《释文》也。徐楚金、贾昌朝、夏辣、丁度、宋次道、王仲至、晁公武、宋公序、朱元晦、蔡仲默、王伯厚皆见之。公武刻石于蜀，薛季宣取为《书古文训》，此书伪中之伪，不足深辨。今或以为此即伪孔《序》，所谓隶古者亦非也。"又谓："按《尚书》自有此一种，与今本绝异者，如郭氏璞说'茂才茂才'，贾氏公彦说'三岳三海'，释玄应说'高宗梦导说''砥砥磐丹'，陆氏德明说'眚徽五典'，孔氏颖达说'壁内之书治皆作乱'。颜氏师古说《汤靳》奴肭，徐氏锴说'才生明'、说'骥咬'，皆在宋次道以前也。"（江声好改字，深信之，段不信，识优于江）据此，则伪中之伪，至于擅造文字，此又因秦燔亡失而文字多伪者也。

16. 论伏生所传今文不伪，治《尚书》者不可背伏生《大传》最初之义

《经学通论》之《书经》第六条云：

篇名文字多伪，皆属古文。古文有伪，伏生所传今文二十九篇，固无伪也。《史》《汉》皆云："伏生得《书》止二十九篇。"《论衡》则云："伏生老死，书残不竟。"则伏生所得不止此数，当以《史》《汉》为是。晁错，景帝时已大用，受《书》伏生，在文帝时。兒宽受《书》欧阳生、孔安国，非晁错所传授，《论衡》多闻之失，惟以发孔壁在景帝时，足证《汉书》之误。《史》《汉》与《论衡》虽少异，而二十九篇之不伪，固昭昭也。《史》《汉》皆云："二十九篇之外，亡数十篇。"刘歆《移太常博士书》谓博士"以《尚书》为备"。臣瓒《汉书注》曰："当时学者谓《尚书》唯有二十八篇，不知本存百篇也。"《论衡》引"或说《尚书》二十九篇者，法斗四七宿也。四七二十八篇，其一曰斗矣，故二十九"，汉时谓《尚

书》唯有二十九篇，故以为备。《尚书》不止此数，而秦燔亡失所得止此，则虽不备，而不得不以为备矣。《史》《汉》与博士说少异，而二十九篇之不伪，又昭昭也。全经几烬，一老慭遗，以九十余岁之人，传二十九篇之经，又有四十一篇之传，今虽残缺，犹存大略。其传兼明大义，不尽释经，而释经者，确乎可据。如大麓之野，必是山林；旋机之星，实为北极。西方上下，六宗之义可寻；三才四时，七政之文具在。祢祖归假，知事死如事生；鸟兽咸变，见物性通人性。十二州之兆祀，是祭星辰；三千条之肉刑，难解画象。七始七律，文犹见于唐山；五服五章，制岂同于周世？三公绌陟，在巡守之先；重华禅让，居宾客之位。西伯受命，逮六载而称王；元公居摄，阅七年而致政。成王抗法，为世子以迎侯；皇天动威，开金縢而改葬。此皆伏生所传古义，必不可创新解而背师说者。其后三家之传，渐失初祖之义。《汉书·于定国传》"万方之事，大录于君"，是用大夏侯说，背伏生"大麓"之说。一矣。《地理志》"周公封弟康叔，号曰孟侯"，是用小夏侯说，背伏生"迎侯"之说。二矣。《白虎通》以"虞宾在位"为"不臣丹朱"，亦是用夏侯说，背伏生"舜为宾客"之说。三矣。欧阳、夏侯说"天子服十二章，公卿服九章"，背伏生"五服五章"之说。四矣。古文后出，异说尤多，马、郑以"璇机玉衡"为"浑天仪"，背伏生"旋机北极"之说。五矣。马、郑又以日月五星为七政，背伏生"三才四时"之说。六矣。刘歆以六宗为水、火、雷、风、山、泽，贾、马、许以为日、月、星、河、海、岱，郑以为星辰、司中、司命、风师、雨师，背伏生上下四方之说。七矣。马、郑训肇十二州之肇为始，分置并、幽、营三州，背伏生兆祭分星之说。（七）［八］矣。郑以"艺祖"犹周明堂，背伏生"归假祖祢"之说。九矣。马以鸟兽为笱虡，背伏生"鸟兽咸变"之说。十矣。"七始训"古文作"在治忽"，郑本又作"曶"，解为笏，背伏生"七始七律"之说。十一矣。马、郑古文以成王感雷雨，迎周公反国，背伏生"公薨改葬"之说。十二矣。刘歆欲立古文，诋博士"是末师而非往古"，试问传《尚书》者有古于伏生者乎？岂伏生《大传》不足信，末师之说乃足信乎？郑君为《大传》作注，可谓伏生功臣。乃于《虞传》六宗、《夏传》三公、《周传·多士》之言郊遂，皆引《周礼》为说。又谓《虞传》仪当为义，以传合义仲，《洪范》容当为睿，而改从古文，则郑君之于伏书，亦犹注《礼》笺《诗》，世糅今古，而非笃守伏书者矣。近儒王鸣盛说《牧誓》司徒、司马、司空，以伏生为不可解。段玉裁说《金縢》，以今文为荒谬。彼袒护古文者，犹不足怪。孙星衍始治今文，于《多方》泥于郑《注》践奄在摄政时，谓《大传》不出自伏生。陈乔枞专治今文，乃于文王受命、周公避居两事，皆诋伏生老耄，记忆不全。此经义所以不明，皆由不守师说，诚无解于孔颖达"叶不归根"之诮矣。

17. 论古文无师说，二十九篇之古文说亦参差不合，多不可据

《经学通论》之《书经》第九条云：

《古文尚书》之名旧矣，今止以今文二十九篇为断，古文置之不论。其说似乎骇俗，不知真古文之亡久矣，且真古文亦无师说。凡今文早出有师说，古文晚出无师说，各经皆然，非独《尚书》。孔安国以今文读古文，或略缀以文字，如后之《释

文》《校勘记》，亦未可知，要之必无章名训义。《汉书·孔光传》曰："忠生武及安国，武生延年。延年生霸，霸生光焉。安国、延年皆以治《尚书》为武帝博士，安国至临淮太守。霸亦治《尚书》，事太傅夏侯胜。昭帝末年为博士。"案：此孔安国《古文尚书》但有经而无传之明证也。汉人重家法，欧阳生至歙八世，皆治欧阳《尚书》。霸为安国从孙，如安国有师说，霸岂得舍而事夏侯？大夏侯有孔、许之学，则孔氏之家学，转在夏侯，而非传自安国矣。盖古文无师说，博士必以今文师说教授，故夏侯师说，有与《古文尚书》相出入者。班氏世习夏侯《尚书》，《汉书》引经与《史记》引欧阳说颇不同。而《汉书》又间用古字，其异同皆可考而知。孔氏所谓起其家者，不过守此孤本，传为家学耳。逸十六篇本之杜林，托之孔壁，卫、贾、马、郑递相授受。马融以为绝无师说，郑亦不注逸书。观于逸书之无师说，又安国《古文尚书》有经无传之明证也。有经而无师说，与无经同，况并此真经而亡之，乃以赝鼎乱真，奚可哉！二十九篇以外之古文既不可信，二十九篇之中有古文说，盖创始于刘歆。歆欲建立古文，必有说义可方教授。《周礼》《左氏传》皆由刘歆创通大义，有明文可据。则《古尚书》说出于东汉之初者，亦由刘歆创立可知。如以三公为太师、太傅、太保，以六宗为乾坤六子，以父师为箕子，以文王为受命，九年而崩。歆说至今可考见者，皆不与今《尚书》说同，是其明证。刘歆为国师，王璜、涂恽皆贵显，涂恽授桑钦。则《汉书》"《禹贡》"引桑钦说，又在刘歆之后（《汉书·地理志》于《禹贡》引古文说，必分别言之，则其余皆今文可知）。《五经异义》引《古尚书》说，盖出卫宏、贾逵，亦或本之于歆。卫、贾所作训，今不传。郑君《书赞》曰："卫、贾、马二三君子之业，则雅才好博，既宣之矣。"是郑注《古文尚书》，多本于卫、贾、马，今马、郑注解，犹存其略。而郑不同于马，马又不同于卫、贾。盖古文本无师授，所以人自为说。其说互异，多不可据，不当以卫、贾、马、郑后起之说，违伏生最初之义也。

18. 论《古文尚书》说误以《周官》解唐虞之制

《经学通论》之《书经》第十二条云：

子曰："殷因于夏礼，所损益可知也。周因于殷礼，所损益可知也。"又曰："行夏之时，乘殷之辂，服周之冕，乐则《韶舞》。"知一代有一代之制度。所谓"五帝殊时，不相沿乐；三王异世，不相袭礼"，未有唐、虞、夏、商、周一切皆沿袭不变者。强后人以尽遵前人，固不能行；强前人而豫法后人，尤为乖谬。今文家之说《尚书》也，唐、虞之书，即以唐、虞之制解之，此其理甚易明，而至当不可易者也。古文家说《尚书》，务创新说，以别异于今文。其所谓新说者，大率本于《周官》一书。《周官》出山岩屋壁，汉人多不信为周公所作。即使真是周公手定，而唐、虞、夏、商诸帝王远在千载以上，安能豫知姬周之代有一周公其人，有一周公手定之书名曰《周官》而事事效法之？此其理甚易明，而至当不可易者也。乃自刘歆以至马、郑肈知此义，而《尚书》之制度大乱。今试略举数事言之。如尧命羲和"敬授人时"，又分命四子。《史记·天官书》《历书》，《汉书·成帝纪》《律历志》《食货志》《艺文志》《百官公卿表》《魏相传》，以及《论衡》《中论》《后汉书》

《续汉志》，皆以羲和专司天文，四子即是羲和。郑注《尚书》乃云："官名，盖春为秩宗，夏为司马，秋为士，冬为共工，通稷与司徒，是六官之名见。"又云："仲叔，羲和之子，又驻方岳之事，是为四岳。"案：唐、虞以羲和司天文，四岳主方岳，九官治民事，各分其职。郑乃混而一之，是本《周官》六卿，以乱唐、虞之官制，其失一矣。"天命有德，五服五章"，《大传》云："山龙青也，华虫黄也，作绘黑也，宗彝白也，藻火赤也。天子服五，诸侯服四，次国服三，大夫服二，士报一。"《续汉·舆服志》："孝明皇帝永平二年初，诏有司采《周官》《礼记》《尚书·皋陶篇》，乘舆服从欧阳说。"日月星辰十二章，"公卿以下从大小夏侯氏说"。山龙九章，华虫七章，与经五服五章不合。当时诏以《周官》列首，故三家舍伏《传》而从《周官》。郑《注》又本于欧阳、夏侯，是本《周官》十二章，以乱唐、虞之服制，其失二矣。"弼成五服，至于五千"，欧阳、夏侯说中国方五千里。《汉书·贾捐之传》《盐铁论》《说苑》《论衡》《白虎通》说同。惟《史记》以为天子之国以外五服各五百里，似为贾、马说六千里所本。《异义》："《古尚书》说五服旁五千里，相距万里。"郑云五服已五千，又弼成为万里，盖以夏之五服，与周九服相同，是本《周官》九服，以乱唐、虞土地之制，其失三矣。"辑五瑞"，《白虎通·瑞赞篇》曰："何谓五瑞？谓珪、璧、琮、璜、璋也。盖璜以征召，璧以聘问，璋以发兵，珪以质信，琮以起土功之事也。"《公羊·定八年传解诂》曰："不言璋言玉者，起珪、璧、琮、璜、璋五玉尽亡之也。珪以朝，璧以聘，琮以发兵，璜以发众，璋以征召。"与《白虎通》所施略异，而名正同。马注云："五瑞，公、侯、伯、子、男，取执以为瑞信也。"案《礼记·王制》郑注，《白虎通·爵篇》引《礼纬·含文嘉》，皆云殷爵三等。则周以前不得有五等之爵，是以《周官》五等，乱唐、虞瑞玉之制，其失四矣。他如"六宗"为天地四方，郑引《周官》以为星辰、司中、司命、风师、雨师，"同律度量衡"，同，训齐同；郑引《周官·典同》，以为同是阴吕，"象以典刑，流宥五刑"。《大传》《孝经纬》《公羊注》《白虎通》《风俗通》，皆云唐虞象刑。马融注云："五刑，墨、劓、刖、宫、大辟。"是以周制说虞制。"大战于甘，乃召六卿"，《异义》："今《尚书》夏侯、欧阳说天子三公、九卿，《古周礼》说天子立三公，又立三少，冢宰、司徒、宗伯、司马、司寇、司空，是为六卿之属。"许君谨案："此周之此。"是周以前不得有六卿。《甘誓》所云，郑注以为"六军之将"是也，又引"《周礼》六军将皆命卿，则三代同"，与许义不合，不知一代有一代之制，非可强前人以从后人也。

19. 论《古文尚书》说变易今文，乱唐虞三代之事实

《经学通论》之《书经》第十三条云：

　　一代有一代之制度，未可据后王面强同之也；一代有一代之事实，尤未可凭胸而强易之也。伏生《大传》《太史公书》所载事实大致不异，古来口授相传本是如此。两汉今文并遵师说，东汉古文始有异义。所改制度多本《周官》，所改事实不知何本，大率采世说，凭臆断，为宋、明人作俑。自此等臆说出，不仅唐虞三代之制度乱，并唐虞三代之事实亦乱。今略举数事以证之。《尧典》"乃命羲和"，专为授时，

"帝曰：畴咨若时登庸"，别为一事。张守节《史记正义》云："言将登用之嗣位。"张说盖本汉人扬雄《美新》云"陛下以至圣之德，龙兴登庸"。是汉人以登庸为登帝位之证。马、郑乃连合上文为一事，马云："羲和为卿官，尧之末年，皆以老死，庶绩多阙，故求贤顺四时之职，欲用以代羲和。"郑注《大传》云："尧始得羲和，命为六卿，后稍死，驩兜、共工等代之。"马、郑以羲和为六卿，登庸为代羲和，以致孔《疏》有求贤而荐太子之疑，信伪孔以胤子朱为胤国子爵，而违《史记》嗣子丹朱之明证。此乱唐虞之事实者一也。"帝曰：我其试哉"，《史记·五帝本纪》作"尧曰：吾其试哉"，《论衡·正说》篇引"尧曰：我其试哉"，是今文有"帝曰"，孔《疏》云："马、郑、王本皆无帝曰，当时庸生之徒漏之也。"是古文无"帝曰"，如其说当直以"我其试哉"为四岳语，四岳如何试舜？必不可通。古文不如今文，即此可证。此唐虞之事实者二也。"四罪而天下咸服"，《五帝本纪》云："舜摄政巡狩，见鲧治水无状，请于尧而殛之。"是殛鲧在禹治水成功之前。郑注云："禹治水事毕，乃流四凶。"王肃难云："若待治水功成，而后以鲧为无功，殛之。是舜用人子之功，而流放其父，则禹之勤劳，适足使父致殛。"舜失五典克从之义，禹陷三千莫大之罪，进退无据，亦甚迂哉！如郑说，诚无以解王肃之难。此乱唐虞之事实者三也。盘庚，《殷本纪》："帝盘庚之时，殷已都河北，盘庚渡河南，复居成汤之故居，乃五迁无定处，帝盘庚崩，弟小辛立，殷复衰，百姓思盘庚，乃作《盘庚》三篇。"郑云："阳甲立，盘庚为之臣，乃谋从居汤旧都。上篇，盘庚为臣时事；下篇，盘庚为君时事。"又云："汤自商从亳，数商、亳、嚣、相、耿为五。"而不数所迁之殷，与经文于今五邦"今"字不符，石经《盘庚》三篇合为一篇。依郑说，非一时事不当合。此乱三代之事实者四也。微子，《殷本纪》："微子数谏不听，乃与太师、少师谋，遂去。比干强谏纣。纣杀比干，囚箕子，殷之太师、少师乃持其祭乐器奔周。"《宋微子世家》："微子度纣终不可谏，欲死之，及去，未能自决，乃问于太师、少师。"古文太师作父师，郑云："父师者，三公也，时箕子为之。少师者，太师之佐孤卿也，时比干为之。"伪《孔传》从郑义。此乱三代之事实者五也。《金滕》："周公居东二年，则罪人斯得。"《鲁世家》："周公乃奉成王命，兴师东伐，作《大诰》。遂诛管叔，杀武庚，放蔡叔。于殷余民，宁淮夷东土，二年而毕定。"是"居东"即东征，"罪人"即武庚、管、蔡甚明。《异义》引《古尚书》说云："武王崩时，成王年十三，后一年管、蔡作乱，周公东辟之，王与大夫尽弁以开金滕之书。"此说当出于刘歆、卫、贾诸人，始以"我之弗辟"为"弗避"，"居东"为"东辟"，不为"东征"，开《金滕》为周公生前，不在薨后。郑云："罪人，周公之属党与知居摄者。周公出皆奔，今二年尽为成王所得。"王肃以为横造。此乱三代之事实者六也。"秋，大熟，未获，天大雷电以风。"《大传》曰："周公死，成王欲葬之于成周。天乃雷雨以风，禾尽偃，大木斯拔，国人大恐。王与大夫开金滕之书，执书以泣。"《鲁世家》，《论衡·感类篇》，《白虎通·封公侯篇》《葬篇》，《汉书·梅福传》《杜邺传》《儒林传》，《后汉书·周举传》《张奂传》，《公羊何氏解诂》说同。是"秋大熟"，不知何年秋，在周公薨后。郑云："秋谓周公出二年之明年秋也。""新逆改先时之心，更自新以迎周公于东与之归，尊任之"。此乱三代之事实者七也。《多士》在前，《多方》在后，《史记》所载今文《书序》与马、郑古文《书序》同，伪《孔传》

云："奄再叛，再征。"盖本汉人旧说。按之经文，其说不误，郑君误合为一。《多方》疏引郑云："此伐淮夷与践奄，是摄政三年伐管、蔡时事，其编篇于此未闻。"盖谓不应编于《多士》《无逸》《君奭》之后，遂启后人《多士》《多方》先后倒置之疑。此乱三代之事实者八也。《无逸》，石经"肆高宗之飨国百年"下接"自时厥后"，则其在祖甲。今文作"昔在殷王太宗"，以为太甲，在"周公曰呜乎"下，以后乃云"其在中宗""其在高宗"，《古文尚书》于前遗"太宗"，而于后增"祖甲"。《殷本纪》"帝甲淫乱"，《国语》亦云"帝甲乱之"，则祖甲非贤主，不当在三宗之例。王肃为调停之说，以祖甲为太甲，云先中宗，后祖甲，先盛德，后有过，说尤非是。此乱三代之事实者九也。《君奭》，《史记·燕世家》："成王既幼，周公摄政，当国践阼召公疑之，作《君奭》。"与《列子·杨朱篇》"周公摄天子之政，召公不说"相合，《汉书·孙宝传》《王莽传》，《后汉书·申屠刚传》皆以为周公摄政时作。古文编列《多士》之后，马、郑遂有不说周公贪宠之说。此乱三代之事实者十也。

20. 论《尚书》义凡三变，学者各有所据，皆不知专主伏生

《经学通论》之《书经》第十四条云：

孔广森载《戴氏遗书序》曰："君以梅、姚售伪，孔、蔡谬悠，妄云壁下之书猥有航头之字，乃或误援《伊训》，滋元年正月之疑。强执《周官》，推五服一朝之制。譬之争年郑市，本自两非；议瓜骊山，良无一是。"孔氏此说最为通达。据此，可以折衷一是，解释群疑。惟戴氏非《尚书》专家，其作《尚书义考》未成，未能发明今文，以津逮后学耳。经定自孔子，传自汉初诸儒，使后世学者能恪遵最先之义，不惑于后起之说。径途归一，门户不分，不难使天下生徒皆通经术。况《尚书》一经，传之者止伏生一老；非若《诗》有齐、鲁、韩三家，《春秋》有公羊、谷梁、左氏，各有所受，本不止一师也。欧阳、大小夏侯既分颛门，小有出入，亦未至截然不合如今古文家也。其后古文说出，初不知所自来。卫、贾、马、郑所说各异，既无师授，安有据依？后世震于刘歆古文之名，压于郑君盛名之下，循用注解，立于学官。古文说盛行，而今文衰歇。于是《尚书》之义一变。王肃学承贾、马，亦远本于欧阳，其学兼通古文，又去汉代不远。使其自为传注，原可与郑并行，乃必托名于孔安国，又伪造《尚书》古文经。后世见其经既增多，孔《传》又古于郑，废郑行孔，定于一尊，伪古文说盛行，而今文尽亡。于是《尚书》之义再变。宋儒不信古人，好矜创获，献疑孔《传》，实为首庸。惟宋儒但知孔《传》之可疑，而不知古义之可信。又专持一理字，臆断唐虞三代之事，凡古事与其理合者，即以为是，与其理不合者，即以为非。蔡沈、王柏、金履祥之说盛行，编书者至改古事以从之。《纲鉴辑略》一书，改"西伯戡黎"为武王，"微子奔周"为武庚。以近儒臆断之空言，改自古相传之实事。于是《尚书》之义三变。经义既已屡变，学者各有所据。蔽所不见，遂至相攻。有据孔《传》以攻蔡《传》者，如毛奇龄《古文尚书冤词》是也；有据蔡《传》以攻孔《传》者，如阎若璩《尚书古文疏证》是也；有据马、郑而攻孔《传》与蔡《传》者，如江声《尚书集注音疏》、王鸣盛《尚书后案》是也。经皆不知导原而上，专主伏生。故不能宗初祖以折服末师，甚且信末师以反攻初祖。其说有得有

失，半昧半明，正孔广森所云"争年郑市，本自两非；议瓜骊山，良无一是"者。此《尚书》一经，所以本极易明，反致纠纷而极不易明也。

21. 论卫、贾、马、郑尊古文而抑今文，其故有二，一则学术久而必变，一则文字久而致讹

《经学通论》之《书经》第十五条云：

> 尝疑卫、贾、马、郑，皆东汉通儒，岂不知今文远有师承？乃必尊古文，抑今文，诚不解其用意。今细考之，而知其故有二：一则学术久而必变。汉初《尚书》惟有欧阳而已，后乃增立夏侯。夏侯学出张生，张生与欧阳生皆伏生弟子，所学当无不同。然既别于欧阳，而自成一家，则同中必有异。夏侯胜从子建，"师事胜及欧阳高，左右采获，又从五经诸儒问与《尚书》相出入者，牵引以次章句，具文饰说。胜非之曰：'建所谓章句小儒，破碎大道。'建亦非胜为学疏略，难以应敌。建卒自颛门名经。"是小夏侯又异于大夏侯，而增立博士，号为颛门。此人情好异，学术易变之证。秦恭延君守小夏侯说，又增师法至百万言。桓谭《新论》："秦近君（即延君），能说《尧典》篇目，两字之谊，至十余万言，但说'曰若稽古'三万言。"《汉书·艺文志》云："说五字之文，至于二三万言。"即指秦恭而言。盖小夏侯本破碎支离，恭又加以蔓衍，使人憎厌，古文家乘其敝，而别开一门径，名虽古而实新，喜新者遂靡然从之。此其故一。一则文字久而致讹。伏生改古文为今文，以授生徒，取其通俗、古无刊板印本，专凭口授手抄，讹以传讹，必不能免。观熹平石经残字及孔庙等处汉碑，字多省俗，不合六书。故桓谭、马融并诋今文家为俗儒。当时所谓通儒——刘歆、杨雄、杜林、卫宏、贾逵、许慎以及马、郑，皆精小学，以古文正今文之讹俗，其意未始不善。惟诸儒当日，但宜校正文字，而不改改易其义训，则三家之原于伏生者，虽至今存可也。而古文之名既立，嫉今文如仇雠。依据故书（如《周礼》之类），创为新说。古文本无者，以意补之；今文本有者，以意更之。附和末师，拨弃初祖，（知）[如] 拨赵帜而立汉帜，以为不如是不能别立一学。义虽新而文古，好古者又靡然从之。此其故二。有此二故，故虽欧阳、夏侯三家立学数百年，从党遍天下，为古文家掊击，而其热渐衰歇。重以典午永嘉之乱，而欧阳、夏侯三家皆亡。至东晋而伪古文经传出，托之于孔安国，年代比马、郑为更古，而篇又增多。马、郑不注逸书，而此遍注之，故其后孔、郑并行，郑学又渐衰歇。唐以伪孔立学，而郑氏《尚书》亡。向之攻击三家者，乃与三家同归于尽。大有积薪之叹，甘售赝鼎之欺，岂非好古与喜新者阶之厉哉！夫伏书本藏山之业，而伪孔云失其本经。古文与史籀稍殊，而伪《孔》云字皆科斗。其抑今文而尊古文，诬妄何可胜究？而其说始于伪《孔》。卫宏《古文官书序》曰："伏生老，不能正言，言不可晓也，使其女传言教错。齐人语多与颍川异，错不知者凡十二三，略以其意属读而已。"案：《史》《汉》无伏生使女传言之事，古人书皆口授，即伏生老不能口授，使女传言，亦有藏书可凭，何至"以意属读"？其时山东大师无不涉《尚书》以教，晁大夫何至"不知者凡十二三"？宏荣古虐今，意以伏生所传全不可信，伪孔以为"失其本经，口以传授"，正用卫宏之说，而更加诬。不知《史》《汉》明言得二十九篇，则失本经之说

不可信，郑君《书赞》已有科斗书之说，亦不可信。

22. 论庸生所传已有脱漏足见古文不如今文中古文之说亦不可信
《经学通论》之《书经》第十六条云：

> 刘歆《移太常博士书》云："考学官所传，经或脱简，传或间编。"《汉书·艺文志》云："刘向以中古文校欧阳、大小夏侯三家经文，《酒诰》脱简一，《召诰》脱简二。率简二十五字者，脱亦二十五字，简二十二字者，脱亦二十二字，文字异者七百有余，脱字数十。"此即歆所云"经或脱简"也。后之袒古文者每以藉口，据为今文不如古文之证。案《汉书》庸生传古文，为孔安国再传弟子。而《尧典》开卷已漏"帝曰"，《般庚》之"心复肾肠"，《吕刑》之"劓刵椓黥"，古文与今文不同，当即在"七百有余"之内，而皆不如夏侯、欧阳本之善。据此，可见古文不如今文，一有师承，一无师承之明证也。龚自珍《说中古文》曰："中古文之说，余所不信。秦烧天下儒书，汉因秦宫室，不应宫中独藏《尚书》。一也。萧何收秦图籍，乃地图之属，不闻收《易》与《书》。二也。假使中秘有《尚书》，何必遣晁错往伏生所受二十九篇？三也。假使中秘有《尚书》，不应安国献孔壁书，始知增多十六篇。四也。假使中秘有《尚书》，以宣、武之为君，诸大儒之为臣，百余年间无言之者，不应刘向始知校《召诰》《酒诰》，始知与博士本异文七百。五也。此中秘书既是古文，外廷所献古文，遭巫蛊不立，古文亦不亡。假使有之，则是烧《书》者更始之火、赤眉之火，而非秦炎矣。六也。中秘即是古文，处廷自博士以迄民间应奉为定为，斠若画一，不应听其古文家、今文家纷纷异家法。七也。中秘有《书》，应是孔门百篇全经，不但《舜典》《九共》之文终西汉世具在，而且孔安国之所无者亦在其中。孔壁之文，又何足贵？今试其情事，然邪不邪？八也。秦火后，千古儒者独刘向、歆父子见全经，而生平不曾于二十九篇外引用一句，表章一事。九也。亦不传受一人，斯谓空前，斯谓绝后，此古文者迹过如扫矣。异哉！异至于此。十也。假使中秘《书》并无百篇，则向作《七略》，当载明是何等篇，其不存者亡于何时，其存者又何所受也。而皆无原委，千古但闻有'中古文'之名。十一也。中秘既有五经，独《易》《书》著，其三经何以蔑闻？十二也。当帝之时，以中书校《百两篇》，非是。予谓此中古文，亦张霸《百两》之流亚，成帝不知而误收之，或即刘歆所自序之言，托于其父，并无此事。古文《书》如此，古文《易》可知，宜其独与绝无师承之费直《易》相同，而不与施、孟、梁丘同也。《汉书》刘向一传，本非班作。歆也博而诈，固也侗而愿。"案：龚氏不信中古文，并疑刘向以中古文校今文，《易》《书》皆有脱简，为刘歆所假托，可谓特见。惟《汉志》所云中古文，似即孔壁古文之藏中秘者，非必别有一书。而此中秘书，不复见于东汉以后，则亦如龚氏所云"毁于更始、赤眉之火"矣。书既不存，可以不辨。

23. 论百篇全经不可见二十九篇篇篇有义，学者当讲求大义，不必考求逸书
《经学通论》之《书经》第十七条云：

　　《史记》云："伏生得二十九篇，亡数十篇。"未言百篇全数。《汉书·艺文志》曰："《书》之所起远矣，至孔子纂焉，凡百篇。"《论衡·正说》篇曰："盖《尚书》本百篇，孔子所授也。"始明言《书》有百篇。《尚书·璇玑钤》曰："孔子求《书》，定可以为世法者百二十篇。以百二篇为《尚书》。"则以为《书》有百二篇，乃张霸《百两》所自出，或以《古文尚书》为百篇，《今文尚书》为百二篇。《伏传》《书纬》及张霸所据皆今文。《伏传》有《掩诰》，《史记》有《太戊》，即其多出二篇，古无明文，不必深究。汉博士以《尚书》为备，以二十八篇应二十八宿，则以为《书》止有此数，不信百篇、百二篇之说。案二十九篇，篇篇有义。如《尧典》见为君之义。君之义莫大于求贤审官。其余巡守、朝觐、封山、濬川、赏功、罚罪皆大事，非大事不书，观此可以知作史本纪之法矣。《皋陶谟》见为臣之义。臣之义莫大于尽忠纳诲，上下交儆，以致雍熙。故两篇皆冠以"曰若稽古"，观此可以知记言问封之体矣。《禹贡》见禹治水之功，并锡土姓，分别五服。观此可以冠地理、水道之书矣。《甘誓》见天子亲征，申明约束之义，观此知仁义之师亦必兼节制矣。《汤誓》见禅让变为征诛，吊民伐罪之义。与《牧誓》合观，可知暴非桀、纣，圣不及汤、武，不得以放伐藉口矣。《般庚》见国迁询万民，命众正法度之义，观此知拓拔宏之谪众胁迁者非矣。《高宗肜日》见遇灾而惧，因事进规之义，观此知汉以灾异求直言，得敬天之意矣。《西伯戡黎》见拒谏速亡，取以垂戒之义，观此知天命不足恃，而人事不可不勉矣。《微子》见殷之亡，由法度先亡，取以垂戒之义，观此知为国当正纪纲，不可使民玩其上矣。《牧誓》见吊民伐罪，兼明约束之义，观此知步伐整齐，乃古兵法而非迂论矣。《洪范》见天人不甚相远，祸福足以儆君之义，观此知人君一言一动，皆关天象而不可不慎矣。《大诰》见开国时基业未固，防小腆靖大艰之义，观此知大臣当国，宜挺身犯难，而不宜退避矣。《金縢》见人臣忠孝，足以感天，人君报功当逾常格之义，观此知周公所以为圣而成王命鲁郊非僭矣。《康诰》见用亲贤以治乱国，宜慎用刑之义，观此知父子兄弟罪不相及，用不似重而实轻矣。《酒诰》见禁酒以绝乱源，宜从重典之义，观此知作新民必先除旧习矣。《梓材》见宥罪加惠以永保民之义，观此知王者治天下，一夫一妇必无不得所矣。《召诰》见宅中图大，祈天永命之义，观此知王者宜监前朝而疾敬德矣。《洛诰》见营洛复政，留公命后之义，观此知君臣当各尽其道而不忘交儆矣。多士见开诚布公以靖反侧之义，观此知遗民不忘故君，非新主所能遽夺矣。《无逸》见人君当知艰难，毋以太平渐耽乐逸之义，观此知忧盛危明，当念魏徵所云"十渐不克终"矣。《君奭》见大臣当和衷共济，闵天越民之义（《君奭》，据《史记》为周公居摄时作，当上列于《大诰》《金縢》之间）。观此知富弼以撤帘与韩琦生意见者，其量褊矣。《多方》见绥靖四方，重言申明之义，观此知开国之初，人多觊觎，当以德服其心，不当用威服矣。《立政》见为官择人，尤当慎选左右之义，观此知命官当得其人，不当干预其事矣。《顾命》见王者所以正终，当命大臣立嗣子之义，观此知宦官宫妾擅废立之祸，由未发大命矣。《康王之诰》见王者所以正始，当命大臣保王室，观此知成康继治，几致刑措，有由来矣。《甫刑》见哀敬折狱，轻重得中之义，观此知罚即赎刑，不可轻用其慈祥悱恻，汉人缓刑书，不足道矣。《文侯之命》见命方伯安远迩之义，观此知襄王时王灵犹赫，惜不能振作矣。《费誓》见诸侯专征，严明纪律之义，观此知用兵不可扰民矣。《秦誓》见穆公悔过，辛伯西戎之义，观此知人君不可饰非，当改变以救败矣。知二十九篇之大义，则知《论衡》所引今文家说，独为二十九篇立法者，未可据百篇之序而非之也。其余《左传》《国语》及诸子书（《墨子》引书不在百篇之内者，盖非孔子删定之本），《大传》《史记》所引逸文，虽非后世伪作，而全篇不可得见，则大义无由而明。至于逸十六篇以及后世《太誓》，真伪既莫能辨，尤不当以鱼目混珠。《逸周书》，刘向以为孔子删书之余，其文不能闳深，亦不可以乱经。洪迈谓与《尚书》辞不相类，陈振孙谓文辞与古文不类，似战国后人仿效为之者。近人去伪孔古文，而以《逸周书》入《尚书》，非是。昔人谓读人间未见书，不如读人间常见书，二十九篇皆常见者，学者当宝爱而讲明之，勿从惜不见夫全经，而反而墙于大义也。

24. 论《书序》有今古文之异，《史记》所引《书序》皆今文，可据信

《经学通论》之《书经》第十八条云：

西汉马、班皆云："孔子序《书》。"东汉马、郑皆云："《书序》，孔子所作。"《论衡·须颂篇》曰："问说《书》者：'钦明文思以下，谁所言也？'曰：'篇家也。''篇家者谁也？''孔子也。'"陈乔枞谓《论衡》以"钦明文思"以下为孔子所言者，盖指《尧典序》。《书序》，实孔子所作也。据此，则《书序》孔子作，今古文之说同。而今古文之序，实有不同。《书正义》曰："安国既以同序为卷，检此百篇，凡有六十三序。同序而别篇者三十三篇，通《明居》《无逸》等四篇，不序所由者，为三十七篇，加六十三，即百篇也。"

锡瑞案：伪孔《古文尚书序》，即马、郑之《书序》。其稍异者见于《释文》，如《金縢序》"武王有疾"云，马本作"有疾不豫"。《康王之诰序》"康王既尸天子"云，马本此句上更有"成王崩"三字。《文侯之命序》云，马本无平字，则其余皆同矣。《史记》不载典谟之序，《禹贡》《甘誓》《五子之歌》《胤征》《帝诰》《女鸠》《女房》《汤誓》《典宝》《夏社》《中𣅧作诰》《汤诰》《咸有一德》《明居》《伊训》《肆命》《徂后》《太甲》《沃丁》《咸乂》，皆与马、郑古文《序》说略同。惟《典宝》在《夏社》前，《咸有一德》在《明居》前，次序不同，"伊陟让作《原命》"，与古文《序》作"伊陟原命"异。《仲丁》云"书阙不具"，《河亶甲》《祖乙》亦必有书。史公不云作书，盖省文。《盘庚》三篇，以为小辛时作。高宗梦得说，序事与古文同，不言作《说命》，亦省文。《高宗肜日》《西伯戡黎》《微子》略同，惟"父师"作"大师"为异。《大誓》《牧誓》《武成》略同，惟"三百"作"三千"，"归兽"作"归狩"为异。《洪范》《分器》略同。《金縢》无周公作《金縢》明文，序事至周公薨后。《大诰》《微子之命》《归禾》《嘉禾》《康诰》《酒诰》《梓材》《召诰》《洛诰》《多士》《毋逸》略同。《君奭》以为"周公摄政当国践阼，召公疑之，则当在《大诰》前后，与古文《序》次异。《蔡仲之命》虽序事同，无作命明文，其次序亦无考。《书正义》云"郑以为在《费誓》前，第九十六"，则与孔本又异。《成王政》《将蒲姑》序事同，不言作书，"蒲"字作"薄"。《多方》《立政》《周官》《贿肃慎之命》同，"肃"之作"息"。《亳姑》序事同，不言作书，盖

即《亳姑》之序。孙星衍据之，疑《金滕》"秋大熟"以下为《亳姑》文误入。《顾命》《康王之诰》略同，《康王之诰》作《康诰》。《毕命》《冋命》《吕刑》《文侯之命》《费誓》《秦誓》略同，惟"冋"作"礮"，"吕"作"甫"，"费"作"肸"为异。《文侯之命》以为周襄王命晋文公。《秦誓》以为封殽尸之后追作。此《史记》引《书序》，与马、郑、伪孔《书序》不同之大致也。段玉裁曰："按《书序》亦有古文、今文之殊。《汉志》曰'《尚书古文经》四十六卷'，此盖今文二十八篇为二十八卷，又《逸书》十六卷，并《书序》得此数也。伏生教于齐鲁之间，未知即用《书序》与否，而太史公胪举十取其八九，则汉时《书序》盛行，非俟孔安国也。假令孔壁有之，民间绝无，则亦犹《逸书》十六卷，绝无师说耳。马、班安能采录？马、郑安能作注？以及妄人张霸安能窃以成百两哉？《孔丛子》与《连丛子》，皆伪书也。臧《与安国书》曰：'闻《尚书》二十八篇，取象二十八宿，何图古文乃有百篇耶？'学者因此语，疑百篇序至安国乃出。然则其所云'弟素以为《尧典》世有《舜典》，今果如所论'者，岂亦可信乎？其亦惑矣！惟内外皆有之，是以《史记》字时有同异，如女房、女方，登鼎耳、升鼎耳，饥、鼗，纣、受，牧、坶，行狩、归兽，异母、异亩，馈禾、归禾，鲁天子命、旅天子命，毋逸、无逸，息慎、肃慎，伯礮、伯冋，肸誓、狝誓，粜誓，甫刑、吕刑之类，皆《今文尚书》《古文尚书》之异也。"

25. 论马、郑、伪孔古文《书序》不尽可据信，致为后人所疑，当以《史记》今文《序》为断

《经学通论》之《书经》第十九条云：

朱彝尊曰："说《书序》者不一。谓作自孔子者，刘歆、班固、马融、郑康成、王肃、魏徵、程颢、董铢诸儒是也。谓历代史书转相授受者，林光朝、马廷鸾也。谓齐鲁诸儒次第附会而作者，金履祥也。至朱子持论，谓决非夫子之书、孔门之旧，由是九峰蔡氏作《书传》，从而去之。按古者《书序》自为一篇，列于全书之后，故陆德明称马、郑之徒，百篇之序，总为一卷。至孔安国之传出，始引小序分冠各篇之首。后人习而不察，遂谓伏生今文无序，序与孔传并出，不知汉孝武帝时即有之。此史迁据以作夏、殷、周《本纪》，而马氏于《书小序》有注，见于陆氏《释文》。又郑氏注《周官》引《书序》文以证《保傅》，故许谦云'郑氏不见古文而见百篇之序'，考马、郑传注本漆书古文，是孔《传》未上之时，百篇之《序》，先著于汉代，初不与安国之书同时而出也。"

锡瑞案：宋儒疑《书序》与伪孔《传》同出。孔《传》伪，则《书序》亦伪，朱氏已辨之矣。戴震《尚书今文古文考》以《序》为伏书所无，王鸣盛《尚书后案》以《书序》亦从屋壁中得，陈寿祺《今文尚书有序说》，列十有七证以明之，以欧阳经三十二卷，西汉经师不为《序》作训，故欧阳章句仍止三十一卷。其证一。《史记》于《书序》胪举十之八九，说义文字往往与古文异，显然兼取伏书。其证二。张霸案百篇序造百二篇，即出今文，非古文也。其证三。《书正义》曰"伏生二十九卷而《序》在外"，必见石经《尚书》有百篇之《序》。其证四。《书传》云

"遂践奄"三字明出于《成王政》之《序》。其证五。《书传》言葬周公事本于《亳姑序》。其证六。《〔大〕传》曰："武丁祭成汤,有雉飞升鼎耳而雊。"此出《高宗肜日》之《序》。其证七。《大传》曰："成王在丰,欲宅洛邑,使召公先相宅。"此述《召诰》之序。其证八。《大传》曰："夏刑三千条。"此本《甫刑》之《序》。其证九。《大传》篇目有《九共》《帝告》《嫠命》,序又有《嘉禾》《掩诰》,在二十九篇外,非见《书序》,何以得此篇名?其证十。《白虎通·诛伐篇》称"《尚书序》曰,武王伐纣",此《大誓序》及《武成序》之文。其证十一。《汉书·孙宝传》曰:"周公大圣,召公大贤,尚犹有不相说,著于经典。"此引《君奭》之《序》。其证十二。《后汉书·杨震传》曰:"殷庚五迁,殷民胥怨。"此引《般庚》之《序》。其证十三。《法言·问神篇》曰:"《书》之不备过半矣,而习者不知。惜乎!《书序》之不如《易》也。"《书》不备过半,唯今文为然。其证十四。《法言》又曰:"古之说《书》者,序以百,而《酒诰》之篇俄空焉。今亡矣夫!"《酒诰》唯今文有脱简,其证十五。《论衡·正说篇》曰:"按百篇之《序》,阙遗者七十一篇",亦据今文为说。若古文有逸篇二十四篇,不得去阙遗者七十一篇。其证十六。杜预《春秋左传后序》曰:"《纪年》与《尚书序》说太甲事乖异,老叟之伏生,或致昏忘。"详预此言,直以《书序》为出自伏生。其证十七。

十七证深切著明,无可再翻之案。惟陈氏但知今文有《序》,而今文《序》之胜于古文者,尚未道及。《史记》引《书序》是今文,马、郑、伪孔《序》是古文。今文《序》皆可信,古文不尽可信。崔应榴谓:"《书序》可疑者有数端,《舜典》备载一代政事始终,《序》只言其历试诸难,则义有不尽。《伊训》称'成汤既殁,太甲无年',则与《孟子》及《竹书纪年》不合。《泰誓》'惟十有一年,武王伐殷',则不与今文合。《毕命》'康王命作册,毕分居里,成周郊',则句意为难通。又《左传》祝鮀称鲁曰'命以《伯禽》',称晋曰'命以《唐诰》',此二篇何以《序》反无之?"案:百篇《序》无《伯禽》《康诰》,孙宝侗、顾炎武已言之。此二篇或在百篇之外,无庸深辨。"作册毕"下脱一"公"字,故难通,据《史记》有"公"字。"十有一年,武王伐殷",与伪《泰誓》不同,伪《泰誓》从刘歆古文说,十一年观兵,十三年克殷。《泰誓序》从《史记》今文说,九年观兵,十一年克殷,故年岁两歧,《序》却不误。若《舜典序》只言历试诸世,遂开梅、姚分"慎徽五典"以下为《舜典》之妄说。《伊训序》云"成汤既没,太甲元年"中,失外丙、仲壬两朝,遂启宋人以孟子所云二年、四年为生年之谬论。又如周公东征摄王,成王不亲行,古文《序》于"成王既黜殷命""成王既伐管蔡",皆冠以成王字,后人遂误执为周公未摄王之证。周公作《君奭》,《史记》引《序》在践阼当国时。古文《序》列于复政后,遂有召公疑周公贪宠之言。此皆古文《序》之不可信者。宋人一概疑之,固非;近人一概信之,亦未是。惟一以《史记》引今文《序》为断,则得之矣。

26. 论二十九篇皆完书后人割裂补亡殊为多事

《经学通论》之《书经》第二十条云:

　　《尚书》以今文为断，经义本自了解，即云不见全经，二十九篇皆完书，无缺失也。而后人必自生葛藤，任意割裂，或离其篇次，或换入伪文，使二十九篇亦无完肤，诚不可解。且其说不仅出于宋以后，并出于汉以前。今举《尧典》一篇言之。《尧典》本属完书，舜事即在《尧典》之中。故《大学》引作《帝典》，而汉传逸书十六篇，首列《舜典》之名，意必别有一篇，非《尧典》世有《舜典》也。《舜典》不传，仅得其《序》，云"虞舜侧微，尧闻之聪明"，即《尧典》之"明明扬侧陋"至"帝曰予闻"云云也；"历试诸难"，即"我其试哉，至纳于大麓"云云也。郑君亲见逸书者也，其注《书序》云"入麓伐木"，尤即"纳于大麓"之明证。然证逸书所谓《舜典》，亦即分裂《尧典》之文，并非别有一篇，或即从"明明扬侧陋"分篇，亦未可知。伪孔古文从"慎徽五典"分篇，盖因马、郑之本小变之耳。其后伪中又伪，增入十二字，复增入二十八字。《释文》："王氏注相承云：梅颐上孔氏传《古文尚书》，亡《舜典》一篇，时以王肃注颇类孔氏，故取王注从'慎徽五典'以下为《舜典》，以续孔《传》。'曰若稽古，帝舜曰重华协于帝'，此十二字，是姚方兴所上孔氏《传》本，阮孝绪亦云然。方兴本或此下更有'濬哲文明，温恭允塞，元德升闻，乃命以位'，此二十八字异，聊出之于王注无施也。"夫《尧典》为二千年之古籍，开宗明义之第一篇，学者当如何宝爱信从，岂可分裂其篇，加增其字？且《序》事直至舜崩之年，则舜事已备载，不可再安蛇足。《舜典》既名曰典，必有大典礼、大政事，不可专说逊位。而逊位、历试已见《尧典》，不可重复再见。乃自伪孔分裂于前，方兴加增于后。当时梁武帝为博士已驳议曰："孔《序》称伏生误合五篇，皆文相承接，所以致误，《舜典》首有'曰若稽古'，伏生虽昏耄，何容合之？遂不行用。"隋初购求遗典，刘炫复以姚书上之，又撰"濬哲文明"十六字，与《尧典》"钦明文思"四句相配，伪中又伪，实自东汉古文逸书启之。此刘逢禄、宋翔凤所以不信逸书也。

　　赵岐未见逸书者也，其注《孟子》曰："孟子时，《尚书》凡百二十篇，逸书有《舜典》之《叙》，亡失其文。孟子诸所言舜事，皆《尧典》（当作《舜典》）及逸书所载。"自有此说，又开《舜典》补亡一派。阎若璩谓："'舜往于田''只载见瞽瞍'，与'不及贡，以政接于有庳'等语，安知非《舜典》之文乎？又'父母使舜完廪'一段，文辞古崛，不类《孟子》本文。《史记·舜本纪》亦载其事，其为《舜典》之文无疑。"

　　毛奇龄作《舜典补亡》，遂断自"月正元日"以下为《舜典》，采《史记》本纪之文，列于其前，又取魏高堂隆《改朔议》，引《书》"粤若稽古，帝舜曰重华，建皇授政改朔"，冠于篇首，以代二十八字。朱彝尊《经义考》所说略同。不知高堂所引乃《中侯·考河命》文，见《太平御览·皇天部》引。《史记》本纪载"使舜完廪"一段，或即取之《孟子》，何以见其为《舜典》文？圣经既亡，岂末学所能臆补？如以为可臆补，则伪孔古文，固应颁之学官。唐白居易补《汤征》，亦可用以教士子矣。《四库提要》曰："司马迁书岂可以补经？即用迁书为补，亦何可前半迁书，后半忽接以古经，混合为一？"其驳毛氏之失，深切著明。王柏《书疑》于"舜让于德弗嗣"下，补《论语》"尧曰"以下二十四字；"敬敷五教，在宽"下，补《孟子》"劳之来之"以下二十二字。《皋陶谟》《益稷》《武成》《洪范》《多方》《立政》，皆更易其文之次序。苏轼、黄震皆移易《洪范》，苏轼又改《康诰》篇首四十八字于《洛诰》上，金履祥亦移易《洪范》，疑《洛诰》有缺文（《武成》伪书不在内）。不知诸儒何仇于圣经，并二十九篇之完书，而必欲颠倒错乱，使无完肤也？天下本无事，庸人自扰之。诸儒为此纷纷，是亦不可以已乎！

27. 论伪孔经传前人辨之已明，阎若璩、毛奇龄两家之书互有得失，当分别观之

《经学通论》之《书经》第二十一条云：

欧阳、大小夏侯三家既亡，其后郑、孔并行。至隋，郑氏渐微。唐作《正义》，专用孔《传》。至宋，吴棫始发其覆。朱子继之曰："孔安国解经最乱道，看得只是《孔丛子》等做出来。某尝疑孔安国书是假书。孔书至东晋方出，前此诸儒皆不曾见，可疑之甚。"

锡瑞案：朱子于孔《传》直斥其伪，可谓卓识。而于古文经虽疑之，未敢明斥之，犹为调停之说曰："书有二体，有极分晓者，有极难晓者。《尚书》诸命皆分晓，盖如今制诰是朝廷做底文字；诸诰皆难晓，盖是时与民下说话，后来追录而成之。"据此，是朱子以《传》为伪，于经犹有疑辞。故蔡沈作《传》，仍存古文。然犹赖有朱子之疑，故蔡《传》能分别今古文之有无。其后吴澄、归有光、梅鷟愈推愈密，尝谓伪孔古文，上于东晋之梅颐。而攻古文渐有实据者，出于晚明之梅鷟。同一梅氏，而关伪古文之兴废，倘亦天道之循环欤？至阎若璩、惠栋考证更精。至丁晏《尚书余论》，据《家语·后序》定为王肃伪作。《隋书·经籍志》、孔氏《正义》皆有微辞，唐初人已疑之，不始于吴才老。朱子可谓搜得真赃实证矣。

毛奇龄好与朱子立异，乃作《古文尚书冤词》，其所执为左证以鸣冤者，《隋书·经籍志》也。《隋志》作于唐初，其时方尊伪孔，作义赞，颁学官。作《志》者即稍有微辞，何敢显然直斥其伪？《志》所云，虽历历可据，要皆传为伪书者臆造不经之说。孔书经传一手所作，伪则俱伪，阎若璩已明言之。毛乃巧为饰辞，以为东晋所上之书是经非传，专以《隋志》为证。使斯言出《汉·艺文志》，乃为可信。若《后汉·儒林传》，则已不可信矣。以范蔚宗作书之时，伪书已出，不免为所惑也。况《隋志》修于唐初，在古文立学之后哉！《冤词》一书，相传为驳阎若璩《尚书古文疏证》而作。

案：阎、毛二家，互有得失。阎证古文之伪甚确，特当明末宋学方盛，未免沾染其说。夫据古义以斥孔《传》可也，据宋人以斥孔《传》则不可。阎引金履祥说，以《高宗肜日》"典祀无丰于昵"为祖庚绎于高宗之庙，其误一也。引邵子书以定"或十年"等年数，其误二也。引程子说谓武王无观兵事，其误三也。驳《武成》篇，并以文王受命改元为妄，其误四也。驳孔《传》以"居东"为避居，不为东征，其误五也。信金履祥以为武王封康叔，其误六也。信金履祥以《多方》为在《多士》前，其误七也。知九江在寻阳，又引《水经》云"九江在长沙、下隽西北"，未免骑墙之见，其误八也。解"三江"亦以为有二，与九江同，其误九也。信蔡氏说，以《康诰》属武王，其误十也。移易《康诰》《大诰》《洛诰》以就其说，其误十一也。谓伏生时未得《小序》，其误十二也。以金履祥更定《洪范》，为文从字顺、章妥句

适，其误十三也。阎氏此等处皆据宋人以驳古义，有伪孔本不误而阎误者。盖孔书虽伪，而去汉未远，臆说未兴，信宋人不如信伪孔。毛不信宋人，笃守孔书之义，以为《尚书》可焚，《尚书》之事实不可焚。今溥天之下，老老大大皆有一武王戡黎封康叔、周公留后治洛典故在其胸中。此千古大冤大枉事，是则毛是而阎非者。学者当分别观之，勿专主一家之说，但以今文之说为断，则两家之得失明矣。

28. 论焦循称孔《传》之善亦当分别观之

《经学通论》之《书经》第二十二条云：

> 国朝诸儒自毛奇龄外，鲜有袒孔《传》者，惟焦循颇右之。其《尚书补疏序》曰："'曰若稽古帝尧'，'曰若稽古皋陶'，《传》皆以'顺考古道'解之。郑以'稽古'为'同天'，'同天'二字可加诸帝尧，不可施于皋陶。若亦以皋陶为'同天'，则是人臣可僭天子之称颂。若以帝尧之'稽古'为'同天'，以皋陶之'稽古'为'顺考古道'，则文同义异，歧出无理。此《传》之善一也。'四罪而天下咸服'，《传》以舜征用之初即诛四凶，是先殛鲧而后举禹。郑以禹治水毕，乃流四凶，故王肃斥之云：'是舜用人子之功而流放其父，则为禹之勤劳，适足使父致殛。舜失"五典克从"之义，禹陷"三千莫大"之罪。'此《传》之善二也。尧舍丹朱，以天位授舜，朱虽不肖，不宜自舜历数其不善。《史记》以'无若丹朱傲'上加'帝曰'，而《传》则以为禹之言。自禹言之则可，自舜言之则不可。此《传》之善三也。《盘庚》三篇，郑以上篇乃盘庚为臣时所作，然则阳甲在上，公然以臣假君命，因而即真。此莽、操、师、昭之事，而乃以之诬盘庚，大可怪矣，《传》皆以盘庚为王时所作。此《传》之善四也。微子问父师、少师，父师答之，不云少师，郑以为少师'志在必死'，盖以少师指比干。顾大臣徒志于死，遂不谋国以出一言，非可为忠。《传》虽亦以少师指比干，而于此则云：'比干不见，明心同，省文。'此《传》之善五也。《金縢》'我之不辟'，郑读为'避'，谓周公避居于东。又以'罪人斯得'为成王收周公之属官，殊属谬悠，说者多不以为然。《传》则训'辟'为'法'，'居东'即东征，'罪人'即指禄父、管、蔡。此《传》之善六也。《明堂位》以周公为天子，汉儒用以说《大诰》，遂启王莽之祸。郑氏不能辨正，且用以为《尚书注》，而以周公称王。自时厥后，历曹、马以及陈、隋、唐、宋，无不沿莽之故事王莽之先例，而《传》特卓然以周公不自称王，而称成王之命以诰，胜郑氏远甚。此《传》之善七也。为此《传》者，盖见当时曹、马所为，为之说者，有如杜预之解《春秋》、束晳等之伪造《竹书》。舜可囚尧，启可杀益，太甲可杀伊尹，上下倒置，君臣易位，邪说乱经，故不惮改《益稷》，造《伊训》《太甲》诸篇，阴与《竹书》相龃龉。又托《孔氏传》以黜郑氏，明君臣上下之义，屏僭越抗害之谭，以触当时之忌，故自隐其姓名。"

锡瑞案：近儒江、段、孙、王，皆尊郑而黜孔，焦氏独称孔《传》之善，可谓特见。惟未知孔《传》实王肃伪作，故所说有得有失。肃之学得之父朗，朗师杨赐，杨氏世传《欧阳尚书》。洪亮吉《传经表》以肃为伏生十七传弟子，是肃亦今文家之支流。肃又好贾、马之学，则兼通古文者。杂糅今古与郑君同，而立意与郑君为难。

郑注《书》从今文，则以古文驳之；郑从古文，则又以今文驳之。肃以今文驳古文，实有胜郑《注》者。焦氏所举以'稽古'为'考古'，以'四罪'为禹治水之前，以'居东'为东征，以'罪人'为禄父、管、蔡，是其明证。至信伪孔，疑《史记》《明堂位》，则其说非是。《史记》引《书》最古，明有"帝曰"，岂可妄去？舜、禹同为尧臣，禹可直斥丹朱，何以舜独不可？周公称王，非独见于《明堂位》，荀子亲见百篇《尚书》，其书中屡言之。《伏传》《史记》皆云"周公居摄"，岂可改易古事，强为回护？焦氏乃以作《传》者以触时忌，自隐姓名，则尤求之过深。肃与司马氏昏姻，助晋篡魏，岂能明君臣、屏僭越者？若伪作《竹书》者，言启杀益，太甲杀伊尹，反似改古事以儆乱臣，又何必作伪古文，以与《竹书》相龃龉乎？焦循之子廷琥作《尚书申孔篇》，与其父所见同，中有数条即《补疏序》所说。余琐细不足辨，兹不具论。

29. 论宋儒体会语气胜于前人而变乱事实不可为训

《经学道论》之《书经》第二十三条云：

　　《孔传》立学，行数百年，至宋而渐见疑；《蔡传》立学，行数百年，至今又渐见废。陈澧曰："近儒说《尚书》，考索古籍，罕有道及蔡仲默《集传》者矣。然《伪孔传》不通处，《蔡传》易之，甚有精当者，江艮庭《集注》多与之同。《大诰》'若兄考若兄长武王死去，乃有友伐厥子，民养其劝弗救'，《伪孔传》云：'以子恶故。'《孔疏》云：'民皆养其劝伐之心不救之。'此甚不通。《蔡传》云：'苏氏曰：养，厮养也，谓人之臣仆，言若父兄有友攻伐其子，为之臣仆者，其可劝其攻伐而不救乎？'江氏注云：'长民者其相劝止不救乎？'《召诰》'王敬作所，不可不敬德'，伪孔云：'敬为所不可不敬之德。'蔡云：'所，处所也，犹所其无逸之所。王能以敬为所，则无往而不居敬矣。'江云：'王其敬为之所哉？言①处置之得所也。'《召诰》'我不敢知曰'，伪孔云：'我不敢独知，亦王所知。'蔡云：'夏、商历年长短，所不敢知，我所知者，惟不敬厥德，即坠其命也。'江云：'夏、殷历年长短，我皆不敢知，惟知其皆以不敬德，故早坠其命。'《君奭》'襄我二人'，伪孔云：'当因我文武之道而行之。'蔡云：'王业之成，在我与汝而已。'江云：'二人，已与②召公也。'《多方》'我惟时其战要囚之'，伪孔云：'谓讨其倡乱，执其朋党。'蔡云：'我惟是戒惧而要囚之。'江云：'战，惧也。'《康王之诰》'惟新陟王'，伪孔云：'惟周家新升王位。'蔡云：'陟，升遐也。成王初崩，未葬未谥，故曰新陟王。'江云：'陟，登假也，谓崩也。成王初崩，未有谥，故称新陟王。'《秦誓》'昧昧我思之'，伪孔云：'惟察察便巧善为辨佞之言，使君子回心易辞。我前多有之，以我昧昧思之不明故也。'蔡云：'昧昧而思者，深潜而静思也。'以'昧昧我思之'属下文。'江云：'昧昧我思者，是穆公自道，思此一介臣，非谓前日之昧昧于思也，此文当为下文缘起。'此皆《蔡传》精当，而江氏与之同者。如为暗合，则于《蔡传》

---

① "言"，原作"而"，误，据陈澧《东塾读书记》卷五改。

② "与"上原脱"已"字，据陈澧《东塾读书记》卷五补。

竟不寓目，轻蔑太甚矣。如览其书，取其说而没其名，则尤不可也。"

　　锡瑞案：陈氏取《蔡传》，与焦氏取《孔传》同一特见。宋儒解经，善于体会语气，有胜于前人处，而其失在变易事实，以就其说。《尚书》载唐、虞、三代之事，汉初诸儒去古未远，其说必有所受。宋儒乃以一己所见之义理，悬断千载以前之故事，甚至凭恃臆见，将古事做过一番。虽其意在维持名教，未为不善，然维持名教亦只可借古事发论，不得翻前人之成案。《孔传》谓周公不称王，伊尹将告归，已与古说不符，而《蔡传》引宋人之说，又加甚焉。"西伯戡黎"，《伏传》《史记》皆云文王伐者，"黎"即耆，"西伯"即文王。《蔡传》独为文王回护，以"西伯"为武王，其失一也。《大诰》"王若曰"，《郑注》："王，谓摄也，周公居摄，命大事，则权代王也。"《伏传》《史记》皆云周公居位践阼，则郑说有据。《蔡传》从《孔传》，以为周公称成王命以诰，其失二也。《康诰》"王若曰：孟侯，朕其弟，小子封"，《汉书·王莽传》引《书》解之曰："此周公居摄称王之文也。"《蔡传》不信周公称王之事，从苏氏说，移篇首四十八字于《洛诰》上。又无以解"朕其弟"之语，遂以为武王封康叔，不知《史记》明言"康叔封、冉季载，皆少，未得封"，是武王无封康叔事。《左氏传》祝鮀言："周公尹天下，封康叔。"鮀以卫人言卫事，岂犹有误？而横造事实，擅移经文，其失三也。《洛诰》："王命周公后，作册逸诰，在十有二月。惟周公诞保文武受命，惟七年。"言周公七年致政，当归国，成王留公，命伯禽就国为公后。《蔡传》乃以为王命周公留后治洛，不知唐置节度使乃有留后，周无此官。周公老于丰，薨于丰，并无治洛之事，其失四也。宋儒习见莽、操妄托古人，故极力回护，欲使后世不得借口。不知古人行事光明磊落，何待后儒回护？王莽托周公，无伤于周公；曹操托文王，无伤于文王。天位无常，惟有德者居之，圣人无觊干非分之心，而天与人归，则亦不得不受。禅让易而传子，又复易为征诛，事虽不同，其义则一。稷、契，同受封于舜、禹，周之先本非商之臣。不窋失官，公刘、太王迁豳、岐，商王未尝过问。文王始率诸侯事纣，后入朝而被囚，释归而诸侯皆从之，受命称王，何损至德？《诗》《书》皆言文王受命，《伏传》言受命六年称王，《史记》言："诗人道西伯，盖受命之年称王。"此汉初古说可信者。必以文王称王为非，则汤之伐桀亦非，舜、禹之受禅亦非，必若巢、许而后可也。至周公居摄，尤是常事。古有摄主，见《礼记·曾子问》。君薨而世子未生，则有上卿摄国事，称摄主。此上卿盖同姓子弟，世子生则避位，或生非世子，则摄主即真。观《左氏传》："季孙有疾，命正常曰：'南孺子之子，男也，则以告而立之；女也，则肥也可。'"贾谊上疏有"植遗腹，朝委裘"之文，是其明证。或世子生而幼，国有大事，亦必有人摄行。《郑注》"命大事，权代王"，并无语弊。武王薨而东诸侯皆叛，周之势且岌岌。成王幼，不能亲出，公不权代王以镇服天下，大局将不可问。事定而稽首归政，可告无罪于天下万世矣。后世古义不明，即有亲贤处周公之位者，亦多畏首畏尾。如萧齐竟陵王子良以此自误，并以误国。盖自马、郑训"我之弗辟"为避位，已非古义。宋儒以力辨公不称王之故，臆撰武王封康叔、周朝设留后之事以为左证，使后世亲贤当国者误信其说，避嫌而不肯犯难，必误国事，是尤不可不辨（古人事实不可改易，如编小说、演杂剧者借引古事，做过一番，以就其说。此在弹词、演剧可不拘耳，若以此解经，则断乎不可）。

30. 论伪孔书相承不废，以其言多近理，然亦有大不近理者，学者不可不知

《经学通论》之《书经》第二十四条云：

伪孔《古文尚书》自宋至今，已灼知其伪矣，而犹相承不废，是亦有故。宋之不废者，"人心惟危①"四句，宋儒以为道统相传。其《进尚书注表》，首以三圣传心为说，而四语出伪《大禹谟》。故宋儒虽于伪传献疑，而于伪经疑信参半。王鸣盛《蛾术编》戏以虞廷十六字为《风俗通》所言"鲍君神"之类，此在今日汉学家吐弃宋学乃敢为此语，而在当日固无不尸祝俎豆者也。此其远因一。且古文虽伪，而言多近理，非止"人心惟危"四句。真德秀曰："开万世性学之源，自成汤始。敬、仁、诚并言，始见于此。三者，尧、舜、禹之正传也。"此皆出伪古文，为宋儒言道学所本，故宋儒不敢直斥之而且尊信之。此其远因二。

近儒不尊宋学，斥伪经亦甚于宋儒，而至今仍不废者。阮元曰："《古文尚书孔传》出东晋，渐为世所诵习，其中名言法语以为出自古圣贤，则闻者尊之。故宇文周主视太学，太傅于谨为三老。帝北面访道，谨曰：'木从绳则正，后从谏则圣。'帝再拜受言。唐太宗见太子息于木下，诲之曰：'木受绳则正，后从谏则圣。'唐太宗自谓兼将相之事，给事中张行成上书，以为禹不矜伐，而天下莫与之争，上甚善之。唐总章元年，太子上表曰：'《书》曰："与其杀不辜，宁失不经。"伏愿逃亡之家免其配役。'从之。凡此君臣父子之间，皆得陈善纳言之益。"是知其伪，而欲留为纳言之益。此近因一。龚自珍述庄存与之言曰："帝胄天孙，不能旁览杂氏。惟赖幼习五经之简，长以通于治天下。昔者《大禹谟》废，'人心道心'之旨、'杀不辜宁失不经'之诫亡矣；《太甲》废，'俭德永图'之训坠矣；《仲虺之诰》废，'谓人莫己若'之诫亡矣；《说命》废，股肱良臣启沃之谊丧矣；《旅獒》废，'不宝异物贱用物'之诫亡矣；《冏命》废，左右前后皆正人之美失矣。公乃计其委曲，退直上书房，日著书，曰《尚书既见》如干卷，数数称《禹谟》《虺诰》《伊训》。是《书》颇为承学者诟病，而古文竟获仍学官不废。"是知其伪，而恐废之无以垂诫。此其近因二。

有此四故，故得相承不废。然而过书举烛，国赖以治，非郢人之意也；齐求岑鼎，鲁应以赝，非柳下所许也。古文虽多格言，而伪托帝王则可恶。且其言多近理，亦多不近理者，如《大禹谟》"舞干羽于两阶，七旬，有苗格"，为宋人重文轻武、口不言兵所借口。《胤征》"咸克厥爱，允济"，为杨素等用兵好杀之作俑。《仲虺之诰》"若苗之有莠，若粟之有秕。小大战战，罔不惧于非辜"，则汤之伐桀为自全计，非为吊民。《咸有一德》"伊尹既复政厥辟，将告归"，则伊尹不曾相太甲，与《君奭》所言及《左氏传》"伊尹放太甲而相之"义违。《泰誓》三篇数殷纣罪，有"刳剔孕妇"、"斩朝涉之胫，剖贤人之心"等语，宋人遂疑汤数桀之罪简、武数纣之罪太甚。而"罪人以族"非三代以前所有，"时哉不可失"亦非吊民伐罪之言。《旅獒》太保训王云"功亏一篑"，宋人遂疑汤伐桀后犹有惭德，武伐纣后一事不做。《君陈》以"尔有嘉谋嘉猷"为康王语，宋人遂谓康王失言。此皆伪古文之大不近理

---

① "危"，思贤书局本作"微"。

者。而割裂古书，缀辑成文，词意亦多牵强，不相贯串。如《孟子》引"王曰：'无畏，宁尔也，非敌百姓也。'若崩厥角稽首，夹议夹叙，词意极明。《伪孔》乃更之曰："勖哉夫子，罔或无畏，宁执非敌，百姓懔懔，若崩厥角。"无论如何解说，必不可通，似全不识文义者所为。此等书岂可以教国胄！毛奇龄以袒伪古文之故，至谓"《论语》引《书》有四，无不改其词、篡其句、易其读者"。伪孔擅改古经，显违孔训，僭妄已极。奇龄不罪伪孔，反归罪于孔子改经，可谓悍然无忌惮矣。

31. 论伪古文多重复且敷衍不切

《经学通论》之《书经》第二十五条云：

《尚书》与《春秋》皆记事之书，所记之事必有义在。孔子之作《春秋》，非有关系足以明义者不载，事见于前者不复见于后，所以省繁复也。故孔子之删《书》，亦非有关系足以明义者不载，事见于前者不复见于后，亦所以省繁复也。古书详略互见，变化不拘，非同后世印板文字，有一定之例。《尧典》兼言二帝，合为一篇，圣德则尧详于舜，政事则舜详于尧，是详略互见之法。而作伪者不达此义，别出《舜典》一篇，以为不应略于舜之圣德，乃于《舜典》篇首伪撰二十八字以配《尧典》。不顾文义，首尾横决，由不晓古书之法也。《盘庚》三篇旨意不同，上篇告亲近在位者，中篇告民之弗率不遵从，下篇既迁之后申告有众告谕民众，未尝有重复之义。《康诰》《酒诰》《梓材》皆言封康叔，《召诰》《洛诰》皆言营洛都，旨意不同，亦未尝有重复之义。而伪孔书《太甲》三篇、《说命》三篇，皆上中下文义略同，且辞多肤泛。非但上中下篇可移易，而伊尹之辞可移为傅说，傅说之辞可移为伊尹，伊尹、傅说之辞又可移为《大禹谟》之禹、皋，以皆臣勉其君而无甚区别也。《泰誓》三篇，皆数纣罪而无甚区别。使真如此文繁义复，古人何必分作三篇？《今文尚书》二十九篇，篇篇有义，初不犯复，其辞亦无复见。若伪古文，不但旨意略同，其辞亦多雷同，《太甲下》与《蔡仲之命》雷同尤甚。《太甲下》云："惟天无亲，克敬惟亲。民罔常怀，怀于有仁。德惟治，否德乱。与治同道罔不兴，与乱同事罔不亡。"《蔡仲之命》云："皇天无亲，惟德是辅。民心无常，惟惠之怀。为善不同，同归于治。为恶不同，同归于乱。"其文义不谓之雷同，得乎？《太甲下》云："慎终于始。"《蔡仲之命》云："慎厥初，惟厥终。"亦雷同语。盖其书本凭空结撰，其胸中义理又有限，止此敷衍不切之语，说来说去，层见迭出。又文多骈偶，似平正而实浅近，以比《尚书》之浑浑灏灏者，迥乎不同。而哈希成篇，尤多文不合题之失。姚鼐谓《古文尚书》多不切，文之切者皆不中于理，可谓知言。汉古文学创通于刘歆，伪古文书撰成于王肃，乱经之人，递相祖述。古天子、诸侯皆五庙，至周始有七庙，刘歆以为周以上皆七庙。《吕览》："五世之庙，可以观怪。"伪古文《咸有一德》改云："七世之庙，可以观德。"后世遂引为商时七庙之证。此肃本之于歆者也。《异义》："天子六卿，周制；三公九卿，商以前制。"周三公在六卿中，见《顾命》而无三孤。伪古文《周官》有三公三孤，本《汉书·百官公卿表》，《表》又出于莽歆之制，又肃本之于歆者也。古云"相某君"是虚字，不以为官名，伪古文《说命》"爰立作相"，又误沿汉制而不觉者（《左氏传》，仲虺为汤左相，亦可疑）。

32. 论孔《传》尽释经文之可疑及马、郑古文与今文驳异之可疑

《经学通论》之《书经》第二十六条云：

《朱子语录》云："某尝疑孔安国书是假书，比毛公《诗》如此高简，大段省事。汉儒训释文字多是如此，有疑则阙，今此却尽释之。岂有千百年前人说底话，收拾于灰烬屋壁中与口传之余，更无一字讹舛？理会不得，如此可疑也。"

锡瑞案：朱子之说，具有特见。汉初说《易》者举大谊，如丁将军者是；说《诗》者无传疑，如鲁申公者是。毛公之《传》，未知真出汉初与否，而其文亦简略，未尝字字解经。惟伪孔于经尽释之，此伪孔《传》所以可疑。……伏、孔之《书》难易不同，伏生不应独记其难，安国不应专得其易，此伪孔经所以可疑。而由二家之说推之，《尚书》之可疑者非直此也。伪孔《书》无论矣，二十九篇今古文同，而夏侯、欧阳之今文，与马、郑、王之古文，其字句又不同。今以熹平石经及两汉人引用《尚书》之文考之，其异于马、郑古文者，亦多今文艰涩而古文平易。……不但伪孔古文可疑，即马、郑古文亦不尽可信矣。惜《经典释文》不列三家《尚书》之异同，使学者无由见今文真本。所赖以略可考见者，惟石经残字十数处及《孔疏》引"优贤扬历""膑、宫、劓割、头庶剠"数处而已，岂不惜哉！窃意东汉诸儒之传古文，盖亦多以训故改经，与太史公《史记》相似：有字异而义相同者，如《般庚》"器非求旧"之类是也；有字异而义违失者，如《般庚》"优贤扬历"之类是也。然则今之伪孔增多古文，固皆撰造而非安国之真，即伪孔同于马、郑二十九篇之古文，亦有改窜而非伏生之旧者。伪孔所造古文固当删弃，即伪孔同于马、郑之古文，后人以为真是伏生之所亲传、孔子之所手定，亦岂可尽信哉！

33. 论《尚书》有不能解者，当阙疑，不必强为傅会，汉儒疑辞不必引为确据

《经学通论》之《书经》第二十七条云：

锡瑞案：郑以四子分属四时，羲、和实司天地。地官司徒犹可强附，天官为稷，并无明文。《国语》云"稷为大官"，有误作"天官"者。《纬》云："稷为司马。"又云："司马主天。"故郑君以此傅会之，云："初，尧天官为稷。禹登用之年，举弃为之。时天下赖后稷之功，故以官名通称。"笺《诗》又云："尧登用之，使居稷官，民赖其劳。后虽作司马，天下犹以后稷称焉。"郑之弥缝，亦云至矣。然如其说，则弃于尧时已为天官，其位最尊，若周之冢宰矣，何以尧、舜禅让，皆不及弃？且稷为天官，司马为夏官，天官尊于夏官，后稷有功于民，何以反由天官降为司马？舜命九官，并无司马之名。郑知其无明文，不能自信，故云"盖曰稷司徒"。凡言"盖"者，皆疑辞也。《周礼疏序》又引郑云：尧既分阴阳为四时，命羲仲、和仲、羲叔、和叔等为之官。又主方岳之事，是为四岳。掌四时者曰仲、叔，则掌天地者，其曰伯乎？案郑以四子即四岳，又别有掌天地之官，与两汉今文说不同。郑知其无明文，不能自信，故云"其曰伯乎"。凡言"乎"者，皆疑辞也。其不敢为决辞，犹见先儒矜慎之意。后之主郑义者，必强傅会以为确据，非但不知圣人阙疑之旨，并先儒矜慎之意亦失之矣。

34. 论伪古文言仁言性言诚乃伪孔学，非孔学出伪书

《经学通论》之《书经》第二十八条云：

王应麟曰："《仲虺之诰》，言仁之始也；《汤诰》，言性之始也；《太甲》，言诚之始也；《说命》，言学之始也，皆见于《商书》。'自古在昔，先民有作。温恭朝夕，执事有恪'，亦见于《商颂》。孔子之传，有自来矣。"

锡瑞案：《商书》四篇，皆出伪孔古文，惟《礼记·文王世子》引《兑命》曰："念终始典于学。"郑《注》："'兑'当为'说'。《说命》，《书》篇名，殷高宗之臣傅说之所作。"是王氏所举《商书》四篇之语，惟"学"之一字实出《说命》，其余皆未可据。宋儒讲性理，故于古文虽知其伪，而不能不引以为证。其最尊信者，"危微精一"十六字之传。考"人心之危，道心之微"二语，出《荀子》引《道经》。荀子亲见全书，若出《尚书》，不当引为《道经》。既称《道经》，不出《尚书》可知。伪孔以羼入《大禹谟》，宋儒乃以四语为传心秘诀。四语惟"允执厥中"出《论语·尧曰篇》"允执其中"，实有可据。二帝相传，即此已足。《中庸》称"舜执其两端，用其中于民"，正是推阐"允执其中"之义。《论语》云"舜亦以命禹"，足见二帝相传无异。朱《注》云："今见于《虞书·大禹谟》，比此加详。"如其说，则尧命舜为寥寥短章，舜命禹为洋洋大篇，由误信伪古文，与《论语》"亦"字不合。大凡理愈推而愈密，辞愈衍而愈详，性理自尧舜至孔孟而后，推衍精详。前此或有其义而无其文，要其义亦足以盾之，如《尧典》云"钦明文思安安"等语，《史记·尧本纪》译其文，而代以"其仁如天，其知如神"等语，是当时已有"仁"之义也。《孟子》曰："尧、舜，性之也。"是当时已有"性"之义也。《今文尚书》"文思"作"文塞"，"塞"有诚实之义，是当时已有"诚"之义也。古文字简略，而义已包括于其中，何必谓《虺诰》言仁，《汤诰》言性，《太甲》言诚，至《商书》始发其义乎？典以钦始，谟以钦终，二帝相传心法，"钦"之一字足以括之，何必十六字乎？伪孔古文出于魏晋孔孟之学大明之时，掇拾阙里绪言，撰成伪书文字，此乃伪孔《书》袭孔学，非孔学本于伪孔《书》。王氏不知，乃以此等书为圣学所自出，岂非颠倒之甚哉！惟《商颂》作于正考父，乃孔子六世祖。以为孔子之传有自来，其说尚不误耳。然亦本于近祖正考父，而非本于远祖商王也。

35. 论王柏《书疑》疑古文有见解，特不应并疑今文

《经学通论》之《书经》第二十九条云：

王柏《书疑》与《诗疑》，皆为人诟病。王氏失在并今文而疑之耳，疑古文不得谓其失也。……

锡瑞案：王氏辨孔《序》二条，皆有见解。知《尚书》以孔子所定为断，则郑樵信《三坟》，王应麟辑三皇五帝书，爱奇炫博，皆可不必。知古书科斗之无据，则非惟伪孔《序》不足信，即郑君《书赞》曰"《书》初出屋壁，皆周时象形，今所谓科斗书。以形言之为科斗，指体即周之古文"，亦未可信。晋王隐谓科斗文者，其字头粗尾细，似科斗之虫，故俗名之焉。案：钟鼎文无头粗尾细之形，王氏已明言

之。《说文》所列古文，亦不似科斗。然则古文科斗之说，乃东汉古文家自相矜炫。郑君信其说而著之《书赞》，伪孔又信郑说而著之《书序》也。王氏知古文之伪，不知今文之真。其并疑今文，在误以宋儒之义理，准古人之义理；以后世之文字，绳古人之文字。苏轼疑《顾命》不当陈设吉礼，赵汝谈疑《洪范》非箕子作，晁以道疑《尧典》《禹贡》《洪范》《吕刑》《甘誓》《盘庚》《酒诰》《费誓》诸篇。《书疑》多本前人，亦非王氏独创，特王氏于《尚书》篇篇献疑，金履祥等从而和之，故其书在当时盛行，而受后世之掊击最甚。平心而论，疑经改经，宋儒通弊，非止王氏，皆由不信经为圣人手定（王氏《诗疑》删郑、卫《诗》，窜改《雅》《颂》，僭妄太甚，《书疑》犹可节取）。

36. 论刘逢禄、魏源之解《尚书》多臆说，不可据
《经学通论》之《书经》第三十条云：

刘逢禄《书序述闻》多述庄先生说，不补《舜典》，不信《逸书》，所见甚卓，在江、孙、王诸家之上；而引《论语》《国语》《墨子》以补《汤誓》，以《多士》《多方》为有错简而互易之，自谓非敢蹈宋人改经故辙，而明明蹈其故辙矣。……宋儒已不可信，庄氏之说又可信乎？刘逢禄虽尊信之，宋翔凤、龚自珍皆不守其说。魏源尊信刘逢禄，其作《书古微》痛斥马、郑，以扶今文，实本庄、刘，更参臆说。补《汤誓》，本庄氏；补《舜典》《汤诰》《牧誓》《武成》，则庄氏所无。《周语分年集证》将《大诰》至《洛诰》之文尽窜易其次序，与王柏《书疑》无以异。以管叔为嗜酒亡国，则虽宋儒亦未敢为此无据之言，而于《金縢》"未敢训公"之下，既知必有缺文，又云："后半篇不如从马、郑说，西汉今文，千得岂无一失？东汉古文，千失岂无一得？"则其解经并无把握，何怪其是末师而非往古乎？解经但宜依经为训，庄、刘、魏皆议论太畅，此宋儒说经之文，非汉儒说经之文；解经于经无明文者，必当阙疑，庄、刘、魏皆立论太果，此宋儒武断之习，非汉儒矜慎之意也。

37. 论孔子序《尚书》略无年月，《皇极经世》《竹书纪年》所载共和以前之年皆不足据
《经学通论》之《书经》第三十一条云：

锡瑞案：太史公于共和以前，但表其世，自黄帝始，至共和二伯行政止；共和以后，始表其年，自庚申共和元年，以宣王少，大臣共和行政始，至甲子周敬王四十三年崩止。盖史公所据载籍，于共和以前之年岁已不可考。故史公作五帝、夏、商、周《本纪》，但书某帝王崩、某帝王立，周宣王后始纪崩年，正所谓"疑则传疑，盖其慎也"。……故孔子序《书》略无年月，疑在孔子时，已不尽可考矣。皇甫谧《帝王世纪》载帝王在位之年，不知从何得之。……世传《竹书纪年》，如以外丙、仲壬列入纪年及所推帝王年代，又与《皇极经世》所推多异，而与伪孔《古文尚书》全符，皆由后人依托为之，并非汲冢之旧，尤不可据（阎若璩云："邵子出而数明，上下千万载，罔或抵牾。"此阎氏过信宋学之故，不知皆凭臆撰造也）。

38. 论《尚书》是经非史，史家拟《尚书》之非

《经学通论》之《书经》第三十二条云：

刘知幾《史通》论史有六体，一曰"《尚书》家"。刘氏是史才，是说作史者摹仿《尚书》有此一家，非说《尚书》也，以此说《尚书》则大误。其说曰："《书》之所主，本于号令，所以宣王道之正义，发话言于臣下。故其所载，皆典、谟、训、诰、誓、命之文。至于《尧》《舜》二《典》直序人事，《禹贡》一篇唯言地理，《洪范》总述灾祥，《顾命》都陈丧礼，兹亦为例不纯者也。"

锡瑞案：圣人作经，非可拘以史例。《汉书·艺文志》曰："左史记言，言为《尚书》；右史记事，事为《春秋》。"荀悦《申鉴》说同。郑君《六艺论》曰："左史所记为《春秋》，右史所记为《尚书》。"是以《玉藻》云："动则左史书之，言则右史书之。"其分左右、言动互异，不知当以何说为正。即如诸家之说，亦不过借《尚书》《春秋》作指点语。刘氏所见过泥，遂以《尚书》专主记言，不当记事，敢议圣经为例不纯。此与《惑经》《申左》诸篇诋斥《春秋》同一谬妄，由史家未通经学也。其论孔衍《汉魏尚书》、王邵《隋书》义例准《尚书》之非，则甚明确，曰："原夫《尚书》之所记也，若君臣相对，词旨可称，则一时之言，累篇咸载。如言无足纪，语无可述，若此故事，虽有脱略，而观者不以为非。爰逮中叶，文籍大备，必剪截今文，摸拟古法，事非改辙，理涉守株，故舒元（孔衍字）所撰《汉魏》等书，不行于代也。若乃帝王无纪，公卿缺传，则年月失序，爵里难详，斯并昔之所忽而今之所要。如君懋《隋书》，虽欲祖述商周，宪章虞夏，观其所述，乃似《孔子家语》、临川《世说》，可谓画虎不成反类犬也。"案：史家不知《尚书》是经非史，其书不名一体，非后人所敢妄议；其书自成一经，亦非后人所能摸仿。作史者惟宜撰次当代文章，别定义例，以备观览，必不可以宪章虞夏、祖述商周自命，蹈《春秋》吴楚僭王之失。王通作《四范七业》以拟《尚书》，或云伪作。朱子谓："高、文、武、宣之制，岂有精一执中之传？"汉帝固不能比古帝王，彼拟《尚书》者，亦何敢自比孔子乎？《尚书·璇玑钤》曰："孔子求书，得黄帝玄孙帝魁之书，迄于秦穆公，凡三千二百四十篇。断远取近，定可以为世法者百二十篇，以百二篇为《尚书》、十八篇为《中候》（案《中候·敕省图》《握河纪》《运衡》《考河命》《题期》《立象》《仪明》《礼闿邮》《苗兴》《契握》《雒予命》《稷起》《我应》《雒师谋》《合符后》《摘雒戒》《霸免》《准纤哲》，凡十八篇）中候，一作'中侯'。"纬书虽难尽信，然古时书必不少，孔子但取其可为法者，余皆删之；犹作《春秋》，但取其可明义者，余皆削之。圣人删定六经，务在简明，便学者诵习。后人不知此旨，嫌其简而欲求多，于是张霸《书》、伪孔《书》，抵隙而出，史家复从而妄续之。不知史可续，经不可续。孔衍、王邵之拟《尚书》，正与沈既济、孙甫之拟《春秋》，同一谬见也。

39. 论治《尚书》当先看孙星衍《尚书今古文注疏》、陈乔枞《今文尚书经说考》

《经学通论》之《书经》第三十三条云：

孔《传》至今日，人知伪作而不足信矣，蔡《传》又为人轻蔑而不屑称矣。然则治《尚书》者，当以何书为主？陈澧曰："江、王、段、孙四家之书善矣，既有四家之书，则可删合为一书，取《尚书大传》及马、郑、王《注》，《伪孔传》，与《史记》之采《尚书》者，《尔雅》《说文》《释名》《广雅》之释《尚书》文字名物者，汉人书之引《尚书》而说其义者，采择会聚而为'集解'。孔《疏》蔡《传》以下，至江、王、段、孙及诸家说《尚书》之语，采择融贯而为'义疏'。其为疏之体，先训释经意于前，而详说文字、名物、礼制于后，如是则尽善矣。"

锡瑞案：陈氏说近是而未尽也。江声《尚书集注音疏》疏解全经，在国朝为最先，有荜路蓝缕之功。惟今文搜辑未全，立说亦有未定（如解"曰若稽古"两歧，孙星衍已辨之）。又承东吴惠氏之学，好以古字改经，颇信宋人所传之《古尚书》，此其未尽善者。王鸣盛《尚书后案》主郑氏一家之学，是为专门之书。专主郑，故不甚采今文，且间驳伏生（如解司徒、司马、司空之类），亦未尽善。段玉裁《古文尚书撰异》，于今古文分别具晰，惟多说文字，鲜解经义，且意在袒古文而不信伏生之今文（如《金縢》诋今文说之类），亦未尽善。孙星衍《尚书今古文注疏》，于今古说搜罗略备，分析亦明，但误执《史记》皆古文，致今古文家法大乱（如《论衡》明引《金縢》古文说，孙以其与《史记》不合，乃曰"王氏充以为古者，今文亦古说也"，岂非遁词），亦有未尽善者，然大致完善，优于江、王，故王懿荣请以立学。其后又有刘逢禄《尚书今古文集解》、魏源《书古微》、陈乔枞《今文尚书经说考》三家之书，皆主今文，不取古文。盖自常州学派以西汉今文为宗主，《尚书》一经亦主今文。刘氏、魏氏不取马、郑，并不信马、郑所传逸十六篇，其识优于前人。惟既不取马、郑古文，则当专宗伏生今文。而刘氏、魏氏一切武断，改经增经（如魏氏改《梓材》为《鲁诰》，且臆增数篇，挽入《尚书》），从宋儒臆说而变乱事实，与伏生之说大背（如刘氏驳周公称王之类）。魏氏尤多新解（如以管叔为嗜酒亡国之类），皆不尽善。陈氏博采古说，有功今文，惟其书颇似长编，搜罗多而断制少。又必引郑君为将伯，误执古说为今文，以致反疑伏生，违弃初祖（如文王受命、周公避居二事，皆诋伏生老耄，记忆不全），亦有未尽善者。但以掇拾宏富，今文家说多存。治《尚书》者，先取是书与孙氏《今古文注疏》悉心研究，明通大义，笃守其说，可不惑于歧趋趋向不同。今即近人所著书中酌取两家之说，指明初学所入门径，以免歧误，犹《易》取焦、张两家之说也。若如陈澧所言，撰为"集解""义疏"，当先具列《伏传》《史记》之说，字字遵信，加以发明，不可误据后起之词，轻疑妄驳；次则取《白虎通》及《两汉书》所引经说，加以汉碑所引之经，此皆当日通行之今文，足备考证；又次则取马、郑、伪孔，择其善者，以今文为折衷，合于今文者录之，不合于今文者去之，或于疏引而加驳正。至《蔡传》与近儒所著，则于义疏择取其长，两说相同，则取先出（如取蔡不取江，是）。不合于今文者，概置不取，以免缪辀。惟其说尤足惑人及人所误信者，乃加辨驳，使勿迷眩。后人以此体例勒成一书，斯为尽善。否则俱收并蓄，未能别黑白定一尊，古今杂淆，汉宋兼采，览者如入五都之市，瞀惑不知所归，只是一部类书，无关一经阃旨，岂得为善本乎？（今人王先谦《尚书孔传参正》，兼疏今古文，详明精确，最为善本）

40. 论"四始"是孔子所定，《仪礼》亦孔子所定，解此乃无疑于合乐《关雎》、工歌《鹿鸣》

《经学通论》之《诗经》第五条云：

孔子删定六经，则定《诗》之"四始"，亦必出于孔子。自汉以后，经义湮废，读孔子之书者，必不许孔子有定六经之事，而以删定六经之功归之周公，于是六经之旨大乱而不能理。《诗》之"四始"，以《关雎》为《风》始，《鹿鸣》为《小雅》始，《文王》为《大雅》始，《清庙》为《颂》始，自是定论，必不可不遵者也。《关雎》《鹿鸣》《文王》《清庙》，皆歌文王之德，为后世法，亦是定论，必不可不遵者也。然考汉以前古义，惟《文王》《清庙》是言文王，且是周公称美文王，有明文可据，而《关雎》《鹿鸣》无明文。《吕氏春秋》曰："周公作诗云'文王在上，于昭于天。周虽旧邦，其命维新'，以绳文王之德。"《汉书·翼奉传》曰："周公作诗，深戒成王，以恐失天下，曰：'殷之未丧师，克配上帝。'"《世说新语》："荀慈明曰：'公旦《文王》之诗，不论尧、舜之德而颂文、武者，亲亲之义也。'"是《文王》诗为周公作，古有明文。《尚书大传》曰："周公升歌《清庙》而弦文、武。"王褒《四子讲德论》曰："周公咏文王之德而作《清庙》，建为《颂》首。"《刘向传》曰："文王既没，周公思慕，歌咏文王之德，其诗云：'肃雍显相，济济多士，秉文之德。'"是《清庙》诗为周公作，古有明文。而遍考古书，未有言周公作《关雎》与《鹿鸣》者（惟谢太傅刘夫人以《关雎》为周公诗，见于《世说》。鲁、齐《诗》晋已亡，此非雅言，亦非古义，不可据）。

太史公曰："周道缺，诗人本之衽席，《关雎》作。仁义陵迟败坏，衰败，《鹿鸣》刺焉。"是《关雎》《鹿鸣》皆出于衰周，非周公作，亦非周公之所及见。四始之义，至孔子始定。孔子以为《关雎》"贞洁慎匹"，如匡衡所谓"情欲之感，无介乎容仪"者，惟文王、太姒足以当之。《鹿鸣》《四牡》《皇华》，亦惟文王率殷之叛国足以当之。故推《关雎》《鹿鸣》为《风》与《小雅》之始，以配《文王》《清庙》而为四。"四始"之义，是孔子所定，非周初所有也。张超曰："孔氏大之，取冠篇首。"此以《关雎》冠篇首出孔氏之明证。张超又曰："愿得周公，配以窈窕。"此尤《关雎》不出周公之明证。若出周公，周公岂得自言？若《关雎》明指文王、太姒，更岂得为此言？"窈窕淑女"属太姒，乃周公之母，而愿得周公配之，非病狂丧心之人，必无此荒谬不通之语。张子并作《诮青衣赋》，以诮蔡伯喈作《青衣赋》为志荡辞淫，若先自居于荒谬不通，不反为伯喈所诮乎？据张超所言，则《关雎》必不作于周公以前，而"四始"必由于孔子所定矣。或难之曰："《仪礼》，周公之书，而《乡饮酒》合乐《关雎》之三，《燕礼》工歌《鹿鸣》之三，非周公时已有《关雎》《鹿鸣》之明证乎？"曰："以《仪礼》为周公书，亦是后儒之说，古无明文。'恤由之丧，哀公使孺悲学《士丧礼》于孔子，《士丧礼》于是乎书'，则《仪礼》十七篇，亦孔子所定也（《列女·太姒传》引《诗》曰："大邦有子。"又曰："太姒嗣徽音。"不引《关雎》，是《鲁诗》不以《关雎》诗属太姒之证）。"

41. 论三家亡而毛传孤行，人多信毛，疑三家，魏源驳辨明快，可为定论

《经学通论》之《诗经》第十条云：

魏源《齐鲁韩毛异同论》："程大昌曰：'三家不见《古序》，故无以总测篇意。毛惟有《古序》以该括章旨，故训诂所及，会全诗以归一贯。'然考《新唐书·艺文志》，《韩诗》二卷，卜商序、韩婴注。而《水经注》引《韩诗·周南叙》曰：'其地在南郡、南阳之间。'至诸家所引《韩诗》……皆与《毛诗》首语一例，则《韩诗》有《序》明矣。《齐诗》最残缺，而张揖魏人，习《齐诗》，其《上林赋注》曰：'《伐檀》，刺贤者不遇明王也。'其为《齐诗》之《序》明矣。刘向，楚元王孙，世传《鲁诗》，其《列女传》以《芣苢》为蔡人妻作，《汝坟》为周南大夫妻作，《行露》为召南申女作，《邶·柏舟》为卫夫人作，《硕人》为庄姜傅母作，《燕燕》为定姜送妇作，《式微》为黎庄夫人及傅母作，《载驰》为许穆夫人作。视《毛序》之空衍者，尤凿凿不诬。且其《息夫人传》曰：'君子故序之于《诗》。'《黎庄夫人传》曰：'君子故序之以编《诗》。'而向所自著书亦曰《新序》，是《鲁诗》有《序》明矣。且三家遗说，凡《鲁诗》如此者，韩必同之；《韩诗》如此者，鲁必同之；《齐诗》存什一于千百，而鲁、韩必同之。苟非同出一原，安能重规迭矩？三人占则从二人之言，谓毛不见三家《古序》则有之，三家乌用见《毛序》为哉？程氏其何说之词！郑樵曰：'毛公时，《左传》《孟子》《国语》《仪礼》未盛行，而先与之合。世人未知《毛诗》之密，故俱从三家。及诸书出而证之，诸儒得以考其异同得失，长者出而短者自废，故皆舍三家而宗毛。'应之曰：《齐诗》先《采苹》而后《草虫》，与《仪礼》合。《小雅》'四始''五际'次第，与乐章合。鲁、韩《诗》说《硕人》《二子乘舟》《载驰》《黄鸟》与《左氏》合，说《抑》及《昊天有成命》与《国语》合，说《驺虞》乐官备与《射义》合，说《凯风》《小弁》与《孟子》合，说《出车》《采薇》非文王伐猃狁与《尚书大传》合，《大武》六章次第与乐章合，其不合诸书者安在？而《毛诗》则动与抵牾，其合诸书者又安在？顾谓西汉诸儒未见诸书，故舍毛而从三家，则太史公本《左氏》《国语》以作《史记》，何以宗《鲁诗》而不宗毛？贾谊、刘向博极群书，何以《新书》《说苑》《列女传》宗鲁而不宗毛？谓东汉诸儒得诸书证合，乃知宗毛而舍三家，则班固评论四家《诗》，何以独许鲁近？《左传》由贾逵得立，服虔作解，而逵撰《齐鲁韩毛异同》，服虔注《左氏》，郑君注《礼》，皆显用《韩诗》。即郑笺《毛》，亦多阴用韩义。许君《说文叙》自言《诗》称毛氏，皆古文家言，而《说文》引《诗》，什九皆三家。《五经异义》论罍制，论《郑风》，论《生民》，亦并从三家说。岂非郑、许之用毛者，特欲专立古文门户，而意实以鲁、韩为胜乎？若云长者出而短者自废，则郑、荀、王、韩之《易》贤于施、孟、梁丘，梅赜（当作颐，下同）之书贤于伏生、夏侯、欧阳，《韩诗外传》贤于《韩诗内传》，《左氏》之杜预贤于贾、服，而《逸书》十六篇、《逸礼》七十篇，皆亡所当亡耶？至钱氏大昕据《孟子》'劳于王事，不得养父母'，为孟子之用《小序》；《缁衣》篇'长民者衣服不贰，从容有常，为公孙尼子之用《小序》，则不如据《论语》'《关雎》乐而不淫，哀而不伤'，为夫子用《小序》之为愈也。梅赜之伪古文《书》，其亦三代经传袭用梅氏耶？郑氏其何说之词！姜氏炳璋曰：'汉四家《诗》，惟毛公出自子夏，渊源最古。且《鲁颂传》引孟仲子之言，《丝衣序》引高子之言，《北山序》同《孟子》之语，则又出于《孟子》。而大毛公亲为荀卿弟子，故《毛传》多用《荀子》之言，非三家所及。'应之曰：《汉书·楚元王传》言浮丘伯传《鲁诗》于荀卿，则亦出荀子矣。《唐书》载《韩诗卜商序》，则亦出子夏矣。《韩诗外传》高子问《载驰》之诗于孟子，孟子曰：'有卫女之志则可，无卫女之志则怠。'又载《荀卿·非十二子篇》，独去子思、孟子，且《外传》屡引《七篇》之文，则亦出《孟子》矣。故《汉书》曰：'又有毛公之学，自言子夏所传。''自言'云者，人不取信之词也。至《释文》引徐整云：'子夏授高行子，高行子授薛仓子，薛仓子授帛妙子，帛妙子授河间人大毛公，毛公为《诗故训传》，以授赵人小毛公，小毛公为河间献王博士。'一云：'子夏授曾申，申传魏人李克，克传鲁人孟仲子，孟仲子传根牟子，根牟子传赵人孙卿子，孙卿子传鲁人大毛公。'夫同一《毛诗》传授源流，而姓名无一同。且一以为出荀卿，一以为不出荀卿；一以为河间人，一以为鲁人，展转傅会，安所据依？岂非《汉书》'自言子夏所传'一语，已发其覆乎？以视三家源流，孰传信，孰传疑，姜氏其何说之词！"

锡瑞案：三家亡，《毛传》孤行，多信毛而疑三家。魏氏辨驳分明，一扫俗儒之陋。

42. 论《毛传》不可信而明见《汉志》非马融所作

《经学通论》之《诗经》第十一条云：

《史记·儒林传》述汉初经师，《易》止田生一人，《书》止伏生一人，《礼》止高堂生一人，《春秋》有胡毋生、董仲舒二人，而二人皆传《公羊》，故汉初立《公羊》博士，不分胡、董。惟《诗》有三人，于鲁则申培公，于齐则辕固生，于燕则韩太傅。此三人者，生非一处，学非一师，同为今文而实不同，故汉初分立三博士，盖有不得不别者。《史记》不及毛公，若毛公为六国时人，所著有《毛诗故训传》，史公无缘不知。此《毛传》不可信者一。《汉书·艺文志》虽列《毛诗》与《毛诗故训传》，而云："与不得已，鲁最为近之。三家皆列于学官。又有毛公之学，自谓子夏所传，而河间献王好之，未得立。""自谓"者，人不谓然也。《毛诗》始发见于刘歆，《汉志》多本刘歆《七略》，乃以鲁最为近，而于毛有微词，则班氏初不信毛，《汉志》亦非全用《七略》。此《毛传》不可信者二。徐整、陆玑说《毛诗》授受源流，或以为出荀卿，或以为不出荀卿（魏源辨之已详），两汉以前皆无此说。此《毛传》不可信者三。荀卿非十二子，有"子夏之贱儒"，是荀卿之学非出子夏，判然为二。毛公之学，自谓子夏所传，祖子夏不应祖荀卿，祖荀卿不应祖子夏。此《毛传》不可信者四。申公受《诗》于浮丘伯，浮丘伯又受之荀卿，则《鲁诗》实出荀卿矣。若《毛诗》亦荀卿所传，何以与《鲁诗》不同？此《毛传》不可信者五。《汉志》但云毛公之学，不载毛公之名，亦无大、小毛公之分。郑君《诗谱》曰："鲁人大毛公为《训诂传》于其家，河间献王得而献之，以小毛公为博士。"陆玑曰："荀卿授鲁国毛亨，毛亨作《诂训传》以授赵国毛苌。时人谓亨为大毛公，苌为小毛公。"盖郑君始言大、小毛公有二，陆玑始著大、小毛公之名。如其说，则作《传》者毛亨非毛苌，故孔《疏》云："大毛公为其《传》，由小毛公而题'毛'也。"郑，汉末人，不应所闻详于刘、班；陆玑，吴人，不应所闻又详于郑。此《毛传》不可信者六。《后汉书·章帝纪》，建元六年①，诏"令群儒选高才生，受学《左氏》《穀梁春秋》《古文尚书》《毛诗》，以扶微学，广异义焉"。袁宏《后汉纪》遂言："于是《古文尚书》《毛诗》《周官》，皆置弟子。"案古文在汉时无置博士弟子者，惟《左氏》立而旋罢，故顾炎武断《后汉·儒林传》"《诗》，齐、鲁、韩、毛"，"毛"字为衍文。《儒林传》云："三家皆立博士，赵人毛苌传《诗》，是为《毛诗》，未得立。"顾氏之说是也。《儒林传》："马融作《毛诗传》。"何焯曰："后人据此《传》，云《诗序》之出于宏，不悟《毛传》之出于融，何也？或疑融别有《诗传》，亦非，范氏明与《郑笺》连类言之矣。康成亲受经于季长，以《笺》为致敬亦得。"案何氏说虽有据，而《汉志》已列《毛诗诂训传》，仍当以融别有《诗传》为是。

43. 论以世俗之见解《诗》最谬，《毛诗》亦有不可信者

《经学通论》之《诗经》第十二条云：

凡经学愈古愈可信，而愈古人愈不见信。所以愈可信者，以师承有自，去七十子之传不远也；所以愈不信者，去古日远，俗说沉溺，疑古说不近人情也。后世说经有二弊：一以世俗之见测古圣贤，一以民间之事律古天子诸侯。各经皆有然，而《诗》为尤甚。姑举一二言之：

如《关雎》，三家以为诗人求淑女以配君子，毛以为后妃求贤以辅君子，皆不以"窈窕反侧"属文王。俗说以为文王求太姒至于窈窕反侧，浅人信之，以为其说近人情矣，不知独居求偶，非古圣王所为。且如其说，则《关雎》与《月出》《株林》相去无几，正是乐而淫、哀而伤，孔子何以称其"不淫""不伤"，取之以冠篇首？试深思之，则知俗说不可信矣。《卷耳》，三家无明文，荀子以为"卷耳易采，顷筐易盈也，然而不可以贰周行"，毛以为后妃佐君子求贤审官，皆不以采卷耳为实事。俗说以为提筐采卷耳，因怀人而置之大道，引唐人诗"提筐忘采叶，昨夜梦渔阳"为比例。又以二、三章为登山望夫，酌酒销愁，浅人信之，以为其说近人情矣，不知提筐采卷耳，非后妃身分；登山望夫，酌酒销愁，亦非后妃身分，且不似幽闲淑女行为。试深思之，则知俗说不可用矣。其他如疑诗人不应多讽刺，是不知古者"师箴、瞍赋、蒙诵、百工谏"之义也。疑淫诗不当入国史，是不知古者"男女歌咏，各言其伤"，行人献之太师之义也。疑陈古刺今不可信，是不知"主文谲谏"言之者无罪，闻之者足戒"之义也。疑作诗不当始衰世，是不知"王道缺而《诗》作，周室坏而《春秋》作"，皆衰世所造之义也。疑康王不应有刺诗，是不知"颂声作乎下，《关雎》作乎上，习治则伤始乱"之义也。后儒不知诗人作诗之意、圣人编诗之旨，每以世俗委巷之见推测古事，妄议古人。故于近人情而实非者，误信所不当信；不近人情而实是者，误疑所不当疑。

见毛、郑之说，已觉龃龉不安；见三家之说，尤为枘凿不入，曲弥高而和弥寡

---

① "六年"，据《后汉书》原文，当为"建初八年"，即公元83年。

矣。或谓大毛公六国时人，安见不比三家更古？曰：毛公六国时人，并无明文可征。且《毛传》实有不可信者，"丕显"二字屡见《诗》《书》，《毛传》于《文王》"有周不显"，曰："不显，显也。"又于"不显亦世"，曰："不世显德乎？"是其意以"不"字为语词，为反言表反问语气。不知"不显"即"丕显"也，"不显亦世"即"丕显弈世"也，"不显不时"即"丕显丕承"。《清庙》之"不显不承"，正"丕显丕承"之证也。《卷阿》"伴奂尔游矣"，"伴奂"迭韵，连文为义，与下"优游"一例。即《皇矣》之"畔援"，颜注《汉书》引《诗》正作"畔换"，亦即《闵予小子》之"判换"，所谓美恶不嫌同辞也。《毛传》乃云："广大有文章貌。"是其意分"伴奂"为两义，"伴"训广大，"奂"训有文章。不知下句"优游"何以解之，毛何不分"优游"为两义乎？《正义》据孔晁引孔子曰："奂乎其有文章，伴乎其无涯际。"孔晁，王肃之徒，其所引即《孔丛》《家语》之类，王肃伪作，必非圣言。《荡》"曾是强御"，"强御"亦二字连文为义。《左氏·昭元年传》曰："强御已甚。"《十二年传》曰："吾军帅强御。"皆二字连文。《繁露·必仁且智篇》曰："其强足以覆过，其御足以犯难。"《史记集解》引《牧誓》郑注曰："强御，犹疆暴也。""强御"即《尔雅·释天》之"强圉"。汉《石门颂》倒其文曰"绥亿衔强"，惟其义同，故可倒用。《毛传》乃云："强梁，御善也。"不知二字连文而望文生义，岂六国时人之书乎？

44. 论《诗序》与《书序》同有可信有不可信，今文可信，古文不可尽信

《经学通论》之《诗经》第十五条云：

> 《毛序》有可信不可信，为说《诗》者一大疑案。……
>
> 锡瑞案：程氏之分《大序》《小序》，与《释文》旧说、朱子《辨说》并异。以发序两语为《小序》，两语以外续而申之者为《大序》。《小序》出于国史，为《古序》；《大序》缀于卫宏，非子夏所作。其说本于苏辙，实渊源于成伯玙。近人魏源谓《续序》不得《毛序》之意，正本程说。魏晋以后，《毛传》孤行，人多遵信《序》说，以为真出子夏。至宋则疑信参半，朱子作《诗集传》，始亦从《序》，后与吕祖谦争辨，乃改郑樵说。有《辨说》攻《小序》，而《集传》未及追改，如《缁衣》《丰年》等篇者。元延祐科举法，《诗》用朱子《集传》，而《毛传》几废。国朝人治汉学，始尊毛而攻朱。近人治西汉今文学，又尊三家而攻毛。平心论之，《诗》之《序》犹《书》之《序》也，《诗序》有今古文之分，犹《书序》有今古文之分也。伏生今文《书序》见于《史记》所引者可信，马、郑古文《书序》不可尽信。三家今文《诗序》见于诸书所引者可信，古《毛诗序》不可尽信。郑君论纬说云："不信亦非，悉信亦非。"窃谓古文《诗》《书》之《序》，当如郑君之说。若郑樵攻《毛序》而以己意为《序》，则近于妄。魏源《诗古微》主三家，而三家所无者，皆以己意补之为《序》，是郑樵之类也。

45. 论朱子不信《毛序》有特见，魏源多本其说

《经学通论》之《诗经》第十六条云：

　　朱子驳《毛序》有特见。古书《序》皆附末，《毛诗》独冠篇端，诚有如先有此题而后作此诗者。朱子并为一编以还其旧，是也（伪孔《古文尚书》以《序》冠篇首，亦非古法，即此可证其伪）。《序》所云刺某君，多无明文可据。朱子云顷公谥恶，故以《柏舟》为刺顷公。今以朱子之说推之，则《序》所云"刺某某"者，多有可疑。虽未见朱说之必然，亦无以见其必不然也。魏源之驳《毛序》，有朱子已言者。毛有《序》，三家亦有《序》，其《序》说多不同。三家亡而毛义孤行，安见三家《序》皆不是而《毛序》独是？故朱子深惜三家之传绝，无以考其抵牾之迹也。

46. 论马端临驳朱申毛，可与朱说参看，且能发明风人之旨
《经学通论》之《诗经》第十七条云：

　　《毛序》不尽可信，《毛诗》与《左氏春秋》出河间博士，其与《左氏》合者，亦不尽可信。惟三家既亡，《毛诗》犹为近古，与其信后人之臆说，又不如信《毛诗》。朱子以《郑》《卫》为淫诗，且为淫者自作，不可为训。马驳朱以申毛，能发明风人之旨。

47. 论《毛序》或以为本之子夏，或以为续于卫宏，皆无明文可据，即以为卫宏续作，亦在郑君之前
《经学通论》之《诗经》第十九条云：

　　陈氏引《序》文以证郑义，可谓明切。但如其说，郑既以为子夏、毛公合作，又以《序》为皆出子夏，又以《序》为皆出毛公，是郑君一人之说，已前后歧异。盖本无明据，故游移无定，安见郑说可尽信乎？陈引《载驰》《有女同车》，以为《序》有续作。陈信《毛诗》者，故以为毛公续子夏；其不信《毛诗》者，不亦可以为卫宏续《毛序》乎？陈引《终风》《考盘》《羔裘》，以为作《传》时不但有首句，足驳卫宏续序之说，不知苏辙、程大昌何以解之。而丘光庭《兼明书》举《郑风·出其东门篇》，谓《毛传》与《序》不符。曹粹中《放斋诗说》亦举《召南·羔羊》《曹风·鸤鸠》《卫风·君子偕老》三篇，谓《传》意、《序》意不相应。《序》若出于毛，安得自相违庚？又不知陈澧何以解之。平心论之，《毛序》本不知出自何人，尊之者推之毛公之前而属之子夏，疑之者抑之毛公之后而属之卫宏，其实皆无明文。三家既亡，无有更古于《毛诗》者，即谓《序》出卫宏，亦在郑君之前，非后人臆说可比。学者当尊崇为古义，不必争论为何人也。《四库提要》"定《序》首二语，为毛苌以前经师所传，以下续申之词，苌以下弟子所附"，斯为定论。

48. 论《左氏传》所歌诗皆传家据已定录之，非孔子之前已有此据
《经学通论》之《诗经》第二十八条云：

　　子曰："吾自卫反鲁，然后乐正，《雅》《颂》各得其所。"语出《论语·子罕》。然则夫子未正乐之前，《雅》《颂》必多失次可知。而《左氏传》载季札观乐在夫子

未正乐之前，十五国《风》《雅》《颂》，皆秩然不紊。学者多以为疑，此在汉人已明解之。《周礼·春官·大师》疏引郑众《左氏春秋注》云："孔子自卫反鲁，在哀公十一年。当此时《雅》《颂》未定，而云为歌大小《雅》《颂》者，传家据已定录之。言季札之于乐，与圣人同。"又《诗谱序》疏引襄二十九年《左传》服虔注云："哀公十一年，孔子自卫反鲁，然后乐正，《雅》《颂》各得其所，距此六十二岁。当时《雅》《颂》未定，而云为之歌《小雅》《大雅》《颂》者，传家据已定录之（李贻德曰："是时孔子尚幼，未得正乐，歌者未必秩然如是。传者从后序其事，则据孔子定之次追录之，故得同正乐后之次第也。"）。"《诗》孔疏以服说为非，引郑司农《春官注》，"与郑同以为《风》《雅》先定，非孔子为之"。不知《春官》贾疏引郑司农《左氏》《周官》两处之注，明有两解。服虔以为"传家据已定录之"，正本司农《左氏》之注。是司农虽据《周官》，而解《左氏》知其说不可通，故注《周官》用《周官》义，注《左氏》用《左氏》义。《周官》《左氏》皆古文，注者皆郑司农，而不能专持一义解之，以孔子反鲁正乐有明文，不敢背其说也。凡古人注经前后不合者，皆于经义有疑，未能决定，意在矜慎，并非矛盾。疏家不明此旨，但主一说而尽弃其余，即一人之说前后不符，亦专取其一。举先儒之疑而未定者，臆定以为决辞，而反相驳难。或且去取乖缪，舍其是者而取其不是者。于是先儒矜慎之意全失，虽有异义，无从考见。其或于他处散见一二，皆学者所宜标出以备参考者也（康成《注》多歧异，其答第子，明见《郑志》，《孔疏》驳《郑志》，专取一书之注，非康成之意）。郑司农在东汉之初，服子慎在东汉之末，二人之说递相祖述，皆以传家据孔子所定《雅》《颂》，"言季札之于乐与圣人同"。盖当时古文虽盛行，犹未敢以《左氏》《周官》显违《论语》之义。不若唐以后人之悍，专主一经而尽废群经也。《左传疏》曰："此为季札歌《诗》，风有十五国，其名皆与《诗》同，唯其次第异耳。则仲尼以前，篇目先具，其所删削，盖亦无多。记传引[1]《诗》，亡逸甚少，知本先不多也。《史记·孔子世家》云：'古者《诗》三千余篇，孔子去其重，取三百五篇。'盖马迁之谬耳。"

　　案：《孔疏》据季札所歌以驳删《诗》之说，犹之可也；若据季札所歌，而疑孔子以前《诗》与今同，并无定《诗》正乐之事，则断乎不可。据郑、服两说，足见《左氏》一书多以阙里之绪论，为当时之实事。季札歌《诗》既从后定，其余诸大夫之断章取义，其义或亦出于孔子之后，而非出于孔子之前，未可尽以春秋之断章，为诗人之本旨也（《左氏》引《易》《礼》《论语》，皆当作如是观。《国语》楚子引《曹诗》"不遂其媾"，乃当时刺曹共公诗。或谓《候人》即为晋公子作，何以遽传至楚而楚子引之？殊不可信。俞正燮强护《国语》，谓晋公子从者挟其诗以示人，尤为臆说无据）。

49. 论赋比兴豳雅豳颂皆出《周礼》，古文异说不必深究

《经学通论》之《诗经》第二十九条云：

---

① "引"，原作"与"，误，据《春秋左传正义》卷三十九改。

《诗》有风、雅、颂，人人所知也，而《周礼》："大师教六诗，曰风，曰赋，曰比，曰兴，曰雅，曰颂。"《毛序》据其说，谓《诗》有六义，于是风、雅、颂之外，有赋、比、兴。而《传》专言兴，不言比、赋。孔《疏》曰："《毛传》特言兴也，为其理隐故也。"又曰："风、雅、颂者，《诗》篇之异体；赋、比、兴者，《诗》文之异辞耳。大小不同，而得并为六义者，赋、比、兴是《诗》之所用，风、雅、颂是《诗》之成形。用彼三事，成此三事，是故同称为义，非别有篇卷也。《郑志》，张逸问：'何诗近于比、赋、兴？'答曰：'比、赋、兴，吴札观《诗》已不歌也。孔子录《诗》，已合《风》《雅》《颂》中，难复摘别，篇中义多兴。'"据此，则比、赋、兴难以摘别，与风、雅、颂大小不同。郑、孔亦明知之，特以毛义不敢驳。毛又本于《周礼》，是古文异说，今文三家《诗》无是说也。

十五国风有《豳风》，人人所知也，而《周礼·钥章》"掌土鼓、豳钥，歙豳诗，歙豳雅，歙豳颂"，《郑注》："豳诗，《豳风·七月》也。豳雅，亦《七月》也。《七月》又有'于耜''举趾'，'馌彼南亩'之事，是亦歌其类。谓之雅者，以其言男女之正。豳颂，亦《七月》也，《七月》又有'获稻''作酒''跻彼公堂，称彼兕觥，万寿无疆'之事，是亦歌其类也。谓之颂者，以其言岁终人功之成。"郑笺《诗》，则以"殆及公子同归"以上是谓豳风，"以介眉寿"以上是谓豳雅，"万寿无疆"以上是谓豳颂。孔《疏》云："《钥章》之注，与此小殊。彼又观《钥章》之文而为说也。以其歌豳诗以迎寒迎暑，故取寒暑之事以当之；吹豳雅以乐田畯，故取耕田之事以当之；吹豳颂以息老物，故取养老之事以当之。就彼为说，故作两解也。诸诗未有一篇之内备有风、雅、颂，而此篇独有三体。"据此，则分《七月》诗为风、雅、颂本无定说，一篇不应分三体，郑、孔亦明知之，特欲引据《周礼》，不得不强傅会。是古文异说，今文三家《诗》亦无是说也。

至宋以后，异说尤多。朱子《诗传》以兴、比、赋分而为三，摘《毛传》不合于兴者四十九条，且曰："《关雎》，兴诗也，而兼于比。《绿衣》，比诗也，而兼于兴。《頍弁》，一诗兴、比、赋兼之。"愈求精，愈游移无定，究不知比兴如何分别。胡致堂引李仲蒙说："叙物以言情谓之赋，索物以托情谓之比，触物以起情谓之兴。"亦属空言。王质驳《郑笺》，谓："一诗如何分为三？《钥章》所谓豳诗，以鼓、钟、瑟、琴四器之声合钥也。礼，笙师歙竽、笙、埙、钥、箫、篪、篴、管，春牍、应、雅，凡十二器，以雅器之声合钥也。礼，视瞭播鼗，击颂磬、笙磬磬悬于东方称笙磬，悬于西方称颂磬，凡四器，以颂器之声合钥也。"朱子有三说：一说豳诗吹之，其调可风、可雅、可颂；一说《楚茨》诸诗是豳之雅，《噫嘻》诸诗是豳之颂；一说王介甫谓豳自有雅、颂，今皆亡矣。黄震谓："《楚茨》诸诗，于今为刺幽王之诗；《噫嘻》诸诗，于今为成周郊社之诗，未易遽指以为豳。若如介甫谓豳诗别自有雅、颂，则豳乃先公方自奋于戎狄之地，此时①安得有天子之雅、颂耶？惟前一说得之，以王质考订为精详。"

锡瑞案：王质之说尤谬。"春牍"，先郑以为一器。先郑指郑众，后郑指郑玄。后郑以为牍、应、雅教其春，则笙师所教，止十一器而无十二。"颂磬、笙磬"，

---

① "时"，原作"诗"，误，据《黄氏日钞》卷四改。

《郑注》："在东方曰笙。笙，生也。在西方曰颂。颂，或作庸。庸，功也。"引《大射礼》为据甚确，则颂磬非颂器之声。王质引《周礼》，又不用《周礼》之义，改乱古注，以就其说。宋人习气，固无足怪，而《周礼》亦不可为据。汉人古说自《周礼》外，无言齮雅、齮颂者；自《周礼》《毛传》外，无言赋、比、兴者。郑《注》、孔《疏》强为傅会，而心不能无疑。宋人又不信注疏而各自为说，实则皆如孔广森之论《尚书》"孔、蔡谬悠，议瓜骊山，良无一是"者也。《周礼》一书与诸经本不相通，后人信之，反乱经义。如孔子所定之《易》，《周易》是也，《周礼·太卜》有《连山》《归藏》《周易》，为三《易》。后人不求明《易》，而争论《连山》《归藏》，于是有伪《连山》《归藏》。孔子所定之《书》，《尚书》是也，《周礼①》外史有三皇五帝之书，后人不求明《书》，而争论三皇五帝之书，于是有伪《三坟》书。孔子所定之《诗》，风、雅、颂是也，《周礼》有赋、比、兴、齮雅、颂，后人不求明《诗》，而争论赋、比、兴、齮雅、颂。此等皆无裨经义，其真其伪，其是其非，可以不论。治经者先扫除一切单文孤证、疑似之文，则心力不分，而经义易晰矣。

50. 论三百篇为全经，不可增删改窜

《经学通论》之《诗经》第三十四条云：

　　《汉书·艺文志》曰："《诗》三百篇，遭秦而全者，以其讽诵，不独在竹帛故也。"班氏据汉博士之说，《诗》遭秦为全经，汉时所传之三百篇，即圣人所谓《诗》三百，非有不完不备、待后人补缀者。……案：沈朗妄添《诗》，罪在刘迅之上；王柏妄删《诗》，罪亦不在沈朗之下。《四库提要》斥之曰："柏何人斯，敢奋笔以进退孔子哉！"程敏政、茅坤信王柏，二人非经师，毛奇龄已辨之。阎若璩深于《书》而浅于《诗》，亦误信王柏，皆不足据。

51. 论汉初无"三礼"之名，《仪礼》在当时但称《礼经》，今注疏本《仪礼》大题非郑君自名其学

《经学通论》之《三礼通论》第一条云：

　　"三礼"之名，起于汉末，在汉初但曰"礼"而已。汉所谓《礼》，即今十七篇之《仪礼》。而汉不名《仪礼》，专主经言，则曰"礼经"；合记而言，则曰"礼记"。许慎、卢植所称"礼记"，皆即《仪礼》与篇中之《记》，非今四十九篇之《礼记》也。其后"礼记"之名，为四十九篇之《记》所夺，乃以十七篇之《礼经》别称《仪礼》，又以《周官经》为《周礼》，合称三礼。盖以郑君并注三书，后世盛行《郑注》，于是三书有"三礼"之名，非汉初之所有也。

---

①　"周礼"，原作"周易"，误，据文意改，"外史"乃属《周礼》之《春官》。

52. 论郑君分别今之《仪礼》及《大戴礼》《小戴礼记》甚明，无小戴删大戴之说

《经学通论》之《三礼通论》第二条云：

《礼记正义序》又引《六艺论》云："案《汉书·艺文志》《儒林传》云：'传《礼》者十三家，唯高堂生及五传弟子戴德、戴圣名在也。'五传弟子者，熊氏云：则高堂生、萧奋、孟卿、后仓及戴德、戴圣为五也。"又引《六艺论》云："今《礼》行于世者，戴德、戴圣之学也。又云：戴德传《记》八十五篇，则《大戴礼》是也；戴圣传《记》四十九篇，则此《礼记》是也。"郑君分别今之《仪礼》及《大戴礼》《小戴礼记》甚明。

近人推阐郑义者，陈寿祺《左海经辨》为最晰。

53. 论"三礼"之分自郑君始，郑于《仪礼》十七篇自序皆依刘向《别录》，《礼记》四十九篇皆引《别录》，已有《月令》《明堂位》《乐记》三篇，非马融所增甚明

《经学通论》之《三礼通论》第三条云：

《后汉书·儒林传》："中兴，郑众传《周官经》，后马融作《周官传》，授郑玄，玄作《周官注》。玄本习《小戴礼》（谓今《仪礼》），后以古经校之，取其义长者①，故为郑氏学。玄又注小戴所传《礼记》四十九篇，通为三礼焉。"案据此，则《礼》分为三，实自郑君始。《周官》古别为一书，故《艺文志》附列于后。《贾疏》谓其书"既出于山岩屋壁，复入秘府，五家之儒莫得见焉"。五家即高堂、萧、孟、后、二戴，是西汉《礼》家无传《周官》者。二戴所传《礼记》亦附经，不别行。自郑兼注三书，通为三礼，于是《周官》之分经别出者，与《礼》合为一途；《礼记》之附经不别出者，与经歧为二轨。郑君三礼之学，其闳通在此，其杂糅亦在此。自此以后，阮谌之《三礼图》、王肃之《三礼音》、崔灵恩之《三礼义宗》，莫不以"三礼"为定名矣。郑注诸经，惟三礼有《目录》。《周礼》六篇，依六官次序无异。《仪礼》十七篇，则皆依《别录》。……据郑所引刘向《别录》，已有《月令》《明堂位》《乐记》三篇。刘与戴圣年辈相近，远在马融之前，四十九篇必是小戴原书，而非马融增入可知。且《六艺论》明云："戴圣传《记》四十九篇。"郑受学于马融，使三篇为融所增，郑必不得统同言之，而尽以属之戴圣矣。郑《奔丧目录》曰："实逸《曲礼》之正篇也。"《投壶目录》曰："实逸《曲礼》之正篇也。"郑云《曲礼》，即今《仪礼》。郑以此二篇当为《逸礼》之正经，而不当入之《礼记》。当时尚无《仪礼》之称，故云《曲礼》。《仪礼》本"经礼"，而谓之"曲礼"，郑说稍误。

54. 论《礼》十七篇为孔子所定，邵懿辰之说最通，订正《礼运》"射御"之误当作"射乡"，尤为精确

《经学通论》之《三礼通论》第九条云：

---

① "者"下原衍"顺"字，据《后汉书》原文删。

以《周礼》为周公作固非，以《仪礼》为周公作，亦未是也。《礼》十七篇，盖孔子所定。《檀弓》云："恤由之丧，哀公使孺悲学士丧礼于孔子，《士丧礼》于是乎书。"据此，则《士丧》出于孔子，其余篇亦出于孔子可知。汉以十七篇立学，尊为经，以其为孔子所定也。

近人邵懿辰《礼经通论》……犁然有当于人心，以十七篇为孔子所定，足正后世疑《仪礼》为阙略不全之误；以《仪礼》为"经礼"，足正后世以《周礼》为"经礼"、《仪礼》为"曲礼"之误。订正《礼运》两处"射御"当为"射乡"，尤为一字千金，真乃二千年儒先未发之覆。学者治《礼》，当知此义，先于冠、昏、祭、射、乡、朝、聘八者求之。

55. 论邵懿辰以逸礼为伪与伪古文书同十七篇并非残阙不完，能发前人之所未发

《经学通论》之《三礼通论》第十条云：

《逸礼》即非歆赝作，亦不得与十七篇并列。邵氏云"就令非伪，亦孔子定十七篇时删弃之余"，"大抵秃屑丛残，无关理要"，其说最为确当。《逸礼》三十九篇，犹《逸书》十六篇也，皆传授不明，又无师说，其真其赝，可以勿论。学者于二十九篇《书》、十七篇《礼》未能发明，而偏好于《逸书》《逸礼》，拾其残剩，岂可谓知所先务乎？邵氏据诸书所引而斥其不足信，又谓《王居明堂礼》出于《伏传》，比于《武成》出于《世俘》，可谓卓识。丁氏能证《古文尚书》之伪，而必信《逸礼》为真，何也？

56. 论《仪礼》为经，《礼记》为传，当从朱子采用臣瓒之说，《仪礼经传通解》分节尤明

《经学通论》之《三礼通论》第十五条云：

自《逸礼》之书出，而十七篇有不全不备之疑；自"三礼"之名出，而十七篇有非经非传之疑。以《周礼》为"经礼"，《仪礼》为"曲礼"，是《周礼》为经，而《仪礼》为传矣；谓《仪礼》为"经礼"，《礼记》为"曲礼"，是《仪礼》为经，而《礼记》为传矣。朱子曰："今按'礼经威仪'，刘向作'礼经曲礼'，而《中庸》以'礼经'为'仪礼'①。郑玄等皆曰'经礼'即《周礼》，'曲礼'即今《仪礼》。臣瓒曰：'《周礼》三百，特官名耳，经礼，谓冠、昏、吉、凶。'盖以《仪礼》为'经礼'也。而近世括苍叶梦得曰：'经礼，制之凡也凡：大纲，大节；曲礼，文之目也。先王之世，二者盖皆有书藏于有司，祭祀、朝觐、会同，则太史执之以莅事，小史读之以喻众。而乡大夫受之以教万民，保氏掌之以教国子者，亦此书也。'愚意"礼"篇三名，《礼器》为胜；诸儒之说，瓒、叶为长。盖《周礼》乃制治立法、设官分职之书，而非专为礼设也。至于《仪礼》，则其中冠、昏、丧、祭、

───────

① 各书引用此段文字不一，清秦蕙田《五礼通考》卷首第一引作："经礼威仪，《礼器》作'经礼曲礼'，而《中庸》以'经礼'为'礼仪'。"

燕、射、朝、聘，自为'经礼'大目，亦不容专以'曲礼'名之也。又尝考之，'经礼'固今之《仪礼》，其存者十七篇，而其逸见于他书者，犹有《投壶》《奔丧》《迁庙》等篇。其不可见者，又有古经增多三十九篇，而《明堂阴阳》《王史氏记》数十篇，及河间献王所辑礼乐古事，多至五百余篇。倘或犹有逸在其间者，大率且以春官所领五礼之目约之，则其初固当有三百余篇亡疑矣。所谓'曲礼'，则皆礼之微文小节。如今《曲礼》《少仪》《内则》《玉藻》《弟子职》篇，所记事亲、事长、起居、饮食、容貌、辞气之法，制器、备物、宗庙、宫室、衣冠、车旗之等，凡所以行乎经礼之中者，其篇之全数虽不可知，然条而析之，亦应不下三千有余矣。"

锡瑞案：分别经、传，当从朱子之说。朱子既有此分别，遂欲合经、传为一书。《答李季章书》云："累年欲修《仪礼》一书，厘析章句而附以传说。"《答潘恭叔书》云："《礼记》须与《仪礼》参，通修作一书，乃可观。"《乞修三礼札子》云："以《仪礼》为经，而取《礼记》及诸经史杂书所载有及于礼者，皆以附于本经之下，具别注疏、诸儒之说。"札子竟不果上，晚年乃本此意修《仪礼经传通解》。其书厘析章句，朱子已明言之。其失在厘析《仪礼》诸篇多非旧次，如《士冠礼》"三屦"本在辞后，乃移入前"陈器服章"；戒宿、加冠等辞，本总记在后，乃分入前各章之下之类，未免宋儒割裂经文之习。其功在章句分明，每一节截断，后一行题云"右某事"，比《贾疏》分节尤简明。《答应仁仲书》云："前贤常患《仪礼》难读，以今观之，只是经不分章，记不随经，而注、疏各为一书，故使读者不能遽晓。今定此本，尽去此诸弊，恨不得令韩文公见之也。"近马骕《绎史》载《仪礼》，张尔岐《仪礼郑注句读》、吴廷华《仪礼章句》、江永《礼书纲目》、徐乾学《读礼通考》、秦蕙田《五礼通考》，分节皆用朱子之法。

57. 论郑樵辨《仪礼》皆误，毛奇龄驳郑樵而攻《仪礼》之说多本郑樵

《经学通论》之《三礼通论》第十六条云：

乐史论《仪礼》有可疑者五，郑氏所说多同乐史之论。其所以误疑《仪礼》者，一则不知《仪礼》之名始于何时，以为周公时已名"仪礼"，而汉人未尝称道《仪礼》，则今之《仪礼》必晚出，当是汉儒模效而作。不知《礼》十七篇原于周公，定于孔子。周公、孔子时但名《礼》，汉以立学，名为《礼经》。《班志》本于刘歆《七略》，其云"《经》十七篇"讹为"七十篇"者（刘敞已订正矣，郑氏或未见），即今《仪礼》。刘、班时无"仪礼"之名，非别有《仪礼》而《志》不及也。郑君以前虽无注《仪礼》者，而马融已注《丧服》，其非后儒增益明矣。一则误执《左氏》之说，分仪与礼为二，且重礼而轻仪，不知《左氏》极重威仪。北宫文子见令尹围之仪（古本无"威"字，见《经义述闻》），谓其不可以终。于其时，君大夫视下言徐、其容俯仰之类，皆断其将死亡，何尝以威仪为末节？若女叔齐谓鲁侯习仪，焉知礼，盖以借讽晋君；子太叔谓是仪非礼，盖以此进简子。言非一端，不必过泥。武子不识殽烝，鲁人不辨羔雁，此孔子时经不具之明证。若周公成书具在，列国无缘不知。《聘礼》与《掌客》不同，又《仪礼》《周礼》不出周公之明证。若二书一手所作，何至彼此歧异？汉虽重徐氏之礼容，当时习《礼经》者，并非专习容礼。

十七篇后称《仪礼》，盖以其中或称"仪"（《大射》，一名《大射仪》）、或称"礼"而名之，非取容礼为名。《礼》十七篇，亦非仅容貌、威仪之末也。云孔颖达疑《周礼》《仪礼》非周公书，孔《疏》中无明文，盖因不疏二书，遂以为疑之耳。毛奇龄攻《仪礼》多本其说，故具论之。

58. 论熊朋来于"三礼"独推重《仪礼》，其说甚通

《经学通论》之《三礼通论》第十八条云：

> 熊氏于"三礼"中推重《仪礼》，以为孔子所定、周公制作之仅存，自是确论。十七篇为周公之遗，孔子所定，或本成周之遗制，或参阙里之绪言，久远难明。而汉称为《礼经》，则已定为孔子之书矣。韩文公苦《仪礼》难读，又云于今无所用之，盖慨当时《仪礼》不行，非谓《仪礼》真无所用。南北朝《儒林传》兼通"三礼"犹不乏人，贾公彦《疏》实本齐黄庆、隋李孟悊。至唐，而习此经者殆绝（见李元瓘上奏），举行冠礼，人皆快郑尹而笑孙子（见柳宗元书）。唐加母丧三年，并加外亲服，褚无量叹曰："俗情肤浅，一紊其制，谁能正之？"故韩公有慨于此。至宋，有张淳《仪礼辨误》，李如圭《仪礼集释》并《释宫》（世传《释宫》为朱子作，朱子尝与如圭订《礼》，或取其书入集中），朱子《仪礼经传通解》，黄干、杨复补《丧》《祭》二礼，复又作《仪礼图》。元吴澄纂次八经十传，敖继公《仪礼集说》疏解颇畅，惟诋《郑注》，疵多醇少，近儒褚寅亮、钱大昕、俞正燮已驳正之。熊氏于《仪礼》虽非专家，而所论甚确，由朱子极尊《仪礼》，故宋、元诸儒犹知留意此经也。

59. 论《聘礼》与《乡党》文合，可证《礼经》为孔子作

《经学通论》之《三礼通论》第十九条云：

> 《乡党》之文与《仪礼》多合，盖有孔子所尝行者，有孔子未尝行而尝言之者。熊氏谓"未知《乡党》用《聘礼》语，抑《聘礼》用《乡党》语"，盖未知《乡党》《聘礼》皆孔子之书。而谓"《礼经》多出于七十子之徒所传"，则已明知《礼经》出自孔子，而非出自周公矣。晁氏云"孔子尝言其礼"，则亦略见及之。苏氏云"古有《仪礼》之书，圣门因记其语"①，则但知有《仪礼》作于周公之说，而不知为孔子所作。夫《乡党》所言礼，既非孔子之事，又非孔子所言，圣门何必记其礼乎？《左氏·襄三十八年传》："仲尼使举是礼也，以为多文辞。"孔《疏》曰："服虔云：'以其多文辞，故特举而用之。后世谓之孔氏聘辞，以孔氏有其辞，故《传》不复载也。'所言孔氏聘辞，不知事何所出。实享礼而谓之为聘，举旧辞而目以孔氏，事亦不必然也。"案孔氏聘辞今无可考，服子慎在东汉末，说必有据。《乡党》文与《聘礼》合者，当即孔氏聘辞之文。服以为"孔氏有其辞，故《传》不复载"，

---

① 《四书集注》所引苏氏语，至"非特孔子事也"止，"见得"十四字当为熊氏语，皮氏乃以为苏氏语矣。

则孔氏聘辞文必繁，不止如《乡党篇》中所载之略，此亦可为《聘礼》传自孔氏之证。后世必以《仪礼》为周公所作，于是此等文皆失其解。《孔疏》正以《仪礼》为周公作者，故于服氏之说既不知何所出，遂谓事不必然，而古义尽湮矣。季札观乐，与今《风》《雅》《颂》次序合。服氏以为"传者据已定录之"，则《左氏》所载当时诸侯大夫行礼与《礼经》合者，或亦据孔子所定之《礼》录之。顾栋高《左氏引经不及周官仪礼论》，谓《周礼》为汉儒傅会，即《仪礼》亦未敢信为周公之本文。俞正燮《仪礼行于春秋时义》驳顾氏说，谓"时行其仪，故不复引其文"。据臧孙为季孙立悼子，为《仪礼》宾为苟敬及嗣举奠法；齐侯饮昭公酒，使宰为主人而请安，为《仪礼》请安法；邾庄公与夷射姑饮酒，私出，阍乞肉焉，为《仪礼》取荐脯法。虽其礼相吻合，未可据之以《仪礼》为周公作，真出孔子之前也。

今按：《仪礼》为孔子作之说不确，兹不赘论。

60. 论王肃有意难郑，近儒辨正已详，《五礼通考》舍郑从王，俞正燮讥之甚是

《经学通论》之《三礼通论》第二十二条云：

　　《五礼通考》网罗浩博，自属一大著作。而其大书旁注，低格附载，体例诚多未善，有如俞氏所讥。舍郑从王，是宋非汉，尤为颠倒之见，恐误后学，不得不辨。秦氏之作《通考》，以徐乾学《读礼通考》惟详丧葬，而推广为五礼。徐氏专讲丧礼，条理不繁，故详审无可议。秦氏兼及五礼，过于繁博，故体例有未善，足见三礼非一人之力所能及。自郑君并注"三礼"后，孔氏止疏《礼记》，且原本于皇、熊；贾氏疏《仪礼》，本黄庆、李孟悊，《周礼》不著所出，亦必前有所承。朱子《仪礼经传通解》，至殁尚未卒业。若陈氏《礼书》、秦氏《通考》，未免举鼎绝膑之弊。近人林昌彝《三礼通释》，有编次而少折衷；林乔荫《三礼陈数求义》，有折衷而欠精确。惟江永《礼书纲目》本于朱子，足以补正朱子之书。治"三礼"者，可由此入门，而《五礼通考》姑置之可也（毛鸿宾序《三礼通释》云："《五礼通考》所据者，皆宋、元、明以下之说，多向壁虚造，而汉、魏、六朝经师之遗言大义鲜及之。"可谓知言）。

61. 论古礼多不近人情，后儒以俗情疑古礼，所见皆谬

《经学通论》之《三礼通论》第二十四条云：

　　《礼器》："礼之近人情者，非其至者也。"古人制礼坊民，不以谐俗为务，故礼文之精意，自俗情视之多不相近。又古今异制，年代愈邈，则隔阂愈甚。汉人去古未远，疑经尚少。唐宋以后去古渐远，而疑经更多矣。

　　古今异情若此甚伙，今欲反古，势所难行。然古有明文，非可诬罔。若沉溺俗说，是今人而非古人，不可也；或更傅会误文，强古人以从今人，更不可也。

62. 论三礼皆周时之礼，不必聚讼，当观其通

《经学通论》之《三礼通论》第二十九条云：

孔子谓殷因夏礼，周因殷礼，皆有损益。《乐记》云："三王异世，不相袭礼。"是一代之制度，必不尽袭前代。改制度，易服色，殊徽号，礼有明征，而非特后代之兴必变易前代也。即一代之制度，亦历久而必变。周享国最久，必无历八百年而制度全无变易者。

"三礼"所载，皆周礼也。《礼经》十七篇为孔子所定，其余盖出孔子之后。学者各记所闻，而亦必当时实有此制度，非能凭空撰造。凡此等，以为礼，则实非礼；以为非礼，则当时实有是事。鲁事详而周事略，以鲁推周，则其礼之是非淆乱，记载参差，亦必当时实有是事，而非兼存前朝、误入后代可知。理本易明，特读者忽而不察耳。

63. 论《周官》改称《周礼》始于刘歆，武帝尽罢诸儒，即其不言《周官》之证

《经学通论》之《三礼通论》第三十条云：

《周礼》源流，贾氏叙述颇详，以为始皇焚书特恶《周礼》，说本马融，融说亦不知何据。惠帝已除挟书之律，非始武帝，融盖以《周官》武帝时出而为此说。刘歆典秘书在哀帝时，亦非成帝，贾公彦已辨之。当时众儒共排，以为非是，其说惜不可考。《周官》改称《周礼》，盖即始于刘歆。荀悦《汉纪》曰："刘歆奏请《周官》六篇列之于经，为《周礼》。"陆德明《序录》曰："刘歆始建立《周官经》，以为《周礼》。"是其明证。武亿曰："班氏于王莽一《传》之中，凡莽及臣下施于诏议章奏，自号曰《周礼》，必大书之，而自为史文，乃更端见例，复仍其本名曰《周官》。《食货志》：'莽乃下诏曰：夫《周礼》有赊贷。'及后云：'又以《周官》税民。'是亦一《志》而两见，由其意观之，固未有著明于此也。《郊祀志》，莽改南北郊祭祀犹称《周官》，时未居摄，不敢紊易。《莽传》征天下通艺及张纯等奏之，称《周官》，亦皆在未居摄之时。是则《周官》之易名《周礼》，其在居摄之后可知矣。荀悦之言，洵不诬也。"案《周礼》名始歆、莽，武氏说尤分明。自是之后，《周官》《周礼》互见错出，《后汉·儒林传》言马融作《周官传》，郑玄作《周官注》，盖以马、郑《自序》原称《周官》。或据以为其时尚无《周礼》之名，又谓《周礼》名始郑君，皆考之未审。郑《自序》已称《周礼》，其注《仪礼》《礼记》，引《周礼》甚多，《后汉·卢植传》亦有《周礼》之称。是其名非起于汉末，特在汉初本名为《周官》耳。《班志》正名《周官》，不从歆、莽之制。或谓《班志》皆本刘歆《七略》，据其称《周官》，不称《周礼》，与"又有毛公之学，自谓子夏所传"等语，皆与刘歆尊信《毛诗》《周礼》不同，似《志》非尽本于《七略》。林孝存谓武帝知《周官》渎乱不验，或据《封禅书》驳之，谓"武帝知不验，群儒何敢采用"。不知《封禅书》下文，明言"群儒拘牵古文，上尽罢诸儒不用"，此正武帝知《周官》不验之证。孝存之说，必有据也。

64. 论《周官》当从何休之说，出于六国时人，非必出周公，亦非刘歆伪作

《经学通论》之《三礼通论》第三十一条云：

《周官》与《左氏》皆晚出，在汉时已疑信参半。后人尊《周官》者，以为周公手订，似书出太早；抑之者以为刘歆伪作，似书出太迟。何休以为出于六国时人，当得其实。毛氏以《周官》为战国时书，不信为周公所作，又力辨非刘歆之伪，而谓周制全亡，赖有《周礼》《仪礼》《礼记》三经，有心古学，宜加护卫，最为持平之论。

65. 论毛奇龄谓《周官》不出周公，并谓《仪礼》不出周公，而不知《仪礼》十七篇乃孔子所定，不可诋毁

《经学通论》之《三礼通论》第三十二条云：

汪中《周官征文》共得六事，于毛氏引乐人窠公、《大戴·朝事》《礼记·内则》之外，增入《逸周书·职方》《礼记·燕义》《诗·生民传》三事。陈澧又考得《杂记》郑注、《郊特牲》孔疏、《考工记》贾疏、《大司马》注疏四条。然此诸说，亦但可以证《周官》非刘歆作伪，而无以见其必为周公所定。后人必以为周公作，又以《仪礼》亦周公作。然则二书何以不符？又何以不见于孔、孟书及春秋时人所称引，使人反疑不信？惟从毛氏之说，以为战国人作，方足以解两家之纷。毛氏云："乡遂之官迥异朝庙，其所设诸属，往往有不必计禄食者。《周官》一书总以'官不必备'四字统概全经，虽设多名，而备实无几。"其说可以解官多而禄不给之疑。又云："三等分国，固有常制，然不无特设，以待非常之典。假若有新封者必需赐国，有大功者必需益地，则不能限以百里，而就其特设约为之限，大约公不过五，侯不逾四，伯与子、男以渐而杀。"又云："五等分国，本造为设法之例，以统校地数，故曰可以周知天下，非谓一州之中，必四公、六侯、十一伯、二十五子、百男也。"其说可以解国多而地不足之疑。毛氏说经多武断，惟解《周官》心极细，论亦极平。而知《仪礼》不出周公，不知实出孔子，谓《仪礼》亦战国人作，因朱子《家礼》尊信《仪礼》，乃作《昏礼辨正》《丧礼吾说篇》《祭礼通俗谱》，诋斥《仪礼》，而自作礼文，致阎若璩有"毛大可私造典礼"之诮，则由不晓《礼经》传于孔氏，非《周礼》《礼记》之比也。

66. 论《周礼》为古说，《戴礼》有古有今，当分别观之，不可合并为一

《经学通论》之《三礼通论》第三十三条云：

汉今文立学，古文不立学，沿习日久，遂以早出立学者为今文，晚出不立学者为古文。许慎《五经异义》有古《周礼》说、今《礼》戴说，或云今《大戴礼》说，或云《戴礼》、戴说，其中亦有大小戴所传十七篇《礼经》之说，非尽《大戴礼记》《小戴礼记》也。十七篇《礼》之说，不尽今文。近人分别十七篇《经》是古文说，经中之《记》是今文说。而十七篇《经》，又有今古文之分。《郑君传》云："玄本习《小戴礼》，后以古经校之。"是小戴所传十七篇《礼》，当时通行，字皆今文。郑以古经之字校之，取其义长者从之。故郑注十七篇，或经从今，则《注》云古文某为某；或经从古，则《注》云今文某为某，详见胡承珙《仪礼古今文疏义》。此特即

其古今文字传本不同者言之，非必义说之全异也。许君以《戴礼》为今说，则对《周礼》为古说言之耳。至若《小戴礼记》，本非一手所成，或同今文，或同古文。《王制》多同《公羊》《穀梁》，为今文说；《祭法》出于《国语》，为古文说。其言祭礼、庙制不同，此显有可证者。近人又分别二戴《记》，以《王制》为今学之祖，取《祭统》《千乘》《虞戴德》《冠义》《昏义》《射义》《聘义》《乡饮酒义》《燕义》等篇注之。取《祭法》为古《国语》说，又取《玉藻》《盛德》《朝事》等篇，为古《周礼》说。又以《曲礼》《檀弓》《杂记》，为古《春秋左氏》说。虽未必尽可据，而《王制》为今文大宗，《周礼》为古文大宗，则显有可证者。

67. 论郑君和同古今文，于《周官》古文《王制》今文力求疏通，有得有失

《经学通论》之《三礼通论》第三十四条云：

郑注《王制》而引《周官》，能和同古今文，皆不背其说。或以郑为牵合无据，亦非尽无据也。即以齐、鲁二国言之，二国始封，在武王时，《史记·周本纪》曰："武王封功臣谋士，而师尚父为首。封尚父于营丘，曰齐。封弟周公旦于曲阜，曰鲁。"其时封地，盖仍殷制，《孟子》所谓"为方百里"是也。鲁至成王时益封，《明堂位》曰："地方七百里。"《鲁颂谱》疏引《明堂位》以证，曰："大启尔宇，鲁之封疆，于是始定。"或疑七百里太大，然必不止百里，如仍百里旧封，何云"大启尔宇"？《史记·汉兴以来诸侯王表》曰："封伯禽、康叔于鲁、卫，地各四百里。"与《周官》"侯四百里"合，盖得其实。七百里，或兼山川、附庸言之。齐之益封，与鲁同时。《史记》又曰："太公于齐，兼五侯地。"郑《诗谱》曰："周武王伐纣，封太师吕望于齐，地方百里，都营丘。周公致太平，敷定九畿，复夏禹之旧制。成王用周公之法，制广大邦国之境，而齐受上公之地，更方五百里。"《王制》"公侯皆方百里"，"五百里"正与"兼五侯地"合，是齐、鲁实有益地之事。如郑说，《周官》《王制》皆可通矣。

68. 论郑君以《周礼》为经，《礼记》为记，其别异处皆以《周礼》为正，而《周礼》自相矛盾者仍不能弥缝

《经学通论》之《三礼通论》第三十五条云：

可以见其进退诸经之大旨，折衷三礼之苦心。郑以《周礼》对《礼记》言之，则《周礼》为经，《礼记》为记；以《礼记》对《左传》言之，则《礼记》为经，《左传》为传。经可以正传、记，传、记不得难经。而以《礼记·祭法》对《王制》言之，则《祭法》为周礼，《王制》为夏、殷礼。礼家之纠纷难明者，据郑所分析，已略有明据矣。惟郑以《周礼》是周公之制，似未必然。《周官》一书，亦自有矛盾之处。郑君虽极力弥缝之，学者不能无疑。郑云《王制》多杂夏、殷，故于解《周官》亦谓大麾是用夏制。如此，则《周官》《王制》古今文两不相背，而《周官》两处之矛盾，仍未能泯其迹也。惠士奇、金榜又不从郑，而各别为说，尤傅会不可信。

69. 论《周礼》在周时初未举行，难行于后世

《经学通论》之《三礼通论》第三十六条云：

汉今文家张禹、包咸、周生烈、何休、林硕，不信《周礼》者也（贾《疏》云，张、包、周、何、林，不信《周礼》为周公所作）。古文家刘歆、杜子春、郑兴、郑众、卫宏、贾逵、许慎、马融、郑玄，尊信《周礼》者也。自汉至今，于《周礼》一书，疑信各半。《周礼》体大物博，即非周公手笔，而能作此书者自是大才，亦必掇拾成周典礼之遗，非尽凭空撰造。其中即或有刘歆增窜，亦非歆所能独办也。惟其书是一家之学，似是战国时有志之士据周旧典，参以己意，定为一代之制，以俟后王举行之者，盖即《春秋》素王改制之旨。故其封国之大，设官之多，与各经不相通，所以张、包、周、何、林皆不信。古文家即尊信《周礼》，亦但可以《周礼》解《周礼》，不可以《周礼》解经。而马、郑注《尚书》官制服制，皆引《周礼》为证。即如其说，以《周礼》为周公手定，亦不得强虞、夏以从周。况《周礼》未必出于周公，岂可据之以易旧说乎？《礼记》，七十子之后所作，未知与作《周礼》者孰先孰后。其说礼与《周礼》或异，当各从其说以解之。郑以《周礼》为经，《礼记》为记，一切据《周礼》为正，未免有武断之失。《周礼》晚出，本无师授，文字奇古，人多不识。郑《注》所引故书，乃其原本。杜、郑诸儒，始为正音读，明通假。郑君所云“二三君子所变易，灼然如晦之见明”，使山岩屋壁之书得以昭见于世，其有功于《周礼》甚大。而因尊信《周礼》太过，一经明而各经皆乱，则诸儒亦不能无过矣。《周礼》郑《注》、贾《疏》之外，王安石、王昭禹、王与之、易袚之说皆有可采。近人沈彤《周官禄田考》、王鸣盛《周礼军赋说》皆能自成一家之说，但未能疏全书，治此经者仍以《注疏》为主。《考工记》据“胡无弓车”之类，亦属战国人作，文字奥美，在《周官》上，可考古人制器尚象之遗。宋林希逸《鬳斋考工记解》于古器制度未详核。近人戴震《考工记图》、程瑶田《考工创物小记》、阮元《车制图考》、郑珍《轮舆私笺》皆有发明，惟详于车，而他物尚略（陈澧云：“《记》以轮为首，有旨哉！古人以轮行地，今外国竟以轮行水，且西洋人《奇器图说》所载诸器，多以轮为用。算法之割圜，亦轮之象也。”予谓《易》既济、未济皆水火，而爻辞皆云“曳其轮”，亦有微旨）。今当振兴工艺之日，学者能远求《考工》之法，必当大著成效。《周礼》自王莽、苏绰、王安石试行不验，后人引以为戒。王莽篡弑之贼，本非能行《官礼》之人，其所致亡，亦非因行《周礼》。苏绰于宇文泰时行《周礼》颇有效，隋唐法制多本宇文。王安石创新法，非必原本《周礼》，赊贷市易，特其一端，实因宋人耻言富强，不得不上引周公，以箝服异议。后人谓安石以《周礼》乱天下，是为安石所欺。安石尝云：“法先王之政者，法其意而已。”此言极其通达。故知其所行法，非事事摹周也。《周礼》在周时，初未举行（如王畿居中、封公五百里之类），何能行于后世？古之治天下，至纤至悉，后世尚简而戒烦苛，无论赊贷市易必不可行，即饮射读法亦将大扰。然则法《周礼》者，亦但可如安石所云“法其意而已”矣。

70. 论《周官》之法不可行于后世，马端临《文献通考》言之最晰

《经学通论》之《三礼通论》第三十七条云：

> 马氏谓《周礼》可行于封建，不可行于郡县，以壤地既广、长吏数易之故，最为通论。今壤地之广过于南宋，长吏数易亦甚于南宋。彼时守吏犹必三岁而更，今且一岁而数易矣。使与百姓交涉，能至纤至悉乎？外国之法所以纤悉备举者，以去封建未远（日本与德意志，皆初合侯国为一者），壤地不大，官制不同之故。今人作《泰西采风记》《周礼政要》，谓西法与《周礼》暗合。

71. 论郑樵解释《周礼》疑义未可信为确据

《经学通论》之《三礼通论》第三十八条云：

> 郑氏弥缝牵合，具见苦心。惟《周官》一书，与诸经多不相通，如九服、公五百里之类是；《考工记》亦与《周官》不相通，如《匠人》《遂人》之类是。欲强合之为一，虽其说近理，未可信为确据。

72. 论《周官》并非周公未行之书，宋元人强补《周官》更不足辨

《经学通论》之《三礼通论》第三十九条云：

> 周公制礼极其慎重。既已优游三年，乃敢制作；又待营洛之后，乃始班行。所以不能不慎重者，观后世如汉贾谊、董仲舒、王吉、刘向，皆请制礼而未能定，曹褒定礼而未能行。唐《显庆》《开元礼》，宋《政和礼》，其书具在，迄未行用。周公盖虑及此，故必慎之于始。其始既如此慎重，其后必实见施行。今之《周官》与周时制度多不符，则是当时并未实行，其非周公之书可知。孔子所谓“吾学周礼”，亦非《周官》之书。北宫锜问周室班爵禄，《周官》言班爵禄极详，《孟子》乃云“其详不可得闻”，而所谓“尝闻其略”者，又不同《周官》而同《王制》。若《周官》为周公手定，必无孔孟皆未见之理，其书盖出孔孟后也。后人知《周官》与周时制度不合，乃以为未成之书，又以为未行之书。欲以《周官》强归周公，乃以后世苟简之法例周公。《伏传》云：“制礼方致政。”正是制礼必行之证，何得反据《伏传》以为不能遂行？显庆、开元作礼书，饰太平，而不能实行。后世苟简之法则然，岂有周公制礼亦如是者？（孙处引显庆、开元为比，见郑樵《周礼辨》引，故驳之）虽欲强为傅会，要无解于孔孟未见也。若《考工记》，本别为一书，河间献王以《周官》阙《冬官》一篇，购以千金不得，取《考工记》合成六篇奏之。宋俞廷椿作《复古篇》，谓司空之属分寄于五官。王与之又作《周官补遗》，丘葵本俞、王之说，取五官所属归于《冬官》，六属各得六十，著为《周礼定本》。吴澄《周礼叙录》：“以《尚书·周官》考之，冬官司空掌邦土，而杂于地官司徒掌邦教之中。今取其掌邦土之官，列于司空之后，庶乎《冬官》不亡，而《考工记》别为一卷，附之经后。”又与俞、王稍异。要皆宋元人窜易经文之陋习，不足辨。吴氏不信伪古文，此又执伪《周官》为说，更不可解。

73. 论《礼记》始撰于叔孙通

《经学通论》之《三礼通论》第四十条云：

> 《礼记》为叔孙通所撰，说始见于张揖，揖以前无此说。近始发明于陈寿祺，寿祺以前亦无此说。寿祺引臧庸说以证《礼记》中有《尔雅》，尤为精确。郑以孔氏壁中、河间献王两事并举者，孔壁所得书无《周礼》。许氏《说文序》曰："壁中书者，鲁恭王坏孔子宅，而得《礼》《记》《尚书》《春秋》《论语》《孝经》。"不云有《周礼》。献王得《周官》，见《汉书》本传，郑君不析言之，故并举之。

74. 论《王制》为今文大宗，即《春秋》素王之制

《经学通论》之《三礼通论》第四十二条云：

> 《礼记》非杂出汉儒，陈氏之辨晰矣。而《王制》为今文大宗，与《周礼》为古文大宗，两相对峙（朱子曰《周礼》《王制》是制度之书，已以两书对举）。一是周时旧法，一是孔子《春秋》所立新法。后人于《周礼》尊之太过，以为周公手定；于《王制》抑之太过，以为汉博士作，于是两汉今古文家法大乱。此在东汉已不甚晰，至近日而始明者也。郑君《驳异义》曰："《王制》是孔子之后大贤所记先王之事。"又答临硕曰："孟子在赧王之际，《王制》之作，复在其后。"推郑君意，似以《王制》为孟子之徒所作，以开卷说班爵禄，略同《孟子》文也。《王制》非特合于《孟子》，亦多合于《公羊》。
>
> 俞氏以《王制》为素王之制，发前人所未发。虽无汉儒明文可据，证以《公羊》《穀梁》二传及《尚书大传》《春秋繁露》《说苑》《白虎通》诸书所说，制度多相符合。似是圣门学者原本圣人之说，定为一代之制。其制损益殷周，而不尽同殷周，故与《春秋》说颇相同，而于《周礼》反不相合。必知此为素王改制，《礼》与《春秋》二经始有可通之机，《王制》与《周官》二书亦无纠纷之患。治经者能得此要诀，可事半功倍也。

75. 论《礼记》所说之义古今可以通行

《经学通论》之《三礼通论》第四十三条云：

> 焦氏于"三礼"轩轾太过，谓民患在智，近于老氏之旨，与世界进化之理不符。惟发明"礼，时为大"之义甚通，言礼者必知此，乃不至于拘碍难行。《抱朴子·省烦篇》云："冠、昏、饮、射，何烦碎之甚耶？好古官长，时或修之，至乃讲试累月，犹有过误。而欲以此为生民之常事，至难行也。余以为可命精学洽闻之士，使删定'三礼'，割弃不要，次其源流，总合其事，类集以相从，务令约俭，无令小碎，条牒各别，令易案用。"《朱子语录》云："古礼于今，实是难行。后世有大圣人者作，与他整理一过，令人苏醒，必不一一如古人之繁，但放古人大意，简而易行耳。"此正得其义而通之，期不失乎礼意之说也（毛奇龄谓"《礼记》，旧谓孔子诏七十子共撰所闻以为记，《仪礼》则显然战国人所为，《仪礼》逊《礼记》远矣"，务

反朱子之说，亦轩轾太过）。

今按：焦循《礼记郑注补疏序》载《雕菰集》卷十六，引文与原文有出入。

76. 论《礼记》记文多不次，若以类从，尤便学者，惜孙炎、魏徵之书不传

《经学通论》之《三礼通论》第四十四条云：

　　刘氏与朱子之说是也，《礼记》他篇，亦多类此。故郑君门人孙炎已有《类钞》，而书不传；魏徵因之以作《类礼》，而书亦不传。

　　《戴记》不废，张说有存古之功；《类礼》不传，说亦有泥古之失。当时若新旧并行，未为不可。朱子惜《类礼》不复见，是以有《仪礼经传通解》之作。吴澄作《礼记纂言》，更易次序，各以类从。近人惩于宋儒之割裂圣经，痛诋吴澄，并疑《通解》之杂合经传。平心而论，《礼记》非圣人手定，与《易》《书》《诗》《春秋》不同。且《礼经》十七篇已有附记，《礼记》文多不次，初学苦其难通，《曲礼》一篇即其明证。若加分别部居，自可事半功倍。据《隋志》"《礼记》三十卷，魏孙炎注"，则其书唐初尚存。炎学出郑门，必有依据。魏徵因之，更加整比。若书尚在，当远胜于《经传通解》《礼记纂言》，而大有益于初学矣（陈澧云：孔《疏》每篇引郑《目录》，云此于《别录》属某某，《礼记》之分类，不始于孙炎、魏徵矣。今读《礼记》，当略仿《别录》之法，分类读之，则用志不纷，易得其门径）。

77. 论郑注引《汉书》引谶纬皆不得不然，习《礼记》者当熟玩注疏，其余可缓

《经学通论》之《三礼通论》第四十五条云：

　　马氏之说甚通。《礼》自孔子时而经不具，后世所谓"三礼"，由孔子及七十子后学者撰集，虽未必与古礼尽合，而欲考古礼者，舍三书无征焉。通为秦博士，习秦仪。秦之与古异者，惟尊君卑臣为太过，其他去古未远，必有所受。观秦二世时议庙制，引古七庙之文可见。通所定礼，不见于《汉·艺文志》，盖犹萧何之律、韩信之军法，其书各有主者，不在向、歆所校中秘书内。许氏《异义》间引通说，则郑君注《礼》亦必采用之矣。褒本习《庆氏礼》，乃高堂生、后仓所授。其引谶纬，东汉风气实然。纬书多先儒说经之文，观《礼纬含文嘉》可见。郑注《礼》间引谶纬，如"耀魄宝""灵威仰"之类，或亦本之于褒。古礼失亡，通定礼采秦仪，郑注《礼》用汉事，褒与郑又引及谶纬，皆不得不然者。后人习用郑说，而于通杂秦仪、褒杂谶纬则议之，是知二五而不知十也。或且并诋郑君，如陈傅良谓郑注《周礼》之误有三，汉官制皆袭秦，今以比《周官》。王应麟引徐筠《微言》，亦同此说。欧阳修请删《注疏》中所引谶纬，张璁且以引谶纬为郑君罪案而罢其从祀。如其说，则汉以后之说《礼》者，不亡于秦火，而亡于宋、明诸人矣。朱子曰："《礼记》有说宗庙朝廷说得远，复杂乱不切于日用。若欲观礼，须将《礼记》节出切于日用常行者，如《玉藻》《内则》《曲礼》《少仪》看。"又曰："郑康成考《礼》名数大有

功。"又或问："《礼记》古注外，无以加否?"曰："《郑注》自好①，看注看疏自可了。"朱子推重《礼记注疏》，此至当之论也。孔颖达于"三礼"惟疏《礼记》，实贯串"三礼"及诸经。有因《记》一二语而作疏至数千言者，如《王制》"制，三公一命卷"云云，疏四千余字；"比年一小聘"云云，疏二千余字；《月令》《郊特牲》篇题，疏皆三千余字，其余一千余字者尤多。元元本本，殚见洽闻，又非好为繁博也。既于此一经下详说此事，以后此事再见则不复说，亦犹《郑注》似繁而不繁也。学者熟玩《礼记注疏》，非止能通《礼记》，且可兼通群经。若卫湜《礼记集说》一百六十卷，空衍义理者多。杭世骏《续礼记集说》一百卷，亦未免于炫博。陆元辅《陈氏集说补正》，足匡陈澔之失。王夫之《礼记章句》、朱彬《礼记训纂》、孙希旦《礼记集解》，虽有可采，皆不及孔《疏》之详博，亦不尽合古义，此等书皆可缓。郑注《礼记》，因卢、马之本而加校正，其所改字必有精意。宋陆佃、方悫、马晞孟等，以郑改读为非，而强如本字读之，解多迂曲。又或以后世之见疑古礼之不近人情，不但疑注疏，而并至疑经，足以迷误后学。陈澔《集说》尤陋，学者仍求之注疏可也。

78. 论宋明人疑经之失，明人又甚于宋人

《经学通论》之《三礼通论》第四十六条云：

　　宋、明人疑注疏而并疑经。

　　锡瑞案：郑樵、郝敬，皆勇于疑经者。郑犹以为讹异，郝乃直攻经传，足见明人之悍而不学，又甚于宋。兹逐条辨之，以释后儒之疑。

79. 论《礼记》义之精者本可单行，《王制》与《礼运》亦可分篇别出

《经学通论》之《三礼通论》第四十八条云：

　　《礼记》非一人所撰，义之精者可以单行。

　　锡瑞谓：《王制》为今文大宗，用其说可以治天下，其书应分篇别出；《礼运》说礼极精，应亦分篇别出。

　　锡瑞案：移易经文，动言错简，乃宋明人习气，不可为训。而邵氏说极有理，证据亦明。明乎此，可以释前人之疑，知《礼运》一篇皆无疵，而其精义益著。故备举其说，以为《礼运》可以单行之证。

80. 论六经之义礼为尤重，其所关系为尤切要

《经学通论》之《三礼通论》第四十九条云：

　　六经之文，皆有礼在其中；六经之义，亦以礼为尤重。于何征之? 于《经解》一篇征之。《经解》首节泛言六经，其后乃专归重于礼。

---

① "好"下原衍"看"字，据《朱子语类》卷八十七删。

观此诸篇，乃知古礼所存，大有关系，较之各经，尤为切要。若必荡弃礼法，溃决堤防，正所谓"坏国、丧家、亡人，必先去其礼"，与《孟子》所谓"上无礼，下无学，贼民兴，丧无日矣"，可不儆惧乎？

81. 论《大戴礼记》

《经学通论》之《三礼通论》第五十条云：

《大戴礼记》合十三经为十四经，见于史绳祖《学斋占毕》，是宋时常立学。以注者为北周卢辨，见王应麟《困学纪闻》。近人注此书者，乃有孔广森、王聘珍二家，阮文达皆以"用力勤、为功钜"许之。序王聘珍书，以为孔执约所未及，其称许又在孔书之上。而《皇清经解》有孔书而无王书，或王书之出差后。《续经解》亦未收，或王书之传未广欤？凡考据之书，后出者胜，王书之胜孔书宜也。《大戴书》与三礼多相出入，不可不知其义，故略言之。

82. 论经学纠缠不明，由专据《左传》《周礼》二书，轻疑妄驳

《经学通论》之《三礼通论》第五十一条云：

经学之纠缠不明者，其故有二：一则古之事实不明。《左氏》一书所载事实，与《公羊》《穀梁》《国语》《史记》《新序》《说苑》《列女传》多不合。《公羊》《穀梁》今文说，与《左氏》古文不同，《国语》与《左氏》皆古文而不尽同。《史记》《新序》《说苑》《列女传》皆从今文，故亦不同。……

二则古之典礼不明。《周官》一书，与《孟子》《王制》全异，与《仪礼》《礼记》《大戴礼》《春秋三传》及汉人说礼亦多不合。后人谓《周官》为周公手定，于其不合者，以为诸家典礼皆误，惟《周官》不误。郑君注"三礼"，于礼与《周官》有异者，或以为夏、殷礼，或以为晋文、襄之制，似惟《周官》为周制可信矣。……窃谓《春秋》事实，当兼采《三传》及《国语》《史记》《新序》《说苑》《列女传》诸书，不必专据《左氏》；周时典礼，当兼采《仪礼》《礼记》《大戴礼》《春秋三传》及汉人遗说，不必专据《周官》。能折衷者加以折衷，不能折衷者，任其各自为说，斯可以省枝节而去葛藤矣。

83. 论《礼经》止于十七篇，并及群经当求简明有用，不当繁杂无用

《经学通论》之《三礼通论》第五十二条云：

邵氏不尊《周官》，不信《逸礼》，专据十七篇为孔子手定，故谓繁多不如简要。此礼经之定论，实亦诸经之通论也。孔子定"六经"以教万世，必使万世可以通行。上智少而中材多，古今之所同然。若书过于繁多，则惟上智之人能通，而中材之人不能通，不受教者多，而受教者少矣。古无纸墨刊印，漆书竹简，尤不能繁。即如邵氏所推合"六经"十六万余言，传诵已苦不易。凡学务精不务博，务实不务名，务简明有用不务繁杂无用。孔子定"六经"之旨，曰删正，曰笔削，皆变繁杂为简明之

意也。汉人治经，能得此旨，其后乃渐失之。《艺文志》曰："古之学者耕且养，三年而通一艺，存其大体，玩经文而已。是故用日少而畜德多，三十而五经立也。后世经传既已乖离，博学者又不思多闻阙疑之义，而务碎义逃难，便辞巧说，破坏形体，说五字之文至于二三万言，后进弥以驰逐。故幼童而守一艺，白首而后能言。安其所习，毁所不见，终以自蔽，此学者之大患也。"班氏此言，能括汉一代经学之盛衰，而为万世治经之龟鉴。经学莫盛于西汉，如《禹贡》治河、《洪范》察变、《春秋》决狱、《诗》当谏书，皆简明而有用。至西汉末，此风遂变，乃有若秦恭之三万言说"若稽古"者，章句破碎，繁杂无用，于是古文家起而抵其隙；师说太多，莫知所从，于是郑君出而集其成。及汉亡而经学遂衰，皆由贪多务博者贻之咎也。今科学尤繁，课程太密，即上智之士，亦不能专力治经。是以大义不明，好新奇者诋毁旧学，至有烧经之说。故作《通论》，粗发大纲，俾学者有从入之途，而无多歧之患。条举群经之旨，冀存一线之遗。观者当谅其苦衷，而恕其僭妄。以教初学，或有裨益。若赡学渊闻之士，固无取乎此也。

84. 论《春秋》是作不是抄录，是作经不是作史，杜预以为周公作凡例，陆淳驳之甚明

《经学通论》之《春秋通论》第二条云：

> 说《春秋》者，须知《春秋》是孔子作，"作"是做成一书，不是抄录一过。又须知孔子所作者，是为万世作经，不是为一代作史。经、史体例所以异者，史是据事直书，不立褒贬，是非自见；经是必借褒贬是非，以定制立法，为百王不易之常经。《春秋》是经，《左氏》是史。后人不知经、史之分，以《左氏》之说为《春秋》，而《春秋》之旨晦；又以杜预之说诬《左氏》，而《春秋》之旨愈晦。

> 锡瑞案：杜预引《周礼》《孟子》，皆不足据。《孟子》言鲁之《春秋》，止有其事其文而无其义，其义是孔子创立，非鲁《春秋》所有，亦非出自周公。若周公时已有义例，孔子岂得不称周公而攘为己作乎？杜引《孟子》之文不全，盖以其引孔子云云不便于己说，故讳而不言也。《周礼》虽有史官，未言史有《凡例》。杜预云："其发凡以言例，皆经国之常制，周公之垂法。"《正义》曰："今案《周礼》，竟无凡例。"是孔颖达已疑其说，特以"疏"不驳"注"，不得不强为傅会耳。陆淳《春秋纂例》驳杜预之说曰："杜预云'凡例'皆周公之旧典礼经，按其传例云：'弑君，称君，君无道也；称臣，臣之罪也。'然则周公先设弑君之义乎？又曰：'大用师曰灭，弗地曰入。'又周公先设相灭之义乎？又云：'诸侯同盟，薨则赴以名。'又是周公令称先君之名以告邻国乎？虽夷狄之人，不应至此也。"案陆淳所引后一条，即《左氏》所谓"礼经"、杜预所谓"常例"。陆驳诘明快，不知杜预何以解之？袒杜预者又何以解之？柳宗元亦曰："杜预谓例为周公之常法，曾不知侵、伐、入、灭之例，周之盛时，不应预立其法。"与陆氏第二条说同。

85. 论《春秋》素王不必说是孔子素王，《春秋》为后王立法，即云为汉制法亦无不可

《经学通论》之《春秋通论》第六条云：

据杜、孔之说，则《春秋》素王非独《公羊》家言之，《左氏》家之贾逵亦言之，至杜预始疑非通论。杜所疑者是仲尼素王，以为孔子自王，此本说者之误。若但云《春秋》素王，便无语弊。孔《疏》所引云"素王之文""素王之法""素王之道"，皆不得谓非通论。试以孔《疏》解"素"为"空"解之，何不可通？杜预《序》云："会成王义，垂法将来。"其与"素王立法"之说有以异乎？无以异乎？惟《六艺论》之"自号素王"，颇有可疑。郑君语质，不加别白，不必以辞害意。孔子作《春秋》以讨乱贼，必不自蹈僭妄，此固不待辨者。《释文》于《左传序》"素王"字云："王，于况反。下'王鲁''素王'同。"然则"素王"之"王"，古读为"王天下"之"王"，并不解为"王号"之"王"。孔子非自称"素王"，即此可证。若丘明自称"素臣"，尤为无理。丘明尊孔子，称弟子可矣，何必称臣示敬？《孔疏》亦不知其说所自出，盖《左传》家窃取《公羊》素王之说，张大丘明以配孔子，乃造为此言耳。

汉人又多言《春秋》为汉制法。不知《春秋》为后王立法，虽不专为汉，而汉继周后，即谓为汉制法，有何不可？且在汉言汉，推崇当代，不得不然。即如欧阳修生于宋，宋尊孔教，即谓《春秋》为宋制法，亦无不可。今人生于大清，大清尊孔教，即谓《春秋》为清制法，亦无不可。欧阳所见，何拘阂之甚乎？汉尊谶纬，称为"内学"，郑康成、何劭公生于其时，不能不从时尚。后人议何氏《解诂》不应引《演孔图》之文，试观《左氏·文十三年传》："其处者为刘氏。"《孔疏》明云："《左氏》不显于世，先儒无以自申。刘氏从秦从魏，其源本出刘累，插注此辞，将以媚世。明帝时，贾逵上疏云：'《五经》皆无证图谶明刘氏为尧后者，而《左氏》独有明文。'窃谓前世藉此以求道通，故后引之以为证耳。"据《孔疏》，足见汉时风气，不引谶纬不足以尊经。而《左氏》家擅增传文，《公羊》家但存其说于注，而未敢增传。相提并论，何氏之罪不比贾逵等犹可末减乎？

86. 论《公羊》《穀梁》二传当为传其学者所作，《左氏传》亦当以此解之
《经学通论》之《春秋通论》第十条云：

杨《疏》云穀梁传孙卿，孙卿去子夏甚远。穀梁如受经于子夏，不得亲传孙卿。以《传》为传其学者所作，极是。非独《公》《穀》二传，即《左氏传》亦当以此解之。

87. 论《春秋》本鲁史旧名，墨子云《百国春秋》即百二十四宝书
《经学通论》之《春秋通论》第二十条云：

郑氏之说，多本刘知幾《史通·六家篇》，刘氏云："《春秋》家者，其先出于三代。"亦引《国语》《左传》之文，则"春秋"自是旧名，非夫子始创。或谓春获麟，秋成书，虽出《公羊》家说，而与《传》引"不修《春秋》"之文不合。或谓赏刑褒贬，说亦近凿，当以杜预云错举四时为是。晏、吕之书，非错举四时而亦名《春秋》，当时百国《春秋》具存，其体例或亦有所本。百国《春秋》，即百二十国宝书。

88. 论《汉志》"春秋古经"即《左氏经》，《左氏经》长于二传，亦有当分别观之者
《经学通论》之《春秋通论》第二十一条云：

    《汉志》"《春秋》古经，十二篇"，班氏无注。钱大昕曰："谓《左氏经》也。汉儒传《春秋》者，以《左氏》为古文，《公羊》《穀梁》为今文，称古经，则共知其为《左氏》矣。《左氏》经传本各单行，故别有《左氏传》。"《汉志》"经十一卷"，班氏注云："《公羊》《穀梁》二家。"沈钦韩曰："二家合闵公于庄公，故十一卷。彼师当缘闵公事短，不足成卷，并合之耳。何休乃云：'系闵公篇于庄公下者，子未三年，无改于父之道。'"

    锡瑞案：何氏说是也，沈专主《左氏》，故不以何为然。《汉志》"《左氏传》三十卷"，班氏注云："左丘明，鲁太史。"案《说文叙》曰："北平侯张苍献《春秋左氏传》。"《论衡》曰："《左传》三十篇，出恭王壁中。"二说不同。班氏无明文，似不信此二说。《汉志》"《公羊传》十一卷"，注云："公羊，齐人。"《汉志》"《穀梁传》十一卷"，注云："穀梁子，鲁人。"不别出公、穀二家之经。马端临云："《公羊》《穀梁传》，直以其所作传文换入正经，不曾别出，而《左氏》则经自经而传自传。又杜元凯《经传集解序文》以为'分经之年与传之年相附'，则是左氏作《传》之时，经文本自为一书，至元凯始以《左氏传》附之经文各年之后。是《左氏传》中之经文，可以言古经矣。"案汉熹平石经《公羊》隐公一段，直载传文而无经文，是《公羊》经传亦自别行，不如马氏之言。《孔疏》云："丘明作传，与经别行，《公羊》《穀梁》莫不皆然。"是《公羊》《穀梁》《左氏》之经传，皆自别行。《左氏》经传，至杜预始合之；《公》《穀》经传，不知何人始合之也。《汉志》所列古经，即是《左氏》之经，马氏不知，乃云："《春秋》古经，虽《汉·艺文志》有之，然夫子所修之《春秋》，其本文世所不见。而汉以来所编古经，则俱自《三传》中取出经文，名之曰正经耳。"又云："《春秋》有《三传》，亦本与经文为二，而治《三传》者合之。先儒务欲存古，于是取其已合者复析之，命之曰古经。"案《三传》与经皆别行，而后人合之。马氏乃以为汉人于《三传》中取出经文，不知何据。马氏所云"先儒"，似指朱子所刻《春秋经》、李焘所定《春秋古经》而言，然不得谓之"汉以来"。其立说不分明，皆由不知《汉志》之"古经"即是《左氏经》也。《四库提要》曰："徐彦《公羊传疏》曰：'《左氏》先著竹帛，故汉儒谓之古学。'则所谓古经十二篇，即《左传》之经，故谓之'古'。刻《汉书》者，误连二条为一耳。今以《左传》经文与二《传》校勘，皆《左氏》义长，知手录之本确于口授之经也。"谨案，《左氏经》长于二《传》，详见侯康《春秋古经说》。然则《春秋》经文，《三传》不同，如"蔑、眛""郳、微"之类，专据《左氏》可也；而"君氏、尹氏"之类，仍当分别观之。

89. 论左氏不在七十子之列，不得口受传指，《左传疏》引《严氏春秋》不可信，引刘向《别录》亦不可信
《经学通论》之《春秋通论》第二十二条云：

史公生于刘歆未出之前，其说最为近古；班氏生于《左氏》盛行之后，其说信而有征。史公以丘明为"鲁君子"，别出于七十子之外，则左氏不在弟子之列、不传《春秋》可知。云"七十子之徒口受其传指"，而左氏特"因孔子史记，具论其语"，则左氏未得口授可知。班氏云汉初学《左氏》者惟传训故，则其初不传微言大义可知。云"歆治《左氏》，引传文以解经，由是备章句义理"，则刘歆以前未尝引传解经，亦无章句义理可知。据马、班两家之说，则汉博士谓"左丘明不传《春秋》"，范升谓"《左氏》不祖孔子而出于丘明，师徒相传又无其人"，必是实事而非诬妄。《左传疏》据沈氏云："《严氏春秋》引《观周篇》云：'孔子将修《春秋》，与左丘明乘如周，观书于周史，归而修《春秋》之经，丘明为之传，共为表里。'"案沈氏谓陈沈文阿。《严氏春秋》久成绝学，未必陈时尚存。汉博士治《春秋》者，惟严、颜两家，严氏若有明文，博士无缘不知。如《左氏传》与《春秋经》相表里，何以有丘明不传《春秋》之言？刘歆博极群书，又何不引《严氏春秋》以驳博士？则沈引《严氏春秋》必伪，其不可信者一也。《左传疏》引刘向《别录》云："左丘明授曾申，申授吴起，起授其子期，期授楚人铎椒，铎椒作《抄撮》八卷授虞卿，虞卿作《抄撮》九卷授荀卿，荀卿授张苍。"陆德明《经典释文》略同，盖皆本于《别录》。案《左氏》传授，《史》《汉》皆无明文，《汉书·儒林传》云："汉兴，北平侯张苍及梁太傅贾谊、京兆尹张敞、太中大夫刘公子，皆修《春秋左氏传》。"而张苍、贾谊、张敞《传》，皆不云传《左氏春秋》，故范升以为师徒相传无其人。若如《别录》传授源流若此彰灼，范升何得以此抵《左氏》？陈元又何不引以转抵范升？盖如《释文》所引《毛诗》源流，同为后人附会，则陆、孔所引刘向《别录》必伪，其不可信者二也。赵匡已以《释文·序例》为妄，谓："此乃近世之儒欲尊崇《左氏》，妄为此记。向若传授分明如此，《汉书·张苍》《贾谊》及《儒林传》何故不书？则其伪可知也。"是唐人已知之而明辨之矣。

90. 论赵匡、郑樵辨左氏非邱明，《左氏传》文实有后人附益
《经学通论》之《春秋通论》第二十三条云：

《史记》张守节《正义》云："秦惠文王始效中国为之。"明古有腊祭，秦至是始用，非至是始创。则以"不腊"为秦时文字，固未可据。"左师展将以公乘马而归"，即子家子谓"公以一乘入于鲁师"之意。一乘仍是车乘，亦未可据为乘马之证。传及知伯，或后人续增。"不更、庶长"之类，或亦后人改窜。《左氏》一书，实有增窜之处。《文十三年传》"其处者为刘氏"，刘炫、孔颖达已明言先儒插此媚世。《僖十五年传》"上天降灾"至"唯君裁之"四十一字，服、杜及唐定本皆无。林黄中谓《左传》"君子曰"是刘歆之辞，王应麟曰："'八世之后'，其田氏篡齐之后之言乎？'公侯子孙，必复其始'，其三卿分晋之后之言乎？'其处者为刘氏'，其汉儒欲立《左氏》者所附益乎？皆非《左氏》之旧也。"近儒姚鼐以"公侯子孙，必复其始"，及季札闻歌《魏》，曰"以德辅此，则明主也"，《传》中盛称魏绛、魏舒之类，为吴起附益以媚魏者。陈澧以《左传》凡例与所记之事有违反者，可见凡例未必尽是，而《传》文亦有后人所附益。刘逢禄以《左氏》凡例、书法皆出刘歆。

虽未见其必然，而《左氏》有后人附益之辞，唐宋人已有此疑矣。

91. 论贾逵奏《左氏》义长于《公羊》，以己所附益之义为《左氏》义，言多诬妄

《经学通论》之《春秋通论》第二十四条云：

《春秋》大义在诛乱臣贼子，贾逵以义深君父为重，自是正论。而所举数事，则无一合者。《公羊》，释经者也，《经》书祭仲、纪季，字而不名，故以为贤；书黑肱不加邾娄，故以为通滥。《左氏》纪事，不释经者也，序祭仲事，与《公羊》略同，而未加断语。杜预乃执大夫书名之例，以祭仲书名为有罪。《左氏》明云"祭封人仲足"，又屡举"郑祭足"，是名"足"、字"仲"甚明，岂有以伯、仲、叔、季为名者乎？《左氏》曰："纪侯不能下齐，以与纪季。"则纪季入齐，是受兄命，亦与《公羊》略同。贾责以"背兄归仇"，《左氏》有此说乎？《左氏》序子胥事亦未加断语，而斗辛有"君讨臣，谁敢仇之"之言，忠孝不能两全，二人各行其是。若如贾逵之说，正可以《左氏》载斗辛语为不深父矣。《公羊》借子胥明复仇之义，谓"父不受诛，子复仇可也；父受诛，子复仇，此推刃之道"，是泛言人子应复仇不应复仇之通义。子胥之父，以忠获罪，正不受诛应复仇者，《公羊》未尝不许子胥复仇。贾逵乃不引其上句与事合者，而引其下句不与事合者，妄断为不深父，不犹骨吏之舞文乎？叔术事，《左氏》不载，可不必论。何休《解诂序》谓："贾逵缘隙奋笔，以为《公羊》可夺，《左氏》可兴。"贾逵《春秋左氏长义》二十卷见于《隋书·经籍志》者，今佚不存，其所摘三十事，亦不可考。而如所引祭仲、纪季、伍子胥事，皆不足为《左氏》深君父、《公羊》任权变之证。《公羊》于祭仲之外，未尝言权，逵乃以缘隙奋笔之私心，逞舞文弄法之谬论，欲抑《公羊》而莫能抑，欲伸《左氏》而莫能伸。乃必以为《左氏》义长，而此三事《左氏》止纪实，而未尝发义，不知其长者安在？逵以己所附益之义为《左氏》义，以难《公羊》，上欺其君，而下欺后世。东汉之治古学贵文章者，大率类此，惜李育、何休未能一一驳之。

92. 论《左氏传》不解经，杜、孔已明言之，刘逢禄考证尤详晰

《经学通论》之《春秋通论》第二十五条云：

刘氏以为刘歆改窜传文，虽未见其必然，而《左氏传》不解经，则杜、孔极袒左氏者，亦不能为之辨。杜《序》明言分经之年与传之年相附，孔《疏》云："丘明作《传》，不敢与圣言相乱。经、传异处，于省览为烦，故杜分年相附。"是分年附传，实始于杜，非始贾逵，刘氏说犹未谛。

锡瑞案：自幼读《左氏传》"书""不书"之类，独详于隐公前数年，而其后甚略，疑其不应如此草草。及观刘氏考证《左氏》释经之文，阙于隐、桓、庄、闵为尤甚，多取晋、楚之事敷衍，似皆出《晋乘》《楚梼杌》。尤可疑者，杜、孔皆谓经、传各自言事，是虽经刘歆、贾逵诸人极力比附，终不能弥缝其迹。王接谓《传》不主为经发，确有所见。以刘氏《考证》为左验，学者可以恍然无疑。

93. 论《左氏传》止可云载记之传，刘安世已有经自为经，传自为传，不可合一之说

《经学通论》之《春秋通论》第二十六条云：

> 《史记》云"《左氏春秋》"，《汉志》云"《左氏传》"，近人据博士说"左丘明不传《春秋》"，以《汉志》称"传"为沿刘歆之误。此独分别有训诂之传，有载记之传，以《左传》为载记之传，其说亦通。《南齐书·陆澄传》曰："泰元取服虔而兼取贾逵经，由服①传无经，虽在注中，而传又有无经者故也。今留服而去贾，则经有所阙。"据此，则服子慎知经传有别，故但释传而不释经，贾景伯则经传并释。杜从贾，不从服，故《集解序》不及服虔。其后服、杜并行，卒主杜而废服，盖以杜解有经、服解无经之故。不知经、传分行，实古法也。刘安世曰："《公》《穀》皆解正《春秋》，《春秋》所无者，《公》《穀》未尝言之。若《左传》，则《春秋》所有者或不解，《春秋》所无者或自为传。故先儒以谓《左氏》'或先经以起事，或后经以终义，或依经以辨理，或错经以合异'，然其说亦有时牵合。要之，读《左氏》者，当经自为经，传自为传，不可合而为一也，然后通矣。"据此，则《左氏》经传，当各自为书，宋人已见及之，可为刘逢禄先路之导。

今按：张杓为清代学者，有《磨甋斋文存》等。

94. 论孔子作《春秋》以辟邪说，不当信刘歆、杜预反以邪说诬《春秋》

《经学通论》之《春秋通论》第二十八条云：

> 孔子作《春秋》以辟邪说，后人乃反以邪说诬《春秋》，盖不特孔子之经为所诬罔，即左氏之传亦为所汩乱，致使学者以《左氏》为诟病。若歆与预乃《左氏》之罪人，岂得为《左氏》之功臣哉？读《左氏》者于此等当分别观之，一以孔子之《春秋》大义断之可也。

皮锡瑞站在今文经学的立场上，竭力否定古文经学，其妄说与康有为相近。他的《经学历史》没有做到价值中立，完全是门户之见，其学术价值几乎为负值。

95. 论左氏采各国之史以成书，读者宜加别白，断以《春秋》之义

《经学通论》之《春秋通论》第二十九条云：

> 《左氏》采各国之史以成书，作者意在兼收，读者宜加别白。或古今异事，各有隐衷；或借儆其君，自有深意；或阿附权臣，实为邪说，未可一概论也。
>
> 国史并记之，《左氏》兼存之，读者当分别观之，而是非自见。不当不分黑白，而概执为《春秋》之义也。

96. 论《左氏》所谓礼多当时通行之礼，非古礼，杜预"短丧"之说，实则《左氏》有以启之

《经学通论》之《春秋通论》第三十条云：

---

① "服"上原脱"由"字，据《南齐书·陆澄传》补。

郑君云"《左氏》善于礼",实则《左氏》之所谓礼,多春秋衰世之礼,不尽与古礼合。故《左氏》亦自有矛盾之处,如以大搜为非礼①,载叔向辞诸大夫欲见新君,非不知吉凶不可并行,而于他处又以为礼,此矛盾之甚者。朱子曰:"《左氏》说礼皆是周末衰乱不经之礼,无足取者。"陈傅良谓:"礼也者,盖鲁史旧文,未必皆合于《春秋》。"其说是也。郑《驳异义》谓"诸侯岁聘间朝之属,说无所出,或以为文、襄之制",则郑君亦知《左氏》之礼不可尽据。而《箴膏肓》又强为饰说,至以丧娶为合权宜,不亦谬乎!朱大韶驳《左氏》,可谓辞严义正。三年之丧,在春秋时已不通行,故滕人有"鲁先君亦莫之行"等语。《左氏》序事之书,据事直书,不加褒贬,自是史家通例。其所云礼,为当时通行之礼,亦不必为《左氏》深咎。惟文元年穆伯如齐始聘,文二年襄仲如齐纳币,襄元年邾子来朝之类,乃《左氏》自发之凡。杜预且以"凡例"皆出周公,是周公已制短丧之礼,且制丧娶之礼矣,此则万无可解。即袒《左氏》者如沈钦韩等,亦无以申其说。必如刘逢禄以"凡例"为刘歆增窜,乃可以为《左氏》解也(文公丧娶在三年外,惟纳采、问名犹在三年之中,故《左氏》不以为非。公羊受经子夏,子夏作《丧服传》,讲丧礼最严,故《公羊》云"三年之内不图昏"。此《公羊》有师授、《左氏》无师授之一证。杜、孔乃曲为《左氏》解,以为文公纳采在为太子之时,此所谓"又从为之辞",亦非《左氏》意也)。

97. 论《春秋》是经,左氏是《史》,必欲强合为一,反致信传疑经

《经学通论》之《春秋通论》第三十一条云:

陆氏自言其所作《集传》,不取《左氏》无经之传之义。治《春秋》者皆当知此义,分别《春秋》是经、《左氏》是传,离之双美,合之两伤。经本不待传而明,故汉代《春秋》立学者,止有《公羊》,并无《左氏》,而《春秋经》未尝不明。其后《左氏》盛行,又专用杜预《集解》,学者遂执《左氏》之说为《春秋》之义,且据杜氏之说为《左氏》之义,而《春秋》可废矣。分别《春秋》《左氏》最明者,惟唐大中时工部尚书陈商《立春秋左传学议》:"以孔子修经,褒贬善恶,类例分明,法家流也。左丘明为鲁史,载述时政,惜忠贤之泯灭,恐善恶之失坠,以日系月,修其职官,本非扶助圣言,缘饰经旨,盖太史氏之流也。举其《春秋》,则明白而有识;合之《左氏》,则丛杂而无征。杜元凯曾不思夫子所以为经,当与《诗》《书》《周易》等列。丘明所以为史,当与司马迁、班固等列。取二义乖剌不伴之语,参而贯之,故微旨有所不同,宛章有所未一。"此《议》载令狐澄《大中遗事》、孙光宪《北梦琐言》。陈商在唐代不以经学名,乃能分别夫子修经与《诗》《书》《周易》等列,丘明作史与《史记》《汉书》等列,以杜预参贯经传为非是,可谓卓识。其谓《左传》"非扶助圣言",即汉博士云"丘明不传《春秋》"之说也;非"缘饰经旨",即晋王接云"《左氏》自是一家言,不主为经发"之说也。经、史体例,判然不同。经所以垂世立教,有一字褒贬之文;史止是据事直书,无特立褒贬之义。杜

---

① "如以",原作"以如",误倒,据思贤书局本乙正。

预、孔颖达不知此意，必欲混合为一，又无解于经传参差之故，故不能据经以正传，反信传而疑经矣。

98. 论《春秋》必有例，刘逢禄、许桂林《释例》大有功于《公羊》《榖梁》，杜预《释例》亦有功于《左氏》，特不当以"凡例"为周公所作

《经学通论》之《春秋通论》第三十三条云：

> 《礼记·经解》引孔子曰："属辞比事，《春秋》教也。"又曰："《春秋》之失，乱。"《经解》引此为夫子自道，是犹孟子两引孔子之语，皆圣人自发其作《春秋》之旨，最可凭信。古无"例"字，"属辞比事"即"比例"。《汉书·刑法志》师古曰："比，以例相比况也。"《后汉书·陈宠传》注："比，例也。"夫子以《春秋》口授弟子，必有比例之说，故自言"属辞比事"为《春秋》教。《春秋》文简义繁，若无比例以通贯之，必至人各异说，而大乱不能理，故曰"《春秋》之失，乱"，乱由于无比例。是后世说经之弊，夫子已预防之矣。何休《公羊解诂序》曰："往者略依胡毋生《条例》，多得其正。"是胡毋生以《公羊传》著于竹帛，已为之作《条例》。董仲舒曰："《春秋》无达例。"则董子时《公羊春秋》已有例可知。胡毋生《条例》散见《解诂》，未有专书。何休《文谥例》，仅见于《疏》所引。《公羊传条例》见于《七录》，今佚。刘逢禄作《公羊何氏释例》以发明之，其《释时月日例》引子思赞《春秋》上律天时，以为"《春秋》不待褒讥贬绝，以月日相示，而学之者湛思省悟"，推阐甚精。《榖梁》时月日例更密于《公羊》，许桂林作《榖梁释例》以发明之，其有功于《榖梁》，与刘逢禄有功于《公羊》相等。范宁解《榖梁》亦有例，《四库提要》曰："《自序》有'商略名例'之句，《疏》称宁别有《略例》百余条，此本不载。然《注》中时有'传例曰'字，或士勋割裂其文，散入注疏中欤？"陈澧曰："《杨疏》有称《范氏略例》者，有称《范例》者，有称《范氏别例》者，皆即《略例》也。范氏《注》中已有例，又别为《略例》，故可称《别例》。杨《疏》所引二十余条，王仁俊《汉魏遗书钞》已抄出。"据此，则《公羊》《榖梁》二家说《春秋》者，皆有例矣。《左氏》之例始于郑兴、贾徽，其子郑众、贾逵各传家学，亦有《条例》。颖容已有《释例》，在杜预之前。《左氏传》本无日月例，孔《疏》曰："《春秋》诸事皆不以日月为例，其以日月为义例者，唯卿卒、日食二事而已。"陈澧曰："此说可疑，岂有一书内唯二条有例者乎？且日食不书日，为官失之，其说通；大夫卒，公不与小敛，不书日，则不可通。孔巽轩云：'九月甲申，公孙敖卒于齐，公岂得与小敛乎？'此无可置辨矣。盖《左传》无日月例，后人附益者以《公》《榖》有之，故亦仿效而为此二条耳。"
>
> 锡瑞案：二条为后人附益，固无可疑，即"五十凡"，亦未知出自何人。然郑、贾、颖已言例在前，则非杜预所创，特不当以旧例为周公所定耳。

今按：陈澧之语出《东塾读书记》卷十《春秋三传》。

99. 论《公》《榖》传义、《左氏》传事，其事亦有不可据者，不得以亲见国史而尽信之

《经学通论》之《春秋通论》第三十八条云：

> 《公》《榖》精于义，《左氏》详于事，诚如诸儒之说。《春秋》重义不重事，治《春秋》者，当先求《公》《榖》之义，而以《左氏》之事证之，乃可互相发明，不至妄生疑难（即啖助云"因以求意，经文可知"之说）。若但考《左氏》之事，不明《春秋》之义，将并《传》之不可信者而亦信之，必至如杜预、孔颖达诸人从传驳经，非圣无法。正犹齐人知有孟尝君而不知有王，秦人知有穰侯而不知有王矣。引《左氏》之事，以证《春秋》之义可也；据《左氏》之义，以为《春秋》之义不可也。《左氏》不传《春秋》，本无义例。刘歆治《左氏》，引传文以解经，始有章句义理。杜预排斥二传，始专发《左氏》义。刘歆、杜预之义明，而孔子《春秋》之义隐。《左氏》凡例、书法、君子曰，前人已多疑之，陆淳已驳弑君、灭国、蒐赴以名之例矣。
>
> 诸儒多云"左氏亲见国史，事必不误"，亦未尽然。

100. 论刘知幾诋毁《春秋》并及孔子，由误信杜预、孔颖达，不知从《公》《榖》以求圣经

《经学通论》之《春秋通论》第三十九条云：

> 刘氏但晓史法，不通经义，专据《左氏》，不读《公》《榖》，故不知《春秋》为尊亲讳。其书不书，皆有义例，非可以史法"善恶必书"绳之。《左氏传》云孙、宁出君，"名藏在诸侯之策，曰：'孙林父、宁殖出其君。'"夫子以为臣出君不可训，故更之曰"卫侯衎出奔齐"，以君自出为文。"天王狩于河阳"，其义亦然。《左氏》引仲尼曰"以臣召君，不可以训"是隐讳之义，《左氏》亦知之。而续经云："齐陈恒执其君，置于舒州。"则与《春秋》不书孙、宁出君之义相背。是《左氏》于《春秋》隐讳之旨半明半昧，刘氏则全不知。夫吴为伯主，故耻不书，公及戎盟，本无庸讳。且及戎盟，隐、桓二年凡两见，刘举桓而失隐，知其读《春秋》不熟矣。刘氏又曰："齐、郑及楚国有弑君，各以疾赴，遂皆书卒；反不讨贼，药不亲尝，遂皆被以恶名，播诸来叶传播后世。"案刘氏此说，亦由不解隐讳之义。"郑伯髡原如会，卒于操。"《公羊传》明以为隐，以为弑，以为为中国讳。"楚子卷、齐侯阳生卒"，《公羊》无说，《左氏》亦但于"郑伯之卒"云"以疟疾赴于诸侯"。楚郏敖、齐悼公，《左氏》以为弑，而不云以疾赴，刘云"各以疾赴"，不知何据。"反不讨贼"，本晋史之旧文；"药不亲尝"，由君子之听止。是二君之弑，初非夫子所加，夫子特因旧文书之，以着忠臣孝子之义。若齐、郑、楚三君，其国无董狐之直笔，国史本不书弑，夫子岂得信传闻之说，遽加人以弑逆之罪乎？至郑伯隐讳，又是一义。刘氏不明其义，而并为一谈，斯惑矣。鲁桓弑隐，但书"公薨"，刘氏以为董狐、南史，各怀直笔。孟子言孔子成《春秋》而乱臣贼子惧，无乃乌有之谈？不知南、董非崔、赵之臣，故可直书；孔子是鲁臣，于其先君篡弑，不可直书。刘氏在唐曾为史官，试问其于唐代之事，能直书无隐否？乃以此惑圣经，并疑孟子之言为乌有，固由读书粗疏，持论犷悍，亦由误信杜预、孔颖达，不知从《公》《榖》以求圣经也。

101. 论刘知幾据《竹书》以诋圣经，其惑始于杜预，唐之陆淳、刘贶已驳正其失

《经学通论》之《春秋通论》第四十条云：

　　刘氏据《左传》而疑经，谓经全因旧史，已是大惑。又据《竹书》而疑经，谓经何以不改旧史，更滋其惑，而其惑实始于杜预。杜预《春秋集解后序》论《汲冢书》云："其著书文意，大似《春秋经》，推此足见古者策书之常也。文称'鲁隐公及邾庄公盟于姑蔑地名，今山东泗水东'，即《春秋》所书'邾仪父未王命，故不书爵。曰仪父，贵之也'。又称'晋献公会虞师伐虢，灭下阳'，即《春秋》所书'虞师、晋师灭下阳'，'先书虞，贿故也'。又称'周襄王会诸侯于河阳'，即《春秋》所书'天王狩于河阳'，'以臣召君，不可以训'也。诸若此辈甚多，略举数条，以明国史皆承告据实而书时事。仲尼修《春秋》，以义而制异文也。"胡渭曰："《竹书纪年》文意简质，虽颇似《春秋经》，然此书乃战国魏哀王时人所作，往往称谥以记当时之事。如'鲁隐公及邾庄公盟于姑蔑'，'晋献公会虞师伐虢灭下阳'，'周襄王会诸侯于河阳'，明系春秋后人约《左传》之文，仿经例而为之，与身为国史、承告据实书者不同。杜氏《后序》则谓'推此足见古者国史策书之常'，不亦过乎？"案胡氏此说足解杜氏之惑，即足解刘氏之惑。《春秋》传于子夏，子夏退老西河地名，战国时魏地，为魏文侯师，魏人必有从之受《春秋》者。《纪年》作于魏哀王时，距孔子作《春秋》已百年，其书法明是仿《春秋》。杜氏乃疑古史书法本然，孔子《春秋》是依仿此等书为之，而益坚其经承旧史、史承赴告之说。不思著书年代先后具有明征，但有后人袭前人，未有前人袭后人者。孔子作《春秋》在百年前，魏人作《纪年》在百年后，犹之《史记》在《汉书》前，《三国志》在《后汉书》前。若有谓史公袭班书，陈寿袭范书，人未有不哑然笑者。杜氏之惑，何异于是？陆淳《春秋纂例》尝言之矣："或曰：'若左氏非受经于仲尼，则其书多与《汲冢纪年》符同，何也？'答曰：'彭城刘惠卿（名贶）著书云：《纪年》序诸侯列会，皆举其谥，知是后人追修，非当世正史也。至于'齐人歼于遂'，'郑弃其师'，皆夫子褒贬之意，而《竹书》之文亦然。其书'郑杀其君某'，因释曰是子亹；'楚囊瓦奔郑'，因曰是子常，率多此类。别有《春秋》一卷，全录《左氏传》卜筮事，无一字之异，故知此书按《春秋》经传而为之也。'刘之此论当矣，且经书'纪子伯、莒子盟于密'，《左氏经》改为'纪子帛'，《传》释云'鲁故也'，以为是纪大夫裂繻之字参《左传·隐公二年》，缘为鲁结好，故褒而书字，同之内大夫，序在莒子上，此则鲁国褒贬之意。而《竹书》自是晋史，亦依此文而书，何哉？此最①明验。其中有'郑庄公杀公子圣'（《春秋》作"段"），'鲁桓公、纪侯、莒子盟于区蛇'，如此等数事，又与《公羊》同。其称今王者，魏惠成王也。此则魏惠成王时，史官约诸家书，追修此纪，理甚明矣。观其所记，多诡异鄙浅，殊无条例，不足凭据而定邪正也。"案刘贶、陆淳皆唐人，曾见《纪年》全书，其说可凭。陆年辈后于刘知幾，其说正可驳刘。以"齐人歼于遂"，"郑弃其师"，为夫子褒贬之特笔，远胜刘说以为出《琐语·晋春秋》矣。陆通经学，刘不通经，故优劣判然也。

---

① "最"，原作"是"，误，据陆淳《春秋集传纂例》卷一改。

102. 论孔子作《春秋》增损改易之迹可寻，非徒因仍旧史
《经学通论》之《春秋通论》第四十二条云：

陈氏引《春秋》书法，兼采《三传》，求其增损改易之迹，可谓深切著明。即此足见《左氏》家经承旧史、史承赴告，其说近是而实不是。孔子作《春秋》，非可凭空结撰，其承旧史是应有之事；鲁史亦非能凭臆捏造，其承赴告亦是应有之事。《左氏》家说本非全然无理，特后人视之过泥，持之太坚。谓《春秋》止是抄录旧文，尚不如《汉书》之本《史记》，《后汉书》之袭《三国志》，《新五代史》《唐书》之因《旧五代史》《唐书》，犹有增损改易之功，则《春秋》一书，于鲁史为重台，于《左传》为疣赘，宋人废之，诚不过矣，而《春秋经》岂若是乎？

103. 论吕大圭以后世猜防之见疑古义，宋儒说经多有此失
《经学通论》之《春秋通论》第五十条云：

宋儒不信古义而好驳难，是一时风气，不足怪。其最不可训者，则误沿当时猜防疑忌之习，反以古训为助乱之阶，非止上诬古人，且恐下惑后世。胡安国《春秋传》，发明尊王攘夷之义于南宋初，切中时势。而解"翚帅师"之类，以权臣主兵为大戒，王夫之论之曰："王之尊，非唯喏趋伏之可尊；夷之攘，非一身两臂之可攘。岳侯之死，其说先中于庸主之心矣。"王氏之驳胡《传》，诚非苛论。宋惩黄袍加身之事，首夺将帅之权，子孙传为家法，贤者限于习俗。南宋之初，欲雪国耻，正赖师武臣力，乃诸将稍稍振起，秦桧夺其兵而杀之废之。胡氏与桧，熏莸不同，而误加推荐，盖由于议论之偶合，而实因经义之不明。岳侯之死，虽未可以咎胡，而解经不精以致误国，亦有不得辞其咎者。

104. 论黄泽、赵汸说《春秋》有可取者，而误信杜预，仍明昧参半
《经学通论》之《春秋通论》第五十一条云：

黄氏之说甚是，据此，可见《春秋》"凡例"必不出自周公。周公时，天子当阳，诸侯用命，必不容有伐、灭、围、入等事，故柳宗元、陆淳皆有此疑。黄氏所见，与柳氏、陆氏同，而说加详。然则韩宣之单辞，杜预之谬解，不当以汩乱《春秋》明矣。黄氏……此等皆由惑于杜预之说，先入为主，故虽于《春秋》有所窥见，而其说半明半昧。凡经学所以不明者，由为前人之说所压，不知前人与前人说各不同，有是有非，所当审择。其审择是非之法，当视前人之年代先后与其人之贤否。如杜预解《春秋》，与孟子全然反对。以年代论，则孟子在五百余年之前，杜预在五百余年之后；以贤否论，则孟子为命世亚圣，杜预为党逆乱臣。其所说之是非，自不待辨而决。而自杜解孤行之后，学《春秋》者误守其说，尽反孟子之说以从之。黄氏于《春秋》，自谓功力至深，亦未能免此失。所以一知半解，间有所窥，而大义微言终不能喻也。其徒赵汸说《春秋》，亦得失互见，大率本其师说（黄氏谓："孔子非史官，何由得见国史？盖鲁之史官以孔子是圣人，乃禀君命使其刊正。"又谓："公

羊氏五世传《春秋》，左氏增年传文亦当是其子孙所续，故通谓之《左氏传》。"二说皆有思想，而无所依据)。

总而言之，皮锡瑞的《经学通论》几乎一半的篇幅都在讲辨伪，可以说是一部"经学文献辨伪学"，而非现代意义的"经学概论"。他站在今文经学的立场上，对经学文献进行了一番"辨伪"，其立场有问题，先入为主，自然其结论难以成立。虽持之有故，却难以言之成理。他只是一家之说而已，虽然具有思想史价值，而文献学价值却较低。我们不惮繁琐，将有关辨伪内容梳理出来，以窥见晚清文献辨伪学的原生状态。由此可见，立场一偏，难免一派胡言。

二十三、廖平

（一）廖平其人

廖平（1852—1932），四川井研人。初名登廷，字旭陵，号四益；继改字季平，改号四译；晚年更号为六译。这些名号的更改，反映了他学术思想的变化过程。廖平一生著作颇丰，达一百十八种，主要有《今古学考》《穀梁春秋经传古义疏》《释范》《论语微言集证》等。

（二）廖平的文献辨伪

1. 黄帝《素问》

六书之文，出于孔子。今《灵》《素》具有六种书体。全书同称黄、岐；黄、岐作经，必不能再作传，即已据经问难，则必在数传以后。况《灵》《素》以解评名篇，至六七见，此岂一人所为，而皆托于黄、岐，此如《本草》之于神农，《汤液》之于伊尹，托始寓言，非真有古书。不然，试就全上古三代文中考之，所有尧、舜以前之文字，与战国有何分别藉此可以自悟，孔子以前并无古文之书传，凡托古人书，皆出孔后。实则《灵》《素》全出孔门，以人合天，大而九野、十二水，为平天下之大法，小而毛发、支络，为治一身之疾病，先知前知，理无违异，不假于解剖，无待于试尝。弟子撰述，初作经篇，《素问》问难，半成于扁鹊。仓公以后，书虽晚出，不改师传，故同目黄岐以端趋向。"

2.《难经》

廖平《难经经释补证》曰：

《难经》之伪，凡深于医者皆知之；后人犹强为辨护者，不过以《史记》张守节《正义》引杨元操序以为秦越人耳。使其书早出，《集解》《索隐》何不引据。今考《正义》引《素问》十一条，《素问》皆无其文，又引《素问》而无《灵枢》，是其于医学毫无研究可知。又《千金外台》诊法，原书无一与《难经》同者，是《难经》与《脉诀》，世俗虽有流传，老医达人皆鄙夷不屑道。《正义》因素不习医，喜其简易，故撮拾以塞责。《仓公传》"以经脉高下及奇络结"，《正义》引《素问》云"奇经八脉往来舒时一止而复来，名之曰结"，《扁鹊传》"不待切脉"，《正义》引《素问》云"待切脉而知病寸口六脉，三阳三阴"云云，不惟《素问》无其文，且与《素问》冰炭水火之背驰。大抵所引《素问》，皆出《难经》，或称《八十一难》，或称《素问》，随手杜造以至于此。又卷末自宋本附有《正义》一千七百余字，丹波氏以为中有纪注及张洁古药注数十，则世抄医说，其人皆宋以后，则非《正义》原文可知。且乖注史体例。尝疑此卷中正义，为晚医所识记，刊本误以为正义，并非张氏原本所有，故卷末所附一千七百余字，别本乃无之。此《正义》之所以不足据也。

其《内经讲义》第八期又曰：

> 唐张守节作《史记正义》，于《扁鹊传》全引《难经》为释，是唐人认《难经》为扁鹊著也。日人丹波元胤有考证，谓"书中多东汉人语，如'元气'之称，始见于董仲舒《春秋繁露》'男生于寅，女生于甲'，《说文》包字注、高诱《淮南子注》《离骚章句》俱载其说。木所以沉，金所以浮，出《白虎通》。金生于巳，水生于申，泻南方火，补北方水之类，并是五行纬说家之言，而《灵素》中未有道及者"。据此，则《难经》是东汉时书；非战国或西汉文字。《灵枢》，朱紫阳以为浅甚，今观其文字，亦非西汉人手笔；《难经》中引《灵枢》之文甚多，则《灵枢》又在《难经》之前。恐仲景《伤寒论序》所谓八十一难者竟非此书。

二十四、文廷式

（一）文廷式其人

文廷式（1856—1904），字道希，号云阁、芸阁，晚号纯常子、罗霄山人，萍乡人。著有《知过轩随录》《补晋书艺文志》《文道希先生遗诗》《纯常子枝语》《云起轩文录》《春秋学术考》《闻尘偶记》等书。生平事迹见胡思敬《文廷式传》（载《碑传集补》卷九）、钱萼孙《文云阁先生年谱》。

（二）文廷式的文献辨伪

1. 《连山易》

文廷式《纯常子枝语》卷七：

> 《水经·淮水注》引《连山易》曰："有崇伯鲧，伏于羽山之野。"谭《新论》云："《连山》八万言。"《御览》六百八、《困学纪闻》一。未知此语在其内否。然似非夏《易》所宜有也。

2.《古文尚书》及孔《传》

文廷式《纯常子枝语》卷一：

> 六年，《传》："惟彼陶唐"云云。《正义》曰："贾、服、孙、杜皆以为《逸书》，解为夏桀之时。唯王肃云太康时也。案：王肃注《尚书》，其言多是孔《传》，疑肃见古文，匿之而不言也。"按：此可为王肃之徒伪造《古文尚书》及孔《传》之证。其有肃义与伪《传》不同者，乃皆小小诂训，正作伪者欲泯其迹耳。

文廷式认为，王肃之徒伪造《古文尚书》及孔《传》。

3. 评王充耘有关《古文尚书》之辨伪

文廷式《纯常子枝语》卷二十二：

> 王耕野《读书管见》卷上云①："《禹谟》一篇出于孔壁，深有可疑。盖禹与皋陶、舜三人答辞具见《皋陶谟》《益稷》篇中。如'予思日孜孜，帝慎乃在位'，即禹所陈之谟矣，安得又有《大禹谟》？按：《书序》有《大禹谟》，篇名不伪也。且《尧典》《舜典》虽记事不一，而先后皆有次序。《皋陶》《益稷》虽各自陈说，而答问一一相照，独《禹谟》一篇世乱无序，只如益赞尧一段，安得为谟？舜让禹一段当名之以典，禹征苗一段当名之以誓，今皆混而为一，名之曰谟，殊与余篇体制不类。又说者以征苗为摄位后事，谓禀舜之命，而其末有'禹班师振旅，帝乃诞敷文德'一语，夫舜以耄期倦勤而授禹，禹安得舍朝廷之事而征有苗？舜又安能以耄期之余而敷文德？果能之，则不必授禹矣。故尝谓《禹谟》必汉儒傅会之书，其征苗之事亦不可信。"又云："《禹谟》出于孔壁，后人附会。窃取《鲁论·尧曰篇》载记而增益之，析四句为三段。而于'允执其中'之上，妄增'人心''道心'等语。传者不悟其伪，而以为实然，于是有传心法之论。且以为禹之资不及舜，必益以三言然后喻，几于可笑。盖皆为古文所误耳。"② 又卷下云："《蔡仲之命》'皇天无亲止。终以困穷'，一段绝与《太甲篇》相出入。吾意古文只是出于一手，掇拾附会，故自不觉犯重耳。"③按：此不信传心之说，其识甚卓。其谓《伪古文》出于一手，掇拾附会，尤为洞见窾会。元人吴草庐外，当推王氏矣。
>
> 伪孔安国《尚书序》云："若好古博雅君子与我同志，亦所不隐也。"《正义》曰："《易》曰'谦谦君子。'仁者好谦，而孔君自作揄扬，云君子知己者亦意在教世，欲令人睹此言，知己传是深远。"据此，则冲远于此序辞气之间，深有疑焉。观其斡旋之词，可知其微旨也。其《虞书》篇题疏云④："郑意师祖孔学，何意郑注《尚书·亡逸》，并与孔异，篇数并与三家同？又刘歆、贾逵、马融之等，并传孔学，

---

① 见（元）王充耘《读书管见》卷上《大禹谟·禹谟古文之辨》。
② 见（元）王充耘《读书管见》卷上《大禹谟·传授心法之辨》。
③ 见（元）王充耘《读书管见》卷上《蔡仲之命·皇天无亲〔止〕终以困穷》。
④ 见《尚书注疏》卷二。

云十六篇逸，与安国不同。"是冲远于伪《传》已详著其授受之无绪。至谓"散在民间，事虽久远，故得犹存"者，特以臆说之，盖奉诏作《疏》，不得不护《传》耳。《禹贡·荆州》："沱潜既道。"《正义》云①："郑注此，既引《尔雅》，乃云'今南郡枝江县有沱水，其尾入江耳，首不于江出也。华容有夏水，首出江，尾入沔。盖此所谓沱也。潜则未闻'云云。然《地理志》及郑皆以荆、梁二州各有沱潜。又郭氏所解，沱潜惟据梁州，不言荆州。而孔梁州注云'沱潜发源此州，入荆州'，以二州沱潜为一者。然彼州山水，古今不可移易。孔为武帝博士，《地理志》无容不知。盖以水从江汉出者，皆曰沱潜，但地势西高东下，虽于梁州合流，还从荆州分出，犹如济水入河，还从河出。故孔举大略，为发源荆州耳。"此条甚知荆州之沱潜非梁州之沱潜，而疑孔《传》不合《地理志》，且身为博士，亲见图籍，何容迷误若斯？冲远不欲明言，略存辜较。又《吕刑》："王享国百年。"伪孔《传》云："穆王即位，过四十矣。"《正义》曰②："穆王即位过四十者，不知出何书也。《周本纪》云穆王即位，春秋已五十矣，立五十五年崩。司马迁若在孔后，或当别有所据。"是冲远疑此《传》非安国所作矣。否则，司马迁从安国受《古文尚书》，冲远岂不知之而云"若在孔后"乎？后世攻伪孔者，实自《正义》开之，固不仅《东塾读书记》所摘数条也。③

《伪古文尚书·咸有一德》："受天明命。"《正义》曰："纬候之书乃称有黄龙、玄龟、白鱼、赤雀负图衔书，以授圣人正典，无其事也。汉自哀、平之间，纬候始起，假托鬼神，妄称祥瑞。孔时未有其说，纵使时亦有之，亦非孔所信也。"此斥纬书为假妄，在欧阳永叔之先。伪孔《传》既托之西汉初人，故于纬说不能博采。然犹时一有之，如箕星好风之类，特不显著耳。而宋人专辟谶纬，意适相合，故虽吴棫、朱子诸人疑之，犹得施行不废，历八百年，此亦其一端也。④

4. 评阎若璩《古文尚书疏证》
文廷式《纯常子枝语》卷八：

阅《古文尚书疏证》附录各条，阎百诗性情盖近佻薄。阮文达刊《皇清经解》，不收此书，别裁之卓识也。

5. 《河图》
文廷式《纯常子枝语》卷六：

萧吉《五行大义》卷一引《黄帝九宫经》曰："戴九履一，左三右七，二四为

---

① 见《尚书注疏》卷六。
② 见《尚书注疏》卷十九。
③ 眉批："经义""书"。按：此条重见无卷次《纯常子枝语》。
④ 按：此条重见无卷次《纯常子枝语》。

肩，六八为足，五居中宫，统御得失。"此即宋儒所绘之《洛书》。《春秋纬》称黄帝受图有五始。《左传疏》卷一。《续汉·天文志》云："黄帝始受《河图》，斗苞授规日月星辰之象。"《困学纪闻》疑"斗苞"为人名。翁元圻据《文选注》，以为闿苞受之，① 误。《开元占经》一百二十引《尚书中候》曰："黄帝东巡至洛，龟书成赤文绿字，以授轩辕。"又曰②："河出龙图，赤文绿字，以授轩辕。"又引《河图》曰③："黄龙负鳞甲成字，以授黄帝。帝令侍臣写之，以示天下。"《太平御览》七十九引《尚书中候》云："帝轩提象④，配永循机，天地休通，五行期化，河龙出图，洛龟舒威⑤，赤文像字，以授轩辕。"又《御览》卷十引《帝王世纪》云："黄帝游洛水上，见大鱼，杀五牲以醮，天乃甚雨。七日七夜，鱼流始得图书，今《黄⑥图》是也。"又《御览》卷十五⑦、卷八百七十二⑧、《开元占经》一百一⑨所引略同，不悉出⑩。《诗·文王》篇题，《正义》引郑康成《六艺论》云："太平嘉瑞，图书之出，必龟龙衔负焉，黄帝、尧、舜、周公是也。"又引《元命包》云："凤凰衔图，置帝前，黄帝再拜受。"《左传疏》卷一引《春秋纬》略同。郑康成注《易纬是类谋》云："黄帝始受《河图》而定录。"是黄帝时确有图书之应，特纬书言凤图有五始《左传疏》卷一。而不言河图有九宫，未可遽合为一耳。《隋书·经籍志》五行类：《九宫经》三卷，郑玄《注》；梁有《黄帝四部九宫》五卷，亡；又有《黄帝九宫经》一卷。吉之所引，当出此书。⑪

　　《春秋命历序》曰："《河图》，帝王之阶，载江河山川州界之分野。薛士龙《浪语集·河图洛书辨》⑫引之，又《古微书》卷十三。后尧坛于河，作《握河纪》，逮虞舜、夏、商咸亦受焉。"⑬《古微书》⑭、薛士龙据此以为《河图》，乃后世司空舆地

---

　　① （宋）王应麟撰、（清）翁元圻注《困学纪闻》卷九《天道》：《后汉·天文志》："黄帝始受《河图斗苞授》，规日月星辰之象。故星官之书自黄帝始。"元圻案：孙子荆《为石苞与孙皓书》，《注》引《河图闿苞受》曰："弟感苗裔出应期。"按：孙子荆《为石仲容与孙皓书》，见《文选》卷四十三。

　　② 见《唐开元占经》卷一百二十《龙》。

　　③ 见《唐开元占经》卷一百二十《龙》。

　　④ "象"，《太平御览》作"像"。

　　⑤ "舒威"，《太平御览》作"书成"。

　　⑥ "黄"，《太平御览》作"河"。

　　⑦ 《帝王世纪》曰："黄帝时，天大雾三日，帝游洛水之上，见大鱼，杀五牲以醮之，天乃甚雨。七日七夜，鱼流始得图书，今《河图》也。"

　　⑧ 《帝王世纪》曰："黄帝五十年秋七月庚申，天大雾三日。帝之洛水上，见大鱼负图书。"

　　⑨ 《唐开元占经》卷一百一《雾》："《帝王世纪》曰：'黄帝五十年秋七月庚申，天大雾三日三夜。雾除，帝游洛水之上，见大鱼负图书，命《河图》，帝视萌篇是也。'"

　　⑩ 《太平御览》卷六十二《地部二十七》："《水经注》曰：'昔黄帝之时，天大雾三日。帝游洛水之上，见大鱼，杀五牲以醮之，天乃甚雨。七日七夜，鱼流始得图书。'"原出《水经注》卷十五。

　　⑪ 眉批："术数。五行。"

　　⑫ 见宋·薛季宣《浪语集》卷二十七。

　　⑬ 按：此语早见《水经注》卷一引。

　　⑭ 按：此处为薛季宣知观点，《古微书》之观点即后面"孙瑴以为"。疑"《古微书》"当删。检稿本，"《古微书》"乃系夹批补入。

图之类①，殆亦非也。孙毂以为"上世之重河图，犹三代之重神鼎，汉以下之重传国玺也"②，此言得之。

6.《诗经》
文廷式《纯常子枝语》卷七：

> 王文宪《诗疑》勇于疑古，非经学也。

7.《月令》
文廷式《纯常子枝语》卷二：

> 《月令》窃取四代之制，以为一王之法，此真吕不韦阴谋渎乱之书也。郑君恐人误信，故注而辟之，又著之于《目录》，又著之于《周礼注》，而近人卢召弓、孙渊如犹用鲁恭、蔡邕之言，以为周世所造，此正康成所斥为俗人者也。俞理初《癸巳类稿·〈月令〉非周书论》一篇，可谓助我张目者矣。（《纯常子枝语》卷二）
> 又郑《注》屡称"今《月令》"。按：《正义》言"今《月令》之本"，是也。又云："《月令》出有先后，入《礼记》者为古，不入《礼记》者为今，则《吕氏春秋》是也。"按：此《疏》与郑《目录》正相违反，不可从。郑君生东汉末，其传写本必有不同，故据新本以校旧本耳。《周官·萍氏》，《注》云："郑司农云：或为萍号起雨之萍。玄谓今《天问》'萍号'作'萍'。"是《楚辞》亦有两本矣，岂复有先出后出之分欤？徐灏《读书世释》云："按：郑《注》引《今月令》十七条，与《吕览》高《注》俱不合。蔡云以为《今月令》即《明堂月令》，梁玉绳谓《今月令》乃汉时太史所上月历，皆非也。《月令》：'田猎罝罘，罗网毕翳。'郑《注》云：'《今月令》无罘翳为弋。'《太平御览》引蔡氏《章句》云：'掩飞禽曰毕，缴矢曰弋。'是蔡正用《今月令》。"

文廷式认为，《月令》为吕不韦阴谋渎乱之书。

8.《礼器》
文廷式《纯常子枝语》卷二：

> 《礼器》："或素或青。"郑《注》云："变白黑言素青者，秦二世时，赵高欲作乱，或以青为黑，黑为黄，民言从之。至今语犹存也。"是郑意以《礼器》为秦二世后书也。

---

① 薛季宣《河图洛书辨》：《春秋命历序》："《河图》，帝王之阶，图载江河山川州界之分野。"谶纬之说，虽无足深信，其有近正不可弃也。信斯言也，则《河图》《洛书》乃山经之类，在夏为《禹贡》，周为职方氏所掌今诸路闰年图经，汉司空舆地图、地里志之比也。

② 见明孙毂《古微书》卷十三《春秋命历序》。

文廷式认为，《礼器》为秦二世后书。

9. 评刘歆改经

文廷式《纯常子枝语》卷十一：

> 近人于《左传》《周官》多疑为刘歆增窜，事虽无据，而理亦有可疑。余按：《史记·吕不韦传》，《索隐》云："《战国策》以不韦为濮阳人，又记其事迹多与此传不同。班固虽云太史公据《战国策》，然为此传当别有所闻见，故不全依彼说。或者刘向定《战国策》时，以己异闻改易彼书，遂令不与史迁《记》合也。"余谓刘向何必使《国策》所传异于《史记》，《索隐》后说殊属枝辞。然于此可知疑向、歆父子校书有所改易者，唐人已先有是说矣。

10. 《忠经》

文廷式《纯常子枝语》卷十八：

> 《梁书·王僧孺传》："年五岁，读《孝经》，问授者此书所载述，曰：'论忠孝二事。'"此以《孝经》为兼论忠孝，有合于《论语》篇首载有子之言，实《孝经》之大义也。后世伪撰《忠经》者，乌足以知此？
>
> 《困学纪闻》卷六曰："杜氏《左传注》云：'仲尼之徒，皆忠于鲁国。'《史记》载夫子之言，曰：'夫鲁，父母之国。国危如此，二三子何为莫出？'此夫子之训也。"愚谓读此者，知移孝可以作忠，故《忠经》真可不作也。姚范《援鹑堂笔记》亦谓孝经之经字乃天经地义之经字，非经典之经字也。伪作《忠经》者，未谙字义。

11. 《阴符经》

文廷式《纯常子枝语》卷三十五：

> 《阴符经》虽非黄帝书，然褚登善书之，欧阳信木《艺文类聚》引之，其不出于李筌审矣。惟其书为兵家之书，不必强入之道家，尤不必附会于释家。近人作《阴符发隐》，乃以佛学释之。皮日休和鲁望诗云："三百八十言，出自伊祁氏。上以生神仙，次云立仁义。"径以为神仙家言，固误，而以为出自伊祁，是以阴符为尧时作，尤不可解。又《北梦琐言》："王建时，军校黄承真就粮广汉，遇一叟，谓黄曰：'此国于五行少金气，有剥金之号，曰金炀。自元年蜀宫大火，至甲申、乙酉，则杀人无计。我授尔秘术，诣朝堂献之，行吾术镇禳，庶可免。'黄赍秘文，谒蜀主，三上不达，呕血死。后果验。其秘文题云《黄帝阴符》，与今《阴符》不同。"据此，则《阴符》有二本。

文廷式认为，《阴符经》虽非黄帝书，但不出于李筌之手。

12. 后世道家之言托始轩辕

文廷式《纯常子枝语》卷十三：

《汉书·地理志》云："昔在黄帝，作舟车以济不通，旁行天下。"《世本》可证。按：《老子》终篇"欲民老死不相往来"，然则黄老之说正不必同。特后世道家之言托始轩辕耳。

13. 道书多摹拟释典
文廷式《纯常子枝语》卷十八：

《犹龙传》及《西昇经》，大抵多袭《化胡经》之唾余，不足信也。《犹龙传》所数于阗国王与诸胡王八十一国，既有信度国王，又有天竺国王，既有乌苌国王，又有鸣荼国王，复沓可笑。道书多摹拟释典，宜为世诟病也。《西昇经》开卷即云："老君西昇，开道竺乾，号古先生。"昇者，由下而上也，乃仅至竺乾乎？又题老君自著，则此经乃在竺乾，何不译而行中国乎？是于文理亦不通矣。宋徽宗无识，乃注此等书，且证之曰"仲尼欲居九夷"，亦是意耳。然则徽宗困于五国城时，曷不行道教哉？

文廷式又认为："道家传授，半多附会，不如释氏传灯，世次炳然，故其事实亦多不足据，安得稚川、弘景辈博学通才，出而整理之乎？"（《纯常子枝语》卷二十八）

14. 《易林》
文廷式《纯常子枝语》卷四：

《易林》，汉人书也，其爻辞亦多效《易》。然其称古人之事，则多不知其所出。或为倡设之辞，或他有所本，均未可知。

文廷式认为，《易林》为汉人书。

15. 辨堪舆家钤记书
文廷式《纯常子枝语》卷三十八：

吾尝得堪舆家钤记书，题赵汸撰。按：汸为黄楚望弟子，通《春秋》学，未必为此等书也。后阅新建曹家甲《地理原本说》，云："明初吾乡长潭赵子方看地神验，流传有《红鸾经》《七十二龙水法》。"乃知赵汸者，赵子方之误也。惟《红鸾经》等书，余未之见。案：赵汸有《葬书问对》，余曾见之。是赵东山固深于相墓之术者，特未必为此钤记耳。

16. 《风角秘书》
文廷式《纯常子枝语》卷三十八：

风角之说，其来甚古，惟翼奉《风角要候》《风角六情诀》等书，今已不传。《后汉书·张鲁传》注引《翼氏风角》曰："凡风者，天地之号令，所以谴告人君者也。"其大义固当如是。今世所传张穆若《风角书》词颇简净，然羌无论说，不详所本。又有《风角秘书》，题《郁离子内外篇》。郁离子者，明刘文成之自号，则固托之文成所著矣。然其卷首云："黄帝梦大风吹天下尘垢，得风后以为相，于是有风占。"余以为轩辕命相，略近傅岩，此当入周宣梦书，固无与占风之事也。其分五风、五音之风，八风八卦之方等说，皆与《测天赋》相同，无奇秘语。卢文弨《补辽金元三史艺文志》有王颖《三式风角用法立成》十二卷，今亦不见。

17.《列子》

文廷式《纯常子枝语》卷二：

　　张湛《注列子序》云："列子所明，往往与佛经相参。"今案：处度所注，尤精佛理。略录数事，以备晋人谈禅之一家。如云："有何由而生？忽尔而自生。忽尔而自生，而不知其所以生。不知所以生，生则本同于无。"此即佛家即色即空义也。按：《列子》云"有形者生于无形"，与《老子》"有生于无"义同，而《注》云："谓之生者则不死，无者则不生，故有无之不相生，理既然矣。"是明与列子相反。又云："有形必有影，有声必有响，此自然而并生，俱出而俱没，岂有相资前后之差哉？"此佛家即妄即真之义也。按：《列子》引《黄帝书》曰："形动不生形而生影，声动不生声而生响"，明言所生，不言俱生。处度此《注》虽符竺乾之说，实异轩辕之旨。又云："人之神气与众生不殊。"此佛家佛与众生不别之说也。又云："神凝形废，无待于外，则视听不资眼耳，臭味不赖鼻口"。此佛家一心处处能缘之说也。又云："因心以刬心，借智以去智，心智之累诚尽，然所遣心智之迹犹存。明夫至理非用心之所体忘，言之则有余暇矣。"此佛家言语道断知行处灭之说也。又孔子"博学多识"，《注》云："示现博学多识耳。"此佛家三乘十二部无非权教之说也。推其所言，多资般若，大抵求深于《列子》，兼涉于玄门。晋人说经，尚多此弊。处度以注道家，尚为善用所长。明释德清之注《庄》《老》，说理尤实而华词，逊此多矣。

文廷式《纯常子枝语》卷十五：

　　"史疾为韩使楚，楚王问曰：'客何方所循？'按："循"当作"脩"。曰：'治列子圉寇之言。'曰：'何贵？'曰：'贵正。'"案：今《列子》书无贵正之说，知非周时古书也。

文廷式《纯常子枝语》卷二十：

　　汉魏人多言黄老，或言老庄，皆不及《列子》。《列子》出于东晋，殆伪书也。钱辛楣已疑其参入轮回之说，且其文义不类周秦。日本伊藤长胤《东涯漫笔》云："列子之名始见于《庄子》，称其御风，盖高于庄子一等矣。想非著书之人。今观其书，冗世肤浅，掇拾他书，殆不类先秦书，何足望老子。"云云。又云："'西方有化人'一节，分明说佛。其论理，自佛民出者居多。先儒朱子及郝京山皆既辨之。郝京山《时习新知》曰：'列子之书，殆见佛入中国后，好事者剿袭。如《周穆王》

《仲尼》等篇，浑是佛旨。虽不用其语，浑袭其意。'可谓卓见矣。"余谓西晋之乱，典籍沦亡，作伪之徒乘虚而入，故张霸《百两》不行于汉世，而枚颐古文乃盛于南朝。《略》《录》既亡，而玄言弥畅，中国秦、汉以来学术至此亦一大转关也。聚敛以成《文子》，影射而作《家语》，盖皆在斯时矣。

文廷式《纯常子枝语》卷三十三：

> 《云麓漫钞》卷十云："《列子》多非旧文，前贤固言之矣。"

文廷式认为，"《列子》与佛经相参""非周时古书""多非旧文""出于东晋，殆伪书也"。

18.《文子》

文廷式《纯常子枝语》卷四：

> 文子虽出老子，而其原本忠孝，则儒家之大义也。《符言篇》云："世治则以义卫身，世乱则以身卫义。死之日行之终也，故君子慎一用之而已。"此孟子舍生取义之旨也。《道德篇》曰："处大不溢，盈而不亏。居上不骄，高而不危。盈而不亏，所以辰守富也。高而不危，所以长守贵也。富贵不离其身，禄及子孙。"此用《孝经》语也。《自然篇》曰："自古及今，未尝变易，谓之天理。""天理"二字，惟《乐记》与此书言之。《道原篇》尤多与《乐记》出入。《上义篇》曰："死君亲之难者，视死如归，义重于身也。故天下大利也，比之身即小；身之所重也，比之仁义即轻。"此《论语》杀身以成人之旨也。是以"淡漠明德，宁静致远"之言，诸葛武侯取之；"善无小而不行，过无微而不改"之言，汉昭烈帝取之。诚以所言多当于理也。
>
> 晋张湛有《文子注》，隋、唐《志》皆不著录，《文选注》独引之。此在李暹之先，惜不与所注《列子》并传。
>
> 近人考《文子》者，并以为剿《淮南子》。然自是唐以前古书，所当存而不废者也。

文廷式认为，《文子》是唐以前古书。

19.《文中子》

文廷式《纯常子枝语》卷六：

> 《文中子·立命篇》："子曰：'和大怨者，必有余怨。'"此用《老子》语也。阮逸《注》云："若舜不怨而慕是也。"不独与文中本意不合，且谓舜之慕父母为有余怨乎？其他文理乖舛者，比比皆是。逸之庸妄如此。或以《文中子》为逸所伪撰，必不然也。
>
> 唐杨炯《王勃集序》云：《杨盈川集》卷三。"祖父通，隋秀才高第，蜀郡司户书佐，蜀王侍读。大业末，退讲业于龙门。其卒也，门人谥之曰文中子。"按：以文中为谥，与诸书异。按：盈川又云："始摈落于邹、韩，终激扬于荀、孟。"是《文

中子》似非伪书。

文廷式认为，《文中子》似非伪书，非阮逸所伪撰。这一观点为后世所证实。

20.《傅子·仁论篇》

文廷式《纯常子枝语》卷十六：

> 《傅子·仁论篇》"或曰：耻者其至者乎"以下二百余言，皆与荀悦《申鉴·世言下》篇末同。其略异者，三四字而已。古人著书不应相袭如此。疑辑《傅子》者捃摭偶误耳。《申鉴》："怒不乱德，喜不（缺一字）义也。"《傅子》作"喜不乱义"。此可校补也。

21.《南方草木状》

文廷式《纯常子枝语》卷四：

> 《南方草木状》非嵇含作，含未至广州。又书中引刘涓子[1]，是晋末人。余于《补晋书艺文志》已详言之。惟其书于广州草木风俗记载极确，大抵唐以前人作。其"抱香履"一条，引东方朔《琐语》，未知所出，岂《汲冢琐语》当时或以为东方朔所作钦？

文廷式认为，《南方草木状》非嵇含作，理由有三：第一，嵇含行旅从未到过广州；第二，书中引用晋末刘涓子，时代不相及；第三，书中引用东方朔《琐语》，未知所出。其结论是"唐以前人作"。

22.《鲁班营造正式》《鲁班经》

文廷式《纯常子枝语》卷四：

> 钱曾《读书敏求记》："《鲁班营造正式》六卷。略说云：班，周时人。妻云氏。居江西隆兴府，地名市纵。予观其规矩绳尺，诚千古良工之范围。然此等书皆后人伪作，非真出于班也。"[2] 此书余未见。今世所行《鲁班经》二卷，则略于规矩准绳，而详于日月禁忌。其伪造之技俩又出古人下矣。

《鲁班经》详于日月禁忌，文廷式认为非真出于鲁班。

23.《汲冢璅语》

文廷式《纯常子枝语》卷四：

> 余撰《伊尹事录》，尝疑《汲冢璅语》所载伊尹放太甲自立、太甲潜出自桐杀伊

---

① （晋）嵇含《南方草木状》卷上：药有乞力伽尤也，濒海所产，一根有至数斤者。刘涓子取以作煎，令可丸，饵之长生。

② 见（清）钱曾《读书敏求记》卷二《史》。

尹（见杜预《春秋后序》，又《太平御览》卷八十三）之事。乃魏晋间人嫉曹氏之代汉，司马氏之代魏，设为此言。其言太甲杀伊尹，则隐斥汉献帝、魏高贵乡公之事也。嵇叔夜非尧舜，薄汤武，亦正此意。

文廷式《纯常子枝语》卷十五：

> "或曰：禹授益而以启为吏，及老而以启为不足任天下，传之益也。启与支党攻益而夺之。"按：战国时言三代事，皆任意比傅，以成其说。《汲冢璅语》记太甲攻伊尹，亦此类也。

文廷式据书中所载伊尹放太甲自立、太甲潜出自桐杀伊尹二事，怀疑《汲冢璅语》一书乃魏晋间人嫉曹氏之代汉、司马氏之代魏而作。不过这一以后事测前事的思维方式似乎存在很大的问题，也只是一种大胆的假设而已。

24.《海内十洲记》

文廷式《纯常子枝语》卷九：

> 李义山诗"玉桃偷得怜方朔"，《吴礼部诗话》谓"'方朔'改'臣朔'乃佳"。余按《海内十洲记》曰："方朔云：'臣学仙者耳。'"《十洲记》虽依托，而流传已久，义山故用之。

25.《真诰》

文廷式《纯常子枝语》卷二：

> 《真诰·甄命授第二》"方诸青童君"语、"西城王君告"以下十余则，并袭取《四十二章经》，《朱子语类》①、黄伯思《东观余论》②并已论及其实。此书所录，皆出自杨羲、许穆，犹后世乩笔之类，贞白特据而录之耳。贞白亟称《四十二章经》，非未见其书者。

文廷式认为《真诰》袭取《四十二章经》。

26.《金刚经注》

文廷式《纯常子枝语》卷九：

> 日本存中国唐以前书，释家、医家尤多。窥基、一行、道宣之书凡十余种，余皆见之。惟僧肇《金刚经注》不类姚秦时语，与《肇论》及《维摩经注》词意皆殊。

---

① （宋）黎靖德《朱子语类》卷一百二十六《释氏》：如《四十二章经》，最先传来中国底文字，然其说却自平实。道书中有《真诰》，末后有《道授篇》，却是窃《四十二章经》之意为之。

② （宋）黄伯思《东观余论》卷下《跋真诰众灵教戒条后》：此下方围诸条，皆与佛《四十二章经》同，恐后人所附益，非杨、许书。

检《大唐内典录》及《高僧传》并不载，盖伪书也。

文廷式怀疑僧肇《金刚经注》为伪书，理由有二，一是不类姚秦时语，与《肇论》《维摩经注》词意皆殊，二是《大唐内典录》《高僧传》未载。

27.《天玉经》

文廷式《纯常子枝语》卷五：

> 杨筠松《天玉经》，伪书也。

28.《养一斋文集》

文廷式《纯常子枝语》卷二：

> 李甲耆《养一斋文集》，刘申孙各绎。申受先生之孙。为余言：此集强半门人代拟，非先生笔也。先生于学无所不窥，有王佐之略，惜不一用云。余读其集，原本经术，明察治乱，诚近世之伟人也。其《静寄轩诗文序》记潘辰雅事，峥嵘萧瑟，殆别有寄意欤？

《养一斋文集》强半为门人代拟。

29.《北堂书钞校本》

文廷式《纯常子枝语》卷九：

> 南海孔广陶《北堂书钞校本》实林扬伯庶常代撰①。扬伯名国赓，番禺人。以甲午庶吉士散馆，改吏部主事。余幼时读书会之友也。丁酉夏卒。其平生熟精《仪礼》，未知撰述有成否。其弟名国赞，字明仲，己丑进士，授某部主事。次年卒。通史学，撰《三国地理志注》。其已刊者，有《读三国裴注述》一卷，未尽所长。

《北堂书钞校本》实林国赓代撰。

30.《庸言录》

文廷式《纯常子枝语》卷十：

> （《李慈铭日记》）十一月二十九日，记云："妄人赵之谦者，亡赖险诈，素不知书。以从戴望、胡澍等游，略知一二目录，谓汉学可以当腐鼠也。亦窃购奇零小书，以自夸炫。尝得钱竹汀《庸言录》写本，不知其已刻也，深秘之，改造书名，冒为己作以示人。"

赵之谦窃《庸言录》，冒为己作。

---

① 清光绪十四年万卷堂刻本《北堂书钞》卷末有孔广陶之子孔昭鉴光绪戊子（光绪十四年，1888）《跋》，称"时番禺林扬伯先生假馆有年，欣然许助"。

二十五、康有为

(一) 康有为其人

康有为（1858—1927），原名祖诒，字广厦，号长素，又号明夷、更牲、西樵山人、游存叟、天游化人，广东南海人，人称康南海。著有《新学伪经考》等。

(二) 康有为的《新学伪经考》

《新学伪经考》目录如下：

> 秦焚六经未尝亡缺考第一
> 《史记》经说足证伪经考第二
> 《汉书·艺文志》辨伪第三上
> 《汉书·艺文志》辨伪第三下
> 《汉书·河间献王鲁共王传》辨伪第四
> 《汉书·儒林传》辨伪第五
> 《汉书·刘歆王莽传》辨伪第六
> 汉儒愤攻伪经考第七
> 伪经传于通学成于郑玄考第八
> 《后汉书·儒林传》纠谬第九　《说文序》纠谬附
> 《经典释文》纠谬第十
> 《隋书·经籍志》纠谬第十一
> 伪经传授表第十二上
> 伪经传授表第十二下
> 《书序》辨伪第十三　《尚书》篇目异同真伪表附
> 刘向经说足证伪经考第十四

《新学伪经考》自面世以来，一直备受争议。此书虽为考证体例，但细究其中具体的考证内容，多有难以自坚之处。

梁启超在《清代学术概论》一书中称：

> "伪经"者，谓《周礼》《逸礼》《左传》及《诗》之毛传，凡西汉末刘歆所力争立博士者。"新学"者，谓新莽之学。时清儒诵法许、郑者，自号曰"汉学"。有为以为此新代之学，非汉代之学，故更其名焉。《新学伪经考》之要点：一、西汉经学，并无所谓古文者，凡古文皆刘歆伪作。二、秦焚书，并未厄及六经，汉十四博士所传，皆孔门足本，并无残缺。三、孔子时所用字，即秦汉间篆书，即以"文"论，亦绝无今古之目。四、刘歆欲弥缝其作伪之迹，故校中秘书时，于一切古书多所羼乱。五、刘歆所以作伪经之故，因欲佐莽篡汉，先谋湮乱孔子之微言大义。诸所主

张，是否悉当，且勿论，要之此说一出，而所生影响有二：第一，清学正统派之立脚点，根本摇动。第二，一切古书，皆须从新检查估价，此实思想界之一大飓风也。有为弟子有陈千秋、梁启超者，并凤治考证学，陈尤精洽，闻有为说，则尽弃其学而学焉。《伪经考》之著，二人者多所参与，亦时时病其师之武断，然卒莫能夺也。实则此书大体皆精当，其可议处乃在小节目。乃至谓《史记》《楚辞》经刘歆羼入者数十条，出土之钟鼎彝器，皆刘歆私铸埋藏以欺后世。此实为事理之万不可通者，而有为必力持之。实则其主张之要点，并不必借重于此等枝词强辩而始成立，而有为以好博好异之故，往往不惜抹杀证据或曲解证据，以犯科学家之大忌，此其所短也。有为之为人也，万事纯任主观，自信力极强，而持之极毅。其对于客观的事实，或竟蔑视，或必欲强之以从我。其在事业上也有然，其在学问上也亦有然；其所以自成家数崛起一时者以此，其所以不能立健实之基础者亦以此；读《新学伪经考》而可见也。《新学伪经考》出甫一年，遭清廷之忌，毁其板，传习顾稀。其后有崔适者，著《史记探原》《春秋复始》二书，皆引申有为之说，益加精密，今文派之后劲也。

有为第二部著述，曰《孔子改制考》。其第三部著述，曰《大同书》。

若以《新学伪经考》比飓风，则此二书者，其火山大喷火也，其大地震也。

梁启超认为《新学伪经考》"实思想界之一大飓风"，《孔子改制考》《大同书》"其火山大喷火也，其大地震也"。同时，他又严肃指出了康有为学术思想的局限性，认为："有为以好博好异之故，往往不惜抹杀证据或曲解证据，以犯科学家之大忌，此其所短也。"

朱一新早在 1891 年写给康有为的书信中指出过这一点。康有为以《史记·河间献王传》与《鲁共王传》均不言有得古文经之事，证明古文经后出，而《史记》其他篇目中有关古文经的记载，却被康有为判为刘歆伪窜，同为《史记》所载之明文，康有为却对其中的内容取舍采取了双重标准，故而朱一新认为："若《史记》言古文者皆为刘歆所窜，则此二传乃作伪之本，歆当弥之不暇，岂肯留此罅隙以待后人之攻？"[①]

1936 年，符定一撰《〈新学伪经考〉驳谊》，对《新学伪经考》中的三十一条谬误做出驳斥，并评价此书："其征引也博，其属词也肆，其制断也武，其立意也无稽，其言之也不怍。"庶几近之。

不少当代研究者从康有为的政治用心着手理解此书的写作意图，认为康有为是想借由学术考辨的手段，诋排古文经学，确立今文经学，以便于推行变法改革。

当前关于《新学伪经考》研究的文章多集中于对其琐碎考证，诸如与廖平著作之关系、初刊年月、禁毁原因等，专著则关注于探讨其与古史辨运动承继。

顾颉刚则对该书有较高的评价。顾颉刚曾说："我深信一个人的真理就是大家的真理。《伪经考》这书，议论或有错误，但是这个中心思想及其考证的方法是不错的。他虽没有完工，但已指示我们一条继续工作的路。"这一判断是完全错误的。康有为并没有"指示我们一条继续工作的路"，殊不知——从康有为到顾颉刚的所谓辨伪之路是一条文

---

① 朱一新：《朱侍御答康长孺书》，姜义华、张荣华编：《康有为全集》第 1 集，中国人民大学出版社 2007 年版，第 317 页。

献辨伪的不归之路！可见顾颉刚早年误入歧途，显然受到了《新学伪经考》的误导。

崔适对康有为《新学伪经考》推崇备至，并称此书"字字精确""古今无比"。崔适又将这一套传授给钱玄同、顾颉刚，催生了古史辨派。康有为、崔适、钱玄同、顾颉刚俱往矣，他们在文献辨伪学史上留下的是一笔负面资产，我们必须彻底否定这一套彻头彻尾的伪学术，惟有如此才有可能走出误区。

康有为的《新学伪经考》并非学术研究中求真与致用完美结合的典范之作，他的急功近利为该著蒙上了浓厚的阴影，也是被后世所谤的缘由。

康有为的《新学伪经考》著于清代今文经学勃发之际，迎合了西潮激荡之下的学术潮流，是康氏政、学活动的成果。康氏以"我注六经"的方法去完成"六经注我"的任务，求学术之真，为的是政治之用。但他并未在求真与致用之间做到完美融合，其夸大其词，以文胜质，引发后世的诟病，甚至背负剽窃的污名。但吊诡的是，其致用的效果导致了"新史学"的兴起，求真的方法触动了"古史辨"的萌发。康有为《新学伪经考》的得失告诉我们：求真与致用是学术研究之两端，求真的目的是为了致用，否则学术会沦为迂腐；而致用的原则是坚守历史的真相，反之会丧失科学的真谛。①

朱维铮先生早就敏锐地指出，要重新评价《新学伪经考》。这确实是一个重大的研究课题，必须彻底清理这一学术公案，肃清其恶劣影响。近年虽然有了一些论文涉及于此，但还不够系统，还远远没有到总结账的地步。

二十六、梁启超

（一）梁启超其人

梁启超（1873—1929），字卓如，号任公，别号饮冰室主人，广东新会人。梁启超文思敏捷，善于拿来。著述结集，以汤志钧父子所编《梁启超全集》（中国人民大学出版社2018年出版）收录最富，篇幅最大，计20巨册，1286万余字。其主要学术著作有：《新史学》《中国历史研究法》《清代学术概论》《中国近三百年学术史》等。

梁启超是中国近代史上的重要人物，他在中国学术从传统向近代的转型过程中发挥过重要作用。他在文献辨伪方面也发表了比较系统的见解，其辨伪方法论对于20世纪的辨伪学产生了巨大的影响。自张舜徽、吴枫以下，谈到辨伪方法，言必称梁氏，无不奉为金科玉律。随着大量简帛文献的出土，梁启超的辨伪方法论日益受到严重挑战。

（二）梁启超辨伪"十二公例"辨析

梁启超的辨伪"十二公例"，被认为是集古今辨伪方法之大成，其具体内容如下：

（一）其书前代从未著录，或绝无人征引而忽然出现者，十有九皆伪。

（二）其书虽前代有著录，然久经散佚，乃忽有一异本突出，篇数及内容与旧本不同者，十有九皆伪。

---

① 申海涛：《求真与致用：〈新学伪经考〉的重新审视》，《理论月刊》2019年第11期。

（三）其书不问有无旧本，但今本来历不明者，即不可轻信。

（四）其书流传之绪，从他方面可以考见，而因以证明今本题某人旧撰为不确者。

（五）其书原本，经前人称引确有左证，而今本与之歧异者，则今本必伪。

（六）其书题某人撰，而书中所载事迹在本人后者，则其书或全伪或一部分伪。

（七）其书虽真，然一部分经后人窜乱之迹，既确凿有据，则对于其书之全体，须慎加鉴别。

（八）书中所言，确与事实相反者，则其书必伪。

（九）两书同载一事绝对矛盾者，则必有一伪或两俱伪。

（十）各时代之文体，盖有天然界画，多读书者自能知之。故后人伪作之书，有不必从字句求枝叶之反证，但一望文体，即能断其伪者。

（十一）各时代之社会状态，吾侪据各方面之资料，总可推见其崖略。若某书中所言其时代之状态，与情理相去悬绝者，即可断为伪。

（十二）各时代之思想，其进化阶段，自有一定。若某书中所表现之思想，与其时代不相衔接者，即可断为伪。①

梁启超《古书真伪及其年代》一书，也论及辨伪方法，可与上述"公例"相表里。梁启超的"公例"向来被认为比胡应麟的八条更为具体周密。现在仍有不少学者认为，梁启超"以近代科学演绎、归纳等方法，以实事求是的科学眼光构建起了科学的辨伪学理论体系""他在前人理论总结的基础上对辨伪的必要性、伪书种类、作伪原因、辨伪的方法、伪书的价值等等，都作了更进一部的系统阐述""最重要的是提出了辨伪的十二条公例。这十二条分为'据具体的反证'与'据抽象的反证'两类，显得简洁实用"。又认为"梁启超的辨伪学理论体系是在吸取晚明胡应麟的成果加上自己的理论总结并创造性的发展而建立起来的。胡应麟在《四部正讹》一书中的……这些内容都为梁启超所吸取，而梁氏的论证比起胡应麟来则更显系统和缜密，且不乏创见"②。

我们认为，以上这些说法夸大其辞，过分美化梁启超。胡应麟仅指出辨伪路径，而梁启超的"公例"武断至极，完全是简单化、片面化的产物，根本就不是"科学的辨伪学理论体系"。鉴于梁启超的"公例"在20世纪学术史上产生了重大影响，因此，我们逐条加以辨析，以祛其惑。

第一，其书前代从未著录未必就一定是伪书，因为历代书目都有缺漏，从出土文献中就发现很多书不见于任何书目。以著录辨伪，虽为一法，但不尽可据。从逻辑的角度来看，未被著录未必就一定是伪书。余嘉锡《古书通例》卷一云："或得一古书，欲知其时代撰人及书之真伪，篇之完阙，皆非考之目录不为功。自唐以前，目录书多亡，今存者汉、唐、隋之《经籍》《艺文志》而已。宋以后私家目录，虽有存者，然所收仅一家之书，不足以概一代之全；仍非考史志不可……则利用史志及目录以考古书之真伪，由来旧矣。虽然，谓史志著录最为完备者，特就大较言之耳……至于编目之人，意为去取，修史

① 梁启超：《中国历史研究法》，上海古籍出版社1998年版，第91~94页。
② 吴少珉、赵金昭主编：《二十世纪疑古思潮》，学苑出版社2003年版，第405~414页。

之时，亡行刊落；其端非一，难可殚陈。故就史志以考古书之真伪完阙，虽为不易之法，然得之者固十之七八，失之者亦不免二三。若仅恃此法以衡量古今，是犹决狱者不能曲体物情，得法外之意，而徒执尺一以定爰书；则考竟之时，必有衔冤者。"① 他分析《四库全书总目》著录不全之原因有三："一曰：藏书家宝惜，不愿献官。二曰：献书者以为书已收入，不及进呈。三曰：官司之搜访，馆臣之纂修，每详于远而忽于近。"② 余嘉锡认为据目录辨伪"得之者固十之七八，失之者亦不免二三"，又说"非为一切伪书作辩护也"③。我们认为，余嘉锡的说法比较切合古书实情，持论平实公允。而廖名春在驳斥梁启超辨伪方法时，竟将"就史志以考古书之真伪完阙之法"完全推翻④，又走向另一极端，未免矫枉过正。"或绝无人征引而忽然出现者十有九皆伪"，也夸大其辞。郭店楚简本《老子》绝无人征引而忽然出现，谁曰其伪？可见，梁启超的第一条"公例"不能成立。

第二，其书前代著录之篇数与散佚后的篇数一般不同，这本合情合理，不必起疑，如从《永乐大典》所辑之佚书，多与原来书目所载不同。原本既然失传，其内容根本无法与后出"异本"比对，同与不同，死无对证，又哪里能够断定"十有九皆伪"？可见，梁启超的第二条"公例"也是虚词，不能成立。

第三，如果不问其书有无旧本，又哪里会知道"今本来历不明"？只有详细考察历代所有公、私书目，才能大致判断一种书的来历。退一步讲，即使其书来历不明，也不能随便就断定它是伪书。因为历代著录情况只是大概状况，不是每一种书都来历分明，有账可查。可见，梁启超的第三条"公例"也形同虚设，不能成立。

第四，以"流传之绪"辨伪，也不能最后定案，因为古书的"流传之绪"至今还是一个未知数。几乎每一种年代较久远、流传较复世的古书，其"流传之绪"足以写成一部专著。梁启超本条所举例证《神农本草》，不能因为"《汉志》无其目"就认为是伪书。李零近年提出了新的解释：

> 古代写书不易，读书也不易，知识与思想的传授往往局限于同一门派的师弟之间：学生必须亲炙师教才能学到东西，而老师也必须开门授徒才能传播主张。因此古人最重"师说"（老师之说）和"家法"（授受源流）。古代的"师说"当然要由"书"来体现，但《易·系辞上》说"子曰：书不尽言，言不尽意"，在古人看来，"书"是远不足以穷尽"师说"的。现代学术当然要凭"书"本身来讲话，"不著一字，尽得风流"是得不到承认的。但在古代，老师的传授一般都没有"书"，往往是靠口传心授。学生不是靠在时间和空间上隔绝了的、固化为"书"的思想来认识其老师，而是从老师这个活生生的"人"，包括其经历和言行来认识其思想。他们只要"学不足以名家"（即尚未另辟师说，自立门派），"则言必称师，述而不作"，不但要记录和整理老师的言论，疏释和阐发老师的思想，而且还往往附以各种参考资料和

---

① 余嘉锡：《古书通例》，《余嘉锡说文献学》，上海古籍出版社 2001 年版，第 167~168 页。
② 余嘉锡：《古书通例》，《余嘉锡说文献学》，上海古籍出版社 2001 年版，第 176~177 页。
③ 余嘉锡：《古书通例》，《余嘉锡说文献学》，上海古籍出版社 2001 年版，第 168 页。
④ 廖名春：《梁启超古书辨伪方法的再认识》，《汉学研究》1998 年第 1 期。

心得体会，理所当然地把他们的整理和附益统统归于老师的名下，"原不必于一家之中分别其孰为手撰，孰为记述也"。也就是说"著作权"可以并不明确，但"师说"和"家法"必须毫不含糊。这对理解古书的年代恐怕是最根本的一点。

对于诸子之说（包括儒家六艺），我们至少可以根据它们的"师说"和"家法"，参照其内容，以确定它们的相对年代。但对于数术方技类的实用书籍，情况却有所不同。因为严格地讲，它们往往都"授受不明，学无家法"，属于古人所说的"依托"。

"依托"是战国秦汉时期的一种概念与术语。应说明的是，它并不等于后世辨伪学家所说的"伪造"，而是各种实用书籍追溯其职业传统的一种特殊表达，就像木匠要自称是出于"鲁班门下"。①

将医书、兵书及方术类的书作为一种类型来看的观点，富有新意，远比梁启超视野开阔。先秦两汉的古书，往往在父传子、师传弟的过程中逐渐定型，尽管定型时把祖师或某一代宗师称为该书的撰人，但是作为贯串了祖师"家法"的一家之学，实际上是后先相承的父子师弟的集体著作。了解这一点，我们对一些歧异现象就不会感到奇怪了。

第五，前人称引之"原本"确有左证，"今本"与之歧异，这也用不着大惊小怪，古书版本异同，所在多有，谁敢肯定"今本必伪"？可见，梁启超的第五"公例"也是少见多怪，不能成立。梁启超本条所举例证今本《竹书纪年》过去确实被不少人证伪，但最近李学勤认为也不全伪，可能与当时出土文献的整理方式有很大的关系。

第六，其书题某人撰，而书中所载事迹在本人后者，不能排除附益的可能。余嘉锡先生在《古书通例》中有《古书的附益》一文，极为精彩。附益，指附加的内容。褚少孙在《史记·滑稽列传》的后面，附加了自己撰写的东方朔等人的传记，并交代说："窃不逊让，复作故事滑稽之语六章，编之于左……以附益上方太史公之三章。"这样的附益，跟原著毫不相混，读者可以一目了然。但是古书的附益并非完全如此。一种常见的情况是，附益的文字跟原先的著述连成一体，以致不了解古书特点的读者产生种种怀疑。先秦诸子的著述，一般都由后人编集而成，编集者把跟著述者有关的史事编进书中，就像后世所编的文集附有作者的引传、行状、碑志一样。拿《管子》来说，《大匡》等篇记叙了管仲生前的史事，《戒篇》还有记载管仲临死及死后的内容，这就属于编书人的附益。以往的学者，对此每有怀疑。例如姚际恒作《古今伪书通考》，就因此把《管子》列入"真书而世以伪"之内。其实，古书中这类情况很多。《庄子·列御寇》有"庄子将死，弟子欲厚葬之"，等等。余嘉锡《古书通例》指出，我们不必用后人编书的体制去怀疑古书，后代的书有序、年谱、祭文、谥议之类作为附录，附录跟原著不相混世，但是先秦两汉的古书还没有形成这样的体制，所以编书的人就把类似后代序言、附记等内容一齐编入了原著。像《公孙龙子》的第一篇《迹府》说："公孙龙，六国时辩士也。疾名实之散乱，固资材之所长，为守白之论，假物取譬以守白辩，谓白马为非马也……欲推是辩以正名实而化天下焉。"这显然不是公孙龙子的自叙，后人将这段相当于全书纲领性的话著之于篇首，相当于一篇序言。也有相当于题跋性的内容。《荀子·尧问篇》末尾说："为说者曰：

---

①　李零：《中国方术考》，东方出版社 2000 年版，第 27~28 页。

孙卿不及孔子。是不然。孙卿迫于乱世，鳅于严刑，上无贤主，下遇暴秦，礼义不行，教化不成。"又说："今之学者，得孙卿之遗言余教，足以为天下法式表仪。所存者神，所过者化，观其善行，孔子弗过。世不详察，云非圣人，奈何！天下不治，孙卿不遇，时也。"这无疑是荀子门人的附语。还有类似按语的内容。严可均《全上古三代秦汉三国六朝文》在凡例中指出"唐以前旧集，体例与今不同"时，举了扬雄《上书谏勿许单于朝》的例子。《太平御览》卷811引《扬雄集》有"单于上书愿朝，哀帝以问公卿，公卿以虚费府帑，可且勿许。单于使辞去，未发，雄上书谏"一段，这是交代扬雄上书的缘起；最后又引《扬雄集》有"天子召还匈奴使者，复报单于书而许之，赐雄黄金十斤"一段，这是交代上书的结果。这两段话未必出自扬雄之笔，而编书人载入扬雄《上书谏勿许单于朝》的前后，这种编书方法也是古书中常见的。

第七，梁启超说："其书虽真，然一部分经后人窜乱之迹，既确凿有据，则对于其书之全体，须慎加鉴别。"一部真书中的一部分既然找到确凿证据证明系后人窜乱，对于全书中的其他部分不应随便定为伪，梁启超所举《史记》，正好与其"公例"相反。《史记》一书，虽经后人窜乱，但谁也没有否认《史记》绝大部分的真实性。局部的伪与主体的伪不应混为一谈。

第八，梁启超说："书中所言，确与事实相反者，则其书必伪。"此条"公例"亦模棱两可，语意不够明确。语言的真伪与事实的真伪也是两个不同的范畴，不应混为一谈。

第九，梁启超所谓"两书同载一事绝对矛盾者，则必有一伪或两俱伪"，看起来颇与逻辑相合，但是古书传闻异辞，各尊所闻，不妨并存。两书同载一事，可能角度、立场及处理材料的方法均不相同，所得的结论完全可能矛盾。

第十，各时代的文体确有不同，但并不存在"天然界画"，所谓"一望文体，即能断其伪者"，也只是一种神话。正如胡适所指出："用文字、术语、文体等来证明《老子》是战国晚期的作品……但这个方法也是很危险的，因为（1）我们不容易确定某种文体或术语起于何时；（2）一种文体往往经过很长的历史，而我们也许只知道这历史的某一部分；（3）文体的评判往往不免夹有主观的成见，容易错误。"①

第十一，如果以某书中所言时代状态与情理相去悬绝，就当机立断，这种辨伪方法不可取。度之以今日之情理，似乎合情合理，但未必合于古之实际，仍然只是一种主观判断，缺少定案的客观依据。

第十二，从逻辑的角度来看，思想上不合也未必就一定是伪书。某书中所表现之思想，与其时代不相衔接，不能排除思想超前的可能性，中国历史上思想超前者大有人在，不能根据进化论简单地判断此类书为伪。胡适在批驳《老子》晚出说时指出："从'思想系统'上或'思想线索'上证明《老子》之书不能出于春秋时代……这个方法是很有危险性的，是不能免除主观的成见的，是一把两面锋利的剑可以两面割的。"②胡适认为冯友兰用来论定《老子》为战国作品的通则皆不能成立。"孔子以前无私人著述之事""非

① 胡适：《评近人考据老子年代的方法》，《古史辨》第6册，上海古籍出版社1982年版，第393页。

② 胡适：《评近人考据老子年代的方法》，《古史辨》第6册，上海古籍出版社1982年版，第390页。

问答体之书应在问答体之书之后"等都是丐辞，以丐辞为前提进行论证，"则殊不足推翻旧说"。1973年，湖南马王堆有帛书《老子》甲乙本出。1993年，湖北荆门又出有楚简《老子》。事实印证了胡适批评的正确性。

综上所述，梁启超的"十二公例"大多经不起推敲。其态度不客观，方法多疏漏，影响也相当坏。许多人受其影响，动辄以"辨伪"为名，结果造成了一大批冤假错案。不深知辨伪之害者，不能得辨伪之利。好学深思之士，当以此为炯戒。

总之，简帛古籍的大量发现，促使我们对传统辨伪方法进行反思，以便正确认识中国古代文献与传统文化。文献辨伪学的进展，更需要对旧方法进行全面反思。对辨伪方法的反思，有利于辨伪学走出困境。

后　记

近二十年来，我从事文史研究的范围逐步扩大，业已遍及四部。除了游弋于四库学研究、文献学研究两大领域外，我对经学研究、黄侃学术研究以及中国传统学术史研究也倾注了大量心血。特别是关于文献辨伪学的研究，几乎成了我研究的主要领域之一。

杜甫诗云："别裁伪体亲风雅，转益多师是汝师。"未能转益多师，递相祖述，却爱鉴别伪书，别开蹊径。我自 1999 年开始引发辨伪兴趣，经过廿年的艰辛探索，完成了一系列文献辨伪学的论著。每完成一个辨伪专题，我都异常兴奋，好像灭掉了狡猾的病毒。在病毒肆虐的时代，这种联想应该不为太过吧。

有时也难免有令人沮丧的时候。有一次我曾经将某生的一篇写得比较可靠的辨伪学专题论文转送给某史学专业刊物审查，后来居然没有通过。某业务副主编为此解释说，外审专家认为文章没有观点。我当即解释，该文穷尽性考察了某部书的真伪情况，以无可辩驳的材料证明此书为伪书。"某书为伪书"难道不是观点吗？立此存照，以警醒世人。辨伪学文章以往大多容易引起学术界高度关注，一经发布，学人争相围观，因为笔墨官司容易成为学术热点，懂行的人丝毫不敢怠慢。而今风流消歇，而辨伪学论文居然难以发表，绝学将绝，呜呼哀哉！砖家兴而学问亡，呜呼痛哉！

本书的主要贡献有六点：

（1）全面总结从汉代刘向、刘歆到近代康有为、梁启超对辨伪学的贡献；

（2）首次发掘了数以百计的辨伪学家；

（3）以无可辩驳的材料证伪了顾颉刚有关辨伪史的荒谬；

（4）以无可辩驳的材料证明了有关清代辨伪学的所谓"双峰夹一谷"之说难以成立；

（5）以无可辩驳的材料证明了辨伪是乾嘉考据学的重要一环，所谓"乾嘉时期疑古辨伪之风走向消歇"之说难以成立；

（6）以无可辩驳的材料证明皮锡瑞《经学通论》是一部经学文献辨伪学。

通过文献的梳理，我们还发现，作为引领风气的一代思想巨人，其实在辨伪学方面也卓有建树，如刘向、王充、刘知幾、柳宗元、欧阳修、朱熹等人，也是他们那个时代的思想巨擘。没有思想之灯的探照，难以走出作伪者制造的"黑洞"——伪书既是文献的"黑洞"，也是知识与思想的"黑洞"，它将多少人导入误区，浪费了多少人的精力与时间。因此，我们要怀着极大的敬意，向历史上所有的辨伪学家致以膜拜之礼！正是他们以自己的聪明才智与辛勤劳作灭掉了一个个"黑洞"，为后来者铺平了前进的道路。

宋代大学者薛季宣《渔父》诗云："踪迹五湖浪，生涯千尺纶。是非宁入耳，荣辱不关身。"苏东坡《行香子》小词云："清夜无尘，月色如银。酒斟时、须满十分。浮名浮利，虚苦劳神。叹隙中驹，石中火，梦中身。虽抱文章，开口谁亲？且陶陶、乐尽天真。几时归去，作个闲人。对一张琴，一壶酒，一溪云。"行走江湖，满心疲惫。今年清明节祭祖归里，顺便探视姐姐。她家位于岳阳南湖西北角，此处为古代小国糜子古国的遗址。楚国欺负此国，此国遗民忍怒负重，迁移至此，生存下来。我避居此地，今日得读东坡此词，一下子引起无限感慨。独坐小楼，眺望南湖，处江湖之远，将浮名浮利全部抛开。宠辱不惊，看庭前花开花落；去留无意，望天上云卷云舒。时与老姐姐聊聊家常，追忆往事，追忆先人，无比温馨。昔日的珞珈散人，今日做一个糜子古国的闲人，善哉善哉！

司马朝军

2021 年 4 月 10 日于糜子古国